ISBN 978-0-656-61744-9
PIBN 11287605

# 1 MONTH OF
# FREE
# READING

at

## www.ForgottenBooks.com

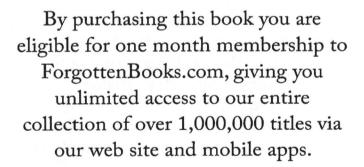

By purchasing this book you are eligible for one month membership to ForgottenBooks.com, giving you unlimited access to our entire collection of over 1,000,000 titles via our web site and mobile apps.

To claim your free month visit:

www.forgottenbooks.com/free1287605

# DICTIONNAIRE CLASSIQUE

DES

## LANGUES FRANÇAISE ET ALLEMANDE,

A L'USAGE DES COLLÉGES.

*Ayant acquis la propriété des Dictionnaires des deux nations du fonds de M. Amand Kœnig, et déposé le nombre d'exemplaires prescrit de cette nouvelle édition, je poursuivrai tout contrefacteur.*

*Tous les exemplaires de mes éditions seront revêtus de ma signature.*

*Levrault*

696
31/3/1840

# Classisches

## französisch-deutsches und deutsch-französisches

# Wörterbuch,

zum Gebrauch der obern Schulen.

# DICTIONNAIRE

## CLASSIQUE

### FRANÇAIS-ALLEMAND ET ALLEMAND-FRANÇAIS,

#### A L'USAGE DES COLLÉGES.

(Autorisé et approuvé par le Conseil royal de l'instruction publique.)

DEUXIÈME ÉDITION,

### PAR J. WILLM,

Inspecteur de l'Académie de Strasbourg, Membre corrrespondant de l'Institut de France
(Académie des sciences morales et politiques).

———•⚬•———

### PARTIE FRANÇAISE,

D'APRÈS LA SIXIÈME ÉDITION DU DICTIONNAIRE DE L'ACADÉMIE (1835).

### STRASBOURG,

CHEZ VEUVE LEVRAULT, LIBRAIRE, RUE DES JUIFS, 33.

### PARIS,

A SON DÉPOT GÉNÉRAL : CHEZ P. BERTRAND, LIBRAIRE,
Rue Saint-André-des-Arcs, 65.

## 1847.

173

# Classisches

## französisch-deutsches und deutsch-französisches

# Wörterbuch,

Zum Gebrauch der obern Schulen.

(Genehmigt und angenommen von dem königlichen Rath des öffentlichen Unterrichts.)

### Zweite Ausgabe,

von

## J. Willm,

Inspektor der Straßburger Akademie, Correspondent des Instituts von Frankreich
(Akademie der moralischen und politischen Wissenschaften.)

———

### Französische Abtheilung,

Nach der 6ten Auflage des Dictionnaire de l'Académie (1835).

### Straßburg,

Bei Wittwe Levrault, Buchhändler, Judengasse, 33.

### Paris,

Hauptniederlage, bei P. Bertrand, rue Saint-André-des-Arcs, 65.

## 1847.

# PRÉFACE

## POUR LA PREMIÈRE ÉDITION.

Dans le grand nombre de Dictionnaires destinés à faciliter la connaissance de la langue française et de la langue allemande, le public a toujours distingué honorablement le *Dictionnaire français-allemand et allemand-français à l'usage des deux nations*, dont les éditions se sont succédé avec une rapidité qui suffit pour en constater le mérite. Le Diction-naire de poche, dont celui-ci reproduit la quatorzième édition, en est un abrégé; il offre tout ce que le grand renferme de généralement utile. Ces deux ouvrages, successivement corrigés et augmentés, sont comptés depuis longtemps au nombre des meilleurs qui aient paru dans ce genre, soit en France, soit en Allemagne.

Un Dictionnaire portatif des deux langues ne pouvant contenir tous les mots de ces deux idiomes, on a dû choisir de préférence ceux qui forment la langue usuelle des deux nations. On croit avoir atteint ce but, autant qu'un cadre nécessairement étroit a pu le permettre. C'est pour cette raison qu'on a distingué par des points-virgules, par des abréviations claires et faciles, ou encore par des explications entre deux parenthèses, le sens ordinaire de chaque mot, des sens figurés ou techniques qu'il peut avoir. Les termes d'art les plus usités et les expressions familières ont été indiqués de la même manière; mais on a cru devoir retrancher la plupart de celles qui sont basses ou réprouvées par le bon usage.

La présente édition a été entièrement refondue et augmentée de plus de dix mille mots nouveaux, surtout de ceux dont la connaissance est nécessaire aux élèves des colléges et des classes supérieures des écoles primaires. On s'y est attaché, d'un côté, à en éliminer un grand nombre de ces synonymes vagues ou faux qui se perpétuent dans les dictionnaires, parce qu'à force d'y être répétés ils paraissent avoir été sanctionnés par l'usage, et de l'autre, à placer cet ouvrage au niveau de l'état actuel des deux langues sous le rapport des progrès des sciences, des lettres et des arts.

On a rectifié un très-grand nombre de termes d'histoire naturelle, de jurisprudence, de philosophie, etc., et on a inséré un nombre plus grand encore de mots appartenant à ces sciences, et qui ne figuraient pas dans les éditions précédentes du Dictionnaire de poche. Nous avons aussi jugé à propos d'admettre dans le corps même du Dictionnaire les noms propres de personnes, de peuples, de pays, de villes, etc., au lieu de les mettre à part. Pour aider le lecteur à distinguer facilement les diverses acceptions d'un même mot, on a fait un usage plus fréquent des abréviations employées pour désigner les termes techniques[1], et dans les cas où ces abréviations ne pouvaient servir, on a séparé les diffé-rentes significations par deux traits verticaux ( ‖ ). Dans la même vue on a fait, dans la seconde partie, un emploi plus fréquent des mots imprimés en italique à côté des différentes expressions françaises par lesquelles un mot allemand était rendu, afin de faire voir dans quelles acceptions les expressions françaises correspondantes sont employées.

Dans les deux parties on a indiqué soigneusement le genre des substantifs français ou allemands. Dans la partie française, l'article défini a suffi pour les mots allemands au singulier; lorsqu'ils sont au pluriel, cette indication était superflue en allemand, l'article

1 Voyez la liste de ces abréviations après les préfaces.

# Vorrede
## zur ersten Ausgabe.

Unter der Menge der Wörterbücher, welche dazu bestimmt sind, das Studium der französischen und der deutschen Sprache zu erleichtern, hat das Publikum das Straßburger Dictionnaire français-allemand et allemand-français à l'usage des deux Nations, stets ehrenvoll ausgezeichnet; die Ausgaben dieses Werkes sind mit einer Schnelligkeit auf einander gefolgt, welche dessen Nützlichkeit hinlänglich beweiset. Das Taschenwörterbuch, dessen vierzehnte Ausgabe das Gegenwärtige in einem größern Formate darstellt, ist ein Auszug davon, der alles enthält, was das größere Werk allgemein brauchbares in sich schließt. Diese beiden Werke, welche mehrmals verbessert und bereichert worden sind, werden schon lange zu den besten gezählt, welche in dieser Art sowohl in Frankreich als in Deutschland herausgekommen sind.

Ein Taschenwörterbuch kann unmöglich alle Wörter der französischen und der deutschen Sprache enthalten : man mußte also vorzugsweise diejenigen auswählen, welche den wirklich gangbaren Sprachstoff beider Nationen ausmachen; und man glaubt diesen Zweck erreicht zu haben, so weit der nothwendig beschränkte Raum es gestattet. Daher hat man durch Semicolon, durch leicht verständliche Abkürzungen und wohl auch durch eingeschobene Erklärungen, den gewöhnlichen Sinn der Wörter von dem bildlichen oder von den Kunstbedeutungen, die ihnen eigen seyn mögen, auf das sorgfältigste unterschieden. Die gebräuchlichsten Kunstausdrücke und die gemeinen Redensarten sind ebenfalls bezeichnet worden; doch hat man meistens weggelassen, was zur Pöbelsprache gehört.

Gegenwärtige Ausgabe ist ganz umgearbeitet und mit mehr als zehntausend neuen Wörtern bereichert worden, besonders mit solchen, deren Kenntniß den Zöglingen der Gymnasien und der obern Classen der Primärschulen nothwendig ist. Man hat sich darin bemüht, theils eine Menge jener unbestimmten oder falschen Synonymen auszumerzen, welche sich in den Wörterbüchern fortpflanzen, indem sie durch öftere Wiederholung am Ende wie durch den Gebrauch geheiligt scheinen; theils auch dieses Werk dem Standpunkte gleich zu stellen, welchen gegenwärtig beide Sprachen in Rücksicht auf die Fortschritte der Wissenschaften und Künste einnehmen.

Man hat eine sehr große Zahl von Artikeln aus der Naturgeschichte, der Rechtskunde, der Philosophie, u. s. w., berichtigt, und eine noch größere Zahl von Wörtern eingerückt, welche zu diesen Wissenschaften gehören und in den früheren Ausgaben des Taschenwörterbuchs fehlten. Wir haben auch für zweckmäßiger gehalten, die Eigennamen der Personen, der Völker, Länder, Städte, u. s. w., in das Wörterbuch selbst aufzunehmen, statt sie besonders zu setzen. Um dem Leser zu helfen, leichter die verschiedenen Bedeutungen desselben Wortes zu unterscheiden, hat man die Abkürzungen häufiger gebraucht, die zur Bezeichnung der Kunstwörter bestimmt sind[1], und in den Fällen, wo man sich dieser Abkürzungen nicht bedienen konnte, hat man die verschiedenen Bedeutungen durch zwei senkrechte Striche (||) getrennt. In derselben Absicht hat man im zweiten Theile öfter neben die verschiedenen französischen Ausdrücke, durch die ein deutsches Wort übersetzt war, andere mit Cursivschrift gedruckte Wörter gesetzt, um zu zeigen, in welchem Sinne die französischen Ausdrücke von gleicher Bedeutung gebraucht werden.

In beiden Theilen hat man sorgfältig das Geschlecht der französischen oder deutschen Hauptwörter angegeben. In dem französischen Theile war das bestimmte Geschlechtswort für die deutschen Hauptwörter in der Einheit hinreichend; wo diese sich in der Mehrheit befinden, war diese

_____
1 Siehe die Liste dieser Abkürzungen nach den Vorreden.

étant, dans cette langue, invariable au pluriel pour les trois genres, puisque ce nombre n'a point de genre en allemand. Dans la partie allemande, le genre des substantifs français, au singulier, commençant par une consonne, a été indiqué de même par l'article défini; pour ceux au pluriel, au contraire, ou dont la lettre initiale est une voyelle, on les a fait suivre d'une *m.* ou d'une *f.* : on s'en est dispensé dans le cas où le substantif est accompagné d'un adjectif portant la terminaison de son genre, ou lorsqu'il est du même genre que celui qui le précède immédiatement. Partout on a ajouté aux substantifs masculins les féminins qui en dérivent : on a désigné par les lettres *m.* et *f.* les substantifs qui ne changent pas au féminin; on a placé un simple *e* à côté des substantifs français dont le féminin se forme par la seule addition de cette lettre. D'autres substantifs changent au féminin la dernière lettre ou même la dernière syllabe du masculin; dans ce cas on a placé derrière le substantif masculin les lettres qui forment la terminaison particulière du féminin : c'est ainsi qu'on trouvera la syllabe *se* après les masculins terminés en *eur* ou en *eux; trice,* à côté de ceux qui se terminent en *teur; esse,* pour quelques masculins terminés par un *e* muet; *eresse,* pour d'autres terminés en *eur.*

On a suivi la même marche pour l'indication du féminin des adjectifs français : ainsi, *blanc, che (blanche); public, que (publique); vif, ve (vive); cruel, le (cruelle); discret, ète (discrète); heureux, se (heureuse),* etc.

On a indiqué le féminin des substantifs allemands, en plaçant la syllabe =inn à côté des masculins. Ceux qui se terminent par une consonne, prennent cette syllabe tout simplement; ceux qui sont terminés par un *e,* le remplacent par la même syllabe.

Comme il existe un grand nombre d'adjectifs français dont on n'a pas formé d'adverbes, il a fallu faire connaître ceux qui n'étaient pas dans ce cas : on a donc ajouté à chacun de ces adjectifs l'adverbe qui en dérive, en plaçant la syllabe *ment* après les adjectifs terminés par une voyelle. Le trait (-) qui précède cette syllabe *ment,* remplace l'adjectif : p. ex. *agréable, adj.; -ment, adv.* (c. a. d. *agréablement*). Pour les adjectifs terminés par une consonne, on a mis la terminaison du féminin avec la syllabe *ment,* comme *adroit, e, adj.; -ement, adv.* (c. a. d. *adroitement*); *ambitieux, se, adj.; -sement, adv.* (c. a. d. *ambitieusement*). Enfin, pour les adjectifs terminés en *nt,* qui forment l'adverbe en changeant ces deux lettres en *mment,* on a placé après l'adjectif cette syllabe précédée de la voyelle qui se trouve dans la dernière syllabe de l'adjectif, comme *abondant, e, adj.; -amment, adv.* (c. a. d. *abondamment*); *obligeant, e, adj.; -eamment, adv.* (c. a. d. *obligeamment*).

Dans la partie allemande, on a suivi une autre méthode. Tous les adjectifs allemands peuvent en même temps être employés comme adverbes sans changer de forme; d'un autre côté, la plupart des adjectifs français peuvent être convertis en adverbes par la seule addition de la finale *ment,* et la partie française fait connaître aux commençants ceux dont on ne forme pas d'adverbe. En conséquence on n'a donné que rarement une traduction particulière pour l'adjectif allemand considéré comme adverbe : lorsqu'il ne répond à aucun adjectif français dont il dérive un adverbe, l'adverbe allemand peut se traduire en faisant précéder l'adjectif français des mots *d'une manière, d'une façon,* etc. : ainsi bemerklich, *adj. remarquable,* pris dans le sens adverbial, se rendra par *d'une manière remarquable,* etc. On a mis les abréviations *adj.* et *adv.* après l'adjectif allemand, lorsque les mots français par lesquels on le traduit, expriment en même temps le sens de l'adjectif employé comme adverbe.

Les verbes réfléchis n'ont été indiqués que par le pronom *se* ou fich, placé à côté du

Angabe im Deutschen unnöthig, indem das deutsche Geschlechtswort in der Mehrheit für alle drei Geschlechter dasselbe ist, da eigentlich die Mehrheit kein Geschlecht hat. Eben so ist in dem deutschen Theile das Geschlecht derjenigen französischen Hauptwörter durch das bestimmte Geschlechtswort bezeichnet worden, die in der Einzahl stehen und mit einem Mitlaut anfangen; hingegen hat man hinter die andern, die in der Mehrheit sind, oder deren Anfangsbuchstab ein Selbstlaut ist, ein *m.* oder *f.* gesetzt: dieß ist nicht geschehen, wo das Hauptwort von einem Beiworte begleitet ist, durch dessen Endung sein Geschlecht kenntlich gemacht wird, oder wo es dasselbe Geschlecht hat, wie das unmittelbar vorhergehende. Ueberall hat man den männlichen Hauptwörtern die weiblichen, die davon abstammen, beigefügt; man hat durch die Buchstaben *m. et f.* diejenigen bezeichnet, die im weiblichen Geschlechte nicht ändern; ein bloßes *e* ist neben die französischen Hauptwörter gesetzt worden, deren weibliches Geschlecht durch die bloße Beifügung dieses Buchstabens gebildet wird. Andere verändern im weiblichen Geschlechte den letzten Buchstaben oder selbst die letzte Sylbe des männlichen; in diesem Falle hat man hinter das männliche Hauptwort diejenigen Buchstaben gestellt, welche die besondere Endung des weiblichen bilden: so wird man die Sylbe *se* hinter den auf *eur* oder *eux* sich endigenden männlichen Hauptwörtern finden; *trice* neben denen die auf *teur* ausgehen; *esse,* für einige männliche Hauptwörter, die sich auf *ein* stummes *e* endigen; *eresse,* für andere, die zur letzten Sylbe *eur* haben.

Derselbe Gang ist für die Bezeichnung des weiblichen Geschlechts der französischen Beiwörter befolgt worden; also blanc, che (blanche); public, que (publique); vif, ve (vive); cruel, le (cruelle); discret, ète (discrète); heureux, se (heureuse), u. s. w.

Man hat das weibliche Geschlecht der deutschen Hauptwörter durch die neben die männlichen Hauptwörter gesetzte Sylbe *=inn* angezeigt. Diejenigen unter den letztern, welche mit einem Mitlaut endigen, erhalten diese Anhängsylbe ohne weitere Veränderung; diejenigen, deren letzter Buchstabe ein *e* ist, werfen es weg, und setzen dieselbe Sylbe an seine Stelle.

Da es eine große Zahl französischer Beiwörter gibt, von denen man keine Umstandswörter gebildet hat, so mußten diejenigen kenntlich gemacht werden, die nicht in diesem Falle waren: man hat also jedem dieser Beiwörter das davon herkommende Umstandswort beigefügt, indem man die Sylbe -ment hinter diejenigen setzte, welche sich mit einem Selbstlaut endigen. Der vor dieser Sylbe ment stehende Strich (-) ersetzt das Beiwort: z. B. agréable, *adj.;* -ment, *adv.* (d. h. agréablement). Hinter diejenigen Beiwörter, welche am Ende einen Mitlaut haben, hat man die Endung ihres weiblichen Geschlechts mit der Sylbe ment gesetzt, wie adroit, e, *adj.;* -ement, *adv.* (d. h. adroitement); ambitieux, se, *adj.;* -sement, *adv.* (d. h. ambitieusement). Endlich, bei den auf *nt* ausgehenden Beiwörtern, welche ihr Umstandswort durch Verwandlung jener Buchstaben in mment bilden, hat man nach diesem Beiworte diese Sylbe nebst dem in der letzten Sylbe des Beiworts befindlichen Selbstlaute gesetzt, wie abondant, e, *adj.;* -amment, *adv.* (d. h. abondamment); obligeant, e, *adj.;* -eamment, *adv.* (d. h. obligeamment).

In dem deutschen Theile hat man einen andern Gang befolgt. Alle deutsche Beiwörter können, ohne ihre Form zu ändern, auch als Umstandswörter gebraucht werden; andererseits kann man die meisten französischen Beiwörter durch Hinzufügung der Sylbe ment in Umstandswörter verwandeln; und der französische Theil lehrt die Anfänger diejenigen kennen, von welchen kein Umstandswort gebildet wird. Demnach hat man nur selten eine besondere Uebersetzung für das als Umstandswort betrachtete Beiwort gegeben: wenn es keinem französischen Beiwort, von dem ein Umstandswort abstammt, entspricht, so kann das deutsche Umstandswort übersetzt werden, indem man vor das französische Beiwort die Wörter d'une manière, d'une façon, etc., setzt; so gebe man Bemerklich, *adj.* remarquable, als Umstandswort betrachtet, durch d'une manière remarquable, u. s. w. Man hat die Abkürzung adj. et adv. nach dem deutschen Beiworte gesetzt, wenn die französischen Wörter, mit welchen man es übersetzt, zugleich den Sinn des Beiwortes ausdrücken, wenn es als Umstandswort gebraucht wird.

Die zurückführenden oder zurückleitenden Zeitwörter sind nur durch das Fürwort se oder sich,

verbe, sans aucune autre abréviation; ce n'est que pour les verbes réciproques qu'on a mis l'abréviation *v. r.*

On a cru devoir faire connaître les cas où les mots prennent une signification différente de celles qui ont été indiquées en général, avantage que n'ont point la plupart des autres dictionnaires portatifs. C'est ainsi que, par. ex. : sous le mot *mettre*, qui signifie ſeҍen, legen, ſtellen, ꝛc., on trouvera : — au jour, ɦerausgeben; — au net, ins Reine bringen; — en doute, bezweifeln; — en fait, behaupten; — sur pied, errichten, et autres. En traduisant soit du français en allemand ou de l'allemand en français, on est arrêté à tout moment et embarrassé du choix du mot propre, lorsqu'on ne connaît pas toutes ces différentes acceptions; on nous saura gré sûrement de les avoir ajoutées.

Dans la partie allemande nous avons eu soin d'indiquer par des chiffres le genre des déclinaisons des noms substantifs, d'après les principes de la grammaire de Gottsched[1], et nous avons ajouté un astérisque aux mots dont la voyelle radicale change au pluriel, comme bie Banҡ, qui au pluriel change l'a en ä, bie Bänҡe; ber Ҡopf, bie Ҡöpfe; ber Thurm, bie Thürme, etc. On n'a pas mis de chiffre aux féminins dont le pluriel n'est pas usité, tous les féminins étant invariables au singulier.

Nous avons de plus distingué les syllabes sur lesquelles il faut appuyer pour déterminer le sens dans lequel on emploie certains verbes composés qui ont une double acception; à cet effet nous les avons espacés de cette manière : burchgeɦen, *déserter;* überſeҍen, *passer qn. de l'autre côté de la rivière*, afin d'empêcher qu'on ne les confonde avec les verbes burchgeɦen, *parcourir;* überſeҍen, *traduire,* etc. Mais ce n'est pas le seul motif qui nous a engagé à indiquer, dans ces verbes composés d'une préposition, si c'est sur la *préposition* ou sur le *verbe* que se porte l'accent; cette distinction n'est pas moins utile sous le rapport de la conjugaison de ces verbes. Dans überſeҍen, par exemple, la préposition se met, au présent et à l'imparfait, après le verbe primitif, et la syllabe ge, qui entre dans la formation du participe passé, est mise après la préposition; ainsi de überſeҍen, on forme ich ſeҍe über, et übergeſeҍt : dans le verbe überſeҍen, *traduire,* au contraire, la préposition est inséparable du verbe, et la syllabe ge est omise; on dit : ich überſeҍe, überſeҍt. Les verbes composés avec burch, über, etc., qui conservent la même signification, soit qu'on appuie sur la préposition ou sur la syllabe radicale du verbe primitif, ont été imprimés sans distinction particulière; elle y eût été sans objet. Il en est de même des verbes composés avec vor, zuſammen, etc., dans lesquels la préposition est toujours séparable[2] du verbe primitif et où par conséquent la syllabe ge est constamment placée après la préposition.

Les verbes neutres allemands prennent les uns le verbe auxiliaire ɦaben, les autres ſeɥn; quelques-uns tous les deux, soit indifféremment, soit dans les acceptions diverses. On a indiqué ces verbes auxiliaires par un (ɦ.) ou un (ſ.) placé immédiatement après le verbe même : cette abréviation se trouve quelquefois au milieu d'un article, lorsque le verbe neutre prend les deux verbes auxiliaires dans des significations différentes.[3]

La diphthongue ei était exprimée autrefois dans beaucoup de mots allemands par eɥ, quoique l'ɥ soit une lettre étrangère à la langue allemande. Suivant un usage qui devient plus général de jour en jour, on l'a remplacé partout par l'i, excepté dans le verbe

1 Le système des déclinaisons est expliqué dans les *Notices grammaticales* en tête de la seconde partie, et plus developpé dans le *Maître de langue allemande*, dont on trouve une nouvelle édition (la vingtième) à la même librairie.

2 Nous avons eu soin d'indiquer cela pour chacune de ces prépositions en particulier.

3 Voyez sur les verbes qui changent de radicale, et qu'on a nommés à tort irréguliers, ainsi que sur les verbes allemands irréguliers, les *Notices grammaticales* en tête de la seconde partie.

welches hinter dem Zeitworte steht, und ohne alle andere Abkürzungen bezeichnet worden. Bloß für die Zeitwörter, die eine gegenseitige Handlung bezeichnen, hat man die Abkürzung *v. r.* gesetzt.

Man hat für nothwendig erachtet, die Redensarten hinzuzufügen, die öfters einem Worte einen ganz andern Sinn geben, als der, welcher im Allgemeinen angezeigt worden ist: diesen Vortheil haben die meisten Werke dieser Art nicht. So findet man z. B. bei dem Worte mettre, welches bedeutet: setzen, legen, stellen, ꝛc. : — au jour, herausgeben; — au net, ins Reine bringen; — en doute, bezweifeln; — en fait, behaupten; — sur pied, errichten, u. a. m. Man mag vom Französischen in das Deutsche, oder vom Deutschen in das Französische übersetzen, so steht man alle Augenblicke an und ist in der Wahl verlegen, wenn man nicht alle Bedeutungen eines Wortes kennt; man wird uns also Dank wissen, daß wir sie beigefügt haben.

Im deutschen Theile haben wir mit Zahlen die verschiedenen Declinationen nach Gottscheds Sprachlehre¹ angezeigt, und ein Sternchen hinzugesetzt, wenn der Wurzellaut in der Mehrheit sich ändert, so wie: die Bank, die Bänke; der Kopf, die Köpfe, der Thurm, die Thürme. Man hat keine Zahl an die weiblichen Hauptwörter gesetzt, deren Mehrheit nicht gebräuchlich ist, da alle in der Einzahl unveränderlich sind.

Wir haben ferner die Sylben bezeichnet, welche man bei gewissen zusammengesetzten Zeitwörtern besonders betonen muß, um zu keinem Doppelsinn Anlaß zu geben; so: durchgehen, déserter; übersetzen, passer qn. de l'autre côté d'une rivière, um sie von den Zeitwörtern durchgehen, parcourir; übersetzen, traduire, zu unterscheiden. Dieß ist aber nicht der einzige Beweggrund, welcher uns veranlaßt hat, bei diesen mit einem Vorworte zusammengesetzten Zeitwörtern anzugeben, ob der Ton auf dem Vorworte oder auf dem Stammzeitworte ruhen solle; diese Bezeichnung ist nicht minder nützlich in Rücksicht auf die Umwandlungsart dieser Zeitwörter. Bei übersetzen, z. B., steht das Vorwort in der gegenwärtigen und kurzvergangenen Zeit nach dem Stammzeitwort; die Sylbe ge, welche bei der Bildung des Mittelworts der vergangenen Zeit dient, wird hinter das Vorwort gestellt: also bildet man von übersetzen: ich setze über, übergesetzt. In dem entgegengesetzten Falle ist das Vorwort vom Zeitwort unzertrennlich, und die Sylbe ge wird weggelassen; übersetzen, ich übersetze, übersetzt. Die mit durch, über, u. s. f., zusammengesetzten Zeitwörter, welche dieselbe Bedeutung behalten, es sey nun, daß das Vorwort, oder daß die Wurzelsylbe des Stammworts betont werde, sind ohne besondere Auszeichnung gedruckt worden: sie wäre da zwecklos gewesen. Eben so verhält es sich mit den durch vor, zusammen, u. s. f., gebildeten zusammengesetzten Zeitwörtern, in denen das Vorwort immer von dem Stammzeitwort trennbar ist², und also auch die Sylbe ge im Mittelworte der vergangenen Zeit beständig hinter dem Vorworte zu stehen kommt.

Von den deutschen Mittelzeitwörtern nehmen die einen das Hilfszeitwort haben und die andern seyn; einige beide, theils ohne Unterschied, theils in verschiedenen Bedeutungen. Man hat diese Hilfszeitwörter durch ein unmittelbar nach dem Zeitworte gesetztes (h.) oder (s.) angezeigt; diese Abkürzung findet sich zuweilen in der Mitte eines Artikels, wenn das Mittelzeitwort beide Hilfszeitwörter in verschiedenen Bedeutungen nimmt.³

Der Doppellaut ei wurde ehemals in vielen deutschen Wörtern durch ey ausgedrückt, obgleich das y ein der deutschen Sprache fremder Buchstabe ist. Einem Gebrauche zufolge, der immer allgemeiner wird, hat man überall ein i an die Stelle des y gesetzt, ausgenommen in dem

1 Das System der Umendungen ist in den Notices grammaticales vor dem zweiten Theile erläutert, und wird in dem Maitre de langue allemande, wovon die zwanzigste Ausgabe in derselben Buchhandlung zu finden ist, weitläufiger erklärt.

2 Dies hat man für jedes dieser Vorwörter besonders angezeigt.

3 Man sehe über die Zeitwörter welche den Wurzellaut ändern, und die man ehemals mit Unrecht zu den unregelmäßigen rechnete, so wie auch über die wirklich unregelmäßigen deutschen Zeitwörter, die schon angeführten Notices grammaticales vor dem zweiten Theile.

auxiliaire feÿn, où l'ÿ sert à faire distinguer ce verbe du pronom possessif fein, *son*, et dans les mots empruntés au grec.

Le trait (—) remplace le mot qui se trouve au commencement de l'article. Il en est de même pour le signe ( ‖ ) dont nous avons déjà expliqué l'emploi page vj. Le signe (=), qui ne se trouve que dans des mots allemands, sert au même but devant la syllabe =inn (v. plus haut page viij) et devant la terminaison du pluriel, qui se trouve indiquée lorsqu'elle est irrégulière; ordinairement il n'indique que la première partie d'un mot composé, laquelle doit être répétée devant un autre mot dans le même article.

Les verbes irréguliers français, qui dans le corps de l'ouvrage ont été indiqués par un astérisque (*), se trouvent à la fin de ce volume.

LEVRAULT.

# AVERTISSEMENT
## POUR LA DEUXIÈME ÉDITION.

Cette deuxième édition de notre Dictionnaire a été non-seulement revue et corrigée avec le plus grand soin, mais encore augmentée de plusieurs milliers de mots. La partie française renferme tous les mots de la dernière édition du Dictionnaire de l'Académie; tous les mots techniques qui y ont été ajoutés, sont marqués d'une croix (†). Pour la partie allemande plusieurs ouvrages estimés ont servi à l'enrichir d'un grand nombre de mots indispensables pour la vie et la conversation journalières.

Le principal changement qui distingue la présente édition, est la suppression de l'article. On l'a remplacé, pour abréger, par les lettrines *m.*, *f.* et *n.*, mais ces caractères mêmes n'ont été employés que le plus sobrement possible : si, par exemple, le genre est le même pour les mots correspondants des deux langues, on ne l'a indiqué qu'une seule fois; de même pour une série de mots du même genre l'article n'a été indiqué qu'à la suite du premier, et cette indication concerne tous les mots subséquents, jusqu'à ce qu'un mot de genre différent nécessite une indication nouvelle. Cette deuxième édition peut donc être regardée comme ayant subi des perfectionnements notables, qui la recommandent au public et la rendent aussi utile qu'on peut le prétendre d'un ouvrage de cette nature et de cette dimension.

Hilfszeitworte seyn, wo das y dazu dient, das Zeitwort von dem zueignenden Fürworte sein zu unterscheiden, und in den Wörtern, die von dem Griechischen entlehnt sind.

Der Strich (—) ersetzt das im Anfang eines Artikels stehende Wort. Dasselbe gilt von dem Zeichen (‖), dessen Gebrauch wir schon Seite vij erklärt haben. Das Zeichen (=), das nur in deutschen Wörtern erscheint, hat zuweilen denselben Zweck, wie in der Sylbe =inn (man sehe weiter oben Seite ix) und vor der Endung der Mehrheit, die man angegeben hat, wenn sie unregelmäßig ist; gewöhnlich bezeichnet es nur den ersten Theil eines zusammengesetzten Wortes, der vor einem andern Wort in demselben Artikel wiederholt werden soll.

Die französischen unregelmäßigen Zeitwörter, die in dem Werke selbst nur mit einem Sternchen (*) angedeutet sind, findet man am Ende dieses Theils.

Lebrault.

## Nachricht

### zur zweiten Ausgabe.

Auch diese zweite Ausgabe unsers Wörterbuches ist nicht nur auf das sorgfältigste durchgesehen und verbessert, sondern wieder um mehrere tausend Wörter vermehrt worden. Der französische Theil enthält alle Wörter der letzten Ausgabe des Dictionnaire de l'Académie; alle neu eingerückten Kunstwörter sind mit einem Kreuzchen (†) bezeichnet. Zur Bereicherung des deutschen Theils mit einer Menge von Wörtern, die im täglichen Leben und Verkehr unentbehrlich sind, hat man sich mehrerer geschätzten Wörterbücher bedient.

Die wichtigste Änderung, welche diese Ausgabe auszeichnet, ist die Weglassung des Geschlechtswortes. Zur Abkürzung hat man statt desselben die Buchstaben m., f. und n. gesetzt, aber auch diese nur so oft es nöthig war: ist zum Beispiel das französische und das deutsche Wort eines Artikels vom nämlichen Geschlechte, so findet sich das Geschlechtswort nur einmal angedeutet; eben so nur nach dem ersten Wort einer Reihe von Wörtern vom nämlichen Geschlechte, bis eines von einem andern Geschlechte eine neue Änderung nothwendig macht. Man kann daher von dieser zweiten Ausgabe rühmen, daß sie bedeutend vervollkommnet worden ist; auch wird dies hoffentlich dieselbe dem Publicum empfehlen und so nützlich machen, als man es von einem Werke dieser Art und Größe billigerweise fordern kann.

## Explication des Abréviations.
## Erklärung der Abkürzungen.

*adj.* adjectif, Beiwort.
*adv.* adverbe, Umstandswort.
*art.* article, Geschlechtswort.
*bas.*, niedrig, pöbelhaft.
*burl.* burlesquement, possierlich.
*coll.* collectivement, sammelwörtlich.
*compar.* comparatif, die zweite Vergleichungsstufe.
*conj.* conjonction, Bindewort.
*dans la comp.* dans la composition, in der Zusammensetzung (nämlich mit andern Wörtern).
*etw.* etwas, quelque chose.
*f.*, *fém.* ou *s. f.* substantif féminin, weibliches Hauptwort.
*fm.* familièrement, gemein.
*fg.* figurément, bildlich.
(h.) mit dem Hilfszeitwort haben, avec le verbe auxiliaire haben.
*indécl.* indéclinable, unabänderlich.
*injur.* injurieusement, als ein Schimpfwort.
*int.* ou *interj.* interjection, Ausrufungswort.
*interr.* ou *interrog.* interrogatif, fragend.
*inus.* inusité, ungebräuchlich.
*iron.* ironiquement, spottweise.
*lat.* latin, lateinisch.
*m.*, *masc.* ou *s. m.* substantif masculin, männliches Hauptwort.
*mépr.* par mépris, verächtlich.
*m. p.* en mauvaise part, im nachtheiligen Sinne.
*n.*, *neut.* ou *s. n.* substantif neutre, sächliches Hauptwort.
*n. pr.* nom propre, Name.

*nouv.* nouveau, neu.
*ob.* ober, ou.
*ol.* olim, ehemals.
*part.* participe, Mittelwort.
*part.* particule, Partikel.
*p. ex.* par exemple, zum Beispiel.
*p. us.* peu usité, wenig gebräuchlich.
*pl. us.* plus usité, mehr gebräuchlich.
*pl.* ou *plur.* pluriel, Mehrheit.
*plais.* plaisamment, scherzweise.
*pop.* populairement, gemein, pöbelhaft.
*pr.* proprement, im eigentlichen Sinne.
*prép.* préposition, Vorwort.
*pron.* pronom, Fürwort.
*pron. dém.* pronom démonstratif, anzeigendes Fürwort.
*pron. rel.* pronom relatif, beziehendes Fürwort.
*prov.* proverbialement, sprichwörtlich.
*provl.* provincialisme, Provinzialismus.
*qn.* quelqu'un, jemand, einen.
*qch.* quelque chose, etwas.
*qqf.* quelquefois, manchmal.
*relat.* relatif, auf etwas Vorhergehendes sich beziehend.
*S.* Sache, chose.
(f.) mit dem Hilfszeitwort seyn, avec le verbe auxiliaire seyn.
*superl.* superlatif, die dritte Vergleichungsstufe.
*t.* terme, Kunstwort.
*u.* und, et.
*v.* von, de.
*v.* voyez, siehe.
*v. a.* verbe actif, thätiges Zeitwort.

*v. a. et n.* verbe actif et neutre, ein zugleich thätiges und Mittelzeitwort.
*v. aux.* verbe auxiliaire, Hilfszeitwort.
*v. imp.* verbe impersonnel, unpersönliches Zeitwort.
*v. n.* verbe neutre, Mittelzeitwort.
*v. pass.* verbe passif, leidendes Zeitwort.
*v. pron.* verbe pronominal, mit einem Fürworte zusammengesetztes Zeitwort.
*v. r.* verbe réciproque, Zeitwort welches ein wechselseitiges Wirken zweier Personen oder Sachen auf einander ausdrückt.
*v. rég. et irrég.* verbe régulier et irrégulier, Zeitwort das sich sowohl regelmäßig als unregelmäßig umwandelt.
*vi.* vieux, alt.
*z. B.* zum Beispiel, par exemple.
\* asterisque pour désigner les verbes irréguliers et les substantifs allemands dont la voyelle radicale change au pluriel. Sternchen zur Bezeichnung der unregelmäßigen Zeitwörter und der deutschen Hauptwörter welche in der Mehrheit den Umlaut annehmen.
— remplace le mot, ersetzt das Wort.
‖ sépare les diverses acceptions, unterscheidet die verschiedenen Bedeutungen.
° remplace le mot masculin devant la terminaison «inn»; il indique aussi la première partie d'un mot composé. Ersetzt das männliche Hauptwort vor «inn», und bezeichnet auch den ersten Theil eines zusammengesetzten Wortes.

## Abréviations particulières à la partie française.
## Liste der in der französischen Abtheilung vorkommenden Abkürzungen.

Alg. Algebra (algèbre).
Alt. Alterthum (antiquité).
Anat. Anatomie (anatomie).
And. Andacht (dévotion).
Apoth. Apothekerkunst (pharmacie).
Arithm. Arithmetik (arithmétique).
Artill. Artillerie (artillerie).
Astr. Astronomie (astronomie).
Bäck. Bäcker (boulanger).
Ballsp. Ballspiel (jeu de paume).
Bassetsp. Bassetspiel (bassette).
Bauk. Baukunst (architecture).
Bergw. Bergwesen (les mines).
Bierbr. Bierbrauer (brasseur).
Bildh. Bildhauer (sculpteur).
Bill. Billiard (billard).
Bleig. Bleigießer (fondeur de plomb).
Bot. Botanik (botanique).
Bött. Böttcher (tonnelier).
Brillenm. Brillenmacher (lunettier).
Buchb. Buchbinder (relieur).
Buchdr. Buchdruckerei (imprimerie).
Buchh. Buchhandel (librairie).
Büchs. Büchsenmacher (arquebusier).
Chir. Chirurgie (chirurgie).
Chym. Chymie (chimie).
Dachd. Dachdecker (couvreur).
Damsp. Damenspiel (jeu de dames).
Dicht. Dichtkunst (poésie).
Dipl. Diplomatik (diplomatie).
Dreh. Dreher (tourneur).
Edelst. Edelstein (pierre précieuse).
Eisenh. Eisenhütten (forges).

Fabr. Fabrikwesen (fabriques).
Falk. Falknerei (fauconnerie).
Färb. Färbekunst (teinturerie).
Fecht. Fechtkunst (escrime).
Feuerw. Feuerwerkskunst (pyrotechnie).
Fin. Finanzwissenschaft (finances).
Fisch. Fischerei (pêche).
Forstw. Forstwissenschaft (science forestière).
Fortif. Fortification (fortification).
Gärb. Gärber (tanneur).
Gärtn. Gärtner (jardinier).
Geneal. Genealogie (généalogie).
Geogr. Geographie (géographie).
Geom. Geometrie (géométrie).
Gesch. Geschäftsausdruck (terme d'affaires).
Gieß. Gießer (fondeur).
Glas. Glaser (vitrier).
Glash. Glashütte (verrerie).
Goldschm. Goldschmiedekunst (orfévrerie).
Goldschl. Goldschläger (batteur d'or).
Gramm. Grammatik (grammaire).
gr. Alt. griechische Alterthümer (antiquités grecques).
gr. Gramm. griechische Grammatik (grammaire grecque).
Handl. Handlung (commerce).
Handsch. Handschuhmacher (gantier).
Handw. Handwerker (terme de métiers).
Handwahrf. Handwahrsagerei (chiromancie).
Haush. Haushaltung (économie).
h. Schr. heilige Schrift (écriture sainte).

Holzh. Holzhauer (fendeur de bois).
Hufschm. Hufschmied (maréchal ferrant).
Hutm. Hutmacher (chapelier).
Hydr. Hydraulik (hydraulique).
j. Alt. jüdische Alterthümer (antiquités juives).
jur. juristischer Ausdruck (terme de droit).
Juwel. Juwelierkunst (joaillerie).
Kalkbr. Kalkbrenner (chaufournier).
Kamm. Kammmacher (faiseur de peignes).
Kan. R. Kanonisches Recht (droit canonique). [rie).
Kanzl. Kanzleistyl (style de chancellerie).
Kartenm. Kartenmacher (cartier).
Kartensp. Kartenspiel (jeu de cartes).
Kath. Katholische Religion (religion catholique).
Keg. Kegelspiel (jeu de quilles).
Kessl. Kesselmacher (chaudronnier).
Kirch. Kirche (église). [clésiastique).
Kircheng. Kirchengeschichte (histoire ecclésiastique).
Knopfm. Knopfmacher (boutonnier).
Kohl. Kochkunst (cuisine).
Kohl. Kohlenbrenner (charbonnier).
Korbm. Korbmacher (vannier).
Kriegsk. Kriegswissenschaft (art de la guerre).
Küf. Küfer (tonnelier). [guerre).
Kunst (terme d'arts).
Kupferdr. Kupferdruckerei (imprimerie en taille-douce). [nier).
Kupferschm. Kupferschmied (chaudronnier).
Kupferst. Kupferstecherkunst (gravure).

Kutschenm. Kutschenmacher (carrossier).
Landw. Landwirthschaft (économie rurale).
Lautenm. Lautenmacher (luthier).
Lederb. Lederbereiter (corroyeur).
Lebensw. Lebenswesen (société).
Lehrst. Lehrstyl (style didactique).
Lichtz. Lichtzieher (chandelier).
Litt. Litteratur (littérature).
Log. Logik (logique). [hométisme].
Mahom. Mahomedanische Religion (ma-
Mal. Malerei (peinture). [tures).
Manuf. Manufakturwesen (manufac-
Math. Mathematik (mathématiques).
Maur. Maurerkunst (maçonnerie).
Mech. Mechanik (mécanique).
Med. Medizin (médecine).
Messersch. Messerschmied (coutelier).
Metall. Metallurgie (métallurgie).
Metzg. Metzger (boucher).
Miner. Mineralogie (minéralogie).
Minir. Minirer (mineur).
Mor. Moral (morale).
Müll. Müller (meunier).
Münzenk. Münzenkenntniß (numismato-
graphie).
Münzw. Münzwesen (monnayage).
Mus. Musik (musique).
Muschell. Muschellehre (conchyliologie).
Myst. Mystik (mysticité).
Myth. Mythologie (mythologie).
Nadl. Nadler (épinglier).
Näh. Näherei (couture).
Naturg. Naturgeschichte (histoire natu-
Opt. Optik (optique). [relle).
Org. Orgelbauer (facteur d'orgues).
Pap. Papiermüller (papetier).
Parf. Parfümeriehändler (parfumeur).
Past. Pastetenbäckerei (pâtisserie).
Pelzh. Pelzhandel (pelleterie).

Perr. Perrückenmacher (perruquier)
Pfläst. Pflästerer (paveur).
Philol. Philologie (philologie).
Philos. Philosophie (philosophie).
Phpf. Physik (physique).
Pol. Politik (politique).
pop. populär (populairement).
Pos. Posamentirer (passementier).
Prob. Probierkunst (docimastique).
Pros. Prosodie (prosodie).
Prot. Protestantische Religion (religion
protestante).
Rebm. Rebmann (vigneron).
Rechtsw. Rechtswissenschaft (jurispru-
Reitsch. Reitschule (manége). [dence).
Rhet. Rhetorik (rhétorique).
röm. Alt. römische Alterthümer (antiqui-
tés romaines).
Sätl. Sättler (bournier).
Salp. Salpetersieder (salpêtrier).
Salz. Salzsieder (saunier).
Sattl. Sattler (sellier).
Schachsp. Schachspiel (les échecs).
Schieferd. Schieferdecker (couvreur en
ardoise). [vale).
Schifb. Schiffbaukunst (architecture na-
Schiff. Schifffahrt (navigation).
Schloss. Schlosserei (serrurerie).
Schmelz. Schmelzarbeiter (émailleur).
Schneid. Schneider (tailleur).
Schreib. Schreibkunst (calligraphie).
Schrifts. Schriftgießer (fondeur de ca-
ractères).
Schuhm. Schuhmacher (cordonnier).
Schul. Schulsprache (terme d'école).
Schwertf. Schwertfeger (fourbisseur).
Seew. Seewesen (marine).
Seifens. Seifensieder (savonnier).
Seil. Seiler (cordier).
Seilt. Seiltänzer (danseur de corde).

Silberarb. Silberarbeiter (ouvrier en
argent).
Spieg. Spiegelmacher (miroitier).
sprichw. sprichwörtlich (proverbialement).
Steinsch. Steinschneider (lapidaire).
Stick. Sticker (brodeur).
Strick. Stricker (tricoteur).
Strumpfw. Strumpfwirker (bonnetier).
Tanzk. Tanzkunst (danse).
Tap. Tapetenwirker, Tapezirer (tapis-
Theat. Theater (théâtre). [sier).
Theol. Theologie (théologie).
Thiera. Thierarzneikunst (art vétérinaire).
Tischl. Tischler (menuisier).
Töpf. Töpfer (potier).
Trict. Trictrak (trictrac).
Tuchm. Tuchmacher (drapier).
Tuchsch. Tuchscherer (tondeur de drap).
Türk. Türkei (Turquie).
Uhrm. Uhrmacher (horloger).
Vergold. Vergolder (doreur).
Vogl. Vogler (oiseleur).
Wachsz. Wachszieher (cirier).
Waffensch. Waffenschmied (armurier).
Wagn. Wagner (charron).
Wap. od. Wapp. Wappenkunst (blason).
Wäsch. Wäscher (blanchisseur).
Web. Weber (tisserand).
Weißg. Weißgärber (mégissier).
Wollenw. Wollenweber (tisserand en
laine).
Wollk. Wollkämmer (cardeur).
Wurst. Wurstler, Wurstmacher (char-
Zahna. Zahnarzt (dentiste). [cutier).
Zeichn. Zeichenkunst (dessin).
Zieg. Ziegelbrenner (tuilier).
Zimm. Zimmermann (charpentier).
Zinng. Zinngießer (potier d'étain).
Zuckerb. Zuckerbäcker (confiseur).

A, s. m. A, n.

A, prép. zu, mit, an, auf, aus, bei, in, bis, gegen, für, nach, um, durch, unter; — ce que, conj. daß, auf daß; wie, nach dem was.

Abaisse, f. der Bodenteig am Backwerk.

Abaissement, m. Sinken, n. Fallen; fg. Abnahme, f. Erniedrigung, Demüthigung, Niedrigkeit.

Abaisser, v. a. niedriger machen, senken, herablassen; (den Blick) niederschlagen; (Muf.) tiefer stimmen; (Teig) dünne rellen; fg. erniedrigen, demüthigen, verkleinern; s'—, niedriger werden, fallen; sich senken; (vom Winde) sich legen; fg. sich herablassen, sich demüthigen, sich erniedrigen.

Abaisseur, adj. m., muscle — ou —, m. (Anat.) Niederziehmuskel.

Abajoue, f. (Naturg.) Hängebacken, m. Backentasche, f.

†Abalourdir, v. a. fm. dumm oder plump machen.

Abandon, m. Verlassenheit, f. Hülflosigkeit; Verlassung; Zurücklassung || (jur.) Abtretung; faire — de, abtreten || (jur.) Hingebung; laisser à l'—, preisgeben. [Person.

Abandonné, m. e, f. die lüderliche

Abandonnement, m. (jur.) Abtretung, f.; fg. Lüderlichkeit.

Abandonner, v. a. verlassen || aufgeben (Hoffnung) || zurücklassen; fm. (einen, etw.) stecken lassen, im Stich lassen || (einem) überlassen; preisgeben; (seinen Sohn) verstoßen; s'—, sich überlassen, sich hingeben; sich preisgeben. [von einem Jahre.

†Abannation, f. die Verbannung

Abaque, f. der obere Theil einer Säule; Multiplicationstabelle, f.

Abasourdir, v. a. fm. betäuben.

Abatage, m. (Forstw.) Holzfällen, n.; Hauerlohn, m.

Abâtardir, v. a. verschlimmern, verderben; s'—, ausarten, abarten; verwildern.

Abâtardissement, f. Ausartung, f. Abartung; Verschlimmerung.

Abatée, f. (Seew.) Umlegen, n. Umwenden. [ter, m.

†Abat-faim, m. fm. Magenpfla-

†Abat-foin, m. fm. Heuloch, f.

Abatis, m. Fällen, n. Abbrechen, 2c.; v. Abattre; (Jagd) Wildfällung, f. || ein Haufen losgebrochener

I.

Sachen, Schutt, Abraum; (Forstw.) umgewehte Bäume, Windbruch, m.; (Kriegsw.) Verhack; (Jagd) Wolfsspur, f.; (Kocht.) das Kleine (Flügel, Füße, Hals) am Geflügel.

Abat-jour, m. das schiefe Fenster; Kellerfenster, -loch.

†Abattant, m. Fallladen, Querladen; Klappe, f. || Fallbrett, n. Falltisch, m.

Abattement, m. Mattigkeit, f. Kraftlosigkeit; fg. Niedergeschlagenheit.

Abatteur, m. fm. iron. (grand) — de bois, der große Aufschneider, Prahlhans.

Abattoir, m. der Ort wo das Vieh geschlachtet wird; Schlachthaus, n.

*Abattre, v. a. abschlagen, herunterschlagen, niederschlagen || abbrechen, niederreißen; umhauen, fällen (Bäume); (Thiere) tödten, schlachten; (Kegel) werfen; derabniederschießen || (Gras) abmähen || (Seew.) v. a. et n. umlegen, den Lauf ändern; fg. schwächen, demüthigen; (Arbeit) vollenden; s'—, zusammenstürzen, stürzen; herabschießen, sich herablassen (Vögel); fg. verzagen, nachlassen (Hitze, Wind); abattu, e, fg. kraftlos, niedergeschlagen.

Abatures, f. pl. vom Hirsch niedergetretene Zweige.

Abat-vent, m. Wetterdach, n.

Abat-voix, m. Kanzeldeckel.

Abbatial, e, adj. dem Abte, der Aebtissinn, der Abtei gehörig; äbtlich.

Abbaye, f. Abtei. [Abbé.

Abbé, m. Abt (eines Klosters);

Abbesse, f. Aebtissinn.

Abcéder, v. n. schwären.

Abcès, m. Geschwür, n. Eiterbeule.

Abscise, voir Abscisse. [f.

Abdication, f. Niederlegung (einer Krone); Abdankung.

Abdiquer, v. a. et n. eine Würde niederlegen, abdanken. [leib.

Abdomen, m. lat. (Anat.) Unter-

Abdominal, e, adj. zum Unterleibe gehörig; nageoire —, Bauchflosse, f.; poissons abdominaux ou abdominaux, m. pl. Fische mit Bauchflossen.

Abducteur, m. et adj. m., muscle —, (Anat.) Abziehmuskel (ein Glied auswärts bewegt).

Abduction, f. (Anat.) Bewegung auswärts; (Chir.) Feuerbruch, m.

Abécédaire, m. ABC-Buch, n. Fibel, f. [füttern, äßen.

Abecquer, Abéquer, v. a. (Vögel)

Abée, f. Schleuse, die Oeffnung für das Mühlwasser.

Abeille, f. Biene, Imme.

Aberration, f. (Astr.) die Abirrung des Lichtes, der Zirsterne; (Opt.) — des verres, die Abweichung der Gläser; —, fg. Verirrung (des Geistes, der Urtheilskraft).

Abêtir, v. a. dumm machen; —, v. n. dumm werden.

Ab hoc et ab hac, adv. lat. fm. ohne Ordnung, in den Tag hinein.

Abhorrer, v. a. verabscheuen.

Abigéat, m. (jur.) Viehraub.

Abime, m. Abgrund, Schlund, Kluft, f.; fg. Abgrund, m. Unergründlichkeit, f.; (Clcht.) Talggrube.

Abimer, v. a. in einen Abgrund stürzen; fg. zu Grunde richten, verderben.

Ab intestat, (jur.) ohne Testament.

Ab irato, adv. im Zorne.

Abject, e, adj. verworfen, niederträchtig, verächlich.

Abjection, f. Verworfenheit, Niederträchtigkeit.

Abjuration, f. Abschwörung.

Abjurer, v. a. abschwören, verläugnen. [(eines Kindes).

†Ablactation, f. das Entwöhnen

†Ablaquéation, f. (Gärtn.) das Aufhacken der Erde um einen Baum.

Ablatif, m. (Gramm.) Ablativ.

Ablation, f. (Chir.) Wegnahme.

Able, m. Ablette, f. (Naturg.) Weißfisch, m. Perlfisch, Albe, f.

Ablégat, m. der Vikarius eines päpstlichen Statthalters oder Gesandten. [das viereckige Senfgarn.

Ableret, m. Ablerette, f. (Fisch.)

Abluer, v. a. (Papier) abwaschen.

Ablution, f. Abwaschung.

Abnégation, f. (And.) Verläugnung. [Gebell.

Aboi, Aboiement, m. Bellen, n.

Abois, m. pl. die letzten Züge (eines gejagten Hirsches); fg. Todeskampf, être aux —, in einem verzweifelten Zustande seyn.

Abolir, v. a. abschaffen, aufheben; fg. das Andenken an etw. vertilgen, s'—, abkommen, eingehen, getilgt werden.

Abolissement, m. Abschaffung, f.

Abolition, f. Aufhebung; (jur.)

1

Unterbrückung (eines Criminal=Pro=
cesses). [abscheulich.
Abominable, adj.; -ment, adv.:
Abomination, f. Abscheu, m.
Gräuel; —s, Schandthaten, f. pl.
Abondamment, adv. reichlich, im
Ueberfluß.
Abondance, f. Ueberfluß, m.
Fülle, f.; fg. id., Reichthum, m.;
parler d'—, aus dem Stegreife re=
ben; corne d'—, Füllhorn, n.
Abondant, e, adj. in Ueberfluß,
reichlich, reich.
Abonder, v. n. im Ueberfluß da
seyn, herbeiströmen; — en qch., an
etw. reich seyn, etw. in Ueberfluß ha=
ben; fg. — en son sens, auf seiner
Ansicht beharren; — dans le sens
d'autrui, eines Andern Ansicht thei=
-Abonné, m. Abonnent. [len.
· Abonnement, m. der Vergleich bei
ungewissen Einkünften; Abonnement,
n. || Vorausbezahlung, f.
Abonner (s'), um gewisse Summen
übereinkommen; sich abonniren (für
Zeitschriften, Schauspiele) || auf etw.
vorausbezahlen, unterzeichnen.
Abonnir, v. a. verbessern; —, v. n.
et s'—, besser werden.
Abord, m. Zugang, (Schifff.) An=
fahrt, f. Anlandung, Einfahrt; fg.
Zutritt, m. (de qn., zu einem),
Aufnahme, f.; d'—, adv. sogleich,
zuerst, zunächst, anfänglich.
Abordable, adj. zugänglich; fg. id.
Abordage, m. (Seew.) Entern, n.;
aller à l'—, entern.
Aborder, v. a. (Seew.) entern, an=
greifen; an etw. fahren; fg. — qn.,
qch., sich einem, einer S. nähern;
(qn.) anreden; (qch.) berühren;
auf etw. kommen; —, v. n. (Schifff.)
anlanden (à, an), herbeikommen.
†Abordeur, m. (Seew.) Enterer.
Aborigènes, m. pl. Ureinwohner.
Abornement, m. Abmarkung, f.
Begränzung, das Setzen der Mark=
steine.
Aborner, v. a. abmarken, bemar=
ken, umgränzen, mit Gränzsteinen
bezeichnen.
Abortif, ve, adj. (Med.) unzeitig,
zu frühzeitig (Kind); abtreibend (Mit=
tel); (Bot.) unreif, unvollkommen.
Abouchement, m. Unterredung,
f.; (Anat., 2c.) Zusammenstoßen
(zweier Röhren, 2c.), n.
Aboucher (v. a.) deux personnes,
eine Unterredung zwischen zwei Per=
sonen veranstalten || (zwei Röhren)
zusammenfügen; s'—, sich unterre=
den, sich besprechen (Anat., 2c.) zu=
sammentreffen, =stoßen (wie Adern).
†Abouement, Aboûment, m.
(Tischl.) Ebenfügung, f.
†Abouquer (v. a.) du sel, neues
Salz aufschütten.

About, m. (Zimm.) Ende, n.
†Abouter, v. a. (Zimm.) zusam=
menfügen.
Aboutir, v. a. n. à qch., bis an etw.
gehen, sich erstrecken, an etw. stoßen,
reichen; fg. auf etw. abzwecken, hinaus
laufen, sich endigen; (Chir.) reisen,
zeitigen; (Gärtn.) Knospen gewinnen.
Aboutissants, m. pl., tenants et
—, die an ein Grundstück stoßenden,
oben und unten liegenden Felder; fg.
alle Umstände.
Aboutissement, m. (Schneid.)
Anstoß, m. (Chir.) Reise, f. Zeitigung.
Ab ovo, adv. fm. vom Ursprung,
Anbeginn.
Aboyant, e, adj. bellend.
Aboyer, v. n. bellen, anschlagen;
— à qn., contre qn., einen anbel=
len, fg. einen verschreien, verleum=
den, lästern, auszanken; — après
qch., nach etw. schnappen.
Aboyeur, m. (Jagd) Saubeller;
fg. fm. Kläffer, Schreier; — de
places, einer der nach jedem ledigen
Dienste läuft. [spannen.
†Abraquer, v. a. (Seew.) ein Tau
Abrégé, m. Auszug, der kurze In=
begriff; (Org.) Kuppel, f. en —,
auszugsweise, kurz.
Abréger, v. a. abkürzen, zusam=
menbrängen; — v. n. sich kurz fas=
sen; —é, e, abgefürzt, furz.
Abreuver, v. a. tränken (Vieh); fg.
id., durchnässen, durchbringen; (ei=
nen) überhäufen (mit Kummer); être
abreuvé de chagrins, etc., von Ver=
drießlichkeiten, 2c. überhäuft seyn;
s'—, getränkt werden; fg. s'— de
sang, sich mit Blut tränken; s'— de
larmes, sich in Thränen baden, 2c.
Abreuvoir, m. Tränke, f. Schwem=
me; Tränktrog, m.
Abréviateur, m. Abfürzer, der
Verfasser eines Auszugs.
Abréviation, f. (Schreibf.) Ab=
kürzung, Abbreviatur.
Abri, m. Zufluchtsort; fg. Schutz,
Zuflucht, f.; (Gärtn.) Schirmdach,
n.; à l'—, adv. bedeckt, beschirmt
(de, gegen), sicher (de, vor).
Abricot, m. Aprikose, f.
Abricotier, m. Aprikosenbaum.
Abriter, v. a. (Gärtn.) gegen Wind
und Wetter schützen; decken, unter
Dach bringen.
Abrogation, f. Abschaffung, Auf=
hebung (eines Gesetzes).
Abroger, v. a. abschaffen, aufheben;
— von selbst aufhören, außer
Gebrauch kommen. [fressen.
Abrouti, e, adj. (Forstw.) abge=
Abrupt, e, adj. abgerissen. [lich.
Abrupto (ab, ex), adv. lat. plöß=
Abrutir, v. a. zum Viehe machen,
verwildern; s'—, viehisch dumm
werden.

Abrutissement, m. Verwilderung,
f. die viehische Dummheit.
Abscisse, f. (Geom.) Abscisse (Theil
der Achse einer krummen Linie).
Absence, f. Abwesenheit || Man=
gel (einer S.), m.; fg. — d'esprit,
Zerstreuung, f.
Absent, e, adj. abwesend; fg. zer=
streut; absents, m. pl. die Abwe=
senden, m. et f.
Absenter (s'), sich entfernen, sich
weggegeben, wegbleiben.
Abside, f. Gewölbe, n. Blende,
f. Nische (in einer Kirche).
Absinthe, f. Wermuth, m.
Absolu, e, adj. unumschränkt, un=
abhängig, unbedingt || gebieterisch
(Character); (Gramm.) unverbun=
den; -ment, adv. schlechterdings,
durchaus, -ment parlant, überhaupt
zu reden.
Absolution, f. Lossprechung,
(Kirch.) Absolution.
Absolutoire, adj. (Kath.) bref—,
Ablaßbrief, m.
Absorbant, e, adj. einsaugend, ver=
zehrend; (Anat., Bot.) vaisseau —,
Sauggefäß, n.; —, m. (Med.) das
zertheilende, absorbirende Mittel.
Absorber, v. a. einsaugen; ver=
schlingen; fg. verzehren, erschöpfen,
in sich aufnehmen; s'— dans qch.,
sich in etw. verlieren, in etw. vertieft
seyn. [schluden, Verzehren.
Absorption, f. Einsaugen; n. Ein=
*Absoudre, v. a. los=, freisprechen.
Absoute, f. (Kath.) die feierliche
Absolution.
Abstème, m. et f. (Kircheng.) der,
die sich des Weins enthält.
*Abstenir (s') de qch., sich einer S.
enthalten; etw. meiden, unterlassen.
Abstension, f. (jur.) Verzichtung
(auf ein Erbe).
Abstergent, e, adj. (Med.) ab=
führend; —, m. das abführende
Mittel. [säubern.
Absterger, v. a. (Chir.) reinigen,
Abstersif, ve, adj. (Med.) reini=
gend; —, m. Reinigungsmittel, n.
Abstersion, f. (Chir.) Reinigung.
Abstinence, f. die Enthaltung von
etw.; Enthaltsamkeit.
Abstinent, e, adj. enthaltsam.
Abstraction, f. (Philos.) Abson=
derung, Abstraction, der abstracte Be=
griff; —s, Zerstreuung, f.; faire
— de qch., etw. beiseite legen, über=
gehen.
Abstractivement, adv. (Log.) ab=
stract genommen; für sich, mit Aus=
schließung jedes andern, abgesondert.
*Abstraire, v. a. (Philos.) abson=
dern.
Abstrait, e, adj. abstract, abgeson=
bert, abgezogen || scharf || hoch, schwer=
verständlich, fg. zerstreut, vertieft.

Abstrus, e, *adj.* bunfel, tief, verborgen.

Absurde, *adj.; -*ment, *adv.:* ungereimt, widersinnig, unsinnig, abgeschmackt.

Absurdité, *f.* Ungereimtheit, Unsinn, *m.* Widersinnigkeit, *f.; —*s, Possen, *f. pl.*     [Täuschung, *f.*

Abus, *m.* Mißbrauch, Irrthum, Abuser, *v. n.* de qn., de qch., einen, etw. mißbrauchen ; —, *v. a.* betrügen, täuschen ; s' —, sich irren, sich täuschen.

Abusif, ve, *adj.; -*vement, *adv.:* mißbräuchlich ; irrig ; (jur.) widerrechtlich.     [schub werfen.

†Abuter, *v. a.* (Spg.) um den Anfang.

Abyme, *v.* Abime.

Abymer, *v.* Abimer.

†Abyssin, e, *adj.* abyssinisch ; *m.* Abyssinier.

†Abyssinie, *f.* Abyssinien.

Acabit, *m.* (Gärtn.) Eigenschaft (der Gemüße, Früchte), *j.;* d'un bon ou d'un mauvais —, gut ob. schlecht.

Acacia, *m.* (Bot.) Acacienbaum; — épineux, Schetendorn.

Académicien, *m.* Akademifer; das Mitglied einer gelehrten Gesellschaft.

Académie, *f.* Akademie, Lehranstalt, die hohe Schule || die gelehrte Gesellschaft || Ritterschule || (Mal.) Akademiestüd, *n.,* — de musique, die große Oper (in Paris); — des jeux, Spielhaus, *n.*     [afademisch.

Académique, *adj.; -*ment, *adv.:*

Académiste, *m.* Zögling (einer Schule, besonders einer Ritterschule).

Acagnarder, *v. a. fm.* zu einem müßigen, lüderlichen Leben gewöhnen ; s' —, faul, lüderlich werden.

Acajou, *m.* Acajou, Nierenbaum; (Handl.) Mahagonißholz, *n.*

†Acanthacé, e, *adj.,* plantes —es —es, *f. pl.* die Pflanzen aus der Familie der Afantßern.

†Acanthapode, *m.* Fisch mit flachlichen Floßfedern.

Acanthe, *f.* (Bot.) Afantß, *m.* Bärenflau ; (Bauf.) Laubverzierung, *f.* Bärenflaublatt, *n.*

Acariâtre, *adj.* mürrisch, zänfisch, wunderlich.     [secten, Milben.

†Acarides, *m. pl.* eine Art von Insecten.

Acatalepsie, *f.* der allgemeine Zweifel. Unbegreiflichkeit, *f.;* (Medizin) Harnzerrüttung.

Acataleptique, *adj.* zweifelnd, sfeptisch, ohne Fassungsfraft.

Acaule, *adj.* (Bot.) ohne Stiel.

Accablant, e, *adj.* niederdrückend ; *fg. id.,* niederschlagend, läßig.

Accablement, *m.* Entkräftung, *f.* || Niedergeschlagenheit, Kleinmuth, *m.*

Accabler, *v. a.* zu Boden drücken, niederdrücken, zu Boden schlagen (de, mit); *fg.* überwältigen || niederschla-

gen || überhäufen; —é, e, niedergeschlagen, fleinmüthig.     [scherfauf.

Accaparement, *m.* Aufstauf, Wucherer, Kornjude.

Accaparer, *v. a.* auf=, wegfaufen.

Accapareur, *m.* Auffäufer, Wucherer, Kornjude.

†Accarer, *v. a.* die Zeugen und den Beflagten gegen einander vernehmen.

†Accariation, *f.* Gegenverhör, *n.*

†Accastillage, *m.* (Schiffb.) das Vorder= und Hintercaßell.

†Accastiller, *v. a.* (Schiffb.) mit Vorder= und Hintercaßell versehen.

Accéder, *v. n.* à qch., einer S. beitreten.

Accélérateur, -trice, *adj.*(Phys.) beschleunigend ; (Anal.) muscle —, et —, *m.* Treibmusfel.

Accélération, *f.* Beschleunigung, Förderung.     [dern, befügeln.

Accélérer, *v. a.* beschleunigen, fordern, welche zu Rom das Volf zusammenriefen.

Accent, *m.* Ton (der Stimme); (Gramm.) Aussprache, *f.;* (Muf.) Tonzeichen, *n.; —*s, *fg.* Töne, *m. pl.;* Gesang, *m.*     [Tonzeichen.

Accentuation, *f.* die Setzung der Accentuer, *v. a.* mit Tonzeichen versehen ; syllabe —ée, Tonsylbe, *f.*

Acceptable, *adj.* annehmlich.

Acceptant, *m.* e, *f.* (jur.) Annehmer, *m.* sinn, *f.*

Acceptation, *f.* Annahme.

Accepter, *v. a.* annehmen. [mer.

Accepteur, *m.* (Handl.) Annehmer, *m.*

Acception, *f.* (Gramm.) Sinn, *m.* Bedeutung, *f.;* sans — de personne, ohne Ansehen der Person; *fg.* Anwandlung, *f.* Anfall, *m.*

Accessible, *adj.* zugänglich.

Accession, *f.* Beitritt, *m.* || Zuwachs.

Accessit, *m.* lat. Accessit, *n.*

Accessoire, *adj.* hinzufommend ; idée —, Nebenbegriff, *m.; —, m.* Zusatz, Anhang ; Nebensache, *f.; —*s, (Mal.) Nebenfiguren, *f. pl.;* (Anal.) Hülfsnerven, *adj.; -*ment, *adv.* nebenher, beiläufig.

Accident, *m.* Zufall, Unfall; (Philos.) die zufällige Eigenschaft; (Mal.) Nebenlicht, *n.;* par —, zufällig.

Accidenté, ée, *adj.* uneben, mannichfaltige Anblicke darbietend (ein Boden, eine Straße).

Accidentel, le, *adj.* zufällig;(Philos.) *id.,* außerwesentlich; -lement, *adv.* zufällig, zufälliger Weise.

†Accipitres, *m. pl.* das Geschlecht der Raubvögel. [dürfnissen, Accise.

Accise, *f.* die Steuer von Lebensbedürfnissen, Accise.

Acclamation, *f.* Zuruf, *m.* Jubel, Freudengeschrei, *n.;* der laute Beifall; par —, durch allgemeinen Zuruf.

†Acclamper, *v. a.* anflammern.

Acclimater, *v. a.* an das Klima gewöhnen ; s' —, ein Klima gewohnt werden.

Accointance, *f. fm.* Umgang, *m.* Vertraulichkeit, *f.*

Accointer (s'), mit jemand vertraulich umgehen.

†Accoisement, *m.* (Med.) Beruhigung (der Säfte), *f.*

†Accoiser, *v. a.* (Med.) beruhigen.

Accolade, *f. fm.* Umarmung ; Ritterschlag, *m.;* (Schreibf.) Klammer, *f.*

†Accolage, *m.* die Anbindung der Reben an Pfähle, an eine Mauer, 2c.

†Accolement, *m.* der Raum zwischen dem Pflaster der Straße und dem Graben.

Accoler, *v. a. fm.* umarmen ; (Schreibf.) zusammenflammern ; (Gärtn.) anbinden; s' —, sich anflammern (Reben).

†Accolure (*f.*) d'osier, de paille, Weiden=, Strohband, *n.* || Bund, *m.* (an einem Holzfloß).

Accommodable, *adj.* was gütlich abgethan, beigelegt werden fann.

Accommodage, *m.* Zubereitung, *f.;* (Perr.) Frisiren, *n.;* Frisirlohn, *m.*

Accommodant, e, *adj.* gefällig, verträglich ; humeur —e, Verträglichfeit, *f.*

Accommodement, *m.* Einrichtung, *f.* || Vergleich, *m.* Beilegung (eines Streites), *f.;* Aussöhnung, Unterhandlung, Vergleichsmittel, *n.*

Accommoder, *v. a.* einrichten, ordnen ; zurichten (Speisen) || schlichten, vermitteln (Streitigfeiten) ; ausschmücken ; (Perr.) frisiren ; *fg.* richten, bequemen (nach dem Geschmack eines andern) ; (einen) zufrieden stellen, gut bedienen ; *fm. iron.* übel zurichten ; cela m'accommode, das behagt mir, steht mir an; s' —, sich vergleichen; *iron.* sich zurichten; s' — à qch., sich zu etw. bequemen, in etw. schicken ; s' — de qch., sich mit etw. behelfen; s' — etw. zueignen.

†Accompagnage, *m.* der Durchschuß von Seidenfäden im Goldstoff.

Accompagnateur, *m.* -trice, *f.* (Muf.) Begleiter, *m.* sinn, *f.*

Accompagnement, *m.* Begleitung, *f.;* Geleit, *n.;* (Muf.) Begleitung, *f.; —*s, (Bauf.) Verzierungen, *f. pl.;* (Mal.) Nebenfiguren.

Accompagner, *v. a.* begleiten; (einem) folgen; — qch. de qch., etw. einer S. beifügen; — bien, sich gut schiden (zu etw.); —, (Muf.) begleiten, einstimmen; s' — de qn., einen zu sich gesellen, mit sich führen.

Accomplir, *v. a.* erfüllen; *fg. id.,* vollenden, ausführen; s' —, erfüllt

werden, eintreffen; accompli, e, vollendet, vollkommen.

Accomplissement, m. Erfüllung, f. Vollendung; Erreichung (eines Wunsches).

Accon, m. der flache Kahn, Ever.

Accoquinant, Accoquiner, voir Acoquinant, Acoquiner.

Accord, m. Uebereinstimmung, f. Einigkeit; (Muf.) Zusammenstimmung; (jur.) Vergleich, m. Uebereinkunft, f.; — verbal, Verabredung; être, demeurer d'—, einerlei Meinung seyn, einstimmen; tomber d'— de qch., über etw. einig werden; être d'—, einig seyn; (Muf.) gestimmt seyn; mettre d'—, mit einander verständigen; d'—, adv. gut, es sey!

Accordable, adj. passend; was zugegeben werden kann.

Accordailles, f. pl. die Beschliessung des EheKontraktes. [send.

Accordant, e, adj. zusammenpassend.

Accordé, m. e, f. Bräutigam, m. Braut, f. Verlobte, m. et f.

Accorder, v. a. vereinigen, in Uebereinstimmung bringen || zugeben, bewilligen, gewähren, verleiden; (Muf.) stimmen; (Mal.) verschmelzen (Farben); s'—, übereinstimmen, sich vergleichen || sich zusammenschicken, sich vertragen.

Accordeur, m. (Muf.) Stimmer.

Accordoir, m. (Muf.) Stimmhammer, Stimmhorn, n.

Acrore, adj. steil; une côte —, eine steile Küste. [men.

Accorer, v. a. ein Schiff unterstemmen. †Accorné, e, adj. mit Hörnern von anderer Farbe als der Körper.

Accort, e, adj. plais. gefällig, anmuthig. [ligkeit.

Accortise, f. Höflichkeit, Gefälligkeit.

Accostable, adj. fm. umgänglich.

Accoster, v. a. fm. qn., sich jemand nähern; m. p. s'— de qn., mit jemand umgehen. [sich anlehnen.

Accoter, v. a. anlehnen; s'—, fm.

Accotoir, m. Lehne, f. Stütze.

Accouchée, f. Wöchnerinn.

Accouchement, m. Entbindung, f. Geburtshülfe.

Accoucher, v. n. niederkommen (de, mit), entbunden werden (de, von); fg. — de qch., etw. zur Welt bringen; — v. a. entbinden, (einer Frau) zur Entbindung helfen.

Accoucheur, m. se, f. Geburtshelfer, m. -inn, f.

Accouder (s'), sich auf den Ellbogen stützen. [Lehne, Polster, m.

Accoudoir, m. Lehne, f. Armpolster.

Accouple, f. das Band das mehrere Hunde zusammenhält.

Accouplement, m. Paarung, f. Begattung (der Thiere) || Zusam-

menjochen (der Ochsen), n.; (Baut.) Zusammenstellung, f.

Accoupler, v. a. paaren || zusammenjochen (Ochsen); koppeln; (Trict.) binden; (Baut.) zusammenstellen; fg. verbinden; s'—, v. r. sich paaren, sich begatten.

Accourcir, v. a. abkürzen; s'—, kürzer werden, abnehmen (Tage).

Accourcissement, m. Verkürzung (des Wegs), f.; Abnahme (der Tage).

*Accourir, v. n. herbeilaufen, herzulaufen, herzueilen. [raum.

Accoutrement, m. fm. Anzug, Aufzug. [ausstaffiren.

Accoutrer, v. a. fm. herauspupen, Accoutumance, f. vi. Gewohnung, Angewöhnung.

Accoutumer, v. a. gewöhnen; s'— à qch., sich an etw. gewöhnen; être, avoir accoutumé, pflegen, gewohnt seyn.

†Accouvé, e, adj. fm. wer immer hinter dem Ofen liegt.

Accréditer, v. a. beglaubigen, in guten Ruf bringen; — un bruit, ein Gerücht ausbreiten; s'—, sich Achtung, Ansehen erwerben; (von einer Nachricht, ꝛc.) Glauben finden.

Accroc, m. Riß || Haken, Nagel; fg. fm. Hinderniß, n.

Accroche, f. fm. Schwierigkeit.

Accrochement, m. Hängenbleiben, n. Anhangen, Entern.

Accrocher, v. a. an-, einhäkeln, häfteln, an einen Haken hängen; (Schiff.) entern; fg. aufhalten, hindern || fm. schamlos erhaschen (eine Stelle); s'—, sich hängen (à, an).

*Accroire, v. n., faire — qch. à qn., en faire à qn., einem etw. weiß machen, aufbinden; s'en faire —, sich viel einbilden.

Accroissement, m. Wachsen, n. Wachsthum; fg. Anwachs, m. Zuwachs, Zunahme, f. Vermehrung.

*Accroître, v. a. vermehren, vergrößern; —, v. n. et s'—, wachsen, anwachsen, vermehrt werden; zunehmen, sich vergrößern; —, (jur.) zu gut kommen.

Accroupir(s'), niederhocken, kauern.

Accroupissement, m. Niederhocken, n. Kauern.

Accrue, m. Zuwachs (an Land), m.; (Forstw.) Anwachs.

Accueil, m. Aufnahme, f. Empfang, m.; Begegnung, f.

*Accueillir, v. a. (faire accueil) empfangen, aufnehmen, bewillkommmen, (einem) begegnen; (gut-) fallen (Regen, ꝛc.).

Accul, m. der Ort ohne Ausgang; (Artill.) Anhaltpfahl.

†Acculement, m. die Bogenründung des Bauchstücks des Schiffes.

Aculer, v. a. in die Enge treiben; s'—, sich anlehnen.

Accumulateur, m. -trice, f. der, die anhäuft, vermehrt.

Accumulation, f. Anhäufung.

Accumuler, v. a. häufen, anhäufen; s'—, sich anhäufen, sich vermehren.

Accusable, adj. anklagbar.

Accusateur, m. -trice, f. Ankläger, m. -inn, f. [tiv.

Accusatif, m. (Gramm.) Accusation, f. Anklage, Beschuldigung.

Accusé, m. e, f. (jur.) Angeklagte, m. et f. Beklagte, Inquifit, m. -inn, f.

Accuser, v. a. anklagen, beschuldigen; (Mal.) andeuten; (den Empfang eines Briefes) melden; (die Karten) angeben; — ses péchés ou s'— de ses péchés, seine Sünden beichten.

Acens, m. Erbpachtgut, n.

Acensement, m. Erbpachtung, f.

Acenser, v. a. verpachten; in Erbpacht nehmen. [Anführer.

Acéphale, adj. kopflos; fg. ohne Acérain, adj. stahlartig (vom Eisen).

Acerbe, adj. herbe, scharf. [sen.

Acerbité, f. Herbe, Schärfe.

†Acère, adj. (Naturg.) ohne Hörner, ohne Fühlhörner.

Acérer, v. a. stählen; acéré, e, gestählt; fg. beißend.

†Acérure, f. Stahlblättchen, n.

Acescence, f. (Med.) die Anlage zum Sauerwerden.

Acescent, e, adj. (Med.) säuerlich. [(am Knochen).

†Acétabule, m. (Anal.) Pfanne

Acétate, m. (Chym.) Essigsalz, n.

Acéteux, se, Acétique, adj. essigsauer; acide acétique, Essigsäure, f.

†Acétite, v. Acétate.

Achaïe, f. (Geogr.) Achaia.

Achalandé, e, adj. qn., einem Kunden betreffend; s'—, Kunden bekommen; achalandé, e, mit Kunden versehen.

Acharnement, m. Blutgier, f.; fg. Hartnäckigkeit, Erbitterung, Wuth.

Acharner, v. a. (Jagd) blutgierig, bissig machen; fg. erbittern; s'—, sich mit Wuth an etw. hängen; fg. s'— l'un contre l'autre, einander aufs grimmigste verfolgen; s'— contre qn., einem grimmig verfolgen; s'— à qch., auf etw. erpicht seyn; s'— à qn., grimmig; fm. erpicht, versessen (à, auf).

Achat, m. Kauf, Einkauf, Handel; à titre d'—, käuflich.

Ache, f. (Bot.) Eppich, m.

†Achée, f. Regenwurm (zum Angeln, ꝛc.), m. [achäisch.

†Achéen, m. Achäer; —, ne, adj.

Acheminement, m. fg. Weg, gute Anfang, Schritt zu etw.

Acheminer, v. a. fg. in Gang brin-

gen, einleiten, vorbereiten; (Reitſch.)
ein wenig zureiten; s'—, ſich auf ben
Weg machen, geben; fg. vorangeben,
vorrücken. [Höllenfluß.
Achéron, m. (Myth.) Acheron.
Acheter, v. a. kaufen; — de qn.,
einem abkaufen; erkaufen, erhandeln;
fg. erkaufen, erringen.
Acheteur, m. Käufer.
Achevé, e, adj. vollendet, vollkommen, vortrefflich.
Achévement, m. Endigung, f.
Vollendung, Vollkommenheit.
Achever, v. a. endigen, vollenden;
fg. — qn., einen vollends umbringen, einem ben Reſt geben; einen zu
Grunde richten; (von einem bald Be-
trunkenen) voilà de quoi l'—, bas
wird ihn vollends betrunken machen;
—, v. n. endigen; — de parler,
ausreden; s'—, ſich endigen, fertig
werden, zu Stande kommen; fg. ſich
zu Grunde richten; —é, e, vollendet; fg. id., vollkommen, vortrefflich; fou —é, Erznarr, m.
†Achille, n. pr. m. Achilles.
Achillée, f. Achilleskraut, n.
†Achires, m. (Naturg.) die Fiſche
ohne Bruſtfloßfedern.
Achoppement, m. fg. pierred'—,
der Stein des Anſtoßes, Klippe, f.
Achores, m. (Med.) Anſprung,
m. Milchſcherf (der Kinder). [los.
Achromatique, adj. (Opt.) farb-
Achronique, adj. bem Sonnenauf-
ober Untergang entgegenſtehend.
†Aciculaire, adj. (Bot.) nadelför-
mig; feuille —, Zangelnadel, f.;
arbres à feuilles —s, Nadelholz, n.
Acide, adj. ſauer, ſcharf; sel —,
Sauerſalz, n.; —, m. Säure, f.
Acidifère, adj. (Chym.) Sauerſtoff
enthaltend.
†Acidifier, v. a. ſäuern.
Acidité, f. Säure.
Acidule, adj. ſäuerlich; eaux —s,
f. pl. Sauerbrunnen, m.
Aciduler, v. a. ſäuern.
Acier, m. Stahl; d'—, ſtählern.
Aciérer, v. a. ſtählen, Eiſen ſtäh-
Aciérie, f. Stahlhütte. [len.
†Acolytat, m. (Kath.) Akoluthat, n.
Acolyte, m. (Kath.) Akoluth.
Aconit, m. (Bot.) Aconit, Eiſen-
hütlein, n. Wolfswurz, f. (Giftkraut).
Acoquinant, e, v. Acoquiner.
Acoquiner, v. a. fm. verwöhnen,
faul machen ‖ an ſich locken, an ſich
ziehen, ziehen; s'— à qch., à qn.,
ſich kindiſch an etw. gewöhnen, in
jemand vernarrt ſeyn. [ſeln.
†Açores, f. pl. die azoriſchen In-
Acotylédone, adj. (Bot.) nacht-
keimend.
†Acousmate, m. der Klang den
man in der Luft zu hören glaubt;
das Suniſen vor den Ohren.

Acoustique, f. Gehör-, Schall-
lehre. Akuſtik; —, adj. akuſtiſch;
was zum Gehör gebraucht wird; nerf
—, Gehörnerv, m.; cornet —,
Hörrehr, n.
Acquéreur, m. Erwerber, Käufer.
*Acquérir, v. a. erwerben, anſchaf-
fen, kaufen; s'—, ſich verſchaffen
ſich erwerben.
Acquêt, m. Erwerb, Erwerbene,
n.; Gewinn, m.; —s, (jur.) Er-
rungenſchaft, f. [f.
Acquiescement, m. Beiſtimmung,
Acquiescer, v. n. à qch., in etw.
einwilligen, ſeine Beiſtimmung geben.
Acquis, m., il a de l'—, er hat
ſelbſt erworbene Kenntniſſe, Fähigkeiten; —, adj. fg. ergeben (einem);
v. Acquérir.
Acquisition, f. Erwerb, m. Einkauf; faire — de qch., etw. an ſich
bringen, kaufen
Acquit, m. Quittung, f. Zah-
lungsſchein, m.; jouer à l'—, ſpielen wer alles bezahlen ſoll; — à caution, Zollſchein, m. Freizettel; par
manière d'—, adv. nachläſſig, obenhin; pour —, baar empfangen; pour
l'— de ma conscience, zur Beru-
bigung meines Gewiſſens; —, (Bill.)
Ausſaß, m. ‖ Einfluß.
Acquittement, m. Zahlung, f.
Entrichtung (einer Schuld).
Acquitter, v. a. zahlen, abtragen;
freimachen (von Schulden); (jur.)
freiſprechen; — sa conscience,
ſein Gewiſſen reinigen; s'— de qch.,
ſich einer S. entledigen, (einen Auftrag) beſtellen; s'— de son devoir,
ſeine Pflicht erfüllen, ſeine Schuldigkeit, ſein Amt verwalten; s'— envers
qn., einen bezahlen; s'— (donner
l'acquit), (Bill.) ſich ausſetzen.
Acre, f. Morgen (Landes), m.
Acre, adj. ſcharf, herbe, beißend.
Acreté, f. Schärfe, Herbe; fg.
Biſſigkeit, das mürriſche Weſen.
Acrimonie, f. (Med.) Schärfe,
Säure; Erb, m. Sodbrennen (im
Magen), n.; fg. Bitterkeit, f.
Acrimonieux, se, adj. beißend,
ſcharf. [bei den alten Römern.
Acrobate, m. eine Art Seiltänzer
†Acrocérauniens (monts), m. pl.
die akrocerauniſchen Berge; jetzt Chi-
mera genannt. [Schlange.
†Acrochorde, m. die ſchuppenloſe
Acronyque, v. Achronique.
Acrostiche, m. (Dicht.) Akroſti-
chum (Verſe, deren Anfangsbuchſta-
ben ein Wort oder einen Namen
bilden), n.
Acte, m. That, f. Handlung; (jur.)
Acte, Verhandlung; Vertrag, m.
Verſchreibung, f. Urkunde; die öffent-
liche Handlung, Feierlichkeit; (Theat.)
Aufzug, m.; — de justice, das Werk

der Gerechtigkeit; — constitutionnel, Conſtitutions-Urkunde, f.; prendre, donner — de qch., eine Urkunde, einen Act über etw. nehmen,
geben; —s, Protokolle, n. pl. Acten,
Urkunden; les Actes des Apôtres,
(h. Schr.) Apoſtelgeſchichte, f.
Acteur, m. -trice, f. Schauſpieler, m. -inn, f.; fg. Theilnehmer,
m. -inn, f.
Actif, ve, adj.; -vement, adv.:
wirkſam, thätig; munter, rege, reg-
ſam; dette —ve, Forderung, f.
Ausſtand, m.
Action, f. Handlung, That, Wirkung; (Kriegsw.) Treffen, n.; fg.
Leben, Heftigkeit, f. Feuer (in Schriften und Reden), n.; (Rhet.) Anſtand,
m. Vortrag, Ausbruck; (Phyſ.)
Strebkraft, f.; (jur.) Klage; Recht
zu klagen, n.; (Dicht.) Haupthand-
lung, f.; (Handl.) Actie, Antheil,
m.; — de grâce, Dankſagung, f.
Dankfeſt, n. [Theilhaber.
Actionnaire, m. der Actien hat,
Actionner, v. a. gerichtlich belan-
gen.
Activement, adv. auf eine thätige
Weiſe, thätig; (Gramm.) activ.
†Activer, v. a. in Thätigkeit ſetzen.
Activité, f. Thätigkeit, Wirkſam-
keit, Regſamkeit, Behendigkeit, Leb-
haftigkeit; fg. Feuer, n. Geiſtes-
kraft, f.
Actuel, le, adj.; -lement, adv.:
wirklich, gegenwärtig beſtehend.
Acuponcture, f. (Chir.) Nadel-
punktirung; (Arch.) Fußgeſtell, n.
Bilderſtuhl, m.
Acutangle, Acutangulaire, adj.
(Geem.) ſpitzwinkelig, ſcharfeckig.
Adage, m. Denkſpruch, Sprich-
wort, n.
Adagio, adv. (Muſ.) langſam,
traurig; —, m. Adagio, n.
†Adamantin, adj. diamantartig.
†Adamites, m. pl. die Adamiten.
Adaptation, f. Anpaſſung, An-
paſſen, n.
Adapter, v. a. anpaſſen, anwen-
Adatais, m. bas oſtindiſche Neſſel-
tuch.
Addition, f. Zuſatz, m. Zugabe,
f. Zulage; (Arithm.) Addiren, n.
Addition, f.
Additionnel, le, adj. hinzukom-
mend; impôt —, Zuſchußſteuer, f.;
article —, Zuſatzartikel, m.
Additionner, v. a. addiren, zu-
ſammenrechnen, -zählen.
Adducteur, m. et adj. m., mus-
cle —, (Anat.) der Muskel, der
ein Glied einwärts bewegt.
Adduction, f. die einwärts gebende
Muskelbewegung. [heid.
†Adélaïde, Adéle, n. pr. f. Adel-
Ademption, f. die Zurücknahme d.

Widerrufung (eines Vermächtnisses).
†Adénalgie, f. ( Med.) Drüſen=
ſchmerz, m. [ſenbeſchreibung.
†Adénographie, f. (Anat.) Drü=
†Adénoide, adj. drüſenförmig.
†Adénologie, f. (Anat.) Drüſen=
lehre. [zergliederung.
†Adénotomie, f. (Anat.) Drüſen=
†Adent, m. (Tiſchl.) Verzahnung,
f. [ger.
†Adéphagie, f. ( Med.) Heißhun=
Adepte, m. Eingeweihte; (Ehym.)
Goldmacher. [ſtändig, angemeſſen.
Adéquat, e, adj. (Philoſ.) voll=
Adhérence, f. Anhängen, n. Kle=
ben (an etw.); fg. m.p. Anhänglich=
keit, f. [—, m. Anhänger.
Adhérent, te, adj. feſt anhängend;
Adhérer, v. n. feſt anhängen (à,
an); fg. zugethan ſeyn, beiſtimmen,
beitreten; (jur.) etw. bekräftigen.
Adhésion, f. Anhängen, n. Kle=
ben; fg. Beiſtimmung, f. Beipflich=
tung, Beitritt, m. (à, zu).
Adiante, f. (Bot.) eine Art Far=
renkraut, Adiant, m. Frauenhaar, n.
Adieu, adv. Gott befohlen! lebe
wohl! —, m. Abſchied, Lebewohl,
n.; faire ses —x, Abſchied nehmen.
†Adige, m. Etſch (Fluß), f.
Adipeux, se, adj. (Anat.) fett.
Adipocire, f. Fettwachs, n.
Adirer, v. a. vi. (jur.) verlieren.
Adition, f. (jur.) Antritt (einer
Erbſchaft), m.
†Adive, m. Schakal, Goldfuchs.
Adjacent, e, adj. anliegend, an=
gränzend. [nom —, Beiwort, n.
Adjectif, m. et adj. (Gramm.)
Adjectivement, adv. beiwörtlich.
Adjoindre, v. a. (qn. à qn.),
zugeſellen, zum Gehülfen geben; zu=
geben; s'—, zum Gehülfen nehmen.
Adjoint, m. Amtsgehülfe.
Adjonction, f. Zugebung (eines
Gehülfen). [Adjutant.
Adjudant, m. (Kriegsw.) Gehülfe,
Adjudicataire, m. et f. (jur.,
2c.) Steigerer, m. =inn, f.
Adjudication, f. (jur., 2c.) Zuer=
kennung, Zuſpruch, m.; Zuſchlag.
Adjuger, v. a. (jur., 2c.) zuer=
kennen, zuſprechen; zuſchlagen.
Adjuration, f. Beſchwörung.
Adjurer, v. a. beſchwören.
Ad libitum, t. lat. nach Gefallen.
Admettre, v. a. (qch.), anneh=
men, wahr und richtig finden; (qn.)
vorlaſſen, zulaſſen (à, zu); aufneh=
men (à, in).
Adminicule, m. Behelf, Beför=
derungsmittel, n.
Administrateur, m. Verwalter.
Administratif, ve, adj. die Ver=
waltung betreffend; arrêté —, Ver=
waltungsbeſchluß, m. || zur Verwal=
tung geſchickt.

Administration, f. Verwaltung;
(jur., 2c.) Verwaltung (der Be=
weiſe, 2c.); (Kirch.) Austheilung
(der Sakramente).
†Administrativement, adv. ver=
waltungsmäßig, auf adminiſtrativem
Wege.
Administrer, v. a. verwalten, be=
ſorgen; verweſen; (jur.) (Zeugen)
ſtellen; (Beweiſe) beibringen; (Kirch.)
(Sakramente) austheilen, ſpenden;
— un malade, (einem Kranken) die
letzten Sakramente reichen. [ten.
Administrés, m. pl. die Verwalte=
Admirable, adj.; -ment, adv.:
bewunderungswürdig; vortrefflich.
Admirateur, m. -trice, f. Bewun=
derer, m. =inn, f.
Admiratif, adj. (Gramm.) point
—, Verwunderungs=, Ausrufungs=
zeichen (!), n.; particule —ve, Ver=
wunderungswort.
Admiration, f. Bewunderung,
Verwunderung.
Admirer, v. a. bewundern, er=
ſtaunt ſeyn (qch., über etw.); s'—,
ſich ſelbſt bewundern. [ſtatthaft.
Admissible, adj. zuläſſig, gültig,
Admission, f. Zulaſſung (à, zu).
†Admittatur, m. lat. das Zeugniß
der Würdigkeit. [teur, etc.
†Admodiateur, etc., v. Amodia=
Admonéter, v. a. (jur.) qn., ei=
nem einen Verweis bei verſchloſſenen
Thüren geben.
Admonition, f. Verweis, m.;
Warnung, f. Verwarnung.
Adolescence, f. Jugend; Jüng=
lingsalter, n.
Adolescent, m. Jüngling.
†Adolphe, n. pr. m. Adolph.
Adonien ou Adonique, m. (Proſ.)
adoniſche Vers.
Adonis, m. plais. Ziraffe, Stu=
zer; (Bot.) Adonisblume, f. Feuer=
röschen, n. [pupen.
Adoniser (s'), fm. ſich heraus=
Adonner (s'), ſich ergeben; ſich
widmen; an, in, einen lieu, einen,
einen Ort oft ſehen, beſuchen.
Adopter, v. a. an Kindesſtatt auf=
nehmen; fg. als ſein erkennen, ſich
zueignen, annehmen.
Adoptif, ve, adj. an Kindesſtatt
angenommen.
Adoption, f. die Annehmung an
Kindesſtatt; fg. Annahme.
Adorable, adj. anbetungswürdig.
Adorateur, m. Anbeter, Liebhaber.
Adoration, f. Anbetung, Vereh=
rung. [vergöttern.
Adorer, v. a. anbeten; verehren,
Ados, m. (Gärtn.) das abhängig
gegen die Sonne gerichtete Beet.
Adosser, v. a. anlehnen (contre,
à, an), (eine Mauer) anbauen;
s'—, ſich anlehnen.

Adouber, v. a. (Trict., 2c.) einen
Stein zurechtſetzen.
Adoucir, v. a. verſüßen; (Handw.)
glatt machen; ( Muſ.) dämpfen;
( Mal.) vertreiben, vermiſchen, ver=
ſchmelzen; fg. verſüßen, mildern,
beſänftigen; erleichtern; s'—, ſüßer,
gelinder werden.
Adoucissant, e, adj. beſänftigend;
—, m. Linderungsmittel, n.
Adoucissement, m. Verſüßung,
f. Milderung, Linderung; ( Mal.)
Verſchmelzung. [ſchleifer.
†Adoucisseur, m. Glas=, Spiegel=
Adoué, e, adj. gepaart (von
Rebhühnern).
Adragant, m. (Naturg.) Traganth.
Adresse, f. Aufſchrift, Ueberſchrift
(eines Briefes); Behörde || Woh=
nungsanzeige, Adreſſe || die ſchriftliche
Verſtellung, Zuſchrift || Geſchicklich=
keit, Fertigkeit, Feinheit; Gewandt=
heit, Behendigkeit, Kunſtgriff, m.;
tours d'—, Taſchenſpielerkünſte, f. pl.
Adresser, v. a. ſchicken, richten,
weiſen (à, an), (einem) zuweiſen,
zuſenden; s'—, v. n. au but, das Ziel
treffen; s'—, ſich wenden (à, an) ||
gerichtet ſeyn (à, an), (Brief, Rie=
de) s'— mal, ſm. übel anlaufen.
†Adriatique (la mer), f. das adria=
tiſche Meer.
Adrien, n. pr. m. Adrian.
Adroit, e, adj.; -ment, adv.:
geſchickt, fertig, liſtig, fein.
Adulateur, m. Schmeichler, Spei=
chellecker, fm. Fuchsſchwänzer.
Adulation, f. Schmeichelei, Spei=
chelleckerei. [Weiſe ſchmeicheln.
Aduler, v. a. auf eine niedrige
Adulte, adj. erwachſen, manu=
bar, —, m. et f. Erwachſene.
Adultération, f. Verfälſchung.
Adultère, m. Ehebruch; commet=
tre un —, ehebrechen; —, m. et f.
Ehebrecher, m. =inn, f.; —, adj.
ehebrecheriſch.
Adultérer, v. a. verfälſchen.
Adultérin, e, adj. im Ehebruch
erzeugt. [verbrannt.
Aduste, adj. ( Med.) entzündet,
Adustion, f. ( Med.) Entzündung.
Advenir, v. Avenir.
Adventice, adj. zufälligerweiſe
wachſend (von Pflanzen).
Adventif, ve, adj. (jur.) hinzu=
kommend. [wort, n. Umſtandswort.
Adverbe, m. (Gramm.) Neben=
Adverbial, e, adj.; -ment, adv.:
(Gramm.) nebenwörtlich.
Adversaire, m. et f. Gegner, m.
Feind, =inn, f. [entgegenſetzend.
Adversatif, ve, adj. (Gramm.)
Adverse, adj. f. (jur.) partie —,
die Gegenpartei; fortune —, das
widrige Schickſal.
Adversité, f. Widerwärtigkeit,

Trübfal, Unglück, n. Mißgeſchick;
de grandes —s, ſehr widrige Schick=
ſale, pl. [teit.
Adynamie, f. (Med.) Kraftloſig=
Adynamique, adj.(Med.) kraft=
los; fièvre —, Faulfieber, n.
Aérer, v. a. lüften, auslüften;
—é, e, luftig.
Aérien, ne, adj. luftig, zur Luft
gehörig; parties -nes, Lufttheilchen,
n. pl. [—, Luftgang, m.
Aérifère, adj. (Anal.) conduit
Aériforme, adj. luftartig.
Aérographie, f. Luftbeſchreibung.
Aérolithe, f.(Phyſ.) Luftſtein, m.
Aérologie, f. (Phyſ.) Luftlehre.
Aéromancie, f. die Wahrſagung
aus der Luft.
†Aéromètre, m.(Phyſ.)Luftmeſſer.
Aérométrie, f. (Phyſ.) Luftmeſ=
Aéronaute, m.Luftſchiffer. [ſung.
†Aérophobe, adj. luftſcheu.
Aérostat, m. Luftball, Luftſchiff, n.
Aérostation, f. Luftſchifferkunſt.
Aérostatique, adj. zur Luftſchiff=
fahrt gehörig; ballon—, Luftball, m.
†Aérostier, m.Luftbaltenter, Luft=
ſchiffer.
Aétite, f.(Naturg.)Adlerſtein, m.
Affabilité, f.Leutſeligkeit, Freund=
lichkeit.
Affable, adj. leutſelig, freundlich.
Affabulation, f. die Moral einer
Fabel.
Affadir, v. a. abgeſchmackt machen;
fg. id.; le cœur, Ekel erregen.
Affadissement, m. Ekel; fg. id.
Affaiblir, v. a. ſchwächen, entkräf=
ten ; (Bauk.) dünner bearbeiten;
(Münzw.) verringern; s'—, ſchwä=
cher werden, abnehmen.
Affaiblissant, e, adj. ſchwächend.
Affaiblissement, m. Schwächung,
f.Entkräftung; Abnahme.
Affaire, f. Geſchäft, n.; Sache, f.;
Angelegenheit || Handel, m.; (jur.)
Handel, Proceß; (Kriegsw.) Treffen,
n. || Begebenheit, f.; avoir — de
qch., etw. bedürfen, brauchen; avoir
— à qn., avec qn., etw. mit einem
auszumachen haben; —s, Staats=
Finanzgeſchäfte, n.pl.; chargé d'—s,
Geſchäftsträger, m.; homme d'—s,
Sachverwalter, Geſchäftsmann.
Affairé, e, adj. geſchäftig, be=
ſchäftigt.
Affaissement, m.Einſinken, n.Erd=
fall, m.; fg.Abnahme, f. Schwäche.
Affaisser, v. a. niederdrücken, zu=
ſten machen; fg. niederdrücken; s'—,
ſich ſenken, einſinken; fg. zuſammen=
ſallen (Greis). [Abrichten, m.
†Affaitage, Affaitement, m.(Falk.)
Affaiter, v. a. (Falk.) abrichten.
Affaler, v. a. (die Segel) nieder=
laſſen.
Affamer, v.a.aushungern; (Schnei=

ber) zu knapp machen; (Schreibk.)zu
mager machen; —é, e, adj. hun=
gerig; fg. id., gierig (de, nach).
†Affanures, f. pl. das Lohntorn
der Dreſcher oder Schnitter.
Afféagement, m. (Lehenw.) Be=
lehnung, f.
Afféager, v. a. (Lehenw.) (einen
Theil eines Lehens) wieder zu Lehen
geben.
Affectation, f. das gezwungene
Weſen, Gezierte, Ziererei, f. ||Sucht
(etw. zu thun), Streben, n. || Beſtim=
mung (einer Summe), f.
Affecter, v. a. nach etw. ſtreben ||
— de faire qch., etw. auf eine auf=
fallende, gezwungene Art thun; —
d'admirer ..., ſich ſtellen, als be=
wundere man; — à qch., zu etwas
widmen, beſtimmen; (jur.) verpfän=
den || (Med.) angreifen; fg.angrei=
fen, rühren; s'— de qch., etw. zu
Herzen nehmen; —é, e, adj. ge=
ziert, erkünſtelt, gezwungen, geſucht;
être affecté à, beſtimmt ſeyn zu;
de ... getreffen, gerührt (von), be=
haftet (mit) ſeyn. [ſich (Hebel).
Affectif, ve, adj. rührend, beweg=
Affection, f.(Med.) Eindruck, m.
Empfindung, f.; fg.id., Gemüths=
bewegung; — (pour qn.), Zunei=
gung, Gewogenheit; (pour qch.),
Neigung.
Affectionner, v. a. qn., qch., für
jemand, für etw. Neigung fühlen;
einem gewogen ſeyn; ſich eine S. an=
gelegen ſeyn laſſen; eine S. gerne
thun; s'— à, envers qn., à qch.,
einen, etw. lieb gewinnen.
Affectueux, se, adj.; -sement,
adv.: liebreich, einnehmend, rüh=
rend, holdſelig.
Afférent, e, adj. (jur.) part—,
der einem zukommende Theil (einer
unvertheilten S.).
Affermer, v. a. pachten, verpach=
ten, in Pacht geben.
Affermir, v. a. befeſtigen, feſt und
hart machen; fg. befeſtigen; ſtärken,
ſtählen; s'—, feſter, härter, ſtärker
werden; ſich befeſtigen; fg. id.
Affermissement, m. (auch fg.)
Befeſtigung, f.
Affété, e, adj. geziert, gekünſtelt.
Afféterie, f. Ziererei, Künſtelei,
Gezierte, n.
Affiche, f. Anſchlagzettel, m.; peti=
tites —s, Wochenblatt, n.
Afficher, v. a. öffentlich anſchla=
gen; fg. — qch., etw. zur Schau
aushängen; s'—, ſich zur Schau aus=
ſtellen; ſich ausgeben (pour, für).
Afficheur, m. Anſchläger.
Affidé, e, adj. vertraut; —, m.
e, f. Vertraute, m. et f.
Affiler, v. a. ſchärfen, wetzen,
ſchleifen, abziehen; (Eiſen) zu Draht

machen; (Schuhmach. ) abſchärfen ;
(Gärtn.) reihen.
Affiliation, f. (à une communauté, etc.), Aufnahme (in einen
Orden, x.).
Affilier, v. a. an ſich anſchließen,
mit ſich verbinden; s'—, ſich aufneh=
men laſſen (à, in). [menter.
†Affiloir, m. die Zange der Perga=
Affinage, m. Feinmachen, n. Läu=
tern; (Met.) Eigern; (Nabl.)Fein=
ſpißen; chanvre d'—, der fein ge=
hechelte Hanf.
Affiner, v. a. fein machen, reini=
gen, läutern; (Met.) abtreiben;
brennen, ſeigern; (Scil.) durchbe=
chein; —, v. n. (Seew.) ſich auf=
hellen; s'—, rein, fein werden.
Affinerie, f.(Met.) Treib=, Friſch=
herb, m. || Zuckerraffinerie, f.;
Drahtzieherei || das gebrannte und
gerollte Eiſen.
Affineur, m.Metallarbeiter, Bren=
ner || Zuckerläuterer; Blechſchläger;
Drahtzieher.
Affinité, f.die Verwandtſchaft durch
Verſchwägerung; fg. Aehnlichkeit,
Verbindung; (Chym.) Anziehung.
Affinoir, m. feine Hanf=, Flachs=
hechel, f. [Staat.
Affiquets, m. pl. fm. Pußkram,
Affirmatif, ve, adj.; -vement,
adv.: bejahend, beſtätigend.
Affirmation, f. Bejahung || Be=
kräftigung; Betheurung; (jur.) eid=
liche Ausſage.
†Affirmative, f.die bejahende Mei=
nung; prendre l'— pour qn., ſich
für einen erklären.
†Affixe, adj. (hebr. Gramm.) zu
Affleurer, v. a. zwei Körper wage=
recht neben einander legen, wage=
recht machen. [Leibesſtrafe, f.
Afflictif, ve, adj., peine —ve,
Affliction, f. Kummer, m. Herze=
leid, n. ; —s, Unglück || n. Trüb=
ſale, pl. [kränkend, traurig.
Affligeant, e, adj. betrübend,
Affliger, v. a. betrüben, fränken;
fg.la ville est affligée de la famine,
die Stadt wird von der Hungersnoth
heimgeſucht; s'—, ſich betrüben, ſich
bekümmern, trauern (de, über,
um); —é, e, betrübt, bekümmert;
(Med.) angegriffen, krank.
Affluence, f. Zufluß, m. Zuſtrö=
men, n.; Zulauf, m.; Ueberfluß.
Affluent, e, adj. (Geogr.) zuſtrö=
mend; —, m. Nebenfluß, Einmün=
bung (eines Fluſſes in einen andern).
Affluer, v. n. zuſammenfließen;
ſich ergießen; fg.herbciſtrömen, zu=
laufen.
Afflux, m. (Med.) Andrang.

Affoler, *v. a. part.*, être affolé de qn., in einen vernarrt seyn; aiguille affolée, der Compaß der falsch zeigt.

Affouage, *m.* (Eisenb.) der Unterhall im Holz; Holzungsrecht, *n.*

Affourche, *f.* (Seew.) ancre d'—, Gabel=, Teuanter, *m.*

Affourcher, *v. a.* (Seew.) (ein Schiff) verteuen, vor zwei Anker legen.          [*m. et f.*

Affranchi, *m. e, f.* Freigelassene, Affranchir, *v. a.* in Freiheit seyen; freilassen, befreien; (Briefe) franfiren.          [*f.* Befreiung.

Affranchissement, *m.* Freilassung,

Affres (*f. pl.*) de la mort, der Schrecken des Todes, Todesangst, *f.*

Affrétement, *m.* die Miethung eines Schiffes.          [befrachten.

Affréter, *v. a.* (Schiff.) miethen,

Afréteur, *m.* (Schiff.) Schiffmiether.

Affreux, se, *adj.; -sement, adv.;* schrecklich, entsetzlich, abscheulich.

Affriander, *v. a. fm.* vernascht verleckert machen; verwöhnen; *fg.* anlocken.

†Afficher, *v. a.* brach liegen lassen.

Affrioler, *v. a. fm.* anlocken; lüstern machen; verführen.

Affront, *m.* Schimpf, Schande, *f.;* die schimpfliche Beleidigung.

Affronter, *v. a.* qch. *ou* qn., einer S., einem trotzen, die Stirne bieten; — (qn.), grob betrügen.

Affronterie, *f.* Frechheit, der grobe Betrug.

Affronteur, *m.* se, *f.* Unverschämte, *m. et f.* der freche Betrüger, =inn, *f.*

Affublement, *m. fm.* Verkappung, *f.* der sonderbare Anzug.

Affubler, *v. a. fm.* ausstaffiren, kleiden; einhüllen; s'— de qch., etw. anziehen, sich in etw. verhüllen,

†Affusion, *f.* das Befeuchten gewisser Arzneimittel.

Affût, *m.* (Artill.) Laffete; (Jagd) Anstand, *m.;* être à l'—, auf dem Anstande seyen; *fg.* auflauern.

Affûtage, *m.* (Artill.) die Richtung zum Abbrennen; Aufprozen, *n.;* (Handw.) Schärfen (der Werkzeuge).

Affûter, *v. a.* (Artill.) richten; aufprozen; (Handw.) schärfen.

Afin que, afin de, *conj.* damit, auf daß, um zu.

†Africain, e, *adj.* afrikanisch; —, *m.* Afrikaner, —e, *f.* Afrikanerinn.

†Afrique, *f.* Afrika.          [hader.

Aga, *m.* (Türk.) Aga (Befehlshaber).

Agaçant, e, *adj.* anreizend.

Agace, *f.* Holzkrähe, Elster.

Agacement, *m.* Stumpfwerden, *n.;* — des nerfs, Nervenreiz, *m.*

Agacer, *v. a.* (Zähne) stumpf ma-

chen || sticheln, necken, foppen; *fg.* anlocken, anreizen; s'—, sich necken.

Agacerie, *f.* Anlockung; Neckerei.

Agame, *adj.* (Bot.) ohne Staubfäden.

Agami, *m.* Trompetenvogel.

Agapes, *f. pl.* (Kirch.) Liebesmahl (der ersten Christen), *n.*          [peten.

Agapétes, *f. pl.* (gr. Alt.) Aga-

Agaric, *m.* (Bot.) Blätterschwamm.

Agasse, v. Agace.          [Achatstein.

Agate, *f.* (Miner.) Achat oder Agat,

†Agathe, *n. pr. f.* Agatha.

†Agatis, *m.* der durch das Vieh verursachte Schaden.

Agavé, *m.* die amerikanische Aloe.

Age, *m.* Alter, *n.;* être sur l'—, alt werden; avancé en —, bei Jahren; entre deux âges, von mittlerm Alter || Zeitalter, *n.*

Agé, e, *adj.* alt, bejahrt; âgé de trois ans, drei Jahre alt.          [stelle.

Agence, *f.* Agentschaft, Agenten-

Agencement, *m.* Anordnung, *f.*

Agencer, *v. a. fm.* ordnen, anordnen; putzen.

Agenda, *m. lat.* Denkbuch, *n.* Schreibtafel, *f.*

Agenouiller (s'), niederknieen.

Agenouilloir, *m.* Knieschemel.

Agent, *m.* Agent, Beamte; (Dipl.) Geschäftsträger; — de change, de banque, Wechselmackler; — (Philos.) das wirkende Wesen.

Agglomération, *f.* Zusammenballen, *n.*          [ballen.

Agglomérer (s'), sich zusammen-

Agglutinant, *m. et adj.* remède —, (Med.) das zusammenheilende Mittel.

Agglutination, *f.* (Med.) Anheilung, Zusammenheilung.

Agglutiner, *v. a.* (Med.) anheilen, zusammenheilen.

Aggravant, e, *adj.* (Phys.) erschwerend/schwerer machend; (Mor.) strafbarer machend.

†Aggrave, *m.* die kirchliche Censur, geschärfte Drohung des Kirchenbannes.

Aggraver, *v. a.* erschweren, schwerer machen; (Mor.) strafbarer machen; s'—, schwerer, ärger werden.

Aggrégat, v. Agrégat.

Agian, Agiau, *m.* das Pull der Ledervergolder.

Agile, *adj.; -ment, adv.;* behende, geschwind, hurtig.          [teit.

Agilité, *f.* Behendigkeit, Hurtig-

Agio, *m.* (Handl.) Aufgeld, *n.* Aufwechsel, *m.* Wechselhandel.

Agiotage, *m.* der wucherische Wechselhandel; Umtrieb mit Staatspapieren.

Agioter, *v. a.* mit Wechselbriefen wuchern; mit Staatspapieren wuchernd handeln.

Agioteur, *m.* der Wucherer mit Wechseln oder Staatspapieren.

Agir, *v. n.* thätig seyen, handeln; — (sur), wirken; — (pour), sich bemühen; (jur.) — contre qn., einen gerichtlich verfolgen; — en ..., sich betragen als, 1c.; il s'agit, es betrifft, es ist die Rede, Frage (de, von).          [sam.

Agissant, e, *adj.* thätig, wirk-

Agitateur, *m.* Aufwiegler.

Agitation, *f.* die heftige Bewegung; *fg.* Gemüthsbewegung, Unruhe.

Agiter, *v. a.* hin und her bewegen, schütteln, schwenken; *fg.* beunruhigen; (Volk) aufwiegeln, aufreizen; (eine Frage) abhandeln; — en soimême, bei sich überlegen; s'—, sich heftig bewegen, unruhig seyen.

Aglomération, v. Agglomération.

Agnat, *m.* der Verwandte von väterlicher Seite.

Agnation, *f.* die Verwandtschaft in väterlicher Linie.

Agnatique, *adj.* (jur.) agnatisch.

Agneau, *m.* Lamm, *n.*

Agneler, *v. n.* lammen, ein Lamm werfen.

Agnelet, *m. dim.* Lämmchen, *n.*

Agnelins, *m. pl.* Lämmerfelle, *n.;* laine agneline, Lämmerwolle, *f.*

Agnès, *f. fg. fm.* (spr. Agnése), das unschuldige, unerfahrne Mädchen; —, *n. pr. f.* Agnes.

Agnus, *m. ou* Agnus Dei, *lat.* (spr. Agnuse), das wächserne Gotteslamm; Andachtsbildchen.

Agnus-castus, *m.* Keuschbaum.

Agonie, *f.* Todeskampf, *m.* Todesstelle.          [schelten, schimpfen.

†Agonir, *v. n. pop.* fürchterlich

Agonisant, *m. e, f.* Sterbende, *m. et f.;* —, e, *adj.* mit dem Tode ringend.          [gen.

Agoniser, *v. n.* mit dem Tode rin-

Agonistique, *f.* die Wissenschaft der Kampfspiele.

Agonothète, *m.* der Kampfrichter bei den griechischen Spielen.

Agouti, *m.* (Naturg.) Agouti, *n.* Ferkelkaninchen.          [spange, *f.*

Agrafe, *f.* Häkchen, *n.* Haken-

Agrafer, *v. a. fm.* zuhaken, zuhäfeln, häfteln, befestigen.

Agraire, *adj.,* (röm. Alt.) loi —, agrarische Gesetz, *n.;* mesure —, Feld=, Ackermaß.

Agrandir, *v. a.* vergrößern, erweitern; *fg.* erheben; s'—, größer werden, sich ausdehnen, zunehmen.

Agrandissement, *m.* Vergrößerung, *f.* Zunahme, Erweiterung.

Agréable, *adj.; -ment, adv.;* angenehm; annuthig, lieblich, freundlich.

Agréer, *v. a.* genehmigen; sich etw. gefallen lassen; (Schiff.) ausrüsten,

tafeln, auftafeln, röeben; —, *v. n.*
(à) anftänbig feyn, gefallen.
Agréeur, *m.* (Schifff.) Rheber,
Tafelmeister.
Agrégat, *m.* (Phyf.) Anhäufung,
*f.* Aggregat, *n.*
Agrégation, *fém.* Beigefellung;
(Phyf.) Zufammenhäufung.
Agrégé, *m.* ber Beigeorbnete, Zuge=
ordnete an einer Lehranstalt; (Gbym.)
Aggregat, *n.* ber gleichartig zufam=
mengefepte Körper.
Agréger, *v. a.* beigefellen (à, in);
—é, e, gebäuft, angehäuft; (Bot.)
fleurs —ées, Straußblumen, *f. pl.*
Agrément, *m.* Genehmigung, *f.*
Beifall, *m.* Einwilligung, *f.* ‖ An=
muth, *f.* Lieblichkeit, Reiz, *m.*
Schönheit, *f.* ; Vergnügen, *n.*;
(Muf.) Vorfchlag, *m.* Schleifer;
(Schneib.) Schleife, *f.* ; (Pof.) Ver=
zierung.　　　　　[geräth.
Agrès, *m. pl.* Takelwerk, *n.* Schiffs=
Agresseur, *masc.* ber angreifenbe
Theil, Angreifer.
Agression, *f.* ber unvorgefehene
Angriff, *m.* Anfall.
Agreste, *adj.* wilb, unangebaut;
*fg.* rauh, bäuerifch, grob.
†Agreyeur, *n.* ber Verfertiger von
Eifenbrabt.
Agricole, *adj.* Aderbau treibenb.
Agriculteur, *m.* Adersmann,
Landmann.　　　　　[bau.
Agriculture, *f.* Aderbau, Land=
Agrie, *f.* (Meb.) Flechte, *f.* Bit=
termal, *n.*　　　　　　[mern.
Agriffer (s'), *pop.* fich anflam=
†Agrion, *m.* Wafferjunafer (Infekt),
*f.*　　　　[ben Thieren nährt.
†Agriophage, *m.* ber fich von wil=
†Agriote, *f.* eine Art Walbkirfche.
†Agripaume, *f.* Herzgefpannfraut, *n.*
Agripper, *v. a.* bas, wegkapern.
Agronome, *m.* Aderbauverftän=
bige.
Agronomie, *f.* Felbbaufunbe.
Agronomique, *adj.* bie Felbbau=
funbe betreffenb; connaissances —s,
Kenntniffe vom Felbbau.
†Agrostide, *m.* Straußgras, *n.*
†Agrouper, *v. a.* zufammenftellen.
†Agrypnie, *f.* (Meb.) Schlaflofig=
feit.
Aguerrir, *v. a.* zum Krieg gewöh=
nen; *fg.* gewöhnen (à, an), abbär=
ten (à, zu); s', bas Kriegsleben
gewohnt werben; *fg.* fich zu etw. bar=
tem, fchwerem gewöhnen (à, an);
—i, e, friegsgewohnt, geübt.
Aguets, *m. pl.*, eine, se tenir
aux —, auflauern, im Hinterbalt
feyn; mettre aux —, auf bie Lauer
ftellen.
Ah! *interj.* ach! eh!　　[ftellen.
Ah-Ah, *v.* Haha.
Ahan, *m. fm.* ber Seufzer bei fchwe=
rer Arbeit; bie mühfame Arbeit.

Ahaner, *v. n. pop.* feufzen, fchwere
Arbeit verrichten.
Aheurtement, *m.* Starrfinn.
Aheurter (s'), feft, eigenfinnig be=
barren (à, auf).
Ahi, *interj.* ach, o weh!
Ahurir, *v. a. fm.* einfchüchtern,
ängftigen; betäuben.
Ai, *m.* (Naturg.) Faulthier, *n.*
Aide, *f.* Hülfe, Beiftanb, *m.*;
Handreichung, *f.*; —s, *ol.* Steuern,
*pl.*; (Reitfch.) Hülfen; à l' — de,
mit Hülfe, vermittelft; à l' — ! zu
Hülfe! —, *m.* Helfer, Gehülfe;
(Maur.) Hanblanger; — de camp,
Generaladjutant; — —major, Regi=
mentsabjutant.
†Aideau, *m.* (Zimm.) Wiesbaum.
Aider, *v. a.* helfen (qn. de qch.,
einem mit etw.; à qch., zu etw., à
qn., einem), nachhelfen; s'— de
qch., fich einer S. bebienen; Dieu
aidant, mit Gottes Hülfe.
Aie! *interj.* au web! ach! o web!
Aïeul, *m.* Großvater; —e, *f.*
Großmutter; *pl.* aïeuls, Großältern,
Urältern; aïeux, Vorfahren.
Aigle, *m.* Abler; (Dichtf.) Aar;
— royal, Golbabler; — des Alpes,
Lämmergeier; — des canards, En=
tenftößer; —, *f.* (Wap.) Abler,
*m.*; *fg.* bas metallene Pult in ber
Kirche.
Aiglette, *f.*, *v.* Alérion.
Aiglon, *m.* ber junge Abler; *voy.*
aussi Alérion.
Aiglures, *f. pl.* rothe Flecken auf
bem Rücken unb ben Schwingen bes
Falken; *m. pl.*
Aigre, *adj.* fauer, fcharf; (Met.)
fpröbe; *fg.* — et —ment, *adv.* em=
pfinblich, unangenehm; bart, bitter,
beißenb; —, *m.* Säure, *f.*; cela
sent l'—, bas fchmeckt fauer; aigre=
de-citron, Citronenfimonabe, *f.*
Aigre-doux, e, *adj.* fauerfüß.
Aigrefin, *m. fm.* Schellfifch; *fg.*
Schlaukopf.
Aigrelet, te, *adj.* ein wenig fäuer=
lich; *fg. fm. plais.* ein wenig bitter.
Aigremoine, *f.* Aftermennig, *m.*
Obermennig, Leberklette, *f.*
Aigremore, *m.* (Feuerw.) eine Art
Kohlenftaub (zu Feuerwerken).
— et, te, *adv.* angenehm fäuer=
lichigr
Aigrette, *f.* (Naturg.) ber weiße
Reiher ‖ Feberbufch, Reiherbufch;
(Juwel.) Zitternabel, *f.* Demant=
bufch, *m.*; — de perles, Perlen=
ftrauß, *m.*; (Phyf.) ber elektrifche
Strablenbüfchel; (Feuerw.) Brillant=
feuer, *n.*; (Bot.) Samenfebern, *m.*
Aigretté, e, *adj.* (Bot.) gefebert,
haarig.
Aigreur, *f.* Säure; *fg.* Bitter=
feit, Verbrüß, *m.*; —s, (Meb.)

Aufftoßen, *n.* Magenfäure, *f. sing.*;
(Kupferft.) zu tiefe Einfchnitte vom
Scheibewaffer.
Aigrir, *v. a.* fauer, fpröbe machen;
fäuern; verfäuern; *fg.* (qn.) erbit=
tern; (qch.) ärger machen; s'—,
fauer, fpröbe werben; verfauern;
*fg.* fich erbittern; fchlimmer werben,
fich verfchlimmern.
Aigu, ë, *adj.* fpizig, fcharf; *fg.*
hellklingenb, burchbringenb (Ton);
beftig, ftechenb (Schmerz); hizig
(Fieber); (Gramm.) gefchärft.
Aiguade (fpr. égade), *f.* (Seew.)
ber Vorrath von frifchem Waffer.
faire —, frifches Waffer einnehmen.
Aiguail, *m.* (Jagb) Thau, Mor=
gentbau; des chiens d'—, Hunbe
welche bie Witterung haben fo lang
ber Thou liegt.
Aiguayer, *v. a.* ausfpülen ‖ (ein
Pferb) fchwemmen.
Aigue-marine, *f.* Aquamarin, *m.*
(Ebelftein).
Aiguière, *f.* Gießkanne.
Aiguiérée, *f.* eine Gießkanne voll.
Aiguillade, *f.* Treibftachel (für
Ochfen), *m.*
Aiguille, *f.* Nabel; — aimantée,
Magnetnabel; (Bauf.) Spize; Py=
ramibe; (Uhrm.) Zeiger, *m.*; Zün=
gelchen, *n.* Zunge (an einer Wage),
*f.*; (Bergw.) Bergbohrer, *m.*;
(Biuern.) Brudenpfeiler; (Artill.)
Langweile, *f.*; — d'essai *ou* tou=
chaux, (Schmelzf.) Streichnabel;
(Kupferft.) Rabirnabel; (Maur.)
Mau=
ftange, *f.*; (Naturg.) Nabelfifch,
*m.*; de fil en —, ber Reihe nach;
disputer sur la pointe d'une —,
(Sprichw.) um Kleinigkeiten (um
bes Kaifers Bart) ftreiten; chercher
une — dans une botte de foin,
(Sprichw.) etw. vergebens fuchen.
Aiguillée, *f.* ein zu einer gewiffen
Länge abgefchnittener Faben (Zwirn,
Seibe, x.).
Aiguiller, *v. a.* (Chir.) ben Staar
ftechen.　　　　　[ber Nefteln.
Aiguilletage, *m.* bas Befchlagen
Aiguilleter, *v. a.* zufchnüren;
Nefteln befchlagen.
Aiguilletier, *m.* Neftler, Senfler.
Aiguillette, *f.* Neftel, Schnürna=
bel, Senkelnabel, Neftelriemen, *m.*;
(Kochkunft) Fleifchftreifchen, *n.*;
(Schiffsb.) Nähtau.
Aiguillon, *m.* Stachel; *fg. id.*
Antrieb, Sporn.
Aiguillonner, *v. a.* mit Stacheln
antreiben, ftacheln, fpornen; *fg.* an=
fpornen, antreiben.　　[Spizen.
Aiguisement, *m.* Schärfen, *n.*
Aiguiser, *v. a.* fchärfen, wezen,

fpißen; — la faux à coups de marteau, die Sichel bengeln; *fg.* schärfen.

Ail, *m.* Knoblauch (*pl.* aulx).

Aile, *f.* Flügel, *m.* Fittig,
Schwinge, *f.;* battre de l' —, tirer
l' —, *fm.* mühsam fortkommen;
tirer une plume de l' — de qn.,
an einem rupfen (Wortheil haben);
—, *fg.* Schuß, *m.;* (Bauf.) Seitengebäude, *n.* Flügel, *m.;* (Kriegswiff.) Flügel; Zacken (einer Spicknadel); Aei (Artenglischen Biers), *n.*

Ailé, e, *adj.* geflügelt.

Aileron, *m.* Flügelspiße, *f.;*
Floßfeder (von Fischen); (Mech.)
Schaufel.

†Ailette, *f.* (Schuhm.) Oberstemme, Seitenleder, *n.*

Aillade, *f.* Knoblauchbrühe.

Ailleurs, *adv.* anderswo; partout
—, sonst überall; d' —, anderswoher; überdieß.

Aimable, *adj.* liebenswürdig.

Aimant, *m.* Magnet.          [lich.

Aimant, e, *adj.* liebend, freund-

Aimanter, *v. a.* mit Magnet bestreichen; aiguille —ée, Magnetnabel, *f.*

Aimantin, e, *adj.* magnetisch.

Aimer, *v. a.* lieben; — qch., ein
Freund seyn von etw.; — à voir,
à parler, gern sehen, gern reden;
— mieux, lieber haben, wollen,
thun; s' —, sich lieben.

Aine, *f.* Weiche, Leiste; (Org.)
Blasebalgsleder, *n.*

Ainé, e, *adj.* älter; erstgeboren.

Ainesse, *f.,* droit d' —, Erstge-
burtsrecht, *n.*

Ains, *conj.* (veraltet) aber.

Ainsi, *adv.* also; folglich; — que,
so wie; — soit-il! es geschehe so!
Amen!

Air, *m.* Luft, *f.* Wind, *m.;*
(Bergw.) Wetter, *n.; fg.* Aeußere,
Art, *f.* Wesen, *n.;* Ansehen; Geberde, *f.* Miene; (Muf.) Melodie,
Sangweise, Arie, Lied, *n.; —* à
boire, Trinklied; (Phys.) — fixe,
Luftsäure, *f.;* prendre l' —, frische
Luft schöpfen; parler en l' —, unbestimmt sprechen; in den Wind
reden; prendre, se donner des
—s, vornehm thun; avoir le grand
—, auf einem großen Fuße leben;
bel —, der große Ton; il a l' —
bon, l' — mauvais, er sieht aus
wie ein gutmüthiger, wie ein bös-
artiger Mensch.

Airain, *m.* Erz, *n.* Kupfererz;
d' —, ehern; *fg.* hart, unbarmherzig.

Aire, *f.* Tenne; Fläche; (Bauf.)
Baustelle; (Kunst) Flächeninhalt,
*m.;* Horst (eines Raubvogels);
(Vogl.) Leckherb; — pour la chasse

aux alouettes, Lerchenherd; (Seew.)
— de vent, Windstrich.

Airée, *f.* eine Tenne voll, ein Haufe
Garben.

Airelle, *f.* (Bot.) Heidelbeere;
— rouge, Preiselbeere.

Airer, *v. n.* horsten, nisten.

Ais, *m.* Brett, *n.* Diele, *f.* Bohle; (Buchdr.) Sehbrett, *n.*

Aisance, *f.* Leichtigkeit, Unge-
zwungenheit, Anstand, *m.* || Wohl-
stand; —s, Abtritt.

†Aisceau, *m.* (Böttch.) Binde-
messer, *n.*

Aise, *f.* Gemächlichkeit, Bequemlichkeit; être à son —, ein gutes
Auskommen haben; à son —, nach
Bequemlichkeit; prendre ses —s,
sich wohl seyn lassen; à l' —, *adv.*
bequem, leicht || Freude, *f.* Wohl-
behagen, —, bien —, *adj.* froh,
freudig.

Aisé, e, *adj.* -ment, *adv.* leicht;
bequem (Weg); *fg.* leicht, frei, un-
gezwungen; gesellig || bemittelt.

†Aisselier, *m.* (Zimm.) Tragband, *n.;* Bandstück.     [stück, *n.*

†Aisselière, *f.* (Küfer) Faßboden-

Aisselle, *f.* Achselhöhle; (Bot.)
der Winkel zwischen dem Stängel und
Blattstiele.                    [Art, *f.*

†Aissette, *f.* Aisseau, *m.* kleine

Aissieu, *v.* Essieu.

Aitiologie, *f., v.* Étiologie.

Aix-la-Chapelle, Aachen (Stadt).

Ajonc, *m.* (Bot.) Stechpfrieme, *f.*

†Ajouré, e, *adj.* (Wapp.) durch-
brochen.

Ajournement, *m.* Vorladung, *f.;*
— personnel, Edictal-Citation ||
Verlagung, Aufschub, *m.*

Ajourner, *v. a.* (jur.) vorladen ||
verlagen, aufschieben, verlegen (à,
auf).

Ajoutage, *m.* (Schmelz.) Zusaß.

Ajouter, *v. a.* (à, zu) hinzufügen,
hinzusehen, beifügen; — foi, Glauben beimessen.      [Brunnenröhre].

Ajoutoir, *m.* Aufsaß (an einer

Ajustage, *m.* Münzberichtigung, *f.*

Ajustement, *m.* Zurechtmachen,
*n.;* Anordnung, *f.* Berichtigung ||
Vertrag, *m.* || Puß.

Ajuster, *v. a.* berichtigen; zurechtmachen; ordnen; an; ein; zusammenpassen; (Personen) versöhnen;
einen Zwist schlichten || (Münzw.)
justiren; (ein Pferd) abrichten;
(Uhrm.) stellen; —s, auf etw.
zielen; (die Flinte) anschlagen;
son coup, einen Stoß wohl anbringen; s' —, sich anschicken; sich rich-
ten (au temps, nach der Zeit) || sich
pußen || über etw. einig werden.

Ajusteur, *m.* Münzberichtiger.

Ajustoir, *m.* Richtwage, *f.* Münzwage.

Ajutage, *m., v.* Ajoutoir.

†Alabastrite, *m.* der falsche Alabaster.               [chen oder Ausfüllen.

†Alaise, *f.* das Brettstück zum Unse-

Alambic, *m.* (Chym.) Helm,
Brennkolben, Blase, *f.; fg.* passer
par l' —, etw. genau untersuchen.

Alambiquer, *v. a., fg.* —, s' —
l'esprit, sich den Kopf zerbrechen;
—é, e, weit hergesucht, geschroben,
gekünstelt.

†Alan, *m.* Saufänger, Hephund.

Alanguir, *v. a.* entkräften.

Alarguer, *v. n.* in See stechen,
sich vom Land entfernen.

Alarmant, e, *adj.* beunruhigend.

Alarme, *f.* Lärm, *m.* Auflauf ||
Schrecken; —s, Besorgniß, *f.;* pren-
dre l' —, erschrecken; donner l' —,
Lärm machen; Schrecken einjagen.

Alarmer, *v. a.* in Unruhe, Furcht,
Schrecken sehen; erschrecken, beunruhigen; s' —, erschrecken, bestürzt
werden.

Alarmiste, *m.* der Lärmbläser, der
durch böse Nachrichten jedermann in
Schrecken sehen.

Alaterne, *m.* Alatern (Strauch).

Albanie, *f.* Albanien (Proving).

Albâtre, *m.* (Miner.) Alabaster.

Albatros, *m.* Albatros (Vogel).

†Albe-royale, Stuhlweißenburg
(Stadt).                        [*m.*

Alberge, *f.* (Gärtn.) Herzpfirsich,

Albergeage, Albergement, *m.*
Erbpacht, *f.*         [Fischbaum.

Albergier, *m.* (Gärtn.) Herzpfir-

†Albert, *n. pr. m.* Albert, Albrecht.

†Albigeois, *m.* Albigenser (aus Al-
by in Languedoc).

†Albin, *n. pr. m.* Albinus.

Albinos, *m.* (Naturg.) Albines,
Kakerlake.               [bri-tannien.

†Albion, *f.* alter Name von Groß-

Albique, *f.* der weiße Bolus, eine
Art Kreide.     [(in Arabien), *m.*

Aldora, Alboras, *f.* eine Art Ausfaß

†Albornos, *m.* ziegenhärner Mantel der Malteserritter.

Albran, Alebran, *m.* die noch
ganz kleine wilde Ente.     [Jagen.

Albrener, *v. n.* junge wilde Enten

Albuginé, e, Albugineus, se,
*adj.* (Anat.) weiß, weißlich.

Aldugo, *m.* (Med.) der weiße Augenflecken.

Album, *m. lat.* das unbeschriebene
Buch; Stammbuch.

Albumine, *f.* Eiweißstoff.

Albumineux, -euse, *adj.* Eiweißstoff enthaltend.

Alcade, *m.* Alkade, Richter (in
†Alcaëst, Alcahest, *m.* (Alchym.)
das allgemeine Auflösungsmittel.

Alcaïque, *adj.* alcäisch, alcaïsch
(Versart).                     [niß.

Alcalescence, *f.* (Med.) Fäul-

Alcalescent, e, adj. (Med.) zur Fäulniß geneigt. [Alkali.

Alcali, m. (Chym.) Laugenſalz, n.

†Alcalifiable, adj. was zu Laugenſalz werden kann.

†Alcalifiant, e, adj. was Laugenſalz hervorbringt. [vorbringend.

†Alcaligène, adj. Laugenſalz her-

Alcalin, e. adj. (Chym.) alkaliſch, Laugenſalz enthaltend.

†Alcalisation, f. (Chym.) Alkaliſirung. [gen, alkaliſiren.

Alcaliser, v. a. (Chym.) auslau-

Alcarazas, m. das irdene, poröſe Kühlgefäß (in Spanien).

Alcée, f. (Bot.) Herbſtroſe.

Alchimie, f. Goldmacherei.

Alchimille, f. Löwenfuß (Pflanze), m.

Alchimique, adj. alchymiſch.

Alchimiste, m. Goldmacher.

†Alcide, n. pr. Alcides, Herkules.

†Alcmancien, ne, adj. altmaniſch (Versart).

Alcool, m. (Chym.) Alkohol, n. der höchſt gereinigte Weingeiſt; ol. das feinſte Pulver. [holartig.

Alcoolique, adj. (Chym.) alko-

Alcoolisation, f. (Chym.) Rectificirung; die Verwandlung in das feinſte Pulver.

Alcooliser, v. a. zum reinſten Weingeiſt läutern; in das feinſte Pulver verwandeln.

Alcoran, m. (Mahom.) Koran; fg. die mahomedaniſche Religion.

Alcove, f. Alkoven, m.

Alcyon, m. (Naturg.) Eisvogel.

Alcyonien, ne, adj., (Seeweſen) jours —, die Tage der Seeſtille.

Aldébaran, m. (Aſtr.) Alderbaran.

Aldée, f. Name der Dörfer auf der Küſte Coromandel, m.

†Aldégonde, n. pr. Adelgunde.

Alderman, m. Albermann (Schöffe, Stadtrath in London).

Aléatoire, adj. zufällig; contrat —, Zufallsvertrag. [ſtein, m.

†Alectorienne(pierre), f. Hahnen-

Alégre, v. Allégre.

Alégresse, v. Allégresse.

Alégro, adv., v. Allégro.

†A l'encontre, prép. vi. hinwieder, im Gegentheil.

Aléne, f. Ahle, Pfrieme.

Alené, e, adj. ſpißig, pfriemenförmig.

Alénier, m. Ahlenſchmied.

Alenois, m. eine Art Kreſſe.

Alentour, à l'entour, adv. rings umher; alentours, m. pl. die umliegende Gegend, Umgebungen, pl.

†Aléoutien, ne, adj. aleutiſch (Inſeln).

†Alep, Aleppo (Stadt). [ſeln).

†Alepine, f. Alepine (Zeug).

Alérion, m. (Wapp.) der ſtumpfſchnabelige Adler.

Alerte, adj. munter, flink; wachſam; —! Achtung! —, f. der unvermuthete Lärm.

†Aléser, v. a. (Handw.) ausbohren, erweitern, runden; (Münz.) — les carreaux, die Ränder der Münzplatten richten.

Alésoir, m. (Gieß.) Bohrer (für Kanonen); Bohrlade, f. Bohrſpiße.

†Alésure, f.(Gieß.)Bohrſpäne, pl.

Alevin, m. Fiſchbrut, f. Einſaß, m. Saß.

Alevinage, m. junge Fiſche.

Aleviner, v. a. mit Fiſchbrut beſeßen [Teich für Fiſchbrut.

Alevinier, m. Alvinier, der kleine

†Alexandre, n. pr. m. Alexander.

†Alexandrie, Alexandrien (Stadt).

Alexandrin, adj. (Prof.) vers —, et —, m. Alexandriner.

Alexipharmaque, Alexitére, adj., remède —, et —, m. (Med.) Gegengift, n.

†Alexipyrétique, adj. fiebervertreibend. [Thiere abhaltend.

Alexitére, adj. den Biß giftiger

Alezan, adj. (von Pferden) fuchsroth; —, m. Fuchs; — brûlé, Schweißfuchs.

Aléze, f. Unterlegtuch, n.

Algalie, f. (Chir.) Harnleiter, m.

Alganon, m. kleine Kette für Galeerenſclaven.

Algarade, f. fm. Streich, Poſſen.

†Algarot, m. Brechpulver, n. der weiße Spießglasfalk.

Algarve, Algarbien (Provinz).

Algèbre, f. Algebra, Buchſtabenrechnung.

Algébrique, adj. algebraiſch.

†Algébriser, v. n. fm. Algebra treiben; von der Algebra ſprechen; ſchreiben.

Algébriste, m. Algebraiſt.

Alger, Algier (Stadt).

†Algérien, ne, adj. algieriſch; —, m. Algierer.

Algide, adj. (Med.) kalt.

†Algonquin, m. der Algontine (Wilde aus Canada). [mit Zahlen.

†Algorithme, m. die Rechenkunſt

Alguazil, m. Alguazil, Gerichtsdiener (in Spanien).

Algue, f. (Bot.) Aftermoos, n.; — marine, Meergras.

†Alibanies, f. pl. eine Art indiſcher Kattune.

Alibi, m. indécl. (jur.) Anderswoſeyn, n. Alibi; prouver son —, ſeine Abweſenheit beweiſen.

Alibiforain, m. pop. die ſchlechte Ausflucht, f.

Alibile, adj. (Med.) nahrhaft.

Aliboron (maitre —), m. Vielwiſſer, der unwiſſende Prahlhans.

†Aliboufier, m. Storaxbaum, Benzoebaum.

†Alicate, f. eine kleine Zange der Schmelzarbeiter.

†Alichon, m. die kleine Schaufel am Waſſerrad.

Alidade, f. das bewegliche, bioptriſche Lineal an mathematiſchen Werkzeugen.

Aliénable, adj. veräußerlich.

Aliénation, f. (jur.) Veräußerung; fg. — des esprits, die Abneigung der Gemüther; — d'esprit, Wahnſinn, m. Verrücktheit, f.

Aliéner, v. a. (jur.) veräußern; fg. abwendig machen, entfremden; (den Kopf) verrücken; s' — (de), ſich trennen (von).

Alignement, m. Richtung, f. die Abſtechung nach der Schnur; —! (Kriegsw.) richtet euch!

Aligner, v. a. nach der Schnur abmeſſen; (Kriegsw.) richten; s' —, ſich richten. [Schieferbrechen.

†Alignoir, m. der eiſerne Keil zum

Aliment, m. Nahrung, f. Speiſe; —s, (jur.) Unterhalt, n.

Alimentaire, adj. zum Lebensunterhalte gehörig; pension —, eine jährliche Summe zum Unterhalt; canal —, (Anal.) Gedärm, n.

Alimenter, v. a. ernähren, beköſtigen; fg. qch., etw. nähren; unterhalten; —, (einen Canal) ſpeiſen.

Alimenteux, se, adj. (Med.) nährend. [Abſaß.

Alinéa, adv. abgeſeßt; —, m.

†Aliptique, f. vi. Salbungskunſt.

Aliquante, adj. f., partie —, (Math.) eine Zahl, die nicht ohne Reſt in einer größern enthalten iſt.

Aliquote, adj., partie —, (Mathem.) eine Zahl, die ohne Reſt in einer größern enthalten iſt.

†Alisme, m. Alismée, f. Froſchlöffelkraut, n.

Alismoides, m. pl. die froſchlöffelrautartigen Pflanzen, f.

Aliter, v. a. bettlägerig machen; s' —, bettlägerig werden.

Alize, Alise, f. (Bot.) Elsbeere.

Alizé, adj. m., vent —, (Seew.) Paſſatwind. [beerbaum.

Alizier, Alisier, m. (Bot.) Els-

Alkali, v. Alcali.

Alkekenge, m. Judenkirſche, f.

Alkermès, m. die ſtärkende Latwerge; v. Kermès.

Allah, m. Allah (der arabiſche Name der Gottheit).

Allaitement, m. Säugen, n.

Allaiter, v. a. ſäugen.

Allant, m., allants et venants, pl. die Hin- und Hergehenden; Vorbeigehenden. [chen, n.

Allantoide, f. (Anal.) Hornhäut-

Allécher, v. a. anloden, reizen.

Allée, f. Gang, m.; (Gärtn.) id. Baum-, Luſtgang.

Allégateur, *m.* Anführer; Ermah= ner. [hauptung.
Allégation, *f.* Anführung, Be=
Allége, *f.* (Schifff.) Lichterschiff, *n.*
Allégeance, *f. vi.* Erleichterung; serment d'—, Huldigungseib, Un= terthaneneid. [Linderung.
Allégement, *m.* Erleichterung, *f.*
Alléger, *v. a.* erleichtern; (Schifff.) lichten; *fg.* erleichtern; lindern.
Allégérir, Allégir, *v. a.* (ein Pferd) zum Leichtgehen abrichten; allégir, (Handw.) verdünnern.
Allégorie, *f.* Allegorie, Bild, *n.* Gleichniß; das allegorische Gemälde.
Allégorique, *adj.*, -ment, *adv.* bildlich, sinnbildlich, verblümt.
Allégoriser. *v. a.* sinnbildlich, ver= blümt schreiben, reden, auslegen.
Allégoriste, *m.* der Erklärer von Sinnbildern. [aufgeräumt.
Allègre, *adj.*, -ment, *adv.* lustig,
Allégresse, *f.* Fröhlichkeit, Jubel, *m.*
Allégro, *adv.* (Muf.) munter; —, *m.* Allegro, *n.*
Alléguer, *v. a.* anführen, erwäh= nen; sich berufen auf; vorwenden.
Alléluia, *m.* Halleluja, *n.* Lob= gesang, *m.*; —! *interj.* lobet den Herrn.
†Allemagne, *f.* Deutschland.
Allemand, e, *adj.* deutsch; —, *m.* -e, *f.* Deutsche, *m. et f.*; —, *m.* Deutsche, *n.* die deutsche Sprache; —e, *f.* der deutsche Tanz.
Aller, *v. n.* gehen; — à cheval, reiten; — en carrosse, en bateau, fahren; — par terre, zu Land rei= sen; — à qn., auf einen zugehen; sich an einen wenden || einem anste= hen, gehen (Kleid); — ensemble, sich zusammenschicken; — à qch., nach etw. gehen; auf etw. zielen; — et venir, hin und her gehen, ab= und zugehen; il y va de ..., es be= trifft, es gilt ...; — faire qch., im Begriff seyn etw. zu thun, etw. thun wollen; n'allez pas croire, glauben Sie ja nicht; se laisser — à ..., sich zu etw. hinreißen lassen; se lais= ser — sur ..., hinsinken auf ...; va mon reste! ich setze alles was ich habe; va! es bleibt dabei; s'en —, weggehen; vergehen, verfliegen (Zeit, :c.); s'en — d'une carte, eine Karte verwerfen; faire en —, weg= gehen machen, vertreiben; allons! auf, wohlan! —, *m.* Gehen, *n.*
Alléser, Allésoir, *v.* Aléser, *n.*
Alleu, *m.* Freigut, *n.* Erbgut; franc- —, zinsfreie Gut.
Alliacé, e, *adj.* knoblauchartig.
Alliage, *m.* (Schmelzt.) Vermi= schung, *f.* Versetzung, Beschickung, Legirung; Zusatz, *m.* Zuschlag; *fg.* Beimischung, *f.*; régle d'—, Ver= mischungsregel.

Alliaire, *f.* Knoblauchkraut, *n.*
Alliance, *f.* Verbindung, Bund, *m.* Bündniß, *n.*; Heirath, *f.*; Schwägerschaft; (Goldsch.) Trau= ring, *m.* [bete, Verwandte.
Allié, *m.* Bundesgenoß, Verbün=
Allier, *v. a.* vereinigen, verbin= ben; vermengen; (Schmelzt.) legi= ren; beschicken, zuschlagen; s'—, sich verbinden, sich vereinigen; sich ver= schwägern; sich verbrübern; —é, e, verbündet; argent —é, das löthige Silber; or —é, Karatgold.
Allier, *m.* Stedgarn (zum Reb= hühnerfang), *n.*
†Alligator, *m.* Alligator, Kaiman.
Allitération, *f.* Buchstabenvie= berholung, Sylbengleichklang, *m.*
Allobroge, *m. fg.* Grobian, Tölpel.
Allocation, *f.* Bewilligung (einer Summe); Gutheißung (eines Po= stens), *n.*
Allocution, *f.* Anrede (der römi= schen Feldherren an ihre Soldaten).
Allodial, *adj.* lehensfrei; bien —, Allodialgut.
Allodialité, *f.* Lehensfreiheit.
Allonge, *f.* Verlängerungsstück, *n.*; (Chymie) Einsatzröhre, *f.*; (Handw.) Anstoß, *m.*
Allongement, *m.* Verlängerung, *f.*
Allonger, *v. a.* verlängern, aus= behnen; *fg. id.* verzögern; (Handw. Seew.) längen; — un coup, einen Streich führen; aus=, zustoßen; s'—, länger werden, sich strecken, sich deh= nen. [*f.*
†Allophylle, *m.* (Bot.) Allophyle.
Allouable, *adj.* bewilligbar.
Alloué, *m.* Bevollmächtigte, Sach= walter.
Allouer, *v. a.* (Geldsummen) gut= heißen, verwilligen, gelten lassen.
Alluchon, *m.* (Mech.) Zahn.
Allumé, e, *adj.* entzündet; (Ge= sichtsfarbe) höchroth, glühendroth; (Wapp.) andersfärbig.
Allumer, *v. a.* (ein Licht) an= zünden, anstiften; s'—, sich entzün= ben, entbrennen.
Allumette, *f.* Schwefelhölzchen, *n.*
Allumeur de lampes, etc., *m.* Lampenanzünder.
Allure, *f.* Gang, *m.* Schritt; (Jagd) Spur, *f.*; -s, *fg.* Schliche, *m. pl.*
Allusion, *f.* Anspielung, Andeu= tung; faire — (à), anspielen, zie= len (auf).
Alluvion, *f.* Anschwemmung.
†Almadie, *f.* Almadie, das leichte Negerbarke.
†Almageste, *m.* eine Sammlung astronomischer Beobachtungen.
Almanach, *m.* Kalender; — de cabinet, Wandkalender.
†Almandine, Alabandine, *f* (Mi=

ner.) Almandinstein, *m.* der veil= chenfarbige Granat. [terinn.
†Almée, *f.* die indische Stegreifdich=
†Almoude, Almude, *f.* Almude (portugiesisches Oelmaß).
†Almucantarat, Almicantarat, *m.* Höhenzirkel.
Aloès, *m.* (Bot.) Aloe, *f.*
Aloétique, *adj.* aloehaltig.
†Alogne, *f.* Jährseil.
Aloi, *m.* Gehalt, Schrot und Korn; de bas —, von schlechtem Gehalte, geringhaltig; *fg.* Herkom= men, *n.*
Alopécie, *f.* (Med.) das Ausfallen der Haare.
Alors, *adv.* bamals; ba', alsbann; d'—, bamalig.
Alose, *f.* (Naturg.) Alse, Mai= fisch, *m.* Mutterhäring. [ter.
†Alouate, *m.* rothe Brüllaffe, Heu=
†Alouchi, *m.* Zimmtgummi, *n.*
Alouette, *f.* Lerche; — des bois, Heidelerche.
Alourdir, *v. a. fm.* betäuben; schwer, bumm machen.
†Alouvi, e, *adj. pop.* heißhung= rig, unersättlich. [liage.
†Aloyage, *m.* Legiren, *n.*; *v.* Al=
Aloyau, *m.* Lendenbraten.
Aloyer, *v. a.* (Metalle) legiren, beschicken.
†Aloyse, *n. pr. m.* Aloysius.
Alpaga, Alpagne, *m.* Kameel= siege, *f.* der Zeug aus ihrer Wolle.
— der malabarische Fla= schenbaum.
Alpes, *f. pl.* Alpen, Gebirgskette.
Alpestre, *adj.* hochälvisch.
Alphabet, *m.* ABC, *n.* Abcbuch.
Alphabétique, *adj.* alphabetisch.
†Alphanet, *m.*, Alphanette, *f.* der tunesische Falk.
†Alphitomancie, *f.* die Wahrsa= gung aus dem Mehl.
†Alpbonsin, *m.* (Chir.) Kugelzan= ge, *f.* [sinische Tafeln.
†Alphonsines, *f. pl.* (Astr.) alphon=
†Alphos, *m.* Hautflecken, Mut= termaal, *n.*
Alpine, *adj. f.*, (Bot.) plante —, Alpenpflanze, *f.*
Alpion, Alpiou, *m.* die Verboy= pelung des Satzes im Spiele.
Alpiste des Canaries, *m.* (Bot.) Canariensame.
†Alquifoux, *m.* Bleiglanz.
†Alrunes, *m. pl.* (Mpth.) Alrau= nen.
†Alsace, *f.* (spr. -zace) Elfaß, *n.*
†Alsacien, ne, *adj.* elsässisch; —, *m.* Elsässer, -e, *f.* Elsässerinn.
Alsine, *f.* Hühnerdarm, *m.* Mau= öhrchen (Pflanze), *n.*
Altérable, *adj.* veränderlich; wan=

belbar; ber Veränderung, ter Ver=
fälſchung unterwerfen.

Altérant, e, *adj.* Durſt verur=
ſachend.        [ändernd.

†Altératif, ve, *adj.* (Chym.) ver=

Altération, *f.* Veränderung (zum
Nachtheil); (Med.) Verſchlimme=
rung; (Münz.) Kippen, *n.;* Verfäl=
ſchung, *f.; fg.* Bewegung; Erkal=
lung (der Freundſchaft)‖ große Durſt,
*m.*        [bernde Kraft, *f.*

†Altératrice, *f.*, force —, verän=

Altercas, *m. pop., v.* Altercation.

Altercation, *f.* Zant, *m.* Streit.

Altéré, e, *adj.* burſtig, x.; —é de
sang, blutgierig; être —é, bürſten.

Altérer, *v. a.* (zum Nachtheil) än=
bern; verfälſchen; (Münz.) kippen;
verfälſchen; *fg.* entſtellen; verfälſchen;
verſchlimmern (Geſundheit); beſtür=
zen; heftig bewegen; burſtig machen;
s'—, ſich verſchlimmern, verderben.

Alternat, *m.* Abwechslung, *f.*
Umwechslungsrecht, *n.*

Alternatif, ve, *adj.* abwechſelnd;
eines um das andere wirkend; chant
—, Wechſelgesang, *m.;* (Philoſ.)
propositions —ves, der aus zwei
Gegenſätzen beſtehende Satz; -ve=
ment, *adv.* wechselsweiſe.

†Alternation, *f.* der Wechſel in
der Stellung; das Verſetzen verſchie=
bener Dinge.

Alternative, *f.* Wechſel, *m.;* Ab=
Umwechslung, *f.* ‖ die Wahl zwiſchen
zwei Sachen, Alternative.

Alterne, *adj.* (Geom.) wechſels=
weiſe ſtehend; ſich wechſelsweiſe fol=
gend; (Bot.) Blätter, welche an
beiden Seiten des Stängels oder der
Zweige wachſen, und nicht gegenein=
ander über ſtehen.

Alterné, e, *adj.* (Wappent.) wech=
ſelsweiſe geordnet.

Alterner, *v. n.* abwechſeln; —, *v.
a.,* (Landw.) un champ, den Ah=
bau eines Feldſtückes wechſelsweiſe
abändern.

Altesse, *f.* Hoheit, Durchlaucht.

Althée, *f.* (Bot.) Eibiſch, *m.*

Altier, ère, *adj.* ſtolz, hochmüthig.

†Altimétre, *m.* Höhenmeſſer.

†Altimétrie, *f.* Höhenmeſſung.

†Altise, *f.* Erbfloh, *m.*

Alto, *m.* (Muſ.) Bratſche, *f.*

†Alucétes, *m. pl.* die Aluciten (In=

†Aluco, *m.* Ohreule, *f.* [ſetten).

Alude, *f.* gefärbte Schafleder, *n.*

Aludel, *m.* (Chym.) Sublimirge=
fäß, *n.*        [flinge.

Alumelle, *f.* Meſſerklinge, Polir=

Alumine, *f.* (Chym.) Thonerde.

Alumineux, se, *adj.* alaunartig.

Alun, *m.* Alaun.

Alunage, *m.* (Färb.) Alaunen, *n.*

Alunation, *f.* (Chym., x.) Alaun=
bilbung.

Aluner, *v. a.* alaunen.

Alunière, *f.* Alaunhütte.

†Alurnes, *m. pl.* die Alurnen (In=
ſekten).        [Spartogras.

†Alvarde, *f.* Nußgras, *n.* unächte

Alvéolaire, *adj.*, (Anal.) nerf —,
Zahnladenners, *m.*

Alvéole, *m.* (Anal.) Zahnlade, *f.*
Höhle; (Naturg.) Honigzelle; (Bot.)
Schüſſelchen (der Eicheln), *n.*

Alvéolé, e, *adj.* zellenförmig ge=
höhlt.

Alvin, e, *adj.*, (Med.) évacuation —e, die Ausleerung des Unter=
leibes.        [*m.* Steinkraut, *n.*

†Alysse, *m.* Alyſſe, *f.* Leindotter,

Amabilité, *f.* Liebenswürdigkeit.

Amadis, *m.* (Schneid.) enge, an=
liegende Weſtenärmel.        [der.

Amadou, *m.* Feuerſchwamm, Zun=

Amadouer, *v. a.* ſtreicheln; lieb=
koſen; *fg. fm.* beſänftigen, be=
ſchwichtigen.

Amaigrir, *v. a.* mager machen;
abzehren; (Handw.) ſpitzig zuſchnei=
ben; behauen; —, *v. n.* mager wer=
ben; s'—, ſchwinden.

Amaigrissement, *m.* Magerwer=
ben, *n.* Abmagern.        [Fischernetz.

†Amaillade, Amairade, *f.* eine Art

Amalgamation, Amalgame, *f.*
Anquidung, Verbindung ‖ Amalga=
ma; *n.* Quidbrei, *m.*        [maſch.

Amalgame, *m.* Quidbrei; Miſch=

Amalgamer, *v. a.* amalgamiren,
mit Queckſilber verbinden, verquiden,
anquiden; *fg.* in eins verſchmelzen;
s'—, ſich innig vermiſchen.

†Amand, *m. pr. m.* Amandus.

Amande, *f.* Mandel; — lissée,
bie mit Zuckerguß überzogene Man=
bel ‖ Kern (des Steinobſtes), *m.*

Amandé, *m.* Mandelmilch, *f.*

Amandier, *m.* Mandelbaum.

Amant, *m.* e, *f.* Liebhaber, *m.;*
Geliebte, *m. et f.;* amants, *pl.*
Liebenden.        [rankhartigen Pflanzen.

†Amarantacées, *f. pl.* die ama=

Amarante, *f.* (Bot.) Amaranth, *m.*
Tauſendſchön, *n.* Fuchsſchwanz, *m.*

†Amarantine, *f.* Amaranthtulpe;
Nagelkraut, *n.*        [rankbenarten.

†Amarantoides, *f. pl.* die Ama=

Amariner, *v. a.* (ein Schiff) mit
neuen Bootsleuten beſetzen.

†Amarque, *f.* (Schifff.) Bafe.

Amarrage, *m.* (Schifff.) Anbin=
ben, *n.*        [*pl.* Anker.

Amarre, *f.* (Schifff.) Tau, *n.; —s,*

Amarrer, *v. a.* (Schiff.) mit Tauen,
mit Ankern feſt machen.

†Amaryllis, *f.* Narziſſenlilie.

Amas, *m.* Haufen, Menge; *f.*

Amasser, *v. a.* häufen, ſammeln;
s'—, ſich häufen, zuſammenkommen.

†Amassette, *f.* Farbenſpatel, Spa=
tel.

Amatelotage, *m.* die paarweiſe
Aufſtellung des Schiffsvolks.

Amateloter, *v. a.* das Schiffsvolf
paarweiſe, rottenweiſe vertheilen oder
anſtellen.

Amateur, *m.* Liebhaber, *m.* =inn, *f.*

Amatir, *v. a.* (Metalle) matt
machen.

Amaurose, *f.* (Med.) der ſchwarze
Staar.

Amazone, *f.* Amazone.

†Ambact, *m.* Ambacht, *f.* Ge=
richtsbarkeit.

Ambagès, *f. pl.* Umſchweife.

†Ambalard, *m.* (Papierm.) Zeug=
ſchubkarren.

†Ambarvales, *f. pl.* die Ambarva=
lien, der feierliche Acker=Umgang zu
Ehren der Ceres.

Ambassade, *f.* Geſandtſchaft, Bot=
ſchaft, Auftrag, *m.*

Ambassadeur, *m.* -drice, *f.* Ge=
ſandte, *m.* Botſchafter, =inn, *f.;*
Geſchäftsträger, *m.* Unterhändler,
=inn, *f.*

Ambe, *m.* Ambe (in der Lotterie), *f.*

†Ambelanier, *masc.* Ambellania
(Bäumchen), *f.*

Ambesas, *m.* (Trict.) zwei Aß.

†Ambi, *m.* (Chir.) Hebſtock, die
Holzwage des Hippokrates, *f.*

Ambiant, e, *adj.* (Phyſ.) um=
gebend.

Ambidextre, *adj.* links und rechts
zugleich, der die linke Hand ſo gut
wie die rechte brauchen kann.

Ambigu, e, *adj.;* -ment, *adv.:*
zweideutig, doppelſinnig, vieldeutig;
—, *m.* eine Mahlzeit wo kalte und
warme Speiſen, Obſt und Backwerf
zugleich aufgetragen werden; *fg.* Ge=
mengſel, *m.* Gemiſch.

Ambiguité, *fém.* Zweideutigkeit,
Doppelſinn, *m.* Vieldeutigkeit, *f.*

Ambitieux, se, *adj.;* -sement, *m.
Adv.:* ehrgeizig, ehrſüchtig; ruhm=
ſüchtig; (Rhet.) ſchwülſtig, geſucht.

Ambition, *f.* Ehrſucht, Ehrgeiz,
*m.;* Ruhmſucht, *f.*

Ambitionner, *v. a.* qch., (aus
Ehrſucht) nach etw. ſtreben, ſich um
etw. bewerben; etw. wünſchen.

Amble, *m.* (Reitſch.) Paßgang, *m.*
cheval qui va l'—, Paßgänger.

Ambler, *v. n.* den Paß, Zellers
gang gehen.

†Ambleur, *masc.* Unterbereiter,
(Jagd) der Hirſch der einen beſondern
Gang hat.

†Amblygone, *adj.* ſtumpfwinkelig.

†Amblyode, *f.* eine Moosart.

†Amblyopie, *f.* das neblige Sehn,
Augenbunkelheit, *f.*

†Ambon, *m.* Emporkirche, *f.;*
(Seew.) Dechplanke.

†Amboutir, *v. a.* (Goldſch.) hohl
austreiben; (Schleſſ.) aufſtießen.

†Amboutissoir, *m.* (Handwerk.) Bunzen. [jaune, Bernſtein.
Ambre, *m.* (Naturg.) Ambra; —
Ambrer, *v. a.* mit Ambra räuchern.
Ambrette, *f.* (Bot.) Biſamblume; poire d'—, Ambrabirn.
†Ambroise, *n. pr. m.* Ambroſius.
Ambroisie, Ambrosie, *f.* Götter= ſpeiſe, Ambroſia; *fg.* odeur d'—, der ambroſiſche, himmliſche Geruch.
Ambulance, *f.* Feldhoſpital, *n.*
Ambulant, e, *adj.* herumziehend, wandernd; hôpital —, Feldheſpi= tal, *n.* [ziehend.
Ambulatoire, *adj.* (jur.) herum=
Ame, *f.* Seele; Herz, *n.* Gemüth, Gewiſſen, der innere Sinn; Leben, *n.; fg.* Seele, *f.* Hauptſache; In= nere, *n.* Mitte, *f.;* der Geiſt und das Leben (einer Rede); (Muſik) Stimmholz, *n.;* (Oppſ.) der erſte Entwurf; (Gieß.) Form, *f.;* (Ar= till.) Seele; (Bergw.) Windfang, *m.;* — (d'une devise), Spruch, *m.* Motto, *n.;* c'est son — damnée, er iſt ihm mit Leib und Seele erge= ben. [ber Getreuer.
Amé et féal, *adj.* (Kanzl.) Lie=
†Amédée, *n. pr. m.* Amadeus, Gottlieb. [Miſpelbaum.
†Amélanchier, *m.* (Bot.) der wilde
†Amélie, *n. pr. f.* Amalia.
Amélioration, *f.* Verbeſſerung.
Améliorer, *v. a.* verbeſſern; s'—, ſich verbeſſern, beſſer werden.
Amelle, *m.* Amellusſternblume, *f.* Sternkraut, *n.* [ſchehe!
Amen, *interj.* Amen; ja, es ge=
†Amenage, *m.* Zufuhr, *f.*
Aménagement, *m.* das Zurichten des Holzes; die Behandlung eines Schlagwaldes. [zurichten.
Aménager, *v. a.* (Holz) zuhauen,
Amendable, *adj.* (jur.) ſträfällig; (Landw.) verbeſſerlich; beſſerungs= fähig.
Amende, *f.* Geldſtrafe; — hono= rable, Buße, öffentliche Abbitte.
Amendement, *m.* Beſſerung, *f.* Verbeſſerung; Zuſatz (zu einem Vor= ſchlage), *m.;* (Landw.) Düngen, *n.*
Amender, *v. a.* (jur.) qn., einem eine Geldſtrafe auflegen || (einen) beſſern, (etwas) aus=, verbeſſern; (Landw.) beſſern, düngen; —, *v. n. et* s'—, ſich beſſern, beſſer werden.
Amener, *v. a.* herbeiführen, zu= führen; herbringen; (qn.) mitbrin= gen, führen; (qch.) mit ſich brin= gen; näher an ſich ziehen; (eine Sille) einführen; — (qn.) à qch., zu etw. bereden; (Artill.) — l'avant- train, aufprotzen; (Seew.) — le pavillon, oder —, *v. n.* die Flagge ſtreichen, ſich ergeben; mandat d'—, *m.* (jur.) Vorführungsbefehl.
Aménité, *f.* Anmuth, Lieblichkeit.

Amentacées, *f. pl.* die Kätzchenar= ligen Blumen. [hein.
Amenuiser, *v. a.* (Tiſchl.) abho=
Amer, ère, *adj.;* -ement, *adv.:* bitter, herbe; *fg. id.,* ſchmerzhaft, empfindlich; rendre —, verbittern; —, *s. m.* Galle, *f.* (bef. von Fiſchen).
†Américain, e, *adj.* amerika= niſch; —, *m. e, f.* Amerikaner, *m.* =inn, *f.*
†Amérique, *f.* Amerika.
Amertume, *fém.* Bitterkeit; *fg.* Verdruß, *m.;* Kränkung, *f.*
Améthyste, *f.* Amethyſt (Edel= ſtein). [Geräth.
Ameublement, *m.* Hausgeräth, *n.*
Ameublir, *v. a.* zu Mobiliarver= mögen machen; (Landw.) umſtechen, locker machen.
Ameublissement, *m.* Mobiliariſi= rung, *f.;* das beweglich gemachte Gut; (Landw.) Umſtechen, Lockermachen.
†Ameuloner, *v. a.* auffchobern.
†Ameutement, *m.* Zuſammen= koppeln, *n.;* Zuſammenrottung, *f.*
Ameuter, *v. a.* (Jagdhunde) zu= wiegeln; s'—, ſich zuſammenrotten.
†Amfigouri, *v.* Amphigouri.
Ami, *m. e, f.* Freund, =inn, *f.;* Geliebte, *m. et f;* Liebhaber, *m.* =inn, *f.;* —, *e, adj.:* hold, gün= ſtig, gewogen.
Amiable, *adj.;* -ment, *adv.:* freundlich; freundſchaftlich; à l'—, *adv.* in der Güte.
Amiante, *m.* (Miner.) Berg= Steinflachs, Asbeſt.
Amical, e, *adj.;* -ement, *adv.:* freundſchaftlich, auf eine freund= ſchaftliche Art.
Amict, *m.* (Kath.) Achſeltuch (der Prieſter), *n.* [mehl, *n.*
Amidon, *m.* Stärke; *f.* Kraft=
†Amidonner, *v. n.* Stärke machen.
†Amidonnerie, *f.* Stärkeſiederei.
Amidonnier, *m.* Stärkemacher, Stärkehändler.
†Amignarder, *v. a.* liebkoſen (ei= nem) ſchmeicheln; Amignoter, *pop. id.*
A-mi-la, *m.* A=ton, A oder La, *n.*
Amincir, *v. a.* dünner machen.
Amincissement, *m.* Verdünne= rung, *f.* [—, Abmiralſchiff, *n.*
Amiral, *m.* Admiral; vaisseau
†Amirale, *f.* Admiralinn; Admi= ralsgaleere.
Amirante, *m.* Admiral (in Spa= nien). [(Inſeln.)
†Amirantes, *f. pl.* die Amiranten
Amirauté, *f.* Admiralsſtelle; Ab= miralität.
†Amissible, *adj.* verlierbar.
Amitié, *f.* Freundſchaft; Gewo= genheit, Zuneigung || Gefälligkeit; (Mal.) Uebereinſtimmung (der Far=

ben); —s, *pl.* Höflichkeiten, Em= pfehlungen. [Schweiz).
Amman, *m.* Amman (in der Ammeiſtre, *m. ol.* Ammeiſter (in Straßburg); bürgerliche Stadtvor= ſtand. [tümmel.
Ammi, *m.* Ammeiſame, Herren=
†Ammite, *f.* Ammonit, das ver= ſteinerte Ammonshorn.
†Ammodyte, *f.* Sandnatter; Sand= fiſch, *m.*
†Ammon (corne d'), *f.* (Naturg.) Ammonshorn, *n.*
Ammoniac, aque, *adj.,* (Chym.) sel —, Salmiak, *m.;* gomme —que, Ammoniakharz, *n.;* —que, *f.* Am= monium, *n.*
Ammoniacal, e, *adj.* ſalmiak= artig. [niumhaltig.
†Ammoniacé, e, *adj.* Ammo=
Ammonite, *f.* (Min.) Ammons= horn, *n.*
†Ammonium, *f.* die Zuſammenſe= tzung von Salmiak mit Metallalfen.
Amnios, *m.* (Anat.) Schafhäut= chen, *n.*
Amnistie, *f.* Vergebung, Begna= digung, Amneſtie; — générale, Generalpardon, *m.*
Amnistié, e, *adj.* begnadigt.
Amnistier, *v. a.* begnadigen, am= neſtiren.
Amodiateur, *m.* Pächter.
Amodiation, *f.* Pachtvertrag, *m.*
Amodier, *v. a.* verpachten.
Amoindrir, *v. a.* vermindern, ver= ringern; —, *v. n. et* s'—, abneh= men. [gerung, Verminderung.
Amoindrissement, *m.* Verrin=
†Amoises, *f. pl.* (Zimm.) Zwerg= ſparren. [Schiffswindenlöcher.
†Amolettes, *f. pl.* Spillgaten.
Amollir, *v. a.* erweichen, beizen, aufweichen; *fg.* verweichlichen; er= weichen, rühren (das Herz); s'—, weich werden; *fg.* weich, ſchwach werden.
Amollissement, *m.* Erweichung; *fg.* Verweichlichung, Verzärtelung.
Amome, *m.* Amome, *f.* Karda= mome.
Amonceler, *v. a.* aufhäufen.
Amont, *adv.* (Schiff.) aufwärts, bergauf; gegen den Strom; (vom Winde) öſtlich, von Oſten; vent d'—, Oberwind, *m.* Oſtwind.
Amorce, *f.* (Jagd, Fiſch.) Lock= ſpeiſe, Köder, *m.;* (Artill.) Zünd= pulver, *n.;* (Feuerw.) Raketenſatz, *m.; fg.* Lockung, *f.*
Amorcer, *v. a.* ködern; (Artill.) mit Zündpulver verſehen; (Handw.) vorbohren; *fg.* anloden, reizen.
Amorçoir, *m.* Vorbohrer.
†Amorpha, *m.* der falſche Indigo, Unform, *f.* [los.
†Amorphe, *adj.* bildlos, geſtalt=

Amortir, v. a. ſchwächen, däm=
pfen; (Schulden, ꝛc.) tilgen; ab=
loskaufen; lindern; s'—, ſeine Kraft
verlieren; ſich legen, nachlaſſen, er=
löſchen.                    [heblich.
Amortissable, adj. tilgbar, auf=
Amortissement, m. Tilgung, f.
Loskaufung; (Bauk.) äußerſte Ver=
zierung; caisse d'—, (Fin.) Til=
gungskaſſe.
Amour, m. Liebe, f.; Zuneigung,
Freundſchaft; Liebeshandel, masc.;
(Myth.) Liebesgott; —propre,
Eigenliebe, f. Selbſtliebe; —s,f. pl.
Liebſchaft, der vertraute Umgang;
—s, m. pl. der geliebte Gegenſtand;
Liebhaberei, f.
Amouracher (s') de qn., fm. ſich
in einen vernarren.        [handel, m.
Amourette, f. Liebſchaft, Liebes=
Amoureux, se, adj. de qn., de
qch., verliebt in jemand, eingenom=
men für etw.; —, m. Verliebte;
pop. Liebhaber, Freier; -sement,
adv. verliebt; verliebter Weiſe.
Amovibilité, f. die Entſetzbarkeit
des Inhabers (einer Stelle).
Amovible, adj. abſetzbar.
†Ampélite, f. Bergtorf, m. Erd=
harz, n.
†Amphiarthrose, f. die unmerklich
bewegliche Beinergliederung.
Amphibie, adj. (Naturg.) beid=
lebig; —, m. Amphibie, f.; fg.
einer der zwei nicht wohl zuſammen=
paſſende Gewerbe zugleich treibt.
†Amphibiolithe, m. das verſtei=
nerte Amphibium.
†Amphiblesthroïde, m. das netz=
förmige Augenhäutchen.
†Amphibole, m. (Miner.) Horn=
blende, f.                    [Satz.
Amphibologie, f. der zweideutige
Amphibologique, adj.; -ment,
adv.: zweideutig.
†Amphibranchies, f. pl. der Raum
um die Mandeln des Halſes.
†Amphibraque, m. Amphibra=
chys (Versfuß ◡ – ◡).
Amphictyonide, adj., (gr. Alt.)
ville —, eine Stadt die zu dem
Bunde der Amphiktyonen gehört.
Amphictyonie, f. (gr. Alt.) das
Recht einen Abgeordneten zur Am=
phiktyonen-Verſammlung zu ſchicken.
Amphictyonique, adj. (gr. Alt.)
amphiktyoniſch.
Amphictyons, m. pl. (gr. Alt.)
Amphiktyonen.
†Amphidiarthrose, f. das doppelte
Wechſelgelenk.        [weiße Granat.
†Amphigène, m. (Miner.) der
Amphigouri, m. das verwirrte Ge=
ſchwätz.        [adv.: verworren.
Amphigourique, adj.; -ment,
Amphimacre, m. Amphimacer
(Versfuß – ◡ –).

†Amphinomes, m. pl. die Amphi=
nomen (Würmer).
†Amphipole, m. Amphipele (Ar=
chont zu Syracus).
†Amphiprostyle, m. Amphipro=
ſtylos (Tempel).        [ſchlange, f.
†Amphisbène, m. (v.  [ſchlange, f.
†Amphiptère, m. (Wap.) Flügel=
†Amphisbène, m. Doppelſchlei=
cher, Ringelſchlange, f.
Amphisciens, m. pl. (Geogr.)
die zweiſchattigen Völker.
Amphismèle, m. das zweiſchnei=
dige Meſſer.
Amphithéâtre, m. Amphitheater,
n.; en —, ſtufenweiſe, im Halb=
zirkel.
†Amphitrite, f. (Myth.) Amphi=
trite; fg. Meer, n.; (Naturg.)
Sandlöcher (Wurm), m.
Amphitryon, m. fm. Wirth (bei
dem man ſpeist).
Amphore, f. (Alt.) Amphora (ein
Gefäß, Maß).
Ample, adj. weit, geräumig,
groß, reich; -ment, adv. weitläu=
fig, ausführlich, reichlich.
Ampleur, f. Weite (v. Kleidern,
ꝛc.).        [umſchließende Blatt.
†Amplexicaule, f. das den Stängel
Ampliatif, ve, adj. erweiternd.
Ampliation, f. Duplicat (einer
Schrift), n.        [Friſt verlängern.
†Amplier, v. a. den Termin, die
Amplificateur, m., m. p., Auf=
ſchneider.
Amplification, f. (Rhet.) Erwei=
terung, Ausführung; (Opt.) Ver=
größerung.
Amplifier, v. a. ausführen, ent=
wickeln; fg. vergrößern.
Amplissime, adj. ſehr weit, ſehr
geräumig; (Tit.) hochgelehrt.
Amplitude, f. (Aſtr.) Weite; —
du jet, Wurfweite.
Ampoule, f. Blaſe, Waſſerblaſe;
(Med.) Hizblatter; sainte —, das
heilige Delfäschchen.
Ampoulé, e, adj. ſchwülſtig,
hochtrabend (Styl).
†Ampoulette, f. (Seew.) Sand=
uhr; (Artill.) das Brandrohr einer
Bombe, ꝛc.
Amputation, f. (Chir.) Ablöſung.
Amputer, v. a. (Chir.) ablöſen,
abnehmen.
Amulette, m. Amulet, n. das An=
gehänge um Böſes abzuwenden.
Amurer, v. a. (Seew.) die großen
Segeltaue anziehen.
Amures, f. pl. (Seew.) Halſen
(Löcher, wodurch die großen Segel=
taue angezogen werden).    [ſäbig.
Amusable, adj. der Unterhaltung
Amusant, e, adj. angenehm, zeit=
verkürzend; unterhaltend.
Amusement, m. Beluſtigung, f.
Vergnügen, n. Zeitvertreib, m.

Amuser, v. a. qn., einen unter=
halten, vergnügen, einem angenehm
die Zeit verkürzen; fg. jemand hin=
halten, aufhalten, läuſchen (de,
mit); s'— à, de qch., à faire qch.,
ſich mit etw. leicht beſchäftigen, ſich
die Zeit vertreiben.
Amusette, f. fm. Spielerei.
Amuseur, m. Beſchwazer, Ver=
ſpiegler.
Amusoire, f. Zeitvertreib, m.
Kurzweil, f.; Aufhaltungsmittel, n.
Amygdales, f. pl. (Anat.) Hals=
mandeln.        [Mandelſteine.
Amygdaloïdes, f. pl. (Miner.)
Amylacé, e, adj. ſtärkmehlhaltig.
An, m. Jahr, n.; par —, jähr=
lich; d'un —, de deux —s, etc.,
eins, zweijährig, ꝛc.; jour de l'—,
Neujahr, n.
Ana, m. die Endſylbe der Anekdoten=
ſammlungen von berühmten Män=
nern, z. B. Menagiana, Voltai-
riana; (Apoth.) von einem ſo viel
als vom andern.        [vertäufer.
Anabaptisme, f. die Lehre der Wie=
Anabaptiste, m. Wiedertäufer.
†Anabase, f. Salzbeere.
†Anablépe, masc. Schmerle (Fiſch),
Schmerling (Fiſch), m.    [lend.
†Anacampsique, adj. zurückpral=
Anacarde, m. (Bot.) Vogelherz=
baum; Elephantenlaus, f.
†Anacathartique, adj. den Aus=
wurf befördernd (Med.).
Anachorète, m. Einſiedler.
Anachronisme, m. der Irrthum in
der Zeitrechnung.        [chungsſtunde.
†Anaclastique, f. Strahlenbre=
Anacoluthe, f. (Gramm.) Ana=
koluth (eine Art von Ellipſe, f.)
Anacréontique, adj. (Dichtk.)
anakreontiſch.
Anadyomène, f. aus dem
Meere ſteigend (Venus).
Anagallis, m. (Bot.) Gauchheil, n.
Anagnoste, m. Anagnoſte, Vor=
leſer.
Anagogie, f. Entzücken, n. Herz=
erhebung (zu dem Ueberirdiſchen), f.
Anagogique, adj. (Theol.) geiſtig,
myſtiſch (Erklärung).
Anagrammatiser, v. n. Anagram=
me machen.        [menmacher.
Anagrammatiste, m. Anagram=
Anagramme, f. Anagramm, n. die
Buchſtabenverſezung eines Wortes.
Anagyris, m. Stinkbohnenbaum.
†Analcime, adj. fraſiles; —,
m. (Miner.) würfelige Zeolith.
Analectes, m. pl. die auserleſenen
Stücke (eines Schriftſtellers).
Analème, m. Sonnenzeiger (ein
Planiſpherium).        [herſtellung.
Analepsie, f. Erholung, Wieder=
Analeptique, adj. ſtärkend, erqui=
ckend; —, f. Geſundheitslehre.

Analogie, *f.* Uebereinstimmung, Aehnlichkeit, Gleichförmigkeit, Verwandtschaft; Aehnlichkeitsverhältniß, *n.* [ähnlich, analogisch.

Analogique, *adj.;* -ment, *adv.:*

†Analogisme, *m.* Schluß (gebaut auf Aehnlichkeit der Verhältnisse).

Analogue, *adj.* à ...., ähnlich, gleichförmig, verwandt (mit), passend (auf), angemessen.

Analyse, *f.* Zergliederung; (Chymie) Auflösung; (Math.) Analyse; (Philof.) die analytische Methode.

Analyser, *v. a.* auflösen, zergliedern, analysiren; (Chym.) *id.,* zersetzen.

Analyste, *m.* (Math.) Analytiker.

Analytique, *adj.;* -ment, *adv.:* analytisch, auflösend, zergliedernd.

Anamorphose, *f.* (Mal.) Anamorphose, das künstliche Zerrbild.

Ananas, *m.* Ananas (Frucht), *f.*

Anapeste, *m.* Anapest (Versfuß ◡ ◡ —).

Anapestique, *adj.* anapästisch.

Anaphore, *f.* (Rhet.) die Wiederholung desselben Wortes an dem Anfange der verschiedenen Theile eines Satzes.

†Anaplérose, *f.* die Fleisch= oder Hauterzeugung; die Ansetzung eines künstlichen Gliedes.

Anarchie, *f.* der gesetzlose Zustand; Gesetzlosigkeit, *f.* Verwirrung, Anarchie.

Anarchique, *adj.* ohne Obrigkeit; anarchisch, gesetzlos.

Anarchiste, *m.* der Feind der gesetzlichen Ordnung. [(Fisch).

†Anarrhique, *mascul.* Meerwolf

Anasarque, *f.* Leibwassersucht.

†Anaspe, *m.* eine Art Blumenkäfer.

†Anastase, *n. pr. m.* Anastasius.

†Anastome, *m.* Anastom (Vogel).

Anastomose, *f.* (Anal.) Einmündung (einer Ader in eine andere).

Anastomoser (s'), (Anal.) sich einmünden, sich an den Enden verbinden (Adern). [setzung.

Anastrophe, *f.* die verkehrte Wort=

†Anate, Attole, *f.* Anatte (Art rother Farbe).

Anathématiser, *v. a.* (Kirch.) in den Bann thun, verfluchen.

Anathème, *m.* (Kirch.) Kirchenbann, Fluch; der mit dem Bannfluch Belegte; —, *adj.* von jedermann verabscheut.

Anatife, *m.* Fußzehe, *f.* Daumennagel (Muschel), *m.* [zig.

†Anatifère, *adj.* entenmuschelar=

†Anatocisme, *m.* (jur.) Zinswucher, der Zins vom Zins.

†Anatolie, *f.* Natolien, Kleinasien.

Anatomie, *f.* Zergliederung; Zergliederungskunst, Anatomie; die ana=

---

tomische Figur; *fg.* Zergliederung, die genaue Untersuchung.

Anatomique, *adj.;* -ment, *adv.:* anatomisch.

Anatomiser, *v. a.* zergliedern; *fg. id.,* scharf untersuchen.

Anatomiste, *m.* Zergliederer.

Ancêtres, *m. pl.* Vorältern, Uraltern, Vorfahren, Ahnen.

Anche, *f.* Mundstück (eines Blasinstruments), *n.;* (Org.) Zünglein, Zunge; (Mech.) Rinne.

†Anché, e, *adj.* (Wap.) gekrümt.

†Anchiflure, *f.* Wurmloch, *n.*

Anchilops (spr. ankl-), *m.* (Medizin) Augenwinkelgeschwulst.

Anchois, *m.* (Naturg.) Sardelle, *f.* Anchove.

Ancien, ne, *adj.* alt (Zeit, Sille, 2c.) || alt (im Amte); ehemalig, vorig; —, *m.* ein Alter (besonders von Griechen und Römern) || Aelteste, *m.* ältere College; -nement, *adv.* ehemals, vor allen Zeiten.

Ancienneté, *f.* Alterthum, *n.* || Dienstreihe, *f.;* Dienstalter, *n.*

Anciles, *m. pl.* die Ancilen (heilige Schilde der Römer), *n.* [tend.

Ancillaire, *adj.* (Chym.) verberei=

†Ancipité, e, *adj.* (Bot.) zweischneidig. [lei.

Ancolie, *f.* (Bot.) Aglei, *m.* Ake=

†Ancône, Ancona (Stadt).

†Ancone, *m.* Elbogenhöcker.

Ancrage, *m.* Ankern, *n.;* Ankergrund, *m.;* Ankergeräth, *f.*

Ancre, *f.* Anker, *m.;* (Maur.) Klammer, *f.; fg.* Zuflucht; grande ou maitresse —, Hauptanker, *m.;* — de la cale, Nothanker, *m.;* être à l'ancre, vor Anker liegen.

Ancrer, *v. n.* ankern; s'—, *fg. fm.* sich festsetzen. [Tuch).

†Ancrure, *f.* die kleine Falte (am

†Anda, *m.* Schlafbaum.

Andabate, *m.* Andabate (Blind=fechter). [geltinge, Säger.

†Andaillots, *m. pl.* (Seew.) Se=

Andain, *m.* (Landw.) Schwade, *f.*

†Andalous, e, *adj.* andalusisch; —, *m.* das andalusische Pferd.

†Andalousie, *f.* Andalusien (Provinz).

Andanté, *adv.* (Mus.) gemäßigt; †Andantino, *adv.* (Mus.) langsam schreitend.

Andelle, *f.* Andelenholz, *n.* Bü=cherholz. [Cordilleras (Gebirg).

†Andes (les), *f. pl.* die hohen

Andouille, *f.* Fleischwurst; — de tabac, Tabaksrolle.

Andouiller, *m.* Augensprosse (am Hirschgeweih), *f.* [chen, *n.*

Andouillette, *f.* Kalbfleischklöß=

---

†André, *n. pr. m.* Andreas.

†Andrène, *m.* Afterbiene, *f.*

†Andréolithe, *f.* Andreolith, *m.* Kreuzstein.

†Andrinople, Adrianopel (Stadt); rouge d'—, Türkischroth, *n.*

Androgyne, *m.* Zwitter, Mannweib, *n.* [schengestalt, *n.*

Androide, *m.* Automat in Men=

Andromède, *fémin.* Andromeda (Sternbild); Sauerampferbaum, *m.* Porst; Torfgras, *n.*

†Androsace, *m.* Androselle, *f.*

†Androsème, *m.* Harnischkraut, *n.* [Derung.

†Androtomie, *f.* Menschenzergli=

Ane, *m.* Esel (Handw.) Bock, Knecht; (Buchb.) Hobelkasten; *fg.* Esel, Dummkopf; en dos d'—, auf beiden Seiten abschüssig; contes de peau d'—, Kindermährchen, *n.;* pont aux ânes, Eselsbrücke, *f.*

Anéantir, *v. a.* vernichten, vertilgen, zu Grunde richten; s'—, zu nichte werden, verschwinden; *fg.* sich tief demüthigen.

Anéantissement, *m.* Vernichtung, *f.;* Verfall, *m.;* Umsturz; *fg.* die tiefste Demüthigung, *f.*

Anecdote, *f.* Anekdote, die geheime oder unverbürgte Nachricht, die scherzhafte Erzählung; —, *adj.* wenig bekannt. [ber, =macher.

Anecdotier, *f.* Anekdotenschrei=

Anecdotique, *adj.* anekdotisch.

Anée, *f.* Eselstracht.

†Anélectrique, *adj.* unelektrisch, die Elektrizität leitend.

†Anémie, Anoémie, *f.* Blutmangel, *m.* || eine Art Farrnkraut.

†Anémocorde, *m.* Windclavier, *n.*

†Anémographie, *f.* Windbeschreibung, *f.*

Anémomètre, *m.* Windmesser.

†Anémométrie, *f.* Windmeßkunst.

Anémone, *f.* (Bot.) Anemone.

†Anépigraphe, *adj.* schriftlos, titellos.

Anerie, *f.* Eselei, Dummheit.

Anesse, *f.* Eselinn; lait d'—, Eselsmilch.

†Anesthésie, *f.* (Med.) Gefühllosigkeit. [fraut, *n.*

Anet, Aneth, *m.* (Bot.) Dill=

Anévrismal, *e, adj.* die Pulsadergeschwulst betreffend.

Anévrisme, *m.* (Med.) Ader=, Pulsadergeschwulst.

Anfractueux, se, *adj.* krumm.

Anfractuosité, *f.* die außerordentliche Krümmung der Ufer= und Gebirgsgegenden; —s, *pl.* (Anal.) Unebenheit (der Knochen), *f.*

Angar, *v.* Hangar.

Ange, *m.* Engel (auch *fg.*); — gardien, tutélaire, Schutzengel; —

exterminateur, Würgengel; —,
(Kriegsw.) Kettenfugel, f.; lit d'—,
das französische Bett, dessen Umhänge
an der Decke des Zimmers befestigt
find; être aux —s, entzückt seyn;
rire aux —s, übertrieben lachen.

†Ange, f. Meerengel (Seefisch),
m. Weinmücke (Insekt), f.

†Angéiographie, f. Adergeräth=
beschreibung.

†Angelin, m. (Bot.) Angeline, f.

Angélique, adj.; -ment, adv.:
englisch; —, f. (Bot.) Engelwurz;
(Muf.) eine Art Laute; —, n. pr. f.
Angelika. [wesen) Engelsbaler.

Angelot, m. Engelskäse; (Münz=
Angélus (spr. angéluse), n. lat.
Angelus (ein Gebet), n.

†Angevin, e, adj. aus Anjou ge=
bürtig, dort wohnhaft.

Angine, f. (Med.) Bräune,
Kehlbräune.

Angiographie, m.(Med.) Angeio=
graphie, f. Beschreibung der Gefäße.

Angiologie, f. (Med.) die Lehre
von den Blut= und anderen Gefäßen
des Körpers.

Angiosperme, adj. angiosperma=
tisch, mit einer Samenkapsel ver=
sehen.

Angiospermie, f.(Bot.) die Klasse
der mit Samenkapseln versehenen
Pflanzen.            [der Gefäße.

†Angiotomie, f. die Zergliederung

Anglais, e, adj. englisch; —, m.
die englische Sprache; —e, f. der
englische Tanz; (Schneid.) der engli=
sche Rock.            [ländern.

Anglaiser, v. a. englisiren, eng=

Angle, m. Winkel; Ecke, f.

†Anglé, e, adj., (Wapp.) croix
—e, das Kreuz mit Figuren in den
Ecken.

Anglet, m. (Bauk.) die kleine recht=
winkelige Höhlung; Vertiefung (in
Stufen).

†Angleterre, f. England.

Angleux, se, adj. eckig, winkelig;
noix —se, f. Steinnuß, Grübel=
nuß.            [lisch, anglikanisch.

Anglican, e, adj. (Kirch.) eng=

†Anglicanisme, m. das System der
anglikanischen Kirche.

Anglicisme, m. die englische Re=
densart.

†Angloir, m. Winkelfasser.

Anglomane, m. der thörichte Nach=
ahmer oder Bewunderer alles Eng=
lischen.

Anglomanie, f. die Sucht für alles
Englische, die blinde Bewunderung
alles Englischen.

Angoisse, f. Angst, Beklemmung
(des Herzens); poire d'—, Würge=
birne; Diebsknebel, m.; fg. avaler
des poires d'—, vielen Kummer
hinunterschlucken.

Angon, m. Wurfspieß (der alten
Franken).

Angora, m., chat, chèvre d'—,
die langhaarige Kaze, Ziege; lapin
d'—, Seidenhase.

†Angoumois, Angoumois (alle
Provinz von Frankreich).

†Angoumoisin, e, adj. aus An=
goumois gebürtig.            [seide.

†Angoura, Angoure, f. Flachs=

†Angru, m. Baumbedenkraut.

†Anguichure, f. (Jagd) Hiefrie=
men, m.            [m. pl.

Anguillade, f. fm. Peitschenhiebe,

Anguille, f. Aal. m.; prendre des
—s, aalen; —, fg. (Zuchm.) Wulst,
m. Falte, f.; il y a quelques —s
sous roche, es steckt ein Betrug da=
hinter.

†Anguillées, f. pl. ou Anguil=
lers, m. pl. (Seew.) Rinnen, f. pl.
Schiffsrinnen.            [behälter.

†Anguillère, f. Aalteich, m. Aal=

†Anguilliforme, adj. aalförmig.

†Anguis, m. Bruchschlange, f.
Blindschleiche.

Angulaire, adj.; -ment, adv.:
eckig, winkelig; pierre —, Ec=
stein, m.

†Angulé, e, adj. eckig, winkelig.

Anguleux, se, adj. eckig, winkelig.

Angusticlave, m. (röm. Alt.) der
schmale Purpurstreif.      [Schmalheit.

†Angustie, f. (Anat.) Kleinheit,

Angustié, e, adj. klein, schmal,
von geringem Durchmesser.

†Anhélation, f. Keichen, n.

†Anhéler, v. n. (Glash.) gleich=
mäßig heizen, nachschüren.

†Ani, m. Madenfresser (Vogel).

Anicroche, f. fm. Hinderniß, n.
Schwierigkeit, f.        [m. sinn, f.

Anier, m. -ère, f. Eselstreiber,

Anil, m. (Bot.) Indigopflanze, f.

†Anille, f. (Wapp.) Mühleisen,
n. Ankerkreuz.        [Verweis, m.

Animadversion, fém. Ahndung,

Animal, m. Thier, n.; fg. Dumm=
kopf, m. Grobian; —, e, adj. thie=
risch; (Mor.!) sinnlich; règne —,
Thierreich, n.; esprits animaux,
Lebensgeister, m. pl.

Animalcule, m. Thierchen, n.

Animalisation, f. die Umwandlung
in thierischen Stoff.

Animaliser, v. a. in thierischen
Stoff umwandeln.

Animalité, f. Thierheit.

Animation, fém. Belebung (der
Frucht im Mutterleibe); fg. Leben=
digkeit, Leben, n.

Animé, e, adj. belebt, lebhaft,
feurig; (contre qn.) aufgebracht, 2c.

Animer, v. a. beleben, beseelen;
fg. anfeuern, aufmuntern, (einem)
Kraft und Feuer geben; (gegen ei=
nen) aufreizen; s'—, lebhaft werden;

sich beleben, aufwallen, sich erzürnen.
Animosité, f. Erbitterung, Grell,
m. Feindseligkeit, f.

Anis, m. (Bot.) Anis; — de la
Chine, Sternanis.

Aniser, v. a. mit Anis würzen.

Anisette, f. Aniswasser, n.

†Anisotomie, f. die ungleiche Ein=
schneidung.

†Ankyloblépharon, m. das ange=
wachsene, verwachsene Augenlied.

†Ankyloglosse, m. (Med.) die an=
gewachsene Zunge; Zungensteifigkeit.

Ankylose, f., (Med.) — vraie,
die Verwachsung der Gelenke; fausse
—, die Steifigkeit der Gelenke.

Annal, e, adj. (jur.) jährig; auf
ein Jahr gültig.

Annales, f. pl. Jahrbücher, n. pl.;
fg. Geschichte, f.

Annaliste, m. der Jahrbuchschreiber,
Geschichtschreiber.

Annate, f. Annate, der erstjährige
Ertrag einer Pfründe (welcher dem
Papst zukam).        [nette.

†Anne, n. pr. f. Anna; dim. An=

Anneau, m. Ring (ohne Edelstein);
Kranz; grand —, fm. Rinken.

Année, f. Jahr, n. || Jahrgang,
m.; die jährlichen Einkünfte; —
d'exercice, Amtsjahr, n.; — com=
mune, ein Jahr ins andere gerechnet.

Anneler, v. a. in Locken kräuseln;
ringeln; cheveux annelés, lockiges
Haar.

Annelet, m. (Bauk.) der kleine
Ring; —s, pl. die schmalen Säu=
lenleisten.

Annélides, m. pl. eine Gattung
von ruckgrathlosen Thieren.    [n.

Annelure, f. Kräuseln (b. Haare).

Annexe, f. Beigut, n.; Anhang,
m.; Zusaz; (Kirch.) Filialkirche, f.

Annexer, v. a. (à) anhängen (an);
hinzufügen (zu); einverleiben (in).

†Annexion, f. (Kirch.) Beifü=
gung, Verbindung.

Annihilation, f. Vernichtung.

Annihiler, v. a. vernichten.

Anniversaire, adj. jährlich; —,
m. Jahrgedächtniß, n. Jahresfeier, f.

Annonaire, adj. (röm. Alterth.)
pflichtig Getreide zu liefern.

Annonce, f. Ankündigung, An=
zeige.

Annoncer, v. n. ankündigen, an=
sagen, melden, anmelden.

Annonceur, m. der Schauspieler der
das nächstaufzuführende Stück anzeigt.

Annonciade, f. der Ritter=, Non=
nen=Orden der Verkündigung Mariä.

Annonciation, f. Verkündigung
Mariä.

Annotateur, m. der über eine
Schrift Anmerkungen macht.

Annotation, f. Anmerkung; (jur.)
Aufzeichnung (der Güter).

Annoter, *v. a.* anmerken; (jur.) aufzeichnen.

Annuaire, *m.* das Jahrbuch in Form eines Kalenders.

Annuel, *m.* die ein Jahr lang täglich zu lesende Seelenmesse.

Annuel, le, *adj.;* -lement, *adv.:* jährlich.

Annuité, *f.* das Darlehn, wovon jährlich nebst den Zinsen ein Theil des Capitals bezahlt wird.

Annulaire, *adj.* ringförmig; doigt —, Goldfinger, *m.;* éclipse —, (Aftr.) Ringfinsterniß, *f.*

†Annulaire, *f.* Ringelraupe.

Annulation, *f.* (jur.) Vernichtung.

Annuler, *v. a.* vernichten; für nichtig erklären, umstoßen; ungültig machen.      [ertheilen.

Anoblir, *v. a.* adeln, den Adel

Anoblissement, *m.* Adeln, *n.* die Erhebung in den Adelstand; lettres d'—, Adelsbrief, *m.*

†Anode, *f.* (Bot.) Anode.

Anodin, e, *adj.* (Med.) schmerzstillend; —, *m.* das schmerzstillende Mittel.

†Anodonte, *f.* Teichmuschel.

Anomal, e, *adj.* unregelmäßig.

Anomalie, *f.* Unregelmäßigkeit, die Abweichung von der Regel.

Anomalistique, *adj.,* (Aftr.) année —, die Umlaufzeit der Erde.

Anomie, Anomite, *f.* Anomit (Bohrmuschel).

Anon, *m.* der junge Esel.

Anonnement, *m.* Stottern, *n.*

Anonner, *v. n.* Eselsfüllen werfen || (im Lesen) stottern, anstoßen.

Anonyme, *adj.;* -ment, *adv.:* ohne Namen, namenlos, ungenannt; —, *m.* Ungenannte; garder l'—, sich nicht nennen.    [Norden.

†Anordie, *f.* der Seesturm aus

†Anordir, *v. n.* nördlich werden (Wind).      [an Eßluft.

†Anorexie, *f.* (Med.) der Mangel

†Anosmie, *f.* Geruchsverminderung.

Anse, *f.* Handhabe, Griff, *m.* Henkel; —s, *pl.* (Schloss.) schneckenförmige Zierathen; anse-de-panier, (Bauk.) die halbovale Krümmung (eines Schwibbogens)||(Geogr.) die kleine Bucht; *fm.* faire sauter l'— du panier, Schwänzelpfennige machen.

Anséatique, *v.* Hanséatique.

†Anselme, *n. pr. m.* Anselm, Anselmus.

†Ansères, *m. pl.* Gänsegeschlecht, *n.*      [lein.

†Ansette, *f.* Henkelchen, *n.* Oehr=

Aspect, *m.* Hebebaum, Noth= spake (Seew.).      [Gefreite.

Anspessade, *m. ol.* (Kriegsw.)

Antagonisme, *m.* Gegenwirken, *n.* Gegenstreben (der Muskeln).

Antagoniste, *m.* Gegner, Wider=

sacher; —, *et adj.* (Anat.) muscle —, Gegenmuskel.

†Antalgique, *adj.* (Med.) schmerzstillend; —, *m.* das schmerzstillende Mittel.

Antan, *m. ol.* das vorige Jahr.

Antanaclase, *f.* (Rhet.) die Wiederholung desselben Wortes in verschiedenen Bedeutungen.

†Antanagoge, *f.* (Rhet.) Gegenbeschuldigung, Gegenanklage.

Antarctique, *adj.* (Aftr.) dem Bären gegenüber, d. i. auf der entgegengesetzten Seite des Nordpols; pôle —, Südpol, *m.*     [früher.

Antécédemment, *adv.* vorher,

Antécédent, e, *adj.* vorhergehend; —, *m.* (Log.) Vordersatz; (Math.) Vorderglied.      [schrift.

Antéchrist (fpr. -krit), *m.* Anti=

†Antéciens, *v.* Antœciens.

Antédiluvien, ne, *adj.* was vor der Sündfluth war, vorsündfluthig.

†Antémétique, *adj.* das Erbrechen stillend.

Antenne, *f.* (Schifff.) Segelstange; —s, *pl.* Fühlhörner (der Insekten).

Antépénultième, *adj.* (Gramm.) drittletzt, das zweite vor dem letzten; —, *f.* zweite vor der letzten Sylbe.

-Antérieur, e, *adj.* vorhergehend; -ement, *adv.* eher, vorher, zuvor.

Antériorité, *f.* (jur.) Ehersepn, *n.;* — de date, das frühere Datum.

†Antes, *m. pl.* (Bauk.) die vorspringenden Pfeiler.    [nenverschanzung.

†Antestature, *f.* die leichte, rasch=

†Anthelmintique, *adj.* (Med.) gegen die Würmer dienlich; —, *m.* Wurmmittel.      [—.

Anthère, *f.* (Bot.) Staubbeutel, *m.*

†Anthèse, *f.* (Bot.) die völlige Zeitigungszeit.

Anthologie, *f.* die poetische Blumenlese, Anthologie.

†Anthore, *m.* (Bot.) der heilsame Sturmhut, das gelbe Eisenhütlein, Herzwurz, *f.*

†Anthracite, *m.* Kohlenblende, *f.*

Anthrax, *m.* Brandgeschwür, *n.*

Anthropologie, *f.* Anthropologie, die Lehre vom Menschen, Menschenkunde; (Theol.) die Redensart wo Gott nach Art der Menschen denkend, fühlend oder handelnd dargestellt wird.

†Anthropomancie, *f.* Anthropomantie, die Wahrsagung durch Erscheinung eines Todten.

Anthropomorphisme, *m.* (Theol.) die Vermenschlichung Gottes.

Anthropomorphite, *m.* (Theol.) Anthropomorphit (welcher lehrt, Gott habe menschliche Gestalt u. Glieder).

Anthropophage, *m.* Menschenfresser; —, *adj.* menschenfressend.

Anthropophagie, *f.* Menschenfressen, *n.*

Anti, *dans la comp.* gegen, vor.

Antiapoplectique, *adj.* wider den Schlagfluß dienlich.

†Antiarthritique, *adj.* gichtheilend, das Gliederreißen stillend.

Antichambre, *f.* Vorzimmer, *n.* Vorsaal, *m.*

Antichrèse (fpr. -krè), *f.* (jur.) der antichretische Vertrag, Pfandnutzungsvertrag.      [christlich.

Antichrétien, ne, *adj.* wider=

†Antichthones, *m. pl.* Gegenwohner, Gegenfüßler.

Anticipation, *f.* Vorausnahme, das Vorausbeziehen der Einkünfte; Eingriff, *m.* (sur, in); par —, (jur.) zum voraus.

Anticiper, *v. a.* vorausnehmen; vorausgenießen; — le payement, vorausbezahlen; — qch., (jur.) einer S. vorgreifen, zuvorkommen; — sur qch., einen Eingriff in etw. thun; —é, e, zu frühzeitig, voreilig.

†Anticonstitutionnel, le, *adj.;* -lement, *adv.:* verfassungswidrig.

Antidartreux, se, *adj.* flechtenvertreibend, das Mittel gegen die Flechten.

Antidate, *f.* das frühere Datum.

Antidater, *v. a.* un écrit, einer Schrift ein früheres Datum als das wirkliche beisetzen.     [treibend.

†Antidinique, *adj.* schwindelver=

Antidote, *m.* Gegengift, *n.*

Antienne, *f.* (Kirch.) Vorgesang, *m.; fg. fm.* triste —, die traurige Botschaft.

Antifébrile, *adj.* (Med.) gegen das Fieber dienlich; —, *m.* Fiebermittel, *n.*      [bend.

Antilaiteux, se, *adj.* milchabtrei=

†Antilles, *f. pl.* die Antillen, die westindischen Inseln.

Antilogie, *f.* (Lehrst.) Widerspruch, *m.;* die entgegengesetzte Meinung.

Antilope, *f.* (Naturg.) Antilope, Hirschziege.      [glas, *n.*

Antimoine, *m.* (Miner.) Spieß=

†Antimonarchique, *adj.* feindselig gegen die Monarchie.

Antimonial, e, *adj.* mit Spießglas bereitet.

†Antimonié, e, *adj.* mit Spießglas vermischt.

†Antinéphrétique, *adj.* den Gries heilend.      [Gesetze).

Antinomie, *f.* Widerspruch (zweier

†Antioche, Antiochien (Stadt).

Antipape, *m.* Gegenpapst.

Antipathie, *f.* der natürliche Widerwille, Abneigung, *f.*

Antipathique, *adj.* von Natur zuwider, abgeneigt.

Antipéristaltique, *adj.,* (Anal.) mouvement —, der von unten nach oben gehende Druck (der Gedärme).

Antipéristase, *m.* (Lehrst.) die Ge=

walt entgegengesetzter Kräfte, der späte Druck und Gegendruck.

Antipestilentiel, le, adj. (Med.) gegen die Pest dienlich, pestheilend.

Antiphlogistique, adj. erfrischend, die Fieberhitze vertreibend.

Antiphonaire, Antiphonier, m. (Kirch.) das Choralbuch, worin der Vorgesang mit Noten bezeichnet ist.

Antiphrase, f. (Rhet.) die entgegengesetzte Benennung.

Antipode, m. (Geogr.) Gegenfüßler; fg. — du bon sens, der der gesunden Vernunft zuwider handelt.

Antisporique, adj. die Hautkrankheiten heilend.

Antiputride, adj. fäulnißwidrig.

†Antipyique, adj. das Eiter stillend. [vertreibend.

†Antipyrétique, adj. das Fieber

Antiquaille, f. mépr. der alte Kram.

Antiquaire, m. Alterthumskenner, -forscher; Antikenhändler, Antiquar.

Antique, adj. alt, alterthümlich, uralt; fm. altväterisch, altfränkisch; —, f. die alte Kunstarbeit, Antike; à l'—, adv. alterthümlich; fm. altväterisch.

†Antiquer, v. a. auf antike Art verzieren (den Schnitt eines Buches).

Antiquité, f. Alterthum, n. Vorwelt, f. || Antike, f.

Antisciens, m. pl. (Geogr.) die gegenschattigen Völker.

Antiscorbutique, adj. (Med.) den Scharbock heilend; —, m. Scharbockmittel, n.

†Antiscrofuleux, se, adj. kropfheilend, die Scropheln vertreibend.

Antiseptique, adj. (Med.) gegen die Fäulniß dienend; —, m. das Mittel gegen die Fäulniß.

Antisocial, e, adj. der gesellschaftlichen Ordnung zuwider.

Antispasmodique, adj. (Med.) krampfstillend; —, m. das Mittel wider den Krampf.

Antistrophe, f. die zweite Strophe (in den Chören der alten griechischen Schauspiele).

Antithèse, f. (Rhet.) Gegensatz, m.

Antithétique, adj. Gegensätze enthaltend. [bild, n.

†Antitype, m. (Theol.) Gegen-

Antivermineux, se, adj., v. Anthelmintique. [genwohner.

†Antéciens, m. pl. (Geogr.) Ge-

†Antoine, n. pr. m. Anton, Antonius.

†Antoinette, n. pr. f. Antonia.

†Antoiser, v. a. (Gärtn.) (Düng.) in einen Haufen schlagen.

†Antoit, m. (Schiffb.) Siebschraube, f. Klammer.

†Antonin, n. pr. m. Antonin, Antoninus.

Antonomase, f. (Rhet.) Antonomasie, der Gebrauch eines Gattungsnamens statt eines Eigennamens, x.

†Antoxa, f. (Bot.) Giftheil, n.

Antre, m. (unterirdische) Höhle, f.

Anuiter (s'), sich bis in die Nacht verspäten, in die Nacht hinein reisen.

Anus, m. (Anat.) After.

†Anvers, Antwerpen (Stadt).

Anxiété, f. Ängstlichkeit, Bangigkeit; (Med.) Beklemmung.

Aoriste (spr. oriste), m. (Gram.) die unbestimmt vergangene Zeit.

Aorte, f. (Anat.) die große Pulsader (der linken Herzkammer), Herzader.

Août (spr. oût), m. Augustmonat, August; fg. faire l'—, ernten.

Aoûté, e, adj. reif, zeitig.

Aoûter (spr. a-oûter), v. n. reifen.

Aoûteron (spr. oût-), m. Schnitter.

†Apagogie, f. (Log.) der Beweis eines Satzes durch die Unmöglichkeit oder Ungereimtheit des Gegentheils.

Apaiser, v. a. besänftigen, beruhigen, stillen, lindern; s'—, sich zufrieden geben, sich beruhigen; nachlassen, sich legen (Sturm, x.).

†Apalaches, m. pl. die Apalachen, die blauen Berge (in Nordamerika).

Apalachine, f. Stechelblume (auf den Apalachen wachsend).

Apanage, m. Leibgedinge, n. Apanage, f.; fg. Antheil, m.; Loos, n.

Apanager, v. a. qn., einen apanagiren; être — é de qch., etw. zum Leibgedinge erhalten haben.

Apanagiste, m. et adj., prince —, der apanagirte Prinz.

†Apanthropie, f. die krankhafte Menschenscheu.

Aparté, m. lat. die Worte die der Schauspieler für sich spricht (im pl. ohne s). [empfindlichkeit.

Apathie, f. Gefühllosigkeit, Un-

Apathique, adj. gefühllos, träge.

†Apennins, m. pl. die Apenninen (Berge).

Apepsie, f. (Med.) die geschwächte oder ganz aufgehobene Verdauung.

Apercevable, adj. bemerkbar.

Apercevance, f. Wahrnehmungsvermögen.

Apercevoir, v. a. erblicken, bemerken, anfangen einzusehen; s'— de qch., etw. gewahr werden, merken.

Aperçu, m. Uebersicht, f. (Fin.) Ueberschlag (der Ausgaben), m.

Apéritif, ve, adj. (Med.) öffnend; —, m. das öffnende Mittel.

Apétale, adj. (Bot.) blätterlos (Blume). [f.

Apetissement, m. Verkleinerung,

Apetisser, v. a. kleiner, kürzer machen; —, v. n. et s'—, kleiner werden.

Aphélie, f. (Astr.) Sonnenferne, f.

Aphérèse, f. (Gramm.) die Verkürzung eines Wortes von vorn.

Aphonie, f. (Med.) Stimmlosigkeit.

Aphorisme, m. Lehrspruch, Lehrsatz.

†Aphrodite, f. (Myth.) Venus; (Naturg.) Seeraupe; —s, pl. die sich selbst befruchtenden Thiere, n. pl.

†Aphronatron, m. Salzblüthe, f. das kohlensaure Minerallaugensalz.

Aphthe, m. (Med.) Mundschwamm, Mundfäule, f.

Aphylle, adj. blätterlos.

†Aphytée, f. Schmarotzerblume.

Api, m., pomme d'—, Apiapfel.

†Apiaires, m. pl. die honigbereitenden Insekten.

†Apiquer, v. n. (Seew.) senkrecht über dem Anker stehen.

Apitoyer, v. a. Mitleid erregen; s'—, vom Mitleid gerührt werden.

†Aplaigner et Aplaner, v. a. (Tuch) auftrotzen, rauhen.

†Aplaigneur et Aplaneur, m. Tuchauftratzer.

Aplanir, v. a. ebnen, gleich machen; fg. wegräumen; leichter machen, s'—, eben werden; fg. gehoben werden.

Aplanissement, m. Ebenmachen, n.; Wegräumung, f.

†Aplanisseur, m. Tuchpresser.

Aplati, e, adj. abgeplattet, platt.

Aplatir, v. a. eben machen; abplatten, breit und dünn schlagen; s'—, platt werden.

Aplatissement, m. Plattmachen, n. Plattschlagen; (Geogr.) Abplattung, f. [(die Segel) ausspannen.

†Aplester, Aplestrer, v. a. (Seew.)

†Aplets, m. pl. Häringsnetze, f. pl.

Aplomb, m. die senkrechte Richtung; grade Stellung; fg. Festigkeit; v. Plomb.

Apludie, f. Stumpfgras, n.

†Apnée, f. (Med.) Athemlosigkeit.

Apocalypse, f. (b. Schrift) die Offenbarung Johannis.

Apocalyptique, adj. dunkel, geheimnißvoll. [topf.

Apoco, m. Einfaltspinsel, Schwach-

Apocope, f. (Gramm.) Wegwerfung (einer Sylbe, x.) am Ende; (Med.) Abnehmung (eines Gliedes).

Apocrisiaire, m. (gr. Alt.) Apokrisiarius, Geheimschreiber.

Apocroustique, adj. (Med.) apokrustisch, zurücktreibend.

Apocryphe, adj. unbekannt; (Theolog.) unächt; fg. verdächtig, unzuverlässig.

†Apocyn, m. (Bot.) Hundskehl.

Apode, adj. (Naturg.) ohne Bauchflossen (Fische); mit kurzen Füßen (Vögel).

Apodictique, adj. (Philos.) streng bewiesen, unwidersprechlich, unwiderleglich.

Apogée, m. (Astr.) Erdferne (der Gestirne), f.

Apographe, *adj.*, écrit —, *ou*
—, *m.* Abſchrift, *f.*
†Apollinaire, *adj.* apolliſch; —s,
*pl.* die Spiele zu Ehren Apollos; —,
*n. pr. m.* Apollinarius.
†Apolline, *n. pr. f.* Apollonia.
Apollon, *n. pr. m.* Apollo.
†Apollonies, *f. pl.* Apollosfeſte,
*n. pl.*
Apologétique, *adj.* vertheidigend.
Apologie, *f.* Schußschrift, Schuß=
Vertheidigungsrede; Rechtfertigung.
Apologiste, *masc.* Vertheidiger,
Schußredner.     [*f.*
Apologue, *m.* (lehrreiche) Fabel,
†Apoltronir, *v. a.* dem Falken die
hintern Krallen abfürzen.
†Apomécométrie, *fém.* Fernmeſ=
ſungskunſt.
Aponévrose, *f.* (Anat.) die haut=
artige Verlängerung einer Sehne.
†Apophane, *m.* Apophan (Art
Kryſtall).
Apophthegme, *m.* Denkſpruch.
†Apophyge, *f.* Säulenlauf, *m.*
Apophyse, *f.* (Anat.) Ueberbein, *n.*
Apoplectique, *adj.* (Med.)
Schlagfluß geneigt; daume —,
Schlagbalſam, *m.*; —, *m.* das Mit=
tel gegen den Schlagfluß.
Apoplexie, *f.* (Med.) Schlag,
Schlagfluß.     [löſende Aufgabe.
†Apore, *m.* (Math.) die ſchwer zu
†Apositie, *f.* der Mangel an Ep=
luſt, der Ekel vor Speiſen.
†Apostase, *f.* Knochenſplitter, *m.*
Apostasie, *f.* (Kirch.) der Abfall
von der chriſtlichen Religion; Ab=
trünnigkeit, *f.* || die Brechung des
Kloſtergelübdes.
Apostasier, *v. n.* abtrünnig werden
|| das Gelübde brechen.
Apostat, *m.* Abtrünnige.
Apostème, *m.* (Med.) Geſchwür,
*n.* Geſchwulſt, *f.*
Apostr, *v. a.* ausſtellen; auf die
Lauer ſtellen; bingen (zu etw. Böſem).
A posteriori, *adv.* a poſteriori,
aus Erfahrung.
Apostille, *f.* Anmerkung, Rand=
gloſſe; Nachſchrift, Beiſchrift.
Apostiller, *v. a.* mit Anmerkun=
gen verſehen; — une lettre, eine
Nachſchrift zu einem Briefe ſeßen.
Apostolat, *m.* Apoſtelamt, *n.*
Apostolique, *adj.*; -ment, *adv.*:
apoſtoliſch.
Apostrophe, *m.* Anrede, *f.*; (Gram.)
Apoſtroph, *m.* Auslaſſungszeichen, *n.*
Apostropher, *v. a.* qn., die Rede
an jemand richten, einen anreden;
*fm.* anfahren.
Apostume, *v.* Apostème.
Apostumer, *v. n.* ſchwären, eitern.
†Apothéme, *m.* (Geom.) Seiten=
achſe.     [übertriebene Lob, *n.*
Apothéose, *f.* Vergötterung; *fg.*

Apothicaire, *m.* Apotheker.
Apothicairerie, *f.* Apothefe || Apo=
thekerkunſt.
†Apotome, *m.* (Math.) der Unter=
ſchied zwiſchen zwei unauszugleichen=
den Größen.
Apôtre, *m.* Apoſtel.     [tranſ.
Apozéme, *m.* (Apeth.) Kräuter=
*Apparaitre, *v. n.* erſcheinen, ſich
erzeigen; (jur.) faire — de qch.,
etw. aufweiſen, zeigen.
Apparat, *m.* Prunt; *fg.* Aufſehen,
*n.* || Sammlung, *f.* || Handwörter=
buch, *n.* || lettres d'—, (Schreibl.)
die verzierten Anfangsbuchſtaben.
Apparaux, *m. pl.* (Seew.) Schiff=
geräth, *n.*
Appareil, *m.* Zurüſtung, *f.* Ein=
richtung; Gepränge, *n.*; (Chir.)
Verband, *m.* Geräthſchaft, *f.* Ge=
räth, *n.* || (Bauf.) Höhe, *f.* Dicke
(eines Steins); — de pompe, Pum=
penſtock, *m.*     [*n.*
Appareillage, *m.* Unterſegelgehen,
Appareillement, *m.* Paaren, *n.*
Paarweiſeſeßen (der Thiere).
Appareiller, *v. a.* zurüſten; (Stei=
ne) ſchön behauen || paaren, zu einer
S. eine gleiche thun; (Tuch) ſleſſiren;
(Schifff.) rheden; —, *v. n.* (Seew.)
ſich ſegelfertig machen; unter Segel
gehen; s'—, (v. Vögeln) ſich paaren.
Appareilleur, *m.* (Handw.) Staf=
firer; (Bauf.) Steinausmeſſer; -se,
*f. injur.* Kupplerinn.
Apparemment, *adv.* dem Anſehen
nach, vermuthlich, wahrſcheinlich.
Apparence, *f.* Aeußere, *n.* Außen=
ſeite, *f.* || Schein, Anſehen, *n.*;
Wahrſcheinlichkeit, *f.*; —s, *pl.* An=
ſchein, *m.*; en —, dem Scheine nach.
Apparent, e, *adj.* ſichtbar, augen=
ſcheinlich, einleuchtend; *fg.* anſehn=
lich; vornehm || ſcheinbar.
Apparenter, *v. a.* in eine Familie
verheirathen; s'—, ſich befreunden;
il est bien (mal) —é, er hat reiche,
mächtige (arme, in übelm Ruf ſte=
hende) Verwandte.
Appariement, *m.* Paarung, *f.* die
Zuſammenſtellung gleicher Sachen.
Apparier, *v. a.* paaren, gleich und
gleich zuſammenſtellen; s'—, (v. Vö=
geln) ſich paaren, ſich begatten.
Appariteur, *m.* Pedell, Amtsbote.
Apparition, *f.* Erſcheinung.
*Apparoir, *v. n.*, (jur.) faire —
de qch., etw. erweiſen, darthun; il
appert, es erhellet, iſt offenbar.
†Apparonner, *v.* Jauger, Mesurer.
Appartement, *m.* Wohnung, *f.* die
Reihe Zimmer; Gemach, *n.*; Zim=
mer.
Appartenance, *f.* Zugehör; —s
et dépendances, *pl.* (jur.) Pertinen=
zien.
Appartenant, e, *adj.* zugehörig.

*Appartenir, *v. n.* zugehören, zu=
fommen; — à qn., mit einem ver=
wandt ſeyn; in jemandes Dienſten
ſtehen; — à qch., auf etw. Bezug
haben; il appartient, es ſchickt ſich,
ziemt ſi; à tous ceux qu'il ap=
partiendra, allen, denen daran ge=
legen iſt; ainsi qu'il appartiendra,
wie es die Sache erfordert.     [Reize.
Appas, *m. pl.* Reiz, Lockung, *f.*;
Appât, *m.* Lockſpeiſe, *f.*; (Fiſch.)
Köder, *m.* Aas, *n.*; *fg.* Anlockung, *f.*
Appâter, *v. a.* anloden, födern ||
füttern, ſtopfen, äßen.
Appaumé, e, *adj.* (Wapp.) offen
und ſlach (Hand im Wappen).
Appauvrir, *v. a.* arm machen;
s'—, arm werden, verarmen.
Appauvrissement, *m.* Armmachen,
*n.* Armwerden, Verarmung, *f.*;
(Med.) Verringerung (des Bluts).
Appeau, *m.* Lockpfeife, *f.*; Lockvo=
gel, *m.*; (Uhrm.) Viertelſtunden=
glöcchen, *n.*
Appel, *m.* Namenaufruf, Appell;
Zuruf (der Wachen); Ausforderung
(zum Duell), *f.*; (jur.) Appellation,
die Berufung auf ein höheres Gericht;
cour d'—, Appellations=Gericht, *n.*;
sans —, in leßter Inſtanz; (Rechtl.)
Auſtretein, *n.*; battre l'—, Appell
ſchlagen, das Zeichen mit der Trom=
mel geben.
Appelant, m., e, *f.* (jur.) Appel=
lant, *m.* einn, *f.*; (Jagd) Lockvogel, *m.*
Appeler, *v. a.* nennen; rufen; ru=
fen, holen laſſen; locen, einladen;
(Soldaten) zuſammentrommeln || na=
mentlich aufrufen || berufen (à, zu);
(jur.) aufrufen; — une cause, einen
Proceß vornehmen; — en justice,
vorladen; — en duel, herausfordern;
*fg.* rufen, anreizen, *fm.* einladen;
*v. n.* (de) appelliren; en — à
qn., ſich auf jemand berufen; j'en
appelle, *fm.* ich ſeße mich dagegen;
il en a appelé, *fm.* (von Geneſe=
nen) er hat ſich losgelegen; s'—, ſich
nennen, heißen.
Appellatif, ve, *adj.* (Gramm.)
nom —, Gattungsname.
Appellation, *f.* (jur.) die Berufung
auf einen höhern Richter, Appella=
tion; Benennung; — des lettres,
Buchſtabiren, *n.*
Appendice, *f.* Anhang, *m.*; Zu=
gabe, *f.* Anhängſel, *n.*
Appendiculé, e, *adj.* (Bot.) lap=
pig, gelappt.
Appendre, *v. a.* aufhängen.
Appentis, *m.* Schirmdach, *n.*
Schoppen, *m.*
Appert, *v.* Apparoir.
Appesantir, *v. a.* ſchwer machen;
s'—, ſchwer werden; ſchwer
machen; s'—, ſchwerer werden; ſchwer
liegen (sur, auf); träge, ſchwach wer=

ben; s'— sur qch., sich lange bei etw.
aufhalten.   [ligteit, Trägheit.
Appesantissement, m. Schwerfäl=
Appétence, f. (Phys.) Naturtrieb,
m. Begierde, f.   [langen.
Appéter, v. a. (aus Instinkt) ver=
Appétissant, e, adj. appetitlich,
einladend, Lust erweckend; reizend.
Appétit, m. Trieb, Begierde, f.;
Eßlust, Appetit, m.; (Kocht.) die
Kräuter zur Würze, n.; à l'— d'un
écu, fm. um einen Thaler zu sparen.
†Appétitif, ve, adj., (Philos.) fa=
culté—ve, Begehrungsvermögen, n.
†Appétition, f. (Lehrst.) Begeh=
ren, n.
†Appiétrir (s'), schlechter, wohlfei=
ler werden (Waare).
Applaudir, v. a. beklatschen; fg.
billigen, loben; — à, v. n. id.,
klatschen; s'— de qch., sich über
etw. freuen; sich selbst Glück zu etw.
wünschen, sich etw. einbilden auf...
Applaudissement, m. et —s, pl.
Händeklatschen; n.; Beifall, m. der
laute Zuruf. [auf),bestimmt (à, zu).
Applicable, adj. anwendbar (à,
Application, f.Auflegen, n. (z.B.
eines Pflasters); fg. Anwendung,
f.; Deutung; se faire l'— de qch.,
etw. auf sich anwenden || Fleiß, m.;
Aufmerksamkeit, f.; Nachdenken, n.
Applique, f. (Tischl.) Einlegen,
n.; (Goldschl.) pièces d'—, Füge=
stücke, n. pl.; or d'—, Blättergold, n.
Appliqué, e, adj. fleißig, achtsam.
Appliquer, v. a. auflegen; fg. an=
bringen (anwenden (à, auf); anpas=
sen || aufdrucken; (Geld, Farben)
auftragen; — à la question, auf
die Folter spannen; — un soufflet,
fm. eine Ohrfeige versetzen; s'—
sich genau anlegen: passen (à, auf)
|| fleißig seyn; sich legen, Fleiß ver=
wenden (à, auf); s'— (qch.), sich
zueignen; auf sich beuten, anwenden.
Appoint, m. (Handl.) Rest, Aus=
gleichungssumme, f.
Appointé, m., v. Appointer.
Appointement, m. (jur.) Bescheid,
Urtheil; m.; —s, pl. Besoldung,
f. Gehalt, m.; lettres d'—, Be=
stallungsbrief, m.
Appointer, v. a. (jur.) bescheiden
(Leder) gar machen; — (qn.), besol=
den; soldat —é ou —é, m. Ge=
freite (höher besoldete Soldat).
†Appointeur, m. Bescheidertheil=
ler; Rechtsverzögerer; Friedensstifter.
Appondre, v. Stuppfahl, m.
Apport, m. (jur.) Niederlegung
(von Schriften), f.; —s, pl. Einge=
brachte (der Frau), n. || vi. Markt=
platz, m.
†Apportage, m. Trägerlohn.
Apporter, v. a. bringen, mitbrin=
gen, herzutragen; herbeiführen; zu=

bringen; fg. veranlassen; anwenden;
anführen.
Apposer, v. a. anschlagen, auf=
brucken, auflegen; — le scellé à
qch., etw. versiegeln || einrücken (eine
Clausel).
Apposition, f. Beisetzung; — du
scellé, Versiegelung (einer Sache) ||
(Phys.) die Ansetzung neuer Theile von
außen; (Gramm.) Beisatz, m.
†Apprébender, v. a. einem eine
Pfründe ertheilen, zusichern.
Appréciable, adj. schätzbar (Phy=
sif) berechenbar.
Appréciateur, m. Schätzer.
Appréciatif, ve, adj., état —
des marchandises, das Verzeichniß
der Waaren mit der Schätzung ihres
Werthes.
Appréciation, f. Schätzung.
Apprécier, v. a. schätzen; fg. id.,
würdigen.
Appréhender, v. a. (jur.) gefäng=
lich einziehen || (qch.) fürchten,
besorgen.
Appréhensif, ve, adj. scheu,
furchtsam.
Appréhension, f. Ahnung, Be=
sorgniß, Furcht; (Log.) B.greifen,
n. Fassen.
*Apprendre, v.n., qch. de qn.,
lernen, vernehmen, erfahren; —
qch. à qn., einem etw. lehren; ei=
nem etw. berichten; — par cœur,
auswendig lernen.
Apprenti, m., e, f. Lehrling, m.
Lehrjunge; Lehrmädchen, f.; fg.
Anfänger, m. sinn, f.
Apprentissage, m. Lehre, f. Lehr=
zeit; fg. der erste Versuch.
Apprêt, m. Zubereitung, f. Zu=
richtung; Etrich, m. Glanz (der
Zeuge); (Hutm.) Steife, f.; pein=
ture d'—, (Mal.) Glasmalerei, f.
Apprête, f. vi. Tunkschnittchen, n.
Apprêter, v. a. bereiten, zuberei=
ten, zurüsten, zurichten; (Hutm.)
steifen; (Speisen) anrichten; — les
armes, den Hahn spannen; —,
Gelegenheit geben (à, zu); s'—, sich
rüsten, sich anschicken; sich fertig,
gefaßt machen (à, zu); (air) —é,
gezwungen, steif.
Apprêteur, m. Zubereiter; (Hut=
macher) Steifer || Glasmaler.
Appris, e, adj. unterrichtet, ge=
lehrt; mal appris, ungezogen.
†Apprivoisement, m. Zähmen, n.
Apprivoiser, v. a. zähmen, zahm
machen, zirren, bändigen; s'—,
zahm werden; fg. s'— (avec qch.),
sich vertraul machen; —é, e, zahm,
zirre:   [Die etwas billigt.
Approbateur, m. -trice, f. der,
Approbatif, ve, adj. billigend,
gutheißend.
Approbation, f. Genehmigung;

Billigung; Beifall, m. Gutheißen, n.
Approchant, e, adj. de qch.,
einer S. nahe kommend; ziemlich
ähnlich; —, adv. ungefähr.
Approche, f. Annäherung; Zu=
tritt, m.; (Schrifts.) Zwischenraum;
(Kriegsw.) Anmarsch, Angriff; —s,
pl. Laufgräben; lunette d'—, Fern=
rohr, n.
Approcher, v. a. qch. de qch.,
etw. einer S. näher bringen, stellen,
rücken; (Mal.) hervorheben; (Bild=
hauer) ausarbeiten; — qn., Zutritt
zu einem haben; (die Speisen) auf=
setzen; —, v. n. de qch., sich einer
S. nähern, hinzutreten; ähnlich seyn;
(Kriegsw.) anmarschiren, heranrü=
den || (einem, etw.) beikommen; s'—
de qn., sich einem nähern; se lais=
ser —, freien Zutritt verstatten.
Approfondir, v. a. tiefer machen,
ausliefen, vertiefen; fg. genau un=
tersuchen, ergründen, durchforschen.
†Appropriance, f. ol. (jur.) Be=
sißnehmung.
Appropriation, f. Zueignung,
Anmaßung; (Chym.) Aneignung.
Approprier, v. a. gehörig einrich=
ten || (einer S.) anpassen; s'—, sich
zueignen, sich anmaßen.
Approuver, v. a. billigen, gutheis=
sen, genehmigen.
Approvisionnement, m. Verpro=
viantirung.
Approvisionner, v. a. verprovian=
tiren, mit Vorrath versehen.
Approximatif, ve,adj.: -vement,
adv.: annähernd; beiläufig.
Approximation, f. (Math.) An=
näherung; par —, annähernd, un=
gefähr, beiläufig.
†Approximer, v. a. (Lehrst.) qch.,
sich einer S. nähern; s'—, id.
Appui, m.; Stütze, f. Lehne;
(Dreh.) Armschiene; (Baut.) Ge=
länder, n. Brustmauer, f.; — ou
point d'—, (Mech.) Unterlage, f.
Ruhepunkt, m.; — (Reitschule)
Handhülfe, f.; dur à l'—, hart=
mäulig; —, fg. Stütze, f. Schutz,
m. Beistand; Unterstützung, f.
Appui-main, m. Malerstock, Ru=
bestab.
Appuyer, v. a. stützen, stämmen,
anlehnen, auflehnen || ansetzen; stark
aufdrücken || (die Hunde) aufmun=
tern; fg. unterstützen; (eine Mei=
nung) stützen, gründen; —, v. n.
(sur, auf, contre, an) ruhen, ge=
stützt, gelehnt seyn; — sur une syl=
labe, eine Sylbe betonen; —, (Mus.)
ballen; fg. sur qch., sich auf etw.
berufen; auf etw. bestehen; s'—,
sich lehnen, sich stützen, sich anstäm=
men; fg. sich stützen, sich gründen,
sich berufen, fm. fußen.
Apre, adj.; -ment, adv.; rauh,

uneben (Fläche) || herbe, scharf, *fg.* rauh || heftig, gierig.

Après, *adv. et prép.* nach, hernach; — quoi, worauf; — cela, hierauf; — coup, *adv.* zu spät; — tout, alles wohl betrachtet; —demain, übermorgen; d'—, nach, zufolge; être — qch., mit etwas beschäftigt seyn; être — qn., einem anliegen; faire attendre — qch., auf etw. warten lassen.

Après-dinée, *f.*, Après-midi, *f. et m.* Nachmittag, *m.;* Après-soupée, *f.* die Zeit nach dem Abendessen.

Apreté, *f.* Rauhigkeit, Herbigkeit, Schärfe; Strenge (des Winters); *fg.* Rauhigkeit, Härte.

A priori, *adv.* a priori, von vorne herein, unabhängig von aller Erfahrung.

A-propos, *v.* Propos.

†Apsichet, *m.* (Kutschenm.) Haltzünglein, *n.*  [Wendepunkt.

†Apsides, *m.pl.*(Astr.) Kehrpunkt,

Apte, *adj.* geschickt, fähig.

Aptère, *adj.* (Naturg.) ungeflügelt (Insekten).  [ohne Rückenflossen.

†Aptéronotes, *m. pl.* die Fische

Aptitude, *f.* Tüchtigkeit, das natürliche Geschick (à, pour, zu).

Apurement, *m.* (Fin.) Abschliessung (einer Rechnung), *f.*

Apurer, *v. a.* (Fin.) ins Reine bringen, abschliessen.  [beständig.

Apyre, *adj.* (Phys.) feuerfest, feuer=

†Apyrexie, *f.* (Med.) das Nachlassen oder Aufhören des Fiebers.

Aquarelle, *f.* (Mal.) Wasserfarbengemälde, *n.*

†Aquatile, *adj.* (Bot.) im Wasser wachsend; plante —, Wasserpflanze, *f.*  [Kupferstich, *m.*

Aqua-tinta, *f.* Aquatinta; Tusch=

Aquatique, *adj.* wässerig, sumpfig; (Naturg.) im Wasser wachsend, lebend; plante —, Wasserpflanze, *f.;* oiseau —, Wasservogel, *m.*

Aqueduc, *m.* (Bauk.) Wasserleitung, *f.*

Aqueux, se, *adj.* wässerig.

†Aquilaire, *m.* Adlerholz, *n.*

†Aquilée, Aquileja (Stadt).

Aquilin, *adj.*, nez —, Habichtsnase, *f.*

Aquilon, *m.* Nordwind; —s, *pl.* (Dicht.) kalte, stürmische Winde.

†Aquitaine, *f.* Aquitanien (alte Provinz).  [großer Papagei).

Ara, Aras, *m.* (Naturg.) Ara (ein

Arabe, *m.* Araber; *fg.* der hartherzige, gierige Mann || die arabische Sprache.

Arabesque, *adj.* auf arabische Art; —s, *f. pl.* (Mal.) Arabesken.

†Arabette, *f.* Turkenkresse.

†Arabie, *f.* Arabien.

Arabique, *adj.* arabisch.

Arable, *adj.* pflügbar (Land).

†Arachide, *f.* Erdnußbaum, *m.*

†Arachnéolithe, *m.* Spinnenstein, die versteinerte Meerspinne.

†Arachnides, *f. pl.* die spinnenförmigen Stegewächse, *n.*

Arachnoïde, *f.* Hirnhäutchen, *n.*

Arack *ou* Rack, *m.* Reisbranntwein.

†Aragon, Arragonien (Provinz).

†Araigne, *f.* (Vogelst.) Spinnengarn, *n.* Amselneß.

Araignée, *f.* Spinne; toile d'—, Spinnengewebe, *n.* Gespinnst.

Araliacées, *f. pl.* die Pflanzen von der Gattung der beerentragenden Angelika.  [feindlichen Schiffes.

†Arambage, *m.* das Entern eines

†Aramber, *v. a.* (Seew.) entern.

†Aramer, *v. a.* (Tuch) aufrollen.

†Arantelles, *f. pl.* (Jagd) Fasern (an Hirschläusten).

Arasement, *m.* (Maur.) Abgleichung, *f.;* die oberste Steinlage.

Araser, *v. a.* (Maur.) abgleichen.

Arases, *f. pl.* (Bauk.) Simsen=, Leistensteine.

Aratoire, *adj.* zum Ackerbau gehörig; instrument —, Ackerwerkzeug, *n.*  [Stab, *m.* Höhenmesser.

Arbalestrille, *f.* (Seew.) Jakobs=

Arbalète, *f.* Armbrust.

†Arbalétrier, *m.* Armbrustschütze; (Zimm.) Dachstuhlsäule.

Arbalétriére, *f.* (Seew.) Schlagplaß auf einer Galeere, *m.*

Arbitrage, *m.* der schiedsrichterliche Spruch; (Handl.) die Vergleichung mehrerer Wechselcurse, *f.*

Arbitraire, *adj.* -ment, *adv.*: willkührlich, eigenmächtig; —, *m.* Willkühr, *f.*

Arbitral, e, *adj.* schiedsrichterlich; -ement, *adv. id.*, durch Schiedsrichter.

Arbitration, *f.* (iur.) Schäßung.

Arbitre, *m.* Schiedsrichter || der unumschränkte Gebieter; libre, franc —, Willkühr, *f.* der freie Wille.

Arbitrer, *v. a.* entscheiden, als Schiedsrichter sprechen.

Arborer, *v. a.* aufrichten, aufpflanzen, aufstecken; *fg.* — l'impiété, öffentlich die Gottlosigkeit bekennen.

†Arborisation, *f.* (Min.) Baumstein, *m.;* (Chim.) die baumähnliche Bildung, *f.*

Arborisé, e, *adj.*, agate —e, (Miner.) Baumachat, *m.*

Arbouse, *f.* (Bot.) Sandbeere, die Frucht des Erdbeerbaums.

Arbousier, *m.* ( Bot.) Erdbeerbaum.

Arbre, *m.* Baum; (Mech.) Wellbaum, Wendelbaum, Welle, *f.* Spindel, Spille || Zeltstange; (Schifffahrt) Mast, *m.;* — à pain, Brodbaum; — de la croix, der Stamm

des Kreuzes; — de Diane, (Chym.) Silberbaum.

Arbrisseau, *m.* Bäumchen, *n.* Strauch, *m.* Staube, *f.*

†Arbrot, *m.* Kratel (mit Leim bestrichene kleine Baum zum Vogelfange).  [chen, *n.*

Arbuste, *m.* Staube, *f.* Stöck=

Arc, *m.* Bogen; (Bauk.) *id.*, Schwibbogen; (Geom.) der Theil eines Kreises.

Arcade, *f.* Schwibbogen, Brillenbogen, Wölbung, *f.* Bogenstellung; —s, *pl.* Bogengang, *m.*

†Arcadie, *f.* Arkadien (Provinz).

Arcane, *m.* (Alchym.) Geheimniß, *n.;* —, Arcanée, *f.* (Miner.) Röthel, *m.*  [pech, *n.*

†Arcanson, *m.* (Naturg.) Schiff=

Arcasse, *f.* (Schifsb.) Spiegel, *m.* Hintertheil; (Schloss.) Klobenflasche, *f.*  [pfeiler; *fg.* Hauptperson, *f.*

Arc-boutant, *m.* (Bauk.) Strebe=

Arc-bouter, *v. a.* (Bauk.) stüßen.

Arc-doubleau, *m.* (Bauk.) Pfeilerbogen.

Arceau, *m.* (Bauk.) Bogen; —x, *pl.* (Bildh.) Kleeblattzug.

Arc-en-ciel, *m.* Regenbogen.

Archaïsme (spr. arca=), *m.* die veraltete Redensart.

Archal, *m.*, fil d'—, Draht, Kupfer=, Messing=, Eisendraht.

Archange (spr. ark-), *m.* Erzengel.

†Archangélique, *adj.* erzenglisch; —, *f.* Brustwurzel.

Arche, *f.* (Bauk.) Brückenbogen, *m.* Schwibbogen, Joch, *m.;* — de Noé, Arche Noä, *f.; fg. fm.* das bunte Gemisch; — d'alliance, Bundeslade, *f.*

Archée, *m.* (Chym.) Philes.) Archäus, Weltseele, *f.;* (Med.) die innere Lebenskraft.

†Archelet, *m.* (Goldschm.) Bögelchen, *n.;* (Fisch.) Neßbogen, *m.*

Archéologie, *f.* Alterthumskunde.

Archéologique, *adj.* archäologisch, alterthumskundig.

Archéologue, *m.* Archäolog, Alterthumskenner, Alterthumsforscher.

Archer, *m.* Bogenschüße || Häscher, Scherge; Geleitsreiter.  [genschüße.

Archerot, *m.* (Poes.) der kleine Bo=

Archet, *m.* (Mus.) Geigenbogen, Bügel, Spriegel; coup d'—, Bogenstrich; —, Wiegenbogen; Steinsäge, *f.;* (Mech.) Drehbogen, *m.;* (Med.) Schwipfsäule.

Archétype (spr. arké-), *m.* Originalstämpel (einer Münze); Urbild, *n.*  [der erzbischöfliche Palast, *m.*

Archevêché, *m.* Erzbisthum, *n.;*

Archevêque, *m.* Erzbischof.

Archi- (in Zusammensetzungen) Erz=; z. B. archifou, *m. fm.* Erznarr.

†Archiatre, _m._ erſte Arzt, Ober=
arzt.

†Archibigote, _f._ Erzanbächtlerinn.

†Archicamérier, _m._ Erzkämmerer
(zu Rom). [merer.

†Archichambellan, _m._ Erzkäm=

Archichancelier, _m._ Erzkanzler.

Archidiaconat, _m._ Archidiakonat,
_n._

Archidiaconé, _m._ Archidiakonat,
_n._ der Sprengel eines Archidiakonus.

Archidiacre, _n._ Archidiaconus.

Archiduc, _m._ Erzherzog.

Archiduché, _m._ Erzherzogthum,_n._

Archiduchesse, _f._ Erzherzoginn.

†Archiéchanson, _m._ Erzmund=
ſchenk. [truchſeß.

†Archiécuyer-tranchant, _m._ Erz=

Archiépiscopal, e ( ſpr. arki-),
_adj._ erzbiſchöflich; église —e, Erz=
ſtift, _n._

Archiépiscopat (ſpr. arki-), _m._
Erzbisthum, _n._ die erzbiſchöfliche
Würde.

Archimandritat, _m._ Archiman=
driten=Würde, _f._ =Stelle.

Archimandrite, _m._ (Kirche) Ar=
chimandrit, der griechiſche Oberabt.

Archipel, _m._(Geogr.) das Meer voll
Inſeln, Inſelmeer, Archipelagus, _m._

†Archipompe, _f._ (Schiff.) Pum=
penkaſten, _m._ [ſterlich.

Archipresbytérial, e, _adj._ erzprie=

Archiprêtre, _m._ Erzprieſter.

Archiprêtré, _m._ Erzprieſterwürde,
_f._; der erzprieſterliche Sprengel.

Architecte, _m._ Baumeiſter; Werk=
meiſter.

Architectonique, _adj._ baukünſt=
lich; (Phyſ.) bildend; — f. Bau=
kunſt.

Architectonographe, _masc._ der
Schriftſteller über Architektur.

Architectonographie, _f._ die Be=
ſchreibung der Gebäude. [art.

Architecture, _f._ Baukunſt || Bau=

Architrave, _f._ Unter=, Binde=,
Hauptbalken, _m._ Durchzug, Archi=
trav. [ſter.

†Architrésorier, _m._ Erzſchatzmei=

Architriclin, _m._ (b. Schr.) Spei=
ſemeiſter, fm. id.

Archives, _f. pl._ Archiv, _n._ Ur=
kunden, _f. pl._

Archiviste, _m._ Archivar.

Archivolte, _f._ (Bauk.) das Ge=
ſims um einen Schwibbogen herum.

Archontat (ſpr. ark-), _m._ (gr.
Alt.) Archontenwürde.

Archonte(ſpr. ark-), _m._ (gr. Alt.)
Archont (erſte Magiſtratsperſon zu
Athen).

†Archures, _f. pl._ (Zimm.) Mühl=
bottich, _m._ das Holzwerk um den
Mühlſtein.

Arçon, _m._ (Sattl.) Sattelbogen,
Sattel; perdre les —s, aus dem

Sattel gehoben werden; _fg._ aus der
Faſſung kommen; —, (Hutm.) Fach=
bogen, _m._

†Arçonner, _v. a._ (Hutwolle) mit
dem Fachbogen ſchlagen, fachen.

†Arçonneur, _m._ Facher.

Arctique, _adj._ (Aſtr.) dem Bären
nahe, nörblich; pôle —, Nordpol,
_m._; (Bot.) plante —, Polarpflan=
ze, _f._ [büter.

†Arctophylax, _m._ (Aſtr.) Bären=

†Arcture, _m._ (Chir.) Nägelkrüm=
mung, _f._ [renhüter.

Arcturus, _m._ (Aſtr.) Arktur, Bä=

†Arcyrie, _f._ Arcyrie (Art Schwäm=
me). [ſich zu Allem hergiebt.

Ardélion, _m._ der Wohldiener, der

Ardemment, _adv._ heftig, eifrig,
begierig (à qch., nach etw.); brün=
ſtig, inbrünſtig.

†Ardennes, _f. pl._ die Ardennen,
Arbennerwald, _m._ Eberswald, Eyber=
wald. [_m._

Ardent, _m._ Irrlicht, _n._ Irrwiſch;

Ardent, e, _adj._ feurig, glühend,
brennend, heiß; _fg._ _id._; verre —,
Brennglas, _n._; esprit —, brennba=
rer Spiritus; poil —, feuerrothes
Haar; chapelle —e, erleuchtetes
Trauergerüſte; chambre —e, Blut=
Feuergericht; amour —, Schiff das
zu ſtark bei dem Winde ſegelt.

Arder, _v. n. vi._ brennen.

Ardeur, _f._ die brennende Hitze; _fg._
Feuer, _n._ Eifer, _m._ Muth; _fg._ in=
brunſt, _f._ Heftigkeit; —s, _pl._ Lie=
be, _f._

Ardillon, _m._ Dorn, Zunge (einer
Schnalle), _f._; (Buchdr.) Dorn, _m._
Punkturen, _f. pl._; _fg. fm._ pas un
—, nicht das Geringſte. [ſtein, _m._

Ardoise, _f._ (Miner.) Schiefer=

Ardoisé, e, _adj._ ſchieferfarbig.

Ardoisière, _f._ Schieferbruch, _m._

Ardu, e, _adj._ ſteil, hoch; _fg._
ſchwer, ſchwierig.

Are, _m._ Ar, _f._ das Urmaß des
Ackermaßes, 100 Quadratmeter, un=
gefähr 26 Quadrattoiſen.

†Aréage, _m._ Feldmeſſen, _n._ das
Vermeſſen nach Aren.

Arec, Aréque, _m._ Arekabaum.

Aréfaulß, _f._ [Kampfplatz.

†Aréfaction, _f._ (Apoth.) Austrock=
nung.

Arène, _f._ der grobe Sand; _fg._
Kampfplatz.

Aréner, _v. n._ (Bauk.) ſich ſenken.

Aréneux, se, _adj. ol._ ſandig.

Areng, _m._ der moluffiſche Palm=
baum.

Aréole, _f._ kleine Fläche; (Anal.)
Warzenzirkel (auf der Bruſt), _m._;
(Aſtr.) Hof.

†Aréolé, e, _adj._ (Bot.) gegittert.

Aréomètre, _m._ (Phyſ.) Waſſerwa=
ge, _f._; — à pompe, Pumpwage.

Aréopage, _m._ (gr. Alt.) Areopag

(Gerichtshof) ; _fg._ ( ehrwürdige )
Verſammlung, _f._

Aréopagite, _m._ Areopagit, Ge=
richtsbeiſißer.

Aréostyle, _m._ ein weitläufiges Ge=
bäude; die weite Säulenſtellung.

Aréotectonique, _f._ Areotektonik,
der Theil der Kriegsbaukunſt den An=
griff und die Vertheidigung feſter
Plätze betreffend.

†Aréotique, _adj._ ſchweißbeför=
bernd, ſchweißtreibend. [ſchleppen.

†Arer, _v. n._ (Seew.) den Anker

†Arère, _m._ (Mech.) Nabesachſe, _f._

Arête, _f._ Fiſchgräte || Kante, Rand,
_m._; ſcharfe Ecke, _f._; (Schwertf.) Rü=
cken, _m._; Rüdenhaare (eines Bibers,
ꝛc.), _n. pl._; (Bot.) Granne, _f._
Aehrenſpiße; Pferdeſchwanz (ohne
Haare oder nur mit Stoppeln), _m._;
(Thiera.) Mauke, _f._; (Bauk.) voûte
d' —, Kreuzgewölbe, _n._

Arétier, _m._ (Bauk.) Eckſparren.

Arétières, _f. pl._ (Bauk.) die Gyps=
oder Kalkamwürfe zwiſchen den Eck=
ſparren.

Arétologie, _f._ Tugendlehre.

Arganeau, _m._ (Schiff.) Ankerring.

Argemone, _m._ (Bot.) Stachel=
mohn, Teufelsfeige, _f._

Argent, _m._ Silber; _n._; — blanc,
ou —, Silbergeld, _n._ =münze, _f._||
Geld, _n._; (Wap.) weiße Farbe, _f._;
— de mine, Silbererz, _n._; — en
œuvre, verarbeitetes Silber; — en
bain, im Fluß ſtehendes Silber; —
en lame, Silberlahn, _m._; — trait,
Silberdraht; — haché, das ſilber=
ähnliche zuſammengeſetzte Metall;
bas —, geringhaltiges Silber.

Argenter, _v. a._ verſilbern; mit
Silber belegen; —é, e, _adj._ ſilbern;
lumière —ée, Silberlicht, _n._; gris
—é, ſilbergrau.

Argenterie, _f._ Silbergeſchirr, _n._
Silberzeug || Silberarbeit, _f._

Argenteur, _m._ Verſilberer.

Argenteux, se, _adj. fm._ reich,
der viel Geld hat. [verwahrer.

Argentier, _m._ Zahlmeiſter, Silber=

Argentifique, _adj._ (Alchym.) in
Silber verwandelnd.

Argentin, e, _adj._ ſilberfarbig;
ſilberhell (Ton). [_n._

Argentin, _m._ (Bot.) Silberkraut,

Argenture, _f._ Verſilberung.

Argile, _f._ (Miner.) Thon, _m._
Thonerde, _f._ Letten, _m._

Argileux, se, _adj._ lehmig, thonig,
let[t]ig.

Argo, _m._ Argo, _f._

†Argon, _m._ (Vegetß.) Sprenkel.

Argonautes, _m. pl._ (Myth.) die
Argonauten.

Argot, _m._ Rothwelſch, _n._ Gauner=
ſprache, _f._; (Gärtn.) das abgeſtorbe=
ne Ende. [Reiſern reinigen.

Argoter, _v. a._ von abgeſtorbenen

Argoulet, m. der elende Mensch, arme Schlucker. [Sandborn.

Argousier, m. (Bot.) Weddorn,

Argousin, m. (Seew.) Sclaven-aufseher, Galeerenprofoß.

Argue, f. Drahtwinde, Drahtzie-herei. [ziehen.

Arguer (spr. gher), v. a. den Draht

Arguer (spr. argu-er), v. a., — de faux, als falsch anklagen.

Argument, m. Schluß; Beweis-grund || Inhalt. [Disputation).

Argumentant, m. Opponent (bei e.

Argumentateur, m. mépr. Dis-putirgeist. [Schlußreihe.

Argumentation, f. Beweisführung.

Argumenter, v. n. Schlüsse ma-chen; folgern (de, aus) || Gründe (gegen einen) anführen.

Argus, m. (Myth.) der hundert-äugige Argus; fg. der wachsame Mensch, Aufpasser.

Argutie, f. Spitzfindigkeit.

†Argyrocome, adj. silberschweifig (Komet); silberboldig (Pflanze).

†Argyropée, f. (Alchym.) Silber-macherkunst.

Arianisme, m. Arianismus, die Lehre der Arianer.

Aride, adj. trocken, dürre; fg. mager, unfruchtbar; kahl.

Aridité, f. Dürre, Trockenheit; fg. Unfruchtbarkeit, Leere, Trocken-

Aridure, v. Atrophie. [heit.

Ariens, m. pl. (Kircheng.) Arianer.

Ariette, f. (Mus.) kleine Arie.

†Arimer, v. a. (Schiffb.) den Stift auf den Amboß stoßen.

Aristarque, m. Aristarch; fg. id., der strenge Kunstrichter.

†Aristé, adj. (Bot.) begrannt; —e, f. Aristea (Pflanze).

Aristocrate, m. Aristokrat; das Mitglied oder der Anhänger einer aristokratischen Regierung.

Aristocratie, f. die Regierung der Reichsten und Vornehmsten, Aristo-kratie. [adv.: aristokratisch.

Aristocratique, adj.; -ment,

†Aristoloche, f. (Bot.) Osterluzei.

†Aristote, Aristoteles (Philosoph).

Aristotélicien, m. (Phil.) Aristo-teliker. [des Aristoteles.

Aristotélisme, m. (Phil.) die Lehre

Arithmancie, f. Zahlenwahrsa-gerei. [chenmeister.

Arithméticien, m. Rechner, Re-

Arithmétique, f. Rechenkunst; —, adj.; -ment, adv.: arithmetisch.

Arlequin, m. Harlekin, Pickel-häring, Hanswurst, Possenreißer.

Arlequinade, f. Possenspiel, n.

Armadille, Armandille, f. (See-wesen) die kleine Flotte; Armadille (Art leichter Fregatten); (Naturg.) Gürtelthier, n. Schildferkel.

Armand, m. (Thierg.) Arznei-

trank (für Pferde) || n. pr. m. Ar-mandus.

Armateur, m. (Seew.) Freibeu-ter, Caper; Rheder || Caperschiff, n.

Armature, f. Beschlagwerk, n. Beschläge; (Miner.) der Metallan-flug auf Steinen.

Arme, f. Waffe, Wehr; Gewehr, n.; —s, pl. Harnisch, m.; fg. Krieg, Kriegswesen, n.; — à feu, Feuergewehr, n., —s blanches, pl. blankes Gewehr; —s offensives, défensives, pl. Angriffs-, Schutz-waffen; aux —s! ins Gewehr! zu den Waffen! portez vos —s! schul-tert das Gewehr! faire passer par les —s, nach Kriegsrecht erschießen; suivre les —s, in den Kriegsdienst gehen; fait d'—s, Kriegs-, Waf-fenthat; salle d'—s, Rüstkammer, f.; Fechtboden, m; —s, pl. Fecht-kunst, f.; faire des —s, fechten; maître d'—s, Fechtmeister, m.; —s, pl. Wappen, n.

Armée, f. Kriegsheer, n. Armee, f. Heerschaar; — navale, Kriegs-flotte, Flotte. [vornehmen, m.

†Arméjer, v. a. das Ankerwerfen

Armeline, f. Hermelinfell, n.

Armement, m. Ausrüstung, f. Bewaffnung || Werbung, Kriegs-rüstung.

†Arménie, f. Armenien (Land).

†Arménien, ne, adj. armenisch; —, m. ne, f. Armenier, m. —inn, f.

Armer, v. a. waffnen, bewaffnen, rüsten, ausrüsten; fg. machen daß man zu den Waffen greift; aufhetzen || versehen, einfassen, beschlagen (de, mit) || (Artill.) laden; — s'—, Truppen werden, sich zum Kriege rü-sten; s'—, sich bewaffnen; die Waf-fen ergreifen; (von Pferden) sich die Stangen auf die Brust setzen.

Armet, m. Helm, Pickelhaube, f.

Armillaire, adj. (Astr.) aus Rin-gen zusammengesetzt; sphère —, Ringkugel. [ringe, m. pl.

Armilles, f. pl. (Baut.) Säulen-

Armistice, m. Waffenstillstand.

†Armogan, m. (Seew.) das gute Wetter, der günstige Wind.

Armoire, f. Schrank, m. Kasten.

Armoiries, f. pl. Wappen, n.

Armoise, f. (Bot.) Beifuß.

Armoisin, m. eine Art dünnen Taffets. [selhalter.

†Armon, m. Vorderwagen, Deich-

Armorial, m. Wappenbuch, n. —, e, adj. zu Wappen gehörig.

Armorier, v. a. qch., ein Wappen auf etw. setzen lassen; Wappen ste-chen, malen; manteau —é, Wap-penmantel, m. [Wappenkundige.

Armoriste, m. Wappenmacher.

Armure, f. Waffenrüstung; fg. Schutz, m. Schirm; (Schloss.) Be-

schläge, n.; Einfassung (eines Ma-gnets), f.

Armurier, m. Waffenschmied, -händler; Büchsenschäfter.

†Arnaud, Arnauld, n. pr. m. Arnold. [Arnulph.

†Arnoud, Arnould, n. pr. m.

Aromate, m. Gewürz, n.

Aromatique, adj. gewürzhaft, würzhaft, würzig, wohlriechend.

Aromatisation, f. Würzung.

Aromatiser, v. a. würzen.

†Aromatite, f. Gewürzstein, m.

Arôme, m. Gewürzstoff.

Aronde, f. vi. Schwalbe; queue d'—, (Bauk.) Schwalbenschwanz, m.

†Arondelat, m. junge Schwalbe, f.

Arpailleur, masc. Goldwäscher, Goldsucher (an Flüssen).

Arpège, m. (Mus.) Harpeggio, n.

Arpégement, m. (Mus.) Harpeg-giren, n.

Arpéger, v. n. (Mus.) harpeggiren.

Arpent, m. Morgen (Landes).

Arpentage, m. Feldmessen, n. Vermessung, f. || Feldmeßkunst.

Arpenter, v. a. (Feld) messen, vermessen; fg. fm. durchlaufen; große Schritte machen, ausziehen.

Arpenteur, m. Feldmesser.

Arpenteuse, f. Spannraupe.

Arquebusade, f. Büchsenschuß, m.; eau d'—, Schußwasser, n. Wundwasser.

Arquebuse, f. Büchse, Feuer-rohr, n.; — à croc, Hakenbüchse, f.; jeu d'—, Büchsen-, Scheiben-schießen, n.; Schützplatz, m.

Arquebuser, v. a. erschießen.

Arquebuserie, f. Büchsenmacher-handwerk, n. Büchsenhandel, m.

Arquebusier, m. Büchsenmacher; (Kriegswesen) ol. Büchsenschütze, Scharfschütze.

Arquer, v. a. bogenförmig biegen; —, v. n. sich biegen, wie ein Bo-gen krümmen; —é, e, gebogen, bogenförmig.

Arquet, m. Fadenhalter (am Seidenhaspel); (Pap.) Seihekasten.

Arrachement, m. Herausreißen, n.; (Bauk.) der Anfang der Bogen-krümmung (eines Gewölbes); Ver-zierung, f.

†Arrache-pied (d'), adv. unab-lässig, in Einem fort.

Arracher, v. a. heraus- weg-, los- ab-, entreißen; mit Gewalt losmachen; fg. mit Mühe erhalten; entzwingen; entreißen; rauben; — des mains, aus den Händen win-den; s'— losreißen (à, von); s'— qch., sich etw. heraus-ziehen (die andern); s'— qn., fg. fm. sich um einen reißen.

Arracheur de dents, m. Zahn-

brecher, =ausreißer; *fg. fm.* Erz=
lügner; —se, *f.* (Hutmacher) Ru=
pferinn.

†Arrachis, *m.* (jur.) das frevel=
hafte Ausreißen junger wilder Bäume.

Arraisonner, *v. a. p. us. fm.* qn.,
einem vernünftig zureden; s' — avec
qn., sich mit einem erklären.

Arrangé, e, *adj.* ordnungsliebend.

Arrangement, *m.* Anordnung, *f.*
Ordnung, Stellung; *fg.* Vermitte=
lung, Ausgleichung; —s, *pl.* Maß=
regeln.

Arranger, *v. a.* gehörig ordnen,
zurechtstellen, einrichten; *fg.* ausglei=
chen ‖ *fm.* (einen) zurichten; s' —,
sich gut einrichten; (avec qn.) eins
werden, sich abfinden.

Arrentement, *m.* die Verleihung
oder Annahme auf Renten.

Arrenter, *v. a.* auf Renten verlei=
hen oder nehmen.

Arrérager, *v. n.* aufsummen; se
laisser —, seine Zinse aufsummen
lassen.

Arrérages, *m. pl.* das jährliche
Gefäll einer Rente oder eines Zin=
ses; der Rückstand derselben.

Arrestation, *f.* Verhaftung.

Arrêt, *m.* (jur.) Urtheil, *n.* Ge=
richtsspruch, *m.*; Arrest, Verhaft;
Beschlag (auf etw.); (Jagd) Stillie=
gen, *n.*; (Reitsch.) Parirung, *f.*
Halten, *n.*; (Büchs.) Hemmung,
*f.*; Spannfeder; (Näh.) Riegel,
*m.*; (Uhrm.) Sperrkegel; die
lance en —, die Lanze einlegen; *fg.*
sans —, flüchtig, leichtsinnig; —s,
*pl.* Arrest, *m.*

Arrêté, *m.* Schluß, Beschluß; —
de compte, Abschluß einer Rechnung.

Arrêté, e, *adj.* fest, sicher; (Zeich=
nung) fertig, scharf gezeichnet.

Arrête-bœuf, *m.* (Bot.) Heu=
hechel, *f.*

Arrêter, *v. a.* auf=, an=, abhal=
ten; hindern, hemmen, stillen ‖ ein=
ballen; (jur.) (einen) verhaften; —
qch., Beschlag auf etw. legen ‖ be=
schließen, abschließen, bestimmen,
festsetzen ‖ dingen, miethen; bestel=
len ‖ — sa pensée sur qch., seine
Gedanken auf etw. heften; — un
arbre, einen Baum niedrig halten;
—, *v. n.* stehen bleiben; liegen blei=
ben ‖ (Jagd) vorstehen; s' —, sich
aufhalten, still stehen; stehen blei=
ben; aufhören; einhalten (zu lesen,
x.); (Uhrm., x.) stocken; verweilen
(à, bei); sich abgeben (à, mit) ‖
sich entschließen (à, zu).

Arrêtiste, *m.* der Sammler, Er=
klärer von Gerichtssprüchen, x.

Arrhement, *m.* das Bestellen von
Waaren vermittelst Angeldes.

Arrher, *v. a.* qch., Geld auf etw.
geben.

Arrhes, *f. pl.* Haftgeld, *n.* Hand=
geld, Pfandschilling, *m.* Kaufschil=
ling, *fg.* Unterpfand, *n.*; donner
des —, darauf geben.

Arrière, *m.* (Schifff.) Hintertheil,
*n.*; vent —, der Wind im Rücken;
faire —, das Hintertheil des Schif=
fes gegen den Wind drehen; en —,
*adv.* zurück, hintennach; rücklings
(fallen, x.); rückwärts; im Rück=
stande (Schuldner); — de moi!
*interj.* weg von mir!

Arriéré, *m.* Rückstand, die rück=
ständige Staatsschuld.

Arrière-ban, *m.* Heerbann, das
letzte Aufgebot.

Arrière-bec, *m.* die scharfe Ecke
(der Brückenpfeiler).

Arrière-bouche, *f.*, *v.* Pharynx.

Arrière-boutique, *f.* Hinterladen,
*m.*      [schaft.

†Arrière-caution, *f.* Rückbürg=

†Arrière-change, *m.* der Zins von
Zinsen.      [*n.* Hinterhaus.

Arrière-corps, *m.* Hintergebäude,

Arrière-cour, *f.* Hinterhof, *m.*

Arrière-faix, *m.* (Anat.) Nach=
geburt, *f.*

Arrière-fermier, *m.* Unterpächter.

Arrière-fief, *m.* (Lehenw.) After=
lehen, *n.*

Arrière-garant, *m.* Rückbürge.

Arrière-garde, *f.* (Kriegswesen)
Nachtrab, *m.*

Arrière-goût, *m.* Nachgeschmack.

†Arrière-ligne, *f.* Hintertreffen, *n.*

Arrière-main, *m. et f.* der Schlag
mit der verkehrten Hand.

Arrière-neveu, *m.* Urneffe; —x,
*pl.* Urenkel, späteste Nachkommen=
schaft.      [Nachhut, *f.*

†Arrière-panage, *m.* (Forstwesen)

Arrière-pensée, *f.* der verborgene
Gedanke, geheime Vorbehalt.

Arrière-petit-fils, *m.* Urenkel.

Arrière-petite-fille, *f.* Urenkelinn.

Arrière-point, *m.* (Näh.) Step=
pen, *n.*

Arriérer, *v. a.* zurückhalten, auf=
schieben; —, *v. n.* im Rückstande
bleiben; s' —, zurückbleiben.

Arrière-saison, *f.* Spätjahr, *n.*
Nachsommer, *m.*; *fg.* des Alters
Anfang.      [terlebensmann.

Arrière-vassal, *m.* (Lehenw.) Af=

Arrière-voussure, *f.* (Bauf.) die
Begenrundung in der Mauer hinter
einer Thüre, x.

Arrimage, *m.* (Schifff.) die Schich=
tung (der Ladung).

Arrimer, *v. a.* (Schifff.) schichten,
die Schiffsladung ordnen.

Arrimeur, *m.* (Schifff.) Schichter.

Ariser, *v. a.* (Schifff.) niederlassen.

Arrivage, *m.* (Schifff.) Anlan=
dung, *f.* Ankunft.

Arrivée, *f.* Ankunft.

Arriver, *v. n.* ankommen, anlan=
gen, *fg.* gelangen ‖ (auch *impers.*)
sich zuiragen, sich ereignen; bege=
nen, widerfahren, zustoßen; (Schifff.)
sich treiben lassen; — sur un vais=
seau, ein Schiff erreichen.

Arrobe, *f.* Arrobe (¼ Centner
span.).

Arroche, *f.* (Bot.) Melde.

Arrogamment, *adv.*, *v.* Arrogant.

Arrogance, *f.* die übermüthige An=
maßung, Hoffart, Trotz, *m.*

Arrogant, e, *adj.*; -amment,
*adv.*: vermessen, übermüthig.

Arroger (s'), sich ungebührlich an=
maßen, an sich reißen.

Arroi, *m. vi.* Staat, Gepränge, *n.*

Arrondir, *v. a.* runden, rund ma=
chen; ab=, zurunden (auch *fg.*),
schweifen; (Mal.) ausrunden; (ein
Pferd) gewöhnen, kunstmäßig im
Kreise zu gehen; (eine Periode) rün=
den, x., wohlklingend machen; (ein
Feld) zurunden, erweitern; s' —,
sich ründen, rund werden.

Arrondissement, *m.* Rundma=
chung, *f.* Ründung, *f.*; (Geogr.) Be=
zirt, *m.*

Arrosage, *m.* Wässern, *n.* An=
feuchten ‖ Wässerungsgraben, *m.*

Arrosement, *m.* Begießen, *n.*;
(Spiel) das Bezahlen der Mitspieler.

Arroser, *v. a.* befeuchten, wässern,
bewässern, besprengen, besprigen,
benetzen (auch *fg.*), begießen, bespü=
len; (Spiel) die Mitspieler ausbe=
zahlen; (Handl.) Zuschuß thun.

Arrosoir, *m.* Gießkanne, *f.*

Arrugie, *f.* (Bergw.) der Stollen
zur Abführung des Wassers.

Ars, *m. pl.* die Beine, Adern
(eines Pferdes).      [Zoll 6 Lin.).

†Arschine, *f.* die russische Elle (26

Arsenal, *m.* Zeughaus, *n.*

Arséniates, *m. pl.* die arsenik=
sauern Salze.

Arsenic, *m.* Arsenik (Gift), *n.*;
— blanc, Giftmehl, *n.* Hütten=
rauch, *m.*; — rouge, Rauschgelb, *n.*

Arsenical, e, *adj.* arsenikalisch,
giftig.      [Arseniksäure, *f.*

†Arsénieux, se, *adj.*, acide —,

Arsénique, *adj.* arseniksauer.

Arsénite, *m.* Arseniksalz, *n.* ar=
seniksaures Salz.

†Arsin, *m. ou* bois —, ein durch
Zufall in Brand gerathener Wald.

Art, *m.* Kunst, *f.*; *fg.* Feinheit,
Geschicklichkeit; — s ou — s libé=
raux, beaux — s, *pl.* die freien,
schönen Künste; maitre ès arts, —
Magister der Philosophie und schönen
Wissenschaften; — s et métiers, *pl.*
Künste und Gewerbe, Handwerks=
zünfte, Innungen; grand —, der
Stein der Weisen, die Kunst Gold zu
machen; — notoire, Zauberkunst.

Artére, *f.* (Anal.) Pulsader.
Artériel, le, *adj.* (Anal.) zur Pulsader gehörig; vaisseaux —s, die Pulsadergefäße. [ader.
Artériole, *f.* (Anal.) kleine Puls=
Artériologie, *f.* die Lehre von den Pulsadern. [der Pulsadern.
Artériotomie, *f.* die Zergliederung
Artésien, ne, *adj.* aus der Provinz Artois; puits —, ein artesischer Brunnen.
Arthritique, *adj.* (Med.) gich= tisch || gichtheilend.
†Arthrodynie, *f.* der Schmerz an den Gelenken. [*f.*
Artichaut, *m.* (Bot.) Artischocke,
Article, *m.* (Anal.) Gelenk, *n.*; (Bot.) id., Glied || Artikel, *m.* Punkt; Stück, *n.* Abschnitt, *m.*; (Gramm.) Geschlechtswort, *n.*; à l'— de la mort, in der Todesstunde.
Articulaire, *adj.* (Med.) zu Gliedern, Gelenken gehörig; maladie —, Gliederkrankheit, *f.*
Articulation, *f.* (Anal.) Gelenk, *n.* Glieder=, Knochenfügung, *f.*; (Mal.) Begliederung || Aussprache (der Wörter); Wort, *n.* || (jur.) die artikelmäßige Angabe.
Articuler, *v. a.* (rein und deut= lich) aussprechen; (Umrisse) deutlich zeichnen || (jur.) von Punkt zu Punkt abfassen; (eine Thatsache) pünktlich angeben; s'—, (Anal.) sich in einan= der fügen.
†Artien, *m.* (Schul.) ein der Phi= losophie Beflissener.
Artifice, *m.* Kunst, *f.* Künstlich= keit, Kunstgriff, *m.*; Arglist, *f.* List, Ränke, *m. pl.*; —s, *pl.* (Mech.) Was= serwerke; feu d'—, Feuerwerk, *n.*
Artificiel, le, *adj.*; -lement, *adv.*: künstlich || gekünstelt, erkünstelt.
Artificier, *m.* Feuerwerker.
Artificieux, se, *adj.*; -sement, *adv.*: fein, listig, arglistig.
Artillé, e, *adj.* (Seew.) mit Ge= schütz versehen.
Artillerie, *f.* Artillerie; Geschütz, *n.*; grobe Geschütz || Artilleriecorps; grand maitre de l'—, *m.* Gene= ralfeldzeugmeister.
Artilleur, *m.* Artillerist, Kano= nier; (Seew.) Constabler.
†Artillier, *m.* Artilleriearbeiter.
Artimon, *m.* (Seew.) Besansegel, *n.*; mât d'—, Besan=, Hinter= mast, *m.*
Artisan, *m.* Handwerker; Künst= ler; *fg.* Urheber, Anstifter.
Artison, *m.* (Naturg.) Holzwurm.
Artisonné, e, *adj.* wurmstichig (Holz).
Artiste, *m.* Künstler; (Theater) Schauspieler; (Musik) Tonkünstler; (Mal.) Maler. [reich.
Artistement, *adv.* künstlich, kunst=

†Artois, *m.* die Provinz Artois.
Arum, *m.* Aron (Pflanze), *n.*
Aruspice, *m.* (röm. Alt.) Opfer= wahrsager, Zeichendeuter.
†Arzel, *adj. m.* (von Pferden) mit einem weißen Hinterfuße.
As, *m.* (Spiel) Eins, *f.* Aß (auch Gewicht), *n.*
Asaret, *m.* (Bot.) Haselwurz, *f.*
†Asaroides, *f. pl.* das Pflanzen= geschlecht der Haselwurz.
Asbeste, *m.* (Naturg.) Stein= flachs, Asbest.
Ascarides, *m. pl.* (Naturgesch.) Mastdarmwürmer, Afterwürmer.
Ascendant, e, *adj.* (Geneal.) auf= steigend; (Astr.) aufgehend; —, *m.* (Geneal.) der Verwandte in aufstei= gender Linie; (Astr.) der Aufgang (eines Gestirns); Stand der Gestirne in der Geburtsstunde; *fg.* die (gei= stige) Gewalt (über jemand), der Einfluß (auf jemand).
Ascension, *fém.* Aufsteigen, *n.*; (Kirch.) Himmelfahrt Christi, *f.* Auffahrtstag, *m.*
Ascensionnel, le, *adj.*, diffé= rence —e, *f.* (Astron.) der Unter= schied zwischen der geraden und schie= fen Aufsteigung der Gestirne.
Ascéte, *m.* Ascet, strengfromme Mann.
Ascétique, *adj.* ascetisch; streng= fromm; die Gottseligkeit befördernd; livre —, Erbauungsbuch, *n.*
Asciens, *m.* (auch peuples —), (Geogr.) die schattenlosen Be= wohner der Erde.
Ascite, *f.* (Med.) Bauchwasser= sucht.
Asclépiade, *adj.*, vers —, der asklepiadische Vers (bestehend aus einem Spondäus, zwei Choriamben und einem Jamben).
Aséchi, *v.* Assaki.
Asiarchat, *m.* (Alt.) Asiarchat, *n.* das Amt eines Asiarchen.
Asiarque, *m.* (Alt.) Asiarch, Oberpriester und oberste Magistrats= person in einigen Städten Asiens.
Asiatique, *adj.* asiatisch; *fg.* schwülstig; pomphaft; weibisch.
†Asie, *f.* Asien.
Asile, Asyle, *m.* Freistätte, *f.*; *fg.* Zuflucht; Schutz, *m.*
Asine, *adj. f.*, la race —, das Eselgeschlecht.
†Aspalathe, *m.* (Bot.) Witsche, *f.* Wilschenholz, *n.* [geschlecht, *n.*
†Asparaginées, *f. pl.* Spargel=
Aspect, *m.* das äußere Ansehen, Anblick, *m.* Ansicht, *f.* Aussicht; (Astr.) Aspect, *m.* Schein; Stand.
Asperge, *f.* (Bot.) Spargel, *m.*
Asperger, *v. a.* besprengen (de, mit).
Aspergés, *m. pop.* (Kath.) Weih=

wedel || die Besprengung (mit Weih= wasser).
Aspérité, *f.* Härte, Rauhigkeit; Unbiegsamkeit (im Charakter).
Aspersion, *f.* (Kath.) Bespren= gung. [Weihwedel.
Aspersoir, *m.* (Kath.) Spreng=
Asphalte, *m.* (Miner.) Berg=, Judenpech, *n.* Erdharz.
Asphodéle, *m.* (Bot.) Asfodill.
Asphyxie, *f.* (Med.) Todtenohn= macht.
Asphyxié, e, *adj.* (Med.) ohn= mächtig, von einer Todtenohnmacht überfallen. [verursachen, ersticken.
Asphyxier, *v. a.* eine Asphyxie
Aspic, *m.* (Naturg.) Natter, *f.*; *fg.* Lästerzunge; (Bot.) Spieke.
†Aspidophore, *m.* Schildträger (ein Seefisch).
Aspiration, *fém.* Einathmen, *n.* Athemholen, Athmen; Ziehen (der Pumpe); tuyau d'—, *m.* die Sau= geröhre || (Gramm.) Hauch, *m.*
†Aspiraux, *m. pl.* die Luftlöcher an den Öfen (in einem Laborato= rium).
Aspirer, *v. a.* einathmen, athmen; (Mech.) in sich ziehen; (Gramm.) mit einem Hauche aussprechen; (Vergold.) annehmen; —, *v. n.* streben (à, nach); Ansprüche machen (à, auf); sich bewerben (à, um).
Aspre, *m.* (Türk.) Asper (kleine Silbermünze).
Assa, *f.* (Naturg.) Asant; — fœtida, Teufelsdreck = dulcis *ou* — doux, Benzoe, *f.*
Assaillant, *m.* Angreifer; —s, *pl.* Sturmläufer.
Assaillir, *v. a.* angreifen, stür= men, überfallen, anfallen; *fg.* id., bestürmen (de, mit); einstürmen (qn., auf einen); être assailli, überfallen werden.
Assainir, *v. a.* etwas gesund ma= chen. [*f.* Würze.
Assaisonnement, *m.* Würzung,
Assaisonner, *v. a.* würzen; *fg.* id., angenehm, reizend machen; mit verbindlichen Ausdrücken begleiten.
Assaki, *f.* (Türk.) Assaki, Lieb= lingssultaninn.
Assassin, *m.* Meuchelmörder; —, e, *adj.* meuchelmörderisch; tödtend.
Assassinant, e, *adj. fg.* höchst be= schwerlich.
Assassinat, *m.* Meuchelmord, meuchelmörderische Angriff.
Assassiner, *v. a.* meuchelmorden; mörderisch anfallen; *fg.* plagen (de, mit).
Assation, *f.* (Chym.) Röstung.
Assaut, *m.* Sturm, Anfall, An=

griff; *fg.* heftige Anbringen, *n.*;
**Kampf**, *m.* Wettstreit; prendre,
emporter d'—, erstürmen; faire
—, (Fechtf.) zur Uebung fechten; *fg.*
faire — de qch. avec qn., mit ei=
nem um die Wette um etw. streiten.
Assécher, *v. n.* (Seew.) trocken (=yn.
**Assemblage**, *m.* Zusammenfügung,
*f.* Zusammensetzung; *fg.* Mischung,
Verbindung; faire l'—, (Buchdr.)
Lagen machen.
**Assemblée**, *f.* Versammlung, Ge=
sellschaft, Zusammenkunft; — de
province, Landtag, *m.*; (Kriegsw.)
battre l'—, die Vergatterung schla=
gen.
**Assembler**, *v. a.* sammeln, ver=
sammeln; (Handw.) zusammenfü=
gen, =setzen; (Buchdr.) =legen;
(Schneid.) =nähen; (Reitsch.) =neh=
men; s'—, sich versammeln, zusam=
menkommen.
**Assener**, *v. a.* un coup à qn.,
einem einen heftigen Schlag versetzen.
**Assentiment**, *m.* Beifall, Ein=
willigung, *f.* [beistimmen.
**Assentir**, *v. n.* (à) (wenig gebr.)
**Asseoir**, *v. a.* setzen, niedersetzen;
(Bauk.) setzen; (den Grundstein)
legen; (eine Bildsäule) stellen;
(Kriegsw.) aufschlagen; (Färber)
(eine Kufe) zurichten; (Renten) an=
legen; (Steuern) ansetzen; (Mal.)
stellen, setzen; (Vergold.) auf den
Grund auftragen; *fg.* gründen;
s'—, sich setzen, sich niederlassen.
**Assermenter**, *v. a.* beeidigen.
**Assertion**, *f.* Lehrsatz, *m.*; Be=
hauptung, *f.* Aussage.
**Asservir**, *v. a.* unterjochen, be=
zwingen; s'—, sich binden (à, an);
sich unterwerfen.
**Asservissement**, *m.* Unterjochung,
*f.* Unterwerfung, Dienstbarkeit.
**Assesseur**, *m.* Beisitzer.
†**Assette**, *f.* Schieferdeckerhammer,
*m.* [ziemlich.
**Assez**, *adv.* genug, hinlänglich,
**Assidu**, e, *adj.*; assidûment,
*adv.*: emsig, fleißig (à, in); unab=
lässig, stät.
**Assiduité**, *f.* Emsigkeit, Behar=
lichkeit, der unverdrossene Fleiß
—s, *pl.* Dienstbeflissenheit, *f.*
**Assiégeants**, *m. pl.* Belagerer.
**Assiéger**, *v. a.* belagern, einge=
schlossen halten; umringen; *fg.* be=
lagern, bestürmen.
**Assiégés**, *m. pl.* Belagerten.
†**Assiente**, *f. ol.* Assiento, *m.* eine
Handelsgesellschaft zur Lieferung der
Negersklaven für die spanischen Co=
lonien in Amerika.
†**Assientiste**, *m. ol.* Assientist,
ein Mitglied des Assiento.
**Assiette**, *f.* die Art zu sitzen, Sitz,
*m.*; Lage, *f.*; Stellung, Stand, *m.*;

*fg.* Stimmung, *f.* Fassung; (Reit=
schule) Haltung; (Forstw.) Schlag,
*m.*; (Kriegsw.) Lagerplatz; (Fin.)
Anlage, *f.* Ansetzung; (Vergold.)
Grund, *m.*; (Uhrm.) Unterlage, *f.*;
(Färb.) zugerichtete Küpe; (Pflast.)
Steinschicht, Grundlage; marteau
d'—, Pflasterhammer, *m.*; — d'une
rente, das Gut worauf eine Rente
angelegt ist ‖ Teller, *m.*; — à sou=
pe, Suppenteller; — de soupe,
Teller voll Suppe.
**Assiettée**, *f.* Tellervoll, *m.*
**Assignable**, *adj.* bestimmbar.
**Assignat**, *m.* Rentenanweisung,
*f.*; das Assignat (Anweisung auf
Nationalgüter).
**Assignation**, *f.* (Fin.) Anweisung
(de, pour, auf; sur, an); (jur.)
Vorladung; *fg. fm.* Bestellung.
**Assigner**, *v. a.* (Fin.) anweisen;
anzeigen; (jur.) vorladen; *fg.* an=
weisen.
**Assimilation**, *f.* Gleichmachung,
Verähnlichung, Gleichwerdung.
**Assimiler**, *v. a.* ähnlich machen,
verähnlichen, gleich oder in eine
Classe stellen; s'— à qn., sich mit
qch., sich in die Bestandtheile einer
Sache vergleichen.
**Assis**, e, *adj.* sitzend; gelegen;
par — et levé, durch Sitzenbleiben
und Aufstehen; *v.* Asseoir.
**Assise**, *f.* Steinschicht; — de par=
paing, Querschicht; —s, *pl. ol.*
der Gerichtstag eines Oberrichters
in einem Untergerichte; la cour des
—s ou les —s, Assisengericht, *n.*
**Assistance**, *f.* Beistand, *m.* Hül=
fe, *f.*; (jur.) Beisitz, *m.* Gegen=
wart, *f.*; *vi.* Anwesenden, *m. pl.*
**Assistant**, e, *adj.* beistehend; an=
wesend; —, *pl.* die Anwesenden.
**Assister**, *v. a.* qn., einem helfen,
beistehen; se faire — (de qn.), sich
begleiten lassen; — un malade, ei=
nem Kranken zusprechen; — un cri=
minel, einen Verbrecher zum Tode
begleiten; —, *v. n.* beiwohnen, ge=
genwärtig seyn.
**Association**, *f.* Gesellschaft; Ver=
ein, *m.*; (Handl.) Handelsgesellschaft,
*f.*; — d'idées, Ideenverbindung.
**Associé**, m, e, *f.* Mitgesellschaf=
ter, *m.* mann, *f.*; (Handl.) Han=
delsgenoß, *m.* =genossin, *f.*
**Associer**, *v. a.* — à; beigesellen,
vergesellschaften; verbinden; à qch.,
an etw. Theil nehmen lassen; s'—,
in Verbindung, in Gesellschaft tre=
ten, umgehen (à, avec, mit).
**Assogue**, *f.* (Seew.) das (spani=
sche) Quecksilberschiff.
**Assolement**, *m.* (Landw.) die Ein=
theilung der Felder in Schläge.

**Assoler**, *v. a.* in Schläge eintheilen.
**Assommant**, e, *adj.* niederdrü=
ckend, überlästig, höchst langweilig.
**Assommer**, *v. a.* todtschlagen; mit
Schlägen übel zurichten; *fg.* quälen,
(einem) überlästig seyn; (einen) zu
Grunde richten.
**Assommoir**, *m.* Rattenfalle, *f.*;
der Prügel mit einem Bleiknopfe.
**Assomption**, *f.* (Log.) Untersatz,
*m.*; (Kath.) Mariä Himmelfahrt.
**Assonance**, *f.* der unvollkommene
Gleichlaut gewisser Wörter am Ende.
**Assonant**, e, *adj.* unvollkommen
gleichlautend.
**Assorah**, Assonah, *v.* Sonna.
**Assortiment**, *m.* Vereinigung, *f.*
Auswahl; (Mal.) Verbindung, Mi=
schung; (Handl.) Waarenlager, *n.*;
(Buchh., rc.) Sortiment; livre, re=
gistre d'—, Lagerbuch, *m.*
**Assortir**, *v. a.* schicklich zusam=
menwählen, verbinden, zusammen=
passen; sortiren; (Handl.) mit Waa=
ren wohl versehen; (Sutm.) auffor=
men; —, *v. n.* passen; s'—, (zu
etw.) passen; à, avec qn., sich mit
einem verbinden, sich zusammenschi=
cken; —i, e, zusammenpassend, rc.
**Assortissant**, e, *adj.* passend, sich
zusammenschickend. [in).
**Assoter** (s'), sich vernarren (de,
**Assoupi**, e, *adj.* schlaftrunken.
**Assoupir**, *v. a.* schläfrig machen,
einschläfern; lindern, stillen;
(einen Streit) unterdrücken; s'—,
einschlummern. [fernd.
**Assoupissant**, e, *adj.* einschlä=
**Assoupissement**, *m.* Schlummer,
Schlaftrunkenheit, *f.*; *fg.* Schläf=
rigkeit; träge Nachlässigkeit.
**Assouplir**, *v. a.* gelenk, geschmei=
big, nachgiebig machen.
**Assourdir**, *v. a.* betäuben; (Mus.)
dämpfen; (Mal.) mildern; s'—,
taub werden.
**Assourdissant**, e, *adj.* betäubend.
**Assouvir**, *v. a.* sättigen, stillen;
*fg. id.*; (seinen Zorn) auslassen;
s'—, sich sättigen; s'— de sang,
seinen Blutdurst stillen.
**Assouvissement**, *m.* Sättigung, *f.*
**Assujettir**, *v. a.* unterwürfig ma=
chen, bezwingen; (Handw.) befesti=
gen, fest machen; *fg.* unterjochen;
— à qch., an etw. binden, zu etw.
nöthigen; s'—, sich unterwerfen.
**Assujettissant**, e, *adj.* zwangvoll.
**Assujettissement**, *m.* Unterwer=
fung, *f.*; Unterwürfigkeit; Zwang, *m.*
**Assumer**, *v. a.* nehmen, auf sich
nehmen.
**Assurance**, *f.* Versicherung, Ge=
wißheit; (jur.) Sicherheit durch Pfand,
Bürgschaft, rc.; (Handl.) Assecuranz
‖ Zutrauen, *n.* Zuversicht, *f.* Drei=
stigkeit.

†Assure, f. (Tap.) Durchschuß, m.

Assuré, m. Assecurirte.

Assuré, e, adj.; -ément, adv.: sicher, gewiß; —é, beherzt, unerschrocken.

Assurer, v. a. versichern, bezeugen; für gewiß behaupten; (Handw.) fest machen, fest und sicher stellen; fg. sichern, beherzt, muthig machen; (Handl.) assecuriren; (Färb.) fester auftragen; (Reitsch.) zum Gebiß gewöhnen; — son pavillon, (Seew.) seine Flagge anerkennen machen; s'— de qch., sich einer S. versichern, s'— de qn., sich jemandes versichern, einen in Verhaft nehmen.

Assureur, m. (Handl.) Assecurant.

†Assyrie, f. Assyrien.

†Astacites, f. plur. versteinerte Schalthiere. [schiene.

†Astelle, f. (Chir.) Schiene, Bein-

Aster, m. (Bot.) Sternblume, f.

Astérie, f. (Miner.) Sternstein, m.; (Zool.) Seestern (eine Thierpflanze). [n.

Astérisme, m. (Astr.) Sternbild,

Astérisque, m. Sternchen (*), n.

†Asthénie, f. (Med.) Schwäche.

†Asthénique, adj. (Med.) schwach, Schwäche verrathend.

Asthmatique, adj. (Med.) engbrüstig; fièvre —, Brustfieber, n.; —, m. et f. Engbrüstige.

Asthme (spr. asme), m. (Med.) Engbrüstigkeit. [n.

†Astic, m. (Schuhm.) Glättbein,

Asticoter, v. a. pop. scheren, quälen.

Astragale, m. (Bauk.) Reif; Verstäbung (einer Kanone), f.; (Anal.) Lauf, m. Sprung; (Bot.) Wirbelkraut, n.

Astral, e, adj. zu den Gestirnen gehörig; année — e, Sternenjahr, n.

Astre, m. Gestirn, n. Stern, m.; fg. id.; — du jour, Sonne, f.

Astrée, f. (Myth.) Asträa, die Göttinn der Gerechtigkeit.

Astreindre, v. a. nöthigen, anhalten (à, zu); verpflichten; s'—, sich verbindlich machen, sich binden.

Astriction, f. (Med.) Zusammenziehung.

Astringent, e, adj. (Med.) zusammenziehend, verstopfend; —, m. das zusammenziehende Mittel.

†Astroc, m. (Schifff.) Stropp (ein Seil). [bung.

†Astrographie, f. Sternbeschrei-

†Astroite, f. (Naturg.) Sternkoralle. [n. Höhenmesser, m.

Astrolabe, m. (Astr.) Astrolabium,

Astrologie, f. ou — judiciaire, Sterndeuterkunst.

Astrologique, adj. sterndeuterisch.

Astrologue, m. Sterndeuter.

Astronome, m. Sternkundige.

Astronomie, f. Sternkunde.

Astronomique, adj.; -ment, adv.: astronomisch.

Astuce, f. Arglist. [astronomisch.

Astucieux, se, adj.; -sement, adv.: schlau. [in Spanien).

†Asturies, f. pl. Asturien (Provinz

Asyle, v. Asile.

†Asymétrie, f. der Mangel an Ebenmaß; (Geom.) Unmeßbarkeit, f.

Asymptote, f. (Geom.) Asymptote (Art Linien). [asymptotisch.

Asymptotique, adj. (Geometrie)

Ataraxie, f. (Mor.) Seelenruhe.

Ataxie, f. (Med.) Unordnung, Unregelmäßigkeit (des Fiebers, x.).

Ataxique, adj. (Med.) unordentlich, unregelmäßig.

Atelier, m. Werkstätte, f.; fg. id.

Atellanes, f. pl. (röm. Alt.) die atellanischen Possenspiele.

Atermoiement, m. (jur.) Zahlungsfrist.

Atermoyer, v. a. (jur.) un payement, zu einer Zahlung Frist geben; s'— (avec qn.), sich auf Termine setzen. [zu (ein Ofen).

†Athanor, m. (Chym.) faule Hein-

Athée, m. Gottesläugner.

Athéisme, m. Gottesläugnung, f.

Athénée, m. (gr. Alt.) Athenäum; m. || id., Gelehrtenverein, m.

†Athènes, f. Athen (Stadt).

†Athéromateux, se, adj. (Med.) breigeschwulstartig. [schwulst, f.

†Athérome, m. (Med.) Breigge-

Athlète, m. (Alt.) Athlet, Wettkämpfer, -ringer; fg. starke Mann; Verfechter (des Glaubens); Hauptkämpfer (einer Partei).

Athlétique, f. Ringekunst; —, adj. athletenmäßig, athletisch.

Athlothète, m. (Alt.) der Aufseher bei Wettkämpfen, x.

Atinter, v. a. fm. herausputzen, schniegeln; s'—, sich herausputzen.

Atlante, m. (Bauk.) Atlant, Atlas, Gimsträger.

Atlantique, adj. atlantisch.

Atlas, m. Atlas, Landkartensammlung, f.; (Anatom.) Träger, m. (Handl.) Atlas; (Pap.) eine Art großen Papiers. [Atmosphäre, f.

Atmosphère, f. Dunstkreis, m.

Atmosphérique, adj. atmosphärisch; air —, die gemeine Luft.

†Atole, f. der Brei von Türkischformmehl. [chen, n.

Atome, m. Atom, Sonnenstäub-

Atomisme, m. (Phil.) das atomistische System.

†Atomiste, m. Atomist.

Atonie, f. (Med.) Schlaffheit, Abspannung.

Atour, m., dame d'—, die Kammerdame; —s, pl. fm. Putz, m. Staat.

Atourner, v. a. fm. putzen.

Atout, m. (Kartensp.) Trumpf; jouer —, Trumpf ausfordern.

Atrabilaire, adj. schwarzgallig; fg. zanksüchtig; —, m. Gallsüchtige.

Atrabile, f. p. us. schwarze Galle.

†Atramentaire, m. (Miner.) Tintenstein, Vitriolstein.

Atre, m. Feuerherd, Herd.

Atroce, adj.; -ment, adv.: abscheulich, grausam; gräßlich.

Atrocité, f. Abscheulichkeit, Grausamkeit. [Darre.

Atrophie, f. (Med.) Dörrsucht,

Atrophié, e, adj. (Med.) abgezehrt. [setzen; tischeln, tafeln.

Attabler (s'), fm. sich zu Tische

Attachant, e, adj. fg. reizend, anziehend.

Attache, f. Band, n.; Schnur, f.; Riemen, m. Heft, n.; (Anal.) Knochenband; (Mech.) der Ständer (einer Windmühle); fg. Hang, Neigung, f. Anhänglichkeit; chien d'—, Kettenhund, m.; droit d'—, Stallgeld, n.; lettres d'—, ol. Vollstreckungsbefehl; prendre l'— de qn., eines Genehmigung einholen; —s, pl. (Glas.) Bleiringe.

Attaché, e, adj. zugethan.

Attachement, m. Anhänglichkeit, f. Zuneigung; Ergebenheit (pour qn., à qch., für, an einen, etw.).

Attachements, m. pl. (Bauf.) die Preisbestimmung der Bauarbeiten so lange sie noch zu Tage stehn.

Attacher, v. a. festmachen, befestigen; anbinden; anheften; fg. binden, fesseln, ziehen (à, an); — à son service, in seine Dienste nehmen; —, (Blicke) heften; — un prix à qch., auf etw. einen Werth setzen; s'—, sich anhängen, sich anklammern, sich ankleben; fg. à qn., sich an einen hängen, einen liebgewinnen; à qch., sich einer S. ergeben, sich mit Eifer auf etw. legen, an etw. festhalten.

Attaquable, adj. angreifbar.

Attaquants, m. pl. Angreifer.

Attaque, f. Angriff, m. Anfall; fg. Stichelrede, f.

Attaquer, v. a. angreifen, anfallen; fg. id.; tüchtig spornen; s'— à qn., Händel mit einem anfangen.

Atteindre, v. a. treffen (à, an); — qn., einen einholen, erreilen; —, fg. befallen, betreffen; qn., einem gleichkommen; — v. n. à qch., etw. erreichen; erlangen.

Atteinte, f. Stoß, m. Schlag; Berührung, f. Streifung; Angriff, m. Anfall (auch Med.); fg. Eingriff; Beleidigung, f.; donner — à qch., einen Eingriff in etw. thun; etw. kränken; hors d'— de qch., vor

etwas gesichert; schußfrei; fg. sicher.

Attelage, m. Gespann, n.; Wagengeschirr; Zug (Pferde), n.

Atteler, v. a. anspannen (à, an);
vorspannen, (einen Wagen) bespannen.

Attelle, f. (Chir.) Beinschiene;
(Töpf.) Streichbrett, n.; —s, pl.
(Glaser) Löthschalen; (Sattl.) Kum-
methörner, n. pl.

†Atteloire, f. Deichselnagel, m.

†Attenant, e, adj. à, anstoßend,
angränzend an; —, prép. dicht neben an.

Attendre, v. a. (qn., qch.),
warten auf...; erwarten; après qn.,
qch., auf einen, etw. sehnlich warten, barren; fg. hoffen, sich versprechen; s'— à qch., etw. vermuthen,
erwarten; Rechnung machen auf etwas; de qn., einem etw. zutrauen;
en attendant, adv. unterdessen, indessen, einstweilen, so lange bis.

Attendrir, v. a. weich, mürbe machen; fg. erweichen, rühren, zum Mitleid bewegen; s'—, weich, erweicht
werden; fg. id., gerührt werden.

Attendrissant, e, adj. rührend.

Attendrissement, m. Rührung, f.

Attendu, prép. in Rücksicht auf;
— que, conj. indem, da, weil.

Attentat, m. Frevelthat, f.;
contre les droits de qn., der Eingriff in eines Rechte.

Attentatoire, adj. widerrechtlich
angemaßt; à qch., frevelnd gegen
etw.

Attente, f. Erwartung, Hoffnung,
Spannung; (Baut.) pierre d'—,
Verzahnung; Wartstein, m.; fg.
die glücklich begonnene Sache; table
d'—, das leere Feld.

Attenter, v. n. à, sur, contre
qch., Angriffe wagen auf, gegen etwas; freveln; etw. strafbares unternehmen gegen etw.; — à la personne de qn., sich an einem vergreifen.

Attentif, ve, adj.; -vement,
adv.: aufmerksam (à, auf), sorgfältig.

Attention, f. Aufmerksamkeit,
Achtung, Sorgfalt; avoir —s,
Acht auf etw. haben; avoir des —s
pour qn., einem Gefälligkeiten, Höflichkeiten erweisen.

Atténuant, e, adj. vermindernd,
mildernd; (Med.) verdünnend; —,
m. das verdünnende Mittel.

Atténuation, f. Schwächung, Abnahme (der Kräfte); Verminderung,
Entkräftung (von Klagpunkten).

Atténuer, v. a. schwächen, entkräften; mindern; (Med.) verdünnen.                    [furt, f.

Atterrage, m. Landungsplatz, An-

Atterrer, v. a. zu Boden werfen; fg. niederschlagen, erschrecken;
bitter kränken; zu Grunde richten.

Atterrir, v. n. (Seew.) landen,
anlanden.                [hung, f.

Atterrissage, m. (Schiff.) Lan-

Atterrissement, m. Anschwemmung, f.

Attestation, f. das schriftliche
Zeugniß, Bescheinigung, f. Beglaubigung.

Attester, v. a. (qch.), bezeugen,
bescheinigen, beglaubigen; (qn.),
zum Zeugen aufrufen.

Atticisme, m. die attische Feinheit.

Attiédir, v. a. lau machen; fg.
abfühlen; s'—, lau werden; fg. id.,
erkalten, nachlassen.

Attiédissement, m. Lauheit, f.
Erkaltung; fg. Erkalten, n.; Kaltsinn, m.                 [pupen.

Attifer, v. a. fm. steif Beglau-

Attifet, m.vi. fm. Kopfpup, Staat.

Attique, adj. attisch: sel —, fg.
attisches Salz, feiner Wiz; —, m.
(Bauk.) das attische Werk, halbe
Stockwerk; —, faux, Untersaz, m.

Attiquement, adv. attisch.

Attirail, m. Zugehör, n. Geräth,
Zeug; — de chasse, Jagdzeug,
-geräth || mépr. Geschleppe, n. (pl.
attirails).                    [zend.

Attirant, e, adj. anziehend, rei-

Attirer, v. a. herbei-, an sich ziehen; fg. anlocken, reizen, gewinnen,
— sur soi, sich zuziehen; s'—, an
sich ziehen; erwerben, sich zuziehen.

Attiser, v. a. (das Feuer) anschüren; fg. id., erregen, anblasen,
erbittern.

Attiseur, m. Feuerschürer.

†Attisoir, m. Feuerhaken.

Attitré, e, adj. (Kaufmann) be-
stellt, gewöhnlich; m. p. (Zeuge, x.)
gedungen, angestellt.

Attitrer, v. a. des chiens, frische
Hunde anstellen.

Attitude, f. Stellung, Leibesstel-
lung.                   [Betastung.

Attouchement, m. Berührung,

Attractif, ve, adj. anziehend.

Attraction, f. (Phys.) Anziehung,
die anziehende Kraft.

Attractionnaire, m. (Phys.) der Anhänger der Lehre von der Anziehung.

*Attraire, v. a. anziehen, anlocken.

Attrait, m. Neigung, f. || Reiz,
m. Liebreiz; —s, Reize, pl.

Attrape, f. fm. Falle, Fallstrick,
m. Schlinge, f.; (Gieß.) Schlacken-
zange; (Seew.) Anhaltseil, n.

Attrape-lourdaud, m. die grobe
Schlinge.

Attrape-mouche, f. Fliegenfalle.

Attrape-nigaud, m. Fallstrick, der
lourdaud.

Attraper, v. a. fangen, erwischen;
haschen, erhaschen, erschnappen; bekommen; (einen auf frischer That)
betreten; (eine Krankheit) davon tragen, sich holen; (das Ziel) gut treffen; fg. überlisten.          [Streich.

†Attrapette, f. ein kleiner listiger

Attrapeur, m. euse, f. der, die
einen überlistet.

Attrapoire, f. Falle; fg. fm. id.,
Fallstrick, m. List, f.

Attrayant, e, adj. anziehend, le-
ckend, reizend.

†Attremper, v. a. un vase, ein Gefäß noch einmal brennen; fg. mäßigen.

Attribuer, v. a. zueignen, zuschreiben, beimessen, zurechnen; Schuld
geben; s'—, sich zuschreiben, sich anmaßen.

Attribut, m. Eigenschaft, f.;
(Myth., x.) Beizeichen, n. Merkmal, Sinnbild, Kennzeichen; (Gram-
mat., x.) Prädicat; Recht.

Attributif, ve, adj. (jur.) beile-
gend, zutheilend.

Attribution, f. Recht, n. Vor-
recht, Befugniß, f. || Ertheilung (ei-
nes Vorrechts).              [traurig.

Attristant, e, adj. betrübend,

Attrister, v. a. betrüben; s'—,
sich betrüben (de, über).

Attrition, f. (Mer.) die Zerknirschung des Herzens; (Phys.) das Reiben (zweier Körper) an einander.

Attroupement, m. Auflauf, Zusammenlauf.

Attrouper, v. a. haufenweise versammeln, zusammenrotten; s'—, zu-
sammenlaufen, sich zusammenrotten.

Au, statt à le, art. dem, in dem;
nach dem, x.; pl. aux.

Aubade, f. Morgenständchen, n.;
fg. fm. Lärm, n. Gepolter, n.

Aubain, m. (jur.) Fremde.

Aubaine, f. ou droit d'—, das
Heimfallsrecht, der Heimfall; une
bonne —, fg. ein guter Fund.

†Auban, m., (Lehnw.) droit d'—,
die Abgabe von Buden.

Aube, f. (Kath.) Chorhemd, n.
Meßhemd; (Schiff.) die erste Nacht-
wache; — du jour, Morgendäm-
merung, Tagesanbruch, m. || (Hydr.)
Schaufel, f.

Aubépin, m. Aubépine, f. (Bot.)
Weißdorn, m. Hagedorn.

Aubère, Aubert, adj. pfirsichblüth-
farb, falb (Pferd).

Auberge, f. Herberge, Gasthof,
m. Wirthshaus, n.; tenir —,
Wirthschaft treiben, wirthschaften.

Aubergine, f. Eierapfel, m. Eier-
pflanze, f.

†Auberon, m. (Schloß.) Schließhaken.                  [fenblatt, n.

†Auberonnière, f. (Schloß.) Ha-

†Aubète, f. das Wachthaus der
Unteroffiziere.

Aubier, m. (Bot.) Wasserholun-

der || Splint (nächst unter der Rinde).

**Aubifoin,** m. (Bot.) die blaue Kornblume.

**Aubin,** m. das Weiße vom Ei; (Reitsch.) der gebrochene Gang eines Pferdes zwischen Paß und Galopp.

**Aubiner,** v. n. (von Pferden) den gebrochenen Gang geben.

†**Aubinet,** m. (Schifff.) Vorwindfenet, n. Strickbach.

†**Aubours,** m. Bohnenbaum.

**Aucun,** e, adj. keiner, keine, keines; irgend einer; —s (ohne ne und sans), einige; -ement, adv. keineswegs, durchaus nicht; (jur.) einigermaßen.

**Audace,** f. Kühnheit, Keckheit; m. p. Verwegenheit, Frechheit; (Hutm.) Hutkrämpenschnur.

**Audacieux,** se, adj. -sement, adv.: kühn, verwegen, herzhaft, dreist, keck; m. p. verwegen, vermessen, frech.

**Au delà,** prép. et adv. jenseits; au-dessous, unter (de qch., einer S.), unterhalb, darunter; au-dessus, über, darüber; au-devant de qn., einem entgegen.

**Audience,** f. Gehör, n. Audienz, f.; Audienzzimmer, n.; (jur.) Gerichtssitzung, f.; — ou salle d'—, Gerichtssaal, m. -stube, f.; jour d'—, Gerichtstag, m. || zuhörende Versammlung, f.

**Audiencier,** adj. m., huissier —, m. Gerichtsdiener (der bei der Audienz aufwartet).

**Auditeur,** m. Zuhörer || Auditor, beisitzende Rath; (Kriegsw.) Regimentsrichter; — des comptes, Rechnungsrath.

**Auditif,** ve, adj., nerf —, Gehörnerv, m.; canal —, Gehörgang.

**Audition,** f. (Phys.) Hören, n.; — des témoins, Zeugenverhör; — (Fin.) Abhörung (einer Rechnung), f.

**Auditoire,** m. Hör-, Lehrsaal, fg. die Zuhörer, Versammlung; (jur.) Gerichtsstube.

**Auge,** f. Krippe; Trog, m.; (Müll.) Gerinne, n.; à —, oderschlächtig; —, (Pap.) Zeugkasten, m.; (Maur.) Gyps-, Rührfaß, n.

**Augée,** f. Trogvoll, m.

**Augelot,** n. die kleine Schaufel.

**Auget,** m. der kleine Trog; Vogelnäpfchen, n.; (Müll.) Schuh, m.; (Kriegsw.) Leitrinne, f.

**Augment,** m. (Gramm.) Augment, n. Zusatz, m.; — de dot, Gegenvermächtniß, n.

**Augmentatif,** ve, adj. (Gramm.) vermehrend; particule -ve, Verstärkungswörtchen, n.

**Augmentation,** f. Vermehrung, Vergrößerung; Zulage (zum Gehalt).

**Augmenter,** v. a. vermehren, vergrößern, erweitern; —, v. n. et s'—, zunehmen, wachsen, sich vermehren.

**Augural,** e, adj. (röm. Alt.) zum Augurwesen gehörig; bâton —, Wahrsagerstab, m.

**Augure,** m. (röm. Alt.) Augur, Wahrsager || die Wahrsagung aus dem Vogelfluge; fg. Vorbedeutung, Anzeichen, n.

**Augurer,** v. a. muthmaßen, ahnen (de, aus); bien — de qch., gute Hoffnung bei etw. haben.

**Auguste,** adj. erhaben, ehrwürdig; prächtig; majestätisch, heilig; (Tit.) erlaucht; —, n. pr. m. August.

**Augustin,** m. Augustinermönch; (Buchdr.) le caractère S. —, die Mittel-Antiquaschrift.

**Aujourd'hui,** adj. heute, jetzt; d'—, heutig. [basen in Böotien).

†**Aulide,** f. Aulis (ein alter See-

**Aulique,** adj., conseil —, der Reichshofrath; conseiller —, id., Reichshofrath.

**Aulnaie,** v. Aunaie. [Hofrath.

**Aulne,** v. Aune.

**Aulnée,** v. Aunée.

†**Aumaillade,** f. ein Netz womit man die Butte u. den Tintenfisch fängt.

**Aumailles,** adj. f. pl. ol., bêtes —, ou —, f. pl. Hornvieh, n.

**Aumône,** f. Almosen, n.; (jur.) Geldstrafe, f. [sen geben.

**Aumôner,** v. a. (jur.) das Almo-

**Aumônerie,** f. das Amt des Almosenpflegers; Almosenstift.

**Aumônier,** m. Almosenpfleger; Feldprediger; Almosenier (eines Königs, n.).

**Aumônière,** f. Almosenpflegerinn.

**Aumusse,** f. Pelzmantel (der Domherren), m. [bon —, gut messen.

**Aunage,** m. Ellenmaß, n.; faire

**Aunaie,** f. Erlenwald, m.

**Aune,** m. Erle, f. Erlenbaum, m.

**Aune,** f. Elle; l'— de Paris, der Pariserstab; fg. fm. mesurer à son —, (andern) mit seiner Elle messen.

**Aunée,** f. (Bot.) Alant, m.

**Auner,** v. a. mit der Elle messen.

**Auneur,** m. der geschworne Ellenmesser. [vorbin.

**Auparavant,** adv. vorher, zuvor;

**Au pis aller,** adv. im schlimmsten Fall.

**Auprès,** adv. dabei, daneben, darau, vorbei; prép. bei, nahe bei, neben an; vergleichen mit ...

†**Aurélie,** n. pr. f. Aurelia; —, die Puppe einer Raupe; v. Chrysalide. [Heiligenschein, m.

**Auréole,** f. Glorie, Strahlenkrone, **Auriculaire,** adj., témoin —, Ohrenzeuge; m.; confession —, Ohrenbeichte.

†**Auricule,** f. das äußere Ohr.

†**Aurifique,** adj. Gold machend, goldhaltig.

**Aurillas, Aurillard, Auripeau,** v. Oreillard, Oripeau.

**Aurique,** adj. (Schifff.) voile —, angeschlagenes Segel.

**Aurone,** f. Eberraute, Stabwurz.

**Aurore,** f. Morgenröthe (auch fg.); — boréale, Nordlicht, n.; —, couleur d'—, die hochgelbe Farbe; adj. hochgelb.

**Auscultation,** f. (Med.) Hören, n.

†**Ausonie,** f. Ausonien, ein alter Name von Italien.

**Auspice,** m. (meist im plur.) (röm. Alterth.) die Auspizien, das Wahrsagen aus dem Vogelfluge; fg. Vorbedeutung, f. || Schutz, m. Begünstigung, f. Leitung.

**Aussi,** conj. et adv. auch, eben so, darum; — bien, auch, überdieß; — bien que, so gut als.

†**Aussière,** f. (Seil.) das einfache Seil.

**Aussitôt,** adv. sogleich; — que, sobald als.

**Auster,** m. Mittagswind.

**Austère,** adj.; -ment, adv.: (von der Lebensart) streng; (Phys.) herb; (Mal.) hart, rauh.

**Austérité,** f. Strenge, Härte.

**Austral,** e, adj. südlich.

**Autan,** m. (Dicht.) Südwind.

**Autant,** adv. soviel, eben soviel; — de sehr; — que, ebensoviel; — fern, in so weit als; d'—, um so viel; d'— plus, adv. desto, um so viel mehr; d'— mieux, um so viel besser; d'— moins, umdesto weniger.

**Autel,** m. Altar; maître —, Hochaltar; —, fg. Gottesdienst, Religion; (Kath.) sacrement de l'—, das heilige Abendmahl, n.

**Auteur,** m. et f. Urheber, m. Stifter, Erfinder, Verfasser (eines Buchs); Schriftsteller; -inn, f.; Gewährsmann, m.; (jur.) voriger Eigenthümer; les —s, die Eltern; l'— de ses jours, sein Vater.

**Authenticité,** f. Bewährtheit, Echtheit; Rechtsgültigkeit.

**Authentique,** adj.; -ment, adv.: rechtskräftig, urkundlich, glaubwürdig; echt; —, f. Urkunde; —, s. pl. (jur.) die Authentik (römisches Recht).

**Authentiquer,** v. a. beglaubigen, beurkunden; (eine Frau) des Ehebruchs überwiesen erklären.

**Autochthone,** m. Urbewohner.

**Autocrate,** m. Autocrator, -trice, f. Selbstherrscher, -inn, f.

**Autocratie,** f. Selbstherrschaft.

**Auto-da-fé,** n. Auto-Dafe, n. Ketzergericht (in Spanien).

**Autographe,** m. Urschrift, f.; —, adj. eigenhändig geschrieben; lettre —, Handschreiben, n.

**Automate,** m. die sich selbst bewe=

gende Maſchine, Automat, n.; fg. Dummkopf, m. Dümmling.

Automatique, adj., un mouvement —, eine maſchinenmäßige Bewegung.

Automnal, e, adj. herbſtlich.

Automne, m. Herbſt.

Autonome, adj. ſelbſtgeſetzgebend.

Autonomie, f. Selbſtgeſetzgebung.

Autopsie, f. Anſchauung; (Meb.) eigene Anſicht; — cadavérique, die Oeffnung eines Leichnams.

Autorisation, f. Gutheißung, Bevollmächtigung.

Autoriser, v. a. billigen; bevollmächtigen; — à, berechtigen, befugen zu; s'—, Kraft und Anſehen bekommen; s'— de l'exemple de qn., ſich auf eines andern Beiſpiel berufen.

Autorité, f. Macht, Gewalt; Anſehen, n.; Zeugniß; Autorität, f.; Behörde; —s constituées, pl. die conſtituirten Gewalten, Staatsbeamten; d'— privée, eigenmächtig; d'—, adv. gebieteriſch.

Autour, adv.; Autour de, prép.: um, herum.

Autour, m. (Naturg.) Habicht.

Autourserie, f. Habichtabrichtung.

Autoursier, m. Habichtabrichter.

Autre, pron. anber; l'un et l'—, beide; l'un ou l'—, einer von beiden; ils se trompent l'un l'—, ſie betrügen einander; l'un sur l'—, auf einander; l'un après l'—, nach einander; l'un pour l'—, für einander; l'un contre l'—, gegen einander; l'un dans l'—, eins ins anbre; il en fait bien d'—s, er macht wohl noch ärgere Streiche; en voici d'une —, das iſt wieder etw. Neues; à d'—s, Poſſen! das macht andern weiß! l'— jour, unlängſt; nous —s, wir (im Gegenſatz).

Autrefois, adv. ehemals, ehedem, vor Zeiten. (wo nicht.

Autrement, adv. anders; ſonſt.

Autre part, adv. anderswo; d'—, anderswoher; übrigens; auf ber anbern Seite.

†Autriche, f. Deſtreich.

†Autrichien, ne, adj. öſtreichiſch; —, s. m. ein Deſtreicher. (vogel.

Autruche, f. Strauß; m. Strauß

Autrui, m. (ohne pl. immer mit einer prép.) ein Anberer; Anbere, anbere Leute; ber Nächſte. [bach.

Auvent, m. das Wetter=, Schirm=

†Auvergnat, m. e, f. ein Bewohner, eine =inn ber Proving Auvergne.

Auvernat, m. ber ſtarke, rethe Wein aus Orleans; die Auvernat-Traube.

†Auvesque, m. ber Apfelwein aus ber Nieder-Normandie.

†Auxerre (ſprich Ausserre), f. Auxerre (Stadt).

Auxiliaire, adj. hülfbringend, helfend; armée —, die Hülfsarmee; verbe —, (Gramm.) das Hülfszeitwert; remède —, ou —, m. (Meb.) bas Hülfs=, Beimittel.

†Auxonne (ſprich Aussonne), f. Auxonne (Stadt). [werden.

Avachir (s'), fm. ſchlaff, träge

Aval, adv. (Schiff.) ſtromab, bergab; le vent d'—, ber Abendwind; —, m. Wechſelbürgſchaft, f.

Avalage, m. (Schiff.) Hinabfahren, n.; bas Einſchroten in ben Keller.

Avalaison, f. Avalasse, Regenguß, m.; Schutt, Haufen Sachen, bie von einem Regenguß zurüdgelaſſen worden. [wine; Schneeſturz.

Avalanche, f. Avalange, Lau-

Avalé, e, adj. ein wenig herunterhängend (Ohren, x.).

Avalée, f. bas Stück Tuch, bas ber Arbeiter verfertigen kann, ohne ſeine Aufſchlagbäume auf= ober abzurollen.

Avaler, v. a. verſchlingen, verſchluden; — avec peine, hinunterwürgen; —, fg. hineinfreſſen, (einen Schimpf) verbeißen; (Küf.) einſchroten, in ben Keller hinablaſſen; (Gärtn.) wegbauen; —, v. n. (Schiff.) ſtromabfahren; s'—, ſich verſchluden laſſen; herabhängen.

Avaleur, m. se, f. Verſchlinger, m. =inn, f.

†Avalies, f. pl. die Wolle von geſchlachteten Hämmeln und Schafen.

Avaloire, f. fm. Freßgurgel; (Sattl.) Hintergeſchirr, n.; (Hutm.) Stampfer.

†Avalure, f. (Thiera.) Hufwulſt, m.

Avance, f. Vorſprung, m.; Vorarbeit, f. ‖ Verſchuß, m. Vorauszahlung, f. ‖ Hervorragung; (Bauf.) Ueberhang, m.; —s, pl. fg. bie erſten Schritte, Anträge; d'—, par —, voraus, im, zum voraus.

Avancé, e, adj. vorgerüdt; (Stunbe) ſpät; früh (Frucht); frühreif (Geiſt); (Kriegsw.) poste —, ber Vorpoſten.

Avancée, f. (Joriſ.) Vorwerf, n.

Avancement, m. Fortgang, Fortſchritte, pl. ‖ Beförberung, f.; Vermögens, Standeserhöhung; (jur.) Voraus, m.

Avancer, v. a. ausſtreden, fortberans; vorwärts rüden ‖ beſchleunigen; förbern; raſch verangehen machen ‖ verausbezahlen; vorſchießen ‖ (eine Meinung, x.) verbringen, behaupten, aufſtellen, (qn.) beförbern; (Uhrm.) vorrüden; —, v. n. vorwärts gehen; an=, verrüden ‖ vorbringen, hervortreten; (Bauf.) überhangen, vorhangen, zu weit vortreten (Uhrm.) vorlaufen; fg. (in etw.) Fortſchritte machen; s'—, verwärts gehen, vorrüden, verbringen;

ſich nähern ‖ ſich wagen; ſich einlaſſen.

Avanie, f. Gelberpreſſung; Plackerei; muthwillige Beleidigung.

Avant, prép. vor, vorher; adv. weit hin; tief hinein; en —, vorwärts, weiter hinaus; mettre en —, vorbringen, behaupten; aller en —, (jur.) weiter verfahren; — que, — que de, conj. ebe, bevor; —, m. (Schifff.) Vorbertheil, Schnabel.

Avantage, m. Vortheil, Nutzen ‖ Vorzug; Ueberlegenheit, f.; (jur.) Veraus, m.: (Spiel) Vorgeben, n.; (Ballſp.) Vorrecht.

Avantager, v. a. begünſtigen; — qn., (jur.) einem einen Vorzug geben.

Avantageux, se, adj.; -sement, adv.: vortheilhaft, zuträglich, erſprießlich; fg. übermüthig, rechthaberiſch.

Avant-bec, m. ber Gegenpfeiler, Sporn (am Brüdenjoch); —-bras, m. ber Vorberarm; —-cœur, m. die Herzgrube; (Thiera.) Bruſtgeſchwulſt; —-corps, m. bas Vorbergebäude, =haus; —-cour, f. ber Vorhef; —-coureur, m. ber Vorläufer, =bote; —-courrière, f. (Dicht.) bie Vorläuferin (bes Tages); —-dernier, m. ère, f. ber vorletzte; —-garde, f. ber Vortrab; bas Vortertreffen; bie Vorwache; —-goût, m. ber Vorgeſchmad; —-hier, adv. vorgeſtern; d'avant-hier, vorgeſtrig; — main, f. die flache Hand; bas Vortertheil (eines Pferdes); —-mur, m. (Baukunſt) bie Vormauer; —-pêche, f. (Gärtn.) ber Frühpfirſich; —-pied, m. ber Vorberfuß; —-pieu, m. (Bauf.) ber Pfahlhalter; (Gärtn. x.) bas Pfahleiſen; —-poignet, m. die flache Hand; —-poste, m. ber Vorpoſten; —-propos, m. ber Vorbericht; bie Einleitung; —-quart, m. (Uhrm.) bas Schlagezeichen; —-scène, f. (Theat.) bie Vorberſcene; —-toit, m. bas Schirmbach; —-train, m. (Wagn.) bas Verbergeſtell, ber Vreywagen; —-veille, f. ber zweite Tag vorher.

Avare, adj. et adv. geizig, karg; ſparſam (de, mit); —, m. Geizhals.

Avarice, f. Geiz, m. Habſucht.

Avaricieux, se, adj. geizig, filzig; —, m. se, f. Knauſer, m. =inn, f.: Geizige, m. et f. Filz, m.

Avarie, f. (Hantl.) Haverei, Seeſchaben, m.; Ankergeld, n.

Avarié, e, adj. beſchädigt.

†Avaste, interj. (Schifff.) halt ſtill!

A vau-l'eau, adv. thalwärts; aller —, fg. rüdgängig werden, mißlingen. [ber engliſche Gruß.

Avé ou Avé Maria, m. lat. (Kath.)

Avec (ol. avecque), prép. mit, nebſt, ſammt; d'—, von.

*Aveindre, *v. a. fm. ol.* hervor=
langen.
Aveine, *v.* Avoine.
Avelanède, *f.* Eichelkäppchen, *n.*
Aveline, *f.* die große Haselnuß,
Zellernuß. [lernußbaum, *m.*
Avelinier, *m.* Haselstaude, Zel=
Avénage, *m.* Haberzins, Haber=
zehnte.
Avenant, e, *adj. ol. fm.* artig
aussehend, einnehmend; (jur.) ge=
bührend, zukommend; le cas —,
gesetzt, im Falle daß...; à l'—,
*fm.* nach Verhältniß.
Avénement, *m.* (Theol.) Ankunft,
*f.* Zukunft (des Messias) || — au
tróne, Gelangung zum Throne,
Thronbesteigung.
*Avenir, *v. n. impers.* sich treffen,
sich zutragen; —, *m.* Zukunft, *f.* ||
(jur.) Vorladung auf bestimmte Zeit;
à l'—, *adv.* inskünftige, in Zukunft.
Avent, *m.* (Kirch.) Advent.
Aventure, *f.* Abenteuer, *n.* Be=
gebenheit, *f.* Zufall, *m.* || — amou=
reuse, Liebschaft, *f.* Liebesabenteuer,
*n.;* dire la bonne —, wahrsagen;
(Handl.) mettre à la grosse —, Geld
auf Bodmerei leihen; à l'—, aufs
aufs Gerathewohl; d'—, par —,
*adv.* von ungefähr.
Aventurer, *v. a.* wagen; s'—, sich
in Gefahr setzen, sich wagen.
Aventureux, se, *adj.* verwegen.
Aventurier, *m.* ère, *f.* Abenteu=
rer, *m.* Waghals, Glücksritter,
Landstreicher; Glücksdirne, *f.;* —,
*adj.* verwegen; homme —, der
Abenteurer || gewagt (Wort).
Aventurine, *f.* (Miner., Chym.)
Aventurin, *m.* Glimmerstein.
Avenue, *f.* Zugang, *m.;* Ein=
gangsallee, *f.*
Avérer, *v. a.* bewähren, als wahr
beweisen, beglaubigen.
†Averne, *m.* (Dichtk.) Hölle, *f.;*
Unterwelt. [regen.
Averse, *f.* Regenguß, *m.* Platz=
Aversion, *f.* Abneigung, Abscheu,
*m.* heftige Widerwille; prendre qn.
en —, Abneigung gegen jemand fas=
sen; donner de l'— à qn., einen
anekeln.
Avertin, *m.* Schwindel (b. Schafe).
Avertir, *v. a.* benachrichtigen, er=
innern, warnen.
Avertissement, *m.* Nachricht, *f.;*
Erinnerung; Warnung; (Finanz.)
Mahnzettel, *m.* || Vorbericht; An=
fündigung, *f.*
Aven, *m.* Geständniß, *n.;* Bekennt=
niß || Bewilligung, *f.;* homme sans
—, der Landläufer; gens sans —,
das Gesindel.
Aveuer, *v. a.* (Jagd) ins Gesicht fas=
sen, im Auge behalten (ein Rebhuhn).
Aveugle, *adj.* blind; *fg. id.,* ver=

blendet; —, *m. et f.* der, die Blinde;
à l'—, en —, -ément, *adv.* blind=
lings, blind. [*fg. id.,* Verblendung.
Aveuglement, *m.* Blindheit, *f.;*
Aveugler, *v. a.* blenden, blind ma=
chen; *fg. id.,* blenden, verblenden;
s'— sur qch., sich gegen etw. ver=
blenden; etw. nicht einsehen wollen.
Aveuglette (à l'), *adv. fm.* blind=
lings. [der Vogeljagd.
†Aviaptologie, *f.* die Lehre von
Avide, *adj.; -*ment, *adv.: gierig,*
begierig (de, nach).
Avidité, *f.* Gier, Begierde.
Avilir, *v. a.* erniedrigen, herab=
würdigen, verächtlich machen; —,
*v. n. fm.* wohlfeiler werden; s'—,
sich herabwürdigen, sich verächtlich
machen, verächtlich werden.
Avilissant, e, *adj.* erniedrigend,
herabwürdigend.
Avilissement, *m.* Herabwürdi=
gung, *f.* Erniedrigung; der veräcbt=
liche Zustand, *m.* [Verächter.
†Avilisseur, *m.* Herabwürdiger,
Aviné, e, *adj.* weingrün (Faß).
Aviner, *v. a.* mit Wein anfeuchten.
Aviron, *m.* Ruder, *n.*
Avis, *m.* Meinung, *f.;* Gutach=
ten, *n.;* Rath, *m.* || Bericht, Nach=
richt, *f.* Warnung; à mon —, mei=
ner Meinung nach; changer d'—,
anderes Sinnes werden; se ranger
de l'— de qn., sich auf die Seite
von jemand schlagen.
Avisé, e, *adj.* umsichtig, besonnen,
klug, vorsichtig; mal -é, ungescheidt.
Aviser, *v. a. fm.* qn., einem ra=
then; einem den Verstand öffnen;
—, *v. n.* à qch., auf etw. bedacht
seyn, sinnen, über etw. nachdenken;
s'— de qch., etw. ersinnen, finden;
s'— de faire qch., etw. wagen; sich
einfallen lassen; sich gelüsten lassen;
sich unterstehen.
Aviso, *m.* (Seew.) Aviso=Schiff, *n.*
Avitaillement, *m.* die Versorgung
mit Lebensmitteln.
Avitailler, *v. a.* mit Lebensmitteln
versehen.
Avitailleur, *m.* Lieferant.
†Avivage, *m.* Polirung (der Spie=
gelfolie), *f.*
Aviver, *v. a.* hell, glänzend, leb=
haft machen, glätten, poliren; (Ver=
golder) fein und sauber abreiben;
(Färb.) erhöhen.
Avives, *f. pl.* (Thiera.) Kehldrü=
sen; Feifel (Pferdekrankheit).
Avivoir, *m.* Vergoldmesser, *n.*
Avocasser, *v. n. mépr. fm.* das
Handwerk eines Rabulisten treiben.
†Avocasserie, *f. mépr. fm.* Ra=
bulisterei.
Avocat, *m.* Advokat, Sachwal=
ter; *fg.* Fürsprecher, Beistand; — e,
*f.* Fürsprecherinn.

†Avocatoire, *adj.,* une lettre
—, ein Brief, wodurch eine Regie=
rung einen Angehörigen aus einem
fremden Lande zurückruft.
Avoine, *f.* Haber, *m.* Hafer; —
-s, grüne Haber; folle —, taube
Hafer, Windhafer.
*Avoir, *v. a. et aux.* haben; be=
sitzen; bekommen; — à souffrir, lei=
den müssen; n'— qu'à faire, nur
dürfen; il y a, *v. imp.* es ist, es sind;
es giebt; —, *m.* Vermögen, *n.*
Habe, *f.;* (Handl.) Activschulden, *pl.*
Avoisiner, *v. a.* qch., an etw.
angränzen.
Avortement, *m.* die unzeitige Nie=
derkunft, das unzeitige Gebären,
Fehlgeburt, *f.;* Fruchtabtreiben, *n.*
Avorter, *v. n.* zu früh gebären;
(von Thieren) verwerfen; (Kuh) ver=
kalben; se faire —, die Frucht ab=
treiben; —, *fg.* fehlschlagen.
Avorton, *m.* die unzeitige Frucht;
Mißgeburt; Krüppel, *m.*
Avoué, *m.* Schirmvogt (über Kir=
chengüter); (jur.) Anwalt.
Avouer, *v. a.* bekennen, gestehen,
eingestehen; (ein Kind, ein Werk)
anerkennen; — (qch.) pour qch.,
für etw. erkennen; — qch., etw. bil=
ligen; gutheißen; — qn. de qch.,
gutheißen was einer thut; s'—, sich
berathen; — de qn., sich eines
rühmen, sich auf einen berufen.
Avoyer, *m.* Schultheiß (in der
Schweiz).
Avril, *m.* April, Aprilmonat;
poisson d'—, (Naturg.) die Ma=
krele; *fm.* donner un poisson d'—
à qn., einen in den April schicken.
Avuer, *v.* Aveuer. [Tauen).
†Avuster, *m.* (Schiff.) Knoten (an
†Avuster, *v. a.* (Schiff.) zusam=
Axe, *m.* Achse, *f.* [menknüpfen.
†Axifuge, *adj.* (Phys.) die Achse
fliehend (Kraft).
Axillaire, *adj.* (Anat.) zur Achsel
gehörig; nerf —, der Achselnerv;
—, (Bot.) aus den Winkeln der
Zweige oder Blätter wachsend.
Axiome, *m.* Grundsatz, Grund=
wahrheit. [Achse hinstrebend.
†Axipète, *adj.* (Phys.) nach der
Axonge, *f.* (Med.) Schmalz, *n.*
Fett; — de verre, die Glasgalle.
Ayan, *m.* (Turq.) Aga.
Ayant, *adj.* *verb.*, — cause, der,
die in das Recht eines andern ein=
getreten ist; — droit, der, die ein
Recht hat.
Aye, *interj.* ach! auweh!
Ayeul, *v.* Aïeul.
†Aynet, *m.* das Stäbchen, woran
man Häringe räuchert.
Azédarac, *m.* Zederak, Paterno=
sterbaum. [Wipseln).
Azerole, *f.* (Bot.) Azerole (Art

Azerolier, *m.* (Bot.) Azerolbaum.

†Azi, *m.* ein aus Molken und Weineſſig zuſammengeſeptes Lab.

Azimut, *m.* (Aſtr.) Azimuth, *n.* Scheitelkreis, *m.*

Azimutal, e, *adj.* das Azimuth vorſtellend oder ausmeſſend; cercle —, der Azimuthalkreis.

Azote, *m. et adj.*, gaz —, (Chymie) der Stickſtoff, die Stickluft; —, *adj.* (Luft) tödtlich. [haltig.

†Azoté, e, *adj.* (Chym.) ſtickſtoff=

Azur, *m.* (Miner.) Lazurſtein; (Mal.) das Ultramarin=, Lazur=, Himmelblau. [blau.

Azuré, e, *adj.* hochblau, himmel=

Azyme, *adj.* ungeſäuert; le pain —, *fm.* die Maze; —s, *m. pl.* die ungeſäuerten Brode.

## B.

B, *s. m.* B, *n.*; être marqué au B, von der Natur als deshaft ge= zeichnet ſeyn.

Baba, *m.* Baba (Art Kuchen).

Babel (tour de), *f.* der babyloni= ſche Thurm; Sprachenverwirrung, *f.; fg. id.* [milch, *f.*

Babeure, *m.* Babeurre, Butter=

†Babiche, *f.* Schoßhündchen, *n.*

Babil, *m. fm.* Geſchwäp, *n.* Ge= plauder.

Babillard, e, *adj.* geſchwäpig; —, *m.* e, *f.* Schwäper, *m.* Plauderer, =inn, *f.*

Babiller, *v. n.* plaudern.

Babine, *f.* Leſze (der Thiere).

Babiole, *f.* Spielzeug, *n.*; Tändə= lei, *f.*; —s, *pl.* Klippwerk, *n.* Pup= penwerk.

Bâbord, *m.* (Schiff.) Backbord, *n.* Leebord; die linke Seite.

Babouche, *f.* der flache Pantoffel.

Badouin, *m.* Pavian; —, *m.* e, *f. fg. fm.* Affchen, *m.* Maulaffe, *m.* —, Frazengeſicht, *n.* [(Stadt).

†Babylone, *f.* Babel, Babylon

†Babylonien, ne, *adj.* babylo= niſch; —, *m.* e, *f.* Babylonier, =inn, *f.*

Bac, *m.* Fähre, *f.*; (Bierbr.) Brau= bottich, *m.*; (Luchm.) Schmalztrog.

†Bacalian, *m.* (Handl.) der ge= dörrte Kabeljau, Stockfiſch.

Baccalauréat, *m.* Baccalaureus= Würde, *f.*, *v.* Bachelier.

Bacchanal, *m.* Gelärm, *n.* Ge= tümmel.

Bacchanale, *f.* Trinkgelag, *n.*; —s, *pl.* (Alt.) Bacchanalien. [das raſende Weib.

Bacchante, *f.* Bacchantinn; *fg.*

†Bacchants, *m. pl.* (Alt.) Bac= chuspriester, Bacchanten.

†Bacchas, *m.* die Heſen von Citro= nensaft.

†Bacchus, *m.* Bacchus, Wein= gott; *fg.* Wein.

Baccifère, *adj.* (Bot.) Beeren tragend.

†Bacciforme, *adj.* beerförmig; le fruit à noyau —, die ſaftige Stein.

Bacha, *m.*, *v.* Pacha. [frucht.

†Bachat, *m.* (Pap.) Stampflod, *n.*

Bâche, *f.* Schirmtuch, *n.*; *v.* Banne.

Bachelier, *m.* Baccalaureus.

Bâcher, *v. a.* mit Leinwand be= decken.

Bachique, *adj.* bacchiſch; fête —, das Bacchusfest; chanson —, das Trinklied; vers —, der bacchiſche Vers.

Bachot, *m.* Nachen, die kleine Fähre. [einem Nachen.

†Bachotage, *m.* das Ueberſepen in Bachoteur, *m.* Fährmann.

†Bachoue, *f.* (Meza.) Darmfa= ſten, *m.* Darmbutte, *f.*

Bacile, *m.* (Bot.) Meerfenchel, Zgelflette, *f.*

Bacinet, *v.* Bassinet.

†Bâclage, *m.* (Schiff.) Anlegen *n.* Anlegungsgebühr, *f.* || Sperrung (eines Hafens, 2c.).

Bâcler, *v. a.* verſperren, verram= meln; (einen Hafen) ſperren, mit Ketten verſchließen; (Schiffe) anle= gen; *fg. fm.* eilig abthun, ausma= chen; über das Knie brechen.

†Badail, *m.* (Fisch.) Krazgarn, *n.* Schleppnez.

Badaud, *m.* e, *f. fm.* Maulaffe, *m.* Gaffer, =inn, *f.*

Badauder, *v. n. fm.* gaffen, Maulaffen feil haben.

Badauderie, *f.* Tölpelei.

Bade, *f.* Baden (Land u. Stadt).

Baderne, *f.* (Schiff.) Serwing (ge= flochtenes Tau).

Badiane, *f.* (Bot.) Sternanis, *m.*

Badigeon, *m.* (Bildh.) Steinmör= tel; Bildhauerkitt; (Maur.) Mauer= gelb, *n.*

Badigeonnage, *m.* Anſtreichen, *n.*

Badigeonner, *v. a.* (Maur.) mit Mauergelb anſtreichen; (Bildh.) mit Bildhauerkitt überziehen.

Badigeonneur, *m.* Anſtreicher.

Badin, e, *adj.* ſcherzhaft, muth= willig, tändelnd; —, *m.* Spaßvogel.

Badinage, *m.* Scherz, Spaß.

Badine, *f.* Spazierſtöckchen, *n.*; (Fleiſch.) Reitgerte, *f.*; —s, *pl.* die leichte Feuerzange.

Badiner, *v. n.* ſcherzen, ſchäkern, tändeln; (von Bändern) flattern; —, *v. a.* fm. qn., mit einem ſcherzen.

Badinerie, *f.* Spielerei, Kleinig= keit, Tändelei.

†Badois, e, *adj.* badiſch; —, *m.*

e, *f.* Badener, *m.* Badenſer, =inn, *f.* [aushöhnen.

Bafouer, *v. a.* ſchmähen, höhnen,

Bâfre, *f.* der fette Schmaus, Fraß.

Bâfrer, *v. n.* bas, gierig freſſen.

Bâfreur, *m.* bas, Vielfraß.

Bagace, *v.* Bagasse.

Bagage, *m.* Reiſegeräthe, *n.* Ge= päck; (Kriegsm.) Gepäck, Troß, *m.*; —s, *id.*; plier, trousser —, ſeinen Bündel ſchnüren, ſich fortpacken.

†Bagaie, *f.* das ausgepreßte Zu= derrohr. [polter, *n.*

Bagarre, *f.* Zank, Lärm, Ge=

Bagasse, *f.* Treſtern, *pl.* Sap, *m.* || liederliche Perſon.

Bagatelle, *f.* Kleinigkeit; *fm.* Lap= perei, Pappenstiel, *m.* Bettel; —s, *pl.* Poſſen; —, *interj.* Poſſen!

Bagne, *m.* Sclaven=, Galeeren= ſclavenferter. [*m.*

†Bagnolet, *m.* te, *f.* Halbſchleier

Bague, *f.* Ring, *m.* Fingerring (mit Edelſteinen). [linſe.

Baguenaude, *f.* (Bot.) Schaf=

Baguenauder, *v. n. fm.* tändeln; Kindereien treiben.

Baguenaudier, *m.* (Bot.) Schaf= linſenbaum; *fg. fm.* Tändler.

Baguer, *v. a.* (Schneid.) zu Faden ſchlagen; (jur.) mit Schmuck beſchen= ken (die Braut).

Bagues, *f. pl.*, *v.* Bague.

Baguette, *f.* Gerte, Ruthe; der dünne Stecken; (Kriegsw.) Spießru= the, *f.* (Büchſ.) Ladſtock, *m.*; (Feuerw.) Radetenſtab; (Lichtz.) Lichtſpieß; (Muſ.) Paukenſchlägel, Trommelſtock; (Bauk.) das Stäbchen am Geſimſe; (Tiſchl.) Leiſte, *f.*; passer (qn.) par les —s, Spießru= then laufen laſſen; commander à la —, ſtreng und troppig befehlen.

Baguier, *m.* Schmuckläſtchen, *n.* Ringfutter.

Bah, *interj.* was! ach nein!

Bahut, *m.* Keſſer, Trube, *f.*

Bahutier, *m.* Keſſermacher.

Bai, e, *adj.* (v. Pferden) braun; bai clair, lichtbraun.

Baie, *f.* (Geogr.) Bai, Bucht; (Bot.) Beere; (Bauf.) Oeffnung; *fg. fm.* der ſcherzhafte Betrug.

Baigner, *v. a.* baden; (ein Pferd) ſchwemmen || anſpülen; bewäſſern; benezen || einweichen; —, *v. n.* in etw. Naſſem liegen; *fg.* ſchwimmen, triefen (von); se —, ſich baden, haben.

Baigneur, *m.* se, *f.* Bader, *m.* =inn, *f.*; der, die ſich badet.

Baignoire, *m.* Badeplaz.

Baignoire, *f.* Badewanne.

Bail, *m.* (*pl.* baux), Pacht, *f.* Verpachtung; Pachtbrief, *m.* Mieth= contract. [bahrt, *f.*

†Baillard, *m.* (Seidenf.) Trag=

Baille, *f.* (Seew.) Balge, Kufe.

†Baille-blé, *m.* (Müll.) Treibstab.

Bâillement, *m.* Gähnen, *n.*; (Gramm.) Zusammenstoßen zweier Vokale.

Bâiller, *v. n.* gähnen; *fg.* Verdruß zeigen || von einander klaffen (Thüre, x.).

Bailler, *v. a.* geben; *fm.* la — belle à qn., einem etw. aufbinden.

†Baillet, *adj.* rothgelb, fahl (Pferd).    [der wieder einrichtet.

†Bailleul, *m.* der verrenkte Glieder

†Bailleur, *m.* Bailleresse, *f.* Verpachter, *m.* Vermiether; =inn, *f.*; le — de fonds, der das Geld zu etw. herschießt.

Bâilleur, *m.* Gähner.

Bailli, *m.* Amtmann; Landrichter, Landvogt; Ballei (des Maltheserordens); le grand —, Oberamtmann, Droß.

Bailliage, *m.* Amt, *n.* Amtei, *f.*; Landvogtei; Ballei || Amthaus, *n.*

Bailliager, ére, *adj.* zu einem Amt gehörig.

Baillive, *f.* Amtmänninn.

Bâillon, *m.* Knebel, Sperrholz (für Thiere), *n.*

Bâillonner, *v. a.* knebeln; (eine Thür) verrammeln.

†Bailloques, *f. pl.* die bunten Straußfedern.

Bain, *m.* Bad, *n.*; Badhaus, Badstube, *f.*; (Färb.) Farbenkessel, *m.*; —s, *pl.* die warmen Bäder; — de mer *ou* bain-marie, (Chym.) das Marienbad (warmes Wasser, worin man destilirt); — de sable, Sandbad (aus heißem Sand); — de vapeur, Dampfbad; — de mer, Seebad; l'or est en —, das Gold steht im Fluß.

Baïonnette, *f.* Bayonnett, *n.*

Baïoque, Bajoque, *f.* Bajocco, *m.* (italienische Kupfermünze).

Bairam, *m.* (Mahom.) Bairamsfest, *n.*

Baisemain, *m.* (Lehenw.) Handkuß; —s, *pl.* Gruß, *m.*; Compliment, *n.*; —s, *f. pl.*, à belles —s, mit vielen Krapsfüßen.

Baisement, *m.* Fußkuß (beim Papste).

Baiser, *v. a.* küssen; *fm.* herzen; se —, *v. r.* sich küssen; *fg.* sich berühren, an einander stoßen; —, *m.* Kuß, *fm.* Mäulchen, *n.* Schmatz, *m.* [—, *fm.* sich schnäbeln.

Baisotter, *v. a. fm.* oft küssen; se

Baisse, *f.* Fallen, *n.* Abnehmen (des Wassers, Preises).

Baisser, *v. a.* herablassen, sinken lassen; (die Augen) niederschlagen; (die Segel) streichen; *fm.* — l'oreille, den Kopf hängen lassen; —, *v. n.* niedriger werden; abnehmen; im

Preise fallen; se —, sich bücken, tête baissée, blindlings, unerschrockenen Muthes.

Baissière, *f.* Neige, Bodensatz, *m.*

†Baissoir, *m.* (Salzf.) Wasserkasten.

Baisure, *f.* Anstoß (am Brod), *m.*

Bajoire, *f.* die Münze mit zwei von der Seite vorgestellten Köpfen.

Bajou, *m.* Hentbalken, das oberste Brett am Steuerruder großer Flußschiffe.    [(Glaf.) Wangen.

Bajoue, *f.* Kinnbacke; —s, *pl.*

Bal, *m.* (*pl.* bals), Ball; Tanzgesellschaft, *f.*—paré, Staatsball, *m.*

Baladin, *m.* e, *f.* Possenreißer, *m.* =inn, *f.*    [elende Witzelei.

Baladinage, *m.* Schnurre, grobe,

Balafre, *f.* Schmarre, Hieb, *m.*; Schramme, *f.* Narbe.

Balafrer, *v. a.* qn., einem Schmarren hauen, einen zersetzen.

Balai, *m.* Besen, Kehrbesen; (Jagd) Schwanz.    [(blaßrothe Rubin), *m.*

Balais, *adj. m.*, rubis —, Balaß

Balance, *f.* Wage, Wagschale; *fg.* (Pol.) Gleichgewicht, *n.*; en — unentschlossen, unschlüssig|| (Handl.) Bilanz, *f.* Ausgleichung.

Balance, *m.* (Tanzk.) Schwebeschritt.    [nischer Schiffe.

Balancelle, *f.* eine Art neapolita-

Balancement, *m.* Schwanken, *n.*; Schwingung, *f.* Haltung des Gleichgewichts; *fg.* Zaudern, *n.*

Balancer, *v. a.* im Gleichgewichte halten, aufwiegen; *fg.-id.* || schaukeln; *fg.* überlegen, erwägen; (Mal.) wohl vertheilen; —, *v. n.* hin und her wanken, schwanken; *fg.-id.*, und entschlossen seyn, sich bedenken; se —, sich schaukeln; (von Vögeln) in der Luft schweben.

Balancier, *m.* der Wage- und Gewichtmacher oder =händler; (Uhrm.) Unruhe, *f.*; (Münzw.) Druckwerk, *n.*; (Seew.) Bügel, *m.*; Balancierstab (der Seiltänzer); Kloben (des Wagebalkens); Pumpenschwengel; (Strumpfw.) Quertritt mit seiner Stange.    [Segelstange mit seiner

Balancines, *f. pl.* das Seil die

Balançoire, *f.* Schaukelholz, *n.* Schaukel, *f.* Wippe.

Balandras, *m. vi.* eine Art Mantel, Reiserock.    [(Art Schiff.)

Balandre, *f.* (Seew.) Belander

†Balant, *m.* das Schlaffe an einem Tau.

†Balasse, *f.* Spreusack, *m.* Bettsack.

†Balast, *m.* (Seew.) Ballast.

Balauste, *f.* der wilde Granatapfel; (Apoth.) die wilde Granatblüthe.    [baum.

Balaustier, *m.* der wilde Granat-

Balayage, *m.* Auskehren, *n.* Ausfegen.

Balayer, *v. a.* kehren, fegen.

Balayeur, *m.* se, *f.* Auskehrer, *m.* Gassenfeger, =inn, *f.*

Balayures, *f. pl.* Auskehricht, *n.* Kehricht; — de mer, Meerauswurf, *m.*

Balbutiement, *m.* Stammeln, *n.*

Balbutier, *v. n.* stammeln, stottern; *fg.* verwirrt schwatzen; —, *v. a.* stammeln, herstammeln.

†Balbuzard, *m.* Meeradler.

Balcon, *m.* Erker, Altan, Söller; Geländer, *n.*; —s, *pl.* (Schifff.) Gang, *m.*    [chin.

Baldaquin, *m.* Himmel, Baldachin (Buch.), *n.*    [ern.

Bâle, Basel (Stadt).

†Baléares, *f. pl.*, les îles —, die balearischen Inseln.

Baleine, *f.* Wallfisch, *m.*; Fischbein, *n.*; huile de —, der Fischthran; blanc de —, Wallrath.

Baleiné, e, *adj.*, corps — die Schnürbrust.

Baleineau, *m.* der junge Wallfisch.

Baleinier, *m.* (Schifff.) Wallfischfänger.

Balévre, *f.* Unterlippe; (Bauk.) Hervorragende, *n.*; Steinsplitter, *m.*

Bâli, *m.* Bâlie, *f.* die gelehrte Sprache der Braminen.

†Balin, *m.* Korntuch, *n.*

†Baline, *f.* das wollene Packtuch.

Balise, *f.* (Schifff.) Bake, Boje, Seezeichen, *n.*    [nen.

†Baliser, *v. a.* mit Baken auszeich-

Baliseur, *m.* der Aufseher über den Leinpfad; Strandvogt.

Balisier, *m.* (Bot.) das indische Blumenrohr.    [lenker.

†Balistaire, *m.* Wurfmaschinen-

Baliste, *f.* (Alt.) Wurfmaschine.

Balistique, *f.* Wurflehre.

Balivage, *m.* (Forstw.) die Bezeichnung der Laßreiser.

Baliveau, *m.* (Forstw.) Oberständer, Laßreis, *n.* Schlaghüter, *m.*

Baliverne, *f. fm.* Posse, Schwank, *m.*    [chen.

Baliverner, *v. n.* Schwänke ma-

Ballade, *f.* (Dichtk.) Ballade.

Ballant, *adj.* schlenkernd; aller les bras —s, im Gehen die Arme schlenkern.

Balle, *f.* (Spiel) Ball, *m.*; (Kriegswesen) Kugel, *f.*; (Handl.) Waarenballen, *m.*; Hausierkasten (Buchdr.) Ballen; (Bot.) Balg (der Getreidekörner); Spreu, *f.*; *fg.* marchandise de —, geringe Waare; prendre la — au bond, die Gelegenheit ergreifen.

Baller, *v. n. vi.* tanzen.

Ballet, *m.* Ballet, *n.*

Ballon, *m.* Ball, Ballon; (Chym.) große Recipient, Ballon.

Ballonné, e, *adj.* aufgeblasen.

Ballonnement, *m.* (Med.) Aufgeblasenheit, *f.* Aufgedunsenheit.

Ballonnier, *m.* Ballonmacher.

Ballot, *m.* der große Pack, Ballen; *fg. fm.* voilà votre vrai —, da habt ihr gerade was ihr braucht.

Ballottade, *f.* (Reitschule) Luftsprung, *m.* [Wahl durch Kugeln.

Ballottage, *m.* Ballottiren, *n.* die Ballotte, *f.* Loosfugel, Wahlfugel; (Landw.) Bütte (für Trauben).

Ballotter, *v. n.* durch Kugeln stimmen, wählen, ballottiren; (Eisenh.) in Säcke legen; —, *v. a. fg.* (etw.) überlegen, in Gedanken hin und her wenden; (einen) zum Besten haben; être ballotté, hin und her geworfen werden.

†Balnéable, *adj.* zum Baden tauglich. [(Balfen).

†Baloire, *f.* Schiffsform, Sente

Bâlois, e, *adj.* baselisch; —, *e, f.* Baselet, *m.* ≈inn, *f.*

Balourd, *m.* e, *f.* Tölpel.

Balourdise, *f.* Tölpelei.

Balsamier (spr. balz), *v.* Baumier.

Balsamine, *f.* (spr. balz) Balsamine (Blume). [samisch.

Balsamique, *adj.* (spr. balz) balsamisch; —, *e, f.* die Ostsee.

†Baltique, *adj.* baltisch; la mer —, das baltische Meer, die Ostsee.

Balustrade, *f.* das durchbrochene Geländer.

Balustre, *m.* Geländerdocke, *f.* ≈säule; Docke; (Schloss.) Stollen, *m.*; Schlüssellochdocke, *f.* [sehen.

Balustrer, *v. a.* mit Geländer versehen.

Balzan, *adj.*, cheval —, der weißfüßige Rappe oder Braun.

Balzane, *f.* das weiße Zeichen an dem Fuße eines Pferdes.

Bambin, *m. fm.* Kindchen! Junge!

Bambochade, *f.* die groteste Malerei.

Bamboche, *f.* die große Spielpuppe, Marionette; *fm. mépr.* Knirps, *m.* || Bambusstod || die grobe Belustigung.

Bambocheur, *m.* euse, *f.* der, die gerne an groben Belustigungen Theil nimmt.

Bambou, *m.* (Bot.) Bambus; Bambusrohr, *n.*

Ban, *m.* die öffentliche Ausrufung, Aufgebot (der Verlobten), *n.* || Landesverweisung, *f.* Acht, Bann, *m.*; (Lehenw.) Heerbann, Heerfolge, *f.*; publier les bans, Verlobte aufbieten; mettre au ban de l'Empire, ächten.

Banal, e, *adj.* bannhörig; moulin —, die Bann= Zwangmühle || *fg.* alltäglich, abgedroschen; témoin —, der Allerweltszeuge.

Banalité, *f.* (Lehenw.) Bannhörigkeit, Banngerechtigkeit.

Banane, *f.* (Bot.) Paradiesfeige.

Bananier, *m.* (Bot.) Pisangbaum, Paradiesfeigenbaum.

Banc, *m.* Bant, *f.*; (Handl.) id., Wechselbank; (Schiff.) Sandbank; Klippe; — de galere, Ruderbank; (Bauf.) Steinschicht; — à river, Nietbank; être, se mettre sur les bancs, Collegien hören, Licentiat werden.

Bancal, e, *adj. pop.* krummbeinig; —, *m. e, f.* der, die Krummbeinige. [Bant.

†Bancelle, *f.* die lange schmale †Banche, *f.* (Seew.) der weiche und glatte Steingrund, Felsengrund.

Banco, *adj.* (Handl.) banko.

Bancroche, *m. fm.* Krummbein.

Bandage, *m.* (Chir.) Binde, *f.* Bruchband, *n.* Verband, *m.*; Verbinden, *n.* || — d'une roue, die Radschiene.

Bandagiste, *m. et adj.*, chirurgien —, der Bruchbandmacher.

Bande, *f.* Binde; Band, *n.*; Streif, *m.*; (Schloss., ꝛc.) Schiene, *f.*; (Bauf.) Leiste; (Schneid.) Verbrämung; (Bill.) Band, *m.*; (Schifffahrt) Seite, *f.*; (Afr.) — du nord, Mitternachtsseite; — de fer, die Klammer; — de selle, das Sattelblech; — de maillot, das Wickelband; clou à —, der Schiennagel || die Rette; Bande; Gesellschaft; Trupp, *m.*; Heerde, *f.*; faire — à part, sich von anderen absondern; par —, rottenweise.

Bandeau, *m.* Binde, *f.* Stirnbinde, Hauptbinde; Diadem, *n.*; (Bauf.) Einfassung, *f.*; (Tischler) Kranz, *m.*; (Artill.) Laffettenbeschläge, *n.*

†Ban-de-la-Roche, *m.* Steinthal,

Bandelette, *f.* die kleine Binde, Band, *n.* Streifchen; (Baufunst) Leiste, *f.*

Bander, *v. a.* binden; (Chir.) verbinden || (eine Feder) spannen, aufziehen; *fg.* ⸗schwächen; — son esprit, den Kopf anstrengen || mit Kreuzund Rundstreifen belegen; (Bauf.) schließen; (Schifffahrt) verdoppeln; (Trict.) aufhäufen; —, *v. n.* gespannt, straff seyn; se —, sich zusammenrotten, sich empören. [*f.*

Bandereau, *m.* Trompetenschnur,

Banderolle, *f.* Wimpel, *m.* Fähnlein, *n.*; Patrolle (an Trompeten) *f.*

Bandière, *f.* Fahne, Panier, *n.*

Bandins, *m. pl.* Geländer am Hintertheile des Schiffes, *n.*

Bandit, *m.* Straßenräuber, Bandit.

†Bandoir, *m.* (Web.) Spannnagel.

Bandoulier, *m.* Landstreicher, Buschflepper.

Bandoulière, *f.* Wehrgehenk, *n.*

†Bangue, *m.* die indianische Hanfpflanze.

Banians, *m. pl.* die Banianen

(Seelenwanderungsgläubige in Indien). [Stadtbezirk, *m.*

Banlieue, *f.* Banngebiet, *n.*

Bannal, Bannalité, voy. Banal, Banalité.

Banne, *f.* Schirmtuch, *n.* Plane, *f.* Wagendecke || Wagen⸗, Kohlenforb, *m.* [hutte.

†Banneau, *m.* Pferdbutte, *f.* Eselsbecken. [—, der Pannerherr.

Banner, *v. a.* mit einer Plane bedecken.

Banneret, *m. et adj.*, seigneur —, die Bannerherr.

Banneton, *m.* Fischfasten; (Bäck.) Teigforb.

Bannette, *f.* Waarenforb, *m.*

Banni, *m.* Verbannte, Verwiesene.

Bannière, *f.* Panier, *n.*; Fahne, *f.* Standarte, Flagge; (Seew.) — rouge, die Gefechtsflagge || *fg.* Partei.

Bannir, *v. a.* verbannen; *fg. id.*, ausschließen; verscheuchen; entfernen; se — du monde, der Welt entsagen, einsam leben. [würdig.

Bannissable, *adj.* verbannungswürdig.

Bannissement, *m.* Verbannung, *f.*

Banque, *f.* Bank, Wechselbank; Wechselgeschäft, *n.* ⸗handel, *m.*; (Spiel) Bank, *f.*; — d'emprunt, Leihbank. [fahren um zu fischen.

†Banquer, *v. n.* zwischen zwei Bänke

Banqueroute, *f.* Bankerott, *m.* *fg. fm.* faire —, [ein Wort nicht halten. [teroutirer, *m.* ⸗inn, *f.*

Banqueroutier, *m.* ère, *f.* Ban⸗

Banquet, *m.* Fest, *n.* Gastmahl; *pop.* Fraß, *m.*; (Sattl.) Riemen am Stangenzaume unter den Augen; das Loch am Gebiß, worin das Mundstück hängt.

Banqueter, *v. n. fm.* schmausen.

Banquette, *f.* Bank, der Sitz ohne Lehne; (Fortif.) erhabene Tritt hinter der Brustwehr; erhöhte Fußweg; (Bauf.) Fensterbank, *f.*

Banquier, *m.* Wechsler, Banquier; (Spiel) Bankhalter.

Banquise, *f.* Eisband, Eisschollenhaufe, *m.* [Hunde.

Bans, *m. pl.* (Jagd) das Lager der

†Banse, *f.* der große viereckige Waarenforb.

Banvin, *m.* (Lehenw.) Weinbann.

Baobab, *m.* Baobab (Baum).

†Bapaume, *m.*, être au —, abgetafelt seyn (Schiff).

Baptême, *m.* (spr. bâ-tême) Taufe, *f.* Kindtaufe; *fg.* Pathengeld, *n.*; (Seew.) — de la ligne, die Linienntaufe.

Baptiser, *v. a.* (frz. bâ-tiser) taufen; *fg. fm. id.* (Wein); (qn.) hänseln.

Baptismal, e, *adj.* (hier sprich bap-tis; in den folgenden Wörtern ba-tis), zur Taufe gehörig; eau —, e, das Taufwasser.

Baptistaire, *adj.*, registre —, *m.* das Taufbuch; extrait —, *m.* ou —, *m.* der Taufschein.

†Baptiste, *n. pr.* Baptist; St. Jean —, Johannes der Täufer.

Baptistère, *m.* Taufcapelle, *f.*

Baquet, *m.* Kübel, Handzuber, Gelte, *f.*; (Kupf.) Aezkasten, *m.*; (Buchdr.) Waschtrog; (Gärtner) Saatkasten.

†Baqueter, *v. a.* (Wasser) mit einer Schaufel ausschöpfen, ausgießen.

†Baquetures, *m. pl.* Tropfwein, Leckwein.

†Bar, Bard, *m.* Tragbahre, *f.*

Baragouin, *f.* Rothwälsch, *n.* Kauderwälsch.　[Kauderwälschen.

Baragouinage, *m.* Wälschen, *n.*

Baragouiner, *v. n.* kauderwälsch reden, wälschen; —, *v. a.* (eine Sprache) radbrechen.

Baragouineur, *m.* se, *f.* Kauderwälsche, *m. et f.*　[ner Fischerei.

†Barandage, *m.* eine Art verbote-

Baraque, *f.* Feldhütte, Soldatenbütte; (Bauk.) Hütte; *mépr.* das schlechte Haus, Nest.

Baraquer, *v. a.* in Feldhütten legen; —, Hütten aufschlagen.

Barat, *m.* Baratterie, *f.* Unterschleif, *m.* die Betrügerei mit Waaren zur See.

†Baratre, *m.* Abgrund.

Baratte, *f.* Butterfaß, *n.*

Baratter, *v. a.* buttern, Butter machen.

Barbacane, *f.* (Bauk.) Abzugsloch, *n.*; (Fortif.) Schießscharte, *f.*

Barbacole, *m.* das Faro- oder Pharaospiel.

†Barbade, *f.* Barbados (Insel).

Barbare, *adj.*; -ment, *adv.*: wild, grausam, unmenschlich; unwissend; roh; —, *m.* Barbar, Unmensch; —s, *pl.* Barbaren.

Barbaresque, *adj.* (Geogr.) aus der africanischen Barbarei, barbarisch.

Barbarie, *f.* Barbarei; Rohheit, Wildheit, grobe Unwissenheit; Grausamkeit.

Barbarisme, *m.* der Fehler gegen die Reinheit der Sprache.

Barbe, *f.* Bart, *m.* die Fleischlappen (des Hahns); der Rand eines unbeschnittenen Bogens Papier; Frosch (der Pferde); Schimmel (auf Eingemachtem); —s, *pl.* (Bot.) der Bart, die Grannen; der Bart, die Schleißen (am Federkiel); das Fischbein (vom Wallfisch); die Zacken, Widerhaken (eines Pfeils); Fasern (an einem abgetragenen Kleide); Mousselinstreifen (an Frauenzimmerhauben; jeune —, der Milchbart; faire qch. à la — de qn. einem etw. vor der Nase machen; —, *n. pr. f.* Barbara; la sainte-

—, (Schiffb.) die Pulverkammer; barbe-de-chèvre, (Bot.) der Geißbart; — -de-Jupiter, (Bot.) der Silberbusch; — -de-moine, (Bot.) die Flachsseide; — -de-renard, (Bot.) der Tragant.

Barbe, *m.* Barber, das Pferd aus der Barbarei.

Barbeau, *m.* (Naturg.) Barbe, *f.*; (Bot.) blaue Kornblume.

†Barbéier, *v. n.* (Schifffahrt) vom Winde gestreift werden (Segel).

Barbelé, e, *adj.* zackig, mit Widerhaken versehen.

Barbet, *m.* te, *f.* Pudelhund; Barbette, *f.* der Brustschleier (der Nonnen); (Kriegsw.) die erhöhte Kanonenbank; tirer à —, über die Brustwehr weg feuern.

Barbichon, *m.* Pudelhündchen, *n.*

Barbier, *m.* Barbier.

Barbifier, *v. a. fm.* barbieren, rasieren.

Barbillon, *m.* (Naturg.) die kleine Barbe; Fühlspize (der Würmer); —s, *pl.* der Bart (der Fische); Frosch (der Pferde).　[lesbische Laute.

†Barbiton, *m.* Barbiton, *n.* die

Barbon, *m.* *mépr.* Graubart.

†Barbot, *m.* Galeerenbarbier.

Barbote, *f.* Quappe, Aalraupe.

Barboter, *v. n.* mit dem Schnabel im Schlamme wühlen, schnattern (Enten); *fm.* im Koth herumlappen; murmeln; (Schifff.) *v.* Barbéier.

Barboteur, *m.* die zahme Ente.

Barbotine, *f.* Wurmsamen, *m.*

Barbouillage, *f.* Schmiererei, Sudelei, Geschmiere; *n.*; *fg.* verwirrte Geschwätz.

Barbouiller, *v. a.* beschmieren, besudeln, vollschmieren (Papier); (Handw.) grob anstreichen; *fg.* verwirren; se moquer de la barbouillée, —, *v. n.* schmieren, sudeln, flecken; *fg. fm.* verwirrt reden; se —, sich beschmuzen, beflecken; *fg.* sich einen übeln Namen machen; *p. us.* stecken bleiben, stottern.

Barbouilleur, *m.* Schmierer, verwirrte Schwäzer.

†Barboute, *f.* Lumpenpuder, *m.*

Bardu, e, *adj.* bärtig, haarig.

Bardue, *f.* Meerbutt (Fisch) (Gärtn.) Sezling, *m.*

†Barbuquet, *m.* Grindblatter, *f.*

†Bardure, *f.* (Gieß.) Unebenheit.

Barcarolle, *f.* das Gondelführerlied (in Venedig).

†Barcelonne, *f.* Barcellona (Stadt).

Barcelonnette, *f.* das Kinderbettchen (auf zwei halbmondförmigen Füßen).

Bard, *m.* Tragbahre, *f.*　[*n.*

Bardane, *f.* (Bot.) Klettenkraut,

Barde, *f. ol.* Pferdeharnisch, *m.*; (Sattl.) *v.* Bardelle; (Kochk.) die dünne Speckschnitte; —, *m.* Barde, alte gallische Dichter.

Bardé, e, *adj. ol.* geharnischt.

Bardeau, *m.* Dachschindel, *f.*; (Buchdr.) Defectkasten, *m.*

Bardelle, *f.* Reitkissen, *n.*

Barder, *v. a.* auf die Tragbahre legen; (Kochk.) (Vögel) mit Speck umwickeln; — un cheval, *ol.* einem Pferd einen Harnisch anlegen; ein Reitkissen auflegen.

Bardeur, *m.* (Maur.) Handlanger, Bahrenträger.

Ba₋d₁s, *m.* (Schiff.) der Verschlag im Schiffsraume.

Bardit, *m.* Barbeit, *n.* Barbenschlachtgesang, *m.*

Bardot, *m.* der kleine Maulesel, Packesel; *fg.* die Stichblatt, *n.* Sündenbock.

Barége, *m.* Barege, *n.* (ein Wollenzeug).

†Barême, *m.* Rechenknecht.

†Barer, *v. n.* (von Hunden) die Spur des Wildes nicht finden.

†Baret, *m.* das Geschrei (des Elephanten, Nashorns).

†Barette, *f.* (Uhrm.) Stift, *m.*

†Barge, *f.* die Pfuhl- oder Leimschnepfe; Schiffchen; *v.* Barfe, *f.*; Heuhaufen, *m.* Holzhaufen.

†Barguignage, *m. fm.* Zaudern, *n.*; Unschlüßigkeit, *f.*

†Barguigner, *v. n. fm.* zaudern, unschlüßig seyn; *ol.* feilschen.

†Barguigneur, *m.* se, *f. fm.* Zauderer, *m.* -inn, *f.*

Barigel, *m.* Sbirren-Hauptmann (zu Rom).　[Lägel.

Baril, *m.* Fäßchen, *n.* Tönnchen;

†Barillage, *m.* Weinfüllen, *n.*

Barillet, *m.* Fäßchen, *n.* Tönnchen, Büchse, *f.*; — de l'oreille, (Anat.) die Ohrhöhle; (Uhrm.) Federgehäuse, *n.* Trommel, *f.*; der Stiefel einer Pumpe.　[lerei.

Bariolage, *m. fm.* die bunte Malerei.

Bariolé, e, *adj.* bunt, buntscheckig.

Barioler, *v. a.* bunt bemalen, anstreichen, buntscheckig machen.

Bariolure, *f.* die buntscheckigen Flecken.

†Bariquaut, *m.* das kleine Faß.

†Barite, *f.* Baryte, (Chymie) Schwererde.

Barlong, ue, *adj.* zipfelich, zipflicht, ungleich; —, *m.* das länglichte Viereck.

Barnabite, *m.* Barnabitermönch.

Barnache, *f.* (Naturg.) Meergans.

Baromètre, *m.* Schweremesser, Wetterglas, *n.* Barometer, *m.*.

Barométrique, *adj.* barometrisch.

Baron, *m.* ne, *f.* Freiherr, *m.* Freifrau, *f.*; Baron, *m.* -inn, *f.*

Baronnage, *m. plais.* Freiherrn=
würde, *f.*      [ronnet.
†Baronnet, *m.* der (englische) Ba=
†Baronnie, *f.* Freiherrschaft.
Baroque, *adj.* verschoben rund; *fg.*
seltsam, wunderlich.
†Barosanême, *m.* Windwage, *f.*
†Barots, *m. pl.* (Schifff.) die Quer=
balken, Tragebalken des Verdecks.
Barque, *f.* Barke, Fahrzeug, *n.*
Nachen, *m.*; (Dierbr.) Kufe, *f.*;
— fatale, (Dichtkunst) der Nachen
Charons (Tod).
Barquerolle, *f.* Barquette, das
kleine Fahrzeug (ohne Mast).
Barrage, *m.* der Querdamm in
einem Fluß; *ol.* Weggeld, *n.*
Barrager, *m. ol.* Zoller, Weggeld=
einnehmer.
Barre, *f.* Stange; der Stab (von
Eisen); Riegel; Schlagbaum; Quer=
bolz, *n.*; (Reitsch.) Standbaum, *m.*;
(Schreib.) Strich (durch Wörter);
Gedankenstrich; (Muf.) Taktstrich;
(Schifff.) die Klippenreihe oder
Sandbank (vor einer Einfahrt) || die
Schranken (im Gerichtssaale, 2c.) ||
Stüße (des Dreheisens); das Quer=
holz (im Clavier); der Lautensteg;
— du chassis, (Buchdr.) der Mit=
telsteg || — d'or, die Goldstange,
der Zain; or, fer en —s, das
Stangengold, =eisen, Stabeisen;
jeu de —s, das Rennspiel; —s,
*pl.* (Reitsch.) die Kimladen.
Barreau, *m.* Gitterstange, *f.*; der
starke Thorriegel; (Buchdr.) Preß=
bengel || (jur.) Siß der Advocaten;
das Corps der Advocaten; style du
—, der Gerichtsstyl.
Barrer, *v. a.* verriegeln, versper=
ren, vergittern; (Schreibf.) unter=,
oder durchstreichen.
Barrette, *f.* Barrett, *n.*; Cardi=
nalshut, *m.*; Stängelchen, *n.*; (Uhr=
macher) Stift, *m.*
†Barreur, *m.* Rehjagdhund.
Barricade, *f.* Versperrung, Ver=
rammlung; — de chariots, Wagen=
burg || Schlagbaum, *m.* Sperrkette, *f.*
Barricader, *v. a.* versperren; ver=
rammeln; se —, sich verschanzen
(hinter etw.); *fg.* sich einsperren.
Barrière, *f.* Schlagbaum, *m.* ||
Gatter, *n.* Stackleten, *f. pl.*; Schran=
ke || Straßenzollhaus, *n.*; Straßen=
zoll, *m.*; Schranke, *f.* Vormauer;
Widerstand, *m.* Hinderniß, *n.*
Barrique, *f.* Faß, *n.* Tonne, *f.*
Lägel, *n.*      [chen.
†Barriquout, *m.* Faß, *n.* Fäß=
†Barroir, *m.* (Böttch.) Riegelboh=
rer.      [Laute.
†Barse, *f.* die (zinnerne) Theebüchse.
Bartavelle, *f.* Rothhuhn, *n.* große
Rebhuhn.

†Barthélemi, *n. pr. m.* Bartholo=
mäus; *fm.* Barthel.
Baryton, *m.* (Muf.) eine Art Baß=
geige; der hohe Baß.
Bas, se, *adj.* niedrig; nieder, unter,
unterliegend; (Fluß) seicht; *fg.* gering,
schlecht; verächtlich; kriechend; von ge=
meiner Herkunft (Mensch), pöbelhaft
(Wort); (in der Zusammensetzung)
Unter=, Nieder=, z. B. — ou sous=
officier, Unteroffizier, Bas-Rhin,
der Niederrhein; le Bas-Empire,
die Zeiten des Verfalls des römischen
Staates; basses laines, kurzhaarige
Wolle; —-dessus, der zweite Dis=
cant; — prix, der geringe Preis;
vue basse, das kurze Gesicht; voix
basse, die leise Stimme; messe
basse, die stille Messe; faire main
basse sur qn., einen niederhauen;
—, *adv.* nieder, niedrig; unten; *fg.*
leise, sachte; à — le tyran, weg mit
dem Tyrannen! chapeau —, den
Hut ab! en —, par en —, unten,
herab, hinab; d'en —, von unten
her; là —, dort unten; ici —,
hier unten, hienieden; mettre —,
Junge werfen; mettre — les armes,
das Gewehr strecken; traiter qn. de
haut en —, einem hochfahrend,
tropig begegnen; être à —, zu Grun=
de gerichtet seyn.
Bas, *m.* Untere, Unterhtil, *m.*
|| Strumpf.
Basalte, *m.* (Miner.) Basalt.
Basaltique, *adj.* basalthaltig.
Basane, *f.* Schaafleder, *n.*; reliure
en —, der Lederband.
Basané, e, *adj.* schwarzbraun,
nußfarben; von der Sonne verbrannt
(Gesicht); schwarzgar (Leder).
Bas-bord, *v.* Bâbord.
Bascule, *f.* Schwengel, *m.* Schnell=
balken (einer Zugbrücke); Schaufel=
brett, *n.* Schaufel, *f.* Fallbrett, *n.*
Base, *f.* (Bauk.) Basis, Grund=
lage, Grundfläche; Fuß, *m.* Fußge=
sims, *n.*; (Geom.) Grundlinie, *f.*;
(Med.) Grundstoff, *m.*; *fg.* Grund=
lage, *f.* Grundfeste, Grund, *m.*
Baselle, *f.* (Bot.) Baselle.
†Baser, *v. a.* gründen.
Basfond, *m.* (Schifff.) Untiefe, *f.*
Basilaire, *adj.* (Anat.) os —,
das Grundbein; artère — et —, *f.*
eine aus der Verbindung der Wirbel=
pulsadern gebildete Schlagader.
†Basile, *n. pr. m.* Basilius.
Basilic, *m.* (Bot.) Basilienkraut,
*n.* || der Basilisk (ein fabelhaftes
Thier).      [salbe, *f.*
Basilicon, *m.* (Apoth.) Königs=
Basilique, *f.* Hauptkirche; —s, *pl.*
(jur.) die Basiliken (Gesetze der grie=
chischen Kaiser).
Basin, *m.* der feine Barchent oder
Canevas, geköperte Zeug.

†Basioglosse, *m.* Grund-Zungen=
muskel.
Basoche, *f. ol.* das Gericht der
Pariser Parlamentsschreiber.
Basque, *f.* (Schneid.) Schooß, *m.*
Rockschooß; (Bauk.) das Stück Blech
ob. Blei, das man unter die Eckspar=
ren legt; —, *m.* Baske, Biscaier; die
baskische Sprache; tambour de —,
die Schellentrommel; tour de —,
das Beinunterschlagen.
Basque, *adj.* baskisch.
Bas-relief, *m.* (Bildh.) die halb=
erhabene Arbeit.
Basse, *f.* (Muf.) Baß, *m.*; Baß=
sist; Baßgeige, *f.*; — fondamen=
tale, der Grundbaß; — continue,
der Generalbaß; —-contre, der tiefe
Baß; Baßsänger, die Baßstimme;
—s, *pl.* (Schifff.) die Untiefen, ver=
borgenen Sandbänke, Klippen.
Basse-cour, *f.* der Hühner=, Vieh=
hof.
Basse-fosse, *f.* das tiefe Gefängniß.
†Basse-lice, *f.* tiefschäftige Tapeten.
†Basse-licier, *m.* Bildteppichwir=
ker.      [niederträchtig; pöbelhaft.
Bassement, *adv.* niedrig; schlecht;
Basse-mer, *f.* Ebbe.
†Basser, *v. a.* (Wolle) in Leimwas=
ser tauchen.
†Basses, *f. pl., v.* Basse.
†Basses-Alpes, *f. pl.* die Nieder=
alpen.
Bassesse, *f.* Niedrigkeit || Nieder=
trächtigkeit || Gemeinheit (des Styls,
2c.).      [*n. pl.*
†Basses-voiles, *f. pl.* Untersegel.
Basset, *m.* Dachshund; *fg.* kleine
kurzbeinige Kerl, Knirps.
Basse-taille, *f.* (Bildh.) die halb=
erhabene Arbeit || (Muf.) der tiefe
Tenor.      [Insel.
Basse-terre, *f.* die Seeseite einer
Bassette, *f.* Baßspiel, *n.*
Bassier, *m.* die Sandbank (in
Flüssen).
Bassin, *m.* Becken, *n.*; Schale, *f.*
|| Wagschale; (Maur.) Kalkgrube ||
Wasserbehälter, *m.* Kessel (für
Springbrunnen); (Serw.) Decke, *f.*;
(Geogr.) Becken, *n.*; — de chambre,
Kammerbecken.
Bassine, *f.* das große, tiefe Becken;
(Buchdr.) Feuchtmulde, *f.*
Bassiner, *v. a.* mit der Wärm=
pfanne wärmen; — qch., warme
Umschläge auf etw. legen; (Gärtn.)
leicht begießen.
Bassinet, *m.* (Büchs.) Zündpfanne,
*f.* (Goldsch.) der breite Oberrand (eines
Leuchters); (Anat.) die Vertiefung
mitten in den Nieren; (Bot.) Hah=
nenfuß, *m.*      [Wärmpfanne, *f.*
Bassinoire, *f.* Bettwärmer, *f.*
Basson, *m.* Fagott, *n.*; Fagott=
bläser, *m.* Fagottist.

Bastant, e, *adj. fm. p. us.* hinreichend.

Baste, *m.* (Spiel) Treffbaus, *n.*

Baste, *interj.* genug! basta!

Basterne, *f.* (röm. Alt.) Basterne, Ochsenwagen, *m.*

Bastide, *f. prvcl.* Landhaus, *n.*

Bastille, *f. ol.* Burg, das feste Schloß mit vielen Thürmen; die Bastille (ehemals eine Burg in Paris).

Bastingage, *m.* (Schiffb.) Schanzverkleidung, *f.* [becke.

Bastingue, *f.* (Schifff.) Schanz

Bastinguer (se), (Schifff.) sich bedecken, die Schanzkleidung vorspannen. [stei. f.

Bastion, *m.* Bollwerk, *n.* Bastionné, e, *adj.* mit Bollwerken versehen. [baaren überziehen.

Bastir, *v. a.* (Hutm.) mit Bider-

Bastonnade, *f.* Stockschläge, *m. pl.*

Bastringue, *m.* Winkelschenke, *f.* das schlechte Wirthshaus.

Bas-ventre, *m.* Unterleib.

Bat, *m. ol.* Schwanz (des Fisches).

Bât, *m.* Saumsattel; cheval de —, das Pack=, Saumpferd; (vous ne savez pas) où le — le blesse, wo ihn der Schuh drückt.

Bataclan, *m. fm.* Geschleppe, *n.;* Haufen, *m.* [Lastthieren.

†Bâtage, *m.* (Lehenw.) der Zoll von

Bataille, *f.* Schlacht, Treffen, *n.;* champ de —, das Schlachtfeld; cheval de —, Streitroß, *fg.* Stedenpferd.

Batailler, *v. n. fg. fm.* sich herumbalgen, heftig streiten, zanken.

Batailleur, *m.* Raufbold, Zänker, Schläger.

Bataillon, *m.* (Kriegsw.) Bataillon, *n.* Schaar, *f.*

Bâtard, *m.* e, *f.* das uneheliche Kind, Bastard, *m.;* —, *adj.* unehelich; *fg.* unecht, falsch; (Thiere) von zweien Arten abstammend, Zwitter; (Früchte) wildartig; plante —e, (Bot.) die Zwitterpflanze; lettre —e, (Schreibk.) Mittelschrift; pâte —e, (Bäck.) der Mittelteig; pièce —e, (Artill.) der Achtpfünder; laine —e, die schlechte Wolle; voile —e, das große Galeerensegel.

Bâtarde, *f.* (Schiffb.) Mittelsegel, *n.;* Vorseil, Schluchtseil || Mittelschrift, *f.*

Batardeau, *m.* Abdammung, *f.* Damm, *m.* Wuhr, *f.*

Batardiére, *f.* die Baumschule gepfropfter Bäumchen. [burt.

Bâtardise, *f.* die uneheliche Ge-

†Batate, *f.* Patate (Art Kartoffel).

†Batave, *adj.* batavisch; (ehem.) holländisch; —, *m.* Batavier.

†Batavie, *f.* Batavia (Stadt); (ehemals) Batavien, die batavische Republik.

Batavique, *adj.*, *v.* Larme.

Bateau, *m.* Fahrzeug, *n.* Schiff, Flußschiff; Fähre, *f.;* — à vapeur, das Dampfschiff || (Sattl.) der Kasten.

Batelage, *m.* Gaukelei, *f.* Taschenspielerei; (Schifff.) das Fortschaffen zu Schiffe.

Batelée, *f.* (Schifff.) Ladung; *fg. fm.* der Schwarm Leute.

†Batelet, *f.* Kahn, *m.* Schiffchen, *n.*

Bateleur, *m.* Gaukler, Taschenspieler, Marktschreier. [inn, f.

Batelier, *m.* ère, *f.* Schiffer, *n.*

Batême, *v.* Baptême.

Bâter, *v. a.* satteln (mit dem Saumsattel); âne bâté, *fg.* der Dummkopf.

†Bâti, *m.* (Schneid.) Anschlagfaden; (Uhrm.) das Gestell der Thürscheibe; (Tischl.) Rahmengestell.

Bâtier, *m.* Saumsattelmacher.

Batifolage, *m.* das Schäfern.

Batifoler, *v. n. fm.* schäfern.

Batifoleur, *m.* der Kinderpossen treibt.

Bâtiment, *m.* Bau; Gebäude, *n.;* das Haus || Schiff; — de graduation, (Salzf.) Gradirhaus.

Bâtir, *v. a.* bauen, erbauen; *fg.* — sur qch., auf etw. bauen, sich auf etw. verlassen; (Schneid.) verloren heften, zu Faden schlagen; (Hutm.) formen.

Bâtisse, *f.* Bau, *m.;* Bauanstalt, *f.* Unternehmung eines Baues.

Bâtisseur, *m.* Bauliebhaber; Baunarr.

†Bâtissoir, *m.* Schraubenwinde, *f.*

Batiste, *f.* Kammertuch, *n.* Batist, *m.*

Bâton, *m.* Stock, Stab, Stecken, Bengel, Prügel, Stange, *f.;* (Muf.) Tact=, Pausirzeichen, *n.;* Tactstab, *m.* || *fg.* Marschallsstab; — de Jacob, (Astr.) Höhenmesser; — d'or, (Bot.) der Goldlack; tour du —, die Accidenzien, Sporteln.

†Bâtonnée, *f.* (Schifff.) Pumpenzug, *m.*

Bâtonner, *v. a.* prügeln || (Tellertücher) brechen; (Tuch) stocken; (einen Artikel) durchstreichen.

†Bâtonnet, *m.* das Hölzchen oder Minkenspiel.

Bâtonnier, *m.* Stabhalter, Obermeister; Aelteste.

Bâtonniste, *m.* Stockfechter.

†Batrachomyomachie, *f.* der Frösch= und Mäusekrieg (Gedicht).

†Batrachyte, *f.* Froschstein, *m.*

†Batraciens, *m. pl.* die froschartigen Thiere.

Battage, *m.* Dreschen, *n.;* Drescherlohn, *m.;* das Stampfen (der Schießpulvermasse); Schlagen (der Wolle).

Battant, *m.* der Schwengel, Klöppel (einer Glocke); (Baut.) Flügel, Thürflügel, Rahmschenkel (eines Fensters); (Schloss.) Thürklinke, *f.;* (Web., 2c.) Lade.

Battant, e, *adj.*, métier —, der im Gange befindliche Werkstuhl; porte —e, die von selbst zugehende Thüre; tout — neuf, funkelnagelneu; tambour —, unter Trommelschlag; *fg.* öffentlich; pluie —e, der Schlagregen.

Batte, *f.* Schlägel, *m.* Stößel, Stampfer; (Korbm.) Korbhammer; (Wäsch.) Waschbrett, *n.;* Pritsche, *f.;* Jungfer (der Steinsetzer); — à beurre, der Butterstämpel. [m.

†Battée, *f.* (Buchb.) Schicht, Satz, Battellement, *m.* Traufsiegelreihe, *f.*

Battement, *m.* Schlagen, *n.* Klepsen, Stoßen, Stampfen; — de mains, Händeklatschen; —, (Baut.) Schlagleiste, *f.;* Jungfer (der Steinsetzer); *f.;* (Tanz.) Battirung; (Muf.) Doppeltriller, *m.;* — d'épée, (Fechtm.) die Batute.

Batterie, *f.* Schlägerei; (Artill.) Batterie; (Büchf.) Pfannendeckel, *m.* || Walken, *n.* Stampfen; (Muf.) der volle Schlag (auf der Zither); (Kriegsw.) Trommelschlag; — de cuisine, das Küchengeschirr (von Kupfer od. Blech); changer de —, *fg.* neue Mittel ergreifen.

Batteur, *m.* se, *f.* Schläger, *m.* Raufer, =inn, *f.;* — en grange, der Drescher; — d'or, Goldschläger; *fg. fm.* — de pavé, Pflastertreter, Tagdieb.

†Battitures, *f. pl.* Hammerschlag, *m.;* die abgesprungenen Metalltheilchen, *m. pl.*

Battoir, *m.* Schlägel. Waschbläuel; Tennepatsche, *f.;* (Ballsp.) Racket, *m.*

Battologie, *f.* die unnütze Wiederholung des Gesagten; das Wortgedresche.

Battre, *v. a.* schlagen; prügeln, ausklopfen; stoßen, stampfen; (Artill.) beschießen; — en ruine, zusammenschießen; — en grange, (Landw.) dreschen || (Eisen) schmieden, hämmern; (die Karten) mischen; (Eier) rühren; (Hanf) brechen; le fusil, Feuer schlagen; — monnaie, münzen, Geld schlagen; l'air, in den Tag hinein schwatzen; Luftstreiche thun; — froid à qn., einem kaltsinnig begegnen; — le pavé, das Pflaster treten, herumschlendern; — une forêt, etc., einen Wald durchstreifen; la campagne, herumschwärmen; *fg.* fantasiren; *v. n.* sich bewegen, klopfen; schlagen; — des ailes, fliegen; — de l'aile, flattern, mit den Flügeln schlagen; — des mains, in die Hände klat-

fchen; se —, *v. r.* fich fchlagen, fich balgen, fich zanken.

**Battu, e,** *adj.* gefchlagen; (vom Weg) gebahnt; fer battu, das Eifenblech; derLahn,breitgefchlageneDraht.

**Battue,** *f.* Klepfjagd, Streifzug, *m.*

**Batture,** *f.* Goldfirniß, *m.;* Grund (zum Vergolden); —s, *pl.* (Seew.) der feichte Grund.

†**Batz,** *m.* Baßen (15 Cent.).

**Bau,** *m.* (Schiffb.) Querbalken.

†**Baubi,** *m.* (Jagd) Beller.

**Baud,** *m.* (Jagd) Hirfchhund.

†**Baudes,** *f. pl.* (Seew.) Senkfteine, *m. pl.*

**Baudet,** *m.* Efel; *fg.* Dummkopf || Sägebock (der Brettfchneider).

**Baudir,** *v. a.* (Jagd) aufmuntern.

†**Baudouin,** *n. pr. m.* Balduin.

†**Baudri,** *n. pr. m.* Balderich.

**Baudrier,** *m.* Wehrgehänge, *n.* Gehenk.    [chen, *n.*

**Baudruche,** *f.* Goldfchlägerhäut-

**Bauge,** *f.* (Jagd) das Lager des Schwarzwildes, Suhllache,*f.*|| — ou bauche, (Bauk.) der Stroh-, Kleiberlehm.    [gras.

**Baugue,** *f.* (Bot.) eine Art See-

**Baume,** *m.* Balfam; *fg.* Troft, Linderung, *f.*    [ftraub, =baum.

**Baumier,** *m.* (Botanik) Balfam-

†**Bauquin,** *m.* (Glash.) Blasrohr, *n.*    [Klätfcher, =inn, *f.*

**Bavard,** *m. e,* *f.* Schwäßer, *m.*

**Bavardage,** *m.* Gefchwäß, *n.*

**Bavarder,** *v. n.* fchwaßen, plaubern.

**Bavarderie,** *f.* Gefchwäßigkeit.

**Bavardise,** *f.* das unnüße Geplauber.

†**Bavarois, e,** *adj.* bayerifch; —, *m. e, f.* Bayer, *m.* =inn, *f.*

**Bavaroise,** *f.* der Thee mit Capillär-Sirup.

**Bave,** *f.* Geifer, *m.* Schleim; Schneckenfchleim; Schlangengift, *n.*

**Baver,** *v. n.* geifern; (Med.) falviren; — sur qch., etw. begeifern.

**Bavette,** *f.* Geifertuch, *n.;* il est à la —, *fm.* er ift noch ein junger Laffe (Bleigießer) Traufplatte, *f.*

**Baveuse,** *f.* Geiferfifch, *m.*

**Baveux, se,** *adj.* geifernd, geiferig; *fg.* unfauber; (Koch.) nicht gut ausgebacken; —, *m. injur.* Geifermaul, *n.*

†**Bavière,** *f.* Bayern (Land), *n.*

**Bavocher,** *v. a. et n.* unfauber abzeichnen; abdrucken; fubeln.

**Bavochure,** *f.* der unreine Druck, Stich, die unreine Zeichnung.

**Bavois,** *m.* (Lehenwesen) die Schäßungstafel von den herrfchaftlichen Gebühren.

**Bavolet,** *m.* Kopfpuß (der Landmädchen).

**Bavure,** *f.* (Gieß.) Formnaht.

---

**Bayadère,** *f.* Bajadere, indifche Tänzerinn.

†**Bayer** (fpr. bé-ié), *v. n.* à qch., etw. angaffen, begaffen, nach etwas gaffen; — après qch., gierig nach etw. fchnappen.

†**Bayette,** *f.* eine Art Flanell.

**Bayeur,** *m.* se, *f.* Gaffer, *m.* =inn, *f.*

**Bayonnette,** *v.* Baïonnette.

†**Bazan,** *m.* die perfifche wilde Ziege.

**Bazar,** *m.* (im Orient) Marktplaß, Sclavengefängniß, *n.*

**Bdellium,** *m.* (Naturg.) Bdellium, *n.* (Art Gummi).

**Béant, e,** *adj.* offenftehend, aufgefperrt; gähnend, klaffend; bouche —e, mit offenem Munde.

**Béat,** *m. e, f. fm.* Andächtler, *m.* Frömmling; Betfchwefter, *f.* || Sechsfreie, *m.;* (Spiel) einer der nicht mitfpielt.

**Béatification,** *f.* Seligfprechung.

**Béatifier,** *v. a.* felig fprechen.

**Béatifique,** *adj.* befeligend, feligmachend.

**Béatilles,** *f. pl.* (Koch.) die Leckerbißchen in Pafteten || kleine Nonnenarbeiten, *f.*

**Béatitude,** *f.* Seligkeit.

**Beau, bel,** *adj. m., belle, adj. f.* fchön; gut; vortrefflich; —, *m.* Schöne, *n.;* il fait —, es ift fchön Wetter; — *adv.,* il a —faire, er gibt fich umfonft Mühe; au — lui dire, vergebens fagt man ihm; vous avez — parler, Sie haben gut reden; avoir — jeu, gewonnen Spiel haben; tout —, gemach, fachle! bien et —, bel et —, *adv.* rund und rein, gänzlich; voilà qui est —, das läßt recht fchön; en —, ins Schöne, in einem fchönen Lichte; il l'a échappé belle, er ift gut durchgekommen; de plus belle, von neuem, ftärker, hißiger.

†**Beauceron,** *m.* ein Einwohner der franzöfifchen Provinz Beauce.

**Beaucoup,** *adv.* viel; fehr; weit; — de personnes, viele Perfonen; il s'en faut —, weit gefehlt; de —, um vieles.

**Beau-fils,** *m.* Stieffohn; Schwiegerfohn, Eidam.    [Schwager.

**Beau-frère,** *m.* Stiefbruder;

†**Beau-partir de la main,** *m.* (Reitfch.) das kraftvolle Fortfchießen in gerader Linie.

**Beau-père,** *m.* Stiefvater; Schwiegervater; le beau-père et la belle-mère, die Schwiegerältern, *pl.*

**Beaupré,** *m.* (Seew.) Begfpriet, *n.*

**Beauté,** *f.* Schönheit; *fg. id.*

**Beauveau,** *m. v.* Beveau.

**Bec,** *m.* Schnabel; *fg.* Maul, *n.;* die Schnauze (einer Kanne); Spiße (eines Inftruments); der Schnabel,

---

die Spiße (an Schreibfedern, an Gefäßen); (Bauk.) Ecke,*f.; —* de terre, kleine Erdzunge || — affilé, *fm.* das Plaudermaul, gute Mundwerk; coup de —, die Stichelrede; *fm.* Schnäbelei, der Kuß; —d'âne, (Schloff.) Reißhaken, das Stemmeisen; (Tifchl.) die Schnißbank; (Zimm.) Schneidebank; —-de-cane, de-corbin, (Chir.) der Enten-, Rabenfchnabel, die Zange; (Handw.) der Hafen; —-jaune, béjaune, junge Vogel; *fg. fm.* Gelbfchnabel, Pinfel, Unverftand, Laffe; —-de-lièvre, die Hafenfcharte; — à —, vertraut, unter vier Augen; tenir à qn. le — dans l'eau, einen in der Ungewißheit laffen.    [bunge, *f.*

**Bécabunga,** *m.* (Botanit) Bach-

**Bécarre,** *m.* (Muf.) das b quadrat.

**Bécasse,** *f.* (Naturg.) Schnepfe || (Korbm.) Hafen, *m.*

**Bécasseau,** *m.* die junge Schnepfe.

**Bécassine,** *f.* (Naturg.) Waffer-, Feldfchnepfe.    [chen, *n.*

**Beccard,** *m.* Bécard, Lachsweib-

†**Bec-croche,** *m.* Krebsfreffer (Vogel).    [(Vogel).

†**Bec-croisé,** *m.* Kreuzfchnabel

†**Bec-d'oiseau,** *m.* Schnabelthier, *n.* Ornithorhynchus, *m.*

**Becfigue,** *m.* (Naturg.) Feigendreffel, *f.;* Schnepfe.

**Béchamel,** *f.* (Koch.) Bechamel.

**Bécharu,** *m.* Flamingo (Vogel).

**Bêche,** *f.* Grabfcheit, *n.* Spaten, *m.* || (Naturg.) Stichling (kleine Kärpfling).    [fer.

**Bêcher,** *v. a.* umgraben.

†**Béchet,** *m.* das Kameel mit zwei Buckeln.

**Béchique,** *adj.* (Med.) gut für die Bruft; —, *m.* Bruftmittel, *n.*

**Becquée,** *f.* (Naturg.) der Aeßung, *f.;* donner la —, (einen Vogel) äßen.

**Becqueter,** *v. a.* mit dem Schnabel hacken, picken, anpicken; se —, *v. r.* fich herumbeißen, fich fchnäbeln.

†**Becquillon,** *m.* (Bot.) Spißblättchen, *n.;* (Jagd) der Schnabel des jungen Falken.

**Bécune,** *f.* (Naturg.) Seehecht, *m.*

**Bedaine,** *f. fm.* der dicke Wanft, Schmeerbauch.

**Bedeau,** *m.* Pedell.

**Bédégar,** *m.* Schlafapfel, Rofenfchwamm.

**Bedon,** *m. fm.* Dickwanft.

**Bédouin,** *m.* Beduine, afrikanifche Araber.

**Bée,** *adj.,* tonneau à gueule —, Faß mit ausgefchlagenem Boden.

**Beffroi,** *m.* Wachtthurm; Sturmglocke, *f.;* *id.*

**Bégaiement** ou **Bégayement,** *m.* Stammeln, *n.* Lallen.

Bégayer, *v. n.* flammeln, ſtottern, lallen; (Reitſch.) den Kopf auf= und niederwerfen; —, *v. a.* herſtottern.

Bégu, ë, *adj.* (Reitſch.) über die Zeit zeichnend.

Begue, *adj.* ſtammelnd, ſtotternd; —, *m. et f.* Stammler, *m.* =inn, *f.*

†Béguettes, *f. pl.* das Zänglein (der Schloſſer). [rinn, der Zieroffe.

Bégueule, *f. injur.* die eitle Närs

Bégueulerie, *f.* die ſtolze Ziererei.

Béguin, *m.* Kinderhaube, *f.*

Béguinage, *m.* Beghinenkloſter, *n.*

Béguine, *f.* Beghine (eine Art Nonne); *fm. mépr.* Betſchweſter.

Béhen, *m.* (Bot.) Behenwurzel, *f.*

Beige, *f.* die Sarſche aus roher Wolle; —, *adj.* , laine —, die rohe Wolle. [ſtein, *n.*

Beignet, *m.* Pfannkuchen, Küch=

Beiram, *v.* Bairam.

Béjaune, *v.* Bec.

Bel, belle, *v.* Beau.

Belandre, *f.* (Schiff.) das kleine Transportſchiff (auf Flüſſen, ꝛc.)*n.*, Binnenländer, *m.*

Bêlant, e, *adj.* blökend.

Bêlement, *m.* das Blöken (der Schafe). [ſtein, *m.* Belemnit.

Bélemnite, *f.* (Naturg.) Donner=

Bêler, *v. n.* blöken, meckern.

Bel-esprit, *m.* Schöngeiſt.

Belette, *f.* (Naturg.) Wieſel, *n.*

†Belge, *adj.* belgiſch; —, *m.* Bel= gier, Niederländer.

†Belgique, *f.* Belgien (Land).

†Belgrade, Belgrad (Stadt).

Bélier, *m.* Widder, Schafbock; (Alt.) Mauerbrecher, Sturmbock; (Mech.) Rammbock.

Bélière, *f.* Klöppelring, *m.* (Gold= ſchmied) das Oehr eines Ohrrings.

Belitre, *m. injur.* Bettler, Lum= penkerl.

Belladona, *f.* (Bot.) Tollkirſche.

Bellâtre, *adj. inus.* gekünſtelt; fad; —, *m.* Schönling.

Belle, *f.* Schöne; *fg.* Geliebte ǁ (Seew.) Oberloff, *m.*

Belle-dame, *f. v.* Belladona.

Belle-de-jour, *f.* (Bot.) Affodill= Lilie. [zerhofe:

Belle-de-nuit, *f.* (Bot.) Schwei=

Belle-d'un-jour, *v.* Hémérocalle.

Belle-fille, *f.* Stieftochter; Schwie= gertochter.

Bellement, *adv. fm.* ſachte!

Belle-mère, *f.* Stiefmutter; Schwie= germutter. [gerinn.

Belle-sœur, *f.* Stiefſchweſter; Schwä=

Belligérant, e, *adj.* kriegführend.

Belliqueux, se, *adj.* kriegeriſch, ſtreitbar.

Bellissime, *adj. fm.* überaus ſchön; —, *f.* (Gärtn.) Prachttulpe; Prachtbirn.

†Bellon, *m.* Bleikrankheit, *f.*;

(Winzer) Butte; (Bot.) Bellonie.

†Bellone, *f.* (Myth.) Bellona, Kriegsgöttinn.

†Bellonéon, *m.* das Belloneum (muſikaliſches Inſtrument). [lich.

Bellot, te, *adj. fm. p. us.* nied=

†Bellune, Belluno (Stadt).

†Belsebut, *m.* Teufel, Beelzebub; (Naturg.) Brüllaffe.

Belvéder (ſpr. =dére), Belvédère, *m.* Luſtwarte, *f.* Belvedert, *n.*

Bémol, *m.* (Muſ.) das b mol.

†Bémoliser, *v. a.* eine Note mit b mol bezeichnen; ein oder mehrere b im Schlüſſel vorzeichnen.

Ben, *m.* (Bot.) Behenbaum.

Bénarde, *f. et adj.*, serrure —, das Schloß das ſich auf beiden Sei= ten öffnet.

†Benate, *f.* der große Salzkorb.

†Benaut, *m.* Zuber, Tragkübel.

Bénédicité, *m. lat.* Benedicite, *n.* Tiſchgebet.

Bénédictin, *m.* e, *f.* Benedicti= nermönch, *m.* Benedictinernonne, *f.*

Bénédiction, *f.* Segen, *m.* Se= gensſpruch, Einſegnung, *f.* Weihe; Glückwunſch, *m.*; *fg.* Ueberfluß.

Bénéfice, *m.* Vortheil, Gewinn, Nutzen; (jur.) Rechtswohlthat, *f.* Begünſtigung; Vorrecht, *n.*; — d'inventaire, die Uebernahme eines Erbes nach Abzug der Schulden; — d'âge, die Wohlthat der Mündig= ſprechung vor der Zeit; —, (Kirch.) Pfründe, *f.*; — de nature, (Med.) die Selbſthülfe der Natur; — de bas-ventre, der offene Leib.

Bénéficiaire, *adj.*, héritier — *et* —, *m.* der antrets-Erbe.

Bénéficial, e, *adj.* die Pfründen betreffend.

Bénéficier, *m.* (Kirch.) Pfründen= beſitzer; —, *v. a.* zur Ausbeute brin= gen, gewinnen; —, *v. n.* sur qch., an etw. gewinnen; Nutzen aus etw. ziehen. [kopf.

Benêt, *m. mépr.* Pinſel, Dumm=

Bénévole, *adj.* plais., -ment, *adv.:* geneigt.

†Bengale, *f.* Bengalen, *n.* (Land).

Bengali, *m. et adj.* die bengali= ſche Sprache. [ſeligkeit.

Bénignité, *f. p. us.* Güte, Leut=

Bénin, Bénigne, *adj.*; Bénigne= ment, *adv.:* gütig, liebreich, ſanft, gelinde; *iron.* einfältig.

Bénir, *v. a.* ſegnen, einſegnen, einweihen; loben, preiſen; *fg.* ſeg= nen, beglücken.

Bénit, e, *adj.* geweiht; eau —, das Weihwaſſer; eau — de cour, *fg.* leere Complimente, die Hof= ſprache.

Bénitier, *m.* Weihkeſſel.

Benjamin, *n. pr. m.* Benjamin; *fg.* Schoßkind, *n.*; *fm.* Augapfel, *m.*

Benjoin, *m.* das Benzoe (Harz).

Benne, *f.* der Tragkorb (der Laſt= thiere).

†Bénoit, *n. pr. m.* Benedict.

Benoite, *f.* (Bot.) Benedictenwur= zel, *f.*

Benzoique, *adj.* das Benzoe be= treffend; l'acide —, die Benzoe= ſäure. [tarch.

Béotarque, *m.* (altgriech.) Böo=

†Béotie, *f.* Böotien (alte Provinz).

†Bequettes, *f. pl.* Drahtzange.

Béquillard, *m. fm.* Krückenſchlei= cher. [Doppelkrückenhaue.

Béquille, *f.* Krücke; (Gärtner)

Béquiller, *v. a.* (die Erde) ein we= nig auflockern; —, *v. n.* an Krücken gehen.

†Béquillon, *m.* (Bot.) das Spitz= blättchen (an Blumen); (Gärtn.) *v.* Béquille.

Ber, *m.* (Seew.) Riegel, Schlitten.

†Berbéridées, *f. pl.* die ſauerdorn= artigen Pflanzen.

Bercail, *m.* Schafſtall; *fg.* (Kath.) Schooß der Kirche.

Berce, *f.* (Bot.) Bärenklau, Bä= renkraut, *n.*

Berceau, *m.* Wiege, *f.*; *fg. id.*, Kindheit; der erſte Anfang; dés le —, *fm.* von Kindesbeinen an; — (Bauk.) Bogengewölbe, *n.*; (Gärtn.) Bogenlaube, Laube; — de presse, (Buchdr.) Laufbrett, *n.*

†Bercelle, *f.* (Schmelz.) Kornzange.

Bercer, *v. a.* wiegen; *fg.* einwie= gen, einſchläfern; se —, ſich ſchmei= cheln (de, mit).

Berceuse, *f.* Wiegefrau. [nome.

†Berche, *f.* (Seew.) die kleine Ka=

†Bergame, Bergamo (Stadt).

Bergamote, *f.* Bergamottbirne; Bergamottcitrone.

Berge, *f.* der ſteile Rand, das ſteile Ufer ǁ Fahrzeug (auf Flüſſen).

Berger, *m.* e, *f.* Schäfer, *m.* =inn, *f.*; l'heure du —, die Schäfer= ſtunde; *fg.* der günſtige Augenblick; l'étoile du —, Morgen= und Abend= ſtern (Venus).

Bergère, *f.* Lehnſtuhl, *m.*; (Perr.) eine Art Kopfputz.

Bergerette, *f.* Honigwein, *m.*

Bergerie, *f.* Schafſtall, *m.*; Schä= ferei, *f.* [ſtelze.

Bergeronnette, *f.* (Naturg.) Bach=

†Bérichot, *m.* Zaunkönig.

Béril, *v.* Béryl.

Berle, *f.* (Bot.) Waſſereppich, *m.*

Berline, *f.* Berline (Art Kutſche).

Berlingot, *m.* die halbe Berline.

Berloque, *f.* (Kriegsw.) der Trom= melſchlag welcher die Stunde der Reinigung der Caſernen anzeigt.

Berlue, *f.* das augenblickliche Ver= gehen des Geſichts, Blendung, *f.*; avoir la —, geblendet, verblen=

bet seyn; *fg.* id., falsch urtheilen.
Berme, *f.* (Fert.) Berme, Wall=abfaß, *m.* || Seitendammweg.
†Bermudes, *f. pl.* die bermudi=schen Inseln. [iie.
Bermudienne, *f.* bermudische Li=
Bernable, *adj.* prellenswerth; aus=lachenswürdig. [gans.
Bernacle, *f.* Entenmuschel, Baum=
†Bernard, *n. pr. m.* Bernhard.
Bernardin, *m.* e, *f.* Bernhardi=nermönch, *m.* Bernhardbinernonne, *f.*
Berne, *f.* Prelle, Prellen, *n.*
†Berne, *f.* Bern (Stabt).
Bernement, *m.* Prellen, *n.* Schnel=len (in die Höhe).
Berner, *v. a.* prellen, in die Höhe schnellen; *fg.* lächerlich machen, aus=spotten.
†Bernesque, *adj.*, le style —, der zierlich lächerliche Styl (von Berni).
Berneur, *m.* Preller; *fg.* Spötter.
Bernique, *f. pl. pop.* nichts! nichts da!
†Berniquet, *m. pop.* Bettelstab; il est au —, er ist am Bettelstab.
†Berrichon, ne, *adj.* aus dem Lande Berry.
†Berthe, *n. pr. f.* Bertha.
†Bertrand, *n. pr. m.* Bertram.
†Bérubleau, *m.* (Miner.) Berg=grün, *n.*
†Béruse, *f.* eine Art Lyoner Zeug.
Béryl, *m.* (Juwel.) Beryll.
Besace, *f.* Quersack, *m.* Bettelsack; *fg.* être la une —, am Bettelstabe seyn. [ger.
Besacier, *m. mépr.* Bettelsackträ=
Besaigre, *adj.* (vom Weine) säuer=lich werdend.
Besaiguë, *f.* Zwerch=, Querart (Glas.) Hammer, *m.*
Besant, *m.* eine alte griechische Goldmünze.
Beset, *m.* (Trict.) dribe Aß.
Besi, *m.* Besibirne, *f.*
Besicles, *f. pl.* Bandbrille; Larve mit gläsernen Augen.
†Besoche, *f.* eine Art von Hacke, *v.* Hoyau.
Besogne, *f.* Arbeit, Geschäft, *n.*
Besoin, *m.* Bedürfniß, *n.* Noth, *f.* Nothdurft; avoir — de qch., einer S. bedürfen; etw. brauchen, nöthig haben; il est —, es ist nöthig.
†Bessarabie, *f.* Bessarabien, eine türkische Proving.
Besson, ne, *adj.* (Alt.) statt ju=meau, Zwilling.
Bestiaire, *m.* der Kämpfer mit wil=den Thieren bei ben alten Römern.
Bestial, e, *adj.*, -ement, *adv.* viehisch, thierisch. [me Thier.
Bestiasse, *f. pop. et fg.* das bum=
Bestiaux, *m. pl.* Vieh, *n.*
Bestiole, *f.* Thierchen, *n.; fg. fn.* dumme Thierchen, Gänschen.

†Bestion, *m.* Schiffsschnabel.
Béta, *m. pop.* Viehmensch, Ein=faltspinsel.
Bétail, *m.* Vieh, *n.;* gros, menu —, großes, kleines Vieh.
Bète, *f.* das unvernünftige Thier, Vieh; (Jagd) Wild; — à corne, à laine, de charge, de somme, de voiture, das Horn=, Schaf=, Last=, Zugvieh; —s fauves, noires, roth, schwarz Wild || *fg.* Dummkopf, *m.;* fine —, méchante —, der feine Fuchs, schlimme Kauz; c'est ma=noire, er (sie) ist mir in den Tod zuwider; (Spiel) la —, eine Art Kar=tenspiel; der Einsatz des Verlieren=ben, die Bete; —, *adj.* dumm; -ment, *adv.* id., dummerweise.
Bétel, *m.* (Bot.) Betel (Kraut).
†Bétille, *f.* der bengalische Kattun.
Bétise, *f.* Dummheit; Einfalt, Unverstand, *m.*
Bétoine, *f.* (Bot.) Betonie, Glieds kraut, *n.*
†Bétoires, *m. pl.* in den Boden gegrabene Löcher, um das Wasser verlaufen zu machen. [tegen.
Béton, *m.* der Mörtel zum Grund=
Bette, *f.* (Bot.) Mangold, *m.*
Betterave, *f.* die rothe Rübe, Run=kelrübe.
†Bétuse, *f.* Fischfaß, *n.*
Bétyle, *m.* (Alt.) Gegenstein, Bä=tylus.
Beuglement, *m.* Gebrüll, *n.*
Beugler, *v. n.* brüllen (vom Rind=vieh).
Beurre, *m.* Butter, *f.;* — frais, fort, noir, frische, ranzige, braune Butter.
Beurré, *m.* Butterbirn, *f.* Schmalz=
Beurrée, *f.* Butterbrod, *n.* die =schnitte, =bämme.
Beurrer, *v. a.* mit Butter bestrei=chen; in zerlassene Butter tunken.
Beurrier, *m.* ère, *f.* Butterhänd=ler, *m.* =inn, *f.* [gelb, *n.*
†Beuvante, *f.* (Schiff.) Trink=
†Beveau, *m.* Beuveau, Winkel=messer.
Bévue, *f.* Versehen, *n.* Fehler, *m.* Mißgriff, Verstoß, Bock, Schni=ber. [ter.
Bey, *m.* (Türk.) Bey, Statthal=
Bezestan, *m.* (Türk.) Begestan, bedecte Markt.
Bézoard, *m.* Bezoarstein.
Biais, *m.* die schiefe Richtung, de —, schrägen; —. Seite; mettre, faire de —, schrägen; —, Mittel, *n.* Weg, *m.;* — gras, maigre, die stumpfe, scharfe Schräge; de — en —, *adv.* frumm, überzwerch, schräg, zwerch.
Biaisement, *m.* Krümme, *f.; fg.* p. us. Winkelzüge, *m. pl.*
Biaiser, *v. n.* schräg gehen i schief,

schräge seyn; *fg.* krumme Wege ge=hen; Umschweife nehmen.
†Biaiseur, *m.* Schleicher.
†Biasse, *f.* die rohe levantische Seide.
Biberon, *m. fm.* Zecher || das Saugehorn (der Kinder).
Bible, *f.* Bibel, heilige Schrift.
Bibliographe, *m.* Bücherkenner.
Bibliographie, *f.* Bücherkenntniß, =kunde. [bisch.
Bibliographique, *adj.* bibliogra=
Bibliomane, *m.* Büchernarr.
Bibliomanie, *f.* Büchersucht.
Bibliophile, *m.* Bücherfreund.
Bibliothécaire, *m.* Bibliothecar, Bücheraufseher.
Bibliothèque, *f.* Bibliothek (auch *fg.*); Büchersaal, *m.* Bücherschrank, Büchersammlung, *f.;* — bleue, Mährchen, Volkssagen, *f.*
Biblique, *adj.* biblisch; société —, die Bibelgesellschaft.
Bibus, *m. indécl.*, affaire de —, *fm.* die nichtswürdige, elende Sache.
Biceps, *m. lat.* (Anal.) der zwei=köpfige Muskel.
Biche, *f.* Hirschkuh, Hindinn.
Bichet, *m. ol.* Scheffel.
Bichetage, *m.* die Auflage auf das Getreide. [hautwurm.
†Bicho, *m.* Bicios, (Naturg.)
Bichon, *m.* ne, *f.* das Maltefer=, Löwenhündchen; (Perr.) die Locken am Hinterkopf. [herauspußen.
Bichonner, *v. a.* die Haare locken,
†Bicoq, *m.* (Zimm.) der dritte Fuß (eines Hebegerüstes).
Bicoque, *f.* der kleine schlechtbefe=stigte Ort; das elende Häuschen.
†Bicornu, e, *adj.* (Bot.) zwei=spißig. [ein zweispißiges Blatt.
†Bicuspidée, *adj.*, feuille —,
†Bidauct, *m.* (Färb.) Kienruß.
†Bident, *m.* Zweizahn, Gabel=fraut, *n.*
Bidet, *m.* Klepper; (Tischl.) Stuhl mit einem Waschbecken; Lehnstuhl.
Bidon, *m.* Schleifkanne, *f.;* Feld=flasche; (Büch.) längliche Kugel.
Bief, *v.* Biez.
Bien, *m.* Gut, *n.* Wohl, Beste || Güter, *pl.* Vermögen, *n.* Habe, *f.* || Gute, *n.;* un homme de —, ein rechtschaffener Mann; — *adv.* gut, wohl, sehr, viel; zwar; gern; — de l'argent, — du monde, viel Geld, viele Leute; être —, artig seyn; wohlhabend; être — avec qn., gut mit einem stehen; faire —, wohl thun, eine gute Wirkung hervorbrin=gen; faire grand —, sehr wohl be=kommen; he —, nun; wohlan; ou —, ober auch, ober aber; en —, *adv.* gut, von der guten Seite; — que, *conj.* obgleich; — loin que, *conj.* weit gefehlt, anstatt, statt baß ...

Bien-aimé, e, *adj.* vielgeliebt; —,
*m. e, f.* Vielgeliebte, *m. et f.; fm.*
Herzblatt, *n.*
Bien aise, *adj.* zufrieden, froh.
Bien-dire, *m. fm.* Wohlredenheit,
Bien-disant, e, *adj.* beredt.  [*f.*
Bien-être, *m.* Wohlstand; Wohl=
seyn, *n.* Wohlbehagen.
†Bien-faire, *v. a.* seine Pflicht thun;
Gutes thun.
Bienfaisance, *f.* Wohlthätigkeit.
Bienfaisant, e, *adj.* wohlthätig.
Bienfait, *m.* Wohlthat, *f.*
Bienfaiteur, *m.* trice, *f.* Wohl=
thäter, *m. =inn, f.*
Bien-fonds, *m.* das liegende Gut.
Bienheureux, se, *adj.* sehr glück=
lich; (Theol.) selig.
Biennal, e, *adj.* zwei Jahre dau=
ernd, zweijährig.
Bienséance, *f.* Wohlstand, *m.*
Wohlanständigkeit, *f.;* Schicklichkeit,
la — de l'âge, das für das Alter
Schickliche; *fm.* être à la — de
qn., einem anstehen.
Bienséant, e, *adj.* wohlanständig.
Bien-tenant, e, *m. et f.* (jur.) In=
haber, *m. =inn, f.*
Bientôt, *adv.* bald; in kurzem.
Bienveillance, *f.* Wohlwollen, *n.*
Güte, *f.* Gunst, Gewogenheit, Huld.
Bienveillant, e, *adj.* geneigt, ge=
wogen.
Bienvenu, e, *adj.* willkommen;
wohlgelitten; —e, *f.* die glückliche
Ankunft, der Eintritt (in eine Ge=
sellschaft); payer sa —e, seinen Ein=
stand geben.  [liebt.
Bienvoulu, *adj.* wohlgelitten, be=
Bière, *f.* Sarg, *m.* Todtenbahre,
*f.* Bahre || Bier, *n.;* double —,
— de mars, Lagerbier; petite —,
Dünnbier, der Kofent.
Bièvre, *m.* (Naturg.) Biber; Bi=
bertaucher (Vogel).  [rinne, *n.*
Biez, *m.* Wassergang, Mühlge=
†Bifère, *adj.* (Bot.) zweimal blü=
hend.  [chen.
Biffer, *v. a.* (jur.) durch=, ausstrei=
Bifide, *adj.* (Bot.) zweispaltig.
Bifteck, *m.* Beefsteat, *n.*
Bifurcation, *f.* (Anat., Bot.) ga=
belförmige Theilung.
Bifurquer (se), (Anal., Bot.) sich
gabelförmig theilen.
Bigame, *adj. et s.* eine Person die
in zweifacher Ehe lebt.
Bigamie, *f.* die doppelte Ehe; (Kan.
Recht) zweite Ehe.  [ranze.
Bigarade, *f.* die große saure Pome=
†Bigaradier, *m.* der Baum welcher
die große saure Pomeranze trägt.
Bigarreau, *m.* Herzkirsche, *f.*
Bigarreautier, *m.* Herzkirschbaum.
Bigarrer, *v. a.* bunt malen, fär=
ben; *fg.* (seinen Styl) buntscheckig
schmücken; —é, e, buntscheckig, bunt.

Bigarrure, *f.* Buntscheckige, *n.*
Vielfärbigkeit, *f. fg.* das wunder=
liche Gemengsel.  [Wagen.
†Bige, *m.* (Alt.) der zweispännige
Bigle, *adj.* einwärts schielend; —,
*m.* Schieler.
Bigler, *v. n.* einwärts schielen.
Bigne, *f.* Beule (an der Stirne).
†Bignone, *f.* Trompetenblume.
Bigorne, *f.* der Amboß mit zwei
Spitzen.
†Bigorneau, *m.* der kleine Amboß.
†Bigorner, *v. a.* (Schloss.) rund
schmieden; runden.
Bigot, e, *adj.* scheinheilig, fröm=
melnd; —, *m. e, f.* Andächtler;
*m. =inn, f.*
Bigoterie, *f.* Bigotisme, *m.* Schein=
heiligkeit, *f.* Frömmelei.
Bigue, *f.* (Seew.) Hebebalken, *m.;*
Stütze, *f.*  [schen, wechseln.
†Biguer, *v. a.* (Spiel) Karten tau=
Bijon, *m.* Terpentinbalsam.
Bijou, *m.* Schmuck, Kleinod, *n.*
Juwele, *f.* Kostbarkeit, —x, Ge=
schmeide, *n.; fg.* Kleinod.
Bijouterie, *f.* Juwelenhandel, *m.*
Bijoutier, *m.* Juwelenhändler.
Bilan, *m.* Bilanz, *f.* der verglei=
chende Auszug aus den Schuld= oder
Handlungsbüchern.
Bilboquet, *m.* Fangstöckchen, *n.*
Kugelfänger, *m.;* Gaukelmännchen,
*n.* Stehmännchen; (Perr.) Kräusel=
holz; (Wergold.) Holz zum Goldauf=
tragen; (Buchbr.) Nebenarbeit, *f.*
Bile, *f.* Galle; *fg.* Zorn, *m.*
Grimm.
Biliaire, *adj.* Galle führend; pierre
—, Gallenstein, *m.*
Bilieux, se, *adj.* gallig, voll
Galle; gallsüchtig (auch *fg.*); *fg.*
zornig.
Bill, *m.* Bill, *f.* (der Vorschlag
eines Gesetzes im englischen Parla=
mente).
Billard, *m.* Billiard, *n.;* =tafel,
*f.; =*stock, *m.; =*saal, =haus, *n.*
Billarder, *v. n.* billiardiren.
Bille, *f.* (Bill.) Billiardkugel;
Packstock, *m.;* (Gärb.) Winkestock;
(Gärtn.) Pflanzschüßling || Block,
Klotz (Holz); — d'acier, das vier=
eckige Stück Stahl.
Billebarrer, *v. a. fm.* bunt an=
streichen, malen.
Billebaude, *f.* Verwirrung; feu
de —, (Kriegsw.) Heckfeuer, *n.;*
à la —, *adv.* verwirrt.
†Biller, *v. a.* mit dem Packstocke
fest zusammenziehen; (Schifff.) (ein
Seil) an ein Querholz anbinden;
(Pferde) zu zwei und zwei anspannen.
Billet, *m.* Zettel, Briefchen; —
(jur., Handl.) Schein, Verschreibung,
Schein; Verschreibung, *f.;* Anwei=
sung (à ordre, auf Ordre); — de

banque, Bankzettel, *m.; —*, (Thea=
ter) Einlaßkarte, *f.; —* de loterie,
Lotteriezettel, *m.* Loos, *n.; —* blanc,
Niete, *f.; —* noir, gagnant, Tref=
fer, *m.; —* doux, Liebesbriefchen,
*n.;* tirer au —, loosen; das Loos
ziehen.  [telchen bezeichnen.
Billeter, *v. a.* (Waaren) mit Zet=
Billette, *f.* (Töpf.) Rollholz, *n.;*
(Tuchsch.) Winkelholz; (Glas.) Span,
*m.;* (Handl.) Zollschein.
Billevesée, *f. fg.* das alberne Ge=
schwätz; die sinnlose Erzählung.
Billion, *m.* Bilion, *f.* (1000
Millionen).
Billon, *m.* (Münzw.) Scheide=
münze, *f.;* das schlechte Geld; der
Ort, wo es eingewechselt wird; (Neb=
m.) die kurz abgeschnittene Wein=
rebe; (Handl.) der geringste Krapp.
Billonnage, Billonnement, *m.*
das Kippen und Wippen.
Billonner, *v. a.* kippen und wip=
pen; verrufene Münzen sammeln;
Geld verfälschen.
Billonneur, *m.* der Kipper und
Wipper.
Billot, *m.* Block, Klotz; Stock;
(Kocht., 2c.) Hackblock; Knüppel,
Knüttel (an dem Hals der Hunde);
(Reitsch.) Arzneigebiß, *n.* || Maus=
falle, *f.; fg.* das kurze, dicke Buch,
Klotz, *m.*
Bimbelot, *m.* Spielzeug, *n.*
Bimbeloterie, *f.* Spielwaarenfa=
brik; Spielzeughandel, *m.*
Bimbelotier, *m.* Spielzeugmacher,
Spielzeughändler.
Binage, *m.* Zwiebrachen, *n.* die
zweite Bearbeitung der Aecker;
(Nehm.) die zweite Hacke; (Kath.)
das zweimalige Messelesen an einem
Tage.  [tique —, Dyabit, *f.*
Binaire, *adj.* gezweit; arithmé=
Binard, *m.* Blockwagen.
†Binement, *m., v.* Binage.
Biner, *v. a.* (Landw.) zum zwei=
tenmale bearbeiten, rühren; —,
*v. n.* (Kath.) zwei Messen an einem
Tage lesen.
Binet, *m.* Lichtknecht; Profitchen,
*n.;* der flache Handleuchter.
†Binette, *f.* Hacke.
Binocle, *m.* das doppelte Fernrohr.
†Binoculaire, *adj.* für beide Au=
gen zugleich (ein Glas).
Binome, *f.* (Alg.) die zweithei=
lige Größe.  [Biograph.
Biographe, *m.* Lebensbeschreiber,
Biographie, *f.* Lebensbeschreibung,
Biographie.
Biographique, *adj.* biographisch.
†Bipédal, *adj.* zwei Fuß lang,
zweischuhig.
Bipède, *adj.* zweifüßig; —, *m.*
das zweifüßige Thier.
Bique, *f.* Ziege.

Biquet, *m.* Zicklein, *n.*; (Münz=
w.) Goldwage, *f.*
†Biqueter, *v. n.* Zicklein werfen;
—, *v. a.* auf der Goldwage abwä=
gen.    [Bierkalteschale.
†Birambrot, *m.* Biersuppe, *f.*
†Bire, *f.* (Fisch.) Fischreuße.
Birème, *f.* (Alt.) das zweiuberige
Schiff (mit zwei Reihen Ruderbän=
ken auf jeder Seite).
Biribi, *m.* Biribispiel, *n.*
Birloir, *m.* Fensterwirbel, Auf=
halthaken.    [Seibe.
†Birotine, *f.* eine Art levantischer
Bis, *adv. lat.* zweimal; —, *in=
terj.* noch einmal.
Bis, e, *adj.* schwarzbraun, schwarz
(vom Brode).
†Bisage, *m.* (Färb.) Umsärben, *n.*
Bisaïeul, *m.* e, *f.* Aeltervater,
*m.* Urgroßvater; Aeltermutter, *f.*
Urgroßmutter.
†Bisaigue, *m.*, *v.* Biseigle.
†Bisaille, *f.* das letzte Schwarzmehl.
Bisannuel, le, *adj.* (Bot.) zwei=
jährig.
Bisbille, *f. fm.* der kleine Zwist.
†Bis-blanc, *adj.* (v. Brode) halb=
weiß.    [Spanien.)
†Biscaïe, *f.* Biskaya (Provinz in
†Biscaïen, *m.* ne, *f.* Biskayer, *m.*
Biskayerinn, *f.*    [tütschenkugel.
Biscaïen, *m.* Standbüchse, *f.*; Kar=
†Bisché, *adj. m.* angebrütet (Ei).
Biscornu, e, *adj. fm.* unförmlich,
*fg.* seltsam, wunderlich.
Biscotin, *m.* Zuckerpläßchen, *n.*
Biscuit, *m.* Zuckerbrod, *n.*; (Bä=
der) Zwieback, *m.* || das Porcellan
ohne Schmelz und Farbe; (Färb.)
die schlechte Färberei; — de cire,
Wachslampe, *f.*
Bise, *f.* Nordwind, *m.*
Biseau, *m.* die schiefe Kante; Bahn
(an schneidenden Instrumenten);
(Drg.) Lefze; (Dreh.) Dreheisen, *n.*;
(Buchdr.) Schrägsteg, *m.*; (Bät.)
Anstoß; (Juwel.) Kastenrand.
†Biseigle, *m.* Glättheft, *n.* Zum=
melholz.
Biser, *v. n.* (Landw.) schwarz wer=
den, ausarten; —, *v. a.* umsärben.
Biset, *m.* (Naturg.) Holztaube,
*f.*; —, *adj.* caillou —, der
schwärzliche Kieselstein.
Bisette, *f.* geringe, schmale Zwirn=
spißen, *pl.*
†Biseur, *m.* Schwarzfärber.
Bismuth, *m.* Wismuth.
Bison, *m.* Bisamochs; Büffel.
Bisonne, *f.* der grobe grauschwarze
Zeug.    [gegärbte Schaffell.
†Bisquain, *m.* das mit der Wolle
Bisque, *f.* (Koch.) Kraftsuppe;
(Ballsp.) fünfzehn voraus; *fg. fm.*
bien prendre sa —, seine Zeit
wohl in Acht nehmen.

Bisquer, *v. n. pop.* schimpfen,
zanken, troßen.
Bissac, *m.* Quersack, Ranzen,
Bettelsack.
†Bisse, *f.* (Wapp.) Schlange.
Bissexe, *v.* Bissexuel.
Bissexte, *m.* Schalttag.
Bissextil, e, *adj.*, année —e,
Schaltjahr, *n.*
Bissexuel, *adj.* (Bot.) zwei=
schlechtig, doppelgeschlechtig.
Bissus, *v.* Byssus.
Bistoquet, *m.* (Bill.) Masse, *f.*
Bistorte, *f.* (Bot.) Natterwurz.
†Bistortier, *m.* der Stößel von
Buchs.    [messerchen, *n.*
Bistouri, *m.* (Chir.) Einschnitt=
Bistourner, *v. a.* (ein Pferd) durch
Verdrehung der Hoden wallachen;
*fg. fm.* verdrehen.
Bistre, *m.* Bister, Rußschwarz, *n.*
†Bisulce, Bisulque, *adj.*, ani=
mal — ou —, *m.* das Thier mit
gespaltenen Klauen, das zweihufige
Thier.
†Bithynie, *f.* Bithynien, *n.*
Bitord, *m.* das zweidrähtige Seil.
†Bitter, *v. a.* (das Anfertau) auf=
rollen.
Bittern, *m.* (Salzf.) Mutterfole, *f.*
†Bittes, *m. pl.* (Seew.) Büttings=
hölzer, *n. pl.*
†Bitton, *m.* der Pfahl zum An=
binden (einer Galeere).
Bitume, *m.* Erdpech, *n.* Erdharz,
Bergharz.    [tig.
Bitumineux, se, *adj.* erdpechar=
Bivalve, *adj.* (Naturg.) zweischa=
Biveau, *v.* Beveau.    [lig.
†Biviaire, *adj.* wo zwei Wege
zusammentreffen.
Bivial, e, *adj.*, un chemin —,
une route —e, ein Weg der sich in
zwei scheidet.
†Bivoie, *f.* Wegescheide.
Bivouac, Bivac, *m.* Feldwache, *f.*
Biß, Nachtwache, Freilager, *n.*
Bivouaquer, Bivaquer, *v. n.* bi=
vakiren.
†Bizaam, *m.* Bisamkaße, *f.*
Bizarre, *adj.* —ement, *adv.*
wunderlich, seltsam, sonderbar.
Bizarrerie, *f.* Seltsamkeit, Wun=
derlichkeit, Sonderbarkeit; ein wun=
derliches Betragen.    [geschossen.
Blafard, e, *adj.* bleich, blaß, ab=
Blague, *f.* Tabaksbeutel, *m.*
†Blague, *f.* Aufschneiderei.
†Blaguer, *v. n.* aufschneiden.
†Blagueur, *m.* Aufschneider.
Blaireau, *m.* Dachs.
Blaise, *n. pr. m.* Blasius.
Blâmable, *adj.* tadelnswürdig,
verwerflich.    [f.
Blâme, *m.* Tadel, Verweis, Rüge,
Blâmer, *v. a.* tadeln, mißbilligen
(qn. de qch., einen wegen etw.);

(etw.) rügen; — qn., (jur.) einem
einen öffentlichen Verweis geben.
Blanc, che, *adj.* weiß; blank,
sauber; grau; weiß (Haare); *fg.*
rein, unschuldig; vers —s, Verse
ohne Reime; argent —, Silbergeld,
*n.*; bois —, weiches Holz; eau
—che, Kleienwasser; fer —, Weiß=
blech; armes —ches, blankes Ge=
wehr; carte —che, *fg.* die unein=
geschränkte Vollmacht; — seing,
signé, Vollmachtsblatt, *n.*; en
—, unausgefüllt (Vollmacht, &c.);
magie —che, die natürliche Zau=
berei.
Blanc, *m.* Weiße, *n.*; (Parf.)
Schminke, *f.*; (Buchdr.) Durch=
schußlinie || Schießscheibe; Ziel, *n.* ||
(Münzw.) Pfennig, *m.*; — d'Espa=
gne, die spanische Kreide; — d'œuf,
Eiweiß, *n.*; — de l'œil, das Weiße
im Auge || mettre au —, *fm.* (ei=
nen) zu Grunde richten; —, Brust=
fleisch (vom Geflügel); (Bot.) der
weiße Rost (Krankheit); —, de
baleine, Wallrath, *m.*; —, m.
che, *f.* Weiße, *m.* et *f.*
   [Weißfische.
Blanc-bec, *m. fm.* der junge Laffe,
Gauch.
Blanchaille, *f. coll.* allerhand
Blanchâtre, *adj.* weißlich.
Blanche, *f.* (Muf.) die halbe Tact=
note.    [Wäsche.)
Blanchement, *adv.* reinlich (in der
Blancherie, *f.*, *v.* Blanchisserie.
Blanchet, *m.* die weiße Bauern=
jacke; (Buchdr.) Filz, *m.*; (Apoth.)
Seihtuch, *n.*    [Farbe.
Blancheur, *f.* Weiße, die weiße
Blanchiment, *m.* Weißmachen, *n.*
Bleichen (der Leinwand); (Münzw.)
Weißsieden; (Maur.) Ausweißen;
(Goldsch.) der Zuber zum Weißsie=
den, Verzinnen.
Blanchir, *v. a.* weißen; (Maur.)
*id.*, tünchen; (Leinwand, &c.) blei=
chen; reinigen, waschen, scheuern;
rein schaben; (Goldsch., &c.) weiß
sieden; *fg.* rechtfertigen; —, *v. n.*
weiß werden; graue Haare bekom=
men; ergrauen (auch *fg.*) || streifen=
(wie Kugeln); ne faire que —, un=
nüß seyn.
Blanchissage, *m.* Waschen, *n.*
Bleichen; der Wascher=, Bleicher=
lohn.
Blanchissant, e, *adj. fg.* weiß,
schäumend.    [bans, *n.*
Blanchisserie, *f.* Bleiche; Wasch=
Blanchisseur, *m.* se, *f.* Bleicher,
*m.* Wäscher; inn, *f.*; (Maur.)
Tüncher.
Blanc-manger, *m.* eine Art Gal=
lerte von gepreßtem Fleisch, mit
Mandelmilch, u. s. w.
Blanc seing, *m.* ein Blankett zur
Ausstellung einer Vollmacht.

†Blandices, *f. pl.* Schmeichelreden (eines Advokaten).

Blanque, *f.* (Spiel) Glückstopf, *m.*

Blanquette, *f.* die geringe Art Languedofer Wein; das schwache Bier; (Gärtn.) Sommerbirn, *f.*; (Koch.) das Fricaſſee von Kalb= und Lammfleiſch.

Blaser, *v. a.* ſtumpf machen, ab= ſtumpfen, entnerven; se —, ſich ab= ſtumpfen, ſich verderben; être —é sur qch., *fg.* für etw. abgeſtumpft ſeyn. [pentunſt, *f.*

Blason, *m.* Wapenſchild, *n.*; Wa= Blasonner, *v. a.* Wapen ausma= len, ſtechen, erklären; *fg. fm. p. us.* verläſtern.

Blasphémateur, *m.* Gottesläſterer, Läſterer. [lich, läſterlich.

Blasphématoire, *adj.* gottesläſter=

Blasphème, *m.* Gottesläſterung, *f.* Läſterung.

Blasphémer, *v. a. et n.* Gott lä= ſtern, fluchen.

Blatier, *m.* Korn=, Fruchthändler.

Blatte, *f.* Kackerlack, *m.*; Bücher= motte, *f.* (Inſekt).

Blaude, Blouse, *f.* Kittel, *m.* Fuhrmannskittel.

Blé, Bled, *m.* Getreide, *n.*; Weizen, *m.*; — de mars, Som= mergetreide, *n.*; — d'automne, Winterſaat, *f.*; — noir, sarrasin, Heideforn, *n.*; — de Turquie, der türkiſche Weizen, Wälſchkorn, *n.*; — vert, en herbe, Saat, *f.*; *fg.* manger son — en herbe, ſeine Einkünfte vor der Zeit verzehren.

Blêche, *adj. injur.* weibiſch; —, *m.* Weichling, ein Menſch, auf deſ= ſen Wort man nicht zählen kann.

Blêchir, *v. a.* weibiſch werden, — handeln. [kraut.

†Blègne, *f.* eine Art von Farren=

†Bleime, *f.* Steingalle (d. Pferde).

Blême, *adj.* blaß, bleich; fahl, falb. [chen.

Blêmir, *v. n. ol.* erblaſſen, erblei=

†Blenne, *m.*, — vivipare, (Na= turg.) Aalmutter, *f.* Aalfrau.

†Biennorrhagie, *f.* Schleimfluß, *m.*

†Blésité, *f.* Stammeln, *n.* das un= deutliche Ausſprechen gewiſſer Buch= ſtaben.

Blesser, *v. a.* verwunden, verle= ßen, beſchädigen; drücken; (einem) wehe thun; *fg.* beleidigen, verwun= den, verletzen; se —, ſich Schaden thun, ſich wehe thun.

Blessure, *f.* Wunde, Beſchädi= gung, Verletzung; — à la tête, Kopfwunde, das Loch im Kopfe ǁ *fg.* Beleidigung, *f.* Kränkung.

Blette, *adj. f.* teig, überreif (Birn).

Bleu, e, *adj.* blau; *fg.* conte bleu, Altweibermährchen, *n.*; parti

bleu, Raubrotte, *f.*; —, *m.* die blaue Farbe, Blau, *n.*; — céleste, Himmelblau; — clair, Hellblau; — mourant, Blaßblau; — de Prusse, Berlinerblau; — de mer, Waſſerblau; — de montagne, Berg= blau; mettre un poisson au bleu, einen Fiſch blau ſieden.

Bleuâtre, *adj.* bläulich.

Bleuet, *v.* Bluet.

Bleuette, *v.* Bluette.

Bleuir, *v. a.* blau machen, blau anlaufen laſſen; —, *v. n.* blau werden.

†Blin, *m.* (Schifff.) Ramme, *f.*

Blindage, *m.* (Fortif.) Blendung, *f.*

Blinder, *v. a.* (Fortif.) blenden; se —, ſich mit Blendwerk bedecken.

Blindes, *f. pl.* (Fortif.) Blendung.

Bloc, *m.* Block, Kloß, (Handl.) Haufen; en bloc, *adv.* im Ganzen, überhaupt; in Bauſch und Bogen; — de plomb, (Kupferſt., 2c.) Ge= ſtell, *n.*

Blocage, *m.* Blocaille, *f.* Bruch= oder Füllſteine, (Buchdr.) umgekehrt geſetzte Lettern zum Ausfüllen.

†Blochet, *m.* (Zimm.) Stichbalken.

Blockhaus, *m.* Blockhaus, *n.*

Blocus, *m.* (Kriegsw.) Einſchlie= ßung, *f.* Blocade.·

Blond, e, *adj.* blond, weißgelb (von Haaren); —, *m.* e, *f.* der, die Blonde; —e, *f.* Blonde (Art Seidenſpitze).

Blondin, e, *adj.* blond; —, *m.* Blondkopf, *m.* Blonde, *m.* et *f.* Blondine, *f.*

Blondir, *v. n.* blond, gelb werden.

Blondissant, *v. a.* (Dicht.) gelblich.

Bloquer, *v. a.* (Kriegsw.) einſchlie= ßen, blokiren; (Buchdr.) umgekehrt ſtellen; (Bill.) ins Loch jagen; (Bauk.) mit Bruchſteinen ausmau= ern; (Schifff.) (Riße) mit Werg und Theer ausſtopfen.

†Blot, *m.* (Falk.) Ruheholz, *n.*— (Schifff.) Log (Inſtrument den Weg eines Schiffes zu meſſen).

Blottir (se), ſich zuſammenſchmie= gen; ſich klein machen; ſich zuſam= menbuden, ſich verkriechen, hocken.

Blouse, *f.* (Bill.) Beutel, *m.* Loch, *n.*; *v.* Blaude.

Blouser, *v. a.* (Bill.) machen, ins Loch jagen; se —, ſich verlaufen; *fg. fm.* ſich irren, ſich verrechnen.

†Blousse, *f.* die kurzhaarige Wolle.

Bluet, *m.* (Bot.) die blaue Korn= blume.

Bluette, *f.* Flämmchen, *n.* Fünk= chen; *fg.* die (witzige) Kleinigkeit.

Bluteau, Blutoir, *m.* Mehl= Mühlbeutel, Mehlſieb, *n.*

Bluter, *v. a.* (Mehl) beuteln, aus= beuteln.

Bluterie, *f.* Beutelkammer.

Boa, *m.* Rieſen=, Abgottſchlange, *f.*; Pelzwerk, welches die Frauen= zimmer um den Hals tragen, *n.*

Bobéche, *f.* Dille, Lichtknecht, *m.*

Bobi, *v.* Baubi.

Bobine, *f.* Spule; — vide, (Tuchm.) Ablaufer, *m.*

Bobiner, *v. a.* aufwinden, ſpulen.

†Bobineuse, *f.* Spulerinn.

Bobo, *m. fm.* Wehweh, *n.*

Bocage, *m.* Gebüſch, *n.* Luſtwäld= chen, Hain, *m.*

Bocager, ère, *adj.* in Gebüſchen, in Wäldern wohnend.

Bocal, *m.* Becher, Pokal ǁ Leucht= kugel, *f.* (Muſ.) Mundſtück, *n.*

Bocard, *m.* (Eiſenh.) Pochwerk, *n.* Stampfe, *f.*

Bocarder, *v. a.* (Erz) pochen.

Bochet, *m.* der wieder aufgekochte Holztrank. [*m.*

†Bodine, *f. prvcl.* (Schifff.) Kiel,

†Bodinerie, *f.* Bodmerei.

Bodruche, *v.* Baudruche.

†Boesse, *f.* Kratzbürſte.

†Boesser, *v. a.* mit der Kratzbürſte reinigen, blank machen.

Bœuf, *m.* Ochſe, Rind, *n.*; Za= Dummkopf, *m.* Ochſe; (Kochkunſt) Rindfleiſch, *n.*; — salé, Pöckel= fleiſch; — à la mode, gedämpftes Rindfleiſch; —e, rindern; *fg.* pièce de —, das täglich Wieder= kehrende.

†Bogue, *f.* (Bot.) die äußere Sta= chelſchale.

†Bohème, *f.* Böhmen, *n.* (Land).

Bohême, Bohémien, *m.* ne, *f.*

Bohme, *m.* inn, *f.* ǁ Zigeuner, *m.* inn, *f.*

Boïard, *v.* Boyard.

†Boie, *f.* Boi (Zeug).

*Boire, v. a. et n.* trinken; zechen; *m. p.* ſaufen; (vom Schwamm) ein= ſaugen; (vom Papier) durchſchlagen; — à qn., einem zutrinken; — la *ou* à la santé de qn., auf eines Geſund= heit trinken; — dans qch., aus etw. trinken; — à la fontaine, an der Quelle trinken; — à petits traits, *fm.* läppern; faire — un cheval, ein Pferd tränken; faire — une peau, eine Haut einweichen; donner pour —, ein Trinkgeld geben; *fg.* — un affront, einen Schimpf einſtecken; —, *m.* Trinken, *n.* Getränk.

†Boirin, *m.* (Seew.) Ankerzeiger.

Bois, *m.* Waldung, *f.* Forſt, *m.* Wald, Gehölz, *n.* ǁ Holz, Holz= werk; — vif, grünes oder hartes Holz; — gisant, gefälltes Holz; Lagerholz; — en état, auf dem Stamm ſtehendes Holz; — taillis, Schlagholz; — blanc, weiches Holz; — gentil, Seidelbaſt, *m.*; — mort,

auf dem Stamm verdorrtes Holz;
mort —, geringes oder Heckenholz;
—, (Reg.)Rege,m;(Trict.) Stein;
(Waff.) Schaft; (Buchdr.) Steg;
— de tête, Kreuzsteg; — de fond,
Bundsteg; — de lit, Bettstelle, f.;
trouver visage de —, prov. die
Thüre verschlossen finden ‖ das Ge=
weih (der Hirsche).
Boisage, m. Täfelwerk, n. Täfel=
holz.
†Bois-de-Brésil, m. Brasilienholz,
n. Färberholz.　　　　　　　[(Stadt.)
†Bois-le-Duc, m. Herzogenbusch
Boiser, v. a. täfeln, verkleiden;
bien —é, holzreich (Land).
Boiserie, f. Boisage, m. Täfel=
werk, n. Getäfel, Verkleidung, f.
Boiseux, se, adj. holzicht, holz=
artig.
†Boisilier, m. (Seew.) Holzhauer,
der ans Land geschickt wird, Holz zu
hauen.
Boisseau, m. Scheffel, Sester ;
(Pos.) Klöppelkissen, n.; (Töpf.)
die dicke Röhre (von Thon).
Boisselée, f. Scheffelvoll, m.; une
— de terre, Scheffelsaat-Land, n.
Boisselier, m. ère, f. Scheffel=
Sieb=, Schachtelmacher, m. inn, f.
Boissellerie, f. Scheffel=, Siebma=
cherei; Scheffel= Siebhandel, m.
Boisson, f. Getränk, n. Trank, m.
Boite, f. Büchse, Schachtel, Kap=
sel; Kästchen, n.; Dose, f. Tabaks=
dose; (Uhrm., ꝛc.) Gehäuse, n.;
(Anal.) Pfanne, f.; (Chir.) Bein=
lade; (Feuerw.) Böller, m. Katzen=
kopf.
Boite, f. die Trinkbarkeit (des
Weins); du vin en —, trinkbarer
Boiter, v. n. hinken.　　　[Wein.
Boiteux, se, adj. hinkend; —,
m. se, f. Hinkende, m. et f.
Boitier, m. Salbenbüchse, f.
Bol, Bolus, m. (Apoth.) Arznei=
kugel, f.; (Med.) Bolus, m. Fett=
thon; un bol de punch, eine Scha=
le, Schüssel Punsch.
Bolaire, adj., terre —, Bolus, m.
Fettthon.
Bolet, m. Löcherschwamm.
†Bolétite, f. der thonichte Stein,
der eine Morchel vorstellt.
†Bolides, f. pl. vom Himmel ge=
fallene Steine.
Bollandistes, m. pl. Bollandisten.
†Bologne, f. Bologna (Stadt).
Bolus, v. Bol.
Bombance, f. fm. Wohlleben, n.;
Schmaus, m. Gasterei, f.; faire —,
schmausen.
Bombarde, f. (Artill.) ol. Stein=
geschoß, n. Donnerbüchse, f.; (Org.)
die große Orgelschnarre; Oeffnung
(des Ziegelofens).　　　　　[rung, f.
Bombardement, m. Bombardi=

Bombarder, v. a. mit Bomben
beschießen, bombardiren.
Bombardier, m. Bombenwerfer.
Bombasin, m. Bombasin, Baum=
bast (Zeug).
Bombe, f. Bombe; fg. Verschwö=
rung; fm. Gewitter, n.
Bombement, m. Wölbung, f.
Schweifung, Bauchründe, Krümme.
Bomber, v. a. wölben; schweifen;
—, v. n. bogenförmig erhaben,
flachrund seyn. (Maur.) einen
Bauch machen.
Bombeur, m. der Verfertiger von
gebauschten Gläsern.
†Bombiate, m. das raupenge=
säuerte Salz.　　　　　　[gen, f. pl.
†Bombilles, m. pl. Schwebeslie=
Bombique, adj., acide —, die
Seidenwurm= oder Raupensäure.
†Bome, f. (Seew.) das große Segel.
†Bomerie, f. (Handl.) Bodmerei
(Seevertrag auf gut Glück).
Bon, ne, adj. gut; vortrefflich;
kräftig, tüchtig; (Mor.) gut, recht=
schaffen; gelinde, gütig, gutmüthig,
nachsichtig, gutwillig; — à qch.,
gut, tauglich; tüchtig zu etw.; de
—ne soi, aufrichtig; de —ne
heure, früh; à la —ne heure, zur
rechten Zeit; ja, so gehts an! mei=
netwegen! une —ne fois pour tou=
tes, ein für allemal; de —ne part,
von guter Hand; un — vivant,
ein lustiger Bruder; un — mot,
ein witziger Einfall.
Bon, m. Bon; gute Seite, f.;
Nutzen, m. Gewinn; (Fin.) Anwei=
sung, f.; Annahme (eines Wechsels);
—s, Guten, pl.; —, adv. et interj.
gut, recht so! tenir —, fest halten,
tout de —, im Ernst; wirklich.
Bonace, f. (Seew.) Windstille;
fg. fm. Ruhe.
Bonasse, adj. fm. einfältig gut,
gutherzig.　　　　　　　[derwerf.
Bonbon, m. Naschwerk, n.; Zu=
Bonbonniére, f. Zuckerschächtel=
chen, n.; fg. fm. niedliche Häuschen.
Bon-chrétien, m. (Gärtn.) Christ=
Zuckerbirn, f.
Bond, m. Rückprall, Satz, Sprung;
faire faux à qn., einem sein
Wort nicht halten, einen anführen;
faire faux à son honneur, seine
Ehre verscherzen.
†Bonda, Bonde, m. (Bot.) der
dornige Käsebaum.
Bonde, f. (Zimm.) Schleuse;
Schupbrett, n. (Böttch.) Spund=
loch; Spund, m. Zapfen.
Bonder, v. a. (Seew.) ein Schiff
voll laden.　　　　　[Brettschneiders.
Bondieu, m. der große Keil des
Bondir, v. n. aufspringen, zurück=
prallen; hüpfen, springen; fg. faire
—, Ekel erregen.

Bondissant, e, adj. hüpfend.
Bondissement, m. Hüpfen, n.;
fg. — de cœur, Ekel, m.
Bondon, m. Spundloch, n.;
Spund, m.
Bondonner, v. a. zuspünden.
†Bondonniére, f. Spundbohrer,
m.　　　　　　　　　　　[soif, m.
†Bondrée, f. (Naturg.) Mäuse=
Bon-henri, m. (Bot.) stolze Hein=
rich; Feldspinat.
Bonheur, m. Glück, n. Wohl=
fahrt, f.; par —, adv. zum Glücke.
Bonhomie, f. Gutmüthigkeit;
—s, das gutmüthige Geplauder.
Bonhomme, m. der gutmüthige
Alte.
Boni, m. Ueberfluß; ein unver=
hoffter Gewinn.
†Boniface, n. pr. m. Bonifacius,
Bonifaz.
Bonification, f. Verbesserung ;
(Handl.) Vergütung.
Bonifier, v. a. (Landw.) verbessern,
düngen; (Handl.) vergüten; — une
baleine, einen Wallfisch in Stücke
hauen; den Wallfischspeck schmelzen.
Bonjour, m. et interj. guten Tag!
Bonne, f. Kindsfrau, Wärterinn,
Hofmeisterinn.　　　　　　　[f.
†Bonneau, m. (Seew.) Ankerboje,
Bonne aventure, f., v. Aventure.
Bonne-dame, f. (Bot.) Melde.
Bonne fortune, f., v. Fortune.
Bonnement, adv. redlich, aufrich=
tig, geradezu.
Bonnet, m. Mütze, f. Kappe,
Haube; — ou — carré, — de
docteur, Doktorhut; — (Naturg.)
zweite Magen; — à-prêtre, (Fort=
tif.) Pfaffenmütze, f.; das Außen=
werk mit drei Spitzen; avoir la tête
près du —, kurz gebunden seyn,
leicht in Zorn gerathen; opiner du
—, ein Jaherr seyn.
Bonnetade, f. fm. der tiefe Bück=
ling, Kratzfuß, Reverenz, f.
Bonneter, v. a. inus., — qn.,
einem Bücklinge machen; fg. einem
den Hof machen.
Bonneterie, f. Strumpfwirkerei;
Strumpfwirkerarbeit.
Bonneteur, m. der tiefe Bücklinge
macht; Betrüger, Schelm.
Bonnetier, m. Strumpfwirker;
Mützenmacher, Mützenkrämer.
Bonnette, f. (Fortif.) Kappe;
(Schiff.) Beisegel, f.
Bonne-voglie, m. Ruderknecht.
Bonsoir, m. et interj. guten Abend!
Bonté, f. Güte, Gutherzigkeit;
Nachsicht; Höflichkeit.
†Bontour, m. (Seew.) der kleine
Umweg den ein Schiff macht.
Bonze, m. Bonze, der japanische
Priester.
Boquillon, m. vi. Holzhauer.

Boracique, *adj.*, acide —, Bo=
rarfäure, *f.*                [Salz.
†Borate, *m.* das borargefäuerte
Borax, *m.* Borax (Salzart).
Borborisme, Borborygme, *m.*
(Med.) das Kollern im Leibe.
Bord, *m.* Rand, Saum; (Hutm.)
Rand, Krämpe, *f.;* Kante, Zarge;
Einfaffung; Borte; Ufer, *n.* Geftade
(eines Fluffes), *id.*, die Küfte (des
Meeres); (Schifff.) Bord, *m.* Schiff,
*n.; —* à —, *adv.* dem Rande gleich;
être à —, an Bord feyn.
Bordage, *m.* (Schiffb.) Bekleidung,
*f.* Verkleidung.
Bordailler *ou* Bordayer, *v. n.*
(Schifff.) laviren, Schläge machen.
Bordé, *m.* Borte, *f.* Treffe, Bor=
dirung.
Bordée, *f.* (Schifff.) Schlag, *m.*
(Lauf eines lavirenden Schiffes);
— *ou* — de canon, (Art.) Lage,
*f.; fg.* die volle Ladung (Schimpf=
reden).          [gebürtig.
†Bordelais, e, *adj.* aus Bordeaux
†Bordelière, *f.* (Naturg.) Rand=
fifch, *m.*          [(beim Email).
†Bordement, *m.* die Einfaffung
Border, *v. a.* befetzen, einfaffen,
verbrämen, borbiren; mit einem
Rande umgeben; (Schiffb.) beklei=
den; — un chemin, längs eines
Weges hinlaufen, fich erftrecken; —
la côte, längs der Küfte hinfegeln.
Bordereau, *m.* (Handl.) Sorten=
zettel; — de compte, Rechnungs=
auszug.
Bordier, *adj. m.*, vaisseau —,
ein Schiff das auf der einen Seite
ftärker ift als auf der andern.
Bordigue, *f.* (Fifch.) Fifchzaun,
*m.* Verfchluß.
Bordure, *f.* Einfaffung, Saum,
*m.* Rand; Rahmen (eines Spie=
gels, rc.); (Buchb.) Leifte, *f.*
Bore, *m.* Sedativfalz, *n.*
Boréal, e, *adj.* nördlich.
Borée, *m.* (Dichtk.) Nordwind.
Borgne, *adj.* einäugig; *fg.* fin=
fter (Haus); verworren (Rechnung);
cabaret borgne, Winkelfchenke, *f.*
Borgnesse, *f.* Einäugige.
Borique, *adj.* Sedativfalz enthal=
tend.          [fteine.
Bornage, *m.* die Setzung der Gränz=
Borne, *f.* Gränzftein, *m.* Eckftein,
Markftein, Gränze, *f.* Markfcheide;
—s, *pl.* Gränzen (eines Landes);
*fg. id.*, Schranken.
Borner, *v. a.* begränzen, be=, ein=
fchränken; *fg. id.*, mäßigen; se —
à qch., fich auf etw. einfchränken,
fich mit etw. begnügen.
Bornoyer, *v. a.* mit dem Auge
abmeffen.
Bornoyeur, *m.* Abmeffer (mit dem
Auge).

†Borraginées, *f. pl.* (Bot.) die
Familie der Borragen.
†Borromées, *f. pl.*, îles —, die
borremäifchen Infeln.
†Borysthène, *m.* der Nieper oder
Dnieper (Fluß).
Bosan, *m.* Hirfetrank.
Busel, *m.* (Baut.) der Pfühl am
Säulenfuß.
†Bosnie, *f.* Bosnien, *n.*
†Bosphore, *m.* (Alt.) Meerenge, *f.*
Bosquet, *m.* Luftwald, Gehölz, *n.*
Bossage, *m.* (Maur.) der vorfprin=
gende Stein; (Zimm.) Bogenrün=
dung, *f.*
Bosse, *f.* Buckel, *m.* Höcker, Aus=
wuchs; (Chir.) Beule, *f.; — ou*
ronde —, (Bildh.) die erhabene
Arbeit; (Zeichn.) Gypsabguß, *m.*
Modell, *n.;* dessiner la —, d'a=
près la —, nach Modellen zeichnen;
—, Kolben (der Hirfche), *m.;*
(Seew.) Feuerflafche, *f.; —s,* mit
Schleifknoten verfehene Tau=Enden;
en —, (Bildh.) erhaben; travail=
ler en —, boffiren; *fg. fm.* don=
ner dans la —, ins Garn gehen.
Bosselage, *m.* die getriebene Ar=
beit; Ausbauchen, *n.*
Bosseler, *v. a.* getriebene Arbeit
machen, boffiren; — par petites
bosses, kleine Buckeln (auf etw.)
machen, — nach Modellen zeichnen.
†Bosselure, *f.* (Bot.) Beulen, *pl.*
Bosseman, *m.* (Seew.) Hochboots=
mann.          [(den Anker) auffetzen.
Bosser, *v. a.* (das Ankertau) ftopfen;
†Bossetier, *m.* Rothgießer; (Glas=
hütte) Glasblafer.
Bossette, *f.* Buckel (am Gebiß).
Bosseur, Bossoir, *m.* (Schifff.)
Krahnbalken.
Bossu, e, *adj.* buckelig, höckerig;
—, *m.* e, *f.* Buckelige, *m. et f.*
Bossuer, *v. a.* (ein Gefäß) ver=
beulen.
Bostangi, *m.* (Türk.) Gärtner
— bachi, der Oberauffeher über
die Gärten des Großfultans.
Boston, *m.* Boftonfpiel, *n.*
†Bostrychite, *f.* (Miner.) eine
Art Asbeft, der wie gekräufeltes
Haar ausfieht.
Bot, *adj.*, pied —, der ungeftalte
Fuß, Dollfuß; —, *m.* (Seew.)
Boot, *n.*
Botanique, *f.* Pflanzenwiffenfchaft,
=kunde, Botanik; —, *adj.* bota=
nifch.
†Botaniser, *v.* Herborifer.
Botaniste, *m.* Pflanzenkenner,
Botaniker.
†Botanologie, *f.* Pflanzenlehre.
†Bothnie, *f.* Bothnien (Land).
†Botryte, *m.* eine Art Kobalt.
Botte, *f.* Bund, *n.* Büfchel;
Bündel, *m.* Kloben (Flachs); Päck=

chen (Seide), *n.;* (Bot.) Büfchel,
*m.;* Haufen; Faß, *n.;* (Schuhm.)
Stiefel, *m.; —* de cavalier, —
forte, Reitftiefel, *m.; —,* (Fechtk.)
Stoß, *m.; fg.* Stich (im Reden);
pousser, porter une — à qn., *fg.*
einen Ausfall auf einen thun; einem
einen Streich fpielen; —, Tritt, *m.*
Auftritt (an einer Kutfche); à pro=
pos de —, wegen Kleinigkeiten;
—s, die Kothklumpen an den Schu=
hen.          [binden.
Bottelage, *m.* Binden, *n.* Heu=
Botteler, *v. a.* in Bündel zufam=
menbinden.          [der.
Botteleur, *m.* Heu=, Strohbin=
Botter, *v. a.* qn., einem Stiefel
machen; Stiefel anziehen; se —,
die Stiefel anziehen; fich Koth an
die Schuhe treten; —é, e, geftiefelt.
Bottier, *m.* Stiefelmacher.
Bottine, *f.* Halbftiefel, *m.*
†Bouard, *m.* Münzhammer.
Bouc, *m.* Bock, Ziegenbock
(Handl.) Schlauch.
Boucan, *m.* Rauchhütte, *f.;*
Fleifchbörre; *fm.* Teufelslärm, *m.*
Boucaner, *v. a.* (Fleifch) räu=
chern, dörren; —, *v. n.* wilde
Ochfen jagen.
Boucanier, *m.* Büffeljäger; ame=
rikanifcher Raubjäger; (Büchfenm.)
Pürfchbüchfe, *f.*          [ferde.
Boucars, *m.* die fpanifche Siegel=
Boucassin, *m.* Doppelbarchent,
Futterbarchent.          [*n.* Faß.
Boucaut, *m.* (Handl.) Packfaß,
†Boucharde, *f.* (Bildh.) Zacken=
meißel, *m.*
Bouche, *f.* Mund, *m.;* Maul
(von Thieren und pop.), *n.; fg.*
Perfon, *f.* || Deffnung, Mündung
(auch Geogr.); Ofenloch, *n.; de*
—, *adv.* mündlich; tuyaux à —,
(Drg.) Flötenwerk, *n.; —s à* feu,
(Artill.) Feuerfchlünde, *pl.* Kano=
nen; être sur sa —, gern gute Bif=
fen effen; prendre sur sa —, fich
am Munde abbarben; faire la pe=
tite —, den Mund in Falten zie=
hen; fich zum Effen nöthigen laffen;
*fg.* mir der Sprache nicht heraus
wollen; la bonne —, der angeneh=
me Nachgefchmack; pour la bonne
—, zu guter Letzt; für das Letzte.
Bouchée, *f.* Mundvoll, *m.* Biffen.
Boucher, *v. a.* zuftopfen, verftopfen;
verfperren; zuhalten; *fg. fm.* avoir
l'esprit —é, (im Kopf) vernagelt
feyn.
Boucher, *m.* ère, *f.* Fleifcher,
Metzger, =inn, *f.; fg.* Bluthund,
*m.* Schinder.
Boucherie, *f.* Schlachthaus, *n.*
Metzig, *f.* Schlachtbank; *fg.* Blut=
bad, *n.;* mener à la —, auf die
Schlachtbank liefern.

†Bouches-du-Rhone, f. pl. Rho-
nemündung, ein französisch. Departement.
†Bouchet, m. ein gekochter Trank
aus Wasser, Zucker und Zimmet.
Bouche-trou, m. Lückenbüßer.
†Boucheture, f. Gehäge; n. Zaun,
m.            [lein, n.
Bouchoir, m. Schieber, Ofenthür-
Bouchon, m. Stöpsel, Pfropf;
Spund (eines Fasses); das Wein-
oder Bierzeichen; fg. Schenke, f.;
(Handl.) Pack (englische Wolle),
m.; — de paille, Strohwisch; mon
petit —, fm. (zu Kindern) kleiner
Dicker.
Bouchonner, v. a. in einen Klumpen zusammendrücken, zerknüllen;
(ein Pferd) mit einem Strohwisch
abreiben; fm. liebkosen.
†Bouchot, m. Fischzaun.
Boucle, f. Ring, m.; — d'oreille,
Ohrenring; — gibecière, der ver-
zirrte Thürklopfer; — de cheveux
ou —, Haarlocke, f.; (Schiff.)
mettre sous —, gefangen setzen ||
Schnalle, f.
†Bouclement, m. das Beringeln
(einer Stute).
Boucler, v. a. schnallen, zu-, anschnallen; versperren, einschließen;
— qch., (Verr.) Locken an etw. machen; etw. kräuseln; (eine Stute)
beringeln.
†Bouclette, f. der kleine Ring zum
Aufziehen der Zettelfäden.
Bouclier, m. Schild; fg. Schutz,
Schirm; Beschützer; (Naturg.) Aas-
käfer, Todtengräber.
Boucon, m. fm. p. us. Giftbis-
sen, Gifttrank.
Bouder, v. n. maulen, schmollen,
trotzen; — qn., v. a. mit einem
trotzen.
Bouderie, f. Maulen, n. Trotzen.
Boudeur, se, adj. sauertöpfisch;
—, m, se, f. Maulhänger;
-inn, f.; Trotzkopf, m.
Boudin, m. Blutwurst, f.; (Mi-
nir.) Pulverwurst; (Bauk.) Säulen-
pfühl, m.; (Verr.) Wurstlocke, f.;
(Schloss.) Drahtfeder; — de tabac,
Tabaksrolle, f.
Boudine, f. (Glas.) Ochsengalle.
†Boudinière, f. Wursthorn, n.
Wurststrichter, m.
†Boudinure, f. die Umwickelung
des Ankerrings mit dünnen Stri-
cken; diese Stricke selbst.
Boudoir, m. Trotzwinkel; fg. Ca-
binett, n. Boudoir (einer Dame).
Boue, f. Koth, m. Unflath, das,
Dreck; (Chir.) Eiter (aus einem
Geschwür); fg. Staub.
Bouée, f. (Seew.) Boje, Anker-
boie.            [schlagen.
Bouer, v. a. Münzstücke gleich

Boueur, m. Dreckkärrner.
Boueux, se, adj. kothig, schmu-
ßig.            [geblasen.
Bouffant, e, adj. bauschig, auf-
Bouffe, m. Bufa.
Bouffée, f. fm. Aufstoßen, n. der
Rülps (aus dem Munde) || Stoß;
Windstoß, Windsbraut, f.; Rauch-
strom, m. Qualm; — de fièvre,
Fieberanfall; —, fg. die Anwand-
lung (von Laune); par —s, adv.
stoßweise.
Bouffer, v. n. de colère, vor Zorn
schnauben || bauschen; —, v. a. auf-
blasen.
Bouffette, f. Quaste, Troddel.
Bouffi, e, adj. aufgeblasen, auf-
gedunsen; fg. id., schwülstig.
Bouffir, v. a. auftreiben (vom Flei-
sche); —, v. n. aufschwellen.
Bouffissure, f. Geschwulst; fg.
Schwulst, m. die schwülstige Schreib-
art.            [narr.
Bouffon, m. Possenreißer, Schalks-
Bouffon, ne, adj. lustig, kurz-
weilig, spaßhaft, drollig.
Bouffonner, v. n. Possen reißen,
Spaß machen.            [Spaß, m.
Bouffonnerie, f. die närrische Posse,
Winkel, m.; der unterste Reif (an
Tellern); (Böttch.) Bauch; (Schiffb.)
Rundung; (Wagn.) Mittel-
nabe; (Goldsch.) Dünzen, m.; —s,
kleine Muscheln, Cauris.
Bougeoir, m. Handleuchter.
Bouger, v. n. (meist mit ne) sich
rühren, von seiner Stelle weichen;
n'oser —, nicht mucksen.
Bougette, f. Reisesack, m. Ranzen.
Bougie, f. Wachslicht, n. Wachs-
kerze, f. Wachsstock, m.; (Chir.)
die wächserne Sonde.
Bougier, v. a. (Schneid.) (Zeug)
am Rande wichsen.
†Bougière, f. ein sehr feines Fi-
schernetz.            [knurrt.
†Bougon, m. wer oft brummt und
Bougonner, v. n. fm. murmeln,
brummen.
Bougran, m. Steifleinwand, f.
Schetter, m. Canevas; —, —, aus-
steifen, steifen.
Bougrané, e, adj. f. gesteift.
Bouillant, e, adj. kochend, sie-
dend; fg. hastig, aufbrausend, feu-
rig.            [wolte, f.
†Bouillard, m. (Seew.) Sturm-
†Bouille, f. (Fisch.) Störstange.
†Bouilleau, m. eine Art Eimer
oder Napf, aus dem die Galeeren-
sclaven essen.
Bouiller, v. a. (das Wasser) mit
der Störstange trüb machen.
†Bouilleur, m. Branntweinbren-
ner.            [fleisch, Gesottene.
Bouilli, m. das gesottene Rind-

Bouillie, f. Brei, m. Pappe,
Mus, n.; en forme de —, musicht.
*Bouillir, v. n. sieden; kochen;
gäschen; fg. gähren; brausen, auf-
brausen; — trop, versieden; —i,
e, (Leder) genarbt.
†Bouillitoire, m. (Münzwesen)
Weißsud.
†Bouilloir, m. (Münzw.) der Kes-
sel zum Weißsieden.
Bouilloire, f. Siedkessel, m.
Bouillon, m. Wall, Aufwallen,
n.; Blase, f.; Wasserbrudel, m.;
(Koch.) Brühe, f. Fleischbrühe;
(Schneid.) Bausch, m. Bandrose,
f.; (Stick.) der geschlungene Gold-
lahn; (Pos.) dicke Goldfaden; (Glas.)
Blase, f.; les premiers —s, fg. die
erste Aufwallung, Hitze; à gros —s,
stromweise, in Strömen; —blanc,
(Bot.) Wollkraut, n.
Bouillonnant, e, adj. wallend,
strudelnd.
Bouillonnement, m. Aufwallen,
n. Sprudeln, Wallung, f. Sud, m.
Bouillonner, v. n. aufwallen,
brausen, sprudeln, brudeln; fg.
sprudeln; —, v. a. mit geschlungenem Goldlahn besetzen.
Bouillotte, f. eine Art Kartenspiel.
Boujaron, m. Kittel; (Seew.)
kleines Mäßchen.
Boulaie, f. Birkenwald, m.
Boulanger, m. ère, f. Bäcker, m.
-inn, f.
Boulanger, v. a. (Brod) backen.
Boulangerie, f. Bäckerei; Back-
stube, Backhaus, n. Bäckerhand-
werk.
Boule, f. Kugel; fg. tenir pied
à —, unermüdet bei einer Arbeit
seyn; faire qch. à la — vue, etw.
in den Tag hinein, aufs Gerathe-
wohl thun.
Bouleau, m. Birke, f.
Boule-de-neige, f. (Bot.) Schnee-
ball, m.
Bouledogue, m. Bullenbeißer.
†Boulée, f. der Bodensatz des
Talges.
†Bouler, v. n. (v. Tauben) den
Kropf aufblasen; (Landw.) an der
Wurzel auswachsen.
Boulet, m. Kanonenkugel, f.; —
rouge, glühende Kugel; — à deux
têtes, Kettenkugel; — à branche,
Stangenkugel || Köthe (am Fuße
eines Pferdes).
Bouleté, adj. (v. Pferden) über-
Boulette, f. Kügelchen, n.; Fleisch-
klößchen, Klößchen (Teig).
Bouleux, m. Karrengaul (auch
fg.).
Boulevard, Boulevart, m. Boll-
werk, n. Vormauer f.; fg. id. ||
Spazierwall, m.
Bouleversement, m. Umsturz;

die gänzliche Umkehrung, Zerstörung.

Bouleverser, *v. a.* umstürzen; gänzlich umkehren, zerrütten; zerwühlen; *fg. id.*; (den Kopf) verrücken.

Boulevue, *f.*, *v.* Boule.

†Bouliche, *f.* (Schifff.) der große irdene Topf.

Boulier, *m.* eine Art Fischernetz.

Boulinie, *f.* (Med.) Heißhunger, *m.* Freßfieber, *n.*

Boulin, *m.* Taubennest, *n.*; trou de —, (Bauk.) Rüst=, Sparrenloch.

Bouline, *f.* (Schifff.) Boleine, Seitentau, *n.*; vent de —, Preßwind, *m.*; aller à la —, *v.* Bouliner, *v. n.*

Bouliner, *v. n.* (Schifff.) mit einem Preßwinde segeln; —, *v. a. fm.* im Lager stehlen.

†Boulineur, *m. fm.* Lagerdieb.

Boulingrin, *m.* Rasenstück, *n.*

†Boulingue, *f.* (Seew.) Toppsegel, *n.*

Boulinier, *m.* (Seew.) das Schiff das mit Preßwind segelt; (ce vaisseau) est un bon —, segelt gut mit Preßwind.

Bouloir, *m.* (Maur.) Rührstange, *f.* [nagel, Bolzen.

Boulon, *m.* (Schloss., 2c.) Riegel=

Boulonner, *v. a.* mit einem Riegelnagel befestigen.

Bouque, *m.* (Schifff.) Engpaß, die enge Durchfahrt.

Bouquer, *v. n. et a.* (von Affen) gezwungen küssen; *fg. bas*, zum Kreuz kriechen.

Bouquet, *m.* Strauß, Blumenstrauß; Büschel; feine Geruch (des Weins); (Buchb.) Blumenstämpel; *fg.* das Gedicht auf einen Namenstag; — de bois, Baumgruppe, *f.*; Lustwäldchen, *n.*; —s, eine Art Ausschlag an der Schnauze der Hämmel.

Bouquetier, *m.* Blumentopf, =krug; (Handl.) Straußmacher, =händler.

Bouquetière, *f.* Blumenhändlerinn, =mädchen, *n.*

Bouquetin, *m.* (Naturg.) Steinbock.

Bouquin, *m.* der alte Bock (auch *fg. bas*); (Jagd) Rammler (von Hasen, 2c.); (Myth.) Satyr ‖ das alte, schlechte Buch, die alte Scharteke; sentir le —, bocksen, bockstensen.

Bouquiner, *v. n.* (Jagd) rammeln, rammen; *fm.* alte Scharteken aufsuchen, lesen.

Bouquinerie, *f.* der Haufen von Scharteken; Handel mit alten Büchern. [ser.

Bouquineur, *m.* Scharteksensamm=

Bouquiniste, *m.* Büchertrödler, Antiquar.

Bouracan, *m.* Bercan (Art Camelott).

†Bouracanier, *m.* Bercanweber.

†Bourache, *f.* Weidenreuse (Fischfang).

Bourde, *f.* Schlamm, *m.* Morast.

Bourbeux, se, *adj.* morastig, schlammig.

Bourbier, *m.* Sumpf (auch *fg.*); Pfütze, *f.*; *fg.* der schlimme Handel.

Bourbillon, *m.* Eiterstock (in Geschwüren), *vulg.* Butzen.

†Bourcet, *m.* (Seew.) Jockmast, Jocksegel, *n.*

Bourcette, *f.* (Bot.) Ackersalat, *m. v.* Mâche.

Bourdaine, *f.* (Bot.) Schwarzerle.

Bourdalou, *m.* das längliche Nachtgeschirr; (Hutm.) Hutschnur, *f.*

†Bourdaloue, *f.* Drülich, *m.* die buntgemodelte Leinwand.

Bourde, *f. fm. pop.* Lüge, Flause, (Seew.) Beisegel, *n.* [traube.

†Bourdelai, *m.* die große Weinlügen.

Bourder, *v. n. pop.* lügen.

Bourdeur, *m. pop. inus.* Lügner.

Bourdillon, *m.* (Böttch.) das Holz zu Faßdauben.

†Bourdin, *m.* eine Art Pfirsche.

Bourdon, *m.* (Naturg.) Drohne, *f.*; Hummel; (Muf.) Schnarrbaß, *m.* Brummbaß; (Org.) Schnarrwerk *n.* Regalzug, *m.*; die große Glocke ‖ Pilgerstab, *m.*; (Buchdr.) Leiche, *f.* (wenn Wörter ausgelassen werden).

Bourdonnement, *m.* Summen, Gesumme, Gebrumme, Brummen, Gemurre; — d'oreilles, Ohrenbrausen, *n.*

Bourdonner, *v. n.* summen, brummen, murmeln. [Wiefe, *f.*

Bourdonnet, *m.* (Chir.) Meißel, Bourg, *m.* Flecken, Marktflecken.

Bourgade, *f.* der kleine Flecken, Marktflecken.

Bourgène, *v.* Bourdaine.

Bourgenne, *f.*, *v.* Nerprun.

Bourgeois, m. e, *f.* Bürger, *m.* Meister, =inn, *f.*

Bourgeois, e, *adj.*; -ement, *adv.*; bürgerlich; *mépr. id.*, kleinstädtisch; gemein; caution —, die hinlängliche Bürgschaft; der angesessene Bürge; ordinaire —, Hausmannskost, *f.*; vin —, Haus=, Tischwein.

Bourgeoisie, *fém.* Bürgerschaft; =stand, *f.*; droit de —, =recht, *n.*

Bourgeon, *m.* (Bot.) Knospe, *f.* Sprosse, Auge, *n.*; Finne (im Gesichte), *f.*; —s, Rupfwolle.

Bourgeonné, e, *adj.* finnig.

Bourgeonner, *v. n.* sprossen, schossen, Knospen treiben; ausschlagen; (im Gesichte) finnig werden.

Bourgmestre, *m.* Bürgermeister.

†Bourgogne, *mascul.* Burgunder (Wein); trèfle de —, (Bot.) der spanische Klee.

†Bourgrave, *m.* Burggraf.

†Bourgraviat, *m.* Burggrafschaft.

†Bourguignon, ne, *adj.* burgundisch; —, *s. m.* Burgunder.

†Bourguignotte, *f.* Sturmhaube.

†Bouriquet, *m.* (Bergw.) Schachthaspel.

Bourrache, *f.* (Bot.) Borretsch, *m.*

Bourrade, *f.* Anlauf, *m.* Rahmen (der Windhunde), *n.*; Rippenstoß, *m.* Puff; *fg. fm.* der derbe Hieb.

Bourras, *m.*, *v.* Bure.

Bourrasque, *f.* Windstoß, *m.* Windsbraut, *f.*; *fg.* der stürmische Anfall, das ungestüme Aufbrausen, Sturm, *m.*

Bourre, *f.* das Füllhaar (zum Ausstopfen); (Artill.) Pfropf, *m.*; *fg. fm.* Lückenbüßer (in Büchern); (Gärtn.) Butz, Knospe, *f.* Wolle; rouge de —, Ziegenbaarroth, *n.*; — de soie, Floc=, Wirrseide, *f.*

Bourreau, *m.* Henker, Scharfrichter; *fg.* Würterich, Peiniger; — d'argent, *fm.* Geldverschwender.

Bourrée, *f.* Reisbündel, *m.* Welle, *f.*; (Tanzl.) eine Art munterer Tanz.

Bourreler, *v. a.* (vom Gewissen) martern, quälen, nagen.

Bourrelerie, *f.* Kummetmacherhandwerk, *n.*

Bourrelet, Bourlet, *m.* Wulst, Bausch; Fallhut (der Kinder); (Artill.) Ring; (Gärtn.) Wulst; Tragring; (Sattl.) Kummet; (Med.) Lendengeschwulst, *f.*

Bourrelier, *m.* Kummetmacher.

Bourrelle, *f.* Scharfrichterinn.

Bourrer, *v. a.* mit Haaren ausstopfen, einstopfen; (Artill.) einstießen; (Jagd) rahmen; — qn., einem Stöße geben, stark zu Leibe gehen, wacker zusetzen.

Bourriche, *f.* der Korb mit Wildprett, Geflügel, 2c.

†Bourriers, *m. pl.* Spreu, *f.*

Bourrique, *f.* Eselinn; *mépr.* Schindmähre; (Maur.) Zugkasten, *m.*

Bourriquet, *m.* Eselchen, *n.*; (Bergw.) Schachthaspel, *m.*; (Maurer) Zugkasten.

†Bourrir, *v. n.* schnurren (wie Rebhühner im Flug).

Bourru, e, *adj.* grämlich, wunderlich, mürrisch, sauertöpfisch; (vom Weine) raub, ungegohren; le moine —, *pop.* der Knecht Ruprecht.

Boursault, *m.* (Bot.) eine Art benart; *v.* Bourseau.

Bourse, *f.* Beutel, *m.* Geldbeutel; (Handl.) Börse, *f.*; Freitisch, *m.*; Stipendium, *n.*; (bei den Türken)

Beutel (von 1500 Franken), m.; (Bot.) Hülfe, f. Balg, m.; (Perr.) — à cheveux, Haarbeutel; (Sattl.) Satteltasche, f.; (Anat.) Hodensack, m. [n. die wilde Nieswurz.

Bourse-à-pasteur, f. Täschelkraut.

†Bourseau, m. die Verzierungsleiste (an Schieferdächern); — rond, Bleischlägel, m.

†Boursette, f. (Org.) das Leder an der Windlade.

Boursier, m. ère, f. Beutler, m. Säckler, Täschner, -inn, f. || Stipendiat, m.; Schatzmeister.

Boursiller, v. n. fm. Geld zusammenschießen; beisteuern (zu etw.).

†Boursin, v. Bousin. [tasche.

Bourson, m. Hosentasche, f. Uhr-

Boursouflage, m. fg. Aufgeblasenheit, f. Schwulst.

Boursouflement, m. (Med.) Windgeschwulst, f.; (Chir.) Aufblasen, n. Auftreiben.

Boursoufler, v. a. (von Haut, Augen, rc.) aufblasen, schwellen machen; —é, e, geschwollen, dick; fg. aufgeblasen, schwülstig.

Boursouflure, f. Geschwulst; fg. Schwulst, m.

Bousculer, v. a. pop. durch einander werfen; herumstoßen.

Bouse, f. Kuhmist, m. Ochsenmist.

†Bousier, m. Schrichtkäfer.

Bousillage, m. Kleckwerk, n. Lehmwand, f.; Kleiberarbeit; fg. fm. Pfuscherei, Sudelei.

Bousiller, v. n. mit Stroh und Lehm bauen, kleiben, verkleiben; —, v. a. fg. pfuschen, lüderlich arbeiten, sudeln, hudeln.

Bousilleur, m. Lehmklecker, Kleiber; —, m. se, f. fg. Pfuscher, m. Sudler, Hudler, -inn, f.

Bousin, m. Steinrinde, f.

†Bousquier, v. n. (Seew.) capern.

†Boussoir, m. (Schiff.) Krahnbalken. [Führer, Wegweiser.

Boussole, f. Compaß, m.; fg.

Boustrophédon, m. (Alt.) Jurchenschrift, f.

†Bousure, f. (Münzk.) Weißsiedlauge.

Bout, m. Ende, n.; Spitze, f.; Zipfel, m.; Ecke, f.; Zinke (am Hirschgeweih); Stückchen, n. Stümpchen, Reißchen, (Schuhm.) Fleck, m.; — de fleuret, Rappierknopf; — d'or, d'argent, Gold-, Silberdrahtfrange, f.; Beschläge, n.; — de mamelle (Brustwarze, f.; — d'homme, Knirps, m.; — saigneux, (Metzg.) das blutige Halsstück (—d'aile, (Hanbl.) Stockörtsleder, f.; le haut —, die oberste Stelle (am Tisch); le bas —, die unterste Stelle; venir à — de qch., etw. durchsetzen, zu Stande bringen;

mit etw. fertig werden; venir à — de qn., mit jemand fertig werden; être au —, am Ende, am Ziele seyn; pousser à —, aufs Aeußerste treiben; être à —, aufs Aeußerste getrieben seyn: tirer à — portant, ganz aus der Nähe, auf die S. siebend schießen; fg. heftig angreifen; brûler la chandelle par les deux —s, sein Gut schnell verschwenden; au — du compte, adv. alles betrachtet; d'un — à l'autre, von Anfang bis zu Ende; au — de deux jours, nach zwei Tagen.

Boutade, f. der wunderliche Einfall, Laune, f.

Boutant, adj., arc-—, m. pilier —, Strebepfeiler, m.

Boutargue. f., v. Caviar.

Bout d'aile, m. die Feder der Flügelspitze, Schwungfeder.

†Bout de l'an, m. Jahrtag (für Seelmessen).

†Bout de manche, m. Ueberärmel, Schmutzärmel.

†Boute, f. (Seew.) Wasserfaß, n.

Bouté, e, adj. gerabbeinig (von Pferden).

†Boute-à-port, m. Schiffsordner, Hafenaufseher.

†Boutée, f. (Bauk.) Stütze.

Boute-en-train, m. Singevogel (der andere zum Singen aufmuntert); (Reitsch.) Probirhengst; fg. Anführer, Aufmunterer zum Lustigseyn, zum Arbeiten.

Boute-feu, m. Mordbrenner; fg. Aufwiegler, (Artill.) Zündruthe, f.; (Seew.) Konstabler, m.

Boute-hors, m. Kämmerchenspiel, n. Treib ihn aus; fg. fm. die fertige Zunge; (Schiff.) Stange (zur Verlängerung der Segelstangen).

Bouteille, f. Flasche; Flaschevoll || Wasserblase; —s, (Seew.) Schiffserker, m. Schiffsabtritt.

Boute-lof, m. (Schiffb.) Rundholz, n.

Bouter, v. a. (Jagd) (Wild) aufstöbern; (Gärb.) (Häute) vollends reinigen; (Nadeln) auf Papier stecken; —, v. n., — à l'eau, au large, (Seew.) aus dem Hafen fahren, in See stechen; —, (vom Wein) weich seyn.

Bouterolle, f. (Steinsch.) Rundperle; (Schloss.) der Einschnitt (am Schlüssel), das Eingerichte (eines Schlosses); Ortband (an der Degenscheide), (Juwel.) Kastenstampf, m.; (Goldsch.) Knaufstämpel.

†Boute-roue, f. Eckstein, m.; Geländer, m.

Boute-selle, m. das Zeichen (mit der Trompete) zum Aufsitzen.

†Bouteux, m. Streichwathe, f. (Art Fischernetz).

†Bouticlar, m. der Kahn mit einem Fischkasten oder Fischhälter.

Boutillier, m. der Aufseher über den Wein in dem Hause eines Fürsten.

Boutique, f. Laden, m. Bude, f. Kramladen, m. Stand, Werkstatt, f. || Kram, m. fm. Plunder; fg. mépr. (v. einem Hause) Nest, n.

Boutiquier, m. mépr. Krämer.

Boutis, m. (Jagd) Wühl, f. Schweinsbruch, m.

Boutisse, f., mettre en —, (einen Stein) in die Mauer der Länge nach mit der schmalen Seite herauslegen.

Boutoir, m. (Hufschl.) Wirkeisen, n.; (Gärb.) Putzmesser, (Jagd) Rüssel, m.; fg. fm. coup de —, der grobe Ausfall.

Bouton, m. (Bot.) Knospe, f. Auge, n.; fg. Hizbläscherchen; Zinne, f.; (Schneid.) Knopf, m.; (Büchs.) Visirkern, n.; — de feu, (Chir.) das Brenneisen; fg. fm. serrer le — à qn., einem lebhaft zusetzen, hart zu Leibe gehen.

†Bouton d'argent, m. Silberknopf [(Blume).

†Bouton d'or, m. Goldknopf

Bouton de rose, m. Rosenknopf (Blume).

Boutonner, v. n. (Gärtn.) Augen gewinnen, Knospen treiben; —é, e, fg. zurückhaltend, geheimnißvoll.

Boutonnerie, f. Knopfmacherwaare; -handwerf, n.

Boutonnier, m. Knopfmacher.

Boutonnière, f. Knopfloch, n.

Bouts-rimés, m. pl. die vorgeschriebenen Endreime zu einem Gedicht.

†Bouts-saigneux, m. pl. das Halsstück (eines geschlachteten Kalbes, rc.).

Bouture, f. (Gärtn.) Ableger, m. Sprößling; Stockreis, n.; die Lauge zum Weißsieden (des Silbers).

Bouvard, m. Münzhammer.

†Bouvement, m. (Tischl.) Kehlzeug, n.; Kehlhobel, m. Karnießhobel. [Senstall.

Bouverie, f. Ochsen-, Marktroch-

Bouvet, m. Falz-, Füge-, Kehl-Leistenhobel.

Bouvier, m. ère, f. Ochsenhirt, m. Ochsentreiber, -inn, f.; (Naturgeschichte) Fliegenschnäpper, m. (Vogel); fg. der grobe Lümmel; (Astr.) Bärenhüter.

Bouvillon, m. der junge Ochs.

Bouvreuil, m. Dompfasse, Blutfink, Gimpel (Vogel).

Bouxwiller, Buchsweiler (Stadt).

Bovine, adj., les bêtes bovines, la race bovine, das Rindvieh, Ochsengeschlecht.

Bowl, v. Bol.

Boxer, v. n. boyen; se —, sich boyen, balgen.
Boxeur, m. Boyer.
Boyard, m. Bojar.
Boyau, m. Darm; fg. der lange und schmale Ort; (Kriegsw.) Laufgrabengang; corde à —, die Darmsaite. [statt.
Boyauderie, f. Darmsaitenwerk=
Boyaudier, m. Darmsaitenmacher.
†Boyer, m. der Boye (amerikanische Gözenpriester).
†Brabançon, ne, adj. brabäntisch; —, m. ne, f. Brabanter, m. =inn, f.
†Brabeutes, m. pl. (Alterth.) Brabeuten, Preisvertheiler (bei Wettspielen).
Bracelet, m. Armband, n.; Armring, m.; (Vergold.) Armleder, n.
†Brachélytres (spr. ké), m. pl. Raubkäfergeschlecht, n.
†Brachet, m. Stäuber, Stöber, Spürhund.
Brachial, e (spr. ki), adj. zum Arme gehörig; muscle —, der Armmuskel.
†Brachier, v. a. (Seew.) brassen, die Segel oder Raen mittelst der Brassen lenken.
Brachion (spr. ki), m. Tellerwirbel (Infusionswürmchen).
†Brachiopodes (spr. ki), m. pl. Armfüßler (Art Mollusken).
†Brachycatalectique, adj. brachycatalektisch (Vers. der einen Fuß zu wenig hat). [Schnellschreiber.
†Brachygraphe (spr. ki), m. Ge=
†Brachygraphie (spr. ki), f. die Geschwindschreibekunst durch Abkürzungen. [Athem.
†Brachypnée, f. (Med.) der kurze
†Brachyptéres, adj. kurzflügelig.
†Brachystochrone, f. (Math.) die krumme Linie des schnellsten Falles.
†Bracmane, v. Bramin.
†Bracon, m. (Wasserbaukunst) Schleußenthorträger.
Braconnage, n. das Gewerbe des Wildschützen, Wildern.
Braconner, v. n. heimlich in fremdem Gehäge jagen.
Braconnier, m. Wildschütz, Wilddieb; fg. leidenschaftlicher Jäger; Jagdverderber.
†Bractéate, f. Blech=, Hohlmünze.
Bractées, f. pl. die Nebenblätter, Deckblätter der Blumen.
†Bractéole, f. Goldblättchen, n.
†Bradype, m. Faulthier, n.
†Bradypepsie, f. die langsame und schlechte Verdauung.
Bragance, Braganza (Stadt).
†Brague, f. (Seew.) Anhalttau, n.; (Bauk.) Deckleiste, f.
†Braguette, f.(Seew.) Borgtau, n.
Brahmane, m., v. Bramin.

Brahmanique, adj. brachmanisch.
Brahmanisme, m. die Lehre der Braminen.
Brai, m. Schiffstheer; (Bierbr.) die geschrotete Gerste.
Braie, m. Hintertuch, n. Unterlegtuch; ol. Hosen, pl.; (Schifff.) die gepichte Leinwand; (Zimm.) die Stüzen der Mühlsteine; (Wachsz.) Quetsche, f.; (Buchdr.) Umlagen, pl.
Braillard, e, Brailleur, se, adj. fm. laut schreiend; —, m. e, f. brailleur, m. se, f. fm. Schreier, m. =inn, f. [schen.
Braillement, m. Schreien, n. Krei=
Brailler, v. n. fm. laut schreien, plärren; —, v. a. (Häringe) mit Salz bestreuen und mit der Schaufel umkehren. [bais.
Brailleur, m. Schreier, Schrei=
Braiment, m. Eselsgeschrei, n.
Braire, v. n. wie ein Esel schreien.
Braise, f. Glut; die glühende Kohle.
Braiser, v. a. auf Kohlen kochen.
Braisier, m. (Bäck.) Kohlenkasten.
Braisière, f. das Becken, worin man Kohlen ablöscht; Glutpfanne, f.
†Brame, v. Bramin.
Bramer, m. (Jagd) röhren, wie ein Hirsch schreien.
Bramin, Bramine, m. der Bramine (indische Priester), Brachmane.
Bran, m. Menschenkoth, Koth; — de Judas, die Sommersprossen; — de son, die gröbste Kleie; — de lui, weg mit ihm! pfui!
Brancades, f. pl. Galeerensclavenketten.
Brancard, m. Tragbahre, f.; Tragsessel, m.; (Wagn.) Schwangbaum; die Gabel (am Karren).
†Brancardier, m. Sänftenträger; =führer. [sig.
Branchage, m. Astwerk, n. Rei=
Branche, f. Zweig, m. (auch fg.), Ast; die Zinke (von Korallen); der Arm (an Wandleuchtern, einer Zange, Schere); (Schwertf.) Bügel; Kreuz, n.; (Anat.) Ast, m.; Abernast; (Geneal.) Zweig, Linie, f.; (Minir.) Nebengang, m.; fg. das Fach (von Wissenschaften); — de balance romaine, der Balken einer Schnellwage; — de trompette, — de commerce, Handelszweig || —s, die Stangen (des Hirschgeweihes, des Pferdegebisses); Schenkel (des Sporns); —s d'ogive, die Rippen eines gothischen Kreuzgewölbes, f.
Brancher, v. a. fm. an einen Ast aufhängen; —, v. n. auf Zweigen, Bäumen sizen oder herumhüpfen.
Branche-ursine, v. Acanthe et Berce.

Branchier, m. et adj. (Jagd) oiseau —, der Nestling, junge Vogel. [men.
Branchies, f. pl. Fischohren, Kie=
†Branchiostéges, m. pl. die Fische mit Kiemenhäuten.
Branchu, e, adj. ästig, dickästig.
Brande, f. Heidengesträuch, n.; Heide, f.
Brandebourg, f. Mantel, m. Ueberrock; —, m. das verzierte Knopfloch; —, n. pr. Brandenburg (Provinz). [nerei.
†Branderie, f. Branntweinbren=
Brandevin, m. Branntwein.
Brandevinier, m. ère, f. Branntweinverkäufer, m. =brenner; =inn, f.
Brandillement, m. Schaukeln, n.
Brandiller, v. a. schwingen, hin und her bewegen; fm. schlenkern; se —, sich schaukeln.
Brandilloire, f. Schaukel.
Brandir, v. a. schwenken, schwingen; (Zimm.) mit einem hölzernen Nagel befestigen.
Brandon, m. Fackel, f. (auch fg.), Windsfackel, Brand, m.; (jur.) Strohpfahl.
Brandonner, v. a. (jur.) mit einem Strohpfahl bezeichnen.
Branlant, e, adj. wackelnd; schlotterig.
Branle, masc. Schwanken, n.; Schwang, Schwung; fg. id.; die erste Bewegung; Ungewißheit; (Tanzkunst) Rund=, Reihentanz, m.; Vorreihen; (Schifff.) Hangmatte; donner le — à qn., einen in Bewegung bringen; à qch., etw. in Gang sezen; mener le —, der erste seyn.
Branle-bas, m. (Seew.) das Herunterlassen der Hängmatten (vor einem Treffen); —! die Hängmatten herunter!
Branlement, m. Wackeln, n. Erschütterung, f.; Schwanken, n. Schwang; das Schütteln (des Kopfes).
Branler, v. a. schütteln, hin und her bewegen; wackeln machen; —, v. n. wanken; wackeln; schwanken; aus der Stelle weichen; fg. zweifelhaft seyn.
Branloire, f. Schaukelbrett, n.; (Schloss.) Ziehfette, f.
Braque, m. der Brack (Art Spürhund); fg. Wildfang.
Braquemart, m. das Aufprozen einer Kanone; das Lenken einer Kutsche. [ten.
Braquement, m. Lenken, n. Rich=
Braquer, v. a. wenden, lenken; (Artill.) aufpflanzen, richten.
†Braques, f. pl. Krebsscheren.
Bras, m. Arm; fg. id.; Kraft, f. Macht, Tapferkeit; (Naturg.) Krebsschere; Floßfeder (des Walfi=

(ches); ber vorbere Schenkel (des Pfer=
bes); (Tischl.) die Seitenlehne (eines
Lehnstubls); —, pl. (Bot.) Ranken;
le — séculier, die weltliche Obrig=
keit; à —, adv. mit den Händen;
à tour de —, mit ganzer Kraft;
avoir qch. sur les —, etw. auf
dem Halse haben; demeurer les —
croisés, müßig da stehen; —dessus
— dessous, Arm in Arm.

Braser, v. a. (Eisen) schweißen,
zusammenlöthen.

Brasier, m. Gluth, f.; Gluth=
Feuerpfanne; fg. Liebesgluth, Feuer
und Flamme.

Brasillement, m. der elektrische
Glanz des Meeres.

Brasiller, v. a. auf Kohlen rösten;
—, v. n. (vom Meere) feurig glän=
zen.                  [gestiebe, n.

Brasque, f. Ofenschmiere, Ofen=
Brasquer, v. a. die Oefen oder die
Schmelztiegel füttern, einschmieren.

Brassade, f. das weitmaschige Fi=
scherneß.          [saß.

Brassage, m. (Münzw.) Schlag=
Brassard, m. Armschiene, f.;
(Ball.) Armstück, n.

Brasse, f. Klafter, Faden, m.

Brassée, f. Armvoll, m.

Brasser, v. a. stark umrühren,
durch einander rühren; (Bier)
brauen; (Branntwein) brennen;
(die Segelstangen) regieren; (Segel
richten; (Fisch.) (das Wasser) trü=
ben; fg. anspinnen.

Brasserie, f. Bierbrauerei.

Brasseur, m., se, f. Bierbrauer,
m. Biersieder, =inn, f.

Brasseyer, v. a., v. Brasser.

Brassiage, m. (Seew.) das Messen
nach Klaftern oder Faden.

†Brassicaires, f. pl. Kohlschmet=
terlinge, m.          [mig.

†Brassicourt, m. (Reitk.) kurzar=
Brassières, f. pl. Wämmschen,
n.; fg. fm. il est en —, die Hände
sind ihm gebunden.

Brassin, m. Braupfanne, f. Brau=
kessel, m.; Gebräue, n.

Brassoir, m. Rührstab.

Brasure, f. Löthung, Löthstelle.

†Braunspath, m. Braunspath.

Bravache, m. Großprahler, Wind=
macher.          [sprechen; Prahlerei.]

Bravade, f. Trotzbieten, n. Hohn=

Brave, adj.; =ment, adv.: tapfer;
wacker, rechtschaffen, brav; fm. iron.
stattlich geputzt; —, m. der tapfere
Mann; Tapfere; iron. Waghals,
Schläger, Raufbold; faux —,
Prahlhans.

Braver, v. a. qn., einem trotzen,
Trotz bieten, Hohn sprechen; fg. id.,
einen (oder etw.) verachten.

Braverie, f. Kleiberpracht, Flit=
terstaat, m.

Bravo, adv. Bravo! schön! —s,
m. pl. Braves.

Bravoure, f. Tapferkeit, Herzhaf=
tigkeit, Unerschrockenheit; —s, fg.
Heldenthaten; air de —, (Muf.)
die Bravourarie.

Brayer, v. a. (ein Schiff) theeren.

Brayer, m. (Chir.) Bruchband,
n.; der Fehnenschub und Gürtel;
Riemen (am Glockenklöppel); die
Achse (einer Schnellwage); der Steiß
(eines Raubvogels); —s, (Bauf.)
Zeilwerk, n.

Brayette, f. Hosenschlitz, m.

Brayon, m. Marberfalle, f.

Bréant, m. Geldammer (Vogel).

Brebis, f. Schaf, n.; — morte,
der Sterbling.

Brèche, f. Bruch, m.; Riß,
(Kriegsw.) Wallbruch, Bresche, f.;
Oeffnung; Scharte (an Messern
x.); Lücke; fg. Schade, m. Abbruch,
Lücke, f. ‖ eine Art Marmer; Menge=
stein, m.

Brèche-dent, adj. zahnlückig.

Brechet, m. pop. Brustbein, n.
Herzgrube, f.          [Qui.

Bredi-breda, adv. fm. zu eilig, im
Bredindin, m. (Schifff.) ein klei=
nes Hißtau.

†Bredir, v. n. sich gern raufen.

Brédissure, f. (Med.) Mundver=
schlossenheit; (Sattl.) Riemennoht.

Bredouille, f. (Trict.) Matsch,
m.; die doppelte Partie; Matsch=
pfennig; sortir —, fm. unverrich=
teter Sache weggehen.

Bredouillement, m. Stammeln,
n. Stottern.

Bredouiller, v. a. et n. stammeln,
stottern.          [ter, =inn, f.

Bredouilleur, m. se, f. Stamm=

†Brée, f. (Schmied) Beschlag, m.
der Eisenbeschlag eines Hammers.

Bref, m. das päpstliche Schreiben,
Breve; Kirchenkalender, m.; (Seew.)
Paß.

Bref, Brève, adj. kurz; —, adv.
endlich, kurz, mit wenig Worten.

Brège, f. Bregier, Bregin, m.
(Fisch.) Beutelnetz, n.

Bréhaigne, adj. (Thiere) unfrucht=
bar; —, f. fg. pop. c'est une —,
sie ist unfruchtbar.

Brelan, m. (Kartensp.) Krimpen=
spiel, n.; fg. Spielhaus; avoir —,
drei gleiche Karten haben.

Brelander, v. n. stets mit Karten
spielen, immer in den Spielhäusern
liegen.

Brelandier, m. ère, f. injur. Erz=
kartenspieler, m. =inn, f.

Brelandinier, m. Standkrämer,
Eckkrämer.

†Brelic-breloque, adv. unbedacht=
samer, übereilter, verwegener Weise.

†Brelingot, v. Berlingot.

Brelle, f. eine kleine Bauholzflöße.

Breloque, f. Breloquet, m.
(Goldsch.) eine artige Kleinigkeit;
Verlecke; (Kriegsw.) v. Berloque.

†Breloquet, m. das Anhängsel von
kleinen Juwelen an einer Kette.

Breluche, f. der halbwollene Zeug,
Dreguet.

†Brème, f. Braß (Fisch.), m.; —,
Bremen (Stabt).

Breneux, se, adj. bas, beschis=
sen, mit Menschenkoth besudelt.

†Brequin, m. Bohrerschneide, f.

Brésil, m. Brasilien; bois de —,
das Brasilien= Blau=, Fernam=
budholz.

†Brésilien, ne, adj. brasilisch;
—, m. ne, f. Brasilier, =inn,
f.

Brésiller, v. a. raspeln, zerbrö=
ckeln; (Färb.) mit Brasilienholz fär=
ben.          [Brasilienholz.

Brésillet, m. die schlechteste Art

†Bressin, m. (Schiff.) Hißtau, n.

†Breste, f. der Vogelfang mit Leim=
ruthen.

†Bretagne, f. Bretagne (französ.
Prov.); la grande —, Großbri=
tannien (England), n.

Brétailler, v. n. sich gern raufen.

Brétailleur, m. Raufer, Klepf=
fechter, Haubegen.

Bretauder, v. a. un cheval, ei=
nem Pferde die Ohren stutzen; —
qn., einem die Haare zu kurz ab=
schneiden; —, v. n. (Tuchsch.) un=
gleich scheren.

Bretelle, f. Tragband, n.; Gurt=
riemen, m.; —s, Hosenträger; das
Brustkissen (des Bortenwirkers).

†Breton, ne, adj. bretagnisch;
Bretagner, m. ‖ britisch, Britte, m.

Brette, f. der lange Raufbegen.

†Bretté, e, adj. zackig, zähnicht,
gezähnt.

Bretteler, Bretter, v. a. (Maur.)
berappen, mit einem zackigen Werk=
zeug oder Hammer bearbeiten.

Bretteur, m. Raufer, Zänker,
Klepffechter.

†Bretture, f. die Zacken, Zähne
(an Werkzeugen); Zackenstriche.

Breuil, m. Brühl (verzäuntes Ge=
büsch); —s, pl. (Seew.) Beschlag=
leinen.          [einziehen.

†Breuiller, v. n. (Seew.) die Segel

Breuvage, m. Getränk, n. Trank,
m.; (Med.) Arzneitrank.

†Brève, f. (Muf.) Zweiviertel=
note; (Gramm.) die kurze Sylbe;
Münzablieferung.

Brevet, m. Patent, n.; Diplom,
Gnadenbrief, m.; (Schifff.) Fracht=
schein; (Färb.) Küpenbad, n.; —
d'apprentissage, der Lehrbrief; —
d'invention, das Erfindungspatent.

Brevetaire, *m. ol.* der Inhaber eines Gnadenbriefes.

Breveter, *v. a.*, — qn., einem ein Patent, Diplom ertheilen.

†Breveux, *m.* Hummerhaken, Krabbenhaken.

Bréviaire, *m.* Brevier; *n.;* dire son —, sein Brevier beten.

†Brévipèdes, *m. pl.* die kurzfüßigen Vögel.          [derigen Vögel.

†Brévipennes, *m. pl.* die kurzfe-

†Brévirostres, *m. pl.* die Kurzschnäbler (Vögel).

Bribe, *f. fm.* Runken, *m.* Brocken (Brod); *fg.* Brocken.

Bric-à-brac, *m.* allerlei alte Kupfer- oder Eisenwaaren; der Verkäufer solcher Waaren.

Brick, *m.* (Seew.) Brigg, *f.*

Bricole, *f.* (Reitsch.) Sprungriemen; Wiedersprung, Rückprall (eines Balls, einer Billardkugel); —s, die ledernen Tragriemen; eine Art Jägernetz; par —, *adv. fg.* durch Nebenwege; donner une — à qn., einem einen blauen Dunst machen.

Bricoler, *v. n.* zurückprallen machen; bricoliren; *fg.* nicht redlich verfahren.

†Bricolier, *m.* Nebenpferd, *n.*

†Bricoteaux, *m.* (Web.) Trittbrett, *n.*

Bride, *f.* Zaum, *m.* Zügel; (Schneid.) Riegel (an Knopflöchern); Haubenband, *n.;* à toute —, à abattue, *adv.* mit verhängtem Zügel, spornstreichs; aller — en main, *fg.* vorsichtig zu Werke gehen; mettre la — sur le cou à qn., einem den Zügel schießen lassen; tourner —, seinen Sinn ändern.

Brider, *v. a.* zäumen, zügeln; fest zubinden; zu eng anschließen; ce chapeau me bride, dieser Hut ist mir zu enge; *fg.* — qn., einem die Hände binden; einen einschränken; — la potence, im Ringelrennen das Holz, nicht den Ring treffen; oison bridé, eine dumme Gans.

†Bridoir, *m.* Haubenband, *n.*

Bridon, *m.* (Reitsch.) Trense, *f.;* das Kinntuch (am Nonnenschleier).

†Bridure, *f.* (Seew.) die Kreuzung der Ankertaue.

†Brie, *f.* Teigklöpfel, *m.*

Brief, ève, *adj.* (jur.) kurz; -vement, *adv.* kürzlich.

†Brier, *v. a.* den Teig schlagen.

Brièveté, *f.* Kürze.

†Brifauder, *v. a.* (Tuchm.) der Wolle den ersten Krämpel geben.

†Brife, *f. pop.* der Runken (Brod).

†Brifer, *v. a. pop.* gierig schlucken, fressen.          [fraß, *m.*

†Brifeur, *v. m. se, f. pop.* Vielbrifier, *m.* die Bleieinfassung am Dache.

Brig, *m., v.* Brick.

Brigade, *f.* (Kriegsw.) Brigade, Trupp, *m.*

Brigadier, *m.* Brigadier.

Brigand, *m.* Straßenräuber, Räuber, Buschklepper; *fg.* Blutsauger; de —, räuberisch.

Brigandage, *m.* Straßenräuberei, *f.; fg.* Erpressung.

Brigandeau, *m. fm.* der schurkische Sachwalter, Dieb.

Brigander, *v. n.* rauben, Straßenraub treiben; *fg.* Geld erpressen.

Brigandine, *f.* Panzerhemd, *n.*

Brigantin, *m.* Brigantine, *f.* Caperschiff, *n.*

Brigantine, *f.,* v. Brigantin.

†Brigitte, *n. pr. f.* Brigitta.

Brignole, *f.* Brunelle (Pflaume).

†Brignolie, *f.* Brignolie (eine doldentragende Pflanze).

Brigue, *f.* Bewerbung, Cabale; —s, Umtriebe, *pl.* || der starke Anhang, Partei, *f.*

Briguer, *v. a.* qch., sich um etw. eifrig bewerben, nach etw. streben.

Brigueur, *m.* Bewerber.

Brillant, e, *adj.;* -amment, *adv.:* glänzend schimmernd, funkelnd; *fg. id.;* lebhaft; —, *m.* Glanz; (Juwel.) Rautendiamant, Brillant.

Brillanter, *v. a.* (einen Diamant) zum Brillant schneiden; *fg.* mit falschem Schimmer erfüllen; — e, *e, adj. fg.* prunkend, voll falschen Glanzes.

Briller, *v. n.* glänzen; schimmern, blitzen, funkeln, flimmern; *fg.* glänzen; schimmern, sich auszeichnen; mit Glanz erscheinen; (Jagd) gut streichen.

Brimbale, *f.* Pumpenschwengel, *m.*

Brimbaler, *v. a. fm.* klingeln, klimpern.

Brimborions, *m. pl.* Kleinigkeiten.

†Brimboter, *v. n. vi.* zwischen den Zähnen murren, murmeln.

Brin, *m.* Halm, Stengel; Spröß-chen, *n.* Hälmchen, Splitterchen; Körnchen, Bischen; Stückchen; *fg.* pas un — d'esprit, nicht ein Fünklein Verstand; —s, das Genist (von Haaren, *rc.*); — (Gärtn.) Zweig, *m.* Wuchs, Stamm; un beau — d'arbre, ein schöner geradstämmiger Baum; un beau — de bois, eine schöne Stange; *fg.* un beau — d'homme, ein großer, schön gewachsener Mann; — d'estoc *ou* brin destoc, Springstock, *m.;* — à —, *adv.* stückchenweise.

Brinde, *f.* Zutrinken, *n.*

Brindille, *f.* Reischen, *n.*

†Brinque, *f.* (Reitf.) die dürre Mähre, der elende Klepper.

Bringuebale, *v.* Brimbale.

Brioche, *f.* Butterstollen, *m.*

Brion, *m.* (Bot.) Eichenmoos, *n.*

†Briquaillon, *m.* das Backsteinstück (zum Ausfüllen der Formen).

Brique, *f.* Back-, Ziegel-, Mauerstein, *m.*

Briquet, *m.* Feuerstahl; battre le —, Feuer anschlagen; —, *fg.* der kleine Säbel.

Briquetage, *m.* (Maur.) Ziegelgemäuer, *n.;* der ziegelartige Anstrich.          [streichen.

Briqueter, *v. a.* auf Ziegelart an-

Briqueterie, *f.* Ziegelbrennerei, -bütte.          [-brenner, Ziegler.

Briquetier, *m.* Ziegelstreicher, -brenner, Ziegler.

Briquette, *f.* eine Mischung von Thon und Kohlenstaub in Form eines Backsteines.

Bris, *m.* (jur.) der gewaltsame Auf- oder Einbruch; bris de prison, das Ausbrechen aus dem Gefängnisse; —, *pl.* (Seew.) Trümmer; droit de —, das Strandrecht.

†Brisable, *adj.* zerbrechlich.

†Brisac, Breisach (Stadt).

Brisant, *m.* Wellenstoß; —s, Brandung, *f.* die verborgenen Klippen.

Briscambille, v. Brusquembille.

Brise, *f.* (Seew.) der periodische, gelinde Wind; — terrestre, marine, der periodische Land-, oder Seewind || (Zimm.) Balkenschwengel.

†Brise-cou, *m. fm.* Halsbreche, *f.*

Brisées, *f. pl.* (Jagd) Brüche; *fg.* Fußstapfen; aller sur les — de qn., einem ins Gehäge gehen; revenir sur ses —, einen aufgegebenen Plan wieder vornehmen.

Brise-glace, *m.* Eisbrecher, Eisstock (an Brücken).

Brisement, *m.* Brechen, *n.* Branden (der Wellen); *fg.* — de cœur, die Zerknirschung des Herzens.

†Brise-mottes, *m.* (Ackerb.) Walze, *f.;* Schollenhüpfer, *m.* (Vogel).

Brise-pierre, *m.* Blasensteinbrecher; (Bot.) Steinbrech, *m.*

Briser, *v. a.* brechen, zerbrechen, zerstoßen, in Stücke brechen, abbrechen; zerschmettern, zertrümmern; (Flachs) brechen; (Wolle) trempeln; (Filz) reißen; (Bettstellen, Servietten) zusammenlegen; (Messer) zumachen; *fg.* ganz abmatten; brisons là-dessus, *fm.* genug hievon!, *v. n.* (Schiff.) scheitern; (v. Wellen) sich brechen || branden; se —, brechen, in Stücke gehen; (Mech.) sich zusammenlegen lassen.

Brise-raison, *m.* der unvernünftige Schwätzer.

Brise-scellés, *m. fm.* der Dieb, der versiegelte Sachen stiehlt.

Brise-tout, *m.* der alles zerbricht, zerstört.

L:iseur, m. Zerbrecher; — d'ima=
ges, Bilderstürmer.
Brise - vent, m. Windschirm,
Schutzwand, f. [ving).
†Brisgau, m. Breisgau, n. (Pro=
Brisis, m. (Baut.) Dachbruch,
Winkel, den ein gebrochener Dach=
stuhl bildet.
Brisoir, m. Flachs=, Hanfbreche, f.
Brisque, f. (Kartensp.) Brist=
spiel, n. [igel.
†Brissoïde, m. der versteinerte See=
Brisure, f. Bruch, m. Sprung;
(Mech.) Bruch; (Wapp.) Weizei=
chen, n.; — de la courtine, die
Veränderung der Streichlinie.
†Britannique, adj. brittisch, eng=
lisch.
†Brizomancie, f. Traumdeuterei.
Broc, m. Schleiftkanne, f. Gelte;
de bric et de —, bald hierher, bald
dorthin; so oder so.
Brocantage, m. der Handel mit
alten Kunstsachen.
Brocanter, v. n. mit Kunstsachen,
rc., handeln.
Brocanteur, m. Kunsthändler.
Brocard, m. fm. der beißende
Spott, Stichelrede, f.
Brocarder, v. a. fm. qn., auf ei=
nen sticheln.
Brocardeur, m. se, f. der beißende
Spötter, Stichler, =inn, f.
Brocart, m. Gold= und Silberstoff,
der geblümte Seidenzeug, Brocat.
Brocatelle, f. der geringe Brocat;
(Naturg.) vielfarbige Marmer.
†Brochant, adj. (Wapp.) über den
ganzen Schild hingezogen; — sur
le tout, adv. über alles, vorzügli=
cherweise.
Broche, f. (Kocht.) Bratspieß, m.;
Lichtspieß, Nagel (der Scheibe);
Formcylinder; (Böttch.) Zapfen;
(Schloss.) Dorn; (Schuhm.) Pfriem
und Zwed; (Wepg.) Spieß; Spin=
del, f. Spille, Spule; Seidenstricker=
schiffchen, n.; — à tricoter, die
Stricknadel; —s, die Hauzähne (ei=
nes wilden Schweines), n.
Brochée, (Kocht.) Spießvoll, m.
Brocher, v. a. (Zeug) durchwir=
ken; stricken; (Wepg.) durchstechen;
(Schuhm.) aufzweden; (Dachziegel)
auffügen, aufhängen; (Hufnägel)
einschlagen; (Buchb.) heften, bro=
schiren; (Häute) auf den Rahmen
spannen; fg. flüchtig entwerfen, fm.
hinsudeln.
Brochet, m. Hecht.
†Brocheter, v. a. anspreißeln, an=
spießen; (Seew.) die Glieder und
Verkleidung eines Schiffes messen.
Brocheton, m. der kleine Hecht.
Brochette, f. (Kocht.) Spreißel,
der kleine Bratspieß; —s, an Sprei=
ßeln gebratene Stückchen Leber, Kalbs=

milch, Hirn || das Hölzchen, junge
Vögel zu füttern; (Knopfm.) Knopf=
pfriem, m.; das Maß (der Glocken=
gießer); —s, (Buchdr.) die zwei ei=
sernen Nägel des Rähmchens an der
Presse; élever à la —, fg. fm.
mühsam aufziehen.
Brocheur, m. se, f. Strumpf=
stricker, m. =inn, f.; Buchhefter,
m. =inn, f.
Brochoir, m. Niethammer.
Brochure, f. das geheftete Buch,
Heft, Flugschrift, f.; Heften, n.
Brocoli, m. (Gärtn.) Spargelkohl.
Brodequin, m. Halbstiefel,
Schnürstiefel; (Alt.) Corthurn;
chausser le —, fg. Trauerspiele
schreiben oder spielen; iron. schwül=
stig schreiben; —s, der spanische
Stiefel; Beinschraube, f. (Art Fol=
ter).
Broder, v. a. sticken, ausnähen;
(Hutm.) einfassen; fg. verschönern,
ausschmücken (durch erdichtete Zu=
sätze).
Broderie, f. Stickerei; gestickte
Arbeit; (Gärtn.) Verzierung; fg.
Ausschmückung; erdichtete Zusätze.
Brodeur, m. se, f. Sticker, m.
=inn, f.
†Brodoir, m. Seidenspule, f.
Broie, f. Hanf=, Flachsbreche
(Wachs). Quetsche.
Broiement, m. Zerreiben, n. Zer=
stießen; — du lin, die Flachsbreche.
†Broméloïdes, f. pl. Bromélia=
cées, Ananasgewächse, n. [(Gras).
†Bromos, m. (Bot.) Trespe, f.
Bronchade, f. Fehltritt (der Pfer=
de), m.; faire une —, stolpern.
Broncher, v. n. stolpern, strau=
cheln; fg. irren, fehlen.
Bronches, f. pl. (Anal.) Luftröh=
renäste, m.
Bronchial, e, adj. zu den Luft=
röhrenästen gehörig; nerf —, der
Luftröhrennerv.
Bronchique, adj., v. Bronchial.
†Bronchocéle (spr. ko), m. (Med.)
Luftröhrenkropf. [renschnitt, m.
Bronchotomie, f. (Chir.) Luftröh=
Bronze, m. Erz, n.; die eherne
Bildsäule; (Münze.) Denkmünze;
Glockenspeise; (Artill.) Stückgut,
n.; fondeur en —, der Rothgie=
ßer; couleur de —, die Erzfarbe;
de —, von Erz; cœur de —, ein
hartes Herz.
Bronzer, v. a. qch., einer S.
eine Erzfarbe geben, etw. bronziren;
schwarz färben, blau anlaufen las=
sen; cuir —é, das Rauchleder.
Broquart, m. Spießhirsch, einjäh=
rige Hirsch.
Broquette, f. der kleine Zweckna=
gel, Zweck, f. Tapetennagel, m.;
garnir de —s, zweclen.

Brossailles, v. Broussailles.
Brosse, f. Bürste, Kehrbürste;
(Mal.) der grobe Pinsel.
Brosser, v. a. bürsten, ab= oder
ausbürsten, kehren; — v. n. (Jagd)
das Dickicht durchstreichen.
Brosserie, f. Bürstenlager, n.
Brossier, m. Bürstenbinder.
†Brossure, f. die Farbe, die man
dem Leder bloß mit der Bürste giebt.
Brou, Brout, m. die grüne Schale;
— de noix, die Nußschale; Nuß=
farbe; der Nußbranntwein.
†Brouailles, f. pl. die Eingeweide
(der Fische und Vögel), n.
Brouée f. Nebel=, Staubregen, m.
Brouet, m. die dünne Kraftsuppe.
Brouette, f. Schieb=, Schublar=
ren, m. Handwagen.
Brouetter, v. a. karren, auf einem
Schiebkarren, in einem Handwagen
führen. [rer.
Brouetteur, m. Handwagenfüh=
Brouettier, m. Karrenschieber,
Schiebkärrner.
Brouhaha, m. fm. das laute Ge=
schrei (der Zuschauer).
†Brouhi, Broui, m. Blas=, Löth=
rohr, n.
Brouillamini, m. fm. Wirrwarr,
Verwirrung, f.
Brouillard, m. Nebel; — sec,
Heerrauch; — fg. der erste Ent=
wurf; — (Handl.) v. Brouillon
—, adj., papier —, das Löschpa=
pier.
Brouille, v. Brouillerie. [pier.
Brouillé, e, adj., v. Brouiller;
la couleur —e, die unreine Farbe;
la fleur —e, die nicht gehörig ent=
wickelte Blume.
Brouiller, v. a. unordentlich durch
einander rühren oder mischen; zer=
rühren; durch Rütteln trübe ma=
chen; (Reist.) irre machen; fg.
verwirren, verunreinigen; entzweien;
se —, in Verwirrung gerathen,
irre werden; (Luft) sich trüben; fg.
sich entzweien; sich abwerfen; œufs
—és, gerührte Eier.
Brouillerie, f. Uneinigkeit, Ver=
wirrung; der Zank und Streit;
Spannung, f.
Brouillon, ne, adj. unruhig,
zanksüchtig; unordentlich, verwirrt;
—, m. der unruhige Kopf; Zän=
ker, Hudler; das erste Concept, der
erste Entwurf; Sudelpapier, n.;
(Handl.) Kladde, f. Strazze.
Brouir, v. a. (Landw.) versengen,
verbrennen.
Brouissure, f. Versengen, n. Ver=
brennen; der Schaden vom Reif.
Broussailles, f. pl. Gesträuch, n.
Buschwerk.
Broussin d'érable, m. der Maser;
das Maserholz.
Brout, m. das junge Treibreis.

Broutant, e, *adj.* nagend, ab=
fressend (Thiere).

Brouter, *v. a.* grasen, (Blätter)
abfressen, abästen; (Gärtn.) beschnei=
den; —é, e, krummästig.

Broutilles, *f. pl.* abgehauene Rei=
ser; *fg.* allerlei Plunder, *m.*

Broye, *v.* Broie.

†Broyement, *v.* Broiement.

Broyer, *v. a.* reiben, zerreiben,
zerstoßen, pulvern; (Farben) anrei=
ben; (Hanf) brechen.

Broyeur, *m.* Farbenreiber, Hanf=,
Flachsbrecher.

Broyon, *m.* (Buchdr.) Reibkeule,
*f.* Läufer, *m.*; (Jagd) Tellereisen, *n.*

Bru, *f.* Schwiegertochter, Schnur.

Bruant, *m., v.* Bréant.

†Bruc, *m.* Bürstenkraut, *n.*

†Brucée, *f.* Brucie (Pflanze).

Brucelles, *f. pl.* Federzange.

†Bruche, *f. n. pr.* Breusch (Fluß);
(Naturg.) Samenkäfer, *m.*

†Brucolaque, *m.* (christl. Alterth.)
der Leichnam eines im Bann Ver=
storbenen; das Gespenst.

†Bruée, *f.* das Abdunsten der
Feuchtigkeit des Teiges.

Brugnon, *m.* die glatte Nectarin=
pfirsche.

Bruine, *f.* ein kalter Staubregen.

Bruiner, *v. imp.* rieseln, reifen;
—é, e, *adj.* (Landw.) vom Staub=
regen beschädigt. [pfen.

Bruir, *v. a.* (Tuchm.) durchdäm=

*Bruire, *v. n.* brausen, rauschen.

†Bruisiner, *v. a.* (Malz) schroten.

Bruissement, *m.* Brausen, *n.*
Sausen.

Bruit, *m.* Geräusch, *n.* Getöse;
Gemurmel; Lärm, *m.*; Getümmel,
*n.* Geklirr (der Waffen), Gerassel
(der Ketten), Geprassel (des Feuers),
Krachen, Rollen (des Donners),
Sausen, Brausen (des Windes);
der Knall (eines Schusses), das Knar=
ren (einer Thüre); Kirren (einer
Säge); Gesumse (der Bienen); —
du canon, der Kanonendonner;
— public, das Gerücht, Gerede ||
Auflauf, *m.*; Streit; Lärm, das
große Aufsehen; faire grand —,
viel Wesens machen.

†Brûlable, *adj.* verbrennlich; ver=
brennenswerth. [hitzig.

Brûlant, e, *adj.* brennend, heiß,

Brûlé, *m.* Brandgeruch=geschmad;
sentir le —, brenzeln; —, das
ausgebrannte Silber.

†Brûle-queue, *m.* das Schwanz=
brenneisen (für Pferde).

Brûler, *v. a.* verbrennen, in Brand
stecken; versengen; *fg.* entzünden,
erhitzen; (eine Stunde) schwänzen,
vernachlässigen; — une poste, eine
Post übergehen; —, *v. n.* brennen,
verbrannt werden; sehr heiß seyn;

*fg.* brennen (d'envie, vor Begier=
de), sich heiß (nach etw.) sehnen;
se —, sich brennen; se — la cervelle, sich eine Kugel vor den Kopf
schießen; —é, e, *fg.* überspannt
(Kopf).

Brûlerie, *f.* Branntweinbrennerei.

Brûle-tout, *m.* Profitchen, *n.*
Lichtknecht, *m.*

Brûleur de maisons, *m. inus.* der
Mordbrenner; *fg.* unordentlich ge=
kleidete Mensch.

Brûlot, *m.* Brander, Brandschiff,
*n.*; *fg.* der zu stark gewürzte Bis=
sen; Hitzkopf.

Brûlure, *f.* Brandschaden, *m.*
Brandwunde, *f.* Brandmahl, *n.*
Brandflecken, *m.*

Brumaire, *m.* Nebelmonat.

Brumal, e, *adj.* winterlich, was
zur Winterszeit ist, geschieht; plante
—e, die Winterpflanze.

Brume, *f.* (Seew.) der dicke Ne=
bel, Seenebel.

Brumeux, se, *adj.* nebelig.

Brun, e, *adj.* braun; bai—,
kastanienbraun; —rouge, —
clair, braunroth, lichtbraun; —,
*m. e, f.* ein brauner Mann, eine
Brünette; —e, Abenddämmerung,
*f.*; *fm.* Zwielicht, *n.*; —, die brau=
ne Farbe, Braun, *n.*

†Brunâtre, *adj.* bräunlich.

Brunelle, *f.* Braunelle, Braun=
wurz, Antonskraut, *n.*

Brunet, *m.* te, *f.* der braune
Mann; das braune Mädchen; Brü=
nette, *f.*; —te, Liebeslied, *n.*; —,
te, *adj.* bräunlich.

Bruni, *m.* (Goldschm.) Geglänzte,
*n.* Brunirte.

Brunir, *v. a.* braun machen, bräu=
nen; braun anstreichen, braun fär=
ben; (Handw.) poliren, glätten;
bruniren; —, *v. n.* braun werden,
sich bräunen. [ten.

Brunissage, *m.* Poliren, *n.* Glät=

Brunisseur, *m.* Polirer.

Brunissoir, *m.* Polirstahl; Glätt=
zahn, *n.* =bein, =stahl, *m.* =zahn.

Brunissure, *f.* (Färb.) Bräunung,
(Handw.) Glätte; (Jagd) die glatte
Stelle (am Geweihe).

†Brunoir, *m.* Braunamsel, *f.*

†Brunswick, Braunschweig(Stadt).

Brusque, *adj.*; -ment, *adv.*:
hitzig, ungestüm, grob.

Brusquembille, *f.* Bruscambille=
spiel, *n.* (eine Art Kartenspiel).

Brusquer, *v. a.* qn., einem hitzig
begegnen, einen anfahren; — une
affaire, etw. rasch durchsetzen, zu un=
gestüm angreifen; —, (eine Festung)
im Sturme wegnehmen.

Brusquerie, *f.* das ungestüme An=
fahren, Aufschnauben; Hastigkeit, *f.*

Brut, e, *adj.* roh, unbearbeitet;

unausgearbeitet; *fg.* ungeschliffen.

Brutal, e, *adj.*; -ement, *adv.*:
viehisch, grob und dumm; —, *m.*
Erzgrobian.

Brutaliser, *v. a. fm.* qn. einem
grob begegnen; einen unvernünftig
mißhandeln.

Brutalité, *f.* das viehische Betra=
gen; die wilde Lust; Grobheit.

†Brut-bonne, *f.* Mannabirn,
Papstbirn. [Vieh; *fg.* Vieh.

Brute, *f.* das unvernünftige Thier,
Brutier, *m.* der Raubvogel, der
sich schwer zur Beize abrichten läßt;
*v.* Buse. [sel (Stadt).

†Bruxelles, (spr. x wie ss), Brüs=

Bruyant, e, *adj. et adv.* lärmend,
rauschend, brausend, tobend.

Bruyère, *f.* (Bot.) Heidekraut,
*n.*; Heide, *f.* Steppe.

†Bry, *m.* Jungfernmoos, *n.* Ei=
chenmoos. [Zaunrübe.

Bryone, *f.* Sauwurz, Tollrübe.

Buanderie, *f.* Waschhaus, *n.*

Buandier, *m.* ère, *f.* Grobwä=
scher, *m.* =inn, *f.* [sel.

Bubale, *m.* (Naturg.) Zwergbüf=

Bube, *f.* (Med.) die kleine Blat=
ter, Blase.

Bubon, *m.* Beule, *f.* Drüsen=
Leistenbeule; Pestbeule. [bruch.

Budonocèle, *m.* (Med.) Leisten=
bruch.

Buccal, e, *adj.* (Anat.) zum Mun=
de gehörig; glandes —es, die
Mundbrüsen. [celung.

†Buccellation, *f.* (Chyrn.) Zerstü=

Buccin, *m.* (Naturg.) Trompe=
tenschnecke, *f.*

Buccinateur, *adj. et s. m.* Trom=
petenmuschel.

Bucentaure, *m.* das Prachtschiff
des (ehemaligen) Doge zu Venedig.

Bucéphale, *m.* Bucephalus (das
Leibpferd Alexanders); *fg. fm.* Pa=
radepferd, *n.*; *iron.* Schindmäre, *f.*

†Bucharie, *f.* Bucharei (Land).

Bûche, *f.* das Scheit Holz, Kloß,
*m.*; *fg.* Klotz, Dummkopf; (Seew.)
Buyse, *f.*; (Glash.) Hebestange,
(Muf.) Hackbrett. [haufen.

Bûcher, *m.* Holzstall; Scheiter=
Bûcher, *v. a.* ein Stück Holz zurecht
hauen. [Wald].

Bûcheron, *m.* Holzhauer (im
Holze, Span, *m.* Splitter; —s, Ge=
nist, *n.*; Holzabfall, *m.*

Bucoliques, *f. pl. ou* poëme bucolique, das Schäfergedicht, Hirten=
lied; *fm.* Kram, *m.* Papiere, *pl.*

Budget, *m.* Budget, *n.* die Dar=
legung der Einnahmen und Ausga=
ben der Staatskasse.

†Budisse, Bautzen (Stadt).

Buée, *f. ol.* Wäsche.

Buffet, *m.* Schrank, Silberschrank;

Schenktisch, Credenztisch; — d'orgues, das Orgelgehäuse; die Hausorgel; das Positiv.

†Buffeter, v. a. (v. Fuhrleuten, x.) (Fässer) anbohren und Wein heraustrinken. [fuhrmann.

Buffle, m. Büffelochs; Büffelleder, n.; das büffellederne Koller; (Handw.) Streichleder; fg. Erzdummkopf, m.

· Buffleterie, f. die Lederstücke zur Montirung eines Soldaten.

Buffletin, m. der junge Büffel; Büffelhaut, f.

†Bufflonne, f. Büffelkuh.

Bugle, f. Schlagkräutlein, n. Guldengimsel, m.

Buglose, f. (Bot.) Ochsenzunge.

Buire, f. Schenkkanne.

Buis, m. Buchsbaum; (Schuhm.) Glätt=, Putzholz, n.

†Buisse, f. (Schneid.) Nähtholz, n.

†Buisserie, f. Faßdaubenholz, n.

Buisson, m. Busch, Strauch; Hecke, f. Gebüsch, n.; (Gärtn.) Zwergobstbaum, m.; —s, Buschwerk, n.; venir en —, sich stauden.

†Buissonnet, m. Büschchen, n. Wäldchen.

Buissonneux, se, adj. buschig.

Buissonnier, ère, adj. in Büschen wachsend, sich aufhaltend; faire l'école —ère, fm. neben die Schule gehen.

†Buissure, f. der Schmutz auf vergoldeten Sachen.

Bulbe, f. Gewächszwiebel, Bolle.

Bulbeux, se, adj. zwiebelartig, vollicht; plante —se, das Zwiebelgewächs.

†Bulbifère, adj. zwiebeltragend.

†Bulbiforme, adj. zwiebelförmig.

†Bulgare, adj. bulgarisch; —, m. et f. Bulgare, =inn.

†Bulgarie, f. Bulgarei, Bulgarien (Land).

Bullaire, m. Bullensammlung, f.

Bulle, f. die (päpstliche) Bulle, Verordnung; Verfassungs-Urkunde, Bulle (gewisser Kaiser); (Phys.) d'eau ou d'air, die Wasser= oder Luftblase.

Bullé, e, adj. in Form einer Bulle abgefaßt (Vollmacht); bénéfice —, eine Pfründe wozu eine Bestätigungsbulle erforderlich ist; il est —, er hat seine Bestätigungsbulle.

Bulletin, m. Wahlzettel || der tägliche Berichtzettel; Tageblatt, n.; — des lois, das Gesetzblatt.

†Bulliarde, f. (Astr.) Bulliarde (einer der Mondflecken).

†Bulteau, m. p. us. der rundgezogene Baum.

†Bunette, f. (Naturg.) Heckensperling, m.

Bupreste, m. (Naturg.) Stinkkäfer. [Sarsche.

†Burail, m. eine Art Ratin oder

Buraliste, m. der Arbeiter oder Einnehmer in einem Büreau.

Burat, m. Berat (Zeug).

Buratine, f. ein halbseidener Zeug.

Bure, f. das grobe wollene Tuch; (Bergw.) Schacht, m.

Bureau, m. (Tuchm.) das grobe Tuch || Schreibtisch, m. Zahltisch, Schreibpult, n.; Schreibstube, f. Kanzlei, Schreiberei; Amt, n. Kammer, f.; der Präsident und die Secretäre; — d'adresse, das Adreß-comptoir; — des postes, Postamt; — d'esprit, die Versammlung schöner Geister; — de conciliation, Vermittlungskammer.

Bureaucratie, f. Schreiberherrschaft, Schreibereinfluß, m.; Kanzleigeist.

†Bureaucratique, adj. vom Schreibereinfluß beherrscht, hervorgebracht.

†Buret, m. Purpurschnecke, f.

Burette, f. (Kath.) Meßkanne (Buchbr.) Delkännchen, m.

†Burettier, m. ol. der die Meßkannen besorgt.

Burgandine, f. die schönste Art Perlenmutter. [f.

Burgau, m. Perlenmutterschnecke,

Burgrave, m. Burggraf.

Burgraviat, m. Burggrafschaft, f.

Burin, m. Grabstichel; (Zahna.) Zahnmeißel.

Buriner, v. a. mit dem Grabstichel arbeiten, stechen; (die Zähne) mit dem Zahnmeißel putzen; fg. eingraben.

Burlesque, adj.; -ment, adv.: possirlich, närrisch, lächerlich; —, m. Burleske, n. Possirliche.

†Bursaire, m. Beutelwurm; (Bot.) Bursarie, f. [Steueredict.

Bursal, e, adj. édit —, das Busard, m., v. Buse.

Busc, m. Blankscheit, n. Fischbein.

Buse, f. (Naturg.) Bußaar, m. Weihe, f. (Raubvogel); fg. Tölpel, m.; (Bergw.) Luftröhre, der Gerinne, n.

Busquer, v. a. mit einem Blankscheit aussteifen; se —, Blankscheite in die Schnürbrust stecken; — fortune, bas, sein Glück zu machen suchen.

Busquière, f. die Scheide des Blankscheits; Vorstecklatz, m.; Gürtelhaken.

Bussard, m. Eimer.

Buste, m. Brustbild, n. Büste, f.

But, m. Ziel, n.; fg. id., Zweck, m. Vorsatz; de — en blanc, adv. unbedachtsam, in den Tag hinein; — à —, (Spiel) ohne etwas vorzugeben.

Bute, f. (Hufsch.) Wirkeisen, n.

†Butée, f. Strebemauer, Widerlager (einer Brücke), n.

Buter, v. n. (Bill.) das Ziel treffen; (Reitk.) leicht stolpern; (Maur.) mit Pfeilern oder Bögen stützen; fg. zielen (à, auf); se —, être buté, sich fest entschließen (à, zu), hartnäckig bestehen (à, auf); se —, ou être butés l'un contre l'autre, einander immer entgegen seyn.

Butin, m. Beute, f.; Raub, m.

Butiner, v. n. auf Beute ausgehen, Beute machen.

†Butoir, m. (Gärb.) Wirkeisen, n. Putzmesser.

Butor, m. (Naturg.) Rohrdommel; fg. Tölpel, m. Dummkopf.

Butorde, f. eine dumme Gans.

Butte, f. der kleine Hügel; Scheibenhügel, Schießmauer, f. der Stand der Scheibenschützen; fg. être en — à qch., einer S. ausgesetzt, blosgestellt seyn.

Butter, v. a. (Gärtn.) mit Erdschollen bedecken.

†Buttière, f. Scheibenbüchse.

†Buture, f. (Jagd) Fußgeschwulst (der Hunde).

Butyreux, se, adj. butterartig.

†Buvable, adj. fm. trinkbar.

†Buvande, f. Lauerwein, m. Nachwein.

†Buveau, m. (Maur.) Winkelmaß, n.

Buvetier, m. Schenkwirth.

Buvette, f. Trinkstube; Schmauß, m.; aller à la —, fm. ins Kränzchen gehen.

Buveur, m. se, f. Trinker, m. Zecher, Säufer, =inn, f.; —, se d'eau, Wassertrinker, m. =inn, f.

Buvotter, v. n. wenig, aber oft trinken, nippen, schöppeln.

†Buze, f. Blasebalgrohr, n.

†By, m. der Graben in einem Teiche nach dem Ständer hin.

†Byssolite, f. (Miner.) Byssolit, m. Wetterzote, f.

Byssus, m. Byssus, Muschelseide, f.

†Byzance, Byzanz (ehem. Stadt).

## C.

C, m. C, n.

Ça! ah ça! interj. nun, wohlan! —, adv. hieher; — et là, hier und da, hin und her, herum; ça, pron. statt cela, das.

†Caaba, f. Kaaba (Tempel zu Mekka).

†Caablé, adj. bois —, vom Winde umgewehtes Holz, Windbruch, m.

Cabale, f. Cabbala, geheime Weisheit der Juden; fg. Cabale, Rotte.

Cabaler, *v. n.* pour qch., Cabalen machen, Ränke schmieden.

Cabaleur, *m.* Cabalenmacher, Ränkeschmied.

Cabaliste, *m.* Cabbalist.

Cabalistique, *adj.* cabbalistisch.

†Cabanage, *m.* Lagerstätte, *f.*

Cabane, *f.* Hütte; Vogelhecke; (Schiff.) Lagerstelle der Bootsknechte; Keje (auf kleinen Schiffen).

†Cabaner, *v. n.* Hütten bauen; se —, in Hütten wohnen.

Cabanon, *m.* die kleine Hütte.

Cabaret, *m.* Schenke, *f.*; Wirthshaus, *n.*; tenir —, schenken, wirthschaften || das Kaffee= oder Theebrett.

Cabaretier, *m.* ère, *f.* Schenkwirth, *m.* Wein=, Bierschenk, Wirth, Wirthinn, *f.*

Cabas, *m.* der Feigenkorb von Binsen; *plais.* méchant —, ein alter Rumpelkasten.

Cabasset, *m.* ein kleiner Helm.

Cabestan, *m.* Schiffswinde, *f.* Spille, Ankerhaspel, *m.* Drehhaspel.

†Cabiai, *m.* Wasserschwein, *n.* Sumpfschwein.

Cabillaud, *m.* Kabeljau, Stockfisch der frisch gegessen wird.

†Cabille, *f.* Horde, der Stamm (Araber).

†Cabillots, *m. pl.* (Schiff.) Pflöcke.

Cabine, *f.* Koje, kleine Kajüte.

Cabinet, *m.* Kämmerchen, *n.* Cabinett, Nebenzimmer, Studierzimmer; Gemälde=, Medaillen=, Antiken=, Naturaliencabinett; die Sammlung von Kunstsachen, Seltenheiten; der Schrank mit vielen Schubladen; (Gärtn.) Gartenlaube, *f.*; *fg.* der geheime Staatsrath; Staatscabinett, *n.*; — d'aisance, der Abtritt; homme de —, der Gelehrte, Staatsmann. [—, das längste Ankertau.

Câble, *m.* Kabeltau, *n.*; maitre-

Câblé, *adj.* seilförmig; —, *m.* der gewundene Strang. [seil.

Câbleau, *m.* das kleine Tau, Zug-

Câbler, *v. a.* (viele Fäden) zu einem Seile zusammendrehen.

Cabliau, *m.*, *v.* Cabillaud.

Câblot, *v.* Câbleau.

Caboche, *f.* Schuhnagel, *m.*; *fg. fm.* Kopf.

Cabochon, *m.* der kleine Schuhnagel; (Juw.) ungeschliffene Edelstein.

†Cabosse, *f.* Cacaoschote.

Cabotage, *m.* Küstenfahrt, *f.*

Caboter, *v. a.* längs der Küste hinschiffen.

Caboteur, *m.* Küstenfahrer.

Cabotier, *m.* Küstenfahrer (Schiff).

†Cabre, *f.* Hebebock, Krahn.

Cabrer, *v. n.*, faire — (ein Pferd) bäumen machen; *fg. fm.* erzürnen; se —, sich bäumen; *fg.* sich erzürnen.

Cabri, *m.* Ziegenböcklein, *n.* Zicklein. [sprung, Cabriole, *f.*

Cabriole, *f.* Luftsprung, *m.* Bocks-

Cabrioler, *v. n.* Luftsprünge machen.

Cabriolet, *m.* Cabriolett, *n.*; (Schubm.) Abformleisten, *m.*

Cabrioleur, *m.* Luftspringer.

†Cabrions, *m. pl.* (Seew.) Laffetenhalter. [Ziegen.

†Cabron, *m.* das Fell von jungen

Cabus, *adj. m.*, chou —, der Kopfkohl. [schreien.

Cacaber, *v. n.* wie ein Rebhuhn

Cacade, *f.* Kacken, *n.*; *fg. fm.* faire une —, einen dummen Streich machen.

Cacao, *m.* Cacaobohne, *f.*

Cacaotier, Cacaotiére, *voy.* Cacaoyer, etc.

Cacaoyer, *m.* Cacaobaum.

Cacaoyère, *f.* Cacaopflanzung.

Cacarder, *v. n.* schreien, schnattern (Gänse).

Cacatois, *m.* Kakatoes; (Schiff.) Bramstange, *f.*

Cachalot, *m.* Pottfisch, Caschalott.

Cachatin, *m.* der smyrnische Gummilack. [steckwinkel.

Cache, *f. fm.* der Schlupf=, Ver-

Cache-cache, *m.* Versteckenspiel, *n.*

Cachectique (spr. cak-), *adj.* (Med.) von schlechter Beschaffenheit (Blut); il est —, er hat verdorbene Säfte. [juch aus indischer Wolle.

Cachemire, *m.* das feine Hals-

Cacher, *v. a.* verstecken, verbergen, bergen, verhüllen; *fg.* verheelen; se —, sich verstecken; se — de qn., sich vor jemand geheim halten; se — à qn., sich vor einem nicht sehen lassen wollen; se — de qch., etw. verheimlichen, nicht gestehen; je ne m'en cache pas, ich gestehe es.

Cachet, *m.* Siegel, *n.* Petschaft; (Pol.) Insiegel; *fg.* Gepräge; — volant, ein offenes Siegel.

Cacheter, *v. a.* zusiegeln, versiegeln, besiegeln.

Cachette, *f. fm.* Schlupfwinkel, *m.*; en —, *adv.* heimlich, verstohlener Weise.

Cachexie (spr. cak-), *f.* (Med.) eine üble Gesundheit wegen böser Säfte. [schiman.

†Cachiment, *m.* Rahmapfel, Ca-

†Cachimentier, *m.* Rahmapfelbaum.

†Cacholong, *m.* der milchweiße, halbverwitterte Chalkedonier (Edelstein). [Lech; Narrenkasten, *m.*

Cachot, *m.* Kerker; das finstere

Cachotterie, *f. fg.* ein geheimnißvolles Betragen (bei Kleinigkeiten).

Cachou, *m.* Caschugummi, *n.* Bisamkugelsaft, *m.*

Cacique, *m.* Kazike (das Oberhaupt amerikanischer Wilden).

Cacis, *m.* die schwarze Johannisbeere; Aaihere; Aalbeerstrauch, *m.*; Branntwein von schwarzen Johannisbeeren.

Cacochyme, *adj.* ungesund, voll übler Säfte; *fg.* wunderlich, grillenfängerisch.

Cacochymie, *f.* (Med.) die schlechte Beschaffenheit der Säfte im Körper.

†Cacodémon, *m.* der böse Geist.

†Cacoëthe, *adj.*, un ulcère —, ein böses, veraltetes Geschwür.

Cacographie, *f.* der Fehler gegen die Rechtschreibung.

Cacologie, *f.* der Fehler gegen die Syntar.

Cacophonie, *f.* Uebelklang, *m.*

†Cacothymie, *f.* (Med.) die schlechte Gemüthsstimmung.

†Cacotrophie, *f.* (Med.) die schlechte Ernährung.

Cactier, *m.* Cactus, Cactusbaum.

†Cactoïdes, *f. pl.* die cactusartigen Gewächse, *n.*

Cadastre, *m.* das Lager=, Grundbuch, Steuer=, Grundregister.

Cadastrer, *v. a.* in das Lagerbuch eintragen, einschreiben.

Cadavéreux, se, *adj.* leichenartig, todtenfarbig; odeur —se, der Todtengeruch; bas, Aasgeruch.

Cadavérique, *adj.* den Leichnam betreffend.

Cadavre, *m.* der todte Körper, Leichnam, Leiche, *f.*; bas, Aas, *n.*

Cadeau, *m.* Geschenk, *n.* Angebinde; (Schreib.) der zierliche Federzug.

Cadenas, *m.* Vorlegeschloß, *n.* Hängeschloß.

Cadenasser, *v. a.* mit einem Hängeschloß verschließen.

Cadence, *f.* Tact, *m.* Cadenz, *f.*; (Mus.) der wohlklingende Schluß oder Fall; (Reitk.) die schulgerechte Bewegung; en —, tactmäßig.

Cadencer, *v. a.* qch., et —, *v. n.* den Tact, die Cadenz in etw. beobachten; (Perioden) wohlklingend machen; —é, e, tactmäßig.

Cadène, *f.* die Kette der Galeeren-sclaven; (Handl.) eine Art levantischer Tapeten. [zopf.

Cadenette, *f.* der geflochtene Haar-

Cadet, *m.* te, *f.*, *adj.* et *s.* der jüngste, die jüngste unter Kindern, (Geschwistern); Jüngere, *m.* et *f.*; —, *m.* Cadett, Zögling einer Kriegsschule.

Cadette, *f.* (Bauk.) Steinplatte; der mittlere Billiardstock.

†Cadetter, *v. a.* mit Quadersteinen pflastern.

Cadi, *m.* (Türk.) Kadi (Richter).

†Cadilesker, Cadilesquer, *m.* (Türk.) der höchste Kriegsrichter.

Cadis, *m.* eine Art wollener Sarsche.

†Cadisé, *m.* eine Art Droguet.
Cadmie, *f.* (Chym.) — des four-
neaux, der Nicht, Hüttennicht; —
fossile, das Cadmium; der Galmei.
Cadogan, *m.*, *v.* Catogan.
Cadole, *f.* Thürklinke, Klinke.
Cadran, *m.* Zifferblatt, *n.*; —
solaire, Sonnenuhr, *f.*; roue de
—, Stundenrad, *n.*; —, Schraub=
stock (der Demantschleifer), *m.*
Cadrat, *m.* (Buchdr.) Quadrat, *n.*
Cadratin, *m.* (Buchdr.) Gevierte,
*n.* [werk, *n.*
Cadrature, *f.* (Uhrm.) Vorlege=
Cadre, *m.* Rahmen, Einfassung,
*f.*; *fg.* Entwurf (einer Schrift), *m.*
Cadrer, *v. n.* avec qch., *fg.* sich
mit etw. zusammenschicken, zu etw.
passen, zusammenpassen.
Caduc, que, *adj.* hinfällig, alt,
gebrechlich (Mensch); baufällig
(Haus); (jur.) nichtig, verfallen;
ausfallend (von einer Wahlstimme);
le mal —, die fallende Sucht.
Caducée, *m.* Merkuriusstab, He=
roldsstab.
Caducité, *f.* Hinfälligkeit, Bau=
fälligkeit.
Cafard, e, *adj.* heuchlerisch; (Hand=
lung) halbseiden (Damast); —, *m.*
Heuchler.
Cafarderie, *f.* Heuchelei.
Café, *m.* Kaffeebohne, *f.*; Kaffee,
*m.*; Kaffeehaus, *n.*
Caféiére, *f.* Kaffeepflanzung.
Cafetan, *m.* (Türk.) Kaftan, Eh=
renkleid, *n.*
Cafetier, *m.* ère, *f.* Kaffeewirth,
*m.* =inn, *f.*
Cafetiére, *f.* Kaffeekanne.
Cafier ou Caféier, *m.* Kaffeebaum.
†Cafre, *m.* Kaffer, *pl.* (Geogr.)
Kaffern. [ta), *n.*
†Cafrerie, *f.* Kaffernland (Afri=
Cage, *f.* Käfich, *m.*; *fg. id.*, das
enge Häuschen ob. Zimmer; (Schlos=
ser) Drahtgitter; (Seew.) Mastkorb,
*m.*; (Uhrm.) Gehäuse, *n.*; (Baut.)
Mantel, *m.*; Gehäuse (einer Wind=
mühle, x.), *n.*; — du bâtiment,
die vier Mauern; — d'escalier,
Treppenhaus, *n.*; mettre en —
*prov.* ins Gefängniß setzen, ein=
sperren.
†Cagée, *f.* der Käfich voll Vögel.
†Cagier, *m.* Vogelhändler.
Cagnard, e, *adj. pop.* faul, lie=
derlich; —, *m.* Faulenzer, Tagdieb.
Cagnarder, *v. n.* faulenzen.
Cagnardise, *f.* Faulenzerei.
Cagneux, se, *adj.* mit einwärts
gebogenen Knieen, krummbeinig.
Cagot, e, *adj.* heuchlerisch; —,
*m.* e, *f.* Scheinheilige, *m. et f.*;
Frömmler, *m.* =inn, *f.*
Cagoterie, *f.* Scheinheiligkeit.
Cagotisme, *m.* Heuchlerwesen, *n.*

†Cagou, *m. fm.* Leutscheue, Kni=
cker, Wucker.
Cagouille, *fémin.* Schnauze (am
Schiffschnabel). [ zeug.
Cague, *f.* (Schifff.) Kaag, *n.* Fahr=
Cahier, *m.* Heft (Papier, x.), *n.*;
Schreibbuch; (Buchb.) Lage, *f.*;
—s, *ol. pl.* Beschwerdehefte, *n.
pl.*; — de charges, Lastenheft, *n.*
Cahin-caha, *adv. fm.* so so; halb
gut, halb schlecht.
Cahot, *m.* das Stoßen des Wa=
gens; *fg. fm.* Anstoß, *m.* Hinder=
niß, *n.*
Cahotage, *m.* Rütteln, *n.* Hin=
und Herschlagen (des Wagens).
Cahotant, e, *adj.* holperig, hol=
pricht. [rütteln.
Cahoter, *v. a.* stoßen, zusammen=
Cahute, *f.* die kleine Hütte.
Caïc, Caique, *m.* (Seew.) Boot
(einer Galeere), *n.* Barke, *f.*;
Klippe.
Caïeu, *m.* (Bot.) Brut, *f.* Zwie=
Caille, *f.* Wachtel. [bel.
Caillé, *m.* die geronnene Milch.
Caillebotte, *f.* Milchklumpen, *m.*
†Caillebottis, *m.* (Seew.) Gitter=
werk, *n.* Dampfgitter.
Caille-lait, *m.* (Bot.) Labkraut, *n.*
Caillement, *m.* Gerinnen, *n.*
Cailler, *v. a.* gerinnen machen,
gerinnen lassen; laben (Milch); se
—, gerinnen; käsen (Milch).
Cailletage, *m.* Geplauder, *n.*
Cailleteau, *m.* die junge Wachtel.
Cailleter, *v. a.* plaudern.
Caillette, *f.* Plaudermaul, *n.* Erz=
plätscher, *f.* || der vierte, unterste
Magen, Labmagen (wiederkäuender
Thiere).
Caillot, *m.* Blutklumpen; — ro=
sat, (Gärtn.) Rosenbirn, *f.*
†Caillottis, *m.* Steinsohle=Asche,
[stein, Kiesel.
Caillou (*pl.* —x), *m.* Kiesel=
Cailloutage, *m.* ein Haufen Kie=
selsteine; die mit Kieselsteinen aus=
gelegte Arbeit; Steingut, *n.*
Caillouteux, *f. adj.* tieselhaltig.
Caimacan, *m.* der Lieutenant des
Großveziers. [tedill.
Caiman, *m.* Kaiman (Art Kro=
†Caimand, *m.* e, *f.* Caiman=
deur, *m.* se, *f.* Landstreicher, *m.*
=inn, *f.*
†Caimander, *v. n. fm.* betteln;
—, *v. a.* erbetteln.
†Caïre (le), Cairo (Stadt).
Caisse, *f.* (Handl. x.) Kiste;
Geldkiste, Casse, Fin.) Casse
(Tisch.) Kasten, Verschlag;
(Mus.) Trommel, *f.*; (Anat.) Trom=
melhöhle.
†Caissetin, *m.* Kistchen, *n.*
Caissier, *m.* Cassier.
Caisson, *masc.* Proviantwagen,

Munitionskasten, Pulverkarren;
Kistchen, *n.*
Cajoler, *v. a.* liebkosen; — qn.,
einem schmeicheln; (Schifff.) mit
Hülfe des Stroms gegen den Wind
führen; —, *v. n.* schreien (wie eine
Elster).
Cajolerie, *f.* Schmeichelei.
Cajoleur, *m.* se, *f.* Schmeichler,
*m.* =inn, *f.*
†Cajute, *f.* (Schifff.) Kajute, Schlaf=
stelle.
Cal, *m.* Hornhaut, *f.* Schwiele;
Knorpel, *m.*; *v.* Calus. [*n.*
†Calabre, *f.* Kalabrien (Provinz),
Calade, *f.* (Reitsch.) Abhang, *m.*
Calaison, *f.* (Seew.) Schiffstiefe.
Calament, *m.* (Bot.) Ackermünze,
*f.* Bergmünze.
Calamine, *f.* (pierre calami-
naire) (Min.) Galmei, *m.*
Calamistrer, *v. a. fm.* (Haare)
kräuseln. [gnetnadel *f.*
Calamite, *f.* Magnet, *m.*; Ma=
Calamité, *f.* Trübsal, *f. et n.*
Unglück, *n.* Jammer, *m.* Noth, *f.*;
Landplage.
Calamiteux, se, *adj.* unglücks=
voll, elend, jämmerlich, trübselig.
Calandre, *f.* Zeugrolle, Mange;
Walze; (Naturg.) Heidelerche;
Kernwurm, *m.*; Kornmilbe, *f.*
Calandrer, *v. a.* glätten, mangen,
rollen, walzen.
†Calandreur, *m.* Manger.
†Calangue, *f.* (Schifff.) die kleine
Bucht, der Landungs=, Sicherheits=
ort für kleine Schiffe.
Calcaire, *adj.* kalkartig; pierre
—, *et* —, *m.* Kalkstein.
Calcanéum, *m. lat.* (Anat.) Fer=
senbein, *n.*
Calcédoine, *f.* Chalcedonier (Edel=
stein), *m.*
Calcédonieux, se, *adj.* fleckig
(Edelstein).
Calcination, *f.* Verkalkung.
Calciner, *v. a.* verkalken.
Calcul, *m.* Rechnung, *f.* Berech=
nung; (Med.) Blasen= oder Nie=
renstein, *m.*
Calculable, *adj.* berechenbar.
Calculateur, *m.* Rechner.
Calculer, *v. a.* berechnen, aus=
rechnen, zusammenrechnen; über=
schlagen. [sicht.
Calculeux, se, *adj.* (Med.) grie=
Cale, *f.* (Schifff.) das abhängige Ufer,
Anlände, *f.*; — ou fond de —,
der unterste Schiffsraum; —, Kiel=
holen (Strafe), *n.*; donner la —,
kielholen; — (Fisch.) Angelblei,
*n.*; die platte Mütze.
Calebasse, *f.* Flaschenkürbiß, *m.*
Kürbißflasche, *f.*; die ausgewachsene
Zwetsche (Fruchtkrankheit).

Calebassier, m. Flaschenkürbiß-baum.

Calèche, f. Galesche, die leichte offene Kutsche; ol. Sommerhut, m.

Caleçons, m. pl. Unterhosen, f.

†Calédonie (la nouvelle), Neu-Kaledonien (Land).

Caléfaction, f. (Apoth.) Erwär-mung.

Calembour, Calembourg, m. das Wortspiel das auf einem Doppel-sinn beruht. [Jäger.

†Calembouriste, m. Wortspiel-Calembredaine, f. fm. Flausen, faule Fische, m. pl. [(Mönch.)

Calender, m. (Moham.) Kalender

Calendes, f. pl. der erste Tag eines Monats (bei den alten Rö-mern); prov. renvoyer aux — grecques, auf den Nimmertag ver-weisen || die Versammlung der Land-geistlichen bei ihrem Bischof.

Calendrier, m. Kalender.

Calenture, f. das hitzige Seefieber.

Calepin, m. Wörterbuch, n. Ex-zerptenheft, Hülfsbuch.

Caler, v. a. la voile, das Segel einziehen; fg. gelindere Saiten auf-ziehen, nachgeben || (einen Tisch) unterlegen.

Calfat, m. (Schifff.) Werg zum Kalfatern, n.; Kalfatern; Kalfate-rer, m. [zum Kalfatern.

Calfatage, m. das gepichte Werg

Calfater, v. a. kalfatern.

Calfeutrage, m. Verstopfen, n. Verkleistern; Kleister, m.

Calfeutrer, v. a. une porte, etc., die Spalten an einer Thür, ic., verkleben, verstopfen.

Calibé, v. „Chalybé.

Calibre, m. die Weite der Mün-dung (eines Geschützes), Kaliber, m.; Dicke, f. Größe (einer Kugel), Kugeldicke; Umfang (einer Säule), m.; (Uhrm.) Galiber; (Handw.) Lehre, f. Richtscheit, n.; Anleger, m.; Modell, n.; fg. Eigenschaft, f.; Werth, m. Schlag; Gelichter, n.

Calibrer, v. a. (Artill.) in der Mündung abmessen, calibriren, (Uhrm.) abmessen.

Calice, m. Kelch, Blumenkelch.

†Calicé, e, adj., le fruit —, die mit einem Blumenkelch umgebene Frucht. [kelch gehörig.

†Calicinal, e, adj. zum Blumen-Calicot, m. eine Art von leich-tem Baumwollenzeug.

†Calicule, m. (Bot.) Nebenkelch.

†Caliducs, m. pl. die Wärmelei-ter der Alten.

†Caliette, f. der gelbe Schwamm am Fuße der Wachholderstaude.

Califat, m. Kalifenwürde, f.

Calife, masc. (Moham.) Kalife (Fürst).

†Californie, f. Kalifornien (Land).

Califourchon (à), adv. rittlings.

Câlin, m. fm. Schlafhaube, f. der träge Mensch, Wohldiener.

Câliner (se), faulenzen, sich auf die faule Haut legen.

Câlinerie, f. Wohldienerei, die niedrige, gemeine Schmeichelei.

†Caliorne, f. (Schifff.) Aufzieh-(Schifff.) Winde. [seil, n.

†Calle, f. (Zimm.) Unterlage;

Calleux, se, adj. dickhäutig, schwielicht; corps —, (Anat.) Ge-hirnkern, m.

Calligraphe, m. Schönschreiber.

Calligraphie, f. Schönschreibkunst.

†Calliope, f. Kalliope, die Muse des Heldengedichts.

†Callitriche, m. (Bot.) Wasser-stern; (Zool.) der grüne Affe.

Callosité, f. Hornhaut, Hautver-härtung, Schwiele; (Chir.) das wilde Fleisch. [m.

Calmande, f. Kalmank (Zeug),

Calmant, m. (Med.) das schmerz-stillende Mittel.

Calmar, m. (Naturg.) Dintenfisch || Federrohr, n. Dintenfaß.

Calme, adj. stille, ruhig; wind-still; fg. stille, ruhig, gelassen, hei-ter; —, m. Windstille, f. Meeres-stille; fg. Ruhe, Gelassenheit, Hei-terkeit.

Calmer, v. a. stillen, besänftigen, beruhigen; se —, still und ruhig werden.

Calomniateur, m. -trice, f. Ver-leumder, m. Lästerer, -sinn, f.

Calomnie, f. Verleumdung.

Calomnier, v. a. verleumden, lästern.

Calomnieux, se, adj.; -sement, adv. : verleumderisch.

Caloniére, f. v. Canonnière.

Calorifère, adj. die Wärme lei-tend. [bringend.

Calorifique, adj. Wärme hervor-

†Calorimètre, m. Wärmemesser.

Calorique, m. (Chym.) Wärme-stoff.

†Calot, à calot, lächerlich, gro-tesk (nach des Malers Calot Art).

Calotte, f. Plattmütze, Käppchen (der Priester), n.; (Bot.) Kelch, m.; (Baut.) Käppchen, n.; Haube (eines Ofens), f.; fg. Narrenkappe.

†Calottier, m. Käppchenmacher.

Caloyer, m. der griechische Mönch.

Calpac, v. Colpac.

Calque, m. (Zeichn.) Abdruck.

Calquer, v. a. sur qch., nach etw. abzeichnen; einer S. nachahmen.

Calumet, m. Friedenspfeife (der Wilden), f.

Calus, m. (Med.) Schwiele, f. Verhärtung; fg. Herzensverstockung.

Calvaire, m. Schädelstätte, f.; Kreuzhügel, m. [apfel.

Calville, m. (Gärtn.) Schlotter-Calvinisme, m. die Lehre Calvins.

Calviniste, m. Reformirte, Cal-Calvitie, f. Kahlheit. [vinist.

Camaïeu, m. der zweifarbige feine Stein, Camee, Bilderstein; (Mal.) das zweifarbige Gemälde.

Camail, m. (pl. camails) (Kirch.) Mäntelchen, n.

Camaldule, m. Camaldulenser-mönch.

Camarade, m. et f. Kamerad, m. Gesell, Gefährte; Gespiele; -sinn, f.; mépr. Spießgesell, m.; — de voyage, Reisegefährte.

Camaraderie, f. Genossenschaft, Kameradschaft.

Camard, e, adj. stumpfnasig; —, m. e, f. Stumpfnase; —

Cambiste, m. (Handl.) Wechsler; —, adj., place —, Wechselplatz, m. [(an Rädern, ic.).

Cambouis, m. die dicke Schmiere

†Cambrai, Kammerich (Stadt).

†Cambrésine, f. eine Art feiner Leinwand.

Cambrure, f. die bogenartige Krümmung, Wölbung, Schweifung.

Cambuse, f. (Schifff.) die Vor-rathskammer im Zwischendeck.

Came, f. (Naturg.) Gienmuschel.

Camée, m. Camee, der geschnit-tene Stein.

Caméléon, m. (Naturg.) Chamä-leon, n.; fg. id., der unbeständige Mensch.

Caméléopard, m. (Naturg.) Ka-meelparder, Giraffe, f.

Cameline, f. (Bot.) Leindotter, m.

Camelot, m. Camelott (Zeug), m.

Camelote, e, adj. wie Camelott gewirkt. [Papier.

†Cameloter, m. eine Art schlechtes

†Camelotine, f. ein dünner came-lottartiger Zeug.

†Camelote, fém. (Buchdr., ic.) Schofel (schlechte Druckarbeit), m. reliure à la — der schlechte Ein-band. [merer.

Camérier, m. der päpstliche Käm-

Camériste, f. Hoffkammerfrau.

Camerlingat, m. die Würde des Cardinal-Kämmerlings.

Camion, m. (Wagn.) Baumwa-gen; die kleine Stecknadel; (Tuchm.) der kleine Kartendistelkopf.

Camionneur, m. Karrenzieher.

Camisade, f. (Kriegsw.) der nächt-liche Ueberfall.

Camisard, m. e, f. Camisard, m. -sinn, f. (reformirte Schwärmer in den Cevennen).

Camisole, f. Wamms, n. Camisol, Brusttuch.

†Camoïard, m. der Zeug vom Haar wilder Ziegen.

Camomille, f. (Bot.) Camille.

Camouflet, m. der Papierdampf, den man jemand zum Possen in die Nase bläst; fg. Schimpf, m. der derbe Verweis; (Kriegsw.) Flattermine, f.; donner un —, die Minirer durch Dampf ersticken.

†Camourlot, m. eine Art von Mastir.

Camp, m. Lager, n. Feldlager; die gelagerte Armee; — volant, das fliegende Lager || Kampfplay, m.

Campagnard, e, adj. ländlich; mépr. bäurisch; —, m. e, f. Landbewohner, m. sinn, f., Landmann, m.

Campagne, f. Feld, n. Land, Gefilde; Flur, f.; (Kriegsw.) Feldzug, m.; maison de —, Landhaus, n.; pièce de —, Feldstück, n.; aller à la —, auf das Land gehen; aller en —, zu Feld, in den Krieg ziehen; battre la —, in des Feindes Land streifen; fg. in den Tag hinein reden.

Campagnol, m. Feldmaus, f.

Campan, la vallée de —, Campanerthal, n.

Campane, f. Trobbel, Quaste; (Bauk.) Glocke, Glockenzierath; der korinthische Säulenknauf mit seiner Verzierung.          [glöckchen, n.

†Campanelle, f. (Bot.) Waldbs

†Campaniforme, adj. glockenförmig.

Campanille, f. Glockenthurm, m.

†Campanulacées, f. pl. (Bot.) Glockenblumengeschlecht, n.

Campanule, f. Glockenblume.

Campanulé, e, adj. glockenförmig.

Campêche, m. Campeschebaum; —, bois de —, Campescheholz, n. Blauholz.

Campement, m. Lagern, n., Stellung, f.; Lager, n.

Camper, v. a. lagern, ein Lager beziehen lassen; — v. n. gelagert seyn; se —, fm. sich lagern, sich hinpflanzen; (Fechtk.) sich in Positur stellen; sich fest hinstellen.

Camphorate, m. das Camphergesäuerte Salz.

†Camphorique, adj., acide —, Camphersäure, f.

Camphre, m. Campher.

Camphré, e, adj. mit Campher vermischt; —e, f. (Bot.) Campherfraut, n.

Camphrier, m. Campherbaum.

Campine, f. (Kochk.) das gemäste Huhn.

Campos, m. fm. Ruhetag, Ferien, pl.

Camus, e, adj. stumpfnasig; nez —, m. Stumpfnase, f.

†Canadien, m. ne, f. Kanabier, m. sinn, f.

Canaille, f. mépr. Gesindel, n. Lumpengesindel, Geschmeiß.

Canal, m. Wassergang, Kanal, Graben; Bett (eines Flusses), n.; (Geogr.) Kanal, m. Meerenge, f.; Röhre, Rinne; fg. Weg, m. Mittel, n.; Vermittelung, f.; faire —, (Seew.) in die See stechen.

Canamelle, f. das Pflanzengeschlecht wozu das Zuckerrohr gehört.

Canapé, m. Canapee, n. Ruhebett.

Canapsa, m. fm. Schnappsack, Tornister, Ränzel, n.

Canard, m. Ente, f.; — ou mâle, Enterich, m.; la chasse au —, Entenfang, m. || Wasserhund; —, adj., bois —, Floßholz, n.

Canarder, v. a. (Kriegsw.) aus dem Hinterhalte niederschießen.

Canarderie, f. der Ort wo Enten erzogen werden.

Canardière, f. Entenfang, m. Ententeich; (Jagd) Entenflinte, f.

Canari, m. Canarienvogel.

†Canaries, f. pl. die kanarischen Inseln; vin des —, Sect, m.

†Canasse, f. Knastertabak, Knaster.          [leeres Geschwäße, n.

Cancan, m. viel Lärmen um nichts;

Cancel, m. der umgitterte Chorraum bei dem Hochaltar; Siegelkammer, f.

†Cancellation, f. (jur.) Durchstreichung (einer Acte).          [krebs.

†Cancelle, m. der kleine Meer-

Canceller, v. a. (jur.) durchstreichen, kreuzweise durchstreichen.

Cancer, m. (Med., Astr.) Krebs.

Cancéreux, se, adj. (Med.) krebsartig.

Cancre, m. Krabbe (Art Meerkrebs); fg. der arme Schlucker; Knicker.

Candélabre, m. der große Kron oder Armleuchter; Altarleuchter.

†Candelette, f. (Schiff.) das Seil zur Aufhebung des Ankers.

Candeur, f. Seelenreinheit; Redlichkeit, Offenherzigkeit, Aufrichtigkeit, Arglosigkeit.

Candi, adj. et subst. m., sucre —, Kandiszucker.          [der.

Candidat, m. Candidat, Bewerber.

Candidature, f. Kandidatur, Bewerbung.          [richtig.

Candide, adj.; -ment, adv.: auf-

†Candie, f. Kandien (Insel Kreta).

Candir, v. n. et se —, sich cristallisiren, sich candiren.

Cane, f. Entenweibchen, n.

†Canée (la), Canea (Stadt).

Canepetière, f. (Naturg.) der kleine Trappe.

†Canéphores, f. pl. (Alterthum) Korbträgerinnen (bei Opfern).

Canepin, m. das feine Schafleder.

Canequin, m. der ostindische Zitz.

†Caneter, v. n. watscheln wie die Ente.

Caneton, m. die junge Ente.

Canette, f. Entchen, n. || die kleine Rohrspule; v. Cannette.

Canevas, m. Canevas, die steife ungebleichte Leinwand; fg. Entwurf, m. Plan; (Mus.) das Wortmaß für den Begleitungstert; Text, m.

Canezou, m. eine Art Frauenrock.

Cangue, f. eine Art von Pranger, von tragbarem Halseisen (in Asien).

Caniche, f. Pudelhündinn.

Caniculaire, adj., jour —, Hundstag, m.

Canicule, f. Hundsstern, m.; Hundstage, m. pl.

Canif, m. Federmesser, n.

Canine, adj. f., dent —, Huntszahn, m.; race —, Hundegeschlecht, n.; faim —, fm. Heißhunger, m.

Caniveaux, m. pl. die Reihe großer Pflastersteine.

Cannage, m. das Ausmessen mit einer Art Elle, canne genannt.

Cannaie, f. Geröhr, n. Rohrgebüsch.

Canne, f. Rohr, n. Stock, m.; (Gieß.) Rührstab; (Glasb.) Blaserohr, n. || eine Art Ellenmaß; — à sucre, Zuckerrohr, n.; — à vent, Windbüchse, f.

Canneberge, f. (Bot.) Moosbeere.

Canneler, v. a. (Bauk.) riefeln, ausfehlen.

Cannelle, f. Zimmtrinde || Hahn (am Fasse), m.; Vertiefung (an Nähnadeľöpfen), f.

Cannellier, m. Zimmetbaum.

Cannelure, f. (Bauk.) Hohlkehle, Kehle.          [(mit der canne).

†Canner, v. a. (Med.) ausmessen

Cannetille, f. der feine gedrehte Gold- oder Silberfaden, Cantille, f.

†Cannette, f. Kännchen, n.

Cannibale, m. Cannibale, Menschenfresser; fg. Unmensch.

Canon, m. Kanone, f.; das schwere Geschütz; der Flinten- oder Pistolenlauf; Röhre, f. Spule; (Apotheker) die länglichte Büchse; (Reitschule) das hohle Mundstück (des Gebisses); Beinröhre (des Pferdes), f. || (Kirch.) Regel, Gesetz, n. Kirchengesetz, Kanon, m.; — des écritures, die kanonischen Bücher; droit —, das kanonische Recht, Kirchenrecht; —, (Math.) Regel, f. Formel; (Mus.) Kanon, m. die laufende Fuge; gros—, petit—, (Buchdr.) eine Art grober Schrift; — emphytéotique, der Erb- oder Grundzins.

Canonial, e, *adj.* von der Kirche gestiftet; dem Domherrn gehörig; office —, Chorgebet; *n.;* maison —e, Stiftshaus, *n.* Domherrnhaus.

Canonicat, *m.* Domherrnstelle, *f.;* Stiftspfründe; *fg.* ein leichtes Amt.

Canonicité, *f.* das kanonische Ansehen. [kanonisch.

Canonique, *adj.; -*ment, *adv.:*

Canonisation, *f.* Heiligsprechung.

Canoniser, *v. a.* heiligsprechen, kanonisiren; *fg.* übertrieben loben.

Canoniste, *m.* der Lehrer, Kenner des Kirchenrechts, Kanonist.

Canonnade, *f.* Kanonenfeuer, *n.*

Canonner, *v. a.* mit Kanonen beschießen, feuern (qch., auf etw.).

Canonnier, *m.* Kanonier, (Seew.) Konstabler.

Canonniére, *f.* (Jort.) Schießscharte; (Kriegsw.) Soldatenzelt, *n.;* Klatschbüchse, *f.* Knallbüchse (Spielzeug). [chen, *m.*

Canot, *m.* das kleine Boot, Nachen.

Canotier, *m.* Nachenführer.

Cantal, *m.* Cantalkäse.

Cantaloup, *m.* die Warzen=, Beutelmelone.

†Cantancttes, *f. pl.* (Schiff.) kleine Fenster oder Luken in der Kaue; *v.* Gavon.

Cantate, *f.* (Muſ.) Cantate.

Cantatille, *f.* die kleine Cantate.

Cantatrice, *f.* Sängerinn.

Cantharide, *f. et adj.,* mouche —, (Naturg.) die spanische Fliege.

†Canthus, *m.* (Anat.) Augenwinkel.

†Cantibai, *m.* (Zimm.) das aufgesprungene, unnütze Bauholz.

Cantine, *f.* Flaschenfutter, *n.* Flaschenkeller, *m.;* Schenke (für Soldaten, Gefangene, &c.), *f.*

Cantinier, *m.* Schenkwirth.

Cantique, *m.* der geistliche Gesang, Kirchengesang, Kirchenlied, *n.* Loblied; — des —s, (h. Schr.) das hohe Lied Salomo's.

Canton, *m.* Bezirk, Canton; *ol.* Gau.

Cantonade, *f.* die Seite des Theaters; parler à la —, mit einer von den Zuschauern nicht gesehenen Person sprechen.

Cantonné, e, *adj.* (Bauk.) mit Pfeilern, Säulen oder Ketten geziert. [*f.*

Cantonnement, *m.* Cantonnirung.

Cantonner, *v. a. et n.* (Kriegsw.) cantonniren; Truppen in Dörfer verlegen; se —, sich zusammenziehen und verschanzen.

Cantonnier, *m.* Straßenarbeiter, Wegwärter.

Cantonniére, *f.* der schmale Vorhang an der untern Seite des Bettes.

Canule, *f.* Spritzenröhre, (Chir.)

Caolin, *v.* Kaolin. [Zistel.

---

Caoutchouc, *m.* Federharz, *n.* das elastische Gummi.

Cap, *m.* (Geogr.) Vorgebirg, *n.;* (Schiff.) Vordertheil; armé de pied en —, vom Kopf bis zu den Füßen geharnischt; cô drap a — et queue, (Handl.) dieses Tuch ist noch ganz.

Capable, *adj.* fähig, tüchtig, tauglich, geschickt (de, zu); faire le —, den Geschickten spielen‖geräumig.

Capacité, *f.* Raum; *m.* Umfang, Gehalt; Weite, *f.; fg.* Fähigkeit.

†Capade, *f.* Fach, *n.* die zum Hutfilz gesachte Wolle. [Decke.

Caparaçon, *m.* Pferdedecke, *f.*

Caparaçonner, *v. a.* un cheval, einem Pferde die Decke auflegen.

Cape, *fem.* Kappenmantel, *m.;* (Seew.) Schönfahrsegel, *n.;* mettre à la —, beilegen; *fm.* rire sous —, ins Fäustchen lachen, kichern.

†Capéer, *v. n.* (Seew.) treiben, beilegen, nur das Schonfahrsegel brauchen.

Capelan, *m. mépr.* der arme oder scheinheilige Priester, Pfaffe; (Naturg.) Dickmaul, *n.* ein kleiner Seefisch.

†Capeler, *v. a.* les haubans, die Mastseile über den Mast ziehen.

Capelet, *m.* (Thiera.) Stollbeule, *f.* Steingalle.

Capeline, *f.* Sonnenhut, *m.;* Federstrauß; (Chir.) Binde, *f.; ol.* Helmdecke.

Capendu, *m.* Kurzstielapfel.

Caperon, *v.* Capron.

†Capétiens, *m. pl.* Kapetinger.

†Capigi, *m.* (Türk.) Kapidschi, Thürhüter (im Serail); —-bassi, Kapidschi=Bassi, Thürhüterhauptmann.

Capillaire, (die beiden 11 werden ausgesprochen), *adj.* beide wie Haare; tuyau —, Haarröhrchen, *n.* —, *m.* (Bot.) Frauenhaar, *n.;* sirop de —, Frauenhaarsirup, *m.*

†Capillament, *m.* (Bot.) haardünne Wurzeln, Fasern.

†Capillature, *f.* (Bot.) haardünne Wurzeln.

Capilotade, *f.* das Ragout von gehackten Fleischstücken; *fg. fm.* mettre en —, durchhecheln.

Capion, *m.* (Seew.) de proue, Vorder=, Hintersteven.

Capiscol, *m.* Kapiteldechant.

Capitaine, *m.* Hauptmann; *fg.* Feldherr, Heerführer; — en second, Unterhauptmann; — des chasses, Wildmeister.

Capitainerie, *f.* Hauptmannschaft; Jagdhof, *m.*

Capital, e, *adj.* wichtigste, vornehmste; fief —, Handlehen, *n.;* lettres —es, große Anfangsbuchstaben; peine —e, Todesstrafe, *f.;*

---

péché —, Todsünde; ennemi —, Todfeind, *m.;* —, *m.* Hauptsumme; *f.* Capital, *n.; fg.* Hauptsache, *f.*

Capitale, *f.* Hauptstadt.

†Capitaliser, *v. a. et n.* capitalisiren, an Zinse legen.

Capitaliste, *m.* Capitalist.

Capitan, *m.* Großprahler.

Capitane, *f.* (Seew.) Hauptgaleere.

Capitan-pacha, *m.* Kapudan=Pascha, der türkische Großadmiral.

Capitation, *f.* Kopfsteuer.

Capitel, *m.* (Seifens.) das Klarste und Beste der Lauge, Lauge, *f.*

Capiteux, se, *adj.* in den Kopf steigend, berauschend (Wein, &c.).

Capitole, *m.* (röm. Alt.) Capitolium, *n.*

Capitolin, e, *adj.* capitolinisch.

Capiton, *m.* die grobe Flockseide.

Capitoul, *m. ol.* Schöppe (zu Toulouse), *m.* [würde, *f.*

Capitoulat, *m. ol.* Schöppenwürde, *f.*

Capitulaire, *adj.* zu einem Stift, Capitel gehörig; résolution —, Capitelschluß, *m.; -*ment, *adv.* im Capitel (versammelt); —s, *m. pl.* die Verordnungen der karolingischen Könige.

Capitulant, *adj. m.,* chanoine —, religieux —, *et* —, *m.* der stimmfähige Demherr, Mönch, der Stimme im Capitel hat.

Capitulation, *f.* der Vergleich wegen Uebergabe einer Stadt, Capitulation, *f.* [*n.*

Capitule, *f.* (Kath.) Schlußcapitel.

Capituler, *v. n.* capituliren; unterhandeln; einen Vergleich treffen; sich ergeben.

†Capivert, *m.* (Naturg.) das brasilische Wasserschwein.

Caplan, *v.* Capelan.

Capon, *m. fm.* Schlaukopf, Heuchler, Schleicher; der gaunerische Spieler; (Schiff.) Ankerhaken.

Caponner, *v. n.* schleichen; im Spiel betrügen; —. *v. a.* (Schiff.) (den Anker) mit dem Hafen gewinnen.

Caponniére, *f.* (Fortif.) der bedeckte Gang (in Laufgräben).

Caporal, *m.* Corporal, Rottmeister. [Winde überlassen.

†Caposer, *v. n.* (Seew.) sich dem Capot, *m.* der Regenmantel mit einer Kappe; (Spiel) Matsch; faire —, matschen; —, *adj.,* être —, (Spiel) keinen Stich machen; —, *fg.* beschämt, bestürzt.

Capote, *f.* Ueberrock, *m.* Regenmantel.

†Capoue, *f.* Capua (Stadt).

Capre, *m.* (Seew.) Caper, Freibeuter, Caperschiff, *n.*

Câpres, *f. pl.* Kapern (Blüthenknospen der Kapernstaude).

Caprice, m. Eigensinn, Laune, f.
Grille, fm. Mucke; der launige
Einfall; (Muf.) Phantasie, f.
Capricieux, se, adj.; -sement,
adv.: eigensinnig, launisch, wun-
derlich, rappelköpfisch, grillenhaft.
Capricorne, m. (Astr.) Steinbock.
Câprier, m. (Naturg.) Kapern-
strauch.
†Caprification, f. Caprifizirung.
†Caprifier, v. a. caprifiziren, durch
Gallwespen befruchten.
†Caprifiguier, m. der wilde Fei-
genbaum.
†Capripède, adj. ziegenfüßig.
Caprisant, f. adj. m. (Med.) un-
gleich, hüpfend (Puls).
Capron ou Caperon, m. das Ge-
wand der Kapuziner = Novizen;
(Gärtn.) Riesenerdbeere, f.
Capse, f. die Büchse zum Stim-
mensammeln, Stimmbüchse.
Capsulaire, adj. kapselförmig.
Capsule, f. Kapsel, (Bot.) Sa-
mengehäuse, n.
Captal, m. ol. Oberhaupt, n.
Landhauptmann, m.
Captateur, m. (jur.) Erschleicher,
Erbschleicher.
Captation, f. (jur.) Erschleichung.
Captatoire, adj. (jur.) erschlichen.
Capter, v. a. gewinnen; m. p. er-
schleichen.
Captieux, se, adj.; -sement,
adv.: listig, verfänglich; (Logik)
argument —, Trugschluß, m.
Captif, ve, adj. gefangen; fg.
id., gefesselt; —, m. ve, f. Ge-
fangene, m. et f.
Captiver, v. a. fg. fesseln, be-
zwingen, unterwerfen; se —, fg.
sich Zwang anthun, sich mäßigen.
Captivité, f. Gefangenschaft; fg.
id., der große Zwang.
Capture, f. Gang, m.; Beute,
f. Wegnahme (verbotener Waaren);
Einfangen (eines Verbrechers), n.
Capturer, v. a. erbeuten, verhaf-
ten.
Capuce, f. Mönchskappe, Kapuze.
Capuchon, m. Kapuze, f. Regen-
kappe.
Capuchonné, e, adj. mit einer
Kapuze, Regenkappe bedeckt.
Capucin, m. Kapuziner; fg. fm.
Salbader. [n. Salbaderei, f.
Capucinade, f. Kapuzinergewäsch,
Capucine, f. (Gärtn.) die india-
nische Kresse, Kapuzinerblume;
(Töpf.) eine Art irdener Tiegel;
(Büchs.) Spißmütterchen, n.; —,
adj., couleur —, die braune Farbe.
Capucinière, f. pop. ein Kapu-
zinerkloster.
Caput mortuum, m. lat. (Chym.)
was nach der Destillation im Kessel
bleibt.

Caquage, m. Zubereitung, f. Ein-
tonnen, n. (der Häringe).
Caque, f. Härings=, Fischtonne;
— de poudre, Pulvertonne; prov.
la caque sent toujours le hareng,
Art läßt nicht von Art.
Caquer, v. a. (Häringe) einsalzen
und eintonnen. [gel.
†Caquerolle, f. der kupferne Tie-
Caquet, m. Schnattern, n. Ge-
schnatter, Geplauder, Geschwätz;
Maulwerf; —s, pl. die übeln Nach-
reden; Sutragen, n.; rabattre, ra-
baisser le — de qn., einem das
Maul stopfen.
Caquetage, m. Geschwätz, n.
Caquète, f. (Fisch.) Karpfenbütte.
Caqueter, v. n. plaudern, flat-
schen; gackern, gassen (Henne).
Caqueterie, f. Geschwätz, n.
Caqueteur, m. se, f. Schwätzer,
m. =inn, f.
†Caquetoire, f. der niedrige Lehn-
stuhl; das Querholz zwischen den
Pflugsterzen.
Caqueur, m. Häringspacker.
Car, conj. denn.
Carabé, m. Bernstein.
Carabin, m. der im Spiel nur
wenig wagt; der Mensch, der im
Gespräch nur eine gewichtvolle
Worte spricht || Barbiergeselle.
Carabinade, f. Schlagwort, n.
Carabine, f. (Büchs.) Carabiner,
m.
Carabiner, v. a. (einen Flinten-
lauf) riefeln, ziehen; —, v. n. wie
ein Carabinier schießen; [ter).
Carabinier, m. Carabinier (Rei-
Carache, Carack, Carag, Caratch,
m. Carasch, die Abgabe welche die
Christen und Juden dem Großherrn
zahlen. [—, Wendeltreppe, f.
Caracol, m. (Bauf.) escalier en
Caracole, f. (Reitsch.) Herum-
tummeln, n. Schwenken, Schwen-
tung, f.
Caracoler, v. n. (Reitsch.) schnelle
Wendungen machen, sich herumtum-
meln; faire —, tummeln.
†Caracoly, m. eine Art Tombak,
im Metall aus Gold, Silber und
Kupfer gemischt.
†Caracouler, v. n. wie ein Tau-
ber girren, rucksen.
Caractère, m. Zeichen, n. Merk-
mal; (Schreib.) Buchstab, m.;
Handschrift, f.; —s, pl. (Buchdr.)
Schrift; —, (Muf.) Note, f.;
(Mal.) Art, Manier, Charakter;
(Büchs.) Kennzeichen, n.; Charak-
ter, m. Gemüthsart, f. Denkungs-
art; Festigkeit; Stand, m. Titel;
Würde, n.
Caractériser, v. a. bezeichnen,
schildern; se —, sich kenntlich ma-
chen.

Caractérisme, m. die Aehnlichkeit
(gewisser Theile der Pflanzen mit
Theilen des menschlichen Körpers).
Caractéristique, adj. bezeichnend,
unterscheidend, charakteristisch; —,
f. (Math.) Exponent, m.
Carafe, f. die weiße Flasche, Fla-
sche. [chen, f.
Carafon, m. Kühleimer; Fläsch-
Caragne, f. Carannagummi, n.
†Caraïbe, m. Karaibe (amerika-
nisches Volk).
Caraïte, m. Karait (Jude, der
den Talmud verwirft). [Ball.
Carambole, m. (Bill.) der rothe
Caramboler, v. n. (Bill.) zwei
Bälle treffen. [Zucker.
Caramel, m. der braungekochte
Carapace, f. die obere Schale der
Schildkröte, Rückenschild, n.
Carat, m. Karat (Gewicht).
Carature, f. ein Gemisch von
Gold, Silber und Kupfer, um Gold-
probirnadeln daraus zu machen.
Caravane, f. Karavane; (Seew.)
Kauffahrteiflotte; Kreuzzug (der
Malteserritter); m.; fg. fm. Ge-
sellschaft. [nach der Levante.
†Caravanier, m. der Kauffahrer
Caravanier, m. Kameelführer.
Caravansérai, Caravansérail, m.
die öffentliche Karavanenherberge.
Caravelle, f. Caravelle (kleines
Schiff). [Thierfell.
Carbatine, f. das frischabgezogene
Carbonate, f. (Chym.) das koh-
lensaure Salz.
†Carboncle, m. (Chir.) das giftige
Geschwür; (Naturg.) Karfunkel, m.
Carbone, m. (Chym.) Kohlenstoff.
Carboné, e, adj. kohlenstoffhaltig.
Carbonique, adj. (Chym.) acide
—, Kohlensäure, f.
Carbonisation, f. Verkohlung.
Carboniser, v. a. verkohlen.
Carbonnade, f. (Koch.) Rostbra-
ten, m.
Carbure de fer, m. der eisenhal-
tige Kohlenstoff; Reißblei, m.
†Carcailler, v. n. wie eine Wach-
tel schlagen.
†Carcaiou, Carcajou, m. (Na-
turg.) Vielfraß.
†Carcaise, f., v. Carquèse.
Carcan, m. Halseisen, n.; Pran-
ger, m.
Carcasse, f. Gerippe, n.; (Koch.)
Rumpf, m.; (Schiff.) Gerippe, n.
Wrack (eines gescheiterten Schiffes);
(Feuerw.) Feuerfugel, f.
Carcinomateux, se, adj. (Med.)
krebsartig.
Carcinome, m. (Med.) Krebs-
schaden, Krebs.
Cardamine, f. (Bot.) Bergkresse.
Cardamome, m. Kardameme, f.
(Gewürz).

Cardasse, *f.* Karbätsche (ein großer Kamm zur Flockseide).

Carde, *f.* die eßbare Rippe (von Pflanzen); (Tuchm.) Karbätsche, Wollkraße, Wollkamm, *m.*; Krämpel.

Cardée, *f.* eine Karbätsche voll.

Carder, *v. a.* (Wolle, rc.) kämmen, kraßen, karbätschen, krämpeln; schlumpen; chardon à —, Kardendistel, *m.*

Cardeur, *m.* euse, *f.* Wollkämmer, *m.* Karbätscher, Krämpler, ₌inn, *f.*; Seidenstreicher, *m.* ₌inn, *f.*

Cardialgie, *f.* (Med.) Herzgespann, Magendrücken.

†Cardialogie, *f.* (Med.) Herzlehre.

Cardiaque, *adj.* (Med.) herzstärkend; glandes —s, Herzdrüsen, *pl.*; —, *m.* Herzstärkung, *f.*

†Cardier, *m.* Karbätschenmacher.

Cardinal, *m.* Cardinal; (Naturg.) Cardinalsvogel.

Cardinal, e, *adj.* hauptsächlich, vornehmst; vents cardinaux, Hauptwinde, *m. pl.*; nombres cardinaux, Haupt₌, Grundzahlen, *f. pl.*

Cardinalat, *m.* Cardinalswürde.

Cardinale, *f.* Cardinalsblume.

†Cardiogme, *m.* (Med.) Sodbrennen, *n.*    [Artischocke.

Cardon, *m.* (Gärtn.) die spanische

Cardonnette, *f.* v. Chardonnette.

Carême, *m.* Fasten, *f.*; Fastenpredigt; — prenant, Fastnachtszeit, Faßnacht; *fg.* pop. Fastnachtsnarr, *m.*    [*f.*; Kalfatern, *n.*

Carénage, *m.* (Schiff.) Werft;

Carence, *f.* (jur.) procès-verbal de —, der Beweisact, daß ein Schuldner nichts hat.

Carène, *f.* (Schiffb.) Kiel, *m.*; donner —, mettre en —, v. Caréner.

Caréné, e, *adj.* Kiel- oder Nachenförmig.

Caréner, *v. a.* (Schiffb.) kielholen.

Caressant, e, *adj.* liebkosend, einschmeichelnd.

Caresse, *f.* Liebkosung, Schmeichelei.

Caresser, *v. a.* liebkosen, streicheln, schmeicheln (einem).

Caret, *m.* eine Art eßbare Schildkröte; (Bot.) Riethgras, *n.*

Cargaison, *f.* Schiffsladung, Fracht.

Cargue, *f.* (Schiff.) Geitau, *n.* Segelseil.

Carguer, *v. a.* (die Segel) zusammenziehen, aufgeien; —, *v. n.* (vom Schiff) sich auf eine Seite neigen.

Cargueur, *m.* (Schiff.) Wirbel, die Rolle zum Aufziehen des Bramsegels.

Cariatide, *f.* (Bauk.) Carpatide (Figur zur Stützung eines Karnießes).

Caribou, *m.* (Naturg.) eine Art Rennthier.    [zengesicht.

Caricature, *f.* Zerrbild, *n.* Fra-

Carie, *f.* (Chir.) Beinfraß, *m.*; Fäulung (der Zähne, des Getreides), *f.*; Wurmstich (des Holzes), *m.*

Carier, *v. a.* auf₌, zerfressen; (Getreide) in Fäulniß setzen; se —, angefressen werden; von der Fäulniß angegriffen werden; —é, e, angefressen, faul, wurmstichig (Holz).

Carillon, *m.* Glockenspiel, *n.*; Glockenklang, *m.*; *fg.* große Lärm.

Carillonner, *v. n.* das Glockenspiel spielen, klingeln; zusammenläuten.

Carillonneur, *m.* Glockenspieler.

†Carine, *f.* das Klagemeid bei den alten Römern.

†Carinthie, *f.* Kärnthen (Provinz).

Caristade, *f.* inus. Almosen, *n.*

Carlin, *m.* eine neapolitanische Münze; ein kleiner Hund mit schwarzer Schnauze.

†Carline, *f.* (Bot.) Eberwurz.

Carlingue, *f.* (Schiffb.) Kielschwein (Stück Holz, worauf der Mast ruht), *n.*

†Carlovingien, Carlien, *m.* zum karolingischen Königsstamme gehörig.

Carmagnole, *f.* Carmagnole (ein Tanz mit Gesang).

Carme, *m.* Carmelitermönch; —s, alle vier (im Würfelspiel).

Carmeline, *adj. f.*, laine —, Karmelinwolle, *f.*

Carmelite, *f.* Carmeliternonne.

Carmin, *m.* Carmin, *n.* Carminroth.    [Blähungen vertreibend.

Carminatif, ve, *adj.* (Med.)

Carnage, *n.* Blutbad, *n.* Würgen; Blutvergießen, *f.*; das Fleisch erwürgter Thiere.

Carnassier, ère, *adj.* fleischfressend.    [sad, *m.*

Carnassière, *f.* Jagdtasche, Weidmann.

Carnation, *f.* Gesichtsfarbe; (Mal.) Fleischhaltung, Fleischfarbe.

Carnaval, *m.* Faßnachtszeit, *f.* Faßnachtslust; (Carnaval, *m.*)

Carne, *f.* Kante, Ecke.

Carné, e, *adj.* (Bot.) fleischfarbig.

†Carnèle, *f.* (Münzw.) Rand, *m.*

†Carneler, *v. a.* (Münzw.) rändern.

†Carner, *v. n.* die Fleischfarbe annehmen; —é, e, fleischfarbig.

Carnet, *m.* Bilanz, *f.* Kauf₌, Geschäftsbüchlein, *n.*; Schreibtafel, *f.*

Carnification, *f.* (Med.) die Verfleischung der Knochen.

Carnifier (se), (Med.) sich verfleischen, zu Fleisch werden.

†Carniole, *f.* Krain (Provinz).

Carnivore, *adj.* fleischfressend; —s, *m. pl.* die fleischfressenden Thiere.

Carnosité, *f.* (Med.) Fleischauswuchs, *m.*

†Carolin, *m.* Carolin (Goldmünze).

†Caroline (la), eine Gegend in den vereinigten Staaten Nordamerika's.

Carolus, *m.* ein Carolus, alte französische Silbermünze.

†Caron, *m.* das Stück Speck ohne Mageres.

Caronade, *f.* eine Art kurzer, schwerer Schiffskanonen.

Caroncule, *f.* (Anat.) Fleischdrüse, ₌warze; (Bot.) der fleischähnliche Auswuchs.

Carotides, *f. pl. et adj.* (Anat.) artères —, Hauptschlagadern, *f. pl.* Halspulsadern.

Carotidien, *adj. m.* (Anat.) canal —, Hauptschlagaderweg, *m.*

Carotique, *adj.* schlafsüchtig; —, *m.* das Loch im Schlafknochen wodurch die Hauptpulsadern gehen.

Carotte, *f.* die gelbe Rübe, Möhre; die Tabaksstange zum Reiben; tabac en —s, Stangentabak, *m.*

Carotter, *v. n.* pop. knauserig spielen.

Carottier, *m.* ère, *f.* pop. der furchtsame Spieler, ₌inn, *f.*

Caroube, Carouge, *m.* Johannisbrod, *n.*    [brodbaum.

Caroubier, *m.* (Bot.) Johannis-

Carpe, *f.* Karpfen, *m.*; —, *m.* (Anat.) Vorderhand, *f.* Handwurzel.    [Seekarpfen.

Carpeau, *m.* der kleine Karpfen,

†Carpettes, *f. pl.* ein grobes gestreiftes Packtuch.    [karpfen.

Carpillon, *m.* Kärpfchen, *n.* Setz-

†Carpolithe, *f.* Fruchtstein, *m.* die versteinerte Frucht.    [sen.

†Carquise, *m.* (Glash.) Calcinir-

Carquois, *m.* Köcher.

Carrare, *m.* ou marbre de —, der carrarische Marmor.

Carre, *f.* pop. der oberste Theil (eines Hutkopfes, eines Kleides über den Schultern); il a une bonne —, er hat breite Schultern; (Schuhm.) die stumpfe Spitze.

Carré, e, *adj.* viereckig; (Handw.) fantig; (Kriegsw.) ins Viereck gestellt; *fg.* wohlklingend (Periode); —des épaules, breitschulterig, vierschrötig; nombre —, Quadratzahl, *f.*; bonnet —, Doktormütze, *f.*; partie —, Vierpartie, *f.*; —, *m.* Viereck, *n.* Quadrat, Gevierte, *f.*; (Münzw.) Münzstämpel, *m.*; eine Art Papier; — (de mouton), Vorderviertel, *n.*

Carreau, *m.* die viereckige Platte, Pflaster, *n.*; Polster, *m.*; (Gärtn.) Beet, *n.* Blumenbeet; (Glas.) Fensterscheibe, *f.*; Polster, *n.* Nähtisch; (Schneid.) Platteisen, Bügeleisen, (Kartensp.) Raute, *f.*; — d'arba-

lète, Bolzen, *m.: —, *fg. ol.* Don=
nerkeil; (Schloff.) die vierectige Feile;
—x, *pl.* (Schifff.) Bartbölzer; —
de pierre, Quaderstein, *m.;* — de
terre cuite, de poterie, Kachel,
*f.;* coucher sur le —, auf dem
harten Boden schlafen; coucher
qn. sur le —, einen erschlagen, nie=
berstechen; demeurer sur le —,
auf dem Plaze bleiben; à —x,
würfelicht (Zeug, ꝛc.).
Carrefour, *m.* Kreuzweg; Gassen=
ecke, *f.*
†Carréger, *v. n.* (Schifff.) laviren.
Carrelage, *m.* Platten, *n.* Pfla=
stern, Pflasterlohn, *m.;* Pflaster, *n.*
Estrich, *m.*
Carreler, *v. a.* mit Platten belegen,
pflastern (Schuhm.) besohlen.
Carrelet, *m.* Plattfisch; (Fisch.)
Senkgarn; *n.;* das vierectige Lineal;
Pack=, Schneidenabel, *f.;* — à ren=
verser, (Schuhm.) Ort, *m.* Ahlt,
*f.* ‖ (Apoth.) Seihtrichter, *m.*
Carrelette, *f.* Polirfeile.
Carreleur, *m.* Steinleger, Stein=
sezer; Pflasterer; Schuhflicker.
Carrelure, *f.* die neue Besohlung
der Schuhe.
Carrément, *adv.* ins Gevierte,
vierectig.
Carrer, *v. a.* vierectig machen, ab=
vieren, quabriren; se —, sich brü=
sten, sich breit machen.
Carrick, *m.* ein mit mehreren
Krägen versehener Mantel.
Carrier, *m.* Steinbrecher; Schie=
ferbrecher; Steinhändler.
Carrière, *f.* Steinbruch, *m.* ‖
Lauf=, Rennbahn, *f.* Bahn; *fg.*
Laufbahn, Lauf, *m.;* Lebenslauf;
die Zeit wo man ein Amt verwal=
tet; donner —, (Reitsch.) die Zü=
gel schießen lassen; *fg. id.,* freien
Lauf lassen; se donner —, ausge=
lassen seyn.
Carriole, *f.* eine Art leichter Post=
chaisen, eine Carriole.
Carrosse, *m.* Kutsche, *f.;* — à
deux fonds, die vierfizige Kutsche;
un vieux —, *fm.* Rumpelkasten, *m.;*
cheval de —, *prov.* Dioß, *n.* Gro=
bian, *m.* [voll.
Carrossée, *f. fm.* eine Kutsche=
Carrossier, *m.* Kutschenmacher;
Kutschenpferd, *n.*
Carrousel, *m.* Ringelspiel, *n.*
Ringelrennen; die Bahn zum Rin=
gelrennen.
Carrousse, *f.* Schmauß, *m.*
Carrure, *f.* Schulterbreite.
†Cartaux, *m. pl.* (Seew.) See=
karten, *f. pl.* [ren.
Cartayer, *v. n.* die Halbspur fah=
Carte, *f.* Karte, Spielkarte; —
Kartenspiel, *n.;* Kartengeld; châ=
teau de —s, Kartenhaus, *n.; fg.*

brouiller les —s, Uneinigkeit stif=
ten; voir le dessous des —s, der
S. auf den Grund sehen ‖ Speise=
zettel, *m.;* Zeche, *f.* ‖ (Geogr.)
Karte; — géographique, marine,
Land=, Seekarte; *fg. fm.* perdre
la —, irre werden ‖ (Feuerw.)
Pappe, *f.* Pappendeckel, *m.*
Cartel, *m.* Fehde=, Ausforderungs=
brief; Auslösungsvertrag; (Uhrm.)
Gehäuse, *n.*
†Cartelle, *f.* Bohle, das dicke
Brett. [Lehre von Descartes.
Cartésianisme, *m.* (Philof.) die
Cartésien, *m.* (Philof.) Cartesia=
ner.
†Carthage, *f.* Karthago (Stabt).
†Carthagène, *fémin.* Karthagena
(Stabt).
Carthame, *m.* (Bot.) Saflor.
Cartier, *m.* Kartenmacher.
Cartilage, *m.* (Anat.) Knorpel.
Cartilagineux, se, *adj.* (Anat.)
knorpelig.
Cartisane, *f.* Knäuel (Seide), *m.*
†Cartomancie, *f.* Kartenschlagen,
*n.* [tenschlager, *m.* =inn, *f.*
†Cartomancien, *m.* ne, *f.* Kar=
Carton, *m.* Pappe, *f.* Pappendec=
kel, *m.;* die pappene Schachtel;
(Buchb.) das umgedructe Blatt;
(Mal.) die Musterzeichnung auf
starkem Papier; de —, pappen;
reliure en —, Pappenband, *m.*
Cartonner, *v. a.* in Pappe ein=
binden; (Buchb.) mit einem umge=
drucktem Blatte versehen.
†Cartonnerie, *f.* die Kunst des
Pappendeckelmachers.
Cartonnier, *m.* Pappendeckelma=
cher, Pappendeckelhändler.
Cartouche, *m.* die zierliche Ein=
fassung; (Feuerw.) Rackethülse;
—, *f.* Patrone, Ladung; (Kriegsw.)
Urlaub= oder Abschiedszettel, *m.*
†Cartouchier, *m.* das Holz in der
Patrontasche. [lung, *f.*
Cartulaire, *m.* Urkundensamm=
Carus, *m.* (Med.) Schlafsucht, *f.*
Caryatide, *v.* Cariatide.
†Carybde, *f., v.* Charybde.
Caryophyllée, *f.* Gewürznelke; —,
—, *adj.* nelkenartig.
Cas, -se, *adj.* zerbrechen, was
wie zerbrochen klingt.
Cas, *m.* Fall, Zufall; That, *f.;*
(Gramm.) Fall, *m.;* Casus; *fg.*
faire — de qch., viel auf etw. hal=
ten; en tout —, jedenfalls; au —
que, *conj.* im Falle daß…, falls.
Casanier, *m.* ère, *f.* Stubenhocker,
*m.* =inn, *f.;* mener une vie=,
wenig ausgehen.
Casaque, *f.* Reiserock, *m.* Reit=
rock, grobe Ueberrock; tourner —,
*fg.* von einer Partei zur andern
übergehen, umsatteln.

Casaquin, *m.* der kurze Schlaf=
rock; das kurze Kleid (der Bäuerin=
nen, ꝛc.).
Cascade, *f.* Wasserfall, *m.; fg.*
Sprung (in der Rede); savoir qch.
par —s, etw. aus dem brillen,
vierten Munde wissen.
†Cascane, *f. ol.* (Fortif.) Brun=
nen, *m.*
†Cascarille, *f.* (Bot.) Cascarille.
Case, *f.* Häuschen, *n.* Hütte, *f.*
Negerhütte; (Dampf., ꝛc.) Feld,
*n.;* (Trict.) Band.
Caseux, se, *adj., v.* Caseux.
Casemate, *f.* Kanonen= od. Mord=
keller, *m.* Festungsgewölbe, *n.* Case=
matte, *f.*
Casematé, e, *adj.* (Fortif.) mit
Casematten versehen.
Caser, *v. n.* (Trict.) Bänder ma=
chen; —, *v. a.* ordnen; se —, sich
ansiedeln.
†Caserette, *f.* Käseform.
†Caserne, *f.* Caserne.
Casernement, *m.* Caserniren, *n.*
Caserner, *v. n.* in Casernen woh=
nen; —, *v. a.* in Casernen legen.
Caseux, Caséeux, se, *adj.* käsig.
Casier, *m.* das in mehrere Fächer
abgetheilte Obergestell eines Schreib=
tisches.
Casilleux, se, *adj.* (Glas.) zer=
brechlich, brödelich.
Casimir, *m.* Casimir (dünnes
Tuch).
Casoar, *m.* Casoar (Vogel).
†Caspienne (la mer), das Cas=
pische Meer. [*f.*
Casque, *m.* Helm, Sturmhaube,
Casqué, e, *adj.* gehelmt.
Casquette, *f.* Müze (von Tuch,
ꝛc.), Caslete.
Cassade, *f. fm.* Spaß= oder Neth=
lüge; faire une —, bei schlechtem
Spiele die andern überbieten.
†Cassaille, *f. ol.* (Landw.) Bra=
che, das Stürzen der Aecker.
Cassant, e, *adj.* brüchig, zerbrech=
lich, spröde.
Cassation, *f.* (jur.) Vernichtung,
Ungültigmachung, Cassation; la
cour de —, Cassationsgericht, *n.*
Cassave, *f.* Maniermehl, *n.*
Casse, *f.* (Set.) Cassia; (Buchd.)
der Raum zwischen den Sparren=
köpfen; (Buchdr.) Schriftkasten, *m.*
(Goldsch.) Test, Scheidecapelle, *f.;*
(Gieß.) Abflußgrube; (Seifensieder)
Schöpfnapf, *m.*
Casseau, *m.* (Buchdr.) die Hälfte
des Schriftkastens, der Kasten für
Zierathen.
Casse-cou, *m.* Halsbreche, *f.* der
gefährliche Ort; Stockleiter, *f.;* (Reit=
schule) Waghals, *m.; fg. id.*
†Casse-cul, *m. pop.,* se donner
un —, auf den Hintern fallen.

Casse-noisette, Casse-noix, m.
Nußfracher, Nußbeißer. [m.
†Casse-nole, f. (Färb.) Gallapfel.
Casser, v. a. zerbrechen, zerstoßen;
abbrechen; (Nüsse) aufklopfen, auf=
fnacken; fg. (jur.) zernichten, für
ungültig erflären, umstoßen; —
(qn.), abbanfen; caffiren; enträf=
ten; se —, zerbrechen; fg. alt und
schwach werden; —é, e, fg. alt,
schwach; heiser (Stimme).
Casserole, f. die Pfanne ohne
Fuß, Casserolle.
Casse-tête, m. Mordfeule, f.; fg.
fm. Kopfbrecher, m. starfe Wein;
die fopfbrechende Arbeit.
Cassetin, m. (Buchdr.) Fach (im
Schriftfasten) n. [tulle, Casse.
Cassette, f. Kästchen, n.; Scha=
Casseur, m. fm., un casseur de
raquettes, Eisenfresser, Prahlhans.
†Cassidoine, f. eine, bei den Al=
ten berühmte, Art Chalcedonier (Mi=
ner.). [daum.
Cassie, f., Cassier, m. Caffien=
Cassin, m. der Rahmen mit Rol=
len oben am Weberstuhl.
Cassine, f. prvcl. das fleine Land=
haus. [hild).
Cassiopée, f. Caffiopea (ein Stern=
Cassis, m., v. Cacis.
Cassolette, f. Rauchpfännchen, n.
Rauchbüchschen; Wohlgeruch, m.;
iron. der häßliche Geruch.
Casson, m. ein zerbröcfelte Cacao
|| unförmige Zucferhut.
Cassonade, f. Farinzucfer, m.
Mehlzucfer. [Stein, ic.), m.
Cassure, fém. Bruch (an einem
Castagnette, fémin. Tanzflapper;
(Handl.) eine Art Zeug.
†Castagneux, m. der fleine Tau=
cher (Vogel).
Caste, f. Kaste, Stamm (in In=
dien, ic.), m.; fg. Kaste, f.
Castel, m. ein Schloß (alt und
wenig gebräuchlich).
†Castelogne, f. (Handl.) die feine
Wolldecke.
Castillan, e, adj. fastilianisch;
—, m. e, f. Kastilianer, m. =inn, f.
†Castille, f. fm. die fleine Zän=
ferei; —, Kastilien, n. [erde, f.
Castine, f. Flußspath, m. Stein=
†Castoiement, m. Belehrung, f.
(altfranzösisch).
Castor, m. Biber; (Hutm.) Ca=
storhut; — et Pollux, m. (Astr.)
Zwillinge, pl.; (Seew.) Helenen=
feuer, n.
Castoréum, m. Bibergeil, n.
Castorine, f. Kastorin (ein Wol=
lenzeug), n. [funst.
Castramétation, f. (Alt.) Lager=
Castrat, m. (Muf.) Castrat, ent=
mannte Sänger.
Castration, f. Entmannung.

Casualité, f. Zufälligfeit.
Casuel, le, adj. zufällig, unge=
wiß; —, m. das zufällige Einfom=
men; Accidenzien, pl. Nebenein=
fünfte; Pfarrgebühr, f.
Casuiste, m. Casuist (Theolog der
Gewissensfragen entscheidet), Ge=
wissensrath.
Catachrèse, f. (Rhet.) Katachrese
(mißbräuchliche Anwendung eines
Wortes).
Cataclysme, m. Wasserfluth, f.
Catacombes, f. pl. Begräbnißge=
wölbe, n. pl. Todtengrüfte, f. pl.
Catacoustique, f. Katacustif; Wi=
derschallslehre.
Catadioptrique, f. et adj. Ka=
tadioptrif, f. Lehre vom zurücfge=
worfenen, gebrochenen Licht.
Catadoupe, Catadupe, f. Was=
serfall, m.
Catafalque, m. Leichengerüst, n.
Trauerbühne, f. Catafalt, m.
†Catagmatique, adj. (Med.) re=
méde — ou —, m. das Mittel den
Beinbruch zu heilen.
Cataire, f. (Bot.) Kaßenfraut,
n.; Kaßenmünze, f.
†Catalan, m. Catalonier.
Catalectes, m. pl. Bruchstücfe (der
Alten), n. pl. [endet (Vers).
Catalectique, adj. (Alt.) unvoll=
Catalepsie, f. (Med.) Starrsucht.
Cataleptique, adj. starrsüchtig.
†Catalogne, f. Catalonien (Pro=
vinz), n. [Liste, f.
Catalogue, m. Verzeichniß, n.
Catalpa, m. (Bot.) Catalpabaum.
†Catane, f. Catanea (Stadt in
Sicilien).
Cataplasme, m. (Med.) Umschlag.
†Cataplexie, f. inus. (Med.) das
plößliche Erstarren (eines Gliedes).
Catapulte, f. (Alt.) Wurfmaschine.
Cataracte, f. der große Wasser=
fall; (Chir.) Staar, graue Staar;
—s, pl. (h. Schrift) Fenster (des
Himmels), n. pl. [behaftet.
Cataracté, e, adj. mit dem Staar
Cataracter (se), den Staar befom=
men.
Catarrhal, e, adj. (Med.) fluß=
artig; fièvre —, Flußfieber, n.
Catarrhe, m. (Med.) Fluß, Ka=
tharr. [Flüssen geneigt.
Catarrheux, se, adj. (Med.) zu
†Catastase, f. Katastase.
Catastrophe, f. (Theat.) Schluß=
begebenheit, Entwicflung, f. das
traurige Ende, Sturz, m.
†Catéchèse, f. Katechismuslehre.
Catéchiser, v. a. qn., einen den
Katechismus lehren; fg. recht vor=
predigen.
Catéchisme, masc. Katechismus
(Buch), Kinderlehre, f.; faire le
—, die Kinderlehre halten; fm.

faire le — à qn., einen unterrich=
ten, abrichten.
Catéchiste, m. Kinderlehrer.
Catéchumène (spr. -ku), m. et f.
der, die im Christenthum unterrich=
tet wird, Katechumen, m.
Catégorie, f. Kategorie, die syste=
matische Classenordnung; fg. Ka=
gorie, Classe.
Catégorique, adj.; -ment, adv.:
fategorisch; treffend, bestimmt.
†Catéroles, f. pl. (Jagd) Kanin=
chenhöhlen.
Cathartique, adj. (Med.) reini=
gend, abführend; le sel — amer,
Bittersalz, n.
Cathédrale, adj. f., église — ou
—, f. Stiftss, Domfirche, Mün=
ster, n.
Cathédrant, m. Präses, Vorsper
(bei einem Disputationsact).
Cathérétique, adj. (Apoth.) äßend,
weißeßend.
†Catherine, n. pr. f. Catharina,
Käthe; —, (Med.) die Abführung
der Feuchtigfeiten.
†Cathète, f. (Geom.) Senfblei,
n.; (Geom.) die senfrechte Linie.
Cathéter, m. (Chir.) Harnleiter,
Euchröhrchen, n.
†Cathétérisme, m. (Chir.) die Ab=
zapfung des Harns, Einspritzung ei=
ner Flüssigfeit durch den Harnleiter.
Catholicisme, m. der fatholische
Glaube.
Catholicité, f. Rechtgläubigfeit,
Katholicität, n.; coll. die fatholi=
schen Länder.
Catholicon, m. (Apoth.) Univer=
sal=Arznei, f.
Catholique, adj.; -ment, adv.
fatholisch; —, m. et f. Katholif,
m. =inn, f. [Preßung.
Cati, m. (Tuchm.) Glättung, f.
Catilinaire, f. eine Rede Cicero's
wider Catilina.
Catimini (en), adv. fm. heimlich.
†Catin, m. (Eisenh.) Stichherd;
—, Caton, Cataut, n. pr. dim.
Käthe; Käthchen, n.
Catir, v. a. (Tuch, ic.) durch Pres=
sen glänzend machen.
Catisseur, m. Zeugpresser.
Catogan, m. Haarfnoten.
Caton, n. pr. m. Cato; ein ernst=
hafter Mann von strengen Sitten.
Catoptrique, f. Spiegellehre, Ka=
toptrif, —, adj., télescope —,
m. Spiegelfernrohr, n.
Catulotique, m. das narbenver=
treibende Mittel.
†Caucase, m. Caucasus (Gebirg).
Cauchemar, m. Alpdrücfen, n.
Alp, m.
Caucher, m. (Vergold.) Perga=
mentform, f. Quetschform.
†Cauchois, e, adj. aus Caux,

einer franzöſ. Provinz, gebürtig; pi-
geons —, m. pl. eine Art großer
Tauben aus Gaur.
Caudataire, m. Schleppträger (ei-
nes Cardinals, ꝛc.).
†Caudé, e, adj. geſchwänzt, ge-
ſchweift (Same, Komet).
Caudebec, m. Gaudebeckerhut.
†Caudines, f. pl., les fourches
—, (röm. Ali.) das caudiniſche Joch.
†Cauticoles, f. pl. (Arch.) ſchne-
den-, ſüßenformige Figuren (an
den Kapitälen). [muſchel, f.
Cauris ou Coris, m. Cauri, Geld-
Causalité, f. (Lehrſt.) die Wir-
kungsart einer Ursache.
Causant, adj. geſprächig.
Causatif, ve, Causal, e, adj.
(Gramm.) urſächlich, eine Ursache
anzeigend.
Cause, f. Ursache; Beweggrund,
m. Grund, Ursprung; Sache, f.;
(jur.) Rechtssache, Prozeß, m.;
ayant —, derjenige dem man ſein
Recht abgetreten hat; Nachfolger,
Erbnehmer; à — de, wegen; à —
que, weil ...; à ces —s, (jur.)
in dieſem Betracht, deswegen.
Causer, v. a. verurſachen, wirken,
zufügen (einem etwas); —, v. n.
ſchwaßen, plaudern.
Causerie, f. Geplauder, n.
Causeur, m. se, f. Schwäßer, m.
=inn, f.; —, se, adj. redſelig,
ſchwaßhaft. [zwei Perſonen.
Causeuse, f. ein kleines Sofa für
Causticité, f. Aeßkraft; fg. Bis-
ſigkeit, die bäuniſche Tadelſucht.
Caustique, adj. brennend; äßend;
fg. beißend, ſatyriſch; —, m. Aeßmittel, n.; —, f. Brennlinie.
Cautèle, f. ol. Arglist; (jur.)
Gautel, Versicht; absolution à —,
die einſtweilige Losſprechung.
Cauteleux, se, adj.; -sement,
adv.: verſchmißt, hinterliſtig.
Cautère, m. Fontanell, n. Brenn-
oder Aeßmittel. [nend.
Cautérétique, adj. äßend, bren-
Cautérisation, f. (Chir.) das Se-
ßen eines Fontanells; Brennen,
Aeßen.
Cautériser, v. a. äßen, brennen,
zerfreſſen, wegbeizen.
Caution, f. Bürgschaft, Versiche-
rung; Bürge, m.; sujet à —, un-
zuverläſſig, unſicher; se rendre —
pour qn., v. Cautionner.
Cautionnement, m. Bürgſchaft,
Verbürgung.
Cautionner, v. a. qn., für je-
mand gut ſprechen, ſich verbürgen.
Cavagnole, f. eine Art Glücksſpiel.
Cavalcade, f. Ritt, m. der präch-
tige Aufzug zu Pferde.
Cavalcadour, adj. m., écuyer
—, m. Stallmeiſter.

Cavale, f. Stute.
Cavalerie, f. Reiterei.
Cavalier, m. Reiter; Cavalier;
(Fortif.) Kaße, f.; —, ère, adj.;
-érement, adv.: ritterlich, frei;
ungezwungen; m. p. trotzig, ſtolz,
allzufrei.
†Cavalquet, m. (Kriegsw.) der
Trompetermarſch beim Anrücken in
eine Stadl. [Arie, Cavatine.
Cavatine, f. (Muſ.) die kurze
Cave, f. Keller, m. Flaſchenkeller
(eines Wagens, ꝛc.); (Zuderb.) Ge-
frierkaſten; (Spiel) Spielausſaß,
—, adj., la veine —, (Anal.)
Hohlader.
Caveau, m. der kleine Keller;
Gruft, f. Todtengruft.
Cavecé, e, adj. (Reitſch.) — de
noir, (Pferd) mit einem Mohren-
kopfe. [zaum.
Caveçon, m. (Reitſch.) Kapp-
Cavée, f. (Jagd) Hohlweg, m.
Caver, v. a. aushöhlen; (Fechtk.)
(den Leib) einziehen; (Geld) zum
Spielen ausſetzen: — au plus fort,
ou se —, das Höchſte ſetzen; fg.
fm. es aufs Aeußerſte treiben.
Caverne, f. Höhle, Kluft.
Caverneux, se, adj. voll Höhlen;
(Anal.) ſchwammlich.
Cavernosité, f. der leere Raum
in hohlen Körpern.
Cavet, m. (Baut.) Hohlleiſte, f.
Hohlkehle. [gen, Caviar.
Caviar, m. der geſalzene Störro-
Cavillation, f. ol. Sophiſterei.
†Cavin, m. (Kriegsw.) Hohlweg.
Cavité, f. Höhlung, Höhle, Kluft;
— de l'œil, Augenhöhle.
†Cayes, f. pl. (Seew.) Felſen-
Sandbänke nahe an der Küſte.
Ce, Cet, Cette, pron. dieſer, die-
ſe, dieſes; ce que, was, welches.
Céans, adv. ol. hier im Hauſe.
Ceci, pron. dieſes hier, dieſes.
†Cécile, n. pr. f. Cäcilia.
Cécité, f. Blindheit.
Cédant, m. et f. (jur.) Abtreter,
m. =inn, f.
Céder, v. a. abtreten, überlaſſen,
einräumen; —, v. n. à qn., einem
weichen, nachgeben, den Vorrang
laſſen; ne pas —, gleichkommen.
Cédille, f. das Häkchen unter
dem ç.
Cédrat, m. Biſam-, Citronen-
baum; die wohlriechende Citrone.
Cèdre, m. Cedernbaum, Ceder, f.
†Cédrie, f. (Naturg.) Cedernharz, n.
†Cédrite, f. Cedernwein, m.
Cédule, f. Zettel, m. Handſchrift,
f.
*Ceindre, v. a. umgürten, ur-
winden, umgeben; — le diadème,
die Krone aufſetzen.

†Ceintes, f. pl. (Schiff.) Bark-
hölzer, n. pl. [werf, n.
Ceintrage, m. (Schiff.) Tau-
Ceinture, f. Gürtel, m. Hoſen-
bund, Gurt; fg. Lenden, pl.; (Bau-
kunſt) Einfaſſung, f. Kranz (eines
Backofens, einer Säule), m.
†Ceinturette, f. Jägerhornrie-
men, m.
Ceinturier, m. Gürtler, Riemer,
Riemenſchneider. [Gehenk.
Ceinturon, m. Degengehänge, n.
Ceinturonnier, m. v. Ceinturier.
Cela, pron. dieſes, das; jenes
dort, jenes; pour —, dafür; par
—, dadurch; avec —, damit; à
—, daran, darauf; sur —, dar-
auf; de —, davon, hieraus; 'en
—, quant à —, hierin; sur —,
hierüber.
Céladon, m. fm. Celadon, der
zärtliche und ſchüchterne Liebhaber ||
Meergrün, n.; —, adj. meergrün.
Célébrant, m. der meſeleſende
Prieſter. [liche Verrichtung.
Célébration, f. Feier, die feier-
Célèbre, adj. berühmt; m. p.
berüchtigt.
Célébrer, v. a. feiern, begehen;
ſehr rühmen, preiſen; (Dichtk.) be-
ſingen; (Meſſe) leſen.
Célébrité, f. Feierlichkeit; Ruhm,
m. Berühmtheit, f. [gen.
Celer, v. a. verbergen, verſchwei-
Céleri, m. (Bot.) Selleri.
Célérité, f. Schnelligkeit.
Céleste, adj. himmliſch, überir-
diſch. [n. pr. Cöleſtin.
Célestin, m. Cöleſtinermönch ||
Céliaque, adj. (Med.) flux —,
m. Bauchfluß.
Célibat, m. der eheloſe Stand,
Eheloſigkeit, f.; garder le —, le-
dig bleiben.
Célibataire, m. Eheloſe; un vieux
—, ein Hageſtolz.
Celle, v. Celui.
†Cellerage, m. (Lagerw.) Lager-
geld, f. [ner, m. =inn, f.
Cellérier, m. ère, f. Kloſterkell-
Cellier, m. Wein-, Speiſegewöl-
be, n.
Cellulaire, Celluleux, se, adj.
(Anal.) zellicht; tissu —, m.
Zellengewebe, n.
Cellule, f. Zelle, Klauſe; (Anal.,
Bot.) Zelle.
Celluleux, se, adj. zellig, löch-
rig (Frucht, ꝛc.).
Celtique, adj. celtiſch; —, m.
die celtiſche Sprache.
Celui, Celle, pron. derjenige,
diejenige, basjenige; celui-ci, celle-
ci, dieſer, dieſe, dieſes; celui-là,
celle-là, jener, jene, jenes.
Cément, m. Cement, n.
Cémentation, f. (Chym.) die Rei-

nigung (des Metalls) mit Cement=
pulver.
Cémentatoire, *adj.* (Chym.) cui=
vre —, *m.* Cementkupfer; poudre
—, *f.* Cementpulver, *n.*
Cémenter, *v. a.* (Chym.) cemen=
tiren.
Cénacle, *m.* (b. Schr.) Speisesaal.
Cendre, *f.* Asche; —s vertes, *pl.*
Berggrün, *n.;* — de plomb, Vo=
gelschrot, *m.;* —s, *pl.* Asche, *f.;*
(Kath.) die geweihte Asche.
Cendré, e, *adj.* aschfarbig.
Cendrée, *fém.* Bleischaum, *m.;*
(Jagd) Vogelschrot.    [Asche.
Cendreux, se, *adj.* aschig; voll
Cendrier, *m.* Aschenherd, =loch,
*n.* ‖ Aschensammler, *m.* =händler.
†Cendrillon, *f.* Aschenbrödel, *n.*
Cène, *f.* Abendmahl, *n.;* faire la
—, zum Abendmahl gehen.
†Cénelle, *f.* (Bot.) Stechpalmen=
beere.       [Mönch.
Cénobite, *masc.* Klostermönch,
Cénobitique, *adj.* klösterlich; vie
—, *f.* Klosterleben, *n.*
Cénotaphe, *m.* das leere Grab=
mahl, Ehrengrabmahl.
Cens, *m.* Lehenzins, Erbzins;
(Alt.) Schätzung, *f.*
Cense, *f.* Meierhof, *m.* Senn=
hütte (im Gebirg), *f.*
Censé, e, *adj.* qch., für etw.
gehalten, angesehen.
Censeur, *m.* Censor, Richter,
Beurtheiler; Kunstrichter; Sitten=
richter; Bücherrichter.
Censier, *m.* ère, *f.* Zinsmann,
*m.* =bauer, Pachter, =inn, *f.;* —,
*adj.,* seigneur — ou —, die Zins=
herr; livre —, Lagerbuch, *n.*
†Censiste, *adj.* pachtzinspflichtig,
lehenzinsbar.
Censitaire, *m.* Zinsmann.
Censive, *f.* Grundzins, *m.; coll.*
die zinsbaren Güter.
Censorial, e, *adj.* zur Censur
gehörig.
Censuel, le, *adj.* zinsbar; droit
—, *m.* Lehenzinsrecht, *n.*
Censurable, *adj.* tadelhaft, sträf=
lich; der Censur unterworfen.
Censure, *f.* Censoramt, *n.;* Be=
urtheilung, *f.* Censur; Tadel, *m.;*
Kirchenbann.
Censurer, *v. a.* tadeln; (Kirch.)
für verwerflich erklären; *fm.* durch=
hecheln, hofmeistern.
Cent, *adj.* hundert; —, *m.* Hun=
dert, *n.;* Centner, *m.*
Centaine, *f.* Hundert, *n.* ‖ Un=
tergebinde (einer Strähne).
Centaure, *m.* (Myth.) Centaur,
Pferdemensch.      [denkraut, *n.*
Centaurée, *f.* (Bot.) Tausendgül=
Centenaire, *adj.* hundertjährig;
—, *m.* der hundertjährige Greis.

Centenier, *v.* Centurion.
Centésimal, e, *adj.* hunderttheilig.
Centi=, der hundertste Theil der
Ureinheit im neuen französischen
Maß= und Gewichtsystem; z. B.:
centiare, *m.* Centiare, der hun=
dertste Theil des Ar.
Centième, *adj.* hundertste; —,
*m.* der hundertste Theil, Hundert=
stel, *n.*
Centigrade, *adj.* in hundert Gra=
de getheilt (Thermometer).
†Centigramme, *m.* der hundertste
Theil des Gramme, *v.* Gramme.
†Centilitre, *m.* der hundertste
Theil des Liters, *v.* Litre.
Centime, *m.* Centime, der hun=
dertste Theil eines Franken.
Centimètre, *m.* der hundertste
Theil des Meters, *v.* Mètre.
Centinode, *f.* (Bot.) Weggras;
*n.* Blutkraut.
Centon, *m.* (Dichtk.) Cento,
Flickwerk, *n.*
Central, e, *adj.* central, im Mit=
telpunkte befindlich; gegen den Mit=
telpunkt gerichtet; école —e, *f.* Cen=
tral=, Hauptschule.
Centralisation, *f.* die Vereinigung
(der Macht) in einen Mittelpunkt.
Centraliser, *v. a.* in einen Mit=
telpunkt vereinigen; concentriren.
Centre, *m.* Mittelpunkt; — de
gravité, (Phys.) Schwerpunkt.
Centrifuge, *adj.* (Phys.) vom
Mittelpunkt abstrebend; force —,
*f.* die abstrebende Kraft, Schwung=
kraft.    [Mittelpunkt hinstrebend.
Centripète, *adj.* (Phys.) gegen den
†Centroscopie, *f.* (Geom.) Mit=
telpunktslehre.
Cent=suisse, *m.* einer der hundert
Schweizer (der ehemaligen französi=
schen Leibwache).
Centumvir, *m.* (röm. Alt.) Cen=
tumvir, Hundertmann.
Centumviral, e, *adj.* zum Cen=
tumvirat gehörig.
Centumvirat, *m.* Centumvirat, *n.*
Centuple, *adj.* hundertfach; —,
*m.* Hundertfache, *n.*    [mehren.
Centupler, *v. a.* hundertfältig ver=
Centuriateur, *m.* Centuriator, der
die Geschichte nach Jahrhunderten
beschreidt.
Centurie, *f.* die Anzahl von Hun=
derten, Centurie; (Kirch.) *p. us.*
Jahrhundert, *n.*
Centurion, *m.* (röm. Alt.) Cen=
turio (Hauptmann über 100 Mann).
Cep, *m.* Weinstock; —s, *pl. ol.*
Schellen, Fesseln.
†Cépeau, *m.* Münzblock.
Cépée, *f.* der Busch junger Schöß=
linge aus einem Stamme; Baum=
stumpf.
Cependant, *adv.* unterdessen, in=

dessen; —, *conj.* nichts destoweniger,
gleichwohl, dennoch, jedoch.
Céphalalgie, *f.* (Med.) der hef=
tige Kopfschmerz.
†Céphale, *f.* Meeräsche, Groß=
kopf (Fisch), *m.*    [schmerz.
†Céphalée, *f.* der anhaltende Kopf=
Céphalique, *adj.* (Med.) den
Kopfschmerz stillend; (Anat.) veine
—, *f.* Hauptader.
†Céphalonie, Cephalonia (Insel).
Céphée, *m.* Cepheus (Sternbild).
†Céramique, *m.* (gr. Alt.) der
Ceramikus in Athen.
Céraste, *m.* (Naturg.) Horn=
schlange, *f.*      [pflaster, *n.*
Cérat, *m.* Wachssalbe, *f.* Wachs=
†Céraunias, *masc.* Donnerstein,
Pfeilstein.
Cerbère, *m.* Höllenhund; *fg.* der
grobe Pförtner; (Chym.) Salpeter.
Cerceau, *m.* Faßreif, Reif;
(Jagd) Sprenkel; —x, *pl.* die äu=
ßersten Schwungfedern (der Raub=
vögel).
Cercelle, *f.* (Naturg.) Kriechente.
Cerche, *f. v.* Cherche.
Cercle, *m.* Zirkel, Kreis ‖ Ring,
Reif; *fg.* Zirkel, Kreis; Gesell=
schaft, *f.; fm.* Kränzchen, *n.;* (Log.)
Zirkel, *m.;* — à eau, Pechfranz.
Cercler, *v. a.* qch., Reise um
etw. legen.
Cercueil, *m.* Sarg; *fg.* Grab, *n.*
Céréal, e, *adj.* plantes —es,
Getreidepflanzen, *pl.*
Cérébral, e, *adj.* (Anat.) zum
Hirn gehörig; artère —e, *f.* Hirn=
schlagader.
Cérémonial, *m.* Ceremonienbuch,
*n.;* Ceremoniel; —, e, *adj.* die
Ceremonien betreffend.
Cérémonie, *f.* Ceremonie; Ge=
pränge, *n.;* —s, *pl.* Umstände, *pl.*
*pl.* Complimente, *n. pl.;* sans —,
ohne Umstände; habit de —, *m.*
Staatskleid, *n.*      [feierlich.
Cérémonieux, se, *adj.* steif, allzu
Cérès, *f.* (Myth.) Ceres, die Göt=
tinn des Getreides.
Cerf, *m.* (spr. cer) Hirsch.
Cerf=volant, *m.* (Naturg.) Hirsch=
käfer, Schröter, der papierne Dra=
che.        [*n.*
Cerfeuil, *m.* Kerbel, Kerbelkraut,
†Cérinthe, *f.* (Bot.) Wachsblume.
Cerisaie, *f.* Kirschgarten, *m.*
Cerise, *f.* Kirsche.
†Cerisette, *f.* Kirschpflaume.
Cerisier, *m.* Kirschbaum.
†Cernay, Sennheim (Stadt).
Cerne, *m.* Kreis (auf der Erde, im
Sande), Hexenkreis, der blaugelbe
Kreis, Rand (um eine Wunde oder
die Augen); Kreis, Ring.
Cerné, *adj.,* les yeux —s, matte
mit einem Kreise umgebene Augen.

Cerneau, *m.* der halbe Kern einer grünen Nuß.

Cerner, *v. a.* qch., einen Kreis um etw. ziehen oder schneiden; rund umher einschließen; umzingeln; (Nüsse) auskernen.

†Céroféraire, *m.* Kerzenträger (bei Prozessionen). [käser.

†Cerque, *m.* (Naturg.) Glanz=

†Cerquemanage, *m. ol.* Amt (*n.*), Verrichtung (*f.*) eines Gränzscheiders.

†Cerquemaner, *v. a. ol.* Gränz= steine setzen, berichtigen.

†Cerquemaneur, *m. ol.* Gränz= scheider.

†Cerre, *m.* (Bot.) Zirneiche, *f.*

Certain, e, *adj.* ;-ement, *adv.:* gewiß, wahr, zuverlässig; —, *m.* Gewisse, *n.*

Certes, *adv.* wahrlich.

Certificat, *m.* das schriftliche Zeug= niß, Schein, *m.*

Certificateur, *m.* (jur.) Beschei= niger, Rückbürge.

Certification, *f.* (jur.) Bescheini= gung; — de caution, die Leistung der Rückbürgschaft.

Certier, *v. a.* versichern, beschei= nigen, bezeugen.

Certitude, *f.* Gewißheit, Zuver= lässigkeit, Beständigkeit. [*n.*

Cérumen, *m. lat.* Ohrenschmalz,

Cérumineux, se, *adj.* wachsar= tig; glandes —es, *f. pl.* Ohren= schmalzdrüsen. [steine Bleiweiß.

Céruse, *f.,* blanc de —, *m.* das

Cervaison, *f.* (Jagd) Hirschfeiste.

Cerveau, *m.* Hirn, *n.* Gehirn; *fg.* Verstand, *m.;* — brûlé, Hiz= kopf ‖ (Gieß.) Haube (einer Glo= cke), *f.*

Cervelas, *m.* eine Art Wurst.

Cervelet, *m.* der hintere kleinere Theil des Gehirns; das kleine Ge= hirn.

Cervelle, *f.* Gehirn, *n.; fg.* Ver= stand, *m.;* se bruler la —, sich erschießen.

Cervical, e, *adj.* zum Nacken ge= hörig; muscle —, *m.* Nackenmuskel.

Cervier, *v.* Loup-cervier.

Cervoise, *f.* Kräuterbier, *n.*

César, *n. pr. m.* Cäsar ‖ Kaiser.

Césarien, ne, *adj.* (Chir.) opé= ration —ne, *f.* Kaiserschnitt, *m.*

Cessant, e, *adj.* aufhörend; tou= tes affaires —es, vor allen Din= gen, schleunigst.

Cessation, *f.* Aufhören, *n.* Inne= halten; Stillstand, *m.*

Cesse, *f.* Aufhören, *n.;* sans —, *adv.* unaufhörlich, beständig; n'a= voir point de —, *fm.* keine Ruhe haben.

Cesser, *v. a.* etw. aufgeben, un= terbrechen, einstellen; —, *v. n.* auf= hören, einhalten.

---

Cessible, *adj.* (jur.) abtretbar.

Cession, *f.* Abtretung, Uebergabe.

Cessionnaire, *adj.* die Abtretung annehmend; —, *m. et f.* Anneh= mer, *m.;* Innhaber, ;inn, *f.* einer Abtretung.

†C'est-à-dire, *adv.* nämlich, das heißt; c'est fait, c'en est fait, es ist geschehen, beschlossen; c'est fait de lui, er ist verloren; c'est pour= quoi, barum, deswegen; c'est que, weil; das macht daß...; ce n'est pas que, nicht als ob.

Ceste, *m.* (Alt.) Streithandschuh, Cästus; (Myth.) Venusgürtel.

Césure, *f.* (Dicht.) Abschnitt, *m.* Einschnitt; Cäsur, *f.*

Cet, Cette, *v.* Ce.

Cétacé, e, *adj.* (Naturg.) wall= fischartig; —, *m.* e, *f.* Cetace, *m.* der zum Wallfischgeschlecht gehörige Fisch.

Cétérac, *m.* (Bot.) Milzkraut, *n.*

Ceux, *pron. pl.* de Celui.

†Cévennes, *f. pl.* Cevennen (Ge= birg). [Cevennen.

†Cévenol, *m.* ein Bewohner der

†Ceylan, Ceylon (Insel).

†Chablage, *m.* (Schifff.) die Ar= beit des Schiffsführers. [seil, *n.*

†Chableau, *m.* (Schifff.) Zug=

†Chabler, *v. a.* un fardeau, ein Seil an eine Last binden, um sie damit aufzuheben.

†Chableur, *m.* Schiffsführer.

Chablis, *m.* (Forstw.) Windfall, Windbruch.

Chabot, *m.* Kaulkopf, Kaulbarsch (Fisch). [rüstseile, *n. pl.*

†Chabots, *m. pl.* (Maur.) Ge=

Chabraque, *f.* Schabracke.

Chacal, *m.* Schakal, Goldwolf (Fuchsart).

Chaconne, *f.* (Muf.) eine Art Symphonie; der Tanz barnach ‖ das Band am Hemdekragen.

Chacun, e, *pron.* jeder, jede, jedes; ein jeglicher, eine jegliche, ein jegliches, jedermann.

Chafouin, e, *adj. pop.* schmäch= tig, klein, mager; —, *m.* e, *f. pop.* Mauläffchen, *n.*

†Chagrainier, *v.* Chagrinier.

Chagrin, *m.* Gram, Harm, Kum= mer, Herzeleid, *n.* Mißmuth, *m.* Verdruß, Aerger ‖ Chagrinleder, *n.* Fischhaut, *f.* die gekörnte Haut; Cha= grintaffet, *m.;* —, e, *adj.* verdrieß= lich; mißmuthig, unwillig, gränlich.

Chagrinant, e, *adj.* ärgerlich.

Chagriner, *v. a.* qn., einem Ver= druß machen, einen ärgern, verbrie= ßen; *fm.* wurmen; se —, sich be= trüben, sich grämen, sich härmen, sich ärgern.

†Chagrinier, *m.* Chagrinbereiter.

Chaine, *f.* Kette; (jur.) Ketten=

---

strafe, Galeeren; der Zug Galeeren= sclaven; *fg.* Fesseln, *pl.* Gefangen= schaft, *f.* Sclaverei; Kette, die un= unterbrochene Reihe; (Web.) Zettel, *m.;* — de montagnes, Gebirgs= kette; — de pierres, auf einander= gesetzte Quadersteine, *m. pl.*

†Chaineau, *m.* Rinne, *f.* Trauf= Chainetier, *m.* Kettler. [rinne.

Chainette, *f.* Kettchen, *n.;* Uhr= kette, *f.;* le point de —, Ketten= naht, *f.*

Chainon, *m.* Glied (einer Kette), *n.*

Chair, *f.* Fleisch, *n.; fg.* die menschliche Natur; der thierische Mensch, Sinnlichkeit, *f.* Fleisches= lüste, *pl.;* (Mal.) Haut, Hautfarbe; (Gärb.) Fleischseite; — de poule, *fm.* Gänsehaut.

Chaire, *f.* der bischöfliche Stuhl ‖ Kanzel, *f.;* Lehrstuhl, *m.;* Lehrstelle, *f.*

Chaise, *f.* Stuhl, *m.;* Tragsessel, Sänfte, *f.;* (Mech.) Gestell, *n.;* — ou — roulante, Halbwagen, *m.* die leichte Kutsche; — de poste, Postchaise; — percée, Nachtstuhl, Chako, *v.* Shako. [*m.*

Chaland, *m.* e, *f.* Kundmann, *m.* Kunde, *m. et f.:* —, *m.* (Schifff.) das platte Fahrzeug; —, *adj.* pain —, *m.* hausbacken Brod, *n.*

Chalandise, *f.* Kundschaft.

†Chalasie, *f.* (Med.) die Erschlaf= fung der Hornhautfiebern.

NB. In allen Wörtern die mit „ be= zeichnet sind, wird ch wie k ausge= sprochen.

„Chalastique, *adj.* (Med.) re= mède — ou —, *m.* das erweichen= de, abspannende Mittel.

†„Chalcite, *m.* (Miner.) Kupfer= kobalt.

„Chalcographe, *m.* Kupferstecher.

„Chalcographie, *f.* Kupferstecher= kunst.

„Chaldaïque, *adj.* chaldäisch.

†„Chaldée, *f.* Chaldäa (alles Land), *n.*

„Chaldéen, *m.* Chaldäische, *m.*

Châle, *m.* Shawl, eine Art gro= ßer Halstücher. [wilde Delbaum.

†Chalef, *m.* (Bot.) Oleaster, der Chalet, *m.* Käse=, Sennhütte, *f.*

Chaleur, *f.* Wärme, Hize; — étouffante, Schwüle; —, *fg.* Feuer, *n.* Eifer, *m.* ‖ Brunst (der Thiere), *f.;* être en —, brünstig, läufig seyn.

Chaleureux, se, *adj. p. us.* hizig.

Châlit, *m. ol.* Bettgestelle, *f.*

Chaloir, *v. n. impers.,* il ne m'en chaut, so viel als peu m'im= porte, es liegt mir nichts daran.

Chalon, *m.* das große Fischernez; (Handl.) eine Art Sarsche.

Chaloupe, *f.* Schiffsboot, *n.* Boot, Schaluppe, *f.*

Chalumeau, *m.* Röhrchen, *n.*; Halm, *m.*; (Muſ.) Haberrohr, *n.*: Schalmei, *f.*; Sackpfeife; (Handw.) Blas= oder Löthrohr, *n.*; Schmelz= röhrchen.

„Chalybé, e, *adj.* mit Stahl ver= miſcht; eau —e, Stahlwaſſer, *n.*

Chamade, *f.* das Zeichen zur Ue= bergabe (einer Feſtung); battre la —, die Trommel zum Zeichen der Uebergabe ſchlagen.

Chamailler, *v. n. et se* —, *v. r. fm.* ſich herumſchlagen, ſich balgen, ſich raufen; ſich kapbalgen; *fg.* lär= mend zanken.

Chamaillis, *m. fm.* Balgerei, *f.* Kapbalgerei, Zank, *m.*

†Chaman, *m.* Schamane (Prie= ſter in Kamtſchatka, ꝛc.).

†Chamanisme, *m.* Schamanenre= ligion.

Chamarrer, *v. a.* verbrämen, be= ſeßen; *m. p.* bunt ausſtaffiren; *fg.* aufſtußen.

Chamarrure, *f.* Verbrämung, Be= ſeßung; —s, *pl. m. p.* die lächer= liche Ausſtaffirung.

Chambellan, *m.* Kammerherr.

Chambourin, *m.* Kryſtallglaskieſel.

Chambranle, *m.* Geſimſe, *n.*; Einfaſſung (der Thüren, Fenſter, Kamine), *f.* Thürfutter, *n.*

Chambre, *f.* Kammer (auch *fg.*), Stube, Zimmer, *n.* Wohnzimmer; Gemach ‖ Bureau; Gericht; Ge= richtsſtube, *f.*; Fuge (im Fenſter= blei); (Gieß.) Höble; Spalle (im Weberkamm); (Jagd) Lager (des Hirſches), *n.* ‖ — ardente, der auſ= ſerordentliche Gerichtshof; — de justice, Kammergericht, *n.*; — impériale, das kaiſerliche Reichs= kammergericht; — haute, Oberhaus (des engliſchen Parlaments), *n.*; — basse *ou* des communes, Unter= haus, *n.*; — d'un canon, Pulver= kammer, *f.*; — d'écluse, Schleuſen= kammer; — à coucher, Schlafzim= mer, *n.*; — garnie, das ausmö= blirte Zimmer; — obscure, Finſter= kammer (Camera obscura), *f.*; — obscure portative, Guckkaſten, *m.*; —s de l'œil, *pl.* Augenkammern.

Chambrée, *f.* (Kriegsw.) Stube= voll, Kameradſchaft; (Theat.) die Anzahl von Zuſchauern, Einnahme; *coll.* Zuſchauer, *m. pl.*

Chambrelan, *m. pop.* Winkel= meiſter; der Miethsmann der nur ein Zimmer in Miethe hat.

Chambrer, *v. n.* beiſammen woh= nen; —, *v. a. inus.* eingeſperrt halten; beſonders vorſehmen.

†Chambrerie, *f. ol.* das Amt des Kloſterſchaffners.

Chambrette, *f. fm.* Kämerchen, *n.*

Chambrier, *m. ol.* Kloſterſchaffner.

Chambrière, *f. fm.* Stubenmäd= chen, *n.* ‖ Spinnrockenband; (Reit= ſchule) Abrichtpeitſche, *f.* Karbatſch ‖ Gabelſtüße (eines Karrens).

Chame, *f.* Gienmuſchel.

Chameau, *m.* Kameel, *n.*; Ka= meelhaar; (Schiff.) Maſchinenſchiff, einem andern aus einem ſeichten Orte zu helfen.

Chamelier, *m.* Kameeltreiber.

Chamois, *m.* Gemſe, *f.*; Gem= ſenhaut; de —, ſämiſch; gemsle= dern; peau de —, Sämiſchleder, *n.* ‖ eine Art Fleiſchfarbe.

Chamoiser, *v. a.* Felle ſämiſch gärben oder machen.

Chamoiserie, *f.* Sämiſchgärberei; Sämiſchleder, *n.*

Chamoiseur, *m.* Sämiſchgärber.

Champ, *m.* Feld, *n.* Land, Acker, *m.*; *fg.* Feld, *n.*; Anlaß, *m.* Ge= legenheit, *f.*; (Wal.) Feld, *n.* Grund, *m.*; — de bataille, Schlacht= feid, *n.* Wahlſtatt, *f.*; — clos, Turnierſchranken, *pl.*; sur-le—, auf der Stelle, ſogleich, *fm.* ſtracks; en plein —, auf freiem Felde; (Tiſchl.) de —, flach; (Maur.) pla= cer de —, auf die ſchmale Seite ſtellen, legen; —s, *pl.* Felder, Feld, *n.*; battre aux —s, den Feldmarſch ſchlagen; mettre aux —s, beunru= bigen; courir les —s, närriſch ſeyn; à tout bout de —, alle Augen= blicke.

†Champagne *ou* vin de —, *m.* Champagnerwein; —, *f.* der eiſerne Reif, der die Zeuge im Färbekeſſel hält.

Champart, *m.* (Lehenw.) Kehr= zehent, Garbenzehent.

Champarteur, *m.* (Lehenw.) der Einnehmer des Kehrzehenten, Kehr= zehentherr.

†Champé, e, *adj.* (Wap.) — de gueules, etc., im rothen Felde.

Champeaux, *m. pl.* Wieſen, *f. pl.* Grasland, *n.*

†Champenois, e, *adj.* aus der Champagne gebürtig.

Champêtre, *adj.* ländlich.

†Champi, *m.* eine Art ſtarkes Pa= pier zu Fenſterrahmen.

Champignon, *m.* Erdſchwamm, Pilz; (Chir.) Gliedſchwamm; — de lampe, Lichtroſe, *f.*

†Champignonnière, *f.* das Miſt= beet zu Erdſchwämmen.

Champion, *m.* Kämpfer, Held, Verfechter, Kämpe.

†Champlure, *f.* der oberflächliche Brand der Pflanzen (durch Kälte, ꝛc.).

Chance, *f.* eine Art Würfelſpiel; die aufgegebenen Würfelaugen; Wurf, *m.*; *fg.* Glück, *n.*; Fall, *m.* Glücksfall; *fm.* Abenteuer, *n.*; courir la — de, es wagen.

Chancelant, e, *adj.* wankend, wankelmüthig, unentſchloſſen.

Chanceler, *v. n.* wanken, ſchwan= ken, taumeln; *fg.* ſchwanken, wan= ken.

Chancelier, *m.* ère, *f.* Kanzler, *m.* =inn, *f.*; —ère, *f.* Fußwärmer, *m.*            [Taumeln.

Chancellement, *m.* Wanken, *n.*

Chancellerie, *f.* Kanzlei.

Chanceux, se, *adj.* von einem Glücksfalle abhängend; *iron.* un= glücklich.

Chancir, *v. n. et se* —, ſchim= meln, ſchimmlich werden, anlaufen, kahmen.

Chancissure, *f.* Schimmel, *m.*

Chancre, *m.* Krebs, das frebsar= tige Geſchwür; Hipblatter, *f.*; Un= reinigkeit (an den Zähnen); Krebs, *m.* Brand (an Bäumen).

Chancreux, se, *adj.* frebsartig, vom Krebs angegriffen; brandig (Bäume).

Chandeleur, *f.* (Kath.) Lichtmeſſe.

Chandelier, *m.* Lichtſtock, Leuch= ter; Lichtzieher; (Kriegsw.) Faſchi= nenblendung, *f.*

Chandelle, *f.* Licht, *n.* Unſchlitt= licht; (Zimm.) Ständer, *m.* Pfo= ſten; — de veille, Nachtlicht, *n.*

Chanfrein, *m.* (Reitſch.) Stern; — de deuil, Trauerkappe, *f.* ‖ eine Art Federbuſch; (Bauk.) die ſchräg behauene Kante oder Ecke.

Change, *m.* Tauſch; (Handlung) Wechſel; Wechſelbandlung, *f.* Wech= ſelbank; Wechſellohn, *m.* Aufwech= ſel; Wechſelcurs; (Jagd) Irrewerden (der Hunde), *n.*; *fg.* Täuſchung, *f.*; prendre le —, ſich täuſchen laſ= ſen; donner le — à qn., einen täuſchen; rendre le — à qn., *fg.* einem nichts ſchuldig bleiben.

Changeant, e, *adj.* veränderlich; wandelbar, *fm.* wetterwendiſch; (von Farben) ſchillernd.

Changement, *m.* Aenderung, *f.* Ver; Abänderung.

Changer, *v. a.* (qch. contre ..., pour ...) austauſchen; verändern, verwandeln; (Geld) wechſeln, ein= wechſeln; —, *v. n.* de qch., etw. ändern; umwechſeln, umtauſchen; — d'habit, ſich umkleiden; —, ſich verändern.

Changeur, *m.* Geldwechsler.

†Chanlatte, *f.* Aufſchiebling (am Dachſparren), *m.*      [Stiftsherr.

Chanoine, *m.* Dom=, Chor=; Chanoinesse, *fém.* Stiftsdame, Stiftsfräulein, *n.*

Chanson, *f.* Lied, *n.*; *fg. id.*; —s, *pl.* das leere Geſchwäß, Poſſen, *pl.*

Chansonner, *v. a.* qn., Lieder auf **jemand machen.**

Chansonnette, *f.* Liedchen, *n.*

Chansonnier, *m.* ère, *f.* Lieder-dichter, *m.* =inn, *f.*; — , Lieder-sammlung, *f.*

Chant, *m.* Gesang; Weise, *f.* Melodie; — du coq, das Krähen des Hahns, Hahnengeschrei; — de la cigale, das Zirpen der Grille.

Chantant, e, *adj.* singbar, leicht zu singen; musikalisch (Sprache).

Chanteau, *m.* Runken (Brod), das große Stück, Schortstück; End-stück; (Schneid.) Zwickel, *m.*; — x d'une roue, Nabfelgen, *f. pl.*

Chantepleure, *f.* (Gärtn.) Gieß-kanne; (Böttch.) Leihtrichter, *m.*; (Bauk.) Abzugloch, *n.*

Chanter, *v. n.* singen; in einem singenden Tone reden; (Hahn) krä-hen; (Grille) schwirren, zirpen; —, *v. a.* singen; besingen, lobpreisen; *fm.* plaudern.

Chanterelle, *f.* Quinte (auf einem Saiteninstrumente); (Jagd) Lockvo-gel, *m.*; (Bot.) *v.* Agaric.

Chanteur, *m.* se, *f.* Sänger, *m.* =inn, *f.*; — en foire, Bänkelsän-ger, *m.*

Chantier, *m.* Holzhof, Zimmer-platz; Werkhof, (Schiffb.) Werft, *n.* Schiffswerft, Stapel, *m.*; Lager, *n.* Faß, Kellerlager; *fg.* mettre sur le —, vornehmen, unternehmen.

Chantignole, *f.* das Unterlagtlöt-chen für die Dachstuhlsetten; Halb-backstein, *m.*

Chantonner, *v. n.* halblaut singen.

Chantourné, *m.* Häuptenstück, *n.*

Chantourner, *v. a.* nach einem Modell behauen; ausarbeiten.

Chantre, *m.* Vorsänger, Sänger; Dichter.

Chantrerie, *f.* Cantoramt, *n.*

Chanvre, *m.* Hanf; de —, hän-fen.    [Hanfwechler.

†Chanvrier, *m.* Hanfbereiter, „Chaos, *m.* (Myth.) Chaos, *n.*; *fg. id.,* Gewirre, Wirrwarr, *m.*

Chape, *f.* (Kath.) Chorrock, *m.* || Futteral, *n.* Ueberzug, *m.* Deckel, Hut, (Apoth.) der Helm eines De-stillirkolbens; Herz (einer Schub-schnalle), *n.*; Schnallhaken, *m.*; (Bauk.) Ueberguß; Mundstück (der Degenscheide), *m.*; Klappe (an Wei-berhandschuhen), *f.*; (Gieß.) Form-kappe; der untere Theil des Schmelz-ofens; —-chute, *v* Verstoß, *m.*; Verdrießlichkeit, *f.*; trouver —-chute, sich in seiner Erwartung täu-schen; chercher —-chute, in eines Andern Unglück Vortheil suchen.

Chapeau, *m.* Hut; Filz; Deckel; (Bauk.) Hut, Sims, *m.*; (Muf.) Bindungszeichen; (Chym.) Kuchen,

m. Satz; (Buchdr.) Krone (der Presse), *f.*; (Handl.) die Gebühr für den Schiffscapitän; *fm.* Mannsper-son; *fg.* Cardinalswürde; — d'esca-lier, der Kranz einer Treppe; — de fleurs, Blumenkranz; —-bas, Armhut.

Chapelain, *m.* Kapellan, Kaplan.

Chapeler, *v. a.* le pain, die Brod-rinde abschaben.

Chapelet, *m.* Rosenkranz; (Reit-sch.) Steigbügelriemen; (Mech.) Schaufelrad, *n.* Paternosterwerk; (Med.) die Giftblätterchen an der Stirne; — de marrons, eine Schnur gebratener Kastanien.

Chapelier, *m.* ère, *f.* Hutmacher, *m.* Huthändler; =inn, *f.*

†Chapeline, *f.* Helm (der alten Ritter), *m.*

Chapelle, *f.* Kapelle; Kirchenge-räth, *n.*; (Chym.) Kapelle, *f.*; Ge-wölbe (eines Backofens), *n.*; — ar-dente, das erleuchtete Leichengerüst.

Chapellenie, *f.* Kaplansdienst, *m.*

Chapellerie, *f.* Hutmacherhand-werk, *n.* Huthandel, *m.*

Chapelure, *f.* die abgeschabte Brod-rinde.

Chaperon, *m.* Kappe, *f.* Nebel-kappe; *fg.* Ehrenwächterinn, Auf-sehe; (Katt.) Haube; (Jagd) Feder-busch (der Vögel), *m.*; (Bauk.) Haube, *f.*; Mauerkappe, Abda-chung; Krone (eines Kamins); Pi-stolenhalsterdecke; (Buchdr.) der Zu-schuß zu den Druckbogen.

Chaperonner, *v. a.* (einen Falken) verkappen; (eine Mauer) mit einer Kappe versehen, abdachen.

Chapier, *m.* Chormantelträger; Chormantelschrank.

Chapiteau, *m.* (Bauk.) Knauf, Aufsatz, Kranz, Capital (von Säu-len), *n.*; (Artill.) Zündlochdeckel, *m.*; (Chym.) Helm; (Buchdr.) Krone (der Presse), *f.*

Chapitre, *m.* Capitel, *n.*; Ab-schnitt, *m.*; Hauptstück, *n.*; *fg.* Punkt, *m.*; Sache, *f.*; (Kirche) Stift, *n.* Capitel; le grand — ou —, Domstift, *n.* Domcapitel.

Chapitrer, *v. a. fm.* qn., einem einen Verweis geben, das Capitel lesen, einen abcapiteln.

Chapon, *m.* Kapaun || ein Stück Brod; (Chym.) Rebschoß, *m.*

Chaponneau, *m.* der junge Ka-paun.    [pen.

Chaponner, *v. a.* kapaunen, kap-Chaponnière, *f.* Kapaunenpfanne.

†Chappedonnäde, *f.* (Med.) das Erbrechen mit Raserei.

Chaque, *pron.* jeder, jede, jedes, ein jeglicher.

Char, *m.* Wagen; — de triom-phe, Triumphwagen; — de guerre,

Kriegs-, Streitwagen; — à bancs, Bankwagen.

Charade, *f.* Sylbenräthsel, *n.*

Charançon, *m.* Kornwurm; Korn-milbe, *f.*

Charbon, *m.* Kohle, *f.*; (Med.) Pestbeule; (Landw.) Brand (im Korn), *m.*; — de terre, Stein-kohle, *f.*

Charbonnée, *f.* (Koch.) Rostbra-ten, *m.*; (Sieg.) Kohlensatz.

Charbonner, *v. a.* mit Kohlen schwärzen; schreiben, bemalen.

Charbonneux, se, *adj.* (Med.) pestbeulenartig.

Charbonnier, *m.* ère, *f.* Kohlen-brenner, *m.* =träger, =händler; =inn, *f.*; Kohlenbehälter, *m.*; *prov.* foi du —, Köhlerglaube, *m.* || —, *m.* Verkohlosen (für Torf); Kohlenmei-ler; Kohlenbrennerhütte, *f.*

Charbouiller, *v. a.* (Landw.) durch Mehlthau verderben.

†Charbucle, *f.* der Brand im Ge-treide.

Charcuter, *v. a. ol.* zerschneiden (Fleisch); *fg.* ungeschickt und ekel-haft vorschneiden; (Chir.) *mépr.* schinden, zerfleischen.

Charcuterie, *f.* Garküche; Wurst-handel, *m.*

Charcutier, *m.* -ère, *f.* Speck-, Fetträmer, *m.* Wursthändler; Gar-koch; =inn, *f.*

Chardon, *m.* Distel, *f.*; — s, *pl.* eiserne Spitzen, *f. pl.* Schweinsse-bern (auf Mauern, Gittern).

†Chardonner, *v. a.* mit Karden-disteln aufkratzen.

Chardonneret, *m.* Distelfink.

Chardonnette, *f.* (Bot.) eine Art wilder Artischocken; *v.* Cardon.

†Chardonnière, *f.* Distelfeld, *n.*

Charge, *f.* Last, Bürde; Ladung; (Handl.) Fracht; — de retour, Rückfracht; —, Fracht (eines Trä-gers); (Artill.) Ladung; *fg.* Last, Sorge, Beschwerde; (Fin.) Abgabe; (jur.) Last, Obliegenheit; Anzeige, Beweis (gegen einen Beklagten) || Amt, *n.* Stelle, *f.* Dienst, *m.*; (Kriegsw.) Angriff, Anfall; revenir à la —, den Angriff erneuern; *fg.* einen neuen Versuch machen; — , (Bauk.) Mauerwerk, *n.* || *fg.* Ue-berladene (in Ausdruck und Darstel-lung); femme de —, die Ausge-berinn; à la — que, unter der Bedingung daß; à la — d'autant, auf Wiedervergelten; à — ou à décharge, *adv.* (jur.) wider oder für den Beklagten (zeugen); (cette dépense) est à ma —, geht auf meine Rechnung.

Chargé, e, *adj.* überladen; (Far-be) dunkel; (Wetter) trüb, *voyez* Charger.

Chargement, *m.* Befrachtung, *f.*
Schiffslabung; Frachtbrief, *m.*
†Chargeoir, *m.* (Artill.) Ladeschaufel, *f.*

Charger, *v. a.* beladen; (Handl.)
befrachten, (Waaren) laden; (die
Pfeife) stopfen; (den Ofen) beholzen;
(Materie) in den Tiegel werfen;
(Handl.) befrachten; — le registre,
ins Register eintragen; (Kriegsw.)
(den Feind) angreifen; (jur.) einen
beschuldigen, gegen einen seyn; *fg.*
beladen, belasten; (Kunst, x.) überladen, übertreiben; (den Magen)
beschweren ‖ beauftragen (de, mit);
se —, sich beladen, sich belasten; se
— de qch., etw. übernehmen, auf
sich nehmen; temps —é, trübes Wetter; dés —és, falsche Würfel, *m. pl.*

Chargeur, *m.* Auflader; Holzleger; Befrachter.

Chariot, *m.* Wagen; (Handl.)
Fracht=, Güterwagen; (Seil.) Seilschlitten; (Astr.) Himmelswagen.

Charitable, *adj.; -ment, adv.:*
wohlthätig, milde, mildthätig; liebreich.

Charité, *f.* die (christliche) Liebe;
Mildthätigkeit, milde Gabe; faire
la —, Almosen geben ‖ Armenhaus,
*n.* Spital.

Charivari, *m.* Kesselmusik, *f.;*
der gräuliche Lärm, Polterabend,
Zank; *mépr.* eine elende Musik.

Charlatan, *masc.* Marktschreier,
Quacksalber; Großsprecher; faire le
—, quacksalbern.

Charlataner, *v. a. inus. fm.* mit
schönen Worten beschwaßen.

Charlatanerie, *f.* Marktschreierei,
Windbeutelei.          [wesen, *n.*

Charlatanisme, *m.* Marktschreier=
†Charlemagne *v. pr. m.* Karl
der Große.

†Charles, *n. pr. m.* Karl; —
Quint, Karl der fünfte (Kaiser von
Deutschland)

†Charlot, *n. pr. m. dim.* Karlchen, *n.*          [Lotte, Lottchen.

†Charlotte, *n. pr. f.* Charlotte;
Charmant, e, *adj.* reizend, bezaubernd, hold, schön, allerliebst; wonnevoll.

Charme, *m.* Zauberei; *f.* Zauber,
*m.* Zaubermittel, *n.; fg.* Reiz, *m.*
Liebreiz; Anmuth, *f.;* (Bot.) Hagebuche.

Charmer, *v. a.* bezaubern; *fg.
id.,* einnehmen, erfreuen, entzücken;
(den Schmerz) wegzaubern, vergessen machen; (die Langeweile) vertreiben.

Charmille, *f.* die junge Hagebuche;
Hagebuchengang, *m.*

Charmoie, *f.* Hagebuchenwald, *m.*

Charnage, *m. inus. pop.* Fleisch=
zeit, *f.*

Charnel, le, *adj.; -lement, adv.:*
fleischlich, sinnlich; wollüstig.

Charneux, se, *adj.* (Med.) fleischig.

Charnier, *masc.* Beinhaus, *n.;*
Fleischkammer, *f.;* (Rebm.) das
Bund Rebpfähle; (Seew.) Wasserfaß.

Charnière, *f.* Gewinde, *n.* Gelenke, Gewerb (an Zirkeln, x.);
Hohlmeißel, *m.;* (Naturg.) Schloß
(der Muscheln), *n.*          [windes), *n.*

†Charnon, *m.* Gelenk (eines Ge=
Charnu, e, *adj.* fleischig, dickfleischig.          [schig, *n.*

Charnure, *f.* Fleisch (eines Men=
Charogne, *f.* Aas, *n.* Luder.

Charpente, *f.* Zimmerwerk, *n.;*
Gebälke; (Anat.) Knochengerüst;
*fg.* Entwurf, *m.* Grundriß; bois
de —, Zimmer=, Bauholz, *n.*

Charpenter, *v. a.* zimmern; *fg.*
zersetzen, verschneiden.

Charpenterie, *f.* Zimmerhandwerk, *n.;* Zimmerarbeit, *f.*

Charpentier, *m.* Zimmermann;
garçon —, Zimmergesell.

Charpie, *f.* die gezupfte Leinwand,
Scharpie.          [schen, *n.*

Charrée, *f.* Laugenasche.

Charretée, *f.* Karrenvoll, *m.*

Charretier, *m.* ère, *f.* Fuhrmann,
*m.* Kärrner, =inn, *f.*

Charrette, *f.* Karren, *m.*

Charrlage, *m.* Fuhr, *f.* Fuhrwerk, *n.* Fuhrwesen, Fahren; Fuhrlohn, *m.*

Charrier, *m.* Laugentuch, *n.* Ae=
schertuch, Laugensack, *m.*

Charrier, *v. a.* (Miner.) fahren,
farren; herbei oder mit sich führen;
la rivière charrie de la glace, der
Fluß führt Eisschollen; —, *v. n.,*
— droit, den geraden Weg gehen.

Charroi, *m.* Fahren, *n.;* Fuhre,
*f.;* Fuhrlohn, *m.;* —s, (Kriegsw.)
Fuhrwesen, *n.*

Charron, *m.* Wagner.

Charronnage, *m.* Wagnerarbeit, *f.*

Charroyer, *v. a.* auf einem Fuhrwerke führen, fortbringen.

Charrue, *f.* Pflug, *m.; fg.* Hufe, *f.*

Charte *ou* Chartre, *f.* Urkunde;
— constitutionnelle *ou* —, Verfassungsurkunde; —partie, (Handlung) Befrachtungsvertrag, *m.*

†Chartil, *m.* Wagengestell, *n.;*
(Landw.) Erntewagen, *m.* Wagenschoppen.

Chartre, *f.* (Med.) cet enfant
est en —, dieses Kind hat die Auszehrung; tenir en — privée, einen
gefangen halten.

Chartreuse, *f.* Karthäuserkloster, *n.*

Chartreux, se, *m. f.* Karthäuser,
*m.* =inn, *f.;* —se, *f.* Karthause.

Chartrier, *m.* Urkundenbewahrer;
Archiv, *n.*

„Charybde, *m.* Charybdis, *f.* ein
gefährlicher Strudel; tomber de —
en Scylla, aus dem Regen in die
Traufe fallen.

Chas, *m.* Oehr, *n.* Nadelöhr ‖
Stärkeleim, *m.;* Kleister, Schlichte,
*f.;* (Maur.) Bleiwage.

†Chaseret, *m.* Käseform, *f.* Käsehorde.

Châsse, *f.* Reliquienkasten, *m.;*
Heft (eines Schermessers), *n.;* Kloben (einer Wage), *m.;* Einfassung
(einer Brille), *f.;* Kapsel; Gewerb
(einer Schnalle), *n.*

Chasse, *f.* Jagd, Jägerei, Weidwerk, *n.;* (Muf.) Jägerstück; (Mech.)
Spielraum, *m.;* (Web.) Lade, *f.;*
(Schloss.) Setzmeißel, *m.;* (Wagn.)
Treibhammer; — à l'oiseau, Beize;
donner la — à qn., einen verfolgen.

Chassé, *m.* ein gewisser Tanzschritt.

Chasse-avant, *m.* Aufseher einer
Werkstatt.          [vogt.

†Chasse-coquin, *m. fm.* Bettel=

†Chasse-cousin, *m. fm.* Krätzer;
schlechte Wein.

†Chasse-fleurée, *fém.* (Färbek.)
Schaumbrett, *n.*

Chasselas, *m.* Gutedel (Traube).

Chasse-marée, *m.* Seefischführer.

Chasse-mouche, *m.* Fliegenwedel;
(Reitsch.) Fliegenneß, *n.*

†Chasse-poignée, *m.* (Schwertf.)
Griffstiebel.          [chen, *n.*

†Chasse-pointe, *f.* Niethämmer=
†Chasse-pommeau, *m.* (Schwertf.)
Knopfstiebel.

Chasser, *v. a.* jagen, (Hasen, x.)
beßen; — au vol, beizen ‖ ver=,
wegjagen, verscheuchen; (einen) fortjagen, verstoßen; (Handw.) einschlagen, treiben; —, *v. n.* (Mech.)
geben; (Buchdr.) weiter oder auslaufen; — sur les ancres, (Seew.)
die Anker schleppen.

†Chasse-rivet, *m.* Schelleisen, *n.*

Chasseur, *m.* Jäger, Jagdliebhaber, Weidmann; chasseuse (Dichtk.
chasseresse), *f.* Jägerinn.

Chassie, *f.* Augenbutter.

Chassieux, se, *adj.* triefäugig.

Châssis, *m.* Rahmen, Einfassung,
*f.* Blendrahmen (eines Gemäldes,
x.), *m.;* Schieber; (Mal.) Gitter,
*n.; —* de verre, (Gärtn.) Glasfenster, *n.; —,* (Buchdr.) Formrahmen; — de laiton, Drahtgitter,
*n.; —* d'osier, Fensterkorb; contre—, double —, Vorfenster, *n.;*
— d'une table, Tischgestelle, *n.*

†Chassoir, *m.* (Böttch.) Triebel.

†Chassoire, *f.* (Falk.) Stecken, *m.*
Stange; *f.*          [keusch, züchtig.

Chaste, *adj.; -ment, adv.:*
Chasteté, *f.* Keuschheit, Zucht.

Chasuble, *f.* (Kath.) Meßgewand,
*m.*

Chasublier, *m.* Kirchenschmuck-
händler.

Chat, *m.* Kaße, *f.* Kater, *m.;*
*prov.* à bon — bon rat, er findet
seinen Mann; (Artill.) Wisireisen
—s, (Bot.) Käßchen, *n. pl.*

Châtaigne, *f.* Kastanie. [*m.*

Châtaigneraie, *f.* Kastanienwald.

Châtaignier, *m.* Kastanienbaum.

Châtain, *adj. m.* kastanienbraun.

Chataire, *v.* Cataire.

Château, *m.* Schloß, *n.* Burg, *f.;*
Edelhof, *m.;* (Schiffb.) Kastell, *n.;*
— de cartes, Kartenhaus, *n.; fg.*
—x en Espagne, Luftschlösser, *pl.*

Châtelain, *m.* Kastellan, Burgvogt; Burgherr; (jur.) Gerichtsherr;
juge —, Gerichtsverwalter.

Châtelé, e, *adj.* (Wapp.) mit
Thürmen besetzt.

Châtelet, *m.* Schlößchen, *n.;* Cha-
telet (in Paris); Hintergestell (am
Bortenwirkerstuhl).

Châtellenie, *f.* Burgvogtei.

Chat-huant, *m.* Nachteule, *f.*

Châtier, *v. a.* züchtigen, strafen,
abstrafen; *fg.* (die Schreibart) ausfeilen.

Chatière, *f.* Katzenloch, *n.*

Châtiment, *m.* Züchtigung, *f.*
Strafe.

†Chatoiement, *m.* Schillern (eines Steines), *n.*

Chaton, *m.* Käßchen, *n.;* (Juwel.)
Kasten, *m.;* (Bot.) Käßchen, *n.;*
Schale (einer Nuß), *f.*

Chatouillement, *m.* Kißel.

Chatouiller, *v. a.* kißeln; krabbeln; *fg.* kißeln, angenehm reizen.

Chatouilleux, se, *adj.* kißlich;
*fg. id.;* bedenklich, gefährlich (Sache); empfindlich (Mensch).

Chatoyant, e, *adj.* schillernd.

Chatoyer, *v. v. n.* (von Steinen)
strahlen, schillern.

†Chat-pard, *f.* Pantherkaße, *f.*

Châtré, *m.* Verschnittene.

Châtrer, *v. a.* entmannen, verschneiden; (ein Pferd) wallachen; (ein
Lamm) hämmeln; *fg.* wegschneiden,
wegnehmen; (Bienenstöcke) beschnei-
ben, zeideln.

Châtreur, *m.* Verschneider.

†Chatte, *f.* Kaße, Kiße.

Chattemite, *f. fm.* Scheinheilige,
*m. et f.* Heuchler, *m.* Gleisner
—inn, *f.* [werfen.

Chatter, *v. n. pop.* junge Katzen

Chaud, e, *adj.; -ement, adv.;*
warm, heiß; *fg. id.;* bißig, aufbrausend; (von Thieren) läufig, geil;
extrémement —, schwül; —*f.*
Wärme, *f.* Hiße.

†Chaude, *f.* Glühung; (Glash.)
Saß, *m.; fg.* à la —, in der ersten
Hiße.

Chaudeau, *m.* Brautsuppe, *f.*

†Chauder, *v. a.* (Landw.) mit Kalk
büngen. [form, *f.*

†Chauderet, *m.* (Goldschl.) Haut-

Chaudière, *f.* der große Kessel;
(Färb.) Färbekessel.

Chaudron, *m.* Kessel; (Schifff.)
Pumpenkappe, *f.*

Chaudronnée, *f.* Kesselvoll, *m.*

Chaudronnerie, *f.* Kupfergeschirr,
*n.* Kupfer-, Kesslerwaare, *f.;* Kupferschmiede; Kupferschmiedhandwerk,
*n.*

Chaudronnier, *m.* Kupferschmied,
Kessler; — au sifflet, Kesselflicker.

Chauffage, *f.* der Feuerung, *f.* Holzung; bois de —, *m.* Brennholz, *n.*

Chauffe, *f.* Schürloch (am Ofen), *n.*
†Chauffe-chemise, Chauffe-linge,
*m.* Wärmkorb.

Chauffe-cire, *m.* Wachswärmer
(Kanzleibeamter).

†Chauffe-lit, *m.* Bettwärmer.

†Chauffe-pied, *m.* Fußwärmer.

Chauffer, *v. a.* wärmen, erwärmen; (eine Stube) heizen; bähen;
*fg.* (Kriegsw.) heftig beschießen; —
qn., einem gewaltig zusetzen; —
*v. n.* warm werden; warm seyn;
se —, sich wärmen.

Chaufferette, *f.* Wärmpfanne, *f.*
Fußwärmer, *m.;* Feuerstübchen, *n.*

Chaufferie, *f.* die große Feueresse,
Schmelzesse.

Chauffeur, *m.* Blasebalgzieher;
*nouv.* Räuber, der den Leuten die
Fußsohlen verbrennt, um zu erfahren, wo sie ihr Geld haben.

Chauffoir, *m.* Wärmstube, *f.* das
warme Tuch zum Abtrocknen; Erwärmen; (Kartenm.) Glutpfanne, *f.*
†Chauffure, *f.* das verbrannte Eisen.

Chaufour, *m.* Kalkofen.

Chaufournier, *m.* Kalkbrenner.

Chaulage, *m.* (Landw.) Kalken, *n.*
Einkalken.

Chauler, *v. a.* (das Saatkorn) einkalken.

Chaumage, *m.* (Landw.) Stoppelschneiden, *n.;* Stoppelzeit, *f.*

Chaume, *m.* Stoppeln, *pl.* Step-
pelfeld, *n.;* Dachstroh; Stroh.

Chaumer, *v. a.* (die Stoppeln)
ausreißen, stoppeln.

Chaumière, *f.* Strohhütte, Kothe.

Chaumine, *f.* die kleine Strohhütte.

Chaussant, e, *adj. fm.* (von
Strümpfen) leicht anzuziehen.

Chausse, *f.* Schulterlappen; (Apo-
thek.) Seihsack, Filtrirsack; — d'aisance, Privetröhre, *f.; —s,* Beinkleider, *m.;* Strümpfe, *m. pl.*

Chaussée, *f.* Damm, *m.* Stra-
ßendamm, Dammweg; Landstraße,
*f.* Kunststraße.

Chausse-pied, *m.* Schuhanzieher
(Werkzeug von Leder oder Horn);
*fg. fm.* Weg, Mittel, *n.*

Chausser, *v. a.* (Schuhe oder
Strümpfe) anziehen; — ses souliers, sich beschuhen; — des arbres,
frische Erde, Mist um Bäume thun;
*fg. fm.* se — une opinion dans
la tête, sich eine Meinung in den
Kopf setzen; —, *v. n.* (gut oder
schlecht) anliegen; se —, sich Schuhe
oder Strümpfe anlegen; sich beschuhen.

Chaussetier, *m.* Strumpfweber,
Hosenstricker, Strumpfhändler.

Chausse-trape, *f.* Fußangel, *m.*
Fußeisen, *n.* Fuchs-, Wolfseisen,
Wolfsfalle, *f.* Wildgrube.

Chaussette, *f.* Unterstrumpf, *m.*
Halbstrumpf.

Chausson, *m.* Socke, *f.* Halbstrumpf, *m.;* (Fechtk.) Fechtschuh.

Chaussure, *f.* Fußbekleidung; *fg.*
trouver — à son pied, finden was
man braucht; seinen Mann finden.

Chaut, *v.* Chaloir.

Chauve, *adj.* kahl; la tête —,
Kahlkopf, *m.; fm.* Glaße, *f.*

Chauve-souris, *f.* Fledermaus.

†Chauvir, *v. n.* die Ohren spitzen
(v. Pferden, ɪc.).

Chaux, *f.* Kalk, *m.* (Chym.)
Metallkalk; — vive, der unge-
löschte Kalk; — éteinte, der ge-
löschte Kalk.

Chavirer, *v. a.* (ein Tau, ɪc.)
umwenden; —, *v. n.* umschlagen
(Schiff).

Chedec, *m.* Schebeke (Schiff), *f.*

Chef, *m.* Haupt, *n.* Oberhaupt;
Anführer, *m.* Oberste, Vornehmste;
(Kriegsw.) Befehlshaber; — de di-
vision, de brigade, Divisions-,
Brigadechef; le général en —,
Oberfeldherr; — de file, Flügel-
mann; —, (Wap.) Schildhaupt, *n.;*
(Chir.) Kopfbinde, *f.* Rolle; (jur.)
Artikel, *m.* Punkt; — d'accusa-
tion, Klagepunkt; —, (Handl.)
das erste Ende (am Zeuge); de son
—, *adv.* eigenmächtig, aus eigener
Bewegung.

Chef-d'œuvre (*pl.* chefs-d'œuvre), *m.* Meisterstück, *n.*

Chef-lieu (*pl.* chefs-lieux), *m.*
Hauptort, Hauptstadt, *f.*

†Chégros, *m.* Pechdraht.

Cheick, Cheik, *m.* Scheif, Haupt
(eines arabischen Stammes, ɪc.), *n.*

†Chéiroptères, *m. pl.* Hautflüg-
ler (vierfüßige Thiere). [*n.*

Chélidoine, *f.* (Bot.) Schellkraut.

†Chélonée, *f.* Merschildkröte.

Chéloniens, *m. pl.* die meer-
schildkrötenartigen Thiere.

Chémer, *v. n. et se —,* mager
werden, abnehmen.

Chemin, *m.* Weg, Straße, *f.*
*fg.* Mittel, *n.;* faire voir bien
du — à qn., einen verfolgen, quä-

len, einem viel zu schaffen machen;
à moitié —, mi——, halbwegs;
— faisant, *adv.* unterwegs; bei
Gelegenheit, nebenher.

**Cheminée,** *f.* Kamin, *n.* Schorn=
stein, *m.;* (Schloff.) Effe, *f.* Feuer=
effe; sous la —, *fg.* heimlich.

**Cheminer,** *v. n.* fortwandern, vor=
angehen; *fg.* gut gehen.

**Chemise,** *f.* Hemd, *n.;* (Maur.)
Mauermantel, *m.* Futtermauer, *f.;*
Umschlag (von Papier, 2c.), *f.*

**Chemisette,** *f.* Halbhemd, *n.* Fut=
terhemd; Brüstuch, Leibchen (von
Flanell, 2c.); ein langes Weiber=
kleid. [Augenentzündung.

†**Chémosie, Chémosis,** *f.* (Med.)

**Chênaie,** *f.* Eichenwald, *m.*

**Chenal,** *m.* Canal; Fahrwasser,
*n.;* (Bauk.) Traufrinne, *f.*

†**Chenaler,** *v. n.* (Schifffahrt) das
Fahrwasser suchen. [Strauchdieb.

**Chenapan,** *masc.* Schnapphahn,

**Chêne,** *m.* Eiche, *f.* Eichbaum;
*m.;* — vert, Steineiche, *f.*

**Chéneau,** *m.* die junge Eiche.

**Chéneau,** *m.* Dach=, Traufrinne,
*f.* [Feuerhund.

**Chenet,** *m.* Feuerbock, Holzbock;

**Chenevière,** *f.* Hanfacker, *m.*

**Chenevis,** *m.* Hanffamen; huile
de —, Hanföl, *n.*

**Chenevotte,** *f.* Achel, Schäbe,
Splitter, *m.*

**Chenevotter,** *v. n.* (Rebm.) zu
dünnes Holz treiben. [*n.*

**Chenil,** *m.* Hundsstall; *fg.* Loch,

**Chenille,** *f.* Raupe; *fg. mépr.*
Kröte; (Handl.) die sammetartig
gewirkte Seidenborte.

**Chenu,** e, *adj.* grau, weiß (vor
Alter); *fg.* mit Schnee bedeckt,
schneeig.

**Cheptel, Chepteil,** *m.* der Vieh=
pacht um die halbe Nutzung.

**Cher,** chère, *adj.* lieb, werth,
kostbar, theuer; —, chérement,
*adv.* theuer; innig; coûter —, viel
kosten.

†**Cherche,** *f.* (Bauk.) Lehre, Lehr=
bogen, *m.* Bogengerüst, *n.* Bogen=
ründung, *f.;* die krumme Linie aus
mehreren Mittelpunkten gezogen.

**Chercher,** *v. a.* suchen, aufsuchen,
forschen (nach, nach etw.).

**Chercheur,** *m.* Sucher; — de
franches lippées, Schmarotzer; —
de trésors cachés, Schatzgräber.

**Chère,** *f.* Mahlzeit, Kost, Be=
wirthung; faire bonne —, gute
Mahlzeit halten, gut essen.

**Chérif,** *m.* Scherif (arabische Fürst).

**Chérir,** *v. a.* zärtlich lieben; (sehr
lieb und werth halten.

**Chérissable,** *adj.* liebwerth.

†**Cherlesker,** *m.* (Türk.) General=
Lieutenant.

„**Chersonése,** *m.* (Alt.) Halbin=
sel, *f.*

**Cherté,** *f.* Theurung.

**Chérubin,** *m.* Cherub, Cherubim;
*pop.* rouge comme un —, roth wie
ein Truthahnskopf; —, (Bildh., 2c.)
der geflügelte Engelskopf. [*f.*

**Chervis,** *m.* (Bot.) Zuckerwurzel,

**Chétif,** ve, *adj.;* -vement, *adv.:*
elend, armselig, kleinfügig, schlecht.

†**Chétolier,** *m.* der Viehpächter
um die halbe Nutzung.

**Cheval,** *m.* Pferd, *n.* Roß; —
entier, Hengst; — de main, Hand=,
Beipferd, *n.;* — de selle, Reit=
pferd, *n.;* — de bataille, Schlacht=
roß, *n. fg.fm.* Steckenpferd; — de
frise, (Kriegsw.) der spanische Rei=
ter; chevaux, *pl.* Pferde; die
Mannschaft zu Pferde; Reiterei;
aller à —, reiten; être à —, *fg.*
rittlings sitzen; l'armée est à — sur
une rivière, das Heer hält beide
Ufer eines Flusses besetzt; tirer à
quatre chevaux, viertheilen; à
deux, à quatre chevaux, zwei=,
vierspännig (Wagen); *fm.* une let=
tre à —, ein trotziger Brief; monter
sur ses grands chevaux, auffahren.

**Chevalement,** *m.* (Bauk.) Stütze,
*f.* Strebeholz, *n.*

**Chevaler,** *v. a.* (Bauk.) unter=
fangen, stützen; (Handw.) auf dem
Bocke bearbeiten.

**Chevaleresque,** *adj.* ritterlich.

**Chevalerie,** *f.* Ritterschaft; Rit=
terwesen, *n.*

**Chevalet,** *m.* Bock, Stütze; *f.* Ge=
stell, *n.;* (Muf.) Steg, *m.;* (Bauk.)
Gerüst, *n.;* (Mal.) Staffelei, *f.;*
(Kriegsw.) Gewehrbank; ol. (jur.)
Felterbank.

**Chevalier,** *m.* Ritter, Cavalier;
(Schachsp.) Springer; (Naturg.)
Strandläufer (Vogel); — du guet,
Hauptmann der Scharwache; —
d'industrie, Gauner, der feine Be=
trüger, Beutelschneider; armer —
qn., einen zum Ritter schlagen.

**Chevaline,** *adj. f.* ol. (jur.) bête
—, Stute, *f.*

**Chevance,** *f.* ol. Habe.

†**Chevauchantes,** *adj. f. plur.*
feuilles —, über einander liegende
Blätter. [seines Beamten.

**Chevauchée,** *f.* Ritt, *m.* Umritt

**Chevaucher,** *v. n.* reiten; (Bauk.)
über einander liegen; (Buchdr.) aus
der Linie treten.

**Chevau-légers,** *m. pl.* die leichte
Reiterei; un chevau-léger, ein
leichter Reiter.

**Chevecier,** *m.* erster Domherr.

**Chevelu,** e, *adj.* langhaarig; lang=
faserig, zaserig; la racine —e,
Haarwurzel, *f.* [Wurzeln.

**Chevelu,** *m.* die Fasern an den

**Chevelure,** *f.* Haupthaar, *n.;*
(Astr.) Strahlen (eines Kometen),
*m. pl.;* (Bot.) Wurzelfasern, *f. pl.;*
Laub (der Bäume), *n.*

**Chevet,** *m.* Kopfkissen, *n.;* (Bau=
kunst) Haube (hinter dem Hochaltar),
*f.;* (Artill.) Richtkeil, *m.*

**Chevêtre,** *m.* (Zimm.) Stichbal=
ken; Tragband, *n.* Hängeband.

**Cheveu,** *m.* Haar, *n.;* —x, *pl.*
Haare; (Bot.) Wurzelfasern, *f. pl.*

**Cheville,** *f.* Pflock, *m.* der höl=
zerne Nagel; Zapfen, Bandnagel;
(Muf.) Wirbel, Saitenpflock; (Ana=
tom.) Zäpfchen (im Halse), *n.; fg.*
Flickwort; — ouvrière, der eiserne
Schluß=, Pfropnagel; *fg.* Haupt=
agent; — coulisse, der bewegliche
Nagel; — du pied, Fußknöchel,
— rance ou ranche, Leitersprosse,
*f.;* —s, *pl.* Zinken, Zacken am
Hirschgeweih, *m. pl.*

**Cheviller,** *v. a.* an=, verpflöcken
—é, e, (Vers) voll Flickwörter;
(Jagd) gehörnt; zackig (Hirschkopf).

**Chevillette,** *f.* (Buchb.) Häf=
chen, *n.*

†**Chevillon,** *m.* Docke, *f.* Stäb=
chen (an der Lehne eines Strohstuhls),
*n.;* der Stab am Seidenweberstuhl,
die Seide am Zettelbaum abzuwin=
den. [Hirschgeweih, *m. pl.*

†**Chevillure,** *f.* kleine Zacken am

†**Chevir,** *v. n.* pop. inus. fertig
werden; sich vergleichen (de qn., mit
einem); genießen (de qch., etw.).

**Chèvre,** *f.* Ziege; (Med.) Hebe=
zeug, *n.;* (Zimm., 2c.) Sägebock,
(Landw.) Käsetisch; le poil de —,
Kameelhaar, *n.;* prendre la —,
*fm.* ohne Grund auffahren.

**Chevreau,** *m.* die junge Ziege,
Zicklein, *n.*

**Chèvrefeuille,** *m.* (Bot.) Geiß=
blatt, *n.* Jelängerjelieber.

**Chèvre-pied,** *adj.* ziegenfüßig
(Satyr).

**Chevrette,** *f.* Rehziege; (Schloff.)
der kleine Feuerbock, Dreifuß; (Apo=
thek.) Sirupbüchse, *f.* [*m.*

**Chevreuil,** *m.* Reh, *n.* Rehbock,

**Chevrier,** *m.* Ziegenhirt.

**Chevrillard,** *m.* Rehkalb, *n.*

**Chevron,** *m.* (Bauk.) Sparren;
(Kriegsw.) Dienstzeichen auf dem
Aermel), *n.*

**Chevronné,** e, *adj.* mit mehreren
Sparren oder Dienstzeichen versehen.

**Chevrotant,** e, *adj.* meckernd,
zitternd. [zittern (im Singen).

**Chevrotement,** *m.* Meckern, *n.*

**Chevroter,** *v. n.* zickeln, junge Zie=
gen werfen; *fg. fm.* die Geduld ver=
lieren, unwillig werden; hüpfen wie
eine Ziege; meckern (im Singen).

**Chevrotin,** *m.* das zubereitete Zie=
genfell.

Chevrotine, f. (Jagd) Rehpofte.

Chez, prép. bei; — moi, etc., zu Haufe; de — moi, etc., von mir, aus meinem Haufe; avoir un — soi, eine eigene Wohnung haben; retourner — soi, heimgehen.

Chiaoux, m. (Türk.) Chiaou, Thürfteher; Gerichtsbote.

Chiasse, f. Mückenkoth, m. Würmerbred; Metallschaum.

†Chicambaut, m. (Seew.) der Schnabel eines kleinen Schiffes.

Chicane, f. Schikane, Kniff, m. Pfiff (bei Prozessen); fg. die argliftige Neckerei; fable Einwendung; das unnüße Gezänk.

Chicaner, v. a. et n. schikaniren, Ränke, Kniffe anwenden; tadeln, bekritteln; unnöthige Händel anfangen; fg. beunruhigen, ärgern, quälen; (Kriegsw.) — le terrain, m. jeden Fußbreit streitig machen.

Chicanerie, f. Rabulifterei; Ränke; spißfindige Reden, pl.

Chicaneur, m. se, f. Ränkeschmied, m. Rechtsverdreher, Rabulift; —inn, f.

Chicanier, m. ère, f. die händelfüchtige Perfon; Krittler, m. —inn, f.

Chiche, adj.; -ment, adv.: sparfam, karg, knauferig; (Gärtn.) pois —s, m. pl. Kichererbfen, f. pl.

Chicon, m. (Bot.) der römische Lattich.

Chicoracées, f. pl., plantes —, (Bot.) die cichorienartigen Pflanzen.

Chicorée, f. Cichorie, Endivie; — sauvage, Wegwarte.

Chicot, m. Strunk (einer Baumwurzel; Zahnftumpen; Holzsplitter, Splitter. [keiten zanken.

Chicoter, v. n. pop. über Kleinig-

Chicotin, m. (Apeth.) Bitterfaft.

Chien, m. Hund; (Büchf.) Hahn; (Böttch.) Reißzange, f.; Bandhaken, m.; — couchant, Hühnerhund; fg. Speichellecker; entre — et loup, in der Dämmerung; un — de poëte, etc., injur. ein erbärmlicher Dichter, 2c.

Chiendent, m. (Bot.) Queckengras, n. [Robbe.

†Chien marin, masc. Seehund,

Chienne, f. Hündinn, Beße; fg. mépr. — de musique, eine fehr abscheuliche Mufik. [fen.

Chienner, v. n. junge Hunde wer-

Chiffe, f. (Pap.) Lumpen, m.; mépr. der dünne, elende Zeug; Spinnengewebe, n.; fg. pop. Dredfeele, f.

Chiffon, m. Lappen, Lumpen; Feßen; Kleinigkeit, f. || Lumpenmädchen, n.; —s, kleine Pußfachen, pl.; —, ne, adj. krumm, knorricht.

Chiffonné, e, adj., une étoffe

—e, ein zerknitterter Zeug; une mine —e, eine kleine. unregelmäßige, aber angenehme Gefichtsbildung.

Chiffonner, v. a. zerknüppeln, zerknittern; fg. fm. beunruhigen; (ein Frauenzimmer) herumzerren.

Chiffonnier, m. ère, f. Lumpenfammler, m. —inn, f.; fg. Mährchenträger, m.; Krittler, —inn, f.

Chiffonnier, m. Tifchchen, n. Käftchen zu Pußfachen.

Chiffre, m. (Arithm.) Ziffer, f. Zahl; (Handl.) Zeichen, n.; Namenszug, m. Chiffre; die gefchlungenen Buchftaben; Geheimfchrift, f.

Chiffrer, v. a. mit Ziffern bezeichnen; rechnen; mit Geheimfchrift fchreiben.

Chiffreur, m. pop. Rechner.

Chignon, m. Nacken; Haarwulft; die hinaufgefchlagenen Hinterhaare.

†Chiliade, f. Chiliade, taufend.

†Chiliarque, m. Befehlshaber über taufend Mann (bei den Alten).

Chimère, f. Chimäre; fg. Hirngefpinnft, n.; Luftfchloß, Grille, f.

Chimérique, adj. eingebildet, grillenhaft, fantaftifch, hirnlos; être —, Unding, n.

Chimie, f. Scheidekunft, Chymie, Chemie.

Chimique, adj. chymifch, chemifch.

Chimiste, m. Scheidekünftler.

China, v. Squine.

†Chinche, m. Stinkthier, n. Stunk.

Chincilla, m. ein peruanifches Thier, von der Größe eines Eichhörnchens.

†Chine, f. China (Land).

Chiner, v. a. bunt weben, wirken.

†Chinfreneau, m. pop. Schmarre (im Geficht), f.

Chinois, e, s. et adj. Chinefe; chinefifch.

Chiourme, f. coll. Ruderknechte, Rudervolk (einer Galeere), n.

†Chipage, m. (Lederb.) Zubereilung, f.

†Chiper, v. a. die Felle auf bänifche Art zubereiten; —, fg. heimlich entwenden (gemein).

Chipoter, v. n. fm. zaudern, tändeln; klauben; um Kleinigkeiten zanken.

Chipotier, m. ère, f. Tändler, m. Zauberer; Zänker; —inn, f.

Chique, f. (Naturg.) Stechlaus || Schnellkügelchen, n. Klicker, m. Schüffer; jouer aux —s, klickern || Kautabak, m.

Chiquenaude, f. Nafenftüber, m.

Chiquer, v. a. (Tabak) kauen.

Chiquet, m. Stückchen, n.; —, adv. nach und nach, in kleinen Summen. [Chiragra, n.

†Chiragre, f. (Med.) Handgicht.

„Chirographaire, m. et adj.,

créancier —, (jur.) der Gläubiger, deffen Recht fich nur auf eine Handfchrift gründet. [fprache.

„Chirologie, f. Finger-, Handfprache.

„Chiromancie, f. Handwahrfagerei, Chiromantie.

„Chiromancien, m. Handwahrfager, Chiromantift.

†Chironomie, f. Geberdenkunft (bei den Alten).

Chirurgical, e, Chirurgique, adj. zur Wundarzneikunft gehörig, chirurgifch.

Chirurgie, f. Wundarzneikunft.

Chirurgien, m. Wundarzt.

„Chiste, m., v. Kyste.

Chiùre, f. Fliegenkoth, m.

„Chlamyde, f. (Alt.) Kriegsmantel, m. [faß, n.

„Chlorate, m. überfauertes Koch-

„Chlore, m. Salzfäure, f.

„Chlorique, adj. fauerftoffartig, fauerfalzhaltig.

†Chloris, m. (Naturg.) Grünfink.

†Chlorite, f. (Min.) Chlorit, m. eine Art Talkerde.

„Chlorose, f. (Med.) Bleichfucht.

Choc, m. Stoß; (Kriegsw.) Anfall, Angriff, Anlauf; Zufammentreffen, n.; fg. Stoß, m.; Unglück, n. Verluft, m.

Chocolat, m. Chokolate, f.

Chocolatier, m. Chokolatemacher, —händler, —fchenk.

Chocolatière, f. Chokolatekanne.

„Chœur, m. Chor; (Muf.) id., Chorgefang; enfants de —, Chorknaben, pl.

*Choir, v. n. fallen.

Choisir, v. a. ausfuchen, auslefen; wählen, erwählen.

Choix, m. Wahl, f.; faire — de qn., einen wählen.

†Cholagogue, adj. gallabführend.

„Cholédologie, f. die Lehre von der Galle. [Gallengang, m.

„Cholédoque, adj., canal —,

„Choléra-morbus, m. Chelera, die afiatifche Brechruhr, fchwarze Sucht.

„Cholérique, adj. cholerifch, chelerakrank.

Chômable, adj. was zu feiern ift.

Chômage, m. Feiern, n. Feierzeit, f.; (Landw.) Brache (der Aecker).

Chômer, v. n. feiern, ruhen; (Landw.) brach liegen; —, v. a. (ein Feft) feiern.

†Chondrographie, f. Knorpelbefchreibung.

Chondrologie, f. (Anat.) Knorpellehre. [fel, m.

Chopine, f. Schoppen, m.; Nö-

Chopiner, v. n. fm. fchoppeln, viel und oft trinken, zechen.

†Chopinette, f. Schöppchen, n.

†Choppement, m. Anftoßen, n. Stolpern.

Chopper, *v. n.*, — contre qch., an
etw. anstoßen; stolpern ‖ *fg.* fehlen.
Choquant, e, *adj.* anstößig, belei=
digend; mißfällig; hart auffallend.
Choquer, *v. a.* stoßen, anstoßen,
zusammentreffen; *fg.* beleidigen; —
qn., einem mißfallen, zuwidersenn; —
— qch., gegen etw. anstoßen; se —
de qch., einen Anstoß an etw. fin=
ben; se —, *v. r.* zusammentreffen,
=stoßen.
„Choraïque, *adj.*, vers —, ein
Vers in dem Choreen vorkommen.
„Chorée, *m.* Choreus, Trochäus
(Versfuß — ◡). [spieldirektor.
„Chorége, *m.* (gr. Alt.) Schau=
„Chorégraphe, *m.* Tanz= Ballet=
zeichner.
„Chorégraphie, Choréographie, *f.*
Tanzzeichenkunst; Tanzzeichnung.
„Chorévêque, *m.* (Kirch.) Chor=
bischof.    [(Versfuß — ◡ ◡ —).
„Choriambe, *masc.* Choriambus
„Choriste, *m.* Chorsänger.
„Chorographie, *f.* Landesbeschrei=
bung.
„Chorographique, *adj.*, descrip-
tion —, die Beschreibung eines Lan=
des.
„Choroïde, *f.* (Anat.) Adernhaut.
„Chorus, *m. lat.*, faire —, einen
Chor anstimmen, mitsingen; *fg.*
dasselbe sagen.
Chose, *f.* Sache, Ding, *n.*; —
publique, Staat, *m.* Gemeinwe=
sen, *n.*; quelque —, etwas.
Chou, *m.* Kohl, Kraut, *n.*; —
fleur (*pl.* choux-fleurs), Blumen=
kohl, *m.*; — cabus, Kappiskraut,
*n.*; —croute, *f.* —x salés, (Kochk.)
Sauerkraut, *n.*; — feuillu, non-
pommé, Blätterkohl; —frisé, Wir=
singkohl; —-navet, *m.* Kohlrübe,
*f.*; —-palmiste, Kohlpalme, *f.*;
—-rave, Kohlrabi, *m.* Rübenkohl.
†Chouans, *m. pl.* die Chouans,
Royalisten im westlichen Frankreich
(zur Zeit der Revolution).
Choucas, *m.* Dohle, *f.* (Vogel).
Chouette, *f.* Nachteule, Käuzlein, *n.*
Chouquet, *m.* (Schifff.) Eselshaupt
(eines Mastes), *n.*
Choyer, *v. a. fm.* qch., behutsam
mit etw. umgehen; (ein Kind) zärt=
lich halten; se —, sich pflegen.
„Chrême, *m.* (Kath.) Chrisam,
Salböl, *n.*
„Chrémeau, *m.* Taufmützchen, *n.*
„Chrétien, ne, *adj.*; -nement,
*adv.*: christlich; —, *m.* ne, *f.* Christ,
*m.* =inn, *f.*
„Chrétienté, *f.* Christenheit.
„Chrie, *f.* Sylübung (für Anfän=
ger).
„Christ, *m.* (h. Schrift) Christus,
der Gesalbte des Herrn; Christus=
bild, *n.* Bild des Gekreuzigten.

„Christianisme, *m.* Christenthum,
*n.*
„Chromate, *m.* Chromsalz, *n.*
„Chromatique, *fém.* Farbenmi=
schung; —, *adj.* (Wuf.) chroma=
tisch (durch die halben Töne laufend).
„Chrome, *m.* Chromium, ein
Halbmetall.
„Chromique, *adj.*, acide —,
die Chromsäure.
„Chronicité, *f.* Chronicität, der
chronische Charakter (einer Krankheit).
„Chronique, *f.* Chronik, Zeitge=
schichte; —, *adj.* (Med.) langwierig.
„Chroniqueur, *m.* Chronikschrei=
ber; bad. der Erzähler alter Ge=
schichten.
„Chronogramme, Chronographe,
*m.* Zahlbuchstabeninschrift, *f.* ‖ chro-
nographe, *m.* Zeitrechner.
„Chronographie, *f.* Zeitbeschrei=
bung.                [Zeitkunde.
„Chronologie, *f.* Zeitrechnung,
„Chronologique, *adj.* zur Zeit=
rechnung gehörig, chronologisch; ta-
ble —, die Zeittafel.
„Chronologiste ( Chronologue,
inus.), *m.* Zeitrechner.
„Chronomètre, *m.* Zeitmesser.
„Chrysalide, *f.* Puppe ( einer
Raupe); se changer en —, sich
verpuppen.         [Wucherblume.]
„Chrysanthème, *m.* (Bot.) Gold=
„Chrysocale, *m.* Chrysokall (Me=
tallmischung aus Kupfer u. Zinn), *n.*
„Chrysocolle, *f.* Berggrün, *n.*;
Goldleim, *m.* Borax.
„Chrysocome, *f.* Goldhaar, *n.*
(Pflanze).
„Chrysolithe, *f.* Chrysolith, *m.*
Goldstein (ein grüngelber Edelstein).
†„Chrysomèle, *m.* Goldkäfer.
„Chrysoprase, *m.* Chrysopraser,
Praser (Edelstein).        [piepen.
†„Chuchoter, *v. n.* schreien, zirpen,
Chuchotement, *m.* Chuchoterie,
*f.* Gezischel, *n.* Flüstern, Zischeln.
Chuchoter, *v. n.* flüstern, zischeln,
heimlich ins Ohr reden, raunen.
Chuchoteur, *m.* se, *f.* Zischler,
*m.* =inn, *f.*
Chut, *interj.* stille! st!
Chute, *f.* Fall, *m.* Fallen, *n.*;
*fg. id.*, Unglück, Unfall, *m.*;
Schluß (eines Verses, ꝛc.); — d'eau,
der Wasserfall.
Chyle, *m.* (Med.) Milchsaft.
Chylifère, *adj.* (Anat.) Milchsaft
enthaltend; le vaisseau —, das
Milchgefäß.
Chylification, *f.* (Med.) die Aus=
arbeitung des Nahrungssaftes.
Chymie, *v.* Chimie.
†Chymose, *f.* (Med.) die Entzün=
dung, welche die Augenlieder um=
kehren macht.
Ci, *adv.* hier, da; —-après, *adv.*

nach diesem, nachher; par-— par-
là, hier und da; — joint, *adv.*
beiliegend; —-joint, e, *adj.* id.
Cible, *f.* Scheibe (zum Schießen);
le tir à la —, das Scheibenschießen.
Ciboire, *m.* (Kirch.) Ciborium,
*n.* Hostiengefäß.
Ciboule, *f.* Zipolle, kleine Zwiebel.
Ciboulette, *f.* die kleine Zipolle.
Cicatrice, *f.* Narbe; *fg.* Schand=
fleck, *m.*
†Cicatricule, *f.* eine kleine Narbe.
†Cicatrisation, *f.* Benarbung.
Cicatriser, *v. a.* benarben; *fg.* hei=
len; se —, zubeilen, vernarben.
Cicéro, *m.* (Buchdruck.) Cicero=
schrift, *f.*
Cicerole, *f.* die kleine Kichererbse.
Cicerone, *m.* Cicerone, Fremden=
führer (in Italien).
Cicéronien, ne, *adj.* ciceronia=
nisch.                  [käfer, *m.*
†Cicindèle, *f.* Sand= oder Glanz=
Cicutaire, *v.* (Bot.) Wasserschier=
ling, *m.*
Ci-devant, *adv.* ehemals, vor=
mals, weiland.
Cidre, *m.* Apfelwein.
Ciel, *m.* (cieux, *pl.*) Himmel,
*fg. id.*, Gottheit, *f.* Vorsehung;
— (*pl.* ciels), Zelt= oder Trag=
himmel; (Mal.) Himmel, Luft, *f.*;
die obere Steinband (eines Stein=
bruchs).
Cierge, *m.* Wachskerze, *f.*
†Ciergier, *m.* Kerzengießer, =zie=
her, =händler.
Cigale, *f.* Heuschreckengrille, Grille.
Cigare, *m.* Cigarotabak; Cigarre,
*f.* Tabakröllchen, *n.*
Cigogne, *f.* Storch, *m.*
Ciguë, *f.* (Bot.) Schierling, *m.*
Schierlingssaft.
Cil, *m.* das Härchen am Augen=
liede; (Bot.) Randhärchen; —s,
Augenwimpern, *f. pl.*
†Ciliaire, *adj.* (Anat.) zu den
Augenwimpern gehörig; ligament
—, Sternband, *n.*
Cilice, *m.* das härene Hemd,
Haarhemd, Bußkleid.
Cilié, e, *adj.* (Bot.) borstig.
Cillement, *m.* Blinzeln (mit den
Augen), *n.*
Ciller, *v. a.*, — les paupières *ou*
les yeux, *et* —, *v. n.* blinzen,
blinzeln; *fg. fm.* sich mucksen; —,
*v. n.* (von Pferden) grau über den
Augen werden.
Cimaise, *v.* Cymaise.
Cimbalaire, *v.* Cymbalaire.
†Cimbres, *m. pl.* Cimbern, Cim=
merier (altdeutsches Volk).
Cime, *f.* Gipfel, *m.*
Ciment, *m.* Cement, Kitt, Bin=
demittel, *n.*

Cimenter, v. a. mit Cement mauern, verkitten; fg. befestigen. [ger.

†Cimentier, m. Kittmacher, Schlä=

Cimeterre, m. Säbel, Pallasch.

Cimetiére, m. Kirchhof, Begräb= nißplaß, Gottesacker.

†Cimeux, se, adj. (Bot.) une plante — se, eine spißauslaufende Pflanze.

Cimier, m. (Mepg.) Lendenstück, n. (Jagd) Ziemer, m. || Helmschmud.

Cimolée, ou Cimolie, Cimolette, pierre cimolée, f. Walkererbe; ci= molie, adj., matière — ou cimo= lie, Schlich, m. Abschleiffel, n.

Cinabre, m. (Miner.) Zinnober.

†Cincenelle, f. Zugseil (für Fluß= schiffe), n.

Cinéraire, adj., urne —, f. Aschenkrug, m. Aschentopf; —, f. (Bot.) Aschenkraut, n. [zu Asche.

†Cinération, f. die Verbrennung

Cinglage, m. Schifffstagreise, f.; der Lohn der Schiffleute.

†Cingleau, m. die Meßschnur, den Ablauf der Säulen zu messen.

Cingler, v. n. mit vollen Segeln fahren, segeln; —, v. a. le visage, ins Gesicht schlagen (mit einer Peit= sche) über das Gesicht hauen.

Cinnamome, m. der weiße Zim= met (Gewürz). [f. Fünfer, m.

Cinq, adj. fünf; —, m. Fünfe,

Cinquantaine, f. die Zahl von fünfzig.

Cinquante, adj. fünfzig.

Cinquantenier, m. der fünfzig Mann besehligt.

Cinquantième, adj. fünfzigste; —, m. der fünfzigste Theil.

†Cinquenelle, f., v. Cincenelle.

Cinquième, adj. fünfte; —, m. Fünftel, n.; -ment, adv. fünftens.

Cintrage, v. Ceintrage.

Cintre, m. (Bauk.) Bogen, Zir= kelbogen, Gewölbe, n.; (Zimm.) Bogengerüst; (Wagn.) Lehrholz.

Cintrer, v. a. qch., etw. wölben; einer S. eine Bogenründung geben.

Cioutat, m. Peterfilientraube, f.

Cippe, m. Halbsäule, f. Denksäule.

Cirage, m. Wichsen, n.; Wichse, f.

†Circassie, f. Cirkassien (Land).

†Circassien, ne, adj. cirkassisch; —, m. ne, f. Cirkassier, m. =inn, f.

Circée, f. (Bot.) Herenkraut, n.

Circompolaire, adj. (Geograph. Astr.) den Pol oder die Pole um= gebend; zone —, das Polarland.

*Circoncire, v. a. beschneiden.

Circoncis, m. Beschnittene.

Circoncision, f. Beschneidung.

Circonférence, f. Umfang, m. Umfreis.

Circonflexe, m. et adj., accent —, Circumflex (das Tonzeichen "), m.

Circonlocution, f. Umschreibung.

---

Circonscription, f. Umgränzung, die Einschließung in gewisse Gränzen.

*Circonscrire, v. a. umgränzen, in Gränzen einschließen; (Geom.) — une figure à un cercle, eine Figur um einen Kreis beschreiben.

Circonspect, e, adj. behutsam, vorsichtig, besonnen, bedächtig, be= dachtsam.

Circonspection, f. Behutsamkeit, Vorsicht, Besonnenheit, Bedacht= samkeit, Bedacht, m.

Circonstance, f. Umstand, m.

†Circonstanciel, le, adj. um= ständlich beschreibend.

Circonstancier, v. a. umständlich erzählen oder beschreiben.

Circonvallation, f. Umschanzung; ligne de —, Umschanzungslinie.

*Circonvenir, v. a. listig hinter= gehen.

Circonvention, f. Hinterlist.

Circonvoisin, e, adj. umliegend.

Circonvolution, fem. Windung, Umschlingung. [fg. Umschweif.

Circuit, m. Umfang, Umkreis;

Circulaire, adj. et adv. zirkel= rund, kreisformig; mouvement —, Kreislauf, m.; —, f. Umlauf= schreiben.

Circulation, f. Umlauf, m. Kreis= lauf; (Chym.) die wiederholte Destil= lation.

Circulatoire, adj. (Chym.) le vaisseau —, Circulirgefäß, n.

Circuler, v. n. umlaufen, im Um= laufe seyn; sich im Kreise bewegen; fg. herumgehen (Gerücht); faire —, in Umlauf bringen; (Handl.) (Geld) giriren; —, v. a. (Chym.) mehr= mals destilliren.

Cire, f. Wachs, n.; Kanzleisiegel; (Anat.) Ohrenschmalz; — d'Es= pagne, — à cacheter, Siegellad, n.; de —, wächsern.

Cirer, v. a. wichsen (Geräth) boh= nen; toile cirée, Wachstuch, n.

Cirier, m. Wachszieher, =bossirer, =händler; Wachsbaum. [f.

Ciroène, m. (Apoth.) Wachssalbe,

Ciron, m. Milbe, f.; (Med.) Milbenblätterchen, n.; fg. Punkt, m. Pünktchen, n. [plap.

Cirque, m. Circus, runde Schau=

Cirrhe, m. (Bot.) Ranke, f.

Cirsocéle, v. Varicocéle.

Cirure, f. Wichse, Wichsen, n.

Cisaille, f. (Münzw.) Abschnitt= sel, n.; — s, Blech= Schrotschere, f.

Cisailler, v. a. einschneiden (Mün= zen). [seits der Alpen liegend.

Cisalpin, e, adj. cisalpinisch, dies=

Ciseau, m. Meißel; — de lu= miére, Lochmeißel; —x, Schere, f.

Ciseler, v. a. ausmeißeln, zierlich stechen; treiben, ciseliren.

Ciselet, m. Grabmeißel, Bunze.

---

Ciseleur, m. Ciselirer, der getrie= bene Arbeit macht.

Ciselure, f. die ausgestochene, ge= triebene Arbeit.

†Cisoir, m. die Metallschere der Goldschmiede.

†Cisoirs, m. pl. Cisoires, f. pl. Metallschere, f. [krummer Linie.

†Cissoïde, f. (Geom.) eine Art

Ciste, m. (Bot.) Cistenröschen, n.

Cistophore, m. (Alt.) Korbmünze, f.; (Bauk.) Fruchtkorbträger, m.

Cistre, m. die italienische Zither.

Citadelle, f. Citadelle.

Citadin, m. e, f. Bürger, Städ= ter, m. =inn, f. [cher.

Citateur, m. Zitirer, Notenma=

Citation, f. Anführung; (jur.) Vorladung.

Cité, f. (Alt.) Staat, Gemein= wesen, n. Stadt, f. Altstadt; droit de —, Bürgerrecht, n.

Citer, v. a. (Stellen) anführen; (jur.) vorladen, bescheiden.

Citérieur, e, adj. diesseitig.

Citerne, f. Cisterne, Wasserfang, m.

Citerneau, m. der kleine Wasser= fang neben einer Cisterne, Neben= cisterne, f.

†Cithare, f. (Alt.) Zither.

Citise, m. v. Cytise.

Citoyen, m. ne, f. Bürger, m. freie Staatsbürger, =inn, f.

Citragon, m. (Bot.) Citronen= kraut, m. Melisse, f. [Salz.

Citrate, m. das citronengesäuerte

Citrin, e, adj. citronenfarbig.

Citrique, adj. (Chym.) acide —, Citronensäure, f.

Citron, m. Citrone, f.

†Citronnat, m. Citronat, n. die ein= gemachte unreife Citronenschale.

Citronné, e, adj. mit Citronen ge= würzt, nach Citronen schmeckend, riechend.

Citronnelle, f. Melissen=, Citro= nenkraut, n. Citronenbranntwein, m.

Citronnier, m. Citronenbaum.

Citrouille, f. Kürbis, m. [m.

†Civade, f. Krabbe, Meerkrebs,

Civadiére, f. (Seew.) Blinde, Begspritsegel, m. [ling.

Cive, f. Schnittlauch, m. Schnitt=

Civet, m. Hasenpfeffer.

Civette, f. der kleine Schnittlauch; Zibetkaße, f.; Zibet, m.

Civiére, f. Tragbahre.

Civil, e, adj.; -ement, adv.: bürgerlich || höflich; tribunal —, Ci= vilgericht, n.; guerre —e, Bürger= krieg, m.

Civilisation, f. Bildung, Sitten= verfeinerung; (jur.) ein Urtheil, das aus einer peinlichen Sache einen Ci= vilprozeß macht.

Civiliser, v. a. gesittet machen, bilden; (jur.) vor die Civilgerichte

bringen; se —, ruhiger werden (von einem Zank).

Civilité, *f.* Höflichkeit; Gruß, *m.* Empfehlung, *f.*

Civique, *adj.* bürgerlich, patriotisch; couronne—, Bürgerkrone, *f.*

Civisme, *m.* Bürgertugend, *f.* Bürgersinn, *m.* Bürgergefühl, *n.*

Clabaud, *m.* (Jagd) Kläffer; *fg.* der dumme und grobe Schwäßer; Schlapphut.

Clabaudage, *m.* Klaffen, *n.* Gekläff (der Hunde); *fg.* unnüße Geschrei, Klätscherei, *f.*

Clabauder, *v. n.* klaffen; *fg.* ohne Ursache lärmen, schreien.

Clabauderie, *f. fm.* das unnüße Geschrei.

Clabaudeur, *m.* Schreier, Keifer.

Claie, *f.* Hürde; Flechtwerk, *n.*

Clair, *e, adj.* klar, hell; polirt, glänzend; dünn, durchscheinend; licht (Wald); *fg.* klar, deutlich, verständlich, faßlich; unläugbar; argent —, baares Geld, *n.; —, m.* Schein; Licht, *n.; — et -ement, adv.* klar, hell, deutlich.

Claire, *f.* (Chym.) Kläre, Kapellenasche.

†Claire, *f. n. pr.* Clara.

Clairet, *te, adj.*, vin —, bleichrother Wein; eau —te, eine Art Liqueur; —, *m.* Schieler (vom Wein); (Juwel.) der blasse Edelstein.

Claire-voie, *f.* (Baut.) Gitteröffnung; Sparrenlücke; der allzuweite Raum zwischen den Sparren; à —, *adv.* dünn, durchsichtig, weit geflochten.

Clairière, *f.* (Forst.) Lichtung, der kahle Fleck; —s, lose Stellen (in der Leinwand), *pl.*

Clair-obscur, *m.* (Mal.) Helldunkel, *n.* Haltung, *f.*

Clairon, *m.* (Mus.) Clarintrompete, *f.* Zinke; (Org.) Zinkenregister, *n.* (Naturg.) — apivore, der Bienenfresser.

Clair-semé, *e, adj.* dünn gesäet.

Clairvoyance, *f.* Scharfsichtigkeit, Scharfsinn, *m.*

Clairvoyant, *e, adj.* scharfsichtig, hellsehend, scharfsinnig.

†Clamesi, *m.* Limousiner-Stahl.

Clameur, *f.* das große Geschrei.

†Clamp, *m.* (Schifff.) Wange, *f.; —* de mât, Maststeibe.

Clan, *m.* Klan, Stamm (in Schottland und Irland).

Clandestin, *e, adj.; -ement, adv.:* heimlich; mariage —, die Winkelehe.

Clandestine, *f.* (Bot.) die verborgene Schuppenwurz.

Clandestinité, *f.* Heimlichkeit.

Clapet, *m.* Klappe; *f.* Windklappe.

Clapier, *m.* Kaninchenhaus, *n.* la-

pin de —, ou —, ein schlechtes (zahmes) Kaninchen.

Clapir, *v. n.* wie ein Kaninchen schreien; se —, sich verbergen, sich verkriechen (wie Kaninchen).

Clapotage, *m.* (Seew.) die leichte Bewegung des Meeres.

Clapoteux, se, *adj. v.* Houleux.

Clapotis, *v.* Clapotage.

Claque, *f. fm.* Klatsch, *m.* Klapps; (Schuhm.) Ueberschuh; (Hutm.) Klapphut.              *f.* siebel, *f.*

†Claquebois, *m.* (Mus.) Stroh-

Claquedent, *m. fm.* Lumpenhund; Schwäßer.

Claquement, *m.* Klatschen, *n.; —* des dents, Zähnklappern; — des doigts, Schnippchen.

Claquemurer, *v. a. fm.* einsperren.

†Claque-oreille, *m. fm.* Schlapphut.

Claquer, *v. n.* klatschen, klappen, klappsen, patschen; — des doigts, Schnippchen schlagen; faire — son fouet, mit der Peitsche klatschen; *fg. fm.* prahlen.              [Klapper.

Claquet, *m.* Klapper, *f.* Mühl-

†Claqueter, *v. a.* zirpen (die Grille).

Claqueur, *m.* der (gedungene) Beifallklatscher.              [klärung.

Clarification, *f.* Läuterung, Ab-

Clarifier, *v. a.* läutern, abklären.

Clarine, *f.* Kuhschelle.

Clarinette, *f.* (Mus.) Clarinette.

Clarté, *f.* Klarheit, Helle; *fg.* Deutlichkeit.              [lichkeit.

Clas, *v.* Glas.

Classe, *f.* Classe, Ordnung, Eintheilung (von Personen oder Sachen).

Classement, *m.* die Abtheilung in Classen.              [abtheilen, ordnen.

Classer, *v. a.* in Classen abtheilen,

Classification, *f.* Classement, *m.* die Abtheilung in Classen, Fachordnung.

Classique, *adj.* classisch, alt, vortrefflich (von Schriftstellern).

Clatir, *v. n.* belfern, oft und viel bellen.              [Dummkopf.

Claude, *adj.* dumm; —, *m.* der

Claude, *m. n. pr.* Claudius.

Claudication, *f.* Hinken, *n.*

Clause, *f.* Klausel, Bedingung, Vorbehalt, *m.*

†Clausoir, *m.* (Maur.) Schlußstein (einer Steinlage).

Claustral, *e, adj.* klösterlich.

†Clavaire, *m.* Herkulesbaum.

†Clavé, *e, adj.*, une racine —ée, eine keulenförmige Wurzel.

Claveau, *m.* Schafpocken; *f.* Schafblattern; (Tischl.) Schlußstück, *n.; —x,* die keilförmigen Schlußsteine.

Clavecin, *m.* Clavier, *n.* Flügel, *m.*

Claveciniste, *m.* Clavierspieler.

Clavelé, *ée, adj.* (v. Schafen) pockig.

Clavelée, *f.* Schafpocken, Schafblattern.

Clavette, *f.* Vorstecknagel, *m.* Splint.

Clavicule, *f.* (Anal.) Schlüsselbein, *n.; ol.* der kleine Schlüssel (Salomo's).

Claviculé, *ée, adj.* animaux claviculés, mit Schlüsselbeinen versehene Thiere.

Clavier, *m.* Schlüsselring; (Org.) Clavier, *n.;* Tasten; *f.* Claves, *m.* (an einem Clavier, 2c.).

Claye, *v.* Claie.              [de.

†Clayer, *m.* die große Flechte, Hür-

Clayon, *m.* Trockenkörbchen, *n.;* Käseforb, *m.*              [werf, *n.*

Clayonnage, *m.* Flecht=, Hürden-

Clé, Clef, *f.* Schlüssel, *m.;* (Bauf.) Schlußstein; (Zimm.) Balkenband, *n.;* (Tischl.) Zapfen; *m.;* Hahn (eines Brunnens); (Handw.) Keil; *fg.* Schlüssel; Gränzfestung, *f.; —* d'arquebuse, Büchsenspanner, *m.; —* de forme, — d'embouchoir, Stiefelholzkeil.

Clématite, *f.* (Bot.) Waldrebe.

Clémence, *f.* Gnade, Huld.

Clément, *e, adj.* gnädig, huldreich; —, *n. pr. m.* Clemens.

Clémentines, *adj. f. pl. pris sub.,* décrétales —, die clementinischen Kirchenverordnungen.

†Clenche, *f.* Drücker, *m.* Klinke, *f.*

Clepsydre, *f.* Wasseruhr.

Clerc, *m.* Geistliche, Kleriker || Schreiber; *fg. fm.* pas de —, *p. us.* der übereilte Schritt; il n'est pas grand —, *fm.* er ist kein Hexenmeister.

Clergé, *m.* Geistlichkeit, *f.* Klerisei.

Clérical, *e, adj.; -ement, adv.:* geistlich, priesterlich.

Cléricature, *f.* der geistliche Stand.

†Clèves, Cleve (Land und Stadt).

Clichage, *m.* (Schriftg.) Abklatschen, *n.*

Cliché, *m.* (Schriftg.) Gußabdruck.

Clicher, *v. a.* (Schriftg.) abklatschen.              [Gußdrucker.

Clicheur, *s. m.* Metallgießer,

Client, *m. e, f.* Client, *m.* =inn, *f.*

Clientéle, *f. coll.* die sämmtlichen Clienten (eines Patrons); Schuß, *m.*

Clifoire, *f.* die Sprize von Holunder.

Clignement, *m.* Blinzen, *n.* Blinzeln.              [das Verstecken (Spiel).

Cligne-musette, *f.* die blinde Kuh,

Cligner, *v. a.* blinzen, blinzeln.

Clignotante, *f. et adj.*, la membrane —, das Häutchen welches die Vögel und Fische über dem Augapfel haben.

Clignotement, *m.* Blinzeln, *n.*

Clignoter, *v. n.* blinzeln.

Climat, *m.* Klima, *n.* Himmelsstrich, *m.* Himmelsgegend, *f.* Erdstrich, *m.* Landstrich.

Climatérique, adj., an ou année
—, das Stufenjahr (von 7 zu 7).
†Climax, m. (Rhet.) Steigerung, f.
Clin, m., — d'œil, Augenwink,
Augenblick, Wink; dans un —
d'œil, in einem Nu.
Clincaille, etc. v. Quincaille, etc.
Clinche, v. Clenche.
Clinique, adj. klinisch; médecin
—, der praktische Arzt; médecine —
ou —, f. die ausübende Heilkunde.
Clinquant, m. Lahn, Rauschgold,
n. Flittergold; fg. der falsche Glanz,
Prunk, Flitterstaat. [besetzen.
†Clinquanter, v. a. mit Flittergold
Cliquart, m. eine Art Bruchstein.
Clique, f. fm. mépr. Rotte, Ge-
lichter, n.
†Cliquet, m. Mühlklapper, f.;
(Büchs.) Schneller, m.; (Uhrm.)
Sperrkegel. [rasseln.
Cliqueter, v. a. klappern, klirren,
Cliquetis, m. Getöse, n. Geklap-
per; Geklirre (der Waffen).
Cliquette, f. Klapper; (Fisch.)
Steine am Senkgarn, m. pl.
Clisse, f. Käsehürde, Hürde;
(Chir.) Schiene. [delt, geschient.
Clissé, e, adj. umflochten, geschin-
†Clisser, v. a. schindeln, umflechten.
Cliver, v. a. (von Diamanten)
spalten.
Cloaque, f. et m. Kloak, m. Ab-
zug (unter der Erde); —, m. Mist-
grube, f.; Schweinstall, m. Schwein,
n. ||Steiß, m. Bürzel (der Vögel).
Cloche, f. Glocke; (Gärtn.) Glas-
glocke; (Chir.) Blase (auf der Haut).
Clochement, m. Hinken, n.
Cloche-pied, m. die dreidrähtige
Organsinseide; à —, adv. auf einem
Beine. [das Kirchspiel, n.
Clocher, m. Glockenthurm; fg.
Clocher, v. n. hinken; fg. nicht
passen, nicht richtig seyn; —, v. a.
(Pflanzen) mit einer Glasglocke be-
decken. [f.; (Bot.) Glockenblume.
Clochette, f. Glöckchen, n. Schelle,
Cloison, f. Verschlag, m. Zwi-
schenwand, f. Scheidewand; (Anat.,
Bot.) Scheidewand; — de serrure,
das Schloßblech.
Cloisonnage, m. Seitenwände, f.
pl. Verschläge, m. pl.; —, Verschla-
gen, n. Abtheilung, f.
Cloisonné, e, adj. mit Scheide-
wänden versehen.
Cloisonner, v. a. (Baut.) abthei-
len, verschlagen.
Cloître, m. Kreuzgang, Kloster, n.
Cloîtrer, v. a. in ein Kloster stecken,
Cloîtrier, m. Klostermönch.
Clonique, adj. v. Spasmodique.
Clopin-clopant, adv. fm. hinkend.
Clopiner, v. n. ein wenig hinken,
knappen. [wurm, m.
Cloporte, m. Assel, f. Keller-

Cloque, f. eine Krankheit der Pfir-
sichbäume, welche die Blätter abfallen
macht.
*Clore, v. a. zuschließen, einschlie-
ßen, umgeben; (Korbm.) dicht an
einander fügen; — d'une haie, ab-
bägen; —, fg. schließen, zu Ende
bringen.
Clos, e, adj. verschlossen, eingeschlossen; —, m. Gehäge, n. einge-
faßte Stück Land.
Closeau, m. fm. das umschlossene
Baumgärtchen; die kleine Meierei.
Clossement, m. das Glucken (der
Closser, v. n. glucken. [Henne].
†Clôtoir, m. (Korbm.) Stecher,
Korbhammer.
Clôture, f. Einfassung (Mauer,
Zaun, Graben, Gitter), Verschlag,
m.; fg. Klostergelübde, n. || Schluß,
m. Beschluß, Abschluß; die letzte
Sitzung.
Clou, m. Nagel; (Chir.) Blutge-
schwür, n.; Knoten (im Marmor),
m.; — à couvreur, Lattnagel; —
de girofle, Gewürznelke, f.; river
le clou à qn., fg. fm. einem derb
antworten.
†Cloucourde, f. Sterblume.
Clouer, v. a. annageln, vernageln.
*Clouière, f. Nageleisen, n. Na-
gelamboß, m.
Clouter, v. a. mit Nägeln beschla-
gen, mit Stiftchen versehen.
Clouterie, f. Nagelschmiede; Nä-
gelkram, m.
Cloutier, m. Nagelschmied; —
d'épingles, Nabler.
*Cloutière, f., v. Clouière.
Cloyère, f. Austernkorb, m.
Club, m. Klub (Gesellschaft).
Clubiste, m. Klubist.
†Clypéiforme, adj., une écaille
—, eine schildförmige Schuppe,
Schale.
Clystère, m. ol. Klystier, n.
Coaccusé, m. (jur.) Mitangeklagte.
Coactif, ve, adj. zwingend.
Coaction, f. Zwang, m.
Coadjuteur, m. trice, f. (Kirch.)
Coadjutor, m. -inn, f. Amtsge-
hülfe, m.
Coadjutorerie, f. Coadjutorie.
Coagulation, f. Coagulum, m.
Gerinnen, n. Verdicken; Geronnene.
Coaguler, v. a. gerinnen machen;
se —, gerinnen.
†Coailler, v. n. (von Spürhunden)
mit dem Schwanze wackeln.
*Coalescence, f. Verbindung, Zu-
sammenwachsen; n.
Coaliser (se), sich verbünden.
Coalition, f. Verbündung, Ver-
ein, m. Bund.
†Coaptation, f. (Chir.) Zusam-
menfügung, Einrichtung (eines ge-
brochenen Knochens).

†Coase, m. eine Art Stinkthier.
Coassement, m. Quacken (der
Frösche), n.
Coasser, v. n. quacken, koaren.
Coati, m. (Naturg.) Coati, Schwein-
dachs.
Cobæa, m. Cobée, f. eine Art Glo-
ckenblume. [balt.
Cobalt, Cobolt, m. (Miner.) Ko-
Cocagne, f. fm. pays de —, Schla-
raffenland, n.; mât de —, der glatte
Mast, Klettermast; —, (Färb.)
Waidkuchen.
Cocarde, f. Cocarde, Hutschleife.
Cocasse, adj. pop. possenhaft.
†Coccinelle, f. Herrgottsvögelein
(Insekt), n.
†Coccothrauste, m. Kernbeißer.
Coccyx, m. (Anat.) Steißbein, n.
Coche, m. Landkutsche, f.; -d'eau,
Marktschiff, m. Bootschiff; —, f.
Einschnitt, m. Kerbe, f.; (Hutm.)
Schlagholz, n.; pop. die alte Mätresse.
Cochemar, v. Cauchemar.
Cochenillage, m. das Färben mit
Cochenille.
Cochenille, f. Cochenille, Schar-
lachwurm, m. Kermes. [färben.
Cocheniller, v. a. mit Cochenille
†Cochenillier, m. Cochenillen-,
Kermes-, Scharlachbaum.
Cocher, m. Kutscher; (Astr.) Fuhr-
mann. [treten.
Côcher, v. a. (vom Hahne, rc.)
Cochère, adj. f., v. Porte cochère.
Cochet, m. der junge Hahn;
(Böttch.) Hahn. [lerche, f.
Cochevis, m. (Naturg.) Hauben-
†Cochinchine, f. Cochinchina, n.
Cochléaria, m. (spr. cok-), m. (Bot.)
Löffelkraut, n.
Cochon, m. Schwein, n.; fg. id.;
—, (Silberarb.) Sau, f. Abgang, m.;
— de lait, Spanferkel; n.; — d'en-
grais, Mastschwein; — d'Inde,
Meerschwein.
Cochonnée, f. Wurf Ferkel, m.
Cochonner, v. n. ferkeln; —, v.
a. fg. fm. schlecht arbeiten, schmieren.
Cochonnerie, f. fm. Schweinerei,
Unreinlichkeit.
Cochonnet, m. der Würfel mit
zwölf Seiten; die Kugel zu einem
gewissen Spiel. [saft, m.
Coco, m. Kokosnuß, f. Kokos-
Cocon, m. die Puppe (des Seiden-
wurms), Seidengehäuse, n.
†Coconière, f. das Seidenwürmer-
Cocotier, m. Kokosbaum. [haus.
†Coc-sigrue, f. Wasserheuschrecke.
Coction, f. Kochung; (Med.) Ver-
kochen, n. Zubereitung, f. Verdau-
ung, Reifung (der Metalle).
†Cocyte, m. (Myth.) Cocyt (Höl-
lenfluß); fg. Unterwelt, f.
Code, m. Gesetzbuch, n.
Codébiteur, m. Mitschuldner.

Codécimateur, *m.* (Lehenw.) Mit=
zehnter. [ber.
Codétenteur, *m.* (jur.) Mitinha=
Codex, *m.* (Apoth.) Arzneibuch, *n.*
Codicillaire, *adj.* (jur.) in einem
Codicille enthalten.
Codicille, *m.* (jur.) Codicill, *n.*
der Anhang zu einem Testamente.
Codille, *f.* (Kartensp.) Codille, *n.*
Codonataire, *m.* (jur.) Mitbe=
schenkte. [barm.
Cæcum, *m. lat.* (Anat.) Blind=
Cœffe, *v.* Coiffe.
Coefficient, *m.* (Alg.) Coefficient
(Mitmehrer).
Cœliaque, *adj. et m., v.* Céliaque.
Coemption, *f.* Wechselkauf, *m.*
Coercible, *adj.* einschließbar, zu=
rückhaltbar.
Coercitif, ve, *adj.* zwingend;
puissance —ve, Zwangsmacht, *f.*
Coercition, *f.* Zwangsrecht, *n.*
Coétat, *m.* Mitstand.
Coéternel, le, *adj.* gleich ewig.
Cœur, *m.* (Anat.) Herz, *n.* Ma=
gen, *m.; fg.* Herz, *n.;* Muth, *m.*
Herzhaftigkeit, *f.;* Gemüth, *m.* Ge=
sinnung, *f.* || Mitte; das Inwendige
(einer S.), der Kern (des Holzes);
— de l'arbre, Kernholz, *n.;*
—, (Kartensp.) Herz, Roth; au
— de l'hiver, mitten im Winter;
de bon —, herzlich gern; à contre-
—, wider Willen; par —, *adv.*
auswendig; avoir qch. à —, sich
etw. sehr angelegen seyn lassen; mal
au —, die Uebelkeit.
Coexistant, e, *adj.* mitbestehend,
gleichzeitig.
Coexistence, *f.* Mitdaseyn, *n.*
Coexister, *v. n.* zu gleicher Zeit
vorhanden seyn. [nem Deckel.
†Coffin, *m.* der Handkorb mit ei=
†Coffiner (se), (Gärtn.) sich krüm=
men, runzlich werden; (Böttch.) sich
werfen.
Coffre, *m.* Koffer, Kasten, Truhe,
*f.;* Bauch (einer Geige), *m.;* (Anat.)
der hohle Leib; (Buchdr.) Preß=
karren; eine Art Minirergang; —
fort, Geldkasten, *m.*
Coffrer, *v. a. fg. fm.* ins Gefäng=
niß werfen.
Coffret, *m.* Kästchen, *n.* der kleine
Koffer. [macher.
Coffretier, *m.* Koffer=, Kisten=
Cofidéjusseur, *m.* Mitbürge.
†Cogitation, *f.* Denken, *n.* Ge=
danke, *m.* [Cognac.
†Cognac, *m.* Branntwein aus
Cognasse, *f.* die wilde Quitte.
Cognassier, *m.* Quittenbaum.
Cognat (spr. cog-), *m.* (jur.) der
Verwandte von mütterlicher Seite.
Cognation (spr. cog-), *f.* (jur.) die
Verwandtschaft in weiblicher Linie.
†Cognatique (spr. cog-), *adj.*,

succession —, die weibliche Erbfolge.
Cognée, *f.* Art, Spaltart; — de
bûcheron, Schrotart.
Cogne-fétu. *m. pop.* der sich viele
Mühe um Kleinigkeiten giebt (Lin=
senspalter).
Cogner, *v. a. fm.* (einen Nagel)
einschlagen; hineintreiben; anstoßen,
klopfen. [batsroße.
Cognet, *m.* die kegelförmige Ta=
†Cognition, *f.* Erkenntnißkraft,
Erkennen, *n.* [ber, Schließnagel.
†Cognoir, *m.* (Buchbr.) Keiltrei=
Cohabitation, *f.* (jur.) Zusam=
menleben, *n.* [leben.
Cohabiter, *v. n.* (jur.) zusammen=
Cohérence, *f.* Zusammenhang, *m.*
Cohérent, e, *adj.* zusammenhän=
gend. [*m.* =inn, *f.*
Cohéritier, *m.* ère, *f.* Miterbe,
Cohésion, *f.* (Phys.) Zusammen=
hang, *m.* Bindekraft, *f.*
Cohobation, *f.* (Chym.) die wie=
derholte Destillation. [ren.
Cohober, *v. a.* wiederholt destilli=
Cohorte, *f.* (röm. Alt.) Cohorte,
Kriegsschar, *f.* Schar; Trupp, *m.*
Cohue, *f. ol.* Landgericht, *n.; fg.*
der lärmende Haufen, Gewühl, *n.*
Getümmel.
Coi, te, *adj.,* se tenir —,
demeurer —, still, ruhig bleiben.
Coiffe, *f.* Haube, Kappe; — de
chapeau, Hutfutter, *n.;* — de
perruque, Perrückennetz, *n.;* (Anat.)
Helm, *m.;* (Bot.) Samenhülle, *f.*
Coiffer, *v. a.* qn., einem das
Haupt bedecken; einen pußen, fri=
siren; (eine Flasche) wohl vermachen;
(ein Getränk) vermischen; — qn.,
einen für etw. einnehmen; —, *v. n.*
(gut oder übel) stehen (Hut); se —,
sich die Haube, Müße aufsetzen, sich
pußen; *fg.* eingenommen werden
(de, für); se — de qch., sich etw.
in den Kopf setzen. [=inn, *f.*
Coiffeur, *m.* se, *f.* Pußmacher, =
Coiffure, *f.* Kopfzierde, Kopfpuß,
*m.* Aufsatz, Frisur, *f.* Kopfzeug, *n.*
Coin, *m.* Winkel, Ecke, *f.;* Ende,
(Tisch.) Eckschränkchen || (Zim=
mer.) Keil, *m.;* Stämpel, Münzstäm=
pel, Prägestock; Gepräge, *n.;* Zwi=
ckel (an Strümpfen), *m.;* (Buchb.)
Eckstämpel, Eckzierath; (Perr.) fal=
sche Seitenlocken, *f. pl.;* —s, die
vier Eckzähne (des Pferdes); — de
fer, (Bergw.) Bley; — de beurre,
Butterweck; jeu des quatre —s,
Winkelspiel, *n.;* jouer aux quatre
—s, wo laust die Scheere? spielen.
Coïncidence, *f.* (Geom.) Aufein=
anderpassen, *n.; fg.* Zusammen=
treffen.
Coïncident, e, *adj.* (Phys.) zu=
gleich einfallend; (Geom.) auf ein=
ander passend.

Coïncider, *v. n.* (Geom.) auf ein=
ander passen; *fg.* zusammentreffen.
Coing, *m.* Quitte, *f.* (Frucht).
Cointéressé, *m.* Mitinteressirte,
Theilnehmer. [Theilnahme, *f.*
Cojouissance, *masc.* Mitgenuß
Coke, *m.* die gereinigte Steinkohle.
Col, *m.* Halsbinde, *f.;* Kragen
(eines Hembdes), *m.;* (Geogr.) Eng=
paß; (Anat.) Hals; Oeffnung (eines
Gefäßes), *f.;* Hals (einer Flasche),
*m.; v.* Cou.
†Colachon, *m.* eine Art Laute.
†Colaphiser, *v. a.* beohrfeigen.
Colarin, *m.* (Bauk) der Fries,
am Kapitäl dorischer und toskani=
scher Säulen.
Colature, *f.* Durchseihen, *n.*
Seihung, *f.*
Colback, *m.* Bärenmüße, *f.*
Colchique, *m.* (Bot.) Zeitlose, *f.*
Colcotar, *m.* das Ueberbleibsel
vom destillirten Eisenvitriol.
Colégataire, *m. et f.* Theilhaber
(*m.*), =inn (*f.*) an einem Vermächt=
nisse.
Coléoptère, *adj.,* insecte —, *et
—, m.* (Naturg.) das hartflügelige
Insekt. [bus.
Colera-mordus, *v.* Cholera-mor=
Colère, *f.* Zorn, *m.* Unwille,
Grimm; —, *adj.* jähzernig, zornig.
†Coleret, *masc.* Schleppneß, *n.*
Schleppgarn.
Colérique, *adj.* zornmüthig, zum
Zorn geneigt, cholerisch.
†Colétes, *f. pl.* eine Art holländi=
scher Leinwand.
Colibri, *m.* Colibri (Vogel); *fg.*
der kleine, flatterhafte Mensch.
Colicitant, *m.* Mitverkäufer.
Colifichet, *m.* Kleinigkeit, *f.* Lap=
perei; Flitterkram, *m.* Klipperk, *n.*
Schnörkel, *m.;* —s, (Münzw.)
Abrichtseile, *f.*
Colimaçon, *v.* Limaçon.
Colin-maillard, *m.* Blindekuh=
spiel, *n.*
†Colin-tampon, *m.* der Trommel=
schlag der Schweizer.
Colique, *f.* Kolik, Darmgicht,
Grimmen, *n.; —, adj.,* artère
—, (Anat.) Grimmdarmpulsader, *f.*
Colis, *m.* (Handl.) Ballen, Kiste, *f.*
Colisée, *m.* das Coliseum (im al=
ten Rom).
Collaborateur, *m.* Mitarbeiter.
Collage, *m.* das Leimen (des Pa=
piers).
Collant, e, *adj.* anschließend.
Collataire, *m.* Beyfründete, der
eine Pfründe erhalten hat.
Collatéral, e, *adj.* zur Seitenlinie
gehörig; ligne —e, die Seiten=,
Nebenlinie; point —, (Geogr.) der
Seitenwindstrich; —, *m. et f.* Sei=
tenverwandte, *m. et f.*

**Collateur,** *m.* der eine Pfründe zu vergeben hat, Pfründenvergeber, *m.* Patren.

**Collatif, ve,** *adj.* (von einer Pfründe) die vergeben wird.

**Collation,** *f.* Vergebung, Verleihung (einer Pfründe) || Gegeneinanderhaltung, Vergleichung (zweier Schriften) || das leichte Abendessen; Vesperbrod; Zwischenmahlzeit, *f.*; faire —, ein Abendessen genießen.

**Collationner,** *v. a.* à, sur l'original, (eine Schrift) mit dem Original zusammenhalten, vergleichen; (Buchh.) collationniren; —, *v. n.* Abendbrod essen.

**Colle,** *f.* Leim, *m.* Kleister, (Web.) Schlichte, *f.*; *fg.* pop. Lüge, der blaue Dunst; — forte, Leim, Tischlerleim; — de poisson, Hausenblase, *f.* Fischleim, *m.*; — à bouche, Mundleim.

**Collecte,** *f.* ol. die Einsammlung der Steuern||milde Beisteuer; (Kirch.) Collecte, das Gebet an gewissen Festlagen, bei der Messe vor der Epistel.

**Collecteur,** *m.* Einsammler.

**Collectif, ve,** *adj.,* nom —, Sammelwort, *n.*; -vement, *adv.* zusammengenommen.

**Collection,** *f.* Sammlung.

**Collége,** *m.* Collegium, *n.* Versammlung, *f.* || öffentliche Schule; Lyceum, *n.*; Schulgebäude.

**Collégial, e,** *adj.,* église —, Stiftskirche, *f.* [nassah.

**Collégien,** *m.* Collegianer; Gymnasiast.

**Collègue,** *m.* Amtsgehülfe, College.

**Coller,** *v. a.* leimen, anleimen, kleistern, an=, verkleistern; kleben, verkleiben; pappen, anpappen; (Wein) klären, schönen; Papier leimen, durchs Leimwasser ziehen; (Web.) schlichten; (Bill.) dicht an die Bande spielen; *fg.* — contre qch., an etwas anstellen, andrücken; se —, sich anleimen, sich genau anlegen; se — contre qch., sich dicht an etw. stellen; avoir les yeux collés sur qch., die Augen auf etw. gebeftet haben; être collé sur les livres, beständig über den Büchern sitzen.

**Collerette,** *f.* Halskragen, *m.*

**Collet,** *m.* Kragen, Halskragen; Umschlag (am Mantel); Ueberschlag, das Krägelchen (der Geistlichen, x.); (Jagd) Schlinge, *f.*; — de buffle, Koller, x.; — (de mouton, etc.), Halsstück, *m.*; (Anat., Artill. Bot., x.) Hals, *m.*

†**Collète,** *f.* Hügelbiene.

**Colleter,** *v. a.* bei dem Kragen packen; —, *v. n.* Schlingen stellen; se —, sich herumraufen.

†**Colletier,** *m.* Kollermacher.

†**Colletin,** *m.* das Wamms ohne Aermel.

†**Collétique,** *adj.* (Med.) zusammenheilend.

**Colleur,** *m.* Leimer, Pappmacher; (Web.) Schlichter.

**Collier,** *m.* Halsschnur, *f.* Halsband, *n.* Halsschmuck, *m.*; Ordenskette (der Ritter), *f.*; Halsband (eines Hundes), *n.*; (Sattl.) Kummet, *m.*; (Mezg.) Halsstück (eines Ochsen), *n.*; cheval de —, Zugpferd, *n.*; franc du —, willig (Pferd); *fg.* aufrichtig; dienstfertig; muthig (Soldat).

**Colliger,** *v. a.* inus. sammeln, zusammentragen.

**Colline,** *f.* Hügel, *m.*

**Colliquatif, ve,** *adj.* (Med.) Säfte auflösend.

**Colliquation,** *f.* (Med.) Auflösung, Zersetzung (der Säfte).

**Collision,** *f.* (Phyf.) Zusammenstoß, *m.*

**Collocation,** *f.* (jur.) die Ordnung der Gläubiger, wie sie bezahlt werden sollen; Zahlungsrang, *m.*; Anlegung (des Geldes), *f.*

**Colloque,** *m. fm.* Unterredung, *f.* Gespräch, *n.*

**Colloquer,** *v. a.* (die Gläubiger) ordnen, in Classen eintheilen.

**Colluder,** *v. n.* (jur.) sich heimlich zum Nachtheile eines Dritten mit seinem Gegner verstehen.

**Collusion,** *f.* (jur.) das geheime Einverständniß.

**Collusoire,** *adj.;* -ment, *adv.*: (jur.) collusorisch, abgekartet.

**Collyre,** *m.* (Med.) die äußerliche Augenarznei.

†**Cologne,** Cölln (Stadt).

†**Colomb,** *n. pr. m.* Columbus.

**Colombage,** *m.* (Bauk.) Ständerwerk, *n.*

**Colombe,** *f.* (Dichtk., x.) Taube; (Bauk.) Ständer, *m.*; (Böttch.) Fügebank, *f.*

†**Colombelle,** *f.* Täubchen, *n.*; Walzenschnecke, *f.*

†**Colombie,** *f.* (Geogr.) Columbia.

†**Colombien, ne,** *adj.* columbisch; —, *m.* sc.; (Buchdr.) Golumbier, *m.* =inn, *f.* (Buchdr.) der zu große Raum zwischen den Wörtern; (Schifff.) Schlitentständer.

**Colombin,** *m.* (Miner.) Bleierz; Colombin, e, *adj.* vi. taubenhalsfarbig.

**Colombine,** *f.* Taubenmist, *m.*

**Colon,** *m.* Pachter, Pflanzer, Kolonist.

**Côlon,** *m.* (Anat.) Grimmdarm.

**Colonel,** *m.* Obrist, Oberste.

**Colonelle,** *f. et adj. f.,* compagnie —, die Leibcompagnie des Obersten.

**Colonial, e,** *adj.* zur Kolonie ge= hörig; denrées —es, *pl.* Kolonialwaaren. [Pflanzvolk, *n.*

**Colonie,** *f.* Kolonie, Pflanzstadt;

**Colonisation,** *f.* Kolonisirung, Ansiedelung, Anlegung einer Kolonie.

**Coloniser,** *v. a.* kolonisiren, eine Kolonie, Niederlassung anlegen.

**Colonnade,** *f.* Säulenreihe, Säulengang, *m.*

**Colonne,** *f.* Säule, Pfeiler, *m.*; Denkfäule, *f.*; *fg.* Stütze; (Kriegswesen) Colonne; (Buchdr.) Spalte; (Phyf.) Säule; —s d'un lit, *pl.* Bettsäulen, Bettstollen.

**Colophane,** *f.* Geigenharz, *m.* Kolophonium.

**Coloquinte,** *f.* (Bot.) Coloquinte.

**Colorant, e,** *adj.* färbend; la substance —e, der färbende Stoff.

**Colorer,** *v. a.* färben; *fg.* beschönigen, bemänteln; se —, Farbe bekommen; —é, e, farbig.

**Colorier,** *v. a.,* — qch. (Mal.) etw. coloriren, einer S. Farbe, Licht und Schatten geben.

**Coloris,** *m.* (Mal.) Colorit, *n.* Farbengebung, *f.* Farbe; *fg.* lebendige Darstellung, frische Farbe.

**Coloriste,** *m.* (Mal.) Colorist, gute Farbengeber. [colossalisch.

**Colossal, e,** *adj.* von Riesengröße,

**Colosse,** *m.* Koloß, Riesennatur, *f.*; *fg.* der sehr große Mensch, Riese.

**Colostre,** *m.* (Med.) die erste Milch in den Brüsten der Weiber nach ihrer Niederkunft.

**Colportage,** *m.* Herumtragen (der Waaren, x.), *n.*; Hausiren.

**Colporter,** *v. a.* (Waaren, x.) hausiren, zum Verkaufe herumtragen; *fg.* herumtragen.

**Colporteur,** *m.* Tabulettkrämer, Hausirer, Herumträger (von Flugschriften, x.).

†**Colti,** *m.* Eckkabinett, *n.* Erker, *m.*; (Seew.) das vordere Schot, Back (Balken).

†**Columelle,** *f.* (Bot.) Säulchen, *n.* Wendelstütze (im Schneckengehäuse), *f.*

**Colure,** *m.* (Astr.) Kolur.

†**Colybes,** *m. pl.* (griech. Kirche) Opferteig. [Reps.

**Colza,** *m.* (Bot.) Rübsamen,

**Coma,** *m.* (Med.) Schlaffucht, *f.*

**Comateux, se,** *adj.* (Med.) die Schlaffucht hervorbringend, anzeigend.

**Combat,** *m.* Kampf, Gefecht, *n.* Treffen; Schlägerei, *f.*; *fg.* Kampf, *m.* Streit. [Wettstreit.

**Combattant,** *m.* Streiter, Kämpfer, Kriegsmann.

**Combattre,** *v. a.* bekämpfen, bestreiten; — *v. n.* kämpfen, streiten, fechten; sich schlagen (contre qn., mit einem).

Combien, *adv.* wie viel, wie sehr, wie theuer; — peu, wie wenig; — de temps, wie lange; — de fois, wie oft?

Combinaison, *f.* Zusammensetzung, Zusammenstellung, Verbindung, Verknüpfung. [*f.*

†Combiné, *m.* (Chym.) Mischung.

Combiner, *v. a.* combiniren, vereinigen, zusammensetzen, nebeneinander stellen, verbinden, verknüpfen; (Chym.) vermischen, verbinden.

†Comblau, Combleau, *m.* (Artill.) Strickwerk, *n.* Ziehseil.

Comble, *m.* Uebermaß, *n.* Aufmaß; (Bauk.) Forst, *m.* Giebel, First, *f.* Dach, *n.; fig.* der höchste Grad, Gipfel; das höchste Ziel; pour — de malheur, um das Maß des Unglücks voll zu machen; —, *adj.* übervoll, gehäuft.

Comblé, e, *adj.* aufgehäuft, gehäuft voll; *v.* Combler; (Briefstyl) entzückt, hocherfreut.

Comblement, *m.* Zuschütten, *n.* Verschüttung, *f.*

Combler, *v. a.* vollfüllen; häufen; ausfüllen, verschütten; *fig.* überhäufen (de, mit).

Comblette, Comblette, *f.* (Jagd) Spalt, *m.* Klauenspalt. [netz.

Combrière, *f.* ein großes Fischernetz.

Combuger, *v. a.* (Schifff.) (Fässer) eintränken oder ausquellen.

†Combustibilité, *f.* Brennbarkeit.

Combustible, *adj.* brennbar, verbrennlich, leicht feuerfangend; —s, *m. pl.* Brennwaaren, *f. pl.* Brennstoffe, *m. pl.*; Holz und Kohlen.

Combustion, *f.* Verbrennung; *fig.* Aufruhr, *m.* Aufstand, Verwirrung, *f.* [mo; (Geogr.) Como.

†Côme, *n. pr. m.* Cosmus, Costan.

Comédie, *f.* Komödie, Lustspiel, *n.* Schauspiel; Schauspielkunst, *f.;* Schauspielhaus, *n.; fig.* Verstellung, *f.* Heuchelei; Spaß, *m.* lustige Auftritt.

Comédien, *m.* ne, *f.* Schauspieler, *m.* -inn, *f.; fig.* Heuchler, -inn, *f.* [*pl.* Eßwaaren, *f. pl.*

Comestible, *adj.* eßbar; —s, *m. pl.*

Comète, *f.* Komet, *m.* Schwanzstern; (Feuerw.) Kometenfeuer, *n.*

†Cométographie, *f.* die Beschreibung der Kometen.

Comices, *m. pl.* (röm. Alt.) Comitien, Volksversammlungen.

Cominge, *f.* (Artill.) eine Art großer Bomben.

Comique, *adj.; -ment, adv.* komisch, lustig, lächerlich, drollich, schnackisch; —, *m.* Komische, *n.;* der komische Styl, komische Schriftsteller oder Schauspieler.

Comite, *m.* (Seew.) Rudermei-


ster, der Aufseher über die Ruderknechte. [Gesellschaft, *f.*

Comité, *m.* Ausschuß; *fg.* Zirkel,

Comma, *m.* (Mus.) das Komma (kleine Intervall zwischen zwei Tönen); (Buchdr.) Kolon (:).

Command, *m.* (jur.) derjenige welcher einen Auftrag giebt (zu kaufen, *c.*). [Commandant.

Commandant, *m.* Befehlshaber,

Commande, *f.* Bestellung; ouvrage de —, bestellte Arbeit; *fg.* maladie de —, verstellte Krankheit.

Commandement, *m.* Befehl, Gebot, *n.* Gesetz, Vorschrift, *f.;* (Kriegsw.) Commando, *n.;* Befehlshaberstelle, *f.;* (jur.) der gerichtliche Befehl.

Commander, *v. a. et n.* (à qn., einem) befehlen, gebieten; einen etw. heißen; (Kriegsw.) einen beordern; (eine Armee, *c.*) commandiren; anführen, befehligen; (qn.) beherrschen; (etw.) bestellen; (Artill.) von einer Höhe bestreichen; être commandé, den Befehl haben, *c.*

Commanderie, *f.* Komthurei; Kommenthurei (Ritterpfründe); Ballei (der deutschen Ordens).

Commandeur, *m.* Komthur, Kommenthur, Ordensritter; Aufseher über eine Pflanzung. [tär.

Commanditaire, *m.* Commandist.

Commandite, *f.* Commanditgesellschaft (wobei jemand das Geld herschießt und andere die Handlung führen)

Comme, *adv. et conj.* wie, gleich, wie, als, gleichsam; da, weil.

†Commeline, *f.* (Bot.) Gomeline.

Commémoraison, *f.* die gelegentliche Meldung, Erwähnung.

†Commémoratif, ve, *adj.* erinnernd.

Commémoration, *f.* Gedächtnißfeier, Andenken, *n.; fm.* faire — de qn., eines Erwähnung thun.

Commençant, *m. e, f.* Anfänger, *m.* -inn, *f.*

Commencement, *m.* Anfang, Entstehung, *f.* Ursprung, *m.; fg.* Unterricht in den Anfangsgründen; au —, adv. anfangs; dès le —, gleich anfangs.

Commencer, *v. a. et n.* anfangen; qn., einem den ersten Unterricht ertheilen; — anfangen (par, mit).

Commendataire, *adj.* (Weltgeistlicher) der die Einkünfte einer Klosterpfründe genießt.

Commende, *f.* Commende, Klosterpfründe eines Weltgeistlichen.

Commensal, *m.* Tischgenoß, Gast, Tafelgenoß (bei Hofe).

Commensalité, *f.* die freie Tafel (bei Hofe).


Commensurabilité, *f.* die Fähigkeit eines gleichen Größenmaßes.

Commensurable, *adj.* durch gleiche Zahlen oder Größen ausmeßbar.

Comment, *adv.* wie, warum; *interj.* wie! was! —, *m.* Wie, *n.*

Commentaire, *m.* Auslegung, *f.* Erklärung; —s, *pl.* Denkwürdigkeiten (Cäsars), *f. pl.* [klärer.

Commentateur, *m.* Ausleger, Er-

Commenter, *v. a.* auslegen, erklären, durch Anmerkungen erläutern; —, *v. n.* sur qch., boshafte Anmerkungen über etwas machen, etw. übel auslegen; hinzufügen.

Commer, *v. n. ol. fm.* vergleichen.

Commérage, *m. fm.* Weibergeklatsch, *n.* Fraubasenwesen.

Commerçable, *adj.* verkäuflich.

Commerçant, *m.* e, *f.* Großhändler, *m.* -inn, *f.;* —, e, *adj.* handeltreibend.

Commerce, *m.* Handlung, *f.* Handel, *m.* Verkehr, Gewerbe, *n.* Kaufmannschaft, *f.; fg.* Umgang, *m.* Verkehr, Umtausch; — de lettres, Briefwechsel.

Commercer, *v. n.* Handlung treiben, handeln, verkehren.

Commercial, e, *adj.,* système —, Handelssystem, *n.*

Commère, *f.* Gevatterinn, *fm.* Stadtklatsche, Frau Base.

†Commettage, *m.* (Seil.) Zusammendrehen, *n.*

Commettant, *m.* Beauftragende, Committent.

*Commettre, v. a.* une faute, einen Fehler begehen, verschulden, verbrechen; (Seil.) zusammendrehen; — qn., einen bloßstellen; l'un avec l'autre, zwei Personen zusammenhetzen; — des juges, etc., Richter, *c.* bestellen, verordnen; — pour qch., zu etw. ernennen; bestellen; qch. à qn., einem etw. auftragen; se —, sich einer Verlegenheit aussetzen; se — avec qn., sich mit einem einlassen oder messen.

†Commination, *f. p. us.* (Rhet.) Drohung. [frohlich.

Comminatoire, *adj.* drohend, bedrohlich.

Commis, *m.* Commis, Schreiber, Handlungsdiener; — voyageur, Handlungsreisende; — aux aides, Steuereinnehmer.

Commise, *f.* (Lehenw.) die Einziehung des Lehens; fief tombé en —, ein verfallenes Lehen.

Commisération, *f.* Erbarmung, Erbarmen, *n.* Mitleid.

Commissaire, *m.* Commissär; — de police, Polizeicommissär. [n.

Commissariat, *n.* Kommissariat.

Commission, *f.* Auftrag, *m.* Geschäft, *n.;* Commission; (Kriegsw.) Patent, *n.;* (Seew.) Kaperbrief, *m.;*

(Theol.) péché de —, Begehungs=
sünde, f.
Commissionnaire, m. Commis=
sionnär, Geschäftsverwalter, Aus=
läufer.
Commissionner, v. a. beauftragen;
einen Kaperbrief ertheilen.
Commissoire, adj., clause —,
die commissarische Klausel (deren
Nichterfüllung einen Vertrag auf=
hebt). [Vereinigungspunkt, m.
Commissure, f. (Anat.) Band, n.
Commodat, m. (jur.) die unent=
geltliche Darleihung einer S., mit
dem Beding sie in Natura zurück=
zugeben.
†Commodataire, m. et f. (jur.)
der, die etw. entlehnt, mit dem Be=
ding, es in Natura zurückzugeben.
Commode, adj.; -dément, adv.;
bequem, gelegen (Zeit), gemächlich
(Mensch, Sitz, ꝛc.) || verträglich,
allzugelinde, zu nachsichtig; —, f.
der Schrank mit Schubladen, Com=
mode, f.
Commodité, f. Bequemlichkeit,
Gemächlichkeit; gute Gelegenheit;
—s, pl. das heimliche Gemach.
Commotion, f. Erschütterung, hef=
tige Bewegung. [lich.
Commuable, adj. (jur.) veränder=
Commuer, v. a. une peine, (jur.)
eine Strafe in eine andere verwan=
deln, mildern.
Commun, e, adj. gemein, allge=
mein, gemeinschaftlich, gewöhnlich,
durchgängig, häufig; m. p. schlecht.
Commun, m. der große Haufen;
homme du —, der gemeine, allzäg=
liche Mensch || Gesinde, n. Gesinde=
wohnung, f.; le grand —, petit
—, Marstalls=, Ritterküche (am
Hofe) || Gemeinschaftliche, n.; vi=
vre sur le —, auf gemeine Kosten
leben; en —, adv. gemeinschaftlich.
Communal, e, adj. einer Ge=
meinde gehörig; —, m. Allmende,
f. Gemeingut; —aux, pl. Ge=
meindetriften, f. pl.
Communauté, f. Gemeinde, Ge=
sellschaft, Gemeinschaft; (Handw.)
Innung.
Communaux, m. pl. die Gemein=
weide (mehrern Gemeinden gehörig).
Commune, f. Gemeinde (einer
Stadt, eines Dorfes); —s, pl.
Landvolk, n. || Gemeindegut || cham=
bre des —, Unterhaus (im eng=
lischen Parlament), n.
Communément, adv. gemeinig=
lich, überhaupt, insgemein.
Communiant, m. e, f. (Kirch.)
Communicant, m. =inn, f.
Communicable, adj. mittheilbar;
verbinderlich (Flüsse, ꝛc.).
Communicatif, ve, adj. mitthei=
lend, gesellig.

Communication, f. Mittheilung;
Gemeinschaft; Umgang, m. Ver=
kehr; Verbindung, f. (auch Bauk.);
donner — de qch. à qn., einem
etw. mittheilen.
Communier, v. n. (Kirch.) com=
municiren; —, v. a. qn., einem
das Abendmahl reichen.
Communion, f. (Kirch.) Glau=
bensgemeinde, Gemeinschaft; — ec=
clésiastique, Kirchengemeinschaft ||
das heil. Abendmahl.
†Communiquant, e, adj. (Med.)
in Verbindung stehend (Adern, ꝛc.).
Communiquer, v. a. mittheilen,
entdecken, offenbaren; —, v. n.
avec qn., mit Jemand umgehen,
in Verbindung, Verkehr stehen, sich
mit einem besprechen; (Bauk.) an=
stießen (à, an); se — (à), sich mit=
theilen, leutselig seyn; sich gemein
machen (a, mit); (Bauk.) an ein=
ander stoßen, mit einander verbun=
den seyn.
Commutatif, ve, adj. justice
—ve, die Gerechtigkeit im Handel
und Wandel.
Commutation, f. d'une peine,
die Verwandlung einer Strafe in
eine andere, Milderung einer Strafe.
Compacité, f. Dichtheit.
Compacte, adj. fest, dicht, gedie=
gen (Metall).
Compagne, f. Gesellschafterinn,
Gespielinn, Gefährtinn, Beglei=
terinn; fg. Gattinn.
Compagnie, f. Gesellschaft, Ge=
meinschaft, Versammlung; (Handw.)
Gilde; (Kriegsw.) Compagnie; —
de Jésus, Jesuiterorden, m.; —
de perdrix, (Jagd) das Volk Reb=
hühner.
Compagnon, m. Gefährte, Gesell=
schafter, Begleiter, Genoß, Gespiele;
(Handw.) Gesell; — d'école, Schul=
camerad, =freund; traiter qn. de
pair à —, fm. einen wie seines
Gleichen behandeln.
Compagnonnage, m. (Handw.)
Gesellenjahre, n. pl.
Comparable, adj. vergleichbar.
Comparaison, f. Vergleichung,
Gleichniß, n.; en —, in Ver=
gleichung mit, gegen; par —, ver=
gleichungsweise. [scheinen.
Comparaitre, v. n. vor Gericht er=
Comparant, e, adj.; —, m. et
f. der oder die vor Gericht erscheinet.
Comparatif, ve, adj. vergleichend;
verhältnißmäßig; (Gramm.) die
Steigerung bezeichnend; —, m.
(Gramm.) die zweite Vergleichungs=
stufe, Comparativ; —, -vement,
adv. vergleichungsweise.
Comparer, v. a. et avec qch.,
mit etw. vergleichen, zusammenhal=
ten; einer S. gleichstellen.

*Comparoir, v. n. vor Gericht
erscheinen.
Comparse, f. Eintritt (auf den
Turnierplatz), m.; (Theat.) die
stumme Person.
Compartiment, m. Ein=, Ab=
Vertheilung, f.; Fach, n.; Feld;
(Gärtn.) Blumenbeet; —s, pl.
Fachwerk, n. [mentheiler.
Compartiteur, m. (jur.) Stim=
†Comparuit, lat. ol. (jur.) Er=
scheinungszeugniß, n.
Comparution, f. (jur.) Erschei=
nung.
Compas, m. Zirkel; Zirkelmaß,
n.; (Schuhmacher) Maßlade, f.;
Schuhmaß, n.; (Seew.) Compaß,
m.; — à verge, Stangenzirkel.
Compassement, m. Abzirkeln, n.;
Abgezirkelte; fg. Abgemessene; die
kalte Regelmäßigkeit.
Compasser, v. a. abzirkeln; zir=
keln; fg. abzirkeln, abwägen.
Compassion, f. Mitleiden, n.
†Compaternité, f. Pathenverhält=
niß, n.; die (geistliche) Verwandt=
schaft der Pathen.
Compatibilité, f. Verträglichkeit
(zweier Dinge); Verbindungsfähig=
keit, Vereinbarkeit. [einbar.
Compatible, adj. verträglich, ver=
Compatir, v. n. (avec) sich vertra=
gen; — à qn., etc., mit einem
Mitleiden haben.
Compatissant, e, adj. mitleidig.
Compatriote, m. et f. Landsmann,
m. Landsmänninn, f.
Compendium, m. lat. der kurze
Begriff, Auszug, Lehr=, Handbuch, n.
Compensation, f. Ersatz, m. Er=
setzung, f. Vergütung, Ausgleichung.
Compenser, v. a. ersetzen, aus=
gleichen; wieder gut machen.
Compérage, m. Gevatterschaft, f.
Compère, m. Gevatter; fg. fm.
c'est un rusé —, es ist ein schlauer
Fuchs; c'est un bon —, es ist ein
lustiger Geselle.
Compétemment, adv. von Com=
pétent, auf gebührende, gehörige
Weise.
Compétence, f. die Befugniß zu
richten; Behörde; fg. Fähigkeit zu
urtheilen; cela n'est pas de sa —,
darüber hat er keine Stimme; en=
trer en — avec qn., sich einem
gleichstellen wollen.
Compétent, e, adj. gehörig, ge=
bührend; befugt, rechtmäßig; or=
dentlich; -emment, adv. p. us. ge=
hörig, hinreichend.
Compéter, v. n. (jur.) rechtmäßig
zukommen.
Compétiteur, m. trice, f. Mit=
werber, m. =inn, f.
Compilateur, m. Sammler, fm.
Zusammenstoppler.

Compilation, f. Sammlung; fm. Stoppelwerk, n.

Compiler, v. a. sammeln, zusammentragen; fm. zusammenstoppeln.

Compitales, f. pl. (röm. Alt.) das Fest der Hausgötter, Compitalien, pl.

Complaignant, e, adj. vor Gericht klagend; —, m. e, f. Kläger, m. =inn, f.

Complainte, f. Klage (vor Gericht); —s, pl. fm. Wehklagen, n. Klagelied.

*Complaire, v. n. sich gefällig erweisen, willfahren; se —, sich selbst gefallen. [plaisant.

Complaisamment, adv. von Complaisance, f. Gefälligkeit, Willfährigkeit; Schmeichelei.

Complaisant, e, adj. gefällig, willfährig, dienstfertig; —. m. e, f. Augendiener, m. =inn, f.

Complant, m. Weinberg; der mit Weinstöcken u. Bäumen besetzte Ort.

Complément, m. Ergänzung, f.; (Fortif.) Ueberschuß, m.; (Gram.) Beisatz, das näher bestimmende Wort.

Complémentaire, adj. ergänzend; jour —, Ergänzungstag, m.

Complet, éte, adj. ganz, völlig, vollständig, vollzählig; —, m. Vollständigkeit, f. Vollzähligkeit.

Complétement, adv. ganz, völlig; —, m. Ergänzen; n. Vollzähligmachen.

Compléter, v. a. ergänzen, vervollständigen, vollzählig machen.

Complétif, ve, adj. ergänzend.

Complexe, adj. zusammengesetzt, mehrere Dinge in sich fassend.

Complexion, f. Leibesbeschaffenheit, Natur, Temperament, n.; — amoureuse, Verliebtheit;

†Complexionné, e, adj. (Med.) beschaffen; bien —, von guter Leibesbeschaffenheit.

Complexité, f. Zusammengesetztheit (der Begriffe, 2c.).

Complication, f. Zusammenfluß, m.; Verwicklung, f.

Complice, m. et f. Mitschuldige; Spießgesell, m.; —, adj. mitschuldig.

Complicité, f. Mitschuld. [dig.

Complies, f. pl. (Kath.) Complete, der Schluß der Vesperandacht.

Compliment, m. Compliment, n. Ehren= oder Höflichkeitsbezeugung, f.; Höflichkeit; Schmeichelei; —s, pl. Empfehlung, Gruß, m.; fg. Umstände, pl.

Complimentaire, m. p. us. das Mitglied einer Handlungsgesellschaft, unter dessen Namen die Handlung geführt wird.

Complimenter, v. a. qn., einem Glück wünschen; einen höflich empfangen; einem Complimente machen.

Complimenteur, m. se, f. Complimentenmacher, m. =inn, f.

Compliqué, e, adj. verwickelt, zusammengesetzt (Krankheit, 2c.).

Compliquer, v. a. vermischen, verbinden, verwirren; fg. verwickeln, verwirren.

Complot, m. der heimliche Anschlag, Meuterei, f. das sträfliche Einverständniß. [was verschwören.

Comploter, v. a. qch., sich zu etwas verschwören.

Componction, f. die Zerknirschung des Herzens.

Componende, f. die Vergleichung über die Sporteln mit dem römischen Hofe; Sportelkammer.

Comporter, v. a. leiden, zulassen, gestatten; se —, sich aufführen, sich betragen, sich verhalten; (jur.) beschaffen seyn.

Composé, m. Zusammensetzung, f.

Composées, f. pl. (Bot.) Pflanzen mit zusammengesetzten Blumen.

Composer, v. a. zusammensetzen, verfertigen, verfassen, ausarbeiten: (Mus.) componiren; (Buchdr.) setzen, absetzen; —, v. n. (avec qn.) sich abfinden; sich vergleichen; (Kriegsw.) capituliren, unterhandeln; fg. — sa mine, eine gewisse Miene, Stellung, 2c., annehmen.

Composite, adj. (Bauk.) vermischt; zusammengesetzt, composit; —, m. die vermischte Ordnung.

Compositeur, m. (Mus.) componist, Tonsetzer; (Buchdr.) Setzer; (jur.) — amiable, der gütliche Vermittler.

Composition, f. Zusammensetzung, Vermischung || Ausarbeitung; Verfertigung; Aufsatz, m.; Arbeit, f.; (Mus.) Composition; (Buchdr.) Setzkunst, Setzen, n. Satz, m.; (jur.) gütliche Vergleich; (Kriegsw.) Capitulation, f.

†Compost, v. Comput.

Composteur, m. (Buchdr.) Winkelhaken.

Compote, f. das eingemachte Obstmus; (Kocht.) — de pigeonneaux, gedämpfte junge Tauben; en —, zu weich, zu Brei verkocht (Fleisch); fg. fm. braun und blau geschlagen.

Compotier, m. Obstmusnäpfchen, n. Obstmusschale, f.

Compréhensible, adj. begreiflich.

Compréhension, f. Fassungskraft; (Log.) der Inhalt eines Begriffs.

*Comprendre, v. a. enthalten, begreifen; erwähnen; verstehen, fassen.

Compresse, f. (Chir.) Bäuschchen, n.

Compressibilité, f. (Phys.) Zusammendrückbarkeit, Preßbarkeit.

Compressible, adj. (Phys.) zusammendrückbar, preßbar.

Compressif, ve, adj. (Chir.) pressend, andrückend.

Compression, f. Zusammendrückung, Zusammenpressung.

Comprimer, v. a. zusammenpressen, zusammendrücken; fg. bändigen, unterdrücken.

Compris, e, adj., v. Comprendre; y —, darin begriffen, mit Inbegriff, einschließlich; non —, ausschließlich, ohne ... zu rechnen.

*Compromettre, v. n. à, de, sur qch., mit einander eins werden, etwas dem Ausspruche eines Schiedsrichters unterwerfen; —, v. a. der Gefahr eines Verdrusses, 2c., aussetzen, bloß geben; se —, sich etw. vergeben; sich in Gefahr setzen; sich verantwortlich machen; se — avec qn., sich mit einem in einen unanständigen Streit einlassen.

Compromis, m. (jur.) Compromiß, die eingewilligte Ueberlassung der Sache an einen Schiedsrichter.

Comptabilité, f. Comptabilität, Verantwortlichkeit; Rechnungsführung, Rechnungsamt, n.

Comptable, adj. rechnungspflichtig; verantwortlich; —, m. der verantwortliche Beamte.

Comptant, adj. m. et adv. bar; —, m. das bare Geld, Barschaft, f.

Compte, m. Rechnung, f. (auch fg.), Berechnung; Zahl; (Handl.) Rechnung, Conto, m.; Zählen, n. || Rechenschaft, f.; un — de pommes, etc., ein Schuß Äpfel, 2c.; la cour des —, Oberrechnungshof, m.; à —, auf Abschlag; à bon —, wohlfeil; au bout du —, endlich; alles genau erwogen; mettre en ligne de —, in Rechnung, in Anschlag bringen; tenir — de qch., etwas werth schätzen, achten, in Anschlag bringen; prendre sur son —, auf sich nehmen; faire son —, vorhaben, hoffen, erwarten; à ce —, demnach.

Compte-pas, m. Schrittmesser.

Compter, v. a. zählen, rechnen; fg. id., schätzen, dafür halten || bezahlen; (Geld) darzählen; —, v. n. rechnen; — sur ..., Rechnung machen auf ...; — faire qch., etw. zu thun sich vornehmen.

†Compteur, m. Zähler; (Uhrm.) Zählrad, n.

Comptoir, m. Zähl= oder Rechentisch; Schreibstube, f.; Niederlage, f. Factorei.

†Comptoriste, m. der geschickte Buchhalter.

Compulser, v. a. (jur.) auf richterliche Erlaubniß hin einsehen; — un livre, ein Buch durchgehen.

Compulsoire, m. (jur.) Vorzeigungsbefehl.

Comput, m, Computation, f.
'alenberberechnung. [ner.
Computiste, m. Kalenberberech=
†Comtal, e, adj. gräflich.
Comtat, m. Grafschaft, f. (z. B.
= — Venaissin). [Gräfinn, f.
Comte, m. esse, f. Graf, m.
Comté, Comtat, m. Grafschaft, f.
Concasser, v. a. klein klopfen;
Zucker) grob zerstoßen.
†Concaténation, f. Verkettung,
folge; (Rhet.) Stufenfolge.
Concave, adj. rundhohl; miroir
—, Hohlspiegel, m.; — , m., v.
concavité.
Concavité, f. Höhlung. [ligen.
Concéder, v. a. verleihen, verwil=
Concentration, f. Concentrirung,
Vereinigung auf einen Punkt, Zu=
ammenbrängen; n.
Concentrer, v. a. concentriren,
usammenziehen, =drängen, vereini=
zen (auch fg.); fg. (seinen Zorn)
verbergen; se —, traurig, melancho=
lisch, in sich selbst verschlossen seyn.
Concentrique, adj. concentrisch,
inen gemeinschaftlichen Mittelpunkt
abend. [Idee, f.
Concept, m. (Lehrst.) Begriff,
†Conceptif, ve, adj. auffassend;
a faculté —ve, Auffassungsvermö=
zen, n.
Conception, f. (Anat.) Empfäng=
niß; fg. Fassungskraft, Verstand,
m.; Gedanke; (Log.) Begriff.
Concernant, prép. , —qch., etw.
betreffend, anlangend, in Betreff
einer Sache. [ben.
Concerner, v. a. betreffen, ange=
Concert, m. (Muf.) Concert, n.
fg. Uebereinstimmung, f.; de —,
adv. verabredetermaßen, gemein
schaftlich, einstimmig. [=sänger.
Concertant, m. Concertspieler,
Concerter, v. a. (Muf.) mit ein
ander probiren; fg. verabreden; fm.
abfarten; —, v. n. ein Concert auf=
führen; se —, v. r. sich verabreden;
—é, e, fg. gezwungen, geziert, er=
künstelt.
Concerto, m. (Muf.) Concert=
stück, m.
Concession, f. Bewilligung, Ver=
leihung, Einräumung; das verwil=
ligte Stück Land (einer Colonie).
Concessionaire, m. et f. der dem,
die der etw. bewilligt worden ist.
Concetti, m. pl. schimmernde,
aber unrichtige Einfälle; blendender
Witz.
Concevable, adj. begreiflich.
Concevoir, v. a. (Anat.) empfan=
gen, schwanger werden; trächtig
werden (von Thieren); fg. fassen,
begreifen, abfassen.
†Conche, f. der zweite Behälter in
Salzteichen.

Conchoïde (spr. -ko), f. (Geom.)
Schneckenlinie.
†Conchyle (spr.-ki), m. (Naturg.)
Purpurmuschel, f.
Conchyliologie (spr. -ki), f. (Na=
lurg.) Muschellehre.
Conchytes (spr. -ki), f. pl. (Na=
lurg.) versteinerte Muscheln.
Concierge, m. et f. Burgvogt, m.
Hausverwalter; Aufseher (über ein
großes Gebäude); Beschließer, Ker=
fermeister =inn, f.
Conciergerie, fém. Burgvogtei,
Hausverwalterei; Kerkermeisteramt,
n.; Gefängnißhaus; die Wohnung
des Aufsehers.
Concile, m. Kirchenversammlung,
f. Concilium, n.; recueil des —s,
die Sammlung der Concilienschlüsse.
Conciliable, adj. vereinbar.
Conciliabule, m. die unrechtmä=
ßige Kirchenversammlung; Winkel=
gesellschaft, geheime Versammlung.
Conciliant, e, adj. verträglich;
zu einem Vergleiche geneigt.
Conciliateur, m. trice, f. Mitt=
ler, m. Vermittler; =inn, f.; —,
trice, adj. vermittelnd.
Conciliation, f. Vergleichung,
Vereinigung.
Concilier, v. a. vergleichen, ver=
einigen, vermitteln, aussöhnen ||
(Liebe, Zutrauen, x.) verschaffen.
Concis, e, adj. kurz gefaßt, bündig.
Concision, f. Kürze, Gedrängt=
heit, Bündigkeit.
Concitoyen, m. ne, f. Mitbür=
ger, m. =inn, f.
†Conclamation, f. (röm. Alt.)
der Zuruf an Todte.
Conclave, m. Conclave, n. die
Versammlung der Cardinäle zur
Papstwahl.
Conclaviste, m. Conclavist, Se=
cretär, Diener eines Cardinals im
Conclave. [bündig.
Concluant, e, adj. beweisend,
*Conclure, v. a. schließen, fol=
gern; (einen Vertrag) abschließen;
—, v. n. antragen (à, an).
Conclusif, ve, adj. (Gramm.)
folgernd.
Conclusion, f. Schluß, m. Be=
schluß; Abschließung (eines Ver=
trags), f.; (Log.) Schluß, m.; Fol=
gerung, f.; —s, pl. (jur.) Ansu=
chen, m. Antrag, m.; prendre des
—s, einen Antrag stellen.
Concoction, f. inus., v. Coction.
Concombre, m. Gurke, f.
Concomitance, f. (Theol.) Be=
gleitung; par —, begleitungsweise.
Concomitant, e, adj. (Theol.,
Med.) begleitend, mitwirkend.
Concordance, f. Uebereinstim=
mung; (Theol.) id.; Concordanz=
buch, n.

Concordant, m. (Muf.) die Mit=
telstimme zwischen dem hohen und
tiefen Tenor.
Concordat, m. Vertrag; (Kirch.)
id., Concordat, n.
Concorde, f. Einigkeit, Eintracht;
—, n. pr. f. Concordia.
Concorder, v. n. passen, überein=
stimmen.
*Concourir, v. n. zusammenlau=
fen; fg. — à qch., zu etwas mit=
wirken, beitragen; sich gemeinschaft=
lich um etwas bewerben, um etwas
streiten.
Concours, m. Zusammenlauf, Zu=
lauf (von Menschen); (Phof., x.)
Zusammentreffen, n. || Mitwir=
tung, f.; Mitbewerbung (auch um
ein Amt). [cret, benannt.
Concret, éte, adj. (Lehrst.) con=
Concrétion, f. die feste Masse;
Verhärtung, Gerinnen (der Milch,
x.), n.; (Med.) Zusammenwachsen.
Concubinage, m. Concubinat, n.
Kebsehe, f.
Concubinaire, m. (jur.) der sich
eine Beischläferinn hält.
Concubine, f. Beischläferinn,
Kebsweib, n.
Concupiscence, f. die böse Be=
gierde, Fleischeslust.
Concupiscible, adj., appétit —,
Begehrungstrieb, m.
Concurremment, adv. mitbewer=
bungsweise, gemeinschaftlich.
Concurrence, f. Mitbewerbung;
Wetteifer, m. Concurrenz, f.; (jur.)
Zusammentreffen, n.; jusqu'à —
de cent écus, bis auf hundert Tha=
ler; être en — avec qn., sich mit
einem um etw. bewerben.
Concurrent, m. e, f. Mitbewer=
ber, m. Mitwerber, =inn, f.
Concussion, f. Erpressung (von
einem Staatsbeamten); die unrecht=
mäßige Gelderhebung.
Concussionaire, m. Erpresser.
Condamnable, adj. verdammlich,
strafbar; verwerflich.
Condamnation, f. Verurtheilung,
Urtheil, n.; passer —, fg. sein Un=
recht eingestehen.
Condamner, v. a. verdammen,
verurtheilen (à, zu); verwerfen;
(Baut.) vermauern, vernageln.
†Condensabilité, f. Verdichtbar=
keit.
†Condensable, adj. verdichtbar.
Condensateur, masc. Verdichter
(Werkzeug).
Condensation, f. Verdickung,
Verdichtung.
Condenser, v. a. verdicken, ver=
dichten. [Dampfverdichter.
†Condenseur, m. (Dampfm.)
†Condescendance, f. Nachgeben,
n. Willfährigkeit, f.; Herablassung.

Condescendant, e, *adj.* nachge=
bend, willfährig; herablassend.

Condescendre, *v. n.* à qch., etw.
eingehen; sich etw. gefallen lassen;
sich zu etwas bequemen; — à la de=
mande de qn., eines Begehren will=
fahren; — à qch., mit etw. Nachsicht
haben, Rücksicht auf etw. nehmen.

†Condiction, *f.* (jur.) die Einklage
gegen ungerechten Besitz; Zurückfor=
derung einer nicht schuldigen Summe.

†Condigne, *adj.* (Theol.) ange=
messen, genügend.     [ment.

Condiment, *m., v.* Assaisonne=

Condisciple, *m.* Mitschüler.

†Condit, *m.* Eingemachte, *n.*

Condition, *f.* Zustand, *m.;* Ei=
genschaft, *f.* Beschaffenheit, Lage ||
Stand, *m.;* Herkommen, *n.* ||
Dienst, *m.;* Bedienung, *f.* || Be=
dingung; à — que ..., unter der
Bedingung daß ...; faire une —,
anbingen, bebingen; se mettre en
—, sich verdingen.

Conditionnel, le, *adj.; -lement,
adv.:* bedingt; —, *m.* (Gramm.)
die bedingende Art.

Conditionner, *v. a.* mit den gehö=
rigen Eigenschaften versehen; (jur.)
verflauseln; —é, (gut, schlecht) be=
schaffen.

Condoléance, *f.* Beileidsbezeu=
gung; faire un compliment de —
à qn., einem sein Beileid bezeugen;
lettre de —, Beileidsschreiben, *n.*

Condor, *m.* (Naturg.) Condor
(größte Geier).

Condouloir (se), (alt, nur im
Inf. gebr.) Beileid fühlen, bezeugen.

Conducteur, *m.* trice, *f.* Führer,
*m.;* Aufseher; =inn, *f.;* (Artill.)
Schirrmeister, *m.;* (Phys.) Conduc=
tor, Ableiter; — de la foudre,
Blitzableiter.     [barkeit.

†Conductibilité, *f.* (Phys.) Leit=

Conduction, *f.* (jur.) Miethung,
Miethen, *n.*

*Conduire, *v. a.* führen, leiten;
begleiten; geleiten || Aufsicht haben
(qch., über etw.); anführen, regie=
ren; se —, sich aufführen; sich be=
tragen, sich verhalten.

Conduit, *m.* Röhre, *f.* Rinne,
Canal, *m.;* (Anat.) Gang; —
acoustique, — de l'oreille, Gehör=
gang.

Conduite, *f.* Führung, Leitung;
Begleitung; Geleite, *n.* || Anfüh=
rung, *f.;* Aufsicht || Aufführung, Be=
tragen, *n.;* Wandel, *m.*

Condyle, *m.* (Anat.) Beinknopf,
Beinknoten.     [knotenförmig.

†Condyloïde, *adj.* (Anal.) bein=

†Condyloïdien, ne, *adj.* (Anal.)
trou —, Beinknotenloch, *n.*

Condylome, *m.* (Anat.) Feig=
warze, *f.*

Cône, *m.* Kegel; (Bot.) der kegel=
förmige Zapfen; Zuckerhutform, *f.*

Confabulation, *f. fm. inus.* das
vertrauliche Gespräch.

Confabuler, *v. n. fm. inus.* mit
einander schwatzen.

Confection, *fém.* Verfertigung;
(Apoth.) Latwerge.

Confectionner, *v. a.* verfertigen.

Confédératif, ve, *adj.* zum Bunde
gehörig; état —, Bundesstaat, *m.*

Confédération, *f.* Bündniß, *n.*
Bund, *m.*

Confédéré, *m.* Bundesgenoß.

Confédérer (se), *v. r.* sich verbün=
den.

Conférence, *f.* Vergleichung, Ge=
geneinanderhaltung || Conferenz, Un=
terhandlung.

Conférer, *v. a.* vergleichen, gegen
einander halten || geben, verleihen;
ertheilen (ein Amt, &c.); —, *v. n.*
sich unterreden, eine Conferenz hal=
ten, Rücksprache nehmen.

Conserve, *m.* (Bot.) Conserve, *f.*

Confesse, *f.* Beichte; être à —,
in der Beichte seyn.

Confesser, *v. a.* bekennen, geste=
hen; — qn., einen Beichte hören;
se —, beichten.

Confesseur, *m.* Beichtvater || Be=
kenner.

Confession, *f.* Bekenntniß, *n.*
Geständniß || (Kirch.) Beichte, *f.*

Confessionnal, *m.* Beichtstuhl.

†Confessionniste, *m.* der Augs=
burgische Confessionsverwandte.

Confiance, *f.* Vertrauen, *n.* Zu=
versicht, *f.* Zutrauen, *n.;* Dreistig=
keit, *f.; m. p.* Hochmuth, *m.*

Confiant, e, *adj.* dreist; zuver=
sichtlich; zutraulich; *m. p.* hochmü=
thig.     [trauen.

Confidemment, *adv.* im Ver=

Confidence, *f.* die vertrauliche
Mittheilung, Anvertrauung eines
Geheimnisses, Vertrauen, *n.*

Confident, *m.* e, *adj.* Vertraute,
*m. et f.*

Confidentiel, le, *adj.; -lement,
adv.:* zutraulich; vertraulich; im
Vertrauen; une lettre —le, ein
nicht mitzutheilender Brief.

Confier, *v. a.* (qch. à qn.) ver=
trauen, anvertrauen; se — à qn.,
sich einem vertrauen, sich auf einen
verlassen.

Configuration, *f.* Bildung, Ge=
stalt; (Astr.) Aspect, *m.*

Configurer, *v. a.* gestalten.

Confiner, *v. n.* angränzen, ansto=
ßen (avec, à, an); —, *v. a.* (an
einen Ort) verweisen; se —, sich
zurückziehen.

Confins, *m. pl.* Gränzen, *f. pl.*

*Confire, *v. a.* einmachen; (Koch=
kunst) einbeizen; (Leder) bereiten;

*fg. fm.* confit en Dieu, ganz An=
dacht.     [bekräftigen.

Confirmatif, ve, *adj.* bestätigend,

Confirmation, *f.* Bestätigung;
Beweis, *m.;* (Kath.) Firmelung,
*f.;* (Prot.) Confirmation.

Confirmer, *v. a.* bestätigen, be=
kräftigen, befestigen, versiegeln; *fg.*
einen bestärken; (Kath.) firmeln;
(Prot.) confirmiren.     [siscirlich.

Confiscable, *adj.* verfallen; con=

Confiscant, *adj.* der Confiscation
unterworfen.

Confiscation, *f.* Einziehung (der
Güter); Wegnehmung (verbotener
Waaren); confiscirte Dinge, *n. pl.*

Confiseur, *m.* Zuckerbäcker.

Confisquer, *v. a.* einziehen; con=
fisciren; —é, e, *fg.* verloren.

†Confit, *m.* Beizlufe, *f.* Beize.

Confitéor, *m.* (Kath.) Confiteor,
*n.* (Gebet vor der Beichte, &c.).

Confiture, *f.* Zuckerwerk, *n.* Con=
fect.     [bäder, *m.* =inn, *f.*

Confiturier, *m.* e, *f.* Zucker=

Conflagration, *f.* Brand (eines
Weltkörpers), *m.*

Conflit, *m.* Zusammenstoßen, *n.;*
*fg.* Streit, *m.*     (zweier Ströme).

Confluent, *masc.* Zusammenfluß

Confluente, *adj. f.* (Med.) zu=
sammenfließend (Blattern); (Bot.)
Blätter die einander berühren, die
zusammen gewachsen scheinen.

Confluer, *v. n.* zusammenfließen.

Confondre, *v. a.* vermengen; ver=
wechseln || (einen) verwirren, bestürzt
machen; beschämen; se —, irre
werden; *fm.* sich erschöpfen (in Ent=
schuldigungen, &c.).

Conformation, *f.* Bildung, Bau
(eines Körpers), *m.*

Conforme, *adj.* à qch., einer S.
gleichförmig, gemäß, mit etw. über=
einstimmend, gleichlautend; -ément,
*adv.* à un ordre, etc., einem Be=
fehle, &c., gemäß, laut einem Be=
fehle, &c.

Conformer, *v. a.* à qch., mit etw.
gleichförmig machen, nach etw. ein=
richten; einer S. anmessen, anpas=
sen; se — à qch., sich nach etw.
richten.

Conformiste, *m.* Conformist (der
anglicanischen Kirche zugethan).

Conformité, *f.* Uebereinstimung,
Gleichförmigkeit; Gemäßheit; — à
la volonté de Dieu, die Fügung
in den Willen Gottes; en —, *adv.*
darnach; en — de qch., nach etw.,
der S. gemäß.

Confort, *m. ol.* Trost, Stärkung, *f.*

*Confortable, *adj.* (aus dem Eng=
lischen) behaglich, erfreuend, statt=
lich.

Confortant, e, *adj.* stärkend; le
reméde —, Stärkungsmittel, *n.*

Confortatif, ve, adj. stärkend;
—, m. das stärkende Mittel.
Confortation, f. Stärkung.
Conforter, v. a. stärken; trösten.
Confraternité, f. Verbrüderung.
Confrère, m. Mitbruder.
Confrérie, f. Brüderschaft.
Confrontation, f. Gegenüberstellung (der Zeugen); Gegeneinanderhaltung, Vergleichung.
Confronter, v. a. (die Zeugen) einander oder dem Angeklagten gegenüberstellen; fg. gegeneinander halten, zusammenhalten, mit einander vergleichen.
Confus, e, adj.; -ément, adv.: verwirrt, verworren, undeutlich; fg. dumpf (Gerücht); bestürzt, beschämt.
Confusion, f. Unordnung, Verwirrung; fm. Wirrwarr, m.; fg. Bestürzung, f.; Beschämung || große Menge; (jur.) Vereinigung, Vermischung. [figleitsmaß].
Conge, m. (Alt.) Congius (Flüs-
Congé, m. Urlaub, Abschied, Entlassung, f.; fm. Laufzettel, m.; (Schul., :c.) Vacanz, f.; Aufsagung (der Miethe, :c.) || Erlaubnißschein, m.; (Seew.) Seebrief; donner — à qn., einem aufsagen.
Congéable, adj. (jur.) domaine —, verabschiedbares Gut, n.
Congédier, v. a. verabschieden, beurlauben; abbanken, entlassen.
†Congélable, adj. gefrierbar, gerinnbar.
Congélation, f. (Phys.) Gerinnung, Gefrierung; terme de —, Gefrierpunkt, m.
Congeler, v. a. gerinnen oder gefrieren machen; se —, gefrieren, gerinnen.
Congénère, adj. (Anat.) zusammenwirkend (Muskel); (Naturg.) zu einem Geschlechte gehörig.
Congénial, e, adj. angeboren, mit der Geburt gegeben. [fung.
Congestion, f. (Med.) Anhäufung.
Congiaire, m. (röm. Alt.) Gabe, f. Spende (der Kaiser an das Volk).
Conglobation, f. (Rhet.) Beweishäufung.
Conglobé, e, adj. (Anat.) geballt, zusammengehäuft (Drüsen); (Bot.) geballt.
Conglomérer, v. a. zusammenhäufen; —é, e, adj. (Anat.) zusammengesetzt, vereinigt. [heilend.
†Conglutinant, e, adj. zusammenheilend, Conglutination, f. Klebrigmachen, n.; Zusammenkleben, Zusammenleimen.
Conglutiner, v. a. klebrig machen; zusammenkleben; zusammenleimen.
Congratulation, f. Glückwunsch, m.
†Congratulatoire, adj. glückwün-

schend, zu einem Glückwunsche gehörig. [Glück wünschen.
Congratuler, v. a. qn., einem
Congre, m. (Naturg.) Meeraal.
Congréganiste, m. et f. das Mitglied einer Brüderschaft von Laien, die durch Geistliche geleitet wird.
Congrégation, f. (Kirch.) Orden, m. Ordensgesellschaft, f. || Brüderschaft, Congregation; geistliche Versammlung. [(Eheprobe, f.
Congrès, m. Congreß; (jur.) ol.
Congru, e, adj.; -üment, adv.: füglich, schicklich, gehörig; passend; (Kirch.) portion —e, der beschiedene Theil, Zehendgebühr, f.
Congruité, f. (Theol.) Uebereinstimmung (der Gnade mit dem Willen).
Conifère, adj., arbre — ou —, (Bot.) der Zapfen tragende Baum.
Conique, adj. (Geom.) kegelförmig; la ligne —, Kegellinie, f.
†Conise, f. Dürrwurz, Flöhkraut, n.
Conjectural, e, adj. muthmaßlich; -ément, adv. vermuthungsweise. [Vermuthung.
Conjecture, fém. Muthmaßung,
Conjecturer, v. a. muthmaßen, vermuthen.
*Conjoindre, v. a. zusammenfügen, vereinigen; — par mariage, ehelich verbinden; règle conjointe, (Arithm.) Kettenregel; —
Conjointement, adv. in Verbindung, zugleich mit ...
*Conjoints, m. pl. Ehegatten.
Conjonctif, ve, adj. verbindend; —, m. Conjunctiv.
Conjonction, f. Zusammenfügung, Verbindung, Vereinigung; — charnelle, die fleischliche Vermischung; —, (Gramm.) Bindewort, n.
Conjonctive, f. die gemeinschaftliche (weiße) Augenhaut.
Conjoncture, f. Umstand, m.; Lage, f. Beschaffenheit.
Conjouir (se), v. pron. sich mit jemand erfreuen, ihm Glück wünschen.
Conjouissance, fém. Mitfreude, Theilnahme; Beglückwünschung.
Conjugaison, f. (Gramm.) Abwandlung (der Zeitwörter); (Anat.) Nervenpaarung.
Conjugal, e, adj.; -ement, adv.: ehelich.
Conjugué, e, adj. (Anat., Bot.) gepaart, paarweise stehend; (Geom.) le diamètre, axe —, Nebendurchmesser, m. Nebenachse, f. kleine Achse.
Conjuguer, v. a. (Gramm.) (ein Zeitwort) abwandeln, conjugiren; se —, abgewandelt werden.
Conjurateur, m. Verschworne ||

Beschwörer (v. Geistern, :c.), Zauberer.
Conjuration, f. Verschwörung || Beschwörung (von Geistern, :c.).
Conjuré, m. Verschworne.
Conjurer, v. a. beschwören; (Feuer, :c.) besprechen; fg. beschwören, inständig bitten; — la ruine de qn., sich zu eines Verderben verschwören; —, v. n. sich verschwören.
†Connaissable, adj. kennbar, kenntlich.
Connaissance, f. Kenntniß, Erkenntniß, Einsicht || Bekanntschaft; Bewußtseyn (seiner selbst), n.; en — de cause, mit Sachkenntniß; prendre — de qch., sich nach etw. erkundigen, Nachrichten von etw. einziehen; avoir la — d'une cause, (jur.) über eine S. zu erkennen haben; —s, pl. (Jagd) Hirschspuren.
Connaissement, masc. (Seew.) Frachtbrief. [m. =im, f.
Connaisseur, m. se, f. Kenner,
*Connaître, v. a. kennen, erkennen; —, v. n. de qch., (jur.) in einer S. sprechen, erkennen; se — en ou à qch., sich auf etw. verstehen; connu, e, bekannt.
Conné, e, adj. (Bot.) zusammengewachsen.
Connétable, m. Kronfeldherr, Connetabel (in Frankreich); —, f. dessen Gemahlinn. [gericht, n.
†Connétablie, f. ol. Marschallsgericht.
Connexe, adj. verknüpft.
Connexion, Connexité, f. Zusammenhang, m. Verbindung, f.
Connivence, f. (sträfliche) Nachsicht; Uebersehen, n. Dulden; agir de —, im Einverständniß mit einander handeln.
Connivent, e, adj. (Bot.) gegeneinander geneigt, zusammenneigend, sich schließend.
Conniver, v. n. à, avec qch., etc., etw. gestatten, übersehen, dulden; fm. einer S., :c., durch die Finger sehen.
*Conoïdal, adj. (Geom.) afterkegelförmig.
Conoïde, m. (Geom.) Afterkegel.
†Conquassation, f. (Apoth.) Zerreibung, Zerquetschung.
Conque, f. (Naturg.) die große Seemuschel; (Anat.) Ohrhöhle.
Conquérant, m. Eroberer.
*Conquérir, v. a. erobern.
Conquêt, m. (jur.) das Erworbene bei der Gütergemeinschaft.
Conquête, f. Eroberung.
†Conrad, n. pr. m. Conrad, Kunz, Kurt.
Consacrant, adj. m., évêque —, ou —, m. der weihende Bischof.
Consacrer, v. a. weihen, einweihen, einsegnen; fg. widmen, bestim-

men (à, ju), feftfeßen; se —, fich
widmen.

Consanguin, e, adj. von dem Va=
ter her verwandt; frère —, Halbbru=
der (vom Vater her), m.    [fchaft.

Consanguinité, f. Blutsfreund=

Conscience, f. Gewiffen, n. || Be=
wußtfeyn; en —, adv. mit gutem
Gewiffen; im ganzen Ernfte; wahr=
haftig.    [adv.: gewiffenhaft.

Consciencieux, se, adj.;-sement,

Conscription, f. Confcription,
Einfchreibung zum Kriegsdienfte.

Conscrit, m. der zum Kriegsfland
aufgebotene Jüngling, Confcribirte;
—, e, adj., péres —s, (röm. Alt.)
die verfammelten Senatoren.

Consécrateur, m., v. Consacrant.

Consécration, fém. Einweihung,
Weihe, Einfegnung.

Consécutif, ve, adj. (nur im
pl.) auf einander folgend; -vement,
adv. nach einander.

†Consécution, f. der fynodifche
(Monds=) Monat.

Conseil, m. Rath, Rathfchlag;
Berathung, f. || Rathsverfamlung
|| Rathfchluß (Gottes), m. || Rath,
Rathgeber; — de guerre, Kriegs=
rath, Kriegsgericht, n.

Conseiller, m. ère, f. Rath, m.
Rathgeber; Räthinn, f. Rathge=
berinn.

Conseiller, v. a. à qn., einem
rathen; — qn., einen berathen.

†Conseilleur, m. (nur gebr. in:)
les —s ne sont pas les payeurs,
(Sprüchw.) nicht die Rathgeber tra=
gen den Schaden.

†Consens, m. Bewilligungsfchein.

Consentant, e, adj. (jur.) ein=
willigend.

Consentement, m. Einwilligung,
f. Bei=, Zuftimmung.

*Consentir, v. n. einwilligen (à,
in) bei=, zuftimmen; eingeben (à
qch., etw.); —, v. a. bewilligen.

Conséquemment, adv. folgerecht;
folglich; — à qch., einer S. gemäß.

Conséquence, f. Folgerung, Fol=
ge, Schluß, m. || Wichtigkeit, f.;
en —, adv. dem zu Folge; sans —,
ohne Belang.

Conséquent, m. Folge, f.; (Log.)
Folgefaß, m.; (Math.) Hinter=
glied, n.

Conséquent, e, adj. folgerecht;
par —, adv. folglich; alfo, dem=
nach, mithin.

Conséquente, f. (Muf.) Confe=
quente, der zweite Theil einer Fuge.

Conservateur, m. trice, f. Er=
halter, m. Auffeher; =inn, f.

Conservation, f. Erhaltung.

Conservatoire, m. Verforgungs=
haus, n.; — de musique, das
mufifalifche Confervatorium (eine

Lehranftalt); —, adj. verwahrend.

Conserve, f. Conferve, Kräuter=
zucker, m.; — de violette, Veil=
chenzucker; —, (Schifff.) Begleitung,
f. das begleitende Schiff; —s, pl.
Confervationsbrille, f.; (Forif.)
Außenwerke (einer Baftei), n. pl.

Conserver, v. a. erhalten, be=
verwahren, aufbewahren || beibehal=
ten; se —, fich erhalten, frifch und
gefund bleiben.

Considence, f. (Lehrft.) Zufam=
menfinken, n. Einfinken.

Considérable, adj.;-ment, adv.:
beträchtlich, anfehnlich, wichtig;
vornehm (Mann).

Considérant, m. Beweggründe,
pl. Eingang (eines Gefeßes).

Considération, f. Ueberlegung,
Behutfamkeit || Beweggrund, m. ||
Anfehen, n.; Hochachtung, f.; Rück=
ficht (pour qch., auf etw.).

†Considérément, adv. bedacht=
fam, überlegt.

Considérer, v. a. (aufmerkfam)
betrachten; überlegen, erwägen,
Rückficht nehmen (qch., auf etw.)
|| fchäßen, hochachten.

Consignataire, m. (jur.) der Ver=
wahrer einer hinterlegten Summe.

Consignation, f. Verwahrung
(einer Summe) —s, pl. Hinter=
legungsamt, n.

Consigne, f. Ordre (der Schild=
wachen); —, m. Thorfchreiber.

Consigner, v. a. (jur.) verwahr=
lich niederlegen, hinterlegen || auf=
zeichnen; (Kriegsw.) (einer Schild=
wache) den Befehl geben; — qn. au
quartier, einen Quartierarreft auf=
legen; — qn. à la porte, Befehl
geben, einen abzuweifen; —,
(Handl.) zufenden.

Consistance, f. Dicke, Dichtheit,
Feftigkeit; Haltbarkeit, Dauer;
(Phyf.) Stillfand, m. Stillftands=
alter, n.; (jur.) Beftand, m.

Consistant, e, adj. (jur.) befte=
hend, (Phyf.) dicht.

Consister, v. n. beftehen.

Consistoire, m. Confiftorium, n.
Kirchenrath, m.

Consistorial, e, adj. zum Confi=
ftorium gehörig; décision —, die
Entfcheidung des Confiftoriums;
-ement, adv. im Confiftorium,
confiftorialifch.

Consolable, adj. tröftbar.

Consolant, e, adj. tröftlich, trö=
ftend, troftreich.    [fter, m. =inn, f.

Consolateur, m. -trice, f. Trö=

Consolatif, ve, adj. tröftend,
tröftlich.

Consolation, f. Troft, m. Trö=
ftung, f. Beruhigung.

Console, f. (Baut.) Kragftein,
Sparrenkopf; Confolifchen, n.

Consoler, v. a. tröften, beruhigen;
se —, fich tröften.

Consolidant, adj., remède — et
—, m. das zufammenziehende Heil=
mittel.

Consolidation, f. (Chir.) Zuhei=
lung (einer Wunde); (jur.) Ver=
einigung der Nußnießung mit dem
Befiße.

Consolider, v. a. (Chir.) zuheilen,
fig. befeftigen; (Fin.) fundiren;
(jur.) vereinigen.

Consommateur, m. Verzehrer,
(Theol.) Vollender.

Consommation, f. Verbrauch, m.
Vertrieb || Vollendung, f. Erfül=
lung; Vollziehung.

Consommé, m. Kraftbrühe, f.
Brühe.

Consommer, v. a. verbrauchen,
verzehren; vollenden; vollziehen;
—é, e, vollkommen, 2c.

Consomptif, ve, adj. verzehrend.

Consomption, f. Verbrauch, m.
(Med.) Auszehrung, f.

Consonnance, f. (Muf.) Zufam=
menftimmung; (Gramm.) Gleich=
laut, m.    [fammenftimmend.

Consonnant, e, adj. (Muf.) zu=

Consonne, adj. mitlautend; —,
f. Mitlauter, m.    [Genoffen.

Consorts, m. pl. Mitgenoffen,

Consoude, f. (Bot.) Ritterfporn,
m. Schwarzwurz, f.    [wirkend.

Conspirant, e, adj. zufammen=

Conspirateur, e, adj. Verfchworne.

Conspiration, f. Verfchwörung.

Conspirer, v. n. et a. verbunden
feyn (à, ju); fich verfchwören; —
la ruine de qn., fich ju eines Un=
tergang verfchwören; —, fig. mit=
wirken, zufammentreffen (à, ju).

Conspuer, v. a. an=, verfpeien;
fig. id., verachten; fchimpflich be=
gegnen (qn., einem).

Constamment, v. Constant.

Constance, f. Standhaftigkeit,
Feftigkeit; Beftändigkeit.

†Constance, Conftanz (Stadt); le
lac de —, Conftanzer= oder Boden=
fee, m.

†Constance, m. pr. m. et f. Con=
ftantius, m. Conftantia, f.

Constant, e, adj.; -amment,
adv.: ftandhaft, feft; beftändig;
ftät || gewiß.

Constantin, n. pr. m. Conftan=
tinus.    [conftantinopolitanifch.

Constantinopolitain, e, adj.

Constater, v. a. beftätigen, bekräf=
tigen, überzeugend erweifen, dar=
thun.    [n. Sternbild.

Constellation, n. pr. m. (Aftr.)

Constellé, e, adj. (Aftrol.) unter
einem gewiffen Sternbilde gemacht;
fternförmig.    [erhellet.

Conster, v. n. imp., il conste, es

Consternation, *f.* Bestürzung.
Consterner, *v. a.* bestürzt machen, erschrecken.    [Hartleibigkeit.
Constipation, *f.* Verstopfung,
Constiper, *v. a.* verstopfen, hartleibig machen.
Constituant, e, *adj.* (jur.) bestellend; (Phys.) partie —e, der wesentliche Bestandtheil, Grundstoff || eine Staatsverfassung gründend; l'assemblée —e, die constituirende Versammlung; —, *m.* das Mitglied der constituirenden Versammlung; (jur.) Constituent, *m.*
Constituer, *v. a.* (Phys., x.) ausmachen || setzen, einsetzen, bestellen, verordnen (qn. qch., einen zu, als etw.); (jur.) einen bestellen; etw. stiften; (eine Summe, x.) aussetzen; se —, sich einrichten; (jur.) sich stellen; être —é, eingerichtet, beschaffen seyn.
Constitutif, ve, *adj.* wesentlich, (jur.) ein Recht begründend; parties —ves, Bestandtheile, *m. pl.*
Constitution, *f.* Anordnung, Zusammensetzung; Körperbau, *m.* Leibesbeschaffenheit; Errichtung (e. Rente) || Staatsverfassung, Gesetz, *n.*
Constitutionnalité, *f.* Verfassungsmäßigkeit.
Constitutionnel, le, *adj.; -*lement, *adv. :* verfassungsmäßig; acte —, Staatsverfassung, *f.; —, m.* der Anhänger der Verfassung.
Constricteur, *adj. m.,* muscle — ou —, *m.* Schließmuskel.
Constriction, *f.* (Med.) Zusammenziehung.
Constringent, e, *adj.,* remède — ou —, *m.* das zusammenziehende Mittel.
Constructeur, *m.* Erbauer; — de vaisseau, Schiffbaumeister.
Construction, *f.* Erbauung; Bauart, Bau, *m.; fg.* Bau, Anordnung, *f.;* (Gram.) Bau, *m.* Wortstellung, *f.;* (Geom.) Auflösung (einer Aufgabe), Verzeichnung (einer Figur).
*Construire, *v. a.* bauen, erbauen; *fg.* anordnen; (Gramm.) construiren.    [Einheit des Wesens.
Consubstantialité, *f.* (Theol.) die Consubstantiel, le, *adj.* (Theol.) im Wesen eins; -lement, *adv.* dem Wesen nach eins.
Consul, *m.* (röm. Alt.) Consul; (Handl.) *id.,* Agent, Handelsrichter.
Consulaire, *adj.* (röm. Alt.) consularisch; —, *m. pl.* Consularen (ehemaligen Consuln.)
Consulat, *m.* Consulswürde, *f.*
Consultant, *adj.* rathgebend; —, *m.* Rathgeber, Consulent.
Consultatif, ve, *adj.,* voix —, die berathende Stimme.

Consultation, *f.* Berathschlagung; Bedenken, *n.* Gutachten.
Consulter, *v. a.* um Rath fragen, zu Rathe ziehen; *fm.* — son chevet, eine S. beschlafen; —, *v. n.* berathschlagen, mit einander überlegen; se —, mit sich zu Rathe geben.
Consulteur, *m.* du saint office, der Rathgeber in Sachen des Glaubens und der Kirchenzucht.
Consumer, *v. a.* verzehren; *fg. id.,* verschwenden; se —, sich abzehren; sich zu Grunde richten; sich erschöpfen; se — de chagrin, sich abhärmen.
Contact, *m.* Berührung, *f.*
Contagieux, se, *adj.* (Med.) ansteckend, erblich.
Contagion, *f.* Ansteckung, Seuche.
+Contailles, *adj. f. pl.,* soies —, Flockseide, *f.*
Contamination, *f.* Verunreinigung, Befleckung.
Contaminer, *v. a.* (alt) beflecken.
Conte, *m.* Erzählung, *f.;* Mährchen, *n.;* — plaisant, Schwank, *m.* Schnurre, *f.;* — bleu, Altweibermährchen, *n.;* — gras, Zote, *f.*
Contemplateur, *m.* trice, *f.* Betrachter, *m.* Beschauer, *-inn, f.*
Contemplatif, ve, *adj.* nachsinnend, beschaulich; —s, *m. pl.* Beschauer.    [Betrachtung.
Contemplation, *f.* Beschauung.
Contempler, *v. a.* aufmerksam betrachten; —, *v. n.* nachdenken.
Contemporain, e, *adj.* gleichzeitig; —, *m. e, f.* Zeitgenosse, *m. -inn, f.*    [tigkeit.
Contemporanéité, *f.* Gleichzeitigkeit.
Contempteur, *m.* Verächter.
Contenance, *f.* Inhalt (eines Gefäßes, Raumes), *m.* || Anstand; Haltung, *f.; fg.* Fassung; faire bonne — , Stand halten.
Contenant, *m.* (Lehrst.) Enthaltende, *n.*
Contendant, e, *adj.* streitend; —s, *m. pl.* Mitstreiter, Mitbewerber.
*Contenir, *v. a.* enthalten, begreifen; in sich halten || einschränken; *fg.* im Zaum halten, bändigen; se —, an sich halten, sich mäßigen, sich enthalten.
Content, e, *adj.* zufrieden (de, mit, über) vergnügt.
Contentement, *m.* Zufriedenheit, *f.;* Vergnügen, *n.*
Contenter, *v. a.* befriedigen, zufrieden stellen; —, qch., einer S. Genüge leisten; se — de qch., sich mit etw. begnügen, mit etw. zufrieden seyn.
Contentieux, se, *adj.* streitig (Sache); zänkisch (Mensch); -sement, *adv.* mit Zank.

Contentif, *adj.,* bandage —, (Chir.) die zusammenhaltende Binde.
Contention, *f.* Streit, *m.* Zank || Anstrengung (des Geistes), *f.*
Contenu, *m.* Inhalt, Inbegriff.
Conter, *v. a.* erzählen; en — à qn., einem vorlügen; einem Schmeicheleien vorschwatzen.
+Conterie, *f. coll.* Glasperlen.
Contestable, *adj.* streitig, bestreitbar.
Contestant, e, *adj.* (jur.) streitend; —s, *m. pl.* die streitenden Parteien, *f. pl.*    [der, Zank,
Contestation, *f.* Streit, *m.* Hader, Zank.
Conteste, *m.* (altes Wort) statt contestation.
Contester, *v. a. et n.* bestreiten, streiten.
Conteur, *m.* se, *f.* Erzähler, *m.; mépr.* Schwätzer, *-inn, f.*
Contexte, *m.* Context, Zusammenhang.    [Gewebe, *n.*
Contexture, *f.* Zusammenfügung;
+Contignation, *f.* (Zimm.) Gebälke, *n.* Sparrenwerk.
Contigu, ë, *adj.* anstoßend, angränzend; angle —, (Geom.) Nebenwinkel, *m.*    [gränzen.
Contiguïté, *f.* Anstoßen, *n.* Anliegen, *n.* das feste Land.
Continence, *f.* Enthaltsamkeit.
Continent, e, *adj.* enthaltsam; —, *m.* das feste Land.
Continental, e, *adj.* auf dem festen Lande; puissance —e, Landmacht, *f.*
Contingence, *f.* (Philos.) Zufälligkeit; angle de —, Berührungswinkel, *m.;* selon la — des affaires, des cas, nach Beschaffenheit der Umstände.
Contingent, e, *adj.* zufällig; —, *m.* Antheil, Beitrag.
Contigu, e, *adj.* an einander hängend, fortdauernd, ununterbrochen; (Math.) stät.
Continuateur, *m.* Fortsetzer.
Continuation, *f.* Fortsetzung; Fortdauer; Folge, Verfolg, *m.*
Continue (à la), *adv.* in die Länge, mit der Zeit.
Continuel, le, *adj.; -*lement, *adv. :* immerwährend, unaufhörlich, stät.
Continuer, *v. a.* fortfahren, fortsetzen, verfolgen (eine Erzählung); verlängern; — dans un emploi, in einem Amte beibehalten; —, *v. n.* fortfahren, fortdauern, anhalten.
Continuité, *f.* Zusammenhang, *m.;* Reihe, *f.* || Fortdauer; Forthalten, *n.;* (Philos.) Stätigkeit, *f.*
Continûment, *adv.* ununterbrochen, stät.
Contondant, e, *adj.* (Chir.) quetschend.
Contorniate, *adj. f.* (médaille)

mit einem runden erhabenen Rand verſehen (Münze); Randriñenmünze.

Contorsion, f. Verdrehung, Verzerrung. [Umkreis.

Contour, m. Umriß; Umfang,

Contourner, v. a. une figure, (Mal.) einer Figur einen Umriß geben, eine Figur gründen; bien —é, gut entworfen, gezeichnet; taille —ée, der verdrehte Wuchs.

Contractant, e, adj. der oder die einen Vertrag macht, contrahirend; —, m. Contrahent.

Contracte, adj. (Gram.) zuſammengezogen.

Contracter, v. a. (einen Vertrag) machen, ſchließen; (eine Verpflichtung) eingehen; — des dettes, Schulden machen; — une habitude, ſich etw. angewöhnen; — une maladie, ſich eine Krankheit zuziehen; se —, (Med.) ſich zuſammenziehen.

Contractif, ve, adj. (Med.) zuſammenziehend. [menziehbar.

Contractile, adj. (Med.) zuſammen-

Contractilité, f. (Med.) Zuſammenziehbarkeit.

Contraction, f. Zuſammenziehung; Verkürzung.

Contractuel, le, adj. vertragmäßig. [nung (einer Säule).

Contracture, f. (Bauk.) Verdünnung

Contradicteur, m. Widerſprecher.

Contradiction, f. Widerſpruch, m.

Contradictoire, adj. widerſprechend; -ment, adv. (jur.) contradictoriſch. [zwange unterworfen.

Contraignable, adj. dem Gerichts-

*Contraindre, v. a. zwingen, nöthigen; fig. (von Kleidern, Schuhen, ꝛc.) drücken; se —, ſich Zwang anthun.

Contraint, e, adj. gezwungen, unnatürlich; eingepreßt (in engen Kleidern); (Muſ.) gebunden; un style —, ein gezwungener Styl.

Contrainte, f. Zwang, m.; Zurückhalten, n.; Druck, m.; (jur.) Gerichtszwang; — par corps, die gefängliche Haft.

Contraire, adj. entgegengeſetzt, zuwider; ſchädlich; —, m. Gegentheil, n. fm. Widerſpiel; au —, adv. im Gegentheil.

Contrariant, e, adj. ſtreitſüchtig; esprit —, Widerſpruchsgeiſt, m.

Contrarier, v. a. widerſprechen, entgegen, zuwider ſeyn (qn., einem); hindern.

Contrariété, f. Widerſpruch, m. Widerſprechende, n.; Hinderniß, Schwierigkeit, f.

†Contrastant, e, adj. contraſtirend, einen Contraſt bildend.

Contraste, m. der auffallende Abſtand, Abſtich, Contraſt; Entgegengeſetzte, n.

Contraster, v. n. gegen einander abſtechen, contraſtiren.

Contrat, m. Vertrag, Vergleich; — de mariage, Eheberedung, f. Ehepacten, pl.; — de vente, Kaufbrief, m.

Contravention, f. à une loi, die Uebertretung eines Geſetzes.

Contre, prép. et adv. wider, gegen; neben, nahe; bei, an; par —, dagegen; ci —, adv. hierbei, zunächſt; v. Pour.

Contre, prép. insép. bezeichnet in der Zuſammenſetzung ein Zuwider- oder Entgegenſeyn oder =handeln.

Contre-allée, f. Neben=, Seiten-Allee, Seitengang, f.

Contre-amiral, m. Contre=Admiral, dritte Flaggenoffizier.

†Contre-appel, m. (Fechtk.) Gegenfinte, f.

Contre-approches, f. pl. Gegenlaufgräben, m. pl.

Contre-balancer, v. a. aufwiegen; das Gleichgewicht halten (qch., einer S.).

Contrebande, f. Schleichhandel, m.; fm. Schmuggeln, n.; Schleichwaare, f.; faire la —, Schleichhandel treiben; fm. ſchmuggeln; injur. visage de —, Schlaraffengeſicht, n.

Contrebandier, m. ère, f. Schleichhändler, m. fm. Schmuggler, inn. [nach oben.

Contre-bas (en), adv. von unten

Contre-basse, f. (Muſ.) die große Baßgeige; Contrebaß, m. Baßſtimme, f.

Contre-batterie, f. Gegenbatterie, fg. Gegenanſchlag, m.

†Contrebiais (à), adv. verkehrt.

Contre-boutant, m. Strebepfeiler, Gegenſtüße, f.

Contre-bouter, v. a. ſtützen.

†Contre-brodés, m. pl. eine Art ſchwarzer und weißer Glasperlen.

Contre-calquer, v. a. einen Gegenabdruck machen (qch., von etw.).

Contrecarrer, v. a. qn., einem zuwider ſeyn, entgegen arbeiten.

†Contre-charges, f. pl. (Bauk.) Steine, die im Gegengewicht bilden, m. pl.

Contre-charme, m. Gegenzauber.

Contre-châssis, m. Vorfenſter, f. Gegenfenſter. [Schlußſtein.

Contre-clef, f. der Stein neben dem

Contre-cœur, m. Hinterwand (des Kamins), f.; Kaminplatte; à —, adv. ungern, mit Widerwillen.

Contre-coup, m. Gegenſtoß, Gegenhieb; Rückprall; fg. Rückwirkung, f. [nung, f.

Contre-courant, m. Gegenſtrö-

Contredanse, f. Contretanz, m.

†Contre-dater, v. a. ein anderes Datum ſetzen.

†Contre-dégagement, m. (Fechtk.) Gegenabweichung, f.

†Contre-dégager, v. n. (Fechtk.) gegenabweichen.

*Contredire, v. a. qn., qch., einem, etw. widerſprechen; (jur.) etw. widerlegen.

*Contredisant, e, adj. widerſprecheriſch, zum Widerſpruche geneigt; —, m. Widerſprecher.

Contredit, m., sans —, ohne Widerſpruch, unwiderſprechlich; —s, pl. (jur.) Widerlegungsſchriften, f. pl. [fm. Revier, n.

Contrée, f. Landſchaft, Gegend;

Contre-échange, m. Gegentauſch.

Contre-enquête, f. Gegenunterſuchung. [Gegenabdruck, m.

Contre-épreuve, f. Gegenprobe;

Contre-épreuver, v. a. eine Gegenprobe abziehen.

Contre-espalier, m. (Gärtn.) Gegengeländer, n. Gegenſpalier.

Contrefaçon, Contrefaction, f. das betrügliche Nachmachen; Nachdruck, m.; Nachſtich (eines Kupferſtichs). [Nachdrucker.

Contrefacteur, m. Nachmacher,

*Contrefaire, v. a. nachmachen, nachäffen, nachſpotten, verſtellen, verfälſchen; erkünſteln; (Kupfer) nachſtechen; (ein Buch) nachdrucken; se —, ſich verſtellen. [Nachäffer.

Contrefaiseur, m. Nachmacher,

Contrefait, e, adj. nachgemacht, unächt; fg. verunſtaltet, ungeſtalt.

†Contrefanons, m. pl. (Schifff.) Geitaue, n. pl.

†Contre-fenêtre, f. Vorfenſter, n.; Fenſterladen, m.

Contre-fiche, f. Strebeband, n.

Contre-finesse, f. Gegenliſt.

Contre-fort, m. Gegen=, Strebepfeiler, Widerlage, f.

†Contre-fossé, m. Vorgraben.

Contre-fugue, f. (Muſ.) die doppelte Fuge. [Sicherheit, f.

Contre-gage, m. Unterpfand, n.

†Contre-gager, v. a. ein Unterpfand nehmen oder geben.

Contre-garde, f. Bollwerkswehre.

Contre-hacher, v. a. (Zeichn.) ins Kreuz ſchraffiren. [Schraffirung.

Contre-hachure, f. (Zeichn.) Kreuz-

Contre-hâtier, m. der Bratbock für mehrere Bratſpieße. [unten.

†Contre-haut, adv. von oben nach

†Contre-heurtoir, m. (Artill.) der Gegenſtoßbolzen an einer Lavette.

Contre-indication, f. (Med.) Gegenanzeige.

†Contre-jauger, v. a. Zapfen und Zapfenlöcher gegen einander abmeſſen.

Contre-jour, m. Gegenlicht, n. falſche Licht; à —, adv. gegen das Licht, im falſchen Lichte.

†Contre-jumelles, *f. pl.* Goſſen=
ſteine, *m. pl.*
  †Contre-lames, *f. pl.* Aufzugſtän=
gelchen (am Weberſtuhl), *n. pl.*
  Contre-latte, *f.* Gegenlatte; —s
de fente, de sciage, geriſſene, ge=
ſägte Gegenlatten, *pl.*
  Contre-latter, *v. a.* (une cloison)
(auf beiden Seiten) mit Gegenlatten
verſehen.
  Contre-lettre, *f.* (jur.) Rückſchein,
*m.* Gegenverſchreibung, *f.*
  †Contremailler, *v. a.* un filet,
(Fiſch.) doppelte Maſchen an einem
Netze machen.    [maſchen.
  †Contre-mailles, *f. pl.* Doppel=
Contre-maître, *m.* (Seew.) Hoch=
bootsmann; Aufſeher (über Arbei=
ter.)    [befehl, Abbeſtellung, *f.*
  †Contre-mandement, *m.* Gegen=
Contremander, *v. a.* Gegenbefehl
ertheilen; abſagen, abbeſtellen.
  Contre-marche, *f.* Gegen=, Rück=
marſch, *m.*
  Contre-marée, *f.* Gegenfluth.
  Contre-marque, *f.* Gegen=, Bei=
zeichen, *n.* Belzeichen verſehen.
  Contre-marquer, *v. a.* mit einem
  Contre-mine, *f.* Gegenmine; Mine
(unter den Bollwerken); *fg.* Ge=
genliſt.
  Contre-miner, *v. a.* gegenminiren;
unterminiren; *fg.* — qch., einer S.
entgegenarbeiten.
  Contre-mineur, *m.* Gegenminirer.
  Contre-mont, *adv.* bergan; à —,
gegen den Strom.    [genparole, *f.*
  †Contre-mot, *m.* (Kriegsw.) Ge=
Contre-mur, *m.* Gegenmauer, *f.*
Contre-murer, *v. a.* mit einer Ge=
genmauer verſehen.
  Contre-opposition, *f.* Gegenop=
poſition.    [Abbeſtellung, *f.*
  Contre-ordre, *m.* Gegenbefehl;
  †Contre-ouverture, *f.* Gegenöff=
nung (bei einer Wunde).
  Contre-partie, *f.* (Muſ.) Gegen=
ſtimme; (Handl.) Gegenbuch, *n.*
  †Contre-percer, *v. a.* entgegen=
bohren.
  Contre-peser, *v. a. fg.* das Gleich=
gewicht halten (qn., einem), auf=
wiegen.
  Contre-pied, *m.* (Jagd) Gegenſpur,
*f.* Rückſpur; *fg.* Gegentheil, *n.*
  Contre-platine, *f.* Schraubenblech,
*n.*
  †Contre-pleige, *m.* Rückbürge.
Contre-poids, *m.* Gegengewicht, *n.*
(Seilt.) Balancirſtange, *f.*
  Contre-poil, *m.* Gegenſtrich (des
Haares); à —, *adv.* gegen den Strich;
*fg. pop.* verkehrt.
  †Contre-poinçon, *m.* der Gegen=
bohrer; Gegenpatrize (der Schrift=
ſtecher).    [punkt, Gegenpunkt.
Contre-point, *m.* (Muſ.) Contra=

Contre-pointer, *v. a.* ſteppen,
durchnähen; (Artill.) entgegenrichten.
  Contre-poison, *m.* Gegengift, *n.*;
*fg. id.*, Gegenmittel.
  Contre-porte, *f.* Vorthüre.
  †Contre-poser, *v. a.* (Handl.)
verſetzen, unrecht eintragen.
  †Contre-poseur, *m.* Steinſetzer.
  †Contre-position, *f.* (Handlung)
Verſetzung, das unrechte Eintragen.
  †Contre-promesse, *f.* (jur.) Ge=
genverſprechen, *n.*
  †Contre-quille, *f.* (Schiffb.) Ge=
genkiel, *m.* Kielſchwein, *n.*
  Contre-révolution, *f.* Gegenrevo=
lution.
  Contre-révolutionnaire, *m.* Ge=
genrevolutionnär; —, *adj.* revolu=
tionswidrig.
  †Contre-ronde, *f.* Gegenrunde.
Contre-ruse, *f.* Gegenliſt.
  †Contre-sabord, *m.* (Seew.) Pfort=
lufe, *f.* Stückpfortladen, *m.*
  †Contre-salut, *m.* (Seew.) Gegen=
gruß.    [am Sattelbogen.
  Contre-sanglon, *m.* der Gegengurt
Contrescarpe, *f.* die äußere Bö=
ſchung, Gegenwall, *m.* bedeckte Weg
ſammt dem Glacis.
  Contre-scel, *m.* Gegenſiegel, *n.*
Contre-sceller, *v. a.* gegenſiegeln.
  Contre-seing, *m.* Gegenunter=
ſchrift, *f.*
  Contre-sens, *m.* Widerſinn || die
unrechte Seite; à —, *adv.* widerſin=
nig, verkehrt.    [*n.*
  †Contre-signal, *m.* Gegenzeichen,
Contre-signer, *v. a.* gegenunter=
ſchreiben; auf dem Umſchlage bezeich=
nen, contraſigniren.
  †Contre-sommation, *f.* die Auf=
forderung des Rückbürgen zur Ge=
währleiſtung.
  †Contre-sommer, *v. a.* den Rück=
bürgen zur Gewährleiſtung auffor=
dern.
  Contre-temps, *m.* der widrige
Zufall; (Reitſch.) Contratempo, *n.*;
à —, *adv.* zur Unzeit.
  †Contretenant, *m. ol.* der Gegner,
Widerpart (in einem Turniere).
  Contre-terrasse, *f.* Gegenterraſſe.
Contre-tirer, *v. a.* qch., einen Wi=
derdruck von etw. machen, abziehen;
(eine Zeichnung, ꝛc.) durch=, nach=
zeichnen.    [genlaufgraben, *m.*
  †Contre-tranchée, *f.* (Fortif.) Ge=
Contrevallation, *f.* Gegenverſchan=
zung (um eine Feſtung).
  Contrevenant, *m. e. f.* Uebertre=
ter, *m.* inn, *f.*
  *Contrevenir, *v. n.* à qch., etw.
übertreten, einer S. entgegenhandeln.
  Contrevent, *masc.* Fenſterladen;
(Zimm.) Windſtütze, *f.*
  Contre-vérité, *f.* die Rede im Ge=
genſinne; verkehrte Rede, Ironie.

†Contre-visite, *f.* (jur.) die noch=
malige Unterſuchung, Gegenbeſich=
tigung.
  Contribuable, *adject.* ſteuerbar,
ſteuerpflichtig; —, *m. et f.* Steuer=
pflichtige.
  Contribuer, *v. n.* beitragen, mit=
helfen, ſteuern (à, zu).
  Contribution, *f.* Beitrag, *m.*
Steuer, *f.*; — de guerre, Brand=
ſchatzung; mettre à —, beſteuern,
(Kriegsw.) brandſchatzen; *fg.* be=
nutzen.
  Contrister, *v. a.* betrüben, kränken.
Contrit, e, *adj.* (Theol.) zer=
knirſcht; *fm.* reuevoll, betrübt.
  Contrition, *f.* (Theol.) Zerknir=
ſchung.
  Contrôle, *m.* Gegenregiſter, *n.*
Gegenbuch; Gegenrechnung, *f.* Ge=
genaufſicht || das Amt eines Contro=
leurs || Einſchreibgebühr, *f.* || Gold=
und Silberſtämpel, *m.* Tagebuch
(eines Majors), *n.*
  Contrôler, *v. a.* in das Gegenregi=
ſter einſchreiben || wieder durchſehen ||
(Gold und Silber) ſtämpeln; *fg.*
tadeln, bekritteln.
  Contrôleur, *m.* Gegenſchreiber,
Aufſeher; *fg.* Spötter, Split=
terrichter; —se, *f.* inn.
  Controuver, *v. a.* erdichten, er=
finden; *m. p.* erlügen.
  Controverse, *f.* Streit, *m.* Glau=
bensſtreit, Streitfrage, *f.*; prêcher la
—, Controverspredigten halten.
  Controversé, e, *adj.* ſtreitig, be=
ſtritten.
  Controversiste, *m.* Controverſiſt,
der Streitigkeiten abhandelt.
  Contumace, *f.* (jur.) das Nichter=
ſcheinen vor dem Richter, Ungehor=
ſam, *m.*; —, *m. et adj.*, accusé
—, der Angeklagte, der nicht vor
Gericht erſchienen iſt.
  Contumacer, *v. a.* (jur.) wegen
ungehorſamen Ausbleibens verur=
theilen.
  Contumax, *v.* Contumace.
Contus, e, *adj.* gequetſcht.
Contusion, *f.* Quetſchung.
Convaincant, e, *adj.* beweiſend;
überweiſend, überzeugend.
  *Convaincre, *v. a.* überzeugen,
überführen.
  Convalescence, *f.* Geneſung.
Convalescent, e, *adj.* geneſend.
Convenable, *adj.*; -ment, *adv.*:
ſchicklich; gehörig, füglich; verhält=
nißmäßig; zuträglich, rathſam.
  Convenance, *f.* Uebereinkunft;
Verhältniß, *n.* || Schicklichkeit, *f.*
Anſtändigkeit, Gebühr; Beque=
lichkeit.
  Convenant, e, *adj.* anſtändig,
paſſend, wohlanſtändig.
  *Convenir, *v. n.* de qch., über

etwas übereinkommen, eins werden;
etwas verabreden; eingestehen, zu=
geben; — à qn. ou à qch., sich für
einen, 2c., schicken; gebühren; zu=
kommen, ziemen; einem anständig,
rathsam, dienlich seyn; il convient,
*impers.* es geziemt sich; es ist billig.
Conventicule, *m.* die heimliche
Versammlung, Winkelversammlung.
Convention, *f.* Vertrag, *m.* Ver=
gleich, Uebereinkunft, *f.* || Ver=
sammlung; — nationale, Natio=
nalconvent, *m.*
Conventionnel, le, *adj.* auf einem
Vergleiche beruhend; vertragmäßig;
—, *m.* das Mitglied des National=
convents; -lement, *adv.* durch Ver=
gleich.　　　　　[Klosters.
Conventualité, *f.* der Bestand eines
Conventuel, le, *adj.*; -lement,
*adv.* : assemblée —le, die Kloster=
versammlung; —, *m.* Conventual,
der immer in eben demselben Kloster
bleiben darf.
Convergence, *f.* (Geom.) das Zu=
sammenlaufen in einem Punkt.
Convergent, e, *adj.* (Geom.) zu=
sammenlaufend; (Allg.) abnehmend.
Converger, *v. n.* (Geom.) zusam=
menlaufen.
Convers, se, *adj.* (Log.) umge=
kehrt; frère —, (Kirch.) Laienbru=
der; *m.* : sœur —, Laienschwester, *f.*
Conversation, *f.* Unterredung,
Gespräch, *n.* Umgang, *m.*
†Converseau, *m.* eine von den vier
Dohlen über dem Mühlbottich.
Converser, *v. n.* avec qn., sich
mit einem unterhalten; Umgang ha=
ben; umgehen.
Conversion, *f.* Verwandlung; Ver=
änderung; *fg.* (Theol.) Bekehrung;
(Kriegsw.) Schwenkung; (Münzw.)
Umprägen, *n.*; (Log.) Umkehrung, *f.*
†Converso, *m.* (Seew.) der Spa=
zierplay auf dem Verdecke.
Convertible, *adj.* (Log.) umfehr=
bar, umsetzbar.
Convertir, *v. a.* verwandeln; um=
tauschen, umsetzen; (Münzw.) um=
schmelzen, umprägen; (Theol.) be=
kehren; se —, sich verwandeln, sich
bekehren.
Convertissement, *m.* (Fin.) Um=
setzung, *f.* (Münzw.) Umschmel=
zung, Umprägung.
Convertisseur, *m. fm.* Bekehrer,
Proselytenmacher.
Convexe, *adj.* rund erhaben,
hochrund; (Opt.) linsenförmig.
Convexité, *f.* die äußere Wölbung,
Convicriton, *f.* Ueberzeugung, *f.*
Ueberführung.　　　　[genoß.
Convié, Convive, *m.* Gast, Tisch=
Convier, *v. a.* einladen; *fg.* an=
reizen, rufen.
Convive, *m.*, *v.* Convié.

Convocation, *f.* Zusammenberu=
fung.
Convoi, *m.* Leichenbegängniß, *n.*
Leichenzug, *m.*; (Seew.) die Kauf=
fahrteisflotte mit Geleitsschiffen; Ge=
leitsschiff, *n.*; (Kriegsw.) Zufuhr, *f.*
Bedeckung; les —s militaires, das
Fuhrwesen der Armee; lettre de —,
Geleitsbrief, *m.*
Convoitable, *adj.* lusterweckend,
wünschenswerth.
Convoiter, *v. a.* sich gelüsten lassen,
gierig verlangen.　　　[lüstern.
Convoiteux, se, *adj.* begehrlich,
Convoitise, *f.* Lüsternheit, Gier;
*fm.* Gelust, *m.*
Convoler, *v. n.* en secondes
noces, zur zweiten Ehe schreiten.
Convoluté, ée, *adj.* (Bot.) (feuil=
le) —e, eingerollt, zusammengerollt.
Convolvulus, *m.*, *v.* Liseron.
Convoquer, *v. a.* zusammenbe=
rufen.
Convoyer, *v. a.* (Seew., 2c.) be=
gleiten, bedecken.
Convoyeur, *m.* Begleitungsschiff,
*n.* Bedeckung, *f.*
Convulsé, ée, *adj.* von Zuckun=
gen angegriffen.
Convulsif, ve, *adj.* (Med.) mit
Zuckungen begleitet, zuckend; con=
vulsivisch, gichthaft; Zuckungen er=
regend.
Convulsion, *f.* (Med.) Zuckung,
Verzuckung; *fg.* Zuckung, heftige
Bewegung.
Convulsionnaire, *adj.* mit Zuckun=
gen behaftet; —, *m.* Verzuckte.
Coobligé, *m.* Mitverpflichtete.
Coopérateur, *m.* -trice, *f.* Mit=
wirker, *m.* Mithelfer, Mitarbei=
ter; -inn, *f.*
Coopération, *f.* Mitwirkung.
Coopérer, *v. n.* à qch., zu etwas
mitwirken, beitragen; an etwas mit=
arbeiten.
Cooptation, *f.* die außerordentliche
Aufnahme ohne die gewöhnlichen Be=
dingungen.
Coopter, *v. a.* außerordentlicher
Weise zum Mitgliede erwählen.
Coordination, *f.* Nebenordnung,
Beiordnung.
Coordonner, *v. a.* zusammenord=
nen, verknüpfen.
Copaier, *v.* Copayer.　　　[n.
Copal, *m.* (Handl.) Kopalgummi,
Copartageant, e, *adj.* (jur.) theil=
=inn, *f.*
Copayer, *m.* weißer Balsambaum,
Kopajubaum.
Copeau, *m.* Span, Zimmer=,
Hobelspan; Kammtäfelchen, *n.* —x,
Bohrspäne, *m. pl.*
†Copeck, *m.*, *v.* Kopeck.
†Copenhague, *m.* Kopenhagen.

Copermutant, *masc.* Vertauscher
(einer Pfründe, 2c.).
Cophte, Copte, *m.* (Kirch., 2c.)
Kopte || die koptische Sprache, Kop=
tische, *n.*; —, cophtique, coptique,
*adj.* koptisch.
Copie, *f.* Abschrift; (Kunst) Co=
pie, Nachahmung, Nachbild, *n.*
Abdruck, *m.* Abguß; (Buchdr.)
Handschrift, *f.*; — figurée, die dem
Original vollkommen nachgebildete
Abschrift; — brodée, (Näh.) Ab=
stich, *m.*
Copier, *v. a.* abschreiben; nachbil=
den, nachzeichnen, nachahmen.
Copieux, se, *adj.*; -sement, *adv.*:
häufig, reichlich.
Copiste, *m.* Abschreiber; Nach=
bildner, Nachahmer.　　　[miether.
†Copreneur, *m.* Mitpachter, Mit=
Copropriétaire, *m.* Miteigenthü=
Copte, *m.*, *v.* Cophte.　　　[mer.
Copter, *v. a.* die Glocke nur auf
einer Seite anschlagen.
Copulatif, ve, *adj.* (Gramm.)
verbindend.
Copulation, *f.* (jur.) die fleisch=
liche Vermischung; Paarung (der
Thiere).　　　　[wort, *n.*
Copule, *f.* (Log.) Verbindungs=
Coq, *m.* Hahn; — d'Inde, Trut=
hahn; — de bruyère, Auerhahn;
— des bois, Birkhahn; *fg. fm.*
— du village, der Vornehmste im
Dorfe, der Hahn im Korbe; il est
le — en pâte, er ist wie der Vogel
im Hanfsamen; er steckt in den Federn
bis über die Ohren; — d'Wetterhahn, *m.*
(Uhrm.) das Gehäuse über der Un=
ruhe; (Schiffb.) die Kloben.
Coq-à-l'âne, *m. indécl.* die un=
gereimte Rede, das verkehrte Zeug.
†Coquâtre, *m.* Halbkapaun.
Coque, *f.* Schale, Eierschale;
(Bot.) Samenbälglein, *n.*; Puppen=
gehäuse (der Raupen).
Coquecigrue, *f.* ein fabelhafter Vo=
gel; *fg. fm.* Kinderpoffe, Lapperei.
Coquelicot, *m.* (Bot.) Klatsch=
Klapperrose, (Bot.) Mohn, *m.*
Coquelourde, *f.* (Bot.) Osterblu=
me, Windkraut, *n.*
Coqueluche, *f.* (Med.) Keichhu=
sten, *m.* blaue Husten || *ol.* Kapuze,
*f.*; *fg. fm.* la — de la ville, der
Liebling der Stadt.
Coqueluchon, *m. fm.* Kappe, *f.*
Mönchskappe, Kapuze.
Coquemar, *m.* Flaschenkessel.
Coqueret, *m.* (Bot.) Judenkir=
sche, *f.*　　　[Krähen des Hahns.
Coquerico, *f. fm.* Kikeriki, *n.*
Coquet, te, *adj.* publiebend, ge=
fallsüchtig, buhlerisch; —, *m.* te, *f.*
Gefallsüchtige, *m.* et *f.*; -te,
Buhlerinn, *f.*　　　[suchen, buhlen.
Coqueter, *v. n. fm.* zu gefallen

Coquetier, m. Eier=, Hühnerhänd=
ler; Eiernäpfchen, n.
Coquetterie, f. die Sucht zu ge=
fallen, Buhlsucht, Buhlerei.
Coquillage, m. Muschelwerk, n.;
Muschel, f.; —s, Schalthiere, n. pl.
Conchilien, f. pl.    [Muscheln.
Coquillart, m. die Steinlage voll
Coquille, f. Muschelschale, Mu=
schel; Schneckengehäuse, n.; die zerbro=
chene Eier= oder Nußschale; (Anat.)
Gehörschnecke; (Artill.) Zündpfan=
ne; — à boulet, Stückkugelform;
(Buchd.) der falsch abgelegte Buch=
stab; (Bauk.) Muschelwerk, n.;
(Gärtn.) Muschelzierath, m.; (Hut=
macher) Kranz; (Schloss.) Drucker;
fg. fm. rentrer dans sa —, seine
Hörner einziehen; —s, pl. fm.
Waaren.      [scheln.
†Coquilleux, se, adj. voll Mu=
Coquillier, m. Muschelsamlung, f.
Coquillière, adj. f., pierre —,
et —, f. Muschelstein, m.
†Coquillon, m. (Münzw.) das
muschelförmige Silberkorn.
Coquin, e, adj. liederlich, nichts=
würdig; pop. hundsföttisch; —, m.
Schurke, Schelm; pop. Hundsfott;
—e, f. Spitzbübinn, das liederliche
Weibsbild.      [n.
†Coquinaille, f. Lumpengesindel,
Coquinerie, f. Spitzbüberei.
†Coquiole, f. (Bot.) Geißauge, n.;
die taube Gerste.
Cor, m. Horn, n. Waldhorn;
(Med.) Hühnerauge, Leichdorn, m.;
à — et à cri, adv. mit Blasen und
Schreien; fg. mit Ungestüm.
Corail, m. Koralle, f. (pl. coraux).
Corailleur, m. Korallenfischer.
Corallin, adj. korallenartig, =far=
big.
Coralline, f. Korallenmoos, n.
Coran, v. Alcoran.
†Corassin, m. Karausche (Fisch), f.
Corbeau, m. Rabe; (Bauk.) Krag=
stein; Balkenträger; (Schiff.) Zel=
terhaken; —x, fg. die Todtengrä=
ber zur Pestzeit, Pestmänner, m. pl.
Corbeille, f. Korb, m. Körbchen,
n.; Brautschmuck, m.; —s, (Ar=
till.) Schanzkörbe, f. pl.
†Corbeillée, f. Korbvoll, m.
Corbillard, m. Marktschiff, n.; der
große Korbwagen; Leichenwagen.
Corbillat, m. der junge Rabe.
Corbillon, m. Körbchen, n.; Körb=
chenspiel.
Corbin, m. Rabe; bec-de-—,
der gekrümmte und spitz zulaufende
Haken.
Corcelet, v. Corselet.
Cordage, m. Seil=, Strick=, Tau=
werk, n. || das Messen nach Klaf=
tern.
†Cordager, v. n. Seile drehen.

Corde, f. Strick, m. Strang; Seil,
n.; Sehne (am Bogen), f.; (Fisch.)
Angelschnur; (Muf.) Saite; (Tuch=
macher) Faden, m. Klafter, n.;
Faden (Maß), m.; (Geom.) Seh=
ne, f.; (Med.) die Spannung eines
Muskels, ꝛc.; (jur.) Strang, m.
Galgenstrafe, f.; échelle de —,
Strickleiter; tabac en —, gespon=
nener Tabak, m.; fg. se mettre la
— au cou, sich ins Verderben stür=
zen; — à son arc, Wasser auf seine
Mühle; avoir plusieurs —s à son
arc, mehrere Mittel in Händen
haben.      [schnur, Meßlinie.
Cordeau, m. Schnur, f. Meß=
Cordeler, v. a. (Haare) flechten.
Cordelette, f. Strickchen, n.; das
Schnürchen auf Muscheln.
Cordelier, m. Franziskanermönch;
—ère, f. Franziskanernonne; die
Art Halsband; (Bauk.) Strickzie=
rath, m.
Cordelle, f. Schnürchen, n.
Corder, v. a. du chanvre, Hanf
seilen zu Seilen drehen; —, (Tabak)
spinnen; (Holz) messen, aufklaf=
tern, in Klaftern aufsetzen; beschnü=
ren, umbinden; se —, (von Rei=
tigen) pelzicht, faserig werden.
Corderie, f. Seilerbahn; Seiler=
handwerk, n.
Cordial, e, adj. herzstärkend;
vinaigre —, Kraftessig; fg. —,
-ement, adv. aufrichtig, herzlich;
innig; —, m. Herzstärkung, f.
Cordialité, f. Herzlichkeit, Auf=
richtigkeit.
Cordier, m. Seiler.
Cordiforme, adj. (Bot.) herzför=
mig.      [Fuchs.
†Cordillas, m. eine Art groben
†Cordillères (les), f. des Andes,
die Kette der Anden, Cordilleras.
Cordon, m. Schnur, f. Schnür=
chen, m. Band, Bändchen; (Schuh=
macher) Litze, f.; (Hutm.) Hut=
schnur; (Bauk.) Mauerkranz, m.;
—de gazon, (Gärtn.) Rasenrand;
(Münzw.) der gekräuselte Rand;
(Kriegsw.) Truppenkette, f. Cordon,
m.; — d'un ordre, Band, n. Or=
densband.      [(Münzw.) ränbern.
Cordonner, v. a. drehen, flechten;
Cordonnerie, f. Schusterhand=
werk, n.; Schuhladen, m. Schuh=
handel.
Cordonnet, m. Schnürchen, n.;
Rundschnur, f. Litze; (Münzw.)
der gekräuselte Rand.    [macher.
Cordonnier, m.= Schuster, Schuh=
†Cordouan, m. Korduan.
†Cordouanier, m. Korduanmacher.
Cordoue, f. Cordova (Stadt).
Corée, v. Chorée.
Coreligionnaire, m. et f. Glau=
bens=, Religionsgenosse, =inn.

Coriace, adj. lederhart, zähe; fg.
geizig.
Coriacé, adj. lederartig.
Coriambe, v. Choriambe.
Coriandre, f. (Bot.) Koriander, m.
†Corinthe, f. Korinth (Stadt);
raisins de —, kleine Rosinen, f. pl.
Corinthien, ne, adj. (Bauk.)
ꝛc.) korinthisch; —, m. ne, f. Ko=
rinther, m. =inn, f.     [Cauris.
Coris, f. (Bot.) Erdkiefer; voy.
Corme, m. (Bot.) Speierling,
Vogelbeere, f.
Cormier, m. (Bot.) Speierlings=
baum; —sauvage, Vogelbeerbaum.
Cormoran, m. Seerabe.
Cornac, m. Elephantenführer.
†Cornage, m. Keuchen, n. Schnau=
ben.
Cornailler, v. n. (Zim.) — dans
une mortaise, im Zapfenloche spie=
len.      [m. Karneol.
Cornaline, f. (Miner.) Karniol,
Corne, f. Horn, f. || Huf (der
Pferde, ꝛc.), m.; — d'abondance,
Füllhorn, m.; —s, Hörner (des
Mondes), n. pl.; Ecken, Spitzen, f.
pl.; Fühlfäden (der Insekten), m.
pl.; ouvrage à —, (Fort.) Horn=
werk, n.; — d'Ammon, (Miner.)
Ammonshorn; de —, adv. hörnern
Corné, e, adj. hornartig.
Cornée, f. (Anat.) Hornhaut (des
Auges).      [m. Grünstein.
Cornéenne, f. (Miner.) Hornstein;
Corneille, f. Krähe (Vogel);
(Bot.) Weiderich, m.; —, n. pr.
m. Cornelius.
†Cornélie, n. pr. f. Cornelia.
†Cornement, m. fm. Ohrenklingen,
n.; (Org.) Brausen (einer Pfeife).
Cornemuse, f. Dudelsack, m.
Corner, v. n. auf einem Horn bla=
sen; fm. dudeln; durch ein Hörrohr
reden; fm. in die Ohren schreien;
(v. Ohren) klingen || müssig riechen;
—, v. a. fg. fm. ausposaunen, un=
bedachtsam ausplaudern; — qch.
aux oreilles de qn., einem beftän=
dig in den Ohren liegen.
Cornet, m. Hörnchen, n. Horn,
Hörtrichter, m.; Dintenfaß, n.;
(Spiel) Würfelbecher, m.; Düte
(von Papier), f.; (Bäck.) Hippe
(dünner Kuchen), f. Schröpf=
kopf, m.; Pulverhorn, n.; (Natur=
geschichte) die einfach gewundene
Schnecke; — à bouquin, Kuhhorn,
n.; (Muf.) Zinke; — de chasse,
Jagd=, Hiefhorn, n.
†Cornetier, m. Hornarbeiter.
Cornette, m. Standartenträger,
Cornet; —, f. Haube; (Kriegsw.)
Standarte; (Seew.) Ständer, m.;
(Bot.) Rittersporn.
Corneur, m. Hornblaser; (Vieha.)
ein kruchendes Pferd.

Corniche, f. (Bauk.) Karnieß, n.; Kranz, m.

Cornichon, m. Hörnchen, n.; (Kocht.) die eingemachte Gurke, Essiggurke.

Cornier, ère, adj. an einer Ecke stehend; pilastre —, (Bauk.) Eckpfeiler, m.; pied —, (Forstw.) Maßlbaum, —s, m. pl. Säulen (des Kutschenhimmels), f. pl.

Cornière, f. Kehl=, Dachrinne.

Cornillas, m. die junge Krähe.

†Cornouailles, Cornwallis (Prov. in England). [kirsche.

Cornouille, f. (Bot.) Kornel=

Cornouiller, m. (Bot.) Kornelkirschbaum.

Cornu, e, adj. gehörnt; fg. eckig; fm. unstatthaft, albern.

Cornue, f. (Chym.) Retorte.

†Corolitique, adj. (v. Säulen) mit Laubwerk geziert. [Folgesaß.

Corollaire, m. (Lehrst.) Zusaß,

Corolle, f. (Bot.) Blumenkrone.

Coronaire, adj., artéres —s, Kranzschlagadern, f. pl..

Coronal, e, adj. (Anat.) os —, m. Stirnbein; n.; suture —e, f. Kranznaht [(in England).

Coroner, m. Coroner, Blutrichter

Coronille, f. (Bot.) Peltsche.

Coronoïde, adj. kranz=, kronförmig.

Corporal, m. (Kath.) Meßtuch, n.

†Corporalier, m. (Kath.) das Futteral des Meßtuchs.

Corporation, fém. Körperschaft, Zunft, Innung.

Corporel, le, adj.; -lement, adv.: körperlich, leiblich.

Corporifier, v. a. (Chym.) figiren; (Phil.) verkörpern.

Corps, m. Körper, Leib; — mort ou —, Leichnam; saisir qn. au —, einen verhaften; condamnation par —, die Verurtheilung (e. Schuldners) zur persönlichen Haft; confisquer — et biens, sich der Person und des Vermögens versichern; (le vaisseau a péri) — et biens, mit Mann und Ladung, fm. mit Mann u. Maus; se battre à —, Mann gegen Mann kämpfen; à son — défendant, aus Noth, Nothwehr; à — perdu, blindlings || Oberleib, m.; — de cuirasse, Bruststück, n. Brustharnisch, m.; — de jupe, de robe, Schnürbrust, f. Schnürleib, m. || Stamm (eines Baumes), Bauch (einer Laute), Kasten (eines Claviers, einer Kutsche) Wesentliche (n.), Hauptinhalt (m.) (eines Buches), Rumpf (eines Hembes, eines Schiffes), (Bauk.) Hauptmauerwerk, n.; — de logis, Hauptgebäude; — de pompe, Pumpenstiefel, m.; — de délit, (jur.) die Sache woran ein Verbrechen verübt worden; — mort, (Schiff.) Schiffspfahl, m. || Körper, Körperschaft, f. Gesellschaft; — de l'Etat, Staatskörper, m.; — du clergé, die gesammte Geistlichkeit; — des marchands, Kaufmannsinnung; — des métiers, Handwerkszünfte, pl. Zünfte, Gilden; — d'armée, Heerhaufe, m. Armeecorps, n.; — de bataille, Mittel=, Haupttreffen; —, Regiment, m.; — de garde, Wache, f. Wachtposten; m.; Wachthaus, n. Wachtstube, f. || Sammlung (Schriften); — de droit, die Sammlung der Rechte (corpus juris); — de doctrine, Lehrgebäude, n.; — de preuves, (jur.) die sämtlichen Beweise, m. pl.; réunir en un —, in ein Ganzes vereinigen ||

Dicke, f. Stärke (eines Stoffes), Geist (des Weines), m.; (Schriftg.) Sorte, f. Schriftsorte; — de lettre, Schrifthöhe, Kegel, m.; — d'une devise, das Bild einer Devise.

Corpulence, f. Körperdicke, Dicke, Dickleibigkeit.

Corpulent, e, adj. dickleibig, dick.

Corpusculaire, adj., physique —, philosophie —, Atomensystem, n.

Corpuscule, m. Körperchen, n.

Correct, e, adj.; -ement, adv.: fehlerfrei, richtig.

Correcteur, m. Verbesserer, Zuchtmeister; (Buchdr.) Corrector.

Correctif, m. (Apoth.) Milderung, f. Verbesserungsmittel; n.; fg. id., mildernde Ausdruck.

Correction, f. Verbesserung; Richtigkeit || Verweis, m.; Zucht, f.; Strafe; maison de —, Zuchthaus, n.; sauf —, sous —, mit Erlaubniß.

Correctionnel, le, adj. verbessernd; police —le, Zuchtpolizei, f.

†Corrégence, f. Mitregierung.

†Corrégent, m. Mitregent.

Corrégidor, m. Corrégidor, Oberrichter (in Spanien).

Corrélatif, ve, adj. sich wechselseitig auf einander beziehend.

Corrélation, f. die wechselseitige Beziehung.

Correspondance, f. Entsprechen, n. (à qch., einer S.); Uebereinstimmung, f. || Verbindung; Correspondenz, Briefwechsel, m.

Correspondant, e, adj. entsprechend; (Geom.) id., gleichnamig || sich zusammenschickend; in Verbindung stehend; —, Correspondent, Geschäftsfreund..

Correspondre, v. n. (à qn. ou à qch.), einer S. entsprechen, mit etw. übereinkommen, — avec qn., mit einem im Briefwechsel stehen; se —, v. r. im Ebenmaße mit einander stehen; mit einander verbunden seyn.

Corridor, m. Gang, Hausflur, f.

Corriger, v. a. verbessern || tadeln, züchtigen, strafen || mildern; se —, sich bessern.

Corrigible, adj. verbesserlich; il n'est pas —, er ist nicht zu bessern.

Corroborant, adj. stärkend.

Corroboratif, ve, adj. (Med.) stärkend; —, m. Stärkungsmittel, n.

Corroboration, f. (Med.) Stärkung.

Corroborer, v. a. (Med.) stärken.

Corroder, v. a. beizen, wegbeizen.

Corroi, m. Bereitung (des Leders), f. Gärben, n. || Lettendamm, m.

Corrompre, v. a. verderben, verschlimmern; fg. id., verfälschen (etwas); (qn.) bestechen; verführen; (Leber) kripseln; se —, verderben, schlimmer werden; in Verfall gerathen (Sitten, zc.); faulen (von Speisen).

Corrompu, e, adj. fg. verdorben, lasterhaft.

Corrosif, ve, adj. äßend, beizend, fressend; —, m. Aeßmittel, n.

Corrosion, f. Aeßen, n. Durchaßen, Anfressen.

Corroyer, v. a. (Leder) bereiten, gar machen, gärben; (Thon) kneten; (einen Canal, zc.) mit Thon ausschlagen; (Mörtel) anmachen; (Eisen) schweißen, zusammenschweißen; (Holz) abhobeln; (den Formsand) zubereiten. [ber.

Corroyeur, m. Lederbereiter, Gär=

†Corrude, f. (Bot.) der wilde Spargel.

Corrupteur, m. -trice, f. Verderber, m.; Verführer; Verfälscher; —inn, f.; — trice, adj. verderblich; verführerisch.

Corruptibilité, f. Verderblichkeit, Verweslichkeit.

Corruptible, adj. verderblich, verweslich, vergänglich; fg. bestechlich.

Corruption, f. Verderbniß; Fäulniß, Verwesung; fg. Verderbniß, n. Verfall (der Sitten, zc.), m.; Bestechung, f. Verführung; Verfälschung.

Cors, m. pl. Enden (am Hirschgeweihe, zc.), n. pl.

Corsage, m. fm. Leibesgestalt, f. Leib, m. Wuchs.

Corsaire, m. Corsar, Freibeuter, Seeräuber; fg. Leuteschinder; — ou vaisseau —, Raub= oder Caperschiff, n.

†Corse, f. Corsika; —, m. Corse; —, adj. corsisch.

Corselet, m. Bruststück, n.; Brustschild (der Insekten).

Corset, m. Leibchen, n. Mieder.

Cortége, m. Zug, Staatsgefolge, n. Ehrengeleite.

Cortès, f. pl. Cortes, Landstände (in Spanien).

Cortical, e, adj. rindenartig.

Coruscation, f. (Phys.) Schimmer, m. [Fröhner.

Corvéable, adj. frohnbar; —, m.

Corvée, f. Frohne, Frohndienst, m. (auch fg.); faire une —, frohnen; fg. id. [Rennschiff, n.

Corvette, f. (Seew.) Corvette,

Corybante, m. (Alt.) Korybant.

Corymbe, m.(Bot.) Dolbentraube, f. Blumenbüschel, m.

Corymbifère, adj., plantes —s, et —s, f. pl. (Bot.) die doldentraubentragenden Pflanzen.

Coryphée, m. (gr. Alt.) Chorführer; (Theat.) Hauptschauspieler; fg. Anführer, Tongeber; Hauptperson, f., m. p. Rädelsführer, m.

Coryza, m. (Arzn.) Kopfschnupfen.

Cosaques, m. pl. Kosaken.

Cosécante, f. (Geom.) Cosecante, Nebenschnittslinie.

Coseigneur, m. Mitlebensherr.

Cosinus, m. (Geom.) Cosinus.

Cosmétique, adj. verschönernd; —, m. Schönheits=, Schminkmittel, n. [Entstehung der Welt.

Cosmogonie, f. die Lehre von der

Cosmographe, m. Weltbeschreiber.

Cosmographie, f. Weltbeschreibung.

Cosmographique, adj. zur Weltbeschreibung gehörig; kosmographisch.

Cosmologie, f. Weltlehre.

Cosmologique, adj. zur Lehre von der Welt gehörig, kosmologisch.

Cosmopolite, m. Weltbürger.

†Cosmorama, m. das Gemälde der Welt.

Cosse, f. (Bot.) Hülse, Schote; (Schiff.) Kausch, f. (ein eiserner Ring); parchemin en —, das unausgeschabte Pergament.

Cosser, v. n. et se —, mit den Hörnern gegen einander stoßen; qui cosse, stößig (Stier).

Cosson, m. Kornwurm; (Rebm.) Auge, n.

Cossu, e, adj. dichhülsig; fg. pop. wohlhabend, reich; unwahrscheinlich (Erzählung).

Costal, e, adj. (Anat.) zu den Rippen gehörig; nerf —, Rippennerv, m.

Costume, m. Costüm, n.; Zeitgebrauch, m. Ueblichkeit, Tracht, f.

Costumer, v.a. nach dem Costüme kleiden. [gente.

Cotangente, f. (Geom.) Cotan-

Côte, f.(Anat.) Rippe; les vraies, les fausses —s, die langen, die kurzen Rippen; —, (Baut.) Rippe, f.

Zwischenstab, m.; (Geogr.) Küste, f. Seeküste, Gestade, n.; Hügel, m. Abhang, Anhöhe, f.; fg. Abkunst; — à —, adv. neben einander, dicht geschlossen; à mi- —, adv. auf der Mitte des Abhangs.

Cote, f. (jur.) Ziffer, Nummer; — ou quote-part, Antheil, m.; — mal taillée, die Ausgleichung in Bausch und Bogen.

Côté, m. Seite, f.; (Handw.) id., Kante; fg. Seite, Partei; (Geneal.) Geschlechtslinie; à — de, prép. auf der Seite, zur Seite, neben; à —, adv. seitwärts, daneben, daran; de —, seitwärts, beiseite; beiseite; de — et d'autre, bier und dort, hin und her, herum; de l'autre —, drüben.

Coteau, m. Hügel, Abhang.

Côtelette, f. Rippchen, n. Rippenstück.

Coter, v. a. mit Ziffern oder Buchstaben bezeichnen, numeriren; (Briefe) überschreiben.

Coterie, f. die abgeschlossene Gesellschaft, Kränzchen, n. Zirkel, m.

Cothurne, m. (Alt.) Kothurn (Theaterschuh); fg. der hochtrabende Styl; chausser le —, in Trauerspielen spielen; Trauerspiele dichten; m. p. einen schwülstigen Styl annehmen.

Côtier, m., ou pilote —, Lothse, Küsten-Steuermann.

Côtière, f. (Seew.) Küstenstrecke; (Gärtn.) das abschüssige Gartenbeet an einer Mauer.

Cotignac, f. Quittenbred, n.

Cotillon, m. Unterrock (b. Frauenzimmer); pop. aimer le —, jeder Schürze nachlaufen || eine Art Tanz.

Cotir, v. a. pop. (vom Obste) beschädigen, quetschen.

Cotisation, f. Anschlag, m. Schätzung, f. Vertheilung eines Beitrags.

Cotiser, v. a. anschlagen, anlegen (was jeder bezahlen soll); se —, v. r. zusammenschießen.

Cotissure, f. Anstoß, m. Fleck (am Obste).

Coton, m. Baumwolle, f.; de —, baumwollen; toile de —, Kattun, m. Baumwollenzeug; (Gärtn. Tuch.) Wolle, f.; fg. fm. il jette un vilain —, es sieht schlimm mit ihm aus; — fg. Flachsbart, m. Milchhaare, n. pl.

Cotonnade, f.Baumwollenzeug, m.

Cotonner, v. a. mit gekardätschter Baumwolle füttern; —, v. n. et se —, wollicht, rauch, kraus werden; Milchhaare bekommen (Wangen).

Cotonneux, se, adj. pelzicht, flockicht, schwammicht.

Cotonnier, m. Baumwollpflanze, f. [tuch.

Cotonnine, f. der Zeug zu Segel-

Côtoyer, v. a. qch., längs einer S. hingehen oder fahren; — qn., einem zur Seite geben.

Cotret, m. Reisig, n. Bund Brennholz; huile de —, pop. Prügelsuppe, f.

Cotte, f. Weiberrock, m. Rock; — d'armes, Waffenrock; — de mailles, Panzerhemb, n.; — morte, die Verlassenschaft eines Mönchs.

Cotule, f. (Bot.) Laugenblume, Krötenkraut, n.

Cotuteur, m. Mitvormund.

Cotyle, m. (Anat.) Pfanne (eines Knochens), f.

Cotylédoné, e, adj.(Bot.) plante —, die Pflanze mit Samenlappen.

Cotylédons, m. pl. —es, f. pl. Samenlappen, m. pl.

Cotyloïde, adj., cavité —, (Anat.) die Pfanne des Hüftknochens.

Cou, m. Hals; se casser le —, den Hals brechen (v. Col).

Couard, m. vi. Couardise, f. vi. Feige, m. Feigheit, f.

Couchant, m. (Geogr.) Niedergang, Abend, Westen; fg. être à son —, im Sinken, in der Abnahme seyn; —, e, adj. untergehend; chien —, Hühnerhund, m.; fg. friechende Schmeichler.

Couche, f. Bett, n. Lager; — nuptiale, Ehebett; —, Niederkunft, f. Entbindung; —s, Kindbett, n. Wochenbett; —, Windel, f. || Lage, Schicht; (Bergw.) Flöz, m. Geschiebe; (Mal., x.) Grund, m.; Auftrag (der Farben); (Gärtn.) Beet, n.; — de fumier, Mißbeet; —, (Erbr.) Satz (Korn), m.; (Zimm.) Lagerholz, n. Schwelle, f.; (Bäck.) Backtuch, m. Wirkbrett; (Büchf.) Anschlag, m.; (Spiel) Satz. [lager, m.

Couchée, f. Nachtherberge; Nacht-binlegen, zu Bette bringen; — sur le carreau, todt hinstrecken; — niederwerfen; (Spiel) setzen; (Mal.) auftragen; (Näh.) platt aufnähen; (Rebm.) ablegen; — en recette, in Einnahme bringen; — qn. en joue, auf einen anschlagen und zielen; fg. fm. einen auf dem Korne haben; — sur le papier ou par écrit, etc., aufschreiben, eintragen; —, v. n. liegen, schlafen, übernachten; — avec qn., bei jemand schlafen; —, sich niederlegen; (Astr.) untergeben; —, m. Schlafengehen, n.; Nachtlager; (Astr.) Untergang, m.; à soleil —é, kurz nach Sonnenuntergang.

Couchette, f. das Bettchen ohne Vorhänge; Bettgestell.

Coucheur, m. se, f. Schlafgenoß, m. -inn, f.

Couchis, *masc.* Unterlage (von Sand, 2c.), *f.* [bois, *n.* Reisen.
†Couchoir, *m.* (Buchb.) Auftrag=
Couci-couci, *plais. adv.* so so!
Coucou, *m.* Kuckuck; (Gärtn.) taubblühende Erdbeerstock. *f.*
Coude, *m.* Elbogen; *fg.* Krümme, Beugung; Knie (an Werkzeugen) *n.*
Coudé, e, *adj.* winkelig, gebrochen, knieförmig gebogen.
Coudée, *f.* Vorderarmlänge; *fg.* avoir les —s franches, sich frei bewegen können.
†Coude-lattes, *f. pl.* (Seew.) Knieholz, *n.* Kaminholz.
Cou-de-pied, *m.* Fußbiege, *f.* Rist, *m.* Oberfuß.
Couder, *v. a.* la manche d'un habit, ben Elbogen am Kleide schneiden, nähen; —, knieförmig umbiegen. [stoßen.
Coudoyer, *v. a.* mit dem Elbogen
Coudraie, *f.* Haselgebüsch, *n.* Haselbusch, *m.*
Coudre, *m.*, *v.* Coudrier.
*Coudre, *v. a.* nähen, heften; —à qch., an etw. nähen, annähen; *fg.* (Schriftstellen) zusammenflicken; *fg.* être cousu d'or, voll Gold stecken; il est cousu, er ist mit Wunden bedeckt; joues cousues, eingefallene Backen; finesse cousue de fil blanc, die grobe List; bouche cousue, reinen Mund gehalten!
†Coudrement, *m.* (Gärb.) das Einsetzen (der Häute) in das Treibfaß.
†Coudrer, *v. a.* (Gärb.) in das Treibfaß einsetzen, treiben.
Coudrette, *v.* Coudraie.
Coudrier, Coudre, *m.* Haselstaude, *f.* Haselstrauch, *m.*
Couenne (spr. cou-anne), *f.* Schwarte, Speckschwarte; (Med.) Schorf, *m.*
Couenneux, se, *adj.* dickhäutig, speckhäutig.
Couet, *m.* (Schiff.) Smeite (Tau), *f.* [Senesblätter.
†Coufle, *f.* (Handl.) der Ballen
†Couillard, *m.* (Seew.) Nothgording, *f.* (ein Segeltau).
†Couladoux, *m.* (Seew.) Taljereep, *n.* (Tau).
Coulage, *m.* (Handl.) der Abgang (an flüssigen Waaren) durch das Auslaufen.
Coulant, e, *adj.*; coulamment, *adv.*: fließend; *fg. id.*, geläufig; zwanglos, leicht; homme —, *ou* — en affaires, ein in Geschäften nachgiebiger Mann; fenêtre —, *f.* Fallfenster, *n.*; nœud —, Schleife, *f.*
Coulant, *m.* (Juwel.) Angehänge, *n.*; (Goldsch.) Schiebring, *m.*
†Coule, *f.* Bernhardinerkutte.
Coulé, *m.* (Mus.) Schleifung, *f.* Schleifer, *m.*; (Stick.) der geschleifte

Stich; (Mal.) der erste Farbenauftrag; (Gieß.) Gußarbeit, *f.*
Coulée, *f.* (Schreibt.) *ou* écriture —, die geschobene Schrift, Currentschrift; —, (Eisenh.) Abflußrinne; (Seew.) Schub, *m.*
†Coulement, *m.* Fließen, *n.*; — d'épée, (Fechtk.) das Streichen der Klinge an der des Gegners.
Couler, *v. n.* fließen, laufen, strömen; rinnen (Faß) || ausglitschen (Leiter); (von Früchten) unreif abfallen; schwinden (Getreide); (Eichter) ablaufen; — bas, à fond, untersinken; *fg.* zu Grunde geben; —, *fg.* fließen, verfließen (Zeit); — de source, von Herzen kommen; —, schleichen; *fg.* — sur qch., über etw. wegschlüpfen; —, *v. a.* seihen, durchseihen || unvermerkt hineinstecken, hineinschieben; mit unterschieben; (in eine Rede) einfließen lassen; (Gieß.) in Formen gießen; (Mus., Tanzk.) schleifen; (Wein) abziehen; — ses jours, seine Tage zubringen; — à fond, versenken; in den Grund bohren; *fg.* (einen) zu Grunde richten; (einen Gegenstand) gründlich abhandeln; se —, sich einschleichen; sich wegschleichen. [erfiedereien), *m.*
†Couleresse, *f.* Durchschlag (in Zuckersied.)
Couleur, *f.* Farbe; *fg. id.*, Anstrich, *m.* Schein, Vorwand; prendre —, sich entscheiden; sich erklären; eine Wendung nehmen; habit de —, ein farbiges Kleid; — d'olive, de feu, etc., *m.* Olivenfarbe, *f.*; adj. oliven=, feuerfarben; — de rose, *m.* Rosenroth, *n.*; — d'or, Goldfarbe; — s, *pl.* Livree; les pâles —s, (Med.) Bleichsucht.
Couleuvre, *f.* Schlange. [ge.
Couleuvreau, *m.* die junge Schlangen
Couleuvrée, *f.* (Bot.) Zaunrübe.
Couleuvrine, *f.* (Artill.) Feldschlange; cette maison est sous la — de la place, dieses Haus wird von den Kanonen der Festung bestrichen; *fg. fm.* être sous la — de qn., von einem abhängen.
Coulis, *m.* die durchgeseihete Kraftbrühe; —, *adj. m.*, vent —, Zugwind, *m.*
Coulisse, *f.* Falz, *m.* Zuge, *f.*; Schieber, *m.*; fenêtre à —, Schiebfenster, *f.*; volet à —, Schiebladen, *m.*; —, (Schneid.) Coulisse; — d'un habit; (Theat.) Seitenwand, Culisse; — de galée, (Buchdr.) Schiffszunge.
†Coulisseau, *m.* (Tischl.) Zünglein, *n.* Gestell.
Couloir, *m.* Seiher, Durchschlag, Seihtuch, *n.* Milchtuch; (Pap.) Scheibe, *f.*; (Bauk.) der lange schmale Gang. [trichter.
Couloire, *f.* Durchschlag, *m.* Seih=

Coulpe, *f.* (Theol.) Schuld.
Coulure, *f.* (Landw.) Schwinden, *n.*; (Gärtn.) Abfallen; (Gieß.) ausgelaufene Metall; —s, *pl.* (Fisch.) die Haarseite am Schlagnetz.
Coup, *m.* Schlag, Stoß, Streich, Hieb, Stich; — de pied, Fußtritt, Tritt; — de dent, der Biß mit den Zähnen; *fg. ou* — de bec, Seitenhieb; — de jour, (Mal.) Schlaglicht, *n.*; —, (Spiel) Schlag, *m.* Streich, Stoß; (Trikt.) Wurf; *fg.* Schlag, Streich; — d'autorité, Gewaltstreich; — de couteau, Messerstich; — de feu, Schuß, Schußwunde, *f.*; — de fusil, Flintenschuß, *m.*; fusil à deux —s, Doppelflinte, *f.*; — de pierre, Steinwurf, *m.*; — de fouet, Peitschenhieb, Schmiß; — de peigne, Kammstrich; — de plume, de pinceau, Feder=, Pinselstrich; — de sifflet, Pfiff; — de vent, Windstoß; — de tonnerre, de foudre, Donnerschlag; Blitz=, Wetterstrahl; — de soleil, (Med.) Sonnenstich; — de sang, Schlagfluß; — de partie, Hauptschlag; — d'état, Staatsstreich; — d'essai, Probestück, *n.*; — de Jarnac, der heimtückische, verderbliche Streich; — de théâtre, Theaterwirkung, *f.*; — de filet, Fischzug, *m.*; — de main, die rasch ausgeführte Unternehmung; — d'œil, Blick, *m.*; *fg. id.*, Augenmaß, *n.*; Aussicht, *f.*; —, Trunk, *m.* Schluck (Wein, 2c.); —, *adv.* mal; tout à —, *adv.* plötzlich; tout d'un —, auf einmal, à — sûr, gewiß, unfehlbar; — sur —, hinter einander, Schlag auf Schlag; après —, nach geschehener That; à tous —s, alle Augenblicke, allemal; pour le —, für diesmal; à — perdu, auf gerathewohl.
Coupable, *adj.* schuldig, strafbar; —, *m. et f.* Schuldige.
Coupant, e, *adj.* scharf.
†Coupant, *m.* Schneide, *f.*
†Coupants, *m. pl.* (Jagd) die scharfen Ränder der Klauen des Wildschweines.
Coupe, *f.* Schneiden, *n.* Einschneiden; Schnitt, *m.*; (Schneid.) *id.*, Zuschnitt; (Zeichn.) Durchschnitt; (Spiel) Abheben (der Karten), *n.*; (Forstw.) Holzschlag, *m.* Holzfällen, *n.* die Zeit zum Fällen; Schlag, *m.*; *fg.* Zuschnitt, Anordnung, *f.*; être sous la — de qn., unter einem stehen || Schale, *f.* Kelch, *m.* Kelchglas, *n.*
Coupé, *m.* (Tanzk.) Biegeschritt || Art von bedecktem Wagen mit einem Hintersitz || Vordersitz in einem Eilwagen.
Coupé, e, *adj.* kurz, abgebrochen

(Schreibart); durchschnitten (Land); gemischt (Milch, u. s. w.); abgeschnitten, eingeschnitten (Verse).

Coupeau, *m.* Berggipfel, Kuppe, *f.*

†Coupe-cercle, *m.* (Mathemat.) Schneidezirkel; (Tischler) Mittelpunktsbohrer.

Coupe-gorge, *m.* Mördergrube, *f.* Räubernest, *n.*; *fg.* der unsichere Ort; (Spiel) der unglücklichste Stich.

Coupe-jarret, *m.* Meuchelmörder, Bandit.

Coupellation, *f.* (Chym.) die Läuterung der Metalle durch die Kapelle.

Coupelle, *f.* (Chym.) Kapelle, Probiertiegel, *m.*; *fg.* mettre à la —, die Feuerprobe aushalten lassen; —, *m.* (Artill.) Pulverschaufel, *f.*

Coupeller, *v. a.* auf der Kapelle probiren, reinigen.

†Coupe-paille, *m.* Häckerlingsmesser, *n.*

†Coupe-pâte, *m.* Teigmesser, *n.*

†Coupe-queue, *m.* (Weißg., ꝛc.) Schneidemesser, *n.*

Couper, *v. a.* schneiden, ab=, be=, durch=, einschneiden; hauen, abhauen; (ein Pferd) wallachen; (Kleider) zuschneiden; (Bilder) schnipeln; (Nasen) stechen; (den Anker) tappen; (Kochk.) schärben; — avec la scie, durchsägen; —, *fg.* (den Weg für Lebensmittel, ꝛc.) abschneiden; (Karten) abheben, stechen; — avec l'atout, trumpfen; —, (Würfel) kneipen; (Noten) abstoßen; (Milch) mit Wasser mischen; — court, kurz abbrechen; — dans le vif, bis in das gesunde Fleisch hinein schneiden; *fg.* an der empfindlichsten Seite angreifen; — la parole à qn., einem in die Rede fallen; — qn., einem über den Weg geben; — la gorge à qn., *fg.* einen zu Grunde richten; —, *v. n.* schneiden, scharf seyn; se —, sich schneiden, (von Pferden) streichen, in die Eisen hauen; *fg.* sich widersprechen, sich verfangen; se —, einander durchschneiden; style —é, ein gebrochener Styl.

Couperet, *m.* Hack= Brodmesser, *n.* [Vitriol, *m.*

Couperose, *f.* Kupferwasser, *n.*

Couperosé, e, *adj.* kupferig, finnig; le nez —, Kupfernase, *f.*

Coupe-tête, *m.* Voltigirspiel, *n.*

Coupeur, *m.* se *f.* Weinleser, *m.* =inn, *f.*; (Spiel) Mitspieler, *m.*; de bourse, Beutelschneider.

†Coupis, *m.* eine Art indischen Kattuns.

Couple, *f.* Paar, *n.*; Joch (Ochsen); (Jagd) Koppel, *f.* Koppelriemen, *m.*; —, *m.* Paar (Liebende oder Eheleute).

Coupler, *v. a.* paarweise zusammentriebhun, paaren, zusammenkoppeln, paarweise zusammenwohnen machen.

Couplet, *m.* Strophe, *f.* Vers, *m.*; — de presse, (Buchdr.) Deckelband, *n.*; —, (Schloss.) Scharnierband. [durchziehen.

Coupleter, *v. a. fm.* in Versen

Coupoir, *m.* Münz=, Blechschere, *f.*; (Schriftgießer) Beschneidebank; (Buchd.) Falzbein, *n.*

Coupole, *f.* (Bauk.) Kuppel, Dom, *m.*

Coupon, *m.* das Restchen Zeug, ꝛc.; (Fin.) Leistenschein, *m.* Coupon.

Coupure, *f.* Schnitt, *m.*; Ein=, Durchschnitt.

Cour, *f.* Hof, *m.*; Hofhaltung, *f.*; Hoflager, *n.*; Hofstaat, *m.*; (jur.) Gerichtshof; *fg.* Aufwartung, *f.*; mettre hors de — et de procès, vor Gericht abweisen.

†Courable, *adj.* jagdbar.

Courage, *m.* Muth, Herzhaftigkeit, *f.*; *fm.* Herz, *n.*; prendre —, Muth fassen; perdre —, verzagen; —, *interj.* lustig! munter! auf!

Courageux, se, *adj.*; -sement, *adv.*: muthig, herzhaft, beherzt.

Courant, e, *adj.* laufend, fließend; *fg.* gangbar, gültig; tout —, -amment, *adv.* fertig, geläufig, ohne Anstoß, leicht; —, *m.* Fluth, *f.* Strom, *m.* Lauf; Strömung (im Meer), *f.*; — du marché, Marktpreis, *m.*; — (Fin.) laufende Termin; — du monde, Weltlauf.

Courante, *f.* Corrente (Tanz); (Schreibk.) geschobene Schrift, Currentschrift; *pop.* Durchlauf, *m.*

†Courantin, *m.* (Feuerw.) Schnurfeuer, *n.*

†Courbaton, *m.* (Seew.) Gabelholz, *n.* Sabelholz, die kleine Knie= Klampe.

Courbatu, e, *adj.* steif, herzschlächtig (v. Pferden).

Courbature, *f.* die Steifigkeit in den Gliedern, Herzschlächtigkeit der Pferde).

Courbe, *f.* die krumme Linie; (Zimm.) Krummholz, *n.*; (Schifff.) Band; (Thiera.) die Geschwulst am Knie der Pferde; — de chevaux, ein Paar Pferde zum Schiffziehen; —, *adj.* krumm gebogen.

Courber, *v. a.* krümmen, biegen; (Schloss.) id., trippen; —, *v. n. et* se —, sich krümmen, sich bücken, sich biegen, sich schmiegen; —é, krumm.

†Courbet, *m.* Bogen (am Saumsattel).

Courbette, *f.* der mittlere Sprung (des Pferdes), Bogensprung; *fg.* faire des —s, kriechen, Bücklinge ou *fm.* Katzenbuckel machen.

Courbure, *f.* Krümmung, Biegen, *n.*

Courcaillet, *m.* das Schlagen der Wachteln; Wachtelpfeife, *f.*

†Courcet, *m.* Gartenmesser, *n.*

Courcive, *f.* Halberdeck (auf offenen Fahrzeugen), *n.* [Stange.

†Courçon, *m.* (Artill.) eine eiserne

†Courée, *f.* (Schifff.) Bodenschmier, *n.* Schiffpappe, *f.*

Coureur, *m.* Läufer; Landstreicher; — de nuit, Nachtschwärmer; —se, *f.* Landläuferin. [(Vogel).

†Coure-vite, *m.* Stranbläufer

Courge, *f.* Kürbiß, *m.*

Courier, *v.* Courrier.

*Courir, *v. n.* laufen, rennen, jagen; eilen; herumstreichen, =laufen; gangbar seyn (Münze); herumreisen; fließen (Fluß), verfließen, verstreichen (Zeit); par le temps qui court, bei der gegenwärtigen Zeit; — après qch., einer S. nachjagen; —, (das Land) durcheilen; être couru, Zulauf haben, stark gesucht werden; courir, *v. a.* im Laufe verfolgen; jagen; — ou courre un lièvre, etc., einen Hasen, ꝛc., hetzen; — la poste, mit der Post reisen; Extrapost fahren, reiten; — risque, Gefahr laufen; il court, *v. imp.* es geht herum. [*n.*

†Courlande, *f.* Kurland (Land); †Courlandais, *m.* Kurländer.

Courlieu, Courlis, *m.* Wetter=, Brachvogel.

Couronne, *f.* Krone, Kranz, *m.*; — royale, Königskrone, *f.*; — *fg.* Staat, *m.*; Kaiser=; Königswürde, *f.*; (Kath.) Platte; Hof (um den Mond), *m.*; (Bauk.) Kranzleiste, *f.*; (Handl.) Kronenthaler, *m.*

Couronnement, *m.* Krönung, *f.*; *fg.* Vollendung, *f.* (Bauk.) transformige Zierathen, *pl.*; Kranz (eines Gewölbes), *m.*; (Schifff.) Hackbord.

Couronner, *v. a.* krönen; befränzen; *fg.* kränen, belohnen, beehren; umgeben; se —, (v. Bäumen) alt werden.

†Couronnure, *f.* Krongehörn, *n.*

Courre, *v. a.* (Jagd) jagen; laisser —, leslassen; *v.* Courir.

Courrier, *m.* (Thiera.) Eilbote; Postreiter, Staffete, *f.*; reisende, fahrende Post, Post; — *fr. ol.* (Dicht.) Wanderer, *m.* (vom Mond).

Courroie, *f.* der lederne Riemen.

Courroucer, *v. a.* heftig erzürnen; se —, ergrimmen, in Zorn gerathen.

Courroux, *m.* der (heftige) Zorn, Grimm.

Cours, *m.* Lauf, Gang; *fg.* id., Verlauf, Fortgang; Gangbarkeit, *f.*; (Handl.) Curs, *m.*; — du change, Wechselcurs; — du marché, Marktpreis || Collegium, *n.*

die wiſſenſchaftliche Vorleſung, Cur=
ſus, m.; — de ventre, Durchfall;
donner — à qch., etw. in Umlauf,
in Gang bringen; avoir —, (Münz=
weſen) gangbar ſeyn, geben, curſi=
ren; in der Mode ſeyn (Waaren);
im Umlauf ſeyn (Gerücht) ‖ Spa=
zierplaß, m.

Course, f. Lauf, m. Laufen, n.
Ritt, m. Weg, Reiſe, f.; Wett=
rennen, n. =lauf, m.; — de che=
vaux, Pferderennen, n. ‖ Laufbahn,
f.; ſg. id., Lauf, m.; (Kriegsw.)
Streiferei, f.; armer en —, (See=
weſen) auf Caperei ausrüſten; —s,
pl. Gänge, m. pl.

Coursier, m. Renner, Schlacht=
roß, n.; — ou Coursie, f. (Seew.)
Kooler, m. Stückplaß (auf Galee=
ren); Kooferſtück, n.

†Coursière, f. (Seew.) Zugbrücke;
(Hydr.) Gang (an einem Waſſer=
rabe), m.

Coursive, v. Cursive.

Courson, m. (Rebm.) die ver=
ſchnittene Weinranke; (Gärtn.)
Trageaſt, m.

Court, e, adj. kurz, klein; —,
adv. kurz; demeurer —, (im Re=
den) ſtecken bleiben, ſtocken; tout
—, ſchlechtweg.

Courtage, m. Mäklerei, f.; Mäk=
lerlohn, m.; droit de —, Mäkler=
gebühr, f.

Courtaud, e, adj. geſtußt; kurz
und bick; unterſeßt; —, m. die
Baßpfeife am Dudelſack, Schnarr=
pfeife; (Reitſch.) Stußſchwanz, m.;
(Handl.) Ladenburſch.

Courtauder, v. a. un cheval,
einem Pferde den Schwanz oder die
Ohren ſtußen.

†Court-bâton, m. (Seew.) die
kleine Knie; tirer au —, (Sprichw.)
krittlich mit einem umgehn, ſtreng
auf ſeinem Recht beſtehn.

Court-bouillon, m. (Kochk.) die
kurze Brühe.

†Court-douton, m. Jochnagel.

Courte-botte, m. pop. plais.
Knirps.

†Courte-paille, f. Hälmchenzie=
hen, n. (Spiel).

†Courte-paume, f. Ballſpiel, n.

Courte-pointe, f. die geſteppte
Wettbecke. [ter.

Courtier, m. Mäkler, Unterhänd=
Courtilière, f. (Naturg.) Reit=
wurm, m. Werre, f. [wall, m.

Courtine, f. (Fortif.) Mittel=
Courtisan, m. Hofmann, Höfling,
mépr. Hofſchranz; —e, f. Buh=
lerinn.

Courtiser, v. a. fm. qn., einem
den Hof machen; ſg. — les muses,
den Muſen dienen. [kurz gefeſſelt.

Court-jointé, e, adj. (Reitſch.)

Courtois, e, adj.; -ement, adv.:
p. us. höflich; ſtumpf (Waffen).

Courtoisie, f. fm. Höflichkeit.

†Courton, m. der kurze Hanf.

†Courtray, Kortryk (Stadt).

†Couru, e, adj. geſucht, allge=
mein beliebt.

†Cous, m. Weßſtein, Schleifſtein.

Cousin, m. Vetter; (Naturg.)
Mücke; f. Schnake; — germain,
Geſchwiſterkind, n.; — issu de ger=
main, Anders= Nachgeſchwiſterkind;
—e, f. Baſe, Muhme.

Cousinage, m. Vetterſchaft, f.

Cousiner, v. a. qn. fm. einen
Vetter nennen; —, v. n. fm. bei
ſeinen Verwandten ſchmaroßen.

Cousinière, f. Mückenneß, n.

†Cousoir, m. (Buchb.) Heftlade, f.

Coussin, m. Kiſſen, n. Polſter;
— à coudre, Nähkiſſen.

Coussinet, n. das kleine Kiſſen
oder Polſter; (Baut.) Wulſt, m.

Cousu, v. Coudre.

Coût, m. (jur.) Koſten, pl.

Coûtant, adj. m., prix —, Kauf=
preis, m.

Couteau, m. Meſſer, n.; kurze
Seitengewehr; — pliant, Zuleg=
Schnapp= Taſchenmeſſer; — de
chasse, Hirſchfänger, m.; Weid=
meſſer, n.; — sourd, Glätteiſen;
— à pied, Schuſterkneif, m.; Zu=
ſchneidemeſſer; — sacré, Opfer=
meſſer; fg. être à —x tirés, heftig
gegen einander erbittert ſeyn.

Coutelas, m. Stußſäbel, Hieber;
(Schifff.) Leiſegel, n. Reff.

Coutelier, m. ère, f. Meſſer=
ſchmied, m. =inn, f.; —ière, f.
Meſſerbeſteck, n.

Coutellerie, fém. Meſſerſchmied=
handwerk, n.; =laden, m.; =arbeit, f.

Coûter, v. n. koſten, zu ſtehen
kommen.

Coûteux, se, adj. koſtſpielig.

Coutier, m. Zwillichweber.

†Coutières, f. pl. (Seew.) Wand=
taue, n. pl. [Drillich.

Coutil, Coutis, m. Zwillich,

Coutre, m. Pflugeiſen, n.

Coutume, f. Gewohnheit; Ge=
brauch, m.; (jur.) Herkommen, n.
Gewohnheitsrecht; (Fin.) hergebrach=
te Gefälle, pl.; avoir — pflegen;
comme de —, wie gewöhnlich.

Coutumier, ère, adj. fm. ge=
wohnt; il est—du fait, er iſt ge=
wohnt es zu thun; —, (jur.) her=
kömmlich, hergebracht; droit —,
Gewohnheitsrecht; —s pays —, das
nach hergebrachten Gewohnheiten
regierte Land.

Couture, f. Naht, Nähen, n.
Näherei, f.; (Chir.) Narbe; —s,
pl. (Schifff.) die mit Werg und
Pech ausgefüllten Fugen.

Couturé, e, adj. vernäht, ver=
ſtickt; fg. vernarbt, entſtellt.

Couturier, m. p. us. ère, f.
Nähter, m. =inn, f.; —, m. (Anal.)
Schneidermäuslein, n.

Couvain, f. Brut (v. Inſecten).

Couvaison, f. Brutzeit. [Eier.

Couvée, f. Brut; das Neſt voll

Couvent, m. Kloſter, n.

Couver, v. a. bebrüten, ausbrü=
ten; fg. id.; — qch., an etw. brü=
ten; — v. n. brüten; fg. id. ver=
borgen liegen, unter der Aſche glim=
men.

Couvercle, m. Deckel, Stürze, f.

Couvert, m. Obdach, n. Herberge,
f. ‖ der ſchattige Ort ‖ Umſchlag
(eines Briefs) ‖ Tiſchgeräth, n.
Tiſchzeug; Beſteck; Gedeck; à —,
adv. bedeckt, ſicher; être à —, fm.
im Trockenen ſeyn.

Couvert, e, adj. verdeckt (Worte,
u. ſ. w.); geheim (Haß); verwach=
ſen (Land). [Verdeck, n.

Couverte, f. Glaſur; (Schifff.)

Couverture, f. Decke; (Baut.)
Dach, n.; — (Buchb.) Decke, f. Ein=
band, m.; Ueberzug (von Seſſeln,
ꝛc.); (Schloſſ., ꝛc.) Decke, f.; — de
lit ou —, Betibecke; faire la —,
die Bettdecke nebſt dem obern Lein=
tuche zurückſchlagen. [=bähler.

Couverturier, m. Deckenmacher;

Couvet, m. Feuerſtübchen, n.

Couveuse, f. Brut=, Gluchhenne.

Couvi, adj. m. bebrütet, brütig,
verdorben (Ei).

Couvre-chef, m. Schleierhaube,
f.; Kopfhülle; (Chir.) Hauptbinde.

Couvre-feu, m. Gluth=, Kohlen=
deckel; Bratſchirm ‖ Abendgeläute, n.

Couvre-pied, m. Fußbecke, f.

Couvreur, m. Dachdecker; — en
ardoise, Schieferdecker; —se, f.
Stuhlflechterinn.

*Couvrir, v. a. decken; bedecken;
zudecken ‖ überziehen; befleiden; be=
wachſen (Gras); (eine Karte) be=
ſeßen; fg. decken, bedecken; verber=
gen ‖ beſpringen; belegen (v. Pfer=
den, ꝛc.); — une enchère, im
Steigern überdieten; se —, ſich be=
decken; den Hut aufſeßen; ſich um=
wölken (Himmel); parler à mots
couverts, verblümt, verdeckt reden;
couvert, dunkelroth (Wein); wal=
big (Land).

Covendeur, m. Mitverkäufer.

†Coxal, e, adj., l'os —, Huft=
bein, n.

Crabe, m. Krabbe, f. Taſchen=
krebs, m.

†Crabier, m. (Naturg.) Krabben=
freſſer.

†Crabron, m. Silbermundweſpe, f.

†Crac, m. Vogelſucht (der Raub=

vögel), *f.;* —, *m. fm.* Krach; —,
*interj.* krach! husch!
Crachat, *m.* Speichel, Auswurf;
*pop.* Ordensstern.
Crachement, *m.* Speien, *n.* Aus=
speien; — de sang, Blutspeien.
Cracher, *v. a. et n.* speien, aus=
speien, auswerfen, (spucken; — sur
qn., einen anspucken.
Cracheur, se, *adj.,* —, *m.* se,
*f.* Speier; *m.* =inn, *f.*
Crachoir, *m.* Speinapf, Spuck=
kästchen; *n.* [speien.
Crachotement, *m.* das öftere Aus=
Crachoter, *v. n.* öfters ausspeien.
†Cracovie, *f.* Krakau (Stadt).
Craie, *f.* Kreide; — rouge, Rö=
thel, *m.*
*Craindre, *v. a.* fürchten, befürch=
ten; — qch., etw. besorgen; scheuen,
verehren (Gott).
Crainte, *f.* Furcht, Besorgniß,
Scheu.
Craintif, ve, *adj.* furchtsam, be=
sorglich.
Cramoisi, *m.* Carmesinroth, *n.;*
—, e, *adj.* carmesinroth.
Crampe, *f.* Krampf, *m.*
Crampon, *m.* Klauer, *f.* Kram=
pe; (Zimm.) Balkenband, *n.;*
(Schloss.) Kloben, *m.* Band, *n.;*
(Hufsch.) Stollen, *m.;* Schlinge (für
die Pistolenholster), *f.;* Fensterklo=
ben, *m.*
Cramponner, *v. a.* mit Klauern
befestigen; verklauern; (ein Pferd)
auf das Eis beschlagen; se —, sich
anklammern.
Cramponnet, *m.* die kleine Klam=
mer oder Krampe; (Schless.) Stru=
del.
Cran, *m.* Kerbe, *f.* Einschnitt, *m.;*
(Schrifts.) Signaturrinne, *f.; fg.*
*fm.* baisser d'un —, sichtbar ab=
nehmen. [lein, *n.*
†Crancelin, *m.* (Wapp.) Kränz=
Crâne, *m.* Hirnschale, *f.; fg.*
Brauskopf, *m.*
Crânerie, *f.* Windbeutelei.
Craniologie, Craniologie, *f.*(Anat.)
Hirnschädellehre.
Crapaud, *m.* (Naturg.) Kröte, *f.*
Crapaudaille, *v.* Crépodaille.
Crapaudière, *f.* Krötenpfütze; *fg.*
der schmutzige Ort, Loch, *n.*
Crapaudine, *f.* (Naturg.) Krö=
tenstein, *m.;* (Bot.) Gliedkraut, *n.*
(Handw.) Pfanne, *f.;* (Thiera.)
das Geschwür an der Fessel eines
Pferdes; (Hufsch.) Hornkluft, *f.;*
(Hydr.) Klebkappe; pigeons à la
—, (Koch.) plattgedrückte gebratene
Tauben, *f. pl.*
Crapoussin, *m.* e, *f.* Krüppel, *m.*
Crapule, *f.* Schwelgerei, Völlerei;
*fm.* Schwelgt, *m.* Wüstling.
Crapuler, *v. n.* schwelgen.

Crapuleux, se, *adj.* schwelgerisch,
thierisch=sinnlich.
Craquelin, *m.* Brezel, *f.* Fasten=
brezel; — ou craquelot, *m.* der
frische Pickling. [Knacken.
Craquement, *m.* Krachen, *n.*
Craquer, *v. n.* krachen, knacken,
knarren, knirschen, klappern; *fg.*
*pop.* lügen, prahlen. [ierei.
Craquerie, *f. pop.* Lüge, Prah=
Craquètement, *m.* Zähneknir=
schen, *n.*
Craqueter, *v. n.* knistern, krachen.
Craqueur, *m.* se, *f. pop.* Auf=
schneider, *m.* =inn, *f.;* Prahlhans,
*m.* Lügenmaul, *n.*
Crase, *f.* (Gramm.) das Zusam=
menziehen zweier Sylben in Eine.
Crassane, *f.* eine Art Herbstbirnen
(plaid und langstielig).
Crasse, *f.* Schmutz, *m.* Koth;
Schlacke (v. Metall), *f.;* Hammer=
schlag, *m.; fg.* Schmutz; bas, die
niedrige Herkunft; der schmutzige
Geiz; —, *adj. f. fg.* grob.
Crasseux, se, *adj.* schmutzig, ko=
thig, speckicht; *fg.* filzig; —, *m.*
Erzgeizhals, Filz.
†Crassule, *f.* Dickblatt (Pflanze), *n.*
Cratère, *m.* (Alt.) Trinkschale, *f.* ||
Feuerschlund, *m.* Krater (eines Vul=
kans). [tern.
Craticuler, *v. a.* (Mal.) übergat=
Cravache, *f.* Reitpeitsche.
Cravan, *m.* (Naturg.) Brent=
Ringelgans, *f.*
Cravate, *adj. m.,* cheval —, das
kroatische Pferd; —, *f.* Halsbinde,
Halskrause.
Crayon, *m.* Stift, Zeichen=, Far=
ben=, Bleistift; — rouge, Röthel=
stift || die Zeichnung von Bleistift;
*fg.* der erste Entwurf.
Crayonner, *v. a.* mit dem Stifte
zeichnen, abreißen, entwerfen; *fg.*
entwerfen, schildern.
Crayonneur, *m. mépr.,* Zeichner,
Schmierer.
Crayonneux, se, *adj.* kreidig, krei=
denartig.
Créance, *f.* Glaube, *m.;* (Handl.,
x.) Schuldforderung, *f.* ausstehende
Schuld; (Dipl.) der geheime Auf=
trag; lettre de —, Beglaubigungs=
schreiben, *n.* Creditiv; chien de
bonne —, derwohlabgerichtete Hund.
Créancier, *m.* ère, *f.* Gläubiger,
*m.* =inn, *f.*
Créat, *m.* (Reitsch.) Unterbereiter.
Créateur, *m.* Schöpfer; *fg. id.,*
Urheber; —, trice, *adj.* schöpfe=
risch.
Création, *f.* Schöpfung; Erschaf=
fung, *fg. id.,* Errichtung.
Créature, *f.* Geschöpf, *n.* Creatur,
*f.; fg. id.*
Crécelle, *f.* Schnarre, Klapper,

Rassel; sonner la —, klappern,
rasseln. [weiher, *m.*
Crécerelle, *f.* (Naturg.) Wannen=
Crèche, *f.* Krippe; (Hydr.) Krippe,
Spitze am Brückenpfeiler. [*m.*
Crédence, *f.* (Kath.) Credenztisch.
Crédibilité, *f.* Glaubwürdigkeit.
Crédit, *m.* Credit; (Handl.) *id.;*
Haben, *n.;* donner — sur soi, por=
ter une somme en —, einem eine
Summe gutschreiben; —, *fg.* Credit,
*m.* Ansehen, *n.; à* —, *adv.* auf
Borg; *fg.* vergebens, ohne Grund.
Créditer, *v. a.* (Handl.) qn. de
qch., einen für etwas creditiren,
einem etwas gutschreiben.
†Créditeur, *m.* Gläubiger.
Crédo, *m. lat.* (Theol.) Glaubens=
bekenntniß, *n.* der christliche Glaube.
Crédule, *adj.* leichtgläubig.
Crédulité, *f.* Leichtgläubigkeit.
Créer, *v. a.* schaffen, erschaffen; *fg.*
einsetzen, stiften, errichten; (Grafen
x.) ernennen; — chevalier, zum
Ritter schlagen.
Crémaillère, *f.* Kessel=, Feuerha=
ken, *m.;* (Handw.) das gezerbte Ei=
sen, Zahneisen; (Uhrm.) Repetirre=
chen, *m.;* Stellholz (an einer Mühle,
x.), *n.* [baken.
Crémaillon, *m.* der kleine Kessel=
Crème, *f.* Milchrahm, *m.* Rahm,
Sahne, *f.;* (Koch.) das Mus aus
Eiern, Milch, Zucker, x. *fg.* Beste,
Ausbund (*m.*) (von einer S.);—
fouetté, Schneemilch, *fem.; fg.*
Schaum und Spreu, *m.;* — de
tartre, der gereinigte Weinstein.
—, *n.* (Gramm.) Anhän=
gungssylbe, *f.*
Crémer, *v. n.* Rahm geben, sahnen.
Crémière, *f.* Rahmfrau.
†Crené, e, *adj.* (Bot.) gekerbt.
Créneau, *m.* Zinne, *f.* Schieß=
scharte.
Crénelage, *m.* (Münzw.) Rän=
dern, *n.;* der gekräuselte Rand.
Créneler, *v. a.* (Fortif.) mit Zin=
nen versehen; (Mech.) zähneln;
(Münzw.) rändern; —, e, (Bot.)
gekerbt. [beit.
Crénelure, *f.* die ausgezackte Ar=
Créner, *v. a.* (Schrifts.) abschärfen.
†Crénirostre, *adj.* kerbschnäblig
(Vögel). [kerbt.
†Crénulé, e, *adj.* (Bot.) fein ge=
Créole, *m. et f.* Creole, *m.* =inn,
*f.* (von Europäern in Westindien ge=
borenen). [Flors), *n.*
†Crépage, *m.* Krausmachen (des
Crêpe, *m.* Flor, Krepp[flor; —,
(Koch.) Strudel, *m.* Pfannkuchen.
Crêper, *v. a.* krausen, kräuseln.
Crépi, *m.* Kalkwurf, Bewurf.
Crépin, *m.* le saint-crépin,
Schusterzeug, *n.;* Schustersack, *m.;*
*fg. pop.* die ganze Habe.

Crépine, f. Crevine (Art Fransen); (Meßg.) Netz (von einem
Lamme, ꝛc.), n.

Crépir, v. a. (Maur.) übertünchen, berappen; be=, verwerfen;
(Leder) krispeln; (Pferdehaare) kraus
kochen.    [n. Berappen,

Crépissure, f. (Maur.) Bewerfen,

Crépitation, f. Knistern (des Feuers), n.    [flor.

†Crépodaille, f. der düñe Hauben-

Crépon, m. Crepon (krause wollene
Zeug ).

Crépu, e, adj. (von Haaren) kraus.

Crépusculaire, adj., le cercle —,
(Phys.) Dämmerungskreis, m.

Crépuscule, m. Dämmerung, f.
fm. Zwielicht, n.

Créquier, m. (Bot.) der wilde
Pflaumenbaum.

Crésane, f. eine feine Birnenart.

Crescendo, m. et adv. lat. (Muf.)
Crescendo (n).

Créseau, m. die dicke geköperte
Sarsche (Zeug).

†Cresse, f. Haarkraut (Pflanze), n.

Cresson, m. Kresse, f.; — ou —
de fontaine, Brunnkresse.

Cressonnière, f. Kressenplatz, m.

Crésus, m. Krösus (Name); fg.
ein sehr reicher Mann.

Crétacé, é, adj. (Naturg.) kreidenartig.

Crête, f. Kamm (von Hühnern und
Hähnen), m.; Haube (von Vögeln),
f.; Krone (von Schlangen) ‖ Spitze,
Kamm (eines Helms), m.; Aufwurf
(eines Grabens) Rücken, Spitze (f.)
(eines Berges); fg. fm. lever la
—, sich aufblähen; baisser la —,
die Flügel hängen lassen; rabaisser
la — à qn., donner à qn. sur la
—, einem eines auf den Kamm geben, einen bemüthigen.

Crêté, e, adj. (Naturg.) mit einem Kamme versehen.

†Crêteler, v. n. gackern (v. Hennen).

Crétin, m. Cretin, Weißling; fg.
Schwachkopf, verächtliche Mensch.

Crétinisme, m. Cretinbildung, f.

Cretonne, f. Kretonne (Leinwand).

†Cretonnier, m. Griebensieder.

Cretons, m. pl. (Meßg., ꝛc.) Grieben, f. pl.    [Aushöhlung, f.

Creusement, m. Ausgraben, f.

Creuser, v. a. et n. graben, aushöhlen; (eine Steingrube) ausbrechen; — perpendiculairement,
(Bergw.) seigern; — la ergründen, erforschen; forschen; se — le
cerveau, sich den Kopf zerbrechen.

Creuset, m. Tiegel, Schmelztiegel; mettre au —, f. prüfen.

†Creusure, f. (Uhrm.) Höhlung,
Hohlung.

†Creutzer, m. Kreuzer (Münze).

Creux, se, adj. hohl; tief; fg.

fg. schreien; laut klagen; zanken,
reisen; knarren (von Wagen, ꝛc.);
firren (v. Sägen, ꝛc.); kritzeln (v.
Federn); —, v. a. öffentlich ausrufen.

Crierie, f. Geschrei, n.    [rufen.

Crieur, m. -se, f. Schreier, m.
=inn, f.; — public, Ausrufer, m.;
— de fruits, Obstausrufer.

Crime, m. Verbrechen, n. Frevel,
m. Unthat, f.

†Crimée, f. Krimm (Halbinsel).

Criminaliser, v. a. zur peinlichen
Sache machen.

Criminaliste, m. der Schriftsteller
über das peinliche Recht, Criminalist.

Criminalité, f. das Verbrecherische
(einer That); die Schuld, Sträflich-
keit (einer Person).

Criminel, m. le, f. Verbrecher
m. =inn, f.; —, le, adj.; -lement,
adv.: strafbar, schuldig; frevelhaft-
sündlich, peinlich, verbrecherisch;
tribunal —, das peinliche Gericht,
Criminalgericht.

Crin, m. das lange Haar (der
Pferde, ꝛc.); (Bergw.) Aufbören
eines Ganges; —s, pl. Mähne, f.;
de —, hären; fm. prendre au —,
ou aux —s, bei den Haaren fassen.

Crincrin, m. Fiedel, f. schlechte
Geige.

Crinier, m. Haararbeiter.

Crinière, f. Mähne; Mähnennetz,
n. fg. mépr. lange, borstige Haare;
die häßliche Perrücke.

†Crinon, m. (Naturg.) Haarwurm, Dürrmade, f. Mitesser, m.
(Wurm).

Crique, f. (Seew.) Schlupfhafen,
m. Kreek; f.; —s, pl. (Kriegsw.)
Durchschnittsgräben, m. pl.

Criquet, m. Kracke, f. (kleines
schlechtes Pferd).    [Krisis, f.

Crise, f. Entscheidungspunkt, m.

Crispation, f. Kräuseln, n. Zusammenschrumpfen.

Crisper, v. a. zusammenziehen;
se —, zusammenschrumpfen.

†Crissement, m. Zähneknirschen,
n.    [schen.

Crisser, v. n. mit den Zähnen knir-

Cristal, m. Krystall; — de montre, Uhrglas, n.

Cristallerie, f. die Verfertigung
der Krystalle.

Cristallin, e, adj. krystallinisch,
krystallhell; —, m. (Anat.) die kry-
stallinische Feuchtigkeit im Auge;
Krystallinse; —es, f. pl. (Med.)
die Hizblätterchen an der Vorhaut.

Cristallisation, f. (Chym.) Kry-
stallisirung, das Anschießen zu Krystallen; der krystallisirte Körper.

Cristalliser, v. a. ou faire —,
(Chym.) zu Krystallen anschießen
lassen; —, v. n. et se —, zu Krystallen anschießen.

verwirrt; leer, fantastisch; eingefallen (Wangen); taub (Nuß); —,
adv. hohl; songer —, Grillen fangen; —, m. Höhle, f. Höhlung,
Grube, Vertiefung; (Gieß.) Gießform; (Muf.) der tiefe Ton, Baß,
Baßstimme, f.; — de l'estomac,
Herzgrube.

†Crevaille, f. pop. Fresserei, Fraß,
m.    [Kluft, f.

Crevasse, f. Riß, m. Spalt,

Crevassé, e, adj. rissig.

Crevasser, v. a. Risse machen;
—, v. n. et se —, Risse bekommen, bersten.

Crève-cœur, m. fm. Herzeleid, n.

Crever, v. a. bersten machen, zersprengen, zerreißen; (die Augen)
ausstechen; (ein Pferd) todt reiten;
— de boire et de manger, fm.
einen mit Essen und Trinken überfa-
den; —, v. n. bersten; zerspringen;
crepiren, verrecken (v. Thier.); pop.
sterben (v. Menschen); se —, bersten, zerspringen; se — de travail,
sich zu Tode arbeiten.

Crevette, f. (Naturg.) eine Art
Krabben.

Cri, m. Schrei, Geschrei, n. Zuruf, m.; — de guerre, Kriegs-
Feldgeschrei, n.; — public, Ausruf, m.; jeter les hauts cris, überlaut schreien; Zeter schreien; —s,
die Stimme (des Gewissens, ꝛc.);
das Geräusch, Rauschen (b. Zeuge).

Criailler, v. n. fm. stets schreien,
schmälen und keifen.

Criaillerie, f. Schreien, n. Ge-
keife, Gezänke.

Criailleur, m. se, f. Schreier, m.
Zänker, =inn, f.    [melschreiend.

Criant, e, adj. fg. schreiend, him-

Criard, e, adj. zänkisch ‖ schreiend
(von Schulden); —, m. e, f.
Schreier, m. =inn, f.; —s, f. start
gummirter Leinwand.    [Zege, f.

Crible, m. Sieb, n.; — à pied,

Cribler, v. a. sieben, durchsieben,
sichten; fg. auswählen; (mit Kugeln) durchlöchern, (mit Wunden)
bedecken.

Cribleur, m. Sieber.

†Cribleux, adj. m., os —, (Anatomie) Siebbein, n.

Criblure, f. Siebstaub, m. =mist,
Abgang vom Sieben.

Cribration, f. Durchsieben, n.

Cric, m. Winde, Hebe-, Wagenwinde; — à crochet, Fußwinde
‖ — ou Crid, m. Dolch (der Ma-
laien, ꝛc.), m.    [rab.

Cric crac, interj. trickfrack, rib-

†Cri-cri, m. Hausgrille, f. Heimchen, n.

Criée, f. (jur.) Ausruf, m.

Crier, v. n. schreien; ausrufen;
— à qn., einem zurufen, zuschreien;

Cristallographie, Cristallologie,
f. Kryſtalllehre.
†Cristalloïde, f. (Anat.) das durch=
ſichtige Häutchen, Glashaut, f.
Critérium, m. (Lehrſt.) Kennzei=
chen, n. Merkmal, Kriterium.
Criticable, adj. tadelhaft, der
Kritik unterworfen.
**Critique,** adj. kritiſch; entſchei=
**dend (Tag);** fg. gefährlich, bedenk=
**lich** || tadelſüchtig (Menſch); —, m.
**Kritiker, Kunſtrichter;** m. p. Split=
**terrichter, Tadler;** —, f. Kritik,
**gelehrte Beurtheilung, Ausſtellung;**
m. p. Tadelſucht.
**Critiquer,** v. a. kritiſch beurthei=
len; m. p. tadeln, bekritteln; fm.
durchbecheln. [Raben), n.
Croassement, m. Krächzen (der
Croasser, v. n. krächzen; fg. id.
†Croate, m. Kroate; —, adj.
kroatiſch.
†Croatie, f. Kroatien (Land).
Croc, m. Haken; fg. fm. pendre
au —, an den Nagel hängen || Ha=
kenzahn (des Hundes, x.); Fangſtock
(eines Häſchers); fg. fm. Spitz=
bube; —s, der große gekrümmte
Schnurrbart; arquebuse à —, Ha=
kenbüchſe, f.; croc-en-jambe, das
Unterſchlagen eines Beines; fg.
hinterliſt, f.; donner le croc-en-
jambe, ein Bein unterſchlagen.
Croche, adj. krumm; —, f.
(Muſ.) die geſchwänzte Note.
Crochet, m. Haken, Häkchen, n.;
(Schloſ.) Hakenſchlüſſel, m. Die=
trich || Schnellwage, f. || Fangzahn
(des Hundes, x.), m.; (Buchdr.)
Klammer, f.; (Perr.) Seitenlocke,
Naſe (der Ziegel); — d'armes,
Waffenrechen, m.; fg. m. Trag=
gerüſt, n. Reff; fg. fm. être sur
les —s de qn., auf eines Andern
Koſten leben.
†Crochetage, m. Laſttragen, n.;
das Oeffnen einer Thüre mit einem
Dietrich.
Crocheter, v. a. mit einem Die=
trich aufmachen.
Crocheteur, v. se, f. Laſtträger,
m. -inn, f.; — de portes, de ser-
rures, der die Thüren, Schlöſſer,
mit einem Dietrich aufmacht.
†Crocheton, m. Häkchen, n.; —s,
pl. die Arme am Reff.
Crochu, e, adj. krumm (auch
fg.), gebogen, hakenförmig.
Crocodile, m. Krokodil, n.; fg.
Verräther, m.; (Rhet.) hinterliſtige
Schluß. [me, f.
†Crocus, m. (Bot.) Safranblu=
*Croire, v. a. glauben; meinen;
— qn., en — qn., einem glauben,
trauen, Glauben beimeſſen; — qn.
qch., einen für etw. halten; —,
v. n. glauben, Glauben haben (à,

en, an); se —, ſich glauben; se
— qch., ſich für etw. halten.
Croisade, f. Kreuzzug, m. Kreuz=
fahrt, f. [Kreuzſchritt.
Croisé, m. Kreuzfahrer; (Tanzk.)
Croisée, f. Fenſterkreuz, n. Kreuz=
ſtrd, m.; die Kreuzfäden (eines
Gewebes); (Schiff.) Ankerkreuz, n.;
Haſpel (an einer Preſſe), m.
Croisement, m. Kreuzen, n. Ver=
ſchränken || Zwirnen (der Seide).
Croiser, v. a. kreuzen; kreuzweiſe
legen, ſetzen, verſchränken; kreuz=
weiſe übereinander legen; durchkreu=
zen (einen Weg); ausſtreichen (eine
Schrift) || mit einem Kreuze bezeich=
nen; (Tuch) töpern; (das Bajon=
nett) fällen; — qn., fg. einem in
den Weg treten; —, v. n. (zur
See) kreuzen; (von Kleidern) über=
einander geben; se —, das Kreuz
nehmen; ſich durchkreuzen; se tenir
les bras —és, die Arme überein=
ander ſchlagen, die Hände in den
Schooß legen; renard —é, (Na=
turg.) Kreuzfuchs, m.
Croisette, f. (Seew.) Kreuzer.
Croisière, f. (Seew.) Kreuzfahrt;
der Strich zum Kreuzen; — ou
Croiserie (Korbm.) Kreuzge=
flecht, n. [des Spinnrades.
†Croisille, f. (Seil.) die Krone
Croisillon, m. das Querholz (eines
Kreuzes).
Croissance, f. Wachsthum, m.
Croissant, m. der zunehmende
Mond, halbe Mond; la lune est
dans son —, der Mond iſt im
Zunehmen; —, fg. das türkiſche
Reich || (Gärtn.) Heckenſichel, f.;
ein ſichelförmiges Gartenmeſſer; der
Ausſchnitt (an der Geige); (Schloſ.)
Feuerſchaufel, Feuerzangenträger.
Croisure, f. (Web.) Kreuzwebung.
Croit, m. (Landw.) Zuwachs, Zu=
zucht, f.
*Croître, v. n. wachſen, zuneh=
men, ſich vermehren.
Croix, f. Kreuz, n.; fg. id.,
Trübſal, f. (Münzk.) die rechte
Seite, Kreuzſeite; — de par Dieu,
fm. p. us. das ABC; en —, adv.
kreuzweiſe; mettre en —, (einen)
kreuzigen; (etw.) ſchränken, ver=
ſchränken.
Cromorne, m. (Org.) Trompe=
tenregiſter, n. Poſaunenzug, m.
Krummhorn, n.
†Cron, m. Muſchelſand.
†Crone, m. (Schiff.) Krahn.
Croquant, m. fm. p. us. Gauner,
Schuft. [den Zähnen krachend.
Croquant, adj. krachig, unter
Croquante, f. (Paſt.) Krachtorte.
Croque-au-sel, fm. à la —, adv.
bios mit Salz eſſen.
Croque-mort, m. fm. Todtenträger.

†Croque-noix, m. (Naturg.) Ha=
ſelmaus, f.
Croque-note, Croque-sol, m.
mépr. der fertige aber geſchmackloſe
Tonkünſtler.
Croquer, v. n. knarpeln, krachen
(unter den Zähnen); —, v. a. knar=
peln (etw. Hartes); verſchlingen;
fm. joli à —, zum Freſſen ſchön;
—, fg. wegſchnappen; (Zeichn.)
grob hinzeichnen, entwerfen.
Croquet, m. der dünne, harte
Pfefferkuchen.
Croquette, f. Kruſtgebackenes, n.
†Croqueur, m. burl. Rapſer, li=
ſtige Dieb.
Croquignole, f. Naſenſtüber, m.
Croquis, m. (Zeichn.. x.) Ent=
wurf, Skizze, f.; fg. id.
Crosse, f. (Kirch.) Biſchofsſtab,
m.; (Buchſ.) Flintenkolben, An=
ſchlag; (Spiel) Kolben; (Gieß.)
Krücke, f.; die krumme Handhabe
(einer Gießkanne).
Crossé, e, adj. der den Stab führt
(von einem Abte).
Crosser, v. n. mit dem Kolben
ſpielen; —, v. a. mit dem Kolben
forttreiben; fg. verächtlich behandeln.
Crossette, f. (Rebm.) Schößling,
m. Schoßreis, n.; (Baut.) Ver=
kröpfung, f.
Crosseur, m. Kolbenſpieler.
†Crotale, m. (Alt.) Klapper, f.
†Crotaphite, adj. m., muscle
—, (Anat.) Schlafbeinmuskel, m.
Crotte, f. Koth, m. Gaſſenkoth;
feſte Koth (der Ziegen, Mäuſe, x.).
Crotter, v. a. kothig machen, mit
Koth beſpritzen; se —, ſich kothig
machen; auteur —é, fm. der er=
bärmlichſte Schriftſteller.
Crottin, m. der feſte Miſt; — de
cheval, Pferdekoth; pop. Roßbol=
len, f. pl.
†Crouchant, m. (Seew.) Krumm=
hölzer, m. pl.
Croulant, e, adj. baufällig.
Croulement, m. Einſturz.
Crouler, v. n. einſtürzen; ſich ſen=
ken; —, v. a. (ein Schiff) vom
Stapel laſſen. [pfig.
Croulier, ère, adj. moorig, ſum=
Croup, m. (Med.) die häutige
Bräune, Luftröhrenentzündung.
Croupade, f. (Reitſch.) Crupade
(Art Sprung).
Croupe, f. das Kreuz (an Pfer=
den, x.); monter en —, hinten
aufſitzen; gagner la — d'un en-
nemi, einen feindlichen Reiter von
hinten beikommen || Gipfel (m.),
Rücken (eines Berges); (Zimm.)
Fachwerk, n.; (Handt.) der Antheil
am Gewinn.
Croupé, e, adj. bien —, (Reit=
ſch.) mit einem ſchönen Kreuze.

†Croupetons (à), adv. hockend, auf dem Hintern rutschend.

†Croupiat, m. (Schiff.) Knoten, Spring.

Croupier, m. (Handl.) der geheime Theilhaber; (Spiel) Spielgehülfe.

Croupière, f. Schwanzriemen, m.; fg. fm. tailler des —s à qn., einem viel zu schaffen machen || (Schiff.) Hintertau, n.

Croupion, m. Bürzel (der Vögel) || Steißbein, n.; Steiß, m.

Croupir, v. n. (vom Wasser) still stehen; faulen, verderben; fg. verderben; versunken seyn.

Croupissant, e, adj. still stehend.

†Croupissement, m. (Med.) das Faulen der Säfte.

†Croupon, m. die gegärbte Haut ohne Kopf und Bauch.

Croustille, fém. Rindchen (n), Ränschen Brod.

Croustiller, v. n. fm. ein Rindchen Brod bei dem Trinken essen.

Croustilleux, se, adj.; -sement, adv.: pop. drollig, kurzweilig, allzufrei.

Croûte, f. Rinde, Kruste; Ranst, m.; (Med.) Schorf, Grind; (Mal.) Subelei, f.; —s, pl. (Handl.) ungleiche Spitzen.

Croûtelette, f. Brodrindchen, n.

Croûtier, m. der schlechte Maler, Subler, Bildertröbler.

Croûton, m. Krüstchen, n. Ränschen. [würdig.

Croyable, adj. glaublich, glaubisch.

Croyance, f. Glaube, m. Glaubenslehre, f.

Croyant, m. e, f. Gläubige, m. et f.; un vrai —, ein Rechtgläubiger.

Cru, m. der Grund und Boden worauf etw. wächst; Gewächs, n.; fg. cela est de votre —, das ist von Ihrer Erfindung.

Cru, e, adj. roh, ungekocht; unbearbeitet (Leder, x.); ungebleicht (Leinwand); (Med.) unverdaut; unverdaulich (Speise); fg. roh, grob, hart; (Mal.) grell; à —, adv. auf der bloßen Haut; (Reitsch.) ohne Sattel.

Cruauté, f. Grausamkeit.

Cruche, f. Krug, m.; fg. Dummkopf.

Cruchée, f. Krugvoll, m. [kopf.

Cruchon, m. Krügelchen, n.

Crucial, e, adj. (Chir.) kreuzförmig; incision —e, der Kreuzschnitt. [förmig.

Crucifère, adj. kreuztragend, kreuzförmig.

Crucifiement, m. Crucifixion, f. Kreuzigung.

Crucifier, v. a. kreuzigen.

Crucifix, m. Crucifix, n.

†Cruciforme, adj. kreuzförmig.

Crudité, f. (Med.) Unverdau-lichkeit; unverbaute Speise; Rohheit (der Säfte); Unreife (der Früchte); Härte (des Wassers); (Mal.) Grelle, n. Grellheit, f.; fg. Grobheit.

Crue, f. Wuchs, m.; Anwuchs, Zuwachs, Vermehrung, f.; (jur.) Aufschlag, m.

Cruel, le, adj.; -lement, adv.: grausam, bart; peinlich (Lage); fm. un — enfant, ein unausstehliches Kind.

Crûment, adv. auf eine grobe, robe Art. [Schenkelnerv.

Crural, e, adj., nerf —, der Crustacé, e, adj. (Natura.) mit Schalen bedeckt; —, m. Schalthier, n. [sche Münze.

Cruzade, f. Crusade (portugiesische Münze).

†Cryolithe, f. die flußspathsaure Thonerde. [drüse.

Crypte, f. Gruft; (Anat.) Höchldrüse.

Cryptogame, adj. (Bot.) von untenntlichem Geschlechte; —, f. die kryptogamische Pflanze. [gamie.

Cryptogamie, f. (Bot.) Kryptogamie.

†Cryptographie, f. Geheimschreibekunst. [haltige Fossil.

†Cryptométallin, m. das metallhaltige Fossil.

Crystal, etc., v. Cristal, etc.

C-sol-ut, m. (Mus.) C, n.

Cubage, m. Cubature, f. Körpermessung, Messung des Körperinhalts.

Cube, m. Würfel; (Geom.) id., Kubus; (Arithm.) Kubikzahl, f.; —, Cubique, adj. sechsseitig, kubisch.

†Cubèbe, f. Cubebe (Gewürz)

Cuber, v. a. (Geom.) auf einen Würfel bringen; (Arithm.) kubiren, in den Kubus erheben.

Cubital, e, adj., (Anat.) nerf —, Elbogennerv. [genröhre, f.

Cubitus, m. lat. (Anat.) Elbogenröhre, f.

†Cuboïde, m. et adj., os —, (Anat.) das würfelförmige Bein.

Cucubale, m. (Bot.) Behen, Behenkraut, n.

†Cucullaire, adj., le muscle —, der Mönchskappenmuskel.

Cucurbitacé, e, adj. (Bot.) kürbisähnlich; —es, f. pl. Kürbispflanzen.

†Cucurbitaire, m. et adj. m., ver —, (Med.) der Kürbiswurm.

†Cucurbite, f. (Chym.) Destillirkolben, m.

†Cueillage, m. (Glash.) Aushub; Ausheben; Ausfassen des Glases.

†Cueilleret, m. (Lehenw.) Zinsregister, n.

Cueillette, f. Ernte, Obsternte; Beisteuer, Collecte; (Seew.) charger à —, Stückgüter laden.

†Cueilleur, m. -se, f. Einsammler, m. -inn, f. [Uebertünchung.

†Cueillie, f. (Maur.) die erste

*Cueillir, v. a. (Früchte, Blumen, x.) einsammeln, lesen, pflücken, abbrechen. [körbchen, n.

Cueilloir, m. Obst-, Blumenkorb.

†Cuider, v. a. ol. glauben, meinen, wähnen.

Cuiller ou Cuillère, f. Löffel, m.; — à pot, Kochlöffel; —, (Gieß.) Gießlöffel; (Artill.) Ladeschaufel, f.; das Eisen um die Achse vorn am Wagen.

Cuillerée, f. Löffelvoll, m. [fels.

Cuilleron, m. die Schale des Löffels.

†Cuillier, m. (Naturg.) Löffelgans, f. [m.

†Cuine, f. (Chym.) Destillirkrug.

Cuir, m. Haut, f. Fell, n. Leder || ein grober Sprachfehler, eine falsche Wortverbindung.

Cuirasse, f. Panzer, m. Küraß.

Cuirassé, e, adj. geharnischt; fg. bien —é, wohl gerüstet.

Cuirasser, v. a. qn., einem den Küraß anlegen. [fier.

Cuirassier, m. (Kriegsw.) Küraßier.

*Cuire, v. a. et n. kochen, sieden; (Brod, x.) backen; braten || (Kalk, x.) brennen; (Perr.) backen; (Vergold.) ausglühen; — le verre, (Mal.) Farben in das Glas einbrennen || (Med.) verdauen; schmerzen, beißen; funkeln (in den Augen); fg. fm. il vous en cuit, es reut euch. [gegen.

†Cuiré, e, adj. mit Leder überzogen. [leder, n.; (Weißg.) abgehaarte Fell.

†Cuiret, m. (Hutm.) Fachbogen-

Cuisant, e, adj. brennend, heftig, schmerzend, beißend, schneidend.

Cuisine, f. Küche; Kochkunst || Gewürzschachtel; faire la —, kochen, die Küche besorgen; fg. fm. latin de —, das Küchenlatein.

Cuisiner, v. n. fm. die Küche besorgen. [Köchinn, f.

Cuissart, m. Beinharnisch.

Cuisse, f. Schenkel, m.; (Weißg.) Keule, f.

Cuisson, f. Kochen, n. Sieden, Braten, Backen; (Rehm.) Brand, m.; fg. Schmerz, Brennen, n. Weh.

Cuissot, m. die Keule (v. einem Wildpret); — de cerf, der Hirschschlägel. [Schulknecht.

Cuistre, m. injur. Pfaffenkoch.

Cuite, f. der Brand Ziegel, Kalk, x.; Brennen, n. [Messing.

Cuivre, m. Kupfer, n.; — jaune, Messing.

Cuivré, e, adj. kupferfarbig, x.

†Cuivrer, v. a. mit Kupfer beizgen, falsch vergolden.

†Cuivrette, f. (Mus.) Klappe, Zunge.

†Cuivreux, se, adj. kupferfarbig.

†Cuivroux, m. (Uhrm.) Drehscheibchen, n.

Cul, Cu, *m.* Hintere, Gesäß, *n.*
*fm.* Steiß, *m.*, *pop.* Arsch; Würzel
(v. Vögeln); y aller de — et de
tête, alles anwenden; arrêter sur
son —, plötzlich anhalten; être à
—, nicht wissen wo hinaus; — de
plomb, der arbeitsame Mensch;
*mépr.* Tölpel; —-de-jatte, der
Krüppel der auf dem Hintern rut=
schen muß ‖ Hintertheil, *n.*; —
d'artichaut, Artischockenkäs, *m.*;
—, Boden (des Hutes, &c.); —
de basse-fosse, der unterirdische
Kerker; —-de-lampe, (Bauk.)
Zierath; (Buchdr.) Schlußzierath,
Finalstück; —-de-sac, die Gasse
ohne Ausgang; — rouge, (Naturg.)
Rothspecht, *m.*
Culasse, *f.* (Artill.) Hintertheil,
*n.*; (Büchs.) Schwanzschraube, *f.*
Culbute, *f.* Burzelbaum, *m.*;
Sturz.
Culbuter, *v. a.* burzeln, überstür=
zen; —, *v. a.* über den Haufen
werfen, werfen; *fg.* stürzen.  [*n.*
Culbutis, *m. fm.* Durcheinander.
Culée, *f.* (Bauk.) Widerlager, *n.*
Pfahlwerk; (Seew.) Kielstoß, *m.*;
Schwanztheil (einer Haut), *n.*
Culer, *v. n.* (Seew.) zurückweichen,
=fahren.  [Schwanzriemen.
†Culeron, *m.* das Ende vom
Culier, *m. et adj.*, boyau —,
(Anat.) Mastdarm, *m.*
Culière, *f.* (Bauk.) Rinnenstein,
*m.*; (Sattl.) Schwanzriemen.
Culinaire, *adj.* auf die Küche oder
Kochkunst bezüglich.
Culminant; e, *adj.*, point —,
der Punkt wo ein Gestirn am höchsten
steht.  [gang durch den Meridian.
Culmination, *f.* (Astr.) der Durch=
Culminer, *v. n.* durch den Meri=
dian gehen; *fg.* die größte Höhe
erreichen.
Culot, *m.* das letzte Junge, Nest=
küchlein; *fg. fm.* der Jüngste (in
einer Gesellschaft) ‖ der metallische
Bodensatz; (Goldschl.) Untertheil, *m.*
Boden, *m.*
Culotte, *f.* Hosen, Beinkleider ‖
Kappe (einer Pistole), *f.*; (Metzger)
Schwanzstück, *m.*
Culotter, *v. a.* die Hosen anziehen.
Culottier, *m.* Hosenmacher.
†Culottin, *m. ol.* eine Art enger
Hosen; *pop.* ein Kind das anfängt
Hosen zu tragen.
Culpabilité, *f.* der Zustand eines
Schuldigen als solchen, Schuld, *f.*
Culte, *m.* Verehrung, *f.*; Got=
tesdienst, *m.* Religion, *f.*
†Cultellation, *f.* das stückweise
Feldmessen.
Cultivable, *adj.* anbaubar.
Cultivateur, *m.* Ackersmann,
Landmann, Landwirth, Bauer.

Cultiver, *v. a.* das Feld anpflan=
zen, bauen, anbauen, (Bäume, &c.)
ziehen, pflanzen; *fg.* üben, bearbei=
ten, ausbilden; (einen) in Ehren
halten; (die Freundschaft mit einem)
unterhalten; (eine Wissenschaft) flei=
ßig treiben.
Culture, *f.* Anbau, *m.*; Pflanzung,
*f.*; — des abeilles, Bienenzucht;
—, *fg.* Ausbildung, Verfeinerung.
Cumin, *m.* (Bot.) Kümmel.
Cumul, *m.* die Bekleidung von
mehrern Stellen, das Beziehen eines
doppelten Gehaltes.
Cumulatif, ve, *adj.* (jur.) hin=
zukommend; -vement, *adv.* zugleich
mit.  [menhäufen.
Cumuler, *v. a.* häufen, zusam=
Cunéiforme, *adj.* (Anal.) keil=
förmig.
†Cunette, Cuvette, *f.* (Foriif.)
der Wassergraben in einem trockenen
Graben.
Cupide, *adj.* begierig, lüstern.
Cupidité, *f.* Gier, Begierde, Lü=
sternheit, Habsucht.
Cupule, *f.* (Bot.) Becherchen, *n.*
Schälchen.
Curable, *adj.* heilbar.
Curaçao, *m.* ein nach Curassao
benanntes Getränk.  [bern.
Curage, *m.* Reinigen, *n.* Säu=
Curatelle, *f.* (jur.) Pflege, Pfleg=
schaft, Curatel.
Curateur, *m.* trice, *f.* (jur.) Pfle=
ger, *m.* Curator, =inn, *f.* (a qn.,
eines Menschen).
Curatif, ve, *adj.* heilend.
Curation, *f.* (Med.) Behandlung,
Heilung.
Curcume, *m.* (Bot.) Gelbwurz, *f.*
†Curdes, *m. pl.* Kurden (Volk).
Cure, *f.* Kur, Heilung, Reini=
gung; (Kirch.) Pfarre.
Curé, *m.* Pfarrer.
Cure-dent, *m.* Zahnstocher.
Curée, *f.* Jägerrecht (der Hunde),
*n.*; *fg.* Beute, *f.*
Cure-môle, *m.* Schlammheber,
Schlammschaufel, *f.*
Cure-oreille, *m.* Ohrlöffel.
†Cure-pied, *m.* Hufräumer.
†Cure-pipe, *m.* Pfeifenräumer.
Curer, *v. a.* ausräumen, ausfegen,
auspuzen; (einen Stall) ausmisten;
se — les dents, die Zähne puzen,
stochern.
†Curette, *f.* (Chir.) Blasenräu=
mer, *m.*; (Wollenw., Schiff.) Aus=
räumer.  [nen, &c.).
Cureur, *m.* Ausräumer (v. Rin=
Curial, e, *adj.* zur Pfarre gehö=
rig; maison —, Pfarrhaus, *n.*
Curie, *f.* (röm. Alt.) Curie.
Curieux, se, *adj.*; -sement,
*adv.*: neugierig; begierig (etw. zu
erfahren); *m. p.* vorwitzig, *fm.*

naseweis ‖ merkwürdig, selten; fen=
derbar; —, *m.* Neugierige; Lieb=
haber (v. etw.).
Curion, *m.* der Priester und Vor=
steher einer Curie.
Curiosité, *f.* Neugierde; Wißbe=
gierde; *m. p.* Vorwitz, *m. fm.* Na=
seweisheit, *f.*; Liebhaberei ‖ Selten=
heit; sehenswürdige Sache.
†Curmi, *m.* eine Art Gerstenbier.
†Curoir, Curon, *m.* (Landw.)
Pflugreute, *f.*
†Curseur, *m.* (Geom.) Läufer;
(Astr.) bewegliche Faden.
Cursif, ve, *adj.*, écriture —ve,
die geschriebene Schrift, Cursivschrift.
Curule, *adj.* (röm. Alt.) curulisch;
chaise —, der elfenbeinerne Stuhl
(der höchsten Staatsbeamten).
†Curures, *f. pl.* der ausgeworfene
Schlamm, Unrath; Auskehricht, *m.*
Curviligne, *adj.* (Geom.) frumm=
linig.
Cuscute, *f.* (Bot.) Flachsseide.
†Cuspidé, e, *adj.*, feuille —ée,
ein spitzauslaufendes Blatt.
†Cussonné, e, *adj.* wurmstichig.
Custode, *f.* (Kath.) die Decke (des
Kelches); der Verhang (neben
dem Hochaltar); (Sattl.) Pistolen=
helfterkappe; der Hkrkissen (in einer
Kutsche), *n.*; Verhang, *m.* —,
*m.* (Kath.) der Verweser des Pro=
vinzials; Aufseher des Kirchenschatzes.
Custodi-nos, *m. lat.* Namen=
leiber (der für einen andern eine
Pfründe, &c., bewahrt).
†Cutambule, *adj.*, les vers —s,
die auf oder unter der Haut herum=
friechenden Würmer.
Cutané, e, *adj.* (Med.) in der
Haut befindlich; maladie —ée, die
Hautkrankheit.
Cuticule, *f.* Häutchen, *n.*
Cutter, *m.* Kutter (Schiff).
Cuve, *f.* Kufe, Wanne, Bottich,
*m.* Zuber; (Färb.) Küpe, *f.*
Cuveau, *m.* die kleine Kufe, Kü=
bel, *m.* Ständer.
Cuvée, *f.* Kufevoll.
Cuvelage, *m.* (Bergw.) Getzim=
mer, *n.* Verzimmerung, *f.*
Cuveler, *v. a.* (die Einfahrt der
Schächte) verzimmern.
Cuver, *v. n.* in der Bütte stehen
bleiben; —, *v. a.* son vin, (seinen)
Rausch ausschlafen.
Cuvette, *fém.* Schwenkkessel, *f.*
Wasserbecken, *n.*; (Bauk.) Dach=
röhrenkessel, *m.*; (Gärtn.) Verthei=
lungskessel; (Glas.) Schöpfschale,
*f.*; (Fortif.) v. Cunette.
Cuvier, *m.* Lauge=, Bauch=, Wasch=
faß, *n.* Bauchbütte, *f.* Zuber, *m.*
†Cyanogène, *m.* (Chym.) ein dreh=
barer Luftstoff, bestehend aus Kohlen=
und Stickstoff.

Cyathe, *m.* eine Art römischen Trinkgeschirres und Maßes.

†Cyclades, *f. pl.* Cycladen (Inselgruppe); auch eine Art von zweischaligen Schalthieren.　［brod, *n.*

Cyclamen, *m.* (Bot.) Schweinsligen Schalthieren.

Cycle, *m.* Zeitkreis; (Astr.) Zirkel.

Cyclique, *adj.* cyclisch; poëte —, (Alt.) der cyclische Dichter; Gelegenheitsdichter.

Cycloïde, *f.* (Geom.) Radlinie.

Cyclope, *m.* (Myth.) Cyklop; *fg.* Einäugige.

Cyclopéenne, *adj. f.* (Alt.) architecture —, die cyklopische Baukunst.

Cygne, *m.* Schwan; chant du —, Schwanengesang; *fg. id.*, das letzte Werk.

Cylindre, *m.* Cylinder, Walze, *f.*; (Wasch., 2c.) Mangholz, *n.*

Cylindrique, *adj.* walzenförmig.

†Cylindrite, *f.* versteinerte Walzenschnecke.　［Hohlkehle.

Cymaise, *f.* (Bauk.) Hohlkehle,

Cymbalaire, *f.* (Bot.) Feigwarzenkraut, *n.* Cymbelkraut.

Cymbale, *f.* (Muf.) Cymbel.

Cymbalier, *m.* Beckenschläger.

Cynancie, *f.* (Med.) das Anschwellen der Zunge.

Cynégétique, *adj.*, poëme —, *m.* ein Jagdgedicht.

Cynique, *adj.* (Philof.) cynisch; *fg. id.*, unfläthig, unzüchtig; spasme —, (Med.) der Hundskrampf; —, *m.* Cyniker; *fg. id.*, unflätiger Mensch.

Cynisme, *m.* die cynische Lehre; *fg.* das unverschämte Betragen, Schamlosigkeit, *f.*

Cynocéphale, *m.* (Alt. Geogr.) vorgebliche Menschen mit Hundsköpfen; (Naturg.) eine Art Pavian.

Cynoglosse, *m.* (Bot.) Hundszunge, *f.*　　［Bär.

Cynosure, *f.* (Astr.) der kleine

Cyprés, *m.* (Bot.) Cypresse, *f.*

†Cysthépatique, *adj.*, conduit —, (Anat.) der Blasenlebergang.

Cystique, *adj.*, conduit —, (Anat.) der Gallenblasengang.

Cystite, *f.* (Arzn.) Blasenentzündung.　　　　［bruch, *m.*

†Cystocéle, *f.* (Med.) Blasen-

†Cytise, *m.* (Bot.) Cytisus, Geißklee.　　　　　　［lands).

Czar, *m.* Czar (Beherrscher Rußlands).

Czarien, ne, *adj.* czarisch.

Czarine, *f.* Czarinn.

Czarowitsch, *m.* Großfürst, Sohn des Czaren.

## D.

Da, *fm.* oui-da, ja doch; nenni-da, nein.

---

D'abord, *v.* Abord.

†Da capo, (Muf.) von vorn.

D'accord, *v.* Accord.

Dactyle, *m.* (Dichtk.) Dactylus (Versefuß, ◡ ◡ ◡).

†Dactyliothéque, *f.* die Samlung geschnittener Steine, Daktyliothek.

†Dactylologie, *f.* Fingersprache.

Dada, *m.* (enfantin) Pferd, *n.*

Dadais, *m. fm.* der alberne Schöps.

†Dagorne, *f.* eine Kuh die ein Horn abgestoßen hat; *fm.* die alte mürrische Here.

Dague, *f.* Dolch; *m.* Stilett, *n.*; (Landw.) Schwingmesser; (Buchb.) Schabemesser; —s, *pl.* (Jagd) Spieße, das Spießgehörn (des Spießhirsches).

Daguer, *v. a.* (v. Hirsche) bespringen; —, *v. n.* (Jagd) geschwind fliegen (v. Falken).

Daguet, *m.* Spießhirsch, zweijährige Hirsch.

†Dahomans, *m. pl.* die Einwohner von Dahome (Afrika).

Daigner, *v. n.* würdigen, geruhen, die Güte haben.

Daim, *m.* (Naturg.) Damhirsch.

Daine, *f.* (Naturg.) Damhirschkuh.　　　　［des Hirsches).

†Daintiers, *m. pl.* die Geilen

Dais, *masc.* Himmel, Thron-, Traghimmel.

†Dalécarlie, *f.* Dalecarlien (Provinz).

Dalle, *fém.* Steinplatte; Rinne; (Seew.) Pulverrinne (in einem Brander); (Landw.) Wetzstein (der Mäher), *m.*; (Kocht.) Schnitte (von einem Fisch), *f.*　　［legen.

Daller, *v. a.* mit Steinplatten be-

†Dalmate, *adj.* dalmatisch —, *m. e., f.* Däne, *f.* Dänninn, *f.*

†Dalmatie, *f.* Dalmatien, *n.*

Dalmatique, *f.* (Kath.) Dalmatica (Art Meßgewand).

Dalot, *m.* Speigat, *n.* (eine Rinne auf dem Verdeck der Schiffe).

Dam, *m.* Schaden; (Theol.) la peine du —, die Beraubung der Anschauung Gottes.

Damas, Damaskus (Stadt); —, *m.* Damast (Zeug); (Gärtn.) Damascenerpflaume, *f.*; (Schwertf.) Damascenerklinge, Damascener, *m.*

Damasquiner, *v. a.* (eine Klinge) damasciren; mit Gold oder Silber aus-, einlegen, blau anlaufen lassen.

Damasquinerie, *f.* Damascirkunst.

Damasquineur, *m.* Damascirer.

Damasquinure, *f.* Damascirung, damascirte Arbeit.

Damassé, *m.* das gebildete Leinenzeug.

Damassé, e, *adj.* damasten, 2c.

Damasser, *v. a.* modeln, auf Damastart weben; — une corbeille,

---

Figuren in ein Körbchen flechten.

Damassure, *f.* Damastarbeit.

Dame, *f.* Dame, Frau, Gebieterinn; (Damfp.) Brettstein, *m.*; (Schachsp.) Königinn, *f.*; (Kegelfp.) König, *m.*; (Hydr.) Erddamm, Klopfdamm; (Pflast.) Handramme, *f.*; —s, (Ballfp.) Probeschlag, *m.*; Notre-Dame, unsre liebe Frau Maria; la fête de Notre-Dame, der Frauentag; —, *.interj.* potz! potz tausend!　　　　［flasche.

Dame-jeanne, *f.* (Seew.) Trink-

Damer, *v. a.* (Spiel) aufdamen; *fg.* — le pion à qn., einen ausstechen.

Dameret, *m.* der weibische Stutzer.

Damier, *m.* Damenbrett, *n.*

Damnable, *adj.*; -ment, *adv.*: verdammlich.

Damnation, *f.* Verdammniß.

Damner, *v. a.* (fpr. dâ-ner) verdammen; se —, sich in die Verdammniß stürzen.

Damoiseau, Damoisel, Dameret, *m. ol.* Junker, Gutsherr; *fm.* Jungfernknecht, Stutzer, Weibernarr.

Damoiselle, *v.* Demoiselle.

Dandin, *m. fm.* der einfältige Mensch, Pinsel.

Dandinement, *m.* Schaukeln, *n.*

Dandiner, *v. n. et se —*, schiebern, sich schaukeln, sich hin und her wiegen.

†Danemarck, Dänemark.

Danger, *m.* Gefahr, *f.* Gefährlichkeit, Schaden, *m.*

Dangereux, se, *adj.*; -sement, *adv.*: gefährlich, mißlich.

Danois, e, *adj.* dänisch; —, *m. e., f.* Däne, *m.* Däninn, *f.*

Dans, *prép.* in; bei, aus; — trois jours, in, binnen drei Tagen.

Danse, *f.* Tanz, *m.* Tanzen, *n.*; la dernière —, der Kehraus; *fg.* entrer en —, Theil an etw. nehmen.

Danser, *v. n. et a.* tanzen.

Danseur, *m.* se, *f.* Tänzer, *m.* -inn, *f.*

†Dansomanie, *f.* Tanzsucht.

†Danube, *m.* Donau, *f.* (Strom).

†Daraises, *f. pl.* Fischreden, *m.*; das Fluthbett in Teichen.

Darcine, *v.* Darse.

Dard, *m.* Wurfpfeil, Wurfspieß.

†Dardanelles, *f. pl.* Dardanellen (feste Schlösser).

Darder, *v. a.* schießen, werfen; senden (Strahlen).　　［ten).

†Dardille, *f.* der Stiel (an Nelken).

†Dardiller, *v. n.* in Stengel schießen.

Dariole, *f.* (Pastf.) Rahmtorte.

Darique, *f.* (Alt.) Darike, persische Goldmünze.　　　　［2c.).

Darne, *f.* Schnitte (v. Salmen).

Daron, *m.* (Alt.) ein listiger Alter.

Darse, *f.* (Seew.) der innere Hafen.

Dartre, *f.* (Med.) Schwinde, Flechte, Zittermahl, *n.*

Dartreux, se, *adj.* (Med.) flechtenartig.

†Dasymétre, *m.* Dasymeter (zur Messung der Dichtigkeit der Luftschichten).

Dataire, *m.* Datarius, päpstliche Kanzleipräsident.

Date, *f.* Datum, *n.* Zeit=, Ortsangabe, *f.* Jahrzahl; retenir —, (chez un notaire), den Tag der Abschließung eines Vertrags festsetzen; pour ce diner je retiens, je prends — pour lundi, ich behalte mir bieses Mittagessen auf Montag vor; d'ancienne —, alt.

Dater, *v. a.* datiren; *fg.* sich herschreiben; — de loin, von alten Zeiten reden; alt seyn.

Daterie, *f.* die päpstliche Kanzlei.

Datif, *m.* (Gramm.) Datif; —, *adj.* (jur.) richterlich festgesetzt, ernannt.

Dation, *f.* (jur.) die Gebung aus Verbindlichkeit; — de tuteur, gerichtliche Ernennung eines Vormundes.   [holung von Synonymen.

Datisme, *m.* die unnütze Wiederz

Dative, *adj. f.*, tutelle —, eine richterlich aufgetragene Vormundschaft.

Datte, *f.* ( Bot.) Dattel; — de mer, (Naturg.) Dattelmuschel.

Dattier, *m.* (Bot.) Dattelbaum.

Datura, *f.* (Bot.) Stechapfel, *m.*

Daube, *f.* (Kochk.) Dämpfen, *n.*; à la —, gedämpft; mettre, préparer à la —, dämpfen, schmoren.

Dauber, *v. a.* (Fleisch) dämpfen; *pop.* (einen) mit Fäusten schlagen; *fm.* schrauben, verspotten.

Daubeur, *m. fm.* Spötter.

Dauphin, *m.* Delphin, Tummler (Fisch) ‖ Dauphin (ehem. Kronprinz von Frankreich).

Dauphine, *f.* (ehem.) Dauphine, Kronprinzessinn.

†Dauphiné, *m.* Dauphinat, *n.* (Provinz von Frankreich).

Davantage, *adv.* mehr, noch mehr, darüber.

Davier, *m.* (Chir.) Pelikan, Zahnzange, *f.*; (Böttch.) Reißzieher, *m.*; (Buchbr.) Haken zwischen den Deckelbändern.

De, *prép.* von; bei, zu, mit, aus.

Dé, *m.* Würfel; (Näh.) Fingerhut.

†Déalbation, *f.* (Chym.) die Verwandlung von Schwarz in weiß, durch das Feuer.

Débâcle, *f.* Eisbruch, m. Eisgang; *fg. fm.* Umwälzung, *f.* Zerrüttung; belle —, Glück auf den Weg! — (auch Débâclage, *m.*), die Räumung (eines Hafens).

---

Débâcler, *v. n.* (vom Eise) losgehen, aufgehen; —, *v. a.* aufbrechen, abräumen; (einen Hafen) räumen.

Débâcleur, *m.* Hafenmeister.

Débagouler, *v. n.* (gemein) speien; *fg.* unbesonnen herausschwatzen.

Déballage, *m.* Auspacken, *n.*

Déballer, *v. a.* auspacken.

Débandade (à la), *adv.* in der größten Unordnung.

Débandement, *m.* (Kriegsw.) das unordentliche Auseinanderlaufen.

Débander, *v. a.* (Chir.) losbinden ‖ abspannen; se —, losgeben, losschnappen (Feder); (Kriegsw.) auseinanderlaufen ‖ gelinder werden (v. Wetter).   [gen.

Débanquer, *v. a.* die Bank spren=

Débaptiser, *v. a. fm.* umtaufen; se —, seinen Namen verändern.

Débarbouiller, *v. a.* abwaschen, reinigen.   [ (Seew.) Ausladeplatz.

Débarcadère, *m.* Débarcadour,

Débardage, *m.* (Schifff.) das Ausladen (des Holzes); (Forstw.) die Fortschaffung (aus dem Walde).

†Débarder, *v. a.* (Schifff.) (Holz) ausladen; (Forstw.) aus dem Walde schaffen.

Débardeur, *m.* Auslader.

†Débarqué, *m.*, nouveau —, der neue Ankömmling (in der Hauptstadt).

Débarquement, *m.* Ausladung (von Waaren), *f.*; Ausschiffung, Landung.

Débarquer, *v. a.* (Waaren) ausladen; (Truppen) ausschiffen, ans Land setzen; —, *v. n.* landen, ans Land steigen, ausschiffen.

Débarras, *m.* Entledigung, *f.*

Débarrasser, *v. a.* frei machen, losmachen; (einen Platz, r.c.) ab=, aufräumen; se — de qch., sich von etw. losmachen; se — de qn., sich einen vom Halse schaffen.

Débarrer, *v. a.* aufriegeln.

Débat, *m.* Streitigkeit, *f.*; Wortstreit, *m.*; Verhandlung, *f.*

Débâter, *v. a.* absatteln.

Débattre, *v. a.* — qch., über etw. streiten, etw. verhandeln; se —, sich sträuben; *fm.* zappeln; *fg.* sich quälen.

Débauche, *fém.* Ausschweifung, Schwelgerei; Liederlichkeit; vivre dans la —, schwelgen.

Débauché, e, *adj.* liederlich, ausschweifend.

Débaucher, *v. a.* verführen; (Bedienie) abspänstig machen; se —, liederlich werden.

Débaucheur, *m.* se, *f.* Verführer, *m.* =inn, *f.*

---

Débet, *m. lat.* (Fin.) Schuld, *f.* Rückstand, *m.*   [ten.

Débiffer, *v. a.* schwächen, zerrüt=

Débile, *adj.*; -ment, *adv.*: schwach, matt, schwächlich; *fg.* schwach; homme—, Schwächling, *m.*

Débilitation, *f.* Schwächung.

Débilité, *f.* Schwachheit, Schwäche.

Débiliter, *v. a.* schwächen.

†Débillardement, *m.* (Zim.) das Bearbeiten aus dem Groben.

†Débillarder, *v. a.* (Zimm.) aus dem Groben bearbeiten.

†Débiller, *v. a.* (die Zugpferde) abspannen.

Débit, *m.* Verkauf, Absatz, Abgang, Vertrieb ‖ Vortrag (einer Rede, r.c.); (Forstw.) das Abtreiben und Zurichten des Holzes; (Handl.) Soll, Sollen.

Débitant, *m.* Verkäufer (ins Kleine), Krämer.

Débiter, *v. a.* verkaufen, absetzen ‖ vortragen, erzählen; — pour vrai, für wahr ausgeben; —, (Handl.) ins Soll schreiben ‖ (Holz, r.c.) zuschneiden; se —, sich vergreifen, verkauft werden.

Débiteur, *m.* trice, *f.* Schuldner, *m.* =inn, *f.*; —, *m.* se, *f. m. p.* der Ausstreuer, die =inn (v. Mährchen, r.c.); — de nouvelles, der Neuigkeitskrämer.

†Débitter, *v. n.* (Seew.) das Ansertau von den Bättingshölzern abmachen.

Déblai, *m.* das Abräumen der Erde; *fg.* voilà un beau —, ich bin froh, daß ich diese Last vom Halse habe.   [clamiren gegen jemanden.

†Déblatération, *f.* das heftige De=

Déblatérer, *v. n.* losziehen (gegen einen).

Déblayer, *v. a.* ab=, aufräumen; *fg.* — qn., sich einen vom Halse schaffen.

Déblocage, *m.* (Buchbr.) die Berichtigung umgekehrter Buchstaben.

Débloquer, *v. a.* (eine Festung) entsetzen; — des lettres, (Buchbr.) umgekehrte Buchstaben berichtigen.

Déboire, *m.* der widrige Nachgeschmack; *fg.* Ekel, Verdruß.

Déboîtement, *m.* (Med.) Verrentung, *f.*   [aus den Fugen bringen.

Déboiter, *v. a.* (Med.) verrenken;

Débonder, *v. a.* aufspünden; ab=lassen, —, *v. n. et* se —, heraus=stürzen, sich ergießen (auch *fg.*).

Débondonner, *v. a.* aufspünden.

Débonnaire, *adj.*; -ment, *adv.* sanftmüthig, gutmüthig, geduldig.

Débonnaireté, *f.* Gutmüthigkeit.

Débord, *m.* (Med.) die Ergießung (v. Säften); (Münzw.) der äußerste Rand; die abhängige Seite (einer Straße).

Débordé, e, *adj. fg.* ausschweifend, liederlich, zügellos.

Débordement, *m.* Ueberschwemmung, *f.*; Austreten, *n.*; (Med.) Ergießung, *f.*; *fg.* Einbruch (von Barbaren), *m.*; Fluth, *f.* Strom, *m.* (von Lobreden, 2c.); Zügellosigkeit, *f.*

Déborder, *v. n. et se* —, (Fluß, Galle) austreten; sich ergießen; *fg.* los=, einbrechen; überströmen; (Nah.) hervorragen; (Schifff.) sich vom Bord eines Schiffes losmachen; —, *v. a.* überflügeln; — une étoffe, etc., den Rand von einem Zeuge abschneiden; —, den Rand (der Bleitafeln) beschneiden.

†Débordoir, *m.* Schnitzmesser, *n.*

†Débosser, *v. a.* le câble, die Stopfer vom Ankertaue losmachen.

Débotter, *v. a.* qn., einem die Stiefel ausziehen; se —, seine Stiefel ausziehen; —, *ou* —é, *m.* das Ausziehen der Stiefel.

Débouché, *m.* Ausgang; Schlucht, *f.*; (Handl.) Ausweg (zum Waarenabsaß), *m.*

Débouchement, *m.* Räumen, *n.* Reinigen; (Handl.) Ausweg, *m.*

Déboucher, *v. a.* aufmachen, öffnen, räumen; (einen Kanal) reinigen; —, *v. n.* aus einem Engpaß hervorrücken; —, *m.* Hervorrücken, *n.*

Déboucler, *v. a.* aufschnallen, losschnallen; (Haarlocken) auskämmen.

Débouilli, *m.* Farbeprobe, *f.*

*Débouillir, *v. a.* (Farbe) probiren.

Débouquement, *m.* (Seew.) Durchfahrt, *f.* Meerenge; Herausfahren, *n.*

Débouquer, *v. n.* (aus Meerengen, 2c.) herausfahren.

Débourber, *v. a.* aus dem Kothe ziehen, vom Kothe reinigen; ausschlämmen.

Débourrer, *v. a.* von der gröbsten Wolle reinigen; — un fusil, den Pfropf aus der Flinte ziehen; — (ein Pferd) gelener machen; *fg.* zustutzen, abhobeln.

Débours, Déboursé, *m.* Auslage, *f.* Vorschuß, *m.*

Déboursement, *m.* Auszahlung, *f.* Auslage.                    [legen.

Débourser, *v. a.* auszahlen, auslegen.

Debout, *adv.* aufgerichtet, stehend; —, *interj.* auf! être —, stehen; marchandises qui passent —, Transitgüter, *n. pl.*

Débouter, *v. a.* (jur.) abweisen.

Déboutonner, *v. a.* aufknöpfen; se —, *fg.* offenherzig seyn.

Débrailler, *v. a.* se —, den Hals und die Brust unanständig entblößen.

Débredouiller, *v. a.* (Trictr.) verhindern, die doppelte Partie zu gewinnen; —, *v. n.* die Brücke aufmachen; *fg.* seine Lage verbessern.

Débrider, *v. a.* abzäumen; *fg. fm.* in Eil verrichten; sans —, in einem Ritt; *fg.* ununterbrochen.

Débris, *m.* Trümmer, *pl.* Wrack, *n.*; Ueberrest, *m.*; (Bergw.) Geträß, *n.*                    [lung, *f.*

Débrouillement, *m.* Entwicke=

Débrouiller, *v. a.* in Ordnung bringen, entwirren; *fg.* auseinander setzen.

Débrutir, *v. a.* poliren, abschleifen.                    [litur.

Débrutissement, *m.* die erste Politur.

Débucher, *v. n.* (Jagd) das Lager verlassen; —, *v. a.* aufjagen, aufscheuchen; —, *m.* das Verlassen des Lagers; Ausgang, *m.*

Débusquement, *m.* Vertreiben, *n.* Verjagen.

Débusquer, *v. a.* verjagen, vertreiben, stäubern; *fg.* verdrängen, ausstechen.

Début, *m.* (Spiel) Anfang, erste Wurf, Schlag, 2c.; (Theat.) erste Auftritt; *fg.* Anfang.

Débutant, *e, f.* der zum ersten Male auftretende Schauspieler, die ... =inn; der angehende Schriftsteller.

Débuter, *v. n.* (Spiel) Anfang, den Anfang machen; (Theat.) zum ersten Male auftreten; *fg.* auftreten, anfangen; —, *v. a.* (seine Kugel) vom Ziele abspielen.

Déca-, bedeutet zehnmal größer als die Ureinheit im neuen französischen Maß= und Gewichtsystem; z. B. décamètre, Decameter, *m.* (zehn Meter).

Deçà, *adv. et prép.* diesseits (in —, *id.*, par —, *id.*), herwärts; delà, hier und da, da und dort herum.

Décacheter, *v. a.* entsiegeln.

Décade, *f.* Zehend, *n.*; *nouv.* die Dekade (ein Zeitraum von zehn Tagen).

Décadence, *f.* Verfall, *m.* Abnahme, *f.*

Décadi, *m.* der zehnte Tag in der französisch-republikanischen Woche.

Décagone, *m.* Zehneck, *n.*

Décagramme, *m.* zehn Gramme.

Décaisser, *v. a.* auspacken.

Décalitre, *m.* zehn Liter.

Décalogue, *m.* Dekalog, die zehn Gebote.

Décalquer, *v. a.* qch., eine Gegenprobe von etw. abziehen.

Décaméron, *m.* Dekameron, *n.* (Buch).

Décamètre, *m.* zehn Meter.

Décampement, *m.* der Aufbruch des Lagers, oder aus dem Lager.

Décamper, *v. n.* aus dem Lager

aufbrechen, das Lager aufheben; *fg. fm.* sich fortmachen.                    [stelle, *f.*

Décanat, *m.* Dekan=, Dechant=

Décandrie, *f.* (Bot.) die Pflanzen mit zehn Staubfäden.

†Décanoniser, *v. a.* aus dem Verzeichnisse der Heiligen ausstreichen.

Décantation, *f.* (Chim.) Abgießen, *n.*

Décanter, *v. a.* langsam abgießen.

Décaper, *v. a.* (das Kupfer) reinigen.

Décapitation, *f.* Enthauptung; (Chym.) Reinigung des Kupfers vom Grünspan.

Décapiter, *v. a.* enthaupten.

Décarreler, *v. a.* une chambre, die Platten aus einem Zimmer wegnehmen.

†Décastère, *m.* zehn Stere.

Décastyle, *m.* das zehnsäulige Gebäude.                    [sylbig.

Décasyllabe, *adj.* (Dichtk.) zehn=

Décatir, *v. a.* le poil, die durch das Beizen zusammengebackenen Haare auseinander machen.

Décatissage, *m.* Dekatiren, *n.*

Décaver, *v. a.* Jemandes Aussatz gewinnen (im Spiel).

Décéder, *v. n.* ver=, hinscheiden, sterben.                    [Verrath, *m.*

Décèlement, *m.* Entdeckung, *f.*

Décéler, *v. a.* entdecken, verrathen.

Décembre, *m.* December, Christ=monat.

Décemment, *adv. v.* Décent.

Décemvir, *m.* (röm. Alt.) Decemvir, *f.*

Décemviral, *e, adj.* (röm. Alt.) decemviralisch.                    [cemvirat, *m.*

Décemvirat, *m.* (röm. Alt.) De=

Décence, *f.* Anstand, *m.* Ehrbarkeit, *f.* Wohlanständigkeit.

Décennal, *e, adj.* zehnjährig.

Décent, *e, adj.*; -emment, *adv.*: anständig, wohlanständig, ehrbar.

Déception, *f.* Betrug, *m.*; Verführung, *f.*

Décerner, *v. a.* erkennen, zuerkennen, gerichtlich beschließen.

Décès, *m.* Tod, Hintritt, Hinscheiden, *n.*

Décevable, *adj.* betrügbar.

Décevant, *e, adj.* verführerisch, betrüglich.                    [gehen, täuschen.

Décevoir, *v. a.* betrügen, hintergehen.                    [Wüthen, *n.*

Déchainement, *m.* Wüthen, *n.* Toben.

Déchainer, *v. a.* losketten; *fg.* aufhetzen; se —, *fg.* (contre qn.) heftig losziehen; toben, wüthen.

†Déchalander, *v. a.* um die Kundschaft bringen.                    [es näher geben.

Déchanter, *v. n. fm.* nachlassen.

Déchaperonner, *v. a.* (Jagd) kappen, die Haube (der Falken) abnehmen.

Décharge, f. Ab=, Ausladen, n.;
(Kriegsw.) Schuß, m.; Abseuern,
n.; Salve, f.; fg. Erleichterung,
Entlabung; (Handlung) Quittung;
(jur.) Lossprechung; Gerümpelkam=
mer, Kehrichtwinkel (in einem
Hause), m.; (Hybr.) Abfluß;
(Bauk.) Strebeband, n.; le bac
de —, (Bierb.) das Kühlschiff; fg.
fm. — de coups de bâton, eine
Tracht Schläge.

Déchargement, m. Ab=, Ausla=
bung, f. (Schifff.) Löschung.

†Déchargeoir, m. Weberbaum.

Décharger, v. a. ab=, ausladen;
(Schifff.) löschen; (einen) entladen;
fg. entladen, entledigen; erleichtern;
ausleeren; (Kriegsw.) losschießen,
losbrennen; (jur.) los=, freisprechen;
(Handl.) quittiren; — son livre,
eine Schuld in seinem Buche tilgen;
—, (Schifff.) ablassen (Segel); se
—, sich entladen, sich erleichtern;
sich ergießen (Fluß, ꝛc.); se — de
qch. sur qn., einem etw. aufbür=
den, etw. auf einen andern schieben;
se —, (v. Farben) verschießen.

Déchargeur, m. Ab=, Auslader.

Décharné, e, adj. mager, abge=
zehrt, hager, entfleischt; fg. mager.

Décharner, v. a. vom Fleische
reinigen; fg. mager machen.

†Décharpir, v. a. Schlagende aus=
einander bringen.                    [schlagen.

Déchasser, v. a. (Nägel) heraus=

Déchaumer, v. a. (Land) um=
brechen.

Déchaussé, e, adj. barfüßig;
carmes —és ou déchaux, Bar=
füßer.

Déchaussement, m. das Graben
um die Wurzeln der Bäume.

Déchausser, v. a. qn., einem
Schuhe und Strümpfe ausziehen;
— un arbre, einen Baum beha=
cken; die Erde um einen Baum
aufhacken; (Zähne) vom Zahnfleisch
entblößen; se —, Schuhe u. Strüm=
pfe ausziehen.        [fleisch=Ablöser.

Déchaussoir, m. (Zahna.) Zahn=

Déchéance, f. (jur.) Verfall, m.
Verlust.

Déchet, m. Abfall, Abgang, Ver=
lust; (Schlächs.) Gekräß, n.

Déchevelé, e, adj. mit fliegen=
den Haaren.

Décheveler, v. a. qn., einem die
Haare zerzausen.

†Déchevêtrer, v. a. abhalftern
(ein Pferd).

Déchiffrable, adj. entzifferbar.

Déchiffrement, m. Entzifferung,
f.                                  [ren.

Déchiffrer, v. a. entziffern, erklä=

Déchiffreur, m. Entzifferer.

Déchiqueté, e, adj. zadig.

Déchiqueter, v. a. qch., Ein=

schnitte in etw. machen; etw. aus=
zacken, aushacken.        [schnitt.

Déchiqueture, f. der zadige Aus=

Déchirage, m. das Zerschlagen,
Zertrümmern (eines Floßes, ꝛc.).

Déchirant, e, adj. fg. herzzer=
reißend.

Déchirement, m. Zerreißung, f.;
fg. — de cœur, der herzzerreißende
Schmerz.

Déchirer, v. a. zerreißen, zerfe=
tzen; zerfleischen (durch Wunden);
aufreißen; fg. (einen) verlästern;
(das Herz, ꝛc.) zerreißen.

Déchirure, f. Riß, m. Loch, n.

*Déchoir, v. n. verfallen, in Ver=
fall gerathen, sinken, herunterkom=
men; (Schifff.) abweichen.

Déchouer, v. a. (Schifff.) wieder
flott machen.

†Déci-, der zehnte Theil der Ur=
Einheit im französischen Maß= und
Münzsystem, z. B. décimètre, m.
Decimeter ( ¹⁄₁₀ Meter, ꝛc.).

†Déciare, m. ein Zehntheil des
Are.

Décidé, e, adj. fest, entschlossen;
-ément, adv. ausdrücklich, bestimt.

Décider, v. a. entscheiden, bestim=
men; —, v. n. de qch., über etw.
entscheiden, sprechen; se —, sich
entschließen.

†Décigramme, m. ein Zehntheil
des Gramme.

Décilitre, m. ein Zehntheil des
Liter.

Décimable, adj. zehentpflichtig.

Décimal, e, adj. zum Zehenten
gehörig; decimal; fraction — ou
—e, f. Decimalbruch, m.

Décimateur, m. Zehentherr.

Décimation, f. (Kriegsw.) die
Lösung um den zehnten Mann.

Décime, m. ein Zweisousstück, ¹⁄₁₀
Franc; —, f. der geistliche Zehente.

Décimer, v. a. un régiment, bei
einem Regimente um den zehnten
Mann losen, ein Regiment drei=
miren.                            [Meter.

Décimètre, m. ein Zehntheil des

Décintrement, m. (Bauk.) die
Wegnahme des Bogengerüstes.

Décintrer, v. a. une voûte, das
Bogengerüst von einem Gewölbe
wegthun.      [f. Brechhammer, m.

†Décintroir, m. (Maur.) Flechse.

Décisif, ve, adj.; -vement,
adv.: entscheidend; bataille —ve,
—, absprechend
(v. Menschen).

Décision, f. Entscheidung; Aus=
spruch, m.; — arbitraire, Macht=
spruch.

Décisoire, adj. m., (jur.) serment
—, der Entscheidungseid. [Stere.

†Décistère, m. ein Zehntheil des

Déclamateur, m. Declamator;

fg. id., schwülstige Redner; —,
adj. declamatorisch; m. p. id.,
schwülstig.

Déclamation, f. Declamation,
Vortrag, m.; Redeübung, f.; m.
p. Declamation, schwülstige Rede,
Schmährede.

Déclamatoire, adj. declamato=
risch; m. p. id., schwülstig.

Déclamer, v. a. et n. declamiren,
eine Rede halten, öffentlich vortra=
gen, sprechen; fg. heftig losziehen,
eifern.

Déclaratif, ve, adj. erklärend.

Déclaration, f. Erklärung; An=
gabe; Verzeichniß, n.

Déclaratoire, adj. (jur.) erklärend.

Déclarer, v. a. erklären, ankün=
digen, kund thun, eröffnen; se —,
sich erklären ‖ sich zeigen.

†Déclaver, v. n. (Wuf.) zu einem
andern Schlüssel übergehen.

†Déclic, m. (Bauk.) Rammler,
Rammbleck.

Déclin, m. Abnehmen, n.; Sin=
ken; Neige, f.; fg. id.; Abend (des
Lebens), m.; (Buchf.) Schneller.

Déclinable, adj. (Gramm.) ab=
änderlich.

Déclinaison, f. (Gramm.) De=
clination, Umendung; (Astr.) Ab=
weichung.                      [nenuhr).

Déclinant, adj. abweichend (Son=

Déclination, f. Abweichung, Nei=
gen, n.

Déclinatoire, m. (jur.) die Erklä=
rung, daß man die Gerichtsbarkeit
eines Richters nicht anerkenne; —,
adj. (jur.) di: Gerichtsbarkeit ab=
lehnend.

Décliner, v. n. abnehmen, zu
Ende gehen ‖ (Astr., ꝛc.) abweichen;
—, v. a. (Gramm.) umenden,
biegen; (jur.) (eine Gerichtsbarkeit)
nicht anerkennen; — son nom, fm.
seinen Namen anzeigen.

Déclive, adj. abschüssig, abhängig.

Déclivité, f. Abschüssigkeit.

†Décloitrer, v. a. aus dem Kloster
nehmen, ziehen.

*Déclore, v. a. un champ, etc.,
die Umzäunung von einem Felde
wegnehmen.

Déclouer, v. a. (das Angenagelte)
losmachen, losbrechen.

Décochement, m. Abschießen, n.

Décocher, v. a. (einen Pfeil) ab=
schießen.

Décoction, f. (Med.) Absieden,
n.; — et Décoctum, m. lat. Ab=
sud, m. Decoct, n.

Décoiffer, v. a. qn., einem den
Kopfputz abnehmen; die Haare in
Unordnung bringen ‖ (eine Flasche)
aufmachen, fg. leeren.

Décollation, f. Enthauptung (Jo=
hannis des Täufers).

Décollement, *m.* Losgeben, *n.*
Losmachen (einer geleimten Sache);
(Zimm.) Behauung (eines Zap=
fens), *f.*

Décoller, *v. a.* enthaupten || (das
Geleimte) von einander machen;
(Bill.) von der Bande abspielen;
se —, losgeben.

Décolleter, *v. a.* den Hals oder
die Brust entblößen; elle est trop
—ée, sie entblößt die Brust zu sehr;
cet habit est trop —é, dieses Kleid
ist am Halse zu weit ausgeschnitten.

†Décoloration, *f.* (Arzn.) Entfär=
bung, Erbleichen, *n.*

Décoloré, e, *adj.* entfärbt; ver=
blichen; *fg.* schmucklos.

Décolorer, *v. a.* entfärben; se —,
die Farbe verlieren.

Décombrer, *v. a.* vom Schutte
reinigen, säubern.

Décombres, *m. pl.* Schutt, Graus.

Décomposer, *v. a.* auflösen; zer=
legen, zersetzen, zergliedern.

Décomposition, *f.* Auflösung,
Zerlegung, Zertheilung, Zergliede=
rung.

Décompte, *m.* Abrechnung, *f.;*
Abzug, *m.;* (Kriegsw.) Rückstand;
trouver du — à qch., sich bei etw.
verrechnen.

Décompter, *v. a. et n.* abrechnen;
abziehen; *fg.* abgehen lassen.

Déconcerter, *v. a.* stören, irre
machen; *fg.* verwirren, bestürzt ma=
chen; se —, verwirrt werden.

*Déconfire, *v. a.* ol. in die
Pfanne hauen; *fg. fm.* aus aller
Fassung bringen.

Déconfiture, *f.* die gänzliche Nie=
derlage; faire une grande — de
gibier, eine große Niederlage unter
dem Wildpret anrichten; *fg. fm.*
Umsturz, *m.;* (jur.) Zahlungsun=
vermögenheit, *f.;* der völlige Ruin.

Déconfort, *m.* (ol.) *v.* Désolation.

Déconforter, *v. a.* niederschlagen;
se —, den Muth verlieren.

Déconseiller, *v. a.* qch. à qn.,
abrathen, widerrathen.

Déconsidérer, *v. a.* einem die
öffentliche Achtung rauben.

Décontenancer, *v. a.* aus der
Fassung bringen; se —, aus der
Fassung kommen. [Unstern.

Déconvenue, *f. fm.* Unfall, *m.*

†Décor, *m.* Zierath, Verzierung, *f.*

Décorateur, *m.* Bühnenverzierer;
—, *adj.,* peintre —, der Bühnen=
maler.

Décoration, *f.* Auszierung, Ver=
zierung, Decoration; Ehrenzeichen, *n.*

Décorder, *v. a.* (ein Seil) aufdre=
hen, aufflechten; se —, aufgehen.

Décorer, *v. a.* zieren, aus=, ver=
zieren. [Schälen, *n.* Abrinden.

Décortication, *f.* (Apoth.) Ab=

Décorum, *m.* lat. *fm.* Wohl=
stand, Anstand.

Découcher, *v. a.* aus dem Bette
vertreiben; —, *v. n.* außer dem
Hause od. seinem gewöhnlichen Bette
schlafen.

*Découdre, *v. a.* ab=, auftrennen,
aufreißen; en —, *v. n.* vom Leder
ziehen; darauf losgehen; se —, auf=
gehen, sich auftrennen; décousu, e,
*fg.* unzusammenhängend, zerrissen
(Styl).

Découlement, *m.* Abfluß; Ab=
tropfen, *n.* Abtröpfeln.

Découler, *v. n.* ab=, ausfließen,
abtröpfeln; *fg.* — de qch., aus
etw. fließen, herfließen.

Découper, *v. a.* zerschneiden,
(Schneid., c.) zuschneiden; (Pa=
pier, c.) ausschneiden, auszacken;
(Gärtn.) in Beete eintheilen; (Bäd.)
zergreifen.

Découpeur, *m.* se, *f.* Aus=, Zu=
schneider, *m.* =inn, *f.;* (Schifff.)
Swedschneider, *m.*

Découple, Découpler, *m.* Los=
koppeln, *n.*

Découpler, *v. a.* loskoppeln; *fg.*
loshetzen; bien —é, e, wohlge=
wachsen.

†Découpoir, *m.* ein Meißel zum
Zuschneiden, ein Messer zum Zer=
schneiden. [deit.

Découpure, *f.* ausgeschnittene Ar=

Découragé, e, *adj.* muthlos,
kleinmüthig, zaghaft.

Découragement, *m.* Kleinmuth,
Verzagtheit, *f.* Zaghaftigkeit.

Décourager, *v. a.* muthlos machen;
abschrecken; se —, muthlos werden,
verzagen. [Mondes.

Décours, *m.* Abnehmen (des
Mondes), *n.*

Décousu, e, *v.* Découdre.

Décousure, *f.* die aufgetrennte
Naht.

Découvert, e, *adj.* unbedeckt; un
pays —, eine freie, nicht waldige
Gegend; à —, unbedeckt, offen, frei,
mettre à —, aufdecken. [*m.*

Découverte, *f.* Entdeckung; Fund;
†Découvreur, *m.* (Seew.) Ent=
decker (eines Landes).

*Découvrir, *v. a.* auf=, abdecken,
entblößen; (ein Haus) abdachen,
*fg.* entdecken, gewahr werden; of=
fenbaren; se —, sich entblößen; den
Hut abnehmen || entdeckt werden;
(v. Wetter) sich aufklären.

Décrasser, *v. a.* vom Kothe säu=
bern; *fg. fm.* gesittet machen; se —,
gesittet werden.

Décréditement, *m.* die Berau=
bung des Ansehens, Credits; Miß=
credit, *m.*

Décréditer, *v. a.* um den Credit,
in Verachtung bringen, eines Anse=
hen schwächen; se —, sich veräch=

lich machen; den Glauben verlieren.

Décrépit, e, *adj.* betagt, steinalt,
abgelebt.

Décrépitation, *f.* Prasseln, *n.*
Verprasseln, Verpuffen (v. Salzen).

Décrépiter, *v. a.* verknistern las=
sen; —, *v. n.* abknistern, verpuffen,
verprasseln.

Décrépitude, *f.* das hohe Alter.

Décret, *m.* Decret, *n.;* die obrigkeit=
liche Verordnung, Schluß, *m.;* (jur.)
— de prise de corps, Verhaftbe=
fehl, faire le — d'une terre,
ein Gut zum Verkauf aussetzen.

Décrétale, *f.* Decretale, Bescheid
(des Papstes), *m.*

Décréter, *v. a.* gerichtlich beschlie=
ßen, verordnen, decretiren; — qn.
de prise de corps, einen Verhaft=
befehl gegen einen geben; — une
terre, *v.* Décret.

Décri, *m.* Verrufung, *f.;* Ver=
bot (e ner Waare), *n.;* *fg.* der üble
Ruf. ⸗

Décrier, *v. a.* verrufen, verschreien;
herabsetzen; (Waaren) verbieten.

*Décrire, *v. a.* beschreiben.

Décrocher, *v. a.* ab=, loshaken,
loshäfteln.

*Décroire, *v. a.* pop., je ne crois
ni ne décrois, ich glaube es nicht
und läugne es auch nicht.

Décroissement, *m.* Abnahme, *f.*
Abnehmen, *n.* [schwinden.

*Décroître, *v. n.* abnehmen,

Décrotter, *v. a.* vom Kothe säu=
bern, putzen.

Décrotteur, *m.* Schuhputzer.

Décrottoire, *f.* Schuhbürste.

Décrue, *f.* (neu), Abnehmen, *n.*
der Theil um welchen eine Sache ver=
mindert worden.

Décruer, *v. a.* (Garn) ablaugen.

Décrûment, *m.* Ablaugen, *n.*

Décrusement, *m.* Sieden (der
Seide), *n.*

Décruser, *v. a.* (Seide) absieden.

*Décuire, *v. a.* wieder aufkochen,
verdünnen; se —, flüssig werden.

†Décumane, *adj. f.* (röm. Alt.)
porte —, das Hinterthor (des La=
gers). [Zehnsache, *n.*

Décuple, *adj.* zehnfach; —, *m.*

Décupler, *v. a.* zehnmal vergrö=
ßern. [(von zehn Mann), *f.*

Décurie, *m.* (röm. Alt.) Decurie

Décurion, *m.* (röm. Alt.) Decurio.

†Décusation, *f.* (Opt.) das Zu=
sammentreffen mehrerer Linien in
Einem Punkte.

†Décussoire, *m.* (Chir.) Drücker
(zum Ausdrücken des Eiters).

Dédaigner, *v. a. et n.* verachten,
verschmähen.

Dédaigneux, se, *adj.;* sement;
*adv.;* höhnisch, stolz, wegwerfend,
schnöde.

Dédain, *m.* die ſtolze Verachtung, Geringſchäßung.

Dédale, *m.* Irrgang, =garten, [aufmachen.

**Labyrinth**, *n.* [aufmachen.

Dédamer, *v. n.* (Spiel) eine Dame

Dedans, *adv. et prép.* darin, dorein; hinein; inwendig, drinnen; en —, einwärts; au —, innerhalb, inwendig; de —, von innen heraus; là —, darrin, barin; —, *m.* In= nere, *n.* Inwendige.

Dédicace, *f.* Einweihung, Weihe, Kirchweihe; — *ou* épitre dédica= toire, *f.* Zueignungsſchrift.

Dédicatoire, *adj.,* épitre —, *f.* Zueignungsſchrift. [zueignen.

Dédier, *v. a.* weihen, widmen,

*Dédire, *v. a.* das in unſerm Namen Geſagte oder Gethane für ungültig erklären; — son ami, einen nicht für ſeinen Freund er= kennen; se — de qch., ſein Wort widerrufen, zurücknehmen, zurück= treten (auch s'en —).

Dédit, *m. fm.* Widerruf; (jur.) Reukauf.

Dédommagement, *m.* Entſchädi= gung, *f.* Schadloshaltung, Vergü= lung.

Dédommager, *v. a.* ſchadlos hal= ten, entſchädigen (de für), einem etw. vergüten; se —, ſich entſchä= digen, ſich erholen.

Dédorer, *v. a.* qch., die Vergol= dung von etw. abkraßen; se —, die Vergoldung verlieren.

†Dédormir, *v. a.* (Waſſer) lau= licht werden laſſen.

Dédoubler, *v. a.* qch., das Unter= futter von etw. abtrennen; (Kriegsw.) halbiren; (einen Stein) in ſeiner ganzen Länge ſchichtenweiſe ſpalten; se —, ſich ſchichtenweiſe der Länge nach ſpalten laſſen.

Déduction, *f.* (Arithm.) Abzug, *m.;* (Lehrſt.) Herleitung, *f.* Ent= wicklung.

*Déduire, *v. a.* (Arithm.) abzie= hen; (Lehrſt., x.) entwickeln, erör= tern, ab=, herleiten.

Déesse, *f.* Göttin.

Défâcher (se), *fm. prov.* wieder gut werden.

Défaillance, *fém.* Ohnmacht, Schwachheit, Entkräftung.

Défaillant, e, *adj.* ohnmächtig; (jur.) der Gerichtstermin verſäu= mend.

*Défaillir, *v. n.* fehlen, zu Ende gehen, ausſterben (Geſchlecht); (ſchwach werden, abnehmen.

*Défaire, *v. a.* auf=, losmachen, zerlegen; (eine Naht) auftrennen; vernichten; (Kriegsw.) gänzlich ſchla= gen; (die Frucht) abtreiben; se — de qch., ſich von etw. losmachen, etw. verkaufen; se — de qn., ſich

einen vom Halſe ſchaffen; se —, ſchwach, mager werden; *fg.* aus der Faſſung kommen ‖ ſich ſelbſt tödten.

Défait, e, *adj.* hager, entſtellt.

Défaite, *f.* Niederlage; (Handl.) Abgang, *m.* Abſaß; *fg.* Ausflucht, *f.;* une mauvaise —, *fm.* faule Fiſche, *m. pl.* [*m.*

Défalcation, *f.* (Arithm.) Abzug,

Défalquer, *v. a.* abziehen, ab= rechnen.

Défausser (se), *verbe pr.* (Spiel) eine Karte abwerfen.

Défaut, *m.* Fehler, Mangel; Gebrechen, *n.;* (jur.) Nichterſchei= nung, *f.;* faire —, nicht erſcheinen; être en —, (Jagd) die Spur verloren haben; relever le —, wieder auf die Spur leiten; mettre qn. en —, machen daß einer Blößen gibt, zu Schanden machen ‖ (Fechtk., x.)

Blöße, *f.;* — des côtes, Weiche; au —, *adv.* in Ermangelung.

Défaveur, *f.* Ungunſt; Mißgre= bit, *m.* [ungünſtig.

Défavorable, *adj.;* -ment, *adv.*

Défécation, *f.* (Chym., x.) Ab= klären, *n.* [mangelhaft.

Défectif, ve, *adj.* (Gramm.)

Défection, *f.* Abfall, *m.;* (Aſtr.) Verfinſterung, *f.*

Défectueux, se, *adj.;* sement, *adv.:* mangelhaft, fehlerhaft.

Défectuosité, *f.* Mangel, *m.* Feh= ler; Unvollſtändigkeit, *f.*

Défendable, *adj.* (Kriegsw.) halt= bar. [*m. et f.*

Défendeur, *m.* eresse, *f.* Beklagte,

Défendre, *v. a.* vertheidigen, ver= fechten ‖ verbieten, unterſagen; se —, ſich vertheidigen, ſich ſträuben; *fg.* ſich vertheidigen, ſich verantworten; se — de qch., etw. läugnen, von ſich ablehnen; ſich etw. verbitten. [hägt.

Défens, *m.* (Forſtw.) en —, ge=

Défense, *f.* Vertheidigung; (jur.) *id.,* Verantwortung; —s, *pl.* die Hauzähne (*m.*), Fänge (des Ebers); (Fortif.) Schirmwerke, *n.* ‖ Verbot, *m.;* — d'exportation, Sperre, *f.*

Défenseur, *m.* Vertheidiger, Be= ſchüßer, Verfechter.

Défensif, ve, *adj.* zur Vertheidi= gung dienend; arme -ve, Schuß= waffe, *f.;* guerre -ve, Vertheidi= gungskrieg, *m.;* —, Verwahrungs= mittel, *n.;* -ve, *f.* Gegenwehr, Ver= theidigungsſtand, *m.;* se tenir sur la -ve, ſich vertheidigungsweiſe ver= halten. [klären.

Déféquer, *v. a.* (Chym., x.) ab=

Déférant, e, *adj.* nachgiebig.

Déférence, *f.* Nachgiebigkeit (aus Achtung); Gefälligkeit, Ehrerbietung.

Déférent, *adj. m.* (Anat.) canal *ou*

conduit déférent, Samengang, *m.*

Déférer, *m.* das Zeichen des Münzortes.

Déférer, *v. n.* à qn., einem (aus Achtung, Ehrfurcht) nachgeben; ſich jemands Einſichten unterwerfen; — à qch., einer S. beipflichten; —, *v. a.* zuerkennen; — le serment à qn., einem den Eid auflegen; —, angeben.

Déferler, *v. a.* (die Segel) aus= einander wickeln und aufſpannen.

Déferrer, *v. a.* un cheval, einem Pferde die Eiſen los=, abbrechen; die Eiſen verlieren; *fg.* aus der Faſ= ſung kommen.

Défet, *m.* (Buchh.) Defectbogen.

†Défeuillaison, *f.* das Entblättern der Pflanzen.

†Défeuiller, *v. a.* entblättern.

Défi, *m.* Ausforderung, *f.*

Défiance, *f.* Mißtrauen, *n.* Arg= wohn, *m.* [wöhniſch.

Défiant, e, *adj.* mißtrauiſch, arg=

†Déficient, *m.* (Arithm.) die man= gelhafte Zahl. [ficit.

Déficit, *m. lat.* Fehlende, *n.* De=

Défier, *v. a.* herausfordern, auf= fordern; *fg.* — qn., einem Troß bieten; se — de qn., etc., einem, x., nicht trauen.

Défigurer, *v. a.* verunſtalten, ent= ſtellen, verzerren.

Défilé, *m.* Engpaß, Paß, Hohl= weg; *fg.* Verlegenheit, *f. fm.* Klemme.

Défiler, *v. a.* (einen Faden) wie= der abziehen, abreiden; —, *v. n.* (Kriegsw.) vorbei=, abziehen, deſ= liren; se —, losgehen, auseinander fallen.

Défini, *m.* Beſtimmte, *n.*

Définir, *v. a. adj.* beſtimmt, erklärt.

Définir, *v. a.* beſtimmen; genau beſchreiben; feſtſeßen; se —, be= ſtimmt werden; beſtimmbar ſeyn.

Définiteur, *m.* Definitor, Beiſißer (in einem geiſtlichen Orden).

Définitif, ve, *adj.* entſcheidend; sentence -ve, (jur.) Endurtheil, *n.;* -vement, *adv.* (jur.) durch ein Endurtheil; en -ve, *adv.* endlich.

Définition, *f.* Erklärung, Beſtim= mung; genaue Beſchreibung ‖ Ent= ſcheidung, Beſchluß, *m.*

Déflagration, *f.* (Chym.) Ver= brennen, *n.*

Déflegmation, *f.* (Chym.) Ent= wäſſerung. [fern.

Déflegmer, *v. a.* (Chym.) entwäſ=

Défleurir, *v. n.* ver=, abblühen; —, *v. a.* die Blüthe abfallen machen.

†Déflexion, *f.* (Phyſ.) Abweichung.

Défoncé, e, *adj.* bodenlos.

Défoncement, *m.* das Einſchlagen eines Faßbodens; Geſenke.

Défoncer, *v. a.* un tonneau, den Boden eines Fasses einschlagen, ausstoßen; se —, den Boden verlieren.

Déformer, *v. a.* aus der Form bringen. [schnüren.

†Défouetter, *v. a.* (Buchb.) aus-

Défourner, *v. a.* (Bäck.) aus dem Backofen schieben.

†Défrai, *m. p. us.* Freihaltung, *f.*

Défrayé, e, *adj.* zehrungsfrei.

Défrayer, *v. a.* freihalten. [*f.*

Défrichement, *m.* Urbarmachung.

Défricher, *v. a.* umbrechen, urbar machen, anbauen; *fg.* zuerst bearbeiten; (etw. Verwickeltes) auseinander setzen.

Défriser, *v. a.* qn., einem die Frisur wegmachen, einen zerzausen.

Défroncer, *v. a.* entfalten, entrunzeln.

Défroque, *f.* Verlassenschaft (eines Ordensgeistlichen).

Défroquer, *v. a.* vom Mönchsstande abziehen; *fg. fm.* ausplündern; —, *v. n. et se* —, sich dem Mönchskutte ablegen. [tafeln.

†Défuner, *v. a.* den Mast ab-

Défunt, e, *adj.* (unlängst) verstorben; —, *m. e, f.* Verstorbene, *m. et f.*

Dégagé, e, *adj.* frei, los; *fg.* frei, ungezwungen; schlank (Wuchs), escalier —é, Geheim-, Nebentreppe, *f.*; chambre —ée, Zimmer mit einem Nebenausgang, *n.*

Dégagement, *m.* Losmachung, *f.* Befreiung; (Med.) Erleichterung (der Brust), Auflösung (der Säfte): Auflösung; Erleichterung; Aus-, Einlösung (eines Pfandes); Entbindung (von einem Versprechen); Erleichterung, Befreiung ‖ Ungezwungenheit (des Körpers); (Baut.) Nebenausgang, *m.*; porte de —, Neben-, Hinterthür, *f.*

Dégager, *v. a.* losmachen, befreien, freimachen; (ein Pfand) ein- oder auslösen; (sein Wort) halten, lösen; zurücknehmen; (einen eines Versprechens) entbinden; — une chambre, (Baut.) an einem Zimmer einen Nebenausgang anbringen; — la taille; (Näh.) den Wuchs zeigen; se —, sich befreien, sich losmachen, sich herausheffen.

Dégaine, *f. bas,* das tölpische Benehmen, die tölpische Art.

Dégainer, *v. a.* aus der Scheide ziehen, entblößen; —, *v. n.* vom Leder ziehen; *fg. fm.* mit dem Gelde herausrücken.

†Dégaineur, *m.* Fechter, Schläger; *v.* Spadassin.

Déganter, *v. a.* qn., einem die Handschuhe ausziehen; se —, seine Handschuhe ausziehen.

Dégarnir, *v. a.* une robe, die Be-

setzung von einem Kleide abmachen; — une maison, die Mobilien aus einem Hause wegnehmen; —, (eine Festung) von Soldaten entblößen; (Schiffe) abtafeln; (Waldungen) stark aushauen; (Gärtn.) ausschneiden; se —, sich entblößen; bloß, leer werden; (Gärtn.) die Aeste verlieren.

†Dégasconner, *v. a.* einem den gasconischen Accent abgewöhnen.

Dégât, *m.* Verwüstung, *f.*; faire du —, *fm.* hausen.

Dégauchir, *v. a.* zurichten, behauen; *fg. fm.* zustuzen; se —, *fm.* gewandter werden. [*n.*

Dégauchissement, *m.* Zurichten.

Dégel, *m.* Aufthauen, *n.* Thauwetter; vent de —, Thauwind, *m.*

Dégeler, *v. a. et n., et se* —, aufthauen, thauen.

Dégénération, *f.* Aus-, Ab-, Entartung.

Dégénérer, *v. n.* (de qch.) aus-, abarten; (en qch.), sich verschlimmern.

Dégénérescence, *f.* die Neigung zum Ausarten Ausarten, *n.*

Dégingandé, e, *adj.* latschig, lendenlahm; *fg.* schwankend.

Dégluer, *v. a.* vom Vogelleim losmachen ‖ (die Augen) von der Augenbutter reinigen.

Déglutition, *f.* Verschlucken, *n.*

Dégobiller, *v. a. pop.* speien, herausbrechen; *bas,* kotzen.

Dégobillis, *m. pop.* Gespiene, *n.*

Dégoiser, *v. n. fm.* plaudern.

†Dégonder, *v. a.* une porte, eine Thüre aus ihren Angeln heben.

Dégonfler, *v. a.* die Geschwulst vertreiben.

Dégorgement, *m.* Losbrechen, *n.* Ergießung, *f.* (auch Med.); (Tuchm.) Ausspülen, *n.*; Ausräumen.

†Dégorgeoir, *m.* Raumnadel, *f.* (Schlosserei) Zurichtmeißel, *m.*; (Tuchm.) Ausspülstock.

Dégorger, *v. a. et n.* ausräumen, reinigen; ausblümmen; (Tuchm., zc.) ausspülen; — qch., einer S. Luft machen; se —, sich ergießen; sich abschlämmen. [stecken.

Dégoter, *v. a. fm.* verjagen, aus-

Dégourdir, *v. a.* qch., einer S. das Erstarren vertreiben; wieder erwärmen; (Wasser) überschlagen lassen; *fg.* — qn., einem das steife Wesen abgewöhnen; *fm.* abhobeln; einen munter machen; se —, wieder warm und gelenk werden; *fg.* ein aufgewecktes Wesen annehmen, munter werden.

Dégourdissement, *m.* Erwärmung, *f.*; Wiederbelebung.

Dégoût, *m.* Ekel, Abscheu, Widerwille, Verdruß, Ueberdruß.

Dégoûtant, e, *adj.* ekelhaft, widerlich. [Ekeln spielen.

Dégoûté, *m.*, faire le —, den

Dégoûté, e, *adj.* überdrüssig.

Dégoûter, *v. a.* qn. einem Ekel verursachen; einen anekeln, widern; *fg.* — qn. de qch., einem einen Widerwillen gegen etw. beibringen einem etw. verleiden; se — de qch., einer S. überdrüssig werden.

Dégouttant, e, *adj.* triefend, tröpfelnd.

Dégoutter, *v. n.* abtröpfeln, tropfen, triefen, rinnen.

Dégradation, *f.* die Ab- oder Entsezung (v. einer Würde); (Kirch.) Entweihung ‖ Schade, *m.* Verwüstung, *f.* Verfall (eines Gebäudes), *m.* ‖ (Mal.) Abstufung, *f.*

Dégrader, *v. a.* seiner Würden entsetzen, heruntersetzen ‖ etw. beschädigen, übel zurichten; (Mal.) abstufen; se —, sich herabwürdigen. [ten.

Dégrafer, *v. a.* loshäkeln, aufhaken.

Dégraissage, *m.* Dégraissement, Ab-, Ausfetten, *n.*

Dégraisser, *v. a.* qch., Fett von etw. abschöpfen; Flecken aus etw. herausmachen.

Dégraisseur, *m.* se, *f.* Fleckenpuzer, *m.* -inn, *f.* [bant, *f.*

†Dégraissoir, *m.* Wasch-

†Dégrappiner, *v. a.* (ein Schiff) vom Eis losziehen.

†Dégras, *m.* das ausgepreßte Fett, eine Art Fischthran (für Gärber).

†Dégraveler, *v. a.* reinigen, säubern (Röhren, Teichel, u. s. w.).

†Dégravoiment, *m.* das Unterhöhlen, Abspülen der Erde (v. etw.).

Dégravoyer, *v. a.* durch Abspülen entblößen, unterhöhlen.

Degré, *m.* Treppe, *f.* Stufe; *fm* Staffel; *fg.* Stufe; par —s, stufenweise; — der Grad, das Glied (der Verwandtschaft).

Dégréer, *v. a.* (Schiff.) abtafeln; des Tafelwerks berauben, rhebelos machen. [Steuerverminderung, *f.*

Dégrèvement, *m.* Steuernachlaß.

Dégrever, *v. a.* erleichtern, entlasten, die Steuern vermindern. [*n.*

Dégringolade, *f.* Herunterpurzeln.

Dégringoler, *v. n.* herunterpurzeln, -rollen.

Dégriser, *v. a.* den Rausch vertreiben; *fg.* einen zur Besinnung bringen, einem die Augen öffnen.

†Dégrossage, *m.* das Strecken, Abführen (von Metallstangen).

†Dégrosser, *v. a.* (Metallstangen) strecken, abführen, dünner machen.

Dégrossir, *v. a.* aus dem Gröbsten herausarbeiten, behauen, zurichten; (Buchdr.) zum erstenmale lesen; *fg.* anfangen in Ordnung zu bringen.

Déguenillé, e, *adj.* zerlumpt.
Déguerpir, *v. a.* (ein Gut) ver=
lassen; räumen; —, *v. n.* d'un
lieu, einen Ort verlassen, sich fort=
packen. [(eines Gutes), *n.*
Déguerpissement, *m.* Verlassen
Dégueuler, *v. a.* bas, speien, kotzen.
†Dégueuleux, *m.* (Hydr.) Spei=
larve, *f.* [Unglück ziehen.
Déguignonner, *v. a. fm.* aus dem
Déguisement, *m.* Verkleidung, *f.*
Vermummung; *fg.* Verstellung.
Déguiser, *v. a.* verkleiden, ver=
kappen, vermummen; *fg.* entstellen,
unkenntlich machen, verbergen, ver=
blümen; se —, sich verkleiden; *fg.*
sich verstellen.
Dégustateur, *m. et adj. m.*, offi=
cier —, Koster, Getränkekoster.
Dégustation, *f.* Kosten (eines Ge=
tränks), *n.*
Déguster, *v. a.* (ein Getränk) kosten.
Déhâler, *v. a.* qn., einem den Son=
nenbrand vertreiben; se —, wieder
weiß werden. [lahm.
Déhanché, e, *adj.* lenden=, kreuz=
†Déharder, *v. a.* (Hunde) loskop=
peln. [*n.*
Déharnachement, *m.* Abschirren,
Déharnacher, *v. a.* abschirren.
Déhiscence, *e* (Bot.) das Auf=
springen einer Fruchthülle.
Déhiscent, e, *adj.* (Bot.) auf=
springend.
Débonté, e, *adj.* schamlos.
Dehors, *adv.* hinaus; — ou au
—, draußen, auswärts; par —,
von außen; —, *m.* Aeußere, *n.*
Außenseite, *n.; pl.* (Fortif.) Außen=
werke, *n.; fg.* Schein —, *n.*
Déicide, *m.* (Theol.) Gottesmord.
Déification, *f.* Vergötterung.
Déifier, *v. a.* vergöttern.
Déisme, *m.* Deismus, Vernunft=
religion, *f.* [*f.*
Déiste, *m. et f.* Deist, *m.* =inn,
Déité, *f.* (Dicht.) Gottheit.
Déjà, *adv.* schon, bereits, albe=
reits. [*m.*
Déjection, *f.* (Med.) Stuhlgang,
Déjeter (se), (Zimm., zc.) sich
krümmen, sich werfen, sich ausbau=
chen. [*n.*
Déjeuné, Déjeuner, *m.* Frühstück,
Déjeuner, *v. n.* frühstücken.
Déjoindre, *v. a.* auseinander ma=
chen; se —, losgehen, auseinander
geben, lesspringen.
Déjouer, *v. a.* vereiteln; — qn.,
jemandes Plan vereiteln; —, *v. n.*
schlecht spielen (Schiff.) flattern.
Déjucher, *v. a.* (Hühner) von der
Stange jagen; *fg.* herabtreiben; —,
*v. n.* von der Stange wegfliegen.
Delà, *adv.* von da, daher; au
—, *adv.* darüber; au — de, *prép.*
jenseits.

Délabrement, *m.* der zerrüttete
Zustand, Zerrüttung, *f.* Verfall, *m.*
Délabrer, *v. a.* zerrütten, in Ver=
fall bringen, zu Grunde richten.
Délacer, *v. a.* aufschnüren.
Délai, *m.* Aufschub; (jur.) Frist, *f.*
— fort court, *fm.* Galgenfrist; sans
—, unverzüglich.
Délaissement, *m.* Hülflosigkeit,
*f.;* (jur.) Verlassung, Abtretung.
Délaisser, *v. a.* verlassen; (jur.)
abtreten, überlassen.
Délardement, *m.* (Arch.) Abrun=
den, *n.* Abstoßen.
Délarder, *v. a.* abstoßen; abrun=
den; mit dem Spizhammer rauh
behauen.
Délassement, *m.* Erholung, *f.*
Délasser, *v. a.* qn., einem die
Müdigkeit benehmen; einen erqui=
cken; aufheitern; se —, ausruhen;
sich erholen.
Délateur, *m.* Angeber.
Délation, *f.* (heimliche) Ange=
bung.
Délatter, *v. a.* (ein Dach) ablatten.
Délavé, e, *adj.* (v. Farben) blaß,
bleich, verblichen.
Délayant, *adj.* verdünnend; —,
*m.* das verdünnende Mittel.
Délayement, *m.* Verdünnung, *f.*
Auflösung; Auf=, Einweichen, *n.*
Anfeuchten.
Délayer, *v. a.* verdünnen, einrüh=
ren, auflösen; auf=, einweichen,
(Kalt) löschen.
Délatur, *m. lat.* (Buchdr.) Weg=
nehmungszeichen, *n.* [lich.
Délectable, *adj.* angenehm, lieb=
Délectation, *f.* Ergöhung, Lust.
Délecter, *v. a.* erfreuen, ergöhen;
se —, sich ergöhen (à, an).
Délégation, *f.* Auftrag, *m.* Ab=
ordnung, *f.;* (jur.) Anweisung
(Schuld).
Délégué, *m.* Abgeordnete.
Déléguer, *v. a.* abordnen, bestel=
len; (seine Amtsverrichtungen einem)
übertragen.
†Delémont, Delsperg (Städtchen).
†Délestage, *m.* das Ausladen des
Ballasts.
†Délester, *v. a.* un vaisseau, den
Ballast aus einem Schiffe ausladen.
†Délesteur, *m.* der Aufseher bei
dem Ballastausladen.
Délétère, *adj.* (Med.) tödtlich.
†Délibation, *f.* Kosten, *n.*
Délibérant, e, *adj.* berathschla=
gend; l'assemblée —e, die bera=
thende Versammlung.
Délibératif, ve, *adj.* berathschla=
gend; voix —ve, das Stimmrecht.
Délibération, *f.* Berathschlagung
Schluß, *m.* Beschluß.
†Délibéré, *m.* (jur.) Urtheil, eine
Sache zu untersuchen, *n.*

Délibérément, *adv.* entschlossen,
beherzt; mit Vorbedacht.
Délibérer, *v. n.* de, sur qch.,
über etw. berathschlagen, etw. über=
legen; beschließen; de propos —é,
mit Versaß, absichtlich; -ément,
*adv.* dreist, vorsäglich.
Délicat, e, *adj.* köstlich, lecker,
-ement, *adv.* zart, fein, niedlich;
—, *fg.* zart; empfindlich, feinfüh=
lend (Mensch); sinnreich || schwer zu
befriedigen; *m. p.* weichlich, ver=
leckert || schwächlich (an Körper, zc.)
|| schwierig, mißlich, kiplich (Ge=
schäft).
Délicater, *v. a.* verzärteln.
Délicatesse, *f.* Zartheit, Feinheit,
*fg. id.*, Zartgefühl, *n.* || Wohl=
geschmad (der Speisen), *m.* || Weich=
lichkeit, *f.;* Schwäche; — de con=
science, das zarte Gewissen, Gewis=
senhaftigkeit, *f.*
Délice, *m.* Wonne, *f.; —s, f.*
*pl.* Wonne, Wollust.
Délicieux, se, *adj.; -sement,*
*adv.:* köstlich, wonnig, wonnevoll,
lieblich. [fen (Pferd).
Délicoter (se), die Halfter abstrei=
Délié, *adj.* dünne, zart, schlant,
*fm.* rahn (v. Wuchs); *fg.* fein,
pfiffig; —, *m.* (Schreibk.) der feine
Strich, Anhängestrich.
Délier, *v. a.* les=, ab=, aufbin=
den, lösen; *fg.* lösen, (von Sün=
den, zc.) entbinden.
†Déligation, *f.* (Chir.) Deliga=
tion, Verbinden, *n.* Verband, *m.*
Délinéation, *f.* Riß, *m.* Ent=
wurf.
Délinquant, *m. e, f.* Missethä=
ter, *m.; fm.* arme Sünder, =inn, *f.*
Délinquer, *v. n.* freveln, sich ver=
brechen begehen.
Déliquescence, *f.* (Chym.) das
Zerfließen an der Luft.
Déliquescent, e, *adj.* zerfließend.
Délirant, e, *adj.* wahnsinnig.
Délire, *m.* Wahnsinn, Irrereden,
*n.* Raserei, *f.;* être en —, rasen.
†Délisser, *v. a.* (Pap.) aussuchen
und sortiren. [*m.*
Délit, *m.* Verbrechen, *n.* Frevel,
Déliter, *v. a.* (einen Stein) im
Bauen anders legen als er in der
Grube lag; se —, (von Steinen)
sich spalten.
Délitescence, *f.* (Med.) Zurück=
treten (der Feuchtigkeiten), *n.*
Délivrance, *f.* Befreiung, Erlö=
sung; Aus=, Ueberlieferung; (Chir.)
Entbindung.
Délivre, *m.* (Chir.) Nachgeburt, *f.*
Délivrer, *v. a.* befreien, erlösen;
ausliefern, herausgeben, (einen Paß,
zc.) zustellen; (Chir.) entbinden; se
—, sich befreien; (Chir.) se — ou
être —ée, entbunden werden.

†Délivreur, *m.* Austheiler (der Lebensmittel, ꝛc.).

Délogement, *m.* Ausziehen, *n.*

Déloger, *v. n.* ausziehen, aufbrechen, abmarschiren; —, *v. a.* vertreiben.

†Délot, *m.* (Seew.) Kanich, *f.* (Ring für das Tauwerk).

Déloyal, *adj.;* -ement, *adv.:* treulos, unredlich.

Déloyauté, *f.* Treulosigkeit.

Delta, *m.* das Delta, die Gegend zwischen mehreren Mündungen eines Flusses. [(auch *fg.*).

Déluge, *m.* Sündfluth, *f.* Fluth

Délustrer, *v. a.* den Glanz benehmen. [wegschaffen.

Déluter, *v. a.* ablutiren, den Kitt

Démagogie, *f.* die Sucht, Anführer einer Volkspartei zu werden; Volksherrschaft.

Démagogique, *adj.* demagogisch.

Démagogue, *m.* Volksführer, Demagog.

Démaigrir, *v. a.* (Stein, Holz) behauen, verdünnen, zuhauen.

†Démaigrissement, *m.* (Handw.) Verdünnung, *f.*

†Démailler, *v. a.* losmachen.

Démailloter, *v. a.* aus den Windeln nehmen, aufwickeln.

Demain, *adv.* morgen; — matin, morgen früh; après —, übermorgen; —, *m.* der morgende Tag.

Démanchement, *m.* das Abmachen, Losgehen (einer Art, ꝛc.) vom Stiele; (Musik) Ueberspringen, Aufsatz, *m.*

Démancher, *v. a.* qch., den Stiel, das Heft von etw. abmachen; se —, vom Stiele losgehen; —, *v. n. fg.* schlecht gehen, eine üble Wendung nehmen.

Demande, *f.* Frage ‖ Bitte; Begehren, *n.* Zumuthung, *f.;* (Log.) Heischesatz, *m.;* (jur.) Klage, *f.*

Demander, *v. a.* fragen ‖ bitten; begehren, verlangen, zumuthen; heischen; — à qn., einen fragen; — qn., nach einem fragen; — raison de qch., Genugthuung wegen einer S. verlangen.

Demandeur, *m.* se, *f.* Bittende, *m. et f.; fm.* Bettler, *m.* =inn, *f.;* —eresse, *f.* (jur.) Kläger, *m.* =inn, *f.*

Démangeaison, *f.* Jucken, *n.;* Kitzel, *m.; fg.* Sucht, *f. fm.* Kitzel, *m.*

Démanger, *v. n.* jucken, beißen.

Démantèlement, *m.* das Niederreißen der Ringmauern.

Démanteler, *v. a.* (eine Stadt) der Ringmauern berauben.

Démantibuler, *v. a. fm.* auseinander reißen.

Démarcation, *f.*, la ligne de — die Gränzlinie.

Démarche, *f.* Gang, *m.* Schritt; *fg. id.*, Betragen, *n.* Verfahren.

Démarier, *v. a.* qn., eines Ehe trennen; se —, sich scheiden lassen.

Démarquer, *v. a.* qch., das Zeichen an etw. auslöschen, von etw. wegmachen; —, *v. n.* (Reitsch.) die Kennung nicht mehr haben.

Démarrage, *m.* das Losmachen eines Schiffes.

Démarrer, *v. a.* (Schifff.) von den Seilen losmachen; —, *v. n.* absegeln; *fg. fm.* aus der Stelle gehen.

Démasquer, *v. a.* entlarven; se —, die Maske abnehmen; *fg. id.*, sich verrathen.

†Démastiquer, *v. a.* qch., den Kitt von etw. abnehmen.

Démâtage, *m.* Entmastung (eines Schiffes), *f.*

Démâter, *v. a.* entmasten.

Démêlé, *m.* Streit, Händel (*pl.*).

Démêler, *v. a.* trennen, auseinander machen, auswickeln; *fg.* auseinander setzen, unterscheiden, erkennen; — qch. avec qn., mit einem über etw. streiten; se —, sich herauswickeln.

Démêloir, *m.* Nichtkamm.

Démembrement, *m.* Zerstückung, *f.* Zerstückelung; Abtrennung.

Démembrer, *v. a.* zerstücken; *fg. id.*, zertheilen; abtrennen.

Déménagement, *m.* Ausziehen, *n.; v. n.* ausziehen (aus einem Hause).

Démence, *f.* Wahnsinn, *m.*

Démener (se), *v. a.* sich heftig bewegen; sich zerarbeiten, sich sträuben; *fm.* zappeln.

Démenti, *m.* die Beschuldigung einer Lüge; donner un — à qn., einen Lügen strafen; recevoir un —, Lügen gestraft werden ‖ die Schande (wegen eines mißlungenen Unternehmens).

Démentir, *v. a.* Lügen strafen; (seinen Stand, ꝛc.) verläugnen; *fg.* widerlegen; — qch., das Gegentheil von etw. beweisen; se —, sich selbst widersprechen, von seinen Grundsätzen abweichen; *fg.* schabhaft werden; Risse bekommen, finden (von Mauern, ꝛc.).

Démérite, *m.* Verschuldung, *f.* strafbare Handlung, Versehen, *n.*

Démériter, *v. n.* de qn., auprès de qn., etw. bei jemand verschulden; versehen. [übermäßig.

Démesuré, e, *adj.;* -ment, *adv.:*

*Démettre, *v. a.* verrenken; *fg.* absetzen; se — d'un emploi, etc., sein Amt niederlegen, abdanken.

Démeublement, *m.* das Ausräumen des Hausgeräthes.

Démeubler, *v. a.* (ein Haus) ausräumen (v. Hausrath).

Demeurant, e, *adj.* wohnhaft, wohnend; au —, *adv.* übrigens.

Demeure, *f.* Wohnung; Aufenthalt, *m.* ‖ Dauer, *f.;* à —, auf die Dauer; —, (jur.) Versäumniß (einer Leistung); Rückstand, *m.;* mettre en —, zu einer versäumten Leistung anhalten.

Demeurer, *v. n.* wohnen ‖ bleiben; übrig bleiben ‖ säumen; en — là, es dabei bewenden lassen, dabei stehen bleiben.

Demi, e, *adj.* halb; à —, *adv.* halb, zur Hälfte; une — -heure, eine halbe Stunde; une livre et demie, anderthalb Pfund.

Demi-dosse, *adj.* halberhaben.

†Demi-colonne, *f.* Halbsäule.

Demi-dieu, *m.* Halbgott.

Demie, *f.* die halbe Stunde.

Demi-fortune, *f.* Einspänner, *m.*

Demi-lune, *f.* (Fortif.) der halbe Mond.

†Demi-métal, *m.* Halbmetall, *n.*

Demi-once, *f.* Loth, *n.;* d'une —, löthig.

Demi-reliure, *f.* (Buchb.) Halbfranzband, *m.*

†Demi-savant, *m.* Halbgelehrte.

Démission, *f.* die Abdankung, Niederlegung (eines Amtes); Entlassung.

Démissionnaire, *m.* derjenige welcher sein Amt niederlegt, Démissionnär.

Démocrate, *m.* Demokrat, Anhänger der Volksherrschaft; —, *adj.* demokratisch, volksherrschaftlich.

Démocratie, *f.* Demokratie, Volksregierung, Herrschaft.

Démocratique, *adj.;* -ment, *adv.:* demokratisch, volksherrschaftlich.

Demoiselle, *f.* Jungfrau, Jungfer, Frauenzimmer, *n.* Fräulein (bei Adelichen); (Pflast.) Handramme, *f.;* (Naturg.) Wasserjungfer, Heupferd, *n.* ‖ Bettwärmer, *m.*

Démolir, *v. a.* niederreißen, abbrechen, schleifen.

Démolition, *f.* Niederreißen, *n.* Abbrechen, Schleifen; —s, Baustoff, *m.* Schutt von abgerissenen Gebäuden.

Démon, *m.* Dämon, böse Geist, Teufel, Poltergeist; *fg.* böse Mensch.

Démonétisation, *f.* Abschätzung, Verrufung des Geldes.

Démonétiser, *v. a.* abschätzen, außer Kurs bringen.

Démoniaque, *adj.* besessen; *fg.* rasend; —, *m. et f.* Besessene.

Démonographe, *m.* der über die Dämonen schreibt.

Démonomanie, *f.* die Abhandlung von den Dämonen. [klärer.

Démonstrateur, *m.* (Anat.) Er=

Démonstratif, ve, *adj.* bewei=
send; (Gramm.) anzeigend; -ve-
ment, *adv.* bündig.
Démonstration, *f.* Beweis, *m.* ||
Bezeigung, *f.* Aeußerung||Vorlesung.
Démonter, *v. a.* (einen Reiter)
abwerfen, unberitten machen; (etw.)
auseinander nehmen; (Kanonen) von
der Laffette abnehmen, unbrauchbar
machen; *fg.* aus der Fassung brin=
gen, verwirren.
Démontrable, *adj.* erweißlich.
Démontrer, *v. a.* durch Gründe
beweisen, darthun, verweisen.
†Démoralisation, *f.* Sittenver=
derbniß, *n.* Sittenlosigkeit, *f.*
†Démoraliser, *v. a.* unsittlich ma=
chen, verderben.
Démordre, *v. n.* aus den Zähnen
lassen; *fg.* — de qch., von etw.
abstehen.                     [thümlich.
Démotique, *adj.* demotisch, volks=
*Démouvoir, *v. a.* (jur.) abwen=
dig machen, abstehen machen.
Démunir, *v. a.* (Kriegsw.) von
Munition, von Festungswerken ent=
blößen.
Démurer, *v. a.* (etw. Zugemauer=
tes) wieder aufbrechen.
Dénaire, *adj.* auf die Zehnerzahl
sich beziehend; arithmétique —, die
Rechenkunst nach Zehnern, Dekabit.
Dénantir (se), (jur.) seine Sicher=
heit aus den Händen geben; se —
de qch., sich einer S. begeben.
Denatter, *v. a.* aufflechten.
†Dénaturaliser, *v. a.* benatura=
lisiren, das Recht benehmen, im
Lande zu wohnen.
Dénaturé, e, *adj.* ausgeartet,
unmenschlich.
Dénaturer, *v. a.* (eine Handlung,
x.) entstellen; — un mot, einem
Worte eine falsche Bedeutung geben;
(jur.) (ein Gut) zu Gelde machen,
in andere Güter umsetzen; *fg.* ent=
arten.                       [*m.* Baumstein.
Dendrite, *f.* (Miner.) Dendrit,
†Dendroites, *f. pl.* Baumsteine,
*m. pl.,* baumförmige Versteine=
rungen, *f. pl.*
†Dendrolithes, *f. pl.* Pflanzen=
versteinerungen.
Dénégation, *f.* (jur.) Läugnen, *n.*
Déni, *m.* Verweigerung, *f.;* — de
justice, Rechtsversagung.
Déniaisé, *m.* Schlaukopf.
Déniaisé, e, *adj.* listig, schlau.
Déniaiser, *v. a.* witzigen, klüger
machen; (Spiel) übertölpeln.
Dénicher, *v. a.* aus dem Neste
nehmen; (eine Bildsäule, x.) aus
einer Blende nehmen; *fg. fm.*
vertreiben; (einen Scheinheiligen)
in seiner Blöße darstellen; — v. n.
ausziegen; *fg. fm.* sich aus dem
Staube machen.

Dénicheur, *m.* der junge Vögel
aushebt, — de merles, *fg. fm.*
Glücksritter, Wollüstling.
Denier, *m.* Pfennig, Heller, De=
nier; Geld, *m.* || Interesse; Gewinn,
*m.;* — à Dieu, Gottespfennig,
Handgeld, *n.;* — de fin ou de
loi, die gesetzmäßige Feinheit (des
Grad (des Silbers); — de poids,
Denier, *m.;* intérêts au denier
vingt, Zinse zu 5 vom Hundert;
—s, Geld, *n.* Gelder, *pl.*
Dénier, *v. a.* läugnen, abläugnen;
verweigern.
Dénigrement, *m.* Anschwärzung,
*f.* Herabsetzung; Geringschätzung.
Dénigrer, *v. a.* anschwärzen, her=
absetzen, geringschätzen.
†Denis, *n. pr. m.* Dionysius.
†Denise, *n. pr. f.* Dionysia.
Dénombrement, *m.* Zählung, *f.;*
Verzeichniß, *n.*            [Zenner.
Dénominateur, *masc.* (Arithm.)
Dénominatif, ve, *adj. peu us.*
benennend.
Dénomination, *f.* Benennung.
Dénommer, *v. a.* benennen; nam=
haft machen.
Dénoncer, *v. a.* ankündigen, an=
zeigen; (jur., x.) angeben; (eine Leh=
nung, x.) aufkündigen.
Dénonciateur, *m.* Ankläger, An=
geber.
Dénonciation, *f.* Ankündigung,
(jur.) Angabe, Aufkündigung.
Dénotation, *f.* Bezeichnung.
Dénoter, *v. a.* bezeichnen, andeu=
ten.
Dénouer, *v. a.* los, aufknüpfen;
*fg.* den Körper geschmeidiger ma=
chen; (etw.) lösen, entwickeln; se
—, aufgeben; *fg.* geschmeidiger
werden (v. Körper); sich entwickeln.
Dénoûment, *m.* Entwickelung, *f.*
Ausgang, *m.*               [mittel, *pl.*
Denrée, *f.* Eßwaare; —s, Lebens=
Dense, *adj.* dicht, fest.
Densité, *f.* Dichtheit.
Dent, *f.* Zahn, *m.;* — de lait,
Milchzahn; faire des —s, zahnen;
*fg.* être sur les —s, ganz erschöpft
seyn; avoir une — contre qn.,
einen Groll auf einen haben; rire
du bout des —s, gezwungen lachen;
parler des grosses —s, derb reden ||
(Handw.) Zahn, *m.* Zacken, Zinke
(eines Gabel), *f.* Scharte (eines
Messers); (Schloss.) Vorstrich, *m.;*
— de-loup, (Zimm.) Vorstecker
(Pap.) Glättzahn; roue à —s,
Kammrad, *n.* Kronrad.
Dentaire, *adj.* zu den Zähnen
gehörig.
Dentaire, *f.* (Bot.) Zahnkraut, *f.*
Dentale, *adj. f.,* lettre —, der
Zahnbuchstab.               [(Pflanze).
†Dent-de-chien, *m.* Hundszahn

Dent-de-lion, *m.* Löwenzahn,
Butterblume, *f.*
Denté, e, *adj.* gezähnelt, zackig,
zähnicht; roue —e, Stirnrad, *n.*
Zahnrad.
Dentée, *f.* Zahnhieb, *m.*
Dentelé, e, *adj.* zackig, zähnicht.
Denteler, *v. a.* auszacken, zähneln.
†Dentelet, *m.* (Bauk.) Zahn=
schnitt, die zahnförmige Verzierung.
Dentelle, *f.* Spitze, Kante; faire
de la —, Spitzen klöppeln.
Dentelure, *f.* die ausgezackte Ar=
beit || Zahnschnitt, *m.*
†Denticule, *m.* (Bauk.) Kälber=
zahn, Zahnschnitt.
Dentier, *m. fm.* Gebiß, *m.*
†Dentiforme, *adj.* zahnförmig.
Dentifrice, *m.* Zahnmittel, *n.*
Zahnpulver.
†Dentirostres, *m. pl.* Zahnschnä=
bler (Vögel).
Dentiste, *m. et adj.,* chirurgien
—, Zahnarzt, *m.*
Dentition, *f.* (Med.) Zahnen,
*n.;* fièvre de —, Zahnfieber.
Denture, *f.* Gebiß, *n.;* (Uhrm.)
Zahnwerk.
Dénudation, *f.* (Chir.) Entblö=
ßung (eines Knochens).
Dénué, e, *adj.* beraubt, entblößt;
— d'appas, ohne Reize.
Dénuer, *v. a.* entblößen, berauben
(de qch., einer S.).
Dénûment, *m.* die Beraubung
aller Dinge, Entblößung, Man=
gel, *m.*
Dépaqueter, *v. a.* auspacken.
†Déparager, *v. a.* (jemanden) un=
ter seinem Stande verheirathen.
Dépareillé, e, ungleich, aus ver=
schiedenen Ausgaben zusammenge=
setzt, von ungleichem Einbande
(Werk).
Dépareiller, *v. a.* (zusammenge=
hörige S.) trennen, vereinzeln.
Déparer, *v. a.* qch., den Schmuck
von etw. abnehmen; etw. verunzie=
ren, verunstalten, schänden.
Déparier, *v. a.* (paarweise zusam=
mengehörige Dinge) trennen, ver=
wechseln.
Déparler, *v. n. fm.* ne pas —,
das Maul nicht halten, immerfort
plaudern.
Départ, *m.* Abreise, *f.* Aufbruch,
*m.;* (Chym.) Scheidung, *f.;* l'or
de —, das Scheidegold.
Départager, *v. a.* des juges, die
Gleichheit der Stimmen unter Rich=
tern aufheben.
Département, *m.* Ver=, Aus=
Abtheilung, *f.; fg.* Fach, *n.;* Amt
|| Departement, Kreis, *m.*
Départemental, e, *adj.* zu einem
Departemente gehörig; ein Depar=
tement betreffend.

Départir, v. a. aus=, ver=, zu= theilen; se — de qch., von etw. ab= stehen, ablassen.

Dépasser, v. a. überschreiten; (ein Band) wieder herausziehen; — un lieu, über eine Stelle hinausgehen, =fahren; — qn., einem vorkomen; (Schifff.) übersegeln.

Dépaver, v. a. une rue, das Pfla= ster in einer Straße aufreißen.

Dépayser, v. a. in ein fremdes Land versetzen; fg. aus einer vor= theilhaften Lage bringen; irre ma= chen; aus seiner Sphäre bringen.

Dépécement, m. Zerstücken, n. Zerhauen. [gen, zerreißen.

Dépecer, v. a. zerstücken, zerie=
†Dépeceur, m. de bateaux, etc., der Käufer alter Fahrzeuge, ꝛc., der sie zerschlägt. [brief, m.

Dépêche, f. Depesche, Staats=

Dépêcher, v. a. fördern, beschleu= nigen || absenden; fg. aus der Welt schaffen; se —, eilen; fm. sich tum= meln. [malen, abbilden.

*Depeindre, v. a. schildern, ab=

Dépenaillé, e, adj. zerlumpt; fg. fm. verwelkt.

Dépenaillement, m. Zerlumpt= heit, f. der lumpige Anzug.

Dépendance, f. Abhängigkeit; —s, (jur.) alle zu einem Gute, ꝛc. gehörige Stücke, Zugehör, n.

Dépendant, e, adj.; -amment, adv.; abhängig.

Dépendre, v. a. qch., etw. Auf= gehängtes herabnehmen; —, v. n. abhängen; folgen (de, aus).

Dépens, m. pl. (jur.) Kosten; fg. aux —, auf Kosten.

Dépense, f. Ausgabe; Aufwand, m. (auch fg.) || Speisekammer, f.

Dépenser, v. a. (Geld) ausgeben auf=, verwenden; verzehren; m. p. verschwenden, verwenden (en, auf).

Dépensier, ère, adj. verschwen= derisch; —, m. ère, f. Verschwen= der, m. =inn, f. ; (Schifff.) Speisen= austheiler, m. Ausgeber (in Klö= stern). [gang.

Déperdition, f. Verlust, m. Ab=

Dépérir, v. n. verderben; abneh= men; in Verfall gerathen.

Dépérissement, m. Abnahme, f. Verfall, m.

Dépêtrer, v. a. (die Füße) los= wickeln; fg. befreien; se —, fg. de qn., sich von jemand losmachen, sich einen vom Halse schaffen; se — de qch., sich aus etw. wickeln. [f.

Dépeuplement, m. Entvölkerung.

Dépeupler, v. a. entvölkern, ver= öden; (Fisch.) ausfangen; se —, sich entvölkern, veröden.

†Déphlegmer, v. a. (Chym.) ent= wässern, von wässerigen Theilen be= freien.

†Déphlogistiqué, e, adj. (Chym.) air —, die dephlogisirte Luft, das Sauerstoffgas.

Dépiécer, v. a., v. Démembrer.

Dépilatif, ve, adj. (Med.) ent= haarend, was die Haare ausfallen macht.

Dépilation, f. Enthaarung.

Dépilatoire, m. Enthaarungsmit= tel, n.

Dépiler, v. a. enthaaren, die Haa= re ausfallen machen; se —, die Haare verlieren.

Dépiquer (se), seinen Aerger ver= gessen, wieder guter Laune werden.

Dépister, v. a. fm. ausspüren.

Dépit, m. Aerger, Verdruß, Wi= derwille; en —, zum Trotz.

Dépiter, v. a. ärgern; se —, sich ärgern, unwillig, böse werden.

Déplacé, e, adj. am unrechten Orte; fg. id., übel angebracht.

Déplacement, m. Versetzung, f. Verrückung.

Déplacer, v. a. versetzen, verrü= cken, verschieben; — qn., einen absetzen, versetzen, verdrängen.

*Déplaire, v. n. mißfallen, Ver= druß machen; se —, mißvergnügt, unzufrieden seyn (mit); (v. Pflan= zen, ꝛc.) nicht gut fortkommen; ne vous en déplaise, mit Ihrer Er= laubniß!

Déplaisance, f. ol. Mißmuth, m. Widerwille; prendre qn. en —, einem gram werden.

Déplaisant, e, adj. unangenehm.

Déplaisir, m. Mißvergnügen, n. Kummer, m. Verdruß.

Déplanter, v. a. verpflanzen.

Déplantoir, m. das Werkzeug zum Verpflanzen. [nehmen.

†Déplâtrer, v. a. den Gyps ab=

Déplier, v. a. auseinander legen; (Handl.) auslegen; se —, fg. sich entfalten.

Déplisser, v. a. qch., die Falten an etw. auftrennen; cet habit se déplisse, die Falten an diesem Klei= de gehen auf.

Déploiement, m. Auseinander= breiten, n. Entfalten.

Déplorable, adj.; -ment, adv.; bedauernswürdig, kläglich, erbärm= lich. [mern.

Déplorer, v. a. beweinen, bejam=

Déployer, v. a. ausbreiten, ent= falten; fg. entwickeln, entfalten; fm. ausframen; drapeaux —és, flie= gende Fahnen; rire à gorge —ée, fm. aus vollem Halse lachen.

Déplumer, v. a. rupfen; se —, die Federn verlieren, sich mausen.

†Dépointer, v. a. (ein Stück Lein= wand, ꝛc.) aufschneiden.

Dépolir, v. a. qch., einer S. den Glanz benehmen.

Déponent, adj. m. (Gramm.), verbe —, Deponens, n.

Dépopulariser, v. a. qn., einem die Gunst des Volks entziehen.

Dépopulation, f. Entvölkerung.

Déport, m. (jur.), droit de —, Nutzungsrecht (des Lehnsherrn, ꝛc.), n.; sans —-, ohne Verzug, auf der Stelle.

Déportation, f. Verbannung (an einen entfernten Ort); Landesver= weisung.

Déporté, m. Verbannte.

Déportements, m. pl. die schlech= te, zügellose Aufführung.

Déporter, v. a. des Landes verwei= sen, (an einen entfernten Ort) ver= bannen; se — de qch., von etw. abstehen; sich von etw. lossagen.

Déposant, e, adj. gerichtlich aus= sagend; —, m. e, f. Zeuge (der etw. aussagt), m.

Déposer, v. a. (einen) ab=, ent= setzen; (etw.) niederz, hinterlegen; anvertrauen; (eine Leiche) beisetzen; —, v. n. (jur.) aussagen.

Dépositaire, m. et f. Depositar, m. Verwahrer, =inn, f.

Déposition, f. Absetzung; (jur.) Aussage.

Déposséder, v. a. de qch., aus dem Besitze einer S. treiben.

Dépossession, f. die Vertreibung aus dem Besitze. [vertreiben.

Déposter, v. a. von einem Posten

Dépôt, m. Depositum; n. Hin= terlage; f. das anvertraute Gut; Verwahrung, f.; (Handl.) Nieder= lage; (Kriegsw.) id.; Depot, n. Sammelplatz, m.; (Med.) die Samm= lung gewisser Feuchtigkeiten; Bo= densatz (des Weins, ꝛc.), m.

Dépoter, v. a. (Pflanzen) aus Töpfen in den freien Boden versetzen.

Dépoudrer, v. a. les cheveux, den Puder aus den Haaren thun; — qn., einem den Puder aus den Haaren thun, kämmen.

Dépouille, f. die abgestreifte Haut; Fell, n. Balg, m.; die abgelegten Kleider; fg. Ernte, f. Ertrag (von Bäumen, ꝛc.), m.; (Kriegsw.) Beute, f.; fg. das fremde Gut || Nachlaß (eines Verstorbenen), m.; — mortelle, die irdische Hülle.

Dépouillement, m. Beraubung, f. Entblößung || Entsagung; Ver= läugnung (des Stolzes, ꝛc.) || Aus= zug (d'un compte, etc., aus einer Rechnung, ꝛc.), m.

Dépouiller, v. a. (ein Thier) ab= balgen, häuten; (Hasen pelzen; (Hir= sche) auswerfen (einen) ausziehen, plündern, entblößen; fg. berauben || die Kleider, ꝛc.) ablegen; fg. id.; — un compte, einen Auszug aus einer Rechnung machen; se —, sich

entblößen; sich auskleiden; sich häuten (v. Schlangen); sich entblättern (v. Bäumen); se — d'un habit, etc., ein Kleid, ꝛc., ablegen.

*Dépourvoir, v. a. entblößen, berauben.

Dépourvu (au) adv. unverfehens.

Dépravation, f. Verderbniß.

Dépraver, v. a. verderben.

Déprécatif, ve, adj. (Theol.) wünschend, anwünschend.

Déprécation, f. Abbitte (Rhet.) Anwünschung.

Dépréciation, f. die Herruntersetzung des Werths, Herabwürdigung; Fallen, n. Sinken (des Papiergeldes). [abwürdigen.

Déprécier, v. a. herabsetzen, herabwürdigen...

Déprédateur, m. Räuber, Verwüster. [untreuung, Verwüstung.

Déprédation, f. Plünderung, Ver...

Déprendre, v. a. (Jagd) Hunde losmachen; von einander bringen.

†Dépresser, v. a. aus der Presse heben; — le drap, dem Tuche den Preßglanz benehmen.

Dépression, f. (Phys.) Druck, m.; (Bot.) Eindruck; (Chir.) Eindrücken, n.; fg. Unterdrückung, f.; kümmerliche Lage.

†Déprévenir, v. a. einem seine Vorurtheile, vorgefaßten Meinungen benehmen.

†Dépri, m. die Anzeige von ausgehenden, dem Zolle unterworfenen Waaren; (Lehenw.) die Bitte um Erlassung von Lehensgebühren.

Déprier, v. a. absagen; (Lehenw.) um Erlassung (v. Lehensgebühren) anhalten.

Déprimer, v. a. unterdrücken.

Dépriser, v. a. geringschäzen, verachten.

De profundis, m. Todtengebet, n.

Depuis, prép. seit; von ... an; —, adv. seitdem, seither; — que, conj. seitdem daß, seitdem.

Dépuratif, ve, adj. (Med.) reinigend, blutreinigend; —, m. Reinigungsmittel, n.

Dépuration, f. (Med.) Reinigung. [reinigend.

Dépuratoire, adj. (Med., ꝛc.)

Dépurer, v. a. reinigen, läutern.

Députation, f. die Sendung von Abgeordneten; Deputation; Abgeordneten, m. pl.

Député, m. Abgeordnete, — de la noblesse (en Pologne), Landbote.

Députer, v. a. abordnen, absenden.

Déracinement, m. (Forstw.) Ausstocken, n. Entwurzeln.

Déraciner, v. a. entwurzeln, mit der Wurzel ausreißen, ausreuten; fg. id. ausrotten.

Dérader, v. n. (Seew.) von der Rhede abgetrieben werden.

Déraidir, v. Déroidir.

Déraison, f. Unvernunft.

Déraisonnable, adj.; -ment, adv.: unvernünftig.

Déraisonner, v. n. unvernünftig reden, faseln.

Dérangement, m. Unordnung, f. Verrückung, Zerrüttung.

Déranger, v. a. in Unordnung bringen; verrücken, zerrütten; (den Magen) verderben; (einen) stören.

†Déraper, v. n. (Schiff.) sich vom Grund losreißen (Anker).

Dératé, e, adj. ol. munter; listig.

Dérater, v. a. die Milz ausschneiden. [furche.

Dérayure, f. (Landw.) Scheidefurche.

Derechef, adv. von neuem, aufs neue.

Déréglé, e, adj.; -ément, adv.: unordentlich; fg. id., liederlich, ausschweifend; (Puls) unrichtig.

Déréglement, m. Unordnung, f. Unrichtigkeit; fg. Unordnung, Zügellosigkeit, Liederlichkeit.

Dérégler, v. a. aus der Ordnung bringen, verwirren; se —, in Unordnung gerathen.

Dérider, v. a. entrunzeln, entfalten; se —, sich entrunzeln; fg. sich aufheitern.

Dérision, f. Spott, m. Hohngelächter, n.; par —, spottweise.

Dérisoire, adj. höhnisch.

Dérivatif, ve, adj. (Med.) ableitenh.

Dérivation, f. Ab-, Herleitung.

Dérive, f. (Schiff.) das Abfallen von der rechten Fahrt.

Dérivé, m. das abgeleitete Wort.

Dériver, v. n. (Gramm.) herkommen, abstammen; (Schiff.) vom ordentlichen Fahrstrich abweichen; abstoßen (vom Ufer); fg. herkommen, sich herleiten; —, v. a. ab-, herleiten; (Uhrm.) abnieten; (ein Rad) aus seiner Lage treiben.

Derme, m. (Anal.) Haut, f.

†Dermeste, m. (Naturg.) Pelzkäfer; — du lard, Speckkäfer.

†Dermologie, f. (Anat.) Hautlehre.

Dernier, -ère, adj. lezte, neueste, höchste, äußerste; -èrement, adv. neulich, kürzlich, unlängst.

Dérobé, e, adj. fg. heimlich; à ses heures -ées, in seinen abgemüßigten Stunden; à la —, adv. heimlich, verstohlenerweise.

Dérober, v. a. stehlen, entwenden; fg. id., entziehen; (Mal., ꝛc.) verbergen; fg. id., gebeim machen; (Gärtn.) schälen; se —, sich entziehen; sich unvermerkt wegschleichen.

Dérogation, f. à une loi, etc., die Abweichung von einem Gesetze, Abbruch, m. Eintrag.

Dérogatoire, adj. à qch., etw. einschränkend, entkräftend, theilweise vernichtend.

Dérogeance, f. eine Handlung wodurch man aufhört adelich zu seyn.

Dérogeant, e, adj. entkräftend, entadelnd.

Déroger, v. n. à une loi, ein Gesez entkräften, einem Gesetze Eintrag thun, zuwider handeln; —, ou — à noblesse, sich des Adels verlustig machen.

Déroidir, v. a. die Steife benehmen, geschmeidig machen; fg. se —, geschmeidig werden.

†Dérompoir, m. (Pap.) Lumpentafel, f.

†Dérompre, v. a. (Jagd) verstümmeln, niederstoßen (Lumpen) schneiden.

Dérougir, v. a. qch., einer S. die Röthe benehmen; —, v. n. et se —, die Röthe verlieren, bleicher werden.

Dérouiller, v. a. qch., von etw. den Rost abreiben; fg. gesitteter, munterer machen; se —, den Rost verlieren; fg. gesitteter, munterer werden.

Déroulement, m. (Geom.) die Entstehung oder Hervorbringung einer krummen Linie durch Verlängerung der Schenkel einer andern.

Dérouler, v. a. abwickeln; ab-, ent-, oder auseinander rollen, abwinden; (Web.) abbäumen.

Déroute, f. Niederlage; unordentliche Flucht; fg. Zerrüttung, Verfall, m.; Verwirrung, f.

Dérouter, v. a. vom rechten Weg abbringen; fg. — qn., einen verwirrt machen; jemandes Plan vereiteln.

Derrière, prép. hinter; —, adv. hinten, dahinten, dahinter, hinten nach; par —, von hinten, von hinten zu; —, m. Hintertheil, n. || Hintere, m.; After, Gesäß, n. fm. pop. Arsch, m.; Bürzel (v. Vögeln).

Derviche, Dervis, m. Derwisch (türkische Mönch).

Des, art. der, von den, von den, zu den; des gens, etc., Leute.

Dès, prép. seit, von ... an; dès que, conj. sobald als, sobald; dès lors, adv. von da an, von dieser Zeit an.

†Désabusement, m. Zurechtweisung, f.; Ablegung eines Irrthums.

Désabuser, v. a. qn. de qch., einem den Irrthum benehmen, einen enttäuschen, eines Bessern belehren; se —, einem Irrthum entsagen; se — de qch., die günstige Meinung von etw. ablegen.

Désaccord, m. (Mus.) Verstimmung, f.; fg. Uneinigkeit, Zwist, m.

Désaccorder, *v. a.* verstimmen.
Désaccoupler, *v. a.* von einander machen; (Jagb) loskoppeln.
Désaccoutumance, *f. ol.* Entwöhnung, Ablegung einer Gewohnheit.
Désaccoutumer, *v. a.* qn. de qch., einen von etw. entwöhnen, einem etw. abgewöhnen; se — de qch., sich etw. abgewöhnen.
Désachalander, *v. a.* um die Kunden bringen.
†Désaffleurer, *v. a.* (bas Eine von zwei Baustücken) ungleich verstehen machen; —, *v. n.* (Goldsch.) vorstehen. [Gabelanker lichten.
Désaffourcher, *v. a.* (Seew.) den
Désagréable, *adj.* unangenehm, widrig, verdrießlich; -ment, *adv.* unangenehm, auf eine unangenehme Art. [teln; —, *v. n.* mißfallen.
Désagréer, *v. a.* (ein Schiff) abtakeln.
Désagrément, *m.* Unannehmlichkeit, *f.*; der unangenehme Fehler (im Gesicht). [dorben.
Désajusté, e, *adj.* (Reitsch.) verdorben.
Désajuster, *v. a.* in Unordnung bringen, verrücken; *fig.* vereiteln, verwirren.
†Désallier (se), *nouv.* eine unschickliche Heirath schließen.
Désaltérer, *v. a.* qn., einem den Durst löschen; se —, seinen Durst löschen.
†Désancher, *v. a.* das Mundstück (v. einem Blasinstrument) wegnehmen.
Désancrer, *v. a.* den Anker lichten.
Désappareiller, *v. a.* (Schiff.) abtakeln. [gel trennen.
Désapparier, *v. a.* ein Paar (Vögel) trennen.
Désappointement, *m.* das Ausstreichen aus der Dienstliste; *fig.* Mißlingen, die getäuschte Hoffnung.
Désappointer, *v. a.* aus der Dienstliste ausstreichen; (Zeug) aufschneiden; *fig.* (einen in seinen Hoffnungen) täuschen.
Désapprendre, *v. a.* verlernen.
Désapprobateur, *m.* -trice, *f.* Tadler, *m.* -inn, *f.*; — , -trice, *adj.* mißbilligend.
Désapprobation, *f.* Mißbilligung.
Désappropriation, *f.* die Aufgebung des Eigenthums; — de soi-même, (Mor.) Selbstverläugnung.
Désapproprier (se) de qch., sich des Eigenthums einer S. begeben.
Désapprouver, *v. a.* mißbilligen.
†Désarborer, *v. a.* (Seew.) eine Flagge einziehen, streichen; einen Mast ausnehmen, kappen, abschlagen.
Désarçonner, *v. a.* aus dem Sattel heben, abwerfen; *fig.* verwirren.
Désargenter, *v. a.* qch., von etw. das Silber abnehmen, abschaben.

Désarmement, *m.* Entwaffnung, *f.*
Désarmer, *v. a.* entwaffnen; abtanken; *fig.* besänftigen; —, *v. n.* die Waffen niederlegen.
†Désarrimer, *v. a.* un vaisseau, die Ladung eines Schiffes umpacken.
Desarroi, *m.* Unordnung, *f.* Verwirrung. [einander nehmen.
Désassembler, *v. a.* zerlegen; auseinander nehmen.
Désassortir, *v. a.* (zusammengehörige Dinge) trennen; —i, e, unvollständig. [*m.*
Désastre, *m.* Unglück, *n.* Unfall,
Désastreux, se, *adj.*; -sement, *adv.*: unglücklich. [lust.
Désavantage, *m.* Nachtheil, Verlust.
Désavantageux, se, *adj.*; -sement, *adv.*: nachtheilig, ungünstig, unbequem.
Désaveu, *m.* Abläugnung, *f.* Widerruf, *m.*; (jur.) Nichterkennung, *f.*
Désaveugler, *v. a.* *fig.* qn., einem die Augen öffnen.
Désavouer, *v. a.* abläugnen, widerrufen; (jur.) nicht anerkennen; (einen Gesandten, x.) für unbefugt erklären.
Desceller, *v. a.* vom Kitte losreißen, entsiegeln.
Descendance, *f.* Herkunft.
Descendant, e, *adj.* absteigend; descendants, *m. pl.* Nachkommen.
Descendre, *v. n.* herab=, od. hinabsteigen, =fahren, =gehen, =hängen; absteigen, einkehren (in einem Gasthofe, x.); — à terre, landen; — dans une mine, ein Bergwerk befahren || *fig.* sich herablassen, abstammen (v. einer Familie, x.); *fig.* sich herablassen, —, *v. a.* herablassen; herunternehmen; (Töne) niedriger stimmen; — la garde, one die Leiche abziehen.
Descente, *f.* Herab=, Hinabfahren, *n.*; =steigen; Ab=, Aussteigen || (Bergb.) Einfahrt, *f.*; (jur.) Besichtigung; — à terre, Landung; —, (Kriegsw.) Einfall, *m.*; Abziehen (v. der Wache), *n.* || Herunternehmen (einer S.); — de croix, (Mal.) Kreuzabnehmung, *f.* || Abhang (eines Berges), *m.*; (Bauk.) Traufröhre, *f.*; (Med.) Bruch, *m.*
Descriptif, ve, *adj.* beschreibend.
Description, *fém.* Beschreibung, *f.* Schilderung, (jur.) Verzeichniß, *n.*
Déséchouer, *v. a.* (Seew.) wieder flott machen.
Désemballage, *m.* Auspacken, *n.*
Désemballer, *v. a.* auspacken.
Désembarquement, *m.* Wiederausschiffung, *f.* [schiffen.
Désembarquer, *v. a.* wiederausschiffen.
Désembarrassé, e, *adj.* von Hindernissen frei. [the ziehen.
Désembourber, *v. a.* aus dem Kothe
Désemparer, *v. n.* abziehen; aus-

einander gehen; —, *v. a.* (Seew.) rhedelos machen; (einen Ort) räumen, verlassen.
Désempenné, e, *adj.* unbefiedert, ohne Federn; il a comme un trait —, er geht blindlings drauf los, wie ein Pfeil ohne Federn.
Désempeser, *v. a.* le linge, die Stärke aus der Wäsche herausmachen.
Désemplir, *v. a.* leeren, ausleeren; —, *v. n. et* se —, leer werden.
Désenchantement, *m.* Entzauberung, *f.*
Désenchanter, *v. a.* entzaubern; *fig.* id., von einer Leidenschaft befreien. [aus etw. herausziehen.
Désenclouer, *v. a.* qch., Nägel
Désenfler, *v. a.* qch., die Geschwulst v. etw. vertreiben; —, *v. n. et* se —, die Geschwulst verlieren.
Désenflure, *f.* Abschwellen, *n.*
†Désengrener, *v. a.* (ein Rad) aus dem Getriebe bringen.
Désenivrer, *v. a.* nüchtern machen; —, *v. n.* nüchtern werden.
†Désenlacement, *m.* (Jagd) das Losmachen aus, von der Schlinge.
Désenlacer, *v. a.* (Jagd) aus, v. der Schlinge losmachen.
Désennuyer, *v. a.* qn., einem die Langeweile vertreiben.
Désenrayer, *v. a.* une roue, die Hemfette von einem Rade losmachen.
Désenrhumer, *v. a.* qn., einem den Schnupfen vertreiben.
†Désenrôler, *v. a.* aus der Soldatenrolle ausstreichen.
Désenrouer, *v. a.* qn., einem die Heiserkeit vertreiben; se —, die Heiserkeit verlieren. [auswickeln.
Désensorceler, *v. a.* (eine Leiche)
Désensorceler, *v. a.* entzaubern.
Désensorcelement, *m.* Entzauberung, *f.*
Désentêter, *v. a.* qn. de qch., einem etw. aus dem Kopfe bringen; se — de qch. aus dem Sinne lassen. [entfesseln.
Désentraver, *v. a.* (ein Pferd)
†Désenvenimer, *v. a.* das Gift herausziehen (aus einer Wunde).
Désert, e, *adj.* wüste, öde, verödet; devenir —, veröden; —, *m.* Wüste, *f.* Einöde, Oede, Wildniß.
Déserter, *v. a.* verlassen; —, *v. n.* ausreißen, entlaufen. [trünnige.
Déserteur, *m.* Ausreißer; *fig.* Abtrünnige.
Désertion, *f.* Ausreißen, *n.* Entlaufen; Abtrünnigkeit, *f.*; — d'appel, (jur.) die Erlöschung der Appellation; —, Vernachlässigung (eines Erbes).
Désespérade (à la), *adv.* ganz rasend. [lung sezend.
Désespérant, e, *adj.* in Verzweiflung sezend.
Désespéré, *m.* Verzweifelte; en —,

-ment, *adv.* verzweifelt, unfinnig.

Désespérer, *v. n.* verzweifeln (de, an), die Hoffnung aufgeben (de, zu); —, *v. a.* zur Verzweiflung bringen; se —, sich der Verzweiflung überlassen.

Désespoir, *m.* Verzweiflung, *f.*

Déshabillé, *m.* Nacht=, Hauskleid, *n.*

Déshabiller, *v. a.* ausfleiden; se —, sich ausfleiden.

Déshabité, *e, adj.* unbewohnt.

Déshabituer, *v. a.* qn. de qch., einem etw. abgewöhnen; se — de qch., sich etw. abgewöhnen.

Déshérence, *f.* Heimfall, *m.*

Déshériter, *v. a.* enterben.

Désheuré, *e, adj.* der in seinen Arbeitsstunden unterbrochen, gestört ist.

Déshonnète, *adj.; -ment, adv.:* unehrbar, unsittlich, unanständig.

Déshonneur, *m.* Unehre, *f.* Schande.     [schimpflich.

Déshonorable, *adj.* entehrend,

Déshonorant, *e, adj.* entehrend, erniebrigend, schimpflich.

Déshonorer, *v. a.* entehren, schänden; se —, sich entehren.

Désignatif, *ve, adj.* bezeichnend.

Désignation, *f.* Bezeichnung; Ernennung (zu einem Amte).

Désigner, *v. a.* bezeichnen, kennbar machen; bestimmen (die Zeit, 2c.); ernennen (zu einem Amte).

Désincorporer, *v. a.* absondern.

Désinence, *f.* (Gramm.) Endung.

Désinfatuer, *v. a.* (einen) von seiner Thorheit abbringen.

Désinfecter, *v. a.* von verpesteter Luft, vom Ansteckungsstoffe reinigen.

Désinfection, *f.* die Reinigung v. der verpesteten Luft, vom Ansteckungsstoffe.

Désintéressé, *e, adj.* uneigennützig.     [nützigkeit, *f.*

Désintéressement, *m.* Uneigen=

Désintéresser, *v. a.* (einen) für seinen Antheil befriedigen, entschädigen.

†Désinviter, *v. a.* eine Einladung zurücknehmen, absagen.

Désir, *masc.* Lust, *f.* Begierde, Wunsch, *m.;* au — de la loi, (jur.) dem Gesetze gemäß.

Désirable, *adj.* wünschenswerth.

Désirer, *v. a.* wünschen, verlangen, begehren; sich sehnen nach ... || vermissen.     [stern.

Désireux, *se, adj.* begierig, lü=

Désistement, *m.* Abstehen, *n.* Verzichtung (auf etw.), *f.*

Désister (se) de qch., von etw. abstehen; auf etw. verzichten, Verzicht thun.

†Desmologie, *f.* (Anat.) die Abhandlung von den Bändern.

Désobéir, *v. n.* (à qn.), nicht ge=

horchen, ungehorsam seyn, widerstreben.

Désobéissance, *f.* Ungehorsam, *m.*

Désobéissant, *e, adj.* ungehorsam.     [Unbienstfertigkeit.

Désobligeance, *f.* Ungefälligkeit.

Désobligeant, *e, adj.; -eam=ment, adv.:* ungefällig, unbienstfertig; unhöflich, unfreundlich.

Désobligeante, *f.* ein Fuhrwerk für eine einzige Person.

Désobliger, *v. a.* qn., einem einen schlechten Dienst erweisen, einen vor den Kopf stoßen.

Désobstructif, *ve,* Désobstruant, *e, adj.*, remède — ou —, *m.* (Med.) das Mittel wider die Verstopfung.

Désobstruer, *v. a.* qch., die Verstopfung v. etw. heben; etw. räumen.

Désoccupation, *f.* Geschäftslosigkeit.     [müßig.

Désoccupé, *e, adj.* geschäftslos,

Désœuvré, *e, adj.* geschäftslos, den Geschäften abheld.

Désœuvrement, *m.* Müßiggang.

Désolant, *e, adj.* kränkend, niederschlagend; unausstehlich (Mensch).

Désolateur, *m.* Verwüster.

Désolation, *f.* Verwüstung; *fg.* Betrübniß, Trostlosigkeit.

Désoler, *v. a.* verwüsten, verheeren, veröden; *fg.* betrüben, empfindlich kränken.

Désopilatif, *ve, adj.* (Med.) eröffnend; —, *m.* das eröffnende Mittel.     [Verstopfung.

Désopilation, *f.* die Hebung der

Désopiler, *v. a.* eröffnen; *fg. fm.* — la rate, lachen machen, zum Lachen bringen.

Désordonné, *e, adj.; -ment, adv.:* unordentlich, unmäßig.

Désordonner, *v. a.* in Unordnung bringen, verwirren.

Désordre, *m.* Unordnung, *f.* Verwirrung, *fm.* Wirrwarr, *m.;* Unwesen, *n.* Unfug, *m.;* Ausschweifung, *f.*

Désorganisateur, *m.* Unruhstifter, Zerstörer; —, *adj. m.* zerstörend.

Désorganisation, *f.* Zerrüttung.

Désorganiser, *v. a.* auflösen, zerrütten, in Unordnung bringen; se —, in Unordnung kommen, zerrüttet werden.

Désorienter, *v. a.* irre machen; auf ein fremdes Feld bringen.

Désormais, *adv.* in Zukunft, ins künftige, hinfort.

Désossement, *m.* Ausbeinen, *n.* Ausgräten.

Désosser, *v. a.* ausbeinen, ausgräten; tête —ée, (Kocht.) Preßkopf, *m.*

Désourdir, *v. a.* wieder aufweben, wieder abzetteln, auflösen, entwirken.

Désoxydation, *f.* Entsäuerung, Ausziehung des Sauerstoffs.

Désoxyder, *v. a.* des Sauerstoffs berauben.     [tion.

Désoxygénation, *v.* Désoxyda-

Désoxygéner, *v.* Désoxyder.

Despote, *m.* der unumschränkte Herrscher, Zwingherr, Despot || Hospodar (Titel).

Despotique, *adj.; -ment, adv.:* despotisch, herrisch.

Despotisme, *m.* die unumschränkte, willführliche Herrschaft, Gewalt, Despotismus, *m.*     [schäumung.

†Despumation, *f.* (Chym.) Ab=

†Despumer, *v. a.* (Chym.) abschäumen.

Désquamation, *f.* Abschuppung.

†Dessaigner, *v. a.* (Häute) im Wasser vom Blute reinigen.

Dessaisir (se) de qch., (jur.) etw. aus den Händen geben; etw. abtreten.

Dessaisissement, *m.* Abtretung, *f.*

Dessaisonner, *v. a.* nicht zu rechter Zeit pflanzen oder das Feld bestellen. [wässern, ein=, auswässern.

Dessaler, *v. a.* etwas gesalzenes

Dessangler, *v. a.* los=, abgürten.

Desséchement, *m.* Austrocknung, *f.*     [—, austrocknen, verdorren.

Dessécher, *v. a.* austrocknen; se

Dessein, *m.* Absicht, *f.* Vorhaben, *n.;* Vorsatz, *m.;* Unternehmung, *f.;* (Kunst) Riß, *m.* Entwurf, Plan; Muster, *n.;* à —, *adv.* absichtlich, mit Fleiß.

Desseller, *v. a.* absatteln.

Desserrer, *v. a.* lockrer binden, losschnüren, lösen, nachlassen; — la vis, aufschrauben; — un coup, einen heftigen Stoß geben.

Dessert, *m.* Nachtisch.

Desserte, *f.* die abgetragene Speise; (Kirch.) Dienst, *m.*

Dessertir, *v. a.* (einen Edelstein) aus der Fassung herausnehmen.

Desservant, *m.* (Kirch.) Amtsverweser.

*Desservir, *v. a.* (einen Kirchendienst) versehen; (die Speisen) abtragen; *fg.* — qn., einem böse Streiche spielen.

Dessiccatif, *ve, adj.* (Med.) austrocknend.     [trocknen.

Dessiccation, *f.* (Chym.) Aus=

Dessiller, *v. a.* (die Augen) öffnen.

Dessin, *m.* Zeichnung, *f.;* (Bauk.) 2c.) Riß, *m.* Entwurf, Zeichenkunst, *f.*

Dessinateur, *m.* Zeichner.

Dessiner, *v. a.* zeichnen, entwerfen; abbilden.

Dessoler, *v. a.* un cheval, den Huf eines Pferdes aufreißen; —, (einen Acker) nicht in gehöriger Folge bestellen.

Dessouder, *v. a.* (das Gelöthete) abschmelzen.

Dessoûler, *v. a. bas*, nüchtern machen; —, *v. n.* nüchtern werden.

Dessous, *adv. et prép.* unten, unter; —, *m.* der untere Theil; avoir le — en qch., bei etw. den Kürzern ziehen.

Dessus, *prép.* auf, über; —, *adv.* darauf, darüber; oben auf; sens — dessous, das unterste zu oberst; —, *m.* Obertheil; Höhe, *f.; fg.* Oberhand; Aufschrift (eines Briefes); (Muf.) Discant, *m.; —* de porte, das Obertheil der Thüre; (Mal.) Thürstück; (Seew.) gagner le — du vent, den Vortheil des Windes gewinnen; là-dessus, *adv.* darüber, darauf, hierauf; au-dessus, *prép.* über; par-dessus, *prép. et adv.* über, außerdem.

Destin, *m.* Schicksal, *n.* Verhängniß.

Destinataire, *m. et f.* der, die an welchen oder welche etw. geschickt wird.

Destination, *f.* Bestimmung.

Destinée, *f.* Schicksal, *n.* Verhängniß.

Destiner, *v. a.* bestimmen, widmen, weihen; se —, sich bestimmen, sich widmen.

Destituable, *adj.* absetzbar.

Destitué, e, *adj.* beraubt, entblößt. (Amtes) berauben.

Destituer, *v. a.* absetzen, (feines Destitution, *f.* Absetzung.

Destrier, *m. ol.* Hand-, Schlachtpferd, *m.* Streitroß.

Destructeur, *m.* Verwüster, Zerstörer; —, -trice, *adj.* zerstören.

Destructibilité, *f.* Zerstörbarkeit.

Destructif, ve, *adj.* zerstörend.

Destruction, *f.* Zerstörung, Verwüstung; Untergang, *m.*

Désuétude, *f.* Abgang (eines Gebrauchs, Gesetzes), *m.*

Désuni, e, *adj.* uneins, zwistig.

Désunion, *f.* Zertrennung; *fg.* Entzweiung, Uneinigkeit, Zwietracht.

Désunir, *v. a.* trennen, veruneinigen; *fg. id.*, entzweien; se —, *v. r.* sich trennen, uneins werden; se —, (Reitsch.) falsch galoppiren.

Détachement, *m.* Losmachen, *n.;* (Kriegsw.) Detaschement; *fg.* Freiheit (v. einer Leidenschaft, 2c.), *f.*

Détacher, *v. a.* absondern, losmachen; abbinden, (Kriegsw.) abaussenden, detaschiren; (Mal.) hervorheben; (ein Kleid) von Flecken reinigen; *fg.* losmachen, abziehen, trennen; se —, sich losmachen; losgeben; sich absondern.

Détail, *m.* (Handl.) Kramhandel, Verkauf im Kleinen ǁ die weitläufige Erzählung; Umstand, *m.* Neben-

umstand; en —, (Handl.) stückweise, im Kleinen; mit allen Umständen (erzählen).    [händler.

Détaillant, *m.* Krämer, Klein-

Détailler, *v. a.* (Handl.) im Kleinen verkaufen; (Mepg.) aushauen ǁ vereinzeln; umständlich erzählen.

Détailleur, *v.* Détaillant.

Détalage, *m.* Einpacken, *n.*

Détaler, *v. a. et n.* einpacken, einräumen; —, *v. n. fg. fm.* sich fortpacken, abziehen.

Détalinguer, *v. n.* (Schiff.) das Tau vom Anker losmachen.

†Détaper, *v. a.* un canon, eine Kanone aufmachen, den Stopfer aus der Mündung nehmen.

*Déteindre, *v. a.* qch., einer S. die Farbe benehmen; se —, die Farbe verlieren, ab-, verschießen.

Dételer, *v. a.* ausspannen.

Détendre, *v. a.* abspannen (auch *fg.*), ablassen; losmachen und herabnehmen.

*Détenir, *v. a.* zurückhalten, vorenthalten; (einen) gefangen halten; détenu (en prison), gefangen; détenu (au lit) bettlägerig.

Détente, *f.* (Büchf.) Drücker, *m.;* Losdrücken, *n.;* (Uhrm.) Vorfall, *m.*

Détenteur, *m.* -trice, *f.* (jur.) der wirkliche Besitzer, Inhaber; -inn, *f.*

Détention, *f.* Gefangenschaft; (jur.) Vorenthaltung.    [Zeit hüten muß.

Détenu, *m.* Gefangene; der das

Détergent, e, *adj.* (Med.) reinigend; —, *m.* Reinigungsmittel, *n.*

Déterger, *v. a.* (Med.) reinigen.

Détérioration, *f.* Verschlimmerung.    [verschlechtern.

Détériorer, *v. a.* verschlimmern; se —, sich verschlimmern; sich verschlechtern.

Déterminant, e, *adj.* bestimmend, entscheidend.    [bestimmend.

Déterminatif, ve, *adj.* (Gram.)

Détermination, *f.* Entschließung; Bestimmung; Richtung.

Déterminé, *m.* Tollkopf; —, e, *adj. fg.;* -ément, *adv.:* bestimmt, durchaus; kühn.

Déterminer, *v. a. et n.* bestimmen, entscheiden; se —, sich entschließen (à, zu).

Déterrer, *v. a.* ausgraben; *fg.* entdecken, *fm.* ausstöbern.

Détersif, ve, *adj.* (Med.) reinigend, abführend; —, *m.* das abführende Mittel.

Détestable, *adj.;* -ment, *adv.* abscheulich.    [scheu.

Détestation, *f.* Gräuel, *m.* Ab-

Détester, *v. a.* verabscheuen.

†Détignonner, *v. a.* pop. den Kopfpup herunterreißen.    [schüren.

Détirer, *v. a.* auseinander ziehen;

Détiser, *v. a.* (Feuer) auseinander schüren.    [einander machen.

Détisser, *v. a.* ein Gewebe aus-

Détonation, *f.* (Chym.) Verpuffung; (Muf.) das Fallen aus dem Tone; Knall, *m.*

Détoner, *v. n.* (Chym.) verpuffen; — *ou* Détonner, (Muf.) aus dem Tone fallen; *fg.* sich nicht gleich bleiben.

Détordre, *v. a.* aufdrehen; se — le pied, etc., sich den Fuß, 2c., verrenten.

Détorquer, *v. a.* verdrehen.

Détors, e, *adj.* aufgedreht; soie —e, aufgedrehte Seide, *f.*

Détorse, *f.* (Chir.) Verrenkung.

Détortiller, *v. a.* loswickeln, aufwickeln, aufflechten.    [tes) öffnen.

†Détouper, *v. a.* (etw. zugestopf-

Détour, *m.* Krümmung, *f.* Wendung (des Wegs, 2c.); Umweg, *m.; fg.* Umschweif, Schleichweg, Winkelzug; Ausflucht, *f.;* les —s, die Schlupfwinkel, geheimen Fallen (des Herzens).

Détourné, e, *adj.* abgelegen.

Détourner, *v. a.* abwenden, auf die Seite schaffen; (einen Fluß) abgraben; *fg.* (den Sinn) verdrehen; (einen) abbringen, abziehen; —, *v. n.* umlenken, seitwärts gehen; se —, einen Umweg nehmen, sich abwenden.    [kleinern.

Détracter, *v. a.* verleumden, ver-

Détracteur, *m.* Verleumder.

Détraction, *f.* Verkleinerung.

Détranger, *v. a.* (Gärtn.) vertreiben (Mäuse, 2c.).

Détraquer, *v. a.* (Mech.) verrücken, in Unordnung bringen; (Reitschule) verderben; *fg.* verderben, (einen) verführen; se —, unrichtig geben, in Unordnung kommen.

Détrempe, *f.* Wasserfarbe, Malerei mit Wasserfarbe; couleur en —, Leimfarbe; *fg.* mariage en —, Winkelehe.

Détremper, *v. a.* in Wasser auflösen, einweichen, an-, einrühren; trop —, vermässern; —, (Stahl) weich machen.

Détresse, *f.* Angst, Noth; signal, coup de —, (Seew.) Nothschuß, *m.*

†Détresser, *v. a.* aufflechten.

Détriment, *m.* Nachtheil, Schade.

†Détripler, *v. a.* les files, von drei Reihen die dritte abnehmen.

Détroit, *m.* Enge, *f.* Engpaß, *m.;* (Seew.) Meerenge, *f.*

Détromper, *v. a.* aus dem Irrthume ziehen; enttäuschen; se —, seinen Irrthum erkennen.

Détrôner, *v. a.* entthronen.

Détrousser, *v. a.* abschürzen; (Schleppe) fallen lassen; (Hutm.) abframpen; *fm.* plündern.

Détrousseur, *m.* Straußdieb.

*Détruire, *v. a.* niederreißen; zerstören, vernichten; *fg. id.*, (Thiere, 2c.) vertilgen, ausrotten; se —,

verfallen; zu Grunde gehen, verderben || ſich tödten.

Dette, f. Schuld.

Deuil, m. Trauer, f. Trauerkleid, n.; le grand —, die tiefe Trauer; porter le — de qn., um jemand Leid tragen, trauern; tendre de —, zur Trauer ſchwarz ausſchlagen.

Deutérocanonique, adj. (Theol.) deuterocanoniſch (Bücher des Alt. Teſt.).

Deutéronome, m. das fünfte Buch Moſes, Deuteronemium.

Deux, adj. zwei, beide; deux à deux, je zwei und zwei; —, m. Zwei, f.; (Spiel) Daus, n.

Deuxième, adj. zweite; -ment, adv. zweitens. [drücken (Stadt).

†Deux-ponts, n. pr. m. Zwei=

Dévaler, v. a. pop. (Wein) in den Keller ſchroten; (einen Berg, ɪc.) hinabgehen.

Dévaliser, v. a. ausplündern.

Devancer, v. a. qn., einem zuvorkommen, verhergehen, vorgehen; fg. einen übertreffen.

Devancier, m. ère, f. Vorgänger, m. =inn, f.; —s, pl. qqf. Vorfahren.

Devant, prép. vor; — moi, in meiner Gegenwart; —, adv. davor, vorne, voran, voraus; —, m. Vordertheil, n.; (Mal.) Vordergrund, m.; prendre le —, vorausgehen; ci-devant, adv. ehemals; par-devant, prép. qn., vor einem; in eines Gegenwart; adv. von vornen; au-devant de qn., einem entgegen; fg. aller au-devant de qch., einer S. begegnen, zuvorkommen.

Devantier, m. pop. Schürze, f.

Devantière, f. Reitkleid, n.

Devanture, f. (Bauk.) Vorderſeite.

Dévastateur, -trice, adj. verheerend, verwüſtend; —, m. Verwüſter.

Dévastation, f. Verwüſtung.

Dévaster, v. a. verwüſten, verheeren.

†Développable, adj. abwickelbar.

Développée, f. (Geom.) Evolute.

Développement, m. Entwickelung, f.

Développer, v. a. aufs, loswickeln; fg. entwickeln; erklären; se —, ſich entwickeln, ſich ausdehnen.

*Devenir, v. n. werden; que deviendrai-je? was wird aus mir werden? [Winde bringen.

†Déventer, v. a. die Segel aus dem

Dévergondé, e, adj. unverſchämt; —, m. e, f. der ſchamloſe Menſch, die freche Dirne.

†Déverguer, v. a. die Segelſtangen abnehmen. [geln.

†Déverrouiller, v. a. auf= entrie=

Devers, prép. ol. gegen; de —,


aus der Gegend von ....; par —, prép. bei, vor.

Dévers, e, adj. ſchief, krumm, auf die Seite hangend; —, m. Abhang; (Handw.) Wahnkante, f. ſchiefe Kante.

Déverser, v. n. abwärts hängen; ſchief ſtehen; —, v. a. ſchief ſtellen; fg. ausgießen.

Déversoir, m. (Müll.) Ablaß.

Dévétir (se), ſich auskleiden; fg. se — de qch., (jur.) ſich einer S. begeben, etw. abtreten. [tung, f.

Dévêtissement, m. (jur.) Abtre=

Déviation, f. Abweichung; fg. id.

†Dévidage, m. Abheſpeln, n.

Dévider, v. a. abhaſpeln, abwinden; auf Knäuel wickeln. [=inn, f.

Dévideur, m. se, f. Haſpler, m.

Dévidoir, m. Haſpel, Garnwinde, f. Weiſe. [chen.

Dévier, v. n. et se —, abwei=

Devin, Devineur, m. eresse, f. Wahrſager, m. Zeichendeuter, =inn, f. [then, löſen, treffen.

Deviner, v. a. wahrſagen, erra=

Devis, m. Entwurf; Anſchlag, Ueberſchlag (der Koſten).

Dévisager, v. a. qn., einem das Geſicht entſtellen.

Devise, f. Sinnbild, n.; Wahl=, Denkſpruch, m. fm. Weidſpruch.

Deviser, v. n. fm. ol. plaudern, ſchwatzen.

Dévisser, v. a. abſchrauben, losſchrauben.

Dévoiement, m. (Med.) Durch= fall; (Bauk.) Schleiſung, f.

Dévoilement, m. Enthüllung, f.

Dévoiler, v. a. entſchleiern; fg. id. enthüllen.

Devoir, v. a. ſchuldig ſeyn (Geld, Achtung, ɪc.); zu verdanken haben (Wohlthaten) || müſſen, müſſen.

Devoir, m. Pflicht, f. Schuldigkeit; rendre ses — à qn., einem aufwarten, ſeine Aufwartung machen; — (Schul.) Aufgabe, f.; se mettre en —, ſich anſchicken.

Dévole, f. (Kartenſp.) Matſch, m.

Dévoler, v. n. (Spiel) Matſch werden.

Dévolu, e, adj. heimgefallen; —, ou Dévolut, m. (Kath.) Devolut, m.; fg. jeter son — sur qch., Anſprüche auf etw. machen.

Dévolutaire, m. (Kath.) Devolutarius. [lutis, übertragend.

Dévolutif, e, adj. (jur.) devo=

Dévolution, f. (jur.) Heimfall, m.

Dévorant, e, adj. reißend; fg. zehrend, nagend.

†Dévorateur, m. fm. Verſchlinger. [zehren, fg. id.

Dévorer, v. a. verſchlingen; ver=

Dévot, e, adj.; -ement, adv.: andächtig, fromm; —, m. e, f.


Fromme, m. et f.; m. p. Frömmler, m. =inn, f.

Dévotion, f. Andacht, Frömmigkeit; avoir — à un saint, einem Heiligen ſeine beſondere Andacht widmen; —s, pl. Andachtsübungen; faire ses —s, ſeine Andacht halten; zum heil. Abendmahle gehen; —, fg. die völlige Ergebenheit; être à la — de qn., einem völlig ergeben ſeyn. [Ergebenheit.

Dévouement, m. Aufopferung, f.

Dévouer, v. a. widmen, weihen; se —, ſich widmen, ſich weihen, ſich ergeben; ſich aufopfern.

Dévoyer, v. a. ol. vom rechten Wege abführen; (Handw.) ſchief richten; — qn., (Med.) einem den Durchfall verurſachen; se —, (Kirch.) ſich verirren.

Dextérité, f. Fertigkeit, Geſchicklichkeit, Gewandtheit. [Rechte.

Dextre, f. ol. die rechte Hand, Dextrement, adv. fm. geſchickt.

Dey, m. Dey (v. Algier, Tunis, Tripoli).

Dia, adv. Hiſt! (links.)

Diabétès, m. (Med.) Harnfluß.

Diabétique, adj. (Med.), flux d'urine —, Harnfluß, m.; —, mit dem Harnfluſſe behaftet.

Diable, m. Teufel; tirer le — par la queue, fg. kümmerlich leben; faire le — à quatre, einen Teufelslärm machen; en —, -ment, adv. verteufelt, höllſich.

Diablerie, f. Teufelei.

Diablesse, f. Teufelsweib, n.

Diablezot, interj. fm. ſo beim bin ich nicht, daß ich ein Narr wäre!

Diablotin, m. der kleine Teufel, Teufelchen, n.; (Zuckerb.) Chocolatekügelchen. [teuſliſch, verteufelt.

Diabolique, adj.; -ment, adv.:

Diachylon, m. (Arzn.) Schleimpflaſter, n. [weißem Wachs.

Diacode, m. Bruſtſirup (aus

Diaconal, e, adj. zum Diakonat gehörig. [n.

Diaconat, m. (Kirch.) Diakonat,

Diaconesse, f. Diaconiſse, (Kirche) Diakoniſſinn.

†Diacoustique, f. Diakuſtik.

Diacre, m. Diakonus, Pfarrhelfer. [Staubfädenordnung.

Diadelphie, f. die zweibündige

Diadème, m. die königliche Hauptbinde, Diadem, n.; fg. Diadem, Krone, f. Königswürde. [Hift., f.

Diagnostic, m. (Med.) Diagno=

Diagnostique, adj. (Med.) anzeigend; —, f. Zeichen, n. Anzeigen; die Kenntniß der Zeichen einer Krankheit.

Diagonal, e, adj.; -ement, adv.: ſchräg, quer; —e, f. Schräg=, Diagonallinie.

†Diagramme, *m.* (Geom.) Abzeichnung, *f.* Figur.

†Diaire, *adj.*, fièvre —, das Fieber das nur einen Tag währt.

Dialecte, *m.* Mundart, *f.*

Dialecticien, *m.* Dialektiker.

Dialectique, *f.* Dialektik, Vernunstlehre; -ment, *adv.* dialektisch.

Dialogique, *adj.* dialogisch.

Dialogisme, *m.* Gesprächkunst, *f.* Gesprächdichtung.

Dialogiste, *m. et f.* Dialogist, ein Verfasser von Gesprächen.

Dialogue, *m.* Dialog, Gespräch, *n.*; (Muf.) Duett.

Dialoguer, *v. a.* dialogisiren.

Diamant, *m.* Diamant, Demant; de —, diamanten.

Diamantaire, *m.* Diamanthändler, Diamantschneider.

Diamétral, e, *adj.* diametralisch; ligne —, Durchschnittslinie, *f.*; -ement, *adv.* opposé, gerade, schnurstracks entgegengesetzt; *fg.* id.

Diamètre, *m.* (Geom.) Durchmesser.

Diandre, *adj.*, une fleur —, eine Blume mit zwei Staubfäden.

Diandrie, *f.* (Bot.) die Klasse der Pflanzen mit zwei Staubfäden.

Diane, *lat.* (Myth.) Diana; battre la —, (Kriegsw.) die Reveille schlagen; arbre de —, (Chym.) Silberbaum, *m.*

Diantre, *m. fm.* (Glimpfwort für:) Teufel; —, *interj. fm.* Teufel.     [falbe, *f.*

Diapalme, *m.* (Apoth.) Palmsalbe.

Diapason, *m.* (Muf.) Umfang (einer Stimme); Maßstab; Stimmgabel, *f.*     [Blutschweiß, *m.*

Diapédèse, *f.* (Med.) Diapedesis.

Diaphane, *adj.* durchsichtig.

Diaphanéité, *f.* Durchsichtigkeit.

Diaphorèse, *f.* (Med.) Ausdünstung, Auslcerung durch die Schweißlöcher.     [schweißtreibend.

Diaphorétique, *adj.* (Medizin)

Diaphragmatique, *adj.* zum Zwerchfell gehörig.

Diaphragme, *m.* (Anat.) Zwerchfell, Brustfell, *n.*     [des Zwerchfells.

†Diaphragmite, *f.* die Entzündung

Diapré, e, *adj.* bunt; prune—e, ou —e, *f.* (Gärtn.) die violette Pflaume.     [latwerge, *f.*

Diaprun, *m.* (Apoth.) Pflaumen-

Diaprure, *f.* Vielfarbigkeit.

Diarrhée, *f.* (Med.) Durchlauf, *m.*

†Diarthrose, *f.* (Anat.) die vielfach bewegliche Knochenfügung.

Diastole, *f.* (Anat.) die Ausdehnung des Herzens.

Diastyle, *m.* (Bauk.) das weitsäulige Gebäude.     [fenheit.

Diathèse, *f.* (Med.) Leibesbeschaf-

Diatonique, *adj.; -ment, adv.:*

---

(Muf.) diatonisch, nach der Tonleiter.     [gantlatwerge, *f.*

Diatragacanthe, *m.* (Apoth.) Dra-

Diatribe, *f.* Streit-, Schmähschrift, bittere Kritik.

†Dicélies, *f. pl.* (Alt.) Possenspiele, *n. pl.*

Dichorée, *m.* der Versfuß aus zwei Trochäen.     [erleuchtet (Mond).

Dichotome, *adj.* (Astr.) nur halb

Dichotomie, *f.* (Astr.) die Halberleuchtung des Mondes.

Dicotylédones, *f. pl.* die Pflanzen mit zwei Samenlappen.

Dictame, *m.* (Bot.) Diptam.

Dictamen, *m. latin,* Antrieb, Stimme (*f.*) (des Gewissens).

Dictateur, *m.* Dictator.

Dictatorial, e, *adj.* dictatorisch.

Dictature, *f.* Dictatorwürde.

Dictée, *f.* Dictiren, *n.* Dictirte; écrire sous la — de qn., schreiben was einer dictirt.

Dicter, *v. a.* dictiren, in die Feder sagen, vorsagen, eingeben; *fg.* vorschreiben.     [che, *f.*

Diction, *f.* Vortrag, *m.* Sprache.

Dictionnaire, *m.* Wörterbuch, *n.*

Dicton, *m. fm.* Sprichwort, *n.* Spruch, *m.*     [n. Spruch, *m.*

Dictum, *m. lat.* (jur.) Urtheil,

Didactique, *adj.; -ment, adv.:* didaktisch, belehrend; poéme —, Lehrgedicht; —, *m.* die lehrende Gattung; —, *f.* Lehrkunst.

†Dideau, *m.* das Netz womit man die Fische in einem Flusse aufhält.

†Didelphe, *m.* (Naturg.) Beutelthier, *n.*

†Didier, *n. pr. m.* Desiderius.

†Didon, *n. pr. f.* Dido.

†Didrachme, *m.* Doppeldrachme, *f.* (Münze).     [doppelt.

Didyme, *adj.* (Bot.) gepaart,

Didynamie, *f.* (Bot.) die Klasse der zweimächtigen Pflanzen.

Diérèse, *f.* die Theilung eines Doppellautes in zwei Sylben; Theilungszeichen, *n.*; (Chir.) Trennung, *f.*     [das zertheilende Mittel.

Diése, *m.* (Muf.) Kreuz, *n.*; —, *adj.* mit einem Kreuz bezeichnet.

Diéser, *v. a.* (Muf.) — une note, eine Note bekreuzen.

Diète, *f.* (Med.) Diät, Lebensordnung || Landtag, *m.* Reichstag; Tagsatzung (der Schweizer), *f.*

Diététique, *adj.* (Med.) die Diät betreffend; stärkend (Mittel); —, *f.* Diätetik.     [Starostei), *m.*

Diétine, *f.* Vorlandtag (in einer Dieu, *m.* Gott; (Kath.) le bon —, Hochwürdige, *n.*; la Fête-Dieu, Frohnleichnamsfest; les dieux, *pl.* Götter; à Dieu ne plaise, das sey Gott vor..

---

Dieudonné, *n. pr. m.* Deodat.

Diffamant, e, *adj.* schimpflich, ehrenrührig.

Diffamateur, *m.* Lästerer.

Diffamation, *f.* Schmähung, Verlästerung.     [schmähend.

Diffamatoire, *adj.* ehrenrührig,

Diffamé, e, *adj.* verrufen, übel berüchtigt.     [verlästern.

Diffamer, *v. a.* schimpfen, lästern,

Différence, *f.* Unterschied, *m.*

Différencier, *v. a.* unterscheiden.

Différend, *masc.* Geschäftsstreit, Streit, Zwist.

Différent, e, *adj.* unterschieden, verschieden, ungleich; -emment, *adv.* verschieden, auf verschiedene Art.

Différentiel, le, *adj.* unendlich klein; calcul —, *f.* Differentialrechnung, *f.*; —le, *f.* Differentialgröße.

Différer, *v. a.* aufschieben, verschieben, verzichen; —, *v. n.* sich unterscheiden, verschieden seyn.

Difficile, *adj.; -ment, adv.:* schwer, mühsam; —, *fg.* wunderlich, eigensinnig.

Difficulté, *f.* Schwierigkeit; *fg. fm.* Haken, *m.*; faire — de qch., Schwierigkeiten bei etw. machen; sans —, ohne Zweifel, ohne Anstand; —, Einwendung, *f.* Zwist, *m.*

Difficultueux, se, *adj.* der, die immer Schwierigkeiten macht.

Difforme, *adj.* ungestalt, häßlich.

Difformer, *v. a.* verunstalten.

Difformité, *f.* Mißgestalt, Häßlichkeit.

Diffraction, *f.* die Abweichung der Lichtstrahlen von ihrem geraden Wege.

Diffus, e, *adj.; -ément, adv.:* weitschweifig.

Diffusion, *f.* Weitschweifigkeit (Phyf.) Ausbreitung (des Geruchs, 2c.).     [bäuchig (Muskel).

Digastrique, *adj.* (Anal.) zweibäuchig (Muskel).

Digérer, *v. a.* verdauen; *fg.* verschmerzen; durchdenken; —, *v. n.* (Chym.) digeriren.     [Pandecten.

Digeste, *m.* (jur.) Digesten, *pl.*

Digesteur, *m.* (Kocht.) Digestor.

Digestif, ve, *adj.* die Verdauung befördernd; —, *m.* Verdauungsmittel, *n.*

Digestion, *f.* Verdauung; (Chir.) Zeitigung; (Chym.) Digerirung.

Digitale, *f.* (Bot.) Fingerhutblume.     [mig.

Digité, e, *adj.* (Bot.) fingerförmig.

†Digitigrades, *m. pl.* die Klasse von Thieren welche auf den Zehen der Hinterfüße gehen.

†Diglyphe, *m.* (Bauk.) Zweischlitz.

Digne, *adj.* de qch., einer S. würdig, werth; -ment, *adv.* würdig, nach Würden.

Dignitaire, *m.* Würdenträger; les grands —s, die Großwürdenträger.

Dignité, f. Würde, Würdigkeit (zu etw.); Ansehen, n.; Ehrenstelle, f.; (Kirch.) Pfründe mit der eine Würde verbunden ist.

†Dignon, Digon, m. (Schifff.) Wimpelstock.

Digression, f. Abschweifung, Abweichung (von der Hauptsache).

Digue, f. Damm, m.; Deich, Wehr, n.; fg. Damm, m. Einhalt.

†Diguer, v. a., — un cheval, einem Pferde die Spornen geben.

†Digyne, adj., une plante —, eine Pflanze mit zwei Staubwegen.

Dilacération, f. Zerreißung.

Dilacérer, v. a. zerreißen.

Dilapidateur, trice, verschwenderisch, vergeudend.

Dilapidation, f. Verschwendung.

Dilapider, v. a. verschwenden.

Dilatabilité, f. (Phys.) Dehnbarkeit. [bar.

Dilatable, adj. (Phys.) ausdehnbar.

Dilatant, m. (Chir.) Erweiterungsmittel, n.

Dilatateur, m., v. Dilatatoire.

Dilatation, f. Ausdehnung, Erweiterung.

Dilatatoire, adj., instrument —, ou —, m. (Chir.) Sperrer, Sperreisen, n.

Dilater, v. a. erweitern, ausdehnen; se —, sich ausdehnen.

Dilatoire, adj. (jur.) verzögernd.

Dilayer, v. a., v. Différer.

Dilection, f. (Theol.) Liebe; votre —, Euer Liebden (Titel).

Dilemme, m. (Log.) Dilemma, n. (eine Art Schluß).

Diligence, f. Hurtigkeit, Eile, Eilfertigkeit, Fleiß, m.; user de —, faire —, eilen; —, (jur.) Betreibung, f.; faire ses — s; das Nöthige thun || Eil=, Landkutsche, f. fahrende Post.

Diligent, e, adj.; -gemment, adv.; emsig, hurtig; fleißig.

Diligenter, v. a. beschleunigen; betreiben; se —, eilen, sich fördern.

Diluvien, ne, adj. zur Sündfluth gehörig; eaux —nes, die Wasser der Sündfluth.

Dimanche, m. Sonntag; — gras, der Sonntag vor dem Aschermittwoch.

Dime, f. Ausdehnung; —s, fg. fm. Maßregeln, pl. [woch.

Dimension, f. Ausdehnung; —s, fg. fm. Maßregeln, pl.

Dimer, v. a. den Zehnten beziehen.

Dimerie, f. Zehntgebiet, n.

Dimeur, m. Zehntner.

Diminuer, v. a. vermindern, verringern; (Strick.) abnehmen; herabsetzen (Preis); schwinden.

Diminutif, m. (Gramm.) Verkleinerungswort, n.

Diminutif, ve, adj. vermindernd.

Diminution, f. Verminderung,

Verringerung, Herabsetzung (des Preises); Nachlaß, m.

Dimissoire, m. (Kirch.) Dimissorium, n.

Dimissorial, e, adj., lettre —e, Dimissorialschreiben, n.

Dinanderie, f. Messingwaare.

†Dinandier, m. Messingschläger.

†Dinatoire, adj., heure —, die Stunde der Mittagsmahlzeit; déjeuner —, das große Frühstück.

Dinde, f. Truthenne.

Dindon, m. Truthahn.

Dindonneau, m. Truthähnchen, n.

Dindonnier, m., ère, f. Hühnerhändler, m. -inn, f.; -ère, fg. fm. Dorffräulein, n.

Diné, Diner, m. Mittagsmahlzeit, f. Mittagsessen, n.

Dinée, f. Mittagsessen, n.; Mittagszeche, f.

Diner, v. n. zu Mittag essen; — par cœur, aus Noth nicht zu Mittag essen.

Dinette, f. das kleine Mittagsessen.

Dineur, m. Mittagsesser; un beau —, ein starker Esser.

Diocésain, e, adj. zum Kirchsprengel gehörig; —, m., e, f. der, die zum Sprengel Gehörige. [gel.

Diocèse, m. Kirchsprengel, Sprengel.

†Diœcie, f. (Bot.) Klasse der zweihäusigen Pflanzen.

Dioïque, adj., fleur —, zweihäusige Blume. [rinn, Fliegenfalle.

Dionée, f. (Bot.) Fliegenfänge- [rinn, Fliegenfalle.

Dionysiaques, f. pl. (Alt.) Bacchusfest, n.

†Dioptre, m. (Chir.) Sperrer; —s, (Opt.) Sehlöcher, pl. Absehen, n.

†Dioptrique, f. Strahlenbruchkunde; —, adj. dioptrisch.

†Dioscures, m. pl. (Astr.) Zwillinge.

†Dipétalé, e, adj., une plante —e, eine Pflanze mit zwei Blumenblättern. [pflanzt, m.

Diphthongue, f. (Gramm.) Doppellaut, m.

†Diphylle, adj. zweiblätterig.

†Diploé, m. (Anat.) Hirnschädelbeinmark, n. [Staatsmann.

Diplomate, m. Diplomatiker; Staatsmann.

Diplomatie, fém. Diplomatie, Staatswissenschaft.

Diplomatique, f. die Wissenschaft der Urkunden; Diplomatik; —, adj. diplomatisch; urkundlich; recueil —, Urkundensammlung, f. || gesandschaftlich; corps —, sämmtliche Gesandte.

Diplôme, m. Urkunde, f. Diplom, n.

Diptère, adj. (Naturg.) zweiflügelig; —s, m. pl. die zweiflügeligen Insekten, pl. [Bauf.] —, (Bauk.) das mit zwei Reihen Säulen umgebene Gebäude.

Diptyques, m. pl. (Alt.) Diptychon, n. Consulartafel, f. Bischofstafel, Todtenregister, n.

*Dire, v. a. et n. sagen; (eine Aufgabe) hersagen; (eine Geschichte) erzählen || befehlen, heißen || urtheilen; — qch. à qn., einem von etw. benachrichtigen; — la messe, Messe lesen; cela veut —, das will sagen, das heißt, das bedeutet; qu'est-ce à —, was soll das heißen? c'est-à-dire, das heißt, nämlich; trouver à —, zu tadeln finden; cela va sans —, das versteht sich von selbst; se —, gesagt werden; se — qch., sich für etw. ausgeben; dit, e, genannt; ledit, ladite, (jur.) der, die besagte....; —, m. (jur.) Aussage, f. || Sage.

Direct, e, adj. gerade, unmittelbar; harangue —e, eine Rede wo der Redende selbst sprechend eingeführt wird; —, f. Lehensherrlichkeit; -ement, adv. gerade, geradezu.

Directeur, m. trice, f. Director, m. Vorsteher, Verwalter, -inn, f.; (Kirch.) Beichtvater, m. Gewissensrath.

Direction, f. Richtung || Führung, Leitung, Verwaltung, Aufsicht.

Directoire, m. Directorium, n. Vorstand, m.; (Kath.) Kirchenkalender.

Dirigeant, e, adj. dirigirend; ministre —, erster Minister.

Diriger, v. a. richten; führen, leiten; — qch., einer S. vorstehen; se —, sich richten.

Dirimant, e, adj. (jur.) ungültig machend, aufhebend.

†Dis, bezeichnet in der Zusammensetzung eine Verneinung, oder eine Verschiedenheit. [am Gewicht.

Discale, m. (Handl.) der Abgang.

†Discaler, v. n. einen Abgang am Gewicht erleiden.

†Discant, m. (Mus.) Discant.

†Disceptation, f. der Streit über eine Frage.

Discernement, m. Unterscheidung, f.; fg. Unterscheidungskraft, Scharfsinn, m.

Discerner, v. a. unterscheiden.

Disciple, m. Schüler, Jünger.

Disciplinable, adj. zuchtfähig, gelehrig.

Discipline, f. Zucht; (Kriegsw.) Mannszucht, Kriegszucht || Geißel, Geißelung (in Klöstern).

Discipliner, v. a. (Kriegsw.) zur Kriegszucht gewöhnen; (ein Haus, zc.) ordnen || geißeln [zwerfer.

Discobole, m. (Alt.) Scheibenwerfer.

Discoïde, adj. scheibenartig.

Discontinuation, fém. Unterbrechung.

Discontinuer, *v. n.* aufhören; —, *v. a.* nicht fortſetzen, unterbrechen; unterlaſſen.

Disconvenance, *f.* Mißverhältniß, *n.* Ungleichheit, *f.* Nichtübereinſtimmung.

*Disconvenir, *v. n.* nicht geſtehen, läugnen, in Abrede ſeyn.

Discord, Discordant, e, *adj.* (Muſ.) verſtimmt, falſch; discordant, e, *fg.* unverträglich, uneinig, widerſprechend.

Discordance, *f.* (Muſ.) Mißton, *m.* Mißklang; Nichtübereinſtimmung, *f.*; *fg.* Unverträglichkeit, Uneinigkeit.

Discorde, *f.* Zwietracht, Uneinigkeit; pomme de —, Zankapfel, *m.*

Discorder, *v. n.* nicht zuſammenſtimmen; (Muſ.) falſch klingen.

Discoureur, *m.*, se, *f.* Plauderer, *m.* Schwätzer, =inn, *f.*

*Discourir, *v. n.* reden, ſchwatzen.

Discours, *m.* Geſpräch, *n.* Rede, *f.*; Abhandlung.

Discourtois, e, *adj. ol.* unhöflich.

Discourtoisie, *f. ol.* Unhöflichkeit.

Discrédit, *m.* Verfall, Mißcredit.

Discréditer, *v. a.* in Mißcredit bringen.

Discret, ète, *adj.*; -ètement, *adv.*: beſcheiden, bedachtſam, vorſichtig, verſtändig; verſchwiegen; (Math.) unſtätig; (Med.) abgeſondert; père —, Rath (eines Abtes, 2c.), *m.*

Discrétion, *fém.* Beſcheidenheit, Klugheit, Verſichtigkeit, Verſchwiegenheit; être à la — de qn., einem ganz hingegeben ſeyn; se rendre à —, ſich auf Gnade und Ungnade ergeben; à —, nach Gefallen; l'âge de —, das verſtändige Alter.

Discrétionnaire, *adj.*, pouvoir —, die willführliche Gewalt nach Gefallen zu handeln.

Discrétoire, *m.* Verſammlung (*f.*), Verſammlungsort (*m.*) von Kloſtervorſtehern.

†Disculpation, *f.* Rechtfertigung.

Disculper, *v. a.* rechtfertigen, entſchuldigen; se —, ſich rechtfertigen.

Discursif, ve, *adj. ol.* (Log.) folgernd.            [theilend.

Discussif, ve, *adj.* (Med.) zertheilend.

Discussion, *f.* Erörterung, Verhandlung; Wortwechſel, *f.*; (jur.) Auspfändung, *f.*; —de biens, die Unterſuchung und Verkaufung der Güter; Ausklagen (eines Schuldners), *n.*

Discuter, *v. a.* verhandeln, erörtern; (jur.) ausklagen, auspfänden.

Disert, e, *adj.*; -ement, *adv.*: beredt.

Disette, *f.* Mangel, *m.* Noth, *f.*;

année de —, Fehljahr, *n.* Mißjahr, *n.*

Disetteux, se, *adj.* bedürftig, nothleidend.

Diseur, *m.* se, *f.* Erzähler, *m.* =inn, *f.*; beau —, *iron.* Wohlredner, *m.*; — (*m.*), —se (*f.*) de bonne aventure, Wahrſager, *m.* =inn, *f.*

Disgrâce, *f.* Ungnade; *fg.* Unglück, *n.* || *p. us.* die üble Haltung, Art.

Disgracier, *v. a.* qn., Ungnade auf einen werfen; être —é, in Ungnade fallen; —é de la nature, *ou* —é, verwahrloſet, ungeſtaltet.

Disgracieux, se, *adj.*; -sement, *adv.*: unangenehm.

†Disgrégation, *f.* (Opt.) Zerſtreuung (der Strahlen), Blendung (des Geſichts).          [nen.

*Disjoindre, *v. a.* (jur.. 2c.) trennen.

Disjonctif, ve, *adj.* (Gramm.) trennend; —ve, *f.* das trennende Wort.

Disjonction, *f.* (jur.) Trennung.

Dislocation, *fém.* Verrenkung; (Kriegsw.) Auseinanderlegung.

Disloquer, *v. a.* verrenken, verſtauchen.

Disparaître, *v. n.* verſchwinden.

Disparate, *f.* Ungleichförmigkeit; Ungereimtheit; —, *adj.* ſich nicht zuſammenſchickend, fremdartig.

Disparité, *f.* Ungleichheit.

Disparition, *f.* Verſchwinden, *n.*

†Dispaste, *f.* der Kloben mit zwei Rollen; das Hebzeug mit zwei Wirbeln.

Dispendieux, se, *adj.* koſtſpielig.

Dispensaire, *m.* Apothekerbuch, *n.*

Dispensateur, *m.* -trice, *f.* Ausſpender, *m.* =inn, *f.*

Dispensation, *f.* Austheilung.

Dispense, *f.* Frei=, Losſprechung; Erlaubniß.

Dispenser, *v. a.* austheilen; — qn. de qch., einen von etw. frei=, losſprechen, befreien; überheben; einem etw. erlaſſen; se —, ſich losſagen, ſich überheben.

Disperser, *v. a.* zerſtreuen, ausſtreuen; se —, ſich zerſtreuen.

Dispersion, *f.* Zerſtreuung.

Dispondée, *m.* der doppelte Spondäus.            [Verfügung ſtehend.

Disponibilité, *f.*, en —, zur

Disponible, *adj.* frei, worüber man frei verfügen kann.

Dispos, *adj.* munter, hurtig, behend.

Disposé, e, *adj.* geſinnt, 2c.; bien —é, guter Laune.

Disposer, *v. a.* anordnen, einrichten, veranſtalten; *fg.* geneigt machen; vorbereiten; ſtimmen; —, *v. n.* de qch., über etw. verfügen; mit etw. ſchalten und walten; etw.

veräußern; verkaufen; se — à qch., ſich zu etw. bereit machen, anſchicken.

Dispositif, ve, *adj.* (Med.) vorbereitend; —, *m.* (jur.) der verordnende Theil (des Geſetzes, Urtheils).

Disposition, *f.* Einrichtung, Anordnung, Verfügung, Vorkehrung, Maßregel || freie Macht und Gewalt || Anlage, Fähigkeit || Neigung; Geſinnung, Stimmung, Faſſung; Entſchluß, *m.*; être à la — de qn., einem zu Dienſten, zu Gebote ſtehen.

Disproportion, *f.* Ungleichheit.

Disproportionné, e, *adj.* unverhältnißmäßig, ungleich.

Disputable, *adj.* ſtreitig.

†Disputailler, *v. n.* oft um Nichts zanken.

Dispute, *f.* Streit, *m.* Streitigkeit, *f.*; Wortwechſel, *m.*; (Schul.) Streitübung, *f.*

Disputer, *v. a.* qch., um etwas ſtreiten, kämpfen; etw. ſtreitig machen, beſtreiten; —, *v. n.* ſtreiten, rechten, disputiren; se —, zanken.

Disputeur, *m.* Zänker, Streitſüchtige.

Disque, *m.* (Alt.) Wurfſcheibe, *f.*; (Aſtr.) Scheibe eines Geſtirns.

Disquisition, *f.* Unterſuchung.

Dissection, *fém.* Zergliederung, Oeffnung (eines todten Körpers).

Dissemblable, *adj.* unähnlich.

Dissemblance, *f.* Unähnlichkeit.

Dissémination, *f.* die natürliche Ausſtreuung des Samens.

Disséminer, *v. a.* aus=, zerſtreuen; *fg. id.*

Dissension, *f.* Uneinigkeit, Mißhelligkeit, Zwietracht.

Dissentiment, *m.* die abweichende Meinung.

Disséquer, *v. a.* zergliedern (auch *fg.*); (Chir.) ſchneiden, aufſchneiden.

Disséqueur, *m.* Zergliederer.

Dissertateur, *m.* -trice, *f.* Verfaſſer von weitſchweifigen Abhandlungen.

Dissertation, *f.* Abhandlung.

Disserter, *v. n.* eine Abhandlung machen; — sur qch., etw. abhandeln.

Dissidence, *f.* Spaltung.

Dissidents, *m. pl.* Diſſidenten (Andersdenkende in Glaubensſachen).

Dissimilaire, *adj.* ungleichartig.

†Dissimilitude, *f.* (Rhet.) Ungleichartigkeit.

Dissimulateur, *masc.* -trice, *f.* Gleißner, *m.* =inn, *f.*

Dissimulation, *f.* Verſtellung.

Dissimulé, e, *adj.* heimlich=tückiſch, gleißneriſch.

Dissimuler, *v. a.* verbergen, verhehlen, nicht merken laſſen; —, *v. n.* ſich verſtellen.

Dissipateur, *m.* trice, *f.* Verſchwender, *m.* Praſſer, =inn, *f.*

Dissipation, *f.* Verschwendung; Zerstreuung (des Geistes).

Dissipé, e, *adj.* zerstreut.

Dissiper, *v. a.* zerstreuen, vertreiben; *fg. id.*; (Geld) durchbringen, verschwenden; se —, sich zerstreuen, sich verziehen (Wolken).

Dissolu, e, *adj.; -ument, adv.:* liederlich, ausschweifend.

Dissoluble, *adj.* auflöslich.

Dissolutif, ve, *adj.* (Med., 2c.) auflösend.

Dissolution, *f.* Auflösung, Trennung; Scheidung (der Ehe); *fg.* Liederlichkeit, Sittenverderbniß, *n.*

Dissolvant, e, *adj.* (Chym., 2c.) auflösend; —, *m.* Auflösungsmittel, *n.* [ten.

Dissonance, *f.* Mißlaut, *m.* Wißtöne.

Dissonant, e, *adj.* mißlautend.

Dissoner, *v. n.* (Muf.) mißtönen, falschklingen.

*Dissoudre, *v. a.* auflösen; *fg. id.*; (die Ehe) scheiden; trennen; se —, sich auflösen.

Dissuader, *v. a.* qn. de qch., einem etw. ab=, widerrathen, ausreden; einen von etw. abbringen.

Dissuasion, *f. p. us.* Abrathen, *n.*

†Dissyllabe, *adj.* (Gramm.) zweisylbig; —, *m.* das zweisylbige Wort.

Dissyllabique, *adj.* zweisylbig.

Distance, *f.* Abstand, *m.:* Entfernung; *f.* Weite, Ferne.

Distant, e, *adj.* entfernt, entlegen.

Distendre, *v. a.* gewaltsam spannen, dehnen.

Distension, *f.* Spannung.

Distillateur, *masc.* Destillirer, Branntweinbrenner.

Distillation, *f.* Abziehen, *n.:* Brennen, Destilliren; Erzeugniß der Destillation, gebrannte Wasser, 2c.

Distillatoire, *adj.* zur Destillation, zum Brennen gehörig, dienlich.

Distiller, *v. a.* destilliren, abziehen, (Branntwein) brennen; *fg.* auslassen; —, *v. n.* tropfen, tröpfeln.

Distillerie, *f.* Brennerei. [stein.

Distinct, e, *adj.* unterschieden, verschieden; -ement, *adv.* deutlich.

Distinctif, ve, *adj.* unterscheidend.

Distinction, *f.* Unterscheidung; Abtheilung; Unterschied, *m.; fg.* Achtung, *f.* Auszeichnung; der vornehme Stand, Rang; (Lehrst.) die genauere Bestimmung; de —, ausgezeichnet; vornehm, von Stande.

Distingué, e, *adj. fg.* angesehen, vornehm.

Distinguer, *v. a.* unterscheiden, auszeichnen; se —, sich hervorthun, sich auszeichnen.

Distique, *m.* (Dicht.) Distichon, *n.* Gedicht aus zwei Versen bestehend.

Distorsion, *f.* (Chir.) Verdrehung, Verzerrung.

Distraction, *fém.* Absonderung, Trennung; *fg.* Zerstreuung.

*Distraire, *v. a.* abziehen, absondern; *fg.* zerstreuen; (v. etw.) abbringen; stören; se —, sich zerstreuen.

Distrait, e, *adj.* zerstreut, unachtsam.

Distribuer, *v. a.* aus=, ein=, vertheilen; (Buchdr.) — de la lettre, ablegen; — les balles, die Ballen reiben. [theiler, *m.* =inn, *f.*

Distributeur, *m.* trice, *f.* Austheilend; (Gramm.) vertheilend; dans le sens —, im Einzelnen; -vement, *adv.* im Einzelnen.

Distribution, *f.* Aus=, Ver=; Eintheilung; (Buchdr.) Ablegen, *n.* die Schrift zum Ablegen.

District, *m.* Bezirk, District.

Dit, *m.* der sinnreiche Spruch, Ausspruch. [rambe, *f.*

Dithyrambe, *m.* (Dichtk.) Dithyrambique, *adj.* (Dichtk.) dithyrambisch. [Interval.

Diton, *m.* (Muf.) das zweitönige †Diurèse, *f.* (Med.) die außerordentliche Harnausleerung.

Diurétique, *adj.* (Med.) harntreibend; —, *m.* das harntreibende Mittel. [*n.*

Diurnal, *m.* (Kath.) Gebetbuch, Diurne, *adj.* (Astr.) täglich; (Bot.) bei Tage. [einer Rede), *n.*

Divagation, *f.* Abschweifen (in Divaguer, *v. n.* abschweifen.

Divan, *marc.* (Türkei) Divan (Staatsrath); (Lev.) Art Sofa.

Divergence, *f.* (Math.) Auseinanderlaufen (der Linien), *n.*

Divergent, e, *adj.* auseinander laufend; *fg.* abweichend.

Diverger, *v. n.* auseinanderlaufen.

Divers, e, *adj.* verschieden, mancherlei, vielerlei; -ement, *adv.* verschiedentlich.

†Diversifiable, *adj.* was sich auf verschiedene Weise abändern läßt.

Diversifier, *v. a.* qch., Abwechslung in etw. bringen.

Diversion, *f.* Ablenkung, Diversion; *fg.* faire —, eine andere Wendung geben (dem Gespräche, 2c.); faire — à la douleur, den Schmerz zerstreuen.

Diversité, *fém.* Verschiedenheit, Mannichfaltigkeit.

Divertir, *v. a.* belustigen, ergötzen, vergnügen || se —, sich belustigen; se — de qn., sich über jemand lustig machen; —, (Geld) zu fremden Zwecken verwenden, unterschlagen; — à d'autres actes, (jur.) inzwischen andere Handlungen vornehmen.

Divertissant, e, *adj.* lustig, belustigend, kurzweilig.

Divertissement, *m.* Belustigung, *f.* Lustbarkeit, Kurzweile; (Theat.) Zwischenspiel, *n.* || die Verwendung zu fremden Zwecken; Unterschlagung (von Geld).

Dividende, *m.* (Arithm.) Dividend, die zu theilende Zahl; (Handl.) Ausbeute, Gewinn=Antheil, *m.*

Divin, e, *adj.; -ement, adv.:* göttlich, übernatürlich; *fg.* unvergleichlich.

Divination, *f.* Wahrsagerkunst.

Divinatoire, *adj.*, art —, *voy.* Divination; baguette —, Wünschelruthe, *f.*

Diviniser, *v. a.* vergöttern.

Divinité, *f.* Gottheit; Göttlichkeit.

Divis, *m.*, (jur.) posséder par —, in Folge einer Theilung besitzen.

Divisé, e, *adj. fg.* uneinig.

Diviser, *v. a.* theilen, abtheilen; (Arithm.) dividiren; *fg.* entzweien, uneins machen.

Diviseur, *m.* (Arithm.) Divisor, Theiler; Theilscheibe, *f.*

Divisibilité, *f.* Theilbarkeit.

Divisible, *adj.* theilbar.

Division, *f.* Theilung; Abtheilung; (Arithm.) Division; *fg.* Spaltung, Uneinigkeit; (Buchdr.) Theilungszeichen, *n.*

Divorce, *m.* (jur.) Ehescheidung, *f.; fg.* Uneinigkeit, Trennung.

Divorcer, *v. n.* (faire divorce) sich scheiden lassen.

Divulgation, *f.* Ausbreitung.

Divulguer, *v. a.* unter die Leute bringen, ausbreiten, aussprengen.

†Divulsion, *f.* (Chir.) die durch heftige Spannung hervorgebrachte Trennung.

Dix, *adj.* zehn; —, *m.* Zehne, *f.* Zehner, *m.;* Zehnte; au denier —, zu zehn vom Hundert.

Dixième, *adj.* zehnte; -ment, *adv.* zehntens.

Dixme, *v.* Dime.

Dixmer, *v.* Dimer.

Dixmerie, *v.* Dimerie.

Dixmeur, *v.* Dimeur.

Dizain, *m.* das Gedicht von zehn Versen; der Rosenkranz von zehn Kügelchen.

Dizaine, *f.* die Anzahl von zehn, Zehend, *m.*

Dizeau, *m.* der Haufen von zehn Garben, 2c. [über zehn.

Dizenier, *m. ol.* der Befehlshaber

Docile, *adj.; -ment, adv.:* gelehrig; folgsam, lenksam.

Docilité, *f.* Gelehrigkeit; Folgsamkeit, Lenksamkeit.

Docimasie, *f.* Docimastique, *f.* (Chym.) Probirkunst.

Docte, *adj.; -ment, adv.:* gelehrt; —, *m.* Gelehrte.

Docteur, *m.* Lehrer, Doctor; —

en droit, etc., Doctor der Rechte,
2c.; faire le —, *iron.* hofmeistern.
Doctoral, e, *adj.* zum Doctor ge=
hörig; bonnet —, Doctorhut, *m.*;
*fg. fm.* air —, Doctormiene, *f.*
Doctorat, *m.* Doctorwürde, *f.*
Doctorerie, *f.* die Inauguraldispu=
tation eines Doctors der Theologie.
Doctoresse, *f. iron.* die gelehrte
Frau.  [gelehrte Gutachten.
Doctrinal, e, *adj.*, avis —, das
Doctrine, *f.* Wissenschaft, Lehre;
Gelehrsamkeit.  [weissschrift.
Document, *m.* Urkunde, *f.* Be=
Dodécaédre, *m.* (Geom.) der Kör=
per von zwölf Flächen.  [n.
Dodécagone, *m.* (Geom.) Zwölfeck,
Dodécandrie, *f.* (Bot.) zwölf=
männige Pflanzenordnung.
Dodiner, *v. n.* (Uhrm.) spielen,
sich hin und her bewegen; se —,
sich verzärteln.
Dodo, *m.*, faire —, *fm.* (von
Kindern) schlafen.  [quabbelig.
Dodu, e, *adj.* dick und fett,
Dogaresse, *f.* die Frau des Dogen.
Dogat, *m.* Dogenwürde, *f.*
Doge, *m.* Doge (ehemals in Ve=
nedig, Genua).
Dogmatique, *adj.*; -ment, *adv.*:
dogmatisch; ton —, Lehrton, *m.*;
genre — ou —, *m.* Lehrstyl; —s,
*m. pl.* (Med.) Dogmatiker.
Dogmatiser, *v. n.* (Kirch.) falsch
lehren; *fm.* im Lehrton sprechen.
Dogmatiseur, *m.* der immer im
Lehrton spricht.
Dogmatiste, *m.* Dogmatiker.
Dogme, *m.* Lehrsatz, (Theologie)
Glaubenslehre, *f.*; (Med., 2c.)
Grundsatz, *m.*
Dogre, *m.* ein holländisches Schiff
zum Häringsfange.  [ßer, *m.*
Dogue, *m.* Dogge, *f.* Bullenbei=
†Doguer (se), *v. r.* sich stoßen
(v. Hämmeln).  [Mops, *m.*
Doguin, *m.* e, *f.* die kleine Dogge,
Doigt, *m.* Finger; savoir sur le
bout du —, an den Fingerspitzen
hersagen können; —, Zehe (des
Fußes, 2c.), *f.* Kralle (der Vögel),
(Uhrm.) Einfallspitze (Astr.) Zoll,
*m.*; *fg.* à deux —s de sa ruine,
am Rande des Verderbens; un —
de vin, ein Fingerhut voll Wein;
mettre un—de rouge, die Schminke
fingersdick auftragen.
Doigter, *v. n.* die Finger setzen;
—, *m.* (Mus.) Applicatur, *f.* Fin=
gersetzung.  [ling.
Doigtier, *m.* Däumling, Finger=
Doit et avoir, *m.* (Handl.) das
Passiv= und Activvermögen.
†Doite, *f.* (Web.) Dicke (eines
Stranges.  [muster.
†Doitée, *f.* Probegarn, n. Faden=
Dol, *m. ol.* Betrug.

†Dolce, *adv.* (Mus.) dolce, sanft.
Doléances, *f. pl.* Klagen, Be=
schwerden.
Dolent, e, *adj.*; dolemment,
*adv.*: *plais.* betrübt, kläglich.
Doler, *v. a.* (Tischl., 2c.) abho=
beln, hobeln.
Doliman, *m.* Dollman (Kleid).
Dollar, *m.* Dollar, Thaler.  [n.
Doloire, *f.* Schnitz=, Bandmesser,
Dom, Don, (Titel) Dom, Don.
Domaine, *m.* Gut, n. Erbgut;
Kammers, Nationalgut, Staats=
Eigenthum, Domäne, *f.*
Domanial, e, *adj.* zu den Do=
mänen gehörig.
Dôme, *m.* (Bauk.) Kuppel, *f.*
Helm, *m.*; (Chym.) Haube, *f.*
Domesticité, *f.* Bedienstenstand,
*m.*; Hausgenossenschaft, *f.*
Domestique, *adj.* häuslich; ein=
heimisch; vol —, Hausdiebstahl,
*m.*; animal —, Hausthier, *n.*;
—, *m.* Bediente, Dienstbote; —s,
Gesinde, *n.*; —, Hauswesen; —,
*f.* Magd.
Domicile, *m.* Wohnort.
Domiciliaire, *adj.*, une visite
—, eine Hausdurchsuchung.
Domicilié, e, *adj.* wohnhaft;
seßhaft.
Domicilier (se), sich häuslich
niederlassen; sich ansiedeln.
Dominant, e, *adj.* herrschend;
—e, *f.* (Mus.) die große Quinte.
Dominateur, *m.* Beherrscher; —
-trice, *adj.*, esprit —, Herrsch=
geist, *m.*  [mäßigkeit.
Domination, *f.* Herrschaft; Bot=
Dominer, *v. n.* herrschen, gebie=
ten, walten; die Oberhand haben;
hervorragen (v. Anhöhen; 2c.);
=stechen (v. Farben, 2c.); —, *v. a.*
beherrschen; *fg. id.*, überschauen;
(Artill.) bestreichen.
†Domingue (Saint-), *n. pr.* Sam=
Domingo, Haity.
Dominicain, *m.* e, *f.* Domini=
kaner, =inn, *f.*
Dominical, e, *adj.*, oraison
—e, Vaterunser, *n.*; lettre —e,
Sonntagsbuchstab, *m.*; —e, *f.*
Sonntagspredigt.  [nicus.
†Dominique, *m.* pr. *m.* Domi=
Domino, *m.* (Kirch.) Winterchor=
mantel, Domino (ein Ballkleid)
Dominospiel, *n.*
Dominoterie, *f.* der Handel mit
buntem Papier.  [Bilderhändler.
Dominotier, *m.* Türkischpapier=
Dommage, *m.* Schade.
Dommageable, *adj.* schädlich.
Domptable, Domtable, *adj.* be=
zwingbar.
Dompter, Domter, *v. a.* bezwin=
gen, bezähmen, bändigen.  [diger,
Dompteur, Domteur, *m.* Bän=

Dompte-venin, *m.* (Bot.) Gift=
wurzel, *f.* Schwalbenwurzel.
Don, *m.* Geschenk, *n.*; Gabe, *f.*;
*v.* Dom.
Donataire, *m. et f.* Beschenkte,
Schenknehmer, *m.* =inn, *f.*
Donateur, *m.* trice, *f.* Schenk=
geber, *m.* =inn, *f.*; Schenkende,
*m. et f.*
Donation, *f.* Schenkung.  [nach=
Donc, *conj.* also, folglich, dem=
Dondon, *fg. fm.* die dicke, roth=
backige Weibsperson, Trutschel.
Donjon, *m.* Schloßthurm.
Donjonné, e, *adj.* (Wapp.) mit
Thürmchen versehen.
Donnant, e, *adj.* freigebig; en
donnant —, *fm.* Wurst wider
Wurst.
Donne, *f.* (Spiel) Kartengeben,
*n.*  [gabe, *f.*
Donnée, *f.* Gegebene, *n.*; An=
Donner, *v. a.* geben; — ou —
en présent, schenken || (Schmerz, 2c.)
ausgeben (Spiel) (Farbe) beken=
nen; je vous le donne en dix à
faire ce coup, versuchen Sie es zehn=
mal ob Sie diesen Stoß machen kön=
nen; — un démenti, Lügen strafen;
se — garde, de garde, sich hüten;
—, *v. n.* stoßen, schlagen (an, auf,
gegen etw.); (Kriegsw.) angreifen;
(v. Zimmern) geben (in, auf); fal=
len (in eine Schlinge, 2c.); — dans
le blanc, das Ziel treffen; —, er=
giebig seyn (Feld); — dans qch.,
sich leidenschaftlich einer S. ergeben;
se —, sich ergeben; gegeben werden;
se — pour qch., sich für etw. aus=
geben.
Donneur, *m.* se, *f. fm.* Geber,
*m.* =inn, *f.*; (Handl.) — d'ordre,
Assignent, *m.*; — à la grosse, Bod=
mereigeber.
Dont, *pron.* dessen, deren; wo=
mit, wovon, worüber, wodurch.
†Donte, *f.* Bauch (einer Laute), *m.*
Donzelle, *f. mépr.* Dirne.
Dorade, *f.* (Naturg.) Goldfisch, *m.*
†Dorage, *m.* (Hutm.) das Lieber=
ziehen mit feinen Haaren; (Past.)
der Ueberzug von Eiergelb.
Doré, e, *adj.* golden; gelbgelb.
Dorénavant, *adv.* inskünftige,
hinfort.
Dorer, *v. a.* vergolden; (Hutm.)
mit feinen Haaren überziehen; (Past.)
mit Eiergelb bestreichen; se —, rei=
fen, gelb werden.
Doreur, *m.* se, *f.* Vergolder, *m.*
=inn, *f.*
Dorien, Dorique, *adj.* (Bauk.)
dorisch.
Dorloter, *v. a.* verzärteln, hät=
scheln, verhätscheln; se —, sich ver=
zärteln.

Dormant, e, *adj.* ſtillſtehend (Waſſer); unbeweglich; —, *m.* Schläfer. [-inn; Nachthaube.

Dormeur, *m.* Schläfer; —se, *f.*

*Dormir, v. n.* ſchlafen; *fg.* unthätig ſeyn.

Dormitif, ve, *adj.* einſchläfernd; —, *m.* Schlafmittel, *n.*

†Doroir, *m.* (Paſt.) Vergoldpinſel.

†Doronic, *m.* (Bot.) Schwindelkraut, *n.* Gemſenwurz, *f.*

†Dorophage, *m.* der von Geſchenken lebt.

†Dorothée, *n. pr. f.* Dorothea.

Dorsal, e, *adj.* muscle —, Rückenmuskel, *m.*

Dortoir, *m.* Schlafſaal.

Dorure, *f.* Vergoldung; der gelbe Anſtrich (des Gebackenen).

Dos, *m.* Rücken; *fm.* Buckel; *fg.* Rückſeite, *f.*; der erhabene Theil; faire le gros —, dick thun; avoir qn. à —, einen zum Feinde haben; en — d'âne, von beiden Seiten ſchräg anlaufend; — à —, *adv.* mit dem Rücken gegen einander gekehrt.

Dose, *f.* Doſis, Gabe; *fg. id.*

Doser, *v. a.* qch., die Gabe von etw. vorſchreiben.

†Dosse, *f.* Bohle; — de bordure, Futterbohle. [Pfeiler.

†Dosseret, *m.* eine Art kleiner

Dossier, *m.* Lehne, *f.* Rückwand; Kopfbrett (eines Bettes), *n.*; (jur.) der Pack Acten. [men.

†Dossière, *f.* der breite Tragriemen.

Dot, *f.* Heirathsgut, *n.* Ausſteuer, *f.* Mitgabe, Mitgift, Brautſchatz, *m.*

Dotal, e, *adj.* zum Heirathsgut gehörig; bien —, Brautſchatzgut, *n.* [tung.

Dotation, *f.* Begabung, Ausſtattung.

Doter, *v. a.* ausſteuern, ausſtatten; *fg. id.,* begaben.

Douaire, *m.* Wittthum, *n.* Leibgeding.

Douairier, *m.* das Kind das ſich bloß an das Leibgedinge ſeiner Mutter hält; —ère, *adj. f.* verwittwet; —ère, *f.* die Wittwe von Stande.

Douane, *f.* Zoll-, Kaufhaus, *n.* Mauth, *f.*; Zoll, *m.*

Douanier, *m.* Zoll-, Mauthbeamte.

Doublage, *m.* (Schiffb.) Fütterung, *f.* Verkleidung || Zwirnen, *n.*

Double, *adj.*; -ment, *adv.* doppelt, zweifach; — deux, (Trict.) alle Daus; —, ſtark (Branntwein); bière —, Doppelbier, *n.*; —, *fg.* falſch; doppelzüngig; — sens, Doppelſinn, *m.*; —, *m.* Doppelte, *n.*; Doppelſtück; Duplicat, Abſchrift, *f.*; (Buchh.) Dublette, Zweier, *m.*; (Theat.) Stellvertreter; —, *f.* Ban-

ſen (erſte Magen wiederkäuender Thiere), *m.* [ten.

Doubleau, *m.* (Bauk.) Querbalken.

†Double-feuille, *f.* Zweiblatt (Pflanze), *n.*

Doublement, *m.* Verdoppelung *f.*; (jur.) enchérir par —, die Hälfte mehr bieten.

Doubler, *v. a. et n.* verdoppeln; (Schneid., Schiffb.) füttern; (Schifff.) um-, überſegeln; (Bill.) dupliren; — un acteur, an der Stelle eines andern ſpielen.

Doublet, *m.* Dublette, *f.* (falſcher Edelſtein); (Trictr.) Paſch, *m.* || Zwirnmaſchine, *f.*

Doublette, *f.* (Org.) Doppelregiſter, *f.*

Doubleur, *m.* se, *f.* (Manuf.) Zwirner, *m.* -inn, *f.*

†Doublis, *m.* (Dachd.) Doppelſchicht, *f.*

†Dubloir, *m.* Zwirnbrett, *n.*

Doublon, *m.* Dublone, *f.* (Goldmünze); (Buchdr.) Doppelſatz, *m.*

Doublure, *f.* Futter, *n.* Futterzeug, *m.* [ſüß, *n.*

Douce-amère, *f.* (Bot.) Bitterſüß, *n.*

Douceâtre, *adj.* ſüßlich.

Doucement, *adv.* ſanft, freundlich; leiſe, ſachte, gemach, gelind.

Doucereux, se, *adj.* ſüßlich, fade; —, *m.* Süßling, ſüße Herr.

Doucet, te, *adj.* ſüß; -tement, *adv. pop.* ganz ſanft.

Douceur, *f.* Süßigkeit, Lieblichkeit; *fg.* Sanftheit (der Augen); Milde (des Wetters); Freundlichkeit; Annehmlichkeit; Sanftmuth; Geſchenk (aus Erkenntlichkeit), *n.*; —s, Schmeicheleien, *f. pl.*

Douche, *f.* Tropfbad, *n.*

Doucher, *v. a.* qn., einem ein Tropfbad geben.

†Doucin, *m.* Brackwaſſer, *n.* (ſüßes mit Meerwaſſer vermiſcht).

Doucine, *f.* (Bauk.) Rinnleiſte; (Schrein.) Karnießhobel, *m.*

Douègne, *v.* Duègne.

Douelle, *f.* Wölbung; (Böttch.) Faßdaube.

Douer, *v. a.* begaden, ausrüſten; — qn., (jur.) einem ein Leibgeding ausſetzen. [ben im Gewebe.

Douillage, *m.* die ungleichen Fäden.

Douille, *f.* Dille, Röhre.

Douillet, te, *adj.*; -tement, *adv.*: zart, weich; *m. p.* zärtlich, weichlich; —, *m.* Weichling; Poltagriff.

Douillette, *f.* das wattirte Kleid, Wattenrock, *m.*

Douleur, *f.* Schmerz, *m.* Weh, *n.* Kummer, *m.*; Wehmuth, *f.*; les —s de l'enfantement, Wehen, *pl.*

Douloir (se), klagen, jammern (wen. gebr.).

Douloureux, se, *adj.*; -sement, *adv.*: ſchmerzhaft, ſchmerzlich.

Doute, *m.* Zweifel; Ungewißheit, *f.*; Beſorgniß; sans —, allerdings, freilich.

Douter, *v. n.* zweifeln; — de qch., an etw. zweifeln, etw. bezweifeln; se — de qch., etw. vermuthen, ahnen, merken.

†Douteur, *m.* Zweifler, Zweifelſüchtige.

Douteux, se, *adj.* zweifelhaft.

Douvain, *m.* (Böttch.) Faßdaubenholz, *n.*

Douve, *f.* (Böttch.) Faßdaube; (Bauk.) Schloßgraben, *m.*

Doux, ce, *adj.* ſüß, lieblich; gelinde; leiſe (Ton); ſanft, freundlich; milde (Wetter, zc.); (Metalle) geſchmeidig; dillet —, Liebesbriefchen, *n.*; tout —, *interj.* ſachte l —, *adv.* dutzendweiſe; *fm.* poète, etc., à la —, der alltägliche Dichter, zc. [ſer; Zwölfte.

Douze, *adj.* zwölf; —, *m.* Zwölzième, *adj.* zwölfte; —, *m.* Zwölfte; -ment, *adv.* zwölftens.

Doyen, *m.* Aelteſte; Decan, *m.* Dechant.

Doyenné, *m.* Decanei, *f.* Decanat, *n.*; das Amt, die Wohnung des Dechants; (Gärtn.) Dechantsbirn. [lein, *n.*

Drachme, *f.* Drachme, Quent-

†Dracuncule, *m.*, *v.* Dragonneau. [leere), *m.*

†Dragan, *m.* Spiegel (einer Galeere), *m.*

Dragée, *f.* kleines Zuckerwerk, Zuckerkörner, *pl.* (Jagd, zc.) Schrot, *m.*; la petite —, Vogeldunſt; —, (Landw.) Miſchfutter, *n.*

Drageoir, *m. ol.* Confectſchale, *f.*; —, ou —e, *f.* (Uhrm.) Falze, Zarge.

Drageon, *m.* (Gärtn.) Wurzelſchößling. [linge treiben.

Drageonner, *v. n.* Wurzelſchößlinge.

Dragoman, *m.*, *v.* Drogman.

Dragon, *m.* Drache; Lindwurm; (Kriegsw.) Dragoner; (Med.) Augenflecken; (Schiff.) Waſſerhoſe, *f.*

Dragonnade, *f.* Dragonnade (Verfolgung der Proteſtanten unter Ludwig XIV.).

Dragonne, *f.* Degenquaſte.

†Dragonneau, *m.* (Med.) Haut-, Nervenwurm. [baum.

Dragonnier, *m.* (Bot.) Drachen-

Drague, *f.* Hohlſchaufel; Erdräumer, *m.* Brunnenbohrer; (Fiſch.) Scharrnetz, *n.*; (Bierbr.) Träber, *pl.*

Draguer, *v. a.* (einen Brunnen, zc.) ausräumen; (Seew.) aufſuchen.

Dramatique, *adj.* dramatiſch; —, *m.* Dramatiſche, *n.* der dramatiſche Vortrag.

Dramatiste, *m.* Schauspieldichter.

Dramaturge, *m.* (verächtlich) Schauspielschreiber, -dichter.

Drame, *m.* Schauspiel; *n.* Drama.

Drap, *m.* Tuch, *n.*; — de lit, Betttuch, Laken; *fg.* être dans de beaux —s, in schlimme Händel verwickelt seyn.

Drapeau, *m.* (Pap.) Lumpen; (Kriegsw., ꝛc.) Fahne, *f.*; —x, Windeln, *pl.*; (Kriegsw.) Fahnenmarsch, *m.*

Draper, *v. a.* mit Tuch ausschlagen; (Mal.) bekleiden, drapiren; *fg. fm.* durchziehen, durchhecheln.

Draperie, *f.* Tuchhandel, *m.*; Tuchmacherhandwerk, *n.* Tuchmanufactur, *f.*; (Mal.) Bekleidung, Gewänder, *pl.* [händler.

Drapier, *m.* Tuchmacher, Tuch-

†Drapière, *f.* die große Tuchnadel.

Drastique, *adj.* (Med.) schnell wirkend. [ben, ausfleischen.

†Drayer, *v. a.* (ein Fell) abscha-

†Drayoire, *f.* Schabmesser, *n.*

†Drayure, *f.* Abschabsel, *n.* (vom

Drèche, *f.* Malz, *n.* [Leder).

†Drége, *f.* Riffel; (Fisch.) Kratzgarn, *n.*

†Dréger, *v. a.* (Flachs) riffeln.

†Drelin, *m.* Klingkling, *n.*

†Dresde, Dresden (Stadt).

†Dresse, *f.* (Schuhm.) Mittelsohle.

Dresser, *v. a.* auf= errichten; (eine Fläche, ꝛc.) ebnen, zurichten; (einen Baum) gerade richten; (Früchte) aufsezen; (die Suppe) anrichten; — des batteries, Batterien aufwerfen, aufpflanzen; *fg.* Anschläge machen, Mittel ergreifen; (eine Falle) legen; *fg. id.*, (einen Plan) entwerfen ‖ bilden, *fm.* zustuzen; (ein Pferd) abrichten, zureiten; —, *v. n.* zu Berge stehen, sich aufsträuben (Haare); se —, sich auf=, sich emporrichten.

†Dressoir, *m.* Abtropfbank, *f.* Credenz= Anrichttisch, *m.*; (Spieg.) Richteisen, *n.*

Drille, *m. fm.*, un bon —, ein braver Kerl; un pauvre —, ein armer Tropf; —, *f.* (Handw.) Drillbohrer, *m.*; —s, *f. pl.* (Pap.) Lumpen, *m. pl.*

Drillier, *m.* Lumpensammler.

Drisse, *f.* Hißtau, *n.*

Drogman, *m.* Dollmetscher (in der Türkei, ꝛc.).

Drogue, *f.* Apothekerwaare, Spezerei; *fg. fm.* schlechte Waare, Schofel, *m.*

Droguer, *v. a.* mit Arznei überladen, zu viel purgiren; se —, zu viel Arznei nehmen.

Droguerie, *f.* Arznei= Material= waaren, *pl.*

Droguet, *m.* Droguett (Zeug).

Droguier, *m.* Arzneikästchen, *n.*;

Reiseapotheke, *fém.*; Naturalienschrank, *m.* [list.

Droguiste, *m.* (Handl.) Materia-

Droit, e, *adj.*; -ment, *adv.*: gerade; *fg.* recht, redlich, aufrichtig; —, *adv.* geradezu; tout —, *fm.* schnurstracks.

Droit, *m.* Recht, *n.* Gerechtigkeit, *f.* Gerechtsame; Sammlung von Gesezen; Rechtsgelehrsamkeit; — public, Staatsrecht, *n.*; — des gens, Völkerrecht; — du plus fort, Faustrecht; être en —, berechtigt seyn; —, (Finanzw.) Abgabe, *f.*; Gebühr.

Droite, *f.* die rechte Hand, rechte Seite; à —, *adv.* rechts; rechtsum.

Droitier, ère, *adj.* der, die rechts ist. [teit; en —, gerades Weges.

Droiture, *f.* Geradheit, Redlich=

Drôle, *adj.*; -ment, *adv.*: lustig, drollig, närrisch; —, *m.* der drollige Mensch, Schalk; *fm.* un — de corps, ein närrischer Kauz; un mauvais —, ein schlechter Kerl.

Drôlerie, *f.* der drollige Einfall.

Drôlesse, *f.* die liederliche Dirne.

Dromadaire, *masc.* Dromedar, Trampelthier, *n.*

Drome, *f.* (Seew.) Mastwerk, *n.*

†Dronte, *m.* Dronte, *f.* Tölpel, *m.*; Bastardstrauß (Vogel).

†Dropax, *m.* Pechpflaster, *n.*

†Drossart, *m.* Drost, Oberamtmann. [nen), *n.*

†Drosse, *f.* Seil (an Schiffskano-

†Drouine, *f.* Kesselflickerssack, *m.*

†Drouineur, *m.* Kesselflicker.

†Drousser, *v. a.* (Wolle) kardätschen.

†Droussette, *f.* Wollkamm, *m.*

Dru, e, *adj.* flück, flügge (Vögel); dicht (Gras, ꝛc.); *fg.* munter, frisch; —, *adv.* dicht; häufig.

Druide, *m.* esse, *f.* Druide, *m.* et *f.* (Priester der Celten).

Druidique, *adj.* druidisch, von den Druiden herrührend. [obst, *n.*

Drupe, *m.* Steinfrucht, *f.* Stein=

†Druses, *m. pl.* Drusen (Volk).

Dryade, *f.* (Mythologie) Dryas, Waldnymphe.

Du, *art.* des, der; von dem, von der; — pain, Brod.

Dû, ue, *adj.* schuldig, gebührend; être —, ausstehen (Geld); —, *m.* Gebühr, *f.*; Schuldigkeit.

†Dualisme, *m.* (Philos.) Dualismus.

Dubitatif, ve, *adj.* einen Zweifel ausdrückend; -vement, *adv.* zweifelhaft.

Dubitation, *f.* Zweifeln, *n.*

Duc, *m.* Herzog; (Naturg.) Ohreule, *f.*; grand —, Uhu, *m.*

Ducal, e, *adj.* herzoglich.

Ducat, *m.* Ducaten.

Ducaton, *m.* der halbe Ducaten.

Duché, *m.* Herzogthum, *n.*

†Duché-pairie, *f.* das mit Pairschaft verbundene Herzogthum.

Duchesse, *f.* Herzoginn.

Ductile, *adj.* (Naturg.) dehnbar, geschmeidig.

Ductilité, *f.* Dehnbarkeit.

Duègne, *f.* Ehrenwächterinn; *iron.* Kupplerinn. [Dualis.

Duel, *m.* Zweikampf; (Gramm.)

Duelliste, *m.* Duellist, Schläger.

*Duire, *v. n.* (alt, nur in der 3ten Perf. gebr.) gefallen, anständig seyn; —, *v. a.* (Jagd) abrichten. [sung.

Dulcification, *f.* (Chym.) Versü=

Dulcifier, *v. a.* (Chym.) versüßen.

Dulcinée, *f.* (scherzh.) Dulcinea, Geliebte. [Heiligenverehrung.

Dulie, *f.* (auch culte de —),

Dûment, *adv.* gebührend, gehörig.

Dune, *f.* Düne (der Sandhügel an der Küste).

Dunette, *f.* (Schiff.) Campanie, das oberste Stockwerk am Hintertheil.

Dunkerque, Dünkirchen (Seestadt).

Duo, *m.* (Muf.) Duett, *n.*

Duodenum, *masc. lat.* (Anal.) Zwölffingerdarm.

Duodi, *m.* der zweite Tag in der republikanischen Decade. [Gimpel.

Dupe, *f.* Betrogene, *m.*; Narr,

Duper, *v. a.* betrügen, prellen; — grossièrement, übertölpeln.

Duperie, *f.* Betrügerei, Prellerei.

Dupeur, *m. ol.* Betrüger.

Duplicata, *m.* (ohne s im *pl.*) die zweite Abschrift, Duplicat, *n.*

Duplication, *f.* (Geom.) Duplicature, *f.* (Anat.) Verdoppelung.

Duplicité, *f.* Doppelseyn, *n.*; Verdoppelung, *f.* Doppeltheil; *fg.* Falschheit, Doppelzüngigkeit.

Duplique, *f.* (jur.) Duplik.

Dupliquer, *v. n.* eine Duplik geben.

Dur, e, *adj.*; -ement, *adv.*: hart, *fg. id.*, unempfindlich; streng, rauh; schwer; —, *adv.* hart.

Durable, *adj.* dauerhaft, bleibend,

Duracine, *f.* (Gärtn.) Herzpfirsich, *m.*

Durant, *prép.* während; — deux jours, zwei Tage lang.

Durcir, *v. a.* härten; —, *v. n.* et se —, hart werden.

Durcissement, *m.* Verhärtung, *f.*

Dure, *f.* die harte Erde.

Durée, *f.* Dauer, Bestand, *m.*

Dure-mère, *f.* (Anat.) die dicke Hirnhaut.

Durer, *v. n.* dauern, währen.

Dureté, te, *adj. fm.* härtlich.

Dureté, *f.* Härte; Verhärtung; *fg.* Härte, Unempfindlichkeit, Derbheit; —s, Grobheiten; — d'oreille, Harthörigkeit.

Durillon, m. Schwiele, f.

Duriuscule, adj. härtlich.

†Dusil, m. (Böttch.) der hölzerne Faßzapfen.

Duumvir, m. (röm. Alt.) Duumvir, Zweiherr.

Duumvirat, m. Duumvirat, n.

Duvet, m. Pflaum, Flaum (auch Dichtk.); (Bot., ıc.) das Wollichte.

Duveteux, se, adj. pflaumig, flaumig, sammetartig, wollicht.

Dynamique, f. Dynamik, Bewegungskunde, =lehre.

Dynaste, m. (Alt.) Dynast, abhängige Fürst.

Dynastie, f. Fürstengeschlecht, n. Herrscherstamm, m.

Dyscole, adj. Sonderling, eigen in seinen Meinungen; ungesellig.

Dysenterie, Dyssenterie, fém. (Med.) die rothe Ruhr.

Dysentérique, Dyssentérique, adj. (Med.) ruhrartig.

Dyspepsie, f. (Med.) die schlechte Verdauung. [men, n.

Dyspnée, f. (Med.) Schwerath-

Dysurie, f. (Med.) Harnstrenge.

### E.

Éacides, m. pl. Aeaciden (Nachkommen des Aeafus).

Eau, f. Wasser, n. Gewässer; Regen, m.; fm. Wasser, n. Harn, m.; Saft (der Birnen, ıc.); (Juwel. ıc.) Glanz; —x, Bäder, n. pl.; Brunnencur, fém.; — -de-vie, Branntwein, m.; — -de-vie de la première distillation, Lutter; mère, Mutterlauge, f.; (Schifff.) faire — tel seyn; faire de l'—, frisches Wasser einnehmen; fm. sein Wasser abschlagen; fondre en —, in Thränen zerfließen; revenir sur l'—, wieder emporkommen; nager entredeux—x, im Zweifel schweben.

Eau-forte, f. Scheidewasser, n. Aetzwasser; (Seifens.) die ätzende Lauge; (Kupferst.) der radirte Kupferstich, das geätzte Blatt.

Eau régale, f. Königswasser, n.

Eau seconde, f. das Scheidewasser durch ein Drittel Wasser verdünnt.

†Eaux et forêts, f. pl. Forst- und Jagdwesen, n.

Ebahir (s'), staunen.

Ebarber, v. a. qch., etw. beschneiden; das Rauhe, den Bart von etw. wegnehmen, von etw. abstreifen; (Federn) schleifen; (Geld) schroten.

Ebarboir, m. Schroteisen, n.

†Ebarouí, e, adj. (Schifff.) ausgetrocknet, geschwunden.

Ehat, m. Freude, f. große Lust; prendre ses —s, sich erlustigen, seine Lust an etw. haben.

Ébattement, m. (Wagn.) Spielraum; ol. v. Ébat.

Ébattre (s'), sich erlustigen, sich herumtummeln. [blüfft.

Ébaubi, e, adj. pop. plais. ver-

Ébauche, f. der erste Entwurf.

Ébaucher, v. a. flüchtig entwerfen, anlegen; aus dem Groben arbeiten.

Ébauchoir, m. (Bildh.) Bossierholz, =bein, n.; (Zimm.) Zurichtmeißel, m.; Grobbeitel, f. Hanfkamm, m. [springen, tanzen.

Ébaudir (s'), ol. plais. jubeln.

Ebe, f. (Seew.) Ebbe.

Ébène, f. Ebenholz, n. [ten.

Ébéner, v. a. wie Ebenholz zurichten; plait schlagen, breit drücken.

Ébénier, m. Ebenholzbaum.

Ébéniste, m. Kunsttischler, Zurnierer. [Kunsttischlerarbeit.

Ébénisterie, f. Kunsttischlerei,

Éberner, v. a. v. Ebrener.

†Ébertauder, v. a. (Tuch) das erstemal scheren.

Éblouir, v. a. blenden, verblenden; fg. id., täuschen, verführen.

Éblouissant, e, adj. blendend.

Éblouissement, m. Blendung, f. Verblendung; fg. id., Täuschung.

Éborgner, v. a. einäugig machen; fm. — qn., einem ins Auge stoßen; — fg. fm. verdunteln.

†Ébotter, v. a. (Bäume) abkappen, köpfen; (Tabak) abgipfeln.

*Ébouillir, v. n. einkochen.

Éboulement, m. Einstürzen, n. Einsturz, m.; — de terre, Erdfall.

Ébouler, v. n. einfallen, einsinken, einstürzen; s'—, zerfallen.

Éboulis, m. Schutt.

Ébourgeonnement, m. (Gärtn.) Ausbrechen (n.), Säubern von überflüssigen Knospen.

Ébourgeonner, v. a. un arbre, (Gärtn.) einen Baum ausbrechen, auspuzen; (Rebm.) beschneiden.

Ébourgeonnoir, m. pl. Knospenfresser (Vögel).

Ébouriffé, e, adj. fm. zerzauset (Haare). [ren.

†Ébourrer, v. a. (Hutm.) abhaa-

Ébousiner, v. a. (Steine) abschaben.

Ébranchement, m. (Gärtn.) Abkappen, m. Abästen.

Ébrancher, v. a. (Gärtn.) abkappen, abästen.

Ébranlement, m. Erschütterung, f.

Ébranler, v. a. erschüttern, stark bewegen; fg. id., bestürzen; s'—, wanken; (Kriegsw.) sich in Bewegung setzen. [erweitern.

Ébraser, v. a. (Bauf.) von innen

Ébrécher, v. a. schartig machen; (Zähne) abs= herausbrechen; dent —ée, der abgebrochene Zahn, Zahnlücke, f.

Ébrener, v. a. bas, (ein Kind) säubern.

†Ébrillade, f. ol. (Reitsch.) Zügelschlag, m. [Schnauben, n.

Ébrouement, masc. (Reitsch.)

Ébrouer, v. a. durchs Wasser ziehen, ausspülen; s'—, (Reitsch.) schnauben.

Ébruiter, v. a. ausschwäzen; s'—, ruchtbar werden. [ten.

Ébuard, m. Keil (zum Holzspalten).

Ébullition, f. Aufwallen, n. Aufsieden; (Med.) Hizblattern, f. pl.

Écaché, e, adj. plait, breit.

†Écachement, m. Zerquetschen, n. Quetschung, f.

Écacher, v. a. quetschen, zerquetschen; plait schlagen, breit drücken; (Wachs) kneten; (Sicheln) weißschleifen. [spalten.

†Écafer, v. a. (Weidenruthen)

Écagne, f. Gebund, n.

†Écaillage, m. Abschuppen, n. Abkrusten (der Salzpfanne).

Écaille, fém. Schuppe, Schale, Schildkrötenschale, Schildplatte; fait d'—, schildkröten; — s de fer, Hammerschlag, m.

Écaillé, e, adj. schuppig, ıc.

Écailler, m. -ère, f. Austernhändler, =inn, f.

Écailler, v. a. schuppen, abschuppen; s'—, sich schuppen, sich abschiefern. [ferig.

Écailleux, se, adj. schuppig, schiefericht.

Écaillon, m. (Reitsch.) Hakenzahn.

Écale, f. Gier=, Nußschale, Hülse.

Écaler, v. a. schälen, abhülsen, kernen; s'—, sich abhülsen.

†Écang, m. Schwingmesser, n. Schlagholz. [gen.

Écanguer, v. a. (Flachs) schwin-

Écarbouiller, v. a. pop. zerschmettern, zerschlagen.

Écarlate, f. Scharlach, m.

Écarlatine, adj. f., fièvre —, Scharlachfieber, n.

Écarquillement, m. fm. Ausspreizen (der Beine), n. Auffperren (der Augen).

Écart, m. Ausweichen, n.; (Reitsch.) Abfprung, m. Absprung; fg. Absprung, Verirrung, f.; (Spiel) abweggelegte Karte; à l'—, adv. beiseite; abwegs.

Écartelé, m. Viertheilen, n.

Écarteler, v. a. viertheilen.

Écartement, m. Entfernung, f. Abfonderung, Zerstreuung.

Écarter, v. a. entfernen, absondern; zerstreuen (Volk, ıc.); (Karten) weg=, ablegen; — la dragée ou —, den Schrot zerstreuen; s'—, abweichen, sich entfernen.

Écartiller, v. a., etc., v. Écarquiller, etc.

†Écatir, v. a. das Tuch kalt preſſen.

†Écaveçade, v. Escavessade.

†Ecbole, f. (griech. Muſ.) Ekbole.

†Ecbolique, adj. (Med.) die Geburt beſchleunigend, abtreibend.

Ecchymose, f. (Chir.) Blutunterlaufung.

Ecclésiaste, m. (h. Schr.) Prediger Salomo.

Ecclésiastique, m. Geiſtliche; (h. Schr.) das Buch Sirach; —, adj.; -ment, adv.: geiſtlich; histoire —, Kirchengeſchichte, f.

Ecervelé, e, adj. hirnlos; unbeſonnen; —, m. der hirnloſe Kopf.

Echafaud, m. Bühne, f.; Gerüſt, n. Schaugerüſt; Blutgerüſt, Schaffot.

Echafaudage, m. das Aufſchlagen eines Gerüſtes; fg. Zurüſtung, f.

Échafauder, v. n. ein Gerüſt aufrichten, rüſten; s'—, fm. große Zurüſtungen machen.

Echalas, m. Wein=, Rebpfahl; fg. fm. Hopfenſtange, f.

Echalassement, m. Anpfählen, n.

Echalasser, v. a. mit Pfählen verſehen, an=, verpfählen; (Rebm.) ſtocken.       [zaun.

Echalier, m. Pfahlzaun, Reiſig=

Echalote, f. Schalotte; (Org.) Schnarrzünglein, n.

Echampeau, m. Angeleine, f. Angelſchnur.

Echampir, v. a. (Figuren) hervorheben.

Echancrer, v. a. hohl ausſchneiden, ausſchweifen, ſchweifen.

Echancrure, f. der hohle Ausſchnitt, Ausſchweifung, f. Schweifung.

Echandole, f. Dachſchindel.

Echange, m. Tauſch, Auswechslung, f.; en —, adv. dagegen, dafür.

Echangeable, adj. austauſchbar.

Echanger, v. a. vertauſchen, ein=, auswechſeln; umſetzen; (Wäſch.) Stück für Stück eintauchen.

Echangiste, masc. Vertauſcher, Tauſchhändler.

Echanson, m. Mundſchenk.

Echansonnerie, f. Hofkellerei.

Echantillon, m. Probe, f. Muſter, n.; (Handl., 2c.) Muſtergewicht, Eichmaß.       [ſiren; probiren.

Echantillonner, v. a. eichen, vi=

†Échanvrer, v. a. (Flachs, 2c.) ſchwingen.

†Échanvroir, m. Schwingſtock.

Echappade, f. Fehlſchnitt, m.

Échappatoire, f. Ausflucht, Ausrede.

†Échappé, m. (Reitſch.) Zwitterpferd, n.; fg. fm. Wildfang, m.

Echappée, f. Unbeſonnenheit ||

Raum (zur Durchfahrt, 2c.), m.; — d'un escalier, der Durchgang unter einer Treppe, Kellerhals; — de vue, die lange, ſchmale Ausſicht; — de lumière, Streiflicht, n.; par —, adv. manchmal; verſtohlener Weiſe.

Echappement, m. (Uhrm.) Abfall, Hemmung, f.; Stoßwerk, n.

Echapper, v. n. (de) entſtiehen, entlaufen, entkommen, entrinnen; — (à) entwiſchen, entgehen, ſich dem Auge entziehen; fg. entfallen, entfahren; (Gärtn.) zu ſehr ins Holz ſchießen; —, v. a. vermeiden; fm. l'— belle, gut wegkommen; s'—, entwiſchen; fg. ſich vergeſſen, ſich übereilen.

Echarde, f. Splitter, m. Dorn.

Echardonner, v. a. von Diſteln ſäubern.

Echardonnoir, m. Diſtelhacke, f.

Echarner, v. a. abfleiſchen, abaaſen.

Echarnoir, f. Kratzeiſen, n.

Echarnure, f. Abfleiſchen, n.; Abſchabſel.

Echarpe, fém. Schärpe, Binde; (Kriegsw.) Feldbinde; (Bauk., 2c.) Flaſchenzug, m.; (Maur.) Lenkſeil, n.; en —, (Artill.) ſchief, ſchräg.

Echarper, v. a. qn., einem einen Hieb geben; (eine Schaar) zuſammenhauen; (Maur.) mit Lentſeilen umwinden.

†Échars, adj. m. pl., vents —, (Seeweſen) ſchwache, unbeſtändige Winde.

Echasses, f. pl. Stelzen; (Bauk.) Gerüſtſtangen; échasse; (Bauk.) Maßſtab, m.

Echassiers, m. pl. Stelzenläufer, Strandläufer (Art Vögel).

Echauboulé, e, adj. voll Hitzblätterchen.       [blatter.

Echauboulure, f. (Med.) Hitzblatter.

Echaudé, m. eine Art Gebackenes.

Echauder, v. a. abbrühen; brühen; verbrühen; s'—, fg. fm. ſich die Finger verbrennen.

Echaudoir, m. Brühhaus, n. Brühkeſſel, m.       [Erhitzung.

Echauffaison, f. der Ausſchlag aus Hitze.

Echauffant, e, adj. erhitzend, hitzig.

Echauffe, f. Schwitze (der Häute).

Echauffé, m., sentir l'—, branſicht riechen.       [Erhitzung.

Echauffement, m. Erwärmung, f.

Echauffer, v. a. erhitzen, erwärmen; s'—, ſich erhitzen; fg. id., ſich ereifern, in Eifer kommen; ſich erzürnen.

Échauffourée, f. fm. das unbeſonnene und fehlgeſchlagene Unternehmen; (Kriegsw.) ungefähre Zuſammentreffen; Handgemenge.

Echauffure, f. Hitzblatter.

Echauguette, f. Warte, Hochwacht.       [beſprengen.

Echauler, v. a. mit Kaltwaſſer

Echaux, m. plur. (Landw.) Abzugsgraben.       [ſaltag, m.

Échéance, f. Verfallzeit, Verfalltag, m.

Échec, m. Schach, n.; fg. Stoß, m. fm. Schlappe, f.; —s, Schachſpiel, n.; tenir en —, fg. in Furcht halten, unthätig erhalten.

†Echelage, m. Leiterrecht, n. Leitergerechtigkeit, f.

Echelette, f. die kleine Leiter am Saumſattel eines Mauleſels.

†Echelier, m. Krahnleiter, f.

Echelle, f. Leiter; (Muſ.) Tonleiter; (Geom., 2c.) Maßſtab, m.; (Geogr.) Meilenzeiger; —s, pl. Handelsplätze (in der Levante); — de corde, Strickleiter, f.; — double, Baumleiter; — proportionnelle, graduée, Stufenleiter.

Echelon, m. Sproſſe, f.; fg. Stufe.

Echenal, Échenau, Échenet, m. Dachrinne, f.

Echenillage, m. Abraupen, n.

Echeniller, v. a. ab= ausraupen.

Echenilloir, m. Raupeneiſen, n. Raupenſchere, f.

†Écheno, m. (Gieß.) Gußloch, n.

Echeveau, m. Strang, Strähne, f. Docte.       [Haaren.

Échevelé, e, adj. mit fliegenden

Échevin, m. Schöffe, Schöppe.

Échevinage, m. Schöppenamt, n. Schöppenſtuhl, m.

Echiffre, m. (Bauk.) Stufenmauer, f.

†Echignole, f. (Knopfm.) Spindel.

†Échillon, n. Waſſerhoſe, f.

Echine, f. Rückgrath, m.; fg. une longue, maigre —, eine dürre Hopfenſtange.

Echinée, f. (Kochk.) Rückenſtück (von einem Schweine), n.

Echiner, v. a. qn., einem den Rückgrath brechen; einen lendenlahm ſchlagen.

Echiqueté, e, adj. würflicht.

Echiquier, m. Schachbrett, n.; (Fin.) Schatzkammer (in England), f.; (Fiſch.) Taupel; planter en —, ins Kreuz pflanzen.       [Nachhall.

Echo (ſpr. éko), m. Wieder=, *Echoir, v. n. (einem) zufallen; (Handl.) verfallen; si le cas y échoit, wenn der Fall eintritt, ſich ereignet.

Echoppe, f. die kleine Krambude an einer Mauer; (Kupferſt.) Aetz=, Punctirnadel, Stichel, m.

Echopper, v. a. (Kupferſt.) mit der Aetznadel, dem Stichel arbeiten.

Echouement, m. (Schifffahrt) Stranden, n.

**Echouer**, v. a. et n. (mil avoir), ſtranden, ſcheitern; fg. ſcheitern, mißlingen.

**Echu**, e, adj. (Handl.) fällig, ꝛc.

**Écimer**, v. a. (Gärtn.) abföpfen, fappen.

**Éclabousser**, v. a. mit Koth beſprißen.    [Koth.

**Éclaboussure**, f. der angeſprißte

**Éclair**, m. Bliß; faire des —s, blißen; —, (Chym.) Blick; faire l'—, blicken.

**Éclairage**, m. Beleuchtung, f.

**Éclaircie**, f. die lichte Stelle (am Himmel).

**Éclaircir**, v. a. auf=, erhellen; (Waffen, ꝛc.) glänzend machen; (Wein, ꝛc.) abflären, läutern; (Forſtw.) lichten; fg. aufflären; erflären; erläutern, erörtern, s'—, ſich aufhellen.

**Éclaircissement**, m. Aufflärung, f. Aufſchluß, m. Auskunft, f. Erläuterung.

**Éclaire**, f. (Bot.) Schöllfraut, n.

**Éclairé**, e, adj. hell, ꝛc.

**Éclairer**, v. a. erleuchten; an=, beſcheinen; — qn., einem leuchten; —, fg. aufflären, beſſer unterrichten; (einen) genau beobachten; aus= ſpähen; —, v. n. funfeln; —, v. imp. (Chym.) wetterleuchten, blißen.

**Éclaireur**, m. Scharfſchüße; —s (auch soldats —s), Plänfler, pl.

†**Éclamé**, e, adj. gelähmt (v. Zeißigen).

**Éclanche**, f. Hammelsfeule.

**Éclat**, m. Splitter, Span; se fendre par —s, ſplittern || der ſtarfe Schall, Knall; fg. Ausbruch, Lärm; Aufſehen, n. || Glanz, m.; Pracht, f.; — de rire, Gelächter, n.

**Éclatant**, e, adj. glänzend; Aufſehen erregend; ſchmetternd (Stille).

**Éclater**, v. n. zerſpalten, zerſpringen; ſplittern; fnallen; praſſeln; fg. ausbrechén; fund werden; — de rire, überlaut lachen || glänzen.

**Éclectique**, adj. (Philoſ.) ecleftiſch, auswählend; —, m. Efleftifer.

**Éclectisme**, m. die efleftiſche Phiſoſophie.

**Éclipse**, f. Finſterniß; fg. Verdunfelung; faire une —, fm. verſchwinden.

**Éclipser**, v. a. verdunfeln; s'—, ſich verfinſtern; fg. verſchwinden.

**Écliptique**, f. (Aſtr.) Sonnenbahn, Ecliptif; —, adj. eclíptiſch.

**Éclisse**, f. (Chir., ꝛc.) Schiene || Käſehürde.

**Éclisser**, v. a. ſchienen, ſchindeln.

**Éclopé**, e, adj. fm. lahm, hinfend.

*__Éclore__, v. n. aufgehen, aufblüben; ausfriechen (v. Vögeln, ꝛc.); fg. aufgehen; ſich zeigen, ausbrechen.

**Éclosion**, f. Ausfriechen, n. Aufblüben.    [(Stadt).

**Écluse**, f. Schleuſe || l'—, Sluis

**Éclusée**, f. Schleuſen=, Schußwaſſer, n.

**Éclusier**, m. Schleuſenmeiſter.

**Écobans**, m. pl., v. Ecubiers.

†**Écobuage**, m. Abſchwenden, n. Abſchälen und Verbrennen des Raſens.

†**Écobue, Écobure**, f. Raſenſtecher, m. Abſchälſchaufel, f.

**Écofrai, Ecofroi**, m. Werftiſch.

**Écoinçon, Ecoinson**, m. Eckſtein.

†**Écolâtre**, m. (Theol.) Stiftsſchullehrer, Scholaſter.

†**Écolâtrie**, f. Scholaſteramt, n.

**École**, f. Schule.

†**Écoleter**, v. a. (Goldſch.) rund oder oval ſchlagen, bogenförmig ausſchneiden.

**Écolier**, m. ère, f. Schüler, m. =inn, f.    [abweiſen.

*__Éconduire__, v. a. hinausführen,

**Économat**, m. Verwalterſtelle, f. Güterverwaltung.

**Économe**, m. et f. Verwalter, m. Schaffner, Hausbälterinn, f.; —, adj. haushälteriſch, ſparſam, wirthlich.

**Économie**, fém. Haushaltung, Wirthſchaft; Sparſamfeit || Anordnung, Einrichtung.

**Économique**, adj.; -ment, adv.; hausbälteriſch, wirthſchaftlich, wirthlich, ſparſam; —, f. Haushaltungsfunſt.    [haushalten, ſparen.

**Économiser**, v. a. wirthſchaften,

**Économiste**, m. Staatswirthſchaftsforſcher.

**Écope**, f. Waſſerſchaufel.

†**Écoperche**, f. Krahnbalfen, m.

**Écorce**, f. Rinde; Baumrinde; Baſt (des Hanfs, ꝛc.), m.; Schale, f.; fg. Oberfläche, Schein, m.

**Écorcer**, v. a. abrinden.

**Écorche-cul (à)**, adv. auf dem Hintern rutſchend; fg. gezwungen.

**Écorcher**, v. a. ſchinden (ein Thier), abdecken; web thun (qn., einem); rißen, ſchürfen, fraßen; fg. überforbern; (eine Sprache) rabbréchen; (die Ohren) zerreißen; s'—, ſich die Haut aufſchrammen; ſich aufreiten.

**Écorcherie**, f. Schinderngrube; fg. fm. Preußſchenfe, theure Wirthshaus, n.

**Écorcheur**, m. Schinder; fg. fm. Leuteſchinder.

**Écorchure**, f. Schramme; Abreißhung der Haut; fm. Wolf (vom Reiten), m.

**Écorcier**, m. Lohhaus, n.    [ufer.

**Écore**, f. der jähe Ort am Meer=

**Écorner**, v. a. (die Hörner, Ecfen) abſtoßen; fg. ſchmälern.

**Écornifler**, v. a. qn., bei einem ſchmarozen; — un diner, eine Mahlzeit erſchnappen.

**Écorniflerie**, f. Schmarozerei.

**Écornifleur**, m. Schmarozer.

**Écornure**, f. Steinſplitter, m.

†**Écossais**, e, adj. ſchottiſch; —, m. e, f. Schottländer, m. =inn.

†**Écosse**, f. Schottland, n.

†**Écosser**, v. a. aushülſen.

**Écot**, m. Zeche, f. Zechgeſellſchaft; (Forſtw.) der fnotige Aſt.

†**Écotage**, m. Ausrippen (des Tabafs), n.

**Écotard**, m. (Seew.) Ruſt, f. der Tragbalfen der Wände.

**Écôter**, v.a. ausrippen (den Tabaf).

†**Écouane**, f. Feinraſpel.

†**Écouaner**, v. a. abraſpeln.

**Écouer**, v. a. un animal, einem Thiere den Schwanz ſtußen.

†**Écoufle**, m. Halfe, f. Emeite (Schiffstau).    [weibe.

†**Écoufle**, m. (Naturg.) Hühner=

**Écoulement**, m. Ab=, Ausfluß, Verfluß.

**Écouler**, v. n. et s'—, abfließen, verfließen, verlaufen, zerrinnen; s'—, fg. verfließen, verlaufen, verſtreichen; ſich verlaufen; faire —, ablaſſen.

†**Écoupe, Écoupée**, f. Schiffsbeſen, m.    [gerſte, f.

**Écourgeon**, m. Früh=, Winter=

**Écourter**, v. a. abfürzen, ſtußen.

**Écoutant**, e, adj., un avocat — ein Advofat der feine Prozeſſe zu führen hat.

**Écoute**, f. Horchwinfel, m.; fg. être aux —s, auf der Lauer ſeyn, horchen; —s, pl. (Seew.) Bram=ſchoten.

†**Écoute-s'il-pleut**, m. eine waſſerarme Mühle, Regenmühle; pop. ein Menſch, der immer auf unwahrſcheinliche Ereigniſſe harrt.

**Écouter**, v.a. hören, horchen; qn., einen anhören, einem Gehör geben; einen behorchen; — qn. ou qch., zimmt einer S. zuhören; s'—, zuviel Selbſtgefälligfeit haben.

**Écouteur**, m. Horcher, Aufpaſſer.

**Écouteux**, m. das ſtußige Pferd.

**Écoutille**, f. (Seew.) Lufe.

†**Écoutillon**, m. (Seew.) Springlufe, f.

**Écouvillon**, m. (Artill.) Stückwiſcher; (Bäck.) Ofenwiſcher.

**Écouvillonner**, v. a. auswiſchen.

†**Ecphratique**, adj., (Apoth.) reméde — ou —, m. das eröffnende Mittel.

†**Écraigne**, f. (meiſt —s) Abendfränßchen (auf dem Lande), n.

**Ecran**, m. Feuerſchirm, Lichtſchirm.

†**Écrancher**, v. a. (Falten) ausſtreichen.

Écrasé, e, *adj.* plat, ꝛc.
Ecraser, *v. a.* zerquetſchen, zer=
malmen, zerſchmettern, zerdrücken,
eindrücken, zertreten.
Ecrémer, *v. a.* abrahmen; *fg.* —
qch., das Beſte von etw. nehmen.
†Ecrénage, *m.* (Schriftg.) Be=
ſchneiden, *n.*                    [den.
†Ecréner, *v. a.* (Schriftg.) beſchnei=
†Ecrénoir, *m.* Schneidemeſſer, *n.*
Ecrêter, *v. a.*, — un mur, etc.,
das Obertheil einer Mauer, ꝛc.,
abſchießen.
Ecrevisse, *f.* (Naturg.) Krebs,
*m.*; prendre des —s, krebſen.
Ecrier (s'), ſchreien, ausrufen,
ausſchreien.                        [*n.*
Ecrille, *f.* Fiſchwehr, Teichgitter,
Ecrin, *m.* Schmuckkäſtchen, *n.*
*Ecrire, *v. a.* ſchreiben; *fg. id.*,
verfaſſen.
Ecrit, e, *adj.* ſchriftlich, ꝛc.
Ecrit, *m.* Schrift, *f.*; par —,
ſchriftlich.                        [*m.*
Ecriteau, *m.* Aufſchrift, *f.* Zettel,
Ecritoire, *f.* Schreibzeug, *n.*
Ecriture, *f.* Schrift, Handſchrift
|| heilige Schrift || tenir les —s,
(Handl.) die Bücher halten; maître
d'—, Schreibmeiſter, *m.*
Ecrivailleur, Ecrivassier, *masc.
mépr.* Schmierer, Sudler.
Ecrivain, *m.* Schreiber, Schreib=
meiſter || Schriftſteller.
Ecrivassier, *v.* Ecrivailleur.
Ecrou, *m.* Schraubenmutter, *f.*;
(jur.) Verhaftregiſter, *n.* Haft=
ſchein, *m.*
Ecrouelles, *f. pl.* (Med.) Scro=
pheln, Drüſengeſchwulſt.
Ecrouer, *v. a.* (jur.) in das Ver=
haftregiſter einſchreiben.
Ecrouir, *v. a.* (Metalle) dicht
ſchlagen.
Ecrouissement, *m.* das Härten
(der Metalle) durch Schlagen.
Ecroulement, *m.* Einſinken, *n.*
Zuſammenſtürzen, Einfallen.
Ecrouler (s'), einfallen, einſinken,
zuſammenſtürzen.
Ecroûter, *v. a.* (Brod) abrinden.
Ecru, e, *adj.* roh; ungebleicht.
†Ecrues, *f. pl.*, — de bois, Zu=
wachs, *m.* Neuwachs.
†Ecsarcome, *m.* (Chir.) Fleiſch=
gewächs, *n.*
Ectype, *f.* Abdruck, *m.*
Ecu, *m.* Schild; Wappen, *n.*;
(Münzw.) Thaler, *m.*; — de six
livres, Laubthaler.
Ecubier, *m.* (Seew.) Klüſe, *f.*
Ecueil, *m.* Klippe, *f.*
Ecuelle, *f.* Schale, Napf, *m.*
Ecuellée, *f.* Napfvoll, *m.*
Ecuisser, *v. a.* (einen Baum)
ſplittern.
Eculer, *v. a.* (Schuhe) aus=, über=

treten; (Wachs) in Scheiben gießen.
†Eculon, *m.* Schöpfkeſſel.
Ecumant, e, *adj.* ſchäumend.
Ecume, *f.* Schaum, *m.* Gäſcht;
(Chym.) Schlacke, *f.*; — de mer,
Meerſchaum, *m.*; —, *fg. mépr.*
Abſchaum.                          [nique, etc.
Ecuménique, etc., *v.* Œcumé-
Ecumer, *v. a. et n.* ſchäumen;
gäſchen; abſchäumen; — les mers,
Seeräuberei treiben.
Ecumeur, *masc.* de marmite,
Schmarotzer; — de mer, Seeräuber.
Ecumeux, se, *adj.* ſchäumend,
gäſchtig.
Ecumoire, *f.* Schaumlöffel, *m.*
†Ecurage, *m.* Scheuern, *n.* Rei=
nigen.                             [fegen.
Ecurer, *v. a.* ſcheuern, reinigen;
Ecureuil, *m.* Eichhörnchen, *n.*
Ecureur, *m.* se, *f.* der, die etw.
reinigt, ausfegt; Feger, *f.* =inn,
*f.* Aufwaſcherin.
Ecurie, *f.* Stall, *m.* Stallung, *f.*;
Marſtall (eines Fürſten), *m.*
Ecusson, *m.* Wappenſchild; Schild=
chen (zum Baumpfropfen), *n.*
Ecussonner, *v. a.* in die Rinde
pfropfen.
Ecussonnoir, *m.* Pfropfmeſſer, *n.*
Ecuyer, *m.* Waffenträger, Schild=
knappe || ol. Junker; Hofcavalier;
— tranchant, Vorſchneider (Truch=
ſeß) || Stallmeiſter; Bereiter; être
bon —, gut reiten; —, (Gärtn.)
Baumpfahl, Stüße, *f.*; (Rechtw.)
Nebenſchoß, —.
Edda, *f.* Edda (Mythenſammlung
der nordiſchen Völker), *m.*
Eden, *m.* Paradies, *n.* Eden.
Edenté, e, *adj.* zahnlos.
Edenter, *v. a.* une scie, etc.,
die Zähne an einer Säge, ꝛc., ab=
nützen, ausbrechen.               [wechlich.
Edifiant, e, *adj.* erbaulich, er=
Edificateur, *f.* Bauherr.
Edification, *f.* Erbauung, Erwe=
ckung, *f.* Gebäude, *n.* [dung.
Edifier, *v. a.* bauen; *fg.* erbauen.
Edile, *m.* (röm. Alt.) Aedil;
Bauaufſeher.
Edilité, *f.* das Amt eines Aedils.
Edit, *m.* Edict, *n.* der öffentliche
Befehl.
Editeur, *m.* Herausgeber.
Edition, *f.* Ausgabe, Auflage (ei=
nes Buchs); Druck, *m.*
†Edme, Edmond, Eme, Emond,
*n. pr. m.* Edmund.
†Edouard, *n. pr. m.* Eduard.
Edredon, *m.* Eiderdunen, *pl.*
Education, *f.* Erziehung, Bil=
dung; Kinderzucht; — des bestiaux,
Viehzucht.                         [ſüßen, *n.*
Edulcoration, *f.* (Chym.) Ver=
Edulcorer, *v. a.* (Chym.) verſüßen.
†Eduquer, *v. a.* erziehen (Thiere).

Efaufiler, *v. a.* ausfaſern, auszup=
fen.             [löſchbar, vertilgbar.
Effaçable, *adj.* auslöſchlich, ver=
Effacer, *v. a.* ausſtreichen, aus=
löſchen; *fg.* austilgen, verdunkeln;
(Sünden) tilgen; (Schultern) ein=
ziehen; s'—, verlöſchen, verbleichen
(Farben).
Effacure, *f.* Ausgeſtrichene, *n.*
Effaner, *v. a.* ablauben; (die Saat)
ſchröpfen.
Effarer, *v. a.* beſtürzt machen, be=
ſtürzen, verwirren; s'—, erſchrecken.
Effaroucher, *v. a.* erſchrecken
ſcheuchen, ſcheu machen; s'—, ſcheu
werden.
Effectif, ve, *adj.*; -vement, *adv.*;
wirklich; haar (von Geld); ſicher.
Effectuer, *v. a.* bewirken, zuwege
bringen; ins Werk ſetzen, bewerk=
ſtelligen.
Efféminé, e, *adj.* weibiſch, weich=
lich; —, *m.* Weichling.
Efféminer, *v. a.* weibiſch machen,
entnerven.            [Rechtsgelehrte.
Effendi, *masc.* (Türk.) Effendi
Effervescence, *fem.* Aufwallung,
Aufbrauſen, *n.*            [in Gährung.
Effervescent, e, *adj.* aufbrauſend,
Effet, *m.* Wirkung, *f.*; That;
(Handl.) Wechſel, *m.*; Schuldbrief;
—s, *pl.* bewegliche Güter, *n. pl.*;
faire —, wirken; pour cet —, à
cet —, zu dieſem Ende; en —, in
der That, wirklich.
Effeuillaison, *f.* Ablauben, *n.*
Effeuiller, *v. a.* ablauben, abblät=
tern, entblättern; s'—, das Laub
verlieren, ſich abblättern.
Efficace, *adj.*; -ment, *adv.*: kräf=
tig, wirkſam; —, *f.* Wirkſamkeit.
Efficacité, *f.* Kraft, Nachdruck, *m.*
Efficient, e, *adj.* wirkend.
Effigie, *f.* Bild, *n.* Bildniß.
Effigier, *v. a.* im Bildniſſe hin=
richten.
Effilé, e, *adj.* lang und ſchmal,
ſchmächtig, dünn, ſchlank, rahn;
—, *m.* das franſenartig ausgefa=
ſelte Tuch.
Effiler, *v. a.* ausfaſeln; (Knoſpen)
ausbrechen; (Haare) ausſchneiden;
s'—, ſich zaſern.
Effiloquer, *v. a.* ausfaſeln.
†Effilure, *fém.* Ausgefaſelte (am
Zeug), *n.*                        [fen.
†Effioler, *v. a.* (junge Saat) ſchröp=
†Efflanqué, *m.* e, *f.* der hagere
Mann; Hopfenſtange, *f.*
Efflanqué, e, *adj.* hager, dünn=
leibig.                           [treiben.
Efflanquer, *v. a.* (ein Pferd) ab=
Efflanquer, *v. a.* ſtreifen, ritzen; —
qch., das Oberſte von etw. wegneh=
men; etw. obenhin, leicht berüh=
ren; *fg.* oberflächlich berühren, be=
handeln.

Effleurir, *v. n.* (Chym.) Blumen ansetzen; verwittern.

Efflorescence, *f.* (Chym.) das Ansetzen der Blumen; Anlegen der Salztheilchen; (Bergw.) Beschlag, *m.*; Verwittern, *n.*; tomber en —, verwittern; —, (Bot.) Blüthe, *f.*

Efflorescent, e, *adj.* (Chym.) seis —s, *pl.* verwitterbare Salze, *n. pl.*

†Efflotter, *v. a.* von der Flotte trennen.

Effluence, *f.* Ausfluß, *m.*

Effluent, e, *adj.* (Phys.) ausströmend, ausfließend. [ausfließen.

†Effluer, *v. n.* (Phys.) ausströmen,

Effondrement, *m.* Dieuten, *n.*

Effondrer, *v. a.* aufbrechen, ausstoßen; (Landw.) reuten, tief durchgraben; (Koch.) ausnehmen.

Effondrilles, *f. pl.* Schlamm, *m.*
Satz.                    [anstrengen.

Efforcer (s'), sich bemühen, sich

Effort, *m.* Bemühung, *f.* Anstrengung; Gewalt; faire un —, sich anstrengen.                    [bruch.

Effraction, *f.* der gewaltsame Einbruch.

Effraie, *f.* Schleiereule, Kircheule, Thurmeule.          [schrecklich.

Effrayant, e, *adj.* fürchterlich;

Effrayer, *v. a.* erschrecken; s'—, *id.*

Effréné, e, *adj.* zügellos, frech.

Effriter, *v. a.* (die Erde) ausnutzen; s'—, ausmärgeln, ausgemärgelt werden.

Effroi, *m.* Schrecken, Schauer.

Effronté, e, *adj.*; -ment, *adv.*: unverschämt, frech, dreist; —, *m.* Unverschämte.          [feit.

Effronterie, *f.* Frechheit, Dreistigkeit.

Effroyable, *adj.*; -ment, *adv.*: entsetzlich, fürchterlich, schrecklich.

†Effumer, *v. a.* (Mal.) verblasen, vertreiben.

Effusion, *f.* Vergießung, *fg.* Ergießung; — de sang, Blutvergießen, *n.*

Efourceau, *m.* Blockkarren.

†Égagropile, *m.* (Naturg.) Haarballen.

Egal, e, *adj.*; -ement, *adv.*: gleich, eben, gleichförmig; —, *m.* e, *f.* Gleiche, *m.*, *f. et n.*; mon —, meines Gleichen; à l'—de, wie; -ement, gleichergestalt, gleichfalls.

Également, *m.* Ausgleichung, *f.* Gleichstellung.

Égaler, *v. a.* gleichmachen, ausgleichen; (Uhrm.) abgleichen; (einen Weg) ebenen; *fg.* — zu, gleich-setzen; — qn. à qn., einem gleichkommen; — qn. à qn., einen einem Andern gleichsetzen; gleichstellen; s'— à qn., sich einem gleichstellen.

Égalisation, *f.* Gleichmachung.

Égaliser, *v. a.* gleichmachen, ebenen.

Égalité, *f.* Gleichheit, Gleichförmigkeit; — d'âme, Gleichmuth, *m.*

I.

Égard, *m.* Hochachtung, *f.*; Rücksicht; par —, aus Rücksicht; eu — à, à l'— de, in Rücksicht, Hinsicht auf, in Betracht.

Égarement, *m.* Verirrung, *f.*; *fg.* Irrthum, *m.*; Ausschweifung, *f.*; — d'esprit, Verrückung.

Égarer, *v. a.* irre führen; *fg. id.*, irre machen; (etw.) verlegen; s'—, sich verirren; wegkommen, verloren gehen (v. S.).

†Égarroté, e, *adj.* (Reitsch.) am Widerriste verwundet.

Égayer, *v. a.* aufmuntern, aufheitern; (Wäsche) ausspülen; (Bäume) lichten; s'—, aufgewecket werden.

†Égée, *adj.*, la mer —, das ägäische Meer.

Égide, *f.* (Myth.) Aegis (der Schild der Minerva); *fg.* Schutz, *m.*

Égilops, *m.* (Med.) Augengeschwür, *n.*          [Hagebuttenstrauch.

Eglantier, *m.* der wilde Rosenstock,

Eglantine, *f.* Hagerose.

Église, *f.* Kirche, Gemeinde; l'état de l'—, Kirchenstaat, *m.*

Églogue, *f.* Hirtengedicht, *n.*

†Égohine, *f.* Handsäge.

Égoïser, *v. n.* zu viel von sich selbst sprechen; selbstsüchtig seyn.

Égoïsme, *m.* Selbstsucht, *f.* Egoismus, *m.*          [tige.

Égoïste, *m.* Egoist, Selbstsüchtige.

Égorger, *v. a.* schlachten, abthun; umbringen; erwürgen, würgen; *fg.* zu Grund richten.

Égorgeur, *m.* Würger.

Égosiller (s'), sich heiser schreien.

† Égougeoire, *fem.* (Bergwerk) Schwindgrube.

Égout, *m.* Abfluß, Traufe, *f.*; Gosse; (Chir.) der offene Schade; *fg.* Sammelplatz des liederlichen Gesindels.

Égoutter, *v. a.* abtropfen lassen; —, *v. n.* et s'—, abtropfen.

Égouttoir, *m.* Durchschlag; Abtropfbrett, *n.* Knecht, *m.*

Égoutture, *f.* Abtropfen, *n.* die letzten Tropfen.          [ren.

Égrapper, *v. a.* (Trauben) abbeeren.

Égratigner, *v. a.* ritzen, kratzen; (schürfen, aufkratzen; (Mal.) schraffiren.          [me, *f.*

Égratignure, *f.* Ritz, *m.* Schramme.

Égravillonner, *v. a.* (einen Baum) mit dem Käse ausgraben und von der Erde zwischen den Wurzeln reinigen.          [ren.

Égrener, *v. a.* auskörnen, abbeeren.

Égrillard, e, *adj.* lustig, aufgeweckt; —, *masc.* der muthwillige Schelm, Schalk.          [Teiche.

†Égrilloir, *m.* Rechen (in einem

Égrisée, *f.* Diamantpulver, *m.*

Égriser, *v. a.* (Diamanten) aus dem Groben schleifen.

Égrugeoir, *m.* Stampffaß, *n.*; der hölzerne Mörser.

Égruger, *v. a.* zerstoßen, klein stoßen, reiben, stampfen; Getreide schroten, blé —é, Schrotkorn, *n.*

†Égrugeur, *f.* Zerstoßene, *n.*

Égueulement, *m.* (Artill.) das Ausnützen der Mündung.

Égueuler, *v. a.* un vase, den Hals eines Gefäßes abbrechen; s'—, *fm.* sich heiser schreien.

†Égypte, *f.* Aegypten (Land), *n.*

†Égyptien, ne, *adj.* ägyptisch; —, *m.* ne, *f.* Aegypter, *m.* :inn *f.*

Eh! *interj.* ei! ei doch!

Éhanché, e, *adj.* lendenlahm.

Éhonté, e, *adj.* unverschämt.

Éhouper, *v. a.* (Bäume) töpfen.

Éjaculateur, *adj.* (Anat.) muscle —, Ausspritzmuskel, *m.*

Éjaculation, *f.* (Med.) Ausspritzung; *fg.* Stoßgebet, *n.*

Éjaculer, *v. a.* auswerfen, ausstreuen, ausspritzen.          [ausrippen.

†Éjamber, *v. a.* (Tabaksblätter)

Élaboration, *f.* Ausarbeitung.

Élaborer, *v. a.* (Säfte) ausarbeiten.          [Baumes), *n.*; Reisig.

Élagage, *m.* Aushauen (eines

Élaguer, *v. a.* (Gärtn.) ausschneiden, schneiteln; *fg.* ausmärzen.

Élagueur, *m.* Baumausschneider.

Élan, *m.* (Naturg.) Elennthier, *n.* || Sprung, *m.* Satz, Schwung (auch *fg.*); —s, *pl.* Geistserhebungen, *f. pl.* Aufschwung, *m.*

Élancé, e, *adj.* mager, dünnleibig, rahn; (Gärtn.) hoch- und dünnschäftig.

Élancement, *m.* Anlauf, Ansatz; (Med.) Stechen, *n.* Stich; *m.* || andächtige Aufschwung zu Gott.

Élancer, *v. n.* stechen; s'—, stürzen, sich stürzen (auf etw.) zustürzen, rennen; springen; sich schwingen; hervorschießen; *fg.* sich erheben.

Élargir, *v. a.* erweitern, ausdehnen; vergrößern (eine Oeffnung); (einen) in Freiheit setzen; —, *v. n.* et s'—, breiter oder weiter werden.

Élargissement, *m.* Erweiterung, *f.*; Befreiung.

Élargissure, *f.* Erweiterung.

Élasticité, *f.* Schnellkraft, Federkraft.          [kräftig, prall.

Élastique, *f.* *adj.* elastisch, schnellbar; —, Elbe (Strom).

†Elbe, Elba (Insel).

Electeur, *m.* Churfürst; Wahlmann.

Électif, ve, *adj.* wählbar; royaume —, Wahlreich, *n.*

Élection, *f.* Wahl, Erwählung.

Électoral, e, *adj.* churfürstlich; le prince —, Churprinz; assemblée —e, Wahlversammlung, *f.*; laine e, die sächsische Wolle.

9

Électorat, *m.* Churwürde, *f.;* Churfürstenthum, *n.*
Électrice, *f.* Churfürstinn.
Électricité, *f.* die elektrische Kraft.
Électrique, *adj.* elektrisch; la machine —, Elektrisirmaschine.
†Electrisable, *adj.* elektrisirbar.
Electrisation, *f.* Electrisiren, *n.*
Électriser, *v. a.* elektrisiren; *fm.* begeistern.       [messer.
Électromètre, *m.* Elektricitäts-
Électrophore, *m.* Elektricitätsträ-
Electuaire, *m.* Latwerge, *f.* [ger.
Élégance, *f.* Zierlichkeit, Nettigkeit, Schönheit.
Élégant, e, *adj.; -amment, adv.* : zierlich, artig, niedlich, nett, schön; —, *m.* e, *f.* Stutzer, *m.* Schöne, *f.*
Élégiaque, *adj.* (Dichtk.) elegisch.
Élégie, *f.* Elegie, Klaggedicht, *n.*
Élément, *m.* Ur-, Grundstoff, Element, *n.; fg.* Element; —s, *pl.* Anfangsgründe.
Élémentaire, *adj.* elementarisch.
†Élémi, *m.* Elemiharz, *n.*
†Éléosacharum, *m.* (Chym.) Delzucker.
Éléphant, *m.* Elephant.
Éléphantiasis, *f.* (Med.) Elephantenaussatz, *m.*
Élévateur (muscle), *m.* der Aufheber, Muskel, der die Oberlippe aufhebt.
Élévation, *f.* Erhöhung, Erhebung; Aufhebung (einer S.) || Höhe, Anhöhe; (Bauk.) Aufriß, *m.; fg.* Erhebung, *f.;* Erhabenheit, Größe.
Élévatoire, *m.* (Chir.) Hebeisen, *n.*       [ler, Schülerinn, *f.*
Élève, *m.* et *f.* Zögling, *m.* Schü-
Élever, *v. a.* erheben, aufrichten; *fg.* (einen) erziehen; rühmen; s'—, sich erheben, aufsteigen; (Seew.) in die See stechen; *fg.* sich erheben: emporkommen; übermüthig werden || entstehen; —, *v. n.* et s'—, (Med.) ausfahren (Haut); (Puls) stark seyn.
Elevure, *f.* Hißblatter, Finne.
†Électroïde, *adj.*, membrane —, (Anat.) die Scheidehaut der Hoden.
Élider, *v. a.* (Gramm.) auslassen; s'—, ausgelassen werden.
†Élie, *n. pr. m.* Elias.
Éligibilité, *f.* Wählbarkeit.
Éligible, *adj.* wählbar.
Élimer (s'), sich abnutzen.
Élimination, *f.* (Alg.) das Wegschaffen unbekannter Größen.
Éliminer, *v. a.* wegschaffen, ausstoßen.
†Élingue, *m.* (Schifff.) Länge, *f.* (ein Seil mit Schleifen).
*Élire, *v. a.* wählen, erwählen.
†Élisée, *n. pr.* Elisa, Elisäus.
Élision, *f.* (Gram.) Auslassung.
Élite, *f.* Auserlesene, *n.;* Kern,

Ausbund, Auswahl, *f.;* troupes d'—, auserlesene Truppen, Kerntruppen.
†Elixation, *f.* das gelinde Kochen.
Elixir, *m.* (Med.) Elixir, *n.* Kraftarznei, *f.; fg. fm.* Kern, *m.* Beste, *n.*
Elle, *pl.* Elles, *pron.* sie.
Ellébore, *m.* (Bot.) Nießwurz, *f.*
Elléborine, *f.* (Bot.) die falsche Nießwurz.
Ellipse, *f.* (Gramm.) Auslassung; (Geom.) Ellipse, Elлинie.
Ellipsoïde, *m.* Ellipsoïd, *n.*
Elliptique, *adj.* länglichrund, elliptisch; -ment, *adv.* elliptisch, auslassungsweise.
Elme, feu Saint-Elme, *m.* (Seewes.) Helenenfeuer (leuchtende Erscheinung am Mastbaum), *n.*
Elocution, *f.* Ausdruck, *m.;* Vortrag.
Eloge, *m.* Lob, *n.;* Lobspruch, *m.* Lobeserhebung, *f.* Lobrede.
Éloigné, e, *adj.* fern, entlegen, xc.
Éloignement, *m.* Entfernung, *f.* Ferne, Abstand, *m.;* Abwesenheit, *f.; fg.* Abneigung, Widerwille, *m.*
Éloigner, *v. a.* entfernen; *fg.* abwenden; (Hindernisse) beseitigen; aufschieben; (von einem) abwendig machen; s'—, sich entfernen; (vom Weg) abbiegen; (Mal.) fernscheinen; s'— de son devoir, seine Pflicht vernachlässigen.
†Elongation, *f.* (Astr.) Auswei- chung.
Elonger, *v. a.*, — un vaisseau, (Seew.) sich der Länge nach neben an anderes Schiff stellen; neben einem Schiffe segeln.
Eloquence, *f.* Beredsamkeit.
Éloquent, e, *adj.; -amment, adv.* : beredt.
†Elseneur, Helsingör (Stadt).
Elu, *m.* (Theol.) Auserwählte; Erwählte.
Elu, e, *adj.* erkoren, xc.
Élucubration, *f.* ein Werk das Nachtwachen kostete, Nachtarbeit, *f.*
Éluder, *v. a.* vereiteln, fruchtlos machen; listig ausweichen (qch., einer S.)
†Elyme, *m.* (Bot.) Haargras, *n.*
Élysée, *m.*, champs —s, *m. pl.* die elysäischen Felder, Elysium, *n.*
Élyséen, e, *adj.* elysäisch; zum Elysium gehörig.
Élysiens, *adj. m. pl.*, les champs —, die elysäischen Felder.
Élytre, *m.* (Naturg.) Flügelde- cke, *f.*
Email, *m.* Schmelz (auch *fg.*), Schmelzwerk, *n.;* Glasur, *f.;* émaux, *pl.* (Wap.) Tincturen, *f. pl.* Farben.
Émailler, *v. a.* schmelzen, mit

Schmelz überziehen; *fg.* mit bunten Farben schmücken.
Emailleur, *m.* Schmelzarbeiter.
Emaillure, *fém.* Schmelzarbeit, Schmelzwerk, *n.*
Émanation, *f.* Ausfluß, *m.*
Émancipation, *f.* Mündigspre- chung, Entlassung von väterlicher ob. vormundschaftlicher Gewalt.
Emanciper, *v. a.* mündig spre- chen; s'—, sich zu viel herausnehmen.
Emaner, *v. n.* aus-, herfließen, herrühren; (v. Gesetzen) ergeben.
Emargement, *m.* das Auszeichnen, Auswerfen am Rande.       [fen.
Emarger, *v. a.* am Rande auswer-
Embahouiner, *v. a. fm.* mit List beschwatzen, einnehmen.
Emballage, *m.* Einpacken, *n.;* Packzeug; Packerlohn, *m.;* toile d'—, Packtuch, *n.*
Emballer, *v. a.* einpacken, packen.
Emballeur, *m.* Packer, Ballen- binder; *fg. pop.* Prahler.
Embarcadère, *m.* Ladeplatz.
Embarcation, *f.* Fahrzeug, *n.*
†Embarder (s'), (Schifff.) sich von einer Seite zur andern werfen.
Embargo, *m.* Beschlag (auf Schiffe).
†Embariller, *v. a.* in Fässer ein- packen.       [*f.* Einladung.
Embarquement, *m.* Einschiffung.
Embarquer, *v. a.* einschiffen; ein- laden; *fg.* verwickeln; s'—, sich ein- schiffen; *fg.* sich einlassen.
Embarras, *m.* Schwierigkeit, *f.* Hinderniß, *n.;* Verlegenheit, *f.; fm.* Klemme; Gewirr, *n.;* (Med.) die anfangende Verstopfung.       [lich.
Embarrassant, e, *adj.* beschwer-
Embarrassé, e, *adj.* verlegen.
Embarrasser, *v. a.* versperren; hindern, verwirren, in Verlegenheit setzen, beunruhigen; s'—, sich ver- wickeln; *fg.* verwirrt werden; sich einlassen (in etw.); s'— de qch., sich um etw. bekümmern.
Embasement, *m.* (Bauk.) Grund- mauer, *f.*
Embatage, *m.* Beschlagen, *n.* Schienen (der Räder). *
Embâter, *v. a.* un âne, einem Esel den Saumsattel auflegen; *fg.* — qn. de qch., einem etw. auf- halsen, aufladen.
Embâtonner, *v. a.* mit einem Stock ob. Prügel bewaffnen; (Bauk.) verstäben.
Embatre, *v. a.* (Räder) beschla- gen, schienen.
†Embattes, *m. pl.* (Seew.) regel- mäßig wehende Winde (auf dem Mittelmeer).
Embauchage, *m. fm.* Dingen (eines Arbeiters), *n.; m. p.* Eet- lenverkauf, *m.*
Embaucher, *v. a.* (einen Gesellen)

dingen; *m. p.* anwerben, mit List werben.

Embaucheur, *m. fm.* Gesellen= **verdinger**; *m. p.* Werber, Seelen= **verkäufer**. [(Luft, ꝛc.).

Embaumé, e, *adj.* balsamisch

Embaumement, *m.* Einbalsami= rung, *f.* Einsalbung.

Embaumer, *v. a.* einbalsamiren, einsalben; durchräuchern, durchdüf= ten.

Embéguiner, *v. a.* qn., einem den Kopf vermummen; *fg. fm.* — qn. de qch., einem etw. in den Kopf setzen; s'— de qch., etc., sich in etw. vernarren. [Ueberleff.

Embelle, *f.* (Seew.) Oberleff, *m.*

Embellie, *f.* (Seew.) das Nach= lassen des Sturmes, die Rückkehr des bessern Wetters zur See.

Embellir, *v. a.* verschönern; —, *v. n. et* s', schöner werden.

Embellissement, *m.* Verschöne= rung, *f.*; Schmuck, *m.* Zierde, *f.*

†Embérise, *f.* (Naturg.) Ammer, Goldammer.

Emberlucoquer (s'), *pop.* de qch., sich etw. in den Kopf setzen.

Embesogné, e, *adj.* sehr beschäf= tigt. [säen.

Emblaver, *v. a.* mit Getreide an=

Emblavure, *f.* Saatfeld, *n.*

Emblée (d'), *adv.* im ersten An= fall; *fg.* schnell und ohne Mühe.

Emblématique, *adj.* sinnbildlich.

Embléme, *m.* Sinnbild, *n.*

Emboire (s'), (Mal.) einschlagen, sich einziehen.

Emboiser, *v. a. pop.* bethören, beschwatzen.

Emboiseur, *m.* se, *f. pop.* Be= schwatzer, *m.* =inn, *f.*

Emboitement, *m.* Fügung, *f.* Einfügung, Verzapfung, Gefüge, *m.*

Emboiter, *v. a.* fügen, einpassen, einsalzen, ein= verzapfen; in einan= der fügen; s'—, in einander passen.

Emboiture, *f.* Fuge, Einfügung; — des os, (Anat.) Beinhöhle, Wir= bel, *m.*

Embolisme, Embolismique, voy. Intercalaire, Intercalaire.

Embonpoint, *m.* die gesunde Kör= perfülle, Völligkeit, Wohlbeleibtheit.

Embordurer, *v. a.* in Rahmen einfassen, be=, einrahmen.

Embossage, *m.* Querlegung, *f.* Querlage.

Embosser, *v. a.* (ein Schiff) mit Tauen anbinden, quer legen.

†Embossure, *f.* (Schiff.) Spring (Knoten), *m.* [satz.

†Embouchement, *m.* (Muf.) An=

Emboucher, *v. a.* un cheval, ei= nem Pferde das Gebiß anlegen; —, (Muf.) ansetzen; *fg.* — qn., einem die Worte in den Mund legen; s'—,

---

sich ergießen (Fluß); mal —é, mit einem frechen oder losen Maule.

Embouchoir, *m.* Stiefelholz, *n.*; (Muf.) Mundstück.

Embouchure, *fém.* Mündung; (Muf.) Mundloch, *n.* Mundstück; Ansatz, *m.* [besudeln.

Embouer, *v. a. pop.* mit Koth

Embouquer, *v. n.* in eine Meer= enge, in einen Canal einlaufen.

Embourber, *v. a.* in Koth und Morast hineinführen; *fg. fm.* ver= wickeln; s'—, in einen Morast ge= rathen; *fg.* sich verwickeln; (Med.) sich verschleimen.

Embourrer, *v. a.* mit Füllhaaren ausstopfen; — un vase, (Töpf.) Fehler an einem Gefäße verkleiben.

Embourser, *v. a.* in den Beutel stecken.

Emboutir, *v. a.* (Goldsch.) hohl austreiben, ausbauchen; (Schloss.) austiefen.

Embranchement, *m.* (Zim.) Ver= bindung (auch *fg.*), *f.* Verzapfung.

†Embrancher, *v. a.* ein=, ver= zapfen.

†Embraquer, *v. a.* (ein Schiffseil) mit Gewalt an das Schiff ziehen.

Embrasement, *m.* Brand, Feu= ersbrunst, *f.*; *fg.* Aufruhr, *m.*

Embraser, *v. a.* an=, entzünden; *fig. id.*; s'—, sich entzünden.

Embrassade, *f. fm.* Umarmung.

Embrassement, *m.* Umarmung, *f.*; —s, *pl.* Umarmungen; *fg. pl.* Beiwohnung.

Embrasser, *v. a.* umarmen, her= zen, küssen; *fg.* umgeben, umfassen; umfangen; enthalten; unternehmen; (einen Stand, ꝛc.) ergreifen; — un parti, sich für eine Partei erklären.

Embrasure, *f.* Schießscharte, Oeff= nung, (schräge Oeffnung (der Thüre, ꝛc.); Hals (eines Ofens), *m.*

Embrener, *v. a. pop.* besudeln, bescheißen. [*f.*

†Embrévement, *m.* Kerbenfügung.

†Embréver, *v. a.* in eine Fuge einpassen.

Embrocation, *f.* (Chir.) Bespren= gen, *n.* Bähung, *f.*

Embrocher, *v. a.* an den Spieß stecken, anstecken; *fg. pop.* anspießen.

Embrouillement, *masc.* Verwir= rung, *f.*

Embrouiller, *v. a.* verwirren, ver= wickeln; s'—, irre werden; sich ver= wickeln. [verderbt.

†Embruiné, e, *adj.* vom Reif

Embrumé, e, *adj.* nebelig.

†Embruncher, *v. a.* (Balken) mit einander verbinden; mit Ziegeln bedecken.

†Embrunir, *v. a.* braun malen.

†Embryologie, *f.* die Abhandlung über die Frucht im Mutterleibe.

---

Embryon, *m.* (Med.) die Frucht in Mutterleibe, Embryo, *m.*; (Bot.) Keim; *fg. pop.* Däumling, Zwerg.

†Embryotomie, *f.* (Chir.) die Zer= gliederung einer unreifen Leibesfrucht.

†Embu, *adj.* (Mal.) einge= schlagen, verschossen, matt.

Embûche, *f.* (meist im *pluriel*) Schlinge, Fallstrick, *m.*

Embûcher (s'), (Jagd) sich in den Wald verstecken (Wild).

Embuscade, *f.* Hinterhalt, *m.*

Embusquer (s'), sich in einen Hin= terhalt legen. [abändern.

Emender, *v. a. p. us.* verbessern,

Emeraude, *f.* (Miner.) Sma= ragd, *m.*

†Emeraudine, *f.* (Naturg.) Gold= käfer, *m.* [fahrend.

Emergent, e, *adj.* (Phys.) aus=

Emeri, *m.* (Miner.) Schmergel.

Emerillon, *m.* Lerchenfalt, =geier.

Emerillonné, e, *adj.* munter, flint.

Emérite, *adj.* ausgedient, in Ru= he gesetzt; —, *m.* Ausgediente.

Emersion, *f.* (Astr.) Austritt (ei= nes Planeten, ꝛc.), *m.*; (Phys.) Austauchungshöhe, *f.*

Emérus, *m.* (Bot.) der wilde Se= nesstrauch.

Emerveiller, *v. a.*, nur im *pass.* s'être —é, erstaunt seyn; s'—, sich verwundern.

†Emétine, *f.* das Emetin, aus der Ipecacuana gezogene Brechmittel.

Emétique, *m.* (Med.) Brechmit= tel, *n.*; —, *adj.*, poudre —, Brechpulver, *n.*

Emétiser, *v. a.* mit einem Brech= mittel vermischen.

Emettre, *v. a.* (Geld) ausgeben; (Befehle) ergehen lassen, erlassen; (eine Meinung) äußern, ausbrü= cken; — un appel, (jur.) appelliren.

Emeute, *f.* Aufstand, *m.* Auflauf.

Emier, Emietter, *v. a.* bröckeln, zerbröckeln.

Emigrant, *m.* Auswanderer.

Emigration, *f.* Auswanderung.

Emigré, *m. e, f.* Ausgewanderte, *m. et f.*; Emigrant, *m.* =inn, *f.*

Emigrer, *v. n.* (mit avoir) aus= wandern, emigriren.

†Emile, *n. pr. m.* Aemilius, Emil.

†Emincée, *f.* Schnittchen, *n.*

Emincer, *v. a.* in dünne Schnitt= chen schneiden.

Eminemment, *adv.* vorzüglich, in vorzüglichem Grade, im höchsten Grade.

Eminence, *f.* Anhöhe; Erhöhung; (Bildh.) Erhabene, *n.*; (Eminenz, *f.* (Titel der Cardinäle).

Eminent, e, *adj.* hoch, erhaben, vortrefflich. [ster (Cardinalstitel).

Eminentissime, *adj.* hochwürdig=

Émir, *m.* Emir (Titel).

Emissaire, *m.* der geheime Abge=
sandte; geheime Anhänger; —, *adj.*,
bouc —, Sündenbock.

Emission, *f.* Ausfließen, *n.* Aus=
fluß, *m.*; Ausgeben (v. Münzen),
*n.*; Ausstellung (v. Wechseln), *f.*;
Ablegung (eines Gelübbes).

Emmagasiner, *v. a.* in ein Maga=
zin thun, einspeichern; (Salz, 2c.)
aufschütten.

Emmaigrir, *v. a.* mager machen;
—, *v. n. et s'* —, mager werden.

Emmaillotter, *v. a.* in Windeln
wickeln, einwickeln.

Emmanchement, *m.* Begliede=
rung (einer Figur), *f.*

Emmancher, *v. a.* mit einem
Stiele oder Heft versehen; *fg. fm.*
einfädeln.            [Stielmacher.

Emmancheur, *m.* Heftmacher,

Emmanchure, *f.* Aermelloch, *n.*
Armloch.

Emmannequiner, *v. a.* (kleine
Bäume) in Kästen setzen.

Emmantelé, e, *adj.*, la corneille
—e, die graue Krähe, Nebelkrähe.

†Emmarchement, *m.* (Zimm.)
Einschnitt (an Treppenbalken).

†Emmariner, *v. a.* (Schifff.) mit
Bootsknechten versehen.

†Emmêlé, e, *adj.* verwirrt, ver=
wickelt; *pop.* verhudelt (Faden, 2c.).

Emménagement, *m.* die häusliche
Einrichtung, Anschaffung des Haus=
geräthes.

Emménager (s'), sich Hausgeräthe
anschaffen; einziehen, sich in einer
neuen Wohnung einrichten.

†Emménagogues, *m. pl.* (Med.)
die Beförderungsmittel der monat=
lichen Reinigungen.

Emmener, *v. a.* mit sich wegneh=
men, wegführen.

Emmenotter, *v. a.* qn., einem
Handfesseln anlegen.    [ten unter.

†Emmi, *prép.* (alt) mitten in, mit=

Emmiellé, e, *adj.* honigsüß.

Emmieller, *v. a.* mit Honig an=
machen, bestreichen.

Emmiellure, *f.* (Thiera.) Honig=
umschlag, *m.*            [einmummen.

Emmitoufler, *v. a. fm.* in Pelz

Emmortaiser, *v. a.* einpassen; ver=
zapfen.

Emmotté, e, *adj.* (v. Bäumen)
mit dem Käse ausgehoben.

Emmuseler, *v. a.* un cheval,
etc., einem Pferde, 2c., einen Maul=
korb anlegen.            [gung.

Emoi, *m. ol.* Unruhe, *f.* Bewe=

Émollient, e, *adj.* erweichend;
—, *m.* das erweichende Mittel.

Émolument, *m.* Vortheil; —s,
*pl.* Nebeneinkünfte, Sporteln, Ac=
cidenzien..    [Schnitt machen.

Emolumenter, *v. n. mépr.* seinen

Émonctoire, *m.* (Anat.) Ausfüh=
rungsdrüse, *f.*; —s, *pl.* Ausführ=
rungswerkzeuge, *n. pl.*

Emonde, *f.* Vogelmist, *m.*; —s,
*pl.* Reisholz, *n.*    [ben.

Émonder, *v. a.* (Bäume) auspu=

Emotion, *f.* Bewegung, Gemüths=
bewegung, Rührung; (Med.) Wal=
lung; Schauer, *m.*

Emotter, *v. a.* un champ, die
Erdschollen auf einem Felde zerschla=
gen.            [Fliegen wegtreiben.

Émoucher, *v. a.* qn., einem die

Émouchet, *m.* (Naturg.) Wan=
nenweihe, Sperbermännchen, *n.*

Emouchette, *f.* Fliegennetz, *n.*

†Emoucheur, *m.* Fliegenabwehrer.

Emouchoir, *m.* Fliegenwedel.

Emoudre, *v. a.* wetzen, schleifen.

Émouleur, *m.* Scherenschleifer.

Emoulu, e, *adj.* scharf, 2c.

Émousser, *v. a.* stumpf machen,
stumpfen; (Gärtn.) vom Moose rei=
nigen; *fg.* abstumpfen, erschlaffen;
s'—, stumpf werden.

Émoustiller, *v. a.* ermuntern, an=
treiben.

*Emouvoir, *v. a.* bewegen, erre=
gen, rühren, reizen; s'—, in Be=
wegung gerathen, gerührt werden,
ungestüm werden; sich entrüsten.

Empaillage, *m.* Ausstopfen, *n.*

Empailler, *v. a.* mit Stroh aus=
stopfen, umwinden, beflechten, bele=
gen.            [ger, *m.* sing. *f.*

Empailleur, *m.* euse, *f.* Ausbal=

Empalement, *m.* Spießen, *n.*

Empaler, *v. a.* spießen.

Empan, *m.* Spanne.

Empanacher, *v. a.* mit einem Fe=
derbusche versehen.            [gen.

Empanner, *v. a.* (Schifff.) beise=

†Empanon, *m.* Strebeband, =holz,
*n.*; (Wagn.) Deichselarm, *m.*; —s,
*pl.* (Sattl.) Sattelhölzer, *n. pl.*

Empaqueter, *v. a.* einpacken; s'—,
*fm.* sich einpacken, sich einmummen.

Emparer (s') de qch., sich einer
S. bemächtigen; *fg. id.*; s'— de
qn., einen einnehmen, beherrschen.

†Empasme, *m.* das wohlriechende
Streupulver.            [ben.

†Empasteler, *v. a.* mit Waid fär=

Empatement, *m.* (Bauk.) Grund=
mauer, *f.*; donner un — à, un=
termauern || Grundbalken (eines
Krahnes), *m.*

Empâtement, *m.* Kleben, *n.*;
(Mal.) dicke Auftragen, Impasti=
rung, *f.*    [Speichen) einzapfen.

Empâter, *v. a.* (Schiffb.) (in der

Empâter, *v. a.* teigig, klebrig ma=
chen; (Mal.) impastiren, dick auf=
tragen; (Geflügel) stopfen.

Empature, *f.* (Schiffb.) Fuge.

Empaumer, *v. a.* (Ballsp.) mit der
flachen Hand, mit dem Rackete auf=

fangen und schlagen; *fg.* wohl an=
greifen; — qn., etc., sich eines, 2c.,
bemeistern.

Empaumure, *f.* Krone (an einem
Hirschgeweih); der innere Theil (ei=
nes Handschuhes).            [reis, *n.*

†Empeau, *m.* (Gärtn.) Pfropf=

Empêché, e, *adj. fm.* verlegen,
beschäftigt.

Empêchement, *m.* Hinderniß, *n.*
Abhaltung, *f.*

Empêcher, *v. a.* verhindern, ab=
halten, (etw.) hintertreiben; s'— de
qch., sich einer S. enthalten; je ne
puis m'—, ich kann nicht umhin.

Empeigne, *f.* (Schuhm.) Ober=
Vorleder, *n.*

†Empellement, *m.* Schußbrett (ei=
nes Teiches), *n.*

†Empenneler, *v. a.* (einen Anker)
verstärken.            [ker, *m.*

†Empennelle, *f.* (Seew.) Belan=

Empenner, *v. a.* befiedern, fielen
(ein Clavier).

Empereur, *m.* Kaiser; —s, *pl.* die
beiden obersten Schüler einer Classe.

Empesage, *m.* Stärken (der Wä=
sche), *n.*            [zwungen.

Empesé, e, *adj.* steif; *fg.* ge=

Empeser, *v. a.* (leinen Zeug) stär=
ken; (die Segel) netzen.

Empeseur, *m.* se, *f.* Stärker, *m.*
=inn, *f.*            [ten, verpesten.

Empester, *v. a.* anstecken, vergif=

Empêtrer, *v. a.* une bête, einem
Thier die Füße binden, verwideln;
*fg. fm.* verwideln, verstricken; s'—,
sich verwideln.

Emphase, *f.* Nachdruck, *m. mépr.*
schwülstige Nachdruck; Schwulst (der
Rede).

Emphatique, *adj.*; -ment, *adv.*:
nachdrücklich; *mépr.* schwülstig.

Emphysème, *m.* (Med.) Wind=
geschwulst, *f.*

Emphytéose, *f.* (jur.) Emphyteu=
sis; der emphyteutische Vertrag.

Emphytéote, *m. et f.* Uebernehr=
mer (*m.*), =inn (*f.*) einer Emphy=
teusis.            [tisch.

Emphytéotique, *adj.* emphyteu=

Empiétement, *m.* Eingriff, Vor=
griff.

Empiéter, *v. a.* sur qch., in etw.
eingreifen; Eingriffe thun; einer S.
vorgreifen; (vom Meer, 2c.) etw.
angreifen; — qch. sur qn., einem
in etw. eingreifen; etw. wegnehmen;
(Jagd) mit den Klauen ergreifen;
une colonne, (Bauk.) einen Fuß
oder eine Säule machen.

Empiffrer, *v. a. fm.* voll stopfen,
mästen; s'—, sich voll pfropfen.

Empilement, *m.* Aufschichten, *n.*;
Maltern (der Kugeln, 2c.).

Empiler, *v. a.* in einen Haufen
aufsetzen, aufschichten.

†Empirance, *fém.* Ringerung; (Handl.) Schaden, *m.*

Empire, *m.* Herrschaft, *f.* Gewalt, Regierung; Reich, *n.* Kaiser=thum.

Empirée, *v.* Empyrée.

Empirer, *v. a.* schlimmer machen; —, *v. n.* schlimmer werden; sich verschlimmern.

Empirique, *m.*(Med.) Empiriker, Arzt ohne Theorie; *m. p.* Quacksalber.

Empirique, *adj.* empirisch, auf Erfahrung gegründet; *m. p.* quacksalberisch.

Empirisme, *m.* die empirische Arzneikunst, Empirismus, *m.*; *m. p.* Quacksalberei, *f.*

Emplacement, *m.* Baustelle, *f.*; Platz, *m.*; Aufschütten (des Salzes), *n.*

†Emplastration, *f.* Pflasterauflegen, *n.*; (Gärtn.) Aeugeln, Pfropfen mit dem Schildlein.

Emplâtre, *m.* (Chir.) Pflaster, *n.*; *fg. fm.* Siechling, *m.* arme Wicht; das unnütze Mittel; Hilfsmittel.

†Emplâtrer, *v. a.* (Leder) firnissen.

Emplette, *f.* Einkauf, *m.*

Emplir, *v. a.* füllen, anfüllen; s'—, sich anfüllen, voll werden.

Emploi, *m.* Gebrauch, Anwendung, *f.*; Dienst, *m.*; Amt, *n.*; (Theat.) Rolle, *f.*; double —, die doppelte Anführung (eines Postens in einer Rechnung); les faux —s, die Defecte (einer Rechnung).

Employé, *m.* Angestellte, Beamte.

Employer, *v. a.* anwenden; gebrauchen; (einen) anstellen; s'— à qch., sich mit etw. beschäftigen; an etw. arbeiten; s'— pour qn., sich für einen verwenden.

Emplumer, *v. a.* mit Federn versehen, befiedern; s'—, *fg. fm.* seinen Beutel spiden.

Empocher, *v. a.* einstecken.

Empoigner, *v. a.* mit der Faust anpacken, fassen, umklammern.

†Empointer, *v. a.* heften, zuspißen.

†Empointrure, *m.* Zuspißer.

Empois, *m.* Stärke, *f.*

Empoisonnement, *m.* Vergiftung, *f.* Giftmischerei.

Empoisonner, *v. a.* vergiften; *fg. id.*, vergällen (eine Freude).

Empoisonneur, *m.* se, *f.* Giftmischer, *m.* -inn, *f.*; *fg. fm.* Sudelkoch, *m.*; Verführer.

Empoisser, *v. a.* mit Theer oder Pech bestreichen, pichen, ausziehen.

Empoissonnement, *m.* die Besetzung mit Fischbrut.

Empoissonner, *v. a.* (einen Teich) mit Fischbrut besetzen.

Emporté, e *adj.* aufbrausend, hitzig, ungestüm, jähzornig.

Emportement, *m.* Ausbruch, Aufwallung, *f.*; Auffahren, *n.* Ungestüm, *m.* Jähzorn.

Emporte-pièce, *m.* (Schuhm.) Kneif; Ausschneideisen, *n.*; *fg.* der scharfe Satyriker.

Emporter, *v. a.* wegnehmen, wegholen, weg=, fortreißen; *fg.* hinreißen, hinraffen; nach sich ziehen; erlangen; l'— sur qn., sur qch., jemand, etw. übertreffen; besiegen, über einen oder etw. siegen; — la balance, das Uebergewicht bekommen; s'—, sich heftig erzürnen; (v. Bäumen) zu viel ins Holz treiben.

Empoter, *v. a.* (Gewächse) in Töpfe sehen, in Töpfe thun.

†Empouille, *f.* das stehende Getreide.                    [ben.

Empourprer, *v. a.* purpurroth färben.

*Empreindre, *v. a.* einprägen; (Gieß.) einbrücken, abklatschen.

Empreinte, *f.* Abdruck, *m.*; *fg.* Spur, *f.* Gepräge, *n.*; —s, Steine mit Abdrücken von Thieren, ꝛc.

Empressé, e, *adj.* eifrig, geschäftig; eilfertig, hastig.

Empressement, *m.* Eifer, Fleiß, Diensteifer, Eile, *f.* Hast.

Empresser (s'), *fg.* emsig bemühen, sich bestreben, sich beeifern, eilen.

Emprisonnement, *m.* Gefangennehmung, *f.*; Verhaft, *m.*

Emprisonner, *v. a.* in Verhaft nehmen, einkerkern.

Emprunt, *m.* Entlehnen, *n.* Aufnahme (einer Summe), *f.*; Anleihen, *n.* Darleihen; caisse d'—, Leihkasse, *f.*; d'—, *fg.* erborgt.

Emprunté, e, *adj.* *fg.* gezwungen, unnatürlich.

Emprunter, *v. a.* entlehnen, borgen, aufnehmen (Geld).

Emprunteur, *m.* se, *f.* Entlehner, *m.* -inn, *f.*

Empuantir, *v. a.* stinkend machen, verpesten; s'—, stinkend werden.

Empuantissement, *m.* Stinkendwerden, *n.*                    [Brustgeschwür, *n.*

Empyème, *m.* (Med.) Lungen=, Empyrée, *m. et adj. m.*, ciel —, Feuerhimmel, *m.*

Empyreumatique, *adj.* brandig.

Empyreume, *m.* der brandige Geruch.

Emulateur, Emule, *m.* Nacheiferer, Nebenbuhler; émule, *f.* -inn.

†Emulation, *f.* Nach=, Wetteifer, *m.*                    [seau —, Nierengefäß, *n.*

Emulgent, e, *adj.* (Anal.) vais=

Emulsif, ve, *adj.* ölgebend.

Emulsion, *f.* (Med.) Kühltrank, *m.*                    [Sachen aufkochen lassen.

Emulsionner, *v. a.* mit kühlenden

†Emyde, *f.* Flußschildkröte.

En, *prép.* in, an, nach, bei, auf, innerhalb, mit; zu, unter, über, ꝛc.; *pron. rel.* davon, daher, damit,

dafür, daraus, darüber, deswegen, dessen, deren, ꝛc.

Enallage, *f.* (Gramm.) die Vertauschung einer Zeitform oder Redeform mit einer andern.

†Enarthrose, *f.*(Anal.) die merklich bewegliche Knochenfügung.

Encablure, *f.* Kabellänge.

Encadrement, *m.* Einfassung, *f.*

Encadrer, *v. a.* in Rahmen einfassen; (Rekruten) ein=, vertheilen.

Encager, *v. a.* in einen Käfig sehen; *fg.* einsperren.

Encaissement, *m.* das Einpacken in Kisten; Sehen in Kisten; (Bauk.) Steinfästen, *m. pl.*; die mit Steinen gefüllten Gruben; (Gärtn.) die mit guter Erde gefüllten Löcher oder Kisten.

Encaisser, *v. a.* in Kisten einpacken; (Bäume) in Kästen sehen; fleuve —, der Fluß mit steilen Ufern; vallée —ée, Kessel, *m.*

Encan, *m.* Versteigerung, *f.*; (jur.) Vergantung; vendre à l'—, versteigern, verganten.

Encanailler, *v. a.* in schlechte Gesellschaft führen; s'—, sich mit Lumpengesindel abgeben.

†Encapelé, e, *adj.* (Seew.) befestigt, festgemacht.                    [men.

Encapuchonner (s'), sich vermummen.

Encaquer, *v. a.* in Tonnen einpacken; *fg.* einpacken.

Encarter, *v. a.* die umgedruckten Blätter an den gehörigen Ort einlegen.

Encastelé, e, *adj.* hufzwängig, vollhufig.                    [zwängig werden.

Encasteler (s', Thiera.) huf=

Encastelure, *f.* (Thiera.) Hufzwang, *m.* Vollhufigkeit, *f.*

†Encastillage, *m.* der Theil (des Schiffes) außer dem Wasser.

Encastiller, Encastrer, *v. a.* einfügen, einfalzen.

Encaustique, *adj.* enkaustisch; —, *f.* Wachsmalerei.

Encavement, *m.* Einschroten, *n.*

Encaver, *v. a.* einlegen, einschroten.

Encaveur, *m.* Schröter, Spünder.

*Enceindre, *v. a.* umgeben, einschließen.

Enceinte, *f.* Umkreis, *m.* Umfang; (Jagd) Umstellung, *f.*

Enceinte, *adj. f.* schwanger.

†Encénies, *f. pl.* (Alt.) Einweihungsfest, *n.*; Reinigungsfest des jüdischen Tempels.

Encens, *m.* Weihrauch; Rauchwerk, *n.*; *fg.* Lob.

Encensement, *m.* Räuchern, *n.* Beräuchern.

Encenser, *v. a.* räuchern, beräuchern; *fg.* — qn., einem Weihrauch streuen.

Encenseur, *m.* *fg.* Schmeichler.

Encensoir, *m.* Rauchfaß, *n.*; *fg.*
Kirche, *f.*
Encéphale, *adj.* (Med.) ver —,
ou —, *m.* Kopfwurm.
†Encéphalite, *f.* Hirnstein, *m.*
Enchainement, *m.* Verkettung, *f.*
Kette, Reihe, Folge.
Enchainer, *v. a.* an Ketten legen,
ketten, anfesseln, anketten; *fg.* fes=
seln, verketten, verbinden; s'—, ver=
bunden werden. 　　　 [*m.*
Enchainure, *f.* Zusammenhang,
Enchanteler, *v. a.* (Wein) auf das
Lager legen, (Holz) aufschichten.
Enchantement, *m.* Bezauberung,
*f.*; Zauber, *m.*; *fg. id.*, Entzückung,
*f.*　　[*id.*, entzücken; einnehmen.
Enchanter, *v. a.* bezaubern; *fg.*
Enchanteur, eresse, *adj.* zaube=
risch; —, *m.* eresse, *f.* Zauberer,
*m.* Zauberinn, *f.*
Enchapperonner, *v. a.* verkappen.
Enchâsser, *v. a.* einfassen; *fg.* ein=
flechten. 　　　　　　 [sung.
Enchâssure, *f.* Einfassung, Faf=
Enchausser, *v. a.* mit Stroh oder
Mist bedecken. 　　　　 [*n.*
†Enchaux, *m.* Kalk=, Schwödefaß,
†Enchelydes, *f. pl.* Walzenthier=
chen (Infusionswürmchen), *n. pl.*
Enchère, *f.* Steigerung, Gebot,
*n.*; acheter à l'—, erstehen; vendre
à l'—, versteigern; folle —, Neu=
kauf, *m.*; *fg. fm.* payer la folle —
de qch., für etw. Lehrgeld geben.
Enchérir, *v. a.* qch., auf etw. bie=
ten; etw. vertheuern; *fg.* etw. noch
weiter treiben, übertreiben; — sur
qn., einen überbieten, einem nach=
bieten; *fg.* es einem zuvorthun; —,
*v. n.* theurer werden, aufschlagen.
Enchérissement, *m.* Steigern, *n.*
Enchérisseur, *m.* Steigerer.
†Enchevalement, *m.* (Zimm.)
Stützgerüst, *n.*
†Enchevauchure, *f.* (Handw.) Ue=
berschießen, *n.*
Enchevêtrer, *v. a.* un cheval,
einem Pferde die Halfter anlegen;
s'—, sich in die Halfter verstricken;
*fg.* sich verwickeln.
Enchevêtrure, *f.* Halfterverwick=
lung.
Enchifrènement, *m.* Verstopfung
der Nase, *f.* Stockschnupfen, *m.*
Enchifrener, *v. a.* qn., einem den
Stockschnupfen verursachen, einen in
der Nase verstopfen.
†Enchiridion, *m.*, *v.* Enkiridion.
Enchymose, *f.* (Med.) das unter=
laufene Geblüt.
†Encirer, *v. a.* wichsen.
Enclave, *f.* Bezirk, *m.* Bann,
das eingeschlossene Stück Land.
Enclavement, *m.* Einschließen, *n.*
Enclaver, *v. a.* einschließen.
Enclin, e, *adj.* geneigt (à, zu).

Enclitique, *f.* (gr. Gramm.) An=
hängwörtchen, *f.*
†Encloîtrer, *v. a.* in ein Kloster
stecken, einsperren.
*Enclore, *v. a.* einschließen, umge=
ben, umzäunen; (Landw.) befriedigen.
Enclos, *m.* Bezirk, innere Raum;
Umzäunung, *fém.*; Gehäge, *n.*;
(Landw.) Befriedigung, *f.*
†Enclótir (s'), (Jagd) sich ver=
triechen.
†Enclôture, *f.* Einfassung.
Enclouer, *v. a.* vernageln.
Enclouure, *f.* Vernagelung; *fg.*
Hinderniß, *n.* Knoten, *m.*
Enclume, *f.* Amboß, *m.*; *fg.* re=
mettre sur l'—, umarbeiten; *prov.*
être entre le marteau et l'—, zwi=
schen Thür und Angel stecken.
Enclumeau, *m.* Handamboß.
Encocher, *v. a.* (den Pfeil) ein=
kerben. 　　　　　　 [einsperren.
Encoffrer, *v. a.* verschließen; *fg.*
Encoignure, *f.* Winkel, *masc.*;
Ecke, *f.*
Encollage, *m.* Leimen, *n.*; (Ver=
gold.) Leimgrund, *m.*
Encoller, *v. a.* mit Leim bestrei=
chen, tränken; (einen Zeug) leimen.
Encolure, *f.* Hals (eines Pferdes),
*m.*; *fg. fm.* Miene, *f.* Ansehen, *n.*
Encombre, *m.* Schutt; *fg.* Hin=
derniß, *n.*
Encombrement, *m.* Versperren
(eines Weges), *n.*; Hemmung, *f.*
(auch *fg.*). 　　　　 [schütten.
Encombrer, *v. a.* versperren, ver=
Encontre, *f. ol.* Ereigniß, *n.*; à
l'—, *adv.* gegen; aller à l'— de
qch., sich einer S. widersetzen.
Encorbellement, *m.* (Baukunst)
Versprung.
Encore (Dichtk. auch encor), *adv.*
noch, ferner, noch einmal; wenigstens,
— que, *conj.* obgleich.
Encorné, e, *adj.* gehörnt; (Thiera.)
javart —é, Hufgeschwür, *n.*
Encorner, *v. a. ol.* mit Horn ein=
fassen. 　　　　　　 [rung, *f.*
Encouragement, *m.* Aufmunte=
Encourager, *v. a.* qn., einen auf=
muntern, einem Muth einflößen,
zusprechen.
*Encourir, *v. a.* qch., in etw.
verfallen, sich etw. zuziehen, (eine
Strafe) verwirken.
Encrasser, *v. a.* schmutzig machen,
beschmutzen; s'—, sich beschmutzen;
*fg.* sich verächtlich machen.
Encre, *f.* Tinte; (Buchdr.) Dru=
ckerschwärze; — de Chine, Tusch,
*m.* 　　　　　　　 [tragen.
Encrer, *v. a.* (Buchdr.) Farbe auf=
Encrier, *masc.* Dintenfaß, *n.*;
(Buchdr.) Farbenstein, *m.* Farben=
brett, *n.*
Encroué, *adj.*, arbre —, ein ge=

fällter Baum, der sich in die Aeste
eines stehenden verwickelt.
Encroûter, *v. a.* bekrusten, mit
einer Kruste überziehen.
Encuirasser (s'), *fm.* sich mit
einer Kruste überziehen, v. Schmuß
starren.
†Enculasser, *v. a.* un fusil, die
Schwanzschraube an ein Gewehr
setzen, [in eine Kufe einweichen.
Encuver, *v. a.* in eine Kufe thun,
Encyclique, *adj.*, lettre —, Um=
laufschreiben, *n.*
Encyclopédie, *f.* Encyklopädie,
der Inbegriff aller Künste und Wis=
senschaften. 　　　　　 [disch.
Encyclopédique, *adj.* encyklopä=
Encyclopédiste, *m.* Encyklopädist.
Endécagone (spr. indé-), *m.* die
eilfseitige Figur, Eilfeck, *n.*
Endémique, *adj.* (Med.) einhei=
misch.
Endente, *f.* Verzahnung.
Endenter, *v. a.* verzahnen.
Endetter, *v. a.* mit Schulden be=
laden; s'—, sich in Schulden stecken.
Endêvé, e, *adj. fm.* starrköpfig;
—, *m. e, f.* Starrkopf, *m.*
Endêver, *v. n. pop.* sehr ärgerlich,
ganz toll werden.
Endiabler, *v. n. pop.* verteufelt
böse werden; faire —, halb todt
ärgern. 　　　　 [kleider anziehen.
Endimancher (s'), die Sonntags=
Endive, *f.* (Gärtn.) Endivie.
Endoctriner, *v. a. plais.* unter=
richten; *fg.* abrichten.
Endolori, e, *adj.* (Med.) schmerz=
haft, Schmerz leidend; *fm.* weh=
leidig. 　　　　　　 [gung, *f.*
†Endommagement, *m.* Beschädi=
Endormeur, *m.* Fuchsschwänzer.
*Endormir, *v. a.* einschläfern; *fg.*
*id.*, bethören; schläfrig machen; s'—,
einschlafen; *fg.* schläfrig werden,
versinken (im Laster, *x.*).
Endosse, *f. fm.* Last, Mühe (ei=
nes Geschäfts).
Endossement, *m.* Indossirung (*f.*),
Uebertragung (eines Wechsels).
Endosser, *v. a.* anlegen; (Handl.)
auswendig überschreiben, indossiren,
übertragen; *fg. fm.*— qn. de qch.,
einem etw. aufladen. 　　　 [sent.
Endosseur, *m.* (Handl.) Indof=
†Endrach, *m.* Thuinie, *f.* Smi=
thie (Baum in Madagaskar mit sehr
hartem Holz).
Endroit, *m.* Ort; Gegend, *f.*;
Stelle; die rechte Seite (eines Zeuges).
*Enduire, *v. a.* überziehen, über=
streichen, übertünchen. 　　[*m.*
Enduit, *m.* Tünche, *f.* Anwurf,
Endurant, e, *adj.* geduldig.
Endurcir, *v. a.* hart machen; ab=
verhärten; *fg. id.*, verstocken; s'—,

hart werden; sich verhärten; *fg. id.*, sich abhärten; sich verstocken.

Endurcissement, *m. fg.* Verstockung, *f.* Herzenshärtigkeit.

Endurer, *v. a.* leiden, aussteben, vertragen, erdulden.

†Enéide, *f.* Aeneide (Heldengedicht).     [*f.*

Energie, *f.* Nachdruck, *m.* Kraft,

Energique, *adj.; -ment, adv.:* kraftvoll, nachdrücklich, kernhaft.

Energumène, *m. et f.* Besessene; *fg.* Tollkopf, *m.*

Enerver, *v. a.* schwächen, entkräften, entnerven, erschlaffen.

Enfaiteau, *m.* Hohlziegel.

Enfaitement, *m.* die bleierne Verstärkung (eines Daches).

Enfaiter, *v. a.* verfirsten.

Enfance, *f.* Kindheit, Kinderei.

Enfant, *m. et f.* Kind, *n.;* — perdu, (Kriegswesen) die verlorne Schildwache; — trouvé, Findelkind, *n.*

Enfantement, *m.* Gebären; *n.;* douleurs de l'—, Geburtsschmerzen, *m. pl.*

Enfanter, *v. a.* gebären; *fg.* zur Welt bringen.

Enfantillage, *m.* das kindische Wesen, Kinderei, *f.*

Enfantin, e, *adj.* kindisch.

Enfariner, *v. a.* mit Mehl bestreuen; s'—, sich mit Mehl bestreuen; *fg.* — de qch., von etw. eingenommen werden; être enfariné de qch., eine leichten Anstrich von etw. (v. einer S. Kenntniß) haben; von etw. (v. einer Meinung) eingenommen seyn.

Enfer, *m.* Hölle, *f.; d'—,* höllisch.

Enfermer, *v. a.* ein=, verschließen; einsperren; *fg.* enthalten, umschließen; s'—, sich einschließen, sich einsperren.

Enferrer, *v. a.* durchstechen, durchbohren; (Jagd) anspießen; s'—, *fg.* sich selbst fangen, sich verschnappen.

†Enficeler, *v. a.* un chapeau, eine Schnur um einen Hut binden.

Enfilade, *f.* Reihe; (Trict.) Brücke; tirer d'—, (Sprw.) der Länge nach beschießen; —, (Kriegsw.) der Laufgraben, welcher der Länge nach bestrichen werden kann.

Enfiler, *v. a.* einfädeln; anreihen, anfassen; spießen, anspießen; *fg.* hineinziehen; aufhalten; — une allée, etc., in einen Gang treten, einen Gang, x. einschlagen; durchstreichen; — un discours, eine Rede anfangen; s'—, sich selbst spießen; *fg. id.;* (Trict.) sich verstricken.

Enfin, *adv.* endlich, zuletzt, kurz.

Enflammer, *v. a.* an=, entzünden; *fg.* entflammen; s'—, sich entzünden; *fg.* entbrennen.

†Enfléchures, *f. pl.* (Schifffahrt) Webeleinen (am Maste).

Enfler, *v. a.* aufblasen, aufschwellen, aufblähen; *fg.* vermehren; —, *v. n. et* s'—, schwellen; anlaufen; strotzen (v. Fett, x.); *fg.* sich aufblähen.

Enflure, *fém.* Geschwulst; *fg.* Schwulst, *m.* Aufgeblasenheit, *f.*

†Enfonçage, *m.* (Böttch.) Zuschlagen, *n.*

Enfoncement, *m.* Einschlagen, *n.* Einbrechen; (Kriegsw.) Ein=, Durchbrechen; Vertiefung, *f.* Hintergrund, *m.;* (Bauk.) Tiefe, *f.*

Enfoncer, *v. a.* einschlagen, einstoßen, eintreiben; (einen Pfahl) einrammen; (ein Zimmer, x.) ein=, aufsprengen, erbrechen; (Kriegsw.) ein=, durchbrechen, (den Hut) tief ins Gesicht drücken; (Böttch.) zuschlagen; senken; versenken; —, *v. n.* versinken; einbrechen; s'—, sich eintreiben, versinken; (Schifff.) *fg. id.*, tiefer eindringen.

Enfonceur, *m. fm.* de portes ouvertes, Prahlhans.

Enfonçure, *f.* Bodenholz, *n.* Bretter (eines Faßbodens), *pl.;* Bodenstücke.

Enforcir, *v. a.* stärker machen; —, *v. n. et* s'—, stärker werden.

†Enformer, *v. a.* über die Form schlagen.     [ren.

Enfouir, *v. a.* vergraben, verscharren.

†Enfourchement, *m.* Winkel (an einem Kreuzgewölbe); (Gärtn.) eine Art zu pfropfen.

Enfourcher, *v. a. fm.* un cheval, sich rittlings zu Pferde setzen; sich auf ein Pferd werfen.

Enfourner, *v. a.* in den Ofen schieben; —, *v. n.* bien ou mal, gut oder schlecht anfangen.

*Enfreindre, v. a.* übertreten, brechen.     [stecken.

Enfroquer, *v. a. fm.* ins Kloster

*Enfuir (s'),* davonlaufen, entfliehen; aus=, überlaufen; (vom Weine, x.).

Enfumer, *v. a.* räuchern, einräuchern; (Jagd) ausdämpfen.

†Enfutailler, *v. a.* in Fässer packen.

Engageant, e, *adj.* einnehmend, verführerisch.

Engagement, *m.* Verpfändung, *f.* || Verbindlichkeit, *f.* Versprechen, *n.;* *fg.* (Kriegsw.) Anwerbung, Handgeld, *n.;* Handgemenge, Treffen.

Engager, *v. a.* verpfänden, versetzen; *fg.* (sein Wort) geben; (sein Herz) verschenken || (einen) bewegen, veranlassen, vermögen, nöthigen, verpflichten, verbinden; (Bediente) dingen; (Soldaten) anwerben; in etw.

verwickeln; (Kriegsw.) — dans un défilé, in einen Engpaß locken; —, (ein Treffen) beginnen; (Fecht.) binden; s'— à qch., sich zu etw. verbindlich oder anheischig machen; sich verbindgen, sich anwerben lassen; s'— par écrit, sich verschreiben; s'—, sich immer tiefer in Schulden stecken; s'— pour qn., sich für einen verbürgen; s'— dans qch., sich in etw. verwickeln; *fg.* sich in etw. einlassen; s'— dans un bois, — sich zu weit in einen Wald vertiefen; s'— dans le mariage, in den Ehestand treten.

Engagiste, *m.* (jur.) der Inhaber eines verpfändeten Guts.

†Engainant, e, *adj.* (Bot.) scheidenförmig, scheidig.

Engainer, *v. a.* in die Scheide stecken.

†Engallage, *m.* das Färben mit Galläpfeln.     [färben.

†Engaller, *v. a.* mit Galläpfeln

†Engaver, *v. a.* äzen (v. Tauben).

Engeance, *f.* Art, Brut, *fg. mépr.* Brut, Gezücht, *n.*

†Engeancer, *v. a. fm.* une société de qn., eine Gesellschaft mit einem behängen.

Engelure, *f.* Frostbeule.

Engendrer, *v. a.* zeugen; *fg.* hervorbringen, verursachen; s'—, entstehen.

Engeoler, *v.* Enjôler.

Engeoleur, euse, *v.* Enjôleur.

Enger (vi.) de qch., mit etw. belasten, etw. aufbängen.

Engerber, *v. a.* in Garben binden; auf einander legen.

Engin, *m.* (Mech.) Werkzeug, *n.;* (Bergw.) Göpel, *m.;* (Bauk.) Winde, *f.;* Hebezeug, *n.* (Masl.) Richtholz.     [mit.

Englober, *v. a.* vereinigen, dans,

Engloutir, *v. a.* verschlingen; s'—, être englouti, versinken.

Engluer, *v. a.* mit Vogelleim bestreichen; s'—, sich fangen lassen.

Engoncer, *v. a.* verunstalten; il est tout — é dans cet habit, er steckt in diesem Kleid wie in einem Sack.

Engorgé, e, *adj.* zu voll, x.

Engorgement, *m.* Verstopfung, *f.;* (Med.) *id.*, Verschleimung.

Engorger, *v. a.* verstopfen; (Med.) *id.*, verschleimen; s'—, sich verstopfen; (Med.) *id.*, sich verschleimen; sich versanden (Seehafen).

Engouement, *m.* das Würgen im Halse; *fg.* die hartnäckige Verliebe.

Engouer (s') ein Würgen im Halse bekommen; *fg.* sich vernarren (de, in); hartnäckig eingenommen seyn (de, für).

Engouffrer (s'), sich verfangen (vom Wind); sich in einen Abgrund verlieren.

Engouler, *v. a. pop.* verſchlingen.

Engourdir, *v. a.* erſtarren machen; lähmen; betäuben; *fg.* lähmen, betäuben, erſchlaffen; s'—, erſtarren; *fg. id.*, erſchlaffen.

Engourdissement, *m.* Erſtarrung. *f.* Betäubung; *fg. id.*, Erſchlaffung.

Engrais, *m.* Maſtung, *f.*; Dünger, *m.*

Engraissement, *m.* Düngung, *f.*; (Zimm.) feſte Einfügung.

Engraisser, *v. a.* mäſten, düngen; —, *v. n. et* s'—, fett werden; ſich mäſten (auch *fg.*); ſich beſchmutzen.

Engranger, *v. a.* einſpeichern, in die Scheune bringen.

Engravement, *m.* (Schifff.) das Treiben auf den Sand, Sitzen auf dem Sande.

Engraver, *v. a.* (Schiff.) auf den Sand treiben; —, *v. n. et* s'—, ſich auf den Sand treiben.

Engrêler, *v. a.* mit kleinen und runden Zierathen am Rande ſchmücken.

Engrêlure, *f.* die Randverzierung mit rundlichen Zäckchen.

Engrenage, *m.* das Eingreifen der Räder in einander; Getriebe, Verzahnung, *f.*

Engrener, *v. a.* aufſchütten; (Vieh) mit gutem Korn füttern; *fg.* anfangen, einleiten; — la pompene, (Seew.) pumpen; —, *v. n.*, s'—, *v. r. et* être —é, (v. Rädern) in einander greifen.

Engrenure, *f.* Verzahnung.

Engrumeler, *v. n. et* s'—, gerinnen.

†Engyscope, *m.* Mikroscop, *n.*

Enhardir, *v. a.* beherzt machen; s'—, ſich ermannen, ſich erkühnen, ſich erdreiſten.

Enharmonique, *adj.* (Muſ.) enharmoniſch, durch Viertelstöne fortſchreitend. [ren, *n.*

†Enharnachement, *m.* Anſchir-Enharnacher, *v. a.* anſchirren, ſatteln.

Enherber, *v. a.* begraſen, mit Gras anſäen.

Enigmatique, *adj.*; -ment, *adv.*: räthſelhaft.

Enigme, *f.* Räthſel, *n.*

Enivrant, e, *adj.* berauſchend, betäubend.

Enivrement, *m.* Trunkenheit, *f.* (auch *fg.*).

Enivrer, *v. a.* berauſchen; *fg. id.*, betäuben; s'—, ſich betrinken, ſich berauſchen; *fg.* ſich bethören.

†Enjabler, *v. a.* une cuve, den Boden in eine Kufe einſalzen.

Enjambé, e, *adj.*, haut—, hoch—; langbeinig.

Enjambée, *f.* Schritt, *m.* Satz.

Enjambement, *m.* (Dichtk.) das

---

Ueberſchreiten des Sinnes eines Verſes in den folgenden.

Enjamber, *v. n.* lange Schritte machen; *fg.* hervorgehen, =ragen; — par-dessus qch., *et* —, *v. a.* qch., über etw. ſchreiten, wegſchreiten; *fg.* — sur qch., in etw. eingreifen: (Dichtk.) ce vers enjambe sur le suivant, der Sinn dieſes Verſes ſchreitet in den folgenden über.

Enjaveler, *v. a.* (Getreide) in Hauſen legen.

Enjeu, *m.* (Spiel) Einſatz.

*Enjoindre, *v. a.* einſchärfen, ſcharf anbefehlen, feſt einbinden.

Enjôler, *v. a. fm.* beſchwatzen.

Enjôleur, *m.* se, *f.* der ſchmeichleriſche Betrüger, die =inn.

Enjolivement, *m.* Enjolivure, *f.* die kleine Auszierung, Verzierung.

Enjoliver, *v. a.* verzieren.

Enjoliveur, *m.* Verzierer.

Enjolivure, *f.* Verzierung, Zierath, *m.*

Enjoué, e, *adj.* luſtig, munter.

Enjouement, *m.* Munterkeit, *f.*

Enkiridion, *m.* Handbüchlein, *n.*

Enkysté, e, *adj.* (Med.) in einem Sacke eingeſchloſſen; tumeur —, Sackgeſchwulſt, *f.*

Enlacement, *m.* Verflechtung, *f.*

Enlacer, *v. a.* in einander flechten, verflechten; (Zimm.) zuſammennageln; *fg.* ums, verſtricken.

†Enlaçure, *f.* (Zimm.) Vernageln, *n.*; Zapfenloch.

Enlaidir, *v. a.* häßlich machen; —, *v. n.* häßlich werden.

Enlaidissement, *m.* Häßlichwerden, *n.*

†Enlarme, *masc.* (Fiſch.) Reif; (Vogl.) Hauptmaſche, *f.*

†Enlarmer, *v. a.* un filet, (Fiſch.) ein Netz mit einem Reiſe verſehen; (Vogl.) die Hauptmaſchen an einem Netze machen; —, weit ſtricken.

Enlèvement, *m.* Raub; Entführung, *f.* Wegnahme.

Enlever, *v. a.* in die Höhe ziehen; wegnehmen; rauben, entreißen; (jemand) entführen; (Med.) ablöſen; (einen Leichnam, ꝛc.) wegtragen; (Handl.) aufkaufen; *fg.* entzücken; s'—, ſich ablöſen, ſich ſchälen; weggenommen, aufgekauft werden; *fg.* auffahren. [werf.

Enlevure, *f.* das erhabene Schnitz-Enlier, *v. a.* (Steine) verbinden.

Enligner, *v. a.* nach der Schnur richten.

Enluminer, *v. a.* illuminiren, ausmalen; *pop.* s'— la trogne, ſich voll ſaufen. [*m.* =inn, *f.*

Enlumineur, *m.* se, *f.* Ausmaler,

Enluminure, *f.* Illuminirkunſt; ausgemalte Figur, *f.*; *fg.* der bunte Schmuck.

---

Ennéagone, *m.* (Geom.) Neuneck, *n.* die neunſeitige Figur.

Ennéandrie, *f.* neunmännige oder neunfädige Pflanzenklaſſe.

Ennemi, m. e, *f.* Feind, *m.* =inn, *f.*; —, e, *adj.* feindlich, feindſelig.

Ennoblir, *v. a.* adeln; *fg.* veredeln.

†Ennoie, *m.* (Naturg.) Ringelſchlange, *f.*

Ennui, *m.* Langeweile, *f.*; Ueberdruß, *m.* Verdruß; Ekel; —s, Kummer, Sorgen, *f. pl.*

Ennuyant, e, Ennuyeux, se, *adj.*; ennuyeusement, *adv.*: langweilig, verdrießlich, überläſtig.

Ennuyer, *v. a.* qn., einem lange Weile verurſachen; s'—, lange Weile haben; —é de qch., einer S. überdrüſſig.

Ennuyeux, se, *adj.*, *v.* Ennuyant.

†Enodé, e, *adj.* (Bot.) knotenlos, glatt, gleich.

Enoncé, *m.* Angabe, *f.* Ausſage; Ausdruck, *m.* Vortrag.

Enoncer, *v. a.* wörtlich ausdrücken; vorbringen; (jur.) ausſagen; s'—, ſich ausdrücken; ſich erklären.

Enonciatif, ve, *adj.* erwähnend.

Enonciation, *f.* Ausdruck, *m.*; Vertrag; (Log.) bejahende oder verneinende Satz.

Enorgueillir, *v. a.* ſtolz machen; s'—, ſtolz ſeyn (de, auf); hochmüthig werden.

Enorme, *adj.*; -ément, *adv.*: ungeheuer; *fg. id.*, abſcheulich, unerhört. [*f.* Abſcheulichkeit.

Enormité, *f.* die ungeheure Größe,

Enouer, *v. a.* (Tuch) noppen.

Enquérant, e, *adj. fm.* vorwitzig.

*Enquérir (s') de qch., einer S. nachfragen, ſich nach etw. erkundigen; enquis, e, befragt.

Enquête, *f.* Unterſuchung; Zeugenverhör, *n.* [nach).

Enquêter (s'), ſich erkundigen (de,

Enquêteur, *m.* (jur.) Unterſucher.

Enquis, e, *v.* Enquérir.

Enraciner, *v. n. et* s'—, einwurzeln.

Enrager, *v. n.* raſen, wüthen, toben; raſend, toll werden; la musique —ée, Katzenmuſik; *fg.*

Enrayer, *v. a.* (Landw.) anpflügen; — une roue, (Wagn.) Speichen in ein Rad machen; ein Rad ſperren, hemmen; —, *v. n. fg. fm.* einhalten.

Enrayure, *f.* (Landw.) die erſte Furche; (Zimm.) der Werkſatz des Dachſtuhls; (Wagn.) Hemmkette, *f.*

Enrégimenter, *v. a.* (Kriegsw.) einem Regimente einverleiben; in Regimenter eintheilen.

Enregistrement, *m.* Eintragung, *f.* Eintragungsacte; Eintragungsgebühr.

Enregistrer, *v. a.* einschreiben; eintragen; (jur.) protocolliren.

Enrhumer, *v. a.* qn., einem den Schnupfen verursachen; s' —, den Schnupfen bekommen; être —é, den Schnupfen haben.

Enrichir, *v. a.* bereichern; *fg. id.*; ausschmücken; s' —, sich bereichern.

Enrichissement, *m.* Bereicherung, *f.; fg.* Auszierung.

Enrôlement, *m.* Werbung, *f.* Anwerbung, Werbschein, *m.*

Enrôler, *v. a.* anwerben (auch *fg.*); einschreiben; s' —, sich anwerben lassen; *fg. fm.* s' — dans une compagnie, sich in eine Gesellschaft aufnehmen lassen.

Enrôleur, *m.* Werber.

Enrouement, *m.* Heiserkeit, *f.*

Enrouer, *v. a.* heiser machen; s' —, heiser werden.

Enrouiller, *v. a.* rostig machen; *fg.* träge machen; s' —; rostig werden, einrosten; verrosten; *fg.* träge werden.

Enroulement, *masc.* (Bauk.) Schnörkel.

Enrouler, *v. a.* in etw. rollen.

†Enrue, *f.* (Landw.) die breite, tiefe Furche.

Ensablement, *m.* Sandhaufen; (Versandung, *f.*)

Ensabler, *v. a.* (Schifff.) auf den Sand setzen; s' —, auf den Sand laufen.

Ensacher, *v. a.* einsacken, in Säcke füllen.

Ensaisinement, *m.* (Lehenw.) die Anerkennung des Besitzes.

Ensaisiner, *v. a.*, — un contrat, (Lehenw.) den Besitz der durch einen Vertrag erlangten zinspflichtigen Güter anerkennen.

Ensanglanter, *v. a.* blutig machen; mit Blut beflecken, besprützen.

Enseigne, *m.* Fähnbrich; —, *f.* Fahne; Schild, *n.*; Kennzeichen, *n.*; à bonnes —s, mit vollem Recht.

Enseignement, *m.* Unterricht, Unterweisung, *f.* Lehre; —s, (jur.) Beweisschriften, *pl.*

Enseigner, *v. a.* lehren, unterweisen, zeigen.

Ensellé, *e, adj.* (Thiera.) sattelstief.

Ensemble, *m.* Ganze, *n.; fg. id.*, Zusammenhang, *m.; —, adv.* zugleich, mit einander, zusammen, beisammen.

Ensemencement, *m.* Säen, *n.* (Einsäen, Besäen.)

Ensemencer, *v. a.* besäen.

Enserrer, *v. a.* ein, verschließen.

Ensevelir, *v. a.* begraben (auch *fg.*), beerdigen, bestatten, in ein Leichentuch einwickeln, ein Todtengewand anlegen; s' —, *fg.* sich begraben; sich vertiefen.

Ensevelissement, *m.* Beerdigung.

†Ensiforme, *adj.* (Bot.) schwertförmig.

†Ensimage, *m.* Einschmalzen, *n.*

†Ensimer, *v. a.* (Tuch) einschmalzen. [hetzen.

Ensorceler, *v. a.* bezaubern, behetzen.

Ensorceleur, *m.* se, *f.* Zauberer, *m.* =inn, *f.*

Ensorcellement, *m.* Bezauberung, *f.* Zauberei; *fg. id.*

Ensoufrer, *v. a.* schwefeln.

†Ensoufroir, *m.* Schwefelkasten.

†Ensouple, *v.* Ensuple.

†Ensoyer, *v. a.* le fil, Borsten an den Pechdraht machen.

Ensuite, *adv.* hernach; — de cela, de quoi, hierauf, werauf.

Ensuivant, *e, adj. ol.* (jur.) folgend. [(de, aus).

Ensuivre (s'), folgen, erfolgen

†Ensuple, Ensuble, *f.* Weberbaum, *m.*; monter sur l' —, aufbäumen. [fims, *n.* Gebälf.

Entablement, *m.* (Bauk.) Gesims, *n.* Gebälk.

Entabler (s'), (Reitsch.) das Kreuz eher als die Brust vorschieben.

Entacher, *v. a. fg.* anstecken, behaften. [*m.* Falz.

Entaille, Entaillure, *f.* Einschnitt; Entailler, *v. a.* einschneiden, einkerben; falzen. [*m.*

Entame, *f.* Anschnitt (vom Brod).

Entamer, *v. a.* anschneiden; verletzen; (Geld u.) angreifen; *fg.* anfangen; (einen) gewinnen; — un corps de troupes, (in ein Truppencorps eindringen, einhauen.

Entamure, *f.* Schnitt, *m.*; Anschnitt; (Bauk.) Anbruch; (Chir.) Schramme, *f.*

†En tant que, *loc. conj.* in so fern (als.) [fung, *f.*

Entassement, *m.* Ans, Aufhäufung.

Entasser, *v. a.* ans, aufhäufen, aufthürmen; (Garben) bansen.

Ente, *f.* der ausgestopfte Lockvogel; Pfropfreis, *n.* Impfreis, Pinselstiel, *m.* [inheit.

†Entéléchie, *f.* (Lehrst.) Vollkommenheit.

Entendement, *m.* Verstand, Erkenntnißvermögen, *n.*

Entendeur, *m.* der etw. hört, faßt; à bon — salut, (Sprichw.) wen es trifft, der merke sich's; wen es angeht, der nehme es für sich.

Entendre, *v. a.* hören, vernehmen; verstehen; begreifen; — raison, *fg.* bedeuten lassen; — *v. n.* wollen, meinen; einwilligen; donner à —, sich verlauten lassen; s' —, sich (mit jemand) verstehen; s' — à etw., *fg.* sich auf etw. verstehen; Kenntniß von etw. haben; à l' —, ihm zufolge.

Entendu, *e, adj.* geschickt, wohlerfahren; bien —, wohl angeordnet; bien —, *adv.* allerdings; bien — que.., *conj.* wohlverstanden daß.., mit der Bedingung, daß..; — *m.*, faire l' —, den Klugen spielen.

Entente, *f.* Sinn (eines Wortes), *m.*; (Zeich.) die Einsicht in der Anordnung; double —, Doppelsinn, *m.* [impfen, äugeln.

Enter, *v. a.* (Gärtn.) pfropfen,

Entérinement, *m.* (jur.) Annahme, *f.* Gutheißen, *n.*

Entériner, *v. a.* (jur.) annehmen, gutheißen, bestätigen.

†Entérite, *f.* (Med.) Darmentzündung. [bruch, *m.*

†Entérocèle, *f.* (Med.) Darmbruch,

†Entérologie, *f.* (Anat.) Eingeweidelehre.

†Entéromphale, *f.* (Med.) Nabelbruch, *m.* [brig liegend.

Enterré, *e, adj.* (Bauk.) zu niedrig liegend.

Enterrement, *m.* Beerdigung, *f.*

Enterrer, *v. a.* beerdigen, begraben, beisetzen, bestatten; (etw.) verscharren; *fg.* —qn., einen überleben.

Entêté, *m.* Starrkopf, Tropfkopf.

Entêté, *e, adj.* eigensinnig, starrköpfig.

Entêtement, *m.* Eigensinn.

Entêter, *v. a.* qn., einem den Kopf einnehmen; s' — de qch.; sich etw. in den Kopf setzen.

Enthousiasme, *m.* Begeisterung, *f.* Entzückung, Schwärmerei.

Enthousiasmer, *v. a.* entzücken; s' —, in Begeisterung gerathen.

Enthousiaste, *m. et f.* Schwärmer, *m.* =inn, *f.*

Enthymème, *m.* (Log.) der abgekürzte Vernunftschluß.

Enticher, *v. a. fg. fm.* anstecken.

Entier, *ère, adj.* ganz, völlig; unverfehrt; vollkommen; *m. p.* eigensinnig, halsstarrig; cheval — Hengst, *m.*; — *m.* Ganze, *n.*; en —, gänzlich, ganz, völlig.

Entièrement, *adv.* ganz, gänzlich, völlig, durchaus.

Entité, *f.* (Philos.) Wesen, *n.*

Entoilage, *m.* Epitpenzeug, *n.*

Entoiler, *v. a.* auf Leinwand nähen; auf Leinwand leimen.

Entoir, *m.* Pfropfmesser, *n.*

†Entoiser, *v. a.* klaftern; aufklaftern.

†Entomolithes, *f. pl.* versteinerte Insekten, Zieferversteinerungen, *n.*

Entomologie, *f.* Insektenlehre.

Entomologique, *f.* zur Insektenlehre gehörend.

Entomologiste, *m.* Insektenkenner.

†Entomophage, *adject.* Insekten fressend.

Entonner, *v. a.* in Fässer gießen, füllen; (Mus.) anstimmen; *fg.* s' —, (vom Winde) sich verfangen.

Entonnoir, *m.* Trichter.

Entorse, *f.* Verrenkung, Verbrechung; se donner une — au pied, den Fuß verstauchen; *fg.* donner une — à qn., à qch., jemand einen

Schaden zufügen; etwas verdrehen.

†Entortillage, *m.* Verwickelung, *f.* Verwirrung (Styl).

Entortillement, *m.* Winden, *n.* Krümmen; *fg.* Verwickelung, *fém.* Verschrobenheit.

Entortiller, *v. a.* umwickeln, umwinden, winden, einwickeln; *fg.* verwickeln; s'—, sich herumwinden.

Entour, *m.* meist *pl.* entours, Umgebungen, *f. pl.*; à l'—, *adv.* rings umher.

Entourage, *m.* Umgebung (einer Person), *f.* [gen.

Entourer, *v. a.* umgeben, umringen.

Entournure, *f.* (Näh.) der Ausschnitt des Aermels an der Achsel.

Entr'accorder (s'), *v. r.* sich mit einander verstehen. [anklagen.

Entr'accuser (s'), *v. r.* einander

Entr'acte, *m.* (Theat.) Zwischenspiel; *n.*; Zwischenzeit (zwischen zwei Aufzügen), *f.*

Entr'aider (s'), *v. r.* einander beistehen. [tend.

Entrailles, *f. pl.* Eingeweide, *n. pl.*; *fg.* Herz, *n.* Gefühl, Mitleiden.

Entr'aimer (s'), *v. r.* einander lieben. [tend.

Entrainant, e, *adj. fg.* hinreißend.

Entrainement, *m.* Hinreißung, *f.* hinreißende Gewalt.

Entrainer, *v. a.* fortreißen; *fg.* hinreißen; an od. nach sich ziehen.

Entrait, *m.* (Zimm.) Spannriegel.

Entr'appeler (s'), *v. r.* einander rufen.

Entraver, *v. a.* (ein Pferd) spannen; *fg.* fesseln, hindern, hemmen.

Entr'avertir (s'), *v. r.* einander benachrichtigen.

Entraves, *f. pl.* (Reitsch.) Fußfeil, *n.* Spannstricke, *m. pl.*; Fesseln, *f. pl.*; *fg.* Hindernis, *n.*

Entravon, *m.* der Ring an der Fessel.

Entre, *prép.* zwischen; unter; in; d'—, aus, von.

Entre-bâillé, e, *adj.* halb offen.

Entre-bâiller, *v. a.* halb öffnen.

Entre-baiser (s'), *v. r.* einander küssen.

†Entrebandes, Entrebattes, *f. pl.* (Tuchm.) Sahlband, *n.* Zetteln-Ende.

†Entre-bas, *m.* (Tuchm.) das ungleiche Gewebe. [sprung.

Entrechat, *m.* (Tanzkunst) Kreuz-

Entre-choquer (s'), *v. r.* an einander stoßen; *fg.* einander anfeinden.

Entre-colonne, Entre-colonnement, *m.* (Bauk.) Säulenweite, *f.*

Entre-côte, *n.* (Metzg.) Zwischenrippenstück, *n.*

Entrecoupé, e, *adj.* unterbrochen.

Entrecouper, *v. a.* durchschneiden; s'—, (Reitsch.) sich streifen.

Entre-croiser (s'), *v. r.* sich kreuzen, einander durchkreuzen.

Entre-déchirer (s'), *v. r.* einander zerreißen; *fg.* einander verleumden.

Entre-détruire (s'), *v. r.* einander aufreiben; umbringen.

Entre-deux, *m.* Zwischenraum; Zwischenwand, *f.*; — des épaules, die Weite zwischen den Schultern; —, Mittelstück (am Stockfisch), *n.*; —, *adv.* halb und halb; so, so; Verdecken.

Entre-dévorer (s'), *v. r.* einander zerreißen, vernichten.

Entre-donner (s'), *v. r.* einander geben.

Entrée, *f.* Eingang, *m.*; Einfahrt, *f.*; Oeffnung (eines Gutes, &c.); Eintritt, *m.* Einzug, Einmarsch; — à cheval, Einritt; —, Zutritt (zu jemand); *m.* (Theat., &c.) Einganszoll, *m.*; Anfang; Anlaß, *m.* (Kochk.) Voressen, *n.*; (Zin.) Eintrittsgeld; *n.*; (Schloss.) Schlüsselloch; *n.*, gleich anfangs.

Entrefaites, *f. pl.*, sur, dans ces —, in der Zwischenzeit; mittlerweile, unterdessen. [schlagen.

Entre-frapper (s'), *v. r.* einander

Entregent, *m.* das Geschick im Umgange.

Entr'égorger (s'), *v. r.* einander umbringen oder ermorden.

†Entre-heurter (s'), *v. r.* an einander anstoßen.

Entrelacement, *m.* Geflecht, *n.*

Entrelacer, *v. a.* durchflechten, durchweben; (in etw.) einflechten; (Buchstaben) verziehen, verschlingen.

Entrelacs, *m. pl.* der geschlungene Zierath, Flechtwerk, *n.* Geflecht; (Schreibf.) Kettenzüge, *m. pl.*

Entrelardé, e, *adj.* mit Fett durchwachsen (Fleisch).

Entrelarder, *v. a.* durchspicken; *fg. id.*; (Bücher) durchschießen.

Entre-ligne, *f.* Zwischenzeile.

Entre-luire, *v. n.* durchscheinen; schwach leuchten.

Entre-manger (s'), *v. r.* einander auffressen.

Entremêler, *v. a.* untermengen, untermischen; einflechten; ein- versetzen; s'—dans qch., sich in etwas mischen.

Entremets, *m.* (Kochk.) Beiessen, *n.* Beigericht, *n.*

Entremetteur, *m.* se, *f.* Unterhändler, *masc.* Gelegenheitsmacher, Kuppler, -inn, *f.*

*Entremettre (s') de qch., sich bei etw. ins Mittel schlagen; s'—pour qn., pour qch., sich für jemand, für etw. verwenden.

Entremise, *f.* Vermittlung, Fürsprache.

Entre-nœud, *m.* (Bot.) der Platz

zwischen zwei Knoten oder Absätzen eines Stengels.

Entre-nuire (s'), *v. r.* einander schaden. [einander unterreden.

†Entre-parler (s'), *v. r.* sich mit

Entrepas, *m.* (Reitsch.) Mittelpaß.

Entre-percer (s'), *v. r.* einander durchbohren.

Entre-pont, *m.* (Schiff.) das Zwischendeck, der Raum (zwischen zwei Verdecken).

Entreposer, *v. a.* (Waaren) in ein Lager niederlegen.

Entreposeur, *m.* (Handl.) Niederlagsaufseher, Zwischenverkäufer.

Entrepôt, *m.* Niederlage, *f.*; Stapelplatz, *m.* Lagerhaus, *n.*

Entre-pousser (s'), *v. r.* einander stoßen.

Entreprenant, e, *adj.* unternehmend, kühn, verwegen.

Entreprendre, *v. a.* unternehmen; übernehmen; — qn., sich an jemand machen, mit einem anbinden; — sur qch., sich an etw. vergreifen; sich etwas anmaßen; —, (Med.) steif machen, befangen.

Entrepreneur, *m.* se, *f.* Unternehmer, *inn*; Akkordant, *inn*.

Entreprise, *f.* Unternehmen, *n.* Unternehmung, *f.*; Eingriff (sur, in), *m.* [einander zanken.

Entre-quereller (s'), *v. r.* mit

Entrer, *v. n.* einge-, hinein-, hereingehen, eintreten; hinein-, hereinkommen, eingehen; (im Wagen) einfahren; (zu Pferd) ein-, hineinreiten; (Schiff.) einlaufen; (Kriegsw.) einmarschiren; — par force, einbrechen; —, *fg.* einhineindringen; — en guerre, den Krieg beginnen; — en campagne, den Feldzug eröffnen; — en procès, einen Proceß anfangen; — en colère, in Zorn gerathen; — dans qch., zu etw. gebraucht werden (zum Bauen, &c.).

Entre-répondre (s'), *v. r.* einander antworten. [helfen.

Entre-secourir (s'), *v. r.* einander

Entresol, *m.* (Bauk.) Zwischengeschoß, *n.* [folgen.

Entre-suivre (s'), *v. r.* auf einander

Entretaille, *f.* ein gewisser Tanzschritt; (Kupferst.) der feine Strich zwischen stärkern.

Entre-tailler (s'), *v. r.* (Reitsch.) die Füße an einander schlagen.

Entretaillure, *f.* (Thiera.) die Wunde vom Anschlagen der Füße.

Entre-temps, *m.* Zwischenzeit, *f.* Entretènement, *m.* Unterhalt.

*Entretenir, *v. a.* fest zusammenhalten (von Balken, &c.); erhalten, unterhalten (auch *fg.*); (Wild) hägen; aufhalten; *fg.* (durch Gespräch,

x.) unterhalten; s'—, (auch *v. r.*) sich unterhalten, sich erhalten; s'—, *v. r.* einander halten (v. Sachen).

.Entretien, *m.* Unterhalt; Erhaltung, *f.* || Unterhaltung, Unterredung.

Entretoile, *f.* (Näh.) Spitzenstich, *m.* [ten, *m.* Riegel.

Entretoise, *f.* (Zimm.) Querbal=
†Entre-tuer (s'), *v. r.* einander umbringen.

*Entrevoir, *v. a.* nur halb sehen, ein wenig sehen; *fg.* vermuthen, merken.

.Entrevous, *m.* (Maur.) der Zwi=schenraum zwischen zwei Balken.

Entrevue, *f.* Zusammenkunft.

Entr'ouïr, *v. a.* nur halb hören.

Entr'ouvert, e, *adj.* baib offen; un cheval —, ein Pferd das sich die Schulterknochen verrenkt hat.

Entr'ouverture, *f.* (Thierarzneit.) Schulterverrenkung.

Entr'ouvrir, *v. a.* halb öffnen; s'—, (Bauf.) Risse bekommen.

Enture, *f.* (Gärtn.) Pfropfspalt, *m.*; Sprosse, *f.*

†Enule-campane, *f.* (Botanik) Alantwurzel. [zählung macht.

Enumérateur, *m.* der die Auf=
Enumératif, ve, *adj.* herzählend.

Enumération (.) Her=, Aufzäh=len, *n.*

Enumérer, *v. a.* her=, aufzählen.

Envahir, *v. a.* überfallen, befrie=gen, einfallen ( un pays, in ein Land); an sich reißen.

Envahissement, *m.* der gewaltsa=me Ueberfall, Einfall, Wegnahme, *f.*

Envahisseur, *m.* der etw. mit Ge=walt wegnimmt, überfällt.

†Envélioter, *v. a.* in Häufchen setzen (Heu).

Enveloppe, *f.* Umschlag, *m.* De=de, *f.* Hülle.

.Envelopper, *v. a.* einwickeln, ein=hüllen; einen Umschlag machen (qch., um etw.); verwickeln; (Kriegsw.) umringen, umzingeln; *fg.* verhüllen; *m.p.*verstricken; s'—, sich einwickeln.

Envenimer, *v. a.* vergiften; *fg. id.*, verschlimmern; (Worte) übel auslegen; erbittern. [ten.

Enverger, *v. a.* mit Weiden flech=
Envergue, *f.* Anbinden (der Se=gel), *n.*; Flügelweite (der Vögel), *f.*

Envergure, *f.* Anbinden (der Se=gel), *n.*; Flügelweite (der Vögel), *f.*

Envers, *prép.* gegen; à l'—, *adv.* verkehrt, rückwärts; —, *m.* die un=rechte Seite.

Envi (à l'), *adv.* um die Wette.

Envie, *f.* Neid, *m.* Mißgunst, Eifersucht || Lust, Begierde, Ver=langen, *m.*; Kitzel, *m.*; l'extrême —, der Drang; —, (Med.) Muttermahl, *n.*; Nagelwurzel, *f.*

---

Envieillir, *v. a.* alt scheinen ma=chen; —i, e, veraltet, eingewurzelt.

Envier, *v. a.* beneiden; mißgön=nen; ne pas —, gönnen; —, mit Sehnsucht verlangen.

Envieux, se, *adj.* neidisch, miß=günstig, scheelsüchtig; —, *m.* Neider, Hasser. [chend.

Enviné, e, *adj.* nach Wein rie=
Environ, *adv.* ungefähr, beinahe, etwa, beiläufig; —s, *m. pl.* die um=liegende Gegend.

Environner, *v. a.* umgeben, um=ringen.

Envisager, *v. a.* ins Gesicht sehen, ansehen; *fg.* ansehen, betrachten, berücksichtigen; vor sich sehen.

Envoi, *m.* Versendung, *f.* Ab=schidung. [Eisen).

Envoiler (s'), krumm werden (v. Envoisiné, e, *adj. fm.* bien —, gute Nachbarn habend.

Envoler (s'), davonfliegen.

Envoûter, *v. a. ol.* durch Stechen, Zerreißen, Verbrennen eines Wachs=bildes zu Tode zaubern.

Envoyé, *m.* Abgesandte.

Envoyer, *v. a.* senden, schicken; einsenden; übermachen.

Eolien, ne, Eolique, *adj.* (gr. Gramm.) äolisch. [gel, *f.*

Eolipyle, *m.* (Phys.) Dampfku=
Epacte, *f.* Epacte. [*m.*

Epagneul, *m.* e, *f.* Wachtelhund;
†Épagomènes, *m. pl.* die fünf Er=gänzungstage des ägyptischen Jahrs.

Epais, se, *adj.* dick, dicht; —, *adv. id.*; *fg.* grob, plump, schwerfällig; —, *m.* Epaisseur.

Épaisseur, *f.* Dicke, Dichtigkeit.

Épaissir, *v. a.* dick machen, ver=dicken; —, *v. n.* et s'—, dick wer=den, sich verdicken; *fg.* schwerfällig werden.

Epaississement, *m.* Verdickung, *f.*

Epamprement, *m.* Ablauben des Weinstockes, *n.*

Epamprer, *v. a.* ablauben, ab=blättern (Reben). [*fg. id.*

Epanchement, *m.* Ergießung, *f.*;
Epancher, *v. a.* aus=, ergießen; *fg. id.*, ausschütten.

Epandre, *v. a.* ausbreiten, aus=streuen; s'—, sich ausbreiten.

†Épanorthose, *f.* (Rhet.) die Ve=richtigung und Verstärkung des Ge=sagten.

Epanouir, *v. n.* et s'—, aufblü=hen, ausbrechen; *fg.* sich aufheitern; —, *v. a. fm.* la rate, lustig machen, ergötzen.

Epanouissement, *m.* Aufblühen, *n.*; *fg.* Ergießung, *f.*; — de rate, Ergötzung.

Eparcet, *m. v.* Esparcette.

Eparer (s'), (von Pferden) mit beiden Hinterfüßen ausschlagen.

---

Épargnant, e, *adj. p. us.* spar=sam; *m. p.* filzig.

Epargne, *f.* Sparsamkeit, Erspar=niß; tailler en —, auf Holzschnitt=art ausgraben.

Epargner, *v. a.* sparen, ersparen; (Mal.) aussparen; *fg.* schonen, ver=schonen; s'—, sich schonen.

Eparpillement, *m.* Zerstreuung, *f.*

Eparpiller, *v. a.* zerstreuen, um=herstreuen; *fm.* verzetteln; *fg.* ver=schwenden. [Flaggenstock.

Epars, e, *adj.* zerstreut; —, *m.*

Eparvin *ou* Epervin, *m.* Spath (Kniegeschwulst der Pferde).

Epaté, e, *adj.* platt, eingedrückt; nez —, Plattnase, *f.*

Epater, *v. a.* den Fuß an (einem Glase) abschlagen. [*m.*

†Épaufrure, *f.* (Maur.) Splitter,
Epaulard, *m.* Nordkaper (Fisch).

Epaule, *f.* Schulter, Achsel; prêter l'— à qn., einem beistehen; donner un coup d'— à qn., einem helfen; —, Bug (von Thieren), *m.*; — de mouton, (Zimm.) Schlichtart, *f.*

Épaulé, e, *adj.* (Gärtn.) geschlipt, emblößt; bête —ée, *fm.* Geschän=bete, *f.*; Strohkopf, *m.*

Epaulée, *f.* Schieben, *n.* der Druck mit der Schulter; par —s, *fm.* stoß=weise, nachlässig; —, (Metzg.) Ham=mels=Vorderviertel, *n.*

Epaulement, *m.* (Fortif.) Brust=wehr, *f.*

Epauler, *v. a.* (Thiera.) buglahm machen; || *fm.* unterstützen; (Fortif.) decken.

Epaulette, *f.* (Näh.) Achselstück, *n.* (Kriegsw.) Achselband.

†Épaulière, *f.* (Waff.) Schulter=blech, *n.* [ten, *m.*

†Epaure, *f.* (Schifff.) Verdeckbal=
Epave, *adj.* verlaufen (Thier); herrenlos; —, *f.* das verlaufene Thier; die herrenlose Sache; —, de mer, Strandgut, *n.*; droit d'—, Strandrecht. [Dinkel.

Epeautre, *masc.* (Landw.) Spelz,
Epée, *f.* Degen, *m.*; *fg.* Solda=tenstand; passer au fil de l'—, nie=dermetzeln; *fg.* à la pointe de l'—, mit Gewalt. [*m.*

†Epeiche, *f.* (Naturg.) Rothspecht,
Epeler, *v. a.* buchstabiren.

Epellation, *f.* Buchstabiren, *n.*

Epenthèse, *m.* (Gramm.) Einschal=tung eines Buchstabens od. einer Syl=be, *f.*

Epenthétique, *adj.* eingeschaltet.

Eperdu, e, *adj.* bestürzt; außer sich; -ment, *adv.* äußerst; aufs heftigste.

Eperlan, *masc.* Spierling, Stint (Fisch).

Eperon, *m.* Sporn, Schiffsschnabel; die Runzel am Augenwinkel; (Bauf.) Strebepfeiler, *m.*

Éperonné, e, *adj.* gespornt, runzelig an den Augenwinkeln.

Éperonner, *v. a.* anspornen, die Sporen geben.     [Sporer.

Éperonnier, *m.* Sporenmacher,

Épervier, *m.* Sperber; (Fisch.) Hamen, Wurfnetz, *n.;* (Chir.) Nasenbinde, *f.*     [kraut, *n.*

Épervière, *f.* (Bot.) Habichts-

†Éphébe, *m.* (Med.) der mannbare Jüngling.

Éphélides, *f. pl.* (Med.) Sommersflecken, *m. pl.*

Éphémére, *adj.* eintägig; *fg.* vorübergehend, ohne Dauer; —, *f.* Eintagsfliege, Haft, *n.*

Éphémérides, *f. pl.* (Astr.) Tagebuch, *n.* Tagblatt.

†Éphétes, *m. pl.* Epheten (Richter zu Athen).

†Éphialte, *m.* (Med.) Alp.

Éphod, *m.* (jüd. Alt.) Ephod, *n.* Brustkleid.     [Ephoren.

Éphores, *m. pl.* (griech. Alt.)

Épi, *m.* Aehre, *f.;* (Chir.) Binde; (Schloss.) eiserne Spitze; (Hydr.) Schutzwehr, das Ende eines Dammes.

Épial, e, *adj.* (Med.) fiévre —e, das hitzige Frostfieber.

†Épian, *m.* (Med.) *v.* Pian.

†Épicarpe, *m.* (Apoth.) Pulsumschlag.

Épice, *f.* Gewürz, *n.;* Spezerei, *f.; fg. fm.* fine —, der verschmizte Kopf; chére —, die theure Waare; —s, die Sporteln; pain d'—s, Pfeffer-, Honigkuchen, *m.*

Épicéne, *adj.*, nom — ou —, *m.* das Wort welches von beiderlei Geschlecht gebraucht wird. [fen.

Épicer, *v. a.* würzen; *fg.* schröp-

†Épicérastique, *adj.*, remède — ou —, (Apoth.) das die Schärfe der Säfte mildernde Mittel.

Épicerie, *f.* Spezereiwaare; Gewürzhandel, *m.*

Épichéréme, *m.* (Log.) Schluss, worin jedem Vordersatze der Beweis gleich beigefügt wird.

Épicier, *m.* ére, *f.* Spezereihändler, *m.* -inn, *f.*

Épicurien, *m.* (Philos.) Epikuräer; *fg. id.*, Wollüstling; —, ne, *adj.* epikuräisch.

Épicurisme, *m.* die epikuräische Lehre; *fg.* sinnliche Lebensart.

Épicycle, *m.* ol. (Astr.) Nebenkreis, Epicykel.     [linie.

†Épi-d'eau, *m.* (Bot.) Laichkraut, *n.* Samenkraut.

Épin¬alie¬, *m.* ére, *f.* Nadler, *m.* -inn, *f.;* Rechen am Spinnrade, *m.*

Épiniére, *adj.*, moelle —, (Anat.) Rückenmark, *n.*

Épiniers, *m. pl.* Dorngebüsch, *n.*

Épinoche, *f.* Sticherling (Fisch), *m.;* —, die beste Art Kaffee.

einen ährenförmigen Haarbüschel endigt.

Épier, *v. a.* qn., einen belauern, einem auflauern; — qch., auf etw. lauern, etw. suchen; ausspähen.

Épier, *v. n.* (Landw.) in Aehren schießen.

Épierrer, *v. a.* (Landw.) von Steinen säubern.

Épieu, *m.* (Jagd) Fangeisen, *n.* Spieß, *m.* Schweinsfeder, *f.*

Épigastre, *m.* (Anat.) Oberbauch.

Épigastrique, *adj.*, (Anal.) région —, Oberbauch.

†Épigeonner, *v. a.* (den Gyps) dick und sachte auftragen.

Épiglotte, *f.* (Anat.) Kehldeckel, *m.* Zäpflein, *n.*

Épigrammatique, *adj.* epigrammatisch.     [mendichter.

Épigrammatiste, *m.* Epigram-

Épigramme, *f.* Sinngedicht, *n.*

Épigraphe, *f.* Ueberschrift; Motto, *n.*     [rend.

Épilatoire, *adj.* (Med.) enthaa-

Épilepsie, *f.* (Med.) die fallende Sucht, Fallsucht.

Épileptique, *adj.* (Med.) fallsüchtig; —, *m. et f.* Fallsüchtige.

Épiler, *v. a.* (Med.) enthaaren.

Épillet, *m.* (Bot.) Grasährchen, *n.*

†Épilobe, *m.* (Bot.) Weiderich, Unholdenkraut, *n.*     [f.

Épilogue, *m.* (Rhet.) Schlußrede,

Épiloguer, *v. n. et a. fm.* kritteln.

Épilogueur, *m. fm.* Krittler.

Épinard, *m.* (Bot.) Spinat (meist —s).

†Épincer, Épinceler, *v. a.* (Tuch)

Épinçoir, *m.* (Pflast.) Hammer.

Épine, *f.* Dorn, *m.; fg. id.;* —s, *fg.* Dornen, *pl.* Schwierigkeiten, *f. pl.;* Verdruß, *m.;* — du dos, Rückgrath; — du nez, Nasenspitze, *f.*

Épinette, *f.* Spinett (Clavier), *n.;* (Landw.) Mästkäfig, *m.*

Épineux, se, *adj.* dornig, stachlig; *fg. id.*, bedenklich, mißlich, gefährlich; *fm.* hakelig, kipelig.

Épine-vinette, *f.* Sauerach, *m.* Sauerdorn; Berberisbeere, *f.*

Épingare, *m.* eine kleine Kanone.

Épingle, *f.* Stecknadel; —s, Nadelgeld, *n.;* tiré à quatre —s, zu geziert, geschniegelt; tirer son — du jeu, sich aus einem schlimmen Handel herauswickeln.

Épinglette, *f.* (Artill., *2c.*) Raumnadel.

†Épinyctides, *fém. pl.* (Med.) Nachtblattern.

Épiphanie, *f.* Dreikönigsfest, *n.*

Épiphonéme, *m.* (Rhet.) der sinnvolle Schluß.     [n.

Épiphore, *f.* (Med.) Augenrinnen,

†Épiphyse, *f.* (Anat.) Ansatz (an einem Beine), *m.*     [m.

†Épiplocéle, *f.* (Med.) Netzbruch,

†Épiploïque, *adj.*, artére —, (Anat.) Netzpulsader, *f.*

†Épiplomphale, *f.* (Med.) Nabelnetzbruch, *m.*

Épiploon, *m.* (Anat.) Netz, *n.*

Épique, *adj.* (Dicht.) episch; *fg. m. p.* hochtrabend; poëme —, Heldengedicht, *n.* Epopöe, *f.*

†Épire, *m.* (Geogr.) Epirus.

Épiscopal, e, *adj.* bischöflich; épiscopaux, *m. pl.* Bischöfflichen.

Épiscopat, *masc.* die bischöfliche Würde, Bischofsamt, *n.* Bisthum.

Épisode, *m.* (Dicht.) Episode, *f.* Nebenhandlung.

Épisodique, *adj.* episodisch; action —, Nebenhandlung, *f.*

Épispastique, *adj.* (Med.) ziehend.

Épisser, *v. a.* (Seile) splißen.

Épissoir, *m.* (Schiffb.) Splißhorn, *n.* [zen zweier Taue.

Épissure, *f.* das Aneinanderflechten

†Épistase, *f.* (Med.) die Substanz, die oben auf dem Harne schwimmt.

†Épistate, *m.* der im Prytaneum zu Athen den Vorsitz führte.

†Épistolaire, *adject.*, style —, Briefstyl, *m.;* —, *m.* Briefsteller.

Épistyle, *f.* (Alt.) Unterbalken, *m.*     [mahl, *n.*

Épitaphe, *f.* (Grabschrift; Grabmahl, *n.*

Épitase, *f.* (Theat.) Entwicklung; (Med.) das Anfang eines Fieberanfalls.

Épithalame, *m.* Hochzeitgedicht, *n.* Brautlied.

Épithéme, *m.* (Apoth.) Umschlag, Magenpflaster, *m.*     [n.

Épithéte, *f.* (Gramm.) Beiwort,

Épitoge, *f.* (röm. Alt.) Uebertoga.

Épitome, *m.* der kurze Begriff, Auszug.

Épitre, *f.* Brief, *m.;* Epistel, *f.*

Épitrope, *m.* der Schiedsrichter (bei den neuern Griechen); —, *f.* (Rhet.) das Zugeben eines Satzes, den man verneinen könnte.

Épizootie, *f.* Viehseuche.

Épizootique, *adj.* seuchenartig.

†Éplaigner, *v. a.* (Tuch) auffrazen.     [mend.

Éploré, e, *adj.* in Thränen schwim-

Éployé, e, *adj.*, (Wappenk.) un aigle —, im Adler mit ausgebreiteten Flügeln.

Épluchage ou Épluchement, *m.*

**Auslesen**, *n.* Auspußen, Austlauben; Ausmachen (der Nüsse).

**Éplucher**, *v. a.* reinigen, säubern, auslesen, ausflauben; (Nüsse) ausmachen; (Wolle) fletten; (Tuch) noppen; *fg. fm.* durchhecheln; pince à —, Stoppeisen, *n.*

**Éplucheur**, *m.* se, *f.* Ausflauber, *m.* =inn, *f.*; *fg.* Klauber, *m.* =inn, *f.*; — de mots, Sylbenstecher, *m.*

**Épluchoir**, *m.* Schnipmesser, *n.* Auspußmesser.

**Épluchure**, *f.* Unrath, *m.* Abfall.

**Épode**, *f.* der lepte Theil einer Ode; Epode, *f.*

**Épointé**, e, *adj.* (Reitsch., ꝛc.) freuzlahm (v. Thieren).

**Épointer**, *v. a.* qch., etw. abstippen, die Spiße von etw. abbrechen.

**Épois**, *m.* das Ende eines Hirschgeweihes.

†**Épolet**, *m.* Weberspule, *f.*

**Éponge**, *f.* Schwamm, *m.*; (Jagd) Ballen.

**Éponger**, *v. a.* mit einem Schwamm abwischen. [(Lafent).

†**Épongier**, *m.* Schwämmeträger.

†**Épontilles**, *f. pl.* die Hölzer zur Aufrechthaltung der Schanzkleidung; die Stüßen unter den Querbalken des Verdecks.

**Éponyme**, *adj. et s. m.*, (Archäol.) archonte —, derjenige der Archonten der dem Jahre den Namen gab.

**Épopée**, *f.* (Dichtf.) Heldengedicht, *n.* [*f.*

**Époque**, *f.* Zeitpunkt, *m.* Epoche, Époudrer, *v. a.* ausstäuben.

**Époussé**, e, *adj.* außer Athem.

**Épousser** (s'), sich heimlich davon machen.

**Épouiller**, *v. a.* lausen.

**Époullin**, *v.* Épolet.

**Époumonner**, — *v. a.* die Lunge ermüden; s'—, sich die Lunge ausschreien. [*n.*

**Épousailles**, *f. pl.* Eheverlöbniß,

**Épouse**, *f.* Gattinn, Ehe-, Hausfrau, Frau.

**Épousée**, *f.* Braut, Neuvermählte.

**Épouser**, *v. a.* heirathen; *fg.* — un parti, sich zu einer Partei schlagen; s'—, v. r. einander heirathen.

**Épouseur**, *m.* *fm.* Freier, Heirathslustige.

**Épousseter**, *v. a.* ausstäuben, kehren; *fg.* durchprügeln.

**Époussette**, *f.* (meist —s), Kleiderbürste; Kehrwisch, *m.*

†**Épouti**, *m.* Unrath (im Tuch).

†**Époutier**, *v. a.* (Tuch) säubern.

**Épouvantable**, *adj.*;-ment, *adv.*: entseßlich, schrecklich.

**Épouvantail**, *m.* (*pl.* -tails), Vogel-, Feldscheuche, *f.* Federspiel, *n.* Popanz, *m.* Schreckbild, *n.*

**Épouvante**, *fém.* Entseßen, *n.*;

---

**Schrecken**, *m.* das Zittern und Beben. [*id.*, sich entseßen.

**Épouvanter**, *v. a.* erschrecken; s'—,

**Époux**, *m.* Mann, Gatte; *pl.* Eheleute. [den.

*Épreindre, *v. a.* (Saft) ausdrü-

**Épreinte**, *f.* (Med.) Stuhlzwang,

**Éprendre** (s'), *v.* Épris. [*m.*

**Épreuve**, *f.* Probe, Versuch, *m.*; (Buchdr.) Correctur-, Probebogen, *m.* Probedruck; à toute —, bewährt.

**Épris**, e, *adj.* eingenemmen, verliebt; *partic.* von dem sonst ungebräuchlichen s'éprendre.

**Éprouver**, *v. a.* versuchen, prüfen, erproben, bewähren, erfahren.

**Éprouvette**, *f.* (Chir.) Sucher, *m.* (Artill.) Pulverprobe, *f.*; (Seifens.) Probelöffel, *m.*

†**Eptacorde**, *m.* (Alt.) die siebensaitige Leier. [*n.*

**Eptagone**, *m.* (Math.) Siebeneck,

†**Eptameron**, *masc.* (Lehrst.) das Werk das in sieben Tage oder Abschnitte abgetheilt ist.

**Épucer**, *v. a.* flöhen.

**Épuisable**, *adj.* erschöpflich.

**Épuisement**, *m.* Entkräftung, *f.* Erschöpfung.

**Épuiser**, *v. a.* ausschöpfen; erschöpfen; *fg. id.*, entkräften; s'—, sich erschöpfen; s'— par le travail, sich abarbeiten.

†**Épuisette**, *f.* (Vogl.) Fanggarn, *n.* Vogelnep. [fleisch.

**Épulie**, *f.* (Chir.) das wilde Zahn-

**Épulons**, *masc. pl.* (röm. Alt.) Epulonen, Priester bei den Götterfesten.

**Épulotique**, *adj.* (Med.) remède — ou —, *v. a.* (Apoth.) das vernarbende Mittel. [Ausmusterung.

**Épuration**, *f.* Reinigung; *fg. id.*

**Épure**, *f.* (Bauk.) Musterriß, *m.*

**Épurement**, *m.* Reinigung, *f.*

**Épurer**, *v. a.* reinigen, läutern, sichten; (Honig) seimen; s'—, sich reinigen; *fg.* sich verbessern; cire —ée, Gußwachs, *m.*

**Équarri**, e, *adj.* kantig.

†**Équarrir**, *v. a.* viereckig behauen, abpieren, bekanten.

†**Équarrissage**, *m.* (Zimm.) Gevierte, *n.* der Lohn für das Abeiren; bois d'—, Holz von wenigstens sechs Zoll ins Gevierte.

**Équarrissement**, *m.* Abvieren, *n.* Vierecksbehauen, Abvierung, *f.*

**Équarrisseur**, *m.* Abdecker; *pop.* Schinder.

**Équarrissoir**, *m.* (Uhrm.) Ausweiteisen, *n.* Ausweiter; *m.* Aufschroter, Aufräumer.

NB. In den mit „bezeichneten Wörtern wird bas *n* nach *q* gehört.

*Équateur*, *m.* (Geogr., ꝛc.) Aequator, Linie, *f.*

---

„**Équation**, *f.* (Astr.) Gleichmachung; (Alg.) Gleichung.

**Equerre**, *fém.* Winkelmaß, *n.*; (Feldm.) Kreuzmaß; — pliante, Schmiege, *f.*

„**Équestre**, *adj.*, statue —, die Bildsäule zu Pferde; ordre —, (röm. Alt.) Ritterstand, *m.*

„**Équiangle**, *adj.* gleichwinkelig.

†„**Équidifférent**, e, *adj.* (Math.) von gleicher Differenz

„**Équidistant**, e, *adj.* gleichweit von einander stehend.

„**Équilatéral**, e, „**Équilatère**, *adj.* gleichseitig.

**Équilibre**, *m.* Gleichgewicht, *n.*; *fg. id.* [ꝛc.) gleicheielfach.

†„**Équimultiple**, *adj.* (Arithm.)

**Équinoxe**, *m.* (Astr.) die Tag- und Nachtgleiche.

**Équinoxial**, e, *adj.* zur Tag- und Nachtgleiche gehörig; ligne —, ou —, s. m. (Geogr., ꝛc.) Aequator, Linie, *f.*

**Équipage**, *m.* Reisegeräthe, *n.*; Aufzug, *m.*; Kleidung, *f.*; (Schifff.) Schiffsvolk, *n.*; Kutsch und Pferde; Kutsche, *f.*; — de chasse, Jagdzeug, *n.*

**Équipée**, *f.* das unbesonnene Unternehmen, der unbesonnene Streich.

**Équipement**, *m.* (Schifff., ꝛc.) Ausrüstung, *f.*

**Équiper**, *v. a.* (Schifff., ꝛc.) ausrüsten; *fg.* zurichten; s'—, sich ausrüsten.

**Équipollence**, *f.* der gleiche Werth.

**Équipollent**, e, *adj.* gleichgeltend, gleich; —, m. der gleiche Werth; à l'—, *adv.* nach Verhältniß.

**Équipoller**, *v. a.* n. an Werth gleich seyn, gleichkommen.

†„**Équipondérance**, *f.* die gleiche Schwere, der gleiche Druck.

**Équitable**, *adj.*; -ment, *adv.*: billig, gerecht.

„**Équitation**, *f.* Reitkunst.

·**Équité**, *f.* Billigkeit.

**Équivalent**, e, *adj.* von gleichem Werthe; —, s. m. (Alg.) Ersaß, Vergütung, *f.* (de, für), Gegenwerth, *m.*

*Équivaloir, *v. n.* gleichen Werth haben, gleichgelten, gleichkommen.

**Équivoque**, *adj.* zweideutig, bevelsinnig, —, s. f. Zweideutigkeit, Doppelsinn, *m.*

**Équivoquer**, *v. n.* zweideutig reden; s'—, *fm. p. us.* sich verreden.

**Érable**, *m.* (Bot.) Ahornbaum.

†**Éradicatif**, e, *adj.* (Med.) aus dem Grunde heilend; gründlich (Heilung).

**Éradication**, *f.* die Ausreißung mit der Wurzel; Ausrottung.

**Érafler**, *v. a.* schrammen, aufrißen.

**Éraflure**, *f.* Schramme, Riße.

**Érailler**, *v. a.* verzerren, schlißen

(Zeuge); il a l'œil —é, er hat rothe Streifen im Auge.

Eraillure, *f.* die verzerrte Stelle.

Eraté, e, *adj.* fein; schlau.

Erater, *v. a. inus.* qn., einem die Milz ausschneiden.

Ère, *f.* Zeitrechnung.

Érèbe, *m.* (Myth.) Erebus, Unterwelt, *f.*

Erecteur, *m. et adj. m.*, muscle —, (Anat.) der aufrichtende Muskel.

Érection, *f.* Aufrichtung; Errichtung; Stiftung (einer Anstalt).

Ereinté, e, *adj.* lenden=, kreuzlahm.

Éreinter, *v. a.* qn., einem das Kreuz zerbrechen; einen lendenlahm schlagen; s'—, sich abmatten.

Érémitique, *adj.* einsiedlerisch.

Érésie, *f.* (Bot.) Einblatt, *n.*

Érésipélateux, se, *adj.* rothlaufartig. [Rose, *f.*

Érésipèle, *m.* (Med.) Rothlauf,

Eréthisme, *masc.* (Med.) Spannung, *f.*

†Ergo, *conj.* folglich, statt donc.

Ergo-glu, *m.* ein langes Räsonnement, das wenig oder nichts beweiset.

Ergot, *m.* Sporn (der Hähne); das weiche Horn (am Huf, an Klauen); (Thiera.) Flußgalle, *f.*; (Gärtn.) der vorne verdorrte Ast; (Landw.) Brand; — ou blé ergoté. Mutterkorn, *n.*; *fg. fm.* monter sur ses —s, in einem tropigen Tone sprechen.

Ergoter, *v. n.* über jede Kleinigkeit streiten, fritteln.

Ergoterie, *f.* Krittelei, Schulgezänke, *n.*

Ergoteur, *m.* se, *f.* Zänker, Krittler, =inn, *f.* Haberecht, *m.*

Éridan, *m.* Eridanus, Po (Fluß).

Eriger, *v. a.* auf=, errichten, er= heben; s'— en....., sich aufwerfen zu.....

Érigne, Érine, *f.* (Chir.) Aufheber, *m.* [(in der Levante).

Ermin, *m.* (Handl.) Waarenzoll

Erminette *ou* Herminette, *fém.* (Böttch.) das krumme Hohlbeil.

Ermitage *ou* Hermitage, *m.* Einsiedelei, *f.* Klause.

Ermite *ou* Hermite, *m.* Einsiedler, Klausner, Waldbruder.

†Érodé, e, *adj.*, une feuille —ée, ein ungleich ausgezacktes Blatt.

Érosion, *f.* Durchfressen, *n.* Ausfressung, *f.*

Erotique, *adj.* erotisch; chanson —, Liebeslied, *n.*

Érotomanie, *f.* Liebeswuth.

Erpétologie, *f.* die Lehre von den kriechenden Thieren.

Errant, e, *adj.* irrend, unstät, umherschweifend; le juif —, der ewige Jude; —, *m.* Irrgläubige.

Errata, *m. lat. pl.* Druckfehler= Verzeichniß, *n.*

Erratique, *adj.* (Med.) unregel= mäßig.

Erratum, *m. lat.* Druckfehler.

Erre, *f.* Gang, *m.*; —s, (Jagd) Fährte, *f.* Wildspur; *fg.* Spur.

Errements, *m. pl.* (jur.) die ge= richtlichen Handlungen, *f. pl.*; *fg.* Spuren, Gang, *m.*

Errer, *v. n.* irren; umherirren.

Erreur, *f.* Irrthum, *m.* Fehler, *m.*; Irrfahrten, *pl.*

Errhin, *m.*, un remède —, ein Mittel das durch die Nase genom= men wird, Schnupfmittel.

Erroné, e, *adj.* irrig, unrichtig; -ment, *adv.* irriger Weise.

Ers, *m.* (Bot.) Erve, *f.* (Hülsen= frucht).

Erse, *adj.*, langue —, die alt= scandinavische, auch irische Sprache.

Érucague, *f.* (Bot.) Stachelmeer= senf, *m.* Bauernsenf.

Eructation, *f.* (Med.) Aufstoßen, *n.* [Gelehrte.

Érudit, e, *adj.* gelehrt; —, *m.* die

Érudition, *f.* Gelehrsamkeit.

Érugineux, se, *adj.* (Med.) grün= rostig.

Éruptif, ve, *adj.*, fièvre —e, ein Fieber mit Ausschlag.

Éruption, *f.* Ausbruch, *masc.*; (Med.) *id.*, Ausschlag.

Érynge, *m.* (Bot.) Mannstreu, *f.*

Érysipélateux, *v.* Érésipélateux.

Érysipèle, *v.* Érésipèle.

Es, *prép.* (alt) statt en les, dans les, in den.

Escabeau, *m.* Escabelle, *f.* Fuß= schämel, *m.* Schämel.

Escache, *f.* (Reitsch.) Wolfsgebiß, *n.* Kappenmundstück.

Escadre, *f.* Geschwader, *n.*

Escadron, *m.* Schwadron, *f.* Ge= schwader, *n.*

Escadronner, *v. n.* sich schwadro= nenweise stellen. •

Escalade, *f.* Ersteigung, Erstür= mung.

Escalader, *v. a.* (mit Sturmleitern) ersteigen, erstürmen.

†Escaladon, *m.* eine kleine Mühle zum Abhaspeln der Seide.

Escale, *f.* (Seew.) Erfrischungs= platz, *m.*; faire — dans un port, in einen Hafen einlaufen um sich zu erfrischen.

Escalier, *m.* Treppe, *f.* Stiege.

Escalin, *m.* Schilling (Münze).

Escamotage, *m.* das heimliche Wegnehmen, Betrug, *m.*

†Escamote, *f.* Taschenspielerku= gelchen, *n.*

Escamoter, *v. a.* heimlich wegneh= men, wegstehlen, *fm.* wegstipizen.

Escamoteur, *m.* Taschenspieler, Betrüger.

Escamper, *v. n.* (prendre la poudre d'escampette), *pop.* das Reißaus nehm.en.

Escapade, *f.* (Reitsch.) der falsche Sprung; *fg.* muthwilliger Streich.

Escape, *f.* (Bauf.) der untere Theil des Säulenschaftes.

†Escarballe, *f.* (Handl.) der Ele= vhantenzahn von 20 Pfund und dar= unter.

Escarbot, *m.* (Naturg.) Käfer.

Escarboucle, *f.* (Miner.) Car= funkel, *m.* [statt écraser.

†Escarbouiller, *v. a.* (gemein)

Escarcelle, *f. fm.* Schubsack, *m.*

Escargot, *m.* (Naturg.) die Schnecke mit einem Gehäuse; *fg. fm.* Miß= geburt.

Escarmouche, *f.* Scharmützel, *n.*

Escarmoucher, *v. n.* scharmützeln, scharmupiren; plänkeln; s'—, *v. r.* *fg.* sich necken.

Escarmoucheur, *m.* (Kriegsw.) Scharmupirer, Plänkler.

Escarole, *f.* (Bot.) eine Art En= dibie oder Cichorie.

Escarotique, Escharotique, *adj.* remède — ou —, *m.* (Med.) das schorferzeugende Aehmittel.

Escarpe, *f.* (Fortif.) die innere Böschung. [gäh.

Escarpé, e, *adj.* schroff, stril, jäh; Escarpement, *m.* Abbachung, *f.* Böschung.

Escarper, *v. a. p. us.* steil abste= chen; abhängig, jäh machen.

Escarpin, *m.* der leichte Schuh ohne Absah, umgewandte Schuh; Tanzschuh; —s, Fußschraube, *f.* (Art Folter.)

Escarpolette, *f.* Strickschaukel, Schaukel, Schaukelbrett, *n.*

Escàrre, Escharre, *f.* (Chirurg.) Schorf, *m.*

†Escaut, *m.* Schelde (Fluß), *f.*

Escaveçade, *f.* (Reitsch.) Ruck, *m.* Zug mit dem Kappzaume.

Escavessade, *v.* Escaveçade.

†Eschillon, *m.* (Seew.) Wasser= hose (auf dem Meer der Levante), *f.*

Escient, *m.*, à bon — , wissentlich.

Esclaire, *m.* Art Raubvogel.

Esclandre, *m.* Spud; verdrießliche Streich, ärgerliche Auftritt.

Esclavage, *m.* Sclaverei, *f.*

Esclave, *m. et f.* Sclav, *m.* =inn, *f.*; —, *adj.* sclavisch.

Escobarder, *v. n. nouv. etw.* absicht= lich verschweigen, zweideutig reden.

Escobarderie, *f. nouv.* List, Kniff, *m.* die geschickte Lüge; Ausflucht.

Escocher, *v. a.*, — la pâte, den Teig mit der flachen Hand schlagen.

Escogriffe, *m.* Rapser; grand —, große Lümmel.

Escompte, *m.* (Handl.) Abzug, Disconte.

**Escompter**, *v. a.* (Handl.) abzie-**hen, discontiren.** [Gießfaß, *n.*

Escope, *f.* (Seew.) Gießer, *m.*

†Escoperche, *f.* (Handl.) Gerüst-stange.

Escopette, *f. ol.* Stuprohr, *n.*

Escopetterie, *f. ol.* Kleingewehr-salve; (Feuerwerksk.) das Krachen von mehrerem zugleich losgehendem Feuerwerke.

Escorte, *f.* (Kriegsw., ꝛc.) Ge-leite, *n.* Begleitung, *f.* Bedeckung; faire — à qn., einen geleiten.

Escorter, *v. a.* (Kriegsw., ꝛc.) be-gleiten, geleiten, decken, mit Wache versehen. [ralschaft.

Escouade, *f.* (Kriegsw.) Corpo-†Escoup, *m.* die kleine Hohl-schaufel.

†Escoupe, *f.* (Minir.) Schaufel.

Escourgée, *f.* Karbatsche.

Escourgeon, *m.* (Landw.) Futter-gerste, *f.*

Escousse, *f. fm.* Anlauf, *m.*

Escrime, *f.* Fechtkunst.

Escrimer. *v. n.* fechten; *fg.* strei-ten; s'— de qch., mit etwas um-gehen können.

Escrimeur, *m.* Fechter.

Escroc, *m.* Gauner, listige Be-trüger.

Escroquer, *v. a.* qch. à qn., einem etw. ablisten, einen um etw. prellen; *fg.* (eine Mahlzeit) erhaschen.

Escroquerie, *f.* Gaunerei.

Escroqueur, *m.* se, *f.* Preller, *m.* -inn, *f.*; —se de livres, etc., der, die um Bücher, ꝛc. prellt.

†Esculape, *m. fm.* Arzt, Aesculap.

†Escurial (l'), *masc.* Esfurial (Kloster). [risch, geheim.

Esotérique, *adj.* (Lehrst.) esote-

Espace, *m.* Raum, Zeitraum, Frist, *f.*; dans l'— de 6 jours, binnen, innerhalb 6 Tagen; —s, *f.* (Buchdr.) Spatien, *pl.* Ausschlie-ßung. [schenraum.

Espacement, *m.* (Baut.) Zwi-

Espacer, *v. a.* qch., gehörigen Raum zwischen etw. lassen, (Buchdr.) etw. durchschießen. [ter, *n.*

†Espade, *m.* (Seil.) Schwingmes-Espadon, *m.* Haudegen; (Naturg.) Schwertfisch.

Espadonner, *v. n.* mit dem Hau-degen führen.

†Espagne, *n. pr. f.* Spanien, *n.*

Espagnol, e, *s. et adj.* Spanier, *m.* -inn, *f.*; spanisch.

Espagnolette, *f.* eine Art feiner Ratin; (Schloss.) Drehriegel (an Fenstern), *m.* [*n.* Geländer.

Espalier, *m.* (Gärtn.) Spalier,

Espalmer, *v. a.* (eine Galeere) mit Unschlitt beschmieren.

Esparcette, *f.* (Landw.) Süßklee, *m.* Wickenklee.

†Espargoutte, *f.* (Bot.) die kleine Maiblume. [Masten.

Espars, *m. pl.* Bäume zu kleinen †Espartule, *f.* (Bot.) die stinkende Schwertlilie.

Espéce, *f.* Gattung, Art; (Theol.), ꝛc.) Gestalt; (jur.) der bestimmte Fall; *m. p.* une —, ein gemeiner Mensch, Tropf; —s, Geldsorten, *f. pl.; fm.* Waaren.

Espérance, *f.* Hoffnung, Erwar-tung. [warten.

Espérer, *v. a. et n.* hoffen, er-

Espiègle, *adj.* muthwillig, schlau; possirlich; —, *m. et f.* Schelm, *m.* Eulenspiegel, Muthwillige, *f.*

Espièglerie, *f.* Muthwille, *m.* Eulenspiegelstreich.

Espingole, *fém.* eine sehr kurze Flinte, Stupbüchse. [Späher.

Espion, *m.* Kundschafter, Spion, Espionnage, *m.* Spionniren, *n.* Kundschaften. [spähen.

Espionner, *v. a.* auskundschaften, Esplanade, *f.* der freie, ebene Platz; Vorplatz.

Espoir, *m.* Hoffnung, *f.* [der.

Esponton, *m.* die halbe Picke, Sponton, *m.*

Espringale, *f.* (Alt.) Steinschleu-

Esprit, *m.* Geist, Verstand, Sinn, Witz, Scharfsinn, Gemüth, *n.* Cha-rakter, *m.* Kopf; — naturel, Mut-terwitz; — fort, Freigeist; le pré-tendu bel —, der Witzling; faire le bel —, witzeln; — public, — de corps, Gemeingeist, *m.* ‖ Geiste, Gespenst, *n.*; (Chym. und Gramm.) Spiritus, *m.; adj.* athemlos.

Esquicher, *v. n. et* s'—, (Spiel) sich fsifiren.

Esquif, *m.* Boot, *n.* Kahn, *m.*

Esquille, *f.* (Chir.) Beinsplitter, *m.* Splitter.

†Esquiman, *m.* (Seew.) Boots-mannsgehilfe.

Esquinancie, (*f.* (Med.) Bräune, Kehlbräune. [Kreuz, *n.*

Esquine, *f.* (Reitsch.) Lenden, *pl.*

Esquipot, *m.* Sparbüchse, *f.*

Esquisse, *f.* (Mal., ꝛc.) Skizze; der erste Entwurf; (Bildh.) Modell, *n.* [ziren, entwerfen.

Esquisser, *v. a.* (Mal., ꝛc.) skiz-

Esquiver, *v. a.* qch., einer S. behende ausweichen, entgehen; s'—, sich heimlich davonmachen, sich da-vonschleichen.

Essai, *m.* Versuch, Probe, *f.*; coup d'—, der erste Versuch.

†Essaie, *f.* (Färb.) die ostindische Scharlachwurzel.

Essaim, *masc.* Bienenschwarm; Schwarm (auch *fg.*).

Essaimer, *v. n.* schwärmen.

Essanger, *v. a.* (Wäsch.) auswa-schen.

Essartement, *m.* Ausreutung, *f.*

Essarter, *v. a.* (Landw.) ausreuten.

Essayer, *v. a.* versuchen, probiren, (ein Kleid) anprobiren; —, *v. n.* de qch., etw. versuchen; s'— à qch., etw. versuchen, einen Versuch in etw. machen. [stätte.

Essayerie, *f.* (Münzw.) Probir-Essayeur, *m.* (Münzw.) Probirer, Wardein.

Esse, *f.* (Wagn.) Lünse, Achsna-gel, *m.*; (Bauk.) der Sförmige Hafen.

†Esseau, *m.* (Dachd.) Dachschin-tel, *f.*

Essence, *f.* Wesen, *n.*; Essenz, *f.*

Esséniens, *m. pl.* (jüd. Alt.) Es-säer (Secte).

Essentiel, le, *adj.*; -lement, *adv.*: wesentlich, nothwendig, zur Sache gehörig; —, *m.* Hauptsache, *f.* [Wiedelsucht, *f.*

†Essera, Essère, *m.* (Med.)

Essette, *f.* die kleine Hammeraxt.

Esseulé, e, *adj.* verlassen.

Essieu, *m.* (Wagn.) Achse, *f.*

†Essimer, *v. a.* (einen Vogel) ab-magern lassen, ausmärgeln.

Essor, *m.* Flug, Schwung; pren-dre l'—, sich in die Höhe schwingen, sich emperschwingen (auch *fg.*).

Essorer, *v. a.* an der Luft trocknen; s'—, (v. Falken) sich in die Luft schwingen.

Essoriller, *v. a.* un chien, einem Hunde die Ohren stupen; — qn., *fm.* einem die Haare stupen.

†Essoucher, *v. a.* (Landw.) aus-stocken.

Essoufflé, e, *adj.* athemlos.

Essoufflement, *m.* Athemlosigkeit, *f.* [bringen.

Essouffler, *v. a.* außer Athem

†Essourisser, *v. a.*, — un che-val, einem eine Schmarre ins Gesicht aus-schneiden.

*Essucquer, *v. a.* une cuve, den Most aus einer Kufe ablassen.

Essui, *m.* Trockenplaz.

Essuie-mains, *m.* Handtuch, *n.* Quehle, *f.*

Essuyer, *v. a.* abtrocknen, abwi-schen; *fg.* ausstehen, aushalten, lei-Est, *m.* Osten; Ostwind. [den.

Estacade, *f.* Verpfählung.

Estafette, *f.* Staffette.

Estafier, *m.* Bediente, Lakei; *pop. mépr.* Hurenwirth.

Estafilade, *f.* Schmarre; Schnitt (in einem Zeuge), *m.*

Estafilader, *v. a. pop.* le visage à qn., einem eine Schmarre ins Gesicht machen, einem das Gesicht zerfetzen.

Estame, *f.* die gestrickte Wolle; fil d'—, gezwirnte Wolle; (Schloss.)

Gefenke, n. ; (Huffch., ic.) Loch=
ftämpel, m.

Estamet, m. Eftamet (ein wollener
Zeug).

Estaminet, m. Tabaksgefellfchaft,
f. Tabaksftube.

Estampe, f. Kupferftich, m.; Ab=
druck; —s, Stämpel, pl.

Estamper, v. a. ftämpeln, prägen;
(ein Bild) abdrucken; (Hutm.) gleich
fauften; (Huffch.) ftämpen; — gras,
maigre, nahe am innern, nahe am
äußern Rande ftämpen.

Estampille, f. Stämpel, m.

Estampiller, v. a. ftämpeln.

†Estampure, f. Loch (im Huf=
eifen), n.           [Dicht.

†Estanc, adj. m. (von Schiffen)

Ester, v. n. en jugement, vor
Gericht ftehen; — à droit, vor Ge=
richt erfcheinen.

Estère, f. Schilfmatte.

Esterlin, m. Efterling (28½, Gran).

Esthétique, f. Geschmackslehre,
Aefthetif; —, adj. äfthetifch.

Estimable, adj. achtungswürdig.

Estimateur, m. Schäßer.

Estimatif, ve, adj. fchäßend; valeur —ve, der angefchlagene Werth.

Estimation, f. Schäßung, An=
fchlag, m.

Estime, fém. Achtung, Hochach=
tung; (Seew.) Berechnung (einer
Tagfahrt).

Estimer, v. a. fchäßen, hochfchä=
ßen; — heureux, glücklich preifen;
—, v. n. meinen, dafür halten;
erachten; s'—, fich fchäßen.

†Estioméne, Esthiomène, adj.
(Med.) um fich freffend.

Estival, e, adj., une plante —e,
eine Sommerpflanze.     [n.

†Estive, f. (Seew.) Gleichgewicht,

Estoc, m. Stoßdegen; befchlagene
Stock; (Geneal.) Stamm, Stamm=
baum; d'— et de taille, auf Stoß
und Hieb; (Forftw.) à blanc estoc,
auf dem Boden weg.

Estocade, fém. Stoßdegen, m.;
(Fechtf.) Stoß.

Estocader, v. n. ausftoßen; fg.
fm. fich herumftreiten.

Estomac, m. Magen.

Estomaquer (s'), fm. fich ärgern.

Estompe, f. Wifcher, m.

Estomper, v. a. wifchen.     [n.

Estouffade, f. (Kochf.) Dämpfen,

Estrade, f. Auftritt, m. Erhöhung,
f.; battre l'—, (Kriegsw.) ftreifen,
die Gegend unterfuchen.

Estragon, m. Dragun (Kraut).

Estramaçon, m., Haudegen; coup
d'—, Säbelhieb.

Estramaçonner, v. n. et a. mit
dem Säbel hauen.

Estrapade, f. Wippen, n. Wipp=
galgen, m. Wippe, f.

Estrapader, v. a. wippen.

Estrapasser, v. a. (ein Pferd) ab=
treiben, zu fehr abmatten.

†Estraper, v. a. — le chaume,
die Stoppeln abfchneiden.

†Estrapontin, m. v. Strapontin.

†Estrasse, f. Flockfeide.

Estropier, v. a. lähmen, verftüm=
meln, verfrüppeln.

Esturgeon, m. Stör (Fifch); le
grand —, Haufen.

Ésule, f. (Bot.) Efelswurz, Efels=
Teufelsmilch.

Et, conj. und; et... et..., fo=
wohl... als auch ...; et cætera,
und fo weiter.

Établage, m. Stallgeld, n.; (Ar=
till.) Gabel, f.        [Steven.

Étable, f. Stall, m.; (Seew.)

Établer, v. a. einftallen, ftallen.

†Étableries, f. pl. Stallungen.

Établi, m. Werftifch, Werkbank,
f.; (Tifchl.) Hobelbank.

Établi, e, adj. feßhaft.

Établir, v. a. einfeßen, einführen,
feftfeßen, aufrichten, ftiften, grün=
den, begründen; (in Gebäude, ic.)
errichten, anlegen; (einen) verforgen,
ausftatten; (eine That, ic.) bewei=
fen; s'—, fich niederlaffen; feine
Haushaltung anfangen; fich anfau=
fen; fich einrichten; auffommen.

Établissement, m. Anftalt, f.
Aufrichtung, Stiftung, Einfeßung,
Verforgung (von jemand); Nie=
derlaffung.

†Établure, f. Étrave.

Étage, m. Gefchoß, n. Stockwerf;
d'— n' Abfaß; fg. Stufe, f.

Étager, v. a. (Perr.) ftufenweife
fchneiden.

†Étague, f. das Hißtau an der
Raa; das Hiffen felbft.

Étai, m. (Schiff.) Stag (ftarkes
Tau); fg. Stüße, f.

Étaie, f. Stüße.

Étaim, m. die feine Kammwolle.

Étain, m. Zinn, n.; la feuille
d'—, Stantol; d'—, zinnen,
zinnern.

Étal, m. Fleifchbank, f.

Étalage, m. Auslegen, n. Aus=
ftellung, f.; Aushängegut, n.; (Zin.)
Standgeld; fg. Aufpuß, m.; Aus=
framen, n. Gepränge; faire — de
qch., mit etw. groß thun.

Étalagiste, m. Standfrämer.

Étale, adj. f. ftehend (vom Meer).

Étaler, v. a. auslegen, auskramen,
aushängen (auch fg.); (fein Spiel)
aufweifen.

Étaleur, m. Étalagiste, adj.
marchand — ou —, m. Stand=
främer.

Étalier, m. Bankfchlächter.

Étalinguer, v. a. (Schiff.) in den
Ankerring ftecken (Taue).

Étalon, m. Zuchthengft, Befchä=
ler || Aichmaß, n.

Étalonnage, Étalonnement, m.
Aichen, n.

Étalonner, v. a. aichen, vifiren.

Étalonneur, m. Aichmeifter.

Étamage, m. Verzinnen, n.

Étambord, Étambot; m. (Seew.)
Hinterfteven.        [Maft).

†Étambraie, m. (Seew.) Fifch (am

Étamer, v. a. verzinnen; (Spiegel)
belegen.

Étameur, m. Verzinner; Beleger
(v. Spiegeln).

Étamine, f. Stamin, m.; Sieb=,
Filtrirtuch, n.; Haarfieb; fg. fm.
passer par l'—, fcharf geprüft,
durchgehechelt werden; —s, (Bot.)
Staubfäden, m. pl.

Étaminier, m. Staminfabrifent.

†Étampe, f. (Nagelfch.) Stämpel,
m.               [ftämpeln.

Étamper, v. a. (Huffch.) ftämpen,

Étamure, f. Verzinnung, das Zii
zum Verzinnen.

Étanchement, m. Stillen, n.

Étancher, v. a. (ein Loch) ver=
ftopfen; fg. (Thränen) trocknen;
(den Durft) ftillen.       [Strebe.

Étançon, m. (Bauf.) Stüße, f.

Étançonner, v. a. (Bauf.) ftüßen.

Étanfiche, f. die Höhe der Lagen
eines Steinbruchs.

Étang, m. Teich, Weiher.

†Étangue, f. ou —s, f. pl.
(Münzw.) Kluppe, große Zange.

Étant, m. (Forftw.) arbre en —,
der auf dem Stamm ftehende Baum.

Étape, f. (Handl.) Siapel, m.

Étapelplaß, Niederlage (v. Waa=
ren), f.; ville d'—, Stapelplaß,
m.; droit —, Stapelrecht, n.; —,
(Kriegsw.) Marfchvorrath, m.;
Étappenportion, f.; Étappenplaß, m.

Étapier, m. (Kriegsw.) Proviant=
meifter.

État, m. Stand, Zuftand || Stand,
Beruf || Aufwand || Staat, Staats=
förper, Land, n. || Verzeichniß,
Ueberfchlag, m. || état-major, Stab;
—-major général, Generalftab;
—s, Landftände, Landtag; faire —
de qch., etw. hochfchäßen; vermu=
then; faire — de qn., einen achten,
auf einen zählen.

†États-Unis, m. pl. die vereinig=
ten Staaten.

Étau, m. Schraubftocf; — à main,
Feilftock; vis d'—, Stockfchraube,
f.

Étayement, m. Stüßen, n.

Étayer, v. a. ftüßen.

Été, m. Sommer.

Éteignoir, m. Löfchhütlein, n.

†Éteindre, v. a. löfchen, dämpfen,
auslöfchen, tilgen; s'—, verlöfchen,
erlöfchen; fg. id., ausfterben (Ge=
fchlecht).

Étendage, *m.* Trockenschnüre, *f.*
*pl.* Trockenplaß, *m.*

Étendard, *m.* Standarte, *f.* Rei=
terfahne; (Seew.) Flagge (der Ga=
leeren).

Étendoir, *m.* (Buchdr.) Aufhän=
gekreuz, *n.* Kreuz; Trockenboden, *m.*

Étendre, *v. a.* ausdehnen, dehnen,
erweitern, ausstrecken, ausspannen;
(Butter, &c.) streichen; s'—, sich
ausbreiten, sich erstrecken, breit wer=
den; (Bergw.) streichen.

Étendu, e, *adj.* weit, weitläufig.

Étendue, *f.* Ausdehnung; Weite,
Größe; Umfang, *m.*; *fg.* Weitläu=
figkeit (im Reden; &c.), *f.*

Éternel, le, *adj.*;-lement, *adv.*:
ewig; —, *m.* Ewige, Gott.

Éternelle, *f.* (Bot.) Rainblume.

Éterniser, *v. a.* verewigen.

Éternité, *f.* Ewigkeit; de toute
—, von Ewigkeit her.

Éternuer, *v. n.* niesen.

Éternument, *m.* Niesen, *n.*

†Étersillon, *m.* Strebe, *f.* Sprei=
ze, Stüße (Bergwerk).

Étésien, *adj. m.*, vents – s, ou
Étésies, *m. pl.* die regelmäßigen
Winde, Passatwinde.

Étêtement, *m.* (Gärtn.) Abtöp=
fen, *n.* Koppen.

Étêter, *v. a.* (Bäume) abtöpfen,
koppen.

Éteuf, *m.* Spielball, Ball.

Éteule, *f.* Stoppel.

Éther, *m.* Aether; die reine Him=
melsluft; (Chym.) Aether, *m.* feine
Spiritus.

Éthéré, e, *adj.* ätherisch; la voûte
—ée, Himmelsgewölbe, *n.*

†Éthiopie, *f.* Aethiopien.

†Éthiopien, ne, *s. et adj.* Aethio=
pier, *m.* =inn, *f.*; äthiopisch.

Éthiops, *m.* (Chym.) der mine=
ralogische Mohr (eine Mischung von
Queckfilber und Schwefel).

Éthique, *f.* Sittenlehre, Ethik.

Ethmoïdal, e, *adj.*, sinus —,
(Anat.) Siebbeinhöhle, *f.*

Ethmoïde, *adj.*, os —ou —, *m.*
(Anat.) Siebbein, *n.*

Ethnarchie, *f.* (Alt.) Statthalter=
schaft.       [narch.

Ethnarque, *m.* Statthalter, Eth=
Ethnique, *adj.* (Kirche) heidnisch;
(Geogr.) mot —, Volksname, *m.*

Ethnographe, *m.* Ethnograph.

Ethnographie, *f.* Ethnographie,
Völkerkunde.       [phisch.

Ethnographique, *adj.* ethnogra=

Éthologie, *f.* die Abhandlung von
den Sitten und Gebräuchen.

Éthopée, *f.* (Lehrst.) Sittenschil=
derung.

†Étienne, *n. pr. m.* Stephan.

Étier, *m.* der Graben, welcher das
Seewasser in die Salzteiche führt.

Étincelant, e, *adj.* funkelnd,
feurig.

Étincelé, *adj.*, écu —, (Wapp.)
ein funkenbesäeter Schild.

Étinceler, *v. n.* funkeln; schim=
mern.

Étincelle, *f.* Funke, *m.*

Étincellement, *m.* Funkeln, *n.*

Étiolement, *m.* Aufschießen, *n.*
(Pflanzen).    [aufschießen.

Étioler (s), (v. Pflanzen) dünn

Étiologie, *f.* (Med.) die Lehre von
den Ursachen der Krankheiten.

Étique, *adj.* schwindsüchtig, aus=
gezehrt.

Étiqueter, *v. a.* qch., ein Zei=
chen, einen Zettel auf etw. machen,
etw. überschreiben.

Étiquette, *f.* Zettel, *m.*; Auf=
Ueberschrift, *f.*; Zeichen, *n.* || Hof=
ceremoniell, Hoffitte, *f.* Sitte.

†Étire, *f.* (Lederb.) Streichmesser, *n.*

Étirer, *v. a.* strecken, ausstrecken,
(Eisen) längen; s'—, *fm.* sich strecken.

Étisie, *f.* (Med.) Schwindsucht.

†Etna (l'), *m.* Aetna (Berg).

†Étoc, *m.* (Forstw.) ein abgestor=
bener Stamm.

Étoffe, *f.* Stoff, *m.* Zeug; *fg.*
mépr. Abkunft, *f.*

Étoffer, *v. a.* qch., das Gehörige
zu einer S. nehmen; mit Zeug wohl
versehen, ausstaffiren.

Étoile, *f.* Stern, *m.*; *fg.* id.,
Verhängniß, *n.* (Reitsch.) Blume
(eines Pferdes), *f.*; (Fortif.) Stern=
schanze; — tombante, Sternschnup=
pe; à la belle —, unter freiem
Himmel.

Étoilé, e, *adj.* gestirnt, sternhell,
ciel —é, Sternhimmel, *m.*; bou=
teille —ée, eine sternförmig gesprun=
gene Flasche; —, *m.* (Thir.) Stern=
binde, *f.*

Étoiler (s'), einen sternförmigen
Sprung bekommen.   [wand, *n.*

Étole, *f.* (Kath.) Stole, Meßge=

Étonnant, e, *adj.*; -amment,
*adv.*: erstaunend, erstaunlich.

Étonnement, *m.* Erstaunen, *n.*
Staunen; Erschütterung, *f.*

Étonner, *v. a.* in Erstaunen, Ver=
wunderung seßen; bestürzt, erstaunt
machen; (einem) auffallen; erschüt=
tern; s'—, être —é, sich wundern,
sich verwundern, staunen.   [stift.

†Étoquiau, *m.* (Uhrm.) Sperr=

†Étou, *m.* Schlächterbank, *f.*

Étouffant, e, *adject.* erstickend
(Hiße, &c.).

Étouffement, *m.* (Med.) Eng=
brüstigkeit, *f.* Beklemmung.

Étouffer, *v. a.* ersticken, würgen;
*fg.* erstiken, unterdrücken, dämpfen;
—, *v. n.* ersticken, erwürgen.

†Étouffeur, *m.* Riesenschlange, *f.*
Königsschlange.

Étouffoir, *m.* Kohlendämpfer.

†Étoupage, *m.* (Hutm.) Buß=
stück, *n.*

†Étoupe, *f.* Werg, *n.*

†Étouper, *v. a.* mit Werg ver=
stopfen; (Hutm.) ausbüßen.

†Étouperie, *f.* Wergleinwand.

Étoupille, *f.* (Feuerw.) Stoppine,
Zündstrich, *m.*

Étoupiller, *v. a.* (Feuerw.) mit
Stoppinen versehen.

Étoupillon, *m.* (Feuerw.) kleiner
Docht welchen man in das Zündloch
steckt, um die Ladung vor Feuch=
tigkeit zu bewahren.

†Étoupin, *m.* (Schifff.) Vorschlag.

Étourderie, *f.* Unbesonnenheit,
Gedankenlosigkeit.

Étourdi, e, *adj.* unbesonnen,
unbedachtsam, gedankenlos, *fm.*
dämisch; —, *m.* Schwindelkopf; à
l'étourdie *ou* étourdiment, *adv.*
unbesonnener Weise.

Étourdir, *v. a.* betäuben; *fg.* be=
stürzen, bestürzt machen; die Ohren
vollschwaßen (qn., einem); s'— sur
qch., sich etw. aus dem Sinne schla=
gen; s'— de qch., sich etw. in den
Kopf seßen.

Étourdissant, e, *adj.* betäubend
(Lärm, &c.).    [*f.*

Étourdissement, *m.* Betäubung,

Étourneau, *m.* Staar; (Reitsch.)
Grauschimmel; *fg. fm. plais.* bel
—, plaisant —, ein schöner Held.

Étrange, *adj.* seltsam, befremdend,
wunderlich; -ment, *adv.* seltsam,
äußerst, übermäßig.

Étranger, ère, *adj.* fremd; aus=
ländisch, auswärtig; —, *m.* ère, *f.*
Fremde, *m.* et *f.* Fremdling, *m.*
Ausländer, —, *f.* Fremde, *f.*
Ausland, *n.*

Étrangeté, *f.* Seltsamkeit, Außer=
gewöhnlichkeit.

Étranglé, e, *adj.* eng.

Étranglement, *m.* (Med.) Zu=
sammenziehung, *f.*; (Naturg.) Ein=
schnitt, *m.*; Enge (eines Flusses,
&c.), *f.* || Erwürgen, *n.* Würgen.

Étrangler, *v. a.* erwürgen, wür=
gen; erdrosseln, ersticken; *fg.* zu eng
machen; s'—, sich erdrosseln.

Étranguillon, *m.* (Thiera.) Kehl=
sucht, *f.*

Étrape, *f.* Stoppelsichel.

Étraper, *v. a.* (Stoppeln) abschnei=
den.    [*m.*

Étrave, *f.* (Seew.) Vordersteven,

*Etre, v. subst.* seyn; daseyn; *fm.*
stecken (an einem Ort); y —, *fg.*
den rechten Fleck treffen || zugehören;
il est, es giebt; il est de son devoir,
es ist Pflicht für ihn; il est de la
justice, es ist der Gerechtigkeit ge=
mäß; il n'est pas en moi, es steht
nicht bei mir.

Étre, *m.* Wefen, *n.* Dafeyn; — de raison, Hirngefpinft; les êtres d'une maison, alle Theile und Winfel eines Haufes.

Etrécir, *v. a.* enger, fchmäler machen, fchmälern; s'—, enger werden, einlaufen.

Etrécissement, *m.* Schmälern, *n.;* — (auch Étrécissure, *f.*), Verengung, *f.* [ͻwinge, *f.*

†Etreignoir, *m.* (Tifchl.) Leim=

*Étreindre, *v. a.* feft ͻufammen= brücken; ͻufammenfchnüren; *fg.* fe= fter knüpfen.

Étreinte, *f.* Zufammendrücken, *n.;* =ͻiehen; l'— de ce nœud n'est pas assez forte, diefer Knoten ift nicht feft genug ͻufammengefchnürt.

Étrenne, *f.*, —s, *pl.* (Handl.) die erfte Einnahme (an einem Tage); der erfte Gebrauch (v. etw.); Neujahrsgefchenk, *n.* B.fcherung, *f.*

Étrenner, *v. a.* qn., einem be= fcheren, Neujahrsgefchenke geben; — qch., *fm.* etw. das erftemal brauchen; — qn., (Handl.) einem das erfte Geld ͻu löfen geben; —, *v. n.* das erfte Geld löfen.

Étrésillon, *m.* (Bauf.) Strebe, *f.* Stüͻe. [ͻen, fpreiͻen.

Etrésillonner, *v. a.* (Bauf.) ftü=

Etrier, *m.* Steigbügel, Bügel; il a le pied a l'—, er ift reifefertig; *fg.* er ift auf dem Wege fein Glück ͻu machen.

†Etriére, *f.* Steigbügelriemen, *m.*

Etrille, *f.* Striegel, *m.; fm. prov.* cela ne vaut pas un manche d'—, dies ift keinen Heller werth; —, *fg. pop.* Prellfchenke, *f.*

Etriller, *v. a.* ftriegeln, abftriegeln; *fg. fm.* abprügeln. [den.

Étriper, *v. a.* (ein Thier) auswei=

Etriqué, e, *adj.* ͻu kurͻ, ͻu enge.

Étrivière, *f.* Steigbügelriemen, *m.;* donner les —s à qn., einen mit Steigbügelriemen hauen; *fg.* mißhandeln.

Etroit, e, *adj.; -ement, adv.=* eng, fchmal, knapp (Kleid); *fg.* eng, befchränkt (Geift); ftreng (Pflicht); à l'—, *adv.* eng; *fg.* knapp.

Etron, *m. bas,* Dreck, Menfchen= foth. [fen, abfappen.

Etronçonner, *v. a.* (Gärtn.) köp=

†Etruffé, e, *adj.* (Jagd) hinkend geworden, lendenlahm.

†Etruffure, *f.* (Jagd) Hinken, *n.* Lähmung, *f.*

Étude, *f.* Studium, *n.;* Gelehr= famkeit, *f.;* Kunft || Studirftube, Notariatftube; (Mal.) Studien, *pl.* Kunftverfuch, *m.*

Etudiant, *m.* Student, Studi= rende, Befliffene (en théologie, etc., der Theologie, ꝛc.).

Étudié, e, *adj.* fleißig gearbei= tet (Werk); künftlich ausgefonnen (Plan, ꝛc.); *iron.* geͻwungen.

Etudier, *v. a. et n.* ftudiren, aus= finnen; auswendig lernen; s'—, fich befleißigen.

Étudiole, *f.* Schriftfchränkchen, *n.*

Étui, *m.* Befteck, *n.* Futteral, Gehäufe; — à plumes, Federrohr, Pennal; — de mathématiques, Reißͻeug.

Etuve, *f.* Bad=, Schwißftube; Dampfbad, *n.;* (Kocht., ꝛc.) Tro= ckenkaften, *m.* Trockenofen.

Etuvée, *f.* (Kocht.) Dämpfen, *n.;* Verdämpfte; à l'—, gedämpft; met= tre à l'—, dämpfen, verdämpfen.

Etuvement, *m.* (Chir.) Bähen, *n.;* Bähung, *f.*

Etuver, *v. a.* (Chir.) bähen.

Etuviste, *m. ol.* Bader.

Etymologie, *f.* Abftammung (ei= nes Wortes); Wortforfchung.

Etymologique, *adj.* etymologifch.

Etymologiste, *m.* Wortforfcher.

Eucharistie (fpr. euka-), *f.* das heilige Abendmahl.

Eucharistique (fpr. euka-), *adj.* ͻum heiligen Abendmahl gehörig.

Eucologe, *m.* (Kirch.) Kirchen= agende, *f.*

Eucrasie, *f.* (Med.) die gefunde Leibesbefchaffenheit.

Eudiomètre, *m.* (Phyf.) Luftgü= temeffer.

Eudiométrie, *f.* Luftgütemeffung.

Eudiométrique, *adj.* die Luft= reinheitmeffung betreffend.

Eufraise, *f.* (Bot.) Augentroft, *m.*

Eulogies, *f. pl.* (gr. Kirch.) das geweihte Brod.

Euménide, *f.* (Myth.) Furie.

Eunuque, *m.* Verfchnittene.

Eupatoire, *m.* (Bot.) Wafferhanf, Hirfchklee.

Euphémisme, *m.* (Rhet.) die Milderung des Unanftändigen; der mildernde Ausdruck

Euphonie, *f.* Wohlklang, *m.*

Euphonique, *adj.* wohlklingend.

Euphorbe, *m.* (Bot.) Euphorbie, *f.* Wolfsmilch; (Med.) Euphorbien= harͻ, *n.*

Euphraise, *v.* Eufraise.

†Euphrate, *m.* Euphrat (Strom).

Europe, *f.* Europa, *n.*

Européen, *m., adj.* europäifch; —, *m. e,* f. Europäer, =inn, *f.*

Eurythmie, *f.* Ebenmaß, *n.;* rich= tige und fchöne Verhältniß.

†Eustache, *n. pr. m.* Euftachius || Hippe, *f.* [weite, *f.*

†Eustyle, *m.* (Bauk.) Säulen=

Eux, *pron. m. pl.* fie; d'—, ihrer, von ihnen; à —, ihnen.

Évacuant, e, *v.* Évacuatif.

Évacuatif, ve, *adj.; remède —*

ou —, *m.* (Med.) die abführende, treibende Arͻnei.

Evacuation, *f.* (Kriegsw.) Räu= mung; Ausͻiehen, *n.;* (Med.) Aus= leerung, *f.* Abführung.

Evacuer, *v. a.* (Kriegsw.) räu= men; (Med.) abführen.

Evader (s'), entwifchen, durchge= hen.

Evagation, *f.* (Anb.) Zerftreuung.

Evaluation, *f.* Schäͻung, An= fchlag, *m.;* die Berechnung der Ko= ften.

Evaluer, *v. a.* fchäͻen, anfchlagen, berechnen. [evangelifch.

Evangélique, *adj.; -ment, adv.=*

Evangéliser, *v. a. et n.* das Evan= gelium predigen (qn., einem).

Evangéliste, *m.* Evangelift; Wahl= ͻeuge (bei Akademien).

Évangile, *m.* Evangelium, *n.;* Evangelienbuch.

Evanouir (s'), ohnmächtig werden; *fg.* verfchwinden, vergehen; faire—, eine Ohnmacht ͻuͻiehen (qn., einem); (Math.) wegfchaffen; *fg.* verfchwin= den machen.

Evanouissement, *m.* Ohnmacht, *f.* Evaporation, *fém.* Verdünftung, Ausdämpfung, Ausdünftung; (Chy= mie) Ausdämpfen, *n.;* *fg.* Leichtfinn, *m.* Flüchtigkeit, *f.*

Evaporé, *masc.* Schwindelkopf, Saufewind.

Evaporer, *v. n. et* s'—, verdün= ften, verdämpfen, abdämpfen, ver= rauchen, verdunften; s'—, *fig.* ver= fliegen, fich ͻerftreuen; leichtfinnig werden (v. jemand); faire —, ver= dünften; —, *v. a.* sa dolle, feinem Zorne Luft machen.

Evasement, *m.* Ausweitung, *f.*

Evaser, *v. a.* erweitern, ausweiten; s'—, fich erweitern.

Évasif, ve, *adj.* ausweichend.

Évasion, *f.* Entweichung, Flucht.

Evêché, *m.* Bisthum, *f.;* die bifchöfliche Würde; bifchöflicher Siͻ, bifchöfliche Palaft.

Éveil, *m. fm.* Warnung, *fém.* Nachricht.

Eveillé, e, *m.* der aufgeweckte Kopf.

Éveillé, e, *adj.* munter, luftig, frifch, ꝛc.

Eveiller, *v. a.* aufwecken; *fg. id.,* aufmuntern, rege machen; s'—, erwachen.

Événement, *m.* Begebenheit, *f.* Ereigniß, *n.* Fall, *m.* Ausgang (einer S.); à tout —, *adv.* auf jeden Fall.

Event, *m.* Angehen (*n.*), Verder= ben (der Speifen); || die freie Luft; mettre à l'—, auslüften; (Ar= till.) Spielraum, *m.;* (Gieß., ꝛc.) Luftloch, *m.* Luftröhre, *f.;* (Zuckerf.) Rauch=, Zugloch, *n.;* —s, (Naturg.)

Riemen, m. pl. Fischohren, n. pl.;
—, (Handl.) Zugabe, f. Zumaß, n.;
tête à l'—, fm. der windige Kopf.
Éventail, m. Fächer.
Éventailliste, m. Fächerkrämer.
Éventaire, m. Obstkorb.
Éventé, e, adj. fg. leichtsinnig.
Éventer, v. a. qn., einem fächeln,
Luft machen; etw. lüften, auslüften;
(Jagd) wittern; fg. entdecken, fm.
riechen, wittern; (Schifff.) (die Se=
gel) nach dem Winde richten; s'—,
sich fächeln; verriechen.
Éventoir, m. Feuerwedel.
Éventrer, v. a. un animal, den
Bauch eines Thieres aufschneiden,
ausweiden; s'—, fg. pop. das Aeu=
ßerste anwenden.
Éventualité, f. mögliche Fall, m.
eintretende Fall; Möglichkeit, f.
Éventuel, le, adj. auf mögliche
Fälle eingerichtet; -lement, adv.
möglichenfalls, auf einen möglichen
Fall.
Évêque, m. Bischof; — in par=
tibus (infidelium), Bischof im
Lande der Ungläubigen.
†Everard, n. pr. m. Eberhard.
†Everrer, v. a. un chien, einem
Hunde den Wurm schneiden.
†Eversif, ve, adj. zerstörend.
Éversion, fém. Zerstörung, Um=
sturz, m.
Évertuer (s'), sich angreifen, sich
ermannen, alle Kräfte anstrengen.
†Eveux, se, adj. (vom Boden)
schmierig.
Éviction, f. (jur.) die Ausstoßung
aus einem Besitze.
Évidence, f. die augenscheinliche
Gewißheit, einleuchtende Wahrheit,
Augenschein; m.
Évident, adj.; -emment, adv.:
augenscheinlich, einleuchtend, klar,
offenbar; paraitre —, einleuchten.
Évider, v. a. zierlich aushöhlen,
ausfehlen, ausrunden; (Schneider)
ausschneiden; (Kammm.) auszah=
nen; — le linge, die Stärke aus der
Leinwand ausreiben; lame —ée,
Hohlklinge, f.
Évidoir, m. Hohlbohrer.
Évier, m. Guß= Wasserstein.
Évincer, v. a. (jur.) außer Besitz
setzen. [Canalbreite.
†Evitée, f. (Hydr.) die gehörige
Éviter, v. a. meiden, vermeiden,
fliehen, entgehen (qch., einer S.).
Évocable, adj. (jur.) was an ein
anderes Gericht gebracht werden
kann.
Évocation, f. (jur.) die Ziehung
einer S. vor ein anderes Gericht;
— des esprits, Geisterbeschwörung.
Évocatoire, adj. (jur.) cause —,
die Ursache zur Ziehung einer S. vor
ein anderes Gericht.

Évolution, f. (Kriegsw.) Evo=
lution, Schwenkung, Bewegung;
(Naturg.) Entwicklung.
Évoquer, v. a. (jur.) vor ein an=
deres Gericht ziehen; (Geister) citi=
ren, beschwören.
†Évulsion, f. (Chir.) Ausziehen,
n. Ausreißen.
Ex, prép. ehemalig, z. B. ex-
ministre, der ehemalige Minister;
Erminister.
Exacerbation, f. (Med.) Verstär=
kung des Fiebers, Paroxysmus, m.
Exact, e, adj.; -ment, adv.:
genau, pünktlich; sciences —es,
die strengern Wissenschaften.
Exacteur, m. Erpresser.
Exaction, f. Erpressung, Placke=
rei. [salt, Pünktlichkeit.
Exactitude, f. Genauigkeit, Sorg=
Exagérateur, m. Uebertreiber.
Exagératif, ve, adj. übertrieben.
Exagération, f. Uebertreibung.
Exagéré, m. Uebertreiber, Schwär=
mer. [größern.
Exagérer, v. a. übertreiben, ver=
Exaltation, f. Erhöhung; (Chym.)
Sublimiren; n.; fg. Ueberspan=
nung, f.
Exalté, e, adj. schwärmerisch.
Exalter, v. a. erheben, lobpreisen;
fg. begeistern, überspannen, erhitzen;
(Chym.) sublimiren, reinigen.
Examen, m. Untersuchung, fém.
Prüfung. [minator.
Examinateur, m. Prüfer, Exa=
Examiner, v. a. prüfen, genau
untersuchen, erforschen, examiniren,
durchspähen; s'—, fg. fm. sich
abtragen (v. Kleidern).
Exanthème, m. (Med.) Ausschlag.
†Exantlation, f. Auspumpen, n.
Exarchat (syr. ka), m. Exarchat, n.
Exarque, m. Exarch (ehemaliger
Statthalter der Griechen in Italien).
Exaspération, f. große Erbitterung.
Exaspérer, v. a. erbittern.
†Exaucement, m. Erhörung, f.
Exaucer, v. a. erhören.
Excavation, f. Aushöhlung, Ver=
tiefung. [höhlt.
†Excavé, e, adj. (Bot.) ausge=
Excédant, e, adj. übrig, übr=
schießend.
Excéder, v. a. überschreiten, über=
steigen; — de qch., einen mit
etwas überladen; einen erschöpfen,
ermüden; s'—, sich äußerst abmat=
ten; s'— de travail, etc., sich ab=
arbeiten, übermäßig arbeiten; s'—
de qch., etw. übermäßig treiben.
Excellence, f. Vortrefflichkeit;
Excellenz (Titel); par —, vorzugs=
weise.
Excellent, e, adj.; -emment,
adv.: vortrefflich, trefflich.

Excellentissime, adj. allervor=
trefflichst (Titel); fm. id.
Exceller, v. n. vortrefflich seyn,
hervorragen, sich auszeichnen.
Excentricité, f. (Geom., rc.)
Excentricität.
Excentrique, adj. (Geom., rc.)
excentrisch.
Excepté, prép. ausgenommen,
außer. [schließen.
Excepter, v. a. ausnehmen, aus=
Exception, f. Ausnahme; Vor=
behalt, m.; (jur.) Einrede, f. Ein=
wendung; à l'— de qn., de qch.,
jemand, etw. ausgenommen.
Exceptionnel, le, adj. eine Aus=
nahme enthaltend.
Excès, m. Uebermaß, n.; Frevel,
m.; Ausschweifung, f. Unmäßigkeit;
à l'—, adv. übermäßig.
Excessif, ve, adj.; -vement,
adv.: übermäßig, unmäßig.
Exciper, v. n. de qch., gegen
etw. einwenden, Einwendungen ma=
chen; — d'une quittance, sich bei
seiner Einwendung auf eine Quit=
tung berufen.
Excipient, masc. (Apoth.) Mi=
schungsgrundlage, f. Mischungs=
mittel, n.
Excise, f. Tranksteuer; Trank=
steueramt (in England), n.
Excitant, e, adj. erregend, erwe=
ckend; remède —, Reizmittel, n.
†Excitateur, m. (Phys.) der elek=
trische Funkenzieher; —, trice, f.
(Kloß.) Wecker, m. =inn, f.
Excitatif, ve, adj. (Med.) erre=
gend, reizend; —, m. Reizmittel, n.
Excitation, f. inus. Erregung,
Reizung.
†Exantlation, f. (Med.) die
Herstellung der Hirnkraft.
Exciter, v. a. erregen, rege ma=
chen, reizen, anreizen, aufmuntern;
s'— (auch v. r.), sich antreiben; sich
aufmuntern.
Exclamatif, ve, adj., point —,
Ausrufungszeichen (!), n.
Exclamation, f. Ausrufung.
*Exclure, v. a. ausschließen.
Exclusif, ve, adj. ausschließend.
Exclusion, f. Ausschließung.
Exclusivement, adv. ausschließ=
lich.
Excommunication, f. Kirchen=
bann, m. Bannfluch.
Excommunié, m. e, f. der, die
mit dem Kirchenbanne Belegte.
Excommunier, v. a. in den Kir=
chenbann thun.
Excoriation, f. die Aufschärfung
der Haut.
Excorier, v. a. aufritzen, aufschär=
fen. [Abrinden.
†Excortication, f. Abschälen, n.
Excrément, m. Koth, Auswurf;

(Phys.) thierische Abfall; fg. Aus=wurf, f.

Excrémenteux, se, Excrémen-tiel, le, Excrémentitiel, le, adj. (Med.) zum Auswerfen bestimmt.

Excrétion, f. (Med.) Auswurf, m. die Aussonderung natürlicher Unreinigkeiten.

Excrétoire, adj. (Anal.) ausfüh-rend, aussondernd.

Excroissance, f. Auswuchs, m. Gewächs, n. Beule, f.

†Excru, m. ein Baum der außer-halb eines Waldes gewachsen ist.

†Excubiteur, m. ein Soldat der Leibwache der (ehemaligen) römi-schen Kaiser.

Excursion, f. Streiferei, Abste-cher, m. Ausflug; fg. Abschweifung, f. [verantwortlich.

Excusable, adj. zu entschuldigen,

Excusation, f. (jur.) Entschuldi-gung, Ablehnung (einer Vormund-schaft, xc.).

Excuse, f. Entschuldigung, Ab-bitte; faire ses —s, sich entschul-digen.

Excuser, v. a. entschuldigen; ver-zeihen (qn., einem); — qn. de faire qch., einen von etw. freisprechen; s'—, sich entschuldigen; s'— de faire qch., etw. ablehnen, sich etw. ver-bitten.

Exéat, m. lat. (im pl. ohne s), (Kirch., xc.) Austrittsschein; die Erlaubniß auszugehen.

Exécrable, adj.; -ment, adv.: abscheulich.

Exécration, f. Abscheu, m. Fluch.

Exécrer, v. a. verfluchen, verwün-schen, verabscheuen.

Exécutable, adj. ausführbar.

Exécuter, v. a. vollziehen, voll-strecken, ausführen, bewerkstelligen; (Theat., xc.) aufführen; (einen) hinrichten; (jur.) pfänden.

Exécuteur, m. trice, f. Vollzie-her, m. sinn; f.; — de la haute justice, Scharfrichter, m.

Exécutif, ve, adj. ausübend; pou-voir —, die vollziehende Gewalt. .

Exécution, fém. Vollstreckung, Vollziehung, Ausführung, Bewerk-stelligung; Hinrichtung (eines Ver-brechers); (jur., xc.) Zwang, m. Pfändung, f.

Exécutoire, adj. (jur.) executo-risch; —, m. Gewaltsbrief.

Exégése, f. (Theol.) Auslegung.

Exégéte, m. (Theol.) Ausleger.

Exégétique, f. (Allgbr.) Exegetik, Kunst, die Wurzeln einer Gleichung in Zahlen oder Linien zu finden.

Exemplaire, adj.; -ment, adv.: exemplarisch; —, m. Muster, n.; Exemplar, Abschrift, f.

Exemple, m. Muster, n. Bei-spiel, Verbild; par —, zum Bei-spiel; —, f. Vorschrift.

Exempt, e, adj. (de qch.), frei, ausgenommen; —, m. (de la po-lice), Scherge.

Exempter, v. a. befreien; aus-nehmen.

Exemption, f. Befreiung; Erlas-sung; Ausnahme.

Exequatur, m. Vollziehungsbe-fehl, Bevollmächtigung, f.

Exercer, v. a. üben; (eine Pflicht, xc.) ausüben; (ein Gewerbe) treiben; (ein Amt) verwalten, bekleiden; s'—, sich üben (à, in); getrieben, verwaltet werden.

Exercice, m. Uebung, f.; (Kriegs-wesen) Waffenübung; faire l'—, sich in den Waffen üben, exerciren; faire faire l'— à qn., einen exerciren; —, Rechnungsjahr, n.; fg. Aus-übung (einer Pflicht, xc.), f.; Ver-waltung (eines Amtes), f. Mühe, Arbeit, Verdruß, m.

Exérése, f. (Chir.) das Heraus-nehmen, Ausziehen einer dem Kör-per fremden oder schädlichen Sache.

Exergue, m. (Münzw.) Exerge, f.

†Exert, e, adj. (Bot.) ausgestreckt, weit hervorragend.

†Exfoliatif, ve, adj. (Chir.) ab-blätternd.

Exfoliation, f. (Chir.) Abschiefern, n. Abblättern (der Knochen).

Exfolier (s'), (Chir.) sich schiefern, sich abblättern. [dern.

†Exfumer, v. a. (Farben) vermin-

Exhalaison, fém. Ausdünstung, Dunst, m. Dust.

Exhalation, f. Ausdämpfung.

Exhaler, v. a. ausdünsten, aus-düften; — des vapeurs, dampfen; —, fg. aushauchen; (den Zorn, xc.) auslassen; s'—, verdünsten, verrau-chen; fg. verstiegen; s'— en injures, in Schimpfworte ausbrechen.

Exhaussement, m. Erhöhung, f.

Exhausser, v. a. erhöhen, höher machen.

†Exhaustion, f. (Math.) Erschöp-fung; méthode d'—, Erschöpfungs-methode.

Exhérédation, f. (jur.) Enterbung.

Exhéréder, v. a. (jur.) enterben.

Exhiber, v. a. aufweisen, vorzeigen.

Exhibition, f. Aufweisung.

Exhortation, f. Ermahnung, Zu-reden, n.

Exhorter, v. a. ermahnen, zuspre-chen, zureden (qn., einem).

Exhumation, f. Wiederausgra-bung (einer Leiche).

Exhumer, v. a. wieder ausgraben.

Exigeant, adj. vielverlangend, be-gehrlich.

Exigence, f. (du cas) Erforderniß,

Exiger, v. a. fordern, verlangen; zumuthen (de qn., einem); erfor-dern; erheischen; (Abgaben, xc.) ein-treiben.

Exigible, adj. was gefordert wer-den kann; (jur.) verfallen, eintreib-bar. [ringfügig.

Exigu, ë, adj. gering, klein, ge-

Exiguité, f. Kleinheit, Gering-fügigkeit.

Exil, m. die Verbannung (ou einen bestimmten Ort); Landesver-weisung.

Exilé, m. Verbannte.

Exiler, v. a. verweisen, verbannen; s'—, sich (freiwillig) entfernen.

Existant, e, adj. vorhanden, be-stehend.

Existence, f. Dasepn, n.

Exister, v. a. dasepn, bestehen, vorhanden seyn, obwalten.

Exocet, m. fliegender Fisch.

Exode, m. Exodus, das zweite Buch Mosis.

†Exoine, f. ol. (jur.) die gültige Entschuldigung wegen Nichterschei-nung.

†Exoiner, v. a. ol. (jur.) wegen Nichterscheinen vor Gericht entschul-digen.

†Exoineur, m. ol. (jur.) Nothbote.

†Exomologése, f. ol. (Kirch.) Kir-chenbuße. [bruch, m.

Exomphale, f. (Med.) Nabel-

Exophthalmie, f. Augapfelvorfall.

Exorable, adj. erbittlich. [m.

Exorbitant, e, adj.; -amment, adv.: übermäßig, überspannt.

Exorciser, v. a. (Teufel) beschwö-ren. [f. Beschwörung.

Exorcisme, m. Teufelsbannung,

Exorciste, m. Teufelsbanner, Be-schwörer.

Exorde, m. (Rhet.) Eingang.

Exostose, f. (Chir.) Ueberbein, n.

Exotérique, adj. (Lehrst.) exote-risch, öffentlich, allgemein.

Exotique, adj. fremd, ausländisch.

Expansibilité, f. (Lehrst.) Aus-dehnbarkeit. [dehnbar.

Expansible, adj. (Lehrst.) aus-

Expansif, ve, adj. (Phys.) aus-dehnend, sich ausdehnend; fg. mit-theilend. [nung.

Expansion, f. (Phys.) Ausdeh-

Expatriation, f. Auswanderung; Landesverweisung.

Expatrier, v. a. aus dem Vater-lande verweisen, vertreiben; s'—, auswandern.

Expectant, e, adj. anwartend; (Med.) abwartend; —, m. An-warter. [der Anwartschaftsbrief.

Expectatif, ve, adj. wartie—ve,

†Expectation, f. (Med.) Zuse-hen, n. Abwarten.

Expectative, fém. Anwartschaft, Aussicht, Hoffnung.

Expectorant, e, adj. (Med.) brustreinigend; —, m. Brustreinigungsmittel; n.

Expectoration, f. Schleimauswurf, m.

Expectorer, v. a. (Schleim) auswerfen.

Expédient, adj. rathsam, zuträglich; —, m. Mittel, n. Ausweg, m.

Expédier, v. a. fördern, beför=bern, (einen) abfertigen; (eine Ur=funde, x.) ausfertigen; ab=, ver=senden (Waaren, x.), fg. fm. (einen) geschwind aus der Welt schaffen.

Expéditeur, m. (Handl.) Güter=versender, Expeditor. [burlig.

Expéditif, ve, adj. geschwind,

Expédition, f. Beförderung, Ab=fertigung; Ausfertigung (einer Ur=funde, x.); Versendung; (Kriegsw.) Unternehmung; Heerzug, m.; Ab=schrift (einer Acte), f.

Expéditionnaire, m. Abschreiber; — ou banquier —, Procurator (am päpstlichen Hofe).

Expérience, f. Erfahrung; (Phys. x.) Versuch, m. Experiment, n.

Expérimental, e, adj. auf Erfah=rung gegründet, erfahrungsmäßig.

Expérimenté, e, adj. erfahren, erprobt, geübt.

Expérimenter, v. a. qch., einen Versuch mit etw. machen; —, v. n. erfahren.

Expert, e, adj. erfahren, geschickt, geübt; —, m. Kunst=, Werk=, Sach=verständige.

Expertise, fém. die Untersuchung durch Werkverständige; Augenschein, m. Bericht.

Expiation, f. Büßung, Abbü=ßung, Sühne; (Alt.) Sühnepfer, n.

Expiatoire, adj. aus=, versöhnend; sacrifice —, Sühnepfer, n.; œuvre —, Versöhnungswerk.

Expier, v. a. büßen, abbüßen; versöhnen (Fehler).

†Expilation, f. (jur.) Entwendung (v. Erbschaftssstücken).

Expiration, f. Aushauchen (des Athems), n.; fg. Ablauf, m. Ver=lauf, Verfluß (eines Termins); (Schwm.) Verrauchen, n.

Expirer, v. n. verscheiden, sterben, den Geist aufgeben; fg. enden, zu Ende gehen; ab=, verlaufen (Ter=min); —, v. a. (den Athem) aus=hauchen.

Explétif, ve, adj. ausfüllend; mot —, Flickwort, n.

Explicable, adj. erklärbar, er=klärlich.

Explicateur, m. Erklärer, der gewisse Merkwürdigkeiten der Reihe nach vorzeigt und erklärt.

Explicatif, ve, adj. erklärend.

---

Explication, f. Erklärung, Aus=legung, Erläuterung.

Explicite, adj. deutlich, klar; -ment, adv. id., mit klaren Worten.

Expliquer, v. a. erklären, ausle=gen, erläutern; s'—, seine Meinung sagen, sich erklären.

Exploit, m. That, f.; Heldenthat; (jur.) Acte (eines Gerichtsdieners).

Exploitable, adject. benutzbar; (Forstw.) schlagbar; (jur.) pfändbar.

Exploitation, f. (Landw., x.) Nutzung; — des mines, Bergbau, m.

Exploiter, v. a. (Landw.) benutzen (auch fg.); (Forstw.) ausbauen, be=nutzen; (Bergw.) bearbeiten, bauen; cesser d'—, (eine Mine) abbauen; —, v. n. gerichtliche Aufträge voll=strecken.

Explorateur, m. Kundschafter.

Exploration, f. Untersuchung, Er=forschung.

Explorer, v. a. untersuchen, aus=spähen.

Explosion, f. Knall, m.; heftige Ausbruch (auch fg.); — électrique, Schlag.

Exponentiel, le; adj. grandeur —le, (Alg.) Exponentialgröße, f.

Exportation, f. (Handl.) Ausfuhr.

Exporter, v. a. (Waaren) aus=führen.

Exposant, m. e, f. (jur.) Bitt=steller, m.=inn, f.; —, m. (Arithm.) Exponent.

Exposé, m. Darstellung, f.

Exposer, v. a. stellen, legen; (Waaren) auslegen; — en vente, feil bieten; —, (ein Kind) aussetzen; fg. vorstellen, vor=, darlegen; s'—, sich (einer Gefahr) aussetzen; être —é, ausgesetzt seyn, gelegen seyn (à, gegen).

Exposition, f. Ausstellung; Aus=legung; Aussetzung (eines Kindes); fg. Erklärung, Darstellung || Lage, Richtung.

Exprès, se, adj.; -ément, adv.: ausdrücklich; verseblich, geflissentlich; —, adv. eigens; —, m. der eigene Bote, Expresse.

Expressif, ve, adj. nachdrücklich, ausdrucksvoll.

Expression, f. Ausdrücken, n. Auspressen; fg. Ausdruck, m.

Exprimable, adj. (mit ne) aus=druckbar.

Exprimer, v. a. ausdrücken, aus=pressen; fg. ausdrücken, darstellen; s'—, sich ausdrücken.

Ex professo, adv. lat. eigens, mit allem Fleiß.

Expropriation, f. forcée, Aus=pfändung, der gezwungene Güter=verkauf vor Gericht.

Exproprier, v. a. qn. de qch.,

---

einem etw. durch gerichtlichen Ver=kauf wegnehmen, einen auspfänden.

Expulser, v. a. aus=, vertreiben, ausstoßen.

Expulsif, ve, adj. austreibend.

Expulsion, f. Vertreibung; (jur.) Austreibung; (Med.) Abführung.

Expurgatoire, v. Index.

Exquis, e, adj. auserlesen, vor=trefflich, köstlich.

†Exsanguin, e, adj. (Med.) blut=los, blutleer.

†Exsiccation, f. Austrocknen, n.

Exsuccion, f. Aussaugen, n.

Exsudation, f. Schwitzen, n. Ausschwitzung, f.; (Med.) der starke krankhafte Schweiß.

Exsuder, v. n. ausschwitzen.

Extant, e, adj. vorhanden.

Extase, f. Entzückung, Verzü=dung.

Extasier (s'), entzückt werden.

Extatique, adj. entzückt, schwär=merisch.

†Extemporané, e, adj. (Med.) was verschrieben wird zum augen=blicklichen Einnehmen (vergl. Offi=cinal).

Extenseur, m. (Anat.) ausdeh=nend; —, m. der ausdehnende Muskel.

Extensibilité, f. Ausdehnbarkeit.

Extensible, adj. ausdehnbar.

Extension, f. Ausdehnung, Deh=nung. [Verringerung.

Exténuation, f. Ausmärgelung,

Exténuer, v. a. ausmärgeln, ab=matten, abzehren, schwächen.

Extérieur, e, adj.; -ement, adv.: äußerlich; (Fortif.) ouvrage —, Außenwerk; n.; —, m. Aeußere, n.

Außenseite, f. Aussehen, n.

†Extériorité, f. Aeußere, n. der äußere Theil, Oberfläche, f.

Exterminateur, m. Vertilger, Würger; —, adj., l'ange —, der Würgengel. [Vertilgung.

Extermination, f. Ausrottung,

Exterminer, v. a. vertilgen, aus=rotten, zerstören.

Externat, m. Externat, n., Schule mit der kein Pensionat verbunden ist, f.

Externe, adj. äußer, äußerlich; —, m. (in Kostschulen) Stadt=schüler. [löschend.

†Extinctif, ve, adj. auslöschend,

Extinction, f. Auslöschen, n.; fg. Aussterben; Erlöschung (eines Geschlechtes), f.; Tilgung, Erlö=schung (einer Rente); Erlöschen, n.

Verfallen (der Stimme).

Extirpateur, m. Ausrotter.

Extirpation, f. Ausrottung.

Extirper, v. a. ausrotten.

†Extispice, m. (Alt.) Wahrsa=gung aus den Eingeweiden, f.

Extorquer, *v. n.* aus=, erpreſſen,
abbringen.
Extorsion, *f.* Aus=, Erpreſſung.
†Extrac, *adj.*, cheval —, ein
dünnleibiges, ſchmalbäuchiges Pferd.
Extractif, ve, *adj.* ( Gramm. )
particule —ve, die Trennungspar=
tifel.
Extraction, *f.* Ausziehen, *n.;* le
seau d'—, (Bergw.) Erzfübel; —,
*fg.* Herfunft, *f.* Abfunft.
Extradition, *f.* (jur., ꝛc.) Aus=
lieferung.            [ Rundung.
Extrados, *m.* (Bauf.) die äußere
Extradossé, e, *adj.* (Bauf.) auf
der äußern Seite platt gearbeitet
( Gewölbe).
*Extraire, *v. a.* ausziehen, einen
Auszug machen (qch., aus etw.).
Extrait, *masc.* Auszug; Schein;
— mortuaire, Todtenſchein; —,
(Apoth.) Extract.
Extrajudiciaire, *adj.;* -ment,
*adv. :* (jur.) außergerichtlich.
Extraordinaire, *adj.;* -ment,
*adv. :* außerordentlich.
Extrapassé, e, *adj., v.* Strapassé.
Extravagamment, *adv.* thöricht,
ungereimt.
Extravagance, *f.* Thorheit, Un=
gereimtheit, Tollheit, Schwärmerei.
Extravagant, e, *adj.* thöricht,
wunderlich, ſchwärmeriſch, unge=
reimt, toll, närriſch.
Extravaguer, *v. n.* ſchwärmen,
unbeſonnen reden oder handeln,
raſen.
Extravasation, Extravasion, *f.*
(Med.) Austretung, Ergießung (der
Säfte); (Bot.) Austreten, *n.*
Extravaser (s'), (Med., Bot.)
austreten, ſich ergießen.
Extrême, *adj.* übermäßig; äußerſt;
überaus groß, außerordentlich; —,
*m.* Extrem, *n.* Aeußerſte; -ment,
*adv. :* äußerſt, überaus.
Extrême-onction, *f.* (Kath.) die
lezte Delung.
Extremis (in), in der Todesſtunde,
auf dem Todesbette.
Extrémité, *f.* das äußerſte Ende,
Spize (eines Haars), *f.;* Zipfel
(eines Kleides); *m.; fg.* die äußerſte
Noth (eines Menſchen); Todesfampf,
*m.*
Extrinsèque, *adj.* äußerlich.
†Extumescence, *f.* Schwellen, *n.*
der Anfang einer Geſchwulſt.
Exubérance, *f.* der unnöthige Ue=
berfluß.
Exubérant, e, *adj.* überflüſſig.
†Exulcératif, ve, *adj.* (Med.)
was ſchwären macht; zerfreſſend.
†Exulcération, *f.* (Med.) Ent=
zündung.
Exulcérer, *v. a.* ſchwären machen,
zerfreſſen; *fg.* nagen, quälen.

†Exultation, *f.* Frohlocken, *n.*
Jauchzen, Hüpfen vor Freude.
†Exulter, *v. n. vi.* jauchzen, froh=
locken, vor Freude hüpfen.
Exutoire, *m.* (Med.) Fontanell, *n.*
Ex-voto, *m. lat.* Weihgeſchenf, *n.*

# F.

Fa, *m.* (Muſ.) F, *n.*
Fabago, *m.* Fabagelle, *f.* (Bot.)
gemeine Bohnenfaper.
†Fabien, *n. pr. m.* Fabian.
Fable, *f.* Fabel, Mährchen, *n.;*
Fabel=, Götterlehre, *f.* Mythologie.
Fabliau, *m. ol.* die Erzählung in
Verſen.
†Fablier, *m.* Fabeldichter.
Fabricant, *m.* Fabrifant, Werf=
meiſter.
Fabricateur, *m.* Verfertiger.
Fabrication, *f.* Verfertigung.
†Fabrice, *n. pr. m.* Fabricius.
Fabricien, Fabricier, *m.* Kirchen=
vorſteher, Kirchenälteſte.
Fabrique, *f.* Fabrif; Arbeit; Ei=
genthum (einer Kirche), *n.;* la — de
cette église est riche, dieſe Kirche
hat große Einfünfte; —, (Mal.)
Gebäude, *m. pl.* Ruinen; *f. pl.*
Fabriquer, *v. a.* verfertigen; *fg.*
*m. p.* ſchmieden, erdichten.
Fabuleux, se, *adj.;* -sement,
*adv. :* fabelhaft.
Fabuliste, *m.* Fabeldichter.
Façade, *f.* (Bauf.) Vorderſeite.
Face, *f.* Angeſicht, *n.* Vordertheil;
Seite, *f.* Fläche, (Zeichn.) Geſichts=
länge; *fg.* Anſehen, *n.;* Geſtalt, *f.;*
changer de —, ſich verändern; faire
—, (Kriegsw.) Fronte machen; *fg.*
faire — à qch., einer S. gewachſen
ſeyn; faire — aux dépens, die Ko=
ſten beſtreiten; en —, gegenüber; à
deux—s, zweiſeitig; à la — de qn.,
vor einem, in eines Gegenwart.
Facé, e, *adj.*, bien, mal —,
wohl=, übel gebildet.
Facer, *v. a.* (Baſſetſp.) bei dem
Aufſchlag eine beſezte Karte treffen.
Facétie, *f.* Spaß, *m.* Poſſe, *f.*
drollige Erzählung.
Facétieux, se, *adj.;* -sement,
*adv. :* ſcherzhaft, drollig, poſſenhaft.
Facette, *f.* Raute, viereckige Sei=
tenfläche; à —s, (Juwel.) rauten=
weiſe geſchnitten.          [den.
.Facetter, *v. a.* rautenweiſe ſchnei=
Fâché, e, *adj.* böſe, unwillig,
zornig.
Fâcher, *v. a.* böſe machen, ergür=
nen, ärgern; *fm.* wurmen; se —,
böſe werden, ſich erzürnen, zürnen;
il me fâche, *v. imp.* es thut mir
leid, es verdrießt mich.

Fâcherie, *f.* Unwille, *m.* Aerger,
Verdruß, Widerwärtigfeit, *f.*
Fâcheux, se, *adj.* ärgerlich; wun=
derlich, läſtig (Menſch); —, *m.*
Ueberläſtige.
Facial, e, *adj.* zum Geſicht gehö=
rig; angle —, Geſichtswinfel, *m.*
Facile, *adj.* leicht; *fg. id.;* un=
gezwungen; leichtfaſſend; gefällig;
lenſfam; *m. p.* allzu nachgiebig;
-ment, *adv.* leicht.
Facilité, *f.* Leichtigfeit, Geläufig=
feit (im Reden); *m. p.* übertriebene
Gefälligfeit und Nachſicht; —s, Auf=
ſchub, *m.* Friſt, *f.*
Faciliter, *v. a.* erleichtern; beför=
dern.
Façon, *f.* Art, Weiſe, Geſtalt,
Form; Anſehen, *n.;* (Kunſt, ꝛc.)
die Art zu arbeiten; Manier; Be=
arbeitung, Arbeit; Macherlohn,
*m.;* (jur.) Schreibgebühr, *f.; fg.*
Art; ces vers sont de ma —, *fm.*
dieſe Verſe ſind von meiner Arbeit,
von mir; — de penser, Denfungs=
art, *f.;* —s, Umſtände, *m. pl.*
Ceremonien, *f. pl.;* Weſen, *n.* Be=
tragen, Benehmen; faire peu de—s,
wenig Weſens machen; de— que…,
*adv.* ſo daß…; en aucune —, fei=
nesweges.
Faconde, *f. ol.* Beredſamfeit.
Façonné, e, *adj.* geblümt (Zeug).
Façonner, *v. a.* formen, bilden,
bearbeiten; (Ziegel) ſtreichen; *fg.*
ausbilden, gewöhnen (à, zu).
Façonnier, ère, *adj.* umſtändlich,
ſteif.
Fac-simile, *m. lat.* die genaue
Nachahmung der Handſchrift.
Facteur, *m.* Factor; Briefträger;
(Schiff.) Beſater; (Arithm.) Fac=
tor; — d'orgues, de clavecin, Or=
gelbauer, Claviermacher.
Factice, *adj.* nachgemacht, erfün=
ſtelt.
Factieux, se, *adj.* aufrühriſch;
—, *m.* Aufrührer, Aufwiegler.
Faction, *fémin.* Rotte, Partei;
(Kriegsw.) Schildwachſtehen, *n.;*
être en —, Schildwache ſtehen.
Factionnaire, *adj.* Schildwache
ſtehend; —, *m.* Schildwache, *f.*
Factorerie, *f.* (Handl.) Factorei.
Factoton, Factotum, *lat. m. fm.*
der alles in allem iſt, Factotum, *n.*
Factum, *m. lat.* die Darſtellung
einer Rechtsſache.
Facture, *f.* (Handl.) Waarenzet=
tel, *m.* Factur, *f.;* (Kunſt) Arbeit;
jeux de la petite —, (Org.) das
fleine Regiſter.
†Facule, *f.* (Aſtr.) Sonnenfackel.
Facultatif, ve, *adj.* (jur.) Be=
fugniß gebend.
Faculté, *f.* Fähigfeit, Kraft; Ga=
be, Eigenſchaft || Recht, *n.;* Macht,

f.; —s, Vermögen, n.; —, Fa=
cultät (auf Universitäten), f.
Fadaise, f. Abgeschmacktheit.
†Fadasse, f. etwas fade, etwas
abgeschmackt.
Fade, adj. unschmackhaft; fg. al=
bern, abgeschmackt, fade, läppisch.
Fadeur, f. Unschmackhaftigkeit; fg.
Abgeschmacktheit, das abgeschmackte
Wesen; —s, das schale Geschwäß.
†Fagone, f., v. Fagoue.
Fagot, m. Reisbündel, Welle, f.;
Büschel, n.; —s, fg. dummes Zeug;
prov. il y a —s et —s, es ist ein
Unterschied unter den Dingen.
Fagotage, m. Reisbündelmachen,
n.; Reisholz; fg. schlechte Mach=
werf, Pfuscherei, f.
Fagotaille, f. die Einfassung mit
Reisbündeln.
Fagoter, v. a. p. us. in Büschel
binden, zu Reisbündeln machen; fg.
unordentlich zusammenstellen; lächer=
lich ankleiden.
Fagoteur, m. Wellenmacher; fg.
fm. Zusammenstoppler.
Fagotin, m. der gepußte Affe; fg.
Pickelhäring, Possenreißer.
Fagoue, f. (Anal.) Brustdrüse.
Faguenas, m. der müffige Ge=
ruch.
†Faiblage, m. (Münzw.) der ge=
seßmäßige Abgang an Gewicht und
Gehalt.
Faible, adj.; -ment, adv. :
schwach, matt, unkräftig, gering;
—, masc. Schwäche, f.; fg. id.,
schwache Seite.
Faiblesse, f. Schwachheit, Ohn=
macht; fg. id., Unvermögen, n.;
— d'esprit, Blödsinn, m.
Faiblir, v. n. schwach werden,
nachlassen.
Faïence, f. das unächte Porzellan,
Halbporzellan; poële de —, Kachel=
ofen, m.
Faïencerie, f. Fayencefabrik.
Faïencier, m. ère, f. Fayencefa=
brikant, m. =händler, =inn, f.
†Faille, f. (Bergb.) Steinwand,
welche Metalladern unterbricht;
Kopftuch, m. Kopfmantel, m.
Failli, m. (Handl.) Fallit.
Faillibilité, f. die Möglichkeit zu
irren.      [terworfen.
Faillible, adj. dem Irrthum un=
*Faillir, v. n. sich vergehen, feh=
len, irren, sich betrügen; (Web.)
schwach werden; (Handl.) falliren;
Bankerott machen; seine Zahlungen
einstellen || auf dem Punkte seyn;
j'ai failli de tomber, ich wäre fast
oder beinahe gefallen.
Faillite, f. (Handl.) Falliment, n.
Faim, f. Hunger, m.
Faim-valle, f. (Thiera.) Heiß=
hunger, m.

Faine, f. (Naturg.) Bucheichel.
Fainéant, e, adj. müßig, faul;
—, m. Müßiggänger, Faulenzer.
Fainéanter, v. a. faulenzen, herum=
schlendern.
Fainéantise, f. Faulenzen, n.
Müßiggang, m.
*Faire, v. a. machen, verrichten,
verfertigen, thun (de, mit, aus);
(Weg) machen, zurücklegen || schaffen,
hervorbringen, erzeugen; (Zähne)
bekommen; (Kinder) erzeugen; ge=
bären (v. der Frau); (v. Thieren)
werfen; fm. (Böses) anstellen, (viel,
wenig) leisten, verrichten || (Lichter)
ziehen || bilden (à, zu); gewöhnen
(à, an); faire le riche, etc., sich
reich stellen, den Reichen spielen;
—, v. n. (gut oder schlecht) zusam=
men stehen; (Karten) geben; — —,
machen lassen; ne — que..., nichts
thun als...; il ne fait que de sortir, er ist so eben ausgegangen; se
— à qch., sich an etw. gewöhnen;
n'avoir que — de qch., etw. gar
nicht brauchen; — pour qn., je=
mandes Stelle vertreten; cela fait
pour moi, das beweiset für mich;
se —, geschehen, werden; zu Stande
kommen; sich bilden; sich anstellen;
il fait, v. imp. es ist; il fait du
vent, es gebt Wind; il fait du
tonnerre, es donnert; il fait beau,
es ist schönes Wetter; c'en est fait,
es ist aus, vorbei (de, mit); si fait,
adv. fm. oh ja! voy. Fait.
(NB. Die Bedeutung des Wortes
faire wird sehr oft durch das dabei=
stehende Wort bestimmt. Diese un=
zähligen Bedeutungen können hier
nicht alle angezeigt werden; mehrere
davon wird man unter andern Wör=
tern bemerkt finden.)
Faire, m. Manier, f.; (Theol.)
Thun, m.
Faisable, adj. thunlich, erlaubt.
Faisan, m. Fasan; —e, f. et
adj. f., poule —, Fasanhenne,
f.; — doré, blanc, Gold=, Silber=
fasan, m.; la chasse au —, Fa=
sanenbeize, f.
Faisances, f. pl. die Leistungen
außer dem Pachtgelde.
Faisandeau, m. der junge Fasan.
Faisander, v. a. (das Fleisch) lang
hängen lassen, beizen; —, v. n. et
se —, einen Wildpretgeruch anneh=
men, wildangen.
Faisanderie, f. Fasanenhaus, n.
=garten, m.
Faisandier, m. Fasanenwärter,
=jäger.
Faisceau, m. Bund, n. Bündel;
Pyramide (v. Flinten), f.; —x,
pl. (röm. Alt.) Fasces, Nüthenbün=

del; mettre des armes en —x,
Waffen pyramidenförmig stellen.
Faiseur, m. se, f. Macher, m.
-inn, f.; — de luth, etc., Leier=
macher, m.
†Faisselle, f. Käseform.
†Faisser, v. a. un panier, Kimm=
weiden in einen Korb flechten.
†Faisserie, f. (Korbm.) die durch=
brochene Arbeit.    [weiden.
†Faisses, f. pl. (Korbm.) Kimm=
†Faissier, m. Korbmacher.
Fait, e, adj. gemacht, geschehen;
fg. erwachsen; gebildet; bien —,
wohlgebildet.
Fait, m. That, f. Thatsache, Sache,
cela est de mon —, das habe ich
gethan; voie de —, (jur.) That=
lichkeit, f.; mettre, poser en —,
behaupten; être sûr de son —, sei=
ner Sache gewiß seyn; être au —
de qch., etw. wohl verstehen; en —
de..., in Betreff..., was... be=
trifft; de —, wirklich; unläugbar,
au —, zur Sache!
Fait, e, adj. gemacht, geschehen;
fg. erwachsen; gebildet; bien —,
wohlgebildet.
Faîtage, m. (Bauk.) Giebel=
Sparrenwerf, n.; Dachstuhl, m.;
die bleierne Firstendecke.
Faîte, m. (Bauk.) Firste, f. Gie=
bel, m. Gipfel; fg. Gipfel, höchste
Grad.
Faîtière, f. (Dachd.) Firsten=,
Hohlziegel, m.; die obere Stange
(eines Zeltes); —, adj., vue, lu-
carne —, Giebelfenster, n. Dachfen=
auge.
Faix, m. Last, f. Bürde.
Fakir, Faquir, m. Fakir (indische
Mönch).
Falaise, f. (Seew.) der jähe Ab=
hang, das steile Gestade.
Falaiser, v. n. (Seew.) an den
jähen Abhang anschlagen, branden.
Falarique, f. (Artill.) Brandpfeil,
m.; ol. mit eisernen Spißen beseßte
Feuerlanze.
Falbala, m. (Näh.) Falbel, f.
Falcade, f. (Reitsch.) Falcade.
Falcidie, f. das falcidische (abzu=
ziehende) Quart ob. Erbschaftsviertel.
Fallacieux, se, adj.; -sement,
adv. : betrügerisch, betrüglich.
*Falloir, v. imp. müssen, sollen,
nothwendig seyn; il nous faut —,
wir brauchen...; il s'en faut beau=
coup, peu, es fehlt; mangelt viel,
wenig daran.
Falot, e, adj.; -ement, adv.;
lächerlich; närrisch, artig.
Falot, m. Narr, Flegel; die große
Laterne.     [Holz.
Falourde, f. Bündel (n.) Bund
Falquer, v. n. (Reitsch.) falliren.
†Falques, f. pl. (Seew.) Seß=
bord, n.
Falsificateur, m. Verfälscher.
Falsification, f. Verfälschung.

Falsifier, *v. a.* verfälschen. [*f.*
Falun, *m.* (Naturg.) Muschelerde,
Faluner, *v. n.* (Landw.) mit Mu=
schelerbe bestreuen. [schelerbe.
Falunière, *f.* die Grube von Mu=
Fâmé, e, *adj.*, bien ou mal —,
in gutem od. schlechtem Rufe stehend.
Famélique, *adj.* hungerig; —,
*m.* Hungerleider.
Fameux, se, *adj.* berühmt; *m.p.*
berüchtigt.
Familiariser (se), vertraut wer=
ten; sich vertraut, gemein, bekannt
machen.
Familiarité, *f.* Vertraulichkeit.
Familier, ère, *adj.*; -erement,
*adv.* : vertraulich, vertraut, bekaňt,
zutraulich; geläufig (Sprache); es=
prit —, der dienstbare Geist, Schuß=
geist; —, *m. m. p.* Vertraute; —s,
*pl.* Diener (der Inquisition).
Famille, *f.* Familie, Haushal=
tung, Verwandtschaft; Geschlecht, *n.*
Famine, *f.* Hungersnoth.
Fanage, *m.* Heumachen, *n.*
Fanaison, *f.* Mähezeit; Heuärnte.
Fanal, *m.* (Schifff.) Laterne, *f.*;
Leuchtthurm, *m.* Leuchtfeuer, *n.*
Fanatique, *adj.* schwärmerisch,
fanatisch; —, *m.* Schwärmer, Fa=
notifer.
Fanatiser, *v. a.* schwärmerisch,
fanatisch machen.
Fanatisme, *m.* Schwärmerei, *f.*
Fanatismus, *m.*
†Fanchon, *n. pr. f.* Fränzchen.
†Fandango, *m.* Fandango (ein
spanischer Tanz).
Fane, *f.* (Bot.) Blatt, *n.*
Faner, *v. a.* heuen, Heu machen;
(Blumen, 2c.) welf machen, ver=
weifen machen; se —, verwelfen.
Faneur, *m.* se, *f.* Heumacher, *m.*
=inn, *f.* [Herzchen.
Fanfan, *m. fm.* Püppchen, *n.*
Fanfare, *f.* Trompetenschall, *m.*;
Tusch.
Fanfarer, *v. n.* militärische Musit
machen; *fg.* prahlen.
Fanfaron, *m.* Prahler, Wind=
beutel; —, ne, *adj.* prahlerisch.
Fanfaronnade, Fanfaronnerie, *f.*
Windbeutelei, Aufschneiderei, Lust=
streich, *m.* [*m.*
Fanfreluche, *f. fm.* Flitterstaat,
Fange, *f.* Koth, *m.* Schlamm;
*fg.* Staub, die niedrige Herkunft;
Schlamm, *m.* das unfläthige Leben.
Fangeux, se, *adj.* kothig, schmu=
zig. [fahne, *f.*
†Fanion, *m.* (Kriegsw.) Gepäc=
Fanon, *m.* Wamme (des Rind=
viehs), *f.*; Zotte (am Pferdsfuß);
(Kath.) Armbinde; —s, *pl.* Zipfel
(an Fahnen, 2c.); (Chir.) Schienen,
Schindeln; Barten (des Wallfisches).
Fantaisie, *f.* Einbildung; Einfall,

*m.* Gedanke; Eigensinn; Liebhaberei,
*f.*; jouer de —, (Mus.) fantasiren.
Fantasmagorie, *f.* Fantasmago=
rie, Vorstellung von Geistererschei=
nungen.
Fantasque, *adj.*; -ment, *adv.* :
eigensinnig; wunderlich; grillenhaft;
närrisch; homme —, Grillenfänger,
*m.* [gänger, Infanterist.
Fantassin, *m.* (Kriegsw.) Fuß=
Fantastique, *adj.* eingebildet; fan=
tastisch.
Fantôme, *m.* Gespenst, *n.*; *fg.*
Hirngespinnst, Schattenwerf; Schat=
tenbild; *fm.* Schatten, *m.*
†Fanton, *v.* Fenton.
Fanum, *m. lat.* (Alt.) Tempel.
Faon (spr. fan), *m.* Hirschkalb, *n.*
Faonner (spr. fanner), *v. n.* (vom
Hirsch u. Reh) Junge sehen, werfen.
Faquin, *m.* der verächtliche Kerl;
Schuft, Hasenfuß; (Reitsch.) Holz=
mann. [Streich.
Faquinerie, *f. fm.* der schlechte
Faquir, *v.* Fakir.
†Faraillon, *m.* Nebensandbanf,
*f.* [*n.*
†Farais, *m.* (Fisch.) Korallennez,
Faraison, *f.* die erste Gestalt des
Glases durch das Blasen.
Farandole, *f.* Farandole, Tanz
der Provenzalen.
Farce, *f.* (Kocht.) Füllsel, *n.*
Fülle, *f.*; *fg.* Posse; Possenspiel, *n.*
Farceur, *m.* (Theat.) Possenspieler;
*fg.* Possenreißer.
Farcin, *m.* (Thiera.) Wurm.
Farcineux, se, *adj.* (Thiera.) mit
dem Wurm behaftet.
Farcir, *v. a.* (Kocht.) füllen; *fg.
fm.* vollstopfen; (ein Buch) durch=
spicken.
Fard, *m.* Schminke, *f.*; *fg.* der
falsche Schmuck; Heuchelei, *f.* Ver=
stellung.
Fardeau, *m.* Last, *f.* Bürde.
Farder, *v. a.* schminken; *fg. id.*;
— qch., einer S. einen falschen
Anstrich geben; — un discours,
eine Rede mit falschem Prunke
aufstuzen.
Fardier, *m.* Blockwagen.
†Fare de Messine, *m.* Faro, die
Meerenge von Messina.
Farfadet, *m.* Kobold, Berggeist;
*fg. fm.* leichtsinniger Mensch.
Farfouiller, *v. a.* durchwühlen;
—, *v. n.* herumflören. [bretter.
†Fargues, *f.* (Seew.) Schirm=
Faribole, *f.* Posse; Lapperei.
Farinacé, e, *adj.* mehlig, mehl=
artig.
Farine, *f.* Mehl, *n.*; — fossile,
Bergmehl; la folle —, der Mehl=
staub.
†Fariner, *v. a.* mit Mehl be=
streuen.

Farinet, *m.* ein Würfel, der nur
auf einer Seite Augen hat.
Farineux, se, *adj.* mit Mehl
bestäubt; mehlig, mehlicht; —, *m.
pl.* Mehlspeisen, *f. pl.*
Farinier, *m.* Mehlhändler.
†Farinière, *f.* Mehlkasten, *m.*
†Farlouse, *f.* (Naturg.) Heide=
lerche.
Farouche, *adj.* wild, grimmig,
scheu, unbändig, wunderlich; streng.
Fasce, *f.* (Wapp.) Binde, Bal=
ten, *m.*
Fascé, e, *adj.* (Wapp.) geheftet,
mit Binden von gleicher Anzahl und
in gleicher Breite.
Fascicule, *m.* (Apoth.) Bündel,
Armvoll Kräuter.
Fascié, e, *adj.* gestreift.
†Fascies, *f. pl.* Streifen (auf
Muscheln).
Fascinage, *m.* Faschinenwerf, *n.*
Fascination, *f.* Verblendung.
Fascine, *f.* Faschine.
Fasciner, *v. a.* verblenden, bezau=
bern; *fg. id.*
†Fasciole, *m.* Windelwurm, Le=
berschnecke, *f.* Egelschnecke.
Faséole, *f.* (Gärtn.) Schmink=
bohne. [füllen (Segel).
Fasier, *v. n.* (Seew.) flattern,
Faste, *m.* Gepränge, *n.* Pracht,
*f.* Prunk, *m.*; Hoffart, *f.*
Fastes, *m.* (röm. Alt.) Kalender;
— consulaires, das chronologische
Verzeichniß der Consuln; —, *fg.*
Jahrbücher, *n. pl.*
Fastidieux, se, *adj.*; -sement,
*adv.*: verdrießlich, langweilig, efel=
haft. [gleichhoch.
Fastigié, e, *adj.* (Bot.) gegipfelt,
Fastueux, se, *adj.*; -sement,
*adv.* : prunfvoll, hoffärtig.
Fat, *m.* Ged, Laffe; —, *adj. m.*
säupisch, albern, geckenhaft.
Fatal, e, *adj.* verhängnißvoll,
unvermeidlich; unglücklich, unselig;
-ement, *adv.* durch das Verhäng=
niß; unglücklicher Weise.
Fatalisme, *m.* (Philos.) Fatalis=
mus, die Lehre vom unvermeidlichen
Schicksal.
Fataliste, *m.* (Phil.) Fatalist,
Anhänger der Lehre vom blinden
Verhängniß.
Fatalité, *f.* Verhängniß, *n.*; un=
vermeidliche Schicksal; Mißgeschick,
der unglückliche Zufall.
Fatidique, *adj.* weissagend.
Fatigant, e, *adj.* ermübend, be=
schwerlich.
Fatigue, *f.* Ermüdung, Beschwer=
de, Strapaze; beschwerliche Arbeit.
Fatigué, e, *adj.* (Baum) über=
ständig.
Fatiguer, *v. a.* müde machen,
abmatten; (ein Pferd) abarbeiten;

— un arbre, (Gärtn.) einem Baume zu viel Holz oder Ohst lassen; fg.
— qn., einem beschwerlich fallen;
—, v. n. et se —, sich ermüden, sich abmatten.
Fatras, *masc.* Plunder; Quark, Wust; *fg.* Wortkram.
Fatuaire, *m.* (Alt.) der begeisterte Wahrsager.
Fatuité, *f.* das abgeschmackte, alberne Wesen, läppische Zeug.
\*Fatum, *m.* lat. Schicksal, *n.* Verhängniß.
Faubourg, *m.* Vorstadt, *f.*
Fauchage, *m.* Abmähen, *n.*
Fauchaison, *f.* Heuernte.
†Fanchard, *m.* die kleine Sichel mit langem Stiele.
Fauche, *f.* Mähen, *n.*
Fauchée, *f.* das Tagewerk Wiesen, Mahd, *f.*
Faucher, *v. a.* mähen, abmähen; —, *v. n.* (Reitsch.) mähen.
Fauchet, *m.* (Landw.) Harke, *f.* Rechen, *m.*
Faucheur, *m.* Mäher.
· Faucheur, Faucheux, *m.* Weberknecht (langbeinige Spinne).
Faucille, *f.* Sichel, Hippe.
Faucillon, *m.* Hippe, *f.* Reb-, Gartenmesser, *m.*
Faucon, *m.* Falke.
Fauconneau, *m.* (Artill.) Falkonett, *n.*; (Zimm.) Querholz (am Hebezeug).
Fauconnerie, *f.* Falknerei.
Fauconnier, *m.* Falkenier.
Fauconnière, *f.* Falkeniertasche, Reittasche.
†Faudage, *m.* Einschlagen (des Tuchs), *n.*; Zeichen (am Bruche).
†Fauder, *v. a.* (Tuch) falten, brechen, einschlagen; mit Seide bezeichnen.
Faufiler, *v. a.* zu Faden schlagen, verloren heften; *fg. fm.* einschieben; se — avec qn., sich bei einem einschleichen.
†Fauldes, *f. pl.* Kohlenmeilerplatz, *m.*
Faune, *m.* (Myth.) Waldgott, Faun.
Faune, *f.* Fauna, Beschreibung der Thiere eines Landes. [falf.
†Fauperdrieux, *m.* Rebhühnergarn.
Faussaire, *m.* Verfälscher.
Fausse alarme, *f.* der blinde Lärm.
Fausse attaque, *f.* der blinde, falsche Angriff.
Fausse braie, *f.* (Fortif.) Untermall, *m.*; (Bauk.) Terrasse, *f.*
Fausse clef, *f.* Nachschlüssel, *m.* Dietrich. [Geburt.
Fausse couche, *f.* die unzeitige
†Fausse-coupe, *f.* (Bauk.) der falsche Steinschnitt; (Tischler) die

schräge Fügung; (Gärtn.) der falsche Schnitt.
†Fausse-fleur, *f.* (Gärtn.) die taube Blüthe.
Faussement, *adv.* fälschlich.
Fausse monnaie, *f.* die falsche Münze, das falsche Geld.
†Fausse-page, *f.* (Buchdrucker) Schmuttitel, *m.*
Fausse-porte, *f.* die blinde Thüre, Nebenthüre.
Fausser, *v. a.* verdrehen, verbiegen, krumm biegen; *fg.* — sa foi, sein Wort brechen; — compagnie, sich aus der Gesellschaft wegschleichen; se —, (Kriegsw.) aus der geraden Linie kommen.
Fausset, *m.* (Mus.) Fistel, *f.*; Fistelfinger, *m.*; chanter en —, durch die Fistel singen; —, (Böttch.) Zwicker, *m.* Zäpfchen, *n.*
Fausseté, *f.* Unwahrheit, Falschheit, Ungrund (einer Behauptung), *m.* [Glocke.
†Faussure, *f.* Schweifung (einer
Faute, *f.* Fehler, *m.* Mangel; Versehen, *n.* Vergehen; Vergehung, *f.* Fehltritt, *m.*; Schuld, *f.*; — de..., aus Mangel an...; weil nicht....; sans —, unfehlbar.
Fauteuil, *m.* Lehnstuhl, Armsessel; Präsidentenstuhl.
Fauteur, *m.* trice, *f.* Begünstiger, *m.* -inn, *f.* (eines Verbrechens).
Fautif, ve, *adj.* fehlerhaft.
Fauve, *adj.* falb, fahl; bêtes —s, Rothwildpret, *n.*
Fauvette, *f.* Grasmücke (Vogel).
Faux, *f.* Sense.
Faux, fausse, *adj.* falsch; unächt, verfälscht; nachgemacht; (Gärtn.) taub (Blüthe); (Bauk.) blind; *fg.* falsch; treulos; heimtückisch; schief (Urtheil, zc.); —, *m.* Falsche, *n.* Unwahre; (jur.) Falsum, Verfälschung, *f.*; —, *adv.* falsch; à —, *adv.* fälschlich.
Faux bond, *masc.* der falsche Sprung; *fg.* Versehen, *n.*; Fehltritt, *m.*; v. aussi Bond.
Faux-bourdon, *m.* (Mus.) das einförmige Musikstück.
Faux-bourg, v. Faubourg.
†Faux-brillant, *m. fg.* Flitterwerk, *n.*
†Faux-feu, *m.* Blickfeuer, *n.*
Faux frais, *m. pl.* Nebenkosten.
Faux frère, *m.* der falsche Bruder, treulose, betrügliche Freund.
Faux-fuyant, *m.* Nebenweg; Schlupfweg; *fg.* Ausflucht, *f.*
Faux jour, *m.* das falsche Licht.
Faux-monnayeur, *m.* Falschmünzer.
Faux pas, *m.* Fehltritt, Mißtritt, *m.*; faire un —, stolpern.
Faux pli, *m.* die unrechte Falte.

Faux-saunage, *m.* die verbotene Bereitung des Salzes, Salzschmuggeln, *n.*
Faux-saunier, *m.* Salzschmuggler. [Schein.
Faux semblant, *m.* der falsche
Faux titre, *m.* (Buchdrucker) Schmuttitel.
Faveur, *f.* Gunst, Gewogenheit, Gefälligkeit, Vergünstigung; Ansehen, *n.*; Beifall, *m.*; prendre —, Beifall finden; —s, *pl.* Gunstbezeigungen; en — de..., zu Gunsten..., zum Besten von..., in Rücksicht auf; à la — de..., unter Begünstigung, durch Hilfe...; vermittelst.
Favorable, *adj.*; -ment, *adv.*: günstig, geneigt, hold; vortheilhaft.
Favori, *m.* te, *f.* Liebling, *m.* Günstling; —, te, *adj.*, mets —, Lieblingsgericht, *n.* Leibessen.
Favoriser, *v. a.* begünstigen, befördern.
Fayence, v. Faïence.
Féage, *m.* (Lehenw.) Lehenscontract; Erblehengut, *n.*
Féal, e, *adj.* ol. getreu.
Fébricitant, e, *adj.* (Med.) fieberkrank; —, *m.* e, *f.* der, die Fieberkranke.
Fébrifuge, *adj.* (Med.) fiebervertreibend; —, *m.* Fiebermittel, *n.*
Fébrile, *adj.* (Med.) fieberhaft.
Fécale, *adj.*, matière —, die groben Excremente, *n. pl.*
Féces, *f. pl.* Hefen.
Fécial, *m.* (röm. Alt.) Fecial, Kriegsherold.
Fécond, e, *adj.* fruchtbar.
Fécondant, e, *adj.* befruchtend.
Fécondation, *f.* Befruchtung.
Féconder, *v. a.* befruchten.
Fécondité, *f.* Fruchtbarkeit.
Fécule, *f.* (Chym.) Bodensatz, *m.*; (Med.) Urinsaa.
Féculent, e, *adj.* einen Bodensatz machend; unrein; trüb (Harn).
Fédéral, e, *adj.* verbündet, auf den Bund bezüglich; gouvernement —, Bundesregierung, *f.*
†Fédéraliser, *v. a.* verbünden; se —, *v. r.* sich verbünden, sich in einen Bund vereinigen.
†Fédéralisme, *m.* Föderalismus.
†Fédéraliste, *m.* der eine Bundesstaatenverfassung wünscht, Föderalist.
Fédératif, ve, *adj.* verbündet; états —s, *pl.* Bundesstaaten.
Fédération, *fém.* Verbündung, Bund, *m.*; Bundesversammlung, [f.
Fédéré, *m.* Verbündete.
Fée, *f.* Fee, Zauberin.
Féer, *v. a.* vi. bezaubern, feien.

Féerie, *f.* Feerei, Zauberei (auch *fg.*), Zauberkunſt.
†Féſe, *m.* der große Gibbon (Affr.).
*Feindre, *v. a.* vorgeben, vorwenden, heucheln, dichten; — de ..., ſich ſtellen als ...; —, *v. n.* heucheln; ne pas —, kein Bedenken tragen ‖ ein wenig hinken.
Feint, e, *adj.* verſtellt, falſch, erſonnen.
Feinte, *fém.* Verſtellung, Liſt; (Fechtk.) Finte; (Buchdr.) Mönch.
Feintise, *f.*, *v.* Feinte. [*m.*
†Félatier, *m.* (Glash.) Glasblaſer.
Feldspath, *m.* Feldſpath.
Fêle, *f.* (Glasm.) Blasrohr, *n.*
Fêlé, e, *adj.* geſpalten, geſprungen (Glas, Glocke); *fg.* ſchwach (Bruſt); *fm.* il a la tête —ée, le timbre —é, er iſt geſchloſſen.
Fêler, *v. a.*, un verre, Sprünge in ein Glas machen; se —, Sprünge bekommen. [Glückwunſch, *m.*
Félicitation, *f.* Glückwünſchung.
Félicité, *f.* Glückſeligkeit; —, *n. pr. f.* Felicitas.
Féliciter, *v. a.* qn., einem Glück wünſchen; se —, ſich glücklich ſchätzen.
Félon, ne, *adj. ol.* (Lehenw.) treulos, eidbrüchig; *fg.* grauſam.
Félonie, *f.* (Lehenw.) die Untreue gegen den Lehensherrn.
Felouque, *f.* (Seeweſen) Feluke, (Schiff).
Fêlure, *f.* Sprung, *m.* Riß, Spalt.
Femelle, *f.* Weibchen, *n.*; —, *adj.* (Naturgeſch.) weiblichen Geſchlechts, weiblich.
Féminin, e, *adj.* weiblich; —, *m.* (Gramm.) das weibliche Geſchlecht.
Féminiser, *v. a.* (ein Wort) weiblichen Geſchlechts machen.
Femme, *f.* Weib, *n.* Frau, *f.* Hausfrau; Frauenzimmer, *n.*; *fm.* Weibsperſon, *f.*; *mépr.* Weibsbild, *n.*
Femmelette, *f. mépr.* Weibchen, *n.* einfältige Weib.
Fémur, *m.* (Anal.) Schenkelbein, *n.*
Fenaison, *f.* (Landw.) Heuernte.
Fendant, *m. ol.* der Hieb von oben herab; faire le —, den Eiſenfreſſer machen.
Fenderie, *f.* (Eiſenh.) Zerhauen (*n.*), Spalten des Stabeiſens; Stabhammer, *m.*
Fendeur, *m.* Spalter.
Fendiller (se), ſich ſpalten, zerſplittern (Holz, ꝛc.).
Fendoir, *m.* Spaltmeſſer, *n.*
Fendre, *v. a.* ſpalten; zerſprengen, zerſplittern, aufſchlitzen, ſchlitzen; *fg.* durchſchneiden, durchbrechen, theilen; (das Herz) brechen; —, *v. n.*

*fg.* zerſpringen; se —, ſich ſpalten, Riſſe bekommen.
Fenestré, e, *adj.* (Bot.) gefenſtert; (Chir.) durchlöchert (Binde).
†Fenêtrage, *m.* Fenſterwerk, *n.*
†Fénétrange, Finſtingen (Städtchen).
Fenêtre, *f.* Fenſter, *n.*; fausse —, Blende, *f.*
Fenil, *m.* Heuboden.
Fenouil, *m.* (Bot.) Fenchel.
Fenouillette, *f.* Fenchelbranntwein, *m.*; — et Fenouillet, *m.* (Gärtn.) Fenchelapfel.
Fente, *f.* Spalte, Ritze, Schlitz, Fenton, *m.* (Schloſſ.) Klammer, *f.* der eiſerne Stab (in einem Kamine). [ſche Heu.
Fenugrec, *m.* (Bot.) das griechiſche
Féodal, e, *adj.* lehenbar; droit —, Lehenrecht, *n.*; seigneur —, Lehensherr, *m.*; -ement, *adv.* nach dem Lehenrechte.
Féodalité, *f.* Lehenweſen, *n.* Lehensgerechtigkeit, *f.* Lehenbarkeit; Lehenspflicht.
Fer, *m.* Eiſen, *n.*; die eiſerne Spitze (einer Lanze, ꝛc.); (Wäsch.) Bügeleiſen, *n.*; *fg.* Schwert; Dolch, *m.*; —s, *pl.* Ketten, Feſſeln; *fg. id.*; (jur.) Kettenſtrafe; de —, eiſern; *fg. id.*, hart, ſchlimm; — chaud, — à friſer, Brenneiſen, *n.*; — -blanc, Eiſenblech; — de cheval ou —, Hufeiſen; — à cheval, (Fortif.) Hufeiſen; (Gärtn.) der ſanfte Abhang in Geſtalt eines Hufeiſens, (Bauk.) die doppelte Treppe in Geſtalt eines Hufeiſens; en — à cheval, *adv.* in Geſtalt eines Hufeiſens, halb eirund.
†Fer (île de), die (canariſche) Inſel Ferro. [etc.
Férandine, etc., *v.* Ferrandine, Ferblantier, *m.* Blechſchmied.
Fer-chaud, *m.* Sodbrennen, *n.* (Krankheit).
Féret, *m.* (Glash.) Stab; — d'Espagne, (Miner.) Blutſtein.
Férial, e, *adj.* feſttäglich, zu den Ferien gehörig. [Feiertag.
Ferie, *f.* Ferie, Wochentag, *m.*
†Férine, *adj.*, la toux —, der bösartige Huſten.
*Férir, *v. a. ol.* ſchlagen; sans coup —, ohne Schwertſtreich.
Ferler, *v. a.* (die Segel) ein-, zuſammenziehen. [*n.*
†Ferlet, *m.* (Buchdr., ꝛc.) Kreuz, Fermage, *m.* Pachtzins.
Fermant, e, *adj.*, à jour —, mit einbrechender Nacht; *v. aussi* Porte.
Ferme, *f.* Pachtgut, *n.* Hof, *m.*; (Zimm.) Dachſtuhl, (Theat.) die hintere Decoration.
Ferme, *adj.*; -ment, *adv.*: feſt, ſtark; dicht; unbeweglich; ſtät (Be-

wegung); *fg.* feſt, ſtark, ſtandhaft; unerſchütterlich; gediegen, kräftig (Styl); nachdrücklich; -ment, *adv.* mit Kraft und Nachdruck.
Ferment, *m.* (Œhrſt.) Gährungsmittel, *n.*
Fermentatif, ve, *adj.* gähren machend.
Fermentation, *fém.* Gährung, Säuerung; (Bierbr.) Brauſe; *fg.* Gährung, Unruhe.
Fermenter, *v. n.* gähren.
Fermer, *v. a.* zumachen, ſchließen, zuſchließen; verſchließen; zuſtopfen; verſperren; —, *v. n.* et se —, ſchließen, zugehen; geſchloſſen werden; se — à reſſort, zuſchnappen.
Fermeté, *f.* Feſtigkeit; Stärke; Dichtheit; Unbeweglichkeit; Stätigkeit (der Bewegung); *fg.* Standhaftigkeit, Entſchloſſenheit; Gediegenheit, Kraft (des Styls, ꝛc.).
Fermeture, *f.* Schluß, *m.*; Verſchließung, *f.*; — des portes, Thorſchluß, *m.* [-inn, *f.*
Fermier, *m.* ère, *f.* Pachter, *m.*
Fermoir, *m.* (Buchb.) Schloß, *n.* Clauſur, *f.*; —s, *pl.* Beſchläge, *n.*; —, (Tiſchler) Stechbeutel, *m.*; (Zimm.) Balleneiſen, *n.*; (Bildh.) — à trois dents, Zahneiſen; — à nez rond ou néron, der Meißel mit ſchräger Schneide.
†Fernambouc, Fernambuco, Oliſtinba (Stadt); le —, das Braſilienholz.
†Fernel, *m.* Fernelie (Pflanze), *f.*
Féroce, *adj.* wild; *fg. id.*, roh, grauſam. [teit.
Férocité, *f.* Wildheit, Grauſamkeit;
†Férocosse, *m.* Kohlbaum.
Ferraille, *f.* das alte Eiſenwerk.
Ferrailler, *v. n. fm.* fuchteln; ſich immer herumſchlagen; *fg. fm.* haſtig ſtreiten.
Ferrailleur, *m.* Raufer, Renommiſt ‖ Alteiſenhändler.
†Ferrandine, *f.* Ferrandin, *m.* (Halbſeidenzeug).
†Ferrandinier, *m.* Ferrandinweber.
Ferrant, *adj. m.*, maréchal —, Hufſchmied, *n.*
†Ferrare, *f.* Ferrara (Stadt); Ferrarie (Pflanze).
Ferre, *fém.* (Glash.) Scheere; Schleifſel, *n.* Abſchleifſel (von Eiſen, ꝛc.).
Ferré, e, *adj. fg.* hart; eau -ée, (Med.) Roſtwaſſer, *n.*
Ferrement, *m.* das eiſerne Werkzeug; (Schloſſ.) Brecheiſen; —s, *pl.* (Seew.) Eiſenwerk, Beſchläge.
Ferrer, *v. a.* beſchlagen; (Handl.) plombiren; — à glace, ſcharf beſchlagen; gut beſchlagen; *fm.* — la mule, etw. auf den Schwanz ſchlagen; clou à —, Hufnagel, *m.*

Ferret, m. Nestel=, Schnürstift, Stift, Senkel.

†Ferretier, m. Schmiedehammer.

†Ferrette, f. Pfirt (Städtchen).

Ferreur, m. Beschlager; (Hambl.) Plombirer; —, m. se, f. d'aiguil-lettes, Senkler, m. -inn, f.

Ferrière, f. Beschlagtasche.

Ferronnerie, f. Eisenschmiede, Eisenhandel, m. [ler, m. =inn, f.

Ferronnier, m. ère, f. Eisenhänd=

Ferrugineux, se, adj. eisenhal-tig; terre — se, Eisenerde, f.

Ferrure, f. Beschläge, n.; (Huf-schm.) Beschlagen, Hufbeschlag, m.

†Ferté, f. vi., v. Fermeté, For-teresse. [fruchtbar.

Fertile, adj.; -ment, adv. :

†Fertilisation, f. Fruchtbarma-chung.

Fertiliser, v. a. fruchtbar machen.

Fertilité, f. Fruchtbarkeit.

Féru, e, adj. (von férir), erzürnt gegen Jemand; verliebt, vergafft.

Férule, f. Stecken, m. Ruthe, f. (auch fig.).

Fervent, e, adj.; -emment, adv. : eifrig, andächtig, brünstig, innig. [f. Innigkeit.

Ferveur, f. Eifer, m. Inbrunst,

†Ferze, f. (Schifff.) Breite, Bahn.

Fescennins, adj. m. pl. (röm. Alt.) vers —, fescennische (zoten-hafte) Verse.

Fesse, f. Hinterbacke, —s, pl. Hintere, m. fm. Abschreiber.

Fesse-cahier, m. fm. Abschreiber.

Fessée, f. fm. die Tracht Schläge auf den Hintern.

Fesse-mathieu, m. fm. Wuche-rer, Geizhals.

Fesser, v. a. auf den Hintern schlagen; pop. — le cahier, ab-schmieren.

Fesseur, m. se, f. pop. Arsch-pauker, m. -inn, f.

Fessier, m. fm. Steiß, Hintere; —s, adj. m. pl., muscles —s, (Anat.) Gesäßmuskeln.

Fessu, e, adj. pop. dickfleißig.

Festin, m. Gastmahl, n.

Festiner, v. a. et n. bewirthen, schmausen.

Feston, m. Blumengehänge, n. Blumengewinde; Blumenschnur, f.

Festonner, v. a. zierlich aus-schweifen.

Fête, f. Fest, n.; Feiertag, m.; Namenstag (von jemand); Fête-Dieu, Frohnleichnamsfest, n.; — du saint de la paroisse, — du village, Kirchmesse, f.; fg. faire — à qn., einem den Hof machen.

Fêter, v. a. feiern, begehen; — qn., einem ein Fest geben; fg. einen feiern, einem Ehre erzeigen, den Hof machen.

Fetfa, m. (Türk.) Fetfa, n. Aus-spruch (des Mufti), m.

Fétiche, m. et adj. m., dieu —, Fetisch, Göße.

Fétichisme, m. Fetischendienst.

Fétide, adj. widerlich riechend, stinkend.

Fétidité, f. Gestank, m.

Fétu, m. Strohhalm, Splitter.

†Fétuque, f. (Bot.) Schwingel,

Fétus, v. Fœtus. [m.

Feu, m. Feuer, n.; mettre le — à qch., etw. anstecken, anzünden; Feuer in etw. legen || Kamin, n.; Herd, m. Feuerstätte, f.; || Brand, m. Feuersbrunst, f.; (Kriegswesen) Feuer, n.; — roulant, de file, Lauffeuer; faire —, feuern, Feuer geben; donner le — à qch., (Hand-werk.) etw. brennen; —, fg. Feuer, Hiße, f. Lebhaftigkeit.

†Feu (Terre de), Feuerland, n. (Insel).

Feu, e, adj. (sans pl.) verstorben, selig; feu la reine, la feue reine, die verstorbene Königinn.

Feudataire, m. Lehensträger.

Feudiste, m. Lehenrechtskundige.

Feuillage, m. Laub, n.; Laubwerk.

Feuillaison, f. (Bot.) Belaubung.

Feuillantine, f. eine Art Gepäck; Feuillantinernonne.

Feuillants, m. pl. Feuillantiner (Art Bernhardinermönche); (in der Revolution) Gemäßigten.

Feuillard, m. Reisholz, n. Reif, m. Faßreif.

Feuille, f. (Bot.) Blatt, n.; — de pin, Nadel, f.; || (Pap.) Bo-gen, m. Blatt, n.; en —s, roh (Buch); —, Spiegelfolie, f., v. Etain || vin d'une —, Firnewein, m.; vin de deux —s, zweijähri-ger Wein; — d'ardoise, Schiefer-tafel, f.; or en —s, Blattgold, n. — de route, Marschroute, f.

Feuillé, e, adj. (Bot.) geblättert.

Feuillée, f. Laube, Laubhütte.

Feuille-morte, f. die braungelbe Farbe.

Feuiller, v. n. Laubwerk malen.

†Feuiller, Feuillé, m. (Mal.) Baumschlag. [hobel.

†Feuillieret, m. (Tischl.) Leisten-

Feuillet, m. Blatt (Papier), n.; Blättermagen (der Ochsen, zc.), m.

Feuilletage, m. Blätter=, But-terteig.

Feuilleté, e, adj. (Bot.) blätterig.

Feuilleter, v. a. blättern, durch-blättern; nachschlagen; (Past.) blät-terich backen; (Kocht.) in dünne Schnitte schneiden (Sped).

Feuilleton, m. Blättchen, n. kleine Blatt; Beiblatt (in Zeitungen).

Feuillette, f. Fäßchen, n.

Feuillu, e, adj. dickbelaubt.

Feuillure, f. (Tischl.) Fuge, An-schlag, m.

Feurre, m. Futterstroh, n.

Feutrage, Feutrement, m. Fil-zen, n.

Feutre, m. Filz; (Sattl.) Scher-wolle, f.

Feutrer, v. a. (Hutm.) filzen; (Sattl.) mit Scherwolle füttern.

Feutrier, m. Filzmacher. [n.

†Feutrière, f. (Hutm.) Filztuch,

Fève, f. Bohne; — de jardin, de marais, Feld=, Saubohne; — de haricot, Schminkbohne.

Féverole, f. die kleine Bohne.

†Février, m. Bohnenbaum.

†Fèvre, m. (alt) (Salzf.) Kessel-meister.

Février, m. Hornung, Februar.

Fi! interj. pfui!

Fiacre, masc. Miethkutsche, f.; Miethkutscher, m.; prov. comme un —, sehr schlecht.

Fiançailles, f. pl. Verlöbniß, n.

Fiancé, m. e, f. Verlobte, m. et f.

Fiancer, v. a. verloben.

†Fiat, interj. lat. es geschehe, es sey so.

Fibre, f. (Anat., Bot.) Fiber, Faser, Faser.

Fibreux, se, adj. faserig, zaserig.

Fibrille, f. (Anat.) Fäserchen, n.

Fibrine, f. Faserstoff, m.

†Fibule, f. Spange, Häftchen, n.

Fic, m. (Med.) Feigwarze, f.

Ficeler, v. a. mit Bindfaden bin-den.

Ficelle, f. Bindfaden, m.

Ficellier, m. Bindfadenspule, f.

Fichant, e, adj. (Artill.) feu —, das fischirende Feuer.

Fiche, f. (Schloss.) Fischband, n. —s, pl. Beschläge; —, (Spiel) Spielmarke, f.; (Kriegsw.) Pflock, masc.; (Lautenm.) Saitenwirbel; (Maur.) Kelle, f.

Ficher, v. a. stecken, einstecken, einschlagen; (Maur.) einstreichen; être —é, stecken; avoir les yeux —és sur qch., die Augen auf etw. geheftet haben.

†Ficheron, m. Vorstecknagel.

Fichet, m. (Trict.) Stecker, Spiel-marke, f.

†Fichoir, m. Klemmhölzchen, n. Klammer, f.

Fichu, e, adj. pop. verächtlich; schlecht; —, m. Halstuch (der Wei-ber), n.

†Fichure, f. (Fisch.) Dreistachel, m. Aalgabel, f.

Ficoides, f. pl. die feigenbaum-artigen Pflanzen; besonders die Mit-tagsblumen, Hottentotenfeigen.

Fictif, ve, adj.; -vement, adv.: erdichtet, ersonnen.

Fiction, *f.* Erdichtung, Dichtung; — de droit, Rechts=Fiction.

Fidéicommis, *m.* (jur.) Fidei=commiß, *n.* (bedingungsweise an=vertraute Vermächtniß).

Fidéicommissaire, *m. et adj.*, héritier —, der fiduciarische Erbe.

Fidéjusseur, *m.* (jur.) Bürge.

Fidéjussion, *f.* (jur.) Bürgschaft.

Fidèle, *adj.; -ment, adv.:* treu, getreu; aufrichtig; (Kirch.) gläubig; —s, *m. pl.* (Kirch.) Gläubigen.

Fidélité, *f.* Treue; . serment de —, Eid der Treue, *m.* . Huldi=gungseid ‖ Genauigkeit, *f.*

Fiduciaire, *m.* (jur.) der fiducia=rische Erbe.

†Fiduciel, le , *adj.* (Uhrm.) point —, Fiducialpunkt, *m.*

Fief, *m.* Lehen, *n.* Lehengut; don=ner qch. en — à qn., einen mit etw. belehnen.

Fieffé, e , *adj.* (Lehenw.) vom Lehen abhängig ‖ fripon —é, *fm.* Erzgauner, *m.*

Fieffer, *v. a.* qch. à qn., einen mit etw. belehnen, einem etw. zu Lehen geben.

Fiel, *m.* Galle, *f. fg. id.,* Haß, *m.* Zorn.

Fiente, *f.* Mist, *m.* Dünger.

Fienter, *v. n.* misten, seinen Koth auswerfen.

Fier, *v. a.* anvertrauen; se fier à qn., en qn., sich einem vertrauen, einem trauen; se fier sur qch., sich auf etw. verlassen.

Fier, ère, *adj.;* fièrement, *adv.:* stolz, muthig, kühn, edelgesinnt; *pop.* derb, heftig, gewaltig.

Fier-à-bras, *m. fm.* Prahlhans, Großsprecher, Eisenfresser. [*n.*

Fierte, *f.* (alt) Reliquienkästchen,

Fierté, *f.* Stolz, *m.* Troß, Muth.

Fièvre, *f.* (Med.) Fieber, *n.; fg.* Unruhe, *f.* [haft.

Fiévreux, se, *adj.* (Med.) fieber=

Fiévrotte, *f. fm.* das kleine Fie=ber. [pfeifer, *m.*

Fifre, *m.* Querpfeife, *f.;* Quer=

Figale, *m.* Zigalle, *f.* (indisches Schiff). [rinnen.

Figement, *m.* Gestehen, *n.* Ge=

Figer, *v. n.* (Oel, 2c.) gestehen od. gerinnen machen; se —, gerinnen, gestehen.

Figue, *f.* Feige; *prov. fm.* faire la — à qn., einen verhöhnen.

Figuerie, *f.* Feigengarten, *m.*

Figuier, *m.* Feigenbaum.

†Figurabilité, *f.* Gestaltungsfä=higkeit.

Figurant, *m.* e, *f.* (Theat.) Fi=gurant, *m.;* Tänzer; =inn, *f.*

Figuratif, ve, *adj.; -vement, adv.:* bildlich, vorbildlich.

Figure, *f.* Figur, Gestalt; Gesicht

(eines Menschen), *n.; fg.* faire —, Figur, Staat machen; faire une mauvaise —, eine häßliche Figur spielen; —, (Geom., 2c.) Figur, *f.;* (Mal., 2c.) id., Bild, *n.* Abbil=dung, *f.;* (Theol.) Vorbild, *n.* Bild; (Rhet.) Bild, Figur, *f.*

Figuré, e, *adj.* bildlich; (Tanzk., 2c.) figurirt; la copie —ée, die ganz genaue Abschrift; —, *m.* der bildliche Sinn; —ées, *f. pl. ou* pierres —ées, die Steine mit Pflanzen= und Thierabdrücken, Bildsteine.

Figurément, *adv.* bildlich.

Figurer, *v. a.* abbilden, vorstellen; —, *v. n.* zusammenstehen, =passen; *fg.* Figur machen; se —, sich vor=stellen, sich einbilden.

Figurines, *f. pl.* (Mal.) Figür=chen, *n. pl.* [mus.

Figurisme, *m.* (Theol.) Figuris=

Figuriste, *m.* (Theol.) Figurist.

Fil, *m.* Faden; de droit —, fa=denrecht; de quatre —s, vierdräh=tig; — ou — retors, Zwirn, *m.;* de —, zwirnen; —, Garn, *n.* Draht (o. Metall.), *m.;* — de fer, Eisendraht; —, Schneide (eines Messers), *f.;* Strom (Wasser), *m.; fg.* Faden, Gang, Leitfaden; passer au — de l'épée, in die Pfanne hauen; donner du — à retordre, viel zu schaffen machen.

Filage, *m.* Spinnen, *n.*

Filagramme, *m.* Papiermacher=zeichen, *n.*

†Filaires, *f. pl.* Fadenwürmer; *m. pl.*

Filament, *m.* Faser, *f.* Faser, Faden, *m.* [fadidht; faserig.

Filamenteux, se, *adj.* faserig,

Filandière, *f.* Spinnerinn; *fm.* les sœurs —s, (Myth.) die Parzen.

Filandres, *f. pl.* Fasern; (Thiera.) Eiterfasern; Sommerfäden (in der Luft).

Filandreux, se, *adj.* faserig.

Filant, e, *adj.* fließend; étoile —e, Sternschnuppe, *f.*

†Filardeau, *m.* Backfisch, junge Hecht; (Gärtn.) junge hohe Baum.

†Filardaux, se, *adj.* (v. Steinen) äderig.

Filasse, *f.* der gehechelte Flachs oder Hanf; *fg. fm.* das faserige Fleisch. [*m.* =inn, *f.*

Filassier, *m.* ère, *f.* Hanfbereiter,

Filateur, *m.* Spinnereibesitzer.

Filature, *f.* Spinnerei.

File, *f.* Reihe; (Kriegsw.) id., Rotte, Glied, *n.;* chef de file, Flügelmann, *m.;* à la file, der Reihe nach; nach oder hinter ein=ander.

Filé, *m.* Gold= oder Silberdraht.

Filer, *v. a.* spinnen; (Draht, Wachslichter) ziehen; — la carte,

die Karte unterschlagen; — les car=tes, die Karten einzeln und langsam aufdecken; —, (die Taue) nachlas=sen; laufen (Schiff) machen; —, leiten; — ses jours, seine Tage ver=leben; *fm.* — le parfait amour, den zärtlichen Schäfer spielen; —, *v. n.* dünne wie ein Faden heraus=laufen; Fäden ziehen (Wein, 2c.); *fg.* in einer Reihe hinter einander herziehen, rücken; (in ein Land) ein=rücken; *fg.* — doux, gelindere Sai=ten aufziehen.

Filerie, *f.* Hanfspinnerei.

Filet, *m.* der dünne Faden; Fäd=chen, *n.;* (Bot.) Fäserchen; (Anat.) Zungenband; (Fisch., 2c.) Netz, Garn; (Metz.) Lendenstück, Zie=mer, *m.;* (Buchdr.) Goldstrich, Fi=lett, *n.;* — d'eau, Wasserfaden, *m.;* — de vinaigre, etc., das Tröpfchen Essig, 2c.; — de voix, die schwache Stimme; couper le —, die Zunge lösen.

Fileur, *m.* se, *f.* Spinner, *m.* =inn, *f.* [kindlich.

Filial, e, *adj.; -ement, adv.:* kindlich.

Filiation, *f.* Kindschaft, Abkunft; *fg.* Zusammenhang, *m.* Werkstel=tung, *f.* Verbindung.

†Filicite, *f.* Farrnkrautstein, *m.*

†Filicule, *f.* (Bot.) Engelsüß, *n.* Punktfarn, *m.*

Filière, *f.* Zieheisen, *n.;* Schnei=dezeug, Schraubeneisen; (Bauk.) Dachstuhlkette, *f.; fg.* passer par la —, eine harte Probe bestehen.

Filiforme, *adj.* (Bot.) fadenförmig.

Filigrane, *m.* die feine Drahtar=beit, Filigran.

Filipendule, *f.* (Bot.) der rothe Steinbruch.

Fille, *fém.* Tochter; Jungfrau; Mädchen, *n.; fm.* Dirne; *f.* ‖ Magd, Aufwärterinn; — d'hon=neur, Hoffräulein, *n.;* — de Fran=ce, die königliche Prinzessinn; — publique, — de joie, *ou* —, feile Dirne, Buhldirne; les —s de Mé=moire, (Myth.) die Musen; cou=vent de —s, Frauen= Nonnen=kloster, *n.*

Fillette, *f.* das junge Mädchen.

Filleul, *m.* e, *f.* Pathe, *m.* Pa=thinn, *f.*

Filoche, *f.* eine Art Zeug.

Filon, *m.* Metallader; *f.* Gang, *m.* Erzgang; la montagne à —s, das Ganggebirge.

Filoselle, *f.* Floretseide.

Filou, *m.* Spitzbube, Gauner, Beutelschneider.

Filouter, *v. a.* listig betrügen.

Filouterie, *f.* Beutelschneiderei.

Fils, *m.* Sohn; — de France, königliche Prinz.

Filtrant, e, *adj.* durchseihend;

fontaine —e, Art Brunnengefäß in dem sich das Wasser reinigt.

Filtration, f. Durchseihung.

Filtre, m. Durchschlag; Seiher, Seihsack, Seihtuch, n.

Filtrer, v. a. durchseihen; —, v. n. et se —, durchsiefern. [ne, Garn.

Filure, f. Gespinnst, n. Gesponne=

Fin, f. Ende, n.; Ausgang, m. || Absicht, f. Zweck, m. Endzweck; à cette —, zu dem Ende; les quatre —s de l'homme, (Theol.) die vier letzten Dinge; —, (jur.) Einwen= dung, f.; à la —, adv. endlich.

Fin, e, adj.: -ment, adv.: fein; zart; dünne; fg. fein, listig, schlau, durchtrieben; —, m. Haupt= punkt, =sache, f.

Finage, m. (jur.) Gerichtsbezirk.

Final, e, adj.; -ement, adv.: endlich, schließlich; —, e, (Theol.) beharrlich; cause —e, Endursache, f.; compte —, Schlußrechnung; —e, f. (Gramm.) Endsilbe, End= buchstab, m.; (Mus.) Schlußcadenz, f.; Schlußstück, n. Finale.

Finance, f. Barschaft, Geld= summe, Finanzsache, n.; —s, Staatseinkünfte, Finanzen, Finanz; Cameralwissenschaft, f.

Financer, v. a. et n. in die Schatzkammer zahlen; fm. zahlen.

Financier, m. Cameralist, Fi= nanzbeamte; —ère, adj. f., écri= ture =ère, die runde Schrift.

Finasser, v. n. fm. Ränke ge= brauchen.

Finasserie, f. Pfiff, m.

Finasseur, m. se, f. fm. der kleinliche Ränkeschmied, die klein= liche Ränkemacherinn.

Finaud, e, adj. pfiffig; —, m. Schalk. [Pfiff, m.

Finesse, f. Feinheit, List; fm.

Finet, te, adj. ein wenig fein.

Fini, Finiment, masc. (Mal.) Vollendung, f.

Fini, e, adj. (Lehrst.) endlich, eingeschränkt; (Gramm.) bestimmt; c'est —, es ist aus, vorbei.

Finir, v. a. endigen, beschließen, vollenden, ausarbeiten; —, v. n. enden, sich endigen, zu Ende gehen; en —, fm. aufhören.

†Finisseur, m. (Uhrm.) Abglei= cher; fg. Saufhold.

†Finito, m. Schlußrechnung, f.

†Finlandais, e, adj. finnisch, finnländisch; Finne, m. et fém.; Finnländer, m. =inn, f.

†Finlande, f. Finnland.

Fiole, f. Fläschchen, n.

†Fionie, f. Fünen (Insel).

Fioritures, f. pl. (Mus.) Verzie= rungen.

Firmament, m. Sternenhimmel, Himmelsgewölbe, n.

Firman, m. (Türkei) Firman, Befehl, Paß (des Großherrn).

Fisc, m. Fiscus, öffentliche Schatz.

Fiscal, e, adj. fiscalisch; für den Fiscus besorgt (Beamter); —, m. Fiscal.

Fissipède, adj. (Naturg.) mit gespaltenen Klauen.

†Fissule, f. Fistula (Eingeweide= wurm). [Knochenspalt.

Fissure, f. (Chir.) Spalt, m.

Fistule, f. (Chir.) Fistel.

Fistuleux, se, adj. (Chir.) fistel= artig; (Bot.) röhrenförmig.

Fixation, f. (Chym.) Figiren, n.; fg. Festsetzung, f. Bestimmung.

Fixe, adj. fest; sicher, unveränder= lich, stät, fest, unverwandt (Blick); bestimmt; (Phys.) fix; (Chym.) feuerbeständig; étoiles —s, et —s, f. pl. Firsterne, m. pl.; -ment, adv. mit unverwandtem Blick, starr.

Fixer, v. a. festsetzen, bestimmen; — ses regards, die Augen heften (sur, auf); —, (Chym.) figiren; se —, sich festsetzen; sich bestimmen (à, zu); bleiben (à, bei); sich niederlassen (à, an).

Fixité, f. (Chym.) Feuerbestän= digkeit; (Chir.) Unbeweglichkeit; fg. Festigkeit (der Grundsätze).

Flaccidité, f. (Med.) Schlaff= heit.

†Flache, f. Grube (im Pflaster); (Zimm.) Wahnkante.

†Flacheux, se, adj. (Zimm.) wahnkantig.

Flacon, m. Flasche, f.

Flagellants, m. pl. Geißelbrüder.

Flagellation, f. (Chir.) Geißelung.

Flageller, v. a. peitschen, geißeln.

Flageolet, m. (Mus.) Flaschenett, n. Flötchen.

†Flagner, v. n. albern, alfanzen, einfältig spaßen, Possen machen.

Flagorner, v. n. fm. fuchsschwän= zen. [rei, Fuchsschwänzerei.

Flagornerie, f. fm. Ohrenbläse=

Flagorneur, m. se, f. fm. Oh= renbläser, m. Fuchsschwänzer, =inn, f.; Fuchsschwanz, m.

Flagrant, adj. m., en — délit, auf frischer That.

Flair, m. (Jagd) Witterung, f. das Riechen der Wildspur.

Flairer, v. a. riechen, spüren; anriechen; (Jagd) wittern (auch fg.).

Flaireur, m. Schmarotzer.

†Flámand, e, adj. flandrisch, flämisch, niederländisch; Flanderer, m. =inn, f.

Flamant, m. Flamingo (Vogel).

Flambant, e, adj. flammend.

†Flambart, m. Flammkohle, f.; (Seew.) Helenenfeuer, n.

Flambe, f. (Bot.) Schwertlilie.

Flambé, e, adj. verloren (Geld); verdorben (Mensch).

Flambeau, m. Fackel, f.; Licht, n. Leuchte, f.; fg. Fackel.

Flamber, v. n. fackeln, flackern, flammen, lodern; —, v. a. über das Feuer halten, sengen, absengen, mit zerlassenem Speck begießen.

Flamberge, f. ol. Degen, m.; mettre — au vent, plais. die Fuchtel ziehen.

Flamboyant, e, adj. blitzend, flammend, feurig.

Flamboyer, v. n. Flammen von sich werfen, flammen, flackern, lo= dern, blitzen, blinken.

Flamine, m. (röm. Alt.) Flamine (Priester).

Flamme, f. Flamme (auch fg.), Lohe; (Seew.) Wimpel; (Thiera.) Laßeisen, n. Schnäpper, m.; don= ner un coup de —, (einem Pferde, ꝛc.) zur Ader lassen.

Flammèche, f. Loderasche.

†Flammerole, f. das St. Elms= feuer.

†Flammette, f. (Chir.) Schröpf= eisen, n. Schnäpper, m.

Flan, masc. Flaben, Kuchen; (Münzw.) Schrötling.

Flanc, m. Weiche, f. Seite; (Reitsch.) Dünnung; (Kriegsw.) Flanke; fortif.) id., Streichlinie; —s, Schooß, m. Mutterleib.

†Flanchet, m. Seitenstück (von einem Stockfische), n.; (Metzg.) Mittelstück.

Flanconade, f. (Fechtk.) Seiten= stoß, m.

†Flandre, f. Flandern (Provinz).

Flandrin, m. fm. Hopfenstange, f.

Flanelle, f. Flanell (Zeug), m.

Flanquant, e, adj., (Fortif.) an= gle —, Streichwinkel, m.

Flanquement, m. (Baut.) Be= streichen, m. Flankiren.

Flanquer, v. a. (Kriegsw.) be= streichen, becken, flankiren; fg. fm. (einen Streich) versetzen.

Flaque, f. Pfütze, Lache.

Flaquée, f. Guß (Wasser, ꝛc.), m.

Flaquer, v. a. beschütten, bespri= tzen.

Flasque, adj. schlaff; kraftlos; —, f. (Artill.) Laffettenwand.

†Flate, m. Minirecicade (Insekt), f. [schlagen.

†Flatir, v. a. (Münzw.) flach

†Flatoir, m. (Münzw.) Münz= Planirhammer.

Flâtrer, v. a. (Hunde) auf der Stirn brennen.

Flatter, v. a. qn., einem schmei= cheln (auch fg.); einen liebkosen; se —, sich schmeicheln; hoffen.

Flatterie, f. Schmeichelei, Lieb= kosung.

Flatteur, se, *adj.*; -sement, *adv.* : schmeichelhaft, liebkosend; —, *m.* se, *f.* Schmeichler, *m.* Augendiener, =inn, *f.*

Flatueux, se, *adj.* (Med.) blähend.

Flatuosité, *f.* (Med.) Blähung.

Fléau, *m.* Dreschflegel; *fg.* Geißel, *f.* Landplage; Qual || Wagebalken, *m.*; (Schloss.) Thorriegel; (Bot.) Lieschgras, *n.*

Fléche, *f.* Pfeil, *m.* Bolzen; (Bauk.) Spitze, *f.*; (Fortif.) Fläche; (Wagn.) Langbaum, *m.*; — de lard, Speckseite, *f.* [*n.*

†Fléchière, *f.* (Bot.) Pfeilkraut,

Fléchir, *v. a.* beugen, biegen, bewegen; —, *v. n.* sich beugen, nachgeben.

Fléchissement, *m.* Beugung, *f.*

Fléchisseur, *adj.* (Anal.) muscle — ou —, *m.* Biegemuskel.

Flegmasie, *f.* (Med.) Entzündung.

Flegmatique, *adj.* phlegmatisch; *fg. id.*, kaltblütig; —, *m.* der phlegmatische Mensch.

Flegme, *m.* (Chym.) Phlegma, *n.*; (Med.) Schleim, *m.*; jeter des —s, Schleim auswerfen; —, *fg.* Kaltblütigkeit, *f.*

Flegmon, *m.* (Med.) Blutgeschwür, *n.*

Flegmoneux, se, *adj.* (Med.) blutgeschwürartig.

†Flessingue, Vlissingen (Stadt).

Flétrir, *v. a.* (Pflanzen, *ic.*) welken machen; *fg. id.*, (jur. und *fg.*) brandmarken; *fg.* beschimpfen, entehren; se —, welken, verwelken.

Flétrissant, e, *adj.* entehrend.

Flétrissure, *f.* Verwelken, *n.*; welke Aussehen; (jur.) Brandmahl; *fg.* Schandfleck, *m.*

Fleur, *f.* Blume, Blüthe; *fg. id.*, Beste, *n.*; Kern, *m.*; Glanz; (Weißg.) Haarseite, *f.*; — de farine, das feinste weiße Mehl, Kernmehl; —s, Rahm (auf dem Wein), *m.*; —s blanches, (Med.) der weiße Fluß; —s de lis, Lilienwapen, *n.* Lilien, *f. pl.*; à — de terre, der Erde gleich.

†Fleurage, *m.* Grieskleie, *f.*

†Fleuraison, Floraison, *f.* Flor, *m.*; Blühen, *n.* Blühzeit, *f.* Blumenzeit. [Lilien zieren.

†Fleurdeliser, *v. a.* (Wap.) mit

Fleuré, e, *adj.* (Wap.) mit Blumen besetzt, in Blumen auslaufend.

Fleurer, *v. n.* riechen, duften.

Fleuret, *m.* (Fechtk.) Rappier, *n.*; (Tanzk.) eine Art Tanzschritt; (Handl.) Floretseidenband, *n.*

Fleureté, *v.* Fleuré.

Fleurette, *f.* Blümchen, *n.*; — ou —s, *fg.* Galanterien, Süßigkeiten.

---

Fleuri, e, *adj.* blumig; *fg.* blühend. [gedeihen.

Fleurir, *v. n.* blühen; *fg. id.*,

Fleuriste, *m.* Blumenliebhaber; —, *adj.*, jardinier —, Blumenkunstgärtner.

Fleuron, *m.* Blume, *f.* Blumenwerk, *n.*; *fg.* Kleinod, Zierde, *f.*; Zierath, *m.*; (Buchdr.) Stöckchen, *n.*; (Buchh.) Stämpel, *m.*

Fleuronné, *v.* Fleuré.

Fleuve, *m.* Fluß, Strom.

Flexibilité, *f.* Biegsamkeit.

Flexible, *adj.* biegsam, lenksam.

Flexion, *f.* Biegung.

†Flibot, *m.* (Seew.) Häringsbüse (Fahrzeug), *f.*

†Flibustier, *m.* Flibustier, Freibeuter.

Flic flac, *interj.* klitsch=klatsch, pitsch=patsch. [stein.

†Flin, *m.* (Schwertf.) Donner-

Flint-glass, *m.* Flintglas, *n.*

†Flipot, *m.* (Tischl., *ic.*) Füllstückchen, *n.* [(Welle).

Flocon, *m.* Flocke, *f.* Bolle;

Floconneux, se, *adj.* flockenähnlich.

Floraison, *v.* Fleuraison.

Floral, e, *adj.* (Bot.) blüthenständig.

Florales, *f. pl.*, Floraux, *adj. m. pl.*, jeux —, (Alt.) die Spiele zu Ehren der Flora; die Blumenspiele (zu Toulouse).

Flore, *f.* (Myth.) Flora; *fg. id.*, Blumenbuch, *n.*

Floréal, *m.* Blüthenmonat.

†Florée, *f.* (Handl.) die Mittelgattung von Indigo.

†Florence, *f.* Florenz (Stadt) (Handl.) Futtertaffet, *m.*

†Florent, *n. pr. m.* Florenz.

†Florentin, e, *adj.* florentinisch; von Florenz; Florentiner, *m.* =inn, *f.* [leben.

Florès, *lat.*, faire —, *fm.* flott

Floride (la), Florida (Proving).

Florin, *m.* Gulden.

Florissant, e, *adj. fg.* blühend.

Flosculeux, se, *adj.*, (Bot.) fleur —se, Blume die aus mehrern Röhrblümchen besteht.

Flot, *m.* Welle, *f.* Woge, Fluth; —s, *fg.* Fluthen, Menge; (Schifff.) mettre à —, wieder flott machen; à grands —s, stromweise || Holzflöße, *f.*; jeter à — (Holz) flößen.

Flottable, *adj.* (Bach, *ic.*) flößbar.

Flottage, *m.* Flößen, *f.*

Flottaison, *f.* (Schifff.) Wasserlinie.

Flottant, e, *adj.* schwimmend; schwebend; *fg.* wankend, unschlüssig.

Flotte, *fem.* (Schifff.) Flotte || Strehne (Seide).

---

Flottement, *m.* (Kriegsw.) die wellenförmige Bewegung, Schwanken, *n.*

Flotter, *v. a.* flößen; —, *v. n.* schwimmen; schweben; *fg.* schwanken.

Flotteur, *m.* Flößer, Holzflößer.

Flottille, *f.* die kleine Flotte.

Flou, *adj. et adv.* (Mal.) weich, sanft, markicht; —, *m.* Markichte, *n.* [tersahne auf Schiffen.

†Flouette, *f.* Windsfahne, Wet-

†Flouin, *masc.* Fluin (leichtes Schiff).

†Flouve, *f.* (Bot.) Ruchgras, *n.*

†Fluant, e, *adj.*, papier —, Fließpapier, *n.* Löschpapier.

†Fluate, *m.* (Chym.) das flußsaure Salz.

Fluctuation, *f.* die wallende Bewegung; *fg.* Schwanken, *n.*

Fluctueux, se, *adj.* wogig.

Fluer, *v. n.* fließen.

Fluet, te, *adj.* kränklich, schwächlich. [Flüssigkeit, *f.*

†Fluide, *adj.* flüssig; —, *m.*

Fluidité, *f.* Flüssigkeit.

Fluorique, *adj.*, l'acide —, die Flußsäure, Flußspathsäure.

Fluors, *m. pl.* Flüsse (Mineralogie). [Art Schiffe).

Flûte, *f.* Flöte; (Seew.) Flute

Flûté, e, *adj.*, voix —ée, Flötenstimme, *f.*

Flûter, *v. n. plais.* flöten; *pop.* zechen.

Flûteur, *m.* se, *f. plais.* Dudler, *m.* =inn, *f.*

Fluvial, e, *adj.* zu Flüssen gehörig; (in der Zusammens.) Fluß=; *z. B.* eau —, Flußwasser, *n.*

Fluviales, *f. pl.* (Myth.) Flußnymphen, Najaden.

Fluviatile, *adj.* (Naturg.) im Flusse wachsend, lebend.

Flux, *m.* Fluth, *f.*; *fg. id.* (Med.) Fluß; — de bouche, Speichelfluß; *fg. fm.* Mundwerk, *n.*; — de paroles, Wortschwall, *m.*

Fluxion, *f.* (Med.) Fluß, *m.*; (Math.) méthode des —s, Differentialrechnung, *f.*

Fluxionnaire, *adj.* (Med.) zu Flüssen geneigt.

Foc, *m.* (Seew.) Klüver (Segel).

Focal, e, *adj.* (Opit) den Brennpunkt betreffend.

Foerre ou Foarre, *m.* Langstroh, *n.*

Fœtus, *m.* die Frucht (im Mutterleibe).

Foi, *f.* Glaube, *m.*; Treue, *f.*; Wort, *n.*; de bonne —, redlich, aufrichtig; ajouter —, Glauben beimessen; ma —, meiner Treu; par ma —, bei meiner Treu! d'honnête homme, so wahr ich ein redlicher Mann bin || Beglaubigung, *f.*; faire — de qch., etw.

beglaubigen, bezeugen; en — de quoi, zu Urkunde dessen.

Foible, v. Faible.

Foiblesse, v. Faiblesse.

Foiblir, v. Faiblir.

Foie, m. Leber, f.; — de soufre, Schwefelleber; — d'antimoine, ol. (Chym.) Spießglanz, m.

Foin, m. Heu, n.; — s, Heugras; —, interj. pop. zum Henker! — de lui, weg mit ihm!

Foire, f. Messe; Jahrmarkt, m.; Meßgeschenk, n. || pop. Durchlauf, m. Durchfall.

Foirer, v. n. pop. scheißen.

Foireux, se, adj. pop. bauchflüssig; —, se, f. Bauchflüssige, m. et f.

Fois, f. Mal, n.; à la —, zugleich, auf einmal; cette —, pour cette —, diesmal.

Foison, f. Ueberfluß, m.; à —, in Menge.

Foisonner, v. n. Ueberfluß haben (en, an); vermehren.

Fol, fou, folle. adj. närrisch, thöricht; toll; folle farine, Staubmehl, n.; fou, m. folle, f. Narr, m. Närrinn, f.

Folâtre, adj. lose, muthwillig, sehr lustig.

Folâtrer, v. n. kurzweilen, Muthwillen treiben, schäkern, scherzen.

Foliacé, e, adj. (Bot.) blätterig, blattähnlich.

†Foliaire, adj. (Bot.) blattständig, zum Blatte gehörig.

†Foliation, f. Ausschlagen, n. Blätterstand, m.

Folichon, ne, adj. p. us. fm. närrisch, lustig; —, m. ne, f. fm. Schäfer, m. das muthwillige Ding.

Folie, fém. Narrheit, Thorheit; Wahnsinn, m.; à la —, ganz rasend.

Folié, e, adj. (Bot.) blätterig.

Folio, m. lat. Seite; f. Seitenzahl; l'in—, m. der Folioband.

Foliole, f. (Bot.) Blättchen, n.

Follement, adv. thörichterweise.

Follet, te, adj. kindisch; possenhaft; esprit —, Poltergeist, m.; poil —, Milchhaare, f. pl.; feu —, Irrlicht, n.; fg. Strohfeuer.

Folliculaire, m. et adj. auteur —, Zeitungsschmierer.

Follicule, f. (Bot.) Samenhülle, Fruchtbalg, m.; —, (Anat.) Bläschen, n.

Fomentation, f. Bähung.

Fomenter, v. a. bähen; fg. unterhalten, nähren, hägen.

Foncé, e, adj. fm. reif; fz. sehr bewandert, wohl beschlagen; (Mal.) dunkel. [Gang.

†Foncée, f. Schiefergang, m.

Foncer, v. a. qch., einen Boden in etw. einsetzen; (Mal.) dunkel machen; —, v. n. (auf einen) losstürzen.

†Foncet, m. et adj. m., bateau —, das große Flußschiff.

Foncier, ère, adj. zum Grund und Boden gehörig; seigneur —, Grundherr, masc.; contribution —ère, Grundsteuer, fém.; rente —ère, Bodenzins, m.; -èrement, adv. gründlich; im Grunde, in der That.

Fonction, f. Verrichtung, Amtsverrichtung, Geschäft, n.

Fonctionnaire, m. Beamte.

Fonctionner, v. n. funktioniren, sein Amt verrichten; cette machine fonctionne bien, diese Maschine geht gut.

Fond, m. Grund, Boden; Tiefe, f.; fg. id.; Innerste, n.; Tiefste, Hinterste; Hauptsache, f. Hauptpunkt, m.; (Sattl.) Hintersitz; (Mal.) Hintergrund; (Schiff.) Ankergrund, Grund; donner, prendre —, den Anker auswerfen, ankern; aller à —, (Spiel) ganz hinunterlaufen; à —, gründlich; de — en comble, von Grund aus; au —, im Grunde; faire —, zählen (sur, auf); v. Fonds.

Fondamental, e, adj. zum Grunde gehörig; pierre —e, Grundstein, masc.; fg. loi —e, Grundgesetz, n.; -ement, adv. p. us. in, nach den Grundsätzen.

Fondant, e, adj. (schmelzend; saftig; —, m. (Méd.) das auflösende Mittel; (Chym.) Schmelzungsmittel; Lauge, f.; (Schmelz.) Zuschlag, m. Fluß.

Fondateur, m. trice, f. Stifter, m. Gründer, -inn, f.

Fondation, f. Gründung, Stiftung; Stift, n.

Fondé, e, adj., de procuration, de pouvoir, Bevollmächtigte.

Fondement, m. Fundament, n. Grundfeste, f. -lage; Grund, m.; fg. id.; (Anat.) After.

Fonder, v. a. gründen, stiften, erbauen, begründen; fg. id.; se —, sich gründen, sich stützen.

Fonderie, f. Schmelzhütte, Gießerei; — de canons, Stückgießerei; — de caractères, Schriftgießerei; — de cire, Wachsschmelze; Schmelzkunst.

Fondeur, m. Gießer, Schmelzer; — de canons, Stückgießer.

†Fondis, m. die eingefallene Erde.

Fondoir, m. (Metzg.) Schmelzstätte, f.

Fondre, v. a. schmelzen, (Gefäße) einschmelzen; (Butter) auslassen; (Flecken, x.) gießen; (Farben) verschmelzen, vertreiben; —, v. n. schmelzen; fg. id., vergehen, einsinken, abnehmen; losstürzen; (Kriegswiss.) einhauen (sur, auf); zerstieben (en, in); se —, schmelzen, verschmelzen, zerrinnen.

Fondrière, f. Erdfall, m. Schlucht, f.; Sumpfloch, n.

†Fondrilles, f. pl. Bodensatz, m.

Fonds, m. Gut, n. Grund und Boden, m.; le — et le très-fonds, das Gut mit allem Zugehör; fg. die ganze Sache; —, (Handl.) Gelder, n. pl. Kapital, n.; en —, bei Gelde; —, Waarenlager, n. Vorrath, m.; (Buchh.) Verlag; Anlagen, f. pl.; Gründlichkeit, f.; un — de raison, ein Grad von Verstand; un grand — de vertu, viele Tugend.

Fonger, v. n. fließen (vom Papier).

Fongible, adj., choses —s, (jur.) die fungibeln Sachen (Lebensmittel, Geld, x.).

†Fongite, f. Zungit, m. Schwammstein.

Fongosité, f., v. Fongus.

Fongueux, se, adj. (Chirurg.) schwammicht.

Fongus, m. (Chir.) Gliedschwamm.

Fontaine, f. Quelle, Brunnen, m.; — jaillissante, ou —, Springbrunnen, Wasserkunst, f. || Wasserfaß, n. || Hahn (an Brunnen, x.), m.

Fontainier, m., v. Fontenier.

Fontanelle, f. (Anat.) Blättchen, n. Fontanelle (auch Chir.), f.

Fontange, f. Bandschleife.

Fonte, f. Schmelzen (der Metalle), n.; (Gieß.) Gießen, Guß, m.; Metall, n. Stückgut, Glockenspeise, f.; (Münzw.) Umschmelzen, n.; —s, (Sattl.) Pistolenholster, f.

Fontenier, m. Brunnenmeister.

Fonticule, m. (Chir.) Fontanell, n. [Quellmoos.

Fontinale, fém. Halbmoos, n.

Fonts, m. pl. (— de baptême, ou fonts baptismaux, Taufstein, m.; Taufe, f.; tenir sur le —, aus der Taufe heben.

For, m. Gerichtsbarkeit, f. Richterstuhl, m.

Forage, m. Bohren, n.

Forage, m. Weinabgabe, f.

Forain, e, adj. fremd, auswärtig; marchand —, Meßkrämer, m.

Forban, m. Seeräuber.

†Forbicine, f. Zuckergast, m. Silshermetie, f. (Insekt).

Forçage, m. die Verstärkung des Schrotes.

Forçat, m. Galeerensclave.

Force, f. Kraft, Stärke, Macht, Gewalt; Vermögen, n.; (jur.) maison de —, Zucht-, Raspelhaus;

faire — de voiles, alle Segel bei=
setzen, aus allen Kräften segeln; —s,
(Kriegsw.) Kriegsmacht, f. Heere;
(Seew.) Flotten; —, adv. viel; à
— de, vermittelst; à — de travail,
durch vieles Arbeiten; à —, de —,
par —, mit Gewalt; à toute —,
burchaus.
Forcé, e, adj. fg. gezwungen,
unnatürlich, übertrieben.
Forcément, adv. gezwungen.
Forcené, e, adj. rasend, toll; —,
m. e, f. Wahnsinnige, m. et f.
Forceps, m. lat. (Chir.) Zange, f.
Forcer, v. a. zwingen, nöthigen;
(eine That) erzwingen; (eine Thür
rc.) aufsprengen, erbrechen; (eine
Schanze) erstürmen; (Schlüssel) ab=
verdrehen; (Fleisch.) übertreiben;
— la main, sich dem Zügel wider=
setzen; fg. zwingen (qn., einen);
—, (Jagd) forciren; (Fecht.) nie=
derschlagen; fg. (sein Talent) über=
treiben; (Fin.) übersetzen; —, v. n.
— de rames, (Schifff.) aus allen
Kräften rudern; le vent force, est
—é, der Wind weht heftig; se —,
sich zwingen; sich zu sehr angreifen.
Forces, f. pl. Zuch=, Schaf=
Blechscheere, f.; (Baut.) Dachstuhl=
säulen.
†Forcettes, f. pl. die kleine Scheere.
*Forclore, v. n. (jur.) ausschließen.
Forclusion, f. (jur.) Ausschließung.
Forer, v. a. bohren, brillen; —é
juste, (Artill.) kernrecht.
†Forerie, f. Stückbohrerei.
Forestier, m. Förster; —, ère,
adj. forstlich, den Forst betreffend;
arbres —s, Waldbäume; délit —,
Forstfrevel, m.; les quatre villes
—ères, die vier Waldstädte.
Foret, m. Bohrer || Tuchscheere, f.
Forêt, f. Wald, m. Forst; (Dichtk.)
Hain.          [m.
†Forêt-noire (la), Schwarzwald.
*Forfaire, v. n. freveln; pflicht=
widrig handeln (à, an, gegen); —,
v. a. (Lehenw.) verwirken.
Forfait, m. Missethat, f. Frevel=
that, Schandthat; (Handel.) Handel
in Bausch und Bogen, m.; marché
à —, Vertrag (mit Handwerkern)
faire un —, eine Arbeit verdingen.
Forfaiture, f. Amtsverbrechen,
n.; (Forstw.) Forstfrevel, m.
Forfante, m. fm. p. us. Wind=
beutel, Marktschreier.
Forfanterie, f. Windbeutelei.
†Forficule, f. Ohrwurm, m. Zan=
genkäfer.
Forge, f. Schmiede; Eisenhammer,
m. Eisenhütte, f. Hütte; Esse.
Forgeable, adj. schmiedbar.
Forger, v. a. schmieden; fg. id.,
erdichten.         [schmied.
Forgeron, m. Schmied, Grob=

Forget, Forjet, m. (Baukunst)
Bauch, fehlerhafte Vorsprung.
Forgeter, v. Forjeter.
Forgeur, m. Schmied; fg. — de
mensonges, Lügenschmied.
Forhuir, v. n. (Jagd) die Hunde
zusammenrufen, abblasen.
Forjeter, v. n. et se —, (Bauf.)
sich bauchen, einen Bauch, eine feh=
lerhafte Auslabung machen.
Forlancer, v. a. (Wild) auffspren=
gen.
†Forlane, f. (Tanzf.) Forlane.
Forlonger, v. n. et se —, (vom
Wild) weit vorlaufen.
Formaliser (se) de qch., etw. übel
aufnehmen; sich über etw. aufhalten.
Formaliste, adj. umständlich, an
den Formen klebend; —, m. An=
hänger der Formen.      [Rechtens.
Formalité, f. Formalität, Form
†For-mariage, m. (Lehenw.) das
Heirathen ohne herrschaftliche Er=
laubniß.            [n.
Format, m. Format (eines Buchs),
Formation, f. Bildung.
†Formatrice, adj. f., vertu —,
Bildungskraft, f.
Forme, f. Form, Gestalt, (Schuhm.)
Leisten, m.; (Tischl.) Polsterbank,
f.; (Chorstuhl, m.; (Schifff.) Do=
cke, f.; Leist (Geschwulst am Pfer=
defuß), m.; (Theol.) Gestalt, f.
pour la —, zum Schein; dans les
—s, förmlich; par — d'avis, als
Nachricht; en — de coquille,
muschelförmig.
Formel, le, adj.; -lement, adv.;
förmlich, ausdrücklich; (Phys.) for=
mell.
Former, v. a. bilden, hervorbrin=
gen; verfertigen; (eine Anstalt, rc.)
errichten; — sur qch., nach etwas
bilden, einer S. nachbilden; se —,
sich bilden; (Kriegsw.) id., sich
aufstellen.
†Formeret, m. die Rippe an go=
thischen Kreuzgewölben.
†Formicaires, m. pl. Ameisenar=
ten, m. pl.
Formicant, adj. m., pouls —,
der schwache und ungleiche Puls.
†Formication, f. (Med.) Zucken,
n. Kriebeln auf der Haut.
Formidable, adj. fürchterlich,
furchtbar.         [der.
Formier, m. Form=, Leistenschnei=
Formique, adj., acide —,
Ameisensäure, f.; huile —, Amei=
senöl, n.
Formuer, v. a. einem Vogel die
Mause vertreiben.
Formulaire, m. Formular, n.
Formule, f. Formel, Vorschrift,
Regel; (Med.) Recept, n.
Formuler, v. n. (Med.) Recepte
schreiben.

Fornication, f. Unzucht.
Forniquer, v. n. Unzucht treiben.
Forpaitre, Forpaiser, v. n. (vom
Wilde) sein Futter weit suchen.
Fors, adv. ol. außer.
Forsenant, e, adj., un chien —,
ein sehr hitziger Jagdhund.
Fort, e, adj. stark; fest; dick,
dicht; schwer (Last); — en bouche,
(Reitsch.) hartmäulig; —, fg. stark,
groß, mächtig; herzhaft; erfahren
(in einer Kunst, rc.); beftig (Lei=
denschaft); kraftvoll; esprit —,
Freigeist, m.; main- —e, Beistand;
préter main- —e à qn., einem bei=
stehen; se faire — de qch., sich etw.
getrauen; sich einer Sache vermessen;
—, adv. stark, sehr; hart.
Fort, m. der höchste Grad, Stärke,
f.; au — de l'hiver, mitten im
Winter; dans le — de la fièvre,
im heftigsten Fieber; (Kriegsw.)
Festung, f. Schanze; Fort, n.
Fortement, adv. stark, nachdrück=
lich, kraftvoll.
Forte-piano, m. (Mus.) Piano=
forte, n.
Forteresse, f. (Kriegsw.) Festung.
Fortifiant, e, adj. (Med.) stär=
kend; —, m. Stärkungsmittel, n.
Fortification, f. (Kriegsw.) Fe=
stungswerf, n.; Befestigung (eines
Plaßes), f.; Festungsbau, masc.
Kriegsbaufunst, f.
Fortifier, v. a. befestigen; (einen)
stärken, laben, erquicken; fg. id.,
beстärfen; se —, stärker werden.
Fortin, m. (Fortif.) die kleine
Schanze; — de bois, Blockhaus, n.
Fortitrer, v. n. (vom Hirsch) fri=
sche Hezhunde vermeiden.
Fortrait, e, adj. (Pferd) abge=
trieben.
Fortraiture, f. Abmärgeln (der
Pferde), n.
Fortuit, e, adj.; -ement, adv.;
zufällig, ungefähr, unvermuthet.
Fortune, f. Glück, n. Schicksal;
(Myth.) Glücksgöttinn, f. || Ver=
mögen n. Habe, f.; soldat de —,
Glückssoldat, m.; — de mer, See=
zufälle, m. pl.
Fortuné, e, adj. glücklich, beglückt.
Fort-vêtu, m. der über seinen Stand
gefleidete Mensch.
Forum, m. (r. Alt.) Forum, (n.
Marktplaß, m.         [n.
Forure, f. Loch (im Schlüsselrohr)
Fosse, f. Grube; Gruft, Grab
(eines Menschen), n. (Anat.) Grube,
f. Höhle; — d'aisance, Abtrittgrube.
Fossé, n. Graben.
Fossette, f. Grübchen, n.; jouer
à la —, mit Schnellfugeln spielen.
Fossile, adj. aus der Erde ausge=
graben; sel —, Bergsalz, n.; —,
m. Fossil, n.

Fossoyage, *m.* Graben, *n.*
Fossoyer, *v. a.* mit Gräben um=
geben, einschließen.
Fossoyeur, *masc.* Todtengräber,
(**Naturg.**) *id.*
Fou, *m.* Narr; (Schachsp.) Läu=
fer; *v.* Fol.      [*m.*
Fouace, *f.* (Bäck.) Aschenkuchen,
Fouage, *m., ou droit de —,*
**Herdgeld**, *n.* Rauchfanggeld, **Feuer=**
**stättengeld.**      [Jägerrecht.
**Fouaille**, *f.* (Jagd) Genieß, *n.*
**Fouailler**, *v. a. fm.* oft peitschen.
**Foudre**, *m. et f.* Bliß, *m.* Bliß=
**Wetterstrahl** ; Donner, Donner=
schlag ; (Bildh.) Donnerkeil ; — de
l'excommunication, Bannstrahl ;
—, *m.,* — de guerre, der furcht=
bare Kriegsheld ; — d'éloquence,
gewaltige Redner ; —, *m.* Zuber
(Weinmaß), *n.*    [nern, *n.*
Foudroiement, *m.* Niederdon=
Foudroyant, e, *adj.* donnernd ;
*fg. id.,* niederschmetternd; mächtig,
flammend; baril —, (Kriegsw.)
Sturmfaß, *n.*
Foudroyer, *v. a.* mit dem Bliße
erschlagen, niederdonnern; *fg.* hef=
tig beschießen (mit Geschüß) nie=
derschmettern ; — les vices, etc.,
gegen die Laster, *u.,* donnern ; —,
*v. n. fm.* schelten, lärmen.
Fouée, *f.* (Jagd) Fackeljagd.
†Fouène, *f.* Fischgabel.
Fouet, *m.* Peitsche, *f.* Peitschen=
schnur ; Karbatsche, Ruthe ; (jur.)
Staupbesen; *m.;* bout de — ou —,
Schmiße, *f.;* coup de —, Peit=
schenhieb, *m.* Schmiß.
Fouetté, e, *adj.* verderbt (vom
Wind) ; gestreift (Blume, *u.*).
Fouetter, *v. a.* peitschen, kar=
batschen, schlagen; (jur.) stäupen ;
(Buchb.) schnüren ; (Kocht.) zu
Schaum schlagen ; —, *v. n. fg.*
heftig anschlagen (vom Winde, *u.*).
Fouetteur, *m.* Züchtiger.
Fougade, Fougasse, *f.* (Minir.)
Flattermine.    [wühlen.
Fouger, Fouguer, *v. n.* (Jagd)
**Fougeraie**, *fém.* Farrnland, *n.*
Farrnkrautgegend, *f.*
**Fougère**, *f.* (Bot.) Farrnkraut, *n.*
Fougon, *m.* (Schiff.) Küche, *f.*
Schiffsküche.
Fougue, *f.* die aufbrausende Hiße,
Jähzorn, *m.;* Unbändigkeit, *f.;*
Jugendfeuer, *n.; fg.* Begeisterung,
*f.;* —s, (Feuerw.) Schwärmera=
ien, *f. pl.;* mât de —, Besan=
mast, *m.*
Fougueux, se, *adj.* hißig, auf=
brausend, jähzornig, allzufeurig,
unbändig.    (Strauch.
Fouie, *masc.* (Bot.) Sumach.
Fouille, *f.* Auf=, Nachgraben, *n.*
Nachgrabung, *f.;* Aufwühlen, *n.*

Fouille-au-pot, *m. bas, mépr.*
Küchenjunge.    [käfer.
†Fouille-merde, *m. bas,* Roß=
Fouiller, *v. a. et n.* graben, auf=
nachgraben ; auf=, durchwühlen,
wühlen ; durchsuchen, *fm.* durch=
stänkern ; (Bildh.) vertiefen.
Fouine, *f.* (Naturg.) Marder,
*m.* Steinmarder ; (Landw.) Heuga=
bel, *f.;* (Fisch.) Dreistachel, *m.*
Fouir, *v. a.* graben, umgraben,
aufwühlen.
Foulage, *m.* Walken, *n.;* Einten=
nen (der Häringe); (Buchdr.) Schat=
tirung, *f.*
Foulant, e, *adj.,* pompe —e,
Druckwert, *m.*
Foulard, *m.* seidenes oder baum=
wollenes Halstuch oder Taschentuch.
Foule, *f.* Haufen, *m.* Menge, *f.*
Gedränge, *n.;* Gewühl ; Gewimel;
en —, à la —, haufenweise ‖ Wal=
fen (des Tuchs), *n.*    [*n.*
Foulée, *f.* Auftreten (des Pferdes),
Foulées, *f. pl.* (Jagd) die leichte
Fährte.
Fouler, *v. a.* niedertreten, nieder=
drücken ; drücken (vom Sattel); *fg.*
unterdrücken ; (Tuch, *u.*) walken;
stampfen ; — aux pieds, mit Fü=
ßen treten, zertreten; se — le pied,
etc., sich den Fuß verstauchen.
Foulerie, *f.* Walkmühle.
†Fouleur, *masc.* Traubentreter,
Tuchwalker.
Fouloir, *m.* (Artill.) Wischer ;
Stößkolben ; (Hutm.) Rollholz, *n.*
Fouloire, *f.* Walkfaß, *m.* Walk=
tafel, *f.*
Foulon, *m.* Walker ; moulin à
—, Walkmühle, *f.*    [huhn, *n.*
Foulque, *f.* (Naturg.) Wasser=
Foulure, *f.* Quetschung, Verstau=
chung ; (Thiera.) *id.,* Satteldruck,
*m.;* Walken (des Tuchs), *n.;* —s,
(Jagd) Hirschspur, *f.*
Four, *m.* Backofen ; Backhaus,
*n.;* Bremofen; *m.;* — à sécher,
Darre, *f.;* — *fg.* Hundeloch, *n.*
Fourbe, *m.* Betrüger, Spißbube;
—, *f. ol.* Betrügerei ; —, *adj.*
betrüglich, schelmisch, tückisch.
Fourberie, *f.* Spißbüberei.
Fourbir, *v. a.* (Waffen) poliren,
pußen.
Fourbisseur, *m.* Schwertfeger.
Fourbissure, *f.* Schwertfegen, *n.;*
Pußen (des Gewehrs), Waffen=
schmieden.
Fourbu, e, *adj.* (Reitsch.) rehe,
verfangen; devenir —, sich ver=
fangen.    [Verfangen!
Fourbure, *f.* (v. Pferden) Rehe,
Fourche, *f.* die (große) Gabel;
(Bot.) Ranke ; à la —, *fm.* nach=

lässig; grob ; —, die Furka (Berg).
Fourcher, *v. n. et se —,* sich
spalten, sich gabelweise theilen.
†Fourcheret, *m.* Gabelschwanz
(Vogel).
†Fourchet, *m.* das Geschwür zwi=
schen den Fingern; (Gärtn.) Gabel
(an Aesten), *f.;* (Thiera.) Beinge=
schwulst.
Fourchette, *f.* Gabel ; (Wagn.
*u.*) Hemmgabel ; (Chir.) Zungen=
balten; *m.;* (Hufschm.) Strahl ; —
de l'estomac, pop. Brustbein, *n.;*
déjeuner à la —, ein Gabelfrühstück
halten.
Fourchon, *m.* Gabelspiße, *fém.*
Zinke, Zacke ; (Gärtn.) Gabel ; à
deux —s, zweizacig, =zinfig.
Fourchu, e, *adj.* gabelförmig,
gespalten; chemin —, Scheideweg,
*f.* Spalte.
Fourgon, *m.* (Kriegsw.) Pro=
viant=, Gepäckwagen ; (Handl. *u.*)
Güterwagen ; (Bäck.) Ofengabel, *f.*
Fourgonner, *v. n.* das Feuer schü=
ren; *fg. fm.* herumstören.
Fourmi, *f.* (Naturg.) Ameise.
Fourmilier, *masc.* Ameisenbär,
Ameisenfresser.    [*m.*
Fourmilière, *f.* Ameisenhaufen,
Fourmi-lion, *masc.* (Naturg.)
Ameisenlöwe.
Fourmillement, *m.* Kriebeln, *n.*
Fourmiller, *v. n.* wimmeln; krie=
beln, krabbeln.    [senfresser.
†Fourmillier, *m.* (Naturg.) Amei=
Fournage, *m.* Backerlohn, Back=
geld, *n.*    [ofen, *m.*
Fournaise, *f.* Schmelz=, Brenn=
Fourneau, *m.* Ofen ; — à vent,
Zugofen; haut —, — de forge,
Schmelzofen; — de charbon, Koh=
lenmeiler ; —, (Minir.) Minen=
kammer, *f.*
Fournée, *f.* Ofenvoll, *m.* Gebäck
(Brod), *n.* Brand (Ziegel, *u.*), *m.*
†Fournette, *f.* der kleine Ofen.
Fourni, e, (Forstw.) *m.;* dicht.
Fournier, *m.* =ère, *f.* Zwangbä=
cker, *m.* =inn, *f.*
Fournil, *m.* Backstube, *f.* Back=
haus, *n.*
Fourniment, *m.* Pulverflasche, *f.*
Fournir, *v. a.* liefern ; — de qch.,
mit etwas versorgen, versehen ; —
qch. à qn., einem etw. verschaffen ;
— (Geld) schießen, einschießen ; —
à qch., zu etw. beitragen ; —, (seine
Laufbahn) vollenden ; (vor etw.
bringen ; —, *v. n.* à qch., für etw.
zureichen ; bien fourni, wohl besetzt.
Fournissement, *m.* (Handl.) das
hergeschossene Capital, Einlage ; —s
*ol.* Beschlagnahme (einer streitigen
Sache).    [rant.
Fournisseur, *m.* Lieferer, Liefe=
Fourniture, *f.* Lieferung ; Ver=

rath, m. Bedarf; (Schneid.) Zu-
gehör, f.; (Koch.) Zuthat, Bei-
kräuter, n. pl.
Fourrage, m. Futter, n. Futtergras,
Fütterung, f.; Fourrage; (Kriegsw.)
Futterholen; -schneiden; n.; Four-
rage, f.; Fourragirungs-Commando,
n.; (Artill.) Vorschlag, m.
Fourrager, v. n. (Kriegsw.) auf
Fütterung ausgehen; alles Futter
wegnehmen; —, v. a. verwüsten.
Fourragère, adj., plantes —s,
Futterkräuter, n. pl.
Fourrageur, m. (Kriegsw.) Four-
ragirer, Futterholer, Futterknecht.
Fourré, e, adj., v. Fourrer.
Fourreau, m. Scheide, f.; Ueberzug, m. Futteral, n.; — de
pistolet, Pistolenholster, f.; —
d'enfant, Kinderröckchen, n.; —,
(Thiera.) Schlauch, m.
Fourrée, f. die spanische Soda.
Fourrer, v. a. fm. stecken, hineinstecken; hineinbringen; (einem Geld)
zustecken; fg. fm. beibringen; (in
ein Haus) bringen || (mit Pelz, ec.)
füttern; se —, fm. sich stecken; fg.
fm. sich eindringen; sich einschleichen;
sich (in etw.) mischen || sich warm
einhüllen; coup —é, der gegenseitige Stoß; fg. gegenseitige heimtückische Streich; pays —é, das waldige Land; paix —ée, Scheinfriede,
m.; —é de malice, voll Bosheit;
langue —ée, die geräucherte Zunge.
Fourreur, m. Kürschner.
Fourrier, m. (Kriegsw.) Furrier.
Fourrière, f. Holzhof, m.; (jur.)
Pfandstall.     [m.
Fourrure, f. Pelzwerk, n. Pelz,
Fourvoiement, m. p. us. Verir-
rung, f.; fg. tomber dans le —,
auf Abwege gerathen.
Fourvoyer, v. a. vom rechten
Wege abbringen; se —, sich verir-
ren; fg. id.
†Fouteau, m. (Naturg.) Buche, f.
†Foutelaie, f. Buchenwald, m.
Foyer, m. Herd; (Theat.) Wärm-
plab; (Phyf.) Brennpunkt; fg.
Mittelpunkt; Sib (einer Krankheit);
—s, fg. Herd, Heimath, f.
Frac, m. (Schneid.) Frack.
Fracas, m. Zerschmetterung, f. Ge-
töse, n. Lärmen, m.; Geprassel, n.
Gerassel; faire du —, schmettern,
tosen, rasseln.     [zertrümmern.
Fracasser, v. a. zerschmettern,
Fraction, f. Bruch, m.; (Theol.)
Brechen (der Hostie), n.
Fractionnaire, adj. einen Bruch
enthaltend; nombre —, Bruchzahl,
f.
Fracture, f. Erbrechung (einer
Thüre, ec.); (Chir.) Beinbruch, m.
Bruch..     [let, zersplittert.
Fracturé, e, adj. (Chir.) zerschet-

Fracturer, v. a. (Chir.) zerschel-
len, zersplittern.
Fragile, adj. zerbrechlich; morsch
(Holz); devenir —, vermorschen
(Holz, ec.); —, fg. vergänglich,
hinfällig; (Mor.) schwach.
Fragilité, f. Zerbrechlichkeit; fg.
Vergänglichkeit; Hinfälligkeit; Ge-
brechlichkeit; (Mor.) Schwachheit;
péché de —, Schwachheitssünde.
Fragment, m. Bruchstück, n.; fg.
†Fragon, m. Stechpalme, f. [id.
Frai, m. Laich; Fischbrut, f.;
Laichzeit; Strich, m.; Laichen, n.;
(Münzw.) Abnutzung, f.
Fraichement, adv. kühl, frisch;
fg. neulich, frisch.
Fraicheur, f. Kühle, Frische;
Frischheit; frische Farbe; (Med.)
Frost, m.
Fraichir, v. n. (v. Winde) fri-
scher, stärker werden.
Frairie, f. fm. die lustige Gesell-
schaft, Schmaus, m.
Frais, fraiche, adj. frisch, kühl;
ungesalzen, frisch (von Fischen); fg.
frisch, neu; frisch, gesund, lebhaft,
munter; —, fraiche, adv. fm.
frisch, neu; —, m. die frische Luft,
Kühle.
Frais, m. pl. Kosten, Unkosten;
(Spiel) Partiegeld, n.
Fraise, f. (Bot.) Erdbeere; (Kochf.)
Gekröse, n.; (Näh.) Halskrause,
f.; (Schloss., ec.) Frisirbohrer, m.
Kolben; (Jagd) Rose (an den
Hirschstangen), f.; (Fortif.) Ver-
pfählung.
Fraiser, v. a. krausen, fälteln;
(Fortif.) verpfählen; (Kriegsw.) das
Bayonnet fällen lassen; (Bohnen)
abbalgen; (Teig) wohl durcharbei-
ten; (ein Loch) mit dem Frisirbohrer
bohren.
Fraisette, f. Handkrause; Krä-
gelchen, n.
Fraisier, m. Erdbeerpflanze, f.
Fraisil, m. Kohlenschlacken, pl.
Asche von Steinkohlen, f.
†Fraisoir, m. (Tischl., ec.) Kehl-
bohrer.
Framboise, f. Himbeere.
Framboiser, v. a. mit Himbee-
rensaft einmachen.     [f.
Framboisier, m. Himbeerstaude,
Framée, f. Wurfspieß (der alten
Franken), m.
Franc, franche, adj. frei, los;
fg. frei, redlich, aufrichtig, offenherzig, wahr, ächt; un — sot, ein
wahrer Tropf; trois jours —s, drei
ganze Tage; (Gärtn.) greffer sur
—, auf einen Wildling von der-
selben Art pfropfen; — de port,
postfrei; corps —, Freicorps, n.
Franc, adv. offenherzig; durchaus.
Franc, m. Franke (Münze).

Franc, m. Franke (im Orient);
la langue franque, die fränkische
Sprache.
Français, e, adj. französisch; —,
m. e, f. Franzose, m. Französinn, f.
Franc-alleu, m., v. Alleu.
†Franc archer, m. Freischütz.
Francatu, m. eine Art Aepfel die
sich lange halten.
†Franc-comtois, e, adj. hochbur-
gundisch; —, m. e, f. Hochburgun-
der, m. -inn, f.
†France (la), Frankreich, n.
Franc-étable, m., s'attaquer de
—, (Seew.) sich gerade mit den
Vordersteven angreifen.
Franc-fief, m. Freilehen, n.
†Francfort (sur le Mein), Frank-
furt am Main; — (sur l'Oder),
Frankfurt an der Oder (Städte).
Franche-Comté, f. Hochburgund
(ehemal. Grafschaft); n.     [aus.
Franchir, v. a. qch., über etw.
hinüberspringen, -sehen, -sprengen
(zu Pferd); etw. kühn übersteigen;
fg. überwinden; — le mot, es ge-
radezu heraussagen.
Franchise, f. (Handl., ec.) Frei-
heit, Befreiung; Freistätte; fg.
Freimüthigkeit, Offenherzigkeit.
Francisation, f. (Seew.) eine
Handlung welche bestätigt daß ein
Schiff französisch ist.
Franciscain, m. Franziskaner
(Mönch).
Franciser, v. a. französisch machen;
se —, französische Sitten annehmen.
Francisque, f. Streitaxt (der al-
ten Franken).
Franc-maçon, m. Freimaurer.
Franc-maçonnerie, f. Freimaurer-
rei.
Franco, adv. franko, portofrei.
†François, n. pr. m. Franz.
†Françoise, n. pr. f. Franziska.
Fränzchen.
Francolin, m. (Naturg.) Birk-
henne, f. Birkhuhn, n.
†Franconie, f. Franken (Provinz).
†Franconien, ne, adj. fränkisch;
—, m. e, f. Franke, m. -inn, f.
Franc parler, m. das freie Spre-
chen, Freimüthigkeit, f.
Franc quartier, m. (Wapp.) Frei-
viertel, n. das ledige Viertel.
Franc-réal, m., d'hiver, d'été,
(Gärtn.) die goldne Winters-; Som-
merbirn.
Franc-salé, m. Salzfreiheit, f.
†Franc-tillac, m. (Seew.) Unter-
verdeck, n.
Frange, f. Franse.
Frangé, e, adj. zottig; œillet —é,
Federnelke, f.
Franger, v. a. mit Fransen besetzen;
— ou Frangier, m. Fransenmacher.

Frangipane, f. eine Art Mandel=
gebackenes; eine Art Wohlgeruch.

Frangipanier, m. (Bot.) ameri=
kanischer Jasminbaum.

†Frangule, f. Schwarzerle.

Franque, adj. f., langue —, die
Frankensprache (in der Levante).

Franquette (à la bonne), adv.
fm. gerade, offenherzig.

Frappant, e, adj. auffallend,
treffend (Bild).

Frappe, f. (Münzw.) Gepräge,
n. (Schrifts.) Einschlag, m.

Frappement, masc. Felsenschlag
(Moses).

Frapper, v. a. et n. schlagen,
stoßen; stampfen; klopfen, anklop=
fen, pochen (an eine Thüre, ꝛc.);
(das Ziel) treffen; (Münzw.) prä=
gen; fg. rühren; treffen; auffallen
(qn., einem); erschüttern; den Kopf
betäuben; — un coup, einen Streich
ausführen; bien —é, e, kraftvoll
(Vers, ꝛc.); — (auch Frappé), m.
(Muf.) Niederschlag, m.

Frappeur, m. se, f. fm. Schlä=
ger, m. =inn, f.

†Fraque, m., v. Frac.

Frasque, f. fm. Streich, m. Scha=
bernack.

Frater, m. lat. ol. Barbiergeselle.

Fraternel, le, adj.; -lement,
adv.: brüderlich.

Fraterniser, v. n. brüderlich le=
ben, sich verbrüdern.

Fraternité, f. Brüderschaft, brü=
derliche Liebe, Verbrüderung.

Fratricide, m. Bruder=, Schwe=
stermörder; Bruder=, Schwester=
mord.

Fraude, f. Betrug, m. Trug;
Unterschleif; en —, betrügerisch,
mit Betrug.     [theilen.

Frauder, v. a. betrügen, übervor=

Fraudeur, m. se, f. Betrüger,
m. =inn, f.

Frauduleux, se, adj.; -sement,
adv.: betrüglich.

†Fraxinelle, f. (Bot.) Eschwurz.

Frayer, v. a., — le chemin, den
Weg bahnen; fg. die Bahn brechen;
—, (Münzw.) verfälschen; —, v. n.
(Jagb) streifen; laichen, streichen
(v. Fischen); — ensemble, fg. sich
mit einander vertragen.

Frayeur, f. Schrecken, m.

Frayoir, m. (Jagd) Gefege, m.

Fredaine, fém. der muthwillige
Streich.     [Frib.

†Fréderic, n. pr. m. Friedrich,

†Fréderique, n. pr. f. Friederike,
Rischen.     [Triller.

Fredon, Fredonnement, masc.

Fredonnement, m. Trillern, n.
Brummen.

Fredonner, v. n. trillern.

Frégate, f. (Seew.) Fregatte;

(Naturg.) id., Fregattvogel, m.

Frein, m. Gebiß, n.; fg. Zaum,
m.; ronger son —, fg. fm. seinen
Zorn verbeißen; —, (Müll.) Ge=
werf, n.; (Anat.) Band; — de la
langue, Zungenband.     [Schuft.

Frelampier, m. pop. Lumpenkerl,

Frelatage ou Frelaterie, f. Ver=
fälschung.

Frelater, v. a. (Wein) verfälschen.

Frelateur, m. Verfälscher.

Frêle, adj. schwach, gebrechlich;
morsch.

Frelon, m. (Naturg.) Hornisse, f.

Freluche, f. Quäschen, n.

Freluquet, m. Laffe, Hasenfuß.

Frémir, v. n. schaudern, zittern,
beben; knirschen (mit den Zähnen);
rauschen, brausen (vom Wasser, ꝛc.).

Frémissant, e, adj. zitternd.

Frémissement, m. Schauer, Be=
ben, n. Zittern, Knirschen (der Zäh=
ne); Rauschen (des Wassers, ꝛc.).

Frêne, m. (Bot.) Esche, f. Eschen=
baum, m.

Frénésie, f. Hirnwuth, Raserei
(auch fg.); être en —, rasen.

Frénétique, adj. unsinnig, wahn=
sinnig, rasend; —, m. Wahnsin=
nige, Rasende.     [häufig.

Fréquemment, adv. oft, öfters,

Fréquence, f. die öftere Wieder=
holung, Vielheit.

Fréquent, e, adj. oft, mehrma=
lig, öfter, häufig; gemein; (Med.)
schnell (vom Pulse).

Fréquentatif, adj., verbe — ou
—, m. (Gramm.) Wiederholungs=
zeitwort, n.     (de, mit).

Fréquentation, f. Umgang, m.

Fréquenté, e, adj. gangbar
(Straße).

Fréquenter, v. a. et n. oft besu=
chen; umgehen (qn., mit einem).

Frère, m. Bruder; — d'armes,
Waffenbruder, Mitstreiter, Kame=
rad; faux —, Verräther; en —,
brüderlich.

Fresaie, f. (Naturg.) Thurmeule.

Fresque, f. Frescomalerei; pein=
dre à —, in Fresco malen.

Fressure, f. (Metzg.) Geschlinge,
n. Gehänge, Geräusch.

Fret, m. (Schifff.) Vermiethung,
fém. (Schifff.) Frachtgeld, n.;
Schiffszoll, m.; Befrachtung (des
Schiffes), f.

Fréter, v. a. vermiethen, miethen,
befrachten.

Fréteur, m. Rheder, Schiffsherr.

Frétillant, e, adj. unruhig, leb=
haft.

Frétillement, m. Unruhe, f. Hin=
und Herspringen, n. Zappeln.

Frétiller, v. n. keinen Augenblick
ruhig seyn, immer hüpfen und sprin=
gen, zappeln.

Fretin, m. (Naturg.) Weißfisch;
fg. fm. Ausschuß.     [m.

Frette, f. Achsenring (einer Nabe),

Fretté, e, adj. (Wapp.) gegittert,
gegattert.

Fretter, v. a. mit einem eisernen
Ring versehen.

Freux, m. (Naturg.) Saatkrähe, f.

Friabilité, fém. Zerreiblichkeit,
Bröcklichkeit.     [morsch.

Friable, adj. zerreiblich, bröcklig,

Friand, e, adj. lecker, leckerhaft,
(Mensch, Speise); verleckert, nasch=
haft (Mensch); homme — ou —,
m. e, f. Leckermaul, n. Kosteräch=
ter, m. =inn, f.; —, e, fg. gierig
(de, nach).

Friandise, f. Leckerei, Leckerhaf=
tigkeit; —s, Naschwerk, n.

†Fribourg, Freiburg (im Breisgau
und in der Schweiz, Städte).

Fricandeau, m. (Kocht.) ein Stück
gespicktes und gedämpftes Kalbfleisch.

Fricassée, f. (Kocht.) Fricassee
(Fleischgericht mit Brühe).

Fricasser, v. a. fricassiren; fg.
fm. durchbringen, verprassen, ver=
fressen; œufs —és, gebackene Eier.

Fricasseur, m. Fricassenmacher;
iron. Sudelkoch.

Friche, f. (Landw.) Brachfeld,
n.; en —, brach, ungebaut.

†Fricot, m. pop. Fleischgericht, n.

Friction, f. (Med.) Reiben, n.
Reibung, f.     [reiben.

Frictionner, v. a. reiben, ein=

Frigidité, f. (jur.) Unvermögen
(zum Beischlaf), n.

Frigorifique, adj. Kälte erzeugend.

†Frigotter, v. n. zwitschern (mit
der Stimme das Zwitschern nach=
ahmen).

Frileux, se, adj. frostig, verfroren.

Frimaire, m. Frost= oder Reif=
monat.

Frimas, m. Frost, Reif; Schnee=
gestöber, n. die rauhe Witterung.

Frime, f. pop. Miene.

Fringale, f. plötzlicher Hunger,
der einen unerwartet überfällt.

Fringant, e, adj. lebhaft, munter,
feurig; —, m. Wildfang.

Fringuer, v. a. (ein Glas) schwen=
ken; —, v. n. danser, sautiller ||
se dit aussi des chevaux.

†Frion, m. Zunge (an der Pflug=
schar), f.

†Frioul, m. Friaul (Land), n.

Friper, v. a. zerkrüppeln (Klei=
ben, abnutzen; fg. pop. verschlingen;
p. us. verschwenden.

Friperie, f. Trödelkram, m.
Grempel, Trödelmarkt; — Trödel=
waare, f.     [fraß, Sudelkoch.

Fripe-sauce, m. Tellerlecker, Viel=

Fripier, m. ère, f. Trödler, m.
Grempler, =inn, f.

Fripon, ne, *adj.* fchelmifch; —,
*m.* ne, *f.* Epißbube, *m.* Epißbü=
binn, *f.; pop.* Hundsfett, *m.*
Friponneau, *m. fm.* der kleine
Schelm, Schalf.
Friponner, *v. a.* maufen, wegna=
fchen; —, *v. n.* betrügen.
Friponnerie, *f.* Schelmftreich, *m.*
Friquet, *m.* (Naturg.) Waldfpaß;
(Kocht.) Bratfchaufel, *f.*
*Frire, *v. a.* in der Pfanne backen;
frit, e, *fg. pop.* fertig, verloren.
†Frise, *f.* Friesland, *n.*
Frise, *f.* (Bauk., Handl.) Fries,
*m.; cheval de —, (Fortif.) der
fpanifche Reiter.
Friser, *v. a.* kräufeln, frifiren ||
ftreifen; —, *v. n.* fich kräufeln.
†Friseur, *m.* Haarkräusler.
†Frison, *m.* der grobe Fries;
Friesrock.
†Frison, ne, *adj.* friesländifch;
—, *m.* ne, *f.* Friefe, *m.* =inn, *f.*
Frisotter, *v. a.* fein kräufeln;
(Wäfche) zierlich fälteln.
Frisquette, *f.* (Buchdr.) Rähm=
chen, *n.*　　　　　[Schauer.
Frisson, *m.* Schauer, Froft; *fg.*
Frissonnement, *m.* (Med.) der
leichte Schauer; *fg.* Schauer, Schau=
der.
Frissonner, *v. n.* fchaudern, frö=
fteln (vor Kälte); *fg.* fchauern, fchau=
dern.　　　　　[kraufe; *f.* Frifur.
Frisure, *f.* Kräufeln, *n.;* Haar=
Fritillaire, *f.* (Bot.) Kaiferkrone.
Fritte, *f.* (Glash.) Fritte, Glas=
fritte.
Friture, *f.* das Backen in der
Pfanne; Schmelzbutter, *f.;* Geba=
ckene, *n.*
Frivole, *adj.* gering, eitel, nichts=
würdig, leer; leichtfinnig.
Frivolité, *f.* Eitelkeit; Leichtfinn,
*m.;* Unnüße, *n.*
Froc, *m.* Mönchskutte, *f.;* Kutte.
Frocard, *m.* Kuttenträger, Mönch
(verächtl.).
Froid, *m.* Kälte, *f.* Froft, *m.;*
avoir —, frieren; —, e, *adj.;*
-ement, *adv.:* kalt, froftig; *fg. id.,*
kaltfinnig; fpröde (Mädchen); à —,
kalt, ohne Feuer.
Froideur, *f.* Kälte; *fg. id.,* Kalt=
finn, *m.;* Sprödigkeit, *f.*
Froidir, *v. n. et se —,* erkalten,
kalt werden.
Froidure, *f.* Kälte, Winter, *m.*
Froissement, *m.* Reiben, *n.* An=
einanderreiben; Reibung, *f.*
Froisser, *v. a.* zerkrüppeln; quet=
fchen; ftark an etw. reiben; *fg.* ver=
leßen.
Froissure, *f.* Quetfchung.
Frôlement, *m.* die leichte Berüh=
rung; Anftreifen, *n.*　　　[ftreifen.
Frôler, *v. a.* leicht berühren, an=

Fromage, *masc.* Käfe; — vert,
Kräuterkäfe; — à la pie, mou,
Quark, Streichkäfe; *pop.* Schmier=
käfe; *prov.* entre la poire et le —,
beim Nachtifch.
Fromager, *m.* ère, *f.* Käfekrämer,
*m.* =inn, *f.;* —, Käfenapf, *m.*
Fromager, *m.* (Bot.) Käfebaum.
Fromagerie, *f.* Käfehaus, *n.*
†Fromageux, se, *adj.* käficht.
Froment, *m.* (Bot.) Weizen.
Fromentacé, *adj.* (Bot.) weizen=
artig.　　　　　[Weizenbrei, *m.*
†Fromentée, *f.* Weizenmehl, *n.;*
*Fronce, *f.* Runzel (an den Spiel=
karten).
Froncement, *m.* des sourcils, das
Runzeln der Stirn.
Froncer, *v. a.* les sourcils, die
Stirn runzeln, falten; —, (Wäfch.)
fälteln.　　　[dern, 2c.), *f. pl.*
Froncis, *m.* kleine Falten (an Klei=
Fronde, *f.* Schleuder.
Fronder, *v. a.* fchleudern; werfen;
*fg.* laut, frei tadeln; —, *v. n.* öffent=
lich auf die Regierung fchelten.
Frondeur, *m.* Schleuderer; *fg.*
Tadler, Krittler; Mißvergnügte.
Front, *m.* Stirne, *f.;* Vorder=
theil, *m.;* (Kriegsw.) Fronte; *fg.
fg. m. p.* Unverfchämtheit, Frech=
heit; de —, von vorne, neben ein=
ander.
Frontal, e, *adj.* zur Stirne gehö=
rig; os —, Stirnband, *n.;* (Chir.)
bandeau — ou —, *m.* Stirnbinde,
*f.*
Fronteau, Frontail, *m.* (j. Alt.)
Stirnbinde, *f.;* Denkzeichen, *n.;*
(Sattl.) Stirnblatt; Trauerkappe
(der Pferde), *f.;* — de mire, (Ar=
till.) Vifir, *n.* Kegel, *m.*
Frontière, *f.* Gränze; —, *adj. f.*
an der Gränze liegend; place —,
Gränzfeftung, *f.*
Frontispice, *m.* Vordertheil; Ti=
telblatt, *n.* Titelkupfer (eines Buchs).
Fronton, *m.* (Bauk.) Giebel,
(Schiffsf.) Spiegel.
Frottage, *m.* Reiben, *n.* Scheuern.
Frottement, *m.* Reiben, *n.* Rei=
bung, *f.* (auch *fg.*); Einreiben
(einer Salbe), *n.*
Frotter, *v. a.* reiben; (Geräth, 2c.)
fcheuern, bohnen, wichfen; befrei=
chen; (mit Salbe) einreiben; fchmie=
ren; *fg. fm.* prügeln; klopfen (im
Krieg); se —, *fg. fm.* à qn., Um=
gang mit einem haben; fich an einem
reiben.
Frotteur, *m.* Scheurer, Bohner.
Frottoir, *m.* Wifchtuch, *n.* Rei=
belappen, *m.;* Reibebürfte, *f.;*
(Buchb.) Glättkolben, *m.*
†Frotton, *m.* (Kartenm.) Reibe=
ballen.
Frouer, *v. n.* (Jagd) Vögel locken.

Fructidor, *m.* Fruchtmonat.
Fructifère, *adj.* (Bot.) fruchttra=
gend, famentragend.
Fructification, *f.* Befruchtung.
Fructifier, *v. n.* Frucht bringen;
*fg. id.,* fruchten, nüßen.
†Fructiforme, *adj.* (Bot.) frucht=
förmig.
Fructueux, se, *adj.* einträglich,
nüßlich; fruchtbar; -sement, *adv.:*
mit Nußen, mit Erfolg.
Frugal, e, *adj.;* -ement, *adv.:*
mäßig, fparfam, genügfam.
Frugalité, *f.* Nüchternheit, Mä=
ßigkeit, Genügfamkeit.
Frugivore, *adj.* (Naturg.) frucht=
freffend.
Fruit, *m.* Frucht, *f.* Obft, *n.;* —
à noyau, Steinobft; — à pepin,
Kernobft; —, *fg.* Frucht, *f.;* Vor=
theil, *m.* Nußen; Wirkung, *f.;*
(Baukunft) Einziehung, —s, Ein=
künfte, *pl.*
Fruiterie, *f.* Obftkammer.
Fruitier, *m.* ère, *f.* Obfthändler,
*m.* =inn, *f.;* —, Obftgarten, *m.;*
Obftkammer, *f.;* —, ère, *adj.* obft=
tragend; arbre —, Obftbaum, *m.*
Frusquin, *m. pop.* Habe (an
Kleidern, Geld), *f.*　　　[fen.
Fruste, *adj.* abgenußt, abgefchlif=
Frustratoire, *m.* mit Zucker und
Muskaten angemachter Wein.
Frustratoire, *adj.* (jur.) betrüg=
lich.
Frustrer, *v. a.* de qch., einer S.
berauben; um etwas bringen; (die
Hoffnung) täufchen.　　　[tig.
†Fruticuleux, se, *adj.* ftrauch=
Fucus, *v.* Varech.
Fugace, *adj.* (Bot.) von kurzer
Dauer; bald verfchwindend.
Fugitif, ve, *adj.* flüchtig; *fg.
id.,* fliehend; pièce —ve, Flug=
fchrift, *f.;* —, *m.* ve, *f.* Flüch=
tige, *m. et f.*
Fugue, *f.* (Muf.) Fuge.
Fuie, *f.* der kleine Taubenfchlag.
*Fuir, *v. n.* fliehen, entfliehen;
—, *v. a.* fliehen; *fg. id.,* meiden;
—, *v. a. et n.* rinnen (v. Fäffern).
Fuite, *f.* Flucht; *pop.* Reißaus,
*n.; fg.* Ausflucht, *f.;* (Mal.) Ferne.
†Fulde, Fulda (Stadt).
Fulguration, *f.* (Chym.) Silber=
blick, *m.*　　　　　[Med.) rußig.
Fuligineux, se, *adj.* (Phyf.,
Fuliginosité, *f.* Rußigfeyn (im
Fäulfieber), *n.*
Fulminant, e, *adj.* donnernd,
blißend; *fg.* blißend, niederfchmet=
ternd; fürchterlich tobend; or —,
Knall=, Schlaggold, *n.*
Fulmination, *f.* (Kath.) Verkün=
digung (des Bannes, 2c.); (Chym.)
Verpuffung.
Fulminer, *v. a.* (Kath.) kundma=

dᷤn, (den Bannſtrahl) ſchleudern; —, v. n. plaṗen, knallen; fg. toben, heftig ſchelten.

Fumant, e, adj. rauchend.

Fumé, m. (Schriftſt.) ein mit Lampen= oder Lichtdampf gemachter Abdruck eines Stämpels.

Fumée, f. Rauch, m. Dampf, Dunſt; - épaisse, Qualm; —, (Jagd) Loſung, f. (Koth, m.).

Fumer, v. n. rauchen, dampfen, glimen; fg. pop. vor Zorn brennen; —, v. a. räuchern; (Tabak) rauchen, ſchmauchen; (Landw.) düngen.

Fumeron, m. Dampfkohle, f.

Fumet, m. der gute Geruch (von Speiſen).

Fumeterre, f. (Bot.) Erdrauch, m. Taubenkropf.

Fumeur, masc. Tabakraucher, Schmaucher. [(Wein).

Fumeux, se, adj. berauſchend

Fumier, m. Miſt, Miſthaufen.

Fumigation, f. Räuchern, n. Räucherung, f. Beräuchern, n.

Fumigatoire, adj. poudre —, Räucherpulver, n. [chern.

Fumiger, v. a. räuchern, beräu-

Fumiste, m. Rauchfangkünſtler.

†Fumure, f. der thieriſche Dünger (beſ. Schafdünger).

Funambule, m. Seiltänzer.

Funèbre, adj., convoi —, Leichenzug, m.; oraison —, Leichenrede, f.; —, fg. traurig, düſter.

Funérailles, f. pl. Leichenbegängniß, n. [chenkoſten, pl.

Funéraire, adj., frais —s, Lei-

Funeste, adj. unſelig, unglücklich, traurig; -ment, adv. auf eine unglückliche Art.

†Fungine, f. Schwammſtoff, m.

Fungus, v. Fongus.

†Funiculaire, adj., machine —, f. Seil und Kloben; Hebezeug, n.

Funin, m. (Schiff.) Tau=, Tafelwert, n.

Fur, adv., au — et à mesure, in dem Maße als..., ſo wie..., je nachdem...

†Furcrée, f. Jurcröa (Pflanze).

Furet, m. Frettwieſel, n. Frett; fg. fm. Spürhund, m. Ausſpäher.

Fureter, v. n. mit dem Frett jagen; fg. alles durchſuchen, ſpähen, ausſtüren; fm. ausſtänkern.

Fureteur, m. Frettjäger; fg. Naſeweis, Spürhund.

Fureur, f. Wuth; Grimm, m.; Sucht, f.; (Dichtk.) Begeiſterung; en —, wüthend; être en —, wüthen, raſen; à la —, ganz raſend.

Furibond, e, adj. raſend, grimmig; —, m. Raſende.

Furie, f. Wuth, Toben, n. Hiṗe, f.; (Myth. und fg.) Furie.

Furieux, se, adj. raſend, wü-

thend, tobend; fg. id., grimmig, zornig; fürchterlich, heftig; -sement, adv. fg. fm. raſend, ungeheuer, heftig. [in die offene See führen.

Furin, m. (Seew.) mener au —,

Furolles, f. pl. (Naturg.) entzündete Ausdünſtungen, Irrlichter, n.

Furoncle, m. .(Chir.) Blutgeſchwür, n.

Furtif, ve, adj.; -vement, adv.: verſtohlen, heimlich.

Fusain, m. (Bot.) Spindelbaum, Pfaffenhut; (Zeichn.) Reißkohle, f.

Fusarolle, f. (Bauk.) Kragen, m.

Fuseau, m. Spindel, f. Spille; fg. fm. jambes de —, ſpindelförmige Beine, Stelzbeine; — (Poſam., ꝛc.) Klöppel, m.; — à dentelles, Spiṗenklöppel.

Fusée, f. Spindel, Spindelvoll; (Artill.) Rackete; Bombenzünder, m.; (Uhrm.) Schnecke, f. Schneckentegel, m.; —s, (Thiera.) zuſammenhängende Ueberbeine; —, adj. f. verwittert (Kalk).

Fuselé, e, adj. spindelförmig.

Fuser, v. n. (Med., ꝛc.) zerfließen; (Chem.) verpuffen (Salpeter).

Fuserole, f. Seele (der Weberſpule).

Fusibilité, f. Schmelzbarkeit.

Fusible, adj. ſchmelzbar.

Fusiforme, adj. (Bot.) ſpindelförmig.

Fusil, m. Feuerſtahl; Feuerzeug, n.; (Büchſ.) Zündpfannendeckel, m.; Flinte, f. Feuerrohr, n.; — à vent, Windbüchſe, f.; — Wetzſtahl, m.

Fusilier, m. Fuſilier, Musketier.

Fusillade, f. (Kriegsw.) Kleingewehrfeuer, n.; Erſchießen (eines Menſchen).

Fusiller, v. a. erſchießen (mit Flinten); se —, v. r. ſich herumſchießen.

†Fusin, v. Fusain.

Fusion, f. Schmelzung; Fluß, m.; entrer en —, (Bergw.) grinſen.

Fuste, f. (Schiff.) Füſte, Rennſchiff, n.

Fustet, m. (Bot.) Gelbholz, n.

Fustigation, f. Auspeitſchen, n.

Fustiger, v. a. ſtäupen, auspeitſchen. [m. Färberbaum.

†Fustoc, m. Gelbholz, m. Fuſtel,

Fût, m. Schaft; — d'étandue Fahnenſtange, f.; —(Org.) Gehäuſe; — de tambour, Trommelkaſten, m.; (Buchdr.) Beſchneidehobel; (Böttch.) Faß, n.

Futaie, f., ou bois de haute —, Hochwald, m.; bois de haute —, hochſtämmiges Holz. [Faßwerk.

Futaille, f. Faß, n. Juderfaß,

Futaine, f. (Handl.) Barchent, m.

†Futainier, m. Barchentweber.

Futé, e, adj. fm. pfiffig, verſchmiṗt.

†Futée, f. (Zimm.) Kitt, m. Holzkitt.

Futile, adj. untauglich, nichtig; nichtswürdig, geringfügig.

Futilité, f. Nichtigkeit, Nichtswürdigkeit, Untauglichkeit, Geringfügigkeit.

Futur, e, adj. künftig, zukünftig, —, m. e, f. Bräutigam; m. Braut, f.; —, m. (Gramm.) die zukünftige Zeit. [künftige Daſeyn.

Futurition, f. (Theol.) das zu-

Fuyant, e, adj. zurückweichend; fliehend ‖ verjüngt (Maßſtab).

Fuyard, e, adj. flüchtig; ſcheu (v. Thieren); (Kriegsw.) flüchtig, fliehend; —, m. Flüchtling.

## G.

Gabare, f. (Schiff.) Gabare, Lichter, m. Zollſchiff, n.

†Gabari, m. (Schifft.) Earter, Schiffsmodell, n.

Gabarier, m. (Schiff.) Gabarenſchiffer; Auslader.

Gabarit, m., v. Gabari.

Gabatine, f. pop. us., donner de la — à qn., fm. einem etw. aufheften. [Salzes.

Gabelage, m. ol. die Lagerzeit des

Gabeler, v. a. ol. (Salz) in Speichern trocknen.

Gabeleur, m. ol. Salzwächter.

Gabelle, f. ol. Salzſteuer; Salzmagazin, n.

†Gabeloux, m. pop. Salzwächter, Zollamtſchreiber (verächtlich).

†Gabet, m. prvcl. Wetterfahne, f.

†Gabeur, m. Spötter, Spöttler.

†Gabie, m. (Seew.) Maſtkorb.

Gabier, m. (Seew.) Maſtwächter.

Gabion, m. (Fortif.) Schanzkorb.

†Gabionnade, f. (Fortif.) die Bruſtwehr von Schanzkörben.

Gabionner, v. a. (Fortif.) mit Schanzkörben befeſtigen.

†Gabords, m. pl. (Schifft.) die erſte Schiffsverkleidung.

†Gabriel, n. pr. m. Gabriel.

†Gabrielle, n. pr. f. Gabriele.

†Gaburon, m. (Schifft.) Wange, f. Verſtärkungsſtück (eines Maſtes), n.

Gâche, f. (Schloſſ.) Schließkappe, Schließe, Riegelhaken, m.; (Maur.) Kalk, Mörtelſchaufel, f.; Rührhaken, m.; (Paſt.) Spatel, f.

Gâcher, v. a. (Kalk) anrühren; fm. (Waaren) verſchleudern; pfuſchen.

Gâchette, f. (Schloſſ.) Zuhaltung; (Büchſ.) Stange. [(Schleuderer).

Gâcheur, masc. mépr. (Handl.)

Gâcheux, se, adj. ſchlammig.

Gâchis, *m.* Pfüße, *f.* Lache; *fg.* Unordnung, unsaubere Verwirrung.

Gade, *m. fg.* Weichfisch.

†Gadéle, *f.* (Bot.) Stachelbeere.

†Gadelier, *m.* (Bot.) Stachelbeerstrauch.

Gadouard, *m.* Abtrittfeger.

Gadoue, *f.* Schlund, *m.* Abtritt=

†Gaéte, Gaeta (Stadt).   [koth.

†Gaffe, *f.* (Schiff.) Bootshaken, *m.;* (Fisch.) Stange, *f.*

†Gaffeau, *m.* (Schiff.) der kleine Bootshaken; (Fisch.) die kleine Stange.   [faffen.

Gaffer, *v. a.* mit dem Bootshaken

†Gagate, *f.* (Miner.) Bergwachs, *n.* Gagat, *m.*

Gage, *m.* Pfand, *n.* Unterpfand, *fg. id.,* Beweis, *m.;* jouer au — touché, um Pfänder spielen || —s, Lohn, Besoldung, *f.;* à —s, bezahlt (Lohredner, c.).

Gager, *v. a.* wetten; (einen) besolden.   [richtliche Pfändung.

Gagerie, *f.,* saisie— —, die ge=

Gageur, *m.* se, *f.* Wetter, *m.* =inh, *f.*

Gageure, *f.* Wette; Wettpreis, *m.; fg. fm.* soutenir la —, auf etw. beharren.

Gagiste, *m.* Besoldete, Söldling.

†Gagnable, *adj.* gewinnbar.

Gagnage, *m.* Viehweide, *f.;* —s, (jur.) Feldfrüchte, *f. pl.*

Gagnant, e, *adj.,* billet —, der Treffer; —, *m.* Gewinner.

Gagne-denier, *m.* Taglöhner.

Gagne-pain, *m.* Brodverdienst.

Gagne-petit, *m.* Scherenschleifer.

Gagner, *v. a.* gewinnen; —qch. à ou sur qn., einem etw. abgewinnen; —, erwerben, verdienen; erhalten; (eine Krankheit, c.) bekommen; *fg.* (Zeugen, c.) bestechen; (einen Ort) erreichen; —, *v. n.* um sich greifen.

Gagui, *f. pop.,* grosse —, die dicke, lustige Trutschel.

Gai, e, *adj.;* gaiement, gaiment, *adv.:* lustig, munter, frisch, lebhaft.

Gaïac, *m.* (Bot.) Franzosenholz, *n.*

Gaieté, Gaité, *fém.* Lustigkeit, Fröhlichkeit; Muthwille, *m.;* de — de cœur, muthwilliger Weise.

Gaillard, e, *adj.;* -ement, *adv.:* lustig, aufgeräumt; frei, kühn; *m. p.* frech, unzüchtig || frisch (vom Wind).

Gaillard, *m.* der lustige Bruder; Schalk; (Schiff.) Castell, *n.*

Gaillarde, *f.* die muntere Dirne; (Muf., c.) Gaillarde; (Buchdr.) *id.,* eine Art Schrift.

†Gaillardelettes, *f. pl.* (Schiff.) Flagge, *f.*

†Gaillardet, *m.* (Schiff.) die zweispitzige Flagge.

Gaillardise, *fém.* Munterkeit,

---

Muthwille, *m.;* —s, schlüpfrige Reden.   [n.

Gaillet (caille-lait), *m.* Labkraut,

Gain, *m.* Gewinn, Gewinnen, *n.;* Erwerb, *m.;* donner — de cause, gewonnen geben.

Gaine, *f.* Scheide, Futteral, *n.*

Gainier, *masc.* Futteralmacher; (Bot.) Judasbaum.

Gala, *m.* Festlichkeit, *f.* Gala.

Galactes, *m. pl.* (Chym.) Milch= salze, *n. pl.*   [stein, *m.*

†Galactite, *f.* (Miner.) Milch=

Galamment, *adv.* mit edelm Anstande.   [blume (Pflanze).

†Galane, *f.* Schildkröte, Schild=

Galant, e, *adj.* (nach homme) höflich, artig, angenehm, fein; (nach femme) buhlerisch, mit Liebeshändeln beschäftigt; (vor homme) brav; bieder; —, *m. fm.* Verliebte, Galan, Buhle; *fm.* lose Vogel.

Galanterie, *f.* Höflichkeit, Artigkeit, feine Lebensart || Liebeshandel, *m.* Buhlerei, *f.* Buhlschaft || Angebinde, *n.* Geschenk; *fm. iron.* die geheime Krankheit.

Galantin, *m. fm.* Süßling.

Galantine, *f.* (Bot.) Schneetropfen, *m.* Schneeblume, *f.*

Galantiser, *v. a.* übertrieben höflich seyn.

Galaxie, *f. ol.* (Astr.) Milchstraße.

Galbanum, *m. fm.* (Naturgesch.) Mutterharz, *m.* Galban.

Galbe, *m.* (Bauk.) Nündung, *f.*

†Galbule, *f.* Cypressennuß.

Gale, *f.* Kräße, Räude; (Gärtn.) Krebs, *m.*   [(Schiff.)

Galéace, *fém.* (Seew.) Galeasse

Galée, *f.* (Buchdr.) Schiff, *n.*

Galéga, *m.* (Bot.) Geißraute, *f.*

Galène, *f.* (Miner.) Bleiglanz, *m.* Glanzerz, *n.*

Galénique, *adj.* (Med.) galenisch;

Galénisme, *m.* (Med.) die Lehre Galens.   [Galens.

Galéniste, *adj. m.* der Anhänger

Galéopsis, *m.* (Bot.) Hanfnessel, *f.* Hundsnessel.   [trapen.

Galer, *v. a. fm.,* se —, sich

Galère, *f.* (Seew.) Galeere (auch *fg.*), Ruderschiff, *n.;* vogue la — es sey gewagt! —, (Fisch.) Schürf=, Zugehobel, *m.*

Galerie, *f.* Gallerie; Gang, *m.;* Altan; (Bergw.) Stollen; —, d'église, Emportirche, *f.* —, *fg.* Zuschauer, *m. pl.*

Galérien, *m.* Galeerensclave.

Galerne, *f.* (Seew.) vent de —, Nordwestwind, *m.* [Weiltafel, *f.*

Galet, *m.* Strandstein; (Spiel)

Galetas, *m.* Dachstübchen, *f.* Bodenkammer, *f.; fg. fm.* Nest, *n.*

---

Galette, *f.* (Koch.) Fladen, *m.;* (Seew.) Zwieback.

Galeux, se, *adj.* räudig, kräßig; —, *m.* se, *f.* Kräßige, *m. et f.*

Galhauban, *m.* (Seew.) lange Taue zur Befestigung der Maste.

†Galice, *f.* Galicien (span. Provinz).

†Galilée, *f.* Galiläa (Provinz).

Galiléen, ne, *adj.* galiläisch; —, *m.* ne, *f.* Galiläer, *m.* =inn, *f.*

Galimafrée, *f.* (Koch.) das Fricassee von übergebliebenem Fleisch.

Galimatias, *m.* das verwirrte Geschwäß.

Galion, *m.* (Seew.) Galione, *f.* das (spanische) Silberschiff.

Galiote, *f.* Galiotte; (Schiff.) Halbgaleere.

Galipot, *m.* Fichtenharz, *n.*

†Gallate, *m.* das gallussaure Salz.

Galle, *f.* Galle (Auswuchs an Bäumen); noix de —, Gallapfel, *m.*

†Galles, *f.* Wallis, Wales (Provinz in England); la Nouvelle —, Neusüdwallis (Land).

Gallican, e, *adj.* gallicanisch, französisch (v. der Kirche).

†Gallicie, *f.* Gallizien (polnische Provinz).

†Gallicien, ne, *adj.* gallizisch; —, *m.* ne, *f.* Gallizier, *m.* =inn, *f.*

Gallicisme, *m.* (Gram.) die französische Redensart, Gallicismus, *m.*

Gallinacé, *adj.* zum Hühnergeschlechte gehörig; —s, *m. pl.* ou —es, *f. pl.* Hühnerarten.

†Gallinsectes, *m. pl.* Gallwespen, Galläpfelfliegen.

Gallinule, *f.* Wasserhuhn, *n.*

Gallique, *adj.* (Chym.) aus Galläpfeln bereitet.   [(Sprache).

Gallique, *adj.* gallisch; gälisch

Gallon, *m.* (Handl.) Gallone, *f.* (Maß).

Galoche, *f.* Ueberschuh, *m.; fg. fm.* menton de —, das lange, spitzige und gebogene Kinn.

Galon, *m.* Tresse, *f.* Borte.

Galonner, *v. a.* mit Tressen besetzen.

Galop, *m.* Galopp.

Galopade, *f.* Galoppiren, *n.*

Galoper, *v. a.* galoppiren lassen; —, *v. n.* galoppiren; sprengen (Pferd); *fg. fm.* herumrennen; =jagen; verstiegen (Zeit).

Galopin, *m.* Laufjunge, Ausläufer; Küchenjunge.

Galoubet, *m.* Trommelflöte (mit drei Löchern).

Galuchat, *m.* Seehundshaut, *f.*

Galvanique, *adj.* (Phys.) galvanisch.   [nismus.

Galvanisme, *m.* (Phys.) Galva=

Galvauder, *v. a. fm. p.* aus= schelten; *pop.* aushunzen.

†Gamaïeu, *m.*, *v.* Camaïeu.
Gambade, *f.* Luftsprung, *m.*
Gambader, *v. n.* Sprünge machen.
†Gambie, *f.* Gambia (Strom).
†Gambiller, *v. n.* zappeln, baumeln.
Gambit, *m.* (Schachsp.) jouer le —, mit dem Bauernzuge anfangen.
Gamelle, *f.* Soldatenschüssel.
Gamin, *m.* Bube, Laufbube, Küchenjunge.
Gamme, *f.* (Muf.) Tonleiter; *fg. fm.* chanter la — à qn., einem den Text lesen; changer de —, andere Saiten aufziehen.
Ganache, *f.* Unterkinnbacken (eines Pferdes), *m.; fg. fm.* Dummkopf.
†Ganche, *f.* Würggalgen, *m.*
†Gand, Gent (Stadt).
Ganer, *v. n.* (Kartensp.) den Stich geben lassen.
†Gange, *m.* Ganges (Strom).
Ganglion, *m.* (Anat.) Nervenknoten; (Chir.) Ueberbein, *n.*
Gangrène, *f.* (Med.) Krebs, *m.* Brand (auch im Getreide).
Gangrené, e, *adj.* brandig; *fg.* befleckt (Gewissen), angesteckt.
Gangrener (se), brandig werden.
Gangréneux, se, *adj.* brandig.
Gangue, *f.* (Miner.) Gangstein, *m.* Gangart, *f.*
†Gangui, *m.* das langmaschige Beutelgarn.
†Ganivet, *m.* (Chir.) Schnittmesserchen, *n.*
Ganse, *f.* Rundschnur, Schleife.
Gant, *m.* Handschuh; — bourré, Fechthandschuh; *fg.* jeter le — à qn., einen herausfordern; *fg. fm.* avoir les —s, die Erstlinge bekommen. [blume.
Gantelée, *f.* (Bot.) Art Glocken=
Gantelet, *m.* Panzerhandschuh; Handleder, *n.;* (Chirurg.) Handbinde, *f.*
Ganter, *v. a.* qn., einem Handschuhe anziehen; se —, Handschuhe anziehen.
Ganterie, *f.* Handschuhmachereiwaare, Handschuhhandel, *m.*
Gantier, *m.* ère, *f.* Handschuhmacher, *m.* =inn, *f.*
†Garamantite, *f. ol.* (Miner.)
Garamantil, *m.* Granat. [*m.*
Garance, *f.* Färberröthe, Krapp.
Garancer, *v. a.* mit Krapp färben.
†Garancière, *f.* Krappland, *n.* Krappfeld.
Garant, *m.* e, *f.* Gewährsmann, *m.* Bürge; se rendre — de qch., sich für etw. zum Bürgen stellen; (Sipl.) die Gewährleistung von etw. übernehmen.
Garanti, *m.* e, *f.* der welchem, die welcher Gewähr geleistet worden ist.
Garantie, *fém.* Gewährleistung;


Sutsagen, *n.;* (jur.) Schadloshaltung, *f.* Bürgschaft.
Garantir, *v. a.* qch., für etw. Gewähr leisten, gut seyn, haften, etw. verbürgen; — de qch., vor etw. verwahren, sichern, beschirmen; se —, sich schützen, sich verwahren.
Garas, *m.* Garas (weißer Kattun).
Garbin, *m.* (Seew.) Südwestwind.
Garbure, *f.* eine aus Kornbrod, Kohl und Speck bereitete Suppe.
Garcette, *f.* (Seew.) Seising, Beschlagleine, Bindsel, *n.*
Garçon, *m.* Knabe, Junge; Junggesell; (Handw.) Handwerksgesell; — de boutique *ou* —, Ladendiener; —, Bursche, Aufwärter; il est encore —, er ist noch ein Junggesell, ist noch ledig.
Garçonnière, *f.* Mädchen das gern mit jungen Knaben umgeht und ihre Manieren annimmt.
Garde, *f.* (Kriegswiss.) Wache, Leibwache || Wärterinn (eines Kranken); *fg.* Aufsicht; Schutz, *m.* Obhut, *f.;* Acht, Achtsamkeit, Aufmerksamkeit; (Fechtk.) Stellung, Lage; (Schwertf.) Stichblatt, *n.;* — s, (Schloss.) Gewirre; de — haltbar (Früchte); être de —, auf der Wache seyn; prendre —, Achtung geben, sich hüten; se tenir sur ses —s, auf seiner Hut seyn, sich vorsehen; de bonne —, wachsam; n'avoir — de faire qch., sich wohl hüten etw. zu thun; corps de —, *m.* Wachstube, *f.;* — du corps, Leibwache; —, nationale, *f.* Nationalgarde, Bürgerwache.
Garde, *m.* Wächter, Leibwächter, Wärter (v. Kranken, x.); — de ménagerie, Thierwärter; — du clocher, Thürmer; — des sceaux, Siegelbewahrer.
†Garde-bois, *m.* Förster.
Garde-bourgeoise, *f.* (jur.) das bürgerliche Nießbrauchrecht.
Garde-boutique, *m.* (Handl.) Ladenhüter. [Bannwart.
Garde champêtre, *m.* Flurschütze,
Garde-chasse, *m.* Wildmeister.
Garde-corps, *m.*, *v.* Garde-fou.
†Garde-côte, *m.* Strandwächter, Küstenbewahrer.
Garde-feu, *m.* Kamingitter, *n.*
Garde-fou, *m.* Geländer, *n.*
Garde-magasin, *m.* Magazinverwalter.
†Garde-main, *m.* (Stick.) Handbedeckung, *f.* Schuppapier, *n.*
Garde-malade, *m.* et *f.* Krankenwärter, *m.* =inn, *f.*
Garde-manche, *m.* Ueberärmel, *m.*
Garde-manger, *m.* Speisekammer, *f.;* Küchenschrank, *m.*
Garde-meuble, *m.* Gerätheskammer, *f.;* Mobilienaufseher, *m.*


†Garde-nappe, *m.* Schüsselring, Strohteller. [Nießbrauchrecht.
Garde-noble, *m.* (jur.) das adelige
†Garde-notes, *m.* (alt) ein Notar der die Contracte in Verwahrung hat.
Garder, *v. a.* verwahren, aufheben, behalten; (ein Kleid) anbehalten; erhalten || bewahren (de, vor), bewachen, beschützen, hüten; warten; beobachten; (ein Gebot) halten; en donner à — à qn., *fg.* jemanden einen Bären anbinden; se —, sich hüten (de, vor); (vom Obst) sich halten.
†Garde-robe, *f.* Kleiderkammer; Abtritt, *m.;* —, *m.* Schürze, *f.*
Gardeur, *m.* se, *f.* Hirt, *m.* =inn, *f.*
Garde-vue, *m.* Lichte, Augenschirm; Schirm.
Gardien, *m.* ne, *f.* Hüter, *m.* Bewahrer, Wärter, =inn, *f.;* (Klost.) Guardian, *m.;* — de l'œil, (Chir.) Augendeckel. [biansamt, *n.*
†Gardiennat, *m.* (Klost.) Guar=
†Gardiennerie, *f.* (Seew.) Constabelkammer.
Gardon, *m.* (Naturg.) Rothauge, *n.* Weißfisch, *m.*
Gare! *interj.* aufgeschaut! vorgesehen! weg! [Ganälen).
Gare, *f.* Bucht (an Flüssen und Canälen, *m.*
Garenne, *f.* Kaninchengehäge, *n.*
Garennier, *m.* Kaninchenwärter.
Garer, *v. a.* (Schifff.) anbinden; se —, de qch., *p. us.* sich vor einem hüten, einer S. ausweichen.
Gargariser (se), sich gurgeln.
Gargarisme, *m.* (Med.) Gurgelwasser, *n.;* Gurgeln.
Gargotage, *m. mépr.* Sudelkocherei, *f.* [Kneipe.
Gargote, *fém.* Garküche; *mépr.*
Gargoter, *v. n. mépr.* die Kneipen besuchen; unreinlich essen.
Gargotier, *m.* ère, *f.* Garkoch, *m.* Garkochinn, *f.; mépr.* der unreinliche Wirth, Sudelkoch, Sudelköchinn, *f.* [*m. pl.*
Gargouillade, *f.* (alt) Tanzschritte,
Gargouille, *f.* (Bauk.) Traufröhre.
Gargouillement, *m.* Gegurgel, *n.;* Knurren (des Magens).
Gargouiller, *v. n. pop.* im Wasser plätschern.
Gargouillis, *m. fm.* das Plätschern des aus einer Traufröhre fallenden Wassers.
Gargousse, *f.* (Artill.) Stückpatrone. [*m.*
†Gargoussière, *f.* Patronensad,
†Garidelle, *f.* Fenchelblume.
Garigue, *f.prcl.* unbebautes Land.
†Garique, *f.* Fichtenschwamm, *m.*
Garnement, *m. fm.* Taugenichts.
Garni, e, *adj.* garnirt (Zimmer); il est —i, er ist ausgestopft (zum Fechten); (jur.) plaider main —ie,

im Besitze des streitigen Gegenstandes
procesfiren.

†Garniment, m. Besetzung, f.

Garnir, v. a. versehen (de, mit);
besetzen; verbrämen (mit Gold, ꝛc.);
(Sessel, ꝛc.) überziehen, zieren;
(Kriegsw.) ausrüsten; (Schloss,
ꝛc.) beschlagen; (Hutm.) staffiren;
(Schiff.) betakeln; (Tuch) filzen; —
de dents, verzahnen; se —, sich
versehen; sich verwahren.

Garnisaire, m. Executionswache,
f. [m.

Garnison, f. Besatzung ‖ Presser,
†Garnisseur, m. Staffirer, Zu-
richter.

Garniture, f. Zubehör, n.; Aus-
zierung, f.; Besetzung; Garnitur;
(Spitzen, ꝛc.); (Hutm.) Staffirung;
(Schloss.) Beschlag, m.; (Schiff.)
Betakelung, f.; (Buchdrucker) Fer-
niat, n.

†Garochoir, m. ein Seil, dessen
Litzen nach derselben Seite gedreht
sind, wie die Fäden.

Garou, m. der schmalblättrige Seidelbast; loup —, Währwolf.

Garouage, m. fm. p. us., aller
en —, schlechte Häuser besuchen.

Garrot, m. Knebel, Knüttel; Packstock; (Gärtn.) Spannstock; (Hufsch.)
Widerrist.

Garrotter, v. a. knebeln, binden.

Gars, m. ol. fm. Bursche.

†Gascogne, f. Gascognien (Provinz).

†Gascon, m. Gasconier; fg. Aufschneider, Prahler, Windbeutel;
faire le —, Wind machen.

Gasconisme, m. die gasconische
Redensart.

Gasconnade, f. Windbeutelei,
Prahlerei. [schneiden.

Gasconner, v. n. prahlen, auf-
†Gaspard, n. pr. m. Caspar.

Gaspillage, m. Verschleudern, n.

Gaspiller, v. a. verschleudern (auch
fg.), verthun; verderben.

Gaspilleur, m. se, f. Verschwender, m. -inn, f.

Gaster, m. (Med.) Unterleib.

Gastralgie, f. Magenschmerz, m.
Leibweh, n.

Gastriloque, m. Bauchredner.

Gastrique, adj. (Med.) suc —,
Magensaft, m.; artère — ou —, f.
(Anat.) Magenpulsader, f.

Gastrite, f. (Med.) Magenentzündung.

†Gastrocnémiens, adj. m. pl.,
muscles — ou —, m. pl. (Anat.)
Wadenmuskeln.

†Gastrolâtre, m. Bauchdiener.

†Gastromane, Gastronome, m.
Bauchdiener; Speisekünstler, Ess-
künstler.

Gastromanie, Gastronomie, f.
Bauchpflege, Schmauskunst.

Gastronomique, adj. die Speise-
kunde betreffend. [naht.

Gastroraphie, f. (Chir.) Bauch-

Gastrotomie, f. (Chir.) Bauchschnitt, m.

Gâteau, m. Kuchen, Fladen; —
de miel, Honigwabe, f.

†Gâte-bois, m. Holzverderber;
überh. Pfuscher, schlechte Hand-
werksmann.

Gâte-enfant, m. Kinderverderber.

Gâte-métier, m. Handwerksver-
derber, Brodbieb, Stümper, Pfuscher.

†Gâte-papier, m. Schmierer.

†Gâte-pâte, m. Teigverderber; fg.
fm. Pfuscher.

Gâter, v. a. verderben, fm. verpfuschen; pop. verhunzen; beschmutzen; fg. (ein Kind) verziehen, verwöhnen; verhätscheln ‖ (einen) anschwärzen; se —, verderben; enfant
-é, Muttersöhnchen, n.

Gattilier, m. Keuschbaum.

Gauche, adj. link; fg. ungeschickt,
verkehrt; steif; —, f. Linke, linke
Hand; linke Seite; à —, adv.
links; linksum; —, fg. linkisch.

Gaucher, m. ère, f. der die links
ist; —, ère, adj. links.

Gaucherie, f. das ungeschickte
Wesen; der dumme Streich.

Gauchir, v. n. ausbeugen, sich
seitwärts wenden, windschief werden
(Holz, ꝛc.); fg. unredlich zu Werke
gehen. [n.

Gauchissement, m. Ausbeugen,

Gaude, f. (Bot.) Wau, m.;
Waidbrei. [färben.

Gauder, v. a. mit Wau gelb

Gaudir (se), (alt) sich freuen, lustig
machen. [Scherz.

Gaudriole, f. ein etwas freier
†Gaudronner, v. a. die Stechna-
delköpfe drehen.

Gaufre, f. Honigwabe; (Kocht.)
Waffel, Waffelkuchen, m.

Gaufrer, v. a. (Figuren) auf einen
Zeug drucken. [delirer.

Gaufreur, m. Zeugdrucker, Mo-

Gaufrier, m. Waffeleisen, n.

Gaufrure, f. Model (eines Zeuges), m. [gerte.

Gaule, f. Stange; Gerte, Spieß-

Gaule (la), Gallien (alter Name
Frankreichs).

Gauler, v. a. un arbre, die Früchte
v. einem Baume abschlagen; (Nüsse)
bengeln.

Gaulis, m. (Forstw.) Schoßreis, n.
Stangenholz.

†Gaulois, se, adj. gallisch; fg.
probité —e, die Redlichkeit der
alten Schrot und Korn; plais. altfränkisch; —, m. Gallier, Altfranke;
fg. Biedermann.

Gaupe, f. das injur. Schlampe.

Gaures, m. pl. Gauren, Gebern,
Feueranbeter.

Gausser (se), pop. spotten, foppen.

Gausserie, f. pop. Spott, m.
Fopperei, f.

Gausseur, m. se, f. pop. Spötter,
m. Fopper, -inn, f.

†Gauthier, n. pr. m. Walther;
— sans avoir, Walther Habenichts.

Gavion, m. pop. Gurgel, f.

†Gavon, m. (Schiff.) Kaue, f.

Gaz, m. (Phys.) Gas, n. Luftgeist,
m. [Flor.

Gaze, f. (Handl.) Gaze, der feine
Gazéifier, v. a. (Phys.) in Gas
verwandeln.

Gazéiforme, adj. gasähnlich.

Gazelle, f. (Naturg.) Gazelle,
Hirschziege. [fg. verschleiern.

Gazer, v. a. mit Flor überziehen,

Gazetier, m. Zeitungsschreiber.

Gazetin, m. Zeitungsblättchen, n.

Gazette, f. Zeitung, Tagblatt,
n.; fg. fm. Klatsche, f.

Gazeux, se, adj. (Phys.) gasartig.

Gazier, m. Gaze-, Florweber.

†Gazifère, m. Gasreiniger (Maschine). [schine).

Gazomètre, m. Gasmesser. (Ma-

Gazon, m. Rasen; Anger; —s,
id. [mit Rasen.

Gazonnement, m. das Belegen

Gazonner, v. a. mit Rasen belegen.

†Gazonneux, se, adj., plante
—se, das rasenbildende Gewächs.

Gazouillement, m. Zwitschern
(der Vögel), n.; Rieseln, sanfte
Rauschen (eines Baches).

Gazouiller, v. n. zwitschern (von
Vögeln); rieseln.

Gazouillis, m. Gezwitscher (der
Vögel); Zwitschern (der Vögel); Rieseln,
Plätschern (eines Baches, ꝛc.).

Geai, m. Aelster, f.; Häher, m.;
— d'Alsace, Mandelkrähe, f.

Géant, m. e, f. Riese, m. Rie-
sinn, f.

†Gédéon, m. Gideon (Name);
auch eine Art Insekten.

Géhenne, f. Hölle, Höllenfeuer,
n. [zen.

Geindre, v. n. fm. ächzen; kräch-
†Gel, m. (Bot.) Frost.

Gélatine, f. Gallerte.

Gélatineux, se, adj. gallertartig.

Gelée, f. Frost, m.; — blanche,
Reif, —; (Kocht.) Gallerte, f.;
(Chym.) ꝛc. Sulze.

Geler, v. a. gefrieren machen;
durch Frost beschädigen oder tödten;
(einen) frieren machen; —, v. n.
gefrieren; einfrieren; (Pflanzen, ꝛc.)
erfrieren; se —, frieren, zu Eis
werden.

**Gélif**, *adj.* (vom Holz) eisklüftig.
**Geline**, *f.* (alt) Henne.
**Gelinotte**, *f.* das junge fette Huhn; — *ou* — des bois, Wald=, Hasel=huhn; — blanche, Schneehuhn.
†**Gélivé**, **-e**, *adj.* eisklüftig, wet=terflüftig (Holz).
**Gélivure**, *f.* (Forstw.) Eiskluft, Eisriß (Krankheit der Bäume), *m.*
†**Gémare**, *f.* Gemara, der zweite Theil des Talmud.
†**Gématrie**, *f.* Gematria, eine kab=balistische Erklärungsart der Wörter.
**Gémeaux**, *m. pl.* (Astr.) Zwillinge.
**Géminé**, **-e**, *adj.* (Jur.) wiederholt, abermalig; (Naturg.) doppelt.
**Gémir**, *v. n.* seufzen (de, über); besten (de qch., etw.); wimmern, winseln, ächzen, stöhnen; *fm. plais.* krächzen; girren (v. Tauben).
**Gémissant**, **e**, *adj.* seufzend, wimmernd, kläglich.
**Gémissement**, *m.* Seufzen, *n.* Aechzen, Wimmern, Winseln, Gir=ren (der Tauben).
**Gemmation**, *f.* (Bot.) das Aus=schlagen der Bäume; die Zeit des Knospentreibens.
**Gemme**, *adj. m.*, sel —, (Mi=ner.) Stein=, Bergsalz, *n.*
**Gémonies**, *f. pl.* (röm. Alt.) Hochgericht, *n.*
**Génal**, **e**, *adj.* (Anat.) glande —e, Backen=, Wangendrüse, *f.*
**Gênant**, **e**, *adj.* beschwerlich, lästig.
**Gencive**, *f.* Zahnfleisch, *n.*
**Gendarme**, *m.* Gendarme, Poli=ceireiter; *ol.* geharnischte Reiter; (Landw.) das Eisen vorn an der Pflugschar woran sich das Unkraut hängt; —s, Feuerfunken, *m. pl.*; (Med.) Augenflecken, *m.*; (Juwel.) Tüpfelchen, *n. pl.*
**Gendarmer (se)**, *fm.* sich entrü=sten, sich ereifern, in Harnisch ge=rathen.
**Gendarmerie**, *f.* Gendarmerie, Policeiwache. [dam.
**Gendre**, *m.* Schwiegersohn, Gi=
**Gène**, *f.* Folter; *fg.* Qual, Zwang, *m.*; Verlegenheit, *f.*; mettre à la —, auf die Folter spannen, foltern; *fg. id.*
**Généalogie**, *f.* Genealogie, Ge=schlechtsregister, *n.* Stammbaum, *m.*
**Généalogique**, *adj.* genealogisch; arbre —, Stammbaum, *m.*; table —, Stammtafel, *f.*
**Généalogiste**, *m.* Genealog, Ge=schlechtskundige.
**Gêner**, *v. a.* drücken, pressen, spannen, zwängen; *fg.* hindern, einschränken; — qn., einem lästig fallen; se — Zwang auflegen.
**Général**, **e**, *adj.* allgemein, durch=gängig; inspecteur —, Oberauffse=

her, *m.*; -ement, en —, *adv.* allgemein, überhaupt.
**Général**, *m.* General, Feldherr, Heerführer; — d'artillerie, Feld=zeugmeister. [f.
**Généralat**, *m.* Feldherrenwürde,
**Générale**, *f.* Generalmarsch, *m.*
**Généralisation**, *f.* Verallgemei=nerung.
**Généraliser**, *v. a.* verallgemeinern, allgemein machen.
**Généralissime**, *m.* Oberfeldherr.
**Généralité**, *f.* Allgemeinheit; —s, allgemeine Aeußerungen; —, (Fin.) *ol.* Steuerkreis, *m.*
**Générateur**, **trice**, *adj.* (Geom.) durch seine Bewegung eine Linie, x., erzeugend; point —, Zeugpunkt, *m.*
**Génératif**, **ve**, *adj.* zur Zeugung gehörig; erzeugend; principe —, der oberste Grundsatz.
**Génération**, *f.* Zeugung; *fg.* Ge=schlecht, *n.* Nachkommenschaft, *f.*; Menschenalter, *n.* Generation, *f.*
**Généreux**, **se**, *adj.*; -sement, *adv.*: großmüthig, edel, freigebig, tapfer. [gehörig.
**Générique**, *adj.* zum Geschlechte
**Générosité**, *f.* Großmuth, Edel=muth, *m.*; Freigebigkeit, *f.*
**Gènes**, Genua (Stadt).
**Genèse**, *f.* das erste Buch Mosis.
**Genestrolle**, *f.* (Färb.) Färbegin=ster, *m.*
**Genêt**, *m.* (Bot.) Pfriemenkraut, *n.* Geniste, Ginst, *m.* Ginster.
**Généthliaque**, *adj.*, poème —, Geburtstagsgedicht, *n.*
†**Genêtière**, *f.* der mit Ginster oder Pfriemen bepflanzte Platz.
**Genette**, *f.* Genettkatze; (Reit=schule) das Pferdegebiß auf türkische Art; à la —, mit sehr kurzen Steig=bügeln.
†**Genève**, Genf (Stadt).
†**Geneviève**, *n. pr. f.* Genovefa.
†**Genevois**, **e**, *adj.* genferisch; le —, la —e, der Genfer, die =inn.
†**Genèvre**, **Genévrier**, *v.* Geniè=vre. [f.
**Genévrette**, *f.* Wachholderwein,
**Génie**, *m.* Genius, Schutzgeist, Geist; —s, Genien; *fg.* Engel; —, *fg.* Genie, *n.* Geist, *m.* Naturgabe, *fém.* Anlage || Eigenthümlicke, *n.* Geist (einer Sprache), *m.*; (Kriegsw.) Kriegsbaukunst, *f.*; Ingenieurcorps, *n.* [staude, *f.*; Wachholderbeere.
**Genièvre**, *m.* (Bot.) Wachholder=
†**Geniévrerie**, *f.* Wachholderwein=brennerei.
**Génisse**, *f.* die junge Kuh.
**Génital**, **e**, *adj.* (Lehrst.) vertu —e, Zeugungskraft, *f.*
**Génitif**, *m.* (Gramm.) Genitiv.
**Génitoires**, *m. pl.* (Anat.) Hoden, *f. pl.*

†**Génois**, **e**, *adj.* genuesisch; le —, la —e, der Genueser, die =inn.
**Genou**, *m.* Knie; *n.*; (Mech.) Nuß, *f.*: (Bot.) Knoten, *m.*; (Astr.) Gestell, *n.*; à —x, auf den Knieen; *fg.* inständigst.
†**Genouillé**, **e**, *adj.* (Bot.) knotig, gegliedert.
**Genouillère**, *f.* (Schuhm.) Stulpe, Kappe, Stiefelkappe; bottes à —s, Kappenstiefel, *m. pl.*; —, (Waff.) Salz.) Kniestück, *n.*; (Bergw.) Kniebügel, *m.*; (Handw.) Knierie=men; (Artill.) Böschung, *f.*
†**Genouilleux**, **se**, *adj.* (Bot.) knotig.
†**Génovéfain**, *m.* ein Stiftsherr von der Congregation der heil. Genovefa.
**Genre**, *m.* Geschlecht, *n.*; Art, *f.* Weise, Gattung, (Rhet.) Styl, *m.*
**Gent**, *f. ol.* Volk, *n.*; gens, *m. et f. pl.* Leute; —s de guerre, etc., Kriegsleute; —s, Gefolge (eines Großen), *n.*; Gesinde (eines Hau=ses); droit des gens, Völkerrecht; petites gens, geringe Leute.
**Gent**, **e**, *adj.* (alt), *v.* Gentil.
**Gentiane**, *f.* (Bot.) Enzian, *m.*
**Gentil**, **e**, *adj.* heidnisch; —, *m.* Heide.
**Gentil**, **le**; *adj.* fein, artig, hübsch, herzig; edel (Wein); (Bot.) *v.* Bois.
**Gentilhomme**, *m.* Edelmann; Junker; — de la chambre, Kam=merjunker.
**Gentilhommeau**, *m.* Junkerchen, *n.* Dorfjunker, *m.* Krautjunker.
**Gentilhommerie**, *f. fm.* mépr. Adel, *m.* [der kleine Edelhof.
**Gentilhommière**, *f. fm.* mépr.
**Gentilisme**, *m.* Heidenthum, *n.*
**Gentilité**, *f.* Heidenthum, *n.* die heidnischen Völker. [junker.
**Gentillâtre**, *m. fm.* mépr. Dorf=
**Gentillesse**, *f.* Artigkeit; —s, arti=ge Sachen; Späße, *m. pl.* Streiche.
**Gentiment**, *adv. fm.* artig, hübsch.
**Génuflexion**, *f.* Kniebeugung.
**Géocentrique**, *adj.* (Astr.) einerlei Mittelpunkt mit der Erde habend.
†**Géocyclique**, *m.* Erdsystem, *n.* (Maschine).
†**Géode**, *m.* (Miner.) Adlerstein.
**Géodésie**, *f.* Erdtheilung, Feld=meßkunst. [kunst gehörig.
**Géodésique**, *adj.* zur Feldmeß=
†**Géogénie**, *f.* die Lehre von der Entstehung des Weltalls. [kunde.
†**Géognosie**, *f.* Gebirgs=, Erd=
†**Géogonie**, *f.* Erdentstehungslehre.
**Géographe**, *m.* Geograph, Erd=beschreiber. [beschreibung.
**Géographie**, *f.* Geographie, Erd=
**Géographique**, *adj.* geographisch; carte —, Landkarte, *f.*

Geôlage, m. Schließgeld, n.
Geôle, f. Gefängniß, n. Kerker, m.
Geôlier, m. ère, f. Kerker, Stockmeister, m. Gefangenwärter, =inn, f.
Géologie, f. Geologie.
Géologique, adj. geologisch.
Géologue, m. Geolog.
Géomance, Géomancie, f. Punktirkunst (Art Wahrsagerei).
Géomancien, m. ne, f. Punktirwahrsager, m. =inn, f.
Géométral, e, adj. geometrisch.
Géométre, m. Meßkundige, Feldmesser.
Géométrie, f. Meßkunst; — souterraine, Markscheidekunst.
Géométrique, adj.; -ement, adv.: geometrisch. [(wilde Völker).
†Géophages, m. pl. Erdesser,
†Géoponique, adj. zum Feldbau gehörig; auteur —, Ackerbauschriftsteller, m.
†George, n. pr. m. Georg.
†Georgette, n. pr. f. Georgine.
†Géorgie, f. Georgien (Land);
(Bot.) Georgia, n.
†Géorgiques, f. pl. (Dichtk.) Ackergedichte, n. pl. [schnabl.
Géranium, m. (Bot.) Storchschnabel, m. Geschäftsführer.
Gérant, m. Geschäftsführer.
†Gérard, n. pr. m. Gerhard.
Gerbe, f. Garbe; — de feu, Feuergarbe.
Gerbée, f. Futterstroh, n.
Gerber, v. a. in Garben binden; (Fässer) über einander legen.
Gerboise, f. Jerboa, n. indianische Kaninchen.
Gerce, f. (Naturg.) Schabe, Motte, Bücherwurm, m.
Gercé, e, adj. eisklüftig (Baum) schrundig (Haut).
Gercer, v. a. aufritzen, aufreißen; —, v. n. et se —, aufspringen; Risse bekommen.
Gercure, f. Ritz, m. Riß, Schrunde (der Haut), f.
Gérer, v. a. führen, verwalten.
Gerfaut, m. (Naturg.) Geierfalk.
Germain, e, adj. (jur.) leiblich; cousin —, cousine —e, Geschwisterkind, n.; cousin issu de —, Nachgeschwisterkind; —s, m. pl. die alten Deutschen; —, n. pr. m. Germanus.
Germandrée, f. (Bot.) Gamander, m.; — grande, aquatique, Lachenknoblauch; — petite, Gamanderlein, n.; fausse —, Vergißmeinnicht.
Germanie, f. Germanien (das alte Deutschland).
Germanique, adj. deutsch.
Germanisme, m. die deutsche Redensart (in Beziehung auf eine andere Sprache).
Germe, m. Sprosse, f. Keim, m.;

fg. Keim, Ursache, f. Ursprung, m.
Germer, v. n. keimen, aufkeimen, sprießen; auswachsen (Korn, ıc.); fg. keimen, aufkeimen.
Germinal, m. Keimmonat.
Germination, f. Keimen, n.
†Germoir, m. (Bierbr.) Malzboden. [bium, n.
Gérondif, m. (Gramm.) Gerundium.
†Gertrude, n. pr. f. Gertrud.
†Gervais, n. pr. m. Gervasius.
—e, f. Gervasia.
Gerzeau, m. (Bot.) Raden.
Gésier, m. Kropf (des Geflügels).
Gésine, f. (alt) Wochenbett, n. Wochen, f. pl.
*Gésir, v. n. ol. ruhen, liegen.
Gesse, f. (Bot.) Platterbse.
Gestation, f. (Naturg.) Tragezeit; Trächtigkeit; (röm. Alt.) Herumtragen=, Herumfahrenlassen, n.
Geste, m. Geberde, f. rednerische Bewegung; —s, Handsprache, Gesten, pl.; ol. et plais. Thaten.
Gesticulateur, m. Geberdenmacher. [Geberdenspiel.
Gesticulation, f. das übertriebene Gesticuler, v. n. Geberden machen, die Hände bewegen.
Gestion, f. Verwaltung.
Géum, m. Märzwurz, f. Benetdictenwurz (Pflanze). [m.
Gèze, m. Dachkehle, f. Hohlziegel,
Gibbeux, se, adj. (Anat., ıc.) höckerig.
Gibbon, m. Gibbon, langarmige Affe. [m. Buckel.
Gibbosité, f. (Anat., ıc.) Höcker,
Gibecière, f. Jagdtasche, Geldkatze, Weidsack, m.; Taschenspielertasche, f.
Gibelet, m. (Böttch.) Zwickbohrer.
Gibelins, m. pl. Gibellinen (Anhänger der Kaiser in Italien).
Gibelotte, f. (Kochk.) Gibelotte (Art Hühnerfricassee).
Giberne, f. Patrontasche.
Gibet, m. Galgen.
Gibier, m. (Jagd) Wild, n.; Wildpret; gros —, Hochwild; menu —, kleine Wildpret, Federwildpret.
†Gibles, f. pl. Ziegelschicht, f. im Brennofen.
Giboulée, f. Platzregen, m.
Giboyer, v. n. (Jagd) bürschen; poudre à —, Bürschpulver, n.
Giboyeur, m. p. us. Jagdliebhaber.
Giboyeux, se, adj. (Jagd) wildreich.
†Gigante, f. (Seew.) die Riesenfigur hinten an einer Galeere.
Gigantesque, adj. riesenmäßig.
Gigantomachie, f. (Myth.) der Kampf der Riesen gegen die Götter.
Gigot, m. (Metzg.) Schöpsenschenkel, f.; (Reitsch.) Hinterschenkel, m.

Gigoté, e, adj. (Reitsch.) mit starken, fleischigen Schenkeln.
Gigotter, v. n. ou Gigoter, (mit den Beinen) zappeln.
Gigue, f. pop. Springinsfeld (v. einem Mädchen), m.; (Tanzt.)
Gigue, f.; —s, pop. Beine, n. pl.
Giguer, v. n. pop. hüpfen, tanzen.
Gilet, m. Brustlatz, Gilet, n.
Gille, m. pop. Hanswurst; fg.
fm. Pinsel; faire —, Jersengeld geben.
Gilles, n. pr. m. Aegidius, Egid.
Gimblette, f. (Kochk.) Bretzel.
†Gindre, m. Werkmeister, Oberbäckerknecht, Oberkneter.
Gingas, m. Art blau und weiß gewürfeltes Tuch zu Matratzen, n.
Gingembre, m. (Bot.) Ingwer.
†Gingeole, f. (Seew.) Compaßhäuschen, n.
†Ginglyme, m. (Anat.) Wechselgelenk, n.
Ginguet, te, adj. kraftlos, gering (Wein, ıc.); knapp (Kleider, ıc.); fg. mittelmäßig, schwach.
Ginseng, masc. (Bot.) Ginseng (Wurzel).
†Gipon, m. Wischlappen.
Girafe, f. (Naturg.) Giraffe, Kameelparder, m.
Girande, f. (Hydr.) Wasserkunst, (Feuerw.) Girandelfeuer, n.
Girandole, f. Armleuchter, m.; (Feuerw.) Feuerrad, n.; (Juwel.) Girandele (Art Ohrengehänge), f.
Girasol, m. (Miner.) Girasol, m. Sonnenstein.
Girofle, m., ou clou de —, (Handl.) Gewürznägelein, n.
Giroflée, f. (Gärtn.) Levkoje; — jaune, Goldlack, m.
Giroflier, m. (Bot.) Gewürznelkenbaum.
Giron, m. Schooß (auch fg.); Stufenbreite (einer Treppe).
†Gironde, f. Gironde (Strom, sonst Garonne); auch Name einer Revolutionspartei; die Girondisten, Girondiner.
Gironner, v. a. runden, abrunden.
Girouette, f. Wetterhahn, m. Wind=, Wetterfahne, f.; fg. fm. Wetterhahn, masc. wetterwendische Mensch.
Gisant, e, adj. liegend.
Gisement, m. Lage (einer Seeküste), f. [liegt.
Git, ci-git (von gésir, ol.), hier Gite, m. Nachtherberge, f.; Lager, n.; Aufenthalt, m.; (Jagd) Lager, m.; (Müll.) Bodenstein, m.
Giter, v. n. pop. Nachtlager halten.
Givre, m. Rauhreif, Rauhfrost; (Wapp.) Schlange, f.
Gladre, adj. (Bot.) glatt und glänzend.

Glaçant, e, *adj.* eiskalt; un abord —, ein ganz kalter Empfang.

Glace, *f.* Eis, *n.;* — mouvante, Treibeis; —, *fg.* Kälte, *f.* Kaltsinnigkeit; (Zuckerb.) Gefrorene, *n.* Zuckerguß, *m.;* (Glaf.) Spiegels, Kutschenglas, *n.* Fenster; Spiegel, *m.*

Glacé, e, *adj.* eisig, eiskalt; gefroren; *fg.* kalt, frostig; (Past., :c.) glänzend; toile —ée, Glanzleinwand, *f.*

Glacer, *v. a.* gefrieren machen, erstarren machen, eiskalt machen; *fg.* starr machen; (Mal.) glasiren; (Zuckerb.) überzuckern; —, *v. n. et se* —, gefrieren; zu Eis werden.

Glacerie, *f.* Spiegelgießerei.

Glaceux, se, *adj.* (Juwel.) unrein, wolfig.

Glacial, e, *adj.* eiskalt; *fg.* frostig; mer —e, Eismeer, *n.*

Glacier, *m.* Eisberg; Gletscher.

Glacière, *f.* Eisgrube.

Glacis, *m.* Abhang; (Fortif.) Glacis, *n.;* (Mal.) Glasur, *f.;* (Schneid.) Naht.

Glaçon, *m.* Eisscholle, *f.* Eiszapfen, *m.* Eiszacken.

Gladiateur, *m.* (röm. Ali.) Fechter. [con Wasserlilien.

†Glaï, *m.* eine Masse, ein Haufen

Glaïeul, *m.* (Bot.) Schwertlilie, *f.* Schwertel, *m.* [n.

Glaire, *f.* Schleim, *m.;* Eiweiß,

Glairer, *v. a.* mit Eiweiß bestreichen. [mig.

Glaireux, se, *adj.* (Med.) schlei-

Glaise, *f. et adj.* f, terre —, (Miner.) Thon, *m.* Thonerde, *f.*

Glaiser, *v. a.* (Hydr.) mit Thon ausschlagen; (Landw.) mit Thon düngen.

Glaiseux, se, *adj.* thonig, lettig.

Glaisière, *f.* Thon=, Lettengrube.

Glaive, *m.* Schwert, *n.;* — de la justice, — du bourreau, Richtschwert. [lese.

Glanage, *m.* Nachlese, *f.* Aehren-

Gland, *m.* Eichel, *f.;* (Handw.) id., Troddel, Quaste.

Gland de mer, *m.* (Naturg.) Meereichelstein.

Gland de terre, *m.* (Bot.) Erdnuß, *f.* Grundeichel.

Glandage, *m.* Eichelmastrecht, *n.*

Glande, *fém.* (Anal.) Drüse; (Med.) Geschwulst.

Glandé, e, *adj.* mit geschwollenen Drüsen (von Pferden).

Glandée, *f.* (Landw.) Eichelärnte, Eichelmast. [Drüse.

Glandule, *f.* (Anal.) die kleine

Glanduleux, se, *adj.* (Anal.) drüsig.

Glane, *f.* eine Handvoll aufgelesener Aehren; Kluppe (Birnen, :c.); Bund (Zwiebeln), *m.*

---

Glaner, *v. a.* un champ, Aehren auflesen; *fg.* eine Nachlese halten.

Glaneur, *m.* se, *f.* Aehrenleser, *m.* inn, *f.*

†Glanis, *m.* Wels (Fisch).

Glanure, *f.* Nachlese.

Glapir, *v. n.* belfern, kläffen (wie der Fuchs); *fg.* kreischen; voix glapissante, die kreischende Stimme.

Glapissant, e, *adj.* kläffend, belfernd. [Belfern; *fg.* Kreischen.

Glapissement, *m.* Kläffen, *n.;*

†Glaréole, *f.* Braunhuhn, *n.*

Glas, *m.* Todtengeläute, *n.*

Glaucome, *m.* (Med.) ol. der grüne Staar.

Glauque, *adj.* (Bot.) meergrün.

†Glaux, *m.* (Bot.) Milchkraut, *n.*

Glayeul, *v.* Glaïeul.

Glèbe, *f.* Erdscholle; (Lehenw.) der Grund und Boden; serfs de la —, die zum Grund und Boden gehörigen Leibeigenen.

Glène, *f.* (Anat.) Pfanne (eines Knochens).

Glénoïdale ou Glénoïde, *adj. f.* (Anat.) cavité — ou glénoïde, *f.* Gelenkhöhle, Pfanne.

Glette, *f.* (Miner.) Glätte, Silber=, Bleiglätte.

†Gline, *f.* der bedeckte Fischkorb.

Glissade, *f.* Gleiten, *n.* Ausglitschen; (Weißg.) Narbenstrich, *m.*

Glissant, e, *adj.* schlüpferig; glatt, glitschig; *fg.* mißlich.

Glissé, e, *m.* (Tanzf.) Schleifschritt.

Glissement, *m.* Abglitschen, *n.*

Glisser, *v. n.* glitschen, ausgleiten, rutschen, gleiten; *fg.* (über etwas) wegeilen; einen leichten Eindruck machen (sur, auf); —, *v. a.* einschieben, unvermerkt stecken (in etwas); se —, sich schleichen, sich einschleichen; unterlaufen (Fehler).

Glisseur, *m.* der auf dem Eise glitscht.

Glissoire, *f.* Glitsch=, Schleifbahn.

Globe, *m.* Kugel, *f.;* (Geogr.) Erdkugel; — impérial, Reichsapfel, *m.* [rund, kugelförmig.

Globeux, se, *adj.* (Bot.) kugel-

Globulaire, *f.* (Bot.) Kugelblume. [n.

Globule, *m.* (Phys.) Kügelchen,

Globuleux, se, *adj.* (Phys.) aus Kügelchen zusammengesetzt.

Gloire, *f.* Ruhm, *m.;* — après la mort, Nachruhm; —, Ehre, *f.;* rendre — à Dieu, Gott die Ehre geben; —, (b. Schrift, :c.) Herrlichkeit, *f.* Seligkeit; (Mal.) Glorie.

Gloriette, *f.* Gartenhäuschen, *n.*

Glorieux, se, *adj.:* -sement, *adv.:* glorreich, rühmlich, ruhmvoll, ruhmwürdig; *m. p.* ruhmredig; ruhmsüchtig, stolz; —, *m.* Stolze, Großsprecher.

---

Glorification, *f.* Verklärung (der Seligen).

Glorifier, *v. a.* (Gott) verherrlichen, lobpreisen; (die Seligen) verklären; se —, sich rühmen.

Gloriole, *f.* der armselige Ruhm.

Glose, *f.* Auslegung, Erklärung, Glosse; *fg.* Zusatz, *m.*

Gloser, *v. a.* auslegen, erklären; —, *v. a. et n.* sur qch., etw. bekritteln, boshafte Anmerkungen über etw. machen.

Gloseur, *m.* se, *f.* Klügler, *m.* Krittler, =inn, *f.*

Glossaire, *m.* Glossarium (eine Art Wörterbuch), *n.*

Glossateur, *m.* Ausleger, Erklärer.

Glossite, *f.* (Med.) Zungenentzündung. [genhalter.

†Glossocatoche, *m.* (Chir.) Zun-

†Glossocèle, *f.* (Chir.) Zungenvorfall, *m.*

†Glossocome, *m.* (Chir.) Beinlade, *f.;* (Med.) Hebezeug, *n.*

Glossopètre, *m.* (Miner.) Zungenstein, Steinzunge, *f.;* versteinerter Fischzahn. [m.

Glotte, *f.* (Anal.) Luftröhrenspalt,

Glougloter, Glouglouter, Glouglotter, *v. n.* gluckern, kollern.

Glouglou, *m.* (Onomat.) Gluckgluck, *n.*

Gloume, *v.* Glume.

Gloussement, *m.* Glucken, *n.*

Glousser, *v. n.* glucken, gluchsen, frollen (vom Auerhahn).

Glouteron, *m.* (Bot.) Klettenkraut, *n.* Klette, *f.*

Glouton, *ne, adj.;* -nement, *adv.:* heißhungerig; gefräßig; —, *m.* Vielfraß.

Gloutonnerie, *f.* Gefräßigkeit.

Glu, *f.* Vogelleim, *m.*

Gluant, e, *adj.* klebrig.

Gluau, *m.* Leimruthe, *f.*

†Glucine, *f.* Glucinerde, Süßerde, Beryllerde.

Gluer, *v. a.* mit Vogelleim bestreichen; klebrig machen.

Glui, *m.* Dachstreh, *n.*

Glume, *f.* (Bot.) Hülse, Spreu (der Blüthen der grasartigen Pflanzen).

Gluten, *m.* (Naturg.) Bindestoff.

Glutinant, e, Glutinatif, ve, *adj.* (Med.) remède —, ou —, *m.* das bindende, zusammenheilende Mittel, Bindemittel; emplâtre —, Heftpflaster, *m.*

Glutineux, se, *adj.* klebrig.

†Glycine, *f.* Glycine (Pflanze).

Glyconien ou Glyconique, *adj. m.,* vers —, der glykonische Vers.

†Glyphe, *m.* (Bauf.) Schlitz.

Glyptique, *f.* (Lehrst.) Steinschneidekunst.

†Glyptographie, *f.* die Kenntniß der geschnittenen Steine.

†Gneiss, *m.* (Miner.) Gneiß.

†Gnesne, Gnesen (Stadt).

Gnome, m. Gnomide, f. Erd=geist, m.

Gnomique, adj. spruchreich; poëme —, Lehrgedicht, n.

Gnomon, m. (Astr.) Sonnenzeiger.

Gnomonique, f. Sonnenuhrkunst; —, adj., colonne —, Sonnenuhr=säule, f. Stundensäule; table —, Stundentafel. [sliker.

Gnostiques, m. pl. (Theol.) Gno=

†Gnou, m. Gnuthier, n.

Go (tout de), adv. pop. frei, ohne Umstände. [soppen.

†Goailler, v. a. pop. spellen.

Gobbe, f. der vergiftete Bissen.

Gobelet, m. Becher; Trinkglas, n.; joueur de —s, Taschenspieler, m.; fg. Betrüger.

†Gobelin, m. Kobold, Quälgeist.

Gobelins, m. pl. Gobelins (Ta=peton=Manufactur zu Paris).

Gobelotter, v. n. fm. m. p. be=chern, schöppeln.

Gode-mouches, m. Fliegenschnäp=per (Vogel); fg. fm. Zaherr; Neuig=keitskrämer; Tändler.

Goder, v. a. fm. gierig einschlu=cken; weghaschen; fg. fm. — des mouches, du vent, die Zeit ver=tändeln; —, leichthin glauben; fm. (einen) schnell auffangen.

Goberger (se), pop. sich lustig machen, sichs bequem machen; se — de qn., über einen spotten.

Goberges, f. pl. Bettbretter, n. pl.; (Tischl.) Leimzwinge, f.

Gobet, m. fm. Bissen; fg. fm. prendre au —, unversehens packen; —, pop. Glaskirsche, f.

Gobeter, v. a. (Maur.) mit Mör=tel verkleiben. [ser.

†Gobeur, m. fm. Schlucker, Fres=

†Gobie, f. Meergrundel, Trich=terfisch, m.

†Gobillard, masc. Stabholz, n. Daubenholz.

†Gobille, f. Schnellkugel, Klip=kugel, Klicker, m. Schösser.

Gobin, m. fm. inus. Bucklichte.

†Goblin, m. pop. Kobold, Pol=tergeist. [Wein.

†Godaille, f. fm. der schlechte

Godailler, v. n. fm. brav saufen.

†Godard, v. Gothard.

†Godefroi, n. pr. m. Gottfried.

Godelureau, m. fm. Stutzer.

Godenot, m. Gaukelmännchen, n.

Goder, v. n. falsche Falten werfen.

Godet, m. Tümmler (Art Trink=schale); (Hydr.) Schöpfeimer; la roue à —s, Schöpfrad, n.; Röhre, f.; —, (Mal.) Farbennäpfchen, n.

†Godiche, n. pr. m. Kläuschen; Einfaltspinsel. [stete, f.

Godiveau, m. (Past.) Fleischpa=

Godron, m. die runde Falte;

(Baukunst) Eierleiste; (Goldsch.) Schweifung.

Godronner, v. a. in runde Fal=ten legen; rund fälteln; träuseln; (Goldsch.) schweifen.

Goëland, m. Seemöve, f.

Goëlette, f. (Seew.) Goelette, Schoner, m.

Goëmon, m. (Bot.) Seegras, n.

Goffe, adj. fm. grob, tölpisch, plump.

Gogaille, f. pop. Schmaus, m.

Gelag, n.; faire —, schmausen, in Saus und Braus leben.

Gogo, adv. fm., vivre à —, ge=mächlich, im Ueberflusse leben; flott leben.

Goguenard, e, adj. pop. lustig, possenhaft; —, m. Possenreißer.

Goguenarder, v. n. Possen treiben.

Goguenarderie, f. die gemeine Posse.

Goguettes, f. pl. Schwänke, m. pl.; fm. être en —, lustig, guter Laune seyn; chanter — à qn., einen ausschelten. [Schwelger.

Goinfre, masc. pop. Vielfraß, Schlemmer.

Goinfrer, v. n. pop. fressen, schlemmen.

Goinfrerie, f. pop. Fressen, n. Fresserei, f. Schwelgerei, Schlem=merei.

Goitre, m. (Med.) Kropf.

Goitreux, se, adj. (Med.) krop=fig, kropfartig; —, m. Kropfige.

Golfe, m. (Geogr.) Meerbusen, Busen.

†Goliath, m. Goliath, Riesenkäfer.

†Golis, m. Stangenholz, n. (das 18 oder 20 Jahre alt ist).

†Gomaristes, m. pl. Gomaristen (theol. Secte).

Gomme, f. (Bot.) Gummi, m.

Gomme-gutte, f. Gummigutt, n.

Gommer, v. a. gummiren, mit Gummi oder Gummiwasser bestrei=chen; (Farben) mit Gummi anma=chen; toile —ée, Glanzleinwand, f.

Gomme-résine, f. Gummiharz, n.

Gommeux, se, adj. gummig; gummicht.

Gommier, m. Gummibaum.

Gomphose, f. (Anal.) Nagelfü=gung.

Gond, m. (Schloss.) Angel, f.; Haspe, Häspe, Bandhaken, m.; — de porte, Thürangel, f.; mettre hors des gonds, (einen) in Feuer und Flammen setzen.

Gondole, f. (Schifff.) Gondel.

Gondolier, m. Gondelfahrer.

Gonfalon, Gonfanon, m. Kir=chenfahne, f.

Gonfalonier, Gonfanonier, m. Kirchenfahnenträger; Bürgermeister (ehemals in Italien). [Aufblähen.

Gonflement, m. Aufschwellen, n.

Gonfler, v. a. aufblähen; blähen; aufschwellen; aufblasen (auch fg.); —, v. n. et se —, schwellen; auf=schwellen; sich aufblasen (auch fg.).

Gonin, adj. m. pop., maitre —, Schelm, m. [kelmesser.

.Goniomètre, m. (Math.) Win=

Goniométrie, f. (Math.) Win=kelmeßkunst.

†Gonne, f. (Seew.) Tonne, Wein=oder Biertonne. [fluß, m.

Gonorrhée, f. (Med.) Saamen=

Gonthier, n. pr. m. Günther.

Gord, m. Fischwehr, f.

Gordien, adj. m., nœud —, der gordische Knoten; fg. id., die ver=wickelte Sache.

Goret, m. Spanferkel, n.; (Schifff.) Schrobber, m. Schiffsbesen.

†Gorfou, m. der schwimmende Phaeton (Vogel).

Gorge, f. Kehle; Gurgel; Hals, m.; Busen, Brust, f.; Kropf (der Vögel), m.; Busenstreif (am Hem=de); (Geogr.) Engpaß; (Fortif.) Kehle, f.; (Bauf.) Hohlkehle; ren=dre —, sich übergeben; fg. wieder herausgeben; — chaude, (Jagd) Weidwerf, n.; faire une — chaude de qch., sich über etw. lustig machen.

Gorgé, e, adj. (Thiera.) geschwol=len.

Gorge-de-pigeon, f. Taubenfarbe, Taubenhalsfarbe; —, adj. lauben=farben.

Gorgée, f. Schluck, m. Mundvoll.

Gorger, v. a. vollfüttern; fg. über=häufen; se —, sich vollstopfen, sich überladen; fg. sich besoffen.

Gorgeret, m. (Chir.) Wegweiser.

Gorgerette, f. Brustkragen (der Frauen), m. [n.

Gorgerin, m. (Waff.) Halsstück, †Gorget, m. (Tischl.) Kehlhobel.

Gorgone, f. (Myth.) Gorgone; (Naturg.) Seestaude, Meerstaude (Polyp).

Gosier, m. Kehle, f. Hals, m. Schlund; Luftröhre, f.; fg. Stime; grand —, Kropfgans, Pelikan (der Antillen), m.; pigeon grand —, Kropftaube, f.

Gossampin, m. (Bot.) Baumwol=lenbaum.

†Gothard, n. pr. m. Gotthaid; le mont Saint-—, der Gotthards=berg.

†Gothie, f. Gothland (Proving).

Gothique, adj. gothisch; carac=tère —, die gothische Schrift; Mönchsschrift; —, fg. altväterisch; —, m. Gothische, n. [Wolf).

†Goths, m. pl. Gothen (alles †Gouache, Gouasse, f. (Mal.) Wasserfarbenmalerei; à —, mit Wasserfarben (malen).

Goudron, m. Theer, Pech, n.

Goudronner, *v. a.* theeren, betheeren.

Gouet, *m.* (Bot.) Aronswurz, *f.*

Gouêtre, *v.* Goitre.

Gouffre; *m.* Abgrund, Wasserschlund, Strudel, Schlund; *fg.* Abgrund.    [*m.*

Gouge, *f.* (Handw.) Hohlmeißel,

Gouine, *f. pop.* Metze, Nickel, *m.*

Goujat, *m.* Troßbube, Packknecht.

Goujon, *m.* Gründling, Grundel, *f.* Kresse (Fisch); (Bauk.) Nagel, *m.* Stift.

Goulée, *f. pop.* Maulvoll, *n.*

Goulet, *m.* (Seew.) die enge Einfahrt; *v.* Goulot.

Goulette, *v.* Goulotte.

Goulot, *m.* Hals (einer Flasche); (Artill.) Brandröhre, *f.;* (Fisch.) Einkehle.

Goulotte, *f.* die kleine Rinne.

Goulu, *e, adj.* gefräßig; pois —s, Zucker-, Kichererbsen, *f. pl.;* —, *m.* Vielfraß; -üment, *adv.* gierig; manger -üment, fressen.

Goupille, *f.* (Uhrm., ꝛc.) Vorstecker, *m.* Stift.

†Goupiller, *v. a.* mit Stiften befestigen; die Stifte in etw. einstecken.

Goupillon, *m.* (Kirch.) Weihwedel; (Kartenm.) Kleisterbürste, *f.;* (Hutm.) Netztied, *m.* ‖ Krugbürste, *f.*    [loch, *n.*

Gour, *m.* Schlucht, *f.* Wasser-

Gourd, *e, adj.* erstarrt, steif, starr.

Gourde, *f.* Kürbisflasche.

Gourdin, *m. pop.* Knüttel.

Goure, *f.* (Handl.) die verfälschte Spezereiwaare.

†Gourer, *v. a. bas,* betrügen.

Goureur, *m.* (Handl.) Spezereiverfälscher; *bas,* Betrüger.

Gourgane, *f.* (Bot.) Sumpfbohne.

Gourgouran, *m.* Art ostindischer Seidenzeug.    [Puff.

Gourmade, *f. fm.* Faustschlag, *m.*

Gourmand, *e, adj.* gefräßig; branche —e, (Gärtn.) Wasserscheß, *m.;* —, *m. e, f.* Vielfraß, *m.* Leckermaul, *n.*

Gourmander, *v. a.* ausschelten, quälen; (Reitsch.) hart im Zügel halten; *fg.* bejahmen.

Gourmandise, *fém.* Schwelgerei, Fräßigkeit, Gefräßigkeit.

Gourme, *fém.* Drüse, Kehlsucht (junger Pferde); jeter sa —, die Drüse abwerfen; *fg. pop.* (v. Kindern) austoben.

Gourmé, *e, adj.* steif, gezwungen.

Gourmer, *v. a.* un cheval, einem Pferde die Kinnkette anlegen; (einen) mit Fäusten schlagen; se —, *v. r.* sich herumpuffen.    [sticher.

Gourmet, *m.* Weinkenner, Wein-

Gourmette, *f.* (Reitsch.) Kinnkette.

Goussaut, Goussant, *m. et adj.,* cheval —, Spechhals, *m.;* —, *m.* (Falk.) der zu plumpe Falke.

Gousse, *f.* Hülse, Schote; Balg, *m.;* — d'ail, Knoblauchzehe, *f.*

Gousset, *m.* Achselhöhle, *f.;* sentir le —, nach dem Schweiß unter den Achseln riechen; —, (Näh.) Hemdzwickel, *masc.* Lasche, *f.;* (Schneid.) Hosentasche; *fm.* Ficke, Beutel, *m.;* (Bauk.) Tragband, *n.;* Bänkchen (am Kutschenschlag); (Schiffb.) Hebestock, *m.*

Goûter, *v. a.* kosten, schmecken; *fg.* versuchen, billigen; Geschmack finden (qch., an etw.); faire — qch., einer S. Eingang verschaffen; —, *v. n.* das Vesperbrod essen; à qch., etwas versuchen; —, *m.* Vesperbrod, *n.*

Goutte, *f.* Tropfen, *m.;* (Med.) Gicht, *f.;* — aux pieds, Podagra, *n.;* —, *adv. fm.* (mit ne), gar nichts; goutte à goutte, *adv.* tropfenweise.

Gouttelette, *f.* Tröpfchen, *n.*

Goutteux, se, *adj.* (Med.) gichtisch; podagrisch; —, *m.* Podagrist, *f.*

Gouttière, *f.* Dachrinne, Rinne, (Sattl.) Regenleder, *n.* Kranz, *m.;* (Buchb.) hohle Schnitt.

Gouvernail, *m.* Steuerruder, *n.; fg.* Staatsruder.

Gouvernante, *f.* Statthalterinn, Hofmeisterinn, Erzieherinn, Haushälterinn.

Gouvernants, *m. pl.* Regenten, Herrscher.

Gouverne, *f.* (Handl.) Regel, Richtschnur.

Gouvernement, *m.* Regierungsform, *f.* Regierung, Verwaltung ‖ Statthalterschaft; Wohnung des Statthalters.

Gouverner, *v. a.* regieren, beherrschen; — une maison, einem Hause vorstehen; —, (Schiff.) lenken (auch *fg.*), steuern; (Gramm.) regieren; se —, sich (gut oder schlecht) aufführen.

Gouverneur, *m.* Statthalter; (b. Schrift) Landpfleger; (Kriegsw.) Befehlshaber; (Schiff.) Steuermann; Hofmeister, Erzieher, Vorsteher.

Goyave, *f.* (Bot.) Gojave.

Goyavier, *m.* (Bot.) Gojavabaum.

Grabat, *m.* Schragen, das schlechte Bett, Nest; être sur le —, bettlägerig seyn.

Grabataire, *adj. p. us.* bettlägerig; —, *m.* (Kirch.) Kliniker.

Grabeau, *m.* (Handl.) Abfall, Griesig, *n.*

Grabuge, *m. fm.* Streit, Zank.

Grâce, *f.* Gnade; Gunst, Gewogenheit; Gefallen, *m.;* (jur.) Begnadigung, *f.;* (Myth.) Grazie, Huldgöttinn; *fg.* Anmuth, Lieblichkeit; Anstand, *m.;* —, *et* —, Dant; rendre — à qn., einem danken; faire — à qn., einem begnadigen; — à Dieu, Gott sey Dank! de —, wenn ich bitten darf; de bonne —, gutwillig; artig, gefällig (in der Kleidung); il a mauvaise —, es steht ihm übel an, ꝛc.

Graciable, *adj.* was vergeben werden kann, verzeihlich.

Gracier, *v. a.* begnadigen, Strafe erlassen.

Gracieuser, *v. a. fm. p. us.* qn., einem freundlich begegnen.

Gracieuseté, *f. fm. p. us.* Höflichkeit, Gefälligkeit.

Gracieux, se, *adj.;* -sement, *adv.:* gnädig; lieblich; freundlich; lieblich, hold, reizend; anmuthsvoll.

Gracilité, *fém.* Klarheit (der Stimme).

Gradation, *f.* die stufenweise Erhöhung, Stufengang, *m.;* (Rhet.) Steigerung, *f.*

Grade, *m.* Ehrenstufe, *f.* Grad, *m.;* Würde, *f.;* Diplom (für einen Grad), *n.*

Gradé, *e, adj.* der eine Würde, einen Rang (Grad) hat.

Gradin, *m.* Aufsatz (auf einem Altar); (Hydr., ꝛc.) Stufe, *f.* Tritt, *m.;* —s, Stufensitze, *pl.*

†Gradine, *f.* (Bildh.) Grabireisen, *n.*

Graduation, *f.* (Lehrst.) die Abtheilung in Grade; (Salzf.) Grabirung, Grabirhaus, *n.*

Gradué, *m.* die graduirte Person.

Gradué, *e, adj.* graduirt, bewürdet.

Graduel, le, *adj.;* -lement, *adv.:* stufenweise; —, (Kath.) Chorbuch, *n.* Graduel.

Graduer, *v. a.* (Lehrst.) in Grade eintheilen; *fg.* absfufen; — qn., einem eine akademische Würde ertheilen; se faire —, sich graduiren lassen; — (Salzf.) grabiren; chambre —ée, Grabirhaus, *n.*

Graillement, *m.* Heiserkeit, *f.*

Grailler, *v. n.* (Jagd) abblasen.

Graillon, *m.* die schlechten Ueberbleibsel, Brocken, Abgang, *m.*

Grain, *m.* Korn, *n.* Weizen, ꝛc.); Beere (v. Trauben, ꝛc.), *f.;* — de petite vérole, Eiterblatter; — de verre, Glaskoralle; —, *fg.* Körnchen, *n.* Fünkchen; — de folie,

Sparren, m. ‖ — ou —s, Korn, n.
Getreide; gros —s, Winterforn,
Winterfrucht, f.; menus —s, Som=
merfrucht ‖ Köper, m. Model (von
Zeugen); Narbe (am Leder), f.;
cuir à —s, genarbtes Leder; donner
le — à une étoffe, au cuir, Zeug
föpern, Leder narben ‖ Gran (Ge=
wicht), m. ‖ —ou— de vent, (See=
wes.) Windstoß; — de fin, (Chym.)
Metallforn, n. Zeiger, m.; —d'or=
ge, (Tischl.) Kehlhobel; (Thiera.)
Rankforn, n.; (Dreh.) Drehstahl, m.
Graine, f. Same, m. Samenforn,
n.; —s d'Avignon, v. Grenettes.
Grainetier, v. Grénetier.
Grainier, m. ére, f. Samenhänd=
ler, m. =inn, f.
Grairie, f. Gemeinwald, m.
Graissage, m. Schmieren, n.
Graisse, f. Fett, n.; — fondue
ou —, Schmalz; —, fg. Fettig=
teit, f.
Graisser, v. a. schmieren, ein=
schmieren; fg. — la patte à qn.,
einen bestechen; —, v. n. zähe wer=
den (vom Wein).
†Graisset, m. (Naturg.) Laub=
frosch.
Graisseux, se, adj. schmierig.
†Grallipèdes, m. pl. Langfüßler
(Vögel).
Gramen, m. lat. (Bot.) Gras, n.
Grasart, f. Graspflanze.
Graminée, adj. (Bot.) grasartig;
plante —, ou —, f., v. Gramen.
Grammaire, fém. Sprachfunde,
Sprachlehre, Grammatif.
Grammairien, m. Sprachlehrer.
Grammatical, e, adj.; =ement,
adv.: grammatisch.
Grammatiste, m. Grammatifer,
Sprachlehrer, Sprachschüler.
Gramme, m. Gramm (19 Gran).
Grand, e, adj. groß, lang, hoch;
fg. ansehnlich, vornehm, mächtig,
gewaltig, berühmt; grand maitre
m. Großmeister; grand maitre de
l'ordre teutonique, Deutschmeister,
Hochmeister; grand'mère, f. Groß=
mutter, rc.; grand-duc, m. Groß=
herzog; Großfürst (in Rußland);
grand œuvre, Stein der Weisen;
grand merci, großen Dank; —,
m. Hohe, n. Erhabne (der Schreib=
art) ‖ Grand (von Spanien), m.;
en —, im Großen; =ement, adv.
groß; äußerst; fm. gewaltig.
Grandelet, te, adj. fm. ziemlich
groß.
Grandesse, f. Hoheit (Titel).
Grandeur, f. Größe, Höhe; fg.
id.; Herrlichkeit, Hoheit (auch Tit.)
Wichtigkeit; — d'âme, Seelengröße.
Grandiose, adj. groß, erhaben,
pomphaft; —, m. Große, n.
Grandir, v. n. groß werden.

Grandissime, adj. fm. überaus
groß.      [Battre.
Grange, f. Scheune, Schener; v.
Granit, Granite, m. (Miner.)
Granit (Stein).
Granitelle, m. Granitelle, f.; der
granitartige Marmor.
Granitique, adj. (Miner.) gra=
nitartig.
Granivore, adj. Körner fressend.
Granulation, f. (Metall.) Kör=
nen, n.
Granuler, v. a. (Metalle) förnen.
Graphique, adj.; =ment, adv.:
bildlich.
†Graphite, f. Reißblei, n.
†Grapholithe, f. Schreibstein, m.
Zirfelstein.      [telmesser.
Graphomètre, m. (Math.) Win=
Grappe, f. Traube; Traubenfam,
m.; (Thiera.) Mauke (der Pferde)
f.      [Weinbergen, f.
†Grappillage, m. Nachlese in den
Grappiller, v. n. et a. im Wein=
berge nachlesen; fg. einen kleinen
Gewinn machen, Schmu machen,
etw. fischen.
Grappilleur, m. se, f. Nachleser;
m. =inn, f.; fg. fm. Schmumacher,
m.
Grappillon, m. Träubchen, n.
Grappin, m. (Seew.) Dreganfer;
Haken, Enterhaken ‖ Klettereisen,
n.; fg. fm. mettre le — sur qn.,
sich eines bemeistern.
†Grappiner, v. a. (Seew.) entern.
Gras, se, adj. fett, feist; — bé=
tail, Mastvieh, n.; — (schwer)
fleig (Erde); dick, zähe (Wein, rc.);
sperig (Brod); ölig, schmierig;
schmuzig; sperig (Hut, rc.); fg.
fm. zotenhaft; jours —, Tage an
welchen man Fleisch essen darf; par=
ler —, (schnarren; — m. Fett, n.;
— de la jambe, Wade, f.; grassement, adv. bequem (leben), fm.
flott.      [darm.
Gras-double, m. (Meßg.) Fett=
Gras-fondu, m. Gras-fondure,
f. (Thierarzn.) Fettschmelzen (der
Pferde), n.
Grasset, te, adj. fm. fettlich;
—te, f. (Bot.) Fett=, Butter=
fraut, n.
Grasseyement, m. Schnarren, n.
Lispeln (in der Aussprache).
Grasseyer, v. n. schnarren, lispeln
(im Sprechen).
†Grasseyeur, m. Schnarrer, der
mit der Zunge anstößt.
Grassouillet, te, adj. fm. qual=
schelig.      [eisen, n.
†Grateau, m. (Vergold.) Kraz=
Grateron, m. (Bot.) Klebfraut,
n.      [gattern.
Graticuler, v. a. (Mal.) über=
Gratification, f. Geschenk, n.

Gratifier, v. a. begnadigen, be=
schenken (de, mit).
Gratin, masc. (Kocht.) Ansaz,
Scharre, f. (vom Brei, rc.).
Gratiole, fém. (Bot.) Gnaden=
fraut, n.
Gratis, adv. umsonst, unentgeld=
lich; —, m. der freie Eintritt; —,
pl. die Inhaber von Freizetteln.
Gratitude, f. Danfbarfeit.
†Gratte-bosse, f. (Münzw., rc.)
Kraßbürste.
†Gratte-bosser, v. a. (Münzw.,
rc.) mit der Kraßbürste reinigen,
poliren.
Gratte-cul, m. (Bot.) Hagebutte,
f.      [sig.
Gratteleux, se, adj. (Med.) frä=
Gratelle, f. (Med.) die trockene,
fleine Kräze.
Gratter, v. a. krazen, scharren,
aufscharren; (eine Schrift) austra=
zen, radiren; schaben; se —, sich
frazen (à, an).
†Gratteron, m., v. Grateron.
Grattoir, m. Kraze, f. Krazei=
sen, n.; Radirmesser; Schaber, m.
Schabemesser, m.
Gratuit, e, adj. freiwillig; un=
entgeldlich; fg. zwecklos, ungegrün=
det; =ement, adv. umsonst; fg. ohne
Grund.      [verdientheit.
Gratuité, f. Freiwilligfeit, Un=
Gravatier, m. Schuttführer.
Gravatif, ve, adj. lastend, be=
schwerend; schwerfällig.
Gravats, m. pl., v. Gravois.
Grave, adj. schwer; fg. ernsthaft,
ernst, bedachtsam, gesezt, wichtig,
lief (v. Sachen); (Mus.) tief, lang=
sam; —, m. (Phys.) der schwere
Körper; =ment, adv. ernsthaft, ge=
sezt.
Gravelée, adj. f., cendre —
Weinhefenasche, f.; chandelle —,
das ungleiche Talglicht..
Graveleux, se, adj. steinig, fie=
sig, sandig; (Med.) grießig; fg.
frech, zotenhaft; —, m. der mit
Gries Behaftete.
Gravelines, Greevelingen (Stadt).
Gravelle, f. (Med.) Gries, m.
Nieren=, Blasenstein.
Gravelure, f. fm. Zoten, pl.
Graver, v. a. eingraben, einhauen,
(in Kupfer, rc.) stechen, schneiden;
— à l'eau forte, äzen; —, fg.
einprägen; —é, ée, de la petite
vérole, blatternarbig.
Graveur, m. en taille-douce,
Kupferstecher; — en cachet, Pet=
schaftstecher; — en bois, Holz=
Formschneider; — en pierres fines,
Steinschneider; — sur métaux,
Metallstecher; — en médailles,
Münzstämpelschneider; — de poin=
çons, Stämpelschneider.

Gravier, *m.* Kies; (Med.) Gries.

†Gravimètre, *m.* Schweremesser.

Gravir, *v. n.* flimmen, flettern;
— , *v. a.* erflimmen, erflettern,
**ersteigen.**

Gravitation, *f.* (Phys.) Schwer-
fraft, Druck, *m.*

Gravité, *f.* (Phys.) Schwere,
centre de —, Schwerpunkt, *m.;*
— , *fg.* Ernsthaftigkeit, *f.* Ernst,
*m.;* Wichtigkeit, *f.;* (Muf.) Tiefe
(eines Tons).

Graviter, *v. n.* streben, hinstreben,
(durch die Schwere).

†Gravoir, *m.* (Brillenm.) Falzeisen, *n.;* (Forstw.) Zeichenhammer,
*m.;* (Hufsch.) Markhammer.

Gravois, *m.* Schutt.

Gravure, *f., ou* — en taille-
douce, Kupferstecherkunst, Kupfer-
stechen, *n.;* Kupferstich, *m.* Stich;
— à l'eau forte, Aetzen, *n.* Radiren, Aetzkunst, *f.;* — en manière
noire, schwarze Kunst; — en bois,
Holzschneidekunst; Holzschnitt, *m.;*
— sur pierres fines, Steinschnei-
den, *n.*

Gré, *m.* der freie Wille, Sinn;
Geschmack, Belieben, *n.;* savoir —
ou bon —, mauvais —, guten,
schlechten Dank wissen; avoir, recevoir, prendre qch. en —, etw.
auf-, annehmen; Gefallen an etw.
finden; etw. geduldig ertragen; de
bon —, gerne; bon —, mal —,
man mag wollen oder nicht; de —
à —, *adv.* mit beiderseitiger Uebereinstimmung.

Grèbe, *f.* (Naturg.) Grebe (Vogel).

Grec, grecque, *adj.* griechisch;
*fg.* verschmizt; — , *m.* Grieche,
Griechische, *n.; fm.* il n'est pas
grand —, er ist nicht sehr geschickt.

Grèce, *f.* Griechenland, *n.*

Gréciser, *v. n.* gräcisiren, sich dem
Griechischen anbequemen.

†Grécisme, *m. p. us.* (Gramm.)
Grämismus.       [läge.

Grecque, *f.* (Buchb.) Einschnitt-

Gredin, e, *adj. inus.* schlecht,
lumpicht, verächtlich; — , *m. fm.*
Lumpenkerl.

Gredinerie, *f.* Bettelei.

Gréement, Grément, *m.* Tauwerk, *n.* Tafelwerk.

Gréer, *v. a.* (ein Schiff) betakeln.

Greffe, *f.* Kanzlei, *f.; Gerichts-
stube || Gerichtsschreibergebühren,
pl.;* — , *f.* (Gärtn.) Pfropfreis, *n.;*
Pfropfen, Impfen.

Greffer, *v. a.* (Gärtn.) pfropfen,
einpfropfen, impfen.

Greffier, *m.* Stadt-, Raths-, Gerichtsschreiber, Kanzlist.

Greffoir, *m.* (Gärtn.) Pfropfmesser, *n.*       [Seide.

Grège, *adj.* ganz roh (von der

---

Grège, *m.* Leinsamenkamm.

Grégeois, *adj.,* feu —, das griechische Feuer (das im Wasser brennt).

†Grégoire, *n. pr. m.* Gregor,
Gregorius.

Grégorien, ne, *adj.* gregorianisch.

Grégues, *f. pl. vi.* Hosen; *prov.
pop.* tirer les —, Fersengeld geben;
laisser ses —, sein Leben einbüßen.

Grêle, *adj.* schlank, rahn, hager
(Wuchs, rc.); (Bot.) dünn, schwach;
hell (Stimme); grell (Ton).

Grêle, *f.* Hagel, *m.* (auch *fg.*),
Schloßen, *f. pl.*

Grêlé, e, *adj.* blatternarbig.

Grêler, *v. impers.* hageln, schloßen; — , *v. a.* durch Hagel verderben.      [mer.

†Grelet, *m.* (Maur.) Spizham-

Grelin, *m.* (Seew.) das kleinste
Kabeltau.      [schine.

†Grêloire, *f.* (Wachsz.) Körnma-

Grêlon, *m.* die große Schloße.

†Grêlonage, *m.* (Wachs.) Körnen, *n.*

Grêloner, *v. a.* (Wachs) körnen.

Grelot, *m.* Schelle, *f.* Kinderklapper; —s, Geläute (an Schlitten),
*n.; fg. fm.* attacher le —, der
Kaze die Schelle anbinden; —,
Steppwirn, *m.*

Grelotter, *v. n.* vor Kälte zittern,
mit den Zähnen klappern.

†Grelouer, *v. a.* körnen (das
Wachs).

Grément, *m., v.* Gréement.

Grémial, *m.* (Kirch.) Schooßtuch, *n.*

Gremil, *m.* (Bot.) Meer-, Stein-
Perlhirse, *fém.;* Steinsame, *m.;*
graine de —, Schwabengrüze, *fem.*

Grenade, *fém.* Granatapfel, *m.;*
(Artill.) Granate, *f.; —,* Granaba
(Land und Stadt).

Grenadier, *m.* (Bot.) Granatbaum; (Kriegsw.) Grenadier.

Grenadière, *f.* Grenabiertasche;
Riemenbügel an einer Flinte, *m.*

Grenadille, *f.* (Bot.) Passions-
blume.      [fricandeau.

Grenadin, *m.* (Kocht.) kleines

Grenadine, *fém.* Seibe zu den
schwarzen Spizen.

†Grenage, *m.* Körnen (des Schieß-
pulvers), *n.*

Grenaille, *f.* das gekörnte Metall;
(Landw.) Kornabfall, *m.*

Grenailler, *v. a.* (Metall) körnen.

Grenat, *m.* (Miner.) Granatstein,
Granat.

Grenelé, e, *adj.* körnig, förnicht.

Greneler, *v. a.* (Leder) körnen,
graniren.

Grener, *v. a.* körnen; — , *v. n.*
(Landw.) Samen tragen, körnen;
in Samen schießen.

Greneterie, *f.* Kern-, Frucht-,
Samenhandel, *m.*

---

Grènetier, *m.* ère, *f.* Korn-,
Frucht-, Samenhändler, *m.* -inn, *f.*

Grènetis, *m.* (Münzw.) der krause
Rand; Kräuselwerk, *n.*

Grenettes, *f. pl.* (Mal.) die gelben Beeren, Beergelb, *n.*

Grenier, *m.* (Bauk.) der oberste
Boden, Speicher, Bühne, *f.; —,
ou* — à blé, Kornspeicher, *m.* -bo-
ben; *fg.* Kornkammer, *f.; —* à
foin, Heuboden, *m.; —* à sel,
Salzhaus, *n.;* en —, (vom Getreibe) nicht in Säcken; charger en
—, (ein Schiff) mit Stürzgütern
beladen.

Grenoir, *m.* Pulversieb, *n.*

†Grenot, *m.* eine Art guter Spei-
sesische.

Grenouille, *f.* Frosch, *m.; —*
verte, Laub-, Grasfrosch; —,
(Buchbr.) Pfanne, *f.*

Grenouillère, *f.* Froschlache; *fg.*
Sumpfloch, *n.*

Grenouillet, *m.* (Bot.) die große
Weißwurz, Schminkwurz, Sale-
mossiegel, *n.*

Grenouillette, *f.* (Bot.) Wasserhahnenfuß, *m.;* (Chir.) Frosch.

Grenu, e, *adj.* körnreich (Aehre);
narbig, körnig (vom Leder).

†Grenure, *f.* Körnen, *n.* Körneln.

Grès, *m.* Sandstein; (Töpfer)
Steingut, *n.;* bouteille de —, die
steinerne Flasche.

Grésil, *m.* Graupenhagel.

Grésilement, *m.* Einschrumpfen, *n.*

Grésiller, *v. impers.* rieseln, gräupeln; — , *v. a.* einschrumpfen machen; se —, ein-, zusammenschrumpfen.

†Grésillon, *m.* Grießmehl, *n.*

†Grésillonner, *v. a.* zirpen (von
Grillen).

†Grésoir, *m.* (Glas.) Zügeisen, *n.*

Gresserie, *fém.* (Glas.) Sandsteingrube;
Sandsteine, *m. pl.;* (Töpf.) Steingut, *n.*

Grève, *f.* das ebene Sandufer ||
Richtplaz (zu Paris), *m.*

Grever, *v. a.* beschweren, drücken,
kränken; — qn., einem Unrecht
thun.

Grianneau, *m.* (Naturg.) der
junge Auerhahn.    [Darke.

†Gribane, *fém.* Gribane (große

Griblette, *f.* (Kocht.) Griblette,
das Schweinefleisch auf dem Rost
gebraten.

Gribouillage, *m. pop.* Schmiererei, *f.*

Gribouiller, *v. a. pop.* schmieren,
beschmieren, besudeln.

Gribouillette, *f. fm.* Haschspiel,
*n.;* jeter qch. à la —, etw. unter
Kinderhaufen werfen und Preis
geben.

Grièche, *adj.* bunt, gesprenkelt.

Grief, *m.* Unrecht, *n.* Schaden, *m.;* Beschwerde, *f.*

Grief, ève, *adj.* schwer; arg; -èvement, *adv.* schwer, gefährlich.

Grièveté, *fém.* Größe, Schwere (eines Verbrechens, einer Beleidigung).

Griffade, *f.* Klauenhieb, *m.*

Griffe, *f.* Klaue, Kralle; —s, Fänge, *m. pl.;* —, *fg.* Klaue, *f.* Gewalt || Namenstämpel, *m.*

Griffer, *v. a.* mit den Klauen ergreifen. [Greif.

Griffon, *m.* Greifgeier, Vogel

Griffonnage, *m.* Gekritzel, *n.* die unleserliche Schrift, Schmiererei.

Griffonner, *v. a.* übel schreiben, schmieren, kritzeln; (Zeichn.) grob hinzeichnen. [rer.

Griffonnier, *m.* Kritzler, Schmie-

Grignon, *m.* Rinde (*f.*), Ranst (*m.*) Brod, Brodkrüstchen, *n.* || Delitester, *pl.*

Grignoter, *v. n.* Brod knaupeln, *fg. pop.* einen kleinen Gewinn machen.

Grignotis, *m.* (Kupferst.) Bitterstriche, *pl.* [Lump.

Grigou, *m. fm.* Knauser, Filz,

Gril, *m.* Rost; *fg. fm.* être sur le —, auf der Folter seyn.

Grillade, *f.* Rösten, *n.;* Rostbraten, *m.*

Grillage, *m.* (Metall.) Rösten, *n.;* (Schloss., 2c.) Gitter, Drahtgitter; (Bauk.) Rost, *m.*

Grille, *f.* Gitter, *n.;* (Klost.) Sprachgitter; — de feu ou —, Feuerrost, *m.;* —, (Bauk.) Rost; (Handl.) Raspel (zum Tabak), *f.*

Griller, *v. a.,* — ou faire — (Kochk.) rösten, auf dem Roste braten || verbrennen; (Schloss.) vergittern; —, *v. n.* sich verbrennen; *fg.* brennen (vor Ungeduld).

Grillon, *m.* (Naturg.) Grille, *f.* Heimchen, *n.;* —s, ol. Daumenschnüre (zum Foltern), *f. pl.*

†Grilloter, *v. n.* zirpen.

Grimace, *f.* Fratze, verzerrte Geberde; faire la —, ein Gesicht schneiden; *fg.* falsche Falten werfen (v. Kleidern); —, *fg. fm.* Verstellung, *f.* Spiegelfechterei; (Näh.) Nähpuit, *n.* Nähkissen.

Grimacer, *v. n.* Gesichter schneiden; *fg. fm.* falsche Falten werfen.

Grimacier, *m.* ère, *f.* Fratzenmacher, *m.* =inn, *f.; fg.* Heuchler, *m.* =inn, *f.;* —, ère, *adj.* verzerrt; *fg. id.,* heuchlerisch.

Grimaud, *m. mépr.* ABC=Schütz.

Grime, *m. fm. inus.* Schuljunge; (Theat.) lächerliche Alte.

Grimelin, *m.* Laufer, Knicker; *pop.* Pfennigfuchser.

Grimelinage, *masc.* knauseriges

Spiel; unbedeutender Gewinn; Knickerei, *f.*

Grimeliner, *v. n.* knauserig spielen; nach Profit schnappen.

Grimer (se), das Gesicht runzeln; sich verstellen.

Grimoire, *m.* Zauberbuch, *n.; fg. fm.* Geschmier, unverständliche Zeug.

Grimpant, e, *adj.* (Bot.) rankend; plante —e, Rankengewächs, *n.* Schlingpflanze, *f.*

Grimper, *v. n.* klettern, steigen; (Bot.) ranken.

Grimpereau, *m.* Baumkletterer, Baumläufer (Vogel).

Grimpeurs, *m. pl.* Baumläufer (Vögel).

Grincement, *m.* de dents, Zähnknirschen, *n.*

Grincer, *v. a.,* les dents ou des dents, mit den Zähnen knirschen, die Zähne fletschen.

Gringolé, e, *adj.* (Wapp.) mit einem Schlangenkopf endigend.

Gringotter, *v. n.* zwitschern, trillern; *pop. mépr.* leiern.

Gringuenaude, *f. bas,* Klunker, *m.* das Klümpchen von Unreinigkeit.

†Griots, *m. pl.* (Bäck.) Aftermehl, *n.* Kleienmehl; (Bot.) Purgirginster, *m.*

Griotte, *f.* (Gärtn.) Weichselkirsche, Amarelle, Ammer.

Griottier, *m.* (Gärtn.) Weichselkirschbaum, Amarellenbaum.

Grippe, *f. pop. inus.* Steckenpferd, *n.;* (Med.) Katharralfieber; prendre qn. en —, einen Widerwillen gegen einen fassen.

Gripper, *v. a.* listig wegstehlen; se —, (vom Zeug) einlaufen.

Grippe-sou, *m. fm.* Pfennigfuchser.

Gris, e, *adj.* grau; *fg. fm.* ein wenig berauscht; (Buchdr.) musirt (Buchstaben); sœurs —, die barmherzigen Schwestern; —, *m.* Graue, *n.;* die graue Farbe; vertde— —, Grünspan, *m.*

Grisaille, *f.* (Mal.) Grau in Grau; (Perr.) die Vermischung von braunen und weißen Haaren.

Grisailler, *v. a.* (Mal.) grau anstreichen.

Grisâtre, *adj.* graulich.

Griser, *v. a. fm.* ein wenig berauschen; se —, sich ein Räuschchen trinken.

Griset, *m.* der junge Distelfink.

Grisette, *f.* der graue Zeug; das graue Hauskleid; *fm.* die gemeine Dirne. [chen.

Grisoller, *v. n.* trillern (von Lerchen).

Grison, ne, *adj.* grau; —, *m. fm.* Graubart, Graukopf; *fg.* verkappte Lackei || *pop.* Esel.

Grisonner, *v. n.* grau werden, ergrauen.

†Grisons, *m. pl.* Graubündner; le pays des —, Graubündten (Canton der Schweiz).

Grisou, *m.* Steinkohlengas (Kohlenwasserstoffgas in Steinkohlengruben), *n.*

Grive, *f.* (Naturg.) Krametsvogel, *m.* Drossel, *f.* [kelt.

Grivelé, e, *adj.* grauweiß gesprenkelt.

Grivelée, *f.* ein geheimer, unerlaubter Gewinn, ein Schnitt.

Griveler, *v. n.* Schmu machen, seinen Schnitt machen, etwas gewinnen.

Griveleur, *m.* der sich heimlich kleine Vortheile verschafft.

Grivois, *m.* e, *f.* der flinke, lustige Kerl, die flinke, lustige Dirne; —, e, *adj.* munter, lustig.

†Groënland, Grönland, *n.*

†Groënlandais, e, *adj.* grönländisch; —, *m.* e, *f.* Grönländer, *m.* =inn, *f.*

Grog, *m.* Grog, Schiffsbranntwein.

Grognard, *m.* Brummbär, Murrkopf, mürrischer Mensch.

Grognement, *m.* Grunzen, *n.; fg.* Murren, Gebrumme.

Grogner, *v. n.* grunzen; *fg.* murren, brummen.

Grogneur, *m.* Grognon, *m. et f.* Murrkopf, *m.* [mürrisch.

Grogneur, se, Grognon, ne, *adj.*

Grognon, ne, *adj.* zänkisch, mürrisch, wunderlich.

Groin, *m.* Rüssel.

†Groinson, Groison, *m.* Pergamentmacherkreide, *f.*

Groisil, *m., v.* Grésil; auch zerbrochene Eisstückchen *n. pl.*

Grolle, *f.* (Naturg.) Saatkrähe.

Grommeler, *v. n.* murren, brummen. [Rollen (des Donners).

Grondement, *m.* Murmeln, *n.*

Gronder, *v. n.* murren, brummen, schelten, keifen; (v. Donner) rollen, rasseln; (v. Wind) brausen; —, *v. a.* ausschelten, schmälen.

Gronderie, *fém.* Schelten, *n.* Schmälen.

Grondeur, se, *adj.* brummig, mürrisch; —, *m.* se, *f.* Zänker, *m.* =inn, *f.* Isegrimm, *m.*

†Groningue, *f.* Gröningen (Stadt und Provinz).

Gros, se, *adj.* dick, groß, ansehnlich; beträchtlich (Heer, Ausgaben, 2c.); grob (Gepäck); grob, derb (Bauk); stürmisch (Wetter); schwanger (Frau); trächtig (Thier); aufgelaufen (Augen); avoir le cœur —, das Herz voll haben; jouer — jeu, hoch spielen.

Gros, *m.* Dickste, *n.* Stärkste, Größte; Stamm (des Baumes), *m.; fg.* Hauptmasse (des Heeres),

*f.*; der ſtarke Trupp; — du monde,
große Haufen; —, Hauptſache, *f.*
Hauptheil, *m.* ‖ Quentchen, *n.*;
Groſchen, *m.*; — de cens, Zins=
groſchen; une livre de —, ein Pfund
flämiſch; — de Tours, Gresdeteurs
(Zeug) *m.*; —, *adv.* viel; en —,
im Ganzen, im Großen.
Gros=bec, *m.* Kernbeißer (Vogel).
Gros de Naples, *m.* eine Art ſei=
dener Zeuge.
Groseille, *f.* Johannisbeere; —
noire, Aalbeere; — verte, Stachel=
beere.
Groseillier, *masc.* Johannisbeer=
ſtrauch; — noir, Aalbeerſtrauch; —
épineux, Stachelbeerſtrauch.
Grosse, *f.* (Handl.) Groß, *n.*
zwölf Dußend; (jur.) die Ausferti=
gung einer Urkunde, ꝛc.
Grosserie, *f.* die grobe Eiſenwaare
‖ Großhandel.
Grossesse, *f.* Schwangerſchaft.
Grosseur, *f.* Dicke, Größe; (Med.)
Geſchwulſt.
Grossier, ère, *adj.*; -érement,
*adv.*: grob, plump, roh; *fg. id.*,
unartig; marchand —, *fm.* Groß=
händler, *m.*
Grossiéreté, *f.* Grobheit, Unart.
Grossir, *v. a.* dick machen; *fg.*
verſtärken, vergrößern; (einen Fluß)
aufſchwellen; —, *v. n. et se* —,
dicker, ſtärker werden; anſchwellen;
(v. Flüſſen) anwachſen, zunehmen.
Grossissement, *m.* Vergrößerung,
*f.*
Grossoyer, *v. a.* (eine Urkunde)
ausfertigen; ſauber abſchreiben.
Grotesque, *adj.*: -ment, *adv.*:
grotesk, ſeltſam, wunderlich, lächer=
lich; —s, *m. pl.* (Mal.) Grillen=
werk, *n.* Grotesken, *f. pl.*
Grotte, *f.* Grotte, Höhle.
Grouillant, e, *adj.* pop. wim=
melnd; il a six enfants tout —s,
er hat ſechs Kinder herumkrabbeln.
Grouillement, *m.* Knurren, *n.*
Rumpeln (im Leibe).
Grouiller, *v. n. fm.* ſich bewegen,
wimmeln, griebeln; knurren, rum=
pein (im Leibe).
†Grouiner, *v. n.* grunzen.
Group, *m.* (Handl.) Sack (Geld).
Groupe, *m.* Gruppe, *f.* Zuſam=
menſtellung mehrerer Figuren.
Grouper, *v. a.* (mehrere Figuren)
zuſammenſtellen, gruppiren; —, *v. n.*
eine Gruppe ausmachen.
Gruau, *m.* Grüße, *f.* Habergrüße,
Gries, *m.* — bis, Schrotmehl, *n.*
‖ der junge Kranich (Vogel).
Grue, *f.* Kranich, *m.*; faire le
pied de —, *prov.* lang und ſtehend
warten; —, *fg.* Dummkopf, *m.*;
(Mech.) Krahn.
Gruerie, *f. ol.* Unterforſtgericht, *n.*

---

Grume, *f.*, bois en —, unbehaue=
nes Holz.
Grumeau, *m.* Klümpchen, *n.*
Knollen, *m.* (Blut, ꝛc.).
†Grumel, *m.* Haferblüthe, *f.*
Grumeler (se), gerinnen; klüm=
perig werden, ſich klümpern.
Grumeleux, se, *adj.* klümperig,
knollig.
Gruyer, *m. ol.* Forſtrichter; —,
*adj. m.*, seigneur —, Forſtlehens=
herr.
Gruyère, *m., ou* fromage de —,
Grierkäſe (Art Schweizerkäſe).
†Guangue, *m.* der chiliſche Maul=
wurf.
Gué, *m.* Furt, *f.* ſeichte Stelle,
Schwemme (für Pferde); passer à
—, durchwaten; *fg.* sonder le —,
unterſuchen.
Guéable, *adj.* wo man durchwaten
kann, ſeicht.            [Gaures.
Guébres, *m. pl.* Gebern, *voy.*
Guède, *f.* Waid (Färbekraut), *m.*
Guéder, *v. a.* mit Waid färben.
Guéer, *v. a.* abſpülen, abwaſchen;
ausſchwemmen; (Pferde) ſchwemmen.
†Gueldre, *f.* Geldern (Provinz).
Guelfes, *m. pl.* Guelfen (Gegner
der Gibellinen).
Guenille, *f.* Lumpen, *m.*; —s,
Plunder; *fg. fm. id.*, Bettel, Lap=
palien, *pl.*; marché aux —s, Ge=
rümpelmarkt, *m.*; en —s, zerlumpt.
†Guenilleux, se, *adj.* mit Lum=
pen bedeckt.
Guenillon, *m.* der kleine Lumpen.
Guenipe, *f. pop.* Schmußnickel,
*m.*; Vettel, *f.*
Guenon, *f.* Affenreibchen, *n.*;
*fm.* häßliche Weibsbild.
Guenuche, *f.* die junge Aeffinn;
*fg. pop.* das gepußte Affengeſicht.
†Guépard, *m.* (Naturg.) Tiger=
Guêpe, *f.* Wespe.            [wolf.
Guépier, *m.* Wespenneſt, *n.*
Bienenfreſſer (Vogel), *m.*
Guerdon, *m.* (alt) Miethe, *f.*
Lohn, *m.* Belohnung, *f.*
Guerdonner, *v. a.* (alt) ſo viel
als récompenser, belohnen.
Guère, Guères, *adv.*, ne …—,
kaum, wenig, ſelten, nicht leicht.
Guéridon, *m.* Leuchterſtuhl, =tiſch.
Guérir, *v. a.* heilen; *fg. id.*, be=
freien; —, *v. n.* (de qch.), geſund
werden, geneſen, geſunden; *fg.* ge=
neſen, geheilt werden; se —, ſich
heilen.
Guérison, *f.* Heilung, Geneſung.
Guérissable, *adj.* heilbar.
Guérite, *fém.* Schilderhaus, *n.*

---

Warte, *f.*; (Bauk.) Schauthürm=
chen, *n.*
†Guerlin, *m.* (Seew.) Gerling, *n.*
(Tau).
Guerre, *f.* Krieg, *m.*; *ol.* Fehde,
*f.*; faire la — à qn., Krieg mit
einem führen; *fg. id.*, einen aus=
ſpotten; faire la — à qch., etwas
bekämpfen; —, *fg.* Streit, *masc.*
Kampf.
Guerrier, ère, *adj.* kriegeriſch;
ſtreitbar; im Kriege abgehärtet; —,
*m.* ère, *f.* Krieger; *m.* Held, =inn,
*f.*            [*fm.* gern zanken.
Guerroyer, *v. n. ol.* Krieg führen;
Guerroyeur, *m. ol.* Krieger; *fm.*
friegsluſtige Fürſt; Zänker.
Guet, *m.* Wache, *f.* Nachtwache;
le mot du —, das Loſungswort.
Guet-apens, *m.* Nachſtellung, *f.*
Hinterhalt, *m.*; *fg.* Hinterliſt, *f.*
Guêtre, *f.* Kamaſche.
Guêtrer, *v. a.* qn., einem Kama=
ſchen anziehen; se —, Kamaſchen
anziehen.
Guetter, *v. a.* qch., qn., auf etw.,
auf einen lauern; paſſen, einem auf=
paſſen; *fg. id.*
Guetteur, *m.* Lauerer, Aufpaſſer.
Gueulard, *m. fm.* Schreier.
Gueule, *f.* Rachen, *m.* Maul, *n.*
(v. Thieren und *fm.* v. Menſchen);
il est fort en —, er iſt ein Erz=
ſchreier; —, (Handw.) Mündung,
*f.* Oeffnung, Loch, *n.*; (Gieß.)
Einguß, *m.*
Gueulée, *f.* Rachenvoll, *n.*
Gueuler, *v. n. bas,* viel ſchreien;
—, *v. a.* (Jagd) feſt packen.
Gueules, *m.* (Wapp.) die rothe
Farbe.            [bung des Küblofens.
Gueulette, *f.* (Glash.) die Mün=
Gueusaille, *f. injur.* Bettelvolk, *n.*
Gueusailler, *v. n. fm.* betteln.
Gueusant, e, *adj.*, gueux —,
der Bettler von Handwerk.
Gueuse, *f.* (Eiſenh.) Gans (ein
großes Stück Gußeiſen).
Gueuser, *v. n. fm.* betteln.
Gueuserie, *f.* Bettelei.
†Gueusette, *f.* (Schuhm.) Farbe=
ſcherben, *m.*
Gueux, se, *adj.* bettelarm, arm=
ſelig; —, *m.* se, *f.* Bettler, *m.*
Hungerleider, =inn, *f.*; Schurke,
*m.* Vettel, *f.*
†Guhr, *m.* (Bergw.) Guhr, *f.*
Gui, *m.* (Bot.) Miſtel, *f.*; —,
*n. pr. m.* Veit; le mal de S. —,
(Med.) die Kriebelkrankheit.
†Guiane, *f.* Guiana (Land).
Guichet, *m.* Einlaß, Pförtchen,
*n.*; (Tiſchl.) Fenſterladen, *masc.*;
Thürflügel (eines Schrankes); (Ly=
braul.) Einlaß.
Guichetier, *m.* Thürknecht des
Kerkermeiſters, Schließer.

Guide, *m.* et *f.* Wegweiser, *m.* Führer, -inn, *f. fg. id.;* (Tischl.) Keil, *m.* Richtholz, *n.;* (Schriftg.) Richtmaß; (Kartenm.) Weiser, *m.;* —s, *f.* Leitriemen, *m.* Leitseil, *n.*

Guide-âne, *m.* Kirchenkalender; (Uhrm.) Bohrführer; *fg. fm.* Eselsbrücke, *f.;* (Buchdr.) Anweisung.

Guider, *v. a.* führen, leiten.

Guidon, *m.* (Kriegsw.) die kleine Fahne, Standarte; Standartenträger, *m.;* (Musik) Notencustos, Nachweisungszeichen, *n.;* (Büchs.) Visirkorn, Mücke, *f.*

†Guienne (la), Guienne (ehemals Aquitanien, franz. Proving).

Guignard, *m.* (Naturg.) Schneehuhn, *n.*

Guigne, *f.* (Gärtn.) Süßkirsche.

†Guigneaux, *m. pl.* Stichbalken zwischen den Dachsparren.

Guigner, *v. n. fm.* schielen; —, *v. a.* anschielen.

Guignier, *m.* (Gärtn.) Süßkirschenbaum.

†Guignole, *f.* Wagsläbchen, *n.*

Guignon, *m. fm.* Unglück (im Spiel), *n.*

Guildive, *f.* Zuckerbranntwein, *m.*

Guilée, *f.* Platzregen, *m.* [*f.*

Guillage, *m.* (Bierbr.) Gährung,

Guillaume, *m.* Hobel, Leistenhobel; —, *n. pr. m.* Wilhelm.

†Guilledin, *masc.* der englische Wallach.

Guillemet, *m.* (Buchdr.) Gänseauge, *n.* Anführungszeichen (,,).

Guillemeter, *v. a.* (Buchdr.) mit Gänseaugen bezeichnen.

Guillemot, *m.* Taucherhuhn, *n.*

†Guiller, *v. n.* (Bierbr.) Hefen auswerfen.

Guilleret, te, *adj. fm.* aufgeweckt, lustig.

Guilleri, *m.* Gezwitscher (des Sperlings), *n.*

Guillocher, *v. a.* mit verschlungenen Zügen verzieren.

Guillochis, *m.* (Bauk.) Geschlinge, *n.;* (Gärtn.) Irrweg, *m.*

†Guilloire, *f.* (Bierbr.) Meischkufe, Gährbottich, *m.*

Guillotine, *fém.* Köpfmaschine, Guillotine.

Guillotiner, *v. a.* mit der Guillotine köpfen, guillotiniren.

Guimauve, *f.* (Naturg.) Eibisch, *m.* Eibischwurzel, *f.; pâte de —,* Brustteig, *m.*

Guimbarde, *f.* (Landw.) Leiterheuwagen, *m.;* (Handl.) Güterwagen; (Muf.) Maultrommel, *f.* Brummeisen, *n.*

Guimberge, *f.* (Bauk.) der Schlußsteinzierath an gothischen Gewölben.

Guimpe, *f.* Brustschleier (der Nonnen), *m.*

Guindage, *m.* (Schifff.) Aufwinden, *n.* Aufhissen; Aufwinderlohn, *m.;* Hißtaue, *n. pl.*

†Guindal, Guindas, Guindeau, *m.* (Schifff.) Spille, *f.* Rolle, Hisse.

Guindant, *m.* (Seew.) Höhe (einer Flagge), *f.*

Guindé, e, *adj. fg.* schwülstig, steif, gezwungen.

Guinder, *v. a.* aufwinden, in die Höhe winden, aufhissen; *fg.* überspannen.      [tau, *n.*

†Guinderesse, *f.* (Schifff.) Hiß-

†Guindre, *m.* Zwirnrädchen, *n.*

Guinée, *f.* Guinee (engl. Goldmünze); —, Guinea (Land).

Guingan, *masc.* Gingang, Art baumwollener Zeug.

†Guingois, *m.* Verschobene, *n.* Schiefe, Ungleiche; *fg. fm.* Schiefe; *de —, schief; fg. id.* überzwerch.

Guinguette, *fém. fm.* Schenke; Kneipe; *fg. fm.* Landhäuschen, *n.;* eine Art Landkutsche.

†Guiper, *v. a.* überspinnen.

†Guipoir, *m.* Bortenwirkerhaken.

Guipure, *f.* die mit gedrehter Seide übersponnene Spitze.

Guirlande, *f.* Blumenkranz, *m.* Blumengehänge, *n.* Laubwerk.

†Guisarme, *f.* die zweischneidige Art oder Hellebarde.

Guise, *f.* Art, Weise; à ma —, auf meine Art, ꝛc.; en — de, als wie...; nach Art ...

Guitare, *f.* Zither, Guitarre.

Guitariste, *m.* Zitherspieler.

†Guitran, *m.* (Schifff.) Theer.

Guméne, *f.* (Wapp.) Ankertau, *n.*

†Gustatif, ve, *adj.,* nerf —, (Anat.) Geschmacksnerv, *m.*

Gustation, *f.* Schmecken, *n.* Kosten.

Gustave, *n. pr. m.* Gustav.

Gutte, *v.* Gomme-gutte.

†Guttiers, *m. pl.* (Bot.) die Gummi oder Harz gebenden Bäume.

Guttural, e, *adj.,* artère —, (Anat.) Kehlpulsader, *f.;* (Gramm.) son —, Kehllaut, *m.;* lettre —, Kehlbuchstab.

Gymnase, *m.* Gymnasium, *n.*

Gymnasiarque, *m.* (Alt.) Gymnasiarch; Vorsteher des Gymnasiums.

Gymnaste, *m.* (Alt.) Gymnast.

Gymnastique, *f.* Gymnastik, Turnkunst; —, *adj.* gymnastisch.

Gymnique, *adj., jeux —s,* die gymnischen Spiele; —, *f. v.* Gymnastique.

Gymnosophiste, *m.* (Alt.) Gymnosophist (Philosoph in Indien).

Gymnosperme, *adj.* (Bot.) mit nacktem Samen.

Gymnospermie, *f.* (Bot.) die Pflanzen mit nacktem Samen.

Gymnote, *m.* Kahlrücken, Zitteraal.

Gynandrie, *f.* (Bot.) weibmännige Pflanzenclasse.

Gynécée, *m.* (Alt.) Frauengemach, *n.*

Gynécocratie, *f.* der Staat wo die Weiberregierung Statt findet.

Gynécocratique, *adj.* gouvernement —, Weiberregierung, *f.*

Gypse, *m.* (Miner.) Gyps.

Gypseux, se, *adj.* gypsartig; terre —se, Gypserde, *f.*

Gyratoire, *v.* Giratoire.

Gyromancie, Gyromance, *f.* die Wahrsagerei durch Herumgehen im Kreise.

Gyrovague, *m.* Wandermönch.

## H.

NB. Die Anfangs-H, welche ausgesprochen werden, sind mit „ bezeichnet.

„Ha, *interj.* ha! ach! ei!

Habile, *adj.;* -ment, *adv.;* geschickt, fähig; — à voter, stimmfähig.

Habileté, *f.* Geschicklichkeit.

†Habilissime, *adj. fm.* überaus geschickt.

†Habilitation, *f.* (jur.) die Ertheilung der Rechtsfähigkeit.

Habilité, *f.* à succéder, (jur.) Erbfähigkeit.

Habiliter, *v. a.* (jur.) fähig machen (à, zu); — à succéder, erbfähig machen.

Habillage, *m.* Zurichten (des Geflügels, ꝛc., des Lebers), *n.*

Habillement, *m.* Kleidung, *f.;* Tracht.

Habiller, *v. a.* kleiden, bekleiden, ankleiden; (einem) Kleider machen; *fg.* einkleiden, bemänteln; (Metzg.) ausschlachten; (Fische, ꝛc.) ausnehmen, zurichten; s'—, sich ankleiden.

†Habilleur, *m.* (Metzg.) Ausschlachter.

Habit, *m.* Kleid, *n.* Kleidungsstück; Gewand; (Kloft.) donner l'— à qn., einen einkleiden; prendre l'—, sich einkleiden lassen.

Habitable, *adj.* bewohnbar.

Habitacle, *m.* (b. Schr.) Hütte, *f.;* Wohnung; (Seew.) Compaßhäuschen, *n.*

Habitant, *m.* e, *f.* Einwohner, *m.* Bewohner, -inn, *f.;* — d'une ville, Städter, *m.;* — e, *adj.* wohnhaft.

Habitation, *f.* Wohnung, Wohnplatz, *m.* || Niederlassung, *f.;* Pflanzung; (jur.) Beiwohnung.

Habiter, *v. n.* wohnen; —, *v. a.* bewohnen.

†Habituation, *f.* (Kirche) Helfersstelle.

Habitude, *f.* Gewohnheit; mau-

vaise —, Unart; —, Haltung (des Körpers); (Med.) Beschaffenheit; fg. der genaue Umgang, Liebesverständniß, n.

Habitué, m. Pfarrgehülfe; Gaß, Genoß (eines Kaffeehauses, 2c.).

Habituel, le, adj. zur Gewohnheit geworden, gewöhnlich; -lement, adv. aus Gewohnheit, gewöhnlich.

Habituer, v. a. gewöhnen (à, an); s' —, sich gewöhnen; s' —, p. us. sich häuslich niederlassen (à, zu).

„Hâbler, v. n. aufschneiden, prahlen.

„Hâblerie, f. Aufschneiderei.

„Hâbleur, m. se, f. Prahler, m. =inn, f.

„Hache, f. Axt, Beil, n.; — d'armes, Streitaxt, f.; — du bourreau, Richtbeil, n. [(Styl).

„Haché, e, adj. fg. abgebrochen

„Hacher, v. a. hacken, zerhacken

„schärben (Kraut); (Kriegsw.) zusammenhauen; (Kupferst.) schraffiren; (Juwel.) auftragen.

„Hachereau, Hachot, m. die kleine Axt. [merbeil.

„Hachette, f. Hackbeil, n.; Hammerbeil.

„Hachis, m. (Koch.) Gehacke, n.

„Hachoir, m. Hackbrett, n. Hackblock, m.; Häderlingsbank, f.; (Metzg., 2c.) Hackmesser, n.

„Hachure, f. (Zeichn., 2c.) Schraffirung.

„Hagard, e, adj. wild, zerstört, graß, stier, scheu; faucon —, Hagerfalke, m.

Hagiographe, adj., livres —s, (h. Schr.) Hagiographa, f. Apokryphen; —, m. der Lebensbeschreiber der Heiligen.

Hagiographie, f. Hagiographie.

Hagiologique, adj., vocabulaire —, das Namenbuch der Heiligen.

„Haha, m. Haha, n. die Oeffnung in einer Gartenmauer zu einer freien Aussicht.

„Habé, ein Jagdruf die Hunde zu mäßigen.

„Haie, f. Zaun, m. Hecke, f.; (Kriegsw.) Reihe, Gasse; en —, in einer Reihe, Linie.

„Haie, interject. Zist! (Ruf der Zuhrleute); — au bout, prov. etw. dazu.

„Haillon, m. Lumpen, Lappen.

†„Hainault, m. Hennegau (Provinz).

„Haine, f. Haß, m. Groll, Widerwille; en — de, aus Haß gegen; prendre qn. en —, einen Haß auf einen werfen, einen hassen.

„Haineux, se, adj. feindselig.

*„Haïr, v. a. hassen; se —, v. r. sich hassen; se —, fm. sich über sich selbst ärgern.

„Haire, f. das härene Hemd.

„Haïssable, adj. hassenswürdig.

„Halage, m. Schiffziehen, n.; chemin de —, Leinpfad, m.

„Halbran, m. die junge wilde Ente.

„Halbrené, e, adj. (Falk.) mit gebrochenen Flügeln; fg. fm. zerlumpt; sadennaß; schachmatt.

„Hâle, m. Sonnenhitze, f. Sonnenbrand, m.

†„Hale-bas, m. (Seew.) Niederholer (Tau).

Haleine, f. Athem, m. Hauch; avoir l' — forte, aus dem Halse riechen; courte —, Engbrüstigkeit, f. Keichen, n.; —, fg. Lüftchen; de longue —, langwierig; à perte d' —, gar zu lang; tout d'une —, in einem Athem od. Zug, auf einmal.

†„Hâlement, m. (Schiff.) Knoten, Schlinge (an einem Seile), f.

Halenée, fém. der unangenehme Hauch.

„Halener, v. a. (Jagd) wittern.

„Hâler, v. a. (Schiff.) ziehen, anziehen, anholen; — sur un câble, ein Tau anziehen; — le vent, so nahe als möglich gegen den Wind hin fahren; (Hunde) hetzen.

„Hâler, v. a. schwärzen, bräunen, verbrennen (Sonne); (Hanf) dörren; se —, verbrannt, braun, schwarz werden.

„Haletant, e, adj. lechzend, keichend.

„Haleter, v. n. schnauben, keichen; — de soif, lechzen.

„Haleur, m. Schiff zieher.

Halitueux, se, adj. dünstig, warmfeucht.

„Hallage, m. Standgeld, n.

„Hallali, interj. (Jagd) Hallali!

„Halle, f. Halle; le langage des —s, die Pöbelsprache (in Paris).

„Hallebarde, f. Hellebarde.

„Hallebardier, m. Hellebardirer.

„Hallebreda, m. et f. plumpgroße Frau, f.; Bengel, m.

„Hallier, m. Gebüsch, n. Dickicht; (Handl.) Hallenwächter, m.; Standkrämer.

„Hallucination, f. (Med.) die Verblendung der Augen.

„Halo, m. (Astr.) Hof (um Gestirne).

„Haloir, m. Hanfdörre, f.

„Halot, m. Höhle, f. Loch, n. (von Kaninchen).

„Halotechnie, f. Salzlehre.

„Halurgie, f. Salzbereitungskunst.

„Hamac, m. Hangmatte, f.

Hamadryade, f. (Myth.) Baumnymphe.

„Hameau, m. Weiler.

Hameçon, m. Angelhaken, Angel, f.; prendre à l' —, anbeißen; mordre à l' —, fg. fm. id.

Hameçonné, e, adj. (Bot.) angelförmig, hakenförmig.

†Hamée, f. (Artill.) Schaft (des Stückwischers), m.

„Hampe, f. Stiel, m. Schaft (an Hellebarden); (Jagd) Brust (f.) Wamme (des Hirsches).

Hamster, m. (Naturg.) Hamster, Kornferkel, n.

„Han, m. Herberge (im Orient), f.

„Hanap, m. ol. Humpen.

„Hanche, fém. Hüfte, Lende; (Reitsch.) Hanke.

Hanehane, f., v. Jusquiame.

„Hangar, m. Schoppen, Wagenschoppen; Schirmdach, m.

„Hanneton, m. Maikäfer; fg. fm. Tapp-ins-Mus.

„Hanovrien, m. adj. hannöverisch; —, m. ne, f. Hannoveraner, m. =inn, f.

„Hanscrit, v. Samskrit.

„Hanse, f. Hanse (ein ehemaliger Bund von deutschen Handelsstädten).

„Hanséatique, adj. hanseatisch; ville —, Hansestadt, f.

„Hansière, f. (Schiff.) Zieh=, Schleppseil, n.

„Hantise, f. fm. m. p. vi. Umgang, m.

„Happe, f. (Wagn.) Achsenblech, n.; (Schloss.) Krampe; Haspe; Vorstecknagel (am Pflug), m.; — de fenêtre, Fensterriegel, Vorreiber; (Lautenm.) Zwinge, f.

†„Happe-chair, masc. Häscher, Presser; fg. habsüchtiger Mensch.

„Happelourde, f. der falsche Diamant. [pen.

„Happer, v. a. erhaschen, erschnappen; [pen.

„Haquenée, f. Zelter (Pferd), m.; fg. fm. m. p. das große latschige Weib.

„Haquet, m. Stürzkarren.

„Haquetier, m. Kärrner.

„Harangue, f. Rede, Anrede; m. p. Geschwätz, n.

„Haranguer, v. a. anreden; —, v. n. eine Rede halten; fm. m. p. das große Wort führen; schwatzen.

„Harangueur, m. Redner; fm. m. p. Schwätzer.

„Haras, m. Stuterei, f. Gestüte, n.; (Naturg.) v. Ara.

„Harasser, v. a. ermüden, abmatten. [(auch fg.).

„Harceler, v. a. oft anfallen, necken

„Harde, f. (Jagd) Rudel (Hirsche, 2c.), n.; Koppelriemen, m.

†Hardées, f. pl. (Jagd) Wildschaden, m. Wildbruch.

„Harder, v. a. (Hunde) zusam=
menkoppeln. [n. pl. Sachen, f. pl.
„Hardes, f. pl. Kleidungsstücke,
„Hardi, e, adj.; -iment, adv. :
dreist, kühn, muthig, keck; m. p.
frech, unverschämt.
„Hardiesse, f. Dreistigkeit, Keck=
heit, Kühnheit, Muth, m.; m. p.
Frechheit, f. Unverschämtheit.
„Harem, m. Harem (Weiberauf=
enthalt im Serail).
„Hareng, m. Häring. [m.
„Harengaison, f. Häringsfang,
„Harengère, f. Häringsweib, n.;
fg. fm. Lästermaul.
†Harengerie, f. Häringsmarkt, m.
†„Hargnerie, f. Zank, m. Streit,
Zwist.
„Hargneux, se, adj. mürrisch,
zänkisch, bissig (Hund); tückisch
(Pferd).
„Haricot, m. Bohne, f.; (Koch.)
Hammelfleisch mit weißen Rüben.
„Haridelle, f. mépr. Schindmähre,
Gurre. [etc.
†Harlequin, etc., v. Arlequin,
†Harmale, f. (Bot.) Harmel,
Harmelraute. [nika, f.
Harmonica, f. (Mus.) Harmo=
Harmonie, f. Harmonie, Zusam=
menstimmung; fg. id., Uebercin=
stimmung, Einigkeit; (Mus., ꝛc.)
Wohlklang, m. Wohllaut.
Harmonieux, se, adj.; -sement,
adv.: harmonisch, übereinstimmend,
zusammenstimmend; (Mus., ꝛc.)
wohlklingend, wohllautend.
Harmonique, adj.; -ment, adv.:
(Mus.) harmonisch.
†Harmoniser (se), nouv. sich in
Harmonie bringen.
Harmoniste, m. (Mus.) der har=
monische Tonsetzer, Harmonist.
„Harnachement, m. Anschirren,
n.; Geschirr.
„Harnacher, v. a. anschirren.
„Harnacheur, m. Geschirrmacher.
„Harnais, m. Geschirr, n. Pfer=
degeschirr; cheval de —, Zugpferd;
—, (Waff.) Harnisch, masc.; s'é-
chauffer dans son —, in Harnisch
gerathen; —, (Fisch.) Geräthe, n.
„Harnois, v. Harnais.
„Haro, m. (jur.) ol. Harorufen,
n. Zetergeschrei; clameur de —,
id., fg. fm. crier — sur qn., Zeter
über einen schreien.
†„Harpagon, m. plais. Geizhals.
†„Harpaye, f. Brandgeier, m.
„Harpailler (se), v. r. bas, keifen,
sich herumzanken.
„Harpe, f. (Mus.) Harfe; (Baut.)
Verzahnung; (Fortif.) ol. Fallbrücke.
„Harpé, e, adj. (von Windhun=
den) stark von Brust und schlank von
Bauch.
„Harpeau, m. Enterhaken.

Harpégement, etc., v. Arpége-
ment, etc.
„Harper, v. a. anpacken; —, v. n.
(Reitsch.) das eine Hinterbein höher
als das andere heben.
„Harpie, f. (Myth.) Harpie; fg.
id., Zänkerinn. [haken.
†„Harpin, m. (Schifff.) Boots=
„Harpiste, masc. Harfenspieler,
Harfner.
„Harpon, m. (Fisch.) Wurfspieß,
Harpune, f.; (Seew.) der Stürmige
Haken; (Schloß.) Klammer, f.
Band, n. [niren.
„Harponner, v. a. (Fisch.) harpu=
„Harponneur, m. (Fisch.) Har=
punirer.
„Hart, f. Weide, Weidenband,
n.; (jur.) ol. Strang, m.
Haruspice, v. Aruspice.
„Hasard, m. Ungefähr, n. Zu=
fall, m. Glücksfall, Glück, n.;
Gefahr, f.; jeu de —, Glücksspiel,
n.; par —, von ungefähr; au —,
à tout —, aufs Gerathewohl.
„Hasarder, v. a. wagen; se —,
sich wagen.
„Hasardeux, se, adj. verwegen,
allzukühn; gefährlich (S.); -sement,
adv. auf eine gefährliche Art.
„Hase, f. Häsinn, Sethase, m.
Hast, m., arme d'—, Stoßge=
wehr, n. [träger.
Hastaire, m. (röm. Alt.) Spieß=
„Haste, f. Spieß, m. Lanze; f.
„Hâte, f. (Bot.) spießför=
mig.
„Hâte, f. Eile, Eilfertigkeit, Hast;
à la —, in der Eile; en grande —,
fm. über Hals und Kopf.
†„Hâter, v. a. beschleunigen, för=
dern, betreiben; se —, eilen.
†„Hâteur, m. Bratenmeister; Auf=
seher über Arbeiter.
†„Hâtier, m. (Koch.) Bratbock.
„Hâtif, ve, adj.; -vement, adv.:
frühzeitig, frühreif; fg. id. [f.
„Hativeau, m. (Bot.) Frühbirn,
„Hativeté, f. Frühzeitigkeit.
„Haubaner, v. a. (Seile) befe=
stigen.
„Haubans, m. pl. (Schifffahrt)
Wand, f. Strickwand (den Mast zu
halten). [Panzerhemd.
„Haubergeon, m. ol. das kleine
„Haubert, m. ol. Panzerhemd, n.
„Hausse, f. Unterfatz, m. (Buch=
druck.) Unterlage, f.; (Schuhm.)
Fleck, masc.; (Lautenm.) Frosch;
(Handl.) Steigen (des Curses, ꝛc.),
n. Aufschlag, m. [tragen.
„Hausse-col, m. (Kriegsw.) Ring=
„Haussement, m. Erhöhung, f.
Steigen, n.; — d'épaules, Achsel=
zucken.
„Hausser, v. a. erhöhen, erheben
(die Stimme); vermehren; fg. id.;

(Musik) höher stimmen; — les
épaules, die Achseln zucken; —,
v. n. höher werden; steigen; se —,
sich höher machen.
Haussière, f. so viel als Aus=
sière, (Seew.) dreidrähtiges Schiff=
tau.
„Haut, e, adj. hoch, groß, tief
(Wasser), hoch (Meer); fg. hoch,
groß, erhaben; m. p. stolz, hochmü=
thig; hell, laut (Stimme); à —e
voix, laut; messe —e, Hochamt,
n.; jeter les — cris, laut, heftig
klagen; fg. id. || Haut-Rhin, Ober=
rhein, m.
„Haut, m. Höhe, f. Gipfel, m.
Obertheil; tomber de son —, der
Länge nach hinfallen; fg. fm. er=
staunen.
„Haut, adv. hoch, oben, laut
(Stimme); là —, dort oben, dro=
ben; en —, oben, hinauf; d'en —,
von oben herab; de — en bas, von
oben nach unten; regarder de — en
bas, verächtlich ansehen.
„Haut-à-bas, m. Tabulettkrämer=
Hausirer. [heran!
„Haut-à-haut, m. (Jagdgeschrei)
„Hautain, e, adj.; -ement,
adv.: hochmüthig, trotzig.
„Hautbois, m. (Mus.) Hoboe, f.;
Hoboist, m.
„Haut-bord, m., vaisseau de —,
Kriegsschiff, n. Linienschiff.
†„Haut-de-casse, m. (Buchdr.)
die obere Hälfte des Schriftkastens.
„Haut-de-chausse, Haut-de-
chausses, m. die Hosen, f. pl.
†„Haut-dessus, m. (Mus.) der
erste Discant.
†„Haute-contre, f. (Mus.) Alt,
m.; Alt=, Mittelstimme, f.; Altist,
m.; — de violon, Bratsche, f.
†„Haute-cour, f. Obergerichtshof,
m.
„Haute futaie, f., v. Futaie.
„Haute justice, f. Obergericht, n.
„Haute lice, f., v. Lisse.
†„Haute-lutte, f., de —, fg. mit
Gewalt.
„Haute marée, f. die hohe Fluth.
„Hautement, adv. fg. laut, frei,
öffentlich; stolz, muthig, kühn.
„Haute paye, f. (Kriegsw.) der
höhere Sold, Zulage, f.
†„Hautes-puissances, f. pl. Hoch=
mögenden, Edelmögenden (Titel).
„Hautesse, f. Hoheit (Titel des
türkischen Sultans).
„Haute-taille, f. (Mus.) der
höhere Tenor.
„Hauteur, f. Höhe; Tiefe (des
Meeres, ꝛc.); — de l'eau; Wasser=
stand, m.; —, fg. Stolz, Festigkeit,
f.; m. p. Hochmuth, m.; —s, das
hochmüthige Wesen.
„Haut-fond, m. seichter Grund.

„Haut justicier, m. Obergerichts=
herr.

„Haut-le-corps, m. Sprung,
(Med.) der starke Magenkrampf.

†„Haut-le-pied, m. der Offizier
bei dem Gepäck; —, interj. fort!

„Haut mal, m. (Med.) die fal=
lende Sucht, Fallsucht.

†„Haut-pendu, m. Windflagge,
f. Regenflagge (kleine schwarze
Sturmwolfe).

„Hauturier, m. der seekundige
Schiffer, Steuermann. [stadt).

†„Havane (la), Havanna (See=
Håve, adj. hager, mager, blaß.

†„Haveron, masc. Rauchhaber,
Wildhafer.

†„Havet, m. ein eiserner Haken
(der Messinggießer).

„Håvir, v. a. et n. (vom Fleisch)
von außen verbrennen.

„Havre, m. Seehafen.

„Havre-sac, m. (Kriegsw., 2c.)
Tornister; (Handw.) Felleisen, n.
fm. Ranzen, m.

†„Haye (la), Haag (Stadt).

„Hé, interj. heda! ei!

„Heaume, m. ol. Heim.

Hebdomadaire, adj. wöchentlich;
feuille —, Wochenblatt, n.

Héberge, f. (jur.) Höhe (eines
Gebäudes); jusqu'à son —, so
hoch als sein Haus ist.

Héberger, v. a. fm. beherbergen.

Hébété, e, adj. dumm; hébété,
m. Einfaltspinsel.

Hébéter, v. a. dumm machen.

Hébraïque, adj. hebräisch.

Hébraïsant, m. Hebräer, hebräi=
sche Sprachforscher.

Hébraïsme, m. die hebräische Re=
densart, Spracheigenheit.

Hébreu, m. die hebräische Sprache,
c'est de l'— pour moi, vous me
parlez —, das ist mir zu hoch;
das sind mir böhmische Dörfer;
adj. m. hebräisch; —x, m. pl.
Hebräer. [bridischen Inseln.

†Hébrides, f. pl. Hebriden (He=
Hécatombe, f. (Alt.) Hekatombe,
das Opfer von 100 Thieren.

Hectare, m. Hektare (100 Ares).

Hectique, adj. (Med.) schwind=
süchtig.

Hecto, hundert, zum Beisp. hec-
togramme, m. Hektogramm, f.
100 Gramme; hectolitre, Hekto=
liter, m. 100 Liter, 2c. [n.

†Hédérée, f. (Handl.) Epheubarz,
Hédre, f. Epheugummi, n. Epheu=
harz.

Hégire, f. Hegira, Zeitrechnung
von der Flucht Mahomeds an, im
J. Chr. 622.

Heiduque, m. Heiduck.

Hélas, interj. ach leider! —, m.
Seufzer.

†Héléne, n.pr.f. Helena, Helene;
Sainte-—, Sankt Helena (Insel).

†„Héler, v. a. (ein Schiff) anrufen.

Hélianthe, m. (Bot.) Sonnen=
blume, f. [rose, f.

Hélianthème, m. (Bot.) Sonnen=
Héliaque, adj., (Astr.) lever —,
das Hervortreten aus den Sonnen=
strahlen; coucher —, Verschwinden
in den Sonnenstrahlen.

Héliastes, m. pl. (gr. Alt.) He=
liasten (Richter in Athen).

Hélice, f. (Geom.) Schraubenli=
nie. [benförmig.

Hélicoïde, adj. (Geom.) schrau=
Hélicon, m. Helikon, Musenberg.

Héliocentrique, adj. heliocentrisch.

Hélioscope, m. Sonnenglas, n.

Héliotrope, m. (Bot.) Sonnen=
wende, f.; —, (Miner.) Heliotrep,
Hélix, m. das äußere Ohr. [m.

Hellanodices, Hellanodiques, m.
pl. (gr. Alt.) Kampfrichter (in den
olympischen Spielen).

†Hellénes, m.pl. Hellenen, Grie=
chen. [schisch.

Hellénique, adj. hellenisch, grie=
Hellénisme, m. die griechische
Redensart, Spracheigenheit.

Helléniste, m. Hellenist, griechi=
sche Jude; griechische Sprachforscher.

†Helléistique, adj., langue —,
die hellenistische Sprache der griechisch
redenden Juden.

Hélose, f. (Med.) die Verkehrung
der Augenlieder.

†Helvétie, f. Helvetien, Schweiz.

†Helvétien, ne, adj. helvetisch;
—, m. ne, f. Helvetier, Schweizer,
Schweizer, sinn, f. [schweizerisch.

Helvétique, adject. helvetisch;

„Hem, interj. he!

†Hémagogue, adj. (Med.) blut=
treibend; —, m. das bluttreibende
Mittel. [tung.

Hématite, f. (Miner.) Blutstein,
Hématocéle, f. (Chir.) Blutbruch,
m. [tung.

Hématose, f. (Anat.) Blutgestal=
Hématurie, f. Blutharnen, n.

Hémérocalle, f.(Bot.) Tagblume,
-lilie, Asfobillilie.

†Hémérodrome, m. Tagläufer;
Tagwächter (alt). [zung bald.

Hémicycle, m. Halbzirkel.

Hémine, f. (röm. Alt.) Hemina,
(½ Schoppen). [fraut, n.

†Hémionite, f. (Bot.) Halbmond=
Hémiplégie, f. Hémiplexie, fem.
(Med.) die einseitige Lähmung.

Hémiptères, f. pl. (Naturg.) die
Insekten mit halben Flügeldecken.

Hémisphère, m. Halbkugel, f.

Hémisphérique, adj. halbkugel=
förmig. [halbzirkelförmig.

†Hémisphéroide, adj. (Geom.)

Hémistiche, m.(Dichtk.) der halbe
Vers, Halbvers. [speiend.

Hémoptoïque, adj. (Med.) Blut
Hémoptysie, f. (Med.) Blut=
speien, n. [m. Blutfluß.

Hémorragie, f. (Med.) Blutsturz,
Hémorroïdal, e, adj. (Med.)
vaisseau —, Goldadergefäß, n.

Hémorroïdale, f. (Bot.) das kleine
Schellkraut.

Hémorroïde, f. et —s, f. pl.
(Med.) die goldene Ader, Hämor=
rhoiden, pl.

Hémorroisse, f. das blutflüssige
Weib.

†Hémostasie, f. (Med.) Stockung
des Blutes.

Hémostatique, adj. blutstillend;
—, m. das blutstillende Mittel.

Hendécagone, m. (Geom.) Eilf=
eck, n.; —, adj. eilfseitig.

Hendécasyllabe, adj. eilfsilbig;
(Vers).

†Henné, m. Lausenie (Pflanze), f.

„Hennir, v. n. (spr. hanir) wie=
hern.

„Hennissement, m. Wiehern, n.

†Henri, n. pr. m. Heinrich.

†Henriade (la), die Henriade
(heldengedicht von Voltaire).

†Henriette, n. pr. f. Henriette,
Zettchen. [felleber, f.

Hépar, m. (Chym.) ol. Schwe=
Hépatique, adj. zur Leber gehörig;
veine —, Leberader, f.; —, f.
Leberfraut, n.

Hépatite, f. (Med.) Leberentzün=
dung; (Juwel.) Leberstein, m.

Heptacorde, etc., v. Eptacorde,
etc. [benwinkelig.

Heptagone, adj. siebeneckig, sie=
Heptandrie, f. die Pflanzenklasse
mit sieben Staubfäden.

†Heptarchie, f. Siebenregierung
(in England).

†Heptarchique, adj. zur Sieben=
regierung gehörig.

Héraldique, adj. zur Wapenlehre
gehörig; science —, f. Wapen=
lehre, Heraldik.

„Héraut, m. Herold.

Herbacé, e, adj. (Bot.) frautartig.

Herbage, m. Kräuterwerk, n.;
Kraut; (Landw.) Wiesenwachs, m.;
Gras, n. Weideplatz, m.

Herbe, f. Kraut, n. Gras; mau=
vaise —, Unfraut; en —, fm.
zum Voraus; (Med.) Herbe.

Herbeiller, v. n. (Jagd) grasen.

Herber, v. a. auf dem Grase aus=
breiten.

Herberie, f. Wachsbleiche.

Herbette, f. (Dichtk.) das kurze
Gras, Rasen, m.

Herbeux,se, adj. grasig, grasreich.

Herbier, m. Kräutersammlung, f.

Kräuterbuch, n.; Wanſen, m. erſte
Magen (der Ochſen, ꝛc.).
Herbière, f. Kräuterfrau.
Herbivore, adj. (Naturg.) pflan=
zenfreſſend. [mein, n.
Herborisation, f. Kräuterſam=
Herborisé, e, adj., v. Arborisé.
Herboriser, v. n. Kräuter ſammeln.
Herboriseur, m. Kräuterſammler.
Herboriste, m. et f. Kräuterhänd=
ler, m. =inn, f.
Herbu, e, adj. graſig, mit Gras
bewachſen. [kunſt.
Hercotectonique, f. Befeſtigungs=
Hercule, m. (Myth.) Herkules;
fg. id., der kraftvolle, fm. baum=
ſtarke Menſch. [Schlucker, Tropf.
Hère, m., pauvre —, ein armer
Héréditaire, adj. erblich; prince
—, Erbprinz, m.; fief —, Hand=
leben, n.; -ment, adv. erblich,
durch Erbrecht.
Hérédité, f. Erbrecht, n. Erb=
ſchaft, f.
Hérésiarque, m. Keßereiſtifter,
Irrlehrer. [glaube, m.
Hérésie, f. Keßerei, Irrlehre, Irr=
Héréticité, f. Keßeriſche, n. Irrige
Hérétique, m. et f. Keßer, m.
=inn, f.; —, adj. keßeriſch, irr=
gläubig.
„Hérissé ou „Hérissonné, e, adj.
borſtig, ſtraubig, ſtruppig (Haar);
ſtarrend (von Langen, ꝛc.); bedeckt (mit
Schiffen, ꝛc.); fg. ſtörriſch (Menſch),
ſtarrend voll.
„Hérisser ou „Hérissonner, v. a.
ſträuben, emporſtarren machen;
(Maur.) rauh bewerfen; se —,
ſich ſträuben, zu Berge ſtehen; ſich
borſten (Haare, ꝛc.).
„Hérisson, m. Igel, Schweinigel;
(Mech.) Stirnrad, n.; (Kriegsw.)
Sturmigel, m. [Erbgut.
Héritage, m. Erbe, n. Erbtheil,
Hériter, v. n. de qn., einen be=
erben; — de qch., etwas erben
(auch fg.); —, v. a. id.
Héritier, m. Erbe, f. Erbe, m.
Erbinn, f.; fg. id.
†Hermandade, f., la sainte —,
die Soldaten der Inquiſition in
Spanien. [tige Zuſtand.
Hermaphrodisme, m. zwitterar=
Hermaphrodite, masc. Zwitter,
Mannweib, n.; —, adj. zwitterar=
tig; plante —, Zwitterpflanze, n.
Herméneutique, adj. hermeneu=
tiſch, auslegend; ſchrifterklärend.
Hermès, m. Hermes, Merkur;
Hermesſäule, f.
Hermétique, adj. hermetiſch; co-
lonne —, Hermesſäule, f.; -ment,
adv., fermer, sceller -ment, zu=
ſchmelzen; fg. wohl verſchließen.
Hermine, f. (Naturg.) Hermelin,
n.

Herminé, e, adj. (Wapp.) mit
Hermelin beſeßt.
Herminette, f. Hohlbeil, n.
Hermitage, Hermite, v. Ermi-
tage, etc. [(Bot.) Herzwurz.
†Hermodacte, Hermodate, fém.
„Herniaire, adj., chirurgien —,
Bruchſchneider, m.
„Hernie, f. Bruch, m. Leibſchaden.
†„Hernieux, se, adj. mit einem
Bruche behaftet.
Herniole, f. (Bot.) Bruchkraut, n.
Hernute, m. Herrnhuter.
Hérodiens, m. pl. (jüd. Alt.)
Herodianer (Secte). [miſch.
Héroï-comique, adj. heroiſch=ko=
Héroïde, f. (Dicht.) Heldenbrief,
m. Heroïde, f.
Héroïne, f. Heldinn.
Héroïque, adj.; -ment, adv. :
heldenmüthig; (Dicht.) heroiſch.
Héroïsme, m. Heldenmuth.
„Héron, m. (Naturg.) Reiher.
„Héronneau, m. (Naturg.) der
kleine Reiher. [beizen.
†„Héronner, v. n. (Falk.) Reiher
„Héronnier, ère, adj., (Falk.)
faucon —, Reiherfalke, m.; —,
f. Reiherniſtung, Reiherneſt, n.
Héros, m. Held.
Herpes marines, f. pl. Seetrif=
ten, koſtbare Sachen, die das Meer
auswirft.
Hersage, m. (Landw.) Eggen, n.
„Herse, f. (Landwirthſch.) Egge;
(Kriegsw.) Fallgatter, n. Sturm=
egge, f.; (Bauf.) der dreieckige
Leuchter.
„Herser, v. a. (Landw.) eggen.
Herseur, m. (Landw.) Egger.
†„Hersillon, masc. (Kriegsw.)
Sturmbrett, n.
Hésitation, f. Stocken, n. Anſtoß,
m.; fg. Unſchlüſſigkeit, f. Ungewiß=
heit.
Hésiter, v. n. (im Reden) anſto=
ßen, ſtocken; fg. anſtehen, ſchwanken,
zaudern.
†Hespérie, f. Heſperien (altes
Land); Dickkopf (Schmetterling), m.
†„Hesse, f. Heſſen (Land).
†Hessois, e, adj. heſſiſch; — m.
e, f. Heſſe, m. Heſſinn, f.
Hétéroclite, adj. (Gramm.) un=
regelmäßig; fg. fm. ſeltſam, wun=
derlich.
Hétérodoxe, adj. (Theol.) irrleh=
rig, irrgläubig. [digkeit.
Hétérodoxie, f. (Theol.) Irrgläu=
Hétérodrome, m. Druckhebel,
Hebel der erſten Art.
Hétérogène, adj. ungleichartig,
fremdartig; verſchiedenartig, un=
gleich. [Fremdartigkeit.
Hétérogénéité, f. Ungleichheit,
Hétérosciens, m. pl. (Geogr.) die

einſchattigen Bewohner der Erde.
Hetman, m. Hetman der Koſaken.
„Hêtre, m. (Bot.) Buche, f.
Heur, m. ol. Glück, m.
Heure, f. Stunde, Uhr, Zeit;
dernière —, Todesſtunde; tout à
l’—, ſogleich; à toute —, ſtündlich;
—s, (Kath.) Stundengebete, n. pl.;
Gebetbuch, n.; (Myth.) Horen, pl.
Heureux, se, adj. glücklich, glück=
ſelig; felig (Ende, ꝛc.); fg. glücklich,
trefflich; geſchickt, ſinnreich; -sement,
adv. glücklicherweiſe.
„Heurt, m. Stoß, Anſtoßen, n.
„Heurter, v. a. et n. ſtoßen, an=
ſtoßen (de, mit); — qch., gegen
etw. anſtoßen (auch fg.); —, an=
klopfen, klopfen (à, an); (Mal.)
lackiren; se —, v. r. einander, auf
einander ſtoßen; se —, ſich ſtoßen.
„Heurtoir, m. Thürklopfer; (Ar=
till.) Docke, f. Stoßkolben, m.
Stoßbalken (an der Stückbettung).
†Heuse, f. Pumpenſtock, m.
†Hévé, m., v. Caoutchouc.
Hexaèdre, m. (Geom.) Würfel.
Hexagone, m. (Geom.) Sechseck,
n.; —, adj. ſechseckig.
Hexamètre, adj., vers — ou —,
m. (Dichtk.) Hexameter, ſechsfüßige
Vers. [ſechs Staubfäden.
Hexandrie, f. Pflanzenklaſſe mit
†Hexaphylle, adj. (Bot.) ſechs=
blätterig.
Hexaples, m. pl. Herapten (ſechs
neben einander geſtellte griechiſche
Bibelüberſeßungen, von Origenes
geſammelt). [ſechsfüßige Inſekt.
†Hexapode, m. Sechsfuß, das
Hiatus, m. lat. (Gramm.) Hia=
tus, Gähnlaut; fg. Sprung, Lücke f.
„Hibou, m. Eule, f. Nachteule,
Kauz, m.; fg. fm. Leuteſcheu.
„Hic, m. lat. fg. fm. Knoten.
Hicard, m. (Naturg.) ein canabi=
ſcher Waſſervogel.
Hidalgo, m. Hidalgo, ſpaniſcher
Edelmann von altem Geſchlecht.
„Hideux, se, adj.; -sement,
adv. : ſcheußlich, abſcheulich, gräß=
lich, häßlich.
„Hie, f. (Pfläſt.) Handramme.
Hièble, f. (Bot.) Attich, m.
†„Hiement, m. (Pfläſt., ꝛc.) Ein=
rammen, n.; (Zimmengeſchr.) Knarren.
„Hier, v. a. (Pfläſt., ꝛc.) einrammen.
Hier, adv. geſtern; avant —,
vorgeſtern; d’—, geſtrig.
Hiérarchie, f. Kirchenregiment,
n. Hierarchie; f.; fg. Rangordnung.
„Hiérarchique, adj.; -ment,
adv. : hierarchiſch. [ſterlich.
Hiératique, adj. hieratiſch, prie=
Hiéroglyphe, m. Bilderſchrift, f.
Hieroglyphique.
Hiéroglyphique, adj. (Alt.) hie=
reglyphiſch.

Hiéronique, *adj.* (Alt.) heilig (Spiel).

Hiérophante, *m.* (Alt.) Oberpriester (bei den eleusinischen Geheimnissen).

†Hilaire, *n. pr. m.* Hilarius.

Hilarité, *f.* die sanfte Fröhlichkeit, Heiterkeit.

„Hile, *m.* (Bot.) Nabel; Narbe, *f.*

†Hipparque, *m.* (gr. Alt.) Befehlshaber der Reiterei.

Hippiatrique, *f.* Roßarzneikunst.

†Hippobosque, *m.* Pferdelaus, *f.* Pferdesliege.

Hippocentaure, *v.* Centaure.

Hippocras, *m.* Gewürzwein.

Hippocrène, *f.* (Myth.) Hippekrene, Musenquelle auf dem Helikon.

Hippodrome, *m.* Rennbahn, *f.*

Hippogriffe, *m.* (Myth.) Hippogriph, Flügelpferd, *n.*

Hippolithe, *f.* (Naturg.) Pferdestein, *m.*

†Hippolyte, *n.pr.m.* Hippolytus.

Hippopotame, *m.* (Naturg.) Nilpferd, *n.*

Hirondelle, *f.* (Naturg.) Schwalbe; pierre d'—, Schwalbenstein, *m.*

Hispide, *adj.* (Bot.) grobhaarig, borstig. [aufsieben.

„Hisser, *v. a.* (Schiff.) hissen,

Histiodromie, *f.* Segelkunst.

Histoire, *f.* Geschichte; Begebenheit. [(Kalender.)

Historial, e, *adj.* geschichtlich

Historien, *m.* Geschichtschreiber.

Historier, *v. a.* verzieren.

Historiette, *f.* Geschichtchen, *n.*

Historiographe, *masc.* Geschichtschreiber.

Historique, *adj.* geschichtlich; —, *m.* Geschichtliche, *n.*; -ment, *adv.* geschichtlich, geschichtsmäßig.

Histrion, *m.* Possenreißer, Gaukler; *iron.* Schauspieler.

Hiver, *m.* Winter; *fg.* l'— de l'âge, der Winter der Jahre, das Alter.

Hivernage, *m.* (Seew.) Winterzeit, *f.* Ueberwinterungszeit.

Hivernal, le, *adj.* zum Winter gehörig; fleur —e, Winterblume, *f.*

†Hivernation, *f.* Winterschlaf (mancher Thiere), *m.*

Hiverner, *v. n.* überwintern; —, sich der Kälte aussetzen, sich an die Kälte gewöhnen.

Ho, *interj.* ei! oho!

„Hobereau, *m.* (Naturg.) Baumfalf; *fg. mépr.* Dorfjunker.

„Hoc, *m.* (Spiel) Hockspiel, *n.*; *fg. fm.* cela lui est —, das ist ihm gewiß.

„Hoca, *v.* (Spiel) Hockaspiel, *n.*

„Hoche, *f.* Kerbe.

„Hochement, *m.* de tête, Kopfschütteln, *n.*

---

„Hochepied, *m.* (Falk.) der erste Stoßfalke.

„Hochepot, *m.* (Kochk.) gedämpftes gehacktes Fleisch (mit Kastanien, 2c.).

„Hochequeue, *m.* (Naturgesch.) Bachstelze, *f.*

„Hocher, *v. a.* rütteln, schütteln.

„Hochet, *m.* Kinderklapper, *f.* Wolfszahn, *m.*; *fg. fm.* Steckenpferd, *n.*

„Hogner, *v. n. bas*, murren.

Hoir, *m. ol.* (jur.) Erbe.

Hoirie, *f.* (jur.) Erbschaft.

„Holà, *interj.* holla! gemach!—, *m.*, mettre le —, *fm.* Frieden gebieten.

†Holer, *v.n.* schreien wie eine Eule.

†„Hollandais, e, *adj.* holländisch; —, *m. e,* *f.* Holländer, *m.* =inn, *f.*

†„Hollandaise, *f.* (Hydr.) Wasserschaufel.

„Hollande (la), Holland, *n.*

Hollander, *v. a.* (Federkiele) durch heiße Asche ziehen. [*n.*

Holocauste, *m.* (Alt.) Brandopfer,

Holographe, *v.* Olographe.

†Holothurie, *f.* (Naturg.) Seeblase.

„Hom, *interj.* hm!

†„Homard, *m.* (Naturg.) Hummer, Seekrebs.

Hombre, *m.* Lomberspiel, *n.* -spieler, *m.*

Homélie, *f.* (Theol.) Homilie.

†Homère, Homer (berühmt. Dichter).

†Homérique, *adj.* homerisch.

†Homériste, *m.* (griech. Alt.) der Sänger der Gedichte Homers.

Homicide, *m.* Mord, Todtschlag; —, *m. et f.* Mörder, *m.* =inn, *f.*; —, *adj.* mörderisch.

Homicider, *v. a. vi.* einen Menschen tödten.

†Homiose, *f.* (Med.) Bereitung, Aneignung des Nahrungssaftes.

Hommage, *m.* (Lehenw.) Lehenspflicht, *f.* Huldigung; *fg.* Ehrerbietung; Huldigung; présenter ses —s, rendre —, seine Ehrfurcht bezeigen; huldigen. [Lehen gebend.

Hommagé, e, *adj.* (Lehenw.) zu

Hommager, *m.* (Lehenw.) Lehensmann.

Hommasse, *adj. f.* (v. Weibern) männlich, mannsmäßig.

Homme, *m.* Mensch; Mann; Homme-Dieu, Gottmensch; être — à faire qch., zu etw. fähig seyn.

†Hommeau, *m.* Männchen, *n.* der kurze, dicke Mensch.

†Hommée, *f.* Tagwerk, *n.*

Homocentrique, *adj.* (Astr.) concentrisch.

†Homodrome, *adj.*, levier —, Tragehebel, *m.* Hebel der zweiten Art.

---

Homogène, *adj.* gleichartig.

Homogénéité, *f.* Gleichartigkeit.

Homologation, *f.* (jur.) Bestätigung, Bekräftigung.

Homologue, *adj.* (Geom.) gleichnamig. [bekräftigen. •

Homologuer, *v. a.* (jur.) bestätigen,

Homonyme, *adj.* (Gram.) gleichnamig, gleichlautend.

Homonymie, *f.* (Gram.) Gleichlaut (mehrerer Wörter), *m.*

†Homophage, *f. adj.* rohes Fleisch essend. [rohes Fleisches.

†Homophagie, *f.* das Essen des

†Homophonie, *f.* (Mus.) Gleicheisen, *m.*

†Hon, *interj.* hem!

†„Honchets, *m. pl.*, *v.* Jonchets.

†Hongnette, *f.* (Bildh.) Breiteisen, *n.*

„Hongre, *adj.* • (Reitsch.) verschnitten; cheval — ou —, m. Wallach. [schen, verschneiden.

„Hongrer, *v. a.* (Reitsch.) walla-

†„Hongrie, *f.* Ungarn, Ungern (Land).

†„Hongrois, e, *adj.* ungarisch; —, *m.* e, *f.* Ungar, *m.* Unger, =inn, *f.* [bereiter.

„Hongroyeur, *m.* Ungarischleder-

Honnête, *adj.* ehrlich, rechtschaffen, billig, ehrbar, sittsam, anständig, artig, höflich, gefällig, schicklich; un homme, ein ehrlicher Mann; un homme —, ein höflicher Mensch; une fortune —, ein artiges, hinlängliches Vermögen; —, *m.* Anständige, *n.*; -ment, *adv.* ehrbar, anständig, artig, ordentlich, ziemlich.

Honnêteté, *f.* Ehrlichkeit, Rechtschaffenheit, Ehrbarkeit, Sittsamkeit; Artigkeit, Höflichkeit, Wohlstand, *m.* Anstand.

Honneur, *m.* Ehre, *f.*; Ehrerbietung, Ehrenbezeugung; —s, Ehrenämter, *n. pl.* Würden, *f.*; (Spiel) höchste Karten; —s funèbres, Leichengepränge, *n.*; faire les —s de la maison, die Hausehre verschen, retten; faire — à une dette, eine Schuld bezahlen; légion d'—, Ehrenlegion, *f.*; parole d'—, Ehrenwort, *n.*; d'—, sur mon —, auf Ehre; sans —, ehrlos; en tout bien et en tout —, in Züchten und Ehren.

„Honnir, *v. a.* verhöhnen; honni soit qui mal y pense, Hohn dem der Arges dabei denkt.

Honorable, *adj.* • -ment, *adv.*: ehrenvoll, rühmlich, schätzbar, ehrbar, ansehnlich.

Honoraire, *adj.*, membre —, Ehrenmitglied, *n.*; -s (meistens —s), *m.* Gebühr, *f.* Ehrensold, *m.* Honorar, *n.*

†Honoré, n. pr. m. Honorius.

Honorer, v. a. ehren, hochachten, beehren (de, mit); (Handl.) bezahlen, honoriren; s'—, sich ehren; sich eine Ehre machen (de, aus).

†Honorés (ad), lat., titre ad —, Ehrentitel, m.

Honorifique, adj. ehrbringend.

„Honte, fém. Schambaftigkeit, Scham || Schande, Schimpf, m. Schandfleck.

„Honteux, se, adj. schambaft, beschämt; pauvres —, Hausarmen, m.pl.; morceau —, der letzte Bissen in der Schüssel; parties —ses, Schamtheile, m. pl.; || — et -sement, adv. schimpflich, schändlich.

Hôpital, m. Hospital, n. Lazareth, Kranken-, Armenhaus; fg. Spital, m.

†Hoplite, m. (gr. Alt.) der gepanzerte Läufer; schwer bewaffnete Soldat.

„Hoquet, m. Schluchsen, n.

„Hoqueton, m. Mantel, Rock (eines Polizeidieners).

Horaire, adj. stündlich; cercle —, Stundenkreis, m.

„Horde, f. Horde; Rotte.

„Horion, m. ol. bas, Quetschung, f. Puff, m. [rizont.

Horizon, m. Gesichtskreis, Horizontal, e, adj.; -ment, adv.: wagerecht, horizontal.

Horloge, f. Uhr; Uhrwerk, n.

Horloger, m. ère, f. Uhrmacher, m. -inn, f.

Horlogerie, f. Uhrmacherkunst.

„Hormis, prép. ausgenommen, außer, ohne.

Horographie, f. Sonnenuhrkunst.

†Horométrie, fém. Stundenmessungskunst.

Horoscope, m. Nativitätsstellung, f. Horoscop, n.; faire l'— de qn., einem die Nativität stellen.

Horreur, f. Entsetzen, n. Grausen, Abscheu, m.; Schauer; Abscheulichkeit, f.; Gräßlichkeit (einer That); Gräuelthat; Gräuel, m.; avoir — de qch., avoir qch. en —, etw. verabscheuen.

Horrible, adj.; -ment, adv.: entsetzlich, schrecklich, abscheulich, gräulich.

Horripilation, f. (Med.) Hautschaudern, n. Haarsträuben.

„Hors, prép. außer, außerhalb, ausgenommen; (jur.) — de cour, abgewiesen; mettre — de cour, abweisen; — de la loi, vogelfrei.

„Hors-d'œuvre, m. Nebenwerk, n.; (Koch.) Beießen.

Hortensia, m. Hortensia, f. japanische Rose. [Gärtner.

Horticulteur, m. Gartenkünstler, Horticulture, f. Gartenbaukunst.

Hortolage, m. Küchengarten.

Hospice, m. Herberge, f. Klosterherberge; Armenhaus, n.; — des enfants trouvés, Findelhaus.

Hospitalier, ère, adj. gastfrei; —s, m. pl. Hospitaliter, Malteserritter.

Hospitalité, f. Gastfreiheit, Gastfreundschaft; droit d'—, Gastrecht, n. [(Titel.)

Hospodar, m. (Türk.) Hofpodar

Hostie, f. Opferthier, n.; (Kirch.)

Hostile, adj.; -ment, adv.: [feindlich.

Hostilité, f. Feindseligkeit.

Hôte, m. Wirth, Gastgeber; Hauswirth || Gast; fg. Bewohner.

Hôtel, m. Palast; das große Gebäude; — de ville, Rath-, Gemeinde-, Stadthaus; — des monnaies, Münze, f.; hôtel-Dieu, Krankenhaus, n.; maître d'—, Haushofmeister, m. || Gasthof.

Hôtelier, m. ère, f. Gastwirth, m. -inn, f.; (Klost.) Gastmeister, m.

Hôtellerie, f. Wirthshaus, n. Gasthof, m.; (Klost.) Gasthaus, n.

Hôtesse, f. Wirthinn.

„Hotte, f. Tragkorb, m. Bütte, f.; — de cheminée, (Bauk.) Schornsteinmantel, m.

„Hottée, f. Tragkorbvoll, m.

Hottentots, m. pl. Hottentotten (Volk.)

„Hotteur, m. se, f. Büttenträger, m. -inn, f.

†„Houage, „Houache, m. (Seew.) Weg, Strich, Kielwasser, n.

„Houblon, m. (Naturg.) Hopfen.

Houblonner, v. a. (Bierbr.) hopfen, mit Hopfen brauen. [m.

„Houblonnière, f. Hopfengarten,

„Houe, f. Hacke, Haue; Karst, m.; (Maur.) Mörtelhaue, f.

Houer, v. a. et n. um=, behacken; (Rebm.) gruben.

„Hougarde, f. Hugarde (niederländisches, süßes Weißbier).

„Houille, f. (Miner.) Steinkohle.

„Houillère, f. Steinkohlengrube.

„Houilleur, m. Steinkohlengräber.

„Houlan, v. Uhlan.

„Houle, f. Houlle, f. die hohle See; la — est encore fort grosse, die See geht noch sehr hohl.

„Houlette, f. Schäfer-, Hirtenstab, m. Stab.

„Houleux, se, adj. (Seew.) unruhig, wogig.

„Houper, v. a. (Jagd) den Kameraden zurufen, daß Wild in den Weg kommt.

„Houppe, f. Quaste, Troddel; Büschel (Federn), n.; (Forstw.) Koppe, f. Wipfel, m.

„Houppé, e, adj. (Bot.) büschelweise beisammenstehend, büschelförmig.

†„Houppé, m. (Seew.) das Aufsteigen einer Welle. [rock, m.

„Houppelande, f. eine Art Ueberkleidung.

„Houpper, v. a. mit Quasten besehen; (Wolle) kämmen.

„Houppier, m. (Gärtn.) der bis zum Gipfel abgeästete Baum; (Forstw.) Kappe, f. Wipfel, m.; (Manuf.) Wollkämmer. [niggras.

†„Houque, f. Dürrgras, n. Ho=

„Houra, v. „Hourra.

„Hourailler, v. n. mit schlechten Hunden jagen.

„Houraillis, m. die Koppel elender Hunde. [werk.

„Hourdage, m. das rauhe Mauer-

„Hourder, v. a. raub ausmauern.

„Houret, m. (Jagd) der schlechte Jagdhund.

„Houri, fém. (Mahom.) Huri (Jungfrau im Paradiese).

„Hourque, f. (Seew.) Hucker (Fahrzeug), m.

„Hourra, m. Zuruf.

„Hourra, m. (Jagd) herwärts! fg. fm. der große Lärm; widrige Zufall. [wiss.) Husar.

„Housard, Houssard, m. (Kriegs-

„Houseaux, m. pl. Stiefeletten, Kamaschen; il a laissé ses —, er hat ins Gras beißen müssen.

„Houspiller, v. a. zausen, zerzausen, herumzerren; se —, v. r. einander herumzausen; fg. sich zanken.

„Houssage, m. Abkehren, n.; (Zimm.) Bretterwerk (einer Windmühle). [n.

„Houssaie, f. Stechpalmengebüsch,

„Housse, f. Schabracke, Decke (eines Pferdes); (Tap.) Decke, Ueberzug, m. [ben.

„Housser, v. a. abkehren; abstäu-

„Housset, m. (Seew.) Houssette, f. (Schloss.) Fallschloß, n.

„Houssine, f. Gerte, Reitgerte.

„Houssiner, v. a. mit einer Gerte ausklopfen. [wisch.

„Houssoir, m. Kehrbesen, Kehr-

„Houx, m. (Bot.) Stechpalme, f.

„Hoyau, m. Reuthaue, f. Karst, m.

„Huard, m. (Naturg.) Fischadler.

†„Hubert, n. pr. m. Hubert, Hubertus.

„Hublot, m. (Seew.) Luftlücke, f.

„Huche, f. Backtrog, m. Mulde, f.; Brod-, Mehlkasten, m.

„Huchet, m. Jagdhorn, n.

„Hue, interj. (Kärrn.) hott! (rechts).

„Huée, f. das Geschrei auf der Wolfsjagd; fg. Spottgeschrei, Hohngelächter, m.

„Huer, v. a. le loup, dem Wolfe

mit lautem Geschrei nachsetzen; *fg.*
verhöhnen, auspfeifen, auszischen.
„Huet, *m.* Huette, *f.*, *v.* Hulotte.
„Huguenot, *m.* e, *f.* Hugenott,
*m.* sinn, *f.* (Reformirte in Frank=
reich).
„Huguenote, *f.* Kochöschen, *n.*;
Pfanne ohne Füße, *f.;* œufs à la
—, in der Brühe eines Hammels=
bratens zubereitete Eier.
„Huguenotisme, *m.* die Lehre der
Hugenotten.
†„Hugues, *n. pr. m.* Hugo.
Huhau, *v.* Hue.　　　　[an.
Hui, *adv.* d'hui, (jur.) von heute
Huile, *f.* Del, *n.;* les saintes —s,
das Salböl; — de baleine, Fisch=
thran, *m.*　　　　[schmieren.
Huiler, *v. a.* ölen, schmieren, ein=
Huilerie, *fém.* Oelmagazin, *n.;*
Oelmühle, *f.*
Huileux, se, *adj.* ölig.
Huilier, *m.* Oelflasche, *f.; Oel=
müller, *m.*　　　　[Weihe.
†Huir, *v. n.* schreien wie ein
Huis, *m. ol.* Thüre, *f.;* (jur.) à
huis clos, bei verschlossenen Thüren.
Huisserie, *f.* (Tischl.) Thürein=
fassung.　　　　[diener, Thürsteher.
Huissier, *m.* Gerichts=, Raths=
„Huit, *adj.* acht; —, *m.* Achte;
(Arithm.) Achte, *f.*
„Huitain, *m.* (Dichtk.) die acht=
zeilige Stanze.
„Huitaine, *f.* die Zeit von acht
Tagen; dans la —, in acht Tagen.
„Huitième, *adj.* der, die, das
achte; —, *m.* Achtel, *n.;* -ment,
*adv.* achtens.　　　　[topf, *m.*
Huitre, *f.* Auster; *fg. fm.* Dumm=
Huîtrier, *m.* Austernhändler.
„Hulan, *v.* Uhlan.
„Hulotte, *f.* (Naturg.) Wald=
Humain, e, *adj.* menschlich; men=
schenfreundlich, leutselig, milde; let=
tres —es, Schulwissenschaften, *f.
pl.;* —s, Menschen, *m. pl.;* hu=
mainement, *adv.* menschlich, men=
schlicherweise; -ement impossible,
*fm.* nicht menschenmöglich.
Humaniser, *v. a.* menschlich, ge=
sellig, gesittet machen; s'—, sanfter,
gesitteter werden; sich herablassen
(avec, zu).
Humaniste, *m.* Humanist, der die
Schulwissenschaften lehrt oder lernt.
Humanité, *f.* Menschheit; Mensch=
lichkeit, Menschenfreundlichkeit, Gü=
te, Leutseligkeit, Milde; —s, Schul=
wissenschaften, *pl.*
Humble, *adj.* demüthig; unter=
thänig; *fg.* niedrig; -ment, *adv.*
demüthig.
Humectant, e, *adj.* (Med.) an=
feuchtend, erfrischend; —, *m.* das
anfeuchtende Mittel.
Humectation, *f.* Anfeuchtung.

Humecter, *v. a.* anfeuchten; feuch=
ten; s'—, feucht werden; (Med.)
sich erfrischen.　　　　[gen.
Humer, *v. a.* einschlürfen, einsau=
Huméral, e, *adj.*, (Anat.) muscle
—, Schultermuskel, *m.*
Humérus, *m. lat.* (Anat.) Achsel=
bein, *n.*
Humeur, *f.* Feuchtigkeit, Flüssig=
keit; *fg.* Laune, Gemüthsstimmung;
Gemüthsart; être de bonne —, gu=
ter Laune, guter Dinge seyn; mau=
vaise —, Unmuth, *m.;* de mau=
vaise —, übellaunig, mmmthig;
—s, (Med.) Säfte, *m. pl.* böse
Säfte.
Humide, *adj.;* -ment, *adv.*
feucht, naß; —, *m.* Feuchtigkeit, *f.*
Nässe.
Humidité, *f.* Feuchtigkeit.
†Humifuse, *adj.* (Bot.) gestreckt
liegend, flach an der Erde anliegend.
Humiliant, e, *adj.* demüthigend,
kränkend.
Humiliation, *f.* Demüthigung,
Kränkung, Beschämung.
Humilier, *v. a.* demüthigen, er=
niedrigen, kränken, beschämen; s'—,
sich demüthigen, sich heruntersetzen,
sich schmiegen; *pop.* sich bucken.
Humilité, *f.* Demuth.
Humoral, e, *adj.* (Med.) von
Feuchtigkeiten herrührend; fièvre
—e, Flußfieber, *n.*
Humoriste, *adj.* launisch, wun=
derlich; —, (Med.) Humorist, *m.*
Humus, *m. lat.* Dammerde, *f.*
Hune, *f.* (Seew.) Mastkorb, *m.*
Mars, *n.;* mât de —, Stenge, *f.;*
—, (Zimm.) Glockenbalken, *m.*
=stuhl.
„Hunier, *m.* (Seew.) Marssegel,
*n.;* Marsstange, *f.* Stenge.
„Huningue, Hüningen (ehemalige
Festung).
Huppe, *f.* (Naturg.) Wiedehopf,
*m.;* Haube, *f.* Federbusch, *m.*
„Huppé, e, *adj.* gehaubt; *fg. fm.*
vernehm; *fg. prov.* klug, schlau.
„Hure, *f.* (Schlacht.) Kopf, *m.;* —
de sanglier, Wildschweinskopf.
„Hurhaut, *interj.* (Kärrn.) hott!
(rechts).　　　　[heul=, schreit.
„Hurlement, *m.* Heulen, *n.* Ge=
„Hurler, *v. n.* heulen.
„Hurleur, *m.* Brüllaffe.
„Hurluberlu, *adv.* läppisch, gera=
dezu, mir nichts dir nichts; homme
— ou —, *m.* Tapp=ins=Mus.
†„Huron, *m.* Hurone (Wilder
aus Amerika).
Hussard, *v.* Housard.
Husso, *m.* (Naturg.) Hausen,
(Fisch).
†Hutin, *adj. m. ol.*, *v.* Mutin.
„Hutte, *f.* Hütte.
„Hutter, *v. a.* (Seew.) (die Er=

gelstangen) niederziehen; se —, sich
Hütten bauen.
Hyacinthe, *f.* (Juwel.) Hyacinth,
*m.;* (Bot.) Hyacinthe, *f.*
Hyades, *f. pl.* (Astr.) Siebenge=
stirn, *n.*　　　　[glas=, kristallartig.
†Hyalin, e, *adj.* durchsichtig,
†Hyalographie, *f.* das Malen mit
Hülfe einer Glasscheibe.
†Hyaloïde, *adj.* (Anat.) tunique
—, ou —, *f.* Glashaut.
Hybride, *adj.* (Gramm.) bastard=
artig; mot —, ein aus verschiedenen
Sprachen zusammengesetztes Wort.
Hydatide, *f.* (Med.) Wasserblase.
Hydatisme, *m.* (Med.) Schwab=
bern, *n.* Gähren.
Hydragogue, *adj.* (Med.) wasser=
treibend; —, *m.* das wassertreibende
Mittel.　　　　[Quecksilber, *n.*
†Hydrargyre, *m. ol.* (Chym.)
Hydrate, *m.* Hydrat, *n.* (Verbin=
dung eines Metallkalkes mit Wasser).
Hydraulique, *f.* Wasserleitungs=
kunst, Wasserlehre, Hydraulik; —,
*adj.* hydraulisch; architecture —,
Wasserbaukunst, *f.;* machine —,
Schöpfwerk, *n.* Wassermaschine, *f.;*
orgue —, Wasserorgel.
Hydre, *fém.* (Naturg.) Wasser=
schlange, Hyder (auch *fg.*).
†Hydriodique, *adj.*, acide —,
Hydriodsäure, *f.*
Hydrocèle, *f.* (Med.) Wasser=
bruch, *m.*　　　　[wassersucht.
Hydrocéphale, *f.* (Med.) Kopf=
†Hydrocérame, *m.* Kühlgefäß, *n.*
Hydrodynamique, *f.* (Med.) Wasser=
kraftlehre.
Hydrogène, *m.* (Chym.) Wasser=
stoff; hydrogéné, *adj.* wasserstoff=
artig.　　　　[Seekundige.
Hydrographe, *m.* Hydrograph,
Hydrographie, *f.* die Beschreibung
der Wasser, Seekunde; Schifffahrts=
kunst.　　　　[phisch.
Hydrographique, *adj.* hydrogra=
Hydrologie, *f.* Wasserlehre.
Hydromel, *m.* Meth.
Hydromètre, *m.* Wassermesser.
Hydrométrie, *f.* Wassermeßkunst.
Hydrophale, *f.* (Med.) Nabel=
wassersucht.
Hydrophane, *f.* Weltauge, *n.*
Hydrophan (Stein) *m.*
Hydrophide, *fém.* Wasserblind=
schleiche.　　　　[Wasserscheue.
Hydrophobe, *m.* et *f.* (Med.)
Hydrophobie, *f.* (Med.) Wasser=
scheu.　　　　[genwassersucht.
Hydrophthalmic, *f.* (Med.) Au=
Hydrophysocèle, Hydropneuma=
tocèle, *f.* (Med.) Windwasser=
bruch, *m.*
Hydropique, *adj.* (Med.) wasser=
süchtig; —, *m.* et *f.* Wassersüch=
tige.

Hydropisie, *f.* (Med.) Wassersucht; — de poitrine, Brustwassersucht. [pneumat.

Hydropneumatique, *adj.* hydropneumotique, *adj.* (Med.) schlaftend.

Hydropyrique, *adj.*, volcan —, ein Berg, der entzündbares Wasser auswirft. [serfleischbruch, *m.*

†Hydrosarque, *f.* (Med.) Wassersucht.

Hydroscope, *m.* Wasserschauer; Wasseruhr, *f.* [dungskunst.

◆Hydroscopie, *fém.* Wasserentdeckungskunst.

Hydrostatique, *f.* Wasserwägekunst, Hydrostatik; —, *adj.* hydrostatisch.

Hydrosulfate *ou* Hydrosulfure, *m.* Wasserschwefel.

Hydrosulfurique, *adj.* abgeschwefelten Wasserstoff enthaltend.

†Hydrothorax, *m.* Brustwassersucht; [nerei.

Hydrotique, *adj.* (Med.) schweißtreibend; fièvre —, Schweißfieber, *n.*

Hydrure, *m.* die Verbindung des schwefelhaltigen Wasserstoffs mit Metallen. [Winter betreffend.

Hyémal, e, *adj.* winterlich; der Hyène, *fém.* (Naturg.) Hyäne (Raubthier). [(Maschine.)

†Hyétomètre, *m.* Regenmesser

Hygiène, *f.* (Med.) Gesundheitslehre. [lehre betreffend.

Hygiénique, *adj.* die GesundheitsHygromètre, *m.* (Phys.) Feuchtmesser.

Hymen, Hyménée, *m.* Hymen, der Gott der Ehe; sg. Vermählung, *f.* Hochzeit; Ehe; (Bot.) Knospenhäutchen, *n.*

Hyménoptères, *f. pl.* (Naturg.) die hautflügligen Insecten, *n. pl.*

Hymne, *m.* Lobgesang, Hymne, *f.*; —, *f. id.*, Loblied, *n.*

Hyoide, *adj. m.*, os —, (Anat.) Zungenbein, *n.* [selung.

Hypallage, *f.* (Rhet.) Verwech-

Hypécoon, *m.* (Bot.) Lappenblume, *f.*

Hyperbate, *f.* (Rhet.) die Umkehrung der natürlichen Ordnung der Rede.

Hyperbole, *f.* (Rhet.) Hyperbel, Uebertreibung; (Math.) Hyperbel.

Hyperbolique, *adj.*;-ment, *adv.*: hyperbolisch; übertrieben.

Hyperborée, Hyperboréen, ne, *adj.* (Geogr.) nordisch, mitternächtig.

Hypercatalectique, *adj.*, vers —, ein Vers, der eine oder zwei Sylben zuviel hat. [Krisis.

†Hypercrise, *f.* (Med.) die heftige Hypercritique, *m.* Erzkrittler, Erztadler.

Hyperdulie, *f.*, culte d'— (Kath.) die Verehrung der heiligen Jungfrau.

Hypertonie, *f.* (Med.) die heftige Spannung, Ueberspannung.

Hypéthre, *m.* (Alt.) der Tempel ohne Dach. [lehre.

†Hypnologie, *f.* (Med.) Schlaflehre.

?ocauste, *m.* der Ofen zum Wür eines Bades (deſſen Röhren unterm Boden hingehen), Hypocauſt.

Hypocondre, (Anat.) Weiche, *f.* Dünnung; sg. Wichtige, *m.*; —, *adj.* wunderlich.

Hypocondriaque, *adj.* hypochondrisch, milzsüchtig; —, *m.* Hypochondrist.

Hypocondrie, *f.* (Med.) Hypochondrie, Milzsucht.

Hypocras, *m.* Zimmetwein, Gewürzwein.

Hypocrisie, *f.* Heuchelei, Gleißnerei.

Hypocrite, *m. et f.* Heuchler, *m.* Gleißner; sinn, *f.*; —, *adj.* heuchlerisch, gleißnerisch. [bauch.

Hypogastre, *m.* (Anat.) Unterbauch.

Hypogastrique, *adj.*, région —, (Anat.) Unterbauchsgegend, *f.*

Hypogée, *m.* (Alt.) Todtengruft, *f.* Todtengewölbe, *n.* unterirdische Gebäude.

Hypoglosses, *m. pl.* (Anat.) Zungennerven.

†Hypomochlion, *masc.* (Mech.) Ruhe, Stützpunkt.

Hypophore, *f.* (Chir.) Fistel.

Hypostase, *f.* (Theol.) die Person (in Gott); (Med.) Harnsatz, *m.* [Theol.) persönlich, hypostatisch.

Hypostatique, *adj.*;-ment, *adv.*:

Hyposténuse, *f.* (Geom.) Hypotenuse.

Hypothécaire, *adj.*;-ment, *adv.*: (jur.) hypothekarisch, pfandschaftlich; créancier —, Pfandgläubiger, *m.*; -ment, *adv.* auf Hypothek.

†Hypothénar, *m.* (Anat.) der Muskel des kleinen Fingers.

Hypothèque, *f.* (jur.) Hypothek, Unterpfand, *n.*

Hypothéquer, *v. a.* (jur.) hypothekarisch verpfänden.

Hypothèse, *f.* Hypothese, Voraussetzung; Lehrgebäude, *n.*; Satz, *m.*

Hypothétique, *adj.* vorausgesetzt, auf eine Voraussetzung gegründet; -ment, *adv.* unter Voraussetzung.

Hypotypose, *f.* (Rhet.) die lebendige Schilderung.

Hysope, *f.* (Bot.) Ysop, *m.*

Hystérie, *f.* Hysterie.

Hystérique, *adj.* (Med.) hysterisch, mit Mutterbeschwerden behaftet; affection, passion —, Mutterbeschwerde, *f.* Mutterweh, *n.*

Hystérolithe, *f.* (Miner.) Mutterstein, *m.*

†Hystérologie, *f.* Gedankenverkehrung, umgekehrte Gedankenstellung.

Hystérotomie, *f.* (Chir.) die Zergliederung der Gebärmutter.

†Hystérotomotocie, *f.* (Chir.) Kaiserschnitt, *m.*

## I voyelle.

Iambe, *m.* (Dichtk.) Jambe (Versfuß ◡ —).

Iambique, *adj.* (Dichtk.) jambisch.

†Iatraleptique, *f.* (Med.) die Heilung durch Reiben, Baden, *x.*

†Iatrique, *adj.*, art —, Arzneikunst.

†Iatrosique, *adj.* was die ärztliche Lehre betrifft.

†Ibères, *pl.* Iberier (alten Spanier).

†Ibérie, *f.* Iberien (jetzt Spanien).

Ibis, *m.* (Natg.) Ibis (Vogel).

Icelui, Icelle, *m.* (jur.) der, die, das vorbemeldete, besagte; der, die, dasselbe.

Ichneumon, *m.* (Naturg.) Pharaonsratze, *f.*; Schlupfwespe (Insect).

Ichnographie, (spr.), *fém.* (Baut.) Grundriß, *m.* Ichnographique, *adj.* phisch.

Ichor, (spr. ik-), *masc.* (Med.) Wundwasser, *n.*

Ichoreux, se, *adj.* (Med.) blutwässerige Schweiß.

†Ichoroide, *f.* (Med.)

Ichthyolithes, *m. pl.* (Min.) Fischstein.

Ichthyologie, *f.* Fischbeschreibung.

Ichthyologiste, *m.* Fischbeschreiber.

Ichthyophage, *m.* Fischesser, *adj.* von Fischen lebend.

Ici, *adv.* hier, hierher; hinein, da; d'—, von hier, von hier an.

Icoglan, *m.* (Türk.) Edelknabe des Großherrn.

Iconoclaste, *m.* Bilderstürmer, alter Bilder, Denkmäler, Bildbeschreibung. [vl.

Iconographique, *adj.* ikone.

Iconolâtre, *m.* Bilderdiener, Verehrung der Sinnbilder.

Iconomaque, *m.* Bilderbestreiter.

Icosaèdre, *m.* (Math.) Ikosaeder (Körper mit 20 Seitenflächen), *m.*

Icosandrie, *f.* die Klasse der zwanzigmännigen Pflanzen.

Ictère, *m.* (Med.) Gelbsucht, *f.*

Ictérique, *adj.* (Med.) gelbsüchtig; remède —, das Mittel gegen die Gelbsucht.

†Idatide, *m.* Fleischwurm.

Ide, *n. pr. f.* Ida; —, *m.* Küsling (Fisch).

Idéal, e, *adj.* ibealifdh, eingebil=
bet; —, *m.* (sans *pl.*) Jbeal, *n.*
Urbild, Jbealifche. [mus.
Idéalisme, *m.* (Philof.) Jbealis=
Idée, *f.* Vorfellung, Begriff, *m.*;
Gebanfe; Jdee, *f.*; Einfall, *m.*;
Entwurf, Abriß (v. einem Gedichte,
x.); Meinung, *fém.* Einbildung,
Träumerei.
Idem, *lat.* eben der=, bie=, baffelbe.
Identifier, *v. a.* (jwei Dinge) in
einen Begriff verfchmelzen; identi=
ficiren; s'—, fich identifiziren, fich
verfchmelzen.
Identique, *adj.* einerlei, gleich=
bedeutend, ibentifch; -ment, *adv.*
auf einerlei Art, identifch.
Identité, *f.* die völlige Gleichheit,
Gleichförmigfeit, Einerleiheit.
Idéologie, *f.* (Philof.) Begriff=
lehre; Lehre von bem Erfenntnißver=
mögen. [lehrer, Jbeolog.
Idéologue, *m.* (Philof.) Begriff=
Ides, *f. pl.* (Alt.) Jbus, *m.*
(ber 15te ber Monate März, Mai,
Juli, October, und ber 13te ber an=
beren).
†Idioélectrique, *adj.* an fich elef=
trifch, ibioeleftrifch, nichtleibend.
Idiome, *m.*Mundart, *f.* Sprache.
Idiopathie, *f.* (Med.) die befon=
bere Kranfheit eines Gliebes; befon=
bere Neigung.
Idiopathique, *adj.* (Med.) ibio=
pathifch, nur ein Glieb des Körpers
betreffend.
†Idiosyncrase, Idyosyncrasie, *f.*
(Med.) die angeborne Eigenheit.
Idiot, e, *adj.* bumm, einfältig,
unwiffend; —, *m. e, f.* Dummfopf,
*m.* Tropf.
Idiotisme, *m.* (Gramm.) Dumm=
heit, *f.* Einfalt; Spracheigenheit.
Idoine, *adj.* (jur.) tüchtig, gerig=
net (à, ju).
Idolâtre, *adj.* abgöttifch; *fg.* il en
est —, er vergöttert fie; —, *m.*
Gößenbiener.
Idolâtrer, *v. n.* Abgötterei treiben;
—, *v. a. fg.* vergöttern, anbeten.
Idolâtrie, *f.* Abgötterei.
†Idolâtrique, *adj.* abgöttifch.
Idole, *f.* Abgott, *m.* Göße; Gö=
genbild, *n.*; *fg.* Abgott, *m.*; *fm.*
Delgöße. [bing).
†Idumée, *f.* Jbumäa (alte Pro=
†Iduméen, ne, *adj.* ibumäifch;
—, *m.* ne, *f.* Jbumäer, *m.* =inn; *f.*
Idylle, *f.* (Dicht.) Schäfergebicht,
*n.* Jbylle; *f.*
If, *m.* (Bot.) Taxus, Eibenbaum.
†Ignace, *n. pr. m.* Jgnatius.
Igname, *m.* Jgname, *f.* Dams=
wurzel.
Ignare, *adj.* unwiffend, ungelehrt.
Igné, e, *adj.* (fpr. ig-né), feurig,
feuriger Natur.

Ignicole, *adj.* das Feuer verehrend;
—, *m.* Feueranbeter.
Ignition, *f.* (Chym.) Glühen, *n.*
Glühe, *f.*
Ignoble, *adj.*; -ment, *adv.*: un=
ebel, niebrig, gemein.
Ignominie, *f.* Schmach, Schande.
Ignominieux, se, *adj.*; -sement,
*adv.*: fchänblich, fchimpflich; fchmäh=
lich. [funde.
Ignorance, *f.* Unwiffenheit, Un=
Ignorant, e, *adj.* unwiffend, un=
funbig; —, *m. e, f.* Unwiffende,
*m. et f.* (Mönche).
Ignorantins, *m. pl.* Jgnorantiner
Ignoré, e, *adj.* unbefannt.
Ignorer, *v. a.* qch., etwas nicht
wiffen, von etwas nichts wiffen;
(eine Kunft) nicht verftehen.
Il, *pron.* er, es; ils, *pl.* fie.
Ile, *f.* Jnfel, Eiland, *n.*; iles, *m.*
*pl.*, os dies iles, (Anat.) Darmbeine.
Iléon, Iléum, *m.* (Anat.) Krum=
barm. [Hemers).
Iliade, *f.* Jliabe (Helbengebicht
Iliaque, *adj.* (Anat.) jum Krum=
barm gehörig; os —, v. Ilion; pas=
sion —, (Med.) Darmgicht, *f.*
†Iliodées, *f. pl.* Jliodeen, Arten
von Meergras.
Ilion, *m.* (Med.) Darmbein, *n.*
Illégal, e, *adj.*; -ment, *adv.*:
wiberrechtlich, gefeßwibrig.
Illégalité, *f.* Wiberrechtlichfeit,
Gefeßwibrigfeit.
Illégitime, *adj.*; -ment, *adv.*:
unrechtmäßig, gefeßwibrig, wiber=
rechtlich; unehelich (v. Kindern).
Illégitimité, *f.* Unrechtmäßigfeit,
Wiberrechtlichfeit.
Illettré, e, *adj.* ungelehrt, un=
ftubirt.
†Illibéral, e, *adj.* unfreigebig,
unfreifinnig; niebrig, fclavifch.
Illicite, *adj.*; -ment, *adv.*: ver=
boten, unerlaubt; unerlaubterweife.
Illimité, e, *adj.* unumfchränft.
Illisible, *adj.* unleferlich.
Illuminatif, ve, *adj.* erleuchtend.
Illumination, *f.* Erleuchtung; *fg.*
id. [minat.
Illuminé, *m.* Schwärmer, Jllu=
Illuminer, *v. a.* erleuchten; *fg.* id.
Illusion, *f.* Blendwerf, *n.*; Täu=
fchung, *f.* Trug, *m.* Trugbild, *n.*
Traum, *m.*; faire — à qn., einen
täufchen, blenden, einem etw. vor=
fpiegeln.
Illusoire, *adj.*; -ment, *adv.*:
betrüglich, fcheinbar.
Illustration, *f.* Glanz, *m.* Ruhm,
Auszeichnung, *f.* || Erflärung (einer
Schrift).
Illustre, *adj.* berühmt, vortrefflich,
herrlich; erlaucht (Titel); *m. p.* be=
rüchtigt.
Illustrer, *v. a.* berühmt machen;

s'—, fich auszeichnen, fich verherr=
lichen. [(Titel).
Illustrissime, *adj.* erlauchtefter
†Illyrie, Jllyrien (Land).
†Illyrie, ne, *adj.* illyrifch; —,
*m.* ne, *f.* Jllyrier, *m.* =inn; *f.*
Ilot, *m.* (Geogr.) die fleine Infel.
Ilote, *m.* (gr. Alt.) Helote (Sclave
ju Sparta).
Image, *f.* Bild, *n.* Ebenbild,
Abbildung, *f.*; *fg.* id.; Vorftellung;
*fm.* belle —, fchöne Bilbfäule.
Imager, *m.* ère, *f.* Bilberhänbler,
*m.* =inn, *f.*
Imaginable, *adj.* erfinnlich, er=
benflich.
Imaginaire, *adj.* eingebilbet; ma=
lade —, ber Kranfe in ber Einbil=
bung; —, (Alg.) unmöglich; —,
*m.* (Alg.) Unmögliche, *n.*
Imaginatif, ve, *adj.* finnreich,
erfinberifch; -ve, *f. fm.* Erfin=
bungsfraft.
Imagination, *f.* Einbildungsfraft,
Einbildung; venir à l'—, in ben
Sinn fommen.
Imaginer, *v. a.* erbenfen, erfin=
nen; s'—, fich einbilben.
Iman, *m.* (Mahom.) Jman (Prie=
fter). [haus, *n.*
Inaret, *m.* (Türf.) Gaft=, Armen=
Imbécile, *adj.* blödfinnig, ein=
fältig; —, *m.* Einfaltepinfel, Dum=
fopf.
Imbécillité, *f.* Blödfinn, *m.* Ein=
falt, *f.* Verftandesfchwäche.
Imberbe, *adj.* unbärtig.
Imbiber, *v. a.* tränfen, einträn=
fen, burchweichen; s'— de qch.,
etw. einziehen, in fich ziehen, ein=
faugen.
Imbibition, *f.* Einfaugen, *n.*
†Imbricée, *adj. f.*, tuile —,
Hohlziegel, *m.* [ziegelförmig.
Imbriqué, e, *adj.* (Bot.) bach=
Imbroglio, *m.* Verwirrung, *f.*
Wirrwarr, *m.*
Imbu, e, *adj. fg.* burchbrungen,
eingenommen (von etwas).
Imitable, *adj.* nachahmlich.
Imitateur, *m.* trice, *f.* Nachah=
mer, *m.* =inn, *f.*
Imitatif, ve, *adj.* nachahmend.
Imitation, *fém.* Nachahmung,
Nachbildung; à l'— de, nach.
Imiter, *v. a.*nachahmen, nachbilden.
Immaculé, e, *adj.* (Theol.) un=
befledt. [nen.
Immanent, e, *adj.* (Phi.) inwoh=
Immangeable, *adj.* unteßbar, un=
genießbar.
Immanquable, *adj.* -ment,
*adv.*: unfehlbar.
Immarcessible, *adj.* unverwelflich.

†Immatérialisme, *m.* (Philof.) Immaterialismus.
†Immatérialiste, *m.* Spiritualist.
Immatérialité, *f.* Unförperlichkeit.
Immatériel, le, *adj.; -lement, adv. :* unförperlich.
Immatriculation, Immatricule, *f.* die Einschreibung in die Matrikel.
Immatriculer, *v. a.* einschreiben, immatrifuliren.
Immédiat, e, *adj.* unmittelbar; -ement, *adv. id.;* gleich.
Immémorial, e, *adj.* undenklich.
Immense, *adj.; -ément, adv. :* unermeßlich, gränzenlos.
Immensité, *f.* Unermeßlichkeit.
†Immersif, ve, *adj.,* (Chym.) calcination —ve, die Verkalkung des Goldes durch Eintauchen (in Scheidewasser).
Immersion, *f.* Eintauchen, *n.;* (Astr.) der Eintritt eines Planeten in den Schatten eines andern.
Immeuble, *adj.* unbeweglich, liegend; —, *m.* das unbewegliche Gut.
†Immigration, *f.* Einwanderung.
Imminence, *f.* das nahe Bevorstehen.
Imminent, e, *adj.* bevorstehend; augenscheinlich, drohend.
Immiscer (s'), sich in etw. mengen, mischen, einlassen; s' — dans une succession, eine Erbschaft antreten.
†Immiscible, *adj.* (Phys.) unvermischbar.
†Immiséricordieux, se, *adj.* unbarmherzig.
Immixtion, *f.* Einmischung; (jur.) der Antritt (einer Erbschaft).
Immobile, *adj.* unbeweglich; *fm.* steckstill; *fg.* unbeweglich, standhaft.
Immobilier, ère, *adj.* unbeweglich; héritier —, der Erbe der unbeweglichen Güter; —, *m.* die unbeweglichen Güter, *n. pl.*
Immobiliser, *v. a.* (fahrende Habe) unbeweglich machen.
Immobilité, *f.* Unbeweglichkeit.
†Immodération, *f.* Uebermaß, *n.* Ueberschreiten der Gränzen der Mäßigung.
Immodéré, e, *adj.; -ment, adv. :* unmäßig.
Immodeste, *adj.; -ement, adv. :* unbescheiden, unanständig.
Immodestie, *f.* Unbescheidenheit, Unanständigkeit.
†Immolateur, *m.* Opferer, Opferpriester. [*n.*
Immolation, *f.* Opferung, Opfern, Immoler, *v. a.* opfern, schlachten; *fg.* opfern, aufopfern.
Immonde, *adj.* unrein (Thier, ɪc.).
Immondice, *f.* (h. Schrift) Unreinigkeit; —s, Unrath, *m.* Unflath, Koth.
†Immondicité, *f.* Unreinigkeit.

Immoral, e, *adj.* unsittlich, sittenlos. [tenlosigkeit.
Immoralité, *f.* Unsittlichkeit, Sittenlosigkeit.
Immortaliser, *v. a.* unsterblich machen, verewigen; s' —, sich unsterblich machen.
Immortalité, *f.* Unsterblichkeit.
Immortel, le, *adj.* unsterblich; —, *m.* Unsterbliche.
Immortelle, *f.* (Bot.) Rainblume.
Immortification, *f.* Zustand der Unbußfertigkeit, *m.*
Immortifié, e, *adj.* unbekehrt.
Immuable, *adj.; -ment, adv. :* unveränderlich.
Immunité, *f.* Freiheit, Befreiung (von Abgaben). [feit.
Immutabilité, *f.* Unveränderlichkeit.
Impair, e, *adj.* ungerade.
Impaire, *f.* (Bot.) das ungepaarte Blättchen. [Unbetastbarkeit.
†Impalpabilité, *f.* Unfühlbarkeit,
Impalpable, *adj.* unfühlbar.
Impanation, *f.* das Dasein des Brods mit dem Leib Christi im Abendmahle. [lich.
Impardonnable, *adj.* unverzeihlich.
Imparfait, e, *adj.; -ement, adv.:* unvollkommen, unvollständig; —, *m.* (Gramm.) Imperfectum, *n.* die kurz vergangene Zeit.
Impartable, Impartageable, *adj.* (jur.) untheilbar.
Impartial, e, *adj.; -ement, adv.:* unparteiisch, unbefangen, billig.
Impartialité, *f.* Unparteilichkeit, Unbefangenheit, Billigkeit.
Impasse, *m.* Sack, Sackgasse, *f.* (ohne Ausgang).
Impassibilité, *f.* der leidenfreie Zustand, Unempfindlichkeit, *f.* Unerschütterlichkeit.
Impassible, *adj.* leidenfrei, unempfindlich, unerschütterlich.
Impastation, *f.* (Maur.) Steinmörtel, *m.* Mörtelteig; (Apoth.) Verteigung, *f.*
Impatience, *f.* Ungeduld.
Impatient, e, *adj.; -emment, adv. :* ungeduldig.
Impatiente, e, *adj.* unwirsch oder ungeduldig machend.
Impatienter, *v. a.* ungeduldig machen; s' —, ungeduldig werden.
Impatroniser (s'), *fm. m. p.* sich einnisten.
Impayable, *adj. fm.* unbezahlbar.
Impeccabilité, *f.* (Theol.) Unsündigkeit.
Impeccable, *adj.* (Theol.) unsündig, vom Sündigen frei; unfehlbar.
†Impeccance, *f.* Unsündlichkeit.
†Impénétrabilité, *fém.* Undurchdringlichkeit; *fg. id.,* Unergründlichkeit.
Impénétrable, *adj.* undurchdringlich; *fg. id.,* unergründlich.

Impénitence, *f.* Unbußfertigkeit.
Impénitent, e, *adj.* unbußfertig.
†Impennes, *m. pl.* Flossenflügler (Schwimmvögel).
Impenses, *f. pl.* (jur.) Unterhaltungs-, Verbesserungskosten.
Impératif, ve, *adj.; -vement, adv.:* gebietend, gebieterisch; —, *m.* (Gramm.) Imperativ.
Impératoire, *f.* (Bot.) Kaisers-, Meisterwurz.
Impératrice, *f.* Kaiserinn.
Imperceptible, *adj.; -ment, adv.:* unmerkbar, unmerklich.
Imperdable, *adj. fm.* unverlierbar.
Imperfection, *f.* Unvollkommenheit, Gebrechen, *n.;* —s, (Buchdr.) Defectbögen, *m. pl.*
Impérial, e, *adj.* kaiserlich; ville —e, Reichsstadt, *f.;* impériaux, *m. pl.* Kaiserlichen.
Impériale, *f.* Himmel, *m.* Bettkutschenhimmel; (Bot.) Kaiserkrone, *f.;* (Gärtn.) Kaiserpflaume; (Spiel) Imperialspiel, *n.*
Impérieux, se, *adj.* herrschsüchtig; — *et* -sement, *adv.* gebieterisch, herrisch.
Impérissable, *adj.* unvergänglich.
Impéritie, *f.* Unerfahrenheit, Ungeschicklichkeit.
Imperméabilité, *f.* Undurchdringlichkeit, Wasserdichtigkeit.
Imperméable, *adj.* undurchdringlich, wasserdicht.
Immutable, *adj.* unvertauschbar, was sich nicht austauschen läßt.
Impersonnel, le, *adj.; -lement, adv. :* (Gramm.) unpersönlich.
Impertinence, *f.* Grobheit, Unverschämtheit || Dummdreistigkeit || Ungereimtheit (von etw.), Unbesonnenheit (von jemand).
Impertinent, e, *adj.; -emment, adv. :* grob, unverschämt, dummdreist || ungereimt (S.), unbesonnen (Mensch); —, *m. e, f.* Unverschämte, *m. et f.* || Unbesonnene.
†Imperturbabilité, *f.* Unerschütterlichkeit, Unstörbarkeit.
Imperturbable, *adj.; -ment, adv. :* unerschütterlich; unstörbar.
Impétrable, *adj.* erlangbar.
Impétrant, e, *m.* (jur.) Impetrant.
Impétration, *f.* (jur.) Erlangung.
Impétrer, *v. a.* (jur.) erhalten, erlangen.
Impétueux, se, *adj.; -sement, adv. :* ungestüm, heftig.
Impétuosité, *f.* Ungestüm, *n.* Heftigkeit, *f.*
Impie, *adj.* gottlos, ruchlos, gottesvergessen; —, *m.* Gottlose, Ruchlose.
Impiété, *f.* Gottlosigkeit; Ruchlosigkeit, Gottesvergessenheit.

Impitoyable, *adj.*; -ment, *adv.*: unbarmherzig, liebles.

Implacable, *adj.* unversöhnlich.

Implantation, *f.* Einpflanzung.

Implanter, *v. a.* einpflanzen.

Implexe, *adj.* vielfach, verwickelt.

Implication, *f.* (jur.) Verwickelung (in etw.); Widerspruch, *m.*

Implicite, *adj.* (Lehrst.) mitinbegriffen, mitverstanden, aus Schlüssen gezogen; foi —, (Theol.) der allgemeine, unentwickelte Glaube; -ment, *adv.* folgerungsweise, darunter verstanden.

Impliquer, *v. a.* (in etw.) verwickeln; — contradiction, (Lehrst.) einen Widerspruch enthalten.

†Imploration, *f.* Anrufung (des weltlichen Arms).

Implorer, *v. a.* anflehen, anrufen, bringend bitten.

Impoli, e, *adj.* grob, unhöflich.

Impolitesse, *f.* Unhöflichkeit.

Impolitique, *adj.* unklug, unpolitisch.          [brig.

Impopulaire, *adj.* (neu) volkswidrig.

Importance, *f.* Wichtigkeit, Erheblichkeit; d' —, *adv. fm.* recht sehr, tüchtig.

Important, e, *adj.* wichtig, erheblich, von Bedeutung; beträchtlich; —, *m.*, faire l' —, den Wichtigen spielen.          [fuhr.

Importation, *f.* (Handl.) Einführ.

Importer, *v. a.* (Waaren) einführen; *v. imp.* daran gelegen seyn; n'importe, das macht nichts, gleichviel.

Importun, e, *adj.*; -ément, *adv.*: zudringlich, beschwerlich, lästig; —, *m.* Ueberlästige.

Importuner, *v. a.* qn., einem beschwerlich fallen, lästig seyn, einen überlaufen.

Importunité, *f.* Zudringlichkeit; Ungestüm, *n.*          [bar.

Imposable, *adj.* (Fin.) besteuerbar.

Imposant, e, *adj.* Ehrfurcht einflößend; einen großen Eindruck machend.

Imposer, *v. a.* auflegen; *fg. id.*; (eine Last) aufbürden; (Fin.) (eine Abgabe) legen, (einen) besteuern; (Buchdr.) ausschießen ‖ Ehrfurcht einflößen; à qn., einen betrügen, belügen.

Imposition, *f.* Auflegung (der Hände); (Fin.) *id.*; Auflegung (der Steuern); Auflage, Schatzung; (Buchdr.) Ausschließen, *n.*

Impossibilité, *f.* Unmöglichkeit.

Impossible, *adj.* unmöglich; —, *m.* Unmögliche; par —, was doch unmöglich ist.

Imposte, *f.* (Bauk.) Kämpfer, *m.*

Imposteur, *m.* Betrüger, Verleumber; —, *adj. m.* betrügerisch.

Imposture, *f.* Betrug, *m.* Verstellung, *f.*; Verleumdung; Täuschung (der Sinne, &c.).

Impôt, *m.* Auflage, *f.* Abgabe, Steuer.

Impotence, *f.* Unvermögenheit, Schwäche.          [trüppelig.

Impotent, e, *adj.* gebrechlich, Impraticable, *adj.* unthunlich, unausführbar (Vorhaben); unwegsam, unbrauchbar (Straße); unbewohnbar (Zimmer); *fg.* nicht umgänglich (Mensch).

Imprécation, *f.* Fluch, *m.* Verwünschung, *f.* Verfluchung.

†Imprécatoire, *adj.* eine Verwünschung, Verfluchung enthaltend.

†Imprégnable, *adj.* (Chym.) schwängerbar.

†Imprégnation, *f.* (Chym.) Anschwängerung.

Imprégner, *v. a.* (Chym.) schwängern, anschwängern, tränken; s' —, sich voll saugen.

Imprenable, *adj.* unbezwingbar, uneinnehmbar.

Imprescriptibilité, *f.* (jur.) Unverjährbarkeit.          [verjährbar.

Imprescriptible, *adj.* (jur.) unImpresses, *v.* Intentionnel.

Impression, *f.* Eindruck, *m.* Abdruck (eines Siegels); (Buchdr.) Druck, Abdruck, la faute d' —, Druckfehler; —, (Mal.) Grund, (Gründung, *f.*; peinture d' —, Staffirmalerei; *fg.* Eindruck, *m.*          [feit.

Imprévoyance, *f.* UnvorsichtigImprévoyant, e, *adj.* unvorsichtig.

Imprévu, e, *adj.* unversehen, unerwartet, unverhofft.

Imprimé, *m.* Druckschrift, *f.*

Imprimer, *v. a.* eindrücken, aufdrucken (in Buch) drucken, abhrucken; (Mal.) gründen; *fg.* einprägen.

Imprimerie, *f.* Buchdruckerei; — en taille-douce, Kupferdruckerei.

Imprimeur, *m.* Buchdrucker.

†Imprimure, *f.* (Mal.) Grund, *m.* Gründung, *f.*

†Improbabilité, *f.* Unwahrscheinlichkeit, Unerweislichkeit.

Improbable, *adj.*; -ment, *adv.*: unwahrscheinlich, unerweislich.

Improbateur, trice, *adj.* mißbilligend; —, *m.* trice, *f.* Tadler.

Improbation, *f.* Mißbilligung.

Improbité, *f.* Unredlichkeit.

Improductif, ve, *adj.* nicht einträglich (ohne Ertrag.

Impromptu, *m.* Antwort (*f.*), Gedicht (*n.*) aus dem Stegreif; die unvorbereitete Sache.

Impropre, *adj.*; -ment, *adv.*: uneigentlich, verblümt.

Impropriété, *f.* Uneigentlichkeit.

Improuver, *v. a.* mißbilligen, tadeln.

Improvisateur, *m.* trice, *fém.* Stegreifdichter, *m.* =inn, *f.*

Improvisation, *f.* Sprechen (*n.*), Dichten aus dem Stegreife; die unvorbereitete Rede.

Improviser, *v. a.* aus dem Stegreif dichten, unvorbereitet vorbringen, sprechen.          [hens.

Improviste (à l'), *adv.* unversehens.

Imprudence, *f.* Unflugheit, Unbesonnenheit, Unbehutsamkeit.

Imprudent, e, *adj.*; -emment, *adv.*: unflug, unbesonnen, unbehutsam; —, *m.* e, *f.* Unfluge, *m. et f.* Unbesonnene.

Impubère, *adj.* unmündig, unmannbar.

Impudence, *f.* Unverschämtheit.

Impudent, e, *adj.*; -emment, *adv.*: unverschämt.

Impudeur, *f.* Schamlosigkeit.

Impudicité, *fém.* Unzüchtigkeit, Unkeuschheit.

Impudique, *adj.*; -ement, *adv.*: unzüchtig, unkeusch.

Impugner, *v. a.* (Lehrst.) bestreiten.

Impuissance, *f.* Unvermögen (auch jur.), *n.* Kraftlosigkeit, *f.* Zeugungsunfähigkeit.

Impuissant, e, *adj.* unvermögend (auch jur.), kraftlos; zeugungsunfähig; —, *m.* Unvermögende.

Impulsif, ve, *adj.* antreibend, treibend.          [Antrieb; *fg. id.*

Impulsion, *f.* Stoß, *m.* Anstoß, Impunément, *adv.* ungestraft.

Impuni, e, *adj.* ungestraft.

Impunité, *f.* Ungestraftheit.

Impur, e, *adj.* unrein, unsauber; *fg.* unrein, unkeusch.

Impureté, *f.* Unreinigkeit; *fg.* Unkeuschheit, Unzucht; Zote.

Imputable, *adj.* zurechenbar.

Imputation, *f.* Zurechnung, Beschuldigung; (Fin., &c.) Abrechnung.

Imputer, *v. a.* qch. à qn., einem einer S. beschuldigen, einem etwas zurechnen, beimessen; — à faute, à blâme, als Fehler, zum Tadel anrechnen; — à honneur, zur Ehre rechnen; —, (Fin.) abziehen (zur, von).

In, *particule*, bedeutet in der Zusammensetzung einmal so viel als in oder ein, dann aber und zwar meistens so viel als un oder nicht.

Inabordable, *adj.* unzugänglich; *fg. id.*

Inacceptable, *adj.* unannehmbar.

Inaccessible, *adj.* unzugänglich; être — à qn., keinen Zutritt verstatten.          [bar.

Inaccommodable, *adj.* unbeilegsbar.

Inaccordable, *adj.* unvereinbar.

Inaccostable, *adj.* ungesellig.

Inaccoutumé, e, *adj.* ungewohnt.
Inachevé, e, *adj.* unvollendet.
Inactif, ve, *adj.* unthätig.
Inaction, Inactivité, *f.* Unthätigkeit.
Inadmissibilité, *f.* Unzuläßigkeit.
Inadmissible, *adj.* (jur.) unzuläßig. [feit, Unachtfamkeit.
Inadvertance, *f.* Unbedachtfam=
Inaliénabilité, *f.* Unveräußerlich=feit.
Inaliénable, *adj.* unveräußerlich.
Inalliable, *adj.* unvereinbar.
Inaltérable, *adj.* unveränderlich; *fg. id.*, unstörbar.          [feit.
Inamissibilité, *f.* Unverlierbar=
Inamissible, *adj.* unverlierbar.
Inamovibilité, *f.* Unabsetzbarkeit.
Inamovible, *adj.* unabsetzbar.
†Inamusable, *adj.* nicht unter=haltbar, keiner Unterhaltung fähig.
Inanimé, e, *adj.* leblos, unbe=lebt.
Inanité, *f.* (neu) Vergeblichkeit; (Theol.) die Zeit vor dem Gesetze Mosis.
Inanition, *f.* Entkräftung.
Inaperçu, e, *adj.* unbemerkt.
Inappétence, *f.* (Arzn.) Mangel an Eßlust, *m.*
Inapplicable, *adj.* unanwendbar.
Inapplication, *f.* Unfleiß, *m.*
Inappliqué, e, *adj.* nachläßig, unachtsam; unfleißig.
Inappréciable, *adj.* unschäzbar.
Inapprêté, e, *adj.* unzubereitet.
Inaptitude, *f.* Untauglichkeit.
Inarticulé, e, *adj.* unvernehmlich.
Inattaquable, *adj.* unangreifbar.
Inattendu, e, *adj.* unerwartet.
Inattentif, ve, *adj.* unachtsam, unaufmerksam.
Inattention, *f.* Unachtsamkeit.
Inaugural, e, *adj.*, discours —, Antrittsrede (eines Professors), *f.*; Einweihungsrede.
Inauguration, *f.* die feierliche Einsetzung (eines Königs, ꝛc.); Ein=weihung (einer Bildsäule); discours d'—, *v.* Inaugural.
Inaugurer, *v. a.* feierlich einsetzen; einweihen.
Incalculable, *adj.* unberechenbar.
†Incalicé, e, *adj.* (Bot.) unbe=felcht.
Incamération, *f.* die Vereinigung mit den päpstlichen Kammergütern.
Incamérer, *v. a.* zu den päpstlichen Kammergütern schlagen.
Incandescence, *f.* Weißglühen, *n.*          [bend.
Incandescent, e, *adj.* weißglü=
Incantation, *f.* Beschwörung, Zauberspruch, *m.*          [tig.
Incapable, *adj.* unfähig, untüch=
Incapacité, *f.* Unfähigkeit, Un=tüchtigkeit.

Incarcération, *f.* Einkerkerung.
Incarcérer, *v. a.* einkerkern.
Incarnadin, e, *adj.* fleischfarbig; —, *m.* Fleischfarbe, *f.*
Incarnat, e, *adj.* hochrosenroth; —, *m.* Hochrosen=roth, *n.*
†Incarnatif, ve, *adj.* (Chir.) Fleisch erzeugend; suture —ve, Fleischnaht, *f.*          [werbung.
Incarnation, *f.* (Theol.) Mensch=
Incarné, e, *adj.* (Theol.) einge=fleischt; *fg. fm. id.*
Incarner (s'), (Theol.) Fleisch werden; (Chir.) neues Fleisch an=setzen.
Incartade, *f. fm.* die unbesonnene Beleidigung; der dumme Streich.
†Incas, *m. pl.* Jnkas (alte Könige von Peru).
Incendiaire, *m. et f.* Mordbren=ner, *m.* =inn, *f.*; *fg.* Unruhstifter, *m.*; —, *adj.* mordbrennerisch; *fg.* aufrührisch.
Incendie, *m.* Feuersbrunst, *f.* Brand, *m.*; *fg.* Feuer, *n.* Flam=me, *f.*          [einäschern.
Incendier, *v. a.* in Brand stecken;
†Incération, *f.* (Apoth.) die Ver=mischung mit Wachs; (Chym.) Schmelzbarmachen; *n.*
Incertain, e, *adj.* ungewiß, un=zuverläßig, zweifelhaft (Sache); un=schlüssig (Mensch); —, *m.* Unge=wisse, *n.*, -ement, *adv.* ungewiß.
Incertitude, *f.* Ungewißheit; Un=zuverläßigkeit; Unbeständigkeit.
Incessamment, *adv.* unverzüglich; stets, ununterbrochen.
Incessible, *adj.* (jur.) unabtretbar.
Inceste, *m.* Blutschande, *f.*
Incestueux, se, *adj.*; -sement, *adv.*: blutschänderisch; —, *m.* Blut=schänder.
Inchoatif, ve, (spr. inko-), *adj.* (Gram.) einen Anfang ausdrückend.
†Incicatrisable, *adj.* unvernarb=lich.
Incidemment, *adv.* beiläufig.
Incidence, *f.* (Geom.) Einfall, *m.*
Incident, e, *adj.* (jur., ꝛc.) bei=läufig; (Geom., ꝛc.) einfallend; phrase —e, Zwischensatz, *m.*; —, *m.* Zwischenfall, Zufall; Nebenum=stand; (Theat.) Zwischenhandlung, *f.*; (jur.) Nebenstreit, *m.*
Incidentaire, *m.* Rechtsverzögerer.
Incidenter, *v. n.* (jur.) Neben=binge einmischen.          [scherung.
Incinération, *f.* (Chym.) Einä=
Incirconcis, e, *adj.* unbeschnit=ten; —, *m.* Unbeschnittene.
Incirconcision, *f. fg.* Unbeschnit=tenheit, Unbekehrtheit (des Herzens).
Incise, *f.* (Gramm.) der kurze Zwischensatz, Einschnitt.
Inciser, *v. a.* einschneiden; —

qch., einen Schnitt in etw. machen; (Med.) zertheilen und verdünnen.
Incisif, ve, *adj.* (Med.) zerthei=lend und verdünnend; (Anat.) dents —ves, *ou* —ves, *f. pl.* Schneide=zähne, *m. pl.* muscles —s, *ou* —s, Schneidemuskeln.
Incision, *f.* Einschnitt, *m.*
†Incitabilité, *f.* (Med.) Erreg=barkeit, Reizbarkeit.
Incitatif, ve, *adj.* reizend, er=regend; remède —, Reizmittel, *n.*
Incitation, *f.* Anreizung; Antrieb, *m.* Reiz.
Inciter, *v. a.* antreiben, anreizen, reizen; anstiften.
Incivil, e, *adj.*; -ement, *adv.* : unhöflich; —, (jur.) gesetzwidrig.
Incivilisé, e, *adj.* ungebildet.
Incivilité, *f.* Unhöflichkeit.
Incivique, *adj.* unbürgerlich.
Incivisme, *m.* der Mangel an Bürgersinn.
Inclémence, *f.* Ungnade, Ungunst; Unfreundlichkeit (des Wetters).
Inclinaison, *f.* (Geom., ꝛc.) Nei=gung; par —, (Apoth.) allmälig (eingießen).          [neigend.
Inclinant, e, *adj.* (Geom.) sich
Inclination, *f.* Neigung, Ver=neigung; de tête, Kopfnicken, *n.*; —, *fg.* Neigung, *f.* Zunei=gung; Hang, *m.*; Liebhaberei, *f.*; Geliebte, *m. et f.*
Incliner, *v. a.* neigen; —, *v. n.* geneigt seyn (à, zu); s'—, sich nei=gen, sich zuneigen.
Inclus, e, *adj.* eingeschlossen, in=liegend; —e, *f.* Einschluß, *m.* Bei=Anlage, *f.*
Inclusivement, *adv.* einschließ=lich, mit Einschluß.
Incoërcible, *adj.* (Phys.) unbe=zwingbar.
Incognito (spr. cog-), *adv.* unter=fanni, ohne erkannt seyn zu wollen; —, *m.* Incognito, *n.*
Incohérence, *f.* der Mangel an Zusammenhang, Unzusammenhän=gende, *n.*          [hängend.
Incohérent, e, *adj.* unzusammen=
Incombustible, *adj.* unverbrenn=bar.
Incommensurabilité, *f.* (Geom.) Unmeßbarkeit; Unermeßlichkeit.
Incommensurable, *adj.* (Geom.) unmeßbar; unermeßlich.
Incommode, *adj.*; -ément, *adv.*: unbequem; beschwerlich, lästig.
Incommodé, e, *adj.* unpäßlich; il est —é d'un rhume, er leidet an einem Schnupfen; —é, (Schiff.) beschädigt.
Incommoder, *v. a.* qn., einem beschwerlich seyn, beschwerlich fallen; einen beschweren; einem schaden; einen hindern.

Incommodité, *f.* Unbequemlich=
keit, Beschwerde; Unpäßlichkeit.
Incommunicable, *adj.* unmit=
theilbar.
Incommutabilité, *f.* (jur.) Un=
entziehbarkeit, Unstörbarkeit.
Incommutable, *adj.*; -ment,
*adv.*: (jur.) unentziehbar, unstörbar.
Incomparable, *adj.*; -ment, *adv.*:
unvergleichlich. [keit.
Incompatibilité, *f.* Unverträglich=
Incompatible, *adj.* unverträglich;
(jur.) unvereinbar. [terweise.
Incompétemment, *adv.* unbefug=
Incompétence, *f.* Unbefugniß.
Incompétent, e, *adj.* unbefugt.
Incomplet, ète, *adj.* unvollstän=
Incomplexe, *adj.* einfach. [dig.
Incompréhensibilité, *f.* Unbe=
greiflichkeit.
Incompréhensible, *adj.*; -ment,
*adv.*: unbegreiflich. [keit.
Incompressibilité, *f.* Unpreßbar=
Incompressible, *adj.* unpreßbar.
Inconcevable, *adj.* unbegreiflich.
Inconciliable, *adj.* unvereinbar,
unverträglich. [rung.
Inconduite, *f.* die üble Auffüh=
Incongru, e, *adj.*; -ûment, *adv.*:
(Gramm., ꝛc.) fehlerhaft; *fig.* un=
ungereimt, unschicklich, plump.
Incongruité, *f.* Sprachfehler, *m.*;
*fg. fm.* Ungereimtheit, *f.* Unschick=
lichkeit.
Inconnu, e, *adj.* unbekannt; —,
*m.* e, *f.* Unbekannte, *m. et f.*
Inconséquence, *f.* Folgewidrig=
keit, Widerspruch; *m.* Ungereimt=
heit, *f.*
Inconséquent, e, *adj.* folgewi=
drig, widersprechend, ungereimt.
Inconsidération, *f.* Unbedacht=
samkeit.
Inconsidéré, e, *adj.*; -ment,
*adv.*: unbedachtsam; unbesonnen,
leichtfertig; —, *m.* Unbesonnene.
Inconsolable, *adj.*; -ment, *adv.*:
untröstlich.
Inconstance, *f.* Unbeständigkeit,
Flatterhaftigkeit, Wankelmuth, *m.*
Inconstant, e, *adj.*; -amment,
*adv.*: unbeständig, flatterhaft, wan=
kelmüthig; *fm.* wetterwendisch.
†Inconstitutionnalité, *f.* Verfas=
sungswidrigkeit.
Inconstitutionnel, le, *adj.*; -le=
ment, *adv.*: verfassungswidrig.
Incontestable, *adj.*; -ment, *adv.*:
un=[dig.; —, *m.* Unstreitige.]
unstreitig, unläugbar.
Incontesté, e, *adj.* unbestritten.
Incontinence, *f.* Unenthaltsam=
keit; (Med.) Harnfluß, *m.*
Incontinent, e, *adj.* r.nenthalt=
sam; —, *adv.* sogleich.
Inconvenance, *f.* Unschicklichkeit,
Uebelstand, *m.*
Inconvenant, e, *adj.* unschicklich.

Inconvénient, *m.* Schwierigkeit,
*f.* Hinderniß, *n.*; der mißliche Um=
stand. [verlichkeit.
Incorporalité, *f.* (Lehrst.) Unför=
Incorporation, *f.* Einverleibung.
Incorporel, le, *adj.* (Lehrst., ꝛc.)
unförperlich.
Incorporer, *v. a.* einverleiben.
Incorrect, e, *adj.* unrichtig, feh=
lerhaft.
Incorrection, *f.* Unrichtigkeit.
Incorrigibilité, *f.* Unbefferlichkeit,
Unverbefferlichkeit.
Incorrigible, *adj.* unbefferlich,
unverbefferlich.
Incorruptibilité, *f.* Unverweslich=
keit; *fg.* Unbestechbarkeit.
Incorruptible, *adj.* unverweslich;
unverderblich; *fg.* unbestechbar.
†Incorruption, *f.* Unverweslich=
keit, Unverderblichkeit.
Incrassant, e, *adj. et subst. m.*
(Arzn.) verdickend, ein verdickendes
Mittel.
†Incrasser, *v. a.* (Med.) verdicken.
Incrédule, *adj.* unglaubig; —,
*m. et f.* Unglaubige.
Incrédulité, *f.* Unglaube, *m.*
Incrée, e, *adj.* unerschaffen.
†Incrément, *m.* (Math.) Zu=
wachs, Wachsthum, *n.*
Incriminer, *v. a.* anklagen; ver=
dächtigen, bezüchtigen.
Incroyable, *adj.*; -ment, *adv.*:
unglaublich.
Incrustation, *fém.* Bekleidung,
Ueberzug, *m.*; (Naturg.) Incrusta=
tion, *f.* steinichte Rinde, Rinden=
stein, *m.*
Incruster, *v. a.* bekleiden, über=
ziehen, einlegen (de, mit); (Med.)
befrusten, berinden. [brüten.
Incubation, *f.* Brüten, *n.* Be=
Incube, *m.* Nachtmännchen, *n.*;
(Med.) Alp, *m.*
Inculpation, *f.* Beschuldigung.
Inculper, *v. a.* beschuldigen.
Inculquer, *v. a.* einprägen, ein=
schärfen, *fm.* eintrichtern.
Inculte, *adj.* unangebaut; *fg.*
ungebildet, roh. [Robbeit.
Inculture, *f.* Unangebautheit, *fg.*
†Incunable, *masc.* Urausgabe,
*f.* Druckerstling, *m.*
Incurabilité, *f.* Unheilbarkeit.
Incurable, *adj.* unheilbar; *fig.*
un=[dig.; —, *m.* Unheilbare.]
Incurie, *f.* Sorglosigkeit.
Incuriosité, *f.*·der Mangel an
Wißbegierde. [*m.* Streiferei,*f.*
Incursion, *f.* (Kriegsw.) Einfall,
Incuse, *adj.*; —, ou — *f.* Hohlmünze.
daille — ou — *f.* Hohlmünze.
Inde, *f.* Indien; les —s orien=
tales, Ostindien; —, *m.* (Handl.)
Indigo, Indigoblau, *n.*

Indébrouillable, *adj.* unentwirr=
bar. [Unschicklichkeit.
Indécence, *f.* Unanständigkeit,
Indécent, e, *adj.*; -emment,
*adv.*: unanständig, unschicklich.
Indéchiffrable, *adj.* unentziffer=
bar; unleserlich; *fg.* unerklärbar
(S.); unerforschlich (Person).
Indécis, e, *adj.* unentschieden,
unausgemacht (S.); unentschlossen
(Person).
Indécision, *f.* Unentschlossenheit.
Indéclinabilité, *fém.* (Gramm.)
Unumendbarkeit. [abänderlich.
Indéclinable, *adj.* (Gramm.) un=
Indécomposable, *adj.* (Chym.)
unzersegbar, unzerlegbar.
Indécrottable, *adj.* unsäuberbar;
*fg. fm.* ungeschlacht.
Indéfectibilité, *f.* (Kath.) Un=
fehlbarkeit. [fehlbar.
Indéfectible, *adj.* (Kath.) un=
Indéfini, e, *adj.*; -ment, *adv.*:
unbestimmt. [schreiblich.
Indéfinissable, *adj. fm.* unbe=
Indélébile, *adj.* unauslöschlich.
†Indélébilité, *f.* Unauslöschlich=
keit, Unverlöschbarkeit.
Indéliberé, *adj.* unüberlegt.
Indemne (spr. indem-ne), *adj.*
(jur.) entschädigt, schadlos.
Indemniser (spr. indamn-), *v. a.*
schadlos halten. [Entschädigung.
Indemnité (spr. indamn-), *f.*
Indépendance, *f.* Unabhängig=
keit, Selbstständigkeit.
Indépendant, e, *adj.*; -amment,
*adv.*: unabhängig, selbstständig.
Indestructible, *adj.* unzerstör=
barkeit.
Indétermination, *f.* Unschlüffig=
keit.
Indéterminé, e, *adj.* unbestimmt
(S.); unschlüffig (Person); -ment,
*adv.* unbestimmt.
†Indevinable, *adj.* unerrathbar.
Indévot, e, *adj.*; -ment, *adv.*:
unandächtig; —, *e, f.* Unan=
dächtige, *m. et f. fm.* Weltkind,*n.*
Indévotion, *f.* Andachtlosigkeit.
Index, *m.* Register, *n.* Verzeich=
niß, —, ou — expurgatoire, das
Verzeichniß der verbotenen Bücher
(zu Rom) || Zeiger (auf einem Zif=
ferblatt), *m.*; (Anat.) Zeigefinger.
Indicateur, *m. et adj. m.*, muscle
—, der Streckmuskel des Zeigefin=
gers; —, *m.* trice, *f.* (jur.) An=
geber, *m.* =inn, *f.*
Indicatif, ve, *adj.* anzeigend; —,
*m.* (Gramm.) Indicativ, die anzei=
gende Art.
Indication, *f.* Anzeige.
Indice, *m.* Merkmal, *n.* Zeichen.
Indicible, *adj.* unaussprechlich,
unsäglich.

Indiction, *f.* Zusammenberufung (einer Kirchenversammlung); Rö=mer=Zinszahl.

Indicule, *m.* das kleine Anzeichen.

Indien, ne, *adj.* indianisch; —, *m. ne, f.* Indianer; *m.* =inn, *f.;* indisch; Indier, *m.* =inn, *f.*

Indienne, *f.* Katiun, *m.* Zitz, indianische Zitz.

Indifféremment, *adv.* gleichgil=tig; ohne Unterschied.

Indifférence, *f.* Gleichgiltigkeit.

Indifférent, e, *adj.* gleichgiltig.

†Indifférentisme, *m.* Gleichgil=tigkeit, *f.;* (Theol., ꝛc.) Indifferen=tismus, *m.*

†Indifférentiste, *m. et f.* (Theol.) Indifferentist, *m.* =inn, *f.*

Indigénat, *m.* Eingeburtsrecht, *n.*

Indigence, *f.* Dürftigkeit.

Indigène, *adj.* einheimisch, in=ländisch; —, *m. et f.* Eingeborne, Inländer, *m.* =inn, *f.*

Indigent, e, *adj.* dürftig, sehr arm; —, *m. e, f.* Dürftige, *m. et f.*

Indigeste, *adj.* unverdaulich, un=verdaut; *fg.* unverdaut, unverar=beitet.

Indigestion, *f.* Unverdaulichkeit.

Indigète, *m.* (Myth.) Halbgott, Landesgott.

Indignation, *f.* Unwille, *m.* Zorn, Entrüstung, *f.*

Indigne, *adj.;* =ment, *adv.:* un=würdig; —, *m.* Nichtswürdige.

Indigné, e, *adj.* aufgebracht, zor=nig, unwillig (de, über).

Indigner, *v. a.* erzürnen, aufbrin=gen, entrüsten; s'—, unwillig wer=den, zürnen (de, über).

Indignité, *fém.* Unwürdigkeit; Schändlichkeit; Beschimpfung.

Indigo, *m.* (Handl.) Indigo.

Indigoterie, *f.* Indigopflanzung.

Indigotier, *m.* (Bot.) Indigo=pflanze, *f.*

Indiquer, *v. a.* anzeigen, bezeich=nen; festsetzen, bestimmen.

Indirect, te, *adj.;* =ment, *adv.:* mittelbar; *fg. id.* versteckt, heimlich; *m. p.* krumm. [unterscheidbar.

†Indiscernable, *adj.* (Lehrst.) un=

Indisciplinable, *adj.* unbändig.

Indiscipline, *f.* Zuchtlosigkeit.

Indiscipliné, e, *adj.* zuchtlos.

Indiscret, éte, *adj.;* étement *adv.:* unbesonnen, unbescheiden, vorwitzig, schwatzhaft; —, *m.* Un=bescheidene; Plauderer.

Indiscrétion, *f.* Unbesonnenheit, Unbescheidenheit, Vorwitz, *masc.;* Schwatzhaftigkeit, *f.*

Indispensable, *adj.;* =ment, *adv.:* unumgänglich, durchaus nothwendig.

Indisponible, *adi.* (jur.) unver=machbar.

Indisposé, e, *adj.* unpäßlich.

Indisposer, *v. a.* unwillig, abge=neigt machen; s'—, unwillig, abge=neigt werden.

Indisposition, *f.* Unpäßlichkeit || Unwille, *m.* Abgeneigtheit, *f.*

†Indisputable, *adj.;* -ment, *adv. :* unbestreitbar.

Indissolubilité, *f.* Unauflöslich=keit. [unauflöslich.

Indissoluble, *adj.;* -ment, *adv.:*

Indistinct, e, *adj.* undeutlich, -ement, *adv. id.,* ohne Unterschied.

Individu, *m.* das einzelne Wesen, Individuum; Mensch, *m.;* un —, jemand; *fm.* avoir grand soin de son — große Sorge für seine Per=son tragen.

†Individualisation, *f.* (Philos.) Absonderung, das Betrachten im Einzelnen.

Individualiser, *v. a.* (Philos.) absondern, einzeln betrachten.

Individualité, *f.* (Philos.) Indi=vidualität, Persönlichkeit.

Individuel, le, *adj.* besonder, persönlich; eigen, einzig; -lement, *adv.* einzeln, besonders.

Indivis, e, *adj.* (jur.) ungetheilt; par —, *adv. id.,* gemeinschaftlich.

Indivisé, e, *adj.* ungetheilt; -ment, *adv.* (jur.) *id.,* gemeinschaftlich.

Indivisibilité, *f.* Untheilbarkeit.

Indivisible, *adj.;* -ment, *adv.:* untheilbar.

In-dix-huit, *m.* Octodezformat, *n.;* Octodezbändchen. [sam.

Indocile, *adj.* ungelehrig, unlenk=

Indocilité, *f.* Ungelehrigkeit, Un=lenksamkeit.

Indolence, *f.* Unempfindlichkeit; Sorglosigkeit; Fahrlässigkeit.

Indolent, e, *adj.;* -emment, *adv.:* unempfindlich; sorglos, fahr=lässig; (Med.) schmerzlos; —, *m. e,* f.Unempfindliche, *m. et f.* Sorglose.

Indomptable, *adj.* unbändig.

Indompté, e, *adj.* ungezähmt, ungebändigt.

Indou, u, *adj.* indisch; —, *m. e, f.* Indier, *m.* =inn, *f.;* Hindu, *m.* [Duodezband, *m.*

In-douze, *m.* Duodezformat, *n.;*

Indu, e, *adj.* unrecht, ungebühr=lich; heure —e, Unzeit, *f.*

Indubitable, *adj.* unzweifelhaft; -ment, *adv.* ohne Zweifel.

Induction, *f.* (Log.) Schluß, *f.* Folgerung, *f.* Schlußreihe.

*Induire, *v. a.* führen (in Irr=thum, ꝛc.); (Log.) schließen, folgern.

Indulgence, *f.* Nachsicht, Gelin=digkeit; (Kath.) Ablaß, *m.*

Indulgent, e, *adj.;* -emment, *adv.* -nachsichtig, gelinde.

Indult, *m.* (Kath.) die päpstliche Gnadenbilligung, Indult, *m.*

Indultaire, *m.* (Kath.) der mit einem Indult Begünstigte.

Indûment, *adv.* ungebührlich.

Industrie, *f.* Geschicklichkeit, Be=triebsamkeit, Fleiß, *m.* Kunstfleiß; Gewerbe, *n.;* chevalier d'—, Glücksritter, *m.;* vivre d'—, durch seine Betriebsamkeit leben.

Industriel, le, *adj.* durch den Kunstfleiß hervorgebracht.

Industriel, *m.* Gewerbsmann, der der Industrie obliegt.

Industrieux, se, *adj.;* -sement, *adv.:* geschickt; erfinderisch, betrieb=sam, fleißig, emsig.

Induts, *m. pl.* (Kath.) Meßdiener (bei dem Hochamte).

Inébranlable, *adj.;* -ment, *adv.:* unerschütterlich.

Inédit, e, *adj.* ungedruckt (Schrift).

Ineffabilité, *f.* Unaussprechlichkeit.

Ineffable, *adj.* unaussprechlich.

Ineffaçable, *adj.* unauslöschlich, unvertilgbar.

Inefficace, *adj.* unwirksam, un=kräftig.

Inefficacité, *f.* Unwirksamkeit, Unkräftigkeit.

Inégal, e, *adj.;* -ement, *adv.:* ungleich, uneben; holperig (Weg), bergig (Land); *fg.* ungleich, unbe=ständig, veränderlich.

Inégalité, *f.* Ungleichheit; *fg. id.,* Veränderlichkeit, Unbeständigkeit.

Inélégance, *f.* der Mangel an Eleganz (Styl).

Inélégant, e, *adj.* nicht elegant.

Inéligible, *adj.* unwählbar.

Inénarrable, *adj.* (h. Schr.) un=aussprechlich.

Inepte, *adj.* untüchtig (à, zu); albern, ungereimt, läppisch.

Ineptie, *f.* Albernheit, Ungereimt=heit.

Inépuisable, *adj.* unerschöpflich.

Inerme, *adj.* (Bot.) stachel= oder dornenlos, unbewehrt.

Inerte, *adj.* (Phys.) träge; *fg. id.*

Inertie, *f.* (Phys.) Trägheit; *fg. id.*

Inérudit, e, *adj.* ungelehrt.

Inespéré, e, *adj.;* -ment, *adv.:* unverhofft.

Inestimable, *adj.* unschätzbar.

†Inétendu, e, *adj.* unausgedehnt.

Inévitable, *adj.;* -ment, *adv.:* unvermeidlich, unausbleiblich.

Inexact, e, *adj.* unrichtig, nach=lässig, nicht genau.

Inexactitude, *f.* Unrichtigkeit, Nachlässigkeit.

Inexcusable, *adj.* unverantwort=lich.

Inexécutable, *adj.* unausführbar.

Inexécution, *f.* Nichtvollziehung.

Inexercé, e, *adj.* ungeübt.

Inexigible, *adj.* nicht zu fordern; uneintreiblich.

†Inexistence, f. Nichtseyn, n.
Inexorable, adj.; -ment, adv.: unerbittlich.
Inexpérience, f. Unerfahrenheit.
Inexpérimenté, e, adj. unerfah= ren.
Inexpiable, adj. unabbüßlich.
Inexplicable, adj. unerklärbar.
Inexprimable, adj. unaussprech= lich, unbeschreiblich.
Inexpugnable, adj. unüberwind= lich. [auslöschlichkeit.
Inextinguibilité, f. (Lehrst.) Un=
Inextinguible, adj. unauslöschlich.
In extremis, v. Extremis.
Inextricable, adj. verworren.
Infaillibilité, f. Unfehlbarkeit.
Infaillible, adj.; -ment, adv.: unfehlbar; unausbleiblich (Folge).
Infaisable, adj. unthunlich.
Infamant, e, adj. schimpflich, entehrend.
Infamation, f. Entehrung..
Infâme, adj. ehrlos; schändlich; entehrend; —, m. Ehrlose; Schand= fleck, fm. Schandbalg.
Infamie, f. Ehrlosigkeit, Schande; Schandthat; Schimpfwort, n. Be= schimpfung, f.
Infant, m. e, f. Infant, m. =inn, f. (in Spanien und Portugal).
Infanterie, f. (Kriegsw.) Fuß= volk, n.
Infanticide, m. Kindermord; —, m. et f. Kindermörder, m. =inn, f.
Infatigable, adj.; -ment, adv.: unermüdlich, unverdrossen, rastlos.
Infatuation, f. Bethörung, Ein= bildung.
Infatuer, v. a. de qch., für etw. einnehmen, bethören, in etw. ver= narren; s'— de qch., sich in etw. vernarren.
Infécond, e, adj. unfruchtbar.
Infécondité, f. Unfruchtbarkeit.
Infect, e, adj. stinkend, verpestet.
Infecter, v. a. anstecken (de, mit), verpesten; fg. id. [m.
Infection, f. Ansteckung; Gestank.
†Infélicité, f. p. us. Unglück, n.
Inféodation, f. (Lehenw.) Bele= hnung.
Inféoder, v. a. qch. à qn., einem etw. zu Lehen geben, einen mit etw. belehnen. [(de, aus).
Inférer, v. a. schließen, folgern
Inférieur, e, adj. unter; fg. ge= ringer, untergeordnet; — en mé= rite, von geringerm Verdienste; — en nombre, an Zahl schwächer (à, als); —, m. Untergebene; -ment, adv. geringer, schlechter (à, als).
Infériorité, f. Niedrigkeit; unter= geordnete Lage; der geringere Grad (von Verdienst, x.); geringere Werth.
Infernal, e, adj. höllisch; (Chym.) pierre — e, Höllenstein, m.

Infertile, adj. unfruchtbar; fg. id.
Infertilité, f. Unfruchtbarkeit.
Infester, v. a. beunruhigen, un= sicher machen; verheeren, plagen.
†Infeuillé, e, adj. ohne Blätter (Bot.).
Infidèle, adj.; -ment, adv.: un= treu, treules; unrichtig (Abschrift, x.); (Theol.) ungläubig; —s, m. pl. Ungläubigen, Heiden.
Infidélité, f. Untreue, Treulosig= keit; (Theol.) Unglaube, m.
Infiltration, f. Einziehen, n. Ein= bringen (einer Flüssigkeit).
Infiltrer (s'), einziehen, sich hin= einziehen.
Infime, adj. unterst; niedrigst.
Infini, e, adj. unendlich, endlos; unzählig; —, m. Unendliche, n.; à l'—, ins Unendliche; -ment, adv. unendlich; -ment d'esprit, unend= lich viel Geist.
Infinité, f. Unendlichkeit, unzäh= lige Menge.
†Infinitésimal, e, adj., (Alg.) calcul —, Infinitesimal=Rechnung, f. Rechnung von den unendlich klei= nen Größen.
†Infinitésime, adj. f., partie —, ou —, f. (Geom.) das unendlich kleine Theilchen.
Infinitif, m. (Gramm.) Infinitiv, die unbestimmte Art.
Infirmatif, ve, adj. (jur.) ent= kräftend, ungiltig machend.
Infirme, adj. schwächlich, kränk= lich, siech, gebrechlich; kraftlos; —, m. Siechling.
Infirmer, v. a. (jur.) ungiltig machen, entkräften (Lehrst.) id., schwächen.
Infirmerie, fém. Krankenstube, =haus, n. [wärter, m. =inn, f.
Infirmier, m. ère, f. Kranken=
Infirmité, f. Schwachheit, Ge= brechlichkeit; Gebrechen, m.
†Infixé, e, adj. fest gemacht (von Zähnen).
Inflammabilité, f. (Phys., x.) Entzündbarkeit; Brennbarkeit.
Inflammable, adj. (Phys., x.) entzündbar; brennbar; fg. auflo= bernd. [Entzündung.
Inflammation, f. (Phys., Med.)
Inflammatoire, adj. (Med.) ent= zündend; fievre — e, Entzündungs= fieber, m. [(Phys.) id.
Inflexibilité, f. Unbiegsamkeit,
Inflexible, adj.; -ment, adv.: unbiegsam, unerschütterlich, unbe= weglich.
Inflexion, f. Beugung, Biegung; (Gramm.) Biegung, Umlandung (der Hauptwörter), Umwandlung (der Zeitwörter).
†Inflictif, ve, adj. (jur.) aufzu= erlegend, auferlegt.

†Infliction, f. (jur.) Auflegung (einer Leibesstrafe).
Infliger, v. a. (eine Strafe) auf= legen. [stand, m.
Inflorescence, f. (Bot.) Blüthen=
Influence, f. Einfluß, m.
Influencer, v. a. qn., auf einen einwirken, einen vermögen.
Influent, e, adj. (neu) einfluß= reich; sehr angesehen.
Influer, v. n. wirken, einwirken, Einfluß haben.
In-folio, m. lat. Folioformat, n.; Foliant, m.
Information, f. (jur.) Untersu= chung; Zeugenverhör, m.; — de vie et mœurs, die Erkundigung nach Leben und Wandel; —, die Erkundigung; aller aux —s, pren= dre des —s, Erkundigungen ein= ziehen.
Informe, adj. ungestalt, unförm= lich; fg. unausgearbeitet; ungeord= net. [f.
Informé, m. (jur.) Untersuchung,
Informer, v. a. unterrichten, be= nachrichtigen; —, v. n. (jur.) eine Untersuchung anstellen (de, über); s'—, sich erkundigen (de, nach).
†Infortiat, m. (jur.) der zweite Theil der Pandecten.
Infortune, f. Unglück, n.
Infortuné, e, adj. unglücklich; —é, m. e, f. Unglückliche, m. et f.
Infracteur, m. Uebertreter.
Infraction, f. Uebertretung (à, contre ou d'une loi, eines Ge= setzes); faire une — à une loi, ein Gesetz übertreten.
†Infréquenté, e, adj. nicht be= sucht, unbereiset.
Infructueux, se, adj. unfrucht= bar; —, -sement, adv. fg. frucht= los. [terformig.
Infundibulé, e, adj. (Bot.) trich=
Infus, e, adj. eingegeben, von Natur verliehen.
Infuser, v. a. einweichen, einen Aufguß auf etw. machen.
Infusible, adj. unschmelzbar.
Infusion, f. Aufgießen, n.; Ein= weichen; Aufguß, m.; (Chir.) Ein= spritzung, f.; fg. Mittheilung, Ein= gebung; animalcule des —s, v. Infusoire.
Infusoire, m. et adj., animal- cule, ver —, Infusionsthierchen, n. =würmchen. [leichtfüßig.
Ingambe, adj. fm. flink, rasch, Ingénier (s'), auf ein Mittel sinnen. [baumeister.
Ingénieur, m. Ingenieur, Kriegs=
Ingénieux, se, adj.; -ment, adv.: sinnreich, geistreich, witzig, fein; (unstreit (Arbeit).
Ingénu, e, adj.; -ment, adv.: offenherzig, treuherzig, einfältig,

ungezwungen, ehrlich; —, (Alt.) frei geboren.
Ingénuité, *fém.* Offenherzigkeit, Treuherzigkeit, Einfalt.
Ingérer (s'), sich mengen, sich mischen (de, in).
Ingrat, e, *adj.* undankbar; *fg. id.,* unfruchtbar; schwach (Gedächtniß).        [Undank, *m.*
Ingratitude, *f.* Undankbarkeit.
Ingrédient, *m.* (Apoth.) Bestandtheil; (Kocht.) *id.,* Zuthat, *f.;* —s, Zubehör, *n.*        [*id.*
Inguérissable, *adj.* unheilbar; *fg.*
Inguinal, e, *adj.,* (Med.) hernie —e, Leistenbruch, *m.*
Inhabile, *adj.* (jur.) unfähig.
Inhabileté, *f.* Ungeschicklichkeit.
Inhabilité, *f.* (jur.) Unfähigkeit.
Inhabitable, *adj.* unbewohnbar.
Inhabité, e, *adj.* unbewohnt.
†Inhabitude, *f.* Ungewohnheit.
Inhérence, *f.* (Philof.) Anhängen, *n.*        [klebend.
Inhérent, *adj.* anhängend, anInhiber, *v. a.* (jur.) untersagen.
Inhibition, *f.* (jur.) Verbot, *n.*
†Inhibitoire, *adj.* (jur.) untersagend, verbietend.
Inhospitalier, ère, *adj.* ungastfreundlich; unwirthbar (Land).
Inhospitalité, *f.* Ungastfreundlichkeit, der Mangel an Gastfreiheit.
Inhumain, e, *adj.;* -ement, *adv.:* unmenschlich; —, *m.* Unmensch; —, *m.* e, *f.* Grausame, *m. et f.*
Inhumanité, *f.* Unmenschlichkeit, Grausamkeit.
Inhumation, *f.* Beerdigung.
Inhumer, *v. a.* begraben, beerdigen.
Inimaginable, *adj.* unersinnlich.
Inimitable, *adj.* unnachahmlich.
Inimitié, *f.* Feindschaft.
†Inintelligibilité, *f. p. us.* Unverständlichkeit.
Inintelligible, *adj.* unverständlich.
Inique, *adj.;* -ment, *adv.:* unbillig, ungerecht.
Iniquité, *f.* Unbilligkeit, Ungerechtigkeit; (Mor.) Sünde; Verderbniß (des Zeitalters), *n.*
Initial, e, *adj.,* lettre —e, Anfangsbuchstab, *m.*
Initiation, *f.* Einweihung (à, in).
Initiative, *f.* Antragsrecht, *n.;* prendre l'—, den Anfang machen.
Initié, *m.* Eingeweihte.
Initier, *v. a.* einweihen (à, in).
Injecter, *v. a.* (Chir.) einspritzen; (Anat.) ausspritzen.
Injection, *f.* (Chir.) Einspritzung; (Anat.) Ausspritzen, *n.*
Injonction, *f.* der gemessene Befehl; faire —, ausdrücklich befehlen.
Injure, *f.* Unrecht, *n.* Beleidi-

gung, *f.;* Schimpfwort, *n.;* — du temps, der Zahn der Zeit, die rauhe Witterung.        [schmähen.
Injurier, *v. a.* schimpfen, schelten,
Injurieux, se, *adj.;* -sement, *adv.:* schimpflich, ehrenrührig, beleidigend; parole —se, Schelt-, Schimpfwort, *n.*
Injuste, *adj.* ungerecht; unbillig, widerrechtlich; -ment, *adv. id.,* ungerechter Weise.
Injustice, *f.* Ungerechtigkeit, Unrecht, *n.* Unbilligkeit, *f.*
Inlisible, *adj.* unleserlich (Schrift).
Innavigable, *adj.* unschiffbar.
Inné, e, *adj.* angeboren.
Innocence, *f.* Unschuld, Einfalt.
Innocent, e, *adj.* unschuldig, schuldlos, harmlos; unschädlich (Mittel, ac.); *iron.* einfältig; —, *m.* Unschuldige, Schuldlose, das unschuldige Kind; *iron.* Tropf, *m.;* -emment, *adv.* unschuldig, unschulbigerweise; in aller Einfalt.
Innocenter, *v. a.* für unschuldig erklären.
Innocuité, *f.* Unschädlichkeit.
Innombrable, *adj.;* -ment, *adv.:* unzählbar, unzählig.
Innomé, e, *adj.* (jur.) unbenannt.
Innominé, *adj. m.* unbenannt; (Anat.) os —s, ou —s, *m. pl.* die ungenannten Beine.
Innovateur, *m.* Neuerer.
Innovation, *f.* Neuerung.
Innover, *v. n. et a.* neuern; il ne faut rien —, man muß keine Neuerungen aufbringen.
Inobservation, *f.* Nichtbefolgung (der Gesetze).
Inoccupé, e, *adj.* unbeschäftigt.
In-octavo, *m. lat.* Octavformat, *n.;* Octavband, *m.*
Inoculateur, *m.* Blatterneinimpfer.        [der Blattern.
Inoculation, *f.* die Einimpfung
Inoculer, *v. a.* (die Blattern) einimpfen; *fg. id.*
Inoculiste, *m.* der Anhänger der Blatterneinimpfung.
Inodore, *adj.* geruchlos.
Inoffensif, ve, *adj.* (neu) inoffensif; unschuldig, wer niemand beleidigt.
Inofficieux, se, *adj.* (jur.) pflichtwidrig (Testament); beeinträchtigend (Schenkung).
Inofficiosité, *f.* (jur.) Pflichtwidrigkeit, Beeinträchtigung.
Inondation, *f.* Ueberschwemmung, Wasserfluth; *fg.* Ueberschwemmung, Fluth.        [*fg. id.*
Inonder, *v. a.* überschwemmen,
Inopiné, e, *adj.* unvermuthet; -ment, *adv. id.,* unversehens.
Inopportun, e, *adj.* ungelegen, unzeitig.        [Unpäßlichkeit.
Inopportunité, *f.* Ungelegenheit,

Inorganique, *adj.* unorganisch, nicht organisirt.
Inoui, e, *adj.* unerhört.
In-pace, *m. lat.* (Klost.) das ewige Gefängniß; mettre —, lebendig einmauern.
In partibus, *v.* Partibus.
In petto, *v.* Petto.
In-plano, *adj. et s. m.* ein nur auf einer Seite gedrucktes Blatt.
In-promptu, *v.* Impromptu.
Inquart, *m.* (Chym.) das Zusetzen dreier Theile Silber zu einem Theile Gold, Quartiren.
In-quarto, *m. lat.* Quartformat, *n.;* Quartband, *m.*
Inquiet, ète, *adj.* unruhig, ängstlich, besorgt.
Inquiétant, e, *adj.* beunruhigend.
Inquiéter, *v. a.* beunruhigen, ängstigen.
Inquiétude, *f.* Unruhe, Angst, Besorgniß; —s, (Med.) Kriebeln, *n.*        [quisitor.
Inquisiteur, *m.* Ketzerrichter, JnInquisition, *f. p. us.* Untersuchung || Ketzergericht, *n.* Inquisition, *f.*        [ftastbar.
Insaisissable, *adj.* (jur.) unanInsalubre, *adj.* ungesund (Wohnung, ac.).
Insalubrité, *f.* Ungesundheit.
Insatiabilité, *f.* Unersättlichkeit.
Insatiable, *adj.;* -ment, *adv.:* unersättlich; *fg. id.*        [wissen.
†Insciemment, *adv.* ohne VorInscription, *f.* Auf-, Ueber-, Jnschrift; Einschreibung; — en faux, (jur.) Fälschungsklage.
†Inscrire, *v. a.* einschreiben; (Geom.) einschließen; s'—, sich einschreiben; s'— en faux contre qch., (jur.) etw. als falsch anklagen.
Inscrutable, *adj.* unerforschlich.
Inscu, *v.* Insu.
Insecte, *m.* Jnsect, *n.* Kerbthier.
†Insectivore, *adj.* Jnsecten fressend, sich von Jnsecten nährend (Vögel).        [Sedezband, *m.*
In-seize, *m.* Sedezformat, *n.;*
Insensé, e, *adj.* unsinnig, toll, thöricht; —, *m. e, f.* Unsinnige, *m. et f.* Thor, *m.* Thörinn, *f.*
Insensibilité, *f.* Fühllosigkeit.
Insensible, *adj.* unempfindlich, gefühllos (à, bei, gegen); —, *adv.* unvermerkt, unmerklich, allmälig.
Inséparable, *adj.;* -ment, *adv.:* untrennbar.
Insérer, *v. a.* einrücken, einschalten.
†Insermenté, e, *adj.* unbeeidigt; der den Eid verweigert hat.
Insertion, *f.* Einrücken, *n.* Einschalten; (Anat.) Einfügung, *f.*
†Insession, *f.* das Sitzen in einem Dampfbad, Dampfbad.

†Insexée, adj., une fleur —, eine geschlechtlose Blume.

†Insidiateur, m. der Fallstricke legt, Versucher.

Insidieux, se, adj.; -sement, adv.: hinterlistig.

Insigne, adj. ausgezeichnet, vorzüglich; —s, m. pl. Insignien.

Insignifiance, f. Unbedeutsamkeit, Geringfügigkeit.

Insignifiant, e, adj. unbedeutend, geringfügig.

Insinuant, e, adj. einschmeichelnd, einnehmend.

Insinuation, f. Einschmeichlung, Einflüsterung; (jur.) Einschreibung.

Insinuer, v. a. sanft hineinstecken; fg. geschickt beibringen; zu verstehen geben, einflüstern; (jur.) ol. einschreiben; s'—, sich einschleichen, sich einschmeicheln (dans l'esprit de qn., bei einem).

Insipide, adj.; -ment, adv.: unschmackhaft, geschmacklos; wässericht; fg. abgeschmackt, fade.

Insipidité, f. Geschmacklosigkeit; fg. id., Abgeschmacktheit.

Insistance, f. Eindringlichkeit; Beharren, n.

Insister, v. n. sur qch., auf etw. bestehen, bringen.

Insociabilité, f. Ungeselligkeit, Unverträglichkeit. [träglich.

Insociable, adj. ungesellig, unverträglich.

Insolation, f. (Chym.) Sonnen, n. Dörren.

Insolence, fém. Unverschämtheit, Frechheit; Trotz, m. Uebermuth.

Insolent, e, adj.; -emment, adv.: unverschämt, frech, trotzig, übermüthig, grob; —, m. e, f. Unverschämte, m. et f.

Insoler, v. a. (Chym.) sonnen, an die Sonne stellen.

Insolite, adj. ungewöhnlich.

Insolubilité, f. Unauflöslichkeit.

Insoluble, adj. unauflöslich.

Insolvabilité, f. das Unvermögen zu bezahlen.

Insolvable, adj. zahlungsunfähig.

Insomnie, f. Schlaflosigkeit.

Insouciance, f. Sorglosigkeit.

Insouciant, e, adj. sorglos, nachlässig.

Insoumis, e, adj. ununterworfen.

Insoutenable, adj. unbehauptbar.

Inspecter, v. a. besichtigen.

Inspecteur, m. Aufseher, Inspector; — de l'école, Schulaufseher, Scholarch; — ou ecclésiastique, (Prot.) Superintendent.

Inspection, f. Besichtigung, Ansicht, Einsicht, Uebersicht; Aufsicht; — ou ecclésiastique, (Prot.) Superintendentur. [sternd.

.Inspirateur, trice, adj. begeisternd.

Inspiration, f. Eingebung; fg.

id., Begeisterung; (Phys.) Einathmen, n.

Inspirer, v. a. eingeben, einflößen, beibringen; (einen) begeistern; (Phys.) einathmen.

Instabilité, f. Unbeständigkeit.

†Instable, adj. unbeständig, auf keinem festen Grunde beruhend.

Installation, f. Einsetzung.

Installer, v. a. (in ein Amt) einsetzen; s'—, sich einsetzen; fg. fm. sich einnisten.

Instance, f. die dringende Bitte; faire des —s auprès de qn., einen dringend bitten; —, (Log.) der neue Beweisgrund; (jur.) Klage, f. Gesuch, n.; Instanz, f.

Instant, e, adj.; -amment, adv.: inständig, dringend.

Instant, m. Augenblick; à l'—, sogleich, augenblicklich.

Instantané, e, adj. augenblicklich.

†Instantanéité, f. die augenblickliche Dauer.

Instar (à l'), adv. nach dem Muster; à l'— de, wie.

Instauration, f. Einführung (einer Religion); Wiederherstellung (eines Tempels, etc.).

Instigateur, m. trice, f. Anstifter, m. sinn, f.

Instigation, f. Anstiftung.

Instiguer, v. a. anstiften, antreiben.

Instillation, f. Eintröpfeln, n.

Instiller, v. a. einträufeln, einträufeln.

Instinct, m. Naturtrieb, Trieb.

Instinctif, ve, adj. instinktmäßig.

Instinctivement, adv. instinktmäßig, unwillkührlich.

Instituer, v. a. anordnen, stiften, errichten, einsetzen; (jur.) einsetzen (zum Erben).

Institut, m. (Klost.) Lebensregel, f.; Stiftung, Anstalt, Lehranstalt, Institut, n.

Institutes, f. pl. Instituts, m. pl. die Institutionen des römischen Rechts, f. pl.

Instituteur, m. trice, f. Stifter, m. sinn, f.; Lehrer, m. Erzieher, sinn, f.

Institution, f. Einsetzung, Anordnung, Stiftung; (jur.) Einsetzung (eines Erben); Anstalt, Lehranstalt, Erziehung, Bildung. [ciermeister.

Instructeur, m. (Kriegsw.) Exerciermeister.

Instructif, ve, adj. lehrreich.

Instruction, f. Unterricht, m. Unterweisung, f.; — publique, Schulwesen, n.; — Belehrung, f. || Verhaltungsbefehl, m.; Weisung, f.; (jur.) Vorbereitung, Einleitung (eines Prozesses).

*Instruire, v. a. unterrichten, unterweisen, lehren; — qn. de qch.,

einen von etw. benachrichtigen, einem etw. berichten; (jur.) (einen Prozeß) vorbereiten, einleiten; s'—, sich unterrichten.

Instrument, m. Werkzeug, n. Geräth; (Mus.) Instrument; (jur., etc.) Urkunde, f.

Instrumentaire, adj., témoin —, Beizeuge, m.

Instrumental, e, adj. als Werkzeug dienend; musique —e, Instrumentalmusik, f.

Instrumentation, f. (Mus.) Instrumentirung.

Instrumenter, v. n. (jur.) Urkunden verfertigen.

Insu (à l'), adv. ohne Vorwissen.

Insubordination, f. Ungehorsam, m. Widerspänstigkeit, f.; (Kriegsw.) Zügellosigkeit.

Insubordonné, e, adj. widerspänstig, zügellos.

Insuffisance, f. Unzulänglichkeit.

Insuffisant, e, adj.; -amment, adv.: unzulänglich.

Insulaire, m. et f. Inselbewohner, m. Insulaner, sinn, f.; —, adj. auf einer Insel wohnend.

Insultant, e, adj. beleidigend (eine Rede).

Insulte, f. Beleidigung, Schimpf, m.; mettre hors d'—, (Kriegsw.) vor einem Ueberfalle sichern.

Insulter, v. a. beschimpfen, beleidigen; (Kriegsw.) überfallen, anfallen; —, v. n. à qn., eines spotten; — à qch., einer S. Hohn sprechen.

Insupportable, adj.; -ment, adv.: unerträglich. [ter.

Insurgé, Insurgent, m. Aufrührer, Insurger (s'), aufstehen, sich empören. [lich, unüberwindlich.

Insurmontable, adj. unübersteiglich, unüberwindlich.

Insurrection, f. Aufstand, masc. Aufruhr, Empörung, f.

Insurrectionnel, le, adj. aufrührisch (Bewegung). [unversehrt.

Intact, e, adj. unberührt, rein, Intactile, adj. unfühlbar; was dem Tastsinn entgeht.

†Intaille, f. ein hohl gegrabener Stein, Intaglio.

Intarissable, adj. unversiegbar; fg. id., unerschöpflich.

Intégral, e, adj., calcul —, (Math.) Integralrechnung, f.; —e, Integralgröße.

Intégralement, adv. vollständig.

†Intégralité, f. Ganze, n. Vollständigkeit, f. [sentlich.

Intégrant, e, adj. (Philos.) wesentlich.

Intégration, f. Integriren, n. Aussinden einer endlichen Größe.

Intègre, adj. redlich, unbestechlich, lauter.

Intégrer, v. a. (Math.) integriren.

Intégrité, fém. Rechtschaffenheit,

Unbeſtechlichkeit; Lauterkeit; Unver=
ſehrtheit (einer S.); Vollſtändigkeit
(eines Werkes); Integrität (eines
Staates).

†Intégument, m. die dünne Haut
inwendiger Theile des Körpers.

Intellect, m. (Philoſ.) Verſtand.

Intellectif, ve, Intellectuel, le,
adj. geiſtig; faculté —ve, —tuelle,
Erkenntnißkraft, f. =vermögen, n.
Verſtandes=, Vernunftkraft, f.

Intelligence, f. Verſtand, m. Er=
kenntnißkraft, f.; Einſicht ‖ — ou
bonne —, das gute Vernehmen,
Eintracht, f.; —, v. m. p. Verſtänd=
niß, n. Einverſtändniß; (Philoſ.)
das geiſtige Weſen.

Intelligent, e, adj. verſtändig,
vernünftig, einſichtsvoll, erfahren,
geſchickt.

Intelligible, adj.; -ment, adv.:
vernehmlich, verſtändlich, faßlich ‖
überſinnlich.

Intempérance, f. Unmäßigkeit,
— de langue, Ungebundenheit im
Reden.   [—, m. Unmäßige.

Intempérant, e, adj. unmäßig.

Intempéré, e, adj. ungemäßigt
(Begierden).

Intempérie, f. Unordnung (in
der Witterung); (Med.) id., Zer=
rüttung.   [zur Unzeit.

Intempestif, ve, adj. unzeitig.

Intendance, f. Oberaufſicht, Ver=
waltung, Intendanz.

Intendant, m. e, f. Oberaufſe=
her, m. Verwalter, Schaffner, In=
tendant; =inn, f.; — des mines,
Berghauptmann, m.

Intense, adj. (Phyſ.) heftig, ſtark.

Intension, f. (Phyſ.) Heftigkeit.

Intensité, fém. (Phyſ.) Kraft,
Stärke.   [geſtrengt.

†Intensivement, adv. heftig, an=

Intenter, v. a. (einen Prozeß) an=
fangen, anhängig machen (à, contre, gegen).

Intention, f. Abſicht, Vorſaß,
m.; Wille; être dans l' —, Wil=
lens ſeyn; —, (Muſ.) Sinn; dire
la messe à l' — de qn., die Meſſe
für einen leſen.   [lens.

Intentionné, e, adj. geſinnt, wil=

Intentionnel, le, adj., question
—le, (jur.) die Frage über die Ab=
ſicht des Beklagten; espèces —les ou
impresses, (Philoſ.) Bilder der Ge=
genſtände, welche nach der Meinung
der Alten auf unſere Sinne wirken.

Intercadence, f. (Med.) Ungleich=
heit (des Pulſes).

Intercadent, e, adj. (Med.) un=
gleich, gebrochen.

Intercalaire, adj. eingeſchaltet;
jour —, Schalttag, m.

Intercalation, fém. Einſchaltung
(eines Tages).

Intercaler, v. a. einſchalten; fg.
id., einrücken.

Intercéder, v. n. pour qn., ſich
für einen verwenden, für einen bit=
ten, einen vertreten.

Intercepter, v. a. auffangen, un=
terſchlagen; (Phyſ.) auffangen.

Interception, fém. (Phyſ.) Auf=
fangung.   [ſprecher.

Intercesseur, m. Fürbitter, Für=

Intercession, f. Fürbitte, Für=
ſprache, Verwendung.

Intercostal, e, adj. (Anal.) zwi=
ſchen den Rippen ſteckend.

Intercurrent, e, adj. (Med.) un=
gleich, ungewöhnlich.

†Intercutané, e, adj. (Anat.)
zwiſchen Haut und Fleiſch liegend.

Interdiction, f. die einſtweilige Ab=
ſetzung; (jur.) Mundtodterklärung.

*Interdire, v. a. etw. verbieten,
unterſagen; (jur.) einen für mund=
todt erklären; beſtürzt machen, ver=
wirren; — qn. de ses fonctions,
einem ſeine Amtsverrichtungen un=
terſagen; —, (Kath.) in den kleinen
Kirchenbann thun.

Interdit, e, adj. verboten (Sache);
verwirrt, beſtürzt (Perſon).

Interdit, m. (Kath.) der kleinere
Kirchenbann, Interdict, n.

Intéressant, e, adj. anziehend,
einnehmend, reizend; wichtig.

Intéressé, m. e, f. Theilnehmer,
m. Theilhaber, =inn, f.

Intéresser, v. a. qn., einen be=
treffen, angehen, für einen wichtig
ſeyn; — qn. pour soi, einen ein=
nehmen, auf ſeine Seite bringen;
— au succès de qch., machen
daß einem der Erfolg von etw. an=
gelegen iſt; einen rühren; s'— à,
s'— à, dans qch., an etw. Theil
nehmen; s'— pour qn., ſich jeman=
des annehmen.

Intérêt, m. Vortheil, Nutzen,
Beſte, n.; Angelegenheit; f. ‖ An=
theil, m. Intereſſe (à, an); —,
Anziehende (einer Schrift) ‖ Eigen=
nuß, m.; (Handl.) Zinſen, pl.;
Schaden, m.; prêter à —, auf
Zinſen leihen; payer l'— de, ver=
zinſen.   [zier durchſchießen.

Interfolier, v. a. mit weißem Pa=

Intérieur, e, adj. inner, inner=
lich, inwendig. m. Innere, n.;
-ement, adv. innerlich.

Interim, m. lat. Zwiſchenzeit, f.;
(Kirche) Interim, n.; par —, einſt=
weilig, unterdeſſen.

Interjection, f. (Gramm.) Aus=
rufungswort, n.; — d'appel, (jur.)
Appellation, f.   [appelliren.

Interjeter, v. a. appel, (jur.)

Interligne, m. Zwiſchenlinie, f.;
—, f. (Buchdr.) Durchſchießlinie,
Linie.

Interligner, v. a. (Buchdr.) durch=
ſchießen.

Interlinéaire, adj. zwiſchen zwei
Zeilen geſchrieben, eingerückt.

Interlocuteur, m. die mitredende
Perſon (in einem Geſpräche).

Interlocution, f. (jur.) Zwiſchen=,
Beiurtheil, n.

Interlocutoire, adj. vorläufig;
Jugement —, Beiurtheil, n. Zwi=
ſchenſpruch.

Interlope, m. et adj., vaisseau
—, Schmugglerſchiff, n.; commerce
—, Schleichhandel, m.

Interloquer, v. a. et n. (jur.) ein
Beiurtheil ſprechen; —, v. a. fg.
fm. betreten machen.

Intermède, m. (Theat.) Zwiſchen=
ſpiel, n. Zwiſchentanz, m.; (Chym.)
Zuſaß.

Intermédiaire, adj. dazwiſchen
befindlich; temps —, Zwiſchenzeit,
f.; —, untergeordnet (Amt, ꝛc.);
—, m. Vermittler; Mittelbegriff.

Intermédiat, e, adj. temps —,
Zwiſchenzeit, f.

Interminable, adj. unendbar
(Lärm, ꝛc.); unentſcheidbar (Prozeß).

Intermission, f. Unterbrechung
(Med.) id., Nachlaſſen, n.

Intermittence, f. (Med.) v. In=
termission.

Intermittent, e, adj. (Med.)
ausſetzend, gebrochen (Puls); fièvre
—e, Wechſelfieber, n.

Intermusculaire, adj. zwiſchen
den Muskeln befindlich.

Interne, adj. innerlich, inwendig.

Internonce, m. Internuntius (Ge=
ſandte des Papſtes).

Interosseux, se, adj. (Anal.) zwi=
ſchen den Knochen befindlich; —, m.
der zwiſchen den Knochen befindliche
Muskel.

Interpellation, f. (jur.) die Auf=
forderung ſich zu erklären, zu ant=
worten.

Interpeller, v. a. (jur.) auffordern.

Interpolateur, m. Textverfälſcher.

Interpolation, f. Einſchaltung,
Einſchiebſel, n.

Interpoler, v. a. (eine fremde
Stelle) einſchieben, einſchalten (ei=
nen Text) verfälſchen.

Interposer, v. a. dazwiſchenſetzen,
=legen, =ſtellen; fg. — son autorité,
ſein Anſehen ins Mittel tre=
ten; s'—, dazwiſchentreten, ſich ins
Mittel ſchlagen.

Interposition, f. Zwiſchenſtand,
m.; fg. Dazwiſchenkunft, f.

Interprétatif, ve, adj. erklärend.

Interprétation, fém. Auslegung,
Erklärung, Deutung; Ueberſetzung.

Interprète, m. et f. Dollmetſcher,
m. Ausleger, Erklärer, =inn, f.

Interpréter, v. a. dollmetſchen,

auslegen, erflären, beuten; — mal,
mißdeuten.     [f.
  Interrègne, m. Zwischenregierung,
  Interrogant, adj., point —,
  (Gramm.) Fragezeichen (?), n.
  †Interrogat, m. (jur.) Frage, f.
  Interrogatif, ve, adj. (Gramm.)
  fragend; particule —ve, Frage=
  wörtchen, n.
  Interrogation, f. Frage; (jur.)
  Fragepunkt, masc.; point d'—,
  (Gramm.) Fragezeichen, n.    [n.
  Interrogatoire, m. (jur.) Verhör,
  Interroger, v. a. fragen, ausfra=
  gen, befragen; (jur.) verhören, ver=
  nehmen.
  Interrompre, v. a. unterbrechen,
  in die Rede fallen (qn., einem);
  s'—, abbrechen, einhalten.
  Interrupteur, m. Unterbrecher.
  Interruption, f. Unterbrechung.
  Intersection, f. (Geom.) Durch=
  schnittspunkt; m. Kreuzpunkt.
  †Interstellaire, adj., espace —,
  der Raum zwischen zwei Sternen.
  Interstice, m. (Geom.) Zwischen=
  raum.
  Intervalle, m. Zwischenzeit, f.;
  Zwischenraum, m. Abstand.
  †Intervalvaire, adj., (Bot.) la
  cloison —, die Wand zwischen zwei
  Fruchtkernen.
  Intervenant, e, adj. dazwischen=
  kommend; —, m. e, f. (jur.) Da=
  zwischenkommende, m. et f.
  *Intervenir, v. n. (jur., 2c.) da=
  zwischenkommen; — dans qch., bei
  etwas ins Mittel treten; etwas ver=
  mitteln.
  Intervention, f. (jur., 2c.) Da=
  zwischenkunft, Eintreten, n. (in
  eine Klage); Vermittlung, f.
  Interversion, f. Umkehrung.
  Intervertir, v. a. umkehren, ver=
  kehren.      [ren, n.
  †Intervertissement, m. Versch=
  Intestat, m., ou ab —, (jur.)
  ohne Testament; héritier ab —, der
  gesetzliche Erbe.
  Intestin, e, adj. innerlich; fg.
  id·; —, m. (Anal.) Darm; —s,
  Gedärme, m. pl. Eingeweide, n.
  Intestinal, e, adj. (Anal.) zu den
  Gedärmen gehörig; ver —, Darm=
  wurm, m.
  †Intigé, e, adj. (Bot.) ohne sicht=
  baren Stiel.      [gung.
  Intimation, f. (jur.) Ankündi=
  Intime, adj. innig, vertraut; ge=
  heim; ami — ou —, m. Busen=
  freund; -ment, adv. innig.
  Intimé, m. e, f. (jur.) Appellat,
  m. =inn, f.; Beklagte, m. et f.
  Intimer, v. a. (gerichtlich, 2c.)
  ankündigen, ansagen; vor Gericht
  rufen.      [Einschüchtern.
  †Intimidation, f. Einschrecken, n.

Intimider, v. a. qn., einem Furcht
einjagen; einen schrecken, abschrecken,
einschüchtern, fm. einen ins Becks=
horn jagen.     [nige Freundschaft.
  Intimité, f. Vertraulichkeit, in=
  Intitulation, f. Intitulé, m. Ti=
  tel; Ueberschrift, f. Aufschrift.
  Intituler, v. a. betiteln; überschrei=
  ben; mit einer Aufschrift versehen.
  Intolérable, adj. unerträglich.
  Intolérance, f. Unduldsamkeit.
  Intolérant, e, adj. unduldsam.
  Intolérantisme, m. Unduldsam=
  keit, f.
  Intonation, f. (Mus.) Anstim=
  mung, Tonangebung; faire l'—
  d'un chant, einen Gesang anstim=
  men, den Ton für einen Gesang an=
  geben.      [Wölbung.
  Intrados, m. (Bauk.) die innere
  Intraduisible, adj. unübersetzlich.
  Intraitable, adj. störrig, unge=
  selig.
  Intransitif, ve, adj.; -vement,
  adv. : (Gramm.) unüberleitend.
  Intrant, m. Wahlherr (auf der
  alten Universität von Paris).
  Intrépide, adj.; -ment, adv.:
  unerschrocken, unverzagt, kühn.
  Intrépidité, f. Unerschrockenheit.
  Intrigant, e, adj. ränkevoll; —,
  m. e, f. Ränkemacher, m. =inn, f.
  Ränkeschmied, m.
  Intrigue, f. der listige Kunstgriff,
  Ränke, pl. = die galanterie ou
  —, das heimliche Liebesverständniß;
  (Theat.) Verwickelung, f. Knoten,
  m.; fm. Verwirrung, f. Verlegen=
  heit.      [(Theat.) verwickelt.
  Intrigué, e, adj. fm. verlegen;
  Intriguer, v. a. fm. in Verlegen=
  heit setzen, beunruhigen; —, v. n.
  Ränke schmieden; s'—, fm. sich
  viele Mühe geben.
  Intrinsèque, adj.; -ment, adv.:
  innerlich.
  Introducteur, m. trice, f. Ein=
  führer, m. =inn, f.    [leitend.
  Introductif, ve, adj. (jur.) ein=
  Introduction, fém. Einführung,
  Hineinbringen (einer Sonde, 2c.), n.;
  fg. Einführung (eines Gebrauchs),
  f.; Einleitung (einer Schrift); (jur.)
  Anfang, m.
  *Introduire, v. a. einführen; hin=
  einbringen; — des marchandises
  de contrebande, Waaren einschwär=
  zen; —, fg. einführen; s'—, sich
  einführen; iron. sich eindrängen; sich
  einschleichen (Dieb, Mißbrauch, 2c.);
  aufkommen (Gebrauch); einreißen
  (Mißbrauch).
  Introït, m. (Kath.) Eingang der
  Messe.      [gen, n.
  Intromission, f. (Phys.) Eindrin=
  Intronisation, f. die feierliche Ein=
  setzung (eines Bischofs).

Introniser, v. a. (den Bischof)
einsetzen.      [bar.
  Introuvable, adj. fm. unauffind=
  Intrus, e, adj. eingedrungen, ein=
  geschoben; —, m. Eingedrungene,
  Eingeschobene.
  Intrusion, fém. Eindringen, n.
  Einschieben (in ein Amt).
  Intuitif, ve, adj.; -vement,
  adv. : anschauend.
  Intuition, fém. (Philos.) An=
  schauung, anschauende Erkenntniß.
  Intumescence, f. (Phys.) Auf=
  schwellen, n.
  Intussusception, f. (Phys.) das
  Ansetzen einer Materie von innen,
  Aneignung, f.; (Med.) das wider=
  natürliche Einschieben (eines Darmes
  in einen andern).
  Inusité, e, adj. ungebräuchlich.
  Inutile, adj.; -ment, adv. :
  unnütz, vergeblich; überflüssig, un=
  nöthig.
  Inutilité, f. Unnützlichkeit; Ver=
  geblichkeit; —s, unnütze Dinge.
  Invaincu, e, adj. unbesiegt.
  Invalide, adj.; -ment, adv. :
  gebrechlich, kränklich; gelähmt; fg.
  ungiltig, nichtig; —, m. Invalide;
  -ment, adv. ungiltig.
  Invalider, v. a. (jur.) ungiltig
  machen, für ungiltig erklären.
  Invalidité, f. (jur.) Ungiltigkeit.
  Invariabilité, f. Unveränderlich=
  keit.      [unveränderlich.
  Invariable, adj.; -ment, adv. :
  Invasion, f. (Kriegsw.) Einfall,
  m. Einbruch.     [Schmährede.
  Invective, fém. Schmähung,
  Invectiver, v. n. schelten, schmä=
  hen.
  Invendable, adj. unverkäuflich.
  Invendu, e, adj. unverkauft.
  Inventaire, m. Verzeichniß, n.
  Inventarium; Versteigerung, f.
  Inventer, v. a. erfinden, erdichten.
  Inventeur, m. trice, f. Erfinder,
  m. =inn, f.
  Inventif, ve, adj. erfinderisch.
  Invention, f. Erfindung, Dich=
  tung; Erfindungskraft; (Kirche) Auf=
  findung.
  Inventorier, v. a. (jur.) aufzeich=
  nen, inventiren.
  Inverse, adj. unumwerflich.
  Inverse, adj. verkehrt, umgekehrt;
  —, f. Gegentheil, n.
  Inversion, f. (Gramm.) Umkeh=
  rung, Versetzung, Verkehrung.
  Invertébré, adj., les animaux
  —és, die Thiere welche keine Wir=
  belbeine haben.     [forscher.
  Investigateur, m. Forscher; Er=
  Investigation, f. (Lehrsp.) Erfor=
  schung, Forschung; (Gramm.) Auf=
  suchung.
  Investir, v. a. belehnen (mit einem

Lande); bekleiden (mit einem Amte);
(Kriegsw.) einschließen, berennen,
umringen; *fg.* bestürmen.

Investissement, *m.* (Kriegsw.)
Einschließung, *f.* Berennung (eines
Orts). [Lehenschein, *m.*

Investiture, *f.* (jur.) Belehnung.

Invétéré, e, *adj.* tief eingewur=
zelt. [einwurzeln.

Invétérer, *v. n. et s'*—, veralten,

Invincible, *adj.; -ment, adv.:*
unüberwindlich.

†In-vingt-quatre, *m.* Vierund=
zwanzigstelform, *f.*; 24stelband, *m.*

Inviolabilité, *f.* Unverletzlichkeit.

Inviolable, *adj.; -ment, adv.:*
unverletzlich; *fg. id.*, unverbrüchlich
(Treue).

Invisibilité, *f.* Unsichtbarkeit.

Invisible, *adj.; -ment, adv.:*
unsichtbar.

Invitation, *f.* Einladung.

Invitatoire, *m.* (Kath.) Ermun=
terungsgesang.

Inviter, *v. a.* einladen, ersuchen;
*fg.* einladen, anreizen.

Invocation, *f.* Anrufung.

Involontaire, *adj.; -ment, adv.:*
unwillführlich, unvorsetzlich.

Involution, *f.* (jur.) Verwirrung.

Invoquer, *v. a.* anrufen.

Invraisemblable, *adj.* unwahr=
scheinlich. [scheinlichkeit.

Invraisemblance, *fém.* Unwahr=

Invulnérabilité, *f.* Unverwund=
barkeit. [bar; unverletzlich.

Invulnérable, *adj.* unverwund=

Iode, *m.* Jod, *n.* [fäure, *f.*

†Iodique, *adj.*, acide —, Jod=

†Ionie, *f.* Jonien; la mer d'—,
das jonische Meer.

Ionien, ne, Ionique, *adj.* (Bauk.
ꝛc.) jonisch.

Ionique, *adj.*, l'ordre —, *f.* die
jonische Säulenordnung.

Iota, *m.* (Gramm.) Jota, *n.*; *fg.
fm.* pas un —, nicht das Mindeste.

Iotacisme, *m.* (Gramm.)' Jota=
cismus, häufige Gebrauch des Jota.

Ipécacuana, *m.* (Bot., Med.)
die brasilianische Ruhrwurzel, Ipe=
cacuanha.

†Ipreau, *m.* (Bot.) Rüster, *f.*
Silberpappel. [That selbst.

Ipso facto, *adv. lat.* durch die

Irascible, *adj.* reizbar (zum Zorn);
(Philos.) Hindernissen trotzend.

Ire, *f.* (poes.) *fm. ol.* Zorn, *m.*

Iris, *m.* (Phys.) Regenbogen; (Anat.)
Iris (im Auge), *f.*; Augenbogen,
*m.*; (Bot.) Schwertlilie, *f.*; — de
Florence, Violenwurzel; — *ou* vert
d'—, Schwertliliengrün, *n.*

Irisé, e, *adj.* regenbogenfarbig.

†Irlandais, e, *adj.* irländisch; —,
*m. e, f.* Irländer, *m. -inn, f.*

†Irlande, *f.* Irland, *n.*

Ironie, *f.* der feine Spott, Ironie,
*f.*

Ironique, *adj.; -ment, adv.:*
spöttisch, scherzhaft, höhnisch, ironisch.

Iroquois, *m. pl.* Irokesen (Volk).

Irrachetable, *adj.* unwiederkäuf=
lich, um keinen Preis wieder zu er=
halten.

Irradiation, *f.* (Phys.) Ausstrah=
len, *n.* Ergießung (der Strahlen),
*f.*; (Med.) Verbreitung (der Le=
bensgeister). [ergießen.

Irradier, *v. n.* ausstrahlen, sich

Irraisonnable, *adj.* unvernünftig.

Irrationnel, e, *adj.* (Geom.)
quantité —le, Irrationalgröße, *f.*

†Irrecevable, *adj.* unaufnehmbar.

Irréconciliable, *adj.; -ment,
adv.:* unversöhnlich.

Irrécusable, *adj.* unverwerflich,
unläugbar. [Unherstellbarkeit.

Irréductibilité, *f. p. us.* (Chym.)

Irréductible, *adj.* (Chym.) un=
herstellbar; (Alg.) unvereinfachbar.

Irréfléchi, e, *adj.* unüberlegt,
unbesonnen. [samkeit.

Irréflexion, *f.* (neu) Unbedacht=

Irréformable, *adj.* unabänderlich.

Irréfragable, *adj.* unwidersprech=
lich, unverwerflich.

Irrégularité, *f.* Unregelmäßigkeit,
Regellosigkeit, Unrichtigkeit, Un=
ordnung.

Irrégulier, ère, *adj.; -èrement,
adv.:* unregelmäßig, regellos, un=
richtig, unordentlich.

Irréligieux, se, *adj.; -sement,
adv.:* gottesvergessen, ungöttlich,
ungläubig. [Unglaube, *m.*

Irréligion, *f.* Gottesvergessenheit,

Irrémédiable, *adj.; -ment, adv.:*
unabhelflich, unheilbar; *fg. id.*

Irrémissible, *adj.; -ment, adv.:*
unerläßlich.

Irréparable, *adj.; -ment, adv.:*
unersetzlich, unwiederbringlich.

Irrépréhensible, *adj.; -ment,
adv.:* untadelhaft; (jur., ꝛc.) unverwerflich.

Irréprochable, *adj.; -ment, adv.:*
untadelhaft; (jur., ꝛc.) unverwerflich.

Irrésistibilité, *f.* Unwiderstehlich=
keit. [unwiderstehlich.

Irrésistible, *adj.; -ment, adv.:*

Irrésolu, e, *adj.; -ment, adv.:*
unschlüssig, unentschlossen, wankel=
müthig.

Irrésolution, *f.* Unschlüssigkeit,
Unentschlossenheit, Wankelmuth, *m.*

Irrespectueux, se, *adj.* unehrer=
bietig.

Irrévérence, *f.* Unehrerbietigkeit.

Irrévérent, e, *adj.; -emment,
adv.:* unehrerbietig. [keit.

Irrévocabilité, *f.* Unwiderruflich=

Irrévocable, *adj.; -ment, adv.:*
unwiderruflich. [Bewässerung.

Irrigation, *f.* (Landw.) Wässerung,

Irritabilité, *f.* Reizbarkeit.

Irritable, *adj.* reizbar.

Irritant, e, *adj.* (jur.) vernich=
tend, ungiltig machend.

Irritation, *f.* Reizung.

Irriter, *v. a.* erzürnen, entrüsten,
erbittern; (die Begierde) reizen; (das
Uebel) verschlimmern; (Med.) rei=
zen; s'—, sich erzürnen, ergrimmen;
gereizt werden, sich verschlimmern.

Irroration, *f.* (Med., Chym.)
Anfeuchtung. [*m.*

Irruption, *f.* (Kriegsw.) Einbruch,

Isabelle, *adj.* isabellenfarbig; cou=
leur —, Isabellenfarbe, *f.*; —, *m.*
Isabelle (Pferd).

†Isagone, *adj.* gleichwinkelig.

†Isard, *m.* (Naturg.) Gemse, *f.*

†Isatis, *m.* Steinfuchs.

Ischion, *m.*, *ou* os —, (Anat.)
Gesäßbein, *n.* [treibend.

Ischurétique, *adj.* (Med.) harn=

Ischurie, *f.* (Med.) Harnverstop=
fung. [Bristafel, *f.*

Isiaque, *adj.* (Alt.) table —,

Islam, Islamisme, *m.* Islam, die
mahomedanische Religion.

†Islandais, e, *adj.* isländisch; —,
*m. e, f.* Isländer, *m. -inn, f.*

†Islande, *f.* Island, *n.*

Isocèle, *adj.* (Geom.) gleichschen=
kelig. [zeitig.

Isochrone, *adj.* (Mech.) ꝛc.) gleich=

†Isogone, *adj.* gleiche Winkel bil=
dend (Krystall).

Isolation, *f.* (Phys.) Absonderung.

Isolé, e, *adj.* (Bauk.) freiste=
hend, allein; frei, einzeln; *fg.* frei, un=
abhängig, ꝛc.; sich selbst überlassen;
-ément, *adv.* freistehend, isolirt,
einsam, abgesondert; *fg. fm.* abge=
sondert; frei.

Isolement, *m.* (Bauk.) Abstand;
(Phys.) Absonderung, *f.*; *fg.* Abge=
schiedenheit; Abgesondertheit.

Isolément, *adv.* für sich allein;
*v.* Isoler.

Isoler, *v. a.* (Bauk.) absondern,
frei, abgesondert stellen; (Phys.)
isoliren, absondern; *fg.* absondern;
s'—, für sich bleiben.

Isoloir, *m.* (Phys.) Isolirschämel.

†Isonome, *adj.* gleichen Gesetzen
unterworfen.

†Isopérimètre, *adj.* (Geom.) von
gleichem Umkreise.

Issu, e, *adj.* entsprossen, abstam=
mend; être —, abstammen.

Issue, *f.* Ausgang, *m.* Ausweg; *fg.
id.*, Umgebungen, *f. pl.*; (Metzg.)
Abfall, *m.*

Isthme, *m.* (Geogr.) Landenge, *f.*

†Isthmiens, Isthmiques, *adj. m.
pl.*, (Gr. Alt.) jeux —, die isthmi=
schen Spiele.

†Istrie, *f.* Istrien (Provinz).

Italianisme, *m.* Italismus.

†Italie, *f.* Italien, *n.*

†Italien, ne, *adj.* italienisch; —, *m.* ne, *f.* Italiener; *m.* =inn, *f.*

Italique, *adj.*, caractère —, *m.* (Buchdr.) Cursivschrift, *f.*

Item, *adv. lat.* ferner, mehr, weiter; —, *m.* Rechnungsposten, **Artikel.**

Itératif, ve, *adj.*; -vement, *adv.*: wiederholt, nochmalig.

Itinéraire, *m.* Reisebüchlein, *n.* Reisebeschreibung, *f.*; —, *adj.*, colonne —, Wegsäule; carte —, Reisekarte.      [*n.*

†Ityphale, *f.* (Alt.) Halsgehänge, Iule, *m.*, *v.* Mille-pieds.

Ive, Ivette, *f.* (Bot.) Schlagkraut, *n.*

Ivoire, *m.* Elfenbein, *n.*; d'—, en —, elfenbeinern.

†Ivoirier, *m. p. us.* der Arbeiter in Elfenbein.

Ivraie, Ivroie, *f.* (Bot.) Lolch, *m.* Trespe, *f.*; Unkraut, *n.* (auch *fg.*).       [*id.*

Ivre, *adj.* trunken, berauscht; *fg.*

Ivresse, *f.* Trunkenheit, Rausch, *m.*; *fg. id.*

Ivrogne, *adj.* dem Trunk ergeben, versoffen; —, *m.* Trunkenbold.

Ivrogner, *v. n. fm.* sich voll trinken.    [rei, *f.* Vollsaufen, *n.*

Ivrognerie, *f.* Trunk, *m.* Völlerei.

Ivrognesse, *f. pop.* Saufschwester.

†Ixeutique, *f.* die Kunst Vögel mit Leimruthen zu fangen.

Ixia, *f.* (Bot.) Irie, Schwertlilie.

†Izari, *m.* der levantische Krapp.

# J.

Jà, *adv.* (alt) statt déjà.

Jable, *m.* (Böttch.) Fuge, *f.* Gargel, Falz, *m.*

Jabler, *v. a.* (Böttch.) gargeln, falzen, einfalzen.

†Jabloire, *f.* Falzhobel, *n.*

Jabot, *m.* Kropf (der Vögel); (Näh.) Busenstreif.

Jaboter, Jabotter, *v. n. fm.* immer plaudern.

Jacasser, *v. n.* plaudern, schwatzen (wie eine Elster).

Jacée, *f.*, (Bot.) — des prés, Flocken-, Papierblume.

Jacent, e, *adj.* (jur.) herrenlos, verlassen.     [Brachfeld, *n.*

Jachère, *f.* (Landw.) Brache,

Jachérer, *v. a.* (Landw.) brachen, umbrechen, stürzen.

Jacinthe, *f.* (Bot.) Hyacinthe.

†Jacob, der Patriarch Jakob.

Jacobée, *f.* (Bot.) Jakobsblume.

Jacobin, *m.* Dominikanermönch

(in Paris); Jakobiner, Revolutionsmann.

†Jacobinisme, *m.* Jakobinismus.

Jaconas, *m.* eine Art Mousselin.

†Jacques, *n. pr. m.* Jacob.

Jactance, *f.* Prahlerei, Großsprecherei.       [Stoßgebet, *n.*

Jaculatoire, *adj.*, oraison —,

Jade, *m.* (Naturg.) Griesstein, Nierenstein.

Jadis, *adv.* vor Zeiten, ehemals.

Jaguar, *m.* Joguar, amerikanischer Jaiet, *v.* Jais.      [Tiger.

Jaillir, *v. n.* sprudeln, springen, heraussprudeln, herausspringen, herausspritzen.

Jaillissant, e, *adj.* hervorsprudelnd, springend.

Jaillissement, *m.* Herausspritzen, *n.* Herausspringen, Hervorsprudeln.

Jais, Jaiet, *m.* (Naturg.) Gagat; noir comme —, kohlschwarz; jais, Schmelz.

Jalage, *m.* (Lehnw.) Umgeld, *n.* Ohmgeld.

Jalap, *m.* (Bot.) Jalappe, *f.* (Med.) Jalappenwurzel.

Jale, *f.* der große Kübel.

†Jalée, *f.* Kübelvoll, *m.*

Jalet, *m. ol.* der kleine runde Kiesel.

Jalon, *m.* Absteckpfahl, Pfahl, Meßstab.

Jalonner, *v. n.* Pfähle stecken; —, *v. a.* mit Pfählen abstecken.

Jalouser, *v. a.* qn., eifersüchtig auf einen seyn, einen beneiden.

Jalousie, *f.* Eifersucht, Mißgunst, Neid; —, — de métier, Brodneid; —, (Baut.) Gitterfenster, *n.* Sommerladen, *m.*

Jaloux, se, *adj.* eifersüchtig (de, auf), mißgünstig, neidisch; (beil. Schr.) eifrig (Gott); être — de sa réputation, viel auf seinen guten Ruf halten; —, (Kriegsw.) gefährlich (Posten); —, *m.* Eifersüchtige.

†Jamaïque (la), Jamaika (Insel).

Jamais, *adv.* je, jemals; (mit ne) nie, niemals, nimmer; à —, auf immer.

Jambage, *m.* (Maur.) Pfeilerwerf, *n.* Grundmauer, *f.*; Thürpfosten, *m.*; Seitenmauer (eines Kamins), *f.*; (Schreibk.) Grundstrich, *m.*

Jambe, *f.* Bein, *n.* Fuß, *m.* Schenkel; courir à toutes — s, tüchtig laufen; — de bois, Stelzfuß; —, (Geom.) Schenkel; — s — de force, (Baut.) Dachsäulen, *f. pl.*; — sous poutre, der Unterfaß unter einem Balken.

Jambé, e, *adj. fm.*, bien —, mit hübschen Beinen.      [messer, *n.*

Jambette, *f.* Taschen-, Einlege-Jambier, *adj. m.*, muscle —, *et* (Anat.) Schienbeinmuskel.

Jambon, *m.* Schinken.

Jambonneau, *masc.* der kleine Schinken.

Jan, *m.* (Triftr.) Band, *n.*

Janissaire, *m.* (Türk.) Janitschar.

Jansénisme, *m.* (Theol.) Jansenismus.

Janséniste, *m.* (Theol.) Jansenist.

Jante, *f.* (Wagn.) Radfelge, Felge.         [*n.*

†Jantille, *f.* (Mech.) Schöpfbrett,

†Jantiller, *v. a.* Bretter anlegen, j. B. an ein Mühlrad.

Janvier, *m.* Jänner, Januar.

Japon, *m.* Japan (Land); das japanische Porzellan.

†Japonais, e, *adj.* japanesisch; — . *m. e, f.* Japaneser; *m.* =inn, *f.*

Jappement, *m.* Klaffen, *n.* Bellen.

Japper, *v. n.* klaffen, bellen.

Jaque, *f. ol.* Jacke, Wamms, *n.*; — de mailles, Panzerhemd.

Jaquemart, *m.* die geharnischte Figur zum Stundenschlagen; (Münzw.) die Feder am Druckwerk.

Jaquette, *f.* Jacke; Jäckchen, *n.* Röckchen.

Jaquier, *m.* Brodfruchtbaum.

Jardin, *m.* Garten; — botanique *ou* des plantes, der botanische Garten.

Jardinage, *m.* Gartenfeld, *n.*; Gärtnerei, *f.* Gartenbau, *m.*; Gemüse, *n.*

†Jardinal, e, *adj.*, (Bot.) une plante —, ein Gartengewächs.

Jardiner, *v. n. fm.* den Garten bauen.

Jardinet, *m.* Gärtchen, *n.*

Jardineuse, *adj. f.*, émeraude —, der trübe Smaragd.

Jardinier, *m.* ère, *f.* Gärtner, *m.* =inn, *f.*; -ère, Blumenkasten, *m.*

Jardon, *m.* (Thiera.) Nappe, *f.* (Geschwulst am Hinterschenkel der Pferde).

Jargon, *m.* Kauderwälsch, *n.*; unverständliche Geschwätz, (Juwel.) Afterdiamant, *m.*

Jargonner, *v. a. et n.* kauderwälschen; in dem Bart brummen.

†Jargonneur, *m. se*, *f.* Kauderwälsche, *m.* Schwätzer; =inn, *f.*

Jarre, *f.* die grobe Wolle; (Hutm.) Sommerhaar, *n.*; (Handl.) die peruvianische Schafswolle ‖ Wasserkrug, *m.* das irdene Handfaß.

Jarret, *m.* (Anat.) Kniekehle, *f.* Knie, *n.*; (Reitsch.) *id.*, Bug, *m.*; (Baut.) Winkel, Bug, die fehlerhafte Krümmung.

Jarreté, e, *adj.* kuhfüßig, hinten zu eng (Pferd).

Jarreter, *v. n.* ungleich, höckerig seyn, eine Krümme machen (von Linien); (Reitsch.) sich an den Hinterbeinen stoßen.

Jarretière, *fém.* Knieband, n.
Strumpfband; l'ordre de la —,
der (englische) Orden vom blauen
Hosenbande.      [Wolle).
†Jarreux, se, *adj.* sträubig (von
Jars, *m.* (Naturg.) Gänserich.
Jas, *m.* (Schiff.) Ankerstock.
Jaser, *v. n.* plaudern, schwatzen;
*fg. fm.* ausplaudern, ausschwatzen.
Jaserie, *f.* Geplauder, n. Geschwätz.
Jaseur, *m.* se, *f.* Plauderer, *m.*
Schwätzer, =inn, *f.*; Plaudertasche.
Jasmin, *m.* (Bot.) Jasmin.
Jasminées, *f. pl.* die jasminarti=
gen Pflanzen.
Jaspe, *m.* (Miner.) Jaspis.
Jasper, *v. a.* (Buchb.) nach Jas=
pisart sprenkeln, anstreichen, mar=
moriren.      [strich, *m.*
Jaspure, *f.* (Buchb.) Jaspisan=
Jatte, *f.* Mulde, Kumpf, *m.* Napf.
Jattée, *f.* eine Muldevoll.
Jauge, *f.* Eich=, Visirstab, *m.* Eich=
Visirmaß, n. Maß; — d'eau,
Wassermaß; —, Eichen, Visiren.
Jaugeage, *m.* Eichen, n. Visiren.
Visirgeld, Eichgebühr, *f.*
Jauger, *v. a.* eichen, visiren.
Jaugeur, *m.* Eicher, Visirer.
Jaunâtre, *adj.* gelblich, fahl.
Jaune, *adj.* gelb; —, *m.* Gelbe,
*n.*; — d'œuf, Dotter, *m.*
†Jaunet, *m.* (Bot.) Schmalzblu=
me, *f.*      [gelb werden.
Jaunir, *v. a.* gelb färben; —, *v. n.*
Jaunissant, e, *adj.* gelb werdend,
reisend.
Jaunisse, *f.* (Med.) Gelbsucht.
Javart, *m.* Fesselgeschwür (der
Pferde), n.      [bach.
Javeau, *m.* (Forst.) Anfluß, Wer=
Javeler, *v. a.* in Schwaden legen;
—, *v. n.* in Schwaden liegen.
Javeleur, *m.* Schwadenmacher.
Javeline, *f.* der kleine Wurfspieß.
Javelle, *f.* Schwade (von Aehren).
Reisbund, *m.* Welle (Holz, zc.), *f.*
Javelot, *m.* Wurfspieß, Wurf=
speer.
Je, *pron.* ich.
†Jectigation, *f.* (Med.) Zittern
(des Pulses), n.
Jectisses, *adj. pl.* terres —, die
frisch aufgeschüttete Erde.
†Jégneux, *m.* eine Art Becker mit
einer Handhabe.
Jéhovah, *m.* Jehovah, Gott.
Jéjunum, *m. lat.* (Anat.) Leer=
darm.
Jérémiade, *f. fm.* Klaglied, n.
†Jérémie, *n. pr. m.* Jeremias.
Jésuite, *m.* Jesuit; *fg. id.*
Jésuitique, *adj. m. p.* jesuitisch.
Jésuitisme, *m. m. p.* Jesuitismus.
Jésus, papier —, *m.* Jesuspapier,
*n.* Papier mit dem Jesuszeichen.
Jésus-Christ, Jesus Christus.

Jet, *m.* Wurf; (Fisch.) Wurf,
Zug; (Gärtn.) Schößling, Schoß;
(Seew.) Auswerfen (der Waaren),
*n.*; — de voiles, das vollständige
Segelwerf; —, (Arithm.) die Rech=
nung mit Rechenpfennigen; — de
lumière, Lichtstrahl, *m.*; — d'eau,
Wasserstrahl; Springbrunnen; —,
d'abeilles, Bienenschwarm; —,
(Gieß.) Guß; (Stückg.) Einguß;
d'un seul —, *fg.* auf einmal.
Jeté, *m.* (Tanzk.) der halbe Schritt.
Jetée, *f.* Hafendamm, *m.*; Weg=
damm.
Jeter, *v. a.* werfen; weg=, ab=,
auswerfen; (einem) zuwerfen; (Was=
ser, zc.) gießen, ausgießen, laufen
machen, spritzen, werfen; (Gieß.)
gießen, abgießen; (Knospen) treiben;
— les fondemens, den Grundstein
legen; —, *v. n.* (von Bienen)
schwärmen; (Gärtn.) treiben, aus=
schlagen; se —, sich werfen, sich
stürzen; *fg. id.*; sich ergießen (Fluß)
se — à la tête de qn., sich einem
aufbringen.
Jeton, *m.* Zahl=, Rechen=, Schau=
pfennig, Marke, *f.* Spielmarke.
Jeu, *m.* Spiel, *n.* Scherz, *m.*
Spaß; Karten, *f. pl.*; Einsatz, *m.*;
Spielhaus, *n.*; jouer gros —, hoch
spielen; *fg.* viel wagen; donner
beau — à qn., *fg.* einem ein leichtes
Spiel machen; — de mots, Wort=
spiel; —, *m.* — d'esprit, Witzspiel;
—, (Mech.; zc.) Spiel, Spielraum,
*m.*; —x, (Org.) Register, *n.* Zug;
*m.*; — de voiles, *f.* (Drg.) das voll=
ständige Segelwerk.
Jeudi, *m.* Donnerstag; — saint,
der grüne Donnerstag.
Jeun (à), *adv.* nüchtern.
Jeune, *adj.* jung; *fg.* jugendlich,
munter; *m. p.* leichtsinnig, unbeson=
nen, kindisch.
Jeûne, *m.* Fasten, *n.*; Fasttag, *m.*
Jeunement, *adv.* (Jagd) kürzlich,
neulich.
Jeûner, *v. n.* fasten.
Jeunesse, *fém.* Jugend; *fg. id.*,
junge Leute.
Jeunet, te, *adj. fm.* sehr jung.
Jeûneur, *m.* se, *f.* Faster, *m.*
=inn; *f.*      [Juwelierkunst, *f.*
Joaillerie, *f.* Juwelenhandel, *m.*;
Joaillier, *m.* ère, *f.* Juwelenhänd=
ler, *m.* =inn, *f.*; Juwelier, *m.*
Jockey, *m.* Jockei.
Jocko, *m.* Jocko (Affe).
Jocrisse, *m. injur.* Tropf, Erb=
senzähler.
†Jodelet, *m.* Possenreißer.
Joie, *f.* Freude, Lust, Fröhlichkeit.
Joignant, e, *adj.* neben anliegend;
— *prép.* neben, dicht bei.
*Joindre, *v. a.* zusammenfügen,
vereinigen, verbinden, verknüpfen

(à, mit); hinzufügen, =legen, =setzen,
(einem Briefe) beilegen, anschließen;
— les mains, die Hände falten; —
qn., einen einholen; sich zu einem
begeben; —, *v. n.* genau schließen;
fest anliegen; se —, sich vereinigen,
sich zusammenfügen; zusammensto=
ßen (à, mit); se —, *v. r.* einander
antreffen, zusammentreffen.
Joint, *m.* (Anat.) Gelenk, *n.*;
Fuge, *f.*; *fg. fm.* trou=
ver le —, den rechten Fleck treffen;
— que, *conj. ol.*, *v.* Outre que.
Jointe, *f.* (Reitsch.) Fessel.
Jointé, e, *adj.* gefesselt; cheval
long, court —, ein lang= oder kurz=
gefesseltes Pferd.
†Jointée, *f.* Gäspe (Gerste, zc.);
beide Hände voll, so viel beide Hände
zusammenfassen können.
Jointif, ve, *adj.* zusammengefügt.
Jointoyer, *v. a.* (Maur.) verstrei=
chen (Fugen).
Jointure, *f.* (Anat.) Gelenk, *n.*;
Fuge, *f.*; (Reitsch.) Fessel; —s,
Gefüge, *n.*
Joli, e, *adj.; -ment, adv.:* hübsch,
artig, niedlich; *iron.* sonderbar, sau=
ber; —, *m.* Hübsche, *n.*
Joliet, te, *adj. fm.* ziemlich artig.
Jolivetés, *f. pl.* allerlei artige
Kleinigkeiten.
Jonc, *m.* Binse, *f.*; — fleuri,
(Bot.) Blumenbinse; canne de —
ou —, Rohr, *n.* Meerrohr; —,
(Juwel.) Kugelring, *m.*
†Jonchaie, *f.* Binsenplatz, *m.*
Jonchée, *f.* Gestreu (v. Blumen,
zc.), *n.* ǁ *p. us.* Rahmkörbchen,
Rahmkäse, *m.*
Joncher, *v. a.* bestreuen (de, mit);
*fg.* bedecken, übersäen; voll legen.
†Jonchères, *f. pl.* Binsenbüschel,
*m. pl.* Binsengebüsche, *n. pl.*
Jonchets, *m. pl.* Spielhölzchen,
*n. pl.*      [Vereinigung, *fg. id.*
Jonction, *f.* Zusammenstoßung,
Jonglerie, *f.* Gaukelpossen, *pl.*;
Taschenspielerei, *f.*
Jongleur, *m.* Gaukler, Possen=
spieler; Bänkelsänger.
Jonque, *f.* Junke (eine Art Schiff
in China).
Jonquille, *f.* (Bot.) Jonquille.
†Jonthlaspi, *m.* (Bot.) Bauern=
senf.
†Joseph, *n. pr. m.* Joseph.
Joseph, *adj.*, papier — , Joseph=
papier, *n.*      [schreiber].
†Josèphe, Josephus (der Geschicht=
Jouail, *m.*, *v.* Jas.
Jouailler, *v. n. fm.* ein Spielchen
machen.
Joubarbe, *f.* (Bot.) Hauswurz.
Joue, *f.* Backen, *m.* Wange, *f.*;
—s, (Artill.) Backen (*m. pl.*), Sei=
tenwände (*f. pl.*) (einer Batterie).

Jouée, f. Mauerdicke, Flucht (einer Thür= oder Fensteröffnung).

Jouer, v. a. et n. (spielen; — d'un instrument, auf einem Instrument spielen; — à un jeu, ein Spiel spielen; — aux cartes, farten; — aux quilles, kegeln, Kegel schieben; — qch., um etw. spielen; —, (einen Stein) ziehen; ausspielen; (vom Wasser) springen; sich leicht bewegen (Schloss.); fg. spielen; —, v. a. spielen; (Theat.) spielen, vorstellen; fg. betrügen; — de malheur, unglücklich spielen; — la comédie, fm. sich verstellen; se — de son reste, alles daran setzen; se — de qn., einen zum Besten haben; se — de, sur, avec qch., seinen Scherz mit etw. treiben; se — à qch., à qn., sich unbesonnen an etw., an einen machen.

Jouereau, m. fm. der schlechte Spieler, hungrige Spieler.

Jouet, m. Spielwerk, n. ifg. Spiel; (Reitsch.) Gebisskettchen. [f.

Joueur, n. se, f. Spieler, m. =inn, Joufflu, e, adj. bausbäckig, dickbäckig; —, m. fm. Baushack.

Joug, m. Joch, n.; (Schless.) Wagebalken, m.

Jouières, Jouillières, f. pl. Seitenmauern (einer Schleuse).

Jouir, v. n. de qch., etw. geniessen, besitzen.

Jouissance, f. Genuss, m.; Besitz; (jur.) Genuss, Niessbrauch.

Jouissant, e, adj. (jur.) geniessend, den Genuss habend.

Joujou, m. Spielzeug, n.

Jour, m. Tag; Zeit, f.; fg. Leben, n.; —s, al. || Licht; (Mal.) id.; (Bauk.) id.; Fenster; (Tischl.) Oeffnung, f. Spalte; — de grâce, (Handl.) Respecttag, m.; faire —, v. imp. tagen; se faire —, durchbrechen, sich durchschlagen; mettre au —, bekannt machen; (Buchdr.) herausgeben; de —, bei Tage; à —, durchsichtig; un —, einst; au premier —, ebestens, nächstens, d'un jour à l'autre, von einem Tag zum andern; de — en —, von Tag zu Tag; par —, täglich; au — le —, in den Tag hinein, ohne Vorrath für den andern Morgen.

Jourdain, m. Jordan (Fluss).

Journal, masc. Tagebuch, n.; (Buchh.) Zeitschrift, f. Zeitung, Monatsschrift; (Landw.) der Morgen Landes; — adj. m., livre —, (Handl.) Tagebuch, n.

Journalier, ère, adj. täglich; fg. veränderlich; —, m. Taglöhner.

Journaliste, m. Zeitungsschreiber.

Journée, f. Tag, m. Tagzeit, f.; Taglohn, m.; Tagwerk, n.; Tag-

reise; f.; fg. Schlacht; gagner sa vie au jour la —, von seinem täglichen Verdienst leben.

Journellement, adv. täglich.

Joute, f. Lanzenbrechen, n. Stechen, Rennspiel; — sur l'eau, Fischer=, Schifferstechen; —, fg. Kampf, m.

Jouter, v. n. Lanzenbrechen, turniren; fg. kämpfen.

Jouteur, m. Lanzenbrecher, Stecher; fg. fm. un rude —, ein furchtbarer Kämpfer.

Jouvence, f. ol. Jugend; fontaine de —, Verjüngungsquelle.

Jouvenceau, m. plais. Jüngling.

Jouvencelle, f. burl. das junge Mädchen. [bei.

Jouxte, (vi.) proche, prép. neben,

Jovial, e, adj. (sans pl. m.) lustig, fröhlich.

Joyau, m. Kleinod, n.; —x, Kleinodien, f. Geschmeide, n.

Joyeuseté, f. ol. fm. Schwank, m. Posse, f.

Joyeux, se, adj.;-sement, adv.: froh, freudig, lustig, fröhlich; — du mal d'autrui, schadenfroh; —, froh, erfreulich (Nachricht).

†Jubarte, f. (Naturg.) Schnabelfisch, m.

Jubé, m. Empitrkirche, f.; prov. venir à —, zu Kreuze kriechen.

Jubilaire, adj., (Kath.) prêtre —, ein Priester der den Gottesdienst beim Jubelfeste versehen darf, moine —, Jubelmönch.

Jubilation, f. Jubel, m. Fröhlichkeit, f.

Jubilé, m. Jubeljahr, n. Jubelfest; (j. Alt.) Halljahr; —, adj. m., docteur —, Jubeldoctor, m.

Juc, Juchoir, m. Hühnerstange, f.

Jucher, v. n. et se —, (von Hühnern) auffitzen, auffliegen.

†Juda, m. Gudloch, n.

Judaïque, adj. jüdisch.

Judaïser, v. n. es mit den Juden halten, judaisiren.

Judaïsme, m. Judenthum, n.

Judas, m. fg. Verräther; v. Juda.

†Judée, Judäa (Land); arbre de —, m. (Bot.) Judasbaum, Salatbaum. [Wasserbuhn.

Judelle, f. (Naturg.) das gemeine Judicatum solvi, lat., (jur.) caution — zu Bürgschaft für Bezahlung der Gerichtskosten.

Judicature, f. Richteramt, n.

Judiciaire, adj.; -ment, adv.: richterlich, gerichtlich; astrologie —, fg. f. — fm. Sterndeutekunst, f.; —, f. fm. Beurtheilungskraft.

Judicieux, se, adj.; -sement, adv.: verständig, vernünftig, scharfsinnig.

Juge, m. Richter; — de paix,

Friedensrichter; — d'instruction, Instruktionsrichter || Kenner, Kunstrichter.

Jugement, m. Urtheil, n. Gericht (Gottes); — de Dieu, ol. Gottesurtheil || Gutachten; fg. Beurtheilungskraft, f.

Juger, v. a. urtheilen, richten; beurtheilen, entscheiden; schliessen; ermessen; meiden, muthmassen; sich vorstellen.

Jugulaire, adj. (Anat.) zur Kehle gehörig; veine — ou —, f. Kehlader; glande —, Kehl=, Halsdrüse.

†Juguler, v. a. (wenig gebr.) erwürgen.

Juif, m. ve, f. Jude, m. Jüdinn, f.; —, ve, adj. jüdisch.

Juillet, m. Julius, Heumonat.

Juin, m. Junius, Brachmonat.

Juiverie, f. Judengasse, f. fg. fm. Wucherhandel, m.

Jujube, f. (Bot.) Brustbeere.

Jujubier, m. (Bot.) Brustbeerbaum.

Jule, m., v. Iule. [ley.

Julep, m. (Med.) Kühltrank, Zu-

Jules, n. pr. m. Julius.

Julien, n. pr. m. Julian; —, ne, adj. julianisch; —ne, f. Winterlevkoje, Nachtviole.

Julienne, f. eine Art Suppe mit allerlei Kräutern.

Jumart, m. (Naturg.) Maulochs.

Jumeau, m. Jumelle, f. Zwilling, m.; —, adj., frères —x, Zwillingsbrüder, pl.

Jumeaux, adj. m. (Anat.) Zwillingsmuskeln, (Chym.) zwei verbundene Destilirgefässe, oder Kolben.

Jumelé, e, adj. (Wapp.) aus Zwillingsstreifen gebildet.

Jumelles, f. pl. (Zimm.) Wangen; — de presse, (Buchdr.) Pressseitenwände. [n.

Jument, f. Stute, Mutterpferd, Junon, n. pr. (planète) Juno.

Junte, f. (in Spanien) Junta; Rath, m. Ausschuss.

Jupe, f. Weiberrock, m. Rock.

Jupin, m. statt Jupiter (Lafontaine).

Jupiter, m. (Myth., u.) Jupiter; ol. (Chym.) Zinn, n.

Jupon, m. Unterröckchen, n.

Jurande, f. (Handw.) das Amt des Geschwornen; Geschwornen, m. pl.

Juratoire, adj. (jur.) eidlich.

Juré, e, adj. geschworen (auch fg.), beeidigt.

Juré, m. Geschworne.

Jurement, m. Schwur, Fluch.

Jurer, v. a. et n. schwören; — son Dieu, bei seinem Gotte schwören; —, (einen Vertrag) beschwören || lästern, fluchen; —, v. n. fg. (von

Farben) grell abstechen; (Muf.) kratzen, kreischen.

Jureur, m. Schwörer, Flucher.

Juri, Jury, m. (jur.) Geschwornengericht, n. Geschwornen, m. pl.

Juridiction, f. Gerichtsbarkeit, Gerichtszwang, m.; Gerichtssprengel; Gericht, n.

Juridictionnel, le, adj. zur Gerichtsbarkeit gehörig.

Juridique, adj.; -ment, adv.: rechtlich, rechtsförmig.

Jurisconsulte, m. Rechtsgelehrte.

Jurisprudence, f. Rechtsgelehrsamkeit.

Juriste, m. Rechtsgelehrte, Jurist.

Juron, m. (Seew.) Ebdschwur.

Jus, m. Saft, Brühe, f.

Jusant, m. (Seew.) Ebbe, f.

†Jusée, f. das von den in der Gärberlohe enthaltenen Salzen gesättigte Wasser.

Jusque, Jusques, prép. bis; jusqu'où, bis wohin? wie weit? jusqu'à ce que, bis daß ..; il aime jusqu'à ses ennemis, er liebt sogar seine Feinde. [n.

Jusquiame, f. (Bot.) Bilsenkraut,

Jussion, f., lettre de —, ol. der königliche Befehl.

Justaucorps, m. ol. Mannsrock.

Juste, adj. gerecht, recht, billig; richtig (Maß, rc.); anpassend, gerecht (Kleid); bien —, knapp (Kleid, rc.); —, genau (Preis); —, adv. richtig; -ment, adv. gerecht, billig; gerade; tout —, adv. gerade, eben; —, ganz genau.

Justesse, f. Richtigkeit, Genauigkeit.

Justice, f. Gerechtigkeit, Recht, n.; se faire —, sein Unrecht erkennen; se faire — à soi-même, sich selbst Recht verschaffen || Gericht, n. Gerichtsbeamten, m. pl.; Gerichtsbarkeit, f.

Justiciable, adj. (jur.) rechtsständig, einem Gerichtszwange unterworfen.

Justicier, v. a. körperlich strafen; hinrichten lassen.

Justicier, m. der Freund der Gerechtigkeit; (Lehnw.) seigneur —, Gerichtsherr.

Justifiable, adj. zu rechtfertigen.

Justifiant, e, adj. (Theol.) rechtfertigend. [stirer.

†Justificateur, m. (Schrifts.) Justificatif, ve, adj. rechtfertigend, beweisend; pièces —ves, Beweisschriften; f. pl. Belege, m. pl.

Justification, f. Rechtfertigung, Verantwortung; (Buchdr.) Zeilenlänge; (Schrifts.) Vergleichungswerkzeug, n.

Justifier, v. a. rechtfertigen, verantworten; beweisen; (Buchdr.)

---

ausschließen; (Schrifts.) justiren, abgleichen. [zeug, n.

†Justifieur, m. (Schrifts.) Bestoßzeug, n.

Juteux, se, adj. saftig (Obst).

†Juvenil, e, adj. (alt) jugendlich.

Juxtaposé, e, adj. (Phys.) von außen angesetzt.

Juxtaposition, f. (Phys.) das Wachsen durch Anseten von außen.

## K.

Kabak, m. Bier= und Branntweinhaus (in Rußland), n.

Kabin, m. (Türk.) die Ehe auf eine gewisse Zeit. [scher Baum).

†Kacy, m. (Bot.) Kacy (afrikanischer Baum).

Kahouanne, f. (Naturg.) Riesenschildkröte.

Kakatoës, m. eine Art Papagay.

†Kakerlak, m. (Naturg.) Kakerlake.

†Kaléidoscope, m. Kaleidoskop.

Kali, m. (Bot.) Salzkraut, n.

Kamichi, m. (Naturg.) Kamichi (Vogel).

†Kamtschadales, m. pl. die Bewohner von Kamtschatka.

Kan, m. Chan (Titel).

†Kanaster, m., v. Canasse.

Kangiar, m. ein indischer Dolch.

Kangurou, m. (Naturg.) Kanguru, m.

Kaolin, m. die chinesische Porzellanerde. [lanerde.

Karabé, v. Carabé.

Karat, v. Carat.

Karata, m. (Bot.) eine Art Aloe.

Karmesse, v. Kermesse.

Katakoua, v. Kakatoës.

Kératoglosse, m., v. Cératoglosse.

Kératophyte, m. (Naturg.) Keratophyton, Korallenholz, n.

Kermès, m. (Naturg.) Kermes, Schildlaus, f.; graine de —, Kermes=, Scharlachbeere.

Kermesse, fém. Kirchmesse, fm. Kirmse.

†Kiastre, m. (Chir.) Andreaskreuz (Art Binde), n.

Kilo, tausend, z. B. kilomètre, m. Kilometer, 1000 Meter; kilogramme, Kilogramm, rc., n.

†Kinate, m. chinasaures Salz.

Kinine, v. Quinine.

†Kinique, adj., acide —, Chinasäure, f.

Kiosque, m. Kiost (Gartenhaus).

†Kirsch-wasser, m. Kirschwasser, n. [Aga (Titel).

†Kislar-aga, m. (Türk.) Kislar=

Klephte, v. Clephte.

†Knès, m. Knäs (ein russischer Fürst). [Rußland).

Knout, m. Knute, f. Peitsche (in Kopeck, m. russische Scheidemünze.

Koran, v. Alcoran.

---

Kouan, m. (Bot.) Kuan, Karmesinpflanze, f.

†Koufique, adj. kufisch (eine Art arabische Schrift). [Moskau).

†Kremlin, m. Kreml (Schloß in Kreutzer, m. Kreuzer (3 Cent.).

Kurtchis, m. pl. Kurtschis (adeliche Reiterschaar in Persien).

Kynancie, v. Cynancie.

Kyrielle, f. Litanei; fg. fm. id.

Kyste, m. (Med.) Sackgeschwulst, f. [gehörig.

Kystique, adj. zur Sackgeschwulst

Kystotome, Cystotome, m. Instrument für den Blasenstich zu machen, n.

Kystotomie, Cystotomie, fém. (Chir.) Blasenstich, m.

## L.

La, art. f. die; —, pron. f. sie; —, m. (Muf.) A, n.

Là, adv. da, daselbst, dabei, dahin; dort, dorthin; de —, daher, dorther; par —, dahin, dorthin, dadurch, dort, durch; dès—, von da an.

La la, adv. nun nun, gemach; so so, mittelmäßig; halb und halb.

Labarum, m. lat. (röm. Alt.) Labarum, n. die Kriegsfahne mit dem Namenszug J. C.

†Labdacisme, m. Labdacismus (wenn mehrere l auf einander folgen).

†Labelle, f. das lippenartige Blumenblatt. [das große Werf.

Labeur, m. Arbeit, f.; (Buchdr.)

†Labeurer, v. n. prov. arbeiten.

Labial, e, adj.; muscle —, (Anat.) Lippenmuskel, m.; lettre —e, (Gramm.) Lippenbuchstab; offre —e, (jur.) das Anerbieten ohne baares Geld.

Labié, e, adj. (Bot.) lippenförmig; les —es, f. die Pflanzen mit lippenförmiger Blüthe.

Labile, adj. kurz, schwach (Gedächtniß).

Laboratoire, m. (Chym.) Laboratorium, n. Werkstätte, f. Destillirkammer.

Laborieux, se, adj.; -sement, adv.: arbeitsam; mühsam (Arbeit).

Labour, m. Bestellung, f. Umgrabung; Pflügen, n.; terre en —, zur Saat bestellte Land; cheval de —, Ackerpferd; bœuf de —, Zugochs, m.; la terre en —, Terra di Lavoro (Provinz).

Labourable, adj. baubar, urbar; terre —, Ackerland, n.

Labourage, m. Feldbau, Landbau, Ackerbau; Ackern, n.; Bestellung, f.

Laboureur, v. a. ackern, bestellen, pflügen; umgraben, umwühlen;

(Artill.) aufwühlen; —, v. n. fg. sich placken; (Seew.) schleppen (Anker); auf dem Boden hinstreichen (Schiff).

Laboureur, m. Ackersmann.

†Labre, m. Lippfisch; die Oberlippe der Insekten.

Labyrinthe, m. Labyrinth, n. (auch Anat. und fg.), Irrgang, m. Irrgarten; fg. Gewirre, n. der vers Lac, m. See. [wirrte Handel.

Lacer, v. a. schnüren, ein=; zuschnüren; (v. Hunden) belaufen; (Segel) einziehen.

Lacération, f. (jur.) Zerreißung.

Lacérer, v. a. (jur.) zerreißen.

†Laceret, m. (Handw.) Reißbohrer; — tournant, Drehnagel.

Lacerne, f. (röm. Alt.) Regenmantel, m.

†Lacert, m. Spinnenfisch.

Lacet, m. Nestel, f. Senkel, m. Schnürsenkel; (Jagd) Schlinge, f.; Sprenkel, m.; (Schloss.) Stift, Niet.

†Laceur, m. Nestricker.

Lâche, adj. schlaff, locker, los; — et -ment, adv. fg. träge, faul; frige, feigherzig; jaghaft; (Styl) schleppend; —, m. Memme, f.

Lâcher, v. a. schlaff machen, loslassen; (eine Flinte, ꝛc.) ab=; los= schießen; nachlassen; (eine Saite) abspannen; (ein Schloss) abschnappen; (Taue) längen; fg. loslassen; fahren lassen; — le mot, sein Wort von sich geben, ausbrechen; — de l'eau, fm. das Wasser abschlagen; — un coup, pop. einen Hieb versetzen; —, v. n. nachlassen; (v. Flinten, ꝛc.) losgeben; se —, pop. unflug, unanständig reden.

Lâcheté, f. Feigheit, Feigherzigkeit; Zaghaftigkeit; Niederträchtigkeit. [gefärbt.

Lacinié, e, adj. (Bot.) ausgezackt,

Lacis, m. das netzförmige Gewebe; (Anat.) Gewebe.

Laconique, adj.; -ment, adv.: lakonisch, kurz, bündig, einsylbig.

Laconisme, m. die kurze und nachdrückliche Redensart, Lakonismus.

Lacque, v. Laque. [m.

Lacrymal, e, adj., glande —e, (Anat.) Thränendrüse, f.; fistule —e, Augenfistel.

Lacrymatoire, m. et adj., urne —, (Alt.) Thränengefäß, n. Thränenfrüglein.

Lacs (spr. làs), m. Schnur, f. Schlinge, Schleife; fg. Fallstrick, m. Lactation, f. Säugen, n. Nähren eines Kindes.

Lactée, adj. f., veine —, (Anat.) Milchader, f.; voie —, (Astr.) Milchstraße.

†Lactifère, adj., une plante —, eine milchichte Pflanze. [säure, f.

†Lactique, adj., acide —, Milch

---

Lacune, f. Lücke.

†Lacustral, e, adj., plantes —es, Sumpflanzen, f. pl. [mi, n.

†Ladanum, m. (Bot.) Labangum=

Ladre, adj. aussätzig, finnig (Schwein); fg. geizig, filzig; gefühllos; —, m. Filz, Knauser; ladresse, f. p. us. Knauserinn.

Ladrerie, f. Aussatz, m.; (Thiera.) Finnen, f. pl.; Lazareth, n.; fg. Kargheit, f.

Lady, f. Lady (Titel in England).

†Lagon, m. ein kleiner von dem Meer gebildeter See an der Küste.

Lagophthalmie, f. (Med.) Hasenauge, m.

†Lague, f. (Seew.) Kielwasser, n.

Lagune, f. Lagune, Lache.

Lai, e, adj. weltlich; frère —, Laienbruder, m.; —, m. Laie, Weltliche; —, (Dichtk.) oi. Klage, f. Klagelied, n. [gras.

Laîche, f. (Bot.) Liesch, n. Riedgras.

Laid, e, adj.; -ement, adv.: häßlich, garstig; fg. id.

Laideron, f. fm. das junge, häßliche, aber doch angenehme Frauenzimmer.

Laideur, f. Häßlichkeit; fg. id.

Laie, f. (Naturg.) Bache, wilde Sau; (Forstw.) Schneuse; (Steinh.) Zahnhammer, m.; Zahnhammerstreifen.

Lainage, m. Wollenwaare, f.; commerce de —, Wollhandel, m.; —, Raufen (der Tucher), n.

Laine, f. Wolle; — mère, Ober=; Kernwolle; de —, wollen.

Lainer, v. a. (Tuch) rauben.

Laineux, se, adj. wollig, wollicht; wollreich. [ter.

Lainier, m. Wollhändler; Lais, adj. weltlich; —, m. Laie, Weltliche.

Lais, m. (Forstw.) Laßreis, n. Oberständer, m.; —, angeschwemmtes Land.

Laisse, f. (Jagd) Koppelseil, n.; mener en —; fg. fm. am Gängelbande führen; —, (Hutm.) Hutschnur, f.

Laissées, fém. pl. Losung (f.), Mist (m.) des Schwarzwildes.

Laisser, v. a. lassen; hinterlassen; zurücklassen; nachlassen, vermachen (im Testamente); überlassen; verlassen; (eine Unternehmung) unterlassen; zulassen; ne pas — de faire qch., nicht ablassen, nicht aufhören etw. zu thun, doch etw. thun.

Laisser-courre, m. (Jagd) Hetzplatz; das Loslassen der Jagdhunde.

†Laisses, f. pl. die von dem Meere angespülte Erde.

Lait, m. Milch, f.; cochon de —, Spanferkel, n.; petit —, Molken, f. pl.; mettre qn. au —,

---

einem die Milchkur verordnen; être au —, die Milchkur brauchen.

Laitage, m. Milchspeise, f.

Laite, Laitance, f. Milch (der Fische).

Laité, e, adj. (v. Fischen) Milch habend; poisson —, Milchner, m.

Laiterie, f. Milchkammer, Melkerei; Milchkeller, m.

Laiteron, Laitron, m. (Bot.) Hasenkohl.

Laiteux, se, adj. milchicht.

Laitier, masc. Metallschlacke, f. Glasschaum, m.

Laitière, f. Milchfrau, Milchmädchen, n.; Melkkuh, f.; fg. fm. cette nourrice est bonne —, diese Amme giebt viel Milch.

Laiton, m. Messing, m. et n.

Laitue, f. (Bot.) Lattich, m.; — pommée, Kopfsalat; — crépée, krause Salat.

Laize, f. (Tuchm.) Breite (eines Zeuges).

Lama, m. Lama (tartarische Priester); —, ou Llama, m. Lama, n. Lamanage, m. (Seew.) Lothsen, n. Lothsengeld.

Lamaneur, m. (Seew.) Lothse.

Lamantin, Lamentin, m. (Naturg.) Manati, Seekuh, f.

Lambeau, m. Lappen, Lumpen, Fetzen. [Handelnde.

Lambin, m. e, f. der, die langsam Lambiner, v. n. fm. langsam seyn.

Lambourde, f. (Bauk.) Stützbalken, m. Rippe, f.; eine Art weicher Steine.

Lambrequins, m. pl. (Wapp.) Helmdecke, f. Helmverzierung.

Lambris, m. (Tischl.) Täfelwerk, n. Getäfel; — d'appui, Brustgetäfel; — de revêtement, Getäfel über die ganze Wand; (Maur.) Gypsdecke, f. Gypsbewurf, m.

Lambrissage, m. Täfeln, n. Verkleiden; Täfelwerk, Verkleidung, f.

Lambrisser, v. a. täfeln, auskleiden; verkleiden.

Lambruche, Lambrusque, fém. (Bot.) der wilde Weinstock.

Lame, f. Platte, Blech, n.; Flitter, m. Lahn; — d'or, Goldlahn; —, Klinge (eines Degens, ꝛc.), f.; Blatt (einer Säge), n.; (Seew.) Woge, f. Welle; fg. fm. fine —, das verschmitzte Weib. [wirft.

Lamé, e, adj. mit Lahn durchwebt. [wirft.

Lamelle, f. und Lamelleux, se, adj. (Bot.) blätterig.

Lamentable, adj.; -ment, adv.: kläglich, jämmerlich.

Lamentation, fém. Wehklage, Jammer; n. Klaggeschrei.

Lamenter, v. a. bejammern, beklagen; — et se —, jammern, wehklagen.

Lamie, *f.* (Naturg.) Hundskopf (Art Haifisch), *m.*

†Lamier, *m.* Lahnmacher.

Laminage, *f.* Plätten, *n.*

Laminer, *v. a.* plätten.

Laminoir, *m.* Plättmaschine, *f.;* (Münzw.) Streckwerk, *n.*

Lampadaire, *m.* Lampenstock; (Alt.) Lampenträger.

Lampadiste, *m.* Mitkämpfer beim Wettlauf mit Fakeln.

Lampadophore, *m.* (Alt.) Lampenträger.

Lampas, *m.* Frosch (Pferdekrankheit); (Handl.) chinesische Grosdebeit.

Lampe, *f.* Lampe. [tours.

Lampée, *f.* pop. Humpen, *m.*

Lamper, *v. a.* pop. aussaufen; —, *v. n.* schöppeln, saufen.

Lamperon, *m.* Lampenröhre, *f.*

Lampion, *m.* die kleine Lampe; — à parapet, Pechpfanne.

Lamproie, *f.* (Naturg.) Lamprete, Neunauge, *n.*

Lamproyon, *m.* (Naturg.) die kleine Lamprete.

Lance, *f.* Lanze; Stange (einer Fahne); (Kalkb.) Störstange; (Chir.) Lanzette; (Artill.) Ladeschaufel; (Bildh.) Spatel, *m.;* —, (Phys.) et — à feu, (Feuerw.) Feuerlanze, *f.*

Lancéolé, e, *adj.* feuille —e, ein lanzenförmiges Blatt.

Lancer, *v. a.* werfen; schießen; schleudern; *fg.* id.; (Jagd) hetzen aufjagen; (ein Schiff) vom Stapel laufen lassen; se —, sich stürzen; springen, sich werfen.

Lancette, *f.* (Chir.) Lanzette; Laßeisen, *n.* Schnäpper, *m.*

Lancier, *m.* (Kriegsw.) Lanzenreiter. [gend.

Lancinant, e, *adj.* (Med.) reißend.

†Lançoir, *m.* Schußbrett (der Mühle), *n.*

†Landan, *m.* (Bot.) Sagobaum.

Landau *ou* Landaw, *m.* eine Art vierrädriger Wagen.

Lande, *f.* Heide; —s, *fg.* trockene, seichte Stellen (in Büchern).

Landgrave, *m. et f.* Landgraf, *m.* Landgräfinn, *f.* [f.

Landgraviat, *m.* Landgrafschaft.

Landier, *m.* Feuerbock.

Lancret, *m.* (Naturg.) Blaufuß, das Männchen des Blaufußes (Art Falke).

Langage, *m.* Sprache, *f.* Rede; Styl, *m.*

Lange, *m.* Windel, *f.;* —s, Wickelzeug, *n.*

Langoureux, se, *adj.;* -sement, *adv.;* schmachtend, matt, schwächlich.

Langouste, *f.* (Naturg.) Seeheuschrecke, Springkrebs, *m.*

Langue, *f.* Zunge; mauvaise —, Lästermaul, *n.;* à double —, zweizüngig; avoir la — bien pendue, das Maul zu brauchen wissen; prendre —, sich erkundigen; —, (Jagd) Graser (des Hirsches), *m.* || Sprache, *f.;* — mère, Grundsprache; — maternelle, Muttersprache; — de terre, (Geogr.) Erdzunge; — de bœuf, (Maur.) Zahnmeißel, *m.*

†Languedoc, *m.* Languedoc (Provinz) (von langue d'Oc, De=Sprache, *f.*). [guedoc.

†Languedocien, ne, *adj.* aus Languette, *f.* Züngelchen, *n.* Zunge, *f.;* (Muf.) Klappe; (Tischl.) Falz, *m.;* (Bauk.) Scheidemauer, *f.*

Langueur, *fém.* Schmachten, *n.* Mattigkeit, *f.* Niedergeschlagenheit.

Langueyer, *v. a.* un porc, die Zunge eines Schweines beschauen (um zu sehen ob es finnig ist).

Langueyeur, *m.* Schweinschauer.

Languier, *m.* die geräucherte Schweinszunge.

Languir, *v. n.* ausgezehrt, matt werden, siechen; schmachten, verschmachten; (vor Durst) lechzen; *fg.* schläfrig hergehen; langsam gehen (Geschäft); darnieder liegen (Handel); sich heftig sehnen; schmachten, trauern.

Languissant, e, *adj.;* -amment, *adv.*: schmachtend, matt, kraftlos, siech; schwach.

Lanice, *adj. fém.* bourre —, Scher= Kratz= Rauswolle, *f.*

Lanier, *m.* der weibliche Blaufuß (Falke).

Lanière, *f.* der lange, schmale Riemen, Wurfriemen; wollig.

Lanifère, *adj.* Wolle tragend, Laniste, *m.* Lehrmeister der Gladiatoren, Gladiatorenhändler.

†Lanquerre, *f.* Schwungürtel, *m.*

Lansquenet, *m.* Landsknecht (ehemals ein Fußsoldat); (Spiel) id.

†Lanter, *v. a.* (Kupfer) modeln.

Lanterne, *f.* Laterne; — sourde, Blend=, Diebslaterne; — magique, Zauberlaterne; —, (Bauk.) Laterne; Gitterstuhl, *m.* die vergitterte Loge; (Artill.) Ladeschaufel; — à mitraille, Kartätschenbüchse; —, (Med.) Drehling, *m.;* (Müll.) Getriebe, *n.*

Lanterner, *v. a.* qn., einen hinhalten; einem den Kopf vollschwatzen; —, *v. n.* fm. zaudern, trödeln.

Lanternerie, *f.* das alberne Geschwätz.

Lanternier, *m.* ère, *f.* Laternenhändler, = Laternanzünder, =inn, *f.; fg. fm.* Zauberer; *m.* Windbeutel. [n.

Lantiponnage, *m.* pop. Gewäsch,

Lantiponner, *v. n.* pop. albernes Zeug schwatzen.

Lanturlu, *adv.* fm. larifari.

Lanugineux, se, *adj.* (Bot.) wollicht. [aufflecken, schlappen.

Laper, *v. n.* (von Thieren) lecken,

Lapereau, *m.* das junge Kaninchen.

Lapidaire, *m.* Steinschneider; —, *adj.;* style —, Inschriftenstyl; inscription —, Steinschrift, *f.*

Lapidation, *f.* Steinigung.

Lapider, *v. n.* steinigen.

Lapidification, *f.* (Phys.) Steinerzeugung; (Chym.) Versteinerung.

Lapidifier, *v. a.* (Chym.) versteinern (Metalle).

Lapin, *m.* e, *f.* Kaninchen, *n.;* Kaninchenweibchen.

Lapis, *m.* lat., *ou* — lazuli, — oriental, (Miner.) Lasurstein.

†Lapon, ne, *adj.* lappländisch; —, *m.* ne, *f.* Lappländer, =inn, *f.*

†Laponie, *f.* Lappland, *n.*

Laps, *m.* de temps, der Verfluß der Zeit; Zeiterlauf; —, *adj.* (jur.) — et relaps, zweimal abtrünnig geworden.

Laquais, *m.* Lackei, Bediente.

Laque, *f.* Lack, *m.;* —, *m.* Lackfirniß. [sechter.

†Laquéaire, *m.* (Alt.) Schlingenfechter.

Laqueton, *m.* fm. Lackeichen, *n.* Bedienchen. [pelle, f.

Laraire, *m.* (röm. Alt.) Hauskapelle.

Larcin, *m.* Diebstahl.

Lard, *m.* Speck.

Larder, *v. a.* spicken, durchspicken; *fg.* mehrmals durchbohren.

Lardoire, *f.* Spicknadel.

Lardon, *m.* Speckschnitt; *fg. fm.* Stich, Hieb, Stichelei, *f.* [f.

†Larenier, *m.* (Tischl.) Kranzleiste.

Lares, *m. pl.* (Myth.) Laren, Hausgötter; *fg.* (Dicht.) Haus, *n.*

Largesse, *f.* Freigebigkeit, Schenkung; faire des —s, freigebig seyn (à, gegen); — de loi, (Münzw.) der zu hohe Gehalt.

Largeur, *f.* Breite.

Largue, *m.* (Seew.) das hohe Meer; —, *adj.* breit; weit (auch *fg.*); —, *m.* (Seew.) Breite; Weite; bohe See; prendre le —, in die hohe See stechen; *fg.* das weite Feld suchen; au —, geräumig; *fg.* gemächlich, im Ueberflusse; au long et au —, weit und breit; et du —, pop. links und rechts, tüchtig; -ment, *adv.* reichlich, überflüssig, im Ueberflusse.

Larguer, *v. a.* (Taue, 2c.) schießen lassen; —, *v. n.* einen Riß, Leck bekommen.

Larigot, *m.* (Org.) Flötenzug;

*pop.* boire à tire- —, ſaufen wie
ein Loch.

Larix, *m.* (Bot.) Lerchenbaum.

Larme, *fém.* Thräne; (Dichtf.)
Zähre; des —s de crocodile, Kro=
kodilsthränen, *pl.;* —, *fm.* Trop=
fen, *m.;* — de verre *ou* batavique,
(Phyſ.) Glastropfen.

Larmier, *m.* (Bauf.) Traufplatte,
*fém.;* Kranzleiſte; —s, (Reitſch.)
Schläfe, *m. pl.* [Hirſche).

Larmières, *f. pl.* Augenhöhlen (der

Larmoiement, *m.* das unwillkür=
liche Thränen der Augen.

Larmoyant, e, *adj.* weinend; *fm.*
weinerlich; zu Thränen rührend.

Larmoyer, *v. n. fm.* bitterlich
weinen.

Larron, *m.* esse, *f.* Dieb, *m.*
=inn, *f.;* —, (h. Schr.) Schächer
(am Kreuz), *m.;* (Buchb.) Eſels=
ohr, *n.;* (Buchdr.) Räuber, *m.*

Larronneau, *m.* der kleine Dieb.

Larve, *f.* (Naturg.) Larve; —s,
(Alt.) Larven, *pl.* Geſpenſter, Nacht=
geiſter, *m. pl.* [zur Kehle gehörig.

Laryngé, e, Laryngien, ne, *adj.*

Laryngotomie, *f.* (Chir.) Luftröh=
renſchnitt, *m.*

Larynx, *m.* (Anat.) Luftröhrenkopf.

Las, *interj. m.* (für hélas) ach!

Las, se, *adj.* müde; *fg. id.,* über=
drüſſig.

Lascif, ve, *adj.;* -vement, *adv.:*
üppig, unzüchtig, geil, buhleriſch.

Lasciveté, *f.* Ueppigkeit, Unzucht,
Geilheit.

†Laser, Laserpitium, *m.* (Bot.)
Laferpflanze, *f.;* Teufelsdreck, *m.*

Lassant, e, *adj.* ermüdend, lang=
weilig, läſtig.

Lasser, *v. a.* ermüden; *fg. id.,*
zur Laſt fallen (qn., einem); se —,
müde, überdrüſſig werden.

Lassitude, *f.* Müdigkeit, Mat=
tigkeit. [zwei Tonnen), *f.*

Last, Laste, *f.* (Seew.) Laſt (v.

Latanier, *m.* (Bot.) Fächerpalme,
*f.* Latanbaum.)

Latent, e, *adj.* (Med.) verborgen.

Laté**ra**l, e, *adj.* zur Seite gehörig;
sinus latéraux, (Anat.) Seitenhöh=
len (des Gehirns), *f. pl.;* parties
—es, Seitentheile; -ement, *adv.*
ſeitwärts, von der Seite.

Latere (à), *lat., v.* Légat.

Laticlave, *m.* (röm. Alt.) das
Kleid mit breitem Purpurſtreif.

Latin, e, *adj.* lateiniſch; —, *m.*
Latein, *n.;* — de cuisine, *fm.*
Küchenlatein; perdre son —, ſeine
Mühe verlieren; il est au bout de
son —, er weiß nicht mehr wo hinaus.

Latiniser, *v. a.* un mot, einem
Worte eine lateiniſche Endung geben.

Latinisme, *m.* die lateiniſche Re=
densart.

---

Latiniste, *m. et f.* (gute) Lateiner,
*m.* =inn, *f.*

Latinité, *f.* Latein, *n.;* la basse
—, das verderbene Latein.

†Latirostres, *m. pl.* Breitſchnä=
bler (Vögel).

Latitude, *f.* (Geogr.) Breite; *fg.*
Spielraum, *m.;* Ausdehnung, *f.*

Latomie, *f.* (Gr. Alt.) Steingrube
(in Syrafus, für Gefangene).

Latrie, *f.*, culte de —, Vereh=
rung Gottes. [heimliche Gemach.

Latrines, *f. pl.* Abtritt, *m.* das
Latte, *f.* Latte.

Latter, *v. a.* belatten.

Lattis, *m.* (Zimm.) Lattenwerk, *n.*

Laudanum, *m.* (Apoth.) Opium=
extract, *n.* [lobend.

Laudatif, ve, *adj.* übertrieben

Laudes, *f. pl.* der Lobgeſang gleich
nach den Metten.

Lauré, e, *adj.* (Münzwiſſ.) mit
Lorbeeren bekränzt.

Lauréat, *adj. m.,* poète —, der
gekrönte Dichter.

Lauréole, *m.* (Bot.) Seidelbaſt,
*m.* der immergrünende Kellerhals.

Laurier, *m.* Lorbeerbaum; Lorbeer;
—s, *fg.* Lorbeeren, *pl.* Siegeskranz.

Laurier-cerise, *m.* Kirſchenlorbeer.

Laurier-rose, *m.* Oleander, Lor=
beerrose, *f.*

Laurier-tin, *m.* der wilde Lorbeer.

†Lauriot, *m.* Kühlfaß, *n.*

Lavabo, *m. lat.* (Kath.) Hände=
waſchen (bei der Meſſe), *n.; nouv.*
Waſchtiſchchen.

Lavage, *m.* Waſchen, *n.* Abwa=
ſchen; Geſchwemme; *mépr.* Waſſer,
das wäſſerige Zeug.

Lavande, *f.* (Bot.) Lavendel, *m.*

Lavandier, *m.* ère, *f.* Waſch=
meiſter (am Hof), *m.* Waſcherinn, *f.*

Lavange, Lavanche, *f.* Lawine.

Lavaret, *m.* (Naturg.) Aalbeck.

Lavasse, *f.* (Naturg.) Regenguß, *m.* Wol=
kenbruch.

Lave, *f.* (Naturg.) Lava.

Lavé, e, *adj.* hell, licht; (Mal.)
abgeſchoſſen, verwaſchen.

†Lave-main, *m.* Waſchbecken, *n.*

Lavement, *m.* (röm. Alt.) Waſchen,
*n.;* (Chir.) Klyſtier.

Laver, *v. a.* waſchen; *fg. id.,*
beſpühlen; (Mal.) waſchen; — à
l'encre de la Chine, tuſchen; —,
(Buchb.) planieren; (Zimm.) glatt
behauen; (Erz) ſchlämmen; se —,
ſich waſchen, *fg. id.,* ſich rechtferti=
gen, ſich reinigen. [f.

Laveton, *m.* (Tuchm.) Krazwolle,

Lavette, *f.* Waſchlappen, *m.*

Laveur, *m.* ſe, *f.* Wäſcher, *m.*
=inn, *f.;* — de déchet, Krazwä=
ſcher, *m.*

Lavis, *m.* (Mal.) Waſchen, *n.*
Tuſchen; dessiner au —, tuſchen.

---

Lavoir, *m.* Waſchplatz; Waſſer=
ſtein; Waſchbecken, *n.* || Erztrog, *m.*
Erzwäſche, *f.*

Lavure, *f.* Waſchen, *n.;* Spühlicht;
(Buchb.) Planierwaſſer; (Goldſch.)
Kräze, *f.* Gefräß, *n.*

Laxatif, ve, *adj.* (Med.) öffnend.

Laxité, *f.* (Med.) Erſchlaffung.

Layer, *v. a.* (Steine) mit dem
Zahnhammer behauen; — un bois,
einen Weg durch einen Wald bauen.

Layetier, *m.* Laden=, Kiſtenmacher.

Layette, *f.* Lade, Schublade, Kiſt=
chen, *n.* Wickelzeug.

Layeur, *m.* (Forſtw.) Auszeichner.

Lazaret, *m.* Siechhaus, Lazareth.

Lazulite, *f.* Laſurſtein, *m.*

Lazzi, *m.* (Theat.) das komiſche
Gebärdenſpiel. [inn, es.

Le, *art. m.* der, den; —, *pron.*

Lé, *m.* (Tuchm.) Bahn, *f.* Breite.

Lèche, *f.* das dünne Schnittchen,
Schnitz, *m.*

Léché, e, *adj.* gekünſtelt.

Léchefrite, *f.* Bratpfanne.

Lécher, *v. a.* lecken, ablecken; *fg.*
— qch., zu viel an etw. künſteln.

Leçon, *f.* Unterricht, *m.* Lehre, *f.*
Vorſchrift; Aufgabe; — publique,
Vorleſung; faire la — à qn., einen
gehörig unterrichten; einem einen
Verweis geben || Lesart, *f.*

Lecteur, *m.* trice, *f.* Leſer, *m.*
Vorleſer, =inn, *f.*

†Lectisternes, *m. pl.* (Alt.) Göt=
termahl, *n.* [f.; Belesenheit.

Lecture, *f.* Leſen, *n.* Vorleſung,

Légal, e, *adj.;* -ment, *adv.:*
geſetzlich, geſetzmäßig.

Légalisation, *f.* (jur.) Beurkun=
dung, Beſcheinigung.

Légaliser, *v. a.* (jur.) beurkunden,
beſcheinigen.

Légalité, *f.* Geſetzmäßigkeit.

Légat, *m.* Legat (auch röm. Alt.),
päpſtliche Statthalter, Geſandte; —
a latere, der außerordentliche Legat.

Légataire, *m. et f.* (jur.) Ver=
mächtnißnehmer, *m.* =inn, *f.*

Légation, *f.* Legation || *id.,* Ge=
ſandtſchaft.

Légatoire, *m.* (röm. Alt.) von
einem Legaten verwaltet (Provinz).

Lège, *adj.* (Seew.) unbefrachtet;
zu leicht an Ballaſt.

Légendaire, *m.* Legendenſchreiber.

Légende, *f.* Legende, das Leben der
Heiligen; (Münzw.) Umſchrift, *f.*

Léger, ère, *adj.* leicht, hurtig; *fg.*
leicht, flüchtig, leichtſinnig, flatter=
haft; unbedeutend (Streit); ange=
nehm (Styl, 2c.); il est — de cer=
veau, es iſt ein leerer Kopf; à la
légère, légèrement, *adv.* leicht; *fg.*
leichtſinnig, unüberlegt.

Légèreté, *f.* Leichtigkeit, Geſchwin=
digkeit; Geringfügigkeit; *fg. id.,*

Leichtsinn, *m.* Flatterhaftigkeit, *f.*

Légion, *f.* Legion; *fg.* Schar, große Menge; — d'honneur, Eh= renlegion.

Légionnaire, *adj.* zu einer Legion gehörig; —, *m.* Legionssoldat, das Mitglied der Ehrenlegion.

Législateur, *m.* trice, *f.* Gesetz= geber, *m.* =inn, *f.*

Législatif, ve, *adj.* gesetzgebend.

Législation, *f.* Gesetzgebung.

Législature, *f.* der gesetzgebende Körper.

Légiste, *m.* Gesetzverständige.

Légitimaire, *adj.*, (jur.) droits —s, Pflichttheilsrechte, *n. pl.*; —, *m.* Notherbe.

Légitimation, *f.* (jur.) Beglau= bigung (einer Vollmacht); Legiti= mation (eines unehelichen Kindes).

Légitime, *adj.; -ment, adv. :* rechtmäßig, gesetzmäßig; gerecht, —, *f.* (jur.) Pflichttheil (der Kin= der), *m.*

Légitimer, *v. a.* (jur.) (ein Kind) legitimiren; (eine Vollmacht) beglau= bigen; se —, die Echtheit seiner Voll= macht beweisen.

Légitimité, *f.* Rechtmäßigkeit; Gesetzmäßigkeit; Echtheit (einer Voll= macht); eheliche Geburt (eines Kindes).

Legs (spr. lè), *m.* Vermächtniß, *n.*

Léguer, *v. a.* vermachen.

Légume, *m.* Hülsenfrucht, *f.; —* et —s, Gemüse, *n.*

Légumineux, se, *adj.* (Bot.) hülsentragend. [serse.

†Léman, *m.*, le lac —, der Gen=

Lemme, *m.* (Philos.) Lehnsatz.

Lémures, *f. pl.* (Myth.) Nacht= geister, *m. pl.* böse Dämonen.

Lendemain, *m.* der folgende Tag; le — de son arrivée, der Tag nach seiner Ankunft. [müße, *f.*

Landore, *m. et f. pop.* Schlaf=

Lénifier, *v. a.* (Med.) lindern.

Lénitif, ve, *adj.* (Med.) lindernd; —, *m.* das lindernde Mittel; *fg.* Trost, *m.* [langsam; schleichend.

Lent, e, *adj.; -ement, adv. :*

Lente, *f.* Niß (von Läusen).

Lenteur, *f.* Langsamkeit; Trägheit.

Lenticulaire, *adj.* (Bot., 2c.) lin= senförmig; verre —, Linsenglas, *n.;* —, *f.* (Miner.) Linsenstein, *m.*

Lenticule, *f.* Wasserlinse, Enten= grün, *n.*

Lentille, *f.* (Bot.) Linse; (Med.) Sommerflecken, *m.;* (Opt.) Linsen= glas, *n.; —* d'eau ou de marais, (Bot.) Wasserlinse, *f.*

†Lentilleux, se, *adj.* (Med.) sommerfleckig; sommersprossig.

Lentisque, *m.* (Bot.) Mastix= baum.

Léonin, e, *adj.* löwenmäßig; *fg.* société —e, die Gesellschaft wo der

Stärkere allen Vortheil zieht; vers —s, lateinische gereimte Verse.

Léopard, *m.* (Natura.) Leopard.

Lepas, *m.* Napsschnecke, *f.* Schüs= selmuschel.

Lépidoptéres, *m. pl.* (Naturg.) die staubflügeligen Insecten, *f. pl.*

Lèpre, *f.* (Med.) Aussatz, *m.*

Lépreux, se, *adj.* (Med.) aus= sätzig; —, *m.* Aussätzige.

Léproserie, *f. ol.* das Spital für Aussätzige. [welche, welches.

Lequel, laquelle, *pron.* welcher,

†Lernée, *f.* Kiesenwurm, *m.*

Lérot, *m.* die große Haselmaus.

Les, *art. pl.* die; —, *pron. pl.* sie.

Lèse, *adj. f.,* crime de — -ma= jesté, das Verbrechen der beleidigten Majestät, Hochverrath, *m.*

Léser, *v. n.* bevortheilen, beein= trächtigen; verletzen, beleidigen.

Lésine, *f.* Knickerei, Filzigkeit.

Lésiner, *v. a.* knickern, knausern.

Lésinerie, *f.* Knickerei.

Lésion, *f.* Uebervortheilung; Be= einträchtigung; Verletzung (eines Siegels, 2c.).

Lesse, *v.* Laisse.

Lessive, *f.* Lauge, Bäuche, Wä= sche; *fg. fm.* der große Verlust (im Spiel). [waschen.

Lessiver, *v. a.* laugen, bäuchen,

Lest, *m.* (Seew.) Ballast.

Lestage, *m.* (Seew.) Ballaststein= laden, *n.*

Leste, *adj.; -ment, adv. :* leicht, gewandt, flink, hurtig; *fg.* geschickt, thätig; wohlfeil, frei (Antwort).

Lester, *v. a.* (ein Schiff) mit Ballast versehen. [*n.*

Lesteur, *m.* (Seew.) Ballastschiff,

†Lestrigons, *m. pl.* (Myth.) La= strigonen; *fg. p. us.* Menschenfresser.

Léthargie, *f.* (Med.) Schlafsucht; *fg.* Trägheit, Unempfindlichkeit.

Léthargique, *adj.* (Med.) schlaf= süchtig; sommeil —, Todesschlaf, *m.; —, fg.* träg, unempfindlich.

Léthifère, *adj.*, une potion —, ein todtbringender Trank.

Lettre, *f.* Buchstab, *m.;* (Schreib.) Schrift, *f.* || Brief, *m.* Schreiben, *n.;* (Schrift.) Urkunde; — de change, Wechsel, *m.; —* s de no= blesse, Adelsbrief; — de mer, *v.* Connaissement; — de cachet, Verhaftsbefehl; —s, Wissenschaften, *f. pl.;* homme de —s, Gelehrte, *f. pl.;* à la —, buchstäblich.

Lettré, e, *adj.* gelehrt; —, *m.* Gelehrte.

Lettrine, *f.* (Buchdr.) Nachwei= sungsbuchstab, *m.;* Columnenbuch= stab (in einem Wörterbuch).

†Leucoma, *m.* (Med.) der weiße Augenflecken.

†Leucophlegmatie, Leucoflegma-

tie, *f.* (Med.) die weiße Wassersucht.

Leude, *m.* Vasall.

Leur, *pron.* ihnen; ihr, ihre; le —, la —, der, die, das ihrige; les —s, *pl.* die ihrigen.

Leurre, *m.* (Falk.) Vorlaß, *n.* Federspiel; *fg.* Lockspeise, *f.* Köder, *m.*

Leurrer, *v. a.* (Falk.) mit dem Federspiel zurücklocken; *fg.* locken, reizen.

Levain, *m.* (Chym.) Gährungs= stoff; (Bäck.) Sauerteig; Fiederstoff; Schärfe, *f.;* Magensaft, *m.; fg.* schädliche Ueberrest; Zunder (von Haß); böse Reiz (zur Sünde).

Levant, *adj. m.,* soleil —, die aufgehende Sonne; —, *m.* (Geogr.) Morgen, Osten; Levante, *f.*

Levantin, e, *adj.* morgenländisch; —, *m.* Morgenländer.

Levantine, *f.* eine Art Seidenzeug.

Levantis, *m.* (Türk.) Levantis (Galeerensoldat). [*m.*

Léve, *f.* Kolben (beim Mailspiel).

Levée, *f.* Aufhebung; Einsamm= lung; Lese (der Früchte); Erhebung (v. Steuern); Anwerbung (v. Trup= pen); — en masse, Landsturm, *m.* || Erdwall, Damm; (Kartenspiel) Stich; (Schneid.) Abfall (v. Zeug); (Chir.) Abnahme (des Verbandes), *f.;* Wegnahme (eines Leichnams); — du scellé, Entsiegelung; — de boucliers, der große Lärmen um nichts; faire une — de boucliers, einen Krieg anfangen.

Lever, *v. a.* heben, aufheben; (den Kopf) aufrichten; (die Augen) auf= schlagen; (Früchte) einsammeln; (Steuern) erheben; (einen Verband) abnehmen; (die Fahne der Empö= rung) aufpflanzen; — un habit, das zu einem Kleide nöthige Tuch abschneiden; — (Mepg.) abschnei= den; (einen Leichnam) wegnehmen; (die Siegel) abnehmen; (die Sitzung, 2c.) aufheben; (einen Plan) auf= nehmen; — la main, (Spiel) einen Stich einthun; faire —, (Jagd) auf= jagen; —, (Truppen) ausheben, anwerben; (ein Lager) abbrechen; aufheben; (den Anker) lichten; — boutique, einen Laden anfangen; —, *fg.* (Zweifel, 2c.) heben; — *v. n.* (Landw.) aufgehen; se —, *v.* aufstehen; erheben; aufstehen.

Lever, *m.* Aufstehen, *n.;* (Astr.) Aufgang, *m.*

Lever-Dieu, *m.* (Kath. K.) Auf= heben des Allerheiligsten, *n.* Wand= lung, *f.*

Levier, *m.* Hebebaum, Hebel, Heber, Hebzeug, *n.*

Levière, *f.* das Netzseil der Fischer.

†Lévigation, *f.* (Chym.) das Zer= reiben zu feinem Staube.

†Léviger, *v. a.* (Chym.) zum zar=
testen Pulver zerreiben.

†Lévirostres, *m. pl.* Leichtschnäbler
(Vögel).                [brücke, *f.*

Levis, *adj. m.*, pont- —, Zug=

Lévite, *m.* Levite; —, *f.* das
weite Oberkleid.          [Mosis.

Lévitique, *m.* das dritte Buch

Levraut, *m.* der junge Hase.

Lèvre, *f.* Lippe, Lefze; Rand (ei=
ner Muschel, ꝛc.), *m.*; les grandes,
petites —s, (Anat.) Schamlefzen,
*f. pl.*; les —s de carpe, Karpfen=
schnauze, *f.*

†Levreteau, *m.* Nesthase.

†Levrette, *f.* Windhündinn.

Levretté, e, *adj.* windspielartig.

†Levretter, *v. n.* mit Windhunden
Hasen jagen || junge Hasen werfen.

Lévrier, *m.* Windhund.

Levron, *m.* der kleine Windhund,
Windspiel, *n.*

Levûre, *f.* (Bierbr.) Bierhefen,
*f. pl.* Gäscht, *m.*; — de lard,
Speckschwarte, *f.*

†Lexiarque, *m.* (Gr. Alt.) Lexiarch.

Lexicographe, *m.* Wörterbuch=
schreiber.

Lexicographie, *f.* Wörterbuch=
schreiben, *n.* Lexikographie, *f.*

Lexique, *m.* Wörterbuch, *n.*, —,
*adj.*, manuel —, Handwörterbuch,
†Leyde, Leyden (Stadt).     [*n.*

Lez, *m.*, *v.* Lé; —, *adv. ol.* bei.

Lézard, *m.* (Naturg.) Eidechse, *f.*

Lézarde, *f.* Ritze, Spalte, Mauer=
riß, *m.*

Lézardé, e, *adj.* gespalten, rissig.

Liais, *m.*, *ou* pierre de —,
(Maur.) der feinkörnige Werkstein;
—, (Web.) Litzenträger.

Liaison, *f.* Verbindung, Verei=
nigung; Zusammenhang (der Ideen,
ꝛc.), *m.*; Verbindung, *f.* Freund=
schaft (zwischen Personen); (Schreib=
kunst) Bindestrich, *m.*; (Maur.) —
de joint, Mörtel, Bindemittel,
*n.*; maçonnerie en —, das ver=
bundene Mauerwerk.          [den.

Liaisonner, *v. a.* (Maur.) verbin=

Liane, *m.* (Bot.) Liane, *f.* (ein
Rankengewächs).

Liant, e, *adj.* lenksam, geschmei=
dig; *fg. id.*; —, *m.* Biegsamkeit, *f.*

Liard, *m.* Heller, Pfennig.

Liarder, *v. n. fm.* sein Scherflein
beitragen; jedem eine kleine Summe
geben; knickern.

†Liardeur, *m.* se, *f. pop.* Knau=
ser, *m.* =inn, *f.* Filz, *m.*

Liasse, *f.* Pack (Schriften), *m.*;
Band, *n.*

Libage, *m.* (Maur.) der grobe
Bruchstein.

†Liban, *m.* Libanon (Gebirg).

†Libanotis, *m.* (Bot.) Hirsch=
wurz, *f.*

Libation, *f.* (Alt.) Trankopfer, *n.*

†Libellatique, *m. et f.* (Kirch.)
Käufer (*m.*), =inn (*f.*) eines Si=
cherheitsbriefes.

Libelle, *m.* Schmäh=, Lästerschrift,
*f.*; (jur.) Libell, *n.*

Libeller, *v. a.* (jur.) entwerfen,
erörtern; — une demande, den
Zweck einer Klage genau angeben.

Libelliste, *m.* Schmähschriften=
macher, Pasquillenschreiber.

Liber, *m.* Bast.

Libéra, *m. lat.* (Kath.) Libera, *n.*
(Todtengebet).

Libéral, e, *adj.*; -ement, *adv.*:
freigebig, wohlthätig, mildthätig,
freisinnig.

Libéralité, *fém.* Freigebigkeit,
Mildthätigkeit.

Libérateur, *m.* trice, *f.* Befreier,
*m.* Erretter, Erlöser, =inn, *f.*

Libération, *f.* Befreiung, Lösung,
Erlösung.                  [erlösen.

Libérer, *v. a.* befreien, frei machen,

Liberté, *f.* Freiheit; Ungezwun=
genheit; — de ventre, Offenheit des
Leibes; —s, *f.* Freiheiten, *pl.* Ge=
rechte, *n. pl.*

Liberticide, *adj.* freiheittödtend.

Libertin, e, *adj.* ausgelassen;
ausschweifend, locker, lüderlich; —,
*m.* Wüstling; Freigeist (in Reli=
gionssachen).

Libertinage, *m.* Ausschweifung, *f.*
Lüderlichkeit, Ausgelassenheit; Frei=
geisterei.

Libertiner, *v. n. pop. p. us.* ein
lüderliches Leben führen, ausschwei=
fen.

Libidineux, se, *adj.* wollüstig,
unzüchtig.

Libraire, *m.* Buchhändler.

Librairie, *f.* Buchhandel, *masc.*
Buchhandlung, *f.*

†Libration, *f.* (Astr.) das schein=
bare Schwanken des Monds.

Libre, *adj.*; -ment, *adv.*: frei;
offen, ungezwungen; sicher (Straße);
*m. p.* frech.

Lice, *f.* Bahn, Renn=, Lauf=
Turnierbahn, Kampfplatz, *m.* (auch
*fg.*); (Jagd) Hündinn, *f.*

Licence, *f.* Erlaubniß; zu grobe
Freiheit, Ausgelassenheit; Zügello=
sigkeit; (Dicht.) Freiheit || Licentia=
tur; —s, (Schreibk.) Schnörkel, *m.*

Licencié, *m.* Licentiat.       [*pl.*

Licenciement, *m.* Abdankung, *f.*
Verabschiedung (der Soldaten).

Licencier, *v. a.* abdanken, entlas=
sen, verabschieden || zum Licentiaten
machen; se —, sich erdreisten, sich
erfrechen; se — beaucoup, sich viel
herausnehmen.

Licencieux, se, *adj.*; -sement,
*adv.*: ausgelassen, ausschweifend;
lüderlich; frech.

Lichen (spr. lik-), *m.* (Bot.)
Flechte, *f.* Moosflechte; — d'Islande, das isländische Moos.

†Licier, *m.* Tapetenwirker.

Licitation, *f.* (jur.) Ausruf, *m.*
Versteigerung, *f.*

Licite, *adj.* zulässig, erlaubt;
-ment, *adv.* füglich.

Liciter, *v. a.* versteigern.

Licorne, *f.* (Naturg.) Einhorn, *n.*

Licou, Licol, *m.* Halfter, *f.*

Licteur, *m.* (röm. Alt.) Lictor.

Lie, *f.* Hefen, *pl.* Drusen; Neige
(eines Fasses); *fg.* la — du peuple,
der niedrigste Pöbel; —, *adj. vi.*
fröhlich; *fm.* faire chère —, herr=
lich und in Freuden schmausen.

Liège, *m.* Korkbaum; Pantoffel=
holz, *n.* Kork, *m.*

†Liège, Lüttich (Stadt).

†Liégeois, e, *adj.* von Lüttich; —,
*m. e, f.* Lütticher; *m.* =inn, *f.*

†Liéger, *v. a.* (ein Netz) mit Kork
versehen.

†Liégeux, se, *adj.* korkartig.

Lien, *m.* Band, *n.*; —s, Bande,
*pl.* Fesseln, *f. pl.*; *fg. id.*

Lienterie, *f.* (Med.) Bauchfluß,
*m.* Durchfall.

Lier, *v. a.* binden, knüpfen, ver=
binden, vereinigen; *fg. id.*, (etw.)
verknüpfen; (einen) verpflichten;
(einen Gespräch) anknüpfen; verabre=
den; se —, sich binden; sich ver=
binden; bekannt werden (mit ei=
nem); se —, *v. r.* in Verbindung
treten; zusammenhängen (Sachen).

†Lierne, *f.* (Hydr.) Querband, *n.*

†Lierner, *v. a.* (Hydr.) mit Quer=
bändern versehen, befestigen.

Lierre, *m.* (Bot.) Epheu, *m.*
Eppich, *m.*

Liesse, *f.* (alt) Freude, Fröhlich=
keit, Lustigkeit.

Lieu, *m.* Ort, Platz, Stelle, *f.*;
Stätte; *fg.* Ursache, Anlaß, *m.* ||
Rang; Herkunft, *f.*; au —, an=
statt; avoir —, Ursache haben, Statt
haben; en second —, zweitens;
ni feu ni —, weder Dach noch Fach,
—x, Abtritt, *m.*; —x communs,
(Rhet.) Gemeinplätze, *pl.*

Lieue, *f.* die (französische) Meile.

Lieur, *m.* Garbenbinder.

Lieutenance, *f.* Lieutenantsstelle.

Lieutenant, *m.* Stellvertreter;
(Kriegsw.) Unterfeldherr; Lieute=
nant; (jur.) *ol.* Unterrichter.

Lièvre, *m.* (Naturg.) Hase; *prov.*
c'est là que git le —, da liegt der
Hase im Pfeffer; lever le —, *prov.*
zuerst einen Vorschlag thun.

Ligament, *m.* (Anat.) Band, *n.*

Ligamenteux, se, *adj.* (Bot.)
mit zähen, verschlungenen Wurzeln.

Ligature, *f.* (Chir.) Binde, Ader=

laßbinde; Aberlaßverband, m. Un=
terbindung, f.; faire une —, ab=
unterbinden; —, (Buchdr.) Dop=
pelbuchstab, m. mehrere mit ein=
ander verbundene Buchstaben.
Lige, m. (Lehenw.) Lehensgebühr,
f.; — , adj., -ment, adv. : zu
persönlichen Diensten verpflichtet
(Vasall); persönlich (Huldigung).
†Ligence, f. (Lehenw.) die persön=
liche Dienstpflichtigkeit, Lehensfolge.
Lignage, m. (jur.) Geschlecht, n.
Abkunst, f.
Lignager, m. (jur.) Geschlechts=
verwandte; —, adj. m., retrait —,
Rückkauf (eines Erbgutes).
Ligne, f. (Geom., ꝛc.) Linie;
(Buchdr.) Zeile; donner la — à
qn., mit abgesetztem Titel an einen
schreiben; (Handl.) mettre en — de
compte, in Rechnung bringen; tirer
hors de —, hors —, auswerfen ‖
Linie, f. Rang, m.; fg. sur la même
—, auf derselben Bahn; —, (Fisch.)
Angel, f.; prendre à la —, angeln
‖ Linie, f. Reihe (Truppen, ꝛc.);
vaisseau de —, Linienschiff, n.;
—, (jur.) Linie, f. Abkunft; (Geogr.)
Aequator, m. Linie, f.
†Ligné, e, adj. (Bot.) gestrichelt.
Lignée, f. Geschlecht, n. Stamm,
m. Linie, f. Nachkommenschaft.
†Ligner, v. a. (die Wollsinn) be=
legen; (Zimm.) Linien ziehen.
Lignette, f. Netzgarn, n.
Ligneul, m. (Schuhm., ꝛc.) Pech=
draht.
Ligneux, se, adj. (Bot.) holzicht.
†Lignifier (se), sich in Holz ver=
wandeln, sich verholzen.
Lignite, m. Holzessig; das ver=
steinerte Holz.
Lignivore, adj. holzfressend (In=
sekten).
Ligue, f. Bündniß, n. Bund,
m.; Ligue (im 16ten Jahrhundert),
f.; m. p. Rotte.
Liguer, v. a. verbünden; se —, sich
verbünden, in ein Bündniß treten.
Ligueur, m. se, f. Liguist, m.
=inn, f.
†Ligule, f. (Bot.) die halbe Blu=
menkrone, geschweifte Blume; (Zoo=
log.) Riemenwurm, m.
Lilas, m. (Bot.) Syringe, f. der
spanische Flieder.
Liliacée, adj. (Bot.) lilienartig;
—s, f. pl. Liliengewächse, n. pl.
†Lilium, m. (Med.) —de Para=
celse, Lebenswasser, n.
Lille, Lisle, Ryssel (Stadt).
Limace, f. (Hydr.) Wasserschrau=
be; escalier à —, (Bauk.) Wendel=
treppe.
Limace, f. Limas, m. (Naturg.)
die nackte Schnecke.
Limaçon, m. (Naturg.) Schnecke,

f. Schalenschnecke; — de terre,
Gartenschnecke; —, (Anat., Uhrm.)
Schnecke; escalier en —, (Bauk.)
Wendel=, Schneckentreppe.
Limande, f. Feilstaub, m. Feil=
späne, pl. Feilicht, n.
Limande, f. (Naturg.) Glahrke,
Kliesche.
Limbe, m. (Astr., ꝛc.) Rand; fg.
Strahlenkrone (eines Heiligen, ꝛc.),
f.; —s, (Theol.) Vorhimmel, m.
Lime, f. Feile; — douce, Glätt=,
Schlichtfeile; — sourde, stille Feile;
fg. fm. Duckmäuser, m.; das schlei=
chende Gift; passer, repasser la —
sur qch., etw. feilen, ausfeilen;
(Gärtn.) Limonie, f.; —s, (Jagd)
Hauzähne, m. pl.
Limer, v. a. feilen, befeilen; fg.
feilen, ausfeilen.
Limier, m. (Jagd) Leit=, Spür=
hund.　　　　[schränkend.
Limitatif, ve, adj. (jur.) ein=
Limitation, f. Einschränkung.
Limite, f. (Math.) Gränze; —s,
Gränzen, pl.; fg. id., Schranken.
Limiter, v. a. begränzen; fg. id.,
einschränken; bestimmen, festsetzen.
Limitrophe, adj. angränzend.
†Limodore, m. (Bot.) Stendel=
kraut, n.　　　　　　　[m.
†Limoine, f. (Bot.) Stelarendel,
Limon, m. Schlamm, Morast;
Moder; (Gärtn.) Limonie, fém.;
(Wagn.) Stange (einer Gabeldeich=
sel; (Bauf.) Treppenwange.
Limonade, f. Limonade, das Ci=
tronenwasser mit Zucker.
Limonadier, m. ère, f. Limona=
desbendt, m. Kaffeewirth =inn, f.
†Limoner, v. n. (Forstw.) dick
werden.
Limoneux, se, adj. schlammig.
Limonier, m. Gabel=, Stangen=
pferd, n.; (Bot.) Limonenbaum, m.
Limonière, f. (Wagn.) Gabel,
Gabeldeichsel.
Limosinage, Limousinage, m.
(Bauk.) Mörtelmauerung, f. grobes
Gemäuer.
†Limousin, m. die Gegend um
Limoges (einer französischen Stadt);
(Bauf.) Mörtelmaurer, m.
†Limousiner, v. n. (Maur.) mit
Mörtel mauern, grob mauern.
Limpide, adj. klar, hell, lauter.
Limpidité, f. Klarheit, Lauterkeit.
Limure, f. Feilen, n. Ausfeilen;
Feilglätte, f.
Lin, m. (Bot., ꝛc.) Flachs, Lein.
†Linaigrette, f. Wollgras, n.
Linaire, f. (Bot.) Leinkraut, n.
†Linange, Leiningen (Stadt).
Linceul, m. Todtentuch, n.; ol.
Leintuch.
Linéaire, adj. mit oder nach Linien
gemacht; mesure —, Linienmaß,

n.; équation —, (Alg.) Linien=
gleichung, f.　　　　[Linie fortgebend.
Linéal, e, adj. (jur.) in gerader
†Linéament, m. Gesichtszug, Zug.
†Linette, f. Leinsamen, m.
Linge, m. Wäsche, f.; Weißzeug,
n.; — de table, Tafelzeug.
Linger, m. ère, f. Weißzeughänd=
ler, m. Weißkrämer; =inn, f. Lein=
wandarbeiterinn.
Lingerie, f. Weißzeughandel, m.
Weißkram, Weißzeugladen.
Lingot, m. Zain, Stange (Gold,
ꝛc.), f.; (Jagd) Stangenposten, m.
Lingottière, f. Stangengießform.
Lingual, e, adj., muscle —,
(Anat.) Zungenmuskel, m.; lettre
—e, (Gramm.) Zungenbuchstab.
Linguiste, masc. Sprachkenner,
Sprachgelehrte.　　　[Sprachkunde.
Linguistique, fém. Linguistik,
†Linière, f. Leinacker, m. Flachs=
feld, n.　　　　　　　[Salbe.
Liniment, m. (Med.) die dünne
†Linition, f. (Med.) Einreibung,
Einsalbung.
Linon, m. die zarte seine Lein=
wand; Schleier, m.
Linot, m. Linotte, f.; (Naturg.)
Hänfling, m. Flachsfink; sifflet la
linotte, prov. pop. trinken; tête
de linotte, Schwachkopf, m.
Linteau, m. (Bauf.) Sturz, Ober=
schwelle, f.; (Schloß.) Zapfenhal=
ter, m.
Lion, m. Löwe; fg. id.
Lionceau, m. der junge Löwe.
†Liondent, m. (Bot.) Löwenzahn.
Lionne, f. Löwinn.
†Lipari, les îles de —, die lipa=
rischen Inseln.
Lipogrammatique, adj. gewisse
Buchstaben vermeidend (Werk).
†Lipome, m. (Med.) Speckbeule,
f.　　　　[Ohnmacht, Schwäche.
Lipothymie, f. (Med.) die leichte
Lippe, e. fm. Wurstlippe.
Lippée, f. fm. Mundvoll, m.;
franche —, Schmaus, der nichts
kostet, m.; chercheur de franches
—s, Schmarotzer.　　　[sen, n.
Lippitude, f. (Med.) Augentrie=
Lippu, e, adj. fm. wurstlippig;
—, m. et f. Wurstmaul, n.
Liquation, f. (Metall.) Seigern,
n. Seigerung, f.　　　　[Seigerben.
Liquéfaction, f. Schmelzen, n.
Liquéfier, v. a. schmelzen, flüssig
machen; se —, zerschmelzen.
†Liquet, m. (Gärtn.) Säuerling
(Birn).
Liqueur, f. Flüssigkeit; Getränke,
n.; Gewürzbranntwein, m.
†Liquidambar, m. (Bot.) Am=
berbaum.
Liquidateur, m. Abrechner.
Liquidation, fém. Abrechnung,

Rechnungsabschluß, *m.*; Schließung (*f.*), Berichtigung (einer Rechnung).

Liquide, *adj.* flüssig; (jur.) klar, rein; —, *m.* Flüssigkeit, *f.; —s,* flüssige Speisen.

Liquider, *v. a.* in Richtigkeit, ins Reine bringen, berechnen, liquidiren.

Liquidité, *f.* Flüssigkeit.

Liquoreux, se, *adject.* süßlich (Wein).

Liquoriste, *m.* der Verfertiger gebrannter Wasser, süßer, gewürzter Getränke.

Lire, *v. a.* lesen, vorlesen; nachlesen (Werke); *fg.* erkennen.

Liron, *v.* Lérot.

Lis, *m.* (Bot.) Lilie, *f.;* — rouge, Feuerlilie; fleurs de —, Wappenlilien, *pl.*

†Lisbonne, Lissabon (Stadt).

†Lisérage, *m.* die Einfassung mit einem gestickten Schnürchen.

Liséré, *m.* die gestickte Leiste.

Lisérer, *v. a.* mit Schnürchen einfassen.     [(Bot.) Winde.

Liseron, Liset, *m.* Lisette, *f.*

†Liset, *m.* Lisette, *f.* (Naturg.) Knospenkäfer, *m.* Rebenstecher.

Lisette, *n. pr. f.* Lieschen.

Liseur, *m.* se, *f.* Leser, *m.* =inn, *f.*

Lisible, *adj. -*ment, *adv.* : leserlich, lesbar.

Lisière, *f.* (Tuchm.) Sahlband, *n.* Sahlleiste, *f.*; Gängelband (der Kinder), *n.*; Rain, *m.* Saum (eines Waldes); Gränze (eines Landes), *f.*

Lisoir, *m.* (Wagn.) Rungschämel.

Lisse, *adj.* glatt; —, *f.* (Schiffb.) Barts, *m.* Bachholz, *n.*; (Web.) Aufzug, *m.* Zettel; (Tap.) basse —, tiefschäftige Tapeten; haute —, hochschäftige Tapeten.

· Lisser, *v. a.* glätten, poliren.

†Lisseron, *m.* (Web.) Weberbaum.

Lissoir, *m.* Glättholz, *n.* Glättstein, *m.* Glättstahl.

†Lissure, *f.* Glätten, *n.*; Glätte, *f.*

Liste, *f.* Verzeichniß, *n.*; Liste, *f.*; — civile, Civilliste.     [*m.*

Listel, *m.* (Bauk.) Leiste, *f.* Reif.

Liston, *m.* (Wap.) Devisenbinde, *f.*

Lit, *m.* Bett, *n.*; Lagerstätte, *f.*; — de plumes, Federbett, *n.*; — de camp, Feldbett; Pritsche (in einer Wachtstube), *f.*; — à la duchesse, das Himmelbett ohne Vorhänge; — nuptial, conjugal, Ehebett; — de parade, Parabebett; — de justice, der Parlementssitzung in Gegenwart des Königs; —, *fg.* Ehe; enfants de deux —, zusammengebrachte Kinder; —, (Miner., ꝛc.) Schicht, *f.*

Litanies, *f. pl.* (Kirch.) Litanei; litanie, *fg. fm. id.*

Liteau, *m.* (Jagb) Wolfslager, *n.* (bei Tage); (Zimm., ꝛc.) Leiste, *f.*;

— x, bunte Saumstreifen (an Servietten).

†Liter, *v. a.* (Fische) schichtenweise legen; — le drap; die Sahlleisten eines Tuches mit Schnüren einfassen.

Litharge, *f.* Glätte, Bleiglätte; — d'or, d'argent, Gold=, Silberglätte.

Lithargé, e, *adj.* mit Bleiglätte verfälscht (Wein).

Lithiasie, *f.* (Med.) die Bildung des Blasensteins; Gerstenkorn (im Auge), *n.*     [stit, *m.*

Lithocolle, *f.* (Steinsch.) Stein=

Lithographe, *m.* Steindrucker, Steinzeichner.

Lithographie, *f.* die Beschreibung der Steine || Steindruckerei, Steindruck, *m.*     [drucken.

Lithographier, *v. a.* auf Stein

Lithographique, *adj.* lithegraphisch; art —, Steindruckerkunst, *f.*

†Litholabe, *m.* (Chir.) Steinzange, *f.* Zange.

Lithologie, *f.* Steinkunde.

Lithologue, *m.* Steinkenner, =beschreiber.     [steinauflösend.

Lithontriptique, *adj.* (Med.)

Lithophage, *m.* (Naturg.) Stein=fresser (Wurm).

Lithophyte, *m.* (Naturg.) Steinpflanze, *f.*     [messer, *m.*

Lithotome, *m.* (Chir.) Steinschnitt=

Lithotomie, *f.* (Chir.) Steinschnitt, *m.*     [schneider.

Lithotomiste, *m.* (Chir.) Stein=

Lithotriteur, *m.* (Chir.) Stein=zerreiber.     [reibung.

Lithotritie, *f.* (Chir.) Steinzer=

Lithoxyle, *m.* (Miner.) Holzstein.

†Lithuanie, *f.* Litthauen (Provinz).

Litière, *f.* Streue (in Ställen); *fg.* faire — de qch., etw. wegwerfen || Sänfte.

Litigant, e, *adj.* (jur.) streitend, processirend.

Litige, *m.* (jur.) Streit, Proceß.

Litigieux, se, *adj.* (jur.) streitig.

Litispendance, *f.* (jur.) *ol.* die Dauer eines Processes.

Litorne, *f.* (Naturg.) der große Krametsvogel.     [Ausdruck.

Litote, *f.* (Rhet.) der vermindernde

Litre, *m.* Litter (etwa eine halbe Maß).     [Kubitzell).

Litron, *m.* Litron (Maß von 16

Littéraire, *adj.* litterarisch, gelehrt.

Littéral, e, *adj.*; -ement, *adv.* : buchstäblich, wörtlich; sens —, Wortverstand, *m.*; grec —, Altgriechische, *n.* classiche Griechisch; calcul —, (Math.) Buchstabenrechnung, *f.*

Littéralité, *f.* Buchstäblichkeit.

Littérateur, *m.* Gelehrte.

Littérature, *f.* Literatur, die schö-

nen Wissenschaften; Gelehrsamkeit.

Littoral, e, *adj.* zum Ufer gehörig, an der Küste befindlich; —, *m.* Ufer-land, *n.* Küstenstrich, *m.*

Liturgie, *f.* (Kirch.) Kirchenordnung, Kirchenagende, Liturgie.

Liturgique, *adj.* (Kirch.) liturgisch.     [Band, *n.*

Liure, *f.* (Zimm.) Strick, *m.*

†Livèche, *f.* (Bot.) Liebstöckel, *m.*

Livide, *adj.* (v. der Haut) bleifarbig, schwarzgelb, braun und blau, grün und gelb.

Lividité, *f.* die schwarzblaue, schwarzgelbe Farbe der Haut.

†Livonie, *f.* Liefland (Provinz).

†Livonien, ne, *adj.* liefländisch; —, *m.* ne, *f.* Liefländer, *m.* =inn, *f.*

†Livourne, Lierrne (Stadt).

Livraison, *f.* (Buchh.) Lieferung.

Livre, *m.* Buch, *n.*; — en blanc, das rohe, ungebundene Buch; —, Schrift, *f.* Werk, *n.*; (Handl.) Buch, Register, Tagebuch; grand —, de raison, Hauptbuch; — de caisse et bordereaux, Cassenbuch; — des comptes courants, Conto=Correntbuch; — des copies de lettres, Briefcopirbuch; —, (Anat.) Faltenmagen, *m.*; à — ouvert, *adv.* vom Blatte weg.

Livre, *f.* Pfund, *n.*; à la —, pfundweise || Livre (20 Sols), *m.*; venir, payer au sous la —, au marc la —, verhältnißmäßig erhalten, beitragen, bezahlen.

Livrée, *f.* Lierree; Dienerschaft; gens de —, Livreebedienten, *m. pl.*; — de noce, de la mariée, Brautbänder, *n.*; *fg.* Kleidung (der Natur), *f.*

Livrer, *v. a.* liefern, überliefern; preisgeben (dem Volke, ꝛc.); se —, sich überlassen, sich hingeben; sich widmen (einer Wissenschaft, ꝛc.).

Livret, *m.* Büchlein, *n.*; (Arithm.) Einmaleins.     [gung.

Lixiviation, *f.* (Chym.) Auslau-

Lixiviel, le, *adj.*, sel —, (Chym.) das feuerbeständige Laugensalz.

Llama, *m.* (Naturg.) Lama, *n.* Schafkameel.

Lobe, *m.*, *ou* — des oreilles, Ohrläppchen, *n.*; —, (Anat.) Lappen, *m.*; — s du poumon, Lungenflügel, *pl.*; —, (Bot.) Herzblatt, *n.* Samenlappen, *m.*

Lobé, e, *adj.* (Bot.) lappig.

Lobule, *f.* (Anat.) Läppchen, *n.*

Local, e, *adj.* örtlich, local; couleur — e, Grundfarbe, *f.*; —, *m.* Ort, Platz, die örtliche Beschaffenheit.

Localité, *f.* Oertlichkeit, Ortsbeschaffenheit.

Locataire, *m. et f.* Miether, *m.* =inn, *f.*

†Locati, Locatis, *m. pop.* Miethpferd, *n.* Miethkutsche, *f.*

Locatif, ve, adj. den Miether
angehend.     [pachten.
Location, f. Vermiethen, n. Ver=
Loch (fpr. loc), m. (Seew.) Log, n.
Loche, f. (Naturg.) Schmerle,
Grundel (Fisch).
Locher, v. n. (vom Hufeisen) wa=
deln, klappen; fg. pop. il y a quel=
que fer qui loche, es hapert mit der
S.; —, v. a. (Zuckerhüte) aus der
Form nehmen.
Lochet, m. der schmale Spaten.
Locomobile, adj. der Ortsverän=
derung fähig.    [rungsfähigkeit.
Locomobilité, f. Ortsverände=
Locomoteur, masc. (Anal.) das
Werkzeug der Ortsveränderung.
Locomotif, ve, adj., faculté —ve,
v. Locomobilité; machine —ve,
die bewegende Maschine.
Locomotion, f. Ortsveränderung;
v. Locomobilité.
Locution, f. Redensart, Aus=
druck, m.    [decke.
†Lodier, m. die durchnähte Bett=
Lods et ventes, m. pl. (jur.) ol.
droit de —, Vorausgebühr, f.
Lof, m. (Seew.) Loff, f. Windseite.
Logarithme, m. (Math.) Loga=
rithmus.
Logarithmique, adj. (Math.) lo=
garithmisch; —, f. die logarithmische
Linie.
Loge, f. Hütte, Zelle; (Theat.,
rc.) Loge, Bude; Stand (eines Krä=
mers), m.; Verschlag; Kämmer=
chen, n.; Behältniß (wilder Thiere).
†Logeable, adj. bewohnbar.
Logement, m. Wohnung, f. Be=
hausung; (Kriegsw.) Einquartie=
rung; Verschanzung.
Loger, v. n. wohnen; fm. hausen;
Quartier nehmen, herbergen, ein=
fehren; —, v. a. qn., einem eine
Wohnung geben, anweisen; einen
beherbergen; (Kriegsw.) einquartie=
ren; se —, sich eine Wohnung bauen;
einrichten, ausfuchen; se — dans
une maison, ein Haus beziehen;
se — (Kriegsw.) sich verschanzen;
sich festfetzen; il en est logé là, es
ist fo weit mit ihm gekommen.
Logette, f. Hüttchen, n.
Logeur, m. Quartierverleiher.
Logicien, m. Logiker, Vernunfts=
lehrer.
Logique, f. Logik, Denk=, Ver=
nunftlehre; —, adj.; -ment, adv.:
logisch.
Logis, m. Wohnung, f. Herberge,
(Kriegsw., rc.) Quartier, n.; à —,
zu Hause; venir au —, nach Hause
kommen; corps de —, Hauptge=
bäude.    [nungsabnehmer.
†Logistes, m. pl. (gr., Alt.) Rech=
†Logistique, f., — spécieuse, v.
Logarithmique.

Logographe, m. Buchstabenräth=
fel, n.
Logomachie, f. Wortstreit, m.
Wortklauberei, f.
Loi, f. Gefetz, n.; fg. id., Gebot;
Gewalt, f. Herrschaft, Recht, n.;
(Münzw.) Münzkorn; homme de
—, Rechtsgelehrte, m.; ni foi ni
—, weder Treue noch Glauben.
Loin, adv. et prép. weit, fern;
de —, von ferne; — de, bien —
de, anstatt, weil entfernt zu; au —,
weit weg; de — à (ob. en) —, von
Strecke zu Strecke; fg. dann und
wann, zuweilen.
Lointain, e, adj. fern, entfernt,
entlegen; —, m. Ferne, f. Entfer=
nung.    [Reißmaus, f.
Loir, m. (Naturg.) Siebenschläfer,
Loisible, adj. erlaubt, vergönnt.
Loisir, m. Muße, f. Weile, be=
queme Zeit; —s, id.; à —, nach
Bequemlichkeit.    [f.
Lok, Looch, m. (Med.) Latwerge.
Lombaire, adj. (Anal.) zu den
Lenden gehörig; nerfs —s, Lenden=
nerven, m. pl.
Lombard, m. Leihhaus, n. Pfand=
haus ‖ ol. Wechsler, m.
Lombard, e, adj. lombardisch;
—, m. e, f. Lombarde, m. -inn, f.
(ehemals Longobarde).
†Lombardie, f. Lombardei (Pro=
vinz).
Lombes, m. pl. (Anal.) Lenden,
f. pl. Kreuz, n.
†Lombric, m. (Med.) Eingewei=
dewurm; (Naturg.) Erdwurm, Re=
genwurm.
†Lombrical, e, adj. (Anal.)
wurmförmig; muscle —, Wurm=
muskel, m.    [Wurmfarn.
†Lonchitis, Lonkitis, m. (Bot.)
†Londres, London (Stadt).
Londrin, m. ol. (Handl.) Londrin,
Londertuch, n.
Long, longue, adj.; -uement,
adv.: lang; fg. langfam; lang=
weilig; il en sait bien —, er ist
ein schlauer Fuchs; à la longue,
in die Länge; de longue main, von
langer Zeit her; —, m. Länge, f.;
le —, au — de, prép. längs; au
—, adv. umständlich; au long et
au large, fg. rings umher, weit
und breit; tout du —, der ganzen
Länge nach; längs; tout le — du
jour, den ganzen Tag lang; longue,
f. eine lange Sylbe; long pan, m.
die lange Seite des Daches.
†Longanime, adj. langmüthig.
Longanimité, f. Langmuth (Got=
tes).
Longe, f. (Metzg.) Lendenbraten,
m. Lendenstück, n.; — de veau,
Nierenbraten, m.; — (Reitsch.)
Halfterriemen, Leine, f.; (Falk.)

Wurfriemen, m.; marcher sur sa
—, fg. sich in feine eigene Schlinge
verwickeln.
Longer, v. a. qch., längs einer S.
hingehen, hinziehen, hinmarschiren,
hinfahren.
Longévité, f. das lange Leben.
Longimétrie, f. Längenmeßkunst.
†Longirostres, m. pl. Langschnä=
bler (Vögel).
*Longitude, f. (Geogr., rc.) Länge.
Longitudinal, e, adj. (Anal.) der
Länge nach gehend; -ement, adv.
der Länge nach.
Longjointé, e, adj. (Thiera.) lang
gefeffelt.
Longtemps, adv. lange.
Longue (à la), v. Long.
Longuet, te, adj. fm. länglich.
Longueur, f. Länge; fg. Lang=
famkeit, Langweiligkeit; Zögerung.
Looch, v. Lok.    [m.
Lopin, m. pop. Stück, n. Fetzen,
Loquacité, f. Geschwätzigkeit.
Loque, f. fm. Fetzen, m. Lumpen.
Loquèle, f. fm. Redseligkeit.
Loquet, m. (Schloff.) Klinke, f.
Fallriegel, m.
Loqueteau, m. (Schloff.) Fall=
klinke, f.
Loquette, f. pop. Fetzchen, n.
Lord, m. Lord (Titel in England).
Lorgner, v. a. anschielen, verstoh=
len beobachten, beäugeln; fg. fm.
— une femme, une charge, ein
Auge auf ein Frauenzimmer, auf
ein Amt haben ‖ mit dem Augen=
glase betrachten.
Lorgnerie, f. fm. Anschielen, n.
Liebäugeln.    [Operngucker, m.
Lorgnette, f. Augenglas, n.; fm.
Lorgneur, m. se, f. fm. Bäug=
ler, m. -inn, f.    [f. (Vogel).
Loriot, m. (Naturg.) Goldamfel,
Lormeries, f. pl. Kleinschmied=
waare, f.
†Lormier, m. Kleinschmied.
†Lorrain, e, adj. lothringisch;
—, m. e, f. Lothringer, m. -inn, f.
m. e, f. Lothringer, m. -inn, f.
†Lorraine, f. Lothringen (Lotha=
ringen (ehem. Provinz).
Lors, adv. ol. damals; — de,
prép. bei, zur Zeit; dès —, von
der Zeit an; damals schon; schon
deswegen; pour —, alsdann, dann
mehr.
Lorsque, conj. als, wenn, da.
Los, m. (alt) Lob, n.
Losange, f. (Geom.) Raute, das
geschobene Viereck; en —, rauten=
förmig.    [förmig.
Losangé, e, adj. (Geom.) rauten=
Lot, m. Loos, n.; Antheil, m.;
fg. id.    [m.
Loterie, f. Lotterie, Glückshafen,
Lotier, m. (Bot.) Schotenklee.
Lotion, f. (Chym.) Abwaschung,

Auslaugung, Ausfüßung; (Med.)
Abwaschung, Waschmittel, n.
Lotir, v. a. aus=, verloofen; iron.
le voilà bien loti, er iſt gut verforgt!
Lotissage, m. (Metall.) Erzprobe,
f.          [fung, f.
Lotissement, m. Aus=, Verloos=
Loto, m. Lotofpiel, n.
Lotte, f. Quappe, Aalquappe,
Aalraupe (Fiſch).
Lotus ou Lotos, m. Lotusbaum.
Louable, adj. löblich, lobens=
würdig.
Louage, m. Miethe, f.; cheval
de —, Miethpferd, n.; laquais de
—, Lohnlafei, m.; donner, pren-
dre à —, vermiethen, miethen.
Louange, f. Lob, n. Lobspruch,
m.; chanter, célébrer les —s de
Dieu, Gott lobfingen.
· Louanger, v. a. herausſtreichen. ·
Louangeur, m. se, f. iron. Lober,
m. Lobrebner, =inn, f.
Louche, adj. ſchieläugig, ſchielend
(auch fg.); fm. ſchel; fg. zweideutig;
trübe (Wein); —, m. Schielende, n.
Loucher, v. n. ſchielen.
Louchet, m. Grabſcheit, n.
Louer, v. a. loben; Dieu soit loué,
Gottlob; se —, ſich loben; se — de
qn., de qch., mit jemand ob. einer
S. wohl zufrieden ſeyn.
Louer, v. a. miethen, dingen; ver=
miethen, verlehnen; se — au service
de qn., ſich bei einem verdingen.
Loueur, m. se, f. Vermiether,
m. =inn, f.; Lobpreiſer, m.; — de
carrosses, Hauderer || m. p. Lob=
redner, =inn, f.     [(Schiff.)
Lougre, masc. (Seew.) Lugger
Louis, n. pr. m. Ludwig.
Louis, Louisd'or, m. Louisd'or.
†Louise, n. pr. f. Luiſe; dim.
**Louisette, Louison.**
†Louisiane, Luiſiana (Proving).
Loup, masc. (Naturg.) Wolf;
(Buchd.) Packloch.
Loup-cervier, m.(Naturg.)Luchs,
Hirſchluchs.
Loupe, f. (Naturg.) Geſchwulſt;
(Med.) Sackgeſchwulſt; (Opt.) Ver=
größerungsglas, n. Linſe, f.; (Bot.)
Knoten, m. Knorren; (Juwel.) un=
reife Edelſtein.        [fnotig.
Loupeux, se, adj.(Bot.) knorrig.
Loup-garou, m. Währwolf; fg.
Leutſcheue; fm. Mummel.
†Loup-marin, m. Seewolf, Meer=
wolf.
Lourd, e, adj.; -ement, adv.
ſchwer; ſchwerfällig, plump; unbe=
hilflich; fg. id.
Lourdaud, m. e. Tölpel, m.
Lourderie, Lourdise, f. fm. Töl=
pelei.
Lourdeur, f. Schwerfälligkeit.
Loure, f. (Muſ.) Tanzt.) ein

ernſthafter Tanz und die Muſit dazu.
Lourer, v. a. (Nolen) ſchleifen.
Loutre, f. (Naturg.) Fiſchotter;
—, m. Muff, Hut von Fiſchotter=
haaren.
†Louvain, Löwen (Stadt).
Louve, f. (Naturg.) Wölfinn;
(Maur.) Steinzange; (Fiſch.) Garn=
ſad, m.
Louver, v. a. (einen Stein) tröpfen.
Louvet, te, adj. (Reitſch.) wolfs=
grau.        [Wolf.
Louveteau, m.(Naturg.) der junge
Louveter, v. n. (Naturg.) junge
Wölfe werfen.
Louveterie, f. (Jagd) Wolfsjagd=
geräthe, n.; Wolfszeughaus.
Louvetier, m. (Jagd) Wolfsjä=
germeiſter.
†Louviers, Name einer Stadt und
einer Art dort verfertigten Tuches.
Louvoyer, v. n. (Seew.) laviren.
Louvre, m. Louvre (in Paris),
n.; fg. Pallaſt, m.
†Lover, v. a. (Taue) in Ringe
zuſammenlegen.        [Tauf.
Loxodromie, f. (Seew.) der ſchiefe
Loxodromique, adj. (Seew.) loxo-
dromiſch; —, f. die Kunſt ſchief zu
ſegeln.
Loyal, e, adj. echt, unverfälſcht
(Waare); — et marchand, kauf=
recht; —, fg. treu, redlich, bieder,
aufrichtig; (Reitſch.) ſchulgerecht,
treu, weich (Maul); loyaux coûts,
(jur.) geſetzmäßige Unkoſten; -ement,
adv. ehrlich, redlich.
Loyauté, f. Treue, Redlichkeit,
Biederkeit.
Loyer, m. Miethe, f. Hauszins,
m.; Geſindelohn, Arbeitslohn.
Lozange, v. Losange.    [faßt.
Lubie, f. fm. Schuß, m. tolle Ein=
Lubricité, f. Geilheit.
Lubrifier, v. a. ſchlüpfrig machen.
Lubrique, adj.; -ment, adv.:
unzüchtig, ſchlüpfrig, geil.
†Luc, n. pr. m. Lukas.
†Lucain, n.pr.m. Lucanus, Lucan,
Lucarne, f. Dach=, Bodenfenſter,
n.        [Kanton.)
†Lucerne, f. Luzern (Stadt und
Lucide, adj. fg. hell, licht.
Lucidité, f. Helle.
†Lucie, n. pr. f. Luzia.
†Lucien, n. pr. m. Luzian.
Lucifer, m. (Aſtr.) ol. Morgen=
ſtern || Teufel.        [Käfer.
†Lucifuges, m. pl. die lichtſcheuen
†Lucques, Lucca (Stadt).
Lucratif, ve, adj. einträglich.
Lucre, m. Gewinn.
†Lucréce, n. pr. f. Lucretia.
†Ludion, m. das carteſianiſche
Teufelchen (Figur).
Luette, f. (Anat.) Zäpfchen (im
Halſe), n.

Lueur, f. Schein, m. Licht, n.;
fg. id.
Lugubre, adj.; -ment, adv.:
traurig, kläglich, büſter.
Lui, pron. er, es; ihm, ihr.
Luire, v. n. glänzen, ſcheinen, leuch=
ten, ſchimern, blinken (Schwert, x).
Luisant, e, adj. leuchtend; ver
—, (Naturg.) Johanniswürmchen,
n.; —, m. Glanz.
Luites, f. pl. (Jagd) Geilen, Ho=
ben (des Ebers).
Lumière, f. Licht, n.; Schimmer,
m.; fg. Licht, n. Einſicht, f. Kennt=
niß, Aufklärung; (Artill.) Zünd=
loch, n.; (Schiff.) Pumpenloch,
(Drg.) Windloch.
Lumignon, m. Lichtſchnuppe, f.;
Duzen, m. das Stümpchen Licht.
Luminaire, m. (Aſtr.) Licht, n.;
Beleuchtung (einer Kirche), f.; fm.
Geſicht, n.
Lumineux, se, adj. leuchtend;
fg. lichtvoll, licht, hell.
Lunaire, adj. den Mond betref=
fend; année —, Mondenjahr, n.;
—, f. (Bot.) Mondviole, f.
Lunaison, f. (Aſtr.) Mondes=
wandlung, =umlauf, m.
Lunatique, adj. (Med., x.)
mondſüchtig; fg. id.; —, m. et f.
Mondſüchtige.
Lundi, m. Montag; — gras,
Montag vor Faſtnacht.
Lune, f. Mond, m.; nouvelle
—, Neumond; pleine —, Voll=
mond; —, fg. (Dichtk.) Monat;
(Chym.) ol. Silber, n.; — de mer,
(Naturg.) Kugelfiſch, m.
Lunetier, Lunettier, m. Brillen=
macher, Brillen=, Glasſchleifer ||
Brillenhändler.
Lunette, f. Augenglas, n. Ver=
größerungsglas; — ou — d'appro-
che, de longue vue, Fernrohr, n.;
—s, Brille, f. || Brille (im Abtritt);
(Uhrm.) Deckelring, m. Bruſtbein
(am Geflügel), n.; (Bauk.) Lichtloch,
(Fortif.) Brille, f.
Luni-solaire, adj., (Aſtr.) année,
cycle —, Mond=Sonnenzirkel, m.
Lunule, f. (Geom.) Halbmond,
m. die halbmondförmige Figur.
†Lunulé, e, adj. (Bot.) mond=
förmig.
Lupercales, f. pl. (röm. Alt.)
Lupercalien, Pansfeste, n. pl.
Lupin, m. (Bot.) Wolfsbohne, f.
Luron, m. ein lebensluſtiger, ob.
kräftiger, entſchiebener Menſch;
—ne, f. eine luſtige, leichtſinnige
Frau.
†Lusace (la), Lauſiß (Proving), f.
†Lusitanien, Luſitanien (alter Name
von Portugal).
Lustral, e, adj., eau —e, (Alt.)

das geweihte Waſſer, Reinigungs=
waſſer.    [Reinigungsopfer, n.
Lustration, f. (Alt.) Reinigung.
Lustre, m. Glanz; ôter le — à
un drap, ein Tuch krimpen || (Myth.)
Glanzmaſſe, f.; fg. Pracht, Ruhm,
m. || Krone, Hängeleuchter; Lu=
ſtrum, n. die Zeit von fünf Jahren.
Lustrer, v. a. glänzend machen;
— un drap, einem Tuch den Glanz
geben.      [vener Zeug, m.
Lustrine, f. (Handl.) Luſtrin (ſei=
†Lustroir, m. Polirholz, n.
Lut, m. (Chym.) Kitt, Lehm.
Lutation, f. Lutiren, n. Verkit=
tung, f.    ·       [ten.
Luter, v. a. (Chym.) aus=, verkit=
Luth, m. (Muſ.) Laute, f.
Luthéranisme, m. (Theol.) Lu=
therthum, n.
Luthérien, ne, adj. (Theol.) lu=
theriſch; —, m. u. f. Lutheraner,
m. =inn, f.
Luthier, m. Lautenmacher.
Lutin, m. Poltergeiſt; Spuk; fg.
fm. id.
Lutiner, v. a. fm. quälen; —,
v. n. poltern, ſpuken, lärmen.
Lutrin, m. Chorpult, n.
Lutte, f. Ringen, n. Kampf, m.
Lutter, v. n. ringen, kämpfen;
fg. id.
Lutteur, m. Ringer, Kämpfer.
Luxation, f. (Chir.) Verrenkung.
Luxe, m. Pracht, f. Staat, m.
große Aufwand, Luxus; Ueppig=
keit, f.
Luxer, v. a. (Chir.) verrenken.
Luxure, f. (Theol.) Unzucht, Uep=
pigkeit.
Luxurieux, se, adj. unkeuſch,
unzüchtig, wollüſtig, üppig.
Luzerne, f. (Bot.) der ewige Klee,
Schneckenklee, Luzerne, f.
Luzernière, f. Schneckenkleefeld, n.
†Ly, m. Meile (in China), f.
Lycanthrope, m. (Med.) Wolfs=
wahnſinnige.
Lycanthropie, f. (Med.) Wolfs=
wahnſinn, m.
Lycée, m. Lycäum (Lehranſtalt), n.
†Lychnide, f. (Bot.) Lichtroſe.
Lycopode, m. (Bot.) Bärlapp,
Neunſeil, n.
Lymphatique, adj., vaisseaux
—s, (Anat.) Waſſergefäße, n. pl.
Lymphe, f. (Anat.) Blutwaſſer,
n. Lymphe, f.
Lynx, m. Luchs; fg. avoir des
yeux de —, Luchsaugen haben, ſehr
ſcharfſichtig ſeyn.
†Lyonnais, m. Lyoner; auch Name
der ehemal. Provinz; —, e, adj.
von Lyon, Lyon betreffend.
Lyre, f. Leier; (Dichtk.) id.,
Saitenſpiel, n.
Lyrée, adj. f. (Bot.) leierförmig.

Lyrique, adj. (Dichtk.) lyriſch.
†Lysimachie, f. (Bot.) Weide=
rich, m.

# M.

Ma, pron. meine.
Macaque, m. Makak, Meerkatze,
f.
Macaron, m. (Paſt.) Makrone, f.
Macaronée, f. (Dichtk.) das Ge=
dicht in Küchenlatein.
Macaroni, m. italiäniſche Nudeln.
Macaronique, adj. (Dichtk.) ma=
karoniſch.
Macédoine, f. Macedonien (alte
Geog.); (Kochk.) Macedoine, f.
Macédonien, ne, adj. macedo=
niſch; —, m. ne, f. Macedonier,
m. =inn, f.
Macération, f. (Chym., ꝛc.) Ein=
weichung (Beize); fg. Kaſteiung
des Fleiſches.
Macérer, v. a. (Chym.) einweichen,
beizen; fg. kaſteien, züchtigen.
†Maceron, m. (Bot.) Smyrnen=
kraut, n. Bruſtwurzel, f.
Machabées, m. pl. (h. Schr.)
die Bücher der Maccabäer.
Mâche, f. (Bot.) Feldſalat, m.
Mâchecoulis, Mâchicoulis, m.
les —, die Oeffnungen in den über=
hängenden Gängen (in alten Feſtun=
gen).      [Sinter.
Mâchefer, masc. Hammerſchlag,
Mâchelière, adj. f., dent — ou
—, f. (Anat.) Backen=, Stockzahn,
m.       [Schiffszwieback.
†Mâchemoure, f. die Brocken von
Mâcher, v. a. kauen, käuen; —
san frein, an ſeinem Zügel kauen
|| fg. fm. vorkauen; — à vide, mit
leeren Backen kauen; fm. ſchnarr=
maulen; fg. fm. auf etw. paſſen.
Mâcheur, m. se, f. pop. Freſſer,
m. =inn; f.; — de tabac, Tabaks=
kauer, m.
Machiavélique, adj. (Pol.) ma=
chiavelliſch.
Machiavélisme, m. (Pol.) die
machiavelliſche Staatsklugheit; das
hinterliſtige, treuloſe Betragen.
Machiavéliste, m. (Pol.) Ma=
chiavelliſt.      [ſtoff.
Mâchicatoire, m. (Med.) Kau=
Machicot, m. ol. Kirchenſänger.
Machicotage, m. die Verzierung
des Kirchengeſangs.
†Machicoter, v. n. den Kirchen=
geſang verzieren.
Machinal, e, adj.; -ement, adv.;
maſchinenmäßig.
Machinateur, m. Anſtifter.
Machination, f. der liſtige An=
ſchlag, Umtriebe, m. pl. Kunſt=
griffe.

Machine, f. Maſchine, Getriebe,
n. Kunſtwerk, Werkzeug; — à va=
peur, Dampfmaſchine, fém.; —,
(Theater, ꝛc.) Maſchinerie; fg.
Kunſtgriff, m.
Machiner, v. a. (etw. Böſes) an=
ſpinnen, ausſinnen, aushecken, (mit
etw.) ſchwanger geben.
     [ſchwanger geben.
Machiniste, m. Maſchinenma=
cher; (Theat.) Maſchinenmeiſter.
†Machinoir, m. (Schuhm.) Glätt=
ſtäbchen, n.
Mâchoire, f. (Anat.) Kinnbacken,
m.; Kiefer (der Fiſche), f.; Backen
(am Schraubſtock), m.; (Büchſ.)
Maul, n.      [fm. muffeln.
Mâchonner, v. a. mühſam kauen,
Mâchurer, v. a. pop. beſudeln.
Macis, m. Muskatenblüthe, f.
Macle, f. (Miner.) Kreuzſtein,
m.; (Wapenk.) die durchbrochene
Raute.
Maçon, m. Maurer; —ne, f.,
abeille —ne, Mauerbiene, f.
Maçonnage, masc. Mauern, n.
Maurerarbeit, f.
Maçonner, v. a. mauern, ver=
zumauern; fg. fm. plump arbeiten,
pfuſchen.
Maçonnerie, f. Maurerarbeit,
Maurerkunſt; Freimaurerei.
Maçonnique, adj. zur Freimau=
rerei gehörig.
†Macque, f. Hanfbreche.
†Macquer, v. a. (Hanf) brechen.
Macre, v. Macle.
Macreuse, f. (Naturg.) Seeente.
†Macrocosme, m. (Philoſ.) die
große Welt.
†Maculation, f. (Buchdr.) Be=
ſleckung, Beſchmußung.
Maculature, f. Maculatur, Fehl=
druck, m. Schmußbogen; Packpa=
pier, n.      [m. Flecken.
Macule, f. (Aſtr.) Sonnenflecken,
Maculer, v. a. beſchmußen, beſu=
deln; —, v. n. (Buchdr.) abſchmußen.
Madame, f. Frau, Madame.
†Madécasse, adj. von Mabagas=
kar; —, m. et f. Madagaſſe, m.
=inn, f. (Bewohner von Madagas=
kar).
Madéfaction, f. Anfeuchten, n.
†Madeleine, Magdeleine, n. pr.
f. Magdalene, Lene.
Mademoiselle, f. Jungfer, Mam=
ſell, Fräulein, n.      [ſel.
†Madère, Mabera, Madeira (In=
Madone, f. (Mahl.) Madonnenbild, n.
Madrague, f. (Fiſch.) Thunfiſch=
netz, n.
Madras, m. (Handl.) Madras
(Zeug von Seide und indiſcher
Baumwolle).
Madré, e, adj. geſteckt, gemaſert,
maſerig; fg. fm. liſtig, durchtrieben.

Madrépore, *m.* Sternkoralle, *f.*

Madrier, *m.* Bohle (ein dickes Brett), *f.* [*n.*

Madrigal, *m.* Madrigal (Gedicht),

†Madrure, *f.* Maser, *m.;* bunte Flecken.

Maëstral, Mistral, *m.* Mestral, Mistral (Nordwestwind auf dem Mittelmeer).

Maffié, e, Maffiu, e, *adj. fm.* bausbackig; —, *m.* Bausback.

Magasin, *m.* Vorrathskammer, *f.* Vorrathshaus, *n.* Lager; Waarenlager, Kaufmannsgewölbe, Magazin; (Wagn.) Korb, *m.* Behälter.

Magasinage, *m.* (Handl.) Lagerzeit, *f.* Lagergeld, *n.* Lagerzins, *m.*

Magasinier, *m.* Magazinerwalter. [*f.* Rolle.

Magdaléon, *m.* (Apoth.) Stange,

Mage, *m.* (Alt.) Magier, (h. Schr.) Weise.

Magicien, *m.* ne, *f.* Zauberer, *m.; fm.* Herenmeister; Zauberinn, *f.; fm.* Here; Wahrsager, *m.* -inn, *f.*

Magie, *f.* Zauberkunst, Zauberei; — noire, schwarze Kunst; *fm.* Hexerei; — blanche, naturelle, natürliche Zauberkunst; —, *fg.* Zauber, *m.*

Magique, *adj.* zauberisch; *fg. id.;* baguette —, Zauberstab, *m.*

†Magisme, *m.* (Alt.) die Religion der Magier. [*ster.*

Magister, *m.* lat. Dorfschulmeister,

Magistère, *m.* Großmeisterthum (bei den Maltheserrittern), *n.;* (Chymie) *ol.* Niederschlag, *m.*

Magistral, e, *adj.;* -ement, *adv.:* herrisch, schulmeisterisch; (Apoth.) verschrieben (Arznei); ligne —e, (Zeichn.) Hauptumriß (einer Stadt), *m.*

Magistrat, *m.* die obrigkeitliche Person, Magistratsperson, Richter, *m.;* — ou les —s, Obrigkeit, *f.* Magistrat, *m.*

Magistrature, *f.* das obrigkeitliche Amt, Amtsführung, *f.;* Richterstand, *m.*

Magnanime, *adj.;* -ment, *adv.:* großmüthig.

Magnanimité, *f.* Großmuth.

Magnat, *m.* Magnat, Große (in Polen). [Talferde.

Magnésie, *f.* (Miner.) Magnesia,

Magnétique (spr. ma-gné), *adj.* (Phys.) magnetisch.

Magnétiser, *v. a.* magnetisiren.

Magnétiseur, *m.* Magnetisirer.

Magnétisme, *m.* (Phys.) die magnetische Kraft.

Magnificence, *f.* Pracht, Herrlichkeit; Erhabenheit.

Magnifique, *adj.;* -ment, *adv.:* prachtliebend (Fürst); prächtig, herrlich, kostbar; erhaben.

Magnolier, *m.* Biberbaum, Magnolier, *f.*

Magot, *m.* (Naturg.) der große Affe ‖ Mops=, Fratzengesicht, *n.; fm.* der verborgene Schatz.

Mahaleb, *m.* Sanct Lucienholz, *n.* wohlriechendes Holz des Mahalebkirschbaumes. (Weichselbaum).

†Mahogon, Mahony, *m.* (Bot.)

Mahométan, e, *m.* f. mahomedanisch; —, *m.* e, *f.* Mahomedaner, *m.* -inn, *f.* [hamische Glaube.

Mahométisme, *m.* der mahomedanische

†Mahute, *f.* (Falk.) der oberste Theil der Flügel. [*f.*

Mai, *m.* Mai ‖ Maibaum, Maie, Maidan, *masc.* Marktplatz (im Orient). [Backtrog, *m.*

†Maie, *f. prvcl.* (Bäck.) Mulde;

Maïeur, *m. prvcl.* Vorgesetzte, Schultheiß.

Maigre, *adj. et adv.* mager; hager; *fg.* mager, dürr, trocken; gering (Kost); les jours —s, Fasttage, *m. pl.;* —, *m.* Magerer, *n.;* Fastenspeise, *f.;* faire —, fasten, Fastenspeise essen; -ment, *adv. fg.* sparsam, knapp.

Maigre, *m.* (Naturg.) Umberfisch.

Maigrelet, Maigret, te, *adj. fm.* ein wenig mager.

Maigreur, *f.* Magerkeit.

Maigrir, *v. n.* mager werden, abfallen.

Mail, *m.* Mailkolben; Mailspiel, *n.;* Mail=, Kugelbahn, *f.*

Maille, *f.* Masche; à —s, maschig; —, Ringelchen (v. Metall), *n.;* (Chir.) Flecken, *m.* Perle (im Auge), *c.), f.* (Münzw.) *ol.* Heller (auch *fg.), m.;* (Goldsch.) das halbe Loth.

Mailler, *v. a.* (Waff.) verpanzern; (ein Drahtgitter) stricken; (Baitsi) klopfen; —, *v. n.* (Gärtn.) ansehen; Knoten bekommen; se —, (Jagd) Flecken bekommen (Rebhühner, *c.*);

Maillet, —é, Drahtgitter, *n.; ouvrage* —é, Maschenwerk; couture —é, Stricknaht, *f.*

Maillet, *m.* der hölzerne Schlägel.

†Mailleter, *v. a.* ein Schiff bespickern, mit Nägeln beschlagen.

Mailloche, *f.* der große Schlägel.

Maillot, *m.* Windel, Wickelzeug, *n.*

Maillure, *f.* (Jagd) Flecken (eines Rebhuhns, *c.*), *m. pl.*

Main, *f.* Hand; *fm.* Patsche; mettre l'épée à la —, den Degen ziehen; mettre la — à l'œuvre, Hand ans Werk legen; etwas beginnen, unternehmen; mettre la — à la pâte, selbst Hand anlegen, tenir la — à qch., etw. besorgen; betreiben (über etw. wachen); donner les —s à qch., die Hände zu etw. bieten, in etw. einwilligen; aller

bride en —, vorsichtig zu Werke gehen; rendre qch. en — propre, etw. der rechten Person übergeben; faire sa —, sein Schäfchen scheren; être — la —, bei der Hand seyn; la — lui en démange, die Hand juckt ihn darnach; (Reitsch.) — ber in der Faust liegen; lächer la —, den Zügel schießen lassen; mettre la — sur le collet de qn., einen beim Kragen nehmen; festnehmen; mettre la — sur qn., Hand an einen legen; einen schlagen; je vous baise les —s, *iron.* ich bedanke mich dafür; tenir la — haute à qn., einen strenge halten; *fm.* einem den Daumen aufs Auge halten; je ne suis pas en —, es ist mir nicht zur Hand; ich bin nicht im Stande; coup de —, Wagestück, *n.;* homme de —, der entschlossene, handfeste Mann; en venir aux —s, handgemeng werden; faire — basse sur, niederhauen; fait à la —, vorbereitet, absichtlich; de longue —, schon lange; sous —, unter der Hand, heimlich; à deux —s, mit beiden Händen; épée à deux —s, ein Schwert das mit beiden Händen geführt wird; cheval à deux —s, ein Pferd zum Reiten und Fahren; *fg.* il est à deux —s, er ist ja allerlei zu brauchen; prendre à toutes —s, mit beiden Händen nehmen; à pleines —s, reichlich; — de justice, der Scepter der Gerechtigkeit; —, (Schreibk.) Hand, *f.* Handschrift; (Kartensp.) Stich, *m.* Lese, *f.;* Vorhand; (Handw.) Haken, *m.;* (Jagd, *c.*) Klaue, *f.;* (Gärtn.) Ranke, Gabel; (Pap.) Buch, *n.;* — de passe, (Buchdr.) Zuschuß, *m.;* — de carrosse, Kutschenquaste, *f.*

†Main-chaude, *f.* ein Art Spiel.

Main-d'œuvre, *f.* Handarbeit; Arbeitslohn, *m.*

Main-forte, *fém.* die bewaffnete Mannschaft; Hilfe; prêter —, mit gewaffneter Hand beistehen.

Mainlevée, *f.* (jur.) die Aufhebung eines Beschlags; donner —, den Beschlag aufheben.

Mainmise, *f.* (jur.) Beschlag, *m.* Arrest.

Mainmortable, *adj.* (jur.) dem Rechte der todten Hand unterworfen.

Mainmorte, *f.* (jur.) die todte Hand.

Maint, e, *adj.* mancher, manche, manches.

Maintenant, *adv.* jetzt, nun.

Maintenir, *v. a.* halten; *fg. id.,* erhalten, aufrecht halten; (das Recht) handhaben; (Gesetze) beibehalten, behaupten; se —, sich erhalten; sich behaupten.

Maintenue, *f.* (jur.) der Schutz bei dem Besitze, Besitzerkennung, *f.*

Maintien, *m.* Erhaltung, *f.* Auf=
rechthaltung, Handhabung (der Ge=
ſetze) || Anſtand, *m.* Stellung, *f.*
Mairain, *v.* Merrain.
Maire, *m.* Maire, Bürgermeiſter,
Schultheiß, Schulze; — du palais,
Major Domus, Hausmeier (der
fränkiſchen Könige).
Mairie, *f.* Mairie, Amt, · *n.* die
Amtsführung eines Maire; Ge=
meindehaus, *n.*
Mais, *conj.* aber, allein, ſondern;
*fm.* je n'en puis —, ich kann nicht
dafür; —, *m.* Aber, *n.* Nur.
Mais, *m.* (Bot.) das türkiſche
Korn, Wälſchkorn.
Maison, *f.* Haus, *n.* Behauſung,
*f.*; *fg.* Haus, *n.* Familie, *f.*;
Hauswesen, *n.*; Dienerſchaft, *f.*
Geſinde, *n.*; à la —, zu Hauſe,
daheim; retourner à la —, beim=
geben; faire — nette, das Geſinde
fortſchicken; faire — neuve, neue
Dienerſchaft annehmen; — de ville,
Rath=, Gemeindehaus, *n.*; — d'ar=
rêt, Gefängniß; les petites —s,
Narrenhaus; — du roi, die könig=
lichen Haustruppen.
Maisonnée, *f. fm.* das ganze Haus.
Maisonnette, *f.* Häuschen, *n.*
Maître, *m.* Herr, Meiſter; se
rendre —, ſich bemeiſtern || Lehrer,
*m.*; — ès arts, Magiſter; (Hand=
werk, Kunſt) Meiſter; — de mu=
sique, Muſikmeiſter; — juré, Alt=,
Obermeiſter; petit —, Stutzer;
fou, Erznarr; — clerc, Oberſchrei=
ber; — garçon, Altgeſelle.
Maitresse, *f.* Frau, Gebieterinn;
Meiſterinn; — de la maison, du
logis, Hausfrau, *fm.* Hausehre;
une — femme, eine verſtändige
Frau; *m. p.* ein herrſchſüchtiges
Weib || Geliebte, *f.*; petite —, Ge=
fallſüchtige, Coquette; la — pièce,
Hauptſtück (einer Maſchine), *n.*
Maitrise, *fém.* Meiſterrecht, *n.*
Meiſterſchaft, *f.*; Oberamt, *n.*
Maitriser, *v. a.* meiſtern, bemei=
ſtern, beherrſchen.
Majesté, *f.* Majeſtät (auch Titel);
Herrlichkeit, Erhabenheit.
Majestueux, se, *adj.*; -sement,
*adv.*: majeſtätiſch, würdevoll, er=
haben.
Majeur, e, *adj.* (jur.) mündig ||
größer, höher, wichtiger; (Spiel) *v.*
Major; (Muſ.) *v.* Mode.
Majeure, *f.* (Log.) Ober=, Vor=
derſatz, *m.*
Major, *m.* Major, Oberwacht=
meiſter; — -général, Generalma=
jor; — de place, Platzmajor; —,
*adj.*, *v.* État; tierce —, (Spiel)
die große Terz.
Majorat, *m.* Majorat, *n.*; Recht,
Gut des Aelteſten in der Familie.

Majordome, *m.* Haushofmeiſter.
Majorité, *f.* (jur.) Mündigkeit;
(Kriegsw.) Majorsſtelle || Mehrheit
(der Stimmen, ꝛc.).
†Majorque, Majorka (Inſel).
†Majorquin, e, *adj.* majorkiſch;
—, *m. e, f.* Majorker, *m.* =inn, *f.*
Majuscule, *adj.*, lettre —, *et*
—, *f.* der große Buchſtab.
†Maki, *masc.* (Naturg.) Maki
(Thier).
Mal, *m.* (*pl.* maux), Böſe, *n.*
Uebel; Gebrechen; Schmerz, *m.*
Weh, *n.* Krankheit (des Körpers),
*f.*; Schade, *m.* Verluſt, Unglück,
*n.* Unheil; Mühe, *f.* Arbeit; — de
mer, (Med.) Seekrankheit; haut
—, fallende Sucht; — d'enfant,
Wehen, *n. pl.*; —, *adj. et adv.*
übel, ſchlecht, ſchlimm; tant bien
que —, mittelmäßig.         [*m.*
Malachie, *f.* (Miner.) Malachit,
Malacie, *f.* (Med.) Geluſt, *m.*
Heißhunger.
†Malacoide, *f.* (Bot.) die weiche
Melye.
Malactique, *adj.* (Med.) erwei=
chend; —, *m.* Erweichungsmittel, *n.*
Malade, *adj.* krank; —, *m.* et *f.*
Kranke.
Maladie, *f.* Krankheit; *fg.* Sucht;
— du pays, Heimweh, *n.*
Maladif, ve, *adj.* kränklich; être
—, kränkeln.
Maladrerie, *f. ol.* das Kranken=
haus für Ausſätzige.
Maladresse, *f. fm.* Tölpelei, Un=
geſchicklichkeit.
Maladroit, e, *adj.*; -ement, *adv.*:
ungeſchickt; —, *m. e, f.* der unge=
ſchickte Menſch; *m.* Tölpel, Dum=
kopf.         [chende Umſchlag.
†Malagme, *m.* (Med.) der erwei=
Malaguette, *f.* (Bot.) Paradies=
korn (Art Pfeffer), *n.*
†Malai, Malais, *m.* die malayiſche
Sprache.         [knochen, *m.*
†Malaire, *adj.*, l'os —, Backen=
Malaise, *m.* Ungemach, *n.* Unbehag=
lichkeit, *f.*; *fg.* Verlegenheit, Noth.
Malaisé, e, *adj.* ſchwer, unbe=
quem, ungemächlich; eingeſchränkt;
-ment, *adv.* ſchwerlich, mit Mühe.
Malandres, *fém. pl.* (Thier.)
Mauke (der Pferde); (Zimm.) ver=
faulte Knoten (im Holze).
Malandreux, se, *adj.* (Zimm.)
ſchadhaft, faul.
†Malapre, *m.* (Buchdr.) der unge=
ſchickte Setzer, der nur mit Mühe
leſen kann.         [Enterich, *m.*
Malart, *m.* (Naturg.) der wilde
Malate, *m.* (Chym.) der apfelſaure
Kalk.
Malavisé, e, *adj.* unbedachtſam,
unbeſonnen, unverſtändig; —, *m.*
e, *f.* Unbeſonnene, *m.* et *f.*

Malaxer, *v. a.* (Apoth.) durch
Kneten weich machen.
Malbâti, e, *adj.* übel gebaut, übel
gewachſen; —, *m. e, f.* der übel
gewachſene Menſch.
Malcontent, e, *adj.* mißvergnügt,
unzufrieden.
Mâle, *m.* Mann; Männchen (von
Thieren), *n.*; Rüde (von Hunden),
*m.*; —, *adj.* männlich; *fg. id.*,
mannhaft.         [boshaftige Menſch.
Malebête, *f. fm.* der gefährliche,
Malédiction, *f.* Fluch, *m.*
Malefaim, *f. fm.* Heißhunger, *m.*
Maléfice, *m.* Vergiftung, *f.* Be=
zauberung; der Schaden durch Zau=
berei.
Maléficié, e, *adj. fm.* ſiech, ge=
ſchunden.
Maléfique, *adj.* (Aſtrol.) einen
böſen Einfluß habend, ſchädlich.
Malemort, *f.* der böſe Tod.
Malencontre, *f. ol. fm.* Unglück,
*n.*         [glücklich.
Malencontreux, se, *adj. fm.* un=
Mal-en-point, *adv. burl.* in elen=
den Umſtänden.
Malentendu, *m.* Mißverſtand,
Irrthum, Verſehen, *n.*
Malepeste, *interj. fm.* ſchwere
Noth!         [hunger, *m.*
†Malerage, *f. ol.* Wuth; Heiß=
Mal-être, *m.* Uebelſeyn, *n.* Un=
behaglichkeit, *f.*
Malévole, *adj. fm.* übelwollend.
Malfaçon, *f.* Fehler, *m.*; *fg. fm.*
Betrug, Betrügerei, *f.*
Malfaire, *v. n.* Uebles, Böſes thun.
Malfaisance, *fém.* Bösartigkeit,
Bosheit.
Malfaisant, e, *adj.* boshaft, bös=
artig, ſchädlich (Wein, ꝛc.).
Malfaiteur, *m.* Miſſethäter, Ue=
belthäter.
Malfamé, e, *adj. fm.* berüchtigt,
in ſchlechtem Rufe, verrufen.
Malgracieux, se, *adj.*; -sement,
*adv. fm. p. us.* unglimpflich, un=
höflich, grob.
Malgré, *prép.* wider Willen; —
son père, wider ſeines Vaters Wil=
len; — ungeachtet, trotz; — la
pluie, des Regens ungeachtet, trotz
dem Regen; — que, obgleich.
Malhabile, *adj.*; -ment, *adv.*:
ungeſchickt.
Malhabileté, *f.* Ungeſchicklichkeit.
Malheur, *m.* Unglück, *n.* Unheil,
Unfall, *m.* Unglücksfall; par —,
unglücklicher Weiſe; —, *interj.*
wehe!
Malheureux, se, *adj.* unglücklich,
elend; erbärmlich; —, *m.* se, *f.*
Unglückliche; *m.* et *f.* Elende; -se=
ment, *adv.* zum Unglück, unglück=
licher Weiſe.
Malhonnête, *adj.*; -ment, *adv.*:

unanständig, unhöflich; unredlich,
schlecht.

**Malhonnèteté**, f. Unanständigkeit, Unhöflichkeit; Unredlichkeit.

**Malice**, f. Bosheit, Arglist, Tücke; der boshafte Streich; Heimtücke; der boshafte Streich; *fm.* Streich; Leichtfertigkeit, f.

**Malicieux**, se, *adj.; -sement, adv.:* boshaft, tückisch, heimtückisch, *fm.* lose, schalkhaft.

**Malignement**, *adv.* boshafterweise; *v.* Malin.

**Malignité**, f. Bosheit; Bösartigkeit (auch Med.), Schädlichkeit, Widrigkeit, Ungunst (des Schicksals).

**Malin**, igne, *adj.* boshaft, böse; hämisch; joie maligne, Schadenfreude, f.; —, bösartig (Fieber x.); schädlich.     [Springzeit.

†**Maline**, f. (Seew.) Springfluth.

†**Malines**, Mecheln (Stadt); — (dentelle), f. feine flandrische Spitzen, pl.      [kränklich.

**Malingre**, *adj. fm.* schwächlich.

**Malintentionné**, e, *adj.* übelgesinnt; —, m. Uebelgesinnte.

†**Malique**, *adj.*, acide —, Aepfelsäure, f.

**Malitorne**, *adj. fm.* ungeschickt, tölpisch; —, m. Tölpel.

**Mal-jugé**, m. (jur.) das unrichtige, irrige Urtheil.

**Malle**, f. Felleisen, n. Koffer, m.; ‖ Briefpost, f. ‖ Waarenkorb, m. Waarenfasten (der Tabuletkrämer).

**Malléabilité**, f. Schmiedbarkeit, Geschmeidigkeit.      [schmeidig.

**Malléable**, *adj.* hämmerbar, ge=

**Malléole**, f. (Anat.) Fußknöchel, m.; (Alt.) Brandpfeil.

†**Malletier**, m. Felleisenmacher.

†**Mallette**, f. das kleine Felleisen, *fm.* Ränzel.

**Mallier**, m. das Postpferd, welches das Felleisen trägt; Stangenpferd (einer Postkalesche).

**Malmener**, *v. a.* übel behandeln, zurichten.

†**Malmoulue**, *adj. f.* (Jagd) schlecht verdauet (Losung des Hirsches).

**Malotru**, e, *adj. injur.* ungestalt, elend; —, m. et f. Tölpel, masc. Strunze, f.

**Malpeigné**, masc. unsauberer, schlechtgekleideter Mensch.

**Malplaisant**, e, *adj.* (vi.) unangenehm, mißfällig.

**Malpropre**, *adj.; -ment, adv.:* unreinlich, schmutzig.

**Malpropreté**, f. Unreinlichkeit.

**Malsain**, e, *adj.* ungesund, schädlich; (Seew.) gefährlich (Küste, x.).

**Malséant**, e, *adj.* unanständig.

†**Malsemé**, e, *adj.* (Jagd) ungerade (Geweih).

**Malsonnant**, e, *adj.* anstößig.

**Malt**, m. (Bierbr.) Malz, n.; — trempé, Meisch, m.

†**Malte**, f. Malta (Insel).

**Maltôte**, f. *fm.* p. us. Plackerei, neue drückende Abgabe; coll. Leuteschinder, m. pl.

**Maltôtier**, m. p. us. Gelderpresser.

**Maltraiter**, v. a. mißhandeln, übel zurichten; *fg.* — qn., einen verführen, einem Unrecht thun.

**Malvacées**, f. pl. (Bot.) Malvengeschlecht, n.    [m. böse Wille.

**Malveillance**, f. Ungunst, Haß, Malveillant, e, *adj.* übelgesinnt; —, m. Uebelgesinnte.

**Malversation**, f. Veruntreuung, Unterschleif (im Amt), m.

**Malverser**, v. n. Unterschleife begehen.      [m.

**Malvoisie**, f. Malvasier (Wein),

**Malvoulu**, e, *adj.* verhaßt, übel angeschrieben.

**Maman**, f. Mama.

**Mamelle**, f. Brust, Mutterbrust, Zitze (der Thiere); enfant à la —, Säugling, m.

**Mamelon**, m. Brustwarze, f. (Anat.) Warze, Wärzchen (auf der Haut); n.; Spitze (eines Berges), f.; (Mech.) Knopf, m.

**Mamelonné**, e, *adj.* (Bot.) warzenförmig.

**Mamelu**, e, *adj. fm.* großbrüstig; —, m. e, f., c'est un gros —, une grosse —e, er, sie hat große Brüste.

**Mameluck**, m. Mameluck.

**Mamillaire**, *adj.* (Anat.) warzenförmig.    [-s, Brustadern, f. pl.

**Mammaire**, *adj.*, (Anat.) veines

**Mammifère**, *adj.* (Naturg.) mit Brüsten versehen; —, m. Säugethier, n.      [Elephant.

**Mammouth**, m. Mamuth, fossiler

**Manant**, m. ol. Dorfbewohner, Insasse, Hintersasse; *fm.* grobe Bauer, Grobian.

†**Manceau**, m. aus der Stadt Mans, oder dem Lande Maine.

†**Mancelle**, f. (Sattl.) Kummetfette.      [chenillenbaum.

**Mancenillier**, m. (Bot.) Man=

**Manche**, m. Stiel, Griff, Heft, n.; (Lautenm.) Hals, m. Kragen, Griffbrett, n.; (Landw.) Pflugsterze, f.; — d'une hache, Arthelm, m.

**Manche**, f. Aermel, m.; — courte, Stutzärmel; *fg. fm.* avoir dans sa —, in seiner Gewalt haben; — (Geogr.) der Canal zwischen Frankreich und England; — à eau, (Seew.) Wasserschlange, n.

†**Mancherons**, m. pl. (Landw.) Pflugsterze, f.

†**Manchester**, m. (Handl.) Manchester, Baumwollsammet.

**Manchette**, f. Handkrause.

**Manchon**, m. Muff.

**Manchot**, e, *adj.* einhändig, einarmig; *fg. fm.* il n'est pas —, er ist nicht dumm; —, m. e, f. Einhändige, m. et f. Einarmige.

**Mandant**, m. der die Vollmacht ertheilt, oder ausstellt.

**Mandarin**, m. Mandarin (Titel).

**Mandat**, m. (Handl.) Anweisung, f.; (jur.) Vollmacht; — d'amener, Verführungsbefehl, m.; — d'arrêt, Verhaftsbefehl.

**Mandataire**, m. Bevollmächtigte.

**Mandement**, m. Verordnung, f.; (Fin.) Anweisung.

**Mander**, v. a. melden, zu wissen thun; — qn., einen berufen, einladen, der x. hinbestellen; (viele) zusammenberufen; (Pferde, x.) kommen lassen.

**Mandibule**, f. (Anat.) Unterkinnbacken, m.; (Naturg.) Kinnbacken, Kinnlade, f. Kiefer.

**Mandille**, f. ol. Lackeienrock, m.

**Mandoline**, f. (Mus.) Mandoline.      [(Art Laute).

**Mandore**, f. (Mus.) Pandore

**Mandragore**, f. (Bot.) Alraunpflanze.    [dichte Weidengeflecht.

†**Mandrerie**, f. (Korbm.) das

†**Mandrier**, masc. Korbmacher, -flechter.

†**Mandrill**, m. (Naturg.) Mandrill, Waldteufel (Affe).

**Mandrin**, m. (Schloss., x.) Durchschlag; (Büchs.) Bohrer; (Artill.) Decke, f.

**Manducation**, f. (Kath.) der Genuß (des Körpers J. Chr. im Abendmahl).

**Manéage**, m. (Seew.) die unentgeldliche Handarbeit.

**Manège**, m. Reitschule, f. Reitbahn; Reitkunst; Zureiten, n.; *fg. fm.* Gänge, m. pl. Schliche.

**Mânes**, m. pl. Schatten, m. Geist, Seele, f.; coll. die abgeschiedenen Seelen; les dieux —, (Myth.) die unterirdischen Götter.    [stein, m.

**Manganèse**, f. (Miner.) Braun=

**Mangé**, e, *adj.* abgenutzt, verblichen (Schrift, x.).

**Mangeable**, *adj.* eßbar, genießbar.

**Mangeaille**, f. Futter, n.; *fm.* Essen; pop. Gefräß, Fressen.

**Mangeoire**, *fém.* Freßtrog, m. Krippe, f.

**Manger**, v. a. et n. essen, speisen; verzehren; pop. fressen; *fg. fm.* (Geld) verschlingen, verzehren; (einen) aufzehren; (mit den Augen) verschlingen; (Gramm.) verschlucken; se —, gegessen werden; (Gramm.) verschluckt werden; —, m. Essen, n. Speise, f.

**Mangerie**, f. ol. Fresserei; *fg. fm.* Plackerei, Geldschneiderei.

Mangeur, *m.* se, *f.* Eſſer, *m.*;
*pop.* Freſſer, =inn, *f.*

Mangeure (ſpr. -jûre), *f.* Anfraß
(am Brod, ꝛc.), *m.* [me.

†Mangle, Manglier, *m.* (Bot.)
Leuchterbaum. [neumon.

Mangouste, *m.* (Naturg.) *v.* Ich=
Maniable, *adj.* geſchmeidig, ge=
ſchlacht; *fg. id.*, lenkſam.

Maniaque, *adj.* wahnſinnig, toll
beſeſſen; —, *m.* Wahnſinnige, Be=
ſeſſene. [ſchäer.

Manichéen, *m.* (Theol.) Mani=
Manichéisme, *m.* (Theol.) Ma=
nichäismus. [nichordien.

Manichordion, *m.* (Muſ.) Ma=
Manicle, *f.* (Tuchſch.) das Werk=
zeug welches die Tuchſchere bewegt;
—s, Handſchellen, *f. pl.*

Manie, *f.* Wahnſinn, *m.* Tollheit,
*f.* Raſerei; *fg.* Sucht, Wuth, Narr=
heit.

Maniement, *m.* Befühlen, *n.*
Betaſten; Bewegung (der Glieder),
*f.*; Führung (der Waffen, ꝛc.);
(Mal.) Behandlung (der Farben);
Führung (des Pinſels); *fg.* Füh=
rung, Verwaltung.

Manier, *v. a.* an=, befühlen, an=,
betaſten, angreifen, bearbeiten; (den
Degen, ꝛc.) führen; — bien qch.,
mit etw. umzugehen wiſſen; —, un=
ter den Händen haben; — à bout,
(Dachß.) umbeden; (Pflaſt.) umle=
gen; *fg.* führen, regieren, verwal=
ten; — bien une affaire, ein Ge=
ſchäft wohl verrichten; au —, beim
Anfühlen.

Manière, *f.* Art, Weiſe, Gewohn=
heit; — de voir, de penſer, An=
ſicht, Denkungsart; — d'être, Lage,
(Mal.) Manier; —s, *fg.* Beneh=
men, *n.*; belles —s, die feine Le=
bensart; de — que, ſo daß; en
quelque —, einigermaßen; par —
d'acquit, obenhin, Schanden hal=
ber; de la belle —, de la bonne
—, tüchtig, derb; par — de dire,
geſprächsweiſe, weil ſich die Rede ſo
gab.

Maniéré, e, *adj.* gezwungen, ge=
künſtelt, geziert.

†Maniériste, *m.* (Mal.) der ge=
künſtelte Maler.

†Maniette, *f.* Wiſchlappen, *m.*

Manieur, *m.*, — d'argent, *m. p.*
Geldjude; — de blé, Kornwender.

Manifestation, *f.* Offenbarung,
Bekanntmachung.

Manifeste, *adj.*; -ment, *adv.*:
klar, offenbar, augenſcheinlich; —,
*m.* die öffentliche Erklärung, Ver=
theidigungsſchrift, Manifeſt, *n.*

Manifester, *v. a.* offenbaren, be=
kannt machen, äußern; ſe —, be=
kannt werden, ſich zeigen, ſich äu=
ßern; erſcheinen.

Manigance, *f. fm.* Kunſtgriff, *m.*
Kniff.

Manigancer, *v. a. fm.* anzetteln,
anſpinnen. [me.

Maniguette, *f.* (Bot.) Karbamo=
Manille, *f.* (Spiel) Maniſle.

Manioc, Manioque, *m.* (Bot.)
Maniok.

Manipulaire, *m.* Anführer einer
Manipel, zu einer Manipel gehö=
rig. [Behandler, Bereiter.

Manipulateur, *m.* Manipulator,
Manipulation, *f.* Behandlung,
Bearbeitung; Verfahren, *n.*

Manipule, *m.* (Kath.) Armbinde,
*f.*; (Apoth.) Handvoll; (röm. All.)
Manipel (Kriegsſchaar).

Manipuler, *v. a.* behandeln, be=
arbeiten.

Mahique, *f.* Handleder, *n.*

Maniveau, *m.* Körbchen, *n.*

Manivelle, *f.* Kurbe, Kurbel,
Drehling, *m.* Wirbel.

Manne, *f.* Manna (auch *fg.*),
der lange Korb; — d'eniant, Korb=
wiege, *f.*; — céleste, *fg.* (Theol.)
das göttliche Wort.

Mannequin, *m.* Trag=, Hand=
korb; (Mal., ꝛc.) Gliedermann
(auch *fg.*).

Mannequinage, *m.* Bildhauerar=
beit (an Gebäuden), *f.*

Mannequiné, e, *adj.* (Mal., ꝛc.)
unnatürlich, ſteif.

Manœuvre, *m.* Handlanger, Ta=
gelöhner; —, *f.* (Schifff.) Takel=
werk, *n.* Tauwerf; die Kunſt das
Takelwerk zu regieren || Manöver,
*n.* Bewegung, *f.* Schwenkung (einer
Armee, ꝛc.); *fg.* Verfahren, *n.*
Gänge, *m. pl.*

Manœuvrer, *v. n.* (Schifff.) das
Takelwerk regieren; (Kriegsw., ꝛc.)
Bewegungen, Schwenkungen ma=
chen, manövriren; *fg.* Umtriebe
machen; —, *v. a.* regieren.

Manœuvrier, *m.* Bootsknecht,
einer der das Manöver verſteht.

Manoir, *m.* (jur., ꝛc.) Wohnung,
*f.* Haus, *n.*

†Manomètre, *m.* (Phyſ.) Dich=
tigkeitsmeſſer.

Manouvrier, *m.* Taglöhner.

Manque, *m.* Mangel; — de pa=
role, Wortbrüchigkeit, *f.*; — de…,
*adv.* aus Mangel an…

Manquement, *m.* Fehler, Ver=
geben, *n.* Verſehen.

Manquer, *v. n.* fehlen, mangeln,
fehlerhaft ſeyn; (vom Feuergewehr)
verſagen; ausgliſchen (Fuß, ꝛc.);
nicht gerathen, fehlſchlagen (Früchte,
auch *fg.*); fallen, ſich nicht halten
können (Pferd, ꝛc.); (Handl.) Ban=
kerott machen; Mangel haben (de
qn.), entbehren (de qch., etw.); —
de parole, de bonne foi, wortbrü=

dig, treulos ſeyn; — de reſpect,
die Ehrfurcht vergeſſen; — de faire
qch., vergeſſen, verſäumen etw. zu
thun; — à qch., etw. unterlaſſen;
je n'y manquerai pas, ich werde
nicht ermangeln; — à son devoir,
ſeiner Pflicht zuwider handeln; — à
qn., ſich gegen jemand vergehen;
les forces, les jambes lui man=
quent, die Kräfte verlaſſen ihn, die
Beine verſagen ihm den Dienſt; le
cœur lui manque, es wird ihm
ſchwach ums Herz; j'ai manqué de
tomber, ich bin beinahe gefallen;
—, *v. a.* verfehlen, verſäumen; nicht
treffen.

Mansarde, *f.* (Bauf.) das gebro=
chene Dach; Manſardenwohnung,
*f.* Dachſtube.

Mansuétude, *f.* Sanftmuth.

Mante, *f.* Trauerſchleier, *m.*;
(Kloſt.) Nonnenkleid, *n.*; Decke, *f.*

Manteau, *m.* Mantel; (Bauf.)
Schurz des Küchenherds, Kamin=
mantel; (Falk.) Farbe, *f.*; *fg.* Deck=
mantel, *m.* Schein; Vorwand; sous
le —, heimlich.

Mantelet, *m.* Mäntelchen, *n.*;
(Sattl.) Schirmleder; (Kriegsw.)
Sturmbach, Blendung, *f.*; —s,
(Seew.) Pfortluken, *pl.*

†Manteline, *f. ol.* Mäntelchen, *n.*

Mantelure, *f.* (Jagd) das Nücken=
haar (eines Hundes) von anderer
Farbe.

Mantille, *f.* Mäntelchen, *n.*

†Mantonnet, *masc.* (Schloſſ.)
Wands=Schließhaken.

†Mantoue, *f.* Mantua (Stadt).

†Manture, *f.* (Seew.) das heftige
Zuſammenſtoßen der Wellen.

†Manubiaire, *adj.*, une colonne
—, eine Säule mit erhabener Arbeit.

Manuel, *m. adj.*, ouvrage —,
Handarbeit, *f.*; distribution —le,
Austheilung mit der Hand; —,
*m.* Handbuch, *n.*; -lement, *adv.* aus
der Hand in die Hand.

†Manuelle, *f.* (Seil.) Drehknüp=
pel, *m.*

Manufacture, *f.* Manufactur.

Manufacturer, *v. a.* verarbeiten,
verfertigen.

Manufacturier, *m.* Manufactu=
riſt, Manufacturarbeiter.

Manumission, *f.* (röm. Alt.)
Freilaſſung (eines Sclaven).

Manuscrit, e, *adj.* geſchrieben,
handſchriftlich; —, *m.* Handſchrift,
*f.* Manuſcript, *n.*

Manutention, *f.* Aufrechthaltung,
Handhabung; Führung (der Ge=
ſchäfte).

Mappemonde, *f.* Weltkarte.

†Maque, *f.* Hanfbreche.

Maquereau, *m.* (Naturg.) Ma=
krele, *f.*; —x, Brandflecken (von der

**Kaminhitze an den Beinen), m. pl.**
Maquette, f. (Bildh.) Anlage.
Maquignon, m. m. p. Pferdemäkler; fg. fm. Unterhändler, Kuppler.
Maquignonnage, m. m. p. Pferdehandel, Roßtäuscherei, fém.; fg. Mauschelei, Kuppelei.
Maquignonner, v. a. (ein Pferd) aufstuzen; fg. fm. — qch., bei etwas den Unterhändler machen.
Marabout, m. Marabut (mahomedanische Priester); (Seew.) das Galeerensegel (bei stürmischem Wetter); die Kaffeekanne mit weilem Bauch. [Gemüse-, Kohlgärtner.
Maraîcher, m. Sumpfanbauer;
Marais, masc. Morast, Sumpf, Moor, n.; Bruch, m. Brühl, (Gärtn.) Gartenfeld, n.; — à tourbes, Torfmoor, m.
Marasme, m. Ab-, Auszehrung, f.
Marasquin, m. Marastino, eine Art Liqueur.
Marâtre, f. m. p. Stiefmutter; Rabenmutter. [(Wolf).
†Marattes, masc. pl. Maratten
Maraud, m. e, f. injur. Schurke, m. Hundsfell, Spizbube, Spizbübinn, f. [n. Stehlen, Plündern.
Maraude, f. (Kriegsw.) Rauben,
Marauder, v. n. auf Raub ausgehen, plündern. [derer.
Maraudeur, m. Nachzügler, Plünderer.
Maravédis, m. Maravedi (Münze von 1¼ Cent.).
Marbre, m. Marmor, Marmerstein; Marmorplatte, f. Marmortafel; —s, Marmorbilder, n. pl.
Marbrer, v. a. auf Marmorart anstreichen, marmoriren, sprenkeln.
Marbrerie, f. die Kunst den Marmor zu bearbeiten.
Marbreur, m. Marmorirer.
Marbrier, m. Marmorarbeiter.
Marbrière, f. Marmorbruch, m.
Marbrure, f. Marmerirung.
Marc, m. Mark (8 Unzen), n.; poids de —, Markgewicht || Trester (pl.), Träber (pl.); Saz, m.
Marc, n. pr. m. Martus.
M. rc assin, m. (Naturg.) Frischling.
Marcassite, f. (Miner.) Markasit, m. [n.
†Marcescence, f. (Bot.) Welken,
†Marcescent, e, adj. (Bot.) welkend; (Med.) abnehmend, schwindend.
Marchand, m. e, f. Kaufmann, m. Kaufmannsfrau, f.; —s, coll. Kaufmannschaft; — Käufer, m. -inn, f.; —, e, adj. kaufmännisch, verkäuflich (von Waaren); Kauf —e, ein Ort wo man viel verkauft; ville —, Handelsstadt, f.; vaisseau —, Kauffartheischiff, n.; Kauffahrer, m. || schiffbar (Fluß).

†Marchandailler, v. n. lange, um eine Kleinigkeit markten.
Marchander, v. a. handeln, feilschen, markten (qch., um etw.); fg. ne pas — qn., nicht viel Federlesens mit einem machen; —, v. n. handeln; fg. zaudern.
Marchandise, f. Waare, Handel, m.
Marche, f. Gang, m.; (Kriegsw.) Marsch, Zug; (Afr.) Lauf; fg. Gang, Wandel || Tritt, Stufe, f. Staffel; (Gevgr.) Mark.
Marché, m. Markt || Kaufpreis; Kauf, Handel; être en —, im Handel stehen; à bon —, wohlfeil; faire bon — de qch., etwas wohlfeil anbieten; fg. nicht schonen; avoir bon — de qn., leicht mit einem fertig werden; par-dessus le —, obendrein; c'est — donné, das ist spottwohlfeil, geschenkt; c'est — fait, das ist ein fester Preis; mettre le — à la main à qn., einem den Stuhl vor die Thüre sezen.
Marchepied, m. Fußtritt, Tritt, Schämel (auch fg.), Hürsche, f.; (Seew.) Pertleine.
Marcher, v. n. gehen; — négligemment, schlendern || reisen, ziehen, fortgehen; (Kriegsw.) marschiren; fg. geben, schreiten, fortschreiten; —, v. a. (Töpf.) treten; (Hutm.) walfen; —, m. Gang.
†Marchette, f. Stellhölzchen, n.; —s, (Jabr.) Trittchen, n. pl.
Marcheur, m. se, f. Fußgänger, m. -inn, f.
Marcotte, f. (Gärtn.) Absenker, m. Einleger, Fächser.
Marcotter, v. a. qch., (Gärtn.) Einleger mit Erde machen, etw. senken, ablegen.
Mardelle, v. Margelle.
Mardi, m. Dienstag; — gras, Fastnacht, f.
Mare, f. Pfüze, Lache; (Rehm.) Rehbache, Treg (für Oliven), m.
†Maréage, f. (Seew.) Miethen der Matrosen), n. [m.
Marécage, m. Moor, n. Sumpf,
Marécageux, se, adj. morastig, sumpfig, moorig, pays —, Marschland, n.; sol —, Moorgrund, m.
Maréchal, m., ou — ferrant, Hufschmied, Grobschmied; —, Marschall (auch fg.), General-major; — des camp, General-major; — des logis, Quartiermeister; grand —, Hofmarschall.
Maréchalerie, f. Hufschmiedhandwerk, n.
Maréchaussée, f. Policeireiterei.
Marée, f. (Seew.) Ebbe und Fluth; la basse —, das niedrige Wasser; la haute —, die hohe Fluth; Springfluth || frische Seefische, m. pl.
Marelle, f. Hinkbahn (Spiel).

†Marer, v. a. (Rebm.) mit der Hacke bearbeiten.
†Mareyeur, m. der mit Seefischen handelt. [Elephantenzähne.
†Marfil, Morfil, m. unbearbeitete
†Margajat, masc. (Schimpfwort) Knirps, der schlechte Junge.
Margay, m. Tigerkaze, f.
Marge, f. Rand, m. Kante, f.; fg. fm. überflüssige Zeit und Mittel zu etwas. [nengeländer, n.
Marginal, e, adj. an den Rand Margelle, f. Randstein, m. Brunnen-Marger, v. a. (Buchdr.) recht einlegen, zurichten.
Marginal, e, adj. an den Rand gehörig, gedruckt; notes —es, Randanmerkungen, f. pl.
Marginé, e, adj. (Bot.) geränderl (ein Blatt).
Marginer, v. a. den Rand eines Buches beschreiben, Randbemerkungen machen.
Margot, n. pr. f. Margaretchen.
†Margotter, v. n. (Jagd) kreischen (v. Wachteln).
Margouillis, m. Mistpfüze, f.
Margrave, m. et f. Markgraf, m. Markgräfinn, f. [f.
Margraviat, m. Markgraffchaft,
Marguerite, f. (Bot.) Maßliebe, Gänseblume; Tausendschön, m.
†Marguerite, n. pr. f. Margarethe.
Marguillerie, f. Kirchenvorsteheramt, n.
Marguillier, m. Kirchenvorsteher; —s, coll. Kirchenvorstand.
Mari, m. Mann, Ehemann.
Mariable, adj. mannbar.
Mariage, m. Ehe, f. Heirath, Hochzeit, Beilager, n.; certificat de —, Trauschein, m.; —, Ehestand || Heirathsgut, n.
†Marie, n. pr. f. Maria.
Marié, m. e, f. Hochzeiter, m. -inn, f.; les nouveaux —s, das junge Ehepaar.
Marier, v. n. trauen, verheirathen, vermählen; fg. vereinigen, verbinden; se —, sich verheirathen; fg. sich verbinden; non —é, ledig.
Marieur, m. se, f. Heirathsstifter, m. -inn, f.
Marin, m. Seefahrer, Seemann; —, e, adj. zur See gehörig; zum Seefahren dienlich; (Bot.) plante —e, Seepflanze, f.; mousse —e, Korallenmoos, n.; veau —, Seekalb. [(Stadt).
†Marin (Saint-), San-Marino
Marinade, f. (Kocht.) Beize, Marinirung; das marinirte Gericht.
Marine, f. Seewesen, n.; gens de —, Seeleute, pl.; —, Seemacht, f. || Seelüfte; Seegeschmack, m. Seegeruch; (Mal.) Seestück, n.
Mariné, e, adj. vom Seewasser verdorben.

Mariner, v. a. mariniren, beizen, in eine säuerliche Brühe einmachen.

Maringouin, masc. amerikanische Schnacke, f.

Marinier, m. Seemann; officier —, Unteroffizier (auf einem Kriegsschiffe). [Puppenspiel, n.

Marionnette, f. Drahtpuppe; —s,

Marital, le, adj. (jur.) dem Ehemanne gebührend, männlich; -ement, adv. als ein Mann, wie Mann und Weib.

Maritime, adj., côte —, Seeküste, f.; puissance —, Seemacht.

Maritorne, f. fm. Strunze.

†Marjolaine, f. (Bot.) Majoran, m.

Marjolet, m. m. p. Laffe, Stußer.

Marli, m. (Handl.) Marli (Zeug), n. [kleiner Kinder.

Marmaille, f. fm. der Schwarm

Marmelade, f. Mus, n. Obstmus; en —, zu einem Brei eingekocht; fg. fm. in tausend Stücke zerbrochen.

Marmenteau, m. (Forstw.) Lustwald. [kessel.

Marmite, f. Fleischtopf, m. Kochmarniton, f. Küchenjunge.

Marmonner, v. a. et n. murmeln, brummen.

Marmot, m. (Naturg.) Meerfaße, f. || Fraße; fg. mépr. der kleine Junge, Fragengesicht, n.

Marmote, f. Murmelthier, n.; fg. mépr. Fräschen.

Marmotter, v. a. murmeln, hermurmeln. [mépr. Knirps, n.

Marmouset, m. Fragengesicht, n.;

Marnage, m. Märgeln, n.

Marne, f. Märgel, m.

Marner, v. a. mit Märgel düngen, märgeln.

†Marneron, m. Märgelgräber.

Marneux, se, adj. märgelartig.

Marnière, f. Märgelgrube.

†Maroc, m. Marocco (Land und Stadt).

.Maronite, m. et f. Maronite.

Maroquin, m. Saffian.

Maroquiner, v. a. auf Saffianart zubereiten.

Maroquinerie, f. Saffiangärberei; Saffianfabrik; Saffianwaare.

Maroquinier, m. Saffianmacher, -gärber.

Marotique, adj. in Marots (eines alten Dichters) Manier.

Marotte, f. Narren-, Schellenkappe; Narrenkolbe; fg. fm. Steckenpferd, n.

Maroufle, m. injur. Schlingel, Lümmel; —, f. Malerleim, m.

.Maroufler, v. a. (Mal.) mit Malerleim überstreichen.

Marquant, e, adj. ausgezeichnet.

Marque, f. Zeichen, n. Kennzei=

chen; Merkmahl, Mahl, Muttermahl; Narbe (v. einer Wunde), f.; Brandmarkung; — de petite vérole, Blatternarbe; —, Spur || Spielmarke; Stämpel, m.; (Münzwesen) Gepräge, n.; (Reitsch.) Kennung, f.; fg. Beweis, m. Zeichen, n.; des personnes de —, angesehene Personen; lettre de —, Caperbrief, m.

Marquer, v. a. zeichnen, bezeichnen; stämpeln; brandmarken; fg. anzeigen, melden; bemerken; (Fechtkunst) einen vollen Stoß anbringen; —, v. n. sich auszeichnen; (v. Pferden) die Kennung haben; —é de petite vérole, blatternarbig; papier —é, Stämpelpapier, n.

Marqueté, e, adj. schecig (Haut).

Marqueter, v. a. flecken, sprenkeln; (Tischl.) einlegen.

Marqueterie, f. (Tischl.) die eingelegte Arbeit.

Marquette, f. der Klumpen Jungfernwachs.

Marqueur, m. Stämpler || Marqueur, Aufwärter.

Marquis, m. e, f. Marquis, m. -inn, f.; —e, f. Zeltdecke (für Offiziere); (Feuerw.) Rackete.

Marquisat, m. die Würde eines Marquis; Marquisat, n.

Marraine, f. Pathe, Taufzeugin.

†Marre, f. Karst, m.; die Hacke des Rebbauers.

Marri, e, adj. betrübt, reumüthig, verdrießlich.

Marron, m. die große Kastanie; Marone; (Perr.) große Locke; (Feuerw.) Kanonenschlag, masc.; (Kriegsw.) Stundenplatte, fém.; (Bäck.) Klümpchen (Teig, ic.), n.; couleur —, kastanienbraun.

Marron, ne, adj. flüchtig, verwildert; un nègre —, ein entlaufener Neger; un porc —, ein wildgewordenes Schwein; un courtier —, (Handl.) der heimliche, unbefugte Mäkler; —, (Buchdr.) heimlich gedrucktes Buch.

Marronnage, m. der Zustand eines entlaufenen Sclaven.

Marronner, v. a. (Perr.) in große Locken ringeln; (Buchdr.) heimlich drucken.

Marronnier, m. Kastanienbaum, der große Kastanien trägt; — d'Inde, Roß=, wilde Kastanienbaum.

Marrube, m. (Bot.) Andorn.

†Marrubiastre, m. (Bot.) der falsche Andorn.

Mars, masc. März, Lenzmonat; (Myth.) Mars, Kriegsgott; (Chym.) ol. Eisen, m.; —, pl. Sommerkorn.

†Marsèche, f. (Landw.) Sommergerste.

†Marscillais, e, adj. von Mar=

seille; la —e, die Marseillaise (Lied).

Marsouin, m. (Naturg.) Meerschwein, n.; fg. pop. Schwein.

Marsupiaux, m. pl. Beutelthiere.

Martagon, m. (Bot.) die wilde Lilie.

Marte, f., v. Martre.

Marteau, m. Hammer; (Bergw.) Fäustel; — à layer, Wald=, Mahlhammer; — de paveur, Pflasterhaue, f. || Klopfer, m. Thürklopfer; fg. fm. graisser le —, dem Pförtner ein Trinkgeld geben; —, (Naturg.) Hammerfisch, m.

Martel, m. ol. Hammer; fg. fm. avoir — en tête, Grillen im Kopfe haben.

Martelage, m. das Bezeichnen der Bäume mit dem Waldhammer.

Martelé, e, adj. (Muf.) gut geschlagen (vom Tact); mühsam gemacht (vom Verse).

Marteler, v. a. hämmern.

Martelet, m. Hämmerchen, n.

Marteleur, m. Hammerschmied.

Marteline, f. Spißhammer, m.

Martial, e, adj. kriegerisch; loi —e, Kriegsgesetz, n.; —, (Chym.) eisenhaltig; terre —e, Eisenerde, f.; eau —e, Stahlwasser, n.

Martinet, m. (Naturg.) Mauerschwalbe, f. || der große Hammer, Eisenhammer || Schulgeißel, f. || Handleuchter, m.

Martingale, f. (Reitsch.) Sprungriemen, m.; jouer à la —, (Spiel) doublieren.

Martin-pêcheur, m. Martinetpêcheur, m. (Naturg.) Eisvogel.

Martre, f. (Naturg.) Marder, m.; Marderfell, n.

Martyr, m. e, f. Märterer, m. Märterinn, f. Schlachtopfer, m. [Marter, f. Pein, Qual.

Martyre, m. Märterertod; fg. id., peinigen, quälen. [n.

Martyrologe, m. Märtererbuch,

Marum, m. (Bot.) Kapenkraut, n.

Mascarade, f. Mummerei, Maskenball, m.

Mascaret, m. Springfluth (auf der Gironde), f. [gesicht, n.

Masculin, m. (Baut.) Fragen=

Masculin, e, adj. männlich; —, (Gramm.) das männliche Geschlecht.

Masculinité, f. Mannheit, das männliche Geschlecht.

Masque, m. Larve, f. Maske; mastirte Person; Vermummte, m. et f.; fg. Larve, f. Maske, Vorwand, m.; —, f. pop. Maske, Fraße.

Masquer, v. a. mastiren, verlarven, vermummen, verkleiden; fg. verbergen; bemänteln; — une mai=

son, einem Hause die Aussicht ver=
bauen; se —, sich verlarven, sich
verkleiden. [sehr böse Laune.
Massacrante, adj., humeur —,
Massacre, m. Gemetzel, n. Blut=
bad; Würgen; Ermordung, fém.;
(Jagd) Hirschkopf, m.; fg. fm.
Pfuscher.
Massacrer, v. a. niederhauen, nie=
dermachen, umbringen; fg. fm. ver=
derben, verpfuschen.
Massacreur, m. Würger.
Massage, m. Kneten, n. Walken.
Masse, f. Masse, Klumpen, m.
|| Keule, f. Kolben, m.; (Bildh.)
Schlägel || Stab, Zepter (eines Pe=
dells, rc.); — d'eau, (Bot.) Rohr=
kolbe, f.
Mässe, f. Einsatz (beim Spiel), m.
†Masselotte, f. (Gieß.) Gießzap=
fen, m.
Massepain, m. (Past.) Marzipan.
Masser, v. a. kneten, walken;
(Mal.) die Massen ordnen, grup=
piren. [setzen.
Mässer, v. a. (Spiel) setzen, ein=
Massette, f. (Bot.) Rohrkolbe.
Massicot, m. Bleigelb, n. Mas=
sicot.
Massier, m. Stab=, Zepterträger.
Massif, ve, adj.,-vement, adv.:
dicht, did; gediegen, (Gold, rc.)
massiv; fg. grob, plump; —, m.
(Maur.) Grundmauer, f.; (Gärtn.)
das dichte Gehölz; — de gazon,
Rasenstreifen; m.
Massorah, Massore, f. Massora
(Kritik des Bibeltextes).
Massorétes, m. pl. Massoreten
(biblischen Kritiker).
Massorétique, adj. masseretisch.
Massue, f. Keule.
Mastic, m. Mastir.
Mastication, f. (Med.) Kauen, rc.
Masticatoire, m. (Med.) Kau=
mittel, n.
Mastigadour, masc. (Reitsch.)
Schaumkette, fém. Kaugebiß, n.;
mettre un cheval au —, einem
Pferde ein Kaugebiß anlegen.
Mastiquer, v. a. kitten, ver=
einkitten.
Mastodonte, m. (Naturg.) Ma=
stodon, n. [förmig.
†Mastoïde, adj. (Anat.) zitzen=
†Masulipatan, m. eine Art feiner
Kattun; das indische Schnupftuch.
Masure, f. das verfallene Ge=
mäuer; baufällige Haus.
Mat, mate, adj. matt, ohne
Glanz; schwer (Brod); —, m.
(Schachsp.) Matt, n.; faire —,
schachmatt machen.
Mât, m. (Schifff.) Mast, Mast=
baum.
Matador, m.(Spiel) Matador; fg.
fm. id., ausgezeichnete Person, f.

Matamore, m. Mohrenwürger,
Haubregen; —, f. Sclavenkerker, m.
†Matasse, f. die rede Seide.
Matassins, m. pl. Gaukeltanz,
m.; Gaukeltänzer, m. pl.
Matelas, m. Matratze, f.
Matelasser, v. a. polstern, aus=
polstern, matratzen.
Matelassier, m. Matratzenmacher.
Matelot, m. (Seew.) Matrose;
fg. Seemann || Geleitschiff, n. Bei=
schiff.
†Matelotage, m. Matrosensold.
Matelote, f. das Gericht von ver=
schiedenen Fischen; Matrosentanz,
m.; à la —, auf Matrosenart.
Mater, v. a. (Schachsp.) schachmatt
machen; fg. bändigen, abmatten,
kasteien.
Mâter, v. a. (Seew.) bemasten.
Mâtereau, masc. kleiner Mast;
Spier, f. [terialismus.
Matérialisme, m. (Philos.) Ma=
Matérialiste, m. (Philos.) Ma=
terialist. [lichkeit.
Matérialité, f. (Philos.) Körper=
Matériaux, m. pl. Materialien;
fg. Stoff, m.
Matériel, le, adj. (Philos.) ma=
teriell, körperlich; le monde —, die
Körperwelt; — fg. plump, schwer;
—, m. Materielle, n.; -lement,
adv. der Materie nach.
Maternel, le, adj.; -lement,
adv.: mütterlich; von mütterlicher
Seite (Güter, rc.).
Maternité, f. Mutterschaft.
†Mâteur, m. Mastenmacher.
Mathématicien, m. Mathemati=
ker.
Mathématique, adj.; -ment,
adv.: mathematisch; —s, f. pl.
Mathematik, f. Größenlehre.
Matière, f. (Philos., rc.) Mate=
rie; Stoff, m. Zeug; — première,
Grund=, Urstoff; (Handl.) erste un=
verarbeitete Stoff; —, (Med.) Ei=
ter; — ou — fécale, Auswurf,
Stuhlgang; — médicale, Heilmit=
tellehre, f.; — fg. Gegenstand, m.
Stoff, Anlaß; (Theol.) Sinnliche, n.;
entrer en —, zur Sache selbst schrei=
ten; —s d'or, d'argent, Geld=,
Silberbarren, f. pl.; en — de, in
Betreff, anlangend.
Matin, m. Morgen; —, adv.
früh; de bon, de grand —, sehr
früh.
Mâtin, m. Haus=, Ketten=, Schä=
fers, Fleischerhund; Köther.
Matinal, e, adj. der, die früh
aufgestanden ist.
Mâtineau, m. kleiner Haushund.
Matinée, f. Morgen, m. Vor=
mittag; Morgenstunden; f. pl.;
dormir la grasse —, bis an den
hellen Tag schlafen.

Mâtiner, v. a. belegen (von einem
Haushunde der eine Hündinn edle=
rer Art belegt). [mette, f.
Matines, f. pl. (Kath.) Früh=
Matineux, se, adj. der, die gern
früh aufzustehen pflegt.
Matinier, ère, adj., étoile —ére,
Morgenstern, m. [arbeiten.
Matir, v. a. (Goldsch.) matt ver=
Matoir, m. (Goldsch.) Mattbun=
zen. [m. Schlaukopf.
Matois, e, adj. pfiffig, schlau; —,
Matoiserie, f. fm. Schlauheit.
Matou, m. Kater, Rammler.
Matras, m. (Chym.) Retorte, f.;
Scheidekolben, m.
Matricaire, f. (Bot.) Mutter=
kraut, n.
Matrice, f. (Anat.) Bär=, Ge=
bärmutter; maux de —, Mutter=
beschwerden, f. pl.; —, (Chym.)
Mutter, f.; (Schrifstg.) Matrize
(Münzw.) Prägestock, m.; Eichmaß,
n.; —, adj., langue —, Mutter=
sprache, f.; couleur —, Grundfarbe.
Matriculaire, m. der in die Ma=
trikel Eingeschriebene.
Matricule, f. Matrikel, Liste;
Matrikelschein, m.
Matrimonial, e, adj. (jur.) ehe=
lich; cour —, Ehegericht, m.
Matrone, f. (röm. Alt.) Matrone.
Matte, f. (Metall.) Stein, m.;
— de plomb, Bleistein; — de cui=
vre, Kupferstein, f.
†Maturant, e, Maturatif, ve,
adj. (Med.) zeitigend.
Maturation, f. (Med., rc.) Zei=
tigung.
Mâture, f. (Schifff.) Mastwerk,
n.; Mastholz; Bemasten.
Maturité, f. Zeitigung, Reife
(auch fg.); avec —, reiflich.
Matutinal, e, adj. morgendlich.
†Mauclerc, m. (alt) ein Unwis=
sender.
*Maudire, v. a. verfluchen, ver=
wünschen.
Maudisson, m. fm. Fluch.
Maudit, e, adj. verworfen (Ge=
schlecht); fm. vertrackt; les maudits,
m. pl. (b. Schrift) Verfluchten.
†Maugrebin, m. ein Soldat aus
der Barbarei.
Maugréer, v. n. pop. fluchen.
Maupiteux, adj. fm., faire le
—, ohne Noth kläglich thun.
Maure, m. Mohr; traiter de turc
à —, ohne Schonung, grausam be=
handeln; cheval cap de — ou ca=
vessé de —, (Reitsch.) Mohren=
kopf, m.; gris de —, mohrengrau.
Mausolée, m. Grabmahl, n.
Maussade, adj.; -ment, adv.:
widrig; ungeschickt, plump; schmu=
big, unanständig.
Maussaderie, f. Widrigkeit; Töl=

pelei, Plumpheit; Unreinlichkeit.
Mauvais, e, adj.; —, adv.:
schlecht; übel, schlimm, böse; sentir
—, übel riechen, stinken; trouver
—, fg. übel nehmen; mißbilligen;
—, m. Schlechte, n. Böse; faire le
—, sich böse stellen.
Mauve, f. (Bot.) Malve, Pap=
pel; — de jardin, Herbst=, Pappel=
rose. [turg.) Weinbrossel, f.
Mauviette, f., Mauvis, m. (Na=
Maxillaire, adj., (Anat.) glande
—, Kinnbackendrüse, f.
Maxime, f. Regel, Grundsaß, m.
Maximum, m. lat. (Math. und
fg.) der höchste Grad; (Handl.)
höchste Verkaufpreis.
†Mayence, f. Mainz (Stadt).
Mayenne, v. Mélongène.
Mazette, f. Schindmähre; fg. fm.
Stümper, m. schlechte Spieler.
Me, pron. mir, mich.
Méandre, m. (Dichtk.) die Krüm=
mungen eines Flusses.
Méat, m. (Anat.) Canal.
Mécanicien, m. Mechaniker.
Mécanique, f. Mechanik, Bewe=
gungslehre; Einrichtung, Bau, m.;
—, adj.; -ment, adv.: mechanisch;
kunstmäßig; fg. mechanisch, steif;
gemein, schlecht, handwerksmäßig.
Mécanisme, m. Mechanismus,
Bau, Einrichtung, f.
Mécène, m. Mäcen, hohe Gönner.
Méchamment, adv. boshafterwei=
se. [tigkeit; Büberei, Unart.
Méchanceté, f. Bosheit, Schlech=
Méchant, e, adj. boshaft; böse;
schlecht, elend; schelmisch; —, m.
Bösewicht, Frevler; —s, Bösen
m. pl.
Mèche, f. Docht, m.; (Artill.)
Lunte, f. Zunder, m.; fg. fm. dé=
couvrir la —, Lunten riechen;
—, (Handw.) Hobel=, Bohreisen,
n. Bohrspiße, f.; Ziehschraube (am
Korkzieher).
Méchef, m. ol. fm. Unglück, n.
Unfall, m.
Mécher, v. a. (Wein) schwefeln.
†Mécométre, m. Längemesser.
Mécompte, m. Fehler, Verstoß
(im Rechnen); il y a du — dans
ce sac d'argent, dieser Geldsack ist
unrichtig gezählt.
Mécompter (se), sich verrechnen
(de, um); sich verzählen, fehl zäh=
len; fg. sich verrechnen; sich betrügen.
Méconium, m. Mohnsaft; (Med.)
schwarze Unrath neugeborner Kinder.
Méconnaissable, adj. unkenntlich.
Méconnaissance, f. ol. Unerkennt=
lichkeit.                  [lich.
Méconnaissant, e, adj. unerkennt=
*Méconnaitre, v. a. verkennen;
mißkennen; nicht mehr kennen; se
—, sich vergessen; großthun.

Mécontent, e, adj. unzufrieden;
mißvergnügt, unwillig; —s, m. pl.
Mißvergnügten.
Mécontentement, m. Mißver=
gnügen, n. Verdruß, m. Unwille.
Mécontenter, v. a. mißvergnügt
machen.
†Mecque (la), Meda (Stadt).
†Mécréant, masc. Ungläubige;
Gottlose.
*Mécroire, v. n. ol. nicht glauben.
Médaille, f. Denk=, Schaumünze;
(Bauk.) Medaille.
Médailler, m. Münzschrank;
Medaillencabinett, n.
Médailliste, m. Münzkenner.
Médaillon, m. die große Denk=,
Schaumünze, Medaillon, n.; (Bau=
kunst) Medaille, f.
Médecin, m. Arzt, vulg. Doctor;
Leibarzt (des Königs).
Médecine, f. Arzneiwissenschaft,
Heilkunde || Arznei.
Médeciner, v. a. fm. m. p. qn.,
einem oft Arznei geben.
Médiaire, adj. (Bot.) was in der
Mitte ist.
Médian, e, adj. (Anat.) veine
—e, Mittelader, f.
Médianoche, masc. Mitternachts=
schmaus (nach einem Fasttage).
Médiante, f. (Mus.) Mittelton,
m.
Médiastin, m. (Anat.) Mittelfell,
n.; —e, adj. f., artère —, Mit=
telfellschlagader, f.
Médiat, e, adj.; -ement, adv.:
(Lehrst.) mittelbar.
Médiateur, m. trice, f. Vermitt=
ler, m. =inn, f.
Médiation, f. Vermittlung.
Médical, e, adj. zur Arznei ge=
hörig; vertu —e, Heilkraft, f.
Médicament, m. Arzneimittel, n.
Médicamentaire, adj. von Arz=
neien handelnd; code —, Arznei=
gesetzbuch, n.
Médicamenteux, se, adj. heil=
kräftig.            [heilsam, heilkräftig.
Médicinal, e, adj. medicinisch;
Médimne, f. (gr. Alt.) Medimnus
(Maß für trockene Dinge), m.
Médiocre, adj.; -ment, adv.:
mittelmäßig.
Médiocrité, f. Mittelmäßigkeit;
Mittelstand, m.
†Médionner, v. a. (Bauk.) durch
Vergleichung berechnen.
†Médique, adj. medisch.
*Médire, v. n. de qn., einem übel
nachreden, über einen lästern.
Médisance, f. die üble Nachrede,
Lästerrede.

Médisant, e, adj. lästersüchtig;
—, m. e, f. Lästerer, m. Läster=
zunge, f.
Méditatif, ve, adj. nachdenkend;
—, m. der tiefe Denker.
Méditation, f. Nachdenken, n.;
Betrachtung, f.; (Anb.) das stille
Gebet.
Méditer, v. a. et n. qch., sur
qch., über etw. nachdenken, nach=
sinnen; etw. überlegen, betrachten;
vorhaben; (Andacht) stille für sich
beten.
Méditerrané, e, adj. mittellän=
disch; —e, f. (Geogr.) das mit=
telländische Meer.
Médium, m. lat. fm. Mittelweg,
Vergleichsmittel, n.; (Mus.) Mit=
telstimme, f.
†Médoc, m. Medocstein (Art
glänzender Kiesel); Medocwein.
Médullaire, adj. (Anat.) markig.
*Méduse, f. (Myth.) Medusa.
*Méfaire, v. n. (jur.) Schaden
zufügen.
Méfait, m. (jur.) Verbrechen, n.
Méfiance, f. Mißtrauen, n.
Méfiant, e, adj. mißtrauisch.
Méfier (se) de qn., einem nicht
trauen; Mißtrauen in einen setzen.
Mégarde, f. Unachtsamkeit; par
—, aus Versehen.
Mégère, f. (Myth.) Megära; fg.
Megäre, Furie, das böse Weib.
Mégie, f. Weißgerberei.
Mégisserie, f. Weißgerberhand=
werk, n.
Mégissier, m. Weißgerber.
†Meigle, Mégle, f. (Rechn.)
Spißhacke.
Meilleur, e, adj. besser; le —,
la —e, Beste, m., f. et n.
Meistre, Mestre, m. mât ou ar=
bre de —, (Seem.) Hauptmast
(einer Galeere), m.
*Mélanagogue, masc. et adj.,
(Med.) remède —, ein die Galle
abführendes Mittel.
Mélancolie, f. Schwermuth, Me=
lancholie, Tiefsinn, m.
Mélancolique, adj.; -ment,
adv.: schwermüthig, melancholisch,
tiefsinnig; —, m. Schwermüthige.
Mélange, m. Vermischung, f.;
Gemisch, n. Gemenge, Gemengsel,
Mischung, f.; fg. id.; —s, ver=
mischte Schriften, Aufsäße.
Mélanger, v. a. mischen.
†Mélanite, f. der schwarze Granat.
†Mélas, m. der schwarze Flecken
auf der Haut.
Mélasse, f. Zuckersyrup, m.
Méler, v. a. Handgemenge, n.; Ge=
wühl; Schlägerei, f.; fg. fm. der
heftige Streit.
Mêler, v. a. mischen, vermischen,
(unter einander) mengen; fg. mi=

schen, einstreuen (Bemerkungen
ꝛc.); verwirren; se —, sich mischen,
sich vermischen; fg. id., sich mengen
(de, in); sich bekümmern (de, um).
Mélèze, m. (Bot.) Lerchenbaum.
†Mélianthe, m. (Bot.) Honig-
blume, f.                [Hirse.
†Mélica, m. (Bot.) die indianische
†Mélicéris, m. (Med.) Honigge-
schwulst, f.              [Trauben.
†Mélier, m. (Bot.) eine Art weißer
†Mélilithe, Mellilithe, f. (Mi-
ner.) Honigstein, m.
Mélilot, masc. (Bot.) Honig-
Steinklee.                [me, f.
†Mélinet, m. (Bot.) Wachsblu-
Mélisse, f. (Bot.) Melissenkraut,
n.                     [(Insekten).
Melliféres, m. pl. Honigträger
†Mélocacte, Melon-chardon, m.
(Bot.) Melonendistel, f.
Mélodie, f. (Mus.) Melodie;
Weise.
Mélodieux, se, adj.; -sement,
adv.: melodisch, wohlklingend, lieb-
lich.         [Drama mit Musik.
Mélodrame, m. Melodrama, n.
Mélomane, m. et f. Musiknarr,
m. Musiknärrinn, f.
Mélomanie, f. Musiksucht.
Melon, m. (Bot.) Melone, f.
Mélongéne, f. (Bot.) Tollapfel, m.
Melonnière, f. Melonenbeet, n.
Mélopée, f. (gr. Alt.) Gesang-
sprache.
Méloplaste, m. Meloplast.
Mémarchure, f. (Thiera.) die
Verrenkung der Fessel.
Membrane, f. Häutchen, n.
Membraneux, se, adj. häutig.
Membre, m. Glied; n.; fg. id.,
Mitglied.
Membré, e, adj., bien —, von
schönem Gliederbau.      [berig.
Membru, e, adj. groß-, grobglie-
Membrure, f. (Tischl.) Rahmen,
masc. Rahmholz, n.; Holzmaß,
(Schiffb.) Jugenwerk.
Même, pron. selbst, derselbe, die-
selbe, dasselbe, ebendasselbe; nämliche, m., f. et n.; c'est la — chose,
das ist einerlei; —, adv. auch, sogar, selbst; à —, im Stande; boire
à — la bouteille, aus der Flasche
trinken; de —, eben so, gleichfalls,
de — que, gleichwie, so wie.
Memento, m. lat. fm. Denkzeichen, n.; —des morts, etc., (Kath.)
Memento, die Fürbitte für die Todten, ꝛc.
Mémoire, f. Gedächtniß, n. Er-
innerungskraft, fém.; Erinnerung
(de, an); Andenken, n.; de glorieuse —, glorreichen Andenkens;
de — d'homme, bei Menschenge-
denken; —, m. Aufsatz, m. Denkschrift, f.; (Handl.) Rechnung; —s,

Denkwürdigkeiten, f. pl.; Nachrich-
ten.
Mémorable, adj. denkwürdig.
Mémoratif, ve, adj. fm. être —
de qch., sich an etw. erinnern.
Mémorial, m. Denkschrift, f.;
Bittschrift; (Handl.) Denkbuch, n.
Mémorial; qq f. Denkzeichen.
Menaçant, e, adj. drohend.
Menace, f. Drohung.
Menacer, v. a. qn., einem dro-
hen, einen bedrohen; fg. id.
Ménade, f. (Alt.) Bachantinn.
Ménage, m. Haushaltung, f.;
Wirthschaft; Hauswesen, n.;
Hausrath, m.; pain de —, Haus-
brod, n.
Ménagement, m. Behutsamkeit,
f. Schonung, Nachsicht.
Ménager, v. a. sparen, schonen, in
Acht nehmen; fg. geschickt benutzen;
geschickt besorgen; verschaffen; (einen)
schonen, mit Schonung behandeln;
se —, sich schonen.
Ménager, ère, adj. haushälterisch,
wirthschaftlich; —, m. ère, f. Haus-
hälter, m. -inn, f.
Ménagerie, f. Thiergarten, m.
Mendiant, e, m. f. Bettler, m.
-inn, f.; religieux —, Bettelmönch,
m.; les quatre mendians, Bettlerconfect (Feigen, Mandeln, ꝛc.), n.
Mendicité, f. Bettel, m. Bettelei,
f. Bettelstab, m. Bettlerwesen, n.
Mendier, v. a. betteln, erbetteln;
pop. fechten.
†Mendole, f. (Naturg.) Spar-
Larirfisch, m.
Meneau, m. Fensterkreuz, m.
Menée, f.; les —s, Gänge, m.
pl. Umtriebe, Schliche, Ränke; —,
(Jagd) Hirschbahn, f.
Mener, v. a. führen, leiten; mit
oder bei sich führen, mitnehmen;
(Truppen) anführen; fahren (Kut-
scher); fg. führen, leiten; binhalten,
aufhalten; — battant, mit Unge-
stüm verfolgen; fg. rasch behandeln.
Ménestrel, m. ol. Minstrel.
Ménétrier, m. iron. Bierfiedler,
Spielmann, schlechte Geiger.
Meneur, m. Führer; fg. m. p.
Anführer.
Méniane, f. ein mit Jalousien
versehener Balkon.
Ménianthe, m. Sumpfklee, Bit-
terklee.       [junker des Dauphins.
Menin, m. Edelknabe, Kammer-
Méninge, f. (Anat.) Hirnhäut-
lein, n.
Ménisque, m. (Opt.) Meniscus.
Ménologe, m. Märtyrerkalender.
Menon, m. (Naturg.) die levan-
tische Ziege.
Menotte, f. Händchen, n. fm.
Patschchen; —s, Handfesseln, f. pl.
-schellen.

Mense, f. Tafelgeld, n.      [m.
†Mensole, f. (Bauk.) Schlußstein,
Mensonge, m. Lüge, f. Unwahr-
heit; Täuschung (der Sinne, ꝛc.).
Mensonger, ère, adj. lügenhaft,
erlogen, unwahr, falsch.
Menstrue, f. (Chym.) Auflösungs-
mittel, n.; —s, (Med.) die menat-
liche Reinigung.        [natlich.
Menstruel, le, adj. (Med.) mo-
Mental, e, adj.; -ement, adv.:
in Gedanken, innerlich.
Menterie, f. Lüge, Unwahrheit.
Menteur, se, adj. lügenhaft,
falsch; betrüglich; —, m. se, f.
Lügner, m. -inn, f.
Menthe, f. (Bot.) Münze; —
frisée, Krausemünze; — poivrée,
Pfeffermünze.
Mention, f. Erwähnung, Meldung; faire — de qn., v. Mentionner.
Mentionner, v. a. qch., (jur.)
einer S. Meldung thun, gedenken,
etw. anführen, erwähnen.
*Mentir, v. n. lügen; — à qn.,
einen belügen.
Menton, m. Kinn, n.
Mentonnière, f. Kinnband, n.
Mentor, m. fg. Mentor, Führer,
Hofmeister.
Menu, e, adj. dünn, schmal,
rahn (Mensch); schlank (Wuchs);
fein (Regen); klein (Holz); fg. ge-
ring; — peuple, das gemeine Volk;
—s plaisirs, kleine Ausgaben; —s
grains, Sommersaat, f.; —, m.
Küchenzettel, m.; —, adv. klein, in
kleine Stücke; marcher dru et —,
fm. schnell trippeln.
Menuaille, f. mépr. der Haufen
Scheidemünze; Fischbrut, f.; fg.
Plunder, m.
Menuet, m. (Tanzk.) Menuet.
Menuiser, v. a. et n. schreinern.
Menuiserie, f. Tischler-, Schrei-
nerhandwerk, n. Tischlerarbeit, f.
Menuisier, m. Tischler, Schreiner.
Méphitique, adj. mephitisch, ver-
pestet; air —, Stickluft, f.
Méphitisme, m. die mephitische
Eigenschaft.
Méplat, e, adj. (Kunst) halbflach,
auf einer Seite dicker als auf der an-
dern; —, m. (Mal.) Halbfläche, f.
*Méprendre (se), sich irren, sich
versehen; einen Mißgriff thun; sich
verreden (im Sprechen).
Mépris, m. Verachtung, f.; Nicht-
achtung; —, pl. verächtliche Reden,
verächtliche Behandlung; au — de,
en — de qch., einer S. zum Trotz.
Méprisable, adj. verächtlich.
Méprisant, e, adj. verachtend;
verächtlich.
Méprise, fém. Mißverstand, m.
Mißgriff, Irrthum, Versehen, n.

Mépriser, *v. a.* verachten, nicht achten.

Mer, *f.* Meer, *n.* See. *f.;* mettre en mer, à la mer, in See, unter Segel geben; (ein Schiff) vom Stapel laufen lassen; coup de mer, der kurze Sturm; Welle, *f.;* la mer à boire, *fg. fm.* das endlose Geschäft.

Mercantile, *adj.* -ment, *adv.:* kaufmännisch; esprit —, Handelsgeist, *m.* [*m.*

Mercantille, *f.* Krämerei, Kram, geist, *m.*

Mercenaire, *m.* Miethling; Taglöhner; —, *adj.* gedungen; *fg. id.,* feil, erkauft; -ment, *adv.* lohnsüchtig, als Miethling.

Mercerie, *f.* Kramwaare.

Merci, *f.* Erbarmen, *n.* Barmherzigkeit, *f.* Gnade; crier, demander —, um Gnade bitten; être à la — de qn., in jemandes Gewalt seyn; —, *m.* Dank; Dieu —, Gott sey Dank! grand —, großen Dank.

Mercier, *m.* ère, *f.* Krämer, Krämerinn, *f.*

Mercredi, *m.* Mittwoch.

Mercure, *m.* (Myth., ꝛc.) Merkur; *fg. fm.* Unterhändler; (Chym.) Quecksilber, *n.*

Mercuriale, *f.* (Bot.) Bingelkraut, *n.;* (jur.) *ol.* die Rede bei Eröffnung der Gerichtshöfe; *fg. fm.* Strafpredigt, Verweis, *m.;* —s, Marktpreise, *m. pl.*

†Mercuriaux, *m. pl.* Quecksilbermittel, *n. pl.* Quecksilberarzneien, *f. pl.*

Mercuriel, le, *adj.* (Med.) quecksilberartig.

†Mercurification, *f.* (Chym.) die Ausziehung des Quecksilbers.

Merdaille, *f. pop. mépr.* Kindergeschmeiß, *n.*

Merde, *f.* bas. Menschenkoth, *m.* Koth, *pop.* Dreck; merde-d'oie, Gänsedreckfarbe, *f.;* — du diable, *v.* Assa foetida.

Merdeux, se, *adj. pop.* dreckig.

Mère, *f.* Mutter; — de famille, Hausmutter; belle-mère, Schwiegermutter; Stiefmutter; grandmère, Großmutter || mère abeille, (Naturg.) Bienenköniginn, Weisel, *m.; fg.* Mutter, *f.* Ursache; —, *adj.,* — goutte, Vorlauf, *m.* Beerwein; — laine, die feinste Wolle, Rückenwolle; — patrie, Mutterland, *n.;* — perle, Perlmutter, *f.*

†Méreau, *m. ol.* Gebührzeichen, *n.*

Mérelle, *f., v.* Marelle.

Méridien, *m.* (Astr.) Mittagskreis; -ne, *f.,* ou ligne —ne, Mittagslinie; hauteur —ne, Mittagshöhe; —ne, Mittagsruhe.

Méridional, e, *adj.* mittägig, südlich.

Méringue, *f.* (Zuckerb.) Meringe.

---

Mérinos, *m.* Merinosschaf, *n.* spanische Schaf; Merinoswolle, *f.;* Merinoszeug, *n.*

Merise, *f.* (Bot.) Vogel-, Wald-, Holzkirsche.

Merisier, *masc.* (Bot.) Vogel-, Wald-, Holzkirschbaum; — à grappes, Traubenkirschbaum.

Méritant, e, *adj.* verdienstvoll, verdient.

Mérite, *m.* Verdienst, *n.;* —s, (Kath.) die guten Werke (der Heiligen).

Mériter, *v. a.* verdienen; bien —, sich Verdienste erwerben (de, um); il mérite beaucoup, er macht sich sehr verdient. [verdienstlich.

Méritoire, *adj.:* -ment, *adv.:*

Merlan, *m.* (Naturg.) Schellfisch.

Merle, *m.* (Naturg.) Amsel, *f.;* un fin —, *fg.* ein loser Vogel.

Merlin, *m.* (Seew.) Marlien, *f. pl.* das dreidrähtige Seil; (Metzg.) Keule, *f.* [marlen, anmarlen.

Merliner, *v. a.* (Seew.) (Segel)

Merlon, *m.* (Fortif.) Schießschartenzelle, *f.*

Merluche, *f.* Stockfisch, *m.;* une poignée de —s, ein Paar Stockfische.

†Mérovingiens, *m. pl.* Merovinger (erste Dynastie der franz. Könige).

Merrain, *m.* (Böttch.) Faßdaubenholz, *n.* Stabholz; (Jagd) Stange (eines Hirschgeweihs), *f.*

†Mérule, *f.* Akerpilz, *m.*

Merveille, *f.* Wunder, *n.* Wunderwerk; Wunderding; *fg. id., fm.* Ausbund, *m.;* à —, ganz vortrefflich; pas tant que de —, *fm.* nicht gar sehr.

Merveilleux, se, *adj.;* -sement, *adv.:* wunderbar; ganz vortrefflich; —, *m.* Wunderbare, *n.;* —, *m.* se, *f. fm. iron.* die eingebildete Person.

Mes, *pron. pl.* meine.

Mésair, *m.* (Reitsch.) Halbschule, *f.* halbe Curbette.

Mésaise, *m.* Mißbehagen, *n.*

Mésalliance, *f.* Mißheirath.

Mésallier (se), eine Mißheirath thun. [grosse-, Koblmeise.

Mésange, *f.* (Naturg.) Meise; la

Mésarriver, Mésavenir, *v. imp. fm.* übel ausschlagen; il vous mésarrivera de ce que vous avez fait, das was ihr gethan habt, wird euch übel bekommen.

*Mésavenir, *v. n.* (nur im Inf. und in der dritten Person des prés. Indic. gebr.) übel ausschlagen.

Mésaventure, *f.* Mißgeschick, *n.* Unfall, *m.* [*n.*

Mésentère, *m.* (Anat.) Gekröse,

Mésentérique, Mésaraïque, *adj.* (Anat.) zum Gekröse gehörig; veine mésaraïque, Gekröseader, *f.;* ar-

---

tère mésentérique, Gekröseschlagader.

Mésestimer, *v. a.* geringschätzen.

Mésintelligence, *f.* Uneinigkeit, Mißverständniß, *n.* Mißhelligkeit, *f.* [gen, mißdeuten.

†Mésinterpréter, *v. a.* übel ausle-

Mésoffrir, *v. n.* zu wenig bieten, *fm.* ein Schandgebot thun.

Mesquin, e, *adj.; -ement, adv.:* dürftig, armselig, elend; karg, knauserig; (Mal.) dürftig, mager, kleinlich.

Mesquinerie, *f.* Knauserei.

Message, *m.* Botschaft, *f.*

Messager, *m.* ère, *f.* Bote, *m.* Bötinn, *f.; fg.* Vorbote, *m.*

Messagerie, *f.* Botenamt, *n.* Botendienst, *m.;* Land-, Eilkutsche, *f.* fahrende Post.

Messe, *f.* (Kath.) Messe; la grand'-—, das hohe Amt, Hochamt; — de minuit, die Christmesse, Mette.

Messéance, *fém.* Unschicklichkeit, Mißstand, *m.*

Messéant, e, *adj.* unanständig.

*Messeoir, *v. n.* unanständig seyn.

Messidor, *m.* Erntemonat.

Messie, *m.* Messias.

Messier, *m.* Flurschütze, Bannwart.

Messieurs, *m. pl.* meine Herren.

†Messin, *m.* Metzer; die Gegend von Metz.

†Messine, Messina (Stadt).

Messire, *m. ol.* gnädiger Herr; poire de messire Jean, Herrenbirn, *f.*

Mestre, *m.* (Seew.) *v.* Maistre; — de camp, *m. ol.* Cavallerie-Oberst; — de camp, *f. ol.* die erste Compagnie eines Reiterregiments.

Mesurable, *adj.* meßbar.

Mesure, *f.* Maß, *n.;* (Prof.) Sylbenmaß; (Mus.) Tact, *m.;* être en —, (Fecht.) im Lager stehen; *fg.* im Stande seyn; —, Maßregel, *f.;* Vorkehrung || Schonung; Fassung; à — que, so wie; per nismäßig; outre —, übermäßig, unmäßig. [bedächtig.

Mesuré, e, *adj. fg.* gemessen;

Mesurer, *v. a.* messen; aus-, abmessen; *fg. id.,* abwägen; se —, sich messen.

Mesureur, *m.* Messer.

Mesuser, *v. n.* de qch., etw. mißbrauchen.

Métabole, *f.* (Rhet.) die Anhäufung gleichdeutiger Ausdrücke; (Med.) die Veränderung der Jahreszeit, Witterung, u. s. w.

Métacarpe, *m.* (Anat.) Mittel-, Hinterhand, *f.*

Métachronisme, *m.* der Irrthum in der Zeitrechnung.

†Métail, *m.* Metallgemisch, *n.*

Métairie, *f.* Meierhof, *m.* Vorwerf, *n.*

Métal, *m.* Metall, *n.* Erz; métaux, (Wapp.) Gold und Silber.

Métalepse, *f.* (Gramm.) Metalepse. [der metallische Zustand.

†Métalléité, *f.* Metalleigenschaft,

Métallique, *adj.* metallisch; (Miner.) erzhaltig; histoire —, die Geschichte der Medaillen; veine —, Erzader, *f.* Erzgang, *m.*

Métallisation, *fém.* Metallerzeugung, Metallbildung, Metallisiren, *n.* [chen.

Métalliser, *v.* zu Metall machen.

Métallographie, *f.* Beschreibung der Metalle.

Métallurgie, Métallique, *f.* Hüttenkunde, Schmelzkunst, Metallurgie.

Métallurgiste, *m.* Metallurgist.

Métamorphose, *f.* Verwandlung.

Métamorphoser, *v. a.* verwandeln; *fg.* se —, sich verwandeln.

Métaphore, *f.* (Rhet.) Metapher, der verblümte Ausdruck, Bild, *n.*

Métaphorique, *adj.*; -ment, *adv.*: bildlich, verblümt.

†Métaphrase, *f.* die wörtliche Uebersetzung; métaphraste, *m.* der wörtliche Uebersetzer.

Métaphysicien, *m.* (Philos.) Metaphysiker.

Métaphysique, *adj.*; -ment, *adv.*: (Philos.) metaphysisch; überfinnlich; augenscheinlich (Gewißheit); —, *f.* Metaphysit.

Métaphysiquer, *v. n. fm.* grübeln.

Métaplasme, *masc.* (Gramm.) Wortveränderung, *f.*

Métastase, *f.* (Med.) die Veränderung einer Krankheit in eine andere.

Métatarse, *m.* (Anat.) Mittelfuß.

Métathèse, *f.* (Gramm.) Buchstabenversetzung.

Métayer, *m.* ère, *f.* Meier, *m.* Pächter, -inn, *f.*

Méteil, *m.* Mangkorn, *n.*

Métempsycose, *f.* (Philos.) Seelenwanderung.

Météore, *m.* (Phys.) Meteor, *n.* (auch *fg.*), Lufterscheinung, *m.*

Météorique, *adj.* meteorisch.

Météorisé, *v.* (Arzn.) aufgedunsen.

Météorologie, *f.* Lufterscheinungs- oder Witterungslehre.

Météorologique, *adj.* die Witterung betreffend, meteorologisch; observation —, Wetterbeobachtung, *f.*

Méthode, *fém.* Methode, Lehrart; Verfahrungsart; — curative, (Med.) Heilart || Ordnung, Art, Gewohnheit.

Méthodique, *adj.*: -ment, *adv.*: methodisch, ordnungsmäßig.

Méthodisme, *m.* Methodismus.

Méthodiste, *m.* (Kirch.) Methodist.

Méticuleux, se, *adj.* ängstlich.

Métier, *m.* Handwerk, *n.* Gewerbe; Zunft, *f.* Innung || Weberstuhl, *m.* Werkstuhl; travailler au —, weben; — à broder, ou —, Stickrahmen, *m.*; —, Nährahmen; —s, (Bierbr.) Würze, *f.*; *fg.* sur le —, in der Arbeit.

Métis, *m.* se, *f.* Mestize, *m.*

Mestizin, *f.*; —, se, *adj.* von zweierlei Art erzeugt.

Métonomasie, *f.* (Gramm.) Namenüberfetzung.

Métonymie, *f.* (Rhet.) Metonymie, Wortverwechslung.

Métope, *f.* (Baut.) Zwischenweite.

Métoposcopie, *f.* die Wahrsagerkunst aus den Gesichtszügen.

Mètre, *m.* (Pros.) Sylbenmaß, *n.*; *qq.f.* Vers, *m.* || Meter, die Einheit des neuen Längenmaßes (beinahe 3? französische Zoll).

Métrète, *f.*, *v.* Amphore.

Métrique, *adj.* metrisch, auf den Meter gegründet.

Métromane, *m.* Versenarr.

Métromanie, *fém.* Versewuth, Reimsucht.

Métropole, *f.* (Alt., 2c.) Hauptstadt, Mutterstadt; (Kirch.) der erzbischöfliche Sitz.

Métropolitain, e, *adj.* (Kirch.) erzbischöflich; —, *m.* Erzbischof.

Mets, *m.* Gericht, *n.* Speise, *m.*

Mettable, *adj.* (von Kleidern) tragbar, brauchbar.

Metteur en œuvre, *m.* Juwelier.

*Mettre, *v. a.* setzen, legen, stellen; (in Ordnung, 2c.) bringen; (Geld, 2c.) anwenden; (Kleider) anziehen, anlegen; (einen Hut) aufsetzen; (Pferde) anspannen; — dans qch., in etw. einsetzen; — dans les gonds, (eine Thür) einheben; — sous presse, (Buchdr.) (eine Form) einheben; (ein Buch) dem Drucke übergeben; — en couleur, färben; — au bleu, blau färben; — en chaux, (Weißg.) einkalten; — du sien, zusetzen; — en gage, verpfänden, zum Pfande setzen; — de côté, à part, en réserve, zurücklegen; — à bas, zu Boden richten; — au jour, befannt machen, ans Licht bringen; (ein Buch) herausgeben; — au monde, zur Welt bringen, gebären; — au net, ins Reine bringen; — en doute, bezweifeln; — en fait, behaupten; — sur pied, (ein Heer) errichten; se —, sich legen, sich stellen; — sich setzen; sich kleiden; se — à tout, sich zu allem verstehen; — à la raison, in sich gehen; se — en

quatre, alles aufbieten; se — en peine, sich bemühen; se — à qch., etw. anfangen; se — au-dessus de qch., *fg.* sich über etw. hinwegsetzen; se — dans qch., sich einer S. ergeben; se — d'un parti, dans un parti, sich zu einer Partei schlagen.

Meuble, *adj.* leder (Erde); (jur.) beweglich (Gut); —, *m.* Hausgeräth, *n.* Geräth; Möbel; —s, Hausgeräth, Hausrath, *m.* Mobilien, *pl.*

Meubler, *v. a.* mit Hausgeräth versehen; ausrüsten.

Meugler, *v.* Beugler, etc.

Meule, *f.* (Müll.) Mühlstein, *m.*; — courante, Läufer; — de bois, die hölzerne Quetsche || Schleifstein, *m.*; passer sur la —, schleifen; — (Landw.) Heuschober, Schober; mettre en —s, schobern; — Mißhausen; (Jagd) Knotenwurzel (des Hirschgeweihs), *f.*

Meulière, *f.*, *ou* pierre de —, eine Steinart zu Mühlsteinen; der harte, löcherige Bruchstein, Mühlsteinbruch.

Meunier, *m.* ère, *f.* Müller, *m.* -inn, *f.*

Meurtre, *m.* Mord, Todtschlag.

Meurtri, e, *adj.* striemig.

Meurtrier, *m.* ère, *f.* Mörder, *m.* -inn, *f.*; —ère, *f.* (Fortif.) Schießscharte; —ère, *adj.* mörderisch.

Meurtrir, *v. a.* zerquetschen, quetschen; — de coups, braun und blau schlagen.

Meurtrissure, *fém.* Quetschung, Strieme; das blaue Mahl.

Meuse, *f.* Maas (Strom).

Meute, *f.* die Koppel Jagdhunde; chasse à la —, Streifjagen, *n.*

Mévendre, *v. a.* mit Schaden verkaufen, verschleudern.

Mévente, *f.* der Verkauf unter dem Preis, Schadenverkauf; (Handl.) Schleudern, *n.*

†Mexicain, *m.* e, *f.* Mexikaner, *m.* -inn, *f.*; —, e, *adj.* mexikanisch.

†Mexique, *m.* Mexiko (Land).

Mezzanine, *f.* (Bau) dem Drucke nung mit zwei Stockwerken.

Mezzo-terminé, *m.* Mittelweg.

Mezzo-tinto, *m.* (Kupferst.) der Kupferstich in schwarzer Manier.

Mi, *part.* balb, mitte; la mi-aout, die Mitte des Augustmonats; la mi-carême, die Mitte der Fasten; à mi-jambe, bis an die Wade; —, *m.* (Muf.) E, *n.* [stoff.

Miasme, *m.* (Med.) Ansteckungs-

Miaulement, *m.* Miauen, *n.*

Miauler, *v. n.* miauen, mauen.

Mica, *m.* (Miner.) Glimmer; — blanc, argentin, Kazensilber, *n.*

Micacé, e, *adj.* (Miner.) glimmerig, glimmerhaltig.

Miche, *f.* der Laib Brod; Brod, *n.*

†Michel, *n. pr. m.* Michael, Michel. [*f.* Kniffe, *pl.*

Micmac, *m. fm.* Durchstecherei,

Micocoulier, *m.* (Bot.) Bolusbaum. [kleine Welt.

Microcosme, *m.* (Philof.) die

Micrographie, *f.* (Phyf.) die Beschreibung der mikroskopischen Gegenstände.

Micromètre, *m.* (Aftr.) Mikrometer, Kleinmesser.

Microscope, *m.* Vergrößerungsglas, *n.* [vish.

Microscopique, *adj.* mikrosto=

†Mi-denier, *m.* (jur.) Halbpfennig.

Midi, *m.* Mittag, (Geogr.) *id.*, Süden; Mittagsgegend, *f.*; en plein —, bei bellem, lichtem Tage.

†Mi-douaire, *m.* das halbe Witthum.

Mie, *f.* Brosame, Krume || *fm.* Liebchen, *n.*; —, *adv. fm.* nicht, nichts. [Palmhonig.

Miel, *m.* Honig; premier —,

†Miélat, *m.* Miélée, *f.* Honigthau, *m.*

Mielleux, se, *adj.* honigsüß; *m. p. id.*, fad; le goût —, der Honiggeschmad.

Mien, ne, *pron.* meinige, *m., f. et n.*; —, *m.* Meinige, *n.*

Miette, *fém.* Brodkrümchen, *n.* Brocken, *m.*

Mieux, *adv.* besser, mehr; —, *m.* Beste, *n.*; à qui —, *fm.* in die Wette; de — en —, immer besser. [muthwillig, schelmisch.

Mièvre, *adj. fm.* (von Kindern)

Mièvrerie, Mièvreté, *fém. fm.* Muthwille, *m.*

Mignard, e, *adj.*; -ment, *adv. fm.*: zierlich, geziert, zimperlich; il fait le —, er macht den Süßling.

Mignarder, *v. a. fm.* verzärteln.

Mignardise, *f. fm.* Zartheit (der Gesichtszüge); *m. p.* Ziererei; —, Liebkosungen, *pl.*; —, (Gärtn.) *v.* Mignonnette.

Mignon, ne, *adj.*; -nement, *adv.*: nieblich, fein, artig, schön, *fm.* herzig; argent —, Mutter-Sparpfennig; — *m.*; péché —, Lieblingssünde, *f.*; — *m.* ne, *f.* Liebling, *m.* Liebchen, *n.*

Mignonnette, *f.* (Handl.) eine Art feiner Spitzen; (Gärtn.) Bart-, Federnelke, *f.*; der fein gestoßene Pfeffer; Scheidemünze, *f.*

Mignoter, *v. a. pop.* liebkosen, hätscheln.

Mignotise, *f.* Liebkosung.

Migraine, *f.* (Med.) das einseitige Kopfweh. [m.

Migration, *f.* Wanderung, Zug,

Mijaurée, *f. fm.* Zieraffe, *m.*

Mijoter, *v. a.* (Kochf.) schmoren lassen || *fm. v.* Mignoter.

Mil, *adj.* tausend (in der Jahrzahl).

Mil, *m.* (Bot.) Hirse, *f.*

Milan, *m.* (Naturg.) Weihe, *f.*; Hühnergeier, *m.*

†Milan, *m.* Mailand (Stadt).

†Milanais, *m.* das mailändische Gebiet; le —, la —e, Mailänder, *m.* =inn, *f.*; —, e, *adj.* mailändisch.

Miliaire, *adj.* (Med.) hirseförmig; fièvre —, Frieselfieber, *n.*

Milice, *f.* (Kriegsw.) Miliz, Landmiliz; Landwehr; Truppen, *pl.* Kriegsvolk, *m.*

Milicien, *m.* Milizfoldat.

Milieu, *m.* Mitte, *f.*; Mittelpunkt, *m.*; *fg.* Mittel (auch Phyf.), *n.*; Mittelstraße, *f.*; Kern (des Holzes), *m.*; (Mal.) Mittelgrund; au —, mitten (de, in, unter); au beau —, mitten inne.

Militaire, *adj.* kriegerisch; militärisch; art —, Kriegskunst, *f.*; état —, Wehrstand, *m.*; —, *m.* Soldat, Krieger; *coll.* Truppen, *f. pl.*; -ment, *adv.* nach Kriegsgebrauch. [che.

Militante, *adj. f.* streitend (Kirche)

Militer, *v. n. fg.* streiten.

Mille, *adj.* tausend; — et — fois, viele tausendmal; —, *m.* Meile, *f.* (Pflanze)

Mille-feuille, *fém.* Schafgarbe

Mille-fleurs, eau de —, *f.* (Med.) Kuhharn, *m.*

Millénaire, *adj.* tausendjährig; le nombre —, die Zahl Tausend; *m.* Jahrtausend, *n.*; —s, (Theol.) Chiliasten, *m. pl.*

Mille-pertuis, *m.* (Bot.) Johanniskraut, *m.* [sendfuß.

Mille-pieds, *m.* (Naturg.) Tau-

Millépore, *m.* (Naturg.) Punktoralle, *f.*

†Milleret, *m.* der Zierath an der Besetzung der Damenkleider.

Millésime, *m.* (Münzw.) Jahrzahl, *f.*

Millet, *m.* (Bot.) Hirse, *f.*

Milli-, ¹/₁₀₀₀ der Ureinheit; z. B., millimètre, Millimeter, ¹/₁₀₀₀ Meter, ꝛc.

Milliaire, *m. et adj.*, colonne —, Meilensäule, *f.* Meilenzeiger, *m.*

Milliard, *m.* tausend Millionen.

Milliasse, *f. fm.* die unzählige —; (der tausendste Theil.

Millième, *adj.* tausendste; —, *m.*

Millier, *m.* Tausend; *m.*; à —s, par —s, zu tausenden || zehn Zentner.

†Milligramme, *m.* Milligramm, tausendste Theil des Gramms.

Millimètre, *m.* Millimeter, tausendste Theil des Meters.

Million, *m.* Million, *f.*

Millionième, *adj.* millionste; —, *m.* der millionste Theil.

Millionnaire, *m.* der Besitzer einer oder mehrerer Millionen.

Milord, *m.* Milord (englischer Titel); *pop.* der reiche Kauz.

Mime, *m.* Mime, *f.* Geberdenspiel, *n.*; Mimiker, *m.*

Mimique, *adj.* mimisch; —, *m.* Geberdenspiel

Mimiker, *m.* [Geberdenkunst.

Mimendichter; —, *f.* Geberdenkunst. [—, Mimendichter, *m.*

†Mimographe, *m. et adj.*, poète

†Mimologie, *f.* Nachahmung, Nachahmungskunst.

†Mimologue, *m. et adj.*, Personen-Nachahmer, *m.*

Mimosa, *f.* Sinnpflanze, empfindliche Pflanze; (Miner.) Grausstein, *m.*

Minage, *masc.* Scheffelsteuer, *f.* Metzensteuer (vom Getreide auf dem Markt).

Minaret, *m.* (Moham.) Minaret (Thurm an einer Moschee).

Minauder, *v. n.* sich zieren, schön thun.

Minauderie, *f.* Ziererei. [thun.

Minaudier, *m.* ère, *f.* Zieraffe, *m.*; —, ère, *adj.* sich zierend, geziert.

Mince, *adj.* dünn; *fg.* klein, schlecht, gering, unbedeutend.

Mine, *f.* Miene, Geberde, Gesicht, *n.*; *fg.* Ansehn, Aussehn; de mauvaise —, unansehnlich; faire — de, sich stellen als; —, Fassung, *f.*

Mine, *f.* (Kriegsw.) Bergwerk, *n.* Erzgrube, *f.* Erz, *n.*; — fixe, Erzschicht, *f.*; — brisée, Erzschlich, *m.*; — de plomb, Weiers, *n.*; —, *fg.* Fundgrube, *f.*; (Kriegsw.) Mine (Pulvermine); *fg.* der heimliche Anschlag; (Handl.) Mine (Art Pariser Maß), *f.*; (Alt.) Mine (Münze).

Miner, *v. a.* miniren, untergraben; unterwühlen; *fg. id.*, zerstören, aufzehren. [Erzart,

Minerai, *m.* Erzstufe, *f.* Erz, *n.*

Minéral, *m.* Miner, *f.* Mineral, *n.* Bergqut.

Minéral, e, *adj.* mineralisch; régne —, Mineralreich, *n.*; eaux —es, Gesundbrunnen, *m.*; eau —e amère, Bitterwasser, *n.*

Minéralisation, *f.* Vererzung.

Minéraliser, *v. a.* vererzen.

Minéralogie, *f.* Mineralogie Minerkunde; -lehre. [visch.

Minéralogique, *adj.* mineralogisch

Minéralogiste, *m.* Mineralog.

Minerve, *f.* (Myth.) Minerva, Pallas (Göttin der Weisheit).

Minet, *m.* te, *f. fm.* Kätzchen, *n.*

Mineur, *m.* Bergmann, Bergknappe; (Kriegsw.) Minirer.

Mineur, e, *adj.* (jur.) minderjährig, unmündig; klein; frères —s, Franziskanermönche, *m. pl.*; ordres —s, (Kath.) die untern Weihen;

—, (Muf.) v. Mode; —, m. e, f.
Minderjährige, m. et f.
Mineure, f. (Leg.) Unterſatz, m.
Miniature, f. Miniaturmalerei;
— ou peinture en —, Miniatur=
gemälde, n.; peintre en —, Mi=
niaturmaler, m.; en —, fg. im
Kleinen.     [grube, f.
Minière, f. Bergwerk, n. Erz=
Minime, m. Minime (Art Fran=
ziskanermönche); —, adj. dunkel=
braun.     [Geringſte.
Minimum, m. lat. Wenigſte, n.
Ministère, m. Amt, n. Dienſt,
m.; Verwaltung (eines Staatsmi=
niſters), f.; coll. Miniſterium, n.;
le — public, (jur.) die öffentliche
Behörde.     [adv. : miniſteriell.
Ministériel, le, adj.; -ement,
Ministre, m. (Kirch.) Diener (des
göttlichen Wortes); (Prot.) Geiſt=
liche, Prediger; (Pol.) Miniſter,
Geſandte; fg. Diener, Werkzeug, n.
Minium, m. (Miner.) Mennig.
Minois, m. fm., un joli —, ein
niedliches Geſichtchen.    [chen, n.
Minon, m. fm. Mietze, f. Miet=
Minoratif, m. et adj. m., re-
mède —, (Med.) die gelind abfüh=
rende Arznei.
Minorité, f. (jur.) Minderjährig=
keit; Minderzahl (der Stimmen, ꝛc.).
†Minorque, (Minorka (Inſel).
†Minorquin, m. e, f. minorkiſch;
Minorker, m. ſinn, f.
Minot, m. ol. (Handl.) Metze, f.
die Hälfte der Mine.
Minuit, m. Mitternacht, f.
Minuscule, adj. (Buchdr.) klein;
—, f. der kleine Buchſtab, Capitäl=
chen, n.
Minute, f. (Schreib.) die ganz
kleine Schrift; écrire en —, ganz
klein ſchreiben ‖ Urſchrift, f. Origi=
nal, n. Concept, Entwurf, m. ‖
Minute (Zeitmaß), f.
Minuter, v. a. entwerfen, auffe=
tzen; fg. umgehen (qch., mit etw.).
Minutie, f. Kleinigkeit.
Minutieux, se, adj.; -sement,
adv.: kleingeiſtig, trittlich, kleinlich.
Mi-parti, e, adj. getheilt; robe
—e de blanc et de noir, ein halb=
weißer und halbſchwarzer Rock.
Miquelet, m. Schnapphahn, Räu=
ber (in den Pyrenäen).
†Miquelot, m. der kleine Bettel=
pilger; fg. pop. Kopfhänger.
Mirabelle, f. (Gärtn.) Mirabelle.
Miracle, m. Wunder, n. Wun=
derwerk, Wunderthat, f.
Miraculé, e, adj. der an welchem,
die an welcher ein Wunder geſchehen
iſt.
Miraculeux, se, adj.; -sement,
adv. : wunderbar; image —se,
Gnadenbild, n.

Mirage, m. (Phyſ.) Luftſpiege=
lung, f.     [betrachten.
†Mirauder, v. a. fm. p. us. genau
Mire, f. Kern, n. Viſirkern; coin
de —, Richtkeil, m.; prendre sa
—, zielen.
Miré, adj., sanglier —, (Jagd)
der alte Keiler mit einwärts geboge=
nen Hauern.
Mirer, v. a. zielen (qch., auf rt=
was); se —, ſich ſpiegeln, ſich be=
ſpiegeln, ſich im Spiegel beſchauen.
Mirliflore, m. fm. Stutzer, Zier=
Mirlirot, v. Mélilot.    [bengel.
Mirmidon, m. plais. Männchen,
n.; Naſeweis, m.
Miroir, m. Spiegel; — ardent,
Brennſpiegel; (Seew.) Spiegel;
œufs au —, auf Butter geſchlagene
Eier; carpe à —, (Naturg.) Spie=
gelkarpfen, m.
Miroité, e, adj. (Reitſch.) mit
Pfauenaugen.
Miroiterie, f. Spiegelhandel, m.
Miroitier, masc. Spiegelmacher,
Spiegelhändler.
Miroton, m. das Gericht aus ge=
kochten Fleiſchſchnitten und Gewürz.
Mis, m. (jur.) das Datum der
Eingaben der Proceßacten.
Mis, e, adj. gekleidet, v. mettre.
Misaine, f. (Seew.) ou mât de
—, Fockmaſt, m.; —, Fockſegel, n.
Misanthrope, m. et f. Menſchen=
feind, m. ſinn, f.    [al.
Misanthropie, f. Menſchenhaß,
Miscellanées, m. pl. vermiſchte
Schriften, f. pl.
Miscibilité, f. Miſchbarkeit.
Miscible, adj. miſchbar.
Mise, f. Gebot, n. Ausgebot;
(Spiel, Handl.) Eag. m. Einſatz,
Einlage, f.; (Handl.) Umlauf, m. ‖
die Art ſich zu kleiden, Anzug, m.;
— en liberté, Freilaſſung, f.; —
en possession, Einſetzung in den
Beſitz; — en œuvre, Anwendung,
Verarbeitung; de —, gangbar,
tragbar (Zeug); fg. was ſich kann
ſehen, hören laſſen.
Misérable, adj.; -ment, adv.:
elend, armſelig, ſchlecht; —, m.
m. p. Elende, Nichtswürdige.
Misère, f. Elend, n.; Noth, f.;
Unglück, n.; fg. fm. Kleinigkeit, f.
Miséréré, m. Miserere, n. der
50ſte Pſalm; die Zeit von einem
Miserere; (Med.) Darmgicht, f.
Miséricorde, f. Barmherzigkeit;
Erbarmen, n.; Gnade, f.; être à
la — de qn., in eines Gewalt ſeyn;
—. interj. barmherziger Gott! Er=
barmen!
Miséricordieux, se, adj.; -se-
ment, adv. : barmherzig, gnädig.
†Misnie (la), Meißen (das Ge=
biet).

Missel, m. (Kath.) Meßbuch, n.
Mission, f. Sendung, Auftrag,
m.; (Kirch.) Miſſion, f.
Missionnaire, m. (Kirch.) Glau=
bensbote, Miſſionar.
Missive, f. et adj. f., lettre —,
Sendſchreiben, n. Zuſchrift, f.
Mistral, m., v. Maëstral.
Mitaine, f. Fauſt=, Klapphand=
ſchuh, m. Fäuſtling.
Mite, f. (Naturg.) Milbe, Miete.
†Mitelle, f. (Bot.) die kleine Bi=
ſchofsmütze.
Mithridate, m. (Med.) Mithri=
dat.
Mitigation, f. Linderung, Mil=
derung.
Mitiger, v. a. lindern, mildern.
†Mitis, m. Kater.
Miton, m. Stutzhandſchuh; de
l'onguent —-mitaine, das Arznei=
mittel, das weder nützt noch ſchadet;
fg. der unnütze Ausweg.
Mitonner, v. n. et se —, gelinde
aufkochen; faire —, id.; —, v. a.
fm. verzärteln, ſchmeicheln; (etwas)
behutſam betreiben.
Mitoyen, ne, adj. dazwiſchen ge=
legen; mur —, Scheidewand, f.;
fg. parti —, Mittelweg, m.
Mitoyenneté, f. Gemeinſchaft,
Recht der Gränzgemeinſchaft, n.
Mitraillade, f. (Artill.) Kartät=
ſchenfeuer, n.
Mitraille, f. die kleine Eiſen=
waare; altes Eiſen; (Artill.) Kar=
tätſchen, f. pl.; (Handl.) Scheide=
münze, f.
Mitrailler, v. a. mit Kartätſchen
be=, erſchießen.
Mitre, f. Mütze, Inſel, Biſchofs=
mütze; (Meſſerſch.) Kappe; (Maur.)
Schornſteinhaube.
Mitré, e, adj. mit einem Biſchofs=
hut verſehen (Abt, ꝛc.).
Mitron, m. injur. Bäckerknecht.
†Miure, adj., (Med.) pouls —,
der Mausſchwanzpuls (der nach und
nach ſchwächer wird).
†Mixte, adj. vermiſcht; —, m.
(Phyſ.) das Vermiſchte.
Mixtiligne, adj. (Geom.) ver=
miſchtlinig.
Mixtion, Mixture, f. Vermi=
ſchung; (Med.) Mixtur.
Mixtionner, v. a. (Apoth.) unter=
einander miſchen.
Mnémonique, Mnémotechnie, f.
Gedächtnißkunſt.
Mobile, adj. beweglich; fg. id.,
veränderlich, unbeſtändig; —, m.
Triebfeder, f. Triebrad, n.; fg. id.
Mobiliaire, Mobilier, ère, adj.
(jur.) beweglich; succession mobilière, Mobiliarnachlaß, m. Mobi=
liarerbſchaft, f.; saisie mobilière,
der Beſchlag auf die beweglichen

Güter; mobilier, *m.* Hausgeräthe,
*n.*, die beweglichen Güter.

Mobilisation, *f.* Beweglichma=
chen, *n.* Mobiliarifirung, *f.*

Mobiliser, *v. a.* beweglich machen,
in bewegliche Güter umsetzen.

Mobilité, *f.* Beweglichkeit; *fg.
id.,* Wankelmuth, *m.* Unbeständig=
keit, *f.*

Modalité, *f.* (Philof.) Modalität,
Beschaffenheit; (Log.) Bedingtheit,
Bestimmtheit.

Mode, *f.* Mode, Sitte, Gewohn=
heit, Tracht, Kleidertracht; bœuf à
la —, gedämpftes Rindfleisch; —,
*m.* Art, *f.* Weise; (Philof., Gram.)
Modus, *m.* Art, *f.*; (Muf.) Ton=
art; — majeur, die harte Tonart
(Dur); — mineur, die weiche Ton=
art (Moll).

Modèle, *m.* Muster, *n.* Vorbild;
(Kunst) Modell.

Modeler, *v. a. et n.* abformen,
abbilden, modelliren; se —, sich bil=
den (sur, nach).

†Modène, *f.* Modena (Herzogthum).

Modérateur, *m.* trice, *f.* Regie=
rer, *m.* Führer, Leiter, Vorsteher;
=inn, *f.*; —, trice, *adj.* regierend,
leitend.

Modération, *f.* Mäßigung, Ge=
lassenheit, Glimpf, *m.* ‖ Vermin=
derung, *f.* Nachlaß (einer Abgabe,
c.), *m.*

Modéré, e, *adj.* gelassen, glimpf=
lich; =ément, *adv.* gemäßigt; gelas=
sen, glimpflich; mit Mäßigung.

Modérer, *v. a.* mäßigen; mildern;
einschränken (Ausgaben, c.); se —,
sich mäßigen, sich zurückhalten, nach=
lassen.

Moderne, *adj.* heutig, neu; —s,
*m. pl.* Neuern.

Moderner, *v. a.* (etw. Altes) nach
dem neuen Geschmacke wieder her=
stellen, einrichten.

Modeste, *adj.*; =ment, *adv.* : be=
scheiden, sittsam, sittig, schamhaft.

Modestie, *f.* Bescheidenheit, Sitt=
samkeit.                         [keit.

Modicité, *f.* Mäßigkeit; Gering=

Modificatif, ve, *adj.* näher be=
stimmend, einschränkend; —, *m.*
(Gramm.) Bestimmungswort, *n.*

Modification, *f.* Einschränkung,
Milderung; (Philof.) Modification,
nähere Bestimmung; Gestaltung,
Art, Artung des Seyns.

Modifier, *v. a.* einschränken, mil=
dern; (Philof., c.) näher bestim=
men, bestimmen, modificiren.

Modillon, *m.* (Zimm.) Sparren=
kopf.          [mäßig, klein, gering.

Modique, *adj.*; =ment, *adv.* :

Modiste, *adj.* modisch, nach der
Mode; —, *m. et f.* Modehändler;
*m.* =inn, *f.*

---

Modulation, *f.* (Muf.) Modula=
tion, Tonfolge (eines Gesangs).

Module, *m.* (Bauk.) Model;
Proportional-Maß, *n.*

Moduler, *v. a.* (Muf.) vortragen,
durchführen; —, *v. n. id.*, modu=
liren.

Moelle, *f.* Mark, *n.* fig. *id.*,
Beste, Kern (einer S.), *m.*

Moelleux, se, *adj.*; =sement,
*adv.* : markig; *fg. id.*, kernhaft,
stark und lieblich; —, *m.* (Mal.
c.) Markige, *n.*

Moellon, *m.* (Maur.) Bruchstein.

Mœuf, *m.* (Gramm.) *v.* Mode.

Mœurs, *f. pl.* Sitten; (Litt.) *id.*,
Gebräuche, *m. pl.*; Lebensart (der
Thiere), *f.*

†Mofette, Moufette, *f.* (Bergw.)
Schwaden, *m.* gefährliche Dunst, die
böse Wetter.

Mohatra, *adj.*, contrat —, der
wucherliche Kauf und Rückkauf.

Moi, *pron.* ich; mich; mir; à —,
zu Hilfe! de vous à —, unter uns
gesagt; —, *m.* Ich, *n.*

Moignon, *m.* Stumpf.

Moinaille, *f. fm. mépr.* Mönchs=
volk, *n.*

Moindre, *adj.* geringer, kleiner;
minder; le, la —, Geringste, *m.*,
*f. et n.*

Moine, *m.* Mönch; (Haush.)
Bettwärmer; (Buchdr., c.) Mönch.

Moineau, *m.* Sperling, Spatz, —,
*adj. m.*, cheval —, Stupohr, *m.*

Moinerie, *f. fm. mépr.* Mön=
cherei; Mönchsgeist; —.

Moinesse, *f. mépr.* Nonne.

Moinillon, *m.* (verächtl.) Mönch=
lein, *n.*

Moins, *adv.* minder, weniger; à
— de, que, wofern nicht, wenn
nicht; es sey denn daß; à — d'être
fou, ohne ein Narr zu seyn; ne le
vendez pas à — de cent francs,
verkaufen Sie es nicht unter hundert
Franken; (je ne lui pardonnerai
pas) à — d'une rétractation, wenn
er nicht widerruft; au —, du —,
wenigstens; en — de rien, in einem
Augenblick; à —, bei einem gerin=
gern Anlasse; —, *m.* Wenigste, *n.*
Geringste.

Moire, *f.* Seidenmohr, *m.* Mohr.

Moiré, e, *adj.* gemehrt, geflammt.

Moirer, *v. a.* mohren.

Mois, *m.* Menat; Monatsgeld,
*n.*; —, *pl.* (Med.) die monatliche
Reinigung; — romain, Römermo=
nat (eine Reichsteuer), *m.*; trois
—, Vierteljahr, *n.*; six —, Halb=
jahr; dix-huit —, anderthalb Jah=
re; par —, monatlich.

Moise, *f.* (Zimm.) Bandbalken,
*m.* Band, *n.*

Moïse, *n. pr. m.* Moses.

---

Moisi, *m.* Schimmel.

Moisi, e, *adj.* schimmelig.

Moisir, *v. a.* schimmelig machen;
—, *v. n. et se —,* schimmeln,
schimmelig werden, anlaufen.

Moisissure, *f.* Schimmel, *m.*

†Moison, *f.* die Pacht um den hal=
ben Ertrag; (Handl.) Eiche; — de
drap, die Länge der Kette des Tuchs.

†Moisonier, *m.* der Pachter um
den halben Ertrag.          [Trauben.

Moissine, *f.* der Rebbüschel mit

Moisson, *f.* Ernte; *fg. id.*; faire
la —, ernten.

Moissonner, *v. a.* einsammeln,
ernten, eins, abernten; *fg. id.*;
wegraffen (vom Tode).

Moissonneur, *m.* se, *f.* Schnit=
ter, *m.* =inn, *f.*

Moite, *adj.* feucht.

Moiteur, *f.* Feuchtigkeit.

Moitié, *f.* Hälfte; *fm.* Ehehälfte,
Gattinn; —, *adv.* halb, zur Hälfte.

Moka, *m.* Mokakaffee.

Mol, v. Mou.

Molaire, *adj.*, (Anal.) dent —,
Backen=, Mahl=, Stockzahn, *m.*

Moldave, *adj.* moldauisch; —, *s.
m. et f.* Moldauer, *m.* =inn, *f.*

†Moldavie, *f.* Moldau (Land).

†Moldavique, *f.* (Bot.) die tür=
kische Melisse.

Môle, *m.* Hafendamm; —, *f.*
(Med.) Mondkalb, *n.*

Molécule, *f.* (Lehrst.) Klümpchen,
*n.* Theilchen; — du sang, Blutfü=
gelchen.

†Môler, *v. n.* en poupe, (Seew.)
mit vollem Winde segeln (auf dem
mitteln Meer).

Molester, *v. a.* qn., einem Ver=
druß, Ungelegenheit machen, einem
belästigen.

Molette, *f.*, ou — d'éperon,
Spornrädchen, *n.*; —, (Mal., c.)
Läufer, *m.* Reibekeule, *f.*; (Thiera.)
Steingalle (der Pferde); (Reitsch.)
Schopf, *m.*

Molinisme, *m.* (Theol.) Molinis=
mus, die Lehre des Molina.

Moliniste, *m.* (Theol.) Molinist.

†Molinosisme, *m.* (Theol.) die
Lehre des Molinos, Quietismus, *m.*

Mollah, *m.* Mollah.

Mollasse, *adj.* weichlich, schlaff,
schlotterig.

Mollement, *adv.* weich; *fg.* weich=
lich, weibisch, träg, wollüstig.

Mollesse, *f.* Weichheit; *fg. id.*,
Weichlichkeit, Wollust, Ueppigkeit;
Nachlässigkeit, Schlaffheit.

Mollet, te, *adj.* weich, lind (Zeug,
c.); pain —, Milchbrod, *n.*; œufs
—s, weichgesottene Eier.

Mollet, *m.* Wade (des Beins) *f.*;
(Tap.) Franse.          [(Zeug.)

Molleton, *m.* (Handl.) Multon

†**Mollette,** f. (Apoth.) Läufer, m.
**Reibkeule,** f.; v. Molette.
†**Mollière,** adj., terre —, die fette, lehmige Erde.
**Mollifier,** v. a. (Med., ꝛc.) erweichen, verdünnen.
**Mollir,** v. n. weich werden; nachlaffen (Wind); fg. wanken, weichen; feige nachgeben.
**Mollusques,** m. pl. (Naturg.) Schleimthiere, n. pl.
†**Molosse,** m. Melossus, Schwertschritt (Versart, — — —); eine Art großer Hunde.
†**Moluques** (les iles), die molukkischen Inseln, Molukken.
**Moly,** m. (Bot.) Mely, n. Blumenlauch, m.
**Molybdéne,** m. (Miner.) Wasferblei, n. Reißblei.
**Moment,** m. Augenblick; au où, im Augenblick als; du — que, so bald als; par —, zu Zeiten; fm. un —, ein Weilchen.
**Momentané,** e, adj.; -ment, adv.: augenblicklich.
**Momerie,** f. Mummerei; fg. Verstellung, Gaukelspiel, n.
**Momie,** f. Mumie.
**Momon,** m. (Spiel) der Spieleinfaß einer Maske beim Würfelspiel, Einfaß.
†**Momus,** m. (Myth.) Momus, der Gott des Spottes; fg. Tadler.
**Mon,** ma, pron. mein, meine.
†**Monacaille,** fém. (verächtl.) Mönchswesen, n. Mönchsgeschmeiß.
**Monacal,** e, adj.; -ment, adv.: mönchisch. [n. Möncherei, f.
**Monachisme,** m. Mönchswesen,
**Monade,** f. (Philof.) Monade, das einfache Wesen.
**Monadelphie,** f. (Bot.) Klaffe der einbrüderigen Pflanzen.
**Monandrie,** f. (Bot.) Klaffe der einmännigen Pflanzen.
**Monarchie,** f. Menarchie, Alleinherrschaft; — universelle, Weltherrschaft. [monarchisch.
**Monarchique,** adj.;-ment, adv.:
†**Monarchiste,** m. Monarchist, Anhänger, Verfechter der Monarchie.
**Monarque,** m. Menarch, Alleinherrscher.
**Monastère,** m. Klofter, n.
**Monastique,** adj. klöfterlich.
**Monaut,** adj. m. einöhrig (von Hunden).
**Monceau,** m. Haufen, Klumpen.
**Mondain,** e, adj.; -ement, adv.: weltlich, irdisch gesinnt; —, m. Weltmensch; —s, Weltkinder, n. pl.
**Mondanité,** f. der weltliche Sinn, Weltsinn, Weltluft, f. Eitelkeit der Welt.
**Monde,** m. Welt, f. (auch fg.) ||

coll. Leute, pl.; die Menge Menfchen || Bedienten, m. pl. Gefinde, n.; fg. Welt, f. Gesellschaft; seine Lebensart, Weltton, m.; le beau, le grand —, die vornehmen Leute; tout le —, jedermann.
**Monder,** v. a. reinigen, säubern; (Gerfte, ꝛc.) schälen, rollen; de l'orge mondé, Gerftengraupen, f. pl.
**Mondificatif,** ve, adj. (Med.) reinigend.
**Mondifier,** v. a. (Med.) reinigen.
**Monétaire,** adj. zum Münzwesen gehörig; système —, Münzfostem, n. [Wolf.
†**Mongols,** m. pl. Mengolen (afiat.
†**Moniale,** f. (Kan. R.) Nonne.
**Moniteur,** m. Erinnerer, Ermahner.
**Monition,** f. (jur.) Ermahnung.
**Monitoire,** e, adj., lettre —, Ermahnungsschreiben, n.
**Monitorial,** e, adj., v. Monitoire.
**Monnaie,** f. Münze; klein Geld; — forte, grobe Münze, f.
**Monnayage,** m. Münzen, n.
**Monnayer,** v. a. münzen. prägen. Geld schlagen; (Metall) vermünzen.
**Monnayeur,** m. Münzer; faux —, Falschmünzer.
**Monochrome,** adj. einfarbig.
**Monocle,** m. (Opt.) das Fernglas für Ein Auge.
**Monocorde,** m. (Muf.) das einfaitige Inftrument, Monochord.
**Monocotylédone,** adj. fwiftekeimend. [binde, f.
†**Monocule,** m. (Chir.) Augen-
**Monecie,** f. (Bot.) Klaffe der einhäufigen Pflanzen.
†**Monogame,** m. et f. der, die nur einmal verheirathet war; —, adj. (Bot.) mit einfachen Blumen.
†**Monogamie,** f. die einfache Ehe; (Bot.) die Klaffe der Pflanzen mit einfachen Blumen.
**Monogramme,** m. Namenszug, verschlungene Name.
**Monographie,** f. Einzelbeschreibung, Einzelzeichnung, [beschreibend.
**Monolithe,** adj. aus Einem Steine
**Monologue,** m. Selbstgespräch, n.
**Monomanie,** f. Menomanie, adj. monoman.
**Monomane,** f. Menomanie; einfeitiger Wahnsinn.
**Monome,** m. (Alg.) die einfache (Größe.
**Monopétale,** adj. (Bot.) einblätterig. [(Blumenkelch).
**Monophylle,** adj. einblätterig
†**Monophysisme,** m. (Theol.) Menephofismus, die Lehre von der einfachen Natur in Chrifto.
†**Monophysite,** m. (Theol.) Menephofit, Anhänger der Lehre von der einfachen Natur in Chrifto.
**Monopole,** m. Alleinhandel.
**Monopoleur,** m. Alleinhändler.

**Monoptére,** adj. (Bauf.) auf einer einfachen Kolonnade ruhtndes rundes Gebäude.
†**Monorime,** m. das Gedicht mit einem einzigen Reim.
**Monostique,** m. ein Gedichtchen in Einem Verse; monoftisch (Kryftall).
**Monosyllabe,** adj. (Gramm.) einfolbig; —, m. das einfolbige Wort.
**Monosyllabique,** adj. einfolbig.
†**Monothélisme,** m. (Theol.) Menothelismus, die Lehre von dem einfachen Willen in Chrifto.
†**Monothélite,** m. (Theol.) Menothelet, Anhänger der Lehre von dem einfachen Willen in Chrifto.
**Monotone,** adj. eintönig.
**Monotonie,** f. Eintönigkeit, Einförmigkeit, Einerlei, n.
†**Mons,** Bergen (Stadt).
**Mons,** m. Herr (nur noch vor dem Titel der Bischöfe und Erzbischöfe gebräuchlich).
**Monseigneur,** masc. gnädigfter, durchlauchtigfter Herr.
**Monseigneuriser,** v. a. plais. einen als einen gnädigen Herrn bedandeln.
**Monsieur,** m. Herr, mein Herr; Monfieur (der ältefte Bruder des Königs von Frankreich).
**Monstre,** m. Ungeheuer, n. Unthier; Mißgeburt, f.; fg. Ungeheuer, n. Unmensch, m.
**Monstrueux,** se, adj.; -sement, adv.: ungeheuer, abscheulich, mißgeftaltet. [gebeure, n.
**Monstruosité,** f. Mißgeftalt; Un-
**Mont,** m. Berg; passer les —s, über die Alpen geben; promettre des —s d'or, —s et merveilles, goldne Berge verfprechen; — de - piété, Leihhaus, n.
**Montage,** m. Hinauffchaffen, n. Hinauftragen, Hinaufziehen.
**Montagnard,** e, adj. auf Bergen wohnend; peuple —, Bergvolk, n.; —, e, f. Bergbewohner, m. -inn, f.
**Montagne,** f. Berg, m.; Gebirge, n.; le bleu de —, Schieferblau.
**Montagneux,** se, adj. bergig.
**Montant,** m. (Handl.) Betrag, Summe, f.; (Bauf.) Pfeiler, m. Pfoften, (Sattl.) Backenftück (des Zaums); n.; (Gärtn.) Schoß, m. Trieb; fg. Feuer (des Weins), n.; —, e, adj. fteigend, aufwärts fteigend, fahrend, reitend; — à, fich befaufend auf (v. Summen). [gch.
†**Montbéliard,** (Stadt) Mümpel-
**Monte,** f. Befchälen, n. Sprung (des Hengftes), m.; Befchälzeit, f.
**Montée,** f. Treppe, Stiege, Stufe; Aufgang, m. Auffahrt, f.; Hinauffteigen, n. Hinauffahren, Hinauffreiten.

Monter, *v. n.* steigen; hinaufgehen, =steigen, =fahren, =fliegen, =reiten; sich erheben (auch *fg.*); hinaufrücken; — sur une hauteur, eine Höhe ersteigen; — en voiture, einsteigen, einsitzen; — trop haut, sich versteigen; — à l'assaut, Sturm laufen; — en graine, in Samen schießen; — en tige, stängeln; —, *v. a.* hinaufbringen, =heben, =tragen; (Kriegsw.) berissen machen; (Reitsch.) reiten; zum Reiten abrichten; fassen, einfassen (Diamant); (Handw.) zusammensetzen; (ein Haus, 2c.) einrichten, ausrüsten, versehen; (ein Bett) aufschlagen; (eine Flinte) schäften, anschäften; (ein Instrument) beziehen, besaiten; (eine Uhr) aufziehen; — la garde, auf die Wache ziehen; — sur un ton, nach einem gewissen Tone stimmen; — à, se — à, sich belaufen auf, betragen (von Summen); haut —é, hochbeinig; —é, berritten; *fg. fm.* bien, mal —é, gut, übel gestimmt, gut, übel gelaunt; il est —é sur un ton plaisant, er hat eine lustige Stimmung.

Monteur, *m.* en blanc, Büchsenschäfter; — de boites, Uhrgehäusmacher.

Montgolfiére, *f.* Luftball, *m.*

Monticule, *m.* der kleine Berg, Hügel.

Mont-joie, *f. ol.* Freudenhügel, *m.*; Montjoie! (Kriegsgeschrei).

Montoir, *m.* (Reitsch.) Auftritt, Aufsitzen, *n.*

Mont pagnote, *m.* Bärenhäutersberg; Ort wo man vor allen Gefahren sicher ist.

Montre, *f.* (Uhrm.) Taschenuhr, Uhr; — à répétition, Repetiruhr; — à réveil, Weckuhr; — de toilette, Stutzuhr ‖ Schau, Musterung; Pferdeschau; (Handl.) Probe, Muster, *n.*; Schauende (eines Tuchs); Musterkarte, *f.*; Schaukästchen, *n.*; *fg.* Schein, *m.*; faire — de qch., mit etwas prahlen ‖ Löhnung, *f.* Sold, *m.*

Montrer, *v. a.* zeigen, weisen (die Zähne) blecken (à, gegen); — le latin, etc., à qn., einen im Lateinischen, 2c. unterrichten; se —, sich zeigen, sich sehen lassen.

Montueux, se, *adj.* bergig, hügelig, uneben.

Monture, *f.* Reitthier, *n.* Thier ‖ Gestell; Rahmen (einer Säge, 2c.), *m.*; (Büchs.) Flintenschaft; Einfassung, *f.* Fassung (eines Steins); Stäbe (eines Fächers), *m. pl.*

Monument, *m.* Denkmahl, *n.* Grabmahl.

Monumental, e, *adj. nouv.* zu einem Denkmahle gehörig.

Moquant, e, *adj.* spöttisch.

†Moque, *f.* (Seew.) Kloben, *m.*

Moquer (se), de qn., de qch., über einen oder etw. spotten, einen verhöhnen, auslachen, sich über einen oder etw. aufhalten; etw. verachten; se — d'un avis, eine Warnung in den Wind schlagen.

Moquerie, *f.* Spott, *m.* Hohn, Spötterei, *f.*; Gespötte, *n.*

Moquette, *f.* (Handl.) Trippsammet, *m.*

Moqueur, *m.* se, *f.* Spötter, *m.* -sinn, *f.*; —, se, *adj.* spöttisch, höhnisch. [Zange strecken.

†Morailler, *v. a.* (Glash.) mit der Morailles, *f. pl.* (Huffsch.) Bremse, *f.*; (Glash.) Streckzange.

Moraillon, *m.* (Schloss.) Schließhaken.

†Moraine, *f.* Sterblingswolle; —s, Afterwürmer (bei Pferden), *m. pl.*

Moral, e, *adj.*;-ement, *adv.* : moralisch; sittlich; -ement parlant, moralisch genommen.

Moral, *m.* Sittliche, *n.* Geistige, die moralische Anlage.

Morale, *f.* Sittenlehre, Moral.

Moraliser, *v. n.* sittliche Betrachtungen anstellen; *fm.* vorpredigen.

Moraliseur, *m. fm.* Sittenprediger.

Moraliste, *m.* Sittenlehrer.

Moralité, *f.* (Dicht.) Lehre, Sittenlehre ‖ Sittlichkeit, Moralität (eines Menschen).

†Morat, Murten (Stadt).

†Morave, *adj.*, le frère —, der mährische Bruder, Herrenhuter.

†Moravie, *f.* Mähren (Land).

Morbide, *adj.* (Mal.) weich, zart (Fleisch); (Med.) *v.* Morbifique.

Morbidesse, *f.* (Mal.) Weichheit, Zartheit.

Morbifique, *adj.* (Med.) Krankheit erzeugend; matière, humeur —, Krankheitsstoff, *m.* [send!

†Morbleu, *interj. fm.* der Tau-

†Morce, *f.* (Pflastl.) Kreuzreihe.

Morceau, *m.* Stück (Tuch, 2c.), *n.*; (Kocht., 2c.) Bissen, Brocken; petit —, Bißchen, *n.*; *fg. fm.* rogner les —x à qn., einem schmale Bissen geben; compter les —x à qn., einem die Bissen ins Maul zählen; —, Stelle (*f.*); Bruchstück (*n.*) in einem Buche.

Morceler, *v. a.* zerstückeln, zerbröckeln. [*f.*

Morcellement, *m.* Zerstückelung.

†Mordache, *fém.* Feuerzange; (Kunst) Zwinge.

Mordacité, *f.* (Chym.) die beißende Schärfe; *fg.* Beißende, *n.*

Mordant, e, *adj.* beißend, fressend; *fg.* beißend, bissig; —, *m.* Beize, *f.*; (Vergold.) der Grund zur Vergoldung; (Buchdr.) Divisorium, *n.*; *fg.* Witz, *m.* Beißende,

*n.*; cette voix a du —, (Mus.) diese Stimme tönet vor.

†Mordelle, *f.* (Naturg.) Blumenkäfer, *m.* Erdfloh.

Mordicant, e, *adj.* beißend, scharf, fressend; *fg. p. us.* beißend, bissig.

Mordicus, *adv. lat. fm.* hartnäckig.

Mordienne (à la grosse), *adv. pop.* plump, ohne Umstände, rund heraus.

Mordiller, *v. a.* ein wenig beißen.

Mordoré, e, *adj.* braunroth.

Mordre, *v. a.* beißen; (Kupferst.) äßen; (die Farbe) annehmen; s'en — les doigts, etw. bereuen; *fm.* sich hinter den Ohren kratzen; — la poussière, in das Gras beißen; sterben, faire — la poussière à qn., einen in den Staub strecken; —, *v. n.* beißen; — à l'hameçon, anbeißen ‖ *fg. id.*; — à la grappe, *fg. id.*; — sur qch., etw. angreifen (Feile, 2c.); (Buchdr.) in etw. eingreifen; *fg. m.* etw. bitter tadeln, befritteln.

More, *v.* Maure.

Moreau, *adj. m.*, (Reitsch.) cheval —, Rappe, *m.* [Meräa.

†Morée, *f.* Morea (Land); (Bot.)

Morelle, *f.* (Bot.) Nachtschatten, *m.*; —, *m.* Futternep, *m.*

Moresque, *adv.* mohrisch; —, *f.* Mohrentanz, *m.*; (Mal.) *v.* Arabesque.

Morfil, *m.* (Messersch.) Faden (an der Schärfe geschliffener Messer); (Handl.) *v.* Marfil.

Morfondre, *v. a.* durchkälten, erfälten; se —, sich erkälten; *fg. fm.* die Zeit verlieren, vergeblich warten.

Morfondure, *f.* (Thiera.) Nasenfluß, *m.* Strengel.

Morgeline, *f.* (Bot.) Vogelkraut, *n.* Hühnerdarm, *m.*

†Morges, Murten (Stadt).

Morgue, *f.* Beschauplatz (im Gefängnisse, *m.*; der Ort, wo Todtgefundene zur Schau ausgestellt werden ‖ der stolze Ernst, Trotz, Amtsgesicht, *n.*

Morguer, *v. a.* qn., einen stolz und trotzig anschauen; einem trotzen.

Moribond, e, *adj.* todtkrank, sterbend.

Moricaud, e, *adj. fm.* schwarzbraun; —, *m. e, f.* Schwarzbraune, *m. et f.*

Morigéné, e, *adj.* gesittet.

Morigéner, *v. a.* zu guten Sitten erziehen; ziehen, bessern.

Morille, *f.* (Bot.) Morchel.

Morillon, *m.* (Gärtn.) die schwarzrothe Traube; (Steinsch.) der rohe Smaragd.

†Morine, *f.* (Bot.) Morine.

Morion, *m.* Pickelhaube, *f.*; der

Schlag auf den Hintern mit dem Schafte einer Hellebarde oder einem Flintenkolben.

Morne, *adj.* finster, düster, trüb=
sinnig, traurig.      (rifa).

Morne, *m.* Berg, Hügel (in Ame=
Mornifle, *f. bas.* Maulschelle.

Morose, *adj.* grämlich, finster,
**mürrisch.**

Morosité, *f.* Grämlichkeit.

Morphine, *f.* (Chym.) Morphium,

Morpion, *m.* Filzlaus, *f.*  [n.

Mors, *m.* Gebiß, *n.;* — à bran=
ches, Stangengebiß; prendre le —
aux dents, durchgehen; *fg. fm.* sei=
nen Lüsten den Zügel schießen laß„n ||
(Schloss., x.) Gebiß, *n.* Klinkeisen,
Backen (eines Schraubenstocks), *m.;*
(Buchb.) Rand des Rückens.

†Morse, *m.* Wallroß, *n.;* (Pflanzt.)
Kreuzreihen, *m.* Querreihen.

Morsure, *f.* Biß, *m.;* Beißen, *n.*

Mort, e, *adj.* todt, gestorben;
(Chir.) faul, wild (Fleisch); stehend
(Wasser); *fg.* todt; — à qch., einer
S. abgestorben; —, *m.* e, *f.* Todte,
*m. et f.*

Mort, *f.* Tod, *m.;* — aux rats,
Ratten=, Mäusegift, *n.;* à —,
tödtlich; auf den Tod (kämpfen, x.);
à la —, auf den Tod, tödtlich; à
la vie et à la —, auf Tod und
Leben; jugement à —, Todesur=
urtheil, *n.*

Mortadelle, *f.* Mortadelle, Meth=
wurst.         [eigen.

Mortaillable, *adj.* (Lehenw.) leib=

Mortaise, Mortoise, *f.* (Tischl.
x.) Zapfenloch, *n.*

Mortalité, *f.* Sterblichkeit, Ster=
ben, *n.*

Mort-bois, *m.* Abholz, *n.; v.* Bois.

Morte-eau, *f.* (Seew.) Ebbe.

Mortel, le, *adj.* sterblich (Mensch,
x.); tödtlich (Gift, x.); *fg.* tödt=
lich, außerordentlich; ennui; lang=
weilig; ennemi —, Todtfeind, *m.;*
péché —, (Kath.) Todtsünde, *f.;*
—, *m.* le, *f.* Sterbliche, *m. et f.;*
-lement, *adv.* tödtlich; *fg.* id.,
auf das empfindlichste.

Morte-paye, *v.* Paye.

Morte-saison, *f.* die nahrlose Zeit.

Mort-gage, *m.* (jur.) das leble
Pfand.

Mortier, *m.* (Artill., x.) Mörser;
petit —, Böller; de veille,
Nachtlicht; *n.;* (Maur.) Mörtel,
*m.* Mauerkalk; *ol.* Sammetmütze,
*f.* (des Parlaments-Präsidenten)
président à —, Kammerpräsident,
*m.*

Mortifère, *adj.* tödtlich (Gift).

Mortifiant, e, *adj.* kränkend.

Mortification, *fém.* (And.) Ka=
steiung, Abtödtung, Züchtigung,
Kränkung, Demüthigung, Beschä=

mung; (Chym.) Tödtung; (Med.)
Absterben (des Fleisches), *n.*

Mortifier, *v. a.* (Fleisch) mürbe
machen; (Chym.) tödten; (And.)
kasteien, abtödten; *fg.* demüthigen,
kränken, beschämen.

†Mort-ivre, *adj.* von Sinnen aus
Trunkenheit.

Mort-né, e, *adj.* todtgeboren.

Mortuaire, *adj.,* drap —, Tod=
tentuch, *n.;* extrait —, Todten=
schein, *n.*

Morue, *f.* (Naturg.) — ou —
fraiche, verte, Kabeljau, *m.;* —
blanche, Laberdan; — séche, Stock=
fisch.

Morve, *f.* Rotz, *m.;* jeter de la
—, rotzen; —, (Gärtn.) Faulwer=
ben, *n.;* avoir la —, faulen.

Morveau, *m. bas.* Rotzklumpen.

Morveux, se, *adj.* rotzig; —,
*m.* se, *f. fg. fm.* mépr. Rotznase
(junge Person).

Mosaïque, *f.* Musivarbeit, Ma=
lerei mit eingelegten Steinchen; ou=
vrage de —, en —, id.; —, *adj.*
musivisch || mosaisch (v. Moses).

Mosarabes, *v.* Mozarabe.

†Moscateline, *f.* (Bot.) Bisam=
kräutchen, *n.* Waldrauch, *m.*

†Moscou, *m.* Moskau (Stadt).

Moscouade, *f.* (Handl.) Mos=
covade (Art Zucker).

†Moscovie, *f.,* statt Russie.

†Moscovite, *adj. et m.* moskowi=
tisch; ein Moskauer, Moskowite;
ein Russe, =inn, *f.*

†Moselle, *f.* Mosel (Fluß).

Mosquée, *f.* (Moham.) Moschee.

†Mosquites, *f. pl.* (Naturg.)
Mestizen (Art Schaken).

Mot, *m.* Wort, *n.;* Ausdruck,
*m.* Ausspruch, Einfall, (Wapp.)
Wahlspruch; — d'une énigme,
Räthselwort, *n.;* — ou — d'or=
dre, (Kriegsw.) Losung, *f.;* bon
—, der witzige Einfall; le — pour
rire, Spaß, lustige Einfall; le
fin —, der geheime Sinn, Absicht,
*f.;* gros —s, Flüche, *masc. pl.*
Schimpfreden, *f. pl.;* Unflätherei=n,
Zoten; avoir le —, einverstanden
seyn; se donner le —, sich verabre=
ben; trancher le —, rund heraus=
sagen; il n'y a qu'un — qui serve,
sagen Sie mit Einem Worte, wozu
Sie sich entschließen; il entend à
demi —, er versteht es beim ersten
Wort; ne dire —, kein Wort sagen;
— à —, von Wort zu Wort; —
pour —, Wort für Wort; en un
—, kurz, mit einem Worte.

†Motacille, *f.* (Naturg.) Bach=
stelze.         [Schmerle.

†Motelle, Moteille, *f.* (Naturg.)

Motet, *m.* (Muf.) Motette, *f.*

Moteur, *m.* trice, *f.* Beweger, *m.*

Urheber, Anstifter; =inn, *f.;* (Mech.)
Bewegungskraft; —, trice, *adj.*
(Mech.) bewegend; force motrice,
Bewegungskraft, *f.*

Motif, *m.* Beweggrund, Antrieb,
Triebfeder, *f.;* (Muf.) Thema, *n.*

Motion, *f.* Bewegung || Antrag,
*m.* Vorschlag; — d'ordre, Begeh=
ren (*n.*), zur Tagesordnung überzu=
geben.

Motiver, *v. a.* qch., etw. begrün=
den; Ursachen, Beweggründe für etw.
anführen.

Motte, *f.,* ou — de terre, Erd=
scholle, Scholle; (Gärtn.) Käs, *m.;*
— à bruler, (Gärb.) Lohkäse ||
Hügel.

Motter (se), (Jagd) sich hinter
Erdschollen verstecken, sich ducken.

†Motteux, *m.* auch cul-blanc,
eine Art von Grasmücke, *f.*

Motus, *interj. lat.* st! stille! stille
davon!    [Ochsen, Kalbslunge, *f.*

Mou, (m.) de bœuf, de veau,
Mou, molle, *adj.* weich, zart; *fg.*
schwach, gelinde; wollüstig, üppig;
homme —, Weichling, *m.*

†Mouchache, *f.* eine Art von
Stärke, die aus dem Saft des Ma=
nioc gewonnen wird.

Mouchard, *m.* Polizei=Kundschaf=
ter, Spion; *fm.* Spürhund.

Mouche, *f.* (Naturg.) Fliege; —
à miel, Biene; — dorée commune,
Aasfliege; à vers, Schmeißfliege;
— des galles, Gall=, Schlupfwespe;
— lumineuse, Leuchtfliege; —, *fg.*
Schönpflästerchen, *n.;* pieds de —,
*fm.* die unleserliche Schrift; prendre
la —, in Hitze gerathen; —, *v.*
Mouchard.

Moucher, *v. a.* schnäuzen, putzen;
(Hanf) hecheln; *fg.* beobachten, aus=
kundschaften; se —, sich schnäupzen;
prov. pop. il ne se mouche pas du
pied, er ist nicht auf den Kopf ge=
fallen.      [genschnäpper, *m.*

Moucherolle, *f.* (Naturg.) Flie=
Moucheron, *m.* die kleine Fliege,
Mücke; Lichtschnuppe.

Moucheter, *v. a.* sprenkeln, tüp=
feln, flecken; (Zeug) ausbacken.

Mouchette, *f.* (Tischl.) Hohlhobel,
*m.;* (Bauf.) Kreuz=, Mauerleiste,
*f.;* —s, Lichtputze.

Moucheture, *f.* Ausgebacke, *n.;*
Getüpfelte; —s, die kleinen Flecken
(auf Zellen).

Moucheur, *m.* Lichtputzer.

Mouchoir, *m.* Schnuptuch, *n.*
Taschentuch; — de cou, Halstuch.

Mouchon, *m.* die abzuputzende
Lichtschnuppe.

Mouchure, *fém.* de chandelle,
Lichtschnuppe.

*Moudre, v. a.* mahlen; *fg. fm.*
— de coups, jämmerlich durchprü=

geln; j'ai le corps tout moulu, ich
bin wie gerädert, wie zerschlagen.
Moue, *f. fm.* Mundverzerrung,
das schiefe Maul; faire la —, das
Maul hängen.
Mouée, *f.* (Jagd) Hirschblut mit
Milch und Brod (für die Hunde).
Mouette, *f.* (Naturg.) Meve
(Vogel).                [dige, *m. et f.*
Mouflard, *m. e, f. fm.* Bausba=
Moufle, *m.* (Mech.) Flaschenzug,
Zugwinde, *f.;* (Chym.) Muffel; das,
Muffel, Gosche (v. Gesicht) || Faust=
handschuh, *m.*
Moufle, e, *adj.* poulie —e,
Flaschenzugrolle, *f.* Flaschenzug, *m.*
†Mouflettes, *f. pl.* Heft, *n.* der
Griff zum Löthkolben.
Mouillage, *m.* (Seew.) Anker=
grund; (Ueberh.) Anfeuchten, *n.*
Mouillé, e, *adj.* (Gramm.) weich.
Mouille-bouche, *f.* (Gärtn.)
Wasser=Saftbirn.
Mouiller, *v. a.* benetzen, anfeuchten,
naß machen; durchnassen; bespülen
(Fluß); — l'ancre *ou* —, (Seew.)
den Anker werfen, ankern; (Gramm.)
weich aussprechen.
Mouillette, *f.* Tunkschnittchen, *m.*
Mouilloir, *m.* Netzschüsselchen, *n.*
Mouillure, *f.* Netzen, *n.;* Feucht=
seyn.
Moulage, *m.* (Müll.) Mühlwert,
*n.* Mahlgeld; Messen (des Holzes),
Meßgeld; (Gieß.) Abformen, Ab=
formung, *f.;* (Töpf.) Formen, *n.;*
*coll.* die geformten Kacheln, (Feuer=
werk.) die geleimte Pappe.
Moulant, *m.* (Müll.) Mühlbursch.
Moule, *m.* Model, Form, *f.;*
Muster, *n.* Modell; faiseur de —s,
Formenschneider, *m.;* jeter en —,
gießen.
Moule, *f.* (Naturg.) Miesmuschel.
†Moulée, *fém.* Abschleiffel, *n.*
Schleiffel.
Mouler, *v. a.* gießen, abgießen,
abformen, abdrucken, modeln; (Zie=
gel) streichen; (Holz) messen; se —
sur qn., *fm.* sich nach einem mo=
deln, einen zum Muster nehmen.
†Moulerie, *f.* (Eisenh.) Gießhaus,
*n.*                         [Holzmesser.
Mouleur, *m.* Former; —de bois,
†Moulière, *f.* Muschelfang, *m.;*
(Messersch.) die weiche Ader in einem
Schleifsteine.
Moulin, *m.* Mühle, *f.;* — à eau,
à vent, à bras, Wasser= Wind=,
Handmühle; — à auge, à vanne,
die oberschlächtige, unterschlächtige
Mühle.
Moulinage, *m.* de la soie, das
Zurichten der Seide auf der Seiden=
mühle.
Mouliné, e, *adj.* wurmstichig.
Mouliner, *v. a.* (Seide) auf der

Mühle bereiten; (Gärtn.) die Erde
durchwühlen; (Holz) durchbohren.
Moulinet, *m.* (Mech.) Haspel,
Kurbel, *f.* Querl, *m.;* Knebel (ein
Seil anzuziehen); (Müll.) Wind=
rädchen, *n.;* faire le —, (Fechtk.)
ein Rad schlagen; (Kriegsw.) um
den Mittelpunkt schwenken.
Moulineur, Moulinier, *m.* Sei=
denspinner, =zwirner.
Moult, *adv. ol.* sehr; viel.
Moulu, *v.* Moudre.
Moulure, *f.* (Bauk.) Gesimse, *n.*
Simswerk.
Mourant, e, *adj.* sterbend; *fg.*
schwach (Stimme); schmachtend (Au=
gen); blaß (Farbe); —, *m. e, f.*
Sterbende, *m. et f.*
*Mourir, v. n.* sterben, absterben;
*pop.* verrecken (Thier); abstehen
(Fisch); abfterben, verdorren (Baum,
&c.); erlöschen (Feuer); *fg.* sterben,
ersterben (Stimme); — de froid,
erfrieren; — de faim, verhungern;
— de soif, verdursten; — de rire,
sich zu Tode lachen; — de sa belle
mort, eines natürlichen Todes ster=
ben; faire —, tödten, hinrichten
lassen; se —, dem Tode nahe seyn,
sterben.
Mouron, *m.* (Bot.) Gauchheil;
(Naturg.) Melch.
Mourre, *f.* Fingerspiel, *n.*
Mousquet, *m.* Flinte, *f.* Muskete.
Mousquetade, *f.* Musketenschuß,
*m.;* Musketenfeuer, *n.*
Mousquetaire, *m.* Musketier.
Mousqueterie, *f.* Musketenfeuer,
*n.*                          [Musketon.
Mousqueton, *m.* Stutzbüchse, *f.*
Mousquite, *v.* Mosquites.
Mousse, *m.* Schiffsjunge; —, *f.*
(Bot.) Moos, *n.* || Schaum, *m.*
Gäsch; (Gärb.) Bärme, *f.;* —,
*adj. ol.* stumpf.
Mousseline, *f.* (Handl.) Musse=
lin, *m.* Nesseltuch, *n.*
Mousser, *v. n.* schäumen, gäschen.
Mousseron, *m.* (Bot.) Moos=
schwamm.
Mousseux, se, *adj.* schäumend.
Mousson, *f.* (Seew.) die Zeit der
Paßatwinde; —s, Paßatwinde, *m.*
*pl.*         [rose —s, Moosrose, *f.*
Moussu, e, *adj.* moosig, bemoost;
Moustache, *f.* Knebelbart, *m.*
Schnurrbart; Bart (der Katzen, &c.).
Moustiquaire, *m.* dünner Vor=
hang zur Abwehrung der Mücken.
Moustique, *f.* (Naturg.) Muskito
(Art Mücken).
Moût, *m.* Most.
Moutarde, *f.* Senf, *m.*
Moutardier, *m.* Senftopf; Senf=
krämer.                    [Münster.
Moûtier, *m.* (alt) Kloster; —,
Mouton, *m.* Hammel, Schöps;

Schaf, *n.; fg.* Lamm (ein sanfter
Mensch); Spion (bei Gefangenen),
*m.;* (Kocht.) Hammelfleisch, *n.;*
(Lederb.) Schafleder; revenons à
nos —, kommen wir zu unsrer
vorigen Rede zurück; —, (Mech.)
Ramme, *f.* Wellbaum (am Glo=
ckenstuhle), *m.;* —s, wollichtes Ge=
wölke, *n.* Schäfchen, *pl.;* die frause
Schaumwolle; Docken (der Kutsche),
*pl.*         [dumme Nachäffervoll.
†Moutonnaille, *f. fm. mépr.* das
Moutonné, e, *adj.* fraus, wollicht.
Moutonner, *v. a.* fraus machen;
kräuseln; —, *v. n.* (Schifff.) sich
kräuseln.
Moutonnier, ère, *adj. fm.* schafs=
mäßig.
Mouture, *f.* Mahlen, *n.;* Mahl=
geld || Mangkorn.
Mouvance, *f.* (Lehenw.) Lehen=
barkeit, Lehensfolge.
Mouvant, e, *adj.* bewegend; be=
weglich; sable —, Triebsand, *m.;*
—, (Lehenw.) lehenbar.
Mouvement, *m.* Bewegung, *f.;*
Regung; Lauf, *m.* Gang; *fg. id.,*
Leben, *n.;* Antrieb, *m.;* Unruhe, *f.*
*m. p.* Aufruhr, *m.;* (Muf.) Tact;
(Uhrm.) Räderwerk, *n.;* les —s du
terrain, die Abwechslungen des Bo=
dens.
Mouver, *v. a.* (Gärtn.) auflodern;
— de fond, schneller strömen als
gewöhnlich (Fluß).
†Mouveron, *m.* (Maur., &c.)
Rührstange, *f.*
*Mouvoir, v. a.* bewegen, in Be=
wegung setzen; erregen; *fg. id.,* trei=
ben, antreiben; se —, sich bewegen,
sich in Bewegung setzen.
Moxa, *m.* Meza (ein Heilmittel).
Moye, *f.* die weiche Ader in einem
Steinbruche.
Moyen, *m.* Mittel, *n.* Hilfsmit=
tel; Gelegenheit, *f.* Ausweg, *m.;*
Vermögen, *n.;* —s, Vermögen;
Fähigkeiten, *f. pl.* Anlagen; (Log.)
Mittelsätze, *m. pl.;* Gründe; au
— de, v. Moyennant.
Moyen, ne, *adj.* mittler, mittel=
mäßig; le — âge, das Mittelalter;
-nement, *adv.* mittelmäßig.
Moyennant, *prép.* vermöge, ver=
mittelst, mit Hilfe.
Moyenner, *v. a.* vermitteln.
*Moyer, v. a.* (Steine) spalten,
sägen, zersägen.
Moyeu, *m.* Dotter.
Moyeu, *m.* Nabe des Rades, *f.*
Mozarabe, *m.* Mozaraber (Spa=
nier der von Sarazenen stammt);
—, *ou* Mozarabique, *adj.* moza=
rabisch.         [ben; v. Mouvoir.
Mû, e, *part.* bestimmt, angetrie=
Muable, *adj.* unbeständig, verän=
derlich.

Muance, *f.* (Muſ.) Tonveränderung. [Schleim (v. Pflanzen).

Mucilage, *masc.* der zähe Saft,

Mucilagineux, se, *adj.* ſchleimig; fluide —, Schleim, *m.*; glandes —ses, (Anal.) Schleimdrüſen, *f. pl.*

Mucosité, *f.* (Anal.) Schleim, *m.*

†Mucroné, e, *adj.* (Bot.) ſpitz auslaufend.

Mue, *f.* Mauſe; Haaren, *n.*; Ablegen der Haut, Häutung, *f.* Mauſezeit; Mauſefedern, *pl.*; das abgeworfene Geweib; Balg, *m.*; (Jalk.) Mauſekäfig; Maſthäuschen, *n.* Ganſeſtall, *m.*

Muer, *v. n.* ſich mauſen, ſich haaren, ſich häuten; ſich verändern (Stimme).

Muet, te, *adj.* ſtumm; —, *m.* te, *f.* Stumme, *m. et f.*

Muette, *f.* (Jalk.) Jagdhaus (für die Mauſe), *n.*

Muſle, *m.* Maul (der Thitre), *n.*; *fm. id.,* (Muffel, *f.*; (Baut.) Thierlarve.

Muſlier, *m.* (Bot.) Löwenmaul, *n.*

Mufti, *m.* (Moham.) Mufti (das Haupt der Religion).

Muge, *m.* (Naturg.) Meeräſche, *f.* Meeralant, *m.* [brauſen.

Mugir, *v. n.* brüllen; *fg. id.,*

Mugissant, e, *adj.* brüllend, brauſend.

Mugissement, *m.* Brüllen, *n.* Gebrüll; *fg. id.,* Brauſen, Toben.

Muguet, *m.* (Bot.) Maiblümchen, *n.*; *fg. fm.* Jungfernknecht, *m.* Stutzer. [etw. buhlen.

Mugueter, *v. a. fm. ol.* qch., um

Muid, *m.* Faß, *n.* Tonne (Wein, ꝛc.), *f.*; Malter, *n.* Wiſpel (Korn, ꝛc.), *m.* [waſſer, ꝛc.

Muire, *f.* (Salzſ.) Sohle, Salzwaſſer.

Mulâtre, *m. et f. et adj.,* homme, femme —, Mulatte, *m.* Mulattinn, *f.*

Mulcter, *v. a.* (jur.) ſtrafen.

Mule, *f.* (Naturg.) Mauleſelinn || Pantoffel (des Papſtes), *m.*; —s, (Chir.) Froſtbeulen; *f. pl.*

Mulet, *m.* (Naturg.) Mauleſel, Maulthier, *n.*; Baſtard, *m.* Blendling; Seebarſch.

Muletier, *m.* Mauleſeltreiber.

†Mulette, *f.* (Jalk.) Kropf, *m.*

†Mulon, *m.* Salzhaufen (am Seeufer).

Mulot, *m.* (Naturg.) Waldſpringmaus, *f.*; *fg. fm.* endormir le —, einen einſchläfern, bethören. [aufwühlen.

†Muloter, *v. n.* (Jagd) die Erde

†Multi-, bedeutet in der Zuſammenſetzung eine Vielheit.

Multiflore, *adj.* mehrblumig.

Multiforme, *adj.* vielförmig, vielgeſtaltig. [ſeitig v. Polygone.

†Multilatère, *adj.* (Geom.) viel-

Multinome, *m.* (Alg.) die vieltheilige Größe; —, *adj.* vieltheilig.

Multiple, *adj.* (Arithm.) vielfach; —, *m.* die Zahl, die eine andere mehreremal in ſich enthält; six est — de deux, ſechs enthält zwei mehreremai. [tiplicirbar.

Multipliable, *adj.* (Arithm.) mul-

†Multipliant, *m.* (Opt.) das die Gegenſtände vervielfältigende Glas.

Multiplicande, *m.* (Arithm.) Multiplicand, die Zahl die man durch eine andere multipliciren ſoll.

Multiplicateur, *m.* (Arithm.) Multiplicator, die Zahl wodurch eine andere multiplicirt wird.

Multiplication, *s.* Vervielfältigung, Vermehrung; (Arith.) Multiplication.

Multiplicité, *f.* Vielheit, Menge.

Multiplier, *v. a.* vermehren, vervielfältigen; (Arithm.) multipliciren; —, *v. n. et se* —, ſich vermehren.

Multitude, *f.* Menge, Vielheit; *fg.* Menge, Volk, *n.*

Multivalves, *f. pl. et adj.,* (Naturg.) coquilles —, die vielſchaligen Muſcheln.

†Munich, *m.* München (Stadt).

Municipal, e, *adj.* zur Gemeinde gehörig, municipal; conseil —, Gemeinderath, *m.*

Municipalité, *f.* Municipalität, Gemeinde-Obrigkeit; *fg.* Gemeindehaus, *n.*; Gemeindebezirf, *m.*

Municipe, *m.* (röm. Alt.) Municipalſtadt (in Italien), *f.*

Munificence, *f.* Freigebigfeit.

Munir, *v. a.* verſehen, verſorgen, ausrüſten (de, mit); se —, ſich verſehen.

Munition, *f.,* pain de —, Commißbrod, *n.*; —s, (Kriegsw.) Vorrath, *m.* Munition, *f.*; —s de guerre, de bouche, Kriegs-, Seevorrath, *m.*; —s navales, Seevorrath. [Proviantmeiſter.

Munitionnaire, *m.* (Kriegsw.)

Muqueux, se, *adj.* ſchleimig; —, *m.* Schleim.

Mur, *m.* Muraille, *f.* Mauer, Wand; —s, au l'enceinte de —s, die Ringmauer (einer Stadt).

Mûr, e, *adj.* reif, zeitig; *fg.* reif, geſetzt; reiſlich; trop —, überreif, verlegen (Wein); -ement, *adv.* reiſlich.

Mural, e, *adj.,* couronne —, (röm. Alt.) Mauerfrone, *f.*

Mûre, *f.* (Bot.) Maulbeere; — sauvage, Kratzbeere.

Murène, *f.* (Naturg.) Muräne, Meeraal, *m.*

Murer, *v. a.* zu-, ver-, einmauern; (eine Stadt) mit Mauern umgeben.

Murex, *m. lat.* (Naturg.) Purpurſchnecke, *f.*

Muriate, *m.* (Chym.) das ſalzſaure Salz; — de potasse, die ſalzſaure Potaſche.

Muriatique, *adj.* (Chym.) ſalzſauer; terre —, Bittererde, *f.*

Mûrier, *m.* (Bot.) Maulbeerbaum; — des haies, Kratzbeerſtaube, *f.*

Mûrir, *v. n.* reifen, reif werden, zeitigen; *fg. id.,* — v. a. reifen, reif machen; zeitigen; *fg. id.*

Murmure, *m.* Murren, *n.* Murmeln, Gemurmel, Brummen; *fg.* Murmeln, Gemurmel, Säuſeln, Geſäuſel.

Murmurer, *v. n.* murren, murmeln, brummen; *fg.* murmeln, rauſchen, ſäuſeln.

Murrhin, ine, *adj.* (Alt.) murrhiniſch. [führer.

Musagète, *m.* Muſaget; Muſen-

Musaraigne, *f.* (Naturg.) Spitzmaus.

Musard, e, *adj. fm.* kindiſch, naſeweis; —, *m.* Maulaffe.

Musc, *m.* (Naturg.) Biſamthier, *n.*; Biſam, *m.*; couleur de —, Biſamfarbe, *f.*

Muscade, *f.* (Bot.) Muskate, Muskatnuß; Taſchenſpielerflügelchen, *n.*

†Muscadelle, *f.* Muskatellerbirn.

Muscadet, *m.* Muskatellerwein.

Muscadier, *m.* (Bot.) Muskatenbaum.

Muscadin, *m.* Biſamkügelchen, *n.*; *fm.* der ſüße Herr, Stutzer.

†Muscari, *m.* (Bot.) Muskatenhyacinthe, *f.*

Muscat, e, *adj.* muskatenartig; —, *m.* Muskateller, Muskatellerwein.

Muscle, *m.* (Anal.) Muskel.

Musclé, e, *adj.* muskelig, mit ſtarken Muskeln.

†Muscosité, *f.* das ſammetartige Häutchen in dem Magen wiederfäuender Thiere.

Musculaire, *adj.* (Anal.) nerf —, Muskelnerv, *m.*

Muscule, *m.* (Fortif.) *ol.* Schirmdach, *n.*; —, *f.* (Anal.) Schenkelblutader.

Musculeux, se, *adj.* muskelig, ſtark von Muskeln.

Muse, *f.* (Myth.) Muſe; *fg.* Dichtkunſt, (Jagd) der Anfang der Hirſchbrunſt.

Museau, *m.* Schnauze, *f.*; *fg. pop.* Maul, *n.*; Larve, *f.*; (Schloſſ.) Bart, *m.*; (Tiſchl.) Seitenlehnen (der Chorſtühle), *f. pl.*

Musée, *m.* Muſeum, *n.*

Museler, *v.* Emmuseler.

Muselière, *f.* Maulkorb, *m.*

Muser, *v. n. fm.* tändeln; *prov.* qui refuse, muse, wer zu lange

wählt, bleibt endlich figen; —, (Jagd)
in die Brunst treten (Hirsch).
Muserolle, f. (Reitsch.) Nasen=
riemen, m.
Musette, f. Sackpfeife, Dudelsack,
m.; Dudelsackstückchen, n.
Muséum, Muséon, m. lat. Mu=
seum, n.     [musikalisch.
Musical, e, adj.; -ement, adv.:
Musicien, m. ne, f. Tonkünstler,
m. =inn, f.; Musikant, m.
Musico, m. Schenke, f. Kneipe
(in Holland, 2c.).
Musique, f. Tonkunst, Musik;
livre de —, Notenbuch, n.
Musqué, e, adj. nach Bisam
riechend; gewürzhaft (Birn); fg.
fm. süß schmeichelnd; sonderbar,
wunderlich (Grillen).
Musquer, v. a. mit Bisam wohl=
riechend machen.
Musser (se), sich verstecken.
†Mussitation, f. die Bewegung
der Lippen eines Fieberkranken.
Musulman, m. Muselmann; —,
e, adj. muselmännisch, moham=
danisch.     [banische Religion.
Musulmanisme, m. die moham=
Musurgie, f. (Muf.) die Kunst,
die Consonanzen und Dissonanzen
passend anzuwenden.
Mutabilité, f. Veränderlichkeit.
Mutation, f. Veränderung.
Mutilation, f. Verstümmelung.
Mutiler, v. a. verstümmeln.
Mutin, e, adj. halsstarrig, wider=
spänstig, eigensinnig, zänkisch, auf=
rührisch (Bolk); —, m. e, f. Auf=
rührer, m. Aufwiegler, =inn, f.;
Trotzkopf (Kind), m.
Mutiner (se), sich empören; eigen=
sinnig seyn (Kind).
Mutinerie, f. Halsstarrigkeit, Ei=
gensinn (der Kinder), m.; Aufruhr
(des Volkes).
Mutisme, m. Stummheit, f.
Mutuel, le, adj.; lement, adv.:
gegenseitig; wechselseitig; s'aimer
mutuellement, einander gegenseitig
lieben.
Mutuie, f. (Baut.) Sparrenkopf
(in der dorischen Ordnung), m.
Mylord, v. Milord.
Myographie, f. Muskelbeschrei=
bung.
Myologie, f. (Anat.) Muskellehre.
Myope, m. et f. Kurzsichtige; —,
adj. kurzsichtig, übersichtig.
Myopie, f. Kurzsichtigkeit, Ueber=
sichtigkeit.     [chen, n.
Myosotis, m. (Bot.) Mäuseöhr=
Myotomie, f. (Anat.) Muskel=
zergliederung.     [send.
Myriade, f. Myriade, zehntau=
Myria=, 10,000 mal die Ureinheit,
z. B. myriamètre, m. Myriameter,
10,000 Meter (2¼ Stunden), 2c.

Myrobolan, m. (Bot.) Myrobo=
lane, f.     [robolanbaum.
†Myrobolanier, m. (Bot.) My=
Myrrhe, f. (Bot.) Myrrhe.
Myrrhé, e, adj., (Alt.) vin =,
Myrrhenwein, m.
Myrte, m. (Bot.) Myrthe, f.
Myrtiforme, adj. (Anat.) myr=
thenblattförmig.     [pflanze.
†Myrtille, f. (Bot.) Heidelbeer=
†Myrtoides, f. pl. die myrthen=
artigen Pflanzen.
Mystagogue, m. (Alt.) Ausleger
der Religionsgeheimnisse.
Mystère, m. Geheimniß, n.; —s,
(Alt.) Mysterien, pl.
Mystérieux, se, adj.; -sement,
adv.: geheimnißvoll.
Mysticité, f. (Theol.) Mystik,
Grübelei in geistlichen Geheimnissen.
Mystificateur, m. Fopper.
Mystification, f. Fopperei.
Mystifier, v. a. (einen) narren,
zum Besten haben, foppen, anfüh=
ren.
Mystique, adj.; -ment, adv. =
(Theol.) mystisch, bildlich, geheim;
—, m. Mystifer.
Mystre, m. (Fr. Alt.) Myftron
(Flüssigkeitsmaß), n.
Mythe, m. Mythus.
Mythologie, f. Götterlehre, Fa=
bellehre, Mythologie.
Mythologique, adj. mythologisch.
Mythologiste, Mythologue, m.
Mytholog, Fabelkundige.
†Mytilithe, f. eine versteinerte
Muschel.
Myure, adj., pouls —, (Med.)
der immer schwächer schlagende Puls.

# N.

Nabab, m. Nabob (Fürst in In=
dien); fg. fm. id. (reiche Engländer).
Nababie, f. Nabobschaft.
Nabot, m. e, fém. fm. mépr.
Knirps, m.
Nacarat, e, adj. hellroth; —,
m. die Nacaratfarbe.
Nacelle, f. Nachen, m. Kahn.
Nacre, f. (Naturg.) Perlenmutter.
Nacré, e, adj. glänzend wie Per=
lenmutter.
Nadir, m. (Astr.) Nadir, Fuß=
punkt.     [blüthenwasser, n.
Naffe, f., eau de —, Orangen=
Nage, f. Schwimmen, n. = à la
schwimmend; passer à la —, durch=
schwimmen; en =, tropfnaß.
Nagée, f. die Strecke im Wasser
welche man durchschwimmt.
Nageoire, f. Floßfeder, Finne;
Schwimmblase (eines Schwimmers),
Schwankbrettchen (in einem Wasser=
eimer), n.

Nager, v. n. schwimmen; fg. id.;
— entre deux eaux, fm. auf beiden
Achseln Wasser tragen; —, (Schiff=)
rudern.
Nageur, m. se, f. Schwimmer,
m. =inn, f.; (Schiff.) Ruderer, m.
Naguère, Naguères, adv. poés.
vor kurzem, unlängst.
Naïade, f. (Myth.) Najade, Fluß=
göttinn.
Naïf, ïve, adj.; naïvement, adv.:
natürlich; ungekünstelt; treuherzig.
Nain, m. e, f. Zwerg; m. =inn,
f.; —, e, adj., arbre —, (Gärtn.)
Zwergbaum; m. œuf —, Windei,
n.     [labar.
Naire, m. Nair (Adeliche in Ma=
Naissance, f. Geburt; Geschlecht,
n. Herkommen; fg. Ursprung, m.
Entstehen, n. Anfang, m.; Anbruch
(des Tages).
Naissant, e, adj. werdend, entste=
hend, wachsend; aufkommend, an=
gehend, aufblühend (Blume, 2c.);
jung.
Naitre, v. n. geboren werden, zur
Welt kommen; entstehen, hervor=
kommen; hervorwachsen, aufkeimen;
aufblühen (Pflanze, 2c.); anfangen;
auskriechen (Vogel); anbrechen
(Tag); faire —, hervorbringen,
erzeugen; erregen; bien né, von
guter Familie; wohlgeartet, gutar=
tig; mal né, übelgeartet; mort-né,
todtgeboren; premier-né, Erstgebo=
tene, m.
Naïveté, f. die einfache Natur;
Offenherzigkeit, edle Einfalt; m. p.
Einfalt.
Nanan, m. pop. (bei Kindern)
Gutchen (Zuckerwerk), n.
†Nancy, f. Nanzig (Stadt).
Nankin, Nanquin, m. Nankin
(eine Art chinesischen Sommerzeugs).
†Nanquinette, f. (Handl.) Nan=
kinett (Art leichten Kattuns), m.
†Nantais, m. e, f. von Nantes.
Nantir, v. a. qn., einem ein Pfand,
eine Versicherung geben; einen decken;
se —, sich decken (de, durch); fm.
sich versehen (de, mit).
Nantissement, m. Unterpfand, n.
Sicherheit, f.
†Napacé, e, Napiforme, adj.
(Bot.) rübenförmig.     [nymphe.
Napée, f. (Myth.) Berg= Wald=
Napel, m. Teufelswurz, f.
Naphte, f. (Naturg.) Naphta,
das feinste Bergöl.
†Naples, f. Neapel (Stadt).
Napoléon, m. (Münzw.) Zwan=
zigfrankenstück, n.; double —, Vier=
zigfrankenstück.
†Napolitain, e, adj. neapolita=
nisch; —, m. e, f. Neapolitaner.
m. =inn, f.
Nappe, f. Tischtuch, n. Tafeltuch;

(Jagb) Streichneß; Hirschhaut, f.; — d'eau, der breite Wasserfall.

Napperon, m. kleines Tischtuch.

Narcisse, m. (Bot.) Narcisse, f.; (Myth.) Narcissus, m.; fg. ein in sich selbst verliebter Jüngling.

Narcotine, fém. krystallisirendes Prinzip, welches man aus dem Opium zieht.

Narcotique, adj. einschläfernd, betäubend; —, m. Schlafmittel, n.

†Narcotisme, m. (Med.) Betäubung, f. Vergiftung durch einschläfernde Mittel. [benöl, n.

Nard, m. (Bot.) Narde, f.; Nar-

Nargue, f. fm. weg damit! pfui!

Narguer, v. a. fm. verachten, seppen.

Narine, f. (Anat.) Nasenloch, n.

Narquois, e, adj. abgefeimt, durchtrieben; schlau.

Narrateur, m. Erzähler.

Narratif, ve, adj. erzählend.

Narration, f. Narré, m. Erzählung, f. [m.

Narré, m. Erzählung, f. Bericht.

Narrer, v. a. erzählen.

Narval, m. (Naturg.) Seeeinhorn.

Nasal, e, adj. (Anat.) zur Nase gehörig; fosse —e, Nasenhöhle, f.; voyelle —e, (Gramm.) Nasenlaut. m.; —e, f Nasenlaut, Nasenbuchstab; -ement, adv. mit einem Nasenlaut.

Nasard, m. (Org.) Nasal, n.

Nasarde, f. Nasenstüber, m.; fg. fm. homme à —e, ein Mann den man ungestraft hohnnecken kann.

Nasarder, v. a. qn., einem Nasenstüber geben; fg. fm. einen verhöhnen. [n.

Naseau, m. Nasenloch (der Thiere).

Nasi, m. (jüd. Alt.) der Vorsteher des Sanhedrins.

Nasillard, e, adj. näselnd; —, m. e, f. Näseler, m. =inn, f.

Nasiller, v. n. näseln.

Nasilleur, m. se, f. der aber die durch die Nase spricht.

Nasillonner, v. n. ein wenig näseln.

Nasse, f. (Fisch.) Reuse.

Natal, e, adj. (sans pl. m.) heimathlich, vaterländisch; pays —, Vaterland, n.; ville —e, Vaterstadt, f.; lieu —, Geburtsort, m.; Jour —, Geburtstag.

Natation, f. Schwimmen, n.

Natif, ve, adj. gebürtig; (Bergw.) gediegen.

Nation, f. Nation, Volk, n.; Français de —, ein geborner Franzose.

National, e, adj. volksthümlich; assemblée —e, Nationalversammlung, f.; nationaux, m. pl. Eingebornen; -ement, adv. auf eine volksthümliche Art.

Nationalité, f. (neu) Nationalität, Volksthümlichkeit.

Nativité, f. die Geburt J. Chr., Geburt (eines Heiligen); (Astrol.) Nativität; der Stand der Gestirne in der Geburtsstunde von jemand.

†Natolie (la), Anatolien (Land).

Natron, Natrum, m. (Miner.) Natrum, n. Aschensalz.

†Natta, m. (Chir.) Speckgeschwulst, f. [Flechte.

Natte, f. Matte, Strohmatte;

Natter, v. a. mit Matten belegen; flechten.

Nattier, m. Mattenmacher.

Naturalibus (in), lat. fm. nackt, fabennackt; in puris —, id.

Naturalisation, f. Naturalisirung, Einbürgerung; lettres de —, Heimrechtsbriefe, m. pl.

Naturaliser, v. a. naturalisiren; einbürgern.

Naturaliste, m. Naturkundige; (Philos) Naturalist.

Naturalité, f. Eingeburt; Heimrecht, n.

Nature, f. Natur; Wesen, n.; Beschaffenheit, f.; Art, Eigenschaft; l'état de —, der Naturstand; contre —, wider; unnatürlich.

Naturel, le, adj. natürlich, echt (Wein, ꝛc.); (Geogr.) eingeboren; fg. ungezwungen, unverdorben; unehelich (von Kindern); les parties —les, die Schamtheile; -lement, adv. natürlich, von Natur; fg. ungekünstelt; offenherzig.

Naturel, m. die angeborne Beschaffenheit; Natur; Gemüthsart, natürliche Neigung; das natürliche Gefühl; Anlage. f. || Natürliche, n.; au —, nach der Natur; —s, (Geogr.) Eingebornen, m. pl.

Naufrage, m. Schiffbruch; droit de —, Strandrecht, n.; faire —, Schiffbruch leiden; verunglücken; fg. id.

Naufragé, e, adj. schiffbrüchig; verunglückt; —, m. Schiffbrüchige.

Naulage, m. Fahrgeld, n.; Führgeld; v. Nolis.

Naumachie, f. (Alt.) Schiffgefecht (zum Vergnügen), n.; der Ort wo man dieses Gefecht hielt.

Nauséabond, e, adj. ekelhaft, zum Erbrechen reizend.

Nausée, f. (Med.) Ekel, m. Trieb zum Erbrechen. [schel, f.

Nautile, m. (Naturg.) Schiffmuschel; Schiffer,

Nautique, adj. zur Schifffahrt gehörig; carte —, Seekarte, f.

Nautonnier, m. (Dicht.) Schiffer, Segler.

Naval, e, adj. zur Seefahrt oder zu Kriegsschiffen gehörig; forces —es, Seemacht, f.; bataille —e, Seeschlacht; architecture —e, Schiffbaukunst.

†Navarre (la), Navarra (Prov.).

Navée, f. (Schiff.) Schiffsladung.

Navet, m. (Bot.) Rübe, f. Steckrübe; — d'août, Stoppelrübe.

Navette, f. (Bot.) Rübsamen, m. Reps; (Kath.) Weihrauchbüchse, f.; (Web.) Schiffchen, n. Schütze, f.; faire la —, fm. hin und her rennen.

Naviculaire, adj. nachenförmig.

Navigable, adj. schiffbar; eau —, Fahrwasser (eines Flusses), n.

Navigateur, m. Seefahrer, Seemann; peuple —, das seefahrende Volk. [fahrt, Schifffkunst.

Navigation, f. Schifffahrt, die

Naviguer, Naviger, v. n. schiffen, fahren, steuern, segeln.

Naville, f. (Landw.) Wässerungsgraben, m.

Navire, m. Schiff, n.

Navrant, e, adj. tiefbetrübend.

Navrer, v. a. fg. verwunden, betrüben; j'en ai le cœur navré, das Herz blutet mir deswegen.

†Nazaréens, m. pl. (Theol.) Nazaräer.

†Nazaréisme, m. (Theol.) die Lehre der Nazaräer (die Jesum als einen heiligen Mann verehrten).

Ne (mit pas ꝛc. point), adv. nicht; ne...que, nur; (Zeit) erst.

Né, e, part. von naitre.

Néanmoins, adv. nichtsdestoweniger; dessen ungeachtet, doch, gleichwohl.

Néant, m. Nichts, n. Nichtigkeit, f.; mépr. Nichtswürdigkeit; de —, unbedeutend, von niedriger Herkunft; (jur.) mettre au —, für unstatthaft od. unzulässig erklären.

Nébuleux, se, adj. nebelig, duftig, wolfig, trübe, umwölft; fg. trüb, dunkel, umwölkt; étoile —se, et —se, f. (Astr.) Nebelstern, m.

†Nébulosité, fém. p. us. leichte Wolfen.

Nécessaire, adj. nöthig, nothwendig; —, n. Nothwendige, n. Nöthige; Bedarf, m.; Reisekästchen, n.; -ment, adv. nothwendig, nothwendigerweise.

Nécessitante, adj. f. (Theol.) zwingend.

Nécessité, fém. Nothwendigkeit, Noth; fm. Muß, n.; Dürftigkeit, f.; —s, Bedürfnisse, n. pl. Nothdurft, f.; aller à ses —, auf den Abtritt geben; de —, nothwendig.

Nécessiter, v. a. p. us. nöthigen, zwingen.

Nécessiteux, se, adj. dürftig, arm.

Nécrologe, m. Todtenregister, n.;

— *ou* Nécrologie, *f.* Lebenslauf, *m.* Nekrolog (Verstorbener).

Nécrologique, *adj.* nekrologisch.

Nécromance, Nécromancie, *f.* Geisterbannen, *n.* die schwarze Kunst.

Nécromancien, *m.* ne, *f.* Nécromant, *m.* Schwarzkünstler, Zauberer, =inn, *f.* [(Insekt).

†Nécrophore, *m.* Todtengräber.

Nécrose, *fém.* (Med.) der faule schwarze Brand. [niß, *n.*

Noctaire, *m.* (Bot.) Honigbehältniß.

Nectar, *m.* (Myth.) Nektar, Göttertrank; *fg. id.*

Nef, *f.* (Baut.) Schiff, *n.;* (Dicht.) *id.;* moulin à —, Schiffmühle, *f.*

Néfaste, *adj.,* (Alt.) jour —, Feiertag, *m.* Trauertag.

Nèfle, *f.* (Bot.) Mispel.

Néflier, *m.* (Bot.) Mispelbaum.

Négatif, ve, *adj.;* -vement, *adv.:* verneinend; particule -ve, (Gramm.) Verneinungswort, *n.*

Négation, *f.* Verneinung.

Négative, *f.* Verneinung, der verneinende Satz; die abschlägige Antwort; s'en tenir à la —, auf dem Verneinen beharren; il est fort sur la —, er schlägt gewöhnlich alles ab; —, (Gramm.) Verneinungswort, *n.*

†Négligé, *m.* Nachtzeug, *n.* Hauskleid.

Négligement, *m.* (Kunst) die absichtliche Vernachlässigung, Nachlässigkeit.

Négligence, *f.* Nachlässigkeit; Vernachlässigung, Saumseligkeit, Verwahrlosung.

Négligent, e, *adj.;* -emment, *adv.:* nachlässig, saumselig.

Négliger, *v. a.* vernachlässigen, versäumen; (ein Kind, 2c.) verwahrlosen; hintansetzen; unterlassen, nicht achten; se —, sich vernachlässigen, nachlässig werden.

Négoce, *m.* Handel, Gewerbe, *n.* Handelstand, *m.*

Négociable, *adj.* (Handl.) verhandelbar. [mann.

Négociant, *m.* Kauf=, Handelsmann.

Négociateur, *m.* trice, *f.* Unterhändler, *m.* =inn, *f.*

Négociation, *f.* Unterhandlung; (Handl.) Verhandeln (eines Wechsels), *n.*

Négocier, *v. a.* unterhandeln; (Handl.) verhandeln; *fg. id.:* —, *v. n.* Handel treiben, handeln.

Nègre, *m.* négresse, *f.* Neger, =inn, *f.* [böa (Insel).

†Négrepont, *m.* Negroponte, Euböa (Insel).

Négrérie, *f.* Negerbehältniß, *n.* =baus. [Negerschiff, *n.*

Négrier, *adj. m.,* vaisseau —, Négrillon, *m.* ne, *f.* der kleine Neger, =inn, *f.* [cien, etc.

Négromant, etc., *v.* Nécroman-

---

†Négus, *m.* Negus (Kaiser von Abyssinien).

Neige, *f.* Schnee, *m.*

Neiger, *v. impers.* schneien.

Neigeux, se, *adj.* schneicht; temps —, Schneewetter, *n.*

Néméens, *adj. m. pl,* (gr. Alt.) jeux —, die nemeischen Spiele.

Némésis, *f.* (Myth.) Nemesis, Rachegöttinn.

Nénies, *f. pl.* (röm. Alt.) Klagelieder, *n. pl.*

Nenni, *adv. fm.* nein.

Nénufar, Nénuphar, *m.* (Bot.) Seeblume, *f.*

†Néocorat, *m.* (Alt.) das Amt eines Tempelaufsehers, Neoterat.

Néocore, *m.* (Alt.) Tempelaufseher; — *ou* ville —, Tempelstadt, *f.*

Néographe, *m. et adj.* (Gramm.) auteur —, der Neuerer in der Rechtschreibung.

Néographie, *f.* Néographisme, *m.* (Gramm.) die neue Rechtschreibung.

Néologie, *f.* (Gramm.) die Erfindung und der Gebrauch neuer Wörter.

Néologique, *adj.* (Gramm.) neologisch. [Neuerungssucht, *f.*

Néologisme, *masc.* (Gramm.) Néologue, *m.* (Gramm.) Sprachneuerer.

Néoménie, *f.* Neumond, *m.;* das Fest des Neumonds.

Néophyte, *m. et f.* Neubekehrte.

†Néotérique, *adj.* neu.

Néphrétique, *f.* (Med.) Nierenweh, *n.;* —, *adj.* mit Nierenschmerzen behaftet; remède —, Nierenmittel, *n.;* —, *m. et f.* der, die mit Nierenschmerzen behaftet ist.

†Néphritis, *f.* Nierenentzündung.

Népotisme, *m.* die Sorge (des Papstes) für seine Verwandten, Nepfengunst. [(Seegott).

†Neptune, *m.* (Myth.) Neptun.

Néréide, *f.* (Myth.) Nereide, Seenymphe.

Nerf, *m.* (Anat.) Nerv; Sehne, *f.* Spannader; (Buchb.) Rippe; *fg.* Kraft, Haupttriebfeder; sans —, kraftlos; — de bœuf, Farrenschwanz, *m.* Karbatsche, *f.*

Nerf-férure, *f.* (Thiera.) Sehnenverletzung (der Pferde).

Nérite, *f.* (Naturg.) Schwimmschnecke, Halbmondschnecke, *f.*

Néroli, *m.* Orangenblüthen-Essenz, *f.*

Nerprun, *m.* (Bot.) Kreuzdorn.

†Nervaison, *f.* (Med.) *p. us.* Nervensystem, *n.*

†Nerval, e, *adj.* (Med.) *p. us.* remède —, Nervenmittel, *n.;* beurre —e, Nervenfieber. [ben.

Nerver, *v. a.* mit Sehnen überziehen.

Nerveux, se, *adj.* nervig; *fg.* stark, kräftig; genre —, Nervensystem, *n.*

---

Nervin, e, *adj.* nervenstärkend; —, *m.* Nervenmittel, *n.*

Nervure, *f. coll.* (Buchb.) Gebünde, *pl.;* (Baut., 2c.) Rippen; (Handl.) Schnüre; (Bot.) Blattadern.

Nestor, *m.* erfahrene Greis; Nestor. [(Sekte).

Nestoriens, *m. pl.* Nestorianer.

Net, te, *adj.* rein, sauber; glatt; flar (Stimme, 2c.); *fg.* rein, unbefleckt (Gewissen, 2c.); deutlich, nell; flar; schuldenfrei (Gut); leer (Haus); —, *adv.* völlig, gänzlich, frei heraus (reden); mettre au —, ins Reine bringen.

Nettement, *adv.* reinlich, sauber; *fg.* rein, deutlich, flar; rund heraus, aufrichtig (reden).

Netteté, *fém.* Reinlichkeit; *fg.* Reinheit, Klarheit.

Nettoiement *ou* Nettoyage, *m.* Reinigen, *n.*

Nettoyer, *v. a.* reinigen, säubern; putzen; fehren; *fg.* säubern, rein machen; (ein Haus) leeren.

Neuf, *adj.* (Arithm.) neun; —, *m.* Neun, *f.* Neuner, *m.;* Neunte; elle est dans son —, sie ist im neunten Monat ihrer Schwangerschaft; ce malade entre dans son —, dieser Kranke ist im neunten Tage seiner Krankheit.

Neuf, ve, *adj. neu; fg. id.,* unerfahren; à —, de —, neu, ganz neu; —, *m.* Neue, *n.;* du —, etwas Neues.

†Neuf-Brisach, *m.* Neu-Breisach (Stadt).

Neutralement, *adv.* (Gramm.) unüberleitend.

Neutralisation, *f.* Neutralisirung.

Neutraliser, *v. a.* (Chym.) neutral machen; *fg.* mildern; unschädlich, unwirksam machen.

Neutralité, *f.* Neutralität.

Neutre, *adj.* neutral, keiner Partei zugethan; (Gramm.) sächlich; —, *m.* das sächliche Geschlecht; Neutrum; verbe —, das unüberleitende Zeitwort, Mittelzeitwort; sel —, (Chym.) Mittelsalz.

Neuvaine, *f.* (Kirch.) die neuntägige Andacht.

Neuvième, *adj.* neunte; —, *m.* Neuntel, *n.;* -ment, *adv.* neuntens.

Neveu, *m.* Neffe; — à la mode de Bretagne, Sohn eines Geschwisterkindes; —x, *fg.* Nachkommen, *pl.* [schmerz, *m.*

Névralgie, *f.* (Med.) Nerven-

Névralgique, *adj.* (Med.) nervenschmerzhaft.

Névrite, *f.* (Anat.) Nervenbeschreibung. [lehre.

Névrologie, *f.* (Anat.) Nervenlehre.

Névroptères, *m. pl.* (Naturg.) die netzflügeligen Insecten, *n.pl.*

Névrose, f. Nervenkrankheit.
Névrotomie, f. Zergliederung der Nerven.
Newtonianisme, m. die Lehre des Newton.
Newtonien, ne, adj. newtonisch.
Nez, m. Nase, f.; fg. id., Geruch, m.; Gesicht, n.; fm. mettre, fourrer le — dans qch., die Nase in etw. stecken; jeter toujours qch. au — de qn., einem etwas immer unter die Nase reiben; mener par le —, bei der Nase herumführen; avoir un pied de —, mit einer langen Nase abziehen; au — de qn., vor, unter eines Nase; rire au — de qn., einem ins Gesicht lachen.
†Nez-coupé, m. (Bot.) Pimpernußbaum.
Ni, conj. noch; — blanc — noir, weder weiß noch schwarz.
Niable, adj. läugbar.
Niais, e, adj.; -ement, adv.: einfältig, albern; oiseau —, (Falk.) Nestling, m.; —, m. e, f. Pinsel, m. Gimpel, Gans, f.
Niaiser, v. n. einfältigen Spaß treiben.
Niaiserie, f. Albernheit.
†Nice, f. Nizza (Stadt).
Niche, f. (Bauk.) Blende, Bilderblende, Nische, Winkel, m.||Streich, Possen, Schabernad, Neckerei, f.; faire des —s à qn., einen hänseln.
Nichée, f. Nestvoll, n. Nest (auch fg.).
Nicher, v. n. nisten, sein Nest bauen; — v. a. fm. hinstellen, hinsetzen; se —, fg. fm. sich einnisten; sich hinpflanzen; —, Nisten, n.
Nichet, m. die Eier die man einer Bruthenne unterlegt.    [brche.
Nichoir, m. Hecke, f. Kanarienbrche.
Nickel, m. (Naturg.) Nickel.
Nicodème, v. pr. m. Nikodemus; fg. ein Dummkopf.
Nicotiane, f., v. Tabac.
Nid, m. Nest, n.; fg. id., — d'oiseau, Vogelnest.
Nidoreux, se, adj. (Med.) faul, brandig (Aufstoßen).
Nièce, f. Nichte; — à la mode de Bretagne, Tochter eines Geschwisterkindes.
Nielle, f. (Landw.) Mehlthau, m. Brand; (Bot.) Schwarzkümmel; Raden (Unkraut).
Nieller, v. a. (Landw.) durch Mehlthau verderben.
Nier, v. a. läugnen, verneinen.
Nigaud, e, adj. dumm, albern; —, m. fm. Pinsel, Tropf; —, kleine Seefischreiher (Vogel).
Nigauder, v. n. alberne Possen treiben.
Nigauderie, f. das dumme Zeug.

†Nigritie, f. Nigritien (Land).
†Nil, m. Nil (Strom).
†Nille, f. (Bot.) Gäbelchen (an Weinreben), f.
Nilomètre, m. Nilmesser.
Nimbe, m. Strahlenkrone, f.
†Nimégue, f. Nimwegen (Stadt).
Nippe (meist —s), f. Puz, m. Puzsachen, f. pl. Kleidungsstücke, n. pl.
Nipper, v. a. mit Puze, mit Kleidung versehen, ausstaffiren.
Nique, f. das höhnische Zurückwerfen des Kopfes; faire la — à qn., einen auszischen.
Nitée, v. Nichée.
Nitouche (sainte), f., pop. ein Heuchler, eine nim.
Nitrate, m. (Chym.) das salpetersaure Salz; — de potasse, Salpeter, m.; — d'argent, Silbersalpeter.
Nitre, m. (Chym.) Salpeter.
Nitreux, se, adj. (Chym.) salpeterhaltig, acide —, Salpetersäure, f.
Nitrière, f. Salpetergrube.
Nitrique, adj., (Chym.) acide —, Salpetersäure, f.
Nitrite, m. Salpetersalz, n.
Niveau, m. Wasserwage, f.; — à plomb, Bleiwage; horizontale Fläche; au —, de —, wagerecht; être de — avec qch., au — de qch., mit etw. in gleicher Fläche stehen; fg. être de — avec qn., au — de qn., einem gleich stehen; s'élever au — de qn., sich auf gleiche Linie mit einem stellen.
Niveler, v. a. mit der Wasserwage abmessen, nach der Bleiwage richten; ebenen, abgleichen; fg. gleich machen.
Niveleur, masc. Nivellirer; fg. Gleichmacher.
Nivellement, m. die Abmessung nach der Wasserwage; Ebenen, n. Abgleichen; fg. Gleichmachung, f.
†Nivernais, m. das Land um Nevers; auch ein Bewohner von Nevers.
Nivet, m., statt Remise, Erlaß, m. Nachlaß, welcher dem Commissenär zu gut kommt.
†Nivette, f. (Gärtn.) Nivette (Art Pfirschen).
Nivôse, m. Schneemonat.
Nobiliaire, m. Adelsbuch, n.; —, adj. adelich.
Nobilissime, adj. (Alt.) Edelste, m. et f.
Noble, adj.; -ment, adv.: adelich, edelgeboren; fg. edel, erhaben; —, m. Adeliche, Edelmann.
Noblesse, f. Adel, m.; Ritterschaft, f.; fg. Würde, Erhabenheit; Edle, n.
Noce (meist im pl.), f. Hochzeit, Hochzeitsfest, n.; Hochzeitgesellschaft, f.; (v. Vornehmen) Vermählung, Vermählungsfest, n.; garçon de la

—, Brautdiener, m.; premières, secondes —s, die erste, zweite Ehe; fg. prov. il n'a jamais été à de pareilles —s, er ist nie so behandelt worden, er ist nie so im Gedränge gewesen.
Nocher, m. (Dichtf.) Steuermann.
Noctambule, v. Somnambule.
†Noctiluque, adj. bei Nacht leuchtend (Wurm).
†Nocturlabe, m. (Seew.) Nachtweiser (Instrument).
Nocturne, adj. nächtlich; —, m. (Kath.) Nachtmette, f.
Nodosité, f. (Bot.) Knotigkeit.
Nodus, m. lat. (Chir.) Knoten, Knollen.
Noël, m. Weihnachten, f. Weihnachtsfest, n. Christtag, m.; Weihnachtslied, n.; la veille de —, der Christabend, heilige Abend.
Nœud, m. Knoten; — croisé, Weberknoten; — coulant ou —, Schleife, f.; —, fg. Band, n. Knoten, m. Schwierigkeit, f.; (Anal.) Knoten, m. Gelenk, n.; (Bot.) Knoten, m. Knorren (im Holz).
†Noguet, m. Obsterb.
†Noguette, f. mépr. Weißzeughändlerinn.
Noir, e, adj. schwarz; dunkel, schmuzig; fg. düster, finster, schwermüthig; schwarz, abscheulich (That); bêtes —es, schwarzes Wild; —, m. die schwarze Farbe, Schwärze, Schwarze; — de fumée, Kienruß, m. Ruß; —, Schwarze, Mohr.
Noirâtre, adj. schwärzlich.
Noiraud, e, adj. schwarzbraun.
Noirceur, f. Schwärze; fg. id., Abscheulichkeit.
Noircir, v. a. schwärzen; fg. anschwärzen; — v. n. schwarz werden; se —, schwarz werden; sich schwarz machen; fg. sich besudeln.
†Noircissant, m. Schwarzfärber.
Noircissure, f. der schwarze Flecken.
Noire, f. (Muf.) die schwarze Note, Viertelsnote.
Noise, f. fm. Zant, m. Streit; chercher —, Zank suchen (à, mit).
Noisetier, m. (Bot.) Haselstaude, f.
Noisette, f. (Bot.) Haselnuß.
Noix, f. (Bot.) Nuß.
†Nolet, m. Hohlziegel, die Kehlrinne des Daches.
Noli me tangere, m. lat. (Bot.) Springkraut, n.; (Chir.) Rühr mich nicht an (ein bösartiges Geschwür).
Nolis, Nolissement, m. Miethung, f. Befrachtung (eines Schiffs).
Noliser, v. a. (Schiff.) miethen, befrachten.
Nom, m. Name; fg. id., Ruf, Ruhm; (Gramm.) Nennwort, n.; au —, im Namen.
Nomade, adj. herumziehend; peu-

ple —, Hirtenvolk, n.; —, m.
Nomade.     [Statthalter.
Nomarque, m. (Alt.) Nemarch,
†Nomble, f. (Jagd) der erhabene
Theil zwischen den Schenkeln (eines
Hirsches).
Nombrant, adj. m., nombre —,
(Arithm.) die zählende abstracte Zahl.
Nombre, m. Zahl, f. Anzahl;
(Rhet., 2c.) Wohlklang, masc.;
(Gramm.) Zahl, f.; — singulier,
pluriel, Einzahl, Einheit, Mehr=
zahl, Mehrheit; — d'or, (Astr.)
goldene Zahl, Mondzirkel, m.; —s,
(heil. Schr.) das vierte Buch Mosis;
en —, in Menge; sans —, unzäh=
lig; au —, du —, unter, vor, zu,
aus der Zahl, unter die Zahl, dar=
unter; dans le —, darunter.
Nombrer, v. a. zählen, vorzählen.
Nombreux, se, adj. zahlreich,
häufig; (Rhet., 2c.) wohlklingend.
Nombril, m. Nabel; (Bot.) Kelch=
narbe, f. fm. Bupen, m.
Nome, m. (Alt.) Statthalterschaft
(in Aegypten), f.; bestimmte Melodie.
Nomenclateur, m. (Alt.) Namen=
anzeiger; Namentundige.
Nomenclature, f. Nomenclatur;
Namenregister, n.; Verzeichniß.
Nominal, e, adj. namentlich;
prières —es, das Recht in den öffent=
lichen Gebeten genannt zu werden.
Nominaliste, m., v. Nominaux.
Nominateur, m. Ernannte (zu
einer Pfründe).
Nominateur, m. Ernenner (zu
einer Pfründe).     [nativ.
Nominatif, m. (Gramm.) Nomi=
Nomination, f. Ernennung (à,
zu); cette place est à la — de mon
père, mein Vater hat die Vergebung
dieser Stelle.
Nominaux, m. pl. (Philos.) No=
minalisten.
Nommé, e, un —, ein gewisser;
-ment, adv. namentlich.
Nommer, v. a. nennen, benennen,
heißen; ernennen (à, zu); se —,
sich nennen, heißen; à point —é,
zur bestimmten Zeit.
Nomocanon, m. (jur.) Nomoca=
Nompareil, v. Nonpareil. [non.
Non, adv. nein, nicht; — plus,
auch nicht, nicht mehr; — pas, nicht,
ja nicht.
Nonagénaire, adj. neunzigjährig.
Nonagésime, adj., le — degré ou
—, m. (Astr.) der neunzigste Grad
der Ekliptik.
Nonante, adj. ol. neunzig.
Nonantième, adj. ol. neunzigste.
Nonce, m. Nuncius, päpstliche
Gesandte.
Nonchalance, f. Nachlässigkeit,
Unachtsamkeit, Fahrlässigkeit.
Nonchalant, e, adj.; -amment,

adv.; nachlässig, unachtsam, fahr=
lässig.
†Nonchaloir, v. n. (alt; nur im
Infinitif und als Mittelwort ge=
bräuchlich) unbekümmert, fahrlässig
seyn.     [liche Gesandtschaft.
Nonciature, f. Nunciatur, päpst=
Non-contormiste, m. et f. Non=
conformist, m. =inn, f. (der, die es
nicht mit der englischen Kirche hält).
None, f. (Kirch.) None; —s, (röm.
All.) Nonen, pl. (der 7te Tag im
März, Mai, Juli und Oktober, und
der 5te in den anderen).
Non-jouissance, f. (jur.) Entbeh=
rung des Genusses.
Nonnain, Nonne, fém. Nonne,
Klosterfrau.
Nonnette, f. Nönnchen, n.
Nonobstant, prép. ungeachtet.
Non-pair, e, adj. ungerade.
Nonpareil, le, adj. unvergleich=
lich; —, m. (alt) ohne Gleichen.
Nonpareille, f. Strohband, n.;
schmälste Seidenband || sehr kleine
Zuckerkörner; der kleinste Schrot;
(Buchdr.) Nompareille, f. (kleine
Schrift).     [sung, f.
Non-payement, m. Nichtbezah=
Non-résidence, f. (jur.) die Ab=
wesenheit vom Wohnorte.
Non-sens, m. Unsinn.
Nonuple, adj. neunfach.
Nonupler, v. a. verziernfachen.
Non-usage, m. Nichtgebrauch.
Non-valeur, fém. Unwerth, m.;
Mangel an Ertrag; Verfall; (Handl.)
die böse Schuld; —s, (Fin.) unsichere
Rückstände, m. pl.    [Nebel.
Non-vue, f. (Seew.) der dichte
Nopal, m. (Bot.) der indische Fei=
genbaum.     [ten.
†Noper, v. a. (Tuch) noppen, zwi=
†Noquet, m. Bleistreif.n (in den
Kehlen eines Schieferdaches).
Nord, m. (Geogr., 2c.) Norden,
Mitternacht, f.; Nordwind, m.;
nord-est, m. Nordost, Nordost=
wind; nord-ouest, m. Nordwest,
Nordwestwind; faire le —, (Seew.)
gegen Norden segeln; l'étoile du —,
der Nordstern.     [kaper.
†Nord-caper, m. (Naturg.) Nord=
Nord-est, m. Nord=Ost.
†Nordester, v. n. (Seew.) gegen
Nordost abweichen.
Nord-ouest, m. Nord=West.
†Nordouester, v. n. von Norden
gegen Westen abweichen (von der
Magnetnadel); — v. a. die Segel
gegen Nordwest richten.
Normal, e, adj., école —e, Nor=
malschule, f.; —, leitend (Gesetz);
(Naturg.) regelmäßig; (Geom.)
senkrecht.
Normand, e, adj. normännisch;
fg. schlau, zweideutig; —, m. fin

—, der schlaue Fuchs; —, m. e, f.
Normann, m. Normännin, f.
†Normandie, f. Normandie.
†Norwége, f. Norwegen (Land).
Nos, pron. pl. unsere.
Nosographie, f. (Med.) Krank=
heitsbeschreibung.     [lehre.
Nosologie, f. (Med.) Krankheits=
Nostalgie, f. (Med.) Heimweh, n.
Nostoc, m. (Bot.) Nostoch, Erd=
gallerte, f.
Nota, m. lat. Anmerkung, f.
Notable, adj. merkwürdig; an=
sehnlich; —s, m. pl. die angesehen=
sten Bürger; -ment, adv. ansehn=
lich, beträchtlich.
Notaire, m. Notar.
Notamment, adv. namentlich; be=
sonders, vorzüglich.
Notariat, m. Notariat, n.
Notarié, e, adj. durch einen Notar
ausgefertigt.
Note, f. Zeichen, n.; —d'infamie,
ou —, (jur.) die entehrende Strafe,
Schimpf; m.; —, (Handl., Mus.,
2c.) Note, f.; (Litt.) Anmerkung.
Noter, v. a. merken, anmerken,
aufzeichnen; sich anmerken, fg. (ei=
nen) öffentlich anschreiben; — d'infa=
mie, einen für infam erklären; —,
(Mus.) in Noten setzen.
Noteur, m. Notenschreiber.
Notice, f. Nachricht, Anzeige,
Uebersicht; (Buchh.) Verzeichniß,
n.; prendre —, Kunde nehmen
(de, von).
Notification, f. (jur.) Anzeige.
Notifier, v. a. (jur.) anzeigen,
Nachricht geben (qch., v. etw.).
Notion, f. Begriff, m. Kenntniß.
Notoire, adj. allbekannt, weltkun=
dig; -et -ment, adv. offenbar,
augenscheinlich.     [aal.
†Notoptère, m. Kahlrücken, Zinn=
Notoriété, f. Offenkundigkeit; de
— publique, allbekannt; acte de
—, die öffentliche Urkunde.
Notre, pron. unser; le, la nôtre,
der, das unsrige; le nôtre, m.
das Unsrige; les nôtres, die Unsrigen.
Notre-Dame, f. Unsre liebe Frau
(die h. Jungfrau); Liebfrauenkirche.
Noue, f. (Dachb.) Hohl=, Kehl=
ziegel, m.; (Baut.) Einkehle, f.;
—, (Landw.) der fette und feuchte
Wiesengrund.
Noué, e, adj. (Med.) geknüpft,
rachitisch; —é de goutte, voll Gicht=
knoten; —é; fg. verwickelt.
Nouement, m. d'aiguillette, pop.
Nouer, v. a. knüpfen, binden;
schlingen, schürzen; zu=, verknüpfen;
(in ein Buch) einknüpfen; fg. knüp=
f.n, anknüpfen; veranstalten; —,
v. n. et se —, Früchte ansetzen;

se —, (Med.) Knoten ansetzen.
Nouet, m. (Med.) Säckchen, n.
Noueux, se, adj. knetig, knorrig.
Nougat, m. (sans pl.), Mandel=
kuchen.
Nouilles, f. pl. (Kocht.) Nudeln.
Noulet, m. Einkehle f. Kehlrinne.
Nourrain, m. Fischbrut, f. Satz, m.
Nourri, e, adj. gedankenreich,
kraftvoll (Styl); bien —, vollförnig
(Getreide); (Schreibk.) fett, wohl
ausgedruckt.     [rerinn.
Nourrice, f. Amme; fg. Ernäh=
Nourricier, adj., père —, et —,
m. Pflegevater (auch fg.); suc —,
Nahrungssaft.
Nourrir, v. a. et n. ernähren,
nähren; unterhalten; (ein Kind)
saugen; speisen, verköstigen; fg.
nähren; (einen) erziehen, bilden;
se —, sich nähren; sich ernähren.
Nourrissage, m. des bestiaux,
(Landw.) Viehzucht, f.
Nourrissant, e, adj. nahrhaft.
Nourrisseur, m. de bestiaux, de
vaches, Viehhalter, Melker.
Nourrisson, m. Säugling; fg.
Sohn (ter Musen).
Nourriture, f. Nahrung, Kost;
Nahrungsmittel, n.; Futter (der
Thiere), Aas (für Raubthiere);
prendre —, wachsen, zunehmen
(Pflanze); (Säugen (eines Kin=
des), n.; faire deux —s, zwei
Kinder aussäugen; faire des —s,
Vieh halten, Viehzucht haben; —,
fg. Nahrung, f.
Nous, pron. wir, uns.
†Nouure, f. die englische Krank=
heit, Knochengicht (bei Kindern).
Nouveau, Nouvel, le, adj. neu;
fg. id., unerfahren; —, m. Neue,
n.; du —, etwas Neues; —, adv.
neu; de —, von Neuem, neuer=
dings, noch einmal; — -né, neuge=
boren (nouveau bleibt hier als adv.
immer unverändert).
Nouveauté, f. Neuheit, Neue=
rung; Neuigkeit.
Nouvelle, f. Neuigkeit, Nachricht;
—s à la main, handschriftliche
Neuigkeiten; j'ai de ses —, ich
habe Nachrichten von ihm; il aura
de mes —, er wird von mir hören;
je sais de vos —, ich kenne Ihre
Geheimnisse; il ne faut pas dire
les — de l'école, man muß nicht
aus der Schule schwatzen; avoir —,
erfahren; —, (Litt.) Erzählung, f.
Nouvellement, adv. neulich.
Nouvelleté, f., ou cas de —,
(jur.) Neuerung, die auf Störung
eines andern im Besitz eines Grund=
stückes abzielt.
Nouvelliste, m. fm. Neuigkeits=
krämer.     [Neubruchzehnte.
Novale, f. (Landw.) Neubruch, m.;

Novateur, m. Neuerer.
Novation, f. (jur.) Abänderung
des Rechtstitels, Novation.
Novelles, f. pl. (jur.) Nerellen.
Novembre, m. November, Win=
termonat.
Novice, m. et f. Nerize; fg.
Neuling, m. Lehrling; —, adj.
unerfahren, ungeübt.
Noviciat, m. Probezeit (auch fg.),
f. Noviziat, n.; Novizenhaus.
†Novissime, adv. lat. fm. ganz
neuerlich.
†Noyade, f. (nouv.) Ersäufung.
Noyale, f. (Handl.) Segeltuch, n.
Noyau, m. Stein, Kern (vom
Obst); (Gieß., 2c.) Kern; Spindel
(einer Treppe), f.; fg. Kern, m.
Noyer, m. (Bot.) Nußbaum.
Noyer, v. a. ertränken, ersäufen
(auch fg.-fm.); (Feld) überschwem=
men; (Farben) vertreiben, verwa=
schen; se — dans l'eau; ertrin=
ken; fg. se — dans la débauche,
sich den Ausschweifungen ganz über=
lassen; se — dans les larmes, in
Thränen schwimmen; noyé de lar=
mes, in Thränen schwimmend.
Noyon, m. (Kegelsp.) der Raum
jenseits der Schranke.
Nu, e, adj. nackt, nackend; ent=
blößt, bloß; fg. nackt, kahl; tout
—, —, comme la main, fosen=
nackend; pieds nus, nu-pieds,
barfuß; nu-tête, mit entblößtem
Haupte; à —, nackt, bloß; toucher
le corps à —, den bloßen Leib be=
rühren; à —, (Reitsch.) ohne Sat=
tel; découvrir, mettre à —, auf=
schließen, offenbaren; —, m. Nackte,
n.; les nus, die Nackten.
Nuage, m. Wolke (auch fg.), f.
Gewölk, n.    [wL.) fleckig.
Nuageux, se, adj. wolkig; (Ju=
Nuaison, f. (Seew.) die Dauer
eines gleichen Wetters.
Nuance, f. (Mal.) Schattirung,
Abstufung; fg. id.
Nuancer, v. a. (Mal.) schattiren,
abstufen; fg. id.
Nubécule, f. der kleine weiße Fleck
(im Auge); Wölkchen (im Urin), n.
Nubie, f. Nubien (Land). [bar.
Nubile, adj. (v. Mädchen) mann=
Nubilité, f. Mannbarkeit.
†Nudipedes, m. pl. Nacktfüßler
(Hühnerarten).
Nudité, fém. Nacktheit, Blöße;
(Mal.) Nacktheit, nackte Figur; fg.
Blöße, Schwäche.
Nue, f. Wolke.
Nuée, f. Wolke, Gewitterwolke;
fg. große Menge; Schaar; —s,
(Juwel.) Flecken (in Edelsteinen),
m. pl.
Nuement, Nûment, adv. auf=
richtig, unverholen, schlechtweg.

Nuer, v. a. (Mal.) schattiren, ab=
stufen.
Nuire, v. n. schaden.
†Nuisance, f. (alt, jur.) Schaden,
m. Beschädigung, f.
Nuisible, adj. schädlich.
Nuit, f. Nacht; (Mal.) Nacht=
stück, n.; de —, bei Nacht, Nachts.
Nuitamment, adv. bei Nacht,
Nachts.
Nuitée, f. fm. Nacht; Nachtlager,
Nul, le, adj. kein, keiner, keine;
keines; niemand; fg. nichtig, un=
gillig; untüchtig; -lement, auch
keineswegs, durchaus nicht; nulle
part, nirgends.
Nullité, f. Ungiltigkeit; fg. Nich=
tigkeit, Untüchtigkeit; Unthätigkeit.
Numéraire, adj., valeur —,
Zahlungswerth, m.; —, m. das
baare Geld.
Numéral, e, adj. eine Zahl be=
zeichnend; lettre —e, Zahlbuchstab,
m.    [(eines Bruches).
Numérateur, m. (Arithm.) Zähler
Numération, f. Zählen, n.
Numérique, adj. auf die Zahlen
sich beziehend; numerisch; rapport
—, Zahlenverhältniß, n.; -ment,
adv. genau berechnet.
Numéro, m. Nummer, f.; Zahl;
prov. il entend le —, er versteht
den Handel, pop. den Rummel.
Numéroter, v. a. numeriren, mit
einer Nummer bezeichnen.
†Numismales, f. pl., pierres —,
Münzsteine, m. pl.
Numismate, m. Münzen= oder
Medaillenkundiger.
Numismatique, adj., science —,
et —, f. Münzwissenschaft.
Numismatographie, f. Münzen=
beschreibung.    [traut.
Nummulaire, f. (Bot.) Pfennig=
Nuncupatif, adj. m. (jur.) münd=
lich gemacht (Testament).
Nundinales, adj. f. pl., (röm.
Alt.) lettres —, Jahrmarktsbuchsta=
ben, m. pl.
Nuptial, e, adj. hochzeitlich; bé=
nédiction —, Einsegnung, fém.
Trauung; lit —, Brautbett, n.
Ehebett.
Nuque, f. Genick, n. Nacken, m.
†Nuremberg, f. Nürnberg (Stadt).
Nutation, f. (Geogr.) Schwanken
(der Erdachse), m.; Hinneigen
(der Pflanzen) gegen die Sonne.
Nutritif, v. e, adj. nährend; fa=
culté —ve, Nahrungskraft, f.
Nutrition, f. Nährung, Ernäh=
rung.    [nuit.
Nyctage, m. (Bot.) v. Belle=de=
†Nyctaginées, f. pl. das Geschlecht
der Schweizerbosen, falschen Jalap=
pen (Pflanzen).
Nyctalope, m. et f (Med.) Tag=

blinde (der, die bei Nacht beſſer als bei Tag ſieht).

Nyctalopie, f. (Med.) Tagblindheit. [(Eulen, ꝛc.).

†Nyctérins, m. pl. Nachtvögel

Nymphe, f. Nymphe; (Naturg. id., Puppe; —s, (Anat.) Waſſerlefzen, m. pl. [Bad.

Nymphée, f. (Alt.) das öffentliche

†Nyon, Nevis (Städtchen).

## O.

O, interj. o! ach!

Oasis, f. Oaſis, Oaſe (fruchtbare Gegend mitten in Sandwüſten).

†Obclavé, e, adj. (Bot.) umgekehrt kolbig. [kehrt kegelförmig.

†Obconique, adj. (Bot.) umge-

†Obcordé, e, adj. (Bot.) umgekehrt herzförmig.

Obédience, f. (Kirch.) Gehorſam, m. Obedienz, f.; Urlaub, m.; Befehl ein in ein anderes Kloſter zu geben; Amt, n.; pays d'—, Obedienz, f. Obedienzland (des Papſtes), n.; être reçu à l'—, zur Obedienz (Antrittsaudienz) zugelaſſen werden.

Obédiencier, m. der Geiſtliche der eine Pfründe im Namen eines andern verſieht. [dienz gehörig.

†Obédientiel, le, adj. zur Obe-

Obéir, v. n. gehorchen, nachgeben, ſich ſchmiegen.

Obéissance, f. Gehorſam, m. Unterwürfigkeit, f.; Herrſchaft (eines Königs).

Obéissant, e, adj. gehorſam, unterwürfig, geſchmeidig.

Obélisque, m. (Bauk.) Obelisk, Spitzſäule, f. [Schulden beladen.

Obérer, v. a. verſchulden, mit

Obésité, f. Feiſtigkeit.

Obier, m. (Bot.) Bachhollunder.

Obit, m. (Kath.) Seelenamt, n.

Obituaire, adj. registre —, et —, m. (jur.) Todtenregister, n.; (Kirch.) Seelmeßbuch; Stiftungsbuch.

Objecter, v. a. einwenden, vorwerfen.

Objectif, ve, adj. objectiv, gegenſtändlich; verre — et —, m. (Opt.)

Objectinglas, n.; Dieu est notre béatitude —ve, (And.) Gott iſt der Gegenſtand unſerer Seligkeit.

Objection, f. Einwurf, m. Einwendung, f.

Objet, m. Gegenſtand, Abſicht, f. Zweck, m. Endzweck, Ziel, n.

Objurgation, f. Verweis, m.

Oblat, m. ol. Invalid, oder ein anderer Laie, den ein Kloſter zu verſorgen hat.

Oblation, f. (Kirch.) Opfer, n.

Obligation, fém. Verpflichtung, Pflicht, Verbindlichkeit, Obliegenheit; (jur.) id.; Verſchreibung, Schein; m. Schuldbrief.

Obligatoire, adj. (jur.) verbindlich; lettres —s, Verſchreibung, f. *Obligé, m. Lehrcontract; (jur. et fg.) Schuldner.

Obligé, e, adj. (Muſ.) obligat.

Obligeance, f. Gefälligkeit, Dienſtfertigkeit.

Obligeant, e, adj.; -eamment, adv.: höflich, verbindlich, gefällig, dienſtfertig.

Obliger, v. a. verbinden, verpflichten (de, mit); nöthigen; (jur.) verbinden, verpfänden; einen in die Lehre thun; s'—, ſich verbinden, ſich verpflichten; être — à qn. de qch., einem für etw. verpflichtet ſeyn.

Oblique, adj.; -ment, adv.: (Geom.) ſchräge, ſchief; fg. krumm, unredlich; verdeckt (Tadel, ꝛc.); cas —, (Gramm.) Beugefall, m.

Obliquité, f. (Geom.) Schräge, Schiefe; fg. Unredlichkeit.

Oblitération, f. Verwiſchung, Verlöſchen, n.; (Anat.) Verwachſen.

Oblitéré, e, adj. (Anat.) verſtopft (Gefäß). [löſchen.

Oblitérer, v. a. verwiſchen, verlöſchen. [verſtopft

Oblong, ue, adj. länglich, ablang; l'in-folio —, Querfolio, n.

Obole, f. (Alt.) Obolus, m.; Heller, Pfennig; halbe Scrupel (Gewicht). [myſtiſchen Sinne).

Obombrer, v. a. beſchatten (im †Obovale, Obové, e, adj. (Bot.) verkehrt eirund.

Obreptice, adj. (jur.) erſchlichen; -ment, adv. erſchlichener Weiſe.

Obreption, f. (jur.) Erſchleichung.

†Obron, m. (Schloſſ.) der Haken am Kaſtenſchloß.

†Obronnière, f. (Schloſſ.) das Hakenblech am Kaſtendeckel.

Obscène, adj. unzüchtig, ſchlüpfrig. [Schlüpfrigkeit, Zote.

Obscénité, fém. Unzüchtigkeit,

Obscur, e, adj. dunkel, finſter; fg. unbekannt, gering; undeutlich (Rede). [Verfinſterer.

†Obscurant, m. nouv. Finſterling, †Obscurantisme, m. nouv. Verfinſterungsſucht, f.

Obscurcir, v. a. verdunkeln, verfinſtern; fg. id., unverſtändlich machen; s'—, ſich verdunkeln (auch fg.), dunkel werden.

Obscurcissement, m. Verdunkelung, f. Verfinſterung.

Obscurément, adv. dunkel.

Obscurité, f. Dunkelheit; fg. id., Undeutlichkeit; Verborgenheit, Niedrigkeit. [liche Söhngebet.

Obsécration, f. (Alt.) das öffent-

Obsédé, e, adj. beſeſſen.

Obséder, v. a. qn., einen belagern, beſtürmen, plagen, quälen; einem immer auf dem Halſe ſitzen.

Obsèques, f. pl. Leichenbegängniß, n.

Obséquieusement, adv. auf eine übertrieben höfliche Art.

Obséquieux, se, adj. iron. übertrieben ehrerbietig; höflich, gefällig.

Observable, adj. bemerkbar.

Observance, f. et —s, (Kirch.) Ordnung, f. Herkommen, n.; —, die Beobachtung der Ordensregel, Obſervanz. [Franziskaner.

Observant, m. trice, f. Beobachter, m. Forſcher, ſinn, f.; m. p. Aufpaſſer, m.; —, adj. m. esprit —, Beobachtungsgeiſt.

Observation, f. Beobachtung; Erfüllung (eines Geſetzes, ꝛc.); Bemerkung, Anmerkung.

Observatoire, m. Sternwarte, f.

Observer, v. a. beobachten, wahrnehmen, bemerken, erblicken; (Geſetze, ꝛc.) halten; s'—, ſich beobachten; behutſam ſeyn; faire — à qn., einem bemerken, bemerklich machen.

Obsession, f. (Theol.) die Beſitzung vom Teufel || das beſtändige Anlaufen, Plagen.

Obsidiane, Obsidienne, f. et adj. f., pierre —, (Alt.) Gagath, n.

Obsidionale, adj. f., (Alt.) couronne —, Belagerungskrone, f.

Obstacle, masc. Hinderniß, n. Schwierigkeit, f. (Phyſ.) Widerſtand, m.

Obstination, f. Hartnäckigkeit, Eigenſinn, m. Starrſinn; Verſtockung (des Sünders), f.

Obstiné, m. Starrkopf, eigenſinnige Menſch; -ment, adv. hartnäckig. [ſtarrig, hartnäckig.

Obstiné, e, adj. eigenſinnig, halsstarrig,

Obstiner, v. a. fm. eigenſinnig, hartnäckig machen; s'—, eigenſinnig ſeyn; s'— à qch., hartnäckig auf etw. beharren. [ſtopfend.

Obstructif, ve, adj. (Med.) ver-

Obstruction, f. (Med.) Verſtopfung. [ren, hemmen.

Obstruer, v. a. verſtopfen, verſper-

Obtempérer, v. n. (jur.) gehorchen.

*Obtenir, v. a. erlangen, erhalten, auswirken.

Obtention, f. (jur.) Erlangung.

Obturateur, adj. f., (Chir.) Schließblech, n. der künſtliche Gaumen; —, trice, adj. (Anat.) muscle —, Schließmuſkel, m.; artère obturatrice, die verſchließende Schlagader.

Obturation, f. (Chir.) Verſchließung, Verſtopfung.

Obtus, e, adj. (Geom.) ſtumpf; fg. ſtumpfſinnig.

Obtusangle, *adj.* (Geom.) ſtumpf=
winkelig.

†Obtusangulé, e, *adj.* (Bot.)
ſtumpfwinkelig, mit abgeſtumpften
Ecken. [Kugel), f.

Obus, *m.* (Artill.) Haubiße (Art

Obusier, *m.* Haubiße (Art Ge=
ſchüß), f. [Kirchenabgabe.

Obvention, f. geiſtliche S_teuer,

Obvier, *v. n.* à qch., einer S.
vorbeugen, zuvorkommen; etw. ver=
hindern.

†Obvolutè, e, *adj.* (Bot.) umge=
kehrt rinneförmig gebogen und ge=
faltet.

Oca, *m.* (Bot.) Oxawurzel, f.

†Ocaigner, *v. a.* (Handſchuhe)
gummiren.

Occase, *adj. f.*, (Aſtr.) amplitude
—, Abendweite, f.

Occasion, f. Gelegenheit; par—,
gelegentlich; —, Veranlaſſung; à
mon —, auf meine Veranlaſſung,
meinetwegen; —, Umſtand, *m.*;
(Kriegsw.) Gefecht, *n.*

Occasionnel, le, *adj.* (Lehrſt.) ver=
anlaſſend; -lement, *adv.* gelegent=
lich.

Occasionner, *v. a.* qch., zu etw.
Gelegenheit geben; etw. veranlaſſen.

Occident, *m.* (Aſtr., 1c.) Abend,
Weſten; église d'—, die abendlän=
diſche (röm.) Kirche.

Occidental, e, *adj.* (Gegr.)
abendländiſch, weſtlich; les peuples
occidentaux, die Abenländer.

Occipital, e, *adj.* (Anat.) zum
Hinterhaupte gehörig; os —, Hin=
terhauptbein, *n.* [haupt, *n.*

Occiput, *m. lat.* (Anat.) Hinter=

Occire, *v. a. vi.* tödten.

Occiseur, *m.* Todtſchläger, Tödter.

Occision, f. Todtſchlagung, Töd=
ten, *n.* [Gedärme.

Occlusion, f. Verſchließung (der

Occultation, f. (Aſtr.) Verdeckung.

Occulte, *adj.* verbergen, geheim.

Occupant, *adj. et m.*, premier
—, der erſte Beſißnehmer; procureur —, der beſtellte Sachwalter.

Occupation, f. Beſchäftigung,
Geſchäft, *n.*; (Kriegsw.) Beſißnah=
me, f.; (jur.) Bewohnung.

Occuper, *v. a.* einnehmen, beſißen;
inne haben, bewohnen; (einen) be=
ſchäftigen; (Kriegsw.) beſißen; be=
ſeßt halten; —, *v. n.* pour qn.,
(jur.) einen vertreten; s'—, ſich
beſchäftigen (de, mit).

Occurrence, f. Zufall, *m.* Vor=
fall; Gelegenheit, f. Umſtand, *m.*

Occurrent, e, *adj.* vorkommend,
vorfallend.

Océan, *m.* Weltmeer, Ocean,
*m.* [meer, *n.*

Océane, *adj. f.*, mer —, Welt=

†Ocelot, *m.* Ozelot, die amerika=
niſche Pantherkaße.

Ochlocratic, f. Pöbelherrſchaft.

†Ochrus, *m.* (Bot.) die italieniſche
Erbſe. [Berggelb, *n.*

Ocre, f. (Miner.) Ocker, *m.* Ocher,

Octaèdre, *m.* (Geom.) Oktaedron,
*n.* ein Körper von acht Seiten.

Octaétéride, f. der achtjährige
Zeitkreis der (alten) Griechen.

Octandrie, f. Klaſſe der Pflanzen
welche acht Staubfäden haben.

Octant, *m.* (Aſtr.) Octant (Werk=
zeug); Achtelweite, f.

Octante, *adj. vi.* achtzig.

Octantième, *adj. vi.* achtzigſte.

†Octaples, *m. pl.* Oktapla, f.
Bibel in acht Sprachen.

Octave, *fém.* (Kirche) Octave,
(Muſ.) id.; (Dichtk.) achtzeilige
Strophe.

Octavin, *m.* Octavflöte, f.

Octavo, l'in—, *m.* der Octavband.

Octavon, *m.* ne, f. Octavon, *m.*
Achtelſchwarze, *m. et f.*

Octil, *adj. m.*, (Aſtr.) aspect —,
Achtelſchein, *m.* [nat.

Octobre, *m.* October, Weinmo=

Octogénaire, *adj.* achtzigjährig;
—, *m.* Achtziger.

Octogone, *adj.* (Geom.) achteckig;
—, *m.* Achteck, *n.*

†Octopétalé, e, *adj.* achtblätterig
(Blume).

Octostyle, *adj.* acht Säulen ha=
bend, achtſäulig.

Octroi, *m.* (jur.) Verwilligung,
f.; (Fin.) Local=, Gemeindeſteuer
(auf Lebensmittel).

Octroyer, *v. a.* (jur.) verwilligen,
verleihen, gewähren, verſtatten.

Octuple, *adj.* achtfach.

Octupler, *v. a.* verachtfachen, acht=
mal nehmen, auf das Achtfache brin=
gen.

Oculaire, *adj.*, témoin —, Au=
genzeuge, *m.*; verre —, ou —, *m.*
Augenglas, *n.*; veine —, (Anat.)
Augenader, f.

Oculairement, *adv.* mit eigenen
Augen. [—, Augenarzt.

Oculiste, *m. et adj.*, médecin

†Oculus-Christi, *m. lat.*, *v.* Œil-
de-Christ. [Weltauge, *n.*

†Oculus-Mundi, *m. lat.* (Miner.)

Odalisque, Odalique, f. Odaliske
(Frau in dem Harem des Großherrn).

Ode, f. (Dichtk.) Ode, Lied, *n.*

Odéon, Odéum, *m.* Odeon, *n.*
Concerthaus.

Odeur, f. Geruch, *m.* Duſt; (Jagd)
Wind; fg. Ruf; —s, Wohlgerüche,
*m. pl.*

Odieux, se, *adj.* gehäſſig, ver=
haßt; verdrießlich, ärgerlich (Sache);
unau<ſtehlich; -sement, *adv.* ge=
häſſig.

Odile, *n. pr. f.* Odilia.

†Odin, *m.* (Myth.) Odin, Wo=
dan (Kriegsgott der alten nordiſchen
Völker).

Odomètre, *m.* Wegemeſſer.

Odontalgie, f. (Med.) Zahnweh,
*n.* [Zahnſchmerzen lindernd.

Odontalgique, *adj.* (Med.) die

Odontoïde, *adj.* (Anat.) zahn=
förmig.

†Odontolithe, f. Zahnweinſtein,
*m.*; (Miner.) Odontolith, verſtei=
nerte Fiſchzahn.

Odorant, e, *adj.* wohlriechend.

Odorat, *m.* Geruch.

†Odorer, *v. a.* (wen. gebr.) riechen.

Odoriférant, e, *adj.* wohlriechend.

Odyssée, f. Odyſſee (Heldengedicht
Homers).

Œcuménicité, f. (Theol.) die
Allgemeinheit (der Concilien).

Œcuménique, *adj.*; -ment, *adv.*:
(Theol.) allgemein.

Œdémateux, se, *adj.* (Med.)
waſſerſchwülſtig, wäſſerig.

Œdème, *m.* Waſſergeſchwulſt, f.

Œdipe, *m.* (gr. Alt.) Oedipus;
fg. fm. der ſcharfſichtige Mann.

Œil (pl. yeux), *m.* Auge, *n.*;
fg. voir de bon —, de mauvais
—, gern, ungern ſehen; d'un —
d'envie, mit neidiſchem Auge; (il
est couplable) à nos yeux, in un=
ſern Augen; avoir l'— à, sur qch.,
sur qn., auf etw. ſehen, Acht haben,
einen beobachten, ein wachſames Auge
auf einen haben; à vue d'—, dem
Anſehen nach (ſchäßen, 1c.); zuſe=
hens (wachſen, 1c.); donner dans
l'— à qn., fm. einem in die Au=
gen ſtechen; cela crève les yeux,
fm. das liegt vor der Naſe; cela
saute aux yeux, das iſt handgreif=
lich; pour vos beaux yeux, fm.
iron. Ihnen zu lieb ‖ Augeloch (in
einem Hammer, 1c.), *n.*; (Druck.)
Auge, Knospe, f.; Auge, *n.* der
innere Raum (eines Buchſtabens);
Glanz (von Zeugen, Perlen, 1c.);
(Bauk.) Oeffnung (einer Kuppel), f.;
les yeux, die Augen (im Brod, 1c.);
œil-de-bœuf (pl. œils), (Bauk.,
1c.) Ochſenauge, *n.*; œil-de-bouc,
(Schiff.) Wettergalle, f.; (Bot.,
1c.) Ochſenauge, *n.*; — de per=
drix, (Rebm.) Schieler (Wein), *m.*

Œil-de-Christ, *m.* (Bot.) die
blaue Sternblume. [wink.

Œillade, f. der Blick, *m.* Augen=

Œillée, *adj. f.*, pierre —, Kreis=
achat, *m.* Augenachat.

Œillère, f. Augenleder, *n.*; —, *et*
*adj. f.*, dent —, Augen=, Spiß=
zahn, *m.*

Œillet, *m.* (Bot.) Nelke, f.;
(Näh.) Schnür=, Neſteloch, *n.*

†Œilleterie, f. Nelkenbeet, *n.*

OEilleton, m. (Gärtn.) Ableger.
†OEilletonner, v. a. qch., (Gärtn.)
Ableger von etw. abnehmen.
OEillette, f. Mohn, m.
†OEnanthe, f. (Bot.) Rebendolde.
†OEnas, m. (Naturg.) die wilde
Taube, Feldtaube.
†OEnéléum, m. (Apoth.) Delwein.
OEnophore, m. (Alt.) Weingefäß,
n. Mundschenk, m.
OEsophage, m. (Anal.) Speise-
röhre, f.
†OEstre, m. (Naturg.) Bremse, f.
OEuf, m. Ei, n.; — vide, Wind-
ei; —s, Eier, pl.; Fischrogen, m.
Fischlaich; —s à la coque, weichge-
sottene Eier.
OEuvé, e, adj. Rogen in sich ha-
bend; poisson —, Rogener, m.
OEuvre, f. Werk, n.; — de cha-
rité, Liebeswerk, Liebesdienst, m.;
—, Arbeit, f.; Verwaltung der
Einkünfte (einer Pfarrkirche), Kir-
chenstuhl (der Kirchenvorsteher), m.;
Fassung (eines Edelsteins), f.; —s,
Werke, n. pl. Geisteswerke, Schriften, f. pl.; mettre en —, anwenden,
gebrauchen; verarbeiten; —s blanches, polirte Eisenwaaren; maitre
des hautes —s, Scharfrichter, m.;
maitre des basses —s, Abtrittfeger;
—s mortes, vives, (Schiff.) die
Theile des Schiffes über, unter dem
Wasser; (Bauk.) hors d'—, außerhalb; dans —, innerhalb; sous —,
unterhalb; à pied d'—, ganz in der
Nähe.
OEuvre, m. (Mus.) Werk, n.;
Kupferstichsammlung (eines Mei-
sters), f.; — grand —, der Stein
der Weisen (auch fg.).
Offensant, e, adj. beleidigend,
anzüglich. [hung.
Offense, f. Beleidigung, Verge-
Offenser, v. a. beleidigen, verletzen;
kränken; — Dieu, sich gegen Gott
versündigen; s'— de qch., sich durch
etwas beleidigt finden, etwas übel
nehmen.
Offenseur, m. Beleidiger.
Offensif, ve, adj. angreifend;
guerre —ve, Angriffskrieg, m.;
—ve, f. Angriff, m.; reprendre
l'—ve, wieder angriffsweise zu
Werke gehen, wieder angreifen;
-vement, adv. angriffsweise.
Offert, e, v. Offrir.
Offerte, f. (Kath.) Meßopfer, n.
Offertoire, m. (Kath.) Opferge-
sang.
Office, m. (Mor.) Pflicht, f.;
d'—, von Amtswegen || Dienst, m.
Gefälligkeit, f.; (Kath.) Amt, n.
Meßamt, Gebet; — pour les morts,
Seelenamt; le saint —, Inquisition,
f. [den Nachtisch zu rüsten.
Office, f. Speisekammer; Kunst

Official, m. (Kirch.) Official,
geistliche Richter.
Officialité, f. (Kirch.) das geistli-
che Gericht; die Gerichtsbarkeit des
Officials; der geistliche Gerichtshof.
Officiant, m. et adj. m., (Kath.)
prêtre —, der meßelesende Priester;
—e, f. Chornonne.
Officiel, le, adj.; -lement, adv.;
amtlich.
Officier, v. n. (Kath.) den Gottes-
dienst, das Hochamt halten, die hohe
Messe lesen.
Officier, m. Beamte; — de police,
Policeibeamte; —, (Kriegsw.) Offi-
zier; — de santé, Arzt; — de la
bouche, Mundkoch; — du gobelet,
Mundschenk.
Officieux, se, adj.; -sement,
adv.: dienstfertig, willfährig, dé-
fenseur —, (jur.) der von Amts-
wegen angestellte Wertheidiger; —,
m. mépr. Wohldiener.
Officinal, e, adj. (Apoth.) immer
zubereitet, vorhanden (v. Arzneien).
Officine, f. das Laboratorium der
Apotheker.
Offrande, f. Opfer, n. Gabe, f.
Offrant, adj. m., le plus —, der
Meistbietende.
Offre, f. Gebot, n.; —, et —s, pl.
Anerbieten, Erbieten; Antrag, m.
*Offrir, v. a. anbieten, bieten;
(Relig.) opfern, darbringen; s'—,
sich erbieten; ıc.
Offusquer, v. a. verdunkeln, blen-
den; zu benebeln; — qn., einem
mißfallig seyn; être offusqué de
qch., fg. von etw. verdunkelt werden.
Ogive, f. (Bauk.) Bogengrät.
†Ogre, m. Menschenfresser.
Ogresse, f. Menschenfresserin.
Oh, interj. o, oh!
Oie, fém. Gans; — sauvage,
Schneegans; la petite —, Gänse-
pfeffer, m. Gänsegekröse, n.; fg.
fm. die zum Anzug gehörigen kleinen
Kleidungsstücke; kleine Gunstbezeu-
gungen f pl.
Oignon, m. Zwiebel, f.; ilsétaient
en rang d'—s, fm. sie saßen in einer
Reihe neben einander; —, (Chir.)
Schwiele, f.
Oignonet, m. Zwiebelbirn, f.
Oignonière, f. Zwiebelbeet, n.
Oille, f. Fleisch- und Kräutersuppe.
*Oindre, v. a. salben, einölen, be-
streichen.
Oing, masc. vieux —, Wagen-
schmiere, f.
Oint, m. (b. Schr.) Gesalbte.
Oiseau, m. Vogel; (Jagd) Falk;
(Maur.) Mörtelkübel; — de proie,
Raub-, Stoßvogel; (Dicht.) Aarz;
— de passage, Zug-, Strichvogel;
— de paradis, Paradiesvogel; oi-
seau-mouche, Fliegenvogel; Koli-

bri; à vol d'—, in gerader Linie;
tirer l'—, ein Vogelschießen halten.
Oiseler, v. n. Vögel fangen; —,
v. a. (Falken) abrichten.
†Oiselet, m. Vögelchen, n.
Oiseleur, m. Vogelsteller.
Oiselier, m. Vogelhändler.
Oisellerie, f. Vogelfang, m.; Vo-
gelhandel; Vogelzucht, f.
Oiseux, se, adj. müßig, faul;
fg. unnütz.
Oisif, ve, adj.; -vement, adv.:
müßig, unthätig; fg. id., unbenutzt.
Oisillon, m. fm. Vögelchen, n.
Oisiveté, fém. Müßiggang, m.;
Muße, f.
Oison, m. Gänschen, n. die junge
Gans.
Oléagineux, se, adj. ölig, ölicht.
Oléandre, Oléander, m. (Bot.)
Lorbeerrose, f. [höfer.
†Olécrane, m. (Anal.) Elbogen-
†Oléracé, e, adj. (Bot.) gemüß-
artig.
Olfactif, ve, Olfactoire, adj.,
nerfs —s, (Anat.) Geruchsnerven.
Oliban, m (Handl.) der arabische
Weihrauch.
Olibrius, m. fm. Ueberkluge,
Prahler.
Oligarchie, f. Oligarchie, Regie-
rung einiger Wenigen.
Oligarchique, adj. oligarchisch.
Olim, m. (adv. lat.) ehmals,
vor alter Zeit; les —s, die alten
Register oder Protokolle des pariser
Parlaments. [klinge.
Olinde, f. Olindklinge, Degen-
Olivaire, adj. olivenförmig, oli-
venähnlich.
Olivaison, f. Olivenernte.
Olivâtre, adj. olivenfarbig.
Olive, f. (Bot.) Olive; Oelbaum,
m.; fg. Delzweig; jardin des —s,
(h. Schr.) Oelgarten; huile d'—,
Baumöl, n.; couleur d'—, Oli-
venfarbe, f.
Olivée, f. (Bot.) Oelrettig, m.
Olivettes, f. pl. Oliven; Schlan-
gentanz (in der Provence), m.
Olivier, m. (Bot.) Oelbaum;
branche d'—, Oelzweig; fg. Frie-
denszeichen, n.; — sauvage, Olea-
ster, m. Paradiesbaum.
Ollaire, adj.; f. (Miner.) pierre
—, Tropfstein, m.
Olographe, adj. (jur.) eigenhän-
dig, mit eigener Hand geschrieben
(Testament.)
Olympe, m. (Myth.) Olymp;
fg. id., Himmel.
Olympiade, f. (Alt.) Olympiade
(Zeit von vier Jahren.)
Olympiens, adj. m. pl., (Myth.)
dieux —, die olympischen Götter.
Olympique, adj. (Alt.) olympisch.
Ombelle, f. (Bot.) Dolde; en —,

belben=, schirmförmig; la plante —, Doldenpflanze, f.

Ombellé, e, adj. (Bot.) dolden= tragend, dolbig. [tragend.

Ombellifère, adj. (Bot.) dolben=

Ombilic, m. Nabel; (Bot.) id., Narbe, f. fm. Bußen, m.

Ombilical, e, adj. (Anat.) zum Nabel gehörig; cordon —, Nabel= schnur, f.

Ombrage, m. Schatten; fg. Miß= trauen, m. Argwohn, m.

Ombrager, v. a. beschatten; fg. umschatten.

Ombrageux, se, adj. scheu; fg. mißtrauisch, argwöhnisch.

Ombre, f. Schatten, m. Dunkel= telheit, f.; fg. id., Vorwand, m.; (Theol.) Vorbild, n.; (Mal.) Schatten, m. Schlagschatten; Um= bra=Erde, f.; à l'—, im Schatten; fg. unter dem Schuße, faire — à qn., einen verdunkeln, les —s chinoises, Schattenspiel, n.; (Naturg.) Uesche, f. (Fisch).

Ombrelle, f. Sonnenschirmchen, n.

Ombrer, v. a. (Mal.) schattiren, verschatten.

Ombreux, se, adj. schattig.

Ombromètre, m. Regenmesser.

†Oméga, m. Omega, n. lange O (im Griechischen); fg. Ende.

Omelette, f. Eier=, Pfannkuchen, m. [sen.

†Omettre, v. a. unterlassen, auslas=

Omission, f. Unterlassung; Aus= lassung, Auslassen n. Versehen.

Omnibus, m. eine Art Fuhrwerk zu Jedermanns Dienst.

Omnipotence, f. Allgewalt.

Omniscience, f. Allwissenheit.

Omnivore, adject. allesfressend (Fleisch sowohl als Pflanzen)

†Omophage, adj. robes Fleisch es= send. [blatt, n.

Omoplate, f. (Anat.) Schulter=

†Omphalocèle, f. (Med.) Nabel= bruch, m. [traut, m.

†Omphalode, m. (Bot.) Nabel=

†Omras, Omrhas, m. Omrah (Titel am Hofe des Großmoguls)

On, l'on, pron. indécl. man.

†Onagre, f. (Bot.) Nachtkerze.

Onagre, m. (Naturg.) Waldesel.

Once, Oncuces (Naturg. vi. nie mals; je.

Once, f. Unze; (Naturg.) id. (Art Luchs); demi-once, Loth, n.

Onciales, adj. f. pl., (Alt.) let= tres —, Uncialbuchstaben, m. pl.

Oncle, m. Oheim.

Onction, f. Salbung; fg. id., Inbrunst, Herzlichkeit; l'extrême —, (Kath.) die letzte Delung.

Onctueux, se, adj. ölig, fett; — et -sement, adv. fg. salbungsvoll.

Onctuosité, f. eine Art Fettigkeit.

Onde, f. Welle, Woge; fg. Wasser, n. Wellenkrümmungen, f. pl. [stammicht.

Ondé, e, adj. gewässert, geflammt;

Ondée, f. Regenguß, m. Platz= gen. [Nix; Nixe, f. Wassernixe.

Ondin, m. e, f. Wassergeist, m.

Ondoiement, m. (Kirch.) Noth= taufe, f.

Ondoyant, e, adj. Wellen wer= send; fg. wallend, wellenförmig.

Ondoyer, v. n. Wellen werfen; fg. wallen, wogen; flattern; —, v. a. un enfant, (Kirch.) einem Kinde die Nothtaufe geben.

Ondulation, f. die wellenförmige Bewegung.

Ondulatoire, adj. wellenförmig.

Onduler, v. n. sich wellenförmig bewegen, wogen, wallen.

Onéraire, adj. (jur.) verwaltend, verantwortlich (Vormund). [tig.

Onéreux, se, adj. beschwerlich, läs=

Ongle, m. Nagel (an Händen und Füßen); Klaue, f. (von Thieren); (Bot.) der unterste Theil (eines Blu= menblattes); (Med.) Nagelfell (im Auge), n.

†Ongle-de-chat, m. die Einn= pflanze mit hakenförmigen Stacheln.

Onglée, f. Kälte, der Frost unter den Nägeln; avoir l'—, fm. spize Finger haben.

Onglet, m. Grabstichel; (Buchb.) Falz; Abschnipel, n.; (Buchdr.) Garten, m.; (Tischl.) die rechtwin= telige Zusammenfügung.

Onglette, f. (Kupferst.) Grabsti= chel, m.; (Schloss.) die Aushöhlung einer Klinge.

Onguent, m. Salbe, f.

Onguiculé, e adj. traußig, klauig, Nägel, Krallen habend.

Ongulé, e, adj. mit Hufen, Klauen versehen.

Onirocritie, Onirocritique, Oni= roscopie, f. Traumdeuterei.

Onirocritique, m. Traumdeuter.

†Onkotomie, f. (Chir.) Geschwür= schnitt, m.

Onocrotale, m. (Naturg.) Kropf= gans, f. Schwegans.

Onomatopée, f. (Rhet.) die Wort= bildung nach dem Laute der Sache.

Ontologie, f. (Philos.) Ontologie, Wesenlehre. [logisch.

Ontologique, adj. (Philos.) onto=

Onyx, m. (Miner.) Onyx (Halb= edelstein). [Eilfte, m.

Onze, adj. eilf; —, m. Eilf, f.;

Onzième, adj. eilfte; —, m. Eilftel, n.; -ment, adv. eilftens; zum eilften. [steine.

Oolithes, m. pl. (Naturg.) Rogen=

Opacité, f. Dunkelheit, Undurch= sichtigkeit. [stein), m.

Opale, f. (Miner.) Opal (Edel=

Opaque, adj. dunkel, undurch= sichtig.

Opéra, m. Oper, f. Singspiel, n.; le petit —, die Operette; —, Opern= haus, n.; fg. fm. der verwickelte Handel.

Opérateur, m. Wundarzt; —, m. trice, f. Marktschreier, m. Quad= salber; =inn, f.

Opération, f. Wirkung, Verrich= tung; (Chir.) Operation, Verrich= tung; — de la pierre, Steinschnitt, m; —, (Kriegsw.) Unternehmung, f. [Deckelchen, n.

Opercule, m. (Botan.) Deckel

Opérer, v. a. et n. wirken, be= wirken; hervorbringen; (Kunst.) ar= beiten; (Math.) rechnen; (Chir.) operiren; se faire — de la taille, sich den Stein schneiden lassen.

Opes, m. pl. (Bauk.) Rüstlöcher, n. pl.

†Ophidiens, m. pl. Schlangenge= schlecht, n. [gensöhne.

†Ophiogènes, m.pl. (Alt.) Schlan=

†Ophioglosse, f. (Bot.) Schlangen= zunge. [Schlangenstein, m.

Ophite, adj. marbre —, (Miner.)

Ophris, f. (Bot.) Zweiblatt, n.

†Ophthalgie, f. der Augenschmerz ohne Entzündung.

Ophthalmie, f. (Med.) das Au= genweh mit Entzündung.

Ophthalmique, adj. zu den Augen gehörig; remède —, Augenmittel, n.

Ophthalmographie, f. (Med.) die Beschreibung des Auges.

Opiacé, e, adj. Opium enthaltend.

Opiat, m. Opiate, Opial, n. Latwerge, f. [stopfend.

Opilatif, ve, adj. (Med.) ver=

Opiler, v. a. (Med.) verstopfen.

Opimes, adj. f., (röm. All.) dé= pouilles —, Feldherrenbeute (welche der Feldherr dem feindlichen ab= nahm), f.

Opinant, m. Stimmgebende.

Opiner, v. n. stimmen, seine Stim= me geben, seine Meinung vortragen.

Opiniâtre, adj.; -ément, adv.; hartnäckig, eigensinnig; —, m. Starrkopf.

Opiniâtrer, v. a. (etw.) hartnäckig, eigensinnig behaupten; (einen) hals= starrig machen; s'— à qch., hart= näckig auf etw. beharren.

Opiniâtreté, f. Hartnäckigkeit; Ei= gensinn, m. Starrsinn.

Opinion, f. Meinung, Gutach= ten, n. Stimme, f. Wahnsatz, m.

Opium, m. (Naturg.) Opium, n.

Oplomachie, f. der Kampf der Gla= diatoren, mit Schwert oder Dolch be= waffnet.

†Opobalsamum, m. (Naturg.) der jüdische Balsam.

†Opopanax, m. (Naturg.) Panax=
gummi, n.
†Opossum, m. (Naturg.) Beutel=
thier, n.　　　　　　[gen.
Opportun, e, adj. bequem, gele=
Opportunité, f. Bequemlichkeit,
Schicklichkeit, bequeme Gelegenheit.
Opposant, e, adj. widersprechend;
—, m. Gegner, Einsprecher.
Opposé, e. Gegentheil, n. Wi=
derspiel; Gegenstück.
Opposer, v. a. entgegensetzen; ge=
genüber setzen, legen, stellen; sg.
einwenden, entgegensetzen; s'—, sich
widersetzen; —é, e. entgegengesetzt,
gegenüberstehend, =liegend; jenseitig
(Ufer).
Opposite, m. Gegentheil, n. à
l'— (d'un lieu, etc., einem Orte,
2c.), gegenüber.
Opposition, f. Widerstand, m.;
Widerspruch, Einspruch; former —
à qch., (jur., 2c.) Einspruch thun
(à, in, gegen); —, sg. Gegen=
satz, m.; (Pol.) Gegenpartei, f. Op=
position; (Astr.) Gegenschein, m.
Oppresser, v. a. drücken; (Med.)
beklemmen; sg. unterdrücken, drän=
gen.　　　　　[Dränger.
Oppresseur, masc. Unterdrücker,
Oppressif, ve, adj. unterdrückend.
Oppression, f. Drücken, n.; (Med.)
Beklemmung, f. — de la poitrine,
Brustbeschwerde; sg. Unterdrückung,
Druck, m.; Bedrängniß, f.
Opprimé, e, adj. unterdrückt; —,
s. m. -e, f. Unterdrückte, m. et f.
Verfolgte.　　　　　[gen.
Opprimer, v. a. unterdrücken, drän=
Opprobre, masc. Schande, fém.
Schmach; Schimpf, m. Schandfleck.
†Opsigone, adj. (Lehrst.) später
erzeugt; dents —s, Spätzähne, m. pl.
Weisheitszähne.
Optatif, m. (Gramm.) die wün=
schende Art; —, ve, adject. wün=
schend.　　[qch., etw. wählen.
Opter, v. a. et n. qch., pour
Opticien, m. Optiker.
Optimé, adv. sehr gut.
Optimisme, m. (Philos.) die Lehre
von der besten Welt.
Optimiste, m. (Philos.) der An=
hänger der Lehre von der besten Welt.
Option f. Wahl.
Optique f. Optik; Sehekunst;
—, m. et f. Optik (Schauspiel), f.
—, adj. optisch; nerfs —s, (Anat.)
Sehenerven, m. pl.
Opulemment, adv. im Ueberflusse.
Opulence, f. Ueberfluß, m. Reich=
thum.　　　　　[liert.
Opulent, e, adj. sehr reich, begü=
Opuntia, f. (Bot.) der indische
Feigenbaum.
Opuscule, m. Werkchen, n.
Or, m. Gold, n.; sg. Reichthum,

m.; d'or, golden; pièce d'or, Gold=
stück, n.; or d'Allemagne, v. Ori=
peau; or-couleur, (Mal.) der Bo=
bensatz der Oelfarben; sg. fm. il
parle d'or, dit d'or, er spricht gol=
bene Worte; un marché d'or, ein
sehr vortheilhafter Handel.
Or, conj. nun, demnach; or çà,
interj. fm. woblan! [spruch, m.
Oracle, m. Orakel, n. Götter=
Orage, m. Sturm, Ungewitter, n.
Donnerwetter; sg. id. Unglück.
Orageux, se, adj. stürmisch; sg. id.
Oraison, f. (Gramm., 2c.) Rede;
(Kirch.) Gebet, n.; —dominicale,
Vaterunser.
Oral, e, adj. mündlich; (Gramm.)
bloß im Munde gebildet. [Orange.
Orange, f. (Naturg.) Pomeranze;
Orange, Oranien (ehem. Provinz);
les princes d'—, die Prinzen von
Oranien.
Orangé, e, adj. pomeranzenfar=
big; —, m. Pomeranzengelb, n. [n.
Orangeade, f. Pomeranzenwasser,
Orangeat, m. die eingemachte Po=
meranzenschale; kleines Zuckerwerk.
Oranger, m. (Bot.) Pomeranzen=
baum; —, v. a. f. der oder die
Pomeranzen verkauft.
Orangerie, f. Pomeranzenhaus, n.
Orangerie, f. Pomeranzengarten, m.
Orang-outang, masc. (Naturg.)
Waldmensch, Orang-Utang (Affe).
Orateur, m. Redner, Sprecher
(im englischen Unterhause).
Oratoire, adj.; -ment, adv.;
rednerisch; —, m. Betzimmer, n.
Bethaus; Oratorium (Art Congre=
galion).
Oratoriens, m. pl. die Priester von
der Congregation des Oratoriums.
Oratorio, m. (Mus.) Oratorium,
n.　　　　　　[Kreislauf.
Orbe, m. Kreis, (Astron.) id.,
Orbe, adj. m., coup —, ein blin=
der Streich, Hieb oder Schuß; Quel=
schung, f.; mur —, (Maur.) die
blinde Mauer.
Orbiculaire, adj.; -ment, adv.
kreis=, ringförmig; rund.
†Orbiculé, e, adj. (Bot.) kreis=
rund, scheibenrund.
Orbite, f. (Astr.) Bahn (eines Pla=
neten); (Anal.) Augenhöhle.
†Orcades, pl. Orkaden, orkadi=
schen Inseln.
Orcanète, f. (Bot.) die rothe Och=
Orchestique (spr. ork-), adj.
genre — ou —, f. (Alt.) Orchestik
(Theil der Gymnastik).
Orchestre (spr. ork-), m. (Mus.)
Orchester, n.
†Orchidées (spr. crk-), f. pl.
Orchispflanzen, Knabenkräuter, n. pl.
Orchis (spr. ork-), m. (Bot.)
Knabenkraut, n.

Ord, e, adj. (alt) häßlich, un=
reinlich.　[mit); Gottesurtheil, n.
Ordalie, f. Unschuldsprobe (de,
Ordinaire, adj. gewöhnlich, or=
bentlich, alltäglich, gemein; —, m.
Gewöhnliche, n.; Gewohnheit, f. ||
ordentliche Post; Posttag, m. || die
tägliche Kost, Haustost; (Kirch.)
Bischof, m.; -ment, adv. gewöhnlich,
gemeiniglich, meistens; comme à
l'—, wie gewöhnlich.
Ordinal, adj. m., (Gramm.)
nombre —, Ordnungszahl, f.
Ordinand, m. der zu ordinirende
Geistliche.
Ordinant, m. et adj., évêque
—, der ordinirende Bischof.
Ordination, f. Weihe, Priester=
weihe, Ordination.
Ordo, m. lat. Kirchenkalender.
Ordonnance, f. Anordnung; Ver=
ordnung; — forestière, Forstord=
nung; —, qaf. coll. Gesetze; (Med.)
Recept, n. Vorschrift, f.; (Fin.)
Anweisung (einer Summe); (Kriegsw.)
Ordonnanz; habit d'—, Uniform.
Ordonnancer, v. a. zur Bezahlung
anweisen.
Ordonnateur, m. Anordner, Zah=
lungsanweiser; —, adj. m., com=
missaire —, Obertriegscommissär.
Ordonnée, f. (Geom.) die Ordi=
nale (einer krummen Linie).
Ordonner, v. a. befehlen, verord=
nen; anordnen, ordnen, einrichten;
(Med.) ver=, vorschreiben; (Fin.)
anweisen; (Priester) ordiniren, wei=
hen; —, v. n. verfügen (de, über).
Ordre, m. Ordnung, f.; mettre
en —, ordnen; mettre — à qch.,
einer S. steuern, Einhalt thun; etw.
ordnen, für etwas sorgen; —,
(Kriegsw.) Ordnung, f. Stellord=
nung; — de bataille, Schlachtord=
nung; —, (jur.) Ordnung, Folge
(der Gläubiger); sentence d'—, Lo=
cationsurtheil, n.; —, Chor (der
Engel); (Pol.) Classe, f. Stand, m.
sg. du premier —, vom ersten Ran=
ge; —, Orden; — de chevalerie,
Ritterorden; —, Ordenszeichen, n.;
— du jour, Tagesordnung, f. || Be=
fehl, m.; (Kriegsw.) Parole, f.;
mot d'—, Losung; — du jour, Ta=
gesbefehl, m.; —, (Handel.) Ordre,
f.; (Kath.) Weihe; en sous-ordre,
als Untergeordneter.
Ordure, f. Schmutz, m. Unrath;
Unflath, Koth; (Med.) Unreinig=
teit, f.; Kehricht, n.; sg. Zote, f.
Unflätherei.
Ordurier, ère, adj. unflätbig,
schmutzig, kothig; —, m. Zoten=
reißer.
Oréade, f. (Myth.) Bergnymphe.
Orée, f. (alt) Rand, m. die Gränze
des Waldes.

Oreillard, e, *adj.* (Reitfch.) lang=
öhrig; cheval —, Langohr, *n.*

Oreille, *f.* Ohr, *n.*; Gehör; prêter
l'oreille à qn., à qch., einen, etw.
aufmerffam anhören; venir aux —s
de qn., einem zu Ohren femmen;
se faire tirer l'—, sich nöthigen
laffen, rompre les — s à qn., einem
die Ohren voll schwatzen; *fm.* faire
la sourde —, sich taub stellen; avoir
l'— de qn., jemandes Zutrauen be=
sitzen; baisser l'—, den Kopf hängen
laffen, échauffer les —s à qn.,
einem den Kopf warm machen; se=
couer les —s, den Kopf schütteln;
bout de l'—, Ohrläppchen, *n.*; —,
(Schuhm.) Schuhriemen, *m.* La=
sche, *f.* Henkel, *m.* Griff eines Ge=
fäßes; (Landw.) Streichbrett, *n.*;
(Buch.) Ohr, Eselsohr; — d'ours,
(Bot.) Schlüsselblume, *f.*; — de
souris, Vergißmeinnicht, *n.*

Oreiller, *m.* Kopfkissen, *n.*

Oreillette, *f.* Ohrreischen, *n.*; Ohr=
bäuschchen; (Anat.) Herzohr.

Oreillons, *m. pl.* (Med.) Ohr=
geschwulst, *f.* der Fluß in den Ohren;
(Waffg.) Abschnipel, *n. pl.*; Quasten
(an den Köpfen der Pferde), *f. pl.*

Orémus, *m. lat. fm.* Gebet, *n.*

Oréographie, *f.* die Beschreibung
der Berge, oder Gebirge.

†Ores, *adv.* (alt) jetzt, gegenwärtig.

Orfèvre, *f.* Goldschmied.

Orfévrerie, *f.* Goldarbeiterkunst;
Goldschmiedsarbeit. [oder Silber.

Orfévri, e, *adj.* verarbeitetes Gold

Orfraie, *f.* (Naturg.) Meeradler,
*m.* Beinbrecher.

Orfroi, *m.* die Verbrämung (an
den Chorröcken).

Organe, *m.* Organ, *n.* Werkzeug;
*fg. id.*, Stimme, *f.*; être l'— de
qn., in eines Namen sprechen; par
son —, durch ihn. [neau.

Organeau, *m.* (Seew.) *v.* Arga=

Organique, *adj.* (Phyf.) organisch,
mit Organen versehen; *fg.* organisch.

Organisation, *f.* Organisation,
Bau, *m.* Gliederbau; *fg.* Bildung,
*f.* Einrichtung.

Organiser, *v. a.* organifiren, ein=
richten, bilden; (Muf.) mit einer
Orgel versehen; s'—, sich bilden.

Organisme, *m.* Bau, Organismus.

Organiste, *m.* Organift, =inn, *f.*

Organsin, *m.* (Handl.) Organsin=
seide, *f.* [zwirnen.

Organsinage, *m.* die Art Seide zu

Organsiner, *v. a.* (Seide) zwirnen.

Orgasme, *m.* (Med.) Wallung, *f.*

Orge, *f.* Gerste; — perlé, *m.* Ger=
stengraupen; *pl.* — mondé, *m.* Ger=
rolte Gerste; *f.*; Gerstentranf, *m.*; à
grains d'—, geköpert (Zeug); *prov.*
*fm.* faire les —s, seinen Schnitt
machen.

Orgeat, *m.* der Kühltranf von
Gerstenwasser; Mandelmilch, *f.*

Orgelet, *m.* Orgeolet, (Med.) das
Gerstenforn (im Auge).

Orgies, *f. pl.* (Alt.) Bacchusfest, *n.*;
orgie, *f. fg.* Saufgelag, *n.* Fresse=
rei, *f.*

Orgue, *m.* Orgues, *f. pl.* Orgel,
*f.*; — à cylindre, de Barbarie, *ou*
d'Allemagne, Drehorgel; point
d'—, (Muf.) Fantasiestück, *n.*; Aus=
gang, *m.* ‖ Orgelpunct.

†Orgue de mer, *f.* Meerorgel
(Miner.). [Hoffart, *f.*

Orgueil, *m.* Stolz, Hochmuth,

Orgueilleux, se, *adj.*; -sement,
*adv.*; stolz, hochmütig; hoffärtig;
—, *m.* Stolze, Hochmütige; (Med.)
*v.* Orgelet. [Morgenland, *n.*

Orient, *m.* Morgen, Osten; *fg.*

Oriental, e, *adj.* morgenländisch.

Orientaliste, *m.* Orientalist, Ken=
ner der morgenländischen Sprachen.

†Orientaux, *m. pl.* Morgenländer.

Orienter, *v. a.* nach den Weltge=
genden richten; s'—, sich orientiren;
*fg.* sich zurechtfinden, nachsinnen;
bien —é, gut gelegen (Haus).

Orifice, *m.* Mündung, *f.* Oeff=
nung.

Oriflamme, *f.* Oriflamme (Kriegs=
fahne der alten Franken). [ran.

Origan, *m.* (Bot.) der wilde Majo=

Originaire, *adj.* ursprünglich; her=
stammend; être — d'un pays, aus
einem Lande herstammen; demande
—, (jur.) Hauptflage, *f.*; -ment,
*adv.* ursprünglich.

Original, *m.* Original, *n.*; Ur=
schrift, *f.*; Urbild, *n.*; *fg.* Selbst=
denfer, *m.*; *m. p.* Sonderling, — e,
*adj.* ursprünglich, eigenthümlich;
eigen, neu; tableau —, Original=
gemälde, *n.*; -ment, *adv.* auf eine
eigene Art.

Originalité, *f.* Originalität, Ei=
genthümlichkeit, Sonderbarkeit.

Origine, *f.* Ursprung, *m.* Urquelle,
*f.* Quelle, Entstehung; Abfunft,
Herfunft; tirer son — d'un pays,
aus einem Lande herstammen.

Originel, le, *adj.*; -lement, *adv.*:
ursprünglich; péché —, (Theol.)
Erbsünde, *f.*

Orignal, *v.* Élan.

Orillon, *m.* Oehrchen, *n.*; —s,
(Bauf.) Ohren, *f.* Handhaben, Hen=
fel, *m.*

Orin, *m.* (Schiff.) Boifeil, *n.*

Orion, *m.* (Astr.) Orion (Ge=
stirn).

Oripeau, *masc.* Flittergold, *n.*
Rauschgold; *fg.* Flitterwerk.

Orle, *m.* (Bauf.) Saum.

†Orléanais, *m.* das Gebiet der
Stadt Orleans, die ehemalige Pro=
vinz Orleanais.

Ormaie *ou* Ormoie, *f.* Ulmen=
wald, *m.*

Orme, *m.* (Bot.) Ulme, *f.* Rüfter.

Ormeau, *m.* die junge Ulme.

†Ormière, *fém.* Wiesenföniginn,
Wiesenbocksbart, *m.* (Pflanze)

Ormille, *f.* Ulmenfetzling, *m.*

Ormin, *m.* (Bot.) Scharlei, Schar=
lachfraut, *n.* [(Baum).

Orne, *m.* (Bot.) Buchäsche, *f.*

Ornemaniste, *m.* Verzierer.

Ornement, *m.* Zierde, *f.* Verzie=
rung; Zierath, *m.* Schmuck; *fg.*
Zierde, *f.*; —s, (Kirch.) Schmuck,
*m.* Ornal.

Orner, *v. a.* schmücken, zieren;
—é, e, (Buchdr.) musirt (Buch=
staben).

Orniére, *f.* Geleise, *n.* Wagenge=
leife.

Ornithogale, *m.* (Bot.) Erdnuß, *f.*

†Ornitholithe, *f.* Vogelstein, *m.*
versteinerte Vogel.

Ornithologie, *f.* Vogelfunde.

Ornithologiste, -logue, *m.* Vo=
gelfenner.

Ornithomance, Ornithomancie,
*f.* Vogelwahrsagerei. [thier, *n.*

†Ornithorhynque, *m.* Schnabel=

Orobanche, *f.* (Bot.) Erdenwür=
ger, *m.* Sommerwurz, *f.*

Orobe, *f.* (Bot.) Erve.

Orpailleur, *m.* Goldwäscher.

Orphelin, *m.* e, *f.* Waise, Wai=
senfnabe; *m.* Waisenmädchen, *n.*;
verwaist; devenir —, verwaisen;
maison des —s, Waisenhaus, *n.*

†Orphie, *f.* (Naturg.) Hornfisch,
*m.*

Orphique, *adj.* (Alt.) orphisch;
—s, *f. pl.* die orphischen Feste; —s,
*m. pl.* Orphifer (Art Philofophen).

Orpiment, Orpin, *m.* Operment,
*n.* Auripigment (gelbes Erz).

Orpin, *m.* (Bot.) Wund=, Wolfs=
fraut, *n.*

Orque, *m. v.* Épaulard.

Orseille, *f.* (Bot.) Färbermoos, *m.*

Ort, *m.* (Handl.) Tara, *f.* peser
ort, brutto wägen.

Orteil, *m.* die große Zehe.

Orthodoxe, *adj.* rechtgläubig, rein
(Lehre); *fg. frn.* richtig, echt; —s,
*m. pl.* Rechtgläubigen.

Orthodoxie, *f.* Rechtgläubigfeit.

Orthodromie, *f.* (Schiff.) der ge=
rade Lauf.

Orthogonal, e, *adj.* (Geom.)
senfrecht, rechtwinfelig.

Orthographe, *f.* Rechtschreibung.

Orthographie, *f.* (Bauf.) Aufriß,
*m.*

Orthographier, *v. a.* richtig schrei=
ben. [phisch.

Orthographique, *adj.* orthogra=

Orthopédie, *f.* die Kunst, förper=
liche Fehler der Kinder zu verbessern.

Orthopédique, *adj.* orthopedisch.
Orthopnée, *f.* der schwere Athem.
†Orthoptéres, *m. pl.* Geradflügler (Insekten). [See=, Meernessel.
Ortie, *f.* (Bot.) Nessel; — de mer,
Ortive, *adj. f.*, (Astr.) amplitude
—, Morgenweite, *f.*
Ortolan, *m.* (Naturg.) Ortolan, Fet=ammer, *f.* [Scharlachkraut, *n.*
Orvale, *f.* (Bot.) Scharlei, *m.*
†Orvert, Orvet, *m.* (Naturg.) Blindschleiche, *f.*
Orviétan, *m.* eine Art Gegengift; marchand d'—, *mépr.* Quacksalber, *m.* [(Insekten).
†Oryctériens, *m. pl.* Erdwühler
Oryctographie, *f.* die Beschreibung der Fossilien.
Oryctologie, *f.* Fossilienlehre.
Os, *m.* Bein, *n.* Knochen, *m.*
Oscillation, *f.* Schwingung.
Oscillatoire, *adj.*, mouvement —, die schwingende Bewegung.
Osciller, *v. n.* Schwingungen ma=chen, sich schwingen.
†Oscitation, *f.* Gähnen, *n.*
Oseille, *f.* Sauerampfer, *m.* Am=pfer.
Oser, *v. n.* dürfen, sich unterstehen, sich erkühnen; sich unterfangen; *m. p.* sich erfrechen; —, *v. a.* wagen; —é, e, kühn, verwegen, dreist.
Oseraie, *f.* Weidengebüsch, *n.*
Osier, *m.* Weide, *f.* Bandweide; — vert, Bachweide; —, Weiden=gerte.
†Osmanli, *m.* Türke, Osmanne.
Osmazôme, *f.* (Chim.) Osmazom, *n.* [benfarn, *m.*
Osmonde royale, *f.* (Bot.) Trau=
†Ossec, *m.* (Schiff.) Pumpensood.
Osselet, *m.* Beinchen, *n.* Knö=chelchen; Jolterbein; (Thiera.) Bein=gewächs der Pferde).
Ossements, *m. pl.* Gebeine, *n. pl.*
Todtenknochen, *m. pl.* [beinern.
Osseux; se, *adj.* knochig, beinig,
†Ossianique, *adj.* (Styl) die ossia=nische Schreibart.
Ossification, *f.* Verknöcherung.
Ossifier, *v. a.* verknöchern; s'—, sich verknöchern, zu Knochen werden.
†Ossifrague, *m.* (Naturg.) Bein=brecher, Fischadler.
Ossivore, *adj.* (Med.) beinfressend.
†Ossu, se, *adj.* starkknochig.
Ossuaire, *m.* Beinhaus, *n.*
Ostensible, *adject.* vorweisbar; -ment, *adv.* auf eine vorweisbare Art. [Monstranz, *f.*
Ostensoir, Ostensoire, *m.* (Kath.)
†Ostentateur, trice, *adj.* prah=lend (*Rousseau*).
Ostentation, *f.* Prahlerei.
Ostéocolle, *f.* (Miner.) Bruchstein, *m.* Beinheil, *n.* [weh, *m.*
Ostéocope, *m.* (Med.) Knochen=

Ostéographie, *f.* Beschreibung der Knochen. [versteinerte Knochen.
Ostéolithe, *f.* Knochenstein, *m.*
Ostéologie, *f.* (Med.) Knochen=lehre. [der Knochen.
Ostéotomie, *f.* die Zergliederung
†Ostfrise (l'), *f.* Ostfriesland, *n.*
Ostracé, e, *adj.* (Naturg.) Scha=len habend; animaux —s, ou —s, *m. pl.* Schalthiere, *n. pl.*
Ostracisme, *m.* (gr. Alt.) Ostra=cismus, Scherbengericht, *n.*
Ostracite, *f.* (Naturg.) die ver=steinerte Austerschale. [länder.
†Ostrelin, *m.* (Geogr.) qqf. Ost=
Ostrogot, *m.* Ostrogothe; *fg. fm.* rohe Mensch, Barbar; cela est d'un goût —, das ist von rohem Ge=schmack. [Geißel.
Otage, *m.* Geißel; en —, als
Otalgie, *f.* (Med.) Ohrenweh, *m.*
Oté, *prép.*, ôté cela, dieses aus=genommen; *f.*
†Otenchyte, *m.* (Chir.) Ohrspritze.
Oter, *v. a.* wegnehmen, weglegen, wegsetzen, wegschaffen, herausneh=men, abnehmen, entziehen; auszie=hen (Kleider); benehmen, nehmen; (die Ehre, x.) rauben; (Reste, x.) wegschneiden, abbauen; — avec de l'eau forte, abäzen.
Otologie, *f.* die Lehre von den Ohren.
†Ottoman, *adj.* osmannisch; les —s, die Osmannen, *m. pl.*
Ottomane, *f.* Ottomane, eine Art von Ruhebett. [heben. — oder.
Ou, *conj.* oder; ou ... ou, ent=
Où, *adv.* wo; wohin; worin; we=zu; d'où, woher; par où, wodurch.
Ouaiche, *m.* (Schifff.) Kielwasser, *n.*; tirer en —, (ein Schiff) am Schlepptaue haben, bugsiren; trainer en —, nachschleppen.
Ouaille, *f. fg.* (Theol.) Schaf, *m.*
Ouais, *interj. fm.* poptausend!
Ouate, *f.* Watte.
Ouater, *v. a.* mit Watte füttern.
†Oubier, *m.* (Naturg.) eine Art Falken.
Oubli, *m.* Vergessenheit, *f.*; tom=ber en —, in Vergessenheit kommen.
Oubliance, *f. vi.* Vergeßlichkeit.
Oublie, *f.* Hippe, Oblate.
Oublier, *v. a.* vergessen, auslassen, (etw. Gelerntes) verlernen, *fm.* ver=schwitzen; s'—, sich vergessen, sich vergehen.
Oubliettes, *f. pl.* Kerker (*m.*), das Loch mit einer Fallthüre zu heimlichen Hinrichtungen, Jungfernkuß, *m.*
Oublieut, *m.* Hippenbäcker.
Oublieux, se, *adj. fm.* vergeßlich.
Ouest, *m.* Westen, Abend; vent d'—, Westwind.
Ouf, *interj.* o weh! ach!
Oui, *adv.* ja; —, *m.* Ja, *n.*

Jawort; dire qu'—, ja sagen; — dà, herzlich gern, ja wohl.
Oui-cou, *m.* Quicu (Getränk).
Oui-dire, *m.* Hörensagen, *n.*; Gerede; des —s, Sagen, *f pl.*
Ouïe, *f.* Gehör, *n.*; — s, Fisch=ohren, *pl.* Kiemen; (Mus.) Ton=Resonanzlöcher, *n. pl.*
Ouïr, *v. a.* hören, abhören; ouï le rapport, nach Anhörung des Be=richtes. [Amerika.
Ouistiti, *m.* kleine Art Affen aus
Ouragan, *m.* Orkan, Sturmwind.
Ourdir, *v. a.* (Web.) anzetteln; *fg. id.* [(Web.) Anzetteln, *n.*
Ourdissage, *m.* Ourdissure, *f.*
Ourdisseur, *m.* -euse, *f.* (Web.) Anzettler, *m.* =inn, *f.*
Ourdissoir, *m.* (Web.) Scherrah=men. [nesblätter.
†Ourdon, *m.* (Handl.) falsche Se=
Ourler, *v. a.* säumen.
Ourlet, *m.* Saum.
Ours, *m.* (Naturg.) Bär; *fg. id.*; — de la petite espèce, Honig=Zeidelbär, —e, *f.* Bärinn; (Astr.)
Bär, *m.*; (Dicht.) Norden.
Oursin, *m.* (Naturg.) Meerigel.
†Oursiné, e, *adj.* (Bot.) stachelig.
Ourson, *m.* der junge Bär.
Ourvari, *m. v.* Hourvari.
Outarde, *f.* (Naturg.) Trappe, *m.*
Outardeau, *m.* (Naturg.) der junge Trappe.
Outil, *m.* Werkzeug, *n.* Geräth, Handwerkszeug; —s, *coll.* Schiff und Geschirr. [zeug versehen.
Outiller, *v. a. fm.* mit Handwerks=
Outrage, *m.* Schimpf, die grobe Beleidigung, Beschimpfung.
Outrageant, e, *adj.* schimpflich, äußerst beleidigend.
Outrager, *v. a.* beschimpfen, gröb=lich beleidigen.
Outrageux, se, *adj.*; -sement, *adv.*: schimpflich, höchst beleidigend.
Outrance (à), *adv.* aufs Neußerste, über die Maßen, übermäßig; über=trieben; combat à —, der Kampf auf Leben und Tod.
Outre, *f.* Schlauch, *m.*
Outre, *prép.* über; jenseit; außer; —, *adv.* weiter; — que, außerdem daß; d'— en —, durch und durch; en —, außerdem, noch dazu; outre mesure, *v.* Mesure.
Outrecuidance, *f.* (alt) so viel wie présomption.
Outrecuidant, e, *adj.*, statt pré=somptueux.
Outrecuidé, *adj.* (alt), *v.* Ou=trecuidant.
Outrément, *adv.* übermäßig.
Outremer, *m.* Ultramarin (Farbe).
Outre-passe, *f.* (Forstw.) die Ue=berschreitung der Gränzen beim Holz=fällen.

Outre-passer, v. a. überschreiten.

Outrer, v. a. übertreiben, überladen (mit Arbeit); fg. aufs Aeußerste bringen, erbittern.

Ouvert, e, adj. offen; un pays —, ein offenstehendes Land; un visage —, ein offenes, freimüthiges Gesicht || eröffnet (eine Sitzung); guerre —e, erklärter Krieg; à force —e, mit bewaffneter Hand.

Ouvertement, adv. offen; fg. id., offenherzig, freimüthig.

Ouverture, f. Oeffnung, Lücke (in einer Mauer, ꝛc.); Eröffnung (eines Testaments, ꝛc.); (Bergw.) Schurf, m.; fg. Eröffnung, f.; Antrag, m. Vorschlag; Mittel, n. Anfang, m.; (Wusf.) Ouverture, f.; — de cœur, Offenherzigkeit; — ou — d'esprit, der offene Kopf.

Ouvrable, adj., jour —, Werktag, m.

Ouvrage, m. Werk, n.; Arbeit f.; se mettre à l'—, sich ans Werk machen. [tieren.

Ouvrager, v. a. ausarbeiten, ausZieren.

Ouvrant, e, adj., v. Porte; à jour —, bei Tagesanbruch.

Ouvré, e, adj. verarbeitet (Holz), (Web.) gemodelt, gebildet.

Ouvreaux, m. pl. (Glash.) Ofenlöcher, n. pl.

Ouvrer, v. n. vi. arbeiten; —, v. a. (Münzw.) prägen.

Ouvreur, m. se, f. Aufschließer, m. =inn, f.

Ouvrier, m. ère, f. Arbeiter, m. =inn, f.; fg. —s, Werkleute, pl.; —, ère, adj., cheville —ère, Schlußnagel, m.; fg. Hauptperson, f.; jour —, v. Ouvrable.

*Ouvrir, v. a. öffnen, aufmachen, eröffnen; (Jagd) aufwirken; (Bergwef.) schürfen; fg. öffnen, eröffnen; (eine Meinung) vortragen; —, v. n. aufgehen, aufgemacht werden; s'— à qn., sich öffnen, aufgehen, aufspringen, einen Riß bekommen; fg. s'— à qn., sich einem entdecken, anvertrauen; s'— un chemin, sich einen Weg bahnen; ouvert, e, offen; fg. id., offenherzig, freimüthig; erledigt (Lehen); à cœur ouvert, offenherzig.

Ouvroir, m. Werkstatt, f. Arbeitsstube. [Fruchtknoten.

Ovaire, m. (Anat.) Eierstock; (Bot.)

Ovalaire, adj. (Anal.) eiförmig.

Ovale, adj. eirund, länglichrund; ligne —, Eislinie, f.; —, m. Oval, n. Eirund.

Ovation, f. (röm. Alt.) der kleine Triumph.

Ove, m. (Baul.) Ei (Zierath), n.

†Ovicule, m. (Baul.) das kleine Ei. [tigkeit des Auges.

†Oviforme, adj. eiartig (die FeuchZigkeit des Auges.

Ovipare, adj. (Naturg.) eierle-

genb; —, m. das eierlegende Thier.

Ovoïde, adj., un fruit —, eine eiförmige Frucht.

†Oxalique, adj., l'acide —, die Sauerkleesäure. [Salzwasser.

†Oxalme, m. der Weinessig mit

Oxycrat, m. (Med.) Essigwasser, n.

†Oxydabilité, f. Säuerbarkeit (der Metalle)

Oxydable, adj. was sich säuern läßt.

Oxydation, f. (Chym.) Säuern, n.; Verkalken (der Metalle).

Oxyde, m. (Chym.) Halbsäure, f.; Kalk (der Metalle), m.

Oxyder, v. a. (Chym.) säuern; (Metalle) verkalken; s'—, sich säuern.

†Oxydule, m. (Chym.) der halbgesäuerte, halbverkalkte Körper.

†Oxydulé, e, adj. leicht gesäuert.

Oxygène, m. (Chym.) Sauerstoff.

Oxygéner, v. a. (Chym.) mit Sauerstoff sättigen.

Oxygone, adj. (Geom.) spitzwinkelig.

Oxymel, m. Oxymel, Sauerhonig.

†Oxyrrhodin, m. (Apoth.) Rosenessig. [Essigzucker.

†Oxysaccharum, masc. (Apoth.)

Oyant, m. e, f. (jur.) Rechnungsabnehmer, m. =inn, f.

†Oyez, ol. hört! (von ouïr).

†Ozène, m. (Med.) das stinkende Nasengeschwür.

# P.

Pacage, m. Weide, f. Viehweide, Rain, m.; droit de —, Hutgerechtigkeit, f. Weidegang, m.

Pacager, v. a. weiden.

Pacant, m. Tölpel, Bauer.

Pace, v. In-pace. [balter.

Pacha, m. (Türf.) Pascha, Statt

Pachalik, m. (Türf.) Paschalif, n. Statthalterschaft, f.

Pachydermes, m. pl. die dickhäutigen Thiere (Elephant, ꝛc.), n. pl.

Pacificateur, m. Friedensstifter.

Pacification, f. Friedensstiftung; — d'un pays, Herstellung der Ruhe in einem Lande.

Pacifier, v. a. — un pays, die Ruhe in einem Lande herstellen; —, (Unruhen) stillen, beilegen.

Pacifique, adj. -ment, adv. friedfertig, friedlich, still; la mer —, das stille Meer.

Pacotille, f. (Seew.) Beilast; Führung; Bündel, m. Pack.

Pacta conventa, m. pl. ol. Wahlvertrag (in Polen), m. [trag.

Pacte, m. (Paction, f. vi.) Vertrag;

Pactiser, v. n. (neu) einen unerlaubten Vertrag eingehen.

†Padelin, m. (Glash.) Tiegel.

Padou, m. Floretband, n.

†Padouan, e, adj. paduanisch; —, m. e, f. Paduaner, m. =inn, f.

Padouane, f. (Alt.) Paduane, nachgemachte Denkmünze.

†Padoue, f. Padua (Stadt).

Pæan, m. (Alt.) Lobgesang.

Pagai, m. Pagaie, fém. Pagaie (Ruder der Indianer).

Paganisme, m. Heidenthum, n.

Page, m. Edelknabe, Page; sortir de —, den Pagenstand verlassen; il est hors de —, er ist seit mehr Page; fg. fm. er ist sein eigener Herr.

Page, f. Seite, Blattseite; mettre en —s, (Buchdr.) umbrechen; metteur en —s, (id.) der Setzer, welcher beauftragt ist, ein Werk zu umbrechen.

Pagination, f. Seitenbezifferung.

Pagne, m. Schürze (der Neger, ꝛc.), f.

Pagnon, m. (Handl.) ein sehr feines schwarzes Tuch aus Sedan.

Pagnote, m. pop. Memme, f.

Pagnoterie, f. pop. Feigheit.

Pagode, f. Pagode, Gößentempel, m. Gößenbild (in Indien), n. || Pagode (Porzellanfigur, Goldmünze), f.

Paien, ne, adj. heidnisch; —, m. ne, f. Heide, m. Heidinn, f.

Paillard, e, adj. bas, wollüstig.

Paillardise, f. Unzucht.

Paillasse, f. Strohsack, m.; —, m. Pidelhäring. [f.

Paillasson, m. Strohmatte, =decke,

Paille, f. Stroh, n.; Strohhalm, m.; fg. prov. Splitter; menue —, Spreu, f.; — hachée, Häckerling, m.; tirer à la courte —, Hälmchen ziehen; rompre la — avec qn., mit einem brechen; de —, strohern; fg. gering, unbedeutend; feu de —, Strohfeuer (auch fg.), n.; à la — (Kriegsw.) ruht aus! —, (Metall.) die brüchige Stelle; (Juwel.) Flecken, m.; — de fer, (Schloss.) Hammerschlag.

Pailler, m. Strohhof, Misthof; chapon de —, chapon —, ein Kapaun der sich im Hofe, auf dem Miste nährt; —, fg. der eigene Grund und Boden.

Paillet, adj. m. bleich; vin —, rother ins Gelbe spielender Wein.

Paillette, f. Flitter, m. Goldflimmer; Eisensplitterchen, n.; —, (Bot.) kleine schuppenartige Blättchen.

Pailleur, m. se, f. Strohführer; m. Strohhändler, =inn, f.

Pailleux, adj. m. (Metall.) brüchig. [Strohboden, m.

Paillier, m. Strohkammer, fém.

Paillon, m. Folie, f.; — de soudure, (Goldsch.) Löthkorn, n. Schlagleth.

Pain, *m.* Brod, *n.;* — blanc, Semmel, *f.;* — mollet, Wecke; — à cacheter, Oblate; — à chanter, Hostie; — de proposition, (jüd. Alt.) Schaubrod, *n.;* —, Kuchen, *m.;* — d'épices, Honigkuchen; Pfefferkuchen; —, *fg.* Brod, *n.* Nahrung, *f.;* — de sucre, Zuckerhut, *m.;* sucre en —, Hutzucker; — de cire, Wachsklumpen; — de savon, Seifentafel, *f.*

Pain-de-coucou, *m.* (Bot.) Kuckucksbrod, *n.*

Pain-de-pourceau, *m.* (Bot.) Schweinsbrod, *n.*

Pair, *m.* Pair (Titel); (Handl.) Pari, *n.;* au —, gleich, alpari; mes —s, meines Gleichen; —, *adj. m.* gleich; (Arithm.) gerade; de —, gleich, in gleichem Range.

Paire, *f.* Paar, *n.*

Pairement, *adv.,* — pair, doppelt gerade (von einer Zahl, deren Hälfte gerade ist).

Pairie, *f.* Pairie, Pairschaft.

Paisible, *adj.;* -ment, *adv.* : friedlich, rubig, sanft.

Paissant, e, *adj. verb.* von paitre.

†Paisseau, *m.* Wein= oder Rebpfahl.

Paisson, *f.* Waldweide, Mast; —, *m.* (Gärb.) Schlichtklinge, *f.*

†Paissonner, *v. a.* (Leder) schlichten.

Paitre, *v. a.* weiden; abweiden; —, *v. n.* weiden, grasen; mener —, faire —, weiden, auf die Weide führen; se —, sich nähren.

Paix, *f.* Friede, *m.* Ruhe, *f.* Stille; —, *interj.* stille! rubig!

Pal (*pl.* pals *et* paux), *m.* (Zin.) Pfahl.      [*m.*

†Palade, *f.* (Seew.) Ruderschlag,

Paladin, *m.* Ritter, Paladin.

Palais, *m.* Palast || Gerichtshof; style de —, Kanzleistyl || (Anat.) Gaumen.      [senkohl.

†Palais-de-lièvre, *m.* (Bot.) Ha

†Palamente, *f.* (Seew.) Ruderwerf, *n.*      [winde.

Palan, *m.* (Schiff.) Hisse, *f.* Zug=

†Palanche, *f.* Tragejoch (eines Wasserträgers), *n.*

Palançons, *m. pl.* (Maur.) Schalhölzer, *n. pl.*      [werf, *n.*

Palanque, *f.* (Fortif.) *qqf.* Pfahl

†Palanquer, *v. a.* (Schiff.) hissen.

Palanquin, *m.* (Schiff.) ein kleines Hißtau || Tragsessel, *m.* Palankin (der Indier).

†Palardeaux, *m. pl.* (Seew.) getheerte Bretter zur Ausbesserung, Spünde.

Palastre, *m.* (Schloss.) Schloßblech, *n.*

Palatale, *adj. f.,* lettre —, (Gramm.) Gaumenbuchstab, *m.*

Palatin, e, *adj.* pfalzgräflich;

comte —, Pfalzgraf, *m.;* électeur —, Kurfürst von der Pfalz; mont —, (Geogr.) palatinische Berg (zu Rom); os —, (Anat.) Gaumenbein, *n.;* —, *m.* Woiwode (in Polen); Palatinus (in Ungarn).

Palatinat, *m.* die pfalzgräfliche Würde; Pfalz; Woiwodschaft (in Polen).

Palatine, *f.* Palatin, *m.* Pelzkragen || Woiwodinn (Titel), *f.*

Pale, *f.* Schupbrett (einer Schleuse), *n.;* (Kirch.) Kelchdeckel, *m.;* Schaufel, *f.* das platte Ende (eines Ruders).

Pâle, *adj.* blaß, bleich; *v.* Couleur.

†Paléace, e, *adj.,* une fleur —e, eine mit kleinen schuppenartigen Blättchen versehene Blume.

Palée, *f.* (Hydr.) Pfahlwerk, *n.* Brückenjoch, Joch.

Palefrenier, *m.* Stallknecht.

Palefroi, *m.* Zeller; Staatspferd, *n.* Damenpferd.

Paléographie, *f.* die Kenntniß der alten Schriften.

Paleron, *masc.* Vorderbug (der Pferde, *2c.*).

Palestine, *f.* Palästina; (Buchdr.) Doppelcicerofchrift, *f.*

Palestre, *f.* (Alt.) Ringschule; Ringen, *n.* Kämpfen.

Palestrique, *adj.,* exercices —s, (Alt.) Kampfübungen, *f. pl.*

Palet, *m.* Wurfstein, Wurfscheibe, *f.*      [spielen.

†Paleter, *v. n.* mit dem Wurfstein

Palette, *f.* Peitsche; (Spiel) Rackete; (Bäd.) Knechbeit, *n.;* (Buchdruder) Spatel, *m.;* (Mal.) Rapb= *f.* Farbenbrett, *n.;* (Shir.) Aderlaß= becken; (Musf.) Taste, *f.;* (Anat.) Knieschebe.

Pâleur, *f.* Bleiche, Blässe.

Palier, *m.* (Bauk.) Absah, Rubeplatz.

Palimpseste, *m.,* un manuscrit —, ein doppelt beschriebenes Manuscript (Codex rescriptus).

Palindrome, *m.* Palindrom (ein Vers den man vor= und rückwärts lesen kann).

Palingénésie, *f.* Wiedererzeugung.

Palinod, *m. vi.* das Gedicht zu Ehren der unbefleckten Empfängniß.

Palinodie, *f. fm.* Widerruf, *m.;* chanter la —, widerrufen.

Pâlir, *v. n.* erblassen, blaß, bleich werden; —, *v. a.* blaß, bleich machen.

Palis, *m.* Zaunpfahl; Zaun; eingezäunte Plaß.

Palissade, *f.* (Fortif.) Pfahlwerk, *n.;* Palissade, *f.* Zaunpfahl, *m.;* Zaunpfahl; (Gärtn.) Zaun, Hecke, *f.*

Palissader, *v. a.* (Fortif.) mit Zaunpfählen einschließen, verpfählen; (Gärtn.) umzäunen.

Palissage, *m.* das Anbinden der Bäume.

Palissandre, Palixandre, *masc.* (Bot.) Veilchenholz, *n.*

Palisser, *v. a.* (Bäume) an ein Geländer binden, zu Spalieren ziehen.

Palladium, *m. lat.* (Myth.) Palladium, *n.; fg. id.,* Schubheiligthum.

Pallas, *f.* Pallas, Minerva; ein Planet.

Palliatif, ve, *adj.* (Med.) nicht aus dem Grunde heilend, nur lindernd, oberflächlich; remède —, *et* —, *m.* Linderungsmittel, *n.; fg.* Scheinmittel, Behelf, *m.* Ausflucht, *f.*

Palliation, *f.* (Med.) die oberflächliche Heilung; *fg.* Bemäntelung, Beschönigung.

Pallier, *v. a.* (Med.) nur obenhin heilen; *fg.* bemänteln, beschönigen; (Färb.) umrühren.

Pallium, *m.* (Kath.) Pallium (Art Stole), *n.*

Palme, *f.* Palmzweig, *m.* Palme, *f. fg. id.,* Sieg, *m.;* —, *m.* Palme (Maß von 8 Zoll und 3 Linien in Italien), *f.*

Palmé, e, *adj.* (Bot.) einer offenen Hand ähnlich; —, (Zool.) mit einer Schwimmhaut versehen, *v.* Palmipède.      [blätter, *n. pl.*

Palmettes, *f. pl.* (Bauk.) Palm=

Palmier, *m.* (Bot.) Palmbaum.

Palmipède, *adj.,* oiseaux —s ou —s, *m. pl.* (Naturg.) die plattfüßigen Vögel, Patschfüße.

Palmiste, *m.* (Bot.) Kohlpalme, *f.*

Palmite, *m.* das Mark des Palmbaums.      [traube.

Palombe, *f.* (Naturg.) Ringel=

†Palon, *m.* eine kleine Schaufel.

Palonnier, *m.* (Wagn.) Ortscheit, *n.*      [vel.

Palot, *m.* der grobe Bauer, Töl

Pâlot, te, *adj.* ein wenig blaß.

Palpable, *adj.;* -ment, *adv.:* fühlbar, handgreiflich; *fg. id.,* klar, am Tage.

Palpe, *f.* das kleine Fühlhorn, Fühlspitze, *f.*

Palper, *v. a.* angreifen, betasten.

Palpitant, e, *adj.* zuckend, flop= fend.      [flopfen.

Palpitation, *f.* Zucken, *n.* Herz=

Palpiter, *v. n.* zucken, klopfen, pochen.      [nes Dammes), *m.*

†Palplanche, *f.* Grundbalken (ei

Paltoquet, *m. pop.* Lümmel, Tapp=ins=Mus.

†Paludier, *m.* Salzsieder.

Pamar, *m.* (Geogr.) Sumpf; — méotides, der mäotische Sumpf, im Busen des schwarzen Meeres.

Pâmer, *v. n. et* se —, in Ohnmacht fallen, ohnmächtig werden;

(vor Freude) außer sich seyn; — de
rire, sich krank lachen.
Pâmoison, f. Ohnmacht.
Pampe, f. Blatt (am Korn, 2c.), n.
Pamphlet, m. Flugschrift, f.; m.
p. Schmähschrift, fm. Wisch, m.
Pamphlétaire, m. der Verfasser
einer Flugschrift.
Pamplemousse, f. Art großer
Pomeranze. [ranke. Ranke.
Pampre, m. Weinrebe, f. Wein=
Pan, m. Blatt, n. Schooß (eines
Kleides), masc.; Stück (Tapete,
Mauer), n.; (Bauk.) Ecke, fém.
Wand, Seite; Seitenbrett (eines
Bettes), n.; (Juwel.) Reute, f.; à
—s, eckig; —, (Myth.) Pan, m.
Hirtengott. [mittel, n.
Panacée, f. (Med.) Universal=
Panache, m. Federbusch, Helm=
busch; (Kirch.) obere Theil einer
Lampe; (Bot.) die bunten Streifen.
Panaché, e, adj. bunt, bunt ge=
streift, buntstreifig.
Panacher, v. n. et se —, (Bot.)
bunte Streifen bekommen.
Panade, f. Brodsuppe.
Panader (se), fm. sich brüsten.
Fanage, m. Mastrecht, n. =geld.
Panais, m. (Bot.) Pastinate, f.
Panard, adj. m., (Reitsch.) cheval
—, Pferd mit auswärtsstehenden
Vorderfüßen, n. [schwür, n.
Fanaris, m. (Chir.) Nagelge=
Panathénées, f. pl. (gr. Alt.)
Minervenfeste (zu Athen), n. pl.
Pancaliers, m. pl. ou choux de
—, Savoierkohl, m. weiße Wir=
singkohl.
Pancarpe, m. (röm. Alt.) Thier=
gefecht (zwischen Menschen und Thie=
ren), n. [Zollzettel; mépr. Wisch.
Pancarte, f. Anschlagzettel, m.
Pancrace, m. (Alt.) das Wettrin=
gen und der Faustkampf zusammen.
Pancratiale, Pancratiaste, m.
(Alt.) der Sieger im Wettringen und
Faustkampf.
Pancréas, m. (Anat.) die große
Magendrüse.
Pancréatique, adj., suc —,
(Anat.) Magendrüsensaft, m.
Pandectes, f. pl. (jur.) Pandec=
ten (ein Theil des römischen Gesetz=
buches).
Pandiculation, f. das Ausdehnen
der Arme und das Gähnen bei kalten
Fiebern.
Pandore, f. (Myth.) Pandora;
la boîte de —, fg. die Quelle alles
Uebels. [sche Soldat.
Pandoure, m. Pandur (ungari=
Panégyrique, m. Lobrede, f.
Panégyriste, m. Lobredn:r.
Paner, v. a. mit geriebenem Brode
bestreuen; eau panée, (Med.) Brod=
wasser, n.

Panerée, f. Korbvoll, m.
Paneterie, f. Hofbäckerei; Brod=
stube (in einem Spital, 2c.).
Panetier, m., grand —, Ober=
brodmeister.
Panetière, f. Brodtasche, Brod=
sack (eines Hirten), m.
†Panharmonicon, -ique, masc.
(Mus.) Panharmoniken, n.
†Panicaut, m. (Bot.) Mannstreu,
†Panicule, f. (Bot.) Rispe. [f.
Paniculé, e, adj. (Bot.) rispen=
förmig.
†Panicum, Panic, Panis, m.
(Bot.) Fenchgras, n. Schwaden, m.
Panier, m. Korb; — carré, Ko=
ber; —, (Näh.) Reifrock; panier
percé, fg. Verschwender.
Panification, f. die Verwandlung
des Mehls in Brod.
Panique, adj., terreur —, der
panische, blinde Schrecken.
Panne, f. (Handl.) Pelzsammet,
m.; (Metzg.) Bauchfett, n. Schmeer
(der Schweine); (Bauk.) Dachfette,
f.; dünne Seite (des Hammers),
(Seew.) mettre en —, beilegen;
être en —, unbeweglich bleiben; fg.
rester, se tenir en —, den günsti=
gen Augenblick abwarten.
Panneau, m. (Bauk., 2c.) Fach,
n. Feld; Füllung, f.; (Sattl.) Sat=
telkissen, n.; (Jagd) Garn, Schlinge,
f.; fg. id., Falle; donner dans le
—, ins Garn geben; fg. id.
Panneauter, v. n. (Jagd) Garne
stellen.
Panneton, m. (Schloss.) Bart.
†Pannicule, f. (Anat.) Haut,
Muskelhaut. [manns.
†Pannon, m. die Fahne eines Edel=
†Panonceau, m. Wappenschild, n.
(auf einem Anschlagzettel, der No=
tare, auf einem Pfahle, 2c.).
Panorama, m. Rundgemälde, n.
Pansage, m. die Wartung der
Pferde.
Panse, f. fm. Wanst, m. Bauch;
Dansen, erste Magen (der Ochsen,
2c.); — de porc, (Kochk.) Schwar=
tenmagen; —, (Schreibk.) Bauch
des a, 2c.; prov. il n'a pas fait une
— d'a, er hat nicht das mindeste ge=
schrieben.
Pansement, m. (Chir.) Verbin=
den, n.; premier —, die Abnahme
des ersten Verbandes; —, Cur, ||
Wartung (der Pferde).
Panser, v. a. (Wunden) verbinden
|| (ein Pferd) warten.
Pansu, e, adj. fm. dickbäuchig;
—, m. Dickbauch.
Pantalon, m. lange Hosen; — à
pied, Strumpfhosen || die italienische
Gaukler.
Pantalonnade, f. Gaukeltanz, m.;
fg. Posse, f.; fm. Verstellung.

Pantelant, e, adj. (alt) statt Ha=
letant, keichend; chair —e, das
frische, noch zuckende Fleisch.
Panthée, adj. f., figure —, (Alt.)
eine mit dem Kennzeichen mehrerer
Gottheiten versehene Bildsäule.
Panthéisme, m. (Philos.) Pan=
theismus (Lehre Spinoza's, 2c.).
Panthéon, m. Pantheon, n.; fg.
id., Ehrentempel, m.
Panthère, f. (Naturg.) Panther,
m. [n.
Pantière, f. (Vogl.) Hängegarn,
Pantin, m. Kartenmännchen, n.
Gliedermann, m.; ein Mensch der
lächerliche Bewegungen macht.
†Pantine, f. der Bündel Garn
von mehreren Strähnen.
Pantographe, m. Storchschnabel.
Pantoiement, m. (Faik.) Lungen=
geschwulst, f. Keichen, n.
Pantomime, m. et adj., acteur
—, Geberdenspieler, m.; —, f.
Geberdenspiel, n.
Pantoufle, f. Pantoffel, m.; rai=
sonner comme une —, raisonner
—, fm. in den Tag hinein reden.
†Pantouflier, m. (Naturg.) Ham=
merfisch.
Paon (spr. pan), m. (Naturg.)
Pfau.
Paonne (spr. panne), f. (Naturg.)
Pfauhenne.
Paonneau (spr. panneau), m.
(Naturg.) ein junger Pfau.
Papa, m. fm. Papa, Vater.
Papable, adj. zur Papstwürde
fähig.
Papal, e, adj. (Kath.) päpstlich.
Papas, m. Papas, Priester (in
Armenien, 2c.).
Papauté, f. Papstthum, n.; die
päpstliche Würde.
†Papavéracées, f. pl. die mohn=
artigen Pflanzen.
Papayer, m. Papayabaum.
Pape, m. (Kath.) Papst.
Papegai, m. ol. Papagei; (Spiel)
Vogel (von Holz oder Papendeckel).
Papelard, masc. fm. Heuchler,
Gleißner.
Papelardise, f. fm. Heuchelei.
Papeline, f. (Handl.) Papeline
(Art halbseidenen Zeuges).
Paperasse, f. unnützes, beschrieb=
nes Papier, Wisch, m.
Paperasser, v. n. in alten Papieren
herumwühlen; Papier verschreiben.
Paperassier, m. der gern in alten
Papieren wühlt und viel schreibt.
Papesse, f. Päpstin.
Papeterie, f. Papiermühle; Pa=
pierhandel, m.
Papetier, m. Papiermacher; Pa=
pierhändler.
Papier, m. Papier, n.; — Jésus,
Königspapier; - -tenture, Tape=

tenpapier, die papierne Tapete; de
—, papieren ‖ Rechnungsbuch, n.;
(Fin.) Papier, Wechsel, m. Anwei=
fung, f.; —s, Schriften, pl. Brief=
schaften, öffentliche Blätter, Zeitun=
gen. [schmetterlingsartig.
Papilionacé, e, adject. (Bot.)
Papillaire, adj. Zungenwarzen
habend; warzig.
Papille, f. (Anat.) Zungenwarze.
Papillon, m. (Naturg.) Zweifal=
ter, Schmetterling; fg. id.
†Papillonnage, m. Herumflat=
tern, n.
Papillonner, v. n. herumflattern.
Papillotage, m. Flimmern, n.
Blinzen (der Augen); (Verr.) Auf=
wickeln der Haare; (Mal.) die unglei=
che Vertheilung der Lichter; (Buchdr.)
Schmieren, n.
Papillote, f. Haarwickel, m.; elle
est en —s, sie hat die Haare aufge=
wickelt; dragée en —s, (Zuckerb.)
eingewickeltes Zuckerwerk.
Papilloter, v. a. (die Haare) auf=
wickeln; —, v. n. flimern, blinzeln;
(Mal.) flimmern; fg. id.; (Buchdr.)
schmieren. [selsecken.
†Papillots, m. pl. (Med.) Frie=
Papisme, m. mépr. Papisterei, f.
Päpstlerei. [ter.
Papiste, m. mépr. Papist, Päpst=
†Papules, f. pl. Hizblattern.
Papyracé, e, adj. papierartig.
Papyrus, m. (Bot.) Papierstaube,
f. Papyrus, m.
†Paquage, m. das Einschlagen in
Tonnen (der Fische).
Pâque, f. (jüd. Alt.) Ostern;
Osterfest, n.; Osterlamm; —, —s,
m. (Kirch.) Ostern, f.; Osterfest,
n. Ostertag, m.; la semaine de —s,
die Osterwoche; —s, f. pl., —s fleu=
ries, Palmsonntag, m.; —s closes,
weiße Sonntag, Sonntag nach Ostern;
faire ses —s, um Ostern zum Abend=
mahl gehen. [schiff.
Paquebot, m. Packetboot, n. Post=
Pâquerette, f. (Bot.) Gänseblume.
Paquet, m. Pack, Packet, n. Bund,
Bündel, m.; fg. fm. donner un —
à qn., einem etw. aufbürden; don=
ner à qn. son —, einen abführen;
hasarder le paquet, es wagen.
Paquetier, m. (Buchdr.) Setzer,
welcher nur Packete macht.
Par, prép. durch, auf, aus, bei,
mit, von, in, wegen, während, zu,
zum; de — le roi, im Namen des
Königs; —ci —là, hier und da;
— devant, vor; — —là, da durch,
dadurch; — quoi, wodurch; weswe=
gen; — trop, fm. viel zu viel; —
devers, bei; — dessous, unter;
— dessus, über; — dessus, m.
Ueberschuß, un — dessus de viole,
eine Bratsche.

Para, m. türkische Münze (8 Cent.).
Parabolain, m. (Alt.) der tollkühne
Fechter; Pestkrankenwärter.
Parabole, f. Gleichnißrede; (Geo=
metrie) Parabel.
Parabolique, adj.; -ment, adv.:
(Geom.) parabolisch.
Parachévement, masc. (alt) das
Vollenden einer Arbeit.
Parachever, v. a. fertig machen.
Parachronisme, m. Parachronis=
mus, Zeitzurückschiebung, f.
Parachute, m. Fallschirm.
Paraclet, m. (Theol.) Tröster.
Parade, f. Staat, m. Prunk; Schau,
f.; mettre en —, zur Schau aus=
stellen; chambre de —, Prunkzim=
mer, n.; lit de —, Paradebett; fg.
faire — de qch., mit etw. prahlen,
prunken, prangen; —, (Fechtk.)
Parade, f. Pariren (eines Stoßes),
n.; (Kriegsw.) Wachtparade, f.;
(Reitsch.) Parade; Possenspiel (der
Seiltänzer), n.
Parader, v. n. (Reitsch.) ein Pferd
parabiren machen; (Seew.) hin und
her freuzen.
Paradigme, m. (Gramm.) Mu=
ster, n.
Paradis, m. Paradies, n. Him=
mel, m.; (Theat.) Paradies, n.;
oiseau de —, (Naturg.) Paradies=
vogel, m.
†Paradisier, m. Paradiesvogel.
Paradoxal, e, adj. sonderbar,
seltsam, wunderlich.
Paradoxe, m. der seltsame, schein=
bar widersinnige Satz; —, adj. v.
Paradoxal.
Paradoxisme, m.'(Rhet.) ein sich
scheinbar widersprechender Satz.
Parafe, Paraphe, m. Federzug,
Namenszug.
Parafer, Parapher, v. a. mit sei=
nem Namenszug bezeichnen.
Parage, m. Geburt, f. Abkunft;
de haut —, sehr vornehm; —,
(Seew.) Strich, m. Seegegend, f.
Paragoge, f. der Zusatz am Ende
eines Wortes.
Paragogique, m. (Gramm.) End=
buchstabe, ergänzende Endsylbe, f.
Paragraphe, m. Abschnitt, Para=
graph; Paragraphzeichen (§), n.
Paraguante, f. vi. fm. Geschenk,
n.; m. p. Kuppelpelz, m.
*Paraitre, v. n. erscheinen; Auf=
sehen machen, sich auszeichnen ‖
scheinen, vorkommen; cela ne pa=
rait pas, man merkt es nicht.
Paralipomènes, m. pl. (h. Schr.)
die Bücher der Chronik.
Paralipse, f. (Rhet.) die scheinbare
Uebergehung.
Parallactique, Parallatique, adj.
(Astr.) parallactisch.
Parallaxe, f. (Astr.) Parallaxe.

Parallèle, adj.; -ment, adv. :
(Geom. und fg.) gleichlaufend; —,
f. Parallele; —, m. Vergleichung,
f.
Parallélipipéde, m. (Geom.) Pa=
rallelepipedium, n. Langwürfel, m.
Parallélisme, m. (Geom.) der pa=
rallele Zustand.
Parallélogramme, m. Parallelo=
gramm, n. gleichlaufende Viereck.
†Parallélographe, m. ein Instru=
ment womit man Parallelen zieht.
Paralogisme, m. (Log.) Fehlschluß.
Paralyser, v. n. lähmen; fg.; id.
Paralysie, f. (Med.) Lähmung,
lähmende Gicht.
Paralytique, adj. lahm, gelähmt;
—, m. Lahme. [meter.
Paramétre, m. (Geom.) Para=
Parangon, m. (Buchdr.) Paran=
gonschrift, f.; vi. Muster, n.; —,
adj. (Baul.) schwarz.
Parangonner, m. (Buchdr.) Un=
terlegen, n.
Parangonner, v. a. (Buchdr.)
unterlegen.
Parant, e, adj. zierend.
Paranymphe, m. Brautführer.
†Parapegme, m. (Alt) Gesetztafel
f. [lehne
Parapet, m. Brustwehre, f. Brust=
Paraphe, v. Parafe.
Paraphernal, adj., aux, pl.,
biens —aux, (jur.) Paraphernal=
güter, n. pl. der Ehefrau vorbehal=
tene Güter.
Paraphimosis, m. (Chir.) der spa=
nische Kragen.
Paraphrase, f. Umschreibung; fg.
fm. boshafte Auslegung.
Paraphraser, v. a. umschreiben,
erweitern; fg. fm. vergrößern, Zu=
sätze zu etw. machen.
Paraphraseur, m. se, f. fm. der
boshafte Ausleger, Verdreher, die
=inn. [Erklärer.
Paraphraste, m. der umschreibende
†Paraplégie, f. (Med.) Lähmung
(der Theile unter dem Halse).
†Paraplexie, f. ein leichter Anfall
von Schlagfluß.
Parapluie, m. Regenschirm.
Parasange, f. Parasange (persische
Meile von 1 Stunde und 335 Ru=
then).
†Parasche, m. Leseabschnitt (aus
den 5 Büchern Mosis bei den Juden).
Parasélène, f. (Astr.) Nebenmond,
m.
Parasite, m. Schmarozer; —,
adj., plante —, (Bot.) Schmaro=
zerpflanze, f.; mot —, ein unnützes
Wort.
Parasol, m. Sonnenschirm; (Bot.)
plantes en —, Doldenpflanzen, f.
pl.
Paratitlaire, m. (jur.) der Ver=

faffer von furzen Erflärungen einiger Titel des Coder, ic.

Paratitles, *m. pl.* (jur.) die furze Erflärung einiger Titel oder Bücher des Coder oder der Pandecten.

Paratonnerre, *m.* Blizableiter.

Paravent, *m.* die spanische Wand, Windschirm, *m.;* (Bauf.) Fenster-laden.

†Parbleu, *interject.* (ein leichter Schwur) wahrlich!

Parc, *m.* Part, Lustwald, Thier-garten; (Landw.) Pferd, Hürde, *f.;* — d'artillerie, (Artill.) Artillerie-part, *m.* Part.

Parcage, *m.* Pferchen (des Viehes), *n.* [Grundsteuerregister, *n.*

Parcellaire, *adj.,* cadastre —,

Parcelle, *f.* Stückchen, *n.* Theil-

Parce que, *conj.* weil. [chen.

Parchemin, *m.* Pergament, *n.;* de —, pergamenten.

Parcheminerie, *f.* Pergamentma-chen, *n.* Pergamenthandel, *m.*

Parcheminier, *m.* Pergamentma-cher, -händler.

Parcimonie, *f.* Sparsamfeit.

Parcimonieux, se, *adj.* sehr spar-sam.

*Parcourir, *v. a.* durchlaufen, durchreisen, durchgehen; *fig.* durchge-hen, durchlaufen, durchsehen, über-blicken, überlesen.

Parcours, *m.,* le droit de —, das Weiderecht auf einem fremden Gebiete.

Pardon, *m.* Verzeihung, *f.* Ver-gebung, Begnadigung; (Kriegsw.) Pardon; *m.;* demander — à qn., einen um Verzeihung bitten (de, wegen); —, verzeihen Sie! ich bitte um Verzeihung! , (Kath.) Bet-glocke, *f.;* les —s, Ablaß, *m.*

Pardonnable, *adj.* verzeihlich.

Pardonner, *v. a.* vergeben, verzei-hen; begnabigen (à qn., einen); ne pas — à qn., à qch., einen, etw. nicht verschonen.

Paréage, Pariage, *m.* (jur.) die Rechts- und Besitzgemeinschaft.

Paréatis, *m. lat. ol.* (jur.) Voll-ziehungsbefehl.

Pareil, le, *adj.* gleich, ähnlich; en — cas, in einem solchen Falle; son —, seines Gleichen; rendre la —le, Gleiches mit Gleichem vergelten; à la —le, eben so; ich werde Gleiches mit Gleichem vergelten; -lement, *adv.* ebenfalls, gleichfalls.

†Paréira brava, Paréire, *f.*(Bot.) Grieswurzel, wilde Weinrebe.

Parélie, *m.,* v. Parhélie.

Parelle, *f.* (Bot.) Grindwurzel, Ampfer, *m.*

Parement, *m.* Zierath, Schmuck, (Schneid.) Aufschlag; (Maur.) Au-ßenseite (eines Steines), *f.;* der dicke Knüppel ( eines Reisbündels ); (Pflast.) die großen Randsteine.

Parenchyme, *m.* (Anal.) Wesen (*n.*), Gewebe der Eingeweide; (Bot.) Pflanzenmark. [Ermahnung.

Parénèse, *f.* (Lehrst.) die moralische

Parénétique, *adj.*(Lehrst.) ermah-nend, erbaulich.

Parent, *m.* e, *f.* Verwandte, *m. et f.;* le proche —, Blutsfreund, *m.;* —s, Aeltern, *pl.;* Verwandten; les premiers —s, Stammältern.

Parentage, *m.*(alt)Verwandtschaft, *f.* [proche —, Blutsfreundschaft.

Parenté, *f.* Verwandtschaft; la

Parentèle, *f.* (alt) Verwandten, *m. et f. pl.*

Parenthèse, *f.* Zwischensatz, *m.* Einschiebsel, *n.;* mettre en —, ein-schieben; —, Parenthese, *f.* Klam-mer; mettre entre deux —s, ein-flammern; par —, nebenher.

Parer, *v. a.* schmücken, zieren, puzen; (einen Altar) kleiden; (Le-der, ic.) bereiten; (den Huf) auswir-fen; (Buchb.) abschärfen; (Fechtf.) pariren, abwenden, ausschlagen; *fg.* abwenden; schüßen, verwahren (de, contre, vor gegen); —, *v. n.* à qch., etw. verhüten, einer S. vorbeugen; — un cap, ein Vorgebirg vorbei-schiffen; titre —é, (jur.) der zur Vollziehung bereitete Rechtsspruch.

Parère, *m.*(Handl.) Gutachten, *n.*

Paresse, *f.* Faulheit, Trägheit.

Paresser, *v. n. pop.* faulenzen.

Paresseux, se, *adj.* faul, träge; —, *m.* se, *f.* Faulenzer, *m.;* -rinn, *f.;* —, *m.* Faulthier, *n.*

†Pareur, *m.* Puzer, welcher dem Stück die lezte Glätte giebt.

*Parfaire, *v. a.* vollenden (eine Summe) vollzählig machen, ergänzen.

Parfait, e, *adj.;* -ement, *adv.*: vollkommen, völlig, meisterhaft, edel (Metall); (Muf.) vollstimmig; —, *m.* (Gramm.) die vollkommen ver-gangene Zeit.

Parfilage, *m.* Zupfen, *n.*

Parfiler, *v. a.* (Goldstoffe, ic.) zupfen. [Zupffeide, *f.*

Parfilure, *f.* ausgezupfte Fäden,

Parfois, *adv.* zuweilen.

†Parfond, *m.* der mit Blei be-schwerte Angelhafen ( der auf dem Grunde bleibt).

Parfondre, *v. a.* (Farben) zusam-menschmelzen, verschmelzen; se —, *id.*

Parfournir, *v. a.* vollends liefern.

Parfum, *m.* Wohlgeruch; Rauch-werf, *n.*

Parfumer, *v. a.* wohlriechend ma-chen, durchbüften, mit Wohlgeruch erfüllen; räuchern, durchräuchern; se —, sich durchbüften; poudre à —, Räucherpulver, *n.*

Parfumeur, *m.* se, *f.* der, die mit wohlriechenden Sachen handelt.

Parhélie *ou* Parélie, *m.* Neben-sonne, *f.*

Pari, *m.* Wette, *f.*

Paria, *m.* Paria (Indier von der verworfensten Caste).

Pariade, *f.* (Jagd) die Paarzeit der Rebhühner; das Paar Rebhühner.

Parier, *v. a.* wetten. [*n.*

Pariétaire, *f.* (Bot.) Mauerkraut,

Pariétal, *adj. m.*, os —, (Anal.) Seitenwandbein, *n.;* —, (Bot.) an der innern Wand befestigt (Frucht).

Parieur, *m.* Wetter. [*n.*

†Parisette, *f.* (Bot.) Einbeerkraut,

†Parisien, *m.* ne, *f.* Pariser, *m.* -inn, *f.*

Parisienne, *f.* (Buchdr.) Perl-schrift.

†Parisis, *adj. ol.* (Münzw.) zu Paris geschlagen, Parisis.

Parisyllabique, *adj.* gleichsylbig.

Parité, *f.* Gleichheit.

Parjure, *adj.* meineidig, eidbrü-chig, wortbrüchig; —, *m.* Meineid; —, *m. et f.* Meineidige.

Parjurer (se), meineidig, eidbrü-chig werden, den Eid brechen, falsch schwören.

Parlage, *m. fm.* Geschwäß, *n.*

Parlant, e, *adj. fg.* (Mal.) re-bend, sprechend.

Parlement, *m.* Parlament, *n.*

Parlementaire, *m. ol.* Parla-mentsanhänger (in England) ; —, *adj.* zum Parlamente gehörig, (Kriegsw.) vaisseau — ou —, (Seew.) Parlamentär, *m.* Unterhändler (Seew.) Cartelschiff, *n.*

Parlementer, *v. n.* (Kriegsw.) sich in Unterhandlungen einlassen, unter-handeln; *fg. id.*

Parler, *v. a. et n.* reden, sprechen (à, zu, mit); — à cheval, *fm.* von oben herab reden; — haut, *fg.* derb, unverschämt reden; il trouvera à qui —, er wird seinen Mann fin-den; — au cœur, zum Herzen spre-chen; se —, sich einander reden; gesprochen werden (Sprache); —, *m.* Reden, *n.* Sprache, *f.* Aus-sprache.

Parlerie, *f. fm.* Geschwäß, *n.*

Parleur, *m.* se, *f.* Schwäzer, *m.* -inn, *f.;* beau —, der angenehme Redner.

Parloir, *m.* Sprachzimmer, *n.*

†Parme, *f.* Parma (Staib.)

Parmesan, *m.* Parmesankäse.

Parmi, *prép.* unter, mitten unter.

Parnasse, *m.* Parnaß, (Musen-berg; *fg.* Dichtkunst, *f.*)

Parodie, *f.* (Dicht.) Parodie, (Muf.) *id.,* der unterlegte Text.

Parodier, *v. a.* pardbiren; zum Spotte, Scherze nachahmen.

Parodiste, *m.* Parodienmacher.
Paroi, *f.* Wand, Scheidewand;
Seitenwand (eines Gefäßes, ꝛc.);
les —s, (Forstw.) Mahlbäume, *m.
pl.*
·†Paroir, *m.* (Hufsch.) Wirkeisen,
*n.*; (Böttch.) Schlichtmesser; (Lederb.)
Bereitbeck, *m.* [firche, *f.* Pfarre.
Paroisse, *f.* Kirchspiel, *n.* Pfarr=
Paroissial, e, *adj.* zur Pfarre ge=
hörig; église —e, Pfarrkirche, *f.*
Paroissien, *m.* ne, *f.* Pfarrkind,
Paroitre, *v.* Paraitre.   [*n.*
Parole, *f.* Wort, *n.* (auch *fg.*),
Sprache, *f.* Stimme; Denkspruch,
*m.*; Versprechen, *n.* Zusage, *f.*;
Antrag, *m.* Vorschlag; —s, Worte,
*n. pl.* Reden, *f. pl.*; Wortwechsel,
*m.*; (Muf.) Text.
Paroli, *m.* (Spiel) Paroli, die
Verdoppelung des ersten Satzes; faire
—, rendre le — à qn., *fg. fm.*
einem mit doppelter Münze bezahlen.
Paronomase, *f.* (Rdel.) Parono=
masie, der Gebrauch sinnverschiede=
ner Wörter von gleichem Laute.
Paronomasie, *f.* (Gram.) Wort=
ähnlichkeit (zwischen verschiedenen
Sprachen).
Paronyme, *m.* ein dem Ursprung
nach verwandtes Wort.
Parotide, *f.* (Anat.) Ohrendrüse=
(Med.) Ohrgeschwulst.
Paroxysme, *masc.* (Med.) Pa=
roxism, Anfall.
†Parpaillot, *m.* ein ehemaliges
Schimpfwort auf die französischen
Calvinisten.
Parpaing, *m.* (Maur.) Etrect=
stein; Läufer, durch die ganze Dicke
der Mauer geben.
Parque, *f.* (Myth.) Parze.
Parquer, *v. a.* in einen eingeschlos=
senen Ort thun, lagern; (Schafe)
pferchen, einpferchen; hürden; —,
*v. n.* in einem eingeschlossenen Orte
lagern, liegen, stehen; pferchen.
Parquet, *m.* (Tischl.) der getäfelte
Fußboden, Fußgetäfel, *n.*; Täfel=
werk; (jur.) Parquett, Gerichts=
stube, *f.* (Rdeat.) Parquett, *n.* der
untere Erdplatz.
Parquetage, *m.* Täfelwerk, *n.*
Parqueter, *v. a.* une chambre,
den Boden eines Zimmers täfeln,
spünden.
Parqueterie, *f.* Täfeln, *n.* Täfe=
lung, *f.*
Parrain, *m.* Pathe, Taufzeuge;
être —, Gevatter stehen; —, Se=
cundant (im Zweikampf).
Parricide, *m.* Vaters= Mutter=
Bruder=, Schwester=, Kindermord,
Fürstenmord; —, *m. et f.* Mör=
der (*m.*), sinn (*f.*) des Vaters, ꝛc.
z. B. Vatermörder, ꝛc., *m.*; —,
*adj.* vatermörderisch.

Parsemer, *v. a.* bestreuen, besäen;
übersäen, einstreuen (de qch., etw.).
Parsi, *v.* Guèbres.
Part, *m.* (*sans pl.*) (jur.) das
neugeborne Kind; supposition de
—, (jur.) das Unterschieben einer
Geburt.
Part, *f.* Theil, *m.* Antheil; *fg. id.*;
faire — de qch. à qn., einem etw.
mittheilen; donner —, Nachricht
geben; de quelle —, von wem? de
bonne —, von guter Hand; de ma
—, von mir, in meinem Namen;
prendre en bonne, en mauvaise
—, gut, übel aufnehmen; ce mot
se prend en mauvaise —, dieses
Wort wird in der übeln Bedeutung
genommen || Ort; *m.* Seite, *f.*;
quelque —, irgendwo; autre —,
anderswo; nulle —, nirgends; de
toutes —s, von allen Seiten her;
überall; d'une —, d'autre —, eines
Theils, andererseits; de — et d'au=
tre, von beiden Seiten; de — en —,
durch und durch; à —, beiseite; be=
sonders; raillerie à —, Spaß bei
Seite.
Partage, *m.* Theilung, *f.*; faire
le — de qch., etw. theilen; —,
Antheil, *m.*; Erbtheil, *n.*; (jur.)
Theilungsrecht, *m.*; *fg.* Erbtheil,
*n.* Loos; tomber en —, zu=, beim=
fallen, zu Theil werden.
Partageable, *adj.* theilbar.
Partager, *v. a.* theilen, vertheilen;
zum Antheil geben; (Kinder, ꝛc.)
bedenken, begaben.
Partance, *f.* (Seew.) Abfahrt;
coup de —, Abfahrtsschuß, *m.*;
—, Abreise, *f.* Trennung.
Partant, *conj.* folglich.
†Partement, *m.* die Richtung des
Laufes eines Schiffes.
Partenaire, *m.* (Kartensp.) Part=
ner, Mitspieler.
Parterre, *m.* (Gärtn.) Luststück, *n.*
Blumenbeet; (Theat.) Parterre.
Parthénon, *m.* Parthenon, *n.*;
der Tempel der Minerva zu Athen.
Parti, *m.* Partei, *f.* Anhang (ei=
nes Mannes), *m.*; esprit de —,
Parteigeist || Entschluß; Mittel, *m.*
Auswegs, *m.*; Vorschlag || Vortheil,
Nutzen; tirer — de qch., etw. be=
nützen || Stand, *m.*; le — de l'église,
der geistliche Stand || Heirath, *f.*;
—, (Kriegsw.) Trupp, *m.* Hau=
fen (*v. aussi* Bleu).
Partial, le, *adj.*;-ement, *adv.*;
parteiisch, einseitig.
Partialité, *f.* Parteilichkeit, Ein=
seitigkeit.   [selbst theilt.
†Partible, *adj.* (Bot.) was sich von
Partibus (in), *v.* Evêque.
Participant, e, *adj.* theilhabend,
theilnehmend (à, an); theilhaft (à
qch., tiner S.).

Participation, *fém.* Theilnahme,
Theilnehmung; Mitwissen, *n.* Zu=
thun.
Participe, *m.* (Gramm.) Mittel=
wort, *n.*; (Fin.) Theilhaber, *m.*
Participer, *v. n.* à qch., Theil an
etw. nehmen; — de qch., etw. von
der Natur einer S. an sich haben.
Particulariser, *v. a.* umständlich
erzählen, ausführlich beschreiben.
Particularité, *f.* der besondere
Umstand.
Particule, *fém.* Theilchen, *n.*;
(Gram.) Redetheilchen, Partikel, *f.*
Particulier, ère, *adj.* besonder,
eigen; sonderbar; geheim; en —,
besonders, einzeln, allein, insge=
heim; —, *m.* Privatmann; en mon
—, was mich betrifft; -èrement,
*adv.* besonders, insbesondere; um=
ständlich; genau.
Partie, *f.* Theil, *m.* Bestandtheil;
(Muf.) Stimme, *f.* Partie; à cinq
—s, fünfstimmig; —, (Fin.) Po=
sten; Schuldposten; —s simples,
doubles, die einfache, doppelte Buch=
haltung; — prenante, Empfänger,
*m.*; —s, Rechnung (eines Schnei=
ders, ꝛc.), *f.*; —, (Spiel) Partie,
Spiel, *n.*; *fg.* il fait bien ses —s,
er weiß seine Sachen gut zu machen;
—, (jur.) Partei, *f.*; Client (eines
Advocaten), *m.*; — adverse, Gegen=
partei, *f.* Gegner, *m.*; — civile,
Kläger; — publique, öffentliche
Ankläger; prendre à —, wegen ei=
nes Dienstverbrechens anklagen; *fg.*
prendre qn. à —, einen etw. übel
halten; —, Parteien, *f. pl.*; —s
belligérantes, friegführende Mäch=
te; —s naturelles, honteuses, Ge=
schlechts= Schamtheile, *m. pl.*; en
— ou —, *adv.* zum Theil, theils.
Partiel, le, *adj.* einzeln; -ement,
*adv.* theilweise.
\*Partir, *v. n.* abreisen, weg=, fort=
reisen; ab=, fortgehen; fort=, davon=
laufen, eilen; auf=, fortstiegen (Vo=
gel); faire —, aufsteigen (Thiere);
bien — de la main, (Reitsch.) sich
in den Galopp setzen, so wie man den
Zügel nachläßt; — (Fecht.) aus=
fallen; (Muf.) einfallen; — d'un
grand éclat de rire, in ein lautes
Gelächter ausbrechen; *fg.* ent=
springen, herkommen, herrühren;
à — de la, von da an gerechnet;
—, *v. a. p. us.* theilen; —, *m.*
(Reitsch.) Abgang.
Partisan, *m.* Anhänger; (Kriegs=
wissen.) Parteigänger; *ol.* Finanz=
pachter.
Partitif, ve, *adj.* (Gramm.) einen
Theil bezeichnend; article —, Theil=
geschlechtswort, *n.*
Partition, *f.* Theilung, Eintheh=
lung; (Muf.) Partitur.

Partout, *adv.* überall, allenthalben, durchgehends.

Parure, *f.* Puß, *m.* Schmuck, (Buchb.) Abschnitzel, *n.* Abschabsel; Abgang, *m.*

\*Parvenir, *v. n.* kommen, gelangen (à, zu, auf); zukommen (à qn., einem); es dahin bringen (à, zu); *fg.* emporkommen, sich emporschwingen.

Parvenu, *m. e, f.* Emporkömmling, *m.* Glückskind, *n.*

Parvis, *m.* Vorhof, Vorplatz.

Pas, *m.* Schritt; Trill; (Baut.) Schwelle, *f.* Stufe; *fg.* Vertritt, *m.* Verrang; (Geogr.) Engpaß, Paß, *pl.* Gänge; Fußstapfen; — accéléré, Geschwindschritt; — de charge, Sturmschritt; — de vis, Schraubengang, Gewinde, *n.;* — de géant, Riesenschritt, *m.;* — de tortue, Schneckengang; faux —, Fehltritt; mauvais —, *fg.* böse Handel; — à —, Schritt vor Schritt; de ce —, sogleich, *fm.* stracks.

Pas, *adv.* nicht.

Pascal, e, *adj.* österlich; agneau —, Osterlamm, *n.*

Pas d'âne, *m.* (Bot.) Huflattich; (Reitsch.) Galgengebiß, *n.* Maulsperre, *f.;* (Fechtk.) ein die ganze Hand bedeckendes Stichblatt.

Pas de Calais, *m.* die Meerenge von Calais.

Pasigraphie, *f.* die allgemein verständliche Schreibekunst.

Pasquin, *m.* Paschine, eine verstümmelte Bildsäule zu Rom, woran oft witzige und satyrische Einfälle geheftet werden, ein Lustigmacher, Schalksnarr.    [schrift.

Pasquinade, *f.* Schmäh=, Lästerschrift.

Passable, *adj.;* -ment, *adv.* ziemlich; leidlich, erträglich.

Passacaille, *f.* (Muf.) Passacaille; faire la —, (Spiel) mit einer niedern Karte stechen.

Passade, *f.* Durchreise; Zehrpfennig, *m.;* demander la —, *pop.* fechten; —, (Reitsch.) Passade, *f.*

Passage, *m.* Durchgang, Durchreise, *f.* Durchfahrt; Durchmarsch, *m.* Durchzug (v. Truppen, *rc.*) (de durch); Uebergang, Ueberfahrt, *f.* d'une rivière, etc., über einen Fluß, *rc.;* au —, auf dem Wege (erwarten); —, Strich, *m.* Zug (der Zugvögel); temps du —, Strichzeit, *f.;* — *fg.* Uebergang, *m.;* (Fin.) Zoll, Brückenzoll, Fährgeld, *n.* (Astr.) Durchgang, *m.* (Baut.) Gang; — étroit, Schlupf; —, (Kriegsw.) Paß, Durchgang, (Muf.) Lauf; (Reitsch.) Passage, *f.;* — de lumière, (Mal.) der Uebergang von Licht || Stelle (in einem Buche), *f.*

---

Passager, *m.* Reisende, Fremdling; —, ère, *adj.* unstät; vorübergehend, flüchtig, vergänglich; -èrement, *adv.* auf kurze Zeit, vorübergehend.

Passager, *v. a.* (Reitsch.) Passagen machen lassen; —, *v. n.* Passagen machen.

Passant, e, *adj.* gangbar (Weg, *rc.*); en —, im Vorbeigehen; —, *m.* Durchreisende, Vorübergehende, Wanderer.

Passation, *f.* (jur.) Ausfertigung (eines Contracts).

Passavant, Passe-avant, *m.* Paßzirzettel, Zollschein.

Passe, *f.* (Seew.) Fahrwasser, *n.;* Durchfahrt, *f.;* (Fechtk.) Ausfall, *m.;* (Spiel) Satz; (Bill., *rc.*) Bogen, Pförtchen, *n.;* en —, dem Pförtchen gegenüber; *fg.* auf dem guten Wege; —, (Handl.) Zuschuß, *m.;* — du sac, die Gebühr für den Sack; être en —, auf dem guten Wege seyn.

†Passé, *masc.* Vergangene, *n.;* (Gramm.) die vergangene Zeit.

†Passe-balle, Passe-boulet, *m.* (Artill.) Kugelmaß, *n.* Kugelprobe, *f.*     [gelbrett, *n.*

Passe-carreau, *m.* (Schneid.) Bügel.

Passe-cheval, *m.* Pferdefähre, *f.*

†Passe-corde, *m.* die große Nähnadel, Packnadel.

Passe-debout, *m.* (Fin.) Geleitszettel.    [n. Knöchelspiel.

Passe-dix, *m.* (Spiel) Paschen.

Passe-droit, *m.* Unrecht, *n.* Einschub, *m.*

Passée, *f.* (Jagd) Streichen (der Schnepfen), *n.;* Hängegarn, (Perr.) Gang (Haare), *m.;* (Web.) Hin= und Herlaufen (des Weberschiffchens), *n.*

Passement, *m.* Borte, *f.* Tresse.

Passementer, *v. a.* mit Tressen, Borten besetzen, verbrämen.

Passementerie, *f.* der Handel mit Posamentirarbeit.

Passementier, *m.* ère, *f.* Posamentirer, *m.* Bortenwirker, -sinn, *f.*

pass-méteil, *m.* die Mischung aus einem Theil Roggen und zwei Theilen Weizen.

Passe-parole, *m.* der Befehl der von Mund zu Mund eine Armee durchläuft, Laufbefehl.

Passe-partout, *m.* Hauptschlüssel, Dietrich; (Buchdr.) Zierath mit einer Lücke in der Mitte; (Holzb.) Baumsäge, *f.*

Passe-passe, *m.* tours de —, Taschenspielerkünste, *f. pl.*

Passe-pied, *m.* ein Tanzstück mit sehr schneller Bewegung.

Passe-pierre, *f.* (Bot.) Meerfenchel; Steinbrech.

---

Passe-poil, *m.* (Schneid.) Vorstoß.

†Passe-pomme, *f.* (Gärtn.) Johannisapfel, *m.*

Passe-port, *m.* Paß, Geleitsbrief.

Passer, *v. n.* gehen, durchgehen, durchfahren, übergehen (à, zu); durchstreichen (Wind); —, (von der Zeit, *rc.*) verfließen, vergehen, verlaufen; verblühen (Blumen); sterben (Mensch); — de mode, aus der Mode kommen; —, geschehen, vorgehen (Begebenheiten); (von Gesetzen, *rc.*) angenommen werden; an=, hingehen, durchschlüpfen; passe, es sey, meinetwegen; — en proverbe, zum Sprichworte werden; —, gelten (Münze); (Spiel) nicht spielen, passen; — par qch., *fg.* etw. durchgehen, durchmachen; en — par là, hindurch müssen, sich es gefallen lassen müssen; — pour qch., pour qn., für etw., für einen gelten, gehalten werden; faire —, (Teller, *rc.*) reichen, herumreichen; (ein Gesetz) durchsetzen; (einen für etw.) ausgeben.

Passer, *v. a.,* — qch., an etw. vorbeigehen, hingehen, über, durch etw. gehen; — qn., qch., über, etwas von einem Ort zum andern bringen, überführen, überfahren, übersetzen; (einen Faden, *rc.*) durchziehen, durchstecken, durchstoßen; (Wasser, *rc.*) durchlaufen lassen, durchseihen; (Mehl, *rc.*) durchsieben; (Geld) ausbringen; (die Gränzen, *rc.* und *fg.*) überschreiten; übertreffen; übergehen, auslassen; — son temps à qch., seine Zeit mit etw. zu= od. durchbringen, vertreiben; —, (seine Tage) durchleben; — la nuit, übernachten; — qch. à qn., einem etw. vergeben, hingehen oder gelten lassen; einräumen, gestatten; — qch., etw. bereiten, zurüsten; ablassen; (Messer, *rc.*) abziehen, schleifen; (Leder) glätten; — sur la calandre, mangen; —, (jur.) ausfertigen, ausfertigen; (Fin.) gutheißen; — en compte, in Rechnung bringen; — par les armes, (Kriegswiff.) erschießen; cela me passe, das ist mir zu hoch.

Passer (se), verfließen, vergehen (v. der Zeit); verschießen, den Glanz, die Farbe verlieren (Kleider, *rc.*); verwelken, verblühen (Blumen und *fg.*); sich zutragen, geschehen, vorfallen; se — de qch., sich einer S. enthalten, etw. entbehren.    [n.

Passerage, *f.* (Bot.) Pfefferkraut, Pfefferau, *n.* (Naturg.) Sperling.

Passerelle, *f.* kleine Brücke für Fußgänger.

Passe-temps, *m.* Zeitvertreib.

Passeur, *m.* se, *f.* Fährmann, *m.* Fährfrau, *f.*

Passe-velours, *m.* (Bot.) Sammetblume, *f.*

†Passe-vogue, *f.* (Seew.) das Rudern mit aller Macht; faire —, mit verdoppelter Anstrengung rudern.

Passe-volant, *m.* der blinde Soldat; *fg. fm.* Schmarotzer; (Theat.) Einschleicher.     [seit.

Passibilité, *f.* Empfindungsfähig=

Passible, *adj.* (Theol.) empfindungsfähig; (jur.) einer Leistung unterworfen.

Passif, ve, *adj.; -vement, adv.:* leidend; dette —ve, Passivschuld, (die man zu bezahlen hat), *f.;* avoir voix —ve, wahlfähig seyn; —, *m.* (Handl.) Passivvermögen, *n.* Schulden, *f. pl.;* (Gramm.) die leidende Form.

Passion, *f.* Leidenschaft; heftige Liebe; à la —, leidenschaftlich; —, (Philos.) Leiden, *n.* der leidende Zustand; (Theol.) das Leiden Christi; la semaine de la —, die Leidens=, Charwoche; —, Passionspredigt.

Passionné, e, *adj.; -ment, adv.:* leidenschaftlich, heftig; verliebt, zärtlich.

Passionner (se), *v. a.* sich einnehmen lassen, sich heftig bewegen lassen; in Eifer gerathen; leidenschaftlich handeln, urtheilen.

Passoire, *f.* Durchschlag, *m.*

†Passules, *f. pl.* Muskatellerhonig, *m.*

Pastel, *m.* Pastell, *n.* Farbenstift, *m.;* Pastellmalerei, *f.* Pastellgemälde, *n.;* (Bot.) Waid (Färbepflanze), *m.*

Pastenade, *f.,* v. Panais.

Pastèque, *f.* (Bot.) Wassermelone.

Pasteur, *m.* Hirt; *fg. id.,* Seelsorger, Pastor, Prediger, Religionslehrer.

Pastiche, *m.* (Mal.) Nachbildung, *f.; fg.* gezwungene Nachahmung, (Mus.) das zusammengestoppelte Machwerk.

†Pastillage, *f.* das kleine Zuckerwerf, Zuckerkügelchen.

Pastille, *f.* Räucherkerzchen, *n.;* Mundkügelchen, Täfelchen.

Pastoral, e, *adj.* hirten=, schäfermäßig; vie —, Hirtenleben, *n.;* —, *fg.* geistlich; lettre —e, Hirtenbrief, *m.; —*e, *f.* Schäferspiel, *n.* Hirtengedicht; -ement, *adv. fg.* als ein guter Hirte.

Pastoureau, *m.* elle, *f.* der kleine Schäfer, =inn, *f.*

Pat, *m.* (Schachsp.) patt.

Patache, *f.* (Schiff.) Wachtschiff, *n.* || die zweirädrige Eilkutsche, Patasche.

Patagon, *m.* (Münzw.) Patagon, spanische Kreuzthaler (3 Liv.).

†Patagons, *m. pl.* Patagonier (Volt).

Patarasses, *f. pl. fm.* Gekritzel, *n.*

†Patarasse, *f.* (Seew.) Kalmeyeisen, *n.*     [Heller.

Patard, *m. vi.* Patard, Sou,

Patate, *f.* (Bot.) Batate, Erdapfel, *m.*

Patatras, *m.* Geplumpe, *n.* Gepolter.

Pataud, *m.* Patschfuß, junge Hund mit dicken Pfoten; —, e, *adj.* tölpelhaft; —, *m.* e, *f.* Tölpel, *m.* Trutschel, *f.*     [patschen.

Patauger, *v. n.* im Kothe herum=

Pate, v. Patte.

Pâte, *f.* Teig, *m.;* (Schuhm.) Kleister; *fg.* être de bonne —, eine starke Natur haben; *iron.* leichtgläubig, einfältig seyn; une bonne — d'homme, *fm.* eine ehrliche Haut; mettre la main à la —, mit Hand anlegen; tomber en —, (Buchdr.) zusammenfallen; —s d'Italie, (Koch.) große italienische Nudeln, *f. pl.*

Pâté, *m.* Pastete, *f.; fg.* Tintenfleck, *m.;* (Spiel) die falschgemischte Karte; (Fortif.) Art rundes Bollwerk; (Buchdr.) Zwiebelfische, *m. pl.*     [teln, *f. pl.*

Pâtée, *f.* Futterteig, *m.* Stopfnu=

Patelet, *m.* Laberdan (Seefisch).

Patelin, *m. fm.* Schleicher, Schwänzer; —, e, *adj.* einschmeichelnd, listig schlau.

Patelinage, *m. fm.* Schmeichelei, *f.* Fuchsschwänzerei.

Pateliner, *v. n.* fuchsschwänzen, schleichen; —, *v. a.* (einen) berücken, listig herumbringen; —, *fm.* (etw.) einfädeln, drehen und wenden.     [ter, *m.* =inn, *f.*

Patelineur, *m.* se, *f.* Schmeich=

Patelle, *v.* Lepas.

Patène, *f.* (Kath.) Kelchdeckel, *m.*

Patenôtre, *f.* Vaterunser, *n.* Gebete, *pl.;* —s, Rosenkranz, *m.* (Fisch.) Korkstück, *n. pl.*

Patenôtrerie, *f.* Rosenkranzhandel, *m.*

Patenôtrier, *m.* Rosenkranzmacher, =händler.

Patent, e, *adj.* offen; lettre —, ou —e, *f.* Patent, *n.* Diplom, Bestallungsbrief, *m.* (Fin.) Patent, *n.*

Patenté, e, *adj.* mit einem Patente versehen.

Pater, ou Pater noster, *m.* Vaterunser, *n.* die größern Rosenkügelchen am Rosenkranze, *m. pl.*

Pâter, *v. a.* (Schuhm.) kleistern.

Patère, *f.* (Alt.) Opferschale.

Paternel, le, *adj.; -lement, adv.:* väterlich.

Paternité, *f.* Vaterschaft.

Pâteux, se, *adj.* teigig, teigicht; schleimig; (bei Tinte) trüb, zäh (Wein); chemin —, Lehmweg, *m.*

Pathétique, *adj.; -ment, adv.:*

pathetisch, rührend, ergreifend; —, *m.* Rührende, *n.* Erhabene.

Pathognomonique, *adj.* (Med.) pathognomonisch.

Pathologie, *f.* (Med.) die Lehre von den Krankheiten, Pathologie.

Pathologique, *adj.* (Med.) pathologisch.

Pathos, *m. fm. m. p.* Schwulst.

Patibulaire, *adj.* galgenmäßig; fourches —s, Galgen, *m.*

Patience, *f.* Geduld; Ausdauer (in der Arbeit); prendre —, sich gedulden; prendre en —, (etw.) geduldig ertragen; —, (Bot.) Ampfer, *m.; —* sauvage, Grindwurzel, *f.*

Patient, e, *adj.; -emment, adv.:* geduldig; (Lehrst.) leidend; (Anb.) langmüthig (Gott); —, *m.* Missethäter, *fm.* arme Sünder; (Med.) Kranke.

Patienter, *v. n.* sich gedulden.

Patin, *m.* (Schuh.) Schlittschub (einer Frau); Eis=, Schlittschub; (Hydr.) Rost; (Zimm.) Sohle, *f.* Grundlage.

Patiner, *v. a.* betasten; *fm.* hermanschen; —, *v. n.* Schlittschub laufen.

Patineur, *m.* Schlittschubfahrer; *fm. m. p.* Betaster.     [um, für).

Pâtir, *v. n.* leiden (de, pour),

Pâtis, *m.* Weide, *f.* Anger, *m.*

Pâtisser, *v. n.* Backwerf machen.

Pâtisserie, *f.* Backwerf, *n.* Gebackene; Pastetenbäckerei, *f.*

Pâtissier, *m.* ère, *f.* Pastetenbäcker, *m.* =inn, *f.*

Pâtissoire, *f.* Backtisch, *m.*

Patois, *m.* Bauernsprache, *fém.* Kauderwälsch, *n.*

Pâton, *m.* (Haush.) Stopfnudel, *fém.;* (Ap.) Wurst, Teigwurst, (Schuhm.) Kappe, Stemmleder, *n.*

Patraque, *f. fm.* die alte abgenutzte Maschine, Rumpelkasten, *m.; fg. fm. id.;* il demeure —, er altert.

Pâtre, *m.* Hirt.

Patres (ad), *adv. lat. fm.,* aller ad —, zu den Vätern geben, sterben.

Patriarcal, e, *adj.* patriarchalisch.

Patriarcat, *m.* die Würde eines Patriarchen, Patriarchat, *n.*

Patriarche, *m.* Patriarch, Erzvater; (Kirch.) Patriarch.

Patrice, *m.* Patricius (Titel) —s, *adj. m. pl.,* dieux —s, (Myth.) die patrizischen Gottheiten (zu Rom).

Patriciat, *m.* Patrizienwürde, *f.*

Patricien, *m.* von altem vornehmen Geschlechte; —, *m.* Patrizier.

Patrie, *f.* Vaterland, *n.* Heimath, *f.;* amour de la —, Vaterlandsliebe.

Patrimoine, *m.* Erbtheil, *n.* Erbgut; — de S. Pierre, (Geogr.) die päpstliche Provinz von Rom.

Patrimonial, e, *adj.* zum väter=
lichen Erbgute gehörig; bien —,
Erbgut, *n.* Stammgut.

Patriote, *m.* Patriot, Vaterlands=
freund.                    [patriotisch.

Patriotique, *adj.; -ment, adv.:*

Patriotisme, *m.* Patriotismus,
Vaterlandsliebe, *f.*

†Patristique, *f.* (Theol.) Patri=
stik (Kenntniß der Kirchenväter).

Patrociner, *v. n.* (alt) ein Langes
und Breites vorpredigen.

Patron, *m.* ne, *f.* Schußherr, *m.*
Beschützer, Gönner; =inn, *fém.*;
(Schifff.) Patron, *m.; fg. fm.* il est
le — de la barque, er ist die Haupt=
person dabei; —, ol. (jur.) Sach=
walter, *m.;* (Alt.) Herr (eines Frei=
gelassenen); (Kirch.) Schußheilige,
*m. et f.* ‖ Form, *f.* Muster, *n.;*
(Artill.) Lehr.

Patronage, *m.* (jur.) Patronat,
*n.;* (Mal.) die Malerei vermittelst
ausgeschnittener Muster.

Patronal, e, *adj.* dem Patron
gehörig; fête —e, (Kirch.) das Fest
des Kirchenpatrons.

†Patronet, *m.* Pastetenbäckerge=
sell, =junge.

Patronner, *v. a.* (Karten) durch
das Muster anstreichen.

Patronymique, *adj.,* nom —,
Geschlechtsname, *m.*

Patrouille, *f.* (Kriegsw.) Streif=
wache, Scharwache.

Patrouiller, *v. n. pop.* manschen ‖
*plais.* herumstreifen, patrouilliren;
—, *v. a.* besudeln, herummanschen.

Patrouillis, *m. pop.* Manscherei,
*f.;* Schlamm, *m.*

Patte, *f.* Pfote, Tatze, Klaue;
Bein (der Insekten), *n.;* —s,
Scheeren (der Krebse), *f. pl.;* —s
de mouches, (Schreibf.) Mucken=
füße, *m. pl.;* faire — de velours,
die Krallen einziehen; *fg. fm.* die=
tisch schmeicheln; —, *fg. fm.* Tatze,
*f.;* (marcher) à quatre —s, auf
allen Vieren; mettre la — sur qn.
einen anpacken, schlagen; passer sous
la — de qn., einem unter die Klauen
kommen; être entre les —s de qn.,
in eines Klauen oder Gewalt seyn;
coup de —, Stichelei, *f.* ‖ (Bot.)
Wurzel; — d'oie, Gänsefuß, *m.;*
(Gärtn.) id.; (Pfläst.) Fuß; —,
(Baut.) Klammer, *f.;* —s d'une
ancre, (Schifff.) Ankerhaken, *m.*
*pl.* =schaufeln, *f. pl.;* — Fuß (eines
Glases, ꝛc.), *m.;* verre à —, Kelch=
Spitzglas, *n.;* — (Mepg.) Fleisch=
haken, *m.;* (Muf.) Rostral, *n.;*
Klappe (eines Futterals), *f.;* —
d'une culotte, Hosenlatz, *m.* Latz.

Patte-pelu, *m. fm.* Schleicher,

Pattu, e, *adj.* (Naturg.) rauch=
füßig; le pigeon —, Federfuß, *m.*

Pâturage, *m.* Weide, *f.* Hut,
Trift.

Pâture, *f.* Futter, *n.* Weide, *f.;*
*fg.* Nahrung, Speise.

Pâturer, *v. n.* weiden.

Patureur, *m.* Futterknecht.

Paturon, *m.* (Reitsch.) Fessel, *f.*

†Paul, *n. pr. m.* Paul, Paulus.

Paulette, *f. ol.* (Fin.) Paulette,
(Steuer welche die Beamten bezahl=
ten um das Eigenthum ihrer Aemter
zu erhalten).

†Pauline, *n. pr. f.* Paulina.

Paume, *f.* die flache Hand; Hand=
breit ‖ —, ou jeu de —, Ballspiel,
*n.;* Ballhaus.

Paumelle, *f.* (Landw.) Sommer=
gerste; (Seil.) Nähleiste; (Schloss.)
Hakenband, *n.;* (Gärb.) Nedholz.

Paumer, *v. a.* la gueule à qn.,
*pop.* einem mit der Faust ins Ge=
sicht schlagen.

Paumier, *m.* Ballmeister.

†Paumillon, *m.* Pflugwetter, *n.*

Paumure, *f.* (Jagd) Krone (der
Hirsche).

Paupière, *f.* Augenlied, *n.;* Au=
genwimper, *f.;* fermer la —, die
Augen zuthun; *fg.* schlafen; sterben.

Pause, *f.* Pause, Ruhepunkt, *m.*

Pauser, *v. n.* (Muf.) pausiren,
inne halten.

Pauvre, *adj.; -ment, adv.:* arm,
ärmlich; armselig; *fg.* id., schlecht,
verächtlich; —, *m.* Arme.

Pauvresse, *f.* Arme, Bettle=
rinn.                       [Tropf.

Pauvret, *m.* te, *f. fm.* der arme

Pauvreté, *f.* Armuth; *fg.* abge=
schmacktes Zeug.

Pavage, *m.* Pflastern, *n.*

Pavaner (se), sich brüsten, stolz
einhergehen.

Pavé, *m.* Pflastersein; Pflaster,
*n.;* Pflasterweg, *m.;* être sur le —,
kein Obdach haben; *fg.* brodlos,
amtlos seyn; le haut du —, *fg.*
Vorrang, *m.;* batteur de —, Pfla=
stertreter; täter le —, behutsam zu
Werke gehen.

Pavement, *m.* Pflastern, *n.*

Paver, *v. a.* pflastern, platten.

Pavesade, *f.* (Seew.) Schirm=
wand; (Kriegsw.) Schanzkleid, *n.*

Paveur, *m.* Pflasterer, Steinsetzer.

Pavie, *m.* Härtling (Art Pfirsche).

†Pavie, *f.* Pavia (Stadt).

†Pavier, *v. a.* v. Pavesade.

†Pavier, *v. a., v.* Pavoiser.

Pavillon, *m.* Zelt, *n.;* Vorhang
(eines Bettes, ꝛc.), *m.;* (Wapp.)
Wappendecke, *f.;* (Schifff.) Flagge;
baisser le — ou baisser —, die
Flagge streichen; *fg. fm.* weichen;
nachgeben; se ranger sous le — de
qn., eines Partei ergreifen; — (Baut.)
(Baut.) Flügel, *m.;* Sommer=,

Lust=, Gartenhaus, *n.;* (Muf.)
Glocke (eines Hornes, ꝛc.), *f.;* (Ju=
wel.) Krone.

Pavois, *m.* der große Schild;
(Seew.) Schirmzelt, *n.* Schanzkleid.

Pavoiser, *v. a.* (Seew.) mit Schanz=
kleidern umspannen, behängen.

Pavot, *m.* (Bot.) Mohn; les —s,
(Dicht.) Mohnkörner (des Schlafs),
*n. pl.;* — cornu, (Bot.) Horn=
schollkraut, *n.*

Payable, *adj.* zahlbar, fällig, ver=
fallen.

Payant, e, *adj.* zahlend; —, *m.*
e, *f.* Zahler, *m.* =inn, *f.*

Paye, *f.* Lohn, *m.* Sold; Zahler,
Schuldner; morte —, Gnadensöld=
ner.                         [Zahlung.

Payement, *m.* Bezahlung, *fém.*

Payen, *v.* Paien.

Payer, *v. a.* zahlen, bezahlen, er=
legen, entrichten; — la douane, zol=
len; — le cens, l'intérêt, le loyer
de qch., etw. verzinsen, von etw.
zinsen; —, *fg.* de qch., einem
mit etw. zahlen, bezahlen, vergelten,
lohnen, einen mit etw. belohnen; —
de sa personne, sein Leben wagen;
se —, sich bezahlt machen; *fg.* zu=
frieden seyn (de, mit); se — de
raisons, vernünftige Vorstellungen
anhören.

Payeur, *m.* se, *f.* Zahler, *m.*
=inn, *f.;* Zahlmeister, *m.*

Pays, *m.* Land, *n.* Landschaft, *f.;*
*fg.* Vaterland, *n.* Heimath, *f.;* pop.
Landsmann, *m.;* faire voir du —
à qn., einen in Händel verwickeln,
quälen; à vue de —, dem Anschein
nach; gagner —, fortkommen; il
est bien de son —, er ist herzlich
dumm, einfältig.

Paysage, *m.* Landschaft, *f.*

Paysagiste, *m.* Landschaftsmaler.

Paysan, *m.* ne, *f.* Bauer, *m.*
Landmann, Bäuerinn, *f.;* adj.
*masc.* bäuerisch; à la —ne, auf
Bauernart.

Pays-Bas, *m. pl.* Niederlande.

Péage, *m.* Zoll, Weggeld, *n.;*
Zollhaus.

Péager, *m.* Zolleinnehmer.

Peau, *f.* Haut, Fell, *n.* Leder,
Balg, *m.*

Peausserie, *f.* Lederhandel, *m.;*
Lederwaaren, *f. pl.*

Peaussier, *m.* Lederbereiter; Le=
derhändler; —, *adj.,* muscle —,
(Anat.) Hautmuskel, *m.*

Peautre, *m. vi. et pop.,* envoyer
au, au ou à —, einen zum Henker
schicken, fortjagen.

Pec, *adj. m.,* hareng —, der
frischgesalzene Häring.

Peccable, *adj.* sündhaft.

Peccadille, *f. plais.* die kleine
Sünde.

Peccant, e, *adj.* (Med.) böfe, ſchädlich.

Peccata, *m. pop.* Eſel (bei Thier= kämpfen); ein Dummkopf.

Peccavi, *m. lat. pop.*, un bon —, ein reumüthiges Sündenbe= kenntniß.

Pêche, *f.* Fiſcherei; Fiſchfang, *m.;* (Gärtn.) Pfirſche, *f.* Pfirſich, *m.*

Péché, *m.* Sünde, *f.* Verſündi= gung; *v.* Originel.

Pécher, *v. n.* ſündigen, ſich ver= ſündigen; freveln; einen Fehler be= geben; *fg.* fehlerhaft ſeyn.

Pêcher, *v. a.* fiſchen, auffiſchen; *fg. id.*, auffangen.

Pêcher, *m.* Pfirſichbaum.

Pêcherie, *f.* Fiſchplaß, *m.*

Pêcheur, *m.* eresse, *f.* Sünder, *m.* =inn, *f.;* Frevler, *m.* =inn, *f.*

Pêcheur, *m.* se, *f.* Fiſcher, *m.* =inn, *f.*      [dumme Thier.

Pécore, *f. fm. injur.* Vieh, *n.*

Pecque, *f. fm. injur.* Naſeweis, *m.* die eingebildete Närrinn.

Pectoral, e, *adj.* (Med.) zur Bruſt gehörig; sirop —, Bruſtſirup, *m.;* croix —e, (Kirch.) Biſchofskreuz, *n.*

Péculat, *m.* Caſſendiebſtahl, die Entwendung öffentlicher Gelder.

Pécule, *m.* das ſelbſterworbene Vermögen (eines Sclaven, ꝛc.).

Pécune, *f.* (alt) Geld, *n.*

Pécuniaire, *adj.* das Geld betref= fend; amende —, Geldbuße, *f.*

Pécunieux, se, *adj. fm.* reich an baarem Gelde.

Pédagogie, *f.* Kinderzucht, Erzie= hungskunſt, Pädagogik.

Pédagogique, *adj.* pädagogiſch.

Pédagogue, *m.* Erzieher, Jugend= lehrer, *m. p.* Zuchtmeiſter.

Pédale, *f.* (Muſ.) Pedal, *n.* Fuß= taſten, *f. pl.;* clavier de —s, Pe= dalclavier, *n.;* —, der tiefſte Baß= ton (eines Fagots).

Pédané, *adj. m.*, juge —, (röm. Alt.) der untere Richter; *ol.* Dorf= richter (der ſtehend Gericht hielt).

Pédant, *m.* e, *f.* Pedant, *m.* =inn, *f.;* Schulfuchs, *m.;* —, e, *adj.* pedantiſch.      [fuchſen.

Pédanter, *v. n. fm. injur.* ſchul=

Pédanterie, *fém.* Pedanterei; Schulfuchſerei ; Schulmeiſtern, *n.* Schulgelehrſamkeit, *f.*

Pédantesque, *adj.;* -ment, *adv.:* pedantiſch, ſchulfuchſig.

Pédantiser, *v. n. fm.* den Pedan= ten ſpielen.

Pédantisme, *m.* Schulfuchſerei, *f.* das ſchulfuchſiſche Weſen.

Pédestre, *adj.*, statue —, die Bildſäule zu Fuß; -ment, *adv.*, aller -ment, *fm.* zu Fuß gehen.

Pédicelle, *m.* Blumenſtielchen, *n.*

Pédiculaire, *adj.*, maladie —,

Läuſeſucht, *f.;* —, *f.* (Bot.) Läu= ſekraut, *n.*      [Flechte, ꝛc.).

Pédicule, *m.* (Bot.) Stiel (einer

Pédiculé, e, *adi.* (Bot.) geſtielt.

Pédicure, *adj. m.*, chirurgien —, *ou* —, *m.* Fußarzt, Leichdorn= ſchneider.

Pédiluve, *m.* (Med.) Fußbad, *n.*

Pédimanes, *m. pl.* die Säugethiere mit abſtehender Zehe an den Hin= terfüßen.

Pédomètre, *m.*, *v.* Odométre.

Pédon, *m.* Fußbote.

†Pédonculaire, *adj.* den Blumen= ſtiel betreffend.      [menſtiel.

Pédoncule, *m.* (Bot.) Stiel, Blu=

Pédonculé, e, *adj.* (Bot.) geſtielt.

Pégase, *m.* (Myth.) Pegaſus, Flü= gelpferd, *n.*

†Peignage, *m.* Kämmen, *n.* Kra= ßen, Krämpeln (der Wolle); Hecheln (des Hanfs).

Peigne, *m.* Kamm; coup de —, Kammſtrich || Riffel (für Flachs), *f.*

Peigner, *v. a.* kämmen, ſtriegeln; (Flachs) riffeln; *fg. fm.* durchwam= ſen.

Peignier, *m.* Kammmacher.

Peignoir, *m.* Puder=, Haarmantel.

Peignon, *m.* (Seil.) Loppe (Hanf), *f.;* —s, (Tuchm.) Kämmlinge, *m. pl.*      [*pl.*

Peignures, *f. pl.* Kammhaare, *n.*

†Peiller, *m.* (Pap.) Lumpenſamm= ler.      [pier), *m. pl.*

†Peilles, *f. pl.* Lumpen (zum Pa=

*Peindre, v. a.* malen, abmalen, abbilden; etw. bemalen; (Maur.) anſtreichen (en bleu, etc., blau, ꝛc.); *fg.* ſchildern, beſchreiben; s'achever de —, ſich vollends zu Grunde rich= ten || ſchreiben || ſe —, ſich abſchil= dern.

Peine, *f.* Strafe; — de droit, geſetzliche Strafe || Sorge, Unruhe, *n.;* Gram, *m.* Traurigkeit, *f.* || Mühe, Beſchwerlichkeit, Arbeit; homme de —, ein Mann der ſein Brod durch ſchwere Arbeit verdient; à —, kaum; à grand—, ſchwer= lich, mit genauer Noth, mühſam.

Peiné, e, *adj.* mühſam gearbeitet (Werk).

Peiner, *v. a.* qn., einem Mühe, Kummer, Sorge machen; —, *v. n.* Mühe haben; je peine à punir, es kommt mich hart an zu ſtrafen; se —, ſich bemühen; *fg.* ſich abmühen; ſich bekümmern.

Peineux, se, *adj.*, la semaine —se, *pop.* Charwoche, *f.*

Peintade, *v.* Pintade.

Peintre, *m.* Maler.      [ſtreichen.

Peinturage, *m.* Malen, *n.* an=

Peinture, *f.* Malerei; Gemälde, *n.; fg.* Gemälde, Schilderung, *f.;*

(Maur.) Anſtrich, *m.* Tünche, *f.;* —s, die gemalten Karten, Bilder; en —, bloß ſcheinbar; *v.* Roi.

Peinturer, *v. a.* anſtreichen.

Peintureur, *m.* Anſtreicher.

†Pékin, Peking (Stadt).

Pékin (étoffe), *m.* chineſiſcher Sei= denzeug.

Pelade, *f.* das Ausfallen der Haare.

Pelage, *m.* Fell, *n.* Haarfarbe (von Thieren), *f.*

†Pélagiens, *m. pl.* Pelagianer (kirchl. Sekte); die Arten Seevögel, die auf offnem Meer fliegen.

Pélamide, *f.* (Naturg.) Bonnet= fiſch, *m.* die ſchöne Makrele.

Pélard, *adj. m.*, bois —, geſchäl= tes Holz.      [deaux.

Pelardeaux, *m. pl.*, *v.* Palar=

†Pelastre, *m.* das Blatt einer Schaufel.

Pelé, e, *adj.* platt, kahl.

Pêle-mêle, *adv.* unter oder durch einander, unordentlich.

Peler, *v. a.* (Obſt) ſchälen; abhaa= ren; (Schweine) abbrühen; *id.*, ab= rinden (Bäume); — la terre, Ra= ſen abſtechen; —, *v. n.* ſich ſchälen (Körper); se —, ſich haaren.

Pèlerin, *m.* e, *f.* Pilger, *m.* Wallfahrer, *m.* =inn, *f.; fg. fm.* der loſe Vogel; —e, *f.* das gefütterte Halstuch.

Pèlerinage, *m.* Pilgerſchaft, *f.* Wallfahrt, *f.;* Wallfahrtsort, *m.;* aller en —, wallfahrten, pilgern.

Pèlerine, *f.*, *v.* Pèlerin.

Pélican, *m.* Pelican; (Zahna.) Zahnzange, *f.*

†Pelin, *m.* (Gärb.) Beizkufe, *f.* Kalkgrube.

Pelisse, *f.* Pelz, *m.* Wildſchur, *f.* Schaube, *m.;* a vanner, Wurfſchau= fel, *f.*      [Schaufelvoll.

Pellée, Pellerée, Pelletée, *f.* eine Pelleron *m.* Schäufelchen, *n.;* (Bäck.) Schieber, *m.*

Pelleterie, *f.* Kürſchnerhandwerk, *n.;* Kürſchnerei, *f.;* Pelzwerk, *n.;* Pelzhandel, *m.*

Pelletier, *m.* ère, *f.* Kürſchner, *m.* Rauchhändler, =inn, *f.*

Pellicule, *f.* (Anat.) Häutchen, *n.*

Peloir, *m.* (Weißg.) Haareiſen, *n.*

Pelote, *f.* Ball, *m.* Klumpen; Knauel; Nadelkiſſen, *n.;* — de neige, Schneeball, *m.;* la — se grossit, der Haufen vergrößert ſich wie ein Schneeball; *fg. prov.* das Maß der Schuld wird immer größer || Bläſſe (an Pferden), *f.*

Peloter, *v. n.* Ball ſpielen; mit Schneeballen werfen; —, *v. a. fm.* walken, wammſen; se —, ſich her= umprügeln.

Peloton, *m.* Knauel, *n.; fg.* un

— de graisse, ein Fettklumpen; —, das kleine Nadelkiffen; *fg.* Haufen, *m.*; (Kriegsw.) Ploton, *n.* Rotte, *f.*; par —s, plotonweise, retten= haufenweise.

**Pelotonner,** *v. a.* in einen Haufen legen; auf einen Knauel wickeln, fnäueln; se —, sich auf einen Hau= fen stellen, sich zusammenrotten.

**Pelouse,** *f.* Rasenplatz, *m.*

**Peltastes,** *m. pl.* die leichten Trup= pen der alten Griechen; eine Art Rau= pentödter (Insekten).

**Pelte,** *f.* kleiner, runder Schild.

**Pelu, e,** *adj.* haarig, behaart.

**Peluche,** *f.* Plüschsammet, *m.*

**Peluché, e,** *adj.* wollig, sammet= artig. [ben.

**Pelucher,** *v. n.* wellig, faserig wer=

**Pelure,** *f.* Schale, Haut (v. Früch= ten); — de fromage, Käserinde.

**Pelvien,** *adj.* (Anat.) zum Becken gehörig. [Kuttenträger.

**Penaillon,** *m. fm.* Lumpen; *mépr.*

**Pénal, e,** *adj.* (jur.) strafend; code —, Strafgesetzbuch, *n.*

**Pénalité,** *f.* (jur.) Strafbarkeit.

**Pénard,** *m. mépr.*, vieux —, der alte Bock, alte Fuchs.

**Pénates,** *m. pl. et adj. m. pl.,* dieux —s, (Myth.) Familiengötter, *m. pl.* Penaten. [beschämt.

**Penaud, e,** *adj. fm.* verlegen,

†**Pence,** *masc. pl. de Penny,* Pfennig, zwölfte Theil des Schil= lings (in England).

**Penchant, e,** *adj.* abhängig, schief, abschüssig; *fg.* wankend; —, *m.* Abhang; *fg.* Rand; Neige, *f.* ‖ Hang, *m.* Neigung, *f.* (pour, zu).

**Penchement,** *m.* Hangen, *n.* Neigen, Nicken.

**Pencher,** *v. a.* neigen, hängen, beugen; —, *v. n.* abschüssig seyn, sich neigen; *fg. id.,* Hang, Neigung haben (pour, zu); se —, sich neigen.

**Pendable,** *adj.* henkenswerth; gal= genmäßig (Fall).

**Pendaison,** *f. fm.* Henken, *n.*

**Pendant, e,** *adj.* hangend, herab= hängend; (jur.) anhängig; —, *m.* Gehänge, *n.* Gehenk; (Mal.) Sei= ten=, Gegenstück, Gegenbild; pen= dants d'oreilles, Ohrengehänge; —, *prép.* während; — que, während daß. [gel, *m.* Galgenschwengel.

**Pendard,** *m. e, f. fm.* Galgenvo=

**Pendeloque,** *f.* Anhänger, *m.* Angehänge (an Ohrringen, 2c.), *n.*

**Pendentif,** *m.* (Baut.) Strebebo= gen, Uebergewölbe. [schlappen.

**Pendiller,** *v. n.* bäumeln, hängen,

**Pendre,** *v. a.* hängen, aufhängen, anhängen; il est toujours pendu à ses côtés, à sa ceinture, er hängt immer an ihm; —, (einen) henken; aufknüpfen; dire pis que — de qn.,

---

einem das Schändlichste nachsagen; —, *v. n.* hangen, herabhangen; se —, sich erhenken.

**Pendu,** *m.* Gehenkte.

**Pendule,** *m.* Pendel; *n.* Perpen= dikel, *m.*; —, *f.* Wanduhr, Pen= deluhr.

**Pêne,** *m.* Riegel (am Schlosse).

**Pénétrabilité,** *f.* Durchdringlich= keit.

**Pénétrable,** *adj.* durchdringlich.

**Pénétrant, e,** *adj.* durchdringend; *fg. id.,* scharfsinnig.

**Pénétratif, ve,** *adj.* leicht durch= dringend.

**Pénétration,** *f.* Durchdringen, *n.*; *fg.* Scharfsinn, *m.* Scharfblick.

**Pénétrer,** *v. a. et n.* durchdringen; eindringen; *fg. id.,* durchschauen, ergründen; heftig rühren.

†**Penguin,** Pengouin, *m.* (Na= turg.) Fettgans, *f.*

**Pénible,** *adj.*; —ment, *adv.*: müh= sam, beschwerlich.

**Péniche,** *fém.* Penische (kleines Transportschiff).

**Pénicillé, e,** *adj.* (Bot.) in Ge= stalt eines Pinsels.

**Péninsule,** *f.* Halbinsel.

**Pénitence,** *f.* Buße, Bußfertig= keit, Reue; faire —, Buße thun, büßen (de, für); —, *fg.* Strafe, *f.*; mettre en —, bestrafen.

**Pénitencerie,** *f.* Bußrichteramt, *n.*

**Pénitencier,** *m.* Bußrichter.

**Pénitent, e,** *adj.* bußfertig, bü= ßend; —, *m. e, f.* Beichtkind, *n.*; Büßer, *m.* =inn, *f.*; Büßende, *m.* et *f.*; (Kirch.) Reuerinn, *f.*

**Pénitentiaux,** *adj. pl.,* les psau= mes —, die Bußpsalmen. [*n.*

**Pénitentiel, m.** (Kath.) Bußbuch,

**Pennage,** *m.* Gefieder, *n.*

**Penne,** *f.* (Falk.) Schwingfeder.

**Penné, e,** *adj.* federig, federartig.

**Pennon,** *m.* Fähnlein, *n.* Banner.

**Pénombre,** *f.* (Astr.) Halbschatten,

**Pensant, e,** *adj.* denkend. [*m.*

**Pensée,** *f.* Gedanke; *m.* Begriff, Vorhaben, *n.*; Meinung, *f.*; Ein= fall, *m.*; les —s et les actions, das Dichten und Trachten; —, (Bot.) Dreifaltigkeitsblume, *f.*

**Penser,** *v. n.* denken (à, an, auf); nachdenken (à, über); sinnen (à, auf); überlegen (à qch., etw.); mei= nen, glauben; —, *v. a.* denken (qch., an etw.); im Sinne haben; erdenken, ersinnen, aussinnen; glau= ben, urtheilen. Mit einem *infinitif,* beinahe, fast; z. B., j'ai pensé mou= rir, ich wäre fast gestorben; —, *m.* Gedanke.

**Penseur,** *m.* Denker; Grübler.

**Pensif, ve,** *adj.* nachdenkend, nachsinnend, tiefsinnig, tief in Ge= danken.

---

**Pension,** *f.* Kost; Kostgeld, *n.*; Kosthaus; Erziehungshaus; Jahr= geld; Gnadengehalt, *m.*

**Pensionnaire,** *m. et f.* Kostgän= ger, *m.* =inn, *f.*; Kostschüler, *m.* =inn, *f.*; Zögling (einer Anstalt), *m.*; Pensionär.

**Pensionnat,** *m.* Kosthaus, *n.*; Kostschule, *f.* Erziehungsanstalt.

**Pensionner,** *v. a.* qn., einem einen Jahrgehalt geben.

**Pensum** (spr. painsom), *m.* Straf= aufgabe (eines Schülers), *f.*

†**Pensylvanie,** *f.* Pensylvanien (Provinz), *m.* [Leier.

**Pentacorde,** *m.* die fünfsaitige

†**Pentaglotte,** *adj.,* bible —, die Bibel in fünf Sprachen.

**Pentagone,** *adj.* (Math.) fünf= eckig; —, *m.* Fünfeck, *n.*

**Pentamètre,** *m. et adj. m.,* vers —, der fünffüßige Vers.

**Pentandrie,** *f.* Klasse der Pflanzen mit fünf Staubfäden.

**Pentapole,** *f.* die Landschaft der fünf Städte, Fünfstädtebezirk, *m.*

†**Pentastyle,** *adj.* fünfsäulig (Ge= bäude).

**Pentateuque,** *m.* Pentateuch, die fünf Bücher Mosis.

**Pentathle,** *m.* (Alt.) Fünfkampf.

**Pente,** *f.* Abhang, *m.*; Fall; Ge= fälle (eines Flusses), *n.*; (Bauk.) Abdachung, *f.*; Kranz (am Bette, Fenster), *m.*; *fg.* Hang (à, zu).

**Pentecôte,** *f.* Pfingsten, Pfingst= fest, *n.*

†**Pentélique,** *adj.,* marbre —, der pentelische Marmor (aus Grie= chenland).

**Penthée,** *f.* (Kirch.) Mariä Rei= nigung (bei den Griechen).

**Pentière,** *f.* (Jagd) Schnepfennetz, *n.* Hängegarn. [*m.*

**Penture,** *f.* Band (an Thüren,

**Pénultième,** *adj.* vorletzte; —, *m.* Vorletzte, *f.* die vorletzte Sylbe.

**Pénurie,** *f.* der äußerste Mangel.

**Péotte,** *f.* (Seew.) Peotte (kleines rundes Schiff).

**Péperin,** *m.* vulkanische Kalkstein.

**Pepie,** *f.* Pips (Vögelkrankheit), *m.* [ling.

**Pepler,** *v. n.* zirpen, pipen (Sper=

**Pepin,** *m.* Kern (der Aepfel, Bir= nen). [Pflanzschule.

**Pépinière,** *f.* Baumschule; *fg.*

**Pépiniériste,** *m.* Baumgärtner.

**Peplum ou Péplon,** *m.* Peplon, *n.* Frauenmantel, *m.* [*f.*

†**Péquet,** *m.* (Anat.) réservoir de —, Milchsaftbehältniß, *n.*

**Percale,** *f.* Perkal, *m.* feine Baum= wollenzeug.

**Percaline,** *f.* leichter Perkal, *m.*

Perçant, e, *adj.* durchdringend; scharf, schneidend; *fg. id.*, frei‐schend, hell (Stimme); scharfsinnig (Geist).

Perce (en), *adv.* angezapft; met‐tre en —, anzapfen.

Percé, *m.* Percée, *f.* Durchgang, *m.;* Durchsicht, *f.* [wurm.

Perce-bois, *m.* (Naturg.) Holz‐

Perce-feuille, *f.* (Bot.) Durch‐wachs, *m.* Knabenkraut, *n.*

Perce-forêts, *m.* Buschjäger.

†Perce-lettre, *m.* Briefstecher.

Percement, *m.* Durchbrechen, *n.;* (Bergw.) Wetterstollen, *m.*

Perce-neige, *f.* (Bot.) Schnee‐glöckchen, *n.*

Perce-oreille, *m.* (Naturg.) Ohr‐wurm. [*m.*

Perce-pierre, *f.* (Bot.) Steinbrech,

Percepteur, *m.* Einnehmer.

Perceptibilité, *f.* Erhebbarkeit (einer Auflage); Bemerkbarkeit (ei‐nes Gegenstandes).

Perceptible, *adj.* merkbar, sicht‐bar, in die Sinne fallend; (Fin.) erhebbar.

Perception, *f.* Einnahme, Erhe‐bung (der Gelder, Früchte, 2c.); (Philos.) Empfindung, Vorstellung.

Percer, *v. a.* durchbohren, durch‐bohren, höhlen, graben, schlagen, stoßen, schießen; brin‐gen; durch etw. bringen; (Tischl.) (Löcher) stämmen (ein Faß) an‐zapfen; anstechen; *fg.* durchschauen. — , *v. n.* durchbrechen, durchgehen, hervorkommen; (Chir.) aufgehen; (v. Häusern) durchgehen; *fg.* durch‐blicken, durchscheinen; offenbar wer‐den (Geheimniß); sich ausbreiten (v. jemand) sich emporschwingen; se —, sich durchbohren; bien —é, gut beleuchtet (Haus).

†Percerette, *f.* Zwickbohrer, *m.*

Percevoir, *v. a.* erheben, einneh‐men; (Philos.) auffassen.

†Perchant, *m.* (Vogl.) Lockvogel.

Perche, *f.* Stange; *fg. fm.* Hop‐fenstange; (Vogl.) Kloben, *m.* ‖ Meßruthe, *f.* Ruthe (Längenmaß); (Naturg.) Barsch, *m.* Barsch (Fisch); la petite —, Kaulbarsch.

Percher, *v. n. et se* —, (v. Vö‐geln) auffigen; sich setzen; se —, *fg.* sich hinpflanzen.

†Perchis, *m.* Steckenzaun.

Perchoir, *m.* Stängelchen (im Vo‐gelbauer); *n.;* Hühnerstange, *f.*

Perclus, e, *adj.* lahm, glieder‐lahm, gichtbrüchig; devenir —, er‐lahmen.

Perçoir, *m.* Anstech‐, Faßbohrer.

Percussion, *f.* Schlag, *m.* Stoß.

Perdable, *adj.* verlierbar.

Perdant, *m.* Verlierende, Verspie‐ler.

---

Perdition, *f.* Verderben, *n.* Ver‐dammniß, *f.*

Perdre, *v. a.* verlieren, einbüßen, (Geld, 2c.); verscherzen; verspielen (im Spiel) (einen) verderben, zu Grunde richten, stürzen, verführen; — , *v. n.* verlieren; se —, sich ver‐lieren; verloren geben; verderben; geben, verschwinden; sich verlieren; se — dans l'air, (Schall) verhallen; se —, (Will.) sich verlaufen; *fg. fm.* sich versteigen (im Nachdenken); (Phys.) verfliegen; se — d'honneur, seine Ehre verscherzen.

Perdreau, *m.* das junge Rebhuhn.

Perdrigon, *m.* eine Art Pflaumen.

Perdrix, *f.* Rebhuhn, *n.* Feld‐huhn; compagnie de —, eine Kette Rebhühner.

Perdu, e, *adj.* verloren; à corps —, blindlings; — d'honneur, sei‐ner Ehre verlustig; — de débauches, durch Ausschweifungen zu Grunde ge‐richtet; heures —es, Nebenstunden, *f. pl.;* à fonds —s, auf Leibrente.

Père, *m.* Vater; (Kath.) Vater; *fg.* Vater, Pfleger; — de l'église, Kirchenvater; les péres, die Kirchen‐väter; nos —s, unsere Vorfahren; le saint-père, der Papst.

Pérégrination, *f. ol.* Wander‐schaft.

Pérégrinité, *f.* (jur.) Ausländer‐schaft; *f.;* (jur.) Ungiltig‐werdung (einer Rechtssache).

Péremption, *f.* (jur.) Ungiltig‐werdung (einer Rechtssache).

Péremptoire, *adj.;* -ment, *adv.* (jur.) ungiltig machend; entscheidend.

Perfectibilité, *f.* Vervollkomm‐nungsfähigkeit. [nungsfähig.

Perfectible, *adj.* vervollkomm‐

Perfection, *f.* Vollkommenheit; Vollendung; der höchste Grad; en —, vollkommen.

Perfectionnement, *m.* Vervoll‐kommnung, *f.*

Perfectionner, *v. a.* vervollkomm‐nen; se —, vollkommener werden.

Perfide, *adj.; -ment, adv.* treu‐los; falsch, ungetreu, verrätherisch; —, *m. et f.* Treulose, Verräther, *m.*

Perfidie, *f.* Treulosigkeit, Untreue, Falschheit, Verrätherei.

Perfolié, e, *adj.* (Bot.) durch‐wachsen. [ren, *n.*

Perforation, *f.* (Chir.) Durchboh‐

Perforer, *v. a.* durchbohren.

Péri, *m. et f.* Peri (Genien der pers. Mythol.).

Périanthe, *m.* (Bot.) Blumenkelch.

Péricarde, *m.* (Anat.) Herzbeutel; eau du —, Herzwasser, *n.*

Péricarpe, *m.* (Bot.) Samen‐, Fruchtgehäuse, *n.* [haut, *f.*

Péricliter, *v. n.* in Gefahr seyn, schweben.

---

Péricrâne, *m.* (Anat.) Hirnschä‐delhäutchen, *n.*

Péridot, *m.* (Miner.) Chrysolith, falsche Smaragd.

Péridrome, *m.* Säulengang.

†Périer, *m.* (Naturg.) Heidelerche, *f.;* (Gieß.) Laßeisen, *n.*

Périgée, *m.* (Astr.) Erdnähe (der Planeten), *f.*

†Périgourdin, *m.* Perigorbiner, Einwohner der Provinz Perigord.

Périgueux, *m.* (Naturg.) Braun‐stein. [Eierstock befindlich.

†Périgyne, *adj.* (Bot.) um den

Périhélie, *m.* (Astr.) Sonnennähe, *f.*

Péril, *m.* Gefahr, *f.* [*f.*

Périlleux, se, *adj.; -sement, adv.: gefährlich, fm.* halsbrechend.

Périmer, *v. n.* (jur.) verfallen.

Périmètre, *m.* Umfang (einer Fi‐gur). [*f.*

Périnée, *m.* (Anat.) Schamleiste,

Période, *m.* die höchste Stufe; Gipfel, *m.; — f.* Zeitraum, *m.* Periode, *f.;* (Astr.) Umlauf (der Planeten), *m.;* (Rhet.) Satz, Rede‐satz, Periode, *f.*

Périodicité, *f.* Periodicität, pe‐riodische Wiederkehr.

Périodique, *adj.;* -ment, *adv.:* periodisch, wiederkehrend; feuille —, Zeitschrift, *f.;* —, (Rhet.) pe‐riodenreich.

Périœciens, *m. pl.* (Geogr.) die unter Einem Parallelzirkel Lebenden.

Périoste, *m.* (Anat.) Beinhäut‐chen, *n.* [chenhäutchens.

Périostose, *f.* Geschwulst des Kno‐

Péripatéticien, e, Péripatétique, *adj.* (Philos.) peripatetisch; —, *m.* Peripatetiker, Anhänger des Aristo‐teles.

Péripatétisme, *m.* die peripateti‐sche Philosophie, Lehre des Aristoteles.

Péripétie, *f.* (Theat., 2c.) Entwick‐lung, schnelle und unerwartete Ver‐änderung der Dinge. [*m.*

Périphérie, *f.* (Geom.) Umkreis,

Périphrase, *f.* (Rhet.) Umschrei‐bung.

Périphraser, *v. n.* umschreiben.

Périple, *m.* (Alt.) Umschiffung, Seereise. [genentzündung.

Péripneumonie, *f.* (Med.) Lun‐

Périptère, *m.* (Baut.) das rings mit freistehenden Säulen umgebene Gebäude.

Périr, *v. n.* umkommen (Mensch); untergehen, zu Grunde gehen (Mensch, Schiff, und *fg.*); verfallen, einstür‐zen (v. Häusern); austerben (v. Ge‐schlechtern); (jur.) verfallen.

Périsciens, *m. pl.* (Geogr.) die freischattigen Völker. [hülle, *f.*

†Périsperme, *m.* (Bot.) Keim‐

Périssable, *adj.* vergänglich, hin‐fällig, zeitlich.

Péristaltique, adj.(Med.) wurm=
förmig.
Péristyle, m. (Bauf.) Säulengang.
Périsystole, f. (Med.) die Zeit
zwischen zwei Pulsschlägen. [n.
Péritoine, m. (Anal.) Darmfell.
Perkale, v. Percale.
Perle, f. Perle; — fine, echte
Perle; — fausse, Glas=, Wasser=
perle; —, fg. Krone, Ausbund, m.;
fm. Perle, f.; (Buchdr.) Perlschrift.
Perlé, e, adj. mit Perlen besetzt;
geperlt; (Muf.) rein, zart; bouillon
—, Kraftbrühe, f. [gerveib.
Perlure, f. das Perlichte am Hirsch=
Permanence, fém. Dauer, Fort=
dauer; ununterbrochene Sitzung (ei=
ner Versammlung); être, rester en
—, fortdauernd versammelt seyn,
bleiben; se déclarer en —, sich als
fortdauernd erklären; —, (Theol.)
die bleibende Gegenwart (des Leibes
Chr.).
Permanent, e, adj. bleibend, be=
ständig, fortdauernd, immerwährend.
Perméabilité, f. (Phys.) Durch=
dringlichkeit. [dringlich.
Perméable, adj. (Phys.) durch=
Permesse, m. (Myth.) Permessus,
Musenfis.
*Permettre, v. a. erlauben, zuge=
ben, zulassen, verstatten, vergönnen;
permis, erlaubt, zulässig.
Permis, m. Erlaubnißschein.
Permission, f. Erlaubniß, Zulof=
fung; Vergünstigung; avoir la —,
dürfen. [Pfründe, x.)
Permutant, m. Vertauscher (einer
Permutation, f. Vertauschung (ei=
ner Pfründe, x.); (Arithm.) Ver=
setzung. [Pfründe, x.)
Permuter, v. a. vertauschen (eine
Pernicieux, se, adj.; -sement,
adv.: schädlich, verderblich, gefähr=
lich. [durch Todesfall.
Per obitum, adv. lat. (Kirch.)
Péroné, m. (Anal.) Wadenbein,
n. [bertasche.
Péronelle, f. pop. injur. Plau=
Pérorafson, f. (Abel.) Schluß, m.
Pérorer, v. n. m. p. weitläufig
reden, [schwatzen.
Péroreur, m. Vielsprecher.
Pérot, m. (Forstw.) Vorständer
(Baum der schon zweimal stehen
geblieben).
†Pérou, m. Petu (Land).
Peroxyde, m. Peroxyd, n. der
übergesäuerte Metalkalk.
Perpendiculaire, adj.; -ment,
adv.: senkrecht; —, f. die senkrechte
Linie. [Richtung oder Lage.
Perpendicularité, f. die senkrechte
Perpendicule, m. Perpendikel, die
Bleiwage mit einem Pendel.
Perpétrer, v. a. (jur.) verüben,
begehen.

Perpétuation, f. die immerwäh=
rende Erhaltung, beständige Fort=
pflanzung.
Perpétuel, le, adj.; -lement,
adv. : immerwährend, beständig,
unaufhörlich, ewig.
Perpétuer, v. a. immerwährend
erhalten, fortsetzen; fortpflanzen,
verewigen (seinen Namen); se —,
sich fortpflanzen, sich immerwährend
erhalten.
Perpétuité, f. die beständige Fort=
dauer, ununterbrochene Dauer; à
—, auf immer, auf ewig, lebens=
länglich.
Perplexe, adj. betreten, verlegen,
bestürzt, unschlüssig; verwickelt, schwie=
rig (Fall).
Perplexité, f. Verlegenheit, Ver=
wirrung, Bestürzung, Unschlüssig=
keit. [(jur.) id., Nachforschung.
Perquisition, f. Nachsuchung.
†Perreau, m. (Wachs3.) Kessel.
†Perriche, f. der langschwänzige
Papagei.
†Perrière, f. Schiefersteinbruch, m.
Perron, m. Auftritt, Treppe (vor
einem Hause), f.
Perroquet, m. (Naturg.) Papagei
|| Feldstuhl; (Seew.) Bramstenge, f.;
le voile du —, Bram=, Topfsegel,
n. [Papageiweibchen, n.
Perruche, f. der kleine Papagei.
Perruque, f. Perrücke; — ronde,
Stupperrücke.
Perruquier, m. Perrückenmacher,
Haarkräusler. [und blau.
Pers, e, adj. (alt) zwischen grün
Per saltum, adv. lat. (Kirch.)
durch Uebersprignung.
†Persan, m. ne, f. Perser, m.
=inn, f.; (Bauf.) Balkenträger, m.
†Perse, f. Persien (Land)
Perse, f. Perse, eine Art feines
Baumwollzeug, Zitz, m.; bleu de
—, grünblau.
Persécutant, e, adj. beschwerlich,
überlästig, ungestüm.
Persécuter, v. a. verfolgen; fg.
id., überlaufen, plagen.
Persécuteur, m. trice, f. Verfol=
ger, m. =inn, f.; fm. Plagegeist, m.
Persécution, f. Verfolgung, Pla=
gen, n. Treiben. [Perseus.
Persée, f. (Myth. und Astron.)
†Perses, m. pl. Perser (Volk).
Persévérance, f. Beharrlichkeit,
Ausdauer, Standhaftigkeit.
Persévérant, e, adj.; -amment,
adv.: beharrlich, ausdauernd, stand=
haft.
Persévérer, v. n. beharren, anhal=
ten, aushalten, ausdauern, stand=
haft bleiben. [n.
Persicaire, f. (Bot.) Flöhkraut,
Persicot, m. Pfirsichbranntwein.
Persienne, f. Sommerladen, m.

Persiflage, m. die (feine) Spöt=
terei.
Persifler, v. a. aushöhnen, aus=
spotten, auszischen; —, v. n. (ab=
sichtlich) unzusammenhängendes Zeug
reden.
Persifleur, m. Spötter.
Persil, m. (Bot.) Petersilie, f.;
— de bouc, Steinbrech, m.; — de
Macédoine, Steineppich; — de ma=
rais, Wassereppich.
Persillade, f. die Schnitte Rind=
fleisch mit Brod, Essig und Oel.
Persillé, e, adj., fromage —,
der grünsteckige Käse.
Persique, f. die große Pfirsche;
—, (Bauf.) persisch; le golfe —,
der persische Meerbusen.
Persistance, f. Dauer, Bestän=
digkeit; (Bot.) Bleiben, n.
Persister, v. n. beharren, bestehen
(dans, auf, bei, in).
Personnage, masc. Person, f.;
(Theat.) Rolle.
†Personnaliser, v. a. qch., eine
Person aus etw. machen das seine ist.
Personnalité, f. Persönlichkeit;
fg. id., Anzüglichkeit || Selbstsucht.
Personnat, m. (Kirch.) Personat,
(Art Pfründe.)
Personne, f. Person; en —, in
Person, persönlich, selbst; —, m.
négat. niemand; affirm. interrog.
jemand. [maskirten Pflanzen.
Personnées, f. pl. die verlarvten,
Personnel, le, adj. persönlich; fg.
selbstsüchtig (Mensch); —, m. Per=
sönliche, n. Persönlichkeit, f. der
persönliche Charakter; (Kriegsw.) das
Physische des Soldaten; -lement,
adv. in Person, selbst, persönlich.
Personnification, f. Persönifika=
tion, Verpersönlichung.
Personnifier, v. a. als eine (re=
dende, wirkende) Person vorstellen.
Perspectif, ve, adj. perspectivisch.
Perspective, f. Perspectivkunst;
das perspectivische Gemälde; Aus=
sicht, f. Prospect, m.; fg. Aussicht,
f.; en —, in der Ferne, mit der
Zeit.
Perspicacité, f. Scharfsinn, m.
Perspicuité, f. Deutlichkeit.
Persuader, v. a. bereden, über=
reden; überzeugen; — qch. à qn.,
einen zu etw. bereden, einen von
etw. überzeugen; se —, sich überre=
den, glauben, sich einbilden.
Persuasible, adj. erweislich.
Persuasif, ve, adj. überzeugend,
überredend.
Persuasion, f. Ueberredung, Zu=
reden, n.; Ueberzeugung, f.
Perte, f. Verlust, m. Nachtheil,
m.; — de sang, Blutverlust; à
de vue, unabsehbar; fg. in den Tag

hinein; en pure —, völlig vergebens.

Pertinence, *fém.* Schicliche, n. Treffende; Schicklichteit, *f.*

Pertinent, e, *adj.; -* emment, *adv. :* treffend; schicklich, gehörig.

Pertuis, *m.* (Hydr.) Schleuse, *f.;* Loch, *n.* Oeffnung, *f.;* (Geogr.) enge Durchfahrt; (Schloss.) Richtscheibe.

Pertuisane, *f.* Partisane (Art Spieß). [*m.* sinn, *f.*

Perturbateur, *m.* trice, *f.* Störer, Perturbation, *f.* Gemüthsunruhe; Störung; (Astr.) Abweichung.

†Pertus, e, *adj.* (Bot.) durchsto= ßen; tief, eingetieft.

†Péruvien, *m.* ne, *f.* Peruaner, *m.* sinn, *f.; —,* *adj.* peruanisch.

Pervenche, *f.* (Bot.) Singrün, *n.*

Pervers, e, *adj.* verkehrt, ver= derbt, böse; —, *m.* Gottlose.

Perversion, *f.* Verderben, *n.*

Perversité, *f.* Verkehrtheit, Ver= derbtheit, Verderbniß, *n.*

Pervertir, *v. a.* (einen) verderben, verführen; etw. verkehren, umkeh= ren; *fg.* (den Sinn einer Stelle) verdrehen; *se —,* verderbt werden.

Pesade, *f.* (Reitsch.) Aufrichten, *n.* [mühsam.

Pesamment, *adv.* schwerfällig,

Pesant, e, *adj.* schwer; une livre — d'or, ein Pfund Gold; —, *fg.* schwer, drückend, mühsam, beschwer= lich; schwerfällig (Mensch, Styl, :c.); (Münzw.) gewichtig; il vaut son — d'or, er ist Goldes werth.

Pesanteur, *f.* Schwere; Gewicht, *n.; fg.* Schwerfälligkeit, *f.;* (Med.) id., Trägheit; — d'esprit, Dumm= heit. [eine Wagschalevoll.

Pesée, *f.* Wägen, *n.* Abwägen;

Pèse-liqueur, *m.* Wasserwage, *f.*

Peser, *v. a.* wägen, abwägen; *fg.* id., erwägen, überlegen, prüfen; —, *v. n.* wiegen, sein Gewicht haben; *fg.* drücken, schwer liegen, lasten; — sur une syllabe, den Nachdruck auf eine Sylbe legen; — sur une circonstance, ein besonderes Ge= wicht auf einen Umstand legen.

Peseur, *m.* Wagemeister, Wäger.

Peson, *m.* Schnellwage, *f.; —* à ressort, Güter=, Heuwage.

Pessaire, *m.* (Med.) Mutterzäpf= chen, *n.* [tanne, *f.*

†Pesse, *m.* (Bot.) Pech=, Weiß=

Pessimiste, *m.* Pessimist (der be= hauptet, diese Welt sey die schlechteste).

†Pestard, *m.* Angeber, Anzeiger (in Schulen); *fm.* Blaustrumpf.

Peste, *f.* Pest, Seuche; *fg.* id., Verderben; *n.;* Sittenverderber, *m.* —, *interj. fm.* zum Henker (de, mit)!

Pester, *v. n. fm.* fluchen, schim= pfen. [steckend.

Pestifère, *adj;* pestilenzialisch, an=

Pestiféré, e, *adj.* verpestet, pest= haft; —, *m.* e, *f.* Pestkranke, *m.* et *f.*

Pestilence, *f.* Pest, Seuche.

Pestilent, e, *adj.* pestartig, ver= pestet.

Pestilentiel, le, Pestilentieux, se, *adj.* verpestend; *fg.* ansteckend, gefährlich.

Pet, *m.* Wind, *pop.* Furz; —s, Windbeutel (Art Gebackenes); pet-en-l'air, der kurze Nachtrock.

Pétale, *m.* (Bot.) Blumenblatt, *n.* [menblattern versehen.

Pétalé, e, *adj.* (Bot.) mit Blu=

Pétalisme, *m.* (gr. Alt.) Petalis= mus, Blättergericht (in Syrakus), *n.*

Pétarade, *f.* Farzen, *n.* Gefarz; *fm.* ein unanständiger Ton aus dem Munde (um einen auszuspotten); faire une —, farzen; einen aus= spotten.

Pétard, *m.* (Artill.) Petarde, *f.* Thorbrecher, *m.;* (Feuerw.) Pulver= schwärmer. [sprengen.

Pétarder, *v. a.* mit Petarden auf=

Pétardier, *m.* Petardierer.

Pétase, *m.* (Myth.) der Flügel= hut Merkurs.

Pétaud, *m.*, (nur gebr. in :) la cour du roi —, ein Haus in wel= chem Alles drunter und drüber geht, große Unordnung ist.

Pétaudière, *f.* cour du roi Pé= taud, *fm.* der polnische Reichstag, eine Gesellschaft, wo jeder Herr seyn will. [(Med.) Fleckfieber, *n.*

Pétéchiul, e, *adj.*, la fièvre —,

Pétéchies, *f. pl.* (Med.) Flecken (beim Fleckfieber), *m. pl.*

Peter, *v. n.* einen Wind lassen, *pop.* farzen; *fg.* krachen, prasseln, knistern. [feind (Auge, :c.).

Pétillant, e, *adj.* knisternd; fun=

Pétillement, *m.* Prasseln, *n.* Ge= prassel, Knistern, Funkeln, Spru= deln; Kriebeln (im eingeschlafenen Fuß).

Pétiller, *v. n.* krachen, prasseln, knistern; sprudeln, perlen, funkeln (Wein); *fg.* kochen (Blut); bren= nen (vor Begierde); überströmen (von Witz). [ständig.

Pétiolaire, *adj.* (Bot.) blattstiel=

Pétiole, *m.* Blattstiel.

Pétiolé, e, *adj.* (Bot.) gestielt.

Petit, e, *adj.* klein; *fg.* id., ge= ring, kleinfügig; schlecht; niedrig; fort —, *fm.* winzig; —s à —, nach und nach; —, *m. fm.* Kleine, Kind, *n.;* Junge (v. Thieren).

Petite-fille, *f.* Enkelinn.

Petite-maitresse, *f.* Stutzerinn.

Petitement, *adv.* wenig; kümmer=

Petite-nièce, *f.* Urnichte. [lich.

†Petite-Pierre (la), Lützelstein (Städtchen).

Petitesse, *f.* Kleinheit; *fg.* Un= wichtigkeit, Unerheblichkeit; Klein= lichkeit; — de cœur, Zaghaftigkeit.

Petite vérole, *f.* (Med.) Kin= derblattern, *pl.* [*n.*

Petit-fils, *m.* Enkel, Kindeskind,

Petit-gris, *m.* Grauwerk, *n.;* Fehe, *f.*

Pétition, *f.* Bittschrift; — de principe, (Philos.) die Anführung des zu erweisenden Satzes als Be= weisgrund.

Pétitionnaire, *m.* Bittsteller.

Petit-lait, *m.* Molken, *f. pl.*

Petit-maitre, *m.* Stutzer.

Petit-métier, *m.* (Past.) Hippe, *f.*

Petit-neveu, *m.* Urneffe.

Pétitoire, *m.* et *adj. f.* (jur.) action — die Klage auf Eigen= thumsrecht; demande au —, id.

†Petit-pied, *m.* Kern (des Pfer= defußes).

Peton, *m. fm.* Füßchen, *n.*

Pétoncle, *f.* (Naturg.) Herzmu= schel.

Pétreau, *m.* Nebenschößling.

Pétrée, *adj. f.,* Arabie —, das steinige Arabien.

Pétrel, *m.* (Naturg.) Sturmvogel.

†Pétreux, se, *adj.* (Anat.) stein= artig; os —, Felsenbein, *n.*

Pétri, e, *adj. fg.* zusammenge= setzt, voll.

†Pétricherie, *f.* die Zurüstung zum Stockfischfang.

Pétrification, *f.* Versteinerung.

Pétrifier, *v. a.* versteinern; se —, versteinert werden.

Pétrin, *m.* (Bäck.) Backtrog.

Pétrir, *v. a.* kneten, wirken; durch= arbeiten.

Pétrissage, *m.* Kneten, *n.* Wirken.

Pétrisseur, *m.* (Bäck.) Teigkneter.

Pétrole, *m.* Stein=, Bergöl, *n.*

Pétrosilex, *m.* (Miner.) Petrosi= ler. [Sinne.

Petto (in), *adv.* insgeheim, im

Pétulance, *f.* Heftigkeit, Unge= stüm, *n.;* Muthwille, *m.*

Pétulant, e, *adj.; -* amment, *adv. :* heftig, ungestüm; muthwillig.

Petun, *m.* alter Spottname des Tabaks.

Petuner, *v. n.* rauchen.

†Petunsé, *m.* (Miner.) Petunse (Stein, woraus man in China das Porzellan macht); *f.*

Peu, *adv.* wenig; — à —, nach und nach, allmälig; dans —, näch= stens; à — près, à — de chose près, beinahe, ungefähr; tant soit —, nur ein wenig; pour — que, wenn nur ein wenig; —, *m.* We= nige, *n.;* un —, ein wenig, etwas, ein Bischen; le — de plaisir, das wenige, geringe Vergnügen.

†Peuille, *f.* (Münzw.) Probeſtück, *n.*

Peuplade, *f.* Pflanzvolk, *n.* Kolonie, *f.;* der fremde Stamm; (Fiſch.) Brut, *f.* Satz, *m.*

Peuple, *m.* Volt, *n.;* —, *ou bas* —, Pöbel, *m.;* — , (Fiſch.) Brut, *f.;* (Gärtn.) Schoß, *m.*

Peuplé, e, *adj.* volkreich.

Peupler, *v. a.* bevölkern; (Zerſtr.) behölzen; —, *v. n.* ſich vermehren; se —, ſich bevölkern.

Peuplier, *m.* Pappelbaum.

Peur, *f.* Furcht; Besorgniß; avoir —, ſich fürchten; faire —, Furcht einjagen; causer de la — à qn., einen abängſtigen; de peur que, damit nicht, aus Furcht (de, vor), einen abängſtigen; de peur que, damit nicht, aus Furcht (de, vor).

Peureux, se, *adj.* furchtſam; ſcheu.

Peut-être, *adv.* vielleicht; —, *m.* Vielleicht, *n.*

Phaéton, *m.* (Sattl.) Phaeton, Cabriolett, *n.*

Phagédénique, *adj.* (Med.) äßend, freſſend (Mittel); um ſich freſſend (Geſchwür).

Phalange, *f.* (Alt.) Phalanx, *n.;* *fg.* Schaar (Soldaten), *f.;* —s, (Anal.) Glieder (der Finger und Zehen), *n. pl.*

Phalangite, *m.* (Alt.) Phalangit, zu einem Phalanx gehörige Soldat.

Phaléne, *m.* (Naturg.) Nachtschmetterling, Nachtfalter, Nachtvogel.

Phaleuque, Phaleuce, *adj.* (Pros.) phaleuciſch, fünffüßig (Vers).

Phalsbourg, Pfalzburg (Stadt).

Pharaon, *m.* Pharao=, Bankſpiel, *n.* [*m.*

Phare, *m.* Leuchtfeuer, *n.;* =thurm, *m.*

Pharisaïque, *adj.* phariſäiſch.

Pharisaïsme, *m.* die phariſäiſche Lehre; *fg. fm.* Scheinheiligkeit. [Scheinheilige.

Pharisien, *m.* Phariſäer; *fg. fm.*

Pharmaceutique, *adj.* pharmaceutiſch; —, *f.* Arzneikunde, Apothekerkunſt.

Pharmacie, *f.* Apotheke.

Pharmacien, *m.* Apotheker.

†Pharmacologie, *f.* die Wiſſenſchaft der Arzneibereitung.

Pharmacopée, *fém.* Arzneibereitungslehre.

†Pharsale, *fém.* Pharſalus (aïle Geog); Pharſalia (ein Gedicht), *f.*

Pharyngé, e, *adj.* den Schlund betreffend. [Schlundöffner.

†Pharyngotome, *masc.* (Chir.)

†Pharyngotomie, *fém.* (Chir.) Schlundöffnung.

Pharynx, *m.* (Anal.) Schlund.

Phase, *f.* (Aſtr.) Wandlung, Verwandlung, der abwechſelnde Schein.

Phase, *m.* Phaſis (alter Name eines Fluſſes).

---

Phaséole, *f.,* *v.* Faséole.

Phébus, *m.* Sonne, *f.; fg.* (vom Styl) Schwulſt, *m.* Bembaſt.

†Phénicie, *f.* Phönizien (alle Geogr).

†Phénicien, ne, *adj.* phöniziſch; —, *s. m.,* —ne, *f.* Phönizier, *m.* =inn, *f.*

†Phénigme, *m.* (Med.) ein Blaſen ziehendes Mittel, welches eine Röthe der Haut verurſacht.

Phénix, *m.* Phönix (erdichtete Vogel); *fg. id.,* Vortrefflichſte.

Phénomène, *m.* Erſcheinung, *f.* Naturerſcheinung; *fg. fm.* Wunder, *n.*

†Phérécrate, *m.* Phérécratien, *adj.,* vers —, (Pros.) der pherecratiſche Vers.

†Philadelphie (Stadt), Philadelphia. [freundl.

Philanthrope, *masc.* Menſchen

Philanthropie, *f.* Menſchenliebe.

Philanthropique, *adj.* menſchenfreundlich.

Philhelléne, *m.* Griechenfreund.

†Philippe, *n. pr. m.* Philippus, Philipp; *dimin.* Philippot.

†Philippine, *n. pr. f.* Philippine; *dimin.* Philippote.

†Philippines, *f. pl.,* les iles —, die Philippinen, philippiniſchen Inſeln.

Philippique, *f.* die philippiſche Rede; *fg.* heftige, beißende Rede.

†Phillyrée, *f.* (Bot.) Steinlinde.

Philologie, *f.* Philologie, Sprachkenntniß, Sprachgelehrſamkeit.

Philologique, *adj.* philologiſch.

Philologue, *m.* Philologe, Sprachkundige, Sprachforſcher.

Philomatique, *adj.* lernbegierig; wißbegierig; la société —, die Geſellſchaft der Wiſſenſchaftsfreunde.

†Philoméle, *f.* (Dicht.) Nachtigall.

Philosophale, *adj. f.,* pierre —, der Stein der Weiſen.

Philosophe, *m.* Weltweiſe, Philoſoph, Selbſtdenter; —, *adj.* philoſophiſch.

Philosopher, *v. n.* philoſophiren, *iron.* vernünſteln.

Philosophie, *f.* Weltweisheit; Philoſophie; Weisheit.

Philosophique, *adj.;* -ment, *adv.* : philoſophiſch. [*f.*

Philosophisme, *m.* Afterweisheit.

†Philosophiste, *m.* Afterphiloſoph.

Philotechnique, *adj.* kunſtliebend, société —, die Geſellſchaft der Kunſtfreunde.

Philtre, *m.* Liebestrank.

†Phiole, Phlegme, etc., *v.* Fiole, Flegme, etc.

Phlébotome, *m.* (Chir.) Schnäpper, Aderlaßwerkzeug, *n.*

---

Phlébotomie, *f.* (Chir.) Aderlaß, *m.* [ſen.

Phlébotomiser, *v. a.* zur Ader laſſen.

Phlébotomiste, *m.* Aderlaſſer; Anatomiſt der ſich vorzüglich mit den Adern beſchäftigt.

Phlogistique, *m.* (Chym.) Wärmeſtoff, Brennſtoff, Phlogiſton, *n.*

Phlogose, *f.* (Med.) die fliegende Hitze. [term.

Phlycténes, *f. pl.* Art von Blatter. [ter,

Phœnicure, *m.* (Naturg.) Mauernachtigall, *f.* Schwarzkehlchen, *n.*

Pholade, *f.* (Naturg.) Stein=, Bohrmuſchel.

Phonique, *adj.* phoniſch, phonetiſch; méthode —, Lautmethode, *f.*

†Phonométre, *m.* Schallmeſſer, Klangmeſſer. [Seelöwe, *m.*

Phoque, *m.* (Naturg.) Robbe, *f.*

Phosphate, *m.* das phosphorſaure Salz. [ſaure Salz.

†Phosphite, *m.* das phosphoricht

Phosphore, *m.* (Chym.) Phospher, Leuchtſtoff, die leuchtende Materie.

Phosphorescence, *f.* (Chym.) die Erzeugung von Phospher; das Leuchten im Dunkeln. [tein leuchtend.

Phosphoreux, se, *adj.* acide —, die durch das langſame Verbrennen des Phosphors gewonnene Säure.

Phosphorique, *adj.* (Chym.) phosphoriſch. [Metall.

†Phosphure, *m.* phosphorhaltiges

†Photométre, *m.* Lichtmeſſer.

Phrase, *f.* Redensart, Phraſe.

Phraséologie, *f.* (Gramm.) Wortſtellung. [bilden.

Phraser, *v. n.* (Muf.) Phraſen

Phrasier, *m.* mepr. Wortkrämer.

Phrénésie, *f.,* *v.* Frénésie.

Phrénétique, *adj.,* *v.* Frénétique.

Phrénique, *adj.* zu dem Zwergfell gehörig; auf die Denkkraft bezüglich.

†Phrygie (la), Phrygien (alte Geogr).

†Phrygien, ne, *adj.* phrygiſch; —, *m. ne, f.* Phrygier, *m.* =inn, *f.*

Phthisie, *f.* (Med.) Schwindſucht, Auszehrung; — dorsale, Rückenbarre. [ſüchtig.

Phthisique, *adj.* (Med.) ſchwindſücht.

Phylactère, *m.* (Alt.) Denkzettel (der Juden); Amulet, *m.*

Phylarque, *m.* (gr. Alt.) Phylarch, Stammoberhaupt (zu Athen), *n.*

Physicien, *m.* Naturkundige.

Physico-mathématique, *adj.,* les sciences —s, die phyſiſch=mathematiſchen Wiſſenſchaften. [tung.

†Physiognomonie, *f.* Geſichtsdeu-

Physiologie, *f.* Phyſiologie (Lehre vom organiſchen Körper).

Physiologique, *adj.* phyſiologiſch.

Physiologiste, *m.* Phyſiolog.

Physionomie, *f.* Geſichtsbildung,

Physiognomie || Gesichtsdeutung.
Physionomiste, *m.* Physiognom, Gesichtskundige.
Physique, *f.* Naturkunde, Naturlehre, Physik; —, *adj.;* -ment, *adv.* : physisch, natürlich; —, *m.*
Physsche, *n.* Äußere, Körper, *m.*
Phytolithe, *f.* Pflanzenstein, *m.*
Phytologie, *f.* Pflanzenlehre.
Piaculaire, *adj.* zur Sühnung gehörig; sacrifice —, Sühnopfer, *n.*
Piaffer, *v. n.* (Reitsch.) stolz und fest auftreten. [rabiren, Tänzler.
Piaffeur, *adj. m.* (Reitsch.) Paillier, *v. n. fm.* schreien, freischen (Kinder); keifen, belfern.
Piaillerie, *f. fm.* Gekreisch, *n.*
Piailleur, *m.* se, *f. fm.* Schreier, *m.* -inn, *f.*
Pian, *m.* (Med.) Pian (Art Lustseuche in Amerika).
Pianiste, *m. et f.* Clavierspieler, *m.* -inn, *f.*
Piano, *adv.* (Muf.) sachte, sanft, leise; —, *m.*, *v.* Piano-forté.
Piano-forté, *m.* (Muf.) Pianoforte, *n.*
Piastes, *m. pl.* Piasten (ein altes polnisches Königshaus).
Piastre, *f.* Piaster (Art Thaler), *m.;* — forte, der schwere od. barre Piaster.
Piauler, *v. n.* (v. Hühnern) pipen; *fg. pop.* winseln, beulen.
Pic, *m.* (Naturg.) Specht; (Karteusp.) Sechziger (im Picket) || Steinhaue, *f.;* (Geogr.) Spitzberg, *m.;* à —, senkrecht, ganz steil.
Pica, *m.* ein unnatürlicher Heißhunger. [Picardie.
Picard, e, *adj. et subst.* aus der †Pication, *f.* Pechpflaster, *n.*
†Picaveret, *m.* (Naturg.) Steinhänsling.
Picholine, *f.* die kleine Olive.
†Picolets, *m. pl.* die Riegelhaken im Schlosse.
Picorée, *f. fm.* (Kriegsw.) Marodiren, *n.* Beutemachen.
Picorer, *v. n. fm.* marodiren, auf Beute ausgehen (auch v. Bienen).
Picoreur, *mi. vi. fm.* Marodirer.
Picot, *m.* Baumstürzel, Stumpf; Zäckchen (an Spitzen), *n.;* (Steinh.) Spitzhammer, *m.*
Picotement, *m.* Prickeln, *n.* Stechen in der Haut.
Picoter, *v. a.* prickeln, stechen, mit dem Schnabel picken, beißen; *fg.* sticheln; —é de petite vérole, *fm.* blatternarbig.
Picoterie, *f.* Stichelrede, Stichelei.
Picotin, *m.* Mäßchen (Haber), *n.*
Picrochole, *adj.* (Arzneik.) voll bitterer Galle. [weißer Käse.
Fie, *f.* Elster; fromage à la —,
Pie, *adj.* scheckig; cheval —,

Schecke, *f.;* œuvre —, das gute Werk.
Pièce, *f.* Stück, *n.;* mettre en —s, zertrümmern; *fg.* durchbecheln; de toute —, von einem Stück; tout d'une —, *id.*, *fg.* in einem fort (schlafen); steif wie ein Bock (Person); — d'eau, Wasserstück, *n.;* —, (Bauf.) Zimmer; (Näh., 2c.) Stück, Fleck, *m.;* — d'estomac, Bruststuch, *n.;* —, (Kriegsw.) Kanone; Stück, *n.;* — de campagne, Feldstück; — de vin, Stückfaß; —, (Theat.) Stück, Schauspiel; petite —, Nachspiel; —, (jur.) Actenstück; (Schachsp.) Figur, *f.; fg.* Streich, *m.;* jouer, faire une —, einen Streich spielen; une bonne —, donner la — à qn., einem ein Stück Geld, ein Trinkgeld geben.
Pied, *m.* Fuß; *fg. id.*, à —, zu Fuße; à — sec, trockenen Fußes; se jeter aux — s de qn., sich einem zu Füßen werfen; à quatre —s, vierfüßig; valet de —, Fußbediente, *m.;* gens de —, Fußvolf, *n.;* mettre — à terre, absteigen; avoir un pied-à-terre, ein Absteigequartier haben; — à —, Schritt vor Schritt, *fg. id.;* lâcher le —, weichen; gagner au —, davonlaufen; haut le —, vorwärts, fort! faire haut le —, sich aus dem Staube machen; prendre (qn.) au — levé, fangen; beim Worte nehmen; il a bon —, bon œil, er ist noch frisch und gesund; mettre sous —s, *fg.* verachten; sécher sur —, sich abziehen; —, auf (aufgestanden) seyn; mettre sur — (ein Heer) auf die Beine bringen; anwerben; en —, diensthuend (Officier); il y a —, es ist Grund (im Wasser); prendre —, *fg.* festen Fuß, Wurzel fassen; portrait en —, das Bild in Lebensgröße; —, (Hufsch.) Huf, *m.;* (Jagd) Lauf (des Hasen); — de mouche, *fg. fm.* Gekritzel, *n.* || Stock, *m.* Blumenstod; — du lit, Bettstollen || Fuß, Schuh (Maß); avoir un — de nez, *fg.* mit einer langen Nase abziehen müssen; au — de la lettre, buchstäblich; sur le —, nach dem Fuße, nach dem Verhältnisse; être sur le — de qch., für etw. gelten, gehalten werden; —, (Poes.) Fuß, *m.* Versfuß; — d'alouette, (Bot.) Rittersporn; —-de-chèvre, (Schloss., 2c.) Geißfuß; —-de-biche, (Tischl.) Klemfuß; —, (Goldsch.) Hirschfuß, *m.;* (Schloss., 2c.) Geißfuß; — de bœuf, Ochsenfuß (Spiel).
Pied-bot, *m.* Klumpfuß.
Pied-droit, *m.* (Bauf.) Nebenpfeiler; Pfosten (einer Thüre); Wiederlage, *f.*

†Piédestal, *m.* (Bauf.) Fuß, Säulenfuß; Fußgestell, *n.*
Pied-fort, *m.* (Münzw.) Probemünze. *f.* Probeschlag, *m.*
Piédouche, *n.* das kleine Fußgestell. [Mensch (Scheltwort).
Pied plat, *m.* ein verächtlicher Piège, *m.* Schlinge, *f.* Falle; Fallstrick, *m.;* donner dans le —, in die Falle gehen.
Pie-grièche, *f.* Schreielster; Neuntödter, *m.; fg. fm.* das zänkische Weib. [Hirnhäutchen.
†Pie-mère, *f.* (Anal.) das dünne †Piémontais, se, *adj.* piemontesisch; —, *m.* e, *f.* Piemonteser, *m.*
Pierraille, *f.* Kies, *m.* [-inn, *f.*
Pierre, *f.* Stein, *m.;* jeter la — à qn., einen verdammen, über einen losziehen; — fine, Edelstein, *m.;* — de taille, Quaderstein; — d'aimant, Magnetstein; — à feu, à fusil, Feuerstein, Flintenstein; — de mine, Eisenstein; — à chaux, Kalkstein; — à aiguiser, Schleifstein; Wetzstein; — fausse, Paste; —
Pierre, *n. pr. m.* Peter, Petrus.
Pierrée, *f.* der steinerne Wassergang.
Pierreries, *f. pl.* Edelsteine, *m. pl.*
Pierret, *f.* Steinchen, *n.*
Pierreux, se, *adj.* steinig, steinicht.
Pierrier, *m.* (Art.) Steinböller, Drehbasse, *f.*
Pierrot, *m.* Spaß; auch: Peterchen.
Pierrures, *f.* (Jagd) Steine (*m. pl.*), Perlen, *f. pl.* (am Geweih).
Piété, *f.* Frömmigkeit; Gottesfurcht; — filiale, kindliche Liebe.
Piéter, *v. n.* (Kegelsp.) Fuß halten.
Piétinement, *m.* Strampeln, *n.* Zappeln mit den Füßen, Trippeln.
Piétiner, *v. n.* strampeln, mit den Füßen zappeln.
Piétisme, *m.* Pietisterei, *f.*
Piétiste, *m.* Pietist, Frömmling.
Piéton, *m.* ne, *f.* Fußgänger, *m.* -inn, *f.* [armselig, elend.
Piètre, *adj.;* -ment, *adv. fm.*: Piétrerie, *f. pop.* Schöfel, *m.*
Piette, *f.* (Naturg.) die weiße Nonne (Vogel).
Pieu, *m.* Pfahl.
Pieux, se, *adj.;* -sement, *adv.*: gottesfürchtig, from, gottselig; ironi einfältig, blind.
Piètre, *m.* sse, *f. pop.* Dickwanst, *m.* Fresser; die dicke Trutschel, Fresferinn. [raute, *f.*
†Pigamon, *m.* (Bot.) Wiesenraute.
Pigeon, *m.* Taube, *f.;* — mâle, Tauber, *m.;* — femelle, Taube, *f.;* — fuyard, Feldtaube; — paon, Pfautaube.
Pigeonne, *m.* die junge Taube.
Pigeonnier, *m.* (Bergw.) Taubenschlag.

Pigne, f. Silberkuchen, m.
Pignocher, v. a. knaupeln, ohne Appetit essen.
Pignon, m. (Bot.) Pinie (Baum), f.; Zirbelnuß (Frucht); (Maur.) Giebel, m.; (Mech.) Triebrad, n.; (Uhrm.) Getriebe, Schneckenkegel, m. [weise.
Pigoratif, ve, adj. (jur.) pfand=
Pigrièche, v. Pie-grièche.
Pilastre, m. (Bauk.) der viereckige Pfeiler.
Pilau, m. Pilau (Reis mit Butter, Fett und Fleisch abgekocht).
Pile, f. Haufen; m. Stoß; (Bauk.) Brückenpfeiler; (Pap.) Stampft, f. Quetsche, Stößel, m.; (Münze.) Rückseite, f.; Prägestock, m.; jouer à croix et à —, Münz eber Flach spielen; prov. il n'a ni croix ni —, er hat keinen Heller.
Piler, v. a. stampfen, zerstoßen, zermalmen; (Erz) pochen; fg. pop. viel essen.
†Pilette, f. Wollstämpel, m.
Pileur, m. Stößer; pop. Vielfraß.
Pilier, m. Pfeiler, Stütze, f. Säule; Pfahl, m.; Ständer (in meinem Stalle); fg. fm. c'est un — de café, er liegt immer auf dem Kaffeehause.
Pillage, m. Plünderung, f.
Pillard, e, adj. plünderungssüch= tig; —, m. Plünderer, Freibeuter.
Piller, v. a. plündern, stehlen, rauben; fg. id.; (eine Schrift) aus= schreiben; fm. ausschmieren; (von Hunden) anfallen; se —, v. r. sich herumbeißen (v. Hunden); fg. fm. sich herumbalgen; pille, vad an! 
Pillerie, f. Dieberei, Gelderpres=
Pilleur, m. Plünderer. [sung.
Pilon, m. Stößel, Stampfe, f.; Mörserkeule.
†Piloner, v. a. Walle walken.
Pilori, masc. Drillhäuschen, n.; Pranger, m.
Pilorier, v. a. einen in das Drill= häuschen sperren, an den Pranger stellen.
Piloris, m. Bisamratte, f.
Pilot, m. Salzhaufen.
Pilotage, masc. Pfahlwerk, n. (Seew.) Steuermannskunst, fém.; Lothsen, n.; Steuermannsgeld, Loth= segeld. [Lothse.
Pilote, m. Steuermann; —côtier,
Piloter, v. a. et n. Pfähle einschla= gen, beypfählen; (Seew.) lothsen, steuern.
Pilotis, m. Grundpfahl; —, pl. Pfahlwerk, n. Verpfählung, f.
Pilule, f. Pille; fg. Verdruß, m. Verweis; dorer la —, das Unan= genehme versüßen; avaler la —, einen Verdruß einschlucken.
†Pilulier, m. Pillenbüchse, f.
Pimbêche, f. fm. Zieraffe, m.

Piment, m. (Bot.) der spanische Pfeffer. [geschniegelt.
Pimpant, e, adj. fm. schön geputzt,
Pimpesouée, f. gezierte Frauen= zimmer, n. Zieraffe, m.
Pimprenelle, f. (Bot.) Pimpinelle.
Pin, m. (Bot.) Fichte, f. Föhre, Kienbaum, m.; — des montagnes, Krummholzbaum; — alviez, Arve, f. Zirbelnußbaum, m.; — de Wei= mouth, Weimuthsfichte, f.; — à pignon, Pinie.
Pinacle, m. Zinne, f. Spitze.
Pinasse, f. Pinasse (Art Boot).
Pinastre, m. wilde Fichte, f.
Pinçard, m. Pferd, n. das auf den vordern Rand des Hufeisens tritt.
Pince, f. Spitze (am Hufe und Hufeisen); (Schneid.) spitzig zuge= hende Falte || Brecheisen, n. Heb= eisen, Feuerzange, f.; (Handw.) Kneipzange; der äußerste Rand (einer Glocke); —s, Vorderzähne (eines Pferdes), pl.; Krebsscheere, f.
Pincé, m. (Mus.) Staccato, n.
Pincé, e, adj. fg. gezünstelt, affec= tirt.
Pinceau, m. (Mal.) Pinsel (auch fg.); (Wbpf.) Lichttegel.
Pincée, f. ein Paar Fingervoll.
Pincelier, m. (Mal.) Pinseltreg.
Pince-maille, m. Geizhals, Filz, Kalmäuser, Pfennigfuchser.
†Pincement, m. (Gärtn.) Abknei= pen, n.
Pincer, v. a. kneipen, zwicken, pfe= tzen; flemmen, zupacken; (Gärtn.) abkneipen; (Mus.) pinken; — la harpe, die Harfe spielen; — (Reitsch.) anschließen; fg. ausspotten.
†Pince sans rire, m. et f. fm. der bärnische Spötter, die =inn.
Pincettes, f. pl. Zange, Feuerzan= ge (pincette, sing. id.); (Handw.) Zänglein, n.; Beißzange, f.
Pinchina, m. (Handl.) eine Art grobes Tuch.
Pinçon, m. Kniff (vom Kneipen).
†Pinçure, f. die kleine Falle (im Tuch, vom Walken).
Pindarique, adj. pindarisch (Ode).
Pindariser, v. n. fm. p. us. pin= darisiren, geschraubt sprechen.
Pindariseur, m. fm. p. us. Wort= künstler.
Pinde, m. Musenberg, Pindus.
Pinéale, adj. f., (Anat.) glande —, Zirbeldrüse (im Gehirn), f.
Pineau, m. eine Art schwarzer Trauben.
Pingouin, Pingoin, Pinguin, m. (Naturg.) Fettgans, f.
†Pinnatifide, adj., (Bot.) un feuille —, ein ungleich gefiedertes Blatt.
Pinne marine, f. (Naturg.) Sei= denmuschel.

Pinnule, f. (Math.) Absehen, n. Diopter, f.
Finque, f. Pinke (kleines Schiff).
Pinson, m. (Naturg.) Fink, Buch= sink; — jaune, Gelbfink.
†Pinsonnée, f. der Vogelsang bei Nacht. [n.
Pintade, f. (Naturg.) Perlhuhn,
Pinte, f. Pinte, Kanne.
Pinter, v. n. pop. zechen, saufen.
Pioche, f. Steinhaue, Hacke.
Piocher, v. a. backen, umhacken.
Pioler, v. n., v. Piauler.
Pion, masc. (Schachsp.) Bauer; (Damsp.) Stein.
Pionner, v. n. (Schachsp.) Bauern nehmen.
Pionnier, m. (Kriegsm.) Schanz=
Piot, m. pop. Wein. [gräber.
Pipe, f. Tabakspfeife, Pfeife || Pipe (Wein, 2c.).
Pipeau, m. Rohrflöte, f.; —x, Leimruthen, f. pl.
Pipée, f. der Vogelsang mit der Lockpfeife und Leimruthe.
Piper, v. a. (Vögel) mit der Pfeife locken; fg. im Spiel betrügen; (Würfel) kneipen; des pipés, falsche Würfel, m. pl. [m.
Piperie, f. fm. Betrug (im Spiel).
Pipeur, m. fm. der falsche Spieler.
†Pipi, faire —, (von Kindern) pissen.
Piquant, e, adj. stechend, scharf, spitzig; stachelig, anzüg= lich; reizend; witzig; —, m. (Bot.) Stachel.
Pique, f. Pike, Spieß, m.; Pi= kenier (Selbst) || fm. Haß, Groll; —, m. Pik, Spaten (in der Spiel= karte). [ähnlicher Zeug.
Piqué, m. ein der gesteppten Arbeit
Pique-nique, m. Picknid, n. Kränzchen.
Piquer, v. a. stechen, beißen (von Insecten); (Papier) sticheln; durch= stechen; (Fleisch.) spornen; — des deux, beide Spornen geben; —, (Kocht.) spicken; (Näh.) steppen, ab= nähen; einen scharfen Geschmack ha= ben, auf der Zunge beißen (Speise); (Steine) rauben; (Taffel) ausbacken; (ein Pferd) vernageln; fg. beleidi= gen, kränken, reizen; fm. tizeln; — d'honneur, durch Erwedung des Ehrgefühles bewegen; — l'assiette, schmarotzen; se —, sich stechen; wurm= stichig werden (Holz); Flecken bekom= men (Papier); fg. se — de qch., seine Ehre in etw. setzen; empfindlich werden; se — d'honneur, aus Ehrgeiz thun; se — au jeu, im Spiele hitzig werden; notes —ées, (Mus.) Noten, welche kurz und ab= gestoßen vorzutragen sind.
Piquet, m. Absteckpfahl, Pflock; (Kriegsm.) Picket, n. Feldwache, f.;

planter le —, ein Lager aufschlagen;
*fg. fm.* seinen Sitz aufschlagen; lever
le —, das Lager abbrechen; *fg.* sich
aus dem Staube machen; —, Pi=
detspiel, *n.*         [Wein.
Piquette, *f.* Lauer, *m.* geringe
Piqueur, *m.* Bereiter, Reitknecht;
(Jagd) reitende Jäger; (Bauk.)
Werkmeister, Aufseher; (Kecht.)
Spicker; — d'assiette, Schmaroper.
Piquier, *m.* (Kriegsw.) Pikenier.
Piqûre, *f.* Stich, *m.* — d'ortie,
Nesselbrand; —, (Näh.) Steppen,
*n.* Stepperei, *f.* ausgehackte Arbeit.
Pirate, *m.* Seeräuber, Freibeuter.
Pirater, *v. n.* Seeräuberei treiben.
Piraterie, *f.* Seeräuberei.
Pire, *adj.* schlechter, ärger, schlim=
mer; le —, *m.* Schlimmste, *n.*
Aergste; il a eu du —, er hat den
Kürzern gezogen.       [mig.
†Piriforme, *adj.* (Anal.) birnför=
Pirogue, *f.* Piroge (Art Kahn).
Pirole, *f.* (Bot.) Wintergrün, *n.*
†Piron, *m.* eine Art Thürangel.
Pirouette, *f.* Drehkräbchen, *n.*
Mühle, *f.* ; (Tanz., rc.) Kreiswen=
dung; il répond par des —s, *fm.*
er macht Possen daraus.
Pirouetter, *v. n.* sich im Kreise
herumdrehen; freiseln; *fg. fm.* faire
— qn., einen herumjagen; —, sich
immer um Eins herumdrehen (Ge=
spräch).
Pis, *m.* Euter, *n.* Zipe, *f.*
Pis, *adv.* schlimmer, schlechter,
übler; tant —, desto schlimmer; de
mal en —, de — en —, immer
ärger; mettre qn. au —, einen
herausfordern, das Schlimmste zu
machen was er kann; prendre au —,
von der schlimmsten Seite ansehen.
Pis aller, *m.* Schlimmste, *n.* die
höchste Noth || Nothnagel, *m.* ; au
—, im schlimmsten Fall.
Piscine, *f.* (h. Schr.) Teich, *m.* ;
(Alt.) Fischteich; (Kirch.) Spühlwas=
serbehältniß, *n.*
†Pise (= Pisa (Stadt).      [Erde.
Pisé, *m.* (Bauk.) die gestampfte
†Piseur, *m.* der Maurer, der mit
gestampfter Erde baut.
Pissasphalte, *m.* (Naturg.) Erd=
harz, *n.*
Pissat, *m. pop.* Harn, Pisse, *f.*
Pissement, *m.* (Med.) Harnen, *n.*
Pissenlit, *m. fm.* Bettpisser (von
Kindern); (Botanik) Löwenzahn,
Hundslattich.
Pisser, *v. a. et n.* pissen, harnen.
Pisseur, *m. se, f.* Pisser, *m.*-inn, *f.*
Pissoir, *m.* Pißwinkel; Pißkübel.
Pissoter, *v. n.* oft pissen, pinkeln.
Pissotière, *f.* der kleine Spring=
brunnen.
†Pissotte, *f.* Ablaufrohr, *n.*
Pistache, *f.* (Bot.) Pistazie.

Pistachier, *m.* (Bot.) Pistazien=
baum.
Piste, *f.* Spur; Hufschlag (der
Pferde), *m.* ; *fg.* suivre qn. à la
—, einem auf der Spur nachseten.
Pistil, *m.* (Bot.) Stämpel, Staub=
weg.
Pistole, *f.* Pistole (Münze).
Pistolet, *m.* Pistole, *f.* ; — de
poche, Sackpuffer, *m.* Terzerol, *n.*
Piston, *m.* Pumpenstock, Stämpel.
Pitance, *f.* Portion (in Klöstern);
*fm.* das zur Nahrung Gehörige.
Pitaud, *m.* der stumpfe, grobe
Bauer.
Pite, *f. ol.* Heller, *m.*
Piteux, se, *adj.* ; -sement, *adv.*;
erbärmlich, kläglich, jämmerlich; il
fait le —, er thut erbärmlich.
Pitié, *f.* Mitleiden, *n.* Erbarmen;
avoir — de qn., sich eines erbarmen;
cela fait —, das ist zum Erbarmen;
à faire —, zum Erbarmen; regarder
en —, verächtlich ansehen.
Piton, *m.* (Schloss.) Ringnagel.
Pitoyable, *adj.* ; -ment, *adv.* ;
jämmerlich, erbärmlich.
†Pitrepite, *m.* ein starker Brannt=
wein von Weingeist.     [malerisch.
Pittoresque, *adj.* ; -ment, *adv.*
Pituitaire, *adj.* (Anal.) glande
—, Schleimdrüse, *f.* ; tunique —,
Schleimhaut.
Pituite, *f.* (Med.) Schleim, *m.*
Pituiteux, se, *adj.* schleimig, ver=
schleimt.
Pivert, *m.* (Naturg.) Grünspecht.
Pivoine, *m.* (Naturg.) Blutfink.
†Pivoine, *f.* (Bot.) Päonie,
Gichtrose, Pfingstrose.
Pivot, *m.* Zapfen, Angel, *f.* ; —
de penture, (Schloss.) Bandhaken,
*m.* ; (Med.) Spindel, *f.* ; (Gärtn.)
Herzwurzel; *fg.* Hauptperson.
Pivotante, *adj.* *f.*, racine —,
Herzwurzel, *f.*     [wurzel treiben.
Pivoter, *v. n.* (Gärtn.) eine Herz=
Pizzicato, *m.* das Spiel mit dem
Finger, statt des Bogens.
Placage, *m.* (Tischl.) die eingelegte
Arbeit.
Placard, *m.* Anschlag, Anschlag=
zettel; *m. p.* Schmähschrift, *fém.* ;
(Tischl.) Thürverkleidung.
Placardé, e, *adj.* mit Schmäh=
schriften bedeckt (Mauer).
Placarder, *v. a.* öffentlich anschla=
gen; — qn., *m. p.* Schmähschriften
gegen einen ausstreuen.
Place, *f.* Platz, *m.* Ort, Stelle, *f.*
Stätte || Platz, *m.* Dienst, Amt, *n.*
Stand, *m.* || Platz; — d'armes,
(Kriegsw.) Paradeplatz, Waffen=
platz; —, Festung, *f.* der feste Platz;
à sa —, am rechten Orte; en — de,
anstatt; —, *interj.* Platz gemacht!
Platz!

Placement, *m.* Anlegen (des Gel=
des), *n.*
Placenta, *m.* (Anal.) Mutterku=
chen; (Bot.) Staubbeutel, Samen=
kuchen.
Placer, *v. a.* setzen, stellen, legen;
(Geld, rc.) anlegen, stecken (in eine
Unternehmung); (einen, etwas) an=
bringen, unterbringen, versorgen;
se —, sich stellen, sich setzen, Platz
nehmen.
Placet, *m.* Bittschrift, *f.* || der
niedrige Sessel ohne Lehne.
†Placier, *m.* Marktmeister.
Plafond, *m.* Decke (eines Zim=
mers), *f.*
Plafonner, *v. a.* une chambre,
die Decke eines Zimmers bekleiden.
Plafonneur, *m.* Arbeiter der die
Decke eines Zimmers mit Gips oder
Brettern bekleidet.     [und ernsthaft.
Plagal, e, *adj.* (Mus.) feierlich
Plage, *f.* Gestade, *m.* Strand, *m.* ;
Erdstrich, Land, *n.*
Plagiaire, *m. et adj.*, auteur —,
Bücherausschreiber, *m.*
Plagiat, *m.* der gelehrte Diebstahl.
Plaid, *m.* Rechtsstreit; —s,
*ol.* Aubienz, *f.* Gericht, *n.* || der ge=
würfelt gestreifte Mantel (der Berg=
schotten).
Plaidant, e, *adj.* vor Gericht re=
dend, processirend, streitend.
Plaider, *v. a. et n.* rechten, proce=
siren; (einen Prozeß) führen.
Plaideur, se, *m. et f.* der, die einen
Proceß führt; *m. p.* Proceßkrämer,
*m.* -inn, *f.*
Plaidoirie, *f.* Advocatur, gericht=
liche Praxis; Processiren, *n.*
Plaidoyable, *adj.*, jour —, Ge=
richtstag, *m.*
Plaidoyer, *m.* (jur.) Vertheidi=
gungs=, Schutzrede, *f.*      [be.
Plaie, *f.* Wunde (auch *fg.*), Nar=
Plaignant, e, *adj.* vor Gericht
klagend; —, *m. e, f.* Kläger, *m.*
-inn, *f.*
Plain, e, *adj.* gleich, eben, flach,
frei, offen; de —pied, in Einer
Flucht; (Handl.) glatt (Zeug),
ungemodelt (Leinwand); —, *m.*
(Gärb.) Kalkgrube, *f.*
Plain-chant, *m.* Kirchengesang,
Choral.
Plaindre, *v. a.* beklagen, bedauern;
— l'argent, das Geld sparen; se —,
sich beklagen, klagen, sich beschweren
(de, über); jammern; (jur.) klagen.
Plaine, *f.* Ebene, Brachfeld, *n.*
Plainte, *f.* Klage, Wehklage.
Plaintif, ve, *adj.* ; -vement, *adv.*
klagend, kläglich, wehmüthig.
*Plaire, *v. n.* gefallen, anstehen;
belieben; se — à qch., Gefallen an
etw. haben; cela vous plait à dire,
das beliebt Ihnen so zu sagen; vous

plait-il de.., belieben Sie, ist es
Ihnen gefällig zu..; s'il vous plait,
gefälligt; wenn's beliebt; plait-il,
was beliebt, wie befehlen Sie? se —
à qch., Gefallen, Freude an etwas
haben; se — un lieu, gern an
einem Orte seyn; sich gern an einem
Orte aufhalten (Thier); gedeihen
(Pflanze); plût à Dieu, wollte Gott!
à Dieu ne plaise, da sey Gott vor!
Plaisamment, adv. lustig, artig.
Plaisance, f., maison, lieu de
—, Lusthaus, n. Lustort, m.
†Plaisance, f. Piacenza (Stadt).
Plaisant, e, adj. lustig; artig,
angenehm; lächerlich, pessierlich,
schnurrig; —, m. Spaßmacher.
Plaisanter, v. n. scherzen; —, v. a.
zum Besten haben.
Plaisanterie, f. Scherz, m. Spaß,
Schnacke, f.
Plaisir, m. Vergnügen, n. Freude,
f. Vergnügung, Lust; Wohlgefallen,
n.; Belieben; Gefälligkeit, f.; me-
nus —s, Taschengeld, n.; à —, sorg-
fältig, nach Bequemlichkeit; par —,
zum Vergnügen.
Plamée, f. (Gärb.) Kalk, m.
†Plamer, v. a. (Gärb.) abhaaren,
äschern.
†Plamerie, f. Äscherplatz, m.
Plan, e, adj. eben, flach; —, m.
Ebene, f. Fläche; (Baut.) Riß, m.
Grundriß; Plan; fg. Plan, Entwurf.
Planche, f. Brett, n. Bohle, f.
Diele; faire la —, fg. fm. den
Weg bahnen; —, (Kupferst.) Kup-
ferstich, m. Platte, f.; (Gärtn.)
Beet, n. Hufeisen (eines Maul-
esels); Klinge (an einer Tuchschere),
f.                         [tern belegen.
Planchéier, v. a. dielen, mit Brett-
Plancher, m. Fußboden, Decke
(eines Zimmers), f.
Planchette, fém. Brettchen, n.;
(Geom.) Meßtisch, m.
Plançon, v. Plantard.
Plane, m. der breitblättrige Ahorn.
Plane, f. Schnitzmesser, n.
Planer, v. a. ebenen, gleich pla-
niren, glatt machen, glätten; mar-
teau à —, Glanzhammer, m.; —,
(Sinn. xc.) ausbeulen; —, v. n. (v.
Vögeln) schweben; — autour, um-
schweben; — sur qch., fg. über etw.
schweben, etw. überschauen.
Planétaire, adj. die Planeten be-
treffend; système — ou —, m. Pla-
netensystem, n.; die Vorstellung der
Planeten.
Planète, f. Planet, m. Wandel-
stern, Irrstern; fg. Gestirn, n.
Planeur, m. (Goldsch.) Polirer.
Planimétrie, f. Flächenmessung.
Planisphère, m. Kugelkarte, f.
Vorstellung der Erd- oder Himmels-
kugel auf einer Fläche.

†Planoir, m. Polirhammer.
Plant, m. Sezling; Pflanzung, f.
der junge Wald, junge Obstgarten;
— de vigne, Weinsächser.
Plantage, m. Pflanzung, f.
Plantain, m. (Bot.) Wegerich.
Plantaire, adj. (Anat.) zur Fußsohle gehörig.
Plantard, m. Sezgerte, f. =weide;
der Sezstab von Weiden, xc.
Plantation, fém. Anpflanzung,
Pflanzung.
Plante, f. Pflanze; jardin des
—s, der botanische Garten; — du
pied, Fußsohle, f.
Planter, v. a. pflanzen; (einen
Garten) anpflanzen, anlegen; (Bäume, Pfähle, xc.) sezen, in die Erde
stecken; (ein Kreuz) aufrichten; (eine
Fahne) aufpflanzen; (Leitern) anle-
gen (à, an); — là, stehen lassen;
fg. im Stich lassen, stecken lassen;
— au nez, vorwerfen; se —, sich
hinstellen, sich hinpflanzen; il est
bien —é sur ses jambes, er hat eine
schöne Stellung; bien —é, wohl gelegen (Haus).
Planteur, m. Pflanzer.
Plantigrades, m. pl. diejenigen
Thiere, welche (wie der Bär) auf der
ganzen Fußsohle gehen.
Plantoir, m. Pflanzstock.
Plantule, f., v. Plumule.
Planure, f. Holzspan, m. Hobel-
span.
Plaque, f. Platte; Blech, n.;
Stichblatt (am Degen); — (d'ar-
gent), der (silberne) Wandleuchter;
—, Zifferblatt (einer Wanduhr);
—, (gesticktes) Ordenskreuz, Scheitel
(einer Perrücke), m.
Plaqué, m. die plattirte Waare.
Plaqueminier, m. (Bot.) Lotus-
baum.
Plaquer, v. a. (Handw.) belegen,
bekleiden, überziehen; plattiren;
(Holz) furniren; (Rasen) auflegen.
Plaquette, f. Scheidemünze.
Plaqueur, m. Fournirer, Platti-
rer.              [Arbeit, Bekleidung.
†Plaquis, m. die schlecht belegte
†Plasme, m. fm. (Juwel., xc.)
Plasma, m.
Plastique, adj. bildend, schöpfe-
risch; art — ou —, f. Modellir-
kunst.
Plastron, m. Brustharnisch; Brust-
stück, n. Brustleder; fg. fm. Stich-
blatt.
Plastronner, v. a., se —, ein
Bruststück anlegen.
Plat, e, adj. flach, eben, platt;
strack (v. Haaren); fg. platt, gemein,
abgeschmackt, schal; un calme —,
eine völlige Windstille (zur See); un
pied —, ein gemeiner Mensch; —
—, ganz, völlig; refuser tout à —,

rund abschlagen; tout —, platt; fg.
ganz deutlich.
Plat, m. Schüssel, f. Platte; Gericht, n.; — à —, eine Schüssel nach
der andern; — der flache Theil; —
de balance, Wagschale, f.; — de
sabre, der flache Theil der Säbel-
klinge.
Platane, m. (Bot.) Platane, f.
Plataniste, m. Platanenpflanzung
(bei den Spartanern), f.
Plat-bord, m. (Seew.) Dahlbord,
n.
Plateau, m. (Handl.) Wagebrett,
n.; (Koch.) Thee-, Kaffeebrett,
Aufsaz, m.; — électrique, (Phys.)
Electrisirscheibe, f.; —, (Kriegsw.)
flache Anhöhe; (Geogr.) Gebirgs-
fläche, Hochland, n. Hochebene, f.;
—x, (Jagd) die Losung des Roth-
wildes.
Plate-bande, f. (Baut.) Einfas-
sung; Binde, Streifen, m.; (Gärtn.)
Rabatte, f.
Platée, f. (Baut.) Grundmauer,
— de viande, etc., pop. die große
Schüssel voll Fleisch, xc.
Plate-forme, f. das flache Dach;
Allan, m.; (Artill.) Stückbettung,
f. Bohlenbedeckung (eines Rostes);
(Uhrm.) Theilscheibe.
Plate-longe, f. (Husch.) Spann-
riemen, m.; (Sattl.) Langriemen,
(Jagd) Koppelband, n.
Platement, adv. abgeschmackter
Weise; tout —, rund heraus.
Plateure, f. Gang, m. (in einer
Steinkohlengrube), der zuerst schief
oder senkrecht in die Tiefe geht und
dann horizontal fortläuft.
†Platille, m. ein flächsener Zeug.
Platine, fém. Tredeneisen, n.;
(Büchsensch., Schloss.) Schloßblech
(Buchdr.) Tiegel, m.
Platine, m. (Miner.) Platina, f.
Weißgold, n.
Platitude, f. Plattheit; der nie-
brige Ausdruck.
Platonicien, ne, adj. (Philos.)
platonisch; —, m. Plateniker.
Platonique, adj. (Philos.) plate-
nisch; amour —, die geistige Liebe.
Platonisme, m. (Philos.) die Lehre
Plato's.
Plâtrage, m. Gipsarbeit, f.
Plâtras, m. Gipsschutt, Schutt.
Plâtre, m. Gips; Gipsabguß,
Gipsarbeit, f.; tirer un — sur qn.,
einen in Gips abformen.
Plâtrer, v. a. gipsen, begipsen;
übertünchen; fg. verdecken, bemän-
teln; se —, sich schminken; une
paix plâtrée, ein Scheinfriede.
Plâtreux, se, adj. gipsartig.
Plâtrier, m. Gipser.
Plâtrière, f. Gipsgrube.
Plausibilité, f. Scheinbarkeit.

Plausible, *adj.*; -ment, *adv.*; wahrscheinlich; scheinbar; beifalls= werth.

Plébéien, -ne, *adj.* (röm. Alt.) plebejisch; —, *m.* Plebejer.

Plébiscite, *m.* (röm. Alt.) Volks= schluß. [stirn, *n.*

Pléiades, *f. pl.* (Astr.) Siebenge=

Pleige, *m.* Bürge (alt).

Plein, e, *adj.* voll, angefüllt; ganz, völlig, vollkommen (Macht, 2c.); trächtig (v. Thieren); (Schreibk.) fett; en — champ, im freien Feld; en — hiver, mitten im Winter; en — jour, bei hellem Tage; à —es mains, mit vollen Händen; à —ne gorge, aus vollem Halse (schreien); de — saut, mit Einem Sprung; tout —, vollauf; avoir de l'argent — ses poches, seine Taschen voll Geld ha= ten. [...

Plein, *m.* (Phys.) der volle Raum; Volle) *n.*^b (Schreibk.) Grundstrich, *m.* volle Strich; mettre dans le —, en —, mitten in das Schwarze tref= fen; faire son —, (Trict.) eine Brücke machen; d'un mur, das massive Mauerwerk; la lune est dans son —, der Mond ist voll.

Pleinement, *adv.* völlig, vollkom= men.

Plein pouvoir, *m.* Vollmacht, *f.*

Plénière, *adj. f.* vollkommen; cour —, die allgemeine Hofversammlung.

Plénipotentiaire, *m.* Bevollmäch= tigte, Gesandte.

Plénitude, *f.* Fülle, Ueberfluß, *m.*

Pléonasme, *m.* Wortüberfluß.

†Plérose, *f.* die Erneuerung der Kräfte eines erschöpften Körpers.

Pléthore, *f.* (Med.) Vollblütig= feit. [tig.

Pléthorique, *adj.* (Med.) vollblü=

†Pléthre, *m.* (Alt.) Plethron (15 Toisen), *n.*

Pleurard, *m.* Heuler, Kind das viel und ohne Ursache weint.

†Pleure-misère, *m* ein Geizhals der sich immer über Mangel beklagt.

Pleurer, *v. n.* weinen; *mépr.* flen= nen; *v. a.* beweinen, beklagen, betrauern. [*n.*

Pleurésie, *f.* (Med.) Seitenstechen,

†Pleurétique, *adj.* (Med.) mit dem Seitenstechen behaftet.

Pleureur, se, *adj.* weinerlich; —, *m.* se, *f.* Weiner, *m.* =inn, *f.*; —se, Klageweib, *n.*; —ses, Trauerbin= ten, *f. pl.* [verweint (Augen).

Pleureux, se, *adj. fm.* weinerlich;

Pleurnicher, *v.n. fm.* flennen, sich weinerlich geberden.

Pleurnicheur, *m.* se, *f.* der, die immer weint, sich weinerlich geberdet.

Pleuropneumonie, *f.* (Med.) das mit Seitenstechen verbundene hitzige Lungenfieber.

Pleurs, *m. pl.* Thränen, *f. pl.*; (Dicht.) *id.*, Zähren; *fg.* Klagen.

Pleutre, *m. pop.* Tölpel, Tropf.

*Pleuvoir, *v. n. imp.* regnen.

Plèvre, *f.* (Anat.) Rippenfell, *n.*

Plexus, *m. lat.* (Anat.) Nerven= geflecht, *n.* Geflecht. [*n.*

Pleyon, *m.* Weiden=, Strohband,

Pli, *m.* (Anat.) Bug, Biege, *f.*; — de la jambe, Fußbiege; —, Run= zel (im Gesicht); Falte; prendre son —, sich in seine Falten legen (Kleid); *fg.* seine Gewohnheiten annehmen; prendre un mauvais —, eine falsche Richtung nehmen; donner un bon — à qn., à qch., einen gut gewöh= nen, einer S. eine gute Wendung geben; cette affaire ne fera pas un —, diese S. wird keinen Widerstand finden. [finden.

Pliage, *m.* Biegen, *n.* Falten;

Pliant, e, *adj.* biegsam, geschmei= dig; table —e, Klapptisch, *m.*; —, *m.* Feldstuhl.

Plica, *m.*, *v.* Plique.

Plicatile, *adj.* (Bot.) biegsam, was sich zusammenlegen läßt (Blatt).

Plie, *f.* Platteiße, Scholle (Fisch).

Plier, *v. a.* biegen, beugen, krüm= men; *fg.* gewöhnen; (seinen Sinn) beugen || (Zeug) falten, in Falten legen; (Papier) falten; — bagage, (Kriegsw.) mit dem Lager aufbrechen; *fg.* heimlich davongehen, *fm.* auf= packen; —, (Schifff.) (die Segel) einziehen; —, *v. n.* sich biegen, ge= bogen werden; *fg.* nachgeben, sich beugen; (der Gewalt) weichen, sich zurückziehen; se —, sich biegen.

Plieur, *m.* se, *f.* Falter, *m.* Fal= ter, =inn, *f.*

†Flinger, *v. a.* die Dochte zum ersten Male eintauchen. [tenplatte.

Plinthe, *f.* (Bauk.) Tafel, Säu=

Plioir, *m.* Falzbein, *n.*

Plique, *f.* (Med.) Weichselzopf, *m.*

Plissé, e, *adj.* faltig.

Plissement, *m.* Falten, *n.* Fälteln.

Plisser, *v. a.* falten, fälteln, fräu= seln; —, *v. n.* Falten werfen; se —, sich falten, sich zusammenziehen.

Plissure, *f.* (Näh., 2c.) Fälteln, *n.*; Falten, *f. pl.*

Ploc, *m.* (Schifff.) der Theer von Kuhhaaren und gestoßenem Glas.

Plomb, *m.* Blei, *n.*; — de mine, menu —, (Jagd) Schrot, *m.*; de la poudre et du —, Kraut und Loth; —, (Maur.) Bleiloth, *n.* Loth; Bleischnur, *f.* Senkblei, *n.*; (Med.) Dunstkrankheit, *f.*; Ausdünstung der Abtritte); à plomb, senkrecht.

Plombage, *m.* Plombiren, *n.* An= legen des Bleisiegels. [Bleiers.

Plombagine, *f.* Wasserblei, *n.*

Plombé, e, *adj.* bleifarbig.

†Plombée, *f.* Menniganstrich, *m.*; (Fisch.) Nepblei, *n.*

Plomber, *v. a.* verbleien; (Töpf.) glasuren; mit Blei ausfüllen, aus= gießen; (Maur.) mit dem Senkblei messen; (Waaren, 2c.) plombiren; (Erde) fest eintreten.

Plomberie, *f.* Bleigießerei.

Plombier, *m.* Bleigießer.

Plombière, *adj. f.*, pierre —, (Miner.) Bleistein, *m.*

Plongeant, e, *adj.* (Artill.) un= terwärts gerichtet.

Plongée, *f.* (Fortif.) Böschung, Abdachung gegen das Feld zu.

Plongeon, *m.* (Naturg.) Taucher (Vogel); faire le —, untertauchen, sich ducken; *fg.* nachgeben; fort= schleichen.

Plonger, *v. a.* tauchen, eintauchen; senken, versenken; (Lichter) ziehen; (einen Dolch) stoßen; —, *v. n.* un= tertauchen, versinken; (Artill.) nie= derwärts gerichtet seyn; se —, sich eintauchen; *fg.* sich ergeben (dans qch., einer S.).

Plongeur, *m.* Taucher.

Ploquer, *v. a.* (ein Schiff) mit Theer gegen die Seewürmer bestrei= chen.

Ployer, *v. a.* biegen, krümmen.

Pluche, *v.* Peluche.

Pluie, *f.* Regen, *m.*; — de feu, Feuerregen.

Plumage, *m.* Gefieder, *n.*

†Plumail, *m.* Federbesen.

Plumasseau, *m.* Federtiel (der Tangenten im Klavier); Federwisch; (Chir.) das Bäuschchen von ausgefa= selter Leinwand.

Plumasserie, *f.* das Gewerb des Federhändlers.

Plumassier, *m.* Federhändler, Fe= derschmücker.

Plume, *f.* Feder, Federkiel, *m.*; *fg.* Feder, *f.* Schreibart, Styl, *m.*; passer la — par le bec à qn., einen bei der Nase herumführen; la — fait le bel oiseau, Kleider machen Leute; dressé au poil et à la —, (Jagd) auf Hasen und auf Federwildpret, 2c., abgerichtet. [wisch.

Plumeau, *m.* der kleine Federkehr=

Plumée, *f.* eine Federvoll (Tinte).

Plumer, *v. a.* rupfen, berupfen; *fg. id.*, ausbeuteln.

Plumet, *m.* Feder, *f.* Hutfeder, (Seew.) Windfeder; Kohlensäctra= ger (zu Paris), *m.*

Plumetis, *m.* eine Art Stickerei auf Nesseltuch.

Plumette, *f.* eine Art dünnen wollenen Zeuges. [artig.

Plumeux, se, *adj.* federig, feder=

Plumitif, *m.* (jur.) Protocoll, *n.* Original der Urtheilssprüche.

†Plumotage, *m.* das Anfeuchten und Kneten der Zuckererde.

†Plumoter, *v. n.* die Zuckererde anfeuchten und kneten.

Plumule, *f.* (Bot.) Blattfeder= chen, *n.*

Plupart (la), *f.* der größte Theil; die meisten; pour la —, meistens, mehrentheils, größtentheils.

Pluralité, *f.* Mehrheit, Vielheit.

Pluriel, le, *adj.* (Gramm.) die Mehrheit bezeichnend; —, *masc.* Mehrheit, *f.* Mehrzahl.

†Pluriloculaire, *adj.* (Bot.) mit mehreren Fächern.

Plus, *adv.* mehr; — haut, höher; le — haut, der höchste; de — en —, immer mehr; au —, tout au —, höchstens; de —, ferner, überdieß, dazu; d'autant —, um so mehr; ne ... —, nicht mehr; nie mehr; nimmer; il n'a — d'argent, il n'en a —, er hat kein Geld mehr, feines mehr; ne ... — que, nur noch; tant et —, genug, im Ueberflusse; il y a —, noch mehr, überdieß; — ou moins, ungefähr; — est heu= reux, —, etc., je mehr man glück= lich ist, desto mehr, x.; le —, am meisten; —, *m.* Mehrste, *n.* Meiste.

Plusieurs, *adj. pl.* mehrere, viele, verschiedene, vielerlei.

Plus-pétition, *fém.* übertriebene Forderung.

Plusqueparfait, *m.* die sogenannte mehr als vollkommen vergangene Zeit (Gramm.).

Plus tôt, *adv.* früher, eher; au —, ehestens; vergl. Plutôt.

†Pluton, *m.* (Myth.) Höllengott; le royaume de —, Todtenreich, *n.*

Plutôt, *adv.* eher, lieber, vielmehr.

†Plutus, *m.* (Myth.) der Gott des Reichthums. [mantel,

Pluvial, *m.* (Kath.) eine Art Chor=

Pluviale, *adj. f.*, eau —, Regen= wasser, *n.* [Regenvogel.

Pluvier, *m.* (Naturg.) Brach=

Pluvieux, se, *adj.* regnerisch; temps —, Regenwetter, *n.*

Pluviôse, *m.* Regenmonat.

Pneumatique, *adj.*, machine —, (Phys.) Luftpumpe, *f.*

Pneumatocèle, *f.* (Med.) Wind= hodenbruch, *m.*

Pneumatologie, *f.* Geisterlehre.

†Pneumatomphale, *f.* (Med.) Nabelwindbruch, *m.*

Pneumatose, *f.* (Med.) Wind= geschwulst des Magens.

Pneumonie, *f.* Lungenentzündung.

Pneumonique, *adj.*, remède —, Lungenmittel, *n.* [Glocke.]

†Poailler, *m.* Zapfenhalter (einer Pochade, *f.* erster Entwurf eines Gemäldes.

Poche, *f.* Tasche, Sack, *m.* Schub=

sack; mettre en —, einstecken, *fm.* aufpacken; —, Kropf (der Vögel) *masc.*; (Jagd) Kaninchennetz, *n.*; (Mus.) Sackgeige, *f.*; (Schreibk.) der runde Zug, Schnörkel.

Pocher, *v. a.* (die Augen) blau schlagen; (Eier) aufschlagen.

Pocheter, *v. a.* zu sich stecken; in der Tasche nachtragen. [Sackgarn.

Pochette, *f.* Säckchen, *n.*; (Jagd)

Podagre, *adj.* (Med.) podagrisch; —, *m.* Podagrist.

Podestat, *m.* Podesta, Policei= richter (in Italien).

Poêle, *m.* Stubenofen, Ofen; Stu= be, *f.* Wohnzimmer, *n.* || Leichen= tuch; Trauungsschleier, *m.* || Thron= Traghimmel, —, *f.* Pfanne.

Poêlier, *m.* Pfannenschmied, Ofen= macher.

Poêlon, *m.* Pfännchen, *n.*

Poêlonnée, *f.* eine Pfanne voll.

Poème, *m.* Gedicht, *n.*

Poésie, *f.* Dichtkunst, Verskunst; Gedicht, *n.* Dichtung, *f.*; Dichte= rische, *n.*; Dichtergeist, *m.*

Poète, *m. et f.* Dichter, *m.* =inn, *f.*

Poétereau, *m.* *mépr.* Dichterling.

Poétesse, *f. p. us.* Dichterinn.

Poétique, *adj.*; -ment, *adv.*; poe= tisch, dichterisch; art —, Dichtkunst, *f.*; —, *f.* Poetik.

Poétiser, *v. n. fm.* Verse machen.

†Poge, *m.* (Seew.) die rechte Seite.

Poids, *m.* Gewicht, *n.* die schwere Last; *fig. id.*, Wichtigkeit; Einfluß, *m.* Nachdruck; de —, vollwichtig (Geldstück); au — de l'or, sehr theuer; faire bon —, gut wägen; avec — et mesure, *fg.* mit gutem Bedacht; —, *pl.* (Fisch.) Gesenke, *n. pl.*

Poignant, e, *adj.* stechend; *fg. id.*

Poignard, *m.* Dolch.

Poignarder, *v. a.* mit einem Dolch verwunden, erdolchen, erstechen; *fg.* tief verwunden; se —, sich erstechen.

Poignée, *f.* Handvoll; à —, hand= vollweise || Griff, *m.* Handgriff; Gefäß (eines Degens), *n.* Drücker (an der Klinke), *m.*

Poignet, *m.* Handwurzel, *f.* Faust, Hand; (Näh.) Preischen, *n.* Vor= ärmel (am Hemde), *m.*

Poil, *m.* Haar (am Leib), *n.*; Haar (der Thiere); Bart, *m.*; Farbe (v. Pferden), *f.*; Strich (des Tuchs), *m.*; (Med.) das Gerinnen der Milch (in den Brüsten); à —, (Reitsch.) ohne Sattel; à trois —s, dreidrähtig (Sammet); de —, bären.

†Poilier, *m.* (Müll.) Mühlbock.

†Poiloux, *m.* (gemein, Schimpf= wort) Elende.

Poilu, e, *adj.* haarig, rauch.

Poinçon, *m.* Pfrieme, *f.*; Bunzen, *m.*; (Goldsch.) Stämpel; (Kupferst.)

Grabstichel; (Maurer) Meißel; (Gieß., x.) Stecheisen, *n.*; (Zimm.) Giebelspieß, *m.*; (Juwel.) Schmuck= Haarnadel, *f.*; (Schriftg.) Patrize.

*Poindre, *v. a.* stechen; —, *v. n.*, commencer à —, keimen, hervor= sprossen (Gras, x.); anbrechen, däm= mern (Tag, x.).

Poing, *m.* Faust, *f.* Hand.

Point, *m.* (Gramm., x.) Punkt; deux- —s, Doppelpunkt, Kolon, *n.*; — et virgule, Semikolon; —s voyelles, Vocalpunkte, *m. pl.*; — (Näh.) Stich, *m.*; ouvrage de — ou —, die genähete Spitze; ouvrière en —, Spitzenklöpplerin, *f.*; —, (Geom.) Punkt, *m.*; les quatre —s cardinaux, die vier Weltgegenden; d'appui, (Med.) Stützpunkt, *m.*; — d'orgue, de repos, (Mus.) Orgel= , Ruhepunkt; —, (Spiel) Auge, *n.*; Rummel (im Picket), *m.*; combien de —s, wie viel zählen Sie? —s, Löcher (in Riemen), *n. pl.* (Schuhm.) Stiche, *m. pl.* Linien, *f. pl.*; chausser à même —, *fg.* mit einander übereinstimmen; faire venir qn. à son —, einen dahin bringen daß er thut was man wünscht, *fm.* einen daran kriegen; —s, (Ste= wef.) Ecken (der Segel), *f. pl.*; —, (Med.) Stich, *m.*; — de côté, Seitenstich || Punkt, Hauptpunkt, Satz, Frage, *f.*; Theil, *m.* Abschnitt (einer Rede); Tage (einer S., x.), *f.*; Grad, *m.* Punkt (v. Tugend, x.); être sur le —, auf dem Punkte, im Begriffe seyn; à —, nommé, zur bestimmten Zeil; à — nommé, zur bestimmten Zeil; eben recht; — du Jour, der Anbruch des Tages; — de vue, Standpunkt, *m.*; Aussicht, *f.*; Ge= sichtspunkt, *m.*; Stelepunkt (eines Fernrohrs); — d'honneur, Ehrge= fühl, *n.*; de — en —, pünktlich, genau; de tout —, ganz, völlig; au — que, so sehr daß, so weit (kommen, x.).

Point, *adv.* nicht, nein; — d'ar= gent, fein Geld; — du tout, durch= aus nicht, mit nichten; ganz und gar nicht.

Pointage, *m.* die Bezeichnung des Laufs eines Schiffs (auf Seekarten).

Pointal, *m.* Wucht, *f.* Stützbal= fen, *m.*

Pointe, *f.* Spitze; emporter à la — de l'épée, *fg.* mit Gewalt durch= setzen; —, Prickeln, *m.* der angenehm ist. zelnde Geschmack (des Weins); Wortspiel, *n.* der witzige Einfall; la — de l'esprit, der Witz; — du petite — du jour, gleich bei Tages= anbruch; —, (Geogr.) Landspitze, *f.*; faire des —, (Reitsch.) steigen; suivre sa —, sein Vorhaben ver=

folgen; —, (Nagelſch.) Stift, m.; (Kupferſt.) Nabel, f. Nabirnadel; (Näh.) Zwickel, m.; Schneppe, f.; (Buchbr.) Ahle, Stachel, m.; en —, ſpitzig, ſpitzig zulaufend; être en —, fm. ein Näuschchen haben.

Pointement, m. (Artill.) Rich= ten, n.

Pointer, v. a. ſtechen, punktiren; (ein Muſter) abſtechen; (Muſ.) punk= tiren; abſtoßen; (Artill.) richten; —, v. n. (v. Vögeln) ſteigen.

Pointeur, m. (Artill.) Stückrichter; Anzeichner (ber Abweſenden).

Pointillage, m. Punktirarbeit, f.

Pointiller, v. n. punktiren; tüpfeln; fg. ſich bei Kleinigkeiten aufhalten; —, v. a. fg. ſticheln.

Pointillerie, f. Zanksucht, Stiche= lei; Sylbenſtecherei.    [kritilich.

Pointilleux, se, adj. wunderlich,

Pointu, e, adj. ſpitzig.

Pointure, f. (Seew.) Aufſchürzen (ber Segel), n.; (Buchbr.) Punk= tur, f.

Poire, f. Birne; — à poudre, Pulverflaſche, Pulverhorn, n.

Poiré, m. Birnmoſt.

Poireau, Porreau, m. (Bot.) Lauch; (Meb., ꝛc.) Warze, f.

Poirée, f. (Bot.) Mangelb, m.

Poirier, m. (Bot.) Birnbaum.

Pois, m. (Bot.) Erbſe, f.; petits —, grüne Erbſen; — en cosse, Schotenerbſen; — goulus, sans cosse, Zuckererbſen.

Pois chiche, m. Zuckererbſe, f.

Poison, m. Gift, f.; fg. id., Schädliche.    [ſ. Fiſchweib, n.

Poissard, e, adj. pöbelhaft; —e,

Poisser, v. a. pichen, verpichen; fg. beſchmieren; calotte —ée, Pech= haube, =kappe, f.

Poisson, m. Fiſch; — de mer, Seefiſch; — juif, Hammerfiſch; don= ner un — d'avril à qn., fm. einen in den April ſchicken.

Poissonnaille, f. fm. kleine Fiſche.

Poissonnerie, f. Fiſchmarkt, m.

Poissonneux, se, adj. fiſchreich.

Poissonnier, m. ère, f. Fiſchhänd= ler, m. =inn, f.; —ère, f. Fiſch= keſſel, m.    [Poitiers.

†Poitevin, m. aus Poitou oder

Poitrail, m. (Reitsch.) Bruſt, f.; Bruſtriemen, m.; (Zimm.) Quer= balken, Thorriegel; Schwelle, f.

Poitrinaire, adj. bruſtkrank; —, m. et f. Bruſtkranke.

Poitrine, f. Bruſt.

†Poitrinière, f. Bruſtholz, n.

Poivrade, f. (Kochk.) Pfefferbrühe.

Poivre, m. Pfeffer.

Poivrer, v. a. pfeffern; fg. pop. anſtecken.

Poivrier, m. (Bot.) Pfefferbaum; Pfefferbüchſe, f.

Poivrière, f. Würzſchachtel, Würz= lade.    [sine, weiße Pech.

Poix, f. Pech, n.; Harz; — ré- Polacre, Polaque, m. der polniſche Reiter; —, f. (Seew.) Polake (Schiff).

Polaire, adj., (Aſtr.) élévation —, Polhöhe, f.; étoile —, Polar= ſtern, m.

Polarité, f. Polarität.

Polastre, m. Löthpfanne, f.

Pôle, m. (Aſtr., ꝛc.) Pol.

Polémarque, m. (gr. Alt.) Feld= herr, Polemarch (in Athen).

Polémique, adj. (Theol.) pole= miſch; —, f. Polemik.

Poli, m. Politur, f. Glanz, m.

Poli, e, adj. glatt, rein; fg. höflich, fein.

Police, f. Policei, eingeführte Ordnung; (Handl.) Polize, Verſich= rungsſchein, m.; (Schrift.) Gieß= zettel; bonnet de —, Holzkappe, f.

Policer, v. a. un pays, Ordnung in einem Lande einführen, ein Land geſittet machen.    [fg. fm. id.

Polichinelle, m. Pickelhäring, m.

Poliment, adv. höflich, artig.

Poliment, m. Poliren, n.; Po= litur, f.

Polir, v. a. poliren, glätten; fg. (etw.) ausfeilen, (einen) verfeinern, bilden, geſittet machen; fm. abho= beln.

Polisseur, m. se, f. Polirer, m. =inn, f.; Steinſchleifer, m.

Polissoir, m. Polirs; Glättſtahl, f. Glättbein, m. =holz, =glas; —e, f. Polirbürſte.

Polisson, m. injur. Gaſſenjunge; Bube, Zotenreißer; Lumpenkerl, Schlingel; —, ne, adj. bübiſch, zotenhaft.

Polissonner, v. n. injur. Buben= ſtreiche begehen; Zoten reißen.

Polissonnerie, f. injur. Buben= ſtreich, m.; Zote, f.    [tur, f.

Polissure, f. Poliren, n.; Polir=

Politesse, f. Höflichkeit, Feinheit.

Politique, adj.; -ment, adv.; politiſch, ſtaatsbürgerlich; fg. ver= ſchlagen, ſchlau, weltklug; —, m. Staatsmann, Politiker; fm. Staa= tenangießer; —, f. Politik, Staats= klugheit, Staatskunſt; Weltklugheit.

Politiquer, v. n. fm. kannengie= ßen.    [nale, Samenſtaub, m.

Pollen, m., ſtatt poussière sémi-

Pollicitation, f. (jur.) das noch nicht angenommene Verſprechen.

Polluer, v. a. beflecken, verun= entweihen.    [chung.

Pollution, f. Befleckung; Entwei=

†Pologne (la), Polen, n.

Polonais, e, adj. polniſch; —, m. e f. ein Pole, eine Polinn.

†Polonaise, f. (Schneid.) Polo= naiſe, der weite Pelzrock; (Tanzk.) polniſche Tanz.

Poltron, ne, adj. verzagt, feig, zaghaft; —, m. Memme, f. Ha= ſenfuß, m.    [tigkeit.

Poltronnerie, f. Feigheit, Zaghaf=

†Polyacoustique, adj., cornet —, m. Gehörtrichter.

Polyandrie, fém. Vielmännerei; (Bot.) Polyandrie (Pflanzenclaſſe).

†Polyanthéa, f. Blumenleſe, f.

†Polyanthé, adj. (Bot.) vielblü= mig.

Polychreste, adj. (Med.) wider viele Krankheiten brauchbar.

†Polycotylédone, adj. (Bot.) eine Pflanze mit mehreren Samenlappen.

Polyèdre, m. (Geom.) der vielſei= tige Körper; (Dpt.) Rautenglas, n.

Polygame, m. et f. der mehrere Weiber, die mehrere Männer zugleich geheirathet hat.

Polygamie, f. Polygamie.

†Polygarchie, f. Vielherrſchaft.

Polyglotte, adj. in vielen Sprachen geſchrieben; —, f. Polyglotte, Bi= bel in mehreren Sprachen.

Polygone, adj. (Geom.) vieleckig; —, m. Vieleck, n.

Polygraphe, m. Vielſchreiber.

Polygraphie, f. Geheimſchreib= kunſt.    [(Bot.) Polygynie.

†Polygynie, fém. Vielweiberei;

†Polymathie, f. Vielwiſſen, n.

†Polymnie, f. Polyhymnia (Mu= ſe).    [ſache Größe.

Polynome, m. (Math.) die viel=

†Polyoptre, m. ein Inſtrument welches die Gegenſtände vervielfäl= tigt und verkleinert.

Polype, masc. Polyp, Vielfuß, (Chir.) Polyp, Gewächs, m.

Polypétale, adj. (Bot.) vielblät= terig.

Polypeux, se, adj. polypenartig.

†Polyphylle, adj. f., une feuille —, ein Blatt das aus mehreren Blättchen beſteht.

Polypier, m. Polypenhäuschen, n.

Polypode, m. (Bot.) Engelſüß, n.

†Polyscope, m. Rautenglas, n.

†Polyspaste, m. Flaſchenzug.

Polysyllabe, adj. vielſylbig; —, m. das vielſylbige Wort.

Polysynodie, f. (Pol.) die Viel= heit der Rathsverſammlungen.

Polytechnique, adj., école —, die polytechniſche Schule, Lehranſtalt für die mathematiſchen und phyſiſchen Wiſſenſchaften.

Polythéisme, m. Vielgötterei, f.

Polythéiste, m. Vielgötterer, An= hänger der Vielgötterei.

†Polytypage, m. die Vervielfäl= tigung der Druckformen in Platten durch Abgüſſe und Prägungen.

Polytyper, *v. a.* durch Abgießung der Formen vervielfältigen.

Pommade, *f.* Haarsalbe, Pommade; (Reitsch.) der Schwung um den Sattelknopf.    [schmieren.

Pommader, *v. a.* mit Pommade

Pomme, *f.* Apfel, *m.*; — d'amour, Goldapfel; — épineuse, Stechapfel; — sauvage, Haag=, Holzapfel; — de merveille, Balsamapfel; — de pin, Fichten=, Tannenzapfen; — sèche, *fm.* Huzel, *f.*; — de terre, Erdapfel, *m.* Kartoffel, *f.*; — de discorde, *fg.* Zankapfel, *m.* || Herz (vom Salat), *n.*; Kohlkopf, *m.*; Knopf (eines Stocks).    [wein.

†Pommé, *m.* Apfelmost, Apfel=

Pommé, e, *adj.* köpfig; *fg. fm.* ausgemacht (Narr).

Pommeau, *m.* Degenknopf; (Sattler) Sattelknopf; (Anal.) Wade, *f.*; *v.* Pommette.

Pommeler (se), sich mit Wölkchen überziehen, Schäfchen bekommen (Himmel); sich apfeln, apfelrunde Flecken bekommen (Pferd); temps —é, ein mit Wölkchen überzogener Himmel; cheval gris —é, ein apfelgraues Pferd.

Pommelle, *f.* Seiher, *m.*; Krispelholz (zum Korduanmachen), *n.*

Pommer, *v. n.* (Gärtn.) köpfen, Köpfe bekommen, sich schließen.

Pommeraie, *f.* Apfelbaumgarten, *m.*   (Anal.) Backenknochen, *m.*

Pommette, *f.* Knöpfchen, *n.*; (Anal.) Apfelbaum; —sauvage, Haagapfelbaum || Apfelpfanne, *f.*

Pompe, *f.* Pracht, Prunk, *m.*; — funèbre, Leichengepränge, *m.* || Pumpe, *f.*; — foulante et aspirante, das Druck und Saugewerk; — élévatoire, Hebewerk; — à incendie *ou* —, Feuerspritze, *f.*; — de celliers, Weinzieher, *m.*; — pneumatique, —à air, Luftpumpe, *f.*; — à feu, Dampfmaschine.

†Pompeïa, Pompeji (aufgegrabene Stadt in Neapel).

Pomper, *v. n. et a.* pumpen, auspumpen.

Pompeux, se, *adj.*; -sement, *adv.*; prächtig, prunkvoll, festlich; *fg. id.*, *m. p.* schwülstig, hochtrabend.

Pompier, *m.* Spritzenmann, Spritzenmacher, Brunnenmacher.

Pompon, *m.* der kleine Zierath, Puz; wollene Quaste am Chako der Soldaten; (röm. Alt.) Oberpriester, (Kath.) Papst; — Bischof.

Pomponner, *v. a.* mit kleinen Zierathen ausschmücken; *fg.* verzieren.

Ponant, *m.* (Seew.) Abend, Westen; das atlantische Meer.

Ponce, *f.* (Zeichn.) Pausche; *ou* pierre —, (Miner.) Bimsstein, *m.*

Ponceau, *m.* (Färb.) Hochroth, *n.*; (Bauk.) die kleine Brücke.

Poncer, *v. a.* mit Bimsstein abreiben; (Zeichn.) durchpauschen, durchstäuben.    [chen, *n.*

†Poncette, *f.* (Zeichn.) Pausch=

†Ponche, Punch, *m.* Punsch.

Poncire, *m.* (Bot.) die dickschalige Citrone zum Einmachen.

Poncis, *m.* ein durchstochenes Zeichnungsmuster zum Durchstäuben.

Ponction, *f.* (Chir.) Bauchstich, *m.* die Abzapfung der Wassersüchtigen.

Ponctualité, *f.* Pünktlichkeit.

Ponctuation, *f.* (Gramm.) Zeichensetzung, Interpunktion.

Ponctué, e, *adj.* (Bot.) getüpfelt, punktirt.

Ponctuel, le, *adj.*; -lement, *adv.*: pünktlich, sehr genau.

Ponctuer, *v. a.* punktiren.

†Pondag, *m.* (Bergw.) Tonlage, *f.* Neigung einer Kohlenschicht.

Pondérable, *adj.* wägbar.

Pondération, *f.* (Mal.) Gleichgewicht, *n.* die wagrechte Stellung.

Pondérer, *v. a.* (Staatsw.) im Gleichgewicht erhalten.

Pondeuse, *f.* Legevogel, *m.*; *fg. fm.* Heckmutter, *f.*

Pondre, *v. a. et n.* Eier legen.

Ponent, *m.* Ponant.

Pongo, *m.* Art großer Affen.

Pont, *m.* Brücke, *f.*; — de bateaux, Schiffsbrücke; — volant, fliegende Brücke; — dormant, stehende Brücke; — tournant, Drehbrücke; — -levis, Zugbrücke; (Schneid.) Hosenlatz, *m.*; (Reitsch.) Satz, Sprung; ponts et chaussées, *pl.* die Land= und Heerstraßen; — (Seew.) Verdeck, *n.*; vaisseau à 3 ponts, Dreidecker, *m.*   [Schiffes), *f.*

†Pontal, *m.* (Seew.) Höhe (eines

†Pont-du-Gard, *m.* Gardbrücke, *f.* alte Brücke und Wasserleitung in französischen Gardepartement, von den Römern erbaut.

Ponte, *f.* Eierlegen, *n.* Lege=, Heckzeit, *f.*

Ponte, *m.* Herz=Aß (im Lomberspiel), *n.*; Gegenspieler, *m.*

Ponté, *m.* Kreuz (am Degengesäß), *n.*    [Verdeck versehn.

Ponté, e, *adj.* (Seew.) mit einem

Ponter, *v. n.* gegen den Banquier spielen.

†Pont-Euxin, *m.* Pontus Euxinus (alter Name des schwarzen Meeres).

Pontife, *m.* (i. Alt.) Hohepriester; souverain —, (röm. Alt.) Oberpriester, (Kath.) Papst; — Bischof.

Pontifical, *m.* das Ceremonienbuch der Bischöfe; —, e, *adj.* hohepriesterlich; bischöflich; päpstlich; -ement, *adv.* im bischöflichen, päpstlichen Ornate.

Pontificat, *m.* Hohepriesterthum, *n.*; die päpstliche Würde, Regierungszeit.

†Pontil, *m.* (Glash.) Bühneisen, *n.* Glaszange, *f.*

†Pontiller, *v. a.* (Glash.) mit dem Bühneisen anfassen.

†Pont-neuf, *m.* die neue Brücke (in Paris); das Vol.'slied nach einer leichten Melodie.

Ponton, *m.* (Kriegsw.) Schiffbrücke, *f.*; Ponton, *m.* Brückenschiff, *n.*; (Schiffb.) Unterleger, *m.*

Pontonage, *m.* Brückenzoll; Fährgeld, *n.*

Pontonnier, *m.* Brückenzöllner; (Kriegsw.) Pontonier.

Pontuseau, *m.* (Pap.) Nähdraht; Streifen (auf dem Papier).

Pope, *m.* Pope, Priester.

Popeline, *f.* halbseidener Zeug, *m.*

Poplité, e, *adj.*, Politique, *adj.*, muscle —, (Anal.) Kniekehlmuskel, *m.*

Populace, *f.* Pöbel, *m.*

Populaire, *adj.*; -ment, *adv.*: das Volk betreffend; gemeinnützig; gemeinverständlich (Schrift); herablassend, leutselig (Fürst); *m. p.* gemein, pöbelhaft; opinion —, Volksmeinung, *f.*

Populariser, *v. a.* gemeinverständlich oder gemeinnützig machen; se —, sich bei dem Volke beliebt machen.

Popularité, *f.* Leutseligkeit; Volksliebe, Volksgunst, Gemeinnützigkeit, Gemeinverständlichkeit (einer Schrift).

Population, *fém.* Bevölkerung, Volksmenge.

Populéum, *adj. m.*, onguent —, Pappelsalbe, *f.*

Populeux, se, *adj.* volfreich.

Populo, *m. pop.* das kleine, dicke Kind.

†Poque, *f.* Pochspiel, *n.* Pochbrett.

†Poquer, *v. n.* pochen; (Ballsp.) die Kugel so werfen, daß sie, ohne zu rollen, gerade liegen bleibt.

Poracé, e, *adj.* (Med.) grüngelb.

Porc, *m.* Schwein, *n.*; Schweinefleisch; porc-épic, Stachelschwein; — marin, Meerschwein.

Porcelaine, *f.* Porcellan, *n.*; —, *adj.*, cheval —, Porcellanschecke, *m.*   [eine Art Pilz.

†Porcelet, *m.* Mauerassel; (Bot.)

Porchaison, *f.* Schweinsfeiste.

Porche, *m.* Halle, *f.* Vorhalle (Tischl.) Windfang, *m.*

Porcher, *m.* Schweinhirt; *fg. fm.* Schweinsel, *f.*

†Porcherie, *f.* Schweinstall, *m.*

Pore, *m.* Schweißloch, *n.* —s, (Phys.) Poren, *m. pl.*

†Porentrui, Pruntrutt (Stadt).

Poreux, se, *adj.* porös, löcherig, leicht, voll kleiner Oeffnungen.

†Porisme, *m.* (Geom.) *v.* Lemme, Corollaire.

†Poristique, *adj.*, méthode —, (Math.) die poristische Methode, Beweisart.

Porosité, *f.* Porosität, Löcherigkeit.

Porphyre, *m.* (Miner.) Porphyr.

Porphyriser, *v. a.* auf Porphyr zerreiben.

Porphyrogénète, *adj.* im Purpur (eigentlich in den Porphyrzimmern) geboren, von kaiserlicher Abkunft (griech. Kaiser).

Porreau, *m.*, *v.* Poireau.

Porrection, *f.* (Kath.) Darreichung (der Gefäße).

Port, *m.* Hafen, Seehafen; — de mer, *id.*; — franc, Freihafen; —, Anlände, *f. i fg.* Zufluchtsort, *m.*; à bon —, glücklich.

Port, *m.* (Schiff.) Ladung, *f.*; ce vaisseau est du — de 100 tonneaux, dieses Schiff trägt 100 Tonnen. || Tragelohn, *m.* Fuhrlohn, Porto, *n.*; — de lettres, Briefgeld, Briefporto; franc de —, postfrei, portofrei; — d'armes, Waffentragen, *n.*; —, (Spiel) Handkarten, *f. pl.* Spiel, *n.* || Anstand (*m.*), Haltung (*f.*) (des Körpers), (Bot.) Wuchs, *m.*; — de voix, (Muf.) die Schleifung von einem niedern in einen höhern Ton.

Portable, *adj.* tragbar.

Portage, *m.* Tragen, *n.*; (Seew.) Recht, Beilast mitzunehmen; (Schifffahrt) Tragestelle, *f.*

Portail, *m.* Hauptthor, *n.* Portal.

Portant, e, *adj.*, *v.* Bout; —, *m.* Träger (Griff), Handhabe, *f.*

Portatif, ve, *adj.* tragbar; dictionnaire —, Taschenwörterbuch, *n.*; édition —ve, Handausgabe, *f.*

Porte, *f.* Thüre, Pforte, Thor, *n.*; *fg.* Zugang, *m.*; Ausweg; de porte en —, von Haus zu Haus; mettre à la —, fortjagen; prendre la —, sich fortmachen; à la — ouvrante, mit Thoraufschluß; à close, bei verschlossenen Thüren, insgeheim; — de derrière, Hinterthüre, *f. i fg.* Hinterhalt, *m.* || die Ottomannische Pforte.

Porté, e, *adj.* geneigt (à, zu).

Porte-aiguille, *m.* Nadelhalter, Strickseide, *f.*      [spanner.

Porte-arquebuse, *m.* Büchsen=

†Porte-assiette, *m.* Schüsselring.

Porte-baguette, *m.* Ladstockring, Mutter, *f.*

Porteballe, *m.* Tabulettkrämer.

Porte-barres, *m. pl.* Halsterringe.

Porte-bougie, *m.* (Chir.) Kerzenleiter.          [Heft.

†Porte-broche, *m.* das bewegliche

Porte-carabine, *v.* Porte-mousqueton.

---

Portechape, *m.* Chormantelträger.

Portechoux, *m.* Marktklepper.

Porte-clefs, *m.* Beschließer.

Porte cochère, *f.* Thorweg, *m.*

Portecollet, *m.* Kragenträger.

Portecrayon, *m.* Bleistiftrohr, *n.*

Porte-croix, *m.* Kreuzträger.

Porte-crosse, *m.* Krummstabträger.

Porte-Dieu, *m.* ein Priester der das heil. Abendmahl zu den Kranken trägt.

Porte-drapeau, Porte-enseigne, *m.* Fahnenjunker, Fähnrich.

Portée, *f.* Tracht (junger Thiere); Wurf=, Schußweite; à — de fusil, einen Flintenschuß weit; die Weite zum Erreichen; ce clou n'est pas à — de ma main, ich kann diesen Nagel nicht erreichen; être à —, im Stande, in der Lage seyn || Fähigkeit, *f.* Fassungskraft des Geistes, das Maß der Einsichten; (Feldm.) Zug, *m.* Kettenzug; (Jagd) die Himmelsspur des Hirsches; (Zimm.) Balkenjänge, Tracht; (Uhrm.) Unterlage; (Muf.) Notenlinien, *pl.* Notenplan, *m.*; (Web.) Gang.

Porte-enseigne, *m.* Fähnrich.

Porte-épée, *m.* Degengehenk, *n.*

†Porte-éperon, *m.* Spornträger.

Porte-étendard, *m.* Standartenträger; Standartenschuh.

Porte-étriers, *m.* (Sattl.) Bügelträger.

Porte-étrivières, *m. pl.* Steigriemenringe.          [ger.

Portefaix, *m.* Lastträger, Restträ=

Porte-fer, *m.* Hufeisenblech, *f.*,

†Porte-feu, *m.* (Feuerw.) Leil=

Portefeuille, *m.* Brieftasche, *f.*

Porte-hache, *m.* Futteral für die Art des Sappierers, *n.*

†Porte-lanterne, *m.* Laternenträger (Insekt).

†Porte-lettre, *m.* die (kleine) Brieftasche.          [vogel.

Porte-malheur, *m.* Unglücks=

†Porte-manchon, *m.* Muffring.

Portemanteau, *m.* Mantelsack, Kleiderträger, =reßen.

†Portement (de croix), *m.* (Zeichn. ꝛc.) das Kreuztragen Christi.

Porte-montre, *m.* Uhrkissen, *n.*; (Uhrm.) Uhrbehälter, *m.*

Porte-mors, *m.* Gebißleder, *n.*

Porte-mouchettes, *m.* Lichtputzschale, *f.*

†Porte-musc, *m.* (Naturg.) Bisam=, Moschusthier, *n.*

Porte-page, *m.* (Buchdr.) deppelt zusammengelegtes Papier, auf welches man die Columnen stellt.

Porte-pierre, *m.* Höllensteinröhrchen, *n.*

---

†Porte-queue, *m.* Schleppenträger.

Porter, *v. a.* tragen; (Seew.) an Bord haben; — l'eau, das Wasser vertragen können (Wein); — les armes, Kriegsdienste thun; (Kriegsw.) das Gewehr schultern; — sur soi, bei sich tragen, haben, führen || tragen, forttragen; fortschaffen, (einem) bringen; (ein Kleid) tragen, anhaben; (den Körper) tragen, halten; *fg. fm.* il le porte haut, er trägt die Nase hoch || führen, fortführen (eine Mauer); (die Beine an den Degen) legen; — par terre, (einen) zu Boden werfen || *fg.* etw. bringen, treiben; (Schreden) verbreiten; — la guerre à un peuple, ein Volk mit Krieg überziehen; —, (seine Blicke, ꝛc.) richten; — un coup à qn., einem einen Streich, ꝛc., versetzen, nach einem hauen, stechen; *fg.* einen Angriff auf einen thun; — coup, wirken, von Folgen seyn; schaden; — ses pas en qq. endroit, sich an einen Ort begeben; — la santé de qn., eines Gesundheit ausbringen; auf eines Gesundheit trinken; — la parole, das Wort führen; —, (ein Urtheil) fällen; (Zeugniß) ablegen; — plainte, sich beklagen; — erklären (Gesetz); melden, sagen (Brief, ꝛc.) || ertragen, dulden (leiden) || tragen, hervorbringen (Früchte); *fg. id.*, eintragen; — un enfant, mit einem Kinde schwanger seyn; —, (von Thieren) tragen, trächtig seyn || treiben (Sturm); *fg.* führen, antreiben, bewegen, reizen; vertragen (Stand); l'un portant l'autre, le fort portant le faible, eins ins andere gerechnet, im Durchschnitt; — qn. à une place, einem ein Amt zu verschaffen suchen; — amitié, honneur, envie à qn., einen lieben, ehren, beneiden; — beau jeu, (Spiel) gute Karten haben.

Porter, *v. n.* ruhen, aufliegen, stoßen (Sattel, ꝛc.); *fg.* beruhen; — au nord, etc., (Seew.) gegen Norden, ꝛc., segeln || reichen, treffen, aufschlagen (im Fallen); *fg.* treffen, zielen; — à la tête, in den Kopf steigen (Wein); se — bien, mal, sich wohl, übel befinden; se — à qch., zu etwas geneigt seyn; etwas thun; on s'y porte, (v. einer Menge Volk) man stürzt dahin; se — partie contre qn., (jur.) gegen einen einkommen; se — héritier, in der Eigenschaft eines Erben auftreten.

Porter, *m.* Porterbier, *n.*

†Portereau, *m.* (Hydr.) Pförtchen, *n.*; (Zimm.) Tragehölz.

Porte-respect, *m.* die drohende Waffe; Ehrenzeichen, *n.*; *fg. fm.* Schreckbild.

†Porte-scie, m. (Naturg.) Säge=träger (Insekt).

†Porte-sel, m. (Salzf.) Salzkorb.

†Porte-six, m. (Jagd) Sechsender (Hirsch). [nisches Pflaumenhuhn.

†Porte-soie, m. (Naturg.) japa=

†Porte-sonde, m. (Chir.) Leit=röhrchen für die Sonden. [f.

Porte-tapisserie, m. Tapetenthür,

Porte-trait, m. Reitscheibe (am Pferdegeschirr), f.

†Porte-tube, m. (Naturg.) Röhr=schnecke (Versteinerung), f.

†Porte-tuyaux, m. pl. (Naturg.) Röhrenträger.

Porteur, m. se, f. Träger, m. Ueberbringer; Inhaber (eines Wech=sels); =inn, f.; —, m. Sattelpferd, n. [ger (des Papstes).

†Porte-valise, m. Mantelsacktra=

Porte-vent, m. (Org.) Windlade, f.

Porte-verge, m. Pedell, Stabträ=ger. [tionsregeling.

†Porte-vergues, m. (Schifff.) Ga=

Porte-vis, m. (Schloss.) Schrau=benblech, n.

Porte-voix, m. Sprachrohr, n.

Portier, m. ère, f. Pförtner, m.; Thürhüter, =inn, f.

Portière, f. Kutschenschlag, m.; Thürvorhang (Metall.) Blendung, f.; (Landw.) Trag=schaf, n. Tragstute, f. Zuchtstute.

Portion, f. Theil, m. Antheil, Portion, f. (Bergw.) Külp, m.

Portioncule, f. Theilchen, n.; (Kirch.) die heilige Portiuncula.

Portique, m. Säulengang, Halle, f.; (Philos.) Stoa; coll. Stoiker, m. pl. [goldgelben Adern.

Portor, m. schwarzer Marmor mit

Portraire, Pourtraire, v. a. (alt) abbilden.

Portrait, m. Porträt, n. Bildniß, Ebenbild, Gemälde; fg. Schilderung, f. Bild, n.

Portraiture, f. Bildniß, n. Bild=, Porträtmalerei, f.

Portugais, m. e, f. Portugiese, m. =inn, f.; adj. portugiesisch.

†Portulacées, f. pl. die portulak=artigen Pflanzen.

Portulan, m. (Seew.) Grabbuch, [n.

Posage, m. Aufstellen, n. Auf=schlagen, Legen, Aufziehen (einer Tapete); der Lohn dafür.

Pose, f. Setzen, n. Legen (der Werkstücke); (Kriegsw.) Nachtschild=wache, f.; (Mal., rc.) Stellung.

Posé, e, adj.; -ment, adv.; fg. gesetzt, ernsthaft, bedächtlich.

Posément, adv. bedächtig, bedäch=lich, langsam, beschreiben, sittig.

Poser, v. a. setzen, stellen, legen; fg. festsetzen, aufstellen; — ou — en fait, voraussetzen, annehmen; —,

(Schellen, rc.) anbringen; (Schild=wachen) ausstellen; (die Waffen) nie=derlegen; —, v. n. ruhen, aufliegen, liegen; se —, sich setzen, sich stellen.

Poseur, m. Steinsetzer.

Positif, ve, adj.; -vement, adv.: gewiß, bestimmt, ausdrücklich; zu=verläßig; théologie —ve, Dogma=tik, f.; —, m. Positiv, n.; (Gram.) Positiv, m.

Position, f. Stellung, Lage.

†Posnanie, Posen (Provinz).

†Pospolite, f. das allgemeine Auf=gebot des Adels (in Polen).

Possédé, m. Besessene.

Posséder, v. a. besitzen, haben; inne haben; fg. besitzen, verstehen; se —, seiner mächtig seyn.

Possesseur, m. Besitzer, Inhaber.

Possessif, adj. m. (Gramm.) zu=eignend. [pung, f.

Possession, f. Besitz, m. Besi=

Possessoire, m. (jur.) Besitzrecht, n. [in England), pl.

†Posset, m. Biermolken (Getränk

Possibilité, f. Möglichkeit.

Possible, adj. möglich; —, m. Mögliche, n.

Postcommunion, f. (Kath.) das Gebet nach dem Abendmahle.

Postdate, f. das falsche Nachdatum.

Postdater, v. a. nachdatiren, rück=datiren. [n.

Poste, m. Posten; Stelle, f.; Amt.

Poste, f. Post; — restante, zur Verwahrung auf der Post; — Post=haus, n.; Poststation, f.; Postreiten, n.; Curier, m.; courir la —, mit der Post reisen; —, Kugelschrot, m.; les —s, das Postwesen.

Poster, v. a. stellen, hinstellen, aufstellen.

Postérieur, e, adj. jünger, neuer, später, nachfelgend, nachherig; —, m. Hintere, -ement, adv. später, nachher.

Postériorité, f. Spätersepn, n. Nachstehen, Nachgehen; — de date, das später gesetzte Datum.

Postérité, f. Nachkommenschaft, Nachwelt, Nachkommen, m. pl.

Postes, f. pl. (Baus.) Schnecken=zug, m. [nerung.

Postface, f. Nachrede, Nachberi=

Posthume, adj. nach des Vaters Tode geboren; fg. hinterlassen; —, m. et f. Nachgeborne.

Postiche, adj. falsch, unächt; fg. übel angebracht; travailler en —, falsche Zähne, Haare, rc. zubereiten.

Postillon, m. Postknecht; Postil=lion, fm. Schwager, Verreiter.

†Postposer, v. a. p. us. nachsetzen.

Postscénium, m. Postscenium, n.

Post-scriptum, m. lat. Nach=schrift.

Postulant, m. e, f. Bewerber, m.

=inn, f.; —, adj. m., avocat —, Sachwalter, m. [schesap.

†Postulat, m. p. us. (Log.) Hei=

Postulation, f. (jur.) Anwald=schaft; (Kan. R.) das Postuliren eines Bischofs.

Postuler, v. a. qch., sich um etw. bewerben; postuliren; —, v. n. (jur.) einen Rechtshandel führen (für ei=nen).

Posture, f. Stellung, Haltung; fg. Zustand, m. Lage; f.

Pot, m. Topf, Hafen; Maß, n.; Kanne, fém.; le pot-au-feu, der Fleischtopf; das Fleisch zum Sieden; à feu, Feuertopf, m.; — de vin, Leihkauf; — de pompe, Pumpen=eimer; — pourri, Mischmasch (auch fg.); Riechtopf; — à fleurs, Blu=mentopf, Scherben; — de fleurs, Topf voll Blumen; tourner autour du —, um den Brei geben; décou=vrir le — aux roses, die Karte ver=rathen; gare le pot au noir, gieb Acht daß du nicht anstößest; fg. fm. nimm dich vor der Falle in Acht, donner dans le pot au noir, in die Falle gehen || Helm, m.

Potable, adj. trinkbar, genießbar.

Potage, m. Suppe, f.; pour tout —, für Alles, in Allem.

Potager, m. Suppenherd; —, ère, adj. zur Suppe dienlich; herbes —es, Küchenkräuter, n. pl.; jardin —, ou —, m. Küchengarten.

Potasse, f. Pottasche.

†Potassé, e, adj. mit etwas Pott=asche verbunden.

Potassium, m. Potassium, n. der Grundstoff der Pottasche.

Pote, adj. f., main —, fm. eine dicke geschwollene Hand. [der.

Poteau, m. Pfahl, Pfosten, Stän=

Potée, f. Topfvoll, m. || Zinnkalt, Zinnasche, f.; (Gieß.) Form=, Gie=ßererde.

Potelé, e, adj. rund und voll, flei=schig, quabbelig.

Potelet, m. der kleine Pfosten.

†Potelot, m. Bleierz, n.

Potence, f. Galgen, m.; Stütze, f. Krücke, Träger, m. Arm; Maß=stock (für Menschen und Pferde).

Potentat, m. Machthaber; fm. petit —, fitine Herr.

Potentiel, le, adj. (Med.) ätzend; (Phys.) potentiell, verborgen, nicht wirksam.

Potentille, f. Gänserich, m. Gän=serkraut, n. (Pflanze). [hütte.

Poterie, f. Töpferwaare, Töpfer=

Poterne, f. (Fortif.) Ausfallpforte.

Potier, m. Töpfer; — d'étain, Zinngießer.

Potin, m. Glockenspeise, f.

Potion, f. Arzneitrank, m. Trank.

Potiron, m. (Bot.) Türkenbund,

runde Kürbiß, Pferde, f.; Pilz, m.
Erdschwamm.

†Potose, m. ein goldhaltiger Fluß
(wie der Potosi in Amerika); der
große Reichthum.

Pou, m. Laus, f.

Pouacre, adj. pop. schweinisch;
—, m. Schweinigel.

Pouah, interj. pfui!

Pouce, m. Daumen; jouer du —,
fm. blechen, zahlen ‖ Zoll, m.

Poucier, m. Däumling.

Pou-de-soie, m. dicker Seidenzeug.

Pouding, m. Pudding (Speise).

Poudingue, m. (Miner.) Pud=
dingstein.

Poudre, f. Staub, m.; mettre,
réduire en —, (etw.) zu Pulver
zerstoßen; (eine Stadt) gänzlich zer=
stören; fg. (Gründe) umstoßen ‖
Pulver, n.; Streusand, m. ‖ —,
— à poudrer, à cheveux, Puder,
m.; un œil de —, ein klein wenig
Puder ‖ —, — à canon, Schieß=
pulver, n.; — à tirer, à giboyer,
Pürschpulver; tirer sa — aux moi=
neaux, fg. fm. Geld und Zeit ver=
schwenden.

Poudrer, v. a. pudern, bestäuben.

Poudrette, f. Staubmist, m.

Poudreux, se, adj. staubig; peid
poudreux, pop. der gemeine Kerl.

Poudrier, m. Sandbüchse, fém.;
Pulvermüller, m. Pulverhändler.

Poudrière, f. Pulvermühle.

Pouf, interj. puff! —, adj. m.,
du marbre — , Marmor der ab=
bröckelt.　　　　　[auflachen.

Pouffer, v. n. fm. de rire, laut

†Pouille (la), Apulien (Provinz).

Pouillé, m. Pfründenregister, n.

Pouiller, v. a. pop. ausschelten.

†Pouillerie, fém. Kleiderkammer
(für die Kleider der Armen in Ho=
spitälern).

Pouilles, f. pl., chanter pouilles
à qn., pop. einem grobe Schimpf=
worte geben.

Pouilleux, se, adj. lausig; stock=
fleckig (Holz).　　　　　[herberge, f.

Pouillier, Pouillis, m. Bettel=

Poulailler, m. Hühnerstall; Hüh=
ner=, Geflügelhändler.

Poulain, m. Füllen, n. Fohlen;
(Chir.) Leistenbeule, f.; (Böttch.)
Schrot=, Kellerleiter; Waarenschlit=
ten, m.　　　　　[bel, m.

Poulaine, f. (Seew.) Schiffsschna=

Poulan, m. Zusatz (des Karten=
gebers), doppelte Einsatz.

Poularde, f. das junge, gemästete
Huhn.

Poule, f. Huhn, n. Henne, f.;
— mouillée, fg. die feige Mem=
me; plumer la —, fg. fm. sein
Schäfchen scheren; —, (Spiel) Ein=
satz, m.

Poulet, m. das junge Huhn; fg.
Liebesbriefchen; mon —, ma pou=
lette, mein Herzchen, Püppchen (zu
Kindern).

Poulette, f. die junge Henne.

Poulevrin, m. das feine Zünd=
pulver.　　　　　[Mutterfüllen, n.

Pouliche, fém. die junge Stute;

Poulie, f. Rolle; Kloben, m.;
(Anat.) Augenwelle; f.

†Poulieur, m. (Seew.) Blockma=
cher.　　　　　　　[liche.

Poulin, e, v. Poulain et Pou=

Pouliner, v. n. ein Füllen werfen.

Poulinière, adj. f., jument —,
Zuchtstute, f.

Pouliot, m. (Bot.) Polei.

Poulot, m. Hühnchen, n. Püpp=
chen (Schmeichelwort).

Poulpe, f. das dichte Fleisch (von
Thieren und Früchten).

Poulpeton, m. Fleischklößchen, n.

Pouls, m. Puls; tâter le — à
qn., fg. fm. einen ausforschen, aus=
holen.

Poumon, m. Lunge, f.

Poupard, m., enfant —, Wickel=
kind, n. Püppchen.

Poupart, m. eine Art Seekrabbe.

Poupe, f. (Schiff.) Hintertheil, n.

Poupée, f. Puppe, Docke; Nocken
(am Spinnrad), m.; (Dreh.) Do=
ckenstock; (Perr.) Haubenz, Perrü=
ckenstock; enter en —, (Gärtn.) in
den Spalt impfen.

†Poupelin, m. eine Art Butterge=
backenes.

†Poupeton, m., v. Poulpeton.

Poupin, e, adj. fm. puppenmä=
ßig; geschniegelt; —, m. e, f. Pup=
narr, m. Putznärrinn, f.

Poupon, m. ne, f. Püppchen, n.

Pour, prép. et conj. für, wegen,
auf, gegen, um, zu, nach, an; —
lui, etc., was ihn, ꝛc., betrifft; in
Rücksicht auf ihn, ꝛc.; — lors, als=
dann; — que, conj. damit, auf
daß; — peu que, wenn nur; le
pour et le contre, das pro und
contra, Dafür und Dawider.

Pourboire, m. Trinkgeld, n.

Pourceau, m. Schwein, n.; — de
mer, Meerschwein.

Pourchasser, v. a. qch., einer
Sache gierig nachjagen.

Pourfendeur, m. (alt) Durchspal=
ter; — de géant, fm. Eisenfresser.

Pourfendre, v. a. durchspalten.

Pourparler, m. Unterredung, f.
Unterhandlung.

Pourpier, m. (Bot.) Portulak.

Pourpoint, m. Wamms, n.

Pourpre, m. Purpur; Purpur=
farbe, f.; (Naturg.) Purpurschnecke;
f. Purpurgewand, n.; fg. Königs=
würde, f. Cardinalswürde.

Pourpré, e, adj. purpurfarbig;
la fièvre —e, (Med.) das Friesel,
Fleckfieber.

Pourpris, m. Umkreis, Umfang;
(Poes.) Wohnung, f.

Pourquoi, conj. warum; c'est —,
darum; —, m. Warum, n.

Pourri, m. Verfaulte, n. Faule.

Pourri, e, adj. faul, morsch
(Holz); fg. angesteckt.

Pourrir, v. n. faulen, verfaulen;
verwesen, verwittern; —, v. a. fau=
len machen; se —, faulen, verderben.

Pourrissage, m. das Verfaulen der
Lumpen (zum Papier).

Pourrissoir, m. (Pap.) Faulbütte,
f. Lumpenfäule.

Pourriture, f. Fäulniß; Moder,
m. Verfaulte, n.; fg. Verderben;
— d'hôpital, (Med.) Spitalfieber;
tomber en —, verfaulen.

Poursuite, f. Nachsetzen, n. Ver=
folgung, f.; se mettre, être à la —
de qn., einen verfolgen ‖ Betrei=
bung, Bewerbung (de, um); —s,
(jur.) Verhandlungen, pl. Schritte,
m. pl.; faire des —s, etw. betreiben.

Poursuivant, m. Bewerber, An=
sucher (de, um); — d'armes, Be=
werber um die Stelle eines Wap=
penherolds.

*Poursuivre, v. a. qn., einem
nachsetzen, einen verfolgen; (jur.)
einen belangen; etw. betreiben; fg.
— qch., sich um etw. bewerben,
etw. betreiben; (eine Arbeit, ꝛc.)
fortsetzen, verfolgen; in etw. fort=
fahren.

Pourtant, conj. doch, dennoch.

Pourtour, m. (Bauk.) Umfang.

Pourvoi, m. (jur.) das Einkom=
men gegen ein Urtheil.

*Pourvoir, v. n. à qch., für etw.
sorgen; — à une charge, ein Amt
besetzen; —, v. a. qn. de qch.,
einen mit etw. versorgen; ausrüsten,
versehen; se —, sich versehen; se —
en justice, sich an den Richter wen=
den; se — en cassation, um Cas=
sation einkommen.

Pourvoirie, f. Vorrathskammer,
Magazin, n.

Pourvoyeur, m. Lieferant.

Pourvu, adv. que, wenn nur.

Pousse, f. (Gärtn.) Trieb, m.;
(Thiera.) Herzschlächtigkeit, f. Dämp=
figkeit (der Pferde); (Handl.) Gries,
m. Abfall; pop. Häscher volk, n.

Pousse-cul, m. pop. Häscher.

Poussée, f. Stoß, m.; (Bauk.)
Druck.

Pousse-pieds, m. (Naturg.) Fuß=
zehe, f. Daumnagel, m.

Pousser, v. a. stoßen, drücken; trei=
ben; drängen; schieben; fortstoßen,
hineintreiben; etw. (ein Geschäft) be=
treiben, fortsetzen, ausdehnen; (ein

('ferb) antreiben; sprengen, (einen) treiben, reizen; (zu etw. Bösem) verleiten; — des cris, ein Geschrei erheben; — des plaintes, Klagen ausstoßen; — à bout, aufs Aeußerste treiben; eines Gebuld erschöpfen; — qn., einem emporhelfen; se —, sich emporschwingen; se —, v. r. sich stoßen; —, v. n., — à l'ennemi, auf den Feind lossprengen (Reiterei); — jusqu'à un endroit, bis an einen Ort hin geben; —, (von Gewächsen) treiben, ausschlagen, aufschießen; (v. Pferden) herzschlächtig, dämpfig seyn, keichen; (v. Mauern) sich nach außen zu werfen; trüb werden (Wein); vin — é, schal gewordener Wein. [spiele.

Poussette, f. eine Art Kinderspiele.

Poussier, m. (Maur.) Steinstaub, Kohlenstaub; Pulverstaub.

Poussière, f. Staub, m.; faire de la —, stäuben; mordre la —, sterben, fm. ins Gras beißen.

Poussif, ve, adj. (Thiera.) herzschlächtig, dämpfig; —, m. fm. Kripoussin, m. Küchlein, n. [ther.

Poussinière, f. Hühnerhof, m.; (Astr.) Gluckhenne, f.

Poussoir, m. (Chir.) Stoßeisen, n.

Poussolane, v. Pouzzolane.

Pout-de-soie, v. Pou-de-soie.

Poutre, f. Balken, m.

Poutrelle, f. der kleine Balken.

*Pouvoir, v. n. et a. können, vermögen, dürfen; n'en — plus, nicht mehr fortkönnen; il se peut, es ist möglich.

Pouvoir, masc. Vermögen, n.; Macht, f. Gewalt, Kraft; (jur.) Vollmacht; donner — à qn., einen bevollmächtigen.

Pouzzolane, Pozzolane, f. Puzzolanerde.

Pragmatique, adj. — sanction, ou —, f. die pragmatische Sanction.

†Prague, Prag (Stabt).

Prairial, m. Wiesenmonat.

Prairie, f. Wiese, Aue, Matte.

Praline, f. die gebrannte Zuckermandel.

Frame, f. Prahm (ein Schiff), m.

†Prase, m. Praser (Edelstein).

Praticable, adj. thunlich, brauchbar, gangbar, fahrbar (Weg); non —, fg. nicht gesellig.

Praticien, m. Practicus; (handwerksmäßige) Sachwalter; Arzt.

Pratique, adj. practisch, ausübend; —, f. Praxis, Ausübung, Uebung, Gebrauch, m. Gewohnheit, fém.; mettre en —, ausüben; —, (jur.) Rechtsgang, m. Rechtssprache, f.; (Handl.) Kunde, m. Kundschaft, f.; —s, Umtriebe, m. plur. Ränke, Kniffe.

Pratiquer, v. a. ausüben, treiben, ins Werk setzen; (Bauk.) anbringen; — qn., mit jemand umgehen; einen gewinnen, anstiften, verführen; (Zeugen) erkaufen; — des intelligences, sich heimliche Verständnisse verschaffen; se —, getrieben werden.

Pré, m. Wiese, f. Aue, Anger, m.

Préadamites, m.pl. Präadamiten.

Préalable, adj. vorläufig; question —, Vorfrage, f.; —, m. der vorläufige Punkt; au —, ou -ment, adv. zuvörderst.

Préambule, m. Eingang, Verrede, f.; sans —, ohne Umschweif.

Préau, m. die kleine Wiese, Rasenplatz, m.; Gefängnishof.

Prébende, f. Pfründe.

Prébendé, e, adj. mit einer Pfründe versehen, Pfründner.

Prébendier, m. Präbendar.

Précaire, adj.; -ment, adv.: vorübergehend, nur auf eine gewisse Zeit gestattet; fg. ungewiß, schwankend; —, m. (jur.) Präcarium, n.

Précaution, f. Vorsicht, Vorsichtsmaßregel; Behutsamkeit.

Précautionner, v. a. verwahren, warnen; se —, sich vorsehen, sich verwahren.

Précédemment, adv. vorher.

Précédent, e, adj. vorhergehend, vorig.

Précéder, v. a. vorhergehen, vorangehen, vorgehen, n.

Préceinte, f. (Seew.) Barkholz, †Précellence, f. (alt) der vorzügliche Werth, die ausgezeichnete Vortrefflichkeit.

†Précenteur, m. ol., v. Préchantre. [Regel; Gebot, n.

Précepte, m.ol. Lehre, f. Vorschrift;

Précepteur, m. Lehrmeister, Lehrer.

Préceptoral, e, adj. dem Lehrer eigen; ton —, Lehrton, m.

Préceptorat, m. Lehramt, n.

Précession, f. des équinoxes, (Astr.) die Vorrückung der Nachtgleichen.

†Préchantre, m. Vorsänger (in einigen Kirchen).

Prèche, m. Predigt (bei Protestanten), f.

Prêcher, v. a. et n. predigen, verkündigen, ermahnen; — d'exemple, ein gutes Beispiel geben; — qn., fm. einem predigen; — fm. leben, herausstreichen.

Prêcheur, m. mépr. Prediger; — ou frère —, Dominikanermönch.

Prêcheuse, f. Sittenpredigerinn.

Précieux, se, adj. kostbar; m. p. gezwungen, geziert, gekünstelt; -sement, adv. sorgfältig.

Préciosité, f. Gekünstelte (in dem Styl), n. Gezierte.

Précipice, m. Abgrund (auch fg.).

Précipitamment, adv. übereilt, eilig, in Eil.

Précipitant, m. (Chym.) die niederschlagende Substanz.

Précipitation, f. Eile, Eilfertigkeit, Uebereilung; (Chym.) Niederschlagen, n.

Précipité, m. Niederschlag.

Précipiter, v. a. stürzen, hinabstürzen; fg. id., beschleunigen, übereilen; (Chym.) niederschlagen; se —, sich stürzen.

Préciput, m. (jur.) Vorausnahme.

Précis, e, adj. bestimmt, deutlich, bündig; gemessen (Befehl).

Précis, masc. Inbegriff, Abriß, Hauptinhalt.

Précisément, adv. bestimmt, genau, gerade, eben, richtig; pünktlich.

Préciser, v. a. genau bestimmen, bestimmt angeben.

Précision, f. Bestimmtheit, Genauigkeit, Pünktlichkeit, Richtigkeit, genaue Bestimmung.

Précité, e, adj. obengemeldet, früher angegeben.

Précoce, adj. frühzeitig, frühreif; fg. id., frühklug, voreilig.

Précocité, f. die frühzeitige Reife.

Précompter, v. a. voraus abrechnen.

Préconisation, f. Erklärung, daß ein neugewählter Bischof die erforderlichen Eigenschaften besitze.

Préconiser, v. a. (einen Bischof) für würdig erklären; fg. m. p. lobpreisen, herausstreichen.

Précordial, e, adj. zum Zwerchfell gehörig.

Précurseur, m. Vorläufer, Vorbote.

Prédécéder, v. n. (jur.) zuerst sterben.

Prédécés, m. (jur.) das Absterben vor einer andern Person.

Prédécesseur, masc. Vorgänger, Vorfahr.

Prédestination, f. (Theol.) Vorherbestimmung, Gnadenwahl.

Prédestiné, m. e, f. Auserwählte, m. et f. [vorherbestimmen.

Prédestiner, v. a. auserwählen,

Prédéterminant, e, adj. vorherbestimmend.

Prédétermination, f. Vorherbestimmung. [men.

Prédéterminer, v. a. vorherbestim-

†Prédial, e, adj. (jur.) ein Gut betreffend, auf einem Gute haftend.

Prédicable, adj. (Log.) beilegbar.

Prédicament, n. Begriffsfach; fg. fm. Ruf, m.

Prédicant, m. ol. mépr. Prediger.

Prédicateur, m. Prediger.

Prédication, f. Predigen, n. Predigt, f.

Prédiction, *fém.* Borherfagung;
Weiffagung, Prophezeiung.
Prédilection, *f.* Borliebe.
*Prédire, *v. a.* vorherfagen, weif=
fagen, vorher verfündigen, prophe=
zeien.      [Vorwalten.
Prédominance, *f.* Borherrfchen, *n.*
Prédominant, e, *adj.* vorherr=
fchend, überwiegend.      [*n.*
Prédomination, *f.* Vorherrfchen,
Prédominer, *v. n.* vorherrfchen,
überwiegen.      [rang.
Prééminence, *f.* Vorzug, *m.* Vor=
Prééminent, e, *adj.* vorzüglich;
hervorragend.
Préétablir, *v. a.* vorherbeftimmen.
Préexistant, e, *adj.* vorher befte=
hend.
Préexistence, *f.* Vorherfeyn, *n.*
Préexister, *v. n.* früher da feyn.
Préface, *f.* Vorrede, Vorerinne=
rung, Vorwort, *n.*
Préfecture, *f.* Präfectur; (röm.
Alt.) Statthalteramt, *n.* Landvogtei,
*f.* Landpflegerei.
Préférable, *adj.* vorzüglich, den
Vorzug verdienend; -ment, *adv.*
vorzugsweife.
Préférence, *f.* Vorzug, *m.;* Vor=
recht, *n.;* de, par —, vorzugsweife.
Préférer, *v. a.* vorziehen, höher
halten.
Préfet, *m.* Präfect; Statthalter;
(röm. Alt.) Landpfleger, Landvogt;
— du prétoire, Oberbefehlshaber
der Leibwache; — Vorfteher (einer
Schule, *1c.*).
Préfinir, *v. a.* feftfesen, beftimmen.
Préfix, e, *adj.* beftimmt, feftgefest.
Préfixion, *f.* (jur.) Beftimmung,
Anberaumung.
†Préfleuraison, *f.* (Bot.) Blü=
theknofpenftand, *m.*
Préjudice, *m.* Nachtheil, Schade;
porter — à qn., einem Schaden
bringen, verurfachen, Eintrag thun;
au —, zum Nachtheil; au — de sa
parole, gegen fein Wort; sans —,
unbefchadet.
Préjudiciable, *adj.* nachtheilig.
Préjudiciaux, *adj. m. pl.,* frais
—, die vorläufigen Gerichtskoften.
Préjudiciel, le, *adj.,* question
—le, (jur.) die vorläufig zu ent=
fcheidende Frage, Vorfrage.
Préjudicier, *v. n.* nachtheilig feyn.
Préjugé, *m.* Vorurtheil, *n.;* (jur.)
vorläufige Urtheil.
Préjuger, *v. a.* muthmaßen; (jur.)
vorläufig entfcheiden.
Prélasser (se), fich brüften.
Prélat, *m.* Prälat (Titel).      [*n.*
Prélation, *f.* (jur.) Vorzugsrecht,
Prélature, *f.* Prälatenwürde, Prä=
latur, Prälatencollegium, *n.*
Prêle, *f.* (Bot.) Kannenkraut, *n.*
Schachtelhalm, *m.* Schaftheu, *n.*

Prélegs, *m.* (jur.) das Vermächt=
niß zum voraus, Prälegat.
Préléguer, *v. a.* voraus vermachen.
Prêler, *v. a.* mit Kannenkraut rei=
ben.
Prélèvement, *m.* Vorwegnahme,
*f.* Vorausnehmen, *n.*
Prélever, *v. a.* voraus wegnehmen
oder abziehen (Geld).
Préliminaire, *adj.;* -ment, *adv.:*
vorläufig; discours —, Einleitung,
*f.;* articles —s, *ou* —s, *m. pl.* die
vorläufigen Punkte, Präliminarien.
*Prélire, *v. a.* (Buchdr.) vorher
lefen.
Prélude, *m.* Vorfpiel, *n.; fg. id.*
Préluder, *v. n.* präludiren, das
Vorfpiel machen (à, zu); *fg. id.*
Prématuré, e, *adj.* frühzeitig,
frühreif; *fg. id.*, voreilig; -ment,
*adv. id.*, zu früh.      [Reife.
Prématurité, *f. fg.* die frühzeitige
Préméditation, *f.* Vorbedacht, *m.*
Prémédité, e, *adj.* vorfeslich,
vorher überlegt.
Préméditer, *v. a.* vorher bedenken,
vorbedenken.      [*fg. id.*
Prémices, *f. pl.* Erftlinge, *m. pl.;*
Premier, ère, *adj.* erfte, vornehm=
fte, oberfte; matière —ère, Urftoff,
*m.;* être —, (Spiel) die Vorhand
haben; —, *m.* Erfte; le —, zuerft;
veran (geben).
Premièrement, *adv.* erftens, zuerft.
Prémisses, *f. pl.* (Log.) Vorder=
fäse, *m. pl.*
Prémontré, e, *f.* Prämonftra=
tenfermönch, *m.* Nonne, *f.*
Prémotion, *f.* (Theol.) Vorher=
beftimmung.
Prémunir, *v. a.* verwahren; se
—, fich verwahren.
Prenable, *adj.* einnehmbar; *fg.*
gewinnbar; dem Tadel unterworfen.
Prenant, e, *adj.* nehmend; partie
—e, Empfänger, *m.*
*Prendre, *v. a.* nehmen, faffen,
ergreifen, anpacken; annehmen, auf=
nehmen; wegnehmen; entwenden;
(eine Stadt, *1c.*) einnehmen; erobern;
(ein Schiff) capern; (einen) gefangen
nehmen, fangen, erwifchen, ertap=
pen; (Karten) kaufen; — une maladie, eine Krankheit bekommen; —
racine, Wurzel faffen; — les armes,
zu den Waffen greifen; — du café,
Kaffee trinken; — du tabac, Tabak
fchnupfen; — son temps, feine Zeit
auserfehen; — sur son sommeil,
fich vom feinem Schlaf abbrechen; —
le deuil, die Trauer anlegen; — en
considération, in Betrachtung zie=
hen; — sur le fait, auf frifcher That
ertappen; — en bonne, en mauvaise part, gut, übel aufnehmen;
— du soupçon, Verdacht fchöpfen;

— le dessus, die Oberhand bekom=
men; — le vent, (Seew.) den Wind
faffen; — sa source, entfpringen;
faire — le change à qn., einen irre
führen, *v.* Change; — la peine,
fich die Mühe geben; — sur soi,
übernehmen; — l'air, frifche Luft
fchöpfen; — plaisir, Vergnügen fin=
den; — pitié, Mitleiden haben; —
faveur, in Aufnahme kommen; à
tout —, wenn man alles zufammen=
nimmt.
*Prendre, *v. n.* fortkommen, ge=
deihen; *fg.* Beifall finden; (eine
Luft) anwandeln; einen Anfall ha=
ben; zufrieren, gefrieren (Fluß); le
feu a pris dans cette maison, das
Feuer ift in diefem Haufe ausgekom=
men; bien lui prit, es ift ihm wohl
bekommen; — au nez, in die Nafe
fteigen; se —, fich feft ballen; han=
gen bleiben; anfan_n; geftehen; dick
werden, gerinnen (Oel, *1c.*); se —
de paroles, in Wortwechfel mit ein=
ander gerathen; se — d'amitié pour
qn., Freundfchaft für einen faffen;
se — de vin, fich betrinken; se —
à qn., jemand auffordern; s'en —
à qch., etw. faffen, daran behangen
bleiben; s'y —, bei etw. verfahren;
fich bei etw. benehmen; se — des
dents, (Jagd) fich verfangen; bien
pris, wohlgeftaltet.
†Preneur, *m. se, f.* Fänger, *m.*
-inn, *f.* (v. Vögeln, *1c.*); Eroberer
(v. Städten, *1c.*), *m.;* (jur.) Pachter,
Miether, -inn, *f.;* —, *adj. m.,*
vaisseau —, ein Schiff, das eine
Prife gemacht hat.
Prénom, *m.* Vorname.
Prénotion, *f.* Vorkenntniß.
Préoccupation, *f.* Eingenommen=
heit, Befangenheit; Vorurtheil, *n.*
Préoccupé, e, *adj.* eingenommen
(de, von); befangen (de, in).
Préoccuper, *v. a.* qn., einen ein=
nehmen, einem Vorurtheile beibrin=
gen; se —, ein Vorurtheil faffen
(de, für).      [mende.
Préopinant, *m.* der vorher Stim=
Préopiner, *v. n.* feine Stimme vor
andern fagen; vorftimmen.
Préparatif, *m.* Zurüftung, *fém.*
Vorkehrung.
Préparation, *fém.* Vorbereitung,
Zubereitung.
Préparatoire, *adj.* vorbereitend;
vorläufig; travail —, Vorarbeit, *f.*
Préparer, *v. a.* bereiten, zuberei=
ten; vorbereiten, zurüften, bereit
halten; veranftalten; la besogne,
vorarbeiten; se —, fich anfchicken;
fich gefaßt machen; fich vorbereiten.
Prépondérance, *f.* Uebergewicht,
*n.*

Prépondérant, e, *adj.* überwie=
gend, entſcheidend.
Préposé, *m.* Vorgeſetzte, Aufſeher.
Préposer, *v. a.* vorſetzen, beſtellen.
**Prépositif, ve,** *adj.*, particule
**—ve,** Vorſetzwörtchen, *n.;* syllabe
**—ve,** Vorſylbe, *f.*
**Préposition,** *f.* (Gramm.) Vor=
wort, *n.* Vorſetzwort.
**Prépuce,** *m.* (Anat.) Vorhaut, *f.*
**Prérogative,** *fém.* Vorrecht, *n.;*
Rechtsvorzug, *m.*
**Près,** *prép.* bei; neben an; nahe
bei, nahe; près, *adv.* faſt, beinahe;
à peu —, ungefähr; à cela —,
das ausgenommen; de —, in der
Nähe.
Présage, *m.* Vorbedeutung, *f.* An=
zeichen, *n.* [eermuthen.
Présager, *v. a.* andeuten, bedeuten;
†Presbyopie, *f.* Weitſichtigkeit.
Presbyte, *m.* et *f.* Weitſichtige;
—, *adj.* weit=, fernſichtig.
Presbytéral, e, *adj.* prieſterlich.
Presbytère, *m.* Pfarrhaus, *n.;*
Prieſterrath, *m.*
Presbytérianisme, *m.* Lehre (*f.*),
Kirchenverfaſſung der Presbyterianer.
Presbytérien, ne, *adj.* presbyte=
rianiſch; —, *m.* ne, *f.* Presbyteria=
ner, *m.* =inn, *f.* (in Schottland und
England). [wiſſen, *n.*
Prescience, *f.* (Theol.) Vorher=
Prescriptible, *adj.* (jur.) verjähr=
lich, erſitzbar. [rung, Erſitzung.
Prescription, *f.* (jur.) Verjäh=
*Prescrire, v. a.* vorſchreiben,
(jur.) durch Verjährung erlangen,
erſitzen; — en (jur.) durch Ver=
jährung ein Recht erlangen; se —,
(jur.) ſich verjähren; se — qch.,
ſich etw. zum Geſetz machen.
Prescrit, e, *adj.* (jur.) verjährt.
Préséance (ſpr. pressé-), *f.* Vor=
ſitz, *m.*
**Présence,** *f.* Gegenwart, Beiſeyn,
*n.;* — d'esprit, Geiſtesgegenwart, *f.*
**Présent,** *m.* Gegenwart, *f.* Ge=
genwärtige, *n.;* (Gramm.) die ge=
genwärtige Zeit ‖ Geſchenk, *n.;* —
de noces, Hausſteuer, *f.;* — e, *adj.*
gegenwärtig, jetzig; vorhanden;
*fg.* beſonnen (Geiſt); fertig (Ge=
dächtniß); à —, jetzt; pour le —,
für jetzt.
**Présentable,** *adj.* vorſtellbar; em=
pfehlbar; annehmlich (S.).
**Présentateur,** *m.* trice, *f.* der oder
diejenige, welcher eber welche das
Recht hat jemanden zu einer Pfründe
zu empfehlen.
**Présentation,** *f.* Ueberreichung;
Vorſtellung (bei Hofe, ꝛc.); Vorſchlag
(zu einem Amte, ꝛc.), *m.;* das Recht
zu einer Pfründe vorzuſchlagen.
Présentement, *adv.* jetzt, gegen=
wärtig.

Présenter, *v. a.* anbieten, darrei=
chen, überreichen; (die Hand) rei=
chen, hinhalten; vorhalten; (eine
Bittſchrift) eingeben; (einen) vor=
ſtellen; (zu einem Amte, ꝛc.) vor=
ſchlagen; (Helz, ꝛc.) anpaſſen, pre=
biren; (das Gewehr) präſentiren;
se —, erſcheinen, ſich zeigen, ſich
darſtellen, ſich darbieten; vorkommen
(Fall); in die Augen fallen; ſich
melden (für einen Platz, ꝛc.).
Préservateur, *masc.* (Vergold.)
Schupfen.
Préservatif, ve, *adj.* (Med.) ver=
wahrend, einem Uebel zuvorkom=
mend; —, *masc.* Verwahrungs=,
Schutzmittel, *n.*
Préserver, *v. a.* bewahren, behü=
ten (de, vor); se —, ſich bewahren,
ſich hüten. [Vorſitz, *m.*
Présidence, *f.* Präſidentenſtelle;
Président, *m.* e, *f.* Präſident, *m.*
Vorſteher, =inn, *f.*
Présider, *v. a. et n.* den Vorſitz
haben (à, bei); die Aufſicht haben
(à, über); vorſtehen.
Présides, *f. pl.* die ſpaniſchen Ga=
leeren.
Présidial, e, *adj.* (Med.) ver=
présidiaux, *m. pl.* Landrichter;
—, e, *adj.* zum Landgericht gehö=
rig; -ement, *adv.* landrichterlich.
Présomptif, ve, *adj.* vermuthlich
(Erbe).
Présomption, *f.* Vermuthung,
Muthmaßung; Wahn, *m.;* Dünkel,
Eigendünkel; *fm.* Naſeweisheit, *f.*
Présomptueux, se, *adj.* voll Dün=
kel, eingebildet, überklug, naſeweis;
-seusement, *adv.* -sement,
*adv.* voll Dünkel.
Presque, *adv.* beinahe, faſt, bald,
*fm.* ſchier.
Presqu'ile, *f.* Halbinſel.
Pressant, e, *adj.* dringend, heftig.
Presse, *f.* Gedränge, *n.* Drang,
*m.;* (Buchdr.) Preſſe, *f.;* la liberté
de la —, Preßfreiheit; —, (Gärtn.)
eine Art Pfirſich; — des matelots
ou —, (Seew.) Matreſenpreſſen, *n.*
Pressé, e, *adj.* eilig, dringend
(Geſchäft).
Pressentiment, *m.* Ahnung, *f.;*
Vorgefühl, *n.;* (Med.) Anwand=
lung, *f.*
*Pressentir, v. a.* ahnen; *fg.* (ei=
nen) ausforſchen, ausholen.
Presser, *v. a.* preſſen, drücken;
ausdrücken; zuſammendrängen; *fg.*
etw. treiben, beſchleunigen; — qn.,
einen treiben, drängen, in die Enge
treiben; mit Willen in jemand drin=
gen; —, *v. n.* Eile haben; dringend
ſeyn; lebhaft, heftig ſeyn; se —,
ſich eilen; se — trop, ſich übereilen.
†Presseur, *m.* Preſſer.
Pressier, *m.* (Buchdr.) Drucker.

Pression, *f.* Druck (der Luft), *m.*
†Pressirostres, *m. pl.* Flachſchnäb=
ler, Feldläufer, Brachvögel.
Pressis, *m.* der ausgedrückte Saft.
Pressoir, *m.* Kelter, *f.* Weinpreſſe.
Pressurage, *m.* Preſſen, *n.* Kel=
tern, Treſterwein, *m.* Kelterlohn.
Pressure, *f.* Preſſen, *n.;* (Nabl.)
Vorſpitzen des Drahtes.
Pressurer, *v. a.* auspreſſen (auch
*fg.*), keltern; *fg.* (ein Land) aus=
ſaugen.
Pressureur, *m.* Kelterer.
Prestance, *f.* das ſtattliche Anſehen.
Prestant, *m.* (Org.) Principal, *n.*
Prestation, *f.* (jur.) Leiſtung; —
de serment, Eidesleiſtung.
Preste, *adj. et interj.;* -ment,
*adv.:* hurtig, geſchwind, flink.
Prestesse, *f.* Behendigkeit, Hur=
tigkeit, Schnelligkeit.
Prestige, *m.* Blendwerk, *n.* Gau=
kelei, *f.* Täuſchung, Zauber, *m.*
Prestigieux, se, *adj.* blendend,
täuſchend.
Prestimonie, *f.* (Kan. R.) die
Privatſtiftung zu Unterhaltung eines
Prieſters.
Presto, *adv.* (Muſ.) geſchwind.
Prestolet, *m. mépr.* der arm=
ſelige Pfaffe.
Présumable, *adj.* muthmaßlich.
Présumer, *v. a. et n.* muthmaßen,
vermuthen; — de soi, ſich (viel) ein=
bilden.
Présupposer, *v. a.* vorausſetzen.
Présupposition, *f.* Vorausſetzung.
Présure, *f.* Lab, *n.*
Prêt, *m.* Darleihung, *f.;* Dar=
leihen, *n.* Anlehen; Vorſchuß, *m.;*
(Kriegsw.) Löhnung, *f.*
Prêt, e, *adj.* fertig, bereit.
Pretantaine, Pretantène, *f. fm.*
courir la —, herumſchweifen.
†Prête-Jean, *m.* (Prêtre-Jean)
der Prieſter Johann, große Negus
(in Abyſſinien).
Prétendant, *m.* e, *f.* Prätendent,
*m.* Bewerber, =inn, *f.*
Prétendre, *v. a.* fordern, begeh=
ren; — n. fordern, verlangen,
vorgeben, behaupten; Willens ſeyn,
vorhaben, wollen; ſich bewerben (à,
um); Anſprüche machen (à, auf).
Prétendu, *m.* e, *f.* Bräutigam,
*m.* Braut, *f.*
Prétendu, e, *adj.* vermeint, vor=
geblich, angemaßt, ſogenannt.
Prête-nom, *m.* Namenleiher.
Prétention, *f.* Forderung; An=
ſpruch (à, auf), *m.;* Anmaßung, *f.*
Prêter, *v. a.* leihen, ausleihen,
vorleihen; *fg.* darbieten; hergeben;
l'oreille, Gehör geben; — secours,
Hilfe leiſten; — serment, einen Eid
ablegen, leiſten; ſchwören; — la
main, die Hand reichen; *fg.* be=

hilflich seyn; — des torts à qn.,
einem ein Unrecht beimessen, zu=
schreiben; — au ridicule, zum
Spotte Anlaß geben; — le flanc,
sich bloß geben; —, v. n. nachgeben,
sich dehnen lassen; se — à qch., sich
zu etw. versteben, sich etw. gefallen
lassen.　　　　　　[gangene Zeit.
Prétérit, m. (Gramm.) die ver=
Prétérition ou Prétermission, f.
(Rhet., jur.) Uebergehung.
Prêteur, m. se, f. et adj. Leiher,
m. =inn, f.
Préteur, m. Prätor; Stadtmeister.
Prétexte, m. Vorwand; Ausflucht,
f.; —, f. (Alt.) Ehrenkleid, n.
Prétexter, v. a. vorwenden, vor=
geben, vorschützen; etw. bemänteln.
Pretintaille, f. Besaß, m.; —s,
fm. die zufälligen Sachen, f. pl.
Pretintailler, v. a. mit Falbeln
besetzen; fg. fm. verzieren.
Prétoire, m. (röm. Alt.) Präto=
rium, n. Richthaus des Prätors;
Feldherrenzelt; (jur.) Gerichtshaus.
Prétorien, ne, adj. (röm. Alt.)
zur Leibwache gehörig; garde —ne,
ou —s, m. pl. Prätorianer, Leib=
wache, f.　　　　　　　[n.
Prétraille, f. mépr. Priestervolk,
Prêtre, m. esse, f. Priester, m.
=inn, f.　　　　　　　[sterthum, n.
Prêtrise, f. Priesterwürde, Prie=
Préture, f. (röm. Alt.) Prätor=
amt, n. (Arithm.) Probe, f.
Preuve, f. Beweis, m. Beleg;
Preux, adj. m. ol. brav, tapfer;
—, m. Tapfere.
*Prévaloir, v. n. den Vorzug ha=
ben (sur, vor); die Oberhand be=
halten; se — de qch., sich etw. zu
Nutze machen, etw. benutzen.
Prévaricateur, m. Pflichtvergessene.
Prévarication, f. Untreue, Treu=
losigkeit im Amte, Pflichtvergessenheit.
Prévariquer, v. n. in seinem Amte
wider Pflicht und Treue handeln.
Prévenance, f. Zuvorkommen, n.
Prévenant, e, adj. zuvorkommend,
gefällig, angenehm, einnehmend.
*Prévenir, v. a. qn., qch., ei=
nem, einer S. zuvorkommen, einer
S. vorbeugen, begegnen; — qn. de
qch., einen von etw. benachrichtigen,
einem etw. vorhersagen; — qn., ei=
nem vorgreifen; einen einnehmen; se
—, vortheile fassen.
Préventif, ve, adj. zuvorkommend.
Prévention, f. Vorurtheil, n. die
vorgefaßte Meinung; (jur.) Vor=
greifung.
Prévenu, m. e, f. (jur.) Ange=
klagte, m. =inn, f.
Prévenu, e, adj. (jur.) angeklagt.
Prévision, f. (Theol.) Vorherse=
hen, n.　　　　　　　　[hen.
*Prévoir, v. a. vorher=, vorausse=

Prévôt, m. Vorsteher, Vorgesetzte;
(Fechtkunst) Vorfechter; (Kirch.)
Propst; — du chapitre, Dompropst;
—, (jur.) Profoß; — royal, könig=
liche Oberrichter.
Prévôtal, e, adj. vor den Ober=
richter gehörig; cour —e, Prevo=
talgerichtshof; m.; -ement, adv.
oberrichterlich.
Prévôté, f. Propstei; das Amt oder
der Gerichtsbezirk eines Prevot.
Prévoyance, f. Vorsichtigkeit.
Prévoyant, e, adj. vorsichtig.
Prié, m. Eingeladene.
Prie-Dieu, m. Betstuhl.
Prier, v. a. bitten, ersuchen, ein=
laden; — ou — Dieu, beten.
Prière, f. Bitte; Fürbitte (für
einen); Gebet, n.
Prieur, m. e, f. Prior, m. =inn,
f.　　　　　　　　　　[würde.
Prieuré, m. Priorei, f. Prior=
Primage, m. (Handl.) Belohnung
des Schiffskapitäns, je nach dem
Werthe der Fracht, f.
Primaire, adj., assemblée —,
Urversammlung, f.; école —, An=
fangsschule; Primärschule, Volks=
schule.
Primat, m. Primas, Oberbischof.
Primatial, e, adj. dem Primas
gehörig.
Primatie, f. Primat, n.
Primauté, f. Vorrang, masc.;
(Spiel) Vorhand, f.
Prime, f. der 10te Theil eines
Ganzen; 11ste Theil eines Grans;
(Spiel) Primekarte, f.; (Handl.)
feinste spanische Wolle; — ou —
d'assurance, Prämie, Versiche=
rungsprämie; — (Zin., x.) Prä=
mie; (Fechtk.) Prime; de — abord,
gleich anfangs.
Primer, v. a. et n. (Ballsp.) an=
fangen; (Spiel) die Vorhand haben;
fg. den ersten Platz einnehmen; einen
übertreffen.
Prime saut (de), adv. plötzlich.
Prime-sautier, ère, adj. voreilig,
vorschnell handelnd.
Primeur, f. die erste Zeit; —s,
Erstlinge, m. pl.
Primevère, f. (Bot.) Schlüssel=
blume.
Primiciat, m. Seniorwürde, f.
Primicier, m. Senior (eines Stifts)
Primidi, m. der erste Tag der De=
kade.　　　　　　　[Hauptmann.
Primipile, m. (röm. Alt.) der erste
Primitif, ve, adj. erste, älteste;
ursprünglich; monde —, Urwelt,
f.; mot —, Stammwort, n.; -ve=
ment, adv. ursprünglich; anfangs.
Primo, adv. lat. erstlich, zuerst.
Primogéniture, f. Erstgeburt.
Primordial, e, adj.; -ement,
adv. : (jur.) ursprünglich.

†Primulacées, f. pl. Schlüsselblu=
menfamilie, n.
Prince, m. Fürst (auch fg.),
Prinz; de —, fürstlich (Wesen).
Princeps, adj. lat., édition —,
die allererste oder ursprüngliche Aus=
gabe eines Buches.
Princerie, f. Seniorat (in einem
Stifte), n.　　　　　　[sinn.
Princesse, f. Fürstinn, Prinzes=
Princier, ère, adj. fürstlich, ge=
fürstet.
Principal, m. Hauptsache, fém.
Hauptpunkt, m.; Hauptsumme, f.
Capital, n. || Principal, m. Vorste=
her (von Schulen, x.); —, e, adj.
hauptsächlichste; vornehmste; le but
—, Hauptabsicht, f.; -ement, adv.
hauptsächlich, vorzüglich.
Principalité, f. Vorsteheramt, n.
Principauté, f. Fürstenthum, n.;
Fürstenwürde, f.
Principe, m. Ursprung, Grund=
stoff, Urquell; Grundlehre, fém.
Grundregel, Grund, m.; Grund=
satz; —s, Anfangsgründe, m. pl.
Grundsätze.
Principion, m. mépr. Fürstchen,
Principier, ère, adj. zum Früh=
ling gehörig; fleur —ère, Früh=
lingsblume, f.; saison —ère, Früh=
lingszeit.
Printemps, m. Frühling, Lenz;
fg. id.; — de la vie, Jugend, f.
†Priorat, m. Priorswürde, f.
Priorité, f. Vorrang, Vorrang.
Pris, e, v. Prendre.
Prise, f. Fang, m.; Beute, f.;
Wegnahme, Eroberung, (Seew.)
Prise; de bonne —, rechtmäßig er=
beutet; — d'armes, die Ergreifung
der Waffen; — d'habit, Einkleidung
(einer Nonne, x.); — de posses=
sion, Besitznehmung; — de corps,
(jur.) Verhaftbefehl; m. Verhaft;
trouver —, etw. fassen; il n'y a
point de —, man kann es nicht
fassen; avoir — sur qn., einem bei=
kommen können; donner — sur soi,
eine Blöße geben; cette chose est
en —, diese S. ist in Gefahr ge=
nommen zu werden; elle est hors de
—, sie kann nicht genommen
werden; lâcher —, fahren lassen;
fg. nachgeben; en être aux —s,
handgemein werden; mettre aux
—s, hinter einander hetzen; —,
(Med.) Gabe, Dosis; — de ta=
bac, Prise Tabak.
Prisée, f. Schätzung, Tarirung.
Priser, v. a. schätzen, tariren; fg.
hochschätzen; se —, sich schätzen.
Priseur, m. Schätzer, Anschläger;
—, adj. m. commissaire —, An=
schlags-Commissär.
Prismatique, adj. (Math.) pris=
matisch.

Prisme, m. Prisma, n.; Ecksäule, f. [m.

Prison, f. Gefängniß, n. Kerker,

Prisonnier, m. ère, f. Gefangene, m. et f. Züchtling (im Zuchthause), m. [neinenb.

Privatif, ve, adj. (Gramm.) ver=

Privation, f. Beraubung; Ent=behrung; Verlust, m.

Privativement, adv. ausschließlich.

Privauté, f. Vertraulichkeit.

Privé, m. das heimliche Gemach.

Privé, e, adj. privat; geheim, vertraut; vie —e, Privatleben, n.; de son autorité —e, eigenmächtig; en son propre et —nom, in seinem eigenen Namen; —, zahm (Thier).

Privément, adv. vertraulich; ge=heim.

Priver, v. a. de qch., einer S. be=rauben; se — de qch., sich etw. ver=sagen; sich einer S. berauben.

Privilége, m. Privilegium, n. Vorrecht, Gerechtsam, f.

Privilégié, e, adj. privilegirt; bevorrechtigt; —, m. Privilegirte.

Prix, m. Preis, Werth; fg. id.; mettre qch. à —, einen Preis auf etw. setzen; à bon —, à bas —, wohlfeil; le bas —, Wohlfeilheit, f.; à vil —, spottwohlfeil; sans —, unschätzbar; hors de —, übermäßig theuer; au — de..., um; in Ver=gleichung mit...; auf Kosten...

Probabilisme, m. (Philos.) Wahr=scheinlichkeitsglaube.

Probabilité, f. Wahrscheinlichkeit.

Probable, adj.; -ment, adv.: wahrscheinlich; muthmaßlich; er=weislich (Satz).

Probante, adj. f., (jur.) en forme —, in beweiskräftiger Form; raison —, der überzeugende Grund.

Probation, f. Probezeit, Probe.

Probatique, adj., piscine —, v. Piscine.

Probatoire, adj., un acte —, eine Prüfung, ein Examen (das Studenten zu bestehen halten). [bieber.

Probe, adj. rechtschaffen, redlich,

Probité, f. Rechtschaffenheit, Redlichkeit, Biederkeit.

Problématique, adj.; -ment, adv.: ungewiß, streitig, zweifelhaft.

Problème, m. Problem, n. Auf=gabe, f.; zweifelhafte Frage.

Proboscide, f. Rüssel, m.

Procathartique, adj. (Med.) be=kannt, wirkend (Ursachen der Krank=heiten).

Procédé, masc. Verfahren, n.; (Chym.) Proceß, m.; Verrichtung, f.

Procéder, v. n. herkommen, her=rühren; (jur. und fg.) verfahren; fg. sich betragen; schreiten (à, zu); zu Werke gehen; (Theol.) ausgehen (h. Geist).

Procédure, f. das gerichtliche Ver=fahren; Rechtsgang, m.; Acten, f. pl.

†Procéleusmatique, m. (Pros.) der proceleusmatische Versfuß (◡◡◡◡).

Procès, m. Proceß, Rechtshandel, Rechtsstreit; — -verbal, Verbal=proceß; Protecoll, n.; sans autre forme de —, ohne weitere Um=stände.

Processif, ve, adj. proceßsüchtig.

Procession, f. der feierliche Um=gang, Procession, fém. Zug, m.; (Theol.) Ausgang, Ausgehen (des heiligen Geistes), n.

†Processionnaire, adj., la che=nille —, die Wanderraupe.

Processionnal, m. Proceßsionsbuch, n. [Procession.

Processionnellement, adv. in Prochain, e, adj. nahe, nächst; —, m. Nächste, Mit=, Neben=mensch; -ement, adv. nächstens.

Proche, adj. nahe; —, adv. et prép. nahe bei; dicht an; de — en —, von einem Orte zum andern; fg. allmälig; —s, m. pl. Verwandten.

Prochronisme, m. die Zurückse=tzung in eine frühere Zeit.

Proclamation, f. Ausrufung; Be=kanntmachung, Proclamation.

Proclamer, v. a. (einen König) öffentlich ausrufen; (etw.) bekannt machen, verkündigen.

Procombante, adj. f., (Bot.) la tige —, der auf der Erde aufliegende Stiel. [consul.

Proconsul, m. (röm. Alt.) Pro=

Proconsulaire, adj. proconsula=risch.

Proconsulat, m. Proconsulat, n.

Procréation, f. Zeugung.

Procréer, v. a. zeugen; erzeugen.

Procurateur, m. Procurator (in Genua, xc.).

Procuration, f. Vollmacht.

†Procure, f. Schaffnerei (in Klö=stern).

Procurer, v. a. verschaffen; aus=wirken.

Procureur, m. -ratrice, f. An=walt, Sachwalter, m. -inn, f.

Prodigalement, adv. verschwen=derisch.

Prodigalité, f. Verschwendung.

Prodige, m. Wunder, n.; fg. id., fm. Ausbund, m.

Prodigieux, euse, adj. -sement, adv.: ungeheuer, außerordentlich, gewaltig.

Prodigue, adj. verschwenderisch; l'enfant —, der verlorne Sohn; —, m. Verschwender.

Prodiguer, v. a. verschwenden, fm. verthun; fg. id.

Proditoirement, adv. (jur.) ver=rätherischerweise.

Prodrome, m. (Med.) Vorläufer,

Vorbote || der erste vorbereitende Entwurf.

Producteur, m. Hervorbringer; —, trice, adj. erzeugend, hervor=bringend.

Productif, ve, adj. fruchtbar, ein=träglich; valeur —ve, Ertragswerth, m.

Production, f. Hervorbringung, Zeugung, Product, n. Erzeugniß, (jur.) Aufweisung, f. Darstellung; (Anat., xc.) Verlängerung.

*Produire, v. a. hervorbringen, er=zeugen, tragen, eintragen, abwerfen (Gut, xc.); (jur.) aufweisen, anfüh=ren; (Zeugen) beibringen; (Arithm.) machen, geben; fg. verursachen, er=zeugen; (einen in Gesellschaften) ein=führen; se —, sich zeigen.

Produit, m. Product, n. Ertrag, m.; Ausbeute, f.; Erlös (aus einem Verkauf), m.

Proéminence, f. Hervorragung.

Proéminent, e, adj. hervorra=gend.

Profanateur, m. Entheiliger.

Profanation, fém. Entheiligung, Entweihung.

Profane, adj. unheilig; unehter=bietig; weltlich (Schriftsteller); —, m. Religionsverächter; Ruchlose; fg. fm. Ungeweihte, Laie.

Profaner, v. a. entheiligen, ent=weihen. [Aeltern geerbt.

Profectif, ve, adj. (jur.) von den Proférer, v. a. hervorbringen, aus=sprechen, sprechen, sagen.

Profès, esse, adj. et s. der, die das Klostergelübde abgelegt hat.

†Professer, v. a. öffentlich beken=nen, lehren, treiben.

Professeur, m. der öffentliche Leh=rer, Professor.

Profession, f. Bekenntniß, n.; faire — de qch., etw. bekennen, sich zu etw. bekennen; —, die Able=gung des Gelübdes; faire —, das Gelübde ablegen; Profeß thun || Gewerbe, n. Stand, m.; tailleur de —, seines Standes ein Schneider; joueur de —, ein Spieler von Pro=fession.

Professo (ex), loc. lat. mit Sach=kenntniß. [Professorton.

Professoral, e, adj. le ton —, Professorat, m. Professerstelle, f.

Profil, m. Seitenumriß, Profil, n.; peindre de —, von der Seite malen; —, (Baut.) Durchschnitt, m.

Profiler, v. a. von der Seite ab=zeichnen.

Profit, m. Nutzen, Gewinn, Vor=theil; mettre à —, benutzen, sich zu Nutze machen; faites-en votre —, benutzet dies für euch; fait à —, auf die Dauer gemacht; dauerhaft.

Profitable, adj. einträglich, vor=

theilhaft, nüblich, gedeihlich, zu=
träglich.

Profiter, *v. n.* gewinnen, nüblich
seyn, nüßen; wachsen, zunehmen (en,
an); — de qch., etw. benußen.

Profond, e, *adj.* tief; verborgen;
*fg.* tief, gründlich, tiefsinnig; -ément,
*adv.* tief; gründlich.

Profondeur, *f.* Tiefe; *fg. id.*,
Unergründlichkeit (v. Gott); Gründ=
lichkeit; — d'esprit, Tiefsinn, *m.*

†Profontié, *adj. m.* (Schifff.) tief
im Wasser gehend.       [risch.

Profusément, *adv.* verschwende=

Profusion, *f.* Verschwendung.

Progéniture, *f.* Jungen; *n. pl.*;
Kinder.       [*f.* Programm, *n.*

Programme, *m.* Einladungsschrift,

Progrés, *m.* Fortgang, Fortschritt,
Erfolg; Zunahme, *f.*; faire des —,
zunehmen, sich ausbreiten.

Progressif, ve, *adj.*; -vement,
*adv.*: fortgehend, fortschreitend.

Progression, *f.* Fortgehen, *n.* Fort=
rücken; (Math.) Progression, *f.*

Prohiber, *v. a.* verbieten.

Prohibitif, ve, *adj.* verbietend.

Prohibition, *f.* Verbot, *n.*

Proie, *f.* Raub, *m.* Beute, *f.*;
être en — à qn., à qch., einem,
einer S. preisgegeben seyn.

Projectile, *m.* (Mech.) der in die
Höhe geworfene Körper; —, *adj.*,
force —, Wurfkraft, *f.*

Projection, *f.* Guß, *m.*; (Math.,
2c.) Abriß; (Mech.) Wurf.

Projecture, *f.* (Bauf.) Vorsprung,
*m.* Auslaufen eines Gesimses, *n.*

Projet, *m.* Anschlag, Entwurf.

Projeter, *v. a.* entwerfen; vorha=
ben; (Zeichn.) vorzeichnen; se —,
hervorragen, hervortreten.

†Prolation, *f.* (Muf.) Läufer, *m.*

Prolégoménes, *m. pl.* Vorerin=
nerung, *f.*

Prolepse, *f.* (Rbet.) die Vorbe=
antwortung möglicher Einwürfe.

Proleptique, *adj.* (Med.) vorlau=
fend, zu frühe kommend (Fieber).

Prolétaires, *m. pl.* (Alt.) die ärmste
Volksklasse, Proletarier, *m. pl.*

Prolifique, *adj.* zur Zeugung tüch=
tig; vertu —, Zeugungskraft, *f.*

Prolixe, *adj.*; -ment, *adv.*: weit=
läufig, weitschweifig.

Prolixité, *f.* Weitschweifigkeit.

Prologue, *m.* (Theat.) Prolog,
Vorspiel, *n.* Vorrede, *f.*

Prolongation, *f.* Verlängerung.

Prolonge, Prélonge, *f.* (Artill.)
Schlepp= Zugseil, *n.* [sebung, *f.*

Prolongement, *m.* (Anat.) Fort=

Prolonger, *v. a.* verlängern; (ein
Geschäft) in die Länge ziehen; se —,
sich verlängern, sich in die Länge zie=
hen.

Promenade, *f.* Spaziergang, *m.*

Spazierfahrt, *f.* Lustfahrt; Spazier=
plaß, *m.*

Promener, *v. a.* spazieren führen,
herumführen; se —, spazieren gehen,
fahren, reiten, lustwandeln, herum=
gehen; *fm.* allez vous —, packt euch
fort; envoyer —, zum Henker jagen.

Promeneur, *m.* se, *f.* der, die
spazieren führt oder geht; Spazier=
gänger, *m.* =inn, *f.*

Promenoir, *m.* Spazierplaß.

Promesse, *f.* Versprechen, *n.* Zu=
sage, *f.*; Handschrift, Verschreibung;
— de mariage, Eheversprechen, *n.*

Prometteur, *m.* se, *f. fm.* Ver=
sprecher, *m.* =inn, *f.*

*Promettre, *v. a.* versprechen, ver=
heißen, angeloben; se —, sich (etw.)
versprechen, hoffen, erwarten.

Prominence, *f.* Hervorragung.

Prominent, e, *adj.* hervorragend.

Prominer, *v. n.* hervorragen.

Promiscuité, *f.* Vermischung.

†Promise, *adj. f.*, la terre —,
das gelobte Land.

Promission, *f.*, terre de —, (h.
Schr.) das Land der Verheißung.

*Promontoire, *m.* (Geogr.) Vor=
gebirge, *n.*

Promoteur, *m.* Beförderer; *fg.*
Urheber, Anstifter; (jur., 2c.) Fiskal.

Promotion, *f.* Beförderung.

*Promouvoir, *v. a.* erheben, be=
fördern.

Prompt, e, *adj.*; -ement, *adv.*:
schnell, geschwind, hurtig, eilig; fer=
tig; *fg.* hißig, jähzornig, hastig;
trop —, vorschnell.

Promptitude, *f.* Geschwindigkeit,
Schnelligkeit, Eile; *fg.* Uebereilung;
Aufbrausen, *n.* Jähzorn; —
Anwandlungen von Jähzorn; *f. pl.*

Promulgation, *f.* (jur.) Verfün=
bigung, Bekanntmachung.

Promulguer, *v. a.* öffentlich bekant
machen, verfündigen.

Pronation, *f.*, mouvement de —,
die Drehung der Hand unterwärts.

Prône, *m.* Predigt, *f.* (auch *fg.
fm.*).

Prôner, *v. a. fg.* herausstreichen,
anpreisen; —, *v. n.* langweilig
schwaßen.

Prôneur, *m.* se, *f.* Lobredner, *m.*
Schwäßer; Sittenprediger, *m.*

Pronom, *m.* (Gram.) Fürwort, *n.*

Pronominal, e, *adj.* fürwörtlich;
zurückleitend (Zeitwort).

Prononcé, *m.* (jur.) Ausspruch.

Prononcer, *v. a.* aussprechen; (ein
Urtheil) sprechen, fällen, entscheiden;
(eine Rede) halten; (Zeichn.) bestim=
ausdrücken, unterscheiden; se —, sich
erklären.

Prononciation, *f.* Aussprache;
(Rbet.) Vortrag, *m.*; (jur.) Aus=
spruch.

Pronostic, *m.* (Med., 2c.) Vor=
hersagung, *f.*; Vorbedeutung.

Pronostiquer, *v. a.* vorhersagen,
prophezeien.       [ger.

Pronostiqueur, *m. iron.* Weissa=

Propagande, *f.* das Missions=Col=
legium zu Rom, Propagande, *f.*; *fg.*
Ausbreitungsgesellschaft.

Propagandiste, *m.* das Mitglied
der Propaganda oder einer Ausbrei=
tungsgesellschaft.

Propagateur, *m.* Fortpflanzer.

Propagation, *f.* Fortpflanzung,
Ausbreitung.

Propager, *v. a.* fortpflanzen, aus=
breiten; se —, sich fortpflanzen, sich
ausbreiten.       [*m.*

Propension, *f.* Neigung, Hang.

Prophète, *m.* étesse, *f.* Prophet,
*m.* Seher, =inn, *f.*

Prophétie, *fém.* Prophezeiung,
Weissagung.

Prophétique, *adj.*; -ment, *adv.*:
prophetisch.

Prophétiser, *v. a.* prophezeien,
weissagen.

Prophylactique, *f.* (Med.) *voy.*
Hygiène; —, *adj.* verwahrend.

Propice, *adj.* günstig, gnädig.

Propitiation, *f.* Versöhnung.

Propitiatoire, *m.* (h. Schr.) Gna=
denstuhl; —, *adj.* versöhnend.

†Proplastique, *adj.*, l'art —, *m.*
die Formkunst.

Propolis, *f.* Stopfwachs, *n.*

Proportion, *f.* Verhältniß, *n.*
Gleichmaß, Ebenmaß; être en —,
sich verhalten (à, zu); à —, verhält=
nißmäßig (de, mit) nach Maßgabe;
hors de —, ungleichmäßig.

Proportionnalité, *fém.* (Math.)
Verhältnißmäßigkeit.

Proportionné, e, *adj.* verhältniß=
mäßig (à, mit); gleich; ebenmä=
ßig; angemessen, gemäß; bien —,
wohlgestaltet.

Proportionnel, le, *adj.* im Ver=
hältnisse stehend; quantité —le *ou*
—le, *fém.* Proportionalgröße; -le=
ment, *adv.* im Verhältnisse.

Proportionnément, *adv.* verhält=
nißmäßig.

Propos, *m.* Gespräch, *n.* Rede, *f.*
Aeußerung; Vorhaben, *n.*; jouer
aux — interrompus, die heimliche
Frage spielen; à —, zur rechten Zeit,
eben recht; schicklich, rathsam; à —
de cela, bei dieser davon die Rede ist;
à —, *interj.* ja so! l'a-propos, *m.*
der günstige Augenblick; Treffende,
*n.*; mal à —, hors de —, zur Un=
zeit; unschicklich, ungelegen; à tout
—, bei jeder Gelegenheit.

Proposable, *adj.* vorschlagbar.

Proposant, *m.* (Prot.) der Student der Theologie.

Proposer, *v. a.* vortragen, vorbringen, verschlagen, vorstellen; se —, sich vorsetzen, sich vornehmen.

Proposition, *f.* Vorschlag, *m.* || Satz; Lehre; *f.* Meinung.

Propre, *adj.* eigen, eigenthümlich || eigentlich; gut, tüchtig, brauchbar, tauglich (à, zu) || sauber, reinlich, nett; —, *m.* Eigenschaft, *f.* Eigenthümliche, *n.;* (jur.) Eigenthum; en —, eigenthümlich; -ment, *ade.* eigentlich; gerade; reinlich, sauber; -ment dit, eigentlich.

Propret, te, *adj. fm.* gepützelt, geschniegelt; —, *m.* te, *f.* Putznarr, *m.* =närrinn, *f.*

Propreté, *f.* Sauberkeit. Reinlichkeit, Zierlichkeit, Nettigkeit.

Propréteur, *m.* (röm. Alt.) Proprätor.

Propriétaire, *m. et f.* Eigenthümer, *m.* Gutsbesitzer, =inn, *f.*

Propriété, *f.* Eigenthum, *n.* || Eigenschaft, *f.;* Angemessenheit (des Ausdrucks).

Propylée, *m.* Säulenhalle, *f.;* —s, *f. pl.* Propyläen, Vorhallen.

Prorata, *m. lat.,* au —, verhältnißmäßig.      [vertagend.

Prorogatif, ve, *adj.* verschiebend,

Prorogation, *f.* Aufschub, *m.* Frist, *f.*       [gern.

Proroger, *v. a.* aufschieben, verlängern

Prosaïque, *adj.* prosaisch, ungebunden.

Prosaïsme, *m.* Prosaismus.

Prosateur, *m.* der Schriftsteller in Prose.       [f.

Proscénium, *m.* (Alt.) Vorbühne,

Proscription, *fém.* Verbannung, Ächtserklärung; *fig.* Abschaffung; Verwerfung (eines Wortes, Gebrauchs, ꝛc.).

*Proscrire, *v. a.* ächten, in die Acht erklären, verbannen; *fig.* verbannen, entfernen; etw. abschaffen; (ein Wort) verwerfen.     [et *f.* Geächtete.

Proscrit, *m.* e, *f.* Verbannte, *m.*

Prose, *f.* Prose, ungebundene Rede.

Prosecteur, *m.* Prosector.

Prosélyte, *m. et f.* Neubekehrte.

Prosélytisme, *m.* Bekehrungssucht, *f.*     [Sylbenmaß, Tonmessung.

Prosodie, *f.* Prosodie, Lehre vom

Prosodique, *adj.* prosodisch.

Prosopopée, *f.* Personendichtung.

Prospectus, *m. lat.* Ankündigung, *f.;* Plan, *m.* Uebersicht, *f.*

Prospère, *adj.* günstig, geneigt.

Prospérer, *v. n.* glücklich seyn, gelingen, gedeihen, gut fortkommen.

Prospérité, *f.* Glück, *n.* Wohlfahrt, *f.;* —s, die glücklichen Ereignisse, Glück, *n.*

†Prostaphérése, *f.* der Unterschied zwischen dem mittlern und wahren Orte eines Planeten.

†Prostase, *f.* (Med.) die Uebergelegenheit einer Feuchtigkeit über die andere.     [steher.

Prostates, *m. pl.* (Anal.) Vor-

Prosternation, *f.* Fußfall, *m.*

Prosternement, *m.* Niederfallen, *n.*

Prosterner (se), niederfallen, sich niederwerfen; se — devant qn., einem zu Füße fallen.

Prosthèse, *f.* (Gramm.) die Versetzung eines Buchstabens; (Chir.) künstliche Ansetzung eines fehlenden Gliedes.

Prostituer, *v. a.* zur Unzucht anführen, preisgeben; *fig.* preisgeben, schänden, entehren; (einen) beschimpfen; — sa plume à la faveur, mit seiner Feder der Gunst fröhnen; se —, sich preisgeben, sich feil bieten; *fg.* sich ergeben (dem Laster, ꝛc.); se — à la fortune, sich zum elenden Sclaven der Reichen hingeben.

Prostitution, *f.* Schändung, Unzucht; *fig.* Entehrung, Schändung; (b. Schr.) *qqf.* Abgötterei.

Prostration, *f.* — des forces, (Med.) die größte Erschöpfung, Lähmung der Kräfte.

Prostyle, *m.* Gebäude das nur von vorne Säulen hat.

Protagoniste, *m.* der die Hauptrolle spielt.

Protase, *f.* (Theat.) Eingang, *m.*

Protatique, *adj.* personnage —, *m.* die Person eines Drama, welche nur anfangs erscheint.

Prote, *m.* (Buchdr.) Factor.

Protecteur, *m.* trice, *f.* Beschützer, *m.* Gönner, =inn, *f.;* Schirmherr, Schirmer.

Protection, *f.* Schutz, *m.* Schirm; Unterstützung, *f.; fig.* Gönner, *m.* Stütze, *f.*     [f.

Protectorat, *m.* Protectorswürde,

Protée, *m. fg.* Proteus, der unbeständige Mensch.

Protégé, *m.* e, *f.* Schützling, *m.*

Protéger, *v. a.* beschützen, vertheidigen.

Protestant, e, *adj.* protestantisch; —, *m.* e, *f.* Protestant, *m.* =inn, *f.*

Protestantisme, *m.* die protestantische Religion.

Protestation, *fém.* Betheurung, Versicherung; (jur.) Verwahrung, Protestation; faire sa —, seine Versicherung einlegen, sich verwahren.

Protester, *v. a.* hoch und theuer versichern, betheuern; (Handl.) (einen Wechsel) protestiren; —, *v. n.* sich verwahren, protestiren; — de violence, über erlittene Gewalt klagen.

Protêt, *m.* (Handl.) Protest (eines Wechsels).

Protocanonique, *adj.* vorkanonisch.

Protocole, *m.* Protokoll, *n.;* Formulars und Titularbuch.     [rer.

†Protomartyr, *m.* der erste Märtyrer.

Protonotaire, *m.* Obernotar.

Protosyncelle, *m.* der Vicar eines griechischen Patriarchen od. Bischofs.

Prototype, *m.* Urbild, *n.* Vorbild, Muster.

Protoxyde, *m.* Halbsäure, die am wenigsten Sauerstoff enthält.

Protubérance, *f.* (Med.) Auswuchs, *m.* Erhöhung, *f.*

Protuteur, *m.* Nebenvormund.

Prou, *adv. vi. fm.* viel, genug.

Proue, *f.* Vordertheil (des Schiffs), *n.*     [fm. id.

Prouesse, *f. vi.* Heldenthat; *fg.*

Prouver, *v. a.* beweisen, erweisen, darthun.

Provéditeur, *m.* Generalaufseher (der Flotte, ꝛc., in Venedig).

Provenance, *f.* Product, *n.* Ausfuhr, *f.*

Provenant, e, *adj.* herkommend, herrührend.

Provençal, *m.* e, *f.* Provenzale, *m. et f.;* —e, *adj.* provenzalisch.

Provende, *f.* Mengkorn, *n.*

*Provenir, *v. n.* herkommen, entstehen.

Proverbe, *m.* Sprichwort, *n.; fm.* Weidspruch.

Proverbial, e, *adj.;* -ement, *adv.;* sprichwörtlich.

Providence, *f.* Vorsehung.

Provignement, *m.* Senken, *n.* Absenken.

Provigner, *v. a.* (Rebm.) senken, absenken, ausfächern; —, *v. n.* sich vermehren.     [fer.

Provin, *m.* (Rebm.) Senker, Fächser.

Province, *f.* Provinz, Landschaft; de —, ländlich (Ansehen).

Provincial, e, *adj.* aus der Provinz; landschaftlich; *mépr.* kleinstädtisch; air —, Landmiene, *f.;* droit —, Landrecht, *n.;* —, *m.* Oberaufseher, *m.* Provincial (einer Ordensprovinz); —, *e, f.; m. p.* Kleinstädter, *m.* =inn, *f.* Landjunker, *m.* Landfrau, *f.*

Provincialat, *m.* Provinzialat, *n.*

Proviseur, *m.* Verwalter, Vorsteher.

Provision, *f.* Vorrath, *m.* Menge, *f.;* faire ses —s, das Nöthige anschaffen; —, (jur.) der vorläufige Spruch; vorläufige Besitz, die vorläufig zugesprochene Summe; par —, vorläufig; —, das Recht Pfründen zu vergeben; (Handl.) Gebühr, *f.*

Provision, *f.* Deckung (Wechsel zu zahlen); —s, Bestallungsbrief, *m.; par* —, vorläufig.

Pιovisionnel, le, Provisoire,

*adj.;* -lement, provisoirement, *adv. :* vorläufig, einstweilig.

Provisorat, *m.* Proviforat, *n.*

†Provisorerie, *f.* Oberauffeher=amt, *n.*

Provocateur, trice, *adj. et s.* der reizt, aufhebt, aufwiegelt.

Provocation, *f.* Aufforderung, Herausforderung (zum Kampf), Reizung.

Provoquer, *v. a.* herausfordern, auffordern, reizen (à, zu); (den Schlaf) befördern.

Proxénète, *m.* (röm. Alt.) Unter=händler, Mäkler; *m. p.* Kuppler.

Proximité, *f.* Nähe, Verwandt=schaft.

Prude, *adj.* übertrieben sittsam, geziert, spröde; —, *f.* Spröde.

Prudence, *f.* Klugheit.

Prudent, e, *adj.;* -emment, *adv.:* klug, verständig, gescheidt.

Pruderie, *f.* die übertriebene Sitt=samkeit, Sprödigkeit.

Prud'homme, *m. ol.* Biedermann; (jur.) Kunst=, Werkverständige.

Prud'hommie, *f. ol.* Biederkeit.

Prune, *f.* Pflaume, Zwetsche; (ce n'est pas) pour des —s, *prov.* um=sonst, für die lange Weile.

Pruneau, *m.* die gedörrte Pflaume.

Prunelaie, *f.* Pflaumengarten, *m.*

†Prunelée, *f.* eingemachte Pflau=men, *n.*

Prunelle, *f.* Schlehe; du jus de —, schlechter, saurer Wein.

Prunelle, *f.* Augapfel, *m.;* jouer de la —, *prov.* liebäugeln.

Prunelle, *f.* eine Art Wollenzeug.

Prunellier, *m.* Schlehdorn.

Prunier, *m.* Pflaumen=, Zwetsch=genbaum.

Prurigineux, se, *adj.* beißend, was das Jucken hervorbringt.

Prurit, *m.* (Med.) Jucken, *n.* Ki=

†Prusse (la), Preußen, *n.* [zeln.

†Prussiate, *m.,* — de potasse, etc., (Chym.) die blaugesäuerte Pott=asche.

†Prussien, *m.* ne, *f.* Preuße, *m.* Preußinn, *f.;* —, ne, *adj.* preußisch.

Prussique, *adj.,* acide —, (Chy=mie) Berlinerblausäure, *f.* [*n.*

Prytanée, *m.* (Alt.) Prytaneum, *m.*

Prytanes, *m. pl.* Prytanen (Rich=ter, ausgezeichnete Bürger in Athen).

Psallette, *fén.* Singschule (für Chorknaben).

Psalmiste, *m.* Psalmendichter.

Psalmodie, *f.* Psalmengesang, *m.*

Psalmodier, *v. n.* Psalmen singen; *fg.* eintönig lesen; hersagen.

Psaltérion, *m.* (Muf.) Psalter.

Psaume, *m.* Psalm. [*n.*

Psautier, *m.* Psalter, Psalmbuch.

†Psellisme, *f.* so viel wie bégaie=ment, Stammeln, *n.*

---

†Pseudamantes, *f. pl.* die falschen Diamanten, *m. pl.,*

Pseudo, heißt in der Zusammen=setzung mit andern Worten falsch, unecht.

Pseudonyme, *adj.* falschnamig, verkappt; unter einem falschen Na=men erschienen (Buch).

Psora, *m.* (Med.) Krätze, *f.*

Psorique, *adj.* (Med.) krätzartig; remède — ou —, *m.* Krätzmittel, *n.*

Psorophthalmie, *f.* die Entzündung der Augenlieder. [(Spiegel.

Psyché, *f.* Pfyche; ein beweglicher

Psychologie (spr. psyk-), *f.* See=lenlehre.

Psychologique, *adj.* pfychologisch.

Psychologiste *ou* Psychologue, *m.* Pfychologe.    messer.

†Psychromètre, *m.* (Phyf.) Kälte=

Psylle, *masc.* (Alt.) Pfylle (Art Schlange), *f.*

†Ptarmique, *adj.,* médicament —, (Med.) Niesemittel, *n.;* —, *f.* (Bot.) Niesekraut, *n.*

†Ptitose, *f.* das Ausfallen der Au=genwimpern. [cheltreibend.

†Ptyalagogue, *adj.* (Med.) fpei=

Ptyalisme, *m.,* (Med.) *v.* Sali=vation.

Puant, e, *adj.* stinkend; —, *m. fm.* Stinker; *iron.* Prahlhans, *m.* (Naturg.) Stinkthier, *n.*

Puanteur, *f.* Gestank, *m.* [bar.

Pubère, *adj.* (jur.) mündig, mann=

Puberté, *f.* das männliche Alter; (jur.) Mannbarkeit, *f.*

Pubescence, *f.* der Flaum der Pflanzen.

Pubescent, e, *adj.* (Bot.) mit leichtem Flaum bedeckt.

Pubis, *m.* Schambein, *n.*

Public, que, *adj.* allgemein, öffent=lich, bekannt; —, *m.* Publikum, *n.* Gemeinwesen; Volk; en — *et* pu=bliquement, *adv.* öffentlich.

Publicain, *m.* Zöllner; *fg. fm.* Geldmäßler, Wucherer.

Publication, *f.* Bekanntmachung.

Publiciste, *m.* Lehrer des Staats=rechts, Publicist, Staatsrechtskundige.

Publicité, *f.* Kundbarkeit, Oef=fentlichkeit.

Publier, *v. a.* verkündigen, öffent=lich bekannt machen; (Bücher, :c.) herausgeben. [farben.

Puce, *f.* Floh, *m.;* —, *adj.* floh=

Pucelage, *f. fm.* Jungfrauschaft.

Pucelle, *f. fm.* die reine Jungfrau.

Puceron, *m.* (Naturg.) Blattlaus, *f.* [lyfen.

†Pucher, *v. a.* (Zucker) ausschö=

†Puchet, Pucheux, *m.* Schöpf=löffel (für Zucker).

Pudeur, *f.* Scham, Schamhaftig=keit; ménager, épargner la — de qn., einem die Schamröthe ersparen.

---

Pudibond, e, *adj.* schamhaft, ver=schämt.

Pudicité, *f.* Keuschheit.

Pudique, *adj.;* -ment, *adv. :* keusch, schamhaft.

†Pué, *m.* die Anrichtung des We=bergettels.

Puer, *v. n.* stinken; — à qn., *fm.* einen anstinken; *fg. id.;* —, *v. a.* qch., nach etw. stinken.

Puéril, e, *adj.;* -ement, *adv. :* findisch.

Puérilité, *f.* Kinderei.

Puerpérale, *adj. f.,* la fièvre —, Wochenfieber, *n.*

Pugilat, *m.* (Alt.) Faustkampf.

†Pugile, *m.* (Alt.) Faustkämpfer.

Puine, *m.* (Forstw.) das Bäumchen das als Abholz angesehen wird.

Puiné, e, *adj.* jünger; nachgebo=ren; —, *m. e, f.* Jüngere, *m. et f.* Nachgeborne.

Puis, *adv.* hernach, nachher; —, *fm.* und dann?

Puisage, *m.* Schöpfen, *n.*

Puisard, *m.* Senkloch, *n.;* Was=serbehälter (an Pumpen), *m.*

Puiser, *v. a.* schöpfen.

Puisoir, *m.* Schöpflöffel, Schöpfer.

Puisque, *conj.* indem, weil, da.

Puissance, *f.* Macht, Kraft; Ge=walt, Herrschaft; Botmäßigkeit; une —, *fg.* ein mächtiger Mann; —, (Math.) Potenz, *f.;* (Mech., :c.) Kraft.

Puissant, e, *adj.* mächtig, vermö=gend; kräftig, stark, dick (am Kör=per); reich; gewaltig; très —, hoch=mögend (Titel); -amment, *adv.* mächtig, kräftig, gewaltig.

Puits, *masc.* Brunnen, Born; (Bergw.) Schacht; — souterrain, Gesenk, *n.*

Pulluler, *v. n.* wuchern, sich stark vermehren (sprießen); *fg.* um sich greifen (überhand nehmen

Pulmonaire, *adj.* (Med.) zur Lun=ge gehörig; phthisic —, Lungen schwindsucht, *f.;* —, *f.* (Bot.) Lun genkraut, *n.*

Pulmonie, *f.* (Med.) Lungensucht

Pulmonique, *adj.* (Med.) lun=süchtige; —, *m. et f.* Lungen süchtige.

Pulpation, *f.* Verwandlung in Gelee; Verdichtung (Apoth.).

Pulpe, *f.* Fleisch (an Früchten), *n.;* (Anat.) Mark, Gelee, *f.*

Pulpeux, se, *adj.* fleischicht.

Pulsatif, ve, *adj.* (Med.) klopfend.

Pulsation, *f.* Schlagen (des Pul=

Pulvérin, *m.* Zündpulver, *n.;* Pulverhorn; Wasserstaub (an Was serfällen), *m.*

Pulvérisation, *f.* Pülvern, *n.*

Pulvériser, *v. a.* pülvern, zu Pulver zerreiben, zermalmen; *fg.* zernichten, zu Boden schlagen.

Pulvérulent, e, *adj.* (Bot.) mit staubähnlichem Flaum bedeckt.

†Pulvinaire, *m.* (Alt.) das Kissen worauf die Götzenbilder ruheten.

Pumicin, *m.* Palmöl, *n.*

Punais, e, *adj.* aus der Nase stinkend; —, *m. fm.* Stinknase, *f.*

Punaise, *f.* Wanze; — des lits, Bett=, Hauswanze.

Punaisie, *f.* (Med.) der stinkende Nasengeruch.

Punch, *v.* Ponche.

Punique, *adj.* (Alt.) punisch.

Punir, *v. a.* strafen, bestrafen, ahnden.

Punissable, *adj.* strafbar, sträflich.

Punition, *f.* Strafe, Bestrafung, Ahndung.

Pupillaire, *adj.* (jur.) einem Mündel gehörig; deniers —s, Mündelgelder, *n. pl.*

Pupillarité, *f.* Minderjährigkeit.

Pupille, *f.* (Anat.) Augapfel, *m.*; —, *m. et f.* Mündel.

Pupitre, *m.* Pult, *n.*; — tournant, Drehpult.

†Pupue, *m.* (Naturg.) Wiedehopf, *m.* [bepf.]

†Pupuler, *v. n.* schreien (Wiedebepf.

Pur, e, *adj.* rein; unvermischt; lauter; echt; *fg.* rein; bloß; unschuldig, unbesteckt; en —e perte, vergebens.

Purée, *f.* durchgeschlagenes Gemüse; — de pois, durchgeschlagene Erbsen, *f. pl.*

Purement, *adv.* rein; *fg. id.*; unsträflich; nur, allein, bloß; — et simplement, schlechthin.

†Purer, *v. a.* (Bierbr.) rein machen.

Pureté, *f.* Reinigkeit, Lauterkeit; *fg. id.*, Reinheit, Unschuld.

†Purette, *f.* rother Streusand.

Purgatif, ve, *adj.* (Med.) abführend; —, *m.* Abführungsmittel, *n.*

Purgation, *f.* (Med.) Abführung; — par en haut, Erbrechen, *n.*; — Abführungsmittel, Purgans, *f.*; —s menstruelles, die monatliche Reinigung; — canonique, die kanonische Reinigung. [*n.*

Purgatoire, *m.* (Theol.) Fegfeuer, *n.*

Purge, *f.* (Handl.) Reinigung (verpesteter Waaren).

†Purgeoir, *m.* Reinigungsbehälter (ein mit Sand angefülltes Becken, das durchlaufende Wasser zu reinigen).

Purger, *v. a.* reinigen; (Med.) *id.*, abführen; *fg.* reinigen, säubern; freimachen (v. Schulden); — une hypothèque, eine Pfandverschreibung aufheben, tilgen; — la contumace, sich auf die Verurtheilung wegen Nichterscheinens stellen;

se —, (Med.) purgiren; *fg.* sich rechtfertigen.

†Purgerie, *f.* der Ort wo die Zuckerformen gereinigt werden.

Purification, *f.* Reinigung.

Purificatoire, *m.* Kelchtuch, *n.*

Purifier, *v. a.* reinigen, läutern, säubern; se —, sich reinigen, sich läutern.

Puriforme, *adj.* (Med.) eiterartig.

Purisme, *m.* Sprachreinigungssucht, *f.*

Puriste, *masc.* der allzu eifrige Sprachreiniger, Sprachseiher.

Puritain, *m.* Puritaner (strenge Reformirter in England).

Puritanisme, *m.* die Lehre der Puritaner.

†Puron, *m.* Molken, *j. pl.*

Purpurin, e, *adj.* purpurfarbig; —e, *f.* Metallteig, *m.* Erzmehl, *n.*

Purulence, *f.* (Med.) die eiterige Beschaffenheit.

Purulent, e, *adj.* (Med.) eiterig.

Pus, *m.* (Med.) Eiter. [thig.

Pusillanime, *adj.* feig, kleinmüthig, verzagt, Kleinmuth, *m.*

Pustule, *f.* Blatter, Eiterblatter.

Putatif, ve, *adj.* vermeint (Vater).

Putois, *m.* Iltis (Thier).

Putréfaction, *f.* Fäulniß.

Putréfait, e, *adj.* verfault.

Putréfier, *v. a.* faulen machen; se —, in Fäulniß gerathen, faulen, verfaulen.

Putride, *adj.* (Med.) faul; fièvre —, Faulfieber, *n.*

Putridité, *f.* (Med.) Faulen, *n.*

†Pycnotique, *adj.* (Med.) verdickend.

Pylône, *m.* Pylone; *f.* Hauptthor an den ägyptischen Tempeln, *n.*

Pylore, *m.* (Anat.) der untere Magenmund, Pförtner.

Pylorique, *adj.*, (Anat.) veines —s, die Blutadern des untern Magenmundes.

Pyose, *f.* (Med.) Eiterauge, *n.* die beständige Eiterung der Augen.

Pyramidal, e, *adj.* pyramidenförmig; —e, *f.* (Bot.) Pyramidenglocke.

Pyramide, *f.* Spitzsäule, Pyramide; en —, pyramidenförmig.

Pyramider, *v. n.* spitz zulaufen.

†Pyrénéen, *f. pl.* Pyrenäen.

Pyrèthre, *m.* (Bot.) Bertram, Speichelwurz, *f.*

†Pyrétique, *adj.*, remède — ou —, (Med.) Fiebermittel, *n.*

†Pyrétologie, *f.* (Med.) Fieberlehre.

Pyrique, *adj.*, feu —, Theaterfeuer, *n.*; spectacle —, Feuerschauspiel.

Pyrite, *f.* (Miner.) Feuerstein,

*m.* Kies; — de cuivre, Kupferkies.

Pyriteux, se, *adj.* (Miner.) kiesig, kiesartig. [von den Kiesen.

Pyritologie, *f.* (Miner.) die Lehre

†Pyrobole, *m.* (Alt.) die Wurfmaschine für Feuerpfeile.

†Pyroboliste, *m.* Feuerwerker.

†Pyrolâtrie, *f.* Feueranbetung.

†Pyrole, *f.* (Bot.) Wintergrün, *n.*

Pyroligneux, se, *adj.*, acide —, die brandichte Holzsäure.

†Pyrolignite, *m.* (Chym.) das brandicht=holzsaure Salz.

†Pyrologie, *f.* Feuerlehre.

†Pyromance, Pyromancie, *fém.* Feuerwahrsagung.

Pyromètre, *m.* (Physf.) Feuermesser. [brandicht=schleimsaure Salz.

†Pyromucite, *m.* (Chym.) das

†Pyromuqueux, se, *adj.*, (Chym.) acide —, die brandichte Schleimsäure.

†Pyrophane, *adj.* (Miner.) am Feuer od. in der Wärme durchsichtig (Stein). [zündbare Pulver.

Pyrophore, *m.* (Chym.) das entzündbare Pulver.

†Pyrosie, Pyrosis, *f.* (Med.) Sodbrennen, *n.*

†Pyrotartareux, se, *adj.*, (Chym.) acide —, die brandichte Weinsteinsäure.

†Pyrotartrite, *m.* (Chym.) das brandicht=weinsteinsaure Salz.

Pyrotechnie, *f.* Feuerwerkerkunst.

Pyrotechnique, *adj.* zur Feuerwerkerkunst gehörig. [brennend.

†Pyrotique, *adj.* (Med.) ätzend,

†Pyroxène, *m.* (Miner.) Augit.

Pyrrhique, *f.* (Alt.) der pyrrhische Tanz.

Pyrrhonien, ne, *adj.* (Philos.) pyrrhonisch, zweifelsüchtig; —, *m.* Pyrrhonianer, Zweifler, Skeptiker.

Pyrrhonisme, *m.* (Philos.) Zweifelsucht, *f.* [ras.

†Pythagore, *n. pr. m.* Pythago-

Pythagoricien, *m.* ein Pythagoräer; —, *adj.* pythagoräisch, pythagorisch. [Pythagoras.

†Pythagorisme, *m.* die Lehre des

Pythie, *f.* (Alt.) Pythia, Wahrsagerinn.

Pythique, *adj.* (Alt.) pythisch.

†Python, *m.* (Naturg.) eine Art Riesenschlange. [Here.

Pythonisse, *f.* Zauberinn, *fm.*


## Q.

Die mit „ bezeichneten Wörter sprich aus Koua-, Kué-, Kui.

Quadernes, *m. pl.* (Trictr.) alle Viere. [rig; —, *m.* Vierziger.

„Quadragénaire, *adj.* vierzigjäh-

Quadragésimal, e, *adj.* zur Fastenzeit gehörig.

„Quadragésime, *f.*, dimanche de la —, der erſte Faſtenſonntag.

Quadran, Quadrer, *v.* Cadran, Cadrer.

†„Quadrangle, *m.* Viereck, *n.*

„Quadrangulaire, *adj.* viereckig.

„Quadrangulé, e, *adj.* (Bot.) viereckig.

Quadrat, *m.* (Buchdr.) Quadrat, *n.; —, e, adj.* (Aſtr.) aspect —, Geviertſchein, *m.;* opposition —e, Viertelsgegenſchein.

Quadratin, *m.* (Buchdr.) Quadrätchen, *n.*       [rungslinie.

„Quadratrice, *f.* (Geom.) Vie-

„Quadrature, *f.* Vierung, Quadratur; (Aſtr.) Geviertſchein, *m.;* (Uhrm.) Vorlegewerk, *n.*

Quadriennal, e, *adj.* vierjährig, vier Jahre dauernd.

„Quadrifide, *adj.* (Bot.) vierſpaltig.       [blumig.

†„Quadriflore, *adj.* (Bot.) vier-

„Quadrige, *m.* (Alt.) der vierſpännige Wagen.

†„Quadrijugué, *adj. f.,* une feuille —, ein vierblätteriges Blatt.

Quadrilatère, *m.* (Geom.) Viereck, *n.; —, adj.* viereckig.

Quadrille, *m.* das Lomberſpiel zu vier Perſonen; —, *f.* Quadrille, Ritterſchaar.       [drillion, *f.*

†„Quadrillion, *m.* (Arithm.) Qua-

„Quadrinome, *m.* (Alg.) die viertheilige, viergliedrige Größe.

†„Quadriparti, e, *adj.* (Bot.) viertheilig.       [blätterig.

†„Quadriphylle, *adj.* (Bot.) vier-

†„Quadrirème, *f.* (Alt.) die vierrudrige Galeere.

†„Quadrisulces, *m. pl.* (Naturg.) die vierklauigen Thiere, *m. pl.*

„Quadrisyllabe, *adj.* (Gramm.) vierſylbig (Wort).

†„Quadrivalve, Quadrivalvé, e, *adj.* (Bot.) vierklappig.

„Quadrumanes, *m. pl. et adj.* animaux —, die vierhändigen Thiere.

„Quadrumvirs, *m. pl.* (röm. Alt.) Viermänner.

„Quadrupède, *adj.* vierfüßig; —, *m.* das vierfüßige Thier.

„Quadruple, *adj.* vierfach; —, *masc.* Vierfache, *n.;* Quadrupel (Münze), *m.*

„Quadrupler, *v. a.* vervierfachen, —, *v. n.* vierfach werden.

Quai, *m.* Staden, Kai.

Quaiage, *v.* Quayage.

Quaiche, *f.* (Seew.) Kits (kleines Schiff), *m.*

Quaker ou Quacre, *m.* Quaker (Secte in England).       [Quaker.

„Quakérisme, *m.* die Lehre der

Qualificateur, *m.* Unterſucher, Prüfer (bei der Inquiſition).

Qualification, *f.* Benennung.

Qualifié, e, *adj.* angeſehen, namhaft.

Qualifier, *v. a.* betitteln, benennen, — qn. de qch., einen etw. nennen, einen für etw. erklären; se — de baron, ſich einen Baron nennen.

Qualité, *f.* Eigenſchaft, Beſchaffenheit, Art; Stand, *m.* Titel.

Quand, *adj. et conj.* wann, als; — même, wenn auch, wenn gleich.

„Quanquam, *m. lat.* die lateiniſche Rede, Schülerrede.

Quanquan, *m. lat.,* faire un — viel Aufhebens machen.

Quant à, *conj.* betreffend, anlangend; — à lui, was ihn betrifft.

Quantes, *adj. f. pl. pop.,* toutes et — fois, toutes fois et —, ſo oft als ..., jedesmal.

Quantième, *adj.* wievielſte; — *m.* Datum, *n.*

Quantité, *fém.* Größe, Menge, Vielheit; (Gramm.) Sylbenmaß, *n.;* (Muſ.) Zeitmaß.

Quarantaine, *f.* die Anzahl von vierzig; vierzigtägige Faſtenzeit; (Med.) Quarantaine, Geſundheitsprobe.

Quarante, *adj.* vierzig.

Quarantie, *fém.* das Gericht der Vierzig (zu Venedig).

Quarantième, *adj.* vierzigſte; — *m. et f.* Vierzigſte.

Quarderonner, *v. a.* (Zimm.) die ſcharfen Ecken abründen.

Quarre, *m.* (Reſſ.) Gelenk, *n.*

Quarré, Quarrer, etc., *v.* Carré, etc.

Quart, *m.* Viertel, *n.; —* de rond, (Bauſ.) Viertelſtab, *m.; —* de vent, (Seew.) Windſtrich; — de cercle, (Seew.) Wache, *f.*

Quadrant, —, (Seew.) Wache, *f.*

Quart, e, *adj.* vierte; fièvre —e, (Med.) das viertägige Fieber.

Quartanier, *m.* (Jagd) ein vierjähriges wildes Schwein.       [ren, *n.*

Quartation, *f.* (Chym.) Quarti-

Quartaut, *m.* Viertelstonne, *f.*

Quarte, *f.* Quartmaß, *n.;* (Muſ., Fechtk., ꝛc.) Quarte, *f.*

Quartenier, *v.* Quartinier.

Quatter, *v. n.* auf halbem Gleis fahren, (Fechtk.) einem Stoß durch eine Wendung ausweichen.

Quarteron, *m.* Viertel, *n.;* Viertelpfund; Vierling, *m.; —,* m. ne, *f.* Viertelſchwarze, *m. et f.* von einem Weißen und einer Mulattinn oder einem Mulatten und einer Weißen Geborene.       [Decade.

Quartidi, *m.* der vierte Tag der Quartier, *m.* Viertel, *n.; —* de pomme, Apfelſchnitz, *m.* || Quartal, *n.* Vierteljahr || Stadtviertel, Viertel; Nachbarſchaft, *f.;* (Kriegsw.) Quartier, *n.* Lager, Standquartier; Pardon, *m.; —* général, Haupt-

quartier, *n.; —*-maître, Quartiermeiſter, *m.; —*-mestre, *m. ol. id.* (eines fremden Reiterregiments); —s, (Geneal.) Ahnen, *pl.; à —,* bei Seite.

Quartile, *adj.,* aspect —, (Aſtr.) Geviertſchein, *m.*

Quartinier, *m.* Viertelsmeiſter.

„Quarto, un livre in —, ein Buch in Quarto.

„Quartz, *m.* (Miner.) Quarz.

„Quartzeux, se, *adj.* (Miner.) quarzartig.

Quasi, *adv. lat. p. us.* faſt, gleichſam, ſo zu ſagen; —, *m.* (Metzg.) ein Stück vom Hinterviertel eines Kalbes.

Quasi-contrat, *m.* (jur.) Quaſicontrakt.       [lict, *n.*

Quasi-délit, *m.* (jur.) Quaſide-

Quasimodo, *f.* lat. der Sonntag Quaſimodogeniti.       [tränt.

†Quass, *m.* Quaß (ruſſiſches Ge-

†Quassie, *f.* (Bot.) Quaſſie, Bitterholzbaum, *m.*

„Quaternaire, *adj.* vier Einheiten enthaltend.       [Lotto), *f.*

Quaterne, *m.* Quaterne (im

†Quaterné, e, *adj.* (Bot.) vierfach.

Quatorzaine, *f.* (jur.) Zeit von vierzehn Tagen.

Quatorze, *adj.* vierzehn, vierzehnte; —, *m.* Vierzehnte.

Quatorzième, *adj.* vierzehnte; —, *m.* Vierzehnte, Vierzehntel, *n.*

Quatorzièmement, *adv.* vierzehntens.

Quatrain, *m.* (Proſ.) die Strophe von vier Verſen; das kleine Gedicht.

Quatre, *adj.* vier; —, *m.* Vier, *pl.;* ſich — mettre en —, alles aufbieten; faire le diable à —, toben.

Quatre-temps, *m. pl.* Quatember, *m.;* le jeûne des —, Frohnfaſten, *f. pl.*

Quatre-vingts, *adj.* achtzig; quatre-vingtième, *adj.* achtzigſte; quatre-vingt-dix, neunzig; quatre-vingt-dixième, *adj.* neunzigſte.

Quatrième, *adj.* vierte; —, *m.* Vierte; Quartaner (Schüler); —, *f.* Quarte (im Spiel); -ment, *adv.* viertens.

Quatriennal, e, *adj.* vierjährlich; —, *m.* das vierjährige Amt.

„Quatuor, *m. lat.* (Muſ.) Quatuor, *n.*       [*n.*

Quayage, *m.* (Handl.) Stadengeld,

Que, *pron.* welchen, welche; welches; der, die, das; was, wozu, ſo; — coniſ daß, da; als, warum; wie, wie ſehr! si j'étais — de vous, an eurer Stelle; — si, wenn.

Quel, le, *pron.* welcher, was für ein, welche; was für eine, welches,

**was für ein;** tel —, mittelmäßig; —, de —le sorte, welcherlei.

**Quelconque,** *pron.* wer es auch sey.

**Quellement,** *adv.,* tellement —, so so, mittelmäßig.

**Quelque,** *pron.* ein, irgend einer, eine; — ... que, so ... auch; — s'efforts que vous fassiez, welche Anstrengungen ihr auch machet; —s, einige, etliche; — part, irgendwo, irgend wohin. [weilen.

**Quelquefois,** *adv.* zuweilen, bis-

**Quelqu'un,** e, *pron.* einer, jemand, irgend einer, eine ; —, *m.* jemand; quelques-uns, *pl.* einige.

**Quemander,** *v. a.* (alt) heimlich betteln.

**Quemandeur,** *m.* se, *f.* ein heimlicher Bettler oder Bettlerinn.

**Qu'en dira-t-on,** *m.* Gerede, *n.*

**Quenotte,** *f. fm.* Milchzahn, *m.*

**Quenouille,** *f.* Kunkel; Spinnrocken, *m.; fg.* die weibliche Linie; tomber en —, auf das weibliche Geschlecht fallen; — de lit, Bettsäulen, *m.* [*m.* Docke, *f.*

**Quenouillée,** *f.* Spinnrockenvoll,

†**Quenouillette,** *f.* (Gieß.) Stopfstange.

**Quercitron,** *m.* (Bot.) die amerikanische Eiche (mit gelbfärbender Rinde). [ter.

**Querelle,** *f.* Streit, *m.* Zant, Ha-

**Quereller,** *v. a. et n.* zanken, hadern; schelten; se —, *v. r.* mit einander herumzanken.

**Querelleur,** se, *adj.* zänkisch, zanksüchtig; —, *m.* se, *f.* Zänker, *m.* -inn, *f.*

**Quérimonie,** *f.* (Jan. R.) Bittschrift um die Erlaubniß ein Ermahnungsschreiben abzukündigen.

**Quérir,** *v. a.* holen, suchen; abholen.

„**Questeur,** *m.* Quästor, Schazmeister, Rentmeister.

**Question,** *f.* Frage, Streitfrage, Saz, *m.;* état de la —, (jur.) Fragepunkt; —, *ol.* die peinliche Frage, Folter; — préalable, die vorläufige Entscheidung, ob etwas abgehandelt werden soll; —, bewußt, wovon die Rede ist.

**Questionnaire,** *m.* Folterer.

**Questionner,** *v. a.* fragen, befragen.

**Questionneur,** *m.* se, *f.* Frager, *m.* Ausfrager; -inn, *f.*

„**Questure,** *f.* Quästoramt, *n.*

**Quête,** *f.* Suchen, *n.* Nachspüren; chien de —, Spürhund, *m.* || das Einsammeln einer milden Beisteuer; Armensteuer, *f.*

**Quêter,** *v. a. et n.* suchen, aufspüren; Almosen sammeln; betteln.

**Quêteur,** *m.* se, *f.* Almosensammler, *m.* -inn, *f.*

**Queue,** *f.* Schwanz, *m.* Schweif;

cheval courte —, Stumpfschwanz; —s, (Türk.) Roßschweife, *pl.;* —, (Jagd) Blume, *f.* Galle (des Rothwildprets); Sturz (der Hirsche), *m.; fg.* Ende, *n.* Hintertheil, *m.;* Schluß (eines Geschäftes); Nachtrab (eines Heeres); prendre le roman par la —, von hinten anfangen; prendre qch. par la tête et par la —, etw. bei allen Zipfeln anfassen, auf allerlei Weise dreden und wenden; à la —, en —, am Ende, hinten nach; —, die lange Reihe; à la —, à — hintereinander, in einer Reihe; —, (Bot.) Stiel, *m.;* (Bill.) Stod; (Zimm.) Sterz, Wendeholz (einer Windmühle); *n.;* Schleppe, *f.* Zipfel, *m.* (eines Kleides); (Perr.) Zopf, Haarzop; (Messersch.) Wegstein; Faß, *n.* Tonne (großes Weinmaß), *f.;* (Bot.) —de-cheval, *v.* Prèle; —de-renard, Fuchsschwanz, *m.* Spinge, *f.*

**Queussi-queumi,** *adv. fm.* (gemein) ganz eben so, gerade so.

**Queux,** *m.* (alt) Koch.

**Qui,** *pron.* wer, welcher, welche, welches; was; der, die, das.

**Quia,** *lat. fm.,* être à —, stecken bleiben; mettre à —, zum Schweigen bringen; *fm.* (einem) das Maul stopfen.

**Quibus,** *m. lat. pop.* Bazen.

**Quiconque,** *pron.* jedermann, wer es auch sey, jeder.

**Quidam,** *m. lat.* -ane, *f. ol.* (jur.) jemand, eine gewisse Person.

**Quiet,** ète, *adj.* still, ruhig.

**Quiétisme,** *m.* (Theol.) Quietismus, Gefühllosigkeit, *f.*

**Quiétiste,** *m. et f.* Quietist, *m.* -inn, *f.; —,* *adj.* quietistisch, gefühllos.

**Quiétude,** *f.* Ruhe, Stille.

**Quignon,** *m. bas,* Runken (Brod).

†**Quilboquet,** *m.* (Tischl.) Lehre, *f.*

**Quillage,** *masc.,* droit de —, (Seew.) Kielrecht, *n.* Abgabe der Handelsschiffe, die zum erstenmal in einen Hafen laufen.

**Quille,** *f.* Kegel, *m.;* jeu de —s, Kegelspiel, *n.; —,* (Schiffb.) Kiel, *m.* || (Handsch.) Fingerstied; große Keil. [spiel.

**Quiller,** *v. n.* anwerfen (im Kegel-

**Quillette,** *f.* (Landw.) Sazweide.

**Quillier,** *m.* Kegelplaz; coll. Kegel, *pl.* [gengefäß.

†**Quillon,** *m.* das Kreuz am De-

**Quina,** *v.* Quinquina.

**Quinaire,** *m.* der Name einer kleinen römischen Münze; — eine alte goldene oder silberne Münze von der dritten Größe.

**Quinaud,** e, *adj. fm.* verduzt, verblüfft.

**Quincaille,** *f.* die kurze Waare.

**Quincaillerie,** *f.* die kurze Waare; der Handel mit kurzer Waare.

**Quincaillier,** *m.* der mit allerhand kurzer Waare handelt.

**Quinconce,** *m.* Rautenform, *f.* Kreuzpflanzung; en —, rautenweise.

„**Quindécagone,** *m.* Fünfzehned, *n.* [zehnherr.

„**Quindécemvir,** *m.* (Alt.) Fünf-

**Quine,** *m.* (Trictr.) alle Fünf; Quinterne (im Lotto), *f.*

**Quiné,** e, *adj.* (Bot.) fünffach.

**Quinola,** *m.* (Spiel) Herzbube.

„**Quinquagénaire,** *adj.* fünfzigjährig; —, *m.* Fünfziger.

„**Quinquagésime,** *f.* der Sonntag vor Fastnacht, Quinquagesima.

**Quinqué,** *m. lat.* (Mus.) Quintett, *n.*

„**Quinquennal,** e, *adj.* fünfjährig; —, *m.* der fünfjährige Beamte; —es, *f. pl.* die fünfjährigen Feste (in Rom), *n. pl.*

„**Quinquennium,** *masc. lat.* der fünfjährige Studienlauf.

**Quinquenove,** *m.* fünf und neun (Würfelspiel). [sache Kampf.

„**Quinquerce,** *m.* (Alt.) der fünf-

„**Quinquérème,** *f.* (Alt.) die fünfruderige Galeere.

**Quinquet,** *m.* Zuglampe, *f.*

†**Quinquille,** *f.* das Lomberspiel zu fünfen.

**Quinquina,** *m.* (Bot., ꝛc.) Fieber-, Chinarinde, *f.;* Fieberrindenbaum, *m.*

**Quint,** *adj.* fünfte; —, *masc.* Fünfte; (Handl., ꝛc.) Fünftel, *n.*

**Quintadiner,** *v. n.* (Org.) unrein anstimmen.

**Quintaine,** *f.* ein Pfahl, nach welchem man ehemals mit der Lanze rannte, oder mit Wurfspießen schoß.

**Quintal,** *m.* Centner.

**Quintan,** *m.* Mehrenkopf auf der Rennbahn.

**Quintau,** *m.* Garbenhaufe.

**Quinte,** *f.* (Mus., ꝛc.) Quinte; (Med.) Stichhusten, *m.; fg. fm.* Grille, *f.* wunderliche Laune, Mucke; —, *adj.* fièvre —, (Med.) das fünftägige Fieber.

**Quintefeuille,** *f.* (Bot.) Fünffingerkraut, *n.*

†**Quinter,** *v. n.* (Mus.) durch Fünftel fortschreiten; —, *v. a.* (Geld, ꝛc.) stümpeln.

**Quintessence,** *f.* Quintessenz; *fg. id.,* Kern, *m.* [fünfteln.

**Quintessencier,** *v. a.* ausklügeln,

**Quintette,** *m.* Quintett, *n.*

**Quinteux,** se, *adj.* eigensinnig, wunderlich, grillenhaft.

**Quintidi,** *m.* der fünfte Tag der Decade.

„**Quintil,** e, *adj.,* aspect —, (Astr.) der gefünfte Schein.

„Quintuple, *adj.* fünffach; —, *m.*
Fünffache, *n.*
„Quintupler, *v. a.* verfünffachen.
Quinzain, *m.* (Ballsp.) fünfzehn.
Quinzaine, *f.* die Zahl von 15; une — de jours, eine Zeit von 14 Tagen.
Quinze, *adj.* fünfzehn; — jours, 14 Tage; —, *m.* Fünfzehnte.
Quinze-vingts, *m. pl.* das Spital für 300 Blinde (in Paris); un quinze-vingt, ein Blinder in diesem Spital.
Quinzième, *adj.* fünfzehnte; —, *m.* Fünfzehnte; Fünfzehntel, *n.*
Quinzièmement, *adv.* fünfzehntens.
†Quiossage, *m.* (Gärb.) Schlichten, *n.*              [mond, *m.*
†Quiosse, *f.* (Gärb.) Schlicht-
†Quiosser, *v. a.* (Felle) schlichten.
Quipos, *m. pl.* Quipos, Denkknotenschnüre (der Peruaner).
Quiproquo, *m.* (sans *s* au *pl.*), Versehen, *n.* Irrthum, *m.*
†Quis, *m.* (Miner.) Kupferkies.
Quittance, *f.* Quittung, Schein, *m.*
Quittancer, *v. a.* quittiren.
Quitte, *adj. et adv.* frei, los, ledig, quitt.
Quittement, *adv.*, (jur.) franchement et —, ganz schuldenfrei.
Quitter, *v. a.* verlassen, (Handl. ꝛc.) quittiren; (ein Kleid, ꝛc.) ablegen (auch *fg.*); (die Beute) loslassen; (das Laub) fallen lassen; — le noyau, vom Steine gehen; —, (ein Vorhaben) aufgeben.              [nung.
Quitus, *m.* die abgethane Rechn-
Qui-va-là! qui vive! wer da! *fg. fm.* être sur le qui-vive, in Sorgen seyn.              [deln.
Quoailler; *v. n.* (vom Pferd) we-
Quoi, *pron.* was; welches; —, *interj.* wie, was! un je ne sais —, etwas; de —, wovon; avoir de —, zu leben haben; sur —, hierauf; darauf.
Quoique, *conj.* obgleich, obschon.
Quolibet, *m.* der platte Witz, Zote, *f.*
†Quolibetier, *m.* ein Zotenreißer.
˙Quote, *adj. f.*, —part, Antheil, *m.* Beitrag.
Quotidien, ne, *adj.* täglich.
Quotient, *m.* (Arith.) Quotient.
˙Quotité, *f.* Theil, *m.* Antheil.

# R.

Rabâchage, *m.* die öftere Wiederholung; Wiederkäuen, *n.*
Rabâcher, *v. n.* wiederkäuen; das Gesagte oft wiederholen.

---

Rabâcherie, *f.*, *v.* Rabâchage.
Rabâcheur, *m.* se, *f.* Wiederkäuer, *m.* Schwätzer, =inn, *f.*
Rabais, *m.* (Handl.) Rabatt, Abzug, Nachlaß, (jur.) Herabsetzung, *f.*; adjudication au —, Mindersteigerung; mettre (un ouvrage) au —, auf den Abstreich hergeben.
Rabaissement, *m.* Verminderung, *f.* Herabsetzung.
Rabaisser, *v. a.* niedriger, heruntersetzen, stellen; hängen; *fg.* (den Preis, ꝛc.) vermindern, heruntersetzen, (einen) demüthigen; (die Stimme, ꝛc.) mäßigen; (Abgaben) herabsetzen; (Ansprüche) herabstimmen; se —, sich demüthigen.
†Rabaner, *v. a.* mit Rahbändern anbinden.
†Rabans, *m. pl.* (Schifff.) Rahbänder, *n. pl.*              [(Segel).
†Rabanter, *v. a.* (Seew.) anschlagen
Rabat, *m.* Ueberschlag, Bäffchen, *n.* Kragen; *m.*; (Ballsp.) Rückschlag; (Jagd) Nachtgarn, *n.*
†Rabateau, Rabat-eau, *masc.* (Messersch.) Spritzlappen.
Rabat-joie, *masc.* Freudenstörer; Freudenklappe, *f.*
*Rabattre, *v. a.* niederlassen, niederschlagen; niedriger machen; (Falten) ausstreichen; (eine Naht) ausbügeln; (Furchen) ausfüllen; *fg.* (den Stolz) demüthigen; (einen Streich) abwenden; (Wild) zusammentreiben; nachlassen, abziehen (vom Preis, auch *fg.*); —, *v. n.* sich wenden, einen andern Weg einschlagen; se —, sich niederlassen (Vogel); sich wenden (sur, gegen); *fg.* anfangen zu reben (sur, von); sich beschränken (à, auf).
Rabbaniste, *v.* Rabbiniste.
Rabbin, *m.* Rabbiner; rabbi, Rabbi.
Rabbinage, *m. mépr.* das Studiren in den Büchern der Rabbinen.
Rabbinique, *adj.* rabbinisch.
Rabbinisme, *m.* die Lehre der Rabbinen.              [Rabbinen.
Rabbiniste, *m.* der Anhänger der
Rabdologie, *f.* Stabrechenkunst.
Rabdomance, Rabdomancie, *f.* das Wahrsagen mit der Wünschelruthe.
Rabétir, *v. a.* dumm machen; —, *v. n.* immer dümmer werden.
Rabiole, *f.*, *v.* Rave.
Râble, *m.* (Jagd) Rücken (eines Hasen) || Krücke, *f.* Haten, *m.* Rührhaken.
Râblu, e, Râblé, e, *adj.* breitrückig (v. Hasen); *fg. fm.* vierschrötig.              [Kiel.
†Râblure, *f.* (Schiffb.) die Fuge am
Rabonnir, *v. a.* verbessern, wieder gut machen; —, *v. n.* wieder besser werden.

---

Rabot, *m.* Hobel; (Maur.) Rührbaken, Krücke, *f.*
Raboter, *v. a.* hobeln, abhobeln; *fg.* hobeln, verbessern.
Rab$_{\text{ot}}$$u_x$, se, *adj.* uneben, höferig, holperig (auch *fg.*).
Rabougri, e, *adj.* ungestaltet, knotig, kurzstämmig, ꝛc.; *fg. fm.* un petit homme —, ein Knirps.
Rabougrir, *v. n. et a.* verkrüppeln; se —, klein und krüppelig werden.
Rabouillère, *f.* Kaninchengrube.
Raboutir, *v. a. pop.* zusammenflicken.              [anschnauzen.
Rabrouer, *v. a. fm.* anfahren,
†Racages, *f. pl.* (Seew.) Rackwerk, *n.*
Racaille, *f. fm. mépr.* Lumpengesindel, *n.* Geschmeiß; *fg. fm.* Ausschuß, *m.* Schofel.
Raccommodage, *m.* Flicken, *n.* Ausflicken; Flickerlohn, *m.*
Raccommodement, *m.* Versöhnung, *f.*
Raccommoder, *v. a.* ausbessern, flicken (Kleider); *fg.* vergleichen, versöhnen; (eine Thorheit) wieder gut machen; se —, *v. r.* sich versöhnen.
Raccommodeur, *m.* se, *f.* Flicker, *m.* =inn, *f.*
Raccord, *m.* Verbindung, *fém.* Gleichmachung.
Raccordement, *m.* (Baut.) Vereinigung, *f.* Verbindung.
Raccorder, *v. a.* wieder einigen; (Mus.) wieder stimmen; *fg.* versöhnen.
†Raccoupler, *v. a.* wieder zusammentuppeln.
Raccourci, *m.* Auszug; Verkürzung, *f.* —, kurz, abgefürzt.
Raccourcir, *v. a.* abkürzen, verfürzen.              [zung, *f.*
Raccourcissement, *m.* Verkür-
†Raccours, *m.* das Einlaufen (der Tücher).
Raccoutrement, *m.* Ausbessern, *n.*              [flicken.
Raccoutrer, *v. a.* ausbessern, aus-
Raccoutumer (se), sich wieder gewöhnen (à, an).
Raccroc, *m.*, coup de —, (Bill.) Glücksstoß, *m.*
Raccrocher, *v. a.* wieder anheften; wieder aufhängen; *fg. fm.* wieder erhaschen; — qn, sich an einen hängen; se — (à, an); *fg.* id., sich wieder einschmeicheln (à, an).
Race, *f.* Geschlecht, *n.* Stamm, *m.* Art, *f.*; *mépr.* Gezücht, *n.* Brut, *f.*; — de vipères, Otterngezücht, *n.*
†Racer, *v. n.* (Vogl.) ein Junges seiner Art ausbrüten.
†Rachalander, *v. n.* wieder Kunden herbeiziehen, wieder Kunden verschaffen.

Rachat, m. Wiederkauf, Rückkauf; Loskaufung, f.

†Rache, fém., — de goudron, Theerhefen, f. pl.; —, (Salzſ.) ein Salzmaß.

Rachel, n. pr. f. Rabel.

Rachetable, adj. wiederkäuflich; ablöslich.

Racheter, v. a. wiederkaufen, rückkaufen; (einen) loskaufen; (ein Leben) lösen; (Theol., 2c.) erlösen; (Sünden) abbüßen, tilgen; (einen Fehler) wieder gutmachen; se —, sich loskaufen, erſetzt werden.

†Rachever, v. a. (Lichtz.) zum letzten Male eintauchen.

†Rachialgie, f. (Med.) Bleikrankheit.

Rachis, f. (Anal.) Rückgrath, m.

†Rachisacre, f. (Med.) Rückgrathsgicht.

Rachitique, adj. (Med.) mit der englischen Krankheit behaftet; (Landw.) rauſchig.

Rachitis, Rachitisme, m. (Med.) die englische Krankheit, Knochengicht.

Rachitisme, m. (Landw.) Rauſch (Kernkrankheit). [f.

Racinage, m. Ruß-, Wurzelfarbe.

Racinal, m. (Bauf.) Grundbalken, Grundschwelle, f.; Ständer, m.

Racine, f. Wurzel; (Gramm.) id., Wurzel-, Stammwort, n.; fg. Wurzel, f. Grund, m. Urforung; (Bot.) — de la peste, Peſtilenz-, Giftwurz, f.; — vierge, Schwarzwurzel, wilde Zaunrübe; prendre —, Wurzel fassen, wurzeln, einwurzeln.

†Raciner, v. n. wurzeln; —, v. a. mit Rußfarbe färben.

Rack, v. Arack.

Racle, f. (Seew.) Schrape, Kratzeisen, n. [ler.

Racle-boyau, m. pop. Bierfiedler.

Racler, v. a. abkraßen, schaben, raspeln; (ein Maß) abstreichen; — du violon, fm. auf der Geige kratzen, fiedeln.

Racleur, m. fm. Bierfiedler.

Racloir, m. Schabeisen, n. Raffel, f.

Racloire, f. Streichholz, n. [f.

Raclure, f. Abschabsel, n. Raspelspäne, m. pl.; Geträß, n.

Racolage, m. Werberhandwerk, n.

Racoler, v. a. mit List anwerben.

Racoleur, m. Werber.

Raconter, v. a. erzählen.

Raconteur, m. se, f. Erzähler, m. -inn, f.

Racornir, v. a. dart und zähe machen; se —, dart, zähe werden, zusammenschrumpfen.

Racornissement, m. Zähe, Härte, f. Eingeschrumpftheit.

†Racquit, v. a. Wiedergewinnen, n. Wiedereinbringen des Verlornen.

†Racquitter, v. a. qn., einem den Verlust wieder einbringen; se —, das Verlorne wieder einbringen.

Rade, f. Rhede.

Radeau, m. Floß.

Rader, v. a. (Seew.) auf die Rhede legen; (ein Maß) abstreichen.

Radeur, m. Salzmesser.

†Radiaires, m. pl. Strahlenthiere (Zoophyten); n. pl.

Radial, e, adj. strahlig; (Anal.) muscle —, Armspindelmuskel, m.

Radiant, e, adj. (Phyſ.) strahlend.

Radiation, f. Strahlen, n.; (jur., 2c.) Durchstreichen, Durchstreichung, f.

Radical, e, adj. ursprünglich; mot —, Stamm-, Wurzelwort, n.; signe —, (Math.) Wurzelzeichen, —, (Med.) gründlich (Heilung); humeur —e, Lebenssaft, masc.; -ement, adv. von Grund aus.

Radicant, e, adj. (Bot.) wurzelnd. [n.

†Radication, f. (Bot.) Wurzeln, Radicule, f. (Bot.) Würzelchen (im Keim).

Radié, e, adj. (Bot., 2c.) Strahlen bildend, strahlig, —es, f. pl. (Bot.) Strahlblumen.

Radier, m. (Hydr.) Rost, Schleusenboden.

Radieux, se, adj. strahlend.

Radiomètre, m. (Aſtr.) Höhenmesser.

Radis, m. Rabieschen, n.

Radius, m. lat. (Anal.) Armspindel, f. [chen, n.

†Radix, m. lat. (Bot.) Rabieschen.

Radoire, f. Streichholz, n.

Radotage, m. das alberne Geschwäß; Albernheit, f.

Radoter, v. n. wieder kindisch werden; albern schwätzen, faseln, fabeln.

Radoterie, f. das alberne Geschwäß.

Radoteur, m. se, f. der alberne Schwäßer, die -inn. [rung, f.

Radoub, m. (Schiffb.) Ausbesserung.

Radouber, v. a. (Schiffb.) kalfatern, ausbessern. [terer.

†Radoubeur, m. (Schiffb.) Kalfaterer.

Radoucir, v. a. lindern, mildern; besänftigen; se —, gelinder werden (Wetter); wieder gut werden.

Radoucissement, m. Milderung, f. Linderung. [fluth.

†Raf, m. (Seew.) die ſtarke Syring-Rafale, f. (Seew.) Windstoß, m. Windsbraut, f. [senfen.

†Raffaisser (se), sich setzen, sich Raffe, v. Raſſe.

Raffermir, v. a. befestigen, wieder stärken; se —, ſtärker, fester werden.

Raffermissement, m. Wiederbefestigung, f.

†Raſſes, f. pl. Abschnitzel, n.

Raffinage, m. Reinigung (des Zuckers), f.

Raffiné, e, adj. fg. durchtrieben, schlau (Mensch).

Raffinement, m. Künstelei, f.; Grübelei; Klügeln, n.; Verfeinerung, f.; un — de plaisir, ein ausgesuchtes Vergnügen.

Raffiner, v. a. reinigen, läutern; —, v. n. nachsinnen, ausdenken; künsteln; nachgrübeln, klügeln, fm. ausspißen; se —, feiner, schlauer werden.

Raffinerie, f. Zuckersiederei.

Raffineur, m. Zuckersieder.

Raffoler, v. n. sich vernarren (de, in). [zum Narren werden.

Raffolir, v. n. wieder närrisch, [zurichten.

†Raffutage, m. (Hutm.) die völlige Zurichtung.

†Raffuter, v. a. (Hutm.) völlig (Spiel) Paſch; faire —, alles wegrapsen.

Rafler, v. a. wegrapsen, wegraffen.

Rafraichir, v. a. erfrischen, abfühlen, erquicken, laben; (Haare, Federn) ab-, beschneiden; (Mal.) auffriſchen; (einen Hut, 2c.) beschneiden; fg. — la mémoire, das Andenken erneuern; —, v. n. frisch und fühl werden (Wein); se —, sich erfrischen, sich abfühlen.

Rafraichissant, e, adj. (Med.) erfrischend, fühlend; —, m. das erfrischende Mittel.

Rafraichissement, m. Erquickung, f. Abfühlung; Erfrischung.

†Rafraichissoir, m. Kühlkessel.

Ragaillardir, v. a. fm. wieder erfreuen, lustig machen.

Rage, f. Raserei, Wuth, Tollheit; Sucht; Grausamkeit; der rasende Schmerz; faire —, rasen, leben.

Ragot, e, adj. klein, kurz; —, m. Verstecknagel; (Jagd) Bacher (zweijähriges wildes Schwein).

†Ragoter, v. n. (alt) murren, brummen.

Ragoût, m. Ragout, n. Würzfleisch; fg. fm. Reiz, m.

Ragoûtant, e, adj. leckerhaft, reizend.

Ragoûter, v. a. qn., einem Appetit machen, einen einladen; fg. wieder reizen.

Ragrafer, v. a. wieder anheften.

Ragrandir, v. a. noch vergrößern.

Ragréer, v. a. (Bauf.) glatt machen, vollends ausarbeiten; (Gärtn.) wieder glatt schneiden; ausbessern; se —, (Seew.) wieder auftafeln, sich wieder versehen.

Ragrément, m. Ausbessern, n. Ausbesserung, f.; (Seew.) Wiederauftafeln, n.

Ragué, *adj.* (Seew.) abgenutzt (Schiffseil).

†Raguer (se), (Seew.) sich abreiben.

†Raguet, *m.* (Handl.) der kleine Kabeljau.

†Ragusais, e, *adj.* ragusisch; —, *m. e, f,* Ragusaner, *m.* =inn, *f.*

†Ragusan, *m.* das ragusische Ge=

†Raguse, Ragusa (Stadt). [biet.

Raïa, *m.* Raïa, christlicher oder jüdischer Unterthan der Türkei, dem Kopfgeld unterworfen.

Ralde, *v.* Roide.

Raideur, *v.* Roideur.

Raidillon, *v.* Roidillon.

Raidir, *v.* Roidir.

Raie, *f.* Linie, Strich, *m.* Streif, Furche, *f.;* (Naturg.) Roche (Fisch), *m.;* à la —, eins ins andere gerechnet.

Raifort, *m.* Rettig; — sauvage, grand —, Meerrettig.

Railler, *v. a.* verspotten, aufziehen, lächerlich machen, necken; —, *v. n.* scherzen; se —, *fm.* scherzen; se — de qn., sich über einen lustig machen. [Spott, Neckerei, *f.*

Raillerie, *f.* Scherz, *m.* Spaß,

Railleur, se, *adj.* spöttisch; —, *m. se, f.* Spötter, *m.* =inn, *f.*

†Rain, *m.* Rain, Rand, Saum eines Waldes; (ehemals) Zweig.

Raine, Rainette, *f.* Laubfrosch, *m.*

†Raineau, *m.* Bindebalken; Band (an einem Pfahlwerke), *n.*

Rainette, *v.* Reinette.

†Rainoire, *f.* Falzhobel, *m.*

. Rainure, *f.* Fuge, Falz, *m.;* —s, Gefüge, *n.* [(Kraut), *m.*

Raiponce, *f.* (Bot.) Rapunzel

Raire, *v. n.* röhren (Hirsch).

Rais, *m.* Radspeiche, *f.*

Raisin, *m.* Traube, *f.;* —s secs, Rosinen; —s de caisse, de Damas, de Corinthe, Zibeben, Corinthen, Merttrauben; papier —, Medianpapier, *n.*

Raisiné, *m.* Weinbeermus, *n.*

. Raison, *f.* Vernunft, Verstand, *m.;* Ursache, *f.* Grund, *m.;* Beweis; Recht, *n.;* Verhältniß; Genugthuung, *f.;* Rechenschaft; (Handlung) Firma; se mettre à la —, entendre; — der Vernunft Gehör geben; avoir —; Recht haben; parler —, vernünftig reden; faire —, Bescheid thun (im Trinken); à telle fin que de —; auf allen Fall; en —, nach dem Verhältnisse; à — de, wegen; comme de —, wie billig; von Rechts wegen; pour — de quoi, weswegen; à plus forte —, um desto mehr, desto eher.

Raisonnable, *adj.; -ment, adv.:* vernünftig, billig; ordentlich.

Raisonné, e, *adj.* begründet, mit Gründen unterstützt; ausführlich.

Raisonnement, *m.* Urtheilskraft, *f.;* Urtheil, *n.* Vernunftschluß, *m.* Schluß.

Raisonner, *v. n.* urtheilen, schließen, überlegen; *m. p.* vernünfteln, klügeln, plaudern.

Raisonneur, *m. se, f.* Forscher, *m.; m. p.* Vernünftler, Klügler; Schwätzer, =inn, *f.*

†Raïx, Rès, Réès, *masc.* Rees (portugiesische Münze).

Rajah, *m.* Rajah (indischer Fürst).

Rajeunir, *v. a.* wieder jung machen, verjüngen; —, *v. n.* wieder jung werden, sich verjüngen.    [*f.*

Rajeunissement, *m.* Verjüngung.

Rajustement, *m.* Aussöhnung, *f.*

Rajuster, *v. a.* wieder zurechtmachen; *fig.* aussöhnen, vergleichen.

Râle, *m.* Ralle (Vogel); — de genêt, Wachtelkönig.

Râle, Râlement, *m.* Röcheln, *n.*

Ralentir, *v. a.* langsamer machen; bemmen, mindern, schwächen; se —, langsamer werden; nachlassen.

Ralentissement, *m.* Nachlassen, *n.*

Râler, *v. n.* röcheln.     [*n.*

Ralingue, *v. n.* (Seew.) gegen den Wind brassen.

†Ralingues, *m. pl.* (Seew.) Liertaue, *n. pl.*     [werden.

†Raliter (se), wieder bettlägerig

†Raller, *v. n.* röhren (v. Geschrei des Hirsches in der Brunst).

Ralliement, *m.* Wiederversammlung, *f.* Wiedervereinigung (der Truppen); mot de —, Feldgeschrei, *n.* Losungswort (auch *fig.*).

Rallier, *v. a.* wieder sammeln, wieder vereinigen; — le vaisseau au vent, (Seew.) dem Winde näher kommen; se —, sich wieder vereinigen (à, mit, bei).

Rallonge, *f.* Ansatz, *m.* Verlängerungsstück, *n.*

Rallongement, *m.* (Zimm.) Verlängerung, *f.* Anstückung.

Rallonger, *v. a.* verlängern.

Rallumer, *v. a.* wieder anzünden; *fig.* wieder entzünden, wieder rege machen; se —, sich wieder entzünden (auch *fig.*).

Ramadan ou Ramazan, *masc.* (Mahom.) Ramadan (Fastenmonat).

†Ramadouer, *v. a.* durch Schmeicheleien wieder besänftigen, gewinnen.

Ramage, *m.* Waldgesang, Gesang (der Vögel) || Astwerk (auf Zeugen), *n.*

Ramager, *v. n.* singen, zwitschern.

Ramaigrir, *v. a.* wieder mager machen; —, *v. n.* wieder mager werden.     [*n.*

†Ramaillage, *m.* Sämischmachen,

†Ramailler, *v. a.* (Felle) sämisch machen.

†Ramaire, *adj.* (Bot.) aststänbig.

Ramas, *m.* der zusammengeraffte Haufen, Schwall.

Ramasse, *f.* Bergschlitten, *m.*

Ramassé, e, *adject.* untersetzt (Mensch).

Ramasser, *v. a.* sammeln, häufen; zusammenraffen; aufheben, aufrassen; in einem Bergschlitten herabführen; se —, sich aufraffen.

Ramasseur, *m.* Bergschlittenführer; *pop.* Sammler, der zusammenscharrt.

Ramassis, *m.* Haufen, Schwall.

†Rambades, *fém. pl.* [*f.* Schlagplatz, *m.*

Rambour, *m.,* pomme de —, (Gärtn.) der große Rambourapfel.

†Rambourrage, *m.* die Bereitung der Wolke (zu vermischten Tüchern).

Rame, *f.* (Schiff.) Ruder, *n.;* tirer, être à la —, rudern; *fig.* hart arbeiten; —, (Gärtn.) Bohnenstange, *f.;* Stecken, *m.;* Rieß (Papier), *n.;* mettre à la — zu Maculatur machen; farine de —, das mit Kleien vermischte Mehl.

Ramé, part., *v.* Ramer.

†Raméal, e, *adj., v.* Ramaire.

Rameau, *m.* Zweig; (Anal.) Ast; dimanche des —x, Palmsonntag.

Ramée, *f.* Laubwerk, *n.;* Laube, *f.*

†Ramendage, *m.* Ausbesserung, *f.*

†Ramender, *v. n.* im Preis abschlagen; —, *v. a.* ausbessern; — le pain, etc., dem Preis des Brodes, etc., herabsetzen.

Ramener, *v. a.* wiederbringen, zurückführen; zurückbringen; wieder helen.

†Rameneret, *m. et adj. m.,* trait — der Strich mit der Meßschnur.

Ramentevoir (se), (alt) sich erinnern.

Ramequin, *m.* Käsegebackene, *n.*

Ramer, *v. a.* (Gärtn.) Stangen, mit Stecken versehen (Zuch) rahmen; —, *v. n.* rudern; *fig.* sich plagen; boulet —é, Kettenkugel, *f.;* balle —ée, Drahtkugel.

Ramereau, *m.* die junge Holztaube.

Ramette, *f.* (Buchdr.) Rahmen, *m.*

Rameur, *m.* Ruderer, Ruderknecht.

Rameux, se, *adj.* zackig, ästig.

Ramier, *m.* Holztaube, *f.*

Ramification, *fém.* Verästung, Verzweigung (auch *fig.*).

Ramifier (se), sich verästen, sich verzweigen (auch *fig.*).

Ramilles, *f. pl.* Reisholz, *n.*

Ramingue, *adj.* widerspänstig, stätig.

Ramiste, *adj.;* lettres —s, die

ramiſtiſchen, von Ramus erfundenen Buchſtaben (das j und das v).

Ramoir, m. Glättmeſſer, n.

Ramoitir, v. a. wieder anfeuchten, neßen.

Ramollir, v. a. wieder erweichen; fg. ſanftmüthiger machen; m. p. entnerven, erſchlaffen.

Ramollissant, m. Erweichungsmittel, n.

Ramon, m. (alt) Beſen.

Ramonage, m. das Fegen eines Kamins. [gen, kehren.

Ramoner, v. a. (ein Kamin) fe-

Ramoneur, masc. Kaminfeger, Schornſteinfeger.

Rampant, e, adj. kriechend; fg. id., niederträchtig, elend; (Bauk.) abſchüſſig.

Rampe, f. Abſaß (einer Treppe), m.; Geländer, n. Lehne, f. Abhang, m.

Rampement, m. Kriechen, n.

Ramper, v. n. kriechen; fg. id., ſich ſclaviſch demüthigen; (Bot.) ranken.

Rampin, adj. m. (Reitſch.) an den Hinterfüßen überſchärft.

Ramure, f. Geweih (eines Hirſches), n. || Aſtwerk.

Rance, adj. ranzig; —, m. Ranz.

Ranche, f. Sproſſe. [lige, n.

Rancher, m. Leiterbaum, Krahnbalken; —s, (Wagn.) Riegelhölzer, n. pl. [ſenklinge, n.

†Ranchier, m. (Wappenk.) Sen-

Rancidité, Rancissure, f. Ranzigkeit, Ranzige, n.

Rancio, adj. m., vin —, rother Wein, der vor Alter gelb geworden iſt (in Spanien).

Rancir, v. n. ranzig werden.

Rancissure, f. Ranzigkeyn, n. der ranzige Geſchmack.

Rançon, f. Löſegeld, n.

Rançonnement, m. Loskaufung, f.; fg. Uebertheurung.

Rançonner, v. a. qn., einen ein Löſegeld bezahlen laſſen; fg. übernehmen, fm. ſchnellen.

Rançonneur, m. se, f. Geldſchneider, m. =inn, f.

Rancune, f. Groll, m.; — à part, unſern Groll bei Seite; — tenant, ohne den Groll fahren zu laſſen.

Rancunier, ère, adj. grußhaft, unverſöhnlich; —, m. ère, f. Groller, m. =inn, f.

Randonnée, f. (Jagd) der Kreis den ein Wild um ſein Lager rennt.

Rang, m. Reihe, f. Ordnung, Würde, f. Rang, masc. Vorzug, (Kriegsw.) Glied, n.; (Schifff.) Ruderbank, f.; se mettre sur les —s, ſich zum Kampfe darſtellen; fg. als Bewerber auftreten; être sur les —s, ſich mitbewerben.

---

†Range, f. (Pflaſt.) Reihe.

Rangé, e, adj. ordentlich (Menſch); bataille — e, Feldſchlacht, f.

Rangée, f. Reihe.

Ranger, v. a. ordnen, in Ordnung ſtellen, zurechtlegen, =ſtellen; auf= wegräumen; ſtellen; fg. unterwerfen; (in eine Claſſe) ſtellen, rechnen; se —, ſich in Reihe, Ordnung ſtellen; Plaß machen; se — du parti de qn., ſich auf jemandes Seite ſchlagen; se — à l'opinion de qn., jemandes Meinung beitreten; se — sous l'o-béissance de qn., ſich einem unterwerfen.

Ranimer, v. a. wieder beleben; fg. id., auf= ermuntern, Muth einflößen (qn., einem); se —, ſich wieder ermuntern.

Ranulaire, adj., veine —, f. (Anat.) die Ader unter der Zunge.

Ranule, fém. (Med.) Froſchgeſchwulſt.

Ranz des vaches, m. Kuhreigen.

†Raoul, n. pr. m. Ralph.

Rapace, adj. reißend (v. wilden Thieren); fg. raubgierig.

†Rapacé, e, adj. (Bot.) rüben-rettigförmig.

Rapacité, f. Raubgier, Raubſucht.

†Rapaiser, v. a. wieder beſänftigen.

Rapatelle, f. der roßhärne Zeug, Haartuch, n.

Rapatriage, Rapatriement, m. fm. Ausſöhnung, f. [ſöhnen.

Rapatrier, v. a. fm. wieder aus-

Râpe, f. Feile, Raspel, Tabaks-rappe; Reibeiſen, n. || Traubenkamm, masc.; —s, (Thiera.) Rappe (der Pferde), f.

Râpé, m. Weintrauben zum Auf-friſchen; der aufgefriſchte Wein, Räpps; —, adj. m., habit —, der abgeſchabte Rock. [reiben.

Râper, v. a. raspeln, reiben, ab-

Rapetasser, v. a. flicken, ausbeſſern. [ſerer.

†Rapetasseur, m. Flicker, Ausbeſ-

Rapetisser, v. a. kleiner machen; fg. id., verkleinern; v. n. kleiner werden; se —, einlaufen, eingehen. [Schlangenäugel.

†Rapette, fém. Scharfkraut, n.

Raphé, m. (Anat.) Naht, f.

Rapide, adj.; =ment, adv. ; ſchnell; reißend; fg. id., fließend, hinreißend (Styl); ſteil (Abhang).

Rapidité, f. Schnelligkeit; fg. id.; Lebhaftigkeit (des Styls).

Rapiécer, Rapiéceter, v. a. fli-cken, ausbeſſern, ſtücken, anſtücken.

Rapiécetage, m. Flicken, n. Flickwerk; Flickerlohn, m.

Rapière, f. Raufdegen, m. Degen.

Rapine, f. Raub, m. Dieberei, f.

Rapiner, v. a. et n. fm. rauben, unterſchlagen.

---

†Raponcules, f. pl. die rapunzel-artigen Pflanzen.

†Rapontic, f. Rhapontikwurzel, Mönchsrhabarber, m.

Rappareiller, v. a. wieder paaren.

Rapparier, v. a. zwei Sachen mit einander verbinden, um ein Paar daraus zu machen; paarweiſe zuſammen thun (von Thieren).

Rappel, m. Zurück= Abberufung, f.; (jur.) Erbeinſeßung entfernterer Verwandten; (Kriegsw.) Rappell, m.

Rappeler, v. a. wieder rufen, zu-rückrufen (auch fg.), zurück=, abbe-rufen, abruſen; (Kriegsw.) Rappell ſchlagen; se — qch., ſich an etwas erinnern.

†Rappliquer, v. a. wieder auflegen.

Rapport, m. Ertrag, Einkünfte (eines Gutes, &c.), pl. || Nachricht, f.; (Kriegsw., &c.) Bericht, m.; Ausſage, f.; fm. Klatſcherei; faire un —, ein Bericht erſtatten || Ueber-einſtimmung, f.; Verbindung; Ver-hältniß, n. Beziehung, f.; (jur.) Wiederbeibringung des Empfange-nen; —s, (Med.) Aufſtoßen, n.; pièces de —, Stücke zu eingelegter Arbeit; par —, in Bezug, in Rück-ſicht, (à, auf).

Rapportable, adj. (jur.) was wie-der in die Erbſchaftsmaſſe eingeſchloſ-ſen werden muß.

Rapporter, v. a. zurückbringen, wiederbringen; mitbringen; hintra-gen (à, an); (ein Stück) anſeßen, anpaſſen, à qch., von etw. ablei-ten, auf etw. beziehen, berichten, erzählen; m. p. ausplaudern, zutra-gen, klatſchen; (eine Stelle) anfüh-ren; un procès, eine Klage wieder Proceß Bericht erſtatten || eintragen, zinſen (v. Gütern); —, v. n. (v. Speiſen) aufſtoßen; se —, ſich be-ziehen (à, auf); übereinkommen, übereinſtimmen (à, mit) || ſich ver-halten (à, zu); s'en —, ſich berufen (à, auf).

Rapporteur, m. (jur.) Berichter-ſtatter; (Geom.) Winkelmeſſer.

Rapporteur, m. se, f. Ohrenblä-ſer, m. =inn, f.; Klätſcher, m. Klatſche, f.

*Rapprendre, v. a. wieder lernen.

†Rapprivoiser, v. a. wieder zäh-men.

Rapprochement, m. Annäherung, f. Zuſammenbringung, f. Zu-ſammenſtellung; Ausſöhnung.

Rapprocher, v. a. wieder annä-hern, näher bringen, zuſammenrü-cken; fg. wieder ausſöhnen; (Wild) ausſpüren; se —, ſich wieder nä-hern.

Rapsode, m. (Alt.) Rhapſode (Sänger der Gedichte Homers).

†Rapsoder, v. a. fm. schlecht zu= sammenflicken.

Rapsodie, f. Rhapsodie, der Ge= sang aus Homer u.; fg. mépr. Flick= werk, n. [stoppler.

Rapsodiste, m. mépr. Zusamen=

Rapt, m. Weiberraub, Raub, Entführung, f.

Rapure, f. Raspelspäne, m. pl.

†Rapuroir, m. (Salp.) Kessel, Laugenbütte, f.

†Raque, m. (Seew.) Kloten.

†Raquéton, m. das breite Racket.

Raquette, f. Racket, n. Schlag= netz.

Raquettier, m. Racketenmacher.

Rare, adj. selten; fg. sonderbar; seltsam; dünn; schwach, langsam (vom Pulse); -ment, adv. selten.

Raréfactif, ve, Raréfiant, e, adj. verdünnend.

Raréfaction, f. Verdünnung.

Raréfier, v. a. verdünnen.

†Rarescence, f. (Med.) Dünn= beit. [dehnbarkeit.

†Rarescibilité, f. (Phys.) Aus=

Rareté, f. Seltenheit; pour la — du fait, der Seltenheit wegen; — Mangel, m.; (Phys.) Dünnheit, f.

†Rarifeuillé, e, adj. (Bot.) blatt= arm. [arm.

†Rariflore, adj. (Bot.) blumen=

Rarissime, adj. fm. sehr selten.

Ras, e, adj. geschoren, kurzhärig; eben, flach (Feld); (Seew.) flach, platt, gestrichen (Maß); glatt (Plat= te); fg. c'est une table rase, er ist noch jedem Eindrucke offen.

Ras, m. (Handl.) Rasch (Zeug).

Rasade, f. das gestrichen volle Glas. [send.

Rasant, e, adj. streichend, strei=

†Rase, f. Schiffpech, n.

Rasement, m. (Kriegsw.) Schlei= fung, f.

Raser, v. a. scheren, rasiren; (Häu= ser, u.) niederreißen, schleifen; — qch., nahe an etw. vorbeifahren, etw. streifen; —, v. n. (Jagd) sich ducken.

†Rasette, f. (Handl.) der geringe Rasch; (Org.) Stimmdraht.

Rasibus, adv. pop., — de..., hart, dicht, ganz nahe an.

Rasoir, m. Schermesser, n.

†Raspation, f. (Chym.) Raspeln, n. Zerreibung, f.

†Raspatoir, m. (Chir.) Beinfeile.

Rassade, f. (Handl.) Glaskoral= len, pl. Glasperlen.

Rassasiement, m. Sättigung, f.; fg. id.

Rassasier, v. a. sättigen; fg. id.

Rassemblement, m. Sammlung, f.; Versammlung; Zusammenlauf, m.

Rassembler, v. a. sameln, zusam= menbringen; versammeln; (Reitsch.) zusammennehmen; (Geld) auftrei= ben; fm. zusammentreiben (Men= schen, Geld); se —, sich versam= meln.

*Rasseoir, v. a. wieder setzen, wie= der befestigen; —, v. n. et se —, sich wieder setzen; fg. sich setzen; —, fg. sich wieder erholen.

Rasséréner, v. a. wieder aufhei= tern; fg. id.; se —, wieder heiter werden.

Rassis, e, adj. altbacken, trocken (Brod); fg. ruhig; de sang rassis, mit kaltem Blute.

†Rassis, m. das wieder aufgelegte Hufeisen. [in.

Rassoté, e, adj. vernarrt (de,

Rassurant, e, adj. beruhigend.

Rassurer, v. a. wieder befestigen; fg. id.; — qn., einem Muth ein= sprechen, einen beruhigen; se —, sich wieder beruhigen, sich beruhigen.

Rat, m. Ratte, f. Ratze; fg. Grille; nid à —, Rattennest, n.; fg. fm. id.; prendre un —, ver= sagen (Flinte); fg. iron. fehlschie= ßen; — d'eau, Wasserratte, f.; — du Brésil, Beutelratte; — de cave, Kellerratte; fg id., Wein= schauer, m.

Ratafia, m. Ratafia (Getränt).

Ratatiner (se), zusammenschrum= pfen, einschrumpfen; welf werden (Apfel).

Rate, f. (Anal.) Milz.

Râteau, m. Harke, f. Rechen, m.; (Schloss.) Rechen.

Râtelée, f. Rechenvoll, m.

Râteler, v. a. harken, rechen.

Râtelet, m. (Manuf.) Blatt, n. Riedblatt, Blattkamm, m.

Râteleur, m. Harker, Recher.

Râtelier, m. Raufe (im Stall), f.; fg. fm. mettre le — trop haut à qn., einem den Brodforb zu hoch hängen; manger à plus d'un —, mehrere Bedienungen haben; —, Waffengestell, n.; fg. fm. Gebiß.

Rater, v. n. versagen; fg. fm. fehlschießen; v. a. nicht treffen, verfehlen. [m. einfl.]

Ratier, m. ère, f. Grillenfänger.

Ratière, f. Rattenfalle, (Pos.) Werkstuhl, m.

Ratification, f. Bestätigung, Ge= nehmigung; Bestätigungsurkunde.

Ratifier, v. a. bestätigen, geneh= migen. [fräuseln, Frisiren.

†Ratinage, m. Kräuseln, f. Auf=

Ratine, f. Ratin, m. Fries.

Ratiner, v. a. (Tuch) kräuseln.

Ration, f. Ration, tägliche Por= tion. [(des Hohenpriesters), n.

Rational, m. (j. Alt.) Brustschild

†Rationalisme, masc. Vernunft= glaube.

Rationnel, le, adj. (Math.) ra= tionell; sittlich, vernünftig (vom Menschen); horizon —, der wahre Horizont.

†Ratis, m. Darmfett, n.

†Ratisbonne, Regensburg (Stadt).

Ratissage, m. Schaben, n. Schär= fen, Scheuern.

Ratisser, v. a. kratzen, abschaben, ausfratzen. [Scharre, f.

Ratissoire, fém. Kratzeisen, n.

Raton, m. die kleine Ratze; fg. fm. Mäuschen, n.; (Kocht.) Kä= sekuchen, m.; (Naturg.) Wasch= bär.

Rattacher, v. a. wieder fest ma= chen, anheften, befestigen; fg. an= knüpfen; se —, fg. in Verbindung stehen (à, mit).

†Ratte, f. à la courte queue, (Naturg.) Feld=, Erdmaus; — rousse, id.

Ratteindre, Rattraper; v. a. wie= der einholen, wieder bekommen, er= wischen.

Rattendrir, v. a. wieder erwei= chen, weich, mürbe machen; v. At= tendrir.

Rattiser, v. a. wieder schüren, neu anfachen.

Rattraper, v. a. wieder erwischen, wieder einholen, bekommen.

Rature, f. Durchstrich, m.; Ab= schabsel (vom Pergamente), n.

Raturer, v. a. durch= ausstreichen, auslöschen; abschaben.

Raucité, f. Rauhigkeit, Heiser= keit der Stimme.

Rauque, adj. heiser, rauh.

Ravage, m. Verwüstung, f. Ver= heerung; fg. Unordnung.

Ravager, v. a. verheeren, verwü= sten. [wüster.

Ravageur, m. Verheerer, Ver=

Ravalement, m. (Maur.) Bewerfen (einer Mauer); n.; clavecin à —, ein Clavier mit zwei kleinen Tasten.

Ravaler, v. a. wieder hinabschlu= cken; (Maur.) überwerfen; (Bäu= me) stutzen; (Leder) dünner machen; fg. herabsetzen, erniedrigen, demü= thigen; se —, sich demüthigen, sich erniedrigen.

Ravaudage, m. Flicken, n. Fli= cerlohn, m.; fg. fm. Pfuscherei, f.

Ravauder, v. n. flicken, ausflicken; fg. fm. herumpläntern, sich im Haus se herumtreiben; — v. a. zanken, aushunzen; dummes Zeug schwatzen.

Ravauderie, f. das alberne Ge= schwätz, Lapperei, f.

Ravaudeur, m. Flicker, m. =inn, f.; fg. fm. Schwätzer, m.

Rave, f. (Bot.) Rübe.

Ravelin, m. (Fortif.) Halbmond.

†Ravenelle, f. Gelbveilchen, n. die gelbe Viole.

†Ravenne, Ravenna (Stadt).

†Raverdoir, m. (Vierbr.) Würz-zuber. [tige Schenfung.

†Ravestissement, m. die gegensei-

†Ravet, m. der amerikanische Ka-ferlaf (Insekt).

†Ravière, f. Rübenacker, m.

Ravigote, f. (Kochf.) die grüne Zwiebelbrühe. [stärken.

Ravigoter, v. a. fm. erquicken,

Ravilir, v. a. verächtlich machen.

Ravin, m. Hohlweg. [weg.

Ravine, f. Regenbach, m.; Hohl-

Ravir, v. a. rauben, entführen, fortschleppen; bin-, wegraffen (Tod, x.); fg. entzücken, bezaubern, hin-reißen; a—, zum Entzücken.

Raviser (se), sich anders besinnen.

Ravissant, e, adj. reißend (von Thieren); fg. hinreißend, entzückend, köstlich, herrlich.

Ravissement, m. Raub, Entführ-ung, f.; fg. Entzücken, n.

Ravisseur, m. Räuber, Entführer.

Ravitaillement, m. Wiederver-proviantirung, f.

Ravitailler, v. a. wieder mit Vor-rath versehen, wieder verproviantiren.

Raviver, v. a. wieder lebhaft ma-chen, auffrischen; fg. wieder aufstellen machen.

Ravoir, v. a. (nur im infin.) wie-der haben, wieder zurückbekommen; se —, fm. sich wieder erholen, sich berubigen.

†Ray, m. (Fisch.) das engmaschige Trichternetz.

Raya, v. Raïa.

†Rayaux, m. pl. (Münzw.) Ein-güsse.

Rayé, e, adj. gestreift (Zeug).

Rayer, v. a. qch., Streifen in etw. machen; Linien auf etw. ziehen; aus-, durchstreichen; (Büchs.) ziehen.

Rayon, m. Strahl; Fach (in Ge-stellen), n.; Bücherschaft, masc.; (Math.) Radius, halbe Durchmes-ser; Halbmesser; (Wagn.) Rad-speiche; (Landw.) Furche; (Anat.) Elbogenröhre; (Biebm.) Senfgrube; — de miel, Honigscheibe.

Rayonnant, e, adj. strahlend, glänzend; fg. id.

Rayonné, e, adj. strahlend.

Rayonnement, m. Strahlen, n.

Rayonner, v. n. strahlen.

Rayure, f. Gestreifte, n.; Strei-fen, m. pl.; das Sparrwerk am Dach.

†Razette, f. (Orgelb.) Krücke (Handw.) Schabeisen, n. Schab-trücke, f.

Re, diese Sylbe bedeutet in der Zusammensetzung: zurück, wieder von Neuem. NB. die hier fehlenden Wörter suche man unter dem ein-fachen Wort.

Ré, m. (Muf.) das D.

Réactif, m. (Chym.) das gegen-wirkende Mittel.

Réaction, f. Gegen-, Rückwir-fung (auch fg.); Wiederdruck, m.

†Réadmission, f. Wiederannahme.

Réaggrave, m. (firch. Recht) letzte Mahnung (vor dem Bannspruche), f.

Réaggraver, v. a. erklären daß je-mand in die, durch die letzte Mah-nung angedrohte Strafe verfallen sey.

Réagir, v. n. zurückwirken; fg. id.

Réajournement, m. (jur.) die abermalige Vorladung; der aberma-lige Aufschub.

Réajourner, v. a. zum zweitenmal vorladen; nochmals aufschieben.

Réal, e, adj. (Seew.) töniglich; galére —e, ou —e, f. Hauptga-leere; —, m. e, f. Real (spanische Münze), m. [Rauschgelb, n.

Réalgal, Réalgar, m. (Miner.)

Réalisation, f. Verwirklichung, Erfüllung, Ausführung; Umsetzen (von Gütern) in baares Geld, n.

Réaliser, v. a. verwirklichen; wirk-lich erfüllen, ausführen; (Güter) in Geld umsetzen; se —, in Erfüllung gehen.

†Réalisme, m. (Philof.) Realis-mus (die Lehre, welche die abstracten Begriffe als wirkliche Wesen dar-stellt). [isten.

Réalistes, m. pl. (Philof.) Rea-

Réalité, f. Wirklichkeit.

†Réapparition, f. Wiedererschei-nung, Wiedersichtbarwerden, n.

Réappel, m. zweiter Aufruf.

Réappeler, v. a. wieder aufrufen.

Réapposer, v. a. (jur.) wieder anlegen.

Réapposition, f. Wiederanlegung.

†Réappréciation, f. die nochmalige gerichtliche Schätzung oder Taxation.

†Réarpentage, m. die neue Ver-messung.

†Réarpenter, v. a. aufs neue (ei-nen Wald, x.) vermessen.

Réassignation, f. (jur.) die wie-derholte Vorladung.

Réassigner, v. a. noch einmal vor-laden; (eine Summe) aufs Neue anweisen.

Réatteler, v. a. wieder anspannen.

Réattraction, f. die elektrische Wiederanziehung.

Réatu (in), adv. lat. (jur.) eines Verbrechens angeklagt.

Rebaisser, v. a. wieder herablas-sen, -stellen, x.

Rebander, v. a. (Gewehr) wieder spannen; (Wunde) wieder verbin-den; (Schiff) wieder wenden.

Rebaptisants, m. pl. Wiedertäu-fer.

Rebaptiser, v. a. wieder taufen.

Rébarbatif, ve, adj. fm. mür-risch, unfreundlich, sauertöpfisch.

†Rebarbe, f. (Kupferst.) Späne, m. pl. Grat, m.

†Rebarder, v. a. (Gärtn.) einen erhöhten Rand machen.

†Rebat, m. das nochmalige Zusam-mentreiben und Binden eines Fasses.

†Rebâter, v. a. den Saumsattel wieder auflegen oder neu machen lassen.

Rebâtir, v. a. wieder aufbauen.

†Rebattoir, m. (Schieferd.) Ab-schlageisen, n.

Rebattre, v. a. wieder schlagen; fg. zum Ekel wiederholen, fm. auf-wärmen, abbrechen; être rebattu de qch., die Ohren von etwas voll haben.

Rebaudir, v. a. (Jagd) aufmuntern, liebkosen.

Rebec, m. die (schlechte) dreisaitige Geige, Fiedel.

†Rebecque, n. pr. f. Rebekka.

Rebelle, adj. aufrührisch, wider-spänstig; fg. hartnäckig; (Bergw.) spröde; être — à qch., einer Sache widerstreben; —, m. Aufrührer, Empörer.

Rebeller (se), (alt) sich empören.

Rébellion, f. Aufruhr, m. Auf-stand, Empörung, f. Widerstand, m.

Rebénir, v. a. aufs neue einweihen (Kirche).

Rebeller (se), fm. widerbelfern.

†Rebiffer (se), (alt) sich sträuben, widersetzen, widerspänstig seyn.

Reblanchir, v. a. wieder weißen.

†Reboire, v. a. nochmals trinken; wieder einschlucken (Maß).

Rebondi, e, adj. voll, rund. [der zurückgehende Puls.

Rebondir, v. n. wieder zurückpral-len,

†Rebondissant, adj., pouls —s,

Rebondissement, m. Zurückpral-len, n. Aufspringen.

Rebord, m. Rand; (Schneid.) Umschlag, Kragen; (Hutm.) Auf-schlag; Kranz; Vorsprung (eines Ka-mins). [sen.

Reborder, v. a. wieder neu einfaf-

Rebotter (se), die Stiefel wieder anziehen; (Gärtn.) einen Baum bis an die Pfropfstelle zurückschneiden.

Reboucher, v. a. wieder zustopfen; se —, sich umlegen, sich verbiegen.

*Rebouillir, v. a. wieder aufkochen.

Rebousage, m. (Hutm.) Auspu-ßen, n. [sen.

Rebouiser, v. a. (Hutm.) auspu-

†Rebourgeonner, v. n. neue Knof-pen treiben.

Rebours, m. Gegenstrich (an Zeu-gen, x.); fg. Gegentheil, n.; à —, au — gegen den Strich; fg. ver-kehrt; —, e, adj. fm. störrig.

Rebouteur, v. Renoueur.
Reboutonner, v. a. wieder zu=
knöpfen.
†Rebras, m. das Armstück eines
Handschuhes; (ehemals) Aermelum=
schlag, m.
Rebrasser, v. a., v. Retrousser.
Rebrider, v. a. wieder aufzäumen.
Rebroder, v. a. überstichen.
†Rebroussement, m. (Geem.)
Wiederkehrung, f.
Rebrousse-poil (à), adv. gegen
den Strich; fg. verkehrt.
Rebrousser, v. a. wider den Strich
kämmen, bürsten, streichen, aufstrei=
chen; — chemin, plötzlich umkehren.
†Rebroussette, f. (Tuchm.) Auf=
strichkamm, m.
†Rebroyer, v. a. wieder zerreiben,
nochmals zermalmen.
†Rebrunir, v. a. nochmals glätten.
Rebuffade, f. fm. Anschnauzen,
n. Anfahren; Wischer, m.
Rébus, m. Wortspiel, n.; fg.
Zweideutigkeit, f.; der abgeschmackte
Spaß.
Rebut, m. die harte Abweisung ||
Auswurf, m. Ausschuß; fg. Ab=
schaum; mettre au —, ausschießen.
Rebutant, e, adj. abschreckend,
verdrießlich, widerwärtig, widrig.
Rebuter, v. a. hart, verächtlich
abweisen; abschrecken; mißfallen;
widern || verwerfen; (Handl.) aus=
schießen; se —, sich abschrecken las=
sen, den Muth verlieren.
†Recacher, v. a. wieder verbergen,
verstecken.
Recacheter, v. a. wieder versiegeln.
Récalcitrant, e, adj. hartnäckig,
widerspänstig, störrig.
Récalcitrer, v. a. hartnäckig wi=
derstehen.
†Recaler, v. a. glatt hobeln.
†Récamer, v. a. reich sticken.
Récapitulation, f. Wiederholung.
Récapituler, v. a. wiederholen.
Recarder, v. a. wieder kardätschen
(Wolle).                      [ten.
Recarreler, v. a. aufs Neue platt=
Recasser, v. a. umackern, umpflü=
gen, felgen.
†Recassis, m. der umgebrochene
Acker, Felge, f.
Recéder, v. a. wieder überlassen,
zurück abtreten.
Recélé, Recélement, m. (jur.)
Verhehlung, f. Verheimlichung.
Recéler, v. a. verbergen, verheh=
len.                           [=sinn, f.
Recéleur, m. se, f. Hehler, m.
Récemment, adv. neulich, vor
kurzem.
Recensement, m. Aufzählung, f.
Zählung; (Handl.) neue Besicht=
gung; Durchsicht (einer Rechnung);
(jur.) Zeugenverhör, n.

Recenser, v. a. aufzählen, zählen;
(Handl.) besichtigen, durchsehen;
(jur.) verhören.
Récent, e, adj. neu, neulich, frisch.
Recepage, m. (Rehm.) Abhol=
zen, n.; Abschneiden (am Boden);
(Gärtn.) Köpfen.
Recepée, f. der abgeholzte Schlag.
Receper, v. a. (Rehm.) am Boden
abschneiden; (Gärtn.) abköpfen, aus=
hauen, abholzen.
Récepissé, m. Empfangschein.
Réceptacle, m. Sammelplatz;
m. p. id., Schlupfwinkel; (Hydr.)
Sammelkasten; Behälter; (Bot.)
Fruchtboden.
†Réceptibilité, f. (Philos.) Re=
ceptivität, Fähigkeit Eindrücke zu em=
pfangen.
Réception, f. Empfang, m. Auf=
nahme, f.; faire une —, einen
empfangen.
Recercler, v. a. neue Reife, oder
Reife von neuem anlegen.
Recette, f. Einnahme; Einnehmer=
amt, n.; (Med.) Recept.
Recevable, adj. zulässig, annehm=
lich.                          [m. sinn, f.
Receveur, m. se, f. Einnehmer,
Recevoir, v. a. empfangen, be=
kommen, fm. kriegen; aufnehmen;
erhalten, annehmen; (Geld) einneh=
men; Besuche annehmen.
Recez, Recès, m. (jur.) Receß;
— de l'Empire, Reichsabschied.
Réchampir, v. a. (Mal.) hervor=
heben.
Rechange, m. (Handl.) Rück=
wechsel; armes de —, verräthige
Waffen, pl.
†Rechanger, v. a. wieder ändern;
nochmals vertauschen, wechseln.
†Rechanter, v. a. wieder singen;
fg. fm. noch einmal sagen.
Réchappé, m. (de justice), ein
Taugenichts.
Réchapper, v. n. fm. entkommen.
Recharge, f. die abermalige La=
dung; venir à la —, fm. aufs Neue
mit Bitten bestürmen; (cette nou=
velle affaire) survint en — de la
première, verstärkte den Eindruck,
welchen die erste gemacht hatte.
Rechargement, m. Wiederladung,
fém.
Recharger, v. a. wieder laden; aufs
Neue angreifen; aufs Neue beauf=
tragen, belaben; (eine Achse) ver=
stärken.                       [rücktreiben.
Rechasser, v. a. wieder jagen, zu=
Rechasseur, m. der Zurücktreiber
des Wildes.                    [Feuerbecken, n.
Réchaud, m. Kohlenpfanne, f.
†Réchauf, m. der frisch angelegte,
warme Dünger.
Réchauffé, m. fm. Gewärmtes,
n.; fg. fm. etw. Aufgewärmtes.

Réchauffement, m. (Gärtn.) der
neue Dünger.
Réchauffer, v. a. wärmen, wieder
wärmen; (etw.) aufwärmen; fg.
wieder beleben; se —, sich wieder
wärmen; fg. wieder warm, lebhaft
werden.
Réchauffoir, m. Wärmofen.
Rechausser, v. a. qn., einem Schu=
he und Strümpfe wieder anziehen;
(einen Baum) aufs Neue mit Erde
bewerfen; (ein Rad) wieder bejah=
nen; (Münzblech) wieder schlagen;
se —, Schuhe und Strümpfe wieder
anziehen.
†Rechaussoir, m. Münzhammer.
Rêche, adj. rauh, schnaubend
(Ton, x.).
Recherche, f. Untersuchung, For=
schung, Nachforschung, Erforschung,
Erkundigung, Bemühung, Bewer=
bung um etw.; — en mariage, Be=
werbung; —, m. p. übertriebene
Sorgfalt.
Recherché, e, adj. gesucht, ge=
künstelt (Pub, x.).
Rechercher, v. a. nochmals suchen;
untersuchen, erforschen, nachsuchen,
nachforschen (qch., einer S.); sich
um etw. bewerben; — une fille en
mariage, um ein Mädchen anhal=
ten, anwerben; — qn., (jur.) eine
Untersuchung über einen anstellen;
fleißig ausarbeiten; fg. suchen; m.
p. weit herholen.              [sauertöpfisch.
Rechigné, e, adj. mürrisch,
Rechignement, m. Maulhängen,
n. Griesgramen.                [aussehen.
Rechigner, v. n. sauer, mürrisch
†Rechinser, v. (Tuchm.) die
Wolle rein auswaschen, ausspülen.
Rechoir, v. n. (alt) wieder fallen;
in eine Krankheit, einen Fehler zu=
rückfallen.
Rechute, f. (Med.) Rückfall, m.
Récidive, f. Rückfall (in einen
Fehler), m.                    [Fehler fallen.
Récidiver, v. n. wieder in vorige
Récif, m. Felsenriff, n.
Récipé, m. lat. (Med.) Recept,
n.                             [kelmesser.
†Récipiangle, m. (Geom.) Win=
Récipiendaire, m. Aufzunehmende.
Récipient, m. (Chym.) Recipient,
Vorlage, f.; (Phys.) Glocke (der
Luftpumpe).
†Réciprocation, f. Gegenwechsel,
m.; die gegenseitige Beziehung.
Réciprocité, f. das gegenseitige
Verhältniß, Erwiederung, f.
Réciproque, adj. gegenseitig, wech=
selseitig; verbe —, (Gramm.) das
eine gegenseitige Handlung bezeich=
nende Zeitwort; -ment, adv. gegen=
seitig, einander; —, m., rendre le
—, etw. erwiedern.

Réciproquer, v. n. erwiedern, wieder vergelten; fm. wett machen.

†Recirer, v. a. wieder wichsen.

Récit, m. Erzählung, f. Bericht,
m.; (Muf.) Recitativ, n.

Récitant, e, adj., partie —e,
(Muf.) Solostimme, f. [n.

Récitatif, m. (Muf.) Recitativ,

Récitation, f. Hersagen, n.

Réciter, v. a. hersagen; (ein Gebet) herbeten (auch fig. fm.); erzählen; (Muf.) ein Solo singen,
spielen.

†Réclamateur, m. (Handl.) Zurückforderer (eines genommenen Schiffes).

Réclamation, f. Zurückforderung;
Einspruch, m. Widerruf.

Réclame, f. (Buchdr.) Custos, m.
Blatthüter; (Muf.) Schlußgesang
des Chors; —, m. (Jagd) Ruf.

Réclamer, v. a. anrufen, anflehen; — qch., auf etwas Anspruch
machen; etw. zurückfordern; —, v.
n. sich beschweren; — contre qch.,
gegen etwas Einwendungen machen;
Einspruch thun; se — de qn., sich
auf jemand berufen.

†Réclamper, v. a. (Schiffb.) (einen
Mast, ꝛc.) wieder fest machen, be-
wangen.

†Réclinaison, fém. Reklination.
Abweichung eines Zifferblattes von
der Ebene des Zenith. [nenuhr).

†Récliner, v. n. geneigt seyn (Son-

Recloner, v. a. wieder nageln.

*Reclure, v. a. einsperren, ein-
schließen.

Reclus, m. Einsiedler, Klausner.

Reclusion, f. (jur., ꝛc.) Einsperrung.

†Recocher, v. a. (Teig) mit der
flachen Hand noch einmal klopfen.

Recogner, v. a. (Handw.) wieder
hineinstoßen; -schlagen; pop. zurückstoßen; fig. pop. hart abweisen.

Recognitif, ve, adj. anerkennend;
acte —, Anerkennungs-Akt, m.

Recoiffer, v. a. den Kopfputz wieder in Ordnung bringen.

Recoin, m. Schlupfwinkel.

Récolement, masc. de témoins,
(jur.) das Wiedervorlesen der Zeugenaussage; Untersuchung (eines
Inventariums), f.; (Forstw.) Besichtigung (eines Holzschlags).

Récoler, v. a. les témoins, den
Zeugen ihre Aussage noch einmal
vorlesen. [lung der Gedanken.

Récollection, f. (And.) die Sam-

Recoller, v. a. wieder leimen, zusammenleimen.

Récollet, m. Franciskaner.

Récolliger (se), v. r. (alt) sich
sammeln.

Récolte, f. Ernte.

Récolter, v. a. ernten, einernten.

Recommandable, adj. empfeh-
lenswerth, schätzbar, löblich.

Recommandaresse, f. ol. Ammen-
verdingerinn (in Paris).

Recommandation, f. Empfehlung, Fürsprache.

Recommander, v. a. empfehlen,
anbefehlen, fm. einbinden; anpreisen; (eine gestohlene S.) anzeigen;
(jur. einen) zur fernern Haft empfehlen.

Recommencer, v. a. et n. wieder,
von neuem anfangen.

†Recommenceur, m. se, fm. einer der, eine die immer wieder von
vorne anfängt.

Récompense, f. Belohnung, Lohn,
m.; en —, dafür, dagegen.

Récompenser, v. a. belohnen, einem bergelten; entschädigen; se —,
sich schadlos halten.

Recomposer, v. a. wieder zusammensetzen; (Buchdr.) aufs Neue setzen. [mensetzung.

Recomposition, f. Wiederzusam-

Recompter, v. a. überzählen, nochmals zählen, rechnen, durch-, nachrechnen.

Réconciliable, adj., ne pas —,
nicht aussöhnbar, unversöhnlich.

Réconciliateur, m. trice, f. Ver-
söhner, m. -inn, f.

Réconciliation, f. Versöhnung,
(Kath.) Aussöhnung (eines Ketzers
mit der Kirche); nochmalige Beichte;
Wiedereinweihung (einer Kirche).

Réconcilier, v. a. versöhnen, aussöhnen; (eine entweihte Kirche) wieder einweihen; — à l'Eglise, (einen
Ketzer) mit der Kirche aussöhnen; se
— (auch v. r.), sich wieder versöhnen,
sich aussöhnen; (Kath.) nochmals
beichten.

Réconduction, f., tacite —,
(jur.) die stillschweigende Fortsetzung
(eines Pachtes, ꝛc.).

*Reconduire, v. a. zurückführen;
— qn., einen begleiten; einem das
Geleit geben; fig. fm. fortjagen.

Reconduite, f. Geleit, n.; faire
la —de qn. das Geleit geben.

†Reconfesser, v. a. einen nochmals
Beichte hören; se —, nochmals beichten. [men, firmeln, einsegnen.

†Reconfirmer, v. a. nochmals fir-

Réconfort, m. (alt) Trost, Stärkung, f.

Réconfortation, f. Stärkung.

Réconforter, v. a. stärken; (alt)
trösten.

†Reconfrontation, f. (jur.) die
nochmalige Gegeneinanderstellung.

†Reconfronter, v. a. nochmals ge-
geneinanderstellen (Mitschuldige, ꝛc.).

Reconnaissable, adj. kennbar,
kenntlich.

Reconnaissance, f. Wiedererken-

nung, Erkennung; (jur., ꝛc.) Anerkennung; Geständniß (eines Fehlers),
n. || (Handl.) Schuldschein, m.; Be-
sichtigung (eines Ortes), f.; (Kriegs-
wiss.) Recognoscirung || Dankbarkeit,
Erkenntlichkeit, Belohnung.

Reconnaissant, e, adj. dankbar,
erkenntlich.

*Reconnaître, v. a. wieder ken-
nen; erkennen; (etw.) einsehen; —
pour, anerkennen für; (einen Fehler)
bekennen; (Kriegsw.) recognosciren; (jur.) anerkennen; — qch., für etw. erkenntlich,
dankbar seyn; se —, in sich gehen,
sich besinnen, sich erkennen.

*Reconquérir, v. a. wieder erobern.

Reconstitution, f. Renten-Ueber-
tragung.

Reconstruction, f. Wiederaufbauung.

*Reconstruire, v. a. wieder auf-

*Reconsulter, v. a. wieder zu Ra-
the ziehen, nochmals um Rath fragen.

†Reconter, v. a. wieder erzählen.

†*Reconvenir, v. a. (jur.) qn.,
eine Gegenklage gegen einen anstellen; führen.

Reconvention, f. Gegenklage.

†Reconvoquer, v. a. wieder zusammenberufen. [schreiben.

Recopier, v. a. noch einmal ab-

Recouillement, m. Zusammen-
gerolltseyn, n.

Recoquiller, v. a. schneckenförmig
biegen, zusammenrollen; aufstülpen;
se —, sich krümmen, sich zusammen-
krümmen, sich winden, sich biegen.

Recorder, v. a. sa leçon, fm. sich
überhören; — (jur.) durch Zeugen
bescheinigen lassen; se —, sich besinnen; se — avec qn., sich mit einem
verabreden.

Recorriger, v. a. wieder verbessern.

Recors, m. (jur.) der Zeuge und
Gehilfe eines Gerichtsdieners.

Recoucher, v. a. wieder zu Bette
bringen. [mennahen.

*Recoudre, v. a. wieder zusam-

†Recouler, v. a. wieder fließen;
(Karten) durch die Hand laufen lassen; (Rothg.) Häute abkalken.

†Recoupage, m. (Spiegelm.) das
Durchkreuzen der zurückgelassenen
Spuren.

Recoupe, fém. Steingraus, m.;
(Bäck.) Kleinmehl, n.; pain de
—, Kleienbrod.

Recoupement, m. (Bauk.) das
Einziehen der Mauer.

Recouper, v. a. wieder schneiden,
beschneiden; (Kartensp.) noch einmal
abheben.

Recoupette, f. Kleienmehl, n.

Recourber, v. a. umbiegen, krümmen.

*Recourir, v. n. wieder laufen;

feine Zuflucht nehmen (à, zu), sich wenden (à, an).

†*Recourre, v. a. wieder abjagen, zurückholen (einen Gefangenen).

Recours, m. Zuflucht, f.; (jur.) Regreß, m. Schadenserholung, f.

Recousse, f. Wiederabjagung, Zurückholung (eines Gefangenen).

†Recousu, e, partic. zusammengestickt (Werke, ꝛc.). [lich.

Recouvrable, adj. (Fin.) eintreib=

Recouvrement, m. Wiedererlangung, f.; (Fin.) Erhebung, Eintreibung (der Steuern).

Recouvrer, v. a. wieder erlangen, wieder bekommen; (Fin.) eintreiben, erheben.

*Recouvrir, v. a. wieder bedecken.

Recracher, v. a. wieder ausspeien, auswerfen.

Récréance, f. der vorläufig zuerkannte Genuß (einer Pfründe); lettres de —, Entlassungsschreiben, n.

Récréatif, ve, adj. lustig, ergötzlich.

Récréation, f. Belustigung, Ergötzlichkeit; Erhelung, Vergnügen, n.; Erholungsstunde, f.

Recréer, v. a. wieder einführen, errichten.

Récréer, v. a. ergötzen, belustigen, erfreuen, vergnügen; se —, sich ergötzen, sich erlustigen.

Récrément, m. (Med.) die vom Blute abgesonderte Feuchtigkeit; humeur récrémenteuse, récrémentielle, id.

Recrépir, v. a. (Maur.) von neuem übertünchen; fg. fm. wieder aufstutzen, umarbeiten.

†Recreuser, v. a. wieder graben, tiefer graben.

†Recribler, v. a. nochmals sichten.

Récrier (se), laut aufschreien; sich beschweren (contre, über).

Récrimination, f. Gegenbeschuldigung, Gegenklage; plainte récriminatoire, (jur.) id.

Récriminer, v. n. Gegenklagen vorbringen; wieder schmähen.

*Récrire, v. a. wieder schreiben; beantworten; fg. (eine Schrift) umarbeiten.

Recroitre, v. n. wieder wachsen.

Recroqueviller (se), zusammenschrumpfen.

Recru, e, adj. müde, abgemattet.

Recru, m. Nachwuchs.

Recrue, f. (Kriegsw.) die neu ausgehobene Mannschaft; Recrut, m.; Aushebung, f. Werbung.

Recrutement, m. Recrutirung, f.

Recruter, v. a. recrutiren, anwerben.

Recruteur, m. Werber.   ben.

Recta, adv. lat. fm. gerade, pünktlich.

Rectangle, Rectangulaire, adj.

---

(Geom.) rechtwinkelig, winkelrecht; —, m. das rechtwinkelige Viereck.

Rectangulaire, adj. rechtwinkelig.

Recteur, m. Rector, Oberaufseher; —, adj. esprit —, (Chym.) das Gewürzhafte der Pflanzen.

Rectification, f. Berichtigung; (Chym.) Reinigung; (Geom.) Gerademachung.

Rectifier, v. a. berichtigen, verbessern; in Richtigkeit bringen; (Geom.) gerade machen; (Chym.) reinigen. [linig.

Rectiligne, adj. (Geom.) gerad=

Rectitude, f. Geradheit, Redlichkeit, Lauterkeit; (Phys.) Richtigkeit.

†Rectiuscule, adj. (Bot.) beinahe gerad. [Blatts.

Recto, m. lat. die erste Seite eines

*Rectograde, adj. gerade vorwärts schreitend.

Rectoral, e, adj. dem Rector gehörig; dignité —e, Rectorswürde.

Rectorat, m. Rectorat, n. [f.

*Rectrices, adj. f. pl. Steuerfedern, Schwanzfedern der Vögel.

Rectum, m. lat. (Anat.) Mastdarm.

Reçu, e, adj. hergebracht, herkömmlich, üblich (Gebrauch); —, m. (Salp.) Läuterbrunnen.

Reçu, m. Empfangschein.

Recueil, m. Sammlung, f.

Recueillement, m. die Sammlung der Gedanken, Andacht.

*Recueillir, v. a. sammeln, einernten (auch fg.); zusammentragen; aufnehmen; (eine Erbschaft) thun, antreten; se —, seine Gedanken sammeln; sich innerlich brennen.

†Recueilloir, m. (Seil.) Spule, f.

*Recuire, v. a. noch einmal kochen; (Metalle) ausglühen; (Backsteine) noch einmal brennen.

Recuit, m. e, f. Ausglühen (der Metalle, ꝛc.), n.; donner le — à qch., etw. ausglühen; —, e, adj. (Med.) zu dick, zäh.

†Recuites, f. pl. der Käse= und Butterstoff. [glüher.

†Recuiteur, m. (Münzw.) Aus=

Recul, m. Rückprall, Rückstoß (einer Kanone, ꝛc.).

Reculade, f. Zurückfahren (eines Wagens), n.; fg. Rückschritt, m. Zurückweichen, n.

Reculé, e, adj. entfernt, entlegen.

Reculée, f. Schreckeuer, n. dem man nicht nahen kann.

Reculement, m. Zurückschieben, n.; Zurückweichen; (Sattl.) Heimmfette, f.

Reculer, v. a. zurückschieben, zurücksetzen, entfernen, zurückziehen; (die Gränzen) erweitern; fg. aufschieben; —, v. n. weichen, rückwärts gehen, zurückgehen; husen (Pferd);

---

— d'effroi, zurückbeben, =fahren; fg. ausweichen, zögern; se —, zurücktreten.

Reculons (à), adv. rückwärts rücklings. [dens erholen.

Récupérer (se), sich seines Scha=

Récurer, v. Ecurer.

†Récurrent, e, adj. (Anat.) zurücklaufend. [dächtig.

Récusable, adj. verwerflich, ver=

Récusation, f. (jur.) Verwerfung.

Récuser, v. a. (jur.) verwerfen; se —, sich selbst für unfähig erklären.

Rédacteur, m. Verfasser.

Rédaction, f. Abfassung.

Redan, m. (Fortif.) Sägewerk, n.; —s, (Bauk.) Absätze, Einschnitte, m. pl.

Rédarguer, v. a. p. us. tadeln.

Reddition, f. Zurückgeben, n.; Uebergabe (einer Festung), f.; Ablegung (einer Rechnung).

*Redébattre, v. n. wieder bestreiten, noch einmal Einwendungen gegen etwas machen.

Redéfaire, v. a. wieder aufmachen, nochmals losmachen.

†Redélibérer, v. n. nochmals berathschlagen.

Redemander, v. a. noch einmal begehren; zurückfordern.

Rédempteur, m. (Theol.) Erlöser.

Rédemption, f. (Theol.) Erlösung; Auslösung gefangener Christensclaven.

*Redépêcher, v. a. wieder absertigen, nochmals eilig absenden.

Redescendre, v. a. wieder herablassen; —, v. n. wieder hinabsteigen.

Redevable, adj. schuldig (de qch., einer S.); fg. id., verpflichtet; —, m. Schuldner.

Redevance, f. Grundzins, m. Gülte, f. Leistung.

Redevancier, m. ère, f. Zinsmann, m. Gültbauer, Zinsfrau, f.

*Redevenir, v. n. wieder werden.

Redevoir, v. a. wieder schuldig bleiben.

Rédhibition, f. (jur.) die Klage auf Zurücknahme einer gekauften mangelhaften Sache.

Rédhibitoire, adj., (jur.) cas —, der Fall wo die Zurücknahme Statt hat.

Rédiger, v. a. verfassen, aufsetzen; kurz zusammenziehen.

Rédimer (se), sich loskaufen, sich befreien.

Redingote, f. Reiserock, m. Ueberrock.

*Redire, v. a. wieder sagen, wiederholen; trouver à —, einwenden, tadeln.

Rediseur, m. fm. Zungendrescher.

†Redistribuer, v. a. wieder austheilen. [theilung.

†Redistribution, f. Wiederaus=

Redite, *f.* Wiederholung.

†Redompter, *v. a.* wieder bezwingen.

Rédondance, *f.* Wortschwall, *m.*

Rédondant, e, *adj.* überflüssig, unnütz; weitschweifig (vom Styl).

Rédonder, *v. n.* überflüssig seyn.

Redonner, *v. a.* wieder geben; —, *v. n.* (Kriegsw.) noch einmal angreifen, von neuem auf den Feind losgehen.

Redorer, *v. a.* wieder vergolden.

Redoublement, *m.* Verdoppelung, *f.* Vermehrung; (Med.) der heftigere Anfall (eines Fiebers, ꝛc.).

Redoubler, *v. a.* verdoppeln, verstärken; —, *v. n.* sich verdoppeln, zunehmen.

†Redoul, *m.* Gerberbaum, strauch.

Redoutable, *adj.* schrecklich, furchtbar.

Redoute, *f.* (Fortif.) Redoute, Schreckschanze || der öffentliche Ball.

Redouter, *v. a.* fürchten, befürchten; se faire —, sich furchtbar machen.

†Rédre, *m.* das große Häringnetz.

Redressement, *m.* Wiedergerademachen, *n.*; Abstellung (von Beschwerden), *f.*

Redresser, *v. a.* wieder gerad richten, wieder in die Form bringen; wieder zurecht bringen; *fg.* (einen) zurecht weisen; — un tort, einem Unrecht steuern; se —, sich wieder aufrichten.

Redresseur, *m. vi.* — de torts, Retter, Rächer der Bedrängten.

†Redressoir, *m.* (Binng.) Planirkolben.

·Réductible, *adj.* (Mehrst.) theilbar, zurückführbar, auflösbar.

Réductif, ve, *adj.* (Chym.) auflösend, verwandelnd.

Réduction, *f.* Bezwingung, Unterwerfung (einer Stadt, ꝛc.); Verkleinerung, Verminderung (einer Rente, ꝛc.); (Arithm.) Reduction, Verwandlung, (Chym.) Wiederherstellung, (Geom.) Verjüngung, (Chir.) Wiedereinrichtung; échelle de —, der verjüngte Maßstab.

*Réduire, *v. a.* (einen) bezwingen, nöthigen, zwingen (à, zu); beschränken; (Chir.) wieder einrichten; (Chym.) auflösen; (Arithm.) verwandeln; aufheben; (eine Zahl, ꝛc.) vermindern, verkleinern; (Geom.) verjüngen; *fg.* kurz zusammenfassen; — à l'extrémité, aufs Aeußerste bringen; se —, sich einschränken; abzielen, hinauslaufen (à, auf); sich verwandeln, sich auflösen.

Réduit, *m.* Eckchen, *n.* Schlupfwinkel, *m.*; (Fortif.) Halbmond.

Réduplicatif, ve, *adj.* (Gramm.) die Verdopplung bezeichnend.

---

Réduplication, *f.* Verdopplung.

Réédification, *fém.* Wiederaufbauung.

Réédifier, *v. a.* wieder aufbauen.

Réel, le, *adj.*; -lement, *adv.*; wirklich, wahrhaft, wesentlich; bar (Anerbieten).

Réélection, *f.* Wiedererwählung.

*Réélire, *v. a.* wieder erwählen.

Réer, *v.* Raire.

†Réés, *v.* Raix.

Réexportation, *f.* Wiederausfuhr.

Réfaction, *f.* der Nachlaß am Zoll von naß gewordenen Waaren.

*Refaire, *v. a.* wieder machen; wieder herstellen, ausbessern, flicken; wieder von vorne anfangen; (eine Schrift) umarbeiten; (die Karten) noch einmal geben; (Pferde) sich erholen lassen; se —, sich erholen.

Refait, *m.* ein wieder neu angefangenes Spiel; (Jagd) das neue Geweih. [hen.

Refaucher, *v. a.* noch einmal mähen.

Réfection, *f.* Wiederherstellung, Ausbesserung; Mahlzeit (im Kloster).

Réfectoire, *m.* Speisesaal (in Klöstern, ꝛc.).

†Réfectorier, *m.* ère, *f.* Tafeldecker, *m.* inn, *f.* (in Klöstern).

Refend, *m.*, mur de —, Scheidewand, *f.*; pierre de —, Eckstein, *m.* Bindestein.

†Refendoir, *m.* Biegeisen, *n.*

Refendre, *v. a.* wieder spalten; der Länge nach sägen, spalten, theilen.

†Refendret, *m.* Spaltkeil (für Schiefer).

†Référé, *m.* (jur.) Bericht.

Référendaire, *m.* Berichterstatter.

Référer, *v. a.* beziehen (à, auf); zuschreiben; (die Wahl) lassen; (den Eid) zurückschieben (à, auf); —, *v. n.* Bericht erstatten, berichten; se —, sich beziehen (à, auf).

Refermer, *v. a.* wieder zuschließen; (Chir.) wieder zuheilen.

Referrer, *v. a.* wieder, aufs neue beschlagen.

†Reféter, *v. a.* wieder feiern (ein abgeschafftes Fest).

†Refeuiller, *v. a. qch.*, (Tischl.) an etw. einen doppelten Falz machen.

†Refeuillure, *f.* (Tischl.) der doppelte Falz.

†Reficher, *v. a.* wieder einschlagen; (Maur.) die Fugen wieder verstreichen. [gerinnen, gestehen.

†Refiger, *v. n. et se —,* wieder

Refin, *m.* die feinste Wolle.

Réfléchi, e, *adj.* durchdacht (Plan); bedachtsam, besonnen (Mensch); verbe —, (Gramm.) das zurückführende Zeitwort.

Réfléchir, *v. a.* zurückwerfen; zurückstrahlen; —, *v. n.* zurückprallen; zurückfallen (Licht); *fg.* nachdenken,

---

überlegen (sur qch., etw.), sich besinnen.

†Réfléchissant, e, *adj.* (Phys.) zurückwerfend, strahlend.

Réfléchissement, *masc.* (Phys.) Zurückprallen, *n.*; Zurückstrahlen; Wiederschein, *m.*

Réflecteur, *m.* (Phys.) Zurückwerfer, Zurückstrahler.

Reflet, *m.* (Mal.) Wiederschein.

Refléter, *v. a.* (das Licht) zurückwerfen; se —, einen Wiederschein machen.

†Refleuret, *m.* die zweite spanische Wolle.

Refleurir, *v. n.* wieder blühen; *fg. id.*, wieder in Ansehen kommen.

†Réflexe, *adj.*, vision —, (Opt.) das Sehen durch zurückgeworfene Strahlen.

Réflexibilité, *f.* (Phys.) die Eigenschaft eines zurückprallenden Körpers.

Réflexible, *adj.* zurückprallend.

Réflexion, *f.* Ueberlegung, Betrachtung, Nachdenken, *n.*; faire à, sur qch., etw. überlegen, über etw. nachdenken; —, (Phys.) Zurückstoßung, *f.* Zurückprallen, *n.*

Refluer, *v. n.* zurückfließen, zurücktreten; *fg.* zurückwirken.

Reflux, *m.* (Seew.) Ebbe, *f.*

Refonder, *v. a.* (jur.) erstatten, vergüten.

Refondre, *v. a.* umgießen, umschmelzen, einschmelzen; (Münzw.) umprägen; *fg.* umschmelzen, umarbeiten; *fm.* umgießen.

Refonte, *f.* (Münzw.) Umschmelzung, Umprägung.

†Reforger, *v. a.* umschmieden.

Réformable, *adj.* verbesserlich.

Réformateur, *m.* trice, *f.* Verbesserer, *masc.*; Glaubensreiniger, inn, *f.*

Réformation, *f.* Verbesserung; Glaubensverbesserung, Reformation.

Réforme, *f.* Verbesserung; Einschränkung (im Hauswesen); Abschaffung (von Mißbräuchen); (Kriegsw.) Verminderung (der Truppen); Abdankung (eines Soldaten); Ausmusterung (der Pferde); (Kirch.) Reformation.

Réformé, *m.* Reformirte.

Réformer, *v. a.* verbessern, verändern, reformiren; (Mißbräuche) abschaffen; (Ausgaben) einschränken; (Truppen, ꝛc.) abdanken; (Pferde) ausmustern. [bilden.

Reformer, *v. a.* wieder bilden, umbilden.

Refouiller, *v. a.* nochmals durchsuchen.

Refoulement, *m.* Ablaufen (der Fluth), *n.*; Zurückschlagen (des Rauches); Stauchen (der Flintenläufe); Ansetzen (der Stückpatronen);

Einschütten (des Korns), Rütteln, Schlagen (des Maßes).

Refouler, *v. a.* noch einmal stoßen; walken; (Artill.) ansetzen, einstoßen; —, *v. n.* (Seew.) wieder ablaufen.

Refouloir, *m.* (Artill.) Setzkolben.

†Refourbir, *v. a.* wieder putzen, von neuem poliren.

Réfractaire, *adj.* widerspänstig; (Chym.) strengflüssig. [chen.

·Réfracter, *v. a.* (die Strahlen) bre=

Réfractif, ve, *adj.* brechend, strah= lenbrechend.

Réfraction, *f.* (Physt.) Brechung, Strahlenbrechung.

Refrain, *m.* Schlußreim; —, *ou* le même —, *fg. fm.* das alte Lied; die alte Leier; —, (Seew.) das Zu= rückprallen der Meereswogen vom Ufer.

†Refranchir (se), le vaisseau se refranchit, (Seew.) das Wasser ver= liert sich im Schiffe.

†Refranger, *v. a.* (Physt.) brechen, zurückwerfen (Strahlen).

Réfrangibilité, *f.* (Physt.) die Brechbarkeit der Lichtstrahlen.

Réfrangible, *adj.* (Physt.) brech= bar (v. Lichtstrahlen).

Refrapper, *v. a.* wieder schlagen; (Münzw.) umprägen.

†Refrayer, *v. a.* (Töpf.) glatt streichen.

Refréner, *v. a.* (Mor.) zähmen, bezähmen, zügeln.

Réfrigérant, e, *adj.* (Med.) küh= lend; —, *masc.* Kühlmittel, *n.;* (Chym.) Kühlfaß.

Réfrigératif, ve, *adj.* (Med.) innerlich fühlend; —, *m.* Kühl= mittel, *n.* [fühlung.

Réfrigération, *f.* (Chym.) Ab=

Réfringent, e, *adj.* (Physt.) bre= chend, das Brechen der Lichtstrahlen verursachend.

†*Refrire, *v. a.* wieder backen.

Refrogné, e, *adj.* mürrisch, sauer, sauertöpfisch.

Refrognement, *m.* Stirnrunzeln, *n.* Sauersehen.

Refrogner (se), die Stirne runzeln, sauer sehen.

†Refroid, *m.*, (Gärb.) mettre les cuirs au —, die Häute abkühlen lassen.

Refroidir, *v. a.* abkühlen, kühl machen; (Med.) erkälten; *fg.* fühlen, vermindern; —, *v. n. et se —,* kalt werden, sich abkühlen, sich erkälten; *fg.* erkalten, kaltsinnig werden.

Refroidissement, *m.* Abkühlung, *f.;* (Med.) Erkältung; *fg.* Erkal= tung; Kaltsinn, *m.*

Refuge, *m.* Zufluchtsort; Zuflucht, *f.; fg.* Ausflucht, Vorwand, *m.*

Réfugié, *m.* Flüchtling; Ausge= wanderte.

Réfugier (se), seine Zuflucht neh= men (à, chez, dans, zu); flüchten; sich flüchten (à, nach, zu).

*Refuir, *v. n.* (vom Wild) zurück= fliehen.

Refuite, *f.* (Jagd) Wechsel, *m.;* user de —s, wechseln; —, *fg.* Aus= flucht, *f.*

Refus, *m.* Weigerung, *f.* Ver= weigerung, Versagung; au — de qn., nach der Weigerung eines an= dern; cela n'est pas de —, das ist nicht auszuschlagen; enfoncer jus= qu'au —, (Pfähle) so tief einschla= gen als sie geben.

Refuser, *v. a.* verweigern, ausschla= gen, abschlagen, versagen; sich (einer Arbeit) entziehen; se — à qch., sich einer S. entziehen; etwas nicht ge= statten.

Réfusion, *f.* de dépens, (jur.) die Wiedererstattung der Unkosten.

Réfutation, *f.* Widerlegung.

Réfuter, *v. a.* widerlegen.

Regagner, *v. a.* wieder gewinnen, wieder erhalten; wieder erreichen.

Regain, *m.* Grummet, *n.; (Baut.)* das Ueberflüssige an einem Steine.

Régal, *m.* Gastmahl, *n.* Freuden= fest, Schmaus, *m.*

Régalade, *f.*, boire à la —, tapfer herumtrinken.

Régale, *m.* (Org.) Regal, *n.;* —, *adj. f.*, eau —, (Chym.) Königs= wasser, *n.*

Régale, *f. ol.* (jur.) das Recht des Königs auf erledigte geistliche Ein= künfte und Stellen.

Régalement, *m.* (jur.) Ausglei= chung, *f.;* (Jin.) gleiche Vertheilung; (Baut.) Ebenmachung.

Régaler, *v. a.* bewirthen, aufwar= ten (qn. de qch., einem mit etw.); (jur.) ausgleichen; (Jin.) gleich ver= theilen; (Baut.) ebnen.

†*Régaleur, *m.* Abgleicher, Ebner (von Kies, Erde, u. f. w.).

Régalien, *adj. m.*, droit —, Hoheitsrecht, *n.* Regal.

Regard, *m.* Blick; (Hydr.) Brun= nenstube, *f.; (Mal.)* Gegenstücke, *n. pl.;* en —, gegenüber.

Regardant, e, *adj.* Zuschauer; — e, *adj. fm.* zu genau.

Regarder, *v. a.* ansehen, betrach= ten, sehen, zuschauen, zusehen; — autour de soi, derrière soi, sich umschauen, sich umsehen; — qch., einer S. gegenüberstehen, liegen; *fg.* betreffen, angehen; —, *v. n.* sehen, blicken, Acht geben, aufmerken (à, auf); aufmerken (à qch., etw.); — de prés, genau Acht geben; il ne faut pas y — de si prés, man muß es nicht so genau nehmen; se —, sich ansehen, sich betrachten.

Regarnir, *v. a.* wieder besetzen, wieder versehen (de, mit).

†Regayer, *v. a.* (Hanf) hecheln.

†Regayoir, *m.* Hanfhechel, *f.*

†Regayure, *f.* Ausgehechelte, *n.*

Régence, *f.* Regierung, Regent= schaft.

Régénérateur, *m.* Wiederhersteller.

Régénération, *f.* Wiederherstel= lung; (Med., :c.) Wiedererzeugung; (Theol.) Wiedergeburt.

Régénérer, *v. a.* wieder hervor= bringen, wieder erzeugen; wieder herstellen; (Theol.) wieder gebären; *fg.* wieder einrichten; se —, wieder wachsen.

Régent, *m.* e, *f.* Regent, Reichsverweser, =inn, *f.;* Lehrer, *m.;* —, e, *adj.* prince —, Prinz= Regent, *m.;* reine —e, Königinn= Regentinn, *f.*

Régenter, *v. a.* lehren; *fg. fm.* meistern; —, *v. n.* Lehrer seyn; *fg. fm.* den Meister spielen.

Régicide, *m.* Königsmörder; Kö= nigsmord.

Régie, *f.* Verwaltung (mit Ver= antwortlichkeit); Regie.

†Regimbement, *m.* (Reitsch.) Ausschlagen.

Regimber, *v. n.* (Reitsch.) hinten ausschlagen; *fg. fm.* widerstreben, widerspänstig seyn.

Régime, *m.* (Med.) Lebensord= nung, *f.* Diät || Verwaltung, Re= gierung; (Gramm.) der regierte Fall; (Bot.) Zweig.

Régiment, *m.* (Kriegsw.) Regi= ment, *n.* Schaar, *f.*

Régimentaire, *adj.* école —, Regimentsschule, *f.*

Région, *f.* Gegend.

†Regione (e), *adv. lat.* (Buchdr.) neben einander, einander gegenüber.

†Régipeau, *m.* die Verbindungs= stange an einer Holzflöße.

Régir, *v. a.* regieren, verwalten.

Régisseur, *m.* Vorsteher, Verwal= ter.

†Régistraire, *m.* Register=Aufse= her.

Régistrateur, *m.* Registrator.

Registre, *m.* Register, *n.;* (Chym.) Zugloch, Luftröhre, *f.;* vaisseau de —, Registerschiff, *n.*

Registrer, *v. a.* in ein Register eintragen.

Registre, *v.* Registre.

Régle, *f.* Lineal, *n.; fg.* Regel, *f.; (Baut.)* Richtscheit, *n.;* Vor= schrift, *f.* Richtschnur, Ordnung; mettre en —, in Ordnung bringen, ordnen; —, Ordnungsregel (in Klö= stern); —, =s, (Med.) die monat= liche Reinigung.

Réglé, e, *adj.;* -ment, *adv.:*

regelmäßig, ordentlich, bestimmt; pünktlich.

Réglement, m. Verordnung, f. Anordnung; Bestimmung; — des juges, das Urtheil welches den Gerichtshof anweiset, vor welchen eine Rechtssache gebracht werden soll; — de limites, Gränzberichtigung, f.

Réglément, adv., v. Réglé.

Réglementaire, adj. Vorschriften enthaltend, ordnend.

Régler, v. a. liniren; fg. regelmäßig einrichten, richten, ordnen; bestimmen; (Ausgaben) einschränken; (Geschäfte) in Ordnung bringen; (eine Rechnung) berichtigen; (Uhrm.) regeln, richten; se —, sich richten (sur, nach).

Réglet, m. (Buchdr.) Linie, f.; (Tischl.) Winkelhaken, m.

Réglette, f. (Buchdr.) Seplinie, Aushebespan, m.

Régleur, m. se, f. Linienzieher, m. =inn, f.

Réglisse, f. (Bot.) Süßholz, m. Lakritze, f.; jus de —, Süßholzsaft, m. [Glättholz.

Régloir, masc. Notenlineal, n.;

†Réglure, f. Linien, pl. Linirte, n.

†Régnard, n. pr. m. Reinhard.

†Régnaud, Renaud, n. pr. m. Reinhold.

Régne, m. Regierung, f. Regierungszeit; Reich, n.; — animal, Thierreich, —, Krone; Altarkrone; dreifache, päpstliche Krone.

Régner, v. n. herrschen, regieren, walten; fg. id.; im Schwange seyn (Laster); sich erstrecken (Gebirg, ic.).

Régnicole, m. Eingeborne.

Regonflement, m. Aufschwellen, n. [schwellen.

Regonfler, v. n. (v. Flüssen) auf=

Regorgement, m. Austreten, n. Ueberfließen.

Regorger, v. n. überlaufen, austreten; — de qch., Ueberfluß an etw. haben, fm. von etw. strozen; faire —, fg. fm. wieder herausgeben machen.

Regouler, v. a. fm. anfahren, anschnauzen; übersättigen.

Regrat, m. der Verkauf im Kleinen, Trödelkram, Salzkram.

Regratter, v. a. aufkrazen; im Kleinen verkaufen (besonders Salz).

Regratterie, f. Trödelwaare.

Regrattier, m. ère, f. Krämer, m. Trödler; fg. fm. Höke, m. Hökinn, f.; fg. fm. Knauser, m. =inn, f.; Zusammenstoppler, m. — de nouvelles, Neuigkeitskrämer.

†Regreffer, v. n. nochmals pfropfen, impfen.

†Regresser, v. a. (das Wachs) noch einmal bändern. [n.

Regrès, m. Wiedereintrittsrecht,

†Regression, f. (Rhet.) die Umkehrung eines Sazes.

Regret, m. Schmerz, Bedauern, n.; Klage, f.; Reue; à —, ungern.

Regrettable, adj. bedauernswerth.

Regretter, v. a. bedauern, beklagen, bereuen; vermissen, sich zurücksehnen (qch., nach etw.).

Régularisation, f. Regulirung, regelmäßige Anordnung.

Régulariser, v. a. regeln, ordnen.

Régularité, f. Regelmäßigkeit; genaue Beobachtung der Regeln; (Kath.) der geistliche Ordensstand.

Régulateur, m. (Uhrm.) die Unruhe und die Schneckenfeder; fg. Ordner, m. [Gewicht, n.

Régule, m. Metallkönig; (Uhrm.)

Régulier, ère, adj.; -èrement, adv.: richtig, regelmäßig; ordentlich; (Kirch.) die Ordensgeistlichkeit betreffend; clergé —, Ordensgeistlichkeit, f.; —, m. Ordensgeistliche, Mönch.

†Réguline, adj. f., partie —, (Chym.) der rein metallische Theil.

Réhabilitation, f. Wiedereinsetzung.

Réhabiliter, v. a. wieder einsetzen, wieder ehrlich machen; se —, wieder in seine Rechte eintreten.

Réhabituer, v. a. wieder an etw. gewöhnen.

Rehaussement, m. Erhöhung, f.

Rehausser, v. a. erhöben; erheben; fg. id. [Lichler, n. pl.

Rehauts, m. pl. (Mal.) Blicke,

†Reillère, f. Gerinne (für das Aufschlagwasser einer Mühle).

Réimporter, v. a. wieder einbringen.

Réimposer, v. a. neu besteuern; um den Ertrag einer andern Auflage zu ergänzen; (Buchdr.) anders ausschießen.

Réimposition, f. Wiederaufschazung (einer Schazung); (Buchdr.) das nochmalige Ausschießen.

Réimpression, f. (Buch.) die neue Auflage.

Réimprimer, v. a. (ein Buch) wieder auflegen, drucken.

Rein, m. Niere, f.; —s, Lenden, pl.; il a les reins forts, fg. fm. er kann es aushalten, ausführen; —s, (Reitsch.) Rückgrath, m.

†Reinaire, adject. Reniforme, (Bot.) nierenförmig.

Reine, f. Königinn; reine-Claude, die grüne Pflaume; Augustpflaume; reine-abeille, Weisel, m.; reine-des-prés, f. (Bot.) Geisbart, m.

Reinette, f. Renettapfel, m.

Réinstallation, f. Wiedereinsetzung.

Réinstaller, v. a. wieder einsetzen.

Reinté, e, adj. stark von Lenden.

Réintégrande, f. (jur.) die Klage auf Wiedereinsetzung in den Besiz.

Réintégration, f. die Wiedereinsetzung in den Besiz.

Réintégrer, v. a. wieder einsetzen.

†Réinterroger, v. a. wieder befragen, nochmals verhören.

†Réinviter, v. a. wieder einladen.

Reis-effendi, m. (Türk.) Reis-effendi, Reichskanzler.

†Réitératif, ve, adj. wiederholend.

Réitération, f. Wiederholung.

Réitéré, e, adj. nochmalig, ic.

Réitérer, v. a. wiederholen.

Reitre, m. ol. der deutsche Reiter.

Rejaillir, v. n. spritzen, springen; zurückprallen, zurückfallen; =strahlen; fg. zurückfallen, =strahlen.

Rejaillissement, m. Spritzen, n. Springen; Zurückprallen.

Rejet, m. Schößling; (Fin.) die neue Vertheilung nicht eingegangener Auflagen; Verwerfung (eines Vorschlags); Verweisung (eines Artikels).

Rejetable, adj. verwerflich.

Rejeter, v. a. wieder werfen; zurückwerfen; auswerfen (v. Meer, ic.); fg. (einen Vorschlag, ic.) verwerfen; verachten; (einen Fehler auf einen) schieben; (v. Gewächsen) wieder treiben; (Artikel) übertragen; verweisen; (Waare) ausschießen.

Rejeton, masc. Schößling; fg. Sprößling, Nachkömmling.

†Rejetonner, v. a. (Tabak) ausbrechen, ausgeizen.

*Rejoindre, v. a. wieder zusammenfügen; wieder einholen, treffen; wieder kommen (qn., zu einem); — l'armée, zur Armee gehen; se —, v. r. einander einholen; wieder zusammentreffen.

Rejointoyer, v. a. (Bauk.) wieder verstreichen.

Réjoui (un gros), m. ein lustiger Bruder; une grosse —e, f. eine lustige Schwester.

Réjouir, v. a. erfreuen; se —, sich freuen, frohlocken, sich belustigen.

Réjouissance, f. Lustbarkeit, Ergözlichkeit; (Mezg.) Zugabe.

Réjouissant, e, adj. erfreuend, erfreulich.

Relâche, m. Nachlassen, n. Erbolung, f. Rast, (Theat.) Ruhetag, m.; sans —, unablässig, rastlos; —, f. (Schiff.) Ruheplaz, m.

Relâché, e, adj. schlaff, locker, ausgelassen.

Relâchement, m. Nachlassen, n. Abspannung, f.; fg. Nachlassen, n.; Erholung, f.; Gelinderwerden (des Wetters), n.; (Med.) Linderung, f.

Relâcher, v. a. nachlassen; fg. erschlaffen, abspannen; (einen) loslassen; (an einer Schuld, an Strenge)

nachlaſſen; —, *v. n.* erſchlaffen;
(Schifff.) anhalten, ſchalten; se —,
ſchlaff werden, nachgeben; *fg.* milber werden.

Relais, *m.* friſche Pferde oder
Jagdhunde; Ausſpann, *m.;* Wechſelplatz; chevaux de —, Wechſelpferde, *n. pl.;* (Fortif.) der Abſatz
am Fuße des Walles.

Relaiſſé, e, *adj.* (Jagd) abgejagt.

Relancer, *v. a.* wieder auftreiben;
*fg. fm.* aufſuchen; anfahren, verfolgen.

Relaps, e, *adj.* (Theol.) rückfällig; devenir —, wieder abfallen;
—, *m. e, f.* der rückfällige Sünder,
=inn, *f.*

Rélargir, *v. a.* erweitern, weiter
machen.    [(jur.) anführen.

Relater, *v. a.* erzählen, berichten;

Relatif, ve, *adj.* ſich beziehend,
bezüglich; relatio; pronom —, das
beziehende Fürwort; être —, ſich
beziehen (à, auf); -vement, *adv.*
beziehungsweiſe, in Rückſicht (à,
auf).

Relation, *f.* Beziehung, Bezug,
*m.;* Verhältniß, *n.* Verbindung,
*f.* || Erzählung, Bericht, *m.* Kundſchaft, *f.*     [ten.

†Relatter, *v. a.* von neuem belat-

Relaver, *v. a.* von neuem waſchen,
wieder waſchen.

Relaxation, *f.* (jur.) Loslaſſung;
(Med.) Erſchlaffung.

Relaxé, e, *adj.* (Med.) erſchlafft.

Relaxer, *v. a.* (jur.) loslaſſen.

Relayer, *v. a.* ablöſen; —, *v. n.*
friſche Pferde nehmen; se —, *v. r.*
einander ablöſen.

Relégation, *f.* Verbannung.

Reléguer, *v. a.* verweiſen, verbannen; se —, ſich zurückziehen.

Relent, *m.* der dumpfige Geruch,
Geſchmack; avoir une odeur, un
goût de —, ſentir le —, müffen.

†Rêler (se), (Lichtз.) abſpringen.

Relevailles, *f. pl.* Einſegnung, *f.*
Ausgang (einer Kindbetterinn), *m.*

Relevé, *m.* Auszug, Verzeichniß,
*n.;* (Jagd) das Aufſtehen des Wildes
zum Aeßen.

Relevé, e, *adj. fg.* erhaben, edel,
vornehm; (Koch.) gewürzt.

Relevée, *f.*, de —, Nachmittags.

Relèvement, *m.* Wiederaufrichten,
*n.;* Aufnehmen (mit dem Compaß);
(Handl., ꝛc.) Aufzählung, *f.*

Relever, *v. a.* aufheben, wieder
aufrichten; (eine Mauer, ꝛc.) wieder
herſtellen, wieder aufbauen; (Schifff.)
wieder flott machen; *fg.* wieder aufrichten, erheben, erhöhen (auch Mal.);
rühmen; (einen Fehler) rügen, *fm.*
aufmutzen; wieder aufhelfen (qn.,
einem); (den Boden) erhöhen; (jur.)
entbinden (von einem Eid, ꝛc.);

(Kriegsw.) ablöſen; (Koch.) erhöhen; —, *v. n.* (jur.) zu Lehen geben
(de, bei); abhängig ſeyn; — de
couche, aus dem Kindbett kommen;
— de maladie, wieder geneſen; en
—, ſich wieder erholen; *fg. id.;* se
—, ſich wieder aufrichten; *fg. id.;*
se —, *v. r.* einander ablöſen.

Releveur, *m. et adj.*, muscle —
(Anat.) Aufhebemuskel, *m.*

Reliage, *m.* Faßbinderarbeit, *f.*

Relief, *m.* die erhabene Arbeit; *fg.*
Erhabenheit; Glanz, *m.* Ruhm,
Anſehen, *n.;* (jur.) Lehensgebühr,
*f.* Lehenſchatz, *m.;* haut-, bas-relief, ganz-, halberhabene Arbeit, *f.;*
en —, erhaben; donner du — à
qch., etw. hervorheben; —d'appel,
(jur.) die Erlaubniß zur Appellation.

†Relien, *m.* das grobe Schießpulver.

Relier, *v. a.* binden, einbinden;
wieder einbinden, zuſammenbinden.

Relieur, *m.* Buchbinder.

Religieux, se, *adj.* gottesdienſtlich; culte —, Gottesdienſt, *m.;*
— et -sement, *adv.* gottesfürchtig,
andächtig; gewiſſenhaft; vie —se,
Kloſterleben, *n.;* maison —se,
Kloſter; —, *m.* Ordensgeiſtliche,
Mönch; —se, *f.* Nonne.

Religion, *f.* Religion, Gottesdienſt, *m.* Glaube; *fg.* Andacht, *f.;*
Gewiſſenhaftigkeit; Heiligkeit (des
Eides) || der geiſtliche Orden, Maltheſerorden; entrer en —, ins Kloſter geben.

Religionnaire, *m. et f.* Reformirte (in Frankreich).

†Relimer, *v. a.* nochmals feilen;
(auch *fg.*) ausfeilen.

†Relingue, *f.* Ralingue, (Seew.)
Leif, *n.;* (Fiſch.) Saumtau.

†Relinguer, *v. a.* (Seew.) ein Leif
an das Segel nähen; vor dem Winde
braſſen, die Schote führen. [n.

Reliquaire, *m.* Reliquienkäſtchen,

Reliquat, *m.* Rückſtand; Ueberbleibſel (auch Med.), *n.*

Reliquataire, *m.* der im Rückſtand
Befindliche.

Relique, *f.* Reliquie.

*Relire, *v. a.* wieder leſen, überleſen, oft leſen.

Reliure, *f.* Einband, *m.* Band,
Einbinden, *n.*     [Häringe.

†Relouage, *m.* die Laichzeit der
Relouer, *v. a.* wieder vermiethen.

*Reluire, *v. n.* glänzen, blinken,
hervorleuchten.  [fend, funkelnd.

Reluisant, e, *adj.* glänzend, blinRéluquer, *v. a. fm.* anſchielen.

†Relustrer, *v. a.* qch., einer S.
neuen Glanz geben.   [*fm. id.*

Remâcher, *v. a.* wiederkäuen; *fg.*

†Remaçonner, *v. a.* wieder mauern,
ausbeſſern.    [(15 Sübe.)

†Remandure, *f.* (Salz.) Werk, *n.*

Remaniement, *m.* Wiederbearbeiten, *n.;* Ausbeſſern; (Buchdr.)
Umbrechen.

Remanier, *v. a.* wieder befühlen,
wieder angreifen; (Pfläſt., ꝛc.) ausbeſſern; *fg.* umarbeiten; (Buchdr.)
umbrechen; (das Papier) umſchlagen.

†Remarcher, *v. n.* von neuem gehen, den Gebrauch der Füße wieder
bekommen.

Remarier, *v. a.* wieder verheirathen; se —, wieder heirathen.

Remarquable, *adj.* merkwürdig.

Remarque, *f.* Anmerkung, Bemerkung.

Remarquer, *v. a.* wieder zeichnen;
anmerken, beobachten, bemerken,
ſpüren; se faire —, ſich auszeichnen.

†Remasquer (se), ſich wieder verlarven, von neuem vermummen.

Remballer, *v. a.* wieder einpacken.

Rembarquement, *m.* Wiedereinſchiffung, *f.*

Rembarquer, *v. a.* wieder einſchiffen; se —, ſich wieder einſchiffen;
*fg.* ſich aufs Neue einlaſſen (in etw.).

Rembarrer, *v. a.* zurückſtoßen; *fg.
fm.* beſſer anfahren, abkappen.

Remblai, *m.* die aufgeſchüttete Erde.

†Remblaver, *v. a.* wieder beſäen.

Remblayer, *v. a.* mit Erde ausfüllen.

Remboitement, *m.* Wiedereinrichtung, *f.* Wiedereinfügung.

Remboiter, *v. a.* wieder einrichten, wieder zuſammenfügen.

†Rembouger, *v. a.* wieder gießen
(in ein Gefäß).   [Stopfzeug.

Rembourrage, *m.* Ausſtopfen, *n.*

Rembourrement, *m.* Ausſtopfen,
*n.*

Rembourrer, *v. a.* ausſtopfen.

†Rembourroir, *m.* Stopfholz, *n.*

†Rembourrure, *f.* (Sattl.) Stopfzeug, *n.* Füllhaare, *pl.*  [bar.

Remboursable, *adj.* wieder zahlRemboursement, *m.* Wiederbezahlung, *f.* Zurückzahlung; Erſtattung.

Rembourser, *v. a.* (das Ausgelegte)
zurückzahlen, erſtatten.

†Rembrocher, *v. a.* beſſer anſpießen.    [traurig, dunkel.

Rembruni, e, *adj. fg.* düſter,

Rembrunir, *v. a.* dunkler machen.

Rembrunissement, *m.* (Mal.) die
dunkle Haltung, Dunkelheit.

Rembuchement, *m.* Rückkehr (des
Wildes ins Lager), *f.*

Rembucher (se), (vom Wild) wieder zu Holze geben.

Remède, *m.* Mittel, Arzneimittel, Heilmittel; Klyſtier; le grand
—, Speichelcur, *f.;* se mettre, être
dans les —s, die Cur gebrauchen;
—, *fg.* Mittel, *n.* Hilfsmittel;

Hilfe, f.; — de loi, (Münzw.) Ringerung.

Remédier, v. n. abhelfen, steuern.

Remêler, v. a. wieder mengen; (Karten) nochmals mischen.

Remembrance, f. (alt) Erinnerung.

Remémoratif, ve, adj. erinnernd.

Remémorer, v. a. vi. in Erinnerung bringen; se —, sich erinnern (qch., an etw.). [m.

Remenée, f. Thür=, Fensterbogen,

Remener, v. a. zurückführen.

Remercier, v. a. qn. de qch., einem für etw. danken, sich bei einem für etw. bedanken; (Beamte) beurlauben, abdanken.

Remerciment, m. Dank, Danksagung, f.

Réméré, m. (jur.) Wiederkauf.

*Remettre, v. a. wieder legen, stellen, setzen, bringen (à, an); wieder einsetzen (in Güter); (Knochen) wieder einrichten; (ein Kleid) wieder anziehen || übergeben, überliefern, einhändigen; (Briefe) bestellen; (Handl.) durch Wechsel übermachen; verschieben, verlegen (à un autre jour, auf einen andern Tag); (einen) vertrösten; (Fehler) erlassen, verzeihen; — à la voile, (Seew.) wieder unter Segel geben; se —, sich wieder hinsetzen, hinstellen; fg. sich wieder erholen; sich fassen; se — qch., sich an etw. erinnern, sich auf etw. besinnen; se — à qch., etw. wieder anfangen; s'en — à qn., sich auf einen verlassen; einem anheimstellen (de qch., etw.); se — entre les mains de qn., sich einem überlassen.

Remeubler, v. a. wieder mit Hausgeräth versehen.

†Remi, n. pr. m. Remigius.

†Rémiges, f. pl. Schwungfedern, Flugfedern.

Réminiscence, f. Erinnerung.

Remise, f. (Bauk.) Wagenschopf, m. Schoppen; —, m. Miethkutsche, f.; —, f. (Jagd) Ruhe, Schlupfgebüsch, n. || Uebergabe (einer Acte, 1c.), f.; Aufschub (à, auf), m.; Verzug; Nachlaß, Erlassung (einer Schuld), f.; (Handl.) Rimesse, Uebermachung; Gebühr, Wechselgebühr; Nachlaß (am Preis), m.; —s, (Spof.) Vorderlisten, f. pl.

Remiser, v. a. unter einen Schoppen stellen.

†Remisse, adj. (Muf.) dumpf (Ton).

Remissible, adj. erläßlich.

Rémission, f. Vergebung (der Sünden); Erlassung (einer Strafe); Begnadigung (eines Verbrechens); Gnade; (Med.) Nachlassen, n.; sans —, ohne Gnade.

Rémissionnaire, m. Begnadigte.

Rémittent, e, adj. (Med.) nachlassend (Puls, Fieber).

†Remmancher, v. a. wieder mit einem Stiele versehen.

Remmener, v. a. wieder fort= oder zurückführen.

Rémolade, f. (Hufsch.) Pferdesalbe; (Kochk.) Würzbrühe.

†Remolar, m. (Seew.) der Aufseher über die Ruder einer Galeere.

Remole, f. (Seew.) Strudel, m.

Remontage, m. (des bottes), Vorschuhen, n.

†Remontant, m. das gespaltene Ende eines Degengehängs.

Remonte, f. das Versorgen mit neuen Pferden; Remontepferde, n. pl.

Remonter, v. n. wieder steigen, hinaufsteigen, =geben, =fahren; zurückgehen, =treten, =fließen; höher steigen; fg. herkommen (à, von) (Geschlecht, 1c.); — à l'origine, auf den Ursprung zurückgehen; —, sich wieder erheben; — sur sa bête, fm. das Verlorne wieder erlangen; —, v. a. wieder hinaufbringen, =tragen, =ziehen; (eine Maschine, 1c.) wieder zusammensetzen; wieder einrichten, in Stand stellen; (einen Berg) wieder besteigen; (einen Fluß) hinauffahren; (Reiter) wieder beritten machen; (Stiefel) vorschuhen; (eine Leier, 1c.) wieder besaiten.

Remontrance, fém. Vorstellung, Ermahnung, Warnung.

†Remontrants, m. pl. (Theol.) Remonstranten, Arminianer (Secte in Holland).

Remontrer, v. a. wieder zeigen; (Fehler, 1c.) vorstellen, vorhalten; zu Gemüth führen.

Rémora, m. lat. Rémore, f. Schiffhalter, m. Hemmfisch; —, fg. fm. Hinderniß, n.

Remordre, v. a. vi. wieder beissen, anbeissen; fg. wieder anpacken, angreifen.

Remords, m. Gewissensbiß.

Remorque, f. (Seew.) Bugsiren, n.

Remorquer, v. a. (Seew.) bugsiren, an das Schlepptau nehmen.

†Remors, m. Teufelsabbiß (Pflanze). [Seite.

Remotis (à), adv. lat. fm. bei

*Remoudre, v. a. wieder mahlen.

*Rémoudre, v. a. wieder schleifen.

†Remouiller, v. a. nochmals netzen; —, v. n. (Seew.) von neuem zu Anker geben.

Rémoulade, v. Rémolade (Kochk.).

†Remoulat, m. (Seew.) Riemenmacher.

Rémouleur, m. Scherenschleifer.

Remous, m. der durch die Bewegung des Schiffs verursachte Wasserwirbel.

Rempailler, v. a. wieder frisch beflechten.

Rempailleur, m. se, f. Stuhlflechter, [ter, m. =inn, f.

†Rempaquement, m. das Schichten der Häringe. [packen.

†Rempaqueter, v. a. wieder ein=

†Remparement, m. (Kriegsw.) Wall, Erdwall.

Remparer (se), (Kriegsw.) sich verschanzen; sich wieder bemächtigen (d'une ch., einer S.).

Rempart, m. Wall; fg. Vormauer; f. Schutzwehr.

Remplaçant, m. Stellvertreter, Ersatzmann (eines Recruten).

Remplacement, m. Ersetzung, f.; Wiederanlegung (einer Summe).

Remplacer, v. a. ersetzen, einstehen (qn., für einen); (Geld) wieder anlegen.

Remplage, m. Auffüllen, n.; vin de —, Füllwein, m.; — de muraille, Füllsteine, pl. [Zeugs.

Rempli, masc. Einschlag (eines

Remplier, v. a. (Zeug) einschlagen.

Remplir, v. a. wieder füllen, anfüllen, auffüllen, ausfüllen, erfüllen; (eine Liste) vollzählig machen; besetzen (de, mit); (Spitzen) ausbessern; fg. erfüllen (Pflicht, Herz, 1c.); ausfüllen (Zeit); (ein Amt, 1c.) versehen, verwalten, bekleiden; — qn. de qch., (jur.) einem etw. auszahlen; se —, sich anfüllen.

Remplissage, m. Ausfüllen, n. Auffüllen; (Bauk.) Füllsteine, n. pl.; Ausbesserung (v. Spitzen), f.; fg. fm. Lückenbüßer, m.; figure de —, (Mal.) id.

Remplisseuse, f. Spitzenstickerinn.

Remploi, m. (jur.) Wiederanlegen (des Geldes), n.

Remployer, v. a. wieder gebrauchen; wieder anwenden, anstellen.

Remplumer, v. a. (ein Clavier) neu bekielen; se —, neue Federn bekommen (Vogel); fg. sich erholen; wieder aufkommen.

Rempocher, v. a. wieder einstecken.

Rempoissonnement, m. die neue Fischbrut.

Rempoissonner, v. a. wieder mit Fischbrut besetzen.

Remporter, v. a. wieder wegtragen, zurücktragen; (den Preis, 1c.) erlangen, erhalten, davontragen, gewinnen.

Rempotage, m. das Wiedereinsetzen in einen Blumentopf.

Rempoter, v. a. eine Pflanze wieder in einen Topf setzen oder versetzen.

Remprisonner, v. a. wieder verhaften, nochmals einsetzen.

Remuage, m. Umrühren, n.; Aufrütteln; Umwenden (des Getreides).

Remuant, e, adj. unruhig.

Remue-ménage, m. fm. die Aus=

räumung des Hausgeräths; *fg. fm.* Unordnung.

Remuement, *m.* Bewegung, *f.;* Wegführung; *fg.* Unruhe, Verwirrung.

Remuer, *v. a.* bewegen, regen, rühren; auf=, umrühren; (Korn) umwenden, worfeln; (Erde) umstechen, umgraben; (ein Kind) umwickeln; *fg.* aufregen, bewegen, in Bewegung setzen, Unruhe stiften; —, *v. n.* sich bewegen, sich rühren; n'oser —, nicht mucken; se —, sich bewegen, sich regen, sich rühren, sich Mühe geben.

†Remueur, *m.* Kornwerfer.

Remueuse, *f.* Wickelfrau.

Remugle, *m.* der dumpfige Geruch.

Rémunérateur, *m.* Vergelter.

Rémunération, *f.* Vergeltung.

Rémunératoire, *adj.* (jur.) vergeltend.      [lohnen.

Rémunérer, *v. a.* vergelten, belohnen.

Renâcler, *v. n. pop.* schnauben.

Renaissance, *f.* Wiedergeburt, Wiederaufleben, *n.*

Renaissant, e, *adj.* wieder erwachend, neu auflebend.

Renaître, *v. n.* wieder entstehen, hervorkommen, heranwachsen; wieder aufleben, aufblühen; (And.) wiedergeboren werden.

Rénal, e, *adj.* (Anat.) zu den Nieren gehörig; nerf —, Nierennerve, *m.*

Renard, *m.* Fuchs; *fg. id.,* Schlaukopf; (Maur.) Senkblei, *n.;* Riß (in Röhren), *m.;* (Seew.) Balthazard.

Renarde, *f.* Füchsinn.     [fen.

Renardeau, *m.* der junge Fuchs.

Renardier, *m.* Fuchsjäger.

Renardière, *f.* Fuchsbau, *m.*

†Renasquer, *v. n. pop.* schnauben.

Rencaissage, *m.* Wiedereinpacken, *n.*

Rencaisser, *v. a.* (Gärtn.) aus einem Kasten in den andern versetzen; (Handl.) wieder in Kisten verpacken.

†Renchaîner, *v. a.* wieder fesseln, nochmals anketten.

Renchérir, *v. a.* vertheuern, steigern; — sur qn., einen überbieten; —, *v. n.* theurer werden, aufschlagen; faire le (la) renchéri ( e), *fm.* spröde thun.

Renchérissement, *m.* Vertheuern, *n.* Aufschlagen.     [stoßen.

Rencogner, *v. a. fm.* in eine Ecke

Rencontre, *f.* Begegnung; Zusammentreffen, *n.* Zusammenkunft, *f.;* aller à la — de qn., einem entgegengehen; —, (Gramm.) Zusammentreffen, *n.; couac —,* (Uhrm.) Steigerad; —, die zufällige Schlägerei; (Kriegsw.) Gefecht, *n.;* Zufall, *m.;* Gelegenheit, *f.;* de —, zufälliger Weise; livre de —, ein

---

Buch, das man bei Gelegenheit kauft.

Rencontrer, *v. a.* treffen, antreffen, finden; begegnen (qn., einem); —, *v. n.* treffen; se — avec qn., mit einem zusammentreffen; se —, *v. r.* einander antreffen, zusammenkommen, =treffen.

Rencorser, *v. a.* (ein Weiberkleid) mit einem neuen Leibe versehen.

†Rendage, *m.* Tagbrand (eines Brennofens); Schlagschatz (der Münze).

Rendant, *m.* Rechnungsableger.

†Rendetter (se), sich wieder in Schulden stecken.

Rendez-vous, *m.* Zusammenkunft, *f.;* Sammelplatz, *m.; donner un* — à qn., einen an einen Ort bestellen, bescheiden.

Rendonnée, *f., v.* Randonnée.

*Rendormir, *v. a.* wieder einschläfern; se —, wieder einschlafen.

Rendoubler, *v. a.* (ein Kleid) einschlagen.

Rendre, *v. a.* wieder geben, zurückgeben; herausgeben; übergeben; (an einen Ort) liefern; (Gehorsam, rc.) leisten; (die Gerechtigkeit) handhaben; (Gerechtigkeit) wiederfahren lassen; vergelten; (von Gütern, rc.) tragen, eintragen; geben, geben; (Kriegsw.) übergeben; (Med.) wieder von sich geben; (Rechenschaft) ablegen; (ein Urtheil) fällen; (eine Stelle) übersetzen; (Gedanken, rc.) ausdrücken; (Töne) wiederholen; (eine Geschichte) wieder erzählen; l'âme, den Geist aufgeben, verscheiden; —, *v. n.* geben (v. Wegen); se —, sich ergeben, übergeben (Festung); sich begeben (à, an, nach; chez, zu); zuströmen (v. Flüssen); se — à l'invitation, der Einladung folgen; se — à l'heure marquée, zur bestimmten Zeit sich einfinden, ankommen; *fg.* se —, sich ergeben, nachgeben.

Rendu, e, *adj.* abgemattet; angekommen; c'est un —, *fm.* das ist Wurst wider Wurst.    [chen.

*Renduire, *v. a.* wieder überstreichen.

Rendurcir, *v. a.* härter machen; se —, wieder härter werden, sich verhärten.     [Zentseil, rc.

Rène, *f.* Zügel; *m.* (auch *fg.*),

†Renée, *n. pr. m.* Renatus.

†Renée, *n. pr. f.* Renata.

†Renégat, *e, m. f.* Renegat, *m.* abgefallene Christ, *sinn, f.*

Rénette, *f.* Wirkmesser, *n.*

Renetter, *v. a.* (den Huf) auswirken.     [Daches, rc.

Renfaitage, *m.* Ausbessern des Renfaiter, *v. a.* un toit, die Firste eines Daches ausbessern.

Renfermer, *v. a.* wieder einschlie-

---

ßen, verschließen, einsperren; *fg.* in sich halten, in sich fassen, enthalten; zusammenfassen; se —, sich einschließen; *fg.* sich einschränken; se — en soi-même, sich fassen.

†Renfiler, *v. a.* wieder einfädeln.

†Renflammer, *v. a.* wieder anzünden.     [chung, *f.*

Renflement, *m.* (Bauk.) Bauch.

Renfler, *v. n.* aufquellen, aufgehen (Erbsen, rc.).

Renfoncement, *m.* Vertiefung, *f.*

Renfoncer, *v. a.* wieder einschlagen, einstoßen, einrammen; — un tonneau, einen Boden in ein Faß setzen.

Renforcé, e, *adj. fg. fm.* aufgeblasen; damas —, Doppeldamast, *m.*     [ *f.*

Renforcement, *m.* Verstärkung,

Renforcer, *v. a.* verstärken, vermehren; —, *v. n.* (Mus.) den Ton verstärken, anschwellen; se —, sich verstärken, stärker werden.

Renformer, *v. a.* (Handschuhe) erweitern.     [bessern.

Renformir, *v. a.* (Maur.) aus-

Renformis, *m.* (Maur.) Ausbesserung, *f.*     [bestoß.

†Renformoir, *m.* (Sättl.) Wen-

Renfort, *m.* Verstärkung, *f.;* (Artill.) Bodenstück, *n.;* (Schloß.) Besetzung, *f.*

Renfrogner (se), se Refrogner.

Rengagement, *m.* Wiederanwerbung, *f.*

Rengager, *v. a.* wieder verpfänden; wieder verwickeln; (Kriegsw.) wieder anwerben; se —, sich wieder einlassen; (Kriegsw.) wieder Dienste nehmen; (v. Gefechten) wieder anfangen.     [ *fg. id.*

Rengainer, *v. a.* wieder einstecken.

Rengorgement, *m.* Brüsten, *n.*

Rengorger (se), sich brüsten.

†Rengouffrer (se), wieder in den Schlund, in den Abgrund sinken.

Rengraisser, *v. a.* wieder fett machen; —, *v. n. et* se —, wieder fett werden.

Rengrégement, *m.* (alt) Vermehrung (*f.*), Zunahme (der Schmerzen).

Rengréger, *v. a.* (alt) zunehmen; se —, (alt) sich verschlimmern.

Rengréner, *v. a.* (Münzw.) aufs neue stämpeln, prägen.

Renhardir, *v. a.* wieder kühn, beherzt machen.

Reniable, *adj.,* tous vilains cas sont —s, (Sprichw.) alle garstigen Handlungen leugnet man gern, d. h., das bloße Leugnen ist noch kein Beweis der Unschuld.     [net.

Renié, e, *adj.* verworfen, verleugnet.

Reniement, *m.* Verleugnung, *f.*

Renier, *v. a.* verleugnen; — qch.,
einer S. entsagen; —, *v. n.* seiner
Religion entsagen.
Renieur, *m.* Leugner.
Reniflement, *m.* Schnüffeln, *n.*
Renifler, *v. n.* pop. schnüffeln; *fg.*
nicht anbeißen wollen.
Reniflerie, *f.* pop. Schnüffeln, *n.*
Renifleur, *f. se. f. fm.* Schnüff=
ler, *m.* =inn, *f.* [förmig.
†Réniforme, *adj.* (Bot.) nieren=
†Renitence, *f.* (Philos.) Wider=
stand, *m.* Rückwirkung, *f.*
†Reniveler, *v. a.* nochmals mit der
Wasserwage abmessen. [*n.*
Renne, *m.* (Naturg.) Rennthier,
Renom, *m.* Ruhm, Name, Ruf;
ehrliche Name.
Renommé, e, *adj.* berühmt.
Renommée, *f.* Ruf, *m.* Ruhm,
Name.
Renommer, *v. a.* rühmen; se —
de qn., sich auf einen berufen.
Renonce, *f.* der Mangel an Kar=
ten einer Farbe; se faire une —,
eine Farbe weglegen.
Renoncement, *m.* Entsagung, *f.*
Renoncer, *v. n.* entsagen, verzich=
ten, Verzicht thun (à, auf); — à
qch., etw. aufgeben; (Spiel) die
Farbe verleugnen; —, *v. a.* verleug=
nen, nicht anerkennen.
Renonciation, *f.* Verzicht, *m.*
Verzichtung (à, auf), *f.*; Entsagung.
†Renonculacées, *f. pl.* (Bot.)
Hahnenfußarten.
Renoncule, *f.* (Bot.) Ranunkel,
Renouée, *f.* (Bot.) Wegtritt, *m.*
Knöterig. [*f.*
Renouement, *m. fg.* Erneuerung,
Renouer, *v. a.* wieder binden, wie=
der anknüpfen; *fg.* wieder anfangen,
wieder anknüpfen, erneuern.
Renoueur, *m.* der (schlechte) Ein=
richter, Einrenker eines Gliedes.
Renouveau, *m.* (alt) Frühling.
Renouveler, *v. a.* erneuern, wie=
der einführen (Gesetz); wieder an=
fangen; se —, sich erneuern; wieder
hervorkommen.
Renouvellement, *m.* Rénova-
tion, *f.* Erneuerung, Zuwachs, *m.*
(de, an).
†Renovateur à terriers, *m.* (Le=
henw.) Lagerbuch-Erneuerer.
Rénovation, *f.* Wiedererneuerung.
Renseignement, *m.* Nachweisung,
*f.*; — s, Erkundigungen, *pl.* Nach=
richten. [von neuem lehren.
Renseigner, *v. a.* wieder lehren,
†Rentamer, *v. a.* wieder anschnei=
den; *fg.* wieder anfangen.
Rentassé, e, *adj.* untersetzt.
†Rentasser, *v. a.* wieder aufhäufen.
Rente, *f.* Rente, Zins, *m.*; Ein=
lemmen, *n.*; — viagère, Leibrente,
*f.*

Renté, e, *adj.* sehr reich, ein gro=
ßes Einkommen habend.
Renter, *v. a.* mit Einkommen ver=
sehen. [=inn, *f.*
Rentier, *m.* ère, *f.* Rentner, *m.*
Rentoilage, *m.* das Besetzen mit
neuer Leinwand.
Rentoiler, *v. a.* wieder mit Lein=
wand besetzen.
†Renton, *m.* Falz, Fuge, *f.*
†Rentonner, *v. a.* wieder in ein
Faß thun; — du vin, Wein ab=
ziehen.
*Rentraire, *v. a.* (Schneid.) sto=
pfen, anstoßen, ausbessern.
Rentraiture, *f.* Stoßnaht, Stopf=
naht.
Rentrant, *adjec.*, angle —,
(Geom.) der einspringende, einwärts
gehende Winkel.
Rentrayeur, *m.* se, *f.* Ausbesserer,
*m.* Flicker, =inn, *f.* [treten.
Rentré, e, *adj.* (Med.) zurückge=
Rentrée, *f.* Rückkehr; Wiederer=
öffnung (der Gerichte, ꝛc.); Eingehen
(v. Geld), *n.*; (Spiel) Kauffarte,
*f.*; — des classes, Wiedereröffnung
der Schulen.
Rentrer, *v. n.* wieder hineingehen;
zurückkommen, zurückkehren; — en
soi-même, sich geben, in sich selbst
zurückgehen; faire — dans l'ordre,
zur Ordnung zurückbringen; — dans
son devoir, wieder zu seiner Pflicht
zurückkehren; —, wieder eintreten
(in seine Rechte); — en charge,
ein Amt wieder antreten; — en pos=
session, wieder in Besitz treten; —,
eingehen (v. Geld); faire —, (Geld)
einziehen, beitreiben.
†Renvenimer, *v. a.* wieder ver=
schlimmern (Wunde).
†Renverger, *v. a.* wieder einflech=
ten, durchflechten. [rücklings.
Renverse (à la), *adv.* rückwärts,
Renversement, *m.* Umwerfen, *n.*
Umreißen, Umstoßen; Unordnung,
*f.*; Umsturz, *m.*; — d'esprit, Ver=
rückung, *f.*
Renverser, *v. a.* umwerfen, um=
kehren, umstürzen, zerstören; (Was=
ser) umschütten; (einen) zu Boden
stürzen; unter einander werfen; in
Unordnung bringen; (die Ordnung)
verkehren; (Truppen) werfen, schla=
gen; (den Kopf) verrücken; (Seew.)
umladen; se —, sich zurücklehnen;
in Unordnung gerathen; über den
Haufen geworfen werden.
Renvi, *m.* (Spiel) Uebergebot,
*n.*
Renvier, *v. n.* (Spiel) höher bie=
Renvoi, *m.* Zurücksendung, *f.*
Verabschiedung, Entlassung (v. Be=
dienten) || Zurückweisung; (Buchdr.)
Nachweisungszeichen, *n.* (Phys.)
Zurückwerfung, *f.*; (jur.) Verweisung

an den gehörigen Richter; carrosse de
—, eine leer zurückreisende Kutsche.
Renvoyer, *v. a.* noch einmal schi=
cken; zurückschicken; (Bediente, ꝛc.)
verabschieden, entlassen; zurückweisen
(in Büchern); (Phys.) zurückwerfen;
(jur.) (vor ein Gericht) verweisen;
(einen Angeklagten) freisprechen; *fg.*
(einen) verweisen (à, an); aufschieben
(à, auf); abweisen.
†Réoccuper, *v. a.* von neuem be=
setzen. [men.
†Réopiner, *v. n.* aufs Neue stim=
Réordination, *f.* die zweite Weihe.
Réordonner, *v. a.* wieder weihen.
Réorganisation, *f.* Wiedereinrich=
tung.
Réorganiser, *v. a.* wieder einrich=
ten.
Réouverture, *f.* Wiedereröffnung.
Repaire, *m.* Höhle, *f.*; *fg.* Nest,
*n.* Diebsnest; (Jagd) Losung, *f.*;
*v.* Repère.
*Répaissir, *v. a.* verdicken.
*Repaître, *v. n.* füttern, essen,
fressen; —, *v. a.* füttern; *fg.* (die
Augen) weiden; (einen) abspeisen,
aufhalten (de, mit); se —, sich
nähren; *fg.* sich weiden, sich ergötzen
(de, an).
Répandre, *v. a.* ausgießen, ver=
schütten; (Blut, ꝛc.) vergießen;
(Sand) streuen; *fg.* aus=, verbrei=
ten; (Wohlthaten) austheilen; ver=
theilen; se —, sich ausbreiten, sich
verbreiten; sich ergießen (Fluß, ꝛc.);
*fg. id.*; se — en longs discours,
viel Worte machen; être fort répan=
du, weitläufige Bekanntschaft haben.
Réparable, *adj.* verbesserlich, er=
setzlich.
†Réparage, *m.* die zweite Schur
(des Tuches); Zubereitung eines Zeu=
ges mit der Krahdistel; (Goldschm.)
das Glattfeilen der Löthstellen.
*Reparaître, *v. n.* wieder erschei=
nen.
Réparateur, *m.* (Theol.) Versöh=
ner; — des torts, *fm.* unberufene
Verbesserer.
Réparation, *f.* Ausbesserung, *fg.*
Wiedererstattung; Genugthuung; —
d'honneur, Ehrenerklärung, öffent=
liche Abbitte; faire — d'honneur,
abbitten; — civile, (jur.) Ersetzung
des zugefügten Schadens.
Réparer, *v. a.* ausbessern, verbes=
sern; *fg.* wieder gut machen, vergü=
ten; erstatten; wieder einbringen,
nachholen; — ses forces, sich erho=
len; — (Zeug) auffratzen.
Réparition, *f.* (Astr.) Wiederer=
scheinung.
Reparler, *v. n.* wieder sprechen.
Repartie, *f.* Gegenantwort.
*Repartir, *v. a.* versetzen, erwie=
dern; —, *v. n.* wieder abreisen.

Répartir, *v. a.* vertheilen.
Répartiteur, *m.* Vertheiler.
Répartition, *f.* Ein=, Vertheilung.
Repas, *m.* Mahlzeit, *f.* Mahl, *n.;* l'heure du —, Essenszeit, *f.*
Repassage, *m.* Bügeln, *n.* Plätten.
Repasse, *f.* grobes Mehl noch mit Kleie vermischt; faire la —, (Brant= wein) noch einmal abziehen.
Repasser, *v. n.* wieder zurückgehen, wieder vorbei=, durchgehen; —, *v. a.* qch., wieder über, durch etwas geben; — un fleuve, wieder über einen Fluß fahren; —, (Messer, 2c.) abziehen, schleifen; (Leinwand) bü= geln, plätten; (Metall) poliren; (Färb.) auffärben; *fg.* überlegen, nochmals durchsehen, durchgehen; *fm.* durchhecheln; fer à —, Bügel= eisen, *n.*
†Repassettes, *f. pl.* (Wollf.) Knieftreiche, *m. pl.*
Repasseur, *m.* Polirer; —se, *f.* Büglerinn, Plätterinn.
Repaver, *v. a.* wieder pflästern.
Repêcher, *v. a.* auffischen.
Repeindre, *v. a.* wieder malen, anstreichen; auf=, übermalen.
Repeint, *m.* (Mal.) die aufge= frischte Stelle.
Repenser, *v. a.* von neuem über etwas nachdenken.
Repentance, *f.* Reue, Buße.
Repentant, e, *adj.* bußfertig, reuig, reumüthig; être — de qch., etw. bereuen.
Repentir, *m.* Reue, *f.;* (Zeichn.) Spur von einem frühern Entwurfe.
*Repentir (se), de qch., etw. be= reuen. [brechen; v. Percer.
Repercer, *v. a.* (Juwel.) durch= †Reperceuse, *f.* (Juwel.) Durch= brecherinn.
Répercussif, ve, *adj.* (Med.) zu= rücktreibend; —, *m.* das zurücktrei= bende Mittel.
Répercussion, *f.* Zurücktreibung; (Phys.) Zurückwerfen, *n.* Zurück= prallen.
Répercuter, *v. a.* zurücktreiben; (Phys.) zurückwerfen, zurückprallen.
Reperdre, *v. a.* aufs Neue ver= lieren. [*n.* Merkzeichen.
Repère, *m.* (Bauk., 2c.) Zeichen, Répertoire, *m.* Register, *n.* Ver= zeichniß; Sammlung, *f.;* Fundgru= be; (Theat.) Repertorium, *n.*
†Repeser, *v. a.* nochmals wägen, nachwägen.
Répétailler, *v. a. fm.* bis zum Ekel wiederholen, wiederkäuen.
Répéter, *v. a.* wiederholen; her= sagen; *plais.* nachbeten; (Theat.) probiren; vervielfältigen (v. Spie= geln); (jur.) zurückfordern; se —, wiederholt werden. [lehrer.
Répétiteur, *m.* Repetent, Haus=

Répétition, *f.* Wiederholung; (Theat.) Probe; (jur.) Zurückforde= rung; montre à —, Repetiruhr.
†Repétrir, *v. a.* noch einmal kne= ten.
Repeuplement, *m.* Wiederbevöl= kerung, *f.;* Wiederbesetzung (v. Tei= chen); (Forstw.) Wiederanpflanzung.
Repeupler, *v. a.* wieder bevölkern; (Teiche) wieder besetzen; (Wälder) wieder bepflanzen; se —, sich wieder bevölkern.
Repic, *m.* (Picket) Neunziger; faire pic, — et capot, alle lesen machen; *fg. fm.* faire qn. repic et capot, einem das Maul stopfen.
Répit, *m.* Aufschub; Frist, *f.;* lettre de —, der eiserne Brief; Schutzbrief wider die Gläubiger.
Replacer, *v. a.* wieder stellen, hin= stellen, setzen, legen (à, an).
Replanter, *v. a.* aufs Neue pflan= zen, bepflanzen; umpflanzen.
Replâtrage, *m.* die leichte Bewer= fung mit Gyps; *fg. fm.* die fahle Ausflucht.
Replâtrer, *v. a.* wieder übergypsen, *fg.* zu bemänteln suchen.
Replet, ète, *adj.* fett, feist.
Réplétion, *f.* Vollblütigkeit.
Repli, *m.* die doppelte Falte, Um= schlag, *m.* Krümmung (einer Schlan= ge, 2c.), *f.;* —s, *fg.* Innerste, *n.* Verborgenste.
Replier, *v. a.* wieder zusammen= legen, falten; (Schneid.) einschlagen; se —, sich wieder falten; sich win= ben, sich krümmen (Schlange; 2c.); (Kriegsw.) sich zurückziehen; *fg.* sich zu schicken wissen; se — sur soi= même, in sich kehren.
Réplique, *f.* Gegenantwort; (jur.) Replik; Wider=, Gegenrede; sans —, unbeantwortlich.
Répliquer, *v. a. et n.* einwenden, antworten.
Replonger, *v. a.* wieder ein=, un= tertauchen; *fg.* aufs Neue (in etw.) stürzen. [ten.
Repolir, *v. a.* wieder feilen, glät= Repolon, *m.* (Reitsch.) die halbe Volte. [mann, Respondent.
Répondant, *m.* Bürge, Gewährs= Répondre, *v. a.* à qch., à qn. auf etw. einem antworten, versehen; etw. beantworten, erwiedern; (eine Schrift) widerlegen; (einer Hoffnung, 2c.) entsprechen; gut sagen, bürgen, haften (de, pour, für); etw. verant= worten; sich erstrecken (Allee) (à, bis an). [sang.
Répons, *m.* (Kath.) Antwortge= Réponse, *f.* Antwort (à, auf); Bescheid, *m.;* Ausspruch; Wieder= legung (einer Schrift), *f.*
†Reportage, *m.* Grundzins, der im halben Zehnten besteht.

Reporter, *v. a.* wieder bringen; zurücktragen; *fg.* austragen, aus= schwatzen; (den Krieg) versetzen; se —, *fg.* sich versetzen.
Repos, *m.* Ruhe, *f.* Rast; Schlaf, *m.; fg.* Ruhepunkt; Abschnitt (ei= nes Verses).
Reposée, *f.* Lager (des Wildes), *n.*
Reposer, *v. a.* legen, zur Ruhe legen; —, *v. n.* ruhen, rasten, lie= gen; schlafen; sich legen (Kaffee); *fg.* ruhen; du vin reposé, abgele= genter Wein; se —, ausruhen; sich verlassen (sur, auf); à tête reposée, mit Bedacht.
Reposoir, *m.* (Kath.) Ruhealtar; Abseihekufe (in Fabriken), *f.*
†Repous, *m.* (Maur.) Anstrich= mörtel.
Repoussant, e, *adj.* abschreckend.
Repoussement, *m.* Zurückstoßen.
Repousser, *v. a.* zurückstoßen; zu= rücktreiben, zurückschlagen; *fg.* zu= rückstoßen; (einen Schimpf) rächen; (Spott) erwiedern; —, *v. n.* wieder treiben, wieder ausschlagen (Baum, 2c.).
Repoussoir, *masc.* Durchschlag; (Bildh.) Steinmeißel; (Mal.) dunkle Vordergrund.
Répréhensible, *adj.* tadelhaft, sträflich. [Tadel.
Répréhension, *f.* Verweis, *m.*
*Reprendre, *v. a.* wieder nehmen, annehmen, wegnehmen; wieder be= kommen; (eine Arbeit) wieder vor= nehmen, wieder anfangen; — de plus haut, weiter zurückgehen (in einer Erzählung, 2c.); — ses forces, sich erholen; — courage, sich erman= nen; — ses esprits, wieder zu sich kommen; — le dessus, wieder die Oberhand gewinnen; — un mur sous œuvre, den Fuß einer Mauer ausbessern; — sous œuvre, *fg.* nach einem abgeänderten Plane bearbei= ten; —, (Näh.) zusiehen, stopfen; (Med.) wieder anfallen; (jur.) von neuem betreiben; antworten || tadeln (de, wegen); —, *v. n.* wieder an= wurzeln; *fg.* sich wieder erholen (Kranker); wieder in Aufnahme kommen (Schauspiel); wieder auf= kommen (Mode); wieder anfangen (Regen); se —, (Chir.) sich wieder schließen; se —, etwas Gesagtes zurücknehmen.
Représailles, *f. pl.* Gegengewalt, *f.* Gegenrache, Repressalien, *pl.*
Représentant, *m.* Stellvertreter.
Représentatif, ve, *adj.* stellver= tretend, repräsentativ (Regierung, 2c.).
Représentation, *f.* Vorzeigung, Vorstellung (auch Theat. und *fg.*), Beschreibung; Gemälde, *n.;* (Dipl.)

Ansehen, Aufwand, m.; droit de
—, (jur.) Vertretungsrecht, n.
Représenter, v. a. vorweisen; vor=
**stellen (auch** fg.); abbilden, schil=
bern; (Theat.) vorstellen, darstellen;
**aufführen**; (ein Volk, ꝛc.) vertreten;
—, v. n., bien —, einen guten
Anstand haben; seiner Sache Ehre
machen; se —, sich stellen; sich (etw.)
vorstellen, vergegenwärtigen.
Répressif, ve, adj. steuernd.
Répression, f. Steuern, n. Abstel=
lung, f. Unterdrückung (der Miß=
bräuche).                    [einladen.
†Reprier, v. a. wieder beten; wieder
Réprimable, adj. dem abgeholfen
werden muß (von Mißbräuchen).
Réprimande, fém. Verweis, m.;
(jur.) Strafe, f. fm. Strafpredigt.
Réprimander, v. a. qn., einem
einen Verweis geben.
Réprimant, e, adj. hemmend,
zurückhaltend.
Réprimer, v. a. zurückhalten, hem=
men, (Mißbräuchen ꝛc.) steuern,
(Mißbräuche) unterdrücken; (jur.)
strafen.
Reprise, f. Wiedervornehmung;
Wiedereinnahme (e. Stadt); (Muf.
ꝛc.) Wiederholung; (Bauk.) Unter=
mauerung; Ausbesserung; (Theat.)
Wiederaufführung; (jur.) Voraus,
m.; (Handl.) die Ausstände die schon
in Einnahme gebracht worden; (Dichtk.)
der zweite Theil (eines Verses, ꝛc.);
(Seew.) das wieder erbeutete Schiff;
à plusieurs —s, mehrmals.
†Repriser, v. a. nochmals schätzen.
Réprobateur, trice, adj. mißbil=
ligend, verwerfend.
Réprobation, f. Verwerfung.
Reprochable, adj. (jur.) verwerf=
lich.
**Reproche,** m. Vorwurf, Tadel;
**(jur.)** Verwerfungsgrund; sans —,
ohne Tadel, labelles.
Reprocher, v. a. verwerfen; (jur.)
(Zeugen) verwerfen.
Reproducteur, trice, adj. wieder
hervorbringend, wieder erzeugend.
Reproductibilité, f. (Physf.) Wie=
dererzeugbarkeit.            [bar.
Reproductible, adj. wiedererzeug=
Reproduction, f. Wiederhervor=
bringung; Fortpflanzung.
*Reproduire, v. a. wieder hervor=
bringen; fg. wieder vorbringen; se
—, sich wieder erzeugen, sich fort=
pflanzen; fg. sich wieder zeigen.
Réprouvé, m. (Theol.) Verdaute.
Réprouver, v. a. verwerfen, miß=
billigen.
Reps, m. Reps, ein Eidenstoff.
Reptile, adj. (Naturg.) friechend;
fg. id.; —, m. das friechende Thier.
Repu, e, adj. genährt.
Républicain, m. e, f. Republi=

taner, m. =inn, f.; —, e, adj. re=
publikanisch.
Républicanisme, m. der republi=
kanische Sinn.
République, f. Freistaat, m. Re=
publik, f.
*Répuce, f. (Vogl.) Schlinge.
Répudiation, f. Verstoßung.
Répudier, v. a. (ein Weib) ver=
stoßen.
†Repue, f. (alt) statt repas.
Répugnance, f. Widerwille, m.
Répugnant, e, adj. widerstreitend,
entgegengesetzt.
Répugner, v. n. zuwider seyn, wi=
derstreiten; widerstehen, mißfallen;
(einen) anekeln.
Répulluler, v. n. sich sehr vermeh=
ren, in großer Menge sich wieder
trzeugen.
Répulsif, ve, adj. (Physf.) zurück=
stoßend; vertu —ve, Zurücksto=
ßungskraft, f. Abstoßen, n.
Répulsion, f. (Physf.) Zurücksto=
ßung.
Réputation, f. Ruf, m. Ruhm;
Ehre, f.; der gute Name; Nachrede,
f.                    [geltend für.
Réputé, e, adj. dafür gehalten;
Réputer, v. a. achten, dafür halten.
†Requart, m. (jur.) der 4te Pfennig
vom 4ten Pfennig der Schätzung.
Requérable, adj. (jur.) was gefor=
dert werden kann od. muß.
Requérant, e, adj. (jur.) ansu=
chend; —, m. e, f. Ansucher, m.
=inn, f.
*Requérir, v. a. ersuchen, ansuchen
(qch., um etw.); (jur., ꝛc.) fordern;
auffordern; erfordern.
Requête, f. (jur.) Bittschrift,
Gesuch, n.; fm. Bitte, f.; maître
des —s, Requetenmeister, m.
Requêter, v. a. (Jagd) wieder auf=
spüren.
Réquiem, m. lat. (Kath.) Re=
quiem, n.; messe de = Seelmesse,
f.
Requin, m. (Naturg.) Haifisch.
Requinquer (se), iron. sich pützeln.
Requint, m. (jur.) das Fünftel
vom Fünftel.
†Requis, e, adj. erforderlich.
†Requise, f., chose de —, eine
seltene Sache; être de —, nöthig
seyn.
Réquisition, f. (jur.) Ersuchen,
n. Begehren; Requisition, f. Aufge=
bot, n.
†Réquisitionnaire, m. Aufgebo=
tene; Aufgeforderte.        [n.
Réquisitoire, m. (jur.) Ansuchen,
†Resaluer, v. a. wieder grüßen.
*Rescampir, v. a. die Flecken einer
Vergoldung mit Bleiweiß ausbessern.
Rescif, v. Récif.
Rescindant, m. (jur.) das Ansuchen

um Aufhebung eines Beschlusses.
Rescinder, v. a. (jur.) aufheben,
umstoßen.
Rescision, f. (jur.) Umstoßung.
Rescisoire, m. (jur.) der Gegen=
stand des Ansuchens um gerichtliche
Aufhebung.
†Rescousse, v. Recousse.
Rescription, f. die schriftliche An=
weisung (Geld zu erheben).
Rescrit, m. Rescript, n. Rück=
schreiben.
Réseau, m. das kleine Netz; die netz=
förmige Arbeit; à —, netzförmig.
Réséda, m. (Bot.) Reseda, f.
Réservation, f. Verhehalt, n.
Réserve, f. Verhehalt, m. Rück=
halt; Ausnahme, f.; — ou corps
de —, (Kriegsw.) Reservecorps, n.
Hintertreffen; —, fg. Zurückhal=
tung, f. Behutsamkeit, Bescheiden=
heit; (Seew.) Reserve; à la — de ...,
ausgenommen; en —, bei Seite; im
Vorrath.
Réservé, e, adj. zurückhaltend, be=
hutsam; faire la —, spröde thun.
Réserver, v. a. vorbehalten, zurück=
behalten; zurücklegen; versparen (à,
auf); se —, sich verbehalten.
Réservoir, m. Behälter, Behält=
niß, n.; (Hydr.) id., Sammelka=
sten, m.
Résident, e, adj. wohnhaft.
Résidence, f. Wohnort, m. Re=
sidenz, f. Hoflager (eines Fürsten,
ꝛc.), n.; Residentenstelle, f.; (Chym.)
Bodensatz, m.
Résident, m. Resident.
Résider, v. n. wohnen, residiren,
seinen Sitz haben, sich befinden; fg.
id.
Résidu, m. Rest, Rückstand.
Résignant, m. Abtretende.
Résignataire, m. dem ein Amt ab=
getreten wird.
Résignation, f. Niederlegung (ei=
nes Amtes); Ergebung (in den gött=
lichen Willen).
Résigné, e, adj. ergeben, gefaßt.
Résigner, v. a. abtreten; — (son
âme) à Dieu, Gott ergeben, befehlen;
se —, sich ergeben (à, in).
Résiliation, f. (jur.) Aufhebung.
Résilier, v. a. (jur.) aufheben.
Résine, f. Harz, m. — copal,
v. Copal.
Résineux, se, adj. harzig; le bois
—, Kien, m. Kienholz, n.
*Résingle, m. (Uhrm.) ein Werk=
zeug, Beulen damit herauszuschlagen.
Résipiscence, f. Buße, Besserung;
venir à —, sich bessern.
Résistance, f. Widerstand, m.;
(Physf.) Dichtigkeit (eines Körpers), f.
Résister, v. n. widerstehen, sich wi=
derstehen; aushalten, ertragen (à qch.,
etw.). .

Résolu, e, *adj.; -ment, adv.:*
entschlossen, kühn, gefaßt.
Résoluble, *adj.*(Lehrst.) auflöslich.
Résolutif, ve, *adj.* (Med.) auflö=
send, zertheilend; —, *m.* das auf=
lösende Mittel.
Résolution, *f.* Entschluß, *m.* Vor=
saß; Entschlossenheit, *f.;* Schluß, *m.*
Beschluß, *(Chym., ıc.)* Auflösung,
*f.;* (jur.) Aufhebung.
Résolutoire, *adj.* (jur.) aufhebend.
Résolvant, e, *adj.* auflösend; —,
*m.* Auflösungsmittel, *n.*
Résonnance, *f.* Wiederklang, *m.;*
Nachhall. [lend, stark klingend.
Résonnant, e, *adj.* wiederschal=
Résonnement, *m.* Wiederhall,
Wiederklang.
Resonner, *v. n.* wieder schlagen.
Résonner, *v. n.* wiederhallen, er=
tönen, klingen, schallen, nachschallen,
dröhnen.
Résorption, *f.* Wiedereinsaugen,
*n.* Verschlucken; Verzehren.
*Résoudre, *v. a.* beschließen; —
qn. à qch., einen zu etw. bewegen;
—, *(Chym.)* auflösen; (Med.) zer=
theilen; (jur.) aufheben; (eine Schwie=
rigkeit, ıc.) lösen, auflösen, erklären,
heben; se —, sich entschließen (à,
zu); sich auflösen, sich zertheilen; la
se — à rien, auf nichts hinauslaufen.
†Résous, *adj. m. part.* von résou=
dre, aufgelöst (mit en).
Respect, *m.* Ehrerbietung, *f.* Ehr=
furcht, Hochachtung; Aufwartung.
Respectable, *adj.* ehrwürdig, ehr=
bar.
Respecter, *v. a.* ehren, hochachten;
*fg.* verschonen; se —, sich selbst ehren.
Respectif, ve, *adj.; -vement,*
*adv.:* gegenseitig, wechselseitig.
Respectueux, se, *adj.; -sement,*
*adv.:* ehrerbietig, ehrfurchtsvoll.
Respirable, *adj.* was sich einath=
men läßt.
†Respirateur antiméphitique, *m.*
Stickluftprüfer (Werkzeug).
Respiration, *f.* Athemholen, *m.*
Athem, *m.* [belen gehörig.
Respiratoire, *adj.* zum Athem=
Respirer, *v. n.* athmen, Athem
holen; *fg.* wieder Luft schöpfen;
leben; —, *v. a.* athmen, einathmen;
*fg.* athmen; id., sich sehnen (qch.,
nach etw.).
Resplendir, *v. n.* funkeln, leuch=
ten, strahlen (auch *fg.*).
Resplendissant, e, *adj.* leuchtend,
strahlend.
Resplendissement, *m.* Wieder=
Gegenschein, Glanz, Schimmer.
Responsabilité, *f.* Verantwort=
lichkeit.
Responsable, *adj.* verantwortlich.
Responsif, ve, *adj.* (jur.) eine
Antwort enthaltend (à, auf).

†Responsion, *f.* Responsgelder,
*n. pl.*
Ressac, *m.* (Seew.) Widersee, *f.*
Ressaigner, *v. a.* qn., einem wieder
Ader lassen; —, *v. n.* wieder bluten.
Ressaisir, *v. a.* qch., *et* se — de
qch., sich einer S. wieder bemächtigen.
Ressasser, *v. a.* wieder durchbeu=
teln; *fg.* noch einmal, scharf unter=
suchen, wiederholen.
Ressaut, *m.* (Bauk.) Vorsprung.
Ressauter, *v. a. et n.* wieder sprin=
gen; (Bauk.) Vorsprung haben.
†Ressécher, *v. a.* wieder trocknen.
†Resseller, *v. a.* wieder satteln.
Ressemblance, *f.* Aehnlichkeit.
Ressemblant, e, *adj.* ähnlich, ge=
troffen (Bild).
Ressembler, *v. n.* gleichen, ähnlich
seyn; il se ressemble, (Mal., ıc.)
seine Arbeiten sind zu einförmig; se
—, *v. r.* einander ähnlich seyn; *prov.*
qui se ressemble, s'assemble, Gleich
und Gleich gesellt sich gern.
Ressemelage, *m.* Wiederbesohlen,
*n.*
Ressemeler, *v. a.* wieder besohlen.
Ressemer, *v. a.* wieder säen.
Ressenti, e, *adj.* (Mal., ıc.)
scharf ausgedruckt.
Ressentiment, *m.* Nachweh, *n.*
*fg.* Groll, *m.* Rachbegierde, *f.*
*Ressentir, *v. a.* lebhaft empfinden,
fühlen; se — de qch., Nachwehen
von etw. fühlen; *fg.* etw. fühlen;
Theil an etw. nehmen, mit darunter
leiden; Spuren von etw. tragen; etw.
zu rächen suchen.
Resserrement, *m.* Zusammenzie=
hung, *f.; fg.* Verschließen (der Gel=
der), *n.*
Resserrer, *v. a.* wieder, enger zu=
knüpfen; enger machen; zusammen=
ziehen; wieder einschließen; (Med.)
verstopfen; *fg.* einschränken; (eine
Schrift) abkürzen; (eine Festung)
einschließen; (Freundschaft) enger
knüpfen; se —, (Med.) sich verstop=
fen; *fg.* sich betengen (Herz); sich
verschließen; sich einschränken.
Ressif, Rescif, *m.,* v. Récif.
Ressort, *m.* (Phyf.) Schnellkraft,
*f.;* faire —, zurückschnellen; —,
(Mech., ıc.) Feder, *f.;* Getriebe,
(Med.) Schnellkraft, *f.;* Triebfeder;
(Med.) Spannung; (jur.) Gerichts=
barkeit; Inslanz; cela n'est pas de
mon —, *fg.* das schlägt nicht in mein
Fach ein.
*Ressortir, *v. n.* wieder heraus=
geben; faire —, hervorheben.
Ressortir, *v. n.* (régul.) zu einer
Gerichtsbarkeit gehören; — à un
tribunal, unter einem Gerichtshofe
stehen.
Ressortissant, e, *adj.* unter einer
Gerichtsbarkeit stehend (mit à).

Ressªºud*er,* *v. a.* wieder zusammen=
löthen.
Ressource, *fém.* Hilfsmittel, *n.*
Hilfsquelle, *f.* Hilfe; Hoffnung;
Zuflucht; Ausweg, *m.*
Ressouvenir (se), sich erinnern,
benken (de, an); faire —, erinnern;
—, *m.* Erinnerung, *f.*
Ressuage, *m.* Schwitzen (eines
Körpers), *n.;* Darren (der Metalle).
Ressuer, *v. a.* barren; —, *v. n.*
(v. Steinen, ıc.) schwitzen.
Ressui, *m.* (Jagd) Trockenplaß.
Ressusciter, *v. a.* auferwecken, wie=
derbeleben; *fg.* wieder zum Leben
bringen; (etw.) aufwärmen, wieder
vorbringen; —, *v. n.* auferstehen,
erstehen. [trocknen.
Restant, e, *adj.* übrig, rückstän=
big; —, *m.* Rest, Rückstand.
Restaur, *m.* (Handl.) Schadlos=
haltung (der Retura an die Affecu=
ranten oder an den Schiffer), *f.*
Restaurant, e, *adj.* stärkend; —,
*m.* Stärkungsmittel, *n.;* Kraftbrühe,
*f.* || Speisehaus, *n.* Garküche, *f.*
Restaurateur, *m.* Wiederhersteller,
Wiedererbauer || Speisewirth, Gar=
koch. [lung.
Restauration, *f.* Wiederherstel=
Restaurer, *v. a.* wieder herstellen,
wieder aufrichten; (einen) erquicken,
stärken; se —, sich wieder erholen
(auch *fg.*), Erfrischungen nehmen.
Reste, *m.* Rest, Ueberrest, Ueber=
ge, *n.;* le — des hommes, die
übrigen Menschen; —, Ueberbleib=
sel, *n.;* Rückständige (einer Schuld);
être en —, im Rückstande seyn; au
—, du —, übrigens, außerdem; de
—, mehr als nöthig ist; avoir de —,
übrig haben; jouer de son —, sein
Leßtes wagen; *fg.* die leßten Mittel
versuchen; —s, *fg.* Asche, *f.* Ueber=
bleibsel, *n. pl.*
Rester, *v. n.* übrig seyn, übrig blei=
ben; zurückbleiben, da bleiben; *fm.*
wohnen; (v. Schiffen) liegen; en —
là, da stehen bleiben; il me reste
quelque chose, ich behalte etwas.
†Restipuler, *v. a.* gegenseitig be=
dingen. [erseßlich, ersehbar.
Restituable, *adj.* wiederherstellbar.
Restituer, *v. a.* erstatten, erseßen;
wieder in den vorigen Stand seßen
(auch jur.); (eine Stelle) wieder her=
stellen.
†Restituteur, *m.* Wiederhersteller.
†Restitution, *f.* Wiedererstattung;
Erseß, *m.;* Wiederherstellung (eines
Tertes, ıc.), *f.;* (jur.) Wiedereinse=
ßung (in den vorigen Stand).
†Restorne, *m.* (Handl.) Verseßung
(eines Artifels), *f.*
†Restorner, *v. a.* (Handl.) unrecht
eintragen.

\*Restreindre, v. a. ſtärker zuſam=
menziehen; fg. ein=, beſchränken (à,
auf); se —, ſich ein=, ſich beſchrän=
ken.
Restrictif, ve, adj. einſchränkend.
Restriction, f. Einſchränkung.
Restringent, e, adj. (Med.) zu=
ſammenziehend; —, m. das zuſam=
menziehende Mittel.
Résultant, e, adj. entſtehend, fol=
gend; —e, f. (Phyſ.) die zuſammen=
geſeßte Kraft.
Résultat, m. Reſultat, n. Ergeb=
niß, Folge, f. Erfolg, m.; Schluß.
Résulter, v. n. de qch., aus etw.
folgen, fließen, erfolgen, entſtehen,
ſich ergeben, hervorgehen.
Résumé, m. der kurzgefaßte In=
halt, Ueberſicht, f.
Résumer, v. a. zuſammenfaſſen,
kurz wiederholen; se —, ſich zuſam=
menfaſſen.     [bolung.
Résumption, f. die kurze Wieder=
Résurrection, f. Auferſtehung; fg.
unvermuthete Geneſung.
Retable, m. Altarblatt, n.; tableau de —, id.
Rétablir, v. a. wiederherſtellen;
wiederaufrichten; (in ein Recht) wie=
dereinſeßen; se —, wiederhergeſtellt
werden, geneſen.
Rétablissement, m. Wiederher=
ſtellung, f.; Wiedereinſeßung (in
ein Recht).
Retaille, f. Abſchnipel, n.
Retailler, v. a. nochmals beſchnei=
den.     [pen; (Verr.) fräuſeln.
Retaper, v. a. (Hutm.) aufträm=
Retard, m. Retardation, f. Auf=
ſchub, m. Verzug, Zurückbleiben,
n.; Verſpätung, f.; —, (Uhrm.)
Retardirwerk, n.
Retardataire, adj., —, m. der in
Bezahlung der Steuern oder zum
Kriegsdienſte im Rückſtande iſt oder
ausbleibt.
Retardation, f. (Phyſ.) die Ver=
minderung der Geſchwindigkeit.
Retardatrice, adj. f., force —,
die hemmende Kraft.
Retardement, m. Verzögerung, f.
Aufſchub, m. Säumniß, f.
Retarder, v. a. verzögern, aufſchie=
ben; verſchieben; (eine Uhr) zurück=
richten; —, v. n. ſpäter kommen,
ſäumen, ſich verſpäten; (Uhrm.) zu
ſpät gehen; [nochmals verſuchen.
†Retâter, v. a. wieder betaſten;
\*Reteindre, v. a. wieder färben,
umfärben.
\*Reteindre, v. a. wieder auslöſchen;
†Retendeur, m. (Tuchm.) Aus=
ſuffpanner.
Retendre, v. a. wieder auffpannen.
Rétendre, v. a. wieder ausbreiten.
\*Retenir, v. a. wieder bekommen;
fg. fm. (das Geſagte) zurücknehmen

|| zurückhalten; behalten, zurückbe=
halten; (fremdes Gut) vorenthalten;
(einen) auf=, be=, zurückhalten; (den
Athem, ꝛc.) halten, verhalten; — par
cœur, behalten || (eine Kutſche, ꝛc.)
beſtellen, miethen; je retiens part,
halbpart; —, v. n. trächtig werden
(Thier); se —, ſich halten, ſich an=
halten; fg. ſich zurückhalten; ſich
mäßigen.     [halten.
†Rétentif, ve, adj.(Anal.) zurück=
Rétention, f. Vorbehalt, m.; —
d'urine, (Med.) Harnverſtopfung, f.
Rétentionnaire, m. et f. (jur.)
der, die vorenthält, was Andern ge=
hört.
Retentir, v. n. wiederhallen, er=
ſchallen, ertönen; ſchmettern (Trom=
pete); fg. id.     [lend, ſchallend.
Retentissant, e, adj. wiederhal=
Retentissement, m. Wiederſchall.
Retentum, m. lat. (jur.) der ge=
heime Beiſaß; fg. fm. Hinterhalt,
Ausflucht, f.
Retenu, e, adj. zurückhaltend, vor=
ſichtig, behutſam.
Retenue, f. Zurückhaltung, Vor=
ſicht, Eingezogenheit; (jur., ꝛc.) Ab=
zug, m.; droit de —, Näherkauf;
—, (Zimm.) Strebeholz, n.
†Rétépore, f. die nepförmige, ſtein=
artige Thierpflanze.
Retersage, masc. die zweite Um=
hackung, der zweite Bau des Wein=
bergs.     [wieder behacken.
Reterser, v. a. den Weinberg
Rétiaire, m. (Alt.) Nepfechter.
Réticence, f. Uebergehung, Ver=
ſchweigung, (Anat.) nepförmig.
Réticulaire, Réticulé, adject.
Réticule, m. (Aſtr.) Neß, n. Fa=
dennep.     [förmig.
Réticulé, e, adj. (Maur.) nep=
Rétif, ve, adj. ſtätig, fg. wider=
ſpänſtig.
Rétiforme, adj. nepförmig.
Rétine, f. (Anat.) Nephäutchen
(im Auge), n.
Retirade, f. (Fortif.) Abſchnitt, m.
Retiration, f. (Buchdr.) Wieder=
druck, m.
Retirement, masc. (Med.) Ein=
ſchrumpfen, n. Zuſammenziehen (e.
Nerven).
Retirer, v. a. wieder ziehen, zieben,
zurückziehen, herausziehen; (aus einer
Schule, ꝛc.) wegnehmen; (Nußen)
ziehen; (ein Pfand) einlöſen; (einen
Armen) aufnehmen; fg. (Liebe) ent=
ziehen; (ſein Wort) zurücknehmen;
retirez vos armes, ſeßt ab! se —,
ſich zurückziehen, fortgehen, ſich zu=
rückbegeben; nach Hauſe gehen; ſich
flüchten; zurücktreten (Fluß); ſich zu=
ſammenziehen, einlaufen, einſchrum=
pfen (Nerve, ꝛc.).
†Retirons, m. pl. was in dem Kam

bleibt nach dem erſten Kämmen der
Wolle.
Retombée, f. (Bauk.) Anlauf, m.
Retomber, v. n. wieder fallen, zu=
rückfallen, =ſinken (auch fg.); faire
— qch. sur un autre, etw. auf einen
andern wälzen.
Retondre, v. a. wieder ſcheren;
(Maur.) glatt abrichten.
Retordement, m. Zwirnen, n.
†Retordeur, m. Seidenzwirner.
†Retordoir, m. Zwirnmaſchine, f.
\*Retordre, v. a. noch einmal zu=
ſammendrehen; (Faden) zwirnen;
fg. donner du fil à —, zu ſchaffen
geben; homme retors, Schlaukopf,
m.
Rétorquer, v. a. un argument
contre qn., einen mit ſeinen eigenen
Gründen ſchlagen; einen Grund zu=
rückſchieben.
Retors, e, adj. gedreht, gezwirnt;
fg. liſtig, verſchlagen.
Rétorsion, f. Zurückſchiebung (ei=
nes Beweisgrundes).
†Retorsoir, m. (Seil.) Drehrad, n.
Retorte, f. (Chym.) Retorte.
Retouche, f. (Mal., ꝛc.) Ausbeſ=
ſerung.
Retoucher, v. a. wieder befühlen;
fg.— qch., etw. verbeſſern, wieder
durchſehen, die lehte Hand an etw.
legen; (Kupferſt.) wieder aufſtechen.
†Retouper, v. a. (Töpf.) ein miß=
rathenes Stück umarbeiten.
Retour, m., les tours et —s, die
Krümmungen und Windungen (eines
Weges); —, Rückfehr, f. Rückfehr,
fehr, Zurückkunft; Rück= Heimreiſe;
faire un — à Dieu, in ſich gehen;
faire un — sur soi-même, in ſich
gehen; être sur son —, altern; —
de fortune, Glückswechſel, m.; sans
—, unwiederbringlich, auf ewig;
droit de —, (jur.) Heimfallsrecht,
n.; (Bauk.) in rechtem Winkel ver=
bunden; —, (Handl.) Rückfracht,
f.; Aufgeld, n.; (Jagd) Wieder=
gänge, m. pl.; fg. Ränke; — de
chasse, die Mahlzeit nach der Jagd
|| fg. Erwiederung, f. Gegenliebe;
payer qn. de —, user de —, eines
Liebe erwiedern; en —, dagegen.
Retourne, f. (Spiel) Umſchlag,
masc.
Retourner, v. n. wieder zurückge=
hen, zurückfehren; umfehren, um=
wenden, zurückkommen; — sur ses
pas, wieder umfehren; y —; fg.
etw. wieder thun; —, v. a. umwen=
den, umlegen, umfehren; (Gärtn.)
umgraben; (Spiel) umſchlagen; fg.
(einen von allen Seiten zu faſſen
ſuchen; se —, ſich umwenden; s'en
—, wieder fortgehen.

Retracer, *v. a.* nochmals zeichnen; *fig.* schildern, darstellen.

Rétractation, *f.* Widerruf, *m.*

Rétracter, *v. a.* widerrufen; se —, sein Wort, seine Meinung zurücknehmen.

Rétractile, *adj.*, l'ongle —, der Nagel, die Klaue welche die Fähigkeit hat sich zurückzuziehen.

Rétractilité, *f.* Fähigkeit des Zurückziehens; Einziehbarkeit.

Rétraction, *f.* (Med.) Zusammenziehung, Verkürzung.

*Retraire, *v. a.* (jur.) wieder an sich kaufen, an sich bringen.

Retrait, *m.* (jur.) Wiederkauf, Einlösung, *f.*; — lignager, Näherrecht, *n.* ‖ heimliche Gemach.

Retraite, *f.* Rückzug, *m.* Abzug; (Kriegsw.) *id.*, Rückmarsch; Zapfenstreich; battre en —, zum Rückzug schlagen; *fig. fm.* seine Forderung aufgeben; se battre en —, sich fechtend zurückziehen; battre la —, den Zapfenstreich schlagen; —, *fig.* die Zurückziehung von Geschäften; Absonderung von der Welt; Ruhe; Einsamkeit, Abgeschiedenheit; Aufenthalt, Zufluchtsort; *fm. et m. p.* Schlupfwinkel ‖ Ruhegehalt; Ruheplatz; (Bauk.) Verdünnung, *f.*; (Kärrn.) Leitseil, *n.*

Retranchement, *m.* Einschränkung, *f.* Verminderung; Abschaffung; (Gramm.) Auslassung; (Kriegsw.) Verschanzung; (Bauk.) Verschlag, *m.*

Retrancher, *v. a.* ab=, wegschneiden; nehmen, benehmen, entziehen; (den Gehalt, 2c.) verringern; abschaffen; (Kirch.) absondern; (Kriegswiss.) verschanzen; se —, sich einschränken; (Kriegsw.) sich verschanzen; *fig.* se — sur qch., sich mit etw. entschuldigen.

Retravailler, *v. a.* noch einmal bearbeiten, wieder vornehmen.

Retrayant, *m. e, f.* (jur.) Näherkäufer, *m.* =inn, *f.*

Rétrécir, *v. a.* verengen, ein=, zusammenziehen; (Reitsch.) zusammendrängen; —, *v. n. et* se —, sich verengen, eingeben, einlaufen, einschrumpfen; (Reitsch.) in kleinern Kreisen laufen.

Rétrécissement, *m.* Verengung, *f.* Eingeben, *n.* Einlaufen.

†*Rétreindre, *v. a.* (Goldsch.) zusammenschlagen.

Retremper, *v. a.* wieder eintauchen; härten, *fig.* abhärten.

Rétribution, *f.* Vergeltung; Gebühr; (Kirch.) Pfarrgebühr.

Rétroactif, ve, *adj.* rückwirkend; effet —, Rückwirkung, *f.*; avoir un effet —, zurückwirken.

Rétroaction, *f.* Zurückwirkung.

Rétroactivité, *f.* die zurückwirkende Kraft.

Rétrocéder, *v. a.* wieder abtreten.

Rétrocession, *f.* Wiederabtretung.

Rétrogradation, *f.* (Astr.) Rückgang, *m.*

Rétrograde, *adj.* rückgängig.

Rétrograder, *v. n.* zurückgehen; sich zurückziehen.                  [*n.*

Retroussement, *m.* Aufschürzen,

Retrousser, *v. a.* aufschürzen; aufbinden; (einen Hut, 2c.) aufstülpen, aufschlagen; nez retroussé, Stülpnase, *f.*

Retroussis, *m.* Stülpe, *f.* Krämpe.

Retrouver, *v. a.* wieder finden; *fig.* erkennen; se —, sich zurecht finden.

Rets, *m.* Netz, *n.* Garn; *fig.* Fallstrick, *m.*

†Rétudier, *v. a.* wieder studiren; wieder einlernen.

Rétus, e, *adj.* (Bot.) sehr stumpf.

Réunion, *f.* Wiedervereinigung, Vereinigung; Zusammenkunft.

Réunir, *v. a.* wieder vereinigen, vereinigen, versammeln; (Chir.) zusammenheilen; *fig.* vereinigen, vereinen; (Kräfte) aufbieten; (Feinde) versöhnen; se —, sich vereinigen, zusammenkommen.

Réussir, *v. n.* gelingen, glücken, gerathen, gut aufgenommen werden (Schrift, 2c.); — mal, übel ablaufen.

Réussite, *f.* der glückliche Ausgang, Gelingen, *n.*; Beifall, *m.*

*Revaloir, *v. a.* wieder vergelten.

Revanche, *f.* Genugthuung, Wiedervergeltung; (Spiel) Gegenpartie; en —, zur Genugthuung, dagegen.

Revancher, *v. a.* vertheidigen; se —, sich vertheidigen, etw. entgelten; se — de qch., etw. erwiedern.

Revancheur, *m.* Wiedervergelter, Rächer.

Rêvasser, *v. a.* verworren träumen.

Rêvasserie, *fém.* der verworrene Traum.

Rêvasseur, *m.* Träumer.

Rêve, *m.* Traum.

Revêche, *adj.* herbe, sauer; *fig.* widerwärtig, störrig; —, *f.* (Handl.) Futterflanell, *m.*                      [Wecker.

Réveil, *m.* Erwachen, *n.*; (Uhrm.)

Réveille-matin, *masc.* (Uhrm.) Weckuhr, *f.* Wecker, *m.*; *fig. fm.* Ruhestörer.

Réveiller, *v. a.* aufwecken, wecken; *fig. id.*, wieder erregen, rege machen; se —, wieder auf=, erwachen; *fig. id.*

†Réveilleur, *m.* Wecker, Nachtwächter.

Réveillon, *m.* Nachtmahlzeit, *f.* (Mal.) Licht.

Révélateur, *m.* trice, *f.* Offenbarer, *m.* Angeber, =inn, *f.* (eines politischen Complotts, einer strafbaren Verbrüderung).

Révélation, *f.* Entdeckung, Offenbarung (auch Theol.); (jur.) Aussage.

Révéler, *v. a.* entdecken; offenbaren (auch Theol.).

Revenant, *m.* Gespenst, *n.*; —, e, *adj.* gefällig, einnehmend.

Revenant-bon, *m.* Kassenbestand; Nebengewinn, Nebenvortheil.

Revendeur, *m.* se, *f.* Trödler, *m.* =inn, *f.*; Höker, *m.* =inn, *f.*

Revendication, *f.* (jur.) Zurückforderung, Anspruchnehmen, *n.*

Revendiquer, *v. a.* zurückfordern, in Anspruch nehmen.

Revendre, *v. a.* wieder verkaufen; hökern; *fig. fm.* en — à qn., einen überlisten.

*Revenir, *v. n.* wieder kommen, zurückkommen, erscheinen, spuken (Gespenst); aufstoßen (v. Speisen) ‖ zu Ohren kommen; (einem) gefallen, einfallen; *fig.* sich besinnen, sich besänftigen lassen; — à ses moutons, wieder auf die Hauptsache kommen; — sur qch. wieder vornehmen; — sur ses promesses, sein Versprechen zurücknehmen; — sur le compte de qn., eine günstigere Meinung von einem fassen; — contre qch., gegen etw. Einspruch thun; —, genesen; — à soi, sich erholen; — sur l'eau, *fig. fm.* wieder oben schwimmen ‖ zurückkommen, sich bessern ‖ nützen, eintragen, abwerfen; — à, kosten, sich belaufen auf (Geld) ‖ ähnlich seyn (an der Farbe); — au même, auf das nämliche hinauskommen ‖ (v. Fleisch) auslaufen; s'en —, *fm.* zurückkommen.

Revente, *f.* Wiederverkauf, *m.*

Revenu, *m.* Einkommen, *n.* Ertrag, *m.* Einkünfte, *f. pl.*

Revenue, *f.* Nachwuchs, *m.*

Rêver, *v. n.* träumen; *fig. id.*, irre reden, zerstreut seyn; nachdenken (à, sur, über); sich irren; —, *v. a.* träumen.

Réverbération, *f.* Zurückprallen (der Lichtstrahlen, 2c.), *n.*; Gegenschein, *m.*

Réverbère, *m.* Scheinwerfer, Straßenlaterne, *f.*; feu de —, (Chym.) Streichfeuer, *n.*

Réverbérer, *v. a.* (Strahlen, 2c.) zurückwerfen; zurückprallen.

Reverdir, *v. n.* wieder grünen, wieder ausschlagen; *fig.* wieder jung werden; wieder ausschlagen (von der Krätze, 2c.); —, *v. a.* wieder grün anstreichen.

†Reverdissement, *m.* das Wiederanstreichen mit grüner Farbe.

Reverdoir, *m.* eine oblange Kufe des Bierbrauers.

Révéremment, *adv.* ehrerbietig.

Révérence, *f.* Ehrerbietung; Verbeugung; *fm.* Bückling, *m.* Knicks;

Gruß; faire une —, sich verbeugen; —, (Titel) Ehrwürden, pl. Hoch= würden. [(Furcht).

Révérencielle, adj. f. ehrerbietig

Révérencieux, se, adj. fm. der, die viele Verbeugungen macht; -se= ment, adv. mit vielen Verbeugun= gen; sehr höflich.

Révérend, e, adj. (in Titeln) ehr= würdig; le —, Seine Ehrwürden.

Révérendissime, adj. (in Titeln) hochwürdig.

Révérer, v. a. verehren, ehren.

Rêverie, f. Träumerei, Traum, m. Einfall, Grille, f. Grübelei, Tiefsinn, m.; Wahnsinn.

†Revernir, v. a. wieder firnissen.

Reverquier, m., v. Revertier.

Revers, m. Strich, Schlag, Stoß mit verkehrter Hand; Aufschlag (am Kleid); Rückseite (an Münzen, xc.), f.; fg. Unfall, m. Unglücksfall; Widerwärtigkeit, f.; fm. Gegen= theil, n.; à, de —, von der Seite, von hinten.

Réversal, e, adj. eine Gegenver= sicherung enthaltend; l'acte —, der Revers, Gegenschein; -es, f. pl. Reversalien, Gegenschein.

†Reverseau, m. (Tischl.) Wasser= schenkel. [dement.

Reversement, m., v. Transbor-

Reverser, v. a. wieder eingießen, wieder einschenken.

Reversi, m. Reversi (Spiel), n.

Réversibilité, f. (jur.) Rückfällig= keit.

Réversible, adj. (jur.) rückfällig.

Réversion, f. (jur.) Rückfall, m.

Réversoir, m., v. Déversoir.

Revertier, m. Puffspiel, n.

Revestiaire, m. Sacristei, f.

Revêtement, m. (Maur.) Futter= mauer, f. Verkleidung, Fütterung.

*Revêtir, v. a. kleiden, bekleiden; (Maur.) verkleiden; fg. versehen, bekleiden (de, mit); se —, sich be= kleiden (ein Kleid) anziehen.

Rêveur, se, adj. nachdenkend, tiefsinnig, träumerisch; —, m. se, f. Träumer, m. Grillenfänger, Fan= tast, inn, f.

†Reviquer, v. a. (Tuch) ausspülen.

†Reviqueur, m. Ausspüler.

Revirade, f. (Trict.) das Aufbre= chen eines Bandes. [den, n.

Revirement, m. (Schifff.) Wen=

Revirer, v. n. de bord, das Schiff wenden, umwenden; fg. seinen Ent= schluß ändern; —, (Trict.) ein Band aufbrechen.

Reviser, v. n. durchsehen.

Réviseur, m. Revisor, Nachseher.

Révision, f. die nochmalige Durch= sicht. [durchsuchen, besuchen.

†Revisiter, v. a. wieder besichtigen,

Revivification, f. Wiederherstel= lung (eines Metalls).

Revivifier, v. a. wieder beleben; (Chym.) wieder herstellen.

*Revivre, v. n. wieder aufleben (auch fg.), wieder lebendig werden, neue Kräfte erlangen; faire —, wie= der beleben; aufmuntern, wieder stär= ken; (etw.) erneuern; (Gebräuche) wieder einführen; wieder rege machen.

Révocable, adj. widerruflich.

Révocation, f. Widerrufung, Ab= rufung, Zurückberufung.

Révocatoire, adj. widerrufend.

Revoici, Revoilà, prép., le re= voici, le revoilà, da ist er wieder.

*Revoir, v. a. wieder sehen, durch= sehen, verbessern; se —, v. r. sich wie= dersehen; à —, auf Wiedersehen.

Revoler, v. n. zurückfliegen.

Revolin, m. (Seew.) Stoß=, Fall= wind.

Révoltant, e, adj. empörend.

Révolte, f. Empörung, Aufruhr, m.

Révolté, m. Empörer, Aufrührer.

Révolter, v. a. empören; fg. id., aufbringen; se —, sich empören.

Révolu, e, adj. verlaufen, gaan= gen, vergangen.

*Révoluté, e, adj. (Bot.) nach unten umgerollt.

Révolution, f. Umlauf, m.; fg. Umwälzung, f. Staatsumwälzung, gewaltsame Aenderung, Revolution.

Révolutionnaire, adj. revolu= tionsmäßig; —, m. Revolutions= mann. [umschaffen; umbilden.

Révolutionner, v. a. gewaltsam

Revomir, v. a. wieder ausspeien.

Révoquer, v. a. widerrufen, (einen) zurückberufen; (ein Gesetz) aufheben; — en doute, in Zweifel ziehen.

Revue, f. Durchsuchung, Durch= sicht, Musterung (auch fg.); passer en —, mustern, etw. durchsehen.

Révulsif, ve, adj. (Med.) ablei= tend. [Abfluß (der Säfte), m.

Révulsion, f. (Med.) Ableitung, Rez, prép., — -pied, — -terre, der Erde gleich; — -mur, m. die innere Seite der Mauer; — de- chaussée, m. der ebene Boden, Erd=, Bodengeschoß, n.

Rhabdologie, v. Rabdologie.

Rhabillage, m. fm. Ausbesserung, f.

Rhabiller, v. a. wieder kleiden, an= kleiden; neu kleiden; (Handw., xc.) ausbessern; fg. fm. verbessern, wieder gut machen; se —, sich wieder an= kleiden.

Rhabilleur, v. Renoueur.

Rhagade, f. Art Schrunden, Ge= schwüre, welche sich an der Schleim= haut ansetzen. [Rhabarber.

Rhapontic, m. (Bot.) eine Art

Rhapsodie, etc., v. Rapsodie, etc.

Rhapsodiste, v. Rapsodiste.

†Rhénane, adj. f., une province —, eine Rheinprovinz.

Rhéteur, m. Redner, Redelehrer, Rhetor.

Rhétoricien, m. Redner, Lehrer der Redekunst; Schüler in der Rede= kunst.

Rhétorique, f. Redekunst, Rhe= torik; rhetorische Klasse; fg. iron. Wortgepränge, n.

†Rhexis, f. das Bersten einer Ader, eines Geschwürs, u. s. w.

†Rhin (le), Rhein. [spritze.

†Rhinenchyte, f. (Chir.) Nasen=

†Rhingrave, m. Rheingraf.

Rhingrave, ol. weite mit Nesteln und Bändern besetzte Hosen, pl.

Rhinocéros, m. (Naturg.) Nas= horn; n. Rhinoceros.

†Rhisolithes, m. pl. versteinerte Wurzeln, f. pl.

Rhisophage, adj. Wurzeln essend, sich von Wurzeln nährend.

Rhodes, f. die Insel Rhodus.

Rhodium, m. Rhodium, n. Ro= senmetall.

Rhododendron, m. (Bot.) Ro= senlorber, Alprose, f.

†Rhodomel, m. (Med.) Rosenhonig.

Rhombe, m. (Geom.) Rautenvie= rung, f. [rautenförmig.

Rhomboidal, e, adj. (Geom.) —

Rhomboide, m. (Geom.) die läng= liche Raute.

Rhône, m. Rhone (Fluß), f.

Rhubarbe, f. (Bot., xc.) Rha= barber.

Rhum (spr. rom), m. Rum, Zuckerbranntwein, (Seew.) Schiffs= raum. [tisme.

†Rhumatalgie, f., v. Rhuma-

Rhumatique, adj. rheumatisch, adj. (Med.) von einem Fluß her= rührend. [Gliederfluß.

Rhumatisme, m. (Med.) Fluß,

Rhume, m. (Med.) Schnupfen.

†Rhummerie (spr. romme-), f. der Ort in den Zucker-Raffinerien, wo man den Zuckersirup gähren läßt.

Rhus, v. Sumac.

Rhythme, m. Rhythmus, Zeit=, Klangmaß, n. [abgemessen.

Rhythmique, adj. rhythmisch,

†Rhythmopée, f. (Mus.) die Lehre von dem Zeitmaß.

Riant, e, adj. lachend, lächelnd, lieblich; freundlich, angenehm.

Ribambelle, f. fm. Schwall, m. Heerde, f. [sinn, f.

Ribaud, m. e, f. Schwelger, m.

Ribauderie, f. Schwelgerei.

†Ribes, f. pl. die rothen Johan= nisbeeren.

†Ribette, f. (Bot.) die rothe Jo= hannisbeere.

†Riblette, *f.* die gepfefferte und geröstetete dünne Fleischschnitte.

Ribleur, *m.* (alt) Nachtschwärmer, Nachtläufer. [Verkleidung.

†Ribord, *m.* (Schifff.) die zweite Ribordage, *m.* der Schaden vom Anstoßen eines Schiffs an das andere.

†Ribot, *m.* Stößel (im Butter= fasse). [cher), *n.*

†Ribotage, *m.* Runzeln (der Tü= Ribote, *f.*, faire —, riboter, *v. n.* (gemein) sich lustig machen.

Riboteur, *m.* se, *f.* Schmauser, *m.* Schlemmer, =inn, *f.*

Ricanement, *m.* das spöttische La= chen, Grinsen, Naserümpfen.

Ricaner, *v. n.* höhnisch lachen, grinsen.

Ricanerie, *f.* das höhnische Lachen.

Ricaneur, *m.* se, *f.* Hohnlächler, *m.* =inn, *f.* [Haar.

Ric-à-ric, *adv. fm.* genau, aufs †Rich, *m.* (Naturg.) Luchs.

Richard, *n. pr. m.* Reichard; —, *fm.* der reiche Kauz.

Riche, *adj.*; -ment, *adv.*: reich; *fg. id.*, reichhaltig, ergiebig (Feld 2c.); —, *m.* Reiche.

Richesse, *f.* Reichthum, *masc.* Pracht, *f.*; Fruchtbarkeit, Ergiebig= keit (der Felder, 2c.); (Mal., 2c.) Reichhaltigkeit.

Richissime, *adv.* sehr reich.

Ricin, *m.* (Bot.) Wunderbaum.

Ricocher, *v. n.* zurückprallen.

Ricochet, *m.* Sprung; Wieder= auffpringen, *n.*; par —, *fg. fm.* vom Hörensagen; —, (Artill.) Prellschuß, *m.*; battre en, à —, Prellschüsse thun.

Ride, *f.* Runzel; *fg.* kleine krause Welle; (Seew.) Taljereep, *n.*

Ridé, e, *adj.* runzelig.

Rideau, *m.* Vorhang; Wand, *f.*; (Kriegsw.) kleine Anhöhe; (Bauk.) Stützmauer.

†Ridées, *f. pl.* (Jagd) die Losung des Rothwildes.

Ridelle, *f.* Wagenleiter; charrette à —s, Leiterwagen, *m.*

Rider, *v. a.* runzeln; *fg.* kräuseln (eine Naht) anziehen, straff machen; (Seew.) oberwärts zusammenziehen; —, *v. n.* (Jagd) dem Wilde ohne Bellen nachjagen; se —, runzlicht werden, zusammenschrumpfen.

Ridicule, *adj.*; -ment, *adv.*: lächerlich; tourner, traduire en —, lächerlich machen; —, *m.* Lächer= liche, *n.* || Arbeitsbeutel, *m.*

Ridiculiser, *v. a.* lächerlich machen.

Ridiculité, *f.* Lächerlichkeit.

Rièble, *m.* (Bot.) Klebkraut, *n.*

Rien, *adv.* nichts; *interrog.* etwas; cela ne m'est de —, *fm.* das geht mich nichts an, ich bekümmere mich nichts darum; en moins de —, in

weniger als einem Augenblicke; — du tout, gar nichts; —, *m.* Nichts, *n.*; *fg.* Kleinigkeit, *f.*

Rieur, *m.* se, *f.* Lacher, *m.* Spöt= ter, =inn, *f.*

Riflard, *m.* (Maur.) Spitzmeißel; (Tischl.) Schrothobel.

Rifler, *v. a.* mit der Raspelfeile feilen; *pop.* fressen. [feile.

†Rifloir, *m.* Raspelfeile, *f.* Rund= Rigide, *adj.*; -ment, *adv.*: streng, scharf, genau.

Rigidité, *f.* Strenge, Schärfe, Genauigkeit.

Rigodon, Rigaudon, *m.* (Muf. Tanz) Rigodon, *n.*

Rigole, *f.* Rinne.

Rigorisme, *m.* die übertrieben strenge Sittenlehre.

Rigoriste, *m.* der zu strenge Sit= tenlehrer; —, *adj.* zu streng in der Sittenlehre. [gel.

†Rigoteau, *m.* (Dachd.) Halbzie= Rigoureux, se, *adj.*; -sement, *adv.*: strenge, scharf, hart.

Rigueur, *fém.* Strenge, Härte, Schärfe; à la —, en —, streng ge= nommen, buchstäblich; de —, durch= aus nöthig, unerläßlich.

Rimaille, *f.* ein schlechter Reim.

Rimailler, *v. n.* schlechte Verse machen.

Rimailleur, *m.* Reimschmied.

Rime, *f.* Reim, *m.*; ni — ni raison, weder Sinn noch Verstand.

Rimer, *v. a.* reimen, in Verse bringen; —, *v. n.* sich reimen.

Rimeur, *m.* Reimer; un mauvais —, ein Reimschmied.

Rinceau, *m.* (Bauf.) Laubwerf, *n.*

Rincer, *v. a.* schwenken, ausspülen.

Rinçure, *f.* Spülwasser, *n.* Spü= licht. [ge, *f.*

†Ringard, *m.* (Eisenh.) Kehrstan= Ringrave, *v.* Rhingrave.

Rioter, *v. n. pop.* kichern, lächeln.

Rioteur, *m.* se, *f. pop.* Kicherer, *m.* =inn, *f.*

Ripaille, *fém. pop.*, faire —, schmausen, wohlleben. [sel, *m.*

Ripe, *f.* Kratzeisen, *n.* Zahnmei= Riper, *v. a.* abkratzen.

Ripopée, *f. pop.* Gemisch (von Weinresten, 2c.), *n.*; *fg.* Misch= masch, *m.*

Riposte, *f. fm.* die schnelle und treffende Antwort; il est vif à la —, er giebt derbe Antworten; —, (Fechtf.) Gegenstoß, *m.*; (Reitsch.) Ausschlagen, *n.*

Riposter, *v. n.* schnell und treffend antworten; (Fechtf.) nachstoßen; —, *v. a.* erwiedern; wieder herausgeben.

Ripuaire, *adj.* (Alt.) ripuarisch, am Rhein und der Maas wohnend (Volk).

*Rire, *v. n.* lachen (de, über); —

à qn., einen anlachen; scherzen; *fg.* angenehm seyn; se — de qn., eines spotten, einen auslachen. [*m.*

Rire, Ris, *m.* Lachen, *n.*; Scherz, Ris, *m.*, — de veau, Kalbsdrüse, *f.*; Kalbsfröschen, *n.*; —, (Seew.) Reff.

Risban, *m.* (Fortif.) Rißbank, *f.*

†Risberme, *m.* (Fortif.) Rißber= me, *f.* (3 bis 4 Franken), *m.*

Risdale, Rixdale, *f.* Reichsthaler.

Risée, *f.* Gelächter, *n.* Gespötte.

Risibilité, *f.* das Vermögen zu lachen.

Risible, *adj.* lächerlich.

Risquable, *adj.* gewagt, gefährlich.

Risque, *m.* Gefahr, *f.*; à mes —s, périls et fortune, auf meine Gefahr und Kosten; à tout —, aufs Gerathewohl. [setzen.

Risquer, *v. a.* wagen; aufs Spiel Rissole, *f.* (Kochf.) Fleischpastet= chen, *n.*; (Fisch.) Sardellenneß.

Rissoler, *v. a.* (Kochf.) braun backen ob. braten, bräunen; se —, braun werden. [tene Brodrinden.

†Rissolettes, *f. pl.* (Kochf.) gebra= †Risson, *m.* der kleine vierzackige Anker. [chengebrauch.

Rit, Rite, *m.* (*pl.* rites), —, Kir= Ritournelle, *f.* (Muf.) Ritornell, *n.*

Ritualiste, *m.* einer der über die Kirchengebräuche geschrieben hat.

Rituel, *m.* (Kirch.) Ritual, *n.* Kirchenbuch; Agende, *f.*

Rivage, *m.* Ufer, *n.* Strand, *m.* Küste, *f.* Gestade, *n.*

Rival, *m.* e, *f.* Nebenbuhler, *m.* =inn, *f.*

Rivaliser, *v. n.* wetteifern. [*m.*

Rivalité, *f.* Eifersucht, Wettstreit, Rive, *f.* Ufer, *n.* Rand, *m.*

River, *v. a.* nieten; vernieten; um= nieten; clou à —, Nietnagel, *m.*

Riverain, *m.* et *adj.* Uferbewoh= ner, *m.*; — ou propriétaire — d'un bois, etc., Besitzer von Gütern, die an einem Walde, 2c., liegen.

Rivet, *m.* Niet, *n.* die vernietete Spitze; (Schuhm.) innere Naht.

†Rivetier, *m.* Nietmeißel.

Rivière, *f.* Fluß, *m.*

†Rivoir, Rivois, *m.* Niethammer.

†Rivulaire, *adj.* (Bot.) plante —, Bachpflanze, *f.*

Rivure, *f.* (Schloss.) Dorn (eines Gewindes), *m.*; (Näh., 2c.) Niet, *n.*

Rixe, *f.* Zank, *m.* Streit.

Riz, *m.* Reis.

Rize, *m.* eine türkische Münze.

Rizière, *f.* Reisfeld, *n.*

†Roable, *m.* (Bäck.) Schüreisen, *n.* Schürhaken, *m.*

Rob, *m.* der eingekochte dicke Saft.

Rob ou Robre, *m.* (Whistspiel) doppelte oder dreifache Partie, *f.*

Roba, f. (Seew.) Waaren (in der Levante), pl.

Robe, f. Rock, m.; fg. Richter= stand || Zell, n. Haut, f.; Darm (einer Wurst), m.; gens de —, Rechtsgelehrten, pl.

†Rober, v. a. (Hutm.) mit einem Stück Robbenfell fein streichen.

Roberie, f. Kleidersaal (in Non= nenklöstern), m. [bert.

†Robert, n. pr. m. Ruprecht, Ro= Robin, m. iron. Rechtsgelehrte.

Robinet, m. Hahn (an Fässern, x.). [Afazia.

Robinier, m. (Bot.) die falsche Roboratif, ve, adj. (Med.) stär= kend. [stark, kräftig, handfest.

Robuste, adj.: -ment, adv.:

Roc, masc. Felsen; Thurm (im Schach).

Rocaille, f. Grottenwerk, n.

Rocailleur, m. Grottirer, einer der im Grottenwerk arbeitet.

Rocailleux, se, adj. steinig, fel= sig; fg. holperig (Styl).

Rocambole, f. (Bot.) die spanische Schalotte; fg. fm. Deste, n. Kern (de, an), m. [Lied.

†Rocantin, m. (gemein) ein altes

Roche, f. Fels, m. Felsen, Stein; — vive, derbe Felsen; cristal de —, Bergkrystall; de la vieille —, fg. von alten Schrot und Korn; de —, felsenhart. [chelle.

†Rocheiois, e, adj. aus La Ro=

Rocher, m. Felsen, Klippe, f.

Rochet, m. (Kirch.) das Chorhemd mit engen Aermeln; (Fabr.) die dicke Spule; (Uhrm.) Sperrrad, n.; roue à —, (Mech.) Schieberad.

†Rochoir, m. Vorraßbüchse, f. Löthbüchse.

Rock, m. Roche, Vogel Greif.

Rocou, Rocouler, v. Roucou, etc.

Röder, v. n. herumgehen, herum= streichen, herumschleichen.

†Rodet, m. das Rad an einer Wassermühle.

Rôdeur, m. Landstreicher. [bers.

†Rodoir, m. eine Kufe des Lohger=

Rodomont, m. Prahler, Groß= sprecher, Prahlhans.

Rodomontade, f. Prahlerei.

Rogations, f. pl. (Kath.) die öffentlichen Gebete vor Himmelfahrt, n. pl.; la semaine des —, Bet= woche, f.

Rogatoire, adj. (jur.) bittlich.

Rogaton, m. Brocken von Speisen; Aufgewärmte, n.: fg. mépr. Wisch, m. das unbedeutende Papier.

Rogne, f. die eingewurzelte Kräße.

†Rogne-cul, Rognoir, m. (Lichtz.) Schneidezeug, n.

†Rognement, m. Beschneiden (ei= nes Buches), n. [messer, n.

Rogne-pied, m. (Hufsch.) Wirk=

Rogner, v. a. beschneiden; (Hufsch.) auswirken; fg. schmälern, beschnei= den. [ber, m. -inn, f.

Rogneur, m. se, f. Münzbeschnei=

Rogneux, se, adj. räudig, kräßig.

Rognon, m. (Mezg.) Niere, f.; —s, Geilen (von Thieren), f. pl.; fm. Hüften; mines en —s, Erz in Nestern.

·Rognonner, v. n. pop. brummeln.

Rognure, f. Abschnitzel, n. Ab= schabsel; Abfeilicht; Abfall, m. Ab= gang; —s, fg. fm. Nachtrag.

Rogomme, m. pop. Branntwein.

Rogue, adj. fm. hochmüthig, auf= geblasen, hoffärtig.

Roi, m. König; — en peinture, — de cartes, de théâtre, prov. Schatten=, Theaterkönig; — d'ar= mes, Wappenkönig; faire les —s, das Dreikönigsfest feiern.

Roide, adj. steif, starr, straff; steil, jäh (Berg); reißend, schnell (Strom); fg. unbiegsam, hart; se tenir —, nicht nachgeben; tout —, fm. plöp= lich.

Roideur, f. Steife, Steifigkeit; Erstarrung; Jähe, Steilheit (eines Bergs); Schnelligkeit (eines Flusses); fg. Unbiegsamkeit, Härte, Steifheit.

Roidillon, m. eine kleine Erhöhung auf einer Straße.

Roidir, v. n. steif, starr machen; scharf anspannen; —, v. n. et se —, steif werden, erstarren; se —, fg. sich standhaft widersetzen.

Roitelet, m. Zaunkönig (Vogel); mépr. Königlein, n.

†Role, f. de tabac, Tabaksrolle.

Rôle, m. Rolle, f.; Liste, Verzeich= niß, n. Register; (Theat. und fg.), Rolle, f.

Rôler, v. n. fm. m. p. viel Bogen voll schmieren.

Rôlet, m. die kleine Rolle.

†Rolle, masc. Ofenkrücke, f.; (Handl.) Rolle (wollener Zeug); (Naturg.) Mandelkrähe.

†Rollier, m. (Naturg.) Mandel= krähe, f. [chenstaat).

†Romagne, f. Romagna (im Kir=

Romain, e, adj. römisch; —, m. e, f. Römer, m. -inn, f.; —, m. (Buchdr.) Antiquaschrift, f.; petit —, Garmond; gros —, Tertia; laitue —e, Lattich, m.

Romaine, f. Schnellwage.

Roman, m. Roman.

Romance, f. Romanze.

Romancier, m. Romanendichter.

Romane, adj. f., langue —, die romanische Sprache.

Romanesque, adj.; -ment, adv.: romanhaft.

Romantique, adj. (von Gegenden) romantisch, malerisch.

Romarin, m. (Bot.) Rosmarin.

†Rombalière, f. die äußere Ver= kleidung einer Galeere.

†Rome, f. Rom, n.

†Romescot, m. St. Peterspfenning.

Rompre, v. a. brechen; zerbrechen; (jur.) rädern; (eine Spiße) abbrechen; (eine Schnur, x.) zerreißen; (einen Damm) durchbrechen; (Thüren) er= brechen; (Kriegsw.) zersprengen, zer= streuen, werfen; (ein Bataillon) ab= brechen; fg. (das Wort, x.) brechen; (Verbindungen) aufheben, abbrechen; — la paille, prov. fm. brechen || unterbrechen; (ein Vorhaben) hinter= treiben; (eine Unterredung) stören; (einen Stoß) brechen, aufhalten; le coup, fg. die Wirkung einer S. bemmen; —, (Reitsch.) zureiten; — au travail, an die Arbeit gewöhnen; — aux affaires, in Geschäften üben; — l'humeur de qn., einem den Willen brechen; —, (Mus.) (den Tact) nicht halten; (Wolle von ver= schiedener Farbe, x.) mischen; —, v. n. et se —, brechen, zer=, abbre= chen; sich brechen; zerreißen; se —, sich gewöhnen (à, an); sich zerschlagen (Unterhandlung); —, v. n. fg. bre= chen, sich entzweien; à tout —, aufs Aeußerste, mit Vegeisterung; à bâ= tons rompus, nicht nacheinander.

Rompu, e, adj. gebrochen; — de fatigue, sehr ermüdet; — aux af= faires, in Geschäften erfahren; v. Rompre. [ses), m.

†Rompure, f. Abbruch (des Gus=

Ronce, f. (Bot.) Brombeerstrauch, m. Dornbusch; la mûre de —, Brombeere, f.; —s, fg. Hinder= nisse, n. pl. Dornen, m. pl.

†Ronceraie, f. Dornhecke.

Rond, e, adj. rund; fg. id., voll (Stimme); aufrichtig; table —e, ol. Tafelrunde, f.; —, m. Rund, n. Runde, Rundung, f.; Schwarze (in der Schießscheibe), n.; — de verdu= re, der grüne Rundplaß; — d'eau, runde Wasserbehälter; —, (Anat.) runde Muskel; en —, im Kreise; -cement, adv. rund; eben; fg. rund weg. [schild.

Rondache, f. der große Rund=

Ronde, f. Runde; (Schreibk.) runde Schrift; (Mus.) ganze Note; Rundgesang, m.; à la —, im Kreise herum, in die Runde.

Rondeau, m. Ringelgedicht, n.; Ringelreim, m.; (Bäck.) Backschau= fel, f.; (Brill.) Schleifscheibe.

Rondelet, te, adj. rundlich.

Rondelettes, f. pl. eine Art Ge= zeltuch.

Rondelle, fém. der kleine runde Schild; (Bot.) Haselwurz, fém.; (Bildh.) Rundmeißel, m.; —s, pl. (Zuchm.) kleine Krapdisteln, f. pl.

Rondeur, f. Rundung.

Rondin, *m.* Knüttel; Rundholz, *n.* Knüttelholz.

Rondiner, *v. a. pop.* abprügeln.

†Rondir, *v. a.* (Schieferd.) runden.

Rondon, *m.,* (Falk.) fondre en —, mit Ungestüm herabschießen.

Rondpoint, *m.* runder Platz; —, Halbrund (in einer Kirche), *n.*

Ronflant, e, *adj.* brummend; *fg.* hochtrabend.

Ronflement, *m.* Schnarchen, *n.*

Ronfler, *v. n.* schnarchen; schnauben; schnarren (Saiten, Seile); *fg. fm.* schnarren; in einem fort donnern (von Kanonen).

Ronfleur, *m.* se, *f.* Schnarcher, *m.* ₌inn, *f.*

Ronge, *m.,* faire le —, wiederkäuen (v. Hirschen).

Ronger, *v. a.* nagen, benagen, zernagen, anfressen, durchfressen; *fg.* nagen (qn., an einem); abzehren, quälen; — son frein, an dem Gebisse kauen; *fg.* seinen Unwillen verbeißen, in sich fressen.

Rongeur, *adj. m. fg.* nagend; —s, Nagethiere, *n. pl.*

†Ropalique, *adj.,* vers —s, Verse, die immer um eine Sylbe verlängert werden.

Roquefort, *m.* (Hanbl.) der Roqueforter Käse.

†Roquelaure, *f.* Reisemantel, *m.*

Roquentin, *m.* alter Geck.

Roquer, *v. n.* (Schach) rochen.

Roquet, *m.* Spitz, Bastardmops.

Roquetin, *m.* die Spule zum Goldfaden.

Roquette, *f.* (Bot.) Rauke.

Roquille, *f.* Viertelschoppen, *m.;* —s, *pl.* eine Art Eingemachtes.

Ros, Rot, *m.* (Fabr.) Kamm.

Rosace, *f.* Roson, *m.* (Bauk.) Einsetzrose, *f.* Rose.

Rosacée, *adj. f.* (Bot.) rosenartig; —s, *f. pl.* Rosengeschlecht, *n.*

Rosage, *m.* Rosagine, *f.* (Bot.) Lorbeerrose; le — des Alpes, Alpenrose.

Rosaire, *m.* (Kath.) Rosenkranz.

†Rosalie, *f.* (Mus.) Wiederholung (in einer höhern oder tiefern Tone); —, *n. pr. f.* Rosalie.

Rosat, *adj.* von Rosen; miel —, Rosenhonig, *m.*

Rosbif, *m.* (Kochk.) Rindsbraten.

Rose, *f.* Rose; Rothfeder (Fisch); eau-rose, Rosenwasser, *n.;* — de Gueldres, Schneeballenblume, *f.;* — sauvage, Feldrose; — de Provins, Essigrose; — des vents ou du compas, (Seew.) Windrose; (Med.) Rose, Rothlauf, *m.;* —, *m.* Rosenroth, *n.*

Rosé, e, *adj.* rosenroth.

Roseau, *m.* Rohr, *n.* Schilf.

Rose-croix, *f.* die Secte der Ro-

senkreuzer; les —, *m.* die Rosenkreuzer.

Rosée, *f.* Thau, *m.*

†Roselé, e, *adj.* (Bot.) rosenartig gestellt.

†Roselière, *f.* Schilfboden, *m.*

†Roser, *v. a.* (Färb.) das Rothe ins Carmesinrothe treiben.

Roseraie, *f.* Rosengarten, *m.*

†Rosereaux, *m. pl.* (Handl.) Mützenpelz, *m.*

Rosetier, *m.* Kammmacher.

Rosette, *f.* Röschen, *n.;* (Näh.) Rosette, *f.* Bandrose; (Uhrm.) Stellscheibe || rothe Kreide; rothe Tinte; — ou cuivre de —, Rothkupfer, *n.*

†Rosettier, *m.* Rosettenstämpel.

Rosier, *m.* Rosenstock, Rosenbusch; — sauvage, Hagebuttenstrauch.

Rosière, *f.* das Rosenmädchen beim Rosenfest; la fête de la —, Rosenfest, *n.;* —, (Naturg.) Rothfeder (Fisch), *f.*

†Rosoir, *m.* (Lautenm.) Lochmeißel.

†Rossane, *f.* eine Art gelber Pfirschen.

Rosse, *f. mépr.* Schindmähre; (Naturg.) Rothauge (Fisch), *n.*

Rosser, *v. a. fm.* prügeln, abprügeln, abbläuen.

Rossignol, *m.* Nachtigall, *f.;* (Schloss.) Dietrich, *m.;* (Zimm.) Füllkeil. [Nachtigall singen.

Rossignoler, *v. n. fm.* wie eine

†Rossignolette, *f.* Nachtigallweibchen, *n.*

Rossinante, *f. fm.* Schindmähre.

Rossolis, *m.* Rossoli, eine Art Branntwein.

Rostrale, *adj. f.* (Alt.) mit Schiffsschnäbeln geziert (Säule); couronne —, Schiffskrone, *f.*

Rostres, *m. pl.* (röm. Alt.) Rednerbühne, *f.* [fel.

Rot, *m. pop.* Rülps. [tene, *m.*

Rôt, Rôti, *m.* Braten, Gebra-

†Rotacé, e, *adj.* (Bot.) radförmig.

Rotateur, *adj. m.,* (Anat.) muscles —s ou —s, *m.* de la cuisse, Schenkeldreher; *pl.;* —s de l'œil, Liebäugelmuskeln. [wegung.

Rotation, *f.* die kreisförmige Be-

Rote, *f.* Rota (Gericht zu Rom).

Roter, *v. n. pop.* rülpsen.

Rôtie, *f.* die geröstete Brodschnitte; (Maur.) der Aufsatz auf einer Scheidemauer von der halben Dicke derselben.

Rotier, *m.* Kammmacher.

Rotifère, *m.* Räderthierchen, *n.*

Rôtir, *v. a.* braten, rösten; sen sengen; — *v. n. et se —,* braten; sich versengen. [markt, *m.*

Rôtisserie, *f.* Garküche; Braten-

Rôtisseur, *m.* se, *f.* Garkoch, *m.*

Bratkoch, ₌inn, *f.*

Rôtissoire, *f.* Bratmaschine.

Rotonde, *f.* (Bauk.) Rotunde.

Rotondité, *f.* Rundung, runde Masse.

Rotule, *f.* (Anat.) Kniescheibe; (Apoth.) Kraftküchlein, *n.*

Roture, *f. ol.* Nichtadel, *n.* Bürgerstand.

Roturier, ère, *adj. ol.* bürgerlich; unadelich, gemein; —, *m.* ère, *f.* Unadeliche, *m. et f.;* ₌èrement, *adv.* bürgerlich, unadelich, gemeiner Weise.

Rouable, Roualbe, *f.* (Eisenh.) Schüreisen, *n.* Schaumeisen.

Rouage, *m.* Räderwerk, *n.* Getriebe.

Rouan, *adj. m.,* cheval —, Grau, Roth₌, Sandschimmel, *m.;* — vineux, Braunschimmel.

Rouanne, *f.* (Böttch.) Reißer, *m.* Rouanner, *v. a.* (ein Faß) mit dem Reißer zeichnen; ausbohren.

Rouannette, *f.* (Zimm.) Reißer, *m.* [Münze.]

Rouble, *masc.* Rubel (russische

Rouc, *v.* Rock. [fes), *m.*

Rouche, *f.* Rumpf (eines Schiffes).

Roucou, *m.* Orlean (rothe Farbe).

Roucouer (se), sich mit Orlean bemalen.

Roucoulement, *m.* Girren, *n.*

Roucouler, *v. n.* girren, ruchsen.

Roucouyer, *m.* (Bot.) Rucubaum.

Roudou, *v.* Redoul.

Roue, *f.* Rad, *n.;* pousser à la —, *fg. fm.* nachhelfen; être au haut, au plus haut de la —, sich auf dem Gipfel des Glückes befinden; être au bas, au plus bas de la —, in unglücklichen Umständen, im tiefsten Elende seyn; supplice de la —, Rad, *n.* Rädern; être sur la —, *fg.* Höllenpein leiden, Todesangst ausstehen; —, (Töpf.) Scheibe, *f.* [zelnde Wüstling.

Roué, *m.* Geräderte; *fg. fm.* fre-

Rouelle, *f.* (Kochk.) Rädchen, *f.*

Scheibe, *f.* [ge aus Rouen, *m.*

Rouennerie, *f. coll.* (Handl.) Zeu-

Rouer, *v. a.* rädern, rabbrechen; — de coups, abbläuen, braun und blau schlagen.

Rouerie, *f. fm.* Galgenstück, *n.*

Rouet, *m.* Spinnrad, *n.* Rad; (Mech.) Kammrad; — de moulin, Wellrad; —, (Schloss.) Reif, *m.;* Kranz (im Brunnen). [band, *n.*

†Rouette, *f.* Weide, Weiden-

†Rouge, *adj.,* la mer —, das rothe Meer, der arabische Meerbusen.

Rouge, *adj.* roth; — pâle, lichtroth; — vif, glühend (Eisen); —, *m.* Roth, *n.* Röthe, *f.;* Schminke; mettre du —, sich schminken; — de montagne, Oder, *m.* Ocher.

Rougeâtre, *adj.* röthlich.

Rougeaud, e, *adj. fm.* rothbackig;
—, *m.* e, *f.* Rothbacke, *m. et f.*
Rouge-gorge, *m.* (Naturg.) Rethkehlchen, *n.* [Rötheln.
Rougeole, *f.* (Med.) Masern, *pl.*
Rouge-queue, *m.* Rothschwanz
(Vogel). [f.
Rouget, *m.* Rothfeder (Seefisch),
Rougette, *v.* Roussette.
Rougeur, *f.* Röthe; (Med.) Hipblater.
Rougir, *v. a.* reth färben; glühend
machen; —, *v. n.* reth werden; glühen (Eisen); faire —, glühend machen‖ roth werden, erröthen; *fg. id.*;
sich schämen.
†Rougissure, *f.* Kupferfarbe.
Rouille, *f.* Rost, *m.*; (Landw.)
Brand.
Rouiller, *v. a.* rosten machen; —,
*v. n. et se* —, rosten, verrosten; se
— (dans la province), *fg. fm.*
verrosten, versauern. [farbig.
†Rouilleux, se, *adj.* (Bot.) rost-
Rouillure, *f.* Rost, *m.*
Rouir, *v. a. et n.* (Hanf, ꝛc.) rösten. [Flachsrösten, *n.*
Rouissage, Roui, *m.* Hanf-,
Roulade, *f.* Herabrollen, *n.*;
(Mus.) Lauf, *m.* Läufer.
Roulage, *m.* Fortrollen, *n.*; Verführen (v. Waaren); Fuhrlohn, *m.*
Roulant, e, *adj.* leicht rollend; —
un chemin —, ein guter Fuhrweg;
une chaise —, eine Kalesche mit
zwei Rädern; un feu —, ein fortgesetztes Flinten- oder Kanonenfeuer.
Rouleau, *m.* Rolle, *f.*; (Landw.
ꝛc.) Walze (Koch. ꝛc.) Rollhelz,
*n.*; (Wäsch.) Manghelz.
Roulement, *m.* Rollen, *n.*; Wirbel (auf der Trommel), *m.*; (Mus.)
Lauf.
Rouler, *v. a.* rollen, fortrollen,
wülzen, fort- herumwälzen; (die Augen) rollen, verdrehen; — doucement sa vie, ein gemächliches Leben
führen; —, (Pläne) im Kopfe haben, (mit Plänen) umgehen; (Papier) zusammen-, aufrollen; (Tuch)
stecken; —, *v. n.* rollen, sich hinwälzen; (Schiff.) schwanken; *fg.*
abwechseln (im Dienste); in Umlauf
seyn (Geld); sich fortbringen, sich
herumtreiben; faire —, (eine Familie) erhalten; le discours roule
sur..., es ist die Rede von..., se
—, sich rollen, sich wälzen.
†Roulet, *m.* (Hutm.) Rollstock.
Roulette, *f.* Rolle, Rollrädchen,
*n.*; Rollbettchen; Fahrsessel, *m.*;
Gängel-, Rollwagen (für Kinder);
(Buchb.) Rädchen, *n.*; Rollspiel
(Art Spiel).
Rouleur, *m.* se, *f.* (Naturg.)
Blattwickler, *m.* Blattwicklerraupe,
Roulier, *m.* Fuhrmann. [f.

Roulis, *m.* (Schiff.) Schwanken,
*n.* [boiz, *n.*
Rouloir, *m.* (Wachsz.) Mangel-
†Roulon, *m.* Sprosse (einer Leiter),
*f.* [tigkeit (*f.*) (der Bäume).
Roulure, *f.* Klüftigseyn (*n.*), Klüf-
†Roupeau, *m.* (Naturg.) Schildreiher.
Roupie, *f.* Nasentropfen, *m.* ‖
Rupie (ostindische Münze), *f.*
Roupieux, se, *adj.* bas, triefnasig.
Roupiller, *v. n. fm.* schlummern.
Roupilleur, *m.* se, *f.* Schläfer,
*m.* -inn, *f.* Schlafmütze.
Rouquet, *m.* Rammler (Hase).
†Roussaille, *f. coll.* (Fisch.) kleine
Weißfische, *m. pl.*
Roussâtre, *adj.* röthlich.
†Rousseau, *m. fm.* Rothkopf.
Rousselet, *m.* (Gärtn.) Zucker-
birn, *f.* [Zuckerbirn.
†Rousseline, *f.* (Gärtn.) eine Art
†Rousserole, *f.* Rohrdrossel (Vogel); auch ein anderer Name für
Belle de nuit.
Roussette, *f.* (Naturg.) Hundshai, *m.*; fliegende Hund; Waldgrasmücke, *f.*
Rousseur, *f.* Röthe; —s ou taches de —, Sommerflecken, *m. pl.*
-sprossen, *f. pl.* [Zucken.
Roussi, *m.* Brandgeruch; (Handl.)
Roussin, *m.* (Reitsch.) der untersetzte Hengst.
Roussir, *v. a.* röthlich oder rothgelb machen; rösten; sengen, versengen; —, *v. n.* roth, rothgelb, braun
werden.
Rout, *m.* zahlreiche vornehme Versammlung (in England) *f.*
Routailler, *v. a.* mit dem Spürhund verfolgen.
Route, *f.* Straße; — ou grande
—, Land-, Heerstraße; —, Weg,
*m.*; Fahrt, *f.*; (Astr.) Lauf, *m.*;
(Kriegsw.) Marschanweisung, *f.*;
*fg.* Weg, *m.* Bahn, *f.* (de, zu);
faire fausse —, (Seew.) von der
Fahrt abweichen.
†Router, *v. a.* (gemein) an etw.
gewöhnen, in etw. üben.
Routier, *m.* Wegweiser; *fg. fm.*
un vieux —, ein alter Practicus,
Fuchs.
Routine, *f.* Handgriff, *m.* Uebung, *f.* Erfahrung, Fertigkeit, *m.*
*p.* Schlendrian, *m.*
Routiner, *v. a.* abrichten, einüben.
Routinier, *m.* Gewohnheitsmensch.
Routoir, *m.* Hanf-, Flachsröste, *f.*
Rouverin, *adj. m.* spröde, brüchig
(Eisen).
Rouvieux, Roux-vieux, *masc.*
Räude (der Hengste), *f.*; —, *adj.*
räudig. [Rotheiche, *f.*
Rouvre ou Roure, *m.* (Bot.)

*Rouvrir, *v. a.* wieder öffnen.
Roux, rousse, *adj.* roth, rothgelb, braungelb, fuchsroth; rothköpfig (Mensch); lune rousse, Aprilmond, *m.*; —, *m.* Roth, *n.*;
(Kochk.) die braune Butterbrühe.
Royal, e, *adj.*; -ement, *adv.* :
königlich; *fg.* prächtig. [tei.
Royalisme, *m.* die königliche Partei, *f.*
Royaliste, *adj.* königlich gesinnt;
—, *m. et f.* Royalist, *m.* -inn, *f.*
Royaume, *m.* Königreich, *n.*
Royauté, *f.* die königliche Würde.
Ru, *m.* der kleine Canal, Graben.
Ruade, *f.* Ausschlagen (der Pferde), *n.*
Rubace, Rubacelle, *m.* Rubicell
(eine Art geringer Rubine).
Ruban, *m.* Band, *n.*
Rubané, e, *adj.* gebändert.
Rubaner, *v. a.* mit Bändern besetzen; (Wachsz.) bändern.
†Rubanerie, *f.* Bandhandel, *m.*;
Bandweberei, *f.*; Bandwaare.
Rubanier, *m.* ère, *f.* Bandwirker,
*m.* -inn, *f.*
†Rubanté, e, *adj.* bebändert.
†Rubasse, *f.* der künstlich gefärbte
Krystall.
Rubéfaction, *f.* (Med.) die durch
Reizmittel hervorgebrachte Röthe der
Haut.
Rubéfiant, e, *adj.*, remède —,
ou —, *m.* (Med.) das die Haut
röthende Mittel.
Rubéfier, *v. a.* (Med.) röthen,
roth machen (die Haut).
†Rubéte, *f.* Krötengift, *n.*
Rubiacées, *e. pl.* (Bot.) die krappartigen Pflanzen.
Rubican, *adj. m.* (Reitsch.) stichelhärig, —, *m.* Stichelhaar, *m.*
Rubicon, *m.* Rubicon (Fluß);
passer le —, einen entscheidenden
und gewagten Schritt thun.
Rubicond, e, *adj.* roth, kupferig.
Rubis, *m.* Rubin.
*Rubord, *m.* (Schiffb.) der erste
Kimmgang, die ersten Kimmplanken.
Rubricaire, *m.* Rubriken-, Titelkundig; *fg. fm.* Freund von Förmlichkeiten.
Rubrique, *f.* die rothe Erde, Röthel, *m.*; (Buchdr.) reihe Titel;
Rubrik, *f.* Titel, *m.* Aufschrift, *f.*;
*fg. fm.* List.
Ruch, *v.* Rock.
Ruche, *f.* Bienenkorb, *m.* Bienenstock, Stock.
Rude, *adj.* rauh (Haut, ꝛc.); holperig (Weg); *fg.* rauh, hart (Arbeit, ꝛc.); ungestüm, blsig, derb
(Anfall, ꝛc.); streng, -ment, *adv.*
rauh; tüchtig.
Rudenter, *v. a.* (Bauk.) verstäben.
Rudenture, *f.* (Bauk.) Verstäbung.

Rudéral, e, adj. (Bot.) auf Schutt wachsend.

Rudération, f. (Bauk.) das raube Mauerwerk; Pflaster von Kieseln.

Rudesse, f. Rauhigkeit, Härte, Strenge; Grobheit.

Rudiment, masc. die lateinische Sprachlehre für Anfänger; —s, An= fangsgründe, m. pl. [gen.

Rudoyer, v. a. anfahren, anschnau=

Rue, f. Gasse, Straße; dans la —, auf der Straße; en pleine —, auf öffentlicher Straße; —, (Bot.) Raute, f.

Ruée, f. ein Haufen Stroh oder Stoppeln, den man faulen läßt um Dünger daraus zu bereiten.

›Ruelle, f. Gäßchen, n. || Bett= gang, m.; fg. fm. Damengesell= schaft, f.

Rueller, v. a. la vigne, die Erde um die Reben anhäufen.

Ruer, v. a. mit Gewalt werfen, schleudern; —, v. n. hinten aus= schlagen; se —, sich stürzen.

Rueur, adj., cheval —; Pferd das gern hinten ausschlägt, n.

†Rugine, f. (Chir.) Beinfeile; Zahnmeißel, n.

Ruginer, v. a. mit der Beinfeile reinigen.

Rugir, v. n. (v. Löwen) brüllen.

Rugissant, e, adj. brüllend.

Rugissement, m. Brüllen, n.

Rugosité, f. (Phys.) Runzlichkeit.

Rugueux, se, adj. (Bot.) runzelig.

Ruilée, f. Bestreichung (eines Daches) mit Mörtel.

†Ruiller, v. a. (Zimm.) (bei Grundrissen) Zeichen machen.

Ruine, f. Verderben, n.; Unter= gang, m.; Einsturz, Sturz; Verfall; —s, Trümmer, pl. Ruinen, f. pl.

Ruiner, v. a. verheeren, verwüsten, zerstören; (einen) verderben, zu Grun= de richten; (Balken) einferben; se —, sich zu Grunde richten; verder= ben; il est —é d'honneur, er hat seine Ehre verloren.

Ruineux, se, adj. baufällig; schadhaft; fg. verderblich, schädlich.

Ruinure, f. (Maur.) Einkerbung.

Ruisseau, m. Bach; Rinne, f. Gosse.

Ruisseler, v. n. rieseln, rinnen.

Rum, v. Rhum.

Rumb (spr. romb), m. Windstrich (auf dem Seecompasse).

†Rumen, m. (Naturg.) der erste Magen (der wiederkäuenden Thiere).

Rumeur, f. Lärm, m.; Gerücht, n.; Aufruhr, m.; Getümmel, n.

Ruminant, e, adj. wiederkäuend; —s, m. plur. die wiederkäuenden Thiere, n. pl.

Rumination, f. Wiederkäuen, n.

†Ruminé, e, adj., une feuille —ée, ein längliches Blatt mit Ei= teneinschnitten.

Ruminer, v. a. et n. wiederkäuen; fg. fm. reiflich überlegen, nachden= ken (qch., über etw.).

†Runciné, e, adj. (spr. ron-), (Bot.) une feuille —ée, ein un= gleich gefiedertes Blatt mit sägearti= gem Rande. [Runen, pl.

†Runes, f. pl. Runenschrift, f.

†Runique, adj. runisch.

†Rupestral, e, adj. (Bot.) auf Felsen wachsend.

†Ruptile, adj. (Bot.) aufsprin= gend, aufreißend.

Ruptoire, m. et adj., médica= ment —, Aetzmittel, n.

Rupture, f. Ein=, Auf=, Erbre= chen, n. Erbrechung, f.; Bruch, m.; (Mal.) Farbenbrechung, f.; fg. Bruch, m.

Rural, e, adj. ländlich; écono= mie —e, Landwirthschaft, f.; bien —, Landgut, n.

Ruse, f. List, Arglist, Hinterlist, fm. Kniff, m. [Fuchs.

Rusé, m. e, f. Schlaukopf, m.

Rusé, e, adj. listig, arglistig, schlau, durchtrieben.

Ruser, v. n. List brauchen.

†Russe, adj. russisch; —, m. et f. Russe, m. Russinn, f.

†Russie (la), Rußland, n.

Rustaud, e, adj. bäuerisch; grob; —, m. fm. Bauernkerl; fg. Gro= bian.

Rusticité, f. das bäuerische We= sen; Grobheit, f. Ungeschliffenheit.

Rustique, adj.: -ment, adv.: bäuerisch, ländlich; fig. einfach; roh, ungeschliffen.

Rustiquer, v. a. (Maur.) aus grob behauenen Steinen aufführen.

Rustre, m. Flegel; Bengel; Gro= bian; —, adj. sehr grob; flegelhaft.

Rut, m. Brunst, f. Brunst; Lauf= zeit; Lauf, m.; en —, brünstig; être en —, brunsten, rammen.

†Rutacées, f. pl. die rautenartigen Pflanzen.

Rutoir, v. Routoir. [Pflanzen.

†Rye, f. (Geogr.) Strand, m. Küste, f.

## S.

Sa, pron. f. seine, ihre; v. Son.

Sabaisme, v. Sabéisme.

Sabbat, m. Sabbath; Hexenfest, n. Hexentanz, m.; fg. fm. große Lärm, Gezänt, n.

Sabbatine, f. (Schul.) kleine phi= losophische Streitübung.

Sabbatique, adj., (j. Alt.) année —, Sabbathjahr, n. siebente Jahr.

Sabéens, m. pl. Sabäer, Sabianer, Anhänger des Sabeismus.

Sabéisme, Sabisme, m. die Ver= ehrung des Feuers, der Gestirne.

Sabine, f. (Bot.) Seven=, Seben= baum, m.

†Sabins, m. pl. Sabiner (altes Volk). [Sandseiher, m.

†Sablé, e, adj., fontaine —e,

Sable, m. Sand; — mouvant, Flugsand; — de ravine, Triebsand || Sanduhr, f.; (Med.) Gries, m.

Sabler, v. a. sanden, mit Sand bestreuen; fm. auf einen Zug aus= trinken.

Sableux, se, adj. sandig.

Sablier, m. Sanduhr, f.; Sand= büchse. [Schwelle.

Sablière, f. Sandgrube; (Bauk.)

Sablon, m. Staub=, Scheuersand.

Sablonner, v. a. mit Sand reiben, scheuern.

Sablonneux, se, adj. sandig.

Sablonnier, m. Sandverkäufer.

Sablonnière, f. Sandgrube.

Sabord, m. (Seew.) Stückpforte, f.

Sabot, m. Holzschuh; Huf (der Pferde); Kreisel (Spielzeug); (dor= mir) comme un —, fg. fm. wie eine Ratze; —, (Naturg.) Kreisel= schnecke, f.; (Seil.) Lehre; (Tischl.) Simshobel, m.; (Hydr.) Schuh; die holzschuhförmige Badewanne; —s, (Tischl.) Knäufe, m. pl.

Saboter, v. n. den Kreisel treiben.

Sabotier, m. Holzschuhmacher.

Sabotière, f. Holzschuhtanz, m.

Sabouler, v. a. pop. herumzerren.

Sabre, m. Säbel; coup de —, Säbelhieb.

Sabrenas, m. Pfuscher, Stümper.

Sabrenasser ou Sabrenauder, v. a. pfuschen; schlecht arbeiten.

Sabrer, v. a. mit dem Säbel hauen; niederfäbeln; fg. fm. zu rasch ab= thun.

Sabretache, f. Säbeltasche.

Sabreur, m. Haudegen; Raufbold.

Saburral, e, adj. (Med.) von Un= reinigkeit in den ersten Wegen her= kommend.

Saburre, f. (Med.) Unreinigkeit, der Schleim in den ersten Wegen.

Sac, m. Sad; sac à ouvrage, Arbeitsbeutel; voir le fond du —, prov. fm. der S. auf den Grund se= hen; —, (Kriegsw.) Plünderung, f.

Saccade, f. (Reitsch.) Ruck, m. Schneller; Stoß; fg. fm. Wischer, berbe Verweis; —s, (Schreib.) un= gleiche Züge.

Saccader, v. a. einem Pferde starke Rucke geben.

Saccage, m. pop. Plunder.

Saccagement, m. Plünderung, f.

Saccager, v. a. plündern; fm. un= tereinander werfen.

†Saccageur, m., — de provinces, Länderverderber (Voltaire).

Saccharifére (fpr. sak-), *adj.* Zu=
**cker enthaltend** (Pflanze).
†**Saccharin** (fpr. sak-), *adj.*, acide
—, **Zuckerfäure**, *f.*
†**Saccholactes** (fpr. sak-), *m. pl.*
Milchzuckerfalz, *n.*
Sacerdoce, *m.* Priesterthum, *n.*
Sacerdotal, e, *adj.* priesterlich.
Sachée, *f.* Sackvoll, *m.*
Sachet, *m.* Säckchen, *n.;* (Chir.)
Däßkiffen.
—coche, *f.* Satteltasche.
†Sacome, *m.* (Bauf.) das hervor=
ftehende Simswerk.        [pel.
†Sacraire, *m.* (Alt.) der kleine Tem=
Sacramentaire, *m.* (Kirch.) Sa=
cramentenbuch, *n.;* —s, (Theol.)
Sacramentirer, *m. pl.*
Sacramental, e, Sacramentel, le,
*adj.;* -alement, -ellement, *adv.:*
(Theol.) facramentlich; mots sacra-
mentaux, paroles sacramentelles,
Einfegungsworte, *n. pl.; fg. fm.*
Jawort, *n.*
Sacre, *m.* Salbung, *f.;* Weihe;
(Naturg.) der weibliche Sakerfalk.
Sacré, e, *adj.* heilig; —, *m.* Hei=
lige, *n.*
Sacrement, *m.* Sacrament, *n.;*
*fg.* Eheftand, *m.;* le saint —,
Hochwürdige, *n.* heilige Abendmahl.
Sacrer, *v. a.* heiligen, weihen; fal=
ben.          [che Sakerfalk.
Sacret, *m.* (Naturg.) der männli=
Sacrificateur, *m.* Opferpriefter,
Opferer.
Sacrificature, *f.* Amt, *n.* die
Würde eines Opferprieftern.
Sacrifice, *m.* Opfer, *n.; fg. id.,*
Aufopferung, *f.*
Sacrifier, *v. a.* opfern; *fg. id.,*
aufopfern; se —, fich aufopfern, fich
opfern.
Sacrilége, *adj.;* -ment, *adv.:*
ruchlos, gottesvergeffen; —, *m.* Kir=
chenräuber, Gottesläfterer; Entheis
ligung, *f.* Gottesläfterung; Kir=
chenraub, *m.*
Sacristain, *m.* Küfter, Kirchner,
Meßner, Sacriftan.
Sacristie, *f.* Sacriftei.
Sacristine, *f.* Kirchnerinn.
Sacrum, *m. lat.* ou l'os—, (Chir.)
das heilige Bein.
Saducéens, *m. pl.* (j. Alt.) Sa=
ducäer.          [ducäer.
Saducéisme, *m.* die Lehre der Sa=
Saette, Sagette, *f.* (alt) Pfeil, *m.*
Safran, *m.* (Bot.) Safran; —
bâtard, Saflor.
Safrané, e, *adj.* safrangelb.
Safraner, *v. a.* mit Safran färben;
zubereiten.
†Safranière, *f.* Safranpflanzung.
Safre, *m.* (Chym.) Safter; —,
*adj.* gefräßig.          [Scharffinnig.
Sagace, *adj.* (wenig gebräuchlich)

Sagacité, *f.* Scharffinn, *m.*
†Sagaie, *f.* Sagaie (Art Wurf=
fpieß).
Sage, *adj.; -ment, adv.:* weife,
vernünftig; ehrbar; züchtig (Frau);
artig(Kind);wohlabgerichtet (Pferd);
—, *m.* Weife, Vernünftige.
Sage-femme, *f.* Hebamme, We=
hemutter.
Sagesse, *f.* Weisheit, Klugheit;
Mäßigkeit; Sittfamkeit (einer Frau).
Sagittaire, *m.* (Aftr.) Schüge
(Sternbild); (Naturg.) Kranich=
geier, Sekretär.
Sagittaire, *f.* (Bot.) Wafferpfeil,
*m.*
Sagittal, e, *adj.,* suture —e,
(Anat.) Pfeilnaht, *f.*
Sagitté, e, *adj.*(Bot.) pfeilförmig.
Sagou, *m.* Sago, Sagegrüge, *f.*
Sagouin, Sagoin, *m.* (Naturg.)
Saguinchen, *n.;* Meerkage, *f.;* —,
*m. e, f. fg. fm.* Schmughammel,
*m.*          [*f.*
Sagoutier, *m.* (Bot.) Sagepalme,
Sagum, *m.* Saie, *f.* (Alt.) Kriegs=
rod, *m.*
†Saie, *f.* (Goldfch.) Krapbürfte.
†Saieter, *v. a.* mit der Krapbürfte
pugen.
Saignant, e, *adj.* blutend.
Saignée, *f.* Aderlaffen, *n.* Ader=
laß, *m.*(auch *fg.*);Ableitungsgraben.
Saignement, *m.* Bluten, *n.*
Saigner, *v. a.* aderlaffen, zur Ader
laffen; (Waffer) abzapfen, abititen;
abgraben; *fg.* — qn., einem Geld
auzpreffen; *fg.* — *n.* bluten; (Jagd)
fchweißen; — du nez, *fg.* verzagt
fepn; se —, *fg.* fich wehe thun; se
faire —, aderlaffen.
Saigneur, *m. fm.* Aderlaßfreund.
Saigneux, se, *adj.* blutig; *v.*Bout.
Saillant, e, *adj.* hervorragend,
hervorstechend, vorspringend; *fg.*
ausgezeichnet.
Saillie, *f.*(Bauf.) Vorsprung, *m.*
Auslauf, Ueberbau; *fg.* Aufbrau=
fen, *n.* Aufwallung, *f.;* Einfall,
*m.* finnreiche Einfall; Hervorspri=
gen, *n.* Schuß, *m.;* par —s, fchuß=
weife.
Saillir, *v. n.* hervorspringen, —fprin=
gen, —fprudeln; —, *v. a.* befpringen,
befchälen (Pferde, *c.*).
*Saillir, *v. n.* (Bauf.) hervorra=
gen, überhangen.
Sain, e, *adj.; -ement, adv.:*
gefund (auch *fg.*); frifch.
Sainbois, *m.* (Bot.) Seidelbaft.
Saindoux, *m.* Schweinfchmalz,
*n.*          [Süßklee, Heilighew, *n.*
Sainfoin, *m.* (Bot.) Widenklee.
Saint, e, *adj.; -ement, adv.:*
heilig; semaine —e, Charwoche, *f.;*
jeudi —, Grünbonnerftag, *m.;* ven=
dredi —, Charfreitag; le — -siége,

päpftliche Stuhl; la terre —e, das
gelobte Land; le ⚓ des saints, Al=
lerheiligfte, *n.;* —, *m. e, f.* Hei=
lige, *m. et f.*
Sainte-barbe, *f.* (Seew.) Pulver=
fammer.
Sainteté, *f.* Heiligkeit; sa —,
Seine Heiligkeit (Titel des Papftes).
Saique, *f.* Saike (Art Schiff).
Saisie, *f.* (jur.) Arreft, *m.* Be=
fchlagnahme, *f.* Auspfändung; droit
de —, Pfandrecht, *n.*
Saisine, *f.* (jur.) Erbfchaftsbefig,
*m.* Befigergreifung, *f.;* Befig, *m.*
Saisir, *v. a.* ergreifen, faffen; (jur.)
in Befig nehmen; mit Arreft belegen;
in Befchlag nehmen; — qn., einen in
Befig fegen; —i de qch., im Befige
einer S.; — les biens de qn., einen
auspfänden; —, *fg.* (einen) über=
fallen, befallen, ergreifen, erfchüt=
tern; (ein Wort) auffangen; (eine
Jdee) faffen, auffaffen, ergreifen; se
— de qch., fich einer S. bemächti=
gen.          [bar.
Saisissable, *adj.* mit Arreft beleg=
Saisissant, e, *adj.* plöglich über=
fallend; (jur.) der, die etwas mit
Arreft belegen läßt; —, *m. e, f.*
Arreftnehmer, *m.* =inn, *f.*
Saisissement, *m.* Schrecken, Be=
ftürzung, *f.* Beklemmung.
Saison, *f.* Jahreszeit; *fg.* rechte
Zeit etw. zu thun; hors de —, zur
Unzeit, unfchicklich.
†Salabre, *m.* (Fifch.) Sacknetz, *n.*
Salade, *f.* Salat, *m.;* Wein und
Brod (für Pferde); *v. fg. fm.* Wi=
fcher, *m.* Verweis; ol. Helm, Vi=
delhaube; *f.*
Saladier, *m.* Salatfchüffel, *f.*
Salage, *m.* Einfalzen, *n.* Einfal=
zung, *f.*
Salaire, *m.* Lohn (auch *fg.*), Ar=
beitslohn; Befoldung, *f.* Gehalt,
*m.*          [gefalzene Schmaare.
Salaison, *f.* Einfalzen, *n.;* die ein=
Salamalec, *m. fm.* der tiefe Bück=
ling, Kropfuß.
Salamandre, *f.* (Naturg.) Sala=
mander, *m.* Molch.          [(Stadt).
†Salamanque, *fém.* Salamanca
†Salamine, *f.* Salamis (Jnfel).
Salant, *adj. m.* Salzfohle enthal=
tend; puits —, Salzbrunnen, *m.;*
marais —, Salzgraben.
Salarié, *m.* Befoldete.
Salarier, *v. a.* befolden, lohnen.
Salaud, *m., v.* Saligaud.
Sale, *adj.; -ment, adv.:* fchmu=
zig, unrein, unfäthig, garftig; *fg.*
*id.*
Salé, *m.* das eingefalzene Schwein=
fleifch, Pöckelfleifch; petit —, leicht=
gefalzene junge Schweinefleifch.
Salé, *e, adj.* falzig, *c.; fg.* ge=
falzen.

Salégre, *m.* (Vogl.) Canarienteig.
Salep, *m.* (Bot.) Salepwurzel, *f.*
Saler, *v. a.* salzen, einsalzen; trop —, versalzen.
Saleron, *m.* Salzfaßschale, *f.*
Saleté, *f.* Schmuz, *m.* Unflath, Unreinlichkeit, *f.* Unflätherei; *fg.* Zote.
Saleur, *m.* Einsalzer.
Salicaire, *f.* Weiderich, *m.*
Saliens, *adj. m. pl.* (röm. Alt.) prêtres —s, Salier, *m. pl.* Mars-priester.
Salière, *f.* Salzfaß, *n.; —s,* (Reitsch.) Augengruben, *f. pl.*
Salifiable, *adj.* salzbildend, salz-erzeugend.
†Salification, *f.* Salzbildung.
Saligaud, *m. e, f. pop.* Schmuz.
Salignon, *m.* Salzkloß. [nickel, *m.*
Salin, e, *adj.* salzig; —e, *f.* das eingesalzene Fleisch; (Natura.) Salz-fisch, *m.;* Salzwerk, *n.;* Salzsiederei, *f.;* Salzquelle; [Gesez.]
Salique, *adj.* loi —, das salische
Salir, *v. a.* besudeln, beschmuzen; *fg. id.,* beflecken; se —, sich beschmu-zen; schmuzen (von Zeugen).
Salissant, e, *adj.* schmuzend.
Salisson, *f. pop.* Schmuzhammel, *m.*
Salissure, *f.* Schmuz, *m.* Unflath.
Salivaire, *adj.,* glande —, (Anat.) Speicheldrüse, *f.*
†Salivant, e, *adj.,* remède — ou —, *m.* (Med.) Speichelmittel, *n.*
Salivation, *f.* (Med.) Speichel-fluß, *m.*
Salive, *f.* Speichel, *m.* [fen.
Saliver, *v. n.* viel Speichel auswer-
Salle, *f.* Saal, *m.; —* à manger, Eß-, Speisesaal; — de danse ou —, Tanzsaal; — d'armes, Fechtboden.
Salmigondis, *m.* (Kochk.) das Ra-gout von allerlei gewärmtem Fleische; *fg. fm.* Mischmasch, *m.* Gemeng-sel, *n.*
Salmis, *m.* (Kochk.) das Ragout von gebratenem Federwildpret.
Saloir, *m.* Salzfaß, *n.;* Pöckelfaß.
Salon, *m.* Saal, Gesellschaftssaal.
Salope, *adj. injur.; -ment, adv.:* schmuzig, säuisch; —, *f.* Schmuz-nickel, *m.; fg.* Schlampe, *f.* [Bote.
Saloperie, *f.* Schweinerei; *fg.*
Salorge, *m.* Salzniederlage, *f.*
Salpêtre, *m.* Salpeter.
Salpêtrier, *m.* Salpetersieder.
Salpêtrière, *f.* Salpetersiederei ∥ ein Spital und Zuchthaus in Paris.
Salseparcille, *f.* (Bot.) Sassapa-rillwurzel.
†Salses, *f. pl.* kleine Vulkane, welche Schlamm und Wasserstoffgas ausspeien, *m. pl.*
Salsifis, *m.* (Bot.) Haberwurzel, *f.; —* d'Espagne, Scorzonere.

Salsugineux, se, *adj.* (Med.) sal-zig. [Alten.
Saltation, *f.* der mimische Tanz der
Saltimbanque, *m.* Marktschreier; *fg. id.,* Hanswurst (schlechte Redner).
Saluade, *f.* Verbeugung, Reve-renz. [(Luft, 2c.).
Salubre, *adj.* gesund, heilsam
Salubrité, *f.* Gesundheit, Heil-samkeit.
Saluer, *v. a.* grüßen, begrüßen (de, mit); (in Briefen, 2c.) sich empfeh-len (qn., einem); aller — qn., einem seine Aufwartung machen; — empereur, (röm. Alt.) als Kaiser ausrufen.
Salure, *f.* Salzigkeit.
Salut, *m.* Heil, *n.;* Wohl; Wohl-fahrt, *f.* Rettung; (Theol.) Selig-keit ∥ Gruß, *m.*
Salutaire, *adj.; -ment, adv.:* heilsam, zuträglich, nüslich.
Salutation, *f.* Begrüßung; — an-gélique, der englische Gruß, das Ave Maria.
Salvage, *m.,* droit de —, Ber-gegeld, *n.* Rettgebühr, *f.*
Salvations, *f. pl. ol.* (jur.) Ver-theidigungsschrift, *f.* Rede.
Salve, *f.* (Artill.) Salve, Abfeue-rung.
Salvé, *m.* (Kath.) Grußgebet, *n.*
†Samarie, *f.* Samaria, *n.*
Samaritain, *m.* Samaritaner; la —e, die Samariterinn; —, *adj.* samaritisch.
Samedi, *m.* Sonnabend, Samstag.
†Samoïèdes, *m. plur.* Samojeden (Bolk).
Samskret, éte, Samscrit, e, *adj.* sanscritisch; —, *ou* Samscrit, *m.* Sanserit, *n.* Sanscritsprache, *f.*
San-bénito, *m.* San-Benito (Kleid der durch die Inquisition Berurtheil-ten). [untergehen.
Sancir, *v. n.* (Seew.) versinken,
Sanctifiant, e, *adj.* heiligend.
Sanctificateur, *m.* Heiligmacher.
Sanctification, *f.* Heiligung.
Sanctifier, *v. a.* heiligen, heilig machen.
Sanction, *fém.* Bestätigung; *v.* Pragmatique.
Sanctionner, *v. a.* bestätigen; — un décret, etc., einem Beschlusse Gesezeskraft ertheilen.
Sanctuaire, *m.* Heiligthum, *n.*
Sandal ou Santal, *m.* Sandelholz.
Sandale, *f.* Sandale, Sohle, Bin-desohle; (Fechtt.) Fechtschuh, *m.*
Sandalier, *m.* Sohlenmacher.
Sandaraque, *f.* Sandarach, *m.* Wachholderharz, *n.;* rothe Ober-haut, *f.* [ment.
Sandjiak, *v.* Sangiac.
Sandjiakat, *v.* Sangiacat.
Sang, *m.* Blut, *n.* Geblüt; per-

dre tout son —, sich verbluten; l'homme de —, der blutdürstige Mensch; suer — et eau, sich aufs Aeußerste anstrengen; große Angst ausstehen; tirer du —, zur Ader lassen; — -froid, Kaltblütigkeit, *f.* Gelassenheit; de — -froid, kaltblü-tig; mit Borbedacht; —, *fg.* Ge-schlecht, *n.;* Verwandtschaft, *f.*
Sang-de-dragon, *m.* (Bot.) Dra-chenkraut, *n.* Blutkraut; —, Dra-chenblut (Harz).
Sangiac, *m.* (Türk.) Hauptdistrikt einer Provinz.
Sangiacat, *m.* (Türk.) die Würde eines Sangiafs. [Strieme, *f.*
Sanglade, *f.* Peitschenhieb, *m.*
Sanglant, e, *adj.* blutig; *fg. id.,* beleidigend.
Sangle, *f.* Gurt; lit de —s, Gurtenbett, *n.; —,* Tragriemen, *m.*
Sangler, *v. a.* gürten; *fg. fm.* (einen Schlag, 2c.) geben, versezen.
Sanglier, *m.* Eber, Keiler, das wilde Schwein.
†Sanglon, *m.* (Schiffb.) Berstär-tungsholz, *n.* Gabelstück.
Sanglot, *m.* Schluchzen, *n.; —s,*
Sangloter, *v. n.* schluchzen. [*id.*
Sangsue, *f.* Blutigel, *m.; fg. id.,* Leuteschinder.
†Sanguificatif, ve, *adj.* (Med.) bluterzeugend.
Sanguification, *f.* Bluterzeugung.
Sanguin, e, *adj.* sanguinisch, leb-haft; vaisseaux —s, (Anat.) Blut-gefäße, *n. pl.; —,* blutfarbig, blut-roth. [grausam.
Sanguinaire, *adject.* blutdürstig.
Sanguine, *f.* (Miner.) Blutstein, *m.* [Blut vermischt, gefärbt.
Sanguinolent, e, *adj.* (Med.) mit
Sanhédrin, *m.* (j. Alt.) Sanhe-drin, große Rath.
Sanicle, *f.* Sanikel (ein Wund-kraut), *m.* [Eiter.
Sanie, *f.* (Med.) der wässerige
Sanieux, se, *adj.* (Med.) eiterig, eiternd.
Sanitaire, *adj.* die Gesundheit be-treffend; les lois —s, Sanitätsge-seze, *n. pl.*
Sans, *prép.* ohne; sans délai, ohne Berzug, unverzüglich; — dormir, ohne zu schlafen, schlaflos.
Sansonnet, *m.* Staar (Bogel); die kleine Seemakrele (Fisch).
†Sans-peau, *f.* (Gärtn.) die Birne ohne Schale.
Sant, *v.* Sandal.
Santé, *f.* Gesundheit, Wohlbefin-den, *n.; officier de —, Arzt, m.*
Santoline, *f.* (Bot.) Cypressen-kraut, *n.*
Santon, *m.* (Türk.) Santon (Art Mönche). [Ackersenf.
Sanve, *f.* (Bot.) der wilde Senf,

†Saône (fpr. sône), *f.* Saone (Fluß).

Saoul, e, *adj.*, *v.* Soûl.

**Sapa,** *m.* Traubenmus, *n.*

**Sapajou,** *m.* Sapaju (Art Affen); (gew.) kleiner häßlicher und lächerlicher Mensch.

Sapan, *m.* Farbholz aus Japan, *n.* Sapanholz, rothes Sandelholz.

Sape, *fém.* Untergrabung (einer Mauer); (Kriegsw.) Sappe, Sappiren, *n.*

Saper, *v. a.* untergraben; *fg. id.*

Sapeur, *m.* Sappirer.

Saphène, *f.* (Anat.) Rosenader.

Saphique, *adj.*, (Prof.) vers —, der saphische Vers.

**Saphir,** *m.* (Miner.) Saphir.

**Saphirine,** *f.* eine Art von Chalcedon (dem Saphir ähnlich).

Sapide, *adj.* einen Geschmack habend, schmeckend.

Sapience, *f. ol.* Weisheit.

Sapientiaux, *adj. m. pl.* (heil. Schr.) livres —, die Bücher der Weisheit.

Sapin, *m.* (Bot.) Tanne, *f.*

Sapine, *f.* der tannene Balken; das tannene Brett.

Sapinière, *f.* Tannenwald, *m.*

†Saponacé, e, *adj.* (Bot.) seifenartig; —es, *f. pl.* Seifenpflanzen.

Saponaire, *f.* (Bot.) Seifenkraut, *n.* [Verwandlung in Seife.

†Saponification, *f.* (Chym.) die

†Saponifier, *v. a.* (Chym.) in Seife verwandeln.

Saporifique, *adj.* schmeckend, Geschmack habend.

Sapote *ou* Sapotille, *f.* (Bot.) Breiapfel, *m.*

Sapotier *ou* Sapotillier, *m.* (Bot.) Breiapfelbaum (in Westindien).

†Saquebutte, *f.* (Muf.) Posaune.

Sarabande, *f.* Sarabande (eine Art Tanz und die Musik dazu).

Sarbacane, *fém.* Blasrohr, *n.;* Sprachrohr. [Gefrorenem.

Sarbotière, *f.* das Schälchen zu

Sarcasme, *m.* der bittere Spott, die beißende Spötterei.

Sarcastique, *adj.* beißend, spöttisch, sarkastisch.

Sarcelle, *f.*, *v.* Cercelle.

†Sarcite, *f.* eine Art Bildstein.

Sarclage, *m.* Jäten, *n.* Ausjäten.

Sa ! ! *v. a.* jäten, ausjäten, reuten.re er [*f.*

Sarcleur, *m.* se, *f.* Jäter, *m.* =inn.

Sarcloir, *m.* Jäthaue, *f.*

Sarclure, *f.* das ausgejätete Unkraut, Jätgras.

Sarcocèle, *m.* (Med.) Fleischbruch.

Sarcocolle, *f.* (Bot.) Fleischleim, *m.* [leimkraut, *n.*

Sarcocollier, *m.* (Bot.) Fleisch

Sarcologic, *f.* (Med.) die Lehre

von den fleischigen Theilen des Körpers. [fleischgewächsartig.

Sarcomateux, se, *adj.* (Med.)

Sarcome, *m.* (Med.) Fleischgewächs, *n.* [gewächs, *n.*

Sarcomphale, *m.* (Med.) Nabel

Sarcophage, *masc.* Sarcophag, Prachtfarg; (Med.) Aetzmittel, *n.;* —, *adj.* ätzend. [machend.

Sarcotique, *adj.* (Med.) fleisch

†Sardaigne (la), *f.* Sardinien (Insel).

Sardanapale, *masc.* Sardanapal (weichlicher Fürst).

†Sarde, *adj.* sardinisch; le —, la —, der Sarde, Sardinier, die =inn.

†Sardes, *f.* Sardes (alte Stadt).

Sardine, *f.* Sardelle (Fisch).

†Sardinière, *f.* Sardellennetz, *n.*

Sardoine, *f.* (Miner.) Sardonix, *m.* [*f.* Neprand, *m.*

Sardon, *m.* (Fisch.) Netzeinfassung.

Sardonicn *ou* Sardonique, *adj.* sardonisch; ris —, (Med.) das krampfige, gezwungene Lachen.

Sarguemine, *fém.* Saargemünd (Stadt), *n.*

Sarigue, *m.* Beutelthier, *n.*

†Sarisse, *f.* (gr. All.) die lange Lanze (der Macedonier).

Sarment, *m.* Rebe, *f.* Rebholz, *n.*

Sarmenteux, se, *adj.* rebenartig.

Sarrasin, *m.* Saragene; (Bot.) Buchweizen; *v.* Blé. [*n.*

Sarrasine, *f.* (Fortif.) Fallgatter,

Sarrau, *m.* Kittel, Fuhrmannskittel. [tel.

†Sarre, *f.* Saar (Fluß). [tel.

Sarrette *ou* Serrette, *f.* (Bot.) Färbescharte, Scharte.

Sarriette, *f.* (Bot.) Saturei; Bohnen=, Pfefferkraut, *n.*

†Sart, *m.* (Bot.) Seegras, *n.*

Sas, *masc.* Haarsieb, *n.* Sieb; (Hydr.) Schleusenfall, *n.*

Sassafras, *m.* (Bot.) Sassafrasbaum.

Sasse, *f.* (Seew.) Wasserschaufel.

Sassenage, *m.* Käse aus Sassenage.

Sasser, *v. a.* sieben, durchsieben; *fg. fm.* genau untersuchen.

Sasset, *m.* das kleine Haarsieb.

Sassoire, *f.* (Wagn.) Lenkscheit, *n.*

Satan, *m.* Satan, Teufel.

Satanique, *adj.* teuflisch.

Satellite, *m.* Trabant; (Astr.) *id.*

Satiété, *f.* die Sattheit bis zum Ekel; *fg.* Sattheit, Ueberdruß, *m.*

Satin, *m.* Atlas.

Satinade, *m.* Satinade, *f.* Halbatlas, *m.*

Satinage, *m.* die Art zu glätten und den Atlasglanz zu geben.

Satinaire, *m.* Atlasweber.

Satiné, e, *adj.* atlasartig; *fg.* weich und glatt wie Sammet.

Satiner, *v. a.* auf Atlasart weben; —, *v. n.* wie Atlas aussehen.

Satire, *f.* Satire, Spottschrift.

Satirique, *adj.;* -ment, *adv. :* satirisch. [spotten.

Satiriser, *v. a. et n.* satirifiren,

Satisfaction, *f.* Vergnügen, *n.* Zufriedenheit, *f.* (auch Theol.); Genugthuung. [thuend.

Satisfactoire, *adj.* (Theol.) genug

*Satisfaire, *v. a.* befriedigen, zufrieden stellen; genugthun (qn., einem); bezahlen; —, *v. n.* Genüge leisten, genügen; (die Pflicht) erfüllen; se —, seine Wünsche befriedigen.

Satisfaisant, e, *adj.* befriedigend, genugthuend; zureichend, hinlänglich.

Satisfait, e, *adj.* zufrieden, vergnügt. [Statthalter).

Satrape, *masc.* Satrap (persische

Satrapie, *f.* Satrapie (das Gebiet des Satrapen).

†Satron, *m.* (Fisch.) Köderfisch.

Saturation, *f.* (Chym.) Sättigung.

Saturer, *v. a.* (Chym.) sättigen.

Saturnales, *f. pl.* (Alt.) Saturnalien, Saturnsfest, *n.*

Saturne, *m.* (Aftr., ꝛc.) Saturn; (Chym.) *ol.* Blei, *n.;* extrait de —, Bleiextract, *m.*

Satyre, *masc.* (Myth.) Satyr; (Alt.) —, *f.* (Alt.) das satyrische Drama.

Satyrion, *m.* (Bot.) Faunenblume, *f.* [risch.

Satyrique, *adj.* satyrartig, satyr

Sauce, *f.* Brühe, Tunke; — salée, Salse; — du tabac, Tabaksbeize.

Saucer, *v. a.* eintunken, tunken; *fg. fm.* durchnässen (v. Regen); *pop.* ausbunzen.

Saucière, *f.* Brühnapf, *m.*

Saucisse, *f.* Bratwurst, Knackwurst; (Feuerw.) Pulverwurst.

†Saucissier, *m.* ère, *f.* Wurstmacher, *m.* =inn, *f.*

Saucisson, *m.* Fleischwurst, *f.;* (Artill., ꝛc.) Pulverwurst; (Fortif.) Faschine.

Sauf, ve, *adj.* unverletzt; wohlbehalten; sain et —, frisch und gesund; —, *prép.* unbeschadet; mit Vorbehalt; ausgenommen.

Sauf-conduit, *m.* Geleitsbrief, Schirmbrief.

Sauge, *f.* (Bot.) Salbei.

Saugrenu, e, *adj.* *fm.* abgeschmackt, dumm.

Saule, *m.* (Bot.) Weide, *f.;* — blanc, Kopfweide; — pleureur, Trauerweide.

Saumâtre, Saumache, *adj.* etwas salzig; eau —, Brackwasser, *n.*

Saumée, *f.* der Morgen Landes.

Saumon, *m.* (Naturg.) Salm; Lachs || Block (v. Blei, Zinn).

Saumoné, e, *adj.* (Naturg.) lachsartig; truite —e, Lachsforelle, *f.*

Saumoneau, *m.* Sälmling.

Saumure, *fém.* Lacke, Salzlacke, Salze, Sülze; Salzwasser, *n.*

Saunage, *m.* Salzhandel.

Sauner, *v. n.* Salz sieden.

Saunerie, *f.* Salzwerk, *n.* Salzsiederei, *f.*

Saunier, *m.* Salzsieder, Salzarbeiter; Salzhändler.

Saunière, *f.* Salzkasten, *m.*

Saupiquet, *m.* (Kochk.) Würzbrühe, *f.*

Saupoudrer, *v. a.* mit Salz, Sand, ıc., bestreuen, bestäuben; *fig.* bestreuen, übertünchen.

Saur, Saure, Sauret, *adj. m.*, hareng —, Bücking; *m.* Bückling.

Saurage, *m.* (Falk.) erstes Jahr eines Falken, ehe er gemauset hat.

Saure, *adj. m.* gelbbraun.

Saurer, *v. a.* (Häringe) räuchern.

Sauriens, *m. pl.* Eidechsen, *f. pl.*

Saussaie, *f.* Weidengebüsch, *n.*

Saut, *m.* Sprung; Saß; Fall.

Sautelle, *f.* Saßrebe, Fächser, *m.*

Sauter, *v. n.* springen; (über etw.) wegspringen; (Kriegsw., ıc.) in die Luft fliegen; sich drehen (vom Wind); — aux yeux, *fg.* in die Augen fallen; — *v. a.* überspringen; *fg. id.*, übergeben; faire —, in die Luft sprengen; faire — la tête, den Kopf abhauen; faire — la cervelle à qn., einem eine Kugel vor den Kopf schießen..

Sautereau, *m.* (Mus.) Docke, *f.*

Tangente; (Artill.) das unsicher schießende Stück.

Sautercile, *f.* Heuschrecke; (Math.) Winkelmesser, *m.* Schrägemaß, *n.*

Sauteur, *m.* se, *f.* Springer, *m.* =inn, *f.*

Sautillant, e, *adj.* hüpfend.

Sautillement, *m.* Hüpfen, *n.*

Sautiller, *v. n.* hüpfen.

Sautoir, *m.* das geschobene Kreuz, Andreaskreuz; (Uhrm.) Sperrkegel, *m.;* en —, kreuzweise übereinander.

Sauvage, *adj.* wild; leutscheu; rauh (Land, ıc.); devenir —, verwildern; —, *m. et f.* Wilde.

Sauvage, Sauvement, Sauvetage, *m.* (v. Sauver) Bergen, *n.* Retten der Güter bei Schiffbrüchen.

Sauvageon, *m.* (Gärtn.) Wildling. [Wesen.

Sauvagerie, *f.* (neu) das leutscheue

Sauvagin, e, *adj. et s.* wildpretmäßig; le goût —, Wildpretschmack, *m.;* sentir le — ou la —, wildpretzen, einen Wildpretgeruch haben.

Sauvagine, *f.* Wassergeflügel, *n.*

Sauvegarde, *f.* Schutz, *m.* Schutzbrief; Schutzwache, *f.* en — (Schiff.) Leittau, *n.; fg.* Schutz, *m.* Schirm.

Sauvement, v. Sauvage, *m.*

Sauver, *v. a.* retten, erretten, er-

halten; in Sicherheit bringen; (Güter) bergen; (Theol.) selig machen; (Häute) sparen; se —, sich retten, flüchten, entfliehen; (Anh.) selig werden.

Sauvetage, *m.*, v. Sauvage, *m.*

Sauveté, *f.* Zustand der Rettung, *m.* [Erlöser, Heiland.

Sauveur, *m.* Erretter; (Theol.)

Sauve-vie, *f.* (Bot.) Mauerraute.

Savane, *f.* Heide, der wilde Grasplatz; Fichtenwald (in Amerika).

Savant, e, *adj.;* -amment, *adv.:* gelehrt; —, *m.* e, *f.* Gelehrte, *m. et f.* [Prahler.

Savantasse, *m. mépr.* der gelehrte

Savate, *f.* der alte abgenupte Schuh; *fm.* Schlappe, *f.; fg. pop.* Tropf, *m.* || Briefbote zu Fuß.

Savater, *v. a. fm.* verpfuschen.

†Save (1a), Sau (ein Fluß)

†Saverne, *f.* Zabern (Stadt) *n.*

Savetier, *m.* Schuhflicker; *fg. pop.* Stümper, Pfuscher.

Saveur, *f.* Geschmack, *m.* Schmackhaftigkeit, *f.; ni goût ni —, weder Saft noch Kraft.

†Savoie (1a), Savoyen,*n.*

*Savoir, *v. a.* wissen, erfahren; (eine Kunst, ıc.) können, verstehen; (die Welt) kennen; faire —, benachrichtigen; faire à —, (jur.) bekannt machen; c'est à —, à — ou —, nämlich; es fragt sich.

Savoir, *m.* Wissenschaft, *f.* Gelehrsamkeit.

Savoir-faire, *m.* Gewandtheit, *f.* Geschicklichkeit. [Welt.

Savoir-vivre, *m.* Lebensart, *f.*

Savon, *m.* Seife, *f.*

Savonnage, *m.* das Waschen mit Seife, Einseifen; Seifenwäsche, *f.;* eau de —, Seifenwasser, *n.* Seifenlauge, *f.*

Savonner, *v. a.* seifen, einseifen, mit Seife waschen; *fg. fm.* — qn., einem einen Verweis geben.

Savonnerie, *f.* Seifensiederei.

Savonnette, *f.* Seifenkugel, Fleckkugel; — à vilain, erkaufter Adel.

Savonneux, se, *adj.* seifenartig.

Savonnier, *m.* Seifensieder; (Bot.) Seifenbaum. [filz.

Savonnoir, *m.* (Kartenm.) Glätt-

Savonnule, *m.* (Chym.) die riechende oder flüchtige Seife.

Savourer, *v. n.* kosten, schmecken, verfuchen; *fg.* schmecken, genießen.

Savouret, *m. fm.* Markbein, *n.*

Savoureux, se, *adj.* schmackhaft; -sement, *adv.* recht mit Geschmack.

Savoyard, *m.* e, *f.* Savoyarde, *m. et f.;* —, *adj.* savoyisch.

Saxatile, *adj.* (Bot.) an oder zwischen Steinen wachsend, sich zwischen Steinen aufhaltend (Fisch).

Saxe (1a), Sachsen, *n.*

'Saxifrage, *f.* (Bot.) Steinbrech, *m.;* —, *adj.* (Med.) steinzermalmend.

Saxifragées, *f. pl.*(Bot.) die steinbrechartigen Gewächse, *n. pl.*

Saxon, *m.* Sachse; —ne, *f.* Sächsinn; —, *adj.* sächsisch.

†Sayette (fyr. sè-iette), *f.* (Handl.)

Sayette, eine Art Sarsche.

†Sayetterie, *f.* eine Sayettenfabrik.

†Sayetteur, *m.* Sayettenfabrikant.

Sayon, *m.* (Alt.) offener kurzer Kriegsrock, welchen ehemals die Soldaten trugen.

Sbire, *m.* Sbirre, Häscher.

Scabellon, *masc.* Fußgestell (für Brustbilder, ıc.), *n.*

Scabieuse, *f.* (Bot.) Scabiose, Grindkraut, *n.* [artig.

Scabieux, se, *adj.* (Med.) grind-

Scabreux, se, *adj.* holperig; *fg.* mißlich, schwierig.

Scaldes, *m. pl.* Skalden, Dichter der alten nordischen Völker.

Scalène, *adj.* (Geom.) ungleichseitig.

Scalme, *f.* der Ort am Schiffe wo das Ruder aufliegt.

Scalpel, *m.* (Anat.) Zergliederungsmesser, *n.*

†Scalvine, *f.* Kürbisflasche.

Scammonée, *f.* (Bot.) Purgirkraut, *n.*

Scandale, *m.* Aergerniß, *n.* Aufsehen, Anstoß, *m.*

Scandaleux, se, *adj.;* -sement, *adv.:* ärgerlich, anstößig.

Scandaliser, *v. a.* ärgern, (einem) ein Aergerniß geben; se —, Aergerniß nehmen. [messen.

Scander, *v. a.* (Verse) scandiren,

Scaphandre, *m.* Schwimmkleid, *n.*

Scapulaire, *m.* Scapulier, *n.; —, adj.* (Anat.) zu den Schulterblättern gehörig; artères —s, Schulterschlagadern, *f. pl.*

Scarabée, *m.* (Naturg.) Käfer; — à trompe, Rüsselkäfer.

Scaramouche, *m.* Pickelhäring.

Scare, *m.* Papageifisch.

Scarieux, se, *adj.* (Bot.) rasselbürr. [schnäpper.

Scarificateur, *m.* (Chir.) Schröpf-

Scarification, *f.* Schröpfen, *n.*

Scarifier, *v. a.* schröpfen.

Scariole, *f.* (Bot.) die weiße Wegwarte.

Scarlatine, *adj. f.*, la fièvre —, (Med.) Scharlachfieber, *n.*

Scason, Scazon, *m.* (Prof.) der hinkende Vers.

Sceau, *ol.* Scel, *m.* Siegel, *n.;* Insiegel; Siegelung, *f.;* mettre le —, das Siegel aufbrücken.

Scélérat, e, *adj.* gottlos, verrucht, boshaft; —, *m.* Bösewicht.

Scélératesse, *fém.* Ruchlosigkeit, Bosheit, Bubenstück, *n.*

Scélithe, *f.* ein Bildstein, der die Gestalt eines menschlichen Beines hat.

Scellé, *m.* (jur.) Siegelbeschlag.

Scellement, *m.* (Maur.) Befestigung (der Klammern, 2c.), *f.*

Sceller, *v. a.* siegeln, besiegeln, versiegeln; *fg. id.*; (Maur.) befestigen, eingießen (en plomb, mit Blei).

Scelleur, *m.* Siegler.

Scène, *fém.* Schaubühne, Scene; Schauplatz, *m.*; Auftritt; donner une — au public, sich zur Schau ausstellen; faire une — à qn., einen anfahren.

Scénique, *adj.* zum Theater gehörig; Jeux —s, (Alt.) Bühnenspiele, *n. pl.*

†Scénite, *m.* Zeltbewohner.

Scénographie, *f.* Abriß, *m.*; die perspectivische Abbildung; die Kunst etw. perspectivisch darzustellen.

Scénographique, *adj.*; -ment, *adv.*: perspectivisch.   [*n.*

Scénopégies, *f. pl.* Laubhüttenfest.

Scepticisme, *m.* (Philof.) Skepticismus, Zweifelsucht, *f.*

Sceptique, *adj.* (Philof.) skeptisch, an allem zweifelnd; —, *m.* Skeptiker, Zweifler.

Sceptre, *m.* Zepter; *fg. id.*, Herrscherwürde, *f.*   [brache.

Schabraque, Chabraque, *f.* Schabracke.

Schako, *m.*, *v.* Shako.

Schall, *v.* Châle.

Scheick, Scheik, *v.* Cheik.

Schelling, *m.* Schilling (Münze).

Schéne, Schœne (spr. sk-), *m.* Esene (ägyptische Meile), *f.*

Schérif, *m.* Scherif (Nachkomme Mahomets).   [*m.* Abtrünnige.

Schismatique, *adj.* abtrünnig; —,

Schisme, *m.* Spaltung, *f.* Trennung.

Schiste, *m.* (Miner.) Schiefer.

Schisteux, *se*, *adj.* schieferartig.

Schlich, *m.* (Bergw.) Schlich (gepochtes Erz).

Schnapan, Chenapan, *masc.* Schnapphahn, Räuber.   [Scolaire.

Scholaire, Scholie, *v.* Scolaire,

Schorl, *m.* (Miner.) Schörl.

Sciage, *m.* Sägen, *n.*

†Sciagraphie, *f.* Grundriß, *m.*

†Sciatère, *m.* Schattenzeiger.

Sciatérique, *adj.* cadran —, Zeigersonnenuhr, *f.* Schattenuhr.

Sciatique, *f. et adj.* goutte —, (Med.) Lendenweh, *n.*; nerf —, (Anat.) Hüftnerv, *m.*

Scie, *f.* Säge; — à refendre, Brettsäge; — à guichet, Lochsäge; — ou — à main, Handsäge; —, (Naturg.) Sägefisch, *m.*

Sciemment, *adv.* wissentlich.

---

Science, *f.* Wissen, *n.* Wissenschaft, *f.*

Scientifique, *adj.*; -ment, *adv.*: wissenschaftlich, gelehrt.

Scier, *v. a.* sägen; (Getreide) schneiden; —, *v. n.* (Seew.) rückwärts rubern.

Scierie, *f.* Säge=, Schneidemühle.

Scieur, *m.* Säger; — de long, Brettschneider; —, (Landw.) Schnitter.

Scille, *f.* (Med.) Meerzwiebel.

Scillitique, *adj.* aus Meerzwiebeln bereitet; vin —, Meerzwiebelwein, *m.*

Scinder, *v. a.* (Jurisprud.) theilen, trennen.   [bechse, *f.*

Scinque, *m.* (Naturg.) Stinkeiben, trennen.

Scintillation, *f.* Funtrin, *n.*

Scintiller, *v. n.* funkeln, schimmern.

Sciographie, *fém.* (Bauk.) der Grundriß von innen.

†Sciomantie, *f.* Geister=, Todtenbeschwörung.

Scion, *m.* Reis, *n.* Zweig, *m.*

†Scioptique, *adj.*, globe —, (Opt.) Schattenspielkugel, *f.*

Sciotte, *f.* Handsäge.   [2c.).

Scissile, *adj.* spaltbar (Schiefer).

Scission, *f.* Trennung, Spaltung.

Scissionnaire, *m.* der sich von der Mehrheit trennt, nicht mit ihr stimmt.

Scissure, *f.* Spalte, Riß, *m.*

Sciure, *f.* Sägespäne, *m. pl.*

Sclérophthalmie, *f.* (Med.) Augenentzündung mit Verhärtung.

Sclérotique, *f.* (Anat.) die finstere Hornhaut (des Auges).

†Scobiforme, *adj.*, une graine —, ein Samenkern, den Sägespänen ähnlich.   [jahr, *n.*

Scolaire, *adj.*, année —, Schuljahr, *n.*

Scolarité, *f.*, droit de —, Studentenrecht, *n.*

Scolastique, *adj.*; -ment, *adv.*: scholastisch; —, *f.* die scholastische Theologie; —, *m.* Scholastiker.

Scoliaste, *m.* Scholiast, Ausleger.

Scolie, *f.* Anmerkung, Auslegung; —, *m.* (Math.) Scholion, *n.*

Scolopendre, *f.* (Bot.) Hirschjunge; Vielfraß (Wurm), *m.*

Scorbut, *m.* (Med.) Scharbock, Scorbut, Mundfäule, *f.*

Scorbutique, *adj.* (Med.) scorbutisch; —, *m. et f.* Scharbockkranke.

Scorie, *f.* Schlacke, Metallschaum, *m.*

Scorification, *f.* Verschlackung.

Scorificatoire, *m.* (Chym.) Treibescherben.

Scorifier, *v. a.* verschlacken.

Scorpiogelle, *f.* Scorpionöl, *n.*

Scorpion, *m.* (Naturg.) Scorpion.

Scorsonère, *f.* (Bot.) Scorzonere.

Scotie, *f.* (Bauk.) Einziehung;

---

Regenrinne, Vertiefung unter der Kranzleiste.

Scribe, *m.* Schreiber; (h. Schr.) Schriftgelehrte.

Scripteur, *m.* Bullenschreiber in der päpstlichen Kanzlei.

†Scrobicule, *m.* (Anat.) Herzgrube, *f.*   [grubig.

†Scrobiculeux, se, *adj.* (Bot.)

Scrofulaire, *f.* (Bot.) Braunwurz, *tl.*   [elles.

Scrofules, *f. pl.* (Med.) v. Écrou-

Scrofuleux, se, *adj.* drüsig, scrofulös.   [Hodensack.

Scrotum, *lat.* Scroton, *m.* (Anat.)

Scrupule, *m.* Zweifel; Bedenklichkeit, *fém.* Gewissenhaftigkeit; Aengstlichkeit || Scrupel (Gewicht), *m.*

Scrupuleux, se, *adj.*; -sement, *adv.*: gewissenhaft; ängstlich.

Scrutateur, *m.*, (v. Gott) — des cœurs, der Erforscher der Herzen, Herzenskündiger || Wahlzeuge.

Scruter, *v. a.* erforschen, ausforschen.

Scrutin, *m.* die geheime Stimmensammlung (durch Zettel oder Kugeln).

Scubac, *v.* Usquebac.

Sculpter, *v. a.* (in Stein, 2c.) aushauen; (in Holz) schneiden.

Sculpteur, *m.* Bildhauer, Bildner.   [Bildhauerarbeit.

Sculpture, *fém.* Bildhauerkunst, †Scurrilité, *f.* der gemeine Witz, Spaß.

†Scutiforme, *adj.* schildförmig.

Scytale, *f.* (gr. Alt.) Scytala (Geheimschrift der Lacedämonier).

Se, *pron.* sich.

Séant, *m.* Sitz, *m.*; Sitzung, *f.* Bett; en, sur son —, aufrecht sitzend.

Séant, e, *part.* sitzend; —, e, *adj.* anständig, schicklich.

Seau, *m.* Eimer; puits à —x, Schöpfbrunnen.

Sébacé, e, *adj.*, glande —e, (Anat.) Talgdrüse, *f.*

†Sébacique, *adj.*, l'acide —, Fettsäure, *f.*

†Sébate, *m.* das fettgesäuerte Salz.

Sébeste, *m.* (Bot.) die schwarze Brustbeere.   [Brustbeerbaum.

Sébestier, *m.* (Bot.) der schwarze

Sébile, *f.* Kübel, *m.*; Backmulde, *f.*

Sec, sèche, *adj.* trocken, dürr, getrocknet; bager, hür (Körper); *fg.* trocken, elend; unfreundlich (Ton), —, *m.* Trockene, *n.*; Trockenheit, *f.*; das trockene Futter; employer le vert et le sec, *fg.* alles Mögliche anwenden; sèchement, *adv.* trocken; boire sec, wacker trinken; à sec, ohne Wasser; *fg.* auf dem Trockenen; *fg. fm.* zu Grunde

gerichtet; mettre à sec, austrocknen lassen; fg. fm. ausbeuteln.

Sécable, adj. theilbar.

Sécante, f. (Geom.) Schnittlinie.

Sèche ou Seiche, f. (Naturg.) Tintenfisch, m. Blackfisch.

Sécher, v. a. dörren, trocknen; —, v. n. trocken werden; aus= verdorren; (Bäume) abstechen; — sur pied, bis in die Wurzel verdorren; fg. ou —, sich vor Gram verzehren, sich abzehren, hinschmachten.

Sécheresse, f. Trockenheit, Dürre.

†Sécherie, f. (Tuchm.) Trückenei.

†Sécheron, m. die trockne Wiese.

Séchoir, m. Trockenbrett, n.; Trockenplatz, m.

Second (spr. seg-), e, adj. andere, zweite; causes —es, mittelbare Ursachen; sans —, ohne Gleichen; en — lieu, zweitens; —, m. Gehilfe, Beistand; Secundant (beim Zweikampf); (Bauf.) das zweite Stockwerk; en —, als Zweiter, als Gehilfe an einer untergeordneten Stelle; lieutenant en —, Secundlieutenant, m.; -ement, adv. zweitens.

Secondaire, adj. untergeordnet, hinzukommend; raisons — s, Nebengründe, m. pl.; planètes — s, Nebenplaneten; école —, Mittelschule, f.

Seconde, f. Secunde || zweite Classe (in Schulen).

Seconder, v. a. qn., einem beistehen, helfen, nachhelfen; einen unterstützen, begünstigen.

Secondines, f. pl. (Med.) Afterbürde, f. Nachgeburt.

Secouement, m., v. Secoûment.

Secouer, v. a. schütteln, rütteln, abschütteln; fg. abwerfen.

†Secoueur, m. (Gieß.) Formbecher (Werkzeug).

Secoûment, m. Schütteln, n. Aus=, Abschütteln.

Secourable, adj. hilfreich, dienstfertig; der Hilfe fähig.

*Secourir, v. a. qn., einem helfen, beistehen; einen unterstützen (eine Festung) entsetzen; se —, v. r. einander helfen, beistehen.

Secours, m. Hilfe, f. Beistand, m.; Entsatz; Hilfstruppen, f. pl.; —, Hilfe, f.; au —, zu Hilfe!

Secousse, f. Stoß, m. Schütteln, n. Rütteln; Erschütterung, f.

Secret, m. Geheimniß, n. Heimlichkeit, f.; Verschwiegenheit; (Tischler) das verborgene Fach; (jur.) der abgesonderte Ort (im Gefängniß); mettre (qn.) au —, in das geheime Gefängniß setzen; —, ète, adj. geheim, heimlich; verschwiegen; secrète, f. (Kath.) das stille Gebet vor der Messe; -ètement, adv. heimlich; en —, insgeheim.

Secrétaire, m. Secretär, Geheimschreiber; (Tischl.) Schreibtisch.

Secrétairerie, f. Geheimschreiberei.

Secrétariat, m. Geheimschreiberstelle, f. Secretariat, n.

Sécréter, v. a. (Phys.) absondern.

Sécréteur, adj., v. Sécrétoire.

Sécrétion, f. (Med.) Absonderung; —s, Ausleerungen, pl. Stuhlgang, m. [der Feuchtigkeiten dienlich.

Sécrétoire, adj. zur Absonderung

Sectaire, m. Sectirer, Anhänger einer Secte.

Sectateur, m. Anhänger.

Secte, f. Secte; Anhang, m.

Secteur, m. (Geom.) Ausschnitt, Zirkelausschnitt.

Sectile, adj. spaltbar, zersägbar.

Section, f. (Math.) Schnitt, m. Durchschnitt; — conique, Kegelschnitt; — (der Abschnitt (in Büchern, 2c.); Abtheilung, f.; Stadtviertel, n.

Séculaire, adj. hundertjährig; année —, das letzte Jahr eines Jahrhunderts. [chung.

Sécularisation, f. Weltlichmachung.

Séculariser, v. a. weltlich machen.

Sécularité, f. Weltlichkeit; weltliche Gerichtsbarkeit.

Séculier, ère, adj.; -ment, adv.: weltlich; —, m. Weltgeistliche. [feit.

Sécurité, f. Sicherheit, Sorglosigkeit.

Sedan, m. (Handl.) Tuch von Sedan, Sedanertuch. [sienne.

Sédanoise, f. (Buchdr.) v. Parisienne.

Sédatif, ve, adj. (Med.) schmerzstillend.

Sédentaire, adj. sitzend; il est trop —, er sitzt zu viel; bleibt zu viel zu Hause; —, beständig an einem Orte bleibend; saßhaft.

Sédiment, m. (Chym.) Bodensatz.

Séditieux, se, adj.; -ment, adv.: aufrührisch; —, m. Aufrührer, [rung, f.

Sédition, f. Aufruhr, m. Empörung.

Séducteur, m. trice, f. Verführer, m. -inn, f.; —, adj. verführerisch, reizend. [m.

Séduction, f. Verführung, Reiz.

*Séduire, v. a. verführen; hinreißen. [hinreißend.

Séduisant, e, adj. verführerisch;

Ségétal, e, adj. plantes —es, Ackerpflanzen, Kräuter die unter dem Getreide, u. s. w. wachsen.

Segment, m. (Geom.) Abschnitt, Kreisabschnitt.

Ségrairie, f. (Forstw.) der gemeinschaftliche Wald.

Ségrais, m. (Forstw.) Nebenwald.

Ségrégation, f. Absonderung.

†Ségreyer, m. der gemeinschaftliche Besitzer eines Waldes.

Seiche, v. Sèche.

Seigle, m. Roggen, Korn, n.

Seigneur, m. Herr, gebietende Herr, Gebieter; — d'une terre, Gutsherr.

Seigneuriage, masc. (Münzw.) Schlagschatz.

Seigneurial, e, adj. herrschaftlich.

Seigneurie, f. Herrschaft; Herrlichkeit (Titel).

Seime, f. (Hufsch.) Hornkluft.

Sein, m. Busen, Brust, fém.; Schoß, m. Mutterleib; fg. Schooß, Innerste, n.

Seine, f. Schleppnetz, n.

Seing, m. Unterschrift, f.

†Seizaine, f. Ballenschnur, Sackstrick, m.

Seize, adj. sechzehn; sechzehnte; —, m. Sechzehnte; Sechzehntel (einer Elle), n.

Seizième, adj. sechzehnte; —, m. Sechzehntel, n.; -ment, adv. sechzehntens.

Séjour, m. Aufenthalt.

Séjourner, v. n. sich aufhalten, verweilen (à, in).

Sel, m. Salz, n.; de bon —, d'un bon —, gut gesalzen (Schinken, 2c.); —, fg. Salz, n. Witz, m.

Sélam, m. Selam, Liebesstrauß (im Orient).

Sélénite, f. (Miner.) Selenit (Art Mittelsalz), m.; Mondschein.

Séléniteux, se, adj. selenitartig.

Sélénium, m. (Miner.) Selenium (Metall), n. [bung.

Sélénographie, f. Mondsbeschreibung.

Sélénographique, adj. mondbeschreibend.

†Sélénostate, masc. Selenostat, Werkzeug zur Betrachtung des Mondes.

†Sélestat, Schlettstadt (Festung).

†Séleucides, m. pl. Seleuciden, Nachkommen des Seleucus; (Naturg.) Heuschreckenfresser (Vögel).

†Sélictar-aga, m. (Türk.) Selictar-Aga, Schwertträger des Großherrn.

Selle, f. Schämel, m.; Nachtstuhl; (Med.) Stuhlgang || Sattel (für Pferde, 2c.); être bien en —, fest im Sattel sitzen; fg. id.; — à tous chevaux, Curiersattel, m.; fg. fm. Gemeinplatz; Scherwenzel; courir deux —s, zwei Stationen reiten; — à taille, (Böttch.) Schneidebank, f.

Seller, v. a. satteln; se —, (Landw.) ausdorren, bart werden.

Sellerie, f. Sattelkammer, Sattlerarbeit.

Sellette, f. der niedrige Sessel, die niedrige Bank; eine Art Sattel; (Landw.) Pflugstöckchen, n.; (Artill.) Propsschämel, f. (Wagn.) Sattel.

Sellier, m. Sattler.

Selon, prép. nach; zufolge; nach dem es ist; l'évangile — S. Matthieu, das Evangelium St. Matthäi;

— que, *conj.* je nachdem; so wie;
in so fern; c'est — que, je nachdem.

Semaille, *f.*, —s, Aussaat; Säen;
*n.;* Saat, *f.*

Semaine, *f.* Woche; Wochenar=
beit; Wochenlohn, *m.;* Wochengeld,
*n.;* il est de —, er hat die Woche
ben Dienst; prêter à la petite —,
kleine Summen auf kurze Zeit gegen
Wucherzinse leiden.

Semainier, *m.* ère, *f.* der, die, so
die Woche hat; Wöchner, *m.*

Sémaphore, *m.* Küsten=Telegraph.

Semblable, *adj.* gleich, ähnlich;
gleichförmig; —, *m.,* mon —,
meines Gleichen; nos —s, unsere
Mitmenschen.

Semblant, *m.* Schein; Anschein;
faire —, sich stellen; ne faire — de
rien, sich nichts merken lassen.

Sembler, *v. n.* scheinen, dünken.

Séméiologie, Séméiotique, *fém.*
(Med.) Zeichenlehre (der Krankhei=
ten, 2c.).

Semelle, *f.* (Schuhm., 2c.) Sohle;
seconde —, Brandsohle; —, (Zim=
mermann) Schwelle, Dachschwelle;
—s, (Schifff.) Schwerter, *n. pl.*

Semence, *f.* Same, *m.; fg.* id.;
— de perles, Samen=, Lothperlen,
*f. pl.*

Semencine, *f.* Wurmsame (Pflan=
ze), *m.*      [bendes Mittel.

Semen-contra, *m.* wurmabtrei=

Semer, *v. a.* säen, aus=, besäen,
ausstreuen; *fg.* id., austheilen; (Leh=
ren) einstreuen.

Semestral, e, *adj.* halbjährig.

Semestre, *adj.* halbjährig; —, *m.*
das halbe Jahr ‖ der halbjährige
Dienst; halbjähriger Urlaub; en —,
auf Urlaub.

Semestrier, *m.* der auf ein Halb=
jahr beurlaubte.

Semeur, *m.* Säemann.

Semi-, *adj.* halb.

†Semi-flosculeux, se, *adj.* (Bot.)
halbgeschweift.

Sémillant, e, *adj. fm.* unruhig;
(v. Kindern) sehr lebhaft.

Semi-lunaire, *adj.* (Anat.) halb=
mondförmig.

Séminaire, *m.* Seminarium, *n.*
Pflanzschule; *f.*

Séminal, e, *adj.* (Anat.) zum Sa=
men gehörig; vésicules —es, Sa=
menbläschen, *n. pl.*

Séminariste, *m.* Seminarist.

†Sémination, *f.* (Bot.) die Aus=
streuung des Samens.

Semis, *m.* Samenschule, *f.* Sa=
menflor, *m.*

Sémite, *f.* Semite (Art Zeug).

Semoir, *m.* Sättuch, *n.;* Säema=
maschine, *f.*

Semonce, *f.* die feierliche Einla=
dung; Ermahnung, Verweis, *m.*

Semoncer, *v. a.* qn., einem einen
Verweis geben.

Semondre, *v. a. vi.* einladen.

†Semonneur, *m. vi.* —, d'enterrement, Leichenbitter.

†Semotte, *f.* Kohlsprosse.

Semoule, *f.* das fein gekörnte Wei=
zenmehl; Körnernudeln, *f. pl.*

Semper virens, *m. lat.* (Bot.)
Immergrün, *n.*

Sempiternel, le, *adj. fm.* immer=
während, ewig, uralt.

†Senaire, *adj.,* nombre —, die
Zahl 6; (Bot.) sechsfach (Blätter).

Sénat, *m.* Senat, Rath.

Sénateur, *m.* Senator, Rathsherr.

Sénatorial, e, *adj.* rathsherrlich.

Sénatorien, ne, *adj.* zu einem
Rathsherrn gehörig.

Sénatrice, *f.* Frau eines Raths=
herrn.      [Rathsschluß.

Sénatus-consulte, *m.* Senats=

Senau, *m.* (Seew.) Schnau (kleines
Schiff.)

Séné, *m.* (Bot.) Senesstrauch;
Senesblätter, *n. pl.*

Sénéchal, *m. ol.* Seneschall, Lan=
des=, Ritterhauptmann; Gerichts=
balter.

Sénéchaussée, *f.* Ritterkreis, *m.*
Gerichtsbezirk, =stuhl des Seneschalls.

Senecon, *m.* (Bot.) Kreuzwurz, *f.*

Senelle, *f.,* v. Cenelle.

Senestre, *adj.* (Wapp.) link; le
côté —, die linke Seite; à —, zur
linken Hand.

Sénevé, *m.* Senfsame, Senf.

Sénieur, *m.* Aelteste, Senior.

Sénile, *adj.* dem Alter eigen; vom
Alter herrührend.

Senne, *f.,* v. Seine.

Sens, *m.* Sinn; Verstand, Ver=
nunft, *f.;* le bon —, — commun,
der gesunde Menschenverstand; —,
Sinn, Bedeutung (*f.*) (eines Sa=
tes, 2c.); Meinung, Ansicht; à mon —,
meiner Meinung nach; —, Rich=
tung, *f.* Seite, Lage (eines Kör=
pers); *fg.* Seite; — dessus dessous,
das unterste zu oberst; drunter und
drüber.

Sensation, *f.* Empfindung; *fg.*
Eindruck, *m.;* faire —, Aufsehen
erregen.      [künftig, geschieht.

Sensé, e, *adj.;* -ment, *adv.:* ver=

Sensibilité, *f.* Empfindlichkeit;
Empfindsamkeit, Gefühl, *n.* Weich=
herzigkeit, *f.*

Sensible, *adj.* empfindbar, fühl=
bar, merklich; rendre —, verdeut=
lichen ‖ empfindlich; empfindsam;
gefühlvoll, theilnehmend, weich
(Herz); erkenntlich; -ment, *adv.*
merklich, empfindlich.

Sensiblerie, *f.* (neu) Empfindelei.

Sensitif, ve, *adj.* der sinnlichen
Empfindungen fähig, sinnlich, em=

pfindlich (auch Bot.); faculté —ve,
Empfindungskraft, *f.*

Sensitive, *f.* (Bot.) Sinnpflanze.

Sensorium, *m. lat.* (Lehrst.) der
Empfindungssitz im Gehirn.

Sensualisme, *m.* (Philos.) Sinn=
lichkeitslehre, *f.*

Sensualité, *f.* Sinnlichkeit.

Sensuel, le, *adj.;* -lement, *adv.:*
sinnlich, wollüstig, üppig; —, *m.*
der sinnliche, wollüstige Mensch.

Sentence, *f.* Lehrspruch, Sit=
tens, Denkspruch; (jur.) Urtheil, *n.*

Sentencier, *v. a.* (jur.) verurtheilen.

Sentencieux, se, *adj.* spruchreich,
körnig; -sement, *adv.* auf eine
spruchreiche Art.

Sentène, *f.* Zipfaden, *m.*

Senteur, *f.* Geruch, *m.;* die wohl=
riechende Sache; eau de —, Riech=
wasser, *n.*     [*fg.* id., Bahn, *f.*

Sentier, *m.* Fußsteig, Pfad, Weg;

Sentiment, *m.* Gefühl, *n.* Em=
pfindung, *f.* Empfindsamkeit; Ge=
sinnung, Meinung; Wittern (der
Hunde) *n.*      [gefühlvoll.

Sentimental, e, *adj.* empfindsam,

Sentine, *f.* (Seew.) Schiffgrund,
*m.; fg.* Sammelplaz (v. Lastern).

Sentinelle, *m. et f.* Schildwache,
*f.* Posten, *m.*

*Sentir, v. a.* fühlen, empfinden,
spüren, merken ‖ riechen; (v. Hun=
den) wittern; schmecken (Speise); —,
*v. n.* qch., das Ansehen von etw. ha=
ben; nach etw. riechen; — mauvais
ou —, stinken; se —, sich fühlen;
se — de qch., etw. spüren, fühlen.

*Seoir, v. n.* sitzen; —, *v. n. et impers.* à qn., sich für einen schicken,
einem anstehen, einen kleiden.

Séparable, *adj.* trennbar.

Séparation, *fém.* Absonderung,
(Bauk.) Verschlag, *m.;* Scheide=
wand, *f.;* Scheidung (v. Eheleuten,
2c.); Trennung, Entfernung.

†Séparatoire, *m.* (Chym.) Schei=
bekolben.

Séparé, e, *adj.* besonders, 2c.;
- ment, *adv.* besonders, getrennt,
einzeln.

Séparer, *v. a.* trennen, absondern,
scheiden (Metalle, 2c.); unterscheiden;
theilen, abtheilen; se —, sich trennen;
auseinander geben (Versammlung);
*fg.* sich trennen; uneins werden.

†Sépeau, *m.* (Münzw.) Präge=
stock.

Sepia, *f. lat.,* (Naturg.) v. Sèche;
(Mal.) Tintenfischschwarz, *n.*

†Sepoule, *f.* Weselspule.

Seps, *m.* (Naturg.) Schlangenei=
dechse, *f.*     [—, *m.* Sieben, *f.*

Sept, *adj.* sieben; Siebente, *m.;*

Septante, *adj.* siebenzig; —, *m.*
*pl.* (Theci.) die siebenzig Dollmet=
scher, Septuaginta, *f.*

Septembre, *m.* September, Herbst=
monat.
Septénaire, *adj.*, nombre —, die
Zahl 7; —, *m.* die Zeit von 7 Jahren.
Septennal, e, *adj.* siebenjährig.
Septennalité, *f.* Siebenjährigkeit,
Dauer von sieben Jahren.
Septentrion, *m.* Mitternacht, *f.*
Norden, *m.*　　　[lich, nördlich.
Septentrional, e, *adj.* mitternächt=
Septième, *adj.* siebente; —, *m.*
Siebentel, *n.; (Spiel)* Siebener,
*m.; -ment, adv.* siebentens.
†Septifère, *adj.* (Bot.) Scheide=
wände habend.
Septique, *adj.* (Med.) faulma=
chend, durchfreffend.
Septuagénaire, *adj.* siebenzigjäh=
rig; —, *m.* Siebziger.
Septuagésime, *f.* der Sonntag Sep=
tuagesima.　　[Siebenfache, *n.*
Septuple, *adj.* siebenfach; —, *m.*
Septupler, *v. a.* versiebenfachen.
Sépulcral, e, *adj.* zum Grabe ge=
hörig; urne —, Todtenurne, *f.;*
*fg.* voix —e, Grabesstimme.
Sépulcre, *m.* Grab, *n.;* Grab=
stätte, *f.*　　　[Grabstätte, *f.*
Sépulture, *f.* Begräbniß, *n.;*
Séquelle, *f. mépr.* Anhang, *n.*
Troß, Rotte, *f.*
Séquence, *f.* (Spiel) Sequenz,
Folge mehrerer Karten von einerlei
Farbe.　　　　　　[nahme.
Séquestration, *f.* (jur.) Beschlag=
Séquestre, *m.* (jur.) Beschlag;
mettre en'—, mit Beschlag belegen;
—, Beschlagsverwalter; das mit
Beschlag belegte Gut.
Séquestrer, *v. a.* (jur.) mit Be=
schlag belegen; (Geld) bei Seite schaf=
fen; einen entfernen, entfernt halten;
entfernen; se —, sich absondern.
Sequin, *m.* Zechine, *f.* (Gold=
münze).
Sérail, *m.* Serail, *n.* Harem, *m.*
†Séran, *m.* Hechel, *f.*
†Sérancer, *v. a.* hecheln, durchhe=
cheln.　　　　[den Pyrenäen,
Sérancolin, *m.* Marmorart aus
Séraphin, *m.* Seraph (ein Engel).
Séraphique, *adj.* seraphisch, eng=
lisch.　　　[Befehlshaber.
Sérasquier, *m.* (Türk.) Serasker,
Serdeau, *m.* Tafeldiener, Abtrag=
zimmer, *n.*
Serein, *m.* Abendthau.
Serein, e, *adj.* heiter, helle; *fg.*
*id.;* goutte —e, (Med.) der schwarze
Staar.　　　　[hen, *n.*
Sérénade, *f.* Nachtmusik, Ständ=
Sérénissime, *adj.* durchlauchtigst
(Titel).　　[Durchlaucht (Titel).
Sérénité, *f.* Heiterkeit; *fg. id.;*
Séreux, se, *adj.* (Med.) wässerig.
Serf, ve, *adj.* leibeigen; —, *m.*
ve, *f.* Leibeigene, *m. et f.*

Serfouette, *f.* Gartenhaue.
†Serfouetter, Serfouir, *v. a.* um=
backen.
Serfouir, *v. a.* mit der Haue um=
backen, behacken, felgen.
Serfouissage, *m.* Umhauen, *n.*
Aufbacken.
Serge, *f.* (Handl.) Sarsche.
Sergent, *m.* Gerichtsdiener; Scher=
ge; — de police, Polizeidiener; —,
(Kriegsw.) Unteroffizier; sergent-
major, Feldwebel; —, (Tischl.)
Zwinge, *f.* Leimzwinge.
Serger, Sergier, *m.* Sarschweber.
Sergerie, *f.* Sarschmanufactur;
Sarschhandel, *m.*　　　　[Sarsche.
†Sergette, *f.* (Handl.) die dünne
†Sergetterie, *f.* Sarschweberei,
Sarschmanufactur.
†Séridie, *f.* Seridie (Pflanze).
Série, *f.* Reihe, Folge.
Sérieux, se, *adj.; -sement, adv.;*
ernst, ernsthaft, ernstlich; wichtig
(S.); —, *m.* Ernsthaftigkeit, *f.*
Ernst, *m.* Ernsthafte, *n.*
Serin, *m.* Zeisig; —e, *f.* Sie (das
Weibchen eines Zeisigs); — de Ca=
narie, Canarienvogel, *m.;* vert de
—, zeisiggrün. [Vogel vororgeln.
Seriner, *v. a.* un oiseau, einem
Serinette, *f.* Vogelorgel.
Seringat, Seringuat, *m.* (Bot.)
der wilde Jasmin.
Seringua, *f.* Spritze.
Seringuer, *v. a.* spritzen, (Chir.)
ein=, ausspritzen.
Serment, *m.* Eid, Schwur; Fluch.
Sermenté, e, *adj.* beeidigt.
Sermon, *m.* Predigt, *f.; fg. fm. id.*
Sermonnaire, *m.* Predigtbuch, *n.;*
—, *adj.*, le genre —, Predigtstyl,
*m.*　　[predigen; vorpredigen.
Sermonner, *v. a. qn., fm.* einem
Sermonneur, *m. fm.* Strafpredi=
ger.　　　　　　[Feuchtigkeit.
Sérosité, *f.* (Med.) die wässerige
†Sérotine, *f.* (Naturg.) die blasse
Fledermaus.
Serpe, *f.* Hippe, Gartenmesser.
Serpe-Schittenmesser.
*n.; f.*
Serpent, *m.* Schlange (auch *fg.*)
*f.;* — à sonnette, Klapperschlange;
—, (Mus.) Schlangenrohr, *n.;* Ser=
pentist, *m.*
Serpentaire, —, *f.* (Bot.) Schlan=
gengiftkraut, *n.*
Serpente, *f.* Schlangenpapier, *n.*
Serpenteau, *m.* die junge Schlange;
(Feuerw.) Schwärmer, *m.*
Serpenter, *v. n.* sich schlängeln.
Serpentin, *m.* (Chym.) Schlan=
genröhre, *f.; (Miner.) Serpentin=
marmor, *m.*
Serpentin, e, *adj.* schlänglich;
marbre —, Serpentinmarmor (mit
Schlangenlinien), *m.*

Serpentine, *f.* (Miner.) Serpen=
tinstein, *m.; (Bot.) Schlangengras,
*n.;* —, *adj. f.*, langue —, die
unruhige Zunge (eines Pferdes).
†Serper, *v. n.* (Seew.) die Anker
lichten (Galeere, zc.).
Serpette, *f.* (Gärtn.) Rebmesser,
*n.* Gartenmesser, Hippe, *f.*
Serpilliére, *f.* Packtuch, *n.*
Serpolet, *m.* (Bot.) Quendel.
Serrage, *m.* (Seew.) die inwendige
Verkleidung.
Serre, *f.* Kralle, Klaue, Krebs=
schere; —s, Fänge (eines Raubvo=
gels), *m. pl.;* —, (Gärtn.) Gewächs=
haus, *n.;* — chaude, Treibhaus ||
Keltern (der Trauben, zc.); (Gieß.)
Presse, *f.; (Münzw.) Gießramen,
*m.*
Serré, e, *adj.* dicht; *fg.* gedrängt;
körnig (Styl); enge, bedrängt, be=
klemmt (Herz); geizig; zähe; —,
*adv.* start, sehr, tüchtig.
†Serre-bauquiéres, *f.* (Seew.) Un=
terbalkenträger, *m.*　　[leine, *f.*
†Serre-bosse, *m.* (Seew.) Stül=
†Serre-feu, *m.* (Goldsch.) Feuer=
schirm.
†Serre-file, *m.* (Kriegsw.) das hin=
terste Glied, Hintermann, *m.*
†Serre-gouttiére, *m.* (Seew.)' die
Sepweger über dem Wassergang.
Serrement, *m.* Zusammendrücken,
*n.; Druck, *m.; Beklemmung (des
Herzens), *f.*　　　　[tnapf.
Serrément, *adv.* gedrängt; *fg.*
Serre-papiers, *m.* Schriftkammer,
*f.* Schriftenschaft, *n.*
Serrer, *v. a.* drücken, zusammen=
drücken; (einen Knoten) fest zuziehen,
schnüren; *fg.* (einen Bund) fest schlie=
ßen, fester knüpfen; (Kriegsw.) (die
Glieder) schließen; (Linien) zusam=
menrücken; (Personen) zusammen=
drängen, =pressen (auch *fg.* v. Styl);
— de près, einem heftig zusetzen; —
l'éperon (à un cheval), die Spor=
nen geben; — la mesure, la botte,
(Fechtk. und *fg.*) seinem Gegner zu
Leibe gehen || einen verschließen (Geld,
Papiere, zc.); se —, *v. r.* sich an
einander anschließen, zusammenrü=
cken.　　　　　　[mig.
†Serreté, e, *adj.* (Bot.) sägeför=
Serre-tête, *m.* Kopfbinde, *f.* Hau=
be.　　　　　　　　[*f.*
Serron, *m.* (Handl.) Spezereikiste,
†Serrulé, e, *adj.* (Bot.) kleinge=
zähnt.
Serrure, *f.* Schloß, *n.;* — à bosse,
Kellerschloß.
Serrurerie, *f.* Schlosserhandwerk,
*n.; Schlosserarbeit, *f.*
Serrurier, *m.* Schlosser.
†Serte, *f.* (Juwel.) Fassen, *n.*
Sertir, *v. a.* (einen Edelstein) fas=
sen.

Sertissure, f. Fassung (der Edelsteine). [n. Büschelchen.
†Sertule, f. (Bot.) Bündelchen
Sérum, m. lat. (Med.) die wässerige Feuchtigkeit.
Servage, m. Leibeigenschaft, f.
Serval, m. (Naturg.) Serval, Tigerkatze, f. [habend.
Servant, adj. m. dienstbar, dienst-
Servante, f. Magd, Dienstmagd; Dienerinn ‖ Schenktisch, m. serviable, adj. dienstfertig.
Service, m. Dienst; Bedienung, f.; à votre —, Ihnen aufzuwarten; — ou — divin, Gottesdienst, m.; —, (Kath.) Seelmesse, f.; (Kriegsw.) Kriegsdienst, m.; Dienst; être de —, den Dienst haben ‖ eine Tracht Speisen; Tafelgeräth, n.; (Ballsp.) Ausschlag, m. [(Land).
†Servie (la), Servien, Serbien
†Servien, ne, adj. servisch; —, m. ne, f. Servier, m. -inn, f.
Serviette, f. Tellertuch, n.
Servile, adj.; -ment, adv.: knechtisch; sclavisch: fg. m. p. niederträchtig; zu wörtlich (Uebersetzung).
Servilité, f. das knechtische Wesen.
†Servion, m. Salzkruste, f.
*Servir, v. a. qn., einem dienen, aufwarten; einen bedienen; (Speisen) auftragen; vorlegen; (den Ball) an=, zuspielen, zuschlagen; —, v. n. dienen; — de qch., zu, statt etw. dienen; — à qch., zu etw. nützlich; dienlich seyn; se — de qch., sich einer S. bedienen.
Serviteur, m. Diener, Bediente, Aufwärter; Verehrer, Diener.
Servitude, f. Knechtschaft; Dienstbarkeit (auch jur.); (Lehenw.) Leibeigenschaft; fg. Zwang, m.
Ses, pron. pl. seine.
Sésame, m. (Bot.) Sesamkraut, n.
Sésamoïde, adj., os —s, (Anat.) Sesambeine, n. pl. Gelenkbeinchen.
Sésambeine, m. (Bot.) Sesamkraut, n.
Séséli, m. (Bot.) Seselkraut, n.
Sesquialtère, adj. anderthalbig.
†Sesquidouble, adj., raison —, das drithalbige Verhältniß.
†Sesquitierce, adj., raison —, Vierdrittelsverhältniß, n.
†Sesse, f. die Binde um einen Turban, Kopfbinde; —, m. (Schifff.) Wasserschaufel, f.
Sessile, adj. (Bot.) ohne Stiel.
Session, f. Sitzung.
Sesterce, m. (röm. All.) Sesterzie (Silbermünze), f.
†Sétacé, e, adj. borstenartig.
†Séteux, se, adj. (Bot.) borstig.
Setier, m. Sester, Malter.
Séton, m. (Chir.) Haarseil, n.
Seuil, m. Schwelle, f.
†Seuillet, m. (Schifff.) die kleine Schwelle.
Seul, e, adj. allein, einzeln, einig,

einzig, bloß; -ement, adv. nur, wenigstens, erst; pas seulement, nicht einmal.
Seulet, te, adj. (Dichtk.) allein.
Sève, f. (Bot.) Saft, m.; Würze (vom Wein), f.
Sévère, adj.; -ment, adv.: streng, scharf, ernst, hart.
Sévérité, f. Strenge, Schärfe; Ernst, m. Härte, f.
†Sévéronde, f. (Bauk.) die hervorstehende) Dachtraufe.
†Séveux, se, adj., vaisseaux —, (Bot.) Saftgefäße, n. pl.
Sévices, m. pl. (jur.) Mißhandlungen, f. pl.
†Séville, f. Sevilla (Stadt).
Sévir, v. n. (jur.) contre qn., einen streng bestrafen, ahnden; — contre qch., streng gegen etw. verfahren.
Sevrage, m. Entwöhnen (der Kinder), n.
Sevrer, v. a. (ein Kind) entwöhnen, (ein Kalb, 2c.) absetzen, abbinden; fg. — qn. de qch., einem etw. entziehen; se — de qch., einer S. entsagen. [m. Sechziger.
Sexagénaire, adj. sechzigjährig; —,
Sexagésime, f. der Sonntag Sexagesima.
†Sexangulaire, adj. sechswinkelig, sechseckig.
Sex-digitaire, adj. sechsfingerig.
Sexe, m. Geschlecht, n.; weibliche Geschlecht.
†Sextane, adj. fém., fièvre —, (Med.) das sechstägige Fieber.
Sextant, m. (Astr.) Sextant.
Sexte, f. (Kirch.) Serte.
Sextidi, m. der sechste Tag der Woche im republikanischen Kalender.
Sextil, e, adj., aspect —, (Astr.) der gesechste Schein.
Sextule, m. Sechstelsunze, f. vier Scrupel. [Sechsfache, n.
Sextuple, adj. sechsfach; —, m.
Sextupler, v. a. versechsfachen.
Sexuel, e, adj. das Geschlecht betreffend; les parties —les, Geschlechtstheile, m. pl.
Sgraffite, m. (Mal.) Stiftzeichnung, f. [der Soldaten).
Shako, m. Schako (Kopfbedeckung
Shall, v. Châle. [(England).
Shérif, m. Scherif, Landrichter (in Si, conj. wenn, wofern; ob; si ce n'est que, es sey denn daß; —, adv. so; fm. ja; —, m. fm. Wenn, n.; (Mus.) H.
Sialagogue, adj. speichelerweckend.
Sialisme, m. reichliche Auswerfung des Speichels, m.
Siamoise, f. (Handl.) Siamoise (Art baumwollenen Zeuges).
Sibarite, m. fg. Wollüstling.
†Sibérie (la), Sibirien, Sibirien (Land).

†Sibérien, ne, adj. siberisch, sibirisch; —, m. ne, f. Siberier, m. -inn, f.
Sibylle, f. Sibylle; Wahrsagerinn.
Sibyllin, adj. m. sibyllinisch.
Sicaire, m. Meuchelmörder.
Siccatif, m. ou adj., huile —ve, (Mal.) das trocknende Oel.
Siccité, f. Trockenheit.
†Sicile (la), Sicilien (Insel) n.
†Sicilien, ne, adj. sicilianisch; —, m. ne, f. Sicilier, m. -inn, f.
Sicilique, m. sechs Scrupel (Gewicht).
Sicle, m. Sekel (Münze, Gewicht).
Sicomore, v. Sycomore.
Sidéral, e, adj., année —e, Sternjahr, n.
†Sidération, f. (Med.) der plötzliche Schlagfluß.
Sidéritis, v. Crapaudine.
†Sidérotechnie, f. Eisenbearbeitungskunst.
Siècle, m. Jahrhundert, n.; Zeitalter; esprit du —, Zeitgeist, m.; —, (Theol.) Weltleben, n.; aux —s des —s, in alle Ewigkeit.
Siège, m. Stuhl, Sessel, Sitz; — de paille, Strohsessel; — Bock (des Kutschers); — sur le devant (d'un carrosse), Rücksitz; à deux —s, zweisitzig; —, (Kriegsw.) Belagerung, f.; ju! (jur.) Gericht, n.; — richtshof, m.; le saint- —, (Kirch.) päpstliche Stuhl.
Siéger, v. n. sitzen, Sitzung halten.
Sien, ne, pron. seine; seinige; ihr, ihrige (v. einer Frau); —s, die Seinige, n.; Ihrige; —s, Seinigen, pl. Ihrigen.
†Sienne, f. Siena (Stadt).
Sieste, f. Mittagsruhe.
Sieur, m. Herr.
Sifflable, adj. verhöhnungswürdig, des Auszischens werth (Voltaire).
Sifflant, e, adj. zischend.
Sifflement, m. Zischen, n. Pfeifen.
Siffler, v. n. pfeifen, zischen; —, v. a. (ein Lied) pfeifen; (einen) auspfeifen, auszischen; fg. fm. abrichten; etw. einblasen, eingeben.
Sifflet, m. Pfeife, f.; coup de —, Pfiff, m.; —s, fg. Auspfeifen, n.; —, (Anat.) Stimmritze, f.; couper le — à qn., fm. einem das Maul stopfen. [pfeifer; sinn, f.
Siffleur, m. se, f. Pfeifer, m. Auspfeifer, f.
†Sigefroi, n. pr. m. Siegfried.
Sigillée, adj. f., terre —, Siegelerde, f.
Sigisbée, m. Cicisbeo, Hausfreund.
†Sigismond, n. pr. m. Siegmund.
Sigles, m. pl. Abkürzungsbuchstaben. [mig.
Sigmoïde, adj. (Anat.) sigmaförmig.
Signage, m. (Glas.) Fensterzeichnung, f.

Signal, *m.* Zeichen, *n.* Losung, *f.*

Signalé, e, *adj.* wichtig, ansehn=
lich, ꝛc. (S.); berühmt (Mann).

Signalement, *m.* Gestaltsbeschrei=
bung (eines Menschen), *f.;* (jur.)
Stedbrief, *m.*

Signaler, *v. a.* der Gestalt nach
beschreiben; (ein Schiff, ꝛc.) durch
Zeichen ankündigen; *fg.* beweisen,
zu erkennen geben; se —, sich aus=
zeichnen.

Signataire, *m.* Unterzeichner.

Signature, *f.* Unterschrift; (Buch=
drucker) Signatur.

Signe, *m.* Zeichen, *n.* Merkmahl;
Wink, *m.;* (Med.) Mabi, *n.;* faire
—, einen Wink geben, winken; en
—, zum Zeichen.

Signer, *v. a.* unterschreiben, unter=
zeichnen; bezeichnen; — à qch., etw.
mit unterschreiben.

Signet (syr. siné), *m.* (Buchh.)
Bändchen, *n.*

Signette, *f.*, *v.* Siguette.

Signifiant, e, *adj.* bedeutend.

Significatif, ve, *adj.* bedeutungs=
voll.      [Anzeige.

Signification, *f.* Bedeutung; (jur.)

Signifier, *v. a.* bedeuten; (jur.) an=
deuten, kund machen.

†Siguette, *f. ol.* (Huffch.) Kap=
penmundstück, *n.*

Sil, *m.* Art Ocher, gelbe und rothe
Erde, *f.*

Silence, *m.* Schweigen, *n.* Still=
schweigen, Verschwiegenheit, *f.; fg.*
Stille, Ruhe; —, *interj.* still! faire
—, Stille gebieten; stillschweigen.

Silencieux, se, *adj.* stille, wort=
karg.      [Faulthier, *n.* Ai, *m.*

†Silène, *m.*, (Naturg.) singe —,

†Silésie (la), Schlesien (Land).

Silésien, ne, *adj.* schlesisch; —,
*m.* ne, *f.* Schlesier, *m.* inn, *f.*

Silex, *m. lat.* Flintenstein.

Silhouette, *f.*, *ou* portrait à la
—, Schattenriß, *n.*

Silice, *f.* (Miner.) Kieselerde.

Siliceux, se, *adj.* (Miner.) kie=
selartig.

Silicule, *f.* (Bot.) Schötchen, *n.*

Siliculeux, se, *adj.* (Miner.) kie=
selhaltig.

Silique, *f.* Schote.      [tragend.

Siliqueux, se, *adj.* (Bot.) schoten=

Sillage, *m.* (Seew.) Kielwasser,
*n.;* Lauf, *m.* Fahrt, *f.*

Sille, *m.* (gr. Alt.) Spottgedicht, *n.*

Siller, *v. n.* (Seew.) segeln; steuern.

Sillet, *m.* Kamm (einer Geige).

†Sillomètre, *m.* (Seew.) Geschwin=
digkeitsmesser, Fahrtmesser.

Sillon, *m.* Furche, *f.; fg. id.*,
Runzel, Strieme; — de lumière,
Lichtstreifen, *m.*

Sillonner, *v. a.* furchen; *fg. id.*,
runzeln; (das Meer) durchschiffen.

---

Silo, *m.* Silo, (unterirdische) Ge=
treidebehälter.

Silouette, *v.* Silhouette.

Silure, *m.* (Fisch.) Wels; — élec=
trique, Zitterwels.

†Silvane, *m.* (Bergw.) Silvanerz,
*n.* Tellurium.

Silves, *f. pl.* vermischte Gedichte.

†Silvicoles, *m. plur.* (Naturg.)
Waldkäfer, Waldbewohner.

†Silvie, *f.* (Bot.) Windröschen, *n.*

†Silybe, *m.* (Bot.) Mariendistel,
*f.*      [*n.*

Simagrée, *f.* Ziererei, Geziere.

Simarouba, *m.* (Bot.) Simarouba
(amerikanischer Baum).

Simarre, *f.* das Unterkleid der vor=
nehmen Geistlichen und Gerichtsper=
sonen; *ol.* Frauenschleppkleid.

Simbleau, *f.* (Zimm.) Zirkel=
schnur, *f.*

†Simblot, *m.* der Aufzug zu ge=
blümten Zeugen.

Similaire, *adj.* gleichartig.

Similitude, *f.* Gleichheit; (Rhet.)
Gleichniß, *n.*      [gelb.

Similor, *m.* Similor, *n.* Schein=

Simoniaque, *adj.* (Kirch.) simo=
nisch; der Simonie schuldig.

Simonie, *f.* (Kirch.) Simonie, der
Handel mit geistlichen Aemtern.

†Simousses, *f. pl.* (Sattl.) Tresse,
*f.* Borte am Zaume, Zaumborte.

Simple, *adj.* einfach; *fg. id.*,
schlicht; unvermischt; bloß; aufrich=
tig, *m. p.* einfältig; —, *m.* Einfache,
*n.;* —s, (Med.) Heilkräuter, *n.*

-ment, *adv.* einfach; bloß; *fg. id.*,
schlechthin, weg, aufrichtig.

Simplesse, *f. fm.* Offenherzigkeit.

Simplicité, *f.* Einfachheit, Einfalt,
Unschuld; *m. p.* Albernheit.

†Simplicornes, *f. pl.* (Naturg.)
Insekten mit einfachen Fühlhörnern.

Simplification, *f.* Vereinfachung.

Simplifier, *v. a.* vereinfachen.

Simulacre, *m.* Götzenbild, *n.*
Bild; *fg.* Trugbild, Schattenbild.

Simulation, *f.* (jur.) Verstellung.

Simulé, e, *adj.* erdichtet, verstellt.

Simuler, *v. a.* (jur.) vorgeben,
vorschützen.

Simultané, e, *adj.* gleichzeitig,
gemeinschaftlich; -ment, *adv.* zu
gleicher Zeit.

Simultanéité, *f.* Gleichzeitigkeit.

†Sinapi, *m.* Senfpflanze, *f.* Senf,
*m.*      [gemischt.

Sinapisé, e, *adj.* mit Senfsamen

Sinapisme, *m.* (Med.) Senfpfla=
ster, *n.*

Sincère, *adj.;* -ment, *adv.:* auf=
richtig, gerade; unverfälscht (Text).

Sincérité, *f.* Aufrichtigkeit, Ge=
radsinn, *m.*

Sincipital, e, *adj.* artère —e,
(Anal.) Vorderhauptschlagader, *f.*

---

Sinciput, *m. lat.* (Anal.) Vor=
derhaupt, *n.*

Sindon, *m.* (Chir.) Wieke, *f.;* (h.
Schr.) das Schweißtuch Christi.

Sinécure, *f.* Sinecure, gut be=
zahlte Stelle ohne viele Geschäfte.

Singe, *m.* Affe; (Math.) Storch=
schnabel; (Mech.) Kreuzhaspel.

Singer, *v. a.* nachäffen.

Singerie, *f.* Affenspiel, *n.;* Affen=
streich, *m.;* Nachäffung, *f.*

Singulariser (se), sich auszeichnen.

Singularité, *f.* Sonderbarkeit.

Singulier, ère, *adj.;* -èrement,
*adv.* : sonderbar; selten (Tugend,
ꝛc.); seltsam; *m. p.* wunderlich; —,
*m.* (Gramm.) Einzahl, *f.* Einheit.

Sinistre, *adj.;* -ment, *adv.:* un=
glücklich, unselig; Unglück weissa=
gend; finster (Gesicht); feindselig,
schlimm (Absicht).

Sinon, *conj.* wo nicht, wenn nicht',
widrigenfalls; — que, außer daß.

Sinople, *m.* (Wapp.) Grün, *n.*
die grüne Farbe.      [ausgehöhlt.

Sinué, e, *adj.* (Bot.) buchtig,

Sinueux, se, *adj.* krumm, ge=
krümmt, sich schlängelnd.

Sinuosité, *f.* Krümme, Krümmung.

Sinus, *m. lat.* (Geom.) der Ab=
schnitt eines Winkels, Sinus; (Chir.)
Eitersack.

†Sion, Silten (Stadt); (auch) Zion.

†Sipède, *m.* (Naturg.) die braune
Natter.

Siphon, *m.* Heber, Weinheber;
Saugeröhre, *f.;* (Seew.) Wasserhose;
(Bot.) die röhrige Osterluzei.

Siphonante, *m.* (Bot.) Röhren=
blume, *f.*      [wurm.

Siponcle, *m.* (Naturg.) Spritz=

†Sippage, *m.* die dänische Gerbe=
rei; das schnell gegerbte Leder.

Sire, *m.* Herr; (Tit.) allergnädig=
ster König, Kaiser, ꝛc.; *iron.* Herr,
Meister.

Sirène, *f.* Sirene; *fg. id.*, Ver=
führerin.

Sirius, *m. lat.* (Astr.) Hundsstern.

Siroc, Siroco, *m.* Sirocco (Süd=
ostwind in Neapel).

Sirop, *m.* Sirup.

Siroter, *v. n. pop.* nippen.

Sirtes, *f. pl.* (Seew.) die beweg=
lichen Sandbänke.

Sirupeux, se, *adj.* siruphaltig.

Sirvente, *f. ol.* Spottgedicht, *n.;*
Liebes=, Lobgedicht der Meistersänger.

Sis, e, *adj.* (jur.) liegend, gelegen.

Sismomètre, *m.* (Naturg.) Erdbe=
benmesser, *m.*

Sison, *m.* Eison, Steineppich
(Pflanze).      [icht stellen.

†Sister, *v. a.* (jur.) vorladen; se —,

Sistre, *m.* (Alt.) die ägyptische
Klapper; italienische Laute.

Site, *m.* Lage, *f.* Landschaft.

Sitiologie, *f.* (Med.) Speisenlehre.

Sitôt, aussitôt que, *conj.* sobald als.      [Baummeise.

Sittelle, *f.* (Naturg.) Specht=

Situation, *f.* Gegend, Lage, Stel= lung; *fg.* Lage, Zustand, *m.*

Situer, *v. a.* stellen, legen, setzen; (ce château) est mal —é, hat eine schlechte Lage, ist schlecht gelegen; (ce pays) est —é au nord de ..., liegt im Norden von ...

†Situle, *f.* (Naturg.) die ägyptische Wassernatter.

Six, *adj.* sechs; —, *m.* Sechste, *f.; Sechste, m.*

Sixain, *m.* die sechszeilige Strophe.

Sixième, *adj.* sechste; —, *m.* Sechstel; *n.;* (Picket) Serie, *f.;* -ment, *adv.* sechstens.

Sixte, *f.* (Mus.) Serle.

†Sizain, *m.* (Naturg.) der sechs= fleckige Stieglitz.

Sizette, *f.* Sisettspiel, *n.;* (Kar= tenspiel unter 6 Personen).

Sloop, Sloupe, *masc.* (Seew.) Schloop.      [Blauglas, *n.*

†Smalt, *m.* (Miner.) Schmalte, *f.*

†Smaragdin, e, *adj.* smaragdfar= big.      [ragdit, Smaragdspath.

†Smaragdite, *m.* (Miner.) Sma=

†Smectite, *f.* (Miner.) Seifen= stein, *m.*

Smilax, *m.* (Bot.) Stechwinde, *f.*

Smille, *f.* Zweispitze (Art Hauer).

Smiller, *v. a.* mit der Zweispitze bearbeiten.      [*f.*

Sobole, *m.* (Bot.) Wurzelsprosse,

Sobre, *adj.;* -ment, *adv.:* mäßig, nüchtern; *fg.* id., behutsam; -ment, *adv.* bescheiden.

Sobriété, *f.* Mäßigkeit, Nüch= ternheit; *fg.* Mäßigung, Zurück= haltung.

Sobriquet, *m.* Spott= Zuname.

Soc, *m.* Pflugschar, *f.*

Sociabilité, *f.* Geselligkeit.

Sociable, *adj.* gesellig, umgänglich.

Social, e, *adj.* gesellschaftlich.

Société, *f.* Gesellschaft, Verbin= dung; Verein, *m.*

Socinianisme, *m.* (Theol.) die Secte der Socinianer (gegen die Gottheit Christi).

Socinien, *m.* (Theol.) Socinianer.

Socle, *m.* (Bauk.) Untersatz, So= ckel.      [netz, *n.*

†Soclétière, *f.* (Fisch.) Sardellen=

Socque, *m.* Holzschuh (der Mön= che); (Alt.) niedrige Schuh (der Schauspieler).

Socratique, *adj.* sokratisch, nach Sokrates Art.

†Soda, *f.* (Med.) Sodbrennen, *n.*

Sœur, *fém.* Schwester; (Kirch.) Nonne; — de lait, Milchschwe= ster, *pl.;* —s consanguines *ou* utérines, Halbschwestern.

Sofa *ou* Sopha, *m.* Sofa, Pol= sterbett, *n.*

Soffitte, *f.* (Bauk.) Felderdecke.

Soi, *pron.* sich; — -disant, *adj.* angeblich, sogenannt; sur —, bei sich; chez —, zu Hause; être à —, für sich seyn, sein Herr seyn; à part —, *fm.* für sich.

Soie, *fém.* Seide; Borste (der Schweine); das lange Haar; Angel (einer Klinge), *f.*

Soierie, *f.* Seidenwaare, Seiden= handel, *m.*

Soif, *f.* Durst, *m.; fg.* id.; avoir —, durften (de, nach).

Soigné, e, *adj.* fleißig gearbeitet.

Soigner, *v. a.* besorgen, für etw. sorgen, Sorge tragen; (einen) war= ten, pflegen, verpflegen; (Vieh) be= schicken; —, *v. n.* à qch., etwas besorgen.

Soigneux, se, *adj.;* -sement, *adv.:* sorgfältig, sorgsam, besorgt.

Soin, *m.* Sorge, *f.* Sorgfalt; Be= sorgung; avoir, prendre — de qch., für etw. sorgen, Sorge tragen; —s, *f. pl.* Gefälligkeiten, Auf= merksamkeit, *f.;* rendre des —s à qn., einem viele Aufmerksamkeit be= weisen; en être aux petits —s avec qn., einem eine zarte Aufmerksam= keit erweisen.

Soir, *m.* Abend.

Soirée, *f.* Abendzeit, Abend, *m.*

Soit, *conj.* es sey, es mag seyn; immerhin, *fm.* meinethalben; soit ... soit ..., es sey ... oder.

Soixantaine, *f.* die Anzahl von sechzig, Sched, *n.;* une — de ..., ungefähr sechzig.

Soixante, *adj.* sechzig.

Soixanter, *v. n.* (Picket) einen Sechziger machen.

Soixantième, *adj.* sechzigste; —, *m.* Sechzigtheil, *n.*

Sol, *m.* Boden, Erdreich, *n.* der Grund und Boden; (Mus.) G, *n.*

Solacier, *v. a.* (alt) trösten, sich belustigen.

Solaire, *adj.* zur Sonne gehörig; cadran —, Sonnenuhr, *f.*

Solamire, *f.* (Siebm.) Siebgewebe, *n.*      [heil).

Solandre, *f.* Rappe (Pferdekrank=

Solanées, *s. pl.* (Bot.) Nacht= schattengewächse, *n. pl.*

Solanum, *m. lat.* (Bot.) Nacht= schatten.

Solbatu, e, *adj.* (Thiera.) an der Fleischsohle verletzt (Pferd).

Solbature, *f.* (Thiera.) die Ver= letzung der Fleischsohle.

Soldanelle, *f.* (Bot.) Meerwinde, Seekohl, *m.*      [**

Soldat, *m.* Soldat, Krieger; —, *adj. m.* soldatisch, kriegerisch; kühn.

Soldatesque, *f. mépr.* das gemeine

Kriegsvolk; —, *adj.* soldatenmäßig.

Solde, *f.* Sold, *m.;* (Handl.) Saldo.

Solder, *v. a.* (Handl.) eine Rech= nung) abschließen, saldiren.

Sole, *f.* (Landw.) Schlag, *m.;* Sohle (am Pferdehufe), *f.;* Scholle (Fisch).

Soléaire, *adj.,* (Anal.) muscle —, Fußsohlenmuskel, *m.*

Solécisme, *m.* (Gramm.) Sprach= fehler.

Soleil, *m.* Sonne, *fém.;* (Kath.) Monstranz; (Bot.) Sonnenblume.

Solen, *m.* (Chir.) Weinlade, *f.;* Beinröhre; (Naturg.) Sandpfeife, Orgelpfeife (Muschel).

Solennel (spr. solan-), le, *adj.;* -lement, *adv.* feierlich, festlich.

Solennisation (spr. solan-), *f.*      [feiern.

Solenniser (spr. solan-), *v. a.*

Solennité (spr. solan-), *f.* Feier= lichkeit, Festlichkeit, Feier.

†Soleure, Solothurn (Stadt und Kanton).      [*n.*

Solfège, *m.* (Mus.) Noten=ABC.

Solfier, *v. a.* (Mus.) solmisiren.

Solidaire, *adj.;* -ment, *adv.:* (jur.) solidarisch, wechselseitig zum Ganzen verpflichtet oder berechtigt, einer für alle und alle für einen.

Solidarité, *f.* (jur.) die solidarische Verbindlichkeit od. Berechtigung zu etw.

Solide, *adj.;* -ment, *adv.:* fest, dicht, dauerhaft, stark; *fg.* fest, dauer= haft; echt, wahr; gründlich (Werk, Kenntniß); bündig (Beweis); gesetzt, zuverlässig (Character); (Handl.) —, *n.* der feste Körper; (Math.) körperlich; —, *m.* der feste Körper; (Handl.) feste Boden; *fg.* Wahre, *n.* Gründliche, Dauerhafte.

Solidifier, *v. a.* (Chym.) fest machen.

Solidité, *fém.* Dichte, Festigkeit, Dauerhaftigkeit; *fg.* Gründlichkeit, Bündigkeit (eines Beweises); (jur.) gemeinschaftliche Verbindlichkeit.

Soliloque, *m.* Selbstgespräch, *n.*

Solins, *m. pl.* (Zimm.) die Weite zwischen zwei Balken; (Maur.) der Ueberzug von Mörtel.

Solipède, *adj.* (Naturg.) einhufig.

Solitaire, *adj.;* -ment, *adv.:* ein= sam; ver —, (Naturg.) Bandwurm, *m.;* —, *m.* Einsiedler; (Juwel.) ein= zeln gefaßte Diamant || Grillenspiel, *n.*

Solitude, *f.* Einsamkeit, Einöde.

Solivage, *m.* (Zimm.) Balkenbe= rechnung, *f.*

Solive, *f.* Balken, *m.*

Soliveau, *m.* der kleine Balken.

Sollicitation, *f.* Bitte, bringende Bitte, Fürbitte, das inständige An= suchen; Betreibung, *f.* Empfehlung (einer S.).

Solliciter, v. a. anreizen; (einem) anliegen; (etw.) betreiben; (um etw.) anhalten; — ses juges ou —, eine S. dem Richter empfehlen.

Solliciteur, m. se, f. Rechtsbetreiber, m.; Betreiber, Ansucher, Fürsprecher, =inn, f.

Sollicitude, f. Sorge, Sorgfalt.

Solo, m. (Muf.) Solo, n. [f.

Solstice, m. (Aftr.) Sonnenwende.

Solsticial, e, adj. (Aftr.) point —, Sonnenwendepunkt, m.

Solubilité, f. Auflösbarkeit.

Soluble, adj. auflöslich, auflösbar.

Solutif, ve, adj. (Med.) auflösend.

Solution, f. Auflösung; (Chir.) Trennung; (jur.) Tilgung.

Solvabilité, f. Zahlfähigkeit.

Solvable, adj. zahlfähig.

Somatologie, f. die Lehre von den festen Theilen des menschlichen Körpers.

Sombre, adj. dunkel, düster; fg. düster, finster, traurig; mürrisch; unfreundlich (Wesen).

Sombrer, v. n. (Schifff.) von einem Windstoß umgeschlagen werden.

Sommage, m. der Frohndienst mit Saumrossen; der Zoll für Waaren, die mit solchen geführt werden.

Sommaire, adj.; -ment, adv.: kurz gefaßt, kurz, summarisch; —, m. der kurze Inhalt, Hauptinhalt, Inbegriff.

Sommation, fém. Aufforderung; Vorladung; (Math.) Summiren, n.

Somme, f. Tracht, Last (eines Lastthieres); Summe (Geld, 2c.); der kurze Begriff (von Büchern).

Somme, f. Schlaf.

Sommeil, m. Schlaf, Schlummer; Schläfrigkeit, f.; j'ai —, es schläfert mich.

Sommeiller, v. n. schlummern.

Sommelier, m. ère, f. Kellner, m. Beschließer, Schaffner, =inn, f.

Sommellerie, f. Kellnerei.

Sommer, v. a. auffordern, mahnen; (Math.) summiren, zusammenrechnen.

Sommet, m. Gipfel, Spitze, f.; Höhe; fg. id.; Wirbel (des Kopfes), m.; (Geom.) Spitze, f.

Sommier, masc. Saumthier, n.; (Bauf.) Durchzug, m. Tragebalken; (Buchdr.) Preßbalken; (Böttch.) Schlußreif; (Handl., 2c.) Hauptbuch, n.; (Org.) Windlade, f. || Matratze.

Sommité, f. Spitze, Gipfel, m.

Somnambule, m. et f. Nachtwandler, m. =inn, f. [deln, n.

Somnambulisme, m. Nachtwandeln, n.

Somnifère, adj. Schlaf machend; —, m. Schlafmittel, n.

Somnolence, f. (Med.) Schlafsucht.

Somptuaire, adj., loi —; Auf-

wandsgesetz, n.; taxe —, Aufwandssteuer, f.

Somptueux, se, adj.; -sement, adv.: prächtig, kostbar.

Somptuosité, f. Pracht.

Son, sa, pron. sein, seine; ihr, ihre (v. einer Frau).

Son, m. Kleie, f.

Son, m. Laut, Schall, Klang; — du tambour, Trommelschlag.

†Sonat, m. das weißgare Hammelfell.

Sonate, f. (Muf.) Sonate.

Sondage, m. Sondiren, n.

Sonde, f.; (Chir.) Sonde, Sucher, m. Sucheisen, n.; (Bergw.) Erdbohrer, m. [f. pl.

Sonde (îles de la), Sundainseln, Sonder, v. a. (Chir.) untersuchen; (Schiff.) mit dem Senkblei untersuchen, sondiren; fg. ausforschen, erforschen, ergründen.

Sondeur, m. (Schifff.) Lothse; fg. Ausforscher, Erforscher.

Songe, m. Traum; — -creux, Träumer; Duckmäuser; Kalmäuser.

Songe-malice, m. Schadenfroh, Necker, Quäler.

Songer, v. n. träumen; — à qch., an etw. denken; etw. bedenken; überlegen; etw. vorhaben; — -creux, Grillen fangen; — à träumen.

Songeur, m. se, f. Träumer, m. =inn, f. [gerufen.

Sonica, adv. fm. eben recht, wie Sonna, Sonnah, Sounna, f. (Mahom.) Sunnah (Buch, welches religiöse Ueberlieferungen enthält).

Sonnaille, f. Schelle, Kuhschelle, =glocke. [klingeln, läuten.

Sonnailler, v. a. et n. fm. öfters Sonnant, e, adj. klingend, schallend; läutend, schlagend; à midi —, mit dem Schlag zwölf.

Sonner, v. n. klingen, läuten, schallen, tönen; klingeln; schlagen (v. der Uhr); fg. tönen, klingen; —, v. a. läuten; anschlagen, schellen; — qn., einem klingeln; — la retraite, zum Rückzug blasen, abblasen; — du cor, das Horn blasen; fg. ne — mot, fm. keinen Laut von sich geben; faire — qch., viel Aufhebens von etw. machen. [werk.

Sonnerie, f. Geläute, n.; Schlagwerk, m.

Sonnet, m. (Dichtk.) Sonnett (Gedicht), n.

Sonnette, f. Schelle, Klingel; (Bauf.) Rammgerüst, n.; -s, (Buchbr.) lose Buchstaben, m. pl. lose Zeilen, f. pl.

Sonneur, m. Glockenläuter, Glöckner; — de cor, Waldhornist, Hornbläser; — (Bauf.) Rammer.

Sonnez, m. (Tricdr.) die zwei Sechsen.

†Sonnites, m. plur. (Mahom.)

Sunniten, welche die Sunnah anerkennen.

†Sonomètre, m. Tonmesser.

Sonore, adj. wohlklingend, wohllautend; hellklingend.

Sonoriser, v. a. (Phyf.) klingen, n. helltönen.

Sopeur, f. (Med.) Schläfrigkeit.

Sopha, v. Sofa.

Sophisme, m. Trugschluß.

Sophiste, m. Sophist.

Sophistication, f. Verfälschung.

Sophistique, adj. betrüglich, sophistisch; raisonnement —, Trugschluß, m.

Sophistiquer, v. a. (Wein, 2c.) verfälschen; —, v. n. vernünfteln.

Sophistiquerie, f. Sophisterei || Verfälschung (v. Wein, 2c.).

Sophistiqueur, m. Vernünftler || Verfälscher.

Sophroniste, m. (Alt.) Sittenaufseher (in Athen).

Soporatif, ve, Soporifère, Soporifique, adj. (Med.) einschläfernd; fg. langweilig; —, m. Schlafmittel, n. [Schlafsucht verursachend.

Soporeux, se, adj. (Med.) die Soporifère, Soporifique, adj. einschläfernd, schlafbringend.

Sorbe, f. (Bot.) Spierling=, Vogelbeere.

Sorbet, m. Sorbet (Getränk).

Sorbetière, v. Sarbotière.

Sorbier, m. (Bot.) Spierlingbaum; — sauvage, Vogelbeerbaum.

Sorbonique, f. die theologische Doctordisputation (in der Sorbonne).

Sorboniste, m. Sorbonist (Docter, 2c. der Sorbonne).

Sorbonne, f. Sorbonne (theologische Facultät zu Paris).

Sorcellerie, f. Zauberei.

Sorcier, m. ère, f. Zauberer, m. Herenmeister; Zauberinn, f. Here.

Sordide, adj.; -ment, adv.: filzig, knauserig; geizig; fg. verächlich; stinkend.

Sordidité, f. Filzigkeit, Kargheit.

†Sorie, f. die spanische Lammwolle.

Sorite, m. (Log.) Kettenschluß.

†Sorne, f. Eisenschlacke, Schlacke.

Sornette, f. Albernheit.

†Sororial, e, adj., part —e, (jur.) Schwestertheil, m.

Sort, m. Schicksal, n. Geschick, Verhängniß; Loos || Zauberei, f.; Jeter un — sur qn., einen bezaubern, beheren.

Sortable, adj. passend, schicklich.

Sortant, e, adj. herausgehend, herauskommend; —, m., les entrants et les sortants, die ein= und ausgehenden Personen; ein= und austretenden Mitglieder einer Gesellschaft.

Sorte, f. Art, Weise, Gattung;

—s, (Buchh.) Verlag, m.; Verlags=
bücher, n. pl.; de la —, so, also;
de—que, so daß; toutes —s, aller=
band; parler de la bonne — à qn.,
fm. einem tüchtig die Meinung sagen.
Sortie, f. Ausgang, m. Auszug,
Austritt, Ausfahrt, f.; Entfernung
(aus einem Lande); Ausfluß (eines
Flußes), m.; (Kriegsw.) Ausfall;
(Handl.) Ausfuhr, f.; Hervorbre=
chen (der Zähne), n.; fg. fm. Aus=
fall, m. Verweis; à la —, beim
Herausgehen; beim Aufstehen (vom
Tische, rc.).
Sortilége, m. Zauberei, f. Hexerei.
*Sortir, v. n. ausgehen, ausfahren,
ausreiten; geben; kommen (de, aus,
von); aus seinem Wette austreten
(Fluß); auslaufen (von Schiffen);
herauskommen; (von einer Gewohn=
heit) abweichen; (aus einer Familie)
abstammen, herkommen; (Med.)
ausschlagen; hervorbrechen (Zähne);
hervorkommen (Blumen); faire —,
herauslassen, =führen, =treiben, =ja=
gen; —, v. a. herausziehen (auch
fg.), heraushun; herausführen; au
—, beim Herausgehen; beim Auf=
stehen (vom Tische, rc.).
Sot, te, adj.; =tement, adv.:
thöricht, albern, närrisch, dumm,
einfältig; —, m. Dummkopf, Narr,
Geck. [n.
Sotie, f. (alt) Posse, Possenspiel,
Sot-l'y-laisse, m. Pfaffenstückchen,
n. Pfaffenschnittchen (am Geflügel).
Sottise, f. Dummheit, Narrheit;
der dumme Streich || Grobheit, f.;
Schmähwort, n.; Zeit, f.
Sottisier, m. Schränkesammlung,
f. Zotenbuch, n.
Sou, m. Sou (Kupfermünze); n'a=
voir pas le —, keinen Heller haben.
†Souabe (la), m. et f. Schwabe,
benland, n.; —, m. et f. Schwabe,
m. Schwäbin, f.; —, adj. schwä=
bisch. [Indien).
Soubab, m. Subab, Vicekönig (in
Soubarbe, f. (Sattl.) der Theil des
Zaumes, woran die Kinkette befestigt
ist. [(in Steingruben), f. pl.
Soubardiers, m. pl. Hauptstützen
Soubassement, m. (Bauk.) Grund=
mauer, f.; Unterlage (einer Säule).
†Souberme, f. (Seew.) Oberwas=
ser, n.
Soubresaut, m. Satz (eines Pfer=
des), Sprung (eines Wagens); Sprung.
Soubrette, f. Zose, Kammermäd=
chen, n.
*Souche, f. Stock, m. Stamm, Block;
fg. Stammvater; Stamm; fm. Kloß;
(Bauk.) Mündung (des Schorn=
steins), f.; (Wachs). Kerzenstiel, m.
Souchet, m. (Bot.) Cypergras, n.;
Erdmandel, f.; (Naturg.) Löffelente,
der bröckelige Bruchstein.

Souchetage, m. (Forstw.) die Ab=
zählung der Stamm-Enden.
Soucheteur, m. Waldvogt, Stock=
schauer, Stammzähler.
†Souchever, v. a. die untere Bank
oder Schicht in einem Steinbruche
räumen.
Souci, m. Kummer, Sorge, f.;
sans— —, sorgenlos; —, (Bot.)
Ringelblume, f.; — des marais,
Butterblume. [um.
Soucier (se), sich bekümmern (de,
Soucieux, se, adj. bekümmert;
sorgenvoll; ängstlich.
Soucoupe, f. Credenzteller, m.
Vorsetzteller; Unterschale, f. (einer
Tasse). [gerste.
†Soucrillon, m. eine Art Winter=
Soudain, e, adj.; =ement, adv.:
plötzlich, schnell.
Soudaineté, f. die plötzliche Er=
scheinung, das unerwartete Eintreten.
Soudan, m. Sultan (Titel).
Soudard ou Soudart, m. der alte
Soldat, Haudegen.
Soude, f. (Bot.) Salzkraut, n.;
(Handl.) Soda, f. Aschensalz, n.;
sel de —, id.
Souder, v. a. löthen, anlöthen;
schweißen, an=, aufschweißen.
Soudoir, m. Löthkolben.
Soudoyer, v. a. besolden.
Soudure, f. Löthe; Schlagloth, m.;
Löthen, Anlöthen; — fondante,
Schnellloth.
Soufflage, m. Glasblasen, n.
Souffle, m. Blasen, n. Lüftchen;
Athem, m. Hauch.
Souffler, v. n. hauchen, blasen, we=
hen (Wind); schnauben, keuchen
(Pferd, rc.); fg. fm. mucksen; —,
v. a. blasen; anblasen (auch fg.);
anhauchen; aus=, wegblasen; —
qn., einem einbläsen; —qch. à qn.,
fg. fm. einem etw. wegschnappen;
— (Schifff.) auswendig neu ver=
kleiden.
Soufflerie, f. Blasewerk, n.
Soufflet, m. Blasebalg; (Sattl.)
Klappchaise, f. || Maulschelle, Ohr=
feige. [schellen.
Souffletade, f. eine Tracht Maul=
Souffleter, v. a. qn., einem Ohr=
feigen geben.
†Souffleteur, m. Maulschellenge=
ber, Ohrfeigenaustheiler.
Souffleur, m. se, f. Keucher, m.
=inn, f.; (Theat., rc.) Souffleur, m.
Einbläser; Einhelfer, =inn, f.; —
d'orgues, Balgtreter, m. || Goldma=
cher. [rc.).
Soufflure, f. Blase (im Metall)
Souffrance, f. Leiden, n. || Nach=
sicht, f. Vergünstigung; Frist; der
Rechnungsposten den man essen ste=
hen läßt.
Souffrant, e, adj. leidend, duldend.

Souffre-douleur, m. fm. Marter=
helz, n. Postpferd.
Souffreteux, se, adj. leidend,
armselig, dürftig.
*Souffrir, v. n. leiden; —, v. a.
dulden, ausstehen, vertragen; ver=
statten, erlauben.
†Sousrage, m. Schwefeln, n. Schwe=
felung (der Seide), f.
Soufre, m. Schwefel.
Soufrer, v. a. schwefeln.
†Soufrière, f. Schwefelmine.
†Soufroir, m. Schwefelkasten.
Sougarde, v. Sous-garde.
Sougorge, v. Sous-gorge.
Souhait, m. Wunsch; à —, nach
Wunsch.
Souhaitable, adj. wünschenswerth.
Souhaiter, v. a. wünschen, gönnen.
Souillard, m. (Zimm.) Strebebal=
ken. [Spülgefäß, n.
Souillarde, f. Schwenkkübel, m.
Souille, f. Koth=, Suhlache.
Souiller, v. a. besudeln, beflecken,
verunreinigen; fg. id.
Souillon, m. et f. fm. Schmutzni=
del, m.
Souillure, f. Schmutz, m.; fg.
Flecken; (j. Alt.) Unreinigkeit, f.
Soûl, e, adj. fm. ganz satt, über=
satt; betrunken; fg. überdrüssig; —,
m. Sättigung, f.; son —, tout son
—, zur Genüge, vollauf.
Soulagement, m. Erleichterung, f.
Linderung.
Soulager, v. a. erleichtern, lindern;
fg. id., aufrichten; helfen (qn., ei=
nem).
Soulas, m. (alt) Trost.
†Soulaud, m. Trunkenbold, Sauf=
bruder.
Souler, v. a. übersättigen; betrun=
ken machen; se —, sich betrinken.
Souleur, f. fm. plötzliche Schre=
cken.
Soulèvement, m. de cœur, Auf=
stoßen, n. Aufsteigen; —, Aufwal=
len, Steigen (der Wellen); fg. Auf=
stand, m. Gährung, f.; Unwille,
masc.
Soulever, v. a. aufheben, aufrich=
ten; fg. empören, aufwiegeln, auf=
bringen; —, v. n., le cœur lui sou=
lève, es wird ihm übel; se —, sich
aufrichten, hoch gehen (Meer); fg.
sich empören.
Soulier, m. Schuh; gros —, — à
double semelle, Rahmenschuh; —
d'homme, Mannsschuh.
Souligner, v. a. unterstreichen.
Souloir, v. n. (alt) pflegen, gewohnt
seyn.
Soulte, f. (alt) Herausgabe (zur
Ausgleichung der Erbschaftsloose);
Saldo, m.
*Soumettre, v. a. unterwerfen; be=
zwingen; se —, sich unterwerfen.

Soumis, e, *adj.* unterthänig, un=
terwürfig, gehorſam, ꝛc.
Soumission, *f.* Unterwürfigkeit,
Gehorſam, *m.* Ergebenheit, *f.*; — s,
Ehrfurcht || Angebot, *n.* Gebot.
Soumissionnaire, *m.* der ſich erbie=
tet eine Lieferung zu übernehmen; Lie=
ferant, Uebernehmer einer Lieferung.
Soumissionner, *v. a.* qch., ſich zu
etw. erbieten.
Soupape, *f.* Klappe, Luftklappe,
Ventil, *n.*
Soupçon, *m.* Argwohn, Verdacht;
exempt de —, arglos (Herz); un=
verdächtig (Betragen); —, Vermu=
thung, *f.* Gedanke, *m.* [tig.
Soupçonnable, *adj.* (neu) verdäch=
Soupçonner, *v. a.* qn. de qch.,
etw. von einem argwöhnen; Verdacht
auf einen haben, werfen; muthma=
ßen. [niſch.
Soupçonneux, se, *adj.* argwöh=
Soupe, *f.* Suppe; — au lait,
Milchſuppe; — de pain *ou* —,
Brodſchnitte; tailler de la —,
Brod zur Suppe einſchneiden; — au
vin, au perroquet, à perroquets,
Weinkalteſchale, *f.* [Pflug.
Soupeau, *m.* der Scharbaum am
Soupente, *f.* Hangriemen, *m.*;
(Mech.) Stellholz, *n.* Schubbrett;
(Bauk.) Hängeboden, *m.* Verſchlag;
— de cheminée, Rauchfangträger.
Souper, *v. n.* zu Abend eſſen.
Souper, Soupé, *m.* Abendeſſen,
*n.* Nachteſſen. [gen.
Soupeser, *v. a.* mit der Hand wie=
Soupeur, *m.* Abendeſſer.
Soupière, *f.* Suppenſchüſſel.
Soupir, *m.* Seufzer; dernier —,
letzte Athemzug; rendre le dernier
—, den Geiſt aufgeben; —, (Muſ.)
Viertelpauſe, *f.*; demi —, quart
de —, Achtels—, Sechzehntelspauſe.
Soupirail, *m.* Kellerloch, *n.* Luft=
loch, Zugloch.
Soupirant, *m. fm.* Liebhaber.
Soupirer, *v. n.* ſeufzen; *fg. id.*,
lechzen (après, nach).
Souple, *adj.*; -ment, *adv.*: ge=
ſchmeidig, gelenk, biegſam; *fg.* ge=
ſchmeidig, nachgiebig, gelehrig.
Souplesse, *fém.* Geſchmeidigkeit,
Biegſamkeit, *fg. id.*, Gelehrigkeit;
tours de —, Kunſtſtücke, *n. pl.*;
*fg.* Kniffe, *m. pl.* Ränke.
Souquenille, *f.* Kittel, *m.* Fuhr=
mannskittel.
Source, *f.* Quelle; eau de —,
Quellwaſſer, *n.*; première —, Ur=
quelle, *f.* (Dichtk.) Urquell, *m.*; —,
*fg.* Quelle, *f.* Urſprung, *m.*; Wur=
zel, *f.*; cela coule de —, das fließt
natürlich. [der.
Sourcier, *m. fm.* Brunnenſchmie=
Sourcil, *m.* Augenbraune, *f.*;
(Bauk.) Oberſchwelle.

Sourcilier, ère, *adj.*, muscle —,
Augenbraun=Muskel, *m.*
Sourciller, *v. n.* die Augenbraunen
bewegen; sans —, ohne die Miene
zu verändern.
Sourcilleux, se, *adj.* (Dichtk.)
hoch, ſchroff (v. Bergen, Felſen).
Sourd, e, *adj.* taub; *fg. id.* (à
gegen); dumpf (Ton); hohl (Stime);
*fg.* dumpf (Gerücht); geheim, heim=
lich (Umtriebe); — et muet, taub=
ſtumm; —, *m.* e, *f.* Taube, *m. et*
*f.*; —, *m.* (Naturg.) Molch, *m.*;
-ement, *adv.* dumpf; *fg.* insgeheim.
Sourdaud, *m.* e, *f. fm.* Harthö=
rige, *m. et f.* [Sachpfeife.
†Sourdeline, *f.* die italieniſche
Sourdine, *f.* (Muſ.) Dämpfer,
*m.*; (Uhrm.) Sperrfeder, *f.*; à la
—, *fg. fm.* ganz in der Stille.
Sourdre, *v. n.* hervorquellen.
Souriceau, *m.* Mäuschen, *n.*
Souricière, *f.* Mausfalle.
†Souriquois, e, *adj.*, peuple —,
Mäuſevolk (in der Fabel), *n.*
*Sourire, *v. n.* lächeln; *fm.*
ſchmunzeln; — à qn., einen anlä=
cheln, einem zulächeln, einen anla=
chen. [*fm.* Schmunzeln.
Sourire, Souris, *m.* Lächeln, *n.*
Souris, *f.* Maus; — des champs,
Feldmaus; gris de —, mäuſegrau;
mäuſefarben (cheval) —, poil —,
mäuſefahl.
†Sourive, *f.* (Fiſch.) Loch, *n.* die
Höhlung unter den Baumwurzeln am
Ufer.
Sournois, se, *adj.* verſteckt, ver=
ſchloſſen, *fm.* duckmäuſeriſch; —,
*m.* Duckmäuſer.
†Soursommeau, *m.* (Handl.) Obſt=
korb, Mittelballen.
Sous, *prép.* unter; von; mit; bei.
Sous-affermer, *v. a.* in Unterpacht
geben, nehmen.
Sous-amendement, *m.* abermalige
Aenderung eines vorgeſchlagenen Ar=
tifels; *f.*
Sous-amender, *v. a.* eine aberma=
lige Aenderung vorſchlagen.
Sous-arbrisseau, *m.* (Bot.) Halb=
ſtaude, *f.*
†Sous-axillaire, *adj.* (Anat.) un=
ter der Achſelhöhle gelegen; (Bot.)
aus dem untern, ſtumpfen Achſel=
winkel hervorkommend.
Sous-bail, *m.* Unterpacht, *m. ou f.*
†Sous-bande, *f.* (Chir.) Unter=
binde; *f.*
†Sous-barbe, *f.* (Reitſch.) Unter=
kinn, *n. v.* Soubarbe; (Serw.)
Stütze, *f.*
†Sous-barque, *f.* (Schiffb.) die
oberſten Seitenplanken.
†Sous-berme, *f.* (Schiff.) Ober=
waſſer, *f.* [bibliothekar.
†Sous-bibliothécaire, *m.* Unter=

Sousclavier, ère, *adj.* unter dem
Schlüſſelbein.
Souscripteur, *m.* Unterzeichner.
Souscription, *f.* Unterſchrift, Un=
terzeichnung.
*Souscrire, *v. a.* unterſchreiben,
unterzeichnen; vorausbezahlen; — à
qch., *fg.* etw. unterſchreiben, gut=
heißen.
Sous-déléguer, *v.* Subdéléguer.
Sous-diaconat, *m.* Unterdiaconat,
*n.*
Sous-diacre, *m.* Unterdiaconus.
Sous-diviser, *v.* Subdiviser.
Sous-dominante, *f.* (Muſ.) der
vierte Ton über dem Grundtone.
Sous-double, *adj.* (Math.) halb=
theilig.
Sous-doublé, e, *adj.*, (Math.) en
raison —, e, im Quadratwurzel=Ver=
hältniſſe.
Sous-entendre, *v. a.* darunter ver=
ſtehen; in Gedanken hinzuſetzen.
Sous-entendu, *m.* Vorbehalt.
Sous-entente, *f. fm.* Hinterhalt,
*m.* [ſpieß.
Sous-faite, *v. a.* (Bauk.) Giebel=
Sous-ferme, *f.* Unterpacht, *m. ou f.*
Sous-fermer, *v. a.* in Unterpacht
nehmen oder geben.
Sous-fermier, *m.* ère, *f.* Unter=
pachter, *m.* inn, *f.*
Sous-fréter, *v. a.* (ein gemiethetes
Schiff) an einen andern vermiethen.
Sous-garde, *f.* Bügel (am Degen=
gefäß, ꝛc.), *m.* [*m.*
Sous-gorge, *f.* (Sattl.) Kehlriemen,
†Sous-gouvernante, *f.* Unterhof=
meiſterin.
Sous-gouverneur, *m.* Unterhof=
meiſter, Unterſtatthalter.
†Sous-lieutenant, *m.* Unterlieu=
tenant. [mann.
Sous-locataire, *m.* Untermieths=
Sous-location, *f.* Untervermie=
thung. [wieder vermiethen.
Sous-louer, *v. a.* untermiethen,
Sous-maitre, *m.* Untermeiſter.
Sous-marin, e, *adj.* unter der
Meeresfläche.
Sous-médiante, *f.* (Muſ.) der
ſechſte Ton über dem Grundtone.
Sous-multiple, *adj.* mehrmal in
einer andern Zahl enthalten.
Sous-normale, *f.* (Geom.) Sub=
normallinie. [rundlich.
Sous-orbiculaire, *adj.* (Bot.)
Sous-ordre, *m.* (jur.) die Verthei=
lung einer Schuldenmaſſe unter die
Untergläubiger; créancier en —,
Untergläubiger, *m.* || Untergeordnete;
en —, untergeordnet.
Sous-perpendiculaire, *v.* Sous-
normale.
Sous-pied, *m.* Fußriemen.
Sous-préfecture, *f.* Unterpräfektur.
Sous-préfet, *m.* Unterpräfekt.

Sous-sel, *m.* (Chym.) Salz mit überwiegender Basis.

Soussigné, e, *adj.* unterschrieben, unterzeichnet; —, *m.* e, *f.* Unterzeichnete, *m. et f.* Endesunterschriebene. [tangente.

**Sous-tangente**, *f.* (Geom.) Sub=

**Sous-tendante**, *fém.* (Geom.) Sehne.

Soustraction, *f.* Unterschlagung; Entziehung; (Arithm.) Abziehen, *n.* Subtraction, *f.*

Soustraire, *v. a.* unterschlagen entwenden; entziehen; (Arithm.) abziehen; subtrahiren; se —, sich entziehen.

Sous-traitant, *m.* Unterpächter.

Sous-traité, *m.* Unterpacht, *m. ou f.*

Sous-traiter, *v. n., v.* Sous-fermer. [theilig, Drittel, *n.*

Sous-triple, *adj.* (Math.) drit-

Sous-triplé, e, *adj.* (Math.) raison —e, Kubikwurzel=Verhältniß, *n.* [ner Sonnenuhr.

Soustylaire, *f.* Substylarlinie (einer Sous-ventrière, *f.* (Sattl.) Bauchgurt.

Soutane, *f.* (Kirch.) der lange Leibrock; prendre la —, in den geistlichen Stand treten.

Soutanelle, *f.* (Kirch.) der kleine Leibrock.

Soute, *f.* der Nachschuß um Erbtheile auszugleichen; (Handl.) Saldo.

Soutenable, *adj.* haltbar; erweislich.

Soutenant, *m.* Respondent.

Soutènement, *m.* (Maur.) Halt, Widerhalt, Strebepfeiler, Stütze, *f.*; (jur.) — d'un compte, die Belege für eine Rechnung.

*Soutenir, *v. a.* unterstützen, halten; tragen; *fg.* halten, unterhalten; erhalten; (seinen Ruf, seinen Satz) behaupten; (Angriffe, Leiden, ꝛc.) aushalten, ausstehen, ertragen; vertragen; (Muf.) halten; se —, sich halten, sich aufrecht erhalten; sich erhalten; *fg. id.*, sich gleich bleiben (vom Styl, ꝛc.).

Soutenu, e, *adj.* edel, gleichförmig, durchgeführt (Character).

Souterrain, e, *adj.* unterirdisch; —, *m.* das unterirdische Gewölbe, —s, *fg.* Schleichwege, *m. pl.*

†Souterré, e, *adj.* (Bot.) sich in die Erde verbergend.

Soutien, *m.* Stütze, *f.*; *fg. id.*, Schutz, *m.* Erhalter; Unterstützung, *f.*

Soutirage, *m.* Ablassen.

Soutirer, *v. a.* (Wein) ablassen.

Souvenance, *f. fm.* Erinnerung; j'ai —, ich erinnere mich.

*Souvenir (se) de qch., sich einer S. erinnern, entsinnen; an etw. denken, einer S. eingedenk seyn; faire —, erinnern, mahnen (de, an); il

me souvient, *v. impers.* ich erinnere mich.

Souvenir, *m.* Andenken, *n.* Erinnerung, *f.*; Gedächtniß, *n.*; Denkzeichen || Schreibtafel, *f.*

Souvent, *adv.* oft, häufig; le plus —, meistens.

Souventefois, *adv.* (alt.) zu verschiedenen Malen, öfters.

Souverain, e, *adj.*; -ement, *adv.*: höchst, vortrefflich, einzig in seiner Art; oberherrlich, unumschränkt, unabhängig. (Macht); tief (Verachtung); wirksam (Heilmittel); —, *m.* e, *f.* Souverain, *m.* Oberherr, Herrscher, Landesherr, Fürst, Gebieter, -inn, *f.*

Souveraineté, *f.* Souverainetät, Oberherrlichkeit, Landesherrschaft.

Soy, *m.* eine japanische Brühe.

Soyeux, se, *adj.* zart wie Seide, seidenartig; seidenreich (Zeug).

Spacieux, se, *adj.*; -sement, *adv.*: geräumig.

Spadassin, *m.* Schläger, Raufer.

Spadille, *m.* Pik-Aß, *n.*

†Spagirie, *f.* Chymie. [mie, *f.*

†Spagirique, *adj.*, art —, Chy-

Spahi, *m.* (Türk.) Spahi (Reiter).

Spalme, *m.* jede Art von Schiffstheer.

Spalmer, *v. a.* (ein Schiff) theeren.

Spalt, *m.* (Miner.) Spaltstein.

Sparadrap, *m.* (Chir.) Durchzug; Pflasterleinwand, *f.*

Spare, *m.* (Naturg.) Brassen, Seebrassen, Dorade, *f.*

†Sparies, *m. ou f. pl.* Meerauswurf, *m.* ausgeworfene Meererzeugnisse, *n. pl.*; Seetriften, *f. pl.*

†Sparsile, *adj.* (Astr.) zerstreut.

Sparte, *m.* (Bot.) Spartogras, *n.* besenartige Pfriemenkraut.

†Sparte, *f.* Sparta (alte Stadt).

Sparterie, *f.* Mattenfabrik.

†Spartiate, *m. et f.* Spartaner, *m.* -inn, *f.*; —, *adj.* spartanisch.

Spasme, *m.* (Med.) Krampf.

Spasmodique, *adject.* (Med.) krampfartig. [lehre.

Spasmologie, *f.* (Med.) Krampf-

Spath, *m.* (Miner.) Spath.

†Spathacé, e, *adj.* (Bot.) mit einer Blumenscheide versehn.

Spathe, *f.* Blumenscheide; Kolbenscheide (der Palmen).

†Spathille, *f.* die kleine Blumenscheide.

†Spathique, *adj.* spathig, spathartig; acide —, Spathsäure, *f.*

Spatule, *f.* Spatel, *m.*; (Naturg.)

Spatelgans, *f.* [förmig.

Spatulé, e, *adj.* (Bot.) spatel-

Spécial, e, *adj.* besonder; eigenthümlich; -ement, *adv.* besonders.

Spécialité, *f.* Besonderheit.

Spécieux, se, *adj.*; -sement,

*adv.*: scheinbar, scheingründlich; le prétexte —, der Scheingrund.

Spécification, *f.* Verzeichnung, einzelne nähere Angabe. [angeben.

Spécifier, *v. a.* verzeichnen, einzeln

Spécifique, *adj.* tiger, eigenthümlich; —, *m.* (Med.) das specifische Mittel; -ment, *adv.* eigens, eigenthümlich.

Spectacle, *m.* Schauspiel, *n.*; Anblick, *m.*; être en —, der öffentlichen Aufmerksamkeit ausgesetzt seyn; se donner en —, sich zur Schau ausstellen.

Spectateur, *m.* trice, *fém.* Zuschauer, *m.* -inn, *f.*; être — de qch., einer S. zuschauen.

Spectre, *m.* Gespenst, *n.*; *fg. id.*

Spéculaire, *adj.*, science —, Spiegelmacherkunst, *f.*; pierre —, Spiegelstein, *m.*

Spéculateur, *m. ol.* Beobachter; (Handl.) Speculant.

Spéculatif, ve, *adj.* beobachtend (Geist); überfinnlich (S.); —, *m.* Staatsklügler.

Spéculation, *fém.* Beobachtung, Forschung; Speculation (Handl.); Theorie; Vermuthung.

Spéculer, *v. n.* beobachten, nachdenken, forschen; (Handl.) speculiren.

Speculum, *m. lat.* (Chir.) Spiegel, Sperter. [Holz.

Spée, *f.* das eins oder zweijährige

Spergule, *f.* (Bot.) Spergel, *m.*

Sperma-ceti, *m. lat.* Wallrath.

Spermatique, *adj.*, vaisseau —, (Anal.) Samengefäß, *n.*

Spermatologie, *f.* (Med.) die Lehre vom thierischen Samen.

†Spermatose, *f.* (Med.) Samenbereitung. [Same.

Sperme, *m.* (Anal.) der thierische

†Spermiole, *f.* Froschlaich, *m.*

Sphacèle, *m.* (Med.) der kalte Brand.

Sphacélé, e, *adj.* (Med.) vom kalten Brande angegriffen, brandig.

Sphénoïdal, e, *adj.*, suture —e, (Anat.) Keilbeinnaht, *f.*

Sphénoïde, *m. et adj.*, os —, (Anat.) das keilförmige Bein, Keilbein.

Sphère, *f.* (Geom.) Kugel; (Astr.) Himmelskugel; Sphäre; Sphärit; Bahn (eines Planeten); — d'activité, *n.* (Phys.) Wirkungskreis, *m.*; *fg. id.*; *fg.* Kreis, Sphäre, *f.*

Sphéricité, *f.* Rundung.

Sphérique, *adj.*; -ment, *adv.*: fugelrund, sphärisch.

Sphériste, *m.* (Alt.) Ballmeister.

Sphéristère, *m.* (Alt.) Ballplatz, Ballhaus, *n.*

Sphéristique, *adj.*, exercices —s, (Alt.) Ballspiele, *n. pl.*; —, *f.* Ballspielkunst.

†Sphéroïdal, e, *adj.* sphäroidisch, afterkugelförmig.

Sphéroïde, *m.* (Geom.) die unvollkommene Sphäre.

Sphéromètre, *m.* Kugelmesser.

Sphincter, *m.* (Anat.) Schließmuskel.

Sphinx, *m.* (Alt.) Sphinx; (Naturg.) *id.*; Abendfalter.

Spic, *m.* (Bot.) Spik, Spiklavendel.

Spica, *m.* (Chir.) Kornähre, *f.*

Spicilége, *m.* Sammlung; *f.*

Spinal, e, *adj.*, nerf —, (Anal.) Rückgrathnerv, *m.*

Spina-ventosa, *m.* (Chir.) Windsdorn.

Spinelle, *adj.*, rubis —, (Miner.)

†Spinescent, e, *adj.* (Bot.) in eine dornartige Spitze auslaufend.

Spinosisme, *m.* Spinozismus, die Lehre des Spinoza.    [noza.

Spinosiste, *m.* Anhänger des Spi=

†Spinthéromètre, *m.* Funkenmesser (bei der Elektrisirmaschine).

Spiral, e, *adj.*; -ment, *adv.* : en —e, schneckenförmig; ressort —, Spiralfeder, *f.*; ligne —e, ou —e, *f.* Schneckenlinie.

Spiration, *f.* (Theol.) das Ausgeben des heiligen Geistes von dem Vater und dem Sohne.

Spire, *fém.* (Geom.) die einzelne Windung einer Schneckenlinie; Schneckenlinie.

†Spire, *f.* Speier (Stadt).

Spirée, *f.* Spierstaude.

Spiritualisation, *f.* Vergeistigung.

Spiritualiser, *v. a.* vergeistigen.

Spiritualité, *f.* Geistigkeit.

Spirituel, le, *adj.*; -lement, *adv.* : geistig, geistreich, wizig; (Anb.) geistlich (Bücher, ıc.); —, *m.* Geistliche, *n.* die geistlichen Angelegenheiten, *f. pl.*    [stig.

Spiritueux, se, *adj.* (Chym.) gei=

Splanchnique, *adj.* zu den Eingeweiden gehörig.

Splanchnologie, *f.* (Med.) die Lehre von den Eingeweiden.

Spleen, *m.* (Med.) Spleen, Milzsucht, *f.*    [n.

†Splénalgie, *f.* (Med.) Milzweh.

Splendeur, *f.* Glanz, *m.*; *fg. id.*, Pracht, *f.*    [prächtig.

Splendide, *adj.*; -ment, *adv.* :

†Splénétique, *adj.* (Med.) milzsüchtig.    [Milzschlagader, *f.*

Splénique, *adj.*, artère —, (Anal.)

Splénitis, *f.* Milzentzündung.

Spline, *v.* Spleen.

Spode, *f.* (Chym.) Nicht, *m.*

Spoliateur, *m.* (jur.) Berauber.

Spoliation, *f.* (jur.) Beraubung.

Spolier, *v. a.* (jur.) beraubet.

Spondaïque, *adj.* (Pros.) spondäisch.

Spondée, *m.* (Pros.) Spondäus (Versfuß --).

Spondyle, *m.* (Anal.) das zweite Halswirbelbein; (Naturg.) Klappmuschel, *f.*; Wurzelraupe, Wurzelwickler, *m.*

Spongieux, se, *adj.* (Med.) schwammicht.    [stein, *m.*

Spongite, *f.* (Miner.) Schwamm=

Spontané, e, *adj.* freiwillig; selbstthätig; (Bot.) freiwachsend; (Med.) natürlich; -ment, *adv.* freiwillig, von selbst.

Spontanéité, *f.* Selbstthätigkeit.

Sponton, *v.* Esponton.

†Sporade, *v.* Sparsile.

Sporadique, *adj.* (Med.) einzeln, besonder, nicht ansteckend.

Sportule, *f.* (röm. Alt.) Bettelgeschenk, *n.* Bettelkörbchen.

†Spumosité, *f.* Schaumigkeit.

†Sputation, *f.* der Auswurf des Speichels.    [Haififch.

Squale, *m.* (spr. skoua-), Hai;

Squammeux, se, *adj.* schuppig.

†Squammules, *fém. pl.* (Bot.) Schüppchen, *n. pl.*    [rig.

†Squarreux, se, *adj.* (Bot.) sparsu, *m.* Gerippe, *n.* Skelett, elette

Squinancie, *v.* Esquinancie.

Squine, *f.* (Bot.) Chinawurz.

Squirre, Squirrhe, *m.* (Med.) die verhärtete Geschwulst.

Squirreux, se, *adj.* (Med.) verhärtet (Geschwulst).

St, St, Zen der Stimme, um jemand herbeizurufen || still! bst!

Stabilité, *f.* Festigkeit, Beständigkeit.    [dig.

Stable, *adj.* fest, dauerhaft, beständig.

†Stachis, *f.* (Bot.) Roßnessel.

Stade, *m.* (Alt.) Stadium, *n.* Rennbahn, *f.*; (Med.) Gang (einer Krankheit).

†Stadiodrome, *m.* (Alt.) Stadienläufer.

Stage, *m.* (jur., ıc.) die pflichtmäßige Anwesenheit; Zeit der pflichtmäßigen Besuchung der Gerichtssäle; faire son —, die Gerichtssäle während der vorgeschriebenen Zeit besuchen; (Kirch.) sich pflichtmäßig einfinden.

Stagiaire, *adj.*, avocat —, ein junger Advocat der die Gerichtssäle besuchen muß.

Stagnant, e, *adj.* stehend, stockend.

Stagnation (spr. stag-na-), *f.* Stillstehen, *n.* Stillstand, *m.* Stockung, *f.*

Stalactite, *f.* (Miner.) Tropfstein, *m.* Sinter.    [stein, *m.*

Stalagmite, *f.* (Miner.) Warzen=

Stalle, *f.* (Kirch.) Chorstuhl.

†Staltique, *adj.* (Med.) zurücktreibend, zusammenziehend.

†Stamenais, *m.* (Schiffb.) Knieholz, *n.*

†Staminal, e, *adj.* (Bot.) zu den Staubgefäßen gehörig; filets —aux, Staubfäden, *m. pl.*

†Stamineux, se, *adj.* (Bot.) langfaserig, mit sehr langen Staubgefäßen.    [gefäßtragend.

†Staminifère, *adj.* (Bot.) staub=

†Stampe, *f.* Negerstämpel, *m.*

Stance, *f.* (Pros.) Stanze; Strophe.

†Stanislas, *n. pr. m.* Stanislaus.

†Stanté, *adj. m.* (Mal.) mühsam gearbeitet.    [fraut, *n.*

Staphisaigre, *f.* (Bot.) Läuse=

Staphyle, *f.* (Anal.) Zäpflein, *n.*

†Staphylin, *m.* (Naturg.) Raub=

Traubenkäfer.

Staphylôme, *m.* (Med.) Traubenauge, *n.*    [Landhauptmann].

Staroste, *m.* Starost (polnische

Starostie, *f.* Starostei.

Stase, *f.* (Med.) Stillstand, *m.* Stockung der Säfte, *f.*

†Statère, *f.* Schnellwage; *m.* (gr. Alt.) Stater (Münze).

Stathouder, *m. ol.* Statthalter (in Holland).    [schaft, *f.*

Stathoudérat, *m. ol.* Statthalters

Statice, *f.* (Bot.) Meernelke, Seegras, *n.*

Station, *f.* Stillstand, *m.* kurze Aufenthalt; faire une —, rasten; —, (Kirch.) Station; *f.*; (Geom.) Standpunkt, *m.*; (Med.) Stehen, *n.*

Stationnaire, *adj.* (Astr.) stillstehend; (Med.) anhaltend; soldats —s, (röm. Alt.) Standsoldaten, *m. pl.*    [Stationskirche, *f.*

Stationnale, *adj.*, église —, *f.*

Statique, *f.* Statik, Gleichgewichtslehre.

Statistique, *f.* Staatenkunde, Statistit; —, *adj.* statistisch.

†Statmeistre, *m.* Stättmeister.

Statuaire, *m.* Bildhauer; —, *adj.*, marbre —, Bildsäulenmarmor.

Statue, *f.* Bildsäule, Ehrensäule.

Statuer, *v. a.* festsezen, verordnen.

Statu quo (in), *lat.* (Staatsw.) unveränderlicher Stand der Dinge.

Stature, *f.* Leibesgröße, Wuchs, *m.*

Statut, *m.* Grundgesez, *n.*; Gesez.

Stéatite, *f.* (Miner.) Speckstein, *m.*

Stéatocéle, *m.* (Med.) Fettbruch.

Stéatôme, *m.* (Med.) Speckgeschwulst, *f.*    [befunst.

Stéganographie, *f.* Geheimschreis

Stéganographique, *adj.* die Geheimschreibekunst betreffend.

†Stegnotique, *v.* Astringent.

Stèle, *m.* (gr. Alt.) Pfeiler.

Stellaire, *f.* (Chir.) Sternbinde; les —s, (Bot.) die Sternpflanzen, *f. pl.*    [Stellionat, *n.*

Stellionat, *m.* (jur.) Trugverkauf;

Stellionataire, m. (jur.) Trugver=
käufer.     [ber.
Sténographe, m. Geschwindschrei=
Sténographie, f. Geschwindschrei=
bekunst.     [vbisch.
Sténographique, adj. stenogra=
Stenté, v. Stanté.
Stentor, m., voix de —, Sten=
tor=, Riesen=, Donnerstimme, f.
†Stercoraire, m. Mistkäfer; Koth=
fisch; Raubmeve, f.
Stère, m. Stere (Holzmaß).
Stéréobate, m. Art von Grund=
**mauer ohne Verzierung.**
**Stéréographie, f. Aufrißkunst.**
**Stéréométrie, f. Körpermeßlehre.**
**Stéréotomie, f. Durchschnittsmeß=**
**kunst.**
Stéréotypage, m. Stéréotypie, f.
Stereotypie, das Drucken mit festen
Formen.
Stéréotype, adj. stereotypisch, mit
unbeweglichen Schriften gedruckt; édi=
tion —, Stereotyp=Ausgabe, f.;
caractères —s, Stereotypen, f. pl.
Stéréotyper, v. a. mit festen Schrif=
ten drucken; stereotypiren.
Stéréotypie, f. die Kunst Stereo=
typen oder stehende Schriften zu ver=
fertigen, damit zu drucken.
Stérile, adj. unfruchtbar, un=
arm; (Bergw.) taub; année —,
Fehljahr, n.
Stérilité, f. Unfruchtbarkeit.
†Sterlet, m. Sterlet (kleine Stör).
Sterling, adj., livre —, f. das
Pfund Sterling (englische Rechnungs=
münze, etwa 25 Franken).
Sternum, m. lat. (Anal.) Brust=
bein, n.
Sternutatoire, Sternutatif, ve,
adj. (Med.) zum Niesen reizend;
—, m. Niesemittel, n.
†Stertoreux, se, adj. (Med.) rö=
chelnd (Athem).
Stéthoscope, m. (Arzneif.) Brust=
horn, n. Stetoscop, m.
Stibié, e, adj. (Med.) aus Spieß=
glas bereitet; tartre —, Brechwein=
stein, m.
†Stichomancie, f. (Alt.) Vers=
Zettelwahrsagerei.
†Stichométrie, f. die Abtheilung
in Verse (der h. Schr.).
†Stigmate, m. (Bot.) Narbe, f.;
—s, Luftröhrwarzen (der Insekten),
f. pl.     [Narben betreffend.
†Stigmatique, adj. (Bot.) die
Stigmaté, e, adj. gebrandmarkt;
(Bot.) narbentragend.
Stigmatiser, v. a. brandmarken.
Stil de grain, m. (Mal.) Schütt=
gelb, n.
Stillation, f. (Phys.) Durchsie=
kern, n.
Stimulant, e, adj. reizend; —,
m. Reizmittel, n.

Stimuler, v. a. anspornen, anrei=
zen.     [nend, stechend.
†Stimuleux, se, adj. (Bot.) bren=
Stimulus, m. lat. Stachel, Reiz,
Anspornen, n.     [gras, n.
Stipe, f. Strunk, m.; Pfriemen=
Stipendiaire, adj. um Sold die=
nend; —, m. Söldner, Söldling.
Stipendier, v. a. besolden.
†Stipité, e, adj. (Bot.) gestrunkt,
gestielt.
†Stipulacé, e, adj. (Bot.) after=
blätterig.     [sept.
Stipulant, e, adj. der welcher fest=
Stipulation, f. Bedingung, Ue=
bereinkunst.     [Blattansatz, m.
Stipule, f. (Bot.) Afterblatt, n.
Stipuler, v. a. festsetzen, ausbedin=
gen; fordern.
†Stipuleux, se, adj. (Bot.) große
lange Afterblätter habend.
†Stirie (la), Steiermark (Provinz).
Stoïcien, m. (Philos.) Stoiker;
—, ne, adj. stoisch.
Stoïcisme, m. die stoische Philoso=
phie; fig. Gleichmuth, m.
Stoïque, adj., -ment, adv. :
stoisch; fig. id.; sittsge, gleichmüthig.
Stoïsme, m. Stoische, m.
Stokfisch, m. Stockfisch.
Stomacal, e, adj. (Med.) magen=
stärkend; poudre —e, Magenpul=
ver, n.
Stomachique, adj. (Anal.) zum
Magen gehörig; veine —, Magen=
ader, f.; —, (Med.) magenstärkend;
élixir —, Magenelixir, n.; —, m.
Magenarznei, f.
†Stomatique, adj., remède —,
(Med.) Mund=, Halsmittel, n.
Storax ou Styrax, m. Storar
(Harz).
Store, m. Rollvorhang.
†Stoutgard, Stuttgard (Stadt).
Strabisme, m. (Med.) Schielen,
n.     [apfel.
Stramonium, m. lat. (Bot.) Stech=
Strangulation, f. Erwürgen, n.
Strangurie, f. (Med.) Harnwinde.
Strapasser, v. a. fm. übel zurichten.
Strapassonner, v. a. (Mal.) schmie=
ren, schmaddern; grob malen.
Strapontin, m. Rücksitzchen, n.;
(Schiff.) Hangmatte, f.
Stras, m. Straß, falsche Diamant.
Strasse, f. (Handl.) Wirrseide.
Stratagème, m. Kriegslist, f.; List.
Stratégie, f. Feldherrnkunst.
Stratégiste, m. ein in der Feld=
herrnkunst erfahrner Mann, Stra=
tegist.     [Feldherr.
†Stratégue, Stratége, m. (gr. Alt.)
Stratification, f. (Chym.) Schich=
tung.
Stratifier, v. a. (Chym.) schichten.
Stratographie, f. Heerbeschrei=
bung.

Strélitz, m. pl. ol. Strelitzen
(russisches Fußvolk).
Stribord, m. (Seew.) Steuerbord,
n. die rechte Seite.
Strict, e, adj.; -ement, adv. :
genau, scharf, streng.     [geriefelt.
Strié, e, adj. gestreift; (Bauk.)
Stries, Striures, f. pl. Streifen,
m. pl.; (Bauk.) id., Reifen.
Strigile, m. (Alt.) Kamm, Strie=
gel, Badekraper.
†Striquer, v. a. (Tuch) ausrauben.
Striures, f. pl. Streifen (Mu=
scheln), m. pl.     [Zapfen.
Strobile, m. (Tannen=, Fichten=)
†Stromates, m. pl. (Lit.) vermischte
Gedanken.     [wurm.
†Strongle, m. (Naturg.) Spul=
†Strontiane, f. Strontianerde.
Strophe, f. (Pros.) Strophe.
Structure, f. Bau, m. Bauart,
f.; fg. Gestalt, Einrichtung.
Stryge, m., v. Vampire.
†Stuber, m. Stüber (Münze).
Stuc, m. Stuc, künstliche Marmor.
Stucateur, m. Stucaturarbeiter.
Studieux, se, adj. fleißig im Stu=
diren; studirend; -sement, adv. flei=
ßig.     [adj. (Med.) betäubend.
Stupéfactif, ve, Stupéfiant, e,
Stupéfaction, f. Betäubung.
Stupéfait, e, adj. betäubt, be=
stürzt.
Stupéfier, v. a. (Med.) betäuben;
fg. id., in Bestürzung versetzen.
Stupeur, f. (Med.) Betäubung,
Erstarrung; fg. id., Bestürzung.
Stupide, adj.; -ment, adv. :
dumm; —, m. Dummkopf.
Stupidité, f. Dummheit.
Stygmate, v. Stigmate.
Stygmatiser, v. Stigmatiser.
Style, masc. Griffel; fg. Styl,
Schreibart, f.; — du palais, die
gerichtliche Schreibart; — de pra=
tique, Geschäftsstyl, m. || (Kunst)
Styl, Manier, f.; (jur.) Gerichts=
brauch, m.; vieux —, die alte Zeit=
rechnung || Zeiger (an einer Sonnen=
uhr), m.
Styler, v. a. fm. üben, abrichten.
Stylet, m. Stilett (kleiner Dolch),
n.     [lenheilige.
Stylite, m. Säuleneinsiedler, Säu=
Stylobate, m. (Bauk.) Säulen=
stuhl.
Styloïde, adj. (Anal.) griffelför=
mig; (Bot.) queue —, Schwanz=
stiel, m.
Styptique, adj. (Med.) blutstil=
lend; zusammenziehend; —, m. das
blutstillende Mittel.
Styrax, v. Storax.     [fuß.
Styx, m. (Myth.) Styr, Höllen=
Su, m. Wissen, n.
†Suage, m. Kehlhobel.     [n.
Suaire, m. Leichen=, Schweißtuch,

Suant, e, *adj.* schwißend.
Suave, *adj.* lieblich, angenehm.
Suavité, *f.* Lieblichkeit, Anmuth.
†Subalaire, *adj.* (Bot.) unter den Achseln (der Aeste) hervorwachsend.
Subalterne, *adj.* untergeordnet.
Subdélégation, *f.* Unterbestallung.
Subdéléguer, *v. a.* unterbestellen; — qn., einen Andern an seiner Stelle abordnen und bevollmächtigen.
Subdiviser, *v. a.* unterabtheilen.
Subdivision, *f.* Unterabtheilung.
†Suber, *m.* (Chym.) Korkstoff, korkartige Stoff.
Subérate, *m.* das korksaure Salz.
†Subéreux, se, *adj.* korkartig.
—, Subérique, *adj.* korksauer; acide —, Korksäure, *f.*
Subhastation, *f. ol.* (jur.) die gerichtliche Versteigerung, Vergantung.
Subintrant, e, *adj.* (Med.) vor dem Ende des vorigen eintretend (Fieber).
Subir, *v. a.* leiden, dulden, ausstehen, aushalten, bestehen; — un interrogatoire, (jur.) verhört werden.     [plößlich, schnell.
Subit, e, *adj.; -ment, adv.:*
Subito, *adv. lat.* plößlich.
Subjection, *f.* die selbstaufgeworfene und selbstbeantwortete Frage (eines Redners).
Subjonctif, *m.* (Gramm.) Subjunctiv, die verbindende Art.
Subjuguer, *v. a.* unterjochen, bezwingen.
Sublimation, *f.* (Chym.) die Ausziehung der flüchtigen Theile.   [*n.*
Sublimatoire, *m.* Sublimirgefäß,
Sublime, *adj.; -ment, adv.:* erhaben, hoch; —, *m.* Erhabene, *n.*
Sublimé, *m.* (Chym.) Sublimat, *n.*              [ren.
Sublimer, *v. a.* (Chym.) sublimiren.
Sublimité, *f.* Erhabenheit.
Sublingual, e, *adj.* (Anal.) unter der Zunge befindlich.      [be.
Sublunaire, *adj.* unter dem Monde befindlich.
Submerger, *v. a.* überschwemmen, être —é, untersinken (Schiff); ertrinken (Menschen).
Submersible, *adj.*, fleur —, (Bot.) eine Blume die sich nach der Befruchtung wieder unter das Wasser taucht.
Submersion, *f.* Ueberschwemmung.
Subordination, *f.* Unterordnung, Subordination, Abhängigkeit; Untermürfigkeit.
Subordonnément, *adv.* auf eine untergeordnete Weise.
Subordonner, *v. a.* unterordnen, untergeben.         [orneur.
†Subornateur, *m.* trice, *f. v.* Sub-
Subornation, *f.* Verführung, Anstiftung zum Bösen.
Suborner, *v. a.* verleiten, verführ-

ren; (Zeugen) anstiften, dingen.
Suborneur, *m.* se, *f.* Verführer, *m.;* Anstifter (falscher Zeugen); -inn, *f.*        [cargo, Güteraufseher.
Subrécargue, *m.* (Seew.) Super-
Subrécot, *m. fm.* Nachzeche, *f.*
Subreptice, *adj.* (jur.) erschlichen; -ment, *adv.* durch Erschleichung.
Subreption, *f.* (jur.) Erschleichung.
Subrogation, *f.* die Einsetzung in eines Andern Stelle oder Rechte.
Subroger, *v. a.* in eines Andern Stelle oder Rechte einsetzen; subrogé tuteur, Nebenvormund, *m.*
Subséquent, e, *adj.* nachfolgend; subséquemment, *adv.* hernach, späterhin.
Subside, *m.* Hilfssteuer, *f.;* —s, Hilfsgelder, *n. pl.* Subsidien, *f. pl.*
Subsidiaire, *adject.* beihülflich; moyens —s, Hilfsgründe, *m. pl.;* -ment, *adv.* nebenbei.
Subsistance, *f.* Unterhalt, *m.;* —s, *id.;* (Kriegsw.) Lebensmittel, *n. pl.* Bedürfnisse.
Subsister, *v. n.* bestehen, fortdauern, Bestand haben; sich erhalten, leben.
Substance, *f.* Wesen, *n.* Substanz, *f.* Kraft; *fg.* der wesentliche Inhalt; Kern; en —, überhaupt, fürzlich.
Substantiel, le, *adj.* wesentlich, kräftig, nahrhaft; *fg.* wesentlich, kräftig, kernhaft; -lement, *adv.* (Theol.) wesentlich.
Substantif, *m.* et *adj. m.* (Gram.) nom —, Hauptwort, *n.;* verbe —, Hauptzeitwort; -vement, *adv.* als Hauptwort.
Substituer, *v. a.* an eines Andern Stelle setzen; unterschieben; (jur.) zum Nacherben einsetzen; — une terre à qn., einem durch Nacheinsetzung ein Gut versichern.
Substitut, *m.* Stellvertreter.
Substitution, *f.* die Setzung an die Stelle von etwas anderm; Unterschiebung; (jur.) Nacheinsetzung; Substitution.
Substruction, *f.* (Baut.) das unterirdische Gemäuer.
Subterfuge, *m.* Ausflucht, *f.*
Subtil, e, *adj.; -ement, adv.:* fein; dünn; zart; leicht; *fg.* spißfindig, listig; behend; scharfsinnig.
Subtilisation, *f.* (Chym.) Verfeinerung.
Subtiliser, *v. a.* feiner, dünner machen; *fg.* feiner machen; (einen) fein betrügen; — *v. n.* grübeln, klügeln, vernünfteln.
Subtilité, *f.* Dünne, Feinheit; *fg.* Scharfsinnigkeit; Feinheit; *m. p.* Vernünftelei, Klügelei; Spißfindigkeit; Behendigkeit.     [förmig.
Subulé, e, *adj.* (Bot.) pfriem-

†Subulirostres, *m. pl.* Pfriemschnäbler (Vögel).
Suburbicaire, *adj.* (Kirch.) zum Sprengel der Stadt Rom gehörig.
*Subvenir, v. n.* à qn., einem helfen, beistehen; — à qn., einem S. abhelfen; etw. versehen, bestreiten.
Subvention, *f.* Beisteuer.
Subversif, ve, *adj.* umstürzend (de qch., etw.).       [tergang.
Subversion, *f.* Umsturz, *m.* Untergang.
Subvertir, *v. a.* umstoßen, zerstören.             [*m.*
Suc, *m.* Saft; *fg.* Beste, *n.* Kern,
Succédané, e, *adj.* (Med.) substance —e, Ersaßmittel, *n.* Surrogat.
Succéder, *v. n.* folgen, nachfolgen; gelingen, glücken; — à qn., (jur.) einen erben; se —, *v. r.* auf einander folgen.     [glückliche Erfolg.
Succès, *m.* Fortgang, Ausschlag,
Successeur, *m.* Nachfolger.
Successibilité, *f.* Erbfähigkeit.
Successible, *adj.* erbfähig.
Successif, ve, *adj.* auf einander folgend, fortdauernd; allmälig; droits —s, Erbrechte, *n. pl.;* -vement, *adv.* nach einander.
Succession, *f.* Folge, Ordnung; Nachfolge; (jur.) Erbfolge; Erbschaft; Erbe, *n.* Nachlaß, *m.;* droit de —, Erbrecht, *n.*
Succin, *m.* (Naturg.) Bernstein.
†Succinate, *m.* das bernsteinsaure Salz.
Succinct, e, *adj.* kurz, kurz gefaßt; -ement, *adv.* kurz, fürzlich.
Succinique, *adj.*, acide —, Bernsteinsäure, *f.*      [steingranat.
Succinite, *f.* Succinit, *m.* Bernsteingranat.
Succion, *f.* Saugen, *n.* Aussaugen.            [liegen.
Succomber, *v. n.* erliegen, unterliegen.
Succube, *m.* Nachtweibchen, *n.*
Succulent, e, *adj.* saftig, nahrhaft.
Succursale, *adj. f.*, église —, et chapelle —, *f.* Beikirche, Filial, *n.*
Succursaliste, *m.* Pfarrvikar einer Beikirche.
Sucement, *m.* Saugen, *n.*
Sucer, *v. a.* saugen, einsaugen, aussaugen; *fg.* einsaugen; *fm.* (einen) aussaugen.
†Sucet, *m.* (Naturg.) Saugefisch.
Suceur, *m.* (Med.) Aussauger; —s, (Naturg.) Sauger, *pl.* saugende Insecten, *n. pl.*
Suçoir, *m.* (Naturg.) Saugewerkzeug, *n.* der Saugerüssel der Insecten.         [mahl.
Suçon, *m.* Saugmahl, *n.* Kuß.
Suçoter, *v. a. fm.* oft saugen.
Sucre, *m.* Zucker; — en poudre, Streuzucker; — candi, Zuckercand; — d'orge, Gerstenzucker; — de saturne, Bleizucker.

Sucrer, v. a. zuckern, verzuckern; **überzuckern**; — trop, verzuckern.
Sucrerie, f. Zuckersiederei; —s, **Zuckerwerk**, n.
Sucrier, m. Zuckerbüchse, f.
**Sucrin**, adj. m. zuckersüß (Melone).
**Sud**, m. Süd, Süden, Mittag; Mittagsgegend, f.; Südwind, m.; sud-est, Südost; Südostwind; sudonest, Südwest; Südwestwind.
Sud, la mer du —, Südmeer, n.
Südsee, f. [(Provinz).
†Sudermannie, Sudermannland
Sudorifère, Sudorifique, adj. (Med.) schweißtreibend; —, m. Schweißmittel, n.
†Suède (la), Schweden (Reich).
†Suédois, m. e, f. Schwede, m. =inn, f.; adj. schwedisch.
Suée, f. pop. Angstschweiß, m.
Suer, v. a. et n. schwitzen; fg. id.
Suette, f. (Med.) Schweißsucht.
Sueur, f. Schweiß, m.; fg. id.; — froide, kalte Schweiß, Angstschweiß.
Suffètes, m. pl. (Alt.) Suffeten (oberste Staatsbeamten in Carthago).
*Suffire, v. n. et impers. (à, für, zu), genügen, zureichen, hinlangen; zulangen; (einem Geschäfte) gewachsen seyn; cela suffit, es ist genug; suffit, schon gut.
Suffisance, f. Genüge; avoir — de vivres, Lebensmittel zur Genüge haben || Fähigkeit (zu einem Amte), f. || m. p. Selbstgenügsamkeit, Dünkel, m.
Suffisant, e, adj. hinreichend, hinlänglich; zulänglich || fähig, tüchtig (zu einem Amte) || m. p. selbstgenügsam; —, e, f. Dünkelsüchtige, m. et f.; -amment, adv. hinlänglich.
Suffocant, e, adj. erstickend; catarrhe —, (Med.) Stickfluß, m.
Suffocation, f. (Med.) Erstickung; Stickfluß, m.; — de matrice, — hystérite, das Aufsteigen der Mutter.
Suffoquer, v. a. et n. ersticken.
Suffragant, adj. m., évèque —, et —, m. der Bischof, der unter einem Erzbischofe steht.
Suffrage, m. Stimme, f.; Wahlstimme || Beifall, m.; —s, id.; (Kath.) Fürbitten, f. pl.
Suffumigation, f. Beräuchern, n.; Räuchern.
Suffusion, f. (Med.) Ergießung.
Suggérer, v. a. eingeben, einflüstern, einblasen. [blasen.
Suggestion, f. Eingeben, n. Einblasen.
Sugillation, f. das blaue Mahl.
Suicide, m. Selbstmord; —, m. et f. Selbstmörder, m. =inn, f.; commettre un —, sich entleiben.

Suie, f. Ruß, m.; noir de —, Rußschwarz, n.
Suif, m. Unschlitt, n. Talg, m.; — minéral, Bergtalg, Bergfett, n.; arbre à —, (Bot.) Talgbaum, m.
Suin, m. Glasmittelsalz, n.
Suint, m. Schweiß in der Wolle.
Suintement, m. Schweißen, n. Siefern.
Suinter, v. n. schweißen; siefern, durchschweißen, durchsiefern.
†Suisse (la), Schweiz; —, adj. schweizerisch. [steher.
Suisse, m. Schweizer; ol. Thürsteher.
Suite, f. Folge, Reihe; Zusammenhang (in einer Rede, x.), m.; Gefolge, n.; être à la — de qn., in eines Gefolge seyn; être à la — d'une affaire, eine S. betreiben; venir à la — de qch., nach etwas kommen || die Fortsetzung (einer Schrift, x.); de —, nach, hinter, neben einander; in einer Reihe; tout de —, fm. sogleich.
Suivable, adj. gleichgesponnen (Faden).
Suivant, e, adj. folgend, nachfolgend; —, e, f. Kammerjungfer, Zofe; —, prép. nach, zufolge; laut (einem Befehle); — que, je nachdem.
Suiver, v. a. (Schifff.) mit Talg bestreichen.
Suivi, e, adj. wohl geordnet, zusammenhängend (Rede); être —, besucht seyn (Vorlesung); vielen Zulauf haben (Redner).
*Suivre, v. a. qn., etc., einem, x., folgen, nachfolgen; einem begleiten; sich nach einem, etwas richten; (eine Vorschrift) befolgen; — l'exemple de qn., einem nachahmen; se —, v. r. auf einander folgen; impers. il suit de là, daraus folgt.
Sujet, m. Unterthan (eines Königs); jemand ein Mann, Subject, n. (für eine Stelle); un bon, un mauvais —, ein guter, brauchbarer, ein schlechter Mensch || Gegenstand, m.; (Philos., x.) Subject, n.; Ursache, f. Veranlassung, Anlaß, m.; (Anatomie) Körper; (Mus.) Hauptsatz; au — de, in Rücksicht auf; à ce —, besfalls, deshalb.
Sujet, te, adj. (à), unterworfen, unterthan; dienstbar, abhängig; fg. gewohnt (à, an); geneigt (à, zu); ausgesetzt, blosgestellt.
Sujétion, f. Unterwürfigkeit, Unterthänigkeit; Dienstbarkeit; Dienstpflicht; zwangvolle Lage.
Sulfate, m. (Chym.) die schwefelgesäuerte Substanz; — de fer, etc., schwefelgesäuertes Eisen, x.; — de soude, Glaubersalz, n.
Sulfite, m. (Chym.) das schwefelsäuerliche Salz.

Sulfure, m. (Chym.) der mit Schwefel gebundene Körper.
†Sulfuré, e, adj. (Chym.) geschwefelt.
Sulfureux, se, adj. (Chym.) schwefelig; acide —, die flüchtige Schwefelsäure. [—, Schwefelsäure, f.
Sulfurique, adj. (Chym.) acide
†Sulpice, n. pr. Sulpitius, Sulpitia, f. [f.
Sultan, m. e, f. Sultan, m. =inn,
Sultane, fém. (Seew.) Sultane (Schiff); (Zuckerb.) Verzierungszuckerwerf, n.
Sultanin, m. Sultanin (Goldmünze). [berbaum.
Sumac, m. (Bot.) Sumach, Gerber —, Super, v. n. (Seew.) sich verstopfen (Led).
†Supération, f. (Astr.) der Unterschied der mittlern Geschwindigkeit zweier Planeten.
Superbe, adj.; -ment, adv.: stolz, hochmüthig, hoffärtig (Mensch); prächtig, herrlich; —, f. Hochmuth, m. [terlist, f.
Supercherie, f. Betrug, m. Hin-
†Supère, adj. (Bot.) oberhalb befindlich.
Superfétation, f. Ueberschwängerung; unnüze Wiederholung; Uebertreibung im Styl.
Superficie, f. Oberfläche, Fläche.
Superficiel, le, adj.; -lement, adv.: oberflächlich; fg. id.; seicht.
Superfin, e, adj. überfein, ganz fein; —, m. das ganz Feine.
Superflu, e, adj. überflüssig, entbehrlich, unnöthig; —, m. Ueberfluß, Ueberflüssige, m.
Superfluité, f. Ueberflüssigkeit.
Supérieur, e, adj. ober, oberste, höher, höch; fg. überlegen; übermächtig; vorzüglich; ausgezeichnet (Mensch); —, m. e, f. Obere, m. et f. Vorsteher, m. =inn, f.; -ement, adv. vorzüglich, ausgezeichnet.
Supériorité, f. Obergewalt; Vorzug, m. Vorrecht, n. Uebergewicht, Uebermacht, f. Ueberlegenheit.
Superlatif, ve, adj. (Gramm.) höchst; —, m. Superlativ, die höchste Vergleichungsstufe; au — ou superlativement, adv. fm. im höchsten Grade. [einander sehen, legen.
Superposer, v. a. (Lehrst.) über
Superposition, f. (Lehrst.) Uebereinandersetzung.
Superpurgation, f. (Med.) die übermäßige Abführung.
Superséder, v. n. (alt) aufschieben.
Superstitieux, se, adj.; -sement, adv.: abergläubig.
Superstition, f. Aberglaube, m.
Supin, m. (Gramm.) Supinum, n.
Supinateur, m. et adj., muscle

—, (Anat.) der rückwärtsdrehende Handmuskel. [drehung.
Supination, f. (Anat.) Rückwärts=
Supplantation, f. Untertreten; n.
Ausstechen. [zen.
Supplanter, v. a. ausstechen, stür=
Suppléant, m. Stellvertreter.
Suppléer, v. a. ergänzen, ersetzen;
etw. nachtragen; —, v. n. à qch.,
etw. ersetzen.
Supplément, m. Ergänzung, f.;
Nachtrag, m. Anhang; die Zulage
zur Besoldung.
Supplémentaire, adj. ergänzend;
liste —; Ergänzungsliste, f.
Supplétif, ve, adj. (Gramm.)
ergänzend; ausfüllend.
Suppliant, e, adj. demüthig bit=
tend; —, m. e, f. Bittschreiber;
m.; =inn, f.; Bittende, m. et f.
Supplication, f. die demüthige
Bitte.
Supplice, m. Leibesstrafe, f. Le=
bensstrafe; le dernier —, Todes=
strafe, f.; le lieu du —, Richtplatz,
m.; mener au —, zum Richtplatz
führen; —, fg. Marter, f. Qual,
Pein.
Supplicier, v. a. hinrichten.
Supplier, v. a. ersuchen, demüthig
bitten.
Supplique, f. Bittschrift.
Support, m. Stütze, f. Träger,
m.; fg. Stütze, f. Haltung, Hülfe,
Beistand, m.; —s, (Wapp.) Schild=
halter, pl.
Supportable, adj.; -ment, adv.:
erträglich, leidlich.
Supporter, v. a. tragen, unter=
stützen; fg. tragen, ertragen, aus=
stehen, dulden.
Supposable, adj. voraussetzbar.
Supposer, v. a. voraussetzen, für
wahr annehmen; (jur.) unterschie=
ben, erdichten.
*Supposition, f. Voraussetzung;
Vorgeben, n.; (jur., 2c.) Unterschie=
bung, f.
Suppositoire, m. (Med.) Stuhl=
Seifenzäpfchen, n.
Suppôt, m. ol. Mitglied, n. Glied
(der Universität); mépr. Anhänger,
m. Helfershelfer, Werkzeug, n.;
—s, Anhang, m. Rotte, f.
Suppression, f. Unterdrückung;
Abschaffung, Aufhebung (eines Ge=
setzes); Auslassung (einer Stelle);
(Med.) Verstopfung; (jur.) Ver=
heimlichung.
Supprimer, v. a. unterdrücken;
(ein Gesetz, 2c.) abschaffen, aufhe=
ben, verschweigen; (eine Stelle) aus=
lassen, übergeben.
Suppuratif, ve, adj. (Med.) Eiter
ziehend; —, m. das Eiter ziehende
Mittel.
Suppuration, f. Eitern, n.

Suppurer, v. n. eitern; schwären.
Supputation, f. Berechnung.
Supputer, v. a. berechnen, über=
schlagen.
Suprématie, f. die Obergewalt in
Kirchensachen (in England).
Suprême, adj. höchst, oberst; letzt
(Stunde, Wille).
Sur, prép. auf, über, an, in,
von, nach, unter, wegen, mit, um,
gegen, bei, vor, zu.
Sur, e, adj. sauer, derbe.
Sûr, e, adj. sicher, gewiß; be=
währt, zuverlässig (Nachricht, Die=
ner); à coup —, sicher, gewiß.
Surabondance, f. der große Ue=
berfluß.
Surabondant, e, adj.; -amment,
adv.: überflüssig; (Theol.) -über=
schwänglich. [da seyn.
Surabonder, v. n. im Ueberflusse
Suracheter, v. a. allzutheuer kau=
fen. [gestimmt, zu bech.
Suraigu, ë, adj. (Muf.) zu hoch
Surajouter, v. a. aufs neue hin=
zufügen.
†Surale, f. et adj. f., veine —,
(Anat.) Wadenader, f.
Sur-aller, v. n. (Jagd) überlaufen.
Sur-andouiller, m. (Jagd) Eis=
sprießel.
Sur-annation, f., lettres de —,
Erneuerungsbriefe, m. pl.
Suranné, e, adj. verjährt, veral=
tet; altväterisch.
Suranner, v. n. verjähren, veralten.
Sur-arbitre, m. Oberschiedsrichter.
Surard, adj. m., vinaigre —,
Holunderblüthessig, m.
Surbaissé, e, adj. (Bauk.) gedrückt.
Surbaissement, m. Drückung, f.
†Sur-bande, f. (Artill.) Pfannen=
deckel, m.; (Chir.) Ueberbinde, f.
†Surbout, m. (Zim.) Drehbaum.
†Surcase, f. (Trict.) das gehäufte
Band.
Surcens, m. (Lehenw.) Grundzins
über die Lehensgebühr.
Surcharge, f. Ueberlast, neue Last.
Surcharger, v. a. überladen.
Surchauffer, v. a. (Eisenh.) ver=
brennen.
Surchauffure, f. (Eisenh.) Riß,
m. die brüchige, verbrannte Stelle.
Surcomposé, e, adj. (Gramm.)
doppelt zusammengesetzt; —, m.
(Chym.) der mehrfach zusammenge=
setzte Körper.
†Surcroissance, f. der widerna=
türliche Auswuchs.
Surcroit, m. Zuwachs, Vermeh=
rung, f.; pour — de bonheur, zu
größerm Glücke.
*Surcroître, v. n. (Chir.) auswach=
sen. herauswachsen.
†Surculeux, se, adj. (Bot.) mit
Schößlingen besetzt.

†Surdemande, f. Ueberforderung.
Surdent, f. Ueberzahn, m.
Surdité, f. Taubheit.
Surdorer, v. a. doppelt, stark ver=
golden.
Surdos, m. (Satt.) Kreuzriemen.
Sureau, m. (Bot.) Holunder,
Flieder.
Sûrement, adv. sicher, sicherlich;
gewiß, zuverlässig.
Suréminent, e, adj. über alles
erhaben.
Surenchère, f. Uebergebot, n.
Surenchérir, v. a. überbieten.
Surérogation, f. (Theol.) Ueber=
pflicht; œuvres de —, überpflichtige
Werke; par —, zum Ueberfluß.
Surérogatoire, adj. (Theol.) über=
pflichtig; cela est —, dazu ist man
nicht verpflichtet.
Suret, ète, adj. säuerlich.
Sûreté, f. Sicherheit; en lieu de
—, an einem sichern Orte; en — de
conscience, mit ruhigem Gewissen
|| Sicherheit, f. Vorsichtsmaßregel;
place de —, Sicherheitsplatz, m.
Surface, f. Oberfläche, Fläche.
*Surfaire, v. a. übersetzen, über=
theuern; (einen) überfordern, fm.
schrauben.
Surfaix, m. (Satt.) Uebergurt.
†Surfeuille, f. (Bot.) Knospen=
häutchen, n.
†Surfleurir, v. n. (Bot.) nachblü=
hen. [ter.
†Surgarde, m. (Forstw.) Hägerei=
†Surge, adj. fém. ungewaschen
(Wolle).
Surgeon, masc. Stammreis, n.
Sprößling, m.; d'eau, Spring=
quelle, f.
Surgir, v. n. (Seew.) anlanden,
ankommen, vor Anker geben; fg. ent=
stehen, sich erdeben.
Surhaussement, m. Uebersteige=
rung, f.; (Bauk.) Erhöhung (eines
Gewölbes) über den vollen Bogen.
Surhausser, v. a. noch mehr erhö=
hen, steigern, übersteigern; (Bauk.)
über den vollen Bogen erhöhen.
Surhumain, e, adj. übermensch=
lich.
Surintendance, f. Oberaufsicht;
Oberintendanz; — des bâtiments,
Oberbauamt, n.; —, (Prot.) Su=
perintendentur, f.
Surintendant, m. e, f. Oberauf=
seher, m. Oberintendant; =inn, f.;
—, m. (Prot.) Superintendent.
Surjet, m. Ueberwendlingsnaht, f.
Surjeter, v. a. überwendlings nä=
hen.
Surlendemain, m. der übermor=
gende Tag.
Surlier, v. a. (Seew.) betakeln
(Seile).
†Surliure, f. (Seew.) Betakelung.

Surlonge, f. (Metzg.) Mittelstück,
n. [Spur oder Fährte zurückgehen.
†Surmarcher, v. n. (Jagd) auf der
Surmener, v. a. (das Vieh) über=
**treiben.**
Surmesure, f. Uebermaß, n.
Surmontable, adj. übersteiglich.
Surmonter, v. a. et n. übersteigen;
eben schwimmen (Oel); fg. über=
steigen, überwinden, besiegen.
†Surmoule, m. Ueberform, f.
Uebermodel, m.
†Surmouler, v. n. Ueberformen
machen, übermodeln.
Surmoût, masc. der ungekelterte
Most. [Meerbarbe (Fisch).
Surmulet, m. (Naturg.) die große
Surnager, v. n. eben schwimmen;
fg. sich erhalten.
Surnaturel, le, adj.; -lement,
adv.: übernatürlich, überirdisch.
†Surneigées, f. pl. (Jagd) Fährte
des Wildes auf dem Schnee, f.
Surnom, m. Zu=, Beiname.
Surnommé, e, adj. genannt, mit
dem Beinamen.
Surnommer, v. a. qn., einem ei=
nen Beinamen geben; être —é, den
Beinamen erhalten.
Surnuméraire, adj. überzählig;
—, m. Ueberzählige.
Surnumérariat, m. Ueberzählig=
keitszeit, f. [fuß, n.
Suros, m. Ueberbein (am Pferde=
†Suroxygéné, e, adj. (Chym.)
übersäuert.
†Surpartient, e, adj. (Math.)
nombre —, eine Zahl, die in einer
andern mehreremal, nebst noch einem
Rest enthalten ist, der einen aliquo=
ten Theil ausmacht.
Surpasser, v. a. qch., höher seyn
als etw., über etw. hinausragen (de,
um); fg. übersteigen, übertreffen;
cela me —e, das ist mir unbegreif=
lich ; (cette dépense) —e mes
moyens, geht über meine Kräfte.
Surpayer, v. a. zu theuer bezahlen.
Surpeau, f. Oberhaut.
Surplis, m. (Kath.) Chorhemd, n.
Surplomb, m. (Baut.) en —,
schief, nicht senkrecht. [hängen.
Surplomber, v. n. (Baut.) über=
†Surpluées, f. pl. (Jagd) Fährte des
Wildes auf einem nassen Boden, f.
Surplus, m. Ueberschuß, Uebrige,
n. Rest, m.; (Handl.) Ausschlag
(am Gewicht); Zugabe, f.; au —,
übrigens. [Uebergewicht, n.
†Surpoids, m. Ueberfracht, f.;
†Surpoint, m. Abgeschabte von
gegärbten Häuten, f.
†Surposé, e, adj. (Bot.) der Länge
nach·auseinander liegend.
Surprenant, e, adj. überraschend,
wunderbar, seltsam, befremdend.
*Surprendre, v. a. überfallen;

überraschen; (Kriegsw.) id., über=
rumpeln; (einen Dieb, x.) ertappen
|| hintergehen; (etw.) erschleichen;
auffangen || (einen) befremden; er=
schrecken, in Erstaunen setzen; être
surpris, sich wundern, x.
Surprise, f. Ueberraschung; Ueber=
fall, m.; (Kriegsw.) id., Ueberrum=
pelung, f. || Betrug, m.; List, f.;
Erschleichung; Bestürzung; Erstau=
nen, n. Befremden; Irrthum, m.
Versehen, n.; par—, aus Versehen.
†Sursaturé, e, adj. (Chym.) über=
sättigt. [fahrend.
Sursaut (en), adv. plötzlich auf=
Surséance, f. Aufschub, m. Frist,
f.
Sursemer, v. a. aufs Neue besäen.
*Surseoir, v. a. aufschieben, aus=
setzen.
Sursis, m. Frist, f. Aufschub, m.
Sursolide, m. et adj. (Alg.) der
vierte Grad, die vierte Potenz; —,
adj. (Geom.) vom vierten Grade.
Surtaux, m. die übersetzte Schä=
Surtaxe, f. Nachsteuer. [zung.
Surtaxer, v. a. zu hoch schätzen;
überschätzen.
†Surtondre, v. a. überscheeren,
obenhin scheeren.
Surtout, m. Ueberrock || Gepäck=
karren; (Goldsch.) Tafelaufsatz.
Surtout, adv. vornehmlich, haupt=
sächlich, insonderheit.
Surveillance, f. Aufsicht, Wach=
samkeit.
Surveillant, e, adj. wachsam; —,
m. e, f. Aufseher, m. =inn, f.
Surveille, f. der zweite Tag (de,
vor).
Surveiller, v. n. à qch., über etw.
wachen, die Aufsicht führen; —, v. a.
genau beobachten, auf etw. wachen.
Survenance, f. (jur.) Dazwischen=
kunft.
Survenant, e, adj. dazukommend;
—, m. der unvermuthet Kommende.
Survendre, v. a. zu theuer verkau=
fen, übertheuern.
*Survenir, v. n. dazu kommen;
zustoßen, einfallen (Regen, x.); sich
von ungefähr zutragen.
Survente, fém. Uebersetzung im
Preise, Uebertheuerung.
†Surventer, v. n. (Seew.) stürmen
†Survêtir, v. a. überkleiden.
Survider, v. a. abgießen, abschüt=
ten.
Survie, f. (jur.) Ueberleben, n.
Survivance, f. Anwartschaft.
Survivancier, m. Anwarter.
Survivant, e, adj. überlebend;
hinterbliebend; —, m. der überle=
bende Theil.
*Survivre, v. n. à qn., à qch.,
etc., jemand, etw. überleben.
Sus, prép. auf; über; en sus,

noch dazu; donner en sus, nachge=
ben; courir sus à qn., auf einen
losgehen; —, interj. fm. wohlan!
auf!
†Susanne, n. pr. f. Susanna;
dim. Susette, Suson, Süschen.
†Susbande, f. (Artill.) Pfannen=
deckel, m.
Susceptibilité, f. Empfänglichkeit;
Reizbarkeit, Empfindlichkeit.
Susceptible, adj. fähig, empfäng=
lich; reizbar, empfindlich.
Susception, f. (Kath.) Annahme
eines geistlichen Ordens.
Suscitation, f. Antrieb, m.; An=
reizung, f. Anstiftung.
Susciter, v. a. erwecken; erregen;
anstiften; (Feinde) aufstiften, auf=
hetzen; (Geschäfte) verursachen;
(Hindernisse) in den Weg legen.
Suscription, f. Aufschrift.
Susdit, e, adj. obgenannt, besagt,
erwähnt.
†Susdominante, f. (Mus.) Ueber=
dominante, Septe von der Grund=
note. [n.
†Susin, m. (Seew.) Hinterverdeck,
Suspect, e, adj. verdächtig.
Suspecter, v. a. im Verdacht he=
ben, als verdächtig ansehen.
Suspendre, v. a. hängen; auf=
hängen; fg. aufschieben, aussetzen;
(Spiele) einstellen; (einen) auf einige
Zeit des Amtes entsetzen.
Suspens, adj. m. des geistlichen
Amtes eine Zeitlang entsetzt; en —,
unentschieden, zweifelhaft, unschlüs=
sig. [tige Entsetzung.
Suspense, f. (Kirch.) die einstwei=
Suspenseur, m. (Anat.) ligament
—, Hangband, n. [tend.
Suspensif, ve, adj. (jur.) aufhal=
Suspension, f., point de —,
(Mech.) Hangepunkt, m.;
Hängen, n. Hängung (eines Men=
schen), f.; || Aufschub, m.; Still=
stand; Einstellung (v. Zahlungen),
f.; — d'armes, Waffenstillstand,
m. || die einstweilige Entsetzung (ei=
nes Beamten); (Rhet.) Spannen
der Erwartung, n.; (Mus.) Hem=
mung, f. [binde, f.
Suspensoire, f. (Chir.) Trag=
Suspicion, f. (jur.) Argwohn, m.
†Sus-pied, m. Spornleder über
dem Riste, n. [schen, n.
†Susseyement, m. (Gramm.) Zi=
Sustentation, f. Unterhalt, m.
Sustenter, v. a. unterhalten, er=
halten, ernähren.
†Sutural, e, adj. (Bot.) aus einer
Naht entspringend.
Suture, f. (Anat.) Naht.
Suzerain, m. et adj., seigneur
—, Oberlehensherr, m.; dame —,
f. Oberlehensfrau, f.
Suzeraineté, f. Oberlehensrecht, n.

Svelte, *adj.* leicht, frei, schlank.

†Sycomancie, *f.* (Alt.) Wahrsagerei aus Feigenblättern.

Sycomore, *m.* (Bot.) der ägyptische Feigenbaum.

Sycophante, *m.* Angeber, Verläumder.       [labirinth, *n.*

Syllabaire, *m.* Buchstabir=, Syllabe, *f.* Sylbe.

Syllabique, *adj.* syllabisch; temps, valeur —, Sylbenmaß, *n.*

Syllepse, *f.* (Rhet.) Syllepse (wo man ein Wort in doppelter Bedeutung gebraucht).

Syllogisme, *m.* (Log.) Vernunftschluß.

Syllogistique, *adj.* (Log.) syllogistisch; forme —, Schlußform, *f.*

Sylphe, *m.* Sylphide, *f.* Luftgeist, *m.*; Elfe, *m. et f.*

Sylvain, *m.* (Myth.) Waldgott.

†Sylvatique, *adj.*, une plante —, eine Waldpflanze.

†Sylvestre, *n. pr. m.* Sylvester.

Symbole, *m.* Sinnbild, *n.* Zeichen; (Theol.) Glaubensbekenntniß.

Symbolique, *adj.* sinnbildlich.

Symboliser, *v. n.* Aehnlichkeit haben; —, *v. a.* sinnbildlich vorstellen.

Symétrie, *f.* Ebenmaß, *n.* Gleichmaß, Symmetrie, *f.*

Symétrique, *adj.*; -ment, *adv.*: ebens, gleichmäßig, abgemessen, symmetrisch.

Symétriser, *v. n.* übereinstimmen.

Sympathie, *f.* Sympathie, gebeime Uebereinstimmung; Mitgefühl, *n.*; (Med.) Mitleidenheit, *fem.*; (Mal.) Verwandtschaft; avoir de la —, mit einander übereinstimmen.

Sympathique, *adj.* sympathetisch.

Sympathiser, *v. n.* übereinstimmen, sich vertragen.      [nie.

Symphonie, *f.* (Muf.) Symphonie, *m.* (Muf.) Symphonist, *m.* (Muf.) Symphonist.       [gung.

Symphyse, *f.* (Anat.) Knochenfügung.

Symptomatique, *adj.* (Med.) Anzeigen gebend, symptomatisch.

†Symptomatologie, *f.* (Med.) Lehre von den Anzeichen der Krankheiten.

Symptôme, *m.* (Med.) Zeichen, *n.*; Anzeige, *f.*; Merkmahl, *n.*; *fg. id.*        [*n.*

†Symptose, *f.* (Med.) Einfallen, *n.*

Synagogue, *f.* Synagoge, Judenschule; Judenthum, *n.*

Synalèphe, *f.* (Gramm.) Zusammenziehung zweier Sylben, zc., in eine.        [selseitig verbindend.

Synallagmatique, *adj.* (jur.) wechselseitig verbindend.

Synarthrose, *f.* (Anat.) die feste Knochenfuge.

Synaxe, *f.* Versammlung der alten Christen zum heil. Abendmahl.

Syncelle, *m.* Aufseher über die Geistlichen (in der alt = griechischen Kirche).

Synchondrose, *f.* Knorpelfuge.

Synchrone, *adj.* gleichzeitig.

Synchronique, *adj.*, table —, *f.* eine Tabelle welche die gleichzeitigen Begebenheiten zusammenstellt.

Synchronisme, *m.* Gleichzeitigkeit, *f.* [—, *m.* Zeitgenosse.

†Synchroniste, *adj.* gleichzeitig;

†Syncopal, e, *adj.* (Med.) mit Ohnmacht begleitet.

†Syncope, *f.* Ohnmacht; (Gram.)

Syncope, Wegwerfen (*n.*) eines Buchstabens oder einer Sylbe aus der Mitte; (Muf.) Bindung (*f.*), Theilung einer Note.

Syncoper, *v. n.* (Gram.) ein Wort verkürzen; (Muf.) eine Note binden, theilen.     [tion, Concrétion.

Syncrèse, *f.* (Chym.) v. Coagula-

Syncrétisme, *m.* Glaubensvereinigung, *f.*        [niger.

†Syncrétiste, *m.* Glaubensverei-

Syndérèse, *f.* (And.) Gewissensangst.       [Bänderbeschreibung.

Syndesmographie, *fem.* (Anat.)

Syndesmologie, *f.* (Anat.) Bänderlehre.

Syndesmose, *v.* Synévrose.

Syndic, *m.* Syndicus, Sprecher, Anwalt.

Syndical, e, *adj.*, chambre —e des libraires, Büchercommissionskammer, *f.*       [des Syndicus.

Syndicat, *m.* Syndicat, *n.* Amt

Synecdoche, Synecdoque, *fem.* (Rhet.) Vertauschung, Synecdoche.

Synérèse, *f.* (Gramm.) Zusammenziehung zweier Sylben in eine.

Synévrose, *f.* (Anat.) Bandbeinfügung.

Syngénésie, *f.* (Bot.) Syngenesie, Classe der Pflanzen, deren Staubfäden mit dem Staubbeutel (Antheren) zusammengewachsen sind.

†Syngraphe, *m.* (jur.) Schuldverschreibung, *f.*

Synodal, e, *adj.* synodalisch; assemblée —e; Synodalversammlung, *f.*; -ement, *adv. id.*, in einer Synode.       [Versammlung.

Synode, *m.* (Kirch.) Synode, *f.*

Synodique, *adj.*, lettres —s, *f.* (Kirch.) Synodalschreiben, *n.*; —, (Astr.) synodisch; von einem Neumond zum andern.

Synonyme, *adj.* (Gramm.) gleichbedeutend, sinnverwandt; —, *m.* das sinnverwandte Wort.

Synonymie, *f.* Gleichdeutigkeit (von Wörtern); (Rhet.) Synonymie.

Synonymique, *adj.* gleichbedeutend.

†Synonymiste, *m.* Synonymist.

Synoptique, *adj.* eine Uebersicht gebend, synoptisch.

Synoque, *adj.*, fièvre — et —, *f.* (Med.) das gleichanhaltende Fieber.

†Synostéographie, *fém.* (Anat.) Knochenfügungs=Beschreibung.

†Synostéologie, *f.* (Anat.) Knochenfügungs=Lehre.

†Synostéotomie, *f.* (Anat.) Zergliederung der Knochengelenke.

Synovial, e, *adj.*, glandes —es, (Anat.) Gelenkdrüsen, *f. pl.*

Synovie, *f.* (Med.) Gliedwasser, *n.*

Syntaxe, *f.* (Gramm.) Syntax, Wortfügung, Wortfolge.

Syntaxique, *adj.* zur Wortfügung gehörig.

Synthèse, *f.* Zusammensetzung; (Chir.) Zusammenfügung; (Math.) Synthesis.       [synthetisch.

Synthétique, *adj.*; -ment, *adv.*:

†Synthétisme, *m.* (Chir.) Zusammenfügung, *f.*

Syphon, *v.* Siphon.

Syriaque, *adj.* syrisch; —, *m.* die syrische Sprache, Syrische, *n.*

†Syrie (la), Syrien, *n.* [syrisch.

†Syrien, *m.* Syrier; —, *adj.*

Syringa, *v.* Seringat.

Syringotome, *m.* (Chir.) Fistelmesser, *n.*       [tes.

Syrop, Syrtes, *m.*, *v.* Sirop, Sir-

Systaltique, *adj.* zusammenziehend.

Systématique, *adj.*; -ment, *adv.*: systematisch.

Système, *m.* System, *n.* Lehrgebäude; Grundsätze, *m. pl.*; (Astr.) Weltgebäude.

Systole, *f.* (Med.) Zusammenziebung des Herzens.

Systyle, *m.* (Bauf.) das nahesäulige Gebäude.

Syzygie, *f.* (Astr.) Syzygie.


# T.

Ta, *pron. f.* beine.

Tabac, *m.* Tabak; — en poudre, Schnupftabak; — à fumer, Rauchtabak.       [Kästchen, *n.*

Tabagie, *f.* Tabaksstube; Tabaks-

Tabarin, *m.* Bänkelpossenreißer.

Tabarinage, *m.* Bänkelpossen, *f. pl.*

Tabatière, *f.* Tabaksdose, Dose.

Tabellion, *m. ol.* Amtsschreiber.

Tabellionage, *m. ol.* Amtsschreiberei, *f.*

Tabernacle, *m.* (h. Schr.) Hütte, *f.*; fête des —s, Laubhüttenfest, *n.*; — du Seigneur ou —, Stiftshütte, *f.*, (Kirch.) Tabernakel, *n.*

†Tabès, *m. lat.* (Med.) Schwindsucht.

Tabide, *adj.* abgezehrt, schwindsüchtig.       [Taffel, Doppeltaffet.

Tabis, *m.* (Handl.) der gewässerte

Tabiser, *v. a.* (Zeug) wässern.

Tablature, *f.* (Muf.) Tablatur; donner de la — à qn., *fm.* einem zu rathen aufgeben, zu schaffen ma= **chen.**

Table, *f.* Tisch, *m.;* Tafel (auch *fg.*), *f.;* — d'hôte, Wirthstafel; à —, bei, zu Tische || Tabelle, *f.;* Register, *n.;* (Lautenm.) Resonanz= boden (eines Claviers), *m.;* Brett, *n.*

Tableau, *m.* Gemälde, *n.* Bild; *fg. id.;* Schilderung, *f.;* Verzeich= niß, *n.;* Uebersicht, *f.;* Tafel || Flä= che, Seite.

Tabler, *v. n. fm.* jählen (sur, auf).

Tabletier, *m.* ère, *f.* Kunstdrechs= ler, *m.* =inn, *f.*

Tablette, *f.* Gestell, *n.* Fach; (Bauf.) Sims, *m.* Simsstein, Ge= fimse, *n.;* Büchergestell (Apoth., u.) Täfelchen; (Buchdr.) Brücke, *f.;* —s, Schreibtafel; (Chir.) Bruch= schienen, *pl.* [beit.

Tabletterie, *f.* Kunstdrechslerar=

Tablier, *m.* Schürze, *f.* Schurz, *m.*

Tabloin, *m.* (Artill.) Batterie= planke, *f.*

Tabouret, *m.* Tabouret, *n.* Sessel ohne Lehne, *m.;* avoir le —, das Sitzrecht haben (am Hofe).

Tac, *m.* Räude (*f.*), Kräze (der Schafe).

Tacet, *m. lat.* (Muf.) Schweigen, *n.;* garder le —, *fg. fm.* stillschwei= **gen.** [Art Bußaar.

Tachard, *m.* ein Raubvogel; eine

Tache, *f.* Flecken, *m.; fg. id.,* Mangel, Fehl.

Tâche, *f.* Tagewerk, *n.;* Arbeit, *f.;* donner à la —, verdingen; tra= vailler, être à la —, eine verdun= gene Arbeit machen; prendre qch. à —, sich etw. zum Geschäfte machen.

Tacher, *v. a.* beflecken, besudeln.

Tâcher, *v. n.* sich bemühen, suchen.

Tacheté, *a. adj.* fleckig, scheckig.

Tacheter, *v. a.* sprenteln.

Tachygraphe, *m.* Geschwindschrei= ber. [Geschwindschreibekunst.

Tachygraphie, Tachéographie, *f.*

Tachygraphique, *adj.* die Ge= schwindschreibekunst betreffend.

Tacite, *adj.;* =ment, *adv.:* still= schweigend.

Taciturne, *adj.* verschlossen, still.

Taciturnité, *f.* Verschlossenheit; Stillschweigen, *n.* [Sinn, *m.*

Tact, *m.* Gefühl, *n.; fg. id.,*

Tactac, *m.* Tictac, *n.*

Tacticien, *m.* Taktiter.

Tactile, *adj.* fühlbar.

Taction, *f.* Fühlen, *n.* Handlung des Fühlens, *f.*

Tactique, *f.* Taktit, Kriegstunst.

Taffetas, *m.* Taffet, Toffent.

Tafia, *m.* Zuckerbranntwein.

†Tage, *m.* Tagus, Tajo (Fluß).

---

Taïaut, *m.* (Jagd) ho, ha, ho!

Taie, *f.* Bettüberzug, *m.* Zieche; *f.;* (Med.) Hornhautblatter, Au= genfell, *n.;* Nebhaut um die Lei= besfrucht, *f.*

Taillable, *adj.* steuerbar, steuer= pflichtig. [*f.;* Schlitz, *m.*

Taillade, *f.* Schnitt, *m.* Schmarre,

Taillader, *v. a.* zerfetzen, aufschli= ßen.

Taillanderie, *fem.* Zeugschmied= handwerk, *n.;* Eisenwaare, *f.*

Taillandier, *m.* Zeugschmied, Scharschmied.

Taillant, *m.* Schneide, *f.* Schärfe.

Taille, *f.* Schnitt, *m.;* pierres de —, Quadersteine, *pl.;* —, Schnei= den, *n.* Beschneiden (der Edelsteine); (Chir.) Steinschnitt, *m.;* (Forstw.) Holzschlag, Gehölz, *n.;* (Hanbl.) Kerbholz; (Fin.) ol. Steuer, *f.;* — réelle, Grundsteuer; —, (Münzw.) Stückeln, *n.* Ausstückeln || Wuchs, *m.* Leibesgestalt, *f.;* (Spiel) Abzug, *m.;* (Muf.) Tenor, Tenorist.

Taille-douce, *f.* Kupferstich, *m.*

Taille-mêche, *masc.* (Wachsz.) Dochtmesser, *n.*

Taille-mer, *m.* (Schifffb.) Brust= stück, *n.* Untertheil des Vordertstevens eines Schiffes.

Tailler, *v. a.* behauen, beschneiden; bauen, schneiden, zuschneiden; zer= schneiden, zerbauen; (Holz) schnitzen; ausschnitzen; —en pointe, zuspitzen; (Münzw.) stückeln, ausstückeln; —, *v. n.* die Karten abziehen, Bank machen; bien —é, wohlgewachsen.

Tailleresse, *f.* (Münzw.) Stück= lerinn. [*n.*

†Taillet, *m.* (Eisenh.) Schroteisen,

†Taillette, *f.* eine Art Schiefer.

Tailleur, *m.* se, *f.* Schneider, Schneiderinn, *m.* =inn, *f.;* — pour hommes, Mannsschneider, *m.;* — de pier= res, Steinmetz, Steinhauer; — de limes, Feilenhauer.

Taillis, *m. et adj. m.,* bois —, Schlag, *m.* Holzschlag, Unterholz, *n.*

Tailloir, *m. p. us.* Hadbrett, *n.;* (Bauf.) die Platte auf dem Capital einer Säule.

Taillon, *m. ol.* Nachsteuer, *f.*

†Taillure, *f.* die aufgelegte Sti= derei.

Tain, *m.* Folie, *f.* Belegung (für Spiegel) Staniol, *m.* Blattzinn, *n.*

*Taire, *v. a.* verschweigen; se —, schweigen; faire —, zum Schweigen bringen.

Taisson, *m. vi.* (Naturg.) Dachs.

Talapoin, *m.* Talapoin (Priester in Siam und Pegu).

Talc, *m.* (Miner.) Talkstein, Talk.

Taled, *m.* Taleb, Schleier (der Juden).

Talent, *m.* Talent (altes Gewicht

---

und Münze), *n.; fg. id.,* Natur= gabe, *f.* Anlage, Fähigkeit.

Taler, *m.* Thaler.

Talinguer, *v.* Étalinguer.

Talion, *m.* (jur.) Wiedervergel= tung, *f.*

Talisman, *m.* Talisman, Zauber; Zaubermittel, *n.* Zauberfiegel.

Talismanique, *adj.* talismanisch, zauberisch.

Talle, *f.* (Gärtn.) Wurzelschoß, *m.* Brut, *f.*

Taller, *v. n.* (Gärtn.) schossen, Ab= leger treiben.

Tallipot, *m.* (Bot.) Schirmpalme, *f.* [*m.*

Talmouse, *f.* (Past.) Käsekuchen,

Talmud, *m.* Talmud (Buch, das die Traditionen der Juden enthält).

Talmudique, *adj.* zum Talmud gehörig.

Talmudiste, *m.* Anhänger des Talmud.

Taloche, *f. pop.* Kopfnuß.

Talon, *m.* Ferse, *f.;* (Schuhm.) Absatz, *m.;* —s, (Reitsch.) Spor= nen, *m. pl., v.* Serrer; Haden (des Pferdes); montrer les —s, *fg. fm.* Fersengeld geben || Schub (einer Lanze, u.), *m.;* (Spiel) Stock; (Schloss.) Stoß; (Gärtn.) Stamm= Ende (eines Zweiges), *n.;* (Bauf.) Kehlleiste, *f.;* (Seew.) Kiel (des Kiels), *m.;* (Bildh.) Vossfreisen, *n.;* (Büchb.) Untertheil, *m.*

Talonner, *v. a.* qn., einem auf dem Fuße nachfolgen; *fg.* anspornen, antreiben.

Talonnier, *m.* Absatzschneider.

Talonnières, *f. pl.* (Myth.) Fuß= flügel, *m. pl.* [schräg.

Talus, *m.* Böschung, *f.;* en —, abschüssig, schräg; Taluter, *v. a.* abdachen, abhängig machen, böschen.

†Tamanoir, *m.* (Naturg.) der große Ameisenfresser.

Tamarin, *m.* (Bot.) Tamarinde, *f.;* —, Art kleiner amerikanischer Affen (Ouistiti).

Tamarinier, *m.* (Bot.) Tamarin= denbaum. [Tamariste, *f.*

Tamaris, Tamarisc, *m.* (Bot.)

Tambac, *m.* (Handl.) Alvedolz, *n.*

Tambour, *m.* Trommel, *f.;* — de basque, Mohrentrommel;

Trommelschläger, *masc.;* (Bauf.) Windsang; Verschlag; (Anat.) Trommelhöhle, *f.;* Stickrahmen, *m.;* (Uhrm.) Federhaus, *n.*

Tambourin, *m.* Schellentrommel, *f.;* Trommelstück, *n.;* Tamburin= schläger, *m.*

Tambouriner, *v. n.* trommeln; —, *v. a.* austrommeln.

Tambourineur, *m.* Trommler.

Tamis, *m.* Sieb, *n.;* — de crin, Haarsieb; passer par le —, durch=

sieben; *fg. fm.* streng prüfen, durch=
hecheln.
Tamise, *f.* Themse (Fluß).
Tamiser, *v. a.* sieben, durchsieben;
farine —ée, Siebmehl, *n.*
Tamiseur, *m.* (Glasb.) Sieber.
Tampon, *masc.* Zapfen, Pfropf,
Stöpsel; (Lautenm.) Kern; (Bauf.)
Dobel; (Seew.) Schmierpfropf;
(Kupferdr.) Tupfbällchen, *n.*
Tamponner, *v. a.* zupfropfen.
Tamtam, *m.* eine Art Paufe (im
Orient).       [Lohmühle.
Tan, *m.* Lohe, *f.*; moulin à —,
Tanaisie, *f.* (Bot.) Rainfarn, *m.*
Tancer, *v. a. fm.* ausschelten.
Tanche, *f.* Schleihe (Fisch).
Tandis que, *conj.* während daß,
indessen als, alldieweil.    [tisch.
Tandour, *m.* (Türf., ꝛc.) Wärm=
Tandrole, *f.* Glasgalle.
Tangage, *m.* Schwanken (*n.*),
Wanken des Schiffs der Länge nach.
Tangara, *m.* (Naturg.) Tangara
(Vogel).
Tangence, *f.* (Geom.) Berüh=
rungspunkt von zwei Linien oder
Flächen, *m.*        [(Linie).
Tangente, *f.* (Geom.) Tangente
Tangible, *adj.* fühlbar.
†Tangue de mer, *f.* Meersand, *m.*
Tanguer, *v. n.* (Seew.) von vorn
nach hinten zu auf und nieder schwan=
fen.
Tanière, *f.* Höhle (eines wilden
Thiers); *fg. id.*, Schlupfwinfel, *m.*
Tannage, *m.* Lohen, *n.*
†Tanne, *f.* (Med.) Finne.
Tanné, *m.* e, *f.* Lohfarbe; aus=
gebeizte Gärberlohe.
Tanné, *e, adj.* lohgar; lohfarben.
Tanner, *v. a.* loben, gärben.
    ann     *s. f.* Lohgärberei, Gärde=
réf.   erie
Tanneur, *m.* Lohgärber, Gärber.
Tannin, *m.* Gärbestoff.
Tanqueur, *m.* (Seew.) Schiffsader.
Tant, *adv.* fa viel; so oft; so sehr;
so starf; so lange; so weit, desto; —
mieux, desto besser; — s'en faut,
weit gefehlt; daß..; si — est, *fm.*
wenn dem so ist; en — que, *conj.*
in so fern; in so weit als; — à —,
(Spiel) *fm.* gleich.
†Tantale, *m.* (Myth.) Tantalus;
—, ein Metall.
Tante, *f.* Muhme, Tante.
Tantet, Tantinet, *m. fm.* ein
wenig, ein Bißchen.
Tantôt, *adv.* bald; vor furzem,
erst; sogleich; à —, auf baldiges
Wiederschen.     [Bremse, *f.*
Taon (spr. ton), *m.* (Naturg.)
Tapabor, *m.* (Seew.) Regenfappe,
*fém.*
Tapage, *m.* Lärm, Getöse, *n.*
Tapageur, *m.* Lärmer,

Tape, *fém.* Tapps, *m.* Klapps;
(Seew.) Windpfropf; (Bierbr.)
Bodenzapfen.
Tapecu, *m.* Schlagbaum; *fm.*
Rippenstößer (v. Wägen).
Taper, *v. a. pop.* (einen) flapp=
fen, dachteln; (Haare) auftäufeln;
(Mal.) laciren; (Kupferdr.) tupfen;
— un canon, die Mündung einer
Kanone verstopfen; —, *v. n.* du
pied, mit dem Fuße stampfen.
†Tapette, *f.* (Kupferdr.) Firniß=
ballen, *m.*
†Tapiére, *f.* (Schiffb.) ein langes
Stück Holz an der Seite eines Schif=
fes.         [vermerft.
Tapinois (en), *adv.* heimlich, un=
Tapioca *ou* Tapioka, *m.* Maniof=
mehl, *n.*
Tapir (se), sich ducken.
Tapir, *m.* (Naturg.) Tapir (Thier).
Tapis, *m.* Teppich, Spiel=, Fuß=
teppich; *fg.* mettre sur le —, auf
das Tapet bringen, vorbringen.
Tapisser, *v. a.* tapeziren, bedän=
gen, befleiden.
Tapisserie, *f.* Tapezerei, Tapete.
Tapissier, *m.* ère, *f.* Tapezierer,
*m.*; Tapetenhändler; Tapetenwirfer;
=inn, *f.*
Tapon, *m. fm.* Pack, Klumpen.
    ap    *, v. a.* *fm.* tappsen, flapp=
sch. oter
†Tapure, *f.* Tappiren der Haare,
*n.* die tappirten Haare.
†Taque, *f.* die eiserne Platte;
Gußplatte; (Vill.) Masse, Schir=
bestod, *m.*
Taquer, *v. a.* (Buchdr.) klopfen.
Taquet, *m.* (Seew.) Tafelhafen.
Taquin, e, *adj.*;=ement, *adv.*;
farg, filzig; förrig, zänfisch, wider=
spänstig; —, *m.* Knauser, Hungers=
leider; Starrfopf.
Taquiner, *v. n. fm.* nörgeln; —,
*v. a.* qn., einem vornörgeln.
Taquinerie, *f.* Eigensinn, *m.*
Halsstarrigfeit, *f.* Zankfucht; Fil=
zigfeit.        [*n.*
Taquoir, *m.* (Buchdr.) Klopfholz,
†Taquon, *m.* (Buchdr.) Unterla=
ge, *f.*          [terlegen.
Taquonner, *v. a.* (Buchdr.) un=
†Tarabiscot, *m.* (Tischl.) der feine
Sims=, Leistenhobel.
Tarabuster, *v. a. fm.* qn., einen
den Kopf voll machen (durch Reden,
Lärm).        [(Presse), *m.*
Taranche, *f.* Drehbolzen (für eine
Tarare, *interj.* larifari! —, *m.*
Putzmühle, *f.*
Taraud, *m.* Schraubenbohrer.
Tarauder, *v. a.* eine Schrauben=
mutter ausbohren.
Tard, *adv.* spät, langsam; venir
à —, (jur.) zu spät einfommen;
*m.*, sur le —, erst spät.

Tarder, *v. n.* verziehen, verweilen,
zögern, säumen; *impers.* il me tarde,
es verlangt mich (de, zu); die Zeit
wird mir lang (que, bis).
Tardif, ve, *adj.*; -vement, *adv.*:
spät, langsam.       [*n. pl.*
†Tardigrades, *m. pl.* Faulthiere,
Tardiveté, *f.* die späte Reife.
Tare, *f.* Abgang, *m.* Verlust;
(Handl.) Tara, *f.* Abzug, *m.*
Taré, e, *adj.* verdorben, ꝛc.; *fg.*
übelberüchtigt.
†Tarente, *f.* Tarent (alte Stadt).
Tarentelle, *f.* Tarenteltanz, *m.*
Tarentisme, *m.* (Med.) Tarantel=
franfheit, *f.* Tanztranfheit.
Tarentule, *f.* Tarantel (Spinne).
Tarer, *v. a.* (ein Faß, ꝛc.) leer
abwägen (Waaren) schabhaft ma=
chen; (ein Gefäß) tariren, abwägen;
se —, verderben.
†Tareronde, *m.* (Naturg.) Stech=
roche, Pfeilschwanz (Fisch).
†Taret, *m.* Schiffwurm, Bohr=
wurm.
Targe, *f. ol.* Tartsche (Schild).
†Target, *m.* Schild der Bergschot=
ten.      [Schieber, Vorschieber.
Targette, *fém.* Schieber, Vorschieber.
Targuer (se) de qch., auf etw.
trotzen, pochen, mit etw. prohlen.
Targum, *m.* Targum (chaldäische
Erflärung des alten Testaments).
†Targumiste, *m.* Targumist, Ver=
fasser eines Targum.
Tari, *m.* Palmwein.
Tarier, *m.* Fliegenvogel.
Tariére, *f.* Hohl=, Stichbohrer,
*m.*; (Bergw.) Erdbohrer.
Tarif, *m.* Tarif, Waarenverzeich=
niß (*n.*) mit Angabe der Preise,
Zölle; Taxe, *f.*
Tarifer, *v. a.* in einen Tarif brin=
gen.
Tarin, *m.* (Naturg.) Grünfinf.
Tarir, *v. a.* austrocknen; —, *v. n.*
vertrocknen, versiegen; *fg. id.*
Tarissable, *adj.* versiegbar.
Tarissement, *m.* Austrocknen, *n.*
Vertrocknen, Versiegen.
Tarlatane, *f.* (Handl.) Tarlatane
(feiner Musselin).
†Tarot, *ol.*, *v.* Basson.
Taroté, e, *adj.* (von Karten)
auf der Rückseite in Felder einge=
theilt.
Tarots, *m. pl.* Tarockfarten, *f.
pl.*; jouer aux —, Tarof spielen.
Taroupe, *f.* Haar zwischen beiden
Augenbrauen, *n.*
Tarse, *m.* (Anat.) Fußbiege, *f.*;
Fuß (*m.*), Bein (*n.*) (der Insecten).
Tarsien, *m. et adj.*, artère —e,
(Anat.) Fußbiegen=Schlagader, *f.*
Tarsier, *m.* Phalanger (fliegendes
Eichhörnchen); Langfüßler.

Tartan, *m.* großgewürfelter schottischer Wollzeug.
Tartane, *f.* Tartane (Schiff).
Tartare, *m.* (Myth.) Tartarus, Hölle, *f.*
Tartare, *adj.* tartarisch.
Tartares, *m. pl.* Tartaren.
Tartareux, se, *adj.* weinsteinartig.
†Tartarie (la), Tartarei (Land).
Tartarique, Tartrique, *adject.*, l'acide —, Weinsteinsäure, *f.*
†Tartariser, *v. a.* (Chym.) mit Weinstein sättigen.
Tarte, *f.* Torte.
Tartelette, *f.* Törtchen, *n.*
Tartine, *f.* Butterbrod, *n.; —* de fromage, Käsebrod.
Tartrate, *m.* Weinsteinsalz, *n.*
Tartre, *m.* Weinstein; — émétique, Brechweinstein.
Tartufe, *m.* Heuchler, Scheinheilige, Kopfhänger.
Tartuferie, *f. fm.* Heuchelei.
Tas, *m.* Haufen, Klumpen; *fg. fm.* Haufen, Menge, *f.; se* mettre tout en un —, sich zusammenducken; —, (Schloss.) Handamboß, *m.*
Tasse, *f.* Schale, Oberschale, Tasse.
Tassé, e, *adj.* (Bauf.) Gesetzt.
Tasseau, *m.* (Tischl.) Leiste, *f.* Querleiste ; (Goldsch., x.) Handamboß, *m.*
Tasser, *v. a.* häufen, aufhäufen; —, *v. n.* (Gärtn.) sich ausbreiten.
Tassette, *f.* (Shir.) Schenkelschiene.
†Tâte-poule, *m.* Hühnergreifer, der sich um die kleinsten Dinge bekümmert.
Tâter, *v. a.* fühlen, anfühlen, befühlen, betasten; kosten, versuchen (de, à qch., etw.); *fg.* (einen) auf die Probe stellen; se —, sich prüfen.
Tâteur, *m.* se, *f.* Betaster, *m.; fg. fm.* Unschlüssige, *m. et f.;* Zauderer, *m.* -inn, *f.*
Tâte-vin, *m.* Weinzieher.
Tatillon, *m.* e, *f.* Naseweis, *m.* Schwätzer, -inn, *f.*
Tatillonner, *v. n. fm.* sich in alles mengen, schwatzen.
Tâtonnement, *m.* Befühlen, *n.*
Tâtonner, *v. n.* tappen, herumtappen; *fg. fm.* id., im Finstern tappen.    [tappt.
Tâtonneur, *m.* se, *f.* der, die herum tappt.
Tâtons (à), *adv.* im Dunkeln tappend, blindlings.
Tatou, *m.* (Naturg.) Gürtelthier, *n.*
Tatouage, *m.* Tattowiren, *n.*
Tatouer, *v. a.* (v. Wilden) tattowiren; (den Körper) bunt bemalen.
†Tau, *m.* Antoniuskreuz (gleich einem T), *n.*
Taudis, *m.* (Taudion, pop.), Hütte, *f.;* Loch, *n.* Nest.
Taugour, *m.* (Mech.) Achsenrunge, *f.*

Taupe, *f.* (Naturg.) Maulwurf, *m.; (Med.)* Speckgeschwulst, *f.*
Taupe-grillon, *m.* Rieger, Erdkrebs (Insekt).
Taupier, *m.* Maulwurfsfänger.
Taupière, *f.* Maulwurfsfalle.
Taupinée, Taupinière, *f.* Maulwurfshaufen, *m.*
Taupins, *m. pl.* Milizsoldaten unter Carl VII.
Taure, *f.* die junge Kuh, Färse.
Taureau, *m.* Stier, Bulle.
Taurobole, *m.* (Alt.) Stieropfer, *n.*
Tautochrone, *adj.* (Lehrst.) gleichzeitig; courbe — *ou* —, *f.* (Geom.) die tautochronische Linie.
Tautochronisme, *masc.* (Mech.) Gleichzeitigkeit, *f.*
Tautogramme, *m.* ein Gedicht worin alle Worte mit demselben Buchstaben anfangen, *n.*
Tautologie, *f.* die unnöthige Wiederholung (eines Wortes, Gedankens).    [holt.
Tautologique, *adj.* unnütz wiederholt
†Tautométrie, *f.* Tautometrie.
Taux, *m.* Taxe, *f.* Steueranlage; (jur.) der gesetzmäßige Zinsfuß.
Tavaïolle, *fem.* Spitzentuch, *n.; (Kirch.)* Taustuch.
Taveler, *v. a.* fleckig machen, tigern; se —, fleckig werden.
Tavelure, *f.* Flecken in der Haut (eines Thiers), *m. pl.*
Taverne, *f.* Wein-, Klippschenke, *f.*
Tavernier, *m.* ère, *f.* Weinschenk, *m.* -inn, *f.*    [Post).
Taxateur, *m.* Schätzer (auf der Taxation, *f.* Taxiren, *n.; —s,* Zählgeld.
Taxe, *f.* Taxe, der gesetzte Preis, Anschlag; Auflage, *f.* Abgabe.
Taxer, *v. a.* schätzen, ansetzen; anschlagen, taxiren; *fg.* beschuldigen.
†Taxiarque, *m.* (gr. Alt.) Taxiarch (Befehlshaber des Fußvolks).
†Taxidermie, *f.* Ausbalgekunst.
Te, *pron.* dir, dich.    [f.
Té, *m.* Mine in Gestalt eines T, Technique (spr. tek-), *adj.* kunstmäßig, technisch; terme —, Kunstwort, *n.* Kunstausdruck, *m.*
Technologie (spr. tek-), *f.* Technologie, Gewerbkunde.
Technologique, *adj.* technologisch.
Te Deum, *m. lat.* Tedeum, *n.* Lobgesang, *m.*
Tégument, *m.* (Naturg.) Decke, *f.* Haut.
Teignasse, *v.* Tignasse.
Teigne, *fém.* (Naturg.) Schabe; Motte; (Med.) Grind, *m.; —s,* Hufgrind (am Pferden).
Teignerie, *f.* Grindhaus, *n.*
Teigneux, se, *adj.* grindig; —, *m. injur.* Grindkopf.
Teille, *v.* Tille.

Teiller, *v.* Tiller.
Teilleur, *v.* Tilleur.
*Teindre, *v. a.* färben; — en rouge, roth färben.
Teint, *m.* Färben, *n.;* grand —, Schönfärberei, *f.;* petit —, Kleinschwarzfärberei || Gesichtsfarbe; Farbe.
Teinte, *f.* (Mal.) Farbe, Tinte; Grad der Farbenstärke, *m.;* Anstrich.
Teinture, *fém.* Farbe; (Chym.) Tinctur; — d'or, Goldtinctur; —, *fg.* der allgemeine Begriff, Anstrich.
Teinturerie, *f.* Färberei, Färbekunst, Färbehaus, *n.*
Teinturier, *m.* ère, *f.* Färber, *m.* -inn, *f.; —* du grand teint, Schön-, Kunstfärber, *m.; —* du petit teint, Klein-, Schwarzfärber.
Tel, le, *adj.* solcher, solche, solches; mancher; so, wie, gleichwie; der und der; tel... tel..., wie... so...; tel quel, so so.
Télégraphe, *m.* Telegraph.
Télégraphie, *f.* die telegraphische Kunst.
Télégraphique, *adj.* telegraphisch.
†Téléologue, *m.* ein Sprachrohr, womit man weit in die Ferne sich verständlich machen kann, *n.*
Télescope, *m.* Seh-, Fernrohr, *n.*
Télescopique, *adj.* (Astr.) teleskopisch, nur mit dem Fernrohr sichtbar.
Tellement, *adv.* so sehr; dergestalt; — que, *fm.* so daß.
†Telline, *f.* Tellmuschel.
Tellure, *m.* Tellur (Metallart), *n.*
Téméraire, *adj.; -ment, adv.:* verwegen, vermessen, tollkühn, unbesonnen; —, *m.* Verwegene, Wagehals.
Témérité, *f.* Verwegenheit, Vermessenheit, Tollkühnheit.
Témoignage, *m.* Zeugniß, *n.;* Beweis, *m.*
Témoigner, *v. a.* zeugen, bezeugen, bezeigen, blicken lassen.
Témoin, *m.* Zeuge; *fg.* Zeichen, *n.* Denkmahl; *—s,* (Fortif.) Mastegel, *m. pl.; (Bauf.)* Blindlöcher, *n. pl.;* Merksteine, *m. pl.; —* ses blessures, seine Wunden sind Zeuge.
Tempe, *f.* Schläf (am Haupte), *m.*
Tempérament, *m.* Temperament, *n.;* Leibesbeschaffenheit, *f.* Natur; *fg.* Mittelweg, *m.* (Mus.) Temperatur, *f.*
Tempérance, *f.* Mäßigkeit.
Tempérant, e, *adj.* mäßig; (Med.) niederschlagend; —, *m.* Mäßige, *m.; (Med.)* das niederschlagende Mittel.
Température, *fém.* Temperatur, Luftbeschaffenheit, Wärmestand, *n.*
Tempéré, *m.* die gemäßigte Witterung.
Tempéré, e, *adj.* mäßig, x.

Tempérer, *v. a.* mäßigen, mildern, vermildern; (Med.) niederschlagen.

Tempête, *f.* Sturm, *m.* Ungewitter, *n.* Donnerwetter.

Tempêter, *v. n. fm.* wettern, lärmen, toben.

Temple, *m.* Tempel.   [halter.

Templet, *m.* (Buchb.) Häkchen=

Templier, *m.* Tempelherr.

†Templu, *m.* (Technol.) Spannstab, Sperrruthe, *f.*

Temporaire, *adj.; -ment, adv.:* nur eine Zeitlang während; vorübergehend.

Temporal, e, *adj.,* muscle —, (Anat.) Schlafmuskel, *m.*

Temporalité, *f.* die weltliche Gerichtsbarkeit (eines Bischofs, ꝛc.).

Temporel, le, *adj.; -lement, adv.:* zeitlich, vergänglich, weltlich, irdisch; —, *m.* die weltliche Macht; Einkommen der Geistlichen, *n.*

Temporisation, *f.* Temporisement, *m.* Verzug, Zaudern, *n.*

Temporiser, *v. n.* zaudern, eine gelegene Zeit abwarten, *fm.* laviren.

Temporiseur, *m.* Zauderer.

Temps, *m.* Zeit, *f.* Zeitpunkt, *m.;* — passé, Vorzeit, *f.;* —, Weile, Frist; (Muf., ꝛc.) Tempo, *n.* Zeitmaß; à, zu rechter Zeit, auf eine gewisse Zeit; au même, en même —, zu gleicher Zeit, zugleich, mit einander; de tout —, von jeher; de — à autre, de — en —, von Zeit zu Zeit, zu Zeiten; *fm.* dann und wann ‖ Wetter, *n.* Witterung, *f.*

Tenable, *adj.* haltbar; wo man bleiben kann.

Tenace, *adj.* zäh; klebrig; *fg.* zähe; hartnäckig; geizig.

Ténacité, *f.* Zähheit, Klebrigkeit; *fg.* Kargheit; Hartnäckigkeit, Starrsinn, *m.*

Tenaille, *f.* Zange; —s, *id.* Beißzange, Feuerzange; (Fortif.) Zangenwerk, *n.*

Tenailler, *v. a.* mit glühenden Zangen zwicken.   [*n.*

Tenaillon, *m.* (Fortif.) Scherwerk,

Tenancier, *m.* ère, *f.* Zinsmann, *m.* Zinsfrau, *f.;* Gutsbesitzer, *m.* =inn, *f.*

Tenant, *m.* Ausforderer; Vertheidiger, Verfechter; —s, *v.* Aboutissants.   [*f.* Hölle.

Ténare, *m.* (Myth.) Unterwelt.

Tendance, *f.* Strebekraft; Richtung; *f.* Streben, *n.* Richtung, *f.*

Tendant, e, *adj.* abzielend, abzweckend (à, auf, zu).

†Tendelet, *m.* (Seew.) Schirmtuch (über einer Galeere), *n.*

†Tenderie, *f.* (Jagd) Netzjagen, *n.*

Tendeur, *m.* Netzsteller, Tapezirer.   [sicht.

Tendineux, se, *adj.* sehnicht, flech=

†Tendoires, *f. pl.* lange Stangen, zum Aushängen der Tücher, in Tuchfabriken und Färbereien.

Tendon, *m.* Sehne, *f.* Flechse, Spannader.

Tendre, *v. a.* spannen; — trop, überspannen; —, ausstrecken; (Schlingen) legen, stellen; (die Hand, ꝛc.) reichen, bieten, darreichen, her=, hinhalten; (ein Zelt) aufschlagen; (die Segel) aufspannen; (Zimmer, ꝛc.) behängen, ausschlagen; —, *v. n.* hingehen; *fg.* abzielen, abzwecken (à, auf); trachten (à, nach); — à sa fin, seinem Ende nahe seyn.

Tendre, *adj.; -ment, adv.:* zart, weich, mürbe, locker (Brod, ꝛc.); *fg.* zart, zärtlich; empfindlich (à, für, gegen); schwach, schwächlich; lieblich; wehmüthig; —, *m. fm.* Zärtlichkeit, *f.*

Tendresse, *f.* Zärtlichkeit.

Tendreté, *f.* (Kochf.) Zartheit, Mürbheit.

Tendron, *m.* Sprößling, Ranke, *f.; fg. fm.* ein junges Mädchen.

Tendu, e, *partic.* gespannt; heftig angestrengt (Geist); gezwungen (Styl).

Ténèbres, *f. pl.* Finsterniß, *f.;* (Kirch.) Rumpelmette.

Ténébreux, se, *adj.* finster, dunkel; *fg. id.*   [schabe (Insekt)

Ténébrion, *m.* Mehlkäfer, Mehl=

Ténement, *m.* der herrschaftliche Meierhof.

†Ténériffe, *f.* Teneriffa (Insel).

Ténesme, *m.* (Med.) Stuhlzwang.

Tenettes, *f. pl.* (Chir.) Steinzange, *f.*

Teneur, *f.* Inhalt, *m.*

Teneur de livres, *m.* Buchhalter.

Ténia, *m.* (Naturg.) Bandwurm.

*Tenir, v. a.* halten; fassen; (einen Weg) nehmen; besitzen, haben; (eine Wohnung) inne haben; dafür halten; (im Stande) erhalten; — de qn., de qch., einem, einer S. ähnlich seyn; — qch. de qn., etw. von einem haben; einem etw. verdanken; — un langage, eine Sprache führen; — tête, die Spitze bieten; — la main à qch., Sorge für etw. tragen; — compagnie, Gesellschaft leisten; faire —, übersenden; —, *v. n.* halten; hängen, stecken; Stand halten; — à qch, an etw. anstoßen; gränzen; *fg.* — à qn., à qch., einem, einer Sache ergeben seyn; auf etw. bestehen, bestehen; einem Werth setzen; — pour qn., es mit einem halten; il ne tient qu'à moi, es steht nur bei mir; à quoi tient-il, woran liegt es? cela me tient au cœur, das liegt mir am Herzen; être tenu de qch., schuldig seyn, müssen; se —, sich halten (à, an); zusammenhängen; bleiben, verweilen; blei=

ben (à, bei); s'en —, sich halten (à, an), bleiben (à, bei).

Tenon, *m.* Zapfen.

Ténor, *m.* (Muf.) Tenor (Singstimme).

Tensif, ve, *adj.,* (Arzneif.) une douleur —ve, eine schmerzhafte Spannung.   [strengung.

Tension, *f.* Spannung; *fg.* An=

Tenson, *m. ol.* (Dicht.) eine alte französische Dichtungsart; eine Art von poetischem Wettstreit.

Tentacule, *m.* eine Art Fühlhorn der Mollusken.

Tentant, e, *adj.* verführerisch.

Tentateur, *m.* trice, *f.* Versucher, *m.* =inn, *f.; —, adj. m.,* esprit —, Versucher, *m.*   [tung.

Tentation, *f.* Versuchung, Anfech=

Tentative, *f.* Versuch, *m.* Probe, *f.*   [Wiese, *f.*

Tente, *f.* Zelt, *n.* Gezelt; (Chir.)

Tenter, *v. a.* versuchen; *fg. id.* verführen, reizen, locken; (Fechtf.) die Klinge des Gegners dämpfen.

Tenture, *f.* Tapete; Bekleidung; Aufhängen, *n.*

Ténu, e, *adj.* (Lehrst.) dünn, zart.

Tenue, *f.* Haltung; Anzug, *m.; fg.* Bestand, Haltung, *f.;* tout d'une —, in einem Stücke weg.

Ténuité, *f.* Dünne, Zartheit.

Tenure, *f.* Lehensbegriff, *m.*

Téorbe, Théorbe, *masc.* (Muf.) Baßlaute, *f.* Theorbe.

Tercer, *v. a.* (Rebm.) zum drittenmal hacken.

†Tercère, *f.* Terceira (Insel), *n.*

Tefcet, *m.* (Prof.) die dreizeilige Strophe.

Térébenthine, *f.* Terpentin, *m.*

Térébinthe, *m.* Terpentinbaum.

Térébration, *f.* Anbohren (eines Harzbaumes), *n.*

†Téréniabin, *m.* (Handl.) Tereniabin (flüchtiges Manna aus Persien).

†Téret, e, *adj.* (Bot.) rund, cylindrisch, ohne Winkel.

Tergiversation, *f.* Ausflucht.

Tergiverser, *v. n.* Ausflüchte suchen.

†Terin, *m.* ein Abkömmling von einem Zeisig und einer Flachsfinke.

Terme, *m.* Ende, *n.* Ziel; Zweck, *m.* ‖ Gränzbild, *n.;* comme un—, wie eine Bildsäule; —, Zeitpunkt, *m.;* Termin, Zahltag, Frist, *f.;* (Gramm.) Ausdruck, *m.* Wort, *n.;* (Log.) Glied; —s, Zustand, *m.;* Punkt; en quels —s êtes-vous avec lui, auf welchem Fuße stehen Sie mit ihm?

Termés, *m.* (Naturg.) Termit, die weiße Ameise, Holzlaus.

Terminaison, *f.* (Gramm.) Endung.

Terminal, e, *adj.* (Bot.) was irgend einen Theil endigt.

Terminer, v. a. endigen, entschei=
den; (einen Streit) beilegen; (ein
Land) begränzen; se —, sich endi=
gen, ausgehen; fg. id.
†Terminthe, m. (Med.) Hunds=
flatter, f.
Termite, v. Termés.
Ternaire, adj., nombre —,
(Arithm.) die gedritte Zahl; mesure
—, (Muf.) Tripeltact, m.
Terne, adj. matt, trübe.
Terne, m. Terne, f.; —s, (Trictr.)
alle Drei. [drei auf einem Stiel.
Ternés, ées, adj. pl. je drei und
Ternir, v. a. matt, trübe machen;
fg. verdunkeln; se —, abschießen;
den Glanz, die Farbe, Frische ver=
lieren; fg. sich verdunkeln. [heit.
Ternissure, f. Mattheit, Trüb=
†Téroulle, f. eine leichte, schwärz=
liche Erde, welche eine Steinkohlen=
lage anzeigt.
Terrage, m. (Lehenw.) Fruchtzins.
†Terrageau, Terrageur, m. (Le=
henw.) Fruchtzinsherr.
†Terrager, v. a. (Lehenw.) die
Fruchtzinse erheben.
Terrain, m. Platz, Raum; Bo=
den; (Erdboden; (Kriegsw.) Boden,
Feld, n.; fg. Boden, m.; gagner
du —, vorwärts kommen; fg. id.;
connaitre bien le —, fg. seine
Leute, die Lage der Dinge gut ken=
nen; —s, (Mal.) Boden=, Erd=
striche, m. pl.
Terral, m. (Seew.) Landwind.
Terraqué, e, adj. aus Erde und
Wasser bestehend; globe —,
Erdkugel, f.
Terrasse, f. Terrasse, Erdwall,
m.; Absatz; Altan; (Mal.) Vorder=
grund.
Terrassement, m. Art (f.), Auf=
führen (n.) von Erdwällen.
Terrasser, v. a. mit Erde über=
schütten, Erdanhäufungen machen ||
zu Boden werfen, schlagen; nieder=
werfen; fg. id.
†Terrasseur, m. Maurer der nur
rauh ausmauert.
†Terrasseux, se, adj. erdig (Mar=
mor). [rassenarbeiter.
Terrassier, m. Wallarbeiter, Ter=
Terre, f. Erde; — à pot, à potier,
Töpfererde, Thon, m. || Land, n.
Gegend, f. Erdstrich, m.; Feld, n.;
Landgut || Erde, f. Boden, m.; à
—, par —, auf die Erde, zu
Boden (fallen); sous —, unterir=
disch (Weg); travailler, agir sous
—, geheime Ränke schmieden || Erde,
f. Erdkugel; (Seew.) Land, n.; —
à —, nahe am Lande hin; (Reitsch.
2c.) nahe an der Erde hin; fg. be=
dachtsam, anspruchlos, ohne Ehr=
geiz; donner du nez en —, prov.
auf die Nase fallen; (cette affaire)

n'a pas touché à —, hat keinen
Anstand gelitten.
Terreau, m. (Gärtn.) Dünger=,
Dammerde, f.
Terrein, v. Terrain.
†Terre-neuve, f. Terra=Nova;
Neufoundland.
Terre-neuvier, m. et adj., vais=
seau —, Neufoundlandfahrer, m.
Terre-noix, f. (Bot.) Erdkastanie,
Erdnuß.
Terre-plein, m. Wallgang; die
erhabene Ebene.
Terrer, v. a. mit Thonerde bestrei=
chen; se —, sich in die Erde eingra=
ben. [lobte Land.
Terre sainte, f. das heilige, ge=
Terres australes, f. pl. Australien.
Terrestre, adj. irdisch.
†Terrestréités, f. pl. (Chym.) Er=
dige, n. die groben erdigen Theile.
Terreur, f. Schrecken, m.
Terreux, se, adj. erdig, voll Erde,
erdartig; (Juwel.) erdfarbig; goût
—, Erdgeschmad, m.
Terrible, adj.; -ment. adv.;
schrecklich, erschrecklich, furchtbar,
fürchterlich, entseßlich.
Terrien, m. ne, f. Güterbesißer,
m. =inn, f.; grand —, der große
Güterbesißer.
Terrier, m. et adj. m., papier —,
Lehenregister, n. Zins=, Lager=,
Grundbuch; —, m. Grube (f.), Bau
(m.) (eines Thieres); Dachshund.
†Terrification, f. Schrecken, n.
Niederschrecken.
†Terrifier, v. a. schrecken, in Schre=
cken seßen.
Terrine, f. Terrine, große Schüssel.
Terrinée, f. fm. eine Schüsselvoll.
Tertre, v. n. an das Land gehen
(Schildkröte); (Seew.) id. [m.
Territoire, m. Gebiet, n. Bezirk,
Territorial, e, adj. den Grund
und Boden betreffend.
Terroir, m. Grund, Boden.
†Terrorisme, m. Schreckensregie=
rung, f. [Terrorist.
†Terroriste, m. Schreckensmann;
Terser, v. Tercer.
Tertre, m. Hügel, Anhöhe, f.
Tes, pron. pl. deine.
†Tésin, m. Tessin (Canton und
Fluß der Schweiz).
Tesseaux, m. pl. (Seew.) Sah=
[lingen.
Tesson, m. zerbrochene Flaschen
oder Töpfe; Scherbe, f.
Test, m. (Chym.) Test, Treibherd;
Geschirr, worin man die Scheidung
vernimmt, n.; —, die harte Schale
der Muscheln, der Schildkröten, 2c.;
serment du —, (in England) Test=
eid, m. Religionseid.
Testacé, e, adj. (Naturg.) mit
einer Schale bedeckt; —, m. Schal=
thier, n.

Testament, m. Testament, n. der
leßte Wille; (Theol.) Testament, n.
Bund, m.
Testamentaire, adj. testamentlich.
Testateur, m. trice, f. Testirer,
m. Erblasser, =inn, f.
Tester, v. n. testiren, ein Testament
machen.
Testicule, m. (Anat.) Hode, f.
Geile.
Testif, m. Kameelhaar, n.
Testimonial, e, adj. Zeugniß ge=
bend; preuve —e, Beweis durch
Zeugen, m. Zeugenbeweis. [n.
Teston, m. ol. Kopfstück (Münze),
Têt, v. Tesson.
Tétanos, m. (Med.) Todtenkrampf.
†Têtard, m. (Naturg.) Frosch=
wurm; Alant (Fisch).
†Tétartophie, f. (Med.) das vier=
tägige Fieber.
Tétasses, f. pl. fm. schlaffe Brüste.
Tête, f. Kopf, m.; Haupt, n.;
— de mort, Todtenkopf, m.; ||
Hirn, n.; Haar || fg. Leben || Ver=
stand, m. Sinn, Vernunft, f. ||
Festigkeit; agir, payer de —, Kopf
zeigen, kaltblütig handeln; (c'est)
un coup de —, ein Wagstüd, ein
unbesonnener Streich; faire un coup
de sa —, nur nach seinem Kopfe
handeln; tenir, faire — à qn.,
einem die Spiße bieten, Widerstand
leisten; mettre un homme en — à
qn., einem einen Mann entgegen=
stellen; avoir qn. en —, einen zum
Gegner, zum Nebenbuhler haben ||
Spiße, f. Vordertheil, n. Gipfel
(der Berge), m.; Wipfel (der Bäu=
me); Anfang (eines Buchs); à la
—, an der Spiße; — de pont,
Brückenkopf, m. Brückenschanze, f.;
— d'une épingle, Nadelknopf, m.;
— de cerf, Hirschgeweih, n.; à
perruque, Haubenstod, m.; — à=
—, adv. et m. unter vier Augen, die
geheime Unterredung; crier à tue=
—, aus vollem Halse schreien.
†Tête-cornue, f. so viel als Bi=
dent, Gabelkraut, n.
Tête morte, f. (Chym.) Caput=
mortuum, n. was zurückbleibt nach
einer Destillation.
Téter, v. a. et n. saugen.
Tétière, f. Kinderhäubchen, n.;
(Sattl.) Kopfgestell.
Tétin, m. ol. Brustwarze, f. Biße.
Tétine, f. Euter, n.; Beule (auf
einem Küraß), f.; (Chir.) Brust=
Milchpumpe, Brustglas, n.
Téton, m. Brust (der Amme), f.
†Tétra, particule, vier.
Tétracorde, masc. die viersaitige
Leier.
Tétradrachme, f. (Alt.) Vier=
drachmenstück, n.
Tétradynamie, f. (Bot.) Klasse

von Pflanzen mit vier langen und
zwei kurzen Staubfäden.
Tétraèdre, *m.* (Math.) ein in vier
gleichseitige Dreiecke eingeschlossener
Körper.
Tétragone, *m.* (Math.) Viereck,
*n.; —, adj.* viereckig.
†Tétragynie, *f.* (Bot.) eine Klasse
von Pflanzen mit vier Staubwegen.
Tétralogie, *f.* (Alt.) Tetralogie,
Sammlung von vier Trauerspielen,
welche die Dichter zum Concurs boten.
Tétrandrie, *f.* (Bot.) eine Klasse
von Pflanzen mit vier Staubfäden.
†Tétrapétalé, e, *adj.* (Bot.) vier-
blätterig (Blume).            [terig.
†Tétraphylle, *adj.* (Bot.) vierblät-
Tétrarchie, *f.* Vierfürstenthum, *n.*
Tétrarque, *m.* Vierfürst.
Tétrastyle, *m.* (Alt.) Tempel mit
vier Säulen in einer Front; —, *adj.*
viersäulig.
Tette, *f.* Zitze (der Thiere).
Têtu, e, *adj.* starrköpfig; eigensin-
nig.      [turg.) Großkopf (Fisch).
†Têtu, *m.* Brechhammer; (Na-
Teutonique, *adject.* teutonisch,
deutsch.             [schrift, *f.*
Texte, *m.* Text; (Buchdr.) Text-
Textile, *adj.* spinnbar.
†Textuaire, *m.* (jur.) Text ohne
Noten; einer, der den Text wohl ver-
steht.      [ment, *adv.* wörtlich.
Textuel, le, *adj.* textmäßig; -le-
Texture, *f.* Gewebe, *n.; fg. id.,*
Art der Verbindung (eines Werks),
*f.*
Thaler, *m.* (Münzw.) Thaler.
†Thalie, *f.* Thalia (Muse).
Thaumaturge, *m.* Wunderthäter;
—, *adj.* wunderthätig.
Thé, *m.* (Bot.) Theepflanze, *f.;*
(Handl., *c.*) Thee, *m.;* Theegesell-
schaft, *f.*               [che).
Théatins, *m. pl.* Theatiner (Mön-
Théâtral, e, *adj.* theatralisch.
Théâtre, *m.* Theater, *n.* Schau-
platz, *m.;* Bühne, *f.; fg. id.;*
Schauspielkunst; Sammlung von
Schauspielen.
Thébaïde, *f.* Thebais (die Gegend
um das alte Theben in Aegypten).
Théière, *f.* Theekanne.
Théiforme, *adj.* (Med.) theeartig.
Théisme, *m.* Glaube an das Da-
seyn eines Gottes.
Théiste, *m.* Bekenner eines Got-
tes.                 [gabe, *f.*
Thème, *m.* Satz, Hauptsatz; Auf-
Thémis, *f.* (Myth.) Themis, Göt-
tinn der Gerechtigkeit.
Théocratie, *f.* Theokratie (Regie-
rungsform, wo Gott als Oberherr
angesehen wird).
Théocratique, *adj.* theokratisch.
Théodicée, *f.* Lehre von der Vor-
sehung.

†Théodore, *n. pr. m.* Theodor.
Théogonie, *f.* Lehre von den Ge-
schlechtern der Götter.
Théologal, *m.* Lehrer der Theologie
in einem Domstifte.
Théologal, e, *adj.* göttlich, geistlich.
Théologale, *f.* Stiftslehrerstelle.
Théologie, *f.* Theologie, Gottes-
gelehrtheit.              [gelehrte.
Théologien, *m.* Theolog, Gottes-
Théologique, *adj.; -ment, adv.:*
theologisch.                [Gottes.
†Théophanie, *f.* Erscheinung eines
†Théophilanthrope, *m.* Theophi-
lanthrop, Gottes- und Menschen-
freund.                [lanthropie.
†Théophilanthropie, *f.* Theophi-
†Théophilanthropique, *adj.* theo-
philanthropisch.
†Théophile, *n. pr. m.* Gottlieb.
Théopsie, *v.* Théophanie.
Théorème, *m.* (Math.) Lehrsatz.
Théoricien, Théoriste, *m.* Theo-
retiker.
Théorie, *f.* Theorie, Lehre.
Théorique, *adj.; -ment, adv.:*
theoretisch.               [Mystiker.)
†Théosophe, *m.* Theosoph (Art
†Théosophie, *f.* Theosophie.
Thérapeutes, *m. pl.* Therapeuten;
(alt.) jüdische Mönche.
Thérapeutique, *f.* Heilkunde.
†Thérèse, *n. pr. f.* Theresia, Therese.
Thériacal, e, *adj.* (Med.) theriak-
artig.                  [(Arznei).
Thériaque, *f.* (Med.) Theriak, *m.*
†Thériotomie, *f.* (Anat.) Zerglie-
derung der Thiere.
Thermal, e, *adj.,* eaux —es,
warme mineralische Wasser, Bäder.
†Thermantides, *f. pl.* (Min.) jede
dem unterirdischen Feuer ausgesetzte
Substanz.
Thermantique, *adj.,* remède —
ou —, *m.* (Med.) das wieder er-
wärmende Mittel.             [pl.
Thermes, *m. pl.* (Alt.) Bäder, *n.*
Thermidor, *m.* Hitzmonat.
Thermomètre, *m.* (Phys.) Wär-
memesser.       [ten (ein Engpaß).
†Thermopyles, *f. pl.* Thermopy-
Thésauriser, *v. n.* Schätze sammeln.
Thésauriseur, *m.* Schätzesammler.
Thèse, *f.* Satz, *m.;* Streitschrift,
*f.;* Streitübung.          [bewahrer.
Thesmothète, *m.* (gr. Alt.) Gesetz-
†Thessalonique, *f.* Thessalonich,
Salonichi (Stadt).
Théurgie, *f.* Theurgie, Zauberei
mit Hilfe guter Geister.
Théurgique, *adj.* theurgisch, zau-
berisch.              [Kühhaaren.
Thibaude, *f.* grobes Gewebe von
†Thibaut, *n. pr. m.* Theobald.
†Thie, *f.* ein kleines eisernes Fut-
teral, in welches die Spinnerinnen
die Spindel stecken.

†Thierry, *n. pr. m.* Dietrich.
†Thionville, *fém.* Dietenhofen
(Stadt), *n.*              [*n.*
Thlapsi, *m.* (Bot.) Taschenkraut,
†Tholus, *m.* (Bauk.) Kuppelhelm.
†Thomisme, *m.* (Theol.) Lehre der
Thomisten, *f.*
†Thomiste, *m.* (Theol.) Thomist.
Thon, *m.* (Naturg.) Thunfisch.
†Thonaire, *m.* Thunfischnetz, *n.*
†Thonine, *fém.* der eingesalzene
Thunfisch.
Thorachique, *adj.* zur Brust ge-
hörig; le canal —, Brustgang, *m.*
Milchabergang.
Thorax, *m.* (Anat.) Brust, *f.;*
Oberleib, *m.*
†Thrace (la), Thracien; le —,
Thracier, *m.; —, adj.* thracisch.
†Thran, *m.* (Handl.) Thran.
†Thrène, *masc.* (Alt.) Klage-,
Trauerlied, *n.*
†Thrénétique, *f. et adj.,* flûte
—, (Alt.) Trauerflöte, *f.*
†Thrénodie, *f.* (Alt.) Klage-,
Trauergesang, *m.*
Thrombe, *v.* Trombe.
Thrumbus, Thrombe, *m.* (Med.)
Adergeschwulst, *f.*
Thuia, Thuya, *m.* (Bot.) Lebens-
baum.           [der Schweiz), *n.*
†Thurgovie, *f.* Thurgau (Canton
Thuriféraire, *m.* (Kirch.) Rauch-
faßträger.                  [vinj).
†Thuringe, *f.* Thüringen (Pro-
Thym, *m.* (Bot.) Thymian.
†Thyroïde, *adj.,* la glande —,
Schildrüse, *f.*            [schußstab.
Thyrse, *f.* (Bot.) Thyrsus, Bac-
Tiare, *f.* (Alt.) päpstliche Krone.
Tibia, *m. lat.* (Anat.) Schien-
bein, *n.*
Tibial, e, *adj.,* (Anat.) muscle
—, Schienbeinmuskel, *m.*
Tic, *m.* Krippenbeißen (der Pfer-
de), *n.;* (Med.) Zucken; *fg. fm.*
die üble Gewohnheit.
Tic tac, Tik-tak, *n.*
Tiède, *adj.; -ment, adv.:* lau,
laulicht; *fg.* lau.
Tiédeur, *f.* Laulichkeit, Lauigkeit;
*fg.* Lauigkeit, Nachlässigkeit.
Tiédir, *v. n.* laulich werden.
Tien, ne, *pron.* dein, deine, dei-
nige; les —s, *m. pl.* Deinigen.
Tierce, *f.* Terze; (Buchdr.) Re-
vision; — major, (Spiel) große
Terz.            [der Raubvögel, *n.*
Tiercelet, *m.* (Jagd) Männchen
Tiercement, *m.* Steigerung um
ein Drittheil mehr, *f.*
Tiercer, *v. a.* (Landw.) zum drittenmal pflügen oder hacken; dreitha-
chen; in drei Theile abtheilen; —,
*v. n.* ein Drittel mehr bieten; (Theat,
*c.*) den Preis um ein Drittel erhöhen.

Tiezceron, m. (Bauf.) Bogenstück, n. [gel, m.
†Tiercine, f. (Dachd.) Drittelszie=
Tierçon, m. Drittelmaß (von füſ=
ſigen Sachen), n.; Seifenkiſte, f.
Tiers, m. Drittel, n.; Dritte, m.;
dritte Mann; le — et le quart, fm.
jedermann; —, tierce, adj., le
tiers état, Bürgerſtand, m.; fièvre
tierce, (Med.) das breitägige Fie=
ber. [punkt; Dreiſtichgewölbe, n.
Tiers-point, m. (Bauf.) Drei=
†Tiers-poteau, m. (Zimm.) Drei=
lingsbiele, f.
Tige, f. Stängel, m.; Stiel; Stau=
(Mech.) Spindel, f. Achſe; Röhre;
— de la clef, Schlüſſelrohr, n.;
—, (Bauf.) Fuß (einer Säule), m.;
(Geneal.) Stamm; Schaft.
†Tigé, e, adj. (Bot.) mit einem
Stängel eder Stamme von verſchie=
dener Farbe.
Tigette, f. (Bauf.) Schaft des
Knaufes an der korinthiſchen Säule,
m. [Perrücke.
Tignasse, f. pop. Axel, ſchlechte
Tignon, m. pop. Hinter=, Na=
ckenhaar (der Weiber), n.; eine Art
Weiberhaube, f. [kräuſeln.
Tignonner, v. a. die Hinterhaare
Tigre, m. sse, f. Tiger, m. =inn,
†Tigre, m. Tigerfluß. [f.
Tigré, e, adj. getigert, tigerſledig.
Tilbury, m. leichtes unbedecktes
Fuhrwerk, n. [Linden.
†Tiliacées, f. pl. die Familie der
Tillac, m. (Seew.) Oberverded,
n. Verded. [Hammerbeil, n.
Tille, f. (Bot.) Lindenbaſt, m.;
Tille, f. Baſt, Flachsrinde.
Tiller, v. a. Hanf od. Flachs bre=
chen, ſchwingen.
Tilleul, m. (Bot.) Linde, f.
Tilleur, m. se, f. Hanfbrecher,
m. =inn, f.
Timar, m. Sold des Timarioten.
Timariot, m. (Türk.) Timariot
(Soldat der Lehengüter beſißt).
Timbale, fém. (Muf.) Pauke,
Keſſelpaufe; faire bouillir la —,
(Kriegsw.) kochen; —, Tümmler
(Art Becher), m.; eine Art Nadel.
Timbalier, m. Paukenſchläger.
Timbre, m. Glocke edne Klöppel,
f.; der helle Klang, Klang (auch
fg.); Helm (auf dem Schilde); il a
le — fêlé, fm. er iſt geſchoſſen; —,
(Muf.) Bodenfaite, f.; Stämpel
m.; Stämpelgeld, n.
Timbrer, v. a. ſtämpeln; (Wapp.)
helmen; papier timbré, Stämpel=
papier, n.; il est timbré, fm. er
iſt ein Narr, er hat einen Sparren
zu viel.
Timbreur, m. Stämpler.
Timide, adj.;=ment, adv.= furcht=
ſam, ſchüchtern, blöde, ängſtlich.

Timidité, fém. Furchtſamkeit,
Schüchternheit, Blödigkeit.
Timon, m. Deichſel, f.; (Schifff.)
Steuerruder, n.; fg. Ruder.
Timonnier, m. Deichſelpferd, n.;
(Schifff.) Bootsmann am Steuer=
ruder, m.
Timoré, e, adj. furchtſam, ängſtlich.
†Timothée, n. pr. m. Timotheus,
Fürchtegott.
Tin, m. Stapelholz (worauf der
Keil eines zu bauenden Schiffes ru=
het), n. [gehörig.
Tinctorial, e, adj. zum Färben
Tine, f. Zuber, m.
†Tinct, m. (Meßg.) Wellbaum.
Tinette, f. der kleine Zuber, Stän=
der. [m.
Tintamarre, m. Getöſe, n. Lärm,
Tintamarrer, v. n. Getöſe, Lärm
verurſachen.
Tintement, m. Nachklang; An=
ſchlag (einer Glocke); Klingen, n.
Geklingel, Brauſen, Ohrenklingen.
Tintenague, v. Toutenague.
Tinter, v. a. mit dem Klöppel an
die Glocke ſchlagen; —, v. n. an=
ſchlagen, klimpern; (v. den Ohren)
klingen. [fg. fm. Unruhe, f.
Tintouin, m. Ohrenbrauſen, n.;
†Tipule, f. Schnacke, Erdſliege.
Tique, f. Schaflaus, Zecke.
Tiquer, v. n. in die Krippe beißen.
Tiqueté, adj. geſprenkelt (Nelke).
Tiqueur, m. Krippenſeßer, Krip=
penbeißer (Pferd).
Tir, m. Schußlinie, f.; Schuß,
m. Schießen, n.
Tirade, f. Reihe, Gedankenreihe;
Stelle; m. p. Gemeinplaß, m.;
(Muf.) Sprunglauf.
Tirage, m. Ziehen, n.; Ziehung
(der Lotterie), f.; Leinſtraße (an
Flüſſen); (Buchdr.) Abziehen, n.
Abdruck, m.; Druckerlohn.
Tiraillement, m. Zerren, n. Rei=
ßen; — d'esprit, fg. Seelenpein, f.
Tirailler, v. a. zerren, zupfen, her=
umzerren, zauſen; —, v. n. (Kriegs=
wiſſ.) oft ſchießen, plänkeln.
Tiraillerie, f. (Kriegsw.) Geplän=
kel, n. [ter.
Tirailleur, m. (Kriegsw.) Plänk=
Tirant, m. Zugſchnur, f. Schnur;
Strippe, Zugband (am Stiefel), n.;
Spannſchnur (einer Trommel), f.;
Sehne; (Kochf.) Haarwachs, n.;
(Bauf.) Zugband; (Zimm.) Hah=
nenbalken, m.; (Schifff.) Waſſerzug.
Tirasse, f. (Jagb) Streichgarn, n.
Tirasser, v. a. (Jagb) ſtreichen.
Tire, f. (Fabr.) Zug, m.; tout
d'une —, in Einem Zuge, nach ein=
ander.
Tiré, e, adj., un visage —, ein
hageres, eingefallenes Geſicht; —,
s. m. die Jagb mit der Flinte.

Tire-balle, m. Kugelzieher.
Tire-botte, m. Stiefelzieher.
Tire-bouchon, m. Korkzieher.
†Tire-boucler, m. Bandart, f.;
Bundart.
Tire-bourre, m. Kräßer, Kugel=
zieher.
Tire-bouton, m. Knopfhaken.
†Tire-clou, m. Deckhammer.
—, ſehr ſchnell. Flügelſchwung; à
†Tire-dent, m. Zahnzange, f.
†Tire-fiente, m. (Landw.) Miſt=
haken. [zieher.
Tire-fond, m. Zugbohrer, Boden=
†Tire-laine, m. Straßenräuber,
Manteldieb.
Tire-laisse, f. die vergeblich ge=
machte Hoffnung.
Tire-larigot (boire à), pop. über=
mäßig trinken.
Tire-ligne, m. Reißfeder, f.; fg.
mépr. Linienzieher, m.
Tirelire, f. Sparbüchſe.
Tire-moelle, m. Markzieher.
Tire-pied, m. Knieriemen.
†Tire-plomb, m. Bleizug.
†Tire-pus, m. (Chir.) Eiterpum=
pe, f.
Tirer, v. a. ziehen; (einen Stuhl)
herbeiziehen; (die Zunge) heraus=
ſtrecken; (Feuer aus einem Steine)
ſchlagen; (Waſſer) ſchöpfen; (Wein)
zapfen; — du sang à qn., einem
Blut abzapfen, zur Ader laſſen;
(eine Kuh) melken; — quinze pieds
d'eau, (Schifff.) fünfzehn Fuß tief
im Waſſer gehen; — l'eau, (Schifff.)
leck ſeyn; Waſſer ziehen, einziehen ||
ziehen, abs. ausziehen (Ware, x.);
(Geld) nehmen; (Steine) brechen;
(Gold, x.) graben, zu Tage fördern;
(on ne peut le) — de là, davon
abbringen; —, (e. einem Orte) weg=
ziehen, wegbringen; (aus der Gefahr)
befreien; (Nachrichten) herausbrin=
gen; (einen Wechſel) ziehen, aus=
ſtellen; (Waaren) beziehen; fg. (eine
Stelle, x.) ziehen, ausziehen, ſchöp=
fen || ziehen, ſtrecken, recken, dehnen,
ſpannen; (den Vorhang) weg=, auf=
ziehen; (Mal.) einen abmalen; —
en plâtre, in Gyps abformen; —,
(Buchdr.) abziehen, abdrucken ||
(Flinten, x.) ſchießen, abs. los=
ſchießen, losbrennen; (Kanonen)
abbrennen; —, v. n. ziehen; ſchießen;
— sur, (v. Farben) fallen in...; —
à conséquence, Folgen haben; —
au sort, loofen; — des armes, fech=
ten; — à la mer, in die See ſtechen.
Tiret, m. Schnur, f. Actenſchnur;
(Gramm.) Bindezeichen, n. Thei=
lungszeichen (-).
Tiretaine, f. eine Art greben halb=
wollenen Zeuges.
†Tire-terre, m. Erdhaue, f.

Tire-tête, *m.* (Chir.) Kopfzieher.
†Tirette, *f.* (Schuhm.) Leistenleder, *n.*; (Distill.) Sperrscheibe, *f.* Sperrblech, *n.*; (Chym.) Pfropf zur Verstopfung der Register, *m.*
Tireur, *masc..* Zieher; Schütze; (Handl.) Trassent.
Tiroir, *m.* Schublade, *f.*; piéces à —, unzusammenhängende Schauspiele.
Tironien, ne, *adj.* (Alt.) tironisch; caractéres —s, Abkürzungszeichen, *n. pl.*
†Tirtoir, *m.* (Küf.) Reifzwinge, *f.*
Tisane, *f.* (Med.) Trank, *m.* Holz-, Kräutertrank; *ol.* Gerstenwasser, *n.*
Tisart, *m.* Schürloch, *n.*
†Tiseur, *m.* (Glash.) Schürer, Feuerknecht.
Tison, *m.* Feuerbrand; Brand; *fg.* — de discorde, Zankteufel (v. Menschen); Zankapfel.
Tisonné, e, *adject.* brandfleckig (Pferd).
Tisonner, *v. n.* das Feuer schüren.
Tisonneur, *m.* se, *f.* Schürer, *m.* -inn, *f.* —
Tisonnter, *m.* Schürhaken.
Tissage, *m.* Weben, *n.*
Tisser, *v. a.* weben, wirken.
Tisserand, *m.* Weber; — en laine, Wollenweber.
Tisseranderie, *f.* Weberei.
Tissu, e, *adj.* gewebt, gewirkt; —, *m.* Gewebe, *n.* Gewirke, Geflecht; *fg.* Gewebe, Kette, *f.*; Anordnung, Einrichtung.
Tissure, *f.* Gewebe, *n.* Weben, Wirken; Weberarbeit, *f.*
Tissutier, *m.* Bortenwirker.
Tistre, *v. n.* (alt, statt tisser), Stammwort von tissu.
†Titane, *m.* (Miner.) Titan, *n.* (Metall).
Titans, *m. pl.* (Myth.) Titanen, Himmelsstürmer.    [*f.*
Tithymale, *m.* (Bot.) Wolfsmilch,
Titillation, *f.* Kitzel, *m.*
Titiller, *v. n. et a.* kitzeln, prickeln.
Titre, *m.* Titel; Aufs; Ueberschrift, *f.*; Titelblatt, *n.* || Urkunde, *f.*; Recht, *n.*; à — de, als; à juste —, mit allem Fug und Recht; (avoir) des —s à, Ansprüche auf...; à — onéreux, unter einer lästigen Bedingung; —, (Münzw.) Gehalt, *m.*; Feingehalt; en — d'office, *m. p.* ausgemacht, allgemein bekannt (Schelm).
Titrer, *v. a.* betiteln; homme —é, eine hohe Standesperson.
Titrier, *m. ol.* Urkundenbewahrer (in Klöstern); *m. p.* Urkundenmacher.
Titubation, *f.* (Astr.) Schwanken der Erde um die Pole der Ekliptik, *n.*

Titulaire, *adj.*, conseiller —, *m.*; —, *m.* der wirkliche Besitzer.
†Tmése, *f.* (Gramm.) Tmesis, Trennung eines zusammengesetzten Wortes.    [Toast.
Toast, Toste, *m.* Trinkspruch;
†Tobie, *n. pr. m.* Tobias.
†Toc, *m.*, jeu du —, Toccateglispiel, *n.*
Tocane, *f.* Vorlaßwein, *m.*
Tocsin, *m.* Sturmglocke, *f.*
†Toga, *f.*
Toi, *pron.* du, dich, dir.
Toile, *f.* Leinwand, Tuch, *n.*; la grosse —, Sackleinwand, *f.*; — de coton, Kattun, *m.*; — peinte, indische gemalte Zeug; — cirée, Wachstuch, *n.*; —, (Theat.) Vorhang, *m.*; (Kriegsw.) Zelt, *n.*; — d'araignée, Spinnengewebe; —s, Jagdtücher, *pl.*; Garne.
Toilé, *m.* Grund (in den Spitzen).
Toilerie, *f.* Leinen-, Zeugwaare.
Toilette, *f.* Putztischtuch, *n.*; Putztischgeräth (Büchsen, *c.*), Putztisch, *m.*; plier la —, *prov.* ein-, aufpacken; — Putz, *m.*; faire sa —, sich putzen, sich ankleiden.
Toilier, *m.* ére, *f.* Leinwandhändler, *m.* -inn, *f.*
†Toinette, Toinon, *dim. n. pr. f.* Antonie, Antonia.
Toise, *f.* Klafter; *n.*; Klaftermaß (Bergw.) Lachter, *f.*; à la —, nach dem Klafter.
Toisé, *m.* Ausmessung nach Klaftern und Schuhen; *f.*
Toisé, e, *adj. fm.* abgemacht, abgethan.
Toiser, *v. a.* mit dem Klaftermaß ausmessen; *fg.* (einen) ins Auge fassen.
Toiseur, *m.* Ausmesser.
Toison, *f.* Scherwolle; Fell mit der Wolle, *n.*; — d'or, das goldene Vließ.
Toit, *m.* Dach, *n.*; — de chaume, Strohdach; —, *fg.* Dach, Haus; — à cochons, Schweinkofer, *m.*
Toiture, *f.* Dach, *n.*; (neu) Dachbau, *m.* Bedachung, *f.*
Tôle, *f.* Eisenblech, *n.*
†Tolède, Toledo (Stadt).
Tolérable, *adj.*; - ment, *adv.*: erträglich, leidlich.
Tolérance, *f.* Duldung, Nachsicht.
Tolérant, e, *adj.* duldsam.
Tolérantisme, *m.* Religionsduldung, *f.*
Tolérer, *v. a.* dulden, ertragen.
Tôlé, *m.* Tolé, *lat.*, crier —, *fm.* Zeter schreien (sur, über).
Toman, *m.* Toman (persische Rechnungsmünze von 46 Fr.)    [apfel.
Tomate, *f.* Liebesapfel, *m.* Gold-

Tombac, *m.* Tombak.
Tombe, *f.* Grabstein, *m.*; Grab, *n.*
Tombée, *f.*, à la — de la nuit, bei einbrechender Nacht.
Tombeau, *m.* Grabmahl, *n.* Grab.
Tombelier, *m.* Kärrner.
Tomber, *v. n.* fallen, niederfallen; einfallen (Mauer); zufallen (Deckel); herfallen; einschlagen (Blitz); verfallen (Haus); herabhängen (v. Haar); —, *fg.* fallen, zusammenstürzen; *fg.* fallen, verfallen; — en décadence, in Verfall gerathen; — malade, krank werden; erkranken; — d'accord, zugeben; — sous les sens, einleuchten, in die Sinne fallen; — de son haut, sehr erstaunen; — dans l'esprit, einfallen; le vent est tombé, der Wind hat sich gelegt; le jour tombe, der Tag neigt sich.
Tombereau, *m.* Karren, Schubkarren; Karrenvoll.
Tome, *m.* Band, Theil.
†Tomelline, *f.* Tomellin, *n.* einer der färbenden Theile des Blutes.
†Tomme, *f.* Quark, Geronnene, *n.*

Ton, *m.* Ton, Klang, Laut; Stimme, *f.*; (Muf.) Tonart; Ton, *m.*; *fg.* Ton; Art, *f.* Weise, Fuß, *m.*; se donner des —, *fg.* sich ein Ansehen geben; changer de —, *fg.* einlenken; le prendre sur un — de fierté, einen stolzen Ton anstimmen; être au — de qn., einerlei Denkungsart, *c.*, mit einem haben; se mettre au — de qn., in eines Ton einstimmen; prendre des —s, sich ein Ansehen geben; —, (Med.) Spannung, *f.* Ton, *m.*
Ton, *pron.* dein, deine.
Tonarion, *m.* (Alt.) Tonflöte, *f.*
Tondaille, *f.* Scherwolle, Schafschur.
Tondaison, *f.* Schurzeit.
Tondeur, *m.* Schafscherer, Tuchscherer.
†Tondin, *m.* (Bauk.) Reifchen, *n.* Rundstab, *m.* (Bleig.) Röhrenform, *f.* [stutzen, beschneiden.
Tondre, *v. a.* scheren; (Haag)
Tondu, *m. fm.* Scherkopf.
†Tonicité, *f.* (Med.) Ton, *m.* Spannkraft, *f.*
Tonique, *adj.* (Med.) spannend; stärkend; note — ou —, *f.* (Muf.) Tonica, *f.* Grundton, *m.*; —, *m.* (Med.) Stärkungsmittel, *n.*
Tonlieu, *m.* Platzgeld, *n.* Marktgeld.
Tonnage, *m.* (Handl.) Tonnengeld, *n.*; (Seew.) Tonnenzahl, *f.*
Tonne, *f.* Tonne.
Tonneau, *m.* Tonne.
Tonnant, e, *adj.* donnernd; voix —e, Donnerstimme, *f.*

Tonne, f. Tonne.
Tonneau, m. Tonne, f. Faß, n.; (Seew.) Tonne (Last von 20 Centnern), f.
Tonneler, v. a. (Jagd) mit einem Garne fangen.  [Reifrock.
Tonnelet, m. (Theat.) eine Art
Tonneleur, m. Rebhühnerfänger.
Tonnelier, m. Faßbinder, Küfer, Böttcher.
Tonnelle, fém. Sommerlaube; (Jagd) Rebhühnergarn, n.
Tonnellerie, f. Böttcherhandwerk, n.; Böttcherwerkstätte, f.
Tonner, v. n. et impers. donnern.
Tonnerre, masc. Donner; coup de —, Donnerstreich, -schlag; —, Blitz, Wetterstrahl; (Büch.) Pulversack.  [scheln).
Tonnes, f. pl. Seetonnen (Mu-
†Tonsille, f. (Anat.) Mandel, Halsmandel.  [Platte, Tonsur.
Tonsure, f. (Kath.) Hauptschur.
Tonsurer, v. a. qn., einem eine Platte scheren.
Tonte, f. Schafschur; Scherwolle.
†Tontice, adj., bourre —, Scherwolle, f.  [Leibrente.
Tontine, f. Tontine, wachsende
Tontinier, m. ère, f. Theilhaber (m.), -nim (f.) an einer Tontine.
Tontisse, f. et adj., papier —, die Tapete von Scherwolle, bestreute Tapete.
Tonture, f. Scheren, n.; Beschneiden der Hecken; Scherflocken; f. pl.
†Tope, interj. topp! wohlan!
Toper, v. n. topp sagen, einschlagen.  [f.
Topinambour, m. (Bot.) Erdbirn,
Topique, adj. (Med.) örtlich; topisch; —, m. das örtliche Mittel; —s, (Rhet.) Topit, f. eine Abhandlung von den Gemeinplätzen.
Topographie, f. Ortsbeschreibung;
Topographie.  [phisch.
Topographique, adject. topographisch.
Toque, f. Faltenmütze.
Toquer, v. a. vi. beleidigen.
Toquet, m. Kinder-, Weiberhaube, f.
Torche, f. Fackel || Wisch, m.; die Rolle Draht; — ou — -pinceau, m. (Mal.) Pinsel-, Wischlappen, m.  [fg. fm. Wisch.
Torche-cul, m. pop. Arschwisch;
Torche-nez, m. (Schmied.) Bremse, f. Pferdzange.  [Braunmeise, f.
†Torche-pot, m. (Natur.) Specht;
Torcher, v. a. abwischen; scheuern; (Maur.) mit Lehm bewerfen, verkleiden.
Torchère, f. Fackelstuhl, m.
Torchis, m. (Maur.) Kleiberlehm.
Torchon, m. Wischlappen; fg. pop. Schmutznickel.

†Torciner, v. a. das Glas winden.
†Torcol, m. Wendehals, Drehhals (Vogel).
Tordage, m. das einfache Zwirnen.
†Tordeur, m. Zwirner, Wollbreher.  [Blattwickler (Raupe), m.
†Tordeuse, fém. Wollbreherinn;
Tordre, v. a. drehen, winden, auswinden; verdrehen, ab-, um-, zusammendrehen; (das Gesicht) verziehen, verzerren; biegen; (Faden) zwirnen.
Tore, m. Pfühl (an Säulen).
Tormentille, f. Blutwurz, Rothwurz, Siebenfingerkraut, n.
Toron, m. Litze, f. vierfädige Schnur.
Torpeur, f. (Med.) Erstarrung, f. Betäubung.
Torpille, f. (Natur.) Krampffisch, m. Zitteraal.
†Torque, f. die Rolle Messingdraht.
†Torquer, v. a. (Tabak) spinnen.
Torquet, m., donner le — à qn., pop. einem eine Nase drehen.
Torquette, f. Bündel Seefische, m.; — de tabac, gerollte Tabaksblätter, n.
†Torqueur, m. Tabaksspinner.
Torréfaction, f. (Chym.) Rösten, n. Ausdörren.
Torréfier, v. a. (Chym.) rösten, dörren, ausdörren.
†Torrein, m. eine Masse fremdartigen Stoffes in einem Schieferblock.
Torrent, m. Strom, Waldstrom, Gießbach.  [strich).
Torride, adj. (Geogr.) heiß (Erd-
Tors, e, adj. gedreht, umgedreht, verdreht; gezwirnt; gewunden; torte, verdreht, verwachsen.
Torsade, f. die gedrehte Franse.
Torse, m. (Alt.) Rumpf einer verstümmelten Bildsäule, Torso.
†Torser, v. a. une colonne, (Bauk.) die Windungen um eine Säule machen.
Tort, m. Unrecht, n.; Schaden, m.; faire —, Unrecht thun, Schaden zufügen, schaden; à —, mit Unrecht; à — et à travers, in den Tag hinein, ins Gelag hinein.
Torte, v. Tors.
Tortelle, f., v. Vélar.
Torticolis, m. (Med.) ein steifer, krummer Hals; —, adj. krummhalsig, Krummhals, m.
†Tortile, adj. (Bot.) gedreht, gewunden.  [Geschwätz, Zeug.
Tortillage, m. fm. das verwirrte
Tortillement, m. Drehen, n. Winden; fg. fm. Winkelzug, m.
Tortiller, v. a. winden, flechten; zusammendrehen; —, v. n. fg. sich drehen und wenden.
Tortillère, f. Schlangenpfad, m.

†Tortillis, m. der gewundene Zierath.
Tortillon, m. Wulst, Haarwulst.
Tortionnaire, adj. (jur.) ungerecht.
Tortis, m. zusammengedrehte Fäden.
Tortoir, m. Knebel.  [den.
Tortu, e, adj. krumm, übel gewachsen; fg. verkehrt.
Tortue, f. Schildkröte; (Alt.) id., Sturmdach, n.  [men.
Tortuer, v. a. krumm machen, krümmen.
Tortueux, se, adj.; -sement, adv.: krumm; fg. id.; gewunden, verborgen (Falten).
Tortuosité, f. Krümme.
Torture, f. Tortur, Folter, Marter; fg. id.; être à la —, auf der Folter seyn; mettre à la —, auf die Folter spannen, foltern; fg. id.; se donner la —, sich den Kopf zerbrechen.
Torturé, e, adj. gefoltert.
Torturer, v. a. fm. verdrehen.
†Toruleux, se, adj. (Bot.) höckerig.
Tory, m. (pl. Tories), Tory, Anhänger des Hofs und der Aristokratie (in England).
Toscan, e, adj. toskaner, m. -inn, f.; —, adj. toskanisch.
†Toscane (la), Toskana (Land).
†Toste, f. Ruderbant.  [trinken.
Toster, v. a. et n. Gesundheit
Tôt, adv. bald, frühe; sitôt que, sobald als.  [ganz, gänzlich, völlig.
Total, e, adj.; -ement, adv.: ganz,
Totalité, f. Ganze, n.; die ganze Summe, Gesammtheit.
Toton, m. Drehwürfel.
Touage, m. (Seew.) Bugsiren, n.
Touaille, f. Hand-, Rolltuch, n.
Touc, v. Toug.
Toucan, m. Pfefferfresser (Vogel).
Touchant, e, adj. rührend, beweglich, fm. herzbrechend; —, prép. betreffend, in Rücksicht auf.
Touchante, v. Tangente.
†Touchau, m. Probier-, Streichnadel, f.
Touche, f. (Lautenm.) Griff, m. Griffbrett, n.; —s, Tasten (eines Claviers, c.); f. pl. || Strich, m.; pierre de —, Probierstein || (Zeichn.) Züge, m. pl. Striche, Ausdruck, m.; fg. id., Züge, pl.; (Buchdr.) Auftrag der Druckerfarbe, m. || Griffel || (Handl.) Ochsenherde, f.
Toucher, v. a. berühren, anrühren, anfühlen, befühlen, betasten; (eine Herde, c.) treiben; zufahren (Kutscher); — une île, an einen Insel landen; — un port, in einem Hafen landen; (Gold, c.) probiren; (Clavier, c.) spielen; (Geld) einnehmen, erheben; à la forme, (Buchdr.) die Farbe auftragen, fg. rühren, bewegen; angehen, be-

treffen, nahe seyn; (einen Gegenstand)
berühren; —, v. n. reichen, stoßen;
— dans la main, einschlagen; tou-
chez-là, schlaget ein; —, (Seew.)
aufstoßen, stranden; se —, sich be=
rühren, an einander stoßen, liegen.
Toucher, m. Gefühl, n.; Fühlen;
(Muf.) Spiel.                     [still!
Tou-coi, m. (Jagd) still, Hund;
Toue, f. (Seew.) Bugsiren, n.;
eine Art Kahn.
Touée, f. Verholen (eines Schif=
fes), n.; die Länge eines Schiffseiles
von 120 Klaftern (oder etwa 240
Meter).
Touer, v. a. (Seew.) bugsiren.
Touffe, f. Busch, m. Büschel; —
de cheveux, Haarbüschel.
Touffeur, f. der heiße Dunst;
Qualm.
Touffu, e, adj. buschig, dick be=
laubt.                           [Fahne.
Toug, m. (Türk.) Roßschweif (Art
Toujours, adv. immer, stets, un=
unterbrochen, allezeit; unterdessen,
allenfalls; immerhin.
†Toulousain', m. e, f. der, die
aus Toulouse gebürtig ist.
Toupet, m. Büschel, Haarbüschel,
Schopf, Stirnhaar, n.
. Toupie, f. Kreisel, m.
Toupiller, v. n. treiseln; fg. fm.
herumlaufen ohne Ursache.
. Toupillon, m. Büschelchen, n.
Toupin, m. (Seil.) Lehre, f.;
Hoofd, n. Leitholz.
Tour, m. Umlauf, Kreislauf; à —
de roue, langsam; un — de roue,
fg. einen Büchsenschuß weit; —
Krümmung, f.; à — de bras, aus
allen Kräften; en un — de main,
fm. wie man eine Hand umwendet,
in einem Augenblick; faire un —
einen Gang machen; — de promenade, Spaziergang, m.; —, (Spiel)
Parthie, f.; faire un —, einmal
herumspielen || Umfang, m.; Um=
kreis; faire le — du — etw.
herumgehen, etwas umfahren, um=
schiffen; faire son — de France, in
Frankreich herumziehen (Handwer=
ker); — de visage, Gesichtsbildung,
f.; — de lit, Bettumhang, f.;
(cette tenture) a tant d'aunes de
—, ist so und so viel Ellen lang;
de cou, Kragen, m.; — de gorge,
Busenstreifen; — de cheveux,
Haarauffaß || Kunststück, n.; — de
force, id.; —, Streich, m. Possen=
streich; faire un —, einen Streich
spielen || Wendung (einer S.), f.;
Schwung (eines Sazes), m.; fg.
id.; — d'esprit, Darstellungsgabe,
f. || Reihe; — à —, der Reihe nach,
wechselsweise || (Dreh.) Drechsel=
bank, f.; fait au —, gedrechselt;
fg. wie gedrechselt; travailler au

—, brechseln; —, (Bäck.) Wirk=
tisch, m.; (Past.) Wirkbrett, n.;
(Mech.) Winde, f. Rolle || Dreh=
lade (in Klöstern); — de reins,
(Med.) Verrenkung im Kreuze.
Tour, f. Thurm, m.
Touraillon, m. (Bierbr.) Malz=
febricht, n.                     [Tours, n.
†Touraine (la), Gebiet der Stadt
†Tourangeau, m. der aus Tours
oder dem Gebiete gebürtig ist.
Tourbe, f. Torf, m.; Haufen;
Schwarm.                         [tend.
Tourbeux, se, adj. Torf enthal=
Tourbière, f. Torfgrube.
Tourbillon, m. Wirbel, Wirbel=
wind.                           [ (Wind).
Tourbillonner, v. n. wirbeln
Tourd, m. (Drosselfisch, Lippfisch,
Meeramsel, f.                   [grau.
Tourdille, adj., gris —, drossel=
Tourelle, f. Thürmchen, n.
†Tourer, v. a. (Past.) rollen.
Touret, m. (Mech.) Rädchen, n.;
Kinnhaken, m. Ring.
†Tourette, f. (Bot.) Thurmkraut,
n.                             [ wasserfrug.
†Tourie, f. der (große) Scheide=
Tourière, f. Klosterpförtnerinn.
Tourillon, m. Zapfen.
Tourmaline, fém. Aschenzieher
(Stein), m.
Tourment, m. Pein, f. Qual,
Plage, Marter, Schmerz, m. Kum=
mer.                           [ herumstreifen.
Tourmentant, e, adj. quälend.
Tourmente, fém. Sturm,
Sturm.
Tourmenter, v. a. quälen, mar=
tern, peinigen; — qn., einem be=
schwerlich fallen; —, (ein Schiff)
hin und her bewegen; heftig erschüt=
tern; se —, sich abarbeiten, fg. sich
quälen.               [stürmisch (Gegend).
Tourmenteux, se, adj. (Seew.)
Tourmentin, m. (Seew.) Bog=
sprietstenge, f.; (Naturg.) Sturm=
vogel.                        [ herumstreifen.
Tournailler, v. n. (Jagd, 2c.) fm.
Tournant, m. Krümme, f. Bie=
dung; Ecke; (Mech.) Walze; Mühl=
gang, m.; Wasserwirbel, Strudel
(in Flüssen, 2c.):
Tournant, e, adj. umlaufend, sich
herumdrehend.                  [sern.
†Tournasser, v. n. (Töpf.) ausbes=
†Tournay, Dornik (Stadt).
†Tourne-à-gauche, m. (Schloff.)
Schraubenschlüssel.           [born, m.
†Tourne-bout, m. (Muf.) Krum=
Tournebride, m. Bedientenher=
berge, f.
Tournebroche, m. Bratenwender.
Tournée, f. Reise, Amtsreise,
Umreise, Umfahrt; Umgang, m.
Gang.
†Tourne-feuillet, m. Blattwender.

†Tourne-fil, m. Wetzstahl.
†Tourne-gants, m. Wendestock.
Tournelle, f. vi. Thürmchen, n.;
(jur.) eine Kammer des Parlaments.
Tournemain, m., en un —, fg.
wie man eine Hand umwendet.
†Tourne-pierre, m. Steindreher
(Vogel).
Tourner, v. a. drehen, wenden,
umwenden, umdrehen, umtreiben;
schwenken, drüben, kehren; (Karten)
um, aufschlagen; — de côté, ab=
beugen, abbiegen; —, (Kriegsw.)
umgehen, überflügeln; (Dreh.) drech=
seln; fg. drehen, wenden; richten,
lenken; (Gedanken) ausdrücken; —,
v. n. et se —, sich drehen, herum=
gehen; umschlagen (Kranker); verder=
ben, abstehen (Wein); sich färben
(Obst); fg. gereichen, ausschlagen (à,
zu); — à tout vent, den Mantel
nach dem Winde hängen; — en
habitude, zur Gewohnheit werden;
la tête lui tourne, es wird ihm
schwindelig; l'esprit lui —é, er
hat den Kopf verloren; bien —é,
e, wohlgebaut; mal —é, verkehrt
(Geist); bien, mal —é, gut, schlecht
gelegen; eingerichtet (Haus).
Tournesol, m. (Bot.) Sonnen=
blume, f.; Lackmuspflanze; Lack=
mus, m.
†Tournette, f. Garnwinde.
Tourneur, m. Dreher, Drechsler.
†Tourne-vent, m. (Bauf.) Rauch=
schirm.        [Anker zu lichten, n.
†Tournevire, f. (Seew.) Tau den
Tournevis, m. (Schloff.) Schrau=
benschlüssel, Schraubenzieher.
†Tournille, f. Maschenhäkchen, n.
†Tourniolle, f. das leichte Nagel=
geschwür.
Tourniquet, m. Drehkreuz, n.
Weghaspel, m.; (Schleff.) Vorrei=
ber, Wirbel, Reiber; Ringschraube,
f.; (Chir.) Aderpresse; (Org.) Stim=
horn, n.
Tournis, m. Drehkrankheit (der
Wollthiere), f.
Tournisse, f. (Zimm.) Füllpfo=
sten, m. Zwischenständer.
Tournoi, m. Turnier, n.
Tournoiement, m. Winden, n.
Drehen; Strudel, m. Wirbel (im
Waffer); — de tête, (Med.) Schwin=
del.
Tournoir, m. (Kartenm.) Zerthei=
lungsmaschine, f.; — ou Tournoire,
f. (Töpf.) Drehstock, m. Triebel.
Tournoyer, v. n. sich herumdrehen;
im Kreise herumgehen; wirbeln, stru=
deln (Waffer, 2c.); fg. sich krüm=
men und wenden.
Tournure, f. Wendung, Drehkunst,

†Touron, *m.* (Zuckerb.) Mandel-
berg; (Stil.) *v.* Toron. [*m.*
Tourte, *f.* Torte; (Glash.) Herd,
Tourteau, *m.* (Feuerw.) Pechkranz.
Tourtereau, *m.* Turteltäubchen, *n.*
Tourterelle, Tourtre, *f.* Turtel-
taube; — des Indes, Lachtaube.
Tourtière, *f.* Tortenpfanne.
†Tourtoire, *f.* (Jagd) Klopfstä-
chen, *m.*
Tourtre, *f.* die eßbare Turteltaube.
Touselle, *f.* (Landw.) Sommer-
weizen, *m.*
Toussaint, *f.* Allerheiligen (Fest).
Tousser, *v. n.* husten; sich räuspern.
Tousserie, *f.* Husten, *n.* Gehuste.
Tousseur, *m.* Huster.
Tout, e, *adj.* ganz, völlig, alles,
gesammt; jeder; —, *m.* Ganze, *n.;*
Alles; Hauptsache, *f.;* —, *adv.*
ganz, sehr; être — à qn., einem
ganz ergeben seyn; — autant, eben
soviel; — aussi bien, eben sowohl;
—comme, gerade wie; tout à fait,
gänzlich; point du tout, durchaus
nicht; — autour, rings herum; —
contre, hart an; à —, Trumpf; —
grand qu'il est, so groß er auch ist.
Tout beau, *interj.* gemach!
Toute-bonne, *f.* (Bot.) Art Sal-
bei, Scharlei, *m.* Scharlachkraut.
Toute-épice, *f.* (Bot.) Schwarz-
kümmel, *m.* Raben, Allerleigewürz, *n.*
Toutefois, *adv.* doch, gleichwohl.
Toutenague, *m.* Tuttunga (zu-
sammengesetztes Metall), *n.*
Toute-puissance, *f.* Allmacht.
Toute-saine, *f.* (Bot.) Konrads-
kraut, *n.*
Tou-tou, *m. enfant.* Hund.
Tout-ou-rien, *m.* (Uhrm.) Repe-
tirfeder, *f.*
Tout-puissant, e, *adj.* allmäch-
tig; —, *m.* Allmächtige.
Toux, *f.* Husten, *m.* [baum.
Toxicodendron, *m.* (Bot.) Gift-
Toxicologie, *f.* Giftlehre.
Toxique, *m.* Gift, *n.* (Art).
†Toyère, *f.* Auge, *n.* Oehr (einer
Traban, *m.* Trabant.
†Trabe, *m.* Trabes, *f. lat.* (Phys.)
Feuersäule (in der Luft).
Trabée, *f.* (röm. Alt.) Triumph-
kleid (der Feldherrn), *n.*
Trac, *m.* Huftritt; (Jagd) Spur,
*f.* Fährte.
Traçante, *adj.* (Bot.) flachwur-
zelig, flache Ausläufer treibend.
Tracas, *m.* Lärm; Verwirrung,
*f.;* Unruhe; Wirrwarr, *m.*
Tracasser, *v. a.* quälen, hudeln,
beunruhigen; — *v. n.* rennen und
laufen; sich abarbeiten; Stänkereien
anrichten.
Tracasserie, *f. fm.* Schwierigkeit,
Neckerei; Hudelei; Stänkerei, Zän-
kerei.

Tracassier, *m.* ère, *f.* der unru-
hige Kopf, Plagegeist, Hudler; Stän-
ker, -inn, *f.*
Trace, *f.* Spur, Fußstapfe, Fährte;
*fg.* Spur, Fußstapfe; Merkmahl,
*n.;* (Stick) Vorzeichnung, *f.*
Tracé, *m.* Riß, Abriß.
Tracelet, *m.* Verreißer.
Tracement, *m.* Abzeichnen, *n.;*
Abstecken.
Tracer, *v. a.* zeichnen, abzeichnen,
abstecken; *fg.* vorzeichnen; entwer-
fen; —, *v. n.* (Bot.) auf der Ober-
fläche der Erde hinwurzeln.
†Traceret, *m.* Griffel, Reißer.
†Trachéale, *adj.,* (Anat.) veine
—, Luftröhren-Blutader, *f.*
Trachée-artère, *f.* (Anat.) Luft-
röhre. [gefäße, *n. pl.*
Trachées, *f. pl.* (Naturg.) Luft-
Trachéotomie, *f.* Luftröhrenschnitt,
*m.* [termännchen (Fisch), *n.*
†Trachine, *f.* Seedrache, *m.* Pe-
†Traçoir, *m.* (Kupferst.) Grab-
stichel; (Gärtn.) *v.* Tracelet.
Traction, *f.* (Mech.) Ziehen, *n.*
Tractoire, Tractrice, *f.* (Geom.)
Zuglinie.
Traditeurs, *m. pl.* (christl. Alt.)
Bibelauslieferer.
Tradition, *f.* Uebergabe, Auslie-
ferung || Ueberlieferung, Sage.
Traditionnaire, *m.* Talmudist,
Anhänger der jüdischen Ueberliefe-
rung.
Traditionnel, le, *adj.;* -lement,
*adv.:* durch Ueberlieferung fortge-
pflanzt.
Traducteur, *m.* Uebersetzer.
Traduction, *f.* Uebersetzung.
*Traduire, *v. a.* übersetzen; (jur.)
fordern, bringen (en vor), von ei-
nem Gerichte vor das andere ziehen.
Traduisible, *adj.* übersetzbar.
Trafic, *m.* Handel; Gewerbe, *n.;*
petit —, *fm.* Schacherei, *f.*
Trafiquant, *m.* Handelsmann.
Trafiquer, *v. n.* handeln; — en
détail, *fm.* schachern; —, *v. a.*
verhandeln.
†Trafusoir, *m.* (Seidenw.) Sträh-
nenzertheiler (Werkzeug).
Tragacanthe, *f.* (Bot.) Tragant.
Tragédie, *f.* Trauerspiel, *n.; fg.*
id., die traurige Begebenheit.
Tragédien, *m.* Trauerspieldichter;
—, *m.* ne, *f.* der tragische Schau-
spieler, -inn, *f.* [Brandhirsch.
†Tragélaphe, *masc.* (Naturg.)
Tragi-comédie, *f.* Tragicomödie.
Tragi-comique, *adj.* halb trau-
rig, halb lustig.
Tragique, *adj.;* -ment, *adv.:*
tragisch; traurig; histoire —,
Trauergeschichte, *f.;* auteur —,
Trauerspieldichter, *m.;* —, *m.* Tra-
gische, *n.*

Trahir, *v. a.* verrathen; *fg.* id.;
— son devoir, etc., wider seine
Pflicht, ic. handeln; se —, sich verrathen.
Trahison, *f.* Verrätherei, Verrath, *m.;* haute —, Hochverrath,
en, par —, verrätherischer Weise.
Traille, *f.* die fliegende Brücke,
Fähre.
†Trailler, *v. a.* une ligne, (Fisch.)
von Zeit zu Zeit an einer Angelruthe
zucken.
Train, *m.* Gang, Schritt; aller
bon —, schnell gehen, reiten, fahren; mener qn. bon —, jemand —,
einen gut fahren; *fg.* nicht schonen,
aller bon —, grand —, gut geben,
rasch vorangehen (Sache); —, *fg.*
Gang, *m.;* Getöse, *n.* Lärm, *m.;*
— de vie, Lebensart, *f.;* se mettre
en —, anfangen; être en —, im
Zuge seyn; gestimmt seyn; —,
(Wagn.) Gestell, *n.;* (Buchdr.)
Karren, *m.;* — d'artillerie, Ge-
schützzug; —, (Uhrm.) Gang;
(Mech.) Triebwerk, *n.;* (Reitsch.)
Vordertheil (des Pferdes), *m.;* —
de bois, Flöße, *f.* Floß, *n.*
Trainage, *m.* Schlittenfahren, *n.*
Trainant, e, *adj.* schleppend.
Trainard, *m.* Nachzügler.
Trainasse, *f., v.* Traineau (Jagd).
Traine, *f.* Schleppseil, *n.* Schlepp-
netz; prendre des perdreaux à la
—, Rebhühner fangen, ehe sie flüg
sind.
Traineau, *m.* Schlitten; Schleife,
*f.;* (Jagd) Streich-, Schlepp-; Zug-
garn, *n.*
†Traine-buisson, *m.* (Naturg.)
Baumnachtigall, *f.*
Trainée, *f.* Strich (von etw. das
verschüttet worden), *m.;* — de pou-
dre, Lauffeuer, *m.;* Eudern (des
Wolfes); (Wuf.) Schleifer, *m.*
†Traine-malheur, *m.* Unglücks-
sohn, *fm.* Unglücksvogel.
Trainer, *v. a.* ziehen, schleppen,
schleifen; dehnen; mit sich führen
(Fluß); *fg.* schleppen, in die Länge
ziehen; nach sich ziehen; —, *v. n.*
schleppen; herumfahren (von Papieren, ic.); *fg.* zurückbleiben, hinten
nachkommen; kränkeln; sich in die
Länge ziehen (S.); schleppend, matt,
gedehnt seyn (Styl); se —, sich
fortschleppen, kriechen; schleichen.
Traineur, *m.* der mit dem Streich-
netze Vögel fängt; (Kriegsw.) Nachzügler; (Jagd) zurückbleibende Jagdhund.
*Traire, *v. a.* melken; ziehen.
Trait, *m.* Zug; Zugriemen (an
Wägen); Strich (mit der Feder, ic.);
— d'union, (Gramm.) Bindestrich,
Divis, *n.;* (Bauk.) Schnitt,
*m.;* Ausschlag (im Wägen); — de

scie, Sägeschnitt || Pfeil, Wurf-
pfeil, Geschoß; n.; fg. Streich, m.
Zug; That, f.; Bezug (à, auf), m.
Trait, e, adj., or, argent —, ou
—, m. Golds, Silberdraht.
Traitable, adj. umgänglich; geschmeidig (Metall); (Chir.) heil-
bar.
Traitant, m. ol. Steuerpachter.
Traite, f. Strecke; (Handl.) Handel (de, mit), m.; — des nègres,
Negerhandel; —, Tratte, f. der
gezogene Wechsel.
Traité, m. Abhandlung, f.; (jur.)
Tractat, m. Vergleich, Vertrag; —
de paix, Friedensschluß.
Traitement, m. Behandlung, f.
Begegnung; Bewirthung; Besoldung; (Med.) Cur, Heilung.
Traiter, v. a. einen, etw. behandeln, bearbeiten, abhandeln; einem
begegnen; etw. (mit einem) verhandeln; einen bewirthen; unterhandeln;
(Med.) behandeln, heilen; —, v. n.
handeln (de, von); um etw. handeln, in Unterhandlung stehen; se
— bien, guten Tisch halten.
Traiteur, m. Gastgeber.
†Traitoir, m. Reißzange, f.
Traitre, sse, adj. verrätherisch,
treulos, falsch; —, m. sse, f. Verräther, m. sinn, f.; en —, verrätherisch.
Traitreusement, adv. (jur.) verrätherischer Weise.
Trajectoire, f. (Geom.) die durch-
schneidende krumme Linie; (Mech.,
2c.) Bahn.                    [Weg, m.
Trajet, m. Ueberfahrt, f. Fahrt,
Tramail, m. (Fisch.) das dreima-
schige Garn, (Jagd) v. Traineau.
Trame, f. (Web.) Eintrag, m.
Einschlag; Gewebe, n.; fg. Meu-
terei, f. Anschlag, m.; — des jours,
Dauer des Lebens, f.
Tramer, v. a. (Web.) eintragen,
einschlagen; fg. anspinnen, anzetteln; brüten (qch., über etw.); se
—, im Werke seyn.
†Trameur, m. (Web.) Eintrager.
Tramontane, f. (Seew.) Polar-
stern, m.; Nordwind (vom mittel-
ländischen Meere aus); perdre la
—, fg. außer Fassung kommen, den
Kopf verlieren.
Tranchant, e, adj. schneidend,
scharf; fg. id., entscheidend; abste-
chend (Farbe); —, m. Schneide, f.
Schärfe; à deux —, zweischneidig.
Tranche, f. Schnitte, Schnip, m.;
(Buchb.) Schnitt; doré sur —, mit
vergoldetem Schnitte; —, (Münzw.)
Rand, m.; (Eisenh.) Hartmeißel.
†Tranche- couteau, m. (Buchb.)
Schnitthobel.
Tranchée, f. Graben, m. Wasser-
graben; (Fortif.) Laufgraben (bei

Belagerungen) —, s, (Med.) Schneiden im Leibe, n.; (Thiera.) Gicht, f.
Tranchefile, f. (Buchb.) Capital,
n.; (Schuhm.) Naht, f.; Querheft-
chen (am Pferdegebiß), n.
†Tranchefiler, v. a. (Buchb.) das
Capital bestechen.
Tranchelard, m. Speckmesser, n.
Tranche-montagne, m. Aufschneider, Eisenfresser.
Trancher, v. a. schneiden, zerschneiden; abschneiden, verschneiden;
durchhauen; (den Kopf) abhauen,
abschlagen; (Zahlen) durchstreichen;
fg. rasch entscheiden; (den Knoten)
zerhauen; —, v. n. schneiden, scharf
seyn; (Med.) im Leibe reißen; fg.
sich nicht zusammenschicken; abstechen;
— le mot, herausplatzen; eine ent-
scheidende Antwort geben; — court,
kurz abbrechen; — du seigneur, den
großen Herrn spielen.
Tranchet, m. (Schuhm.) Kneif.
†Tranchis, m. Abschnitt; eine
Reihe Schiefer- oder Ziegelsteine in
der Einfehle eines Daches.
Tranchoir, m. Hackbrett, n.
Tranquille, adj.; -ment, adv.:
ruhig, still, harmlos.
Tranquilliser, v. a. beruhigen.
Tranquillité, f. Stille, Ruhe.
Transaction, f. Vergleich, n.
Vertrag.
Transalpin, e, adj. transalpi-
nisch, jenseits der Alpen liegend.
Transbordement, m. Ueberschif-
fen, n.
Transborder, v. a. von einem
Bord an das andere bringen, über-
schiffen.
Transcendance, f. Ueberlegenheit.
Transcendant, e, adj. erhaben;
höher; — ou Transcendental, e,
(Philos.) übersinnlich.
Transcription, f. Abschreibung.
*Transcrire, v. a. ab- aus-, ein-
schreiben; (Mus.) die Stimmen aus-
setzen.
Transe, f. Angst, Bangigkeit;
être en —, sich abängstigen.
Transférer, v. a. bringen (o. einem
Ort an einen andern); versetzen; (ein
Fest) verlegen; (eine Erbschaft, 2c.)
übertragen.
Transfert, m. (jur.) Uebertrag,
Uebertragung, f.
Transfiguration, f. (Theol.) Ver-
klärung.
Transfigurer, v. a. (Theol.) ver-
klären.
Transformation, f. Verwandlung,
Umbildung; (Myst.) Umgestaltung
der Seele, das gänzliche Versenken
des Gemüths in Gott.
Transformer, v. a. verwandeln,
umformen, umbilden; se —, fg.
sich verstellen.
Transfuge, m. Ueberläufer; fg. id.

Transfuser, v. a. (Chym.) übergießen; (Chir.) (Blut) überleiten.
Transfusion, f. (Chym.) Ueber-
gießen, n. Abguß, m.; (Chir.) Blut-
überleiten, n.
Transgresser, v. a. übertreten.
Transgresseur, m. Uebertreter.
Transgression, f. Uebertretung.
Transiger, v. n. einen Vergleich
treffen.
Transir, v. a. (v. Frost) durchdrin-
gen, erstarren machen; fg. erstarren,
mit Schrecken erfüllen; —, v. n. er-
starren.
Transissement, m. Erstarrung, f.
Transit, m. Durchgang (der Waa-
ren); Passirzettel.
Transitif, ve, adj. (Gramm.)
überleitend.              [gang, m.
Transition, f. (Rhet., 2c.) Ueber-
Transitoire, adj. vorübergehend.
Translater, v. a. vi. übersetzen.
Translateur, v. a. vi. Uebersetzer.
Translation, f. Versetzung, Ver-
legung.
*Transmettre, v. a. übertragen,
überlassen, übergeben; an einen an-
dern Ort hinbringen; fg. fortpflanzen.
Transmigration, f. Auswande-
rung; — des âmes, Seelenwande-
rung.
Transmissible, adj. überläßlich.
Transmission, f. Ueberlassung,
Uebertragung; (Opt.) Durchgang, m.
Transmuable, adj. verwandelbar.
Transmuer, v. a. verwandeln.
Transmutabilité, f. (v. Metallen)
Verwandelbarkeit.
Transmutation, f. Verwandlung.
Transparence, f. Durchsichtigkeit.
Transparent, e, adj. durchsichtig;
durchscheinend; —, m. Durchsichts-
gemälde, n.; (Schreib.) Linienblatt.
†Transparente, f. eine Art Aepfel.
Transpercer, v. a. durchbohren.
Transpirable, adj. ausdünstbar.
Transpiration, f. Ausdünstung.
Transpirer, v. n. ausdunsten, aus-
dampfen; fg. ruchbar werden.
Transplantation, f. Verpflanzung,
Versetzung.         [versetzen.
Transplanter, v. a. verpflanzen;
Transport, m. Fortführen; Ent-
Fortschaffen; Zufuhr, f. Ausfuhr;
Ueberfahrt, Fuhrlohn, m.; vaisseau
de —, Transportschiff, n.; —,
(Handl., jur.) Uebertragung, f.
Ueberlassung; (jur.) Augenschein,
m.; fg. Hitze, f. Zärtlichkeit; Ent-
zückung; — au cerveau, (Med.)
Verrückung des Gehirns, Verrückt-
heit; il a le —, er ist verrückt.
Transporter, v. a. wegbringen,
fortführen, fortschaffen, versetzen;
(par eau) verschiffen, überschiffen;
(Handl., jur.) überlassen, übertra-
gen; fg. versetzen; entzücken, außer

sich bringen; se — sur les lieux, sich an Ort und Stelle begeben; (jur.) einen Augenschein einnehmen; se —, sich verseßen (in eines andern Lage, ꝛc.).

Transposer, v. a. versetzen; (Buchbinder) verbinden; (Muf.) transponiren.

Transposition, fém. Versetzung; (Buchb.) †Verheften, n.; (ce livre est) tout plein de —s, ganz verheftet.

Transrhénane, adj. f. überrheinisch, jenseits des Rheins liegend.

Transsubstantiation, f. (Theol.) Verwandlung (im heiligen Abendmahle).        [verwandeln.

Transsubstantier, v. a. (Theol.)

Transsudation, f. Durchschwitzen, n.        [schwitzen.

Transsuder, v. n. durch=, ausTransvaser, v. a. umgießen, umfüllen.

Transversal, e, Transverse, adj.; transversalement, adv. : quer, zwerch.

Transverse, adj. quer, schräg; (Anat.) muscle —, Quermustel, m.        [Land).

†Transylvanie (la), Siebenbürgen

Trantran, m. fm. Schlendrian.

†Trapan, m. Obertheil an einer Treppe, wo das Geländer aufhört.

Trapèze, m. (Geom.) Trapez, n. Viereck, das nur zwei gleichlaufende Seiten hat.        [pezförmig.

Trapéziforme, adj. (Geom.) tra-

Trapézoïde, m. (Geom.) Trapezoid, n. ungleiche Viereck.

Trappe, f. Fallthüre, Klappe; (Jagd) Falle, Fallgrube.

Trappistes, m. pl. Trappisten, Mönche des Ordens von la Trappe.

Trapu, e, adj. untersetzt, kurz und dick.

Traque, f. Treibjagen, n. Stelljagen; (in Nantes) Häutezoll, m.; (Seew.) drei Ruder.

Traquenard, m. (Reitsch.) der halbe Paßgang; Marderfalle, f.

Traquer, v. a. (in Wald) umstellen, umzingeln.        [klopper.

Traquet, m. Falle, f.; Mühlen-

Trass, m. (Miner.) Traß, Tuffstein, Steinmörtel.

†Trastavat, m. ein Pferd mit zwei weißgezeichneten Füßen.        [m.

†Tratte, f. (Zimm.) Tragriegel,

Traumatique, adj. (Med.) von einer Wunde herrührend; remède —, Wundmittel, n.

†Travade, f. (Seew.) ein umlaufender Wind mit Blitz und Donner.

Travail, m. (pl. aux), Arbeit, f. Beschäftigung, Mühe; — d'enfant ou —, Kindesnöthe, f.; (pl. ails), (Hufsch.) Nothstall, m.

Travailler, v. n. arbeiten, wirken; gähren (Wein); (Mech.) gehen, sich brehen; (Bauk.) sich werfen, krumm werden, sich biegen; Zinse tragen (Geld); (Handl.) Geschäfte machen; (Seew.) unruhig seyn (Meer); heftig schwanken (Schiff); —, v. a. bearbeiten, ausarbeiten; (Reitsch.) tummeln; fg. quälen, beunruhigen; se —, sich quälen.·

Travailleur, m. Arbeiter.

†Travat, m. ein Pferd das zwei weiße Füße auf einer Seite hat.

Travée, f. (Bauk.) Fach, n.; — de pont, Brückenfach.

Travers, m. Quere; f. Schräge, Schiefe; fg. Verkehrtheit; prendre un —, auf eine Thorheit verfallen; à — le, au — de, prép. durch; quer, mitten durch; de —, überzwerch, schief, schräg, verkehrt; en —, in die Quere; par le — d'un cap, etc., (Seew.) einem Vorgebirge, ꝛc., gegenüber.

†Traversage, m. Schur des Tuches auf der rechten Seite, f.

Traverse, f. (Bauk.) Querstück, n. Querstange; f. Querbalken, m. Querholz, n. Sperrholz; Sprosse (einer Leiter); f.; (Fortif.) Querwall, m. Querschanze; f.; — ou chemin de —, Querweg, m.; —, fg. widrige Zufall, Hinderniß, n.; venir à la —, in die Quere kommen.

Traversée, f. Ueberfahrt.

Traverser, v. a. durchgehen; (einen Balken) durchziehen; durch, über etw. gehen, fahren, laufen, reiten; durch etw. fließen; durchreisen; durchfliegen (Vogel); (Kleider, ꝛc.) durchbringen; fg. hindern; durchkreuzen; —, v. n. durchgehen.

Traversier, ère, adj., vent —, ou — m. Gegenwind; barque —ère, Barke zum Ueberfahren, f.; flûte —ère, Querflöte.

Traversin, m. Kopfpfühl || Querholz, n.; (Metzger) Sperrholz, (Schiffb.) Querbalken, m.

Traversine, f. (Hydr.) Bindebalken, m.

Travestir, v. a. verkleiden; fg. anders einkleiden, travestiren; se —, sich verkleiden; fg. sich verstellen.

Travestissement, m. Verkleidung, f.

Travon, m. Tragebalken.        [f.

†Travouil, m. Haspel.

†Travure, f. (Schiff.) Schifflliche.

Trayon, m. Strich (am Euter).

Trébellianique ou Trébellienne, adj., (jur.) quarte —, der vierte Theil eines Fideicommisses als Pflichttheil.

Trébuchant, e, adj. überwichtig; —, m. Ausschlag.

Trébucher, v. n. stolpern, straucheln; (Handl.) überwichtig, vollwichtig seyn; ausschlagen (Wage).

Trébuchet, m. Goldwage, fém.; (Jagd) Meisen=, Vogelschlag, m.; Sprenkel; fg. Fallstrick.

·Tréfiler, v. a. den Stahldraht ziehen.        [zug, m

Tréfilerie, f. Drahtmühle, Drahtzieherei.

Tréfileur, m. Drahtzieher.

Tréfle, m. Klee; (Bauk.) Kleezug; Kreuz (in der Karte), n.

†Tréflé, e, adj. (Bot.) kleeblattförmig.

Tréfoncier, m. ol. der dritttheilige Waldbesitzer; fundirte Domcapitular.

Tréfonds, m. ol. Grund und Boden.

Treillage, m. Gitterwerk, f.

Treillager, v. a. mit Gitterwerk versehen.

Treille, f. Weinlaube, Weingelände; n.; jus de la —, fg. Wein, m.; —, (Zisch.) Senkhamen, Berfen.

Treillis, m. Gitter, n.; (Handl.) Glanzleinwand, f.; Drillich, m.

Treillisser, v. a. vergittern.

Treize, adj. dreizehn; —, m. Dreizehnte.

Treizième, adj. dreizehnte; —, m. Dreizehntel.

Treizièmement, adv. dreizehntens.

†Trelingage, m. (Seew.) Schwigtingen (Taue mit vielen Enden), f. pl.        [ten.

†Trelinguer, v. a. (Seew.) schwigtingen (Taue mit vielen Enden), f. pl.

†Tréma, m. (Gramm.) Trema, n. zwei Punkte über einem Vocal (ë, ï, ü); —, adj., i —, ein i mit zwei Punkten.

Tremblaie, f. Espenwald, m.

Tremblant, e, adj. zitternd, bebend; —, m. (Org.) Tremulant.

Tremble, m. (Bot.) Espe, f. Zitterespe, Zitterpappel.

Tremblement, m. Zittern, n. Beben; Erschütterung, f.; — de terre, Erdbeben, n.; —, (Muf.) Bebung, f. Triller, m.

Trembler, v. n. zittern, beben, erbeben; schlottern (Knie).

Trembleur, m. Furchtsame, fm. Hasenfuß || Quäker (eine Sette).

Tremblotant, e, adj. zitternd, bebend.        [zittern.

Trembloter, v. n. fm. ein wenig

†Trémeau, m. (Fortif.) Raum zwischen zwei Schießlöchern.

Trémie, f. (Müll.) Rumpf, m.; Salztrichter.        [rose, f.

Trémière, adj., rose —, Zitter-

†Trémion, m. (Müll.) Rumpfleiter, f.

Trémoussement, m. Schütteln (der Flügel), n. Flattern.

Trémousser, v. n. flattern, mit den Flügeln schlagen; se —, hüpfen; fg. fm. sich regen; lebhaft streben.

Trémoussoir, *m.* Bewegungsma=
schine, *f.*

Trempe, *f.* Härtung; Härte (des
Eisens, ic.); Anfeuchten, *n.; fg.*
Schlag, *m.;* de bonne —, stark,
gesund (vom Körper); *fg.* fest,
standhaft.

Tremper, *v. a.* eintauchen, einwei=
chen, durchnässen; wässern; (Brod,
ic.) tunken, eintunken; die Suppe
anrichten; (Mal.) härten; (Wein)
mit Wasser vermischen; *fg.* tauchen;
—, *v. n.* weichen; — dans un crime,
*fg.* an einem Verbrechen Theil neh=
men; tout —é, ganz durchnäßt; *fm.*
pudelnaß.

Tremperie, *f.* (Buchdr.) Feucht=
kammer, Feuchtplatz, *m.*

Trempis, *m.* (Stärkefabr.) Ein=
säuerungsort; (Pappenm.) Weich=
kübel; (Kupferschm.) Aetzwasser, *n.;*
(Fisch.) Weichplatz, *m.*

Tremplin, *m.* Springbrett, *n.*

†Tremploire, *f.* Weichküpe.

Trempure, *f.* Mühlschwengel, *m.*

Trentain, *m.* (Dahlp.) jeder drei=
ßig.                 [dreißig Stück.

Trentaine, *f.* Zahl von dreißig,

Trente, *adj.* dreißig.

†Trente, Trident, Trient (Stadt).

Trentième, *adj.* dreißigste; —,
*m.* Dreißigtheil, *n.*

Trépan, *m.* (Chir.) Trepan, Schä=
delbohrer; (Bergw., ic.) Stein=,
Erdbohrer.

Trépaner, *v. a.* (Chir.) trepaniren.

Trépas, *m.* Tod, Absterben, *n.*

Trépassé, e, *adj.* verstorben; —,
*m.* Verstorbene; la fête des trépassés, das Fest aller Seelen; messe
pour les —s, Seelenmesse, *f.*

Trépasser, *v. n.* sterben.

Trépidation, *f.* Beben, *n.* Zit=
tern.

Trépied, *m.* Dreifuß.

Trépignement, *m.* Stampfen mit
den Füßen, *n.* Getrampel.

Trépigner, *v. n.* mit den Füßen
stampfen; träppeln, trippeln.

Trépoint, *m.* e, *f.* (Schuhm.) die
auswendige Naht; Brandsohle.

Trés, *adv.* sehr, gar, überaus.

†Trésaille, *f.* (Wagn.) Spann=
leiste.              [spiel, *n.*

Tré-sept, *m.* (Spiel) Dreisieben=

†Trésillon, *m.* (Zimm.) Sperr=
holz, *n.;* (Seew.) Dreher, *m.*

†Trésillonner, *v. a.* (Bretter) mit
dazwischen gelegten Sperrhölzern auf=
stapeln; (Seew.) (ein Tau) andrehen.

Trésor, *m.* Schatz, Schatzkammer,
*f.; fg.* Schatz, *m.* Reichthum.

Trésorerie, *f.* Schatzmeisteramt,
*n.;* Schatzkammer, *f.*

Trésorier, *m.* Schatzmeister.

Tressaillement, *m.* Zittern, *n.;*
Auffahren; Schauer, *m.;* Hüpfen, *n.*

Tressaillir, *v. n.* schauern, zusam=
menfahren, zittern.

Tresse, *f.* Tresse, Flechte; — de
cheveux, Zopf, *m.* Haarflechte, *f.*

Tresser, *v. a.* flechten, schlingen,
einflechten; (Perr.) tressiren, flechten.

†Tressoir, *m.* Tressirstock.

Tréteau, *masc.* Bock, Sägebock,
Schragen; Gestell, *n.;* Bühne, *f.*

Treuil, *masc.* Weißbaum (einer
Winde).

Trève, *f.* Waffenstillstand, *m.; fg.*
Ruhe, *f.;* — de compliments, keine
Complimente.

†Trèves, Trier (Stadt).

†Trévier, *m.* Segelmacher.

†Trévire, *f.* (Seew.) Schrottau, *n.*

†Trézalé, e, *adj.* rissig, feinrissig
(Gemälde, Porzellan).

Tri, *m.* (Kartensp.) Tri, *n.*

†Triade, *f.* harmonique, (Mus.)
Dreiklang, *m.* vollkommne harte A=
cord.

Triage, *m.* Auslesen, *n.* Auswahl,
*f.;* (Forstw.) Schlag, *m.;* Gehau,
*n.*              [teste Sorte Karten.

†Triaille, *f.* (Kartenm.) die schlech=

Triaires, *m. pl.* (röm. Alt.) Tria=
rier, Soldaten im dritten Treffen.

Triandrie, *f.* (Bot.) dreimännige
Klasse, Triandria.

Triangle, *m.* (Geom.) Dreieck, *n.*

Triangulaire, *adj.; -ment, adv.:*
(Geom.) dreieckig.

Triangulé e, *adj.* (Bot.) drei=
eckig, dreinwinkelig.

†Triballe, *f.* (Pelzh.) Breche.

†Triballer, *v. a.* (Pelzh.) brechen.

†Tribomètre, *m.* (Phys.) Rei=
bungsmesser.   [Seite des Schiffes.

Tribord, *m.* (Schifff.) die rechte

†Triboulet, *m.* (Goldsch.) Rund=
schlägel.      [chos (◡ ◡ ◡)

†Tribraque, *m.* (Pros.) Tribra=

Tribu, *f.* (Handw.) Zunft, In=
nung, Gilde; Stamm (eines Vol=
kes), *m.*

Tribulation, *f.* Trübsal, Noth.

Tribun, *m.* Tribun, Zunftmeister.

Tribunal, *m.* Richterstuhl; Ge=
richtshof, Gericht (auch *fg.*), *n.;*
— de famille, Familiengericht.

Tribunat, *m.* Tribunat, *n.*

Tribune, *f.* Rednerbühne; Em=
porkirche; Gerüst, *f.*

Tribunitien, ne, *adj.* (röm. Alt.)
zur Tribunswürde gehörig; puissance —ne, Tribunengewalt, *f.*

Tribut, *m.* Steuer, *f.;* Tribut, Zoll,
*m.; fg.* Tribut, Zoll.

Tributaire, *adj.* zinsbar, zins=
pflichtig; —, *m.* Zinspflichtige.

†Tricapsulaire, *adj.* (Bot.) drei=
kapselig.          [Muskel.

Triceps, *m.* (Anat.) der dreiköpfige

Tricher, *v. a. fm.* im Spiele be=
trügen.

Tricherie, *f. fm.* Betrügerei.

Tricheur, *m.* se, *f. fm.* Betrü=
ger, *m.* -inn, *f.*     [Speisesaal.

Tricline, *f.* (Alt.) Speisetisch, *m.*

Tricoises, *f. pl.* Zwickzange, *f.*

Tricolor, *m.* (Bot.) der dreifarbige
Amaranth, Tausendschön, *n.;* (Na=
turg.) der dreifarbige Tanagra von
Cayenne; (Pelzh.) dreifarbiges Ka=
kenfell.

Tricolore, *adj.* dreifarbig.

†Tricon, *m.* (Spiel) drei gleiche
Karten.

Tricot, *m.* Prügel, Knüttel; coups
de —, Stockprügel, *f. pl.* || die ge=
strickte Arbeit.        [peln.

Tricotage, *m.* Stricken, *n.* Klöp=

Tricoter, *v. a.* stricken, klöppeln.

Tricotets, *m. pl.* (Tanzf.) Art
lustiger Tänze.

Tricoteur, *m.* se, *f.* Stricker, *m.*
Klöppler, -inn, *f.*

Trictrac, *m.* Trictrac=, Brettspiel,
*n.;* Brett.        [geschwind.

Tride, *adj.* (Reitsch.) kurz und
Trident, *m.* Dreizack.

†Tridenté, e, *adj.* (Bot.) drei=
zähnig.   [gleichseitig-dreieckig.

†Triédre, *adj.* (Geom.) triedrisch,

Triennal, e, *adj.* dreijährig.

Triennalité, *fém.* die dreijährige
Dauer eines Amtes.

Triennat, *m.* die dreijährige Ver=
waltung.        [*fm.* ausklauben.

Trier, *v. a.* auslesen, aussuchen,

†Triérarque, *m.* (Alt.) Trierarch,
Befehlshaber einer Trireme.

†Trieuse, *f.* (Pap.) Ausleserinn.

Trifide, *adj.* (Bot.) dreispaltig,
breitheilig.

Trigaud, e, *adj. fm.* heimtückisch;
—, *m. f. fm.* (Bot.) Duckmäuser, *m.*
-inn, *f.*

Trigauder, *v. n.* (Bot.) Finten ma=
chen.               [rei.

Triganderie, *f. fm.* Duckmäuse=

†Trigle, *m.* Langnase, *f.* Seehahn
(Fisch), *m.*

Triglyphe, *m.* (Bauk.) Dreischlitz.

Trigonométrie, *f.* (Geom.) Aus=
messung der Dreiecke, Trigonome=
trie.

Trigonométrique, *adj.; -ment,
adv.* (Geom.) trigonometrisch.

†Trijugué, e, *adj.* (Bot.) drei=
paarig gefiedert.

Tril, *m.* (Mus.) Triller.

Trilatéral, e, *adj.* (Geom.) drei=
seitig.

Trillion, *m.* Trillion, *f.*

Trilobé, e, *adj.* (Bot.) dreilappig.

Triloculaire, *adj.* (Bot.) drei=
fächerig.

Trilogie, *f.* (Alt.) Trilogie (ein
aus drei Theilen bestehendes Drama).

Trimballer, *v. a.* überall mit=
schleppen.

Trimer, *v. n.* pop. schnell und mühsam gehen, abarbeiten.

Trimestre, *m.* Vierteljahr, *n.* Quartal.

Trin' ou Trine, *adj.*, (Astr.) — aspect, gedritter Schein.

Tringa, *m.* (Naturg.) Strandläufer (Vogel).

Tringle, *f.* Vorhangstange; (Bauk.) Kranzleiste; (Mezg., 2c.) Zapfenholz, *n.* Nagelholz.

Tringler, *v. a. et n.* schnüren, mit der Kreideschnur eine Linie schlagen.

†Tringlette, *f.* (Glas.) Bleiknecht, *m.*; —s, Glastafeln, *f. pl.*

Trinitaire, *m.* (Kirch.) Trinitarier, Bruder vom Orden der heil. Dreieinigkeit.

Trinité, *f.* (Theol.) Dreieinigkeit.

Trinôme, *m.* (Alg.) die dreifache Größe; —, *adj.* dreigliedrig.

Trinquer, *v. n.* pop. zechen, mit den Gläsern anstoßen.

Trinquet, *m.* (Seew.) Fockmast (einer Galeere).                  [n.

Trinquetin, *m.* (Seew.) Focksegel.

Trinquette, *f.* (Seew.) Vorstagsegel, *n.* dreieckige Segel.

Trio, *m.* (Mus.) Trio, *n.*; *fg. fm.* Kleeblatt.

Triolet, *m.* Trieslett (Gedicht), *n.*

Triomphal, *e*, *adj.* zu einem Triumphe gehörig; char —, Triumph, Siegeswagen, *m.*

Triomphant, *e*, *adj.* triumphirend, siegend, herrlich.

Triomphateur, *m.* (Alt.) der im Triumph einziehende Feldherr.

Triomphe, *m.* Triumph, Sieg; —, *f.* (Spiel) Trumpf, *m.* Trumpfspiel, *n.*

Triompher, *v. n.* triumphiren, siegen (de, über); *fg. id.*, den Vorzug haben.

Tripaille, *f.* Eingeweide (der Thiere), *n.* Kaldaunen, *f. pl.*

Tripartite, *adj.* dreitheilig (Kirchengeschichte).          [theilung.

†Tripartition, *f.* (Math.) Dreitheilung.

Triperie, *f.* Kaldaunenmarkt, *m.*

Tripes, *f. pl.* Eingeweide (der Thiere), *n.* Kaldaunen, *pl.* Kutteln, Kuttelflecke; tripe de velours *ou* tripe, *fém.* Trippsammet, *m.* Tripp.

Tripétale, *adj.* (Bot.) dreiblätterig (Blume).

Tripette, *f.* pop., il ne vaut pas —, er ist keinen Pfifferling werth.

Triphthongue, *f.* (Gram.) Dreilaut, *m.*                    [terig.

†Triphylle, *adj.* (Bot.) dreiblätterig.

Tripier, *m.* ère, *f.* Kaldaunenhöker, *m.* -höke, *f.*; -ère, *f. fm.* Trutschel.

Triple, *adj.* dreifach; -ment, *adv. id.*, auf dreifache Art; —, *m.* Drei-

sache, *n.*; die dreifache Vermehrung.

Tripler, *v. a.* verdreifachen; —, *v. n.* sich dreifach vermehren.

Triplicité, *f.* Dreifachheit; — d'action, (Theat.) die dreifache Handlung.

†Trioliquer, *v. n.* (jur.) auf die Duplik antworten.

†Tripliques, *f. pl.* (jur.) Antwort auf die Duplik, *f.*        [Erdart).

Tripoli, *m.* (Miner.) Tripel (Tripolir, *v. a.* mit Tripel abreiben.

Tripot, *m.* Ballhaus, *n.*; il est dans son —, *fm. mépr.* da ist er zu Hause, in seinem Fache; —, Spielhaus, *n.*; *mépr.* Kneipe, *f.*

Tripotage, *m.* Mischmasch, Gemengsel, *n.*; *fg. id.*

Tripoter, *v. a.* durcheinander mengen, verwirren; *fg. id.*, karten, abkarten.                            [gel.

Trique, *f.* pop. Knüttel, *m.* Prügel.

Trique-bale, *f.* (Artill.) Handprotzwagen, *m.*

Trique-madame, *f.* (Bot.) Hauswurz, Mauerpfeffer, *m.*   [legen.

Triquer, *v. a.* auslesen, bei Seite

Triquet, *m.* (Ballsp.) das schmale Schlagrackel; (Zimm.) Rüstbock, *m.*

Trirègne, *m.* die dreifache Krone des Papstes.          [Galeere.

†Trirème, *f.* (Alt.) die dreiruderige Trisaïeul, *m. e*, *f.* Urältervater; —, Urältermutter, *f.*

†Trisarchie, *f.* Dreiherrschaft.

Trisection, *f.* (Math.) Theilung in drei gleiche Theile.

†Trisme, *m.* (Med.) Kinnbackenzwang, Mund-, Maulklemme, *f.*

Trismégiste, *m.* (Buchdr.) Trismegistus; (Buchdr.) Mittelkanon.

†Trispaste, *m.* der dreifache Flaschenzug.

Trissyllabe, *adj.* (Gramm.) dreisylbig; —, *m.* das dreisylbige Wort.

Triste, *adj.*; -ment, *adv.*: traurig, betrübt, wehmüthig, verdrießlich, trübsinnig; *fg.* traurig, schlecht, elend.                          [muth.

Tristesse, *f.* Traurigkeit, Wehmuth.

Triton, *masc.* (Myth.) Triton; (Mus.) Dreiklang.

Tritoxide, *m.* der dritte Oxyd eines Metalls.

Triturable, *adj.* zerreiblich.

Trituration, *f.* Zerreibung, Zermolmung.           [zermalmen.

Triturer, *v. a.* zerreiben, zerstoßen.

Triumvir, *m.* (röm. Alt.) Dreiherr, Triumvir.

Triumviral, *e*, *adj.* dreiherrig.

Triumvirat, *m.* Triumvirat, *n.*

†Trivalve, *adj.* (Bot.) dreilappig, dreischalig.

Trivelin, *m.* Hanswurst.

Trivelinade, *f.* Hanswursterei.

Triviaire, *adj.*, carrefour —,

Kreuzweg (wo drei Wege sich durchkreuzen), *m.*

Trivial, *e*, *adj.*; -ement, *adv.*: gemein, abgedroschen, trivial.

Trivialité, *f.* Gemeine, *n.* Trivialität, *f.*; abgedroschene Sache.

Troc, *m.* Tausch.

Trocar, Trois-quarts, *m.* (Chir.) Bauchstecher.          [Pres.) trochäisch.

Trochaïque (spr. trok-), *adj.*

Trochanter, *m.* (Anat.) Schenkeldreher (Knochenfortsatz).

Trochée (spr. trok-), *m.* Trochäus (ein Versfuß, - ᴗ).

Troches, *m. pl.* Kreisschnecken, *f. pl.*; (Jagd) Winterlosung, *f.*

Trochet, *m.* (Gärtn.) Büschel.

Trochisques, *m. pl.* (Apoth.) Arzneikügelchen, *n. pl.* Plätzchen.

†Trochite, *f.* Trechit, *m.* Kreiselschneckenstein.          [cloïde.

†Trochoïde (spr. trok-), *f.*, *v.* Cy-Trochure, *f.* (Jagd) Krongehörn, *n.*

Troëne, *m.* (Bot.) Hartriegel.

Troglodytes, *m. pl.* Höhlenbewohner; *fg.* Bergknappen.

Trogne, *f.* pop. das dicke, possirliche Gesicht; rouge—, Kupfergesicht.

Trognon, *m.* Kernhäuschen, *n.* Gehäuse (im Obste); — de chou, Kohlstrunk, *m.*

Trois, *adj.* drei; —, *m.* Drei, *f.*; Dritte, *m.*; règle de —, (Arithm.) Regel detri, *f.*

Troisième, *adj.* dritte; —, *f.* die dritte Classe; -ment, *adv.* drittens.

Trois-mâts, *m.* (Schiff.) Dreimaster.          [Grobseile.

†Trois-quarte, *f.* die dreikantige Trôler, *v. n.* pop. mit sich herumschleppen.

Trombe, *f.* Wasserhose.

Tromblon, *m.* (Art.) Donnerbüchse (auf den Kriegsschiffen), *f.*

Trombone, *m.* (Mus.) Posaune, *f.*

Trompe, *f.* Trompete; Jagdhorn, *n.*; à son de —, bei Trompetenschall; *fg.* publier à son de —, auspaunen; —, (Naturg.) Rüssel, *m.*; (Bauk.) überragende Gewölbbogen; (Mus.) Brummeisen, *n.*

Trompe-l'œil, *m.* eine besondere Art von Gemälden.

Tromper, *v. a.* betrügen, täuschen, hintergehen; *fm.* anführen, anschmieren; se —, sich betrügen, sich täuschen, sich irren; sich versehen.

Tromperie, *f.* Betrug, *m.* Betrügerei, *f.*

Trompeter, *v. a.* bei Trompetenschall bekannt machen; *fg.* auspaunen; —, *v. n.* schreien wie ein Adler.

Trompette, *m.* (Anat.) Trompetenmuskel.

Trompette, *f.* Trompete; (déloger)

sans —, heimlich; à gens de village
— de bois, auf einen groben Aſt
gehört ein grober Keil; —, fg. fm.
Plaudertaſche, f. Stadtklatſche; —
parlante, Sprachrohr, n.; —, m.
Trompeter, m.

Trompeur, se, adj. betrügeriſch;
betrüglich; —, m. se, f. Betrüger;
m. ſinn, f.

Trompillon, m. das kleine Trom-
petengewölbe; Anlauf eines Trom-
petengewölbes, m.

Tronc, masc. Stamm; (Bauk.)
Schaft; Stock; Almoſenſtock; (Anat.)
Rumpf.

†Tronche, f. das unbearbeitete
Stück Bauholz, Kloß, m. [block.

Tronchet, m. Amboßſtock, Hau-
Tronçon, m. Stumpf, Stümmel,
das abgehauene, abgebrochene Stück;
Sturz, m. Schwanzrübe (des Pferdes), f. [den.

Tronçonner, v. a. in Stücke ſchnei-
Trône, m. Thron, Siß; fg. Thren.

†Tronière, f. (Artill.) Schieß-
ſcharte.

†Tronqué, e, partic. abgeſtumpft,
verſtümmelt; (Bot.) abgeſtußt.

Tronquer, v. a. verſtümmeln; fg.
id.

Trop, adv. zu viel, zu ſehr; —
riche, zu reich; par —, fm. zu
ſehr.

Trope, m. (Rhet.) Tropus, Gebrauch eines Ausdrucks im bildlichen
Verſtande; Bild, n.

Trophée, m. Siegeszeichen, n.

Tropique, m. (Aſtr.) Wendezirkel;
—, adj. tropiſch.

Tropologique, adj. bildlich, uneigentlich. [tauſchen.

Troquer, v. a. tauſchen, aus-, um-
Troqueur, m. se, f. Tauſcher, m.
ſinn, f.

Trot, m. Trab; mener qn. au
grand —, fg. einen ſchnell arbeiten
machen.

Trotte, f. pop. Weg, m. Strecke, f.

†Trotte-menu, adj. (Lafontaine)
trippelnd, leiſe tretend.

Trotter, v. n. laufen; fm. viel
laufen.

Trotteur, m. (Reitſch.) Traber.

Trottin, m. pop. bas, Ausläufer,
Laufjunge.

Trottoir, m. der erhabene Fußweg.

Trou, m. Loch, n. Deffnung, f.;
fg. fm. Loch, n. Neſt.

Troubadour, m. Minneſänger.

Trouble, adj. trübe; la vue —,
dunkle Augen; —, m. Unruhe, f.
Unordnung, Verwirrung; (jur.)
Störung im Beſiß.

†Troubleau, m., v. Truble.

†Trouble-eau, m. Fiſchtrampe, f.

Trouble-fête, m. Freudenſtörer,
Luſtverderber.

Troubler, v. a. trüben, trübe machen; fg. ſtören, beunruhigen, trüben, verwirren; (jur.) verkümmern;
se —, trübe werden; fg. ſich verwirren, irre werden, ſich verwickeln.

Troué, e, adj. löcherig.

Trouée, f. Deffnung.

†Trouelle, f. (Fiſch.) Sperrreif
eines Sackgarns, m.

Trouer, v. a. durchlöchern. [n.

Trou-madame, m. Kammerſpiel,

Troupe, f. Trupp, m. Haufen
(Theat.) Geſellſchaft, fem.; —s,
(Kriegsw.) Truppen, f. pl. Kriegs-
völker, n. pl.; en —, truppweiſe,
ſchaarweiſe.

Troupeau, m. Herde, f.

Trousse, f. Bündel, m. Bund,
n.; Köcher, m.; (Perr.) Scherſack,
Scherzeug, n.; —s, Pagenhoſen, f.
pl.; mettre en —, hinten aufſißen
laſſen; se mettre en —, (beim Reiten) hinten aufſißen; être aux —s
de qn., jemanden nachſeßen; mettre
qn. aux —s de qn., einem durch
einen nachſeßen laſſen. [tet.

†Troussé, e, adj. fm. wohl eingerich-
Trousseau, m. Bund (Schlüſſel,
rc.), n.; Ausſtattung (einer Braut),
f.

Trousse-étriers, v. Porte-étriers.

Trousse-galant, m. (Med.) die
ſchwarze Sucht (Cholera).

Trousse-pête, f. pop. kleines
naſeweiſes Mädchen; Rognaſe, f.

Trousse-queue, m. Schweifſcheide,
f.

Troussequin, m. Sattelbauſch.

Trousser, v. a. aufſchürzen, aufheben, hinaufziehen, zuſammenrollen,
-nehmen; fg. fm. aufpacken; (einen)
wegraffen; —, bagage, aufpacken.

Troussis, m. Umſchlag, Falte, f.

†Trouvable, adj. findbar.

Trouvaille, f. Fund, m.

Trouver, v. a. finden, antreffen;
fg. id., erfinden, erſinnen; dafür
halten; —bon, gutheißen; aller —
qn., einen beſuchen; se —, ſich finden, ſeyn; fm. ſtecken (an einem
Ort); ſich einfinden, ſich befinden;
enfant —é, Findelkind, n.

Trouvère, Trouveur, v. Troubadour.

Truand, adj. bettelhaft, herum-
ſtreifend, liederlich; —, m. —e, f.
Landſtreicher, m. ſinn, f.; Strolch, m.

Truandaille, f. Bettelvolk, n.

Truander, v. a. bettelnd herum-
ſtreichen. [Bettelhandwerk, n.

Truanderie, f. Landſtreicherei.

Truble, f. (Fiſch.) Hamen, m.

Trucheman, Truchement, m.
Dollmetſcher. [betteln.

Trucher, v. n. ol. aus Faulheit
Trucheur, m. se, f. ol. Steifbett-
ler, m. ſinn, f.

Truelle, f. (Maur.) Kelle.

Truellée, f. Kellevoll.

†Truellette, f. die kleine Kelle.

Truffe, f. (Bot.) Trüffel.

Truffer, v. a. vi. pop. beſchummeln,
betrügen.

Trufferie, f. pop. Betrügerei.

†Truffette, f. Truffet, m. Art
Leinwand.

Truffeur, m. se, f. pop. Betrüger,
m. ſinn, f.

Truffière, f. ein Ort wo Trüffeln
wachſen.

Truie, f. Sau, Zuchtſau.

Truite, f. (Naturg.) Forelle.

Truité, e, adj. forellenfleckig (Pferde, rc.).

Trullisation, f. Uebertünchung;
Bekleidung mit Mörtel.

Trumeau, m. (Meßg.) Ochſen-
keule, f.; (Bauk.) Fenſterpfeiler,
m. Pfeilerſpiegel, Spiegel.

†Trusion, f. (Med.) Stoßen, n.;
mouvement de —, Stoßbewegung
(des Herzens), f.

Trusquin, masc. (Zimm., rc.)
Streichmodel; compas à —, Stangenzirkel.

Tsar, v. Czar.

†Tschako, m. (Kriegsw.) Tſchako.

Tu, pron. du.

Tuable, adj. tödtbar.

†Tuage, m. Schweinſchlachten, n.;
Schlachtgeld.

Tuant, e, adj. fm. äußerſt be-
ſchwerlich, mühſam, unleidlich, un-
ausſtehlich.

Tu-autem, m. lat. Hauptpunkt,
Knoten (eines Geſchäfts); Aber, n.

Tube, m. (Nat.) n.; Röhre, f.

Tubercule, m. Knollen, Beule, f.

Tuberculeux, se, adj. (Bot.) f.
knollig.

Tubéreuse, f. (Bot.) Tuberoſe.

Tubéreux, se, adj. (Bot.) knollig.

Tubérosité, f. (Med.) Knoten, m.
(Anat.) Beinknoten; (Bot.) Höcker,
Warze, f.

†Tubingue, Tübingen (Stadt).

Tubulé, e, adj. mit einer Röhre
verſehen; röhrenartig, röhricht.

Tubuleux, se, adj. (Bot.) röhrig.

Tubulure, f. Verſehen mit Röhren, n.; Röhreneinſeßung, f.

Tudesque, adj. altdeutſch; fg. roh,
ungebildet; —, m. Altdeutſche, n.

Tue-chien, m. Herbſtzeitloſe, f.
(Pflanze); ſonſt colchique.

Tuer, v. a. tödten, umbringen,
(mit einer Flinte, rc.) erſchießen;
(mit einem Degen, rc.) erſtechen;
(Thiere) ſchlachten, fällen, erlegen,
meßeln; fg. fm. quälen; se —, ſich
tödten, ſich ums Leben bringen; fg.
ſich zu Tode arbeiten.

Tuerie, f. Gemeßel, n.; (Meßg.)
Schlachthof, m. Schlachthaus, n.

Tue-tête (crier à), adv. aus allen Kräften (schreien).

Tueur, m. Schweinschlächter.

†Tue-vent, m. Windschirm.

Tuf, Tufeau, m. (Miner.) Tuff, Tufferde, f.

Tufier, ère, adj. tuffartig.

†Tufiére, m., le marquis de —, der Herr von Stammbaum, d. h. Prahler, Ruhmsüchtige.

†Tugue, f. (Seew.) Oberhütte.

†Tuilage, m. Strich (des Tuchs).

Tuile, f. Dachziegel, m.; (Tuchsch.) Streichbrett, n.

Tuileau, m. Ziegelstück, n.

Tuiler, v. a. le drap, dem Tuche den Strich geben.

Tuilerie, f. Ziegelhütte; —s, Tuilerien (kön. Palast und Garten zu Paris), pl.

Tuilier, m. Ziegler, Ziegelbrenner.

Tulipe, f. (Bot.) Tulpe.

Tulipier, m. (Bot.) Tulpenbaum.

Tulle, m. Tull (Art Zeug).

Tuméfaction, fém. (Med.) Geschwulst. [se—, aufschwellen.

Tuméfier, v. a. schwellen machen;

Tumeur, f. Geschwulst.

Tumulaire, adj. zu den Gräbern gehörig.

Tumulte, m. Auflauf, Lärm, Tumult, Gewühl, n.

Tumultuaire, adj.; -ment, adv.: höchst unordentlich, ungestüm.

Tumultueux, se, adj.; -sement, adv.: lärmend, ungestüm, aufrührisch. [Graberhöhung.

Tumulus, m. Erdanhäufung, f.

†Tunicelle, f. Leibröckchen, n.; (Bot., Anat.) feine Häutchen.

Tunique, f. Leibrod, m.; (Anat., Bot.) Häutchen, n.; — de l'œil, Augendeckel, m.

Tuorbe, m. Theorbe (Art Laute), f.

Turban, m. Turban (türkische Bund).

Turbe, f., (jur.) enquête par —, Zeugenverhör nach Haufen, n.

Turbine, f. (Tischl.) Chorbühne, Orgelbühne.

Turbiné, e, adj. (Naturg.) kreiselförmig.

Turbot, m. (Fisch) Steinbutte, f.

Turbotiére, f. (Kocht.) Fischbadschaufel.

Turbotin, m. die kleine Steinbutte.

Turbulence, f. Ungestüm, n.

Turbulent, e, adj.; -lemment, adv.: ungestüm, unrubig.

Turc, masc. Türke; die türkische Sprache; —, turque, adj. türkisch.

Turc, m. Holzwurm, Rindenwurm.

Turcic, f. Steindamm, m.

Turelure, f. fm., la même —, die alte Leier. [Aufwallung.

Turgescence, f. (Med.) Wallung,

†Turion, m. (Bot.) Trieb.

Turlupin, m. der abgeschmackte Possenreißer, Witzling.

Turlupinade, f. Witzelei.

Turlupiner, v. n. witzeln; —, v. a. qn., einen aufziehen, foppen.

†Turlut, m. Baumlerche, fém. Waldlerche.

Turneps, Turnips, m. (Bot.) Turnipse (Art Steckrübe), f.

Turpitude, f. Schande.

†Turquet, m. der türkische Hund; (Bot.) eine Art türkisches Korn.

Turquette, f. (Bot.) Bruch=kraut, n.

†Turquie (la), Türkei.

Turquin, adj. m., bleu —, dunkelblau. [m.

Turquoise, f. Türkis (Edelstein),

Tusculanes, f. pl. die tusculischen, tusculanischen Werke (Cicero's), n. pl.

Tussilage (pas d'âne), m. (Bot.) Huflattich. [gel).

Tute, f. (Chym.) Tüte (Art Tie=

Tutélaire, adj. schützend; ange—, Schutzengel, m.

Tutelle, f. Vormundschaft.

Tuteur, m. trice, f. Vormund, m. Vormünderinn, f.; —, (Gärtn.) Schutz=, Baumpfahl, m.

Tutie, f. Nicht, m.

Tutoiement, m. Dußen, n.

Tutoyer, v. a. dußen.

Tuyau, m. Röhre, f. Rohr, n.; (Bot.) Halm, m. Stängel, Kiel (an Federn); (Orgel) Pfeife, f.

Tuyére, f. Blasebalgröhre.

Tympan, m. Trommelhaut (im Ohre), f.; (Buchdr.) Preßdeckel, m.; (Med.) Tretrad, n. Schöpfrad; (Bauk.) Giebelfeld; (Uhrm.) Getriebe.

Tympanique, adj., (Anat.) artére —, Trommelpulsader, f.

Tympaniser, v. a. (einen) verschreien.

Tympanite, f. (Med.) Trommelsucht, Windsucht, Windwassersucht.

Tympanon, m. (Muf.) Hackbrett, n. (Münzw.) Sinnbild.

Type, m. Urbild, n. Vorbild;

Typhon, m. Wasserhose, f.

Typhus, m. (Med.) Typhus, ein hißiges, bösartiges Fieber. [lich.

Typique, adj. bildlich, finnbild=

Typographe, m. Buchdrucker.

Typographie, f. Buchdruckerkunst.

Typographique, adj. typographisch; bureau —, Lesemaschine, f.

†Typolithes, f. pl. Bildsteine, m. plur. Spurensteine, Abdrücke (von Thieren, Pflanzen).

Tyran, m. Tyrann, Wütherich.

Tyranneau, m. der kleine Tyrann, Wütherich.

†Tyrannicide, m. Tyrannenmord; Tyrannenmörder.

Tyrannie, f. Tyrannei, Gewaltthat; Grausamkeit.

Tyrannique, adj.; -ment, adv.: tyrannisch, gewaltthätig, grausam.

Tyranniser, v. a. tyrannisch verfahren (qn., mit einem), tyrannisiren.

Tyromorphite, m. Käsestein.

Tzar, v. Czar.

## U.

Ubiquitaires, Ubiquistes, m. pl. (Theel.) Ubiquisten, Bekenner der Allgegenwart des Leibes Christi im Abendmahl; fm. il est ubiquiste, er ist überall zu Hause.

Ubiquité, f. (Theol.) Allgegenwart (Christi).

Uhlan, m. Uhlan.

Ukase, m. Ukase (Verordnung des russischen Kaisers), f.

Ulcération, f. Schwären, n. Geschwür. [Geschwären.

Ulcère, m. (Chir.) Geschwür, n.

Ulcéré, e, adj. voll Schwären; fig. conscience —e, ein beflecktes Gewissen.

Ulcérer, v. a. schwären machen; fg. fränken, erbittern.

Uléma, m. (Türk.) Rechtsgelehrte.

Uligineux, se, adj. (Bot.) sumpfig. [(Pflanze).

Ulmaire, fém. Wiesenköniginn.

†Ulmine, f. Ulmin (einer der Grundstoffe der Pflanzen), n.

†Ulric, Udalric, n. pr. m. Ulrich.

†Ulrique, n. pr. f. Ulrika, Ulrike.

Ultérieur, e, adj. jenseitig; fg. ferner, weiter; -ement, adv. weiter, ferner. [lehte Erklärung.

Ultimatum, m. lat. (Dipl.) die

†Ultramondain, e, adj. (Phyf.) überirdisch.

Ultramontain, e, adj. jenseit des Alpengebirges; fg. dem Papste ergeben, papistisch; —, m. Ultramontaner, Papist.

Umbilic, (Bot.) v. Ombilic.

Un, e, adj. ein, eine, eines.

Un, m. Eins, f.; fg. einig, einsach, einig; — à —, Eins nach dem Andern, einzeln.

Unanime, adj.; -ment, adv.: einmüthig, einstimmig.

Unanimité, f. Einmüthigkeit.

Unau, m. (Naturg.) das zweifingerige Faulthier.

Unciale, v. Onciale.

Unguis, m. (Anat.) Thränenbein, [n.

Uni, e, adj. gleich, eben; flach (Land); fg. einig, einträchtig; einsach, schlicht (Charakter); einfarbig (Tuch, 2c.). [n.

†Unicorne, m. (Naturg.) Einhorn,

Unième, adj. ein, erste.
Uniflore, adj. (Bot.) einblumig.
Uniforme, adj.; -ément, adv.: einförmig, gleichförmig; —, m.
Uniform, f. [Gleichheit.
Uniformité, fém. Einförmigkeit,
†Unilabié, e, adj. (Bot.) ein-lippig. [seitig.
†Unilatéral, e, adj. (Bot.) ein-
†Uniloculaire, adj. (Bot.) ein-fächerig.
Uniment, adv. eben, gleich; fg. einfach, ohne Umstände.
Union, f. Vereinigung; fg. Einheit, Eintracht, Uebereinstimmung.
†Unipétalé, e, adj. einblätterig (Blume). [id., einzig und allein.
Unique, adj. einzig; -ment, adv.
Unir, v. a. vereinigen, verbinden; ebenen, glätten; s'—, v. r. sich vereinigen.
Unisexuel, le, adj. (Bot.) nur ein Geschlecht habend.
Unisson, m. (Mus.) Einklang, Gleichstimmung, f.; à l'—, gleichstimmig; fg. id., einstimmig.
Unitaire, m. (Theol.) der nur eine Person in der Gottheit annimmt.
Unité, f. Einheit.
Unitif, ve, adj. (Myst.) vereinigend. [lig.
Univalve, adj. (Naturg.) einscha-
Univers, m. Weltall, n. Welt-gebäude, Welt, f. [Ganze, n.
Universalité, f. Allgemeinheit,
Universaux, m. pl., v. Universel.
Universel, le, adj.; -lement, adv.: durchgängig, allgemein; homme —, ein in Allem bewanderter Mann; —, m. (Log.) die allgemeine Bestimmung (pl. universaux).
Universitaire, adj. (neu) die Universität betreffend, von ihr herkommend. [Schule.
Université, f. Universität, hohe
Univoque, adj. einerlei Sache bezeichnend.
Upas, m. (Bot.) Upas, Giftbaum.
Urane, Uranium, Uranit, Uranite, m. (Miner.) Uranium (Metall), n.
†Uranie, f. Urania (Muse) (Alt.) Ballkönigsspiel, n.
Uranographie, f. Beschreibung des Himmels.
Uranométrie, f. Wissenschaft, den Sternhimmel auszumessen.
Urate, m. (Chym.) das harnsaure Salz.
Urbain, e, adj. städtisch.
†Urbain, n. pr. m. Urban, Urbanus.
Urbanité, f. Höflichkeit, Artigkeit.
Urcéolé, e, adj. (Bot.) krugför-
Ure, m: Auerochs. [mig.
†Urebec, m. Rüsselkäfer.
†Uréde, m. Schmarotzerschwamm.

Urée, f. Harnstoff, m. Urinstoff.
Uretère, m. (Anat.) Harngang.
Urètre, m. (Anat.) Harnröhre, f.
Urgence, f. Dringlichkeit, Noth-brang, m. Drang.
Urgent, e, adj. dringend.
Urinaire, adj. conduit —, (Anat.) Harngang, m. =weg.
Urinal, m. Urin-, Harnglas, n.
Urine, f. Urin, m. Harn.
Uriner, v. n. den Urin lassen, harnen.
Urineux, se, adj. urinartig.
Urique, adj., acide —, (Chym.) Harnsäure, f.
Urne, f. Urne, Aschenkrug, m.
†Urocrise, f. Wasserschauen, m. Beurtheilung einer Krankheit aus dem Harn, f.
†Ursin, m. Seebär, Seelöwe.
†Ursule, n. pr. f. Ursula.
Ursulines, f. pl. Ursulinerinnen (Nonnen). [selfriesel.
Urticaire, f. Nesselfieber; n. Nes-
Urtication, f. (Med.) Brennnes-selcur. [artigen Gewächse.
Urticées, f. pl. (Bot.) die nessel-
Us et coutumes, m. pl. Herkom-men, n.
Usage, m. Gebrauch; Gewohnheit, f. Uebung, Erfahrung, Benutzung; (jur.) Nutzungs-, Holzungsrecht, n. Triftrecht; mettre en —, anwenden; aufbringen; einführen; faire — de qch., von etw. Gebrauch machen, etw. gebrauchen, anwenden; —s, Andachtsbücher, n. pl.
Usager, m. Nutzungsberechtigte.
Usance, f. (Handl.) Uso, m. Frist, f. Monatsfrist.
Usante, adj. f., fille — et jouissante de ses droits, (jur.) Mädchen das im Gebrauche und Genusse seiner Rechte ist.
Usé, e, adj. abgenutzt, c.; abgedroschen (Gedanke); abgeritten; fm. abgeschunden (Pferd).
User, v. n. de qch., etw. brauchen, gebrauchen, anwenden; en —, verfahren, umgehen; sich betragen; —, v. a. brauchen, verbrauchen, abnutzen, stumpf machen (Messer, c.); abtragen (Kleider); (Chir.) wegbeizen (Messerschm.) abschleifen; s'—, sich abnutzen, sich schwächen.
User, m. fm. Gebrauch; fg. Umgang.
Usine, f. Hammerwerk, n.
Usité, e, adj. gebräuchlich, üblich.
Usquebac, m. Safranbranntwein.
Ustensile, m. Hausgeräthe, n. Küchengeschirr; Handwerksgeräthe (Kriegsw.) was einem einquartirten Soldaten zu liefern ist (z. B. Salz, Licht, Feuer und Küchengeräthe).
Ustion, f. (Chym.) Verbrennung; (Chir.) Brennen, n.

Usucapion, f. (jur.) Ersitzung, Usucapion.
Usuel, le, adj.; -ment, adv.: gewöhnlich, gebräuchlich, herkömlich.
Usufructuaire, adj., droit —, (jur.) Nießbrauchsrecht, n.
Usufruit, m. (jur.) Nießbrauch.
Usufruitier, m. ère, f. (jur.) Nutznießer, m. =inn, f.
Usuraire, adj.; -ment, adv.: wucherhaft, wucherlich.
Usure, f. Wucher, m.; exercer l'—, wuchern || fm. Abnutzen, n. die abgenutzte Stelle.
Usurier, m. ère, f. Wucherer, m. Wucherin, f.
Usurpateur, m. trice, f. der unrechtmäßige Besitzer, =inn, f.
Usurpation, f. die widerrechtliche Anmaßung, Eingriff, m. widerrechtliche Besitz.
Usurper, v. a. sich anmaßen; sich widerrechtlich zueignen, an sich reißen; — sur les droits de qn., in eines Rechte eingreifen.
Ut, m. (Mus.) C, n.
Utérin, e, adj., frère —, sœur —e, Halbbruder, m. Halbschwester, f. (von mütterlicher Seite); fureur —e, (Med.) Mutterwuth, fém. Mannsucht. [mutter.
Utérus, m. lat. (Anat.) Gebär-
Utile, adj.; -ment, adv.: nützlich, vortheilhaft; —, m. Nützliche, n.
†Utilisation, f. Nutzbarmachung.
Utiliser, v. a. (neu) nutzbar machen.
Utilité, f. Nutzen, m. Vortheil, Nützlichkeit, f.
†Utinet, m. (Küf.) Bodenhammer; Küfenschemel.
Utopie, f. Schlaraffenland, n.
Utricule, f. (Bot.) Zelle, Saftbläschen, f.
Uvée, f. (Anat.) Traubenhäutchen im Auge, n.
†Uvulaire, adj. glande —, (Anat.) Zäpfleindrüse, f.

# V.

Va, interj. meinethalben, es sey, es gilt; (Spiel) va 10 louis, es gilt 10 Louisd'or; —, m. (Spiel) Satz, sept et le —, siebenmal den Satz.
Vacance, f. Erledigung (eines Dienstes, c.); —s, Ferien, pl.; jour de —, Feiertag, m.
Vacant, e, adj. erledigt, leer.
Vacarme, m. Geschrei, n. Lärm, m. fm. Krateel, n.
Vacation, f. p. us. Handthierung || Sitzung, Mühwaltung; Gebühr; —s, (jur.) Gerichtsferien, plur.; chambre des —s, Ferienkammer, f.
Vaccin, m. et adj., virus —, (Med.) Kuhpockenstoff, m.

†Vaccinateur, *m.* Impfarzt.
Vaccination, *f.* Kuhpockenimpfung. [blattern.
Vaccine, *f.* Kuhpocken, *pl.* Schutzblattern.
Vacciner, *v. a.* qn., einem die Schußblattern einimpfen.
Vache, *f.* Kuh; Kühhaut; Himmelkoffer (oben auf Reisewagen), *m.;*
— à lait, Melkkuh, *f.; fg. id.*
Vacher, *m.* ère, *f.* Kühhirt, *m.*
-inn, *f.* Kühmagd; Senne (in der Schweiz), *m.*
Vacherie, *f.* Kühstall, *m.;* Melkerei, *f.;* Senne, Sennhütte.
Vacillant, e, *adj.* wankend, schwankend; zitternd (Stimme); *fg.* wankelmütig, unschlüssig.
Vacillation, *f.* Schwanken, *n.; fg. id.,* Wankelmuth, *m.*
Vaciller, *v. n.* wanken, schwanken; *fg. id.,* wankelmütig seyn.
Vacuité, *f.* Leerheit, Leere.
Vade, *f.* (Spiel) Einsaß, *m.* Saß; *fg.* Antheil.
Vademanque, *f.* Cassenabfall, *m.*
Vadé-mecum, *m. lat.* der beständige Gesellschafter (z. B. ein Buch, 2c.); Handbuch, *n.*
†Vadrouille, *f.* (Seew.) Schiffsbesen, *m.* Schrupper.
Va-et-vient, *m.* (Seidenw.) Laufstock, Degen; (Mech.) Sattel; mouvement de —, Hin- und Herbewegung, *f.* Gestängebewegung, Zugbewegung.
Vagabond, e, *adj.* herumschweifend, unstät; —, *m.* Landstreicher.
Vagabondage, *m.* Landstreicherleben; *n.*
Vagabonder *ou* Vagabonner, *v. n. pop.* herumstreichen.
†Vagans, *m. pl.* (Seew.) Strandbiebe. [*f.*
Vagin, *m.* (Anat.) Mutterscheide,
Vagissement, *m.* Geschrei kleiner Kinder; *n.*
Vagistas, *v.* Vasistas.
Vague, *f.* Woge, Welle; (Bierb.) Molzhürde.
Vague, *adj.; -ment, adv. :* schwankend, unbestimmt; öde; —, *m.* der weite Luftraum; *fg.* Unbestimmte, *n.;* terres vaines et vagues, unbebautes Erdreich, das nichts einträgt.
Vaguemestre, *m.* Wagenmeister.
Vaguer, *v. n.* herumstreichen, schweifen, herumirren.
†Vaguesse, *f.* (Mal.) Duftigkeit, Lieblichkeit.
†Vaidasse, *v.* Védasse. [*pl.*
†Vaigrage, *m.* (Schiffb.) Weger,
†Vaigrer, *v. a.* (Schiffb.) wegern, mit Futterbielen bekleiden.
†Vaigres, *f. pl.* (Schiffb.) Weger, *m. pl.* Futterbielen, *f. pl.*
Vaillance, *f.* Tapferkeit.

Vaillant, e, *adj.; -amment, adv.:* tapfer; —, *m.* Vermögen, *n.*
Vaillantise, *f. vi. burl.* Heldenthat.
Vain, e, *adj.* eitel, unnüß, vergeblich (Sache); stolz, prahlerisch; -ement, en —, *adv.* vergebens, umsonst. [gen; *fg.* übertreffen.
*Vaincre, v. a.* überwinden, besiegen, *m.* Ueberwundene, Besiegte. [und leckere Lesung.
†Vaines, *f. pl.* (Jagd) die leichte Vainqueur, *m.* Ueberwinder, Sieger.
Vair, *m. ol.* Grauwerk, *n.* [ger.
Vairon, *adj. m.* (Reitsch.) glasäugig. [der bunte Gründling.
Vairon, *m.* (Naturg.) Elritze, *f.*
Vaisseau, *m.* Gefäß (auch Anat.), *n.* Geschirr, Faß || Schiff; — de guerre, Kriegsschiff.
Vaisselle, *f.* Tischgeschirr, *n.* Geschirr; — d'argent, Silbergeschirr.
Val, *m.* (*pl.* vaux), Thal, *n.;* par monts et par vaux, über Berg und Thal.
Valable, *adj.* gültig; annehmlich; -ment, *adv.* gültig, gehörig.
†Valachie (la), Wallachei (Land).
†Valais (le), Wallis, Walliserland (Schweiz), *n.*
Valant, e, *partic., v.* Valoir.
†Valençais, e, *adj.* valencianisch von Valencia (ob. Valence in Frankreich).
†Valence, Valencia (Stadt in Spanien). [Welten.
†Valentin, *n. pr. m.* Valentin,
†Valentine, *n. pr. f.* Valentina.
†Valère, *n. pr. m.* Valerius.
Valériane, *f.* (Bot.) Baldrian, *m.*
†Valérie, *n. pr. f.* Valeria.
†Valérien, *n. pr. m.* Valerianus, Balerian.
Valet, *m.* Knecht, Diener; faire le bon —, den Augendiener machen; âme de —, Knechts-, Sclavenseele, *f.;* — de pied, Lackei, *m.;* — de chambre, Kammerdiener; —, (Spiel) Bube; (Tischl.) Knecht; Gewicht (an einer Thür), *n.*
Valetage, *m.* Knechtsdienst.
Valetaille, *f. mépr.* Bedientenvolk, *n.* [bel= Kneipzange, *f.*
Valet-à-patin, *m.* (Chir.) Schnabubeln lassen, den Augendiener machen. [*m.* Sieche.
Valéter, *v. n.* kriechen, sich herumbubeln lassen, den Augendiener machen.
Valétudinaire, *adj.* kränklich; —,
Valeur, *f.* Werth, *m.; en* —, im Stande, im Ertrag (Gut); im Preise (Waare); mettre en —, in guten Stand sezen; —, (Gram.) der eigentliche Sinn (der Ausdrücke) || Tapferkeit, *f.* [*adv.:* tapfer.
Valeureux, se, *adj.; -sement,*
Validation, *f.* Gültigmachung, Bestätigung; Guthßeißung.

Valide, *adj.* gültig; gesund (Körper); -ment, *adv.* gültig.
Validé, *f.* (Türk.) Name der Mutter des regierenden Sultans.
Valider, *v. a.* gültig machen.
Validité, *f.* Gültigkeit.
Valise, *f.* Felleisen, *n.;* — de lit, Bettsack, *m.*
Valisnère *ou* Valisnérie, *fém.* (Bot.) Valisneria.
Vallaire, *adj.,* (röm. Alt.) couronne —, Lagerkrone, *f.*
Vallée, *f.* Thal, *n.*
Vallon, *m.* das kleine Thal, Thal.
*Valoir, v. n.* gelten, werth seyn, einbringen, eintragen; tüchtig seyn, taugen; faire —, geltend machen; à —, auf Abschlag; — mieux, besser seyn; vaille que vaille, tout coup vaille, auf gut Glück.
Valse, *f.* Walzer, *m.*
Valser, *v. n.* walzen. [et *f.*
Valseur, *m.* se, *f.* Walzende, *m.*
*Valuable, adj.* schäßbar.
Value, *f.,* la plus —, Ueberwerth, *m.*
Valve, *f.* (Naturg.) Schale.
*Valvulaire, adj.* (Bot.) vielklappig.
Valvule, *f.* (Anat., Bot.) Klappe.
Vampire, *m.* Vampyr, Blutsauger.
Van, *m.* Schwinge, *f.* Wanne.
Vandale, *m.* Vandale, Barbar.
Vandoise, *f.* (Naturg.) Pfeilkarpfe, *m.* Häseling.
Vanille, *f.* (Bot.) Vanille.
Vanillier, *m.* (Bot.) Vanille, *f.* Vanillenpflanze.
Vanité, *f.* Eitelkeit, Nichtigkeit || Eitelkeit, Dünkel, *m.;* faire, tirer — de qch., mit etw. prahlen, auf etw. stolz seyn.
Vaniteux, se, *adj. fm.* eitel; —, *m.* der eitle Mensch.
Vanne, *f.* Schußbrett, *n.*
Vanneau, *m.* Kibiz; —x, die großen Schwungfedern (der Raubvögel). [warfeln.
Vanner, *v. a.* schwingen, wannen,
Vannerie, *f.* Korbmacherarbeit; Korbmacherhandwerk; *n.*
Vannette, *f.* Futterschwinge.
Vanneur, *m.* Kornschwinger.
Vannier, *m.* Korbmacher.
†Vannoir, *m.* (Nad.) Schwing-
Vantail, *m.* Thürflügel. [napf.
Vantard, *m.* Großsprecher, Prahlhans.
Vanter, *v. a.* rühmen, anpreisen; se —, sich rühmen, sich getrauen, prahlen.
Vanterie, *f.* Prahlerei.
†Vantiller, *v. a.* (Wasser) mit Brettern zurückhalten.
Vapeur, *f.* Dampf, *m.* Dunst (auch Mal.); — épaisse, Qualm;

—s, (Med.) Nervenzufälle, m. pl. Blähungen, f. pl.

Vaporeux, se, adj. dunstig, dustig (Himmel). (Med.) blähend; zu Blähungen geneigt; —, m. einer der zu Blähungen geneigt ist.

Vaporisation, f. (Phys.) Ausdampfen, n. [dampfen.

Vaporiser, v. a. verdunsten, abstehen (v. Aemtern; ꝛc.); (jur.) Ferien haben; — à qch., einer S. obliegen.

†Vaquette, f. die kleine Kuhhaut.

Varaigne, f. Oeffnung, durch welche das Seewasser in die Salzteiche tritt. [nen.

†Varander, v. a. (Häringe) trock-

Varangue, f. (Schiffb.) Bauchstück, n.

Varech, Vareck, m. (Bot.) Meergras, n.; (Seew.) Auswurf des Meeres, m.; Strandgüter, n. pl.; Wrack (gesunkene Schiff), n.; droit de —, Strandrecht. [bahn, f.

Varenne, f. Jagdgehäge, n. Wildbahn.

Variabilité, f. Veränderlichkeit, Unbeständigkeit.

Variable, adj. veränderlich, unbeständig, wandelbar.

Variante, f. Variante, verschiedene Leseart eines Textes.

Variation, f. Ab= Veränderung; Abweichung, Unbeständigkeit.

Varice, f. (Med.) Krampfader.

Varicelle, f. (Med.) Wasserblattern, pl. =pocken. [aderbruch.

Varicocèle, m. (Med.) Krampf-

†Varicomphale, m. (Med.) Nabel= Krampfaderbruch.

Varié, e, adj. bunt, buntscheckig (Farbe); fg. vielseitig (Kenntnisse).

Varier, v. a. ver= abändern, abwechseln; —, v. n. sich ändern, sich verändern, veränderlich seyn; abweichen.

Variété, f. Abwechslung, Verschiedenheit; (Bot., ꝛc.) Art, Ab= Spielart.

Varietur (ne), lat. (jur.) damit nichts daran verändert werde.

Variole, f. (Med.) Blattern, pl.

Variolique, adj., (Med.) virus —, Blatterngift, n. [fähig.

Variqueux, se, adject. (Med.) krampfaderig.

Varlet, m. ol. Edelknecht, Knappe.

Varlope, f. (Tischl.) Schlicht=, Glatthobel, m.

†Varre, f. Harpune (für Schildkröten); —, Warras (spanische Elle).

†Varsovie, f. Warschau (Stadt).

†Varsovien, ne, adj. von Warschau. [(Anat.) gefäßig.

Vasculaire, Vasculeux, se, adj.

Vase, m. Gefäß, n.; —, f. Schlamm, m.

Vaseux, se, adj. schlammig.

Vasistas, m. Guckfenster, n. Guckloch; Kutschenfenster.

†Vason, m. (Sieg.) Thonklumpen.

Vassal, m. e, f. Vasall, m. =inn, f.; Lehensmann, m. Lehensfrau, f.

Vasselage, m. Lehenbarkeit, f. Lehenspflicht.

Vaste, adj. groß, weit, weitläufig; fg. id., unbegränzt.

Vatican, m. Vatican, päpstliche Hof.

Va-tout, m. (Spiel) der ganze Einsatz; —, interj. es gilt den ganzen Satz.

†Vaucour, m. (Töpf.) Zurichttisch.

†Vaud, m., pays de —, Wadtland (Schweiz), n.

Vau-de-route (à), adv. eilends, in Unordnung.

Vaudeville, m. Volkslied, n.; (Theat.) Vaudeville (Art lustiger Schauspiele).

†Vaudois, e, adj. wadtländisch; —, m. e, f. Wadtländer, m. =inn, f.; (Kirchengesch.) Waldenser, m. =inn, f.

Vau-l'eau (à), adv., v. Aval.

Vaurien, m. fm. Taugenichts.

Vautour, m. (Naturg.) Geier.

Vautrait, m. (Jagd) Schweinszeug, n.; capitaine du —, Zeugmeister beim Schweinszeug, m.; toiles du —, Saugarne, n. pl.

Vautrer, v. n. wilde Schweine jagen; se —, sich herumwälzen; fg. id. [der Wallachei), n.

Vayvode, m. Weywode (Titel in Veau, m. Kalb, n.; Kalbfell, Kalbleder, n. (Kochk.) Kalbfleisch; faire le pied de —, Kratzfüße machen, friechen; — marin, Seekalb, m.

Vecteur, adj. m., (Astr.) rayon —, die Linie von der Sonne bis zu einem Planeten.

Véda, m. Vedam (heiliges Buch der Indier). [asche.

†Védasse, f. (Naturg.) Waid-

Vedette, f. (Kriegsw.) Schildwache zu Pferd, Reiter=, Vorwache; être en —, zu Pferd Schildwache stehen; —, Schilderhaus, n. || Briefstitel, m.

Végétable, adj. des Wachsthums

Végétal, m. Gewächs, n. Pflanze, f.; —, e, adj. von Pflanzen herkommend, dazu gehörig; règne —, Pflanzenreich, n.; sel —, (Chym.) Pflanzensalz; faculté —, e, Wachsthumsvermögen.

Végétant, e, adj. vegetirend.

Végétatif, ve, adj. wachsen machend; wachsend.

Végétation, f. Wachsthum, n. ein Pflanzenleben führen, für sich hinleben.

†Végéto-minéral, e, adj., eau —, flüssiges Bleiessigsalz.

Véhémence, f. Heftigkeit.

Véhément, e, adj.; =ement, adv.: heftig, stark. [tel, n.

Véhicule, m. Beförderungsmit-

Veille, f. Wachen, n.; Nachtwache, f.; =s, f. pl. Nachtarbeiten, schlaflose Nächte; chandelle, bougie de —, Nachtlicht, n.; —, der Tag vorher; la — de son départ, den Tag vor seiner Abreise; être à la — de..., auf dem Punkt stehen zu...; être à la — d'un grand événement, einem großen Ereignisse entgegen sehen.

Veillée, f. Abendzeit; Abendgesellschaft; Nachtwache (bei Kranken).

Veiller, v. n. wachen; fg. — à ou sur qch., für, über etw. wachen; —, v. a. bewachen; fg. id., beobachten.

Veilleur, m. Todtenwächter.

Veilleuse, f. Nachtlampe.

†Veilloir, m. (Handw.) Leuchtertisch. [m.; Heuhaufen.

†Veillotte, f. Windhaufen (Heu), Veine, f. Ader, Blutader; — ou =métallique, (Bergw.) Erzgang, m. Metallader, f.; Strich, m.; — d'eau, kleine unterirdische Quelle; — poétique, Dichtertalent, n.

Veiné, e, Veineux, se, adj. aderig, geädert.

Veiner, v. a. ädern (durch Kunst).

Veineux, se, adj. aderreich, aderig; canal —, Blutader, f.

Veinule, f. (Anat.) Blutäderchen.

Vélar, m. (Bot.) Hederich.

Velaut, interj. (Jagd) habe!

Velche, m. Welsche, ein unwissender, roher Mensch.

Vêler, v. n. kalben.

Vélin, m. Jungfernpergament, n.; papier —, Pergamentpapier.

Vélites, m. pl. (röm. Alt.) leichte Truppen, f. pl. [Entschluß.

Velléité, f. das bloße Wollen ohne Véloce, adj. (Astr.) schnell.

Vélocifère, m. nouv. Schnellwagen. [gen.

Vélocité, f. Schnelligkeit. [gen.

Velours, m. Sammet; fg. ebene Nasen; de —, sammten.

Velouté, m. Sammetband, n.; Sammetstreifen, m.; (Anat.) die flockige Haut; —, e, adj. sammetartig; galon —, Sammetband, n.; —, (Juwel.) dunkelfarbig; vin —, alter, dunkler, milder Wein.

†Velouter, v. a. auf Sammetart weben. [n.

Veltage, m. Visiren nach der Velte.

Velte, f. Velte (Maß von sechs Pariser Pinten); Visirstab, m.

Velter, v. a. (Fässer) visiren, eichen.

Velteur, m. Eicher.

Velu, e, adj. rauch, zottig, haarig.

Velvote, f. (Bot.) Leinkraut, n.

Venaison, f. Wildpret, n.; haute —, Damwildpret; en —, in der Feiste; —, Wildpretgeruch, m.

Venaissin, eine ehemalige Grafschaft (comtat) in Frankreich (Gebiet von Avignon).

Vénal, e, adj.; -ement, adv.: verkäuflich, käuflich, feil (Aemter, ꝛc.).

Vénalité, f. Verkäuflichkeit.

Venant, adj. kommend, gebend.

Vendable, adj. verkäuflich.

Vendange, f. Weinlese; —s, Herbst, m.

Vendanger, v. a. et n. Weinlese halten, herbsten; fg. herbsten; die Weinberge verheeren (vom Hagel).

†Vendangette, fém. (Naturg.) Drossel, Weindrossel.

Vendangeur, m. se, f. Weinleser m. -inn, f.

Vendémiaire, m. Weinmonat.

Vendeur, m. se, f. Verkäufer, m. -inn, f.; venderesse, f. (jur.) -inn.

Vendication, v. Revendication.

Vendiquer, v. Revendiquer.

Vendre, v. a. verkaufen, verhandeln; à pot et à pinte, verzapfen; à —, feil (Waare, ꝛc.); — , fg. verkaufen, verrathen; se —, verkauft werden; Absatz haben (Waare); kosten; feil seyn.

Vendredi, m. Freitag, v. Saint.

†Vené, e, adj. gebeizt (Fleisch); was anfängt zu verderben. [f.

Vénéfice, m. (jur.) Giftmischerei.

Venelle, f. Gäßchen, n.

Vénéneux, se, adj. (v. Pflanzen) giftig.

Vener, v. a. (ein Thier) jagen, hetzen; faire —, (Kocht.) beizen lassen, einbeizen.

Vénérable, adj. ehrwürdig, ehrbar. [furcht.

Vénération, f. Verehrung, Ehr-

Vénérer, v. a. verehren.

Vénérie, f. (Jagd) Jägerei; Jagdhof, m.

Vénérien, ne, adj. (Med.) venerisch; mal —, maladie —ne, Lustseuche, f. [Fischlaum.

Venets, m. pl. (Fisch.) der niedrige

Venette, f. fm. Angst; donner la —, Angst einjagen.

Veneur, m. Jäger; grand —, Oberjägermeister.

†Venez-y-voir, m. Schaustückchen, n.; pop. c'est un beau —, da gibts was Schönes, Rechtes zu sehen!

Vengeance, f. Rache; — privée, Selbstrache; —, Rachsucht.

Venger, v. a. rächen, ahnden; se —, sich rächen.

Vengeur, m. eresse, f. Rächer, m. -inn, f.; —, eresse, adj. rächend.

Véniat, m. lat. (jur.) Vorbescheid.

Véniel, e, adj.; -lement, adv.: (Theol.) erläßlich, verzeihlich.

Venimeux, se, adj. (v. Thieren) giftig. [fg. Gift, Bosheit, f.

Venin, m. (thierische) Gift, n.;

*Venir, v. n. kommen; antemmen; ne pas —, nicht kommen, ausbleiben; —, reichen (Wasser, ꝛc.); herkommen, herrühren, entspringen; fortkommen, wachsen, gedeihen (v. Pflanzen, ꝛc.); s'il vient à savoir, wenn er erfährt; — à maturité, zur Reife kommen; — à bien, gut ausgehen (S.), gerathen (Kind, ꝛc.); — à bout de qch., etw. zu Stand bringen; en — aux mains, handgemein werden; je viens d'arriver, ich bin so eben angekommen; à —, zukünftig; aller et —, hin- und hergehen.

†Venise, Venedig (Stadt).

†Vénitien, ne, adj. venetianisch; — m. ne, f. Venetianer, m. -inn, f.

Vent, m. Wind, Luft, f.; avoir le — sur un vaisseau, einem Schiffe den Wind abgewonnen haben; être au — d'un vaisseau, unter dem Winde eines Schiffes seyn; avoir le dessus du —, den Wind haben; être au dessus du —, fg. nichts zu fürchten haben; coup de —, Windstoß, m.; — coulis, Zugwind; (Med.) Blähung, f.; (Jagd) Witterung, Geruch, m.

Ventail, v. Vantail.

Vente, f. Verkauf, m.; Markt; (Forstw.) Holzschlag.

†Venteau, m. Schleusenthor, n.

Venter, v. n. impers. wehen, stürmen. [bläbend.

Venteux, se, adj. windig; (Med.)

†Ventier, m. Holzhändler, der einen ganzen Wald kauft.

Ventilateur, m. Windfang, Luftzieher.

Ventilation, f. Art, die Luft zu erneuern; (jur.) Schätzung, Erbschätzung.

Ventiler, v. a. (jur.) theilweise nach dem Preise des Ganzen schätzen; erörtern.

†Ventiller, v. a. (Seew.) ausbielen.

Ventolier, m., oiseau bon —, Vogel, welcher dem Winde widersteht, Stoßvogel.

Ventôse, m. Windmonat.

Ventosité, f. Blähung.

Ventouse, f. (Chir.) Schröpfkopf, m.; Luftloch, n. Zugloch.

Ventouser, v. a. (Chir.) schröpfen.

Ventral, e, adj. zum Bauche gehörig; —es, f. pl. Bauchflossen der Fische.

Ventre, m. Bauch, Unterleib, Leib; — libre, offene Leib; cours de —, Durchlauf; mal au —,

Bauchgrimmen, n.; mettre le cœur au —, fg. Muth machen; mettre le feu sous le — à qn., einen in Harnisch bringen; il n'a pas six mois dans le —, er hat keine sechs Monate mehr zu leben; marcher, passer sur le — à qn., einen niederwerfen, zu Boden werfen; ventre au —, (jur.) Vormund für ein Kind im Mutterleibe, m.; — à terre, (Kriegsw.) legt euch auf den Bauch; (Reitsch.) im stärksten Galopp; faire le —, (Maur.) einen Bauch machen, sich werfen.

Ventrée, f. Wurf, m. Tracht Junge, f.

Ventricule, m. (Anat.) Magen; — s du cerveau, Gehirnhöhlen, f. pl.; —s du cœur, Herzkammern.

Ventrière, f. (Sattl.) Bauchriemen, m.; (Zimm.) Strebebalken.

Ventriloque, m. Bauchredner.

Ventru, e, adj. dickbäuchig; —, m. e, f. fm. Dickbauch, m. Dickwanst.

Venu, m., bien — willkommen; le premier — der Erste der Beste; un nouveau —, ein neuer Ankömmling.

Venue, f. Ankunft; Wuchs (eines Baumes, ꝛc.), m.; tout d'une —, eben und unten gleich dick; (il a) la jambe tout d'une —, Beine wie Stecken; —, (Kegelsp.) Anwurf, m.

Vénule, f. (Anat.) Aederchen, n.

Vénus, f. (Myth.) Venus; (Astr.) (Chym.) Kupfer, n.

Abendstern, masc. Morgenstern;

†Vénusté, f. Schönheit, Anmuth.

Vêpres, f. pl. Vesper, f.

Ver, m. Wurm; — de terre, Regenwurm; — à soie, Seidenraupe, f.; — de fromage, Käsemade; —s, Gewürm, n.

Véracité, fém. Wahrhaftigkeit, Glaubwürdigkeit.

Verbal, e, adj. mündlich; (Gram.) von einem Zeitworte herkommend; -ement, adv. mündlich.

Verbaliser, v. n. einen Verbalprozeß aufsetzen; fg. viele Worte machen.

Verbe, m. Zeitwort, n.; (b. Schr.) Wort. [wegung (der Luft).

Verbération, f. die zitternde Be-

Verbeux, se, adj. geschwätzig.

Verbiage, m. das eitle Geschwätz; fm. Geplauder, n. [plaudern.

Verbiager, v. n. fm. schwatzen,

Verbiager, m. se, f. fm. Schwätzer, m. -inn, f.

†Verboquet, m. Lenkseil bei der Aufziehung der Lasten, n.

Verbosité, f. Wortüberfluß, m.

Ver-coquin, m. (Naturg.) Rebstecher, Kopfwurm; fg. Eigensinn, Laune, f.

Verd, v. Vert.

Verdâtre, *adj.* grünlich.
Verdée, *f.* leichter weißer Wein, von Toscana, deſſen Farbe grünlich iſt. [*fg. fm.* ziemlich munter.
Verdelet, te, *adj.* etwas herbe;
Verderie, *f.* Forſtbezirk, *m.*
Verdet, *m.* Grünſpan.
Verdeur, *f.* (Bot.) Saft, *m.;* Säure (des Weins, 2c.), *f.; fg.* Kraft, jugendliche Lebhaftigkeit.
Verdier, *m.* (Naturg.) Grünfink || Förſter. [ſtoď.
†Verdillon, *m.* (Web.) Schnür=
Verdir, *v. a.* grün anſtreichen; —, *v. n.* grün werden, grünen.
Verdoyant, e, *adj.* grünend.
Verdoyer, *v. n.* grünen, grün werden.
Verdure, *f.* Grün, *n.;* grüne Laub.
Verdurier, *m.* Hofküchengärtner.
Véreux, se, *adj.* wurmſtichig; *fg. fm.* ſchlecht.
Verge, *f.* Ruthe, Gerte; Stange; Stab, *m.;* (Goldſch.) Ring; (Dreh.) Wippe, *f.;* (Handl.) Stab, *m.;* Eich=, Viſirſtab; Ruthe (Längen= maß), *f.;* — du pendule, (Uhrm.) Pendelſtange; — de la balance, Wagebalten, *m.;* —s, Ruthe, *f.* Spießruthe || (Anat.) Ruthe; — d'or, (Bot.) Goldruthe; — à paſ= teur *ou* à berger, Hirtenſtab, *m.* Karbendiſſel, *f.;* — de Jacob, Peit= ſchenſtoď, *m.* gelber Aſphodil.
Vergé, e, *adj.* ungleich gewebt (Zeug); (Bot.) ruthenförmig.
†Vergeage, *masc.* Abmeſſen (der Zeuge), *n.;* Viſiren (der Fäſſer); (Tuchm.) fehlerhafte Streifen im Zeug, *m. pl.* [the.
Vergée, *f.* Flächenlänge einer Ru=
Verger, *m.* Baumgarten.
Verger, *v. a.* nach Ruthen meſſen.
Vergeter, *v. a.* ab= *ob.* ausbürſten, kehren.
Vergetier, *m.* Bürſtenbinder.
Vergettes, *f. pl.* Kehrbürſte (auch vergette); —, Trommelreif, *m.*
Vergeure, *f.* (Pap.) Draht (in der Form), *m.;* Formdrahtſtreifen, *pl.*
Verglas, *m.* Glatteis, *n.*
Vergne, *m.* (Bot.) Erle (aune), *f.*
Vergogne. *f. fm.* Scham.
Vergue, *f.* (Schiff.) Segelſtange.
Véricle, *f.*, diamants de —, falſche Diamanten, *m. pl.*
Véridicité, *f.* Wahrhaftigkeit.
Véridique, *adj.* wahrhaft.
Vérificateur, *m.* Unterſucher, Be= währer. [währung.
Vérification, *f.* Unterſuchung, Be=
Vérifier, *v. a.* bewähren, unterſu= chen; (ein Edict) in die Regiſter ein= tragen; se —, in Erfüllung gehen (Weiſſagung). [winde, *f.*
Vérin, *m.* (Mech.) Schrauben=
Vérine, *f.* Varinas=Tabak, *m.*

Véritable, *adj.;* -ment, *adv.:* wahr, wahrhaftig, echt.
Vérité, *f.* Wahrheit, Aufrichtig= keit; en —, wahrlich, in der That, wirklich; à la —, zwar; freilich.
Verjus, *m.* der unreife Traubenſaft.
Verjuté, e, *adj.* ſauer, herbe.
†Verle, *f.* Eichſtab (für Fäſſer), *m.*
Vermeil, le, *adj.* roth, leibfarbig; —, *m.* das im Feuer vergoldete Sil= ber; (Vergold.) Zinnobergrund, *m.*
Vermeille, *f.* der böhmiſche Gra= nat.
†Vermeillonner, *v. a.* (Vergold.) den Zinnobergrund auf etw. aufflegen.
Vermicelle (ſpr. -chelle), *m.* Fa= dennudeln, *f. pl.* italieniſche Nu= deln. [macher.
Vermicellier, *m.* Fadennudeln=
Vermiculaire, Vermiforme, *adj.* (Anat.) wurmförmig; Vermiculant, *adj. m.* (Med.) id.
Vermiculé, e, *adj.* (Bauf.) wurm= förmig geſtippt.
Vermiculures, *f. pl.* Art Arbeit, die Spuren von Würmern nachah= mend, gefurchte Arbeit. [förmig.
Vermiforme, *adj.* (Anat.) wurm=
Vermifuge, *adj.* (Med.) die Wür= mer vertreibend; remède — *ou* —, *m.* Wurmmittel, *n.*
Vermillon, *v. n.* (Jagd) nach Wür= mern wühlen.
Vermillon, *m.* Zinnober; Roth, *n.* Schminke, *f.; fg.* Röthe (der Wangen).
Vermillonner, *v. n.* (Jagd) Wür= mer ſuchen; —, *v. a. fm.* roth ma= len, färben.
Vermine, *f.* Ungeziefer, *n.* Un= ſchmeiß; *fg. id.,* Lumpengeſchmeiß.
Vermineux, *adj.* wurmſtichig; fièvre —se, Wurmfrankheit, *f.*
Vermisseau, *m.* Würmchen, *n.*
Vermouler (se), wurmſtichig wer= den.
Vermoulu, e, *adj.* wurmſtichig.
Vermoulure, *f.* Wurmfraß, *m.* Wurmſtich, Wurmmehl, *n.*
Vermout, *m.* Wermuthwein.
Vernal, e, *adj.* zum Frühling ge= hörig; équinoxe —, Frühlings= Nachtgleiche, *f.*
Verne, *m.* (Bot.) Erle (aune).
Vernir, *v. a.* firnißen, ladiren.
Vernis, *m.* Firniß, Lack; Glaſur, *f.; fg.* Firniß, *m.* Anſtrich.
Vernisser, *v. a.* (Töpf., 2c.) fir= nißen, glaſiren.
Vernisseur, *m.* Ladirer.
Vernissure, *f.* Firnißen, *n.* La= diren.
Vérole, *f.* (Med.) petite —, Kinderblattern, *pl.* Poden; petite —volante, Waſſerblattern, Winds= poden.
Véron, *m.* Elritze (Flußfiſch), *f.*

Véronique, *f.* (Bot.) Ehrenpreis, *m.;* —, *n. pr. f.* Veronika.
Verrat, *m.* Eber.
Verre, *m.* Glas, *n.;* — à boire, *id.,* Trinkglas; — de vin, ein Glas Wein; — de Moscovic, Marien= glas; — coloré, Glaspaſte, *f.;* de —, gläſern; — d'antimoine, Spießglas, *n.*
Verrerie, *f.* Glashütte; Glasma= chen, *n.* Glasmacherkunſt, *f.;* Glas= waare.
Verrier, *m.* Glasmacher, Glas= händler || Gläſerkorb.
Verrière, *f.* Glasbecke; Schwenk= wanne, Gläſerbecken, *n.;* (Gärtn.) Glashäuschen, Treibkaſten, *m.*
†Verrillon, *m.* (Muſ.) Glasſpiel, *f.*
Verrine, *v.* Vérine. [*n.*
Verroterie, *f.* kleine Glaswaare.
Verrou, *m.* Riegel.
Verrouiller, *v. a.* verriegeln, zu= Verrue, *f.* Warze. [riegeln.
Vers, *m.* Vers.
Vers, *prép.* gegen, nach, zu; — l'orient, gegen Oſten, oſtwärs.
Versant, e, *adj.* leichtumfallend; —, *s. m.* Flußgebiet, *n.* Flußbecken; Abhang eines Gebirges, *m.*
Versatile, *adj.* veränderlich.
Versatilité, *f.* Veränderlichkeit.
Verse (à), *adv.,* il pleut à —, es regnet ſehr ſtark; —, *adj.,* (Geom.) sinus —, Querſtüße, *f.; —, f.* Korb, *m.* Kohlenkorb.
Versé, e, *adj. fg.* erfahren, be= wandert; *fm.* beſchlagen.
Verseau, *m.* (Aſtr.) Waſſermann.
Versement, *m.* Abliefern (*n.*), Ausliefern (des Geldes).
Verser, *v. a.* gießen, ſchütten; (Wein, 2c.) einſchenken, ausgießen; aus=, umſchütten; (Blut, 2c.) ver= gießen; (Geld) abliefern; zahlen; (einen Wagen) umwerfen; —, *v. n.* umfallen, umſchlagen; ſich umlegen.
Verset, *m.* Vers, Abſatz.
Versificateur, *m.* Versmacher.
Versification, *f.* Versbau, *m.*
Versifier, *v. n.* Verſe machen.
Version, *f.* Ueberſetzung; *fm.* Er= zählungsart. [*f.*
Verso, *m.* Kehrſeite (eines Blattes), *n.*
†Versoir, *m.* Oht, *n.* Streichbrett am Pfluge.
Verste, *m.* Werſte (ruſſiſche Meile von 1000 Meter), *f.*
Vert, e, *adj.* grün; unreif (Obſt); jung, herbe (Wein); *fg.* friſch, leb= haft; munter; unbeſonnen (Kopf); entſchloſſen (Mann); derb (Antwort); —, *masc.* Grün, *n.;* Herbe (des Weins), *f.;* (Landw.) das grüne Futter; jouer au —, Grünes ſpie= len; prendre qu. sans —, *fg. fm.* einen unvermuthet überfallen; — brun, dunkelgrün; — gai, lichtgrün;

— de montagne, Berggrün, n.;
— de vessie, Veergrün; — -degris, v. Verdet.

Vertébral, e, adj., nerf —, (Anat.) Wirbelbeinnerv, m.

Vertèbre, f. (Anat.) Wirbelbein, n.

Vertébré, e, adj., animaux —s, (Naturg.) die Thiere mit Wirbelbeinen. [chen.) m.

†Vertelle, f. Spund (an Salztei-

†Verte-longue, fém. (Gärtn.) Herbstwasserbirne.

Vertement, adv. nachdrücklich, derb. [hasen, m.

†Vertevelle, f. (Schloss.) Riegel-

Vertex, m. lat. (Anat.) Wirbel.

Vertical, e, adj.; -ement, adv.: scheitel-, senkrecht; point —, (Astr.) Scheitel-; Wirbelpunkt, m.; verticaux, m. pl. (Astr.) Scheitelkreise.

†Verticalité, f. die scheitelrechte Richtung.

Verticille, m. (Bot.) Querl.

Verticillé, e, adj. (Bot.) querlförmig.

†Verticité, f. (Phys.) Streben (eines Körpers) nach einem gewissen Punkte, n.

Vertige, m. Schwindel; j'ai un —, es schwindelt mir; fg. Schwindel; esprit de —, Schwindelgeist.

Vertigineux, se, adj. mit dem Schwindel behaftet.

Vertigo, m. fm. Schwindelei, f.; (Thiera.) Koller, m.; avoir le —, kollern. [beinb.

Vertiqueux, se, adj. (Med.) wir-

Vertivelle, v. Vertevelle.

Vertu, f. Tugend; Kraft; (Med.) Heilkraft; en —, kraft, vermöge des, der, u.; laut, zufolge.

Vertueux, se, adj.; -sement, adv.: tugendhaft.

Vertugadin, m. ol. Wulst.

Verve, f. Begeisterung; Dichterfeuer, n.; (écrire) de —, begeistert, mit Begeisterung.

Verveine, f. (Bot.) Eisenkraut, n.

Vervelle, f. Faltenring, n.

Verveux, Vervier, m. (Fisch.) Garnsack, Reuse, f.

Vésanie, f. (Med.) Wahnsinn (ohne Fieber), m.

Vesce, f. (Bot.) Wicke. [f.

Vesceron, m. (Bot.) Vogelwicke,

†Vésicaire, f. (Bot.) Blasenerbse.

Vésicant, v. Vésicatoire.

†Vésication, f. (Med.) Blasenziehen, n.

Vésicatoire, adj. (Med.) Blasen ziehend; —, m. Zug-, Blasenpflaster, n.

†Vésiculaire, adj. (Bot.) bläschenartig, mit Bläschen besetzt.

Vésicule, f. (Anat.) Bläschen, n.

Vésou, m. der rohe Zuckersaft.

†Vespéral, m. Vesperbuch, n.

Vespérie, f. Streitschrift für die Doktorwürde (auf den ehem. franz. Universitäten); Verweis, m.

Vespériser, v. a. Verweise geben.

Vespétro, m. Art Liqueur (Ratafia), f.

Vesse, f. bas, Fist, m. schleichende Wind; — de loup, — -loup, f. (Bot.) Staubschwamm, m.

Vesser, v. n. bas, fisten, einen Wind streichen lassen.

Vessie, f. (Anat.) Blase, Urinblase. [f.

Vessigon, m. (Thiera.) Flußgalle,

†Vessir, v. n. (Chym.) sprossen.

Vesta, f. (Astr.) Vesta.

Vestale, f. (röm. Alt.) Vestalinn; fg. fm. id., keusche Jungfrau.

Veste, f. Weste, Gamisol, n.

Vestiaire, m. Kleiderkammer (in Klöstern, u.), f.; Geld für Kleidung, n.

Vestibule, m. Verhaus, n. Vorbes, m. Hausflur, f.; Flur, Diele; (Anat.) Vorsaal, m. [m.

†Vésuve, m. Vesuv (feuerspeienden Berg). [wand, n. Kleid.

Vêtement, m. Kleidung, f. (Be-

Vétéran, m. Veteran, alte Soldat; (Schul.) Veteran, Altschüler.

Vétérance, f. Dienstruhe.

†Vétéravie, Wetterau (Gegend).

Vétérinaire, adj., art —, Thierarzneikunst, f.; école —, Thierarzneischule; médecin — ou —, m. Thierarzt, m.

Vétillard, v. Vétilleur.

Vétille, f. Kleinigkeit, Lapperei.

Vétiller, v. n. sich bei unnützen Kleinigkeiten aufhalten, kritteln.

Vétillerie, f. Krickelei, Krittelei.

Vétilleur, m. se, f. Kridler, m. Krittler, -inn, f.; —, se, adj. kricklich, krittlich.

*Vêtir, v. a. kleiden, bekleiden, anziehen; — -, sich ankleiden, sich kleiden, sich anziehen.

Veto, m. lat. Veto, n. Verneinungsrecht.

Vêture, f. Einkleidung (eines Mönches, einer Nonne).

Vétusté, f. Alter, n. Alterthum.

Vétyver, m. indische Graspflanze mit wohlriechenden Wurzeln, f.

Veule, adj. fm. schlaff (Wetter, u.); schwach; leicht (Erde) (Bäck.) locker. [stand.

Veuvage, m. Wittwer-, Wittwenstand.

Veuve, f. Wittwe; weiße, veilchenblau gestreifte Tulpe; Elsterschnecke; Amm.: (Vogel).

Vexation, f. Bedrückung.

Vexatoire, adj. drückend, lästig.

Vexer, v. a. drücken, quälen; fm. scheren.

†Vexillaire, adj., (Seew.) signal —, Flaggensignal, n. [teil.

Viabilité, f. (Med.) Lebensfähig-

Viable, adj. (Med.) lebensfähig.

Viager, ère, adj. lebenslänglich; rente —ère ou —, m. Leibrente, f. [f.

Viande, f. Fleisch, n.; fg. Speise,

Viander, v. n. (Jagd) äsen, äßen, weiten.

Viandis, m. (Jagd) Gräß, n. Weide, f. [bote.

Viateur, m. (röm. Alt.) Senatsbote. [teil.

Viatique, masc. Zehrpfennig; (Kirch.) das heilige Abendmahl (für Sterbende).

Vibord, m. (Seew.) Dahlbord, n.

Vibrant, e, adj. schwingend.

Vibration, fém. Schwingung, Schwung, m. [gungen machen.

Vibrer, v. n. schwingen, Schwingungen machen.

Vicaire, m. Verweser, Vicar; — de l'empire, Reichsverweser.

Vicairie, f. Vicariat, n. Verwesserstelle, f.; gewisse Einkünfte bei manchen Kirchen.

Vicarial, e, adj. einem Vicar zuständig; fonctions —es, Vicariatsverrichtungen f. pl. [coriat, m.

Vicariat, m. Vicarsstelle, f. Vi-

Vicarier, v. n. eine Vicarsstelle versehen; fg. eine untergeordnete Stelle bekleiden.

Vice, m. Laster, n.; Untugend, f.; Gebrechen, n. Fehler, m. Mangel.

Vice-amiral, m. Viceadmiral.

Vice-amirauté, f. Viceadmiralsamt, n.

Vice-bailli, m. Vicelandvogt.

Vice-chancelier, m. Vicekanzler.

Vice-consul, m. Viceconsul.

Vice-consulat, m. Viceconsulat, n.

Vice-gérant, m. Viceofficial, Vicerichter.

Vice-légat, m. Vicelegat.

Vice-légation, f. das Amt eines Vicelegaten.

Vicennal, e, adj. zwanzigjährig, zwanzigjährlich.

Vice-président, m. Vicepräsident.

Vice-roi, m. Vice-reine, f. Vicekönig, n. Unterkönig, -inn, f.

Vice-royauté, f. Vicekönigswurde.

Vice-sénéchal, m. Viceseneschall.

Vice-versâ, adv. lat. umgekehrt.

Vicié, e, adj. (Med.) verderben.

Vicier, v. a. (jur.) ungültig machen.

Vicieux, se, adj.; -sement, adv.: fehlerhaft, mangelhaft; (jur.) ungültig; (Mler.) lasterhaft, m. Lasterhafte.

Vicinal, e, adj., chemin —, Nebens-, Feldweg, m.

Vicissitude, fém. Abwechslung, Wechsel, m. Unbestand.

Vicomte, *m.* Vicegraf, Vicomte.
Vicomté, *f.* Vicegraffchaft.
Vicomtesse, *f.* Vicegräfinn.
Victimaire, *m.* (Alt.) Opferknecht.
Victime, *f.* Schlachtopfer, *n.* Opfer. [zum Opfer machen.
†Victimer, *v. a.* (neu) hinopfern,
Victoire, *f.* Sieg, *m.*
Victorieux, se, *adj.;* -sement, *adv.:* siegreich, sieghaft; (revenir) —, als Sieger.      [*n. pl.*
Victuailles, *f. pl.* Lebensmittel,
Vidame, *m.* Vizdom, Stiftshauptmann.
Vidamé, *m.* Vidamie, *f.* Vizdomei, Stiftshauptmannschaft.
Vidange, *f.* Ausleerung; (Forstw.)
Abraum, *m.;* —s, Koth, Unrath, (Med.) Kindbetterreinigung, *f.;* être en —, auf die Neige gehen, bald leer seyn (Faß).
Vidangeur, *m.* Abtrittfeger.
Vide, *adj.* leer, ledig, hohl; — de sens, sinnlos; (se retirer) les mains —s, mit leeren Händen; —, *m.* Leere, *f.* Lücke; (Philof., x.) der leere Raum; à —, leer.
Vide-bouteille, *m. fm.* Lusthäuschen, *n.* Trinkhaus.
†Videlle, *f.* Teigrädchen, *n.*
Vider, *v. a.* leeren, ausleeren, faire —, (Med.) abführen; — (einen Ort) räumen; ausräumen; (Schloß, x.) ausbohren; (Thiere) ausweiden; — une ruche, Bienen ausbrechen; —, *fg.* abthun, entscheiden; se —, sich leeren, leer werden (Faß); beigelegt werden (Streit).
Vidimer, *v. a.* gerichtlich bezeugen.
Vidimus, *m. lat.* (jur.) Visa, *n.*
Vidrecome, *m.* Willkommen (ein Trinkglas).      [Stand, *m.*
Viduité, *f.* Wittwer=, Wittwen=
Vidure, *f.* Ausgeschnittene, *n.* Ausgehackte (eines Zeuges).
Vie, *f.* Leben, *n.;* Lebenszeit, *f.;* Lebensgeschichte; Lebensart; Wandel, *m.;* Unterhalt, Brod, *n.;* en —, lebendig, am Leben; (mourir) tout en —, in seiner vollen Kraft; demander la —, um sein Leben bitten; pour la —, à la — et à la mort, auf Zeitlebens, auf Leben und Tod; de ma —, in meinem Leben, mein Lebtage; à —, lebenslänglich; gagner sa —, sein Brod verdienen.
Viédase, *m. pop. injur.* Eselstopf; Memme, *f.* Taugenichts, *m.*
Vieil, vieux, vieille, *adj. alt.*
Vieillard, *m.* Greis, alte Mann.
Vieille, *f. fm.* Alte; das alte Weib.
Vieilleries, *f. pl.* alte Lumpen, alte Sachen, Trödelwerk, *n.*
Vieillesse, *f.* Alter, *n.*
Vieillir, *v. n.* alt werden, altern, veralten, ergrauen; sich abnutzen (S.); —, *v. a.* alt machen.

Vieillissement, *m.* Altern, *n.*
Vieillot, te, *adj. fm.* ältlich.
Vielle, *f.* Leier.
Vieller, *v. n.* leiern.
Vielleur, *m.* se, *f.* Leiermann, *m.* Leierfrau, *f.;* —, *m.* (Naturg.) Leierinsekt, *n.*
†Vienne, *f.* Wien (Stadt), *n.*
Vierge, *f.* Jungfrau, Jungfer; —, *adj.* rein; ungebraucht; huile —, Jungfernöl, *n.;* miel —, Honigseim, *m.;* or —, gediegenes Gold.
Vieux, *adj.,* *v.* Vieil; —, *m. fm.* Alte.      [*f.*
Vieux oing, *m.* Wagenschmiere.
Vif, ve, *adj.* lebend, lebendig; lebhaft, munter; heftig, stark, hitzig; eau vive, Quellwasser, *n.;* chaux vive, ungelöschter Kalk; de vive force, mit offener Gewalt; —, *m.* Leben, *n.* Lebendige; (Bot.) Leben; (Chir.) gesunde Fleisch; couper dans le —, *fg.* sich wehe thun; piquer, toucher au —, empfindlich beleidigen.
Vif-argent, *m.* Quecksilber, *n.*
Vigie, *f.* (Seew.) Schildwache; verborgene Klippe.
Vigilance, *f.* Wachsamkeit.
Vigilant, e, *adj.;* -amment, *adv.:* wachsam.
Vigile, *f.* (Kath.) der heil. Abend; Abend (vor einem Feste); —s des morts, Vigilien, *f. pl.*
Vigne, *f.* Rebe, Weinstock, *m.;* Weinberg, Weingarten.
Vigneron, *m.* Winzer.
Vignette, *f.* Vignette, Bildchen, *n.;* (Buchdr.) Stock, *m.*
Vignoble, *m.* Weinland, *n.*
Vigogne, *f.* das peruanische Schaf; dessen Wolle; —, *m.* ein Hut davon.
Vigorte, Vigote, *f.* (Artill.) Kaliberstock, *m.*
Vigoureux, se, *adj.;* -sement, *adv.:* stark, kraftvoll, kräftig, frisch; wacker.
Viguerie, *f.* das Amt und das Bezirk eines Viguiers.
Vigueur, *f.* Stärke, Kraft, Nachdruck, *m.*
Viguier, *m. ol.* Landvogt.
Vil, e, *adj.;* -ment, *adv.:* niedrig, niederträchtig, schlecht, verächtlich; gering (Preis).
Vilain, e, *adj.* unadelich; — et -ement, *adv.* geizig, häßlich; karg; filzig; —, *m. ol.* Bauer; —, e, *f.* Knauser, *m.* eine.
Vilebrequin, *m.* Traubenbohrer, Windelbohrer.
Vilenie, *f.* Unrath, *m.* Unflath; *f. fm.* Zote, *f.* garstige Rede oder Handlung; Kargheit; ungesunde Speise.
Vileté, *f.* Niedrigkeit, Geringheit.
Vilipender, *v. a. fm.* geringschätzen, verächtlich behandeln.

Villace, *f.* eine große, schlecht gebaute Stadt.
Village, *m.* Dorf, *n.*
villag$_{eo}$is, e, *adj.* bäurisch, ländlich; —, *m. e, f.* Dorfbewohner, *m.* -inn, *f.;* Landmann, *m.;* Landfrau, *f.* Landmädchen, *n.*
Villanelle, *f.* eine Art Hirtenlied, dessen Strophen alle dieselben Schlußverse haben, *n.*
Ville, *f.* Stadt; dîner en —, auswärts speisen.
Villette, Villotte, *f. fm.* Städtchen, *n.*      [Flaum bedeckt.
†Villeux, se, *adj.* mit weichem
Vimaire, *f.* (Forstw.) Windschaden, *m.*
Vin, *m.* Wein; petit —, leichter Wein; — du cru, Landesgewächs, *n.;* — de goutte, Mère goutte; — de l'étrier, Abschiedstrunk, *m.;* — de veille, Nachtwein; être entre deux —s, einen Hieb haben; il a le — mauvais, gai, etc., der Wein macht ihn zänkisch, lustig, x.; — chaud, Glühwein, *m.*
†Vinage, *m.* Weinzehend.
Vinaigre, *m.* Weinessig, Essig; — des quatre voleurs, Pestessig.
Vinaigrer, *v. a.* mit Essig anmachen.
†Vinaigrerie, *f.* Essigsiederei.
Vinaigrette, *f.* die kalte Essigtunke.
Vinaigrier, *m.* Essiggeschirr, *n.* Essigglas; Essigsieder, *m.* Essighändler.      [Weingefäß, *n.*
Vinaire, *adj.,* un vase —, ein
†Vincent, *n. pr. m.* Vincenz, Vincentius. [(Mech.) Winde, *f.*
Vindas (spr. das s aus), *m.*
Vindicatif, ve, *adj.* rachgierig; justice —ve, Strafgerechtigkeit, *f.*
Vindicte, *f.,* — publique, die öffentliche Verfolgung der Verbrecher.
Vinée, *f.* Weinernte.
Vinetier, *m.* (Bot.) Sauerdorn, Berberize, *f.*
Vineux, se, *adj.* geistreich, stark (Wein); —, weinroth (Obst, Früchte) weinroth (Farbe).      [Zwanzigste.
Vingt, *adj.* zwanzig; —, *m.*
Vingtaine, *f.* etwa zwanzig.
Vingtième, *adj.* zwanzigste; —, *m.* Zwanzigtheil, *n.*
†Vinifères, *f. pl.* die weintragenden Pflanzen.
†Vinule, *f.* Weinraupe.
Viol, *m.* Nothzucht.
Violacé, e, *adj.* violetfarbig.
Violat, *adj. m.,* sirop —, Veilchensaft, *m.*
Violateur, *m.* trice, *f.* Uebertreter, *m.* Verletzer, -inn, *f.*
Violation, *f.* Uebertretung, Verletzung, Bruch (eines Vertrags), *m.;* Entweihung (eines Tempels), *f.*

Violâtre, adj. in das Violetfarbige spielend.

Viole, f. (Muf.) die große Vio= line; basse de —, Baßgeige; des= sus de —, kleine Baßgeige.

Violement, m. Uebertretung, f.; (jur.) Nothzucht.

Violence, f. Gewalt, Gewaltthä= tigkeit; Zwang, m.; Heftigkeit, f.

Violent, e, adj.; -emment, adv.: heftig, gewaltig, gewaltthätig; moyen —, Zwangmittel, n.

Violenter, v. a. qn., einem Ge= walt anthun.

Violer, v. a. übertreten, verletzen, brechen; (eine Frau) schänden, noth= züchtigen.

Violet, te, adj. veilchenblau; —, m. Veilchenblau, n.

Violette, f. (Bot.) Veilchen, n.

Violier, m. (Bot.) der gelbe Vio= lenstock.

Violon, m. (Muf.) Geige, f. Violine, pop. Fiedel || Geiger, m. Violinist, fm. Spielmann.

Violoncelle, m. (Muf.) die kleine Baßgeige.    [m.

Viorne, f. (Bot.) Schlingbaum,

Vipère, f. (Naturg.) Viper, Ot= ter, Natter; langue de —, fg. Lästerzunge.    [Otter.

Vipereau, m. die junge Viper,

Vipérine, f. (Bot.) Schlangen= kraut, n.

Virago, f. fm. Husar, m. Dra= goner (starke, mannähnliche Weibs= person).    [n.

Virelai, m. ol. Zweireimgedicht,

Virement, m., — de parties, (Handl.) Abrechnung, f. Scontri= ren, n.; Scontro, m.; la banque à —, Girobank, f.; —, (Seew.) Wendung.

Virer, v. a. et n. umdrehen, wen= den; — de bord, das Sch.ff wen= den; fg. seinen Vorsatz ändern.

Vireux, se, adj. (Med.) eiterig, stinkend.    [f.

†Vireveau, m. (Seew.) Winde,

Virevolte, Virevoute, f. Herum= tummeln (eines Pferdes) im Kreise, n.

†Virgilien, ne, adj. virgilianisch.

Virginal, e, adj. jungfräulich; lait —, Jungfernmilch (Schmink= mittel), f.

†Virginie, n. pr. f. Virginia; —, Virginien (Land), n.

Virginité, f. Jungferschaft.

Virgouleuse, f., ou poire de —, Glanzbirn.

Virgule, f. (Gramm.) Comma, n. Beistrich, m.; point et —, Semicolon, n.

Viril, e, adj.; -ement, adv.: männlich; portions —es, gleiche Erbtheile, n. pl.    [heit.

Virilité, f. Mannbarkeit, Mann=

---

Virole, f. Ring, m.; Zwinge, f.

Virtualité, f. die vermögende Kraft.

Virtuel, le, adj. vermögend zu wirken; chaleur —le, Wärmekraft, f.; virtuellement, adv. dem Ver= mögen nach.

Virtuose, m. et f. Virtuose, m. große Künstler; Künstlerinn, f.

Virulence, f. Eiterig, n.; fg.

Bitterkeit, f. Heftigkeit.

Virulent, e, adj. (Chir.) eiterig, bösartig, giftig; fg. beißend, giftig.

Virus, m. (Med.) Gift, n.

Vis, f. Schraube, Schnecke; vis d'Archimède, Wasserschraube.

Visa, m. Visa, n. Verweischein, f.

Visage, m. Gesicht, n. Angesicht, Antlitz, Miene, f.; à — découvert, offen; changer de —, die Farbe, die Miene verändern; faire bon — à qn., einem ein freundliches Gesicht machen, einen freundlich aufnehmen.

Vis-à-vis, adv. et prép. gegen über, gegen; — de l'église (fm. l'église), der Kirche gegenüber; —, m. eine Art Berline zu zwei Plätzen; Gegenüber, n. (bei Tänzen oder am Tische).    [Eingeweide.

Viscéral, e, adj. (Med.) für die Viscère, m. (Anat.) Eingeweide, n.

Viscosité, f. (Med.) Klebrigkeit, zähe Materie, Schleim, m.

Visée, f. Zielen, n.; fg. fm.

Verhaben.

Viser, v. n. à qch., auf etw. zie= len; fg. id., auf etw. abzwecken; eine Absicht auf etw. haben; —, v. a. qch., an etw. das Visa beischreiben, etw. visiren.

Visibilité, f. Sichtbarkeit.

Visible, adj.; -ment, adv.: sicht= bar; fg. id., sprechbar (Person); klar, offenbar, augenscheinlich.

Visière, f. Visier, n. Helmgitter; rompre à — à qn., fg. einem Grobheiten sagen; —, Gesicht, n.; donner dans la — à qn., fg. fm. einem in die Augen stechen; —, (Büchs.) Visierkorn, n. Absehen.

†Visigoths, m. pl. Westgothen (altes Volk).

Vision, f. (Phyf.) Sehen, n. || Gesicht; Erscheinung, f.; fm. Ein= bildung.

Visionnaire, m. Geisterseher; fg. Träumer, Schwärmer; —, adj. träumerisch, schwärmerisch.

Visir, Visirat, v. Vizir, Vizirat.

Visitandines, f. pl. n. p. Visi= tandinerinnen.    [Heimsuchung.

Visitation, f. (Kath.) Mariä

Visite, f. Besuch, m.; Besichti= gung, f. Durchsuchung.

Visiter, v. a. besuchen; durchsu= chen, untersuchen, besichtigen.

Visiteur, m. Beschauer, Visitator.

---

Vison-visu, adv. einander gegen= über.    [Tenakel, Blatthalter.

Visorium, Visorion, m. (Buchdr.)

Visqueux, se, adj. klebrig, zäh.

Visser, v. a. anschrauben.

†Vistule, f. Weichsel (Fluß).

Visuel, le, adj., angle —, Se= hewinkel, m.; point —, Gesichts= punkt.

Vital, e, adj. zum Leben gehörig; esprits vitaux, Lebensgeister, m. pl.

Vitalité, f. Lebensfähigkeit.

Vitchoura, m. Wildschur, f.

Vite, adj. et adv.; -ment, adv.: geschwind, schnell, hurtig.

†Vitelliennes, f. pl. (Alt.) die vitellischen Schreibtafeln.

Vitesse, f. Geschwindigkeit, Eile.

†Vitilige, f. eine Art weißer oder schwarzer Flecken auf der Haut.

Vitrage, m. Fensterwerk, n.; Glaswand, f.; Glaserarbeit.

Vitraux, m. pl. Kirchenfenster, n. pl.

Vitre, f. Glasscheibe, Fenster, n.; casser les —s, fg. fein Blatt vors Maul nehmen.

Vitrer, v. a. mit Glasscheiben ver= sehen; la porte —ée, Glasthür, f.

Vitrerie, f. Glaserhandwerk, n.; Glashandel, m.

Vitreux, se, adj. glasartig.

Vitrier, m. Glaser.

Vitrifiable, Vitrescible, adj. ver= glasbar.

Vitrification, f. Verglasung.

Vitrifier, v. a. verglasen; se —, zu Glas werden.

Vitriol, m. (Chym.) Vitriol; — blanc, Galizenstein, Zinkvitriol; — bleu, Kupfervitriol, Kupferwas= ser, n.

Vitriolé, e, adj. vitriolhaltig.

Vitriolique, adj. vitriolhaltig; acide —, Vitriolöl, n.; gaz acide —, Vitriolgas, Schwefelsäure, f.

Vitriolisation, f. (Chym.) Schwe= felsäuerung.

Vitupère, m. (alt) Tadel.

Vitupérer, v. a. (alt) tadeln.

Vivace, adj. lang lebend; (Bot.) mehrere Jahre ausdauernd, peren= nirend.

Vivacité, f. Lebhaftigkeit, Mun= terkeit, Feuer, n. Leben; Heftig= keit, f.

Vivandier, m. ère, f. Marketen= der, m. inn, f.

Vivant, e, adj. lebend, lebendig; —, m. Lebendige; un bon —, ein lustiger Bruder; les mal —s, das liederliche Gesindel; du —, bei Leb= zeiten; en son —, in seinem Leben.

Vivat, lat. fm. Vivat; er, sie lebe hoch!

Vive, f. (Naturg.) Meerdrache, m.

†Vive-la-joie, m. fm. Bruder
Lustig.        [Stopfwerk.
Vivelle, f. (Näh.) G.stopfte, n.
Vivement, adv. lebhaft; hitzig.
†Vive pâture, f. Eichelzeit.
Vivier, m. Teich, Weiher; Fisch=
behälter.        [big machend.
Vivifiant, e, adj. belebend, leben=
Vivification, f. Belebung, Wie=
derbelebung.
Vivifier, v. a. beleben, lebendig
machen, wieder beleben.
Vivifique, adj. belebend; erqui=
cend.        [dige Zunge gebärend.
Vivipare, adj. (Naturg.) leben=
Vivoter, v. n. sich durchbringen,
kümmerlich leben.
*Vivre, v. n. leben, sich erhalten;
sich aufführen, sich betragen; savoir
—, Lebensart haben; — mal avec
qn., nicht gut, in Uneinigkeit mit
einem leben; il est difficile à —,
es ist nicht gut mit ihm leben; avoir
de quoi —, sein Auskommen haben;
vive Dieu, so wahr Gott lebt! être
sur le qui-vive, in Aengsten leben;
qui vive? wer da?
Vivre, m. Nahrung, f.; —s,
Lebensmittel, n. pl.; Mundvorrath
bei einem Heere, m.; Verwaltung
desselben, f.
†Vivrier, m. der bei der Verwal=
tung des Mundvorraths angestellt ist.
Vizir, m. (Türk.) Vezier; grand
—, Großvezier.        [f.
Vizirat, m. (Türk.) Vezierwürde,
Vocabulaire, m. Wörterbuch, n.
Vocabuliste, m. Wörterbuchschrei=
ber.
Vocal, e, adj. laut (Gebet); mu=
sique —e, Vocalmusif, f.; vocaux,
m. pl. Stimmgeber (in Klöstern).
Vocatif, m. (Gramm.) Vocativo.
Vocation, f. Beruf, m.; Trieb;
Berufung, f.        [Geschrei.
Vociférations, f. pl. das wilde
Vociférer, v. n. schreien.
Vœu, m. Gelübde, n.; faire —
de, geloben; —, Gelübdegeschenf, n.||
Stimme, f.; —x, Wünsche, m.pl.
Vôges, v. Vosges.
Vogue, f. (Seew.) Lauf, m.; fg.
Ruf, Schwang, Ansehen, n.
†Vogue-avant, m. (Seew.) Vor=
ruberer.
Voguer, v. n. rudern, fortschiffen.
Vogueur, m. Ruderer.
Voici, prép. hier, da; hier ist.
Voie, f. Weg, m.; Geleise, n.;
Fuhre, f.; (Jagd) Fährte; fg. Ge=
legenheit; Mittel, n.; mettre qn.
sur la —, einem auf die Spur hel=
fen; — de fait, Gewaltthätigkeit,
f.; — de droit, das rechtliche Mit=
tel; — d'eau, Tracht Wasser, f.;
(Schifff.) Lecf, m.; à claire-—,
durchsichtig, dünn,

Voilà, prép. da, dort; da, hier
ist; siehe da! — qui est fait, nun
ists geschehen.
Voile, m. Schleier, Decke, f.;
Vorhang, m.; fg. Schleier, Deck=
mantel.
Voile, f. Segel, n.; Schiff; prêt
à faire —, segelfertig; mettre à la
—, unter Segel gehen; forcer de
—s, alle Segel aufspannen.
Voilé, e, adj. besegelt, verschleiert.
Voiler, v. a. verschleiern, verhül=
len; fg. id., verbecken, bemänteln.
Voilerie, f. Segelmanufactur.
Voilier, m. Segelmeister; Segler.
†Voilière, f. die krumme Linie
welche das schwellende Segel bildet.
Voilure, f. Segelwerk, n.
*Voir, v. a. sehen, besehen, anse=
hen, betrachten, zusehen, zuschauen
(qch., einer S.); erscheinen (Buch);
beobachten, erkennen, einsehen; fg.
(einen) antreffen, besuchen; aller —,
besuchen; le jour, das Licht er=
blicken, geboren werden; —, v. n.
die Aussicht haben (Haus); — à
qch., einer S. nachsehen, für etw.
sorgen; faire —, sehen lassen, zei=
gen; se —, zusammenkommen, einan=
der treffen.        [vraiment.
Voire, adv. (alt) statt même,
Voirie, f. Wegeamt, n.; Schinds
anger, m.; Aasgrube, f.
Voisin, e, adj. benachbart, an=
stoßend, angränzend; —, m. f.
Nachbar, m. =inn, f.
Voisinage, m. Nachbarschaft, f.
Voisiner, v. n. gute Nachbarschaft
halten.
Voiture, f. Fuhrwerk, n. Wa=
gen, m.; Fuhre, fem.; Ladung;
Fracht, Fuhrlohn, m.; lettre de
—, Frachtbrief.
Voiturer, v. a. verführen, versah=
ren, fahren, führen.        [ner.
Voiturier, m. Fuhrmann, Kär=
Voiturin, m. Vetturin, Mieths=
futscher (in Italien).
Voix, f. Stimme; fg. id.; aller
aux —, abstimmen, die Stimmen
sammeln; —, Stimmrecht, n.;
Rath, m. Ruf.
Vol, m. Diebstahl, Raub; — do=
mestique, Hausdiebstahl; —, das
gestohlne Gut.
Vol, m. Flug, Fliegen, n.; de
plein —, fg. in Einem Fluge, auf
einmal; —, Fuhre, Jagd; (Jagd)
Beize, f.; chasser au vol, beizen.
Volable, adj. stehlbar; stehlbar.
Volage, adj. leichtsinnig, flüchtig,
flatterhaft, unbeständig.        [lich.
Volaille, f. Geflügel, n. Feder=
Volant, e, adj. fliegend; camp —e, Sternschnuppe, f.; —, m. Fe=
derball; Windmühlenflügel; (Näh.)
leichte Ueberrocf; (Uhrm.) Windfang.

Volatil, e, adj. (Chym.) flüchtig.
Volatile, m. et adj. Vogel, m.
Geflügel, n.; le genre des —s ou
l'espéce —, Vogelgeschlecht, n.
Volatilisation, f. (Chym.) Ver=
flüchtigung.
Volatiliser, v. a. (Chym.) ver=
flüchtigen.        [feit.
Volatilité, f. (Chym.) Flüchtig=
Volatille, f. jedes eßbare Geflügel.
Vol-au-vent, m. (Past.) Art Ge=
backenes, welches warm aufgetragen
wird, und mit Fischen oder zartem
Fleisch gefüllt ist.
Volcan, m. Vulcan, feuerspeiende
Berg; fg. Feuerkopf.
Volcanique, adj. vulcanisch.
Vole, f. Volte (im Kartenspiel).
Volée, f. Flug, m.; Zug, Schwarm
(Vögel); Brut, f.; fg. fm. Schwarm,
m. Schaar, f.; Stand, m.; de la
haute —, von vornehmen Stande;
— de canon ou —, Salve, f.;
Kanonenschuß, m.; tirer à toute
—, einen Bogenschuß thun; —,
(Artill.) das lange Feld; sonner à
toute —, alle Glocken anziehen;
sonner une, deux, trois —s, die
Glocken ein, zwei, dreimal anzie=
hen; — de coups de bâton, eine
Tracht Schläge; jouer, prendre de
—, à la —, (Ballsp.) den Ball im
Fluge treffen; — (Wagn.) Vorder=
wage, f. Wage; à la —, fm. im
Fluge, in der Eile.
Voler, v. a. et n. stehlen, rauben.
Voler, v. a. et n. fliegen (v. Vö=
geln); (Jagd) jagen, beizen.
Volereau, m. (Lafont.) ein kleiner
Dieb.
Volerie, f. Dieberei; (Jagd) Beize.
Volet, m. (Tischl.) Fensterladen,
Laden; ol. Lesebrett, n.; trié sur le
—, auserlesen; —s, (Zimm.) Was=
serschaufeln (eines Mühlrades), f.
pl.; —s d'orgue, Orgelpfeifendeckel,
m. pl.; Taubenschlag, m.; Klappe,
f. Fallbürchen, n.
Voleter, v. n. flattern.
Volette, f. Lesehürde; —s, Fran=
sen (an einem Fliegennetz), pl.
Voleur, se, s. Dieb, m. =inn, f.

Volière, f. Vogelhaus, n.; Tau=
benschlag, masc.; pigeon de —,
Schlagtaube, f.
Volige, f. Schindel; (Schieferd.)
Schieferlatte.
Volition, f. (Philos.) Wollen, n.
Willensbestimmung, f.
Volontaire, adj.; —ment, adv.:
freiwillig, eigenwillig, eigensinnig
(Kind); —, m. Freiwillige; le
petit —, das eigensinnige Ding.
Volonté, f. Wille, m. Verlangen,
n. Belieben, Willkühr, f.; faire
ses —s, seinem Kopfe folgen; les

dernières —s, der letzte Wille,
Testament, n.; de bonne —, gut=
willig, willig; à —, nach Belieben,
nach Willführ.
Volontiers, adv. gern, willig.
Volte, f. (Reitsch.) Volte; (Fecht.)
Wendung; (Seew.) Lauf, m. Stra=
ße, f. Wendung.
Volte-face, f., faire —, sich ge=
gen den nachsehenden Feind umwen=
den. [Wendung ausweichen.
Volter, v. n. (Fecht.) durch eine
Voltigement, n. Flattern, n.
Voltiger, v. n. flattern, hüp=
fen; Sprünge machen; voltigiren;
(Kriegsw.) streifen; fg. flattern,
springen.
Voltigeur, m. Springer, Luft=
springer; (Kriegsw.) Voltigeur.
Volubilité, f. Behendigkeit, Be=
weglichkeit; Geläufigkeit (der Zunge).
Volucelle, f. Rosenmücke.
Volue, f. Spule (im Weberschiff).
Volume, m. Umfang, Größe, f.
|| Band (v. Büchern), m.
Volumineux, se, adj. groß, dick
|| bändereich (Schrift).
Volupté, f. Wollust.
Voluptueux, se, adj.; -sement,
adv.: wollüstig, üppig; —, m.
Wollüstling.
Volute, f. (Naturg.) Walzen=
schnecke; (Bauk.) Schnörkel, m.
Voluter, v. a. schneckenförmig
winden; (Faden) auf Spulen oder
Spindeln aufwinden, aufhaspeln.
Volva, m. (Bot.) Wulst, Hülle
der Schwämme, f.
Volvulus, m. lat. (Med.) Mi=
serere, n.
†Vomer (spr. ère), m. lat. (Anat.)
Nasenbein, n.
Vomique, f. (Med.) Lungenge=
schwür, n.; (Bot.) Brechnußbaum,
m.; —, adj. noix —, Krähenauge
(ein giftiger Same), n. Brechnuß, f.
Vomir, v. a. et n. speien, brechen,
sich erbrechen; —, v. a. ausbrechen,
auswerfen; fg. auswerfen, aussto=
ßen; fm. aussprudeln.
Vomissement, m. Erbrechen, n.;
— de sang. Blutbrechen.
Vomitif, Vomitoire, m., —, ve,
adj., remède —, (Med.) Brech=
mittel, n.
†Voquer, v. a. (Thon) kneten.
Vorace, adj. gefräßig.
Voracité, f. Gefräßigkeit.
Vorticule, m. der kleine Wirbel.
Vos, pron. pl. eure; Ihre.
†Vosges (les), f. pl. Wasgau, m.
Vogesen (Gebirg), pl.
Votant, m. Stimmgebende.
Votation, f. Stimmgeben, n.
Vote, m. Stimm, f.
Voter, v. n. stimmen, seine Stim=
me geben, abstimmen.

Votif, ve, adj., tableau —, Ge=
lübdegemälde, n.
Votre, pron. euer, eure; Ihr, De=
re; le, la vôtre, der, die, das eu=
rige, eure; Ihrige, Ihre.
Vouer, v. a. geloben, angeloben;
widmen, weihen; se —, sich weihen.
Vouge, f. Fangeisen, n. v. Epieu.
*Vouloir, v. a. wollen, Willens
seyn, mögen; begehren; erfordern;
einwilligen; befehlen; verhängen (v.
Schicksal); en — à qn., à qch.,
einen Haß auf einen, Absicht auf
etwas haben; que veut dire cet
homme, was will dieser Mann;
que veut dire ce mot, etc., was
heißt, was bedeutet dieses Wort, &c.
Vouloir, m. Wollen, n.
Vous, pron. ihr, euch; Sie, Ih=
nen.
Voussoirs, Vousseaux, m. pl.
(Bauk.) Schlußsteine, Gewölbsteine.
†Voussure, f. Wölbung, Bogen=
rundung.
Voûte, f. Gewölbe, n. Wölbung,
f.; Bogen, m. Schwibbogen; —
ou Voûtis, m. (Seew.) Gilling, f.
Voûter, v. a. wölben, krümmen;
se —, sich krümmen.
Voyage, m. Reise, f. Reisebe=
schreibung; Fuhre, Fahrt; bon —!
glückliche Reise.
Voyager, v. n. reisen, wandern.
Voyageur, v. m. se, f. Reisende, m.
et f. Wanderer, m.
Voyant, e, adj. sehend; fg. hell,
glänzend; —, m. Seher, Prophet.
Voyelle, f. (Gramm.) Selbstlaut,
m. Vocal.
Voyer, m. Wegeaufseher.
†Voyette, f. Laugengelte.
Vrai, e, adj. wahr; wahrhaft,
eigentlich; unverfälscht, recht; —, m.
Wahre, n. Wahrheit, f.; au —,
nach der Wahrheit; à dire —, die
Wahrheit zu sagen. [lich.
Vraiment, adv. wahrhaftig, wirk=
Vraisemblable, adj.; -ment, adv.:
wahrscheinlich; —, m. Wahrschein=
liche, n. [lichkeit.
Vraisemblance, f. Wahrschein=
†Vréder, v. n. ohne Ursache hin
und her laufen.
Vrille, f. Zwickbohrer, m.; (Bot.)
Ranke, f. Gäbelchen, n.
†Vriller, v. n. (Feuerw.) drehend
in die Höhe steigen.
†Vrillerie, f. Bohrmacherei.
†Vrillier, m. Bohrschmied.
Vrillon, m. der kleine Hohlbohrer.
†Vu, m. (jur.) d'un arrêt, die
Anführung der Gründe zu einem
Urtheil; Visa, n.; au vu et su de
tout le monde, vor Jedermanns
Augen, vor der ganzen Welt; —,
prép. in Betracht, in Ansehung;
que, conj. weil, da, da doch.

Vue, f. Gesicht, n. Augen, pl.;
avoir la — basse, ein kurzes Ge=
sicht haben; avoir la — longue,
weit sehen; donner dans la —, ins
Gesicht scheinen (Sonne); fg. in die
Augen fallen; in die Augen stechen
(Personen) || Blick, m. Augen, n. pl.;
(être) en —, im Gesichte; à perte
de —, unabsehbar; fg. weitläufig
(Rede); garder à —, nie aus den
Augen lassen; chasser à —, beim
Jagen beständig im Gesichte haben;
à — d'œil, dem bloßen Ansehen
nach; zusehends (wachsen, &c.); à —
de pays, obenhin angesehen || An=
sehen, n. Anschauen, Anblick, m.
Ansicht, f.; fg. Einsicht, Blick, m.;
v. Point || Aussicht, f.; — de la
rivière, etc., Aussicht auf den Fluß,
&c. || Absicht, Entwurf, m. Plan ||
(Bauk.) Fenster, n. Licht, Oeffnung,
f.; Ansicht (eines Gebäudes); à —
d'oiseau, nach dem Vogelperspectiv;
— à plomb, die Ansicht senkrecht von
oben herab; — (Mal., &c.) Ansicht;
à —, (Handl.) auf Sicht; à 30 jours
de —, dreißig Tage nach Sicht; être
à —, avoir la — de, (Seew.) im
Gesichte haben.
Vulgaire, adj. gemein, niedrig,
pöbelhaft; —, m. der gemeine Haufe,
Pöbel; -ment, adv. gemeiniglich.
Vulgarité, f. (neu) Gemeinheit.
Vulgate, f. (Theol.) Vulgata (ge=
meine lateinische Uebersetzung der
Bibel).
Vulnérable, adj. verwundbar.
Vulnéraire, adj. (Med.) für
Wunden dienlich; eau —, Wund=
wasser, n.; —, m. Wundmittel,
n. Wundkraut.

# W.

†Wacke, f. (Miner.) Wacke.
†Wahabis, m. pl. Wechabiten,
eine arabische Sekte.
†Wallon, ne, adj. wallenisch.
†Werst, m. Werste (russ. Meile).

†Westphalie (la), Westphalen.
Wigh, m. Wigh; les —, Wighs,
pl. Volkspartei (in England), f.
Wisk, Whist, m. Whistspiel, n.
Wiski, m. Wiski (Art offener
hoher Wagen); Art Branntwein.
†Wolfram, m. (Min.) Wolfram.
†Wolga, f. Wolga (Strom), f.
†Wurtemberg, m. Württemberg.

# X.

†Xavier, n. pr. m. Xaver. •
Xénélasie, f. (Alt.) Aufenthalts=
verbot gegen Fremde, n.

†Xénies, *f. pl.* (Alt.) Gaſtge=
ſchenke, *n. pl.*

†Xénographie, *f.* Schriftkunde in
fremden Sprachen.

Xérasie, *f.* (Arzn.) Vertrocknung
der Haare.

†Xérophage, *m.* der ſich von tro=
ckenen Früchten nährt.

Xérophagie, *f.* Trockeneſſen (in
der erſten chriſtlichen Kirche während
der Faſten), *n.*

Xérophthalmie, *f.* (Med.) die
trockene Röthe der Augen.

Xiphias, *m.* (Naturg.) Schwert=
fiſch, Sägefiſch; (Aſtr.) der ſüd=
liche Fiſch.

Xiphoïde, *adj.*, (Anat.) cartilage
—, der schwertförmige Bruſtknorpel.

†Xyloglyphe, *m.* Holzschnitt.

†Xylographie, *f.* Holzschneide=
kunſt. [ (Inſekten).

†Xylophages, *m. pl.* Holzbohrer

†Xystarque, *m.* (Alt.) Xyſtarch,
Aufſeher über die bedeckten Gänge.

Xyste, *m.* (Alt.) der bedeckte Gang;
Baumgang.

†Xystique, *adj.*, athléte —, *ou*
—, *m.* (Alt.) Gangkämpfer.

## Y.

Y, *adv. et part. rel.* da, dort,
daſelbſt; dahin, dazu, daran, dar=
auf, dadurch. [Jachtſchiff, *n.*

Yacht, *m.* (Seew.) Jacht, *fém.*

†Yam, *m.* eine Art eßbare Wurzel
(in der heißen Zone).

Yatagan, *masc.* kurzer türkiſcher
Dolch oder Jagdmeſſer, *n.*

Yeble, *m.*, *v.* Hieble.

†Yeuse, *f.* (Bot.) Steineiche.

Yeux, *m. pl.*, von œil, Augen,
Yole, *f.* Jolle. [ *n. pl.*

Ypréau, *m.* (Bot.) die breitblät=
terige Ulme oder Pappel.

†Ytria, *f.* Itria; Erde, gefunden
in der Gegend von Itterbi in Schwe=
den. [ lienart.

Yucca, *m.* (Bot.) Yuk, eine Li=

## Z.

†Zacharie, *n. pr. m.* Zacharias.

†Zachée, *n. pr. m.* Zachäus.

Zagaie, Zagaye, *f.* Wurfspieß (der
Mohren), *m.*

Zaïm, *m.* (Türk.) Zaim (zum
Dienſt verpflichteter Lehengutsbeſi=
ßer). [ ganz kaſtanienbraun.

Zain, *adj.* (Reitſch.) ganz schwarz,

Zani, *m.* Pickelhäring, Hanswurst.

Zèbre, *m.* Zebra (Thier), *n.*

Zébré, *e*, *adj.* zebraartig geſtreift.

Zébu, *m.* (Naturg.) Zebu, kleine
Biſon.

†Zédoaire, *f.* (Bot.) Zitwer, *m.*

†Zélande (la), die Provinz See=
land (in den Niederlanden).

Zélateur, *m.* trice, *f.* Eiferer, *m.*
=inn, *f.*

Zèle, *m.* Eifer, Dienſteifer.

Zélé, *e*, *adj.* eifrig.

Zend, Zend-Avesta, *m.* Zend=
avesta (heiliges Buch der Parsen).

Zénith, *m.* (Aſtr.) Scheitelpunkt.

Zénonique, *adj.* (Philoſ.) zeno=
niſch, stoiſch. [ Zeno, *f.*

Zénonisme, *m.* (Philoſ.) Lehre des

Zéolithe, *m.* (Naturg.) Zeolith,
Brauſeſtein.

Zéphire, *m.* (Dichtk.) Zephyr,
kleine Windgott.

Zéphyr, *m.* Weſtwind; *fg.* Ze=
phyr, sanfte, liebliche Wind.

Zéro, *m.* Null, *f.*; *fg. id.*

Zest (spr. st aus), *interj.* Poſſen!

Zeste, *m.* Sattel (einer Nuß);
Schnittchen (einer Pomeranzenscha=
le), *n.* [ terſuchend.

Zététique, *adj.* (Philoſ., ꝛc.) un=

Zibeline, *f.* (Naturg.) Zobel, *m.*;
(Handl.) Zobelpelz.

Zigzag, *m.* Zickzack, *n.*

†Zil, *m.* ein muſikaliſches Inſtru=
ment bei den Türken.

Zinc, *m.* (Miner.) Zink.

Zinzolin, *adj.* violettroth; —, *m.*
Violettroth, *n.*

Zizanie, *f.* Unkraut, *n.* Treſpe,
*f.*; *fg.* Uneinigkeit, Zwietracht.

Zodiacal, *e*, *adj.* (Aſtr.) zum
Thierkreis gehörig.

Zodiaque, *m.* (Aſtr.) Thierkreis.

Zoïle, *m.* Tadler, Krittler.

Zone, *f.* (Geogr.) Zone, Erdgürtel,
*m.* Erdſtrich.

Zoographie, *f.* Beſchreibung der
Thiere, Thierkunde.

Zoolâtrie, *f.* Anbetung der Thiere.

Zoolithe, *m.* das verſteinerte Thier.

Zoologie, *f.* Naturgeſchichte der
Thiere. [ bildſtein, *m.*

†Zoomorphite, *f.* (Miner.) Thier=

†Zoonate, *m.* thierſaures Salz.

†Zoonique, *adj.*, l'acide —, *m.*
zeoniſche Säure, *f.* Thierſäure.

†Zoophage, *adj.* (Naturg.) fleiſch=
freſſend; —*s*, *m. pl.* die fleiſchfreſ=
ſenden Vögel.

Zoophore, *m.* (Bauk.) Frieß.

Zoophorique, *adj.* (Säule) die
ein Thier trägt. [ pflanze, *f.*

Zoophyte, *m.* (Naturg.) Thier=

†Zoophytologie, *f.* Thierpflanzen=
lehre, =kunde. [ Thiere.

†Zootomie, *f.* Zergliederung der

†Zopissa, *m.* (Seew.) das alte
Schiffpech. [ Waſſervogel).

†Zoucet, *m.* (Naturg.) Taucher

†Zuric, *m.* Zürich (Stadt), *n.*

†Zygoma, *m.* (Anat.) Jochbein, *n.*

Zygomatique, *adj.*, (Anat.) muscle —, Jochbeinmuskel, *m.*

Zymologie, Zymotechnie, *fém.*
(Chym.) Gährungslehre.

†Zymosimétre, *m.* (Phyſ.) Gäh=
rungsmeſſer.

# TABLE
## *Des verbes irréguliers de la langue française.*

(Die zusammengeseßten Zeitwörter sind den nämlichen Abwandlungen unterworfen wie ihre Stammwörter.)

### Ass

Absoudre, *ind. prés.* j'absous, tu absous, il absout, nous absolvons; *prét. déf.* fehlt. *Impér.* absous, qu'il absolve. *Subj. prés.* que j'absolve. *Part. prés.* absolvant; *passé*, absous, *m.* absoute, *f.*

Accroire wird nur im *infinitif* mit dem Worte faire gebraucht.

Acquérir, *ind. prés.* j'acquiers, tu acquiers, il acquiert; nous acquérons, vous acquérez, ils acquièrent; *prét. déf.* j'acquis; *fut.* j'acquerrai. *Impér.* acquiers, qu'il acquière; acquérons, acquérez, qu'ils acquièrent. *Subj. prés.* que j'acquière, que tu acquières, qu'il acquière; que nous acquérions, que vous acquériez, qu'ils acquièrent. *Part. prés.* acquérant; *passé*, acquis.

Aller, *ind. prés.* je vais (je vas), tu vas, il va; nous allons, vous allez, ils vont; *prét. déf.* j'allai; *prét. indéf.* je suis allé; *fut.* j'irai. *Impér.* va (vas-y), qu'il aille; allons, allez, qu'ils aillent. *Subj. prés.* que j'aille, que tu ailles, qu'il aille; que nous allions, que vous alliez, qu'ils aillent. *Part. prés.* allant.

Assaillir, *ind. prés.* j'assaille, etc. (ist wenig gebräuchlich); nous assaillons, vous assaillez, ils assaillent; *prét. déf.* j'assaillis; *fut.* j'assaillirai ou j'assaillerai. *Impér.* assaille. *Subj. prés.* que j'assaille; *Part. prés.* assaillant; *passé*, assailli.

Asseoir (s'), *ind. prés.* je m'assieds, tu t'assieds, il s'assied, nous nous asseyons, vous vous asseyez, ils s'asseient; *prét. déf.* je m'assis; *fut.* je m'assiérai ou je m'asseyerai. *Impér.* assieds-toi, qu'il s'asseie; asseyons-nous, asseyez-vous, qu'ils s'asseient. *Subj. prés.* que je m'asseie, etc.; que nous nous asseyions, que vous vous asseyiez, etc.; *impf.* que je m'as-

### Clo

sisse, etc. (die erste und zweite Personen des *plur.* ist nicht gebräuchlich), qu'ils s'assissent. *Part. prés.* s'asseyant; *passé*, assis.

Avoir, *ind. prés.* j'ai, tu as, il a; nous avons, vous avez, ils ont; *prét. déf.* j'eus; *fut.* j'aurai. *Impér.* aie, qu'il ait; ayons, ayez, qu'ils aient. *Subj. prés.* que j'aie, que tu aies, qu'il ait; que nous ayons, que vous ayez, qu'ils aient. *Part. prés.* ayant; *passé*, eu.

Battre, *ind. prés.* je bats, tu bats, il bat; nous battons, vous battez, ils battent. *Impér.* bats, qu'il batte. *Subj. prés.* que je batte. Alles Uebrige ist regelmäßig.

Bénir hat im *part.* béni, bénie; bénit, bénite, wenn es geweiht heißt.

Boire, *ind. prés.* je bois, tu bois, il boit; nous buvons, vous buvez, ils boivent; *prét. déf.* je bus. *Impér.* bois, qu'il boive; buvons, buvez, qu'ils boivent. *Subj. prés.* que je boive, etc.; que nous buvions, que vous buviez, qu'ils boivent. *Part. prés.* buvant; *passé*, bu.

Bouillir ist nur in der dritten Person gebräuchlich (wenn man es aber in allen Personen gebrauchen will, so bedienet man sich des verbe Faire, und seßet es zu dem *Infinitif* bouillir, z. B., je fais bouillir, tu fais bouillir, etc.); *ind. prés.* il bout; ils bouillent; *impf.* il bouillait; *prét. déf.* il bouillit; *fut.* il bouillira. *Impér. et Subj. prés.* qu'il bouille, qu'ils bouillent. *Part. prés.* bouillant; *passé*, bouilli.

Ceindre wie Peindre.

Choir, *part.* chu; die übrigen Arten und Zeiten sind nicht gebräuchlich.

Clore, *ind. prés.* je clos, tu clos, il clôt; die übrigen Personen sind nicht gebräuchlich; *fut.* je clorai. *Part.* clos, close. Uebrigens gebraucht man dieses *verbe* in allen zusammengeseßten *temps*, als j'ai clos, j'avais clos.

### Cra

Conclure, *ind. prés.* je conclus, tu conclus, il conclut, nous concluons, vous concluez, ils concluent; *prét. déf.* je conclus. *Impér.* conclus, qu'il conclue. *Subj. prés.* que je conclue. *Part. prés.* concluant; *passé*, conclu.

Conduire, *ind. prés.* je conduis, tu conduis, il conduit; nous conduisons, etc.; *prét. déf.* je conduisis. *Subj. prés.* que je conduise. *Part. prés.* conduisant; *passé*, conduit.

Confire, *ind. prés.* je confis, tu confis, il confit; nous confisons, etc.; *prét. déf.* je confis. *Impér.* confis, qu'il confise. *Subj. prés.* que je confise; *impf.* que je confisse. *Part. prés.* confisant; *passé*, confit.

Conquérir wie Acquérir.

Contredire wie Dire, ausgenommen im *plur. prés. ind.* vous contredisez.

Coudre, *ind. prés.* je couds, tu couds, il coud; nous cousons, etc.; *prét. déf.* je cousis. *Impér.* couds, qu'il couse. *Subj. prés.* que je couse; *impf.* que je cousisse. *Part. prés.* cousant; *passé*, cousu.

Courir (und bisweilen auch Courre), *ind. prés.* je cours, tu cours, il court; nous courons, etc.; *prét. déf.* je courus; *prét. indéf.* j'ai couru; *fut.* je courrai. *Impér.* cours, qu'il coure. *Subj. prés.* que je coure. *Part. prés.* courant; *passé*, couru.

Couvrir, *ind. prés.* je couvre, tu couvres, il couvre; nous couvrons, etc.; *prét. déf.* je couvris. *Subj. prés.* que je couvre. *Part. prés.* couvrant; *passé*, couvert.

Craindre, *ind. prés.* je crains, tu crains, il craint; nous craignons, etc.; *prét. déf.* je craignis. *Impér.* crains, qu'il craigne. *Subj. prés.* que je craigne. *Part. prés.* craignant; *passé*, craint.

Croire, *ind. prés.* je crois, tu crois, il croit; nous croyons. vous croyez, ils croient; *prét. déf.* je crus. *Impér.* crois, qu'il croie. *Subj. prés.* que je croie, etc.; que nous croyions, etc., qu'ils croient. *Part. prés.* croyant; *passé*, cru.

Croître, *ind. prés.* je crois, tu crois, il croit; nous croissons, etc.; *prét. déf.* je crus. *Impér.* crois, qu'il croisse. *Subj. prés.* que je croisse. *Part. prés.* croissant; *passé*, crû.

Cueillir, *ind. prés.* je cueille, tu cueilles, il cueille; nous cueillons, etc.; *prét. déf.* je cueillis; *fut.* je cueillerai. *Subj.prés.* que je cueille. *Part. prés.* cueillant; *passé*, cueilli.

Déchoir, *ind. prés.* je déchois, tu déchois, il déchoit; nous déchoyons, vous déchoyez, ils déchoient; *prét. déf.* je déchus; *prét. indéf.* je suis déchu; *fut.* je décherrai. *Subj. prés.* que je déchoie, etc., que nous déchoyions, etc., qu'ils déchoient. *Part. passé*, déchu.

Déduire wie Conduire.

Dire, *ind. prés.* je dis, tu dis, il dit; nous disons, vous dites, ils disent; *prét. déf.* je dis. *Impér.* dis, qu'il dise. *Subj. prés.* que je dise; *impf.* que je disse. *Part. prés.* disant; *passé*, dit.

Dissoudre wie Absoudre.

Dormir, *ind. prés.* je dors, tu dors, il dort; nous dormons, etc.; *prét. déf.* je dormis. *Impér.* dors, qu'il dorme. *Subj. prés.* que je dorme. *Part. prés.* dormant; *passé*, dormi.

Echoir ist in dem *prés. ind.* nur in der dritten Person gebräuchlich; il échoit, welches man zuweilen echet ausspricht. *Part. présent*, échéant. Geht in den übrigen *temps* wie Déchoir.

Eclore (Eclorre), man braucht dieses *verbe* bles im *infinitif* und in der dritten Person der folgenden *temps* : *ind. prés.* il éclôt, ils éclosent; *fut.* il éclôra, ils éclôront. *Subj.prés.* qu'il éclose, qu'ils éclôsent; *cond.* il éclôrait, ils éclôraient. *Part. passé*, éclos. Die zusammengesetzten *temps* werden mit dem *verbe auxil.* être gebildet; ჳ. B., il est, il était éclos, etc.

Ecrire, *ind.prés.* j'écris, tu écris, il écrit; nous écrivons, etc.; *prét. déf.* j'écrivis. *Impér.* écris, qu'il écrive. *Subj. prés.* que j'écrive. *Part. prés.* écrivant; *passé*, écrit.

Elire wie Lire.

Emoudre wie Moudre.

Employer, *fut.* j'emploierai.

Être, *ind. prés.* je suis, tu es, il est; nous sommes, vous êtes, ils sont; *impf.* j'étais; *prét. déf.* je fus, etc.; nous fûmes, vous fûtes, ils furent; *prét. indéf.* j'ai été, etc.; *fut.* je serai. *Impér.* sois, qu'il soit; soyons, soyez, qu'ils soient. *Subj. prés.* que je sois, que tu sois, qu'il soit; que nous soyons, que vous soyez, qu'ils soient. *Part.prés.* étant; *passé*,été.

Exclure wie Conclure, außer daß exclu, e, und exclus, e, hat.

Extraire wie Traire.

Faillir, *prét. déf.* je faillis; *fut.* feblt. *Subj. impf.* que je faillisse. *Part.prés.* faillant; *passé*, failli, e. In der Redensart le cœur me faut, ist allein das *prés. indic.* gebräuchlich.

Faire, *ind. prés.* je fais, tu fais, il fait; nous faisons, vous faites, ils font; *prét. déf.* je fis; *fut.* je ferai. *Impér.* fais, qu'il fasse; faisons, faites, qu'ils fassent. *Subj. prés.* que je fasse. *Part. prés.* faisant; *passé*, fait.

Falloir, dieses *verbe* wird nur als *verbe impers.* in der dritten Person gebraucht, und der *infinitif* ist nur mit en gebräuchlich (з. B., il ne peut pas s'en falloir tant); *ind. prés.* il faut, *impf.* il fallait; *prét. déf.* il fallut; *fut.* il faudra. *Subj.prés.* qu'il faille; *impf.*qu'il fallût. *Part. passé*, fallu.

Feindre wie Peindre.

Forfaire wie Faire; man bedienet sich bessen nur im *infinitif* und in den *temps composés*, j'ai forfait, il aurait forfait, etc.

Frire, *ind. prés.* je fris, tu fris, il frit; die übrigen Personen dieses *temps* fehlen; *fut.* je frirai; *part. passé*, frit. Dieses sind die einzigen in diesem *verbe* gebräuchlichen einfachen *temps*. Man kann in den zusammengesetzten *temps* sagen : j'ai frit, j'avais frit, j'eus frit, etc. Um das Fehlende in diesem *verbe* zu ersetzen, bedienet man sich des *verbe* faire. Man sagt also im *ind. prés. plur.* nous faisons frire, vous faites frire, ils font frire, etc.

Fuir, *ind. prés.* je fuis, tu fuis, il fuit; nous fuyons, vous fuyez, ils fuient; *prét. déf.* je fuis. *Impér.* fuis, qu'il fuie; fuyons, fuyez, qu'ils fuient. *Subj. prés.* que je fuie; que nous fuyions, etc. *Part. prés.* fuyant; *passé*, fui.

Gésir, ol. Hiervon ist noch gebräuchlich die dritte Person *singul.* und der *plur.* des *indic. prés.* gît, nous gisons, etc., und das *Part. prés.* gisant.

Haïr, *ind.prés.* je hais, tu hais, il hait; nous haïssons, etc.; sonst ganz regelmäßig wie bâtir.

Interdire wie Dire, außer im *ind. prés. plur.* vous interdisez, nicht vous interdites.

Joindre wie Craindre.

Lire, *ind. prés.*je lis, tu lis, il lit; nous lisons, vous lisez, ils lisent; *prét. déf.* je lus. *Impér.* lis, qu'il lise. *Subj. prés.* que je lise. *Part. prés.* lisant; *passé*, lu.

Luire, *ind. prés.* je luis, tu luis, il luit; nous luisons, etc. *Subj. prés.* que je luise. *Part. prés.* luisant; *passé*, lui.

Maudire, *ind. prés.* je maudis, tu maudis, il maudit; nous maudissons, etc.; *prét. déf.* je maudis. *Impér.* maudis, qu'il maudisse. *Subj. prés.* que je maudisse, *Part. prés.* maudissant; *passé*, maudit.

Médire wie Dire, außer im *plur. prés. ind.* vous médisez, nicht vous médites.

Mentir, *ind. prés.* je mens, tu mens, il ment; nous mentons, etc.; *prét. déf.* je mentis. *Impér.* mens, qu'il mente. *Subj. prés.* que je mente. *Part. prés.* mentant; *passé*, menti.

Mettre, *ind. prés.* je mets, tu mets, il met; nous mettons, etc.; *prét.déf.* je mis, etc.; nous mîmes, vous mîtes, ils mirent. *Impér.* mets, qu'il mette. *Subj.prés.* que je mette. *Part. prés.* mettant; *passé*, mis.

Mordre, *ind. prés.* je mords, tu mords, il mord; nous mordons, etc.; *prét. déf.* je mordis. *Impér.* mords, qu'il morde. *Subj. prés.* que je morde; *impf.* que je mordisse. *Part. prés.* mordant; *passé*, mordu.

Moudre, *ind. prés.* je mouds, tu mouds, il moud; nous moulons, etc.; *prét. déf.* je moulus. *Impér.* mouds, qu'il moule. *Subj. prés.* que je moule. *Part. prés.* moulant; *passé*, moulu.

Mourir, *ind. prés.* je meurs, tu meurs, il meurt; nous mourons, vous mourez, ils meurent; *prét. déf.* je mourus; *prét. indéf.* je suis mort; *fut.* je mourrai. *Impér.* meurs, qu'il meure; mourons, mourez, qu'ils meurent. *Subj. prés.* que je meure, etc.; que nous mourions, que vous mouriez, qu'ils meurent. *Part. prés.* mourant; *passé*, mort.

Mouvoir, *ind. prés.* je meus, tu meus, il meut; nous mouvons, vous mouvez, ils meuvent; *prét. déf.* je mus; *fut.* je mouvrai. Im-

pér. meus, qu'il meuve, mouvons, mouvez, qu'ils meuvent.
Subj. prés. que je meuve. Part.
prés. mouvant; passé, mu.
Naître, ind. prés. je nais, tu
nais, il naît; nous naissons, etc.;
prét. déf. je naquis, etc.; nous
naquîmes, vous naquîtes, ils na-
quirent; prét. ind. je suis né,
etc. Subj. prés. que je naisse.
part. prés. naissant; passé, né.
Offrir wie Couvrir.
Ouïr ist nur noch in folgenden
t,mps gebräuchlich : prét. déf.
j'ouïs; impf. subj. que j'ouïsse;
part. passé, ouï, und in allen
temps composés, als j'ai ouï, avoir
ouï, ayant ouï. Es ist auch gemeiniglich von dem infinitif eines an=
dern verbe begleitet, als j'ai ouï
Ouvrir wie Couvrir.       [dire.
Paître, ind. prés. je pais, tu
pais, il paît; nous paissons, etc.;
impf. je paissais; prét. déf. fehlt;
fut. je paîtrai. Impér. pais, qu'il
paisse, Subj. prés. que je paisse.
Part. prés. paissant; passé, fehlt.
Paraître, ind. prés. je parais, tu
parais, il paraît; nous paraissons,
vous paraissez, ils paraissent; prét.
déf. je parus. Impér. parais, qu'il
paraisse. Subj. prés. que je paraisse. Part. prés. paraissant; passé, paru.
Partir, ind. prés. je pars, tu pars,
il part; nous partons, etc.; prét.
déf. je partis; prét. ind. je suis
parti. Impér. pars, qu'il parte.
Subj. prés. que je parte. Part.
prés. partant; passé, parti.
Peindre, ind. prés. je peins, tu
peins, il peint; nous peignons,
vous peignez, ils peignent; prét.
déf. je peignis. Impér. peins, qu'il
peigne. Subj. prés. que je peigne.
Part. prés. peignant; passé, peint.
Permettre wie Mettre.
Plaindre wie Craindre.
Pleuvoir, verbe impers. indic.
prés. il pleut; impf. il pleuvait;
prét. déf. il plut; fut. il pleuvra.
Subj. prés. qu'il pleuve; impf.
qu'il plût. Part. prés. pleuvant;
passé, plu.
Pourvoir wie Voir, außer im prét.
déf. je pourvus und im fut. je
pourvoirai.
Pouvoir, ind. prés. je puis (zuweilen je peux), tu peux, il peut;
nous pouvons, vous pouvez, ils
peuvent; prét. déf. je pus; fut.
je pourrai. Subj. prés. que je
puisse; impf. que je pusse. Part.
prés. pouvant; passé, pu.
Prédire wie Dire, ausgenommen
im plur. ind. prés. vous prédisez
nicht vous prédites.

Prendre, ind. prés. je prends,
tu prends, il prend; nous prenons, vous prenez, ils prennent;
prét. déf. je pris. Impér. prends,
qu'il prenne; prenons, prenez,
qu'ils prennent. Subj. prés. que
je prenne, etc., que nous pre-
nions, que vous preniez, qu'ils
prennent. Part. prés. prenant;
passé, pris.
Prévoir wie Voir, außer im fut.
je prévoirai.
Quérir ist nur im infinitif nach
ben verbes aller, envoyer, gebräuchlich.
Repartir (wieder verreisen und erwiebern) ; wie Partir, jedoch mit
avoir in den zusammengesetzten temps,
wenn es erwiebern heißt.
Répartir (vertheilen) geht regel=
mäßig.
Repentir (se), ind. prés. je me
repens, tu te repens, il se repent ;
nous nous repentons, etc.; prét.
déf. je me repentis; Impér. re-
pens-toi, qu'il se repente. Subj.
prés. que je me repente. Part.
prés. se repentant; passé, repenti.
Requérir wie Acquérir.
Résoudre wie Absoudre, außer
im prét. déf. je résolus und im
part. passé, résolu und résous.
Ressortir (unter einer Gerichtsbar-
feit stehen) ist regelmäßig.
Ressortir (wieder hinausgehen) wie
Sortir.
Rire, ind. prés. je ris, tu ris, il
rit; nous rions, vous riez, ils
rient; imparf. je riais, etc.; nous
riions, vous riiez, ils riaient;
prét. déf. je ris. Impér. ris, qu'il
rie, etc. Subj. prés. que je rie;
que nous riions, etc. Part. prés.
riant; passé, ri.
Saillir, wenn es bedeutet: hervorragen, wie, z. B., ein Balken aus
einer Mauer, ꝛc., so ist es nur im
infinit. und in der dritten Person
der folgenden temps gebräuchlich :
ind. prés. il saille, ils saillent;
impf. il saillait; fut. il saillera.
Subj. prés. qu'il saille ; impf.
qu'il saillît. Part. prés. saillant.
Bedeutet saillir aber hervorspritzen,
herausspritzen, ꝛc., so ist es auch nur
im infinit. und in der dritten Person gebräuchlich, und wird regelmäßig conjugirt.
Savoir, ind. prés. je sais, tu sais,
il sait; nous savons, etc.; prét.
déf. je sus; fut. je saurai. Impér.
sache, qu'il sache. Subj. prés.
que je sache. Part. prés. sachant;
passé, su.
Secourir wie Courir.
Séduire wie Conduire.
Sentir wie Mentir.

Seoir, wenn es bedeutet être assis,
sitzen, so ist es nur im part. prés. séant
und im passé sis, sise, gebräuchlich. Bedeutet seoir so viel als être
convenable, so wird es in folgenden
temps in der britten Person gebraucht : ind. prés. il sied, ils
siéent (und niemals ils seyent);
impf. il séyait; fut. il siéra. Subj.
prés. qu'il siée, qu'ils siéent. In
dieser Bedeutung wird es auch im
part. prés. gebraucht : séyant.
Servir, ind. prés. je sers, tu sers,
il sert; nous servons, etc.; prét.
déf. je servis. Impér. sers, qu'il
serve. Subj. prés. que je serve.
Part. prés. servant; passé, servi.
Sortir wie Mentir, und hat im
prét. ind. als v. n. je suis sorti;
und als v. a. j'ai sorti.
Souffrir wie Couvrir.
Souscrire wie Écrire.
Soustraire wie Traire.
Souvenir wie Venir.
Suffire, ind. prés. je suffis, tu
suffis, il suffit; nous suffisons,
etc.; prét. déf. je suffis. Subj.
prés. que je suffise. Part. prés.
suffisant; passé, suffi.
Suivre, ind. prés. je suis, tu
suis, il suit; nous suivons, etc.;
prét. déf. je suivis. Impér. suis,
qu'il suive. Subj. prés. que je
suive. Part. prés. suivant; passé,
suivi.
Surseoir, ind. prés. je sursois,
tu sursois, il sursoit; nous sur-
soyons, vous sursoyez, ils sur-
soient; prét. déf. je sursis; fut.
je surseoirai. Subj. prés. que je
sursoie, etc.; que nous sur-
soyions, etc. Part. prés. sur-
soyant; passé, sursis.
Taire, ind. prés. je tais, tu tais,
il tait; nous taisons, etc.; prét.
déf. je tus. Impér. tais, qu'il taise.
Subj. prés. que je taise. Part.
prés. taisant; passé, tu.
Teindre wie Peindre.
Tenir, ind. prés. je tiens, tu
tiens, il tient; nous tenons, vous
tenez, ils tiennent; prét. déf. je
tins, etc.; nous tînmes, vous tin-
tes, ils tinrent; fut. je tiendrai.
Impér. tiens, qu'il tienne; tenons,
tenez, qu'ils tiennent. Subj. prés.
que je tienne, etc.; que nous te-
nions, etc., qu'ils tiennent. Part.
prés. tenant; passé, tenu.
Traire, ind. prés. je trais, tu
trais, il trait; nous trayons, vous
trayez, ils traient. Impér. trais,
trayez. Subj. prés. que je traie,
Part. prés. trayant; passé, trait.
Tressaillir wie Assaillir.
Vaincre, ind. prés. je vaincs, tu
vaincs, il vainc (ist aber im sing.

wenig gebräuchlich); nous vain-
quons, vous vainquez, ils vain-
quent; *prét. déf.* je vainquis. *Subj.*
*prés.* que je vainque. *Part. prés.*
vainquant; *passé,* vaincu.

Valoir, *ind. prés.* je vaux, tu
vaux, il vaut; nous valons, etc.;
*prét. déf.* je valus; *fut.* je vau-
drai. *Subj. prés.* que je vaille.
*Part. prés.* valant; *passé,* valu.

Venir geht wie Tenir, nur hat es
im *prét. ind.* je suis venu.

Vêtir, *ind. prés.* je vêts, tu vêts,
il vêt ; nous vêtons, etc.; *prét.*

*déf.* je vêtis. *Subj. prés.* que je
vête. *Part. prés.* vêtant; *passé,*
vêtu. Diefes *verbe* wird felten im
*sing. prés. ind.* gebraucht, und der
*impér.* ist ebenfalls nicht gebräuchlich.

Vivre, *ind. prés.* je vis, tu vis,
il vit; nous vivons, etc.; *prét.*
*déf.* je vécus. *Impér.* vis, qu'il
vive. *Subj.prés.* que je vive. *Part.*
*prés.* vivant; *passé,* vécu.

Voir, *ind. prés.* je vois, tu vois,
il voit; nous voyons, vous voyez,
ils voient; *prét. déf.* je vis; *fut.*
je verrai. *Impér.* vois, qu'il voie;

voyons, voyez, qu'ils voient. *Subj.*
*prés.* que je voie, que tu voies,
qu'il voie; que nous voyions, que
vous voyiez, qu'ils voient. *Part.*
*prés.* voyant; *passé,* vu.

Vouloir, *ind. prés.* je veux, tu
veux, il veut; nous voulons, vous
voulez, ils veulent; *prét. déf.* je
voulus; *fut.* je voudrai. *Impér.*
veuille, veuillez. *Subj. prés.* que
je veuille, etc.; que nous vou-
lions, que vous vouliez, qu'ils
veuillent. *Part. prés.* voulant,
*passé,* voulu.

FIN DU TOME PREMIER.

STRASBOURG, imprimerie de V.<sup>e</sup> BERGER-LEVRAULT.

# DICTIONNAIRE CLASSIQUE

DES

## LANGUES FRANÇAISE ET ALLEMANDE,

A L'USAGE DES COLLÉGES.

# DICTIONNAIRE

## CLASSIQUE

### FRANÇAIS-ALLEMAND ET ALLEMAND-FRANÇAIS,

### A L'USAGE DES COLLÉGES.

(Autorisé et approuvé par le Conseil royal de l'instruction publique.)

**DEUXIÈME ÉDITION.**

### PAR J. WILLM,

Inspecteur de l'Académie de Strasbourg, Correspondant de l'Institut de France
(Académie des sciences morales et politiques).

### SECONDE PARTIE,

CONTENANT L'ALLEMAND EXPLIQUÉ PAR LE FRANÇAIS.

### STRASBOURG,
CHEZ VEUVE LEVRAULT, LIBRAIRE, RUE DES JUIFS, 33.

### PARIS,
A SON DÉPOT GÉNÉRAL : CHEZ P. BERTRAND, LIBRAIRE,
Rue Saint-André-des-Arcs, 65.

### 1847.

# Classisches

## französisch-deutsches und deutsch-französisches

# Wörterbuch,

Zum Gebrauch der obern Schulen.

(Genehmigt und angenommen von dem königlichen Rath des öffentlichen Unterrichts.)

### Zweite Ausgabe,

von

### J. Willm,

Inspektor der Straßburger Akademie, Correspondent des Instituts von Frankreich
(Akademie der moralischen und politischen Wissenschaften).

---

### Zweite Abtheilung,

in welcher das Deutsche durch das Französische erklärt ist.

**Straßburg,**
Bei Wittwe Levrault, Buchhändler, Judengasse, 33.

**Paris,**
Hauptniederlage, bei P. Bertrand, rue Saint-André-des-Arcs, 65.

**1847.**

STRASBOURG, de l'imprimerie de V.ᵉ BERGER-LEVRAULT.

# NOTICES GRAMMATICALES.

----

Pour faire comprendre le système des déclinaisons et des conjugaisons qu'on a suivi pour les mots allemands dans ce volume, nous allons donner un aperçu de ce système, tel qu'il se trouve plus détaillé dans la vingtième édition du *Maître de langue allemande* (Strasbourg chez V.ᵉ Levrault, 1841; Paris, chez P. Bertrand), où l'on pourra trouver les développements que nous n'avons pu consigner ici.

On a distribué les substantifs allemands en cinq déclinaisons et en deux exceptions. Les noms propres n'ont pas été compris dans ce classement, puisque pour la plupart ils ne permettent d'autre changement que l'addition d'un **s** ou **es** au génitif du singulier et d'un **e** au pluriel, lorsqu'ils ne se terminent pas en **el**, **en** ou **er**. Les noms féminins en **a** ou **e** forment le génitif du singulier en **ens**, le pluriel en **en**. Il sera bon de consulter la grammaire citée ci-dessus pour cette classe de noms. Il est à remarquer qu'en aucun cas ils ne changent la radicale au pluriel.

La *première déclinaison* des substantifs comprend des masculins et des neutres terminés en **el**, **en**, **er**, **lein** et **e**. Elle se distingue en ce qu'elle ajoute **s** au génitif du singulier et **n** au datif du pluriel, à moins que le mot ne se termine déjà en **n**. Ces mots sont en général invariables au pluriel; cependant quelques-uns changent leur radicale, mais sans altérer la terminaison. Ce changement est indiqué par l'astérisque (*) placé après le chiffre 1. Si ce signe se trouve à la suite d'un mot composé, c'est toujours la radicale du dernier qui est changée.

### EXEMPLES :

|  | | Der Bogel. | Das Gebäude. |
|---|---|---|---|
| Sing. N. | Der Abler. | Der Bogel. | Das Gebäude. |
| G. | Des Ablers. | Des Bogels. | Des Gebäudes. |
| D. | Dem Abler. | Dem Bogel. | Dem Gebäude. |
| Ac. | Den Abler. | Den Bogel. | Das Gebäude. |
| Plur. N. | Die Abler. | Die Bögel. | Die Gebäude. |
| G. | Der Abler. | Der Bögel. | Der Gebäude. |
| D. | Den Ablern. | Den Bögeln. | Den Gebäuden. |
| Ac. | Die Abler. | Die Bögel. | Die Gebäude. |

*Nota.* On peut encore comprendre dans cette déclinaison un très-petit nombre de mots étrangers terminés en **o**, comme das **Adagio**, dont le génitif au singulier prend **'s**, comme le pluriel dans tous les cas. Par cette raison le singulier est aussi quelquefois considéré comme étant de la seconde.

La *seconde déclinaison* comprend des masculins et des neutres de terminaisons très-différentes, qui prennent au génitif du singulier **s** ou **es** (ce dernier surtout après les lettres **z**, **s**, etc.), au datif quelquefois **e** (ce qui dépend de l'oreille ou de la lettre initiale du mot suivant); au nominatif du pluriel **e** et au datif **en**. Beaucoup de masculins changent au pluriel la radicale et sont par conséquent marqués **2***.

| Sing. | N. | Der Arm. | Der Hals. | Das Harz. |
|---|---|---|---|---|
| | G. | Des Arms. | Des Halses. | Des Harzes. |
| | D. | Dem Arm. | Dem Hals(e). | Dem Harz(e). |
| | Ac. | Den Arm. | Den Hals. | Das Harz. |
| Plur. | N. | Die Arme. | Die Hälse. | Die Harze. |
| | G. | Der Arme. | Der Hälse. | Der Harze. |
| | D. | Den Armen. | Den Hälsen. | Den Harzen. |
| | Ac. | Die Arme. | Die Hälse. | Die Harze. |

La *troisième déclinaison* ne comprend que des substantifs masculins, dont un grand nombre sont tirés de langues étrangères. Ils prennent au génitif du singulier et dans tous les autres cas des deux nombres n ou en, suivant le besoin pour la prononciation, et ne changent jamais leurs voyelles au pluriel. — Les adjectifs, avec ou sans article, pris substantivement, se fléchissent aussi suivant cette déclinaison ; mais pour le féminin et le neutre il faut observer que l'accusatif du singulier doit être semblable au nominatif.

Exemples :

| Sing. | N. | Der Affe. | Der Komet. | Der Kranke. |
|---|---|---|---|---|
| | G. | Des Affen. | Des Kometen. | Des Kranken. |
| | D. | Dem Affen. | Dem Kometen. | Dem Kranken. |
| | Ac. | Den Affen. | Den Kometen. | Den Kranken. |
| Plur. | N. | Die Affen. | Die Kometen. | Die Kranken. |
| | G. | Der Affen. | Der Kometen. | Der Kranken. |
| | D. | Den Affen. | Den Kometen. | Den Kranken. |
| | Ac. | Die Affen. | Die Kometen. | Die Kranken. |

*Nota*. Avec l'article d'unité on dira ein Kranker et au neutre ein Krankes (mais das Kranke). Cette différence de terminaison, qui est expliquée par la grammaire au chapitre des adjectifs et qui a lieu pour tous, ne change rien à leur déclinaison. Cependant nous ajouterons les deux genres féminin et neutre pour les adjectifs :

| Sing. | N. | Die Kranke. | Das Böse (sans article : Böses). |
|---|---|---|---|
| | G. | Der Kranken. | Des Bösen. |
| | D. | Der Kranken. | Dem Bösen. |
| | Ac. | Die Kranke. | Das Böse. |
| Plur. | N. | Die Kranken. | (L'adjectif neutre, pris substantivement, ayant toujours une |
| | G. | Der Kranken. | signification abstraite, ne s'emploie jamais au pluriel.) |
| | D. | Den Kranken. | |
| | Ac. | Die Kranken. | |

La *quatrième déclinaison* comprend tous les noms féminins, qui, sans exception, sont invariables au singulier. Il serait donc superflu d'indiquer au Dictionnaire leur déclinaison, et on ne le'a fait que pour les adjectifs employés substantivement, qui sont de la troisième. Au pluriel la grande majorité ajoute pour tous les cas n (après une voyelle ou après l et r) ou en. Quelques-uns prennent cependant e (datif en) et changent la radicale ; ils sont donc marqués d'un *. Un petit nombre prend encore e sans changer la voyelle ; ce sont les noms terminés en niß et le mot Trübsal. Enfin Mutter et Tochter forment le pluriel Mütter et Töchter, et ajoutent seulement au datif n.

Exemples :

| Sing. | N. | Die Achsel. | Die Art. | Die Stadt. |
|---|---|---|---|---|
| | G. | Der Achsel. | Der Art. | Der Stadt. |
| | D. | Der Achsel. | Der Art. | Der Stadt. |
| | Ac. | Die Achsel. | Die Art. | Die Stadt. |

| | | | |
|---|---|---|---|
| Plur. | N. Die Achſeln. | Die Arten. | Die Städte. |
| | G. Der Achſeln. | Der Arten. | Der Städte. |
| | D. Den Achſeln. | Den Arten. | Den Städten. |
| | Ac. Die Achſeln. | Die Arten. | Die Städte. |

La *cinquième déclinaison* comprend beaucoup de noms neutres et un petit nombre de masculins dont le singulier suit la seconde déclinaison ; mais le pluriel ajoute **er** (datif **ern**), en changeant toujours la radicale, s'il est possible. Dans ce cas ils sont marqués 5*.

### EXEMPLES :

| | | | |
|---|---|---|---|
| Sing. | N. Das Bild. | Das Dorf. | Der Wald. |
| | G. Des Bild(e)s. | Des Dorf(e)s. | Des Wald(e)s. |
| | D. Dem Bild(e). | Dem Dorf(e). | Dem Wald(e). |
| | Ac. Das Bild. | Das Dorf. | Den Wald. |
| Plur. | N. Die Bilder. | Die Dörfer. | Die Wälder. |
| | G. Der Bilder. | Der Dörfer. | Der Wälder. |
| | D. Den Bildern. | Den Dörfern. | Den Wäldern. |
| | Ac. Die Bilder. | Die Dörfer. | Die Wälder. |

*Nota*. Les substantifs composés de mann, lequel mot se change presque toujours au pluriel en leute, se déclinent de la manière suivante :

| | | | |
|---|---|---|---|
| Sing. | N. Der Seemann. | Plur. | N. Die Seeleute. |
| | G. Des Seemann(e)s. | | G. Der Seeleute. |
| | D. Dem Seemann(e). | | D. Den Seeleuten. |
| | Ac. Den Seemann. | | Ac. Die Seeleute. |

La *première exception* (*exc.* 1) comprend des masculins et des neutres dont le singulier suit la première ou la seconde, le pluriel la troisième déclinaison. Cette classe comprend beaucoup de noms à terminaisons étrangères, dont quelques-unes (comme us) sont indéclinables au singulier. Ces mots au pluriel *n'ajoutent point* **en**, mais la terminaison étrangère est alors *remplacée* par cette syllabe.

### EXEMPLES :

| | | | |
|---|---|---|---|
| Sing. | N. Der Nachbar. | Das Bett. | Das Collegium. |
| | G. Des Nachbars. | Des Bett(e)s. | Des Collegiums. |
| | D. Dem Nachbar. | Dem Bett(e). | Dem Collegium. |
| | Ac. Den Nachbar. | Das Bett. | Das Collegium. |
| Plur. | N. Die Nachbaren. | Die Betten. | Die Collegien. |
| | G. Der Nachbaren. | Der Betten. | Der Collegien. |
| | D. Den Nachbaren. | Den Betten. | Den Collegien. |
| | Ac. Die Nachbaren. | Die Betten. | Die Collegien. |

La *seconde exception* (*exc.* 2) comprend quelques masculins terminés en e et un neutre, qui prennent au génitif du singulier ns et suivent pour le reste la troisième déclinaison.

### EXEMPLES :

| | | | |
|---|---|---|---|
| Sing. | N. Der Funke. | Der Name. | Das Herz. |
| | G. Des Funkens. | Des Namens. | Des Herzens. |
| | D. Dem Funken. | Dem Namen. | Dem Herzen. |
| | Ac. Den Funken. | Den Namen. | Das Herz. |
| Plur. | N. Die Funken. | Die Namen. | Die Herzen. |
| | G. Der Funken. | Der Namen. | Der Herzen. |
| | D. Den Funken. | Den Namen. | Den Herzen. |
| | Ac. Die Funken. | Die Namen. | Die Herzen. |

On voit que dans les deux exceptions il n'y a jamais de changement de voyelle au pluriel.

Quelques substantifs dont le pluriel ne rentre point dans les règles précédentes sont expressément indiqués dans le Dictionnaire.

La déclinaison des *adjectifs* dans les trois cas (avec l'article défini, avec l'article indéfini ou sans article) doit être apprise dans la grammaire. Nous remarquerons seulement ici que si l'astérisque (\*) se trouve à la suite d'un tel mot, il indique que la radicale se change, mais *jamais au pluriel;* ce changement ne regarde que les degrés de signification, comme 𝔄rm\*, pauvre; ärmer, plus pauvre; ber ärmſte, le plus pauvre.

La déclinaison des *pronoms* doit également être apprise dans la grammaire, de même que la conjugaison des *verbes,* tant des auxiliaires que de ceux qui ne changent point leur radicale et qui se distinguent parce qu'ils terminent l'Imparfait en te et le Participe passé en t ou et; celui-ci est souvent précédé par la syllabe ge. Ces verbes sont quelquefois appelés de préférence *verbes réguliers;* mais il en est encore une série qui ne l'est pas moins et dont il faudra parler ici:

Les verbes *qui changent la voyelle radicale* en terminant le Participe passé comme le Présent de l'Infinitif et en supprimant la syllabe *te* aux deux Imparfaits, peuvent être rangés en sept classes (indiquées par les chiffres placés à la suite des verbes). Ce sont des verbes actifs ou neutres. Nous allons indiquer ici les caractères distinctifs de chaque classe et en donner des exemples, en faisant observer que les temps qu'on ne cite pas se conjuguent comme pour les verbes qui ne changent point de voyelle.

Les principaux changements qu'éprouvent les voyelles de ces verbes ont lieu à la 2.ᵉ et 3.ᵉ personne du singulier de l'Indicatif présent, et par suite à la seconde du singulier de l'Impératif; aux deux Imparfaits et enfin au Participe passé.

*Première classe.* Voyelle de l'Inf., à peu d'exceptions près, e; Indic. prés., 2.ᵉ et 3.ᵉ du sing., i bref ou ie long; Imparf. de l'Indic. a long, du Subj. ä long; Partic. passé e ordinairement; Impératif, 2.ᵉ du singulier, i ou ie. Exemple:

Inf. prés. 𝔖eben. Indic. prés. 𝔍ch ſehe, bu ſiehſt, er ſieht. Impf. Indic. 𝔍ch ſah; Subj. ich ſähe. Partic. passé 𝔊eſehen. Impérat. 𝔖ieh.

*Seconde classe.* Voyelle de l'Inf. e ou i; Indic. prés., dans les deux personnes indiquées, i bref; Impf. de l'Indic. a, du Subj. ä; Partic. passé o; Impérat. i bref. Exemple:

Inf. prés. 𝔖chelten. Indic. prés. 𝔍ch ſchelte, bu ſchiltſt, er ſchilt. Impf. Indic. 𝔍ch ſchalt; Subj. ich ſchälte. Partic. passé 𝔊eſcholten. Impérat. 𝔖chilt.

*Troisième classe.* Voyelle de l'Inf. i bref qui subsiste à l'Indic. prés.; Impf. Indic. a long; Subj. ä long; Partic. passé u bref; Impérat. i. Exemple:

Inf. prés. 𝔉inben. Impf. Ind. 𝔍ch fanb; Subj. ich fänbe. Partic. passé 𝔊efunben.

*Quatrième classe.* Voyelle de l'Inf., à peu d'exceptions près, a long, qui, au Prés. de l'Indic., se change en ä; Impf. de l'Indic. et du Subj. ie; Partic. passé, la voyelle de l'Inf.; Impérat. sans changement. Exemple:

Inf. prés. 𝔉allen. Indic. prés. 𝔍ch falle, bu fällſt, er fällt. Impf. Indic. 𝔍ch fiel; Subj. ich fiele. Partic. passé 𝔊efallen.

*Cinquième classe.* Voyelle de l'Inf. ei long, qui subsiste à l'Indic. prés. et à l'Impérat. Aux Impf. et au Partic. passé les uns (marqués simplement 5) ont ie long, d'autres (marqués 5†) ont i bref suivi d'une consonne doublée ou de ch dur. Exemples:

De 5: Inf. prés. 𝔖chreiben. Impf. Indic. 𝔍ch ſchrieb; Subj. ich ſchriebe. Partic. passé 𝔊eſchrieben.

De 5†: Inf. prés. 𝔖chneiden. Impf. Indic. 𝔍ch ſchnitt; Subj. ich ſchnitte. Partic. passé 𝔊eſchnitten.

*Sixième classe.* Voyelles de l'Inf. très-différentes, qui subsistent toujours au Présent de l'Indic. et à l'Impérat. Impf. de l'Indic. o; Subj. ö; Partic. passé o. Dans quelques-uns ces o sont brefs et exigent à leur suite une consonne doublée; ces verbes sont donc aussi marqués 6†. Exemples:

De 6: Inf. prés. 𝔖chieben. Impf. Indic. 𝔍ch ſchob; Subj. ich ſchöbe. Partic. passé 𝔊eſchoben.

De 6†: Inf. prés. Sieden. Impf. Indic. Ich sott; Subj. ich sötte. Partic. passé. Gesotten.

*Septième classe.* Voyelle de l'Inf. et du Partic. passé a, qui se change quelquefois en ä au Présent de l'Indic. Impf. Indic. u long; Subj. ü long. Impérat. sans changement. Exemple : Inf. prés. Tragen. Indic. prés. Ich trage, du trägst, er trägt. Impf. Indic. Ich trug; Subj. ich trüge. Partic. passé Getragen.

Les *verbes composés*, comme on verra par le Dictionnaire, suivent en général la conjugaison de leurs simples; cependant la règle n'est pas sans exceptions.

Quant aux particularités de quelques verbes de cette seconde espèce et aux règles de l'orthographe qu'ils suivent, il faudra consulter la grammaire; le détail en serait trop long ici.

Les *verbes irréguliers* proprement dits et seuls désignés comme tels dans le Dictionnaire par un * qui précède, sont ceux qui changent leurs voyelles, mais souvent aussi leurs consonnes, sans qu'il soit possible de déterminer ces changements par des règles. Les terminaisons des Impf. et des Partic. sont également différentes. Ces verbes sont en petit nombre : en les citant ci-après, nous ne ferons mention que des temps irréguliers.

Inf. prés. Brennen, brûler. Impf. Indic. Ich brannte; Subj. ich brennete. Partic. passé Gebrannt. Se conjuguent de même : Kennen, connaître; Nennen, nommer, et Rennen, courir fortement. [Gebracht.

Inf. prés. Bringen, apporter. Impf. Indic. Ich brachte; Subj. ich brächte. Partic. passé

Inf. prés. Denken, penser. Impf. Indic. Ich dachte; Subj. ich dächte. Partic. passé Gedacht.

Inf. prés. Dingen, louer. Impf. Indic. Ich dingte ou dung; Subj. ich dingete. Partic. passé Gedingt ou gedungen.

Inf. prés. Dürfen, avoir la permission. Indic. prés. Ich darf, du darfst, er darf; wir dürfen. Impf. Indic. Ich durfte; Subj. ich dürfte. Partic. passé Gedurft.

Inf. prés. Gehen, aller. Impf. Indic. Ich gieng; Subj. ich gienge. Partic. passé Gegangen.

Inf. prés. Hauen, couper. Impf. Indic. Ich hieb; Subj. ich hiebe. Partic. passé Gehauen.

Inf. prés. Kommen, venir. Impf. Indic. Ich kam; Subj. ich käme. Partic. passé Gekommen.

Inf. prés. Können, Pouvoir. Indic. prés. Ich kann, du kannst, er kann; wir können. Impf. Indic. Ich konnte; Subj. ich könnte. Partic. passé Gekonnt.

Inf. prés. Mögen, vouloir bien. Indic. prés. Ich mag, du magst, er mag; wir mögen. Subj. prés. Ich möge. Impf. Indic. Ich mochte; Subj. ich möchte; Partic. passé Gemocht.

Inf. prés. Müssen, falloir. Indic. prés. Ich muß, du mußt, er muß; wir müssen. Impf. Indic. Ich mußte; Subj. ich müßte. Partic. passé Gemußt. [Geschunden.

Inf. prés. Schinden, écorcher. Impf. Indic. Ich schund; Subj. ich schünde. Partic. passé

Inf. prés. Senden, envoyer. Impf. Indic. Ich sendete ou sandte; Subj. ich sendete. Partic. passé Gesendet ou gesandt. Conjuguez de même Wenden, tourner. [Gesessen.

Inf. prés. Sitzen, être assis. Impf. Indic. Ich saß (long); Subj. ich säße. Partic. passé

Inf. prés. Sollen, devoir, ne change pas la voyelle et n'est irrégulier que dans la 3.ᵉ personne du singulier du présent de l'Indicatif : Er soll (sans t). [Gestanden.

Inf. prés. Stehen, être debout. Impf. Indic. Ich stand; Subj. ich stünde. Partic. passé

Inf. prés. Thun, faire. Indic. prés. Ich thue, du thust, er thut; wir thun, ihr thut, sie thun. Impf. Indic. Ich that; Subj. ich thäte. Partic. passé Gethan.

Inf. prés. Wissen, savoir. Indic. prés. Ich weiß, du weißt, er weiß; wir wissen. Impf. Indic. Ich wußte; Subj. ich wüßte. Partic. passé Gewußt.

Inf. prés. Wollen, vouloir. Indic. prés. Ich will, du willst, er will; wir wollen, etc. Le reste se conjugue régulièrement et le verbe ne change plus de voyelle.

Pour les *verbes neutres* on a indiqué le verbe auxiliaire avec lequel chacun se conjugue, en mettant (h.) ou (f.), ce qui veut dire haben ou seyn; quelquefois aussi (h. et f.), quand un verbe s'emploie des deux manières.

Pour les *particules composantes* on a eu soin de remarquer si elles sont inséparables ou séparables dans la composition. Ces dernières sont ordinairement des prépositions ou des adverbes. Quant à d'autres mots (adj., subst., etc.), qui concourent quelquefois à former un verbe composé, ils sont toujours séparables; d'ailleurs leur nombre n'est pas très-grand : on n'a donc pas cru devoir en parler particulièrement.

Quant à d'autres changements ou modifications, dont les mots variables de la langue allemande seraient encore susceptibles, on devra avoir recours à la grammaire pour les connaître, le Dictionnaire ne devant indiquer que les changements les plus fréquents et qu'il est indispensable de savoir. Nous pensons cependant que le système des déclinaisons et des conjugaisons adopté dans cette partie, facilitera beaucoup aux Français l'étude de la grammaire allemande et de la formation des différents changements auxquels sont sujets les mots de cette langue.

Quoique l'exposé qui précède explique d'une manière assez claire les difficultés que présentent les verbes allemands, tant à radicales variables qu'irréguliers proprement dits, nous allons cependant ajouter, pour rendre plus facile encore aux élèves de reconnaître les infinitifs qu'ils auront à chercher, les prétérits de ces deux espèces de verbes, et même quelques présents de l'Indicatif, qui pourraient offrir des difficultés. Ces prétérits, pour la plupart monosyllabes, sont d'autant plus importants, qu'on peut les regarder comme les racines des verbes auxquels ils appartiennent; aussi beaucoup d'entre eux sont-ils encore employés comme substantifs. Il est du reste entendu que nous n'indiquerons ici, à peu d'exceptions près, que les prétérits simples, les composés étant trop nombreux et suivant presque toujours la même inflexion.

| | | | |
|---|---|---|---|
| Aß, *v.* Essen. | Erlosch, *v.* Erlöschen. | Half, *v.* Helfen. | Muhl, *v.* Mahlen. |
| Band, *v.* Binden. | Erschrack, *v.* Erschrecken. | Hatte, *v.* Haben. | Nahm, *v.* Nehmen. |
| Barg, *v.* Bergen. | Fand, *v.* Finden. | Hieb, *v.* Hauen. | Nannte, *v.* Nennen. |
| Barst ou Borst, *v.* Bersten. | Fiel, *v.* Fallen. | Hielt, *v.* Halten. | Nimm (*Impérat.*), *v.* Nehmen. |
| Bat, *v.* Bitten. | Fieng, *v.* Fangen. | Hieng, *v.* Hangen. | Pfiff, *v.* Pfeifen. |
| Befahl, *v.* Befehlen. | Flocht, *v.* Flechten. | Hieß, *v.* Heißen. | Pflag ou Pflog, *voy.* Pflegen. |
| Befliß, *v.* Befleißen. | Flog, *v.* Fliegen. | Hob ou Hub, *v.* Heben. | Pries, *v.* Preisen. |
| Begann, *v.* Beginnen. | Floh, *v.* Fliehen. | Kam, *v.* Kommen. | Quoll, *v.* Quellen. |
| Beklieb, *v.* Bekleiben. | Floß, *v.* Fließen. | Kann (*Ind. prés.*), *v.* Können. | Rang, *v.* Ringen. |
| Beklomm, *v.* Beklemmen. | Focht, *v.* Fechten. | Kannte, *v.* Kennen. | Rann, *v.* Rinnen. |
| Bewog, *v.* Bewegen. | Fraß, *v.* Fressen. | Kiff, *v.* Keifen. | Rannte, *v.* Rennen. |
| Biß, *v.* Beißen. | Fror, *v.* Frieren. | Klang, *v.* Klingen. | Rieb, *v.* Reiben. |
| Blich, *v.* Bleichen. | Fuhr, *v.* Fahren. | Klomm, *v.* Klimmen. | Rief, *v.* Rufen. |
| Blieb, *v.* Bleiben. | Gab, *v.* Geben. | Kniff, *v.* Kneifen. | Rieth, *v.* Rathen. |
| Blies, *v.* Blasen. | Galt, *v.* Gelten. | Knipp, *v.* Kneipen. | Riß, *v.* Reißen. |
| Bog, *v.* Biegen. | Gebar, *v.* Gebären. | Kroch, *v.* Kriechen. | Ritt, *v.* Reiten. |
| Boll, *v.* Bellen. | Gedieh, *v.* Gedeihen. | Lag, *v.* Liegen. | Roch, *v.* Riechen. |
| Bot, *v.* Bieten. | Gelang, *v.* Gelingen. | Las, *v.* Lesen. | Sah, *v.* Sehen. |
| Brach, *v.* Brechen. | Genas, *v.* Genesen. | Lief, *v.* Laufen. | Sandte, *v.* Senden. |
| Brachte, *v.* Bringen. | Genoß, *v.* Genießen. | Lieh, *v.* Leihen. | Sang, *v.* Singen. |
| Brannte, *v.* Brennen. | Geschah, *v.* Geschehen. | Ließ, *v.* Lassen. | Sank, *v.* Sinken. |
| Briet, *v.* Braten. | Gewann, *v.* Gewinnen. | Litt, *v.* Leiden. | Sann, *v.* Sinnen. |
| Buck, *v.* Backen. | Gieng, *v.* Gehen. | Log, *v.* Lügen. | Saß, *v.* Sitzen. |
| Dachte, *v.* Denken. | Glich, *v.* Gleichen. | Lud, *v.* Laden. | Schalt, *v.* Schelten. |
| Darf (*Ind. prés.*) *v.* Dürfen. | Gliß, *v.* Gleißen. | Mag (*Ind. prés.*), *v.* Mögen. | Schied, *v.* Scheiden. |
| Drang, *v.* Dringen. | Glitt, *v.* Gleiten. | Maß, *v.* Messen. | Schien, *v.* Scheinen. |
| Drasch ou Drosch, *v.* Dreschen. | Glomm, *v.* Glimmen. | Mied, *v.* Meiden. | Schlang, *v.* Schlingen. |
| Dung, *v.* Dingen. | Gohr, *v.* Gähren. | Mochte, *v.* Mögen. | Schlich, *v.* Schleichen. |
| | Goß, *v.* Gießen. | Molk, *v.* Melken. | Schlief, *v.* Schlafen. |
| | Griff, *v.* Greifen. | | |
| | Grub, *v.* Graben. | | |

| | | | |
|---|---|---|---|
| Schliff, *v.* Schleifen, 5†. | Schwang, *v.* Schwingen. | Stieg, *v.* Steigen. | Wandte, *v.* Wenden. |
| Schlitz, *v.* Schleißen. | Schwieg, *v.* Schweigen. | Stieß, *v.* Stoßen. | War, *v.* Seyn. |
| Schloß, *v.* Schließen. | Schwoll, *v.* Schwellen. | Stob, *v.* Stieben. | Warb, *v.* Werben. |
| Schlug, *v.* Schlagen. | Schwor, *v.* Schwären. | Strich, *v.* Streichen. | Ward, *v.* Werden. |
| Schmiß, *v.* Schmeißen. | Schwor *ou* Schwur, *v.* Schwören. | Stritt, *v.* Streiten. | Warf, *v.* Werfen. |
| Schmolz, *v.* Schmelzen. | Soff, *v.* Saufen. | Stund, *v.* Stehen. | Weiß (*Ind. prés.*), *v.* Wissen. |
| Schnie, *v.* Schneien. | Sog, *v.* Saugen. | That, *v.* Thun. | Wich, *v.* Weichen. |
| Schnitt, *v.* Schneiden. | Sott, *v.* Sieden. | Traf, *v.* Treffen. | Wies, *v.* Weisen. |
| Schnob, *v.* Schnauben *ou* Schnieben. | Spann, *v.* Spinnen. | Trank, *v.* Trinken. | Will (*Ind. prés.*), *v.* Wollen. |
| Schob, *v.* Schieben. | Spie, *v.* Speien. | Trat, *v.* Treten. | Web, *v.* Weben. |
| Scholl, *v.* Schallen. | Spliß, *v.* Spleißen. | Trieb, *v.* Treiben. | Wog, *v.* Wägen, *v. n.* |
| Scher, *v.* Scheren. | Sprach, *v.* Sprechen. | Treff, *v.* Triefen. | Wog, *v.* Wiegen. |
| Schoß, *v.* Schießen. | Sprang, *v.* Springen. | Treg, *v.* Trügen. | Worr, *v.* Wirren. |
| Schrie, *v.* Schreien. | Sproß, *v.* Sprießen. | Trug, *v.* Tragen. | Wuchs, *v.* Wachsen. |
| Schrieb, *v.* Schreiben. | Stach, *v.* Stechen. | Verdarb, *v.* Verderben, *v. n.* | Wusch, *v.* Waschen. |
| Schritt, *v.* Schreiten. | Stack, *v.* Stecken, *v. n.* | Verdroß, *v.* Verdrießen. | Wußte, *v.* Wissen. |
| Schuf, *v.* Schaffen. | Stahl, *v.* Stehlen. | Vergaß, *v.* Vergessen. | Zieh, *v.* Zeihen. |
| Schund, *v.* Schinden. | Stand, *v.* Stehen. | Verlor, *v.* Verlieren. | Zog, *v.* Ziehen. |
| Schwamm, *v.* Schwimmen. | Stank, *v.* Stinken. | Verzieh, *v.* Verzeihen. | Zwang, *v.* Zwingen. |
| Schwand, *v.* Schwinden. | Starb, *v.* Sterben. | Wand, *v.* Winden. | |

---

## *Explication des Abréviations.*

## Erklärung der Abkürzungen.

*adj.* adjectif, Beiwort.
*adv.* adverbe, Umstandswort.
*art.* article, Geschlechtswort.
*bas,* niedrig, pöbelhaft.
*burl.* burlesquement, possierlich.
*coll.* collectivement, sammelwörtlich.
*compar.* comparatif, die zweite Vergleichungsstufe.
*conj.* conjonction, Bindewort.
*dans la comp.* dans la composition, in der Zusammensetzung (nämlich mit andern Wörtern).
*etw.* etwas, quelque chose.
*f., fém. ou s. f.* substantif féminin, weibliches Hauptwort.
*fm.* familièrement, gemein.
*fg.* figurément, bildlich.
(*h.*) mit dem Hilfszeitwort haben, avec le verbe auxiliaire haben.
*indécl.* indéclinable, unabänderlich.
*injur.* injurieusement, als ein Schimpfwort.
*int. ou interj.* interjection, Ausrufungswort.
*interr. ou interrog.* interrogatif, fragend.
*inus.* inusité, ungebräuchlich.
*iron.* ironiquement, spottweise.
*lat.* latin, lateinisch.
*m., masc. ou s. m.* substantif masculin, männliches Hauptwort.
*mépr.* par mépris, verächtlich.
*m. p.* en mauvaise part, im nachtheiligen Sinne.
*n., neut. ou s. n.* substantif neutre, sächliches Hauptwort.
*n. pr.* nom propre, Name.

*nouv.* nouveau, neu.
*od.* oder, ou.
*ol.* olim, chemals.
*part.* participe, Mittelwort.
*part.* particule, Partikel.
*p. ex.* par exemple, zum Beispiel.
*p. us.* peu usité, wenig gebräuchlich.
*pl. us.* plus usité, mehr gebräuchlich.
*pl. ou plur.* pluriel, Mehrheit.
*plais.* plaisamment, scherzweise.
*pop.* populairement, gemein, pöbelhaft.
*pr.* proprement, im eigentlichen Sinne.
*prép.* préposition, Vorwort.
*pron.* pronom, Fürwort.
*pron. dém.* pronom démonstratif, anzeigendes Fürwort.
*pron. rel.* pronom relatif, beziehendes Fürwort.
*prov.* proverbialement, sprichwörtlich.
*provl.* provincialisme, Provinzialismus.
*qch.* quelqu'un, jemand, einen.
*qch.* quelque chose, etwas.
*qqf.* quelquefois, manchmal.
*relat.* relatif, auf etwas Vorhergehendes sich beziehend.
S. Sache, chose.
(*f.*) mit dem Hilfszeitwort seyn, avec le verbe auxiliaire seyn.
*superl.* superlatif, die dritte Vergleichungsstufe.
*t.* terme, Kunstwort.
*u.* und, et.
*v.* von, de.
*v.* voyez, siehe.
*v. a.* verbe actif, thätiges Zeitwort.

*v. a. et n.* verbe actif et neutre, ein zugleich thätiges und Mittelzeitwort.
*v. aux.* verbe auxiliaire, Hilfszeitwort.
*v. imp.* verbe impersonnel, unpersönliches Zeitwort.
*v. n.* verbe neutre, Mittelzeitwort.
*v. pass.* verbe passif, leidendes Zeitwort.
*v. pron.* verbe pronominal, mit einem Fürworte zusammengesetztes Zeitwort.
*v. r.* verbe réciproque, Zeitwort welches ein wechselseitiges Wirken zweier Personen oder Sachen auf einander ausdrückt.
*v. rég. et irrég.* verbe régulier et irrégulier, Zeitwort das sich sowohl regelmäßig als unregelmäßig umwandelt.
*vi.* vieux, alt.
à. z. B. zum Beispiel, par exemple.
\* astérisque pour désigner les verbes irréguliers et les substantifs allemands dont la voyelle radicale change au pluriel. Sternchen zur Bezeichnung der unregelmäßigen Zeitwörter und der deutschen Hauptwörter welche in der Mehrheit den Umlaut annehmen.
— remplace le mot, ersetzt das Wort.
|| sépare les diverses acceptions, unterscheidet die verschiedenen Bedeutungen.
— remplace le mot masculin devant la terminaison à; il indique aussi la première partie d'un mot composé. Ersetzt das männliche Hauptwort ver -inn, und bezeichnet auch den ersten Theil eines zusammengesetzten Wortes.

# Abréviations particulières à la partie allemande.

## Liste der in der deutschen Abtheilung vorkommenden Abkürzungen.

agr. agriculture (Feldbau).
alg. algèbre (Algebra).
anat. anatomie (Anatomie).
ant. antiquités (Alterthümer).
ant. gr. antiquités grecques (griechische Alterthümer).
ant. j. antiquités juives (jüdische Alterthümer).
ant. r. antiquités romaines (römische Alterthümer).
arch. architecture (Baukunst).
arch. nav. architecture navale (Schiffbaukunst).
arithm. arithmétique (Rechenkunst).
arm. armurier (Waffenschmied).
arq. arquebusier (Büchsenmacher).
art. artisans (Handwerker).
artif. artificier (Feuerwerker).
artill. artillerie (Geschützkunst).
astr. astronomie (Sternkunde).
astrol. astrologie (Sterndeuterkunst).
barb. barbier (Barbier).
bass. bassette (Bassetspiel).
batt. d'or, batteur d'or (Goldschläger).
bill. billard (Billiard).
blanch. blanchisseur (Wäscher).
blas. blason (Wapenkunst).
bonn. bonnetier (Strumpfweber).
bot. botanique (Botanik).
bouch. boucher (Metzger).
boul. boulanger (Bäcker).
bours. boursier (Säckler).
bout. boutonnier (Knopfmacher).
brass. brasseur (Bierbrauer).
brod. brodeur (Sticker).
call. calligraphie (Schreibkunst).
card. cardeur (Wollkämmer).
carross. carrossier (Kutschenmacher).
cart. jeu de cartes (Kartenspiel).
cath. religion catholique (katholische Religion).
cha. chasse (Jagd).
chanc. style de chancellerie (Kanzleistyl).
chand. chandelier (Lichtzieher).
chap. chapelier (Hutmacher).
charb. charbonnier (Kohlenbrenner).
charp. charpentier (Zimmermann).
charr. charron (Wagner).
chaudr. chaudronnier (Kupferschmied).
chim. chimie (Chimie).
chir. chirurgie (Chirurgie).
chirom. chiromancie (Handwahrsagerei).
cir. cirier (Wachszieher).
comm. commerce (Handlung).
conchyl. conchyliologie (Muschellehre).
conf. confiseur (Zuckerbäcker).
cord. cordier (Seiler).
cordonn. cordonnier (Schuhmacher).
corr. corroyeur (Lederbereiter).
coul. couleur (Farbe).
cout. couture (Näherei).
coutell. coutelier (Messerschmied).
couv. couvents (Klöster).
cuis. cuisine (Kochkunst).
dam. jeu de dames (Damenspiel).
dans. danse (Tanzkunst).
dent. dentiste (Zahnarzt).
dess. dessin (Zeichenkunst).
dév. dévotion (Andacht).

did. style didactique (Lehrstyl).
dipl. diplomatie (Diplomatik).
docim. docimastique (Probierkunst).
dor. doreur (Vergolder).
drap. drapier (Tuchmacher).
dr. can. droit canon (Kanonisches Recht).
dr. rom. droit romain (römisches Recht).
éch. échec, les échecs (Schachspiel).
écr. sie. écriture sainte (heilige Schrift).
égl. église (Kirche).
émaill. émailleur (Schmelzarbeiter).
émoul. émouleur (Scherenschleifer).
épingl. épinglier (Nadler).
escr. escrime (Fechtkunst).
fabr. fabriques (Fabrikwesen).
fact. d'org. facteur d'orgues (Orgelbauer).
fais. de cart. faiseur de cartes (Kartenmacher).
fauc. fasconnerie (Falknerei).
féod. feodalité (Lehenwesen).
fin. finances (Finanzwissenschaft).
fond. fondeur (Gießer).
fond. de can. fondeur de canons (Stückgießer).
fond. de car. fondeur de caractères (Schriftgießer) [schaft].
forest. science forestière (Forstwissenschaft).
forg. forges (Eisenhütten).
fortif. fortification (Befestigungskunst).
fourb. fourbisseur (Schwertfeger).
généal. généalogie (Genealogie).
géogr. geographie (Geographie).
géom. geométrie (Geometrie).
gramm. grammaire (Grammatik).
gramm. gr. grammaire grecque (griechische Grammatik).
grav. graveur (Kupferstecher).
guer. ou guerr. guerre (Kriegskunst).
hist. nat. histoire naturelle (Naturgeschichte).
horl. horloger (Uhrmacher).
hydr. hydraulique (Hydraulik).
impr. imprimerie (Buchdruckerei).
impr. en t. d. imprimerie en taille douce (Kupferdruckerei).
jard. jardinier (Gärtner).
joaill. joaillier (Juwelier).
jur. jurisprudence (Rechtswissenschaft).
lap. lapidaire (Steinschneider).
libr. librairie (Buchhandel).
litt. littérature (Literatur).
log. logique (Logik).
lun. lunetier (Brillenmacher).
luth. luthier (Lautenmacher).
maç. maçonnerie (Maurerkunst).
mahom. mahométisme (mahomedanische Religion).
man. manége (Reitschule).
manuf. manufactures (Manufacturwesen).
mar. marine (Seewesen).
mar. ferr. maréchal ferrant (Huffschmied).
math. mathématiques (Mathematik).
méc. mécanique (Mechanik).
méd. médecine (Arzneikunst).
még. mégisserie (Weißgärberei).
men. menuiserie (Tischlerei).
mét. métallurgie (Hüttenkunde).
meun. meunier (Müller).
min. mines (Bergwesen).

minér. minéralogie (Mineralogie).
monn. monnayage (Münzwesen).
mor. morale (Moral).
mus. musique (Musik).
myst. mysticité (Mystik).
myth. mythologie (Mythologie).
nav. navigation (Schifffahrt).
ois. oiseau (Vogel).
oisel. oisellerie (Vogelfang).
opt. optique (Optik).
orf. orfèvrerie (Goldschmiedkunst).
ouvr. en arg. ouvrier en argent (Silberarbeiter).
pap. papetier (Papiermüller).
parf. parfumeur (Parfümeriehändler).
passem. passementier (Posamentirer).
pât. pâtissier (Pastetenbäcker).
paum. jeu de paume (Ballspiel).
pav. paveur (Pflasterer).
pêch. pêche (Fischfang).
peign. peignier (Kammmacher).
peint. peinture (Malerei).
pellet. pelleterie (Pelzhandel).
perr. perruquier (Perrückenmacher).
pharm. pharmacie (Apothekerkunst).
philos. philosophie (Philosophie).
phys. physique (Physik).
plomb. fondeur de plomb (Bleigießer).
poés. poésie (Dichtkunst).
pol. politique (Politik).
pot. potier (Töpfer).
pot. d'ét. potier d'étain (Zinngießer).
pros. prosodie (Prosodie).
prot. religion protestante (protestantische Religion).
quill. jeu de quilles (Kegelspiel).
rel. relieur (Buchbinder).
rhét. rhétorique (Redekunst).
sal. salines (Salzsiederei).
salp. salpêtrière (Salpetersiederei).
savonn. savonnier (Seifensieder).
sculpt. sculpture (Bildhauerkunst).
sell. sellier (Sattler).
serr. serrurier (Schlösser).
sucr. sucrerie (Zuckersiederei).
taill. tailleur (Schneider).
taill. de p. tailleur de pierres (Steinhauer).
tann. tanneur (Gärber).
tapiss. tapissier (Tapetenwirker, Tapezierer).
teint. teinturier (Färber).
théât. théâtre (Schauspiel).
théol. theologie (Theologie).
tiss. tisserand (Weber).
tiss. en l. tisserand en laine (Wollenweber).
tond. de dr. tondeur de drap (Tuchscherer).
tonn. tonnelier (Böttcher).
tourn. tourneur (Drechsler).
tréf. tréfileur (Drahtzieher).
tuil. tuilier (Ziegelbrenner).
Turq. Turquie (Türkei).
vann. vannier (Korbmacher).
vén. v. cha.
verr. verrerie (Glashütte).
vét. art vétérinaire (Thierarzneikunst).
vign. vigneron (Rebmann).
vitr. vitrier (Glaser).

A, n. 1, a, m.; griechische A, alpha.
Aachen, Aix-la-Chapelle (ville).
Aal, m. 2, anguille, f.
Aalbeere, f. (bot.) groseille noire.
Aalbeerstrauch, m. 2*, (bot.) groseillier à fruit noir, cacis.
Aalbehälter, m. 1, v. Aalhälter.
Aaleidechse, f. lézard-anguille, m.
Aalen, v. n. (av. h.) prendre des anguilles.       [guilles, f.
Aalfang, m. 2*, pêche aux anguilles.
Aalgabel, f. fouëne, fichure.
Aalgründling, m. 2, goujon-anguille.       [guillère, f.
Aalhälter, Aalkasten, m. 1, anguillère, f.
Aalmutter, f.*, Aalfrau, (hist. nat.) blenne vivipare, m.
Aalquappe, Aalraupe, f. (hist. nat.) lotte.
Aalteich, m. 2, anguillère, f.
Aalwehr, n. 2, écrille, f. gord, m.
Aar, m. 2, (poés.) oiseau de proie, aigle.
Aargau, 2, (géogr.) Argovie, f.
Aas, n. 5*, cadavre, m. charogne, f.; (pêch.) appât, m. nourriture des animaux, f.; injur. carogne.       [viander, pâturer.
Aasen, Aesen, v. n. (h.) (cha.)
Aasfliege, f. (hist. nat.) mouche dorée commune.
Aasgeruch, Aasgestank, m. 2*, odeur cadavéreuse, f.
Aasgrube, f. voirie.
Aaskäfer, m. 1, (hist. nat.) bouclier, fossoyeur.
Aasseite, f. côté de la chair, m.
Ab, particule qui entre dans la formation de plusieurs mots composés, en leur donnant un sens de privation, de séparation, d'éloignement, de diminution, de contrariété, etc. (die Spitze des Degens) ist ab, est cassée; (der Knopf) ist ab, est perdu, ne tient plus; ab, geht ab, (théât.) il, elle sort; den Hut ab! chapeau bas! den Fluß ab, à vau-l'eau; ab und zu gehen, aller et venir, etc.

NB. Il faut chercher sous leurs primitifs les verbes composés de ab qui n'ont pu trouver place ici.

Abaasen, v. a. écharner les cuirs.
Abadern, v. a. enlever qch. du champ de son voisin en labourant.
Abänderlich, adj. susceptible de changement; (gramm.) déclinable.
Abändern, v. a. changer, modi-

fier; varier; (gramm.) décliner; —, v. n. (h.) changer, varier.
Abänderung, f. changement, m.; modification, f. variété; (gramm.) déclinaison.
Abängstigen, v. a. causer de la peur à qn.; sich —, être dans les transes.
Abarbeiten, v. a. dégrossir; user en travaillant; eine Schuld —, acquitter une dette par son travail; ein Pferd —, fatiguer un cheval; sich —, s'épuiser par le travail.
Abärnten, Abernten, v. a. moissonner, récolter.
Abart, f. variété.    [s'abâtardir.
Abarten, v. n. (av. f.) dégénérer,
Abartung, f. dégénération, abâtardissement, m.; variété, f.
Abäßen, v. a. brouter.
Abästen, v. a. ébrancher; —, s. n. 1, ébranchement, m.
Abätzen, v. a. ôter avec de l'eau forte, avec la pierre infernale.
Abbacken, v. n. (f.) être bien cuit (pain), bien séché (fruit); être trop cuit; —, v. a. trop cuire, brûler le pain; finir la cuisson.
Abbalgen, v. a. écorcher, dépouiller un animal.
Abbauen, v. a. abattre; (min.) découvrir, approfondir; cesser d'exploiter une mine; —, s. n. 1, démolition d'une maison, f.; (min.) exploitation à fond; abandon d'une mine, f.
Abbäumen, v. a. (tiss.) dérouler.
Abbeeren, v. a. égrener, égrapper.
Abbegehren, v. a. demander; obtenir à force d'instances, de prières.
Abbeißen, v. a. 5†, mordre; enlever, emporter, arracher avec les dents.
Abbeizen, v. a., Felle —, (tann.) faire tomber le poil des peaux; (még.) passer en mégie; abgebeizte Wolle, avalies, f. pl.    [de qch.
*Abbekommen, v. a. avoir sa part
Abberufen, v. a. 4, rappeler.
Abberufung, f. rappel, m.
Abbestellen, v. a. contremander.
Abbestellung, f. contre-ordre, m. contremander.
Abbeten, v. a. dire, réciter une prière || détourner, réparer par la prière.
Abbetteln, v. a. obtenir à force d'instances (einem etw., qch. de qn.).

Abbeugen, Abbiegen, v. a. 6, détourner, plier de côté; abbiegen, v. n. (f.) s'éloigner du chemin.
Abbezahlen, v. a. payer un à-compte, acquitter.    [bieten.
Abbieten, v. Ueberbieten et Auf-
Abbild, n. 5, copie, f.; représentation, figure; portrait, m. image, f.
Abbilden, v. a. figurer, représenter; dessiner, peindre; former, mouler, modeler; fg. dépeindre, représenter.
Abbildung, f., v. Abbild.
Abbinden, v. a. 3, délier; détacher; ein Kalb —, sevrer un veau; —, (chir.) lier; eine Warze —, faire tomber une verrue en la liant.
Abbindung, f. (chir.) ligature.
Abbitte, f. excuse, déprécation; öffentliche —, réparation d'honneur, amende honorable.
Abbitten, v. a. 1, faire ses excuses, demander pardon de; faire réparation d'honneur || obtenir qch. de qn. à force de prières; v. Verbitten. .
Abblasen, v. a. 4, souffler, enlever en soufflant; sonner, jouer un air; (guerr.) sonner la retraite; (cha.) forhuir.
Abblatten, Abblättern, v. a. effeuiller, émonder une vigne; (cha.) brouter les feuilles; sich —, (bot.) s'effeuiller; (chir.) s'exfolier; —, s. n. 1, effeuillaison, f.; (chir., etc.) exfoliation.
Abbläuen, v. a. bleuir le linge; fm. rosser, rouer de coups.
Abblühen, v. n. (f.) défleurir.
Abbergen, v. a. emprunter qch. de, à qn.; —, s. n. 1, emprunt, m.
Abbrand, m. 2*, (fond.) déchet du poids.
Abbrechen, v. a. 2, casser, briser; cueillir une fruit, etc.; einem Pferde die Hufeisen —, déferrer un cheval; die Spitze von einem Messer —, épointer un couteau; den Hals eines Kruges —, égueuler une cruche; ein Haus —, abattre, démolir une maison; kurz —, couper court; fg. rompre; wir wollen hiervon —, n'en parlons plus, brisons là-dessus; —, s'arrêter; discontinuer un travail || eine Brücke —, rompre un pont; ein Lager, ein Zelt —, lever un camp, détendre une tente; am Lohn —, rogner la paye, retenir sur

les gages; vom Preis —, rabattre du prix; sich etw. —, se refuser qch., se priver de qch.; seinem Munde —, épargner sur sa bouche; vom Schlafe —, prendre sur son sommeil; —, v. n. (s.) rompre, se rompre; se casser; abgebrochen, baché (*style*); abgebrochene Seufzer, des soupirs entrecoupés; —, s. n. 1, démolition, f. destruction *d'un édifice*; *fg.* interruption, discontinuation.

*Abbrennen, v. a. brûler, réduire en cendres; ein Feuerwerk —, tirer un feu d'artifice; eine Kanone —, mettre le feu à un canon; décharger; —, v. n. (s.) brûler, être consumé par le feu, être incendié; faire faux feu, rater (*amorce*); —, s. n. 1, incendie, m.; (*chim.*) déflagration, f.; — des Zündpulvers, faux feu, m.

Abbreviatur, f. abréviation.

Abbreviiren, v. a. abréger.

*Abbringen, v. a. ôter, enlever; eine Mode —, abolir une mode; einen von etw. —, détourner qn. de qch.; von einem Irrthume —, désabuser; — éloigner; vom rechten Wege —, dérouter.

Abbröckeln, v. a. émietter, écailler; sich —, se détacher par parcelles, s'écailler.

Abbruch, m. 2*, diminution, f.; rabais, m. || dommage, préjudice, tort, brèche, f.; dérogation; — thun, porter atteinte, nuire; déroger; v. Abbrechen, n.

Abbrühen, v. a. échauder.

Abbürden, v. a. décharger *d'un fardeau.*

Abbürsten, v. a. brosser, vergeter.

Abbüßen, v. a., etw. —, expier qch., porter la peine de qch.

Abbüßung, f. expiation.

Abc, n. abc, m. alphabet; *fg.* éléments, pl. premiers principes.

Abcapiteln, v. a. fm. chapitrer, réprimander qn.

Abc=Buch, n. 5*, abécédaire, m.

Abcopiren, v. a. copier.

Abc=Schüß, m. 3, mépr. grimaud.

Abdachen, v. a. découvrir une maison, (maç.) chaperonner; bâtir en pente; (*fortif.*, etc.) taluter.

Abdächig, adj. incliné, en pente, en talus.

Abdachung, f. pente; (*fortif.*) plongée *du parapet*; talus, m. escarpement, glacis.

Abdämmen, v. a. détourner, séparer, arrêter par une digue.

Abdampfen, v. n. (s.) s'évaporer; —, s. n. 1, évaporation, f.

Abdämpfen, v. a. faire évaporer; (cuis.) faire cuire à l'étuvée.

Abdanken, v. a. renvoyer, congédier; Truppen —, licencier des

troupes; einen Offizier —, réformer un officier; m. p. casser; —, v. n. (h.) quitter le service, se démettre d'une charge, donner sa démission, abdiquer.

Abdankung, f. congé, m. renvoi, licenciement; réforme, f.; démission, abdication.

Abdarben, v. a., sich etw. am Munde —, épargner, prendre qch. sur sa bouche.

Abdecken, v. a. découvrir; —, ou den Tisch —, ôter la nappe, lever le couvert, desservir; ein Aas —, écorcher une bête morte.

Abdecker, m. 1, écorcheur.

Abdeckerei, f. métier (m.) ou maison (f.) de l'écorcheur.

*Abdingen, v. a. rabattre *du prix*, marchander || louer qch. de qn.

Abdorren, v. n. (s.) sécher et tomber.

Abdörren, v. a. dessécher. [ber.

Abdrechseln, v. a. ôter en tournant; achever au tour; arrondir; abgedrechselt, *fg.* trop recherché, affecté, guindé.

Abdrehen, v. a. détordre, ôter, rompre en tournant, forcer une clef.

Abdreschen, v. a. 2 ou 6, battre le blé; fm. rosser qn.; *fg.* user, rebattre; concerter; abgedroschen, *fg.* banal, trivial, rebattu, usé.

Abdringen, v. a. 3, extorquer, arracher.

Abdringung, f. extorsion.

Abdrohen, v. a. obtenir, extorquer qch. de qn. à force de menaces.

Abdruck, m. 2*, empreinte, f. copie; figure; (*dess.*) calque, m.; (*impr.*) épreuve, f. impression; tirage, m.; exemplaire.

Abdrucken, v. a. empreindre (aussi *fg.*), imprimer, tirer copie de; calquer; mouler, estamper; (*impr.*) imprimer; unsauber —, bavocher; —, s. n. 1, tirage, m.

Abdrücken, v. a. séparer à force de presser, tirer; ein Feuergewehr —, décharger une arme à feu; eine Feder —, débander un ressort; das Herz —, fendre le cœur.

Abdunsten, v. n. (s.) s'évaporer.

Abdünsten, v. a. faire évaporer.

Abdünstung, f. évaporation.

Abend, m. 2, soir, soirée, f.; (*géogr.*) occident, m. couchant, ouest; (*mar.*) ponant; *fg.* déclin de la vie; — vorher, veille, f.; heilige — vor einem Feste, veille, vigile.

Abendandacht, f. prière du soir.

Abendbrod, n. 2, goûter, m. collation, f. [m. brune, f.

Abenddämmerung, f. crépuscule, m.

Abendessen, n. 1, souper, m. soupé; leichte —, collation, f.; Zeit

nach dem —, après-soupée; zu Abend essen, souper.

Abendfalter, m. 1, v. Abendvogel.

Abendgebet, n. 2, prière du soir, f.

Abendgeläute, n. 1, v. Abendglocke.

Abendgesellschaft, f. société du soir, soirée, veillée. [couvre-feu, m.

Abendglocke, f. cloche du soir.

Abendkränzchen, n. 1, veillée, f. écreigne (*à la campagne*).

Abendland, n. 5*, (*géogr.*) Occident, m.

Abendländer, m. 1, habitant de l'Occident; —, pl. peuples occidentaux.

Abendländisch, adj. occidental.

Abendluft, f.* air du soir, m.; fühle —, serein.

Abendmahl, n. 2, souper, m.; (*théol.*) sainte cène, f.; zum — gehen, faire la cène; einem das — reichen, communier qn.; das — empfangen, communier.

Abendmahlzeit, f. souper, m.

Abendmusik, f. sérénade.

Abendopfer, n. 1, sacrifice du soir, m.; *fg.* prière (f.) ou cantique (m.) du soir.

Abendroth, n. 2, Abendröthe, f. rouge du ciel au soleil couchant, m.

Abends, adv. le soir, au soir.

Abendsegen, m. 1, prière du soir, f.

Abendseite, f. côté du couchant, m.

Abendsonne, f. soleil couchant, m.

Abendständchen, n. 1, fm. sérénade, f.

Abendstern, m. 2, étoile du soir, f.

Abendstunde, f. heure du soir.

Abendthau, m. 2, serein.

Abendvogel, m. 1*, (*hist. nat.*) sphinx.

Abendweite, f. (*astr.*) amplitude occidentale. [zéphir.

Abendwind, m. 2, vent d'ouest, Abendzeit, f. soirée, veillée.

Abenteuer, n. 1, aventure, f.

Abenteuerlich, adj. aventureux; singulier, bizarre, extravagant.

Abenteuerlichkeit, f. singularité, bizarrerie, extravagance.

Abenteurer, m. 1, aventurier.

Aber, conj. mais; pourtant; ol. de nouveau, encore; oder —, autrement, ou bien; —, s. n. 2, mais, m.

Aberacht, f. ban réitéré, m.

Abergläube, m. exc. 2, superstition, f. [superstitieux.

Aberglaubig, Abergläubisch, adj.

Abermal, Abermals, adv. de nouveau, encore; derechef; abermalig, adj. réitéré. [m.

Aberwiß, m. 2, folie, f. délire.

Aberwißig, adj. radoteur, fou, extravagant; —, adv. follement; — seyn, radoter.

Abessen, v. n. 1 (s.) finir son repas.

Abfaſſen, v. a. diviser en compartiments.

Abfahren, v. n. 7 (ſ.) partir (en voiture, en bateau, etc.); (mar.) mettre à la voile; s'éloigner du rivage; vom rechten Wege —, se détourner du bon chemin, s'égarer; —, pop. mourir || s'user (roues, etc.); sauter, se détacher du manche, etc.; —, v. a. détacher, emporter, charrier, transporter sur voiture.

Abfahrt, f. départ, m.; sortie, f.; (mar.) partance || descente.

Abfahrtsſchuß, m. 2*, (mar.) coup de partance.

Abfall, m. 2*, chute, f.; fg. défection, révolte; (théol.) apostasie || déchet, m.; rognures, f. pl. copeaux, m. pl. décombres; rebut; pente du pavé, etc., f.; (horl.) échappement, m.; coulure de la vigne, f.; changement d'une couleur, m.; évaporation, f.; altération du vin; différence, nuance, gradation des couleurs; v. Verfall.

Abfallen, v. n. 4 (ſ.) tomber, rester; es iſt dabei nichts für mich abgefallen, fg. je n'en ai retiré aucun bénéfice; vom Capital fallen Zinſe ab, le capital rapporte des intérêts; —, déchoir, maigrir, perdre son embonpoint; passer (couleur) ||abandonner qn.; se révolter contre qn.; (théol.) apostasier; (vign.) couler; (mar.) dériver; fg. différer de; contraster avec.

Abfällig, adj. qui tombe, tombé; échu (intérêts); (arch.) incliné; — werden, v. Abfallen; einen — machen, faire apostasier qn., lui faire quitter un parti.

Abfangen, v. a. 4, (chass.) tuer avec le couteau de chasse.

Abfärben, v. a. donner la dernière teinte à une étoffe; —, v. n. (h.) perdre la couleur, se déteindre.

Abfaſſen, v. a. ensacher des grains ||mettre par écrit, rédiger, dresser; composer. [composition.

Abfaſſung, f. minute; rédaction, Abfaulen, v. n. (ſ.) pourrir, tomber de pourriture, tomber en pourriture. [despumer.

Abfäumen, v. a. écumer; (chim.)

Abfegen, v. a. nettoyer, torcher, balayer, écurer; ramoner une cheminée. [la lime.

Abfeilen, v. a. limer, enlever avec Abfeilicht, n. 2, limaille, f. rognure.

Abfertigen, v. a. expédier, dépêcher, renvoyer; fg. réduire au silence.

Abfertigung, f. expédition, dépêche; réponse, réfutation.

Abfeuern, v. a. tirer, faire feu; décharger une arme à feu.

Abfeuerung, f. décharge; salve.

Abfiedeln, v. a. user, déchirer par le frottement.

Abfinden, v. a. 3, contenter, satisfaire; apanager un prince; ſich mit ſeinen Miterben —, départir la portion due à ses cohéritiers; ſich —, s'accommoder, s'accorder, transiger. [doigts.

Abfingern, v. a. compter sur les Abfiſchen, v. a. pêcher; fg. fm. das Fett von etwas —, écrémer qch. [noir, m.

Abfleiſcheiſen, =meſſer, n. 1, échar-Abfleiſchen, v. a. (még.) écharner.

Abfliegen, v. n. 6 (ſ.) s'envoler, partir.

Abfließen, v. n. 6 (ſ.) écouler, découler (aussi fg.); s'écouler.

Abfluß, m. 2*, Abfließen, n. 1, écoulement, m.; décharge, f.

Abfolgen laſſen, v. a. remettre, laisser prendre, délivrer.

Abfolgung, f. délivrance, remise; — eines Gefangenen, extradition d'un prisonnier.

Abfoltern, v. a. tirer de, extorquer à qn. par la torture.

Abfordern, v. a. réclamer, demander; exiger qch. de qn.; rappeler qn. [pel, m.

Abforderung, f. demande; rap-Abformen, v. a. modeler, mouler.

Abfragen, v. a. einem etw. —, tirer qch. de qn. à force de questions. [(aussi fg.); brouter.

Abfreſſen, v. a. 1, manger, ronger Abfrieren, v. n. 6 (ſ.) se geler; tomber, périr par le froid.

Abführen, v. a. charrier, transporter; retirer, descendre la garde, relever une sentinelle; transporter, emmener, conduire qn.; détourner (aussi fg.); (méd.) évacuer; purger; (art.) dégrosser; payer les intérêts, acquitter une dette; fg. renvoyer, rembarrer, éconduire; ſich —, pop. s'éclipser, s'esquiver.

Abführend, adj. (méd.) évacuant, évacuatif, purgatif, laxatif.

Abführung, f. transport, m.; action d'emmener, etc., f.; (méd.) évacuation, laxatif, m.; (art.) dégrossage.

Abführungsmittel, n. 1, (méd.) purgatif, m. laxatif, évacuant, remède purgatif.

Abführungswege, m. pl. 2, (anat.) émonctoires. [contribution, f.

Abgabe, f. droit, m. impôt, Abgang, m. 2*, départ; (méd.) perte de sang, f.; fausse couche; manque, m. défaut d'ouvriers, etc. || (comm.) débit || affaiblissement, diminution, f. décadence, dépé-

rissement, m. extinction d'une race, f.; in — bringen, faire tomber en décadence, faire déchoir, in — kommen, aller en décadence, s'abolir, tomber en désuétude (loi) || déchet, m. retaille, f. rognure; (comm.) coulage de liquides, m.; (monn.) faiblage; (chim.) déperdition, f.

Abgängig, adj. (comm.) de bon débit, marchand; usé (linge, etc.); — werden, dépérir, commencer à s'user, à passer de mode; —, qui manque (papier, etc.). [tant.

Abgatten, v. a. découvrir en guet-Abgeben, v. a. 1, remettre, donner, livrer; se démettre de qch.; céder qch.; einen Wechſel auf einen —, tirer sur qn.; —, contribuer; payer un impôt; fournir des hommes; fg. causer du tapage; etw. —, tenir lieu de qch.; einen Kaufmann —, devenir marchand, faire le marchand; ſich mit etw. —, se mêler, s'occuper de qch.

Abgebrannte, m. 3, incendié.

Abgefäumt, adj. fg. rusé, fin.

*Abgeben, v. n. (ſ.) partir, s'en aller; (théât.) sortir; (mar.) mettre à la voile; s'écarter du chemin, quitter le chemin; fg. s'éloigner, s'écarter; quitter une charge, se démettre d'une charge; rabattre qch. du prix; abandonner un projet; différer de qn., ne pas être du même avis||se détacher, se séparer; es iſt ihm ein Wurm abgegangen, il a rendu un ver; vom Kerne —, quitter le noyau || finir, se terminer (affaire); manquer; se déteindre (couleur); mit Tod —, mourir, décéder; —, (comm.) être de débit, se débiter; —, laſſen, rabattre diminuer, décompter; remettre qch. d'une dette; abolir, supprimer, laisser tomber un usage en désuétude; laisser s'éteindre le feu; faire partir une lettre; —, v. a. user, ruiner en marchant.

Abgebend, adj. partant; passant; manquant; diminuant.

Abgelebt, adj. décrépit; vieux, fort âgé. [distant; reposé (vin).

Abgelegen, adj. écarté, éloigné, Abgelegenheit, f. distance; éloignement, m.

Abgeneigt, adj. mal affectionné, peu disposé, défavorable, aliéné, ennemi; einem — machen, indisposer contre qn.; einem — werden, s'indisposer contre qn.

Abgeneigtheit, f. aversion.

Abgeordnete, m. 3, délégué; commissaire; envoyé, député.

Abgeriſſen, adj. abrupt.

Abgeſagt, adj. juré, déclaré (ennemi).

Abgefandte, m. 3, ambassadeur; envoyé, député.
Abgeschiedenheit, f. retraite.
Abgeschliffen, adj. usé par le frottement.
Abgeschliffenheit, f. fg. politesse.
Abgeschmackt, adj. insipide; fg. id., absurde, ridicule, fade, inepte; das —e Wesen, la fatuité.
Abgeschmacktheit, f. Abgeschmackte, n. 3, insipidité, f. fadeur; fg. id., absurdité, fadaise.
Abgestanden, adj. mort; ein —er Baum, un arbre mort.
Abgewinnen, v. a. 2, gagner qch. à qn. ou sur qn.; einem den Vorsprung —, gagner les devants sur qn.; prévenir qn.; einer Sache Geschmack —, goûter qch., prendre du goût pour qch.
Abgewöhnen, v. a. désaccoutumer, déshabituer; sevrer un enfant.
Abgießen, v. a. 6, verser, transverser; vider; langsam —, (chim.) décanter; —, (fond.) jeter en moule; in Erz —, jeter en bronze; —, s. n. 1, (chim.) décantation, f.
Abglanz, m. 2, image réfléchie de qch., f.
Abglätten, v. a. polir qch., donner le dernier poli à qch.
Abgleichen, v. a. 5†, égaler; régler; (fond. de caract., etc.) justifier; (arch.) affleurer; (maç.) araser; mit der Wasserwage —, niveler.
Abgleichung, f. (maç.) arasement, m. nivellement; (fond. de car., etc.) justification, f.
Abgleiten, v. n. 5† (f.) glisser, faire une glissade; —, s. n. 1, glissade, f.
Abglühen, v. a. faire rougir au feu; —, v. n. (h.) cesser de rougir.
Abgott, m. 5*, idole, f.
Abgötter, m. 1, idolâtre.
Abgötterei, f. idolâtrie; — treiben, adorer les idoles; fg. idolâtrer (mit einem, qn.).
Abgöttisch, adj. idolâtre; —, adv. en idolâtre, avec idolâtrie. [m.
Abgottschlange, f. (hist. nat.) boa,
Abgraben, v. a. 7, couper les eaux; détourner un fleuve; einen Teich —, saigner un étang.
Abgrämen (sich), se désoler, se chagriner, se consumer de chagrin.
Abgrasen, v. a. brouter l'herbe; couper, faucher le blé en herbe.
Abgreifen, v. a. 5†, user qch. à force de le manier.
Abgrund, m. 2*, abîme, gouffre, précipice; in einen — stürzen, abîmer, s'abîmer, v. n.
Abgucken, v. a. fm., einem eine Kunst —, apprendre un art en voyant travailler qn.
Abgunst, f. défaveur, envie.

Abgünstig, adj. envieux, défavorable; —, adv. défavorablement.
Abgürten, v. a. ôter la ceinture; ein Pferd —, dessangler un cheval.
Abguß, m. 2*, transfusion, f.; empreinte, médaille; jet, m.
Abhaaren, v. a. dépiler; ébourrer.
Abhaben, v. a., den Hut —, être découvert; aller chapeau bas.
Abhacken, v. a. couper en hachant.
Abhaften, v. a. détacher, décrocher.
Abhalftern, v. a. clore d'une haie.
Abhalftern, v. a. déchevêtrer, ôter le licou à.
Abhalten, v. a. 4, tenir éloigné de soi; détourner, empêcher qn. de qch.; retenir, arrêter; von Beschäftigungen —, détourner de ses occupations.
Abhaltung, f. empêchement, m.
Abhandeln, v. a. traiter de qch.; einen Gegenstand —, traiter une matière, discuter qch.; eine Frage —, agiter une question; einen Preis —, convenir d'un prix; einen Verkauf —, conclure une vente.
Abhanden, adv. — seyn, être perdu, égaré; — kommen, se perdre, s'égarer, disparaître.
Abhandlung, f. traité, m. mémoire, dissertation, f.
Abhang, m. 2*, pente, f. descente, côte, penchant, m.; auf der Mitte des — à mi-côte; jähe —, (mar.) falaise, f.
Abhangen, v. n. 4 (h.) pencher; incliner, avoir de la pente; fg. dépendre.
Abhängen, v. a. décrocher, détacher; —, v. n., v. Abhangen.
Abhängig, adj. incliné en pente, en talus; fg. dépendant; — seyn, dépendre.
Abhängigkeit, f. pente, talus, m.; déclivité, f.; fg. dépendance.
Abhärmen (sich), v. Abgrämen.
Abhärten, v. a. durcir, endurcir; zum Krieg —, aguerrir; sich —, s'endurcir, s'aguerrir.
Abhaspeln, v. a. dévider.
*Abhauen, v. a. couper, abattre; den Kopf —, trancher la tête.
Abhäuten, v. a. ôter la peau à, dépouiller.
Abheben, v. a. 6, lever le dessus; ôter, enlever; die Karten —, couper les cartes; den Tisch —, lever la table; den Laffete —, démonter un canon.
Abhelfen, v. a. 6, remédier; y pourvoir; ordre à qch.; einem Zweifel, einem Hinderniß —, lever un doute, une difficulté.
Abhobeln, v. a. raboter, dégrossir,

amenuiser une planche; fg. fm. polir, dégourdir, décrasser qn.
Abhold, adj., v. Abgeneigt.
Abholen, v. a. aller chercher, venir prendre; — lassen, faire chercher.
Abholz, m. 5*, abattis, m. ramille, f. ramiers, m. pl. bois mort.
Abhelzen, v. a. abattre une forêt.
Abhören, v. a. interroger, ouïr les témoins; in Gegenwart des Beklagten —, confronter à l'accusé; —, examiner un compte.
Abhörung, f. audition; examen, Abhülfe, f. remède, m. [m.
Abhülsen, v. a. écaler, écosser, peler.
Abhungern (sich), s'exténuer, s'épuiser par la faim.
Abirren, v. n. (f.) s'égarer, se fourvoyer. [ration.
Abirrung, f. (astr., etc.) aberration.
Abjagen, v. a. faire lâcher prise; rattraper, reprendre, recouvrer qch. sur qn. en courant; fatiguer, harasser un cheval.
Abkälten, v. a. rafraîchir; fg. refroidir. [avec le peigne.
Abkämmen, v. a. peigner, ôter
Abkämpfen, v. a. prendre en combattant; fg. arracher.
Abkanten, v. a. écorner, équarrir.
Abkanzeln, v. a. fm. réprimander, chapitrer qn.
Abkappen, v. a. étêter, ébrancher un arbre; couper le câble; fg. fm. relancer qn.; rabattre le caquet à qn.; —, s. n. 1, étêtement, m. ébranchement.
Abkargen, v. a., einem etw. —, priver qn. de qch. par lésine; seinem Munde etw. —, épargner sur sa bouche par lésine.
Abkarten, v. a. fm., etw. —, concerter qch., convenir secrètement de qch.
Abkauf, m. 2*, achat, rachat.
Abkaufen, v. a. acheter; racheter une dîme, etc.
Abkäuflich, adj. rachetable.
Abkaufung, f. achat, m. rachat.
Abkehren, v. a. détourner || balayer, brosser, nettoyer.
Abkippen, v. a. épointer; (monn.) rogner; —, v. n. (f.) trébucher.
Abklären, v. a. clarifier.
Abklärung, f. clarification.
Abklatschen, v. a. (fond.) empreindre, clicher; —, s. n. 1, clichage, m.
Abklauben, v. a. éplucher des herbes; détacher; rompre un os.
Abkleiden, v. a. déshabiller; (arch.) cloisonner.
Abkleidung, f. (arch.) cloisonnage, m.
Abklopfen, v. a. battre; faire tomber en battant, épousseter un

*habit;* *fm.* rosser qn.; (*impr.*) tirer *une épreuve.* [pinçant.
Abfneipen, *v. a.* pincer, ôter en
Abfniden, *v. a.* briser. [ôter.
Abfnöpfen, *v. a.* déboutonner et
Abfnüpfen, *v. a.* délier, détacher.
Abfochen, *v. a.* cuire, faire bouillir; (*pharm.*) faire une décoction de. [tringler *des arbres.*
Abfohlen, *v. a.* (*charp.*) cingler,
*Abfommen, *v. n.* (f.) passer, s'abolir, vieillir (*usage*); vom Wege —, s'éloigner, s'écarter du chemin; —, s'égarer, se dérober; quitter, être quitte de; —, *s. n.* 1, abolition, *f.*; convention; accommodement, *m.*
Abfömmling, *m.* 2, descendant.
Abföpfen, *v. a.* étêter, écimer *un arbre;* couper la tête *d'un clou,* —, *s. n.* 1, étêtement, *m.*
Abfoppeln, *v. a.* découpler.
Abfrämpen, *v. a.* détrousser.
Abfratzen, *v. a.* gratter, racler; bie Haut —, écorcher la peau; ben Kalf von einer Mauer wieder —, regratter un mur; —, *m. p.* racler *sur un violon.* [men.
Abfriegen, *v. a. fm.,* ôter. [Abbefom-
Abfühlen, *v. a.* rafraîchir, faire refroidir; fich —, se rafraîchir; prendre le frais.
Abfühlung, *f.* rafraichissement, *m.*; refroidissement; (*chim.*) réfrigération, *f.*; abfühlenbe Mittel, (*méd.*) rafraichissant, *m.* réfrigérant.
Abfünbigen, *v. a.* publier, proclamer; Verlobte —, publier les bans.
Abfünbigung, *f.* publication, proclamation; — von Verlobten, publication des bans.
Abfunft, *f.* *, naissance, lignée, extraction, famille, maison, race.
Abfürzen, *v. a.* abréger, raccourcir; diminuer, rogner *les gages, etc.*
Abfürzung, *f.* raccourcissement, *m.*; abréviation *d'un mot,* *f.*; diminution.
Ablaben, *v. a.* 7, décharger.
Ablaber, *m.* 1, déchargeur.
Ablabung, *f.* décharge, déchargement, *m.*
Ablager, *n.* 1, gîte, *m.* retraite, *f.*
Ablang, *adj.* oblong.
Ablafchen, *v. a.* (*forest.*) layer, marquer en layant les arbres.
Ablaß, *m.* 2 *, (*théol.*) indulgence, *f.*; — des Wassers, saignée, écoulement, *m.*; —, soutirage *du vin.*
Ablaßbrief, *m.* 2, lettre d'indulgence, *f.*
Ablaffen, *v. a.* 4, faire descendre; Wasser —, faire écouler de l'eau; einen Flußgraben —, saigner un fossé; Wein —, lâcher, vider, débonder, soutirer le vin; —, trans-

vaser; vom Preise —, rabattre du prix; —, céder, vendre qch.; —, *v. n.* (h.), von etw. —, cesser qch.||
envoyer *une lettre* || se corriger *d'un défaut;* quitter *le jeu, etc.;* renoncer à qch., abandonner qch.; se désister de qch.
Ablaffung, *f.* écoulement, *m.;* — eines Teiches, saignée d'un étang, *f.;* —, transfusion || cessation; interruption *d'un travail;* désistement, *m.;* renoncement *au mal.*
Ablafiv, *m.* 2, (*gramm.*) ablatif.
Ablatten, *v. a.* délatter.
Ablauben, *v. a.* effeuiller; épamprer *la vigne.*
Ablauern, *v. a.* épier; attraper qch. par finesse; *m. p.* escroquer.
Ablauf, *m.* 2*, écoulement *des eaux, du temps;* nach — eines Jahres, au bout d'un an; —, expiration *d'un délai,* *f.;* échéance *d'une lettre de change;* départ *de la poste, m.;* décharge *d'un étang,* *f.;* fin *d'une affaire.*
Ablaufen, *v. a.* 4, user en courant; fich ein Horn —, perdre une de ses cornes en courant contre, etc.; einem ben Preis —, gagner le prix sur qn.; einem ben Rang —, l'emporter sur qn.; —, *v. n.* (f.) écouler, découler, s'écouler; partir (*vaisseau, etc.*); fg. se terminer, finir, se passer; ein Schiff — lassen, lancer un vaisseau à l'eau; bie Uhr ist abgelaufen, la pendule a filé toute sa corde; la chaine s'est écoulée, est au bout; fich —, s'user (*souliers, etc.*); se fatiguer, se tuer à force de courir.
Abläufer, *m.* 1, bobine vide, *f.*
Ablaugen, *v. a.* lessiver, couler la lessive; *fg.* laver la tête à qn.
Abläugnen, *v. a.* nier, dénier.
Abläugnung, *f.* déni, *m.*
Ablaufchen, *v. a.* épier; surprendre *le secret de qn.;* voy. Ablauern.
Ablaufen, *v. a.* épouiller qn.; *fg. pop.* escroquer qch. à qn.
Ablaut, *m.* 2, (*gramm.*) voyelle changée, *f.*
Abläutern, *v. a.* clarifier, raffiner.
Ableben, *n.* 1, décès, *m.* mort, *f.*
Ablecken, *v. a.* lécher.
Ableeren, *v. a.* vider, desservir.
Ablegen, *v. a.* déposer, ôter, mettre bas; se défaire, se dépouiller de qch., dépouiller qch.; Kleider — quitter ses habits; eine Last — se décharger d'un fardeau; einen Besuch —, faire une visite; ein Gelübde —, faire ses vœux; Rechnung, Zeugniß —, rendre compte, témoignage; einen Eid —, prêter serment; —, (*impr.*) distribuer *de la lettre;* (*jard.*) marcot-

ter *des œillets;* —, *v. n.* (h.) (*mar.*) démarrer, dériver, partir.
Ableger, *m.* 1, (*jard.*) bouture, *f.* marcotte, provin, *m.*
Ablegung, *f.* dépouillement, *m.;* reddition *d'un compte,* *f.;* prestation *de serment;* — bes Glaubensbefenntnisses, profession de foi; —, démission *d'une charge.*
Ablehnen, *v. a.* (*escr.*) parer; *fg.* écarter; décliner *une juridiction;* etw. von fich —, s'excuser de faire qch.; se disculper de qch. || —, voy. Ableiben. [toire.
Ablehnenb, *adj.* (*jur.*) déclina-
Ablehnung, *f.* excuse; défense, justification.
Ableiben, *v. a.* 5, emprunter.
Ableiten, *v. a.* détourner; (*hydr., gramm.*) dériver; déduire *un principe;* faire remonter *son origine à;* faire descendre qn. de.
Ableiter, *m.* 1, (*phys.*) conducteur.
Ableitung, *f.* (*hydr., gramm.*) dérivation; (*méd.*) révulsion *des humeurs;* (*log.*) déduction. [f.
Ableitungsgraben, *m.* 1*, saignée, Ablenfen, *v. a.* détourner, éloigner. [qn. en le voyant faire.
Ablernen, *v. a.* apprendre qch. de
Ablefen, *v. a.* 1, lire à haute voix, faire la lecture de qch.; publier || cueillir *des fruits;* Raupen von Bäumen —, écheniller les arbres.
Ablefung, *f.* lecture || récolte; — ber Raupen, échenillage, *m.*
Ablieben, *v. a.* (*chass.*) encourager *un chien* en le caressant.
Abliefern, *v. a.* livrer, fournir, remettre. [son, remise.
Ablieferung, *f.* fourniture, livraison.
Ablieferungsfchein, *m.* 2, délivrance, *f.* décharge.
Abliegen, *v. n.* 1 (f.) être éloigné; abgelegen, éloigné, distant, écarté; *vin* reposé, rassis.
Abliften, *v. a.* escroquer, obtenir par ruse; einem feine Einwilligung — etw. —, surprendre le consentement de qn.
Abloden, *v. a.* tirer, attraper, obtenir par ruse; *m. p.* escroquer; Thränen —, faire verser, arracher des larmes à qn.
Ablöfchen, *v. a.* éteindre.
Ablöfen, *v. a.* détacher, défaire, délier; couper; remplacer qn.; eine Schildwache —, relever une sentinelle; ein Glied —, amputer un membre; ein Gliedfchwamm —, extirper un polype; —, retirer, délivrer, dégager *un effet* (v. Einlöfen); racheter *une rente.*
Ablöslich, *adj.* rachetable.
Ablöfung, *f.* séparation; (*chir.*) amputation; extirpation; rachat

d'une rente, m.; (guer.) descente de garde, f.; action de relever une sentinelle. [songe.

Ablügen, v. a. 6, obtenir par mensonge.

Abmachen, v. a. ôter; délier, détacher; lever; terminer une affaire.

Abmagern, v. n. (f.) maigrir; — laffen, (fauc.) essimer; —, s. n. 1, amaigrissement, m.

Abmähen, v. a. faucher.

Abmahnen, v. a. dissuader, détourner qn. de qch.; déconseiller qch. à qn.

Abmahnung, f. dissuasion.

Abmähung, f. fauchage, m.

Abmalen, v. a. peindre, représenter; einen —, faire le portrait de qn.; —, fg. dépeindre, peindre.

Abmärgeln, v. a. exténuer, épuiser; —, s. n. 1, fortraiture d'un cheval, f.

Abmarfen, v. a. borner.

Abmarfung, f. abornement, m.

Abmarfch, m. 2*, départ, marche, f.

Abmarfchiren, v. n. (f.) se mettre en marche, défiler, se retirer, partir, décamper; —, s. n. 1, départ, m. décampement.

Abmatten, v. a. fatiguer, affaiblir; épuiser, lasser, harasser; ganz —, briser; äußerft —, excéder, exténuer; zu fehr —, estrapasser un cheval; matir l'or; fich —, s'éreinter, etc.

Abmattung, f. fatigue, lassitude.

Abmeißeln, v. a. ôter avec le ciseau.

Abmerfen, v. a., einem etw. —, découvrir qch. en observant qn.; surprendre le secret de qn.

Abmeffen, v. a. 1, mesurer; mit dem Klafter —, toiser; mit der Elle —, auner; mit der Meßwage —, niveler; —, arpenter un champ; in der Mündung —, (artill.) calibrer; —, (pros.) scander un vers; (comm.) mesurer, couper; fg. juger d'après qch.

Abmeffung, f. mesurage, m. toisé; aunage; nivellement, arpentage; (pros.) scansion, f.

Abmieten, v. a. louer, prendre à bail. [taire, m. et f.

Abmiether, m. 1, =inn, f. locataire.

Abmodeln, v. a. modeler.

Abmoofen, v. a. émousser, ôter la mousse de. [guer.

Abmühen (fich), se peiner, se fatiguer.

Abmüßigen, v. a. trouver assez de temps pour...; fich Zeit — können, avoir le loisir.

Abnagen, v. a. ronger.

Abnähen, v. a. piquer.

Abnahme, f. diminution; — des Mondes, décours (m.), déclin de la lune; —, fg. décadence, f.;

altération, affaiblissement, m.; dépérissement de la santé || audition de compte, f.; (comm.) débit, m.

Abnehmen, v. a. 2, ôter, prendre, enlever; détendre; détacher; den Hut —, ôter le chapeau; den Bart —, raser ou faire la barbe; einen Eid —, faire ou faire prêter serment; von oder aus etw. —, juger, conclure de qch. || couper les cartes; examiner un compte; cueillir des fruits; diminuer les mailles; écrémer le lait; amputer un membre; —, v. n. (b.) diminuer, décroître; s'affaiblir, maigrir; baisser.

Abnehmer, m. 1, =inn, f. acheteur, m. -se, f.

Abnehmung, f. action d'ôter, etc.; retranchement, m.; affaiblissement; coupe, f.; (chir.) amputation, diminution; v. Abnahme.

Abneigen (fich), s'éloigner de qn.; abgeneigt, défavorable.

Abneigung, f. éloignement, m. répugnance, aversion; aliénation des esprits; eine — gegen einen faffen, prendre qn. en aversion.

Abniden, v. a. (chass.) accouer un.

Abnieten, v. a. dériver. [cerf.

Abnöthigen, v. a. extorquer, arracher qch.; contraindre qn. de faire qch.

Abnöthigung, f. extorsion.

Abnußen ou Abnußen, v. a. user, ruiner; employer une scie; fich —, s'user, s'élimer, etc.

Abnußung, f. usé, m. déchet; détérioration, f.; (monn.) frai, m.

Abonnent, m. 3, abonné.

Abonniren, v. a. abonner.

Abordnen, v. a. déléguer, députer.

Abordner, m. 1, commettant.

Abpachten, v. a. affermer, amodier.

Abpächter, m. 1, =inn, f. fermier, m. -ère, f. [ler.

Abpaden, v. a. décharger, déballer.

Abpader, m. 1, déchargeur.

Abpaffen, v. a. épier qn. ou qch.

Abpflüden, v. a. cueillir, arracher.

Abpflügen, v. a. enlever en labourant; labourer en entier.

Abplatten, v. a. aplatir; fich —, s'aplatir, s'affaisser.

Abplattung, f. aplatissement, m.

Abprallen, v. n. (f.) rebondir, rejaillir. [d'un canon.

Abproßen, v. a. ôter l'avant-train.

Abprügeln, v. a. rosser.

Abpußen, v. a. nettoyer, essuyer; (maç.) aplanir; fg. pop. réprimander.

Abquälen, v. a. tourmenter qn.; einem etw. —, obtenir qch. de qn.; — à force de le tourmenter; fich —, se tourmenter, se tuer de chagrin, etc.

Abquetfchen, v. a. enlever en froissant.

Abrahmen, v. a. écrémer. [râpe.

Abrafpeln, v. a. racler, ôter avec la

Abrathen, v. a. 4, einem etw. —, dissuader qn. de qch. [porer.

Abrauchen, v. n. (f.) (chim.) s'évaporer.

Abraufen, v. a. arracher.

Abraum, m. 2*, (forest.) vidange, f. abattis, m.; (arch.) déblai, décombres, pl.

Abräumen, Abraumen, v. a. débarrasser; vider; faire place en ôtant qch.; déblayer; emporter; desservir une table. [ler.

Abraupen, v. a. (jard.) écheniller.

Abrechnen, v. a. régler un compte, décompter; déduire, rabattre; das abgerechnet was, abstraction faite de ce que...; diefen Fehler abgerechnet, à ce défaut près, etc.

Abrechnung, f. décompte, m.; arrêté de compte; déduction, f.

Abrede, f. convention, accord, m.; — nehmen, concerter qch.; nicht in — feyn, ne pas disconvenir.

Abreden, v. a. projeter, concerter, conclure, arranger qch.; abgeredeter Maßen, d'après la convention, comme on en était convenu; v. Abrathen.

Abreiben, v. a. 5, frotter, ôter en frottant, aviver; nettoyer, décrotter les souliers; bouchonner un cheval; broyer des couleurs; effacer des couleurs.

Abreihen, v. a. défiler des perles.

Abreife, f. départ, m.

Abreifen, v. n. (f.) partir.

Abreißen, v. a. 5, arracher, détacher; einem Pferde die Eifen —, déferrer un cheval; —, (arch.) abattre, démolir, raser; déchirer, user ses habits; (dess.) dessiner, tracer, crayonner; —, v. n. (f.) se rompre, se casser; se séparer en se brisant.

Abreißen, m. 1, (art.) traçoir.

Abreißung, f. démolition.

Abreiten, v. a. 5†, harasser un cheval; user en montant à cheval; mesurer, marquer un espace en parcourant le terrain à cheval; v. Zureiten; —, v. n. (f.) partir, s'éloigner (à cheval).

*Abrennen, v. a. enlever, faire tomber en courant; fich die Hörner —, fg. fm. jeter sa gourme; —, v. n. (f.) partir avec vitesse, se mettre à courir.

Abrichten, v. a. dresser un chien, etc.; fg. id.; former, instruire; discipliner; façonner qn. à qch., fm. endoctriner; exercer, aguerrir des soldats; (art.) ajuster.

Abrichtfeile, f. (monn.) colifichet, m.

**Abrichtpeitsche,** f. (*man.*) chambrière.

**Abrichtung,** f. instruction.

**Abriffeln,** v. a. dréger le lin; *fg. fm.* réprimander fortement.

**Abrikose,** f. abricot, m.

**Abrikosenbaum,** m. 2*, abricotier.

**Abrinden,** v. a. écorcer, écroûter.

**Abrinnen,** v. n. 2 (f.) découler.

**Abriß,** m. 2, plan, dessin; ébauche, f. esquisse; abrégé, m.

**Abrollen,** v. a. dérouler; —, v. n. (f.) rouler, partir; —, s. n. 1, roulade, f.; — des Schnees, avalanches, pl.     [pel, m.

**Abruf,** m. 2, annonce, f.; rappel.

**Abrufen,** v. a. 4, publier à haute voix; crier || appeler, rappeler; die Soldaten —, faire l'appel; —, (*cha.*) réclamer, rappeler.

**Abrufung,** f. appel, m. rappel.

**Abründen,** v. a. arrondir; (*orf.*) gironner; (*sculpt.*) relever en bosse, donner du relief à une figure; (*taill.*) évider une manche.

**Abründung,** f. arrondissement, m.

**Abrupfen,** v. a. plumer; arracher.

**Abrutschen,** v. n. (f.), v. **Abgleiten;** *fg. fm.* décamper, déguerpir.

**Abruzzen,** pl. Abruzzes, m. (*province du royaume de Naples*).

**Absagebrief,** m. 2, défi, cartel.

**Absagen,** v. a. contremander || refuser; renoncer; se dédire de qch.; abgesagt, juré, déclaré (*ennemi*).

**Absagung,** f. contre-ordre, m.; refus, renonciation, f.     [la scie.

**Absägen,** v. a. scier, couper avec

**Absatteln,** v. a. desseller, débâter.

**Absatz,** m. 2*, interruption, f. pause; section; paragraphe, m. article; alinéa; période, f.; (*poés.*) strophe; (*cord.*) talon, m.; (*jard.*) terrasse, f.; (*arch.*) palier d'un escalier, m.; nœud d'un brin de paille || (*comm.*) débit d'une marchandise.

**Abschaben,** v. a. racler, ratisser; eine Haut —, écharner une peau; bas Brod —, chapeler le pain; Steine —, ébousiner des pierres; sich —, se peler, s'user.

**Abschabsel,** n. 1, raclure, f. ratissure; (*rel.*) parure.

**Abschaffen,** v. a. abolir, supprimer; renvoyer, congédier qn.

**Abschaffung,** f. abolition; abrogation; suppression; renvoi de qn., m.     [arbre, enlever la peau de.

**Abschälen,** v. a. peler, écorcer un

**Abschärfen,** v. a. (*rel.*) parer; (*cord.*) affiler; (*perr.*) effiler; (*men.*) chanfreiner; (*fond. de car.*) créner.

**Abscharren,** v. a. gratter, ratisser.

**Abschalten,** v. a. faire la silhouette de qn.; *fg.* esquisser, retracer.

**Abschätzen,** v. a. estimer, évaluer; déprécier, rabaisser.

**Abschätzer,** m. 1, taxateur, commissaire-priseur.

**Abschätzung,** f. estimation; évaluation; décri des monnaies, m.

**Abschaum,** m. 2, écume, f.; *fg.* lie; — aller Laster, scélérat achevé, m.     [despumer.

**Abschäumen,** v. a. écumer; (*chim.*)

**Abschäumung,** f. despumation.

**Abscheeren,** v. a. 6, raser; couper; tondre; ben Bart —, raser qn.; faire la barbe à qn.

**Abscherung,** f. coupe; tonte.

**Abscheiden,** v. a. 5, partager, séparer.

**Abscheiden,** v. n. 5 (f.) mourir, décéder; abgeschieden, solitaire, retiré (*vie*); von ber Welt abgeschieden leben, mener une vie retirée, vivre dans la retraite; —, s. n. 1, décès, m.; (*poés.*) trépas.

**Abscheidung,** f. séparation.

**Abschein,** m. 2, v. **Abglanz.**

**Abscheu,** m. 2, horreur, f.; abomination; aversion; détestation.

**Abscheuern,** v. a. écurer, nettoyer.

**Abscheulich,** adj. horrible, abominable, monstrueux, exécrable, atroce, détestable.

**Abscheulichkeit,** f. atrocité; énormité, noirceur d'un crime.

**Abschicken,** v. a. envoyer, dépêcher.     [dition, f.

**Abschickung,** f. envoi, m. expédition, f.

**Abschieben,** v. a. 6, retirer, reculer; die Schuld von sich —, se disculper.

**Abschied,** m. 2, adieu, congé; — nehmen, prendre congé; hinter ber Thür — nehmen, *fm.* déloger sans trompette; — (*jur.*) sentence f. recès, m. arrêt définitif; (*dipl.*) recès.     [de l'étrier.

**Abschiedstrunk, -wein,** m. 2, vin

**Abschiefern,** v. a. lever par lames, par feuilles; sich —, s'écailler; (*chir.*) s'exfolier; —, s. n. 1, exfoliation, f.

**Abschießen,** v. a. 6, tirer; einen Pfeil —, décocher, lancer une flèche; eine Flinte — décharger un fusil; —, emporter qch. en tirant; das Obertheil einer Mauer —, écrêter un mur; —, v. n. (f.) se passer; se déteindre (*étoffes*); perdre son éclat; couler rapidement, se précipiter (*eau*); —, s. n. 1, décharge, f. décochement d'un trait, m.; chute de l'eau, f.

**Abschiffen,** v. n. (f.) partir, mettre à la voile, faire voile.     [dre.

**Abschildern,** v. a. peindre, dépeindre.

**Abschilderung,** f. portrait, m. tableau; description, f. représentation.

*Abschinden, v. a. écorcher; sich —, se tuer à force de travail.

**Abschirren,** v. a. dételer; déharnacher; —, s. n. 1, déharnachement, m.

**Abschlachten,** v. a. tuer un animal.

**Abschlag,** m. 2*, diminution, f. baisse; auf —, à compte, à valoir.

**Abschlagen,** v. a. 7, faire tomber, abattre; das Wasser —, lâcher l'eau; ein Bett —, démonter un lit || refuser; ben Feind —, repousser l'ennemi; —, s. n. 1, (f. et b.) baisser, diminuer de prix; —, s. n. 1, diminution de prix, etc.; f.; refus, m.     [refus, m.

**Abschlägig,** adj., —e Antwort, f.

**Abschläglich,** adj. et adv. à compte.

**Abschlämmen,** v. a. débourber, dégorger; (*min.*) laver; sich —, se dégorger; —, s. n. 1, dégorgement, m.

**Abschleifen,** v. a. 5†, aiguiser; émoudre; polir; user; *fg.* dépouiller, dégourdir qn.; —, s. n. 1, aiguisement, m. polissure des glaces, f.     [cimolée.

**Abschleiffel,** n. 1, moulée, f. terre

**Abschleudern,** v. a. fronder, lancer.

**Abschließen,** v. a. 6, déchaîner, ôter la chaîne de, fermer à clef || eine Rechnung —, clore, arrêter un compte; ein Geschäft —, achever, conclure, finir une affaire.

**Abschließung,** f., v. **Abschluß.**

**Abschluß,** m. 2*, liquidation (f.), clôture, solde (m.), apurement d'un compte; arrêté de compte; acte définitif; conclusion d'un traité, f.

**Abschmeicheln,** v. a., tinem etw. —, obtenir qch. de qn. à force de caresses.

**Abschmelzen,** v. a. fondre, séparer en fondant; —, v. n. 6 (f.) se fondre.

**Abschmieren,** v. a. copier en griffonnant; barbouiller; *fg. fm.* rosser, étriller.

**Abschmierer,** m. 1, *fm.* barbouilleur, fesse-cahier; *fg. fm.* plagiaire.

**Abschmutzen,** v. a. salir; —, v. n. (b.) lâcher les couleurs; (*impr.*) maculer.

**Abschnallen,** v. a. déboucler.

**Abschnappen,** v. a. lâcher, détendre une serrure; —, v. n. (f.) se débander; se détendre, sauter.

**Abschneiden,** v. a. 5†, couper, séparer; retrancher; ôter; bem Feind bie Lebensmittel —, couper les vivres à l'ennemi; einem bie Ehre —, flétrir, blesser l'honneur de qn.; —, s. n. 1, coupe, f.

**Abschnellen,** v. a. faire sauter avec force; décocher une flèche; —, v. n. (f.) sauter avec force.

**Abschnitt,** m. 2, coupure, f. tran-

che; coupon, *m.*; (*géom.*) segment de cercle; exergue *d'une médaille*; article, paragraphe; section *d'un livre*, etc., *f.*; césure *d'un vers*; (*cout.*) patron, *m.*

**Abschnitzel,** *n.* 1, copeau, *m.* rognure, *f.*; (*rel.*) parure, onglet, *m.*; (*még.*) oreillons, *pl.*

**Abschnüren,** *v. a.* délacer, détacher, délier; (*art.*) aligner, cingler, tringler; —, *s. n.* 1, alignement *d'une allée, m.*

**Abschöpfen,** *v. a.* puiser, ôter en puisant; écumer; das Fett von etw. —, dégraisser qch.

**Abschoß,** *m.* 2, *v.* Abzugsgeld.

**Abschrauben,** *v. a.* démonter, desserrer *la vis.*

**Abschrecken,** *v. a.* décourager, rebuter, intimider qn., faire peur à qn.

**Abschreiben,** *v. a.* 5, copier, transcrire; sauber —, grossoyer; —, user *une plume*; déduire *une somme*; (*comm.*, *etc.*) porter en crédit; décharger; —, *s. n.* 1, copie, *f.* transcription.   [ditionnaire.

**Abschreiber,** *m.* 1, copiste, expédi **Abschreiberei,** *f.*, *m. p.* métier de copiste, *m.* misérable copie, *f.*

**Abschreien,** *v. a.* 5, crier, annoncer les heures; sich den Hals —, s'égosiller à force de crier.

**Abschreiten,** *v. a.* 5†, mesurer à pas comptés; —, *v. n.* (f.) s'éloigner; *fg.* id., s'écarter.

**Abschrift,** *f.* copie, expédition; zweite —, duplicata, *m.*; vollkommen ähnliche —, copie figurée, *f.*

**Abschriftlich,** *adj. et adv.* par copie.   [couper.

**Abschroten,** *v. a.* ébarber, rogner;

**Abschuppen,** *v. a.* écailler.

**Abschürfen,** *v. a.* ratisser, racler.

**Abschuß,** *m.* 2*, chute *des eaux,* *f.* pente; rampe; déclin, *m.*

**Abschüssig,** *adj.* penchant, rampant, déclive; escarpé; —, *adv.* en pente; auf beiden Seiten —, en dos d'âne.

**Abschüssigkeit,** *f.* déclivité.

**Abschütteln,** *v. a.* secouer, faire tomber en secouant.

**Abschütten,** *v. a.* épancher, verser; vider en partie; désemplir; *v.* Abgießen.

**Abschützen,** *v. a.* (*hydr.*) arrêter par une vanne; vantiller *l'eau.*

**Abschwärzen,** *v. a.* bien noircir; —, *v. n.* (f.) noircir, se déteindre.

**Abschwatzen,** *v. a.* tirer, obtenir qch. de qn. par de belles paroles, escroquer.

**Abschweifen,** *v. n.* (f.) s'écarter de son sujet; faire des digressions; —, *v. a.* décruser *les cocons*; (*men.*) échancrer; aiguayer *le linge.*

**Abschweifung,** *f.* digression.

**Abschwemmen,** *v. a.* dégorger, laver, baigner, aiguayer, guéer *un cheval*; flotter *du bois*; emporter *la terre fertile.*

**Abschwinden,** *v. n.* 3 (f.) maigrir de jour en jour.

**Abschwören,** *v. a.* 6, abjurer, renier; se purger *d'un vol*, etc., par serment.

**Abschwörung,** *f.* abjuration.

**Abscisse,** *f.* (*géom.*) abscisse.

**Absegeln,** *v. n.* (f.) partir, mettre à la voile, faire voile; —, *s. n.* 1, partance, *f.* départ, *m.*

**Absehen,** *v. a.* 1, détourner les yeux de qch.; davon absehen, cela à part; abstraction faite de cela; seinen Vortheil —, veiller à ses intérêts; die Gelegenheit —, épier, saisir l'occasion; von jemand etw. —, apprendre qch. à le voir faire à qn.; —, voir, concevoir; juger, pénétrer; auf etw. abgesehen seyn, aboutir à qch.; avoir pour but; —, *s. n.* 1, but, *m.*; vue, *f.*; intention; (*math.*) pinnule, dioptres, *m. pl.*; (*arq.*) visière, *f.* mire.

**Abseihen,** *v. a.* filtrer, couler *une liqueur*; clarifier.   [côté.

**Abseits,** *adv.* à l'écart, à part, de

*****Absenden,** *v. a.* envoyer, expédier, dépêcher, député, déléguer.

**Absendung,** *f.* envoi, *m.* expédition, *f.*; députation.

**Absengen,** *v. a.* brûler, flamber.

**Absenken,** *v. a.* provigner, marcotter.   [provin, *m.*

**Absenker,** *m.* 1, marcotte, *f.*

**Absetzbar,** *adj.* amovible, destituable.

**Absetzen,** *v. a.* déposer; mettre à bas, mettre à terre; discontinuer, s'arrêter; redresser *une arme à feu*; einen Beamten —, déposer, destituer, casser un employé; schimpflich —, dégrader; eine Waare —, débiter une marchandise; eine Münze —, rabaisser une monnaie; im Schreiben —, écrire à la ligne; im Reden —, prendre haleine; es wird Schläge —, il y aura des coups de donnés; es wird einen großen Lärm —, cette affaire fera bien du bruit; der Gang setzt ab, le filon change de direction; —, (Kälber, Lämmer) sevrer *des veaux, des agneaux.*

**Absetzung,** *f.* déposition, destitution, cassation; einstweilige —, suspension; schimpfliche —, dégradation.

**Absicht,** *f.* but, *m.*; dessein, projet, intention, *f.* vue; in — meiner, à mon égard.   [à dessein.

**Absichtlich,** *adj.* prémédité; —, *adv.*

**Absichtlos,** *adj. et adv.* sans dessein.

**Absieden,** *v. a.* 6†, faire bouillir, cuire; (*pharm.*) faire une décoction de qch.; décruser *la soie*; —, *s. n.* 1, *voy.* Absud.

**Absingen,** *v. a.* 3, chanter; sich —, s'épuiser, s'égosiller à force de chanter.

*****Absitzen,** *v. n.* (f.) descendre de cheval, mettre pied à terre.

**Absolden,** *v. a.* salarier et congédier qn.   [solument.

**Absolut,** *adj.* absolu; —, *adv.* absolument.

**Absolution,** *f.* (*égl.*) absolution; feierliche —, absoute.

**Absolviren,** *v. a.* absoudre; *voy.* Beendigen.

**Absonderbar,** *adj.* séparable.

**Absonderlich,** *adj.* particulier; —, *adv.* -èrement.

**Absondern,** *v. a.* séparer, détacher; (*phys.*, etc.) isoler; (*philos.*) abstraire, individualiser; sich von andern —, faire bande à part; abgesondert, (*philos.*) abstrait; *adv.* abstractivement.

**Absonderung,** *f.* séparation; écartement, *m.*; (*phys.*) isolement; isolation, *f.*; (*méd.*) sécrétion; (*philos.*) abstraction, individualisation.

**Abspannen,** *v. a.* détendre, relâcher, débander; eine Feder —, détendre un ressort; eine Saite —, lâcher une corde; Pferde —, dételer les chevaux; —, *fg.* relâcher *l'esprit*; débaucher, détacher *un domestique*, etc.

**Abspänstig,** *adj.* aliéné; einem werden, quitter le parti de qn.; — machen, débaucher *un domestique.*

**Abspeisen,** *v. n.* (b.) finir le repas; —, *v. a. fg.* einen mit leeren Worten —, repaître qn. de belles paroles; ich lasse mich nicht mit Worten —, je ne me paye pas de chansons.

**Abspiegeln,** *v. a.* réfléchir, représenter; sich —, se peindre, etc.

**Abspielen,** *v. a.*, (*bill.*) von der Bande —, décoller.   [nouille.

**Abspinnen,** *v. a.* 2, achever la que-

**Abspitzen,** *v. a.* épointer, étêter, émousser.   [éclats.

**Absplittern,** *v. n.* (f.) voler en

**Absprechen,** *v. a.* 2, priver, déposséder, débouter qn. de qch.; refuser; dénier, contester *un droit*, etc.; einem das Leben —, condamner qn. à mort; abandonner *un malade*; —, *v. n.* prononcer sur, décider de qch.; über etw. —, trancher sur qch.

**Absprechend, Absprecherisch,** *adj.* tranchant, décisif.   [force.

**Absprengen,** *v. a.* faire sauter avec

**Abspringen,** *v. n.* 3 (f.) sauter; se détacher, se rompre en sautant; rebondir; *fg.* sauter; changer;

quitter brusquement *un parti* ou *un sujet;* se dédire, se rétracter.

Abſpritzen, *v. n.* (ſ.) rejaillir.

Abſprößling, *m.* 2, rejeton.

Abſprung, *m.* 2\*, saut, écart; *fg.* changement subit d'avis, écart; digression brusque, *f.* différence, disparate. [1, dévidage, *m.*

Abſpulen, *v. a.* dévider; —, *s. n.*

Abſpülen, *v. a.* laver, nettoyer, dégorger; ein Glas —, rincer un verre; eine Schüſſel —, écurer un plat; Seide —, décruser de la soie; —, *s. n.* 1, lavage, *m.* dégorgement, décrusement.

Abſtammen, *v. n.* (ſ.) descendre, tirer son origine, être issu; (*gram.*) dériver; —b, issu, dérivé.

Abſtammung, *f.* origine; (*gram.*) dérivation, étymologie.

Abſtampfen, *v. a.* ôter avec un pilon; user en pilant.

Abſtand, *m.* 2\*, éloignement; intervalle, distance, *f.*; (*fig.*) différence, contraste, *m.*; (*jur.*) désistement; cession, *f.*

Abſtändig, *adj.* mort, sec (*bois*).

Abſtatten, *v. a.* acquitter, rendre; Dank —, faire des remercîments; einen Beſuch —, faire une visite; ſeinen Glückwunſch —, faire son compliment, féliciter.　[seter.

Abſtäuben, *v. a.* époudrer, épous-

Abſtechen, *v. a.* 2, vom Pferde —, désarçonner qn. d'un coup de lance; den Ring —, emporter la bague; ein Thier —, tuer, égorger un animal; bas Waſſer —, détourner l'eau; einen Teich —, saigner un étang; ein Lager —, tracer un camp; eine Patrone —, pointer un patron || (*cart.*) surcouper; soutirer *du vin;* ſteil —, escarper *un* foſſé; —, *v. n.* (b.) (*peint.*) contraster, trancher; grell —, jurer; —, *fg.* contraster, différer.

Abſtecher, *m.* 1, excursion, *f.*

Abſtecken, *v. a.* détacher; jalonner, tracer *un camp;* prendre l'alignement *d'une rue;* —, *s. n.* 1, alignement *d'une rue, m.*

Abſteckpfahl, *m.* 2\*, jalon, piquet.

Abſteckſchnur, *f.* cordeau, *m.*

\*Abſtehen, *v. n.* (ſ. et h.) être distant, éloigné de..; se désister; se départir de qch.; von einem Vorhaben —, renoncer à un projet; (*des poissons*) mourir, pâmer; (*des arbres*) sécher; (*du vin, etc.*) tourner, se gâter; von etw. —, céder, abandonner; —, *s. n.* 1, éloignement, *m.*　[escrocquer.

Abſtehlen, *v. a.* dérober, voler,

Abſteigen, *v. n.* 5 (ſ.) descendre, mettre pied à terre; —, *s. n.* 1, descente. [*m.*

Abſteigquartier, *n.* 2, pied-à-terre,

---

Abſtellen, *v. a.* déposer, mettre bas; décharger; éloigner de; *fg.* abolir; einen Mißbrauch —, faire cesser un abus.

Abſtellung, *f.* abolition.

Abſtemius (*pl.* —er), *m.* (*égl. et fg.*) abstème.

Abſteppen, *v. a.* piquer.

Abſterben, *v. n.* 2 (ſ.) mourir (aussi *fg.*), décéder; finir, s'éteindre; das abgeſtorbene Ende an einem Zweig, (*jard.*) argot, *m.*; —, *s. n.* 1, mort, *f.* décès, *m.* extinction, *f.*; (*méd.*) mortification.

Abſtich, *m.* 2, contraste; différence, *f.*; (*cout.*) copie pointée.

Abſtimmen, *v. n.* (b.) voter; (*mus.*) discorder; —, *v. a.* (*mus.*) baisser *un clavecin, etc.* (um, de).

Abſtimmung, *f.* vote, *m.* opinion, *f.*; (*mus.*) discordance.

Abſtoßen, *v. a.* 4, abattre; emporter en poussant; rompre, pousser, jeter en bas; *fg.* rebuter, repousser; einem bas Herz —, donner la mort à qn.; — (*charp., etc.*) dégrossir, ébarber, chanfreiner; recevoir *une* dette; (*mus.*) couper *une note;* pointer; —, *v. n.* (b.) partir, s'éloigner du rivage; ſich —, s'user.

Abſtoßend, *adj.* (*phys.*) répulsif, *fg.* repoussant.

Abſtoßung, *f.* (*phys.*) répulsion.

Abſtoßungskraft, *f.*, (*phys.*) vertu répulsive.　[abstractivement.

Abſtract, *adj.* abstrait; —, *adv.*

Abſtrafen, *v. a.* punir, châtier.

Abſtrafung, *f.* punition, châtiment, *m.*

Abſtrahiren, *v. a.* (b.), von etw. —, faire abstraction de qch.

Abſtreben, *v. n.* (b.) tendre à s'éloigner du centre.　[fuge.

Abſtrebend, *adj.* (*phys.*) centri-

Abſtreichen, *v. a.* 5†, emporter, racler; fouetter *un enfant;* —, *v. n.* (ſ.) dénicher; *fg. fm.* s'esquiver.

Abſtreifen, *v. a.* ôter *une enveloppe,* dépouiller; einen Aſt —, effeuiller un rameau; einen Haſen —, écorcher, dépouiller un lièvre; tint Feder —, ébarber une plume; —, *v. n.* (ſ.) s'éloigner, se détourner.

Abſtreiten, *v. a.* 5†, disputer, contester; enlever par chicane.

Abſtricken, *v. a.* vider, achever *en* tricotant.

Abſtriegeln, *v. a.* étriller.

Abſtrömen, *v. a.* faire flotter; vom Ufer —, ronger ses bords (*fleuve*); —, *v. n.* (ſ.) couler, s'écouler rapidement.

Abſtufen, *v. a.* (*min.*) détacher par morceaux; tailler en degrés; (*peint.*) nuancer, dégrader; *fg.* nuancer.

---

Abſtufung, *f.* (*peint.*) gradation; nuance, dégradation *des couleurs, etc.;* (*min.*) degré, *m.* gradin; (*mus.*) degré; *fg.* gradation, *f.*

Abſtülpen, *v. a.* (*chap.*) détrousser.

Abſtumpfen, *v. a.* émousser *la* pointe; einem Hunde, einem Pferde den Schwanz —, écourter un chien, courtauder un cheval; —, *fg.* émousser, blaser, hébéter l'esprit; abgeſtumpft, (*math.*) tronqué. [*f.*

Abſturz, *m.* 2\*, précipice; chute, *f.*

Abſtürzen, *v. a.* précipiter; eine Schüſſel —, den Deckel von einer Schüſſel —, découvrir un plat, ôter le couvercle d'un plat; —, *v. n.* (ſ.) tomber; ſich den Hals —, se casser le cou.

Abſtutzen, *v. a.* einen Hund —, écourter un chien; einen Baum —, étêter un arbre.

Abſud, *m.* 2\*, ébullition, *f.*; (*pharm.*) décoction, décoctum, *f.*

Abſurd, *adj.* absurde. [*m.*

Abſurdität, *f.* absurdité.

Abſüßen, *v. a.* (*méd.*) sucrer, dulcifier; (*chim.*) édulcorer; —, *s. n.* 1, édulcoration, *f.* dulcification.

Abt, *m.* 2\*, abbé.

Abtafeln, *v. a.* (*mar.*) dégréer; désappareiller; —, *s. n.* 1, dégréement. [*ment.

Abtei, *f.* abbaye.

Abteilich, *adj.* abbatial.

Abteufen, *v. a.* (*min.*) creuser.

Abtheilen, *v. a.* diviser, partager; séparer; classer.

Abtheilung, *f.* division, section, disposition, distribution, classification; département, *m.*; partage.

\*Abthun, *v. a.* ôter, quitter, lever *une* difficulté; finir, solder *un* compte; einen Verbrecher —, exécuter un criminel; ein Thier —, tuer un animal; eine Streitigkeit —, terminer un différend.

Abtödten, *v. a.* mortifier.

Abtödtung, *f.* mortification.

Abtraben, *v. n.* (ſ.) partir, s'en aller au trot.

Abtrag, *m.* 2\*, payement, *m.*; tienem —thun, porter préjudice à qn.

Abtragen, *v. a.* 7, ôter, enlever; einen Hügel —, aplanir une colline; ein Haus —, abattre, démolir une maison; Speiſen —, desservir; ein Kleid —, user un habit; tint Schuld —, payer une dette; ſich —, (d'un habit) s'user, *fm.* s'examiner.

Abtreiben, *v. a.* 5, repousser; chasser; ein Thier —, harasser, efflanquer une bête; —, (*mét.*) affiner, faire passer par la coupelle; ein Schaf —, se faire avorter; abgetrieben, tortrait (*cheval*). [ecbolique.

Abtreibend, *adj.* (*méd.*) abortif.

Abtrennen, *v. a.* (*cout.*) découdre; séparer.

Abtrennung, *f.* décousure; séparation.

Abtreten, *v. a.* 1, casser qch. en marchant dessus; die Schuhe —, user les souliers; —, tracer, marquer avec les pieds || céder, abandonner, faire abandon de; —, *v. n.* (f.) sortir, se retirer; bei einem —, descendre chez qn. [abandon, *m.*

Abtretung, *f.* cession, résignation.

Abtriefen, *v. n.* 6† (f.) dégoutter.

Abtrinfen, *v. a.* 3, boire le dessus; *fg.* eine Schuld bei einem —, se payer d'une dette en buvant aux dépens du débiteur.

Abtritt, *m.* 2, retraite, *f.* cession; einem — nehmen, se retirer; —, (*arch.*) commodités, *f. pl.* aisances, cabinet d'aisance, *m.*; auf den — geben, aller aux lieux, à ses nécessités.

Abtrittfeger, *m.* 1, maître des basses œuvres, vidangeur, gadouard.

Abtrittgrube, *f.* fosse d'aisance.

Abtrittfoth, *m.* 2, gadoue, *f.*

Abtrocknen, *v. a.* essuyer, sécher; —, *v. n.* (h.) sécher, se dessécher; —, *s. n.* 1, dessèchement, *m.*

Abtropfband, *f.*°, =brett, *n.* 5, égouttoir, *m.*

Abtropfen, *v. n.* (f.) distiller, dégoutter, tomber goutte à goutte.

Abtrotzen, *v. a.* obtenir qch. de qn. par des insolences, extorquer.

Abtrumpfen, *v. a.* surcouper; *fg.* riposter, répliquer; *fm.* donner à qn. son paquet.

Abtrünnig, *adj.* révolté, rebelle; von einem—werden, se révolter contre qn., abandonner qn.; — machen, débaucher; —, (*théol.*) apostat; — werden, apostasier; zweimal — geworden, (*jur.*) laps et relaps.

Abtrünnige, *m.* 3, rebelle, révolté; déserteur; (*théol.*) apostat.

Abtrünnigkeit, *f.* révolte, rébellion, désertion; (*théol.*) apostasie.

Aburtheilen, *v. a.*, einem ein Gut —, déposséder qn. d'un bien par arrêt; —, *v. n.* (h.) juger définitivement; juger avec peu de réserve.

Abverdienen, *v. a.* gagner par son travail; eine Schuld —, acquitter une dette par son travail.

Abvieren, *v. a.* équarrir, carrer.

Abvierung, *f.* équarrissement, *m.*; Lohn für die —, équarrissage.

Abvisiren, *v. a.* estimer *la hauteur d'un arbre, la capacité d'un vase, etc.*

Abwägen, *v. a.* 6, peser; mit der Bleiwage —, niveler; auf der Goldwage —, biqueter; —, *fg.* peser; *m. p.* compasser *une phrase*; —, *s. n.* 1, pesée, *f.*; — mit der Bleiwage, nivellement, *m.*

Abwälzen, *v. a.* rouler en bas; dé-

---

tourner; etw. von sich —, se débarrasser de qch.; die Schuld von sich —, se disculper.

Abwandeln, *v. a.* (*gramm.*) conjuguer.

Abwandlung, *f* conjugaison.

Abwarten, *v. a.* attendre; den Schweiß —, attendre que la sueur vienne, soit passée; —, *v. n.* soigner; seinen Geschäften —, vaquer à ses affaires; einem Kranken —, soigner un malade; avoir soin de qn.

Abwärts, *adv.* en bas; en descendant; (*nav.*) aval, à vau-l'eau.

Abwartung, *f.* attente; soin, *m.*

Abwaschen, *v. a.* 7, laver, nettoyer.

Abwaschung, *f.* lavage, *m.*; (*chim.*) lotion, *f.*; (*cath., etc.*) ablution.

Abwechseln, *v. a. et n.* (h.) changer, varier, diversifier; mit einander —, alterner, se relever; (*guerr.*) rouler ensemble; se suivre alternativement, se succéder.

Abwechselnd, *adj.* alternatif; changeant; (*méd.*) intermittent; (*pros.*) croisé, alterné (*rime*); (*bot.*) älterne; —, *adv.* alternativement.

Abwechslung, *f.* changement, *m.* vicissitude *de la fortune, f.*; (*mus., etc.*) variété; alternation (*dans un emploi*); (*au plur.*) mouvements *du terrain, m. pl.*

Abweg, *m.* 2, détour, écart, traverse, *f.*

Abwegs, *adv.* à l'écart. [vers.

Abwehen, *v. a.* (*du vent*) souffler, faire tomber.

Abwehren, *v. a.* empêcher qch.; einem von etw. —, détourner qn. de qch.; etw. —, se défendre de qch.; résister à qch.; repousser; einen Stoß —, parer un coup; die Kälte —, garantir du froid; ein Unglück —, détourner un malheur; er läßt sich nicht —, il n'écoute point.

Abweichen, *v. n.* 5 † (f.) se détourner, s'écarter, s'éloigner; (*astr., etc.*) décliner; (*mar.*) dériver; (*escr.*) dégager *son fer.*

Abweichend, *adj.* différent, divergent; (*gramm.*) anomal, irrégulier, hétéroclite.

Abweichung, *f.* éloignement, divergence, *f.* différence; (*astr., etc.*) aberration, déclinaison; (*mar.*) dérive; déviation; (*gram.*) anomalie; (*escr.*) dégagement, *m.*

Abweiden, *v. a.* paitre, brouter.

Abweifen, *v. a.* dévider *du fil.*

Abweisen, *v. a.* 5, renvoyer, rebuter, éconduire; Befehl geben einen abzuweisen, consigner qn. à la porte; einen mit seiner Klage —, (*jur.*) rejeter qn. hors de cour, débouter qn. de sa demande.

Abweisung, *f.* refus, *m.* renvoi.

°Abwenden, *v. a.* détourner; dissuader; sich —, se détourner.

---

Abwendig, *adj.*, — machen, détourner, aliéner, éloigner.

Abwendung, *f.* éloignement, *m.*; dissuasion, *f.*; parade *d'un coup.*

Abwerfen, *v. a.* 2, faire tomber, jeter en bas; rapporter; das Joch —, secouer le joug; sich mit jemand —, se brouiller avec qn.

Abwesend, *adj.* absent; —t, *m.* 3, absent.

Abwesenheit, *f.* absence; — vom Wohnorte, (*jur.*) non-résidence.

Abwetzen, *v. a.* enlever en aiguisant; émousser.

Abwickeln, *v. a.* dévider, dérouler.

Abwinden, *v. a.* 3, dévider; descendre par le moyen d'une poulie; —, *s. n.* 1, dévidage, *m.*; descente au moyen d'une poulie, *f.*

Abwischen, *v. a.* enlever, essuyer, frotter, nettoyer; effacer; *fg.* einen Schimpf —, réparer un affront.

Abwischlumpen, *m.* 1, torchon.

Abwürgen, *v. a.* égorger, tuer.

Abyssinien, *n.* 1, (*géogr.*) Abyssinie, *f.*

Abzahlen, *v. a.* payer, acquitter; etw. an einer Schuld —, payer un à-compte.

Abzählen, *v. a.* compter; das läßt sich an den Fingern —, *fg.* cela se touche au doigt. [quit.

Abzahlung, *f.* payement, *m.* acquit.

Abzählung, *f.* dénombrement, *m.* compte. [qn. en querellant.

Abzanken, *v. a.* obtenir qch. de

Abzapfen, *v. a.* tirer *du vin, etc., du sang*; ein Faß —, vider un tonneau; —, débonder, vider; einen Teich —, saigner un étang; einem Wasser — (*méd.*) faire la ponction à qn.

Abzapfung, *f.* saignée; (*méd.*) ponction; — des Harns, cathétérisme, *m.*

Abzäumen, *v. a.* débrider. [haie.

Abzäunen, *v. a.* séparer par une

Abzehren, *v. a.* exténuer; amaigrir; sich —, se consumer; abgezehrt, exténué, maigri, décharné.

Abzehrung, *f.* amaigrissement, *m.*; consomption, *f.*

Abzeichen, *n.* 1, marque, *f.* signe particulier, *m.*

Abzeichnen, *v. a.* dessiner, copier; unsauber — bavocher; nach etw. —, calquer sur qch.; — tracer *le plan d'une forteresse.*

Abzeichnung, *f.* dessin, *m.* plan, copie, *f.*; délinéation.

Abziehen, *v. a.* 6, ôter, tirer; détourner; enlever *la peau*; die Saiten von einer Geige —, démonter un violon; Wein —, soutirer du vin; —, (*chim.*) soustraire, déduire; (*arithm.*) défalquer; (*comm.*) escompter; (*fin.*) imputer; (*phi-

*los.*) abstraire; ein Meſſer —, repasser un couteau; ein Scheermeſſer
—, affiler un rasoir; einen Bogen
—, imprimer, tirer une feuille;
*fg.* einem die Larve —, démasquer
qn.; die Hand von einem —, abandonner qn., retirer sa protection à
qn.; der abgezogene Begriff, l'abstraction, *f.*; abgezogene Begriffe
ausdrücken, abstractif; —, *v. n.* (f.)
quitter, s'en aller, partir; (*guerr.*)
défiler; descendre *la garde*; ſein
—, manquer son coup.

**Abziehung,** *f.* (*arithm., etc.*) déduction, soustraction; (*fin.*) imputation; (*comm.*) escompte, *m.*;
(*chim.*) distillation, *f.*; (*philos.*)
abstraction.　　　　[à qch.

**Abzielen,** *v. n.* (h.) viser, tendre

**Abzirkeln,** *v. a.* compasser, mesurer avec le compas; *fg.* compasser;
—, *s. n.* 1, compassement, *m.*

**Abzug,** *m.* 2*, départ; sortie, *f.*
retraite; den — nehmen, se retirer;
—, (*arithm., etc.*) rabais, *m.* déduction, *f.* soustraction; retenue
*aux appointements*; (*comm.*) escompte, *m.*; (*grav., etc.*) tirage;
— (unter der Erde), cloaque, *m.* et
*f.*　　　　　　　　　　[*m.*

**Abzugsgeld,** *n.* 5, droit de retraite.
**Abzugsgraben,** *m.* 1*, fossé de décharge, cloaque, égout; (*fortif.*)
cunette, *f.* cuvette.

**Abzugsloch,** *n.* 5*, (*arch.*) chantepleure, *f.* barbacane.　[d'adieu, *m.*
**Abzugspredigt,** =rede, *f.* discours
**Abzupfen,** *v. a.* tirer, effiler.
**Abzwacken,** *v. a.* ôter en pinçant,
*fg. fm.* emporter par ruse, escroquer; rogner.

**Abzwecken,** *v. n.* (h.) avoir pour
but, viser, tendre à qch.

**Abzwingen,** *v. a.* 3, obtenir par
la force, extorquer.　　　[acacia.
**Acacie,** *f.* =nbaum, *m.* 2*, (*bot.*)
**Accent,** *m.* 2, accent.
**Accentuiren,** *v. a.* accentuer.
**Accidentien,** *n.* 3, *pl.* émoluments,
*m. pl.* casuel, *m.* tour du bâton;
(*impr.*) bilboquets, ouvrages de vil-
**Accise,** *f.* accise, impôt, *m.*　[le.
**Accurat,** *adj.* précis, juste, exact;
—, *adv.* exactement.　　[satif.
**Accusativ,** *m.* 2, (*gramm.*) accu-
**Ach,** *interj.* ah! hélas!
**Achat,** *m.* 2, agate, *f.*
**Achel,** *f.* barbe *des épis*, chene-
votte *du lin.*

**Achill, Achilles,** *n. pr. m.* Achille.
**Achillestraut,** *n.* 5*, achillée, *f.*
**Achse,** *f.* essieu *d'une voiture*,
*m.*; Waaren auf der — verführen,
transporter des marchandises par
voiture; — tige *d'une montre*,
*f.*; cathète *d'une colonne*; (*astr.*)
axe de la terre, *m.*; zur — hinfür-

---

benb, (*phys.*) axipéte; die — flie-
benb, axifuge.

**Achsel,** *f.* épaule, aisselle; auf
beiben —n Waſſer tragen, *prov.* nager entre deux eaux.

**Achselband,** *n.* 5*, épaulette, *f.*
**Achselbein,** *n.* 2, (*anat.*) clavicule,
*f.* humérus, *m.*　　　　[axillaire.
**Achselnerv,** *m. exc.* 1, (*anat.*) nerf
**Achselschnur,** *f.*, aiguillette.
**Achselſtück,** *n.* 2, (*cout.*) épaulette,
*f.*　　　　　[faux, girouette, *f.*
**Achselträger,** *m.* 1, *fm.* homme
**Achseltuch,** *n.* 5*, (*cath.*) amict,
*m.*　　　　　　[d'épaules, *m.*
**Achselzucken,** *n.* 1, haussement
**Achsenblech,** *n.* 2, happe, *f.*
**Achsendrehung,** *f.* rotation.
**Achsennagel,** *m.* 1*, esse, *f.*
**Achsenring,** *m.* 2, frette, *f.*
**Acht,** *adj. indécl.* huit; in — Ta-
gen, dans la huitaine; — mal neh-
men, octupler; Acht —, huit, *m.*
**Acht, Achtserklärung,** *f.* ban, *m.*
bannissement, proscription, *f.*
**Acht, Achtung,** *f.* attention; soin,
*m.*; — geben, prendre garde; —
haben, avoir l'œil (auf, à); aus der
— laſſen, négliger.　　　[rable.
**Achtbar,** *adj.* estimable, hono-
**Achtecht,** *n.* 2, (*géom.*) octogone, *m.*
**Achtedig,** *adj.* (*géom.*) octogone.
**Achtel,** *n.* 1, huitiéme, *m.*
**Achtelkreis,** *m.* 2, (*géom.*) octant.
**Achtelschein,** *m.* 2, (*astr.*) aspect
octil.　　　　　　　　　　　[*m.*
**Achtelweite,** *f.* (*géom.*) octant,
**Achten,** *v. a.* faire attention, avoir
égard (auf, à); auf eine Bitte —,
écouter une prière; —, estimer,
honorer, respecter; considérer;
faire cas de qch.; für gut —, trou-
ver bon; gering —, faire peu de
cas de; für eine Ehre —, tenir à
honneur; für nichts —, mépriser,
ne faire aucun cas.
**Achtens,** *adv.* huitièmement.
**Achterlei,** *adj. indécl.* de huit espèces, manières, etc.
**Achtfach,** *adj.* octuple; —, *adv.*
huit fois; — vermehren, octupler.
**Achtlos,** *adj.* indifférent; négligent.　　[gligence; v. Nachläſſigkeit.
**Achtlosigkeit,** *f.* indifférence; né-
**Achtpfünder,** *m.* 1, (*artill.*) pièce
de huit, *f.*
**Achtsaitig,** *adj.* à huit cordes.
**Achtsam,** *adj.* soigneux; attentif;
v. Aufmerkſam.　　[*f.*; exactitude.
**Achtsamkeit,** *f.* soin, *m.*; attention.
**Achtseitig,** *adj.* (*géom.*) octogone,
à huit faces.
**Achtspännig,** *adj.* à huit chevaux.
**Achtung,** *f.* attention; auf einen
— geben, surveiller qn. ou faire
attention à qn.; —, égard, *m.*
estime, *f.* considération; aus —

---

für ihn, à sa considération; —,
*interj.* garde à vous! attention!
**Achtungswürbig,** *adj.* estimable.
**Achtzehn,** *adj. indécl.* dix-huit.
**Achtzehnte,** *adj.* dix-huitiéme.
**Achtzig,** *adj. indécl.* quatre-vingts.
**Achtziger,** *m.* 1, octogénaire.
**Achtzigjährig,** *adj.* octogénaire.
**Achtzigſte,** *adj.* quatre-vingtième.
**Achtzigſtel,** *n.* 1, quatre-vingtième
partie, *f.*
**Acker,** *m.* 1*, arpent, champ.
**Ackerbau,** *m.* 2, agriculture, *f.*;
zum — gehörig; agricole, aratoire.
**Ackerbauend,** Ackerbau treibend,
*adj.* agricole.　　　[griculture.
**Ackerbaugeſellſchaft,** *f.* société d'a-
**Ackerbauſchriftſteller,** *m.* 1, auteur
géoponique, rural.
**Ackerbiſtel,** *f.* sarrette.
**Ackerfeld,** *n.* 5, Ackerland *, terre
arable, *f.* labourable, champ, *m.*
**Ackergedichte,** *n. pl.* 2, géorgiques,
*f. pl.*　　　　　[labourage, *m. pl.*
**Ackergeräth,** *n.* 2, ustensiles de
**Ackergeſetz,** *n.* 2, (*ant. rom.*) loi
agraire, *f.*　　　　　[ble, *f.*
**Ackerholber,** =holunder, *m.* 1, hié-
**Ackerkette,** *f.* hérissonnée, cauca-
lide.
**Ackerkohl,** *m.* 2, lampsane, *f.*
**Ackermännchen,** *n.* 1, bergeron-
nette, *f.*; v. Bachſtelze.
**Ackern,** *v. a.* labourer; —, *s. n.* 1,
labour, *m.* labourage.
**Ackersmann,** *m.* 5 (*pl.* =leute), la-
boureur, cultivateur.　　　[*f. pl.*
**Ackervieh,** *n.* 2, bêtes de labour,
**Ackerwerkzeug,** *n.* 2, instrument
aratoire, *m.*　[(*théât.*) acte, *m.*
**Act,** *m. exc.* 1, acte; action, *f.*;
**Acte,** *f.* acte, *m.*; exploit *d'un
huissier*; —n, *m. pl.* actes, piè-
ces *d'un procès*; *f. pl.*
**Actenmäßig,** *adj.* conforme aux
actes, fondé sur les actes, officiel.
**Actenſtück,** *n.* 2, pièce, *f.*
**Actie,** *f.* action. [3, actionnaire.
**Actienhändler,** *n.* 1, Actionniſt, *m.*
**Activ,** *adj.* actif.
**Activſchuld,** *f.* dette active.
**Activſtand,** *m.* 2*, état actif, avoir.
**Activvermögen,** *n.* 1, avoir, *m.*
**Actuar, Actuarius,** *m. exc.* 1,
(*jur.*) greffier.　　　[gio, *m.*
**Actuiren, Actuariren,** *v. a.* greffier.
**Adagio,** *n.* (*indécl.*), (*mus.*) ada-
**Addiren,** *v. a.* additionner; —,
*s. n.* 1, addition, *f.*
**Ade,** *interj.* adieu!
**Adel,** *m.* 1 (*pl.* Adeligen), no-
blesse, *f.* nobles, *m. pl.*
**Adelgunde,** *n. pr. f.* Aldegonde.
**Adelheid,** *n. pr. f.* Adelaïde, Adèle.
**Adelig,** *adj.* noble.
**Adeln,** *v. a.* anoblir, ennoblir;
—, *s. n.* 1, anoblissement, *m.* enno-
blissement.

Abelsbrief, m. 2, lettre de noblesse, f. pl.
Abelsbuch, n. 5*, nobiliaire, m.
Abelstand, m. 2*, noblesse, f.; in ben — erheben, anoblir.
Adept, m. 3, adepte.
Aber, f. veine, artère; (minér.) filon, m. rameau; madrure du bois, f.; goldene —, (méd.) hémorroïdes, pl.
Abergeschwulst, f.*, thrombus, m.
Aberig, adj. veineux, filardeux.
Aberkreuf, m. 2*, varice, f.
Aberlaß, m. 2*, saignée, f. [f.
Aberlaßbäuschchen, n. 1, compresse,
Aberlaßbecken, n. 1, palette, f.
Aberlaßbinde, f. bande, ligature.
Aberlaßeisen, n. 1, lancette, f.
Aberlaßkunst, f.*, phlébotomie.
Aberlaßschnäpper, m. 1, flamme, f. flammette. [cettes, m.
Aberlaßzeug, n. 2, étui de lan-
Aberlassen, v. a. 4, saigner; —, v. n. (h.) se faire saigner.
Abern, v. a. veiner.
Aberpresse, f. (chir.) tourniquet, m. [Pulsschlag.
Aberschlag, m. 2*, pouls; voy.
Adjunkt, m. exc. 1, adjoint; substitut. [adjudant.
Adjutant, m. 3, aide-de-camp,
Adler, m. 1, aigle, m. et f.; römische —, aigle romaine; königliche —, aigle royal; ein junger —, un aiglon. [seau.)
Adlereule, f. grand-duc, m. (oi-
Adlerhorst, m. 2, aire de l'aigle, f. [f.
Ablerkraut, n. 5*, fougère femelle,
Adlernase, f. nez aquilin, m.
Administrator, m. exc. 1, administrateur. [m. —e, f.
Admiral, m. 2, =inn, f. amiral,
Admiralität, Admiralschaft, f. amirauté. [vaisseau amiral.
Admiralschiff, n. 2, amiral, m.
Admiralsflagge, f. pavillon amiral,
Admiralsgaleere, f. amirale. [m.
Adonisch, adj. (pros.) —e Vers, m. vers adonien ou adonique.
Adrian, n. pr. m. Adrien.
Adrianopel, Andrinople (ville).
Adriatisch, adj. adriatique (la
Advent, m. 2, avent. [mer).
Advocat, m. 3, avocat.
Advocatur, f. profession d'avocat, plaidoirie. [tier d'avocat.
Advociren, v. n. (h.) faire le mé-
Aebich, f. (drap.) envers, m. || soufflet donné du revers de la main.
Aebtissinn, f. abbesse.
Aeblich, adj. abbatial.
Aecht, Aechtheit, v. Echt, Echtheit.
Aechten, v. a. proscrire; mettre au ban de l'empire.
Aechtung, f. proscription.
Aechzen, v. n. (h.) gémir, soupirer.

Aedil, m. 2, (ant. rom.) édile; =enamt, n. 5*, édilité, f.
Aeffchen, n. 1, petit singe, m. guenuche, f.
Aeffen, v. a. contrefaire, imiter, singer; mystifier, berner.
Aefferei, f. singerie, tromperie, mystification.
Aeffinn, f., v. Affenweibchen.
Aegäisch, adj. (géogr. anc.) Égée (la mer).
Aegidius, n. pr. m. Gilles, Gille.
Aegypten, n. 1, (géogr.) Égypte, f.
Aegypter, m. 1, ägyptisch, adj. égyptien. [peu, avoir l'air de qch.
Aehneln, v. n. (h.) ressembler un
Aehnlich, adj. ressemblant, semblable; — seyn, ressembler, approcher; —, adv. pareillement, semblablement.
Aehnlichkeit, f. ressemblance; analogie. [glaner.
Aehre, f. épi, m.; —n lesen,
Aehrenlese, f. glanage, m.
Aehrenleser, m. 1, =inn, f. glaneur, m. -se, f.
Aehrenspitze, f. barbe, arête.
Ael, n. 2, aile, f. (bière anglaise.)
Aelpler, m. 2, pâtre des Alpes.
Aelster, voy. Elster.
Aelterlich, adj. paternel, maternel; (héritage) patrimonial.
Aeltermutter, f.*, bisaïeule.
Aeltern, pl. 3, parents; —los, adj. sans parents, orphelin; —morb, m. 2, parricide; —mörder, m. 1, =inn, f. parricide, m. et f.
Aeltervater, m. 1*, bisaïeul.
Aelteste, m. 3, plus âgé, aîné; ancien, doyen, sénieur d'une société.
Aeltlich, adj. un peu vieux.
Aemsig, Aemsigkeit, v. Emsig, ꝛc.
Aenbern, v. a. changer; corriger.
Aenberung, f. changement, m.; correction, f.
Aengstigen, v. a. inquiéter, tourmenter, affliger, causer de la peur à.
Aengstigung, f. tourment, m. affliction, f.
Aengstlich, adj. inquiet, alarmé; craintif, timide, peiné; fig. trop soigneux; —, adv. avec inquiétude.
Aengstlichkeit, f. trouble, m.; inquiétude, f. anxiété, timidité, embarras, m.; soin trop recherché.
Aeolisch, adj. (gramm. gr.) éolien, éolique.
Aeolsharfe, f. harpe éolienne.
Aequator, m. 2, (géogr.) équateur, ligne équinoxiale, f. ligne.
Aerger, comparat f. de arg, adj. pire; adv. pis. [dignation, f.
Aerger, m. 1, chagrin, dépit, in-
Aergerlich, adj. chagrin, chagrinant, fâcheux; scandaleux (procès, etc.); —, adv. d'une manière fâcheuse; d'un ton chagrin.

Aergern, v. a. fâcher, chagriner, irriter, indigner, scandaliser; halb todt —, faire presque mourir de chagrin; sich todt —, mourir de chagrin; sich über sich selbst —, s'en vouloir, se hair.
Aergerniß, n. 2, scandale, m.; chagrin; colère, f.; ꝛc. Aerger, m.
Aergste, adj. pire, pis; am ärgsten, adv. le pis.
Aermel, m. 1, manche, f.
Aermelloch, n. 5*, emmanchure, f.; ein Loch im Aermel, un trou au coude. [chétif, mesquin.
Aermlich, adj. pauvre, misérable,
Aermlichkeit, f. pauvreté, misère, air mesquin, m.
Aermling, m. 2, garde-manche.
Aernte, ꝛc., v. Ernte.
Aerolith, m. 3, (hist. nat.) aérolithe, f.
Aescher, m. 1, (tann.) plamée, f.
Aeschern, v. a. saupoudrer de cendres; (tann.) plamer une peau.
Aeschertuch, n. 5*, charrier, m.
Aescherung, f. lixiviation.
Aespe, voy. Espe.
Aestchen, m. 1, petite branche, f.
Aesthetik, f. théorie des belles-lettres et des beaux-arts, esthé- [tif aux beaux-arts.
Aesthetisch, adj. esthétique, rela-
Aestig, adj. branchu, noueux.
Aestrich, voy. Estrich.
Aether, m. 1, éther.
Aetherisch, adj. éthéré; fg. pur.
Aetna, m. (géogr.) Etna, Mont-Gibel.
Aetzen, v. a. (grav.) graver à l'eau-forte, mordre la planche; ronger par des corrosifs; cautériser; Vögel —, donner la becquée à des oiseaux, les nourrir.
Aetzend, adj. caustique, corrosif.
Aetzkraft, f.*, causticité.
Aetzkasten, m. 1*, (grav.) baquet.
Aetzkunst, f. gravure à l'eau-forte.
Aetzmittel, n. 1, (méd.) cautère, m. caustique.
Aetznabel, f. (grav.) échoppe; mit der — arbeiten, échopper.
Aetzstock, m. 2*, (grav.) pointe, f. burin, m.
Aetzung, f. corrosion, cautérisation || becquée.
Aetzwasser, n. 1, eau-forte, f.
Aeugeln, v. a. greffer, enter; fm. jeter des œillades.
Aeußer, Aeußerlich, adj. extérieur, apparent, de dehors; (géom.) externe (angle); extrinsèque (valeur); adv. extérieurement, en dehors, de dehors; —t, n. 3, extérieur, m.; mine, f. apparence.
Aeußern, v. a. montrer, faire voir; faire paraître, manifester, témoigner; eine Meinung —, émettre

une opinion; ſich —, paraître; se montrer; éclater; se déclarer.

**Aeußerſt**, adj. extrême; dernier; —, adv. extrêmement; au dernier point; aimer éperdument; **Aeußerſte**, n. 3, extrémité, f.; dernier point, m.; bas —e anwenden, faire l'impossible; pop. se mettre en quatre.

**Aeußerung**, f. déclaration, manifestation; propos, m. expression, f.

**Affe**, m. 3, singe; der gepußte —, fagotin; —, fg. singe, babouin.

**Affect**, m. exc. 1, mouvement passionné, passion, f. affection.

**Affectiren**, v. a. affecter: affectirt, affecté, précieux, guindé.

**Affengeſicht**, n. 5, mépr. visage de singe, m. mijaurée, f.

**Affenliebe**, f. fol amour, m.

**Affenmäßig**, adj. tenant du singe; —, adv. en singe.

**Affennaſe**, f. nez camus, m.

**Affenſpiel**, m. 2*, singerie, f.

**Affenweibchen**, n. 1, guenon, f. guenuche.

**Afficiren**, v. a. toucher, affecter.

**Afrika**, (géogr.) Afrique, f.

**Afrikaner**, m. 1, =inn, f. **Afrikaniſch**, adj. africain, -e.

**After**, m. 1, derrière, anus, fondement || retailles, f. pl. rognures; (boul.) recoupes; (bouch.) tripes; (min.) résidu, m.; —, dans la composition, exprime une chose qui vient après une autre, qui est d'un rang ou d'une qualité inférieure, fausse ou de mauvais aloi, etc.

**Afterarzt**, m. 2*, charlatan.

**Afterbürge**, m. 3, arrière-garant.

**Afterbürgſchaft**, f. arrière-caution.

**Afterdarm**, m. 2*, (anat.) rectum, boyau culier.

**Afterdiamant**, m. 3, (joaill.) jargon, diamant de véricie.

**Aftereinſeßung**, f. substitution.

**Aftererbe**, m. 3, héritier substitué. [croyance, f.

**Afterglaube**, m. exc. 2, fausse

**Afterholz**, n. 5*, bois mort, m.

**Afterkegel**, m. 1, (géom.) conoide; —förmig, adj. conoidal. [m.

**Afterkind**, n. 5, enfant posthume,

**Afterkugel**, f. (géom.) sphéroïde, m.; —förmig, adj. sphéroïdal.

**Afterlehen**, n. 1, arrière-fief, m.

**Afterlehnsmann**, m. 5 (pl. -leute), arrière-vassal.

**Aftermoos**, n. 2, (bot.) algue, f.

**Afterpacht**, f. sous-bail, m. sousferme, f.

**Afterpächter**, m. 1, sous-fermier.

**Afterpapſt**, m. 2*, antipape.

**Afterrede**, f. calomnie, médisance.

**Afterreden**, v. n. (h.) médire, calomnier.

**Aga**, m. (indécl., pl. Aga's), (Turq.) aga. [pétes.

**Agapeten**, f. pl. (ant. gr.) aga-

**Agende**, f. (théol.) agenda, m. rituel. [procureur.

**Agent**, m. 3, agent, commis, **Agentenſtelle**, **Agentſchaft**, f. agence.

**Aggregat**, n. 2, agrégat, m.

**Aggregiren**, v. a. agréger.

**Agiren**, v. n. (h.) agir, jouer un rôle. [adj. agnatique.

**Agnat**, m. 3, (jur.) agnat; —iſch,

**Agrariſch**, adj. (ant. rom.) agraire (loi). [jaune; voy. Bernſtein.

**Agtſtein**, m. 2, succin, ambre

**Aguti**, n. (indécl., pl. —'s), (hist. nat.) agouti, m.

**Ah**, interj. ah! [c'est cela?

**Aha**, interj. ah! — ſo iſt es? quoi,

**Ahle**, f. alène. [1, alénier.

**Ahlenſchmied**, m. 2, **Ahlenmacher**,

**Ahn**, **Ahne**, m. 3, **Ahne**, f. aieul, m. -e, f.; **Ahnen**, m. pl. aieux; (généal.) quartiers.

**Ahnden**, v. a. punir, venger; tirer raison d'une injure; voy. Ahnen.

**Ahndung**, f. animadversion; punition, vengeance.

**Ahnen**, v. a. et imp. (h.) pressentir; es ahnet mir, je pressens; es hat mir geahnet, je m'en suis bien douté; voy. Ahnden.

**Ahnenprobe**, f. preuve de noblesse.

**Ahnentafel**, f. table généalogique.

**Ahnfrau**, f. aïeule.

**Ahnherr**, m. 3, aïeul.

**Ahnung**, f. pressentiment, m.

**Ahorn**, m. 2, érable.

**Ai**, n. 2 (pl. —'s), (hist. nat.) aï, m. paresseux.

**Aichen**, ꝛc., voy. Eichen.

**Akademie**, f. académie; université. [académie, f.

**Akademieſtück**, n. 2, (peint., etc.)

**Akademiker**, m. 1, académicien.

**Akademiſch**, adj. académique.

**Akademiſt**, m. 3, académiste.

**Akanth**, m. 2, (bot.) acanthe, f.

**Akanthen**, f. pl. (bot.) acanthacées.

**Akka**, **Akra**, Saint-Jean-d'Acre (ville de Syrie, l'ancienne Ptolémais).

**Akoluth**, m. 3, (cath.) acolyte.

**Akoluthat**, n. 2, (cath.) acolytat, m.

**Akuſtik**, f. acoustique. [m.

**Akuſtiſch**, adj. acoustique.

**Alabaſter**, m. 1, albâtre, f.

**Alabaſtern**, adj. d'albâtre.

**Alant**, m. 2, (bot.) aunée, f.; (hist. nat.) têtard, m. gardon, vi-

**Alantbeere**, v. Aalbeere. [lain.

**Alaun**, m. 2, alun.

**Alaunartig**, **Alaunhaltig**, adj. alumineux, qui contient de l'alun.

**Alaunbad**, n. 5*, eaux alumineuses, f. pl. [tion.

**Alaunbildung**, f. (chim.) aluna-

**Alaunen**, v. a. aluner; —, s. n. 1, (teint.) alunage, m.

**Alaunhütte**, f. alunière. [m.

**Alaunleder**, n. 1, cuir passé en alun,

**Alaunquelle**, f. source alumineuse. [pare l'alun.

**Alaunſieder**, m. 1, celui qui pré-

**Alaunwert**, n. 2, alunière, f.

**Alaunzuder**, m. 1, alun sucré.

**Albanien**, (géogr.) Albanie, f.

**Albaniſch**, m. 1, albaniſch, adj. albanais.

**Albatros**, m. (hist. nat.) albatros.

**Albe**, f. (hist. nat.) able, m. ablette, f. [plier blanc.

**Alber**, f. **Alberbaum**, m. 2*, peu-

**Alberich**, n. pr. m. Aubri.

**Albern**, adj. sot, simple, fat, imbécile, niais, fm. nigaud; das —e Weſen, la fatuité.

**Albernheit**, f. sottise, niaiserie.

**Albigenſer**, m. 1, Albigeois (habitant d'Albi).

**Albinos**, m. indécl. albinos.

**Albrecht**, n. pr. m. Albert.

**Alkaiſch**, **Alkäiſch**, adj. (pros.) al-

**Alchymie**, f. alchimie. [caique.

**Alchymiſt**, m. 3, alchimiste.

**Alchymiſtiſch**, adj. alchimique.

**Aldermann**, m. 5*, alderman, f.

**Aleppo**, Alep (ville). [échevin.

**Aleutiſch**, adj. (géogr.) aléoutien.

**Alexandrien**, Alexandrie (ville).

**Alexandriner**, m. 1, (pros.) vers alexandrin, alexandrin.

**Alfanzerei**, f. niaiserie, sottise.

**Algarbien**, Algarves (province du Portugal), f. pl.

**Algebra**, f. algèbre; — treiben, von der —ſprechen, ꝛc., algébriser.

**Algebraiſch**, adj. algébrique.

**Algebraiſt**, m. 3, algébraiste.

**Algier**, Alger (ville). [—ne, f.

—, Algérie, f. [m. **Algérien**, m. 1, =inn, f.

**Alkali**, n. exc. 1, (chim.) alcali, m. [alcalin.

**Alkaliſch**, **Alkaliniſch**, adj. (chim.)

**Alkaliſiren**, v. a. (chim.) alcaliser.

**Alkaliſirend**, adj. alcalescent.

**Alkaliſirung**, f. alcalisation.

**Alkohol**, m. 2, (chim.) alcool.

**Alkoholartig**, adj. (chim.) alcoolique.

**Alkoholiſiren**, v. a. alcooliser.

**Alkoholiſirung**, f. alcoolisation.

**Alkoran**, m. 2, Alcoran, Coran.

**Alkoven**, m. 1, alcove, f.

**All**, alle, aller, alles, adj. tout, toute; (er iſt) alles in allem, fm. factotum, m.

**All**, n. 2, univers, m. tout.

Allah, m. Allah (*dénomination arabe de Dieu*).

Allbarmherzig, *adj.* souverainement miséricordieux.

Allbekannt, *adj.* notoire, de notoriété publique.

Allbereits, *adv.* déjà. [là.

Allda, Alldort, *adv.* là, en ce lieu-

Alldieweil, *conj. ol.* puisque, parce que; tandis que, pendant que.

Alle, *adj. indécl. ol.* fini, achevé, consumé; der Wein ist —, il n'y a plus de vin.

Allee, *f.* allée. [tation.

Allegat, *n.* 2, allégation, *f.* ci-

Allegorie, *f.* allégorie.

Allegorisch, *adj. et adv.* allégorique; das —e Gemälde, allégorie, *f.*

Allegretto, *adv. et s. n. indécl.* (*mus.*) allégretto, *m. et adv.*

Allegro, *adv. et s. n. indécl. (mus.)* allégro, *m.*

Allein, *adj. indécl.* seul; —, *adv.* séparément; —, *conj.* mais.

Alleingesang, *m.* 1*, solo.

Alleinhandel, *m.* 1*, Alleinverkauf, 2*, monopole.

Alleinhändler, *m.* 1, monopoleur.

Alleinherrscher, *m.* 1, monarque.

Alleinig, *adj.* seul, unique.

Alleinspiel, *n.* 2, solo, *m.*

Allemal, *adv.* toujours, toutes les fois. [besoin.

Allenfalls, *adv.* en tout cas; au

Allenthalben, *adv.* partout, en tous lieux; de tous côtés.

Aller, *dans la composition indique le plus haut degré.*

Allerchristlichst, *adj.* très-chrétien.

Allerdings, *adv.* sans doute.

Allerdurchlauchtigst, *adj.* très-illustre, sérénissime; —er König, sire.

Allererst, *adj.* le tout premier; —, *adv.* avant tout, tout d'abord.

Allergetreust, *adj.* très-fidèle.

Allergnädigst, *adj.* très-gracieux.

Allerhand, *adj. indécl.* divers, de toutes sortes. [(*fête.*)

Allerheiligen, *n. indécl.* Toussaint

Allerheiligste, *n.* 3, saint des saints, *m.* [prême.

Allerhöchst, *adj.* très-haut, su-

Allerhöchste, *m.* 3, Très-haut.

Allerlei, *adj. indécl.* différents, divers; —, *n.* 2, (*cuis.*) — von Fleisch, salmigondis, *m.* macédoine, *f.*; —, *fg.* pot-pourri, *m.*

Allerletzt, *adj.* le dernier de tous.

Allerliebst, *adj.* bien-aimé, charmant, très-joli; —, *adv.* d'une manière charmante.

Allermeisten, *adj. pl.* plupart, *f.*; am —; pour la plupart, le plus souvent.

Allernächst, *adj.* tout proche, le

plus proche; —, *adv.* en dernier lieu; tout près. [ensemble.

Allerseits, *adv.* de tous côtés; tous

Alleruntertänigst, *adj.* très-soumis, très-humble. [tes parts.

Allerwärts, *adv.* partout, de tou-

Allesammt, *adv.* tous ensemble.

Alleweg, Allewege, *adv.* toujours, partout; entièrement.

Alleweile, *adv. fm.* (*prvcl.*) tout à l'heure; ich habe — mit ihm gesprochen, je viens de lui parler.

Allezeit, *adv.* toujours. [lieux.

Allgegenwart, *f.* présence en tous

Allgegenwärtig, *adj.* présent partout. [à petit.

Allgemach, *adv.* peu à peu, petit

Allgemein, *adj.* universel; général; public; commun; (*théol.*) œcuménique (*concile*); —, *adv.* généralement, universellement.

Allgemeinheit, *f.* universalité; généralité; (*théol.*) œcuménicité d'un concile.

Allgenügsam, *adj.* (*théol.*) qui se suffit à lui même. [juste.

Allgerecht, *adj.* souverainement

Allgewalt, *f.* toute-puissance.

Allgewaltig, *adj.* tout-puissant.

Allgüte, *f.* souveraine bonté.

Allgütig, *adj.* infiniment bon.

Allhier, *adv.* ici, en ce lieu.

Allianz, *f.* alliance.

Alliirte, *m.* 3, allié.

Alljährlich, *adj.* annuel.

Allmacht, *f.* toute-puissance, omnipotence.

Allmächtig, *adj.* tout-puissant.

Allmälig, *adj.* successif, insensible; —, *adv.* insensiblement, peu à peu. [communal.

Allmende, *f.* communal, *m.* bien

Allodial, *adj.* allodial; —gut, *n.* 5*, Allod, 2, bien allodial, *m.*

Allseitig, *adj. et adv.* sous tous les rapports, universel.

Alltägig, *adj.* journalier; quotidien (*fièvre*); —, *adv.* journellement.

Alltäglich, *adj.* de tous les jours (*habits, etc.*); *fg.* ordinaire, commun; *m. p.* trivial. [mun, *m.*

Alltäglichkeit, *f.* trivialité; com-

Alltags, *adv.* tous les jours, les jours de la semaine.

Alltagsgesicht, *n.* 5, physionomie commune, *f.* peu intéressante.

Alltagskleid, *n.* 5, habit ordinaire, *m.* [mun, père de tous.

Allvater, *m.* 1, (*poés.*) père com-

Allvermögend, *adj.* tout-puissant.

Allwaltend, *adj.* souverain.

Allweise, *adj.* infiniment sage.

Allweisheit, *f.* suprême sagesse.

Allwissend, *adj.* qui sait tout.

Allwissenheit, *f.* omniscience.

Allwo, *adv.* où; *voy.* Wo.

Allzu, allzuviel, allzusehr, *adv.* trop; —, zierlich, trop cérémonial.

Allzumal, *adv.* tout à la fois, tous ensemble. [lendrier.

Almanach, *m.* 2, almanach, ca-

Almandinstein, *m.* 2, (*minér.*) almandine, *f.* alabandine.

Almosen, *n.* 1, aumône, *f.* charité; — geben, faire la charité (*jur.*) aumôner.

Almosenamt, *n.* 5*, aumônerie, *f.*

Almosenbüchse, *f.* boite des pauvres.

Almosenpfleger, *m.* 1, sinn, *f.* Almosenier, *m.* 2, aumônier, -ére *f.*

Almosensammler, *m.* 1, sinn, *f.* quêteur, *m.* -se, *f.*

Almosensammlung, *f.* quête pour les pauvres, collecte.

Almosenstift, *n.* 5, aumônerie, *f.*

Almosenstock, *m.* 2*, tronc des pauvres.

Aloe, *f.* (*bot.*) aloès, *m.*; die amerikanische —, agave, *m.*

Aloehaltig, *adj.* (*bot.*) aloétique.

Aloysius, *n. pr. m.* Aloïse, Éloi.

Alp, *m.* 2, Alpdrücken, *n.* 1, (*méd.*) cauchemar, *m.*

Alp, *f.* basses montagnes, *f. pl.* pacages, *m.*; zu — fahren, mener paître les bestiaux sur les montagnes; —en, *pl.* (*géogr.*) Alpes, *f.*

Al pari, *voy.* Pari.

Alpenpflanze, *f.* (*bot.*) plante alpine. [a b c.

Alphabet, *n.* 2, alphabet, *m.*

Alphabetisch, *adj.* alphabétique.

Alphorn, *n.* 5*, cornet à bouquin, *m.* [(*bot.*) mandragore.

Alraun, *m.* 2, Alraunwurzel, *f.*

Als, *conj.* quand, lorsque, comme, que; — ein Freund, en ami; — ob, — wenn, — wie, comme, comme si; — daß, pour, pour que; — Nachricht, par forme d'avis; so groß —, aussi grand que.

Alsbald, *adv.* d'abord, aussitôt.

Alsdann, *adv.* alors, pour lors.

Alse, *f.* (*hist. nat.*) alose.

Also, *adv. et conj.* ainsi, donc, par conséquent; de même; tellement.

Alt*, *adj.* vieux; — machen, vieillir; — werden, vieillir; se couronner (*arbres*); — scheinen machen, envieillir; — und schwach werden, se casser; —, âgé; ancien; classique (*auteur*); antique; usé (*outil, etc.*). [haute-contre.

Alt, *m.* 2*, Altstimme, *f.* (*mus.*)

Altan, *m.* 2, balcon, galerie, *f.* plate-forme. [maitre-autel.

Altar, *m.* 2*, autel, *m.*; hohe —,

Altarblatt, *n.* 5*, retable, *m.* tableau de retable.

Altardiener, *m.* 1, servant.

Altarleuchter, *m.* 1, candélabre.

Altarstein, *m.* 2, table d'autel, *f.*

Altartuch, n. 5*, nappe d'autel, f.
Altbacken, adj. du pain rassis.
Altdeutsch, adj. vieux allemand, tentonique; die —e Sprache, la langue des anciens Allemands; die —e Redlichkeit, l'antique probité allemande.
Alte, m. et f. 3, vieillard, m. vieille, f.; der lächerliche —, (théâtre) grime; —n, pl. anciens.
Alteisenhändler, m. 1, marchand de ferraille.
Alter, n. 1, âge, m.; von mittlerm —, entre deux âges; — vieillesse, f. ancienneté; antiquité; vétusté. [vieux.
Altern, v. n. (h.) vieillir, devenir
Alterthum, n. 5*, antiquité, f.|| ancienneté, vétusté.
Alterthümlich, adj. antique; —, adv. d'une manière, d'une façon antique, à l'antique.
Alterthumsforscher, =kenner, m. 1, antiquaire, archéologue.
Alterthumskunde, f. archéologie, connaissance des antiquités.
Alterthumssaal, m. 2*, salle (f.), cabinet (m.) d'antiques, des antiques.
Altfranke, m. 3, Gaulois.
Altfränkisch, adj. à l'antique, gothique.
Altgesell, m. 3, maître garçon.
Altgriechisch, n. 3, grec littéral, m. [tre, f.
Altist, m. 3, (mus.) haute-con-
Altflug*, adj., — thun, faire l'homme posé, l'entendu.
Altmark, f. Vieille-Marche (province de la Prusse).
Altmeister, m. 1, maître juré.
Altmodisch, adj. et adv. à la vieille mode, de vieille mode. [ut, f.
Altschlüssel, m. 1, clef de C-sol.
Altschüler, m. 1, vétéran.
Altstadt, f.*, vieille ville, cité.
Altvater, Aeltervater, m. 1*, bisaïeul.
Altväterisch, adj. du vieux temps, gothique, antique; —, adv. à l'antique.
Altweibermährchen, n. 1, conte bleu, m. [f. pl.
Altweibersommer, m. 1, filandres,
Altweiblich, adj. mou, efféminé.
Alumnus, m. exc. 1, lat. élève, pensionnaire.
Am (an dem), prép. au, sur, auprés, à la; (devant le superl.) le plus. [m.
Amalgama, n. exc. 1, amalgame,
Amalgamiren, v. a. amalgamer.
Amarant, m. exc. 1, (bot.) amaranthe, f.
Amarelle, f. griotte.
Amarellenbaum, m. 2*, griottier.
Amazone, f. amazone.

Ambe, f. ambe.
Amber, m. 1, Ambra, ambre; nach — riechend, ambré; mit — räuchern, ambrer. [dambar.
Amberbaum, m. 2*, (bot.) liqui-
Amboß, m. 2, enclume, f.; — mit zwei Spitzen, bigorne, dim. bigorneau, m.
Amboßstock, m. 2*, billot.
Ambrabirn, f. (jard.) poire d'am-
Ambrosia, f. ambroisie. [brette.
Ambrosianisch, adj. ambrosien (rit.); der —e Lobgesang, Te Deum.
Ambrosisch, adject. d'ambroisie
Ameise, f. fourmi. [(odeur).
Ameisenfresser, m. 1, fourmilier.
Ameisenfuchs, m. 2*, tamanoir.
Ameisenhaufen, m. 1, =fe, m. exc. 2, =nest, n. 5, fourmilière, f.
Ameisenlöwe, m. 3, fourmi-lion.
Amelkorn, n. 5*, espèce d'épeautre, f. [amidon, m.
Amelmehl, n. 2, Amelung, f. 4,
Amen, adv. Amen!
Amerika, (geogr.) Amérique, f.
Amerikaner, m. 1, =inn, f. amerikanisch, adj. américain, -e.
Amethyst, m. 2, (minér.) améthyste, f. [te, asbeste.
Amiant, m. 2, (minér.) amian-
Amman, m. 5*, amman (titre).
Amme, f. nourrice. [(titre).
Ammeister, m. 1, ol. ammeistre
Ammenmährchen, n. 1, conte bleu, m. conte de ma mère l'oie.
Ammer, f. emberise (oiseau); (jard.) griotte.
Ammey, m. ammi (plante).
Ammoniak, m. 2, ammoniaque, f.; =salz, n. 2, sel ammoniac (m.), ammoniacal. [f.
Ammonium, m. 2, ammonium, f.
Ammonshorn, n. 5*, (coquille pétrifiée) corne d'ammon, f.
Amnestie, f. amnistie.
Amnestiren, v. a. amnistier.
Amone, f. sison (plante), m.
Amor, m. 2, Amour, Cupidon.
Amortisationskasse, f. caisse d'amortissement; v. Tilgungskasse.
Ampel, voy. Lampe.
Ampfer, m. 1, oseille, f. surette; der wilde —, parelle.
Amphibium, n. exc. 1, (hist. nat.) amphibie, m. [tre, m.
Amphiktyonen, m. pl. (ant. gr.)
amphictyons. [tre, m.
Amphitheater, m. 1, amphithéâ-
Amphora, f. (ant.) amphore.
Amsel, f. merle, m.
Amt, n. 5*, charge, f. emploi, m. office, ministère; devoir; thun was seines Amtes ist, faire son devoir, remplir ses fonctions; von Amtes wegen, d'office || bailliage. m.; das hohe —, (cath.) grand-messe, f.

Amthaus, n. 5*, Amtei, f. bailliage, m.
Amtlich, adj. officiel.
Amtmann, m. 5*, (pl. aussi =leute), bailli; =männinn, f. baillive.
Amtmannschaft, f. dignité de bailli; bailliage, m.
Amtsbezirk, m. 2, ressort du bailliage. [m.
Amtsblatt, n. 5*, journal officiel,
Amtsbote, m. 3, appariteur.
Amtsbruder, m. 1*, collègue, confrère.
Amtsdiener, m. 1, =knecht, m. 2, archer, sergent de bailliage, appositeur.
Amtseid, m. 2, serment de fidélité prêté par un fonctionnaire public.
Amtseifer, m. 1, zèle pour les fonctions de sa charge. [m. pl.
Amtsgebühr, f. frais de justice,
Amtsgehülfe, m. 3, adjoint, collègue; (égl.) coadjuteur.
Amtsgeschäft, m. 1, =fonction publique, f. —e, pl. attributions d'un fonctionnaire.
Amtsgesicht, n. 5, Amtsmiene, f. morgue, air de gravité, m. air imposant. [f.
Amtsjahr, n. 2, année d'exercice.
Amtskleid, n. 5, costume, m.
Amtskosten, pl. frais de justice, m. dépens. [ge, m.
Amtspflicht, f. devoir d'une charge.
Amtspflichtig, adj. ressortissant au bailliage. [bailliage.
Amtsschaffner, m. 1, receveur du
Amtsschreiber, m. 1, greffier.
Amtsstube, f. chambre de judicature, d'audience; bureau, m.
Amtsverrichtung, f. fonction.
Amtsverwalter, m. 1, administrateur. [stitut.
Amtsverweser, m. 1, vicaire, substitut.
Amtsvogt, m. 2*, bailli.
Amtsvogtei, f. bailliage, m. .
Amtswegen (von), adv. d'office; der von — angestellte Vertheidiger, (jur.) le défenseur officieux.
Amulet, n. 2, amulette, m.
An, prép. à, au, en, de, sur, vers; — tausend Mann, près de mille hommes; es ist — mir, c'est à moi, à mon tour; so viel — mir ist, autant qu'il est en moi; Berg —, à mont; von jetzt —, dès à présent; it. particule séparable dans les verbes composés, et qui exprime une liaison avec un autre objet, une direction vers un lieu, un accroissement, l'action de commencer une chose, etc.: plusieurs de ces verbes conservent la signification du primitif.
Anachronismus, m. exc. 1, anachronisme.

**Anagramm,** *n.* 2, anagramme, *f.;* —e machen, anagrammatiser; —enmacher, *m.* 1, anagrammatiste.

**Analogie,** *f.* analogie.

**Analogisch,** *adj.* analogique, analogue; —, *adv.* analogiquement.

**Analyse,** *f.* analyse; *voy.* Zergliederung. [Zergliedern.

**Analysiren,** *v. a.* analyser; *voyez*

**Analytisch,** *adj.* analytique; —, *adv.* analytiquement.

**Ananas,** *f.* (*bot.*) ananas, *m.*

**Anarchie,** *f.* anarchie; *voy.* Gesetzlosigkeit.

**Anarchisch,** *adj.* anarchique.

**Anatomie,** *f.* anatomie.

**Anatomiren,** *v. a.* anatomiser, disséquer.

**Anatomirung,** *f.* dissection.

**Anatomisch,** *adj.* anatomique.

**Anatomist,** *m.* 3, anatomiste.

**Anbahnen,** *v. a.* frayer le chemin, préparer qch.

**Anbannen,** *v. a.* fixer, enchaîner comme par magie.

**Anbau,** *m.* 2, culture *d'une plante,* *f.* défrichement *d'un terrain inculte,* *m.;* établissement *d'une famille;* (*arch.*) nouvelle construction (*attenante à une autre*).

**Anbaubar,** *adj.* cultivable. [*f.*

**Anbauen,** *v. a.* cultiver; défricher; (*arch.*) bâtir contre; adosser; sich —, s'établir. [lon.

**Anbauer,** *m.* 1, cultivateur; co-

**Anbefehlen,** *v. a.* 2, commander, ordonner; recommander.

**Anbefehlung,** *f.* ordre, *m.* commandement; recommandation, *f.*

**Anbeginn,** *m.* 2, commencement; origine, *f.;* von —, dès l'origine, dès le principe.

**Anbehalten,** *v. a.* 4, ne pas ôter, garder *un habit, etc.*

**Anbei,** *adv., voy.* Hiebei, Zugleich.

**Anbeißen,** *v. a.* 5†, mordre dans qch.; entamer avec les dents; *fg.* mordre à l'hameçon, écouter *une proposition; fm.* er hat nicht wollen, il n'a pas voulu y mordre.

**Anbelangen,** *v. a.* concerner; was ... anbelangt, quant à ...

**Anbellen,** *v. a.* aboyer contre.

**Anbequemen,** *v. a.* accommoder.

**Anberaumen,** *v. a.* fixer *un terme;* an dem anberaumten Tage, au jour fixé. [idolâtrer.

**Anbeten,** *v. a.* adorer; révérer;

**Anbeter,** *m.* 1, adorateur.

**Anbetreffen,** *v. a. imp.* 2, Anbelangen, *voy.* Anlangen. [diant.

**Anbetteln,** *v. a.* aborder en mendiant.

**Anbetung,** *f.* adoration; culte, *m.*

**Anbetungswürdig,** *adj.* adorable.

**Anbiegen,** *v. a.* 6, approcher, joindre en courbant.

**Anbieten,** *v. a.* 6, offrir, présenter; sich —, s'offrir, se présenter.

**Anbietung,** *f.* offre, avance.

**Anbilden,** *v. a.* donner, inculquer à qn. *une certaine manière de voir, etc.*

**Anbinden,** *v. a.* 3, attacher, lier; Weinreben —, accoler des vignes; Bäume an Pfähle —, palisser des arbres; einem etw. —, faire un cadeau à qn.; mit jemand —, entreprendre qn., accoster qn.; ein Schiff —, amarrer un vaisseau; mit Tauen —, embosser, garer; die Segel an die Stangen —, enverguer les voiles; angebunden seyn, être à l'attache, *fg.* occupé; kurz angebunden seyn, avoir le bonnet près de la tête, se fâcher facilement; kurz angebunden, vif, emporté, colère; —, *s. n.* 1, (*jard.*) accolage, *m.;* (*mar.*) envergure *des voiles,* *f.*

**Anbiß,** *m.* 2, morsure, *f.;* (*cha.*) amorce, appât, *m.*

**Anblasen,** *v. a.* 4, souffler; exciter; attiser ‖ sonner *les heures;* die Jagd —, donner le signal de la chasse.

**Anblicken,** *v. a.* regarder qn. en grinçant les dents.

**Anblick,** *m.* 2, regard, coup d'œil; aspect, spectacle, vue, *f.;* bei dem ersten —, dès l'abord, de prime abord.

**Anblicken,** *v. a.* regarder, voir; fixer ses regards sur qn.

**Anblinzeln, Anblinzeln,** *v. a.* regarder en clignant des yeux.

**Anblöcken,** *v. a.* béler, mugir vers, contre qn.

**Anbohren,** *v. a.* percer qch.; *fg.* engager à disputer; sonder.

**Anbolzen,** *v. a.* cheviller, boulonner.

**Anbrechen,** *v. a.* 2, entamer; —, *v. n.* (*f.*) commencer à paraitre; poindre (*du jour*); venir, tomber (*nuit*).

**Anbrechend,** *adj.* paraissant, naissant; mit —em Tage, à la pointe du jour, au jour naissant.

***Anbrennen,** *v. a.* brûler, allumer; —, *v. n.* (*f.*) prendre feu, s'allumer.

***Anbringen,** *v. a.* apporter; Schuhe —, mettre des souliers; —, (*arch.*) pratiquer; ménager; mettre, employer; Geld —, placer de l'argent; —, établir qn.; eine Waare —, vendre une marchandise ‖ proposer, exposer, rapporter; citer; einen Durchgang —, appliquer un passage; vor Gericht —, dénoncer, déférer en justice, porter devant le juge; einen Stoß —, (*escr.*) porter une botte; am unrechten Orte angebracht, déplacé (*bon*

*mot*); —, *s. n.* 1, proposition, *f.* rapport, *m.* exposé; was ist Ihr —? qu'avez-vous à dire? —, (*jur.*) dénonciation, *f.*

**Anbringer,** *m.* 1, rapporteur, dénonciateur.

**Anbringung,** *f.* dénonciation.

**Anbruch,** *m.* 2*, commencement; entamure, *f.* fracture; der — des Tages, aube, *f.* pointe *ou* point (*m.*) du jour.

**Anbrühen,** *v. a.* tremper, échauder; infuser *dans de l'eau bouillante.*

**Anbrüllen,** *v. a.* mugir contre qn.

**Anbrummen,** *v. a.* beugler contre qn., gronder qn.

**Anbrüten,** *v. a.* commencer à couver; angebrütet, couvi, bisché.

**Anchove,** *f.* (*hist. nat.*) anchois, *m.*

**Ancona,** Ancône (*ville*).

**Andacht,** *f.* dévotion, ferveur, recueillement, *m.;* prières, *f. pl.;* seine — halten, faire ses prières.

**Andächtelei,** *f.* fausse dévotion.

**Andächteln,** *v. n.* (h.) faire le dévot, le bigot.

**Andächtelnd,** *adj.* bigot.

**Andächtig,** *adj.* dévot; attentif; fervent (*prière*); —, *adv.* avec ferveur.

**Andächtler,** *m.* 1, faux dévot, béat; sinn, *f.* fausse dévote, béate.

**Andachtlos,** *adj.* indévot; —, *adv.* sans dévotion.

**Andachtlosigkeit,** *f.* indévotion.

**Andachtsbildchen,** *n.* 1, agnus, *m.* agnus Dei.

**Andalusien,** Andalousie (*province*)

**Andalusier,** *m.* 1, Andalous.

**Andante,** *adv. et s. n.* 1, (*mus.*) andante, *m. et adv.*

**An dem,** *loc. adv.,* es ist —, il en est ainsi; c'est le cas.

**Anden,** *pl.* Andes (*chaine de montagnes*), *f.*

**Andenken,** *n.* 1, mémoire, *f.* souvenir, *m.;* glorreichen —s, de glorieuse mémoire.

**Ander,** *adj.* autre, autrui; second; deuxième; eines in das — gerechnet, l'un portant l'autre; einer um den —n, alternativement, tour à tour; ein Jahr ums —t, de deux années l'une; ein Mal über das —t, plusieurs fois de suite; ein Eilbote nach dem andern, courrier sur courrier; um, über den —n Tag (kommen), de deux jours l'un.

**Andergeschwisterkind,** *m.* 5, cousin (*m.*) issu, cousine (*f.*) issue de germain. [côté.

**Anderntheils,** *adv.* d'un autre

**Anders,** *adv.* autrement, différemment, d'une autre manière; wenn —, si toutefois.

**Anderseits**, adv. de l'autre côte, d'autre part.

**Anderswo, Anderwärts**, adv. ailleurs; —, i. n. indécl. autre part; (jur.) alibi, m.; —burch, par ailleurs; —her, d'ailleurs, d'autre part; —hin, ailleurs, autre part.

**Anderthalb**, adj. un et demi.

**Anderwärtig, Anderweitig**, adj. autre; eine —e Hülfe, du secours de quelque autre part; —, adv. ailleurs.

**Andeuten**, v. a. indiquer, marquer; (peint.) accuser; notifier, signifier, annoncer, faire savoir; ordonner.

**Andeutend**, adj. significatif.

**Andeutung**, f. signification, notification; indication; marque, signe, m.

**Andichten**, v. a. imputer, attribuer faussement; supposer; prêter un ridicule à qn.

**Andichtung**, f. fausse imputation, supposition. [tion.

*Andingen, v. a. faire une condi-

**Andonnern**, v. n. (b.) frapper rudement (an, à); —, v. a., einen —, parler à qn. d'une voix de tonnerre.

**Andorn**, m. 2, (bot.) marrube, f.; falsche —, marrubiastre, m.

**Andrang**, m. 2*, **Andrängen**, n. 1, affluence, f. effort, m. congestion, f. (méd.) aflux, m. [contre.

**Andrängen**, v. a. serrer, presser

**Andreas**, n. pr. m. André.

**Andreaskreuz**, n. 2, sautoir, m. croix en sautoir, f.

**Andrechseln**, v. a. façonner, former, faire au tour.

**Andrehen**, v. a. faire au tour; faire tenir deux fils ensemble en les tordant; commencer à tourner; ajouter en tournant; serrer la vis.

**Andringen**, v. n. 3 (f.), auf einen —, presser qn.; avancer avec impétuosité; se porter en foule vers.

**Androhen**, v. a., einem etw. —, menacer qn. de qch.

**Androhung**, f. menace.

**Andrucken**, v. a. ajouter (en imprimant). [contre.

**Andrücken**, v. a. presser, serrer

**Andurch**, adv. vi. par là, par les présentes.

**Aneignen**, v. a. approprier.

**Aneignung**, f. appropriation; (phys.) intussusception.

**Aneinander**, adv. ensemble; contigu; l'un contre l'autre; —ſto-ßen, v. a. et n. 4 (b. et f.) s'entreheurter; s'entre-choquer; se toucher; être contigu; (arch.) se communiquer; se rencontrer; —han-

gen, v. n. 4 (f.) tenir l'un à l'autre.

**Aneinanderfügung**, f. conjonction; emboitement, m.

**Anefdote**, f. anecdote.

**Anefdotiſch**, adj. anecdotique.

**Anefeln**, v. a. et n. (b.) répugner, donner de l'aversion à qn.

**Anemone**, f. (bot.) anémone.

**Anempfehlen**, v. a. 2, recommander. [tion.

**Anempfehlung**, f. recommanda-

**Anerben**, v. a. gagner une maladie par la contagion; das iſt ihm angeerbt, il tient cela de ses parents. [n. 1, offre, f.

**Anerbieten**, v. a. 6, offrir; —, s.

**Anerbietung**, f. offre; — ehne bares Geld, offre labiale.

*Anerfennen, v. a. reconnaître, avouer; ein uneheliches Kind —, légitimer un enfant naturel; — machen, (mar.) assurer son pavillon. [connaissance, f.

**Anerkennung**, f. aveu, m.; re-

**Anerſchaffen**, v. a. 7, donner en créant; —, adj. inné.

**Anerwegen**, conj. ol. vu que, considérant que. [avec l'éventail.

**Anfächeln**, v. a. faire du vent à qn.

**Anfachen**, v. a. souffler, attiser le feu; fig. id., allumer.

**Anfädeln**, v. a. enfiler.

**Anfahren**, v. n. 7 (f.) aborder, approcher, prendre terre, débarquer; an ein Haus —, arrêter devant une maison; —, donner contre; —, v. a. amener, transporter; fig. gronder, brusquer, apostropher.

**Anfahrt**, f. approche; débarquement, m.; entrée d'un port, f.

**Anfall**, m. 2*, attaque, f.; assaut, m. effort, choc; im erſten — e, (guer.) d'emblée; der ſtürmiſche —, fig. fm. bourrasque, f.; (méd.) accès, m.; (jur.) part d'une succession, f.

**Anfallen**, v. a. 4, attaquer, assaillir; fondre sur; meuchelmörberiſch —, assaillir; oft —, harceler; —, v. n. (f.) tomber contre; von einer Krankheit angefallen werben; tomber malade, être atteint d'un mal.

**Anfallsgeld**, n. 5, droit de mutation, m. [cession, m.

**Anfallsrecht**, n. 2; droit de suc-

**Anfang**, m. 2*, commencement; vom — an, dès le commencement; den — machen, commencer, prendre l'initiative; den — nehmen, commencer; commencer; von — bis zu Ende, d'un bout à l'autre || principe, m.; origine, f. naissance; ouverture d'une séance; (théât., etc.) début, m.; einen — ausbrüdenb, (gramm.) inchoatif.

**Anfangen**, 4, ol. **Anfahen**, v. a. et n. (b.), ein Geſchäft —, commencer, entreprendre une affaire; —, se mettre à faire qch., se prendre à qch.; was iſt jetzt anzufangen? que faire à présent? es iſt nichts mit ihm anzufangen, il n'y a rien à faire avec lui; über einen Gegenſtand zu ſprechen —, entamer une matière; —, fm. enfiler un discours; entrer en procès; intenter un procès à qn., contre qn.; (théât., etc.) débuter; naître, prendre naissance. [novice.

**Anfänger**, m. 1, commençant;

**Anfangs, Anfänglich**, adv. au commencement, d'abord; gleich —, dès le commencement, d'entrée.

**Anfangsbuchſtab**, m. exc. 2, lettre initiale, f.; verzierte —en, lettres d'apparat, pl.

**Anfangsgründe**, m. pl. principes, éléments, rudiments.

**Anfangspunkt**, m. 2, point initial; —e, pl. premiers éléments.

**Anfaſſen**, v. a. empoigner, saisir, prendre, tenir; enfiler des perles, etc.

**Anfaulen**, v. n. (f.) commencer à pourrir, se corrompre, se carier (dents).

**Anfechten**, v. a. 6, attaquer, combattre, contester; fig. tourmenter, tenter; ſich etw. —laſſen, s'inquiéter de qch.

**Anfechtung**, f. attaque; atteinte; fig. affliction, tentation.

**Anfeilen**, v. a. entamer avec une lime. [à qn.; décrier, haïr qn.

**Anfeinden**, v. a. vouloir du mal

**Anfeindung**, f. inimitié, haine.

**Anfertigen**, v. a. *Verfertigen*.

**Anfeſſeln**, v. a. enchaîner; —, s. n. 1, enchaînement, m.

**Anfeuchten**, v. a. mouiller, arroser; détremper; humecter; mit Wein —, aviner; —, (mar.) empeser une voile. [tant.

**Anfeuchtenb**, adj. (méd.) humec-

**Anfeuchtung**, f. arrosement, m.; humectation, f.; madéfaction.

**Anfeuern**, v. a. allumer; attiser; fig. animer, exciter, enflammer.

**Anflammen**, v. a. enflammer, exciter. [tressant.

**Anflechten**, v. a. 6, ajouter en

**Anflehen**, v. a. implorer; supplier.

**Anflehung**, f. supplication.

**Anflicken**, v. a. rapiéceter, rapiécer, coudre ensemble; ajouter une pièce.

**Anfliegen**, v. n. 6 (f.) s'approcher en volant; voler contre; (forest.) venir, pousser.

**Anfließen**, v. n. 6 (f.) couler contre; baigner le pied d'un mur; s'enfler.

Anflößen, v. a. faire flotter; charrier.

Anflößung, f. flottage, m.

Anflug, m. 2*, essor d'un oiseau; (forest.) jeune taillis; couche légère, f.; — von Röthe, rougeur légère; —, (min.) efflorescence.

Anfluß, m. 2*, alluvion, f.; (forest.) javeau, m.; approche (f.), accroissement des eaux, m.

Anforderung, f. prétention.

Anfrage, f. demande, question; bei einem — thun, s'informer de la volonté de qn. au sujet de qch., prendre l'avis de qn.

Anfragen, v. a. bei einem —, s'informer de qch. près de qn.; um Erlaubniß —, demander la permission à qn.

Anfraß, m. 2*, mangeure (de vers), f.

Anfressen, v. a. 1, ronger; corroder; die Zähne —, carier les dents.

Anfrieren, v. n. 6 (f.) s'attacher en gelant, geler.

Anfrischen, v. a. rafraîchir; fg. encourager, animer, ranimer.

Anfügen, v. a. ajouter, joindre, adapter, ajuster.    [täter.

Anfühlen, v. a. toucher, manier,

Anfühlung, f. attouchement, m.

Anführen, v. a. charrier, amener, conduire, voiturer; commander; ein Heer —, être à la tête d'une armée; —, fg. instruire, enseigner; citer, alléguer, rapporter, mentionner un passage, etc.; prétexter; fm. jemand —, surprendre, attraper, tromper, duper, mystifier qn.

Anführer, m. 1, conducteur, chef, commandant; — zum Arbeiten, boute-en-train; —, fg. coryphée; m. p. meneur.

Anführung, f. charriage, m.; fg. conduite, f.; instruction; ordre, m. commandement d'une troupe; citation, f. allégation d'un passage; die Doppelte —, double emploi, m.; —, fm. tromperie, f.

Anführungszeichen, n. 1, (gram.) guillemets, m. pl. onglet.

Anfüllen, v. a. remplir, gorger.

Anfüllung, f. remplissage, m.

Anfurt, f. abord, m.; atterrage, m.

Angabe, f. projet, m. plan, dessein; (jurr.) dénonciation, f.; indice, m.; déclaration, f. rapport, m. énoncé; die artikelmäßige —, (jur.) articulation, f. || arrhes, pl.

Angaffen, v. a. regarder bouche béante, badauder, bayer.

Angähnen, v. a. regarder en bâillant; fg. (poés.) s'ouvrir devant qn. (d'un précipice).

Angeben, v. a. 1, donner qch. au lieu d'argent comptant || donner l'idée de qch., einen Auszug —, indiquer, citer un passage, etc.; —, projeter; dénoncer qn.; eine Thatsache —, déclarer, dire un fait; pünktlich —, articuler des faits: ein Mittel —, proposer un moyen; sein Spiel —, accuser son jeu; seinen Namen —, dire, décliner son nom; —, (mus.) entonner; den Ton —, donner le ton (aussi fg.); faire l'intonation d'un chant; zur Ursache —, donner, alléguer pour raison; prétexter.

Angeber, m. 1, =inn, f. auteur d'un plan, m. || délateur, dénonciateur, rapporteur, indicateur; délatrice, f. indicatrice.

Angeberei, f. défaut (m.), métier de délateur; délation, f.

Angebinde, n. 1, présent, m. cadeau.

Angeblich, adj. soi-disant, prétendu; (math.) assignable.

Angeboren, adj. naturel, inné.

Angebot, n. 2, offre, f.

Angebung, f. déclaration; proposition; dénonciation; conseil, m.

Angedeihen lassen, v. a. 4, accorder.

Angedenken, n. 1, souvenir, m.

Angehänge, n. 1, pendeloque, f. amulette, m.    [nel.

Angehängt, adj. ajouté, additionnel.

*Angehen, v. n. (f.) commencer; aller; réussir, passer; être passable; supportable, praticable; ja so gehts an, à la bonne heure! das geht nicht an, cela ne convient pas, cela ne se peut pas; — s'allumer, prendre feu; —, v. a. s'adresser, recourir à qn.; regarder, toucher, concerner; was geht es mich an? que m'importe? dieser Mensch geht mich nichts an, cet homme ne me regarde pas, ne m'est rien.

Angehend, adj. nouveau, novice; commençant; débutant (auteur); —, conj. concernant, quant à.

Angehören, v. n. (h.) app..rtenir à qn.    [rent.

Angehörig, adj. appartenant; parent.

Angeklagte, m. et f. 3, accusé, m. -e, f. prévenu, m. -e, f. défendeur, m. -eresse, f.; — der nicht erschienen ist, m. accusé contumax.

Angel, f. aiguillon, m.; (pêch.) hameçon; (jur.) gond; (pêch.) Thüre und — stecken, prov. être entre le marteau et l'enclume; — soie d'une épée, etc., f.; —n, fg. pôles, m. pl.

Angelblei, n. 2, (pêch.) cale, f.

Angelei, n. 5, arrhes, f. pl. assurance, avance.

Angelegen, adj. proche, voisin; fg. qui tient au cœur; important; sich — seyn lassen, avoir à cœur, prendre soin de qch., s'intéresser à qch.    [rêt, m.

Angelegenheit, f. affaire; intérêt.

Angelegentlich, adj. instant; —, adv. instamment; avec empressement.

Angeler, m. 1, pêcheur à la ligne.

Angelhaken, m. 1, hameçon.

Angelleine, f. Angelschnur, f.*, ligne.

Angeln, v. a. pêcher à la ligne; fg. nach etw. —, rechercher qch.

Angeloben, v. a. promettre, faire vœu.    [m. engagement.

Angelobung, f. promesse, vœu, Angelpunkt, m. 2, pôle.

Angelruthe, f. verge, ligne.

Angelus, n. indécl. (cath.) angélus, m.

Angelweit, adv. — offen, entièrement ouvert.

Angemessen, adj. convenable, conforme, proportionné.

Angemessenheit, f. conformité, convenance.

Angenehm, adj. agréable, bienvenu (hôte); gracieux, engageant; suave, (odeur).    [pacage.

Anger, m. 1, gazon, pâturage,

Angerblume, f. paquerette (fleur).

Angesehen, adj. illustre, renommé; estimé; —, adv. en faveur; vu que.    [lié.

Angesessen, adj. établi, domicilié.

Angesicht, n. 5, visage, m. face, f. figure; von — zu —, face à face; von — (kennen), de vue; ins — (sagen), en face, fm. au nez; im —, en vue de.

Angesichts, adv. en présence, à la vue, à la face de.

Angewöhnen, v. a. accoutumer, habituer; sich etw. —, contracter une habitude; (sich an etw. gewöhnen, s'habituer, s'accoutumer à qch.).    [habitude.

Angewöhnung, f. Angewohnheit, Angesehen, v. a. 6, verser contre; Wasser in die Farben —, mouiller, détremper les couleurs; — joindre une chose à une autre par la fonte; (dieses Kleid) sitzt wie angegossen, colle bien.

Anglicanisch, adj. (égl.) anglican.

Angraffen, v. a. angaffen.

Angränzen, v. n. (h.) confiner, aboutir (an; à); avoisiner qch.

Angränzend, adj. contigu; limitrophe; tout proche, adjacent, attenant.

Angreifbar, adj. attaquable.

Angreifen, v. a. 5†, toucher, manier; saisir || attaquer qn.; den Feind —, charger, assaillir l'ennemi; fg. mit Worten —, injurier; mit Worten und Thaten insulter de paroles et de fait ||

einen Beweis —, attaquer, combattre un argument; einen an der Ehre —, attaquer l'honneur de qn.; einen bei seiner Schwäche —, prendre qn. par son faible; ein Testament —, contester un testament ‖ ein Geschäft —, commencer, entreprendre une affaire, mettre la main à l'ouvrage; —, se mettre à faire qch.; am rechten Ende —, prendre par le bon bout ‖ einen Vorrath —, entamer une provision; fremdes Gut —, s'emparer du bien d'autrui ‖ épuiser, affaiblir, affecter un malade; gâter la vue; manger le fer (rouille); mordre sur qch. (lime); fg. affecter, toucher; sich —, faire un effort, des efforts; s'efforcer; s'évertuer; fg. se mettre bien en frais; es greift mich sehr an, cela me fatigue beaucoup; —, s. n. 1, attouchement, m. maniement, toucher; v. Angriff.

Angreifend, adj. fatigant; der —e Theil, agresseur; wieder — verfahren, reprendre l'offensive.

Angreifer, m. 1, agresseur; —, pl. attaquants, assaillants.

Angrenzen, v. Angränzen.

Angriff, m. 2, tact, attouchement; (guerr., etc.) attaque, f. charge; choc, m.; einen neuen — machen, revenir à la charge; meuchelmörderischer —, assassinat, m.; —, fg. attaque, f. offense, agression; einen — auf etw. wagen, essayer, tenter une attaque; attenter à, sur qch.

Angriffsbündniß, n. 2, alliance offensive.                         [sive.

Angriffskrieg, m. 2, guerre offen-

Angriffsweise, adv. offensivement, à l'offensive; wieder — zu Werke gehen, reprendre l'offensive.

Angrinsen, v. a. regarder qn. en ricanant.

Angst, f.*, angoisse, anxiété, détresse, trouble, m. serrement de cœur, inquiétude, f.; remords, m.; — , adv., mir ist —, j'ai peur.

Angstfieber, m. 1, (méd.) assode, f.

Angstgeschrei, n. 2, cris lamentables, m. pl.

Angsthaft, ängstlich, adj. inquiet, troublé; tourmenté; timide, méticuleux; douloureux; inquiétant (événement).                          [f.

Angstschweiß, m. 2, sueur froide,

Angucken, v. a. fm. regarder, lorgner.

Angürten, v. a. ceindre.      [gner.

Anguß, m. 2*, pièce jointe à une autre par la fonte, f.

*Anhaben, v. a. porter, avoir, avoir sur son corps; einem etw. —, gagner qch. sur qn., l'emporter sur qn.; attaquer qn.; er will mir

---

etw. —, il m'en veut; er kann mir nichts —, il ne peut rien contre moi.

Anhaften, v. imp. avoir (es haftet mir an, j'ai ...), être attaché.

Anhaken, Anhäkeln, v. a. accrocher; —, v. n. (h.) s'accrocher.

Anhalten, v. a. 4, arrêter, prendre, saisir; retenir; fg. astreindre; zur Arbeit —, pousser, exciter, exhorter au travail; um eine Anstellung —, demander, solliciter une place; eine Bewegung —, suspendre, discontinuer un mouvement; —, v. n. (h.) continuer; durer, persister; arrêter; um etw. —, rechercher, insister, solliciter; um ein Mädchen —, rechercher une fille en mariage; sich —, se tenir (an, à).

Anhaltend, adj. continuel, assidu, persévérant.            [pui, appui.

Anhaltspunkt, m. 2, point d'ap-

Anhaltung, f. détention, saisie ‖ continuation; persévérance, constance ‖ prière, sollicitation, demande ‖ suspension.

Anhang, m. 2*, supplément, appendice d'un ouvrage ‖ parti, faction, f.; sich einen — machen, se faire un parti; —, mépr. suppôts, m. pl.

Anhängen, v. a. attacher, accrocher, pendre; suspendre; fg. ajouter; einem alles —, se dépouiller de tout pour qn.; einem etw. —, jouer pièce à qn.; einem einen Schimpf —, diffamer qn.; einem eine Waare —, persuader à qn. de prendre une marchandise; eins —, jouer un tour; porter une botte; angehängt, additionnel (article).

Anhangen, 4, Anhängen, v. n. (h.) s'attacher, être attaché à; fg. id. tenir à qn., à qch.; fest —, adhérer à qch.; —, s. n. 1, adhérence, f. adhésion, inhérence.

Anhängend, adj. adhérent, inhérent.                         [tateur, adhérent.

Anhänger, m. 1, partisan, sec-

Anhängig, adj. qui s'attache, s'accroche facilement (homme); (jur.) was einem Hause — ist, les appartenances et dépendances d'une maison; — pendant (procès); — machen, intenter un procès.

Anhänglichkeit, f. attachement, m.

Anhängsel, n. 1, amulette, m.; appendice.                    [crément, m.

Anhängungssylbe, f. (gramm.)

Anhau, m. 2, (forest.) première coupe, f.                           [spirer.

Anhauchen, v. a. souffler; fg. in-

*Anhauen, v. a. commencer à couper, tailler, entamer.

Anhäufen, v. a. accumuler, entasser, amonceler, cumuler.

---

Anhäufung, f. accumulation, entassement, m.; (méd.) congestion, f.

Anheben, v. a. et n. 6 (h.) commencer, se mettre à parler.

Anheften, v. a. attacher, ajouter; agrafer, afficher un papier; coudre un habit.

Anheilen, v. a. guérir en rattachant, agglutiner.

Anheilung, f. agglutination.

Anheim fallen, v. n. 4 (f.) échoir, revenir; einem anheim stellen, v. a. s'en remettre à qn. de qch.

Anheischig machen (sich), s'obliger, s'engager (zu, à).

Anher, adv., v. Hieher.           [cher.

Anhetzen, v. a. irriter, aigrir; lâcher; anhetzer, m. 1, instigateur, boute-feu.

Anhetzung, f. instigation.

Anhöhe, f. hauteur, côte; coteau, m.; colline, f. éminence.

Anholen, v. a., (nav.) ein Tau —, hâler sur un câble.

Anhören, v. a. écouter, entendre, ouïr.

Anhörung, f. action d'écouter; audition des témoins; nach — des ..., (jur.) ouï le ...

Anis, m. 2, (bot.) anis.

Anisapfel, m. 1*, fenouillet, fenouillette, f.

Anisbranntwein, m. 2, Aniswasser, n. 1, anisette, f.

Aniszucker, m. 1, dragée d'anis, f.

Anjagen, v. a. lancer.

Anjagdshirsch, m. 2, cerf de meute.

Anjetzo, Anjetzt, adv., v. Jetzt.

Anjochen, v. a. attacher, atteler au joug.                            [ment.

Anstämpfen, v. n. n. lutter pénible-

Ankarren, v. a. charrier, amener avec une charrette.              [tion.

Ankauf, m. 2*, achat, acquisition.

Ankaufen, v. a. acquérir, acheter; sich —, s'établir, se fixer (zu, à).

Anker, m. 1, ancre, f.; — werfen, vor — gehen, jeter l'ancre; ancrer, mouiller; vor — treiben, der Schleppen, chasser sur les ancres; vor — liegen, être à l'ancre; vor zwei — legen, affourcher; mit —n festmachen, amarrer; die lichten, lever l'ancre.       [soir.

Ankerbalken, m. 1, bosseur, bos-

Ankerbekleidung, f. bodinure, f.; bodinure.                            [à qch.

Ankerben, v. a. faire une entaille

Ankerboje, f. bouée, bonneau, m.

Ankergeld, n. 5*, (comm.) avarie, f.

Ankergeräth, n. 2, ancrage, m.

Ankergrund, m. 2*, ancrage.

Ankerhaken, m. 1, (mar.) capon.

Ankerhaspel, m. 1*, cabestan.

Ankerknecht, m. 2, bosseman.

Ankerkreuz, n. 2, croisée de l'ancre, f.

Ankerloch, n. 5*, écubier, m. écoban.

Ankern, v. n. (h.) ancrer, jeter l'ancre, prendre fond; mouiller; —, s. n. 1, ancrage, m. amarrage.

Ankerplatz, m. 2*, ancrage, rade, f.

Ankerring, m. 2, arganeau; in den — stecken, étalinguer les câbles.

Ankerschaufel, f. patte d'ancre.

Ankerschmied, m. 2, forgeron d'ancres.

Ankerseil, Ankertau, n. 2, câble, m.

Ankerspitze, f. bec d'ancre, m.

Ankerstange, f. stangue.

Ankerstich, m. 2, étalingure du câble, f.

Ankerstock, m. 2*, jas, jouet.

Anketten, v. a. enchaîner.

Ankettung, f. enchaînement, m.

Ankitten, v. a. cimenter, mastiquer.

Anklagbar, adj. accusable.

Anklage, f. accusation; prévention, délation, dénonciation.

Anklagen, v. a. accuser; dénoncer; etw. als falsch —, s'inscrire en faux contre qch., arguer qch. de faux.

Ankläger, m. 1, =inn, f. accusateur, m. délateur, dénonciateur -trice, f.; der öffentliche —, ministère public, m.

Anklägerisch, adj. accusatoire; accusateur.

Anklammern, v. a. cramponner, acclamper; accrocher; (mar.) aramber; sich —, (vign.) s'accoler.

Anklang, m. 2*, commencement d'un son; accord; fg. son; sympathie, f.; (mus.) intonation.

Ankleben, v. a. coller, attacher, afficher; —, v. n. (h.) s'attacher, se coller; être attaché à qch., tenir.

Anklebend, adj. inhérent.

Ankleiden, v. a. habiller, vêtir; lächerlich —, fagoter; sich —, s'habiller, mettre son habit.

Ankleidezimmer, n. 1, chambre où l'on s'habille, f.; vestiaire, m.; garderobe, f.

Ankleidung, f. habillement, m.

Ankleistern, v. a. coller; joindre avec de la colle.

Anklemmen, v. a. serrer contre.

Anklingeln, v. a. sonner.

Anklopfen, v. a. heurter, frapper à la porte. [teau.

Anklopfer, m. 1, heurtoir, marteau.

Anknüpfen, v. a. lier, nouer à.

Anködern, v. a. amorcer; fg. id.

Anköderung, f. appât, m. amorce, f.

*Ankommen, v. n. (s.) arriver, venir; parvenir, aborder; être placé, établi; wohl oder übel —, être bien ou mal reçu; du sollst schön —, fm. tu en auras, tu t'en trouveras mal; es — lassen auf..., s'en remettre, s'en rapporter à...; le hasarder; ich lasse es darauf —, je le risquerai, je cours les chances; auf etw. —, tenir à qch., dépende de qch.; es kommt an auf..., il s'agit de...; es kommt mir nicht darauf an, qu'à cela ne tienne; es kommt mich eine Lust an, il me prend une envie; es kam mich eine Furcht an, je fus saisi de peur; es kam mir schwer an, il m'en a coûté, etc.; wenn es auf mich ankommt, quant à moi.

Ankömmlich, adj. abordable.

Ankömmling, m. 2, nouveau venu, nouveau débarqué, étranger.

Ankörnen, v. a. appâter; fg. allécher.

Ankündigen, v. a. annoncer; déclarer la guerre; — lassen, (jur.) intimer.

Ankündigung, f. annonce, (jur.) intimation.

Ankunft, f. *, arrivée; venue; arrivage des denrées, etc., m.

Ankuppeln, v. a. harder, coupler les chiens.

Anlachen, Anlächeln, v. a. sourire à qn.; regarder qn. en riant.

Anlage, f. plan, m. dessin; ébauche, f.; cote, répartition d'un impôt; die — eines Gartens, plantation, arrangement (m.) d'un jardin; —, (comm.) mise, f. fonds, m. capital; aptitude, f. capacité, faculté, disposition naturelle; talent, m. génie; v. Beilage.

Anländen, v. a. abord, m. atterrage; port d'une rivière.

Anlanden ou Anländen, v. n. (s.) aborder, arriver, prendre terre.

Anlandung, f. abordage, m. arrivage, arrivée, f.

Anlangen, v. n. (s.) arriver; —, (h.) regarder, concerner.

Anlangend, v. a. à l'égard de...; au regard de...; quant à, en matière de; concernant...

Anlaß, m. 2*, occasion, f. sujet, m. motif, lieu, matière, f.

Anlassen, v. a. 4, garder, laisser ses habits; (cha.) lâcher les chiens; einen Teich —, faire entrer l'eau dans un étang; —, remplir le bain; faire aller des soufflets || recevoir mal; renvoyer; sich —, aller, commencer bien, mal; paraître; wie läßt er sich an, que peut-on se promettre de lui? es läßt sich an, il y a apparence.

Anlauf, m. 2*, élan, escousse pour sauter, f.; assaut, m. choc; affluence, f.; (arch.) naissance.

Anlaufen, v. a. 4, importuner, tourmenter; —, v. n. (s.) se moisir, chancir; s'enrouiller; se ternir (métal, etc.) || blau — lassen, damasquiner, bleuir, bronzer || commencer à courir, prendre son escousse, courir, accourir; — lassen, (cha.) laisser venir à portée, ferrer un sanglier; fg. voir venir qn. pour l'éconduire || heurter; mit dem Kopfe —, donner de la tête contre le mur; fg. schlimm —, s'adresser mal, fm. avoir un pied de nez; —, s'enfler, croître (rivière); —, s. n. 1, crue des eaux, f.; ternissure des verres; das beständige —, fg. obsession.

Anläuten, v. a. annoncer une fête par le son des cloches.

Anlegen, v. a. mettre, placer contre qch., près de qch.; Feuer in einem Hause —, mettre le feu à une maison || ein Kleid —, mettre un habit; den Harnisch —, endosser la cuirasse; die Trauer —, prendre le deuil; —, attacher un furieux || das Gewehr —, coucher en joue (auf einen, qn.); einem Pferde das Gebiß, den Harnisch —, emboucher, barder un cheval || (mar.) ein Schiff —, bâcler un vaisseau pour le charger; Geld —, placer de l'argent; —, imposer, taxer qn.; ébaucher un dessin; établir une école, etc.; dresser, concerter un plan; er hat es darauf angelegt, il a dessein de; es ist darauf angelegt, c'est un plan arrêté de; einen Weinberg —, planter une vigne; eine Stadt —, fonder une ville; —, v. n. (h.), (mar.) bei einem Schiffe —, prolonger un vaisseau; aborder; sich —, se mettre, s'appuyer contre; s'attacher à.

Anlegeschloß, n. 5*, cadenas, m.

Anlegung, f. placement d'un capital, m.; établissement d'une école; fondation d'une ville, f.; ébauche d'un tableau; esquisse, plantation d'un jardin; assiette des impôts; (mar.) bâclage, m.

Anlehen, n. 1, Anleihe, f. emprunt, m.

Anlehnen, v. a. appuyer, adosser.

Anleimen, v. a. coller.

Anleiten, v. a. conduire, diriger, guider; instruire.

Anleitung, f. conduite; instruction; direction.

Anliegen, v. n. 1 (s.) joindre, toucher qch.; être joignant; serrer; coller; fg. tenir à cœur; importer; es liegt mir an, il m'importe; es nem —, presser qn.; —, s. n. 1, peine, f. souci, m. chagrin, soin; intérêt; sollicitation, f. prière, instance.

Anloden, v. a. attirer, amorcer, allécher; appâter; séduire.

Anlockung, f. attrait, m. appât; séduction, f.

Anlöthen, v. a. souder.

Anlöthung, f. soudure.

Anmachen, v. a. attacher, mettre || détremper des couleurs, etc.; mit Gummi —, gommer; —, (cuis.) apprêter, assaisonner; Wein oder Getränk —, frelater, mêler, falsifier le vin, etc.; Feuer —, faire du feu; sich an jemand —, s'accrocher à qn.; attaquer qn.

Anmahnen, v. a. exhorter; presser, sommer un débiteur.

Anmalen, v. a. peindre; mépr. barbouiller.

Anmarlen, v. a. (mar.) marliner.

Anmarsch, m. a*, marche, f. approche.

Anmarschiren, v. n. (f.) marcher; approcher, s'approcher, avancer.

Anmaßen (sich), s'arroger, s'attribuer; prétendre à qch., usurper, entreprendre sur qch.; was maßt er sich an? de quoi se mêle-t-il?

Anmaßlich, adj. prétendu.

Anmaßung, f. prétention, usurpation; appropriation d'un bien; arrogance. [savoir, notifier.

Anmelden, v. a. annoncer, faire

Anmeldung, f. annonce.

Anmerken, v. a. remarquer, observer; annoter.

Anmerkung, f. remarque, observation; note, annotation, glose; apostille; mit —en versehen, commenter, apostiller une lettre; bosshafte —en machen, gloser, commenter sur qch.; der —en macht, annotateur, m. [quable.

Anmerkungswerth, adj. remar-

Anmerkungszeichen, n. 1, astérisque, m. renvoi.

Anmessen, v. a. 1, prendre la mesure de qch.; fg. conformer, proportionner; einem Schläge —, donner des coups.

Anmuth, f. (sans pl.) grâce, aménité; agrément, m.; charmes, pl. attraits, appas.

Anmuthen, v. Zumuthen.

Anmuthig, adj. agréable, gracieux; charmant.

Anna, n. pr. f. Anne.

Annageln, v. a. clouer, attacher avec des clous.

Annahen, v. n. (f.) approcher, s'approcher de qn.

Annähen, v. a. coudre à qch.

Annähern, v. a. et n. (f.) approcher.

Annähernd, adj. approximatif.

Annäherung, f. approche; approximation.

Annahme, f. v. Annehmung.

Annalen, pl. annales, f.; v. Jahrbücher.

Annaten, pl. annates, f.

Annehmen, v. a. 2, accepter; recevoir; prendre; eine Meinung —, adopter, embrasser une opinion; —, admettre; supposer; (jur.) entériner une grâce; an Kindesstatt —, adopter; eine andere Miene — composer son visage; sich einer Sache —, se charger de qch., s'intéresser pour qch.; —, (art.) recevoir, prendre, mordre la teinture; (dor.) aspirer l'or.

Annehmlich, adj. recevable, acceptable, admissible; agréable.

Annehmlichkeit, f. grâce, agrément, m.; charmes, pl.

Annehmung, f. acceptation; réception; admission; die — an Kindesstatt, adoption; —, (jur.) entérinement d'une grâce, m.

Annoch, adv. vi. encore.

Anomalie, f. anomalie, exception, irrégularité.

Anomalisch, adj. anomal.

Anordnen, v. a. ordonner, disposer, régler, arranger; die verschiedenen Theile einer Rede —, construire les parties d'un discours, etc.; eine Auflage —, établir un impôt; ein Fest —, instituer une fête; gut angeordnet, bien entendu, d'une bonne entente.

Anordner, m. 1, ordonnateur.

Anordnung, f. ordonnance; ordre, m.; arrangement; règlement, disposition, f. institution d'une fête; distribution, construction d'un discours; ordonnance, conduite, entente d'un tableau, etc.; construction.

Anpacken, v. a. attaquer, saisir; empoigner; accrocher.

Anpappen, v. a. coller; attacher avec de la colle.

Anpassen, v. a. ajuster; adapter; fg. id.; proportionner, approprier, conformer à; —, s. n. 1, ajustement, m.

Anpassend, adj. conforme; juste.

Anpfählen, v. a. (vign.) échalasser, accoler; einen Verbrecher — (spießen), empaler un criminel; —, s. n. 1, échalassement, m.

Anpfeifen, v. a. 5†, siffler qn.

Anpflanzen, v. a. planter; sich —, s'établir, se fixer.

Anpflanzer, m. 1, colon.

Anpflanzung, f. plantation, établissement, m.; colonie, f.

Anpflöcken, v. a. cheviller, brocher.

Anpflügen, v. a. enrayer.

Anpichen, v. a. attacher avec de la poix.

Anpicken, v. a. becqueter.

Anpochen, v. n. (h.) frapper, heurter (an, à).

Anprallen, v. a. sauter contre, bondir. [vanter.

Anpreisen, v. a. 5, recommander,

Anpreisung, f. exaltation, recommandation. [essayer.

Anprobiren ou Anproben, v. a.

Anputz, m. 2, parure, f. toilette.

Anputzen, v. a. parer, ajuster.

Anquicken, v. a. amalgamer.

Anquickung, f. amalgamation, amalgame, m.

Anrathen, v. a. 4, conseiller; —, s. n. 1, conseil, m.

Anrathung, f. conseil, m.; auf —, auf Anrathen, par le conseil de, à l'instigation de.

Anrauchen, v. a. enfumer; allumer; étrenner une pipe; commencer à fumer.

Anräuchern, v. a. parfumer, encenser; enfumer un peu; —, s. n. 1, encensement, m.; (chim.) fumigation, f.

Anrechnen, v. a. compter; mettre sur le compte de qn.; fg. imputer, attribuer à qn.; zum Fehler —, imputer à faute.

Anrechnung, f. mise en compte; emploi, m.; imputation d'une faute, f.

Anrede, f. harangue, discours, m. allocution, f.

Anreden, v. a. aborder, porter la parole, parler à qn., haranguer; hart —, brusquer, apostropher, fm. rudoyer qn.; einen um etw. —, demander qch. à qn.

Anregen, v. a. inciter, pousser, animer; faire naître un sentiment; donner occasion à qch.; susciter; effleurer, toucher une matière; mentionner qch.

Anregung, f. v. Anreizung.

Anreiben, v. a. 5, broyer des couleurs; einen —, frotter qn. (mit, de).

Anreihen, v. a. enfiler, faufiler.

Anreiten, v. a. 5†, (man.) entamer; aborder qn.; —, v. n. (f.) arriver à cheval; heurter, donner contre qch. en allant à cheval.

Anreiz, m. 2, v. Anreizung.

Anreizen, v. a. inciter, exciter, animer, encourager; pousser; irriter; provoquer; aigrir.

Anreizung, f. incitation, instigation, impulsion, sollicitation, provocation; charme, m. attrait.

*Anrennen, v. a. et n. (f.) se heurter, courir, donner contre, attaquer, assaillir qn.; —, v. n. (f.) accourir; fg. übel —, venir à contre-temps, être mal reçu.

Anrichten, v. a. causer, faire, susciter; was habt ihr angerichtet, qu'avez-vous fait? —, (cuis.) dresser, apprêter, servir.

Anrichtlöffel, m. 1, cuiller à dresser, f.

Anrichttisch, m. 2, dressoir.

Anrichtung, f. préparation des mets; apprêts d'une noce, m. pl.

Anriechen, v. n. 6 (h.) sentir, flairer, frapper l'odorat; man riecht ihm den Tabak an, il sent le tabac.

Anrollen, v. a. rouler contre; —, v. n. (f.) avancer en roulant.

Anrüchig, adj., v. Berüchtigt.

Anrucken, Anrücken, v. a. approcher; —, v. n. (f.) avancer, approcher.

Anrufen, v. a. 4, crier à qn.; invoquer, implorer, appeler; prier Dieu; (mar.) héler; zum Zeugen —, prendre à témoin, attester.

Anrufung, f. cri, m.; invocation, f. imploration, appel, m.

Anrühmen, v. a. recommander; louer.

Anrühren, v. a. toucher; manier; mêler; Kalk —, gâcher la chaux; Farben —, détremper les couleurs; Teig —, remuer la pâte; —, fg. blesser l'honneur de qn.

Anrührung, f. attouchement, m.

Ans, pour an das.

Ansäen, v. a. ensemencer; mit Getreide —, emblaver.

Ansagen, v. a. annoncer, dire, avertir; notifier; déclarer; (jur.) intimer; zur Wache —, commander qn. pour la garde; — , accuser son jeu; nommer la couleur.

Ansägen, v. a. entamer avec la scie, scier.　　[m. avertissement.

Ansagung, f. notification, avis.

Ansässig, adj. domicilié, établi.

Ansässigkeit, f. (jur.) droit de domicile, m.

Ansatz, m. 2*, pièce ajoutée, f. prolongement, m.; allonge d'une table, f.; (anat.) épiphyse; (cuis.) gratin, m.; (pharm.) composition, f.; (mus.) embouchure; fg. commencement, m.; v. Anlauf.

Ansaugen, v. n. 6 (h.) commencer à sucer, prendre en suçant.

Ansäung, f. ensemencement, m.

Anschaffen, v. a. fournir, procurer, faire avoir; (comm.) remettre; acheter, acquérir; faire provision de qch.; sich einen, etw. —, prendre qn., se pourvoir de qch., faire l'acquisition de qch.

Anschaffung, f. fourniture; (commerce) remise, achat, m.; amas, provision, f.

Anschäften, v. a. monter un fusil; mettre la tige aux bottes.

Anschauen, v. a. regarder, voir; contempler, considérer; einen trozig —, morguer qn.

Anschauend, adj. contemplatif; intuitif.

Anschaulich, adj. intuitif, clair, évident.

Anschauung, f. vue, contemplation; inspection, aspect, m. vision, f. intuition de Dieu.

Anschein, m. 2, apparence, f.; dem — nach, selon toute apparence, en apparence.

Anscheinen, v. a. 5, éclairer; —, v. n. (h.) paraître, sembler, y avoir apparence.

Anscheinend, adj. apparent; —, adv. en apparence.

Anschellen, v. a. sonner.

Anschere, f. (tiss.) chaine.

Anschicken (sich), se préparer, s'apprêter, se disposer (zu, à); aller faire qch., être sur le point de faire qch.; sich wohl oder übel —, se prendre bien ou mal (zu, à).

Anschickung, f. préparatifs, m. pl.

Anschieben, v. a. 6, pousser contre, approcher; (quill.) jouer le premier; —, s. n. 1, v. Anschub.

Anschielen, v. a. regarder de travers, de côté; guigner.

Anschiessen, v. a. 6, annoncer une fête par des coups de fusil, etc.; blesser d'un coup de feu; —, v. n. (f.) (hist. nat.) zu Krystallen, se cristalliser; zu Krystallen — lassen, cristalliser; —, fm. accourir, s'élancer impétueusement; —, s. n. 1, zu Krystallen, cristallisation, f.

Anschirren, v. a. harnacher, harnacher, atteler.

Anschirrung, f. harnachement, m. enharnachement; attelage.

Anschlag, m. 2*, taxe, f. estimation, prisée; cotisation; etw. in — bringen, mettre qch. en ligne de compte, tenir compte de qch.; —, (arch.) devis, m. ‖ placard ‖ tintement, son d'une cloche; (men.) feuillure, f. embrasure; (arq.) crosse, couche; fg. dessein, m. projet; listige —, machination, f.; heimliche —, complot, m. mine, f.

Anschlagen, v. a. 7, frapper à qch.; tinter, copter la cloche; toucher, pincer une corde; das Gewehr — ou —, coucher en joue, ajuster ‖ clouer, attacher une serrure, etc.; afficher, placarder un avis, etc.; (cout.) faufiler, bâtir; Feuer —, battre le briquet ‖ évaluer, estimer un bien; cotiser, imposer, taxer qn.; —, v. n. (h.) mettre en joue; donner contre ‖ aboyer (chien); (paum.) servir la balle; fg. réussir, faire son effet.

Anschlagfaden, m. 1*, (cout.) bâti.

Anschlägig, adj. inventif, ingénieux, rusé; fertile en ressources.

Anschlagzettel, m. 1, affiche, f. placard, m.

Anschlämmen, v. a. former un terrain par alluvion; remplir de vase.

Anschleichen, v. n. 5† (f.) ou angeschlichen kommen, se glisser, approcher doucement.

Anschliessen, v. a. 6, enchaîner ‖ ajouter, joindre; —, v. n. (f.) serrer; joindre; coller (habit); zu eng —, brider; sich —, s'attacher, se joindre (an, à).

Anschluss, m. 2*, incluse, f. addition; (taill.) encolure.

Anschmelzen, v. a. joindre par la fonte; —, v. n. 6 (f.) se joindre par la fonte.

Anschmieden, v. a. forger, souder; enchaîner qn., mettre aux fers.

Anschmiegen, v. a., sich —, se serrer ou se coller contre qn.; fg. s'adapter.

Anschmieren, v. a. frotter, graisser; m. p. barbouiller; fg. fm. tromper, attraper, duper.

Anschnallen, v. a. boucler, attacher avec des boucles.

Anschnarchen, Anschnauben, Anschnauzen, v. a. brusquer, rabrouer; das ungestüme —, s. n. 1, brusquerie, f.　　[entailler.

Anschneiden, v. a. 5†, entamer, Anschnitt, m. 2, entamure, f. coupure.

Anschnüren, v. a. lacer, serrer.

Anschovis, f. anchois (poisson), m.

Anschrauben, v. a. attacher, serrer, fermer à vis, visser.

Anschreiben, v. a. 5, écrire, marquer, noter, mettre en compte; fg. schwarz — mal noter; gut bei einem angeschrieben seyn, être bien dans l'esprit de qn.

Anschreien, v. a. 5, appeler à haute voix; crier après qn.

Anschreiten, v. n. 5† (f.), angeschritten kommen, approcher pas à pas, enjamber.

Anschrote, f. lisière du drap.

Anschub, m. 2, (quill.) den — haben, avoir la boule; um den — werfen, abuter.

Anschuhen, v. a. remonter des bottes; sich —, mettre ses souliers.

Anschuldigen, v. a. accuser, imputer.　　[putation.

Anschuldigung, f. accusation, imputation.

Anschüren, v. a. attiser, allumer.

Anschuss, m. 2*, premier coup, blessure, f.; (chim.) formation; congélation; der — der Krystalle, cristallisation, f.

Anschütten, v. a. (meun.) lâcher l'eau sur les roues, hausser la vanne; faire aller les roues.

Anschwängern, v. a. imprégner; (bot.) féconder; gänzlich —, (chim.) saturer.　　[bot.) fécondation.

Anschwängerung, f. imprégnation;

**Anschwärzen,** v. a. noircir; fg. dénigrer, calomnier.

**Anschwärzer,** m. 1, calomniateur.

**Anschwärzung,** f. calomnie, dénigrement, m.

**Anschweißen,** v. a. souder.

**Anschwellen,** v. a. grossir, faire gonfler; —, v. n. 6 (f.) se gonfler, s'enfler. [mer par alluvion.

**Anschwemmen,** v. a. ajouter, for-

**Anschwemmung,** f. atterrissement, m. alluvion, f.

**Anschwimmen,** v. n. 2 (f.) arriver, aborder à la nage.

**Ansehen,** v. a. 1, regarder, voir; considérer, envisager; fg. avoir égard à; prendre (für, pour); was sehen Sie mich an? pour qui me prenez-vous? einem —, lire dans les yeux de qn.; ich kann es nicht länger mit —, je ne puis en supporter plus longtemps la vue, je n'y tiens plus; für etwas angesehen, censé; der angesehene Mann, homme considéré, m.; —, s. n. 1, regard, m.; fg. air, extérieur, mine, f. apparence; estime, considération, égard, m.; crédit, faveur, f. autorité; das kanonische — canonicité des S. Ecritures; sich — erwerben, s'accréditer; sich ein — geben, se faire valoir, se mettre en crédit, se donner des airs; sich in — setzen, se mettre en crédit; ohne — der Person, sans acception de personne; dem — nach, à vue d'œil; apparemment.

**Ansehnlich,** adj. considérable, distingué, honorable, respectable, grave, imposant; die —e Summe, somme considérable; der —e Mann, homme de belle taille; —, apparent; —, adv. considérablement, beaucoup.

**Ansehnlichkeit,** f. considération, distinction; grandeur; lustre, m.

**Ansehung,** f., in —, prép. en considération de, à l'égard de, par rapport à, quant à, pour.

**Ansetzen,** v. a. mettre, appliquer, attacher, ajouter; den Sporn —, donner de l'éperon; Blutsauger —, appliquer des sangsues; die Feder —, prendre la plume; einen Preis —, fixer, déterminer un prix, etc.; (artill.) die Ladung —, refouler la charge; —, (fin., etc.) imposer, taxer qn.; asseoir des impôts; priser, estimer un bien; emboucher la trompette; mettre un pot au feu; sich —, s'attacher à; das Fleisch setzt sich wieder an; les chairs commencent à revenir; —, v. n. (h.) faire un effort, prendre un élan; charger, attaquer l'ennemi; (chir.) prendre chair; (jard.) mailler; Früchte

—, nouer; von außen angesetzt, juxtaposé.

**Ansetzung,** f. (fin.) assiette des impôts; die — der Blumen, (chim.) efflorescence; (phys.) — von innen, intussusception; — von außen, apposition, juxtaposition.

**Ansicht,** f. vue, inspection; présentation d'une lettre de change; die eigene —, (méd.) autopsie || aspect, m. perspective, f.; fg. vue, opinion, manière de voir; auf seiner — beharren, persister dans son opinion, abonder en son sens. [apercevoir qch.

**Ansichtig werden,** v. a. auxil. (f.)

**Ansiedelei,** f. colonie.

**Ansiedeln (sich),** se domicilier, s'établir, se fixer, fm. se caser.

**Ansiedler,** m. 1, colon.

**Ansinnen,** 2, v. Zumuthen.

**Ansinnen,** n. 1, proposition, f. prétention.

*__Ansitzen,__ v. n. (f.) tenir, être attaché; fg. être domicilié, établi.

**Anspannen,** v. a. tendre, bander une corde, etc.; ein Pferd — atteler un cheval; —, fg. employer qn. (zu, à); alle seine Kräfte — faire tous ses efforts.

**Anspannung,** f. tension, application, attelage, m.

**Anspeien,** v. a. 5, cracher sur ou contre; conspuer.

**Anspielen,** v. a. et n. (h.) commencer à jouer; avoir la main; servir la balle; fg. auf etw. —, faire allusion à qch.

**Anspielung,** f. allusion.

**Anspießen,** v. a. embrocher, mettre à la broche, brocheter; empaler qn.

**Anspinnen,** v. a. 2, attacher en filant; fg. tramer; ourdir un complot, faire naître.

**Anspornen,** v. a. piquer, éperonner; fg. encourager, exciter, pousser; aiguillonner.

**Anspornung,** f. fg. incitation, excitation, encouragement, m.

**Ansprache,** f. abord, m.; discours adressé à qn.; (mus.) son.

**Ansprechen,** v. a. 2, einen —, adresser la parole à qn., aborder qn.; fg. faire impression sur, intéresser; dieses Buch spricht mich sehr an, ce livre me plaît beaucoup; einen um etw. —, demander qch. à qn.; etwas —, prétendre à, réclamer; —, v. n. (h.) (mus.) parler, rendre un son; bei einem — visiter qn.

**Anspreißeln,** v. a. brocheter.

**Ansprengen,** v. a. arroser || pousser un cheval au galop; assaillir qn.; charger une troupe; —, v.

n. (f.) venir au galop, s'élancer, se jeter sur, etc.

**Anspringen,** v. n. 3 (f.) sauter contre qn.; accourir en hâte; s'élancer.

**Anspritzen,** v. a. arroser, mouiller; mit Weihwasser —, asperger d'eau bénite; mit einer Spritze —, seringuer; —, v. n. (f.) rejaillir (an, sur).

**Anspritzung,** f. aspersion.

**Anspruch,** m. 2*, prétention, f. droit (auf, sur, à), m.; titre (auf, à); réclamation, f.; — auf etw. machen, etw. in — nehmen, prétendre à qch.; réclamer qch.

**Anspruchlos,** adj. modeste, sans prétention. [simplicité.

**Anspruchlosigkeit,** f. modestie,

**Ansprung,** m. 2*, élan, fm. escousse, f.; (méd.) achores, m. pl.

**Anspuden,** v. a. cracher contre; conspuer.

**Anspülen,** v. n. (h.) laver, baigner; —, v. a. charrier vers; v. Anschwemmen.

**Anstalt,** f. disposition, préparatif, m. apprêt; appareil; ordre, arrangement || établissement; institution, f. institut, m.; — machen, se disposer, se préparer à, se mettre en devoir de.

**Anstämmen (sich),** s'appuyer, se roidir.

**Anstand,** m. 2*, retard, délai; im —e seyn, être en retard de payer; ohne allen —, sur-le-champ, incontinent; sans aucun doute; —, doute, m. difficulté, f.; — nehmen, hésiter || maintien, m. contenance, f.; décence, bienséance, décorum, m.; grâce, f.; (cha.) affût, m.

**Anständig,** adj. convenable; raisonnable, modique (prix); décent, honnête; — seyn, convenir à qn.; être à la bienséance de qn., accommoder qn.

**Anständigkeit,** f. décence, bienséance; bonne grâce; convenance.

**Anstandsbrief,** m. 2, lettre de répit, f.

**Anstandsschmaus,** m. 2*, seinen — geben, payer son entrée, sa bienvenue. [ment.

**Anstarren,** v. a. regarder fixement.

**Anstatt,** prép. au lieu de, en place de, loin de.

**Anstaunen,** v. a. regarder avec surprise, s'étonner à la vue de.

**Anstechen,** v. a. 2, piquer, percer un tonneau, mettre du vin en perce; angestochen kommen, fm. s'approcher, arriver à grands pas; fg. fm. venir à parler (mit, de); mit Reden angestochen kommen, tenir des discours.

Anstecken, v. a. attacher, mettre; einen Braten —, embrocher un rôti || infecter, communiquer une maladie à qn.; fg. infecter, fm. enticher; ein Haus —, mettre le feu à une maison.

Anstedend, adj. contagieux, épidémique; qui se communique.

Ansteckung, f. contagion, infection. [miasme.

Ansteckungsstoff, m. 2, (méd.)

*Anstehen, v. n. (h.) toucher qch., être attenant à qch. || aller bien, seoir, convenir; dieses Kleid steht dir wohl an, cet habit te va bien || plaire, convenir à qn., accommoder qn. || être retardé, différé, tarder; — lassen, différer; —, balancer, hésiter, douter.

Anstellen, v. a. mettre, placer; établir; engager; Arbeiter —, employer des ouvriers; Betrachtungen —, méditer, faire des réflexions; frische Hunde —, (cha.) attitrer des chiens; —, disposer, régler; concerter; Böses —, faire, causer, commettre du mal; ein Gastmahl —, préparer, arranger un festin; sich —, se placer contre; fg. se prendre (zu etw., à qch.), faire semblant, feindre; sich wie ein Narr —, faire le fou; sich arm —, faire le Anstellig, adj. adroit. [pauvre.

Anstellung, f. emploi, m. place, f.

Anstich, m. 2, perce d'un tonneau, f.

Anstiften, v. a. causer, susciter, machiner qch.; pousser, inciter, instiguer qn. (zu, à); falsche Zeugen —, suborner des témoins.

Anstifter, m. 1, -inn, f. auteur, m. artisan, machinateur, instigateur; instigatrice, f.; der eines Brandes, incendiaire.

Anstiftung, f. instigation.

Anstimmen, v. a. entonner; ein Lied —, entonner une chanson, faire chorus; den Ton —, donner le ton; fg. Klagen —, se mettre à se lamenter.

Anstimmung, f. intonation.

Anstinken, v. a. 3, puer à qn.; fg. être en horreur à qn.; causer du dégoût.

Anstopfen, v. a. remplir; bourrer.

Anstoß, m. 2*, choc, impulsion, f.; fg. scandale, m.; der Stein des —es, pierre d'achoppement, f.; —, difficulté, f. fm. cahot, m.; ohne —, sans hésiter; accès, m. attaque de fièvre, f. || allonge d'une table; baisure, biseau du pain, m.; cotissure du fruit, f.; (taill.) aboutissement, m.; (arch.) aboutissant.

Anstoßen, v. a. et n. 4 (h.) heurter, pousser qn.; heurter, donner contre qch.; die Gläser —, choquer les verres, fm. trinquer; angestoßenes Obst, des fruits froissés, cotis, entichés || an die Mauer —, fouler contre le mur; —, ajouter, joindre un tuyau à un autre; emboîter deux tuyaux; (cout.) rentraire; mettre une allonge à une table; —; v. n. (man.) broncher; mit der Zunge —, bredouiller un peu, grasseyer; im Lesen —, hésiter en lisant; wider etw. —, heurter, choquer qch.; —, manquer à son devoir; bei einem —, choquer, scandaliser qn. || toucher, aboutir, être attenant, contigu à; —, s. n. 1, choc, m. heurt; mit der Zunge, grasseyement.

Anstoßend, adj. contigu, attenant.

Anstößig, adj. choquant, scandaleux; —, adv. d'une manière choquante.

Anstoßnaht, f.*, rentraiture.

Anstoßschiene, f. contre-heurtoir, m.

Anstreben, v. n. (h.) diriger ses efforts sur ou contre qch., faire des efforts; gegen das Böse —, s'opposer au mal.

Anstreichen, v. a. 5†, frotter; (pat.) dorer; peinturer (un mur); grün —, peindre en vert; grau —, grisailler; grob —, barbouiller; nach Marmorart, Jaspisart, Ziegelart —, marbrer, jasper, briqueter; bunt —, barioler, fm. billebarrer; — enduire de chaux || noter, marquer; fg. fm. einem etw. —, punir qn. de qch.; sich —, fm. se farder || v. Anstreifen.

Anstreicher, m. 1, peintureur; m. p. barbouilleur.

Anstreichpinsel, m. 1, pinceau du peintureur; (pat.) doroir.

Anstreifen, v. n. (h.), an etw. —, effleurer qch., toucher qch. en passant; frôler, friser qch.; —, s. n. 1, frôlement, m.

Anstrengen, v. a. presser, pousser, forcer; zu stark —, outrer, s'excéder; alle Kräfte —, faire tous ses efforts, employer toutes ses forces, s'évertuer; seinen Kopf —, s'ingénier, bander son esprit; sich —, s'efforcer, faire un effort; sich über seine Kräfte —, s'excéder.

Anstrengung, f. effort, m.; die des Geistes, contention d'esprit.

Anstrich, m. 2, couleur, f.; peinture, enduit, m.; dorure, f.; fm. fard, m.; fg. der von Gelehrsamkeit, teinte (f.), teinture d'érudition; einer S. einen — geben; donner un vernis à qch.; einen guten — geben; colorer, farder qch.

Anstricken, v. a. ajouter en tricotant.

Anströmen, v. n. (f.) affluer, s'avancer rapidement; fg. id., accourir; —, v. a. v. Anschwemmen.

Anstücken, v. a. rapiécer; ajouter une pièce à une autre.

Anstückung, f. rapiécement, m.

Anstützen, v. a. appuyer, étançonner.

Ansuchen, v. n. (h.), um etw. —, demander, rechercher, solliciter qch.; —, s. n. 1, demande, f. recherche, prière; das schriftliche —, pétition, f. requête; —, (jur.) réquisitoire, m. conclusions, f. pl.

Ansuchender, m. 1, postulant, requérant.

Ansud, m. 2*, (teint.) bouillon, m.

Ansummen, v. n. (f.), sich — augmenter, se grossir, s'élever à.

Antafeln, v. a. agréer, équiper un vaisseau.

Antasten, v. a. toucher, manier; fg. attaquer, contester; attenter a, blesser qn. en son honneur.

Antastung, f. attouchement, m.; attaque, f.

Antheil, m. 2, part, f. portion, quote-part, partie; (comm.) part, action; contingent (de troupes), m.; fg. partage, apanage; participation (à une entreprise), f.; intérêt, m.; — nehmen, prendre part, s'intéresser (an, à, pour).

Anthologie, f. anthologie.

Anthropologie, f. anthropologie.

Anthropomorphismus, m. exc. 1, anthropomorphisme.

Anthropomorphit, m. 3, anthropomorphite.

*Anthun, v. a. mettre, faire, causer; ein Kleid —, mettre un habit; einem Ehre —, rendre honneur à qn.; Gewalt —, faire violence; einem etw. —, ensorceler qn.; sich —, s'habiller; sich Gewalt —, se contraindre; sich ein Leid —, attenter à sa vie.

Antichretisch, adj., (jur.) der — e Vertrag, antichrèse, f.

Antichrist, m. 2, (théol.) antéchrist. ['antique.

Antik, adj. antique; —, adv. à l'

Antike, f. antique.

Antitenhändler, m. 1, antiquaire.

Antillen, pl. (géogr.) Antilles, f.

Antilope, f. (hist. nat.) antilope.

Antimonium, m. 2, antimoine, m.

Antiochien, n. (géogr.) Antioche.

Antiochus, m. pr. m. Antiochus.

Antipathie, f. antipathie; —isch, adj. antipathique. [pet f.

Antipode, m. 3, antipode, m.

Antiquar, m. exc. 1, antiquaire; bouquiniste.

Antiquaschrift, f. (impr.) caractère romain, m.

Antiquität, f. antiquité.

Antithefe, f. (rhét.) antithése.
Anliş, n. 2, visage, m. face, f.; v. Angeſicht. [toine.
Anton, Antonius, n. pr. m. An-
Antonomaſie, f. (rhét.) antonomasc.
Antrag, m. 2*, proposition, f. offre; (dans une assemblée) motion; (jur.) conclusions, pl.; einen — ſtellen, prendre des conclusions, faire une motion.
Antragen, v. a. 7, proposer; offrir, faire la motion de.
Antragsrecht, n. 2, initiative, f.
Antrauen, v. a., einem eine Frau —, marier qn. avec une femme; ſich jemand — laſſen, épouser qn.
Antrauung, f. bénédiction nuptiale, acte de mariage, m.
Antreffen, v. a. 2, trouver, rencontrer; auf friſcher That —, prendre sur le fait; v. Betreffen; —, s. n. 1, rencontre, f.
Antreiben, v. a. 5, pousser, presser; chasser un clou, des cercles; (men.) serrer; fg. encourager, animer, engager qn.; —, v. n. (f.) flotter vers le rivage; donner contre le pont.
Antreibung, f. incitation; encouragement, m.
Antreten, v. a. 1, fouler de la terre autour d'un arbre; aborder qn.; ein Amt —, entrer en charge, en fonction; eine Reiſe —, se mettre en voyage; eine neues Jahr —, commencer une nouvelle année; eine Erbſchaft —, recueillir une succession; —, v. n. (f.) s'approcher (an, de); commencer à marcher.
Antrieb, m. 2, impulsion, f.; instinct, m. mouvement, penchant; instigation, f. inspiration, incitation.
Antritt, m. 2, Antretung, f. Antreten, n. 1, commencement, m. entrée en jouissance, f.; — einer Regierung, avénement au trône, m.; — eines Beſiṭes, prise de possession, f. immixtion, addition d'hérédité.
Antrittsrede, f. discours de réception, d'entrée, d'inauguration d'un professeur, m.
Antrittsrolle, f. rôle de début, m.
Antwerpen, n. 1, Anvers (ville).
Antwort, f. réponse, réplique, repartie; abſchlägige —, refus, m.
Antworten, v. a. répondre, répliquer, repartir; auf der Stelle —, riposter; einem derb —, fm. river le clou à qn.
Anvertrauen, v. a. confier, remettre; ſich einem —, s'ouvrir à qn., lui confier ses secrets; faire confidence de qch. à qn.; —, s. r.

1, dépôt, m. remise, f.; confidence d'un secret.
Anverwandt, adj. parent, allié; —t, m. et f. 3, parent, m. -e, f.
Anverwandtſchaft, f. parenté, alliance, famille.
Anwachs, m. 2, accroissement; crue, f.; augmentation.
Anwachſen, v. n. 7 (f.) croître, s'accroître; s'augmenter, se multiplier (mauvaises herbes); grossir; s'attacher en croissant.
Anwalt, m. 2*, procureur, avoué; syndic.
Anwaltſchaft, f. procuration.
Anwälzen, v. a. rouler contre.
Anwand, f.*, —t, pl. aboutissants d'un champ, m.
Anwandeln, v. a. saisir, attaquer; die Luſt wandelt mich an, l'envie me prend.
Anwandlung, f. accès, m.; fg. id.; fm. bouffée d'humeur, f.
Anwarten, v. n. (h.) avoir la survivance (auf, de).
Anwartend, adj. expectant.
Anwartſchaft, f. survivance, expectative; —s-Brief, m. 2, lettre expectative, f.
Anweben, v. a. joindre en tissant.
Anwehen, v. a. souffler contre.
Anweiſen, v. a. 5, assigner; (fin.) ordonnancer une somme; déléguer qn.; indiquer, adresser; einen zu etw. —, instruire qn. à faire qch.
Anweiſung, f. (fin.) bon, m. mandement; assignation, f. || instruction, direction. [à).
Anwendbar, adj. applicable (auf, Anwendbarkeit, f. qualité d'être applicable.
*Anwenden, v. a. employer, mettre en œuvre, faire usage de; Sorgfalt —, apporter des soins; — appliquer (auf, à); adapter; etw. auf ſich —, se faire l'application de qch.; der angewandte Theil, la partie pratique d'une science.
Anwendung, f. emploi, m.; application, f.
Anwerben, v. a. 2, recruter, enrôler; fg. engager; ſich — laſſen, s'enrôler; —, v. n. (h.), um ein Mädchen —, rechercher une fille en mariage.
Anwerbung, f. enrôlement, m. engagement; levée de soldats, f.; demande, recherche en mariage.
Anwerfen, v. a. et n. (h.) jeter contre; (jeu) commencer; servir la balle.
Anweſend, adj. présent, assistant; —en, m. pl. assistants.
Anweſenheit, f. présence.
Anwidern, v. a. dégoûter.
Anwittern, v. n. (f.), an etw. —,

s'attacher à qch. par exhalaison.
Anwohner, m. 1, habitant voisin, riverain.
Anwuchs, m. 2*, accroissement; crue, f. [à qn.
Anwünſchen, v. a. souhaiter qch.
Anwünſchung, f. souhait, m.; — eines Uebels, imprécation, f.
Anwurf, m. 2*, jet, enduit de chaux, crépi; (drap.) lisière, f.; den — haben, (jeu) avoir le dé; (quill.) avoir la boule; (paume) avoir le service, servir la balle; um den — werfen, abuter.
Anwurzeln, v. n. (f.) prendre racine, s'enraciner; wie angewurzelt ſtehen bleiben, demeurer immobile comme enraciné. [f.
Anzahl, f. nombre, m. quantité, Anzapfen, v. a. percer, mettre en perce, entamer; (chir.) faire la ponction à; fg. fm. picoter, railler.
Anzeichen, n. 1, signe, m. indice; marque, f.; fg. présage, m. augure.
Anzeichnen, v. a. marquer, noter.
Anzeige, f. indication; dénonciation, signification; (comm., etc.) déclaration; notification, annonce; avertissement, m. indice, signe, présage; marque, f.
Anzeigen, v. a. indiquer, annoncer, notifier, signifier; faire savoir; dénoncer; ſein Vermögen —, déclarer sa fortune; ſeinen Namen —, fm. décliner son nom; — fg. marquer; annoncer, présager.
Anzeigend, adj. (gramm.) démonstratif; —e Art, indicatif, m.
Anzeiger, m. 1, -inn, f. indicateur, m.; dénonciateur, -trice, f.; — (math.) exposant, m.
Anzetteln, v. a. monter la chaîne, ourdir; fg. tramer, machiner, ourdir.
Anzettelung, f. ourdissage, m.; fg. machination, f.
Anziehen, v. a. 6, tirer; mettre une cloche en branle; boire, absorber l'eau || mettre un habit; chausser ses souliers; Schuhe und Strümpfe —, se chausser; Handſchuhe —, se ganter; Kamaſchen —, se guêtrer; Stiefel —, se botter; fg. den neuen Menſchen —, revêtir l'homme nouveau || fermer la porte; attirer le fer; fg. intéresser, attacher, attirer; dieſes Buch ṭiebt mich an, ce livre m'intéresse; ſich angezogen fühlen, se sentir attiré, s'intéresser || tendre une corde; bien serrer une vis; élever du bétail || citer, alléguer un passage; —, v. n. (h.) commencer à jouer; prendre (clou, etc.); coller; (f.) avancer, approcher, s'avancer; marcher à l'ennemi; angezogen kommen, fm. venir; —,

*s. n.* 1, habillement, *m.;* chaussure, *f.*

**Anziehend,** *adj.* attrayant, attirant; *fg.* intéressant; (*phys.*) attractif; magnétique; (*méd.*) astringent; —e Kraft, attraction, *f.*

**Anziehung,** *f.* (*phys.*) attraction; (*chim.*) affinité; *fg.* allégation, citation; intérêt, *m.;* =Kraft, *f.*, force attractive.

**Anzug,** *m.* 2*, habillement; chaussure, *f.; fm.* accoutrement, *m.;* sonderbare —, affublement || marche, *f.* approche; entrée, arrivée: acheminement, *m.*

**Anzüglich,** *adj.* piquant; choquant, offensant, injurieux, outrageant.

**Anzüglichkeit,** *f.* parole piquante, allusion maligne; outrage, *m.;* injure, *f.*

**Anzünden,** *v. a.* allumer; Feuer —, faire du feu; —, mettre le feu à, embraser, incendier; *fg.* allumer.

**Anzünder,** *m.* 1, allumeur.

**Anzündung,** *f.* embrasement, *m.*

**Anzupfen,** *v. a.* tirer, tirailler.

**Aosta,** (*géogr.*) Aoste.

**Apanagiren,** *v. a.* apanager.

**Apenninen,** *pl.* Apennins (*montagnes en Italie*), *m.*

**Apfel,** *m.* 1*, pomme, *f.;* in einen sauern — beißen, avaler le morceau, la pilule; der — fällt nicht weit vom Stamm, bon chien chasse de race; *m. p.* les loups n'engendrent pas des moutons.

**Apfelbaum,** *m.* 2*, pommier.

**Apfelbaumgarten,** *m.* 1*, pommeraie, *f.*

**Apfelbrei,** *m.* 2, marmelade, *f.* compote de pommes.

**Apfelgrau,** *adj.* gris pommelé.

**Apfelgrün,** *adj.* vert de pomme.

**Apfelkuchen,** *m.* 1, galette de pommes, *f.* [pommes, *m.*

**Apfelstücklein,** *n.* 1, beignet de

**Apfelmost,** *m.* 2, cidre, pommé.

**Apfelmuß,** *n.* 2, *v.* Apfelbrei.

**Apfelsaure,** *f.* acide malique, *m*

**Apfelscheibe,** *f.* rouelle de pomme.

**Apfelschimmel,** *m.* 1, cheval gris pommelé. [pomme.

**Apfelschnitz,** *m.* 2, quartier de

**Apfelsine,** *f.* orange douce de Portugal.

**Apfeltorte,** *f.* tourte aux pommes.

**Apfelwein,** *m.* 2, cidre, pommé.

**Aphorism,** *m. exc.* 1, aphorisme.

**Aphoristisch,** *adj.* aphoristique.

**Apiapfel,** *m.* 1*, pomme d'api, *f.*

**Apodictisch,** *adj.* apodictique.

**Apogäum,** *n. exc.* 1, (*astr.*) apogée, *m.*

**Apokalypse,** *f.* apocalypse.

**Apokalyptisch,** *adj.* apocalyptique.

**Apokryphisch,** *adj.* apocryphe.

**Apolog,** *m. exc.* 1, apologue.

**Apologetisch,** *adj.* apologétique.

**Apologie,** *f.* apologie.

**Apoplectisch,** *adj.* apoplectique.

**Apoplexie,** *f.* (*méd.*) apoplexie.

**Apostasie,** *f.* apostasie.

**Apostat,** *m.* 3, apostat.

**Apostel,** *m.* 1, apôtre.

**Apostelamt,** *n.* 5*, apostolat, *m.*

**Apostelgeschichte,** *f.* actes des apôtres, *m. pl.*

**Apostolisch,** *adj.* apostolique; das —e Glaubensbekenntniß, le crédo, symbole des apôtres.

**Apostroph,** *m.* 2, (*gramm.*) apostrophe, *f.*

**Apothefe,** *f.* pharmacie, apothicairerie. [apothicaire.

**Apotheker,** *m.* 1, pharmacien, *m.* 5*, pharmacopée, *f.* dispensaire, *m.*

**Apothekerkunst,** *f.*, pharmacie.

**Apothekertaxe,** *f.* taxe des apothicaires. [cologie.

**Apothekerwissenschaft,** *f.* pharma-

**Apotheose,** *f.* apothéose.

**Apparat,** *m.* 2, apparat.

**Appell,** *m.* 2, appel.

**Appellant,** *m.* 3, (*jur.*) appelant.

**Appellat,** *m.* 3, (*jur.*) intimé.

**Appellation,** *f.* appel, *m.;* appellation, *f.* [d'appel, *f.*

**Appellationsgericht,** *n.* 2, cour

**Appelliren,** *v. n.* (*h.*) appeler, interjeter appel, se porter appelant.

**Appetit,** *m.* 2, appétit.

**Appetitlich,** *adj.* appétissant, ragoûtant.

**Applicatur,** *f.* (*mus.*) doigter, *m.*

**Appretur,** *f.* apprêt, *m.*

**Aprifose,** *f.* abricot, *m.*

**Aprikosenbaum,** *m.* 2*, abricotier.

**April,** **Aprilmonat,** *m.* 2, avril, mois d'avril; einen in den — schicken, *prov.* donner à qn. un poisson d'avril. [un poisson d'avril.

**Aprilnarr,** *m.* 3, celui qui a eu

**Apulejos,** *nom d'un écrivain,* Apulée, *m.*

**Apulien,** (*géogr.*) Fouille, *f.*

**Aquamarin,** *m.* 2, aigue-marine (*pierre précieuse*), *f.*

**Aquavit,** *m.* 2, eau-de-vie, *f.* liqueur.

**Aquileja,** **Aquilée** (*ville*).

**Aquitanien,** (*géogr.*) Aquitaine, *f.* [nat.) ara, aras.

**Ara,** *m. indécl., pl.* Aras, (*hist.*)

**Araber,** *m.* 1, =inn, *f.* Arabe, *m.* et *f.*

**Arabesken,** *f. pl.* (*peint.*) arabes-

**Arabien,** (*géogr.*) Arabie, *f.*

**Arabisch,** *adj.* arabe; arabesque; —e, *n.* 3, arabe, *m.* langue arabe.

**Arad,** *m.* 2, arack. [be, *f.*

**Aragonien,** (*géogr.*) Aragon, *m.*

**Aräometer,** *m.* ou *n.* 1, aréomètre, *m.* pèse-liqueurs.

**Arbeit,** *f.* travail, *m.* besogne, *f.* occupation; beschwerliche —, fatigue; etw. in die — nehmen, commencer un ouvrage; in der — haben, avoir sur le métier; einem viele — machen, tailler de la besogne à qn.; —, (*art.*) façon, facture; ouvrage, *m.* œuvre, *f.;* eingelegte —, de la marqueterie; (*sculpt.*) erhabene —, du relief; halb erhabene —, bas-relief; gestochene —, de la gravure; getriebene —, bosselage, *m.* embouti.

**Arbeiten,** *v. a.* et *n.* (*h.*) travailler; bouillir (*vin*); schlecht —, maçonner, bousiller; *fg.* sich zu Tode —, se tuer.

**Arbeiter,** *m.* 1, =inn, *f.* ouvrier, *m.* travailleur; ouvrière, *f.*

**Arbeitsam,** *adj.* laborieux, actif, industrieux; —e Mensch, *pop.* le cul de plomb.

**Arbeitsamkeit,** *f.* assiduité; industrie; activité; amour du travail, *m.* [vrage.

**Arbeitsbeutel,** *m.* 1, sac à ou-

**Arbeitsbiene,** *f.* abeille ouvrière.

**Arbeitshaus,** *n.* 5*, maison de travail, *f.* fabrique, atelier, *m.;* (*jur.*) la maison de force, de correction.

**Arbeitslohn,** *m.* 2, paye, *f.;* façon; main-d'œuvre.

**Arbeitsschule,** *f.* école de travail, d'industrie.

**Arbeitsstube,** =kammer, *f.* =zimmer, *n.* 1, chambre de travail, *f.* étude d'un notaire, cabinet d'un savant, *m.;* (*comm.*) comptoir; (*chim.*) laboratoire.

**Arbeitstag,** *m.* 2, jour ouvrable.

**Arbeitstisch,** *m.* 2, (*art.*) établi; table à travailler, *f.*

**Arbeitszeug,** *n.* 2, outils, *pl.* ouvrage *de femmes,* *m.*

**Arcadien,** *v.* Arkadien.

**Archäolog,** *m.* 3, archéologue; —ie, *f.* archéologie; —isch, *adj.* archéologique. [archée.

**Archäus,** *m. indécl. ol.* (*chim.*)

**Arche,** *f.* arche de Noé; (*nav.*) nacelle, barque à fond plat; (*hydr.*) conduit, *m.*

**Archidiafonat,** *n.* 2, archidiaconat, *m.* [diacre.

**Archidiafonus,** *m. exc.* 1, archidiaconé; *m.* 3, archimandrite. [Archipel.

**Archimandrit,** *m.* 3, archimandrite. [Archipel.

**Archipelagus,** *m. indécl.* (*géogr.*)

**Architect,** *m.* 3, architecte.

**Architectur,** *f.* architecture.

**Architrab,** *m.* 2, —trav, (*arch.*) architrave, *f.*

**Archiv,** *n.* 2, archives, *f. pl.;* chartrier *d'une abbaye,* *m.*

Archivar, *m.* 2, Archivbewahrer, 1, archiviste, conservateur des archives.

Archont, *m.* 3, (*ant. gr.*) archonte; —at, *n.* 2, archontat, *m.*

Ardennen, *pl.* (*géogr.*) Ardennes, *f.* [arec, *m.* arèque.

Arefabaum, *m.* 2*, Arefanuß, *f.*,

Arg*, *adj.* malin, malicieux, fin, rusé, méchant; mauvais; —, *adv.* mal; das ist zu arg, c'en est trop; ärger machen, aggraver, empirer, aigrir; ärger werden, s'aggraver, empirer, s'aigrir.

Arglist, Arglistigfeit, *f.* finesse, ruse, artifice, *m.* astuce, *f.*; malice; fraude, tromperie.

Arglistig, *adj.* fin, rusé, artificieux; malin, malicieux; fourbe; frauduleux.

Arglos, *adj.* sans malice, sans finesse, sans soupçon, inoffensif.

Arglosigfeit, *f.* simplicité, innocence, absence de toute malice.

Argument, *n.* 2, argument, *m.* preuve, *f.*

Argwohn, *m.* 2, soupçon, ombrage; défiance, *f.*

Argwohnen, *v. a.* soupçonner.

Argwöhnisch, *adj.* soupçonneux, défiant; —, *adv.* avec défiance.

Arianer, *m. pl.* 1, (*théol.*) Ariens.

Arie, *f.* (*mus.*) air, *m.*; die kleine —, ariette, *f.*

Aristarch, *m.* 3, aristarque.

Aristofrat, *m.* 3, aristocrate.

Aristofratie, *f.* aristocratie.

Aristoteles, *n. pr. m.* Aristote; die Lehre des —, aristotélisme, *m.*

Aristotelifer, *m.* 1, aristotélicien.

Arithmetif, *fem.* arithmétique. —er, *m.* 1, arithméticien; —tisch, *adj.* arithmétique.

Arkabien, (*géogr.*) Arcadie, *f.*

Arlesbeere, ic., *v.* Elsebeere.

Arm*, *adj.* pauvre, misérable, indigent, nécessiteux; der arme Sünder, *fm.* le délinquant, patient; — machen, appauvrir; — werden, s'appauvrir; —e, *m. et f.* pauvre.

Arm, *m.* 2, bras; — in — bras dessus, bras dessous; ein — voll, une brassée; mit offenen —en empfangen, recevoir à bras ouverts; einem unter die Arme greifen, *fg.* aider, soulager qn. || (*art., etc.*) bras, *m.* branche de ciseaux, etc., *f.*

Armadill, *n.* 2, (*hist. nat.*) armadille, *f.*; —t, *f.* (*mar.*) id., armandille. [ment.

Armatur, *f.* armure, équipe=

Armband, *n.* 2*, bracelet, *m.*

Armbein, *n.* 2, os du bras, *m.*

Armbinde, *f.* écharpe. [*f.*

Armbruch, *m.* 2*, rupture du bras,

Armbruß, *f.*,* arbalète.

Armbrustmacher, *m.* 1, Armbrust= schüß, *m.* 3, arbalétrier.

Armee, *f.* armée.

Armenanstalt, *f.*, *v.* Armenhaus.

Armenbüchse, *f.* boîte à quêter.

Armencasse, *f.* caisse des pauvres.

Armengeld, *n.* 5, aumône, *f.* taxe des pauvres.

Armenhaus, *n.* 5*, hôpital, *m.* hospice, charité, *f.* hôtel-Dieu, *m.*

Armenien, (*géogr.*) Arménie, *f.*; —nisch, *adj.* arménien.

Armenier, *m.* 1, Arménien.

Armenfasten, *m.* 1*, =stock, 2*, tronc des pauvres.

Armenordnung, *f.* ordonnance relative à la police des pauvres.

Armenpfleger, *m.* 1, aumônier; —, *pl.* commission des hospices, *f.*

Armenschule, *f.* école gratuite.

Armensteuer, *f.* collecte, quête.

Armentare, *f.* taxe des pauvres.

Armgeige, *f.*, *v.* Bratsche.

Armhut, *m.* 2*, chapeau bas.

Armillarsphäre, *f.* sphère armillaire.

Armforb, *m.* 2*, panier à anse.

Armleder, *n.* 1, (*dor.*) bracelet, *m.*

Armlehne, *f.* bras d'un fauteuil, *m.*; accoudoir.

Armleuchter, *m.* 1, lustre, chandelier à bras; candélabre.

Armloch, *n.* 5*, (*taill.*) emmanchement, *m.*

Armmustel, *m. exc.* 1, (*anat.*) muscle brachial. [*m.*

Armpolster, *m. et n.* 1, coussinet,

Armpulsader, *f.* artère brachiale.

Armring, *m.* 2, bracelet.

Armschiene, *f.* brassard, *m.*; (*tourn.*) appui. [bras.

Armsdid, *adj.* de l'épaisseur d'un

Armselig, *adj.* pauvre, chétif, misérable, pitoyable, mesquin, gueux.

Armseligfeit, *f.* pauvreté, misère.

Armsponge, *f.* bracelet, *m.*

Armstüd, *n.* 2, (*paum., etc.*) brassard, *m.* [fauteuil.

Armstuhl, *m.* 2*, Armsessel, 1,

Armuth, *f.* pauvreté, indigence, misère, disette; besoin, *m.*; in die äußerste — gerathen, tomber dans une extrême pauvreté; *fm.* être réduit à la besace.

Arnold, *n. pr. m.* Arnaud.

Arnolt, *n. pr. m.* Arnould.

Aromatisch, *adj.* aromatique.

Arrest, *m.* 2, arrêts, *pl.* prison, *f.* détention, emprisonnement, *m.*; prise de corps, *f.*; saisie de qch., main-mise, séquestre, *m.*; (*mar.*) embargo; im — sitzen, être aux arrêts, en prison; mit — be= legen, saisir, arrêter qch.

Arrestant, *m.* 3, prisonnier.

Arretiren, *v. a.* arrêter, saisir.

Arrobe, *f.* arrobe (¼ de quin= tal). [fessier

Arsch, *m.* 2*, *pop.* cul, derrière,

Arschbade, *f. pop.* fesse.

Arsenif, *n.* 2, arsenic, *m.*

Arsenifalisch, Arsenifsauer, *adj.* arsenical.

Art, *f.* espèce, sorte; genre, *m.*; race, *f.*; (*gramm.*) mode, *m.*; nature, *f.*; naturel, *m.*; proprié= té, *f.* qualité; caractère, *m.* || manière, *f.* façon, forme; mé= thode; — des Seyns, (*phil.*) mo= dification; mode, *m.*; — zu seyn, manière d'être, *f. fg.* manières, *pl.* ton, *m.*; bonne *ou* mauvaise grâce, *f.*; — im Singen, port de voix, *m.*; auf diese —, ainsi, de cette manière; auf meine —, à ma guise, fantaisie; nach der — und Weise, ic., à l'instar de, comme, à la manière de; nach —..., en guise de ...; aus der — schlagen, dégénérer, s'abâtar= dir; — läßt nicht von —, *prov.* la caque sent toujours le hareng, bon chien chasse de race; han= deln, daß es eine — hat, agir comme il faut; es ist so seine —, c'est sa manière; das hat seine —, cela est contre la bienséance.

Arten, *v. n.* (h.) ressembler à; conserver le naturel, la qualité; venir bien; se faire, se former; ein wohlgeartetes Kind, un enfant bien élevé, bien né, d'un bon na= turel.

Artig, *adj.* joli; gentil, gra= cieux; agréable; galant, honnête; de bonne grâce; plaisant (*conte*); fin, sage; — es Sachen, des gentil= lesses; ziemlich —, *fm.* joliet; ein —es Kind, un enfant sage; ein —er Mann, un homme honnête; —, *adv.* avec grâce, gentiment, bien.

Artigfeit, *f.* gentillesse, galan= terie, honnêteté; politesse, élé= gance; grâce.

Artifel, *m.* 1, article; point; (*jur.*) chef.

Artifelweise, *adv.* par articles.

Artillerie, *f.* artillerie.

Artilleriearbeiter, *m.* 1, artillier.

Artilleriewagen, *m.* 1*, caisson d'artillerie. [nonnier.

Artillerist, *m.* 3, artilleur, ca=

Artischote, *f.* artichaut, *m.*; spa= nische —, cardon.

Artischotenfraut, *m.* 2, cul d'arti= chaut. [tion.

Artung, *f.* (*philos.*) modifica=

Arznei, *f.* médecine, remède, *m.* médicament, drogue, *f.*; einem oft — ein geben, médeciner qn.; mit — en überladen, droguer; von — en handeln, médicamentaire;

—, die weder hilft noch ſchadet, de l'onguent miton-mitaine, *m.*

Arzneibereiter, *v.* Apotheker.

Arzneibereitung, *f.* préparation des remèdes; —ſtunſt, *f.\*,* pharmacie. [buch.

Arzneibuch, *n.* 2\*, *v.* Apotheker=

Arzneibüchſe, *f.* boîte à drogues.

Arzneiformel, *f.* recette, ordonnance. [lot, *m.*

Arzneigebiß, *n.* 2, (*man.*) billet; Arzneigelehrſamkeit, *f.* médecine.

Arzneigeſetzbuch, *n.* 5\*, code médicamentaire, *m.*

Arzneiglas, *n.* 5\*, fiole, *f.*

Arzneikäſtchen, *n.* 1, droguier, *m.*

Arzneikugel, *f.* bol, *m.* bolus.

Arzneikunde, *f.* pharmaceutique.

Arzneikunſt, *f.\*,* = wiſſenſchaft, médecine; empiriſche —, empirisme, *m.* [cal, officinal.

Arzneilich, *adj.* médicinal, médi-

Arzneimittel, *n.* 1, *v.* Arznei.

Arzneitrank, *m.* 2\*, breuvage, potion, *f.;* (*vét.*) armand, *m.*

Arzneiverſtändig, *adj.* savant, expert en médecine. [mel.

Arzneizettel, *m.* 1, *v.* Arzneiſer=

Arzt, *m.* 2\*, médecin, *fm.* Esculape; — ohne Theorie, empirique.

Aſant, *m.* 2, assa; ſtinkende —, assa foetida; wohlriechende —, assa doux.

Asbeſt, *m.* 2, asbeste, amiante.

Ascet, *m.* 3, ascète; —iſch, *adj.* ascétique.

Aſchblei, *n.* 2, bismuth, *m.*

Aſche, *f.* (*sans plur.*) cendre; glimmende —, flammèche; in die — legen, réduire en cendres; voll —, cendreux.

Aſchenbrenner, *m.* 1, cendrier.

Aſchenbrödel, *m.* 1, *injur.* cendrillon, *f.* salisson.

Aſchenfarben, *adj.* cendré.

Aſchengrube, *f.* =loch, *n.* 5\*, cendrier, *m.;* Aſchenhändler, =ſammler, *m.* 1, *id.;* Aſchenfaſten, *m.* 1\*, *id.*

Aſchenkrug, Aſchentopf, *m.* 2\*, urne cinéraire, *f.*

Aſchenkuchen, *m.* 1, fouace, *f.*

Aſchenſalz, *n.* 2, sel de soude, *m.*

Aſchentuch, *n.* 5\*, charrier, *m.*

Aſchenzieher, *m.* 1, tourmaline, *f.*

Aſchermittwoch, *m.* 2, mercredi des cendres.

Aſchfarbig, *adj.* cendré.

Aſchgrau, *adj.* gris-cendré.

Aſchig, Aſchicht, *adj.* cendreux.

Asfodill, *m.* 2, (*bot.*) asphodèle.

Aſiarch, *m.* 3, (*ant.*) asiarque; —at, *n.* 2, asiarchat, *m.*

Aſien, (*géogr.*) Asie, *f.;* Klein= —, Natolie, Anatolie, Asie mineure; Aſiat, *m.* 3, =inn, *f.* Asia-

tique, *m. et f.;* aſiatiſch, *adj.* asiatique, d'Asie.

Aſpe, *v.* Espe.

Aſpect, *m. exc.* 1, aspect; (*astr.*) *id.,* conformation, *f.* [naie.

Asper, *m.* 1, (*Turq.*) aspre (*mon=* Aß, *n.* 2, point *sur les dés, m.;* as *des cartes* ‖ grain (*poids*).

Aſſaki, *f.* (*Turq.*) assaki, sultane favorite.

Aſſecurant, *m.* 3, assurant. ·

Aſſecuration, Aſſecuranz, *f.* assurance.

Aſſecuriren, *v. a.* assurer.

Aſſecurirte, *m.* 3, assuré.

Aſſel, *f.* (*hist. nat.*) cloporte, *m.*

Aſſeſſor, *m. exc.* 1, assesseur.

Aſſientiſt, *m.* 3, *ol.* assientiste.

Aſſiento, *m.* 2, *ol.* assiente, *f.*

Aſſignate, *f.* assignat, *m.*

Aſſiſen, *f. pl.,* —gericht, *n.* 2, cour des assises, *f.* assises, *pl.*

Aſſonanz, *f.* assonnance.

Aſt, *m.* 2\*, branche, *f.* rameau, *m.;* der knotige —, (*forest.*) écot; vorne verdorrte — ergot; die Aeſte eines Baumes behauen, ébrancher, émonder un arbre; —, nœud *dans une planche etc.*

Aſter, *f.* (*bot.*) aster, *m.* œilde-Christ.

Aſthma, *n.* 2, (*méd.*) asthme, *m.*

Aſthmatiſch, *adj.* asthmatique.

Aſtloch, *n.* 5\*, trou provenant d'un nœud d'arbre, *m.*

Aſtrolabium, *n. exc.* 1, astrolabe, *m.*

Aſtrolog, *m.* 3, astrologue.

Aſtrologie, *f.* astrologie.

Aſtronomie, *f.* astronomie.

Aſtronomiſch, *adj.* astronomique.

Aſturien, (*géogr.*) Asturies, *f. pl.*

Aſtwerk, *n.* 2, branchage, *m.* ramage.

Atheiſt, *m.* 3, athée.

Atheiſterei, *f.* Atheismus, *m. indécl.* athéisme.

Athem, *m.* 1, haleine, *f.* respiration; in einem —, tout d'une haleine; außer — ſetzen, essouffler; — holen, respirer; reprendre haleine.

Athemholen, *n.* 1, respiration, *f.;* das — fällt ihm ſchwer, il n'a pas la respiration libre.

Athemlos, *adj.* hors d'haleine, essoufflé.

Athemzug, *m.* 2\*, haleine, *f.;* aspiration; respiration; bis zu meinem letzten —, jusqu'au dernier souffle de ma vie.

Athen, Athènes (*ville*); —iſch, *adj.* —er, —inſer, *m.* 1, Athénien.

Athlet, *m.* 3, athlète; —iſch, —emäßig, *adj.* athlétique.

Athmen, *v. a.* et *n.* (h.) respi-

rer, prendre haleine; exhaler, souffler.

Atlant, *m.* 3, (*arch.*) atlante.

Atlantiſch, *adj.* atlantique (*mer*).

Atlas, *m.* 2, satin ‖ — von Land= farten, atlas géographique; —, (*arch.*) atlante.

Atlasart, *f.,* auf — machen, wes= ben, satiner; —ig, *adj.* satiné.

Atlasband, *n.* 5\*, ruban satiné, *m.*

Atlaſſen, *adj.* de satin; satiné.

Atlaszeug, *m.* 2, satinade, *f.*

Atmoſphäre, *fém.* atmosphère; —iſch, *adj.* atmosphérique.

Atom, *n.* 2, atome.

Atomenſyſtem, *n.* 2, physique *ou* philosophie corpusculaire, *f.*

Atteſtat, *n.* 2, certificat, *m.* attestation, *f.*

Attich, *m.* 2, (*bot.*) hièble, *f.*

Attiſch, *adj.* attique.

Atzel, *f.* pie, *v.* Elſter; *fm.* perruque. [leurre, *m.*

Atzung, *f.* pâture; nourriture;

Atzungsrecht, *n.* 2, (*féod.*) droit d'auberge, *m.* [ouf!

Au, au weh, *interj.* ah! ahi! aïe!

Auch, *conj.* aussi, encore; de plus; de même; — nicht, non plus; was —, quoi que; wer es — ſey, qui que ce soit; oder —, ou bien; wenn —, quand même; lors même que.

Auction, *f.* enchère, encan, *m.* vente publique, *f.*

Audienz, *f.* audience.

Audienzſaal, *m.* 2\*, =zimmer, *n.* 1, salle d'audience, *f.* audience.

Auditor, *m. exc.* 1, auditeur.

Auditorium, *n. exc.* 1, auditoire, *m.* [pré, *m.*

Aue, *f.* plaine fertile, prairie,

Auerhahn, *m.* 2\*, coq de bruyère.

Auerhenne, *f.* =huhn, *n.* 5\*, poule des bois, *f.* [sauvage.

Auerochs, *m.* 3, ure, taureau

Auf, *prépos.* sur, dessus, pardessus, en, par, dans, à, vers, pour, de; — der Erde, par terre; — die Erde, à terre; — Oſtern, à Pâques; — den Mann, par tête; — den Abend, vers le soir; — der Reiſe, en voyage; ein Viertel — zwei Uhr, une heure et quart; es geht — drei Uhr, il est deux heures passées; — immer, pour toujours; *fg.* es hat nichts — ſich, cela n'est rien, n'importe; es hat viel — ſich, il importe beaucoup.

Auf, *adv.,* von … auf, dès, depuis; von Jugend —, dès la jeunesse; —s höchſte, —s längſte, tout au plus, au plus tard; —s neue, de nouveau; — einmal, à la fois; — zweimal, dreimal, à deux, à trois fois; — und ab, en montant et en descendant;

*fg.* plus ou moins; —s Effen, après le dîner; bis — biefen Tag, jusqu'à ce jour.      [vous!

**Auf!** *interj.* alerte! allons! levez-

**Auf baß**, *conj.* afin que, pour que, à l'effet de.

**Auf**, *séparable dans la composition, indique une élévation, un mouvement vers le haut, une ouverture, une répétition, l'achèvement de l'action exprimée par le verbe simple, une destination à un usage ultérieur.*

**Aufarbeiten**, *v. a.* achever sa tâche; ouvrir avec effort.

**Aufbaden**, *v. a.* 7, recuire.

**Aufbahren**, *v. a.* mettre sur la bière.

**Aufbau**, *m.* 2, *v.* **Aufbauung**.

**Aufbauen**, *v.a.* bâtir, construire, édifier; *élever un bâtiment.*

**Aufbäumen**, *v. a.* (*tiss.*) monter sur l'ensuple; fich —, se cabrer.

**Aufbauung**, *f.* construction.

**Aufbehalten**, *v. a.* 4, garder, réserver.

**Aufbehaltung**, *f.* conservation.

**Aufbeißen**, *v. a.* 5†, casser avec les dents.

**Aufbeißen**, *v. a.* ronger, corroder.

**Aufbersten**, *v. n.* 2 ou 6 (f.) crever, crevasser; se fendre, se gercer.

**Aufbewahren**, *v. a.* garder, réserver; (diefes Obst) läßt fich nicht lange —, n'est pas de garde.

**Aufbewahrung**, *f.* conservation, réserve.

**Aufbieten**, *v.a.* 6, feine Kräfte —, employer ses forces; alles —, faire tous ses efforts; *fm.* se mettre en quatre; Verlobte —, publier les bans, proclamer; —, appeler *aux armes;* convoquer, assembler *des troupes;* das Volk in Maffe —, faire une levée en masse.

**Aufbietung**, *f.*, *v.* **Aufgebot**.

**Aufbinden**, *v. a.* 3, délier, détacher, dénouer; lier, attacher, garrotter; retrousser *les cheveux;* auf das Pferd —, mettre en croupe; *fg. fm.* nouer; fich —, en donner à garder à qn., la bailler belle à qn., en imposer.

**Aufblähen**, *v. a.* enfler, gonfler, (*bouch.*) bouffer; *fg.* enfler, gonfler d'orgueil; fich —, s'enfler; *fg. id.,* s'enorgueillir.

**Aufblähung**, *f.* enflure; gonflement, *m.; fg.* orgueil.

**Aufblasen**, *v. a.* 4, enfler, remplir de vent, gonfler, bouffir, souffler; (*bouch.*) bouffer; ouvrir en soufflant; —, *v. n.* (b.) sonner de la trompette, donner du cor, etc.; fich —, s'enfler d'or-

gucil; aufgeblasen, *fg.* orgueilleux, présomptueux, boursouflé (*style*).

**Aufbleiben**, *v. n.* 5 (f.) veiller; demeurer debout; rester ouvert (*livre*).      [haut.

**Aufblick**, *m.* 2, regard *vers en*

**Aufblicken**, *v. n.* (b.) lever les yeux; —, *s. n.* 1, action de regarder en haut, *f.*

**Aufblitzen**, *v. n.* (b.) éclairer; (*poés.*) *fg.* se présenter soudain (*pensée*).

**Aufblühen**, *v. n.* (f.) s'épanouir, éclore, s'ouvrir; *fg.* naître.

**Aufbrauchen**, *v. a.* consumer, employer.

**Aufbrausen**, *v. n.* (f.) fermenter avec bruit; bouillonner; *fg.* s'emporter; prendre feu; —, *s. n.* 1, effervescence, *f.; fg.* emportement, *m.; fm.* bourrade, *f.*

**Aufbrausend**, *adj.* emporté, fougueux, bouillant.

**Aufbrechen**, *v. a.* 2, rompre, forcer; eine Thüre —, enfoncer une porte; ein Faß —, effondrer un tonneau; —, ouvrir; einen Brief —, rompre le cachet d'une lettre, décacheter; —, *v. n.* (f.) partir, décamper; (*cha.*) faire faux feu; *fg.* s'emporter.

**Aufbrechung**, *f.* effraction; ouverture; enfoncement, *m.* ‖ départ.      [plier, mettre.

**Aufbreiten**, *v. a.* étendre, déployer.

**Aufbrennen**, *v. a.* consumer en brûlant; einem Tonne ein Zeichen —, marquer un tonneau avec un fer chaud; —, *v. n.* (f.) se brûler, se consumer; (*cha.*) faire faux feu; *fg.* s'emporter.

**Aufbringen**, *v. a.* lever, soulever, porter en haut; eine Thüre —, parvenir à ouvrir une porte; Junge —, élever des petits; eine Mode —, mettre en vogue, inventer, mettre qch. à la mode; eine Meinung —, mettre en avant une opinion; —, se procurer, trouver de l'argent; Lügen —, inventer des mensonges; Einen —, fâcher, irriter qn.; —, (*mar.*) amener, conduire *une prise dans le port;* rétablir *un malade* ‖ lever *des soldats,* mettre sur pied; fournir *des témoins.*

**Aufbringung**, *f.* introduction; invention; *fg.* irritation.

**Aufbruch**, *m.* 2*, départ, décampement; (*jur.*) bris *de prison;* ouverture, *f.;* (*agr.*) labour, *m.*

**Aufbürsten**, *v. a.* ouvrir la poitrine *d'un bœuf tué; fg.* fich —, se pavaner.

**Aufbürden**, *v. a.* charger qn. de

qch.; imposer qch. à qn.; *fg.* imputer, attribuer qch. à qn.; inculper qn. de qch.; *fm.* donner un paquet à qn.

**Aufbürdung**, *f.* charge, imposition; *fg.* imputation, inculpation.      [mer.

**Aufdammen**, *v. a.* et *n.* (b.) da-

**Aufdämmern**, *v. n.* (f.) commencer à luire (*espérance*); *fg.* commencer à luire (*espérance*).

**Aufdecken**, *v. a.* découvrir ‖ mettre *la nappe.*

**Aufdingen**, *v. a.* engager *un apprenti.*

**Aufdingung**, *f.* engagement, *m.*

**Aufdrängen**, *v. a.* presser, ouvrir en pressant, forcer; fich einem —, se jeter à la tête de qn.; —, se présenter (*réflexion*).

**Aufdrehen**, *v. a.* ouvrir en tournant; détordre, détortiller.

**Aufdreschen**, *v. a.* 2 ou 6, achever de battre *le blé; fg. fm.* découvrir, déterrer.

**Aufdringen**, *v. a.* 3, einem etw. —, obliger, forcer qn. de prendre, d'accepter qch.; fich einem —, pénétrer chez qn. malgré lui, importuner qn.

**Aufdringlich**, *adj.* importun.

**Aufdringlichkeit**, *f.* importunité.

**Aufdringung**, *f.* contrainte, importunité.

**Aufdrucken**, *v. a.* empreindre; imprimer, appliquer; den Stämpel —, apposer le sceau.

**Aufdrücken**, *v. a.* faire crever en serrant; ouvrir en poussant, forcer; stark —, appuyer.

**Aufdrückung**, *f.* impression; empreinte; apposition *du sceau.*

**Aufeinanderpaffen**, *n.* 1, (*géom.*) coïncidence, *f.*

**Aufenthalt**, *m.* 2, séjour; demeure, *f.;* retraite; repaire *de voleurs, m.* ‖ délai, retard.

**Auferlegen**, *v. a.* charger de qch.; imposer; enjoindre, commander; eine Strafe —, infliger une peine; auferlegt, (*jur.*) inflictif (*peine*).

**Auferlegung**, *f.* charge, imposition *des mains, d'un impôt, etc.;* ordre, *m.* commandement.

**Auferstehen**, *v. n.* (f.) ressusciter.

**Auferstehung**, *f.* résurrection.

**Auferwecken**, *v. a.* ressusciter.

**Auferziehen**, *v. a.* 6, élever, nourrir.

**Auferziehung**, *f.* éducation.

**Aufessen**, *v. a.* et *n.* 1 (b.) manger tout, consumer.

**Auffädeln**, *v. a.* enfiler; effiler.

**Auffahren**, *v. n.* 7 (f.) monter; s'ouvrir soudainement (*porte*); se réveiller en sursaut; se lever

précipitamment; *fg.* s'emporter, *fm.* monter sur ses grands chevaux; ohne Grund —, prendre la chèvre.

Auffahrt, *f.* ascension; montée; (*fortif.*) rampe; entrée *d'un pont.*

Auffallen, *v. n.* 4 (f.) tomber sur qch.; se blesser, se casser en tombant; *fg.* étonner, surprendre, choquer qn.

Auffallend, *adj.* frappant, choquant, surprenant, visible; éclatant.

Auffangen, *v. a.* 4, prendre, attraper, saisir; recueillir; Briefe —, intercepter des lettres; —, *fg.* recueillir, relever *une parole;* *fm.* pêcher, prendre *des nouvelles, etc.*

Auffangung, *f.* interception, saisie.       [dre, repasser.

Auffärben, *v. a.* (reint.) retein-

Auffassen, *v. a.* enfiler *des perles;* assembler; ramasser, recueillir; *fg.* saisir *une idée.*

Auffassung, *f.* intelligence *d'un discours.*

Auffinden, *v. a.* 3, trouver, découvrir.

Auffischen, *v. a.* pêcher, repêcher.

Aufflammen, *v. a.* enflammer; —, *v. n.* (f.) s'enflammer.

Aufflattern, *v. n.* (f.) s'envoler.

Aufflechten, *v. a.* 6, tresser *les cheveux;* décorder, défaire *un lacet.*

Auffliegen, *v. n.* 6 (f.) prendre sa volée, prendre l'essor; s'envoler, s'enfuir; se percher, se jucher (*poules*); se lever subitement, monter, s'élever (*ballon*); Rauche —, s'en aller en fumée; —, sauter (*vaisseau*); s'ouvrir brusquement (*porte*).

Auffordern, *v. a.* provoquer, défier; inviter; requérir, sommer; (*jur.*) interpeller *un accusé.*

Aufforderung, *f.* provocation, défi, *m.*; sommation, *f.*; — sich zu erklären, (*jur.*) interpellation; —, 'appel, *m.*; invitation, *f.*; encouragement, *m.*

Aufformen, *v. a.* (chap.) assortir; enformer, relever les bords *d'un chapeau.*

Auffressen, *v. a.* 1, manger, avaler, dévorer, engloutir, consumer || vor Liebe —, *fm.* manger de caresses || corroder, ronger, cautériser *la peau;* einander —, s'entre-manger; —, *v. n.* (h.) manger, dévorer tout.

Auffressung, *f.* corrosion, cautérisation.

Auffrieren, *v. n.* 6 (f.) dégeler; —, *s. n.* 1, dégel, *m.*

Auffrischen, *v. a.* rafraîchir, re-

faire *un cheval;* *fg.* rafraîchir, renouveler; ranimer; inciter.

Auffrischung, *f.* rafraîchissement, *m.*; renouvellement; incitation, *f.*

Aufführen, *v. a.* mener, conduire; ein Stück —, représenter un drame; —, exécuter *une musique;* ein Haus —, construire une maison; sich —, se conduire, se comporter, se gouverner, vivre.

Aufführung, *f.* conduite, façon de vivre; procédé, *m.*; schlechte —, 'inconduite, *f.* || construction *d'une maison;* (théât.) représentation; (mus.) exécution.

Auffüllen, *v. a.* remplir de nouveau.

Auffüllung, *f.* remplissage, *m.*

Auffüttern, *v. a.* manger, consumer *tout le fourrage;* nourrir, élever *une jeune bête.*

Aufgabe, *f.* (math.) problème, *m.* proposition, *f.*; tâche *d'un écolier;* schriftliche —, devoir, *m.* thème, version, *f.*; — , leçon *à apprendre.*

Aufgabeln, *v. a.* amasser avec une fourche; *fg. fm.* découvrir, déterrer.

Aufgang, *m.* 2*, montée, *f.*; lever *du soleil,* *m.*; (géogr.) orient, levant, est || *fm.* dépense *pour le vin, etc., f.*

Aufgeben, *v. a.* 1, abandonner; renoncer à qch.; quitter; se démettre de qch.; eine Sache —, abandonner une cause; einen Kranken —, abandonner un malade; ein Gewerbe —, quitter un métier; das Spiel —, quitter la partie; —, cesser de faire qch.; den Geist —, rendre l'âme, mourir; einem etw. —, charger qn. de qch., donner une tâche à qn.; —, proposer *une énigme.*

Aufgeblasen, *v.* Aufblasen.

Aufgeblasenheit, *f.* enflure, vanité, présomption.

Aufgebot, *n.* 2, publication des bans, *f.*; proclamation, annonce; réquisition, appel, *m.* levée *des troupes, f.*      [en colère.

Aufgebracht, *adj.* irrité, emporté,

Aufgedunsen, *adj.* enflé, bouffi.

*Aufgehen, *v. n.* (f.) se lever, naître (*jour*); s'ouvrir, s'épanouir (*fleurs*); monter, pousser (*plantes*); se défaire, se dénouer, se découdre (*nœud, etc.*); se détacher, se décoller, se débander (*corde*); s'effeuiller (*lièvre*); percer (*ulcère*); être consumé (*provision*); commencer à dégeler, se fondre (*glace*); das Wetter geht auf, le dégel commence, il dégèle; jetzt geht mir ein Licht auf, maintenant je commence à voir

clair; —, (*arithm.*) (vier von vier) geht auf, ne reste rien; — lassen, dépenser; — (eines gegen das andere), se compenser; sich auf= oder wund gehen, se blesser en marchant; —, *s. n.* 1, lever (der Sonne, du soleil), *m.*

Aufgeien, *v. a.* carguer *les voiles.*

Aufgeklärt, *adj. verb.* éclairé, instruit.

Aufgeklärtheit, *f.* lumières, *pl.*

Aufgeld, *n.* 5, (comm.) change, agio, retour || arrhes, *f. pl.*

Aufgelegt, *adj.* dispos, disposé, en humeur (zu, à).

Aufgeräumt, *adj.* gai, enjoué, éveillé, de bonne humeur.

Aufgeschaut! *interj.* gare! attention!      [vassé.

Aufgeschrunden, *adj.* gercé, cre-

Aufgewärmt, *adj.* réchauffé, renouvelé, rebattu.

Aufgeweckt, *adj.* éveillé, vif.

Aufgeweckttheit, *f.* gaieté, vivacité.

Aufgeworfen, *v.* Aufwerfen.

Aufgießen, *v. a.* 6, verser, répandre dessus; (chim.) infuser; —, *s. n.* 1, *v.* Aufguß.

Aufglätten, *v. a.* lisser, brunir, polir de nouveau.

Aufglimmen, *v. n.* 6 (f.) luire, couver de nouveau.

Aufgraben, *v. a.* 7, bêcher *la terre;* creuser, fouiller, déterrer; eine Grube —, relever une fosse remplie; die Erde um die Bäume —, déchausser les arbres.

Aufgrabung, *f.* fouille.

Aufgrasen, *v. a.* brouter jusqu'au dernier brin.

Aufgreifen, *v. a.* 5†, ramasser, saisir; arrêter qn.; prendre au hasard.      [rir.

Aufgrünen, *v. n.* (f.) verdir, fleu-

Aufgürten, *v. a.* trousser, retrousser, ceindre; attacher *la selle sur le cheval* avec la ceinture; dessangler *un cheval.*

Aufguß, *m.* 2*, infusion, *f.*

*Aufhaben, *v. a.* avoir, porter *le chapeau* sur la tête; avoir *une tâche, une leçon à faire;* —, *v. n.*, es hat nichts auf sich, il importe peu, ce n'est rien.

Aufhacken, *v. a.* piocher, remuer *la terre;* rompre *la glace;* die Erde um einen Baum —, déchausser un arbre; mit dem Schnabel —, becqueter.

Aufhäkeln, *v. a.* décrocher.

Aufhalsen, *v. a.* imposer qch. à qn.; *fg. fm.* embâter qn. de qch.

Aufhalt, *m.* 2, retardement, délai.

Aufhalten, *v. a.* 4, arrêter, retenir, retarder, différer; mit leeren Hoffnungen —, amuser qn. de vaines espérances; eine Thüre —,

tenir une porte ouverte; fich —, s'arrêter; demeurer; séjourner; fich mit Kleinigkeiten —, s'amuser à des bagatelles; fich lange bei etw. —, s'appesantir sur qch.; fich über etw. —, se moquer, se plaindre, se formaliser de qch.

**Aufhalter**, m. 1, attrape, f. corde de retenue.

**Aufhalthaken**, m. 1, birloir.

**Aufhaltung**, f. rétention, retardement, m. empêchement, voy. **Aufenthalt**. [étendoir, m.

**Aufhängekreuz**, n. 2, (rel., etc.)

**Aufhängen**, v. a. pendre; suspendre; accrocher; appendre; brocher des tuiles; prov. persuader à qn. de prendre qch.

**Aufhaschen**, v. Auffangen.

**Aufhaspeln**, v. a. mettre sur le dévidoir; guinder.

*__Aufhauen__, v. a. fendre, ouvrir à coups de hache; casser la glace; retailler une lime.

**Aufhäufeln**, v. a. mettre en petits tas; Erde um die Pflanzen —, butter les plantes; Erde um die Weinstöcke —, terrasser les vignes.

**Aufhäufen**, v. a. accumuler, entasser, amonceler; accroître, augmenter.

**Aufhäufung**, f. entassement, m.; accumulation, f. augmentation.

**Aufheben**, v. a. 6, lever, soulever; relever; ramasser; dresser; (Früchte) garder, conserver; ein Gesetz —, abolir, abroger une loi —, supprimer une place; casser, annuler, résilier un contrat; den Beschlag —, (jur.) donner mainlevée; einen Verlust —, compenser une perte; —, finir, lever une séance; tendre, lever les mains; desservir la table; enlever qn., arrêter un voleur; réduire une fraction; eines gegen das andere —, compenser l'un par l'autre; aufgeschoben ist nicht aufgehoben; différé n'est pas perdu; die Belagerung —, lever le siége; —, s. n. 1, ostentation, f.; viel Aufhebens von etwas machen, faire grand bruit, grande parade de qch. [érine.

**Aufheber**, m. 1, (chir.) érigne, f.

**Aufhebung**, f. levée, enlèvement, m.; garde, f. conservation; abolissement, m. abolition, f.; révocation d'une loi; suppression d'une place; cassation, annulation, résiliation d'un contrat; eines Beschlags, (jur.) main-levée; —, fin, levée d'une séance; (arithm.) réduction.

**Aufheften**, v. a. attacher; fg. einem etw. —, en donner à garder à qn.

**Aufheitern**, v. a. éclaircir; rasse-

réner; fg. égayer, rasséréner; fich —, s'éclaircir; s'épanouir (visage); se dérider (front).

**Aufhelfen**, v. a. 2, einem —, aider qn. à se relever; einem eine Last —, aider qn. à poser une charge sur sa tête, etc.; —, fg. aider, secourir, soulager qn.; fich wieder —, se relever; fg. id., rétablir ses affaires.

**Aufhellen**, v. a. éclaircir, clarifier; der Himmel hellt fich auf, le ciel s'éclaircit.

**Aufhellung**, f. éclaircissement, m.

**Aufhenken**, v. a. pendre.

**Aufhetzen**, v. a. lancer un lièvre; fg. exciter, instiguer, irriter; ameuter le peuple. [stigateur.

**Aufhetzer**, m. 1, boute-feu, instigateur.

**Aufhetzung**, f. instigation.

**Aufhissen**, v. a. hisser, guinder.

**Aufhocken**, v. a. pop. prendre sur le dos; —, v. n. (f.) monter sur le dos de qn.

**Aufhorchen**, v. n. (h.) écouter; hoch —, ouvrir de grandes oreilles.

**Aufhören**, v. a. écouter; prêter l'oreille; —, v. n. (h.) cesser, discontinuer, finir; s'arrêter; se reposer; von selbst —, s'abroger (loi); —, s. n. 1, cessation, f.; — des Fiebers, (méd.) apyrexie; ohne —, sans cesse, sans discontinuer, continuellement.

**Aufhüllen**, v. Enthüllen.

**Aufhüpfen**, v. n. (f.) tressaillir; sauter de joie, bondir.

**Aufjagen**, v. a. faire partir, faire lever le gibier; zum zweitenmale —, relancer; —, fg. déterrer, trouver. [gnant, peigner.

**Aufkämmen**, v. a. relever en pei-

**Aufkaten**, v. a. caponner l'ancre.

**Aufkauf**, m. 2*, achat, m. p. accaparement.

**Aufkaufen**, v. a. accaparer; faire provision de qch., amasser.

**Aufkäufer**, m. 1, accapareur.

**Aufkegeln**, v. a. empiler des boulets; —, s. n. 1, empilement, m.

**Aufkeimen**, v. n. (f.) germer, pousser; fg. naître; —, s. n. 1, germination, f.; fg. naissance.

**Aufklaftern**, v. a. entoiser, corder.

**Aufklappen**, v. a. lever les pliants d'une table; retrousser un chapeau.

**Aufklären**, v. a. éclaircir, clarifier une liqueur; fg. éclairer, répandre des lumières parmi le peuple; fich —, s'éclaircir.

**Aufklärer**, m. 1, celui qui répand des lumières.

**Aufklärung**, f. clarification, fg. éclaircissement, m.; culture de l'esprit, f.; lumières, pl.; propagation des lumières.

**Aufklauben**, v. a. ouvrir en épluchant; fg. fm. relever, éplucher.

**Aufkleben**, **Aufkleistern**, v. a. coller; **Aufkleben**, v. n. (h.) être collé.

**Aufklettern**, **Aufklimmen**, v. Klettern, Klimmen.

**Aufklinken**, v. a. ouvrir une porte en haussant le loquet.

**Aufklopfen**, v. a. ouvrir en frappant; Nüsse —, casser des noix.

**Aufknacken**, v. a. casser avec les dents.

**Aufknöpfen**, v. a. déboutonner.

**Aufknüpfen**, v. a. dénouer; pendre un voleur.

**Aufknüpfung**, f. dénoûment, m. (jur.) pendaison, f.

**Aufkochen**, v. a. faire bouillir; recuire; décuire un sirop; gelinde —, mitonner, faire mitonner; —, v. n. (h.) bouillir; bouillonner; gelinde —, se mitonner.

*__Aufkommen__, v. n. (f.) monter; se lever; avancer; fg. prospérer, se pousser, parvenir; se relever; se rétablir, reprendre ses forces (malade, etc.); naître, s'introduire, s'établir (usage); être à la mode, en vogue, commencer à prendre; —, s. n. 1, fg. élévation, f.; avancement, m.; convalescence d'un malade, f.; man zweifelt an seinem —, on doute qu'il relève, revienne de sa maladie; —, établissement, m. naissance, f.; réussite, succès, m. progrès. [se lever.

*__Aufkönnen__, v. a. (h.) pouvoir

**Aufköpfen**, v. a. (épingl.) entêter.

**Aufkrämpen**, v. a. retrousser le chapeau.

**Aufkratzen**, v. a. écorcher; égratigner; érafler la peau; die Wolle —, carder la laine; das Tuch —, éplaigner, aplaner le drap; —, regratter; (joaill.) hacher.

**Aufkratzung**, f. égratignure; écorchure, éraflure. [crêper.

**Aufkräuseln**, v. a. friser, boucler.

**Aufkreischen**, v. n. (h.) crier fort.

**Aufkriegen**, v. a. fm. ouvrir, parvenir à ouvrir.

**Aufkündigen**, **Aufkündigen**, v. a. dénoncer; demander; donner congé à qn.; den Waffenstillstand —, prévenir de la cessation de l'armistice; —, renoncer à qch.

**Aufkündigung**, f. dénonciation; congé, m. renonciation, f.; nach breimonatlicher —, après trois mois d'avis.

**Aufkunft**, f. p. us. guérison, convalescence, m. avancement, m.

**Auflachen**, v. n. (h.) éclater de rire.

**Aufladen**, v. a. 7, charger, imposer; Holz auf einen Wagen —,

charger un chariot de bois; —, *fg.*
charger qn. de qch.; imposer qch.
à qn.; ſich eine Laſt —, se charger
d'un fardeau, s'imposer un fardeau; einen —, *fm.* ramasser qn.

**Auflader**, *m.* 1, chargeur.

**Aufladung**, *f.* charge; chargement, *m.;* imposition, *f.*

**Auflage**, *f.* impôt, *m.* imposi-
tion, *f.* charge || édition, impres-
sion *d'un livre;* wie ſtark iſt die —
von dieſem Buch? combien d'exemplaires a-t-on tirés de ce livre?

**Auflangen**, *v. a. fm.* soulever
qch. et le tendre à qn.

**Auflanger**, *m.* 1, allonge, *f.*

**Auflaſſen**, *v.* Offen laſſen.

**Auflauerer**, *m.* 1, espion, guetteur.

**Auflauern**, *v. n.* (h.) être, se tenir aux aguets, épier, guetter
qch., qn.

**Auflauf**, *m.* 2*, attroupement,
émeute, *f.* sédition || accroisse-
ment *des frais, etc.,* *m.*

**Auflaufen**, *v. n.* 4 (ſ.) monter;
s'enfler, grossir; accroître; se gonfler (*veines*); (*boul.*) lever; (*mar.*)
échouer; ſich die Füße —, se blesser les pieds à force de courir; —,
*s. n.* 1, crue, *f.;* gonflement, *m.*

**Aufläufer**, *m.* 1, roulier, garçon
de bord || omelette soufflée, *f.*

**Aufleben**, *v. n.* (ſ.), wieder —,
revivre, se ranimer.

**Auflecken**, *v. a.* lécher; *fm.* laper.

**Auflegen**, *v. a.* mettre dessus;
imposer; charger qn. de qch.; ein
Pflaſter—, appliquer un emplâtre;
das Tiſchtuch —, mettre la nappe;
einen Eid —, déférer un serment;
eine Strafe —, infliger une peine;
—, faire imprimer *un livre;* étaler
*son jeu;* ſich —, s'appuyer, s'accouder; *partic. v.* Aufgelegt.

**Auflegung**, *f.* imposition; application, infliction *d'une peine;*
délation *d'un serment.*

**Auflehnen**, *v. a.* appuyer; ſich —,
s'appuyer; *fg.* s'opposer, se révolter.

**Auflehnung**, *f.* opposition, résistance (gegen, à); soulèvement, *m.*
révolte (gegen, contre), *f.*

**Aufleimen**, *v. a.* coller.

**Aufleſen**, *v. a.* 1, ramasser, cueillir; Aehren —, glaner.

**Aufliegen**, *v. n.* 1 (ſ.) être couché;
se reposer; s'appuyer sur qch.;
(*man.*) appuyer *sur le mors;* ſich
—, s'écorcher à force d'être couché.

**Auflockern**, *v. a.* mouver, remuer.

**Auflodern**, *v. n.* (ſ.) monter, s'é-
lever, jeter des flammes, brûler à
grand feu.

**Auflöſen**, *v. a.* délier, dénouer,
détacher; einen Knoten —, défaire

un nœud, etc.; eine Geſellſchaft —,
dissoudre une société; ein Heer —,
licencier une armée; —, désorganiser l'état; relâcher *les membres;*
aufgelöſet werden, mourir, expirer;
Gott hat ihn aufgelöſet, Dieu l'a délivré par la mort; —, rompre *un*
*charme* || résoudre, décomposer,
analyser *un corps; fg. id.;* (*chim.*)
dissoudre; *fg.* ravir, transporter
*de joie;* plonger *dans la tristesse* ||
détremper, délayer *des couleurs;*
*fg.* résoudre *une question;* deviner *une énigme;* ſich —, se résoudre; se dissoudre; fondre.   .

**Auflöſend**, *adj.* dissolvant; dissolutif; analytique; bas —
—e Mittel, (*méd.*) fondant, *m.*

**Auflöslich**, **Auflösbar**, *adj.* soluble, dissoluble, résoluble.

**Auflöslichkeit**, *f.* dissolubilité.

**Auflöſung**, *f.* dénoûment *d'un*
*drame, m.;* dissolution *d'une so-*
*ciété, f.;* rupture, résolution *d'un*
*contrat;* relâchement *des mem-*
*bres, m.;* mort, *f.;* (*chim.*) résolution, réduction, décomposition,
analyse; solution, dissolution;
*fg.* résolution *d'une question,*
solution *d'un problème,* analyse
*d'une proposition.*          [*m.*

**Auflöſungsmittel**, *n.* 1, dissolvant;

**Auflöſungswort**, *n.* 5*, mot *d'une*
*énigme, m.*        [bécarre, *m.*

**Auflöſungszeichen**, *n.* 1, (*mus.*)

**Auflöthen**, *v. a.* souder sur qch.

**Aufmachen**, *v. a.* ouvrir, débarrer; déballer; détirer, dénouer,
défaire *un nœud, etc.;* découdre;
desserrer, s'ouvrir; déboucher,
décoiffer *une bouteille;* aufgemacht
werden, s'ouvrir (*porte, etc.*); ſich
—, s'en aller, se mettre en chemin, partir; se préparer.

**Aufmahlen**, *v. a.* achever de
moudre.

**Aufmalen**, *v. a.* consumer en peignant; rafraîchir *un tableau.*

**Aufmarſch**, *m.* 2*, (*guer.*) marche
en bataille, *f.*

**Aufmarſchiren**, *v. n.* (ſ.) se mettre
en bataille; défiler.

**Aufmaß**, *n.* 2, comble, *m.*

**Aufmauern**, *v. a.* maçonner, élever en pierres.

**Aufmerken**, *v. n.* (h.) *et a.* noter;
observer; écouter, faire attention;
prendre garde.

**Aufmerker**, *m.* 1, observateur.

**Aufmerkſam**, *adj.* attentif; —,
*adv.* attentivement.

**Aufmerkſamkeit**, *f.* attention.

**Aufmeſſen**, *v. a.* 1, mesurer; *fg.*
einem Schläge —, donner des coups
à qn.

**Aufmiſchen**, *v. a.* remêler; die
Karten —, refaire les cartes.

**Aufmuntern**, *v. a.* éveiller; *fg.*
*id.*, égayer, exciter; animer, encourager (zu, à); (*cha.*) baudir,
appuyer.

**Aufmunternd**, *adj.* encourageant.

**Aufmunterung**, *f.* encouragement,
*m.* [mot] reprocher *une faute.*

**Aufmutzen**, *v. a. fm.* relever un

**Aufnageln**, *v. a.* clouer, attacher
avec des clous.            [geant.

**Aufnagen**, *v. a.* ouvrir en ron-

**Aufnähen**, *v. a.* coudre à ou sur
qch.

**Aufnahme**, *f.* réception, admission, accueil, *m.; fg.* prospérité,
*f.* accroissement, *m.;* in — bringen, mettre en vogue, faire fleurir;
in — ſeyn, s'accréditer (*homme*);
s'accroître, prendre faveur (*opi-*
*nion, etc.*); être en vogue; — von
einer Summe Geldes, emprunt
d'une somme d'argent, *m.*

**Aufnehmen**, *v. a.* 2, recevoir, accueillir; admettre; prendre, ramasser; loger qn.; Geld —, emprunter de l'argent; eine Rechnung
—, ouïr un compte; ein Inventarium —, dresser, faire un inventaire; einen Plan —, lever un plan;
gut, übel —, trouver bon, mauvais; ſich übel —, se formaliser de
qch.; es mit einem —, tenir tête
à qn., entreprendre qn.; etw. als
eine Ehre —, tenir qch. à honneur;
etw. als einen Schimpf —, regarder
qch. comme un affront; etw. für
Ernſt —, prendre qch. au sérieux;
—, *s. n.* 1, *v.* Aufnahme.

**Aufnieten**, *v. a.* river.

**Aufnöthigen**, *v. a.*, einem etw. —,
imposer qch. à qn.; obliger, forcer,
contraindre qn. d'accepter qch.

**Aufopfern**, *v. a.* sacrifier, immoler; ſich —, se dévouer, se sacrifier, etc.; (*théol.*) s'offrir.

**Aufopferung**, *f.* sacrifice, *m.; fg.*
*id.;* — ſeiner ſelbſt; dévouement,
*m.*

**Aufpacken**, *v. a.* charger; dépaqueter, déballer *un paquet; fm.*
emporter, gripper; —, *v. n.* (h.)
*fg. fm.* faire son paquet, plier ou
trousser bagage.

**Aufpalmen** (ſich), (*mar.*) se paumer.                  [ſifre.

**Aufpappen**, *v. a.* coller dessus;

**Aufpaſſen**, *v. n.* (h.), einem —,
épier, guetter qn.; attendre qn.
au passage, observer qn. avec attention; —, *v. a.* ajuster.

**Aufpaſſer**, *m.* 1, guetteur, espion,
argus.

**Aufpauken**, *v. a.* battre les timbales.

*Aufpfeifen, *v. n.* 5†, jouer du

**Aufpflanzen**, *v. a.* arborer, planter *un drapeau;* mettre *la baïon-*
*nette* au bout du fusil, dresser

une batterie; braquer des canons.
Aufsstecken, v. a. cheviller.
Aufpichen, v. a. coller sur ....
avec de la poix.
Aufpicken, v. a. ouvrir à coups
de bec. [fendre.
Aufplatzen, v. n. (f.) crever, se
Aufplaudern, v. Aufschwatzen.
Aufprägen, v. a. imprimer, empreindre.
Aufprallen, v. n. (f.) rebondir.
Aufpressen, v. a. repasser par le
cylindre; presser de nouveau; ouvrir en pressant.
Aufprobiren, v. a. essayer.
Aufprotzen, v. a., (artill.) ein Stück
—, amener l'avant-train; —, s.
n. 1, affûtage, m.
Aufputz, m. 2, parure, f. ornement, m.
Aufputzen, v. a. parer, orner, ajuster; approprier, nettoyer une
chambre; polir de la vaisselle;
refaire, rajuster un chapeau;
polir.
Aufquellen, v. n. 6 (f.) sourdre,
jaillir (eau); se gonfler (pois, etc.);
—, v. a. faire gonfler, humecter.
Aufraffen, v. a. amasser, ramasser; recueillir; fm. rafler; sich —,
se relever; fg. se remettre; reprendre ses forces.
Aufrauchen, v. a. consumer en
fumant; —, v. n. (f.) fumer.
Aufrauhen, v. a. égratigner; bronzer le cuir.
Aufrauher, m. 1, égratigneur.
Aufräumen, v. a. arranger, mettre
en ordre; déblayer, nettoyer une
maison; mit Waaren —, réaliser
des marchandises; —, fg. piller;
emporter beaucoup de monde
(guerre, etc.); in einem Hause —,
nettoyer une maison; —, fg.
éclaircir l'esprit; aufgeräumt, fg.
éveillé, gai.
Aufräumer, m. 1, poinçon pour
élargir un trou foré.
Aufräumung, f. arrangement, m.
ordre; déblai, nettoiement.
Aufrechnen, v. a. compenser une
chose par l'autre; mettre sur le
compte; —, v. n. (h.), gegen einander —, faire la balance des comptes respectifs, régler les comptes.
Aufrechnung, f. compensation,
mise en ligne de compte; règlement des comptes respectifs, m.
Aufrecht, adj. droit; —, adv.
droit, debout; — stehen, être debout; — erhalten; maintenir les
lois; soutenir qn.; — sitzen, se
tenir sur son séant; (des bêtes)
être accroupi.
Aufrechthaltung, f. maintien, m.
Aufregen, v. a. exciter, animer,
irriter.

II.

Aufreiben, v. a. 5, frotter; écorcher la peau; broyer des couleurs;
fg. exterminer, détruire; sich unter
einander —, s'entre-détruire.
Aufreibung, f. écorchure; destruction.
Aufrichten, v. a. enfiler, faufiler.
Aufreißen, v. a. 5†, ouvrir brusquement; déchirer, fendre, rom-
pre || dessiner, tracer; das Maul,
die Augen —, ouvrir fortement la
bouche, ouvrir de grands yeux;
—, v. n. (f.) se déchirer, se fendre, rompre; crever.
Aufreiten, v. n. 5† (f.) défiler à
cheval, se mettre en bataille; sich
—, s'écorcher en montant à cheval. [irriter.
Aufreizen, v. a. exciter, inciter,
Aufreizung, f. excitation, irritation, incitation.
*Aufrennen, v. a. enfoncer, ou-
vrir en courant contre; —, v. n.
échouer (vaisseau).
Aufrichten, v. a. relever, élever;
ein Gebäude —, ériger un édifice,
etc.; einen Maßbaum —, dresser,
arborer un mât, etc.; eine Schule
—, établir, fonder une école,
etc.; ein Regiment —, lever un régiment; —, faire un traité; fg.
consoler, soulager, ranimer qn.;
sich —, se lever, se tenir droit; se
soulever, se mettre sur son séant
stehend im Bett; sich wieder —, se relever.
Aufrichtend, adj. (anat.) érecteur
(muscle).
Aufrichtig, adj. sincère, droit,
véritable, franc, loyal, de bonne
foi, cordial; intègre; fidèle (récit);
ganz —, adv. tout bonnement.
Aufrichtigkeit, f. sincérité, franchise, cordialité, bonne foi.
Aufrichtung, f. érection d'une
statue; construction d'un édifice;
établissement, m. institution d'une
école, f.; levée d'un régiment; fg.
consolation, soulagement d'un
affligé, m.
Aufriegeln, v. a. déverrouiller.
Aufriß, m. 2, plan; dessin;
(arch.) élévation, f.; (géom.) construction; (fortif.) plan, m. projection, f. orthographie; perspectivische —, scénographie.
Aufritzen, v. a. égratigner; excorier, érafler; gercer par le froid.
Aufritzung, f. égratignure, excoriation, éraflure; gerçure.
Aufrollen, v. a. rouler; die Strümpfe —, retrousser les bas; Tuch —,
aramer du drap; das Tau —, bitter le câble; —, déplier, dérouler; die Haare —, mettre les cheveux en papillottes.
Aufrücken, v. a. hausser, lever;

(jard.) taluter; fg. reprocher;
—, v. n. (f.) avancer.
Aufruf, m. 2, appel; défi; (jur.)
sommation, f. citation.
Aufrufen, v. a. 4, appeler; inviter; —, s. n. 1, v. Aufruf.
Aufrufung, f. appel, m.
Aufruhr, m. 2, révolte, f. rébellion, insurrection, sédition, émeu-
te, mutinerie; tumulte, m.
Aufrühren, v. a. remuer; fg. remettre sur le tapis; einen Prozeß
wieder —, faire revivre un procès;
die Leidenschaften —, exciter, irriter les passions; das Volk —, soulever le peuple.
Aufrührer, m. 1, rebelle, séditieux,
mutin, révolté; —, pl. insurgés.
Aufrührisch, adj. rebelle, séditieux, mutin; tumultueux.
Aufrüsten, v. a. échafauder; voy.
Zurüsten.
Aufrüstung, f. échafaudage, m.
Aufrütteln, v. a. secouer, remuer;
éveiller qn. en le secouant.
Aufs, pour auf das, sur le, au,
etc., marque le superlatif absolu
des adverbes.
Aufsacken, v. a. charger sur le dos;
Einem Korn —, charger qn. d'un sac
de blé; ein Kind —, prendre un enfant sur le dos; fg. v. Aufladen.
Aufsagen, v. a. réciter; seine Lection
—, dire sa leçon; ein Kapital —,
dénoncer un capital; einem Be-
dienten —, donner congé à un domestique, etc.; einen Handel —,
révoquer un marché.
Aufsägen, v. a. ouvrir en sciant.
Aufsagung, f., v. Aufkündigung.
Aufsammeln, v. a. ramasser, re-
Aufsatteln, v. a. seller. [cueillir.
Aufsatz, m. 2*, ornement de tête,
coiffure, f. surtout, m.; (arch.)
chapiteau; gradin d'un autel;
garniture de porcelaine, etc., f.;
— von Obst, du fruit monté, m. ||
mémoire; minute, f.; composition.
Aufsässig, adj. ennemi de qn.,
contraire; capricieux, obstiné, entêté; einem — seyn, en vouloir à
qn.; einem — werden, prendre qn.
en haine, fm. en grippe.
Aufsässigkeit, f. animosité.
Aufsaugen, v. a. 6, ouvrir en suçant, absorber, aspirer.
Aufsäugen, v. a. allaiter, nourrir de son lait.
Aufschaben, v. a. ouvrir ou érafler
en ratissant; ratisser de nouveau.
Aufschärfen, v. a. (cha.) ouvrir
une bête; aiguiser de nouveau,
rafraichir une scie; sich die Haut
—, s'écorcher, s'érafler la peau;
aufgeschärft, (chir.) excorié; —, s.
n. 1, éraflure, f. écorchure; (chir.)
excoriation.

3

·Auffcharren, *v. a.* déterrer, gratter *la terre.*

·Auffchauen, *v. n.* (h.) lever les yeux; prendre garde.·

Auffcheren, *v. a.* 6, (tiss.) ourdir.

Auffcheuchen, *v. a.* effaroucher, débûcher, lancer *le gibier.*

·Auffcheuern, *v. a.* torcher; écurer, laver la vaisselle; écorcher en frottant.

Auffchichten, *v. a.* entasser, empiler; (*mar.*) *v.* Schichten.

Auffchieben, *v. a.* 6, remettre, différer, retarder, reculer, suspendre; aufgeschoben ift nicht aufgehoben, ce qui est différé n'est pas perdu; —, surseoir *à un jugement* || ouvrir, pousser *un couvercle.*

Auffchießen, *v. n.* 6 (f.) monter; naître; pousser, croître; grandir || s'élancer; prendre son essor; —, *v. a.* ouvrir en tirant contre; (*mar.*) lever, rouer *un câble.*

Auffchlag, *m.* 2*, parement, revers *d'un habit*; retroussis *d'un chapeau*; montre *d'une étoffe*, *f.*; (*méd.*) cataplasme, *m.*; (*jeu*) retourne, *f.* face; (*mus.*) élévation de la main; (*comm.*) *v.* Auffchlagen, *n.*

Auffchlagen, *v. a.* 7, ouvrir; die Augen —, ouvrir les yeux; ein Buch —, ouvrir, consulter un livre; eine Karte —, tourner une carte; eine Thüre —, forcer, enfoncer une porte; ein Faß —, débonder un tonneau; —, dresser; ein Bett, ein Zelt —, monter, dresser un lit, une tente; feine Wohnung —, établir sa demeure; Wäsche —, plier du linge; —, appliquer; dem Pferde die Hufeisen —, ferrer le cheval; —, (*hydr.*) lâcher *l'eau sur la roue*; ein Gelächter —, éclater de rire; —, *v. n.* (h.) tomber rudement sur qch.; (f.) tomber rudement sur qch.; (*comm.*) enchérir, hausser de prix; sich den Kopf —, se blesser à la tête en tombant; —, *s. n.* 1, enfoncement *d'une porte*, *m.*; (*comm.*) renchérissement, hausse, *f.*

Auffchlageschaufeln, *f. pl.* aubes à conduire l'eau.

·Auffchlagetisch, *m.* 2, table pliante, *f.*

Auffchließen, *v. a.* 6, ouvrir; *fg. id.*; einem fein Herz —, ouvrir son cœur, s'ouvrir à qn.; —, éclaircir *un passage*; —, *v. n.* (h.) joindre bien; sich —, s'ouvrir, s'épanouir (*fleurs*). [vreur, *m.* -se, *f.*

Auffchließer, *m.* 1, sinn; *f.* ouvreur, *m.* -se, *f.*

Auffchließung, *f.* épanouissement, *m.*; *v.* Auffchluß.

Auffchlingen, *v. a.* 3, den Faden auf die Stricknadel —, faire une maille; —, détortiller, défaire;

---

fich —, ramper, s'élever le long de, autour de, s'entortiller autour de; se recoquiller (*ver*).

Auffchlißen, *v. a.* fendre, taillader; ouvrir; einem Verbrecher den Bauch —, éventrer un criminel; —, (*cha.*) découdre *le ventre à un chien*; faire une incision à qch.

Auffchlißung, *f.* ouverture, fente, incision.

Auffchluß, *m.* 2*, ouverture, *f.*; *fg.* explication, éclaircissement, *m.*

Auffchmelzen, *v. a.* attacher sur qch. par la fonte; —, *v. n.* 6, *v.* Schmelzen.

Auffchmettern, *v. a.* ouvrir avec fracas, fracasser; —, *v. n.* (f.), mit dem Kopf —, donner rudement de la tête contre qch.; se fracasser la tête sur, contre qch.

Auffchmieden, *v. a.* attacher sur qch. un fer rouge à coups de marteau; employer en forgeant.

Auffchmieren, *v. a.* étendre.

Auffchmücken, *v. a.* parer, orner, embellir; raccommoder *un plumet.* [boucler, boucler.

Auffchnallen, *v. a.* attacher; dé-

Auffchnappen, *v. a.* happer, attraper; *fg.* apprendre par hasard; —, *v. n.* (f.) se débander, sauter; *pop.* mourir.

Auffchneiden, *v. a.* 5†, couper, tailler, ouvrir en coupant; entamer, fendre; (*anat.*) disséquer; (*chir.*) faire une incision à; —, *v. n.* (h.) *fg.* hâbler; faire des contes; —, *s. n.* 13; *v.* Auffchneiderei, Auffchneidung.

Auffchneider, *m.* 1, hâbleur, fanfaron, gascon, rodomont, charlatan.

Auffchneiderei, *f.* ostentation, fanfaronnade, gasconnade, rodomontade; charlatanerie.

Auffchneidung, *fém.* ouverture, taille, coupe; (*anat.*) dissection; (*chir.*) incision || *v.* Auffchneiderei.

Auffchnellen, *v. a.* lancer, faire sauter; —, *v. n.* (f.) sauter, rejaillir.·

Auffchnitt, *m.* 2, coupure, *f.* entamure; coupe; incision, taillade.

Auffchnüren, *v. a.* délacer.

Auffchobern, *v. a.* tasser, entasser, mettre en meule.·

Auffchöpfen, *v. a.* ramasser, recueillir avec la cuiller.

Auffchoffen, *v. a.* monter, croître en haut, pousser des rejetons, faire des jets. [*fg. fm.* flandrin.

Auffchößling, *m.* 2, jet, scion;

Auffchrammen, *v. a.* écorcher, taillader; sich —, s'écorcher.

Auffchrauben, *v. a.* visser, attacher avec des vis; desserrer *la vis.*

---

Auffchrecken, *v. a.* épouvanter.

Auffchreiben, *v. a.* 5, écrire, marquer, noter; mettre, coucher par écrit; enregistrer. [marqueur.

Auffchreiber, *m.* 1, écrivain,

Auffchreibung, *f.* action de noter, d'écrire, etc.

Auffchreien, *v. a.* 5, éveiller qn. par des cris; —, *v. n.* (h.) s'écrier.

Auffchrift, *f.* inscription, dessus, m. intitulé, titre; mit einer — versehen, intituler; —, adresse *d'une lettre*, *f.*

Auffchroten, *v. a.* rouler, monter, tirer en haut par le moyen d'un poulain; fendre avec le ciseau à repartons.

Auffchub, *m.* 2*, délai, retardement, remise, *f.* répit, *m.*; (*jur.*) sursis. [dre sur l'épaule.

Auffchultern, *v. a.* charger, pren-

Auffchürfen, *v.* Auffchärfen.

Auffchürzen, *v. a.* trousser, retrousser, replier; (*mar.*) retrousser; aufgefchürzt, (*man.*) efflanqué.

Auffchürzung, *f.* retroussement, m. [*fm.* régaler.

Auffchüffeln, *v. a. fm.* servir; *fg.*

Auffchütteln, *v. a.* remuer, secouer; réveiller qn. en le secouant.

Auffchütten, *v. a.* verser dessus; abouquer, emmagasiner *du sel*; amasser *du blé*; (*meun.*) engrener; frifch aufgefchüttele Erde, terres jectisses, *f. pl.*; —, *s. n.* 1, emplacement *du sel*, m.

Auffchützen, *v. a.* (*meun.*) fermer, retenir *les eaux.*

Auffchwämmen, *v. a.* faire gonfler.

Auffchwapen, *v. a.* enjôler.

Auffchweifen, *v. a.* trousser la queue à un cheval.

Auffchweißen, *v. a.* souder à chaud, corroyer; —, *v. n.* (f.) *prcl.* dégeler lentement.

Auffchwellen, *v. a.* enfler, faire enfler; (*cuis.*) refaire; —, *v. n.* 6 (f.) s'enfler, se gonfler, grossir; —, *s. n.* 1, enflement, m. gonflement; (*phys.*) intumescence, *f.*

Auffchwemme, *f.* place pour le bois flotté. [le bois flotté.

Auffchwemmen, *v. a.* tirer à terre

Auffchwingen (fich), 3, s'élever, prendre l'essor, s'élancer; —, *s. n.* 1, *v.* Auffchwung.

Auffchwung, *m.* 2*, élan, essor.

Auffehen, *v. n.* 1 (h.) regarder en haut, lever les yeux; observer; auf einen —, avoir qn. devant les yeux; —, *s. n.* 1, nach dem Himmel, élévation des regards vers le ciel, *f.* inspection du ciel; —, bruit, *m.* éclat, sensation, *f.*; figure, parade; — machen, paraître, faire sensation.

Auffeher, m. 1, inspecteur, intendant, surveillant, gardien; (fin.) contrôleur; — des Kirchenfchaßes, custode; — in einer Werkstätte, contre-maître, fm. chasseavant; —, gouverneur d'un château, etc.; concierge d'une prison, d'un hôtel; Wohnung des —s, conciergerie, f.; sinn, f. gouvernante; inspectrice; surveillante. [f. intendance.

·Auffehramt, n. 5°, inspection.

Auffeten, v. a. dresser, élever, ériger; ranger, mettre; placer, reposer sur; einen Stein —, damer un pion; den Anker —, bosser l'ancre; Fässer —, empiler, engerber des tonneaux; —, entasser des sacs, etc.; coiffer les cheveux; Schüsseln —, servir les plats; den Hut —, mettre le chapeau, se couvrir; die Haube, die Müße —, se coiffer; die Krone —, ceindre le diadème; einem Hörner —, fm. planter des cornes à qn., coiffer qn.; den Kopf —, s'entêter, s'obstiner|| faire, rédiger, minuter, coucher par écrit, dresser un compte; —, s. n. 1, empilement du bois, m.; rédaction d'un article, f.

Auffetig, v. Auffäßig.

Auffeßung, f. action de mettre dessus, de dresser, etc., empilement, m. [profond soupir.

Auffeufzen, v. n. (h.) pousser un

*Aufsein, v. n. (f.) être levé, être debout; wohl oder übel —, se porter bien ou mal || être ouvert (porte); être consommé (pain, etc.); —, s. n. 1, état de santé, m.; veille, f.

Auffict, f. inspection; garde; intendance; direction; gouvernement, m.

Auffieden, v. n. 6† (f.) bouillir, bouillonner; —, v. a. faire bouillir. [m. ébullition, f.

Auffiebung, f. bouillonnement,

Auffiegeln, v. a. ouvrir, décacheter; lever le scellé.

*Aufsißen, v. n. (f.) monter à cheval; hinten —, monter en croupe; — être assis, s'asseoir sur; se percher (des oiseaux); se jucher (poules) || faire; (h.) poser; (nav.) s'ensabler; sich —, s'écorcher à force d'être assis; —, s. n. 1, (man.) montoir, m.; zum blasen, sonner le boute-selle.

Auffißstange, f. perchoir des poules, m. [les hamacs.

Aufforren, v. a. (mar.) relever

Auffpähen, v. a. épier, chercher à découvrir.

Auffpalten, v. a. fondre; —, v. n. (f.) se fendre; se gercer par le froid.

Auffpannen, v. a. tendre, étendre; déployer les voiles; alle Segel —, forcer de voiles; fg. faire tous ses efforts.

Auffparren, v. a. épargner, réserver; fg. remettre, différer.

Auffpeichern, v. a. mettre sur le grenier; das Korn —, serrer le blé.

Auffpeisen, v. a. manger tout.

Auffperren, v. a. ouvrir, écarter; die Augen —, écarquiller les yeux; das Maul —, bayer, bâiller; Maul und Nase —, ouvrir de grands yeux.

Auffperrung, f. écarquillement des yeux, m.; desserrement des dents; ouverture, f. [jouer.

Auffpielen, v. a. et n. (h.) (mus.)

Auffpießen, v. a. embrocher, empaler; mettre sur la pointe d'une pique. [ver de filer; filer tout.

Auffpinnen, v. a. et n. 2 (h.) ache-

Auffpreizen, v. a. tenir ouvert par des traverses.

Auffprengen, v. a. enfoncer; faire sauter; rompre; mit Petarden —, pétarder; (cha.) débusquer, lancer. [m.

Auffprengung, f. enfoncement,

Auffprießen, v. n. 6 (f.) naître, pousser, germer.

Auffpringen, v. n. 3 (f.) sauter, bondir; tressaillir; se lever brusquement || crever, se gercer (bois, etc.); die Lippen find ihm aufgefprungen, il a les lèvres gercées; —, s. n. 1, saut, m. bondissement || gerçure, f. ouverture.

Auffprißen, v. a. faire jaillir; —, v. n. (f.) jaillir, rejaillir.

Auffproffen, v. n. Auffprießen.

·Auffprudeln, v. n. (f.) jaillir, bouillonner; fg. s'emporter; —, s. n. 1, jaillissement, m. bouillonnement; fg. emportement.

Auffpulen, v. a. bobiner, dévider.

Auffpunden, v. a. débondonner.

Auffpüren, v. a. quêter, chercher, découvrir; —, s. n. 1, quête, f. recherche.

Auffaffiren, v. Staffiren.

Auffämmen, v. a. appuyer.

Auffampfen, v. n., mit dem Fuße —, taper du pied.

Aufftand, m. 2ª, levée, f.; einen — machen, se lever le premier dans une société pour se retirer || émeute, f. sédition, révolte, rébellion, insurrection; — in Masse, levée en masse.

Aufftapeln, v. a. empiler, entasser, engerber des tonneaux.

Aufftarren, v. n. (h.) se hérisser (cheveux); zum Himmel —, fixer les yeux sur le ciel.

Aufftäuben, v. n. (f.) s'élever en poussière.

Aufftauchen, v. a. (forge) raccourcir une barre de fer; die Feder —, frapper sur qch. avec la plume || dresser le lin || faire remonter, enfler l'eau.

Aufftechen, v. a. 2, prendre, enlever avec une fourchette, etc.; ouvrir avec une pointe; percer; (grav.) retoucher une planche.

Aufftechen, v. a. attacher, ficher, mettre; eine Fahne —, planter un drapeau; —, retrousser un habit; remonter, refaire une coiffe; fg. fm. gagner.

*Aufftehen, v. n. (f.) se lever, se relever; wider einen —, se soulever, se révolter contre qn.; in Masse —, se lever en masse; —, être ouvert (porte, etc.); —, s. n. 1, lever, m.; guérison d'un malade, f.

Auffteifen, v. a. (chap.) raffermir, donner un nouvel apprêt à; Wäsche —, empeser du linge.

Auffteigen, v. n. 5 (f.) monter, s'élever; se lever; (méd.) revenir, rapporter; —, s. n. 1, lever, m. monter; (méd.) soulèvement de cœur, rapport; ascension d'une étoile, f.; fg. émotion de la bile.

Auffteigend, adj. (ligne) ascendant.

Aufftellen, v. a. mettre debout; dresser, élever; ériger; ranger; Netze —, tendre des filets; Schüsseln —, servir les plats; Zeugen —, produire des témoins; eine Meinung —, avancer une opinion; ftellt euch auf! à vos rangs!

Aufftieben, v. n. 6, v. Aufftäuben.

Auffiften, v. a. exciter, instiguer.

Auffööbern, v. a. (cha.) faire lever, lancer; fg. fm. déterrer.

Aufföpfeln, v. a. déboucher une bouteille.

Aufftören, v. a. réveiller, troubler qn., remuer; fourgonner le feu.

Aufftoßen, v. a. 4, enfoncer, pousser; ein Faß —, défoncer un tonneau; —, v. n. (h.) fouiller, élever la terre (taupe); (f.) auf etw. —, toucher qch., donner contre qch.; fg. er ist mir aufgestoßen, je l'ai rencontré; einem —, arriver, survenir à qn.; —, revenir, faire soulever le cœur; causer des rapports; es stößt mir sauer auf, j'ai des rapports aigres; —, se troubler par une seconde fermentation; aufgestoßen, trouble, altéré, gâté (vin, etc.); —, s. n. 1, enfoncement d'une porte, m.; défoncement d'un tonneau; choc d'un vaisseau; (méd.) rapports, pl. éructation, f. pan. bouffée; soûre —, aigreurs, pl. oxyregmie; — seconde fermentation, altération du vin, etc. [gâté (vin, etc.).

Auffößig, adj. trouble, altéré;

**Aufſträuben,** v. a. faire dresser; ſich —, se dresser, se hérisser.

**Aufſtreben,** v. n. (h.) faire des efforts pour s'élever à; tendre à.

**Aufſtreich,** m. 2, encan, enchère, f.; im — verkaufen, vendre à l'encan; (jur.) par licitation.

**Aufſtreichen,** v. a. 5†, étendre du beurre, etc.; appliquer des couleurs; retrousser, rebrousser qch.

**Aufſtreifen,** v. a. retrousser; —, v. n. (h.) raser, effleurer; ſich —, retrousser ses manches; ſich den Arm —, s'écorcher, s'effleurer le bras.

**Aufſtreuen,** v. a. répandre; Zucker auf etw. —, saupoudrer qch. de sucre. [chet de bas en haut.

**Aufſtrich,** m. 2, (mus.) coup d'ar-

**Aufſtufen,** v. a. hausser, élever par degrés.

**Aufſtufung,** f. (rhét.) climax, m. gradation, f.

**Aufſtülpen,** v. a. retrousser, retaper. [avec violence, enfoncer.

**Aufſtürmen,** v. a. forcer, ouvrir

**Aufſtürzen,** v. a. mettre à la hâte; mettre les assiettes debout; den Deckel auf den Topf —, couvrir le pot; —, v. n. (f.) tomber sur; mit dem Kopfe auf einen Stein —, donner de la tête contre une pierre.

**Aufſtutzen,** v. a. retrousser; fg. fm. orner, embellir (mil, dc); mit falſchem Prunke —, farder un discours; —, maquignonner un cheval; —, s. n. 1, embellissement, m.

**Aufſtützen,** v. a. appuyer sur qch.

**Aufſuchen,** v. a. chercher, rechercher, poursuivre; quêter qch.

**Aufſuchung,** f. recherche, poursuite, perquisition; quête; (gram.) investigation de la racine.

**Aufſummen (ſich),** s'accumuler; — laſſen, laisser arrérager.

**Auftafeln,** v. a. (mar.) gréer, agréer. [chancelant.

**Auftaumeln,** v. n. (f.) se lever en

**Aufthauen,** v. a. et n. (f.) dégeler; —, s. n. 1, dégel, m.

***Aufthun,** v. a. mettre un mets sur un plat || ouvrir; mettre du vin, etc. en perce, en vente; ſich —, s'ouvrir; s'épanouir (fleur).

**Aufthürmen,** v. a. entasser, amonceler. [du fer, etc.

**Auftiefen,** v. a. emboutir, caver

**Auftiſchen,** v. a. servir; einem etw. —, régaler qn. de qch. (aussi fg. fm.).

**Auftrag,** m. 2*, (manuf.) touche, f.; (peint.) couche || commission; mission.

**Auftragen,** v. a. 7, Speiſen — ou —, servir les viandes, mettre les viandes sur la table; —, (arch.)

tracer un plan; (peint.) coucher, appliquer; auf den Grund —, asseoir; dick —, empâter; Farbe auf die Form —, (impr.) toucher la forme, distribuer l'encre; —, (dor.) coucher; das Quickgold —, parachever; feſter —, (teint.) assurer; dick und ſachte —, épigeonner le plâtre || fg. einem etw. —, charger qn. de qch., commettre qn. à qch., donner commission à qn. pour qch.; déférer un emploi à qn.; —, s. n. 1, couche, f. empâtement des couleurs, m.

**Auftreiben,** v. a. 5, chasser; lancer; débucher le gibier; wieder —, relancer; — fg. chercher, trouver, se procurer || gonfler, enfler le corps; bouffir de la viande; —, v. n. (f.) (nav.) s'ensabler, échouer.

**Auftrennen,** v. a. découdre un habit; défaire une couture; aufgetrennte Naht, décousure, f.

**Auftreten,** v. a. 1, enfoncer, ouvrir à coups de pied; —, v. n. (f.) marcher; ſachte —, aller doucement; fg. id.; —, paraître, se présenter; zum erſten Male —, débuter; zum erſten Male —, de Schauſpieler, le débutant; auf der Kanzel, auf der Tribune —, monter en chaire, à la tribune; —, fg. s'élever, se déclarer contre qn.; mit etw. —, proposer qch.

**Auftrinken,** v. a. 3, boire tout le vin.

**Auftritt,** m. 2, marche, f. degré, m.; perron; montoir; — an einer Kutſche, botte, f. marchepied, m.; — estrade d'une croisée, f.; banquette d'un parapet || entrée d'un chanteur, etc.; erſte —, début, m.; —, (théât. et fg.) scène, f.; verdrießliche —, fm. esclandre; luſtige —, comédie.

**Auftrocknen,** v. a. sécher; —, v. n. (f.) sécher, devenir sec.

**Auftrumpfen,** v. n. (h.) mettre, donner un atout (jeu); fg. riposter, repartir vivement.

**Aufwachen,** v. n. (f.) s'éveiller; se réveiller; —, s. n. 1, réveil, m.

**Aufwachſen,** v. n. 7 (f.) croître, grandir; mit einander — être élevés ensemble; —, s. n. 1, agrandissement, m.

**Aufwägen,** v. a., v. Aufwiegen.

**Aufwallen,** v. n. (f.) bouillir; bouillonner.

**Aufwällen,** v. a. faire bouillir.

**Aufwallung,** f. bouillonnement, m. ébullition, f.; fg. effervescence, emportement, m.

**Aufwand,** m. 2*, dépense, f.; frais, m. pl.; emploi des deniers || luxe; zugeſetz, m. 2, loi somptuaire, f.; zuſteuer, f. taxe somptuaire.

**Aufwärmen,** v. a. réchauffer; recuire; fg. réveiller une querelle; rebattre, réchauffer.

**Aufwarten,** v. n. (h.) servir, soigner (einem, qn.); einem mit etw. —, offrir qch. à qn., régaler qn. de qch.; einem — fg. rendre visite, rendre ses devoirs, ses respects à qn.; faire sa cour au roi.

**Aufwärter,** m. 1, sinn, f. serviteur, m. garçon, domestique, valet; (bill.) marqueur; servante, f. fille.

**Aufwärts,** adv. en haut; vers le haut; — steigen, reiten, c., monter; —, (nav.) amont; — schiffen, remonter la rivière; — gebogen, recourbé, retroussé.

**Aufwartung,** f. service, m. || visite, f.; einem ſeine — machen, v. Aufwarten (einem).

**Aufwaſchen,** v. a. 7, laver; écurer; —, s. n. 1, lavage, m. [reuse.

**Aufwaſcherinn,** f. laveuse, écu-

**Aufwaſchwaſſer,** n. 1, lavure, f.

**Aufwechſel,** m. 1, agio; wucherliche —, agiotage. [agioter.

**Aufwechſeln,** v. a. changer; m. p.

**Aufwechſler,** m. 1, changeur; m. p. agioteur.

**Aufwecken,** v. a. éveiller, réveiller; fg. égayer; ressusciter des morts; aufgeweckt, fg. éveillé, fm. égrillard.

**Aufwecken,** m. 1, réveille-matin, f.

**Aufweckung,** f. réveil, m., résurrection des morts. f.

**Aufwehen,** v. a. faire lever en soufflant; die Kohlen —, enflammer les braises; der Wind hat die Thüre aufgeweht, le vent a ouvert la porte.

**Aufweichen,** v. a. amollir, ramollir, détremper; délayer les couleurs; ouvrir un abcès par quelque émollient; dégluer les paupières; —, v. n. (f.) s'amollir.

**Aufweichung,** f. amollissement, m. détrempe, f. délayement, m.

**Aufweiſen,** v. a. 5, montrer, faire voir, produire; présenter; exhiber ses titres; étaler son jeu.

**Aufweiſung,** f. présentation, production, exhibition.

***Aufwenden,** v. a. employer du temps; dépenser de l'argent.

**Aufwendung,** f. emploi, m.; dépense, f.

**Aufwerfen,** v. a. 2, jeter en haut; Schaum —, écumer; Blaſen —, faire des bouteilles; —, fouiller (taupe); faire une levée; élever un retranchement; construire un rempart; creuser un fossé; Erde um einen Baum —, butter un arbre; —, retrousser, relever le nez; das Maul —, faire la moue; —, fg. proposer, soulever une

*question;* former, élever *un doute* || jeter sur qch. || mit Steinen —, enfoncer *une porte* à coups de pierres; auf dem Pflaster —, casser *une noix* en la jetant: sich —, *fg.* s'ériger (zu, en), se faire, se constituer (zu etw., qch.); se soulever, se révolter *contre qn.;* aufgeworfen, retroussé *(nex),* renversé *(lèvres).*

Aufwerfung, *f.* construction *d'un* rempart; *fg.* proposition *d'une* question.

Aufwichsen, *v. a.* ou *n.* cirer; *fg. fm.* faire bombance, traiter somptueusement.

Aufwickeln, *v. a.* mettre en pelote; dévider, détortiller *du fil;* dérouler *du papier;* développer, défaire *un paquet;* déployer *du drap;* die Haare —, papillotter les cheveux; —, démaillotter *un enfant; fg.* démêler, éclaircir.

Aufwiegeln, *v. a.* soulever, faire révolter, ameuter; *fg.* susciter, exciter.

Aufwiegelung, *f.* incitation; excitation à la révolte; soulèvement, *m.*

Aufwiegen, *v. a.* l'emporter sur; *fg. id.;* valoir mieux que; contrebalancer *un argument.*

Aufwiegler, *m.* 1, Aufwieglerisch, *adj.* séditieux, mutin, rebelle, agitateur, *m.* boute-feu.

Aufwinden, *v. a.* démaillotter.

Aufwinden, *v. a.* 3, guinder *un fardeau,* soulever avec le cric; lever l'ancre; dévider, pelotonner *du fil;* détordre, détortiller; sich —, s'entortiller; — *s. n.* 1, guindage, *m.*

Aufwinderlichm, *m.* 2, guindage.

Aufwirken, *v. a.* défaire *un tissu;* employer en tissant; donner la forme *au pain;* ouvrir *une bète.*

Aufwirren, *v. a.* entwirren.

Aufwischen, *v. a.* torcher, essuyer, enlever.

Aufwischlumpen, *m.* 1, torchon.

Aufwühlen, *v. a.* fouiller, fouir, remuer *la terre;* (artill.) labourer; —, *s. n.* 1, fouille, *f.*

Aufwurf, *m.* 2*, levée, *f.* jetée; *v.* Aufwerfung.

Aufzählen, *v. a.* compter, énumérer, faire l'énumération de; *fg.* détailler, exposer; einem 25 Prügel —, donner à qn. 25 coups de bâton bien comptés.

Aufzählend, *adj.* énumératif.

Aufzählung, *f.* compte, *m.* énumération, *f.* détail, *m.*

Aufzäumen, *v. a.* brider.

Aufzehren, *v. a.* consommer *une provision;* consumer *(feu); fg.* consumer, dépenser, *fm.* manger *son bien.*

Aufzehrung, *f.* consommation; dépense.

Aufzeichnen, *v. a.* dessiner sur || marquer, noter; inventorier *des meubles;* (jur.) annoter; mettre par écrit, écrire, coucher sur le papier. [tion.

Aufzeichnung, *f.* (jur.) annota-

Aufzeigen, *v.* Aufweisen.

Aufziehbrücke, *v.* Zugbrücke.

Aufziehen, *v. a.* 6, ouvrir en tirant; den Vorhang —, lever la toile, le rideau; einen Knoten —, défaire un nœud; den Riegel —, tirer le verrou; die Thüre —, tirer le cordon de la porte; — *(chir.)* ouvrir, faire aboutir; die Schleußen —, lâcher les écluses; — élever, hausser, monter, tirer en haut; die Segel —, hisser les voiles; eine Uhr —, monter une horloge; die Zugbrücke —, lever le pont-levis; eine Laute —, monter un luth; *fg.* gelindere Saiten — filer doux, se radoucir; *fg.* ein Kind — élever un enfant; einen —, se moquer de qn.; —, *v. n.* (f.) aller, marcher en procession; auf die Wache —, monter la garde; *fg.* prächtig —, faire figure, une bonne figure, avoir un train magnifique; armselig —, être vêtu pauvrement, faire une mauvaise figure || s'élever *(orage).*

Aufziehseil, *n.* 2, (nav.) caliorne, *f.*

Aufziehung, *f.* (tiss.) ourdissure || éducation; nourrissage des bestiaux, *m.;* (nav.) halage; *fg.* raillerie, *f.* moquerie.

Aufzug, *m.* 2*, (tiss.) chaine, *f.;* (manuf.) lice, trame; cordon *d'une porte, m.* || parade *des troupes, f.;* pompe, appareil, *m.;* équipage, train de valets, etc.; figure, *f.;* (égl.) procession; — zu Pferd, cavalcade; — *(théât.)* acte, *m.*

Aufzugkette, *f.* fil de la chaine, *m.;* ourdissure, *f.*

Aufzugsängelchen, *n.* 1, (tiss.) contre-lame, *f.*

Aufzwängen, *v. a.* forcer à prendre; ouvrir avec effort *une porte.*

Aufzwecken, *v. a.* (cordonn.) brocher.

Aufzwingen, *v. a.* 3, einem etw. —, forcer, contraindre qn. à prendre qch.

Augapfel, *m.* 1*, prunelle, *f.* pupille; *fg.* bien-aimé, *m. fm.* benjamin. [f.

Augapfelhäutchen, *n.* 1, choroïde,

Auge, *n.* exc. 1, œil, *m.* (pl. les yeux); mit bloßen —, l'œil nu; mit unverwandten —n, (regarder) fixement; ins — fassen, fixer ses regards sur; im — behalten, ein wachsames — auf einen haben,

avoir l'œil sur qn.; nicht aus den —n verlieren, ne pas perdre de vue; er ist mir aus den —n gekommen, je l'ai perdu de vue; den —n geben, laufen ihm über, les larmes lui viennent aux yeux; nur ein — haben, être borgne; in die — fallen, sauter aux yeux, être saillant; vor —n liegen, se voir à vue à qn.; ein — auf etw. haben, désirer, *fm.* lorgner qch.; mit neidischem —, d'un œil d'envie; vor den —n, aux yeux de tout le monde; unter vier —n, entre quatre yeux, en particulier, *fm.* bec à bec; ein Gespräch unter vier —n, un tête-à-tête; in seinen —n, à ses yeux, suivant lui; mit ganz andern —n (ansehen), d'un tout autre œil; ein Dorn im —, un objet de haine, d'envie; mit einem blauen — davon kommen, en être quitte à bon marché; einem etw. aufs — drücken, corrompre qn.; einem den Daumen aufs — seßen, contenir qn. dans les bornes; das paßt wie die Faust aufs —, cela rime comme hallebarde et miséricorde; einem mit verliebten —n ansehen, faire les yeux doux à qn.; die —n aufthun, offen haben, *fg.* avoir bon pied, bon œil; *prov.* aus den —n, aus dem Sinn, loin des yeux, loin du cœur || vue, *f.* regard, *m.;* (art.) œil; *(jeu)* point; (comm.) œil, apprêt, lustre; *(jard.)* œil, bouton, bourgeon; (vign.) cosson.

Äugeln, *v. n.* jouer de la prunelle || écussonner, greffer en écusson, enter en bouton.

Augenachat, *m.* 2, pierre œillée, *f.*

Augenader, *f.* veine oculaire.

Augenarznei, *f., v.* Augenmittel.

Augenarzt, *m.* 2*, oculiste.

Augenbeschreibung, *f.* ophthalmographie. [tique, *f.*

Augenbetrug, *m.* 2, illusion op-

Augenbild, *n.* 5, image visuelle, *f.*

Augenblick, *m.* 2, clin d'œil; *fg. id.,* moment, instant; helle —t, des intervalles lucides, *m.;* im —, à l'instant; alle —t, à tout moment, *fm.* à tout bout de champ; auf einen —, momentanément.

Augenblicklich, *adj.* momentané; d'un moment; instantané; —t Dauer, instantanéité, *f.;* —, *adv.* à l'instant; momentanément.

Augenblinzeln, *n.* 1, cillement, *m.* clignotement.

Augenblüte, *f.* mouron, *m.*

Augenbogen, *m.* 1*, iris.

Augenbraune, *f.* sourcil, *m.*

Augenbutter, *f.* chassie.

Augeneur, f. cure d'une maladie
d'yeux.
Augenbedel, m. 1, tunique, f.
(chir.) gardien de l'œil, m.
Augendiener, m. 1, flatteur, complaisant.
Augendienſt, m. 2, fausse complaisance, f. basse flatterie.
Augenentzündung, f. ophthalmie;
höchſte Grad der —, chémosie, chémosis; trockene —, xérophthalmie.
Augenfell, n. 2, taie, f.
Augenfiſtel, f. fistule lacrymale.
Augenflecken, m. 1, dragon, gendarmes, pl.; weiße —, albugo,
leucoma; kleine weiße —, nubécule, f.
Augenfluß, m. 2*, fluxion à l'œil,
f. fluxion oculaire ou ophthalmique. [œillé.
Augenförmig, adj. en forme d'œil,
Augengeſchwulſt, f.*, exophthalmie.
Augengeſchwür, n. 2, égilops, m.
Augenglas, n. 5*, verre oculaire,
m.; lorgnette, f. lunette; loupe;
mit dem — betrachten, lorgner.
Augenhaut, f.*, tunique, membrane de l'œil; harte —, cornée
opaque; braune —, uvée; weiße
—, membrane albuginée, conjonctive.
Augenhöhle, f. orbite, m. cavité
de l'œil, f.; (cha.) larmière (du
cerf).
Augenknorpel, m. 1, tarse.
Augenknoten, m. 1, ganglion lenticulaire de l'œil.
Augenkrankheit, f. maladie ophthalmique, mal aux yeux, m.
Augenkraut, n. 5*, éclaire, f.
(plante).
Augenleder, n. 1, œillère, f.
Augenlicht, n. 5, (poés.) clarté
des yeux, f. vue; œil, m.
Augenlied, n. 5, paupière, f.
Augenluſt, v. Augenweide.
Augenmaß, n. 2, estimation à
vue d'œil, f.; coup d'œil, m.;
nach dem —t, à vue d'œil; nach
dem —t abmeſſen, bornoyer (une
ligne, etc.).
Augenmerk, n. 2, vue, f.; des-
sein, m. but; ſein — auf etw. ge-
richtet haben, avoir qch. en vue.
Augenmittel, n. 1, remède oph-
thalmique, m.; äußerliche —, col-
lyre. [tique ou visuel.
Augennerv, m. exc. 1, nerf op-
Augennicht, m. 2, (chim.) spode
f. tutie. [(plante).
Augenpappel, f. guimauve, alcée
Augenpunkt, m. 2, v. Geſichtspunkt.
Augenrinnen, n. 1, lippitude, f.
Augenröthe, f. xérophthalmie.
Augenſalbe, f. onguent ophthal-
mique, m.

Augenſchein, m. 2, vue, f.; etw.
in — nehmen, faire l'inspection
de qch.; (arch.) faire l'expertise
de qch.; einen — vor, einneh-
men, (jur.) faire une visite, des-
cendre sur les lieux; —, fg. évi-
dence, f.
Augenſcheinlich, adj. évident; vi-
sible, manifeste; —, adv. évi-
demment, etc.
Augenſcheinlichkeit, f. évidence.
Augenſchirm, m. 2, garde-vue.
Augenſpiegel, m. 1, dilatatoire.
Augenſtaar, m. 2, cataracte, f.
Augenſtein, m. 2, œil de chat.
Augenſtern, m. 2, prunelle, f.
Augentriefen, n. 1, lippitude, f.
Augentriefig, adj. chassieux.
Augentroſt, m. 2, eufraise, f.
(plante)
Augentroſtgras, n. 2, pied-de-lion,
m. grenouillette, f.
Augenwaſſer, n. 1, eau ophthal-
mique, f.; collyre liquide, m.
Augenwaſſerſucht, f. hydrophthal-
mie.
Augenweh, n. 2, mal aux yeux, m.
Augenweide, f. charme, m. plai-
sir des yeux. [m.
Augenweiß, n. 2, blanc de l'œil,
Augenwimpern, f. pl. cils, m. pl.
Augenwink, m. 2, signe d'œil,
œillade, f.
Augenwinkel, m. 1, coin de l'œil.
Augenzahn, m. 2*, dent œillère, f.
Augenzeuge, m. 3, témoin ocu-
laire.
Augier, f. orcanette, buglose
(plante).
Augsburg, n. Augsbourg (ville).
Auguſt, Auguſtmonat, m. 2, mois
d'Août; —, n. pr. Auguste.
Auguſtapfel, m. 1*, calville d'é-
té, f.
Auguſtbirne, f. hâtiveau, m.
Auguſtiner, m. 1, Auguſtinermönch,
m. 2, Augustin.
Auguſtkirſche, f. griotte.
Auguſtpflaume, f. reine-claude.
Aurelia, n. pr. f. Aurélie.
Aurelius, n. pr. m. Auréle.
Aurikel, f. oreille d'ours.
Auripigment, n. 2, orpiment, m.
Aurora, n. f. aurore, v. Morgenröthe.
Aus, prép. de; hors; par; — dem
Hauſe, de, hors de la maison; —
einer Hand in die andere, de main
en main; — guter Abſicht, à bonne
intention; — Vorſaß, à dessein,
exprès; — Erfahrung, par expérience; einer — unſerer Mitte, l'un
d'entre nous; — einem Glaſe trinken, boire dans un verre; — Liebe,
par amour, pour l'amour (zu, pour,
de); —, adv. fini, passé; der Wein
iſt —, le vin est bu; es iſt — mit

ihm, c'en est fait de lui, il est perdu, ruiné; il est mort; es iſt bald
mit ihm —, il est près de sa perte,
de sa mort; —, séparable dans
la comp. indique un mouvement
de sortie, une perfection, la publication de qch.; la fin d'une
action, d'un état; l'anéantissement de qch.
Ausädern, v. a. ôter les veines
de qch.
Ausarbeiten, v. a. graver, creuser
(avec le ciseau); (bouch.) écorcher
|| faire, composer, travailler; ache-
ver, finir; perfectionner; (sculpt.)
approcher; (men.) chantourner;
(phys., etc.) élaborer.
Ausarbeitung, f. (phys., etc.)
élaboration || composition; achè-
vement, m.
Ausarten, v. n. (f.) dégénérer, s'a-
bâtardir, déchoir.
Ausartung, f. dégénération, abâtardissement, m.
Ausathmen, v. a. expirer; fg. rendre (l'âme); exhaler (une odeur).
Ausathmung, f. expiration; exhalaison.
Ausbacken, v. a. 7, cuire à point,
frire (du poisson); —, v. n. (f.)
achever de cuire; nicht gut ausgebacken, baveux.
Ausbaden, v. a. laver, baigner;
fg. er muß es —, il payera l'écot,
la folle enchère; il en aura le
dommage. [fer.
Ausbalgen, f. bassiner, chauf-
Ausbalgen, v. a. écorcher, dépouiller; rembourrer (des oiseaux,
etc.); mit Stroh —, empailler; —,
s. n. 1, rembourrement, m.
Ausballen, v. a. déballer; —, s.
n. 1, déballage, m.
Ausbauchen, v. a. emboutir, bosseler; eine Säule —, donner du
renflement à une colonne; ſich —,
faire le ventre; avoir du renflement, se déjeter; —, s. n. 1,
bosselage, m.
Ausbauen, v. a. bâtir; achever de
bâtir; —, v. n. (h.) cesser de bâtir.
*Ausbedingen, v. a., ſich etw. —,
se réserver, stipuler qch.; nur dieſes ausbedungen, à l'exception de
cela. [lation.
Ausbedingung, f. réserve, stipu-
Ausbeeren, v. a. égrener, égrapper.
Ausbeinen, v. a. désosser.
Ausbeißen, v. a. 5†, arracher,
emporter avec les dents; ſich einen
Zahn —, se casser une dent en
mordant; fg. fm. débusquer, supplanter.
Ausbeizen, v. a. enlever par le
moyen d'un corrosif.
Ausbeſſern, v. a. raccommoder,
réparer, refaire (un habit); (maç.)

renformir; am Grundgemäuer —, reprendre un mur sous œuvre; —, rajuster, rapetasser, ravauder (*des bas*); rhabiller (*des filets*); (*dor., etc.*) ramender; radouber (*un vaisseau*); remplir (*des dentelles*).

**Ausbesserung,** *f.* raccommodage, *m.*; réparation, *f.*; rajustement, *m.*; rétablissement (*d'un chemin*); rhabillage (*des filets*); renformis (*d'un mur*); (*mar.*) radoub; (*cout.*) remplissage; ravaudage.

**Ausbeugen,** *v.* **Ausbiegen.**

**Ausbeugung,** *f.* digression.

**Ausbeulen,** *v. a.* planer, refaire (*un plat, etc.*).

**Ausbeute,** *f.* butin, *m.*; profit; revenu; produit (*des mines, etc.*).

**Ausbeuteln,** *v. a.* cribler, bluter, tamiser, sasser; *fg. fm.* mettre qn. à sec.

**Ausbezahlen,** *v.* **Auszahlen.**

**Ausbiegen,** *v. a.* 6, plier en dehors; courber; —, *v. n.* (*f.*) se ranger de côté, gauchir; *fg.* einer S. —, éviter qch.

**Ausbieten,** *v. a.* 6, mettre, exposer en vente; offrir; einen —, enchérir sur qn.

**Ausbietung,** *f.* mise en vente.

**Ausbilden,** *v. a.* former, polir; perfectionner; cultiver, embellir.

**Ausbildung,** *f.* perfectionnement, *m.*; culture, *f.* embellissement, *m.*

**Ausbitten,** *v. a.* 1, demander en grâce; espérer, entendre se réserver; das bitte ich mir aus, (*iron.*) je vous demande pardon, je ne souffrirai pas cela.

**Ausblasen,** *v. a.* 4, souffler, éteindre; einem das Lebenslicht —, tuer qn. ‖ publier à son de trompe.

**Ausbleiben,** *v. n.* 5 (*f.*) ne pas venir, demeurer dehors; ne point revenir; tarder à venir; (*jur.*) faire défaut; cesser (*fièvre*); manquer; être omis (*ligne*); deine Strafe wird nicht —, tu n'échapperas pas à la punition; —, *s. n.* 1, absence, *f.*; retardement, *m.*; (*jur.*) défaut.

**Ausbleien,** *v. a.* remplir de plomb, plomber (*une dent*).

**Ausblühen,** *v. n.* (*h.*) défleurir.

**Ausbluten,** *v. n.* (*h.*) saigner, perdre tout son sang; —, *v. a.*, fein Leben — perdre la vie avec le sang.

**Ausbohlen,** *v. a.* planchéier.

**Ausbohren,** *v. a.* percer, creuser, évider (*un tuyau*), forer (*une clef*); aléser (*un canon, etc.*); eine Schraubenmutter in Holz, — tarauder une pièce de bois; den Spund —, retirer le bondon avec un foret.

**Ausborgen,** *v. a.* prêter, donner à crédit.

**Ausbracken,** *v. a.* trier, séparer le rebut.

**Ausbraten,** *v. a.* 4, rôtir assez, bien rôtir; tirer (*la graisse d'une oie*) en rôtissant; —, *v. n.* (*f.*) bien rôtir; sortir (*graisse*).

**Ausbrauchen,** *v. a.* consommer, employer; prendre (*toute une médecine*) ‖ n'avoir plus besoin de, etc.

**Ausbrauen,** *v. a.* bien brasser.

**Ausbrausen,** *v. n.* cesser de bruire, cesser de bouillir; *fg. fm.* er hat noch nicht ausgebrauset, il n'a pas encore achevé de jeter sa gourme.

**Ausbrechen,** *v. a.* 2, arracher, détacher avec effort, rompre; einen Zahn —, arracher une dent; einen Kern aus der Schale —, casser un noyau et en tirer l'amande; —, écaler (*des noix*); émonder, élaguer (*un arbre*); die unnützen Knespen an einem Baume —, ébourgeonner un arbre; —, épamprer (*la vigne*); écosser (*des pois*); die Zähne aus einem Kamme, x. —, édenter un peigne; ein Stück aus einem Messer —, ébrécher un couteau; — tirer (*des pierres*); éplucher (*des écrevisses*); die Bienen —, tailler, vider la ruche ‖ vomir (*de la bile, etc.*); rendre (*une médecine*) ‖ Lunge und Leber — *fm.* vomir tripes et boyaux; —, *v. n.* (*f.*) aus seinem Gefängnisse —, rompre, forcer sa prison; —, *fg.* déborder (*rivière*); éclater, se manifester (*colère, etc.*); in ein lautes Gelächter — éclater de rire ‖ percer (*dents*); sortir (*pustule*); der Angstschweiß bricht ihm aus, il sue de peur; —, se déclarer (*fièvre, etc.*); es ist ein Feuer in seinem Hause ausgebrochen, le feu a pris à sa maison; —, *fg.* se découvrir, se divulguer (*secret*); —, *s. n.* 1, (*jard.*) ébourgeonnement, *m.*; tirage (*des pierres*); rupture (*d'une digue, f.*; débordement (*de l'eau*), *m.*; exulcération (*d'un ulcère*), *f.*; *v.* **Ausbruch.**

**Ausbreiten,** *v. a.* étendre; déployer (*les ailes*); élargir; (*phys.*) propager; *fg.* divulguer, publier; répandre (*un bruit*); propager (*une doctrine*); sich —, s'étendre; se déployer, *fg. id.*, se répandre; s'agrandir (*prince*); se propager (*doctrine, etc.*).

**Ausbreitung,** *f.* extension; déploiement, *m.*; étendue d'un élargissement, *m.*; (*phys.*) propagation, *f.*; *fg.* divulgation; publication; propagation (*de la foi*).

*\***Ausbrennen,** *v. a.* brûler; réduire en cendres, consumer par le feu; nettoyer par le feu; flamber (*une* 

ruche, *un canon*); bien cuire (*des briques*); —, *v. n.* (*f.* et h.) se consumer, être brûlé; cesser de brûler.

*\***Ausbringen,** *v. a.* tirer, mener, faire sortir de; *fg.* publier, répandre, débiter; eine Gesundheit —, porter une santé, un toast.

**Ausbruch,** *m.* 2*, éclat; rupture, *f.*; sortie; éruption (*d'un volcan*); —, emportement, *m.*; transport de colère, etc.; éclat; der heftige —, explosion, *f.*; zum —t kommen, éclater.

**Ausbrühen,** *v. a.* échauder.

**Ausbrüten,** *v. a.* couver; faire éclore; *fg.* tramer, ourdir; —, *v. n.* (*h.*) cesser de couver.

**Ausbügeln,** *v. a.* repasser pour ôter les plis; rabattre (*les coutures*).

**Ausbühnen,** *v. a.* cuveler; (*min.*) enlever *un puits.*

**Ausbund,** *m.* 2*, *fm.* merveille, *f.* prodige, *m.* modèle; ein — aller Tapferkeit, un prodige de valeur, de bravoure.

**Ausbündig,** *adj.* excellent, extraordinaire; — *adv.* par excellence.

**Ausbürger,** *m.* 1, bourgeois demeurant hors de la ville, *v.* **Pfahlbürger.**

**Ausbürsten,** *v. a.* brosser, vergeter.

**Ausbüßen,** *v. a.* expier; *v.* **Ausbessern.**

**Auscuriren,** *v. a. fm.* guérir radicalement, achever de guérir.

**Ausdampfen,** *v. a.* fumer, brûler (*une pipe*); —, *v. n.* (*h.*) s'évaporer, transpirer.

**Ausdämpfen,** *v. a.* faire exhaler; étouffer (*la braise*); enfumer (*des renards*).

**Ausdämpfung,** *f.* exhalation, évaporation; transpiration.

**Ausdärmen,** *v. a.* ôter les boyaux (*d'un animal*), étriper.

**Ausdauern,** *v. a.* durer; endurer, supporter; —, *v. n.* (*h.*) durer; persévérer; die Pflanzen, des plantes vivaces, *f.*; —, *s. n.* 1, durée, *f.*; persévérance.

**Ausdehnbar,** *adj.* dilatable, extensible, expansible, ductile.

**Ausdehnbarkeit,** *f.* dilatabilité, extensibilité, expansibilité, ductilité.

**Ausdehnen,** *v. a.* étendre; tirer; allonger; (*phys.*) dilater; *fg.* étendre; sich —, s'étendre; *fg. id.*, s'agrandir; widernatürlich —, (*méd.*) distendre.

**Ausdehnend,** *adj.* expansif, dilatatoire; (*anat.*) extenseur.

**Ausdehnung,** *f.* (*phys.*) expansion, dilatation (*de l'air*); (*anat.*) dilatation, diastole (*du cœur*); widernatürliche —, distension; —,

étendue; (*géom.*) extension; *fg.* extension, latitude.

Ausdehnungskraft, *f.* \*, force expansive, extensive.

\*Ausdenken, *v. a.* imaginer, inventer; penser; controuver.

Ausdeuten, *v. a.* expliquer, interpréter.

Ausdeuter, *m.* 1. interprète.

Ausdeutung, *f.* explication; interprétation. [seau).

Ausdichten, *v. a.* calfater (*un vaisseau*).

Ausdielen, *v. a.* planchéier.

Ausdienen, *v. n.* (h.) servir son temps; être usé (*outil, etc.*); ausgedient, vétéran, invalide (*soldat*); émérite (*professeur*).

\*Ausdingen, *v.* Ausbedingen, Ausnehmen.

Ausdocken, *v. a.* dérouler le trait.

Ausdonnern, *v. imp.* (h.) cesser de tonner.

Ausdorren, *v. n.* (f.) sécher, se dessécher, devenir sec.

Ausdörren, *v. a.* sécher; torréfier.

Ausdörrung, *f.* dessèchement, *m.* exsiccation, *f.*; torréfaction.

Ausdrehen, Ausdrechseln, *v. a.* tourner, travailler au tour; enfoncer *un plat*; *fg. fm.* façonner; ausdrehen, arracher en tournant.

Ausdreschen, *v. a.* 6, battre *le blé*.

Ausdruck, *m.* 2\*, expression, *f.*; terme, *m.* mot; énonciation, *f.*; mildert —, euphémisme, *m.*; — (*rhét.*) élocution, *f.* action.

Ausdrückbar, *adj.* nicht; — non exprimable.

Ausdrucken, *v. a.* empreindre; imprimer.

Ausdrücken, *v. a.* presser, pressurer; épreindre; *fg.* exprimer, émettre, énoncer *une opinion*; sich —, s'exprimer.

Ausdrücklich, *adj.* précis, exprès, formel; — *adv.* expressément.

Ausdrucksvoll, *adj.* expressif.

Ausdrückung, *f.* pressurage, *m.*

Ausdrusch, *m.* 2, battage, blé battu. [transpirer.

Ausduften, *v. n.* (f.) s'exhaler.

Ausdüften, *v. a.* exhaler.

Ausdüftung, *f.* exhalaison.

Ausdulden, *v. a.* supporter, endurer; —, *v. n.* (h.) cesser de souffrir.

Ausdunsten, *v. n.* (f.) s'évaporer, s'exhaler; —, (h.) transpirer.

Ausdünsten, *v. a.* évaporer, faire évaporer; transpirer.

Ausdünstung, *f.* évaporation, exhalaison; (*méd.*) transpiration; entzündete —n, (*hist. nat.*) des furoles, *pl.* [mètre.

Ausdünstungsmesser, *m.* 1, atmometre.

Auseden, *v. a.* couper en angles.

Auseinander, *adv.* séparément;

— \*bringen, séparer; — fahren, 7, \*geben, se séparer; — iagen, treiben, 5, disperser, écarter; — laffen, 4, congédier; — legen, séparer, déployer *du drap*; — legen, nehmen, 2, démonter, défaire *une machine*; — feßen, analyser, décomposer; exposer; expliquer; débrouiller *une affaire*; sich — feßen, s'accommoder; (*comm.*) se séparer; — sperren, écarter, écarquiller *les jambes*; — \*flehen, bâiller; — wirren, démêler, débrouiller; — ziehen, 6, étendre, étirer. [divergent.

Auseinanderfahrend, *adj.* (*géom.*)

Auseinandersetzung, *f.* analyse, décomposition, exposition, explication *d'une affaire*.

Auserkiesen, *v.* Auserseben.

Auserkoren, *adj.* élu, choisi.

Auserlesen, *adj.* choisi, exquis; élu.

Auserseben, *v. a.* 1, élire, choisir; prédestiner qn.; épier *l'occasion.*

Auserwählen, *v. a.* élire, choisir.

Auserwählten, *m. pl.* élus.

Auserwählung, *f.* élection.

Ausessen, *v. a.* 1, achever de manger; vider *un plat.*

Ausfachen, *v. a.* (*men.*) munir de rayons *une armoire.* [vigne.

Ausfechsern, *v. a.* provigner *une*

Ausfädeln, *v. a.* effiler; sich — s'effiler, sortir du trou de l'aiguille.

Ausfahren, *v. a.* 7, rompre, creuser, abymer *le chemin*; approfondir *un sillon*; (*comm.*) exporter; —, *v. n.* (f.) sortir en voiture, en bateau, etc.; échapper, glisser; *fg.* s'emporter, éclater; die Seele ist ihm ausgefahren, *pop.* il a rendu l'âme; — *ou* ausgefahren seyn im Gesicht, avoir des boutons au visage; — über den ganzen Körper, avoir une ébullition sur tout le corps; —, *s. n.* 1, *v.* Ausfahrt.

Ausfahrt, *f.* sortie, départ, *m.*; — aus einer Meerenge, débouquement; —, (*arch.*) porte cochère, *f.*; (*méd.*) ébullition.

Ausfall, *m.* 2\*, (*guer.*) sortie, *f.*; (*escr.*) attaque, passe; einen — auf einen thun, faire une sortie contre qn., *fm.* pousser, porter une botte à qn.; —, (*fortif.*) fausse-porte, poterne.

Ausfallen, *v. n.* 4 (f.) tomber, s'écaler (*noix*); s'égrener (*blé*); es ist mir ausgefallen, je l'ai oublié; —, (*escr.*) partir, faire une passe || n'avoir pas lieu (*leçon*); manquer || se terminer; gut — réussir, avoir du succès; schlecht — être mauvais (*récolte*); mal tourner (*affaire*); —, *v. a.*, sich etw. — se disloquer, se démettre, se dé-

boiter qch.; sich einen Zahn —, se casser une dent en tombant; —, *s. n.* 1, der Haare, dépilation, *f.* (*méd.*) pelade, chute des cheveux; alopécie; Mittel, welches die Haare — macht, remède dépilatif, *m.*

Ausfallend, *adj.*, —e Posten, des non-valeurs, *f. p!.*

Ausfalten, *v. a.* déplier, défaire les plis. [peupler *un étang.*

Ausfangen, *v. a.* 4, prendre; dé-

Ausfärben, *v. a.* achever *une étoffe.* [effiloquer.

Ausfasern, Ausfaseln, *v. a.* effiler, Ausfaulen, *v. n.* (f.) pourrir; tomber de pourriture.

Ausfechten, *v. a.* 6, décider, vider par les armes; *fg.* terminer, vider; —, *v. n.* (h.) cesser de tirer les armes. [curer.

Ausfegen, *v. a.* balayer, nettoyer, Ausfeger, *m.* 1, balayeur, cureur.

Ausfegung, *f.* nettoiement, *m.* curage *d'un puits.*

Ausfeilen, *v. a.* limer; ôter *la rouille*; eine Scharte — faire disparaître une brèche avec la lime; —, façonner avec la lime; *fg.* limer, corriger, châtier *le style.*

Ausfertigen, *v. a.* expédier; (*jur.*) grossoyer *un acte*; eine Tochter —, donner le trousseau à une fille; —, dépêcher, envoyer; achever, composer *un ouvrage.*

Ausfertigung, *f.* expédition, (*jur.*) grosse, passation *d'un contrat*; dépêche, envoi, *m.*

Ausfetten, *v. a.* dégraisser; —, *s. n.* 1, dégraissage, *m.* dégraissement.

Ausfeuern, *v. a.* chauffer suffisamment, chauffer; —, *v. n.* finir l'exercice à feu.

Ausfilzen, *v. a.* feutrer; garnir des souliers de feutre; *fg. pop.* laver la tête, donner une mercuriale à qqn.

Ausfinden, *v. a.* 3, ou ausfindig machen, découvrir; trouver; imaginer, inventer *un moyen.*

Ausfischen, *v. a.* pêcher; dépeupler *un étang*; —, *v. n.* (h.) finir de pêcher.

Ausflattern, *v.* Ausfliegen.

Ausfleischen, *v. a.* (*még.*) écharner; (*corr.*) drayer, parer; —, *s. n.* 1, écharnure, *f.* drayure.

Ausflicken, *v. a.* raccommoder, rapiécer, rapiéceter, rapetasser.

Ausflicker, *m.* 1, -inn, *f.* ravaudeur, *m.* -se, *f.*

Ausflickung, *f.* raccommodage, *m.* ravaudage; réparation, *f.*

Ausfliegen, *v. n.* 6 (f.) s'envoler, prendre l'essor; aus dem Nest —, dénicher; *fg.* échapper, s'enfuir; *fm.* dénicher.

Ausfließen, *v. n.* 6 (f.) couler,

s'écouler; découler *d'un arbre*; se décharger (*rivière*); (*phys.*, *etc.*) émaner, rayonner; —, *s. n.* 1, *v.* **Ausfluß.**

**Ausflucht,** *f\*,* excuse, défaite, échappatoire, faux-fuyant, *m.* subterfuge, tergiversation, *f.* réponse évasive.

**Ausflug,** *m.* 2\*, sortie *du nid,* *f.*; vol, *m.* essor; *fg.* sortie, *f.* excursion, course, voyage, *m.*

**Ausfluß,** *m.* 2\*, écoulement *des eaux*; décharge, *f.* bouche, embouchure *d'une rivière*; (*phys.*) émanation, effusion, effluence; rayonnement *des esprits vitaux*, *m.*; (*méd.*) écoulement, décharge, *f.* exhalaison *d'une fleur*; *fg.* émanation.

**Ausfordern,** *v. a.* appeler en duel, provoquer, défier.

**Ausfordern,** *v. a.* (*min.*) exploiter.

**Ausforderung,** *f.* appel en duel, *m.* défi, provocation, *f.*

**Ausforderung,** *f.* exploitation.

**Ausforderungsbrief,** *m.* 2, cartel, défi.

**Ausforschen,** *v. a.* scruter, examiner, épier; *etw.* einem —, découvrir qch., qn. à force d'informations; déterrer qn., qch.; einen —, sonder qn.; *pop.* tirer à qn. les vers du nez.    [espion.

**Ausforscher,** *m.* 1, observateur;

**Ausforschung,** *f.* enquête; information; recherche.

**Ausfragen,** *v. a.* questionner, interroger; découvrir à force de questions; fich —, s'épuiser en questions.

**Ausfrager,** *m.* 1, *=inn,* *f.* questionneur, *m.* *-se,* *f.*

**Ausfressen,** *v. a.* 1, creuser, dévorer; vider *le plat*; ronger, manger.

**Ausfressung,** *f.* érosion.   [ger.

**Ausfrieren,** *v. n.* 6 (*f.*) geler à fond.

**Ausfuchteln,** *v. a.* donner à qn. des coups de plat d'épée; frotter qn. à coups de bâton.

**Ausfuhr, Ausfuhre,** *f.* sortie; exportation.   [ticable.

**Ausführbar,** *adj.* exécutable, pra-

**Ausführen,** *v. a.* (*comm.*) exporter; déporter *un criminel*; (*méd.*) évacuer, purger; débourber, curer *un fossé* || mener; *fg.* exécuter, effectuer, soigner; frapper *un coup*; (*arch.*) élever, achever; traiter amplement *une matière*; weitläuftig —, amplifier *un sujet.*

**Ausführend,** *adj.* (*méd.*) évacuatif, purgatif; détersif; (*anat.*) excrétoire.

**Ausführlich,** *adj.* détaillé, ample, étendu, prolixe; —, *adv.* en détail, amplement, au long; — er-

---

zählen, détailler; — darlegen, déduire *ses preuves.*

**Ausführlichkeit,** *f.* détails, *m. pl.*

**Ausführung,** *f.* (*comm.*) exportation, (*méd.*) évacuation, purgation; curage *d'un fossé,* *m.*; *fg.* exécution, *f.*; (*arch.*) construction; déduction *des preuves*; amplification *d'un sujet.*

**Ausführungsbrüste,** *f.* (*anat.*) émonctoire, *m.*; =werkzeuge, *n. pl.* 2, (*anat.*) émonctoires, *m. pl.*

**Ausfüllen,** *v. a.* remplir, combler; (*mac.*) bloquer; *fg.* remplir.

**Ausfüllend,** *adj.* explétif (*mot*).

**Ausfüllung,** *f.* remplissage, *m.*; remblai; comblement *d'un fossé*; (*cuis.*) farce, *f.*    [plétif, *m.*

**Ausfüllungswort,** *n.* 2, mot ex-

**Ausfündig,** *v.* **Ausfinden.**

**Ausfüttern,** *v. a.* engraisser *des bestiaux* || doubler, fourrer, garnir; revêtir.    [tement, *m.*

**Ausfütterung,** *f.* doublure; revê-

**Ausgabe,** *f.* dépense, frais, *m. pl.* dépens, *f.* fleine —n; menues dépenses, *f.* menus plaisirs, *m.*; —, (*comm.*) misc, *f.*; (*libr.*) édition.

**Ausgähren,** *v. n.* 6 (*h.*) jeter la lie; fermenter; cesser de fermenter.    [fiel.

**Ausgallen,** *v. a.* (*cuis.*) ôter le

**Ausgang,** *m.* 2\*, sortie, *f.*; issue; (*cha.*) débucher, *m.*; geheime — eines Zimmers, dégagement; mit — der Woche, à la fin de la semaine; —, (*mus.*) point d'orgue; *fg.* événement; fin, *f.* issue; dénoûment, *m.*; (*théat.*) péripétie, *f.*; relevailles *d'une femme accouchée*, *pl.*; (*théol.*) procession du S. Esprit.    [tie.

**Ausgangszoll,** *m.* 2\*, droit de sortie.

**Ausgärben,** *v. a.* achever de tanner, de corroyer; *fg. fm.* rosser, étriller.

**Ausgäten,** *v. a.* sarcler, arracher *les mauvaises herbes.*

**Ausgebegeld,** *n.* 5, argent pour les dépenses ordinaires, *m.*; monnaie, *f.*

**Ausgeben,** *v. a.* 1, dépenser, débourser de *l'argent*; distribuer, délivrer *les lettres*; (*libr.*) publier, mettre en vente; (*jeu*) donner; *fg.* einen für reich —, donner, faire passer qn. pour riche, dire qn. riche; für wahr —, débiter pour vrai; fich für etw. —, se dire qch., se qualifier de qch.; —, *v. n.* (*h.*) rapporter, rendre.

**Ausgeber,** *m.* 1, distributeur; délivreur; maître d'hôtel; dépensier *d'un couvent*; tireur *d'une lettre de change*; =inn, *f.* ménagère; dépensière *d'un couvent.*

---

**Ausgebot,** *n.* 2, (*comm.*) mise en vente, *f.*

**Ausgebung,** *f.* dépense, déboursement, *m.*; distribution, *f.* émission *d'une monnaie.*

**Ausgeburt,** *f.*, *m. p.* production.

**Ausgediente,** *m.* 3, vétéran, émérite.

**Ausgedinge,** *n.* 1, réserves, *f. pl.* contrat de réserve, *m.*

**Ausgefaselte,** *n.* 3, effilure *d'une étoffe,* *f.*    [moucheture.

**Ausgehackte,** *n.* 3, découpure, *f.*

\***Ausgehen,** *v. n.* (*f.*) sortir; an einem Orte viel aus= und eingehen, fréquenter, hanter un endroit; auf etw. —, courir après qch., aller faire qch.; *fg.* avoir qch. en vue, former quelque dessein; auf etw. Böses —, machiner qch,. — lassen, publier; —, (*théol.*) procéder, émaner || tomber (*cheveux*); s'épuiser (*provision*), commencer à manquer; mourir (*fleurs*); diminuer (*forces*); der Athem geht mir aus, je perds haleine; (lassen) daß einem der Athem ausgeht, à perte d'haleine; der Athem, die Seele geht ihm aus, il expire; (die Geduld) geht mir aus, m'échappe; —, s'éteindre (*feu*); passer, s'effacer (*couleur*); s'en aller (*tache*); s'ôter (*bottes*); finir, se terminer (*affaire*); —, *v. a.* (*cha.*) quêter; élargir *les souliers* en marchant.

**Ausgeizen,** *v. a.* rejetonner le tabac; épamprer *la vigne.*

**Ausgelassen,** *adj.* se laissant aller; gai à l'excès, pétulant.

**Ausgelassenheit,** *f.* dissolution; licence; pétulance; extravagance; excès de joie, *m.*

**Ausgelegt,** *partic.*; *v.* **Auslegen;** —t Arbeit, *f.* marqueterie.

**Ausgelernt,** *v.* **Auslernen.**

**Ausgemacht,** *v.* **Ausmachen.**

**Ausgenommen,** *v.* **Ausnehmen.**

**Ausgepeitscht,** *adj. fg. fm.* rebattu; décrié; *v.* **Auspeitschen.**

**Ausgeschlagen,** *adj.* teigneux, galeux; *partic. v.* **Ausschlagen.**

**Ausgestrichene,** *n.* 3, effaçure, *f.*

**Ausgewachsen,** *v.* **Auswachsen,** **Verwachsen.**    [gré, *m.* -e, *f.*

**Ausgewanderte,** *m.* et *f.* 3, émigré.

**Ausgezackt,** *v.* **Auszacken.**

**Ausgezeichnet,** *v.* **Auszeichnen.**

**Ausgießen,** *v. a.* 6, verser; jeter, répandre; *fg.* épancher le cœur || boucher, remplir *un trou* en y coulant de la cire, etc.; mit Blei —, plomber.

**Ausgießung,** *f.* effusion; (*théol.*) infusion; *fg.* épanchement du cœur, *m.*    [ser.

**Ausglätten,** *v. a.* unir; polir; lis-

**Ausgleichbar,** *adj.* compensable

( *frais* ); accommodable ( *diffé-rend* ).

**Ausgleichen,** *v. a.* 5†, solder, balancer *un compte* ; égaler ; égaliser ; compenser *une perte* ; die Münzen —, ajuster les flans ; —, *fg.* égaler ‖ aplanir ; *fg. id.* ; accommoder, arranger ; sich —, s'arranger, faire un accommodement.

**Ausgleichung,** *f.* (*comm.*) balance ; égalisation ; accommodement, *m.* ; compensation, *f.* ; (*monn.*) ajustage, *m.* ; — in Bausch und Bogen, *fm.* cote mal taillée, *f.*

**Ausgleichungssumme,** *f.* (*comm.*) appoint, *m.*

**Ausgleichungswage,** *f.* ajustoir, *m.*

**Ausgleiten,** *v. n.* 5†, **Ausglitschen,** *v. n.* (f.) glisser ; couler (*échelle*) ; —, *s. n.* 1, glissade, *f.*

**Ausglühen,** *v. a.* recuire ; (*dor.*) cuire ; —, *s. n.* 1, recuite, *f.* (*chim.*) ignition.

**Ausglühung,** *f.* recuite, ignition.

**Ausgraben,** *v. a.* 7, déterrer ; exhumer *un mort* ; déraciner *un arbre* ; hohl —, (*grav.*) graver en creux ; creuser ; ausgegrabene Erde, terres jectisses, *f. pl.* déblai, *m.*

**Ausgrabung,** *f.* déterrement, *m.* ; exhumation, *f.* ; fouille ; (*grav.*) gravure en creux ; (*arch.*) excavation ; extraction *des métaux.*

**Ausgräten,** *v. a.* désosser, ôter les arêtes *d'un poisson.*

**Ausgreifen,** *v. a.* 5†, saisir, séparer, trier.

**Ausgrübeln,** *v. a. fm.* rechercher soigneusement ; examiner à fond, approfondir ; découvrir à force de recherches.

**Ausgrübelung,** *f.* recherche, raffinement, *m.*

**Ausgründen,** *v. a.* approfondir ; (*men.*) évider, travailler en relief.

**Ausgurgeln,** *v. a.,* den Hals —, se gargariser.

**Ausguß,** *m.* 2*, effusion, *f.* ; *fg.* épanchement, *m.* ; (*cuis.*) évier, égoût ; embouchure *d'un fleuve,* *f.*

**Aushaaren,** *v. n.* (f.) perdre le poil.

**Aushacken,** *v. a.* arracher avec la houe ou le bec ; crever *les yeux* ; (*cout.*) découper, déchiqueter, moucheter *du taffetas* ; (*bouch.*) détailler ; ausgehackte Arbeit, découpure, *f.* moucheture.

**Aushalftern,** *v. a.* ôter le licou, déchevêtrer.

**Aushalten,** *v. a.* 4, soutenir, souffrir, supporter, endurer ; einen Ton —, tenir un ton, appuyer sur une note ; einen Stoß —, soutenir un choc ; das Feuer —, essuyer le feu ; seine Zeit —, faire son temps ; —, *v. n.* (h.) persévérer, tenir, durer, man kann es nicht

—, on ne saurait y tenir ; —, *s. n.* 1, persévérance, *f.* constance, patience.

**Aushändigen,** *v. a.* délivrer, remettre, rendre ; se dessaisir de qch.

**Aushändigung,** *f.* remise ; délivrance.     [bonne feuille.

**Aushängebogen,** *m.* 1*, montre, *f.*

**Aushängegut,** *n.* 5*, étalage, *m.*

**Aushangen,** *v. n.* 4 (h.) être affiché, suspendu.

**Aushängen,** *v. a.* exposer à la vue, étaler ; suspendre, afficher.

**Aushängeschild,** *n.* 5, enseigne, *f.*

**Aushängetafel,** *f.* -zettel, *m.* 1, écriteau.

**Aushängung,** *f.* exposition ; étalage *des marchandises,* *m.* ; suspension, *f.*

**Ausharren,** *v. n.* (h.) persévérer ; attendre jusqu'à la fin.

**Ausharrend,** *adj.* persévérant.

**Ausharrung,** *f.* persévérance.

**Aushaspen,** *v. a.* ôter des gonds *une porte.*

**Aushauch,** *m.* 2, souffle, expiration, *f.*

**Aushauchen,** *v. a.* expirer ; exhaler.

\***Aushauen,** *v. a.* creuser ; couper ; tailler ; sculpter ; (*jard.*) ébrancher ; élaguer ; éclaircir *une forêt* ; einen Weg durch einen Wald —, layer une forêt ; — (*maç.,* *charp.*) ruiner *les solives, etc.* ; (*bouch.*) détailler ; mit Ruthen —, chasser à coups de fouet, fustiger, fouetter.

**Aushauung,** *f.* coupe ; taille ; (*jard.*) ébranchement, *m.* éclaircissement.

**Ausheben,** *v. a.* 6, retirer *un arbre de terre* ; mit der Erde, mit dem Käse —, égravillonner, lever *un arbre* en motte ; —, mettre *une porte, etc.,* hors des gonds ; arracher, enlever, tirer ; (*impr.*) relever ; tirer *du vin avec le siphon* ; dénicher *des oiseaux* ; *fg.* enlever *des personnes suspectes* : choisir, prendre *un passage* ; Rekruten —, recruter, lever des troupes ; mit dem Käse ausgehoben, émotté (*arbre*).

**Ausheber,** *m.* 1, (*jard.*) déplantoir.

**Aushebespan,** *m.* 2*, (*impr.*) réglette, *f.*

**Aushebung,** *f.* triage, *m.* ; — der Rekruten, recrue, *f.* levée des troupes.

**Ausheckeln,** *v. a.* peigner, sérancer *le chanvre* ; *fg.* critiquer sévèrement.

**Aushecken,** *v. a.* couver, faire éclore ; *fg. fm.* produire, imaginer, *m. p.* machiner.

**Ausheilen,** *v. a.* guérir à fond.

**Ausheilung,** *f.* guérison radicale.

**Ausheitern** (sich), s'éclaircir, *v.* **Aufheitern.**     [ment.

**Ausheizen,** *v. a.* chauffer entièrement.

**Aushelfen,** *v. a.* 2, einem —, aider, secourir, assister qn. ; sauver, tirer qn. d'embarras.

**Aushelfung,** *f.* aide, assistance, secours, *m.*

**Aushellen,** *v. a.* éclaircir.

**Aushilfe,** *f.* secours, *m.*

**Aushöhlen,** *v. a.* creuser, caver ; miner *un terrain* ; (*mét.*) échancrer ; évider ; (*arch.*) canneler.

**Aushöhlung,** *f.* excavation ; creux, *m.* ; échancrure, *f.* ; cannelure.

**Aushöhnen,** *v. a.* siffler ; se rire, se moquer de qn. ; huer ; insulter, injurier.     [*pl.* insulte.

**Aushöhnung,** *f.* moquerie, huées,

**Aushöken,** *v. a.* revendre, vendre en détail.

**Ausholen,** *v. a.* questionner, sonder ; —, *v. n.* (h.) lever le bras *pour frapper* ; *fm.* prendre son escousse ; *fg. fm.* weit —, commencer de bien loin ; *prov.* remonter au déluge.     [forêt.

**Ausholzen,** *v. a.* éclaircir *une*

**Aushorchen,** *v. a.* écouter, être aux écoutes.     [jusqu'à la fin.

**Aushören,** *v. a.* entendre, écouter

**Aushub,** *m.* 2*, (*guer.*) recrues *f. pl.* ; levée ; (*mét.*) choix, *m.*

**Aushülfe,** *v.* **Aushilfe.**

**Aushülsen,** *v. a.* écosser *des pois* ; écaler *des noix.*

**Aushungern,** *v. a.* affamer ; faire mourir de faim.

**Aushunzen,** *v. a. fm.* gourmander.

**Aushusten,** *v. a.* cracher en toussant ; expectorer *de la pituite.*

**Ausjagen,** *v. a.* chasser, mettre dehors ; *fg.* einem den Angstschweiß —, faire suer sang et eau à qn.

**Ausjäten,** *v. a.* sarcler, extirper.

**Ausjätmesser,** *n.* 1, sarcloir, *m.*

**Ausjochen,** *v. a.* ôter le joug.

**Auskämmen,** *v. a.* ôter *des cheveux* en se peignant ; peigner, déboucler ; ausgekämmte Haare, peignures, *f. pl.*

**Auskappen,** *v. a.* (*bouch.*) ôter, enlever.

**Auskaufen,** *v. a.,* einen —, acheter toutes les marchandises de qn. ; —, *fg.* bien employer *le temps,* profiter *de l'occasion* ‖ débouter qn. par une surenchère.

**Auskehlen,** *v. a.* (*arch.*) canneler ; (*arm.*) évider.

**Auskehlung,** *f.* cannelure.

**Auskehren,** *v. a.* balayer, nettoyer, écurer ; ramoner *une cheminée* ; écouvillonner *un four* ; beim —, *fg. fm.* au bout de l'affaire.     [toyeur ; écureur.

**Auskehrer,** *m.* 1, balayeur, net-

**Ausfehricht**, n. 2, balayure, f.

**Ausfehrung**, f. nettoiement, m.

**Ausfeilen**, v. a. affermir par des coins; fich —, aboutir en angle aigu, saillant.

**Ausfeimen**, v. n. (f.) germer; —, (b.) cesser de germer.

**Ausfeimung**, f. germination.

**Ausfeltern**, v. a. presser, pressurer.

**Ausfelterung**, f. pressurage, m.

**Ausferben**, v. a. entailler, créneler, denteler.

**Ausfernen**, v. a. ôter les noyaux d'un fruit; égrener des courges, etc.; cerner des noix.

**Ausfitten**, v. a. mastiquer, cimenter, luter (von innen, en dedans).

**Ausflaftern**, v. a. toiser; estimer à la toise.

**Ausflagbar**, adj. exigible (dette).

**Ausflagen**, v. a. (jur.) faire ses poursuites contre qn., poursuivre en justice, discuter qn.; —, v. n. (b.) cesser ses poursuites; cesser de se plaindre.

**Ausflagung**, f. (jur.) discussion.

**Ausflären**, v. a. éclaircir, clarifier.

**Ausflatschen**, v. a., einen —, se moquer de qn. en claquant des mains; bafouer, huer qn. || fm. redire, rapporter; —, v. n. (b.) cesser de claquer, etc.

**Ausflauben**, v. a. fm. trier, éplucher; cerner des noix; fg. fm. inventer, trouver.

**Ausflauber**, m. 1, =inn, f. fm. éplucheur, m. -se, f. [triage.

**Ausflaubung**, f. épluchement, m.

**Ausfleben**, v. a. boucher les trous, revêtir de papier un mur.

**Ausfleiden**, v. a. déshabiller.

**Ausfleidezimmer**, n. 1, (théât.) garde-robe, f. vestiaire, m.

**Ausfleidung**, f. déshabillement, m.

**Ausflingeln**, v. a. publier, crier au son d'une sonnette; —, v. n. (b.) cesser de sonner.

**Ausflopfen**, v. a. épousseter; mit einer Gerte, houssiner; —, nettoyer une pipe en frappant sur qch.; pop. rosser, étriller qn.; rinem ben Schneider —, prov. rabattre les coutures à qn.

**Ausflügeln**, v. a. inventer, découvrir; approfondir à force de raffiner.

**Ausflochen**, v. a. tirer, extraire la graisse, etc., par la cuisson; faire cuire; faire consommer la viande; nettoyer un vase en y faisant bouillir de l'eau; faire bouillir le linge sale; décruer, décruser du fil || bien cuire; —, v. n. (f.) sortir, s'enfuir, s'évaporer en bouillant; —, (b.) cesser de cuire —, s. n. 1, cuisson, f.

\***Ausfommen**, v. n. (f.f) sortir; éclore (poussins) || prendre (feu); éclater, devenir public, se divulguer, transpirer (secret) || avoir assez d'étoffe; mit biefem Gelbe fann ich —, cet argent me suffit; er fann gemächlich —, il a de quoi vivre à son aise; fg. mit biefer Entschuldigung werden Sie nicht —, on ne recevra pas cette excuse || gut mit einem —, se comporter, vivre bien avec qn.; mit ihm ift gut auszufommen, il est traitable, d'un commerce facile; nicht gut auszufommen, intraitable, il est difficile de vivre avec lui.

**Ausfommen**, s. n. 1, nécessaire, m. subsistance, f. existence; fein — fuchen, chercher à gagner sa vie; fein —, fein gutes — haben, avoir de quoi vivre, être à son aise; es ift fein — mit ihm, on ne saurait s'accommoder avec lui, il est intraitable.

**Ausfoppeln**, v. a. découpler.

**Ausförnen**, v. a. égrener.

**Ausfoften**, v. a. choisir un vin en le goûtant; vider un verre de vin en le goûtant.

**Ausföthen** (fich), disloquer le boulet (cheval). [saillie (maç.).

**Ausfragen**, v. a. construire en

**Ausframen**, v. a. étaler; fg. m. p. id.

**Ausframung**, f. étalage, m.

**Ausfraßen**, v. a. arracher avec les ongles; ratisser, gratter un mot, etc.

**Ausfriechen**, v. n. 6 (f.) éclore; sortir de la coquille, etc.; —, s. n. 1, éclosion, f.

**Ausfundschaften**, v. a. épier, espionner; déterrer; reconnaître une place; —, s. n. 1, perquisition, f.

**Ausfundschafter**, m. 1, émissaire, espion, fm. mouchard.

**Ausfundschaftung**, f. recherche, espionnage, m.; (guer.) reconnaissance, f.

**Ausfunft**, f.*, moyen, m. expédient; renseignement, avis; éclaircissement, informations, f. pl.; einem — über etw. geben, donner des renseignements à qn.; éclaircir qn. de, sur qch.

**Ausfunftsmittel**, n. 2, moyen, m. expédient. [chercher.

**Ausfünfteln**, v. a. inventer, se rire, se moquer de qn.; railler, berner, huer qn.; —, v. n. (b.) bien rire, fm. rire tout son soûl; —, s. n. 1, rire, m. risée, f. moquerie. [risible, bernable.

**Auslachenswerth**, adj. ridicule;

**Auslaben**, v. a. 7, décharger, dé-

barquer; débarder du bois; (arch.) faire saillir, faire avancer.

**Auslabeplaß**, m. 2*, (mar.) débarcadour.

**Auslaber**, m. 1, déchargeur; débardeur; (phys.) excitateur.

**Auslabezeug**, n. 2, tire-bourre, m.

**Auslabung**, f. décharge; débarquement, m.; débardage du bois; (arch.) saillie, f.; fehlerhafte —, forjet, m. forjeture, f.

**Auslage**, f. déboursement, m.; débours, déboursés, pl. avance, f.

**Auslanb**, n. 5*, pays étranger, m. étranger.

**Ausländer**, m. 1, =inn, f. étranger, m. -ère; f.

**Ausländisch**, adj. étranger; (hist. nat.) exotique.

**Auslangen**, v. n. (b.) avoir assez (mit, de), suffire.

**Auslaffen**, v. a. 4, faire sortir qn.; laisser sortir; fg. feine Freude —, épancher, faire éclater sa joie; feinen Zorn —, décharger sa colère || omettre, sauter en écrivant; passer sous silence; (gramm.) élider, etc. (cout.) élargir; fondre du beurre; fich gegen einen —, s'ouvrir à qn.; fich über etw. —, feine Gedanken —, découvrir, manifester ses sentiments; fich heftig über einen —, se déchaîner contre qn.; fich —, éclater (joie); ausgelaffen, fg. dissolu; déréglé (vie); démesuré, pétulant; ausgelaffen luftig, joyeux à l'excès.

**Auslaffung**, f. publication d'un ordre; omission; (gramm.) élision; ellipse; (cout.) élargissement, m.; fonte du beurre, f.; — des Zorns, emportement, m.; — épanchement de la joie.

**Auslaffungszeichen**, n. 1, (gramm.) apostrophe, m.

**Auslauf**, m. 2*, **Auslaufen**, n. 1, écoulement, m.; coulage du vin; embouchure d'un fleuve, f.; sortie; (mar.) partance; — aus einer Meerenge, débouquement, m.; —, (arch.) saillie (cha.); sortie, m. débucher, m.

**Auslaufen**, v. n. 4 (f.) courir hors de, sortir, partir; (mar.) mettre à la voile, démarrer; aus einer Meerenge —, débouquer || couler, se répandre; fuir, s'enfuir; (jard.) s'étendre; (impr.) chasser; (arch.) saillir, s'écouler (sable); fg. finir; réussir, aboutir; —, v. a. brouetter le minerai; fich —, s'agrandir, s'élargir, s'user.

**Ausläufer**, m. 1, commissionnaire, fm. galopin; (jard.) jet, rejeton. [ser.

**Auslaugen**, v. a. lessiver, alcaliser.

**Auslaugung**, f. lixiviation, lotion.

Ausläuten, *v. a.* annoncer au son de la cloche; —, *v. n.* (h.) cesser de sonner.

Ausleben, *v. a.* finir *ses jours;* —, *v. n.* (h.) cesser de vivre.

Auslecken, *v. a.* lécher; —, *v. n.* (f.) s'écouler goutte à goutte.

Ausledern, Ausliedern, *v. a.* garnir de cuir intérieurement.

Ausleeren, *v. a.* vider; évacuer; décharger *l'estomac;* fig. décharger *son cœur.*

Ausleerung, *f.* vidange *de la fosse d'aisance;* (*méd.*) évacuation; excrétions, *pl.* excréments, *m. pl.*

Auslegen, *v. a.* étaler *des marchandises* || débourser, avancer *de l'argent;* mettre, placer *de l'argent à intérêt* || mit Gold —, damasquiner d'or, guillocher *en or;* mit farbigen Hölzern —, marqueter; ausgelegte Arbeit machen, faire du guillochis, travailler en marqueterie || expliquer, exposer; interpréter, commenter, gloser; übel —, envenimer; gut —, interpréter en bien.

Ausleger, *m.* 1, interprète; commentateur, glossateur, exégète; — der Religionsgeheimnisse, (*ant.*) mystagogue; jeder ist der beste — seiner Worte, l'entente est au diseur.

Auslegung, *f.* étalage, *m.* exposition, *f.* || explication; interprétation; commentaire, *m.* glose, *f.;* — der heil. Schrift, exégèse; — einer Geheimschrift, déchiffrement, *m.*

Auslehren, *v. a.,* einen —, achever l'instruction de qn.; —, *v. n.* (h.) cesser d'instruire.

Ausleiden, *v. n.* 5† (h.) souffrir jusqu'au bout; cesser de souffrir.

Ausleihen, *v. a.* 5, prêter, louer.

Ausleiher, *m.* 1, prêteur.

Ausleihung, *f.* prêt, *m.;* louage.

Auslenken, *v. a., v.* Ausweichen.

Auslernen, *v. n.* (h.) achever d'apprendre; finir son apprentissage; —, *v. a.* approfondir *une science;* parvenir à connaître qn. à fond; ein ausgelernter Schalk, un fin matois.

Auslesen, *v. a.* 1, éplucher; trier; choisir || —, *v. n.* (h.) achever de lire, cesser de lire.

Auslesung, *f.* épluchement, *m.* triage; choix || fin d'une lecture, *f.*

Auslichten, *v. a.* éclaircir *un bois.*

Ausliefern, *m.* 1, délivreur.

Ausliefern, *v. a.* livrer; délivrer *une marchandise;* remettre; rendre; se dessaisir de qch.

Auslieferung, *f.* livraison, délivrance; (*jur.*) extradition; remise, reddition *d'une place.*

Auslieferungsvertrag, *m.* 2*, cartel.

Auslochen, *v. a.* trouer, entailler.

Auslöchern, *v. a.* trouer, percer.

Auslocken, *v. a.* tirer *un secret.*

Auslohen, *v. a.* recuire.

Auslosen, *v. a.* tirer au sort, lotir.

Auslosung, *f.* lotissement, *m.*

Auslösbar, *adj.* rachetable.

Auslöschen, *v. a.* éteindre || effacer, rayer; amortir *une dette;* —, *v. n.* (h.) s'éteindre.

Auslöschlich, *adj.* effaçable.

Auslöschung, *f.* extinction || radiation; ratissure; amortissement *d'une dette, m.*

Auslösen, *v. a.* racheter, rançonner; délivrer, dégager *un effet.*

Auslösung, *f.* dégagement, *m.* délivrance, *f.* rachat, *m.* rançonnement.

Auslösungsvertrag, *m.* 2*, cartel.

Auslüften, *v. a.* aérer *une chambre;* éventer, mettre à l'évent.

Ausmachen, *v. a.* sortir, ôter; Nüsse —, écaler, cerner des noix; Erbsen —, écosser des pois; Austern —, écailler des huitres; ein Huhn —, effondrer, vider un poulet; die Fettflecken aus einem Kleide —, dégraisser un habit || trouver, découvrir qch.; procurer qch. a qn.; eine Wohnung —, arrêter, retenir un logis || (*cha.*) découvrir || achever, finir *la partie, etc.* || vider *un procès, etc.;* terminer *un différend;* etw. mit einem ausmachen haben, avoir qch. à démêler avec qn., avoir affaire à qn.; mit dem Degen —, vider qch. l'épée à la main; —, arrêter, résoudre; (*etw. mit einander —*, convenir de qch.||composer, constituer, faire *un tout, etc.*|| faire, monter à *une somme* || faire, être *l'objet de, etc.* || éteindre *le feu;* fm. maltraiter, réprimander, chapitrer qn.; ein ausgemachter Narr, un fou achevé; ausgemachter Jäger, chasseur déterminé.

Ausmahlen, *v. a.* achever de moudre; bien moudre.

Ausmalen, *v. a.* finir *un tableau;* enluminer, colorier; fig. peindre, décrire en détail; ausgemalte Figur, *f.* enluminure.

Ausmaler, *m.* 1, -inn, *f.* enlumineur, *m.* -se, *f.*

Ausmalung, *f.* peinture; enluminure; fini, *m.*

Ausmärgeln, *v. a.* épuiser; effriter *la terre;* énerver, amaigrir, exténuer; (*fauc.*) essimer.

Ausmärgelung, *f.* épuisement, *m.*

Ausmarken, *v. a.* mettre des bornes.

Ausmarkung, *f.* abornement, *m.* bornage.

Ausmarsch, *m.* 2*, marche, *f.* sortie; départ, *m.*

Ausmarschiren, *v. n.* (f.) sortir; partir; se mettre en marche.

Ausmärzen, *v. a.* rejeter, mettre au rebut; trier, séparer; fig. élaguer, retrancher.

Ausmästen, *v. a.* engraisser.

Ausmauern, *v. a.* revêtir de maçonnerie; murer *un trou;* roh —, hourder; mit Bruchsteinen —, bloquer; —, *s. n.* 1, revêtissement, *m.*

Ausmeißeln, *v. a.* faire sortir *un nœud d'arbre* avec le ciseau; creuser, travailler avec le ciseau; ciseler. [à fait.

Ausmelken, *v. a.* 6, traire tout

Ausmergeln, *v.* Ausmärgeln.

Ausmerzen, *v.* Ausmärzen.

Ausmessen, *v. a.* 1, mesurer; arpenter *un champ;* auner; jauger *un tonneau* || toiser, vendre en détail.

Ausmesser, *m.* 1, mesureur; arpenteur; vendeur en détail.

Ausmessung, *f.* mesurage, *m.* arpentage; toisé; aunage, jaugeage, (*nouv.*) métrage; dimension, *f.* || vente en détail.

Ausmetzen, *v. a.* (*meun.*) prendre la mouture, le minage.

Ausmiethen, *v. a., v.* Vermiethen.

Ausmindern, *v. a.* adjuger au rabais. [fg. fm. dégrossir.

Ausmisten, *v. a.* curer, nettoyer;

Ausmitteln, *v. a.* découvrir, trouver.

Ausmöbeln, *v. a.* meubler.

Ausmünzen, *v. a.* monnayer.

Ausmünzung, *f.* monnayage, *m.*

Ausmustern, *v. a.* mettre au rebut, trier, rejeter; congédier, licencier; épurer qn.

Ausmusterung, *f.* triage, *m.;* congé; licenciement; épuration, *f.*

Ausnagen, *v. a.* creuser en rongeant.

Ausnähen, *v. a.* piquer; broder; —, *v. n.* (h.) achever de coudre.

Ausnahme, *f.* exception; réserve; dispense; exemption; eine — enthaltend, exceptionnel. [tion.

Ausnahmsweise, *adv.* par excep-

Ausnehmen, *v. a.* 2, prendre, enlever; dénicher *des oiseaux;* sich einen Sohn — lassen, se faire arracher une dent; —, éventrer, vider *des poissons,* habiller *une carpe;* châtrer *les ruches;* effondrer *des poulets* || excepter, exempter || lever *des marchandises;* sich — se distinguer; faire un certain effet; sich gut — faire bon effet, avoir belle apparence; den Sonntag ausgenommen, excepté, hors, hormis le dimanche; à

l'exception, à la réserve du dimanche; biefes ausgenommen, ôté
cela.

Ausnehmend, Ausnehmlich, adj.
extraordinaire; rare; éclatant;
admirable; —, adv. très, extrêmement, singulièrement; ausneh=
mend gut, à merveille.

Ausnützen, v. a. user, effriter,
épuiser la terre; —, s. n. 1, ber
Mündung, (artill.) également,
m.

Auspacken, v. a. déballer, dépaqueter, déplier, défaire, ouvrir
un paquet.

Auspacker, m. 1, déballeur.

Auspariren, v. a. (escr.) parer,
détourner, esquiver; —, s. n. 1,
parade, f.

Auspaffen, v. a. épier.

Auspaufen, v. a. proclamer, publier au son des timbales; fg. pop.
étriller.

Auspeitschen, v. a. fouetter, fusti-
ger; chasser à coups de fouet; fg.
fm. battre et rebattre.

Auspeitschung, f. fustigation.

Auspfählen, v. a. palissader, garnir de pieux; piloter un terrain;
—, s. n. 1, pilotage, m.

Auspfänden, v. a., einen Schuld=
ner —, exécuter un débiteur;
saisir les biens d'un débiteur.

Auspfändung, f. saisie, saisie-
gagerie.

Auspfeifen, v. a. 5†, siffler, huer.

Auspfeifer, m. 1, siffleur.

Auspfeifung, f. sifflement, m.
huées, f. pl.

Auspflanzen, v. a. transplanter.

Auspichen, v. a. poisser, empoisser. [m. pl.; fg. id.

Auspicien, pl. (ant.) auspices,

Auspichen, v. a. extraire, faire
sortir en becquetant.

Ausplatten, v. a. carreler; mit
Marmer —, paver en marbre.

Ausplätten, v. a., v. Ausbügeln.

Ausplatzen, v. n. (f.) crever, sauter, éclater; fg. mit bem Geheim=
niß —, laisser échapper le secret.

Ausplauderer, m. 1, rapporteur,
jaseur; babillard.

Ausplaudern, Ausplappern, v. a.
fm. jaser, redire, rapporter, divulguer, répandre; —, v. n. (b.)
cesser de babiller; —, s. n. 1,
rapport, m. redite, f. révélation
d'un secret.

Ausplündern, v. a. saccager, piller une ville; dépouiller, dévaliser, détrousser qn.

Ausplünderung, f. saccagement,
m. sac, pillage; dépouillement.

Auspochen, v. a. faire sortir en
frappant, en faisant du bruit.

Auspoliren, v. a. polir.

Auspolirung, f. polissure.

Auspolstern, v. a. matelasser.

Ausposaunen, v. a. publier à son
de trompe; fg. fm. divulguer, répandre, fm. corner.

Ausprägen, v. a. bien empreindre; monnayer; —, s. n. 1, monnayage, m.

Auspredigen, v. n. (b.) fm. cesser
de prêcher; fg. fm. cesser de critiquer.

Auspressen, v. a. pressurer; exprimer; fg. extorquer; arracher,
exiger.

Auspressung, f. pressurage, m.;
expression, f.; fg. extorsion;
exaction; concussion.

Auspumpen, v. a. pomper; —,
s. n. 1, (phys.) exantlation, f.

Auspunktiren, v. a. deviner, découvrir par la géomancie.

Ausputzen, v. a. nettoyer, balayer,
écurer; curer, dégorger un canal;
mit bem Wischer —, (artill.) écouvillonner; —, décrotter les souliers; élaguer, émonder un arbre;
rebouisser un chapeau; fg. fm.
tancer qn.; laver la tête à qn. ||
orner, parer une chambre || étein-
dre la chandelle en la mouchant;
—, s. n. 1, nettoiement, m. parure, f. embellissement, m.; extinction de la chandelle, f.

Ausputzer, m. 1, nettoyeur; ba-
layeur; écureur; décrotteur || fg.
fm. réprimande, f. mercuriale.

Ausquartieren, v. a. déloger.

Ausrabiren, v. a. ratisser, gratter.

Ausrahmen, v. a. ôter du métier,
du cadre.

Ausrasen, v. n. (b.) jeter son feu;
cesser d'extravaguer; s'apaiser, se
calmer.

Ausrasten, v. n. (b.) se reposer.

Ausrauchen, v. a. (cha.) fumer,
enfumer || achever sa pipe; —,
v. n. (b.) cesser de fumer.

Ausräuchern, v. a. fumer suffisamment, fumiger; parfumer.

Ausräucherung, f. fumigation.

Ausraufen, v. a. arracher; sarcler
les mauvaises herbes; einem Vo=
gel bie Federn —, plumer un oiseau; —, s. n. 1, arrachement,
m. sarclage.

Ausrauben, v. a. (drap.) striquer.

Ausraumen, v. a. nettoyer; curer
un puits; vider; déménager, démeubler une maison.

Ausräumer, m. 1, curette, f.

Ausräumung, f. nettoiement, m.;
déménagement; démeublement.

Ausraupen, v. a. écheniller.

Ausrechnen, v. a. calculer, compter; supputer un compte.

Ausrechner, m. 1, calculateur;
— bes Kalenders, computiste.

Ausrechnung, f. calcul, m. compte, évaluation, f.; (arch.) devis,
m. comput du calendrier.

Ausreden, v. Ausstreden.

Ausrede, f. excuse, défaite, échappatoire, prétexte, m. détour.

Ausreden, v. a., einem etw. —,
désabuser, dissuader, détourner
qn. de qch.; sich —, s'excuser,
se disculper; sich mit einem —,
s'aboucher, s'expliquer avec qn.;
—, v. n. (b.) achever de parler,
finir son discours, tout dire; einen
— lassen, laisser achever, ne pas
interrompre qn. [pleuvoir.

Ausregnen, v. imp. (b.) cesser de

Ausreiben, v. a. 5, ôter en frottant; frotter, décrotter un habit;
bie Stärfe aus ber Leinwand —,
évider le linge. [gen.

Ausreichen, v. n. (b.), v. Auslan=

Ausreifen, v. n. (b.) bien mûrir.

Ausreiben, v. a. défiler des per-

Ausreinigen, v. a. purger. [les.

Ausreisen, v. n. (f.) partir; se
mettre en route; —, (b.) cesser
de voyager.

Ausreißen, v. a. 5†, arracher; einem Vogel bie Federn —, plumer
un oiseau; mit ber Wurzel —, déraciner un arbre; —, rompre une
digue; user un habit; —, v. n.
(f.) (cout.) s'effiler, se découdre,
se déchirer; s'user, rompre, se
rompre (digue); se fendre (bois);
bie Gebuld wird mir endlich —, la
patience m'échappera à la fin; —,
fg. s'enfuir; s'échapper, lâcher
le pied; (guer.) déserter; (man.)
prendre le mors aux dents; —, s.
n. 1, arrachement, m.; évulsion,
f.; fg. fuite, évasion; (guer.) désertion.

Ausreißer, m. 1, déserteur, fuyard.

Ausreiten, v. n. 5† (f.) sortir à
cheval; —, v. a. promener un
cheval. [quer.

Ausrenten, v. a. démettre, dislo-

Ausrenkung, f. dislocation.

*Ausrennen, v. n. (f.) commen-
cer sa course, partir en courant;
—, (b.) cesser de courir; —, v. a.
crever un œil en courant; enfiler
la bague. [per.

Ausreuten, v. a. arracher, extir-

Ausrheben, v. a. agréer, équiper
un navire.

Ausrichten, v. a. exécuter, effectuer, opérer, achever, faire; s'acquitter d'une commission; richten
Sie ihm einen Gruß, meine Empfeh=
lung aus, saluez-le de ma part,
faites-lui mes compliments; er
wird nichts —; il ne réussira pas;
man kann nichts bei ihm —, on ne
peut rien obtenir de lui; bamit
ist es nicht ausgerichtet, cela ne suf-

fit pas, cela ne fait pas l'affaire ||
donner *un repas*, faire la dépense
*d'un repas*; einen —, *fm.* médire
de qn., calomnier qn.; —, (*chaudr.*) planer, unir.

**Ausrichter,** *m.* 1, exécuteur; porteur *d'un compliment.*

**Ausrichtung,** *f.* exécution.

**Ausringen,** *v. a.* 3, disloquer *le
bras à qn. en luttant;* tordre *le
linge;* —, *v. n.* (h.) cesser de lutter; *fg.* finir ses maux, mourir.

**Ausrinnen,** *v. n.* 2 (f.) couler,
fuir, s'enfuir; s'écouler.

**Ausrippen,** *v. a.* éjamber *le tabac.*

**Ausritt,** *m.* 2, tour à cheval,
cavalcade, *f.*

**Ausrotten,** *v. a.* extirper; détruire; *fg. id.;* déraciner, exterminer.

**Ausrotter,** *m.* 1, exterminateur.

**Ausrottung,** *f.* extirpation, éradication, déracinement, *m.; fg.*
extermination, *f.* destruction.

**Ausrücken,** *v. a.* faire sortir; —,
*v. n.* (f.) sortir, se mettre en campagne; prendre les armes.

**Ausruf,** *m.* 2, cri, exclamation,
*f.;* (*gramm.*) interjection; (*jur.*)
criée, licitation; burch — feil bie=
ten, mettre en criée; — ber Braut=
leute, proclamation, publication
des bans.

**Ausrufen,** *v. n.* 4 (h.) crier, s'é-
crier; cesser de crier; —, *v. a.*
crier; proclamer, publier; einen
jum König —, proclamer qn. roi.

**Ausrufer,** *m.* 1, crieur public.

**Ausrufung,** *f., v.* Ausruf.

**Ausrufungswort,** *n.* 5*, interjection, *f.*

**Ausrufungszeichen,** *n.* 1, point
d'exclamation, *m.* point exclamatif (!).

**Ausruhen,** *v. n.* (h.) se reposer,
se délasser; — laſſen, laisser reposer; reposer; bie Truppen —, rafraîchir les troupes; —, *s. n.* 1,
repos, *m.* délassement, relâche.

**Ausründen, Ausrunden,** *v. a.* arrondir; (*orf.*) gironner. [*m.*

**Ausründung,** *f.* arrondissement,

**Ausrupfen,** *v. a.* arracher; tirer
*la laine d'une brebis;* einem Vo=
gel bie Federn —, plumer un oiseau; —, *s. n.* 1, arrachement,
*m.;* dépilation, *f.*

**Ausrüsten,** *v. a.* équiper; armer;
ein Haus —, meubler une maison;
—, *fg.* douer; (*mar.*) agréer, appareiller; jum Kriege, jur Caperei
—, armer en course.

**Ausrüstung,** *f.* apprêts, *m. pl.;*
(*guer.*) équipement; armement.

**Aussaat,** *f.* semence; semailles, *pl.*

**Aussäen,** *v. a.* semer; —, *s. n.* 1,
ensemencement, *m.*

---

**Aussage,** *f.* dire, *m.* rapport,
déposition *d'un témoin,* *f.;* aveu,
*m.;* énoncé; assertion, *f.;* eibliche
—, (*jur.*) affirmation; —, (*gram.*)
attribut, *m.*

**Aussagen,** *v. a.* dire, rapporter;
déposer (*témoin*); énoncer; eib=
lich —, affirmer par serment; —,
(*gramm.*) affirmer.

**Aussaß,** *m.* 2*, lèpre, *f.* ladrerie;
(*jard.*) teigne; (*bill.*) acquit, *m.;*
(*jeu*), *v.* Einſaß.

**Aussäßig,** *adj.* lépreux; ladre;
ber Spital für —e, léproserie, *f.*
ladrerie.    [reinigen.

**Aussäubern,** *v.* Auspußen, Aus=

**Aussäuern,** *v. a.,* etw. —, tirer
l'acidité de qch.

**Aussaufen,** *v. a.* 6†, boire tout;
vider, *en parlant des bêtes.*

**Aussaugen,** *v. a.* 6, sucer; tirer
le suc de qch.; *fg.* épuiser, ruiner, vexer.

**Aussaugung,** *f.* sucement, *m.*
succion, *f.; fg.* épuisement, *m.;*
exaction, *f.* vexation, concussion.

**Ausschaben,** *v. a.* creuser en ra-
clant.    [fond.

**Ausschalen,** *v. a.* latter. en pla-

**Ausschälen,** *v. a.* écorcer *un arbre;* peler *une pomme;* écaler,
écosser *des pois;* cerner *des noix;*
*fg.* dépouiller, piller; (*chir.*) extirper.    [trager.

**Ausschänden,** *v. a.* injurier, outrager; déterrer; racler, sarcler
*une allée* || huer, faire
sortir qn.; binten —, gratter du
pied, traîner le pied *en faisant
la révérence.*

**Ausscharrung,** *f.* déterrement, *m.*

**Ausscharten,** *v. a.* denteler; créneler *le cuir.*

**Ausschartung,** *f.* dentelure; crénelure.    [pièce, *m.*

**Ausschartungseisen,** *n.* 1, emporte-

**Ausschaufeln,** *v. a.* vider *la nacelle, etc.;* jeter *l'eau hors de la
nacelle* avec la pelle.

**Ausscheiden,** *v. a.* 5, séparer, trier.

**Ausscheidung,** *f.* séparation, triage, *m.*    [son de clochette.

**Ausschellen,** *v. a.* publier, crier à

**Ausschelten,** *v. a.* 2, injurier; réprimander, gronder, gourmander,
tancer; —, *v. n.* (h.) cesser de
gronder.

**Ausscheltung,** *f.* réprimande.

**Ausschenken,** *v. a.* verser; débiter
*du vin;* vendre à pot et à pinte;
—, *s. n.* 1, vente en détail, *f.*
à pot et à pinte.

**Ausscheuern,** *v. a.* écurer, nettoyer.    [cher.

**Ausschicken,** *v. a.* envoyer, dépê-

**Ausschießen,** *v. a.* 6, crever, faire
sauter *un œil à qn. d'un coup de*

---

fusil; dépeupler *une forêt;* perfectionner *un fusil* par l'usage;
user *un fusil à force de s'en servir;* einen Preis —, tirer à qui
aura le prix à l'arquebuse; —,
*fg.* rebuter, mettre au rebut, rejeter; (*impr.*) imposer; —, *v. n.*
(h.) cesser de tirer; —, *s. n.* 1,
triage, *m.;* (*impr.*) imposition, *f.*

**Ausschiffen,** *v. a.* débarquer, mettre à terre; wieder —, désembar-
quer || exporter *des marchandises*
par eau; —, *v. n.* (f.) partir,
mettre à la voile.

**Ausschiffung,** *f.* débarquement,
*m.;* (*comm.*) exportation, *f.;* départ, *m.*

**Ausschimpfen,** *v. a.* injurier, insulter; *v.* Ausschelten.

**Ausschimpfung,** *f.* injure, insulte.

**Ausschirren,** *v. a.* déharnacher,
dételer.

**Ausschlachten,** *v. a.* (*bouch.*) habiller.    [billeur.

**Ausschlachter,** *m.* 1, (*bouch.*) ha-

**Ausschlacken,** *v. a.* séparer la
crasse.

**Ausschlafen,** *v. n.* 4 (h.) dormir
assez; —, *v. a.,* ben Rausch —,
cuver son vin.

**Ausschlag,** *m.* 2*, premier coup;
ruade *d'un cheval,* *f.;* penchement *de la balance,* *m.;* (*comm.*)
trait, surpoids, surplus; (*monn.*)
trébuchant; ber Wage ben — ge=
ben, faire pencher, trébucher la
balance; *fg.* ber Wage, ber S. ben
— geben, emporter la balance,
décider l'affaire; Stimme bie ben
— gibt, voix prépondérante, *f.;*
—, fin, issue, résultat, *m.* ||
(*méd.*) éruption, *f.* exanthème,
*m.;* — auf bem Kopfe, teigne, *f.;*
—, (*vét.*) farcin, *m.* || pousse *des
arbres,* *f.*

**Ausschlagen,** *v. a.* 7, faire sortir
en frappant; einem ein Auge —,
crever un œil à qn.; einem Faß
ben Boden —, défoncer un ton-
neau || rompre, casser; abattre;
eine Bettlade —, démonter un bois
de lit || (*escr.*) parer *un coup;*
*fg.* refuser, rejeter; bas iſt nicht
auszuschlagen, cela n'est pas de
refus; —, (*jur.*) répudier *une
succession* || garnir, revêtir (mit,
de); schwarz —, tendre en noir;
eine Kutsche —, draper un carrosse;
—, *v. n.* (h.) porter le premier
coup; (*paum.*) servir la balle;
ruer, regimber (*cheval*); trébucher (*balance*); cesser de sonner
(*horloge*); cesser de chanter (*oiseau*); —, (f.) pousser, verdir;
ressuer (*muraille*); sortir (*humeur*); in helle Flammen —, jeter
des flammes; —, *fg.* se déclarer;

se terminer, finir; *die* Sache *wird*
übel —, l'affaire tournera mal; —,
*s. n.* 1, pousse *des arbres*, *f.* ruade
*d'un cheval.*

**Ausschlagung**, *f.* refus, *m.*

**Ausschlämmen**, *v. a.* débourber,
curer, dégorger.

**Ausschlämmung**, *f.* curage, *m.*
dégorgement, nettoiement.

**Ausschleifen**, *v. a.* 5†, aiguiser,
émoudre; affiler; *eine* Scharte *aus*
*einem* Messer —, faire disparaître
une brèche d'un couteau en l'aiguisant; —, évider *une lame*;
sich —, s'user.                    [claie.

**Ausschleifen**, *v. a.* trainer sur la

**Ausschleimen**, *v. a.* dégorger.

**Ausschleubern**, *v. a.* lancer, vomir
(*volcan*); crever, emporter *un*
*œil* à qn. d'un coup de fronde.

**Ausschließen**, *v. a.* 6, empêcher
d'entrer en fermant la porte; (*im-*
*pr.*) justifier *une ligne*; *fg.* excepter, exclure, bannir; (*égl.*) excommunier.

**Ausschließlich**, *adj.* exclusif.

**Ausschließung**, *f.* exclusion; exception; bannissement, *m.*; (*égl.*)
excommunication, *f.*; (*impr.*) es-
paces, *pl.* quadrats, *m.*; mit —,
à l'exception de ..., à l'exclusion
de ...                            [sortir.

**Ausschlüpfen**, *v. n.* (*f.*) éclore,

**Ausschlürfen**, *v. a.* humer.

**Ausschluß**, *m.* 2*, exclusion, *f.*

**Ausschlußweise**, *adv.* exclusivement.

**Ausschmählen**, *v. a.* gronder; —,
*v. n.* (h.) cesser de gronder.

**Ausschmauchen**, *v. a.* finir de fumer.                             [werfen.

**Ausschmeißen**, *v. a.* 5†, *v.* Aus-

**Ausschmelzen**, *v. a.* tirer *la graisse*
de qch. par la fonte; fondre; liquéfier; purifier par la fonte, affiner l'or; —, *v. n.* 6 (f.) sortir, se
séparer en fondant. (h.) cesser de
se fondre; se fondre entièrement.

**Ausschmelzung**, *f.* fonte, fusion;
liquéfaction.

**Ausschmieden**, *v. a.* bien forger;
étirer, étendre *une barre de fer.*

**Ausschmieren**, *v. a.* enduire de
graisse; graisser, enduire; boucher avec de *l'argile*; *fg.* copier,
piller *un auteur.*               [bouder.

**Ausschmollen**, *v. n.* (h.) cesser de

**Ausschmücken**, *v. a.* orner, parer,
embellir; *fg.* orner, embellir, enrichir; *fm.* broder.

**Ausschmückung**, *f.* ornement, *m.*
parure, *f.* embellissement, *m.*

**Ausschnallen**, *v. a.* déboucler.

**Ausschnappen**, *v. n.* se lâcher.

**Ausschnarchen**, *v. n.* (h.) cesser de
ronfler.

**Ausschnauben**, *v. n.* (h.) expirer,

poussser l'air par le nez; (*man.*) s'é-
brouer‖respirer, reprendre haleine.

**Ausschnäupen**, *v. a.* moucher;
éteindre *la chandelle* en la mouchant; sich —, se moucher.

**Ausschneideisen**, *n.* 1, emporte-
pièce, *m.*                         [*m.*

**Ausschneidemesser**, *n.* 1, boutoir,

**Ausschneiden**, *v. a.* 5†, couper,
ôter; (*chir.*) extirper; (*cout.*, *etc.*)
découper, échancrer; châtrer *une*
*ruche*; émonder, élaguer *des ar-*
*bres*; nach einem Modell —, chan-
tourner‖vendre *du drap au* mètre,
à l'aune.

**Ausschneidung**, *f.* coupe, décou-
pement, *m.*; (*chir.*) extirpation,
*f.*; — *eines* Kindes *aus* Mutterleibe, *v.* Kaiserschnitt; —, découpure,
échancrure.

**Ausschneiteln**, *v. a.* élaguer, ébrancher; —, *s. n.* 1, ébranchement, *m.*

**Ausschnitt**, *m.* 2, coupe, *f.*;
échancrure, découpure; forme
*d'un habit*; — des Fensters, embrasure; —, (*math.*) secteur, *m.*

**Ausschnitthandlung**, *f.* commerce
en détail, *m.*

**Ausschnittwaare**, *f. fm.* marchandise à détailler.

**Ausschnitzen**, *v. a.* tailler, sculpter; (*orf.*) ciseler; découper; —,
*s. n.* 1, ciselure, *f.* découpure.

**Ausschnüren**, *v. a.* délacer.

**Ausschöpfen**, *v. a.* tirer, épuiser,
vider; mettre à sec (*pot.*) remonter.                          [des mines.

**Ausschramm**, *m.* 2, bord argileux

**Ausschrauben**, *v. a.* dévisser.

**Ausschreiben**, *v. a.* 5, copier, transcrire; extraire; *m. p.* piller, copier ‖ achever, finir *une lettre*;
écrire *son nom* en entier, en toutes lettres; convoquer *les cham-*
*bres*; publier *par des lettres cir-*
*culaires*; intimer *un conseil*; indiquer *un jour*; imposer *des con-*
*tributions*; —, *v. n.* (h.) achever,
cesser d'écrire; —, *s. n.* 1, convocation, *f.*; indiction; publication
par circulaire; imposition; répartition *des impôts* ‖ circulaire,
lettre circulaire.               [plagiaire.

**Ausschreiber**, *m.* 1, copiste; *m. p.*

**Ausschreibung**, *f.* copie; transcription; *m. p.* plagiat, *m.*

**Ausschreien**, *v. a.* 5, crier, publier à haute voix‖ décrier, diffamer qn.; —, *v. n.* (h.) cesser de
crier; s'écrier; sich —, s'égosiller.

**Ausschreier**, *v.* Ausrufer.

**Ausschreiten**, *v. n.* 5† (h.) faire
un grand pas; weit —, bien enjamber; *fg.* passer les bornes; —,
*v. a.*, *v.* Abschreiten.

**Ausschreitung**, *f.* cri, *m.*; publication, *f.*; diffamation.

**Ausschroten**, *v. a.* tirer *un ton-*
*neau* de la cave; guinder; égrener *le blé.*

**Ausschuhen**, *v. a.* déchausser qn.

**Ausschuppen**, *v. a.* découper; déchiqueter, ciseler, festonner en
forme d'écailles.

**Ausschuß**, *m.* 2*, (*comm.*) rebut;
(*man.*) réforme, *f.* chevaux de
réforme, *m. pl.*; choix, élite, *f.*
‖ comité, *f.*

**Ausschußbogen**, *m.* 1*, feuille de
rebut, *f.*                       [rebut, *m.*

**Ausschußpapier**, *n.* 2, papier de

**Ausschütteln**, *v. a.* secouer.

**Ausschütten**, *v. a.* verser, répandre; vider; jeter; *fg.* épancher
*son cœur*; seinen Zorn —, décharger sa colère; —, remplir *un*
*fossé*; sich vor Lachen —, pâmer,
se pâmer de rire.

**Ausschüttung**, *f.* épanchement,
*m.* versement; effusion *du cœur*,
*f.*; décharge *de sa colère.*

**Ausschwämmen**, *v.* Ausschwemmen.

**Ausschwären**, *v. n.* (h.) suppurer.

**Ausschwärmen**, *v. n.* (h.) cesser
d'extravaguer; (*abeilles*) jeter,
essaimer.

**Ausschwärung**, *f.* suppuration.

**Ausschwatzen**, *v.* Ausplaudern.

**Ausschwefeln**, *v. a.* soufrer.

**Ausschweifen**, *v. a.* échancrer,
évider, cambrer; (*arch.*) chantourner; —, *v. n.* (h.) s'écarter *de*
*son sujet*; divaguer, extravaguer;
commettre des excès; im Essen —,
manger avec excès; faire la débauche; im Spiele —, jouer à l'excès.

**Ausschweifend**, *adj.* extravagant
(*idée*); excessif (*amour*); déréglé,
dissolu (*vie*); extrême, exagéré
(*homme*).

**Ausschweifung**, *f.* échancrure;
cambrure; *fg.* écart, *m.* égarement; digression, *f.*; extravagance; excès, *m.* débauche, *f.* licence.

**Ausschweißen**, *v. a.* battre *le fer*
à chaud, corroyer; kalt —, écrouir.

**Ausschwemmen**, *v. a.* laver, emporter *avec de l'eau*; miner, creuser *le bord*; guéer; égayer *le linge.*

**Ausschwenken**, *v. a.* rincer.

**Ausschwingen**, *v. a.* 3, branler,
rejeter, lancer; sérancer, affiner
*le lin*; vanner *le blé*; déployer,
secouer *le linge mouillé*; —, *v. n.*
(h.) cesser de vibrer.

**Ausschwitzen**, *v. a.* suer, transpirer; *fg. fm.* oublier; —, *v. n.* (f.)
exsuder, transsuder, suinter; cesser de suer.

**Ausschwitzung**, *f.* exsudation;
transsudation, suintement, *m.*

**Aussehen**, *v. a.* 1, regarder, voir
jusqu'au bout ‖ choisir; einen —,

jeter les yeux sur qn.; —, *v. n.*
(h.) paraître, ressembler (wie, à);
avoir la mine, l'air, la figure,
contenance de; wie fieht das Thier
aus? comment est fait l'animal
*dont vous parlez?* er fieht bleich
aus, il a le teint pâle; gut, übel
—, avoir bonne, mauvaise mine;
er fieht aus wie ein Taugnichts, il
a l'air d'un vaurien; es fieht aus
als ob es regnen wollte, le temps
se met à la pluie; es fieht fchlimm
mit ihm aus, ses affaires vont
mal; wie wird es mit Ihrem Verfprechen —, que deviendra votre
promesse?

Ausfehen, *s. n.* 1, air, *m.*; figure,
*f.* mine; vue, contenance, as-
peot, *m.*

Ausfehend, *adv.*, weit —, de longue haleine; de conséquence.

Ausfeihen, *v. a.* filtrer, couler.

Ausfeimen, *v. a.* purifier *le miel.*

Außen, *adv.* dehors.

*Ausfenden, *v. a.* envoyer, expédier.      [*m.*

Außending, *n.* 2, objet extérieur,

Ausfendling, *m.* 2, émissaire.

Ausfendung, *f.* envoi, *m.*; expédition, *f.*

Außenher, von außen, *adv.* du
dehors, par dehors, au dehors;
*fg.* selon les apparences.

Außenlinie, *f.* contour, *m.*

Außenseite, *f.* extérieur, *m.*; dehors, apparence, *f.*; (maç.) parement *d'une pierre, m.*

Außentheil, *m.* 2, partie exté-
rieure, *f.*

Außenwand, *f.*, mur de face, *m.*

Außenwerf, *n.* 2, ouvrage extérieur, *m.*; — mit drei Spißen,
(*fortif.*) bonnet-à-prêtre; —e ei
ner Baftei, conserves, *f. pl.*

Außer, *prép.* hors de, sans; hormis; excepté; outre; sinon que;
vor Freude — fich feyn, pâmer de
joie; außerdem, *adv.* outre cela,
en outre; d'ailleurs.    [ciaire.

Außergerichtlich, *adj.* extrajudi-

Außerhalb, *adv.* extérieurement;
hors de; (*arch.*) hors d'œuvre.

Außerordentlich, *adj.* extraordinaire, extrême, singulier; irrégulier; mortel (*chagrin*).

Außerwefentlich, *adj.* accidentel.

Ausfetzen, *v. a.* exposer; (nav.)
débarquer; mettre *la chaloupe*
à la mer || interrompre, discon-
tinuer, suspendre; différer, renvoyer, ajourner (auf, à); laisser
*une affaire* en souffrance || desti-
ner, fixer, accorder, allouer *une
somme*; constituer *en douaire*;
t.ouver à redire à qch., critiquer;
(*impr.*) achever de composer;
(*mus.*) transcrire; (*jard.*) trans-

planter; ausgefetzt feyn, être exposé, être en butte *aux attaques,
etc.*; fich —, s'exposer; fich einer
Verlegenheit —, se compromettre;
fich —, (*bill.*) donner son acquit.

Ausfetzung, *f.* exposition; débarquement, *m.*; remise, *f.* inter-
ruption; suspension || destination,
allocation, constitution *d'une
somme*; fixation; transplantation.

*Ausfeyn, *v. n.* (f.) être absent,
être sorti; être fini; avoir cessé;
être éteint (*lumière*); être vidé
(*bourse*); être épuisé (*provision*);
être écoulé (*temps*); être perdu;
—, *s. n.* 1, absence, *f.*

Ausficht, *f.* vue; point de vue,
*m.*; perspective, *f.*; scénographie;
lange, fchmale —, échappée de
vue; —, *fg.* perspective, expectative.      [tamiser.

Ausfieben, *v. a.* cribler, sasser.

Ausfieben, *v. a.* 6†, faire bouillir; (orf.) blanchir; —, *v. n.* (f.)
s'enfuir en bouillant.

Ausfiefern, *v. n.* (f.) suinter.

Ausfingen, *v. a.* 3, accompagner
*un convoi* en chantant; achever
*un air*; fortifier, perfectionner
*sa voix.*

Ausfinnen, *v. a.* 2, inventer,
imaginer, trouver; méditer, machiner.

Ausfinnung, *f.* invention; méditation; machination.

*Ausfitzen, *v. a.* finir son temps
(*prisonnier*); creuser *une chaise*
à force d'y être assis; —, *v. n.*
(h.) cesser d'être assis; être assis
hors de, se tenir devant *une maison.*

Ausföhnbar, *adj.*, v. Ausföhnlich.

Ausföhnen, *v.a.* réconcilier; raccommoder, accorder; rapprocher.

Ausföhnlich, *adj.* réconciliable;
nicht —, irréconciliable.

Ausföhnung, *f.* réconciliation;
raccommodement, *m.*; accord.

Ausfondern, *v. a.* séparer; trier.

Ausfondernd, *adj.* (anat.) excrétoire.

Ausfonderung, *f.* choix, *m.* séparation; triage; (anat.) excrétion
*des humeurs, f.*

Ausfpähen, *v. a.* épier, guetter,
reconnaître, découvrir.

Ausfpäher, *m.* 1, espion, *fm.*
mouchard.

Ausfpähung, *f.* espionnage, *m.*;
découverte, *f.*

Ausfpann, *m.* 2*, relais; gite;
feinen — haben, avoir un pied-
à-terre, *aussi fg.*; séjourner, passer son temps quelque part.

Ausfpannen, *v. a.* étendre; déployer, tendre; détendre *une broderie*; dételer *les chevaux.*

Ausfpannung, *f.* relais, *m.*; déploiement *des voiles*; (*chir.*) tension, *f.* distension.

Ausfparen, *v.a.* (*peint.*) épargner.

Ausfpazieren, *v. n.* (f.) se promener.

Ausfpeien, *v.a.* 5, cracher; öfters
—, crachoter; —, vomir; jeter;
—, *s. n.* 1, et Ausfpeiung, *f.*- crachement, *m.*; vomissement; salivation, *f.*; öfteres —, crachotement, *m.*      [ville.

Ausfpeifen, *v. a.* (f.) manger en

Ausfpelzen, *v. a.* séparer la balle
du grain.

Ausfpenden, *v. a.* distribuer; dispenser; administrer *les sacrements.*

Ausfpender, *m.* 1, distributeur.

Ausfpendung, *f.* distribution.

Ausfperren, *v. a.* fermer la porte
à qn. || élargir; écarter, écar-
quiller; —, *s. n.* 1, écarquillement, *m.*

Ausfpielen, *v. a.* jouer; avoir la
main *au jeu*; servir *la balle*;
—, *v. n.* (h.) cesser de jouer.

Ausfpinnen, *v. a.* 2, filer; *fg.* zu
weit —, trop étendre, amplifier ||
imaginer, inventer; —, *v. n.* (h.)
cesser de filer.

Ausfpioniren, *v.* Ausfundfchaften.

Ausfpißen, *v. a.* aiguiser; *fg. fm.*
raffiner.

Ausfpotten, *v. a.* se moquer de
qn.; railler, huer, persiffler, insulter qn.

Ausfpottung, *f.* moquerie, raillerie, risée.

Ausfprache, *f.* prononciation; articulation *des mots*; accent, *m.*;
dialecte; (*rhét.*) élocution, *f.*

Ausfprechen, *v. a.* 2, prononcer;
articuler; dire; proférer; exprimer; énoncer *une idée*; es ift nicht
auszufprechen, wie..., on ne saurait
exprimer comment, combien ...;
—, *v. n.* (h.) achever de parler;
fich —, s'exprimer, se prononcer,
se découvrir, se manifester; —,
*s. n.* 1, v. Ausfprache; expression,
*f.*; reddition *d'un arrêt.*

Ausfpreiten, *v. a.* étendre, déployer; —, Ausfpreizen, *v.a.* écarquiller *les jambes*; —, *s. n.* 1,
écarquillement, *m.*

Ausfprengen, *v. a.* répandre; jeter; faire sauter; *fg.* faire courir
*un bruit*; semer, débiter *une
nouvelle.*

Ausfprengung, *f.* divulgation.

Ausfpringen, *v. n.* 3 (f.) sauter;
rejaillir; se détacher; s'échapper;
(h.) cesser de sauter.

Ausfpringend, *adj.* (angle) saillant.

Ausfprißen, *v. a.* faire jaillir;

jeter ; (*anat.*) injecter ; (*chir.*) seringuer.     [latoire.

**Ausſprißend,** *adj.* (*anat.*) éjacu-
**Ausſprißung,** *f.* (*anat.*) éjacula-
**tion** ; injection.

**Ausſproſſen,** *v. n.* (ſ.) pousser, germer, bourgeonner.    [ton.

**Ausſprößling,** *m.* 2, scion, reje-
**Ausſproſſung,** *f.* bourgeonnement, *m.* ; germination, *f.*

**Ausſpruch,** *m.* 2*, sentence, *f.* ; décision, jugement, *m.* ; arrêt ; oracle *d'un dieu* ; (*Turq.*) fetfa *du mufti.*

**Ausſprudeln,** *v. a.* jeter avec bruit ; cracher ; *fg.* vomir *des in-jures* ; —, *v. n.* (b.) jaillir, bouil-lonner ; cesser de jaillir.

**Ausſprühen,** *v. a.* vomir *du feu*; jeter ; —, *v. n.* (ſ.) sortir avec impétuosité ; jaillir (*étincelles*).

**Ausſpuden,** *v. a. et n.* cracher ; *fm.* crachoter.

**Ausſpülen,** *v. a.* ôter, détacher *le sédiment d'un vase* en le rinçant ; rincer, aiguayer, laver, nettoyer ; abreuver *un tonneau*; dégorger *les draps*; aiguayer *le linge.*

**Ausſpülicht,** *n.* 2, rinçure, *f.* la-vure.

**Ausſpülung,** *f.* nettoiement, *m.* ; dégorgeage *des draps.*

**Ausſpünden,** *v. a.* revêtir de plan-ches ; —, *s. n.* 1, revêtement, *m.*

**Ausſpüren,** *v. a.* découvrir, dé-terrer ; *fm.* dépister, épier.

**Ausſpürung,** *f.* découverte ; quête.

**Ausſtaffiren,** *v. a.* garnir, orner, parer, étoffer, équiper qn. ; *fg.* affubler, accoutrer.

**Ausſtaffirung,** *f.* garniture, orne-ment, *m.* parure, *f.* équipement, *m.* ; die lächerliche —, accoutre-ment, *m.*

**Ausſtampfen,** *v. a.* faire tomber *par le moyen d'une batte ou d'un pilon* ; piler suffisamment ; —, *v. n.* cesser de taper du pied, de trépigner.

**Ausſtand,** *m.* 2*, dette active, *f.* créance, arriéré, *m.* ; verlorne **Ausſtände,** des non-valeurs, *f. pl.*

**Ausſtändig,** *adj.* dû, arriéré ; —e Schulden, dettes actives, *f. pl.*

**Ausſtänkern,** *v. a.* empuanter, infecter ; *fg. fm.* fureter.

**Ausſtatten,** *v. a.* doter *une fille* ; établir, équiper ; *fg.* douer.

**Ausſtattung,** *f.* dotation, dot ; trousseau, *m.* ; établissement.

**Ausſtäuben,** *v. a.* épousseter, époudrer.

**Ausſtäubern,** *v. a.* quêter ; faire débucher, faire lever *le gibier*, *fg. fm.* chasser, débusquer.

**Ausſtäupen,** *v. a.* fouetter, fusti-ger ; —, *s. n.* 1, fustigation, *f.*

---

**Ausſtechen,** *v. a.* 2, tailler, gra-ver, buriner ; échancrer ; crever *un œil* ; fouir, creuser *de la tourbe*; lever, enlever *des gazons*; vider *un verre* ; *fg.* supplanter qn., l'emporter sur qn., *fm.* damer le pion à qn.

**Ausſtecken,** *v. a.* marquer, tracer, jalonner *un camp* ; arborer *un étendard* ; hisser *un pavillon.*

\*Ausſtehen, *v. a.* souffrir, essuyer, endurer, supporter ; dieſer Menſch iſt nicht auszuſtehen, cet homme est insupportable ; —, finir *son ap-prentissage* ; —, *v. n.* (ſ.) être dû ; er hat viel —, on lui doit beau-coup ‖ quitter un service avant le temps ; mit Waaren —, étaler des marchandises, tenir boutique.

**Ausſtehend,** *adj.* arriéré ; eine —e Schuld, une dette active.

**Ausſtehlen,** *v. a.* 2, piller, voler ; —, *v. n.* (b.) cesser de voler.

**Ausſteifen,** *v. a.* doubler, garnir de bougran ; mit einem Blanſcheit —, busquer ; —, revêtir *un puits* de planches.

**Ausſteigen,** *v. n.* 5 (ſ.) descendre *de voiture*; aus dem Schiffe —, sortir du vaisseau, mettre pied à terre, débarquer ; —, *s. n.* 1, sor-tie, *f.* descente, débarquement, *m.*

**Ausſteinen,** *v. a.*, Pflaumen —, ôter les noyaux des prunes.

**Ausſtellen,** *v. a.* mettre dehors ; Waaren —, étaler des marchan-dises ; einen Todten —, exposer un mort ; eine Wache —, poser des gardes ; einen Wechſel —, tirer une lettre de change ; eine Quittung —, donner quittance ; *fg. etw.* an ei-nem S. auszuſtellen haben, trouver à redire à qn., à qch. ‖ différer, suspendre *une affaire*; remettre *à un autre temps.*

**Ausſteller,** *m.* 1, tireur *d'une lettre de change.*

**Ausſtellung,** *f.* étalage, *m.* ; expo-sition, *f.* ; (*comm.*) émission, traite *d'une lettre de change* ; *fg.* cri-tique ; —en bei etw. machen, trou-ver à redire à qch., critiquer qch.

**Ausſterben,** *v. n.* 2 (ſ.) être dé-peuplé (*pays*) ; s'éteindre, finir (*race*) ; —, *s. n.* 1, extinction *d'une famille, f.*

**Ausſteuer,** *f.* dot, trousseau, *m.*

**Ausſteuern,** *v. a.* doter ; —, *v. n.* (ſ.) (*nav.*) sortir d'un endroit, quitter *le port.*

**Ausſtich,** *m.* 2, élite, *f.*

**Ausſtöbern,** *v. a.* (*cha.*) chasser, faire débucher ; fureter dans qch., découvrir qch.

**Ausſtochern,** *v. a.* curer *les dents.*

**Ausſtocken,** *v. a.* essoucher *un bois*, arracher *les vieux troncs.*

---

**Ausſtoffen,** *v. a.* (*chap.*) étoffer.

**Ausſtopfeiſen,** *n.* 1, rembourroir, *m.*

**Ausſtopfen,** *v. a.* rembourrer ; mit Stroh —, empailler ; mit Wolle —, matelasser *un carrosse*; oua-ter *un habit* ; mit Baumwolle —, cotonner ; mit Werg und Theer —, (*nav.*) bloquer ; —, *fg. fm.* gor-ger qn. de remèdes ; (*cuis.*) farcir ; der ausgeſtopfte Wulſt, (*sell.*) le bourlet, bourrelet.

**Ausſtopfung,** *f.* rembourrement, *m.* rembourrage.     [*m.*

**Ausſtopfzeug,** *n.* 2, rembourrage,

**Ausſtören,** *v. a.* fureter, fouiller.

**Ausſtoß,** *m.* 2*, botte, *f.* coup, *m.*

**Ausſtoßen,** *v. a.* 4, pousser de-hors ; éconduire qn., mettre qn. à la porte ; crever *un œil* à qn., défoncer, enfoncer qch. ; einem Faſſe den Boden —, défoncer un tonneau ; *fg.* combler la mesure ; —, *fg.* bannir, exclure, expulser, éliminer qn. *d'une société*; vomir, proférer, faire *des imprécations etc.*; pousser un cri ; —, *v. n.* (b.) (*escr.*) porter, allonger *une botte* à qn.

**Ausſtoßung,** *f.* enfoncement, *m.* ; *fg.* bannissement, exclusion, *f.* expulsion ; — aus dem Beſitze, (*jur.*) éviction.

**Ausſtrahlen,** *v. a.*, Licht —, ré-pandre de la lumière, rayonner ; —, *v. n.* (b.) rayonner, jeter, répandre des rayons, cesser de rayonner ; —, *s. n.* 1, rayonne-ment, *m.* effusion *de la lumière, f.*; irradiation.

**Ausſtrecken,** *v. a.* étendre, allon-ger ; die Arme nach einem —, ten-dre les bras à qn. ; —, étirer *les peaux.*     [tenseur.

**Ausſtreckmuſkel,** *m.* exc. 1, ex-

**Ausſtreckung,** *f.* extension, allon-gement, *m.* ; tension, *f.*

**Ausſtreichen,** *v. a.* 5†, rayer, ef-facer ; raturer, barrer, biffer, bâ-tonner ; croiser, canceller ; faire disparaitre, rabattre, écrancher *les plis* ; *v.* Ausſtäupen ; Auspeit-ſchen ; —, *v. n.* (ſ.) rôder, courir ; zu Tage —, (*min.*) se montrer ; —, (b.) mit dem Fuße —, faire la révérence en retirant le pied.

**Ausſtreichung,** *f.* rature, effaçure, radiation ; (*jur.*) cancellation.

**Ausſtreifen,** *v. a.* écosser *des fèves*; —, *v. n.* (ſ.) battre la campagne ; faire une excursion.

**Ausſtreiten,** *v. a.* 5†, achever *le combat*, poursuivre *une affaire* jusqu'à la fin ; —, *v. n.* (b.) finir de combattre.

**Ausſtreuen,** *v. a.* jeter, répandre ; semer, disséminer ; éparpiller ; *fg.* semer, répandre.

**Ausstreuung,** f. dispersion; dissémination.

**Ausstrich,** m. 2, sable mêlé de minerai que l'eau a déposé sur le rivage. [de tricoter.

**Ausstricken,** v. a. et n. achever

**Ausströmen,** v. n. (f.) couler, se déborder, s'épandre rapidement; se décharger *dans la mer*; ruisseler (*larmes*); *fg.* éclater *en plaintes.* [fluent.

**Ausströmend,** adj. (*phys.*) ef-

**Ausströmung,** f. écoulement, m.; (*phys.*) effluence, f. émission.

**Ausstückeln,** v. a. (*monn.*) tailler, arrondir *les flans*; —, s. n. 1, taille, f.

**Ausstubiren,** v. n. (h.) achever ses études; —, v. a. approfondir; imaginer, découvrir qch.

**Ausstürmen,** v. n. cesser de tempêter, s'apaiser, se calmer.

**Ausstürzen,** v. a. renverser, vider; fm. sabler un verre de vin.

**Aussuchen,** v. a. choisir, élire, trier || visiter; fureter, fouiller, chercher; ausgesucht, choisi, de premier choix (*marchandise*), recherché (*expression*); exquis (*mets*).

**Aussuchung,** f. choix, m. triage; recherche, f. visite; perquisition.

**Aussüßen,** v. a. (*chim.*) édulcorer, dulcifier; —, s. n. 1, édulcoration, f.

**Austäfeln,** v. a. lambrisser, boiser.

**Austäfelung,** f. lambrissage, m.; lambris, m. pl.

**Austanzen,** v. a. achever *une danse*; obtenir *un prix* par une danse; —, v. n. (h.) cesser de danser.

**Austapeziren,** v. a. tapisser, tendre (mit, de).

**Austauchen,** v. a., v. Auftauchen.

**Austauchend,** adj. (*phys.*) émergent. [émersion.

**Austauchung, —söhe,** f. (*phys.*)

**Austauschen,** v. a. échanger, troquer. [queur, m. -se, f.

**Austauscher,** m. 1, -inn, f. troqueur.

**Austauschung,** f., **Austausch,** m. 2*, échange; troc.

**Auster,** f. huître.

**Austernbehälter,** m. 1, parc aux huitres. [val ou d'âne, m.

**Austernessel,** f. (*bot.*) cul de cheval.

**Austerneß,** n. 2, drague, f.

**Austernfang,** m. 2*, pêche aux huitres, f.

**Austernfänger,** m. 1, preneur d'huîtres (*oiseau*).

**Austernhändler, -främer,** m. 1, -inn, f. huîtrier, m. écailler, -ère, f. [ler, m. -ère, f.

**Austernflieber,** m. 1, -inn, f. écailler.

**Austernforb,** m. 2*, cloyère, f.

**Austernvogel,** m. 1*, huitrier (*oiseau*).

**Austerschale,** f. écaille; versteinerte —, ostracite, m.

**Austerstein,** m. 2, ostracite.

**Austheeren,** v. a. goudronner, brayer.

**Austheilen,** v. a. distribuer, partager; dispenser, répartir; diviser; administrer *les sacrements.*

**Austheiler,** m. 1, distributeur.

**Austheilung,** f. distribution, répartition, partage, m.; administration *des sacrements,* f.

***Austhun,** v. a. ôter || éteindre *une lumière*; fg. annuler, effacer, solder *une dette* || donner, placer *de l'argent à intérêt*; —, s. n. 1, annulation, f.

**Austhüren,** v. a. garnir *les ailes d'un moulin à vent.*

**Austiefen,** v. a. approfondir, creuser.

**Austiefung,** f. excavation.

**Austilgen,** v. a. exterminer, extirper, détruire; eine Schuld im Buche —, décharger son livre d'une dette, rayer, effacer une dette.

**Austilgung,** f. extermination; extirpation, destruction.

**Austoben,** v. n. (h.) se calmer, s'apaiser; s'adoucir; revenir de son emportement; fm. jeter sa gourme; —, v. a. donner un libre cours à sa colère.

**Austonnen,** v. a. cuveler, revêtir de planches.

**Austonnung,** f. cuvelage, m.

**Austraben,** v. n. (h.) se calmer, faire trotter un cheval.

**Austrag,** m. 2*, (*jur.*) décision, f. issue, fin; gütliche —, accommodement, m.

**Austräge,** m. pl., **Austrägal-Instanz,** f. austrègues, m. pl. (ancien tribunal).

**Austragen,** v. a. 7, porter, emporter; porter *un mort en terre*; fg. rapporter; divulguer, diffamer, décrier qn. || rapporter, valoir; monter à.

**Austräglich,** v. Einträglich.

**Australien,** v. Océanie, f. terres australes, pl. [deuil.

**Austrauern,** v. n. (h.) quitter le

**Austreibeisen,** n. 1, (lapid.) débouchoir, m.

**Austreiben,** v. a. 5, faire sortir, chasser, débusquer; mener paître le bétail; Teufel —, exorciser.

**Austreibend,** adj. expulsif.

**Austreibung,** f. expulsion; évacuation.

**Austrennen,** v. a. découdre, ôter.

**Austreten,** v. a. 1, fouler; marcher sur qch.; faire sortir, exprimer en foulant; élargir, éculer, user *les souliers*; er wird doch endlich die Kinderschuhe —, fg. il sortira enfin de l'enfance; —, v. n. (f.) déborder, se déborder (*fleuve*); (*méd.*) extravaser; se sauver, s'enfuir, s'évader, déserter; sortir de son rang; quitter le service.

**Austreter,** m. 1, déserteur, fugitif.

**Austretung,** f. débordement, m.; inondation, f.; élargissement, m.; désertion, f. fuite, évasion.

**Austriefen,** v. n. 6† (f.) dégoutter.

**Austrinken,** v. a. 3, boire tout, vider; —, v. n. (h.) cesser de boire.

**Austritt,** m. 2, sortie, f.; désertion, fuite, évasion d'un débiteur; (*astr.*) émersion; — aus biesem Leben, décès, m. trépas; —, (*arch.*) vestibule, antichambre, f.; balcon, m.; saillie, f.

**Austrocknen,** v. a. sécher, dessécher; —, v. n. (f.) sécher, tarir.

**Austrocknend,** adj. (*méd.*) dessiccatif.

**Austrocknung,** f. dessèchement, m.; tarissement; (*chim.*) exsiccation, f.

**Austrommeln,** v. a. publier au son du tambour; fg. divulguer, répandre partout.

**Austrompeten,** v. a. publier à son de trompe.

**Auströpfeln, Austropfen,** v. n. (f.) égoutter, tomber goutte à goutte; (h.) cesser d'égoutter.

**Austunken,** v. a. vider en trempant. [de la Chine.

**Austuschen,** v. a. laver à l'encre

**Ausüben,** v. a. exercer, pratiquer un art; faire, commettre des cruautés; Rache an einem —, tirer vengeance de qn.

**Ausübend,** adj. pratique (*morale*).

**Ausübung,** f. exercice, m.; pratique, f.; exécution; usage, m.; in — bringen, mettre en pratique.

**Auswachsen,** v. n. 7 (f.) germer, croître; devenir bossu (*homme*); (*chir.*) surcroître; (*chim.*) végéter || prendre sa croissance, sa crue; (h.) cesser de croître; ausgewachsen, fait (*homme*); —, s. n. 1, germination du blé, f.; (*chir.*) surcroissance; — des Nabels, exomphale; —, (*chim.*) végétation, f.

**Auswagen (sich),** oser sortir.

**Auswägen,** v. a. peser; vendre au poids, à la livre; vendre en détail.

**Auswägung,** f. triage, m. vente au poids, f.

**Auswahl,** f. choix, m. triage; (guer.) levée, f. || recueil choisi; m. choix, élite, f.

Auswählen, v. a. choisir, trier, élire; tirer d'une troupe.

Auswählend, adj. (philos.) éclectique.

Auswalfen, v. a. faire disparaitre des taches à la foulerie; bien fouler; fg. pop. rosser, étriller.

Auswalzen, v. a. égrener le blé au moyen d'un rouleau.

Auswanderer, m. 1, -inn, f. émigrant, m. -e, f.

Auswandern, v. n. (f.) émigrer, s'expatrier; (art.) aller faire son tour; s'en aller, sortir; (h.) finir ses voyages; —, v. a. parcourir toute une contrée.

Auswanderung, f. émigration; expatriation; départ, m. sortie, f.

Auswärmen, v. a. chauffer entiérement.

Auswarten, v. n. (h.) attendre jusqu'au bout; einer Predigt —, attendre jusqu'à la fin du sermon.

Auswärtig, adj. étranger, forain (marchand); (bot.) exotique; —, adv., v. Auswärts.

Auswärts, adv. en dehors, par le dehors; ailleurs; à l'étranger.

Auswärtswendung, f. (méd.) ectropion des paupières, m.

Auswärtszieher, m. 1, abducteur.

Auswaschen, v. a. 7, laver, nettoyer; rincer un verre; aiguayer le linge; (chir.) laver, bassiner, étuver une plaie || creuser, caver, miner les bords.

Auswaschung, f. nettoiement, m. blanchissage; (chim., etc.) lotion, f. lavage, m.; (pharm.) ablution, f.

Auswäffern, v. a. dessaler, détremper.

Auswechsel, m. 1, échange.

Auswechseln, v. a. changer, échanger, troquer; substituer un enfant à un autre.

Auswechslung, f. échange, m. troc; substitution d'un enfant.

Ausweg, m. 2, issue, f.; fg. id.; moyen, m. remède, expédient, ressource, f.; (comm.) débouché, m.; ein unnützer —, fm. de l'onguent miton-mitaine.

Auswehen, v. a. (du vent) éteindre; —, v. n. (h.) cesser de souffler. [à fait, amollir.

Ausweichen, v. a. mouiller tout. Ausweichen, v. n. 5† (f.) céder; einem —, faire place à qn., se ranger pour laisser passer qn.; —, s'écarter; se détourner; esquiver, parer, éviter un coup; glisser, manquer du pied; einer Frage —, éluder une question.

Ausweichend, adj. évasif; —, adv. d'une manière évasive.

Ausweichung, f. écart, m. éloignement; (mus.) passage; (astr.) élongation, f.

Ausweiden, v. a. éventrer, vider.

Ausweinen, v. a. répandre, verser des larmes; sich die Augen —, perdre, se gâter les yeux à force de pleurer; —, soulager sa douleur par les larmes; —, v. n. (h.) cesser de pleurer; sich —, s'épuiser en larmes; verser ses larmes dans le sein d'un ami.

Ausweis, m. 2, (chanc.) teneur, f. contenu, m.; nach — der Gesetze, conformément aux lois (peu usité); v. Zeugniß.

Ausweisen, v. a. 5, éconduire, chasser qn., bannir, exiler d'un pays || apprendre, prouver (fait); montrer; sich —, se montrer; sich über etw. —, se légitimer, se justifier de qch., prouver qch.

Ausweißen, v. a. blanchir.

Ausweißung, f. blanchiment, m.

Ausweisung, f. bannissement, m.

Ausweiten, v. a. élargir un tuyau; (horl.) équarrir; fg. étendre; —, s. n. 1, élargissement, m.; évasement, extension, f.

Auswendig, adj. extérieur; de dehors; —, adv. extérieurement; du dehors, en dehors; (réciter, etc.) par cœur; — wissen, fg. connaître à fond.

Auswerfen, v. a. 2, jeter; crever un œil à qn.; cracher du sang, expectorer de la pituite; vomir du feu; (mar.) jeter à la mer; rebuter, rejeter les mauvaises pièces; chasser, expulser qn. d'une société; éventrer, vider un lièvre; châtrer un cheval; fixer une somme; in Rechnung — mettre en ligne de compte; am Rande —, émarger; —, v. n. (h.) (man.) lever les pieds de devant; (horl.) osciller; (jeu) avoir le dé, la boule; jouer la première carte; zum — bestimmt, (anat.) excrémenteux, excrémentiel.

Auswerfung, f. jet, m. crachement; expulsion de qn., f. émargement d'une somme, m.; (anat.) excrétion, f.

Auswetzen, v. a. faire disparaître les brèches d'un couteau en l'aiguisant; eine Scharte —, fg. réparer une faute.

Auswickeln, v. a. démêler, défaire, développer; dérouler du papier; démaillotter un enfant; fg. débrouiller; sich —, fg. se tirer d'une affaire.

Auswinden, v. a. démaillotter.

Auswinden, v. a. 3, guinder, tirer dehors avec un cric, etc.; aus dem Koth —, désembourber;

—, arracher; sich —, fg. se tirer d'affaire.

Auswintern, v. n. (f.) se gâter par le froid; —, v. a. conserver, nourrir pendant l'hiver; —, v. imp. es hat ausgewintert, l'hiver est passé.

Auswippen, v. a. peser et choisir les pièces d'or et d'argent pour billonner.

Auswirken, v. a. obtenir, gagner; procurer qch. à qn.; effectuer || pétrir, remanier la pâte; dépouiller et dépecer un cerf; parer le pied d'un cheval || achever, finir un tissu; —, v. n. (h.) cesser de faire son effet, d'avoir de l'influence, du crédit.

Auswischen, v. a. ôter la poussière; nettoyer, essuyer, frotter, torcher; sich die Augen —, s'essuyer les yeux || effacer; etw. mit dem Schwamme —, passer l'éponge sur qch.; —, écouvillonner un canon; fg. fm. gourmander qn.; einem eins —, porter un coup, appliquer un soufflet à qn.; —, v. n. (f.) s'échapper.

Auswittern, v. a. (min.) décomposer, faire effleurir; (cha.) flairer, éventer; fg. fm. éventer, sentir de loin; —, v. n. (f.) (min.) s'effleurir, se décomposer à l'air, tomber en efflorescence; — lassen, exposer à l'air; sich —, se purifier par des orages (air); prendre l'air (abeilles); cesser de tonner; —, v. imp., es hat ausgewittert, l'orage a cessé.

Auswitterung, f. décomposition par l'action de l'air, altération, découverte.

Auswölben, v. a. voûter, bâtir en voûte.

Auswölfen (sich), s'éclaircir.

Auswuchs, m. 2*, germe; germination, f.; (chir.) excroissance; bosse, f.; der Knochen, exostose; —, fg. difformité, monstruosité.

Auswühlen, v. a. fouiller; (cha.) fonger; déterrer; déchausser un pilier; faire des trous; creuser la terre.

Auswurf, m. 2*, (horl.) oscillation, f.; crachement de la salive, m.; expectoration, f.; excrétion des humeurs, éjection des excréments; (jeu) den — haben, avoir le dé, la boule, la main; — jet des marchandises, m.; einen — thun, jeter des marchandises à la mer || (mar.) varech, herbes maritimes, f. pl.; (méd.) excréments, m. pl.; — durch den Speichel, crachat, m.; — durch den Unterleib, déjections du bas-ventre, f. pl.; —, fg. rebut, m. lie, f.

Auswürfeln, v. a. jouer aux dés; —, v. n. (h.) cesser de jouer aux dés. [ton; rebut, lie, f.
Auswürfling, m. 1, rejeton, avor-
Auswurzeln, v. a. déraciner, extirper.
Auswurzelung, f. extirpation.
Auswüthen, v. n. (h.) assouvir sa rage, revenir de sa fureur, s'apaiser, se calmer.
Auszacken, v. a. déchiqueter, découper, denteler; ausgezackte Arbeit, crénelure, f. découpure, déchiqueture. [cher.
Auszahlen, v. a. payer, faire tou-
Auszählen, v. a. compter; —, v. n. (h.) achever de compter.
Auszahler, m. 1, payeur.
Auszahlung, f. payement, m.
Auszahnen, v. a. évider un peigne; —, v. n. (h.) avoir toutes ses dents; (man.) ne plus marquer.
Auszanken, v. a. gronder, gourmander; —, v. n. (h.) cesser de gronder.
Auszapfen, v. a. tirer; vider; vendre une boisson en détail.
Auszehnten, v. a. dîmer, lever la dîme.
Auszehren, v. a. épuiser, manger qn. || consumer; miner; amaigrir; —, v. n. (f.) maigrir, se consumer; dépérir.
Auszehrend, adj. étique (fièvre).
Auszehrung, fem. consomption, phthisie.
Auszeichnen, v. a. marquer, désigner; extraire, copier d'un livre; fg. distinguer, illustrer; sich — se signaler, se distinguer; ausgezeichnet, distingué (mérite); éclatant (fait); signalé (victoire); marquant (couleur); insigne (faveur).
Auszeichnung, f. distinction; illustration; (comm.) étiquette.
Auszeideln, v. a. vider les ruches.
Auszeitigen, v. a. hâter la maturité des fruits; fg. mûrir; —, v. n. (h.) bien mûrir, être bien mûr.
Ausziehen, v. a. 6, tirer, arracher; mit der Wurzel — déraciner une plante; den Degen — tirer l'épée, dégainer; einem die Stiefel — débotter qn.; einem Schuhe und Strümpfe —, déchausser qn.; die Handschuhe —, ôter ses gants, se déganter; — déshabiller qn.; dépouiller qn.; fg. dépouiller toute pudeur; ruiner qn., fm. mettre qn. en chemise || extraire qch.; abréger un livre || détirer, étendre le linge; étirer le drap; (arq.) rayer; sich —, se déshabiller; sich bis aufs Hemd —; se mettre en chemise; —, v. n. (f.) sortir, déménager, déloger; fm. s'enfuir; décamper, arpenter; —, (h.)

(dam., etc.) jouer la première pièce, commencer.
Ausziehkiste, f. (min.) ratissoire, râble, m.
Ausziehtisch, m. 2, table qui se tire, f.
Ausziehung, fem. déracinement d'une plante, m.; dépouillement; déshabillement; — der Schuhe, déchaussement; — der Stiefel, débotté || extraction, f.; (chir.) exérèse d'un corps étranger || extrait, m. || sortie, f.; déménagement, m. délogement.
Auszieren, v. a. orner, embellir, parer; décorer. enjoliver; garnir; fg. enrichir.
Auszierung, f. ornement, m. embellissement; décoration, f.; kleine —, enjolivure.
Auszimmern, v. a. équarrir; garnir de planches; (min.) cuveler un puits.
Auszirkeln, v. a. compasser; prendre bien ses mesures; fg. fm. compasser, raffiner; alles —, être compassé en tout; —, s. n. 1, compassement, m.
Auszischen, v. a. siffler, huer; fm. faire la nique à qn.
Auszischung, f. sifflement, m. huée, f.
Auszug, m. 2*, sortie, f.; délogement d'une maison, m.; émigration d'un pays, f.; marche, départ d'une armée, m. || extrait; — aus dem Taufbuche, Todtenbuche, extrait baptistère, mortuaire; — abrégé, précis || dépouillement d'un compte; v. Ausziehung.
Auszugsweise, adv. par extrait.
Auszupfen, v. a. tirer, arracher; effiler un morceau d'étoffe; éplucher de la laine.
Auszwingen, v. a. 3, extorquer de l'argent; fg. arracher un secret.
Authenticität, f. authenticité.
Authentisem, pl. (dr. rom.) authentiques, f.
Authentisch, adj. authentique.
Authentisiren, v. a. authentiquer.
Auto-da-fe, n. indécl. auto-dafé, m.
Autofrat, m. 3, =t, f. autocrate, m. autocrator, -trice, f.
Autofratie, f. autocratie.
Automat, m. et n. exc. 1, automate, m.
Autonomie, f. autonomie.
Autopsie, f. autopsie.
Autor, m. exc. 1, =inn, f. auteur, m.
Autorisation, f. autorisation.
Autorisiren, v. a. autoriser.
Autorität, f. autorité.
Autorschaft, f. état d'auteur, m.
Auweh, interj. ouf! ahi! hélas!

Avancirring, m. 1, (artill.) anneau de manœuvre.
Avancirtau, n. 2, (artill.) prolonge, f. [f.
Aventurinstein, m. 1, aventurine, f.
Avis, m. indécl. (comm.) avis.
Aviso, n. indécl., Avisoschiff, n. 2, (mar.) aviso, m.
Avista, adv. (comm.) à vue.
Are, v. Achse.
Ariom, n. 2, axiome, m.
Art, f.*, cognée, hache; kleine —, hachereau, m. hachot, aisseau, aissette, f.
Arthelm, m. 2, manche de hache.
Azerolbaum, m. 2*, (bot.) azerolier. [azerole.
Azerole, Azerolbeere, f. (bot.)
Azimuth, n. 2, (astr.) azimut, m.
Azimuthalfreis, m. 2, (astr.) cercle azimutal.
Azur, m. 2, azur.
Azuren, adj. azuré, d'azur.

## B.

B, n. (mus.) si, m. bé-fa-si; harte B, B bur, bé-mi; weiche B, B mol, bé-fa, bé-mol; B quadrat, bécarre.
Baar, v. Bar.
Babbeln, v. n. babiller (pop.).
Babel, Babylon, Babylone (ville), f.
Babylonier, m. 1, babylonist, adj. babylonien.
Baccalaureat, n. 2, Baccalaureuswürde, f. baccalaureat, m.
Baccalaureus, m. indécl. bachelier.
Bacchanalien, pl. bacchanales, f.
Bacchanten, pl. (ant.) bacchants, m. [ménade.
Bacchantinn, f. (ant.) bacchante,
Bacchisch, adj. bacchique.
Bacchus, m. indécl. (myth.) Bacchus.
Bacchusfest, n. 2, bacchanales, f. pl. orgies, fête bacchique, f.
Bacchuspriester, m. 1, prêtre de Bacchus; —, pl. bacchants.
Bacchusstab, m. 2* thyrse.
Bacchustanz, m. 2*, bacchanale, f.
Bach, m. 2*, ruisseau.
Bachbinse, f. jonc congloméré, m. épart.
Bachbunge, f. (bot.) beccabunga, m. [glier).
Bache, f. laie (femelle du san-
Bacher, m. 1, ragot (sanglier de deux ans).
Bachholunder, m. 1, (bot.) obier.
Bachhund, m. 2, basset.
Bachfresse, f. goujon, m. (poisson). [geronnette.
Bachstelze, f. hochequeue, m. ber-

**Bachvogel**, *m.* 1°, merle aquatique.

**Bachwanze**, *f.* punaise aiguille.

**Bachweide**, *f.* osier vert, *m.*

**Back**, *n.* 2, (*mar.*) château d'avant, *m.;* gamelle, *f.* plat, *m.*

**Backbord**, *m.* 2, **Backseite**, *f.* (*mar.*) bâbord, *m.*

**Backe**, *f.* **Backen**, *m.* 1, joue, *f.* mâchoire; mors (*m.*), mâchoire (*f.*) d'étau; (*tourn.*) jumelle; (*mar.*) joue, épaule; (*arq.*) côté, *m.*

**Bäcke**, *f. prcl.* cuisson, cuite.

**Backen**, *v. a.* 7, cuire, boulanger *du pain, etc.;* frire *des poissons;* sécher *des fruits;* blätterict —, feuilleter; —, *v. n.* (b.) cuire, frire; —, *s. n.* 1, cuisson, *f.;* — in der Pfanne, friture.

**Backenbart**, *m.* 2°, poils des joues, *pl.;* favoris.

**Backenbein**, *n.* 2, os jugal, *m.*

**Backenbrüse**, *f.* glande maxillaire, génale, buccale.

**Backengrübchen**, *n.* 1, fossette, *f.*

**Backenknochen**, *m.* 1, os de la hanche *des chevaux; v.* **Backenbein**. [2, soufflet.

**Backenschlag**, *m.* 2°, **Backenstreich**, **Backenstück**, *n.* 2, (*sell.*) montant, *m.*

**Backentasche**, *f.* abajoue.

**Backenzahn**, *m.* 2°, dent mâchelière, *f.* dent molaire.

**Bäcker**, *m.* 1, -inn, *f.* boulanger, *m.* -ère, *f.*

**Bäckerei**, *f.* **Bäckerhandwerk**, *n.* 2, boulangerie, *f.*

**Bäckerknecht**, *m.* 2, garçon boulanger; *injur.* mitron.

**Backfisch**, *m.* 2, poisson à frire, filardeau.

**Backform**, *f.* moule à pâte *ou* de pâtissier, *m.*

**Backgeld**, *n.* 5, fournage, *m.*

**Backhaus**, *n.* 5°, boulangerie, *f.* four, *m.* fournil.

**Backhecht**, *m.* 3, filardeau.

**Backholz**, *v.* **Bartholz**.

**Backmulde**, *f.* sébile, huche, pétrin, *m.*

**Backofen**, *m.* 1°, four; in den — schießen, enfourner.

**Backordnung**, *f.* règlement pour les boulangers, *m.*

**Backpfanne**, *f.* poêle à frire.

**Backschaufel**, *f.* pelle, pelleron, *m.*

**Backstein**, *m.* 2, brique, *f.*

**Backstube**, *f.* fournil, *m.* boulangerie, *f.*

**Backtrog**, *m.* 2°, *v.* **Backmulde**.

**Backtuch**, *n.* 5°, couche, *f.*

**Backwanne**, *f.* pétrin, *m.*

**Backwerk**, *n.* 2, pâtisserie, *f.*

**Bad**, *n.* 5°, bain, *m.;* das — der Wiedergeburt, (*théol.*) baptême; das — ausfaufen müssen, *prov.*

souffrir pour les autres; einem ein schlimmes — zurichten, mettre qn. en de beaux draps; das Kind mit dem — ausschütten, rejeter le bon avec le mauvais ‖ — *ou* **Bäder**, *pl.* eaux, *f. pl.;* in das — reifen, aller prendre les eaux.

**Badeanstalt**, *f.* bain public, *m.;* bains, *pl.*

**Badecur**, *f.* bain, *m.* eaux, *f. pl.*

**Badegast**, *m.* 2°, une personne qui prend les eaux.

**Baden**, *v. a.* baigner; —, *v. n.* (b.) *et* sich —, se baigner.

**Baden**, Bade (grand-duché), *f.;* Baden (ville).

**Bader**, *m.* 1, -inn, *f.* baigneur, *m.* -se, *f.;* étuviste, *m.*

**Baderei**, *f.* bain, *m.*

**Badestube**, *f.* bain, *m.* étuve, *f.*

**Badewanne**, *f.* baignoire, cuve.

**Badewarm**, *adj.* chaud comme un bain.

**Baforben**, *m.* 1, ordre des chevaliers du bain.

**Bäffchen**, *n.* 1, petit collet, *m.* rabat. [glapir.

**Bäffen**, **Bäßen**, *v. n.* (b.) japper.

**Baßtzucker**, *m.* 1, cassonade, *f.*

**Bagage**, *f.* bagage, *m.; fig.* pop. canaille, *f.* racaille.

**Bagagefahne**, *f.* fanion, *m.*

**Bagagewagen**, *m.* 1°, chariot de bagage, fourgon.

**Baggern**, *v. a.* recreuser, débourger *un port.*

**Bähen**, *v. a.* chauffer; rôtir; griller *du pain;* (*chir.*) étuver, bassiner, fomenter.

**Bähkissen**, *n.* 1, sachet de fomentation, *m.*

**Bahn**, *f.* route, voie, chemin, *m.;* ligne, *f.;* carrière, lice; (*astr.*) orbite, orbe, *m.;* (*quill.*) quillier; (*drap.*) lé, pan; (*art.*) face, *f.* biseau, *m.;* die — brechen, frayer le chemin, préparer les voies; auf die — bringen, mettre sur le tapis, ouvrir *un avis;* eine — durch den Wald hauen, percer une route dans une forêt, layer un bois.

**Bahnen**, *v. a.* frayer, battre le *chemin;* ouvrir *la carrière.*

**Bahre**, *f.* bière, civière.

**Bahrenträger**, *m.* 1, (*maç.*) bardeur.

**Bähung**, *f.* étuvement, *m.;* fomentation, *f.* fumigation.

**Bai**, *f.* baie.

**Bairamsfest**, *n.* 2, (*Turq.*) bairam, *m.*

**Bajocco**, *m.* indécl. baïoque, *f.* bajoque (*monnaie italienne*).

**Bake**, *f.* (*mar.*) bouée, balise.

**Balancirstab**, *m.* 2°, **Balancir-**

**stange**, *f.* balancier, *m.* contrepoids.

**Balbier**, *v.* Barbier.

**Balche**, *f.* **ablette** (*poisson*).

**Bald**, *adv.* comp. eher, am ehesten, bientôt, tantôt, promptement, vite, de bonne heure, tôt; facilement, aisément, presque, peu s'en faut; ich wäre — gefallen, j'ai failli *ou* pensé tomber; ich komme — wieder, je ne tarderai pas à revenir; bald ..., bald ..., tantôt ..., tantôt .... :

**Baldachin**, *m.* 2, baldaquin.

**Baldig**, *adj.* prompt.

**Baldrian**, *m.* 2, (*bot.*) valériane, *f.*

**Balduin**, *n. pr. m.* Baudouin.

**Balearische Inseln**, (*géogr.*) îles baléares, *f. pl.* [lète.

**Balester**, *m.* 1, une sorte d'arba-

**Balg**, *m.* 2, (*bot.*) peau, *f.* écale *des pois;* gousse, écosse; balle *des grains de blé* ‖ peau; dépouille *d'un serpent, etc.;* (*forg., etc.*) soufflet, *m.; fg. m.* p. créature, *f.*

**Balge**, **Balje**, *f.* (*mar.*) baille.

**Balgen** (sich), se battre; ferrailler; se chamailler. [gues.

**Balgentreter**, *m.* 1, souffleur d'orgues.

**Balger**, *m.* 1, ferrailleur, bretteur. [lis, *m.*

**Balgerei**, *f.* batterie, chamaillis.

**Balggeschwulst**, *f.* abcès enkysté, *m.* athérome.

**Balken**, *m.* 1, poutre, *f.;* solive, soliveau, *m.;* fléau *d'une balance;* branche *d'un trébuchet, f.;* (*blas.*) fasce. [clef, *f.*

**Balkenband**, *n.* 5°, crampon, *m.*

**Balkenkopf**, *m.* 2°, tablette, *f.* bout de la poutre, *m.*

**Balkenrecht**, *n.* 2, (*jur.*) servitude des poutres, *f.*

**Balkenriß**, *m.* 2, (*charp.*) enrayure, *f.*

**Balkenruthe**, *f.* (*géom.*) une mesure d'une toise de longueur et d'un pied d'épaisseur.

**Balkenschuh**, *m.* 2, (*géom.*) une mesure d'un pied de longueur et d'un pouce d'épaisseur.

**Balkenschwengel**, *m.* 1, (*charp.*) brise, *f.*

**Balkenstütze**, *f.* sommier, *m.*

**Balkenträger**, *m.* 1, (*arch.*) corbeau. [*m.*

**Balkenwage**, *f.* romaine, peson, *f.*

**Balkenwert**, *n.* 2, charpente, *f.*

**Balkenzoll**, *m.* 2, (*géom.*) une mesure d'un pouce de longueur et d'une ligne d'épaisseur.

**Ball**, *m.* 2°, **Ballen**, *m.* 1, balle, *f.;* der kleine —, éteuf; paume, *f.;* pelote de neige; (*bill.*) bille; der rothe —, carambole, *m.;* zwei Bälle treffen, caramboler; —, ballon,

m.; — fpielen, jouer à la paume; den Ball zufpielen, servir la balle.
Ball, m. 2*, bal, danse, f.
Ballade, f. (poés.) ballade.
Ballaß, m. 2, (minér.) rubis balais.
Ballaſt, m. 2, (mar.) lest; mit — beladen, lester; den — auslaben, délester.
Ballaſteinladen, n. 1, lestage, m.; =auslaben, n. 1, délestage, m.
Ballaſtſchiff, n. 2, (mar.) lesteur, m.
Ballei, m. 3, bailli de l'ordre de Malte; —, f. bailliage.
Ballen, m. 1, balle, f.; ballot de toile, m.; (impr.) balle, f.; paume de la main; (cha.) sole du cerf; éponge.
Ballen, v. a. serrer le poing; den Schnee —, faire une pelote de neige; mit geballter Fauſt, le poing fermé; geballt, (anat.) conglobé.
Ballenbinder, m. 1, emballeur.
Ballenbinderlohn, m. 2, emballage.  [moir.
Balleneiſen, n. 1, (charp.) fer-
Ballenwälzer, m. 1, pilulaire (insecte).
Ballenweiſe, adv. par balles.
Ballenzinn, n. 2, étain en rouleaux, m.
Ballet, n. 2, ballet, m.
Ballhaus, n. 5*, jeu de paume, m.
Ballon, m. 2, ballon.
Ballonmacher, m. 1, ballonier.
Ballottiren, v. a. ballotter; —, s. n. 1, ballottage, m.
Ballroſe, f. rose de Gueldre.
Ballſpiel, n. 2, paume, f. jeu de paume, m.; courte-paume, f.
Balſam, m. 2, baume; parfum; fg. baume, consolation, f.
Balſambaum, m. 2*, (bot.) baumier.
Balſamen, Balſamiren, v. a. embaumer; parfumer.
Balſamine, f. (bot.) balsamine.
Balſamiſch, adj. embaumé, balsamique.  [m.
Balſampappel, f. peuplier noir,
Balſampflanze, f. amyris, m.
Balſamſtrauch, m. 2*, baumier.
Balſamtanne, f. sapin à feuilles d'if, m.  [de bruyère).
Balzen, v. n. être en chaleur (coq
Bambus, m. indécl. (bot.) bambou; =rohr, n. 2, =ſtock, m. 2*, bambou.
Bammeln, v. Baumeln.
Bamſen, v. a. (tann.) battre les peaux.
Banco, adv. (comm.) de banque.
Band, n. 5*, ruban, m. cordon d'un ordre, etc.; attache, f. bandelette; (anat.) ligament, m. frein de la langue; commissure,

f.; (charp.) raineau, m. moise, f. liure; (trictr.) case; (billard) bande; (blas.) bande, ténie; (tonn.) cerceau, m. bandage, cercle de fer; (mar.) courbe, f.; — an einer Kinderhaube, bride d'un bonnet d'enfant; — an Thüren, (serrur.) crampon, m. penture, f.; — zum Verbinden, (chir.) bande, f. bandage, m.; —, n. 2, lien, m.; fg. id., nœud; in Ketten und Bande legen, mettre aux fers.
Band, m. 2*, reliure, f.; volume, m.; zwei Theile in einem —, deux tomes en un volume.
Bandähnlich, adj. rubané.
Bandart, f.*, (charp.) tire-boucler, m.  [moise, f.
Bandbalken, m. 1, (charp.)
Bandbeinfügung, f. (anat.) synévrose.
Bandbohrer, m. 1, (charp.) laceret.
Bandbrille, f. besicles, pl.
Bändchen, n. 1, cordon, m. || petit volume.
Bande, f. bande du billard; dicht an die — ſpielen, coller; —, fg. bande de voleurs, etc.; troupe.
Bandelier, n. 2, bandoulière, f.
Bänderreich, adj. volumineux (ouvrage); riche, nombreux (bibliothèque).
Bandfiſch, m. 2, ruban marin (poisson).
Bandfrau, f. rubanière.
Bandhaken, m. 1, gond, pivot de penture; (tonn.) chien, davier.
Bandhandel, m. 2*, rubanerie, f. commerce de rubans, m.
Bandhändler, m. 2, =inn, f. rubanier, m. -ère, f.
Bandholz, n. 5*, bois à faire des cerceaux, m.
Bändigen, v. a. dompter, réduire, apprivoiser; fg. id., comprimer, contenir, réprimer.
Bandit, m. 3, bandit.
Bandmacher, m. 1, rubanier.
Bandmeſſer, n. 1, (tonn.) doloire, f. aissette.
Bandnagel, m. 1*, cheville de lien, de moise, f.
Bandreif, m. 2, (tonn.) cerceau.
Bandroſe, f. (taill.) bouillon, m. rosette, f.
Bandſchleife, f. nœud de ruban, m. cocarde, f.
Bandſtreif, m. exc. 1, raie, f. bande; mit —en verſehen, rayer, rubaner.  [lier, m.
Bandſtück, n. 2, (charp.) aisse-
Bandtreſſe, f. galon de livrée, m.
Bandweide, f. osier, m. hart, f.
Bandwurm, m. 5*, ver solitaire.

Bandzieher, m. 1, (serrur.) gond pivot de penture.
Bang, Bange, adj. inquiet, troublé; craintif; einem — machen, faire peur à qn.; es ist mir — um ihn, je crains pour lui.
Bängel, Bängeln, v. Bengel, ꝛc.
Bangen, v. n. et imp. (h.) avoir peur; craindre; mir bangt für ihn, je crains pour lui.
Bangigkeit, f. angoisse, anxiété, inquiétude.
Banianen, m. pl. banians (dans l'Inde).
Bank, f.*, banc, m.; banquette, f.; (min.) couche de pierres; étal des bouchers, m.; die geiſtliche —, ordre ecclésiastique, weltliche —, ordre ecclésiastique, séculier, m.; durch die —, sans distinction, indifféremment; tous ensemble; acheter en bloc; auf die lange — ſchieben, trainer en longueur; unter die — ſtecken, terrasser, réduire qn.; —, (comm.) banque, f.
Bankbohrer, m. 1. percoir, tarière, f.; (arch.) naissance.
Bänkchen, n. 1, banquette, f.; (carross.) gousset à la portière, m.
Bankeiſen, n. 1, patte, f.
Bänkelſänger, m. 1, chanteur en foire.
Bankerott, m. 2, banqueroute, f.
Bankerottiren, v. n. (b.) faire banqueroute, faillir, manquer.
Bankerottirer, m. 1, banqueroutier.  [tin.
Bankett, n. 2, banquet, m. fes-
Bankhalter, m. 1, =herr, m. 3, banquier.
Banklehne, f. dossier, m.
Banknote, f. Bankzettel, m. 1, billet de banque.
Bankſchlächter, m. 1, étalier.
Bankwagen, m. 1*, char à bancs.
Bann, m. 2*, ban, bannissement; (égl.) excommunication, f.; anathème, m.; interdit; in den — thun, excommunier, anathématiser || juridiction, f. ressort, m.; banlieue, f. publication, proclamation.
Bannen, v. a. bannir, proscrire; mettre au ban; (cath.) excommunier, frapper d'anathème; exorciser, conjurer des esprits.
Banner, m. 1, bannière, f. drapeau, m.
Bannerherr, m. 3, seigneur banneret.
Bannfluch, m. 2*, Bannſtrahl, exc. 1, anathème, foudre de l'excommunication, f.
Bannforſt, m. 2, réserve, f.
Banngebiet, n. 2, banlieue, f.
Banngerechtigkeit, Bannhörigkeit, f. (féod.) banalité.

Bannhörig, adj. (féod.) banal.
Bannmühle, f. moulin banal, m.
Bannofen, m. 1*, four banal.
Bannspruch, m. 2*, anathème.
Bannwart, m. 2, messier, garde du ban, garde champêtre.
Banse, f. partie d'une grange où l'on entasse les gerbes.
Bansen, v. a. entasser les gerbes dans la grange.
Bansen, m. 1, (anat.) herbier, panse, f. double.
Bar, adj. comptant; effectif; nu; pur; bares Geld, argent comptant, m. numéraire; eine bare Lüge, pur mensonge, m.
Bär, m. 3, =inn, f. ours, m. ourse, f.; der junge —, ourson; einen Bären anbinden, fg. pop. en donner à garder, en imposer, en faire accroire; (astr.) der große Bär, grande ourse, f.; der kleine Bär, petite ourse, f. cynosure; dem Bären nahe, arctique; dem Bären gegenüber, antarctique.
Barake, f. baraque.
Baranke, f. peau agneline, agnelin, m. [ber.
Barbar, m. 3, barbare || v. Bar=
Barbara, n. pr. f. Barbe.
Barbarei, f. barbarie (aussi nom pr.); cruauté.
Barbarisch, adj. barbare; cruel; (géogr.) barbaresque; —, adv. d'une manière barbare.
Barbe, f. (hist. nat.) barbeau, m.; die kleine —, barbillon, m.
Barber, m. 1, barbe, cheval barbe.
Barbier, m. 2, barbier.
Barbieren, v. a. faire la barbe à qn., raser.
Barbiermesser, n. 1, rasoir, m.
Barbierstube, f. boutique de barbier.
Barbierzeug, n. 2, trousse, f.
Barchent, m. 2, futaine, f.; der feine —, basin, m.
Barchentweber, m. 1, futainier.
Barde, m. 3, barde (poëte et chantre chez les Germains, etc.).
Bardengesang, m. 2*, Barbiet, n. 2, bardit, m.
Bärenbeißer, m. 1, dogue.
Bärenhatz, f. chasse aux ours, combat d'ours, m.
Bärenhaut, f.*, peau d'ours.
Bärenhäuter, m. 1, fainéant, poltron, lâche.
Bärenhäuterei, f. fainéantise; coquinerie.
Bärenhäuterisch, adj. fainéant; lâche, coquin.
Bärenhüter, m. 1, (astr.) bouvier.
Bärenklau, f. (bot.) acanthe.
Bärenöhrlein, n. 1, (bot.) oreille d'ours, f.
Barett, n. 2, barette, f.

Barfrost, m. 2, froid sec, première gelée, f.
Barfuß, adv., Barfüßig, adj. déchaussé, nu-pieds, pieds nus.
Barfüßer, m. 1, carme déchaussé.
Barg, Borg, m. 2, porc châtré.
Barhaupt, adv. nu-tête, tête nue.
Barke, f. barque, chaloupe.
Barlholz, n. 5*, (mar.) carreau, m. lisse, f. ceinte, préceinte.
Barlapp, m. 2, patte de loup, (plante), f.
Bärme, f. mousse de la bière.
Barmherzig, adj. miséricordieux, charitable; compatissant; die —en Schwestern, sœurs de la charité, sœurs grises; —, misérable.
Barmherzigkeit, f. miséricorde; charité, pitié.
Bärmutter, f. (anat.) matrice; die Zergliederung der —, hystérotomie.
Bärmütze, f. bonnet à poil, m. bonnet de grenadier.
Barn, m. 2, crèche, f. mangeoire.
Barometer, m. ou n. 1, (phys.) baromètre, m.
Barometrisch, adj. barométrique.
Baron, m. 2, baron.
Baronei, f. baronie.
Baronesse, f. baronnet.
Baronnet, m. 2, baronnet.
Barpfeife, f. (org.) bourdon, m.
Barre, f. barre, lingot, m.
Bars, Barsch, m. 2, (hist. nat.) perche, f.
Barsch, adj. rude, âpre.
Barschaft, f. argent comptant, m.; comptant, fm. finances, f. pl.
Bart, m. 2*, barbe, f. moustache; fg. in den — brummen, marmotter, grommeler entre les dents; es in seinen — hineinlügen, mentir impudemment; um des Kaisers — streiten, disputer pour un rien; einem etw. in den — sagen, dire qch. à la barbe de qn.; —, moustache du chat, f.; barbillons des poissons, m. pl.; barbes de la plume, f. pl.; (serr.) museau, m. panneton d'une clef.
Bartbecken, n. 1, bassin à barbe, m.
Bartbürste, f. bigotelle, trigotère; relève-moustache, m.
Barte, f. os de baleine, m.; —n, pl. fanons || couperet (espèce de hache), m.
Bärteln, v. a. donner la première tonte au drap.
Bartfäden, m. pl. 1, barbillons.
Bartholomäus, Barthel, n. pr. m. Barthélemy.
Bärtig, adj. barbu.
Bartlos, adj. imberbe, sans barbe.
Bartnelke, f. (bot.) mignonette.
Bartscherer, m. 1, fm. barbier.

Barttuch, n. 5*, linge à barbe, m.
Barutsche, f. chaise, calèche.
Basalt, m. 2, basalte.
Base, f. tante, cousine.
Basel, Bâle (ville); Basler, m. 1, =inn, f. Bâlois, m. -e, f.
Basilicum, n. 2, Basilienkraut, n. 5*, basilic, m.
Basiliken, f. pl. (jur.) basiliques.
Basilist, m. 3, basilic.
Basilius, n. pr. m. Basile.
Basis, f. (sans pl.) base.
Baß, adv. ol. beaucoup; très; mieux.
Baß, m. 2*, basse, f. basse-contre; creux, m.; bourdon de musette; der General-Baß, begleitende Baß, basse continue, f. || basse de viole.
Baßgeige, f. basse de viole, basse-contre, baryton, m.; die kleine —, violoncelle, m.; die große —, contre-basse, f.
Baßist, m. 3, Baßsänger, m. 1, basse, f. basse-contre.
Baßpfeife, f. basson, m.; serpent; — am Dudelsack, courtaud.
Baßschlüssel, m. 1, clef de f-ut-fa, f. [tre, creux, m.
Baßstimme, f. basse, basse-contre.
Bast, m. 2, (bot.) liber, écorce, f.
Basta, interj. fm. baste!
Bastard, m. 2, bâtard, enfant naturel; (hist. nat.) mulet.
Bastardartig, adj. bâtard; (grammaire) hybride.
Bastei, Bastion, n. 2, (guer.) bastion.
Batate, v. Patate. [lon, m.
Bätingshölzer, n. pl. 5, (mar.) bittes, m. pl.
Batist, m. 2, batiste, f.
Batterie, f. (guer.) batterie.
Batteriebiele, =planke, f. (artill.) tablouin, m. tablouin.
Battirung, f. (dans.) battement, m. [tement d'épée, m.
Batute, Battute, f. (escr.) battement.
Bätplus, m. indécl., pl. Bätlien, (ant.) bétyle.
Batzen, m. 1, batz (15 cent.); fg. fm. espèces, f. pl.; er hat brav —, il a du comptant.
Bau, m. 2 (pl. aussi Bauten), construction, f. bâtisse; culture des champs || architecture; structure, organisation, conformation du corps humain, etc., m.; fg. construction, f. structure || bâtiment, m. édifice, fabrique, f.; (min.) exploitation, filon, m. || terrier d'un lapin, etc.; in — erhalten, entretenir une maison; auf den — kommen, être condamné aux galères, aux travaux forcés.

Bauamt, n. 5*, intendance des bâtiments, f.

Bauanschlag, m. 2*, devis.

Bauanstalt, f. bâtisse; —en, pl. préparatifs pour la construction d'un bâtiment, m. pl.

Bauart, f. structure, ordre d'architecture, m.; construction, f. ordonnance, architecture.

Bauaufseher, m. 1, inspecteur de bâtiments, intendant des bâtiments; (ant. r.) édile.

Baubar, Baufähig, adj. (min.) exploitable; (agr.) labourable, cultivable.

Bauch, m. 2*, ventre, fm. panse, f.; (call.) panse; (tonn.) bouge; fond, m. creux d'une voile; coffre, corps d'un luth, donte d'un théorbe, f.; (arch.) forjet, m.; einen — machen, v. sich bauchen.

Bauchbläfig, adj. (vétér.) poussif.

Bauchbütte, f. cuve, cuvier; m.

Bauchbielen, f. pl. vaigres d'un vaisseau.

Bauchdiener, m. 1, gastronome, gastronome.

Bäuche, Bauchwäsche, f. lessive, buée.

Bauchen, Bäuchen, v. a. faire la lessive, buander; sich —, (arch.) faire le ventre, forjeter.

Bauchfaß, n. 5*, cuvier, m.

Bauchfett, n. 2, (bouch.) panne, f.

Bauchfloffe, f. nageoire abdominale; Fische mit —n, m. pl. poissons abdominaux; ohne —n, apodes.

Bauchfluß, m. 2*, flux de ventre, flux céliaque, céliaque, f.; diarrhée, lienterie, pop. foire.

Bauchflüffig, adj. qui a la diarrhée, pop. foireux; —t, m. et f. 3, pop. foireux, m. -se, f.

Bauchgrimmen, n. 1, colique, f. tranchées, pl.

Bauchgurt, m. 2, sous-ventrière, f.

Bauchig, Bäuchig, adj. à ventre (vase); (bot. et fm.) ventru, à grand ventre.

Bauchnaht, f.*, (chir.) suture du bas-ventre, gastroraphie.

Bauchpflege, f. gastronomie, gastromanie.

Bauchredner, m. 1, ventriloque, f. gastriloque.

Bauchriemen, m. 1, ventrière, f.

Bauchründe, f. bombement, m.

Bauchschnitt, m. 2, (chir.) gastrotomie, f.

Bauchsorge, f. gastromanie.

Bauchstüd, n. 2, (arch. nav.) varangue, f.

Bauchwassersucht, f. ascite.

Bauchweh, n. 2, mal de ventre; m.; v. Bauchgrimmen.

Bauen, v. a. bâtir, construire,

élever; édifier; mit Lehm und Stroh —, bousiller; —, faire, se construire un nid; cultiver la terre; travailler, exploiter les mines; sich Hütten —, se hutter, Schlösser in die Luft —, bâtir des châteaux en Espagne; —, v. n. (h.) faire fond, compter, bâtir (auf, sur); —, s. n. 1, construction, f. culture.

Bauer, m. exc. 1, paysan, villageois, laboureur; der grobe —, mépr. manant, rustre, lourdaud; —, (éch.) pion; (cart.) valet.

Bauer, m. et n. 1; cage, f.

Bauerdirne, f. jeune paysanne; m. p. fille grossière, rustre.

Bauerfrau, f. paysanne; villageoise, femme de paysan.

Bauergut, n. 5*, Bauerhof, m. 2*, cense, f.; ferme; métairie.

Bauerhaft, adj. paysan, rustique, fg. m. p. grossier.

Bauerhaus, n. 5*, maison de paysan, f. [tairie.

Bauerhof, m. 2*, ferme, f. mé-

Bauerhund, m. 2, mâtin.

Bauerhütte, f. cabane.

Bäuerinn, v. Bauerfrau.

Bäuerisch, adj. paysan, villageois; agreste; m. p. grossier, rustique.

Bauerjunge, =knabe, m. 3, garçon de paysan; m.p. garçon grossier. [m. p. rustre, rustaud.

Bauerkerl, m. 2, jeune paysan;

Bauerkittel, m. 1, sarrau.

Bauermädchen, n. 2, v. Bauerdirne. [f.

Bauernfeft, n. 2, fête villageoise.

Bauernjacke, f. jaquette; die weiße —, blanchet, m.

Bauernschenke, f. cabaret de paysans, m. guinguette, f.

Bauernschuh, m. 2, sabot.

Bauernsenf, m. 2, (bot.) érucague, f. thlaspi, m.

Bauernzug, m. 2*, (éch.) mit dem — anfangen, jouer le gambit.

Bauersmann, m. 5 (pl. =leute), paysan.

Bauersprache, f. patois, m.; langage rustique.

Bauerstolz, m. 2, sot orgueil.

Baufällig, adj. ruineux, délabré, caduc.

Baufälligkeit, f. délabrement, m. ruine, f. caducité.

Baugefangener, m. 1, forçat.

Baugeist, m. 5, manie de bâtir, f.

Baugerüst, n. 2, échafaudage, m.

Bauherr, m. 3, propriétaire de la maison que l'on bâtit; v. Bauaufseher.

Bauhof, m. 2*, chantier.

Bauholz, n. 5*, bois de charpente, m. de construction; das

aufgesprungene, unnütze —, cantibai, m.

Bauholzflöße, f. train de bois de charpente, m.; die kleine —, brelle, f.

Baukosten, pl. frais de construction, de bâtiment, m. pl.

Baukunst, f.*, architecture.

Bauleute, m. pl. ouvriers.

Baulich, adj. (maison) en bon état. [seur.

Bauliebhaber, m. 1, fm. bâtis-

Baulust, f.*, envie, manie de bâtir; plaisir qu'on trouve à bâtir, m.

Baum, m. 2*, arbre; der junge, hohe —, (jard.) filardeau; ein schöner, geradstämmiger —, beau brin d'arbre; der bis zum Gipfel abgeästete —, houppier; — der Weber, ensuble, f.

Baumachat, m. 2, (minér.) agate arborisée, f.

Baumaterialien, n. pl. matériaux, m. pl.

Baumausschneider, m. 1, élagueur.

Baumbast, m. 2, (bot.) v. Baft; bombasin (étoffe).

Bäumchen, n. 1, arbrisseau; m.

Baumeister, m. 1, architecte.

Bäumen, v. n. (h.) brandiller, gambiller; branler; die Diebe müssen —, les voleurs seront pendus.

Bäumen (sich), se cabrer.

Baumeule, f. (hist. nat.) hulotte.

Baumfalt, m. 3, (hist. nat.) hobereau.

Baumflechte, f. lichen d'arbre, m.

Baumfrucht, f.*, fruit d'arbre, m.; —früchte, f. pl. fruits, m. pl.

Baumgang, m. 2*, allée, f.

Baumgärtchen, n. 1, petit verger, m.; das umschloffene —, fm. closeau, m.

Baumgarten, m. 1*, verger.

Baumgärtner, m. 1, pépiniériste.

Baumgärtnerei, f. culture des arbres.

Baumgeländer, n. 1, espalier, m.

Baumgruppe, f. bosquet, m.

Baumharz, n. 2, résine, f.; glu.

Baumfletterer, Baumläufer, m. 1, grimpereau (ois.).

Baumlaus, f.*, puceron, m.

Baumleiter, f.*, échelle double.

Baumnymphe, f. (myth.) hamadryade, dryade.

Baumöl, n. 2, huile d'olive, f.

Baumpfahl, m. 2*, tuteur, m. écuyer.

Baumrinde, f. écorce d'arbre.

Baumsaft, m. 2*, séve, f.

Baumsäge, f. scie de jardinier.

Baumschere, f. ciseaux de jardinier, m. pl.

Baumschlag, m. 2*, (peint.) feuillée, f.

Baumſchule, f. pepinière; die —
gepfropfter Bäume, bâtardière.
Baumſchwamm, m. 2*, agaric,
champignon, bolet.
Baumſeide, f. bombasin, m.
Baumſtämpel, m. 1, ( forest.)
marteau à layer.
Baumſtark, adj. fm. robuste,
fort; der —e Menſch, Hercule, m.
Baumſtein, m. 2, dendrite, f.
Baumſtumpf, m. 2*, cépée, f.
Baumtau, n. 2, cap de remor-
que, m.     [d'ente, m.
Baumwachs, n. 2, emplâtre
Baumwagen, m. 1*, camion.
Baumwanze, f. punaise de jardin.
Baumwolle, f. coton, m.
Baumwollen, adj. de coton.
Baumwollenpflanze, =ſtaude, f.
cotonnier, m.
Baumwollenzeug, m. 2, toile de
coton, f. cotonnade; der leichte —,
calicot, m.
Baumwollſammet, m. 2, man-
chester, velours de coton.
Baumzucht, f. culture des arbres.
Baunart, m. 3, fm. bâtisseur.
Bauplatz, m. 2*, v. Bauſtätte.
Bauriß, m. 2, plan d'un bâti-
ment; ichnographie, f.
Bausback, m. 2*, fm. joufflu,
mouflard.
Bausbackig, adj. fm. joufflu,
mouflard, mafflu.
Bauſch, m. 2*, bourrelet, bour-
let; ( taill.) bouillon; in — und
Bogen, en bloc, en gros; Handel
in — und Bogen, marché à for-
fait, m. forfait.
Bäuſchchen, n. 1, ( chir.) com-
presse, f.     [fer.
Bauſchen, v. n. (h.) s'enfler, bouf-
Bauſchig, adj. bouffant.
Bauſchule, f. école, académie
d'architecture.
Bauſtätte, Bauſtelle, f. ( arch.)
aire, emplacement, m.
Bauverſtändig, adj. —e, m. 3,
expert; architecte expert.
Bauweſen, n. 1, architecture, f.;
(coll.) bâtiments, m. pl.
Bayern, v. Boyen.
Bayern, Bavière, fém. (pays);
Bayer, m. 1, bayriſch, adj. bavarois.
Bayonnett, n. 2, baïonnette, f.
Bazar, m. 2, bazar.
Bdellium, n. exc. 1, (hist. nat.)
bdellium, m. (espèce de gomme).
Be, syllabe inséparable placée
devant beaucoup de verbes et leurs
dérivés. Elle marque un rapport
direct, entier, parfait de l'action
énoncée par le verbe, au régime
qui le suit; c'est la raison pourquoi les verbes ainsi composés
sont presque tous actifs. Be est

une abréviation de bei; auprès,
à, sur, autour, etc. Les verbes
qui ne se trouveraient pas dans
cette série, doivent être cherchés
dans leur ordre comme verbes
primitifs.
Beabſichtigen, v. a. avoir en vue.
Beachten, v. a. observer, remarquer; faire cas de qch.
Beamte, Beamtete, m. 3, officier; fonctionnaire, agent; em-
ployé || intendant.
Beängſtigen, v. a. tourmenter, inquiéter; causer des angoisses à qn.
Beängſtigung, f. tourment, m.;
affliction, f.; inquiétude, angoisse, détresse.
Beantworten, v. a. répondre, faire
réponse à; résoudre un doute.
Beantwortung, f. réponse à qch.
Bearbeiten, v. a. travailler; cultiver, labourer la terre; zum zwei-
tenmole —, (agr.) biner; — exploiter une mine; (art.) manipuler, manier, façonner; dünner
—, (arch.) affaiblir; —, mettre
la main à un ouvrage; zuerſt —,
fg. défricher.
Bearbeitung, f. travail, m.; culture, f.; labour de la terre, m.;
die zweite —, (agr.) binage; —,
exploitation d'une mine, f. ;(art.)
façon; manipulation.
Beargwohnen, v. a. soupçonner.
Beatrix, n. pr. f. Béatrice.
Beauftragen, v. a. commettre,
charger qn. (mit, de).
Beauftragende, m. 3, commettant.
Beauftragte, m. 3, commis,
agent, mandataire.
Beäugeln, v. a. lorgner, guigner;
regarder avec plaisir; ſich im Spiegel — se mirer.
Beaugenſcheinigen, v. a. inspecter; —, s. n. 1, inspection, f.
Beäugler, m. 1, fm. lorgneur.
Bebändern, v. a. garnir de rubans.
Bebauen, v. a. bâtir sur; culti-
ver un champ.
Beben, v. n. (h.) trembler, trem-
bloter, chanceler, frémir (corde);
das Herz bebt mir, le cœur me bat.
Beblättert, adj. (bot.) feuillé,
feuillu.
Beblechen, v. a. garnir, couvrir
de fer-blanc; beblecht, (postillon,
etc.) portant une plaque sur son
habit; fg. fm. galonné, chamarré.
Beblümen, v. a. parsemer, couvrir de fleurs.
Beborten, Beborten, v. a. galonner, border, passementer.
Bebrüten, v. a. couver; bebrütete
Eier, des œufs couvis; —, s. n.
1, incubation, f.
Bebung, f. Beben, n. 1, tremblement, m. frémissement d'une

corde; palpitation (f.), battement
(m.) du cœur.
Becher, m. 1, coupe, f. gobelet,
m.; bocal; cornet à dés; calice
des fleurs.     [de gobelet, m.
Becherglas, n. 5*, verre en forme
Bechern, v. n. (h.) plais. fm.
s'amuser à boire, chopiner; m. p.
gobeloter.
Becherſchwamm, m. 2*, ( bot.)
oreille de Judas, f.
Becken, n. 1, bassin, m.; lavoir;
das große. tiefe —, bassine, f.; —
um Kohlen abzulöſchen, braisière, f.
Bäcker, v. Bäcker.
Bedachen, v. a. couvrir.
Bedacht, m. 2 sans pl., considération, f. réflexion; circonspection; etw. in — nehmen, — auf
etw. nehmen, faire réflexion à qch.,
avoir soin de qch.; mit —, de
propos délibéré.
Bedacht. Bedächtig, Bedachtſam,
Bedächtlich, adj. circonspect; prudent; mesuré, considéré; délibéré; auf etw. — ſeyn, avoir soin
de qch.; songer à qch.
Bedachtlos, adj. irréfléchi; voy.
Unbedachtſam.
Bedachtſamkeit, f., v. Bedacht.
Bedachung, f. toiture, toit, m.
Bedanken (ſich), bei einem für
etw., remercier qn. de qch.; rendre grâces à qn. de qch.
Bedarf, m. 2, besoins, pl. nécessaire, m.
Bedauern, v. a. plaindre, regretter une perte; avoir pitié, être
affligé de —, s. n. 1, regret,
m.; compassion, f.; pitié.
Bedauernswürdig, adj. déplorable; regrettable; digne de compassion.
Bedecken, v. a. couvrir; mit Stroh,
Miſt —, (jard.) enchausser; mit
einer Plane —, banner; mit Leinwand —, bâcher; das Feld mit
Todten —, joncher la campagne
de morts; —, hérisser de baïon-
nettes, etc.; cribler de blessures;
(escr.) effacer le corps; —, voiler,
cacher || abriter, mettre à cou-
vert, à l'abri, en sûreté (vor, de);
protéger; (guer.) escorter; (mar.)
convoyer; aller de conserve à (fortif.) épauler; ſich —, se couvrir,
etc.; (mar.) se bastinguer.
Bedeckung, f. couverture; fg.
protection; (guer.) escorte; (mar.)
convoi, m.; das Schiff zur —,
conserve, f. matelot, m.; —,
(fortif.) épaulement; (astr.) occultation, f.
*Bedenken, v. a. réfléchir, pen-
ser, songer à qch.; considérer;
jemand —, penser à qn.; avan-

tager qn.; einen mit etw. —, léguer qch. à qn.; fich —, réfléchir,
délibérer; hésiter, balancer; fich
anders —, changer de résolution;
fich eines Beffern —, prendre une
résolution plus sage.
Bedenfen, n. 1, pensée, f. considération, réflexion; consultation; bas rechtliche —, réponse de
droit, f. || difficulté; scrupule,
m.; — tragen, hésiter, balancer;
ohne —, sans difficulté.
Bedenflich, adj. digne de réflexion; dangereux, périlleux; délicat, critique; chatouilleux; épineux, suspect; —, adv. d'un air
réfléchi, embarrassé.
Bedenflichfeit, f. difficulté, scrupule, m.
Bedenfzeit, f. temps (m.), délai
pour délibérer, pour se résoudre.
Bedeuten, v. a., einen —, amener qn. à qch.; fich — laffen,
entendre raison; donner à entendre, faire savoir; déclarer, signifier; —, v. n. (h.) signifier, marquer, désigner; was hat's zu —?
qu'importe? es hat nichts zu —,
n'importe.
Bedeutend, Bedeutsam, adj. significatif, expressif; important,
considérable (affaire).
Bedeutsamfeit, f. importance.
Bedeutung, f. sens, m. significa-
tion, f. acception d'un mot || pré-
sage, m. augure || importance,
f.; von —, de conséquence, important (affaire).
Bedielen, v. a. planchéier.
Bedienen, v. a. servir; rendre
service à; administrer une charge; bie Gäfte —, faire les honneurs de la maison, etc.; —
(jeu) donner de la couleur; nicht
—, renoncer; fich —, se servir,
s'aider, se prévaloir, profiter de.
Bedienften, v. a. donner une charge à qn., employer qn.
Bedienchen, n. 1, fm. laqueton, m.
Bediente, m. et f. 3, serviteur,
m.; domestique, laquai, garçon ||
officier; servante, f.
Bedientenvolf, n. 5°, mépr. valetaille; f.
Bedienung, f. service, m. emploi, charge, f. office, m.; fonction, f.
Beding, m. 2, Bedingung, f.
condition, stipulation, clause,
réserve; mit —, sous, à condition; conditionnellement; mit der
—, baß, x., à la charge de; sauf
à; bien entendu que.
*Bedingen v. a. stipuler; faire
une cundition, arrêter un prix;
accorder; réserver, excepter.
Bedingend, adj. (gramm.) con-

ditionnel; bie —be Art, conditionnel, m.
Bedinglich, Bedingt, adj. conditionnel; hypothétique; (philos.)
modifié, causé, rendu nécessaire;
dépendant.
Bedingung, v. Beding.
Bedingungsweife, adv. sous condition, conditionnellement.
Bedrängen, v. a. presser, affliger,
tourmenter, opprimer; accabler,
fouler le peuple; in bedrängten
Umständen, dans la détresse; dans
la misère.
Bedrängniß, Bedrängung, f. oppression, affliction; tourment, m.
peines, f. pl. soucis, m. pl.
Bedräuen, Bedrohen, v. a. me-
nacer.
Bedrohend, Bedrohlich, adj. me-
naçant; (jur.) comminatoire.
Bedrohung, f. menace.
Bedruden, v. a. imprimer.
Bedrüden, v. Bedrängen.
Bedrüdung, f. oppression.
Bedünfen, n. 1, avis, m.; sentiment; opinion, f.; jugement,
m.; unfers —s, à notre avis.
*Bedürfen, v. a. et n. (h.), eine
Sache ou einer Sache, avoir besoin,
manquer, avoir affaire de qch.
Bedürfniß, n. 2, besoin, m.; né-
cessité, f.; manque, m. disette, f.
Bedürftig, adj. pauvre, indigent,
nécessiteux; —fenn, avoir besoin de.
Beehren, v. a. honorer de qch.
Beeiden, Beeidigen, v. a. déférer
le serment à qn.; assermenter;
faire prêter serment à qn.; jurer,
affirmer par serment.
Beeidigung, f. confirmation par
serment; prestation de serment.
Beeifern (fich), s'efforcer, s'em-
presser; être zélé pour qch.
Beeiferung, f. zèle, m.
Beeinträchtigen, v. a. porter pré-
judice à qn.; empiéter sur le droit
de qn., léser qn.
Beeinträchtigend, adj. préjudicia-
ble; inofficieux (donation).
Beeinträchtigung, f. dommage, m.
préjudice, tort, grief, lésion, f.
Beeifet, adj. couvert de glace.
Beendigen, v. a. achever, finir,
terminer.                [fin, f.
Beendigung, f. achèvement, m.
Beengen, v. a. serrer; rétrécir,
restreindre; —, s. n. 1, serre-
ment, m. rétrécissement.
Beerangelit, f. aralia (plante).
Beerben, v. a. hériter de qn.
Beerblau, adj. bleu de tournesol.
Beerbigen, v. a. enterrer, ense-
velir.
Beerbigung, f. enterrement, m.
inhumation, f. sépulture, funé-
railles, pl. obsèques.

Beere, f. grain, m.; graine, f.;
baie; bie gelben —n, pl. (peint.)
grenettes; —n tragend, (bot.) bac-
cifére.
Beergelb, n. 3 et adj. jaune de
nerprun, m. grenettes, f. pl.
Beergrün, n. 3 et adj. vert de
vessie, m.      [née à la vigne.
Beerhade, f. troisième façon don-
Beermoft, Beerwein, m. 2, mère
goutte, f.
Beerraute, f. rue grenée (plante).
Beeß, n. 2, fm. bête, f.
Beet, n. 2, couche, f.; planche;
carreau, m. carré; bas abhängig
gegen bie Sonne gerichtete —, ados;
— längs einer Mauer, côtière, f.;
beetweife, adv. par couches.
Befahren, v. a. 7, fréquenter une
route; naviguer dans une mer;
visiter les côtes; descendre dans
une mine; einen Ader mit Dünger
—, voiturer du fumier sur un
champ; —, vi. craindre qch.
Befallen, v. a. 4, attaquer, surprendre, atteindre.
Befangen, adj., in einer Sache,
engagé, impliqué; gegen einen,
prévenu, partial; in Vorurtheilen,
préoccupé, aveuglé par des pré-
jugés.          [préoccupation.
Befangenheit, f. prévention, f.
Befaffen, v. a. toucher; fich mit
etw. —, s'occuper, se mêler de
qch.
Befehden, v. a. déclarer, faire la
guerre à qn.; fg. combattre.
Befehdungsbrief, m. 2, cartel.
Befehl, m. 2, ordre, commandement; ber gemeffene —, ordre
exprès, injonction, f.; ber öffentliche —, édit, m. ordonnance, f.;
ben — geben, (guer.) consigner
une sentinelle; ben — haben, être
commandé pour ...; auf —, par
ordre; was fteht (ift) zu Ihrem
—, qu'y a-t-il à vos ordres? que de-
mandez-vous? ich ftehe zu Ihrem
—, je suis à vos ordres.
Befehlen, v. a. 2, ordonner; commander, charger qn. de qch.; aus-
brüdlich — enjoindre, faire injonction; ftreng und trodig —, fm.
commander à la baguette; wie Sie
—, comme il vous plaira; Sie
dürfen nur —, Sie haben zu —,
vous pouvez en disposer, vous en
êtes le maitre.
Befehligen, v. a. commander;
befehligt werden, recevoir ordre.
Befehlshaber, m. 1, commandant.
Befehlshaberifch, adj. impérieux.
Befeilen, v. a. limer; fourbir.
Befeinden, v. a. traiter en ennemi.
Befestigen, v. a. attacher; mit
Leim —, coller; —, affermir, raffermir; fortifier; munir une place;

sceller *un crampon*; mit Stiften —, goupiller; mit einem Nietnagel —, boulonner; mit einem hölzernen Nagel —, brandir, cheviller; an die Stangen —, (*mar.*) enverguer *les voiles*; —, haubaner *des cordages*; acclamper, assujettir *un mât*; *fg.* affermir, raffermir; resserrer *un nœud.*

Befestigung, *f.* affermissement, *m.*; scellement *d'un crampon*; fortification *d'une ville*, *f.*; *fg.* affermissement, *m.* resserrement.

Befestigungskunst, *f.* art de la fortification , *m.* ; architecture militaire, *f.*

Befeuchten, *v. a.* mouiller; arroser; détremper; humecter.

Befeuchtung, *f.* humectation; arrosement, *m.*

Befeuern, *v. a.* animer.

Befiedern, *v. a.* garnir *un clavecin* de plumes; empenner *une flèche.*

Befinden, *v. a.* 3, trouver; penser; sich —, se porter, être; se porter *bien* ou *mal*; —, *s. n.* 1, circonstances, *f. pl.*; état de la santé, *m.*; nach —der Sache, selon les circonstances.

Befindlich, *adj.* qui est, qui se trouve, qui existe; situé; — seyn, se trouver, être, être situé.

Beflecken, *v. a.* tacher, souiller, salir; entacher; mit Blut —, ensanglanter; sich —, se salir, etc., se barbouiller; befleckt, souillé, gangrené (*conscience*); sich selbst —, se polluer.

Befleckung, *f.* souillure; tache.

Befleißen (sich), 5†, Befleißigen (sich), s'appliquer; tâcher, s'efforcer; — eines guten Wandels, s'appliquer à tenir une bonne conduite.

Befleißigung, *f.* application; effort, *m.* soin; assiduité, *f.* diligence.

Beflissen, *adj.* appliqué; adonné; —t, *m.* 3, étudiant *en théologie*, etc.

Beflissenheit, *f.* étude; application.

Beflissentlich, *adv.* soigneusement, à dessein.

Beflügeln, *v. a.* donner des ailes à qn.; *fg.* accélérer, hâter.

Beflügelt, *adj.* ailé.

Befolgen, *v. a.* suivre; exécuter.

Befolgung, *f.* exécution.

Beförderer, *m.* 1, promoteur; protecteur; patron; (*comm.*) expéditeur.

Beförderlich, *adj.* favorable, avantageux, utile.

Befördern, *v. a.* avancer, mettre en train; accélérer; expédier *des marchandises*; appuyer; favoriser qn.; élever; avancer; promouvoir qn.

Beförderung, *f.* avancement, *m.*; promotion, *f.* élévation; (*comm.*) expédition.

Befrachten, *v. a.* charger; (*mar.*) id., affréter, noliser.

Befrachter, *m.* 1 , chargeur ; (*mar.*) affréteur.

Befrachtung, *f.* charge, chargement, *m.*; (*mar.*) id., fret, nolis, nolissement.

Befrachtungsvertrag , *m.* 2 *, (*comm.*) charte partie, *f.*

Befragen, *v. a.* questionner, interroger; examiner; sich —, s'informer; consulter qn.; befragt, (*jur.*) enquis; —, *s. n.* 1, question, *f.*; enquête, information.

Befreien, *v. a.* délivrer, affranchir; élargir *un prisonnier*; (*jur.*) libérer *un bien*; dispenser, exempter *d'un impôt*, etc.; *fg.* guérir *d'une erreur*; (*guer.*) dégager *une troupe*; befreit, *part.* délivré, libre, exempt, dispensé.

Befreier, *m.* 1, libérateur.

Befreiung, *f.* délivrance; affranchissement, *m.*; élargissement; (*guer.*) dégagement; décharge, *f.*; exemption; franchise, immunité; dispense.

Befremden, *v. a. imp.* étonner, surprendre qn., paraître étrange à qn.

Befremdend, Befremdlich, *adj.* surprenant; étonnant; étrange.

Befremdung, *f.* surprise, étonnement, *m.*

Befreunden (sich), se lier d'amitié; s'apparenter, s'allier; befreundet, ami, allié, apparenté.

Befreundung, *f.* parenté, alliance.

Befreyen, *v.* Befreien.

Befriedigen, *v. a.* contenter, satisfaire; s'acquitter envers qn.; apaiser, adoucir; (*agr.*) enclore, fermer d'une haie.

Befriedigung, *f.* contentement, *m.*; satisfaction, *f.*; payement, *m.* acquit; (*agr.*) enclos, clôture, *f.* enceinte.

Befruchten, *v. a.* féconder, fertiliser; künstlich —, caprifier *les figues*; befruchtet, *part.* (*blason*) fruité.

Befruchtung, *f.* fécondation; caprification *des figues.*

Befugen, *v. a.* autoriser qn. à qch.; permettre qch. à qn.; befugt, compétent (*juge*); en droit.

Befugniß, *f.* faculté; autorité; autorisation; attribution; droit, *m.*; (*jur.*) compétence, *f.*; — gebend, facultatif.

Befühlen, *v. a.* toucher, manier, tâter, palper; tâtonner, fouiller.

Befühlung, *f.* attouchement, *m.* maniement, tâtonnement.

Befürchten, *v. a.* craindre, avoir peur de qch.; appréhender.

Befürchtung, *f.* crainte, appréhension.

Befzen, *v.* Bäffen, Bäffzen.

Begaben, *v. a.* douer, partager, pourvoir de; faire présent de.

Begabung, *f.* dotation.

Begaffen, *v. a. fm.* regarder la bouche béante, bayer à qch.

Begaffer, *m.* 1, -inn, *f.* bayeur, *m.* -se, *f.* badaud, *m.* -e, *f.*

Begatten (sich), s'apparier, s'accoupler.

Begattung, *f.* accouplement, *m.* coït.

Begaukeln, *v. a. pop.* ensorceler.

Begeben (sich), *v. imp.* 1, arriver, se passer, se faire, avenir; was hat sich —, qu'est-il arrivé ? —, *v. réfl. a.* aller, se rendre en *un endroit*, partir pour; sich auf den Weg, auf das Meer, auf die Flucht, zu seinem Regiment —, partir, se mettre en chemin, aller en mer, prendre la fuite, joindre son régiment; einer Sache sich —, se désister de, renoncer à qch.

Begebenheit, *f.* Begebniß, *n.* 2, événement, *m.*; accident; aventure, *f.* affaire, *fm.* histoire.

Begebung, *f.* démission, cession; renoncement, *m.* désistement; abandon; résignation, *f.*

Begegnen, *v. n.*, einem —, rencontrer qn.; einer Gefahr —, prévenir un danger; einem gut —, traiter qn. avec bienveillance; einem hochfahrend, tropig —, traiter qn. de haut en bas; grob —, brutaliser qn.; bißig —, brusquer qn.; schimpflich —, insulter, conspuer qn.; —, *v. imp.* (f.) arriver; was ist dir begegnet? que vous est-il arrivé?

Begegniß, *n.* rencontre; cas, *m.*; accident, aventure, *f.*

Begegnung, *f.* rencontre || traitement, *m.* accueil; procédé.

*Begehen, *v. a.* célébrer, fêter || commettre, faire *une action* || visiter, examiner *les champs*, etc.

Begehren, *v. a.* demander; désirer, appéter; convoiter *le bien d'autrui*; (*jur.*) requérir; exiger; désirer, chercher qch., avoir envie de qch.; zur Ehe —, demander en mariage; —, *s. n.* 1, Begehr, *n.* 2, demande, *f.*; (*did.*) appétition; das sinnliche —, appétit sensitif, *m.*; — prétention, *f.*; désir, *m.* envie, *f.*; (*jur.*) requête; pétition.

Begehrenswürdig, *adj.* désirable.

Begehrlich, *adj.* exigeant.

Begehrlichkeit, f. avidité, cupidité, exigence.

Begehrungstrieb, m. 2, appétit concupiscible.

Begehrungsvermögen, n. 1, faculté appétitive, f. volition.

Begehung, f. célébration d'une fête; exécution d'une action.

Begehungssünde, f. péché de commission, m. (théol.).

Begeifern, v. a. baver sur qch.; fg. souiller, envenimer, calomnier.

Begeistern, v. a. inspirer, enflammer; exalter, électriser; animer, enthousiasmer.

Begeisternd, adj. inspirateur.

Begeisterung, f. inspiration; enthousiasme, m.; verve poétique, f.; in — gerathen, s'enthousiasmer (für, de).

Beghine, f. béguine. [m.

Beghinenkloster, n. 1*, béguinage,

Begier, Begierde, f. désir, m. envie, f. passion, ardeur; ausschweifende —, cupidité, avidité; sinnliche —, appétit, m.; concupiscence, f. convoitise; —, (physiol.) appétence.

Begierig, adj. désireux, avide de; curieux de savoir; sehr —, affamé de; nach etw. — seyn, désirer; convoiter qch.

Begießen, v. a. 6, arroser, mouiller, abreuver; fm. flaquer; leicht —, (jard.) bassiner; mit zerlassenem Sped —, flamber; sich —, s'inonder.

Begießung, f. arrosement, m.

Beginn, m. 2, commencement, origine, f.

Beginnen, v. n. 2 (h.) commencer; —, v. a. id., mettre la main à qch.; entrer en guerre; engager un combat; —, s. n. 1, dessein, m. entreprise, f.

Begipsen, v. a. plâtrer.

Begittern, v. a. griller, fermer avec une grille, une jalousie.

Beglänzen, v. a. éclairer, couvrir d'éclat.

Beglaubigen, v. a. attester, avérer, assurer, faire foi de qch.; confirmer une nouvelle; légitimer, vérifier une signature, etc.; authentiquer un acte; accréditer un envoyé; (jur.) vidimer; beglaubigt, adj. authentique (acte, etc.).

Beglaubigung, f. attestation; assurance; confirmation; preuve; légitimation, vérification; (jur.) vidimus, m.

·Beglaubigungseid, m. 2, serment d'authenticité. [ficat.

Beglaubigungsschein, m. 2, certi-

Beglaubigungsschreiben, n. 1, lettre de créance, f.

Begleiten, v. a. accompagner; conduire; (guerr.) escorter, convoyer, assister un criminel.

Begleitend, adj. (théol.) concomitant.

Begleiter, m. 1, guide, conducteur; assistant; compagnon; —, pl. suite, f.; (guer.) escorte; —, (mus.) accompagnateur, m.; =inn, f. conductrice; compagne; (mus.) accompagnatrice.

Begleitung, f. conduite; accompagnement, m. (aussi mus.); suite, f. cortége, m.; (guer.) escorte, f.; (mar.) convoi, m. conserve, f.; assistance; (théol.) concomitance; —sweise, adv. par concomitance.

Begliedern, v. a. (sculpt.) joindre les membres au tronc d'une figure; wohl begliedert, bien fait; stark begliedert, membru.

Begliederung, f. emmanchement, m.; (peint.) articulation, f.

Beglücken, v. a. rendre heureux; faire le bonheur de qn.; combler de bonheur; bénir; beglückt, heureux, fortuné. [qn.

Beglückwünschen, v. a. féliciter

Begnadigen, v. a. pardonner, faire grâce à qn.; favoriser, gratifier; begnadigt, amnistié.

Begnadigte, m. 3, gracié.

Begnadigung, f. pardon, m. grâce, f.; rémission; die allgemeine —, amnistie. [de grâce, f. pl.

Begnadigungsbrief, m. 2, lettres

Begnadigungsrecht, n. 2, droit de faire grâce, m.

Begnügen (sich) mit etw., se contenter de, se borner à qch.; ich begnüge mich damit, cela me suffit; sich — lassen, savoir se contenter. [ir.

Begnügsam, =feit, v. Genügsam,

Begraben, v. a. 7, enterrer, ensevelir, inhumer.

Begräbniß, n. 2, v. Beerdigung; sépulcre, m. tombeau, f.

Begräbnißgewölbe, n. 1, =gruft, f.*, caveaux, m. pl.; (ant.) catacombes, f. pl.

Begrabung, f., v. Beerdigung.

Begränzen, v. a. borner, mettre des bornes, des limites à qch.; aborner. [bornes, f. pl. limites.

Begränzung, f. abornement, m.

Begrasen, v. a. couvrir d'herbe, de verdure.

Begreifen, v. a. 5†, tâter, tâtonner, manier, toucher; comprendre, contenir, renfermer; fg. embrasser; comprendre; concevoir, saisir; mit darunter begriffen, y compris; in etw. begriffen seyn, être occupé à qch., —, s. n. 1, (log.) appréhension, f.

Begreiflich, adj. fg. intelligible; compréhensible; concevable, à la portée de.

Begreifung, f. attouchement, m.; maniement; —straft, f.*, compréhension, conception, intelligence.

Begrenzen, v. Begränzen.

Begriff, m. 2, idée, f.; notion; connaissance, perception; der kurze —, abrégé, sommaire, raccourci; im — seyn, être sur le point de; aller faire qch.

Begriffslehre, f. idéologie.

Begrifflehrer, m. 1, idéologue.

Begründen, v. a. fonder, établir; gut —, appuyer de bonnes raisons.

Begründer, m. 1, =inn, f. fondateur, m. -trice, f.

Begründung, f. fondation, établissement, m.

Begrünt, adj. verdoyant.

Begrüßen, v. a. saluer; er muß mich begrüßen, il doit m'en avertir, m'en demander la permission.

Begrüßung, f. compliment, m. salutation, f. salut, m.

Begucken, v. a. fm. considérer.

Begünstigen, v. a. favoriser, seconder.

Begünstigung, f. faveur, grâce.

Begürten, v. a. ceindre.

Begütert, adj. riche, opulent.

Begütigen, v. a. apaiser, adoucir. [cir.

Begüpfen, v. Begipfen.

Behaaren (sich), se garnir de cheveux, de poil; behaart, velu, pelu.

Behacken, v. a. couper, hacher, déchausser un arbre; houer la vigne; serfouetter les choux.

Behaftet, adj. atteint, affecté (mit, de); sujet à; mit dem Fieber — seyn, avoir la fièvre; mit Schulden —, endetté, chargé de dettes.

Behagen, v. imp. (h.) plaire; convenir; es behagt mir hier, je me plais ici; das behagt mir, cela m'accommode; —, s. n. 1, satisfaction, f. plaisir, m. agrément.

Behaglich, adj. agréable; commode; (nouv.) confortable.

Behaglichkeit, f. aise, agrément, m.; plaisir. [retenir.

Behaltbar, v. a. bon, facile à

Behalten, v. a. 4, garder, retenir; tenir; conserver; übrig —, avoir de reste; ich behalte etwas übrig, il me reste qch.; Recht —, gagner sa cause; avoir raison; das Feld —, demeurer maître du champ de bataille; die Oberhand —, avoir le dessus, l'emporter.

Behälter, m. 1, Behältniß, n. 2, réservoir, m.; magasin, récepta-

cle; garde-manger; châsse *de reliques*, *f.*; loge, cage *dans une ménagerie.*

Behaltung, *f.* conservation, rétention.

Behandeln, *v. a.* manier, manipuler, travailler, façonner qch.; *fg.* traiter qn. übel —, maltraiter; rasch —, mener battant; sich — lassen, être accommodant, traitable.

Behandlung, *f.* maniement, *m.*; manipulation, *f.*; travail, *m.*; *fg.* traitement.

Behängen, *v. a.* couvrir; tendre; tapisser (mit, de); *fg. fm.* mit einem —, engancer *une société* de qn.

Beharren, *v. n.* (f.) persévérer, persister (auf, dans); auf seiner Ansicht —, abonder en son sens; hartnäckig auf etwas —, s'opiniâtrer à qch.

Beharrlich, *adj.* constant, persévérant, ferme; assidu (*zèle*); durable; continuel; (*théol.*) final (*impénitence*).

Beharrlichkeit, *f.* persévérance; constance, fermeté; assiduité.

*Behauen, *v. a.* couper, tailler, rogner; ébrancher *un arbre*; dégaucher; équarrir; grob —, dégrossir, délarder; glatt —, (*charp.*) laver; schön —, appareiller; nach einem Modell —, chantourner.

Behauptbar, *adj.* soutenable, tenable.

Behaupten, *v. a.* soutenir, maintenir; avancer *une opinion*, mettre en avant, en fait; poser; affirmer; für gewiß —, assurer; hartnäckig —, opiniâtrer; — défendre; — daß eine Schrift falsch sey, (*jur.*) s'inscrire en faux.

Behauptung, *f.* affirmation; assertion; maintien, *m.*; — daß eine Schrift falsch sey, inscription en faux, *f.*

Behausung, *f.* logement, *m.* logis; demeure, *f.* maison.

Behauung, *f.* coupe; taille; dégrossissement, *m.*; décollement *d'une cheville.*

Behelf, *m.* 2, moyen subsidiaire, - secondaire; *m. p.* palliatif; der letzte —, pis aller; — excuse, *f.* prétexte, *m.*

Behelfen (sich) mit, 2, se contenter, s'accommoder de; sich kümmerlich —, vivre pauvrement.

Behelflich, *adj.* qui aide à qch.; das —e Beweismittel, adminicule, *m.* [commoder.

Behelligen, *v. a.* importuner, incuben, *m.* 1, (kraut, *n.* 5*, (*bot.*) cucubale, *m.*; —, Behenwurzel, *f.* béhen, *m.*

Behend, Behende, *adj.* agile; prompt, souple; adroit.

Behendigkeit, *f.* agilité; promptitude; souplesse; adresse; activité; volubilité *de langue.*

Beherbergen, *v. a.* loger; recevoir, donner retraite à qn.; *fm.* héberger qn.

Beherrschen, *v. a.* dominer, gouverner; commander; maitriser *ses passions*; einen unumschränkt —, avoir un empire absolu sur qn. —, (*fortif.*) dominer.

Beherrscher, *m.* 1, souverain, maître, dominateur; =inn, *f.* souveraine, maîtresse.

Beherrschung, *f.* domination, empire souverain, *m.*; gouvernement.

Beherzigen, *v. a.* prendre à cœur, réfléchir sur.

Beherzigung, *f.* mûre considération, réflexion; examen, *m.*

Beherzt, *adj.* courageux, vaillant, hardi, intrépide, résolu; — machen, enhardir, encourager, animer, assurer.

Behexen, *v. a.* ensorceler, charmer. [charme.

Behexung, *f.* ensorcellement, *m.*

Behindern, *v.* Verhindern.

Behnet, *m.* 1, panier, mannequin, maniveau.

Beholzen, *v. a.* peupler *un bois*, charger *un four*; sich —, pousser de grosses branches; behölzt, branchu (*arbre*); couvert de bois (*pays*).

Beholzung, *f.*, das Recht der —, affouage, *m.* chauffage.

Behorchen, *v. a.* écouter, être aux écoutes.

Behörde, *f.* compétence, appartenance; autorité compétente; département, *m.*; öffentliche — , (*jur.*) ministère public; als letzte — entscheiden, juger en dernier ressort; (einen Brief) an die — besorgen, faire parvenir à son adresse.

Behuf, *m.* 2, utilité, *f.*; usage, *m.* profit, commodité, *f.* avantage, *m.*; zum —, à l'usage de, à l'avantage de.

Behülflich, *adj.* secourable, utile; einem zu etw. — seyn, secourir, aider qn. à faire qch., assister, seconder qn. en qch.

Behüten, *v. a.* garder, conserver; protéger, garantir, préserver (vor, de); behüte Gott! à Dieu ne plaise!

Behüter, *m.* 1, gardien, protecteur; Gott sey euer —, Dieu vous garde.

Behutsam, *adj.* circonspect, prudent; discret, prévoyant; sur ses gardes; —, *adv.* prudemment, avec circonspection.

Behutsamkeit, *f.* circonspection ,

prudence; précaution; ménagement, *m.*

Bei, *prép.* chez; auprès de, près de (*v. nahe*); dans; avec; par; parmi; à, de, sur, vers; —Lichte, à la lumière; — Tage, de jour; — einer Stunde lang, environ une heure; — Geld seyn, avoir de l'argent; ich habe kein Geld — mir, je n'ai pas d'argent sur moi; es steht nicht — mir, il ne dépend pas de moi; — sich seyn, être dans son bon sens, avoir connaissance; — dem allem, — alle dem, malgré tout cela; — Lebensstrafe, sous peine de mort; — Gott (schwören), par Dieu; — 100 Thaler, près de 100 écus, environ 100 écus. Bei, *séparable, indique dans la composition un voisinage, une liaison d'une chose avec une autre, un rapprochement; une chose qui se trouve près d'une autre, de la même espèce, etc.*

Beianker, *m.* 1, (*mar.*) empennelle, *f.*

Beibehalten, *v. a.* 4, garder, conserver; maintenir qn. *dans un emploi.*

Beibehaltung, *f.* conservation, maintien, *m.*

Beibiegen, *v. a.* 6, joindre.

Beibinden, *v. a.* 3, lier avec; joindre à; relier en un même volume. [feuilleton.

Beiblatt, *m.* 5*, supplément, *m.*;

*Beibringen, *v. a.* apporter; *fg.* faire comprendre, apprendre, enseigner, inculquer *une science à* qn.; inspirer, insinuer, suggérer qch. à qn.; porter *un coup*; produire, administrer *des preuves*; alléguer *une autorité.*

Beibringung, *f.* administration *des preuves.*

Beichte, *f.* confession; zur — gehen, aller à confesse; einen — hören, confesser qn.; ouïr la confession de qn.

Beichten, *v. a. et n.* (b.) confesser; avouer; se confesser; *fg. vulg.* jaser.

Beichtkind, *n.* 5, pénitent, *m.* -e, *f.*; ouaille, *v.* Pfarrkind.

Beichtstuhl, *m.* 2*, confessionnal.

Beichtvater, *m.* 1*, confesseur.

Beide, *adj.* tous deux, tous les deux; l'un et l'autre; zu —n Theilen, de côté et d'autre; einer von —n, l'un des deux; keiner von —n, ni l'un ni l'autre; alle —, tous deux, tous les deux; beides, l'un et l'autre.

Beiderlei, *adj. indécl.*, auf — Art, de l'une et de l'autre manière; von — Geschlecht, (*gramm.*) des deux genres.

Beiberfeitig, *adj.* respectif; réciproque; des deux côtés.

Beiberfeits, *adv.* de part et d'autre; des deux côtés, respectivement, réciproquement.

Beiblebig, *adj.* amphibie; das —e Thier, amphibie, *m.*

Beibrehen, *v. a.* (mar.) empanner, mettre en panne *un vaisseau.*

Beibruden, *v. a.* imprimer avec; joindre à; apposer *son cachet* à.

Beibrüden, *v. a., v.* Anbrüden.

Beieinanber, *adv.* ensemble; assemblés. [hors-d'œuvre.

Beieffen, *n.* 1, entremets, *m.*

Beifall, *m.* 2, *sans pl.* suffrage, approbation, *f.;* agrément, *m.* adhésion, *f.;* applaudissement, *m.;* einer S. feinen — geben; applaudir à qch., approuver qch.

Beifallen, *v. n.* 4 (f.), venir en mémoire, à l'esprit; es fällt mir bei; je me souviens ‖ se ranger de l'avis, adhérer à l'avis de qn.; einem —, prendre, embrasser le parti de qn.

Beifällig, *adj.*, einem — feyn, approuver qn., être de son avis; es ift mir nicht —, il ne m'en souvient pas. [sements, *m. pl.*

Beifallflatfchen, *n.* 1, applaudis-

Beifolgenb, *adj.* ci-joint.

Beifügen, *v. a.* ajouter, joindre; apposer, annexer; etw. einer S. —, accompagner qch. de qch.

Beifügung, *f.* addition, *f.* (égl.) annexion.

Beifuß, *m.* 2*, (bot.) armoise, *f.*

*Beifommen, *v. n.*, — fich — laffen, s'aviser de faire qch., oser.

Beigebenb, *adj.* joint, ci-joint.

Beigeorbnete, *m.* 3, adjoint.

Beigericht, *n.* 2, *v.* Beieffen.

Beigefchmad, *m.* 2, goût hétérogène.

Beigefellen, *v. a.* adjoindre, donner pour aide; associer; agréger.

Beigefellung, *f.* association, adjonction; agrégation.

Beigut, *n.* 5*, annexe, *f.*

Beihilfe, *f.* aide; assistance.

Beihülflich, *adj.*, bie —e Urfache, la cause seconde (philos.).

Beiholen, *v. a.* (mar.) border *les voiles.*

Beifirche, *f.* succursale.

*Beifommen, *v. n.* (f.) approcher de qch.; atteindre, parvenir à qch.; *fg.* égaler qch., approcher de qch.; ressembler à; gagner prise sur qn.

Beifommenb, *adj.* ci-joint.

Beifraut, *n.* 5*, Beifräuter, *pl.* fourniture, *f.*

Beil, *n.* 2, hache, *f.* cognée, *f. dim.* bachereau, *m.*

Beilage, *f.* supplément, *m.* feuilleton; pièce jointe, *f.* incluse, pièce justificative. [*f. pl.*

Beilager, *n.* 1, mariage, noces, *f.*

Beilaft, *f.* (mar.) pacotille.

Beiläufer, *m.* 1, galopin.

Beiläufig, *adj.* (jur.) incident; —, *adv.* environ, à peu près, approximativement.

Beilbrief, *m.* 2, contrat, certificat de construction d'un vaisseau.

Beilegen, *v. a.* ajouter, joindre; *fg.* terminer, accommoder, décider *une querelle*; attribuer, imputer; —, *v. n.* (h.) (mar.) mettre en panne, capéer.

Beilegung, *f.* accommodement, *m.*; imputation, *f.*

Beileib, *n.* 2, compassion, *f.* pitié; einem fein — bezeugen; faire le compliment de condoléance à qn.

Beileibsbezeugung, *f.* condoléance, compliment de condoléance, *m.*

Beileibsfchreiben, *n.* 1, —brief, *m.* 2, lettre de condoléance, *f.*

Beiliegenb, *adj.* ci-joint.

Beillen, *v. n.* (h.) jouer au galet.

Beilletafel, *f.* galet, *m.* truc.

Beim, *pour* bei bem.

Beimeffen, *v. a.* 1, imputer, attribuer; Glauben —, ajouter foi.

Beimeffung, *f.* imputation.

Beimifchen, *v. a.* mêler; (mét.) allier.

Beimifchung, *f.* mélange, *m.*; (mét.) alliage.

Beimittel, *n.* 1, (méd.) auxiliaire, *m.* remède auxiliaire.

Bein, *n.* 2, os, *m.*; *dim.* osselet; ber Schmerz bringt burch Mark und —, la douleur se fait sentir, pénètre jusqu'à la moelle des os; er fchwört Stein und —, il fait d'étranges juremens; bies geht einem burch Mark und —, cela touche au vif, cela fait frémir; —, jambe, *f.*; pied, *m.*; bis aufs balbe —, jusqu'à mi-jambe; auf ben Beinen feyn, être sur pied; gut auf ben Beinen feyn, être ingambe, être bon piéton, avoir de bonnes jambes; einem ein — ftellen; donner un croc-en-jambe à qn.; auf bie Beine bringen; mettre sur pied; einem auf bie Beine helfen, remettre sur pied; *fg.* faire la fortune de qn.; wieber auf bie Beine fommen, rétablir ses affaires, se remettre; fich auf bie Beine machen, se mettre en chemin; ich will bir — machen, je te ferai marcher.

Beinahe, *adv.* presque, à peu près; environ; approchant; peu s'en faut; ich wäre — gefallen, j'ai

failli tomber, peu s'en est fallu que je ne sois tombé.

Beiname, *m. exc.* 2, surnom, *fm.* sobriquet.

Beinarbeiter, *m.* 1, ouvrier qui travaille en os. [(aigle).

Beinbrecher, *m.* 1, ossifrague, *f.*

Beinbruch, *m.* 2*, fracture d'os, *f.* fracture de la jambe; bas Mittel, ben — zu heilen, remède catagmatique, *m.*

Beinchen, *n.* 1, osselet, *m.* petite jambe, *f.* [os.

Beinbrechsler, *m.* 1, tourneur en

Beinern, *adj.* d'os, osseux.

Beinfäulniß, *f.* Beinfraß, *m.* 2, carie, *f.*

Beinfeile, *f.* (chir.) rugine.

Beinfügung, *f.* articulation des os; (anat.) symphyse.

Beingeripp, *n.* 1, squelette, *m.*

Beingefchwulft, *f.* *, tumeur à l'os, exostose. [let, *m.*

Beingewächs, *n.* 2, (vét.) osse-

Beinharnifch, *m.* 2, cuissard.

Beinhart, *adj.* dur comme un os.

Beinbaus, *n.* 5*, charnier, *m.*

Beinhäutchen, *n.* 1, (anat.) périoste, *m.*

Beinhöhle, *f.* emboîture des os.

Beinicht, Beinig, *adj.* osseux.

Beinfleib, *n.* 5, —er, *pl.* haut de chausses, *m.* chausses, *pl.* culotte, *f.*; lange —er, pantalon, *m.*

Beinfnopf, *m.* 2*, -fnoten, *m.* 1, (anat.) condyle.

Beinfnotenförmig, *adj.* condyloïde. [dyloïdien, *m.*

Beinfnotenloch, *n.* 5*, trou con-

Beinfrebs, *m.* 2, gangrène, *f.* carcinome d'un os, *m.*

Beinlabe, *f.* (chir.) glossocome, *m.* boîte, *f.*

Beinnarbe, *f.* cal, *m.* calus.

Beinröhre, *f.* canon *du cheval, m.; v.* Beinlabe. [*m. pl.*

Beinfchellen, *pl.* fers aux pieds.

Beinfchiene, *f.* (chir.) éclisse, tassette, astelle, attelle; (arm.) cuissart, *m.* [*pl.*

Beinfchraube, *f.* brodequins, *m.*

Beinfchwarz, *n.* 2, noir d'os, *m.*

Beinfplitter, *m.* 1, (chir.) esquille, *f.*

Beiorbnen, *v. a.* adjoindre.

Beipferd, *n.* 2, cheval de main, *m.* cheval de relais, badinant.

Beipflichten, *v. n.* (h.), einem —, être de l'avis, du parti de qn.; souscrire, adhérer *à une opinion.*

Beipflichtung, *f.* approbation, assentiment, *m.* adhésion, *f.*

Beifammen, *adv.* ensemble.

Beifaß, *m.* 3, manant.

Beifaß, *m.* 2*, addition, *f.;*

supplément, *m.; (gramm.)* complément, apposition, *f.*

**Beiſchießen**, *v. a.* 6, contribuer, verser *des fonds* à.

**Beiſchlaf**, *m.* 2, coit, cohabitation, *f.* [avec qn.

**Beiſchlafen**, *v. n.* 4 (h.) coucher

**Beiſchläfer**, *m.* 1, compagnon de lit; =inn, *f.* concubine; der ſich eine =inn hält, *(jur.)* concubinaire, *m.*

**Beiſchließen**, *v. a.* 6, enfermer, mettre, serrer, renfermer; ajouter, joindre; inclure; beigeſchloſſen, ci-inclus.

**Beiſchluß**, *m.* 2*, incluse, *f.*

**Beiſchlüſſel**, *m.* 1, fausse clef, *f.*

**Beiſchreiben**, *v. a.* 5, ajouter, écrire, mettre à la marge, annoter; apostiller *une lettre; (comm.)* mettre à jour.

**Beiſchrift**, *f.* addition; note; glose; apostille; devise.

**Beiſchuß**, *m.* 2*, contribution, *f.* subvention.

**Beiſegel**, *n.*1, bonnette, *f.* bourde.

**Beiſeite**, *adv.* de côté; à part; à l'écart; etw. — ſeßen, faire abstraction de qch.; oublier *le respect;* Spaß —, raillerie à part.

**Beiſeßen**, *v. a.* mettre auprès; *fg.* ajouter; déposer; enterrer, inhumer *un mort;* alle Segel —, faire force de voiles.

**Beiſeßung**, *f.* inhumation, enterrement, *m.; (gramm.)* apposition, *f.*

**Beiſeyn**, *n.* 1, présence, *f.*

**Beiſiß**, *m.* 2, assistance, *f.* séance à; droit de séance, *m.*

*\*Beiſißen*, *v. n.* (f.) siéger, assister; avoir place *ou* séance.

**Beiſißer**, *m.* 1, assesseur.

**Beiſorge**, *f.* peur, crainte; aus — daß, de peur que ... ne.

**Beiſpiel**, *n.* 2, exemple, *m.;* jum —, par exemple; nimm ein — an ihm, prends exemple sur lui.

**Beiſpiellos**, *adj.* sans exemple.

**Beiſpringen**, *v. n.* 3 (f.), einem —, secourir, assister, soutenir qn.; venir au secours de qn.

**Beißen**, *v. a.* 5†, mordre; piquer; picoter; démanger, cuire; in die Naſe —, monter au nez; die Zähne zuſammen — grincer les dents; ſein Gewiſſen beißt ihn, il a des remords; ins Gras —, *fm.* mordre la poussière, rester sur le carreau; ihr müßt in einen ſauern Apfel —, il faut avaler le morceau, la pilule; ein tobter Hund beißt nicht, morte la bête, mort le venin; —, *s. n.* 1, morsure, *f.;* démangeaison; cuisson, douleur cuisante.

**Beißend**, **Beißig**, *adj.* hargneux

*(cheval);* mordant; mordicant; aigre, acrimonieux; piquant, cuisant*(mal); fg.*mordant, piquant, caustique; —*t. n.* 3, mordant, *m.*

**Beißzahn**, *m.* 2*, dent incisive, *f.*

**Beißzange**, *f.* pincette; tenailles, *pl.*

**Beiſtand**, *m.* 2*, secours; aide, *f.;* assistance; appui, *m.* soutien; einem —leiſten, *v.* Beiſtehen; — *(jur.)* avocat; procureur; assistant *d'un évêque;* second *dans un duel.* [m. pl.

**Beiſtandsgelder**, *n. pl.* subsides,

*\*Beiſtehen, v. n.* (h.), einem —, assister, aider, secourir, soutenir, appuyer, seconder qn.; prêter main-forte à qn.; servir de second *dans un duel;* einander —, s'entr'aider; einer Frau in Kindesnöthen —, délivrer, accoucher une femme.

**Beiſteuer**, *f.*secours, *m.* aumône, *f.;* collecte, quête; *(fin.)* contribution, subside, *m.* impôt; don gratuit.

**Beiſteuern**, *v. a.* contribuer.

**Beiſtimmen**, *v. n.* (h.), jemanden avec qn., adhérer *d'un avis,* adopter *l'avis* de qn.; acquiescer, consentir à qch.

**Beiſtimmung**, *f.* assentiment, *m.* consentement, acquiescement; adhésion, *f.*

**Beiſtrich**, *m.* 2, virgule, *f.*

**Beitrag**, *m.* 2*, contribution, *f.;* contingent, *m.;* secours; er liefert Beiträge zu dieſem Werke, il est un des collaborateurs de cet ouvrage; Beiträge zur Geſchichte von ...., pièces relatives à l'histoire de ...

**Beitragen**, *v. a.* 7, contribuer; fournir, concourir à qch.

**Beitreiben**, *v. a.* 5, faire rentrer *un impôt;* traquer *le gibier.*

**Beitreten**, *v. n.* 1 (f.), se ranger de l'avis, du parti de qn.; accéder, adhérer à.

**Beitritt**, *m.* 2, adhésion, *f.;* accession; approbation, consentement, *m.*

**Beiurtheil**, *n.* 2, *(jur.)* jugement, *m.* arrêt, sentence, *f.* interlocutoire; appointement *à faire preuve, m.;* ein —ſprechen, interloquer.

**Beivormund**, *m.* 5*, **Beivogt**, *m.* 2*, subrogé tuteur.

**Beiwache**, *f.* bivouac, *m.*

**Beiwagen**, *m.* 1*, voiture extraordinaire *ou* de réserve, *f.*

**Beiweitem**, *adv.* à beaucoup près, de beaucoup; du überſiehſt ihn —, tu as beaucoup plus d'intelligence que lui; er iſt — gelehrter, il est beaucoup plus savant.

**Beiwerk**, *n.* 2, accessoire, *m.*

**Beiwohnen**, *v. n.* (h.) assister, être présent || ehelich —, consommer le mariage; es wohnt ihm viel Verſtand bei, il est doué de beaucoup d'esprit.

**Beiwohnung**, *f.* assistance || die ehelich —, consommation du mariage. [épithète, *f.*

**Beiwort**, *n.* 5*, adjectif, *m.;*

**Beizählen**, *v. a.* compter parmi, mettre au nombre de.

**Beize**, *f.* macération; *(tann.)* tan, *m.; (pell.)* confit; *(cuis.)* marinade, *f.; (grav.)* eau-forte; *(teint.)* mordant, *m.; (cha.)* chasse à l'oiseau, *f.*

**Beizeichen**, *n.* 1, contremarque, *f.;* mit einem —verſehen, contremarquer; —, *(myth.)* attribut, *m.*

**Beizeiten**, *mieux* bei Zeiten, *adv.* de bonne heure; à temps.

**Beizen**, *v. a.* faire tremper, amollir; *(cuis.)* faisander, mariner; donner le tan *aux cuirs;* confire *une peau; (grav.)* graver à l'eauforte; corroder, macérer; mordre; *(cha.)* chasser au vol; *(menuis.)* donner une couleur au bois par un corrosif; ſchwarz —, ébéner.

**Beizend**, *adj.* corrodant, corrosif. [pelin.

**Beizſtube**, *f. (tann.)* confit, *m.*

**Bejahen**, *v. a.* dire oui; affirmer; répondre affirmativement; assurer; avouer. [mant.

**Bejahend**, *adj.* affirmatif; affirmant. [affir-

**Bejahrt**, *adj.* âgé, avancé en âge, vieux.

**Bejahung**, *f.* affirmation, assurance; aveu, *m.* [gretter.

**Bejammern**, *v. a.* déplorer, *f.;* malheur à plaindre. [déplorable, pitoyable, digne de pitié.

**Bejammernswürdig**, *adj.* déplorable, pitoyable, digne de pitié.

**Bekämpfen**, *v. a.*combattre, faire la guerre à, dompter.

**Bekämpfung**, *f.* combat, *m.* répression, *f.*

**Bekannt**, *adj.* connu, notoire; certain; public; manifeste; célèbre; fameux; familier; — machen, publier, faire connaître; manifester; mettre au jour; ſich mit etw. — machen, se familiariser avec qch.; — werden, acquérir de la réputation; devenir public; se manifester, se lier *avec qn.; —* wenig, anecdote.

**Bekannte**, *m.* et *f.* 3, personne de la connaissance de qn., *f.*

**Bekanntlich**, *adv.* notoirement.

**Bekanntmachung**, *f.* publication, manifestation.

**Bekanntſchaft**, *f.* connaissance; amitié; liaison; habitude, familiarité. [penter.

**Bekanten**, *v. a.* équarrir, char-

Bekappen, v. a. (cha.) chaperonner; (cordonn.) coiffer; (jard.) v. Abkappen.

Bekehren, v. a. convertir, corriger; part. Bekehrte, m. et f. 3, converti, m. -e, f. prosélyte, m. et f.

Bekehrer, m. 1, convertisseur; — der Heiden, missionnaire, propagandiste.

Bekehrung, f. conversion; résipiscence, pénitence.

Bekehrungsanstalt, f. mission, propagande.

Bekehrungseifer, m. 1, =sucht, f. prosélytisme, m.

Bekehrungsgesellschaft, f. société des missions.

*Bekennen, v. a. avouer; confesser; reconnaître; sich zu einer Religion —, professer une religion; sich schuldig —, s'avouet coupable; Farbe —, donner de la couleur au jeu; auf jemand —, accuser qn.

Bekenner, m. 1, confesseur.

Bekenntniß, n. 2, aveu de ses fautes, m.; confession, f.

Bekielen, v. a. empenner une flèche; emplumer un clavecin.

Beklagen, v. a. plaindre; regretter; sich über einen —, se plaindre de qn.

Beklagenswürdig, adj. pitoyable, déplorable.

Beklagte, m. et f. 3, (jur.) défendeur, m. -eresse, f.; accusé, m.; intimé; wider ob. für den —n, à charge ou à décharge.

Beklagung, f. plainte, regret, m. lamentation, f.

Beklatschen, v. a. applaudir; pop. parler (mal), médire d'un homme, d'une chose.

Bekleben, v. a. enduire de colle, etc. [souiller.

Beklecken, v. a. tacher, salir,

Bekleiben, v. a. enduire de colle, de terre grasse, etc.; coller; — v. n. 5, prospérer, venir, produire son effet (s'emploie rarement).

Bekleiden, v. a. habiller, revêtir, vêtir; orner, garnir, tapisser; ein Zimmer —, tendre une chambre; exercer, remplir; ein Amt —, administrer une charge; einen mit einem Amt —, revêtir qn. d'une charge; (maç.) revêtir, incruster un mur; border un vaisseau; mit Brettern —, cuveler un puits.

Bekleidung, f. habillement, m. vêtement, garniture, f.; tenture, (peint.) draperie; (maç.) revêtement, m. incrustation, f.; bordage d'un navire, m.; administration d'un emploi, f.

Bekleistern, v. a. coller, recrépir; fg. pallier.

Beklemmen, v. a. serrer le cœur.

Beklemmt, Beklommen, adj. saisi, oppressé.

Beklemmung, f. serrement, m. saisissement de cœur, étouffement; fg. anxiété, f. angoisse.

Beklingen, v. a. (charp.) assembler, joindre en about.

*Bekommen, v. a. recevoir, obtenir, prendre, avoir, fm. attraper; Geld —, toucher de l'argent; Blätter —, jeter, pousser des feuilles; Risse —, se fendre; wir haben Lust —, l'envie nous a pris, il nous a pris envie; sie hat das Fieber —, la fièvre l'a prise, attaquée; Junge —, mettre bas; ich werde ihn wohl zu sehen —, je le verrai bien; — v. imp., die Arznei wird ihm übel —, la médecine lui fera mal; wohl bekomme es euch, grand bien vous fasse; eine Krankheit —, gagner une maladie; Zähne —, faire des dents; übel —, mésarriver.

Beköstigen, v. a. nourrir, entretenir, alimenter; donner la table à qn.

Beköstigung, f. nourriture, entretien, m.; table, f. pension.

Bekräftigen, v. a. confirmer, assurer; certifier; (jur.) homologuer.

Bekräftigung, f. confirmation, affirmation, f.; (jur.) homologation.

Bekränzen, v. a. couronner de fleurs, etc.

Bekreuzen (sich), faire le signe de la croix.

Bekriegen, v. a. faire la guerre à qn.; envahir un pays; combattre qn.

Bekritteln, v. a. critiquer, chicaner; contrôler la conduite de qn.; gloser, mordre sur qch.

Bekrusten, v. a. (méd.) incruster.

Bekümmern, v. a. affliger, attrister; fâcher; faire de la peine à qn.; chagriner; sich —, s'affliger, se chagriner, être en peine (wegen, de); sich um etw. —, se soucier, avoir soin de qch.; se mêler, s'embarrasser de qch.; bekümmert, affligé, triste, embarrassé; en peine; inquiet.

Bekümmerniß, f. affliction; peine, désolation; chagrin, m.

Belachen, v. a. rire, se moquer de.

Beladen, v. a. 7, charger; accabler, surcharger; grever d'impôts.

Beladung, f. charge; poids, m.; accablement.

Belagerer, m. 1, assiégeant.

Belagern, v. a. assiéger, investir.

Belagerte, m. 3, assiégé.

Belagerung, f. siège, m.

Belagerungskrone, f. (ant. r.) couronne obsidionale.

Belander, m. 1, (mar.) balandre, f. [importance.

Belang, m. 2, conséquence, f.

Belangen, v. a. concerner, regarder; (jur.) poursuivre en justice, actionner; was mich belangt, quant à moi.

Belangend, conj. quant à, pour, touchant, concernant.

Belangung, f. plainte, action, poursuite; accusation.

Belasten, v. a. charger; v. Beladen.

Beläsigen, v. a. surcharger; opprimer; fouler; incommoder, être à charge à qn., importuner.

Beläsigung, f. charge; incommodité; importunité.

Belatten, v. a. latter.

Belauben, v. a. couvrir, garnir de feuilles; (arch.) orner de feuillage; start belaubt, feuillu, touffu.

Belaubung, f. feuillaison.

Belauern, v. a. épier, guetter; espionner; être ou se mettre aux écoutes.

Belauf, m. 2*, montant, tout, somme totale, f.; quotité.

Belaufen, v. n. 4, parcourir; (cha.) couvrir, aligner; sich —, se monter (auf, à), faire; (cha.) s'accoupler.

Belauschen, v. Belauern.

Beleben, v. a. animer, donner la vie à qch., vivifier; wieder —, rappeler à la vie; — fg. égayer, animer; belebt, animé, vif, joyeux.

Belebtheit, f. gaieté, vivacité.

Belebung, f. vivification; animation.

Belecken, v. a. lécher.

Beleg, m. 2, quittance, f. décharge, acquit d'un compte, m.; document, certificat, preuve, f. pièce justificative.

Belege, n. 1, bordure, f. bord, m.

Belegen, v. a. justifier, prouver; vérifier un compte; produire un certificat; mit Dielen —, plancher; mit kleinen Platten —, carreler une chambre; —, revêtir, garnir; étamer des glaces; mit Rasen —, gazonner; einen mit einer Strafe —, infliger une peine à qn.; etw. mit Abgaben —, imposer des droits sur qch.; —, (en parlant de mâtins) mâtiner, laver; ligner une louve; — s.n.1, mit Rasen, gazonnement, m.

Beleger, m. 1, étameur de glaces.

Belehnen, v. a. einen mit etw. —, investir qn. de qch., inféoder qch. à qn.; donner qch. en fief à qn.

Belehner, m. 1, seigneur féodal.

Belehnte, m. 3, vassal, feudataire.

Belehnung, f. investiture, inféodation, afféagement, m.

Belehren, v. a. instruire, informer; einen über etw. —, expliquer qch. à qn.; sich — lassen, s'informer; consulter qn.; entendre raison; eines Bessern —, désabuser, détromper qn.

Belehrend, adj. instructif.

Belehrung, f. information; instruction; explication; avis, m.

Beleibt, adj. fm. corpulent, ventru, gros et gras.

Beleidigen, v. a. offenser, outrager; fg. id., choquer, blesser, léser; sich für beleidigt halten, s'offenser, se choquer; se scandaliser; das Verbrechen der beleidigten Menschheit, le crime de lèse-humanité.

Beleidigend, adj. offensant, outrageant, injurieux, choquant.

Beleidiger, m. 1, offenseur, m.

Beleidigung, f. offense; outrage, m. tort, affront, injure, f.; die muthwillige —, avanie; die unbesonnene —, incartade.

Belemnit, m. 3, (minér.) bélemnite, f.

Belesen, adj. qui a de la lecture, qui a beaucoup lu.

Belesenheit, f. lecture.

Beleuchten, v. a. éclairer, illuminer; fg. considérer, examiner de près.

Beleuchtung, f. éclairage, m.; luminaire dans une église, etc.; illumination, f.; fg. éclaircissement d'une question, m.; examen; critique, f.

Belfern, v. n. (b.) japper, glapir, clabauder; fg. gronder; —, s. n. 1, glapissement, m. clabaudage, fg. gronderie, f.

Belgien, n. 1, Belgique, f. (pays).

Belgier, m. 1, Belgisch, adj. belge.

Belieben, v. a. vouloir, désirer, demander; approuver; —, v. imp. (b.) plaire; — lassen, trouver bon, aimer qch.; wenn es Ihnen beliebt, s'il vous plait; was, wie beliebt? plaît-il? —, s. n. 1, plaisir, m. gré, envie, f.; volonté; inclination; goût, m. agrément; es steht in Ihrem —, vous n'avez qu'à disposer, commander; nach —, à discrétion; nach Ihrem — tout comme vous voudrez; nach — mit etw. umgehen können, avoir à disposer, être maître de qch.

Beliebig, adj. agréable; à volonté, au gré de qn.; von —er Größe, de quelle grandeur on voudra, d'une grandeur quelconque.

Beliebt, adj. aimé, agréable; bien vu; recherché, demandé (marchandise, etc.); sich — machen, se faire aimer, gagner les bonnes grâces de qn.; sich bei dem Volk — machen, se populariser.

Belisten, v. a. surprendre, attraper, duper.

Belladonna, f. indécl. (bot.) belladone, belle dame.

Bellen, v. n. 6 (h.) aboyer, japper, clabauder; glapir (renard); —, s. n. 1, aboiement, m.; clabaudage, jappement, glapissement.

Beller, m. 1, (cha.) aboyeur, baubi. [esprit.

Belletrist, m. 3, littérateur, bel esprit.

Beloben, v. a. louer, mentionner.

Belobung, f. louange. [ner.

Belobungsschreiben, n. 1, lettre d'éloges, f.

Belohnen, v. a. récompenser; payer, salarier (für / de); es belohnt sich nicht die (der) Mühe, ce n'est pas la peine; cela ne vaut pas la peine.

Belohner, m. 1, rémunérateur.

Belohnung, f. récompense; rétribution, salaire, m.

Belügen, v. a. fm. tromper, filouter, duper.

Belügen, v. a. 6, mentir à qn.; tromper par des mensonges; en imposer à qn. [tir, amuser.

Belustigen, v. a. réjouir, divertir, amuser.

Belustigend, adv. amusant, réjouissant, récréatif; divertissant, plaisant (conte).

Belustigung, f. réjouissance, divertissement, m. plaisir, amusement. [belvédère.

Belvedere, m. indécl. belvéder, m.

Bemächtigen (sich), s'emparer, se rendre maitre; se saisir de qch.; subjuguer, occuper, gagner, prendre qch.

Bemahlen, v. a. tacher, souiller.

Bemalen, v. a. peindre; orner de peintures; iron. barbouiller; bunt —, barioler.

Bemannen, v. a. équiper.

Bemänteln, v. a. couvrir, pallier, déguiser, voiler, masquer, colorier.

Bemäntelung, f. palliation; déguisement, m.; prétexte, voile.

Bemarken, v. a. aborner.

Bemasten, v. a. mâter.

Bemastung, f. mâture.

Bemeistern, v. a. vaincre, subjuguer; fg. id., dompter, maitriser; sich —, se rendre maitre, s'emparer, se saisir de qch.; arrêter qn.; se posséder; sich selbst —, se maitriser, se contenir.

Bemeldet, adj. mentionné, susdit. [se mêler.

Bemengen, sich (mit, de), p. us.

Bemerkbar, Bemerklich, adj. sensible, perceptible, remarquable; — machen, faire observer.

Bemerken, v. a. observer; apercevoir, remarquer; noter, marquer; découvrir; einen —, faire observer à qn.

Bemerkenswerth, adj. remarquable. [marque, note.

Bemerkung, f. observation, remarque.

Bemitleiden, v. a. avoir pitié de qn., compatir aux maux de qn.

Bemittelt, adj. ayant des moyens, aisé, riche.

Bemoosen, v. a. couvrir de mousse. [tier.

Bemörteln, v. a. couvrir de mortier.

Bemühen, v. a. donner de la peine à qn., incommoder, importuner qn.; sich —, tâcher, s'efforcer, s'empresser; se mettre en peine; sich wohin —, se donner la peine d'aller à un endroit; sich um etw. —, faire des efforts pour obtenir qch.; sich um einen Dienst —, rechercher, briguer un emploi; sich um einen —, travailler, faire des démarches, s'intéresser pour qn.; sich vergebens —, avoir beau faire, perdre ses peines; — Sie sich herein, donnez-vous la peine, ayez la complaisance d'entrer.

Bemühung, f. Bemühen, n. 1, peine, f. travail, m. efforts, pl. soin; empressement.

Benachbart, adj. voisin, attenant (maison); circonvoisin.

Benachrichtigen, v. a. donner avis à qn.; instruire, informer, avertir qn. [avertissement.

Benachrichtigung, f. avis, m.

Benachtheiligen, v. a. préjudicier à qn., faire tort à qn.

Benageln, v. a. clouer; garnir de clous.

Benagen, v. a. ronger; brouter.

Benamen (Benamsen, ol.), v. a. nommer, appeler, surnommer.

Benannt, v. Benennen.

Benarben, v. a. cicatriser; —, v. n. (f.) et sich —, se cicatriser; benarbt, couvert de cicatrices, balafré.

Benarbung, f. cicatrisation.

Benaschen, v. a. goûter, tâter secrètement de qch.

Benebeln, v. a. couvrir de brouillard; fg. offusquer, troubler; sich —, se griser.

Benebst, adv. prcél., v. Nebst.

Benedeien, v. a. bénir, glorifier, louer. [rification, louange.

Benedeiung, f. bénédiction, glorification.

Benedicite, n. indécl. (cath.) bénédicité, m.

Benedict, n. pr. m. Benoit.

Benedictenwurzel, f. (bot.) benoite, racine de benoite.

Benedictinermönch, m. 2, =nonne,
f. bénédictin, m. -e, f.
Beneficiar=Erbe, m. 3, (jur.)
bénéficiaire, héritier bénéficiaire.
Benefiz, n. 2, (pl. —ien) bénéfice, m.
Benehmen, v. a. 2, prendre,
ôter, retrancher; priver de qch.;
einem bie Furcht —, rassurer qn.;
einem ben Zweifel, ben Irrthum —,
désabuser, détromper qn.; bas
benimmt ber S. nichts, cela ne
porte point préjudice à l'affaire;
fich bei etw. wohl —, s'y prendre
bien; —, s. n. 1, conduite, f.
manière d'agir, procédé, m.; façons, f. pl. maniéres.
Beneiden, v. a. envier qch., porter envie à qn.           [vie.
Beneidenswerth, adj: digne d'en-
Beneidung, f. envie, jalousie.
*Benennen, v. a. nommer, appe-
ler, donner un nom à qch.; désigner; benannt, (arithm.) concret.
Benennung, f. dénomination,
désignation, nom, m.; bie entge-
gengefeßte —, (rhèt.) antiphrase, f.
Benetzen, v. a. arroser, mouiller,
tremper, baigner.
Benetzung, f. arrosement, m.
Bengel, m. 1, bâton; rondin,
garrot; v. Schwengel; fg. fm. rustre, lourdaud.
Bengelei, f. grossiéreté; balourdise, lourderie.
Bengelhaft, adj. rustre, grossier.
Bengeln, v. a. abattre des noix.
Benne, f. banne.
Benöthigt, adj. nécessiteux, indigent; — feyn, avoir besoin de
qch.
Benöthigte, n. 3, nécessaire, m.
Benußbar, adj. exploitable.
Benußen ou Benüßen, v. a. profiter, tirer parti, tirer de l'utilité
de qch.; se prévaloir de la faute
de qn.; gefchickt —, ménager; —,
exploiter un champ.
Benüßung, f. usage, m.; jouissance, f.; bie lebenslängliche —,
usufruit, m.; —, exploitation
d'un champ, f.
Benzoe, n. 1 et f. benjoin, m.
assa dulcis ou doux.     [m.
Benzoefäure, f. acide benzoïque,
Beobachten, v. a. observer, remarquer; avoir l'œil sur qn.;
verstohlen —, fm. lorgner; —,
garder le silence.
Beobachter, m. 1, observateur.
Beobachtung, f. observation; accomplissement d'un devoir, m.;
bie — ber Ordensregel, observance,
f.         [observateur, spéculatif.
Beobachtungsgeist, m. 5, (corr.)
Beordern, v. a., einen —, ordonner à qn.; commander; députer;

irgend wohin —, envoyer, dépu-
ter qn. vers un lieu; beordert feyn,
avoir ordre, être chargé, com-
mandé.              [ses poches.
Bepacken, v. a. charger; remplir
Bepanzern, v. a. cuirasser, armer.
Bepechen, Bepichen, v. a. enduire
de poix, poisser.
Beperlen, v. a. orner de perles.
Bepfählen, v. a. piloter; palisser;
(vign.) échalasser.
Bepferchen, v. a. parquer.
Bepflanzen, v. a. planter une
terre (mit, de); wieder —, repeupler un verger.
Bepflanzung, f. plantation.
Bepflastern, v. a. couvrir d'un
emplâtre.           [collataire.
Bepfründete, m. 3, bénéficier,
Bepunkten, v. a. mettre des points
sur qch.; (mus.) pointer; tatouer
le corps (sauvages); (grav.) pointiller.          [teindre de pourpre.
Bepurpern, v. a. (poēs.) vêtir,
Bequem, adj. commode; propre,
convenable; facile, aisé; — leben,
vivre grassement; fich's — machen,
prendre ses aises; pop. se goberger.
Bequemen, v. a. accommoder
(nach, à); fich — s'accommoder,
se rendre, condescendre à qch.;
se conformer à qch.; fich dazu —,
en passer par là.
Bequemlich, adj. p. us. commode.
Bequemlichkeit, f. commodité,
aise; aises, pl.; convenance, opportunité; nach —, à votre commodité, à loisir, à votre aise.
Bequemung, f. condescendance;
obéissance.          [borderer.
Berahmen, v. a. encadrer, em-
crépir un mur; —, s. n. 1, crépissure, f.
Berafpeln, v. a. râcler, râper.
Berathen, v. a. 4, conseiller qn.,
donner conseil à qn., tenir conseil; fich —, se consulter soi-
même; fich bei einem —, consulter qn., avec qn.
Berather, m. 2, conseil, aide.
Berathfchlagen, v. a. délibérer,
consulter (mit einem, qn.); fich
über etw. —, délibérer, conférer
sur qch.; aviser aux moyens de
faire qch.
Berathfchlagung, f. délibération,
consultation, conférence.
Berathung, f. consultation, m. consultation, f. délibération, débats,
m. pl.
Berauben, v. a. voler, dépouiller qn., piller; einen einer S. —,
priver qn. de qch.; ravir, ôter,
priver, dérober qch. à qn.; frustrer qn. de qch.     [privation, f.
Beraubung, f. vol, m. pillage,

Beräuchern, v. a. enfumer; par-
fumer; encenser; (méd.) fumiger.
Beräucherung, f. encensement,
m.; (méd.) fumigation, f.
Beraufchen, v. a. enivrer, fm.
griser, soûler; beraufcht, ivre, fm.
gris, soûl.           [meux.
Beraufchend, adj. enivrant, fu-
Beraufchung, f. ivresse.
Berberisbaum, m. 2*, =ftaube, f.
Berberize, f. vinetier, m. épine-
vinette, f.           [can-
Bercan, m. 2, (comm.) boura-
Bercanweber, m. 1, bouracanier.
Berechenbar, adj. calculable, appréciable.
Berechnen, v. a. calculer, compter, mettre en compte; supputer;
évaluer; burch Vergleichung —,
(arch.) médionner.
Berechnung, f. calcul, m. compte;
supputation, f.; computation des
degrés de parenté; comput du
calendrier, m.; évaluation des
frais, f.; (mar.) estime d'une
journée.
Berechtigen, v. a. autoriser qn.,
donner le droit à qn.; privilégier;
berechtigt, autorisé, ayant droit.
Berechtigung, f. autorisation;
droit, m. plein pouvoir.
Bereden, v. a. persuader à; porter, amener qn. à qch.; en faire
accroire à qn.; fich mit einem —,
conférer, s'aboucher avec qn.;
etw. —, parler sur, discuter qch.;
einen —, blâmer, reprendre qn.
Beredtfam, Beredt, adj. éloquent;
persuasif, —, adv. éloquemment,
Beredtfamkeit, f. éloquence; (did.)
rhétorique.
Beredung, f. persuasion, conférence.           [pluie.
Beregnen, v. a. mouiller par la
Beregnet werden, v. v. pass. être
mouillé de la pluie.    [agrandir.
Bereichern, v. a. enrichir; fg. id.;
Bereicherung, f. enrichissement,
m.; fg. id., agrandissement.
Bereifen, v. a. couvrir de gelée
blanche, de frimas; fg. blanchir
|| (tonn.) garnir de cerceaux.
Bereisen, v. a. fréquenter les
foires; parcourir la pays.
Bereit, adj. prêt (à); préparé;
disposé; dressé; servi (table).
Bereitbock, m. 1*, (corr.) paroir.
Bereiten, v. a. préparer, appré-
ter; disposer; accommoder; dres-
ser, servir, couvrir la table; corroyer, parer, passer, confire une
peau; apprêter du drap; auf bet
Mühle —, mouliner du drap.
Bereiten, v. a. 5†, dresser un
cheval; visiter, parcourir à cheval.
Bereiter, m. 1, piqueur, écuyer.

**Bereits**, adv. déjà; v. Schon.

**Bereitschaft**, f. disposition; appareil, m.; préparatif; in — seßen, être tout prêt, tout préparé.

**Bereitung**, f. préparation; façon; (drap.) apprêt, m.; (corr.) corroi.

**Bereitwillig**, adj. prêt, disposé; officieux, obligeant; serviable; empressé; Ihr bereitwilligster Diener, votre très-humble serviteur; —, adv. avec empressement.

**Bereitwilligkeit**, f. empressement, m. promptitude, f. complaisance.

*__Berennen__, v. a. assaillir, investir une forteresse.

**Berennung**, f. investissement, m.

**Bereuen**, v. a. se repentir de qch., regretter qch.; etw. —, fm. s'en mordre les doigts.

**Bereuung**, f. repentir, m. regret.

**Berg**, m. 2, montagne, f. mont, m.; der kleine —, monticule; auf —en wohnend, montagnard; hinter dem —e halten, fig. dissimuler, cacher ses desseins; er ist über alle —e, il a gagné le large; die Haare stehen ihm zu —e, les cheveux se dressent sur sa tête; goldene —e versprechen, promettre monts et merveilles; sie stehen wie die Ochsen am —, ils sont dans le doute, ils sont incertains, ils ne savent que faire; —, (min.) roche, f.

**Bergab**, adv. en descendant; (nav.) aval. [bergamote.

**Bergamottbirn**, =citrone, f. (jard.)

**Bergamt**, m. 5*, tribunal (m.), conseil des mines.

**Bergan, Bergauf**, adv. en montant; (nav.) amont. [mines, f.

**Bergbau**, m. 2, exploitation des mines; **Bergbaukunde**, f. science des mines. [mines.

**Bergbeamte**, m. 3, employé des mines; **Bergbeschreibung**, f. orographie.

**Bergbewohner**, m. 1, montagnard.

**Bergblau**, n. 2, bleu de montagne, m.

**Bergbohrer**, m. 1, aiguille, f.

**Bergen**, v. a. 2, (mar.) sauver; fig. id.; mettre en sûreté || cacher, céler; —, s. n. 1, (mar.) sauvetage, m.; Mons (ville).

**Bergfall**, m. 2*, écroulement d'une montagne; (min.) éboulement. [vierge.

**Bergfein**, adj. (min.) natif, **Bergfeste, Bergfestung**, f. place forte située sur une montagne.

**Bergflachs**, m. 2, amiante.

**Bergfreiheit**, f. droit d'exploiter des mines, m. privilège des mineurs, des villes de montagne.

**Berggang**, m. 2*, veine métallique, f. [gneuse.

**Berggegend**, fém. région montagneuse; **Berggeist**, m. 5, farfadet, gnome.

**Berggelb**, n. 2, ocre, f.

**Berggericht**, n. 2, tribunal des mines, m.

**Berggrün**, n. 2, vert de montagne, m. bérubleau, cendres vertes, f. pl.

**Berggut**, n. 5*, minéral, m.

**Bergharz**, n. 2, bitume, m.

**Berghauptmann**, m. 5* (pl. =leute), intendant des mines.

**Bergicht, Bergig**, adj. montagneux, montueux. [gnes.

**Bergkette**, f. chaine de montagnes; **Bergknappe**, m. 3, mineur.

**Bergkresse**, f. (bot.) cardamine.

**Bergkristall**, m. 2, cristal de roche.

**Bergmann**, m. 2 (pl. =leute), mineur, ouvrier aux mines.

**Bergmännchen**, n. 1, gnome, lutin. [des mineurs.

**Bergmännisch**, adj. à la manière

**Bergmehl**, n. 2, farine fossile, f.

**Bergnymphe**, f. (myth.) oréade, napée.

**Bergöl**, n. 2, pétrole, m.; das feinste —, naphte, f.

**Bergpech**, n. 2, (minér.) asphalte, m. poix minérale, f.

**Bergsalz**, n. 2, sel gemme, m.

**Bergschloß**, n. 5*, château situé sur une montagne, m.

**Bergschotte**, m. 3, Ecossais montagnard. [des mines.

**Bergschule**, f. école, académie

**Bergschwaben**, m. 1, moufette, f.

**Bergschwefel**, m. 1, vitriol jaune.

**Bergspitze**, f. sommet (m.), cime (f.) d'une montagne.

**Bergsteiger**, m. 1, maître mineur.

**Bergstraße**, f. route le long des montagnes; route de Darmstadt à Heidelberg.

**Bergstufe**, f. mine, minerai, m.

**Bergunter**, adv. en descendant.

**Bergvogt**, m. 2*, juge des mines.

**Bergwachs**, n. 2, (minér.) galgate, f.

**Bergwand**, f.*, roche.

**Bergwerf**, n. 2, mine, f. minière.

**Bergwesen**, n. 1, métallurgie, f.

**Bericht**, m. 2, rapport; relation, f.; (jur.) référé, m.; nouvelle, f.; avis, m. avertissement; — erstatten, rendre compte; faire un rapport.

**Berichten**, v. a. einem etw. —, informer, instruire, avertir qn. de qch., donner avis à qn.; apprendre, mander à qn.; rapporter un fait (aussi jur.); (monn.) ajuster, arrondir les flans; eines Bessern —, désabuser qn.

**Berichterstatter**, m. 1, rapporteur.

**Berichtigen**, v. a. ajuster un poids; corriger, rectifier, vérifier; fig. régler, finir; terminer une affaire; payer, acquitter une dette; solder, vider.

**Berichtigung**, f. réglement, m.; arrangement définitif; correction, f.; rectification; payement, m. liquidation, f.; — und Verstärkung des Gesagten, (rhét.) épanorthose.

**Berichtzettel**, m. 1, bulletin.

**Beriechen**, v. a. 6, sentir, flairer.

**Berinden**, v. a. (méd.) incruster.

**Beringeln**, v. a. boucler une cavale; —, s. n. 1, bouclement, m.

**Beritten**, adj. monté, équipé; — machen, monter.

**Berline**, f. berline; die halbe —, berlingot, m. [Prusse, m.

**Berlinerblau**, neut. 2, bleu de **Berlost**, f. (orf.) breloque, breloquet, m. [sière.

**Berme**, f. (fortif.) berme, lisière, f.

**Bern**, Berne (ville).

**Bernen**, m. 1, filet, treille à pêcher, f.

**Bernhard**, n. pr. m. Bernard.

**Bernhardinermönch**, m. 2, =nonne, f. bernardin, m. -e, f.

**Bernstein**, m. 2, ambre jaune, succin; (pharm.) carabé.

**Bernsteinöl**, n. 2, huile de succin, f. [que, m.

**Bernsteinsäure**, f. acide succinique, m.

**Bersten**, v. n. 2 ou 6 (s.) crever, se crevasser; se fendre; se gercer (peau); — machen, crever; vor Lachen —, étouffer, se pâmer, crever de rire.

**Bertragras**, n. 5*, **Bertram**, m. 2, (hort) pyrèthre.

**Bertha**, n. pr. f. Berthe.

**Bertram**, n. pr. m. Bertrand.

**Berüchtigt**, adj. m. p. diffamé, décrié, mal famé; fameux, illustre (scélérat).

**Berücken**, v. a. tromper, attraper.

**Berücksichtigen**, v. a. envisager, avoir égard à.

**Beruf**, m. 2, vocation, f.; état, m.; charge, f. emploi, m.

**Berufen**, v. a. 4, appeler, mander, faire venir; convoquer une assemblée; sich —, s'en rapporter, s'en tenir (à qch., à); s'appuyer sur qch.; sich —, s'autoriser de l'exemple de qn.; sich auf einen —, en appeler à qn.; s'avouer de qn.; sich —, (jur.) en appeler; —, adj. fameux, célèbre, connu.

**Berufung**, f. auf einen höhern Richter, (jur.) appellation, appel, m.

**Beruhen**, v. n. (b.) demeurer; es dabei — lassen, en demeurer là; —, dépendre; reposer; auf einem —, tenir à qn,

Beruhigen, v. a. calmer; consoler, apaiser; fg. id.; tranquilliser, rassurer; (méd.) accoiser les humeurs.

Beruhigung, f. tranquillité, calme, m. consolation, f.; dies trug viel zu seiner — bei, cela contribua beaucoup à le tranquilliser; —, (méd.) accoisement des humeurs, m.

Berühmt, adj. célèbre, renommé, illustre; insigne; connu; m. p. fameux; — machen, illustrer; sich — machen, se signaler, se rendre célèbre.

Berühmtheit, f. célébrité, renommée, nom, m. renom.

Berühren, v. a. toucher, tâter; fg. toucher; mentionner qch.; faire mention de qch.; aborder une matière; leicht, obenhin —, effleurer, glisser par-dessus; —, v. Betreffen; sich —, se toucher, se baiser (pains); fg. être en contact.

Berührung, f. attouchement, m. contact; contiguité, f.

Berührungslinie, f. ligne de contingence.                    [contact.

Berührungspunkt, m. 2, point de

Berupfen, v. a. plumer, dépiler.

Beryll, m. 2, (joaill.) béryl.

Besäen, v. a. ensemencer, semer; —, s. n. 1, ensemencement, m.

Besage, prép. ol., — dessen, selon, en conséquence de, conformément à cela.

Besagen, v. a. dire, parler, faire mention de || prouver, attester; besagt, adj. ledit (ladite), mentionné, -e; le susdit (la susdite); auf besagte Weise, comme il a été dit, mentionné.

Besaiten, v. a. monter un violon, etc.

Besalben, v. a. oindre; fg. fm. salir; sich —, se salir; s'enivrer.

Besamen, v. a. ensemencer; sich —, se multiplier par la semence; (vign.) provigner; monter en graine.

Besänftigen, v. a. apaiser, adoucir, modérer; fm. amadouer; (méd.) accoiser les humeurs.

Besänftigung, f. adoucissement, m.; (méd.) accoisement des humeurs; —smittel, n. 1, calmant, m. adoucissant; palliatif.

Besanmast, m. 2, mât d'artimon.

Besansegel, n. 1, artimon, m. voile d'artimon, f.

Besanstange, f. vergue d'artimon.

Besanwand, f.*, haubans d'artimon, m. pl.                    [niture.

Besatz, m. 2*, bordure, f. garniture.

Besatzung, f. garnison.            [ler.

Besaufen (sich), 6†, pop. se soû-

Beschädigen, v. a. endommager; blesser; beschädigt, (mar.) avarié.

Beschädigung, f. endommagement, m.; dégradation, f. lésion; blessure; (mar.) avarie.

Beschaffen, adj. fait, condition-né, disposé; constitué; (méd.) complexionné; — seyn, (jur.) se comporter; die Sache ist so —, la chose est telle, est ainsi; wie ist Ihre Gesundheit —, quel est l'état de votre santé? ich weiß wie er — ist, je connais son caractère; es ist mit ihm wie mit mir —, il en est de lui comme de moi.

Beschaffenheit, f. propriété, qualité, condition; constitution du corps; état, m. nature, f. température de l'air; schlechte — der Säfte, (méd.) cacochymie; von schlechter —, cachectique (sang); was hat es für eine — mit dieser S., de quelle nature est cette affaire? es hat damit dieselbe — wie mit, il en est tout comme de; etc.; nach — der Umstände, selon, suivant les circonstances.

Beschaffenheitswort, n. 5*, (gram.) adverbe de qualité, m.

Beschaften, v. a. monter un fusil.

Beschäftigen, v. a. occuper, donner de l'occupation à qn.; sich —, s'occuper (mit, de, à); s'employer à; mit etw. beschäftigt seyn, être occupé de qch., être après qch.; sehr beschäftigt, embesogné, affairé.

Beschäftigung, f. occupation.

Beschälen, v. a. écorcer, peler || couvrir la jument.

Beschäler, m. 1, (man.) étalon.

Beschälung, f. monte.

Beschälzeit, f. temps de la monte. m. monte, f.

Beschämen, v. a. faire rougir, mortifier, humilier.

Beschämend, adj. humiliant, mortifiant; fm. capot.

Beschämt, adj. honteux, confus.

Beschämung, f. humiliation, mortification; honte, confusion.

Beschatten, v. a. ombrager; offusquer; (myst.) obombrer.

Beschatzen, v. a. imposer des taxes à.

Beschauen, v. a. regarder, contempler, considérer; voir; examiner.

Beschauer, m. 1, contemplateur; visiteur des douanes; censeur de livres; — pl. contemplatifs.

Beschaulich, adj. contemplatif.

Beschauung, f. inspection; contemplation; considération; vue; examen, m.

Bescheid, m. 2, réponse, f. réplique; (jur.) sentence, décision, arrêt, m.; appointement; einen — geben; prononcer une sentence, etc.; einem — thun (im Trinken), faire raison à qn.; — um etw. wissen, avoir connaissance d'une chose; in einem Hause — wissen, connaitre les êtres d'une maison; bis auf weitern —, jusqu'à nouvel ordre.

Bescheiden, v. a. 5, einem etw. —, douer, pourvoir qn. de qch., donner en partage || einen wohin —, assigner un lieu, donner un rendez-vous à qn., donner ordre à qn. de se trouver en quelque lieu; (ich will) ihn zu mir —, lui mander de venir me voir; vor Gericht —, (jur.) appointer les parties; eines Bessern —, v. Belehren; einem —, faire réponse à qn., éclaircir qn. de qch.; sich einer S. —, s'accommoder de qch.; acquiescer à qch.; der beschiedene Theil, (jur.) la portion congrue.            [nète, discret.

Bescheiden, adj. modeste; honnête; discrétion.

Bescheidenheit, f. modestie; honnêteté, discrétion.

Bescheinen, v. a. 5, éclairer.

Bescheinen, Bescheinigen, v. a. certifier, attester; den Empfang einer Summe —, donner quittance d'une somme.

Bescheinigung, f. certification, attestation; certificat, m.; (commerce, etc.) reçu, quittance, f.

Bescheißen, v. a. 5†, pop. embrener; salir; fg. pop. tromper, tricher; beschissen, breneux, merdeux.

Beschenken, v. a. gratifier (mit, de); einen mit etw. —, donner qch. à qn.; mit Schmuck —, baguer une fiancée.

Beschenkung, f. présent, m. don, cadeau; gratification, f.

Bescheren, v. a. donner qch. à qn., faire présent de qch. à qn.; was hat Ihnen das Christkindchen bescheret, qu'avez-vous eu pour étrennes? bescheret werden, tomber, échoir en partage; —, v. a. 6, raser, tondre.

Bescherung, f. don, m. présent, cadeau, étrennes, f. pl.

Beschicken, v. a. 5, einen — envoyer vers qn.; mander qn.; den Landtag —, envoyer des députés à la diète; — préparer, ordonner, régler; sein Haus —, mettre ordre à ses affaires, se préparer à mourir; (min.) préparer; (monn.) allier, aloyer; soigner les bestiaux.

Beschickung, f. message, m.; apprêts d'un festin, pl.; disposition, f. arrangement, m.; (min.) préparation, f.; (monn.) alliage, m.

Beschickungsregel, f. règle d'alliage. [n. 1, embattage, m.

Beschienen, v. a. embattre; —, s.

Beschießen, v. a. 6, canonner; mit Bomben —, bombarder; von dieser Anhöhe kann man die Stadt —, cette hauteur commande la ville; —, s. n. 1, canonnade, f.; bombardement, m.

Beschiffen, v. a. naviguer sur.

Beschiffung, f. navigation.

Beschilft, adj. couvert de roseaux.

Beschimmelt, adj. moisi, chanci, velu.

Beschimpfen, v. a. injurier, outrager, insulter; flétrir; sich —, se déshonorer, se prostituer.

Beschimpfung, f. outrage, m. affront, injure, f. insulte; flétrissure.

Beschirmen, v. a. garantir, protéger, défendre; mettre à l'abri (vor, de).

Beschirmung, f. protection; sauvegarde; garantie; v. Beschützung.

Beschlafen, v. a. 4, coucher avec; fg. fm. eine S. —, consulter son chevet; réfléchir à qch. jusqu'au lendemain; ich will die S. —, la nuit porte conseil.

Beschlag, m. 2, arrêt; saisie, f. main-mise; séquestre, m.; embargo; etw. in — nehmen, — auf etw. legen, saisir, arrêter; séquestrer; (art.) v. Beschläge||moisi, m.; moisissure, f.; (min.) efflorescence.

Beschläge, n. 1, garniture, f.; das eiserne —, ferrure, penture d'une porte; fiches, pl.; armature d'une machine, ferret d'une aiguillette, m.; fermoirs d'un livre, pl.; fers d'un cheval; (mar.) ferrement; —, bout d'or, d'argent.

Beschlagen, v. a. 7, mit Eisen —, ferrer, embattre les roues; einen Balken —, équarrir une poutre; die Segel —, plier les voiles; ferler; Münzen —, ajuster les monnaies; eine Retorte —, enduire une retorte; scharf, aufs Eis —, ferrer à glace (aussi fg.); —, cramponner; garnir; draper; (vén.) couvrir; mit Arrest —, arrêter, saisir; —, v. n. (f.) se moisir, se chancir; (chim.) effleurir, tomber en efflorescence; gut —, part. fg. ferré à glace, versé; —, s. n. 1, ferrure, f.; embattage des roues, m.; der Nestel, aiguilletage.

Beschlagnahme, Beschlagnehmung, f. arrêt, m.; saisie, f.; embargo, m.; séquestration, f.

Beschlagtasche, f. (mar. ferr.) serrière.

Beschlagwerf, n. 2, armature, f.

Beschleichen, v. a. 5†, surpren-dre, se glisser derrière qn., dans qch.

Beschleichung, f. surprise.

Beschleunigen, v. a. accélérer, hâter; presser; avancer; forcer la marche, diligenter.

Beschleunigend, adj. (phys.) accélérateur; die Geburt —, (méd.) ecbolique.

Beschleunigung, f. accélération; diligence.

Beschließen, v. a. 6, serrer des provisions; fermer; fg. fermer, finir, terminer; conclure, résoudre, arrêter; (jur., etc.) décréter, décerner.

Beschließer, m. 1, concierge, gardien, garde; =inn, f. gardienne; (théât.) ouvreuse de loges.

Beschluß, m. 2*, fin, f. clôture; terme, m.; délibération, f. conclusion; résolution; jugement, m. arrêt; er hat die Bücher unter seinem —, il a les livres sous sa clef.

Beschmieren, v. a. frotter, graisser; barbouiller, salir, souiller, pop. gribouiller.

Beschmierung, f. frottement, m.; barbouillage, pop. gribouillage.

Beschmutzen, v. a. tacher, salir, souiller, barbouiller; (impr.) maculer; sich —, s'engraisser, se salir, etc.

Beschmutzung, f. souillure, tache.

Beschneidebauf, f.*, (fond.) coupoir, m.

Beschneidehobel, m. 1*, (rel.) fût.

Beschneiden, v. a. 5†, couper, tailler; rogner du papier, etc.; ébarber une plume; circoncire; parer le pied d'un cheval; ébourgeonner la vigne; élaguer un arbre; tondre une haie; châtrer une ruche; (fond. de car.) créner; fg. tronquer, châtrer un livre.

Beschneidung, f. circoncision; (vign.) ébourgeonnement, m.; coupe, f. taille; (fond. de car.) crénage, m.

Beschneien, v. a. couvrir de neige.

Beschnittene, m. 3, circoncis.

Beschnüffeln, Beschnuppern, v. a. flairer; fg. fm. fourrer son nez quelque part.

Beschnüren, v. a. corder.

Beschönigen, v. a. pallier, colorer. [cuse, prétexte, m.

Beschönigung, f. palliation; excuse, prétexte, m.

Beschränken, v. a. borner, limiter; restreindre; modifier.

Beschränktheit, f. état borné, m.

Beschränkung, f. limitation, restriction; bornes, pl. limites.

Beschreiben, v. a. 5, décrire, inscrire un triangle dans un cercle; eine Figur um einen Kreis —, cir-conscrire une figure à un cercle; —, décrire, dépeindre; définir, exprimer, dire; einen Entlaufenen —, signaler un fugitif || écrire une feuille.

Beschreibung, f. description, relation, peinture; définition; détail, m.; signalement d'un fugitif; — der Knochen, ostéologie, f.; — der Muskeln, myologie; — des Auges, ophthalmographie; — der Vögel, ornithologie; — der Insekten, entomologie; — des Himmels, uranographie; — des Mondes, sélénographie; — der Wasser, hydrographie; — aller Bilder und Denkmäler, iconographie; — eines Landes, chorographie; — eines Ortes, topographie.

Beschreiten, v. a. 5, crier contre qch.; décrier || charmer; ensorceler.

Beschreiten, v. a. 5†, monter, mettre le pied sur qch., entrer dans.

Beschroten, v. a. ébarber, rogner.

Beschuhen, v. a. chausser; einen Pfahl —, ferrer le bout d'un pieu.

Beschuldigen, v. a. accuser, charger, imputer qch. à qn., inculper; beschuldigt, accusé, atteint d'un crime.

Beschuldigung, fém. accusation, charge, imputation.

Beschütten, v. a., einen mit etw. —, verser, répandre qch. sur qn.

Beschützen, v. a. protéger, défendre; soutenir; garantir, mettre à couvert.

Beschützer, m. 1, protecteur; défenseur; appui, soutien, garant; m. p. fauteur; =inn, f. protectrice.

Beschützung, f. protection, défense, appui, m. soutien.

Beschwatzen, v. a. persuader, fm. enjôler, embabouiner; pop. emboiser.

Beschwätzer, m. 1, =inn, f. fm. enjôleur, m. pop. embabouineur, -se, f.

Beschwerde, f. peine, fatigue || plainte, grief, m.; doléance, f.; impôt, m. charge, f. imposition; — n. pl. cahiers de charge, m. pl.

Beschweren, v. a. charger, accabler, grever; peser sur; incommoder; importuner; être à charge à qn.; sich über etw. —, se plaindre de qch.

Beschwerlich, adj. pénible, incommode, importun, fatigant, gênant, embarrassant; höchst —, fm. assommant; — fallen, être à charge à qn., incommoder qn., importuner.

Beſchwerlichkeit, *f.* incommodité; fatigue, peine, difficulté.

Beſchwerung, *f.*, *v.* Beſchwerde.

Beſchwichtigen, *v. a.* apaiser, faire taire; *fm.* amadouer qn.

Beſchwören, *v. a.* 6, jurer, affirmer par serment; conjurer; adjurer; exorciser; Geiſter —, évoquer des esprits; *fg.* conjurer, supplier.

Beſchwörer, *m.* 1, exorciste; conjurateur.

Beſchwörung, *fém.* conjuration, évocation; exorcisme, *m.*; incantation, *f.*; *fg.* prière instante; conjuration.

Beſeelen, *v. a.* animer, vivifier; *fg. id.*; ranimer, encourager.

Beſehen, *v. a.* 1, voir, regarder, considérer, contempler; examiner.

Beſehung, *f.* considération; contemplation; regard, *m.* examen.

Beſeitigen, *v. a.* mettre de côté, écarter, éloigner; faire abstraction de qch.; Hinderniſſe —, lever des obstacles, des difficultés; einen Streit —, accommoder, arranger un différend.

Beſeligen, *v. a.* rendre heureux, bienheureux.

Beſeligend, *adj.* béatifique.

Beſen, *m.* 1, balai; (*mar.*) vadrouille, *f.*; der — von Federn, plumail, *m.*; *prov.* neue — kehren (fegen) gut, c'est un (il fait le) balai neuf.                [balais.

Beſenbinder, *m.* 1, faiseur de Beſenſtiel, *m.* 2, manche à balai.

Beſeſſen, *adj.* possédé, démoniaque.

Beſeßen, *v. a.* occuper *une place*; mit Fiſchbrut —, peupler, aleviner, empoissonner; —, border, garnir; planter *d'arbres*; mit Franſen —, franger; mit Treſſen, galonner, chamarrer; mit geſchlagenem Goldhahn —, bouillonner; eine Stelle —, remplir, nommer à une charge; es ſind alle Pläße beſeßt, toutes les places sont prises; die Rollen in dieſem Stücke ſind gut beſeßt, cette pièce est bien montée.

Beſeßung, *f.* occupation *d'un poste*; die — mit Fiſchbrut, empoissonnement, *m.*; —, garniture, *f.* bordure || nomination *à un emploi*, collation *d'un bénéfice*.

Beſeufzen, *v. a.* soupirer, gémir de qch., déplorer, plaindre, pleurer.

Beſichtigen, *v. a.* voir, visiter, examiner, inspecter; faire l'expertise *d'une maison*; (*jur.*) descendre *sur les lieux*.

Beſichtiger, *m.* 1, inspecteur, visiteur, vérificateur; expert.

Beſichtigung, *f.* vue, visite, inspection; vérification; examen, *m.*; expertise, *f.*; (*jur.*) descente sur les lieux.

Beſiegeln, *v. a.* sceller, cacheter; *fg.* sceller, cimenter.

Beſiegen, *v. a.* vaincre, remporter la victoire sur qn.; *fg.* vaincre, surmonter; maîtriser, dompter.                      [sceaux.

Beſieglung, *fém.* apposition des Beſingen, *v. a.* 3, chanter, célébrer.

Beſinnen (ſich auf etw.), 2, se souvenir, se ressouvenir de qch.; se remettre, se rappeler qch.; ſich —, revenir à soi; penser, réfléchir; délibérer; prendre du temps pour se résoudre; ſich lange —, balancer, hésiter; ſich anders —, changer de sentiment; ſich eines Beſſern —, se raviser; —, *s. n.* 1, réflexion, *f.* méditation; nach langem —, après avoir délibéré longtemps.

Beſinnung, *f.* connaissance; die — verlieren, perdre connaissance; —, réflexion; retour à soi-même, *m.*              [intelligence, raison.

Beſinnungskraft, *f.*\*, mémoire; Beſiß, *m.* 2, Beſißung, *f.* possession, jouissance; der unrechtmäßige — usurpation; in — nehmen, prendre possession de; in — ſeßen, mettre en possession; aus dem — treiben, ſeßen, déposséder, exproprier qn.

\*Beſißen, *v. a.* posséder, tenir; avoir; jouir de qch.; unrechtmäßig —, usurper.

Beſißer, *m.* 1, possesseur, détenteur; der unrechtmäßige — usurpateur.                  [tenue.

Beſißerkennung, *f.* (*jur.*) maintien.

Beſißnahme, Beſißnehmung, *f.* prise de possession, occupation, entrée en possession.

Beſißrecht, *n.* 2, possessoire, *m.*

Beſißſtand, *m.* 2, possession, *f.*

Beſoffen, *adj. pop.* ivre, soûl.

Beſohlen, *v. a.* ressemeler *des bas*; (*cordonn.*) *id.*, carreler.

Beſohlung, *f.*, (*cordonn.*) die neue —, carrelure.

Beſolden, *v. a.* appointer, salarier, payer *un employé*; gager *un domestique*; soudoyer, stipendier *des troupes*; er iſt ſtark beſoldet, il a de gros appointements; der höher beſoldete Soldat, appointé, *m.* soldat appointé.

Beſoldete, *m.* 3, gagiste.

Beſoldung, *f.* traitement, *m.* appointements, *pl.* gages; salaire; solde, *f.*

Beſonder, *adj.* particulier, spécial; individuel, singulier; distingué.

Beſonders, *adv.* particuliérèment, singuliérement; en particulier; à part; séparément; spécialement; individuellement; surtout, notamment.

Beſonnen, *v. a.* (*poés.*) éclairer.

Beſonnen, *adj.* réfléchi, circonspect, avisé; prudent, discret.

Beſonnenheit, *f.* réflexion, circonspection, présence d'esprit.

Beſorgen, *v. a.* craindre, appréhender || soigner, prendre soin de qch.; tenir la main à qch., administrer les biens de qn.; geſchickt —, ménager *les intérêts de qn.*

Beſorglich, *adj.* craintif, timide || à craindre.

Beſorglichkeit, Beſorgniß, *f.* appréhension; crainte, peur, inquiétude.

Beſorgt, *adj.* inquiet, craintif; soigneux; beſorgt ſeyn, craindre pour qn.; prendre soin (für, de); beſorgt machen, inquiéter, donner des inquiétudes à qn.; faire craindre qch. à qn.

Beſorgung, *f.* soin, *m.*

Beſpannen, *v. a.* atteler, monter.

Beſpeien, *v. a.* 5, cracher, vomir sur.                          [piquer.

Beſpicken, *v. a.* larder, barder, Beſpiegeln (ſich), se mirer; *fg.* prendre exemple (an, sur).

Beſprechen, *v. a.* 2, parler de qch., discuter qch. || charmer, conjurer *le feu*; (*comm.*) marchander; commettre; arrêter, retenir *une place*; ſich mit einem —, s'aboucher, s'entretenir, conférer avec qn.

Beſprecher, *m.* 1, conjurateur.

Beſprechung, *f.* conjuration; entretien, *m.* conférence, *f.* délibération avec qn.

Beſprengen, *v. a.* arroser; asperger *d'eau bénite*; mit Salz —, saupoudrer *la viande*; —, humecter *la terre*; abreuver *la chaux*.

Beſprengung, *f.* arrosement, *m.*; humectation, *f.* abreuvement, *m.*; (*chir.*) embrocation, *f.*; — der Leinwand mit Kalk, apprêt de la toile, *m.*; — mit Weihwaſſer, (*cath.*) aspergès.

Beſpringen, *v. a.* 3, couvrir, saillir; daguer (*cerf*).

Beſprißen, *v. a.* arroser; répandre sur, faire rejaillir sur; mit Koth —, éclabousser; mit Blut —, ensanglanter.

Beſprißung, *f.* arrosement, *m.*; rejaillissement; éclaboussure, *f.*

Beſſer, *adj.* meilleur; préférable; —, *adv.* mieux; — ſeyn, valoir mieux; — werden, se porter mieux (*malade*); s'abonnir (*vin*); — machen, *v.* Verbeſſern.

Beſſern, v. a. réparer, v. Aus-, Verbeſſern; améliorer, bonifier, amender ein champ; fg. corriger, amender qn.; er iſt nicht ju —, il est incorrigible; ſich —, se corriger; se convertir; aller mieux, se remettre d'une maladie; profiter, avancer; (comm.) reprendre faveur, remonter, hausser.

Beſſerung, f. réparation, amélioration, amendement, m. fumier, engrais; fg. amendement; correction, f. conversion; tétablissement de la santé, m.

Beſſerungsfähig, adj. (agr.) amendable; fg. corrigible.       [m.

Beſſerungsmittel, n. 1, correctif, Beſtallen, v. a. conférer une place, une dignité à qn., donner des appointements.

Beſtallung, f. nomination à un emploi; place, charge, emploi, m.; traitement, appointements, pl.

Beſtallungsbrief, m. 2, lettres d'appointement, f. pl. provisions.

Beſtand, m.*, fermeté, f. stabilité, consistance, durée; état, m. constitution, f.; — haben, être durable, de durée; subsister || montant, m.; reliquat d'un compte || contrat de louage, bail; in — nehmen, affermer, prendre à ferme; in — geben, affermer, donner à ferme; im — haben, tenir à ferme, à bail.

Beſtandbuch, n. 5*, état, m. inventaire.       [taire.

Beſtänder, m. 1, fermier, locaBeſtandgeld, m. 5, louage, m. loyer.       [bien affermé, m.

Beſtandgut, n. 5*, ferme, f.
Beſtandherr, m. 3, bailleur, loueur, propriétaire.

Beſtändig, adj. continuel, perpétuel, éternel; constant, persévérant, stable, durable, permanent.

Beſtändigkeit, fém. constance, fermeté, persévérance; stabilité; durée; permanence; perpétuité.

Beſtandtheil, m. 2, partie constituante, f. constitutive, intégrante, principe, m. élément.

Beſtärken, v. a. fg. confirmer, fortifier.

Beſtärkung, f. affermissement, m.; confirmation, f.

Beſtäter, m. 1, facteur, expéditeur.

Beſtätigen, v. a. établir, affermir; constater, confirmer, assurer, affirmer; einen Traktat —, ratifier un traité; ein Geſetz —, sanctionner une loi; (jur.) légaliser, homologuer; entériner.

Beſtätigung, f. confirmation, ra-

tification d'un traité; sanction d'une loi; (jur.) légalisation; homologation, entérinement, m.

Beſtatten, v. a., jur Erde —, ensevelir, enterrer, faire les obsèques de qn.

Beſtäuben, v. a. couvrir de poussière; saupoudrer, poudrer; mit Mehl —, fariner, enfariner; mit Mehl beſtäubt, farineux, etc.

Beſte, adj. le meilleur, la meilleure; —, s. n. 3, meilleur, m.; utilité, f.; bien, m. intérêt, profit, avantage; salut; fleur, f. quintessence; moelle, fm. crème; in den beſten Jahren, à la fleur de l'âge; im beſten Arbeiten, au milieu du travail; mein Beſter, mon cher! das gemeine —, le bien public; das — thun, faire de son mieux; jum Beſten von jemand, pour le bien, en faveur de qn.; (théât.) au bénéfice de qn.; jum Beſten rathen, donner de bons conseils; nicht jum Beſten ſeyn, être incommodé; einen jum Beſten haben, railler, mystifier qn., se moquer, se jouer de qn.; der Erſte der —, le premier venu; am Beſten, aufs Beſte, jum Beſten, jum Allerbeſten, adv. le mieux, du mieux, au mieux, le mieux du monde.       [ruptible.

Beſtechbar, Beſtechlich, adj. corBeſtechen, v. a. 2, coudre, pointer; (rel.) trancheſiler; fg. corrompre; fm. graisser la patte à qn.

Beſtechlichkeit, f. corruptibilité.

Beſtechnaht, f., couture plate.

Beſtechung, f. corruption.

Beſteck, n. 2, étui, m.; trousse de barbier, f.; couvert à table, m.

Beſtecken, v. a. garnir, piquer; planter un champ (mit, de).

*Beſtehen, v. a. entreprendre avec succès, soutenir; sortir heureusement d'une aventure, d'un combat, d'une épreuve, d'un examen; — v. n. (h.) exister, subsister -, (b. et f.) durer, subsister, vivre; (dieſe Entſchuldigung) kann nicht —, n'est pas valable; —, (f.) (écr. ste.) subsister; im Kampfe —, soutenir le combat; -, se justifier devant son juge; mit dieſer Entſchuldigung wird tr nicht —, cette excuse ne le sauvera pas, ne sera pas reçue; gegen einen —, tenir tête à qn.; Probe —, soutenir, subir l'épreuve; (h.) être composé, se composer de, consister en; fg. consister à faire qch., dans qch. || auf ſeiner Meinung —, persister dans son opinion; auf ſeinem Kopfe —, s'opiniâtrer, s'obstiner à qch.; auf etw. —, insister sur qch.

Beſtehend, adj. existant, actuel; für ſich —, absolu, indépendant.

Beſtehlen, v. a. 2, voler qn.

Beſteigen, v. a. 5, monter sur; die Kanjel —, monter en chaire.

Beſtellen, v. a. commander; mander qn.; donner rendez-vous à qn.; commettre qn. à une charge; constituer qn. juge; aposter des gens; remettre, rendre une lettre; retenir, arrêter une place à la diligence; faire la cuisine; einen Auftrag —, s'acquitter d'une commission; —, mander qch. à qn.; einen über ein Geſchäft —, donner à qn. la surveillance d'une affaire; das Feld —, labourer, ensemencer son champ; ſein Haus —, mettre ordre à ses affaires; fg. se préparer à la mort; die beſtellte Arbeit, ouvrage commandé, m.; der beſtellte Sachwalter, procureur occupant; das jur Saat beſtellte Land, terre en labour, f.

Beſtellung, f. commande, commission; rendez-vous, m.; remise d'un paquet, f.; constitution, nomination de qn.; (agr.) labour, m.

Beſtens, adv. le mieux, du mieux, au mieux.

Beſternen, v. a. couvrir, parsemer d'étoiles; marquer un mot d'un astérisque; beſternt, étoilé (ciel); décoré d'ordres (homme).

Beſteuern, v. a. imposer, mettre à contribution.

Beſteuerung, f. imposition.

Beſthaupt, n. 5*, —recht, n. 2, (féod.) mortaille, f. droit de meilleur catel, m.

Beſtialiſch, adj. bestial; brutal.

Beſtie, f. m. 2, tranchefile, f.

Beſtie, f. animal, m.; bête, f.; brute.

Beſtimmbar, adj. assignable (cause); commensurable (quantité); qui peut être défini, etc.

Beſtimmen, v. a. fixer, désigner; marquer un endroit, etc.; définir, déterminer une idée; préciser, — modifier || décider, déterminer qn. à qch. || destiner; affecter une somme; réserver; ſich —, se décider, se déterminer, se fixer; se destiner.

Beſtimmend, adj. (gramm.) déterminatif; fg. déterminant; näher —, modificatif (terme).

Beſtimmt, adj. défini; déterminé; positif, catégorique (réponse); fixe (prix); préfix (terme); applicable (somme); jur beſtimmten Zeit, à point nommé.

Beſtimmtheit, f. précision.

Beſtimmung, f. destination, détermination; désignation, fixa-

tion; affectation *d'une somme;*
(*phil.*) définition; näbere —, modification.
Beftocken (ſich), pousser plusieurs
tiges.
Beftoßen, v. a. 4, écorner, couper.
, Beftoßzeug, n. 2, justifieur, m.
Beftrafen, v. a. punir, châtier;
reprendre, corriger, redresser.
Beftrafung, f. punition; châtiment, m. correction, f. répréhension.
Beftrahlen, v. a. éclairer de ses
rayons.
Beftrahlung, f. irradiation.
Beftreben (ſich), s'efforcer; tâcher
de; s'appliquer à; aspirer à.
Beftrebung, f. effort, m.; soin;
application, f.; recherche, brigue, tendance.
Beftreichen, v. a. 5†, enduire;
mit Butter —, beurrer qch.; étendre du beurre sur; mit Fett —,
graisser; mit Del —, frotter
d'huile; oindre; mit Theer, Pech
—, goudronner, empoisser; mit
Firniß —, vernir, vernisser; mit
Leim —, encoller; mit Vogelleim
—, gluer, engluer; mit Gummi,
Gummiwaſſer —, gommer; mit
Eiweiß —, glairer; mit Eiergelb
—, dorer; —, peindre; ensimer
le drap; (guer.) von der Citadelle
fann man die Stadt —, la citadelle
commande la ville; in gerader
Linie —, battre par enfilade; —,
(fort.) flanquer.
Beftreichung, f. frottement, m.;
(drap.) ensimage.
Beftreiten, v. a. 5†, combattre,
attaquer; suffire, fournir, faire
face à des dépenses.
Beftreiter, m. 1, adversaire, antagoniste.
Beftreitung, f., zur — der Koften,
pour fournir aux frais; zur —
einer Arbeit, pour suffire à un
ouvrage.
Beftreuen, v. a. jeter, répandre
sur; parsemer, couvrir de; saupoudrer; mit Blumen —, joncher
de fleurs; mit Zucker —, sucrer;
mit Mehl —, enfariner; mit geriebenem Brode —, paner; mit Sand
—, sabler.
Beftricken, v. a. enlacer, attraper
dans des filets; fg. enchaîner,
captiver.
Befüden, v. a., ein Schiff —,
monter de canons un vaisseau.
Beftufen, v. a., das Erz —, rogner le minerai.
Beftürmen, v. a. monter à l'assaut, assaillir; investir; fg. assaillir; obséder, assiéger; tourmenter, accabler.

Beftürmer, m. 1, assaillant.
Beftürmung, f. assaut, m.; attaque, f.; fg. importunités, pl.
Beftürzen, v. a. épouvanter, effrayer; étonner; consterner, troubler; déconcerter, confondre,
atterrer, surprendre; beftürzt, embarrassé, confus, etc.; beftürzt
machen, v. Beftürzen; beftürzt werden, s'effarer, se troubler.
Beftürzung, f. surprise, étonnement, m.; consternation, f.; trouble, m. embarras.
Beſuch, m. 2, visite, f. entrevue; des personnes en visite, pl.
monde, m. || fréquentation, f.
Beſuchen, v. a. visiter, rendre
visite à qn.; voir, aller voir,
venir voir; oft —, fréquenter,
hanter.
Beſucher, m. 1, qui fréquente,
qui hante; ein fleißiger Kirchen-
beſucher, un pilier d'église; ein
Kaffeehaus-Beſucher, un habitué
de café.
Beſudeln, v. a. salir, souiller,
tacher; barbouiller, noircir; pop.
embrener; (impr.) maculer.
Beſudelung, f. saleté, souillure.
Betäfen, v. a. lambrisser, boiser.
Betagt, adj. vieux, âgé, décré-
fg.
Betafeln, v. a. (mar.) agréer,
gréer, garnir.
Betafelung, f. (mar.) agrès, m.
pl. gréement, garniture, f.
Betaften, v. a. manier, toucher;
tâtonner; m. p. patiner; v. Befühlen, Antaften, ic.
Betaftung, f. attouchement, m.;
tâtonnement, maniement.
Betäuben, v. a. étourdir; assourdir; rompre la tête à qn.; assoupir, engourdir; stupéfier; fein
Gewiſſen —, étouffer les remords
de sa conscience; betäubt, étourdi,
etc.; stupéfait.
Betäubend, adj. (méd.) assoupissant, narcotique; profond
(sommeil).
Betäubung, f. étourdissement,
m.; assoupissement; engourdissement, narcotisme; éblouissement.
Betbruder, m. 1*, m. p. bigot,
faux dévot.
Bete, f. (jeu) bête; — ſetzen,
être bête, faire la bête.
Betel, m. 1, =fraut, n. 5*, =pflanze,
f. (bot.) bétel, m.
Beten, v. a. prier Dieu; faire sa
prière, dire sa prière, réciter sa prière.
Betgang, m. 2*, procession, f.
Betglocke, f. angélus, m. matine,
f. pardon, m.
Bethätigen, v. a. prouver par des
faits, par des actions.
Bethauen, v. a. couvrir de rosée.

Bethaus, n. 5*, oratoire, m.;
temple.
Betheeren, v. a. goudronner.
Betheiligen, v. a. intéresser.
Betheiligte, m. et f. 3, la partie
intéressée.
Betheuern, v. a. assurer, affir-
mer, attester, protester, jurer.
Betheuerung, f. assurance; pro-
testation, serment, m.
Bethören, v. a. tromper, séduire,
infatuer, enivrer, pop. emboiser;
einen —, fm. endormir le mulot.
Bethörung, f. séduction; infatuation; illusion; éblouissement, m.
Betiteln, v. a. intituler; qualifier qn. de; donner un titre à qn.
Betitelung, f. qualification; titre, m. [syllabe.
Betonen, v. a. appuyer sur une
Betonie, f. (bot.) bétoine.
Betont, adj. accentué.
Betracht, m. 2, considération,
f.; égard, m.; in Betracht, en
considération de; eu égard à;
vu ...; in — ziehen, prendre en
considération, avoir égard à; in
dieſem —, (jur.) à ces causes.
Betrachten, v. a. regarder, jeter
les yeux sur; contempler; considérer, observer, examiner; méditer; fg. regarder, considérer;
envisager; einzeln —, individualiser; bei ſich —, penser en soi-
même; alles betrachtet, au bout du
compte; alles wohl betrachtet, tout
bien considéré.
Betrachtend, adj. contemplatif.
Betrachter, m. 1, contemplateur.
Beträchtlich, adj. considérable,
notable; gios (somme).
Betrachtung, f. vue, regard, m.;
contemplation, f. considération;
observation, méditation; réflexion,
examen, m.; bie — im Einzelnen, individualisation, f.; was
in bloßer — beftebt, théorique;
transcendant; in — ziehen, prendre en considération; ſittliche —
anftellen, moraliser. [f.
Betrag, m. 2*, montant, somme,
Betragen, v. a. 7, monter, se
monter à; faire la somme de; ſich
—, se conduire, se comporter;
agir (als, en); —, s. n. 1, conduite, f. procédé, m. façons, f.
pl. manières; das wunderliche —,
bizarrerie; diebiſche —, brutalité.
Betrauern, v. a. regretter, déplorer; pleurer; plaindre; porter
le deuil d'un mort.
Betraufeln, v. a. arroser, mouiller; einen Braten mit zerlaſſenem
Sped —, flamber un rôti.
Betreff (in), adv. quant à, concernant, en matière de.
Betreffen, v. a. 2, concerner, re-

garder; toucher; es betrifft, il s'a-
git de, il y va de; was mich be=
trifft, pour moi, quant à moi,
en mon particulier ||—, v. imp.
arriver; es wird ihn ein Unglück —,
il lui arrivera malheur; er hat
sich auf frischer That — lassen, il a
été surpris en flagrant délit.
Betreffend, v. Betreffen et in Be=
treff.
Betreiben, v. a. 5, pousser, poursuivre; hâter, tenir la main à
qch.; solliciter un procès; (jur.)
faire ses diligences; bethutsam —,
fm. mitonner; —, cultiver les
arts.        [procès.
Betreiber, m. 1, solliciteur d'un
Betreibung, f. poursuite d'un
procès; culture des arts.
Betreten, v. a. 1, marcher sur;
mettre le pied sur; ein Haus —,
entrer dans une maison; die Kan=
zel —, monter en chaire; auf der
That —, prendre sur le fait,
attraper en flagrant délit; sich —
lassen, se laisser surprendre, se
trouver surpris; —, part. confus,
interdit, déconcancé.
Betretungsfall, m. 2*, im —,
dans le cas où qn. serait pris en
flagrant délit.
Betrieb, m. 2, poursuite d'une
affaire, f.; (min.) exploitation.
Betriebsam, adj. actif; laborieux;
industrieux; empressé.
Betriebsamkeit, f. activité; industrie, empressement, m.
Betriegen, x., v. Betrügen, x.
Betrinken (sich), 3, s'enivrer,
fm. se griser; ein Betrunkener,
un homme ivre.
Betroffen, adj. surpris, confus.
Betrogene, m. et f. 3, dupe, f.
Betrüben, v. a. affliger, attrister, désoler, chagriner, donner
du chagrin à qn.; troubler; sich
—, s'affliger, se désoler; betrübt,
affligé, etc.; triste, contrit, fm.
marri.
Betrübniß, f. affliction, tristesse.
Betrug, m. 2 (pl. Betrügereien),
méprise, f. erreur, illusion; voy.
Betrügerei.
Betrügbar, adj. décevable.
Betrügen, v. a. 6, tromper, décevoir; duper, attraper; frauder;
listig —, filouter, friponner; grob
—, affronter; im Spiel —, tricher, caponner; sich —, se tromper, se faire illusion, errer.
Betrüger, m. 1, trompeur, fourbe,
imposteur; der listige —, escroc;
filou, fripon; freche —, affronteur;
schmeichlerische —, enjôleur; =inn,
f. trompeuse, friponne.
Betrügerei, f. tromperie, déception; fourberie, fraude, impos-

ture; grobe —, affronterie; —
mit Waaren, (mar.) baratterie,
barat, m.; es steckt eine — dahin=
ter, il y a quelque anguille sous
roche.
Betrügerisch, Betrüglich, adj. trompeur; fourbe, fallacieux, frauduleux, illusoire, faux; (jur.) frustratoire; —, adv. en fraude.
Betrunkenheit, f. ivresse.
Betsaal, m. 2*, oratoire.
Betschwester, f. dévote, bigote;
fm. béate; mépr. béguine.
Betstuhl, m. 2*, prie-dieu.
Betstunde, f. heure de la prière.
Bett, n. exc. 1, lit, m. couche,
f.; das schlechte —, grabat, m.;
französische —, lit d'ange; zu—t
bringen, coucher; zu —t geben,
aller coucher, se mettre au lit;
von Tisch und — geschieden, séparé
de corps; —, (cha.) v. Lager; lit,
canal d'une rivière; — einer Kel=
ter, fond d'un pressoir; — einer
Schleuße, radier.
Bettag, m. 2, jour de prière.
Bettbretter, n. pl. 5, goberges,
f. pl.
Bettchen, n. 1, petit lit, m.; das
— ohne Vorhänge, couchette, f.
Bettdecke, f. couverture; die
durchnähte —, lodier, m.; gesteppte
—, courte-pointe, f.
Bettel, m. 1, guenilles, f. pl.;
bagatelle, misère || mendicité; ist
das der ganze —, est-ce là tout?
Bettelarm, adj. très-pauvre, misérable, gueux.
Bettelbrief, m. 2, permission de
demander la charité, f.; m. p.
lettre par laquelle on demande la
charité.        [charité.
Bettelbrod, n. 2, aumône, f.
Bettelbube, m. =junge, =knabe, m. 3,
garçon mendiant.
Bettelei, f. mendicité, gueuserie, demande importune.
Bettelfrau, v. Bettlerinn.
Bettelhaft, adj. pauvre, misérable.
Bettelmann, m. 5 (pl. =leute),
mendiant, gueux.
Bettelmönch, m. 2, moine mendiant.
Betteln, v. a. et n. (h.) mendier;
demander l'aumône, la charité,
fm. gueuser; fig. supplier, prier
instamment.        [diant.
Bettelorden, m. 1, ordre men-
Bettelpilger, m. 1, pèlerin men-
diant; der kleine —, miquelot.
Bettelsack, m. 2*, besace, f. bissac, m.; =träger, m. 1, mépr.
besacier.        [quin.
Bettelstaat, m. 2, fm. luxe mes-
Bettelstab, m. 2*, fg. mendicité,
f. pop. berniquet, m.; (er ist)

am —, réduit à la besace, pop.
au berniquet.
Bettelstolz, m. 2, sot orgueil;
—, adj. pauvre et fier.
Bettelvogt, m. 2*, chasse-coquin.
Bettelvolk, n. 5*, gueusaille, f.
canaille.
Bettelweib, n. 5, v. Bettlerinn.
Betten, v. a. et n. (h.) faire le
lit; sich zusammen —, coucher
ensemble; sich von einander —,
faire lit à part; sich wohl, übel —,
fg. se mettre dans un bon, dans
un mauvais état; gebettet, couché
sur qch.
Bettflasche, f., v. Bettwärmer.
Bettgang, m. 2*, ruelle, f.
Bettgesell, m. 2, compagnon de
lit.        [couchette, f.
Bettgestell, n. 2, bois de lit, m.
Betthimmel, m. 1, ciel du lit,
impériale, f.        [cher.
Bettkammer, f. chambre à cou-
Bettkranz, m. 2*, pente du lit, f.
Bettlade, f., v. Bettgestell.
Bettlägerig, adj. alité; — ma-
chen, aliter; — werden, s'aliter;
— seyn, fm. être sur le grabat.
Bettler, m. 1, =inn, f. mendiant,
m. -e, f.; gueux, m. -se, f.
Bettlerconfect, n. 2, quatre men-
diants, m. pl.
Bettpfanne, f. bassinoire.
Bettsack, m. 2*, valise de lit,
f., v. Strohsack.        [d'un lit, pl.
Bettsaule, f., —n, pl. colonnes
Bettstelle, f., v. Bettgestell.
Bettstollen, m. 1, pied du lit;
—, pl. colonnes d'un lit, pl.
Betttuch, n. 5*, drap de lit, m.;
linceul.
Bettung, f. (fortif.) plate-forme,
batterie; fond, m. radier d'une
écluse, f.        [moine, m.
Bettwärmer, m. 1, bassinoire, f.
Bettzeug, n. 2, garniture de lit,
Bettzieche, f. taie.       [f.
Bettzwillich, m. 2, coutil.
Betünchen, v. a. plâtrer; crépir.
Betze, f. chienne.
Beuche, Beuchen, v. Bäuche, x.
Beuge, f. courbure, cambrure.
Beugen, Beugsamkeit, Beugung,
x., v. Biegen, x.
Beule, f. bosse, tumeur; bu-
bon, m. ulcère; —n, pl. (bot.)
bosselure, f.
Beunruhigen, v. a. inquiéter,
agiter, troubler, alarmer, déran-
ger; (guer.) harceler; infester
(brigands).
Beunruhigung, f. inquiétude;
agitation, trouble, m.
Beurkunden, v. a. attester, prou-
ver, certifier par des documents;
authentiquer, légaliser un acte.

Beurkundung, f. légalisation.
Beurlauben, v. a. congédier; remercier; ſich bei einem —, prendre congé de qn., dire adieu à qn.
Beurlaubung, f. congé, m. réforme, f.
Beurtheilen, v. a. juger de, critiquer; censurer; raisonner sur.
Beurtheiler, m. 1, juge, censeur.
Beurtheilung, f. jugement, m. raisonnement; critique, f. censure. [kraft.
Beurtheilungskraft, voy. Urtheils-
Beute, f. proie, butin, m.; (mar.) capture, f. prise; — ma-
chen, butiner; auf — ausgehen, aller butiner; zur —, en proie.
Beutel, m. 1, bourse, f. sac, m.; poche, f.; (artill.) sachet, m.; (meun.) bluteau; (bill.) blouse, f.
den — ziehen, tirer la bourse, de l'argent de sa bourse; den — ſpicken, remplir la bourse; richte dich nach deinem —, réglez votre dépense sur votre revenu; er hat die Schwindſucht im —, il a la bourse plate; das geht aus euerm —, cela sera à votre compte; wir zehren aus Einem —, nous faisons bourse commune.
Beutelkammer, f. bluterie.
Beutelkaſten, m. 1*, blutoir.
Beutelkrabbe, f., —krebs, m. 2, crabe boursier.
Beutelmeiſe, f. mésange de Lithuanie.
Beuteln, v. a. bluter de la farine.
Beutelneß, n. 2, (péch.) brége, f. bregier, m. bregin.
Beutelratte, =rape, f. rat du Brésil, m. [m.
Beutelſchloß, n. 5*, ferme-bourse,
Beutelſchneider, m. 1, ccupeur de bourse, filou, escroc, chevalier d'industrie.
Beutelſchneiderei, f. filouterie.
Beutelſieb, n. 2, bluteau, m.
Beutelthier, n: 2, didelphe, m. opossum; v. Beutelraße.
Beuteltuch, n. 5*, étamine, f.
Beutelwelle, f. (meun.) tournebluteau, m.
Beutelwurm, m. 5*, boursaire.
Beutenhonig, m. 2, miel sauvage.
Beutenſalbe, f. enduit à ruches, m. [m. -ère, f.
Beutler, m. 1, =inn, f. boursier,
Bevölkern, v. a. peupler.
Bevölkerung, f. population.
Bevollmächtigen, v. a. donner procuration, pouvoir, plein pouvoir à qn.; autoriser qn.; der bevoll-
mächtigte Geſandte, plénipotentiaire, m.
Bevollmächtigte, m. 3, procureur, fondé de pouvoir, mandataire, plénipotentiaire.

Bevollmächtigung, f. autorisation; procuration; plein pouvoir, m.
Bevor, conj. avant que; avant de.
Bevorrechten, v. a. dohner des prérogatives, accorder des privi-
léges à qn.; bevorrechtet, privilégié.
*Bevorſtehen, v. n. (ſ.) être sur le point d'arriver; ein Unglück ſteht ihm bevor, il est menacé d'un malheur; es ſteht ihm ein großes Glück bevor, il est à la veille de faire une grande fortune.
Bevorſtehend, adj. prochain, imminent, menaçant (danger).
Bevortheilen, v. a. frauder, tromper, léser, porter préjudice à qn.
Bevortheilung, f. fraude, fourberie; préjudice, m.
Bewachen, v. a. veiller, garder.
Bewachſen, v. n. 7 (ſ.) se remplir, se couvrir d'herbe, etc.; —, v. a. couvrir; mit Gras—, part. herbu.
Bewachung, f. veille, garde.
Bewaffnen, v. a. armer, équiper, monter; munir (mit, de).
Bewaffnung, f. armement, équipement.
Bewahren, v. a. préserver, garantir, conserver, garder; Gott be-
wahre mich davor, Dieu m'en préserve! à Dieu ne plaise! ein be-
wahrendes Mittel, un préservatif.
Bewähren, v. a. prouver, éprouver, avérer, confirmer, approuver, vérifier; ſich —, être à l'épreuve; bewährt, éprouvé, certain; à l'épreuve; ein bewährtes Mittel, un spécifique.
Bewährtheit, f. authenticité (acte); die —ſeiner Treue, sa fidélité éprouvée. [garde.
Bewahrung, f. conservation, garde.
Bewährung, f. preuve, épreuve; confirmation, approbation; vérification.
Bewaldrechten, v. a. (charp.) dégrossir, équarrir.
Bewandert, adj. exercé, versé; expérimenté; ſehr —, foncé.
Bewandt, adj., bei ſo —en Um-
ſtänden, dans ces circonstances, en pareilles circonstances; la chose étant ainsi.
Bewandtniß, f. état, m.; situation, f.; es hat mit der S. eine ganz andere — als er ſagt, la chose a tout autre qu'il ne dit, il en est tout autrement; was es auch damit für eine — haben mag, quoi qu'il en soit.
Bewäſſern, v. a. arroser, mouiller; laver, baigner.
Bewegen, v. a. mouvoir; ébranler; agiter, remuer; fg. 6, porter, exciter, déterminer, engager qn. à faire qch.; intéresser; toucher, attendrir, émouvoir qn.; zum

Mitleiden —, faire pitié à qn.; exciter la compassion de qn.; heftig —, altérer; ſich —, se mouvoir, s'agiter, etc.; battre (cœur); fm. grouiller; ſich leicht —, jouer (pompe); ſich frei — können, fg. fm. avoir les coudées franches.
Bewegend, adj. mouvant, moteur, impulsif; fg. déterminant (raison); touchant.
Beweger, m. 1, moteur.
Beweglich, adj. mobile; mouvant; — machen, mobiliser; mobilier, meuble (bien), mobiliaire; die —en Güter, mobilier, m.; in —t Güter verwandeln, mobiliser; der Beſchlag auf die —en Güter, la saisie mobilière; —, fg. mobile, léger; touchant, pathétique (discours).
Beweglichkeit, f. mobilité.
Bewegung, f. mouvement, m. agitation, f.; heftige —, commotion; fg. id., convulsion; — exercice du corps, m.; maniement des membres; in — ſeßen, mouvoir; — (guer.) manœuvre, f. évolution; —en machen, manœuvrer; ſchulgerechte —, (man.) cadence, f. — auswärts, (anat.) abduction; —, fg. mouvement, m. agitation, f. émotion, altération; in — bringen, donner le branle à qch.; mettre en mouvement; in —geraten, s'émouvoir; die — der Hände, geste, m. coll. gestes, pl. [trice.
Bewegungskraft, f.*, force motrice.
Bewegungskunde, =lehre, f. mécanique; dynamique.
Bewegungslos, adj. sans mouvement, immobile.
Bewehren, v. a. armer; monter.
Beweiben (ſich), se marier.
Beweinen, v. a. pleurer, déplorer. [ble.
Beweinenswürdig, adj. déplorable.
Beweis, m. 2, preuve, f. démonstration, argument, m.; den — von etw. führen, faire la démonstration de qch., démontrer, prouver qch.
Beweisen, v. a. 5, prouver, démontrer, montrer; témoigner; überzeugend —, constater; das be-
weiſet für mich, cela fait pour moi, milite en ma faveur.
Beweiſend, adj. concluant.
Beweisgrund, m. 2*, raison, f. preuve; fondement, m.; argument; (jur.) moyen; der neue —, (log.) instance, f.
Beweishäufung, f. accumulation des preuves, conglobation.

Beweiskraft, f. force probante.

Beweislich, adj. probable.

Beweisschluß, m. 2*, argument; syllogisme.

Beweisschrift, f. pièce justificative, document, m.; mémoire; —en, pl. (jur.) enseignements, m. pl.

Beweisstelle, f. autorité.

*Bewenden, v. n., es babei — lassen, en demeurer là; s'en tenir là; s'en remettre à qch.; se borner à qch.; —, s. n. 1, babei hat es sein —, on s'en tiendra là, nous en resterons là.

Bewerben (sich), 2, um etw., rechercher, poursuivre, .briguer, ambitionner qch., aspirer à qch.; sich mit einem um etw. —, entrer, être en concurrence avec qn.; concourir pour qch. [pirant.

Bewerber, m. 1, candidat, aspirant.

Bewerbung, f. recherche; demande, poursuite; nach zweijähriger —, après deux ans de poursuites; —, concours, m. concurrence pour un prix, etc., f.

Bewerfen, v. a. 2, couvrir, jeter contre ou dessus; salir de; (maç.) enduire, crépir, ravaler.

Bewerfung, f. crépissure, crépi, m. ravalement.

Bewerkstelligen, v. a. faire, effectuer, exécuter, réaliser.

Bewerkstelligung, f. exécution, réalisation.

Bewickeln, v. a. entourer, envelopper, entortiller.

Bewilligbar, adj. accordable; allouable (somme).

Bewilligen, v. a. accorder, consentir à qch.; concéder, acquiescer à qch.; approuver; allouer une somme.

Bewilligung, f. consentement, m. agrément, aveu, permission, f. approbation; concession d'un droit; allocation d'une somme.

Bewilligungsschein, m.2, consens.

Bewillkommen, v. a. recevoir, accueillir; complimenter.

Bewillkommnung, f. réception, accueil, m.

Bewirken, v. a. effectuer, opérer, exécuter, causer, occasionner; obtenir qch. à qn.

Bewirthen, v. a. traiter, régaler; recevoir; faire un accueil à qn.; er hat uns gut bewirthet, il nous a fait bonne chére.

Bewirthschaften, v. a., ein Gut, administrer un bien.

Bewirthung, f. traitement, m. régal, chére, f.

Bewitzeln, v. a. plaisanter, railler finement, se moquer de qch.; faire des bons mots sur qch.

Bewohnbar, adj. habitable, logeable (maison).

Bewohnen, v. a. habiter, occuper; loger, demeurer dans une maison.

Bewohner, m. 1, =inn, f. habitant, m. -e, f.; fg. id.; hôte des bois, m. [pation.

Bewohnung, f. habitation, occu-

Bewölken, v. a. couvrir de nuages; fg. id., obscurcir.

Bewunderer, m. 1, =inn, f. admirateur, m. -trice, f.

Bewundern, v. a. admirer. [ble.

Bewundernswürdig, adj. admira-

Bewunderung, f. admiration.

Bewurf, m. 2*, crépi, crépissure, f. ravalement, m.

Bewußt, adj. connu à qn.; die —e S., der —e Freund, l'affaire (f.), l'ami (m.) en question; es ist mir nichts baren —, je l'ignore, je n'en suis point instruit; ich bin mir bessen —, je m'en souviens, je le sais; sich etw. Böses —seyn, se sentir coupable; sich nichts Böses —seyn, n'avoir rien à se reprocher; er ist sich seiner selbst nicht mehr —, il a perdu connaissance.

Bewußtlos, adj. sans connaissance.

Bewußtseyn, n. 1, connaissance, f.; conscience; le sentiment intime.

Bey, m. 2, (Turq.) bey.

Bey, prép., v. Bei.

Bezahlen, v. a. payer, compter, acquitter; (comm.) honorer; spielen wer Alles — soll, jouer à l'acquit.

Bezahler, m. 1, payeur. [quit.

Bezahlung, f. payement, m. ac-

Bezähmen, v. a. dompter, gourmander. [mander.

Bezaubern, v. a. ensorceler, enchanter, charmer, fasciner, ravir.

Bezaubernd, adj. charmant, enchanteur, éblouissant; — schön, à ravir, d'une beauté ravissante.

Bezauberung, f. charme, m. enchantement; maléfice; fg. éblouissement, fascination, f.

Bezecht, adj. ivre, grisé.

Bezeichnen, v. a. marquer, noter; faire une marque à qch.; mit Zahlen oder Buchstaben —, coter; mit dem Namenszuge —, parafer; mit Stife —, faudir une étoffe; mit Zettelchen —, billeter, étiqueter; mit Gränzsteinen —, aborner; mit einem Strohpfahle —, (jur.) brandonner; —, indiquer, désigner; signaler un voleur, etc.; caractériser, désigner qn.

Bezeichnend, adj. caractéristique.

Bezeichnung, f. désignation; marque; note; signalement d'un voleur, etc., m.

Bezeigen, v. a. marquer, montrer, témoigner, faire voir; démontrer; Freundschaft —, faire des démonstrations d'amitié; sich —, se comporter, se conduire, se montrer.

Bezeigung, f. marque; témoignage, m. démonstration, f.

Bezestan, m. 2, (Turq.) bezestan, halle, f.

Bezeugen, v. a. témoigner, attester, confirmer, faire foi de qch.; assurer; etw. vor Gott —, en attester Dieu, prendre Dieu à témoin de qch.

Bezeugung, f. attestation; témoignage, m.; preuve, f. marque, démonstration.

Bezichtigen, v. a. accuser qn. de qch., imputer qch. à qn.

Beziehen, v. a. 6, couvrir qch.; garnir (mit, de); monter un instrument de musique, y mettre des cordes; Geld —, toucher de l'argent; Waaren —, tirer des marchandises; ein Haus —, prendre possession d'une maison; das Winterquartier —, prendre ses quartiers d'hiver; —, occuper un poste; ein Lager —, camper; die Wache —, monter la garde; die Messen —, fréquenter les foires; fg. rapporter, référer, appliquer (auf, à); sich —, se rapporter, se référer; s'en rapporter; être relatif (auf, à).

Beziehend, Beziehlich, adj. relatif; sich wechselsweise auf einander beziehend, corrélatif.

Beziehung, f. prise de possession; entrée dans un logement; occupation d'un poste; fg. rapport, m. relation, f.; die wechselseitige —, corrélation. [tendre à.

Beziehlen, v. a. avoir pour but,

Beziffern, v. a. chiffrer.

Bezirk, m. 2, enceinte, f.; circuit, m. enclos; enclave, f.; district, m. canton; arrondissement, ressort; juridiction, f.

Bezirken, v. a. limiter, borner.

Bezoar, =stein, m. 2, (hist. nat.) bézoard. [Indes, f.

Bezoarbock, m. 2*, gazelle des

Bezug, m. 2*, (art.) monture, f. garniture || rapport, m. relation, f.; in —, relativement, par rapport, quant (auf, à); auf etw. — haben, se rapporter, appartenir à qch. [pour objet, tendre à.

Bezwecken, v. a. avoir pour but,

Bezweifeln, v. a. douter de, révoquer, mettre en doute.

Bezwingen, v. a. 3, dompter, assujettir, soumettre; asservir; subjuguer; vaincre; fg. surmonter, venir à bout de qch., maitriser, dompter ses passions.

Bezwinger, *m.* 1, vainqueur; dompteur *des monstres.*

Bezwingung, *f.* assujettissement, *m.*; réduction, *f.*

Bibel, *f.* bible, écriture sainte.

Bibelausleger, *m.* 1, exégète, interprète *de l'écriture sainte.*

Bibelauslegung, *f.* interprétation de la bible, exégèse. [bible.

Bibelfest, *adj. fm.* versé dans la

Bibelgesellschaft, *f.* société biblique. [bible.

Bibelmäßig, *adj.* conforme à la

Bibelspruch, *m.* 2*, =stelle, *f.* passage (*m.*), sentence (*f.*) de la bible.

Bibelwert, *n.* 2, bible en plusieurs langues, *f.* bible polyglotte; bible accompagnée d'un commentaire. [bièvre.

Biber, *m.* 1, (*hist. nat.*) castor,

Biberbalg, *m.* 2*, =fell, *n.* 2, peau de castor, *f.* [de castor, *f.*

Biberbau, *m.* 2, terrier, cabane

Biberbaum, *m.* 2*, magnolier glauque. [bièvre.

Biberente, *f.* harle, *m.* harle de

Bibergeil, *n.* 2, castoréum, *m.*

Biberhaar, *n.* 2, poil de castor, *m.*; mit — überziehen, (*chap.*) bastir. [de castor.

Biberhut, *m.* 2*, castor, chapeau

Biberklee, *m.* 2, trèfle de castor, ménianthe. [Moscovic, *m.*

Biberratte, *f.* rat musqué de

Bibertaucher, *m.* 1, (*hist. nat.*) bièvre.

Biberwurz, *f.* aristoloche.

Bibliothek, *f.* bibliothèque.

Bibliothekar, *m.* 2, bibliothécaire.

Biblisch, *adj.* de la bible, biblique. [nête, probe, brave.

Bieder, *adj.* loyal, droit, hon-

Biederkeit, *f.* loyauté, honnêteté, probité.

Biedermann, *m.* 5*, homme loyal, galant homme; wahre —, *fm.* vrai Gaulois, bon israélite.

Biedermännisch, *v.* Bieder.

Biedersinn, *m.* 2, *v.* Biederkeit.

Biege, *f.* courbure, flexion; pli, *m.*; (*anatomie*) fléchissure, *f.*

Biegefall, *m.* 2*, (*gramm.*) cas oblique, cas, inflexion, *f.*

Biegel, *m.* 1, filet.

Biegeln, *v.* Bügeln.

Biegemuskel, *m. exc.* 1, (*anat.*) muscle fléchisseur.

Biegen, 6, Beugen, *v. a.* courber, incliner, plier, fléchir; bogenförmig — arquer; (*grammaire*) décliner; beugen, *fg.* dompter, soumettre; einem Kinde den Nacken —, ranger un enfant à la raison, réduire un enfant; beugen, plier, violer *la justice*; abattre, affliger qn.; tief gebeugt, profondément affligé; es muß biegen oder

brechen, *prov.* il faut que cela aille de gré ou de force.

Biegeschritt, *m.* 2, (*dans.*) coupé.

Biegsam, Beugsam, *adj.* flexible, souple; pliable; pliant; *fg.* docile, obéissant. [plesse.

Biegsamkeit, *f.* flexibilité, souplesse.

Biegung, *f.* flexion, inflexion, fléchissement, *m.* courbure, *f.*; cambrure *d'une poutre*, coude *d'un mur, m.*; — eines Gewölbbogens, retombée, *f.*; —, *fg.* inflexion *de la voix.*

Biel, Bienne (*ville*).

Biene, *f.* abeille, mouche à miel; *v.* Schneiden.

Bienenbrut, *f.* couvain, *m.*

Bienenerz, *n.* 2, le minerai tombé en efflorescence, poreux et plein de cavités cellulaires.

Bienenfresser, *m.* 1, clairon apivore; guêpier.

Bienenharz, *n.* 2, =kitt, *m.* 2, propolis. [chon, *m.*

Bienenhaube, =kappe, *f.* capu-

Bienenkorb, *m.* 2*, ruche, *f.*

Bienenschwarm, *m.* 2*, essaim, jet d'abeilles. [panier, *m.*

Bienenstock, *m.* 2*, ruche, *f.*

Bienenwabe, *f.* gaufre, gâteau, *m.* rayon de miel.

Bienenwärter, =vater, *m.* 1*, gardien des abeilles.

Bienenweisel, =weiser, *m.* 2, reine, *f.* mère abeille.

Bienenzelle, *f.* cellule, alvéole, *m.*

Bienenzucht, *f.* culture des abeilles.

Bier, *n.* 2, bière, *f.*; dünnes, schwaches —, petite bière, *f.*; braun —, bière brune.

Bierbrauer, *m.* 1, brasseur.

Bierbrauerei, *f.* brasserie.

Bierfaß, *n.* 5*, tonneau, *m.* muid à bière.

Bierfiedel, *f.* mauvais violon, *m.*

Bierfiedler, *m.* 1, ménétrier.

Bierhaus, *n.* 5*, brasserie, *f.*

Bierhefen, *f. pl.* levure, *f.*

Bierfaltenschale, Biersuppe, *f.* birambrot, *m.*

Bierkanne, *f.* pot à bière, *m.*

Bierschank, *m.* 2*, droit devendre de la bière à pot et à pinte.

Bierschenk, Bierwirth, *m.* 2, cabaretier à assiette.

Bierschenke, *f.*, *v.* Bierhaus.

Bierschild, *n.* 5, enseigne à bière, *f.* [brauer, *c.*

Biersieder, =siederei, *voy.* Bier-

Biersuppe, *f.* soupe à la bière.

Bierzeichen, *n.* 1, bouchon, *m.*

Bieten, *v. a.* 6, offrir, présenter; donner; tendre *la main*; feil —, mettre en vente; zu hoch, theuer —, surfaire; zu wenig —, mésoffrir; mehr — als ein Anderer, renché-

rir; einem Trotz —, défier, braver qn.; einem die Spitze —, faire tête, résister à qn.

Bieter, *m.* 1, enchérisseur.

Bilanz, *f.* bilan, *m.* balance, *f.*

Bild, *n.* 5, image, *f.*; figure; tableau, *m.* portrait; peinture, *f.*; simulacre, *m.* idole, *f.*; (*théol. etc.*) type, *m.*; symbole; (*rhét.*) figure, *f.* métaphore, trope, *m.*

Bildarbeit, *f.* camaïeu, *m.*

Bildchen, *n.* 1, petite image; *f.* vignette.

Bilden, *v. a.* former, façonner; figurer, représenter, faire; *fg.* organiser *un établissement*; former, cultiver, polir *l'esprit*; ein gebildeter Mensch, un homme d'un esprit cultivé; wobi gebildet, bien fait; die bildenden Künste, les arts plastiques, libéraux; gebildet, damassé, ouvré (*linge*).

Bilderanbeter, *m.* 1, iconolâtre.

Bilderbeschreibung, *f.* iconographie. [que.

Bilderbestreiter, *m.* 1, iconomaque.

Bilderbibel, *f.* bible en figures.

Bilderblende, *f.* niche. [*m.*

Bilderbuch, *n.* 5*, livre d'images,

Bilderdiener, *v.* Bilderanbeter.

Bilderdienst, *m.* 2, culte des images. [bleaux.

Bildergallerie, *f.* galerie de ta-

Bilderhändler, *m.* 1, marchand d'images, d'estampes; imager, brocanteur.

Bilderlehre, *f.* iconologie.

Bilderrahmen, *m.* 1, bordure, *f.* cadre, *m.* [pittoresque.

Bilderreich, *adj.* plein d'images;

Bildersaal, *m.* 2*, salon de peintures, galerie de tableaux, *f.*

Bilderschrift, *f.* hiéroglyphes, *pl.*

Bildersprache, *f.* langage figuré, *m.*

Bilderstein, *m.* 2, camaïeu.

Bilderstürmer, *m.* 1, iconoclaste, briseur d'images.

Bilderstürmerei, *f.* destruction des images.

Bildertrödler, *m.* 1, revendeur de tableaux, brocanteur, croutier.

Bildgießer, *m.* 1, maître fondeur.

Bildgraber, *m.* 1, graveur, chalcographe. [chalcographie.

Bildgraberkunst, *f.* gravure,

Bildhauer, *m.* 1, sculpteur, statuaire. [sculpture.

Bildhauerarbeit, *f.* Bildhauer-

Bildhauerkunst, *f.* 2, badigeon; mit — überziehen, badigeonner.

Bildlich, *adj.* figuré; (*rhét.*) *id.*, tropique, métaphorique; graphique (*description*); symbolique, mystique; in einem —en Sinn, figurément; der —e Ausdruck, figuré, *m.*

Bildner, *m.* 1, artiste qui fait

des figures, peintre, statuaire.
Bildniß, n. 2, v. Bild; (jur.)
effigie, f.; im—hinrichten, effigier;
im — hängen, pendre en effigie.
Bildſam, adj. traitable, flexi-
ble; docile.
Bildſäule, f. statue; die eherne —,
bronze, m.
Bildſchnitzer, m. 1, sculpteur en
Bildſchön, adj. très-beau. [bois.
Bildſtein, m. 2, (minér.) pierre
figurée, f. figurée.
Bildung, f. formation; conformation; organisation; institution;
fg. éducation, culture. [trice.
Bildungskraft, f.*, vertu forma-
Bildweber, m. 1, ouvrier en damas.
Bildwerk, n. 2, figures, f. pl. ornement de sculpture, m.
Bill, f. bill, m. (projet de loi
en Angleterre).
Bille, f., des Billards, bille;—
der Müller, pic à rhabiller, à rebattre les meules, m.; — im Wellbaum, pivot; — der Tuchſcherer,
billette, f.; die —n eines Schiffes,
les fesses d'un vaisseau.
Billen, v. a. rebattre, rhabiller
les meules.
Billet, n. 2, billet, m.
Billiard, n. 2, -haus, m. 5*, -ſaal,
m. 2*, -tafel, f. billard, m.
Billiard ſpielen, v. a. jouer au
billard.
Billiardiren, v. n. (b.) billarder.
Billiardkugel, f. bille.
Billiardſtoß, m. 2*, queue, f.
masse, billard, m.
Billig, adj. juste, équitable,
raisonnable; légitime; impartial;
es iſt —, il convient; nicht mehr
als —, comme de raison.
Billigen, v. a. approuver, agréer,
avoir pour agréable; applaudir à
qch.; autoriser, justifier; ratifier
un traité.
Billiger maßen, adv. raisonnable-
ment, à juste titre, à bon droit,
avec raison. [tice.
Billigkeit, f. équité; raison, jus-
Billigung, f. approbation.
Billion, f. billion, m.
Bilſenkraut, n. 5*, (bot.) jus-
Bilz, v. Pilz. [quiame, f.
Bimmeln, v. a. ou n. carillonner, sonnailler, brimbaler les
cloches.
Bimsſtein, m. 2, pierre ponce, f.
Binbart, f.*, cognée, besaiguë.
Binbbalken, m. 1, architrave, f.
traversine, bandeau, m. tirant.
Binbbraht, m. 2*, fil d'archal
recuit.
Binde, f. (chir.) bande, bandage,
m. ligature, f.; den Arm in der —
tragen, porter le bras en écharpe;

—, bandeau, m. écharpe, f.;
(blas.) fasce.
Bindekraft, f.*, (phys.) cohésion. [ceau, m.
Bindemeſſer, n. 1, (tonn.) ais-
Bindemittel, n. 2, ciment, m.;
(méd.) remède glutinatif, glutinatif, glutinant.
Binden, v. a. 3, lier, joindre;
attacher; garrotter; botteler du
foin; relier un livre; lier, relier
un tonneau; monter un bouquet;
(escr.) engager le fer; (chir.) bander; (trictr.) accoupler; (mus.)
couler des notes; fg. obliger, astreindre, assujettir; (chim.) den
Wärmeſtoff, eine Säure, x. —,
neutraliser le calorique, un acide,
etc. (gebunden, neutralisé, latent);
einem die Hände —, lier les mains
à qn., brider qn.; mit Bindfaden
—, ficeler; Weinreben an den Pfahl
—, accoler la vigne; einem Thiere
die Füße —, empêtrer une bête;
in Garben —, gerber; in Büſchel
—, fagoter des broutilles; gebun-
bene Rede, de la poésie; ſich an
etw. —, s'attacher, s'astreindre,
s'asservir, s'assujettir à qch.; an
niemand gebunden ſeyn, ne dépendre de personne; aufs Gewiſſen —,
mettre sur la conscience; kurz gebunden ſeyn, avoir la tête près du
bonnet, être brusque; —, s. n. 1,
(tonn.) reliage, m.; (rel.) reliure,
f.; fagotage, m. bottelage; (escr.)
engagement de l'épée.
Bindenb, adj. (méd.) glutinant,
glutinatif; (log.) concluant.
Bindeſchlüſſel, m. 1, clef de S.
Pierre, f.
Bindeſtein, m. 2, pierre de re-
fend, f. [gluten.
Bindeſtoff, m. 2, (hist. nat.)
Bindeſtrich, m. 2, v. Bindezeichen.
Bindewort, n. 5*, conjonction, f.
Bindezeichen, n. 1, trait d'union,
m. liaison, f. tiret, m.
Bindezeug, n. 2, étui de chirur-
gien, m.
Binbfaden, m. 1*, ficelle, f.
Binbfadenſpule, f. ficellier, m.
Binbholz, n. 5*, lierne, f.
Binbriemen, m. 1, courroie, f.
Binbung, f., v. Binden, n.; (mus.)
coulé, m.; (peint.) union, f.
Bindungsſtrich, m. 2, -zeichen,
n. 1, (mus.) chapeau, m.
Bindeweide, f. hart, pleyon, m.
Bingelkraut, n. 5*, mercuriale,
f. (plante).
Binnen, prép. dans, dans l'es-
pace de, au bout de; — 14 Ta-
gen, d'ici à 15 jours.
Binnendamm, m. 2*, -deich, 2,
batardeau, digue intérieure, f.
Binnenland, n. 5*, une contrée

située dans un certain district,
dans l'intérieur des terres.
Binnenländer, m. 1, (nav.) bé-
landre, f. [tretoile, f.
Binnenwerk, -gewirk, n. 2, en-
Binſe, f. jonc, m.
Binſenblume, f. jonquille.
Binſenbecke, -matte, f. natte de
jonc. [articulée, m.
Binſengras, n. 5*, jonc à tige
Binſenlauch, m. 2, ail joncoïde.
Binſenplatz, m. 2*, jonchaie, f.
Biograph, m. 3, biographe.
Biographie, f. biographie.
Biographiſch, adj. biographique.
Biquadrat, n. 2, (algébr.) puis-
sance biquadratique, f.
Birke, f. bouleau, m.
Birken, adj. de bouleau.
Birkenbaum, m. 2*, v. Birke.
Birkenbuſch, m. 2*, -wald, m. 5*,
boulaie, f. forêt de bouleaux.
Birkenſchwamm, m. 2*, agaric
cotonné. [de bruyère.
Birkhahn, m. 2*, coq des bois,
Birthenne, f. -huhn, n. 5*, gé-
linotte des bois, f.
Birn, f. poire.
Birnbaum, m. 2*, poirier.
Birnmeſt, Birnwein, m. 2, poiré.
Birnſchale, f. pelure de poire.
Birnſchnipe, m. pl. 2, poires
sèches, f. pl.
Birnſtiel, m. 2, queue de poire, f.
Bis, adv. jusque, jusqu'à; —
daß, conj. jusqu'à ce que; von
hier — nach Paris, d'ici à Paris;
— in die ſpäte Nacht hinein, bien
avant dans la nuit; vom Kopf —
zu den Füßen, de pied en cap;—
auf Wiederſehen, f m. jusqu'au re-
voir; (wir ſind einig) — auf 10 Fr.,
à 10 fr. près; 7 — 9 Jahre, 7 à 9
ans; warte — man es dir ſagt, at-
tends qu'on te le dise.
Biſam, m. 2, musc; mit —wohl-
riechend machen, musquer; nach —
riechend, musqué. [quée, f.
Biſamapfel, m. 1*, pomme mus-
Biſambaum, m. 2*, cédrat.
Biſamblume, f. (bot.) ambrette.
Biſambüchſe, f. boite de senteur.
Biſamfarbe, f. couleur de musc;
—n, adj. couleur de musc.
Biſamkatze, f. genette.
Biſamkorn, n. 5*, grain de mosch,
m. [mosch, m.
Biſamkraut, n. 5*, -pappel, f.
Biſamkräutchen, n. 1, moscate-
line, f. herbe musquée.
Biſamkügelchen, n. 1, muscadin,
Biſamochs, m. 3, bison. [m.
Biſamthier, n. 2, musc, m.
Biſchen, n. 1, petit morceau, m.
peu.
Biſchof, m. 2*, évêque ordinaire;
— im Lande der Ungläubigen, évê-

que in partibus (*infidelium*) ||
une boisson de vin rouge avec des
oranges, du vin chaud.

Bifchöfflich, *adj.* épiscopal; bie
—t Würbe, épiscopat, *m.*; ber
—e Siß, Palaft, évêché || anglican.

Bifchofsamt, *n.* 5*, épiscopat, *m.*

Bifchofshut, *m.* 2*, =müße, *f.*
mitre; mit einem —e verfehen, mitré (*abbé*); ber fleine —, (*bot.*)
mitelle, *f.* [rale, *f.*

Bifchofsfreuz, *n.* 2, croix pecto-
Bifchofsmantel, *m.* 1*, pallium.
Bifchofsmäntelchen, *n.* 1, camail,
*m.*

Bifchofsftab, *m.* 2*, crosse, *f.*

Bifchofswürde, *f.* épiscopat, *m.*

Bisher, *adv.* jusqu'à présent,
jusqu'ici, jusque-là, jusqu'à cette
heure.

Bisherig, *adj.* passé; précédent;
dernier; ce qui a duré jusqu'ici;
bie —en Befißer, ceux qui étaient
les possesseurs jusqu'à présent.

Bismuth, *m.* 2, bismuth.

Biß, *m.* 2, morsure, *f.* coup de
dent, *m.*

Bißchen, *n.* 1, petit morceau, *m.*
bribe, *f.* peu, *m.*; brin; warte ein
—, attends un moment.

Biffen, *m.* 1, morceau; bouchée,
*f.*; ber zu ftarf gewürßte —, brûlot, *m.*; vergiftete —, gobbe, *f.*
boucon, *m.*; leßte — in ber Schüf=
fel, morceau honteux; fchmale —
geben, rogner les morceaux à qn.

Biffig, *adj.*, v. Beißend.

Biffigfeit, *f.* causticité, mordant,
*m.* piquant.

Bifter, *m.* 1, bistre.

Bisthum, *n.* 5*, évêché, *m.*

Bisweilen, *adv.* quelquefois, parfois.

Bittbrief, *m.* 2, v. Bittfchrift.

Bitte, *f.* demande, prière; bie
bringenbe —, instance.

Bitten, *v. a.* 1, prier, demander,
supplier; bringenb, infländig —,
implorer, conjurer qn., faire des
instances auprés de qn.; für einen
—, intercéder pour qn.; einem um
Berzeihung —, demander pardon
à qn.; wenn ich —barf, de grâce
|| prier, inviter à dîner, convier
à un festin.

Bitter, *adj.* amer, aigre, piquant;
ein wenig —, aigrelet; bittere Thränen weinen, pleurer amèrement;
bie bittere Wahrheit, la vérité toute
pure, toute nue.

Bitterböfe, *adj.* fort en colère,
très-fâché, très-méchant.

Bitterbiftel, *f.* chardon-bénit, *m.*

Bittererde, *f.* terre muriatique.

Bitterholz, *n.* 5*, bois (*m.*),
racine (*f.*) de quassia; =baum,
*m.* 2*, quassia.

Bitterfalf, *m.* 2, chaux gardée, *f.*

Bitterfeit, *f.* amertume, aigreur;
*fg. id.*, acrimonie. [ménianthe.

Bitterflee, *m.* 2, tréfle d'eau,
Bitterfraut, *n.* 5*, centaurée, *f.*

Bitterfreffe, *f.* cresson d'eau, *m.*

Bitterlich, *adj.* un peu amer; —,
*adv.* amèrement; *fg. id.*; triste-
ment. [cotin.

Bitterfaft, *m.* 2*, (*pharm.*) chi-
Bitterfalz, *n.* 2, sel cathartique,
amer, *m.*

Bitterfüß, *n.* 2, douce-amère, *f.*
(*plante*). [amére, *f.*

Bitterwaffer, *n.* 1, eau minérale
Bitterwurz, *f.* gentiane.

Bittfchrift, *f.* pétition, supplique, requête, placet, *m.* mémoire, mémorial. [suppliant.

Bittweife, *adv.* par prière; en
Bivafiren, *v. n.* (h.) (*guer.*) bivaquer, bivouaquer.

Blache, *f.* banne.

Blachfeld, *n.* 5, plaine, *f.* plat
pays, *m.* rase campagne, *f.*

Blachmahl, *n.* 5*, (*chim.*) crasse,
*f.* scorie.

Blachfifch, *m.* 2, séche, *f.*

Blaffen, *v. n.* (h.) aboyer.

Blaffert, *m.* 2, blafard (*petite
monnaie de 20 cent.*).

Bläben, *v. a.* enfler, gonfler; causer des vents à qn.; fich —, s'enfler;
se gonfler; *fg. id.*, s'enorgueillir.

Blähenb, *adj.* flatueux, venteux.

Blähung, *f.* ventosité, flatuosité;
—en vertreibenb, carminatif.

Blanf, *adj.* blanc; clair, poli.

Blanfett, *n.* 2, blanc seing, *m.*
blanquet, carte blanche, *f.*

Blanffcheit, *n.* 5, busc, *m.*; mit
einem — ausfteifen, busquer; bas
— vorftecfen, se busquer.

Bläschen, *n.* 1, bulle d'air, *f.*;
vésicule (*méd.*) bube.

Blafe, *f.* bulle, bouteille; (*chir.*)
ampoule, cloche, vessie; (*chim.*)
alambic, *m.*

Blafebalg, *m.* 2*, soufflet.

Blafebalgleber, *n.* 1, (*fact. d'org.*)
aine, *f.*

Blafebalgröhre, *f.* tuyère.

Blafebalgtreter, *m.* 1, souffleur.

Blafebalgzieher, *m.* 1, chauffeur.

Blafebalfen, *m.* 1, (*mar.*) tambour d'éperon.

Blafefifch, *m.* 2, Bläfer, *m.* 1,
(*hist. nat.*) souffleur.

Blafehorn, *n.* 5*, cor à sonner,
*m.*; buccin (*coquille*).

Blafeinftrument, *n.* 2, instrument à vent, *m.*

Blafen, *v. a. et n.* 4 (h.) souffler;
jouer de la flûte, sonner du cor,
etc., *fm.* corner; mit einem in ein
Horn —, *fg. fm.* être d'intelligence avec qn.; zum Angriff —,

sonner la charge; zum Abzug —,
sonner la retraite; zu Pferd —,
sonner le boute-selle; Lärmen —,
sonner l'alarme; einem etwas in bie
Ohren —, souffler, corner qch. aux
oreilles de qn.

Blafenband, *n.* 5*, Blafenfchnur,
*f.*, (*anat.*) ouraque, *m.* [dier.

Blafenbaum, *m.* 2*, baguenau-
Blafenbruch, *m.* 2*, (*méd.*) cys-
tocèle, *f.* [m. vésicaire, *f.*

Blafenerbfe, *f.* pois de merveille,
Blafengries, *m.* 2, gravelle, *f.*

Blafenhut, *m.* 2*, chape, *f.*

Blafenfäfer, *m.* 1, cantharide, *f.*

Blafenfohl, *m.* 2, (*bot.*) roquette
d'Espagne, *f.*

Blafenfraut, *n.* 5*, utriculaire, *f.*

Blafenlebergang, *m.* 2*, (*anat.*)
conduit cysthépatique.

Blafenpflafter, *n.* 1, vésicatoire, *m.*

Blafenräumer, *m.* 1, (*chir.*) curette, *f.* [tique, *m.*

Blafenfalbe, *f.* onguent épispas-
Blafenftein, *m.* 2, (*méd.*) pierre
dans la vessie, *f.* gravelle, calcul, *m.*; bie Bildung bes —s,
lithiasie, *f.* [tomiste.

Blafenfteinfchneider, *m.* 1, litho-
Blafenfteinzerreibung, *f.* lithotritie. [téotomie.

Blafenftich, *m.* 2, (*chir.*) cys-
Blafenvorfall, *m.* 2*, renversement de la vessie.

Blafenziehenb, *adj.* vésicatoire.

Blaferohr, Blasrohr, *n.* 2, sarbacane, *f.*; (*verr.*) fêle, bauquin,
*m.*; (*orf.*) chalumeau, brouhi.

Blafig, *adj.* rempli de vessies,
d'ampoules.

Blafius, *n. pr. m.* Blaise.

Blaß *, *adj.* pâle, blême, hâve,
blafard; mourant (*couleur*).

Bläffe, *f.* pâleur; (*man.*) étoile,
chanfrein blanc des chevaux, *m.*

Blaßhuhn, *n.* 5*, foulque, *f.*
poule d'eau. [clairet (*vin*).

Blaßroth, *adj.* d'un rouge pâle.

Blatt, *n.* 5*, (*bot.*) feuille, *f.*
face, pampe du seigle, etc.; pétale d'une fleur, *m.*; *fg.* bas —
hat fich gewenbet, les choses ont
changé de face; fein — vor ben
Munb (*pop.* vor's Maul) nehmen,
parler franchement, appeler chat
un chat || feuillet de papier, *m.*;
feuille d'un livre, *f.*; journal, *m.*
feuille, *f.*; bie öffentlichen Blätter,
les papiers publics, journaux; vom
—t weg, (*mus.*) à livre ouvert||pan
d'une étoffe, *m.*; ais d'une table;
lame d'une scie, *f.*; (*anat.*) épaule,
omoplate; paleron, *m.*

Blättchen, *n.* 1, petite feuille, *f.*;
(*bot.*) foliole; feuilleton, *m.* petit
feuillet de papier; (*anat.*) fontanelle, *f.*

**Blatter,** f. pustule; élevure; bouton, m. (v. aussi Blase); kleine —, bube, f.; —n, pl. petite vé- Blättergold, v. Blattgold. [role.

**Blättericht,** adj. (pât.) feuilleté; — baden, feuilleter.

**Blätterig,** adj. feuillu, folié; **feuillé.** [non pommé.

**Blätterkohl,** m. 2, chou feuillé,

**Blätterlos,** adj. sans feuilles; (bot.) apétale. [feuillet, livre.

**Blättermagen,** m. 1*, (anat.)

**Blättern,** v. a. feuilleter; effeuiller une fleur; sich —, s'effeuiller.

**Blatternarbe,** f. marque, grain (m.) de petite vérole.

**Blatternarbig,** adj. marqué de petite vérole; sehr —, grêlé, cousu.

**Blatterneinimpfer,** m. 1, inoculateur.

**Blatterneinimpfung,** f. inoculation; der Anhänger der —, inoculiste, m.

**Blatterngift,** n. 2, venin ou virus variolique, m. [ladrerie, f.

**Blatternhaus,** n. 5*, hôpital, m.

**Blätterschwamm,** m. 2*, (hist. nat.) agaric. [feuilles.

**Blättertabak,** m. 2, tabac en

**Blätterteig,** m. 2, feuilletage.

**Blätterwerk,** n. 2, feuillage, m.

**Blattgold,** n. 2, or en feuilles, m. or battu; (dor.) or d'applique.

**Blatthalter,** m. 1, (impr.) visorium. [me, f.

**Blatthüter,** m. 1, (impr.) récla-

**Blattkäfer,** m. 1, (hist. nat.) chrysomèle, f.

**Blattlaus,** f.*, puceron, m.

**Blattlose,** f. (bot.) jonciole.

**Blattsauger,** m. 1, kermès (insecte.

**Blattseite,** f. page. [secte.

**Blattwender,** m. 1, tourne-feuillet.

**Blattwidler,** m. 1, rouleuse, f. (chenille); rouleur, m. (insecte).

**Blattzeichen,** n. 1, signet, m.

**Blau,** adj. bleu, (blas.) azur; —e Stärke, f. du bleu d'empois; — machen, werden, bleuir; —, s. n. 2, ou Bläue, f. bleu, m. couleur bleue, f. azur du ciel, m.

**Bläuel,** m. 1, battoir, batte, f.

**Bläuen,** v. a. bleuir; fm. battre, rosser; —, v. n. (f.) devenir bleu.

**Blauente,** f. (hist. nat.) morillon, m. canard sauvage.

**Blaufarbenkobalt,** m. 2, cobalt de safre. [petit teint.

**Blaufärber,** m. 1, teinturier du

**Blaufuß,** m. 2*, (hist. nat.) laneret (espèce de faucon); der weibliche —, lanier.

**Blaugesäuert,** adj.; —es Salz, n. 2, prussiate, m.

**Blauholz,** n. 5*, bois de Brésil, m. bois de Campêche.

**Blaukopf,** m. 2*, tête bleue, f. (chenille); perche de mer (poisson); cercelle d'Amérique (oiseau).

**Bläulich,** adj. bleuâtre, azurin.

**Blaumahl,** n. 5*, meurtrissure, f. marque, tache livide.

**Blaumeise,** f. mésange bleue.

**Blausäure,** f. acide prussique, m.

**Blauschimmel,** m. 1, cheval bleu-pommelé.

**Blauspecht,** m. 2, sittelle, f. torche-pot, m.

**Blaustrumpf,** m. 2*, fg. espion, rapporteur, mouchard.

**Blech,** n. 2, fer-blanc, m.; tôle, f.; lame, plaque.

**Blechen,** v. a. et n. (b.) fm. payer, jouer du pouce. [tôle.

**Blechern,** adj. de fer-blanc; de

**Blechhandschuh,** m. 2, gantelet.

**Blechhaube,** f. casque, m.

**Blechhütte,** f. forge de tôle.

**Blechkappe,** f. (hydr.) crapaudine; v. Blechhaube.

**Blechmünze,** f. bractéate.

**Blechnagel,** m. 1*, clou à tête large. [poir, m.

**Blechscheere,** f. cisailles, pl. cou-

**Blechschläger,** m. 1, affineur.

**Blechschmied,** m. 2, Blechner, m. 1, ferblantier.

**Blecken,** v. a. ol. découvrir; die Zähne —, montrer les dents.

**Blei,** n. 2, plomb, m.; (chim.) ol. saturne. [plomb, m.

**Bleiarsenik,** n. 2, arséniate de

**Bleiauflösung,** f. extrait de saturne, m. [saturne.

**Bleibaum,** m. 2*, (chim.) arbre de saturne.

**Bleiben,** v. n. 5 (f.) rester; demeurer; s'arrêter; séjourner dans un endroit; durer, subsister; être; périr; in der Schlacht —, rester sur le champ de bataille, mourir; sitzen —, s'arrêter; gesund —, conserver la santé; bei Ehren —, conserver son honneur; am Leben —, demeurer en vie; es soll bei dem Alten —, la chose restera sur l'ancien pied; von jemand —, éviter la compagnie de qn.; bei etw. —, s'en tenir, se fixer à qch.; continuer un travail; halsstarrig bei etw. —, s'obstiner à, s'opiniâtrer sur qch.; bei seiner Meinung —, persister dans son opinion; es bleibt dabei, va, soit, cela vaut fait; — lassen, laisser, abandonner; das lasse ich —, je n'aurai garde de faire cela; für sich —, s'isoler; —, s. n. 1, demeure, f. séjour, m.; hier ist meines —s nicht, je ne puis rester ici.

**Bleibend,** adj. permanent; durable; seine bleibende Stätte haben, ne pas avoir de demeure fixe; ne pouvoir demeurer en place.

**Bleiblumen,** f. pl. des fleurs de saturne.

**Bleibutter,** f. beurre de saturne.

**Bleich,** adj. pâle; blême; blafard, hâve; paillet.

**Bleiche,** f. pâleur; teint blême, m. || blanchisserie, f.; blanchiment, m.

**Bleichen,** v. a. et n. 5† (b.) blanchir; auf dem Grase —, herber; —, s. n. 1, blanchiment, m. blanchissage.

**Bleicher,** m. 1, blanchisseur.

**Bleicherlohn,** m. 2, blanchissage.

**Bleichroth,** adv., v. Blaßroth.

**Bleichsucht,** f. (méd.) pâles couleurs, pl. chlorose, f.

**Bleichwassersucht,** f. leucophlegmatie. [lisé en groupes.

**Bleidruse,** f. du plomb crystal-

**Bleien,** v. a. plomber.

**Bleiern,** adj. de plomb.

**Bleierz,** n. 2, mine de plomb, f. colombin, m. [turne.

**Bleiessig,** m. 2, vinaigre de sa-

**Bleifalke,** m. 3, oiseau de S. Martin, jean-le-blanc, soubuse, f.

**Bleifarbig,** adj. couleur de plomb, plombé; livide (peau).

**Bleifeile,** f. râpe à plomb.

**Bleiform,** f. moule de plomb, m.

**Bleigeist,** m. 5, esprit de saturne.

**Bleigelb,** n. 2, massicot, m.

**Bleigewicht,** n. 2, plomb, m.

**Bleigießer,** m. 1, plombier.

**Bleigießerei,** f. plomberie.

**Bleiglanz,** m. 2, galène, f. plombagine.

**Bleiglätte,** f. litharge; glette; mit — versälscht, lithargé (vin).

**Bleigraupe,** f. cristal de plomb,

**Bleihaltig,** adj. plombier. [m.

**Bleiklöchlein,** n. 1, (hist. nat.) gorge-bleue, f. [glette, f.

**Bleiknecht,** m. 2, (vitr.) trin-

**Bleikolik,** f. colique sèche, colique des plombiers.

**Bleikönig,** m. 2, régule de plomb, plomb pur.

**Bleikraut,** n. 5*, dentelaire, f. herbe aux cancers.

**Bleikugel,** f. balle de plomb.

**Bleiloth,** n. 2, plomb, m. sonde, f.

**Bleimilch,** f. lait de saturne, f.

**Bleiniederschlag,** m. 2*, magistère de saturne.

**Bleiöl,** n. 2, huile de saturne, f.

**Bleiplatte,** f. table de plomb, durchlöcherte — ver einer Röhre, pommelle.

**Bleirauch,** m. 2, (chim.) écume de plomb, f. [diculaire.

**Bleirecht,** adj. d'aplomb, perpen-

**Bleiring,** m. 2, anneau de plomb; —e, (vitr.) attaches, pl.

Bleiroth, n. 2, minium, m.
Bleiruthen, f. pl. aiguilles au métier d'un tisserand.
Bleisack, m. 2*, scories (f.pl.) de l'argent affiné.    [de saturne.
Bleisalpeter, m. 1, nitre, nitrate
Bleisalz, n. 2, sel de saturne, m.
Bleischaum, m. 2, cendrée, f.
Bleischlägel, m. 1, bourseau rond, masse, f.    [veau.
Bleischnur, f.*, plomb, m.; ni-
Bleistein, m. 2, (mét.) masse de plomb, f.
Bleistift, m. 2, crayon; =rohr, n. 2, porte-crayon, m.
Bleistufe, f. mine de plomb.
Bleivitriol, m. 2, sulfate ou vitriol de plomb.
Bleiwage, f. niveau, m. niveau à plomb, chas; nach der — richten, niveler.    [m.
Bleiweiß, n. 2, céruse, f. crayon,
Bleiwurf, m. 2*, plomb, sonde, f.
Bleizucker, m. 1, sucre de saturne.
Bleizug, m. 2*, tire-plomb.
Blende, f. fausse fenêtre; niche; paravent, m.; cloison, f.; (fort.) blindes, pl. blindage, m. mantelet; (mar.) bastingue, f.; sich mit — n bedecken, (fort.) se blinder; (mar.) se bastinguer; —, (man.) œillère.
Blenden, v. a. aveugler; éblouir; fg. fasciner, aveugler; crépir une muraille; (fortif.) blinder; geblendet seyn, fg. avoir la berlue.
Blendend, adj. éblouissant; fg. id.; illusoire.
Blendlaterne, f. lanterne sourde.
Blendleder, n. 1, œillère, f.
Blendling, m. 2, bâtard, mulet.
Blendrahmen, m. 1, (peint.) châssis.  [pied du cerf, niche, f.
Blendtritt, m. 2, (chass.) faux
Blendung, f. aveuglement, m. berlue, f.; fg. id., éblouissement, m.; (optique) diaphragme; (fortif.) v. Blende.
Blendwerk, m. 2, prestige, m.; illusion, f.; (fortif.) v. Blende.
Blesse, v. Blässe (man.).
Bleß, m. 2, (min.) coin de fer.
Bleuel, v. Bläuel.
Blick, m. 2, regard; coup d'œil, fm. œillade, f.; (chim.) éclair, m.
Blicken, v. n. (b.) regarder; luire, reluire; (chim.) faire l'éclair; sich — lassen, paraitre, se montrer.
Blickfeuer, n. 1, faux-feu, m.
Blicksilber, n. 1, argent éclairé.
Blind, adj. aveugle; faux (porte, etc.); orbe (coup, mur); terne (vaisselle); — machen, aveugler, éblouir; ein blinder Lärm, une fausse alarme; ein blinder Schuß, un coup en l'air; blind laden, charger sans balle; ein blinder Würfel,

un dé marqué sur une seule face; blinde Kuh, colin-maillard, m.
cligne-musette, f.; der blinde Soldat, passe-volant, m.
Blinddarm, m. 2*, cœcum.
Blinde, m. et f. 3, aveugle.
Blindheit, f. cécité; fg. aveuglement, m.
Blindlings, adv. à tâtons; fg. aveuglément, en aveugle; inconsidérément; (se précipiter) tête baissée, à corps perdu.    [m.
Blindloch, n. 5*, (arch.) témoin,
Blindschleiche, f. orvet, m. orvert; fg. sournois.
Blinken, v. n. (b.) briller; reluire; resplendir, jeter un éclat; flamboyer.
Blinzen, Blinzeln, v. n. (b.) cligner, clignoter des yeux; ciller les yeux, papilloter; —, s. n. 1, cillement, m. clignement, clignotement; papillotage.
Blitz, m. 2, éclair, foudre, f.
Blitzableiter, m. 1, paratonnerre, conducteur.
Blitzen, v. n. (b.) lancer la foudre; —, v. imp. (b.) éclairer; faire des éclairs; fg. reluire, briller, flamboyer.
Blitzend, adj. étincelant, brillant; flamboyant, foudroyant (épée) fulminant.
Blitzstoff, m. 2, (phys.) matière électrique, f.
Blitzstrahl, m. exc. 1, foudre, f.
Blocade, f. (guer.) blocus, m.
Block, m. 2*, tronc, souche, f.; billot, m.; bloc; saumon de métal; doubleau de pierre; (artill.) cabrion; (mar.) tain; (fort.) madrier; in den — legen, mettre aux fers.    [m.
Blockhaus, n. 5*, fortin de bois,
Blockkarren, m. 1*, éfourceau.
Blockpfeife, f. tuyau d'orgue fait d'une seule pièce, m.
Blockrolle, f. poulie.
Blockwagen, m. 1*, binard.
Blöde, adj. timide, honteux; — am Gesicht seyn, avoir la vue basse; — am Verstand, imbécille.
Blödigkeit, f. timidesse, timidité.
Blödsichtig, adj. myope.
Blödsichtigkeit, f. vue faible.
Blödsinn, m. 2, faiblesse d'esprit, f. imbécillité.
Blödsinnig, adj. imbécille.
Blöken, v. n. (b.) bêler (brebis); mugir, beugler, meugler (bœufs); —, s. n. 1, bêlement, m. mugissement, beuglement.
Blokiren, v. a. bloquer.
Blond, adj. blond, blondin; — werden, blondir; Blonde, s. m. 3, blond, blondin; Blondine, f. blonde, blondine.

Blonde, f. (comm.) blonde.
Blondkopf, m. 2*, blondin.
Bloß, adj. nu, découvert; mit —em Kopfe, nu-tête, tête nue; den —en Leib berühren, toucher le corps à nu; mit dem Halse zu — gehen, être trop décolleté; (ein Pferd) —reiten, monter à nu, à poil; auf —er —en Erde schlafen, coucher sur la dure; —, dégainé, blanc (arme); fg. pauvre, indigent; nackt und —, tout nu || — stellen, exposer, découvrir; fg. commettre, compromettre qn.; etw. — gestellt seyn, être en butte à qch.; — geben, découvrir, trahir son secret; faire voir, montrer son ignorance; sich — geben, se découvrir; donner prise sur soi; s'exposer || simple, seul (idée); pur (soupçon); es ist ein —es Gerücht, ce n'est qu'un bruit; —, adv. seulement, uniquement, purement, simplement.
Blöße, f. nudité; fg. indigence; (escr.) défaut, m.; machen daß einer — nicht gibt, mettre qn. en défaut; eine — geben, donner prise sur soi.
Blühen, v. n. (b.) fleurir; être en fleur; fg. fleurir, être en vogue; —, s. n. 1, fleuraison, f.
Blühend, adj. fleurissant, en fleur; fg. florissant; animé; fleuri (style).
Blühzeit, f. fleuraison.
Blümchen, n. 1, petite fleur, f. fleurette, fleuron, m.
Blume, f. fleur; queue d'une bête fauve; (man.) étoile.
Blumenbecher, m. 1, calice.
Blumenbeet, n. 2, carreau, m.; planche, f. couche; parterre, m.; compartiment.    [m.
Blumenblatt, m. 5*, (bot.) pétale,
Blumenbuch, n. 5*, flore, f.
Blumenbüschel, m. 1, corymbe.
Blumenbecke, f. périanthe, m.
Blumenflor, m. 2, fleuraison, f.
Blumengarten, m. 1*, parterre de fleurs.
Blumengärtner, m. 1, jardinier fleuriste.
Blumengehänge, =gewinde, n. 1, guirlande, f. feston, m.
Blumengöttinn, f. (ant. rom.) Flore, déesse des fleurs.
Blumengriffel, =stämpel, m. 1, (bot.) pistil.
Blumenhändlerinn, f. bouquetière.
Blumenkäfer, m. 1, mordelle, f.
Blumenkasten, m. 1*, jardinière, f.
Blumenkelch, m. 2, calice.
Blumenknopf, m. 2*, Blumenknospe, f. bouton de fleur, m.
Blumenkohl, m. 2, (dim.) chou-fleur.
Blumenkorb, m. 2*, (dim.) =körbchen, n. 1, corbeille à fleurs, f.;

cueilloir, *m.; (arch.)* panier de fleurs.

Blumenkranz, *m.* 2\*, couronne de fleurs, *f.;* guirlande; chapeau de fleurs, *m.*

Blumenkrone, *f.* corolle.

Blumenkrug, *m.* 2\*, bouquetier.

Blumenlauch, *m.* 2, *(bot.)* moly.

Blumenlese, *f. fg.* anthologie.

Blumenliebhaber, *m.* 1, fleuriste.

Blumenmonat, *m.* 2, floréal.

Blumenreich, *adj.* riche en fleurs, fleuri.     [*m.* canne d'Inde, *f.*

Blumenrohr, *n.* 2, *(bot.)* balisier,

Blumenscheibe, *f.* gaine.

Blumenscherben, *m.* 1; *v.* Blumentopf.     [guirlande, *f.*

Blumenschnur, *f.* \*, feston, *m.*

Blumenspiel, *n.* 2, les jeux floraux à *Toulouse*, *m. pl.* [quet.

Blumenstämpel, *m.* 1,.*(rel.)* bou-

Blumenstängel, *m.* 1, tige, *f.; (bot.)* pédicule, *m.*

Blumenstein, *m.* 2\*, *(miner.)* oursin, échinanthe, *f.*

Blumenstrauß, *m.* 2\*, bouquet.

Blumentopf, *m.* 2\*, pot à fleurs, bouquetier.

Blumenwerk, *n.* 2, fleuron, *m.*

Blumenzeit, *f.* saison des fleurs, floraison.

Blumenzierath, *f.* fleuron, *m.*

Blumenzucht, *f.* culture des fleurs.

Blumenzwiebel, *f.* bulbe, oignon, *m.*     [couvert de fleurs; fleuri.

Blumicht, Blumig, *adj.* à fleurs,

Blut, *n.* 2, sang, *m.; fg. id.;* famille, *f.* race, extraction; — lassen, se faire saigner; mit — vermischt, unterlaufen, sanguinolent; mit — beflecken, ensanglanter; Gut und —, biens et vie; mit kaltem —, de sang-froid; ein junges —, une jeune personne.

Blutader, *f.* veine.

Blutarm, *adj.* extrêmement pauvre.     [guinolentes, *f. pl.*

Blutauswurf, *m.* 2\*, glaires sanguin. Blutbad, *n.* 5\*, carnage, *m.* massacre, boucherie, *f.*

Blutbann, *m.* 2\*, juridiction criminelle, *f.*

Blutbars, *m.* 2, *(hist. nat.)* sanguinolente, *f.*

Blutblume, *f.* hémante.

Blutbrechen, *n.* 1, vomissement de sang, *m.*     [tocèle.

Blutbruch, *m.* 2\*, *(chir.)* héma-

Blutbühne, *f.* échafaud, *m.*

Blutdurst, *m.* 2, soif de sang, *f.* cruauté; seinen — stillen, s'assouvir de sang.

Blutdürstig, *adj.* cruel, sanguinaire, altéré de sang; — machen, *(cha.)* acharner.

Blutegel, *v.* Blutigel.

Bluteiter, *m.* 1, sanie, *f.*

---

Bluten, *v. n.* (h.) saigner; sich zu Tode bluten, perdre tout son sang; *fg.* ein Stich der nicht blutet, une raillerie piquante; —, *s. n.* 1, saignement, *m.*

Blutend, *adj.* saignant, sanglant.

Blutergießung, *f.* épanchement de sang, *m.*

Bluterzeugend, *adj.* sanguificatif.

Bluterzeugung, *f.* sanguification.

Blutfarbig, *adj.* sanguin; couleur de sang.     [voine, bouvreuil.

Blutfink, *m.* 3, *(hist. nat.)* pi-

Blutfluß, Blutgang, *m.* 2\*, flux de sang; hémorroïdes, *f. pl.; voy.*

Blutsturz; Reinigung (monatliche).

Blutflüsse, *f.* 3, *(écr. ste.)* hémorroïsse.     [seau sanguin, *m.*

Blutgefäß, *n.* 2, veine, *f.* vais-

Blutgeld, *n.* 5, prix du meurtre, *m.*     [nelle, *f.;* chambre ardente.

Blutgericht, *n.* 2, justice criminelle

Blutgerüst, *n.* 2, échafaud, *m.*

Blutgeschwür, *n.* 2, flegmon, *m.* clou, furoncle.     [neux.

Blutgeschwürartig, *adj.* flegmo-

Blutgestaltung, *f. (anat.)* hématose.     [Blutdurst, *zc.*

Blutgier, Blutgierde, *f., voyez* Blüthe, *f.* fleur; fleuraison; *(bot.)* efflorescence.     [rescence, *f.*

Blüthenstand, *m.* 2, *(bot.)* inflo-

Bluthochzeit, *f.* noce sanglante, saint-Barthélemi.

Bluthund, *m.* 2, *fg.* homme sanguinaire, *fm.* boucher.

Bluthusten, *m.* 1, la toux accompagnée de crachement de sang.

Blutig, *adj.* sanglant, ensanglanté; teint de sang; *(bouch.)* saignant, saigneux.

Blutigel, *m.* 1, sangsue, *f.; fg. id.*

Blutjung, *adj.* fort jeune.

Blutklumpen, *m.* 1, caillot.

Blutkraut, *n.* 5\*, patience rouge, *f.* lysimaque, sanguisorbe, bistorte, salicaire *(plantes).*

Blutkügelchen, *n.* 1, molécule (*f.*), globule (*m.*) de sang.

Blutlilie, *f.* martagon, *m.*

Blutpfirsich, *m.* 2, brugnon, sanguinole, *f.*     [meurtre.

Blutrache, *fem.* poursuite d'un Bluträcher, *m.* 1, vengeur d'un meurtre.

Blutreinigend, *adj.* dépuratif.

Blutreinigung, *f.* remède dépuratif, *m.* dépuratoire.

Blutrichter, *m.* 1, juge criminel; coroner *en Angleterre.*

Blutroth, *adj.* sanguin; rouge comme du sang; er wurde — im Gesicht, une vive rougeur lui monta au visage.

Blutrünstig, *adj.* sanglant; — schlagen, battre jusqu'au sang.

Blutsauer, *adj.* très-pénible; es

---

sich bei etw. — werden lassen, suer sang et eau, se tuer pour faire qch.

Blutsauger, *m.* 1, vampire; *voy.* Blutigel.

Blutschande, *f.* inceste, *m.*

Blutschänder, *m.* 1, incestueux.

Blutschänderisch, *adj.* incestueux.

Blutscheu, *adj.* craignant le sang, hémophobe.     [micide.

Blutschuld, *f.* meurtre, *m.* ho-

Blutschwamm, *m.* 2\*, bolet sanguin.     [3, proche parent.

Blutsfreund, *m.* 2, =verwandte,

Blutsfreundschaft, *f.* parenté, consanguinité.

Blutspeien, *n.* 1, crachement de sang, *m.; (méd.)* hémoptysie, *f.*

Blutspeiend, *adj.* hémoptyque.

Blutstein, *m.* 2, sanguine, *f.* hématite.     [styptique.

Blutstillend, *adj.* hémostatique,

Blutstockung, *f.* stagnation du sang, hémostasie.

Blutstrieme, *f.* meurtrissure.

Blutstropfen, *m.* 1, goutte de sang, *f.;* es ist kein guter — in ihm, sa santé est absolument ruinée; *fg.* c'est un vaurien achevé.

Blutsturz, *m.* 2\*, hémorragie, *f.*

Bluttreibend, *adj. (méd.)* hémagogue.     [gouttant de sang.

Bluttriefend, *adj.* sanglant, dégouttant

Blutumlauf, *m.* 2\*, circulation du sang, *f.* [mose, meurtrissure.

Blutunterlaufung, *f.(chir.)* ecchy-

Bluturtheil, *n.* 2, sentence de mort, *f.*     [sang, *f.*

Blutvergießen, *n.* 1, effusion de

Blutwasser, *n.* 1, *(méd.)* lymphe, *f.* sérum, *m.* sérosité, *f.*

Blutwässerig, *adj. (méd.)* ichoreux; der =e Schweiß, ichoroïde, *f.*

Blutwenig, *adv. fm.* très-peu.

Blutwurst, *f.* boudin, *m.*

Blutwurz, *f. (bot.)* tormentille.

Blutzehnte, *m.* 3, dîme de bétail, *f.*

Blutzeuge, *m.* 3, martyr.

Blutzwang, *m.* 2, ténesme sanguinaire.     [Indes, *m.*

Bobarsgras, *n.* 5\*, bobart des Bock, *m.* 2\*, bouc; *(cha.)* chevreuil; der alte —, bouquin; —, siège du cocher; *(drap., etc.)* baudet; *(men.)* âne; tréteau, chevalet; auf dem — bearbeiten, chevaler; —, chevalet, chèvre, *f. (torture); fg. fm.* faute, bévue; *prov.* den — zum Gärtner setzen, donner au plus larron la bourse, au loup les brebis à garder.     [cabri.

Böckchen, *n.* 1, jeune bouc, *m.*

Bocken, *v. n.* (h.) bouquiner, être en chaleur; —, Bockenzen, Bocksen, sentir le bouquin.

Bockflöte, *f.* flûte à bec.

Bockfüßig, *adj.* qui a les jambes tortues.

Bocksgestank, m. 2*, bouquin.
Bockhirsch, m. 2, bouc-cerf.
Bockleder, n. 1, cuir (m.), peau (f.) de bouc. [peignier, m.
Bockmesser, n. i, couteau de
Bockpfeife, f. cornemuse.
Bocksbart, m. 2*, (bot.) salsifis, barbe de bouc, f.
Bocksbeutel, m. 1, fg. les us et coutumes d'une ville, etc.
Bockshorn, n. 5*, corne de bouc, f.; fm. einen ins — jagen, intimider qn. [arroche puante, f.
Bockstraut, n. 5*, hypéricon, m.
Bocksprung, m. 2*, cabriole, f.
Boden, m. 1*, fond, terre, f. terroir, m. terrain, sol; carreau; plancher, parquet; (arch.) grenier; fond d'un vase; (chap.)cul; (orf.) culot; (pât.) abaisse, f.; einen — in eine Kufe einsetzen, foncer une cuve; auf ebenem —, de plain-pied.
Bodenfenster, n. 1, lucarne, f.
Bodengeschoß, n. 2, rez-de-chaussée, m.
Bodenholz, n. 5*, enfonçure, f.
Bodenkammer, f. galetas, m.
Bodenlos, adj. sans fond, défoncé (tonneau); pop. impraticable (route).
Bodenplante, f. vaigre.
Bodensatz, m. 2*, dépôt, lie, f. fécule, féculence; sédiment, m.; der metallische —, culot; einen — machend, féculent.
Bodenschmier, f. (nav.) courée.
Bodensee, m. 2, (géogr.) lac de Constance.
Bodenstein, m. 2, meule de dessous, f. gîte, m.
Bodenstück, n. 2, fond, m.; premier renfort d'un canon; —t, (tonn.) enfonçure, f.; râbles d'un bateau, m. pl.
Bodenteig, m. 2, (pât.) abaisse, f.
Bodenzins, m. 2, rente foncière, f.
Bodmerei, f. (mar.) bomerie, prêt à la grosse aventure, m.
Bogen, m. 1*, arc; arbalète, f.; (géom.) courbe; (arch.) arcade, arche, cintre, m.; der obere (äußere) — eines Gewölbes, extrados; der innere —, intrados; der gemauerte — über Thüren und Fenstern, remenée, f. décharge, arrière-voussure; — an der Ecke einer Brücke, butée; — zu einer Wiege, archet d'un berceau, m.; — am Sattel, arçon; — am Saumsattel, courbet; —, (mus.) archet; feuille de papier, f. [floir, m.
Bogenfeile, f. lime à archet, rifloir, m.
Bogenfenster, n. 1, fenêtre cintrée, f. [tre.
Bogenförmig, adj. arqué et en cintre.
Bogengang, m. 2*, arcade, f.

Bogengerüst, n. 2, cherche, f.; (charp.) cintre, m.
Bogengewölbe, n. 1, voûte en plein cintre, f.
Bogengräte, f. ogive.
Bogenlaube, f. berceau, m.
Bogenlinie, f. ligne circulaire.
Bogenpfeiler, m. 1, arc-boutant.
Bogenrolle, f. (arch.) hyperthyron, m.
Bogenründung, f. voussure.
Bogensäge, f. scie à refendre.
Bogenschluß, m.2*, clef de voûte, f.
Bogenschuß, m. 2*, coup de flèche; einen — weit, à la portée d'un arc, d'un trait.
Bogenschütze, m. 3, archer.
Bogensehne, f. corde d'arc.
Bogensprung, m. 2*, (man.) courbette, f.
Bogenstellung, f. arcade.
Bogenstrich, m. 2, coup d'archet.
Bogenstück, n. 2, (arch.) tierceret, m. tierceron.
Bogenweise, adv. par feuilles;
Bogenwinde, f. cranequin, m. pied-de-biche. [ture, f.
Bogenzeichen, n. 1, (impr.) signature.
Bogenzirkel, m. 1, compas d'artisan.
Bogig, adj. arqué, bombé; — ausschneiben, échancrer.
Bogspriet, n.2, (mar.) beaupré, m.
Bogsprietsegel, n. 1, civadière, f.
Bohle, f. madrier, m. dosse, f.
Böhme, m. 3, Bohème, Bohémien. [f.
Böhmen, n. 1, (pays) Bohême.
Böhmisch, adj. de Bohême, bohémien; prov. das sind mir — Dörfer, c'est du grec, c'est de l'algèbre pour moi.
Bohne, f. fève; haricot, m.; die kleine —, féverole, f.
Bohnen, v. a. cirer, polir, frotter.
Bohnenhülse, =schote, f. gousse de fèves.
Bohnenkönig, m. 2, roi de la fève.
Bohnenkraut, n. 5*, sarriette, f.
Bohnenstange, f. rame.
Bohnenstroh, n. 2, paille de fèves, f.; prov. er ist grob wie —, il est extrêmement grossier, il a été à l'école des charretiers.
Bohner, m. 1, frotteur.
Bohnerz, n. 2, fer pisiforme, m. en globules.
Böhnhase, m. 3, (comm.) gâtemétier, savetier, sabrenas, marron. [brequin.
Bohreisen, n. 1, mèche de vilebrequin.
Bohren, v. a. trouer, percer; forer; in den Grund —, couler à fond; in den Schädel —, trépaner.
Bohrer, m. 1, foret; vilebrequin;

perçoir, mandrin, alésoir; tarière, f.; vrille. [ânc.
Bohrführer, m. 1, (horl.) guide-
Bohrfäster, m. 1, vrillette, f.
Bohrlade, f. alésoir, m.
Bohrloch, n. 5*, forure, f.
Bohrmuschel, f. térébratule, pholade.
Bohrschmied, m. 2, vrillier.
Bohrschnecke, f. sabot, m.
Bohrspan, m. 2*, copeau; (fond.) alésure, f.
Bohrspitze, f. alésoir, m. mèche de vilebrequin, f.
Bohrstange, f. (fond. de can.) boîte à aléser.
Boi, f. (comm.) boie, frise.
Boisalz, n. 2, sel marin, m.
Boiseil, n. 2, (mar.) orin, m.
Bojar, m. bojar.
Boje, f. (mar.) bouée, balise.
Bökelfleisch, n. 2, viande salée, f. salé, m.
Boleine, f. (mar.) bouline.
Boll, adj. roide, dur, (raves) cordé.
Bolle, f. bulbe des plantes.
Bolleisen, n. 1, fer rouverin ou cassant en barres, m. [f.
Böller, m. 1, petit mortier; boîte,
Böllicht, adj. bulbeux.
Bollwerk, n. 2, bastion, m. boulevard. [couvre-face.
Bollwerkswehre, f. contre-garde,
Bologneserhündchen, n. 1, bichon, chien de Malte.
Bolus, m. indécl. (méd.) bol, bolus, terre bolaire, f.
Bolusbaum, m. 2*, micocoulier.
Bolzen, m. 1, trait, flèche, f. (serr.) cheville, boulon, m.; mit — befestigen, boulonner, cheviller; prov. der eine dreht die —, der andere muß sie verschießen, l'un est l'auteur et l'autre l'exécuteur de l'affaire.
Bombarde, f. bombarde.
Bombardiren, v. a. bombarder.
Bombardirer, m. 1, bombardier.
Bombardirung, f. bombardement, m.
Bombasin, m. 2, basin.
Bombast, m. 2, style ampoulé, phébus.
Bombe, f. bombe; bombenfest, adj. à l'épreuve des bombes.
Bombenwerfer, m. 1, bombardier.
Bombenzünder, m. 1, fusée, f.
Bonifazius, n. pr. m. Boniface.
Bonn, (ville) Bonne.
Bononien, (ville) Bologne.
Bonze, m. 3, bonze.
Boot, n. 2, canot, m. esquif; nacelle, f. barque; chaloupe.
Bootshafen, m. 1, gaffe, f.; der kleine —, gaffeau, m.; mit dem — fassen, gaffer.

Bootsknecht, *m.* 2, matelot, marinier, manœuvrier.

Bootsleute, *pl.* équipage *d'un vaisseau, m.*

Bootsmann, *m.* 5*, bosseman.

Bootsschiff, *n.* 2, coche d'eau, *m.*

Berat, *m.* 2, (comm.) burat.

Borax, *m.* 2, borax (*sel*).

Boraxsäure, *f.* acide boracique, *m.*

Bord, *m.* 1, bord *d'un vaisseau;* über — werfen, jeter dans la mer.

Berde, *v.* Berte.

Bordiren, *v. a.* galonner, border.

Bordirung, *f.* bordure.

Borg (auf), *adv.* à crédit; (*vivre*) d'emprunt.

Borgen, *v. a.* prendre à crédit, emprunter; donner à crédit, prêter; *prov.* lang geborgt ist nicht geschenkt, ce qui est différé n'est pas perdu; — macht Sorgen, qui donne à crédit, perd son bien et son ami.

Borger, *m.* 1, prêteur; emprunteur.

Borke, *f.* écorce. [teur.

Borkenkäfer, *m.* 1, typographe, destructeur du pin. [*f.*

Born, *m.* 2, (*poés.*) puits, source.

Borretsch, *m.* 2, (*bot.*) bourrache, *f.*

Börse, *f.* bourse. [che, *f.*

Börsentag, *m.* 2, (comm.) jour de place.

Borst, *m.* 2, fente, *f.* crevasse.

Borste, *f.* soie de cochon. [ser.

Borsten (sich), se hérisser, se dresser.

Borstig, *adj.* hérissé; (*bot.*) cilié.

Borstpinsel, *m.* 1, brosse, *f.*

Borstwisch, *m.* 2, houssoir.

Borte, *f.* galon, *m.* bord.

Bortenwirker, *m.* 1, passementier.

Bortenwirkerhaken, *m.* 1, guipoir.

Bösartig, *adj.* malin, malfaisant (*vin, etc.*). [faisance.

Bösartigkeit, *f.* malignité, malfaisance.

Böschen, *v. a.* taluter.

Böschung, *f.* (*fort.*) talus, *m.;* die innere —, escarpe, *f.* escarpement, *m.;* äußere —, contrescarpe, *f.*

Böse ou Bös, *adj.* mauvais; pervers; impie; méchant; fâché; —, *adv.* mal; — machen, fâcher; — werden, se fâcher; Böse, *s. n.* 3 (*sans article* Böses), mal, *m.*

Böswicht, *m.* 2 ou 5, scélérat.

Bosshaft, *adj.* malin, malicieux, méchant, pervers; malfaisant; boshafterweise, méchamment.

Bosheit, *f.* malice, malignité, méchanceté, perversité.

Bosheitssünde, *f.* péché commis de propos délibéré, *m.*

Bossiren, *v. a.* bosseler, travailler en relief *ou* en bosse.

Bossirholz, *n.* 5*, ébauchoir, *m.*

Bostonspiel, *n.* 2, boston, *m.*

Böswillig, *adj.* malveillant, malicieux.

---

Botanik, *f.* botanique.

Botaniker, *m.* 1, botaniste.

Botanisch, *adj.* botanique.

Botanisiren, *v. n.* (h.) herboriser.

Bote, *m.* 3, messager; envoyé; exprès; courrier. [messagerie, *f.*

Botenamt, *n.* 5*, -dienst, *m.* 2, laire, *m.* [paquet-bot.

Botenlohn, *m.* 2, paie, *f.* salaire, *m.*

Botenschiff, *n.* 2, paquebot, *m.*

Botenschild, *n.* 5, écusson, *m.* plaque d'un messager, *f.*

Botmäßigkeit, *f.* domination; unter seine — bringen, réduire sous sa puissance.

Botschaft, *f.* message, *m.;* avis; nouvelle, *f.;* ambassade.

Botschafter, *m.* 1, ambassadeur, envoyé; =inn, *f.* ambassadrice; der päpstliche —, nonce, *m.;* der außerordentliche päpstliche —, légat à latere.

Böttcher, *m.* 1, tonnelier.

Böttcherarbeit, *f.* tonnelage, *m.*

Böttcherhandwerk, *n.* 2, tonnellerie, *f.*

Böttcherholz, *n.* 5*, merrain, *m.*

Bottelier, *m.* 2, maître-valet, dépensier d'un vaisseau (*mar.*).

Bottich, *m.* 2, cuve, *f.*

Boxen (sich), boxer.

Boxer, *m.* 1, boxeur.

Brabant, (*géogr.*) Brabant, *m.*

Brabanter, *m.* 1, Brabançon.

Brach, *adv.* en friche, inculte; — liegen, être en friche; *fig.* chômer.

Brache, *f.* jachère. [mer.

Brachen, *v. a.* défricher.

Brachfeld, *n.* 5, friche, *f.* jachère.

Brachkäfer, *m.* 1, grand pillulaire, fouille-merde.

Brachmonat, *m.* 2, mois de juin.

Brachvogel, *m.* 1*, courlis, pluvier. [(comm.) rebut.

Brad, *m.* 2, (*cha.*) braque;

Braden, *v. a.* trier.

Brader, *m.* 1, trieur juré.

Bradwasser, *n.* 1, eau saumache, *f.*

Braganza, (*ville*) Bragance.

Bragen, *v. a.* (*pellet.*) tirer au fer.

Brahnen, Brähnen, *v. n.* (*chass.*) entrer, être en chaleur.

Bramine, *m.* 3, bramin, bramine, bracmane.

Bramschoten, *f. pl.* (*mar.*) écoutes. [roquet, *f.*

Bramsegel, *n.* 1, voile du perroquet.

Bramsienge, *f.* perroquet, *m.*

Bramstengstag, *m.* 2, étai du perroquet. [perroquet.

Bramstengwand, *f.* *1*, hauban du

Brand, *m.* 2*, feu; incendie; embrasement; (*astr.*) conflagration, *f.;* brûlure; tison, *m.* brandon; (*méd.*) inflammation, *f.* gangrène; der kalte schwarze —, nécrose, sphacèle, *m.;* —, (*agr.*)

---

ergot, nielle, *f.* charbon *du blé, m.;* chancre *des arbres;* carie *du bois, f.;* brûlure *des bourgeons;* cuisson *de la vigne;* cuite, fournée *de tuiles;* in — stecken, incendier; in — gerathen, prendre feu; s'embraser; nach — riechen, sentir le brûlé.

Brandblase, *f.* pustule, cloche.

Brandcasse, *f.* caisse des incendies.

Branden, *v. n.* (h.) (*mar.*) falaiser, se briser contre les écueils; —, *s. n.* 1, brisement *des vagues, m.;* (*chim.*) empyreumatique.

Brander, *m.* 1, brûlot. [*m.*

Brandhaken, *m.* 1, grappin du brûlot. [droyante, *f.*

Brandfaß, *n.* 5*, barrique foudroyante, *f.*

Brandflecken, *m.* 1, brûlure, *f.*

Brandfuchs, *m.* 2*, renard croisé; alezan brûlé (*cheval*).

Brandgeruch, -geschmack, *m.* 2*, roussi, brûlé; (*chim.*) empyreume.

Brandglocke, *f.* tocsin, *m.* beffroi.

Brandig, *adj.* qui sent le brûlé, roussi; (*chim.*) empyreumatique; (*agr.*) rouillé, gâté par la nielle; chancreux (*arbre*); (*méd.*) gangrené, sphacélé; — werden, se gangrener.

Brandmahl, *n.* 2 et 5*, brûlure, *f.* cicatrice de brûlure; (*jur.*) flétrissure. [noter d'infamie.

Brandmarken, *v. a.* flétrir; *fg. id.,*

Brandmauer, *f.* mur mitoyen, *m.*

Brandmeise, *f.* (*oiseau*) charbonnière.

Brandopfer, *n.* 1, holocauste, *m.*

Brandpfeil, *m.* 2, falarique, *f.;* (*ant.*) malléole.

Brandrohr, *n.* 2, -röhre, *f.* goulot, *m.* ampoulette, *f.*

Brandsalbe, *f.* onguent pour la brûlure, *m.*

Brandschaden, *m.* 1*, dommage causé par le feu; (*chir.*) brûlure, *f.*

Brandschatzen, *v. a.* mettre à contribution. [de guerre.

Brandschatzung, *f.* contribution

Brandschiff, *n.* 2, brûlot, *m.*

Brandsilber, *n.* 1, argent affiné, *m.*

Brandsohle, *f.* seconde semelle.

Brandstätte, *f.* lieu incendié, *m.*

Brandsteuer, *f.* secours aux incendiés, *m.* [*m. pl.* écueils.

Brandung, *f.* falaise, brisants,

Brandversicherung, *f.* assurance contre l'incendie.

Brandwunde, *f.* brûlure.

Branntwein, *m.* 2, eau-de-vie, *f.;* — aus schwarzen Johannisbeeren, cacis, *m.*

Branntweinblase, *f.* alambic, *m.*

Branntweinbrenner, *m.* 1, distillateur.

Branntweinbrennerei, *f.* distillerie d'eau-de-vie, branderie.

Branntweinschenk, *m.* 3, cabare-

tier qui vend de l'eau-de-vie;
— in einem Lager, brandevinier.
Brafilien, n. 1,(géogr.) Brésil, m.
Brafilienholz, n. 5*, bois de Bré-
sil, m. Fernambouc.
Braß, m. 2, Braffen, m. 1, (hist.
nat.) brême, f.
Bratbock, m. 2*, hâtier; — für
mehrere Bratspieße, contre-hâtier.
Bratdeckel, m. 1, couvre-feu.
Braten, v. a. rôtir; frire; —, v.
n. 4 (b.) cuire; auf dem Rost —,
griller; prov. nachdem der Mann
ist, bratet man ihm die Wurst, à gens
de village trompette de bois.
Braten, m. 1, rôti, rôt; den —
riechen, fg. fm. découvrir la mè-
che. [broche.
Bratenwender, m. 1, tourne-
Bratfoch, m. 2*, rôtisseur.
Bratmafchine, f. rôtissoire.
Bratpfanne, f. lèchefrite.
Bratfchaufel, f. friquet, m.
Bratfcht, f. haute-contre de vio-
lon, alto par-dessus de viole, m.
Bratfchirm, m. 2, couvre-feu.
Bratfpieß, m. 2, broche, f.; der
fleine —, brochette; an den —
stecken, embrocher.
Bratwurst, f.*, saucisse.
Braubottich, m. 2, (brass.) bac.
Brauch, v. (plus usité) Gebrauch.
Brauchbar, adj. propre à qch.,
utile; mettable (habit).
Brauchbarkeit, f. utilité.
Brauchen, v. a. avoir besoin de
qch.; employer; ich fann es nicht
—, je n'en ai que faire; was
braucht es folcher Reden; à quoi bon
tous ces discours? es braucht es
nicht, il n'est pas nécessaire; it.
v. Gebrauchen.
Bräuchlich, adj. usité, usuel.
Brauen, v. a. brasser; mit Hopfen
—, houblonner; —, s. n. 1, brassage, m.
Brauer, m. 1, brasseur.
Brauerei, f. brasserie.
Braufeffel, m. 1, brassin.
Braun, adj. brun, bai (cheval);
— und blau, livide; — und blau
fchlagen, fm. meurtrir de coups;
—, s. n. 3, brun, m. couleur capucine, f.; der —e Mann, brun,
m. brunet; ein —es Mädchen, une
brunette; der weißfüßige Braun,
cheval balzan, m.; — machen,
brunir, hâler le teint; — werden,
se brunir, se hâler; — malen,
embrunir.
Braunbier, n. 2, bière brune, f.
Braune, m. 3, cheval bai-brun.
Bräune, f. couleur brune; (méd.)
esquinancie.
Bräunen, v. a. brunir, hâler;
(cuis.) rissoler; —, v. n. (b.) et
sich —, brunir, se hâler.

Braungelb, adj. feuille-morte.
Braunfohl, m. 2, chou frisé.
Bräunlich, adj. brunet, brunâtre.
Braunroth, adj. brun-rouge;
brun-clair. [bai.
Braunfchedte, m. 3, cheval pie-
Braunfchweig,(géogr.)Brunswick.
Braunstein, m. 2, manganèse, f.
Bräunung, f. brunissure. .
Braupfanne, f. brassin, m.
Braus, m. fm. im Saus u. Braus
leben, faire gogaille.
Braufe, f. fermentation de la
bière; ébullition; (chim.) effer-
vescence. [tapageur, crâne.
Braufefopf, Braustopf, m. 2*,fm.
Braufen, v. n. (h.) bruire; mugir;
bouillir, bouillonner, frémir;
(man.) s'ébrouer; tinter (oreilles);
fg. s'emporter; —, s. n. 1, bruit,
m. bruissement, frémissement;
tintement, tintoin des oreilles.
Braufend, adj. bruyant; fg. fou-
gueux. [nouvelle mariée.
Braut, f.*, fiancée, épousée;
Brautband, n. 5*, bänder, pl.
livrée de noce ou de la mariée, f.
Braubett, n. exc. 1, lit nup-
tial, m. [noce.
Brautdiener, m. 1, garçon de la
Brautführer, m. 1, paranymphe.
Brautgeräth, n. 2, trousseau, m.
Brautgefchent, n. 2, présent de
noces, m.
Bräutigam, m. 2, fiancé, futur.
Brautjungfer, f. fille de la noce.
Brautfammer, f. chambre nup-
tiale. [m.
Brautfleid, n. 5, habit nuptial,
Brautfranz, m. 2*, couronne
nuptiale, f. [riés.
Brautleute, pl. nouveaux ma-
Bräutlich, adj. nuptial; virginal.
Brautlied, n. 5, épithalame, m.
Brautnacht, f.*, nuit de l'épousée.
Brautring, m. 2, bague nuptiale, f.
Brautfchaß, m. 2*, dot, f.
Brautfchaßgut, n. 5*, bien dotal,
m. [mariée, f. corbeille.
Brautfchmuck, m. 2, parure de la
Brautfuppe, f. chaudeau, m.
Brautwerber, m. 1, v. Freiwerber.
Brav, adj. brave; courageux;
honnête; ein —er Mann, un ga-
lant homme; das ist —, voilà qui
est bien; fich — halten, faire bien
son devoir; faire preuve de cou-
rage. [pl. bravos, m.pl.
Bravo, interj. bravo; —s, s. n.
Brechbar, adj. fragile (phys.)
réfrangible. [réfrangibilité.
Brechbarkeit, f. fragilité; (phys.)
Breche, f. brisoir, m.; broie, f.
Brecheifen, n. 1, ferrement, m.;
pince, f.
Brechen, v. a. 2, rompre, casser,
briser; couper; (méd.) vomir;

broyer, teiller le chanvre; faudet,
plier le drap; bâtonner les serviettes; cueillir des fleurs; interrompre le sommeil; violer la loi,
son serment; manquer à sa parole; rompre le silence; das Herz
—, fendre le cœur; die Bahn —,
frayer le chemin; die Lichtftrahlen
—, réfracter les rayons de lumière;
—, v. n. (f.) se rompre, se casser,
se briser; se couper; s'user; mit
einem —, rompre, fm. rompre la
paille avec qn.; durch eine Schranfe
—, forcer, rompre une barrière;
in ein Haus —, forcer la porte,
entrer par force dans une maison;
die Augen — ihm, il a les yeux
mourants; fich —, vomir; die
Krankheit bricht fich, la maladie
diminue, la crise est arrivée; die
Kälte bricht fich, le froid diminue,
se radoucit; gebrochen, coupé,
haché (style); —, s. n. 1, rupture,
f.; brisement des vagues, m.;
faudage du drap; (théol.) fracture de l'hostie, f.; violation d'un
serment; (méd.) vomissement, m.
Brechhammer, m. 1*, têtu, m.;
cintroir. [vre (outil).
Brechmeißel, m. 1, pied-de-ché-
Brechmittel, n. 1, vomitif, m.
émétique; mit einem — vermifchen,
émétiser.
Brechnuß, f.*, noix vomique.
Brechpunft, m. 2, (opt.) point
de réfraction.
Brechstange, f., v. Brecheifen.
Brechung, f.réfraction des rayons;
v. Brechen, s. n. [tique.
Brechweinstein, m. tartre émé-
Brechwurz, f. ipécacuana, m.
Bregenz, (ville) Brégence, Bré-
gents.
Brei, m. 2, bouillie, f.; um den
— herumgehen, tourner autour du
pot; viele Köche verfalzen den —,
trop de cuisiniers gâtent la sauce;
er hat den — verfchüttet, c'est lui
qui a gâté l'affaire; v. Mus.
Breiapfel, m. 1*, sapotille, f.
Breiapfelbaum, m. 2*, sapotier.
Breigefchwulst, f.*, athérome, m.
Breipfanne, f. poêlon, m.
Breifach, (ville) Brisac.
Breisgau, (pays) Brisgau, m.
Breit, adj. large; plat; ample,
étendu; — fchlagen, aplatir;
brüßen, écacher; — werden, s'é-
tendre, s'étendre; s'aplatir; weit
und —, partout; au loin; long
und —, au long et au large; fich
— machen, se carrer; fich mit etw.
— machen, se vanter de qch.; es
fehlt nicht ein Haar, — il ne s'en
faut pas l'épaisseur d'un cheveu;
er gewann nicht einen Fuß, — il ne
gagna pas un pied de terrain; er

schwaßt ein Langes und —es, il fait de longs discours.

**Breitart**, f.*, **Breitbeil**, n. 2, épaule de mouton (outil), f.

**Breite**, f. largeur; étendue; (géogr.) latitude; lé de toile, etc., m.

**Breiteisen**, n. 1, (sculpt.) hongnette, f.

**Breiten**, v. a. élargir, étendre.

**Breitnasig**, adj. qui a le nez camus. [épaules.

**Breitschulterig**, adj. carré des

**Breitwegerich**, m. 2, (bot.) plan-

**Bremen**, (ville) Brême. [tain.

**Bremmer**, m. 1, (min.) puits à étages. [morailles, f. pl.

**Bremse**, f. taon, m. (mar. ferr.)

**Brennbar**, adj. combustible, inflammable.

**Brennbarkeit**, f. combustibilité, inflammabilité.

**Brenneisen**, n. 1, fer chaud, m. fer à friser; (chir.) bouton de feu.

*****Brennen**, v. a. brûler; marquer d'un fer rouge; auf der Stirn —, flâtrer des chiens; —, rôtir, griller; friser les cheveux; cuire de la chaux, etc.; distiller des liqueurs; (art.) donner le feu à qch.; affiner des métaux; piquer; eine Wunde —, cautériser une plaie; ein Schiff —, chauffer, donner le feu à un vaisseau; einem Pferde die Ader —, barrer la veine d'un cheval; die Nesseln —, les orties piquent; die Augen — ihn, les yeux lui cuisent; —, v. n. (b.) brûler; être allumé; être embrasé, enflammé, incendié; fig. brûler; fm. griller d'impatience; es brennt, au feu! sich weiß —, fig. se disculper; das Licht brennt nicht gut, la lumière n'éclaire pas bien; ein gebranntes Kind fürchtet das Feuer, chat échaudé craint l'eau froide; —, s. n. 1, cuisson, f.; cuite des tuiles; (chir.) cautérisation; im Magen, ardeur d'estomac.

**Brennend**, adj. brûlant; en feu; enflammé; allumé; ardent; cuisant; vif; (chir.) cautérétique, caustique; fig. brûlant, ardent, passionné.

**Brenner**, m. 1, (min.) affineur; distillateur; (agr.) rouille, f.

**Brennerde**, f. tourbe.

**Brennerei**, f. **Brennhaus**, n. 5*, distillerie, f.

**Brennglas**, n. 5*, verre ardent, m. [fage, m.

**Brennholz**, n. 5*, bois de chauf-

**Brennkolben**, m. 1, alambic.

**Brennlinie**, f. caustique.

**Brennmittel**, n. 1, cautère, m. caustique.

**Brennnessel**, f. ortie. [four, m.

**Brennofen**, m. 1*, fournaise, f.

**Brennöl**, n. 2, huile à brûler, f.

**Brennpunkt**, m. 2, foyer.

**Brennsilber**, n. 1, litharge, f. écume d'argent.

**Brennspiegel**, m. 1, miroir ardent.

**Brennstoff**, m. 2, phlogistique, —e, pl. combustibles.

**Brennwaaren**, f. pl. combustibles, m. pl.

**Brentgans**, f.*, cravan, m.

**Brenzeln**, v. n. (b.) sentir le brûlé.

**Brenzlich**, adj. qui sent le brûlé. (chim.) empyreumatique.

**Bresche**, f. brèche; — schießen, battre en brèche; die — stürmen, monter à la brèche.

**Bresthaft**, adj. pop. infirme.

**Bret** ou **Breit**, n. 5, ais, m.; planche, f.; das Bret —, madrier, m.; —, (jeu) damier; trictrac; mit Brettern belegen, planchéier, lambrisser; prov. auf Einem — bezahlen, payer tout à la fois; er ist hoch ou gut am —, il est en faveur, en crédit.

**Bretchen**, n. 1, planchette, f.

**Breterfeld**, m. 3, saltimbanque, histrion.

**Breterwerk**, n. 2, planches, f. pl. houssage d'un moulin à vent, m.

**Bretmeister**, m. 1, maître garçon.

**Bretsäge**, f. scie à refendre.

**Bretschneider**, m. 1; scieur de long.

**Bretspiel**, n. 2, trictrac, m.; damier. [pion, m.

**Bretstein**, m. 2, dame, f. pièce;

**Bretzel**, f. craquelin, m.

**Breve**, n. exc. 1, bref, m.

**Brevier**, n. 2, bréviaire, m.

**Bride**, f. murène, lamproie.

**Bricolіren**, v. n. (f.) (bill.) bricoler.

**Brief**, m. 2, lettre, f.; missive; billet, m. épître, f.; paquet de tabac, m.; fig. habt ihr — und Siegel dafür, en êtes-vous bien assuré?

**Briefbote**, m. 3, messager.

**Briefbuch**, n. 5*, v. Briefcopirbuch.

**Briefchen**, n. 1, billet, m.

**Briefcopirbuch**, n. 5*, (comm.) livre des copies de lettres, m.

**Briefgeld**, n. 5, port de lettres, m.

**Briefgut**, n. 5*, (comm.) marchandises marquées dans une lettre, f. pl.

**Brieflich**, adj. et adv. par écrit, en forme de lettre, par une lettre.

**Briefpapier**, n. 2, papier à lettres, m.

**Briefporto**, v. Briefgeld.

**Briefpost**, f. poste aux lettres, malle.

**Briefschaften**, f. pl. papiers, m. pl. lettres, f. pl.; titres, m. pl.; documents.

**Briefsteller**, m. 1, recueil de lettres, épistolaire; (comm.) tircur.

**Briefstyl**, m. 2, style épistolaire.

**Brieftasche**, f. portefeuille, m.

**Brieftaube**, f. pigeon messager, m.

**Briefträger**, m. 1, facteur.

**Briefumschlag**, m. 2*, couvert, enveloppe, f.

**Briefwechsel**, m. 1, correspondance, f. commerce de lettres, m.; mit einem im — stehen, correspondre avec qn.

**Brigade**, f. (guer.) brigade.

**Brigadier**, m. 2, (guer.) brigadier.

**Brigantine**, f. (mar.) brigantin,

**Brigg**, f. (mar.) brick, m.

**Brillant**, m. 3, brillant.

**Brillantfeuer**, n. 1, (artif.) aigrette, f. [(arch.) lunette.

**Brille**, f. lunettes, pl. besicles;

**Brillenbogen**, m. 1*, arcade, f.

**Brilleneinfassung**, f. châsse de lunettes.

**Brillenfutter**, n. 1, étui à lunettes, m. [nettes, m.

**Brillenglas**, n. 5*, verre de lu-

**Brillenmacher**, -schleifer, m. 1, lunettier. [nette, m.

**Brillenschlange**, f. serpent à lunettes, m.

**Brillensenf**, m. 2, (bot.) lunetière, f.

*****Bringen**, v. a. porter; apporter; mener; amener; conduire; présenter; ein Kind zur Welt —, mettre un enfant au monde, accoucher d'un enfant; —, transporter, transférer d'un lieu en un autre; in die Höhe —, élever, faire monter; ans Licht —, mettre au jour, publier; unter die Leute —, répandre, publier, divulguer; zu Ende, zu Stande, zuwege —, effectuer, venir à bout de qch.; finir, terminer; in den Stand —, mettre en état; in den Gang —, faire aller; mettre en vogue; établir; Ehre —, faire honneur; zu Ehren —, faire avancer aux honneurs; wieder zu Ehren —, rétablir l'honneur de qn.; um ein —, priver, frustrer de qch.; einen um seinen guten Namen —, diffamer qn.; um das Leben —, tuer; ins Unglück —, rendre malheureux; in Ungnade —, attirer à qn. la disgrâce de qn.; zu Gnaden —, faire rentrer en grâce; aufs Tapet —, mettre sur le tapis, proposer; in Ordnung —, mettre en ordre, arranger; wieder in Ordnung —, rallier des troupes; in Unordnung —, déranger; mettre en confusion, en désordre; in etw. —, mettre en ou dans qch.; introduire; in Sicherheit —, mettre en sûreté; zu Papier —, rédiger, coucher par écrit; auf

bie Beine —, mettre *une armée* sur pied; einen in Verdacht —, rendre qn. suspect; ein Verbrechen auf einen —, accuser, convaincre qn. d'un crime; einen auf etw. —, donner l'idée de qch. à qn.; er hat es weit gebracht, il a fait de grands progrès; er wird es nicht weit —, il n'ira pas loin avec cela; sein Alter so hoch —, *vivre* tant d'années; Frucht —, porter des fruits, rendre, rapporter, fructifier; Freude —, causer de la joie; an den Bettelstab —, ruiner; einen um das Seine —, dépouiller, ruiner qn.; sich selbst ins Verderben —, se perdre, se ruiner; etw. an sich —, rendre maître de qch.; acheter, acquérir qch.; etw. vor sich —, acquérir, amasser qch.; unter das Joch —, subjuguer; in Rechnung —, porter en compte; die Sache bringt es so mit sich, la chose le veut ainsi; einen zu etw. —, porter qn. à qch.; er hat es dazu gebracht daß, il a tant fait que; einen aufs Aeußerste —, réduire qn. à l'extrémité; es ist nichts in ihm zu —, il n'apprend rien; etwas aus einem —, arracher un secret de qn.; übers Herz —, gagner sur soi; jemand auf seine Seite —, gagner qn.

Bristspiel, n. 2, (cart.) brisque, f. [sche, Pritschen.
Britsche, Britschen, v. a., v. Prit-
Brittannien (Groß,) n. (géogr.) Grande-Bretagne, f.
Britte, m. 3, brittisch, adj. breton, britannique.
Brocat, m. 2, brocart; der geringe —, brocatelle, f.
Brocken, m. 1, miette, f. morceau, m.; fm. bribe, f., fg. id., graillon, m. [émietter.
Brocken, Bröckeln, v. a. émier, Bröcklig, adj. friable, cassant; (vitr.) cassilleux.
Bröcklichkeit, f. friabilité.
Brod, n. 2, pain, m. miche de pain, f.; frisches, weiches —, du pain tendre, mollet; weiß —, du pain blanc; schwarz —, du pain bis; hausbacken —, pain chaland; ungesäuertes —, du pain sans levain; geweihtes —, du pain bénit; (égl. gr.) des eulogies, f. pl.; sein —verdienen, gagner sa vie, son pain; prov. er kann mehr als —essen, il sait mieux que son pain manger.
Brodbaum, m. 2*, arbre à pain.
Brodbrechen, n. 1, fracture du pain, f. (de l'hostie).
Brodbrei, m. 2, panade, f.
Brodbieb, m. 2, gâte-métier.
Brodem, m. 1, vapeur, f. fumée.
Broderwerb, m. 2, gagne-pain.

Brodkammer, f. (mar.) soute à pain, à biscuit.
Brodkorb, m. 2*, panier, corbeille à pain, f.; einem den — höher hängen, fg. fm. rogner l'écuelle à qn.
Brodkrume, v. Brosame.
Brodkruste, f., v. Brodrinde.
Brodkuchen, m. 1, galette, f.
Brodlos, adj. sans pain; fg. ingrat. [manque de pain, m.
Brodmangel, m. 1*, disette, f.
Brodneid, m. 2, jalousie de métier, f. [f.
Brodrindchen, n. 1, croûtelette,
Brodrinde, f. croûte de pain; die abgeschabte —, chapelure.
Brodsack, m. 2*, panetière, f.
Brodschnitte, f. mouillette, tranche de pain; die geröstete —, rôtie.
Brodschrank, m. 2*, armoire au pain, f.
Brodstube, f. paneterie d'un hôpital. [pain.
Brodsuppe, f. panade, soupe au Brodtasche, f. panetière.
Brodteig, m. 2, pâte, f.
Brodtorte, f. tarte de pain, de pâte à pain.
Brodverdienst, m. 2, gagne-pain.
Brodverwalter (eines Klosters), m. 1, panetier (d'un couvent).
Brodwasser, n. 1, eau panée, f.
Brodwurzel, f. manioc, m.
Broihahn, m. 2, espèce de bière blanche, f.
Brombeere, f. baie de ronce.
Brombeerstrauch, m. 2*, ronce, f.
Bronziren, v. a. bronzer.
Brosame, f. mie, miette.
Bröschen, n. 1, ris de veau, m.
Broschiren, v. a. brocher.
Bröseln, v. a. émier, émietter.
Bruch, m. 2*, fracture, f.; rupture; fente; crevasse, brèche; (min.) écroulement, m.; (méc.) brisure, f.; (méd.) descente, hernie; mit einem —e behaftet, hernieux; —, (arithm.) fraction, f.; einen — enthaltend, fractionnaire; Brüche, pl. (cha.) brisées, f. pl.
Bruch, m. 2* et n. 2 (Tu est long), marais, m. marécage.
Bruchband, n. 5*, bandage herniaire, m. brayer.
Bruchbandmacher, m. 1, chirurgien bandagiste.
Bruchgold, n. 2, or de mine, m.
Bruchhaber, m. 1, (avoine sauvage, f.
Bruchhalter, m. 1, (chir.) arrêt.
Bruchig, adj. marécageux.
Brüchig, adj. cassant, fragile; pailleux (fer); die —e Stelle, la paille dans une lame.
Bruchschneider, m. 1, opérateur herniaire.

Bruchschnitt, m. 2, (chir.) célotomie, f. point doré, m.
Bruchsilber, n. 1, argent cru, m.
Bruchstein, m. 2, moellon, pierre de taille, f.; der harte, löcherige —, meulière; —e, pl. blocage, m.
Bruchstück, n. 2, morceau, m. fragment. [naire, m.
Bruchzahl, f. nombre fractionnaire.
Brücke, f. pont, m.; (impr.) tablette, f.; (trictr.) enfilade; eine — bauen, schlagen, bâtir, jeter un pont.
Brückenbalken, m. 1, travon.
Brückenbogen, m. 1*, arche, f.
Brückengeld, n. 5, pontonage, m.
Brückenholz, n. 5*, traverse, f.
Brückenjoch, n. 2, palée, f.
Brückenjochträger, m. 1, quille du pont, f. [f.
Brückenkopf, m. 2*, tête de pont.
Brückenlehne, f. garde-fou, m.
Brückenpfeiler, m. 1, pilier, pile, f. aiguille.
Brückenschanze, f. tête de pont.
Brückenzoll, m. 2*, pontonage.
Brudel, m. 1, vapeur, f. bouillon, m.
Brudeln, v. n. 1*, (b.) bouillonner.
Bruder, m. 1*, frère; der lustige —, bon vivant.
Brüdergemeine, f. communauté des frères (moraves).
Bruderfind, n. 5, neveu, m.; nièce, f. [nel.
Bruderfuß, m. 2*, baiser fraternel.
Brüderlich, adj. fraternel; adv. en frère; — leben, fraterniser.
Bruderliebe, f. amour fraternel, m. fraternité, f.
Brudermord, m. 2, Brudermörder, m. 1, fratricide.
Brüderschaft, f. fraternité; (égl.) confrérie, congrégation; Mitglied einer —, congréganiste, m.
Brudersohn, m. 2*, neveu.
Brudertochter, f., nièce.
Brudersweib, n. 5, belle-sœur, f.
Brügge, (ville) Bruges.
Brühe, f. bouillon, m.; sauce, f.; jus, m.; Kraftbrühe, consommé; er machte eine lange darüber, fg. il en parla longuement.
Brühen, v. a. échauder, tremper.
Brühtrog, n. 5*, -trog, m. 2*, échaudoir.
Brühhaus, n. 5*, échaudoir, m.
Brühheiß, adj. tout chaud.
Brühkessel, m. 1, échaudoir.
Brühl, m. 2, breuil, marais.
Brühnapf, m. 2*, saucière, f.
Brüllen, v. n. (b.) rugir, mugir, beugler; —, s. n. 1, rugissement, m. mugissement, beuglement.
Brummbär, m. 3, injur. grognard, grogneur, grondeur.

**Brummbaß,** m. 2, (org.) bourdon. [guimbarde.
**Brummeisen,** n. 1, trompe, f.
**Brummen, Brummeln,** v. n. (h.) murmurer, bourdonner; grogner; fredonner un air; fg. gronder; —, s. n. 1, bourdonnement, m. murmure, grognement.
**Brummfliege,** f. bourdon, m.
**Brummig,** adj. grondeur.
**Brummkäfer,** m. 1, escarbot bruyant. [donnante, f.
**Brummkreisel,** m. 1, toupie bour-
**Brummochs,** m. 3, taureau; fg. v. Brummbär.
**Brunelle,** f. brignole (fruit).
**Brünette,** f. brunette.
**Brunft,** f.*, chaleur, rut, m.; der Anfang der —, muse du cerf, f.; in die — treten, entrer en rut, muser. [en chaleur.
**Brunften,** v. n. (h.) être en rut,
**Brunireisen,** n. 1, brunissoir, m.
**Bruniren,** v. a. brunir.
**Brunirzange,** f. griffe.
**Brunnen,** m. 1, puits, fontaine, f.; source; pompe; eaux, pl.; den — trinken, gebrauchen, prendre les eaux; prov. Wasser in den — tragen, porter l'eau à la mer.
**Brunnenbohrer,** m. 1, drague, f.
**Brunnencur,** f. usage des eaux minérales, m.
**Brunnenfeger, -räumer,** m. 1, cureur de puits. [les eaux.
**Brunnengaß,** m. 2*, qui prend
**Brunnengeländer,** n. 1, margelle, f.
**Brunnenhahn,** m. 2*, -zapfen, m. 1, robinet, clef de fontaine, f.
**Brunnenkasten,** m. 1*, réservoir.
**Brunnenkresse,** f. cresson de fontaine, m.
**Brunnenmeister,** m. 1, fontainier.
**Brunnenschwängel,** m. 1, bascule, f.
**Brunnenstube,** f. regard, m.
**Brunnenwasser,** m. 1, eau de puits, f.
**Brunst,** f.*, chaleur, ardeur, ferveur, v. Brunft.
**Brünstig,** adj. ardent, fervent; passionné || en chaleur, en rut (animal).
**Brünstigkeit,** f. ardeur, zèle, m.
**Brüssel,** (ville) Bruxelles.
**Brust,** f.*, poitrine; gorge, sein, m.; mamelle, f.; (bas) teton, m. poitrail des chevaux; gut für die —, (méd.) béchique.
**Brustader,** f. veine mammaire.
**Brustbeerbaum,** m. 2*, jujubier.
**Brustbeere,** f. jujube.
**Brustbeermerge,** f. (pharm.) diasébeste, m. [brechet, m.
**Brustbein,** n. 5, clavicule, f.;
**Brustbeschwerde,** f. oppression de poitrine.

**Brustbild,** n. 5, buste, m.
**Brustdrüse,** f. fagoue; (bouch.) ris de veau, m.
**Brüsten (sich),** se gonfler, se rengorger; fg. id., s'enfler d'orgueil, se pavaner.
**Brustfell,** n. 2, diaphragme, m.
**Brustfieber,** n. 1, fièvre asthmatique, f. [volaille, m.
**Brustfleisch,** n. 2, blanc de la
**Brustgeschwulst,** f.*, (vét.) avant-cœur, m.
**Brustgeschwür,** n. 2, empyème, m.
**Brustgetäfel,** n. 1, lambris à hauteur d'appui, m.
**Brustharnisch,** m. 2, corps de cuirasse, cuirasse, f.
**Brustkern,** m. 2, poitrine de bœuf, f. pièce tremblante.
**Brustkette,** f. reculement, m.
**Brustkissen,** n. 1, coussinet, m. (passem.) bretelles, f. pl.
**Brustkleid,** n. 5, (ant. j.) éphod du grand prêtre, m.
**Brustkrankheit,** f. mal de poitrine, m.; mit einer — behaftet, poitrinaire.
**Brustlatz,** m. 2*, pourpoint; gilet.
**Brustleder,** n. 1, plastron, m.
**Brustlehne,** f. garde-fou, m. appui.
**Brustmauer,** f., v. Brüstung.
**Brustmittel,** n. 1, remède pectoral, m. [torant.
**Brustreinigend,** adj. (méd.) expec-
**Brustriemen,** m. 1, poitrail.
**Brustschild,** n. 5, (hist. nat.) corselet, m.
**Brustschleier,** m. 1, guimpe, f. barbette des religieuses.
**Bruststreif,** m. exc. 2, -streifen, m. 1, tour de gorge.
**Bruststück,** n. 1, (bouch.) poitrine, f.; (cout.) pièce; corps de cuirasse, m.; (hist. nat.) corselet.
**Brustthee,** m. 2, thé pectoral.
**Brusttuch,** n. 5*, chemisette, f. camisole des femmes; gilet, m.
**Brüstung,** f. parapet, m. appui.
**Brustwarze,** f. mamelon, m. tetin.
**Brustwassersucht,** f. hydropisie de poitrine; hydrothorax, m.
**Brustwehr,** f. parapet, m.
**Brustzucker,** m. 1, sucre d'orge.
**Brut,** f. couvée; ponte; couvain, m. alevin des poissons; (bot.) caieu; fg. engeance, f. race.
**Brutal,** adj. brutal, brusque; adv. -ement.
**Brüten,** v. a. et n. (h.) couver; über etw. —, fg. couver, tramer, machiner qch.; —, s. n. 1, incubation, f.
**Bruthenne,** f. couveuse.
**Brütig,** adj. qui a envie de couver, œuf couvi.
**Brutto,** adv. (comm.) brut; — wägen, peser ort.

**Brützeit,** f. ponte.
**Brutzwiebel,** f. caïeu, m.
**Bube,** m. 3, garçon; injur. polisson, fripon; (cart.) valet.
**Bubenstreich,** m. 2, Büberei, f. polissonnerie, malice, méchancté; bassesse.
**Bubenstück,** n. 2, scélératesse, f.
**Bübisch,** adj. méchant, malicieux; fm. polisson.
**Buch,** n. 5*, livre, m.; volume; code de lois; ouvrage; das geheftete —, brochure, f.; kurze, dicke —, billot, m.; alte, schlechte —, bouquin; — Papier, main de papier, f.; die Bücher halten, führen, tenir les écritures.
**Buchbaum,** m. 2*, v. Buche.
**Buchbinder,** m. 1, relieur.
**Buchbinderlohn,** m. 2, prix de la reliure.
**Buchdrucker,** m. 1, imprimeur.
**Buchdruckerei,** f. imprimerie.
**Buchdruckerfarbe, -schwärze,** f. encre d'imprimerie.
**Buchdruckerkasten,** m. 1*, casse, f.
**Buchdruckerkreuz,** n. 2, étendoir, m. [typographie.
**Buchdruckerkunst,** f.*, imprimerie,
**Buchdruckerstock,** m. 2*, vignette, f. cul de lampe, m.
**Buche,** f. hêtre, m. fouteau.
**Bucheichel,** f. faîne.
**Büchelchen,** n. 1, livret, m. petit livre. [caire.
**Bücheraufseher,** m. 1, bibliothé-
**Bücherfreund,** m. 2, bibliophile.
**Bücherkenner,** m. 1, bibliographe.
**Bücherkunde,** f. bibliographie.
**Büchermann,** m. 3, bibliomane.
**Bücherrichter,** m. 1, censeur, critique. [bibliothèque, f.
**Büchersammlung,** f. -saal, m. 2*,
**Bücherschaft,** m. 2*, tablettes, f. pl.
**Bücherschrank,** m. 5*, bibliothèque, f. armoire aux livres.
**Büchersucht,** f. bibliomanie.
**Büchertrödler,** m. 1, bouquiniste.
**Bücherverzeichniß,** n. 2, catalogue de livres, m.
**Bücherwurm,** m. 5*, gerce, f.; fg. fm. homme toujours courbé sur les livres, m.
**Buchsche,** f. orne, m.
**Buchfink,** m. 3, pinson.
**Buchführer, Buchhalter,** m. 1, teneur de livres; der gule —, comptoriste.
**Buchgold,** n. 2, or d'applique, m.
**Buchhaltung,** f. Buchhalten, n. 1, tenue des livres, f.; science du négociant; die doppelte —, tenue des livres en parties doubles.
**Buchhandel,** m. 1, Buchhandlung, f. librairie.
**Buchhändler,** m. 1, libraire.

Buchhefter, m. 1, brocheur.
Buchladen, m. 1*, magasin de
Buchmast, f. faine. [livres.
Buchs, m. 2, Buchsbaum, m. 2*, buis.
Buchsdorn, m. exc. 1, lycium.
Büchse, f. boîte || arquebuse.
Büchsenhandel, m. 1, arquebuse-rie, f.; =macherhandwert, n. 2, id.
Büchsenkugel, f. balle.
Büchsenlauf, m. 2*, canon.
Büchsenmacher, m. 1, arquebu-
Büchsenschaft, m. 2, fût. [sier.
Büchsenschäfter, m. 1, armurier.
Büchsenschießen, n. 1, jeu d'ar-quebuse, m.
Büchsenschuß, m. 1*, coup de fusil, arquebusade, f.; einen — weit, à une portée de fusil.
Büchsenschüß, m. 3, arquebusier.
Büchsenspanner, m. 1, porte-ar-quebuse || clef d'arquebuse, f.
Buchstab, Buchstabe, m. exc. 2, lettre, f. caractère, m.; der große —, lettre majuscule, f. initiale, capitale; kleine —, minuscule; verschlungene —en, chiffre, m.; um-gekehrte —en berichtigen, (impr.) débloquer des lettres.
Buchstabenräthsel, n. 1, logogri-phe, m.
Buchstabenrechnung, f. algèbre; calcul littéral, m.
Buchstabenversetzung, f. anagram-me, m.; (gramm.) métathése, f.
Buchstabiren, v. a. épeler; —, s. n. 1, épellation, f. appellation des lettres.
Buchstäblich, adj. littéral; adv. à la lettre, au pied de la lettre.
Buchsweiler, (ville) Bouxwiller.
Bucht, f. baie; die kleine —, anse.
Buchwald, m. 5*, bois de hêtre, foutelaie, f.
Buchweizen, m. 1, blé sarrasin.
Buchwinde, f. blé noir sauvage, m.
Buckel, m. 1, bosse, f. gibbosité; fm. dos, m.; die Mauer macht einen —, la muraille fait ventre; sich einen — lachen, se pamer de rire || (sell.) bossette, boucle; f. —n auf etw. machen, bosseler qch.
Buckelich, adj. bossu, courbé.
Buckelochs, m. 3, bison.
Bücken (sich), se baisser; s'incli-ner; fg. s'humilier, s'abaisser.
Bückling, m. 2, révérence, f. fm. courbette || hareng saur, m.
Bude, f. boutique; échoppe.
Büffel, m. 1, buffle; bison; der junge —, buffletin.
Büffelhaut, f.*, peau de buffle, buffletin, m.
Büffeljäger, m. 1, boucanier.
Büffelleder, n. 1, buffle, m.
Büffelschlange, f. serpent étouf-feur, m.

Bug, m. 2*, courbure, f.; jar-ret du genou, d'une voûte, m.; garrot du cheval; épaule de mou-ton, f.; pli dans l'étoffe, m.
Bugader, f. veine du paleron; einem Pferde die — schlagen, sai-gner un cheval des quatre ars.
Buganter, m. 1, seconde ancre, f.
Bügel, m. 1, (man.) étrier; ar-chet d'un berceau; (arm.) bran-che, f.; (arq.) sous-garde de fusil.
Bügeleisen, n. 1, fer à repasser, m. carreau. [étriers.
Bügelfeß, adj. ferme sur les
Bügeln, v. a. repasser le linge; (raill.) passer le carreau sur le drap.
Bügelriemen, m. 1, étrivière, f.
Buglahm, adj. épaulé.
Büglerinn, f. repasseuse.
Bugfiren, v. a. remorquer, tirer en ouaiche; —, s. n. 1, remor-que, f. [m. -e, f.
Buhle, m. et f. 3, vi. amant,
Buhlen, v. n. (h.) m. p. faire l'amour, conter fleurettes; fm. co-queter; um etw. —, rechercher, briguer qch. [fm. galant.
Buhler, m. 1, amant, amoureux,
Buhlerei, Buhlschaft, Buhlsucht, f. galanterie; coquetterie; amour, m.
Buhlerinn, Buhldirne, f. coquet-te; courtisane, fille galante.
Buhlerisch, adj. amoureux, ga-lant, coquet, lascif.
Bühne, f. tribune, échafaud, m.; théâtre; grenier, galetas d'une maison. [ver un tonneau.
Bühnen, v. a. plancheier; abreu-
Bühnenmaler, m. 1, peintre dé-corateur. [teur.
Bühnenverzierer, m. 1, décora-
Bulle, m. 3, taureau.
Bulle, f. bulle du pape, etc.
Bullenbeißer, m. 1, dogue.
Bullensammlung, f. bullaire, m.
Bund, m. 2*, lien, ceinture, f.; fg. (pl. Bündnisse) alliance; con-fédération, ligue, coalition, fédé-ration; union; pacte, m.; (théol.) alliance, f. testament, m.; der türkische —, turban; —t, (rel.) nervure, f.
Bund, n. 2, paquet, m. trous-seau de clefs; botte de foin, f.; falourde; fagot de bois, m.; glane d'oignons, f.; faisceau d'armes, m.; liasse de papier, f.; dossier d'actes, m. [boucher, m.
Bundart, f.* (charp.) tire-
Bundbrüchig, adj. qui rompt l'al-liance, parjure, perfide.
Bündel, m. 1, paquet; petit paquet, trousseau; pacotille, f.; faisceau, m.; den —schnüren; faire son paquet, plier, trousser bagage.
Bundesgenoß, m. 3, allié, con-fédéré.

Bundeslade, f. arche d'alliance.
Bundestag, m. 2, diète, f. as-semblée des confédérés.
Bundesverein, m. 2, =versamm-lung, f. confédération, fédération.
Bündig, adj. concluant; valide, solide; suivi (style) bien lié, concis. [concision.
Bündigkeit, f. validité, solidité;
Bündniß, n. 2, alliance, f.; con-fédération. [fond.
Bundsteg, m. 2, (impr.) bois de
Bunt, adj. de plusieurs couleurs; —, buntfarbig, buntscheckig, bunt-scheckig, mêlé, mélangé, varié, bi-garré, bariolé; marqueté, pana-ché (fleur); madré (bois); — machen, barioler, bigarrer; mit —en Farben schmücken, émailler; es zu — machen, passer les bornes; es geht — zu, tout va sens dessus dessous; Bunte, =scheckige, s. n. 3, bigarrure, f.
Bunze, f. (fond.) ciselet, m.
Bunzen, m. 1, poinçon, ambou-tissoir; (orf.) id., bouge, f.
Bürde, f. charge; fardeau, m.
Burg, f. château, m. fort.
Burgbann, m. 2, banlieue, f.
Bürge, m. 3, caution, f. garant, m.; der angesessene —, caution bourgeoise, f.
Bürgen, v. n. (h.) cautionner, garantir qch.; répondre pour.
Bürger, m. 1, =inn, f. bourgeois, m. -e, f.; citadin, m.; citoyen, -ne, f. [que.
Bürgereid, m. 2, serment civi-
Bürgerfreund, m. 2, ami du peuple.
Bürgerhaus, n. 5*, maison de particulier, f.; maison bourgeoise.
Bürgerkrieg, m. 2, guerre ci-vile, f. [que.
Bürgerkrone, f. couronne civi-
Bürgerlehen, n. 1, fief roturier, m.
Bürgerlich, adj. bourgeois; civil, civique.
Bürgermeister, m. 1, bourgmestre, ol. gonfalonier en Italie.
Bürgerrecht, n. 2, droit de bour-geoisie, de citoyen, m.
Bürgerrolle, f. rôle des bour-geois, m.
Bürgerschaft, fém. bourgeoisie, bourgeois, m. pl.; commune, f.
Bürgerstand, m. 2*, bourgeoisie, Mangel an, incivisme.
Bürgertugend, m. 2*, bourgeoisie, f.; tiers état, m.
Bürgertugend, f. vertu civique, civisme, m. [garde nationale.
Bürgerwache, f. garde bourgeoise,
Burgfrau, f. châtelaine.
Burgfriede, m. exc. 2, banlieue, f. châtellenie d'un château; sû-reté publique.

**Berggraf,** *m.* 3, bourgrave.
**Burggrafſchaft,** *f.* bourgraviat, *m.*
**Burgherr,** *m.* 3, châtelain, seigneur châtelain.
**Burgleben,** *n.* 1, fief mouvant d'un château, *m.* [teau.
**Burgſaß,** *m.* 3, vassal d'un châ-
**Bürgſchaft,** *f.* caution, garantie; die hinlängliche —, caution bourgeoise; — leiſten, donner caution.
**Burgund,** (*pays*) Bourgogne, *f.*
**Burgunder,** *m.* 1, Bourguignon, vin de Bourgogne.
**Burgundiſch,** *adj.* bourguignon, de Bourgogne; — Heu, sainfoin, *m.*
**Burgvogt,** *m.* 2*, châtelain.
**Burgvogtei,** *f.* châtellenie.
**Burgwarte,** *f.* échauguette.
**Burſch, Burſche,** *m.* 3, garçon; jeune homme; *fm.* étudiant *en Allemagne*; camarade, compagnon. [bête.
**Bürſchen,** *v. a.* giboyer, tirer *une*
**Burſchenſchaft,** *f.* association d'étudiants. [époussettes.
**Bürſte,** *f.* brosse, vergettes, *pl.*
**Bürſten,** *v. a.* brosser, vergeter; décrotter, épousseter.
**Bürſtenbinder,** *m.* 1, brossier.
**Bürſtenpflanze,** *f.* carthame, *m.*
**Bürſtenraupe,** *f.* chenille chagrinée.
**Bürzel,** *m.* 1, derrière, croupion.
**Bürzelbaum,** *m.* 2*, *fm.* culbute, *f.*
**Bürzeldorn,** *m. exc.* 1, tribule.
**Bürzelkraut,** *n.* 5*, pourpier.
**Bürzeln,** *v. n.* (h.) tomber, culbuter.
**Buſch,** *m.* 2*, bocage, bosquet; buisson; arbuste, bouquet de bois, touffe, *f.*; *fg. auf* den — ſchlagen, ſtopfen, sonder le gué; in —en wachſend, lebend, buissonnier.
**Buſchbohne,** *f.* haricot nain, à touffe, *m.*
**Büſchel,** *m.* 1, toupet *de cheveux*; paquet; botte, *f.*; bouquet *de fleurs*, *m.*; houppe *de plumes*, *f.*
**Büſchelförmig,** *adj. et adv.* en touffe; (*bot.*) fasciculé.
**Büſchelfranſen,** *f. pluriel*, soucis (*sourcils*) de hanneton, *m. pl.*
**Büſchelweiſe,** *adv.* par touffe, par botte. [touffe, en buisson.
**Buſchen** (ſich), venir, croître en
**Buſchfang,** *m.* 2*, chasse à l'arbret, *f.*
**Buſchhahn,** *m.* 2*, coq huppé.
**Buſchholz,** *n.* 5*, petit bois, *m.* broussailles, *f. pl.*
**Buſchjäger,** *m.* 1, perce-forêt.
**Buſchicht, Buſchig,** *adj.* touffu, buissonneux. [sonnier, *m.*
**Buſchkaninchen,** *n.* 1, lapin buis-
**Buſchklepper,** *m.* 1, brigand.

**Buſchwerk,** *n.* 2, buissons, *m. pl.* broussailles, *f. pl.*
**Buſen,** *m.* 1, sein; gorge, *f.*; (*géogr.*) golfe, *m.*; *fg.* in ſeinen — greifen, rentrer en soi-même.
**Buſenfreund,** *m.* 2, ami intime.
**Buſenſtreif,** *m. exc.* 1, jabot, gorge, *f.* [fichu, *m.*
**Buſentuch,** *n.* 5*, gorgerette, *f.*
**Bußaar,** *m.* 3, (*hist. nat.*) buse, *f.* [tence, *f.*; peine, amende.
**Buße,** *f.* repentir, *m.*; pénitence, *f.*; peine, amende.
**Büßen,** *v. a.* expier *une faute*; —, *v. n.* (h.) porter la peine; être puni; faire pénitence; ſeine Luſt —, contenter ses désirs.
**Büßer,** *m.* 1, -inn, *f.* pénitent, *m.* -e, *f.* [tant.
**Bußfertig,** *adj.* pénitent, repentant.
**Bußfertigkeit,** *f.* pénitence.
**Bußkleid,** *n.* 5, cilice, *m.*
**Bußpredigt,** *f.* exhortation à la pénitence.
**Bußpſalm,** *m. exc.* 1, un des sept psaumes pénitentiaux. [*m.*
**Bußſtüd,** *n.* 2, (*chap.*) étoupage.
**Bußtag,** *m.* 2, jour de pénitence.
**Bußtränen,** *f. pl.* larmes de repentance.
**Büßung,** *f.* Büßen, *n.* 1, expiation, *f.* punition.
**Butte, Bütte,** *f.* cuve, cuvier, *m.* cuvette, *f.*; tinette; hotte; in der — ſtehen bleiben, cuver (*vin*).
**Büttel,** *m.* 1, sergent, archer; bourreau, valet de bourreau.
**Butter,** *f.* beurre, *m.*; — machen, *v.* Buttern; mit — beſtreichen, zurichten, beurrer.
**Butterartig,** *adj.* butireux.
**Butterbämme,** *f.* beurrée.
**Butterbirn,** *f.* beurré, *m.* doyenné (*poire*). [souci, *m.*
**Butterblume,** *f.* dent de lion, souci, *m.*
**Butterbrod,** *n.* 2, tartine, *f.* beurrée.
**Butterbrühe,** *f.* sauce blanche.
**Butterfaß,** *n.* 5*, baratte, *f.*
**Butterhändler,** *m.* 1, -inn, *f.* beurrier, *m.* -ère, *f.*
**Butterkraut,** *n.* 5*, (*bot.*) grassette, *f.* [mue, *f.*
**Butterkrebs,** *m.* 2, écrevisse en
**Buttermilch,** *f.* babeure, *m.* babeurre. [du beurre, baratter.
**Buttern,** *v. n.* (h.) faire, battre
**Butterſchnitte,** *f.* beurrée.
**Butterſtämpel,** *m.* 1, batte à beurre, *f.*
**Butterſtollen,** *m.* 1, brioche, *f.*
**Butterteig,** *m.* 2, feuilletage, pâte feuilletée, *f.*
**Buttervogel,** *m.* 1*, papillon.
**Butterweden,** *m.* 1, gâteau au beurre, coin de beurre.
**Buß,** *m.* 2, Bußen, *m.* 1, bout; — am Obſt, trognon, nombril,

ombilic, tête (*f.*) du fruit; — am Licht, lumignon, *m.*; — an einem Geſchwüre, bourbillon.
**Buyſe,** *f.* (*mar.*) bûche.
**Byſſus,** *m. indécl.* (*ant.*) byssé, byssus.

## **C.**

*Il faut chercher sous les lettres K et Z certains mots qui ne se trouvent pas ici.*

**C,** *n.* (*mus.*) ut, *m.* c-ſol-ut.
**Cabale,** *f.* cabale, intrigue, brigue; — machen, cabaler, intriguer.
**Cabalenmacher,** *m.* 1, cabaleur.
**Cabbala,** *f.* cabale *des juifs*.
**Cabbaliſtiſch,** *adj.* cabbalistique.
**Cabinett,** *n.* 2, cabinet, *m.* boudoir *d'une dame*.
**Cabriole,** *v.* **Capriole.**
**Cabriolett,** *n.* 2, cabriolet, *m.*
**Cacao,** *m.* 2, Cacaobohne, *f.* cacao, *m.*
**Cacaobaum,** *m.* 2*, cacaoyer.
**Cacaopflanzung,** *f.* cacaoyère.
**Cacaoſchote,** *f.* cabosse.
**Cadenz,** *f.* mesure, cadence; die — in etw. beobachten, cadencer qch.
**Cadett,** *m.* 3, cadet.
**Cadettenſchule,** *f.* école militaire.
**Cadmium,** *n. exc.* 1, (*min.*) cadmie, *f.* cadmium, *m.*
**Cairo,** (*ville*) le Caire.
**Calabrien,** (*pays*) Calabre, *f.*
**Calabriſch,** *adj.* calabrois.
**Calcant,** *m.* 3, *v.* **Balgentreter.**
**Calciniren,** *v. a.* calciner; —, *s.* [quése.
**Calcinirofen,** *m.* 1, (*verr.*) car-
**Calcut,** *m.* 3, ou der calecutiſche Hahn, dindon, coq d'Inde; die —iſche Henne, dinde, *f.* poule d'Inde.
**Caliber,** *n.* 1, calibre, *m.*
**Calibriren,** *v. a.* calibrer.
**Calviniſch,** *adj.* die —e Lehre, ou **Calvinismus,** *m. exc.* 1, calvinisme, *f.*
**Calviniſt,** *m.* 3, calviniste.
**Camaldulenſer,** *m.* 1, camaldule (*moine*).
**Camee,** *m.* 3, camaïeu, camée.
**Camelott,** *m.* 2, camelot.
**Camerad,** *m.* 3, camarade, compagnon; (*guer.*) frère d'armes.
**Cameradſchaft,** *f.* société, compagnie; (*guer.*) chambrée.
**Cameraliſt,** *m.* 3, financier.
**Cameralweſen,** *n.* 1, finances, *f. pl.*
**Cameralwiſſenſchaft,** *f.* science des finances.
**Camille,** *f.* (*bot.*) camomille.
**Camiſel,** *n.* 5*, camisole, *f.*
**Campeſchebaum,** *m.* 2*, campêche; —holz, *n.* 5*, *id.*, bois de campêche, *m.*

Canal, *m.* 2*, canal, conduit.
Canapee, *n. exc.* 1, canapé, *m.*
Canarienbastard, *m.* 2, canari-mulet, tarin.
Canarienfutter, *n.* 1, =same, *m. exc.* 2, (*bot.*) alpiste des Canaries.
Canarienhecke, *f.* nichoir, *m.*
Canariensekt, *m.* 2, vin des Canaries. [serin de Canarie.
Canarienvogel, *m.* 1*, canari,
Canarienzucker, *m.* 1, sucre des Canaries. [naries.
Canarische Inseln, *f. pl.* îles Ca-
Canaster, *m.* 1, canastre.
Cancelle, *f.* treillis *aux orgues, m.*
Candelzucker, *m.* 1, sucre candi; der braune —, caramel.
Candia, (*île*) Candie, *f.* [rant.
Candidat, *m.* 3, candidat, aspi-
Candier, *m.* 1, Candiot.
Candiren (sich), candir, se candir.
Canevas, *m. indécl.* canevas; der feine —, basin.
Cannibale, *m.* 3, cannibale.
Cantate, *f.* cantate; die kleine —, cantatille.
Cantille, *f.* cannetille.
Canton, *m.* 2, canton, arrondissement.
Cantoniren, *v. n.* (h.) cantonner.
Cantonirung, *f.* cantonnement, *m.*
Cantor, *m. exc.* 1, chantre.
Cantoramt, *n.* 5*, Cantorei, *f.* chantrerie. [promontoire.
Cap, *n.* 2 (*sans pl.*), cap, *m.*
Caper, *m.* 1, capre, corsaire, armateur.
Caperbrief, *m.* 2, lettres de marque, *f. pl.* commission, *f.*
Caperei, *f.* course en mer; auf — ausrüsten, armer en course.
Capern, *v. a.* capturer, prendre un vaisseau.
Caperschiff, *n.* 2, *v.* Caper.
Capital, *adj.* capital; principal; —, *s. n.* 5*, (*arch.*) chapiteau, *m.*; —, *n.* 2, (*pl.* —ien) (*comm.*) capital, *m.* principal, fonds.
Capitalbuchstab, *m. exc.* 2, lettre capitale, *f.*
Capitälchen, *n.* 1, (*impr.*) petite capitale, *f.*; (*rel.*) tranchefile.
Capitalist, *m.* 3, rentier, capitaliste.
Capitän, *m.* 2, capitaine.
Capitel, *n.* 1, chapitre, *m.*; fg. id., matière, *f.* sujet, *m.*; fm. réprimande, *f.*; einem das — lesen, chapitrer qn. || chapitre, *m.*; zu einem — gehörig, capitulaire; im — versammelt, capitulairement.
Capitelschluß, *m.* 2*, résolution capitulaire, *f.*
Capitelstube, *f.* chapitre, *m.*
Capitolium, *n. exc.* 1, (*ant. r.*) capitole, *m.*
Capitular, Capitelherr, *m.* 3,

capitulant, chanoine capitulant.
Capitulation, *f.* capitulation, composition. [traiter.
Capituliren, *v. n.* (h.) capituler;
Cappadocien, (*pays*) Cappadoce, *f.*
Cappadocier, *m.* 1, Cappadocien.
Caprificiren, *v. a.* caprifier.
Caprificirung, *f.* caprification.
Capriole, *f.* capriole.
Caput, *adv.* fm. capot, ruiné.
Caputrock, *m.* 2*, surtout, redingote, *f.*
Capuze, *f.* capuce, *m.* capuchon.
Carabelle, *f.* (*mar.*) caravelle, crevelle.
Carabiner, *m.* 1, carabine, *f.*
Carabinier, *m.* 2, carabinier.
Carbonade, *f.* (*cuis.*) carbonnade.
Carbunkel, *ou* Carfunkel, *m.* 1, escarboucle, *f.* [*m. pl.*
Carcer, *m.* 1, prison, *f.* arrêts,
Cardinal, *adj.* cardinal; —, *s. m.* 2*, cardinal; —=Kämmerling, cardinal camerlingue.
Cardinalbischof, *m.* 2*, cardinal-évêque.
Cardinalshut, *m.* 2*, chapeau de cardinal, barette, *f.*
Cardinalswürde, *f.* cardinalat, *m.*
Cardobenedictenkraut, *n.* 5*, chardon bénit, *m.*
Caricatur, *f.* caricature, charge.
Carmeliter, *m.* 1, carme; =inn, *f.* carmélite.
Carmen, *n.* 1, poème, *m.*; vers, *m. pl.* [adj. cramoisi.
Carmesin, *adj. indécl.*, —roth,
Carmin, *m.* 2, carmin.
Carmosiren, *v. a.*, einen Edelstein —, garnir une pierre précieuse.
Carnaval, *m.* 1, carnaval.
Carneol, Carniol, *m.* 2, cornaline, *f.* [d'or.
Carolin, *m.* 2, carolin; louis-
Carotte, *f.* carotte.
Carpie, *f.* charpie.
Carriole, *f.* Carriol, *n.* 2, cabriolet, *m.* carriole, *f.*
Carrossel, *n.* 2, carrousel, *m.*
Cartel, *n.* 2, cartel, *m.*
Cartelschiff, *n.* 2, vaisseau parlementaire, *m.*
Cartesianer, *m.* 1, cartésien.
Cartesianisch, *adj.* cartésien; die —e Lehre, cartésianisme, *m.*
Carthago, (*ville*) Carthage; carthagisch, *adj.*, Carthager, Carthaginenser, *s. m.* 1, Carthaginois.
Cascarille, *f.* (*bot.*) cascarille.
Cascovien, (*ville*) Cascovie.
Casel, *f.* chasuble.
Casematte, *f.* casemate; mit —n versehen, casematé.
Caserne, *f.* caserne; in —n wohnen, legen, caserner.
Caskett, *n.* 2, Caskete, *f.* casquette.

Caspisches Meer, *n.* 2, mer Caspienne, *f.* [cassation, *f.*
Cassationsgericht, *n.* 2, cour de
Casse, *f.* caisse, cassette.
Cassenbestand, *m.* 2*, situation (*f.*), état (*m.*) de la caisse; restant en caisse. [*m.*
Cassenbuch, *n.* 5*, livre de caisse,
Cassendiebstahl, *m.* 2*, péculat.
Casserolle, *f.* casserole.
Cassie, *f.* cassie.
Cassienbaum, *m.* 2*, cassier.
Cassier, *m.* 2, Cassirer, *m.* 1, caissier.
Cassiren, *v. a.* casser, congédier.
Cassirung, *f.* cassation.
Castell, *n.* 2, fort, *m.* château; (*mar.*) gaillard.
Castellan, *m.* 2, châtelain.
Castellanei, *f.* châtellenie.
Castilien, (*pays*) Castille, *f.*
Castilisch, *adj.*, Castilier, Castilianer, *m.* 1, Castillan.
Castor, *m.* 2, castor.
Castorhut, *m.* 2*, castor, chapeau de poil de castor.
Castrat, *m.* 3, castrat.
Castriren, *v. a.* châtrer.
Cästus, *m. indécl.* (*ant.*) ceste.
Casuar, *m.* 1, (*hist. nat.*) casoar.
Casuist, *m.* 3, casuiste.
Casuistik, *f.* art d'expliquer les cas de conscience, *m.*
Casur, *f.* (*pros.*) césure.
Catafalk, *m. exc.* 1, catafalque.
Catalog, *m. exc.* 1, catalogue.
Catalonien, (*pays*) Catalogne, *f.*
Catalonisch, *adj.*, Catalonier, *m.* 1, Catalan.
Catzalpabaum, *m.* 3, catalpa.
Cauri, *m. indécl.* cauris.
Cautel, *f.* (*jur.*) cautèle.
Cavalier, *m.* 2, cavalier; gentilhomme; —mäßig, *adj.* noble, généreux; *adv.* à la cavalière.
Cavallerie, *f.* cavalerie.
Cavallerist, *m.* 3, cavalier.
Caviar, *m.* 2, caviar.
Cäcilia, *n. pr. f.* Cécile.
Ceder, *f.* cèdre, *m.*
Cedernharz, *n.* 2, cédrie, *f.*
Cement, *n.* 2, ciment, *m.* cément; mit — mauern, cimenter.
Cementiren, *v. a.* cémenter, cimenter. [cémentatoire, *m.*
Cementkupfer, *n.* 1, cuivre cé-
Cementpulver, *n.* 1, cément, *m.* poudre cémentatoire, *f.*
Censiren, *v. a.* censurer, critiquer.
Censor, *m. exc.* 1, censeur, critique.
Censur, *f.* censure, critique; der — unterworfen, censurable (*livre*).
Centaur, *m.* 3, centaure.
Centifolie, *f.* rose à cent feuilles.
Centime, *m.* 3, centime.
Centner, *m.* 1, quintal, cent;

—ſchwer, extrêmement pesant.

Cento, m. 2, centon.

Central, adj. central.

Centralſchule, f. école centrale.

Centrifugalfraft, f. force centrifuge. [pête, gravitation.

Centripetalfraft, f. force centri-

Centurie, f. (ant. r.) centurie.

Centurio, m. (pl. =nen) (ant. r.) centurion. [moniale, f.

Ceremonialgeſet, n. 2, loi céré-

Ceremonie, f. cérémonie, formalité; die —n betreffend, cérémonial.

Ceremoniell, n. 2, cérémonial, m.

Ceremonienbuch, n. 5*, cérémonial, m. [des cérémonies.

Ceremonienmeiſter, m. 1, maître

Ceres, (mythol.) Cérès.

Certiren, v. n. (écol.) disputer, questionner, concourir.

Cervelatwurſt, f.*, cervelat, m.

Chagrin, m. 2, =leder, n. 1, chagrin, m.; =taffet, m. 2, id.

Chagrinbereiter, m. 1, chagrinier.

Chalcedonier, m. 1, (joaill.) calcédoine, f.

Chaldäa, (pays) Chaldée, f.

Chaldäer, m. 1, Chaldéen; =däiſch, adj. chaldéen, chaldaïque.

Chamäleon, n. 2, (hist. nat.) caméléon, m.

Champagner, m. 1, =wein, n. 2, vin de Champagne.

Chaos, n. indécl. chaos, m.

Charafter, m. 1 (pl. e), caractère; fg. id., titre, dignité, f. qualité; mœurs, pl. esprit, m.

Charafteriſiren, v. a. caractériser.

Charafteriſtiſch, adj. caractéristique; d'après le caractère.

Charfreitag, m. 2, vendredi saint.

Charwoche, f. semaine sainte.

Chemie, v. Chymie. [bin.

Cherub, m. 2 (pl. =im), chéru-

Chiliade, f. chiliade.

Chiliaſten, m. pl. 3, (théol.) millénaires. [néaires.

Chimäre, f. chimère. [lé-

China, Chinarinde, f. quinquina, m.; —, (pays) Chine, f.

Chinawurzel, f. chine, squine, esquine.

Chineſe, m. 3, Chineſiſch, adj. chinois.

Chiragra, n. 2, (méd.) chiragre, f.

Chiromantie, f. chiromancie.

Chiromantiſt, m. 3, chiromancien.

Chirurg, m. exc. 1, chirurgien.

Chirurgiſch, adj. chirurgical, chirurgique.

Chokolate, f. chocolat, m.

Chokolatehändler, m. 1, chocolatier.

Chokolatefanne, f. chocolatière.

Chokolatemacher, m. 1, =ſchenf, m. 2, chocoladier. [morbus.

Cholera, f. choléra, m. choléra-

Choleriſch, adj. colérique, colère.

Chor, m. et n. 2*, chœur, m.; tribune, f.; prêtres du chœur, m. pl.

Choral, m. 2*, plain-chant.

Choralbuch, Chorbuch, n. 5*, antiphonaire, m. antiphonier.

Chorbiſchof, m. 2*, chorévêque.

Chorführer, m. 1, (ant.) coryphée. [cal, m.

Chorgebet, n. 2, office canoni-

Chorgeſang, m. 2*, chœur.

Chorgewand, n. 5*, Chorhemd, n. exc. 1, surplis, m. aube, f.

Chorjungfer, f. sœur de chœur.

Chorherr, m. 3, chanoine, prébendier.

Chorfnabe, m. 3, v. Chorſchüler.

Chormantelſchranf, n. 2*, chapier; =träger, m. 1, id.

Chornonne, f. officiante.

Chorpult, n. 2, lutrin, m.

Chorrock, m. 2*, v. Chorgewand.

Chorſänger, m. 1, choriste.

Chorſchüler, m. 1, enfant de chœur.

Chorſtuhl, m. 2*, stalle, f.

Chorſtunde, f. heure canoniale.

Chriſam, m. et n. 2, chrème, m.

Chriſt, m. 3, =inn, f. chrétien, m. -ne, f. [Noël, m.

Chriſtabend, m. 2, veille de

Chriſtbeſcherung, f. Chriſtgeſchenk, n. 2, présents que l'on fait à Noël, m. pl. [tien, m.

Chriſtbirn, f. (jard.) bon-chré-

Chriſtenheit, f. chrétienté.

Chriſtenthum, n. 5, christianisme, m. religion chrétienne, f.

Chriſtian, n. pr. m. Chrétien, Christian; —e, f. Chrétienne.

Chriſtinblein, n. 2, enfant Jésus, m. [-nement.

Chriſtlich, adj. chrétien; adv.

Chriſtmeſſe, f. messe de minuit.

Chriſtmonat, m. 2, mois de Décembre.

Chriſtnacht, f.*, vigile de Noël.

Chriſtſterben, m. 1, ordre du Christ.

Chriſttag, m. 2, jour de Noël.

Chriſtus, m. (décl. lat.) Jésus-Christ, Christ.

Chriſtusbild, n. 5, Christ, m.

Chriſtwoche, f. semaine de Noël.

Chriſtwurz, f. (bot.) ellébore jaune, m. [matique.

Chromatiſch, adj. (mus.) chro-

Chronif, f. chronique; die Bücher der —, (écr. ste.) Paralipomènes, m. pl. [queur.

Chronifſchreiber, m. 1, chroni-

Chroniſch, adj. (méd.) chronique.

Chronolog, m. 3, chronologiste.

Chronologie, f. chronologie.

Chronologiſch, adj. chronologique.

Chryſelith, m. 2, chrysolithe, f.

Chryſopras, m. 3, chrysoprase.

Churfürſt, m. 3, =inn, f. électeur, m. -trice, f.

Churfürſtenthum, n. 5*, électorat, m.

Churfürſtlich, adj. électoral.

Churprinz, m. 3, prince électoral.

Churwürde, f. dignité électorale.

Chymie (Chemie), f. chimie.

Chymifer, m. 1, chimiste.

Chymiſch, adj. chimique.

Ciborium, n. exc. 1, (égl.) ciboire, m.

Cicero, n. pr. Cicéron.

Ciceronianer, m. 1, ciceronianiſch, adj. cicéronien.

Ciceroſchrift, f. (impr.) cicéro, m.

Chorie, f. chicorée.

Chicorienartig, adj. chicoracé.

Cicisbeo, m. exc. 1, sigisbée.

Cider, m. 1, cidre.

Cigarre, f. cigare, m.; —ntabaf, m. 2, id. [f.

Circularſchreiben, m. 1, circulaire,

Circumſley, m. 2, accent circonflexe.

Circus, m. indécl. (ant.) cirque.

Cis, n. indécl. (mus.) ut-dièse, m.

Ciſeliren, v. a. ciseler.

Ciſelirer, m. 1, ciseleur.

Ciſtenröschen, n. 1, ciste, m.

Ciſterne, f. citerne.

Ciſterzienſer, m. 1, =inn, f. moine (m.), religieuse (f.) de Citeaux.

Ciſterzienſerorden, m. 1, ordre de Citeaux.

Citadelle, f. citadelle.

Citation, f. citation, assignation.

Citiren, v. a. citer, ajourner, assigner; citer, évoquer des esprits.

Citronat, n. 2, citronat, m.

Citrone, f. citron, m.; die wohlriechende —, cédrat; dünnſchalige, ſaftige —, limon; dickſchalige, groſ=ſe —, poncire; fleine, ſüſe —, lime douce, m.; nach —n ſchmeckend, riechend, citroné.

Citronenbaum, m. 2*, citronnier.

Citronenbranntwein, m. 2, citroné.

Citroneneſſenz, f. essence de citron. [leur de citron, citron.

Citronenfarbig, adj. citron, cou-

Citronenfinf, m. 3, serin d'Italie.

Citronenfraut, n. 5*, citronnelle, f. citragon, f.

Citronenlimonade, f. aigre-de-citron, m. [de citron, f.

Citronenmus, n. 2, marmelade

Citronenſalz, n. 2, citrate, m.

Citronenſäure, f. acide citrique, m.

Citronenſcheibe, f. rouelle de citron.

Citronenwaſſer, n. 1, limonade, f.

Civilbeamte, m. 3, officier civil.

Civiliſiren, v. a. civiliser.

Civilliſte, f. liste civile.

Clara, n. pr. f. Claire.

Clarel, m. 2, vin clairet.

Clarinett, n. 2, Clarinette, f. clarinette.

Clarintrompete, f. clairon, m.

Classe, f. classe; catégorie, ordre, m.; fg. rang; in Classen abtheilen, classer; die Abtheilung in Classen, classification, f.

Classiter, m. 1, auteur classique.

Classisch, adj. classique; littéral (grec). [bia, f. Claudine.

Claudius, n.pr. m. Claude; Claus-

Claus, n.pr. m. Nicolas, Colas; dim. Colin.

Clausel, f. clause. [moir, m.

Clausur, f. clôture; (rel.) fer-

Clavicymbel, f. manichordion, m.

Clavier, n. 2, clavecin, m. clavier; das — spielen, toucher le clavecin, jouer le clavecin.

Claviermacher, m. 1, facteur de clavecins..

Clavierspieler, m. 1, =inn, f. joueur (m.), -se (f.) de clavecin, claveciniste, m.

Clavis, m. (pl. Claves), touche, f. clavier, m.

Clerifer, m. 1, clerc.

Clerisei, f. clergé, m.

Client, m. 3, client, partie, f.; die sämmtlichen —en, clientèle.

Clima, n. 2 (pl. =te), climat, m.; an das — gewöhnen, acclimater.

Cloak, n. 2, cloaque, m.

Coadjutor, m. exc. 1, coadjuteur.

Coadjuterie, f. coadjutorerie.

Coblenz, (ville) Coblence.

Cocarde, f. cocarde.

Cochenille, f. cochenille; mit — färben, cocheniller; das Färben mit —, cochenillage, m.

Cochenillenbaum, m. 2*, cochenillier.

Codex, m. indécl. code.

Codicill, n. 2, codicille, m.; in einem —e enthalten, codicillaire.

Cohorte, f. (ant. r.) cohorte.

Cölestinermönch, m. 2, célestin.

Cölibat, m. ou n. 2, célibat, m.

Collationniren, v. a. collationner.

Collecte, f. collecte; quête.

Collectenbuch, n. 5*, (théol.) lectionnaire, m.

College, m. 3, collègue.

Collegialisch, adj. de collègue; —, adv. en collègue.

Collegium, n. exc. 1, collège, m.; cours; leçon, f.; v. Vorlesung.

Collusorisch, adj. collusoire.

Cöln, (ville) Cologne.

Coloquinte, f. coloquinte.

Coloratur, f. (mus.) fredon, m. tremblement, roulement.

Coloriren, v. a. colorer; (mus.) fredonner.

Colorist, m. 3, coloriste.

Colorit, n. 2, coloris, m.

Columne, f. colonne, page.

Columnentitel, m. 1, (impr.) titre courant.

Comitien, pl. (ant. r.) comices, m.

Comandant, m. 3, commandant.

Commandiren, v. a. commander.

Commanditär, m. 2, commanditaire.

Commanditgesellschaft, =handlung, f. commandite, société en commandite.

Commando, n. 2, commandement, m. détachement.

Commende, f. commende.

Commentar, m. 2, commentaire.

Commentator, m. exc. 1, commentateur, interprète.

Commentchen, n. 1, saucière, f.

Commenthur, m. 2, commandeur.

Commentburei, f. commanderie.

Commentiren, v. a. commenter, expliquer, interpréter.

Commissär, m. 2, commissaire.

Commissbäcker, m. 1, boulanger munitionnaire. [nition, m.

Commissbrod, n. 2, pain de munition.

Commissionnär, m. 2, commissionnaire.

Committent, m. 3, commettant.

Committiren, v. a. commettre.

Commode, f. commode. [niant.

Communicant, m. 3, communiant;

Communiciren, v. n. (h.) communier; —, v. a. administrer le sacrement de l'eucharistie || communiquer.

Communion, fém. communion, sainte cène.

Compagnie, f. compagnie.

Comparativ, m. 2, comparatif.

Compass, m. 2, boussole, f.; compas de mer, m.; — ou — nadel, f. aiguille de boussole; der unrichtig zeigende —, aiguille affolée. [cle, m.

Compasshäuschen, n. 1, habitacle, m.

Compassstrich, m. 2, rumb.

Compendium, n. exc. 1, abrégé, m. manuel, précis.

Competent, adj. compétent.

Competenz, f. compétence.

Compiliren, v. a. compiler.

Complete, f. (cath.) complies, pl.

Compliment, n. 2, compliment, m.; —t, pl. baisemains; cérémonies, f. pl. façons; leere —t, de l'eau bénite de cour; einem tin — machen, complimenter qn.

Complimentenmacher, m. 1, fm. complimenteur.

Complott, n. 2, complot, m.; trame, f. conjuration.

Componiren, v. a. composer.

Componist, m. 3, compositeur.

Composit, adj. (arch.) composite.

Compromiss, m. 2, (jur.) compromis.

Comptabilität, f. comptabilité.

Concentriren, v. a. concentrer,

centraliser; —, s. n. 1, concentration, f. centralisation.

Concentrisch, adj. concentrique; (astr.) homocentrique.

Concept, n. 2, minute, f.; brouillon, m.; fg. fm. einem das — verrücken, déranger les projets de qn.; aus dem — kommen, se troubler. [dinaire, m.

Conceptpapier, n. 2, papier ordinaire, m.

Concertsänger, =spieler, m. 1, concertant.

Concert, n. 2, concert, m.

Concertstück, n. 2, concerto, m.

Conchilien, m. pl. coquillages, m. pl. testacés.

Concilienschluss, m. 2*, décret, canon d'un concile; die Sammlung der =schlüsse, recueil des conciles.

Concilium, n. exc. 1, concile, m.

Concipiren, v. a. minuter, mettre par écrit.

Concipist, m. 3, secrétaire.

Conclave, n. indécl. conclave, m.

Conclavist, m. 3, conclaviste.

Concordanz, f. =buch, n. 5*, concordance, f. [dat, m.

Concordat, n. 2, (égl.) concordia, Concorde, n. pr. f. Concorde.

Concret, adj. concret.

Concubinat, n. 2, concubinage, m.

Concubine, f. concubine.

Concurrenz, f. concurrence.

Concurs, m. 2, concours; (comm.) faillite, f. banqueroute..

Conditor, m. exc. 1, confiseur.

Condoliren, v. n. (h.) faire ses compliments de condoléance à qn.

Condor, m. 2, (hist. nat.) condor.

Confect, n. 2, confitures, f. pl.

Conferenz, f. conférence.

Confession, f. confession.

Confessionsverwandte, m. 3, der Augsburgische —, confessioniste, luthérien.

Confirmiren, v. a. confirmer.

Confisciren, v. a. confisquer; —, s. n. 1, confiscation, f.

Confiscirlich, adj. confiscable.

Conformist, m. 3, conformiste.

Congress, m. 2, congrès.

Conjugation, f. conjugaison.

Conjugiren, v. a. conjuguer.

Conrector, m. exc. 1, second professeur d'un collège.

Conscribiren, v. a. conscrit.

Conscription, f. conscription.

Consecriren, v. a. consacrer.

Consens, n. 2, consentement, m. aveu, approbation, f.

Conservationsbrille, f. conserves, pl. [servatoire, m.

Conservatorium, n. exc. 1, conservatoire, m.

Consistorialisch, adj. consistorial.

Consistorialrath, m. 2*, conseiller du consistoire.

Consistorium, n. exc. 1, consistoire, m.; die Entscheidung des —s, décision consistoriale, f.; im —, consistorialement.

Consote, f. Consolischchen, n. 1, console, f.

Consonnant, m. 3, consonne, f.

Constabelskammer, f. sainte-Barbe.

Constabler, n. 1, (mar.) canonnier, artilleur || huissier, agent de police en Angleterre.

Constitution, f. constitution; —s-urkunde, acte constitutionnel, m. charte, f. [struire.

Constituiren, v. a. (gramm.) con-

Consul, m. exc. 1, (ant. r., etc.) consul. [sulaire.

Consular, m. 3, (ant. r.) con-

Consularisch, adj. consulaire.

Consulent, m. 3, avocat consultant.

Consulswürde, f. consulat, m.

Consumtion, f. Consumo, m. indécl. consommation, f.

Conterfei, n. 2, vi. portrait, m.

Conto, n. 2, (pl. —'s), compte; auf — geben, vendre à crédit, à terme; — corrent ou current, (comm.) compte courant.

Contocorrentbuch, n. 5*, (comm.) livre des comptes courants, m.

Contor, n. 2, comptoir, m.

Contorist, m. 3, commis, teneur de livres.

Contradictorisch, adj. contradictoire.

Contrahent, m. 3, contractant.

Contrahiren, v. a. contracter.

Contrakt, m. 2, contrat; —, adj. perclus. [tre-point.

Contrapunkt, m. 2, (mus.) con-

Contrast, m. 2, contraste.

Contrastiren, v. n. (h.) contraster.

Contre-Admiral, m. 2*, contre-amiral.

Contrebande, f. contrebande.

Contrebaß, m. 2*, contre-basse, f.

Contretanz, m. 2*, contredanse, f.

Contribution, f. contribution.

Controvers, f. controverse.

Controversist, m. 3, controversiste.

Controverspredigt, f. sermon polémique, m.; —en halten, prêcher la controverse.

Contumaz, f. (jur.) contumace; (mar.) quarantaine.

Convenienz, f. convenance, convenances, pl. [convention.

Convent, m. 2, assemblée, f.;

Convention, f. convention; contrat, m. accord; traité, pacte.

Conventionsmünze, f. argent de convention, m. (monnaie d'Empire).

Conventual, m. 3, conventuel.

Convictorist, m. 3, pensionnaire d'un collège, boursier.

Convictorium, n. exc. 1, communauté, f. couvent, m.; réfectoire.

Convulsivisch, adj. convulsif.

Copie, f. copie.

Copiren, v. a. copier.

Copist, m. 3, copiste, clerc.

Coppenhagen, (ville) Coppenhague.

Copulation, Copuliren, v. Trauung, Trauen, v. a.

Cornett, m. 2, cornette.

Corollarium, n. exc. 1, corollaire, m. [2, (égl.) corporal, m.

Corporal, m. 2, caporal; —, n.

Corporalschaft, f. escouade.

Corpulenz, f. corpulence, embonpoint, m.

Corpus antiqua (=schrift), f. (impr.) petit romain, m.; — cursiv-schrift, f. parisienne sédanoise.

Correct, adj. correct.

Corrector, m. 3, correcteur.

Correcturbogen, m. 1*, épreuve, f.

Correspondent, m. 3, correspondant.

Correspondenz, f. correspondance.

Correspondiren, v. n. (h.) correspondre.

Corsar, m. 3, corsaire, capre.

Corse, m. 3, corsisch, adj.; Corsikaner, m. 1, Corse.

Corsett, n. 2, corset, m.

Corsika, (île) Corse, f.

Cortryk, (ville) Courtray.

Corunna, (ville) Corogne, f.

Corvette, f. (mar.) corvette.

Cosimo, Cosmus, n. pr. m. Côme.

Costniz, (ville) Constance.

Courier, Curier, m. 2, courrier.

Courierstiefel, m. 1, grosse botte, f. botte forte.

Couvert, n. 2, couvert, m.; enveloppe, f.

Crain, (pays) Carniole, f.

Crakau, (ville) Cracovie.

Creatur, f. créature.

Credenzen, v. a. essayer, goûter; présenter.

Credenzer, m. 1, échanson.

Credenzschreiben, n. 1, lettre de créance, f.

Credenzteller, m. 1, soucoupe, f. (cath.) crédence. [soir.

Credenztisch, m. 2, buffet, dres-

Credit, m. 2, crédit; considération, f. estime; autorité; um den — bringen, décréditer.

Creditbrief, m. 2, lettre de crédit, f.

Creditiren, v. a. créditer (für, de).

Creditiv, n. 2, lettre de créance, f.

Creditor, m. 3, créancier.

Cremor Tartari, n. indécl. crème de tartre, f. [m. et f.

Creole, m. 3, =inn, f. créole,

Crepiren, v. n. (f.) bas, crever.

Crescendo, adj. et s. n. (mus.) crescendo.

Criminal, adj. criminel.

Criminalgericht, n. 2, tribunal criminel, m. justice criminelle, f.

Criminalist, m. 3, criminaliste.

Criminalsachen, f. pl. affaires criminelles.

Crispin, n. pr. m. Crépin.

Croatien, (pays) Croatie, f.; Croate, m. 3, Croate.

Crucifix, n. 2, crucifix, m.

Crusade, f. cruzade (monnaie portugaise). [mas, m.

Cubebe, f. cubèbe, raisin de Da-

Cubik, cubisch, v. Kubik, kubisch.

Cucumer, f., v. Gurke.

Culisse, f. coulisse.

Cultiviren, v. a. cultiver.

Cultur, f. culture; —=Geschichte, histoire de la civilisation.

Cur, f. cure, guérison, traitement, m.; remèdes, pl.; in die — nehmen, entreprendre de guérir, médicamenter qn.; eine — gebrauchen, prendre des remèdes.

Curatel, f. (jur.) curatelle.

Curator, m. exc. 1, curateur.

Curbette, f. courbette.

Curialstyl, m. 2, style du palais.

Curie, f. (ant. r., etc.) curie.

Curiren, v. a. guérir.

Curland, (pays) Courlande, f.

Curländer, m. 3, curländisch, adj. courlandais.

Currende, f. des écoliers chantant dans les rues, m. pl.; circulaire écrite par l'autorité ecclésiastique, f. [cours.

Current, adj. courant, qui a

Currentschrift, f. coulée.

Curs, m. 2, (comm.) cours.

Curschmied, m. 2, (milit.) maréchal expert.

Cursiren, v. n. (h.) avoir cours.

Cursivschrift, f. caractère italique, m. italique, f.

Cursus, m. (pl. Curse), cours de droit, etc.

Curulisch, adj. (ant. r.) curule.

Custos, m. indécl. (impr.) réclame, f. guidon, m.

Cyclisch, adj. cyclique.

Cyklop, m. 3, (myth.) cyclope.

Cyklopisch, adj., die —Baukunst, architecture cyclopéenne.

Cylinder, m. 1, cylindre.

Cylindrisch, adj. cylindrique.

Cymbel, f. cymbale.

Cyniker, m. 1, cynique.

Cynisch, adj. (philos.) cynique; die —e Lehre, cynisme, m.

Cypern, (île) Chypre; cyprisch, adj., Cyprier, m. 1, Cypriot.

Cypresse, f. cyprès, m.

Czar, m. exc. 1, =inn, f. czar, m. czarine, f.; der Sohn des —en, czarowitsch, m.

Czarisch, adj. czarienne (majesté).

## D.

D, *n.* 2, (*mus.*) ré, *m.*

Da, *adv.* là, en ce lieu; là-dedans; y; où; que; alors; hier und da, çà et là; da und dort herum, deçà, delà; da! tenez, voici!

Da, *conj.* lorsque, quand, lors de, comme; puisque, attendu que; da doch, tandis que; quoique.

Dabei, *adv.* près; auprès; y; proche; joignant; aussi, en outre, de plus; was ist — zu thun, qu'y a-t-il à faire?

Dach, *n.* 5*, toit, *m.* couverture, *f.* comble, *m.*; ein gebrochenes —, une mansarde; unter — bringen, abriter, mettre à couvert; einem — und Fach geben, loger qn.; er hat ihm eins aufs — gegeben, il lui a donné sur les oreilles.

Dachbruch, *m.* 2*, brisis.

Dachdecker, *m.* 1, couvreur.

Dachfenster, *n.* 1, lucarne, *f.*

Dachfette, *v.* Dachstuhlfette.

Dachforst, *m.* 2*, Dachfirste, *f.* faîte, *m.*

Dachkammer, *f.*, *v.* Dachstube.

Dachkehle, *f.* noulet, *m.*

Dachloch, *n.* 5*, œil de bœuf, *m.*

Dachrinne, =röhre, *f.* gouttière, cornière. [de gouttière,

Dachröhre, *f.* descente, canon

Dachs, *m.* 2, blaireau, taisson.

Dachsbau, *m.* 2, —höhle, *f.* terrier de blaireau, *m.* [dole,

Dachschindel, *f.* bardeau, *m.* échan-

Dachschwelle, *f.* semelle.

Dächsel, *m.* 1, (*charp.*) herminette, *f.* (*tonn.*) aissette.

Dachshund, *m.* 2, basset.

Dachsparren, *m.* 1, chevron.

Dachspitze, *f.* faîte, *m.* comble.

Dachstroh, *n.* 2, chaume, *m.* glui.

Dachstube, *f.* mansarde.

Dachstuhl, *m.* 2*, faîtage, ferme, *f.*

Dachstuhlfette, *f.* panne, filière.

Dachstuhlsäule, *f.* arbalétrier, *m.*; —n, *pl.* forces, *f. pl.*

Dacht, *v.* Docht.

Dachtel, *f.* pop. soufflet, *m.*

Dachtraufe, *f.* gouttière.

Dachung, *f.* couverture, toiture.

Dachziegel, *m.* 1, tuile, *f.*

Dactylus, *m.* exc. 1, (*pros.*) dactyle (‒ ◡ ◡).

Daburch, *adv.* par là, par cela; y.

Dafern, *conj.* si, en ou au cas que; pourvu que; en tant que; — nicht, à moins que .... ne.

Dafür, *adv.* pour cela; en; y; en récompense, en revanche; nichts — können, n'en être pas la cause, *fm.* n'en pouvoir mais; — stehen, en répondre; — halten, penser,

croire; das — und Dawider, le pour et le contre.

Dagegen, *adv.* au contraire; par contre; en échange; en revanche; — seyn, s'opposer à qch.; — halten, comparer à qch.; — handeln, contrevenir à qch.; ich habe nichts —, je n'ai rien à redire, je ne m'y oppose pas.

Daheim, *adv.* chez soi, au logis.

Daher, *adv.* de là; par là || *conj.* c'est pourquoi; par conséquent, donc, ainsi; bis —, jusqu'ici.

*Dahergehen, =fahren, 7, 2c., v. n.* (*f.*) marcher; s'avancer.

Dahier, *adv.* ici, en ce lieu.

Dahin, *adv.* là, par là; y; dahinaus, de ce côté-là, par là; dahinein, là-dedans; ici dedans; bis —, jusque-là; — blühen, welken, se flétrir, se faner; — eilen, passer, s'envoler; — geben, 1, sacrifier, abandonner; sich — geben, se dévouer; se livrer, s'abandonner à la débauche; — *geben, se passer, passer, mourir; —*seyn, être perdu; n'être plus; —*stehen, être incertain; — stellen, *fg.* ne point décider; — passer sur qch.; es —*bringen, faire en sorte que; parvenir à. [tandis que.

Dahingegen, *adv.* au lieu que,

Dahinten, *adv.* derrière, en arrière.

Dahinter, *adv.* derrière; là-dessous; *fg.* — her seyn, être après, poursuivre; — *kommen, découvrir; es steckt etw. —, il y a qch. de caché, qch là-dessous.

Dahinwärts, *adv.* de ce coté-là.

Dahlbord, *n.* 2, plat-bord, *m.* vibord. [batifoler.

Dahlen, *v. n.* (h.) *fm.* folâtrer;

Daktyliothek, *f.* dactyliothèque.

Damalig, *adj.* d'alors, de ce temps-là. [lors.

Damals, *adv.* alors; —schon, dès

Damascener, *m.* 1, damas, sabre d'acier de Damas. [mas.

Damascenerklinge, *f.* lame de Da-

Damascenerpflaume, *f.* damas, *m.*

Damasciren, *v. a.* damasser du linge; damasquiner des armes; damascirte Arbeit, de la damasquinure.

Damasciren, *m.* 1, damasquineur.

Damascirkunst, *f.*, damasquinerie. [masquinure.

Damascirung, *f.* damassure; da-

Damast, *m.* 2, damas; halbseidener —, du damas cafard.

Damastarbeit, *f.* damassure.

Damasten, *adj.* de damas, damassé.

Damastleinwand, *f.* de la toile damassée ou ouvrée.

Dambret, *n.* 5, damier, *m.*

Dame, *f.* dame; (*jeu*) *id.*; in die — geben, aller à dame; aus der — ziehen, dédamer; —, (*échec*) reine.

Damenspiel, *n.* 2, jeu des dames, *m.*

Damenstein, *m.* 2, dame, *f.* pion au jeu des dames, *m.*

Damhirsch, *m.* 2, daim.

Damhirschkuh, *f.*, daine.

Damian, *n. pr. m.* Damien.

Dämisch, *adj.* (*pop.*) tout troublé, sot, fou, étourdi.

Damit, *adv.* par là; par ce moyen; en; de cela; avec cela; —, *conj.* afin que, pour que, à ce que.

Damm, *m.* 2*, digue, *f.* jetée; chaussée; batardeau, *m.*; môle d'un port; (*anat.*) périnée.

Dämmen, *v. a.* faire, élever une digue contre; arrêter; *fg.* *id.*, dompter.

Dammerde, *f.* terre dont on fait des digues; terreau, *m.* humus.

Dämmerig, *adj.* sombre, brun.

Dämmern, *v. n.* et *imp.* (h.) es dämmert, der Morgen dämmert, le jour commence à poindre, à paraître; es dämmert, der Abend dämmert, la nuit approche, il commence à faire nuit.

Dämmerung, *f.* crépuscule, *m.* point du jour; déclin du jour, brune, *f.*; in der —, entre chien et loup. [papillon nocturne.

Dämmerungsfalter, *m.* 1, sphinx,

Dammweg, *m.* 2, chaussée, *f.*

Dämon, *m.* exc. 1, (*myth.*) démon.

Dämonisch, *adj.* démoniaque.

Dampf, *m.* 2*, vapeur, *f.* exhalaison, fumée; (*vét.*) pousse.

Dampfbad, *n.* 5*, étuve, *f.*; bain de vapeurs, *m.*

Dampfen, *v. n.* (h.) exhaler des vapeurs; fumer.

Dämpfen, *v. a.* étouffer; éteindre le feu; abattre, ralentir; apaiser, réprimer; (*mus.*) assourdir; adoucir un violon; amortir le son; (*cuis.*) préparer, mettre à l'étuvée, à la daube, dauber; fumer fortement du tabac.

Dämpfer, *m.* 1, (*mus.*) sourdine, *f.*; éteignoir, *m.* étouffoir.

Dampfgitter, *n.* 1, caillebottis, *m.*

Dämpfig, *adj.* poussif (*cheval*).

Dämpfigkeit, *f.* pousse.

Dampfkohle, *f.* fumeron, *m.*

Dampfkugel, *f.* éolipyle, *m.*

Dampfloch, *n.* 5*, soupirail, *m.*

Dampfmaschine, *f.* machine à vapeur.

Dampfmesser, *m.* 1, élatéromètre.

Dampfschiff, *n.* 2, bateau à vapeur, *m.*

Dämpfung, *f.* étouffement, *m.*; suppression, *f.*; adoucissement, *m.* extinction, *f.*

**Damwildpret,** *n.* 2, gros gibier, *m.* haute venaison, *f.*

**Däne,** *m.* 3, **bänisch,** *adj.* danois.

**Daneben,** *adv.* à côté; près; auprès; proche; outre cela.

**Danebrogsorden,** *m.* 1, ordre de Danebrog. [Danemarc, *m.*

**Dänemark, Dännemark,** (*pays*)

**Danieden,** *adv.* ol. là-bas; ici-

**Danitber,** *v.* Darnieder. [bas.

**Dank,** *m.* 2 (*sans pl.*) remerciment; action de grâces, *f.*; reconnaissance, gratitude; — **wissen,** savoir gré à qn. de qch.; — **sagen,** rendre grâce, faire ses remerciments; — **sey es** ..., grâce à ...; Gott sey —, grâces à Dieu! Dieu merci! großen —, grand merci; zu — annehmen, accepter avec plaisir.

**Dankbar,** *adj.* reconnaissant; sensible à; —, *adv.* avec reconnaissance.

**Dankbarkeit,** *f.* reconnaissance, gratitude; zur —, en reconnaissance. [naissance.

**Dankbarlich,** *adv.* avec recon-

**Danken,** *v. n.* (h.) einem für etw. —, remercier qn, rendre grâces à qn. de qch.; Sie dürfen nicht —, il n'y a pas de quoi; — rendre le salut. [de la reconnaissance.

**Dankenswerth,** *adj.* ce qui mérite

**Dankfest,** *n.* 2, fête en actions de grâces, *f.* [tions de grâces, *f.*

**Dankgebet,** *n.* 2, prière en ac-

**Danklied,** *n.* 5, hymne de reconnaissance, *m.* [louanges, *m.*

**Dankopfer,** *n.* 1, sacrifice de

**Danksagung,** *f.* remerciment, *m.* actions de grâces, *f. pl.*

**Danksagungsschreiben,** *n.* 1, lettre de remerciment, *f.*

**Dann,** *adv.* alors, lors; — und wann, de temps en temps; nun —, or çà; eh bien; so—, pour lors, dès lors, ensuite, puis.

**Dannen,** *adv.,* von — da, d'où; von — gehen, s'en aller.

**Daran,** *adv.* en; y; à; à cela; auprès, après, à côté; par là; er muß —, *fm.* son tour viendra; il faut qu'il passe par là; es liegt mir —, il m'importe; übel — seyn, être mal à son aise; être dans une fâcheuse situation; wenn ich recht — bin, si je ne me trompe; bei jemand wohl — seyn, avoir du crédit près de qn.

**Darauf,** *adv.* y; en; dessus; là-dessus; puis, après, ensuite; sur cela; alors; à cela; den Tag —, le lendemain; sich — berufen, s'en rapporter à, en appeler à; — geben, donner des arrhes; —geben, être dépensé (*argent*); périr.

**Daraus,** *adv.* de là; par là, en, de cela; — wird nichts, il n'en sera rien; was wird — werden, qu'en arrivera-t-il? es wird zuletzt eine Gewohnheit —, à la fin cela tourne en habitude; Sie sehen —, vous voyez par là; — kommen, — klug werden, y comprendre qch.

**Darben,** *v. n.* (h.) être indigent; manquer du nécessaire.

**Darbieten,** *v. a,* 6, offrir, présenter. [tion.

**Darbietung,** *f.* offre; présenta-

**Darbringen,** *v. a.* amener, apporter; offrir, présenter.

**Darbringung,** *f., v.* Darbietung.

**Darein,** *adv.* y, dans, dedans; là-dedans; en outre, — schlagen, donner des coups, frapper de côté et d'autre; — reden, interrompre qn.; se mêler dans la conversation; — geben, donner par-dessus le marché; dieses gebt —, vous aurez cela par-dessus le marché; sich — legen, s'entremettre; oben —, de plus, encore.

**Dargeben,** *v. a.* 1, donner; offrir.

**Darhalten,** *v. a.* 4, présenter.

**Darite,** *f.* (*ant.*) darique.

**Darin,** *adv.* là-dedans, dedans; en cela, en ce lieu; y; où.

**Darlegen,** *v. a.* mettre sous les yeux; exposer; représenter, exhiber une pièce; prouver.

**Darlegung,** *f.* représentation; exhibition; exposition; établissement d'un fait, *m.*

**Darlehen,** *m.* 1, prêt, *m.* emprunt.

**Darlehner,** *m.* 1, prêteur.

**Darleihen,** 5, **Darlehnen,** *v. a.* prêter.

**Darm,** *m.* 2*, boyau, intestin.

**Darmbein,** *n.* 2, ilion, *m.* os des îles.

**Darmbruch,** *m.* 2*, entérocèle, *f.*

**Darmbrüse,** *f.* glande intestinale.

**Darmfell,** *n.* 2, péritoine, *m.*

**Darmgicht,** *f.* (*pl.* =gichter), passion iliaque, colique, miséréré, *m.*

**Darmlehre,** *f.* entérologie.

**Darmruhr,** *f.* dyssenterie.

**Darmsaite,** *f.* corde à boyau.

**Darmsaitenmacher,** *m.* 1, boyaudier. [intestinale, *f.*

**Darmschleim,** *m.* 2, mucosité

**Darmschnitt,** *m.* 2, entérotomie, *f.*

**Darmstrenge,** *f.* **Darmweh,** *n.* 2, colique, *f.*

**Darmwasserbruch,** *m.* 2*, hydrentérocèle, *f.* [nal.

**Darmwurm,** *m.* 5*, ver intesti-

**Darnach,** *adv.* après; ensuite; puis; y; en; selon; là-dessus.

**Darneben,** ?c. *v.* Daneben, ?c.

**Darnieder,** *adv.* à terre, par terre, à bas; krank — liegen, être malade au lit, être alité.

**Darob,** *v.* Darüber.

**Darre,** *f.* four à sécher, *m.*; torréfaction, *f.*; (*méd.*) *v.* Darrsucht.

**Darreichen,** *v. a.* tendre; présenter, offrir; donner.

**Darreichung,** *f., v.* Darbietung.

**Darren,** *v. a.* sécher; (*mét.*) ressuer.

**Darrfieber,** *n.* 1, fièvre étique, *f.*

**Darrhaus,** *n.* 5*, maison où se trouve le four à sécher, *f.*

**Darrling,** *m.* 1, crasse de cuivre, *f.* [four, *m.*

**Darrmalz,** *n.* 2, malt séché au

**Darrofen,** *m.* 1*, four à sécher; fourneau à ressuage.

**Darrsucht,** *f.* phthisic, atrophie.

**Darschießen,** 6, *v.* Vorschießen.

**Darstellen,** *v. a.* présenter; produire; *fig. id.,* représenter; dépeindre; exposer *un fait.*

**Darstellung,** *f.* présentation; représentation; exposé, *m.* exposition, *f.*; production *des témoins.*

**Darstrecken,** *v. a.* tendre; présenter; *v.* Vorstrecken.

**Darthun,** *v. a.* montrer, faire voir; expliquer; prouver, démontrer, constater *un fait.*

**Darthung,** *f.* preuve, démonstration.

**Darüber,** *adv.* dessus; là-dessus; au-dessus; par-dessus; de plus; davantage; au delà; outre cela || y, en; barunter und —, pêle-mêle; sens dessus dessous.

**Darum,** *conj.* c'est pourquoi; — weil, parce que, c'est que; —, *adv.* donc, en conséquence; pour cet effet, à cette fin; en || autour; — kommen, perdre; — bringen, faire perdre.

**Darunten,** *adv.* en bas, là-bas.

**Darunter,** *adv.* dessous; au-dessous; là-dessous; par-dessous; moins; à moins; parmi; entre; du nombre || y; en.

**Darwägen,** *v. a.* 6, peser.

**Darzählen,** *v. a.* compter.

**Darzu, Darzwischen,** voy. Dazu, Dazwischen.

**Das,** *art.* le; *pron.* ce, cet, cette; cela; lequel, laquelle, qui.

**Daselbst,** *adv.* là; en cet endroit; y.

**Daseyn,** *n.* 1, existence, *f.*; présence; — des Brodes mit dem Leibe Christi im heil. Abendmahle, (*théologie*) impanation.

**Dasjenige,** *pron.* ce, ceci, cela.

**Dasig,** *adj.* de ce lieu; de là.

**Dasmal,** *adv.* cette fois; pour cette fois.

**Daß,** *conj.* que; afin que; pour que; de, à, à ce que. [chose.

**Dasselbe,** *pron.* le même, la même

**Data,** *pl.* données, *f. pl.*

Dataria, f. daterie.

Datarius, m. exc. 1, dataire.

Datiren, v. a. dater, mettre la date; früher —, zurück —, anti-Datio, m. 2, datif. [dater.

Dattel, f. datte. [ment.

Dattelbaum, m. 2*, dattier.

Datum, n. exc. 1, date, f.; das frühere —, antériorité de date, antidate; einer Schrift ein früheres — vorsetzen, antidater un écrit; das später gesetzte —, postériorité de date, f.

Daube, f. douve d'un tonneau.

Daubenholz, n. 5*, merrain, m.

Däuchten (p. us.), v. Dünken.

Dauen, v. a. digérer.

Dauer, f. durée; stabilité, consistance; — eines Prozesses, ol. litispendance; immerwährende, beständige —, perpétuité; ohne —, éphémère. [solide.

Dauerhaft, adj. durable, stable;

Dauerhaftigkeit, f. durée; stablité, solidité.

Dauern, v. a. et n. (h.) durer; résister || v. a. et imp. (h.) regretter, plaindre qn., avoir pitié de qn.

Daumen, m. 1, Daum, exc. 1, pouce; einem den — auf das Auge halten, surveiller qn. sévèrement.

Daumenschnur, f.*, —schnüre, pl. (jur.) grillons, m. pl.

Daumenschraube, f. menottes, pl.

Däumling, m. 2, poucier; fg. fm. marmouset, mirmidon.

Daumsdick, Daumsbreit, adj. large, épais, etc., d'un pouce.

Daus, m. 5*, (jeu) deux; alle —, double deux; —, m. fm. ventre-bleu!

Dauungssaft, m. 2*, chyle.

Davon, adv. de là, de cela; en; —fliegen, 6, s'envoler; —führen, emmener; —geben, s'en aller, se sauver; —helfen, 2, aider qn. à s'échapper; —kommen, en venir, en revenir; sich —machen, schleichen, 5†, s'esquiver; —tragen, 7, emporter; remporter une victoire; attraper une maladie.

Davor, adv. devant; vis-à-vis || y, en.

Dawider, adv. contre; y.

Dazu, adv. auprès de cela, avec cela, à cela; outre cela; en outre; de plus; encore; au surplus || y, en; —kommen, survenir; —thun, ajouter; avoir soin, prendre ses mesures; — treten, 1, se joindre à qch.

Dazukunft, f.*, arrivée.

Dazumal, adv. alors.

Dazwischen, adv. entre; entre deux; au milieu; au dedans || y;

—kommen, sich — legen, — treten, 1, intervenir, s'entremettre, s'interposer. [intervenant.

Dazwischenkommend, adj. (jur.)

Dazwischenkunft, f.*, intervention, interposition, intercession.

Debatte, f. débat, m.

Debattiren, v. n. (h.) débattre qch.

Debet, n. 2, (comm.) doit, m.

Deca=, v. Deka=.

Decanat, n. 2, Dechantstelle, f. décanat, m.

Decanei, f. doyenné, m.

Decant, Dechant, m. 3, doyen.

December, m. 1, mois de décembre. [décemvir.

Decemvir, m. exc. 1, (ant. r.)

Dechen, n. 2, Decher, m. 1, dizaine, f.

Deci-, déci-, v. la Partie franç.

Derimal, adj. décimal.

Decimalbruch, m. 2*, décimale, f. fraction décimale.

Decime, f. (mus.) dixième.

Decimiren, v. a. décimer.

Deckbett, n. exc. 1, lit de plumes, m.

Decke, f. couverture, lodier d'un lit, m.; tapis, voile; enveloppe d'un livre, etc., f.; custode du ciboire, m.; housse d'une chaise, f.; caparaçon (m.), housse (f.) d'un cheval; tinem Pferde die — auflegen, caparaçonner un cheval, m.; plafond d'un appartement, m.; toit d'une maison; prov. sich nach der — strecken, se régler sur sa bourse; unter Einer — stecken, être de concert avec qn.

Deckel, m. 1, couvercle; (fact. d'org.) biseau; (impr.) grand tympan. [plet de presse, f.

Deckelband, n. 5*, (impr.) cou-

Deckelglas, n. 5*, gobelet, m. bocal à couvercle. [te, f.

Deckelring, m. 2, (horl.) lunette.

Decken, v. a. couvrir; abriter; fg. nantir d'un gage; den Tisch —, mettre la nappe, le couvert || fg. garantir; (fortif.) épauler, flanquer. [couverturier.

Deckenmacher, =bänkler, m. 1,

Decker, m. 1, couvreur.

Decklehm, m. 2, pâtée, f.

Deckleiste, f. (arch.) brague.

Deckmantel, m. 1*, fg. prétexte.

Deckplatte, f. carreau, m.

Deckrasen, m. 1, gazons, pl.

Deckreisig, n. 1, branchage, m.

Deckwerk, v. Pfendwerk.

Declamation, f. déclamation.

Declamator, m. exc. 1, déclamateur.

Declamiren, v. a. déclamer.

Declination, f. déclinaison.

Decliniren, v. a. décliner.

Decoct, n. 2, décoction, f.

Decoration, f. décoration; die hintere —, ferme.

Decoriren, v. a. décorer.

Decret, v. a. décret, m.

Decretale, f. (pl. =lien), décrétale.

Decretiren, v. a. décréter.

Dedication, f. dédicace.

Dediciren, v. a. dédier.

Defect, adj. défectueux; imparfait; —, s. m. 2, manque, imperfection, f.; (libr.) défet, m.; — einer Rechnung, pl. faux emplois, m. pl.

Defectbogen, m. 1*, (libr.) défet.

Defectkasten, m. 1*, bardeau.

Degen, m. 1, épée, f.; fer, m.; armes, f. pl.; nach dem — greifen, mettre la main à l'épée; den — ziehen, tirer, dégainer l'épée; etw. mit dem — ausmachen, vider une querelle à la pointe de l'épée; sich auf — schlagen, se battre à l'épée || ein tapferer —, fg. ol. un brave guerrier, preux chevalier.

Degenband, n. 5*, —quaste, f. dragonne. [pée, f.

Degengefäß, n. 2, garde de l'é-

Degengehänge, n. 1, —gehenk, n. 2, ceinturon, m. porte-épée, baudrier.

Degenklinge, f. lame. [drier.

Degenknopf, m. 2*, pommeau d'épée.

Degenscheide, f. fourreau, m.

Degenschleife, f. nœud de l'épée, m.

Degenstich, m. 2, coup d'épée.

Dehnbar, adj. extensible; ductile; v. Ausdehnbar. [sibilité.

Dehnbarkeit, f. ductilité, extensibilité.

Dehnen, v. a. tirer; étendre; élargir; allonger; fg. trainer les mots; sg —, s'étendre, se dilater (air); s'élargir (gants, etc.).

Dehnung, f. extension.

Deich, m. 2, digue, f. chaussée.

Deichen, v. n. (h.) faire une digue.

Deichpflichtig, adj. obligé d'entretenir une digue.

Deichsel, f. timon, m.

Deichselarm, m. 2, empanon.

Deichselbaum, n. 1, jambière, f.

Deichselgabel, f. limon, m.

Deichselhaken, m. 1, ragot.

Deichselhalter, m. 1, armon.

Deichselnagel, m. 1*, atteloire, f.

Deichselpferd, n. 2, timonier, m.

Dein, pron. pl. beine, ton, ta, tes; deiner, beine, beines, v. Deine, le tien, la tienne, les tiens.

Deine, Deinige (der, die, das), pron. tien, m. tienne, f.; Deinigen, pl. tiens, m. pl. tes parents, ta famille, f.; das Mein und Dein, le mien et le tien, mon intérêt et le tien.

Deinethalben, Deinetwegen, adv. à cause de toi; pour l'amour de toi, pour toi.

Deismus, m. indécl. déisme.
Deist, m. 3, déiste.
Deka=, déca=, v. la Partie franç.
Defade, f. décade. [f.
Defadenfest, n. 2, fête décadaire,
Defalog, m. 2, décalogue.
Delinquent, m. 3, délinquant, criminel, malfaiteur, patient.
Delphin, m. 2, dauphin.
Dem, art. au, à l'; pron. dém. à celui; pron. rel. à qui, auquel; es ist an —, il en est ainsi; wenn es an — ist, si tant est que; sey wie ihm wolle, quoi qu'il en soit.
Demant, m. 2, v. Diamant.
Demnach, conj. donc, par conséquent.
Demokrat, m. 3, démocrate.
Demokratie, f. démocratie.
Demokratisch, adj. démocratique.
Demonstriren, v. a. démontrer.
Demuth, f. humilité.
Demüthig, adj. humble; modeste.
Demüthigen, v. a. humilier; abaisser; abattre, mortifier, fm. baisser la crête à qn.; sich aufs tieffte —, s'anéantir.
Demüthigung, f. humiliation, abaissement, m. mortification, f.; die tieffte —, anéantissement, m.
Den, art. le, la, aux; pron. dém. celui-ci, celui-là; pron. rel. lequel; — und —, un tel.
Dendrit, m. 3, (minér.) dendrite, f. [qui.
Denen, pron. à ceux, à celles; à
Dengeln, v. a. aiguiser la faux à coups de marteau.
Dengelstock, m. 2*, affiloir.
Denkbar, adj. imaginable.
Denkbild, n. 5, symbole, m. devise, f.
Denkbuch, n. 5*, journal, m. mémorial; souvenir; mémoires, pl.; agenda.
*Denken, v. a. et n. (h.) penser; songer; méditer qch.; être occupé de; avoir dessein, compter, se proposer; croire, s'imaginer; ich denke dies zu thun, je compte, je prétends faire cela; — Sie daran, pensez-y, souvenez-vous-en; wo — Sie hin, que, à quoi Pensez-vous? ich dachte wir warteten, je crois que nous ferons bien d'attendre; sie — auf Verrath, ils machinent, trament une trahison; der Mensch denkt, Gott lenkt, l'homme propose et Dieu dispose.
Denker, m. 1, penseur, philosophe.
Denkfreiheit, f. liberté de penser.
Denkkraft, f., faculté de penser.
Denklehre, f. logique.
Denkmahl, n. 5*, monument, m.

Denkmünze, f. médaille; große —, médaillon, m.
Denksäule, f. colonne, monument, m. cippe.
Denkschrift, f. inscription; mémoire, m. mémorial.
Denkspruch, m. 2*, sentence, f. apophthegme, m.; épitaphe d'un livre, f.; devise, symbole, m.
Denkungsart, f. façon, manière de penser. [remarquable.
Denkwürdig, adj. mémorable;
Denkwürdigkeit, f. chose mémorable; —en, pl. mémoires, m. pl.; commentaires de César.
Denkzeichen, n. 1, souvenir, m. fm. mémento.
Denkzettel, m. 1, fronteau; phylactère des juifs; mémorial.
Denn, conj. car; donc; parce que; (pour als) que; es sey — daß ..., si ce n'est que, à moins que ... ne.
Dennoch, conj. pourtant; néanmoins; cependant.
Departement, n. 2, département, f.
Depesche, f. dépêche. [m.
Deponiren, v. a. déposer.
Deportiren, v. a. déporter.
Depositum, n. 2 (pl. =ta), dépôt, m. [f. droit, m.
Deputat, n. 2, portion congrue,
Deputirte, m. 2, député.
Der, art. le; de la, à la; pl. des; pron. dém. ce, celui, celui-ci; pron. rel. qui, lequel; — und —, un tel.
Derb, adj. solide, ferme, dur; fig. rude, vert; fort, vigoureux; pop. fier (coup); — mit einem sprechen, parler français ou vertement à qn.
Derbheit, f. dureté, fermeté.
Dereinst, adv. un jour; quelque Jour. [qui, en.
Deren, pron. rel. f. dont, de
Derer, pron. de ceux, de celles.
Dergestalt, adv. de sorte, de manière, de façon que; si bien que; tellement, tant, au point que.
Dergleichen, adj. indécl. pareil, semblable; tel; de même; — thun, faire semblant.
Derjenige, pron. m. celui.
Dermalen, adv. présentement.
Dermalig, adj. actuel, présent.
Dermaßen, adv. tant, tellement; à ce point; de sorte que. [leur.
Dere, pron. (t. de civilité) votre,
Derselbe, pron. le même; lui, celui; (t. de civil.) Monsieur, vous.
Derweile, adv. en attendant, pendant que, dans l'intervalle.
Derwisch, n. 2, derviche, dervis (moine turc).
Des, art. du, de l'; — Winters,

en hiver; zweimal des Jahrs, deux fois par an.
Desideria, n. pr. f. Didière.
Desiderius, n. pr. m. Didier.
Despot, m. 3, despote.
Despotisch, adj. despotique.
Despotismus, m. indécl. despotisme. [quel; en, de cela.
Dessen, Deß, pron. rel. dont, du-
Dessenthalben, v. Deßfalls, Deswegen. [à ce sujet.
Deßfalls, adv. à cause de cela;
Deßgleichen, adv. pareillement, de même; conj. de plus, item, comme aussi.
Deßhalb, Deßhalben, Deßwegen, adv. c'est pourquoi; pour cela, à cause de cela.
Destillation, f. distillation; die wiederholte —, circulation, cohobation; — an der Sonne, insolation.
Destilliren, v. a. distiller; wiederbelt —, circuler, cohober; an der Sonne —, préparer par insolation.
Destillirer, m. 1, distillateur.
Destillirgefäß, n. 2, alambic, m.
Destillirkammer, f. laboratoire, m.
Destillirkolben, m. 1, chapiteau, cucurbite, f.
Destillirkrug, m. 2*, cuine, f.
Destillirofen, m. 1*, fourneau de distillation.
Destillirung, f., v. Destillation.
Desto, adv. tant, d'autant plus; — besser, tant mieux; — schlimmer, tant pis, — weniger, d'autant moins.
De Tri, Regel —, f. règle de trois.
Deut, m. 1, duyt (monnaie) bagatelle, f. billevesée.
Deuteln, v. a. faire des interprétations pointilleuses et ridicules.
Deuten, v. a. montrer, désigner, indiquer; fig. expliquer, interpréter; —, v. n. (h.) se rapporter; faire allusion.
Deutlich, adj. clair, net, distinct; évident, intelligible.
Deutlichkeit, f. clarté, netteté; évidence.
Deutsch, adj. allemand; germanique; (ordre) teutonique; —, adv. à l'allemande, en allemand; — heraus sagen, fig. dire franchement.
Deutschland, n. 2, (géogr.) Allemagne, f.; das alte —, Germanie.
Deutschmeister, n. 1, grand maitre de l'ordre teutonique.
Deutung, f. interprétation; sens, m. signification, f.
Diaconat, n. 2, diaconat, m.
Diaconissinn, f. diaconesse.
Diaconus, m. exc. 1, diacre.
Diadem, n. 2, diadème, m.
Dialectik, f. dialectique.

Dialectifer, *m.* 1, dialecticien.
Dialog, *m. exc.* 1, dialogue.
Dialogifch, *adj.* dialogique.
Dialogifiren, *v. a.* dialoguer.
Diamant, *m.* 3 *ou exc.* 1, diamant; ein gefchliffener —, un diamant taillé; der falfche —, happelourde, *f.*
Diamantborb, *n.* 2, =pulver, *n.* 1, poudre de diamant, *f.* égrisée.
Diamantbufch, *m.* 2°, aigrette, *f.*
Diamanten, *adj.* de diamant.
Diamantgrube, *f.* mine de diamant.
Diamantnabel, *f.* poinçon, *m.*
Diamantfchneiber, *m.* 1, lapidaire, diamantaire.
Diameter, *m.* 1, diamètre.
Diana, *f.* (*myth.*) Diane.
Diät, *f.* diète, régime, *m.*
Diätetif, *f.* diététique.
Diätetifch, *adj.* diététique.
Diatonifch, *adj.* diatonique.
Dich, *pron.* te, toi.
Dicht, *adj.* dense, compacte, solide, ferme, massif; épais; serré; dru (*herbe*); touffu (*feuillage*); — machen, condenser, épaissir, durcir; (*mar.*) calfater; (*tonn.*) boucher *les fentes*, serrer *les douves d'un tonneau*; — an, — babei, tout près de, attenant; wir find — babei; nous y touchons.
Dichte, *f.* densité; épaisseur; consistance; solidité, fermeté.
Dichten, *v. a. et n.* (h.) méditer; inventer; forger, feindre; faire; composer *des vers* || *v.* Dicht machen; —, *s. n.* 1, bas — und Trachten, les pensées et la volonté.
Dichter, *m.* 1, =inn, *f.* poëte, *m.* chantre; — aus bem Stegreif, improvisateur, *m.* -trice, *f.*
Dichteraber, *f.* veine poétique.
Dichterfeuer, *n.* 1, fougue, *f.* enthousiasme, *m.* [que.
Dichterfreiheit, *f.* licence poétiDichtergeiÍt, *m.* 5, verve poétique, *f.*
Dichterifch, *adj.* poétique. [reau.
Dichterling, *m.* 2, *mépr.* poëteDichterpferb, *n.* 2, pégase, *m.*
Dichtheit, Dichtigkeit, *v.* Dichte.
Dichtigkeitsmeffer, *m.* 1, manomètre, dasymètre.
Dichtkunft, *f.*°, poésie, art poétique, *m.*
Dichtung, *f.* composition *de vers*; poésie, poëme, *m.* fiction, *f.* invention. [fatage.
Dichtwerg, *n.* 2, calfat, *m.* caDick, *adj.* gros; épais; gras; corpulent, volumineux (*livre, etc.*); massif; replet; — machen, grossir, épaissir; — werben, s'épaissir, engraisser, grossir; (*forest.*) limoner; — thun, *fm.* faire le

gros dos; kleiner Dicker, *fm.* mon petit bouchon.
Dickäftig, *adj.* branchu.
Dickbadig, *adj.* joufflu.
Dickbauch, *m.* 2°, *fm.* gros ventru, pansu, bedon, bedaine, *f.*
Dickbäuchig, *adj. fm.* ventru, pansu.
Dickbelaubt, *adj.* feuillu, touffu.
Dicke, *f.* grosseur, épaisseur; consistance; enflure; volume, *m.*; corpulence, *f.*; embonpoint, *m.*; calibre *d'une pièce, etc.*; (*arch.*) appareil *d'une pierre*; corps *d'une étoffe*; burch bie ganze — der Mauer geben, faire parpaing (*pierre*).
Dickfleifchig, *adj.* charnu.
Dickhäutig, *adj.* calleux.
Dickhülfig, *adj.* cossu.
Dickicht, *n.* 2, hallier, *m.*; refuite, *f.* bosquet, *m.* épaisseur des bois, *f.* [caboche (*poisson*).
Dickkopf, *m.* 2°, grosse tête, *f.*
Dickleibig, *adj.* corpulent, replet.
Dickleibigkeit, *f.* corpulence, embonpoint, *m.*
Dicklich, *adj.* un peu épais, dodu.
Dickrübe, *f.* rave.
Dicksäulig, *adj.* (*arch.*) pycnostyle. [gros-bec.
Dickfchnabel, *m.* 1°, (*hist. nat.*)
Dickwanft, *m.* 2°, *v.* Dickbauch.
Dictator, *m. exc.* 1, dictateur.
Dictatorifch, *adj.* dictatorial.
Dictatur, *f.* dictature.
Dictiren, *v. a.* dicter; fchreiben was einer bictirt, écrire sous la dictée de qn.; —, *s. n.* 1, Dictirte, *n.* 3, dictée, *f.*
Die, *art. f.* la; *art. pl.* les; *pron. dém.* cette, celle; *pl.* ces, ceux, celles; *pron. rel. f. et pl.* qui, que, laquelle, lesquels, lesquelles.
Dieb, *m.* 2, voleur, larron; *fg.* larron; halt ben —, au voleur! Gelegenheit macht —, *prov.* l'occasion fait le larron.
Dieberei, *f.* vol, *m.* larcin, volerie, *f.* [*f.*
Diebinn, *f.* voleuse, larronnesse.
Diebifch, *adj.* enclin, adonné au vol; — *adv.* furtivement, en voleur. [voleur.
Diebsgefell, *m.* 3, complice d'un Diebsherberge, *f.* gîte de voleurs, *m.*
Diebshöhle, *f.*, Diebsloch, *n.* 5°, Diebsneft, *n.* 5, repaire de voleurs, *m.* [goisse, *f.*
Diebsknebel, *m.* 1, poire d'anDiebslaterne, *f.* lanterne sourde.
Diebsrotte, *f.* bande de voleurs.
Diebsprache, *f.* argot, *m.* baragouin.
Diebftahl, *m.* 2°, vol, larcin.
Diebswirth, *m.* 2, recéleur de voleurs.

Diebenhofen, (*ville*) Thionville.
Diele, *f.* planche, ais, *m.* || vestibule.
Dielen, *v. a.* planchéier.
Dielenkopf, *m.* 2°, (*arch.*) mutule, *f.*
Dielenfäger, *m.* 1, scieur de long.
Dielenwand, *f.*°, cloison de planches.
Dienen, *v. n.* (h.) servir qn., rendre service à qn.; être au service de qn., aider qn.; — zu, être bon, propre, utile à; servir à qch.; bas kann uns nicht —, cela ne nous accommode pas; Ihnen zu —, à vous servir, à votre service.
Diener, *m.* 1, serviteur; domestique, valet; commis; officier; ministre; —, *pl.* familiers *de l'inquisition*; =inn, *f.* servante; fille.
Dienerfchaft, *f.* domestiques, *m. pl.* maison, *f.*; bie — fortfchicken, faire maison nette; neue — nehmen, faire maison neuve.
Dienlich, Dienfam, *adj.* utile; propre; convenable, bon; commode, favorable; einem — feyn, convenir à qn.
Dienft, *m.* 2, service; fonction, *f.*; charge, emploi, *m.*; poste place, *f.*; — *pl.* bons offices, *m. pl.*; ben — haben, être de service; in — treten, entrer en service; im —, au service; einem auf ben — warten, *fm.* chercher à supplanter qn.; veiller qn. de près; —e leiften, rendre service; —e nehmen, se faire enrôler (*soldats*); was fteht zu Ihrem —, qu'y a-t-il à votre service?
Dienftag, *v.* Dinstag.
Dienftbar, *adj.* tributaire; sujet; esclave; bie —en Geifter, les anges gardiens; *fg. fm.* suppôts || *voy.* Dienftfertig.
Dienftbarkeit, *f.* servitude; esclavage, *m.* joug.
Dienftbefliffen, *v.* Dienftfertig.
Dienftbote, *m.* 3, domestique.
Dienfteifer, *m.* 1, zéle, empressement.
Dienftentlaffung, *f.* congé, *m.*
Dienftfertig, *adj.* officieux, serviable, complaisant, obligeant.
Dienftfertigkeit, *f.* attention, obligeance; complaisance.
Dienftfrei, *adj.* exempt de service.
Dienftgenoß, *m.* 3, compagnon de service. [cice, *f.*
Dienftjahr, *n.* 2, année d'exerDienftkleid, *n.* 2, costume, *m.*; (*milit.*) uniforme.
Dienftlehen, *n.* 1, fief servant, *m.*
Dienftleiftung, *f.* service, *m.* office. [*pl.*
Dienftlohn, *m.* 2, salaire; gages, Dienftlos, *adj.* hors de service;

sans emploi, sans maître, sur le pavé.

**Dienſtmagd,** *f.*\*, servante, fille.

**Dienſtmann,** *m.* 5 (*pl.* =leute), vassal, feudataire.

**Dienſtpflicht, Dienſtpflichtigkeit,** *f.* obligation de servir, devoir, *m.*; serment de fidélité ; perſönliche —, (*féod.*) ligence, *f.*

**Dienſtvorſchrift,** *f.* règlement, *m.*

**Dienſtwillig,** *v.* **Dienſtfertig.**

**Dienſtzeichen,** *n.* 1, chevron *à la manche, m.* [ceci ; *v.* **Dieſer.**

**Dies, Dieß,** *pron. pour* dieſes,

**Dieſemnach,** *conj.* d'après cela, donc, par conséquent.

**Dieſer, dieſe, dieſes,** *pl.* dieſe, *pron. dém.* ce, cet, cette ; ces ; celui-ci, celle-ci, ceux-ci, celles-ci.

**Dieſfalls,** *adv.* dans ce cas, pour cela. [question.

**Dieſſallſig,** *adj.* ce dont il est

**Dieſjährig,** *adj.* de cette année.

**Dieſmal,** *adv.* pour cette fois; pour le coup.

**Dieſſeitig,** *adj.* citérieur. [deçà.

**Dieſſeits,** *adv.* au deçà, en deça,

**Dieterich, Dietrich,** *m.* 2, fausse clef, *f.* crochet, *m.* rossignol, passe-partout ; mit einem — aufma= chen, crocheter *une porte* ‖ *n. pr.*

**Dieweil,** *v.* **Weil.** [*m.* Thierry.

**Differentialgröße,** *f.* différentielle, grandeur différentielle.

**Differentialrechnung,** *f.* calcul différentiel, *m.* méthode des fluxions, *f.*

**Digeſten,** *pl.* (*jur.*) digeste, *m.*

**Digeſtor,** *m. exc.* 1, (*chim.*) digesteur.

**Dille,** *f.* douille, bobèche.

**Dillkraut,** *n.* 5\*, (*bot.*) anet, *m.* aneth.

**Ding,** *n.* 2 ou 5, chose, *f.*; être, *m.*; objet; affaire, *f.*; vor allen —en, avant tout, toutes affaires cessantes ; guter —e ſeyn, être de bonne humeur ; ein artiges —, *pop.* une jolie fille, jolie créature.

\***Dingen,** *v. a.* louer, prendre qn. à son service; arrêter; engager; (*nav.*) fréter, affréter; embaucher *un ouvrier*; aposter *des assassins*; suborner *des témoins*; gedungen, mercenaire; attiré, suborné (*témoin*).

**Dingepfenning,** *m.* 2, arrhes, *f. pl.*

**Dingflüchtig,** *adj. vi.* contumace.

**Dinghof,** *m.* 2\*, lieu du tribunal; bien exploité par un colon; rente d'un tel bien, *f.*

**Dinglich,** *adj.* réel; *adv.* -lement,

**Dinkel,** *m.* 1, épeautre.

**Dinſtag,** *m.* 2, mardi.

**Dinte,** *v.* **Tinte,** ⅈⅽ.

**Diöceſe,** *f.* diocèse, *m.*

---

**Dionyſius,** *n. pr. m.* Denis; =ſia, *n. pr. f.* Denise.

**Dipbihong,** *m.* 3, diphthongue, *f.*

**Diplom,** *n.* 2, diplôme, *m.*; patente, *f.* brevet, *m.*; einem ein — ertheilen, breveter qn.

**Diplomatif,** *f.* diplomatique, diplomatie.

**Diplomatiker,** *m.* 1, diplomate.

**Diplomatiſch,** *adj.* diplomatique.

**Dir,** *pron.* te, à toi.

**Direktor,** *m. exc.* 1, directeur.

**Direktorium,** *n. exc.* 1, directoire, *m.*

**Dirne,** *f.* jeune fille; servante; *m. p.* donzelle, fille; die gemeine —, grisette; luſtige —, grivoise, gaillarde.

**Dis,** *n. indécl.* ré-dièze, *m.*

**Diskant,** *m.* 2, dessus ; der erſie —, haute-contre, *f.*; zweite —, bas-dessus, *m.*

**Diskantflöte,** *f.* dessus de flûte, *m.*

**Diskontiren,** *v. a.* escompter.

**Disconto,** *m.* 2 (*pl.* —'s), escompte. [*v.* **Mißfälligkeit.**

**Disharmonie,** *v.* **Mißklang**; *fg.*

**Dispenſation, Dispens,** *f.* dispense, permission. [exempter.

**Dispenſiren,** *v. a.* dispenser,

**Disponiren,** *v. a.* disposer.

**Disputation,** *f.* thése, dissertation; dispute.

**Disputiren,** *v. n.* (h.) disputer; soutenir une thèse.

**Disputirgeiſt,** *m.* 5, *fm.* argumentateur.

**Disſenter,** *m.* 1, **Disſident,** *m.* 3, dissident.

**Disſonanz,** *f.* dissonnance.

**Diſtanz,** *f.* distance; éloignement, *m.*

**Diſtel,** *f.* chardon, *m.*; von —n ſäubern, chardonner.

**Diſtelfeld,** *n.* 5\*, chardonnière, *f.*

**Diſtelfink,** *m.* 3, chardonneret; der junge —, griset. [thacé.

**Diſtelförmig,** *adj.* (*bot.*) acanthacée.

**Diſtelhacke,** *f.* chardonnoir, *m.*

**Diſtelkopf,** *m.* 2\*, bosse du chardon, *f.* [l'ordre du chardon.

**Diſtelritter,** *m.* 1, chevalier de

**Diſtichon,** *n.* 2 (*pl.* =chen), (*pros.*) distique, *m.*

**Diſtilliren,** *v.* **Deſtilliren.**

**Diſtrikt,** *m.* 2, district.

**Dithyrambe,** *f.* (*poës.*) dithyrambe. [que.

**Dithyrambiſch,** *adj.* dithyrambiſch,

**Divan, Diwan,** *m.* 2, (*Turq.*) divan.

**Divergiren,** *v. n.* (*opt.*) diverger.

**Dividend,** *m.* 3, (*arithm.*) dividende.

**Dividiren,** *v. a.* diviser, faire la division; —, *s. n.* 1, division, *f.*

---

**Divis,** *n.* 2, division, *f.* trait d'union, *m.* tiret.

**Diviſion,** *f.* division.

**Diviſor,** *m. exc.* 1, (*arithm.*) diviseur. [mordant, *m.*

**Diviſorium,** *n. exc.* 1, (*impr.*)

**Döbel,** *m.* 1, cheville, *f.*; (*arch.*) emboiture, goujon, *m.*

**Doch,** *conj. et adv.* pourtant, cependant, néanmoins; toujours; toutefois; ja —, si fait, oui-dà; nein —, nenni; —, sans doute; komm —, viens donc.

**Docht,** *m.* 2, mèche, *f.*

**Dociren,** *v. a.* enseigner qn.; profesſer *une science*.

**Docke,** *f.* bassin, *m.* chantier, forme où l'on construit ou répare desvaisseaux, *f.* ‖ poupée; (tonn.) bonde; (men.) balustre, *m.*; (cha.) panneau; (serr., etc.) mandrin; chevillon *d'une chaise*; (artill.) heurtoir; (carross.) mouton; (tiss.) écheveau, peloton *de soie*; sautereau *de clavecin*.

**Dockengeländer,** *n.* 1, balustrade, *f.*

**Doctor,** *m. exc.* 1, docteur; der Rechte, docteur en droit; — werden, passer, être fait docteur.

**Doctorhut,** *m.* 2\*, =müße, *f.* bonnet de docteur, *m.* bonnet carré, bonnet doctoral.

**Doctorinn,** *f.* femme d'un docteur. [ral, *m.*

**Doctoriren,** *f. fm.* air doctoral.

**Doctorpromotion,** *f.* doctorerie.

**Doctorwürde,** *f.* doctorat, *m.*

**Doge,** *m.* 3, doge (*titre*).

**Dogenwürde,** *f.* dogat, *m.*

**Dogge,** *m. et f.* dogue, *m.* (*chien d'Angleterre*); kleine —, doguin.

**Dogmatik,** *f.* dogme, *m.*

**Dogmatiker,** *m.* 1, (*méd.*) dogmatique; (*théol.*) auteur qui a écrit sur le dogme.

**Dogmatiſch,** *adj.* dogmatique.

**Dohle,** *f.* choucas, *m.* (*oiseau*).

**Dohne,** *f.* lacet, *m.* cerceau, collet. [oiseaux au lacet, *f.*

**Dohnenfang,** *m.* 2\*, chasse des

**Dohnenſtrich,** *m.* 2, =ſteig, suite (*f.*), file de lacets, de cerceaux.

**Dolch,** *m.* 2, poignard.

**Dolde,** *f.* sommet, *m.* cime, *f.*; (*bot.*) ombelle.

**Doldenpflanze,** *f.* (*bot.*) plante ombellifère, plante en parasol.

**Doldentragend,** *adj.* (*bot.*) ombellifère.

**Doldentraube,** *f.* (*bot.*) corymbe, *m.*; —n tragend, corymbifère.

**Dollfuß,** *m.* 2\*, pied bot.

**Dolman,** *m.* 2, doliman.

**Dollmetſchen,** *v. a.* interpréter ; expliquer.

**Dollmetſcher,** *m.* 1, interprète.

**Dollmetſchung,** *f.* interprétation.

Dom, m. 2, (arch.) dôme, coupole, f.; cathédrale.
Domäne, f. domaine, m.
Domcapitel, n. 1, chapitre, m. grand-chapitre.
Domherr, m. 3, chanoine.
Domherrenhaus, n. 5*, maison canoniale, f.
Domherrenstelle, f. canonicat, m.
Domingo, (île) S. Domingue.
Dominikaner, m. 1, dominicain.
Dominikus, n.pr. m. Dominique.
Domino, n. 2 (pl. —'s), domino, f.
Domkirche, f. cathédrale. [m.
Dompfaff, m. 3, pivoine, bouvreuil (oiseau).
Dompropst, m. 2*, prévôt du chapitre. [chapitre.
Domstift, n. 5, chapitre, m. grand-
Donat, m. 2, rudiment.
Donau, f. (fleuve) Danube, m.
Donlege, f. (min.) inclinaison, penchant, m.
Donlegig, adj. penchant, incliné.
Donner, m. 1, tonnerre; foudre, f.; ber — hat eingeschlagen, la foudre est tombée.
Donnerbüchse, f. ol. bombarde.
Donnerkeil, =stein, m. 2, (minér.) bélemnite, f.; Donnerkeil, foudre (poés.), m.
Donnern, v. n. et imp. (h.) tonner; fg. frapper rudement à une porte; fulminer, tempêter; gegen etw. —, foudroyer qch.; —, ronfler (du canon).
Donnerschlag, m. 2*, coup de foudre, de tonnerre.
Donnerstag, m. 2, jeudi.
Donnerstimme, f. voix de tonnerre, voix tonnante, foudroyante.
Donnerwetter, n. 1, orage, m. tempête, f. [ble lice, m.
Doppelband, m. 5*, ruban à double
Doppelbarchent, m. 2, boucassin.
Doppelbecher, m. 1, double gobelet, cornet. [f.
Doppelbier, n. 2, bière double,
Doppelbuchstab, m. exc. 2, (impr.) ligature, f. [lestine.
Doppelchorschrift, f. (impr.) pa-
Doppelehe, f. bigamie. [m.
Doppelfagott, n. 2, contre-basson,
Doppelflinte, f. fusil à deux coups, m.
Doppelgeige, f. viole d'amour.
Doppelgesang, m. 2*, duo.
Doppelhafen, m. 1, fauconneau.
Doppelheit, f. duplicité.
Doppelfrüchenhaue, f. (jard.) béquille.
Doppellaut, m. 2, Doppelsauter, m. 1, diphthongue, f. [dés.
Doppeln, v. a. doubler; jouer aux
Doppelpunkt, m. 2, deux points.
Doppelregister, n. 1, (org.) doublette, f.

Doppelsammet, m. 2, velours à revers de panne. [blon.
Doppelsatz, m. 2*, (impr.) dou-
Doppelschicht, f. (couvr.) doublis, m. [redoublé, pas de charge.
Doppelschritt, m. 2, (guer.) pas
Doppelsinn, m. 2, double sens, équivoque, f.; ambiguïté, amphibologie.
Doppelsinnig, =deutig, adj. équivoque; ambigu, à double entente.
Doppelt, adj. double; — gerade, pairement pair; ich habe dieses Buch —, j'ai deux exemplaires de ce livre; —, adv. doublement; en double (plier); — erwiedern, rendre au double.
Doppeltoffet, m. 2, tabis.
Doppeltriller, m. 1, (mus.) battement.
Doppelung, f. doublement, m.; (mar.) doublage. [simulé.
Doppelzüngig, adj. double; dis-
Doppelzüngigkeit, f. duplicité.
Doppie, f. doublon, m. pistole d'Espagne, f.
Dorf, n. 5*, village, m.; das sind mir böhmische Dörfer, prov. c'est du grec, de l'hébreu, de l'algèbre pour moi.
Dorfjunker, m. 1, gentilhomme campagnard; mépr. gentillâtre, hobereau.
Dorfmäßig, adj. rustique.
Dorfrichter, m. 1, =schulze, m. 3, maire de village.
Dorfschaft, f. village, m. commune rurale, f.
Dorfschenke, f. cabaret de village, m. guinguette, f.
Dorfschule, f. école de village.
Dorfschulmeister, m. 1, maître d'école, magister du village.
Dorisch, adj. (arch.) dorique.
Dorn, m. 5* et exc. 1, épine, f. piquant, m.; (impr.) ardillon; (serr.) soie, f. broche; chevillette; fg. er ist ihm ein — in den Augen, il ne le voit qu'avec dépit.
Dornbusch, =strauch, m. 1*, buisson, épines, f. pl.
Dorngebüsch, n. 2, épiniers, m.pl.
Dornhecke, f. haie d'épines.
Dornicht, Dornig, adj. épineux; en forme d'épines; (fond.) ferrugineux.
Dornik, (ville) Tournay.
Dornmuschel, f. coquille hérissée.
Dornschwamm, m. 2*, morille épineuse, f.
Dorothea, n. pr. f. Dorothée.
Dorren, v. n. (f.) sécher; se dessécher.
Dörren, v. a. sécher, dessécher; —, s. n. 1, desséchement, m.
Dörrsucht, v. Darrsucht.
Dorsch, m. 2, merluche, f.

Dörsche, f. tronc, m. trognon de chou.
Dort (borten) adv. là, y, en ce lieu-là; — oben, là-haut; — hin-über, par delà; — durch, par là; —her, de là, de ce côté-là; —hin, là, de ce côté-là; hier und —, de côté et d'autre.
Dortig, adj. qui est là; —, adv. en ce lieu-là.
Dose, f. boite; tabatière.
Dosis, f. (pl. Dosen), (méd.) dose, prise. [moyeu.
Dotter, masc. 1, jaune d'œuf,
Dotterweide, f. osier jaune, m.
Doublette, 2c., v. Dublette, 2c.
Drache, m. 3, dragon; (jeu) cerf-volant; (alchym.) mercure; vif-argent. [gon, m.
Drachenblut, n. 2, sang de dra-
Drachenhaupt, n. 5*, =kopf, m. 2*, (astr.) tête de dragon, f.
Drachme, f. drachme.
Dragoman, m. 2, trucheman, drogman. [virago, f.
Dragener, m. 1, dragon; fg.fm.
Dragonermarsch, m.2*, dragonne, f. [la dragonne.
Dragonermäßig, adj. et adv. à
Dragun, m. 2, estragon (herbe).
Draht, m. 2*, fil; fil de fer, de métal; fil d'archal; (cordonn.) ligneul; cordonnet (dentelle); aiguille du cadran solaire, f.; (pap.) vergeure; zu — machen, affiler du fer.
Drahtarbeit, f. ouvrage en fil d'archal, m. (orf.) filigrane.
Drahtbank, f. 1*, banc à tirer, m.; (orf.) argue, f.
Drahteisen, n. 1, filière, f.
Drahtfeber, f. (serr.) boudin, m.
Drahtgitter, n. 1, treillis de fil d'archal, de fil de fer, m.; grillage, fer maillé; (pap.) vergeure, f.
Drahtmaß, n. 2, jauge, f.
Drahtmühle, f. tréfilerie.
Drahtplatten, n. 1, laminage, m.
Drahtpuppe, f. marionnette.
Drahtrichter, m. 1, dresseur.
Drahtrolle, f. affinière. [chal.
Drahtsaite, f. corde de fil d'ar-
Drahtschere, f. cisailles, pl.
Drahtschneider, m. 1, rogneur.
Drahtsilber, m. n. 1, argent en fil, m. trait.
Drahtwinde, f. (orf.) argue.
Drahtzange, f. béquette, béquettes, pl.
Drahtziehen, n. 1, =zieherei, f. =zug, m.; (orf.) tréfilerie, f. affinerie [fineur.
Drahtzieher, m. 1, tréfileur, af-
Dralle, f. rayure d'une arquebuse.
Drama, n. exc. 1, drame, m.
Dramatiker, m. 1, dramatiste, auteur dramatique.

Dramatifch, adj. dramatique.
Dram, v. Daran.
Drang, m. 2, presse, f.; foule; fg. extrême envie; tourment, m.; urgence des affaires, f.
Drängen, v. a. serrer; presser; poussr; fg. opprimer, vexer, tourmenter, obliger, forcer; presser; sich zu etw. —, s'empresser de faire qch.; —, s. n. 1, serrement, m.; (méd.) épreinte, f.; fg. oppression.
Drangfal, n. 2, affliction, f.; tourment, m.; oppression, f.; malheur, m.
Drapiren, v. a. draper; habiller.
Drafch, n. 2, airée, f.
Drath, v. Draht.
Dräuen, v. Drohen.
Drauf, Draus, v. Darauf, Daraus.
Draufgeld, n. 5, arrhes, f. pl.
Draußen, adv. dehors, au dehors.
Drechfelbank, f.*, tour, m.
Drechfeln, v. a. tourner, travailler, faire au tour.
Drechsler, m. 1, tourneur.
Dreck, m. 2, (t. bas) ordure, f. merde; immondices, pl. boue; fg. fatras, m. rebut.
Dreckig, adj. embrené, sale; merdeux; bourbeux; crotté, fangeux.
Dreckkäfer, m. 1, fouille-merde.
Dreckkarren, m. 1, tombereau.
Dreckkärrner, m. 1, boueur.
Dreckseele, f. pop. âme de boue; bas, chiffe.
Dregg, m. 2, =anfer, m. 1, (mar.) grappin.
Dreghaken, m. 1, croc à quatre branches.                    [bleau, m.
Dregtau, n. 2, drague, f. câ-
Drehbank, f. Drechfelbank.
Drehbaffe, f. (artill.) pierrier, m.
Drehbaum, m. 2*, =freuz, m. 2, tourniquet, m.                [chet.
Drehbogen, m. 1*, (méc.) ar-
Drehbrücke, f. pont tournant, m.
Dreheifen, n. 1, biseau, m.
Drehen, v. a. tourner; tordre, tortiller, tournoyer; (cord.) câbler; (mar.) virer; v. Drechfeln; der Wind dreht fich, le vent change; einem eine Nafe —, en donner à garder à qn., duper, tromper qn.; —, s. n. 1, tournoiement, m.; rotation, f.
Dreher, v. Drechsler.
Drehhaspel, m. 1*, cabestan.
Drehknüppel, m. 1, Drehling, m. 2, manivelle, f.
Drehkrankheit, f. tournoiement, m. avertin des brebis.       [nant.
Drehnagel, m. 1*, laceret tour-
Drehorgel, f. orgue à cylindre, orgue de Barbarie ou d'Allemagne.                         [lette, f.
Drehriegel, m. 1, (serr.) espagno-

Drehscheibe, f. (pot.) tour, m.; (lapid.) rouleau.           [d'orge.
Drehstahl, m. 2*, (tourn.) grain
Drehwürfel, m. 1, toton.
Drei, adj. indécl. trois; —, f. trois, m.
Dreiblätterig, adj. (bot.) tripétale.
Dreidecker, m. 1, vaisseau à trois ponts.
Dreidrähtig, adj. à trois fils; à triple fil; (velours) à trois poils.
Dreieck, n. 2, triangle, m.
Dreieckig, adj. triangulaire; ein —er Hut, un chapeau à trois cornes, pop. tricorne; —es Segel, trinquette, f.; —e Nadel, (chir.) trocart, m.                  [nométrie.
Dreieckslehre, =meffung, f. trigo-
Dreieinigkeit, f. (théol.) trinité.
Dreier, m. 1, (monn.) trois fenins, pl.; er hat keinen —, fg. il n'a pas le sou.                  [sortes.
Dreierlei, adj. indécl. de trois
Dreifach, adj. triple; die —e Handlung, (théât.) triplicité d'action, f.; —e Größe, (alg.) trinome, m.
Dreifachheit, f. triplicité.
Dreifaltigkeit, f. trinité.
Dreifaltigkeitsblume, f. pensée.
Dreifarbig, adj. tricolore.
Dreifuß, m. 2*, trépied.
Dreigliederig, adj. (math.) trinome.
Dreiherr, m. 3, triumvir.
Dreijährig, adj. de trois ans; triennal; de trois feuilles (vin); die —e Dauer eines Amtes, triennalité, f.; —e Verwaltung, triennal, m.                 [harmonique, f.
Dreiklang, m. 2*, (mus.) triade
Dreikönigsfest, n. 2, Rois, m. pl. Epiphanie, f.
Dreilaut, m. 2, triphthongue, f.
Drein, v. Darein.              [trois, f.
Dreipfünder, m. 1, pièce de
Dreiruderig, adj. à trois rangs de rames; eine —e Galeere, une trirème.                         [glyphe.
Dreischlitz, m. 2, (arch.) tri-
Dreiseitig, adj. trilatéral.
Dreissitzig, adj. à trois places.
Dreispännig, adj. à trois chevaux.
Dreispitzig, adj. à trois pointes; (anat.) tricuspide.
Dreissig, adj. trente.
Dreissigste, adj. trentième; der —bes Monats, trente, m.
Dreist, adj. hardi, résolu, courageux, confiant; m. p. effronté.
Dreistachel, f. (pêch.) fichure, fouine.
Dreistigkeit, f. hardiesse, assurance, confiance; m. p. effronterie.
Dreisylbig, adj. trissyllabe.
Dreitägig, adj. de trois jours; bas —e Fieber, fièvre tierce, f.

Dreitheilig, adj. divisé en trois; tripartite.
Dreizack, m. 2, trident.
Dreizehn, adj. indécl. treize.
Dreizehnte, adj. treizième.
Dreschen, v. a. 2 ou 6, battre le blé; battre en grange; fg. pop. rosser; leeres Stroh —, fg. prov. faire de la besogne inutile; —, s. n. 1, battage, m.
Drescher, m. 1, batteur en grange.
Drescherlohn, m. 2, battage.
Dreschflegel, m. 1, fléau.
Drillbohrer, m. 1, drille, f.; trépan à archet, m.            [vexer.
Drillen, v. a. tourner; forer; fg.
Drillhäuschen, m. 1, pilori, m.
Drillich, m. 2, coutil; treillis.
Drilling, m. 2, un de trois frères jumeaux; mit —en niederkommen, accoucher de trois enfants à la fois; —, (méc.) lanterne, f.
Drin, v. Darin.
Dringen, v. n. 3 (f.) percer, pénétrer; se frayer un passage; se faire jour; entrer; —, v. a. p. us., v. Drängen; sich zu etw. —, fg. se fourrer dans une affaire; sich in etw. —, s'emparer de qch.; in einen —, presser, solliciter qn.; auf etw. —, insister sur qch.
Dringend, adj. pressant, urgent; instant (prière); —, adv. instamment.
Dringlichkeit, f. urgence.
Dritte, adj. troisième; die —Hand, main tierce; der — Stand (Bürger u. Bauern), tiers état, m.
Drittel, n. 1, Drittheil, n. 2, tiers, m.                    [troisième lieu.
Drittens, adv. troisièmement, en
Dritthalb, adj. indécl. deux et demi.                        [pénultième.
Drittletzt, adj. (gramm.) anté-
Droben, adv. là-haut, en haut.
Droguet, m. 2, droguet, breluche, f.
Drohen, v. n. (h.) menacer qn.
Drohend, adj. menaçant; imminent (péril); (jur.) comminatoire.
Drohne, f. bourdon, m. (abeille).
Dröhnen, v. n. (h.) gronder (tonnerre); résonner; trembler, s'ébranler.
Drohung, f. menace.
Drollig, adj. drôle, comique, plaisant; facétieux, bouffon; der —e Einfall, Streich, drôlerie, f.
Dromedar, m. 2, dromadaire.
Drommete, v. Trompete.
Droffel, f. grive; fm. gosier, m.
Droffelader, f. veine jugulaire.
Droffelgrau, adj. gris tourdille.
Droff, m. 3, drossart, grand bailli.                         [côté.
Drüben, adv. au delà; de l'autre
Druck, m. 2, pression, f.; com-

pression; serrement, m.; (phys.)
pression, f. dépression, gravitation du poids; (impr.) impression, édition; ber unreine —, bavochure; bem—e übergeben, mettre sous presse; —, empreinte;
fg. oppression, contrainte.
Drücken, v. a. presser, serrer; enfoncer le chapeau dans la tête;
comprimer; apposer le scellé, appliquer un cachet || oppresser;
blesser, serrer, gêner (soulier, etc.);
fg. (Sie wissen nicht) wo ihn der
Schuh drückt, où le bât le blesse;
—, fg. opprimer, fouler; zu Boden —, accabler; —, v. n. (h.)
peser; (phys.) graviter.
Drücken, v. a. empreindre, imprimer un livre; heimlich —, marronner; —, peindre la toile; auf
Zeug —, gaufrer.
Drücker, m. 1, poignée du loquet, f. clenche, coquille; détente d'une arme à feu.
Drucker, m. 1, imprimeur; pressier; (peint.) réveillon.
Druckerballen, m. 1, balle, f.
tampon, m.
Druckerei, f. imprimerie.
Druckerfarbe, =schwärze, f. encre
d'imprimerie.
Druckerlohn, m. 2, tirage.
Druckfehler, m. 1, faute d'impression, f.; das Verzeichniß der
—, errata, m.
Druckpapier, n. 2, papier d'impression, m.
Druckprobe, f. épreuve.
Druckschrift, f. imprimé, m.
Druckstämpel, m. 1, piston d'une
pompe.
Druckwerk, n. 2, pompe foulante,
f.; (monn.) balancier, m.
Drud, m. 3, Drude, f. sorcier,
m. -ère, f.; cauchemar, m.
Drudenfuß, n. 2, (bouch.) pièce
du bas de l'épaule d'un bœuf, f.
Druide, m. 3, druide. [um, ic.
Drum, Drunten, ic. voy. Darüber.
Drüschling, m. 2, champignon
mangeable, agaric.
Drüse, f. glande; die kleine —,
glandule; (Pferd) mit geschwollenen
—n, glandé; — ou Druse, (vét.)
gourme.
Drüsen, pl. lie, f.; v. Hefen.
Drusenasche, f. vidasse. [phie.
Drüsenbeschreibung, f. adénographie.
Drüsenbeule, f. bubon, m.
Drüsengeschwulst, f. *, glande,
écrouelles, pl.
Drüsenlehre, f. adénologie.
Drüsenschmerz, m. exc. 1, adénalgie, f. [mie.
Drüsenzergliederung, f. adénotomie.
Drüsig, adj. glanduleux.
Du, pron. tu; toi.

Dualis, m. indécl. (gramm.) duel.
Dualismus, m. exc. 1, (philos.)
dualisme.
Dubhammer, m. 1*, marteau de
grosse forge, à planer, à façonner
les chaudières. [doublet.
Dublette, f. double, m.; (joaill.)
Dubliren, v. a. doubler; (jeu)
jouer à la martingale.
Dublone, f. doublon, m.
Ducaten (sich), se blottir, se tapir, s'accroupir; (cha.) se mottir;
fg. pop. s'humilier. [nois.
Ducmäuser, m. 1, matois, sournois.
Dudeln, v. n. (h.) et a. fm. flûter, corner, jouer, chanter mal;
fredonner un air.
Dudelsack, m. 2*, cornemuse, f.
musette. [m. -se, f.
Dubler, m. 1, =inn, f. flûteur,
Duell, n. 2, duel, m.
Duellant, m. 3, duelliste.
Duelliren (sich), se battre en duel.
Duett, n. 2, duo; m.
Duft, m. 2*, vapeur, f.; exhalaison; odeur; frimas, m. givre.
Duften, v. n. (h.) s'élever en vapeurs, s'exhaler; transpirer.
Düften, v. a. exhaler.
Duftend, adj. odoriférant.
Duftig, adj. vaporeux, nébuleux.
Dulden, v. a. et n. (h.) souffrir,
endurer, supporter, essuyer; tolérer; conniver à, avec qch.
Dulder, m. 1, souffrant, qui
supporte patiemment.
Duldsam, adj. tolérant.
Duldsamkeit, f. tolérance.
Duld.. f. souffrance; tolérance, connivence.
Dumm, adj. stupide, imbécille,
sot, bête, niais, nigaud, simple;
benêt, hébété; — machen, abêtir,
abrutir, abalourdir, hébéter; er
ist nicht —, fm. il n'est pas manchot; — erweise, bêtement.
Dummdreist, adj. effronté, impertinent.
Dummdreistigkeit, f. effronterie.
Dummheit, f. stupidité, imbécillité, niaiserie, bêtise, sottise;
die viehische —, abrutissement, m.
Dummkopf, m. 2*, Dümmling,
m. 2, homme stupide, butor, sot,
imbécille; pop. bûche, f. ganache,
cruche, âne, m. animal, automate.
Dumpf, adj. sourd, confus;
obscur.
Dümpfel, m. 1, gouffre, mare, f.
Dumpfig, adj. humide, moite;
qui sent le relent.
Dune, f. —n, pl. duvet, m.
Düne, f. dune.
Dung, v. Dünger.
Düngen, v. a. engraisser, fumer,

amender; mit Thon —, glaiser;
mit Kalt —, chauder.
Dünger, m. 1, engrais, fumier.
Düngererde, f. terreau, m.
Düngung, f. engraissement, m.
amendement.
Dünkel, m. 1, vanité, f. présomption; amour-propre, m.;
suffisance, f.
Dunkel, adj. sombre, obscur,
ténébreux; foncé, noir; opaque;
fg. obscur, abstrus (matière);
confus; dunkle Augen, la vue trouble; — machen, obscurcir; dunkler machen, (peint.) foncer; —
werden, s'obscurcir; —, s. n. 1,
Dunkelheit, f. obscurité; ténèbres,
pl. opacité; fg. obscurité; confusion.
Dunkelgelb, adj. jaune foncé;
=roth, rouge foncé; couvert (vin)
=braun, brun foncé, minime.
Dünkelhaft, adj. présomptueux,
suffisant, vain.
Dünkeln, v. n. et imp. (h.) commencer à faire obscur; s'obscurcir.
Dünken, v. n. et imp. (h.) sembler; paraître; es dünkt mich, je
crois, je pense; was dünkt euch
von .... que pensez vous de?
Dünkirchen, (ville) Dunkerque.
Dünn, adj. mince, menu, délié;
subtil, fin; fluide; effilé, clair;
— machen, amincir; éclaircir; raréfier; — werden; devenir mince;
diminuer, s'éclaircir.
Dünnbier, n. 2, petite bière, f.
Dünne, Dünnheit, f. subtilité;
ténuité, fluidité.
Dünnleibig, adj. efflanqué, élancé.
Dünnung, f. aine; (man.) flanc,
m. [sot, stupide.
Duns, m. 2, homme pédant,
Dunst, m. 2*, vapeur, f. exhalaison, fumée; (cha.) dragée, cendrée; fg. fm. ein blauer —, une
colle, bourde; er hat ihm einen
blauen — vorgemacht, il lui en a
fait accroire. [vapeurs, f.
Dunstbläschen, n. 1, vésicule de
Dünsten, v. n. (h.) s'évaporer;
transpirer; v. imp. es dünstet; il
s'élève des vapeurs.
Dunstkreis, m. 2, atmosphère, f.
Duodez, adv. in-douze; — m.
=band, m. 2*, =format, n. 2, indouze, m. [plicata.
Duplicat, n. 2, double, m. duplik, f. (jur.) duplique; einer
— geben, dupliquer.
Durch, prép. et adv. par; à travers le; etc.; au travers du, etc.;
au moyen de; — und —, d'outre
en outre; de part en part; d'un
bout à l'autre; — vieles ..., à
force de ...
Durch, dans la composition, es-

*tantôt séparable, lorsqu'il a l'accent (marqué ici par le caractère espacé), tantôt inséparable, lorsque l'accent porte sur le verbe; et marque un mouvement, un passage, une durée, un instrument, etc.: quelquefois cette particule ne sert qu'à donner plus de force à la signification du verbe simple.*

**Durcharbeiten**, *v. a.* bien travailler; bien manier qch.; (*boul.*) fraiser; fich —, se faire jour; vaincre les obstacles.

**Durchaus**, *adv.* tout à fait; entièrement; partout; absolument; — nicht, point du tout.

**Durchbeben**, *v. a.* agiter, émouvoir.

**Durchbeißen**, *v. a.* 5†, percer d'outre en outre en mordant; mordre; fich burch beißen, se faire jour en mordant; *fg.* venir à bout, se tirer d'affaire.

**Durchbeizen**, *v. a.* corroder; détremper, mortifier *la viande*.

**Durchbeten**, *v. a.* réciter *une prière* d'un bout à l'autre. **Durchbeten**, passer *un temps* dans les prières.

**Durchbetteln**, *v. a.* traverser un pays en mendiant; fich burchbetteln, passer sa vie en mendiant.

**Durchbeuteln**, *v. a.* (meun.) bluter.

**Durchblasen**, *v. a.* 4, souffler au travers. **Durchblasen**, (*mus.*) jouer jusqu'au bout. [courir.

**Durchblättern**, *v. a.* feuilleter; parcourir.

**Durchbläuen**, *v. a. fm.* rosser, gourmer qn.

. **Durchblicken**, *v. a. et n.* (h.) percer; pénétrer, regarder; voir à travers.

**Durchbohren**, *v. a.* percer; transpercer; trouer; enfiler; enferrer qn.; pénétrer; einander —, s'entre-percer; (*chir.*) perforer.

**Durchbohrung**, *f.* perforation.

, **Durchbraten**, *v. a.* 4, rôtir assez.

**Durchbrausen**, *v. n.* (h.), **Durchbrausen**, *v. a.* passer avec bruit.

**Durchbrechen**, *v. a.*, *et* **Durchbrechen**, *v. n.* 2 (f.) percer; rompre, fendre, enfoncer, pénétrer; se faire jour; percer à jour; burchbrochene Drahtarbeit, du filigrane; —, *s. n.* 1, *v.* **Durchbruch**.

*Durchbringen, *v. a.* passer; faire passer; *fg.* dissiper, manger, prodiguer; fich —, *fg.* gagner sa vie; fich kümmerlich —, vivre petitement.

**Durchbruch**, *m.* 2*, rupture, *f.*, ouverture; enfoncement, *m.*; brèche *à un mur*, *f.*; débordement *de l'eau*, *m.*; sortie *des dents*, *f.* (*dév.*) commencement de la con-

version, *m.*; *fm.* cours de ventre, diarrhée, *f.*

**Durchbuchstabiren**, *v. a.* épeler d'un bout à l'autre; *fg. fm.* éplucher.

**Durchdampfen**, =**dämpfen**, *v. a.* remplir de vapeurs, de fumée (*drap.*) bruir.

*Durchdenken, *v. a.* réfléchir mûrement sur; méditer.

**Durchdrängen**, *v. a.* passer par force; fich —, fendre la presse.

**Durchdringen**, *v. a.* 3, pénétrer, percer; traverser; fendre; *fg.* pénétrer, émouvoir, toucher. **Durchdringen**, *v. n.* (f.) réussir, venir à bout de qch.; burchdrungen, *fg.* imbu *d'une opinion*.

**Durchdringend**, *adj.* perçant, pénétrant; aigu (*cri*); touchant.

**Durchdringlich**, *adj.* pénétrable.

**Durchdringlichkeit**, *f.* pénétrabilité.

**Durchdrücken**, *v. a.* faire passer; coller, percer, pousser.

**Durchdüften**, *v. a.* parfumer; mit Bisam —, musquer.

**Durcheilen**, *v. n.* (f.) passer à la hâte. **Durcheilen**, *v. a.* parcourir.

**Durcheinander**, *adv.* confusément; pêle-mêle; sens dessus dessous; bas **Durcheinander**, *fm.* le culbutis.

**Durchfahren**, *v. n.* 7 (f.) passer, traverser *en voiture*, *etc.* **Durchfahren**, *v. a.* traverser; passer; pénétrer.

**Durchfahrt**, *f.* passage, *m.*

**Durchfall**, *m.* 2*, dévoiement, diarrhée, *f.*; lienterie, cours de ventre, *m.*; *pop.* foire, *f.*

**Durchfallen**, *v. n.* 4 (f.) glisser, tomber à travers; *fg.* être refusé; n'avoir pas la pluralité des voix *dans une élection*.

**Durchfechten**, *v. a.* 6, défendre victorieusement, soutenir qch.; fich —, se faire jour l'épée à la main.

**Durchfeilen**, *v. a.* percer, ouvrir, couper avec la lime. [tigeant.

**Durchflattern**, *v. a.* passer en volant.

**Durchflechten**, *v. a.* 6, entrelacer; burchflochtene Arbeit, des entrelacs, *m.*

**Durchfliegen**, *v. n.* 6 (f.) voler au travers, passer en volant. **Durchfliegen**, *v. a.* traverser *le temps*, *l'espace*.

**Durchfliehen**, *v. n.* 6 (f.) traverser en fuyant. **Durchfliehen**, *v. a.* fuir par.

**Durchfließen**, *v. n.* 6 (f.) couler, passer au travers. **Durchfließen**, *v. a.* traverser en coulant.

**Durchflug**, *m.* 2*, vol, passage rapide par un lieu.

**Durchfluß**, *m.* 2*, passage de *l'eau*, *m.*

**Durchforschen**, *v. a.* approfondir.

**Durchfressen**, *v. a.* 1, manger, ronger, corroder, percer en rongeant. —, *s. n.* 1, corrosion, *f.* érosion.

**Durchfrieren**, *v. n.* 6 (f.) se glacer; être transi, être gelé de froid.

**Durchfuhr**, *f.* passage, *m.* transit.

**Durchführen**, *v. a.* faire passer par; (*mus.*) moduler; *fg. v.* **Ausführen**.

**Durchfüttern**, *v. a.* nourrir pendant l'hiver, donner assez à manger *au bétail*||doubler entièrement *un habit*.

**Durchgang**, *m.* 2*, passage; unter einer Treppe, échappée, *f.*; — burch ben Meridian, (*astr.*) culmination.

**Durchgänger**, *m.* 1, déserteur.

**Durchgängig**, *adj.* commun, général, universel; —, *adv.* généralement, sans exception, partout, etc.

*Durchgehen, *v. n.* (f.) passer; traverser; percer; pénétrer; s'évader, s'enfuir, échapper (*prisonnier*); (*guer.*) déserter; *fg.* passer, être admis; —, *v. a.* user, déchirer en marchant. **Durchgehen**, *v. a.* traverser; parcourir; *fg.* lire, examiner, revoir, parcourir; repasser *une leçon*.

**Durchgehends**, *adv.* généralement; partout. [passer par.

**Durchgießen**, *v. a.* 6, couler, faire

**Durchglühen**, *v. a.* faire rougir dans le feu; *fg.* enflammer.

**Durchgraben**, *v. a.* 7, percer en creusant; trouer; fouiller.

**Durchgreifen**, *v. a. et n.* 5† (h.) passer la main par; *fg.* prendre des mesures énergiques, trancher court. [fouiller.

**Durchgrübeln**, *v. a.* raffiner sur,

**Durchhau**, *m.* 2, percée, *f.* (*dans une forêt*).

*Durchhauen, *v. a.* fendre; couper; tailler; pourfendre; fich burchhauen, se faire jour l'épée à la main; *prvcl.* revenir d'une maladie.

**Durchhecheln**, *v. a.* sérancer, affiner; *fg. fm.* censurer, critiquer, éplucher; burchgehechelt werden, *fg. fm.* passer par l'étamine.

**Durchheizen**, *v. a.* chauffer d'outre en outre.

**Durchhelfen**, *v. n.* 2 (h.) aider qn. à passer; sauver qn.; secourir, assister. [trouer.

**Durchhöhlen**, *v. a.* creuser, percer;

**Durchjagen**, *v. a.* chasser par.

**Durchjagen**, *v. a. et n.* (f.) passer, traverser au galop, courir par, parcourir.

**Durchirren**, *v. a.* errer par.

**Durchkälten**, *v. a.* pénétrer de froid, morfondre.

**Durchkämmen**, *v. a.* bien peigner.

Durchklopfen, v. a. battre bien; faire passer en frappant; pop. rosser.

*Durchkommen, v. n. (f.) passer par; pénétrer; s'échapper (prisonnier); fg. se tirer d'affaire; er ift gut durchgekommen, il l'a échappé belle. [verser.

Durchkreuzen, v. a. croiser, tra-

Durchkriechen, v. a. et n. 6 (f.) ramper, se traîner, se glisser par.

Durchlaß, m. 2*, (cuis., etc.) passoire, f. couloir, m.; (jard.) claie, f.; (monn.) laminoir, m.

Durchlassen, v. a. 4, filtrer, laisser passer.

Durchlaucht, f. (titre) Altesse sérénissime, Altesse.

Durchlauchtig, adj. sérénissime; —fter Herr, Monseigneur.

Durchlauf, m. 2*, passage; (méd.) diarrhée, f.

Durchlaufen, v. n. 4 (f.) passer (en courant); percer (pluie); —, v. a. user, déchirer les souliers à force de courir; parcourir. Durchlaufen, v. a. parcourir; fg. se répandre dans (bruit); passer, courir par, traverser. [clarifier; purifier.

Durchläutern, v. a. filtrer; épurer;

Durchleben, v. a. passer.

Durchlesen, v. a. 1, parcourir; lire d'un bout à l'autre; —, s. n. 1, lecture, f. [vers] éclairer.

Durchleuchten, v. a. luire au tra-

Durchliegen, v. a. 1, user à force d'être couché; fich —, s'écorcher la peau à force d'être couché.

Durchlöchern, v. a. trouer, cribler de balles.

Durchlüften, v. a. aérer, éventer.

Durchlügen (fich), 6, se sauver par un mensonge.

Durchmachen, v. a. parcourir, achever, finir; feine Claffen —, faire ses classes; fg. passer par; viel Unglück —, essuyer des revers.

Durchmarsch, m. 2*, passage des troupes. [marcher par.

Durchmarschiren, v. n. passer,

Durchmengen, Durchmischen, v. a. mêler, entremêler.

Durchmessen, v. a. 1, mesurer d'un bout à l'autre; parcourir.

Durchmesser, m. 1, diamètre; von Säulen, Schaumünzen, module.

Durchmustern, v. a. passer en revue; examiner; fg. critiquer.

Durchnagen, v. a. percer en rongeant. [piquer.

Durchnähen, v. a. contrepointer;

Durchnässen, Durchnetzen, v. a. imbiber, tremper, mouiller d'outre en outre. [défilé.

Durchpaß, m. 2*, pas, passage,

Durchpeitschen, v. a. étriller, fouetter.

Durchpressen, v. a. passer en pressurant.

Durchprügeln, v. a. pop. rosser, étriller; jämmerlich —, moudre de coups. [embaumer, parfumer.

Durchräuchern, v. a. fumiger,

Durchrauschen, v. a. et n. (f.) passer avec bruit.

Durchrechnen, v. a. calculer.

Durchrechnen, v. a. passer à calculer. [voir à travers.

Durchregnen, v. n. percer, pleu-

Durchreiben, v. a. 5, écorcher, trouer, user en frottant.

Durchreise, f. passage, m.

Durchreisen, v. a., et Durchreisen, v. n. (f.) traverser; passer; parcourir. [user.

Durchreißen, v. a. 5†, déchirer;

Durchreiten, v. n. 5† (f.) passer à cheval. Durchreiten, v. a. parcourir à cheval.

*Durchrennen, v. a., et Durchrennen, v. n. (f.) courir au travers; parcourir; enfiler; percer.

Durchrieseln, Durchrinnen, v. n. 2 (f.) couler, s'écouler par; percer.

Durchrieseln, v. a. traverser en ruisselant. [brèche.

Durchriß, m. 1, déchirure, f.

Durchritt, m. 2, passage à cheval.

Durchröhren, v. a. (min.) pratiquer des conduits d'eau à travers le roc.

Durchrosten, v. n. être détruit par la rouille. [en ramant.

Durchrudern, v. a. et n. (f.) passer

Durchrühren, v. a. bien remuer.

Durchrütteln, v. a. secouer.

Durchsäen, v. a. parsemer.

Durchsägen, v. a. couper avec la scie.

Durchsalzen, v. a. saler bien.

Durchsäuern, v. a. pénétrer d'un acide, d'une matière aigre; den Teig —, mettre assez de levain dans la pâte. [en râclant.

Durchschaben, v. a. percer, trouer

Durchschallen, v. n. 6 (h.) se faire entendre. Durchschallen, v. a. retentir, résonner dans; se faire entendre.

Durchschauen, v. a. et n. (h.) regarder au travers; percer des yeux; fg. pénétrer.

Durchschauern, v. a. causer des frissons à qn., faire frissonner.

Durchscheinen, v. a. et n. 5 (f.) pénétrer de sa lumière; luire à travers; entre-luire; fg. percer, pénétrer. [diaphane.

Durchscheinend, adj. transparent,

Durchscherzen, v. a. passer en folâtrant. [fer en écurant.

Durchscheuern, v. a. percer, frois-

Durchschieben, v. a. 6, pousser, passer au travers.

Durchschießen, v. n. 6 (h.) tirer par, au travers de, percer qch.; (f.) passer rapidement. Durchschießen, v. a. percer; (impr.) interligner; (rel.) entrelarder un livre de papier blanc.

Durchschiffen, v. a. et n. (f.) passer, traverser en naviguant, naviguer par.

Durchschimmern, v. a. et n. (h.) luire à travers. [en dormant.

Durchschlafen, v. a. 4, passer

Durchschlag, m. 2*, (cuis.) passoire, f.; (serr.) filtre; (sucr.) couleresse, f.; (serr.) perçoir, m. mandrin, chasse-clou; (minér.) brèche, f. jours, m.pl.

Durchschlagen, v. a. 7, percer, trouer; faire passer au travers; passer des pois; —, v. n. (h.) boire (papier); se faire jour.

Durchschlängeln, v. a. serpenter par.

Durchschleichen, v. a. et n. 5† (f.) se glisser par; traverser en glissant; fg. fich durchschleichen, s'évader, s'esquiver.

Durchschleifen, v. a. traîner sur une claie, sur un traîneau.

Durchschleifen, v. a. 5†, percer, trouer en aiguisant. [lacer.

Durchschlingen, v. a. 3, entre-

Durchschlüpfen, v. n. (f.) glisser, se couler au travers, passer par; fg. échapper.

Durchschmelzen, v. a. parfondre.

Durchschmettern, v. a. percer, briser avec fracas.

Durchschneiden, v. a. 5†, couper, trancher; fich fendre; fich —, se couper, s'entrecouper.

Durchschnitt, m. 2, coupure, f. (arch., etc.) coupe; (géom.) section, intersection de deux lignes; profil d'un bastion, etc., m.; fg. im —, l'un portant l'autre.

Durchschnittsgraben, m. 1*, (guer.) crique, f.

Durchschnittspunkt, m. 2, (géom.) intersection, f. point d'intersection, m.

Durchschuß, m. 2*, (tapiss.) assure, f. [m. interligne, f.

Durchschußlinie, f. (impr.) blanc,

Durchschütteln, v. a., v. Durchrütteln. [gießen.

Durchschütten, v. a., v. Durch-

Durchschwärmen, v. a. passer, parcourir dans la débauche.

Durchschweifen, v. a. parcourir.

Durchschweifen, v. n. suinter à travers.

Durchschwimmen, v. a. 2 et Durchschwimmen, v. n. 2 (f.) passer à la nage; atteindre à la nage le bord opposé.

Durchschwitzen, v. n. (f.) trans-

suder, suinter. Durchſchwißen, v. a. mouiller, tremper de sueur.

Durchſegeln, v. a. et n. (h.) traverser à la voile.

Durchſehen, v. n. 1 (h.) regarder à travers. Durchſehen, v. a. examiner; parcourir; revoir, repasser.

Durchſeihen, v. a. couler, filtrer; —, s. n. 1, filtration, f. (pharm.) colature.      [filtre.

Durchſeiher, m. 1, sas, crible, Durchſeihung, f. filtration.

Durchſeßen, v. a. et n. (ſ.) passer par; fg. venir à bout de qch.; réussir à qch.; faire passer une loi; raſch —, brusquer.

Durchſeufzen, v. a. passer à gémir.

*Durchſeyn, v. n. (ſ.) être passé, achevé; être usé, déchiré (habit).

Durchſicht, f. vue; fg. révision; examen, m.

Durchſichtig, adj. transparent, diaphane; à jour, à claire-voie (panier); clair.

Durchſichtigkeit, f. transparence, diaphanéité.

Durchſieben, v. a. cribler, sasser, tamiser; passer des terres par la claie; —, s. n. 1, cribration, f.

Durchſikern, ſintern, v. n. (ſ.) filtrer, se filtrer, suinter, s'infiltrer; —, s. n. 1, filtration, f. infiltration.

Durchſingen, v. a. 3, chanter jusqu'au bout. Durchſingen, passer à chanter.

*Durchſißen, v. a. déchirer, user un habit à force d'être assis dessus. Durchſißen, v. a. passer le temps assis.

Durchſpähen, v. a. épier, examiner.

Durchſpalten, v. a. fendre en deux, pourfendre.

Durchſpicken, v. a. entrelarder, fg. fm. id., farcir.

Durchſpielen, v. a. jouer d'un bout à l'autre. Durchſpielen, v. a. passer son temps à jouer.

Durchſpießen, v. a. percer d'un épieu; embrocher.

Durchſprengen, v. n. (ſ.) passer au galop. Durchſprengen, v. a. arroser.

Durchſpringen, v. a. et n. 3 (ſ.) sauter à travers.

Durchſtänkern, v. a. fm. fouiller, fureter.

Durchſtechen, v. a. 2, percer, piquer; couper une digue. Durchſtechen, v. a. percer, enferrer, piquer, trouer le papier.

Durchſtecherei, f. fm. micmac, m. manigance, f.

Durchſtecken, v. a. passer par, enfiler.      [en secret.

Durchſtehlen (ſich), 2, se sauver

Durchſtich, m. 2, percement d'un fossé; ouverture percée, f.

Durchſtöbern, Durchſtören, v. a. fouiller, fureter.

Durchſtoßen, v. a. 4, pousser à travers; percer. Durchſtoßen, v. a. percer, enferrer, embrocher.

Durchſtrahlen, v. a. et n. (h.) rayonner, luire à travers, éclairer.

Durchſtreichen, v. a. 5†, effacer, rayer, barrer, biffer; bâtonner un article; (jur.) canceller; —, v. n. (ſ.) passer. Durchſtreichen, v. a. parcourir, traverser, passer par, roder; fendre l'air; battre la campagne, une forêt.

Durchſtreichung, f. radiation.

Durchſtreifen, v. a. parcourir; rôder par; battre la campagne.

Durchſtreuen, v. a. parsemer.

Durchſtrich, m. 2, rature, f.; barreſſ passage, m.; passée des oiseaux, f.

Durchſtriegeln, v. a. fm. critiquer, censurer sévèrement.

Durchſtrömen, v. a. et n. (h.) couler rapidement à travers, traverser; pénétrer.

Durchſtürmen, v. a. et n. (h.) pénétrer, souffler avec impétuosité; fg. agiter.

Durchſtürzen, v. n. (ſ.) tomber au travers. Durch ſtürzen, v. a. se jeter à travers; se précipiter.

Durchſuchen, v. a. rechercher, fouiller, visiter; alles —, fureter partout.      [site.

Durchſuchung, f. recherche, visite.

Durchtanzen, v. a. déchirer en dansant; danser jusqu'à la fin. Durchtanzen, v. a. passer à danser.

Durchtaumeln, v. a. passer en chancelant.

Durchtönen, v. a. et n. (h.) retentir.

Durchtragen, v. a. 7, porter à travers.      [vant.

Durchträumen, v. a. passer en rêver.

Durchtreiben, v. a. 5, mener, pousser, faire passer, chasser par; fg. venir à bout de qch.; durchtrieben, rusé, fin, déniaisé.

Durchtreten, v. a. enfoncer; user, trouer en marchant; fouler.

Durchtriebenheit, f. ruse, finesse.

Durchtriefen, 6†, Durchtröpfeln, v. n. (ſ.) dégoutter à travers.

Durchwachen, v. a. passer en veillant.      [(plante).

Durchwachs, m. 2, perce-feuille, f.

Durchwachſen, v. a. et n. 7 (ſ.) croitre au travers; —es Fleiſch, de la viande entrelardée.

Durchwagen (ſich), oser franchir.

Durchwalten, v. a. fouler; fg. pop. rosser.

Durchwandern, v. a. et n. (ſ.) parcourir; traverser; voyager par.

Durchwürmen, v. a. chauffer bien.

Durchwäſſern, v. a. arroser, mouiller; détremper; imbiber; abreuver.

Durchwaten, v. a. et n. (ſ.) passer à gué; (Ort) wo man — kann, guéable.      [brocher.

Durchweben, v. a. entrelacer, Durchweg, m. 2, passage.

Durchwehen, v. a. et n. (h.) souffler à travers, percer.

Durchweichen, v. a. mouiller, détremper; imbiber; amollir. Durchweichen, v. n. (ſ.) être mouillé.

Durchweinen, v. a. passer en pleurs.

Durchwerfen, v. a. 2, jeter à travers; passer la navette; passer du sable à la claie.

Durchwinden, v. a. 3, entrelacer; ſich durchwinden, se faire jour à travers la foule; fg. se tirer d'affaire.

Durchwintern, v. a. conserver, nourrir pendant l'hiver.

Durchwirbeln, v. a. passer en tournoyant; die Luft —, retentir dans l'air (des sons).

Durchwirken, v. a. pétrir suffisamment, fraiser la pâte. Durchwirken, v. a. entrelacer, brocher une étoffe.

Durchwiſchen, v. n. (ſ.) échapper.

Durchwühlen, v. a. fouiller, farfouiller. Durchwühlen, v. a. fouiller, labourer la terre; mouliner (ver).

Durchwürzen, v. a. épicer, assaisonner, embaumer; fg. id.

Durchzählen, v. a. compter l'un après l'autre.

Durchzeichnen, v. a. dessiner l'un après l'autre; calquer, contre-tirer un dessin.

Durchziehen, v. a. 6, passer, faire passer par; einen Balken —, poser une traverse; —, fg. censurer, critiquer, railler; —, v. n. (ſ.) passer par. Durchziehen, v. a. lacer une robe de rubans; courir, passer par un pays; —, s. n. 1, passage, m.; fg. critique, f. raillerie.

Durchziſchen, v. a. traverser en sifflant.      [de passage.

Durchzoll, m. 2*, passage, droit

Durchzug, m. 2*, passage, courant d'air; (cha.) passée, f.; (arch.) architrave.

Durchzwängen, v. a. Durchzwingen, v. a. 3, faire passer par force.

*Dürfen, v. n. (h.) oser, avoir la permission de, être autorisé à; pouvoir, avoir besoin de faire qch.; er darf nur, il n'a qu'à; tr dürfle glauben, il pourrait croire; das dürfte gefährlich ſeyn, cela serait dangereux; man darf ſich nicht darüber wundern, cela n'est pas étonnant.

Dürftig, adj. indigent, nécessiteux; pauvre, mesquin; fg.pauvre, mesquin. [m.
Dürftigkeit, f. indigence; besoin,
Dürr, adj.sec; maigre; décharné; aride (sol); (bois) mort.
Dürre, f. sécheresse, aridité; maigreur.
Dürrfeber, f. (horl.) poussoir, m.
Dürrmade, f. crinon, m.
Dürrwurz, f., Dürrkraut, n. 5*, conyse, m.
Durst, m. 2, soif, f.; große —, altération; —, fg. soif, désir ardent, m.; — machen, altérant; ben — stillen, löschen, éteindre la soif, se désaltérer.
Dursten, Dürsten, v. n. et imp. (h.) avoir soif, être altéré.
Durstig, adj. altéré, qui a soif, — machen, altérer.
Düsel, m. 1, vertige.
Dusel, f. (chass.) femelle des petits oiseaux.
Düster, adj. sombre, obscur, noir, ténébreux; morne.
Düte, f. cornet, m.
Duten, v. n. (h.) corner.
Dupbruder, m. 1, =schwester, f., =freund, m. 2, =freundinn, f., ami (m.), -e (f.), qu'on tutoie; wir find =brüder, nous nous tutoyons l'un l'autre.
Dußen, v. a. tutoyer; —, s. n. 1, tutoiement, m.
Dußend, n. 2, douzaine, f.; =weise, par douzaines; zwölf —, grosse.
Dwall, m. 2 (mar.) guispon, guipon, vandrouille, f.
Dyadif, f. arithmétique binaire.
Dynamif, f. dynamique.
Dynast, m. 3, dynaste.
Dynastie, f. dynastie.

# E.

E, n. (mus.) mi, m.
Ebbe, f. reflux, m., basse marée, f.; jusant, m.; — und Fluth, flux et reflux.
Ebben, v. n. et imp. (h.) refluer, refouler.
Eben, adj.uni, plat, plain; égal; fg. exact; — machen, v. Ebnen; —, adv. uniment, de niveau; fg. justement, précisément; de même, également; — beßwegen, voilà justement pourquoi; — so, pareillement; aussi de même; — so viel, tout autant; —en Fußes, de plain pied; er ist so — gestorben, il vient de mourir; recht kommen, venir à propos; er ist so — ausgegangen, il ne fait que de sortir; — wollt' ich's sagen, j'allais le dire; — da, dort, là même.

Ebenbaum, Ebenholzbaum, m. 2*, ébénier. [image, f.
Ebenbild, n. 5, portrait, m.
Ebenbürtig, adj. de même naissance, d'une égale condition.
Ebenbürtigkeit, f. égalité de naissance, de condition.
Eben der, — die, — das, — derselbe, pron. le, la même; celui-là
Ebene, f. plaine. [même.
Ebenen, Ebnen, v.a. aplanir, unir, égaler, égaliser, niveler; (art.) dresser, raboter; polir; —, s. n. 1, aplanissement, m.
Ebenfalls, adv. de même, pareillement, aussi, autant.
Ebenholz, n. 5*, ébène, f. bois d'ébène, m.; wie — zurichten, ébéner.
Ebenmachen, v. Ebnen. [ner.
Ebenmaß, n. 2, proportion, f.; symétrie; im —e mit einander stehen, se correspondre; der Mangel an —, asymétrie.
Ebenmäßig, adj. proportionné.
Ebentischler, m. 1, ébéniste.
Eber, m. 1, verrat; der wilde —, sanglier. [sauvage.
Eberesche, f. cormier, m. sorbier
Ebereschenbeere, f. corme, m. sorbe, f. [rard.
Eberhard, Ebert, n. pr. m. Éverard.
Eberbirsch, m. 2, sanglier-cerf.
Eberwald, m. 5*, (géogr.) ol. forêt des Ardennes, f.
Echo, n. 2 (pl. —'s), écho, m.; ein — geben; résonner, répondre.
Echt, adj. véritable; pur, naturel, authentique; légitime.
Echtheit, f. authenticité; légitimité.
Edband, m. 5*, ferrure, f. [f.
Edbrett, n. 5, planche angulaire,
Ede, f. coin, m. angle; encoignure, f.; carne d'une pierre; die scharfe —, arête; —n, cornes du chapeau, pl.; an allen —n, en tous lieux, partout; eine — weiter, quelques pas plus loin.
Eder, f. glandée.
Edhaus, n. 5*, maison qui fait le coin, f. [à cornes, cornu.
Edig, adj. angulaire; anguleux;
Edpfeiler, m. 1, pilastre cornier.
Edpfosten, m. 1, poteau cornier.
Edschränken, n. 1, coin, m.
Edsparren, m. 1, arêtier.
Edstämpel, m. 1, Edzierath, f. (rel.) coin, m.
Edstein, m. 2, pierre angulaire, f.; borne d'une rue, écoinson, m.; (cart.) carreau.
Edstollen, m. 1, pied cornier.
Edzähne, m. pl. 2, coins du cheval. [anc.peuples du Nord.
Edda, f. Edda (livre saint des
Edel, adj. noble; de qualité; généreux; animal de bonne race;

vin gentil; métal parfait; —t, n. 3, noblesse, f. générosité.
Edeldame, Edelfrau, f. dame noble, dame de qualité.
Edelgeboren, adj. noble.
Edelgesinnt, Edelherzig, adj. généreux. [gentilhommière, f.
Edelhof, m. 2*, château; mépr.
Edelknabe, m. 3, page.
Edelmann, m. 5 (pl. =leute), gentilhomme, noble.
Edelmännisch, adj. noble.
Edelmuth, m. 2, générosité, f.
Edelmüthig, adj. généreux, magnanime.
Edelstein, m. 2, pierre précieuse, f.; bijou, m.; —t, pl. pierreries, f. pl.; der unreife —, loupe; ungeschliffene — cabochon, m.; blasse —, clairet.
Edelsteinhändler, m. 1, joailler, bijoutier. [m.
Edeltanne, f. sapin à feuilles d'if,
Edict, n. 2, édit, m.
Edictal=Citation, f. ajournement personnel, m.; ban.
Edinburg, (ville) Edimbourg.
Edmund, n. pr. m. Edmond, Edme.
Eduard, n. pr. m. Édouard.
Effendi, m. 2 (pl. —'s), (Turq.) effendi, jurisconsulte.
Effloch, m. 5*, ouïe d'un luth, f.
Ege, Egge, f. herse.
Egel, m. 1, sangsue, f.
Egen, Eggen, v. a. herser; —, s. n. 1, hersage, f.
Eger, Egert, m. 1, herseur.
Eggenzinten, m. 1, dent d'une herse. [f.
Egoismus, m. indécl. égoïsme.
Egoist, m. 3, égoïste.
Eh, Ehe, Eher, adv. avant, plutôt; eher, antérieurement.
Ehe als, conj. avant que; avant de, avant que de; plutôt que je; ie eher je lieber, le plus tôt sera le mieux; ehester Tagen, au premier jour.
Ehe, f. mariage, m. hymen; hyménée; die erste, zweite —, première, seconde noce, f.; zur zweiten — schreiten, se remarier, convoler en secondes noces; Kinder von der ersten —, des enfants du premier lit; die einfache —, monogamie, f.; doppelte —, bigamie; einer der in doppelter — lebt, bigame, m.; die — brechen, violer la foi conjugale, commettre un adultère. [m.
Ehebund, n. 1, lien du mariage,
Eheberedung, v. Ehepacten.
Ehebett, n. exc. 1, lit nuptial, m.
Ehebrechen, m. n. 2 (h.) commettre un adultère. [tère, m. et f.
Ehebrecher, m. 1, =inn, f. adul-

Ehebrecherisch, *adj.* adultère.
Ehebruch, *m.* 2*, adultère; im — erzeugt, adultérin.
Ehedem, Ehedessen, *adv.* autrefois.
Ehefrau, *f.* femme, épouse.
Ehegatte, =herr, *m.* 3, mari, époux; (*jur.*) conjoint.
Ehegattinn, *f.* femme, épouse; compagne; (*jur.*) conjointe.
Ehegericht, *n.* 2, cour matrimoniale, *f.* consistoire, *m.*
Ehegestern, *adv.* avant-hier.
Ehehaft, *adj.* (*jur.*) légitime.
Ehehälfte, *f. fm.* moitié, femme.
Ehekrüppel, *m.* 1, *fm.* penard.
Eheleute, *pl.* époux, *m.*; (*jur.*) conjoints.
Ehelich, *adj.* conjugal, matrimonial; *enfant* légitime.
Ehelichen, *v. a.* épouser.
Ehelos, *adj.* célibataire.
Ehelosigkeit, *f.* célibat, *m.*
Ehemalig, *adj.* ancien; ex-; der —e Minister, ex-ministre.
Ehemals, *adv.* autrefois, ci-devant, jadis. [gebührend, marital.
Ehemann, *m.* 5*, mari; dem —e
Ehepaar, *n.* 2, couple, *m.*; das junge —, nouveaux mariés, *m. pl.*
Ehepacten, *pl.* contrat de mariage, *m.*; conventions matrimoniales, *f. pl.*
Eherecht, *n.* 2, droit de mariage, *m.*; (*jur.*) droit matrimonial.
Ehern, *adj.* d'airain, de bronze.
Ehescheidung, *f.* divorce, *m.*
Ehesegen, *m.* 1, bénédiction nuptiale, *f.* enfants nés en légitime mariage, *m. pl.*
Ehestand, *m.* 2, mariage, hymen.
Ehestens, *adv.* au plus tôt, au premier jour.
Ehesteuer, *f.* dot. [*f. pl.*
Eheverlöbniß, *n.* 2, fiançailles,
Eheversprechung, *f.* promesse de mariage.
Ehevertrag, *m.* 2*, v. Ehepacten.
Ehevogt, *m.* 2*, curateur.
Eheweib, *n.* 5, v. Ehegattinn.
Ehrbar, *adj.* vénérable, respectable, honorable, honnête, décent, modeste.
Ehrbarkeit, *f.* honnêteté, décence.
Ehrbegierde, *f.* ambition.
Ehrbegierig, *adj.* ambitieux.
Ehre, *f.* (*sans pl.*), honneur, *m.*; gloire, *f.*; réputation, vénération; dignité; sich eine — aus etw. machen, s'honorer, se glorifier de qch.; Gott die — geben, rendre gloire à Dieu; auf —, d'honneur, sur mon honneur!
Ehreifer, *m.* 1, point d'honneur.
Ehren, *v. a.* honorer, respecter, révérer, vénérer; faire honneur à qn.
Ehrenamt, *n.* 5*, dignité, *f.*

Ehrenbesuch, *m.* 2, visite de cérémonie, *f.*
Ehrenbett, *n. exc.* 1, lit d'honneur (*m.*), de parade.
Ehrenbezeugung, *f.* honneurs, *m. pl.* honneur, hommage, respect, compliment. [ment, *m.*
Ehrendenkmahl, *n.* 5*, monu-
Ehrenerklärung, *fèm.* réparation d'honneur. [preux.
Ehrenfest, *adj.* très-honorable.
Ehrengedächtniß, *n.* 2, monument, *m.*
Ehrengeleite, *n.* 1, cortége, *m.*
Ehrenhalben, *adv.* par honneur.
Ehrenkleid, *n.* 5, habit de cérémonie, *m.*
Ehrenkranz, *m.* 2*, couronne de gloire, *f.*; couronne nuptiale.
Ehrenlegion, *f.* légion d'honneur; das Mitglied der —, membre de la légion d'honneur, *m.* légionnaire.
Ehrenlohn, *m.* 2, prix de la vertu.
Ehrenmitglied, *n.* 5, membre honoraire, *m.*
Ehrenmünze, *f.* médaille.
Ehrenpforte, *f.* arc de triomphe, *m.*
Ehrenpfründe, *f.* personnat, *m.*
Ehrenpreis, *m.* 2, (*bot.*) véronique, *f.* [dung.
Ehrenraub, *m.* 2, v. Ehrenschän-
Ehrenrede, *f.* éloge, *m.* panégyrique.
Ehrenrettung, *f.* apologie, justification.
Ehrenrührig, *adj.* injurieux, outrageant, infamant; diffamatoire.
Ehrensache, *f.* affaire d'honneur.
Ehrensäule, *f.* statue à l'honneur de qn. [calomniateur.
Ehrenschänder, *m.* 1, diffamateur.
Ehrenschänderisch, *v.* Ehrenrührig.
Ehrenschändung, *f.* diffamation, calomnie.
Ehrenschuß, *m.* 2*, salve, *f.*
Ehrensold, *m.* 2, honoraire.
Ehrenstelle, *f.* dignité, honneur, *m.*
Ehrenstufe, *f.* grade, *m.*
Ehrentag, *m.* 2, fête (*f.*), jour (*m.*) des noces.
Ehrentempel, *m.* 1, panthéon.
Ehrentitel, *m.* 1, qualité, *f.* titre *m.* titre ad honores.
Ehrentrunk, *m.* 2*, santé, *f.* toast, *m.*
Ehrenvoll, *adj.* honorable.
Ehrenwache, *f.* garde d'honneur.
Ehrenwächterinn, *f.* duègne.
Ehrenwerth, *adj.* honorable, digne d'honneur. [neur, *m.*
Ehrenwort, *n.* 2, parole d'hon-
Ehrenzeichen, *n.* 1, marque d'honneur, *f.* décoration.
Ehrerbietig, *adj.* respectueux.
Ehrerbietigkeit, Ehrerbietung, *f.* respect, *m.* vénération, *f.* révérence, déférence, hommage, *m.*

Ehrfurcht, *f.* respect, *m.* vénération, *f.* [point d'honneur.
Ehrgefühl, *n.* 2, honneur, *m.*
Ehrgeiz, *m.* 2, ambition, *f.*
Ehrgeizig, *adj.* ambitieux.
Ehrgier, *f.* soif des honneurs.
Ehrlich, *adj.* honnête, intègre, loyal, probe; juste; fidèle, ingénu; der —e Name, bon renom, *m.*; réputation, *f.*; wieder — machen, réhabiliter, rétablir qn. en sa bonne fâme et renommée.
Ehrlichkeit, *f.* honnêteté, intégrité, loyauté, probité, fidélité; ingénuité.
Ehrliebe, *f.* soin de son honneur, *m.* point d'honneur.
Ehrliebend, *adj.* qui aime son honneur. [sans honneur.
Ehrlos, *adj.* infâme, déshonoré,
Ehrlosigkeit, *f.* infamie; déshonneur, *m.*; honte, *f.* lâcheté.
Ehrsam, *adj.* honorable, honnête.
Ehrschatz, *m.* 2*, (*jur.*) relief.
Ehrsucht, *f.* ambition; vaine gloire.
Ehrsüchtig, *adj.* ambitieux.
Ehrvergessen, *adj.* sans honneur.
Ehrwürden, *f.* (*titre*) Révérence; seine —, révérend, *m.*
Ehrwürdig, *adj.* vénérable, respectable, auguste (*prince*).
Ei, *n.* 5, œuf, *m.*; ein weichgesottenes —, un œuf à la coque; gerührte —er, des œufs brouillés; auf Butter geschlagene —er, œufs au miroir; gebackene —er, des œufs fricassés; das kleine —, ovicule; — , (*arch.*) ove; —er legen, pondre; eierlegend, *adj.* ovipare; *prov.* das — will klüger seyn als die Henne, c'est gros Jean qui remontre à son curé.
Ei, *interj.* ah! eh! oh!
Eibe, *f.* Eibenbaum, *m.* 2*, if.
Eibisch, *m.* 2, Eibischwurzel, *f.* guimauve, althée.
Eibischsalbe, *f.* déalthée.
Eichapfel, *m.* 1*, noix de galle, *f.*
Eiche, *f.* jauge; étalon, *m.*; échantillon, moison *pour le blé, f.*; —, v. Eichen.
Eiche, *f.* Eichbaum, *m.* 2*, chène; die junge —, chêneau.
Eichel, *f.* gland, *m.* [Ecker.
Eichelärnte, =mast, *f.* glandée; v.
Eichelgarten, *m.* 1*, chênaie, *f.*
Eichelkamp, *m.* 2*, pépinière de chênes.
Eichelmäpfchen, *n.* 1, avelanède, *f.*
Eichen, *v. a.* jauger, étalonner, échantillonner; v. Eich. *m.* 1, étalonnement, *m.* 1, jaugeage. [chêne.
Eichen, *adj.* de chêne, de bois de
Eichenmistel, *f.* gui de chêne, *m.*
Eichenwald, Eichwald, *m.* 5*, chênaie, *f.*

**Eicher,** m. 1, jaugeur, étalonneur, auneur.    [lonnage, aunage.

**Eichgebühr,** f. jaugeage, m. éta-

**Eichhorn,** n. 5*, écureuil, m.

**Eichmaß,** n. 2, jauge, f. étalon, m. échantillon.    [m.

**Eichpfund,** n. 2, étalon de livre,

**Eichschwamm,** m. 2*, agaric de chêne.

**Eichstab,** m. 2*, jauge, f.

**Eid,** m. 2, serment; einen — ablegen, schwören, prêter, faire un serment.

**Eidam,** m. 2, gendre, beau-fils.

**Eidbruch,** m. 2*, parjure; (feod.) félonie, f.

**Eidbrüchig,** adj. parjure; (feod.) félon; — werden, se parjurer, violer son serment.

**Eidechse,** f. lézard, m.

**Eiderbunen,** pl. édredon, m.

**Eidergans,** f. canard à duvet, m. eider.    [ment.

**Eidesformel,** f. formule de ser-

**Eidgenoß,** m. 3, confédéré.

**Eidgenossenschaft,** f. confédération, ligue.

**Eidlich,** adj. juré; (jur.) (caution) juratoire; —, adv. par serment.    [rement.

**Eidschwur,** m. 2*, serment, ju-

**Eierbotter,** m. 1, moyeu, jaune d'œuf.    [mit — bestreichen, dorer.

**Eiergelb,** n. 3, jaune d'œuf, m.;

**Eierhändler,** m. 1, coquetier.

**Eierkrebs,** m. 2, écrevisse femelle, f.

**Eierkuchen,** m. 1, omelette, f.

**Eierlegen,** n. 1, ponte, f.

**Eierlegend,** adj. ovipare; das —e Thier, ovipare, m.

**Eierleiste,** f. (arch.) godron, m.

**Eiernäpfchen,** n. 1, coquetier, m.

**Eierpfanne,** f. poêle aux ome-

**Eierpflaume,** f. diaprée.    [lettes.

**Eierschale,** f. coque; die zerbrochene —, coquille.

**Eierstock,** m. 2*, (anat.) ovaire.

**Eiersuppe,** f. soupe aux œufs.

**Eifer,** m. 1, zèle, empressement; passion, f.; ardeur; ferveur; application; emportement, m.; émulation, f.; in — gerathen, s'emporter.

**Eiferer,** m. 1, zélateur.

**Eiferig, Eifrig,** adj. zélé; ardent; fervent; passionné; diligent; (écr. ste.) jaloux (Dieu).

**Eifern,** v. n. (h.) avoir du zèle; s'appliquer à qch.; s'empresser; s'emporter, déclamer, tonner contre qch.

**Eifersucht,** f. jalousie, envie.

**Eifersüchtig,** adj. jaloux (auf, de), envieux.    [ovalaire.

**Eiförmig,** adj. ovale; (anat.)

**Eigen,** adj. propre; particulier; individuel; original; singulier; capricieux (homme); spécifique (remède); exprès (messager).

**Eigendünkel,** m. 1, présomption, f.

**Eigenhändig,** adj. de sa propre main; — geschrieben, autographe.

**Eigenheit,** f. propriété, singularité; idiotisme d'une langue, m.

**Eigenliebe,** f. amour-propre, m.

**Eigenlob,** n. 2, louange de soi-même, f.

**Eigenmächtig,** adj. absolu, arbitraire; —, adv. de son chef, d'autorité privée.    [nom propre.

**Eigennahme,** m. exc. 2, (gramm.)

**Eigennuß,** m. 2, intérêt.

**Eigennüßig,** adj. intéressé.

**Eigens,** adv. exprès; ex professo.

**Eigenschaft,** f. qualité; propriété, vertu, condition de qch.; faculté; die zufällige —, accident d'une chose, m.; die —en Gottes, pl. attributs de Dieu.

**Eigenschaftswort,** n. 5*, (gram.) adjectif de qualité, m.

**Eigensinn,** m. 2, entêtement, obstination, f. opiniâtreté; caprice, m. mutinerie des enfants, f.

**Eigensinnig,** adj. entêté; obstiné, opiniâtre, capricieux, fantasque, mutin; — werden, seyn, s'entêter, s'opiniâtrer; — machen, opiniâtrer.

**Eigenthum,** n. 5*, propriété, f. (égl.) fabrique.    [priétaire, m.

**Eigenthümer,** m. 1, -inn, f. pro-

**Eigenthümlich,** adj. propre, spécifique; en propre; original (caractère).

**Eigenthümlichkeit,** f. propriété, qualité distinctive, propre, m.; génie d'une langue; originalité du caractère, f.

**Eigentlich,** adj. propre; précis; proprement dit.    [sinn.

**Eigenwille,** m. exc. 2, v. Eigen-

**Eignen,** v. n. (h.) et sich —, convenir, être propre à qch.

**Eiland,** n. 2, île, f. îlot, m.

**Eilbote,** m. 3, courrier.

**Eile,** f. hâte; diligence; promptitude; vitesse, empressement, m.

**Eilen,** v. n. (h.) se hâter, se dépêcher, se presser; aller vite.

**Eilends,** adv. vite; à la hâte.

**Eilf,** adj. indécl. onze.

**Eilfed,** n. 2, hendécagone, m.

**Eilfertig, Eilig,** adj. vite, prompt, diligent; hâté, empressé, pressant; —, adv. précipitamment.

**Eilfsylbig,** adj. hendécasyllabe.

**Eilfte,** adj. onzième.

**Eilftel,** n. 1, onzième, m.

**Eilftens,** adv. onzièmement.

**Eilinie,** f. ligne ovale, ellipse.

**Eiltusche,** f. **Eilwagen,** m. 1*, diligence, f. messagerie.

**Eilmarsch,** m. 2*, marche forcée, f.    [sure de vin, f.

**Eimer,** m. 1, seau; godet; me-

**Ein, Einer, Eine, Eines,** art. pron. un, une; le, la même; quelque; quelqu'un, quelqu'une; ein für allemal, une bonne fois pour toutes.

**Ein,** particule séparable qui marque un mouvement, en, dedans.

**Einander,** pron. indécl. l'un l'autre, se; réciproquement; mutuellement; bei —, ensemble; nach —, l'un après l'autre; consécutivement; für —, l'un pour l'autre; neben —, de front; — lieben, s'aimer, s'entr'aimer.

**Einarmig,** adj. manchot.

**Einartig,** adj. uniforme, homogène.

**Einäschern,** v. a. réduire en cendres; incendier, brûler.

**Einäscherung,** f. incendie, m.; (chim.) incinération, f.

**Einathmen,** v. a. respirer, aspirer; (phys.) inspirer; —, s. n. 1, respiration, f. aspiration; inspiration.    [chen, éborgner.

**Einäugig,** adj. borgne, — ma-

**Einballen,** v. Einpacken.

**Einbalsamiren,** v. a. embaumer.

**Einband,** m. 2*, reliure, f. couverture.

**Einbeere,** f. parisette, raisin de renard, m.

**Einbegriffen** (mieux inbegriffen), adj., mit —, y compris.    [cer.

**Einbeißen,** v. a. 5†, mordre; per-

**Einbeizen,** v. a. macérer, mortifier, (cuis.) id., confire.

**Einbiegen,** v. a. 6, courber, fléchir, plier en dedans; —, v. n. (h.) v. Einlenken.

**Einbilden** (sich), s'imaginer; se persuader; sich etw. —, s'en faire accroire; se donner des airs; s'applaudir (auf, de); eingebildet, imaginaire, idéal, fantastique; voy. Einbildisch.    [arrogant.

**Einbildisch,** adj. présomptueux,

**Einbildung,** f. imagination; chimère, idée, présomption; der Krank in der —, le malade imaginaire.

**Einbildungskraft,** f.*, imagination, imaginative, fantaisie.

**Einbinden,** v. a. 3, lier; relier un livre; in Pappe —, cartonner; —, fig. fm. recommander, enjoindre qch. à qn.; faire un présent à son filleul; die Segel —, ferler les voiles.

**Einblasen,** v. a. 4, souffler dans; souffler, dire à l'oreille de qn.; fig. inspirer, suggérer.

**Einbläser,** m. 1, souffleur.

**Einblafung,** f. inspiration; suggestion.

**Einblatt,** n. 5*, (bot.) érésie, f.

**Einblätterig,** adj. (bot.) monopétale.

**Einbläuen,** v. a. fm. inculquer.

**Einböckeln,** v. a. saler.

**Einbrechen,** v. a. 2, abattre, détruire; enfoncer; —, v. n. (f.) se casser, s'enfoncer; entrer par force; faire une irruption dans un pays; envahir un pays; enfoncer les rangs; survenir; s'approcher; mit —ber Nacht, à la nuit tombante.

*Einbrennen, v. a. marquer d'un fer chaud; soufrer un tonneau; Farben in bas Glas —, cuire le verre.

*Einbringen, v. a. apporter, importer des marchandises; amener, introduire; fg. rapporter, produire, valoir, rendre; wieder —, réparer, recouvrer.

**Einbrochen,** v. a. émier, émietter.

**Einbruch,** m. 2*, effraction, f.; rupture; fg. invasion, irruption.

**Einbrüberig,** adj. (bot.) monadelphe.

**Einbürgern,** v. a. naturaliser.

**Einbürgerung,** f. naturalisation.

**Einbuße,** f. perte, dommage, m.

**Einbüßen,** v. a. perdre.

**Eincaffiren,** v. a. encaisser.

**Einbämmen,** v. a. fermer, garantir par une digue.

*Eindringen, v. a. stipuler.

**Einborren,** v. n. (f.) sécher.

**Eindrängen (fich),** v. n. entrer en perçant la foule; fg. s'introduire; s'intriguer, v. fich Eindringen.

**Eindringen,** v. n. 3 (f.) percer, pénétrer; s'infiltrer (eau); liefer —, s'enfoncer; —, entrer par force; faire une irruption; entamer des troupes; fich —, se mêler de; se fourrer dans; s'insinuer; s'emparer de; eingebrungen, intrus; —, s. n. 1, infiltration de l'eau, f.; fg. intrusion.

**Eindringlich,** adj. pressant, qui fait une forte impression.

**Eindruck,** m. 2*, marque, f.; empreinte; fg. impression, sensation; (méd.) affection.

**Eindrücken,** v. a. imprimer, empreindre; eingebrückt, épaté (nez).

**Eindrucken,** v. a. enfoncer; enfondrer; presser, fouler; écraser; fg. imprimer.

**Einengen,** v. a. resserrer, contraindre, gêner, rétrécir.

**Einer,** m. 1, un; chiffre qui marque un.

**Einerlei,** adj. indécl. le même; de la même façon; uniforme;

---

identique; es ist —, c'est la même chose, c'est égal. [cueillir.

**Einernten,** v. a. moissonner, recueillir.

**Einfach,** adj. simple, uni; (mathém., etc.) incomplexe; (alg.) monome; bie —e Größe, monome, f.

**Einfachheit,** f. simplicité. [m.

**Einfädeln,** v. a. enfiler une aiguille; fg. fm. concerter un projet.

**Einfahren,** v. a. 7, briser, enfoncer, renverser; charrier les gerbes; —, v. n. (f.) entrer en voiture, etc.; (min.) descendre.

**Einfahrt,** f. entrée; (mar.) passe d'un port; abord, m.; bie enge —, goulet; —, (arch.) porte cochère, f.; (min.) descente.

**Einfall,** m. 2*, chute, f. écroulement, m.; (géom.) incidence, f.; (guer.) irruption, envahissement d'un pays, m.; fg. saillie, f. fantaisie; ber luftige —, bon mot, m.; wunderliche —, boutade, f.; tolle —, lubie.

**Einfallen,** v. n. et imp. 4 (f.) tomber en ruine; s'écrouler; (guer.) faire une irruption, invasion, descente; in ein Land —, envahir un pays; —, fg. venir en pensée, s'imaginer; es fällt mir ein, je me souviens de; sich etw. — lassen, s'aviser de qch.; —, survenir, approcher; maigrir (corps); (mus.) partir; eingefallen, creux, abattu, maigre; cousu (joue).

**Einfallend,** adj. (géom., etc.) incident; zugleich —, (phys.) coincident. [cidence.

**Einfallswinkel,** m. 1, angle d'incidence.

**Einfalt,** f. simplicité, f. simplicité; naïveté, ingénuité, innocence; m. p. sottise, niaiserie; in aller —, innocemment.

**Einfältig,** adj. simple, plat, niais, sot, idiot, naïf, innocent, ingénu. [cille, niais.

**Einfaltspinsel,** m. 1, sot, imbécille.

**Einfalzen,** v. a. assembler, emboiter; jabler, enjabler, encastiller.

**Einfärbig,** adj. d'une couleur, uni.

**Einfassen,** v. a. border; ein Gemälde —, encadrer un tableau; entourer; enchâsser; monter un diamant; (chap.) broder; armer un aimant; mit Schnürchen —, lisérer; mit Horn —, encorner.

**Einfassung,** f. bordure; cadre d'un tableau, m.; (joaill.) enchâssure, f. monture; châsse d'une relique; clôture d'une porte, d'un champ, etc.; armure d'un aimant; — mit Schnürchen, lisérage, m.; —, (arch.) bandeau, chambranle; zierliche —, cartouche. [coche avec la lime.

**Einfeilen,** v. a. limer; faire une

---

**Einfeuern,** v. n. (h.) faire du feu.

**Einfinden (fich),** 3, se trouver, se rendre; arriver, comparaitre.

**Einflechten,** v. a. 6, tresser, entrelacer; fg. entremêler; engager; v. einmischen; etw. in seine Rede —, entrelarder son discours de qch.; bie eingeflochtene Erzählung, épisode, m.

**Einfließen,** v. n. 6 (f.) couler, entrer; se décharger dans; fg. — lassen, couler, glisser.

**Einflößen,** v. a. instiller, infuser, fg. inspirer, suggérer.

**Einflößung,** f. instillation, infusion; fg. suggestion, inspiration.

**Einfluß,** m. 2*, entrée, f. décharge; bouche; fg. influence, ascendant sur qn., m.; crédit; — haben, influer, avoir de l'influence; — auf einen ausüben, influencer qn.

**Einflüstern,** v. a. souffler, fg. id., insinuer, suggérer.

**Einflüsterung,** f. insinuation, suggestion.

**Einfordern,** v. a. recouvrer, exiger, demander; faire rentrer.

**Einförmig,** adj. uniforme; fg. id., monotone. [notonie.

**Einförmigkeit,** f. uniformité, monotone.

**Einfressen,** v. a. 1, dévorer, avaler, ronger, corroder; —, s. n. 1, corrosion, f. [d'une haie.

**Einfriebigen,** v. a. fermer, clore

**Einfriebigung,** f. haie, clôture.

**Einfrieren,** v. n. 6 (f.) geler, congeler.

**Einfrierung,** f. congélation.

**Einfügen,** v. a. emboiter, enchâsser, encastrer; (tonn.) enjabler.

**Einfügung,** f. emboiture, enchâssure, encastrement, m.; (anat.) emboitement, insertion, f.

**Einfuhr,** f. importation.

**Einführen,** v. a. introduire; Waaren —, importer des marchandises; charrier, engranger le blé; fg. installer qn. dans une charge; introduire, établir qch.

**Einführer,** m. 1, =inn, f. introducteur, m. -trice, f.

**Einführung,** f. importation, introduction; installation; établissement, m. [trée.

**Einfuhrzoll,** m. 2*, droit d'entrée.

**Einfüllen,** v. a. remplir; entonner.

**Eingabe,** f. requête, placet, m. mémoire.

**Eingang,** m. 2*, entrée, f.; avenue; (rhét.) exorde, m.; considérant d'une loi; (cath.) introit de la messe; fg. einer Sache verschaffen, faire goûter, accréditer qch.; — finden, être accueilli, écouté; trouver faveur, crédit.

Eingangsgeld, n. 5, -preis, m. 2, entrée, f. [Zoll.
Eingangszoll, m. 2*, v. Einfuhr=
Eingeben, v. a. 1, donner, pré=
senter; faire prendre (médecine);
fg. inspirer, suggérer, dicter; von
Gott eingegeben, inspiré, infus.
Eingebildet, adj. chimérique;
idéal; imaginaire; (homme) pré=
somptueux.
Eingebinde, n. 1, présent à l'oc=
casion du baptême, m.
Eingebogen, adj. recourbé; bie
—e Nase, nez aquilin, m.
Eingeboren, adj. unique (fils)
|| né dans le pays, naturel d'un
pays, indigène.
Eingebrachte, n. 3, apports, m.
pl. trousseau, dot, f.
Eingebung, f. présentation d'un
écrit, etc.; fg. inspiration, infu=
sion, suggestion.
Eingeburt, f. naturalité; indigé=
nat, m.
Eingedenk, adj. qui se souvient;
— sepn, se souvenir.
Eingefallen, adj. enfoncé, creux,
décharné, maigre.
Eingefleischt, adj. fg. incarné.
*Eingehen, v. n. (f.) entrer; ren=
trer (fonds); se rétrécir; se reti=
rer (drap, etc.); fg. dépérir; s'a=
bolir; cesser; es sind Briefe ein=
gegangen, on a eu, il est venu des
lettres; —, v. a. accorder, con=
sentir à qch.; in einen Vertrag —,
contracter un engagement; —, s.
n. 1, entrée, f.; rentrée; rétré=
cissement, m.; fg. dépérissement;
consentement.
Eingelegt, adj. incrusté, travail=
lé en marqueterie, etc.; —e Ar=
beit, marqueterie, f.; ouvrage de
pièces de rapport, m.
Eingemacht, adj. confit, mariné,
—es, s. n. 3, confiture, f.
Eingenommen, adj. pris; épris,
prévenu, préoccupé.
Eingepfarrt, adj. paroissien.
Eingesessen, adj. domicilié.
Eingeständniß, n. 2, aveu, m.;
confession, f. [venir.
*Eingestehen, v. a. avouer, con=
Eingeweide, n. 1, entrailles, f.
pl.; intestins, m. pl. viscères;
brouailles des oiseaux et des pois=
sons, f. [gie, entérologie.
Eingeweidelehre, f. splanchnolo=
Eingeweiht, m. 3, initié, adepte.
Eingezogen, adj. fg. retiré, rete=
nu, réservé.
Eingezogenheit, f. retenue, mo=
destie, retraite.
Eingießen, v. a. 6, verser, rem=
plir; in Fässer —, entonner; mit
Blei —, sceller en plomb; plom=
ber; —, fg. donner de l'esprit.

Eingießung, f. entonnement, m.;
scellement; infusion, f.
Eingraben, v. a. 7, enterrer, en=
fouir; sich —, se terrer; —, (grav.)
graver, buriner, ciseler; fg. graver.
Eingreifen, v. n. 5† (h.) (méc.)
engrener; (impr., etc.) mordre
sur qch.; enjamber sur un mur,
etc.; fg. usurper, empiéter (in,
sur); —, s. n. 1, engrenage des
roues, m.
Eingriff, m. 2, usurpation de
qch., f.; atteinte à qch.; em=
piétement sur qch., m.; —in die
Rechte, attentat contre les droits
de qn.
Einguß, masc. 2*, versement;
gueule d'un moule, f.; (fond. de
can.) jet, m.; (vét.) potion, f.
Einhagen, v. a., v. Einfriedigen.
Einhäfeln, v. a. accrocher, agrafer.
Einhalt, m. 2, obstacle; empê=
chement, inhibition, f.; retenue,
restriction; relâche, pause; einer
Sache — thun, arrêter, réprimer
qch., mettre ordre à qch.
Einhalten, v. a. 4, réprimer, re=
tenir, arrêter; faire boire le linge;
—, v. n. (h.) cesser, s'arrêter; s'in=
terrompre (orateur). [quérir.
Einhandeln, v. a. acheter, ac=
Einhändig, adj. manchot. [dre.
Einhändigen, v. a. remettre, ren=
Einhängen, v. a. accrocher, sus=
pendre; mettre une porte sur ses
gonds; attacher; atteler une roue.
Einhauchen, v. a. souffler; fg. in=
spirer.
*Einhauen, v. a. graver sur la
pierre, etc.; enfoncer, forcer une
porte; fg. fm. déchirer, calom=
nier qn.; —, v. n. (h.), in den Feind
—, entamer, enfoncer l'ennemi;
fondre sur l'ennemi.
Einheben, v. a. 6, mettre dans
les gonds; (impr.) mettre une
forme sous presse.
Einheften, v. a. coudre dans qch.
Einheimisch, adj. indigène, natu=
rel; endémique (maladie).
Einheimsen, v. a. engranger, ser=
rer le blé.
Einheit, f. unité; — des Wesens,
(théol.) consubstantialité; (gram.)
singulier, m.
Einheizen, v. a. chauffer.
Einheizung, f. chauffage, m.
Einhelfen, v. a. 2, aider, souffler.
Einhellig, adj. unanime.
Einhelligkeit, f. unanimité; ac=
cord, m.
Einher, particule séparable mar=
quant le mouvement d'une chose
ou d'une personne qui s'approche
avec gravité, lenteur, etc.; p. ex.
einhergehen, einherreiten, 2c.; mar=
cher, s'avancer gravement.

Einhetzen, v. a. dresser les chiens
pour la chasse.
Einholen, v. a. aller au=devant
de qn.; atteindre, joindre, rat=
traper; se récupérer de ce qu'on
a perdu, négligé; haler les voiles;
Nachricht —, s'informer.
Einhorn, n. 5*, licorne, f. mo=
nocéros, m.
Einhufig, adj. solipède.
Einhüllen, v. a. envelopper, voi=
ler; fm. affubler; in Pelz —, em=
mitoufler.
Einhüllung, f. enveloppement, m.
Einjagen, v. a. fg. einem Schrecken
—, épouvanter, effrayer qn.;
Furcht —, intimider qn.
Einig, adj. seul, unique, uni;
d'accord; — werden, s'accorder,
tomber d'accord.
Einigen, v. a. unir, réunir.
Einiger, einige, einiges, pron.
quelque, quelqu'un, aucun; eini=
germaßen, adv. en quelque sorte;
(jur.) aucunement. [corde.
Einigkeit, f. unité, union, con=
Einimpfen, v. a. inoculer.
Einimpfung, f. inoculation.
Einkalken, v. a. (agr.) chauler;
(még.) mettre en chaux; —, s. n.
1, chaulage, m.
Einkauf, m. 2*, achat; emplette,
f.; acquisition, marché, m.
Einkaufen, v. a. acheter, faire
emplette. [acheteur.
Einkäufer, m. 1, pourvoyeur,
Einkehle, f. noue, noulet, m.;
(pêch.) goulot.
Einkehr, f. logement, m.; gîte;
— haben, être fréquenté.
Einkehren, v. n. (f.) loger, des=
cendre, prendre son logis.
Einkeilen, v. a. cogner, enclaver,
arrêter avec des coins.
Einkellern, v. a. encaver.
Einkerben, v. a. encocher, entail=
ler; (maç.) ruiner des solives; ha=
cher; —, s. n. 1, taillade, f. en=
taille, encochement, m.; (maç.)
rainure, f.
Einkerkern, v. a. emprisonner,
incarcérer, mettre au cachot.
Einkerkerung, f. emprisonnement,
m. incarcération, f.
Einkitten, v. a. mastiquer, cimen=
ter. [justice.
Einklagen, v. a. poursuivre en
Einklammern, v. a. enfermer,
lier; mettre entre deux paren=
thèses; accoler.
Einklang, m. 2*, (mus.) unisson.
Einkleiden, v. a. habiller; enve=
lopper; donner l'habit à un reli=
gieux; fg. habiller; sich — lassen,
(couv.) prendre l'habit.
Einkleidung, f. (couv.) vêture,
prise d'habit; fg. forme, enveloppe.

Einflemmen, v. a. serrer.

Einflepfen, v. a. enfoncer, frapper sur.

Einknüpfen, v. a. nouer dans.

Einfochen, v. n. (f.) ébouillir; bis zur Hälfte — laffen, réduire à la moitié à force d'ébouillir.

*Einkommen, v. n. (f.) entrer; revenir; présenter un mémoire; damider —, protester contre; porter des plaintes, des réclamations, réclamer; es kam ihm ein, il se souvint; il s'avisa; —, s. n. 1, revenu, m.; rente, f.; ein großes — habend, bien renté; das zufällige —, casuel, m.; —, rentrée des intérêts, f. [m. froment locar.

Einkorn, n. 5*, petit épeautre,

Einkramen, v. a. détaler.

Einkriechen, v. n. 6 (f.) se glisser dans; se rétrécir.

Einkünfte, pl. revenu, m. rentes, f. pl.; produit, m.; appointements, pl.

Einladen, v. a. 7, charger, embarquer || inviter, prier, appeler, convier. [tissant.

Einladend, adj. engageant, appé-

Einladung, f. charge, chargement, m.; embarquement || invitation, f. prière. [m.

Einladungsschrift, f. programme,

Einlage, f. mise; (comm.) id., fournissement, m. || incluse, f.

Einlaß, m. 2*, admission, f.; guichet, m. fausse porte, f.; entrée.

Einlassen, v. a. 4, laisser entrer; admettre; encastrer, foncer, fraiser (termes de métiers); sich —, entrer, s'engager; se commettre avec qn.

Einlaßkarte, f. billet d'entrée, m.

Einlassung, f. entrée; admission; fg. engagement, m.

Einlaufen, v. n. 4 (f.) entrer, arriver || se rétrécir, se resserrer (drap); —, s. n. 1, entrée, f. || rétrécissement, m. [à la lessive.

Einlaugen, v. a. lessiver, mettre

Einläuten, v. a. sonner, annoncer au son de la cloche.

Einlegemesser, m. 1, jambette, f.

Einlegen, v. a. mettre dedans; mettre la lance en arrêt; (men.) marqueter; (serr.) damasquiner; mit Gold —, incruster d'or; —, mettre à la loterie; encaver du vin; (cuis.) saler, mariner; confire des fruits; interjeter appel; Reben —, provigner; eine Fürbitte —, intercéder pour qn.; Ehre —, retirer de l'honneur; Feuer —, mettre le feu.

Einleger, m. 1, provin, marcotte, f.; — von etw. machen, marcotter qch.

Einlegung, f. mise; incrustation; encavement, m.; interjection d'appel, f.

Einleimen, v. a. coller.

Einleiten, v. a. introduire, préparer; (jur.) instruire.

Einleitung, fém. introduction; (rhét.) exorde, m.; (jur.) instruction, f.

Einlenken, v. a. tourner en dedans; remettre ou emboîter ce qui était démis; —, v. n. (h.) rentrer dans le chemin; fg. fm. changer de ton; wieder —, revenir au fait, à la question.

Einlesen, v. a. 1, (tiss.) lisser.

Einleuchten, v. n. (h.) paraître avec évidence, paraître évident.

Einleuchtend, adj. évident, clair, apparent.

Einliefern, v. a. livrer, délivrer, donner, remettre, rendre.

Einlieferung, f. livraison, f.

Einlösen, v. a. dégager; retirer; (jur.) retraire.

Einlösung, f. dégagement, m.; rachat; rançon, f.; (jur.) retrait, m.

Einlöthen, v. a. souder. [m.

Einmachen, v. a. mettre dans, envelopper; (cuis.) confire.

Einmal, adv. une fois; un coup; autrefois; ci-devant; un jour; enfin; auf —, à la fois, tout à coup; tout d'un coup, tout d'une haleine; in einem Athem; — für allemal, une fois pour toutes; noch —, encore une fois; encore; — ums andere, de deux fois l'une; nicht —, pas même; wenn —, si jamais.

Einmaleins, n. indécl. livret, m.

Einmalig, adj. ce qui ne se fait qu'une fois; simple.

Einmarsch, m. 2*, entrée, f.

Einmarschiren, v. n. (f.) entrer dans.

Einmaß, n. 2, déchet, m.

Einmauern, v. a. murer; entourer d'un mur; enfermer entre quatre murailles. [encuver le malt.

Einmeischen, v. a., das Malz —,

Einmeißeln, v. a. ciseler; creuser avec le ciseau.

Einmengen, Einmischen, v. a. mêler, entremêler; sich —, s'immiscer, se mêler des affaires d'autrui.

Einmengung, f. mélange, m.; mixtion, f. immixtion.

Einmessen, v. a. 1, mesurer dans un sac, etc.; trouver, éprouver du déchet en remesurant; —, perdre par le mesurage.

Einmummen, v. a., v. Einhüllen.

Einmünden (sich), s'emboucher, se jeter, décharger; (anat.) s'anastomoser.

Einmündung, f. embouchure, affluent, m.; (anat.) anastomose, f.

Einmüthig, adj. unanime; —, adv. unanimement; de concert.

Einmüthigkeit, f. unanimité, concorde, union.

Einnageln, v. a. attacher avec des clous. [trécir.

Einnähen, v. a. coudre dans; ré-

Einnahme, f. prise, occupation, conquête (ville); recette, recouvrement, m.; revenus, pl.; die erste —, (comm.) étrenne, f.

Einnamig, adj. qui n'a qu'un seul nom; die —t Größe, monome, m.

Einnehmen, v. a. 2, recevoir; percevoir, recouvrer une somme; recueillir, faire entrer; prendre médecine; conquérir, prendre, s'emparer d'une ville; occuper une place; den Kopf —, porter à la tête (vin), fg. entêter; —, fg. prévenir, préoccuper; fm. infatuer, coiffer; sich — lassen, se laisser prévenir, préoccuper; se passionner pour qch.; fm. s'enguer, se coiffer; eingenommen, épris; imbu d'une opinion.

Einnehmend, adj. engageant, prévenant, affectueux; flatteur; persuasif, insinuant; agréable.

Einnehmer, m. 1, receveur, percepteur.

Einnehmung, f., v. Einnahme.

Einnieten, v. a. river.

Einnisten, v. n. (h.) nicher; sich —, fm. se nicher, s'établir, s'installer. [tude, f.

Einöde, f. désert, m.; fg. soli-

Einöhrig, adj. monaut.

Einölen, v. a. oindre.

Einpacken, v. a. empaqueter, emballer; faire son paquet; in Tonnen —, encaquer; in Fässer —, embariller; in Kisten —, encaisser; —, s. n. 1, emballage, m.

Einpacker, m. 1, emballeur.

Einpappen, v. a. coller.

Einpassen, v. a. ajuster, emboîter, emmortaiser; in eine Fuge —, embréver; —, v. n. (h.) s'ajuster.

Einpfählen, v. a. palissader.

Einpfarren, v. a. agréger à une paroisse.

Einpferchen, v. a. parquer.

Einpflanzen, v. a. planter; fg. id., imprimer, inspirer, inculquer.

Einpflügen, v. a. faire entrer dans la terre en labourant.

Einpfropfen, v. a. enter, greffer; v. Einimpfen.

Einpfündner, m. 1, canon d'une livre de balle.

Einpichen, v. a. poisser.

Einplaudern, v. a. persuader à qn. de prendre, de croire qch.

Einpökeln, v. a. saler.

**Einprägen,** *v. n.* empreindre; *fg.* imprimer, inculquer.

**Einpredigen,** *v. a.* prêcher, enjoindre, inculquer.

**Einpressen,** *v. a.* presser, serrer.

**Einprügeln,** *v. a.* faire entrer, croire, apprendre, etc., à coups de bâton.

**Einpudern,** *v. a.* poudrer.

**Einquartiren,** *v. a.* loger.

**Einquartirung,** *f.* logement de gens de guerre, *m.*

**Einrahmen,** *v. a.* encadrer, enchâsser.

**Einrammeln, Einrammen,** *v. a.* piloter, enfoncer; (*pav.*) hier; —, *s. n.* 1, (*pav.*) hiement, *m.*

**Einräuchern,** *v. a.* enfumer; (*chimie*) fumiger; parfumer *des habits*; —, *s. n.* 1, (*chim.*) fumigation, *f.*

**Einräumen,** *v. a.* détaler; *das Hausgeräthe* —, emménager; —, céder; *fg.* accorder, permettre; concéder; avouer.

**Einräumung,** *f.* détalage, *m.; fg.* emménagement; cession, *f.;* permission, concession, admission.

**Einraunen,** *v. a.* dire, souffler, chuchoter qch. à l'oreille de qn., suggérer, inspirer.

**Einrechnen,** *v. a.* faire entrer en ligne de compte, comprendre dans un compte.

**Einrede,** *f.* opposition, contradiction; (*jur.*) exception.

**Einreden,** *v. a. et n.* (h.) persuader qch. à qn., engager qn. à qch. || contredire; (*jur.*) excepter.

**Einreffen,** *v. a.* (*mar.*) carquer.

**Einregistriren,** *v. a.* enregistrer.

**Einreiben,** *v. a.* 5, frotter.

**Einreibung,** *f.* frottement, *m.* linition, *f.*

**Einreichen,** *v. a.* présenter.

**Einreichung,** *f.* présentation.

**Einreihen,** *v. a.* ranger, enfiler.

**Einreißen,** *v. a.* 5†, démolir, abattre; défaire; —, *v. n.* (f.) se déchirer; *fg.* naître, s'introduire, régner (*abus*).

**Einreiten,** *v. n.* 5† (f.) entrer à cheval. [mettre.

**Einrenken,** *v. a.* remboiter, re-

**\*Einrennen,** *v. a.* enfoncer, briser.

**Einrichten,** *v. a.* ordonner, disposer, régler, arranger; organiser *un établissement*; monter *une maison*; ajuster; conformer, accommoder; instruire *un procès*; emboiter ce *qui est démis*; fich —, s'arranger; se conformer (nach, à); se constituer (*assemblée, etc.*); fich häuslich —, s'établir, s'emménager.

**Einrichtung,** *f.* ordonnance; éco-

nomie; disposition; arrangement, *m.* organisation, *f.;* mécanique, mécanisme *d'une machine, m.* appareil; (*chir.*) remboitement; coaptation *d'un os fracturé, f.*

**Einriegeln,** *v. a.* verrouiller.

**Einritt,** *m.* 2, entrée à cheval, *f.*

**Einrißen,** *v. a.* inciser, effleurer.

**Einrosten,** *v. n.* (f.) s'enrouiller.

**Einrücken,** *v. a.* insérer; intercaler; mettre à la ligne; —, *v. n.* (f.) entrer dans; in Eines Stelle —, succéder à qn.

**Einrückung,** *f.* insertion; intercalation; (*guer.*) entrée.

**Einrühren,** *v. a.* mêler, délayer; gâcher *de la chaux;* brouiller (*œufs*).

**Eins,** *n.* un, *m.* une chose; —von beiden, l'un des deux; —, *f.* un, *m.* (le chiffre); (*jeu*) as; —, *adj. indécl.* d'accord, *v.* Einig; im Wesen —, (*théol.*) consubstantiel; — ins andere, *adv.* l'un portant l'autre, — um das andere, alternativement, tour à tour; noch —, encore une fois, encore un coup; encore un mot.

**Einsaat,** *f.* semailles, *pl.*

**Einsacken,** *v. a.* ensacher.

**Einsäen,** *v. a.* semer, ensemencer.

**Einsägen,** *v. a.* entamer avec la scie.

**Einsaitig,** *adj.* d'une seule corde; das —e Instrument, monocorde, *m.*

**Einsalben,** *v. a.* oindre, frotter, embaumer, parfumer.

**Einsalbung,** *f.* onction; embaumement, *m.; v.* Einreibung.

**Einsalzen,** *v. a.* saler.

**Einsalzung,** *f.* salaison; salage, *m.*

**Einsam,** *adj.* solitaire; seul; retiré; isolé; inhabité.

**Einsamkeit,** *f.* solitude; retraite.

**Einsammeln,** *v. a.* amasser, ramasser; recueillir; faire une collection; Almosen —, faire la quête.

**Einsammler,** *m.* 1, percepteur; collecteur; quêteur.

**Einsammlung,** *f.* récolte; cueillette; collecte, quête; (*fin.*) perception.

**Einsaß,** *m.* 2*, (*jeu*) mise, *f.* poule, enjeu, *m.;* gage; arrhes, *f. pl.;* alevin, *m.;* marc des raisins; tannage des cuirs.

**Einsaugen,** *v. a.* 6, sucer, humer; absorber, s'imbiber de qch.; *fg.* etw. eingesogen haben, être imbu de qch.; —, *s. n.* 1, absorption, *f.* imbibition.

**Einsaugend,** *adj.* absorbant.

**Einsäumen,** *v. a.* ourler.

**Einschalig,** *adj.* (*conchyl.*) univalve.

**Einschalten,** *v. a.* intercaler, insérer; *m. p.* interpoler; der ein-

geschaltete Tag, *voyez* Schalttag.

**Einschaltung,** *f.* intercalation; parenthèse; épisode, *m.; m. p.* interpolation, *f.*

**Einschanzen,** *v. a.* envoyer; remettre.

**Einschärfen,** *v. a.* inculquer, enjoindre, recommander fortement.

**Einscharren,** *v. a.* enfouir, enterrer; —, *s. n.* 1, enterrement, *m.*

**Einschenken,** *v. a.* verser; *fg.* reinen Wein —, dire la vérité toute nue. [seule couche.

**Einschichtig,** *adj.* qui n'a qu'une

**Einschicken,** *v. a.* envoyer; remettre.

**Einschickung,** *f.* envoi, *m.* [tre.

**Einschieben,** *v. a.* 6, faire entrer, couler, glisser; das Brod —, enfourner le pain; insérer; mettre en parenthèse; *m. p.* interpoler; eingeschoben, intrus; —, *s. n.* 1, intrusion *dans un emploi, f.*

**Einschiebsel,** *n.* 1, parenthèse, *f.*

**Einschiebung,** *f.* insertion; *m. p.* interpolation, supposition.

**Einschießen,** *v. a.* 6, abattre à coups de canon, etc.; enfourner le pain; (*tiss.*) tramer || fournir de l'argent.

**Einschiffen,** *v. a.* embarquer.

**Einschiffung,** *f.* embarquement, *m.*

**Einschirren,** *v. a.* enharnacher.

**Einschlachten,** *v. a.* tuer du bétail pour faire provision.

**Einschlafen,** *v. n.* 4 (f.) s'endormir; s'engourdir; *fg.* mourir.

**Einschläferig,** *adj.,* ein —es Bett, un lit à une personne.

**Einschläfern,** *v. a.* endormir, assoupir; *fg.* endormir, bercer qn. de vains discours.

**Einschläfernd,** *adj.* (*méd.*) soporatif, narcotique, dormitif. [m.

**Einschläferung,** *f.* assoupissement,

**Einschlag,** *m.* 2*, incluse, *f.;* enveloppe; (*cout.*) rempli, *m.;* (*tiss.*) trame, *f.;* (*tonn.*) mèche, soufre, *m.*

**Einschlagen,** *v. a.* 7, enfoncer, effondrer; den Boden eines Fasses —, défoncer un tonneau; —, ficher, chasser, *fm.* cogner un clou, etc.; rompre, casser || envelopper, inclure; emballer, encaisser; corder des cheveux; replier un habit; fauder du drap; (*tiss.*) tramer; (*tonn.*) soufrer le vin; einen Weg —, prendre, enfiler un chemin; — (*jard.*) couvrir de terre; —, *v. n.* (h.) toucher dans la main; schlaget ein, consentez; eingeschlagen, tope; —, frapper, tomber sur; *fg.* concerner qch.; appartenir à qch., de qn.; —, *v. n.* (f.) (*méd.*) rentrer; (*peint.*) emboire; réussir;

—, *v. imp.* (h.) *es hat eingeschlagen*, la foudre est tombée; —, *s. n.* 1, enfoncement, *m.* hiement; — *des Blitzes*, la foudre qui tombe.
**Einschlägig,** *adj.* relatif, qui se rapporte, qui a trait à qch.
**Einschleichen,** *v. n.* 5† (s.) *et sich* —, se couler, se glisser, se fourrer; s'introduire (*abus*); s'insinuer.
**Einschleifen,** *v. a.* amener, faire entrer en trainant.
**Einschleifen,** *v. a.* 5†, tailler sur ou dans ...
**Einschließen,** *v. a.* 6, serrer, enfermer; enclaver *un champ*; clore, enclore, enceindre; (*guer.*) cerner, bloquer, investir *une ville*; mettre dans; renfermer; (*géom.*) inscrire; *fg. einen in sein Gebet* —, faire mention de qn. dans la prière; *eingeschlossen*, inclus (*lettre*); *das eingeschlossene Stück Land*, enclave, *f.*
**Einschließlich,** *adv.* inclusivement.
**Einschließung,** *f.* détention, enclavement, *m.*; investissement, blocus *d'une ville.*
**Einschlucken,** *v. a.* avaler, gober, engloutir; absorber; —, *s. n.* 1, absorption, *f.* [pir.
**Einschlummern,** *v. n.* (s.) s'assoupir.
**Einschlürfen,** *v. a.* humer.
**Einschluß,** *m.* 2*, incluse, *f.*; parenthèse; *mit* —, inclusivement, y compris.
**Einschmalzen,** *v. a.* ensimer *la laine*; —, *s. n.* 1, ensimage, *m.*
**Einschmeicheln** (*sich*) *bei einem*, s'insinuer dans l'esprit de qn.
**Einschmeichelnd,** *adj.* insinuant, caressant.
**Einschmeichelung,** *f.* insinuation.
**Einschmeißen,** *v. a.* 5†, fracasser, casser, rompre, enfoncer en jetant, effondrer.
**Einschmelzen,** *v. a.* fondre, refondre; mettre à la fonte; —, *v. n.* 6 (s.) se fondre.
**Einschmelzung,** *f.* fonte, refonte.
**Einschmieben,** *v. a.* mettre aux fers *un criminel.*
**Einschmieren,** *v. a.* graisser; faire entrer en frottant; huiler.
**Einschnallen,** *v. a.* boucler; attacher avec une boucle, une agrafe.
**Einschneiben,** *v. a. et n.* 5† (b.) couper; entailler; inciser; entrer dans la chair; (*monn.*) cisailler; moissonner *du blé*; confire *la choucroute.*
**Einschneibsäge,** *f.* (*rel.*) grecque.
**Einschnitt,** *m.* 2, entaille, *f.*; incision; coupure; entamure; taillade; (*serr.*) bouterelle *d'une clef*; (*arch.*) embrasure; (*hist. nat.*) étranglement, *m.*; (*pros.*)

césure, *f.*; (*gramm.*) incise; *zu tiefe —e vom Scheidewasser*, (*grav.*) aigreurs, *pl.* [touri, *m.*
**Einschnittmesser,** *n.* 1, (*chir.*) bistouri, *m.*
**Einschnüren,** *v. a.* lacer, corder.
**Einschränken,** *v. a. fg.* borner, limiter (*auf*, à); restreindre, réprimer; contenir, modérer, réduire; modifier; resserrer. [mitatif.
**Einschränkend,** *adj.* restrictif, limitatif.
**Einschränkung,** *f.* limitation, restriction; modification; réduction.
**Einschrauben,** *v. a.* serrer à vis.
**Einschrecken,** *v. a.* effrayer, épouvanter.
**Einschreiben,** *v. a.* 5, inscrire; porter *sur un livre*; insérer *dans un acte*; enregistrer, immatriculer; *in das Verhaftregister* —, écrouer.
**Einschreibung,** *f.* inscription; enregistrement, *m.*; immatriculation, *f.*
**Einschreiten,** *v. n.* 5†, se mêler de qch., intervenir, interposer son autorité.
**Einschroten,** *v. a.* encaver, avaler; —, *s. n.* 1, avalage, *m.*
**Einschrumpfen,** *v. n.* (s.) se rider, se retirer, se rétrécir, se raccourcir; —, *s. n.* 1, rétrécissement, *m.*
**Einschub,** *m.* 2*, supplément; mise, *f.*
**Einschüchtern,** *v. a.* intimider, *fm.* ahurir; —, *s. n.* 1, intimidation, *f.*
**Einschuß,** *v.* Eintrag (*tiss.*).
**Einschütten,** *v. a.* verser; donner un breuvage *d un cheval.*
**Einschwärzen,** *v. a.* noircir, salir; *Waaren* —, introduire des marchandises de contrebande.
**Einschwatzen,** *v. a.* enjôler, en faire accroire à qn., persuader qn. par de belles paroles.
**Einsegnen,** *v. a.* bénir, donner la bénédiction à qn.; consacrer; confirmer.
**Einsegnung,** *f.* bénédiction; consécration; confirmation.
**Einsehen,** *v. a.* 1, regarder; *fg.* pénétrer; remarquer; reconnaître; voir, apercevoir, comprendre; —, *s. n.* 1, vue, *f.*; inspection; *fg.* pénétration; perspicacité; *ein —haben*, avoir de l'indulgence.
**Einseifen,** *v. a.* savonner.
**Einseitig,** *adj.* qui n'a qu'un côté, qui ne voit les choses que d'un côté; *fg.* séparé, particulier; partial; exclusif.
**Einseitigkeit,** *f.* partialité; esprit exclusif, *m.* [tenir.
*****Einsenden,** *v. a.* envoyer, faire
**Einsendung,** *f.* envoi, *m.*
**Einsenken,** *v. a.* descendre; enfoncer, planter; (*vign.*) provigner.
**Einsenkung,** *f.* descente; (*vign.*)

provignement, *m.*; enfoncement.
**Einsetzen,** *v. a.* mettre dans; planter; *in Kästen* —, encaisser *des arbres*; —, encager *un oiseau*; enfermer, emprisonner qn.; (*jeu*) mettre, mâsser; *zum Pfande* —, engager; mettre qch. en gage; —, (*joaill.*) sertir, enchâsser; *ins Treibfaß* —, (*tann.*) coudrer; *fg. einen zum Erben* —, instituer qn. son héritier; —, établir *une coutume, etc.*; mettre en possession; installer qn.; introniser *un évêque*, inaugurer *un roi, etc.*; *wieder* —, rétablir, réhabiliter.
**Einsetzrose,** *f.* (*arch.*) rosace, roson, *m.*
**Einsetzung,** *f.* mise, engagement, *m.* || encaissement; — (*der Häute*) *ins Treibfaß*, (*tann.*) coudrement; —, emprisonnement || *in den Besitz*, mise en possession, *f.*; —, installation; inauguration; (*égl.*) intronisation, investiture || établissement, *m.*; institution, *f.*
**Einsetzungsworte,** *n. pl.* 2, (*théol.*) paroles sacramentelles, *f. pl.*
**Einsicht,** *f.* inspection; *fg.* pénétration; lumières, *pl.*; connaissances; (*dess.*) entente.
**Einsichtig, Einsichtsvoll,** *adj.* éclairé, pénétrant, intelligent, clairvoyant.
**Einsiedelei,** *f.* ermitage, *m.*
**Einsieden,** 6†, *v.* Einkochen.
**Einsiedler,** *m.* 1, ermite, solitaire; anachorète. [solitaire.
**Einsiedlerisch,** *adj.* érémitique, solitaire.
**Einsiegeln,** *v. a.* cacheter, sceller.
**Einsingen,** *v. a.* 3, endormir en chantant.
**Einsinken,** *v. n.* 3 (s.) s'affaisser; s'écrouler; *fg. id.*, se fondre; —, *s. n.* 1, affaissement, *m.* écroulement; (*did.*) considence, *f.*
*****Einsitzen,** *v. n.* (s.) monter en voiture; être aux arrêts, en prison. [siège.
**Einsitzig,** *adj.* voiture à un seul
**Einsmals,** *adv.* un jour.
**Einspannen,** *v. a.* atteler; étendre. [engranger.
**Einspännig,** *adj.* attelé d'un seul cheval.
**Einspeichern,** *v. a.* emmagasiner.
**Einsperren,** *v. a.* enfermer; serrer; mettre en prison; *fm.* claquemurer; mettre *un oiseau* en cage, encager; *sich* —, s'enfermer, se barricader. [m.
**Einsperrung,** *f.* emprisonnement.
**Einspinnen,** *v. a.* 2, mêler en filant; *sich* —, faire sa coque.
**Einsprache,** *f. v.* Einspruch.
**Einsprechen,** *v. a.* 2, *einem Muth* —, animer, encourager, rassurer qn.; —, *v. n.* (h.), *bei einem* — venir voir qn., descendre chez qn.

Einsprecher, m. 1, (jur.) opposant.                [cer une porte.
Einsprengen, v. a. enfoncer, forcer.
Einspritzen, v. a. arroser, asperger || seringuer; injecter.  [sion.
Einspritzung, f. injection, infusion.
Einspruch, m. 2*, opposition, f. protestation; — thun, s'opposer, former opposition à, réclamer, protester contre; contredire.
Einst, Einstens, adv. un jour.
Einstallen, v. a. établer.
Einstämmen, v. a. faire des trous avec le fermoir.    [ler.
Einstampfen, v. a. enfoncer, fouler.
Einstand, m. 2*, entrée, f.; prise de possession; seinen — geben, payer sa bienvenue.
Einstechen, v. a. 2, percer, trouer.
Einstecken, v. a. ficher, mettre dans; rengainer, remettre l'épée dans le fourreau; planter; empocher de l'argent; emprisonner qn.; fg. fm. boire, avaler un affront.
*Einstehen, v. n. (f.) entrer en service, etc.; prendre part à qch.; être substitué (für, à), remplacer qn.
Einstehlen (sich), 2, entrer furtivement, se glisser dans qch.
Einsteigen, v. n. 5 (f.) monter dans.
Einstellen, v. a. mettre dans; mettre en dépôt; fg. cesser; remettre, suspendre; fermer les théâtres; sich —, se trouver; se présenter, se rendre, paraître, (jur.) comparaître.
Einstellung, f. remise, suspension, discontinuation; sursis, m.
Einsticken, v. a. broder, récamer.
Einstimmen, v. n. (h.) s'accorder, consentir, tomber, demeurer d'accord; (mus.) accompagner.
Einstimmig, adj. consonnant; harmonique; fg. unanime, tout d'une voix; —, adv. de concert.
Einstimmigkeit, f. unanimité.
Einstimmung, f. harmonie, fg. consentement, m.; accord.
Einstöckig, adj. à un étage.
Einstopfen, v. a. bourrer, fourrer; remplir; (cuis.) farcir; presser, serrer; v. Stopfen.
Einstoßen, v. a. 4, enfoncer; ficher, chasser; refouler la charge; casser une vitre; défoncer un tonneau; —, s. n. 1, enfoncement, m. défoncement.
Einstreichen, v. a. 5†, frotter; faire entrer en frottant; ficher le mortier; toucher, embourser de l'argent.
Einstreuen, v. a. parsemer (etw., de qch.); répandre; fg. mêler, entremêler; semer la discorde, etc. || faire la litière aux chevaux.

Einstrich, m. 2, coche, f. entaille; (min.) traverses, pl. poutres; (serr.) dents, râteaux, m.
Einstücken, v. a. rapiécer, mettre une pièce.
Einstubiren, v. a. étudier, apprendre un rôle.
Einstürmen, v. n. (h. et f.) assaillir (auf einen, qn.), pénétrer avec impétuosité.
Einsturz, masc. 2*, croulement, écroulement, éboulement, ruine, f.
Einstürzen, v. n. (h.) crouler, s'écrouler; —, v. a. renverser.
Einstweilen, adv. en attendant.
Einstweilig, adj. provisoire, intérimaire.                [laconique.
Einsylbig, adj. monosyllabe; fg.
Eintägig, adj. d'un jour; éphémère.
Eintagsfliege, f. éphémère.
Eintauchen, v. a. tremper, plonger.
Eintauchung, f. immersion.
Eintauschen, v. a. troquer; échanger.
Eintausch, f. troc, m. échange.
Eintheilen, v. a. partager, distribuer, diviser, classer, régler; disposer; encadrer des recrues; in Grade —, graduer; in Classen —, classer; —, colloquer des créanciers; in Beete —, découper.
Eintheilung, f. partage, m. distribution, f. répartition; division; classification; compartiment, m.; — in Grade, graduation, f.
*Einthun, v. a. mettre dans; enfermer; engranger la moisson.
Eintönig, adj. monotone.
Eintonnen, v. a. caquer des harengs; —, s. n. 1, foulage, m. caquage.           [bonne intelligence.
Eintracht, f. concorde, union;
Einträchtig, adj. uni; —, adv. d'accord.
Eintrag, m. 2*, perte, f.; préjudice, m.; — thun, préjudicier, déroger aux droits de qn.; — (tiss.) trame, f.
Eintragen, v. a. 7, porter, noter; porter en compte; enregistrer; unrichtig —, (comm.) contre-poser || rapporter, rendre, produire.
Einträglich, adj. profitable; lucratif; productif.
Eintragung, f. enregistrement, m.; unrichtige —, (comm.) contre-position, f.              [gistrement, m.
Eintragungsacte, =gebühr, f. enregistrement, m.
Einträufeln, v. a. imbiber; im-prégner; fg. pop. einem etw. —, se venger de qch. sur qn.
Einträufeln, v. Eintropfen.
Eintreffen, v. n. 2 (f.) arriver; être juste; convenir, cadrer; s'accomplir.

Eintreibbar, adj. exigible.
Eintreiben, v. a. 5, faire rentrer, chasser, pousser; fg. faire entrer recouvrer; exiger des impôts.
Eintreibung, f. recouvrement, m. exaction, f. exécution.
Eintreten, v. n. 1 (f.) entrer; fg. commencer, survenir, arriver; —, v. a. enfoncer; fouler aux pieds.
Eintrichtern, v. a. verser par l'entonnoir; fg. fm. inculquer.
Eintritt, m. 2, entrée, f.; — eines Planeten in den Schatten eines andern, immersion d'une planète.
Eintrittsgeld, n. 5, entrée, f.
Eintrocknen, v. n. (f.) sécher; tarir.
Eintrocknung, f. desséchement, m.
Eintropfen, Einträpfeln, v. a. verser goutte à goutte; instiller; —, s. n. 1, instillation, f.
Eintunfen, v. a. tremper.
Einüben, v. a. apprendre à force de s'exercer.
Einverleiben, v. a. incorporer, annexer à; insérer.
Einverleibung, f. incorporation; insertion.
Einverstanden, adj. d'accord.
Einverständniß, n. 2, intelligence, f.; das sträfliche —, complot, m.; im — mit, d'intelligence, de connivence avec; geheime —, (jur.) collusion, f.
Einwägen, v. a. peser; sich —, perdre au poids.
Einwalken, v. a. fouler en fort; sich —, se rétrécir par le foulage.
Einwandern, v. n. (f.) entrer dans un pays, venir s'établir dans un pays.
Einwärts, adv. en dedans.
Einwässern, v. a. tremper, dessaler.         [mêler, entrelacer.
Einweben, v. a. tramer; fg. entre-
Einwechseln, v. a. changer, échanger.             [change.
Einwechselung, f. change, m. re-
Einweichen, v. a. tremper; délayer; (chim.) macérer; baigner; infuser des herbes; faire boire une peau.
Einweichung, f. délayement, m. infusion, f.; (chim.) macération.
Einweihen, v. a. bénir, sacrer, consacrer; ordonner un prêtre; dédier un temple; inaugurer une statue, etc.; initier qn.; wieder —, réconcilier une église profane.
Einweihung, f. consécration, sacre, m.; ordination, f.; dédicace, inauguration; initiation; (ant.) encénies, pl.
Einweihungsrede, f. discours inaugural, m.                [saisiner.
Einweisen, v. a. 5, installer, en-
Einweisung, f. (jur.) — in den Besitz, ensaisinement, m.

*Einwenden, v. a. objecter; opposer; prétexter; excepter; (jur.) exciper.

Einwendung, f. objection; opposition; (jur.) exception; fin de non-recevoir; —en gegen etwas machen, exciper de qch.; bie fable —, chicane ‖ v. Vorwand.

Einwerfen, v. a. 2, jeter; abattre, casser; fg. opposer, objecter.

Einwickeln, v. a. envelopper; emmaillotter un enfant; fg. envelopper. [m.

Einwicklung, f. enveloppement.

Einwiegen, v. a. bercer, endormir; fg. id.

Einwilligen, v. n. (h.) consentir à qch.; agréer qch.; souscrire à qch.

Einwilligung, f. consentement, m. agrément, assentiment.

Einwirken, v. a. entretisser; brocher; —, v. n. (h.) fg. opérer; influer, influencer qn.

Einwirkung, f. influence.

Einwohner, m. 1, habitant.

Einwurf, m. 2*, objection, f.

Einwurzeln, v. n. (f.) prendre racine; fg. s'enraciner, s'invétérer.

Einzahlen, v. a. comprendre qch. dans un compte.

Einzapfen, v. a. tirer dans un pot; emboiter; enter, embrancher; emmortaiser; empater les rais.

Einzäunen, v. a. clore, fermer d'une haie; ber eingezäunte Plaz, enclos, m. palis.

Einzäunung, f. clôture.

Einzeichnen, v. a. dessiner qch. dans; noter, marquer, inscrire.

Einzeln, adj. seul; unique; séparé; partiel; isolé; dépareillé; ein —es Wesen, un individu; —, adv. en détail; un à un; individuellement.

Einziehen, v. a. 6, mettre dans; enfiler; s'imbiber de qch., boire ‖ caver le corps; rétrécir; retirer; bie Hörner —, fg. fm. rentrer dans sa coquille; —, faire rentrer les deniers; ôter une enseigne; effacer les épaules; plier, ferler, caler les voiles; respirer l'air; recueillir une succession; retrancher les pages à qn.; confisquer les biens; Nachrichten —, s'informer; prendre des informations; gefänglich —, mettre en prison; —, v. n. (f.) entrer, se loger; emménager; —, ou sich —, s'infiltrer, s'imbiber; (peint.) s'emboire; sich —, se resserrer, diminuer sa dépense; eingezogen, retiré (vie).

Einziehung, f. rétrécissement, m. retranchement; suppression, f.; confiscation; recouvrement, m.; emprisonnement de qn.; respiration de l'air, f.; infiltration;

(arch.) fruit, m. retraite, f.; commise d'un fief.

Einzig, adj. seul, unique; — und allein, adv. uniquement.

Einzug, m. 2*, entrée, f.

Einzwängen, v. a. faire entrer de force; einem etw. — ou Einzwingen, forcer qn. à prendre qch.

Eirund, adj. ovale.

Eis, n. 2, glace, f.; bas — brechen, rompre la glace; fg. frayer le chemin.

Eisbahn, f. passage sur la glace, m.; glissoire, f.

Eisbär, m. 3, ours blanc.

Eisberg, m. 2, glacier.

Eisbirn, f. virgouleuse.

Eisbock, m. 2*, =brecher, m. 1, brise-glace. [glace.

Eisbruch, =gang, m. 2*, débâcle, f.

Eisen, v. n. rompre, détacher la Eisen, n. 1, fer, m.; (chim.) ol. Mars; fer de cheval; bas geferbte —, crémaillère, f.; alles —, ferraille; (guer.) mitraille; mit — beschlagen, ferrer; Noth bricht —, prov. nécessité n'a point de loi ‖ fers, m. pl.

Eisenarbeit, f. travail (m.), ouvrage en fer; ferrure, f.

Eisenartig, adj. ferrugineux.

Eisenbahn, f. chemin de fer, m.

Eisenbaum, m. 2*, (plante) arbre laiteux des Antilles; (chim.) arbre de Mars.

Eisenbergwerk, n. 1, mine de fer, f.

Eisenbeschlag, m. 2, ferrure, f.

Eisenblech, n. 2, fer-blanc, m. tôle, f.; fer battu, m. [Mars.

Eisenblüthe, f. (chim.) fleur de

Eisenbohrer, m. 1, perçoir.

Eisendraht, m. 2*, fil de fer.

Eisendruse, f. mine de fer cristallisée.

Eisenerde, f. terre ferrugineuse.

Eisenerz, n. 2, mine de fer, f.

Eisenfeilicht, n. 2, limaille de fer, f. [le fer.

Eisenfest, adj. fort, dur comme

Eisenfresser, m. 1, pop. fier-à-bras; ben — machen, faire le fendant.

Eisenfunke, m. exc. 2, bluette, f.

Eisengang, m. 2*, (min.) veine d'une mine de fer, f.; (fond.) gueuse.

Eisengewölbe, n. 1, =markt, m. 2*, =laden, m. 1*, ferronnerie, f.

Eisenglimmer, m. 1, mica ferrugineux; schwarzer, périgueux.

Eisenhaltig, adj. ferrugineux, martial. [forge, f.

Eisenhammer, m. 1*, martinet.

Eisenhandel, m. 1, commerce de fer, ferronnerie, f.

Eisenhändler, m. 1, marchand de fer, ferronnier, quincaillier.

Eisenholz, n. 5*, bois de fer, m. sidéroxylon.

Eisenhütlein, n.1,(bot.)aconit, m.

Eisenhütte, f. forge.

Eisenkies, m. 2, pyrite ferrugineuse, f.

Eisenkitt, m. 2, pouzzolane, f.

Eisenkram, m. 2, quincaillerie, f.

Eisenkraut, n. 5*, (bot.) verveine, f.

Eisenkuchen, m. 1, gaufre, f.

Eisenplatte, f. plaque de fer.

Eisenprobe, f. essai, m.; touche, f. épreuve du fer chaud.

Eisensalz, n. 2, sel martial, m.

Eisensand, m. 2, sable ferrugineux.

Eisensäure, f. acide ferrique, m.

Eisenschimmel, m. 1, cheval couleur de fer.

Eisenschlacke, f. scorie.

Eisenschlag, m. 2*, paillettes de fer, f. pl. [f.

Eisenschlich, m. 2, terre martiale, f.

Eisenschmied, m. 2, maréchal ferrant; forgeron; taillandier.

Eisenschmiede, f. forge.

Eisenschrot, m. 2, grenaille, f.

Eisensplitter, m. 1, paillette, f.

Eisenstange, f. barre de fer; tringle.

Eisente, f. canard d'Islande, m.

Eisenvitriol, m. 2, vitriol de Mars.

Eisenwaare, f. marchandise de fer; Kleine, quincaillerie; grobe —, grosserie, taillanderie; polirte —, œuvres blanches, pl.

Eisenwasser, n. 1, eau martiale, f.

Eisenwerk, n. 2, ferrements, m. pl.; ferrure, f.; altes —, ferraille.

Eisenwurz, m. centaurée (plante).

Eisern, adj. de fer; fg. fort; dur; insensible, opiniâtre; ein —er Brief, une lettre de répit.

Eisgang, m. 2*, débâcle, f.

Eisgrau, adj. chenu, blanc de vieillesse.

Eisgrube, f. glacière. [glace.

Eiskalt, adj. froid comme la

Eisluft, f.*, gélivure.

Eislüftig, adj. gélif, gercé (bois).

Eismeer, n. 2, mer glaciale, f.

Eismeter, n. 2, mer glaciale, f.

Eispfahl, m. 2*, v. Eisbock.

Eisriß, m. 2, v. Eisluft.

Eisscholle, f. =schemel, m. 1, glaEisschub, m. 2, patin. [çon.

Eisvogel, m. 1*, martin-pêcheur, martinet-pêcheur.

Eiszapfen, m. 1, glaçon.

Eitel, adj. vain, illusoire, périssable, frivole, passager; pur; es ist — Prahlerei; ce n'est qu'ostentation.

Eitelkeit, f. vanité, ostentation; frivolité, futilité; bie — ber Welt, mondanité.

Eiter, m. 1, pus, matière, f.; ber

wäfferige —, sanie; anſteckenbe —,
virus, m.                  [abcés.
Eiterbeule, f. ulcére purulent, m.
Eiterblatter, f. pustule; grain de
petite vérole, m.          [dres, m.
Eiterfaſer, f. (vét.) —n, pl. filan-
Eiterig, adj. purulent, suppurant, sanieux, virulent.
Eitermachend, adj. suppuratif.
Eitern, v. n. (h.) suppurer, apostumer, jeter du pus; eiternb, v.
Eiterig.
Eiterſtock, m. 2°, bourbillon.
Eiterung, f. suppuration.
Eiweiß, n. 2, blanc d'œuf, m.;
bas robe —, glaire, f.; mit — be-
ſtreichen, glairer.
Efel, m. 1, nausée, f. envie de
vomir; — erregen, aſſadir le cœur,
faire bondir ‖ dégoût, m.; dé-
boire; fg. id., aversion, f. répu-
gnance; einem — verurſachen, dé-
goûter qn.; —, adj. dégoûté; dé-
licat, difficile.
Efelig, Efelhaft, adj. dégoûtant,
rebutant; fastidieux (travail).
Efeln, v. n. (h.) avoir du dégoût;
mir efelt bavor, cela me répugne.
Efelname, m. exc. 2, sobriquet.
Efleftiler, m. 1, (philos.) éclec-
tique.
Efleftiſch, adj. éclectique; bie —e
Philoſophie, éclectisme, m.
Efliptif, f. écliptique.
Efliptiſch, adj. écliptique.
Elaſticität, f. élasticité.
Elaſtiſch, adj. élastique.
Elbogen, m. 1°, coude; ſich auf
ben — ſtüßen, s'accouder; bie —
am Kleibe zuſchneiben, couder les
manches d'un habit; mit bem —
ſtoßen, coudoyer.    [bitus, m.
Elbogenbein, n. 2, ʳöhre, f. cu-
Elbogenhöfer, m. 1, olécrane.
Elbogennerv, m. exc. 1, nerf cu-
Elegie, f. élégie.         [bital.
Elegiſch, adj. élégiaque.
Elettricität, f. électricité.
Elettricitätsmeſſer, m. 1, électro-
mètre.
Elettricitätsträger, m. 1, électro-
phore.        [Kraft, électricité, f.
Elettriſch, adj. électrique; bie —e
Elettriſiren, v. a. électriser.
Elettriſirmaſchine, fém. machine
électrique.
Elettriſirung, f. électrisation.
Element, n. 2, élément, m.;
principe.           [mentaire, m.
Elementarbuch, n. 5°, livre élé-
Elementariſch, adj. élémentaire.
Elemiharz, n. 2, élémi, m.
Elend, n. 2, exil, m.; misère,
f.; —, adj. misérable, pitoyable;
malheureux; mépr. malotru, mes-
quin, chétif.
Elendthier, Elenn, n. 2, élan, m.

Elephant, m. 3, éléphant; tour
(aux échecs), f.
Elephantenauſaß, m. 2, (méd.) élé-
phantiasis, f.
Elephantenführer, m. 1, conduc-
teur d'éléphant, cornac.
Elephantengeſchrei, n. 2, cri de
l'éléphant, m. baret.
Elephantenlaus, f.°, pou d'élé-
phant, m.; (bot.) anacarde, f.
Elephantenpapier, n. 2, papier
grand raisin, m.     [proboscide.
Elephantenrüſſel. m. 1, trompe, f.
Elephantenzahn, m. 2°, dent d'é-
léphant, f.; robe zähne, pl. mor-
fil, m. marfil; v. Elfenbein.
Elf, v. Eilf.          [phide, f.
Elfe, m. 3 et f. sylphe, m. syl-
Elfenbein, n. 2, ivoire, m.
Elfenbeinern, adj. d'ivoire, en
ivoire; ber —e Stuhl, (ant. r.)
chaise curule, f.
Elias, n. pr. m. Élie.
Elixir, n. 2, élixir, m.
Elle, f. aune; mit ber — meſſen,
auner; nach ſeiner — meſſen, fg.
mesurer à son aune.
Ellenbogen, v. Elbogen.
Ellenmaß, n. 2, aunage, m.
Ellenmeſſer, m. 1, auneur.
Ellipſe, f. ellipse.
Elliptiſch, adj. elliptique.
Elrige, f. véron, m. (poisson)
Elſaß, n. 2, (pays) Alsace, f.
Elſaſſer, m. 1, elſaſſiſch, adj. al-
sacien.
Elſebeerbaum, m. 2°, alisier.
Elſebeere, f. alise.
Elſter, f. pie.
Eltern, v. Aeltern.
Elyſäiſch, adj., bie —en Felber,
Elyſium, n. 1, champs élysées, m.
pl. élysée.
Email, m. 2, émail, m.
Emailmaler, m. 1, émailleur.
Emailmalerei, fém. peinture en
émail.
Embryo, m. 2 (pl. —nen), em-
bryon; bie Abhandlung über ben —,
embryologie, f.; Zergliederung ben
—, embryotomie.
Emigrant, m. 3, émigré.
Emigriren, v. a. émigrer.
Emil, n. pr. m. Emile.
Eminenz, f. Éminence (titre).
Emmerling, m. 2, embérise, f.
Emmerſegel, f. 1, voile à l'an-
glaise, f.              [gen.
Empfahen, v. a. ol., v. Empfan-
Empfang, m. 2, réception, f.;
accueil, m.; ben — melben, ac-
cuser la réception; in — nehmen,
recevoir; v. Empfangen.
Empfangen, v. a. 4, recevoir;
toucher de l'argent; accueillir
qn.; höflich —, complimenter;
—, v. n. (h.) concevoir; retenir

(animal); —, s. n. 1, voy. Em-
pfang, Empfängniß.
Empfänger, m. 1, celui qui reçoit,
qui accueille; (comm.) accepteur;
(jur.) partie prenante, f.
Empfänglich, adj. susceptible.
Empfänglichteit, f. capacité; sus-
ceptibilité.
Empfängniß, f. conception.
Empfangſchein, m. 2, reçu, récé-
pissé.
Empfehl, m. 2, compliment.
Empfehlen, v. a. 2, recommander; ſich —, prendre congé.
Empfehlung, f. recommandation;
compliments, m. pl. civilités, f.
pl. amitiés.
Empfehlungswürdig, adj. recommandable.
Empfinbbar, adj. sensible.
Empfinbbarteit, f. sensibilité.
Empfinbelei, f. m. p. sensibilité
affectée; sensiblerie.
Empfinbeln, v. n. (h.) m. p. affec-
ter d'être sentimental.
Empfinben, v. a. 3, sentir, res-
sentir; se ressentir de; apercevoir.
Empfinblich, adj. sensible; déli-
cat; chatouilleux; susceptible;
auf bas —fte beleibigen, offenser
mortellement.
Empfinblichteit, f. sensibilité; délicatesse; susceptibilité; ressentiment, m.          [timental.
Empfinbſam, adj. sensible, sen-
Empfinbſamteit, f. sensibilité.
Empfinbung, f. sentiment, m.;
sensation, f.; ressentiment, m.
Empfinbungstraft, f.°, faculté
d'être sentimental.
Empfinbungslos, adj. insensible.
Empiriter, m. 1, empirique.
Empiriſch, adj. expérimental,
empirique.
Empirismus, m. exc. 1, empirisme, méthode expérimentale, f.
Empor, adv. en haut, sur pied;
droit; sur l'eau, sur la surface;
it. dans la composition il est sé-
parable et signifie une élévation.
Emporbleiben, v. n. 5 (f.) se maintenir.
*Emporbringen, v. a. élever; fg.
id., avancer; faire fleurir, faire
prospérer; enrichir qn.
Empören, v. a. soulever, faire révolter; ſich —, se révolter, se soulever, s'insurger, se mutiner.
Empörer, m. 1, rebelle, mutin.
Emporheben, v. a. 6, élever, relever.    [qn.; assister; remettre.
Emporhelfen, v. n. 2 (h.) relever
Emporkirche, f. tribune, jubé, m.
galeries d'une église, f. pl.
*Emporkommen, v. n. (f.) s'éle-
ver, faire son chemin, prospérer,
parvenir.

Emporragen, v. n. (h.) s'élever, dépasser.

Emporschweben, v. n. (f.) s'élever.

Emporschwimmen, v. n. 2 (f.) surnager. [prendre l'essor; fg. id.

Emporschwingen (sich), 3, s'élever,

Emporsehen, v. n. 1 (h.), lever les yeux, élever ses regards vers.

Emporstarren, v. n. (h.), *=stehen, v. n. (f.) se dresser, se hérisser.

Emporsteigen, v. n. 5 (f.) monter, s'élever. [l'essor.

Emporstreben, v. n. (h) prendre

Empörung, f. révolte, rébellion, sédition, insurrection.

Empörungssüchtig, adj. mutin, séditieux, factieux.

Emsig, adj. diligent, ardent; empressé; zélé; appliqué, assidu; industrieux.

Emsigkeit, f. diligence, assiduité, application, activité, ardeur, zèle, m.; industrie, f.

Encyklopädie, f. encyclopédie.

Encyklopädisch, adj. encyclopédique.

Encyklopädist, m. 3, encyclopédiste. [finale, f.

Endbuchstab, m. exc. 2, lettre

Ende, n. 1, fin, f.; terme, m.; bout; extrémité, f.; pointe; bord, m.; (comm.) das erste —, chef d'étoffe; untere —, queue, f.; —n, pl. (cha.) cors, m. pl. andouillers; —, (guer.) queue d'une colonne, f.; fg. fin, bout, m.; conclusion d'un discours, f.; dénoûment d'une tragédie, m. catastrophe, f.; derniers instants, m. pl. moment suprême; résultat d'une affaire; einer S. ein — machen, terminer une affaire; etw. zu — bringen; v. Enden, v. a.; zu — geben, finir; tirer vers la fin, expiret (terme); am —, au bout du compte; maintenant, en définitive; — gut, Alles gut, prov. la fin couronne l'œuvre; zu dem —, pour cet effet; zu was —, à quel effet, à quelle fin?

Enden ou Endigen, v. a. finir, terminer, achever; —, v. n. (h.) et sich —, finir, se terminer; —, expirer. [conclusion.

Endigung, f. fin; consommation.

Endivie, f. chicorée, endive.

Endlich, (adj.) fini; —, adv. enfin, à la fin; v. am Ende.

Endlos, adj. infini, sans fin; ein —es Geschäft, la mer à boire.

Endreim, m. 2, rime finale, f.; vorgeschriebene —t, bouts rimés, m. pl.

Endschaft, f. fin, conclusion.

Endsylbe, f. syllabe finale, finale.

Endung, f. (gramm.) terminaison.

Endursache, f. cause finale. [son.

Endurtheil, n. 2, sentence définitive, f.; durch ein —, (juger) définitivement. [objet.

Endzweck, m. 2, fin, f. but, m.

Engbrüstig, adj. asthmatique; (vétér.) poussif.

Engbrüstigkeit, f. asthme, m.; courte haleine, f.; oppression de poitrine; (vétér.) pousse.

Enge, adj. étroit, serré, étranglé; (dieser Hut) ist mir zu —, me bride; zu — machen, étrangler; hinten zu —, (man.) jarreté; ein —r Paß, v. Engpaß; ein —s Gewissen, une conscience scrupuleuse; —r machen, rétrécir, étrécir; —t werden, s'étrécir; —, s. f. défilé, m. pas, gorge, f.; étranglement d'un fleuve, m.; étrécissement d'un habit; in die — treiben, acculer; fg. serrer de près.

Engel, m. 1, ange.

Engelrein, adj. pur, innocent comme un ange.

Engelsburg, f. château Saint-Ange, m. (à Rome). [avé.

Engelsgruß, m. 2*, avé Maria,

Engelsgüte, f. bonté angélique.

Engelskäse, m. 1, angelot.

Engelskopf, m. 2*, der geflügelte —, (peint., etc.) chérubin.

Engelthaler, m. 1, angelot.

Engelsüß, n. 2, (bot.) filicule, f.

Engelwurz, f. angélique.

Engerling, m. 2, ver bouvier.

Engherzig, adj. peu généreux, qui a le cœur étroit.

England, n. Angleterre, f. (pays).

Engländer, m. 1, =inn, f. anglais, m. -se, f.

Engländern, Englisiren, v. a. courtauder, écourter un cheval.

Engländisch, Englisch, adj. (géogr.) anglais; die —e Kirche, église anglicane.

Englisch, adj. angélique; der —e Gruß, v. Engelsgruß.

Engpaß, m. 2*, défilé, gorge, f.

Enfaustisch, adj., v. Wachsmalerei.

Enkel, m. 1, petit-fils; =inn, f. petite-fille; unsre Enkel, nos neveux, m. pl.

Ent, particule inséparable qui, dans la composition, marque une privation, un éloignement, un développement.

Entadeln, v. a. priver de noblesse; fg. déshonorer, avilir, dégrader.

Entarten, v. n. (f.) dégénérer.

Entäußern (sich), se défaire, se départir de qch.; se démettre d'une charge; se priver, s'abstenir de qch.

Entäußerung, f. aliénation, privation, abstinence; démission.

Entbehren, v. a. manquer, être privé, se passer de qch.

Entbehrlich, adj. dont on peut se passer, superflu.

Entbehrung, f. privation.

Entbieten, v. a. 6, mander; einem seinen Gruß —, saluer qn.

Entbinden, v. a. 3, délier, détacher, dégager; (chir.) accoucher, délivrer; entbunden werden, accoucher, se délivrer; sich —, (chim.) se dégager.

Entbindung, f. (chir.) délivrance; accouchement, m.; (chim. et fg.) dégagement.

Entblättern, v. a. effeuiller.

Entblößen (sich), oser; nicht —, ne pas rougir, ne pas craindre de.

Entblößen, v. a. découvrir, mettre à nu; mit entblößtem Haupte, nu-tête, la tête nue; den Hals und die Brust unanständig —, se débrailler, se décolleter; —, déchausser une dent, un arbre, un bâtiment; von Soldaten —, dégarnir une forteresse; —, fg. dénuer, priver, dépouiller; entblößt, (jard.) épaulé.

Entblößung, f. dépouillement, m.; dénûment; nudité, f.

Entbrechen (sich), 2, se retenir de faire qch.; sich nicht — können, ne pouvoir s'empêcher.

*Entbrennen, v. n. (f.) s'enflammer, s'allumer, brûler.

Entchen, n. 1, canette, f.

Entdecken, v. a. découvrir; trouver; fm. déterrer, éventer; révéler un secret; sich —, se découvrir; se faire reconnaître.

Entdecker, m. 1, celui qui a découvert qch.; auteur.

Entdeckung, f. découverte.

Ente, f. canard, m. cane, f.; die junge wilde —, albran, m.; wilde — iagen, albrener.

Entehren, v. a. déshonorer, prostituer, flétrir; dégrader.

Entehrend, adj. déshonorant.

Entehrung, f. prostitution; déshonneur, m.; dégradation, f.

Entenbeize, f. vol du canard, m.

Entenei, n. 5, œuf de cane, m.

Entenfang, m. 2*, chasse au canard, f.; canardière.

Entenflinte, f. canardière.

Entenschnabel, m. 1*, (chir.) bec de cane. [orfraie, f.

Entenstößer, m. 1, aigle de mer,

Ententeich, m. 2, canardière, f.

Entenweibchen, n. 1, cane, f.

Enter, m. 1, Enterich, m. 2, canard; der wilde —, malart.

Enterben, v. a. déshériter.

Enterbung, f. exhérédation.

Enterer, m. 1, abordeur.

Enterhaken, m. 1, grappin, harpeau, corbeau.

Entern, v. a. accrocher, aborder,

aramber *un vaisseau*; aller à l'abordage; mit Hafen —, grappiner; —, *s. n.* 1, abordage, *m.*

Entfahren, *v. n. et imp.* 7 (f.) échapper; — laſſen, lâcher.

Entfallen, *v.n. et imp.* 4 (f.)tomber, échapper; *fg.* échapper.

Entfalten, *v. a.* déplier, déployer, développer; dérider *le front*; défroncer *le sourcil.* [feur, pâlir.

Entfärben (ſich), changer de cou-

Entfernen, *v. a.* éloigner, écarter; *fg. id.*, bannir; entfernt, éloigné, lointain, distant; reculé; absent; *adv.* loin.

Entfernung, *f.* éloignement, *m.*; intervalle; lointain; distance, *f.*; absence. [chaîner.

Entfeſſeln, *v. a.* ôter les fers à, dé-

Entflammen, *v. a.* enflammer.

Entfleiſcht, *adj.* décharné.

Entfliegen, *v. n.* 6 (f.) s'envoler.

Entfliehen, *v. n.* 6 (f.) s'enfuir, se sauver; —, *s. n.* 1, fuite, *f.* évasion.

Entflieſſen, *v. n.* 6, couler, découler. [ner.

Entfremden, *v. a.* éloigner, alié-

Entführen, *v. a.* enlever, ravir.

Entführer, *m.* 1, raviſſeur.

Entführung, *f.* enlèvement, *m.* rapt.

Entgegen, *adv.* contraire, opposé, —, *prép.* contre; à la rencontre, au-devant de, vers (*dans la composition ce mot est séparable*).

Entgegenarbeiten, *v. n.* (h.) contrarier, contrecarrer qn., contreminer qch. [percer.

Entgegenbohren, *v. a.* (h.) contre-

Entgegenfahren, 7, *geben, *fommen, *v. n.* (f.) aller à la rencontre de qn., au-devant de qn.

Entgegenhalten, *v. a.* 4, comparer, mettre en parallèle avec; opposer à ;confronter.

Entgegenhandeln, *v. n.* (h.) contrevenir, agir contre; enfreindre, violer une loi. [tre-pointer.

Entgegenrichten, *v.a.*(*artill.*) con-

Entgegenſehen, *v. n.* 1 (h.) attendre qch.

Entgegenſetzen, =ſtellen, *v. a.* opposer; entgegengeſetzt, opposé, contraire.

Entgegenſetzend, *adj.* adversatif.

Entgegenſetzung, *f.* opposition; comparaison; parallèle, *m.*;(*rhét.*) antithèse, *f.*

*Entgegenſeyn, *v. n.* (f.) *ſtehen, *v. n.* (h.) s'opposer, être contre, être contraire.

Entgegenſtellung, *f.* opposition.

Entgegnen, *v. a.* répondre, repartir, répliquer, objecter.

*Entgehen, *v. n.* (f.) échapper à qch.; éviter, esquiver qch.

Entgelb, *n.* 5, ohne —, gratuitement.

Entgelten, *v. n.* 2 (h.), etwas — müſſen, porter la peine de qch.; — laſſen, faire sentir à qn., rejeter sur qn.

Entgeltung, *f.* peine, récompense.

Entgleiten, *v. n.* 5† (f.) glisser, échapper. [mer.

Entglimmen, *v. n.* 6 (f.) s'enflam-

Enthaaren, *v. a.* épiler, dépiler.

Enthaarend, *adj.* épilatoire, dépilatif.

Enthaarung, *f.* dépilation; =ſmittel, *n.* 1, dépilatoire, *m.*

Enthalten, *v. a.* 4, contenir, renfermer, enfermer; einen Widerſpruch —, impliquer contradiction; ſich —, se contenir, s'abstenir, éviter; retenir *les larmes*; ſich nicht — können, ne pouvoir s'empêcher, bie ſich des Weins enthält, *fm.* abstème, *m. et f.*

Enthaltſam, *adj.* abstinent, continent, tempérant, retenu; modéré.

Enthaltſamkeit, Enthaltung, *f.* abstinence: continence, modération, tempérance, retenue.

Enthaupten, *v. a.* décapiter, décoller; mit der Guillotine —, guillotiner.

Enthauptung, *f.* décapitation; décollation *de S. Jean.*

Entheben, *v. a.* 6, délivrer, dispenser; décharger.

Entheiligen, *v. a.* profaner.

Entheiliger, *m.* 1, profanateur.

Entheiligung, *f.* profanation, sacrilège, *m.*

Enthüllen, *v. a.* découvrir, dévoiler; développer. [siasme.

Enthuſiasmus, *m. indécl.* enthou-

Enthuſiaſt, *m.* 3, Enthuſiaſtiſch, *adj.* enthousiaste; enthuſiaſtiſch, *adv.* en enthousiaste; avec enthousiasme. [coupler.

Entjochen, *v. a.* désatteler, dé-

Entkleiden, *v. a.* déshabiller.

Entkleidung, *f.* déshabillement, *m.*

*Entkommen, *v. n.* (f.) se sauver, s'enfuir, échapper.

Entkörpert, *adj.* dégagé du corps.

Entkräften, *v. a.* affaiblir, abattre, épuiser, énerver; (*jur.*) infirmer, casser *un arrêt.* [tif.

Entkräftend, *adj.* (*jur.*) infirma-

Entkräftung, *f.* affaiblissement, *m.* accablement, épuisement, inanition, *f.*

Entladen, *v. a.* 7, décharger; délivrer; dispenser, dégager.

Entladung, *f.* décharge.

Entlang, *prép.*, den Weg —, le long du chemin.

Entlarven, *v. a.* démasquer.

Entlaſſen, *v. a.* 4, congédier, li-

cencier *des troupes*; donner son congé, sa démission à qn., remercier qn.; dissoudre *une assemblée*; relever, dégager qn. *d'un serment.*

Entlaſſung, *f.* congé, *m.*; licenciement, démission, *f.*; — von vormundſchaftlicher Gewalt, émancipation. [de récréance, *f. pl.*

Entlaſſungsſchreiben, *n.* 1, lettres

Entlaſten, *v.* Entladen.

Entlauben, *v. a.* effeuiller.

Entlaufen, *v. n.* 4 (f.) échapper, déserter, s'évader; — *part.* marron (*nègre*); —, *s. n.* 1, évasion, *f.*; désertion.

Entledigen, *v. a.* délivrer, décharger, débarrasser; ſich eines Auftrags —, s'acquitter d'une commission.

Entledigung, *f.* décharge, délivrance; soulagement, *m.*

Entlegen, *adj.* éloigné; distant.

Entlegenheit, *f.* éloignement, *m.*

Entlehnen, *v. a.* emprunter.

Entlehner, *m.* 1, emprunteur.

Entlehnung, *f.* emprunt, *m.*

Entleiben, *v. a.* tuer; ôter la vie à qn.; ſich —, se donner la mort; —, *s. n.* 1, Entleibung, *f.* meurtre, *m.*

Entleiden, *v. a.*, *v.* Verleiden.

Entlehnen, 5, *v.* Entlehnen.

Entlocken, *v. a. fg.* arracher *un secret*; faire verser *des larmes*; tirer *des sons.*

Entmannen, *v. a.* châtrer.

Entmannung, *f.* castration.

Entmaſten, *v. a.* démâter *un vaisseau.*

Entnageln, *v. a.* désenclouer.

Entnehmen, *v. a.* 2, ôter; (*comm.*) tirer; *fg.* conclure. [blaser.

Entnerven, *v. a.* énerver, affaiblir;

Entnervung, *f.* affaiblissement, *m.*

Entrathen, *v. n.* 4, *v.* Entbehren.

Enträthſeln, *v. a.* déchiffrer.

Entreißen, *v. a.* 5†, ravir, enlever, arracher, emporter.

Entreißung, *f.* enlèvement, *m.*

Entrich, *v.* Enter.

Entrichten, *v.a.* payer, acquitter.

Entrichtung, *f.* payement, *m.* acquittement, *m.*

Entriegeln, *v. a.* déverrouiller.

Entrinnen, *v. n.* 2 (f.) s'enfuir, se sauver; échapper; einer Gefahr —, éviter un danger.

Entrollen, *v. n.* (f.) rouler; —, *v. a.* dérouler.

Entrücken, *v. a.* enlever, ôter.

Entrunzeln, *v.a.*dérider, défroncer.

Entrüſten, *v. a.* irriter, fâcher; ſich —, s'emporter, s'indigner; *fm.* se gendarmer.

Entrüſtung, *f.* colère, indignation, emportement, *m.*

Entsagen, v. n. (h.) renoncer à.
Entsagung, f. renonciation.
Entsatz, m. 2*, secours, levée du siège, f. [indemniser.
Entschädigen, v. a. dédommager,
Entschädigung, f. dédommagement, m. indemnité, f.
Entscheiden, v. a. 5, décider, arbitrer; régler; sich —, se décider, se déterminer.
Entscheidend, adj. décisif; (jur.) péremptoire; prépondérant(voix); (méd.) critique.
Entscheidung, f. décision, crise.
Entscheidungseid, m. 2, serment décisoire.
Entscheidungspunkt, m. 2, moment critique, décisif; crise, f.
Entschlafen, v. a. 4 (f.) s'endormir; fg. mourir, expirer.
Entschlagen (sich), 7, se décharger, se débarrasser de qch., éviter qch.
Entschlagung, f. abandon, m.
Entschleichen, v. n. 5†, se dérober secrètement.
Entschleiern, v. a. dévoiler.
Entschließen (sich), 6, se résoudre, se déterminer, se décider, s'arrêter à; (poés.) s'ouvrir (fleurs); entschlossen, résolu, déterminé, décidé, délibéré, ferme.
Entschließung, f., v. Entschluß.
Entschlossenheit, f. résolution, fermeté; courage, m.
Entschlummern, v. n. (f.) s'assoupir, s'endormir; fg. v. Entschlafen.
Entschlüpfen, v. n. (f.) échapper.
Entschluß, m. 2*, résolution, f. détermination, parti, m.
Entschuldigen, v. a. excuser, justifier; zu —, excusable.
Entschuldigung, f. excuse; justification; défense; (jur.) excusation.
Entschwinden, v. n. 3 (f.), v. Verschwinden [voler, se dégager.
Entschwingen (sich), 3, fg. s'en-
Entseelt, adj. inanimé, mort.
Entsetzbar, adj. amovible.
Entsetzbarkeit, f. amovibilité.
Entsetzen, v. —, a. déposer; einen seines Amtes, —, destituer qn. de son emploi; —, casser, dégrader un officier; (guer.) secourir, dégager; eine Stadt —, débloquer une ville; sich —, s'épouvanter, s'effrayer, frémir d'horreur; —, s. n. 1, effroi, m.; frayeur, f. horreur, terreur, épouvante.
Entsetzlich, adj. effroyable, épouvantable, horrible; prodigieux.
Entsetzlichkeit, f. horreur, atrocité.
Entsetzung, f. déposition, dégradation, destitution; levée d'un siège.
Entsiegeln, v. a. décacheter, ouvrir; lever le scellé de qch.

Entsinken, v. n. 3 (f.) tomber lentement; fg. abandonner qn. (forces); der Muth entsinkt ihm, il perd le courage.
Entsinnen (sich), 2, se souvenir.
Entspinnen, v. a. 2, tramer, ourdir; sich —, naitre, se préparer.
Entsprechen, v. n. 2 (h.) répondre, correspondre à qch.
Entsprechend, adj. correspondant, analogue.
Entsprießen, v. n. 6 (f.) naitre, descendre; être issu; provenir.
Entspringen, v. n. 3 (f.) se sauver || prendre sa source ou son origine; fg. venir, dériver, résulter.
*Entstehen, v. n. (f.) naitre, venir, provenir, s'élever (orage, etc.) || p. us. manquer.
Entstehung, f. commencement, m. origine, f.; naissance; génération des plantes, etc.; die Lehre von der — des Weltalls, der Erde, cosmogonic, géogénie.
Entsteigen, v. n. 5 (f.) s'élever, monter, sortir de.
Entstellen, v. a. défigurer, altérer; difformer, gâter qch.; dénaturer un fait. [imité.
Entstellung, f. altération; difformité.
Entstürzen, v. n. (f.) tomber.
Entsündigen, v. a. purifier, justifier.
Entsündigung, f. purification.
Enttäuschen, v. a. désabuser.
Entthronen, v. a. détrôner.
Entthronung, f. action de détrôner. [S. —, dispenser de qch.
Entübrigen, v. a. épargner; einer Entvogel, v. Enter.
Entvölkern, v. a. dépeupler.
Entvölkerung, f. dépeuplement, m. dépopulation, f.
Entwachsen, v. n. 7 (f.), einem Kleide —, grandir de manière à ne pouvoir plus mettre un habit; der Schule — seyn, être trop âgé pour fréquenter l'école; fg. der Ruthe — seyn, avoir passé l'âge de discipline.
Entwaffnen, v. a. désarmer.
Entwaffnung, f. désarmement, m.
Entwähren, v. a. (chim.) évincer d'un bien. [mer.
Entwässern, v. a. (chim.) déflegmer.
Entwässerung, f. déflegmation.
Entweder, conj. ou; soit.
Entweichen, v. n. 5† (f.) s'évader, v. Entfliehen. [der un prêtre.
Entweihen, v. a. profaner; dégradation.
Entweihung, f. profanation, dégradation.
Entwenden, v. a. irr. et rég. enlever, dérober, détourner.
Entwendung, f. vol, m. larcin.
Entwerfen, v. a. 2, (dess.) ébaucher, esquisser, crayonner, tracer;

fg. ébaucher, esquisser; projeter, minuter, former un projet; voy. Entwurf.
Entwickeln, v. a. développer, déployer; fg. id.; dénouer, dégager; expliquer; (did.) amplifier, déduire.
Entwickelung, f. fg. développement, m.; (théât., etc.) dénoûment, catastrophe, f.; déploiement, m.; (did.) amplification, f.; déduction; (hist. nat.) évolution.
Entwinden, v. a. 3, arracher des mains; sich —, échapper, s'arracher à.
Entwirren, v. a. débrouiller.
Entwischen, v. n. (f.) échapper, s'enfuir. [sevrer un enfant.
Entwöhnen, v. a. désaccoutumer;
Entwöhnung, f. perte d'une habitude, ol. désaccoutumance; sevrage d'un enfant, m.
Entwölken, v. a., den Himmel —, dissiper les nuages; sich —, s'éclaircir. [der, flétrir.
Entwürdigen, v. a. avilir, dégraEntwurf, m. 2*, ébauche, f. esquisse, croquis, m.; fg. id., projet, minute, f. canevas, m.; cadre d'un ouvrage; (arch.) délinéation, f. || projet, m. plan, dessein. [turper.
Entwurzeln, v. a. déraciner, extirper.
Entzaubern, v. a. désenchanter.
Entziehen, v. a. 6, ôter, retrancher à qn.; priver, frustrer qn. de qch.; soustraire à qn.
Entziehung, f. retranchement, m. privation, f. soustraction.
Entzifferbar, adj. déchiffrable.
Entzifferer, m. 1, déchiffreur.
Entziffern, v. a. déchiffrer; expliquer.
Entzifferung, f. déchiffrement, m.
Entzücken, v. a. ravir, charmer, enchanter, transporter, enlever, enthousiasmer; extasier; entzückt werden, être ravi, etc.; s'extasier; entzückt, ravi, etc.; extatique; —, s. n. 1, Entzückung, f. extase; transport, m. ravissement; enthousiasme; in — gerathen, s'extasier, s'enthousiasmer, être ravi.
Entzückend, adj. ravissant, charmant.
Entzündbar, adj. inflammable.
Entzündbarkeit, f. inflammabilité.
Entzünden, v. a. embraser, enflammer, allumer, brûler; entzündet, (méd.) enflammé, aduste (sang).
Entzündung, fém. v. a. inflammation; embrasement, m.; feu, incendie; (méd.) inflammation, f. aduston du sang. [flammatoire, f.
Entzündungsfieber, n. 1, fièvre in-

Entzwei, *adv.* rompu, cassé, brisé, déchiré; mis en deux.
Entzweien, *v. a.* brouiller, désunir.
Entzweiung, *f.* désunion, dissension, dispute, discorde.
Enzian, *m.* 2, (*bot.*) gentiane, *f.*
Epacte, *f.* épacte.
Epheu, *m.* 2, lierre.
Epheuharz, *m.* 2, hédérée, *f.*
Ephod, *n.* 2, (*ant. j.*) éphod, *m.*
Ephoren, *m. pl.* 3, (*ant. gr.*) éphores.
Epidemie, *f.* épidémie.
Epidemisch, *adj.* épidémique.
Epigramm, *n.* 2, épigramme, *f.*
Epigrammatisch, *adj.* épigrammatique.
Epigrammendichter, *m.* 1, épigrammatiste.
Epikuräer, *m.* 1, épicurien.
Epikuräisch, *adj.* épicurien; die —e Lehre, épicurisme, *m.*
Epilepsie, *f.* épilepsie, mal caduc, *m.* haut mal.
Epileptisch, *adj.* épileptique.
Epilog, *m. exc.* 1, épilogue.
Epirus, *m. indécl.* (*géogr. anc.*) Épire.
Episch, *adj.* épique.
Episode, *f.* épisode, *m.*
Episodisch, *adj.* épisodique.
Epistel, *f.* épître; lettre.
Epoche, *f.* époque.
Epopee, *f.* Epos, *n. indécl.* épopée, *f.*; poème épique, *m.*
Eppich, *m.* 2, (*bot.*) ache, *f.*
Er, *pron. pers.* il, lui.
Er, inséparable dans la composition, *marque une élévation, une ouverture, un rapprochement, une production, un succès, une découverte, reddition, acquisition, etc.*
Erachten, *v. a.* estimer, juger, penser; —, *s. n.* 1, avis, *m.* opinion, *f.*
Erarbeiten, *v. a.* gagner à force de travail. [taire, *f.*
Erbabel, *m.* 1, noblesse héréditaire.
Erbarmen (sich), avoir pitié, compassion de; compatir à; —, *v. a. et imp.* (h.) faire pitié, toucher, attendrir.
Erbarmend, *adj.* compatissant.
Erbärmlich, *adj.* pitoyable, *fm.* piteux; *m. p.* pitoyable, misérable, chétif.
Erbarmung, *f.* pitié, compassion; commisération, miséricorde.
Erbarmungsvoll, *adj.* compatissant. [*fg.* édifier.
Erbauen, *v. a.* bâtir, construire;
Erbauer, *m.* 1, fondateur.
Erbaulich, *adj.* édifiant, parénétique.
Erbauung, *f.* construction; fondation; *fg.* édification.

Erbauungsbuch, *n.* 5*, livre de dévotion, *m.* livre ascétique.
Erbbegräbniß, *n.* 2, sépulture de famille, *f.*
Erbe, *m.* 3, Erbinn, *f.* héritier, *m.* -ère, *f.*; der nächste —, héritier présomptif (*m.*), ab intestat; ein eingesetzter —, un héritier institué.
Erbe, *n.* 1, héritage, *m.* succession, *f.*; héredité; ein — einziehen, recueillir une succession.
Erbeben, *v. n.* (h.) trembler; s'ébranler; *fg.* frémir; —, *s. n.* 1, tremblement, *m.* [céder à qn.
Erben, *v. a.* hériter de qn., succéder; *v. a.* obtenir par prières.
Erbetteln, *v. a.* mendier.
Erbeuten, *v. n.* prendre sur l'ennemi; capturer; *fg.* gagner, attraper.
Erbfähig, *adj.* habile à succéder; — machen, habiliter à succéder.
Erbfähigkeit, *f.* habilité à succéder.
Erbfall, *m.* 2*, succession, *f.* dévolution.
Erbfällig, *adj.* échu en héritage.
Erbfeind, *m.* 2, ennemi héréditaire, éternel.
Erbfolge, *f.* succession; die gesetzliche, natürliche —, succession ab intestat; männliche —, agnation; succession agnatique; weibliche —, cognation, succession cognatique.
Erbfürst, *m.* 3, =faiser, *m.* 1, prince, empereur héréditaire.
Erbgenoß, *m.* 3, cohéritier.
Erbgrind, *m.* 2, teigne maligne, *f.* [héritage.
Erbgut, *n.* 5*, patrimoine, *m.*
Erbieten (sich) 6, s'offrir.
Erbietung, *f.* offre.
Erbinn, *f.* héritière; *v.* Erbe.
Erbitten, *v. a.* 1, fléchir, gagner qn. à force de prières; er bat sich von uns — lassen, il s'est rendu à nos prières; — obtenir qch. à force de prières.
Erbittern, *v. a.* aigrir, irriter, indisposer, exaspérer, acharner.
Erbitterung, *f.* aigreur; acharnement, *m.*; animosité, *f.* exaspération. [tuité, *f.*
Erbkauf, *m.* 2*, vente à perpétuité.
Erbland, *n.* 5*, pays héréditaire, *m.* [pâle; *fg.* expirer, mourir.
Erblassen, *v. n.* (f.) pâlir, devenir
Erblasser, *m.* 1 (*pron.* Erb=lasser), *f.* testateur, *m.* testatrice, *f.*
Erblehen, *n.* 1, fief héréditaire, *m.* fief féminin.
Erblehengut, *n.* 5*, seigneurie qu'on tient en fief héréditaire, *f.* féage, *m.* [phytéotique, *f.*
Erblehenzins, *m.* 2, rente emphytéotique.
Erbleichen, 5†, *v.* Erblassen.
Erblich, *adj.* héréditaire.

Erblichkeit, *f.* hérédité.
Erblicken, *v. a.* apercevoir, voir.
Erblickung, *f.* aspect, *m.*; vue, *f.*
Erblinden, *v. n.* (f.) devenir aveugle. [hérité.
Erblos, *adj.* sans héritiers, déshérité.
Erbnehmer, *m.* 1, héritier; —, *pl.* hoirs et ayants cause.
Erborgen, *v. a.* emprunter.
Erbosen (sich), s'irriter, se courroucer.
Erbötig, *adj.* prêt, disposé à.
Erbpacht, *m.* 2, emphytéose, *f.*
Erbpachter, *m.* 1*, emphytéote.
Erbpachtgut, *n.* 5*, bien emphytéotique, *m.* acense, *f.*
Erbpachtlich, *adj.* emphytéotique.
Erbpachtung, *f.* accensement, *m.*
Erbprinz, *m.* 3, prince héréditaire.
Erbrechen, *v. a.* rompre, forcer, ouvrir; sich —, vomir; —, *s. n.* 1, vomissement, *m.*; *v.* Er=brechung.
Erbrecht, *n.* 2, droit de succession, *m.* hérédité, *f.*; durch —, héréditairement.
Erbrechung, *f.* rupture, effraction; fracture d'une porte, ouverture.
Erbregister, *n.* 1, papier terrier, *m.* cadastre.
Erbreich, *m.* 2, royaume *ou* empire héréditaire, *m.*
Erbschaft, *f.* succession, héritage, *m.*; hérédité, *f.*
Erbschätzung, *f.* ventilation.
Erbschicht, =schichtung, =theilung, *f.* partage d'une succession, *m.*
Erbschleicher, *m.* 1, captateur.
Erbschuld, *f.* dette héréditaire.
Erbse, *f.* pois, *m.*; durchgeschlagene —, purée de pois, *f.*; grüne —n, petits pois, *m. pl.*
Erbsenkette, *f.* chaîne de métal faite en grains de pois.
Erbsensuppe, *f.* potage à la purée de pois, *m.*
Erbsenzähler, *m.* 1, *fm.* jocrisse.
Erbstaat, *m. exc.* 1, état héréditaire; *v.* Erbreich. [hérité.
Erbstück, *n.* 2, héritage, *m.* effet
Erbsünde, *f.* 2, péché originel, *m.*
Erbtheil, *n.* 2, portion d'une succession, *f.* héritage, *m.*
Erbtugend, *f.* vertu héréditaire.
Erbverbrüderung, *f.* confraternité héréditaire.
Erbverein, *m.* 2, =vertrag, *m.* 2*, convention héréditaire, *f.*
Erbvermächtniß, *n.* 2, legs, *m.*
Erbwein, *m.* 2, canon emphytéotique, cens. [sier.
Erbzinsherr, *m.* 3, seigneur censier.
Erbzinsmann, *m.* 5*, emphytéote.
Erdachse, *f.* axe de la terre, *m.*
Erdapfel, *m.* 1*, pomme de terre, *f.*
Erdart, *f.* espèce de terre.

Erbartig, *adj.* terreux.
Erbbahn, *f.* orbite de la terre.
**Erbball**, *m.* 2°, globe terrestre.
Erbbeben, *n.* 1, tremblement de terre, *m.*       [tre.
Erbbebenmeffer, *m.* 1, sismomé-
Erbbeerbaum, *m.* 2°, arbousier;
bie Frucht bes —s, arbouse, *f.*
Erbbeere, *f.* fraise.
Erbbeerenpflanze, *f.* fraisier, *m.*
Erbbefchreiber, *m.* 1, géographe.
Erbbefchreibung, *f.* géographie;
zur — gehörig, géographique.
Erbbirn, *f.* topinambour, *m.*
Erbbeben, *n.* 1°, terre, *f.;* ter-
rain, *m.* sol.
Erbbohrer, *m.* 1, drague, *f.*
Erbbrand, *m.* 2°, feu, embrase-
ment souterrain.
Erbbamm, *m.* 2°, digue de terre,
*f.* dame.
**Erbe**, *f.* terre; terrain, *m.* ter-
roir; *fg.* monde, univers.
**Erbenge**, *f.* isthme, *m.*
**°Erbenfen**, *v. a.* inventer, ima-
giner.       [ginable.
Erbenflich, Erbenfbar, *adj.* ima-
Erbenfloß, *m.* 2°, motte de terre,
*f.*       [*m.* terre, *f.*
Erbenrund, *n.* 2, globe terrestre,
Erbfall, *m.* 2°, affaissement;
écroulement, éboulement de terre;
fondrière, *f.*
Erbferne, *f.* (*astr.*) apogée, *m.*
Erbfeuer, *n.* 1, feu souterrain, *m.*
Erbfloh, *m.* 2°, mordelle, *f.* pu-
ceron, *m.*
Erbgeift, *m.* 5, gnome.
Erbgelb, *n.* 2, ocre, *f.*
Erbgefchmad, *m.* 2° goût ter-
reux.       [*m.*
Erbgefchoß, *n.* 2, rez-de-chaussée.
Erbgürtel, *m.* 1, zone, *f.*
Erbhaltig, *adj.* terreux.
Erbharz, *n.* 2, bitume, *m.* as-
phalte.       [tre, *m.*
Erbhügel, *m.* 1, butte, *f.* ter-
Erbicht, *adj.* terrestre, de terre.
Erbichten, *v. a.* inventer; con-
trouver, forger, fabriquer; erbich-
tet, imaginé; fictif; chimérique;
faux, illusoire.
Erbichtung, *f.* invention, fiction.
Erbfohle, *f.* charbon de terre,
*m.* houille, *f.*       [*m.*
Erbfreis, *m.* 2, terre, *f.* monde,
Erbfugel, *f.* globe terrestre, *m.*
Erbfunde, *f.* géognosie, géogra-
phie.
Erblage, *f.* couche de terre.
Erbmeffer, *m.* 1, v. Felbmeffer.
Erbmilbe, *f.* tique terrestre.
**Erbnähe**, *f.* (*astr.*) périgée, *m.*
**Erbnuß**, *f.*°, gland de terre, *m.*
ornithogale.
Erbolchen, *v. a.* poignarder.
Erbpech, *n.* 2, v. Erbharz.

Erbrauch, *m.* 2, (*bot.*) fumeterre.
Erbraumer, *m.* 1, drague, *f.*
Erbreich, *n.* 2, sol, *m.* terrain;
terroir.
Erbreiften (fich), oser, s'enhardir.
Erbrohr, *n.* 2, telescope terres-
tre, *m.*
Erbroffeln, *v. a.* étrangler.
Erbroffelung, *f.* étranglement, *m.*
Erbrüden, *v. a.* étouffer, écraser.
Erbrüden (*pron.* Erb-rüden), *m.*
1, hauteur, *f.* élévation, crête,
côte.
Erbfchnede, *f.* limaçon, *m.*
Erbfcholle, *f.* motte de terre.
ErbfchwaU, *m.* 2°, champignon;
bas Miftbeet zu —en, champignon-
nière, *f.*
Erbfpipe, *f.,* v. Lanbfpipe.
Erbftrich, *m.* 2, zone, *f.;* cli-
mat, *m.*
Erbfucher, *m.* 1, (*min.*) sonde, *f.*
Erbtheilung, *f.* géodésie.
Erbulben, *v. a.* souffrir, essuyer,
endurer, supporter, tolérer.
Erbulbung, *f.* souffrance, toléran-
ErbwaU, *m.* 2°, terrasse, *f.* [ce.
Erbzunge, *f.* langue de terre.
Ereifern, *v. n.* (f.) et fich —, s'é-
chauffer.
Ereignen (fich), arriver, se faire.
Ereigniß, *n.* 2, événement, *m.;*
accident.
Ereilen, *v. a.* atteindre; attra-
per, joindre; rattraper.
Eremit, *m.* 3, v. Einfiedler.
Ererben, *v. a.* hériter.
Erfahren, *v. a.* 7, savoir, appren-
dre; essuyer, éprouver; —, *part.*
expérimenté; expert; versé, en-
tendu.
Erfahrenheit, Erfahrung, *f.* expé-
rience; usage, *m.;* routine, *f.*
pratique, épreuve.
Erfahrungsbegriff, *m.* 2, notion
empirique, *f.*       [mental.
Erfahrungsmäßig, *adj.* expéri-
Erfaffen, *v. a.* saisir, embrasser.
Erfechten, *v. a.* 6, gagner, rem-
porter.       [couvrir.
Erfinden, *v. a.* 3, inventer, dé-
Erfinder, *m.* 1, inventeur; au-
teur.
Erfinderifch, Erfindfam, *adj.* inventif, fertile en inventions; ingénieux.
Erfindung, *f.* invention; décou-
verte, fiction; von Ihrer —, *fm.*
de votre cru.
Erfindungsfraft, *f.*°, invention,
imaginative.
Erfleben, *v. a.* obtenir par prières.
Erfolg, *m.* 2, issue, *f.* fin, suc-
cès, *m.* effet, résultat; suite, *f.*
Erfolgen, *v. n.* (f.) s'ensuivre,
résulter, arriver.       [saire.
Erforberlich, *adj.* requis, néces-

Erforbern, *v. a.* demander, exiger, requérir, désirer, vouloir;
erforbert werben, falloir; être nécessaire.
Erforberniß, *n.* 2, exigence, *f.;*
nécessité; qualité requise.
Erforfchen, *v. a.* rechercher; examiner, épier; s'informer de qch.,
découvrir.
Erforfcher, *m.* 1, explorateur;
ber — ber Herzen, scrutateur des
cœurs.
Erforfchlich, *adj.* pénétrable.
Erforfchung, *f.* recherche, investigation, perquisition, information, découverte.
Erfragen, *v. n.* découvrir, trouver à force de questions; s'informer de qch.
Erfrechen (fich), oser; avoir l'audace, la témérité, hardiesse de.
Erfreuen, *v. a.* réjouir, ravir;
faire plaisir à; fich —, se réjouir.
Erfreund, Erfreulich, *adj.* réjouissant, ravissant; agréable, joyeux.
Erfrieren, *v. n.* 6 (f.) geler, mourir de froid; être transi de froid.
Erfrifchen, *v. a.* rafraîchir; *fg.*
*id.*, renouveler; fich —, se rafraîchir; (*méd.*) s'humecter.
Erfrifchenb, *adj.* rafraîchissant;
(*méd.*) *id.*, humectant.
Erfrifchung, *f.* rafraîchissement,
*m.; fg.* renouvellement.
Erfrifchungsplap, *m.* 2°, (*mar.*)
escale, *f.*
Erfüllen, *v. a.* remplir, combler;
accomplir un vœu; satisfaire à;
s'acquitter de son devoir; erfüllt
werben, s'accomplir (*prophétie*).
Erfüllung, *f.* accomplissement,
*m.;* consommation, *f.;* in — gehen, s'accomplir.
Ergänzen, *v. a.* réparer; parfaire,
suppléer à, compléter; recruter
des troupes; restituer.
Ergänzenb, *adj.* complémentaire,
supplémentaire.
Ergänzung, *f.* réparation, restitution; supplément, *m.* complément, complétement.
Ergänzungstag, *m.* 2, jour complémentaire.
Ergattern, *v. a. fm.* attraper.
Ergeben, *v. a.* 1, rendre, donner;
fich —, se rendre; se remettre;
(*mar.*) amener le pavillon; fich
eintr E., embrasser qch.; s'appliquer; s'adonner, se dévouer,
s'attacher à qch.; fich auf Gnabe unb
Ungnabe —, se rendre à discrétion; fich in etw. —, acquiescer,
se soumettre, se résigner à qch.;
hieraus ergiebt fich, il s'ensuit;
—, *part.* adonné, attaché, dévoué, appliqué; résigné; einem

ganz—seyn, être tout à quelqu'un.
**Ergebenheit**, f. dévouement, m.
attachement; affection, f.; soumission. [dévoué.
**Ergebenst**, adj. tout acquis, tout
**Ergebung**, fém. reddition d'une place; soumission; résignation ‖ attachement pour qn., à qch., m.; dévouement; affection, f.; application à qch.; — in Gottes Willen, résignation à la volonté de Dieu.
***Ergehen**, v. n. et imp. (f.) être publié, ordonné, prononcé, émaner (loi, etc.); arriver, se passer; — laffen, émettre, publier une loi; Recht — laffen, rendre justice; etw. über sich — laffen, souffrir qch.; sich —, se promener, faire une promenade.
**Ergeizen**, v. a. fm. gagner, amasser par avarice, par lésine.
**Ergiebig**, adj. riche, abondant, productif. [duit, m.
**Ergiebigkeit**, f. richesse, pro-
**Ergießen**, v. a. 6, répandre, épancher; sich —, se répandre, s'épandre, s'épancher; se déborder; inonder; (méd.) s'extravaser; se décharger, se jeter dans la mer, etc.
**Ergießung**, f. débordement, m.; inondation, f.; diffusion de la lumière; fg. épanchement du cœur, m.; (méd.) dégorgement, extravasion, f.; (opt.) irradiation.
**Erglänzen**, v. n. (h.) briller.
**Ergößen**, v. a. récréer, réjouir, égayer, divertir; se relâcher l'esprit.
**Ergößlich**, adj. récréatif, réjouissant, divertissant, amusant; agréable.
**Ergößlichkeit, Ergößung**, f. récréation; réjouissance, divertissement, m. amusement, plaisir.
**Ergrauen**, v. n. (f.) grisonner; blanchir.
**Ergreifen**, v. a. 5†, saisir; empoigner; prendre les armes; attraper un fugitif; mit den Klauen —, griffer; — fg. prendre une mesure; employer un moyen; embrasser une opinion, etc.; profiter de l'occasion.
**Ergreifung**, f. prise; arrestation, appréhension d'un délinquant, etc.
**Ergrimmen**, v. n. (f.) s'irriter; entrer en colère, en furie.
**Ergrübeln**, v. a. trouver, découvrir à force de méditer, de raffiner.
**Ergründen**, v. a. rechercher; sonder; pénétrer, approfondir, épuiser.

**Ergründung**, f. recherche; approfondissement, m.; pénétration, f.
**Erguß**, m. a*, effusion, f. épanchement, m.
**Erhaben**, adj. élevé; fg. sublime, relevé, auguste; (sculpt.) en relief, en bosse; die —e Arbeit, (sculpt.) relief, m.; ganz —e, balb —e, flach —e Arbeit, haut-, demi-, bas-relief; —, adv. (sculpt.) en relief; —e, s. n. 3, sublime, m.
**Erhabenheit**, f. élévation; éminence; fg. sublimité; (sculpt.) relief, m.
**Erhalten**, v. a. 4, recevoir, gagner, obtenir, avoir, remporter; (jur.) impétrer ‖ retenir, soutenir ce qui tombe; fg. conserver; garder, maintenir; entretenir; nourrir; sauver la vie.
**Erhalter**, m. 1, conservateur; appui, soutien; protecteur.
**Erhaltung**, f. conservation, maintien, m. soutien; protection, f.; entretien, m.; nourriture, f.; v.
**Erlangung**. [rir par achat.
**Erhandeln**, v. a. acheter, acquérir par achat.
**Erhängen** (sich), se pendre.
**Erhärten**, v. a. fg. prouver, affirmer.
**Erhärtung**, f. preuve; affirmation.
**Erhaschen**, v. a. attraper, prendre, happer; fg. id.; accrocher.
**Erhaschung**, f. appréhension.
**Erheben**, v. a. 6, lever, élever, hausser, ramer; fg. id.; pousser des cris; exalter, louer; avancer aux dignités; (sculpt.) faire en relief; percevoir, toucher des deniers; zu einer Grafschaft —, ériger en comté; aus dem Staub —, tirer de la poussière; in den Abelstand —, anoblir; unter die Heiligen —, canoniser; sich —, s'élever; s'enorgueillir; se soulever, se révolter (peuple).
**Erheblich**, adj. important.
**Erheblichkeit**, f. importance.
**Erhebung**, f. élévation (aussi fg.); relief, m.; perception (f.), recouvrement de deniers, m.
**Erheirathen**, v. a. obtenir par mariage.
**Erheischen**, v. a. exiger, demander.
**Erheitern**, v. a. éclaircir; égayer; sein Gesicht erheitert sich, son front se déride.
**Erhellen**, v. a. éclairer; éclaircir; illuminer; v. n. (h.) paraître; es erhellet hieraus, il en résulte, il appert par là.
**Erhenken**, v. a. v. **Erhängen**.
**Erheucheln**, v. a. feindre, dissimuler; part. erheuchelt, feint, affecté.
**Erhißen**, v. a. échauffer; fg. id., exalter, animer, enflammer; irriter, fâcher.

**Erhißung**, f. échauffement, m.
**Erhoben**, adj. élevé; —e Arbeit machen, relever en bosse; voyez **Erhaben**.
**Erhöhen**, v. a. élever, hausser, relever, rehausser; fg. id.; exalter; (teint.) aviver.
**Erhöhung**, f. élévation; haussement, m.; exhaussement; relèvement; hausse, f. augmentation du prix; exaltation.
**Erholen** (sich), revenir à soi; se remettre d'une maladie; se délasser; reprendre, réparer ses forces; se rétablir; se dédommager, se récupérer d'une perte; sich bei jemanden Raths —, consulter qn.
**Erholung**, f. rétablissement, m. délassement, récréation, f.; dédommagement, m. réparation, f.; recours, m. [création.
**Erholungsstunde**, f. heure de récréation, m.
**Erhören**, v. a. exaucer; agréer une demande; es ist nicht erhört, c'est une chose inouïe.
**Erhörlich**, adj. digne d'être exaucé; ein —es Gebet, une prière prononcée avec ferveur, avec la certitude d'être exaucé.
**Erhörung**, f. exaucement, m.
**Erjagen**, v. a. attraper (en chassant); fg. id.; remporter avec peine; zu — suchen, courir après qch.
**Erinnerer**, m. 1, moniteur.
**Erinnerlich**, adj., diese S. ist mir nicht mehr —, je ne me souviens plus de cette chose.
**Erinnern**, v. a. faire souvenir qn. (an, de); rappeler qch. à qn.; avertir; exhorter; sich einer S. ou an etw. —, se souvenir de qch., se rappeler qch.; einen an seine Pflicht —, remontrer à qn. son devoir.
**Erinnernd**, adj. commémoratif.
**Erinnerung**, fém. souvenir, m.; avertissement, exhortation, f.; avis, m. [toire, m.
**Erinnerungsschreiben**, n. 1, monitoire.
**Erinnerungsvermögen**, n. 1, mémoire, f.
**Erkalten**, v. n. (f.) refroidir; se refroidir; fg. id., mourir.
**Erkälten**, v. a. refroidir; morfondre; rafraîchir; sich —, gagner un rhume, se morfondre.
**Erkaltung**, f. refroidissement, m.
**Erkältung**, f. refroidissement, m.
**Erkämpfen**, v. a. obtenir, remporter, gagner par les armes; fg. id.
**Erkargen**, v. a. fm. lésiner; épargner ou amasser par lésine.
**Erkaufen**, v. a. acheter; fg. id., gagner qn. par de l'argent; corrompre. [corruption.
**Erkaufung**, f. achat, m.; fg.

Erfennbar, *adj.* connaissable, reconnaissable.

*Erfennen, v. a.* reconnaître; connaître; avouer; voir; avoir obligation de qch.; être reconnaissant; für billig —, trouver juste; (*jur.*) juger, décider, prononcer; décerner; über etw. ju — haben, avoir la connaissance de qch., connaître de qch.; ohne erfannt seyn ju wollen, incognito.

Erfenntlich, *adj.* connaissable, reconnaissable, reconnaissant; sensible.

Erfenntlichfeit, *f.* reconnaissance, gratitude, sensibilité.

Erfenntniß, *fém.* connaissance; (*jur.*) sentence; die anschauende —, intuition.

Erfenntnißfraft, *f.*, Erfenntnißvermögen, *n.* 1, entendement, *m.*; intelligence, *f.*; faculté intellectuelle; die Lehre von der —, idéologie.

Erfennung, *f.* connaissance, reconnaissance; confession, aveu, *m.*; (*jur.*) jugement, sentence, *f.*; décision.

Erfer, *m.* 1, balcon, saillie, *f.*

Erfiesen, *v. a.* choisir.

Erflärbar, *adj.* explicable.

Erflären, *v. a.* expliquer, interpréter, commenter, gloser; exposer; déclarer *la guerre;* définir; prononcer; für gut —, approuver qch.; sich —, s'expliquer; se déclarer; s'énoncer; sich für eine Partei —, embrasser un parti.

Erflärend, *adj.* explicatif, interprétatif.

Erflärer, *m.* 1, interprète; commentateur; glossateur; exégète.

Erflärung, *f.* explication; exposition; interprétation; éclaircissement, *m.* commentaire; déclaration, *f.;* die öffentliche —, manifeste, *m.* ‖ — der Sinnbilder, iconologie, *f.* [dérable.

Erfledlich, *adj.* suffisant, considérable.

Erflettern, Erflimmen, *v. a.* gravir; grimper sur, au haut de.

Erflingen, *v. n.* 3 (h.) résonner, retentir.

Erforen, *adj.* élu, choisi.

Erfranfen, *v. n.* (f.) tomber malade. [bassesses.

Erfriechen, *v. a.* 6, obtenir par des Erfriegen, *v. a.* conquérir, gagner par les armes.

Erfühnen (sich), oser, s'enhardir, prendre la liberté, se hasarder.

Erfunden, *v.* Ausfundschaften.

Erfundigen (sich), s'informer, s'instruire de, s'éclaircir sur; demander des renseignements sur; épier qch. [mation.

Erfundigung, *f.* recherche, infor-

---

Erfünstein, *v. a.* contrefaire, inventer; erfünstelt, factice, artificiel. [pié, perclus, paralytique.

Erlahmen, *v. n.* (f.) devenir estro-

Erlangen, *v. a.* atteindre; *fg.* obtenir, avoir, acquérir; gagner; remporter *le prix;* (*jur.*) impétrer. [tration, acquisition.

Erlangung, *f.* obtention, impé-

Erlaß, *m.* 2, remise, *f.* rémission; diminution; indulgence; publication, pièce publiée, ordre publié, *m.*

Erlassen, *v. a.* 4, remettre, pardonner; donner l'absolution de qch.; dispenser de qch.; einem seinen Eid —, relever qn. de son serment ‖ émettre, publier *une ordonnance, etc.*

Erlaßjahr, *n.* 2, jubilé, *m.*

Erläßlich, *adj.* rémissible; (*théol.*) véniel.

Erlassung, *f.* rémission; pardon, *m.;* remise, *f.;* absolution, indulgence; exemption; dispense.

Erlauben, *v. a.* permettre, accorder; erlaubt, permis, licite.

Erlaubniß, *f.* permission; concession; die — ausjutreten, (*égl., etc.*) exéat, *m.*

Erlaubnißschein, *m.* 2, congé.

Erlaucht, *adj.* (*titr.*) illustre; auguste; —ester, illustrissime.

Erlauern, *v. a.* épier, guetter.

Erläutern, *v. a.* expliquer; éclaircir; durch Anmerfungen —, commenter. [*m.;* explication, *f.*

Erläuterung, *f.* éclaircissement,

Erläuterungsfaß, *m.* 2*, scolie, *f.*

Erle, *f.* Erlenbaum, *m.* 2*, aune.

Erleben, *v. a.* vivre assez pour voir qch.; parvenir *à un certain temps, à un certain âge; voir un événement;* éprouver *un bonheur.*

Erledigen, *v. a.* décharger, délivrer; exempter, affranchir, expédier, terminer *une affaire;* tritbigt, vacant; *fief* ouvert.

Erledigung, *f.* délivrance; exemption; vacance; achèvement, *m.*

Erlegen, *v. a.* tuer qn.; payer *une somme.* [*m.*

Erlegung, *f.* défaite; payement,

Erleichtern, *v. a.* alléger, décharger; *fg. id.,* faciliter, adoucir, soulager.

Erleichterung, *f.* allégement, *m.;* dégagement, décharge, *f.; fg.* adoucissement, *m.* soulagement.

Erleiden, *v. a.* 5†, souffrir, endurer, supporter.

Erleidlich, *adj.* supportable.

Erlen, *adj.* d'aune.

Erlenwald, *m.* 5*, aunaie, *f.*

Erlernen, *v. a.* apprendre.

Erlernung, *f.* étude.

---

Erlesen, *v. a.* 1, choisir, élire; —, *part., v.* Auserlesen. [ner.

Erleuchten, *v. a.* éclairer, illuminer; Erleuchtend, *adj.* (*dév.*) illuminant, illuminatif. [mière.

Erleuchtung, *f.* illumination; lumière.

Erliegen, *v. n.* 1 (f.) succomber.

Erlisten, *v. a.* attraper par finesse.

Erlös, *m.* 2, produit *d'une vente.*

Erlöschen, *v. n.* 6 (f.) s'éteindre; s'amortir (*dette*).

Erlöschung, *f.* extinction.

Erlösen, *v. a.* délivrer; racheter; affranchir; libérer; sauver.

Erlöser, *m.* 1, libérateur; (*théol.*) rédempteur, sauveur.

Erlösung, *f.* délivrance; affranchissement, *m.;* (*théol.*) rédemption, *f.*

Erlügen, *v. a.* 6, inventer, mentir; erlogen, mensonger, inventé, controuvé, faux; calomnieux.

Erlustigen, *v.* Belustigen, Ergöşen.

Ermächtigen, *v. a.* autoriser, donner plein pouvoir à qn.

Ermächtigung, *f.* autorisation.

Ermahnen, *v. a.* exhorter; engager *au bien;* (*jur.*) admonéter.

Ermahnend, *adj.* (*did.*) parénétique.

Ermahner, *m.* 1, moniteur.

Ermahnung, *f.* exhortation; admonition; remontrance; (*jur.*) monition; semonce; die moralische —, (*did.*) parénèse.

Ermahnungsschreiben, *n.* 1, monitoire, *m.* lettre monitoriale, *f.*

Ermangeln, *v. n. et imp.* (b.) manquer; faillir; daran werde ich nicht —, je n'y manquerai pas.

Ermangelung, *fém.* manque, *m.* défaut; in — dessen, faute (au défaut) de cela.

Ermannen (sich), s'enhardir; se remettre, reprendre courage, se rassurer.

Ermäßigen, *v. a.* modérer.

Ermatten, *v. n.* (f.) se lasser, se fatiguer, s'affaiblir. [ment, *m.*

Ermattung, *f.* lassitude; épuisement, *m.*

Ermessen, *v. a.* 1, juger, conjecturer, présumer; conclure; —, *s. n.* 1, jugement, *m.;* avis.

Ermeßlich, *adj.* (*math.*) commensurable.

Ermorden, *v. a.* assassiner, tuer, massacrer, assommer; égorger; einander —, s'entr'égorger.

Ermordung, *fém.* assassinat, *m.* meurtre, homicide, massacre.

Ermüden, *v. a.* lasser, fatiguer, harasser.

Ermüdung, *f.* lassitude, fatigue.

Ermuntern, *v. a.* éveiller; *fg. id.,* encourager, exciter, animer.

Ermunterung, *f.* réveil, *m.; fg.* encouragement, exhortation, *f.*

Ernähren, v. a. nourrir, entretenir, sustenter; alimenter; sich kümmerlich —, vivre petitement.

Ernährer, m. 1, nourricier, père nourricier, celui qui nourrit; =inn, f. nourrice.

Ernährung, f. nourriture; entretien, m.; aliments, pl.; die schlechte —, (méd.) cacotrophie, f.

Ernannte, m. 3, nominataire à un bénéfice.

*Ernennen, v. a. nommer, créer, désigner, commettre (zu, pour).

Ernenner, m. 1, nominateur à un bénéfice. [motion, création.

Ernennung, f. nomination, pro-Ernennungsbrief, m. 2, Ernennungsurkunde, f. diplôme, m. brevet.

Erneuen, Erneuern, v. a. renouveler; recommencer; restaurer.

Erneuerer, m. 1, rénovateur, réformateur, restaurateur.

Erneuerung, f. renouvellement, m. rénovation, f.

Erniedrigen, v. a. abaisser; fg. id., humilier; avilir; ravaler.

Erniedrigung, f. abaissement, m.; fg. id., humiliation, f.; avilissement, m.

Ernst, n. pr. m. Erneste.

Ernst, m. 2, Ernsthaftigkeit, f. sérieux, m.; gravité, f.; it. Ernst, zèle, m.; ardeur, f.; assiduité; im —, sérieusement, tout de bon; sich bei etw. einen — seyn lassen, travailler sérieusement à qch.; der stolze —, morgue, f.

Ernst, Ernsthaft, Ernstlich, adj. sérieux, grave, sévère.

Ernte (mieux Aernte), f. moisson, récolte.

Erntemonat, m. 2, messidor.

Ernten, v. a. moissonner, récolter, recueillir.

Ernter, m. 1, moissonneur.

Erntewagen, m. 1*, chartil.

Erntezeit, f. temps de la moisson, m. moisson, f.

Eroberer, m. 1, conquérant.

Erobern, v. a. conquérir, prendre.

Eroberung, f. conquête, prise.

Eröffnen, v. a. ouvrir; décacheter une lettre: entrer en campagne; fg. découvrir, publier; seine Meinung —, dire son sentiment, se déclarer; eröffnet, vacant (bénéfice).

Eröffnend, adj. (méd.) apéritif.

Eröffnung, f. ouverture; fg. id., déclaration; publication.

Erörtern, v. a. discuter, éclaircir, résoudre; vider, décider, terminer.

Erörterung, f. discussion, éclaircissement, m.; décision, f. résolution; examen, m.

Erotisch, adj. érotique.

Erpicht, adj. fm. avide de qch.; passionné pour, entêté, acharné à qch.; auf etw. — seyn, s'acharner à qch. [cher.

Erpressen, v. a. extorquer, arra-Erpresser, m. 1, concussionnaire.

Erpressung, f. extorsion; exaction, concussion; violence.

Erproben, v. a. éprouver, donner des preuves de; erprobt, éprouvé, à toute épreuve.

Erquicken, v. a. fortifier, restaurer, récréer, soulager, délasser; rafraîchir.

Erquickung, f. soulagement, m.; récréation, f. délassement, m. rafraîchissement.

Errathen, v. a. 4, deviner, découvrir.

Erregen, v. a. émouvoir, exciter, agiter; causer, faire naître; irriter les humeurs.

Erregung, f. agitation; excitation, émotion; irritation des humeurs, etc.

Erreichen, v. a. atteindre; toucher, arriver, parvenir à; joindre; attraper; gagner, obtenir.

Erreichung, f. action d'atteindre; accomplissement d'un souhait, m.

Erretten, v. a. sauver, délivrer; vom Tod —, retirer du tombeau.

Erretter, m. 1, sauveur, libérateur.

Errettung, f. délivrance, affranchissement, m.

Errichten, v. a. ériger; fg. créer; former; établir; instituer; mettre une armée sur pied; Freundschaft mit einem —, se lier d'amitié avec qn.

Errichtung, f. érection; fg. création, fondation, établissement, m., formation, f.

Erringen, v. a. 3, gagner, remporter en luttant; fg. obtenir avec peine, remporter; acquérir.

Erröthen, v. n. (f.) rougir; —, s. n. 1, rougeur, f. [m. pl.

Errungenschaft, f. (jur.) acquêts,

Ersättigen, v. a. rassasier, assouvir.

Ersättigung, f. rassasiement, m.

Ersättlich, adj. qui peut être rassasié.

Ersatz, m. 2, dédommagement, équivalent; compensation, f.

Ersaufen, v. n. 6† (f.) se noyer.

Ersäufen, v. a. noyer, submerger.

Ersäufung, f. submersion, noyade.

Erschaffen, v. a. 7, créer; faire.

Erschaffung, f. création.

Erschallen, v. n. rég. et 6 (f.) résonner, retentir; fg. retentir, se répandre.

Erschaudern, v. n. (f.) v. Schaudern.

Erscheinen, v. n. 5 (f.) paraître, apparaître; se manifester; revenir

(des spectres); vor Gericht —, comparaître en justice; nicht —, faire défaut.

Erscheinung, f. apparition; vision; (phys.) phénomène, m.; météore dans l'air; Mensch der —en hat, visionnaire; —, (jur.) comparution en justice, f.; Fest der —, Épiphanie.

Erschießen, v. a. 6, tuer d'un coup d'arme à feu ou de flèche; arquebuser, fusiller; passer par les armes; sich —, se tuer, se brûler la cervelle; —, s. n. 1, fusillade, f.; mitraillade.

*Erschinden, v. a. fm. rapiner; extorquer, amasser en lésinant.

Erschlaffen, v. a. relâcher, énerver, amollir; —, v. n. (f.) se relâcher, s'amollir.

Erschlaffung, f. relâchement, m.

Erschlagen, v. a. 7, assommer; tuer; vom Donner — werden, être frappé, écrasé de la foudre, du tonnerre.

Erschleichen, v. a. 5†, surprendre, capter; erschlichen, subreptice, obreptice.

Erschleicher, m. 1 (jur.) captateur.

Erschleichung, f. surprise; subreption, obreption; captation.

Erschmeicheln, v. a. obtenir par des flatteries.

Erschnappen, v. a. happer, attraper.

Erschöpfen, v. a. épuiser; consumer, absorber; fg. id.; pousser à bout la patience de qn.

Erschöpflich, adj. épuisable.

Erschöpfung, f. épuisement, m.; — aus Nahrungsmangel, inanition, f.

Erschrecken, v. a. faire peur à qn.; effrayer, atterrer, consterner, alarmer, épouvanter; effaroucher; —, v. n. 2 (f.) s'effrayer; s'épouvanter; s'alarmer, avoir peur. Erschreckt, Erschrocken, effrayé, épouvanté, intimidé; interdit.

Erschrecklich, adj. effroyable, épouvantable, terrible, horrible, affreux; redoutable.

Erschrockenheit, f. effroi, m.; timidité, f.

Erschüttern, v. a. ébranler; faire trembler; secouer; fg. émouvoir, frapper.

Erschütterung, f. ébranlement, m.; secousse, f.; tremblement, m.; commotion, f.; fg. émotion.

Erschütterungskreis, m. 2 (min.) cercle de friabilité.

Erschweren, v. a. appesantir; aggraver; rendre onéreux, difficile.

Erschwingen, v. a. 3, atteindre, parvenir à qch. || gagner ou acquérir avec peine; fournir, suffire à des dépenses.

Ersehen, v. a. 1, voir; apercevoir;

envisager; considérer, remarquer, observer; choisir.

Erſehnen, *v. a.* désirer vivement.

Erſeßen, *v. a.* rostituer, réparer, compenser, dédommager qn. de qch.; bonifier; rembourser *de l'argent*; remplacer *un homme*; rétablir *les forces.*

Erſeßlich, *adj.* réparable.

Erſeßung, *f.* restitution, réparation, compensation; dédommagement, *m.* rétablissement; remplacement.

Erſeufzen, *v. n.* (b.) soupirer; —, *v. a.* obtenir pour prix de ses soupirs.

Erſichtlich, *adj.* évident. [pirs.

Erſichtlichkeit, *f.* évidence.

Erſingen, *v. a.* 3, gagner en chantant.

Erſinnen, *v. a.* 2, imaginer, inventer, feindre; erſonnen, fictif.

Erſinnlich, *adj.* imaginable.

*Erſißen, *v. a.* (*jur.*) acquérir par prescription.

Erſpähen, *v. a.* espionner, découvrir, explorer. [miſer.

Erſparen, *v. a.* épargner, économiſer.

Erſparung, *f.* Erſparniß, épargne, économie.

Erſprießlich, *adj.* utile, avantageux, profitable; salutaire.

Erſt, Erſtlich, *adv.* premiérement; d'abord, *v.* Eben; erſt dann, alors seulement.

Erſtarken, *v. a.* devenir fort, se fortifier.

Erſtarren, *v. n.* (f.) roidir, se roidir; s'engourdir; être saisi *de frayeur*; von Kälte erſtarrt, transi de froid; — machen; engourdir.

Erſtarrung, *f.* roideur; engourdissement, *m.; fg.* étonnement.

Erſtatten, *v. a.* rendre; restituer, réparer; Be:icht —, faire un rapport.

Erſtattung, *f.* restitution, réparation; — eines Berichts, rapport, *m.*

Erſtaunen, *v. n.* (f.) s'étonner, être surpris; *fm.* tomber de son haut; erſtaunt, étonné, surpris, émerveillé, interdit, stupéfié, confus; —, *s. n.* 1, étonnement, *m.* surprise, *f.* consternation; in — ſeßen, étonner, surprendre, consterner.

Erſtaunend, Erſtaunlich, *adj.* étonnant, surprenant.

Erſte, *adj.* premier; von der —n Kindheit an, dés le berceau.

Erſtechen, *v. a.* 2, tuer d'un coup d'épée, etc.; poignarder.

*Erſtehen, *v. n.* (f.) se lever; ressuciter *des morts*; —, *v. a.* acheter, acquérir à l'encan, à l'enchère.

Erſteigen, *v. a.* 5, monter à; sur; gravir; atteindre; mit Leitern —, escalader. [lade.

Erſteigung (mit Leitern), *f.* esca-

---

Erſtens, *adv.* premiérement, en premier lieu, d'abord.

Erſterben, *v. n.* 2 (f.) mourir, expirer; ſécher sur pied; s'engourdir; wir — Ihre unterthänigſten Diener, nous sommes jusqu'à la mort vos trés-humbles serviteurs.

Erſtgeboren, *adj.* premier-né, ainé.

Erſtgeburt, *f.* primogéniture; — ou =srecht, *n.* 2, droit d'ainesse, *m.*

Erſtgemeldet, *adj.* ci-dessus mentionné, susdit, précité.

Erſticken, *v. n.* (f.) *et a.* étouffer; suffoquer; étrangler.

Erſtickung, *f.* étouffement, *m.;* suffocation, *f.*

Erſtlich, *adv.* premiérement.

Erſtling, *m.* 2, premier fruit; —, *pl.* prémices, *f.* primeurs.

Erſtreben, *v. a.* (*poés.*) gagner, atteindre, obtenir à force de peines.

Erſtrecken (ſich), s'étendre; monter, aller à; aboutir (bis, à).

Erſtreiten, *v. a.* 5†, *v.* Erkämpfen, Erringen.

Erſtummen, *v.* Verſtummen.

Erſtürmen, *v. a.* emporter, prendre d'assaut. [calade.

Erſtürmung, *f.* prise d'assaut, escalade.

Erſuchen, *v. a.* prier, inviter, demander à qn.; —, *s. n.* 1, prière, *f.* invitation, demande.

Ertappen, *v. a.* attraper, surprendre; auf friſcher That —, prendre sur le fait, en flagrant délit.

Ertappung, *f.* surprise.

Ertheilen, *v. a.* donner; distribuer; conférer; publier *un ordre.*

Ertheilung, *f.* distribution, don, *f.*; collation *d'un bénéfice, f.*

Ertödten, *v. a.* tuer; (*mor.*) mortifier. [tentir.

Ertönen, *v. n.* (f.) résonner, retentir.

Ertönung, *f.* résonnement, *m.*

Ertrag, *m.* 2 (*sans plur.*) rapport, revenu; reine —; revenu net.

Ertragen, *v. a.* 7, porter, supporter, soutenir; souffrir avec patience; endurer; tolérer ‖ rapporter, produire.

Erträglich, *adj.* supportable, tolérable, passable, médiocre.

Ertragſam, *adj.* de bon rapport.

Ertragung, *f.* tolérance, souffrance de l'amitié; médiocre.

Ertränken, *v. a.* noyer. [france.

Erträumen, *v. a.* s'imaginer qch.; erträumt, chimérique, imaginaire.

Ertrinken, *v. n.* 3 (f.) se noyer.

Ertroßen, *v. a.* obtenir, arracher, emporter par menaces.

Erübrigen, *v. a.* avoir de reste; mettre à part; épargner.

Erübrigung, *f.* avoir de reste; —, *m.;* fg. épargne, *f.*

Erve, *f.* (*bot.*) erve, orobe.

Erwachen, *v. n.* (f.) s'éveiller, se réveiller; —, *s. n.* 1, réveil, *m.*

---

Erwachſen, *v. n.* 7 (f.) croître, s'accroître, grandir; augmenter; *fg.* naître, sortir; résulter.

Erwachſen, *adj.* adulte, parvenu à un âge mûr, fait; nubile, mariable.

Erwägen, *v. a.* 6, peser, balancer, réfléchit à, sur qch.; considérer, examiner; penser à; juger de.

Erwägung, *f.* réflexion; considération; examen, *m.;* jugement.

Erwählen, *v. a.* élire, choisir; embrasser *un état, etc.*

Erwählung, *f.* élection, choix, *m.*

Erwähnen, *v. a.* mentionner; faire mention de qch.; citer, alléguer.

Erwähnt, *adj.* mentionné, susdit.

Erwähnung, *f.* mention.

Erwarmen, *v. n.* (f.) se réchauffer.

Erwärmen, *v. a.* chauffer; wieder —, réchauffer, dégourdir.

Erwärmung, *f.* action de chauffer; dégourdissement, *m.;* (*pharmacie*) caléfaction, *f.* [dre à.

Erwarten, *v. a.* attendre; s'attendre d'un; (*méd.*) attendre mieux.

Erwartung, *f.* attente; in — eines Beſſern, en attendant mieux.

Erwecken, *v. a.* éveiller, réveiller; *fg. id.*, exciter, encourager; ressusciter *des morts*; tint Begierde zu etw. —, faire naître l'envie de qch.

Erwecklich, *adj.* édifiant. [qch.

Erweckung, *f.* réveil, *m.;* résurrection, *f.;* fg. encouragement, *m.;* excitation, *f.;* édification.

Erwehren (ſich), se défendre de; repousser qch.

Erweichen, *v. a.* amollir; attendrir; *fg. id.*, adoucir; fléchir; toucher, émouvoir; (*méd.*) mollifier. [lient, malactique.

Erweichend, *adj.* (*méd.*) émollient; *fg.* adoucissement; attendrissement. [émollient, *m.*

Erweichung, *f.* amollissement, *m.; fg.* adoucissement; attendrissement.

Erweichungsmittel, *n.* 1, (*méd.*)

Erweis, *m.* 2, preuve, *f.* démonstration.

Erweiſen, *v. a.* 5, démontrer, prouver; faire voir; Freundſchaft —, témoigner de l'amitié; einen Dienſt —, rendre un service.

Erweiſlich, *adj.* probable.

Erweiſung, *f.* preuve; démonstration; marque; témoignage, *m.*

Erweitern, *v. a.* élargir, étendre, agrandir; (*mét.*) évaser, aléser; *fg.* amplifier; augmenter, agrandir; die Gränzen —, reculer les limites.

Erweiterung, *f.* élargissement, *m.; fg.* amplification, *f.* augmentation; agrandissement, *m.*

Erwerb, *m.* 2, gain, profit; acquisition, *f.;* acquêts, *m. pl.*

Erwerben, *v. a.* 2, gagner, acquérir; mériter; attirer;

Erwerber, m. 1, acquéreur.
Erwerbsam, adj. industrieux.
Erwerbsamkeit, f. industrie.
Erwerbszweig, m. 2, branche d'industrie, f. [m.
Erwerbung, f. acquisition; gain,
Erwiedern, v. a. rendre, répondre à; repartir, répliquer.
Erwiederung, f. retour, m. représailles, f. pl.; repartie, réplique.
Erwischen, v. a. attraper, surprendre.
Erworbenschaft, f. acquêt, m.
Erwuchern, v. a. gagner, amasser, acquérir par usure.
Erwünscht, adj. désiré; favorable, avantageux; —, adv. à propos, à point nommé.
Erwürgen, v. a. étrangler, égorger; —, v. n. (f.) étouffer.
Erwürgung, f. étranglement, m.
Erz, n. 2, mine, f.; minéral, m.; minerai, airain, bronze.
Erz, dans la comp. a souvent le sens d'archi-, p. ex. erz-dumm, extrêmement borné, très-stupide.
Erzader, f. veine métallique.
Erzählen, v. a. conter, raconter, débiter; rapporter; umständlich —, détailler.
Erzählung, f. récit, m.; narration, f. narré, m. conte; détail, débit; eine dumme —, un conte borgne.
Erzamt, n. 5*, Erzwürde, f. une haute charge ou dignité de l'Empire.
Erzart, f. minerai, m. [pire.
Erzasche, f. tutie, spode.
Erzbetrüger, m. 1, archifourbe, maître fripon.
Erzbischof, m. 2*, archevêque, métropolitain.
Erzbischöflich, adj. archiépiscopal, métropolitain; der —e Sitz, métropole, f.; —e Palast, archevêché, m.; die —e Würde, archiépiscopat. [m. archiépiscopat.
Erzbisthum, n. 5*, archevêché,
Erzblume, f. spath, m. [vé.
Erzbösewicht, m. 5*, scélérat ache-
Erzbruch, m. 2*, mine, f.
Erzdieb, m. 2, maître larron.
Erzdruse, f. groupe métallique, m.
Erzdumm, adj. extrêmement stupide, sot, bête. [témoigner.
Erzeigen, v. a. faire, marquer,
Erzeigung, f. marque, témoignage (m.) d'amitié, etc.
Erzengel, m. 1, archange.
Erzeugen, v. a. engendrer, procréer; fg. engendrer, produire.
Erzeugend, adj. génératif (géom.) générateur.
Erzeuger, m. 1, (poés.) père.
Erzeugniß, n. 2, produit, m. production, f.
Erzeugung, f. procréation, génération; production.

Erzfarbe, f. couleur de bronze; einer S. eine — geben, bronzer qch.
Erzfaß, n. 5*, vaisseau à transporter le minerai, m.
Erzgang, m. 2*, filon, veine métallique, f.
Erzgebirge, n. 1, mines, f. pl.; montagnes métallifères.
Erzgeizhals, m. 2, avare fieffé, crasseux.
Erzgräber, m. 1, mineur.
Erzgrube, f. mine, minière.
Erzhaltend, Erzhaltig, adj. contenant de la mine, métallique.
Erzhaus, n. 5*, auguste maison, f. (titre de l'Autriche).
Erzherzog, m. 2, archiduc.
Erzherzoginn, f. archiduchesse.
Erzherzoglich, adj. archiducal.
Erzherzogthum, n. 5*, archiduché, m. [métaux.
Erzhütte, f. fonderie, forge de
Erziehen, v. a. 6, élever, nourrir; zu guten Sitten —, morigéner; wohl erzogen, bien né.
Erzieher, m. 1, =inn, f. pédagogue, m. gouverneur, instituteur; gouvernante, f.
Erziehung, f. éducation, institution; er hat feine —, il est mal élevé.
Erziehungsanstalt, f. pension, institut, m. maison d'éducation, f.
Erziehungskunst, f.*, art de l'éducation, m. pédagogie, f.
Erzielen, v. a. procréer; cultiver; fg. viser à qch., avoir en vue; atteindre.
Erzittern, v. n. (f.) trembler.
Erzkammer, f. lieu où l'on garde le minerai à briser, m.
Erzkämmerer, m. 1, archichambellan; grand chambellan; archicamérier (à Rome).
Erzkanzler, m. 1, archichancelier; grand chancelier.
Erzkartenspieler, m. 1, (injur.) brelandier.
Erzketzer, m. 1, hérésiarque.
Erzknauser, Erzknicker, m. 1, pince-maille, avare sordide.
Erzkübel, m. 1, seau d'extraction. [vé.
Erzlaffe, m. 3, fat, faquin ache-
Erzlügner, m. 1, menteur insigne, fm. arracheur de dents.
Erzmarschall, m. 2*, grand maréchal.
Erzmundschenk, m. 3, archiéchanson, grand échanson.
Erzmutter, f. matrice de mine.
Erznarr, m. 3, fou fieffé ou achevé, archifou, maître fou.
Erzprahler, m. 1, grand fanfaron.
Erzpriester, m. 1, archiprêtre.
Erzpriesterlich, adj. archipresby-

téral; der —e Sprengel, archiprêtré. [m.
Erzpriesterwürde, f. archiprêtré,
Erzprobe, f. épreuve de la mine, lotissage, f. [mines.
Erzreich, adj. riche en métal, en
Erzschalf, m. 2*, fin matois, fripon achevé. [sorier.
Erzschatzmeister, m. 1, archétré-
Erzschenke, v. Erzmundschenk.
Erzschicht, f. mine fixe.
Erzschiefer, m. 1, écailles de bronze, f. pl.
Erzschlich, m. 2, la mine brisée, lavée et prête à être fondue.
Erzschwelger, m. 1, débauché enragé, du dernier degré.
Erzspeise, f. bronze, m.
Erzspieler, m. 1, joueur déterminé.
Erzspitzbube, m. 3, maître filou, fripon fieffé. [copale, f.
Erzstift, n. 5, église archiépis-
Erzstufe, f. minerai, m.
Erzstufe, f. profondeur de la mine.
Erztrog, m. 2*, lavoir.
Erztropfen, m. 1, mine d'argent en forme de goutte, f.
Erztruchseß, m. 3, archiécuyer-tranchant.
Erzürnen, v. a. fâcher, irriter, mettre en colère; courroucer, indigner, outrer, aigrir; sich heftig —, s'emporter.
Erzvater, m. 1*, patriarche.
Erzwand, f.*, paroi de mine, bloc, m.
Erzwäsche, f. lavoir, m.
Erzwingen, v. a. 3, forcer, extorquer; arracher, obtenir par force. [le, ce.
Es, pron. n. et part. relat. il,
Esche, f. Eschenbaum, m. 2*, frêne; (poisson) ombre.
Eschrose, f. sorbier.
Eschwurz, f. (bot.) fraxinelle.
Esel, m. 1, âne, baudet; dim. bourriquet; der junge —, ânon.
Eselei, f. ânerie, bêtise, ignorance.
Eselhaft, adj. bête, sot, imbécille; —, adv. en nigaud, en lourdaud.
Eselinn, f. ânesse, bourrique.
Eselsbrücke, f. pont aux ânes, m.
Eselsfüllen, n. 1, ânon, m.; —werfen, ânonner.
Eselsgeschrei, n. 2, braiment, m. braire de l'âne.
Eselshaut, f.*, peau d'âne.
Eselskopf, m. 2*, tête d'âne, f.; fg. pop. âne, m. sot, imbécille.
Eselsmilch, f. lait d'ânesse, m.
Eselsohr, n. exc. 1, oreille d'âne, f.; pli de l'extrémité d'un feuillet, m. larron.
Eselstracht, f. ânée.

**Eseltreiber,** m. 1, ânier, muletier.

**Esoterisch,** adj. (philos.) ésotérique.     [esparcet, m. éparbet.

**Esparsette,** f. (bot.) esparcette,

**Espe,** f. tremble, m.

**Espenwald,** m. 5*, tremblaie, f.

**Essäer,** m. pl. 1, (ant. j.) Esséniens (secte).

**Eßbar,** adj. mangeable, comestible; —t Waaren, comestibles, m. pl. vivres.

**Esse,** f. forge; cheminée.

**Essen,** v. a. 1, manger; (plais.) gruger; zum Frühstück, zu Morgen —, déjeuner; zu Mittag —, dîner; zu Abend, zu Nacht —, souper; mitten in der Nacht —, faire le réveillon; sich satt —, se rassasier; gut —, faire bonne chère; gern gut — und trinken, aimer la bonne chère; —, s. n. 1, nourriture, f.; plat, m. mets; viande, f.; manger, m.; repas; fm. mangeaille, f.

**Essenkehrer,** m. 1, ramoneur.

**Essenszeit,** f. heure du repas.

**Essenz,** f. essence.

**Esser,** m. 1, mangeur.

**Eßgemach,** n. 5*, **Eßsaal,** m. 2*, salle à manger, f.; réfectoire, m.

**Essig,** m. 2, vinaigre; in — legen, confire, détremper dans du vinaigre; — mit Wasser vermischt, oxycrat. [=krämer, m. 1, vinaigrier.

**Essigbrauer,** =macher, =händler,

**Essigbrühe,** =tunke, f. kalte —, vinaigrette.

**Essigfaß,** =glas, n. 5*, =gefäß, =geschirr, m. 2, =krug, m. 2*, vinaigrier.

**Essiggurke,** f. cornichon.

**Essigrose,** f. rose de Provins.

**Essigsäure,** f. acide acétique, m.

**Essigwasser,** m. 1, oxycrat, m.

**Essigzucker,** m. 1, oxysaccharum.

**Estorb,** m. 2*, panier.

**Eßlust,** f. (s. plur.) appétit, m.; goût.     [v. Speisesaal.

**Eßsaal,** m. 2*, =zimmer, n. 1,

**Eßwaare,** f. denrée, fm. mangeaille; —n, pl. denrées, comestibles, m. vivres, victuailles, f.

**Estrich,** m. 2, pavé, m. plancher carrelé, carrelage, carreau.

**Etamin,** m. 1, (comm.) étamine, f.

**Etaminweber,** m. 1, étaminier.

**Etappe,** f. (guer.) étape; =nplatz, m. 2*, =nportion, f. id.

**Ethik,** f. éthique, morale.

**Ethnarch,** m. 3, ethnarque.

**Ethnarchie,** f. ethnarchie.

**Etliche,** pron. quelques; quelques-uns, quelques-unes; plusieurs; les uns, les autres; une partie; — zwanzig, dreißig, x., une vingtaine, trentaine.

**Etsch,** f. Adige (fleuve).

**Etter,** m. 1, limites, f. pl. bornes d'une ville; territoire, m. enclos, haie, f. cloison.

**Etwa** (etwann, vi.), adv. d'aventure, par hasard; peut-être; environ, à peu près.

**Etwas,** pron. et adv. quelque chose; un peu; rien; tant soit peu; —, s. n. indécl. une certaine chose, un je ne sais quoi.

**Euch,** pron. pl. vous, à vous.

**Eucharius,** n. pr. m. Euchaire.

**Euer,** pron. m. eure, f. tuer, n. votre; pl. eure, euere, vos; Euere, Eurigt, pron. poss. le vôtre, la vôtre; euerthalben, euertwegen, pour l'amour de vous.

**Eugenia,** n. pr. f. Eugénie.

**Eugenius,** n. pr. m. Eugène.

**Eule,** f. hibou, m. chat-huant; chouette, f.

**Eulenspiegel,** m. 1, espiègle.

**Eulenspiegelstreich,** m. 2, tour d'espiègle, espièglerie, f.

**Eulogius,** n. pr. m. Euloge.

**Euphorbie,** f. (bot.) euphorbe, m.; =nharz, n. 2, (méd.) id.

**Europa,** (géogr.) Europe, f.

**Europäer,** m. 1, **europäisch,** adj. européen.

**Euter,** n. 1, pis, m. tétine, f.

**Eva,** n. pr. f. Eve.

**Evangelisch,** adj. évangélique.

**Evangelist,** m. 3, évangéliste.

**Evangelium,** n. exc. 1, =lienbuch, n. 5*, évangile, m.; einem das — predigen, prêcher l'évangile à qn., évangéliser qn.

**Ewig,** adj. éternel; perpétuel; infini; gleich —, (théol.) coéternel; der —e Jude, juif errant; — machen, v. Verewigen.

**Ewigkeit,** f. éternité; von — her, de toute éternité.

**Examen,** n. 1, examen, m.

**Examinator,** m. exc. 1, examinateur.     [terroger.

**Examiniren,** v. a. examiner, in-

**Exarch,** m. 3, exarque.

**Exarchat,** m. 2, exarchat, m.

**Excellenz,** f. excellence (titre).

**Excentricität,** f. excentricité.

**Excentrisch,** adj. excentrique (mit,

**Excerpiren,** v. a. extraire.     [à).

**Excerpt,** n. 2, extrait, m.

**Excrement,** n. 3, excrément, m.; die groben —, matière fécale, f.

**Execution,** f. exécution || garnison.

**Executionswache,** f. garnisaire, m.

**Executorisch,** adj. exécutoire.

**Exempel,** n. 1, exemple, m. modèle.     [copie, f.

**Exemplar,** n. 2, exemple, f.

**Exemplarisch,** adj. exemplaire, servant d'exemple.

**Exequien,** pl. obsèques, f. funérailles.

**Exequiren,** v. a. exécuter; (jur.) saisir une propriété.

**Exerciren,** v. a. exercer, faire faire l'exercice aux soldats; —, v. n. (b.) faire l'exercice; —, s. n. 1, exercice, m.

**Exercitium,** n. exc. 1, exercice, m.; thème, composition, f.

**Exil,** n. 2, —ium, n. exc. 1, bannissement, m. exil.

**Existenz,** f. existence.

**Existiren,** v. n. (b.) exister.

**Exordium,** n. 1, exorde, m.

**Exoterisch,** adj. (did.) exotérique.

**Expectanz,** f. expectative, survivance.

**Expediren,** v. a. expédier.

**Expedit,** adj. expéditif, prompt.

**Experiment,** n. 2*, épreuve, f. expérience.     [expérimentale.

**Experimental-Physik,** f. Physique

**Exponent,** m. 3, exposant.

**Exponentialgröße,** f. (arith.) grandeur exponentielle.

**Expresse,** m. 3, exprès, courrier.

**Extempore,** adv., v. Stegreif.

**Extra,** particule qui se met devant plusieurs mots, extra, très; p. ex. Extraausgaben, f. pl. dépenses extraordinaires.

**Extract,** m. 2, extrait.

**Extrafein,** adj. très-fin, superfin.

**Extrapost,** f. poste; — fahren, reiten, courir la poste.

**Exulant,** m. 3, réfugié, exilé.

## F.

**F,** n. (mus.) fa, m.

**Fabel,** f. fable, apologue, m. conte; fabliau.     [blier.

**Fabeldichter,** m. 1, fabuliste, fabulier.

**Fabelhaft,** adj. fabuleux, faux.

**Fabelkunbige,** m. 3, mythologue.

**Fabellehre,** f. mythologie, fable.

**Fabeln,** v. n. (h.) fm. radoter.

**Fabian,** n. pr. m. Fabien.

**Fabriciren,** v. a. fabriquer, faire, confectionner, manufacturer.

**Fabricius,** n. pr. m. Fabricius.

**Fabrik,** f. fabrique.     [Fabrice.

**Fabrikant,** m. 3, fabricant.

**Fabrikat,** n. 2, objet fabriqué ou manufacturé, m.

**Fach,** n. 5*, compartiment, m. rayon; (impr.) cassetin; cellule d'abeilles, f.; (chap.) capade, (men.) panneau, m.; fg. partie, f. branche; das schlägt nicht in mein —, cela n'est pas de mon ressort; in Dach und — erhalten, entretenir en bon état; weder Dach noch —, ni feu ni lieu.     [hydromètre.

**Fachbaum,** m. 2*, (meun.) arbre

**Fachbogen,** m. 1*, arçon; mit dem — schlagen, arçonner.

Fachbogenleder, n. 1, cuiret, m.

Fächeln, v. a. éventer.

Fachen, v. a. (chap.) arçonner; v. Anfachen; die gefachte Wolle, capade, f.

Facher, m. 1, arçonneur.

Fächer, m. 1, éventail.

Fächerhändler, =krämer, m. 2, éventailliste.

Fächerpalme, f. latanier, m.

Fachgerte, f. osier à clayonnage, m. [nage, m.

Fachholz, n. 5*, bois de clayon-

Facherdnung, f. classification, classement, m.

Fachreuse, f. guideau, m.

Fächser, m. 1, provin, marcotte, f. [ments.

Fachweise, adv. par comparti-

Fachwerk, n. 2, charpente, f.; assemblage, m.; compartiments, pl.; fg. classement.

Facit, n. 2, total, m.

Fackel, f. flambeau, m.; torche, f.; brandon, m.; fg. id.

Fackeldistel, f. cierge de Pérou, m. (plante). [beaux, fouée.

Fackeljagd, f. chasse aux flam-

Fackeln, v. n. (f.) flamber.

Fackelträger, m. 1, porte-flambeau.

Factor, m. exc. 1, facteur, agent, commissionnaire; (impr.) prote.

Factorei, f. factorerie; comptoir, m.; direction, f. [mission, m.

Factoreigeld, n. 5, droit de com-

Factotum, n. 2, factotum, m. fg. cheville ouvrière, f.

Factur, f. facture.

Facultät, f. faculté.

Fädchen, n. 1, filet, m.

Fade, adj. fade, insipide.

Faden, m. 1*, fil; ein Stück — une aiguillée; zu — schlagen, bâtir, faufiler; — corde, f. brasse; (coutel.) morfil, m.; fg. fil d'un récit, etc.

Fadenholter, m. 1, arquet.

Fadenleiter, m. 1, guide du dévidoir.

Fadenmusser, n. 1, doigtée, f.

Fadennackend, adj. nu comme la main. [jusqu'aux os.

Fadennaß, adj. halbrené, mouillé

Fadennudeln, f. pl. vermicelles, m.

Fadenrecht, adj. de droit fil; à plomb, d'aplomb; au cordeau au niveau. [filé, m.

Fadensilber, n. 2, argent trait,

Fadenwurm, m. 5*, dragonneau, m. charroi.

Fadicht, adj. filamenteux.

Fagott, n. 2, basson, m.

Fagottbläser, m. 1, Fagottist, m. 3, basson.

Faben, v. a. vi, v. Fangen.

Fähig, adj. capable; propre; habile; susceptible; zu etw. — seyn, être homme à faire qch.

Fähigkeit, f. capacité, habileté, aptitude; génie, m.; disposition, f.; talent, m.; portée, f.

Fahl, Falb, adj. fauve; jaunâtre; roussâtre; tanné; baillet.

Fahne, f. drapeau, m. enseigne, f.; étendard, m. bannière, f.; fg. compagnie de soldats; zur — schwören, prêter serment sous le drapeau; —, (mar.) pavillon, m.; ol. oriflamme, f.; (arch.) girouette; (cha.) queue; barbe d'une plume; avalée, levée (drapier).

Fahnenjunker, m. 1, cornette.

Fahnenmarsch, m. 2*, drapeaux, pl.; den — schlagen, battre aux drapeaux.

Fahnenschmied, m. 2, maréchal ferrant du régiment.

Fahnenschuh, m. 2, talon du fût; — und Gürtel, brayer.

Fahnenstange, f. fût, m.

Fahnenwache, f. garde du camp.

Fähnlein, n. 1, banderolle, f.; fg. compagnie.

Fähnrich, m. 2, enseigne, portedrapeau, porte-étendard. [gable.

Fahrbar, adj. praticable, navi-

Fahrt, f. passage d'une rivière, m.; bac, bachot; bateau || v. Furche.

Fahren, v. a. 7, mener, conduire, voiturer; charrier; —, v. n. (f.) aller; fg. wohl —, s'en trouver bien; fahre wohl, adieu; —, aller en voiture, en bateau, en traineau, etc.; marcher, passer; an aborder à; zur See —, aller sur mer; mit der Post —, courir la poste; gegen den Strom —, aller contre le fil de l'eau; nordwärts — faire le nord; gegen den Wind — naviguer contre le vent; so nahe als möglich gegen den Wind hin — haler le vent; — lassen, laisser échapper, lâcher; fg. quitter, abandonner; mit der Hand nach etw. —, porter la main à qch.; saisir qch.; einem in die Haare —, Prendre qn. aux cheveux; aus dem Bette —, sauter du lit; —, sortir précipitamment, sortir (aus, de); durch etwas —, percer qch.; fg. passer par la tête; von etw. —, sauter; —, s. n. 1, voiture, f. charriage, m. charroi.

Fahrend, adj. roulant; —e Post, diligence, f. messagerie; —e Habe, biens meubles, m. pl.

Fahrgeld, n. 5, droit de passage, m. port; naulage; prix du bachotage. [chalant, négligent.

Fahrlässig, adj. indolent, non-

Fahrlässigkeit, f. indolence, nonchalance, négligence.

Fährmann, m. 5*, passeur, bachoteur.

Fährseil, n. 2, traille, f.

Fahrsessel, m. 1, roulette, f.

Fahrstuhl, m. 2*, siège du coureur.

Fahrt, f. passage, m.; trajet; voyage, tour; seine — wohin richten, prendre la route de quelque endroit.

Fährte, f. piste, trace, erres, pl.; leichte —, foulées.

Fahrwasser, n. 1, eau navigable, f., passe, chenal, m.

Fahrweg, m. 2, grand chemin; bequeme —, chemin bien roulant.

Fahrzeug, n. 2, bâtiment, m.; navire, vaisseau; bateau; barque, f. chaloupe.

Fakir, m. 1, fakir.

Falb, adj.; v. Fahl.

Falbe, m. 3, cheval aubère, aubert. [taille, f.

Falbel, f. falbala, m. prétin-

Falgen, v. a. biner et tiercer un champ.

Falke, m. 3, faucon; (fauc.) oiseau.

Falkenbeize, f. chasse à l'oiseau.

Falkenhaube, f. chaperon, m.

Falkenier, m. 2, fauconnier.

Falkenierstange, f. chassoire.

Falkeniertasche, f. fauconnière.

Falkenmeister, m. 1, maître fauconnier. [seau, m.

Falkenrecht, n. 2, droit de l'oi-

Falkenriemen, m. 1, jet, lanière, f. [cente, f.

Falkenschlag, m. 2*, (fauc.) des-

Falkiren, v. n. (h.) (man.) falquer.

Falknerei, f. fauconnerie.

Falkonett, n. 2 (artill.) fauconneau, m. conneau, m.

Falkonetkugel, f. boulet de fauconneau.

Fall, m. 2*, chute, f. culbute; écroulement, m.; abaissement de l'eau; pente d'un chemin, etc.; crevasse; (gram.) cas, m.; fg. cas, accident, événement, aventure, f.; (mor.) chute, péché, m.; im schlimmsten —, au pis aller; im — au cas que, en cas de; auf jeden —, en tout cas, à tout événement; ich setze den —, je suppose que.

Fallbrett, n. 5, trappe, f. bascule; bascule, m.

Fallbrücke, f. pont-levis, m.

Falle, f. piége, m.; trappe, f.; souricière; fg. piége, m.; embûche, f., embuscade, fm. attrape; eine — stellen, tendre un piége; in die — geben, donner dans le panneau; (serr.) loquet, m.

Fallen, v. n. 4 (f.) tomber; manquer (cheval); fg. baisser, s'abais-

set (*eau, etc.*); déchoir; diminuer; pécher; échoir, tomber en partage; zusammen —, tomber en ruine, s'écrouler; über einen her —, tomber, se jeter sur qn.; einem in den Rüden —, (*guer.*) attaquer qn. par derrière; einem zu Füßen —, se jeter aux pieds de qn.; auf die Knie —, se mettre à genoux; einem um den Hals —, embrasser qn.; ins Meer —, se décharger dans la mer; in ein Land —, envahir un pays; einem in die Rede —, interrompre qn.; couper la parole à qn.; in Ungnade —, encourir la disgrâce; die Schande fällt auf ihn, la honte en rejaillira sur lui; ins Rothe, ic., —, tirer sur le rouge, etc.; in die Augen —, sauter aux yeux; in die Sinne —, tomber sous les sens; schwer —, être difficile; sich zu Tode —, mourir d'une chute; den Muth — lassen, perdre le courage; die Stimme — lassen, baisser la voix; —, *s. n.* 1, pente, *f.* chute; diminution, baisse; abaissement, *m.*

**Fällen,** *v. a.* abattre; tuer; prononcer *une sentence;* croiser *la baïonnette;* —, *s. n.* 1, abatis, *m.* coupe, *f.*

**Fallend,** *adj.* qui tombe; *fg.* tombant, baissant, etc.; —e Sucht, mal caduc, *m.* épilepsie, *f.*

**Fallenbung,** *f.* (*gramm.*) cas, *m.* terminaison, *f.* désinence. [*f.*
**Fallfenster,** *n.* 1, fenêtre coulante,
**Fallgatter,** *n.* 1, sarrasine, *f.* herse.
**Fallgut,** *n.* 5*, fief personnel ou caduc, *m.*

**Fallholz,** *n.* 5*, chablis, *m.*
**Fallhut,** *m.* 2*, bourrelet, bourlet.
**Fällig,** *adj.* échu, payable.
**Falliment,** *n.* 2, faillite, *f.*
**Falliren,** *v. n.* (h.) faillir, faire faillite.

**Fallit,** *m.* 3, failli.
**Falllinke,** *f.* loqueteau, *m.*
**Fallladen,** *m.* 1*, abatant.
**Fallriegel,** *m.* 1, loquet.
**Falls,** *adv.* au cas que, dans le cas que.

**Fallschirm,** *m.* 2, parachute.
**Fallschloß,** *n.* 5*, housset, *m.* houssette, *f.* [*m.*
**Fallsilber,** *n.* 1, argent précipité,
**Fallstrict,** *m.* 2, piége, embûche,
**Fallsucht,** *f.* épilepsie. [*f.*
**Fallsüchtig,** *adj.* épileptique.
**Fallthür,** *f.* trappe, soupape.
**Falltisch,** *m.* 2, table pliante, *f.* abatant, *m.*

**Fällung,** *f.* coupe, abatage, *m.*; prononciation *d'une sentence, f.*
**Falsch,** *adj.* faux; falsifié, altéré; contrefait; postiche (*barbe*); supposé, feint; chimérique (*idée*);

dissimulé, double; traître; —e Schein, illusion, *f.*; —e Spieler, pipeur, *m.* tricheur; —e Licht, faux jour; eine Stelle — auslegen, détourner le sens d'un passage.
**Falschheit,** *f.* fausseté, faux, *m.* duplicité, *f.*; feinte.
**Falschklingend,** *adj.* discordant, dissonant. [faux, à tort.
**Fälschlich,** *adv.* faussement, à
**Falschmünzer,** *m.* 1, faux-monnayeur.
**Falschnamig,** *adj.* pseudonyme.
**Fälschungsklage,** *f.* inscription en faux.
**Falsett,** *n.* 2, fausset, *m.*
**Falte,** *f.* pli, *m.*; plissure, *f.*; repli, *m.*; in —n legen, *v.* Fälteln; die runde —, godron; —n, *pl.* plissure, *f.*; Kleine —n, froncis, *m.*; —, ride *du front, f.*; den Mund in —n ziehen, faire la petite bouche.
**Fälteln,** *v. a.* plisser, fraiser; zierlich —, frisotter; rund —, godronner.
**Falten,** *v. a.* plier; plisser; joindre *les mains;* die Stirne —, froncer le sourcil, rider le front; —, *s. n.* 1, faudage *du drap, m.*
**Faltenmagen,** *m.* 1*, (*anat.*) livre.
**Faltenwurf,** *m.* 2*, jet d'une draperie.
**Falter,** *m.* 1, papillon.
**Faltig,** *adj.* plissé; plein de plis.
**Falz,** *m.* 2, Fälze, *f.* coulisse; entaille; rainure; languette; (*tonn.*) jable, *m.*; (*horl.*) drageoire, *f.*; pli *d'une feuille, m.*; (*rel.*) onglet.
**Falzbaum, =bock,** *m.* 2*, chevalet.
**Falzbein,** *n.* 2, plioir, *m.*
**Falzeisen,** *n.* 1, gravoir, *m.*; écharnoir.
**Falzen,** *v. a.* recourber; plier un *livre;* entailler; jabler; —, *s. n.* 1, pliage, *m.* [bouvet, *m.*
**Falzhobel,** *m.* 1*, jabloire, *f.*
**Falzung,** *f.* abouement, *m.*; pliage. [fants, *m.*
**Familie,** *f.* famille, maison; en-
**Familiengeräth,** *n.* 2, meubles appartenant à une famille, *m. pl.*
**Familiengericht,** *n.* 2, assemblée de parents, *f.* [*m.*
**Familiengut,** *n.* 5*, fidéicommis,
**Familienstück,** *n.* 2, pièce de famille, *f.*; (*peint.*) famille.
**Famulus,** *m. indécl.* serviteur, écrivain, homme d'affaires.
**Fanatiker,** *m.* 1, fanatique.
**Fanatisch,** *adj.* fanatique; machen, fanatiser.
**Fang,** *m.* 2*, capture, *f.*; prise, chasse; pêche; (*cha.*) piége, *m.*; trappe, *f.*; coup de *couteau, m.*; —e, *pl.* défenses *du sanglier, f.* griffes, serres de *l'aigle.*

**Fangball,** *m.* 2*, éteuf.
**Fangeisen,** *n.* 1, épieu, *m.*; piége.
**Fangen,** *v. a.* 4, prendre; arrêter; attraper; happer; sich — lassen, s'engluer (*oiseau*).
**Fanggarn,** *n.* 2, épuisette, *f.*
**Fangmesser,** *n.* 1, couteau de chasse, *m.* [chers.
**Fangstied,** *m.* 2*, croc *des ar-*
**Fangstöckchen,** *n.* 1, bilboquet, *m.*
**Fangstrick,** *n.* 2, lacs, cordeau.
**Fangzahn,** *m.* 2*, broche, *f.*; crochet *du chien, m.*; —e, *pl.* défenses *du sanglier, f.*
**Fant,** *m.* 2, *mépr.* freluquet.
**Fantasie,** *f.* fantaisie, imagination.
**Fantasiestück,** *n.* 2, pièce de fantaisie, *f.* fantaisie; (*mus.*) id., point d'orgue, *m.*
**Fantasiren,** *v. n.* (b.) rêver, extravaguer, être en délire; battre la campagne; (*mus.*) jouer de fantaisie; improviser.
**Fantast,** *m.* 3, fantasque, fou.
**Fantastisch,** *adj.* fantastique, chimérique, creux.
**Farbe,** *f.* couleur; teint, *m.*; teinture, *f.*; encre; coloris, *m.*; teinte, *f.*; *fg.* couleur, coloris, *m.*; frische —, fraîcheur, *f.*; — bekommen, se colorer; mit lebendigen —n abmalen, dépeindre au vif, au naturel. [(*impr.*)
**Farbebrett,** *n.* 5, encrier, *m.*
**Färbeginster,** *m.* 1, genestrolle, *f.*
**Färbehaus,** *n.* 5*, teinturerie, *f.*
**Färbeholz,** *n.* 5*, bois de teinture, *m.*; bois de Campêche, de Brésil.
**Färbekessel,** *m.* 1, chaudière, *f.*
**Färbekufe,** *f.* cuve; eine — zurichten, asseoir une cuve.
**Färbefunst,** *f.* teinturerie.
**Färben,** *v. a.* teindre; mettre en couleur; peindre; colorer, colorier; roth —, teindre en rouge; in der Wolle gefärbt, teint en laine; mit Galläpfeln —, engaller; mit Krapp —, garancer; mit Wau —, gauder; mit Waid —, guéder, empasteler. [coulé.
**Farbenauftrag,** *m.* 2*, erste
**Farbenbild,** *n.* 5 (*phys.*) spectre solaire, *m.*
**Farbenbrechung,** *f.* rupture, mélange (*m.*) des teintes.
**Farbenbrett,** *n.* 5, palette, *f.*
**Farbenerde,** *f.* terre colorée.
**Farbengeber,** *m.* 1, gute —, coloriste.
**Farbengebung,** *f.* coloris, *m.*
**Farbenfasten,** *m.* 1*, boite à couleurs, *f.*
**Farbenkundige,** *m.* 3, coloriste.
**Farbenmesser,** *n.* 1, amassette, *f.*
**Farbenmischung,** *f.* mélange (*m.*) des couleurs, des teintes; coloris.

Farbenmuſchel, f. coquille à couleurs.

Farbennäpfchen, n. 1, godet, m.

Farbenprobe, f. débouilli, m.

Farbenreiber, m. 1, broyeur.

Farbenſpatel, f. amassette.

Farbenſtein, m. 2, pierre à broyer, f. marbre, m.; (impr.) encrier.

Farbenſtift, m. 2, pastel; crayon.

Färber, m. 1, teinturier.

Färberbaum, m. 2*, sumac.

Färberei, f. teinture; teinturerie; science, art (m.), atelier du teinturier.

Färbergras, n. 5*, gaude, f.

Färberkraut, n. 5*, orcanette, f. (plante).

Färbermoos, n. 2, orseille, f.

Färberröthe, f. garance.

Farbeſcherben, m. 1, gueusette, f.

Farbig, adj. coloré; de couleur.

Farblos, adj. sans couleur, achromatique (verre).

Farinzucker, m. 1, cassonade, f.

Farnkraut, n. 5*, fougère, f.

Farre, m. 3, taureau. [bœuf.

Farrenſchwanz, m. 2*, nerf de

Färſe, f. génisse, taure.

Faſan, m. 2 et 3, faisan; junge —, faisandeau.

Faſanenbeize, f. chasse au faisan.

Faſanengarten, m. 1*, faisanderie, f.

Faſanenhenne, f. faisane, poule faisande. [sandier.

Faſanenjäger, =wärter, m. 1, fai-

Faſanerie, f. faisanderie.

Faſces, pl. (ant. r.) faisceaux, m.

Faſchine, f. fascine, saucisson; m.; — legen, jeter des fascines.

Faſchinenblendung, f. chandelier, m. [fascines.

Faſchinenhaken, m. 1, hoyau à

Faſchinenmeſſer, m. 1, serpe, f.

Faſchinenwerf, n. 2, fascinage, m.

Faſching, m. 2, v. Faſtnacht.

Faſcikel, m. 1, faisceau, paquet, liasse (f.) de papier.

Faſel, m. 1 et 2, alevin, m.; couvée, f. race.

Faſelei, f. badinerie, folâtrerie.

Faſelhengſt, m. 2, étalon à faire race. [badin.

Faſelig, Faſelhaft, adj. folâtre,

Faſeln, v. n. (h.) être en délire, extravaguer, radoter, folâtrer, badiner. [nadenb.

Faſelnackt, Faſennackt, v. Faben-

Faſeole, f. (bot.) faséole.

Faſer, f. Faſen, m. 1, fil, filament; fibre, f.; —n, pl. filandres de la viande; barbes d'une étoffe. [f.

Faſerchen, n. 1, filet, m.; fibrille,

Faſerig, adj. fibré, fibreux; filandreux; filamenteux; cordé.

Faß, n. 5*, vaisseau, m. || ton-

neau; muid; futaille, f. barrique; pièce; feuillette; nach bem — ſchmecken, sentir le fût.

Faßbinder, m. 1, tonnelier.

Faßbinderarbeit, f. tonnelage, m. reliage. [neau.

Faßboden, m. 1*, fond du ton-

Faßbohrer, m. 1, perçoir.

Fäßchen, n. 1, baril, m. tonnelet.

Faßdaube, f. douve.

Faßdaubenholz, n. 5*, v. Faßholz.

Faſſen, v. a. prendre, empoigner, saisir; tenir; Wein —, entonner, transvaser du vin; Getreide —, ensacher des grains; Kupferſtiche —, encadrer des estampes; Diamanten —, enchâsser, monter des diamants; Bienen —, loger des abeilles; —, fg. comprendre; concevoir; contenir; Muth —, prendre courage; ben Vorſatz —, se proposer; etw. in die Augen —, fixer les regards sur qch.; kurz —, ſich —, abréger; ſich —, se contenir, se remettre; reprendre ses esprits; gefaßt, préparé, prêt, résigné, calme; ſich gefaßt machen, gefaßt ſeyn; kurz gefaßt, concis, resserré; —, s. n. 1, (log.) appréhension, f.; v. Faſſung.

Faßholz, n. 5*, douvain, m. merrain.

Faßlager, n. 1, chantier, m.

Faßlich, adj. concevable; intelligible, clair; populaire.

Faßlichkeit, f. facilité, clarté.

Faßreif, m. 2, cercle, cerceau.

Faſſung, f. enchâssure; monture; fg. assiette; contenance, disposition; aus der — bringen, déconcerter, décontenancer; aus ſeiner — kommen, fg. se décontenancer; perdre la présence d'esprit.

Faſſungskraft, f.*, conception.

Faßwerk, m. 2, futaille, f.

Faßzapfen, m. 1, (tonn.) dusil.

Faſt, adv. presque; à peu près, environ.

Faſten, v. n. (h.) jeûner; faire maigre; —, f. indécl. carême, m. —, pl. id.; —, s. n. 1, jeûne, m.

Faſtenbrezel, f. craquelin, m.

Faſtenprediger, m. 1, prédicateur pendant le carême.

Faſtenpredigt, f. sermon de carême, m. [essen; faire maigre.

Faſtenſpeiſe, f. maigre, m.

Faſtenzeit, f. carême, m.

Faſtnacht, f. carnaval, m. mardi gras, pop. carême-prenant.

Faſtnachtskleid, n. 5, habit de carnaval, m. [chique, m.

Faſtnachtslied, n. 5, chanson bachique.

Faſtnachtsluſt, f. =ſpiel, n. 2, carnaval, m. divertissement de carnaval; farce, f.

Faſtnachtsnarr, m. 3, pop. carême-prenant, masque.

Faſttag, m. 2, jour maigre, jeûne.

Fatal, adj. fatal, funeste.

Fatalität, f. fatalité.

Faul, adj. pourri; gâté, corrompu; carié, gâté (dent); fg. paresseux, fainéant; oisif; pop. cagnard; — Fleiſch, —es Waſſer, chair (f.), eau morte; fg. bas ſind —e Fiſche, c'est une mauvaise défaite.

Faulbaum, m. 1*, bourdaine, f. (arbre).

Faulbett, n. exc. 1, lit de repos, m. canapé, bergère, f. sofa, m.

Faulbütte, f. (pap.) mouilloir, m. pourrissoir.

Faulen, v. n. (h.) pourrir, se pourrir, se gâter, se corrompre; se carier (dent); —, s. n. 1, v. Fäulniß. [ter.

Faulenzen, v. n. (h.) fm. fainéanter.

Faulenzer, m. 1, paresseux, fainéant, pop. cagnard.

Faulenzerei, f. paresse, fainéantise, fm. cagnardise.

Faulfieber, n. 1, fièvre putride, adynamique, f.

Faulheit, f. paresse, fainéantise, oisiveté, indolence.

Fäulniß, Fäule, f. pourriture, putréfaction, corruption; croupissement des humeurs, m.; carie des dents, f.; gegen bie — bienenb, antiseptique.

Faulthier, n. 2, paresseux, m. aï.

Fäulung, f. v. Fäulniß.

Faum, m. 2, v. Schaum.

Faun, m. 2, (myth.) Waldgott.

Fauſt, f. poing, m.; paume, f. (mesure); fg. main; mit bem Degen in ber —, l'épée à la main; bie Arbeit geht ihm gut von ber —, il est expéditif; in bie — lachen, rire dans sa barbe, rire sous cape.

Fauſtamboß, m. 2, enclumeau.

Fäuſtel, m. 1, (min.) marteau.

Fäuſten, v. a. (chap.) gleich —, estamper.

Fauſthammer, m. 1*, marteau.

Fauſthandſchuh, m. 2, mitaine, f.

Fauſtkampf, m. 2*, combat à coups de poings, combat du ceste.

Fauſtrecht, n. 2, droit du plus fort, m.

Fauſtſchlag, m. 2*, coup de poing.

Favorit, m. 3, favori.

Faxen, pl. v. Spaß, Scherz.

Fayence, f. faïence.

Fayencefabrik, f. faïencerie.

Fayencefabrikant, m. 3, =händler, m. 1, faïencier.

Februar, m. 2, mois de février.

Fechtboden, m. 1*, salle d'armes, f.

Fechtbegen, *m.* 1, fleuret.

Fechten, *v. n.* 6 (h.) faire des armes, tirer des armes; zur Uebung —, faire assaut; —, se battre, combattre; —, *fg.* disputer; Mann für Mann —, combattre corps à corps; sich fechtend zurückziehen, battre en retraite ‖ —, *pop.* mendier, demander la passade.

Fechter, *m.* 1, tireur d'armes, escrimeur; (*ant. r.*) gladiateur.

Fechtersprung, *m.* 2*, saut en arrière; grand saut.

Fechthandschuh, *m.* 2, gant bourré.

Fechtkunst, *f.*, escrime, armes, *pl.*

Fechtmeister, *m.* 1, maitre d'armes, maitre en fait d'armes.

Fechtplatz, *m.* 2*, lice, *f.* champ clos, *m.* [chausson, *m.*

Fechtschub, *m.* 2, sandale, *f.*

Fechtschule, *f. v.* Fechtboden.

Feder, *f.* plume; plumet, *m.*; régulateur *d'une montre* ‖ ressort; arrêt *d'arquebuse*; — am Druckwerf, (*monn.*) jacquemart; die —n verlieren, muer; die — führen, tenir, manier la plume; in die — sagen, dicter; mit —n versehen, emplumer.

Federball, *m.* 2*, volant.

Federbesen, *m.* 1, plumail, plumart, plumasseau.

Federbett, *n. exc.* 1, lit de plumes, *m.*

Federbusch, *m.* 2*, plumet, panache; houppe *d'un oiseau*, *f.*; mit einem — versehen, empanacher. [plumes, *f.*

Federerz, *n.* 2, mine d'argent en Federfechter, *m.* 1, *m. p.* disputeur, chicaneur.

Federfuß, *m.* 2*, poule pattue, *f.* pigeon pattu, *m.*

Federfüßig, *adj.* pattu.

Federgehäuse, *n.* 1, barillet, *m.*

Federhafen, *m.* 1, détente, *f.*

Federhändler, *m.* 1, plumassier.

Federhart, *adj.* élastique.

Federharz, *n.* 2, résine, *f.* gomme élastique, caoutchouc, *m.*

Federhaus, *n.* 5*, *v.* Federgehäuse.

Federhut, *m.* 2*, plumet.

Federicht, *adj.* plumeux; panaché.

Federkiel, *m.* 2, tuyau de plume; — durch weiße Asche ziehen, hollander les plumes.

Federkraft, *f.*, élasticité.

Federkrieg, *m.* 2, controverse, *f.* guerre savante ou littéraire.

Federlappen, *m.* 1, épouvantail.

Federleder, *m.* 1, *mépr.* écrivailleur. [plume.

Federleicht, *adj.* léger comme une Federlesen, *n.* 1, *fg. fm.*, viel —s machen, lanterner; nicht viel —s mit einem machen, ne pas marchander qn.; ohne —, sans balancer.

Federlos, *adj.* plumé, déplumé.

Federmesser, *n.* 1, canif, *m.*

Federmeißel, *m.* 1, (*chirurg.*) plumasseau, bourdonnet, étoupade, *f.* charpie. [mes, *m.*

Federspitze, *f.* bec de plume, *m.*

Federspule, *f. v.* Federkiel.

Federstaub, *m.* 2, duvet.

Federstrauß, *m.* 2*, bouquet de plumes; (*théâtr.*) capeline, *f.; v. m.* calmar. [de plumes.

Federschleißer, *m.* 1, éplucheur Federschmücker, *m.* 1, plumassier.

Federspiel, *n.* 2, jeu de plumes, *m.* leurre, épouvantail.

Federstrich, *m.* 2, trait, coup de plume.

Federvieh, *n.* 2, volaille, *f.*

Federwildpret, *n.* 2, menu gibier, *m.* volaille sauvage, *f.*

Federzeichnung, *f.* dessin fait à la plume, *m.*

Federzug, *m.* 2*, trait de plume, parafe; zierliche —, (*call.*) cadeau.

Fee, *f.* fée; Feerei, *f.* féerie.

Feenmährchen, *n.* 1, conte des fées, *m.*

Fege, *f.* crible à pied, *m.*

Fegefeuer, *n.* 1, purgatoire, *m.*

Fegen, *v. a.* balayer, nettoyer, écurer; ramoner *une cheminée*; polir, fourbir.

Feger, *m.* 1, -inn, *f.* balayeur, *m.* écureur, -se, *f.*

Fegesand, *m.* 2, sablon.

Fegsel, *n.* 1, balayures, *f. pl.*

Fegung, *f.* curage, *m.* nettoiement.

Fehde, *f.* guerre; hostilités, *pl.*; démêlé, *m.* querelle, *f.; einem — bieten, défier qn. au combat.

Fehdebrief, *m.* 2, cartel, défi.

Fehdehandschuh, *m.* 2, *fg.* défi; einem den — hinwerfen, défier qn., jeter le gant à qn.

Fehe, *f.* écureuil de Sibérie, *m.*; (*pell.*) petit-gris.

Fehhändler, *m.* 1, pelletier.

Fehl, *adv.* faux; mal; vainement; contraire à l'intention, aux règles; — bohren, forer de biais; — geben, fahren, u., s'égarer, manquer son chemin.

Fehl, *m.* 2, *v.* Fehler.

Fehlbar, *adj.* faillible.

Fehlbarkeit, *f.* faillibilité.

Fehlbitte, *f.* prière vaine; eine — thun, recevoir, essuyer un refus.

Fehlbrud, *m.* 2*, maculature, *f.*

Fehlen, *v. n.* (h.) manquer, faillir; se tromper, s'abuser; ne pas réussir; échouer; weit gefehlt daß, es fehlt viel daran daß, bien loin que, il s'en faut beaucoup que;

tant s'en faut que; es fehlt nicht viel, daß nicht, peu s'en faut que... ne...; das Fehlende, déficit, *m.*; was fehlt Ihnen, qu'avez-vous?

Fehler, *m.* 1, faute, *f.;* erreur, faux pas, *m.; fm.* bévue, *f.;* faible, *m.* imperfection, *f.;* défaut, *m.* vice; — im Rechnen, mécompte; — gegen die Rechtschreibung, die Syntax, cacographie, *f.* cacologie; — gegen die Sprache, *v.* Sprachfehler; einen — noch einmal begehen, récidiver.

Fehlerfrei, *adj.* exempt de fautes; parfait; correct (*livre, dessin*).

Fehlerhaft, *adj.* vicieux, fautif, incorrect, défectueux.

Fehlfahren, 7, Fehlgehen, *irr., u., v. n.* (f.) s'égarer.

Fehlführen, *v. a.* égarer.

Fehlgebären, *v. n.* 2 (h.) avorter, faire une fausse couche.

Fehlgeburt, *f.* avortement, *m.;* fausse couche, *f.*

Fehlgreifen, *v. n.* 5† (h.) se méprendre, faire une bévue.

Fehlgriff, *m.* 2, méprise, *f.* quiproquo, *m.* [son coup.

*Fehlhauen, v. n.* (h.) manquer Fehljagen, *v. n.* (h.) manquer la bête au gite.

Fehljahr, *v.* Mißjahr.

Fehlreden, *v. n.* (h.) se méprendre, faire une faute en parlant.

Fehlschießen, *v. n.* 6 (h.) manquer son coup.

Fehlschlag, Fehlschuß, *m.* 2*, Fehlstreich, *m.* 2, faux coup, coup manqué.

Fehlschlagen, *v. n.* 7 (h.) porter un faux coup; manquer son coup; —, (f.) échouer, ne pas réussir, avorter.

Fehlschließen, *v. n.* 6 (h.) juger mal.

Fehlschluß, *m.* 2*, faux raisonnement (*log.*); paralogisme.

Fehlschneiden, *v. n.* 5† (h.) couper mal.

Fehlschnitt, *m.* 2, échappade, *f.*

Fehlschreiben, *v. n.* 5 (h.) faire une faute en écrivant.

Fehlsehen, *v. n.* 1 (h.) voir mal.

Fehlstoßen, *v. n.* 4 (h.) porter son coup à faux.

Fehltreten, *v. n.* 1 (h.) faire un faux pas; (*man.*) broncher.

Fehltritt, *m.* 2, faux pas, *fm.* faux bond; *fg.* id., faute, *f.;* (*man.*) bronchade. [quer.

Fehlwerfen, *v. a. et n.* 2 (h.) manFehlzählen, *v. n.* (h.) se mécompter.

Fehm, *f.* -gericht, *n.* 2, *ol.* tribunal criminel secret, *m.* cour westphalienne, *f.*

Fehm, *f.* glandée.

Fehwamme, *f.* peau du ventre de l'écureuil de Sibérie, petit-gris, *m.*

Feier, f. célébration ; fête, solennité ; repos, m.

Feierabend, m. 2, fin du travail, f.; heures de repos, de loisir, pl.; — machen, cesser le travail, se reposer.

Feierkleid, n. 5, habit (m.) de fête, de parade, de cérémonie, de gala.

Feierlich, adj. solennel.

Feierlichkeit, f. solennité.

Feiern, v. a. célébrer, chômer ; —, v. n. (h.) chômer, se donner du relâche ; —, s. n. 1, chômage, m.; célébration d'une fête, f.

Feierstunde, f. heure de loisir, de repos, relâche, m.; (poés.) heure solennelle, f.

Feiertag, m. 2, jour de fête; fête, f. férie ; —e, pl. vacances, féries.

Feiertäglich, adj. de fête, férial.

Feifel, f. (vét.) avives, pl.

Feig, Feige, adj. lâche, sans cœur, sans courage; mou; poltron.

Feige, f. figue.

Feigenbaum, m. 2*, figuier ; der wilbe —, caprifiguier ; ägyptische —, sycomore; indische —, figuier d'Inde, nopal, opuntia, f.

Feigenblatt, n. 5*, feuille de figuier, f. [figue, m.

Feigendrossel, =schnepfe, f. bec-

Feigengarten, m. 1*, figuerie, f.

Feigenkorb, m. 2*, cabas.

Feigheit, f. lâcheté; poltronnerie.

Feigherzig, adj. lâche, timide.

Feigherzigkeit, f. lâcheté, timidité. [m. fic; condylome.

Feigwarze, f. verrue, porreau,

Feigwarzenkraut, n. 5*, scrofulaire, f. hémorrhoïdale (plante).

Feigwurz, f. tormentille (plante).

Feil, adj. à vendre ; fg. vénal, mercenaire ; vil ; rampant ; — bieten, offrir pour de l'argent, exposer en vente; ein —er Schriftsteller, une plume vénale.

Feilbietung, f. mise en vente; exposition des marchandises.

Feilbogen, m. 1*, (serrur.) lime à potence, f.

Feile, f. lime ; viereckige grobe —, carreau, m.; stille —, lime sourde, f.

Feilen, v. a. limer, polir; passer, repasser la lime sur qch.; fg. id.

Feilenhalter, m. 1, mordache, f.

Feilenhauer, m. 1, tailleur de

Feilglätte, f. limure. [limes.

Feilschen, v. a. marchander.

Feilspäne, m. pl. 2, Feilstaub (m. 2, Feilicht, n. 2, Feilsel, n. 1, limaille, f.

Feilstock, m. 2*, étau à main.

Feilung, f. limure.

Fein, adj. fin ; subtil, menu ; délicat ; fg. fin, délicat ; joli, gentil, élégant, mignon ; honnête,

---

ingénieux, adroit, artificieux, rusé ; — machen, affiner ; — werden, s'affiner ; v. Verfeinern ; —fte weiße Mehl, fleur de farine, f. den —en spielen, faire le malin.

Feind, m. 2, ennemi, adversaire ; böse —, esprit malin ; einem — sein, être l'ennemi de qn., haïr qn., en vouloir, porter rancune à qn.

Feindlich, adj. ennemi ; hostile ; adv. en ennemi ; ein —er Einfall, invasion, f. incursion.

Feindschaft, Feindseligkeit, f. inimitié ; animosité ; hostilité.

Feindschaftlich, Feindselig, adj. ennemi, hostile, haineux.

Feine, f. et n. 3, Feinheit, f. finesse ; subtilité, adresse ; délicatesse ; pureté ; attische Feinheit, atticisme, m. [licat.

Feinfühlend, Feinsinnig, adj. dé-

Feinhechel, f. affinoir, m.

Feinkörnig, adj. en petits grains.

Feinkupfer, n. 1, cuivre de rosette, m.

Feinraspel, f. écouane.

Feinspitzen, n. 1, affinage, m.

Feist, adj. gras ; — machen, engraisser.

Feiste, prvcl. Feistigkeit, f. graisse ; obésité ; (cha.) cervaison ; porchaison.

Feld, n. 5, champ, m.; terre, f.; campagne ; planche d'asperges ; (opt.) champ, m.; case du damier, f. compartiment, m.; (arch.) panneau; fg. champ; leeres —, table d'attente, f. table rase; —er, pl. (poés.) guérets, m. freie —, rase campagne, f.; auf freiem —, en plein champ; das weite — suchen, fm. prendre le large; flache —, plat pays, m.; über — reisen, faire un tour à la campagne; zu —e ziehen, prendre les armes contre qn., entrer en campagne; das — behaupten, remporter la victoire; das ist noch im Weiten —e, c'est encore bien incertain.

Feldarbeit, f. Feldbau, m. 2, labourage ; agriculture, f.

Feldarzt, m. 2*, médecin de l'armée. [l'armée.

Feldbäckerei, f. boulangerie de

Feldbau, m. 2, agriculture, f. culture des champs, labour, m. labourage. [tivateur.

Feldbauer, m. 1, laboureur, cul-

Feldbaukunde, f. agronomie ; die — betreffend, agronomique.

Feldbett, n. exc. 1, lit de camp, m.

Feldbinde, f. écharpe.

Feldblume, f. fleur des champs.

Feldbohne, f. fève de jardin, de marais.

---

Feldcasse, f. caisse militaire.

Felderbecke, f. (arch.) soffite.

Feldflasche, f. bidon, m.

Feldflüchtig, adj. fugitif, fuyard ; —e, m. 3, déserteur.

Feldfrevel, m. 1, délit ou dégât champêtre. [la campagne.

Feldfrüchte, f. pl. productions de

Feldgeräthe, n. 1, outils de labourage, m. pl.; attirail de campagne.

Feldgeschrei, n. 2, cri de guerre, m. mot de ralliement.

Feldgeschütz, n. 2, artillerie de campagne, f. [ques.

Feldgötter, m. pl. dieux rusti-

Feldgrille, f. grillon sauvage, m.

Feldgut, n. 5*, terre, f. bien de campagne, m.

Feldherr, m. 3, général ; généralissime ; capitaine.

Feldherrenwürde, f. généralat, m.

Feldhospital, m. 5*, hôpital d'armée, hôpital ambulant ; ambulance, f. [perdreau, m.

Feldhuhn, n. 5*, perdrix, f.; dim.

Feldhüter, m. 1, messier.

Feldhütte, f. baraque ; sich —n bauen, se baraquer.

Feldjäger, m. 1, chasseur.

Feldkanzellei, f. chancellerie de l'armée.

Feldkeller, m. (milit.) cantine, f.

Feldkrankheit, f. mal de Hongrie, m.

Feldkümmel, m. 1, thym, cumin sauvage, f. [pement.

Feldlager, n. 1, camp, m. campement.

Feldlattich, m. 2, laitue sauvage, f.; v. Feldsalat.

Feldlazareth, n. 2, v. Feldhospital.

Feldlerche, f. farlouse.

Feldlilie, f. lis des champs, m. martagon.

Feldmannstreue, f. (bot.) chardon Roland, m. panicaut.

Feldmark, f. Feldmarkung, Feldscheidung, f. bornes, pl. limites des champs.

Feldmarsch, m. 2*, den — schlagen, battre aux champs.

Feldmarschall, m. 2*, maréchal, feldmaréchal.

Feldmaus, f.*, souris champêtre; campagnol, m. mulot.

Feldmeister, m. 1, écorcheur.

Feldmesser, n. 1, Feldmesserei, Feldmessung, f. arpentage, m.; géodésie, f.

Feldmesser, m. 1, arpenteur, m.; Bericht eines —, mesurage.

Feldmeßkunst, f.*, géodésie, géométrie.

Feldmohn, m. 2, coquelicot.

Feldmusik, f. musique champêtre.

Feldort, m. 5* (min.) galerie d'allongement, f.

Feldpoſtmeiſter, m. 1, directeur des poſtes de l'armée.

Feldprediger, =prieſter, m. 1, aumônier d'un régiment.

Feldrauchen, n. 1, anémone sauvage, f.

Feldroſe, f. rose sauvage.

Feldruthe, f. perche d'arpenteur.

Feldſalat, m. 2, mâche, f. douvette. [cette.

Feldſchanze, f. redoute.

Feldſcherer, m. 1, chirurgien; Regiments=—, chirurgien-major.

Feldſcheuche, f. épouvantail, m.

Feldſchlacht, f. bataille rangée.

Feldſchlange, f. couleuvrine.

Feldſchmiede, f. forge de campagne.

Feldſchnecke, f. limas, m. limaçon. [seau, m.

Feldſchnepfe, f. bécassine, becas-

Feldſchwamm, m. 2*, champignon.

Feldſtein, m. 2, borne, f. pierre des champs. [pagne, f.

Feldſtück, n. 2, pièce de cam-

Feldſtuhl, m. 2*, pliant.

Feldtaube, f. pigeon fuyard, m.

Feldwache, f. garde du camp; sentinelle; vedette; bivouac, m.

Feldwachtmeiſter, m. 1, major.

Feldwebel, m. 1, sergent-major.

Feldweg, m. 2, chemin de traverse, chemin vicinal.

Feldwinde, f. petit liset, m. liseron (plante).

Feldzeichen, n. 1, signal militaire, m.; marque distinctive des gens de guerre, f.; v. Fahnt.

Feldzeugmeiſter, m. 1, général d'artillerie.

Feldzug, m. 2*, campagne, f.

Felge, f. jante; (agr.) recassis, m.

Felgen, v. a. janter; (agr.) recasser.

Fell, n. 2, peau, f.; robe d'un chien; cuir, m.; — im Auge, ongle; raie, f.; das goldene —, toison d'or; das — abziehen, dépouiller une bête; einem das — über die Ohren ziehen, écorcher, maltraiter qn.; das abgehaarte —, (még.) cuiret, m.

Fellbereiter, m. 1, peaussier.

Felleiſen, n. 1, valise, f. malle, havre-sac, m.; das kleine —, mallette, f.

Felleiſenmacher, m. 1, malletier.

Fellgar, adj. (pellet.) apprêté, appareillé, passé.

Fellicht, adj. membraneux.

Fels, m. 3, Felſen, m. 1, rocher, roche, f. roc, m.; —n, pl. (mar.) brisants.

Felſenfeſt, adj. inébranlable.

Felſengrund, m. 2*, fondement de roc; (mar.) banche, f.

Felſenhart, adj. dur comme un rocher; ein —es Herz, un cœur de roche. [crevasse.

Felſenkluft, f.*, fente de rocher;

Felſenkrabbe, f. homard épineux, m. [saxatile, m.

Felſenlabkraut, n. 5*, caillelait

Felſenroſe, f. ciste, m.

Felſenſchlag, m. 2*, frappement de Moïse.

Felſenwand, f.*, pente d'un rocher; rocher escarpé, m.

Felſenwerk, n. 2, in Grotten, rocaille, f. [(anat.) pétreux.

Felſicht, adj. qui tient de la roche;

Felſig, adj. plein, couvert de rochers.

Feluke, f. (mar.) felouque.

Fenchel, m. 1, fenouil.

Fenchelapfel, m. 1, fenouillet, fenouillette, f. [lette, f.

Fenchelbranntwein, m. 2, fenouil-

Fenchelholz, n. 5*, sassafras, m.

Fenchelgras, n. 5*, panicum, m. panis.

Fenſter, n. 1, fenêtre, f.; croisée; (jard.) châssis, m.; —, pl. vitres, f. pl.; vitraux, m. pl.; glaces, f. pl.; — des Himmels, (écr. ste.) cataractes; ein —s ches man nicht aufmachen kann, un verre dormant; des ſchiefe —, abat-jour; ſämmtliche —, v. Fenſterwerf.

Fenſteraustritt, m. 2, balcon.

Fenſterband, n. 5*, penture, f.; — mit Gewinde, couplet, m.

Fenſterbank, f.*, banquette.

Fenſterbeſchlag, m. 2, =beſchläge, n. 1, fiches, f. pl. ferrure. [m.

Fenſterblei, n. 2, plomb à vitres.

Fenſterbogen, m. 1*, remenée, f.

Fenſterbrüſtung, f. appui de fenêtre, m.

Fenſtereiſen, n. 1, tringle, f.

Fenſterflügel, m. 1, panneau de vitre. [d'une fenêtre, m.

Fenſterfutter, n. 1, plate-bande de fenêtres, m.

Fenſtergeld, n. 5, impôt sur les fenêtres, m.

Fenſtergiebel, m. 1, fronton.

Fenſtergitter, n. 1, jalousie; treillis d'une fenêtre, m. [m.

Fenſterglas, n. 5*, verre à vitres,

Fenſterhaspen, m. 1, gond, pivot de fenêtre.

Fenſterkiſſen, n. 1, accoudoir, m.

Fenſterkloben, m. 1, crampon.

Fenſterkorb, m. 2*, treillis, châssis d'osier.

Fenſterkreuz, n. 2, croisée, f. meneau, m. [trevent.

Fenſterladen, m. 1*, volet, contrevent, m. v. a. vitrer, garnir de fenêtres; fig. chapitrer, réprimander fortement.

Fenſterpfeiler, m. 1, trumeau.

Fenſterrahmen, m. 1, châssis.

Fenſterriegel, =riegel, m. 1, targette, f. happe.

Fenſterſcheibe, f. vitre, carreau, m. [marquise, f.

Fenſterſchirm, m. 2, châssis, f.

Fenſterſtange, f. targette.

Fenſterſturz, m. 2*, linteau.

Fenſterwert, n. 2, vitrage, m.

Fenſterwirbel, m. 1, birloir, tourniquet; v. Fenſterreiber.

Ferch, m. 2, v. Schwaben.

Ferien, f. pl. vacances; féries; (jur.) vacations.

Ferkel, n. 1, cochon de lait, m.; der Wurf —, cochonnée, f.

Ferkelkaninchen, n. 1, agouti, m.

Ferkeln, v. n. (b.) cochonner.

Fern, adj. éloigné; lointain; loin; — ſcheinen, (peint.) s'éloigner; das ſey —t, à Dieu ne plaise; ſo —, in ſo — als, conj. au cas, en tant que.

Fernambukholz, n. 5*, Brésil, m. bois de Brésil.

Ferne, f. lointain m. éloignement, distance, f.; in der —, de loin; fig. bien loin; in der — ſeyn, être bien loin, bien éloigné; von —, (s'informer) sous main, secrètement. [beau de loin.

Fernen, v. n. fm. (b.) paraître

Ferner, adv. de plus, en outre, encore; item.

Fernerhin, adv. à l'avenir.

Fernerweitig, adj. p. us. ultérieur.

Fernglas, n. 5*, lunette d'approche, f.; lorgnette; — für ein Auge, monocle, m.; doppelte —, binocle.

Fernhin, adv. loin, au loin.

Fernrohr, n. 2, télescope, m.; v. Fernglas.

Fernſchreibekunſt, f.*, télégraphie.

Fernſchreibemaſchine, f. télégraphe, m.

Fernſichtig, adj. presbyte.

Ferrandin, m. 2, (comm.) ferrandine, f. =weber, m. 1, ferrandier.

Ferſe, f. talon, m. [dinier.

Ferſenbein, n. 2, calcanéum, m. os du talon.

Ferſenflügel, m. pl. talonnières de Mercure, f. pl.

Ferſengeld, n. 5, prov. fm., — geben, s'enfuir, montrer les talons.

Ferſenleder, n. 1, quartier d'un soulier, m.

Fertig, adj. prêt; achevé, fait; arrêté (plan); fig. expéditif; prompt; adroit, habile; mit einem, etw. — werden, venir à bout de qn., de qch.; leicht mit einem — werden, avoir bon marché de qn.; — machen, achever; terminer; ſich — machen, s'apprêter, se préparer; finir; — werden, s'achever; finir; terminer(mit etw., qch.).

Fertigen, v. a. faire, achever.

Fertigkeit, f. promptitude; agilité; adresse; habileté; die — im Reden, volubilité de langue.

Fessel, f. chaîne; fers, m. pl.; (man.) jointe, f. jointure du cheval; (vét.) paturon, m.; —n, (man.) entraves, f. pl.

Fesselgeschwür, n. 2, javart, m.

Fesseln, v. a. enchaîner; fg. id., captiver, attacher; (man.) entraver; lang, kurz gefesselt, (man.) long jointé, court jointé.

Fesselwund, adj. (cheval) blessé au paturon. [banquet.

Fest, n. 2, fête, f.; festin, m.

Fest, adj. fort; ferme; dur; impénétrable; solide, serré, compacte; fixe; immobile, stable; arrêté, décidé (projet); — binden, serrer, attacher, lier; — halten, tenir ferme; arrêter qn.; fg. observer fidèlement; — machen, v. Befestigen; — nehmen, arrêter qn.; — stellen, assurer, v. Festsetzen; — sitzen, tenir ferme; fg. être en sûreté; fm. être en prison; — stehen, tenir ferme; — werden, s'affermir; se durcir.

Festabend, m. 2, veille d'une fête, f. [v. Festung.

Feste, f. firmament, m.; (poés.)

Festgesang, m. 2*, hymne, m. et f.

Festigkeit, f. fermeté; solidité; consistance; fg. aplomb, m. constance, f. fixité des principes.

Festlich, adj. solennel; pompeux.

Festlichkeit, f. solennité; pompe.

Festrechnung, f. comput, m.

Festsetzen, v. a. assigner, marquer, fixer, indiquer; stipuler, régler, convenir, établir; sich —, s'établir; (guer.) se loger.

Festtag, m. 2, jour de fête.

Festtäglich, adj. de fête; férial.

Festung, f. fort, m. forteresse, f. place forte.

Festungsbau, m. 2, fortification, f.

Festungsbaukunst, f.*, architecture militaire.

Festungsgewölbe, n. 1, casemate, f.

Festungswerk, n. 2, ouvrage de fortification, m.; —t, pl. fortifications, f. pl.

Fetfa, n. (Turq.) fetfa du mufti, m. [tiche.

Fetisch, m. 2, fétiche, dieu fé-

Fetischendienst, m. 2, fétichisme.

Fett, adj. gras; gros; (anat.) adipeux; fg. lucratif; riche, opulent; — machen, engraisser; — werden, s'engraisser, devenir gras; eine —e Schrift, un caractère bien nourri.

Fett, n. 2, Fettigkeit, f. graisse; gras, m.; (anat.) axonge, f.

Fettader, f. veine adipeuse.

Fettammer, f. ortolan, m.

Fettbruch, m. 2*, stéatocèle.

Fettdarm, m. 2*, (bouch.) gras-double.

Fette, f. (charp.) panne, filière.

Fettflecken, m. 1, tache de graisse, f.

Fettgans, f.*, pingoin, m.

Fetthaut, f.*, tunique, membrane adipeuse.

Fetticht, adj. graisseux.

Fettig, adj. gras, crasseux.

Fettkrämer, m. 1, charcutier.

Fettkraut, n. 5*, grassette, f.

Fettlich, adj. fm. grasset.

Fettmagen, m. 1*, caillette, f.

Fettsäure, f. acide sébacique, m.

Fettschmelzen, n. 1, (vét.) gras-fondu, m.

Fettthon, m. 2, bol, bolus, terre bolaire, f.

Fez, (géogr.) Fez, Fetz.

Fetzchen, n. 1, petit bout, m. pop. loquette, f.

Fetzen, m. 1, pop. morceau; chiffon, haillon, lambeau.

Feucht, adj. humide; moite.

Feuchtbrett, n. 5, (impr.) ais à tremper le papier, m.

Feuchten, v. a. humecter, tremper.

Feuchtigkeit, f. humidité; moiteur; (méd.) humeur; von —en herrührend, humoral.

Feuchtmesser, m. 1, hygromètre.

Feuchtmulde, f. (impr.) bassine.

Feuer, n. 1, feu, m.; braise, f.; incendie, m.; fg. feu, chaleur, f. ardeur, fougue, activité; — fangen, prendre feu, s'enflammer; fg. id., über das — halten, flamber; in — und Flammen setzen, mettre tout en feu; fm. mettre hors des gonds; ohne —, (serr.) à froid. [guèbre.

Feueranbeter, m. 1, ignicole;

Feueranstalt, f. règlement (m.), mesures (f. pl.), police pour les incendies.

Feuerbecken, n. 1, réchaud, m.

Feuerbeständig, adj. fixe, qui résiste à l'action du feu, lixiviel, apyre.

Feuerbeständigkeit, f. fixité.

Feuerblatter, f. (méd.) épinyctide.

Feuerbock, m. 2*, couvre-feu, m.

Feuerbock, m. 2*, chenet.

Feuerbrand, m. 2*, tison.

Feuerbüschel, m. 1, (phys.) faisceau, aigrette, f.

Feuereifer, m. 1, zèle ardent.

Feuereimer, m. 1, seau à incendie.

Feueresse, f. cheminée.

Feuerfangend, adj. combustible, inflammable.

Feuerfest, adj. qui résiste à l'action du feu; massif (mur); voy. Feuerbeständig.

Feuerflasche, f. (mar.) bosse.

Feuergabel, f. fourgon, m.

Feuergewehr, n. 2, arme à feu, f.

Feuerglocke, f. beffroi, m. tocsin.

Feuerhaken, m. 1, croc à feu; crémaillère, f. attisonnoir, m.

Feuerherd, m. 2, foyer; âtre.

Feuerhimmel, m. 1, empyrée.

Feuerhund, m. 2, v. Feuerbock.

Feuerknecht, m. 2, (verr.) tiseur.

Feuerkrücke, f. râble, m.

Feuerkugel, f. (artif.) carcasse; (artill.) boulet rouge, m.; (phys.) météore; globe de feu.

Feuerkunst, f.*, pyrotechnie.

Feuerland, n. 5, Terre de feu (pays), f.

Feuerländer, m. 1, habitant de la Terre de feu.

Feuerlanze, f. lance à feu, lance.

Feuerlärm, m. 2, cri au feu, tocsin.

Feuerleiter, f. échelle à feu.

Feuerlilie, f. lis rouge, m.

Feuerloch, n. 5*, chauffière, f.

Feuermauer, f. mur mitoyen, m.

Feuermesser, m. 1, pyromètre.

Feuermeßkunst, f.*, pyrométrie.

Feuermörser, m. 1, mortier.

Feuern, v. a. et n. (h.) allumer du feu; chauffer || faire feu, tirer; mit Kanonen —, canonner.

Feuerordnung, f. règlement concernant les incendies, m.

Feuerpfanne, f. réchaud, m. brasier.

Feuerpfeil, m. 2, falarique, f. flèche ardente; dard à feu, m.

Feuerprobe, f. épreuve par le feu; (jur.) épreuve du fer chaud; die — aushalten lassen, fg. mettre à la coupelle.

Feuerpunkt, m. 2, foyer.

Feuerrad, n. 5*, roue de feu, f. soleil, m. girandole, f.

Feuerrohr, n. 2, arme à feu, f.

Feuerröschen, n. 1, adonis, m.

Feuerrost, m. 2, gril, grille, f.

Feuerroth, adj. rouge comme du feu; ardent (poil).

Feuersäule, f. colonne de feu, trabe (météore). [feu.

Feuersbrunst, f.*, incendie, m.

Feuerschau, f. visite des foyers, des cheminées, etc.

Feuerschaufel, f. pelle à feu.

Feuerschträger, m. 1, croissant. [pyrophobe.

Feuerscheu, f. pyrophobie; adj.

Feuerschirm, m. 2, écran.

Feuerschlund, m. 2*, gouffre de feu, volcan, cratère; fg. —t, pl. bouches à feu, f. pl. canons, m. pl. [(insecte).

Feuerschröter, m. 1, cerf-volant

Feuerschürer, m. 1, attiseur.

Feuerschwamm, m. 2*, amadou.

Feuersegen, *m.* 1, contre-feu, charme, conjuration *du feu*, *f.*

Feuerspeiend, *adj.* qui vomit du feu, ignivome; ein —er Berg, un volcan.

Feuerspritze, *f.* pompe à feu.

Feuerstahl, *m.* 2\*, fusil, briquet.

Feuerstätte, *f.* feu, *m.* foyer; lieu de l'incendie.

Feuerstein, *m.* 2, pierre à fusil, *f.*

Feuerstrahl, *m.* *exc.* 1, rayon de feu, coup de foudre, éclair.

Feuerstübchen, *n.* 1, chaufferette, *f.*

Feuertopf, *m.* 2\*, couvet, pot à feu, caisse d'artillerie, *f.*

Feuerung, *f.* chauffage, *m.*

Feuerwahrsagerei, *f.* pyromancie, pyromance.

Feuerwedel, *m.* 1, éventoir.

Feuerwerk, *n.* 2, feu d'artifice, *m.*

Feuerwerker, *m.* 1, artificier.

Feuerwerkskunst, *v.* Feuerkunst.

Feuerzange, *f.* mordache, tenailles, *pl.* pincettes; die leichte —, badines.     [sant.

Feuerzangenträger, *m.* 1, crois-

Feuerzeichen, *n.* 1, signe (*m.*), signal pour annoncer un incendie; météore enflammé.    [quet.

Feuerzeug, *n.* 2, fusil, *m.* bri-

Feurig, *adj.* igné, ardent, flamboyant; *fg.* fougueux, bouillant; ardent, vif; —e Kohlen, de la braise.     [futscher.

Fiaker, *m.* 1, fiacre; *v.* Mieth-

Fibel, *f.* a b c, *m.* abécédaire.

Fiber, *f.* fibre.

Fichte, *f.* pin, *m.*

Fichtenharz, *n.* 2, galipot, *f.*

Fichtenwald, *m.* 5\*, forêt de pins, *f.*     [pin, *f.*

Fichtenzapfen, *m.* 1, pomme de

Ficke, *f. fm.* poche, gousset, *f.*

Ficken, *v. a.* fouetter, donner des coups de verge; sich —, se gâter par le frottement.

Fickmühle, *f.* ressource, expédient, *m.* pis aller; eine — haben, *prov.* prendre d'un sac double mouture; *voy. aussi* Zwickmühle.

Fideicommiß, *n.* 2, (*jur.*) fidéicommis, *m.*

Fidibus, *m. indécl.* fidibus, papier pour allumer.

Fiduciarisch, *adj.* (*jur.*) fidéicommissaire, fiduciaire.

Fieber, *n.* 1, fièvre, *f.*; *v.* Anfall.

Fieberfrost, *m.* 2, *v.* Fieberschauer.

Fieberhaft, *adj.* fiévreux, fébrile.

Fieberhitze, *f.* chaleur fébrile; paroxisme, *m.*     [Fieberhaft.

Fieberkrank, *adj.* fébricitant; *v.*

Fieberlatwerge, *f.* électuaire contre la fièvre, *m.*

Fieberlehre, *f.* pyrétologie.

Fiebermittel, *n.* 1, fébrifuge, *m.* antifébrile.

Fieberrinde, *f.* quinquina, *m.*

Fieberschauer, *m.* 1, frisson, frissonnement.     [antifébrile.

Fiebervertreibend, *adj.* fébrifuge,

Fiedel, *f.* pop. violon, *m.*

Fiedelbogen, *m.* 1\*, archet.

Fiedeln, *v. a. et n. fm.* jouer mal du violon; *mépr.* racler.

Fiedern, *v. a.* garnir de plumes, empenner.     [violon.

Fiedler, *m.* 1, *mépr.* racleur de

Figiren, *v. a.* (*chim.*) fixer, corporifier; —, *s. n.* 1, fixation, *f.*

Figur, *f.* figure; type, *m.*; — machen, faire figure, figurer; eine häßliche — spielen, faire une mauvaise figure.

Figurant, *m.* 3, -inn, *f.* (*théât.*) figurant, *m. e*, *f.*

Figuriren, *v. a. et n.* (h.) figurer; faire des figures, modeler.

Figurismus, *m. indécl.* (*théol.*) figurisme.

Figurist, *m.* 3, (*théol.*) figuriste.

Figürlich, *adj.* figuré; typique.

Filet, *n.* 2, filet, *m.*

Filial, *n.* 2, -kirche, *f.* annexe, succursale.

Filigran, *n.* 2, filigrane, *m.*

Filtriren, *v. a.* filtrer.

Filtrirsack, *m.* 2\*, sac à filtrer, chausse, *f.*

Filtrirtuch, *n.* 5\*, étamine, *f.*

Filz, *m.* 2, feutre; (*impr.*) blanchet; *mépr.* avare, ladre, grigou, crasseux; — ou —er, *m.* 1, *fm.* réprimande, *f.*

Filzen, *v. a.* feutrer; garnir *le drap*; —, *s. n.* 1, feutrage, *m.* feutrement, *m.*     [tre.

Filzhut, *m.* 2\*, chapeau de feu-

Filzig, *adj. fm.* avare, ladre, vilain, crasseux.

Filzigkeit, *f. fm.* ladrerie; lésine.

Filzlaus, *f.\**, morpion, *m.*

Filzmacher, *m.* 1, feutrier.

Filzstoß, *m.* 2\*, (*pap.*) porse de feutres, *f.*; (*cart.*) pressée.

Filztuch, *n.* 5\*, feutrière, *f.*

Fimmel, *m.* 1, chanvre femelle.

Finale, *n.* 1, (*mus.*) cadence finale, *f.*

Finalstock, *m.* 2\*, (*impr.*) cul-de-lampe, fleuron.

Finanzbeamte, *m.* 3, financier.

Finanzen, *pl.* Finanzwesen, *n.* 1, finances, *f. pl.*

Finanzsach, *n.* 5\*, finance, *f.*

Finanzminister, *m.* 1, ministre des finances.

Findbar, *adj.* trouvable.

Findelhaus, *n.* 5\*, hospice des enfants trouvés, *m.*

Findelkind, *n.* 5, enfant trouvé, *m.*

Finden, *v. a.* 3, trouver; rencontrer; *fg.* inventer; découvrir.

Finder, *m.* 1, celui qui trouve qch.

Findling, *m.* 2, *v.* Findelkind.

Finger, *m.* 1, doigt; spitze — haben, *fm.* avoir l'onglée; *fg.* durch die — sehen, user d'indulgence; conniver avec qch.; an den —n herfagen, savoir sur le bout des doigts.

Fingerförmig, *adj.* (*bot.*) digité.

Fingerhut, *m.* 2\*, dé; ein — voll Wein, un doigt de vin.

Fingerhutblume, *f.* digitale.

Fingerling, *m.* 2, doigtier.

Fingern, *v. n.* (h.) jouer des doigts.

Fingerrechnen, *n.* 1, dactylonomie, *f.*

Fingerring, *m.* 2, anneau; — mit Edelsteinen, bague, *f.*

Fingersatz, *m.* 2\*, doigter.

Fingersbreit, -dick, -lang, *adj.* large, épais, long d'un doigt.

Fingerspitze, *f.* bout du doigt, *m.*

Fingersprache, *f.* chirologie.

Fingerwurm, *m.* 5\*, panaris.

Fingerzeig, *m.* 2, signe du doigt; *fg.* avis; avis au lecteur.

Fink, *m.* 3, pinson.

Finkenritter, *m.* 1, *fm.* fanfaron.

Finkler, *m.* 1, oiseleur.

Finne, *f.* bouton, *m.* bourgeon, pustule, *f.* élevure; nageoire *des poissons*; —n, *pl.* ladrerie *d'un cochon*; cime, sommet (*m.*) *d'une montagne*; die Schweine besehen ob sie —n haben, langueyer les cochons.

Finnig, *adj.* boutonné, bourgeonné, couperosé; (*cochon*) ladre; — werden, bourgeonner.

Finnland, *n.* 5, Finlande, *f.* (*pays*).     [Finlandais.

Finnländer, *m.* 1, Finne, *m.* 3,

Finster, *adj.* obscur, sombre, ténébreux; *fg.* triste; sombre, morne.

Finsterkammer, *f.* chambre obscure.

Finsterling, *m.* 2, obscurant.

Finsterniß, *f.* obscurité, ténèbres, *pl.*; (*astr.*) éclipse.

Finstingen, Fénétrange (*bourg*).

Finte, *f.* (*escr.*) feinte; *fm.* id., finesse.

Fips, *m.* 2, chiquenaude, *f.*

Firlefanz, *m.* 2, niaiserie, *f.* sottise.     [raison.

Firma, *f.* (*pl.* -en), (*comm.*)

Firmament, *n.* 2, firmament, *m.*

Firman, *m.* 2, (*Turq.*) firman.

Firmeln, *v. a.* confirmer.

Firmelung, *f.* confirmation.

Firn, *m.* 3, (*suisse*) cime d'un glacier, *f.*

Firn, *adj.* de l'année passée.

Firnewein, *m.* 2, du vin vieux; du vin d'une feuille.

Firniß, *m.* 2, vernis.

Firnissen, *v. a.* vernir, vernisser.

Firste, *f.* comble, *m.* faîte.

Firstenbecke, f. faîtage, m.
Firstenziegel, m. 1, faîtière, f.
Fis, n. indécl. fa-dièze, m.
Fiscal, m. 2, procureur fiscal.
Fiscalisch, adj. fiscal.
Fisch, m. 2, poisson; das sind faule —t, prov. voilà de mauvaises raisons, de vaines excuses; von —en lebend, ichthyophage; v. Fische.
Fischaar, m. 2, =abler, m. 1, aigle de mer, huard, ossifrague.
Fischangel, f. hameçon, m.
Fischband, n. 5*, (serr.) fiche; f.
Fischbehälter, m. 1, vivier.
Fischbein, n. 1, baleine, f. busc, m.
Fischbernen, m. 1, truble, f.
Fischbeschreiber, m. 1, ichthyologiste.
Fischbeschreibung, f. ichthyologie.
Fischblase, f. vessie de poisson.
Fischbrut, f. peuple, m. nourrain; frai, alevin.
Fische, f. (serr.) fiche; (mar.) étambraie.
Fischen, v. a. pêcher; mit der Angel, mit dem Netze —, pêcher à la ligne, au filet; im Trüben —, prov. pêcher dans l'eau trouble; —, s. n. 1, pêche, f.
Fischenzen, v. n. (h.) sentir le poisson.
Fischer, m. 1, pêcheur.
Fischerei, f. pêche.
Fischergarn, =netz, n. 2, filet, m.
Fischergeräth, n. 2, appareil de pêcheur, m. [cheur.
Fischerinn, f. femme d'un pê-
Fischerinnung, f. communauté, corporation des pêcheurs.
Fischerkahn, m. 2*, nacelle (f.), barque de pêcheur. [pêcheur.
Fischerring, m. 2, anneau du
Fischerstechen, n. 1, joute sur l'eau, f.
Fischesser, m. 1, ichthyophage.
Fischfang, m. 2, pêche, f.
Fischfaß, n. 5*, caque, f. tonne.
Fischgabel, f. fouëne. [poisson.
Fischgalle, f. fiel, m. amer de
Fischgeier, m. 1, vautour-pêcheur.
Fischgräte, f. arête. [ble, f.
Fischhamen, m. 1, épervier, tru-
Fischhändler, m. 1, =inn, f. poissonnier, m. -ère, f. [m.
Fischhaus, n. 5*, château d'eau,
Fischhaut, f.*, peau de poisson.
Fischirend, adj. (artill.) fichant.
Fischkasten, m. 1*, réservoir, banneton.
Fischkessel, m. 1, poissonnière, f.
Fischköder, m. 1, amorce, f.
Fischkopf, m. 2*, tête (f.), hure de poisson. [manne, f.
Fischkorb, m. 2*, maniveau, f.
Fischlager, n. 1, battue, f.
Fischlaich, m. 2, œufs, pl. frai.

Fischleim, m. 2, colle de poisson, f. [poissons.
Fischmarkt, m. 2*, marché aux
Fischmilch, f. laite, laitance.
Fischohren, pl. ouïes, f. pl.; branchies, f.
Fischotter, f. loutre. [chies.
Fischreich, adj. poissonneux.
Fischreuse, f. nasse. [son, pl.
Fischrogen, m. 1, œufs de pois-
Fischschuppe, f. écaille.
Fischstein, m. 3, —t, pl. (minér.) ichthyolithes.
Fischteich, m. 2, étang, vivier.
Fischthran, m. 2, huile de baleine, f. [f.
Fischtrog, m. 2*, auge à poissons,
Fischwanne, f. caquête. [le, f.
Fischwehr, n. 2, gord, m. écril-
Fischweib, n. 5, poissarde, f.
Fischweiher, m. 1, v. Fischteich.
Fischzaun, m. 2*, bordigue, f. bouchot, m. [pêche, f.
Fischzeug, n. 2, attirail pour la
Fischzug, m. 2*, coup ou jet de filet. [public.
Fiscus, m. indécl. fisc; trésor
Fist, m. 2, t. bas, vesse, f.
Fistel, f. fistule; (mus.) fausset, m.; durch die — singen, chanter en fausset.
Fisteln, v. n. (h.) chanter en fausset. [fausset, m.
Fistelsänger, m. 1, =stimme, f.
Fisten, v. n. (h.) t. bas, vesser.
Fittich, m. 2, (poés.) aile, f.
Fitze, f. ride, pli, m. partie liée d'un écheveau de fil, f.
Fix, adj. ferme; fixe, fm. prompt; adroit; prêt.
Firstern, m. 2, étoile fixe, f.
Flach, adj. plat; plain; uni; (men.) de champ; (géom.) plan; — machen, aplatir.
Fläche, f. plat, m.; plan; surface, f. superficie; aire, plaine; face.
Flacheisen, n. 1, enclume, f.
Flächenholt, m. 2, aire, f.; étendue d'un pays.
Flächenmaß, n. 2, mesure carrée, f.
Flächenmessung, f. planimétrie.
Flachgarn, n. 2, (cha.) hallier, m.
Flachnasig, adj. camus, camard.
Flachs, m. 2, lin; der gehechelte —, filasse, f.
Flachsbart, m. 2*, fm. coton; fg. blanc-bec.
Flachsbreche, f. broiement du lin, m. brisoir, broie, f.
Flachsbrecher, m. 1, broyeur.
Flachsbarre, f. routoir, m.
Flachsbocke, f. quenouillée de lin.
Flachsboden, m. 1, myagrum, cameline, f. (plante).
Flächsen, adj. de lin.
Flachsfarben, adj. gris de lin.
Flachsfeld, n. 5, linière, f.

Flachsfink, m. 3, linotte, f.
Flachshaar, n. 2, cheveux blonds, m. pl. chevelure blonde, f.
Flachshechel, f. affinoir, m.
Flachskopf, m. 2*, blondin.
Flachskraut, n. 5*, linaire, f. velvote (plante). [le lin, m.
Flachsmühle, f. moulin à briser
Flachsrauße, =riffel, f. drège.
Flachsröste, f. routoir, m. rutoir.
Flachsrösten, n. 1, rouissage, m. roui.
Flachssame, m. exc. 2, linette, f.
Flachsschwinge, f. échanvroir, m.
Flachsseide, f. cuscute, barbe de moine (plante).
Flachsstängel, m. 1, tige de lin, f.
Flachswerg, n. 2, étoupe de lin, f.
Flachwert, n. 2, couverture à claire-voie, f. [la nettoyer.
Flacken, v. a. battre la laine pour
Flackern, v. n. (h.), flamboyer, flamber. [lette, f.
Flaben, m. 1, flan, gâteau, ga-
Flaber, f. madrure du bois, veines des pierres, pl.
Flage, f. (min.) filon de roche qui traverse la mine, m.
Flagge, f. pavillon, m.
Flaggenoffizier, m. 2, officier qui porte le pavillon.
Flaggenfod, m. 2*, épars.
Flamine, m. 3, (ant. r.) flamine (prêtre). [bécharu.
Flamingo, m. indécl. (hist. nat.)
Flämisch, adj. flamand; ein Pfund —, (comm.) une livre de gros.
Flämmchen, n. 1, flammèche, f.
Flamme, f. flamme; fg. id., incendie, m.; —n werfen, v. Flammen.
Flammen, v. n. (h.) jeter des flammes, flamber, flamboyer; fg. être en feu; étinceler (œil); brûler (cœur); —, v. a. flamber; geflammt, ondé, moiré, tabisé.
Flammend, adj. flamboyant, étincelant (œil); brillant, ardent (discours).
Flammennaht, f.*, couture pyramidale ou faite en flamme.
Flammicht, adj. flamboyant; ondé, ondoyant.
Flammig, adj. en flammes.
Flammkohle, f. flambart, m.
Flanderer, Flamländer, m. 1, Flamand.
Flandern, n. Flandre, f. (pays).
Flanell, m. 2, flanelle, f.
Flanke, f. côté, m. flanc.
Flankiren, v. a. flanquer; —, v. n. (h.) röder, courir.
Fläschchen, n. 1, fiole, f. carafon, m.
Flasche, f. bouteille, flacon, m.; weiße —, carafe, f.
Flaschenbaum, m. 2*, corossolier.

Flaschenbüchse, f. arquebuse à vent.
Flaschenbürste, f. goupillon, m.
Flaschenett, n. 2, flageolet, m.
Flaschenfutter, n. 1, Flaschenkeller, m. 1, cantine, f. cave.
Flaschenkessel, m. 1, coquemar.
Flaschenfürbiß, m. 2, calebasse, f.; —baum, m. 2*, calebassier.
Flaschenzug, m. 2*, moufle, poulie, f.
Flaschinett, v. Flaschenett.
Flaschner, m. 1, ferblantier.
Flattergeist, m. 5, esprit volage.
Flatterhaft, Flatterig, adj. volage; inconstant; léger.
Flatterhaftigkeit, f. légéreté d'esprit, inconstance.  [leux (laine).
Flatterbärig, adj. soyeux, moelleux;
Flattermine, f. camouflet, m.
Flattern, v. n. (h.) battre ou trémousser des ailes, voleter, voltiger; flotter; badiner (rubans, etc.).       [sipide; stagnant.
Flau, adj. faible, défaillant; insipide;
Flaum, m. 2, —feber, f. duvet, m.
Flaumig, adj. duveteux.    [m.
Flause, f. fm. défaite, bourde, conte, m.; prcl. soufflet.
Flechse, f. tendon, m.
Flechsig, adj. tendineux.
Flechte, f. tresse de cheveux; (vann.) vanne, claie; natte, clayer, m.; (méd.) dartre, f.; (bot.) lichen, m.
Flechten, v. a. 6, tresser, natter; enlacer, entrelacer, faire un panier; bünn geflochten, à claire-voie; —, s. n. 1, enlacement, m. entrelacement.      [treux.
Flechtenartig, adj. (méd.) dar-
Flechtweide, f. osier, m.
Flechtwerk, n. 2, clayonnage, m. entrelacs.
Fleck, m. 2, pièce, f. morceau, m.; lambeau; lieu; place, f.; (cordonn.) bout, m. hausse, f.; nicht vom — kommen, lambiner; den rechten — treffen, toucher la chose au doigt, y être; v. Flecken, m.
Flecken, m. 1, (géogr.) bourg, bourgade, f. || tache, souillure; marque; (astr.) macule du soleil; der kleine weiße —, nubécule dans l'œil, m.; —pl. cotissure des fruits; (joaill.) nuées, pl. pailles; (cha.) maillure d'une perdrix; kleine —, mouchetures d'une peau, pl.; bunte —, madrure; — bekommen (cha.) se mailler; — aus etw. beraus machen, dégraisser qch.
Flecken, v. a. et n. (b.) tacher, tacheter, marqueter; (cordonn.) mettre un but au talon; gefleckt, madré; v. Fleckig.
Fleckenputzer, m. 1, —inn, f. dégraisseur, m. -se, f.

Fleckfieber, n. 1, fièvre pourprée, f.
Fleckig, adj. taché, tacheté, moucheté; (joaill.) nuageux.
Fleckflugel, f. savonnette.
Fledermäuscher, m. 1, v. Fledermäußer.
Fledermaus, f.*, chauve-souris.
Flederwisch, m. 2, plumail.
Flegel, m. 1, fléau; injur. rustre, lourdaud, grossier.
Flegelei, f. impertinence, grossièreté, balourdise.
Flegelhaft, adj. rustre; impertinent, grossier.
Fleben, v. n. (h.) supplier; implorer qn.; —, s. n. 1, supplication, f.; prière instante.
Flehentlich, adj. instant, ardent.
Fleisch, n. 2, chair, f.; (bouch.) viande; das wilde —, (chir.) chairs baveuses, pl. callosité; gesunde —, chair vive; faserigt —, fm. filasse; — (des Menschen) chair, charnure; zu — werden, se carnifier; — erzeugend, incarnatif; — werden, (théol.) s'incarner; rohes — essen, homophage; das Essen des rohen —es, homophagie, f.
Fleischbank, f.*, boucherie, étal, m.
Fleischbruch, m. 2*, sarcocèle.
Fleischbrühe, f. bouillon, m.
Fleischbörre, f. boucan, m.
Fleischbrüse, f. caroncule.
Fleischen, v. a. (tann.) écharner.
Fleischer, m. 1, boucher.
Fleischergang, m. 2*, démarche (f.), course inutile.
Fleischhund, m. 2, mâtin.
Fleischern, adj. de chair.
Fleischeslust, f.*, concupiscence, chair.
Fleischfarbe, f. couleur de chair; (peint.) carnation; die blasse —, incarnadin, m.
Fleischfarbig, adj. de couleur de chair; incarnat; blaß —, incarnadin.
Fleischfaß, n. 5*, saloir, m.
Fleischfressend, adj. carnassier, carnivore. [ecsarcome; polype.
Fleischgewächs, n. 2, sarcome, m.
Fleischknoten, m. 1, croc, tringle, f.      [tion.
Fleischhaltung, f. (peint.) carna-
Fleischicht, adj. charnu (fruit).
Fleischig, adj. charnu, charneux, potelé (bras).
Fleischkammer, f. charnier, m.
Fleischlöschen, n. 1, boulette, f.
Fleischklappen, m. 1, barbe du coq, f.
Fleischleim, m. 2, sarcocolle, f.
Fleischlich, adj. charnel.
Fleischmachend, adj. incarnatif, sarcotique.      [la chair, m.
Fleischmade, f. ver qui croit dans
Fleischmesser, n. 1, tranche-lard, m. couteau de cuisine.

Fleischnaht, f.*, suture incarnative.
Fleischpastete, f. godiveau, m.
Fleischschnitt, m. 2, incision dans la chair, f.
Fleischschnitte, f., dünne, geröstete —, riblette.
Fleischspeise, f. viande.
Fleischständer, m. 1, saloir.
Fleischstreichen, m. 1, aiguillette, f.
Fleischsuppe, f. potage gras, m.
Fleischtag, m. 2, jour gras.
Fleischtheile, pl. charnure, f.
Fleischtopf, m. 2*, marmite, f.
Fleischwarze, f. caroncule.
Fleischwunde, f. blessure dans les chairs.
Fleischwurst, f.*, andouille, saucisson, m.
Fleischzeit, f. pop. charnage, m.
Fleiß, m. 2, application, f.; assiduité; soin, m.; étude, f.; industrie; diligence, activité, empressement, m.; — anwenden, verwenden, tâcher, s'efforcer, s'appliquer (auf, à); mit —, adv. exprès, à dessein; mit allem —, ex professo.
Fleißig, adj. assidu; laborieux; studieux; industrieux; diligent; actif; appliqué; — seyn, s'appliquer.
Flennen, v. n. (h.) fm. pleurer, pleurnicher.       [cardée, f.
Flethe, f. chenal, m.; (drap.)
Fletschen, v. a. étendre; grincer les dents.     [vaisseau.]
Flibot, n. 2, flibot, m. (petit
Flibustier, m. 2, flibustier.
Flickarbeit, Flickerei, f. Flickwert, n. 2, rapiécetage, m.; raccommodage, ravaudage; fg. bousillage; centon.
Flicken, v. a. refaire, raccommoder; rapiécer, rapetasser; ravauder; die Netze —, rhabiller les filets; Späne —, remplir la pantelle.       [m. -se, f.
Flicker, m. -inn, f. ravaudeur, f.
Flickerlohn, m. 2, prix du raccommodage, ravaudage.
Flickwort, n. 5*, cheville, f. mot explétif, m., voll —wörter, cheville (vers).
Flieder, m. 1, v. Holunder.
Fliege, f. mouche; die kleine —, moucheron, m.; die spanische —, cantharide, f.
Fliegen, v. n. 6 (f.) voler; fg. flotter; être déployé; —, s. n. 1, vol, m.
Fliegend, adj. volant, ambulant; mit —en Haaren, échevelé; —e Hize, (méd.) phlogose, f.
Fliegenfalle, f. attrape-mouche.
Fliegenflasche, f. tue-mouche, m.
Fliegenkoth, m. 2, chiure, f.

138    Fli      Flu      Flu

Fliegenneß, n. 2, émouchette, f. chasse-mouche, m.
Fliegenſchimmel, m. 1, cheval gris moucheté.
Fliegenſchnäpper, m. 1, gobe-mouches, bouvier, moucherolle, f. (oiseau).
Fliegenſchwamm, m. 2*, agaric.
Fliegenſchwarm, m. 2*, essaim de mouches. [blimé.
Fliegenſtein, m. 2, arsenic su-
Fliegenwebel, m. 1, chasse-mouche, émouchoir.
Fliehen, v. a. 6, fuir; éviter; —, v. n. (ſ.) fuir, s'enfuir; s'échapper; se réfugier.
Fliehend, adj. fugitif, fuyard, en fuite.
Fliehkraft, f. force centrifuge.
Flieſe, f. carreau de pierre, m.
Flieſenſtein, m. 2, grès à bâtir.
Fließ, n. 2, ol. toison, f.
Fließblattern, f. pl. petite vérole confluente.
Fließen, v. n. 6 (ſ. et h.) couler; découler (aus, de); fluer; boire, fonger (papier); se fonger (métal); fg. venir; couler, découler, s'ensuivre; résulter (aus, de).
Fließend, adj. coulant; liquide; fluide; courant; fg. coulant, facile. [lard, m. papier gris.
Fließpapier, n. 2, papier brouil-
Fließwaſſer, n. 1, eau coulante (f.), vive; (anat.) lymphe.
Fliete, f. (chir.) lancette; (maréch.) flamme; (tapiss.) broche, navette, flûte. [mer.
Flimmer, m. 1, mica; v. Glim-
Flimmern, v. n. (h.) briller, papilloter; —, s. n. 1, papillotage, m.; fg. lueur, f.
Flinder, m. 1, point brillant; (cha.) épouvantail, panneau d'épouvante.
Flinf, adj. alerte; éveillé, leste.
Flinte, f. fusil, m.
Flintenfolben, m. 1, crosse, f.
Flintenträßer, m. 1, tire-bourre.
Flintenfugel, f. balle. [fusil.
Flintenlauf, m. 2*, canon d'un
Flintenſchaft, m. 2*, fût.
Flintenſchloß, n. 5*, fusil, m. batterie, f.
Flintenſchloßblech, n. 2, platine, f.
Flintenſchuß, m. 2*, coup de fusil. [f.
Flintenſtein, m. 2, pierre à fusil,
Flintglas, n. 5*, flintglas, m.
Flitter, m. 1, paillette, f.; clinquant, m.
Flittergold, n. 2, oripeau, m. clinquant; mit — beſeßen; clinquanter.
Flitterſtaat, m. 2, Flitterwerk, n. 2, clinquant, m. colifichets, pl.; vaine parure, f.; faux brillant, m.

Flitterwoche, f. semaine des plaisirs.
Flocke, f. Flocken, m. 1, flocon.
Flockenkraut, n. 5*, jacée, f. (plante).
Flockicht, Flockig, adj. en flocons.
Flockſeide, f. bourre de soie, filoselle, fleuret, m.; grobe —, capiton.
Flockwolle, f. bourre lanice.
Floh, m. 2*, puce, f.
Flohfraut, n. 5*, persicaire, f.
Flor, m. 2 ou f. fleur, f. fleuraison; assortiment de fleurs, m.; fg. état florissant; im — ſeyn, fg. être en fleur, fleurir; fg. fleurir, prospérer; —, m. 2*, crêpe; der ſeine —, gaze, f.
Flora, f. (myth.) Flore; die Feſte ßu Ehren der —, (ant. r.) florales, f. pl. jeux floraux, m. pl. [m.
Florband, n. 5*, ruban de crêpe,
Florbinde, f. cordon de crêpe, m.
Florentiner, m. 1, Florentiniſch, adj. florentin.
Florenß, Florence (ville).
Floret, n. 2, fleuret, m.
Floretband, n. 5*, padou, m.
Floretſeide, f. filoselle.
Floretſeidenband, n. 5*, fleuret, m.
Florweber, m. 1, gazier.
Floſtel, f. fleur. [bois.
Floß, m. 2, radeau, m. train de
Floßbar, adj. flottable.
Floße, f. train (m.), radeau de bois flottant, flot; flottage.
Floßen, v. a. faire flotter; flotter du bois.
Floßfeder, f. nageoire; aileron, m.; bras de la baleine.
Floßholß, n. 5*, bois flotté, m.
Floßung, f. flottage, m.
Floßwehr, n. 2, batardeau, m.
Flötchen, n. 1, flageolet, m.
Flöte, f. flûte.
Flöten, v. a. et n. (h.) jouer de la flûte; (plais.) flûter.
Flötenſpieler, m. 1, joueur de flûte.
Flötenſtimme, f. voix flûtée.
Flötenwerf, n. 2, (org.) tuyaux à bouche, m. pl.
Flott, adj. à flot; wieder — machen, remettre à flot, déchouer; — leben, fg. fm. vivre à gogo, dans l'abondance, grassement; faire florès.
Flotte, f. flotte, armée navale; bie fleine —, flottille.
Flöß, n. 2, (min.) mine en lits, f. couche horizontale.
Flößgebirg, n. 2, chaîne de montagnes à couches, f.
Flößweiſe, adv. par couches.
Fluch, m. 2*, exécration, f.; malédiction, imprécation; jurement,

m. serment; (égl.) anathème; ein angewöhnter —, un juron.
Fluchen, v. a. et n. (h.) maudire qn.; faire des imprécations contre qn.; jurer, pester.
Flucher, m. 1, jureur.
Flucht, f. fuite; retraite; bie unordentliche —, déroute; —, (arch.) jeu, m.; in einer —, de suite.
Flüchten, v. a. sauver; —, v. n. (h.) se sauver, se réfugier, prendre la fuite.
Flüchtig, adj. fugitif; fuyard; fg. volage; inconstant, léger; passager; vite; (cheval) léger; (chim.) volatil; — machen, volatiliser; — werden, s'enfuir.
Flüchtigkeit, f. (chim.) volatilité; fg. rapidité; inconstance, légèreté.
Flüchtigmachung, f. volatilisation.
Flüchtling, m. 2, fuyard, fugitif; réfugié; déserteur.
Flück, Flügge, adj. dru.
Fluder, canal de flottage, m.
Flug, m. 2*, vol; essor; volée de perdrix, f.
Flugbett, n. exc. 1, planches pour recevoir la folle farine, f. pl.
Flugbiene, f. abeille ouvrière.
Flugblatt, n. 5*, Flugſchrift.
Flügel, m. 1, aile, f.; battant, m. vantail d'une porte, etc.; pan d'une fenêtre; (mus.) piano; piano-forté; —, pl. (myth.) talonnières de Mercure, f. [camp.
Flügeladjutant, m. 3, aide de
Flügelbecke, f. élytre, m.
Flügelhaube, f. cornette.
Flügelkleid, n. 5, habit léger, à manches pendantes, m.
Flügelklößchen, n. 1, balancier des insectes, m.
Flügelmann, m. 5*, chef de file.
Flügelmuskel, m. exc. 1, muscle alaire.
Flügelpferd, n. 2, (myth.) pégase, m. hippogriffe. [aileron.
Flügelſpiße, f. bout d'aile, m.
Flügelthür, f. porte à deux battants. [lin à vent, f.
Flügeltuch, n. 5*, toile d'un moulin à vent, f.
Flügelweite, f. envergure.
Flughafer, m. 1, haveron, avoine sauvage, f.
Flugloch, n. 5*, entrée, f.
Flugmehl, n. 2, folle farine, f.
Flugs, adv. fm. d'abord, soudain, sur-le-champ, à l'instant.
Flugſand, m. 2 (sans pl.), sable mouvant.
Flugſchrift, f. feuille volante, pièce fugitive, brochure, pamphlet, m.
Flur, fém. campagne, plaine, champ, m.; (arch.) vestibule.
Flurbuch, n. 5*, =regiſter, n. 1, cadastre, m.

Flurschütze, m. 3, messier, garde champêtre.

Fluß, m. 2*, rivière, f. fleuve, m.; im —e wachsend, lebend, fluviatile; —, écoulement, flux de l'eau, etc.; fonte (f.), fusion des métaux; (joaill.) émail, m.; (méd.) fluxion, f. catarrhe, m. rhume; — in den Ohren, oreillons, pl.; der scharfe —, rhumatisme; zu Flüssen geneigt, catarrheux, fluxionnaire. [son].

Flußbarbe, f. barbeau, m. (pois-

Flußkalk, m. 3, faucon riviéreux.

Flußfieber, n. 1, fièvre catarrhale, humorale, f.

Flußgalle, f. (vét.) ergot, m.

Flußgott, m. 5*, =göttinn, f. dieu (m.), déesse (f.) d'un fleuve; naïade, f.

Flüssig, adj. fluide, liquide; (chim.) fusible; soluble; (méd.) sujet aux fluxions, catarrheux; — machen, rendre fusible; liquéfier; mollifier.

Flüssigkeit, f. fluidité, liquide, m.

Flußnymphe, f. naïade.

Flußpferd, n. 2, hippopotame, m.

Flußpulver, n. 1, (chim.) fondant, m. poudre à fusion, f.

Flußschiff, n. 2, bateau, m.

Flußspath, m. 2, spath fusible.

Flußwasser, n. 1, eau de rivière, f.

Flüstern, v. a. et n. (h.) murmurer, chuchoter; —, s. n. 1, murmure, m. chuchoterie, f.

Flute, Flüte, f. (mar.) flûte.

Fluth, f. flux, m. marée, f.; die hohe —, haute marée || flots, m. pl. vagues, f. pl.; torrent, m.; courant, inondation, f.; débordement, m.

Fluthanker, m. 1, ancre de flot, f.

Fluthdeich, m. 2, contre-digue, f.

Fluthen, v. n. couler avec violence.

Fluthzeit, f. marée. [lence.

Focke, f. Focksegel, n. 1, misaine, f.

Fockmast, m. 2, mât de misaine.

Föderal, adj. fédéral.

Föderalist, m. 3, fédéraliste.

Fodern, v. Fordern.

Fohlen, v. a. et s. n. 1, v. Füllen.

Fohre ou Föhre, f. pin, m.;

Fohre, v. Forelle.

Folge, f. suite; enchaînement, m.; série, f. succession; ordre, m.; conséquence, f. effet, m. résultat; conclusion, f.; — leisten, obéir, déférer; dem zu —, en conséquence; v. Zufolge.

Folgen, v. n. (f.) suivre qch., qn.; succéder à qn.; auf einander —, se succéder, s'entre-suivre; aus etw. folgen, s'ensuivre; —, fg. (h.) obéir, déférer à qn.; en croire qn.

Folgerecht, adj. conséquent.

Folgern, v. a. conclure, inférer.

Folgernd, adj. conclusif.

Folgerung, f. suite, conséquence; conclusion; induction; —sweise, implicitement.

Folgesatz, m. 2*, corollaire.

Folgewidrig, adj. inconséquent.

Folgewidrigkeit, f. inconséquence.

Folglich, adv. par conséquent, conséquemment.

Folgsam, adj. docile, obéissant.

Folgsamkeit, f. docilité, obéissance. [donnet des chasseurs.

Foliant, m. 3, in-folio.

Folie, f. tain, m. feuille, f.; fg. relief, m. [v. Foliant.

Felioband, m. 2*, =format, n. 2,

Folter, f. torture, question; fg. id., tourment, m.

Folterbant, f.*, chevalet, m.

Folterbein, n. 2, osselet, m.

Folterer, m. 1, questionnaire.

Foltern, v. a. donner la question à qn.; fg. tourmenter, mettre à la gène. [tanelle, f. fonticule, m.

Fontanell, n. 2, cautère, m.; fontanelle.

Fontanellsetzung, f. cautérisation.

Foppen, v. a. fm. se moquer de qn.; railler, narguer, mystifier.

Fopper, m. 1, =imm, f. moqueur, m. se, f.; mystificateur, m.

Fopperei, f. raillerie, mystification.

Förderlich, adj. utile; profitable.

Fordern, v. a. demander, exiger, prétendre; répéter; réclamer; vor Gericht —, assigner, citer qn.

Fördern, v. a. avancer, hâter, pousser, expédier; zu Tage —, (min.) exploiter; sich —, se hâter.

Forderung, f. demande, prétention; dette active; vor Gericht, assignation, citation de qn.

Förderung, f. avancement, m. accélération, f.; — der Erze, exploitation des mines.

Forderungssatz, m. 2*, postulat.

Forelle, f. truite. [tée, f.

Forellensalat, m. 2*, laitue truitée.

Forke, f. fourche.

Forkeln, v. a. (cha.) percer.

Form, f. forme; aus der — bringen, déformer; — figure; façon, manière; (rel.) format, m.; (art.) patron; (fond.) moule, creux, âme, f.; fg. exemple, m. modèle; (jur.) formalité, f.; in gehöriger —, en forme; zu den stehend, formaliste.

Formal, adj. formel. [malités.

Formalien, pl. formes, f. pl. formalité.

Formalität, f. formalité.

Format, n. 2, (rel.) format, m.

Formdraht, m. 2*, vergeure, f.

Formel, f. formule.

Formen, v. a. mouler, jeter en moule; former, façonner; modeler en cire, etc.; (chap.) bâtir; —, s. n. 1, moulage, m.

Formenschneider, m. 1, faiseur de moules, graveur en bois; formict.

Former, m. 3, mouleur.

Formiren, v. a. former, créer, organiser; façonner; figurer.

Formirung, f. formation, configuration, organisation.

Formkappe, f. (fond.) chape.

Förmlich, adj. formel; en forme.

Förmlichkeit, f. formalité.

Formnaht, f.*, (fond.) bavure.

Formrahmen, m. 1, (impr.) châssis.

Formschneider, m. 1, formier.

Formspindel, f. (fond.) trousseau, m. [quet.

Formstämpel, m. 1, (rel.) bouler

Formular, n. 2, formulaire, m. formule, f.

Formzacken, m. 1, (forge) plaque, f. platine d'âtre.

Formzange, f. (verr.) fêle.

Forschen, v. n. (h.) rechercher, faire des recherches; s'informer de qch.; scruter, sonder, examiner, approfondir qch.

Forscher, m. 1, observateur; scrutateur; penseur, examinateur.

Forschung, f. recherche, investigation, information; enquête.

Forst, m. 2 et 2*, forêt, f. bois, m.; (arch.) v. Firste.

Forstamt, n. 5*, administration forestière, f. gruerie.

Forstbeamte, m. 3, officier ou employé de l'administration forestière.

Förster, m. 1, garde-forêt, garde-chasse, forestier, verdier.

Forstfrevel, m. 1, délit forestier.

Forstlehensherr, m. 3, seigneur gruyer.

Forstmeister, m. 1, inspecteur des eaux et forêts.

Forstordnung, f. ordonnance forestière.

Forstrecht, n. 2, droit forestier, m.

Forstwesen, n. 1, administration forestière, f.; eaux et forêts, pl.

Forstwissenschaft, f. économie ou science forestière.

Fort, adv. plus loin; ich will —, je veux partir, sortir, je m'en vais; er ist —, il est parti; mein Geld ist —, mon argent est perdu; — und —, in einem —, sans discontinuer, fm. d'arrache-pied; und so —, et cætera; —! interj. continuez, et puis; allons! dépêchez-vous! allez-vous-en! sortez! partez! fm. haut le pied! —, dans la composition ce mot séparable marque l'absence ou le mouvement d'une chose qui s'é-

*loigne, qui n'est plus, qui est perdue, ou une action d'emporter, d'ôter, de faire en aller, ou la continuation de quelque action; beaucoup de verbes composés avec* Fort *se traduisent en mettant* continuer de *devant le verbe simple; comme* Fortarbeiten, continuer de travailler, etc.

Fortan, *adv.* à l'avenir, dès à présent. [avant.

Fortbewegen, *v. a.* mouvoir en *Fortbringen, v. a.* transporter; emporter, emmener qn.; faire partir, faire marcher qn.; enlever; fich —, *fg.* gagner sa vie; se pousser, s'avancer.

Fortbringung, *f.* transport, *m.*

Fortdauer, *f.* durée, continuation, continuité.

Fortdauern, *v. n.* (h.) durer, continuer. [tinu.

Fortdauernd, *adj.* continuel, con-

Forteilen, *v. n.* (f.) se hâter, se dépêcher; s'en aller avec précipitation.

Fortepiano, *n. indécl.* piano, *m.* piano-forté. [tre à qn.

Forterben, *v. n.* (h.) se transmet-

Fortfahren, *v. n.* 7 (f.) poursuivre son chemin; partir; *fg.* continuer; passer outre.

Fortfliegen, *v. n.* 6 (f.) s'envoler.

Fortfließen, *v. n.* 6 (f.) couler toujours.

Fortführen, *v. a.* emmener; transporter, emporter; *fg.* continuer, poursuivre.

Fortführung, *f.* transport, *m.; fg.* continuation, *f.;* poursuite.

Fortgang, *m.* 2*, *fg.* avancement; cours; progrès, succès, réussite, *f.*

*Fortgehen, v. n.* (f.) s'en aller, partir; aller en avant, avancer, marcher; se retirer, se sauver; —, *s. n.* 1, départ, *m.* retraite, *f.*

Fortgehend, *adj.* progressif.

Forthelfen, *v. n.* 2 (h.) aider, secourir, assister, avancer, pousser

Forthin, *adv.* désormais. [qn.

Fortjagen, *v. a.* chasser, renvoyer; —, *v. n.* (f.) partir au galop.

*Fortkommen, v. n.* (f.) avancer; échapper; (*jard.*) prendre, venir; *fg.* réussir, faire des progrès; —, *s. n.* 1, avancement, *m.* réussite, *f.;* nécessaire, *m.*

*Fortkönnen, v. n.* (h.) pouvoir partir, agir; nicht —, ne pouvoir marcher; n'en pouvoir plus.

Fortkriechen, *v. n.* 6 (f.) se traîner, ramper.

Fortlassen, *v. a.* 4, laisser aller.

Fortlaufen, *v. n.* 4 (f.) s'enfuir, échapper; courir vite; couler rapidement; *fg.* courir toujours

(*intérêts*); —, *s. n.* 1, fuite, *f.;* désertion. [vivre.

Fortleben, *v. n.* (h.) continuer de

Fortmachen, *v. a. et n.* (h.) continuer, faire vite, se hâter; fich —, s'enfuir, se sauver; *fm.* décamper; plier *ou* trousser bagage.

Fortmarschiren, *v. n.* (f.) se mettre en marche; continuer de marcher. [être obligé de partir.

*Fortmüssen, v. n.* (h.) être pressé,

Fortpacken (fich), *fm., v.* fich Fortmachen.

Fortpflanzen, *v. a.* multiplier, perpétuer; transmettre, communiquer *une maladie à ses enfants; fg.* propager, répandre.

Fortpflanzung, *f.* propagation, *f.; fg. id.,* transmission, tradition.

Fortreisen, *v. n.* (f.) partir, s'en aller; poursuivre son voyage.

Fortreißen, *v. a.* 5†, entraîner, emporter. [à cheval.

Fortreiten, *v. n.* 5† (f.) partir

Fortrollen, *v. a.* rouler, faire rouler qch.; —, *v. n.* (f.) rouler.

Fortrücken, *v. a.* pousser, avancer; ôter de sa place; —, *v. n.* (f.) avancer; parvenir, se pousser, monter.

Fortrückung, *f.* avancement, *m.;* progrès, progression, *f.*

Fortrudern, *v. n.* (f.) s'en aller à force de rames; (h.) continuer de ramer.

Fortsatz, *m.* 2*, (anat.) apophyse, *f.;* appendice, *m.;* éminence de l'os, *f.*

Fortschaffen, *v. a.* emporter, emmener; ôter; chasser; se débarrasser de qch.

Fortschaffung, *f.* transport, *m.*

Fortschicken, *v. a.* envoyer, faire partir; dépêcher; renvoyer; congédier.

Fortschicken, *f.* envoi, *m.;* —zu Schiffe, batelage; —, renvoi, congé. [avant; reculer.

Fortschieben, *v. a.* 6, pousser en

Fortschießen, *v. n.* 6 (f.) partir brusquement.

Fortschiffen, *v. n.* (f.) partir par eau; —, *v. a.* transporter par eau.

Fortschleichen (fich), 5†, s'en aller secrètement, s'esquiver, se trainer.

Fortschleifen, *v. a.* entraîner.

Fortschlendern, *v. n.* (f.) s'en aller lentement. [mener.

Fortschleppen, *v. a.* entraîner, em-

Fortschreiben, *v. n.* 5 (h.) continuer d'écrire.

Fortschreiten, *v. n.* 5† (f.) marcher, avancer, s'avancer; faire des progrès; passer d'une chose à une autre.

Fortschreitung, *f.* progression;

progrès, *m.* (aussi *mus.*); avancement.

Fortschritt, *m.* 2, progrès; —e machen, avancer, profiter.

Fortschwemmen, *v. a.* emporter (*eau*).

Fortschwimmen, *v. n.* 2 (f.) s'en aller en nageant; être emporté par l'eau.

Fortsegeln, *v. n.* (f.) mettre à la voile, faire voile. [suivre.

Fortsetzen, *v. a.* continuer, pour-

Fortsetzer, *m.* 1, continuateur.

Fortsetzung, *fém.* continuation, poursuite, suite. [avant.

Fortstoßen, *v. a.* 4, pousser en

Forttragen, *v. a.* 7, emporter, ôter.

Forttreiben, *v. a.* 5, pousser, chasser; continuer, poursuivre.

Forttrollen (fich), *v.* Fortmachen (fich). [sorte de jeu.

Fortunaspiel, *m.* 2, portique, *m.*

Fortwachsen, *v. n.* 7 (f.) croître, pousser bien, grandir; aller en augmentant. [durer, persévérer.

Fortwähren, *v. n.* (h.) continuer,

Fortwährend, *adj.* continuel.

Fortwandeln, wandern, *v. n.* (f.) s'en aller, cheminer; continuer son chemin, sa marche.

Fortweisen, *v. a.* 5, renvoyer, rebuter, repousser qn.

Fortwischen, *v. n.* (f.) *fm.* s'esquiver, s'évader secrètement et rapidement.

*Fortwollen, v. n.* (h.) vouloir partir *ou* s'en aller.

Fortziehen, *v. a.* 6, tirer, traîner; entraîner; —, *v. n.* (f.) partir; quitter un endroit; déloger; —, *s. n.* 1, départ, *m.* marche, *f.;* changement de demeure, *m.*

Forum, *n.* 1, forum, *m.; fg.* compétence, *f.*

Fossil, *n.* 2 (pl. inus.), fossile, *m.*

Fossilienlehre, *f.* oryctologie.

Fracht, *f.* charge; (*mar.*) cargaison; —ou Frachtgeld, *n.* 5, Frachtlohn, *m.* 2, voiture, *f.* nolis, *m.* fret.

Frachtbrief, *m.* 2, lettre de voiture, *f.; (mar.)* chargement, *f.* connaissement.

Frachten, *v. a.* envoyer par voiturier; voiturer; (*nav.*) fréter, affréter. [roulier, voiturier.

Frachtfuhrmann, *m.* 5 (pl. =leute),

Frachtschiff, *m.* 2, vaisseau de transport, *m.* vaisseau marchand.

Frachtwagen, *m.* 1*, chariot.

Frack, *m.* 2, frac, fraque.

Fractur, *f.* ronde, écriture en grosses lettres; (*impr.*) caractère romain, *m.*

Frage, *f.* demande, question; eine heimliche — spielen, jouer aux

propos interrompus; es ist bie — von, il s'agit de.

Fragen, v. a. demander à qn.; questionner, interroger qn.; um Rath —, consulter; nach etw. —, s'informer de qch.; fg. faire cas, se soucier de qch.

Fragepunkt, m. 2, question, f.; (jur.) interrogation.

Frager, m. 1, questionneur.

Fragewort, n. 5*, particule interrogative, f.

Fragezeichen, n. 1, point d'interrogation, m. point interrogant.

Fragweise, adv. par demandes et par réponses; interrogativement.

Francisca, n. pr. f. Françoise.

Franciscaner, m. 1, récollet, cordelier, frère mineur; -inn, f. cordelière.

Franco, adv. franc de port.

Frank, adj. ol. franc, libre.

Franke, m. 3, Franc, Français, Franconien; (monn.) franc (20 sous). (pays).

Franken, -land, n. Franconie, f.

Frankensprache, f. langue franque.

Frankenwein, m. 2, vin de Franconie.

Frankfurt(ville)am Main, Francfort sur le Mein; — an der Oder, Francfort sur l'Oder.

Frankiren, v. a. affranchir une lettre. [français.

Fränkisch, adj. franc, franconien,

Frankreich, (pays) France, f.

Franse, f. frange.

Fransenmacher, m. 1, franger,

Fransig, adj. frangé. [frangier.

Franz, n. pr. m. François.

Franzapfel, m. 2*, pomme d'arbre nain, f.

Franzband, m. 2*, reliure en veau, f.

Franzbranntwein, m. 2, eau-de-vie de France, f.

Franzbrod, n. 2, pain mollet, m.

Franzgold, n. 2, or de relieur, m.

Franzmann, m. 5*, fm. Français.

Franzose, m. Français.

Franzosenholz, n. 5*, bois de gaiac, m. gaiac.

Französinn, f. Française.

Französisch, adj. français; de France; eine der —en Sprache eigene Redensart, un gallicisme; machen, franciser; —e Sitten annehmen, se franciser; auf —e Art, à la française. [de Venise.

Franzperle, f. perle fausse, perle

Franzthaler, m. 1, écu blanc.

Franzton, m. 2*, ton de France dans les orgues.

Franzwein, m. 2, vin de France.

Fraß, m. 2, pâture des animaux, f.; pop. banquet, m. repas.

Fräßig, Fräßigkeit, v. Gefräßig, etc.

Fratze, f. grimace, baliverne.

Fratzenbild, n. 5, caricature, f.

Fratzengesicht, n. 1, vilain masque, m. caricature, f. magot, m. babouin; (arch.) mascaron.

Frau, f. femme, épouse; dame; maîtresse; madame (devant un nom propre); unsere liebe —, (cath.) Notre-Dame; eine alte ehrbare —, une matrone.

Fraubase, f. tante; cousine; fg. fm. commère; —ngeschwätz, n. 2, —nwesen, n. 1, commérage, m.

Frauenader, f. (anat.) saphène.

Frauenbiß, m. 2, (bot.) germandrée, f.

Frauenbruder, m. 1*, beau-frère.

Fraueneis, n. 2, (minér.) pierre spéculaire, f. sélénite.

Frauenglas, n. 5*, verre de Moscovie, m.

Frauenhaar, n. 2, (bot.) capillaire, m.; adiante; —sirup, m. 2, sirop de capillaire.

Frauenkleid, n. 5, robe de femme, f. [filles, m.

Frauenkloster, n. 1*, couvent de

Frauenmantel, m. 1*, pied-de-lion, alchimille, f. (plante).

Frauenmünze, f. menthe de Notre-Dame (plante).

Frauenschneider, m. 1, tailleur pour femmes.

Frauenspersen, f. femme, fille.

Frauentag, m. 2, fête de Notre-Dame, f.

Frauenzimmer, n. 1, femme, f. dame, demoiselle; beau sexe, m. sexe. [f.; (titre) mademoiselle.

Fräulein, n. 1, demoiselle noble,

Frech, adj. hardi, effronté; impudent; licencieux; insolent, téméraire, audacieux.

Frechheit, f. effronterie, impudence; insolence, audace, front, m. témérité, f. [m. 1*, id., f.

Fregatte, f. frégate; —svogel,

Frei, adj. libre, en liberté; franc, indépendant; exempt d'impôts, etc.; dégagé; en plein vent (arbre); aisé (mouvement); public; m. p. libertin; dissolu (mœurs); (arch.) isolé; unter —em Himmel, à l'air; à la belle étoile; — halten, défrayer; — lassen, mettre en liberté; — machen, délivrer, dégager; — debarrasser; v. Befreien; sprechen, absoudre, renvoyer, acquitter; dispenser, émanciper; *stehen, v. n. (f.) être isolé (d'une maison); fg. être permis, loisible; — stellen, laisser la liberté le choix; isolé une maison.

Freiader, m. 1*, terre franche, f.

Freibataillon, n. 2, bataillon (m.) de volontaires, de compagnies franches.

Freibauer, m. exc. 1, paysan exempt de corvées.

Freibeuter, m. 1, pirate, capre, corsaire, armateur; pillard.

Freibeuterei, f. piraterie; pillage, [m.

Freibrief, m. 2, privilège. [m.

Freiburg, (ville) Fribourg.

Freidenker, m. 1, v. Freigeist.

Freie, n. 3, air libre, m. grand air, plaine campagne, f.; liberté, aisance.

Freieigen, adj. allodial, en francalleu. [mariage.

Freien, v. a. ol. rechercher en

Freier, m. 1, amant, fm. épouseur, pop. amoureux. [riage.

Freierei, f. fm. recherche en mariage.

Freifrau, f. baronne.

Freigebig, adj. libéral, généreux.

Freigebigkeit, f. libéralité, générosité, munificence.

Freigeist, m. 5, esprit fort, incrédule. [incrédulité, f.

Freigeisterei, f. libertinage, m.

Freigeisterisch, adj. libertin.

Freilassen, adj. affranchi, émancipé. [cidre, f.

Freigerinne, n. 1, (meun.) lanlion.

Freigut, n. 5*, terre franche (f.), allodiale, franc-alleu, m.

Freihafen, m. 1*, port franc.

Freihaltung, f. défrai, m.

Freiheit, f. liberté; indépendance; franchise, privilège, m. exemption, f. immunité; licence (aussi m. p.). [franchise, f.

Freibeitsort, n. 2 ou 5*, asile,

Freiherr, m. 3, baron.

Freiherrschaft, f. baronie.

Freihof, m. 2*, métairie franche, f. [vac.

Freilager, n. 1, bivouac, m. bi-

Freilassung, f. affranchissement d'un esclave; manumission d'un enfant, f.; manumission des serfs.

Freilehen, n. 1, franc-fief, m.

Freilich, interj. sans doute, assurément, certes, il est vrai que, à la vérité. [acquit; dispense, f.

Freimachung, f. dégagement, m.

Freimaurer, m. 1, franc-maçon.

Freimaurerei, f. franc-maçonnerie. [sincère, ingénu.

Freimüthig, adj. franc, loyal,

Freimüthigkeit, f. sincérité, candeur, franchise; bonne foi.

Freisaß, m. 3, possesseur d'un franc-alleu. [buse, m.

Freischießen, n. 1, jeu d'arque-

Freischule, f. école gratuite.

Freischütz, m. 3, franc archer.

Freisinnig, adj. libéral.

Freisprechung, f. acquittement, m.; absolution, f. [que, f.

Freistaat, m. exc. 1, républi-

Freistadt, f.*, ville libre.

Freistatt, f.*, Freistätte, f. asile, m.            [heure libre.
Freistunde, f. heure de loisir,
Freitag, m. 2, vendredi.
Freitisch, m. 2, table franche, f. bourse.
Freiwerber, m. 1, entremetteur.
Freiwillig, adj. volontaire, spontané, de bon gré; ein —es Geschenk, un don gratuit; —e, m. 3, volontaire.            [spontanéité.
Freiwilligkeit, f. bonne volonté,
Freizettel, m. 1, billet de franchise; (théât.) billet d'entrée; (comm.) passavant, acquit-à-caution.
Fremd, adj. étranger; (bot.) exotique; fg. emprunté; étrange.
Fremdartig, adj. hétérogène, disparate.
Fremdartigkeit, f. hétérogénéité.
Fremde, m. et f. 3, Fremdling, m. 2, étranger, -ère, f.
Fremdlingsrecht, n. 2, droit d'aubaine, m.            [fresque.
Fresco malen, v. a. peindre à
Frescomalerei, f. fresque.
Freßbegierde, f. gourmandise.
Fressen, v. a. 1, manger, dévorer, avaler; (des hommes) manger goulument, pop. goinfrer; fg. ronger, corroder; consumer; —, s. n. 1, pâture, f.; pop. mangeaille.
Fressend, adj. rongeant; mangeant; (méd.) corrosif; corrodant.
Fresser, m. 1, mangeur, gourmand, goulu; pop. goinfre.
Fresserei, f. pop. goinfrerie, bâfre, banquet, m. ripaille, f. orgie.
Freßfieber, n. 1, faim canine, f. boulimie, fm. malefaim, fringale.
Freßgier, v. Freßbegierde.
Freßgierig, adj. goulu, glouton.
Freßgurgel, f. pop. avaloire.
Freßnäpfchen, n. 1, auget, m.
Freßtrog, m. 2*, auge, f.; mangeoire.            [v. Fresser.
Freßwanst, m. 2*, pop. gouliafre,
Freßzange, f. (hist. nat.) mâchoire.
Frett, n. 2, Frettchen, Frettwiesel, n. 1, furet, m.
Frettjäger, m. 1, fureteur.
Freude, f. joie, allégresse, plaisir, m.; réjouissance, f.; satisfaction.            [tion de joie.
Freudenbezeugung, f. démonstra-
Freudenfest, n. 2, fête, f. festin, m.
Freudenfeuer, n. 1, feu de joie, m.
Freudenlos, adj. sans joie, triste.
Freudenmahl, n. 5*, banquet, m. festin.            [de liesse, f.
Freudenöl, n. 2, (écr. s.) huile
Freudenstörer, m. 1, rabat-joie, trouble-fête.
Freudig, adj. joyeux, gai; plein

de joie, ravi de joie, aise, bien aise.
Freudigkeit, f. joie, allégresse.
Freuen (sich), se réjouir; être bien aise; s'applaudir; se féliciter (über, de).
Freund, m. 2, sinn, f. ami, m. -e, f. amateur d'un art, m.; (comm.) correspondant; ein — v. etw. seyn, aimer qch. || parent, -e, f. proche, m.
Freundlich, adj. gracieux, doux, affable, aimant, aimable || agréable, engageant.
Freundlichkeit, f. affabilité, douceur, amabilité, grâce.
Freundschaft, f. amitié, liaison; parenté, alliance.
Freundschaftlich, adj. amical, amiable; auf eine —e Art, à l'amiable.
Freundschaftsbezeugung, f. témoignage (m.), marque (f.) d'amitié.
Freundschaftsdienst, m. 2, trait, service d'ami, bon office.
Frevel, m. 1, infraction des lois, f.; délit, m. crime, attentat; forfait, excès; malice, f.; témérité; outrage, m.; tort.
Freveler, Frevler, m. 1, malfaiteur, méchant, criminel; insolent; téméraire.
Frevelhaft, Frevellich, adj. téméraire; malicieux, méchant, criminel.
Freveln, v. n. (h.) pécher, commettre un crime; transgresser la loi; contrevenir à.            [vel.
Frevelthat, f. forfait, m.; v. Fre-
Friaul, Frioul, n. (pays).
Fricando, m. 2, (cuis.) fricandeau, m.
Fricassee, f. (cuis.) fricassée.
Fricassiren, v. a. fricasser.
Friede, m. exc. 2, paix, f. repos, m. calme; —n schließen, faire la paix.            [violation de la paix.
Friedensbruch, m. 2*, rupture (f.),
Friedensfest, n. 2, Friedensfeier, f. fête, célébration de la paix.
Friedensflagge, f. pavillon blanc, m.            [(m.), instrument de paix.
Friedensinstrument, n. 2, traité
Friedenspfeife, f. calumet des sauvages, m.
Friedenspräliminarien, f. pl. préliminaires de la paix, m. pl.
Friedensrichter, m. 1, juge de paix.
Friedensschluß, m. 2*, conclusion de la paix, f. traité de paix, m.
Friedensstifter, m. 1, pacificateur.
Friedensstiftung, f. pacification.
Friedensstörer, m. 1, perturbateur du repos public; fm. troublefête.            [paix.
Friedenstractat, m. 2, traité de

Friedensunterhändler, m. 1, négociateur.
Friedensunterhandlung, f. négociation de la paix.
Friedensvermittler, m. 1, médiateur de la paix.
Friedensvorschlag, m. 2*, proposition de paix, f.
Friederich, Friedrich, Fritz, n. pr. m. Fréderic.
Friederike, n. pr. f. Frédérique.
Friedfertig, Friedlich, Friedliebend, adj. pacifique, paisible.
Friedfertigkeit, f. amour de la paix, m.            [tig.
Friedsam, Friedselig, v. Friedfer-
Frieren, v. n. 6 (h.) avoir froid; — (f.) et v. imp. (f.) geler, se geler; (der Fluß) ist gefroren, est prise.
Frierpunkt, v. Gefrierpunkt.
Fries, m. 2, frise, f. ratine (étoffe de laine); der grobe —, frison, m.; —, (arch.) frise, f.
Friese, m. 3, Friesländer, m. 1, Frison.
Friesel, n. 1, (méd.) pourpre, m. fièvre miliaire, f.; das rothe —, fièvre pourprée.
Frieselflecken, m. pl. 1, papillots.
Friesland, Frise, f. (pays).
Friesländisch, Friesisch, adj. frison.
Frisch, adj. frais, nouveau; récent; vert (figues, etc.); fg. vif, gai, éveillé; — und gesund, sain et sauf; vigoureux; —en Muth schöpfen, reprendre courage; — auf, interj. allons! courage! —er werden, v. n. fraîchir (vent).
Frische, f. fraîcheur.
Frischen, n. 1, (forges) fer aigre, affiné, m.            [les chiens.
Frischen, v. a. rafraîchir; purger
Frischessee, f. chaufferie pour la fonte fraîche.
Frischling, m. 2, marcassin.
Frischmelk, adj. (vache) fraistrayante.
Frisirbohrer, m. 1, (serr.) fraise, f.; mit dem — bohren, fraiser.
Frisiren, v. a. friser, coiffer; accommoder (drap.) ratiner; —, s. n. 1, accommodage, m.; voy.
Frisur.
Frisirlocken, m. 2, accommodage.
Frisirmühle, f. frise, frisoir, m. moulin à friser.
Frist, f. temps, m. terme, délai, sursis; —enweise, adv. par termes.
Fristen, v. a. prolonger, proroger.
Frisur, f. coiffure, frisure.
Frittbohrer, m. 1, vrille, f.
Fritte, f. (verr.) fritte.
Frittpfanne, f. padelin, m.
Frittofen, m. 1*, carquése.

Froh, *adj.* joyeux; aise; bien aise; de bonne humeur. [joué.

Fröhlich, *adj.* joyeux, gai; en-

Fröhlichkeit, *f.* joie, allégresse, gaieté, bonne humeur; die sanfte —, hilarité.

Frohlocken, *v. n.* (h.) pousser des cris d'allégresse; se réjouir; —, *s. n.* 1, cris de joie, *m. pl.*; réjouissance, *f.*

Frohn, *m.* 2. sergent, huissier.

Frohnbar, Frohnpflichtig, *adj.* corvéable. [corvée, *f.*

Frohne, *f.* Frohndienst, *m.* 2,

Frohnen, Fröhnen, *v. n.* (h.) faire une corvée; *fg.* dem Laster —, s'adonner au vice.

Frohner, *m.* 1, corvéable.

Frohnfasten, *pl.* jeûne des Quatre-Temps, *m.*

Frohnfeste, *f.* geôle, conciergerie.

Frohnfrei, *adj.* exempt de corvées. [Seigneur.

Frohnleichnam, *m.* 2, corps du Frohnleichnamsfest, *n.* 2, Fête-Dieu, *f.* [corvées.

Frohnvogt, *m.* 2*, préposé aux Frohsinn, *m.* 2, gaieté, *f.* belle humeur.

Fromm*, *adj.* pieux, religieux; dévot; (enfant) sage; (cheval) doux.

Fromme, *m. et f.* 3, homme de bien (*m.*), pieux; juste; dévot, -te, *f.* [bigoterie.

Frömmelei, *f.* fausse dévotion,

Frömmelnd, *adj.* bigot.

Frommen, *v. n.* (h.) *fm.* être utile, profiter.

Frömmigkeit, *f.* piété, dévotion.

Frömmler, *m.* 1, =inn, *f.* faux dévot, *m.* bigot, cagot, béat, -te, *f.* [çade.

Fronte, *f.* front, *m.*; face, *f.* fa-

Frontignac, *m.* 2, frontignan (vin).

Frontmarsch, *m.* 2*, (milit.) marche de bataille, *f.*

Frosch, *m.* 2*, grenouille, *f.*; (*méd.*) id., grenouillette, tumeur; (vét.) lampas, *m.* barbes, *f. pl.*; barbillons, *m. pl.*; (luth.) hausse de l'archet, *f.* [échelles.

Fröschel, *m.* 1, (min.) support des Froschlache, *f.* grenouillère.

Froschlaich, *m.* 2, frai de grenouilles.

Froschstein, *m.* 2, batrachite, *f.*

Froschwurm, *m.* 5*, têtard.

Frost, *m.* 2*, grand froid, frimas; frisson de la fièvre; onglée aux doigts, *f.*; *fg.* froideur.

Frostbeule, *f.* engelure; —n, *pl.* mules. [sonner.

Fröstein, *v. n. et imp.* (h.) fris-

Frostig, *adj.* froid; frileux.

Frostrauch, *m.* 2, frimas.

Frostwetter, *n.* 1, temps gris, *m.*

---

Frucht, *f.* *, fruit, *m.* produit; *fg.* id.; profit; — bringen, fructifier; —t, *pl.* blés, *m. pl.* grains; —, (*méd.*) fœtus.

Fruchtbalg, *m.* 2*, follicule, *f.*

Fruchtbar, Fruchtbringend, Fruchttragend, *adj.* fertile; fécond; fructueux; productif; riche; — machen, fertiliser; — werden, fructifier. [dité; richesse.

Fruchtbarkeit, *f.* fertilité; fécon-

Fruchtbaum, *m.* 2*, arbre fruitier.

Fruchtbehältniß, *n.* 2, (bot.) capsule, *f.* [réceptacle.

Fruchtboden, *m.* 1*, grenier; (bot.)

Fruchtbranntwein, *m.* 2, eau-de-vie de grains, *f.*

Fruchtbringend, *adj.* fructifiant, fructifère.

Fruchten, *v. n.* (h.) opérer; profiter; fructifier; prospérer.

Fruchtfeld, *n.* 5, champ de blé, *m.*

Fruchtfressend, *adj.* frugivore.

Fruchtgehäuse, *n.* 1, péricarpe, *m.*

Fruchtgöttinn, *f.* Cérès.

Fruchthandel, *m.* 1, commerce de grains, gréneterie, *f.*

Fruchthändler, *m.* 1, marchand de grains, grénetier; blatier.

Fruchtknospe, *f.* bouton, *m.*

Fruchtknoten, *m.* 1, (bot.) ovaire.

Fruchtlos, *adj.* stérile; *fg.* ingrat; infructueux, inutile; — machen, éluder.

Fruchtlosigkeit, *f.* stérilité; *fg.* inutilité. [grains.

Fruchtmangel, *m.* 1*, disette de

Fruchtmonat, *m.* 2*, fructidor.

Fruchtröhre, *f.* (bot.) pistil, *m.*

Fruchtschnur, *f.*, feston, *m.*

Fruchtsperre, *f.* défense d'exporter ou d'importer des grains.

Fruchtvolle, *f.* aigrette.

Fruchtzins, *m.* 2, terrage.

Früh, *adj.* matinal, matineux; précoce, hâtif (fruit); zu —, prématuré; —, *adv.* matin; de bonne heure; sehr —, de bon matin, de grand matin; zu —, trop tôt; — und spät, soir et matin; — oder spät, tôt ou tard.

Frühapfel, *m.* 1*, pomme hâtive, *f.*

Frühbirn, *f.* hâtiveau, *m.*

Frühe, *f.* matin, *m.* matinée, *f.*

Frühgerste, *f.* écourgeon, *m.*

Frühjahr, *n.* 2, Frühling, *m.* 2, printemps. [nière.

Frühlingsblume, *f.* fleur printa-

Frühlingsnachtgleiche, *f.* équinoxe de printemps ou vernal, *m.*

Frühlingspunkt, *m.* 2, point vernal. [nière.

Frühlingszeit, *f.* saison printa-

Frühmette, *f.* matines, *pl.*

Frühmorgens, *adv.* de bon matin.

Frühpfirsich, *m.* 2, avant-pêche, *f.*

---

Frühpredigt, *f.* sermon du matin, *m.* [hâtif.

Frühreif, *adj.* précoce (aussi *fg.*),

Frühreif, *m.* 2, gelée blanche, *f.* frimas du matin, *m.*

Frühstück, *n.* 2, Frühmahl, *n.* 5*, déjeuné, *m.* déjeuner.

Frühstücken, *v. n.* (h.) déjeuner.

Frühstunde, *f.* heure du matin; matinée.

Frühzeitig, *adj.* v. Frühreif; prématuré (mort); zu —, (*méd.*) abortif (enfant).

Fuchs, *m.* 2*, renard; der junge —, renardeau; der feine —, *fg.* la fine bête, le fin matois; —, (cheval) alezan.

Fuchsbalg, *m.* 2*, peau de renard, *f.* [nard.

Fuchsbau, *m.* 2, terrier du re-

Fuchsbeere, *f.* ronce rampante.

Fuchseisen, *n.* 1, chausse-trape, *f.*

Fuchsfalle, *f.* traquet, *m.* piége.

Fuchsgans, *f.*, tadorne.

Fuchsjagd, *f.* chasse au renard.

Fuchsjäger, *m.* 1, renardier.

Füchsinn, *f.* renarde.

Fuchslehm, *m.* 2, marne jaune, *f.*

Fuchsloch, *n.* 5*, renardière, *f.*

Fuchspelz, *m.* 2, peau de renard, *f.* [renard, *f.*

Fuchsprellen, *n.* 1, berne d'un

Fuchsroth, *adj.* roux, rousseau; (man.) alezan; — werden, roussir.

Fuchsschecke, *m.* 3, cheval blanc marqué de roux. [gée, *f.*

Fuchsschrot, *m.* 2, grosse dra-

Fuchsschwanz, *m.* 2*, queue de renard, *f.*; *fg. fm.* flagorneur, *m.* adulateur; (bot.) amaranthe, *f.*

Fuchsschwänzen, *v. n.* (h.) *fm.* flatter, flagorner, pateliner, cajoler. [gorneur, adulateur.

Fuchsschwänzer, *m.* 1, *fm.* fla-

Fuchsschwänzerei, *f.* *fm.* flagornerie.

Fuchtel, *f. fm.* épée, flamberge; zur — greifen, mettre flamberge au vent, dégainer; —; *fg.* discipline; einem die — geben, v. Fuchteln, *v. a.*

Fuchteln, *v. a. fm.* donner à qn. des coups de plat d'épée; —, *v. n.* (h.) et sich — ferrailler, se chamailler.

Fuder, *n.* 1, charge, *f.* voie, charretée; foudre de vin, etc., *m.*

Fuderfaß, *n.* 5*, futaille, *f.* foudre, *m.*

Fug, *m.* 2 (sans pl.), droit, raison, *f.*; — und Recht zu etw. haben, être autorisé à faire qch.

Fuge, *f.* joint, *m.* jointure, *f.*; liaison, emboîtement, *m.*; feuillure, *f.*; coulis, *m.*; (tonn.) jable; (anat.) emboîtement; suture des os du crâne, *f.*; (mus.) fugue;

doppelte —, contre-fugue; aus den
—n bringen, déboiter, déjoindre;
aus den —n geben, se déboiter.

**Fügebank**, f.*, colombe.

**Fügehobel**, m. 1*, bouvet, galère, f.

**Fügen**, v. a. joindre, assembler,
lier ensemble; emboiter; (tonn.)
jabler; sich in einander —, s'emboiter; (anat.) s'articuler; sich in
etw. —, fg. s'accommoder de qch.;
se soumettre à qch.; sich —, convenir, s'accorder; arriver, se faire.

**Fügeflick**, n. 2, pièce d'assemblage, f.; (orf.) pièce d'applique.

**Fügewort**, n. 5*, conjonction, f.

**Füglich**, adj. convenable, congru, commode; —, adv. aisément,
avec droit.     [cile.

**Fügsam**, adj. accommodant, do-
**Fügung**, f. assemblage, m.; emboitement; jonction, f. liaison;
(anat.) articulation; fg. direction;
providence; v. Verfügung.

**Fühlbar**, adj. palpable, sensible;
— machen, fg. faire sentir; es wird
mir —, je sens.

**Fühlbarkeit**, f. sensibilité.

**Fühlen**, v. a. sentir, toucher,
manier; tâter; fg. sentir, ressentir; einem den Puls —, tâter le
pouls à qn.; —, s. n. 1, toucher,
m.; v. Gefühl.

**Fühlfaden**, m. 1*, Fühlhorn, n.
5*, antenne, f. corne; v. Fühlspige.

**Fühllos**, adj. insensible; fg. id.,
apathique.

**Fühllosigkeit**, f. insensibilité; fg.
id.; apathie.

**Fühlspige**, f. barbillon des ver-
misseaux, m.; —n, pl. cornes
des limaçons, f. pl.

**Fuhre**, f. voiture; charge, voie;
transport, m.

**Führen**, v. a. mener, conduire;
voiturer, charrier; transporter,
porter; einen Streich —, allonger
un coup (auf, à); einen Namen —,
porter un nom; Geschäfte —, gérer des affaires; die Bücher —,
tenir les livres; die Feder —, manier la plume; ein Leben —, mener une vie; Staat —, faire figure;
einen guten Tisch —, faire bonne
chère; das Wort —, avoir, porter la parole; das große Wort —,
fm. haranguer, primer; Reden
—, tenir un langage; eines Prozeß —, occuper pour qn.; zu Gemüth —, représenter; hinter das
Licht —, tromper; in Irrthum —,
induire en erreur; Krieg —, faire
la guerre.

**Führer**, m. 1, conducteur, guide,
meneur (aussi m. p.); mentor,
gouverneur d'un jeune homme;

fg. modérateur; sinn, f. conductrice.     [que, f.

**Führling**, m. 2, (comm.) barri-

**Fuhrlohn**, m. 2, frais de voiture, pl.; voiture, f. port, m.
transport; charriage.

**Fuhrmann**, m. 5 (pl. =leute),
charretier, roulier, voiturier; batelier; (astr.) cocher.

**Fuhrmannskittel**, m. 1, souquenille, f. sarrau, m. blaude, f.
blouse.

**Führung**, f. conduite; transport,
m. charriage, voiture, f.; maniement, m. (des armes et fg.); fg.
conduite, f. direction, gestion,
administration; économie; gouvernement, m.; —en Golles, pl.
voies de la Providence, f. pl.
Providence; —, (mar.) pacotille;
v. Ballast.

**Fuhrweg**, m. 2, grand chemin,
chaussée, f.     [riot, m.

**Fuhrwerf**, n. 2, voiture, f. cha-

**Fuhrwesen**, n. 2, roulage, m.;
charriage; — der Armee, convois
militaires, pl.; charrois.

**Fulda**, Foulde (ville et pays).

**Füllband**, n.5*, (serr.) potelet, m.

**Fülle**, f. plénitude; abondance;
quantité; (cuis.) farce.

**Füllen** (Fohlen), n. 1, poulain, m.

**Füllen** (Fohlen), v. n. (b.) pouliner.

**Füllen**, v. a. emplir, remplir; in
Fässer — entonner du vin; —,
charger une pipe; farcir une oie;
gefüllt, plein, etc.; gefüllte Rosen,
des roses doubles.

**Füllhaar**, n. 2, bourre, f.

**Füllhorn**, n. 5*, corne d'abondance, f.

**Füllsel**, n. 1, (cuis.) farce, f.

**Füllstein**, m. pl. 2, blocage,
blocaille, f.     [m.

**Füllstückhen**, n. 1, (men.) tipot,

**Füllung**, f. remplissage, m.; panneau d'un lambris.

**Füllwein**, m. 2, vin de remplage.

**Füllwort**, v. Flickwort.    [seigle.

**Fummelholz**, n. 5*, buis, m.

**Fund**, m. 2, rencontre, f. fm.
trouvaille; fg. découverte; ein guter —, fm. une bonne aubaine.

**Fundament**, n. 2, fondement,
m. fond, base, f.

**Fundamental**, adj. fondamental.

**Fundgrube**, f. mine, minière;
fg. mine, trésor, m. répertoire;
source, f.

**Fundiren**, v. a. fonder; (fin.)
consolider.

**Fünf**, adj. indécl. cinq; — vom
Hundert, — pro Cent, cinq pour
cent, au denier vingt; — Viertel-
jahre, quinze mois; die —Bücher
Mosis, Pentateuque, m.

**Fünfe**, f. Fünfer, m. 1, cinq
(chiffre).

**Fünfed**, n. 2, pentagone, m.

**Fünfectig**, Fünfseitig, adj. pentagone; qui a cinq angles.

**Fünferlei**, adv. de cinq sortes.

**Fünffach**, Fünffältig, adj. quintuple; — cinq fois; — legen,
plier en cinq.

**Fünffingerfisch**, m. 2, cinq-taches.

**Fünffingerkraut**, n. 5*, quintefeuille, f.

**Fünffüßig**, adj. de cinq pieds;
der —e Vers, pentamètre.

**Fünfherr**, m. 3, (ant. r.) quin-
quévir.

**Fünfjährig**, adj. de cinq ans; —er
Wein, du vin de cinq feuilles.

**Fünfkirchen**, Cinq-Eglises (ville).

**Fünfmal**, adv. cinq fois.

**Fünfpforte**, f. (pêch.) filet à cinq
pans, m.

**Fünfpfündig**, adj. pesant cinq livres; eine —e Kanone, un canon
de cinq livres de balle.

**Fünfruderig**, adj. à cinq rangs
de rames.

**Fünfsaitig**, adj. de cinq cordes;
ein —es Instrument, un pentacorde.     [pentastyle.

**Fünfsäulig**, adj. de cinq colonnes.

**Fünfschäftig**, adj. (tiss.) à cinq
marches.     [parties.

**Fünfstimmig**, adj. (mus.) à cinq

**Fünfte**, adj. cinquième; Karl der
—, Charles-Quint; Sigtus der —,
Sixte-Quint.     [demi.

**Fünftehalb**, adj. indécl. quatre et

**Fünftel**, n. 1, cinquième, m.

**Fünftens**, adv. cinquièmement;
en cinquième lieu.

**Fünfzehn**, adj. indécl. quinze.

**Fünfzehned**, n. 2, quindécagone, m.

**Fünfzehnte**, adj. quinzième.

**Fünfzig**, adj. indécl. cinquante;
einige —, cinquantaine, f.

**Fünfzigjährig**, adj. quinquagénaire.

**Fünfzigste**, adj. cinquantième.

**Funke**, m. exc. 2, étincelle, f.;
**Fünkchen**, n. 1, id., bluette, f.;
fg. er hat nicht einen Funken Verstand, il n'a pas un brin ou grain
d'esprit.

**Funkeln**, v. n. (h.) briller, étinceler, scintiller; reluire; resplendir; fg. cuire, faire mal aux yeux,
etc.; —, s. n. 1, étincellement,
m.; scintillation des étoiles, f.

**Funkelnau**, Funkelnagelneu, adj.
tout battant neuf.

**Funkenmesser**, m. 1, (phys.) spin-
théromètre.

**Funkenzieher**, m. 1, (phys.) der
elektrische —, excitateur.

**Für**, prép. pour; au lieu de; par;

de; en, dans; contre; comme; was
— einer, lequel? — unb —, vi.
sans cesse, toujours, continuellement; — fich fenn, leben, être, vivre en son particulier, tout seul,
dans la retraite; — fich (reben), à
soi-même, (théât.) à part; eine S.
— fich, une chose à part, fm. une
autre affaire; an unb — fich, de
soi, en soi; abstractivement.

**Fürbaß**, adv. ol. plus avant,
plus loin; — geben, se promener,
cheminer.

**Fürbitte**, f. intercession; sollicitation; prière; suffrages de l'église,
m. pl.; eine — einlegen, intercéder.                 [médiateur, avocat.

**Fürbitter**, m. 1, intercesseur,
**Fürbitterinn**, f. médiatrice, avo-
cate.              [bie erfte —, enrayure.

**Furche**, f. sillon, m.; raie, f.;
**Furchen**, v. a. sillonner.
**Furchenweise**, adv. par sillons.

**Furcht**, f. crainte, appréhension,
peur, timidité; frayeur; alarmes,
pl.; in — balten, se faire craindre
de; tenir en échec; in — feßen,
intimider, effrayer, alarmer; alles
in — und Schreden feßen, porter
l'effroi partout.

**Furchtbar**, Furchterlich, adj. formidable, redoutable; épouvantable; terrible, horrible; effroyable;
furieux (orage); fich — machen,
se faire redouter.

**Furchtbarkeit**, f. terreur.
**Fürchten**, v. a. et fich —, craindre; avoir peur; redouter; appréhender.                     [peur.

**Furchtlos**, adj. intrépide, sans
**Furchtfam**, adj. craintif; peureux,
ombrageux; poltron; timide.

**Furchtfamkeit**, f. crainte; timidité; appréhension; poltronnerie.

**Furie**, f. furie, rage; —n, pl.
(myth.) Euménides.

**Fürlieb**, adv. — nehmen mit,
prendre en gré, agréer; se contenter de.

**Furnier**, n. 2, (men.) plaque, f.
**Furniren**, v. a., v. Einlegen (men.).
**Furnirer**, m. 1, ébéniste.
**Furrage**, f. fourrage, m.
**Furragiren**, v. a. et n. (b.) four-
rager; —, s. n. 1, fourrage, m.
**Furragirer**, m. 1, fourrageur.
**Furrier**, m. 1, fourrier.
**Fürforge**, f., v. Vorforge.
**Fürfprache**, f. intercession; en-
tremise; recommandation.

**Fürfprecher**, m. 1, v. Fürbitter.
**Fürft**, m. 3, -inn, f. prince, m.
-esse, f.; souverain, m. -e, f.;
wie ein — leben, vivre en prince.

**Fürftenbrief**, m. 2, brevet de
prince.

**Fürftenhaus**, n. 5*, maison sou-

veraine, f. famille d'un prince.
**Fürftenkrone**, f. couronne ducale.
**Fürftenleben**, n. 1, fief de prince,
m.

**Fürftenmäßig**, adj. digne d'un
prince; —, adv. en prince.
**Fürftenrecht**, n. 2, droit de prince, m. principauté, f.
**Fürftenfiß**, m. 2, résidence du
prince, f.                     [pauté, f.
**Fürftenftaat**, m. exc. 1, princi-
**Fürftenftand**, m. 2*, dignité (f.),
rang (m.) d'un prince.     [f.
**Fürftenthum**, n. 5*, principauté,
**Fürftlich**, adj. de prince; Eute
-e Durchlaucht, Votre Altesse Sérénissime; —, adv. en prince.

**Furt**, f. gué, m.; burch bie —
feßen, passer à gué.

**Fürwahr**, adv. en vérité, certai-
nement, assurément, certes.

**Fürwiß**, v. Vorwiß.
**Fürwort**, n. 5*, intercession, f.;
(gramm.) pronom, m.

**Fufel**, m. 1, mauvaise eau-de-
**Füfilier**, m. 1, fusilier.    [vie, f.

**Fuß**, m. 2*, pied; patte, f.;
jambe du compas; fg. base, fondement, m.; bie Füße eines Fal-
fen, les mains d'un faucon; mit
bloßen Füßen, pieds nus, nu-pieds;
fich auf bie Füße machen, se mettre en chemin, fm. décamper;
ftehenben —es, de ce pas, sur-le-
champ; gut, übel zu — feyn, être
bon, mauvais piéton; vom Kopf
bis zu ben Füßen, de pied en cap;
auf freien — feßen, mettre en liberté; nicht einen — breit, pas un
pouce de terrain; jeben — breit
ftreitig machen, (guer.) disputer
vivement (fm. chicaner) le terrain; (bie S.) hat Hände und Füße,
porte coup; auf Freiers Füßen geben, rechercher une fille en mariage; chercher à se marier; einen
— an eine Säule machen, empiéter
une colonne.

**Fußangel**, f., v. Fußeifen.
**Fußbad**, n. 5*, bain de pied, m.
**Fußballen**, m. 1, plante (f.), des-
sous (m.) du pied.

**Fußbekleibung**, f. chaussure.
**Fußbiege**, f. cou-de-pied, m.
**Fußblatt**, n. 5*, devant du pied,
m.

**Fußboben**, m. 1*, plancher; pavé; ber getäfelte —, parquet.
**Fußbede**, f. couvre-pied, m.
**Fußeifen**, n. 1, fers aux pieds,
m. pl.; chausse-trape, f. crampon, m.

**Fußen**, v. n. (b.) trouver fond;
prendre pied; fg. faire fond, s'appuyer; se fier, se reposer sur qch.

**Fußfall**, m. 2*, prosternation,
f. prosternement, m.; einen —

vor einem thun, se prosterner devant qn., se jeter aux pieds de qn.

**Fußfällig**, adj. prosterné; suppliant; —, adv. en suppliant.

**Fußflasche**, v. Fußwärmer.
**Fußgänger**, m. 1, piéton; (guer.)
fantassin.

**Fußgefims**, n. 2, base, f.
**Fußgeftell**, n. 2, piédestal, m.
piédouche; tréteau.

**Fußgetäfel**, n. 1, parquet, m.
**Fußgicht**, f. (plur. —er), goutte
aux pieds.

**Fußknecht**, m. 2, ol. fantassin.
**Fußknöchel**, m. 1, (anat.) malléole, f.                    [pieds.

**Fußkuß**, m. 2*, baisement des
**Fußmaß**, n. 2, mesure du pied,
f.; mesure par pieds.

**Fußpfad**, m. 2, sentier; — ber
in bie Landftraße fällt, traverse, f.

**Fußpunkt**, m. 2, (astr.) nadir.
**Fußschämel**, m. 1, escabeau, escabelle, f. marchepied, m.
**Fußschraube**, f. escarpins, m. pl.
(espèce de torture).

**Fußfohle**, f. plante du pied.
**Fußfohlenmuskel**, m. exc. 1, muscle plantaire.

**Fußtapfe**, f. -ftapfen, m. 1, trace,
f. vestige, m.; (cha.) piste, f.
brisées, pl.; fg. in jemandes —n
treten, marcher sur les traces de qn.

**Fußfteig**, m. 2, v. Fußpfad.
**Fußftrid**, m. 2, entraves, f. pl.
**Fußterpich**, m. 2, tapis de pied.
**Fußtritt**, m. 2, coup de pied;
pas, marche, f.; trace, vestige,
m. || marchepied, tréteau.

**Fußvolf**, n. 5*, infanterie, f.
**Fußwärmer**, m. 1, chaufferette,
f. chancelière.         [pieds, m.

**Fußwaschen**, n. 1, lavement des
**Fußwaffer**, n. 1, v. Fußbad.
**Fußweg**, m. 2, v. Fußpfad; ber
erhöhete —, trottoir, banquette, f.;
**Fußwerk**, n. 2, chaussure, f.;
fm. pieds, pl.

**Fußwinde**, f. cric à crochet, m.
**Fußwurzel**, f. tarse, m.
**Fußzehe**, f. doigt du pied, m.;
bie große —, orteil.

**Futter**, n. 1, (cout.) doublure,
f. fourrure, étui, f.; fourreau;
plate-bande, f.; bas — obtrennen,
dédoubler || nourriture des bêtes;
pâture, fourrage, m.; fm. mangeaille, f.; bie Reise in einem —
thun, faire le chemin d'un seul
trait.                  [reau, gaine, f.

**Futteral**, n. 2, étui, m.; four-
**Futteralmacher**, m. 1, gainier.
**Futterbank**, f.*, hachoir, m.
**Futterbarchent**, m. 2, boucassin.
**Futterboben**, m. 1*, grenier au
fourrage.

**Futterbohle**, f. dosse de bordure.

Futterbrei, m. 2, gelée *pour les abeilles, f.*

Futterbrett, *n.* 5, =biele, *f.* dosse; —et *ou* =bielen, *pl.* (*mar.*) vaigres, planches du revêtement intérieur.

Futtergeld, *n.* 5, affourragement, *m.* [orge de fourrage, *f.*

Futtergerste, *f.* escourgeon, *m.*

Futtergras, *n.* 5*, fourrage, *m.*

Futterhemb, *n. exc.* 1, chemisette, *f.*

Futterholen, *n.* 1, fourrage, *m.;* aufs — ausreiten, fourrager.

Futterholer, *m.* 1, fourrageur.

Futterhonig, *m.* 2, miel dont on nourrit les abeilles. [volne.

Futterkasten, *m.* 1*, coffre à l'a-

Futterklee, *m.* 2, luzerne, *f.;* —felb, *n.* 5, luzernière, *f.*

Futterknecht, *m.* 2, fourrageur.

Futterkorn, *n.* 5*, froment de fourrage, *m.* [ture, *f.*

Futterkraut, *n.* 5*, herbe à pâ-

Futterleinwand, *f.* toile à doublure.

Futtermauer, *f.* revêtement, *m.* muraille de revêtement, *f.;* (*fortif.*) chemise.

Füttern, Füttern, *v. a.* doubler; garnir; fourrer *avec des pelisses;* mit Scherwolle —, feutrer.

Füttern, *v. a.* nourrir, donner à manger à qn.; repaître; affourrager *des bestiaux;* appâter, paître *l'oiseau;* Vögel —, abéquer les oiseaux, donner la becquée aux oiseaux; —, *s. n.* 1, nourriture (*f.*), affourragement (*m.*) *des bestiaux.*

Futterneb, *n.* 2, moreau, *m.*

Futterraufe, *f.* râtelier, *m.*

Futtersack, *m.* 2*, sac à l'avoine.

Futterschneider, *n.* 1, fourrage, *m.*

Futterschneiber, *m.* 1, hacheur.

Futterschwinge, =wanne, *f.* vannette. [bée, *f.*

Futterstroh, *m.* 2, feurre, *m.* ger-

Futtertaffet, *m.* 2, florence.

Futtertrog, *m.* 1*, auge, *f.* mangeoire. [blure, *f.*

Futtertuch, *n.* 5*, toile à dou-

Fütterung, *f.* fourrage, *m.* nourriture, *f.;* auf — ausgeben, fourrager; —, (*arch.*) revêtement, *m.* doublure, *f.;* (*arch. nav.*) doublage, *m.*

Futterwicke, *f.* vesce.

Futterzeug, *m.* 2, doublure, *f.*

## G.

G, *n.* (*mus.*) sol, *m.*

Gabarre, *f.* (*mar.*) gabare; —n= schiffer, *m.* 1, gabarier.

Gabe, *f.* don, *m.* présent; gratification, *f.* offrande; die milbe —, aumône, charité; —, (*méd.*) dose; *fg.* talent, *m.* faculté, *f.*

Gabel, *f.* fourche, fourchette; (*charr.*) brancard, *m.* limonière, *f.* limons, *m. pl.;* (*artill.*) établage; vrille *de la vigne, f.*

Gabelanker, *m.* 1, ancre d'affourche, *f.;* ben — lichten, désaffourcher.

Gabelbeichsel, *f.* limonière.

Gabelförmig, *adj.* fourchu.

Gabelfrühstück, *n.* 2, déjeuner à la fourchette, *m.;* ein — halten, déjeuner à la fourchette.

Gabelhirsch, *m.* 2, cerf à tête enfourchée. [chanvre aquatique.

Gabelkraut, *n.* 5*, bident, *m.*

Gabelmast, *m.* 2, mât fourchu.

Gabeln, *v. a.* prendre, percer avec la fourchette.

Gabelpferd, *n.* 2, limonier, *m.*

Gabelschwanz, *m.* 2*, fourcheret (*oiseau*); bandoulière à queue fourchue, *f.* (*poisson*); double queue (*chenille*).

Gabelstiel, *m.* 2, manche.

Gabelstütze, *f.* chambrière.

Gabelwagen, *m.* 1*, fourgon.

Gabelzinke, *f.* fourchon, *m.*

Gackern, *v. n.* (h.) (*de la poule*) caqueter; *fg. fm.* criailler; bégayer.

Gaben, *m.* 1 (*vi.*), étage, chambre, *f.* boutique, maisonnette.

Gaffen, *v. n.* (h.) *fm.* badauder, regarder bouche béante, bayer (nach à).

Gagat, Gagath, *m.* 2, jais, gagate, *f.;* (*ant.*) pierre obsidienne.

Gäh, Gähling, *adj.* roide, escarpé.

Gähnen, *v. n.* (h.) bâiller; *fg.* s'ouvrir, être ouvert; —, *s. n.* 1, bâillement, *m.*

Gähnend, *adj.* béant (*bouche*).

Gähner, *m.* 1, bâilleur.

Gähnlaut, *m.* 2, hiatus.

Gähren, *v. n.* 6 (h.) fermenter; bouillir; — machend, fermentatif.

Gährung, *f.* fermentation.

Gährungsmesser, *m.* 1, zymosimètre.

Gährungsmittel, *n.* 1, ferment, *m.*

Gähzorn, *m.* 2, emportement.

Gähzornig, *adj.* violent, colérique.

Gaffen, *v.* Gackern. [que.

Gala, *f.* gala, *m.;* jour de gala; —kleib, *n.* 5, habit de gala, de cérémonie.

Galan, *m.* 3, galant, amoureux.

Galant, *adj.* galant, courtois, poli, honnête.

Galanterie, *f.* galanterie; cadeau, *m.* présent; —n, *fm.* fleurettes, *f. pl.*

Galanteriehandel, *m.* 1, quincaillerie, *f.* commerce de modes, *m.*

Galanteriehändler, *m.* 1, =inn, *f.* marchand (*m.*), -e (*f.*) de modes.

Galanteriewaare, *f.* quincaillerie; modes, *pl.* [banum, *m.*

Galban, *n.* 2, (*hist. nat.*) gal-

Galeasse, *f.* (*mar.*) galéasse *ou* galéace.

Galeere, *f.* galère. [barillar.

Galeerenbediente, *m.* 1, (*mar.*)

Galeerenprofoß, *m.* 2, argousin.

Galeerensclave, *m.* 3, galérien, forçat; —n, *pl.* chaîne, *f.;* —n= ferfer, *m.* 1, bagne.

Galeerensegel, *n.* 1, voile de galère, *f.;* marabout, *m.* (*dont on se sert dans le gros temps*); bas grofe —, la voile bâtarde.

Galeerensteck, *m.* 2*, (*mar.*) bitton.

Galeerenvogt, *m.* 2*, comite.

Galenisch, *adj.* galénique; die —e Lehre, galénisme, *m.;* ein Anhänger Galens, galéniste.

Galeote, *v.* Galliote.

Galgen, *m.* 1, potence, *f.* gibet, *m.;* corde, *f.;* eine That, worauf ber — steht, un cas pendable.

Galgenbraten, *m.* 1, =bieb, =strid, *m.* 2, =vogel, *m.* 1*, pendard.

Galgenfrist, *f.* délai fort court, *m.*

Galgengebiß, *n.* 2, pas d'âne, *m.*

Galgenmännchen, *n.* 1, (*bot.*) mandragore, *f.* [pendable.

Galgenmäßig, *adj.* patibulaire;

Galicien, Galice, *f.* (*pays en Espagne*); Galicic (*pays d'Autriche*).

Galiläa, Galilée, *f.* (*pays*).

Galiläer, *m.* 1, Galiläisch, *adj.* galiléen.

Galimatias, *m. indécl.* galimatias.

Galipenstein, *m.* 1, vitriol blanc.

Galla, *v.* Gala.

Gallapfel, *m.* 1*, noix de galle, *f.;* (*teint.*) casse-noie.

Galle, *f.* fiel, *m.* bile, *f.;* amer *de bœuf, des poissons, m.;* queue *d'une bête fauve, f.; fg.* colère, haine, ressentiment, *m.;* schwarze —, atrabile, *f.;* voll —, bilieux; er speit Gift und —, il écume de rage, de colère; die — läuft ihm über, sa bile s'échauffe; die — abführend, mélanagogue; —, (*bot.*) galle.

Gällen, *v. n.* (h.) retentir, résoner; die Ohren — ihm, les oreilles lui cornent. [fiel.

Gallenbitter, *adj.* amer comme

Gallenblase, *f.* vésicule du fiel; —ngang, *m.* 2, conduit cystique.

Gallenfieber, *n.* 1, fièvre bilieuse, [liaire, *m.*

Gallengefäß, *n.* 2, vaisseau bi-

Gallenkrankheit, =sucht, *f.* maladie bilieuse, jaunisse; coléra-morbus, *m.*

Gallenstein, m. 2, pierre biliaire, f.
Gallensüchtig, Gallsüchtig, adj.
bilieux; fg. id., atrabilaire, cha-
Gallerie, f. galerie. [grin.
Gallertartig, adj. gélatineux.
Gallerte, f. gelée, gélatine.
Gallicanisch, adj. gallican (église).
Gallicht, Gallig, adj. bilicux.
Gallien, Gaule, f. Gaules, pl.
(anc. pays).
Gallier, m. 1, Gaulois.
Gallinsekt, n. exc. 1, gallinsecte,
m. kermès.
Gallione, f. galion, m. (vaisseau).
Galliote, f. galiote (vaisseau).
Gallisch, adj. gaulois, gallican.
Gallioate, f. galivade (vaisseau).
Gallosche, f. galoche.
Gallwespe, f. mouche des galles;
durch —n befruchten, caprifier.
Galmei, m. 2, calamine, f. cad-
mie fossile.
Galone, f. galon, m. (mesure).
Galopp, m. 2, galop.
Galoppiren, v. n. (b.) galoper.
Galvanisch, adj. galvanique.
Galvanismus, m. indécl. galva-
nisme. [germandrée, f.
Gamanderlein, n. 1, (bot.) petite
Gamasche, v. Kamasche.
Ganerbe, m. 3, cohéritier d'une
seigneurie.
Ganerbschaft, f. seigneurie pos-
sédée par deux héritiers à titre
commun.
Gang, m. 2*, allure, f.; démar-
che, marche; pas, m. train || tour-
née, f. course; visite d'un médecin; fg. marche, train, m.; errements, pl.; fil d'un discours;
démarche, f.; allée; corridor, m.
galerie, f.; berceau de verdure,
m.; passage; lange, schmale —,
couloir (aussi mar.); —, canal,
conduit d'eau; (min.) filon, veine, f. galerie; (anat.) labyrinthe,
m.; (im Stall) échappée, f.; (zwischen dem Bett und der Wand)
ruelle; (cuis.) service, m.; (escr.)
assaut; (meun.) tournant; alle
Gänge und Schliche eines Haufes,
les tenants et aboutissants d'une
maison; — haben, avoir cours
(monnaie); in den — bringen,
mettre en train, en vogue; établir un usage; acheminer; seinen
— fortgehen, aller son train.
Gangart, f. (min.) gangue.
Gangbar, adj. praticable; fréquenté, passant (chemin); courant; de mise (monnaie); — seyn,
courir.
Gangbarkeit, f. cours, m. débit.
Gängig, adj. fm., — und gebe,
qui a cours; qui est reçu; qui est
de mise.
Gängelband, n. 5*, lisière, f.;

am —e führen, fg. fm. mener en
laisse.
Gängeln, v. a. conduire un en-
fant par (ou à) la lisière.
Gängelwagen, m. 1*, roulette, f.
Gänger, m. 1, piéton.
Gangerz, n. 2, mines par cou-
ches, f. pl. [filons, f.
Ganggebirge, n. 1, montagne à
Gängig, adj., einen Leithund —
machen, dresser un limier.
Gängler, m. 1, porte-balle.
Gangstein, m. 2, v. Gangart.
Gangweise, adv. par ou en filons.
Gans, f.*, oie; die junge —, oi-
son, m.; bumme —, fg. oison
bridé, niaise, f.; —, (forg.)
gueuse.
Gänschen, n. 1, oison, m.; das
bumme —, fg. bestiole, f.
Gänseauge, n. exc. 1, guillemet,
m. onglet; mit —n bezeichnen,
guillemeter. [rete, pâquerette.
Gänseblume, f. petite margue-
Gänsedreckfarbe, f. couleur merde
d'oie; —n, adj. couleur merde
d'oie.
Gänsefett, n. 2, graisse d'oie, f.
Gänsefuß, m. 2*, (bot.) patte
d'oie, f.
Gänsegekröse, n. 1, Gänseslein,
n. 2, (cuis.) petite oie, f. aba-
tis d'oie, m. pl.
Gänsehaut, f.*, peau d'oie; fg.
fm. chair de poule.
Gänsehirt, m. 3, pâtre d'oies.
Gänsekiel, m. 2, plume d'oie,
f. plume, bout d'aile, m.
Gänsekraut, n. 5*, pâquerette,
f. argentine, potentille. [f.
Gänselöffel, m. 1, (chir.) tenette,
Gänsepfeffer, m. 1, abatis d'oie
(cuis.). [jars.
Gänserich, m. 2, Ganser, m. 1,
Gänsespiel, n. 2, jeu de l'oie, m.
Gänsestall, m. 2*, mue, f.; étable aux oies.
Gänsewein, m. 2, fg. fm. eau, f.
Gant, f. encan, m.; in der —
kaufen, acheter à l'encan.
Ganz, adj. tout; (assez) total; complet; entier; plein; parfait; (dieses Tuch) ist noch —, a
cap et queue; — und gar, adv.
tout à fait, entièrement, totale-
ment, complétement; parfaite-
ment.
Ganze, n. 3, tout, m. total, totalité, f. entier, m.; masse, f.;
ensemble, m.; im —n genommen,
pris, considéré en général, tout
bien considéré; en bloc.
Gar, adj. achevé, fini, (assez)
cuit, rôti; affiné; — machen,
(corr.) corroyer, tanner, habiller
confire, appointer une peau; appointer un bœuf; —, adv. tout

à fait; bien; très; fort, extrêmement; — viel, beaucoup; — wenig, bien peu; — zu, trop; —
nicht, point du tout; — nichts,
rien du tout.
Garaus, m. indécl. fin, f.; ruine,
perte totale; einem den — machen,
fm. achever qn., ruiner qn.
Garbe, f. gerbe; in —n binden,
engerber. [l'épeautre, m.
Gärbemühle, f. moulin à écosser
weiß —, passer en mégie; den Spelz
—, écosser l'épeautre; einem die
Haut —, pop. étriller qn.; —, s.
n. 1, tannage, m. corroi.
Garbenbinder, m. 1, lieur.
Garbenhaufe, m. exc. 2, quintau.
Garbenschichter, m. 1, calvanier.
Garbenzehnte, =zehent, m. 3,
champart.
Gärber, m. 1, (Rothgärber) tan-
neur; corroyeur; v. Weißgärber.
Gärberbaum, m. 2*, roudou,
redoul.
Gärberei, f. tannerie.
Gärbergrube, f. tannerie, cou-
droir, m.
Gärberkalt, m. 2, plamée, f.
Gärberlohe, f. Gärbestoff, m. 2,
tan. [doul.
Gärberstrauch, m. 2*, sumac, re-
Gärberwolle, f. avalies, pl.
Gärbestoff, m. 2, (chim.) tannin.
Garbe, f. garde.
Gardian, v. Guardian.
Gardine, f. rideau, m.
Gardist, m. 3, garde, soldat de
la garde.
Gare, f. tannage, m. corroi, con-
fit; (mét.) purification, f. affinage,
m.; (agr.) amélioration, f.
Garerz, n. 2, mine grillée, f.
Gargel, f. (tonn.) jable, m.
Gargeln, v. a. (tonn.) jabler.
Garkoch, m. 2*, gargotier, rô-
tisseur, charcutier.
Garküche, f. gargote, rôtisserie,
charcuterie. [de rosette, m.
Garkupfer, n. 1, cuivre pur ou
Garmond, f. (impr.) petit-ro-
main, m.
Garn, m. 2, n. 1, m. filure, f. ||
filet, m. rets, pan, réseau; ins
— geben, donner dans le panneau,
dans le piège.
Garnenden, m. pl. pennes, f. pl.
Garnhaspel, m. 1*, dévidoir,
tournette, f.
Garnison, f. garnison.
Garnitur, f. garniture. [fil.
Garnknäuel, m. 1*, peloton de
Garnsad, m. 2*, (pêch.) ver-
veux, louve, f. [poule.
Garnspule, f. fusée; bobine, sé-
Garnsträhne, v. Garnstück.

Garnſtricker, m. 1, tricoteur de rets.  [veau, m.
Garnſtück, n. 2, =ſträhne, f. éche-
Garnwinde, f., v. Garnhaſpel.
Garſtig, adj. vilain, hideux; laid; sale; malpropre; dégoútant; —e Reden führen, dire des obscénités, tenir des propos libres.
Garſtigkeit, f. laideur; difformité; obscénité; méchanceté, vilenie.
Gärtchen, n. 1, jardinet, m.
Gärteln, v. n. (h.) fm. jardiner.
Garten, m. 1*, jardin.
Gartenarbeit, f. jardinage, m.
Gartenbau, m. 2, Gartenkunſt, f.*, Jardinage, m. culture des jardins, f.
Gartenbeet, n. 2, couche, f. carreau, m. carré, planche, f.; das abſchüſſige —, ados, m. côtière, f.
Gartenerde, f. terreau, m. terre végétale, f.
Gartenfeld, n. 5, champ à légumes, m. jardinage, marais.
Gartenfrucht, f.*, fruit de jardin, m.
Gartengeräth, n. 2, ustensiles de jardinage, m. pl.  [gère, f.
Gartengewächs, n. 2, herbe pota-
Gartenhaus, n. 5*, =laube, f. pavillon, m. cabinet de verdure, gloriette, f.
Gartenleiter, f. échelle double.
Gartenmeſſer, n. 1, serpe, f. serpette; faucillon, m.; das ſichelförmige —, croissant.  [clos, m.
Gartenrente, n. 2, droit d'en-
Gartenſchere, f. ciseaux de jardinier, m. pl.
Gartenſchnecke, f. limaçon de terre, m.  [ture.
Gartenzaun, m. 2*, haie, f. clô-
Gärtner, m. 1, =inn, f. jardinier, m. -ère, f.
Gärtnerei, f. jardinage, m.
Gas, n. 2, (chim.) gaz, m.
Gasartig, Gashaltig, adj. gazeux.
Gäschen, v. n. (h.) bouillir; écumer, mousser.  [écume.
Gäscht, m. 2, levure, f. mousse,
Gäschtig, adj. mousseux; écumeux.
Gasconien, Gascogne, f. (pays).
Gasconier, m. 1, Gasconiſch, adj. gascon.  [2*, gasconnade, f.
Gasconierſtreich, m. 2, =ſpaß, m.
Gäſye, f. jointée.
Gaſſe, f. rue; haie de soldats.
Gäßchen, n. 1, ruelle, f.; eine ohne Ausgang, un cul-de-sac, une impasse.  [sant.
Gaſſenbettler, m. 1, gueux gueu-
Gaſſenbube, m. 3, polisson.
Gaſſenecke, f. carrefour, m.
Gaſſenfeger, =kehrer, m. 1, =inn, f. balayeur, m. boueur, -se, f.
Gaſſenkoth, m. 2, boue, f. crotte.

Gaſſenlaufen, n. 1, action de passer par les verges, f.
Gaſſenlieb, n. 5, mépr. Gaſſen=hauer, m. 1, chanson qui court par la ville, f.  [rue, m.
Gaſſenrinne, f. ruisseau d'une
Gaſt, m. 2*, hôte; étranger; convive, convié; der gewöhnliche —, habitué d'un café; Gäſte haben, avoir du monde; zu —eſſen, manger en ville, manger chez qn.; wollen Sie unſer — ſeyn, voulez-vous être des nôtres?
Gaſtbett, n. exc. 1, lit d'ami, m.
Gaſtfrecht, m. 2, culot, valet qui convoque les gens d'un même métier.  [banquet, régal.
Gaſterei, f. repas, m. festin,
Gaſtfreund, m. 2, hôte.
Gaſtfreundlich, Gaſtfrei, Gaſtlich, adj. hospitalier.
Gaſtfreundſchaft, Gaſtfreiheit, f. hospitalité.
Gaſtgeber, m. 1, hôte; aubergiste, hôtelier, traiteur; =inn, f. hôtesse, hôtelière.
Gaſthaus, n. 5*, Gaſthof, m. 1*, auberge, f. hôtellerie, hôtel, m.
Gaſtiren, v. a. traiter, régaler.
Gaſtmahl, n. 5*, repas, m. banquet.  [lier.
Gaſtmeiſter, m. 1, (couv.) hôte-
Gaſtpredigt, f. sermon prononcé par un prédicateur étranger, m.
Gaſtrecht, n. 2, droit d'hospitalité, m.
Gaſtrolle, f. rôle que joue un acteur étranger, m.
Gaſtſtube, f. salle à manger.
Gaſtiſch, m. 2, table d'hôte, f.
Gaſtwirth, m. 2, =inn, f. v. Gaſtgeber.
Gaſtzimmer, n. 1, salle à manger, f.; chambre pour les étrangers.
Gat, n. 2, (mar.) fosse, f. dogue, cul du vaisseau, m.
Gäten, v. a. sarcler, arracher les mauvaises herbes d'un champ.
Gätgras, n. 5*, sarclure, f.
Gäthaue, Gäthaue, f. sarcloir, m.
Gätſchen, v. Gäschen.  [mari.
Gatte, m. 3, époux, compagnon,
Gatten, v. a. assortir, assembler, unir; accoupler, apparier des pigeons, etc.; ſich —, s'apparier, s'accoupler; fg. s'unir.
Gatter, n. 1, treillis, m.; (peint.) châssis.
Gatterthür, f. porte treillissée, porte à treillis ou à jour.
Gatterwerk, n. 2, treillage, m. treillis.
Gattinn, f. épouse, compagne.
Gattung, f. espèce, sorte; race; manière, façon.
Gattungsname, m. exc. 2, nom appellatif; nom spécifique.

Gau, m. et n. 2, contrée, f.; canton, m.  [jeune sot.
Gauch, m. 2, mépr. blanc-bec,
Gauche, f. eau de fumier.
Gauchheil, m. 2, (bot.) mouron.
Gaudieb, m. 2, filou, escroc.
Gaukelei, f. Gaukelſpiel, n. 2, singerie, f. bouffonnerie; tour de passe-passe (m.), de souplesse; prestige, jonglerie, f. momerie.
Gaukelhaft, Gaukleriſch, adj. mimique; bouffon.  [m.
Gaukelmännchen, n. 1, bilboquet,
Gaukeln, v. n. (h.) voltiger; faire des tours de passe-passe; gesticuler; herum —, courir çà et là.
Gaukelpoſſe, f., v. Gaukelei.
Gaukeltanz, m. 2*, matassins, pl. pantalonade, f.
Gaukeltänzer, m. 1, matassin.
Gaukeltaſche, f. gibecière.
Gaukler, m. 1, bateleur, jongleur, bouffon; danseur de corde; joueur de gobelets; der italieniſche —, pantalon.
Gaul, m. 2*, cheval; ein alter —, mépr. une vieille rosse.
Gaumen, m. 1, palais.
Gaumenbein, n. 2, os palatal, m.
Gaumenbuchſtab, m. exc. 2, lettre palatale, f.
Gaumendrüſe, f. glande palatine.
Gauner, m. 1, fripon, filou, escroc, chevalier d'industrie.
Gaunerei, f. filouterie, friponnerie, escroquerie.
Gaupe, f., v. Dachfenſter.
Gaze, f. gaze.
Gazelle, f. gazelle, antilope.
Gazeweber, m. 1, gazier.
Geacht, adj. (astr.), der —e Schein, l'aspect octil.
Geäder, n. 1, veines, f. pl.
Geäß, m. 2, viandis du cerf, m.; pâture de l'oiseau, f. leurre, m.
Gebäck, n. 2, fournée, f. cuite.
Gebackene, n. 3, pâtisserie, f.
Gebahn, n. 2, (chass.) fumées, f. pl. troches.
Gebälf, n. 2, (arch.) charpente, f.; entablement, f.
Gebären, v. a. 2, enfanter, mettre au monde, accoucher de; fg. produire; faire naître; lebendig gebärend, vivipare; zur Unzeit —, faire une fausse couche, avorter; gebärend, en travail d'enfant; — s. n. 1, enfantement, f. accouchement; das unzeitige —, la fausse couche, avortement, m.
Gebärerinn, f. femme en couches, accouchée.
Gebärhaus, n. 5*, hôpital des femmes en couches, m.
Gebärmutter, f.*, matrice.
Gebärſtuhl, m. 2*, chaise à accoucher, f.

Gebärzeit, f. terme des couches, m.

Gebäude, n. 1, bâtiment, m. édifice; maison, f.; (peint.) fabrique; das große —, hôtel, m. || structure d'une fleur, etc., f.

Gebe, adj., v. Gänge.

Gebefall, m. 2*, datif.

Gebein, n. 2, et —e, pl. ossements, m. pl. os.

Gebell, n. 2, aboiement, m. jappement; glapissement du renard.

Geben, v. a. 1, donner; fournir; remettre; présenter, offrir; tendre la main; Hilfe —, prêter du secours; ein Amt —, conférer un emploi; die Karten —, faire les cartes; Antwort —, rendre réponse, etc.; eine Stelle —, traduire, rendre un passage; einem Schuld —, imputer à qn.; rejeter la faute sur qn.; einem Anleitung —, enseigner, instruire qn., montrer qch. à qn.; Gehör —, prêter attention; sein Wort von sich —, lâcher le mot; an den Tag —, exprimer, mettre au jour; etw. gewonnen —, le céder à qn.; zum Besten —, régaler de qch.; die Sache gibt es von selbst, la chose parle d'elle-même; von sich —, rendre, vomir; rejeter; exhaler une odeur; —, v. n. (b.) donner, rapporter; —, v. imp. (b.) arriver, se passer; avenir; y avoir; sich —, s'accommoder, s'arranger (affaire); aller bien; einander —, s'entre-donner.

Geber, m. 1, =inn, f. celui ou celle qui donne; donateur, m. -trice, f.; fm. donneur, m. -se, f.

Geberde, f geste, m.; mine, f.; port, m.; maintien; contenance, f.; air, m.; fm. donner, m.; grimace, f.; —n machen, gesticuler.

Geberden (sich), faire des gestes; avoir, prendre, garder une mine; se conduire; m.p. se démener; sich wie ein Kind —, faire l'enfant.

Geberdenkunst, f.*, mimique, f.

Geberdenmacher, m. 1, gesticulateur.

Geberdenspiel, n. 2, =sprache, f. pantomime; mime; das komische —, (théât.) lazzi, m. pl.; übertriebene —, gesticulation, f.

Geberdenspieler, m.1, pantomime.

Gebet, n. 2, prière, f. oraison das — des Herrn, oraison dominicale; stille —, méditation, —e, pl. (cath.) heures.

Gebetbuch, n. 5*, livre de prières, m. [pl. lit, m.

Gebett, n. 2, pièces d'un lit, f.

Gebettel, n. 1, importunités, f.pl.

Gebiet, n. 2, domination, f. ressort, m.; territoire; district, domaine; banlieue d'une ville, f.; diocèse d'un évêque, m.

Gebieten, v. a. 6, ordonner, commander; enjoindre; dominer; Stillschweigen —, imposer silence; Frieden —, fm. mettre le holà.

Gebietend, adj. qui ordonne, commandant; souverain; (grammaire) impératif.

Gebieter, m. 1, =inn, f. commandant, m.; seigneur; souverain, -e, f.; arbitre, m. maître, maitresse, f. dame.

Gebieterisch, adj. impérieux, impératif; —, adv. d'autorité.

Gebilde, n. 1, ouvrage façonné, m.; fg. image, f. illusion, chimère.

Gebinde, n. 1, écheveau, m.

Gebirge, n. 1, chaine de montagnes, f. montagnes, pl.; monts, m. pl. [tueux.

Gebirgig, adj. montagneux, monGebirgisch, adj.fm. montagnard.

Gebirgskette, f. chaine de montagnes.

Gebiß, n. 2, bouche, f. dents du cheval, etc., pl.; mors, m. frein; (des hommes) dentier, denture, f. râtelier, m.; mit dem — spielen, (des chevaux) ronger, mâcher son frein; zum — gewöhnen, assurer.

Gebißstettchen, n. 1, jouet, m.

Geblase, n. 1, (verr.) soufflets; m. pl.

Geblöke, n. 1, bèlement des moutons, m.; mugissement, beuglement des bœufs.

Geblümt, adj. figuré, façonné.

Geblüt, n. 2, sang, m.; fg. id.; race, f. famille; Prinzen vom —, des princes du sang.

Geboren, adj. né; natif; ein geborner Franzose, Français de nation; — werden, naître, venir au monde; nach des Vaters Tode —, posthume.

Gebot, n. 2, ordre, m.; commandement; ordonnance, f.; règlement, m.; décret, précepte; einem zu —e stehen, être à la disposition, sous la main de qn. || offre, f.; mise, enchère; ein — auf etw. thun, offrir tant de qch.; ein schlechtes, unbilliges — thun, mésoffrir. [marrure.

Gebräme, n. 1, bordure, f.; chaGebratene, n. 3, rôti, m. rôt.

Gebrauch, m. 2*, usage; coutume, f. mode; emploi, m.; (égl.) rit ou rite; —e, pl. usages, m. pl. mœurs, f. pl.

Gebrauchen, v. a. employer, mettre en usage; se servir, user de qch., de qn., v. Brauchen.

Gebräuchlich, adj. usité; usuel; reçu; ordinaire; en usage; à la mode; nicht mehr — seyn, être hors d'usage.

Gebräude, n. 1, brassin, m.

Gebrause, n. 1, bruissement, m.

Gebrechen, v. n. et imp. 2 (b.) manquer, faillir; es gebricht ihm an Geld, l'argent lui manque, il manque d'argent; —, s. n. 1, manque, m.; défaut, imperfection, f.; vice, m.; (méd.) infirmité, f.

Gebrechlich, adj. infirme; invalide; caduc; faible; maladif; fragile, frèle (chose).

Gebrechlichkeit, f. infirmité; caducité; faiblesse; défaut, m.; fg. fragilité, f.

Gebrüder, m. pl. frères.

Gebrüll, n. 2, mugissement, m. beuglement des bœufs, etc.; rugissement du lion.

Gebrumme, n. 1, bourdonnement, m.

Gebühr, f. devoir, m. convenance, f.|| droit, m.; droits, pl.; salaire; honoraires, pl.; portion, f.; nach —, selon ses mérites; jeder nach Standes —, chacun selon sa condition; über die —, outre mesure, extraordinairement; énormément.

Gebühren (sich), convenir; être du devoir de qn.; être juste; être convenable; —, v. n. et imp. (b.) être dû; wie es sich gebührt, dûment.

Gebührend, Gebührlich, adj. dû; mérité, nécessaire; juste; convenable; décent.

Gebund, n. 2*, Gebünde, n. 1, voy. Bund, Bündel; écagne, f.; —t, pl. (rel.) nervure.

Geburt, f. enfantement, m. accouchement; naissance, f.; nativité de J. C.; fg. famille, origine; fruit (m.), production (f.) de l'esprit; in der — (sterben), en couche (mère), en naissant (enfant); die unzeitige —, fausse couche; avortement, m.; avorton; in der — begriffen seyn, être en travail, mal d'enfant; von —, de race; natif, originaire; von vornehmer —, de condition, de qualité; de haut parage; von niedriger —, de basse extraction; die eheliche —, légitimité; f.; uneheliche —, bâtardise.

Gebürtig, adj. natif, originaire.

Geburtsarbeit, f. travail d'enfant, m.; trait de naissance.

Geburtsbrief, =schein, m. 2, extrait de naissance.

Geburtsglied, n. 5, partie génitale, f. partie naturelle, partie honteuse.

Geburtshelfer, m. 1, accoucheur.

Geburtshilfe, f. accouchement, m.

Geburtsmahl, n. 5*, marque (f.), tache naturelle; signe, m.

Geburtsort, *m.* 5°, =land, *n.* 5°, lieu (*m.*), pays natal; patrie, *f.*

Geburtsregister, *n.* 1, registre des naissances, *m.*; généalogie, *f.*

Geburtsschmerzen, *pl.* douleurs de l'enfantement, *f. pl.* mal d'enfant, *m.*   [sance, jour natal.

Geburtstag, *m.* 2, jour de nais-

Geburtszange, *f.* forceps, *m.*

Geburtszeit, *f.* époque de l'accouchement.

Gebüsch, *n.* 2, bocage, *m.* bosquet; buisson, hallier; broussailles, *f. pl.*

Geck, *m.* 3, fat, fou, sot.

Geckhaft, *adj.* fou, sot; fat.

Gedacht, *adj.* susdit, mentionné.

Gedächtniß, *n.* 2, mémoire, *f.*; souvenir, *m.* ressouvenir.

Gedächtnißfeier, *f.* =fest, *n.* 2, anniversaire, *m.* commémoration, *f.*

Gedächtnißkunst, *f.*°, mnémonique.

Gedächtnißmünze, *f.* médaille.

Gedächtnißtag, *m.* 2, anniversaire.

Gedanke, *m. exc.* 2, pensée, *f.* idée; conception; opinion; projet, *m.*; der verborgene —, arrière-pensée, *f.*   [d'idées; étourdi.

Gedankenleer, =los, *adj.* dépourvu

Gedankenlosigkeit, *f.* manque d'idées, *m.*; inadvertance, *f.* étourderie.

Gedankenreich, *adj.* fécond en pensées; riche en idées; nourri (*style*).

Gedankenspiel, *n.* 2, jeu d'esprit, *m.*   [*f.*

Gedankenstrich, *m.* 2, tiret, barre,

Gedärm, *n.* 2, *et* —t, *pl.* intestins, *m. pl.* boyaux, entrailles, *f. pl.*; (v. Thieren) tripes; zu den —en gehörig, intestinal.

Gedeck, *n.* 2, couverture, *f.*; couvert *de table*, *m.*

Gedeihen, *v. n.* 5 (f.) venir bien; profiter; prospérer; fleurir; réussir; babin —, en venir là; —, *s. n.* 1, succès, *m.*; profit; prospérité, *f.*; bénédiction.

Gedeihlich, *adj.* profitable, utile; salutaire, salubre.

*Gedenken, *v. a. et n.*, an etw., einer S. —, penser, songer à qch., se souvenir de qch.; faire mention de qch.; mentionner qch.; se proposer *de faire qch.*; einer S. nicht —, passer qch. sous silence; einem etw. —, la garder bonne à qn.

Gedicht, *n.* 2, poème, *m.*; poésie, *f.*; fable, fiction; — auf einen Namenstag; bouquet, *m.*

Gediegen, *adj.* natif, vierge; pur, fin, compacte, massif; solide; *fg.* pur; ferme, fort, solide; vert (*réponse*).

---

Gediegenheit, *f.* force, vigueur, énergie, fermeté *du style*.

Gedinge, *n.* 1, contrat, *m.* ac-

Gedoppelt, *adj.* double.   [cord.

Gedränge, *n.* 1, presse, *f.* foule; tumulte, *m.*; im —, dans la mêlée; *fg.* dans l'embarras.

Gedritt, *adj.* ternaire; terne; (*astr.*) der —e Schein, trin-aspect.

Geduld, *f.* patience; indulgence.

Gedulden (sich), avoir *ou* prendre patience, se patienter.

Geduldig, *adj.* patient; débonnaire; endurant.

Geeignet, *adj.* propre (zu, à).

Geest, *f.* =land, *n.* 5°, terrain haut et stérile, *m.*

Gefahr, *f.* danger, *m.* péril, risque, hasard; sich in — setzen, s'exposer, s'aventurer, se compromettre; — laufen, courir risque de; in — setzen, risquer, compromettre; auf meine —, à mes risques et périls.

Gefährde, *f.* préjudice, *m.* danger; fraude, *f.* dol, *m.*

Gefährden, *v. a.* porter préjudice, mettre en danger, compromettre; gefährdet seyn, courir risque, être en danger.

Gefährlich, *adj.* dangereux, périlleux; hasardeux, critique, pernicieux; mortel; (*mar.*) malsain (*côte*); der —e Ort, casse-cou.

Gefährlichkeit, *f.* danger, *m.*

Gefährt, *n.* 2, voiture, *f.*

Gefährte, *m.* 3, compagnon, camarade, ami.

Gefährtin, *f.* compagne.

Gefälle, *n.* 2, pente (*f.*), chute *de l'eau*, —t, *pl.* droits, *m. pl.* revenu, rente, *f.*; beständige —t, le revenu constitué; zufällige —t, casuel.

Gefallen, *v. n.* 4 (b.) plaire, complaire, agréer à qn., être au gré de qn.; charmer qn.; es gefällt mir hier, je me plais ici; sich selbst —, se complaire; sich etw. — lassen, agréer qch.; consentir, condescendre à qch.; prendre qch. en gré; —, *s. m.* 1, plaisir; service, — an etw. finden, prendre qch. en gré.

Gefällig, *adj.* agréable (*chose*) || complaisant, accommodant, déférent, prévenant; sich einem — erweisen, complaire à qn., obliger qn..; —, *adv.* (*habillé*) avec goût, de bonne grâce.

Gefälligkeit, *fém.* complaisance; obligeance, manière obligeante; déférence; plaisir, *m.* service.

Gefallsucht, *f.* coquetterie.

Gefallsüchtig, *adj.* coquet.

Gefangen, *adj.* pris; prisonnier; captif, détenu (*pour dettes, etc.*); —

---

— nehmen, faire prisonnier, emprisonner, arrêter.

Gefangennehmung, *f.* emprisonnement, *m.* arrestation, *f.*; prise de corps; (*guer.*) prise.

Gefangenschaft, *f.* prison, détention, captivité; in — gerathen, être fait prisonnier.

Gefangenwärter, *m.* 1, geôlier, guichetier.

Gefänglich, *adj.*, die —e Haft, la prise de corps, arrestation; einen — einziehen, arrêter, mener en prison qn.

Gefängniß, *n.* 2, prison, *f.*; maison d'arrêt; cachot, *m.*; das tiefe —, basse-fosse, *f.*; —, (*couv.*) chambre noire; enge —, in-pacé, *m.*

Gefängnißstrafe, *f.* emprisonnement, *m.*; peine de prison, *f.*

Gefäß, *n.* 2, vase, *m.* vaisseau; poignée *d'une épée, etc.*, *f.*

Gefecht, *n.* 2, combat, *m.* action, *f.* bataille, escarmouche.

Gefechtsflagge, *f.* bannière rouge.

Gefiedel, *n.* 1, *mépr.* charivari, *m.* mauvaise musique, *f.*

Gefieder, *n.* 1, plumage, *m.* plumes, *f. pl.*; (*fauc.*) pennage, *m.*; (*mus.*) plumasseaux, *pl.*

Gefiedert, *adj.* pourvu de plumes; schön —, d'un beau plumage; — empenné (*flèche*), emplumé (*clavecin*).

Gefild, *n.* 1, champs, *m. pl.*; campagne, *f.*

Gefingert, *adj.* (*bot.*) digité.

Geflecht, *n.* 2, entrelacement, *m.* tissu; entrelacs, *pl.*; (*anat.*) plexus.

Geflicke, *n.* 1, raccommodage, *m.*

Gefliffen, *v.* Beflissen.

Gefliffentlich, *adj.* exprès, à dessein, de propos délibéré; prémédité (*crime*).   [tille.

Geflügel, *n.* 1, volaille, *f.* volaille.

Geflügelhändler, *m.* 1, poulailler, marchand de volaille.

Geflügelt, *adj.* ailé.

Geflüster, *n.* 1, chuchoterie, *f.*; (*poés.*) murmure, *m.*

Gefolge, *n.* 1, suite, *f.*; train, *m.*; cortège; équipage; gens, *pl.*

Gefräß, *n.* 2, mangeaille, *f.*; râtelier, *m.*

Gefräßig, *adj.* glouton, goulu, gourmand, vorace; *pop.* goinfre.

Gefräßigkeit, *fém.* gloutonnerie, *m.* gourmandise; voracité.

Gefreite, *m.* 3, appointé.

Gefrieren, *v. n. et imp.* 6 (f. et h.) geler, se geler, se congeler, se glacer; machen, geler, congeler; —, *s. n.* 1, congélation, *f.*

Gefrierkasten, *m.* 1°, (*pât.*) cave, *f.*

**Gefrierpunkt,** m. 2, terme, point de congélation.

**Gefrorene,** n. 3, glaces, f. pl.

**Gefüge,** n. 1, rainures, f. pl.; jointures; structure; (min.) couche. [commode, docile.

**Gefügig,** adj. flexible; pliable;

**Gefühl,** n. 2, toucher, m. tact; attouchement; sentiment; sensibilité, f. sensation; das natürliche —, naturel, m.

**Gefühllos,** adj. insensible, impassible, apathique.

**Gefühllosigkeit,** f. insensibilité; fg. id., apathie; dureté.

**Gefühlvoll,** adj. sensible, sentimental; plein de sentiment.

**Gefürstet,** adj. princier.

**Gegen,** prép. vers, à, sur, contre, envers; à l'encontre de; à l'égard de; pour; contre-, anti- dans la comp.; —, adv. environ, à peu près; dans les mots composés il indique une opposition à ce qu'exprime le mot simple.

**Gegenabbruch,** m. 2*, contre-épreuve, f.; einen — machen, contre-calquer.

**Gegenabweichen,** v. n. 5† (f.) (escr.) contre-dégager.

**Gegenabweichung,** f. contre-dégagement, m.

**Gegenanstalt,** f. fg. contre-batterie, contre-mine.

**Gegenantwort,** f. réplique, repartie; (jur.) duplique; eine — geben, répliquer, dupliquer.

**Gegenanzeige,** f. (méd.) contre-indication.

**Gegenbefehl,** m. 2, contre-ordre, contre-mandement; — geben, contremander.

**Gegenbeleidigung,** f. revanche, représailles, pl.; vengeance.

**Gegenbericht,** m. 2, rapport ou information (f.) contraire.

**Gegenbescheinigung,** f. réversales, pl. [nation.

**Gegenbeschuldigung,** f. récrimi-

**Gegenbesichtigung,** f. contre-visite.

**Gegenbesuch,** m. 2, visite rendue ou réciproque, f.

**Gegenbeweis,** m. 2, preuve contraire, f. preuve du contraire, réplique.

**Gegenbild,** n. 5, antitype, m.; opposé; pendant.

**Gegenblick,** m. 2, regard réciproque. [çon.

**Gegenbohrer,** m. 1, contre-poin-

**Gegenbuch,** n. 5*, contrôle, m.

**Gegenbürge,** m. 3, arrière-garant.

**Gegenbürgschaft,** f. arrière-caution.

**Gegend,** f. contrée, environs, m. pl. alentours; quartier; région, f.; (mar.) parage, m.

**Gegendämmerung,** f. anticrépuscule, m. (phys.). [proque.

**Gegendienst,** m. 2, service réci-

**Gegendruck,** m. 2*, réaction, f.; (impr.) retiration; (grav.) contre-épreuve.

**Gegeneinander,** adv. réciproquement; l'un envers l'autre; vis-à-vis; à l'opposite; opposés, contraires l'un à l'autre; — halten, stellen, comparer; (jur.) confronter.

**Gegeneinanderhaltung,** =stellung, f. comparaison; parallèle, m.; collation de deux manuscrits, f.; (jur.) confrontation.

**Gegenerbieten,** n. 1, offre réciproque, f.

**Gegenerklärung,** f. déclaration réciproque; désaveu, m.

**Gegenfenster,** n. 1, contre-châssis, m. [pel, m.

**Gegenfinte,** f. (escr.) contre-ap-

**Gegenfluth,** f. contre-marée.

**Gegenforderung,** f. prétention réciproque. [mitié, f.

**Gegenfreundschaft,** f. retour d'a-

**Gegenfuge,** f. contre-fugue.

**Gegenfüßler,** m. 1, antipode.

**Gegengeländer,** n. 1, (jard.) contre-espalier, m.

**Gegengeschenk,** n. 2, présent (m.), cadeau, don réciproque.

**Gegengewalt,** f. représaille.

**Gegengewicht,** n. 2, contre-poids, m.; das — halten, contre-balancer qch. [m. antidote.

**Gegengift,** n. 2, contre-poison,

**Gegengrund,** m. 2*, argument opposé; raison contraire, f.

**Gegengruß,** m. 2*, salut réciproque, salut rendu; contre-salut.

**Gegengunst,** f. faveur, affection, amitié réciproque.

**Gegengurt,** m. 2, contre-sanglon.

**Gegenhall,** m. 2, écho, résonnement.

**Gegenhandschrift,** f. contre-lettre.

**Gegenhieb,** m. 2, contre-coup.

**Gegenkiel,** m. 2, contre-quille, f.

**Gegenklage,** f. reconvention; récrimination; — führen, reconvenir, récriminer.

**Gegenkläger,** m. 1, reconvenant.

**Gegenkritik,** f. anticritique.

**Gegenlatte,** f. contre-latte; mit — versehen, contre-latter.

**Gegenlaufgraben,** m. 1*, contre-tranchée, f. contre-approches, pl.

**Gegenlicht,** n. 5, contre-jour, m.

**Gegenliebe,** f. amour réciproque, m. retour d'amour.

**Gegenlist,** f. contre-ruse, contre-finesse, contre-mine.

**Gegenmacht,** f.*, puissance opposée ou adversaire. [marche, f.

**Gegenmarsch,** m. 2*, contre-

**Gegenmauer,** f. contre-mur, m.; mit einer — versehen, contre-murer.

**Gegenmeinung,** f. opinion contraire, contre-sens, m.

**Gegenmine,** f. contre-mine.

**Gegenminiren,** v.a. contre-miner.

**Gegenminirer,** m. 1, contre-mineur.

**Gegenmittel,** n. 1, préservatif, m.

**Gegenmuskel,** m. exc. 1, muscle antagoniste.

**Gegenpapst,** m. 2*, antipape.

**Gegenparole,** f. (guer.) contre-mot, m.

**Gegenpart,** m. 2, partie adverse (f.), contraire; parti opposé (m.), opposant.

**Gegenpartei,** f. parti opposé, m.; (pol.) opposition, f.; (jur.) voy. Gegenpart. [m.

**Gegenpatrize,** f. contre-poinçon,

**Gegenpfahl,** m. 2*, contre-pal.

**Gegenpfand,** n. 5*, contre-gage, m.; ein — nehmen, contre-gager.

**Gegenpfeiler,** m. 1, contre-fort.

**Gegenprobe,** f. contre-épreuve.

**Gegenpunkt,** m. 2, contre-point.

**Gegenquittung,** f. contre-lettre.

**Gegenrache,** f. représailles, pl. revanche. [contrôle.

**Gegenrechnung,** f. décompte, m.;

**Gegenrede,** f. réplique.

**Gegenregister,** n. 1, contrôle, m.; ins — eintragen, contrôler.

**Gegenrevolution,** f. contre-révolution.

**Gegenrunde,** f. contre-ronde.

**Gegensatz,** m. 2*, contraste, opposition, f.; antithèse.

**Gegenschattig,** adj., (géogr.) die —en Völker, antisciens, m. pl.

**Gegenschein,** m. 2, resplendissement, réverbération, f.; (astr.) opposition; (jur.) acte réversal, m. [tuelle.

**Gegenschenkung,** f. donation mu-

**Gegenschmähung,** f. récrimination. [cher, contre-tailler.

**Gegenschraffiren,** v. a. contre-ha-

**Gegenschreiber,** m. 1, contrôleur; das Amt eines —s, le contrôle.

**Gegenschrift,** f. réplique par écrit; réfutation; défense.

**Gegenschuld,** f. dette ou prétention réciproque; décompte, m.; Schulden und —en, les dettes actives et passives.

**Gegenschwager,** m. 1*, beau-frère du côté de la femme ou du mari.

**Gegenseite,** f. côté opposé, m.

**Gegenseitig,** adj. réciproque, respectif; mutuel; der —e Stoß, coup fourré, m.; —e heimtückische Streich, id.

**Gegensicherheit,** f. sûreté réciproque; assurance; contre-gage, m.

**Gegensiegel,** n. 1, contre-seing,

*m.* contre-scel ; contre-marque, *f.*
Gegenfiegeln, *v. a.* contre-sceller.
Gegenfinn, *m.* 2, contre-sens.
Gegenfpalier, *n.* 2, *v.* Gegenge=
länder.
Gegenfpur, *f.* contre-pied, *m.*
Gegenfland, *m.* 2*, objet, ma-
tière, *f.* sujet, *m.*
Gegenfländlich, *adj.* objectif.
Gegenfiellung, *f.* confrontation ;
contraste, *m.*
Gegenfiimme, *f.* contre-partie.
Gegenfiimmig, *adj.* discordant.
Gegenfloß, *m.* 2*, contre-coup,
riposte, *f.*            [contre-heurtoir.
Gegenfloßbolzen, *m.* 1, (*artill.*)
Gegenfreckung, *f.* (*chir.*) contre-
extension.
Gegenfreich, *m.* 2, contre-coup ;
*fg.* revanche, *f.* pareille ; einen —
anbringen, rendre un coup ; se
revancher.            [tre-poil.
Gegenfrich, *m.* 2, rebours, con-
Gegenfrom, *m.* 2*, contre-mont.
Gegenfüd, *n.* 2, pendant, *m.*
opposé.
Gegenfüße, *f.* contre-boutant,
*m.;* contre-fort.            [ge.
Gegentaufch, *m.* 2, contre-échan-
Gegentheil, *n.* 2, opposite, *m. et*
*f.;* contraire, *m.* opposé; rebours;
inverse, *f.* contre-pied, *m.;* im
—, au contraire; *v.* Gegenpart.
Gegenüber, *prép. et adv.* vis-à-
vis, à l'opposite, en face de qn.;
— fiellen, *v. a.* comparer ; (*jur.*)
confronter; =fiellung, *f.* comparaison; (*jur.*) confrontation.
Gegenunterfchreiben, *v. a.* 5, contre-signer.
Gegenunterfchrift, *f.* contre-seing,
*m.*            [quête.
Gegenunterfuchung, *f.* contre-en-
Gegenvermächtniß, *n.* 2, legs mutuel, *m.* donation réciproque, *f.;*
(*jur.*) augment de dot, *m.;* don
de noces.            [réciproque.
Gegenverpflichtung, *f.* obligation
Gegenverfchanzung, *f.* contrevallation.
Gegenverfchreibung, *f.* contre-lettre.            [promesse, *f.*
Gegenfprechen, *n.* 1, contre-
Gegenvorfiellung, *f.* remontrance.
Gegenwall, *m.* 2*, contrescarpe, *f.*
Gegenwart, *f.* présence de qn.;
présent, *m.;* in eines —, en pré-
sence, à la face de qn.
Gegenwärtig, *adj.* présent; bei
etw. — feyn, être présent, assister
à qch.
Gegenwehr, *f.* résistance, défen-
se, défensive; fich zur — rüften,
se mettre en défense.
Gegenwerth, *m.* 2, équivalent.
Gegenwind, *m.* 2, vent contraire;
vent traversier.

Gegenwirkung, *f.* réaction.
Gegenwohner, *m. pl.* (*géogr.*) an-
tœciens.            [me.
Gegenzauber, *m.* 1, contre-char-
Gegenzeichen, *n.* 1, contre-mar-
que, *f.;* contre-signal, *m.*
Gegenzeuge, *m.* 2, témoin con-
traire.
Gegenzinne, *f.* (*blas.*) contrebre-
tesse ; mit —n, contrebretessé.
Gegitter, *n.* 1, treillis, *m.;* grille, *f.*            [fretté.
Gegittert, *adj.* grillé ; (*blas.*)
Gegner, *m.* 1, =inn, *f.* adversaire,
*m. et f.* antagoniste, *m.* opposant; (*jur.*) partie adverse, *f.*
Gegurgel, *n.* 1, gargouillement, *m.*
Gehabe, *adj.* qui retient bien,
bien fermé, imperméable.
Gehaben (fich), se porter (bien *ou*
mal) (*ne se dit guère qu'à l'impérat.*).
Gehäge, *n.* 1, clôture, *f.* enclos,
*m.* clos; enceinte, *f.;* verderie;
chassedéfendue, réserve, varenne;
einem ins — geben, braconner; *fg.*
aller sur les brisées d'autrui.
Gehalt, *m.* 2, contenance, *f.* capacité; valeur intrinsèque; qualité; contenu, *m.;* (*monn.*) aloi,
titre; der zu hohe —, la largesse
d'aloi; von fchlechtem, de bas
aloi || *n.* 2, salaire, *m.* traitement,
appointements, *pl.* pension, *f.*
Gehaltlos, *adj.* sans valeur, frivole, futile.
Gehaltreich, *adj.* plein de sens,
expressif.
Gehänge, *n.* 1, ce qui pend; feston, *m.* guirlande, *f.;* pendeloque; pendant, *m.;* (*bouch.*) fressure, *f.*
Gehäffig, *adj.* odieux, haissable,
ennemi; einem — feyn, en vouloir
à qn.            [*m.* côté odieux de qn.
Gehäffigkeit, *f.* haine; odieux,
Gehau, *n.* 2, abatis, *m.* taillis.
Gehaubt, *adj.* huppé (*oiseau*).
Gehäufe, *n.* 1, étui, *m.;* (*horl.,
etc.*) cage, *f.* boite, capsule, —
über der Unruhe, coq, *m.;* —
coque, *f.* coquille ; trognon *d'une
pomme, etc., m.;* (*org.*) buffet ;
fût ; habitacle *de la boussole.*
Gehecke, *n.* 1, ponte, *f.* couvée,
volée de pigeons, *etc.*
Geheim, *adj.* secret, mystérieux,
mystique; der —e Rath, conseiller
privé, intime ; eine —e Che, un
mariage clandestin; eine —e Treppe, un escalier dérobé; eine —e
Schrift, une écriture en chiffres;—,
(*phil.*) ésotérique; —, secret,
tenir
secret, cacher, dérober (vor, à);
— thun, se cacher (vor, de); in
—, en secret, secrètement; —
particulier, *fm.* en cachette.

Geheimhaltung, *f.* secret, *m.*
Geheimniß, *n.* 2, secret, *m.;*
mystère.            [mystérieux.
Geheimnißkrämer, *m.* 1, homme
Geheimnißkrämerei, *f.* affectation
de connaître des secrets importants.
Geheimnißvoll, *adj.* mystérieux.
Geheimfchreibekunft, *f.*, stéganographie, cryptographie.
Geheimfchreiber, *m.* 1, secrétaire
intime. [— fchreiben, chiffrer.
Geheimfchrift, *f.* chiffre, *m.;* mit
Geheimtreppe, *f.* escalier dérobé
(*m.*), dégagé.
Gebeiß, *n.* 2, ordre, *m.*
Gehelmt, *adj.* casqué.
*Gehen, v. n.* (f.) aller, marcher,
se mouvoir; cheminer; s'acheminer; partir; se transporter; sortir;
s'étendre ; bis an etw. —, aboutir à qch.; —, *fg.* aller; procéder, agir, faire, en user; courir
(*bruit*); avoir cours, être de mise
(*monnaie*) réussir (*affaire*); souffler (*vent*); se passer (*temps*); (*org.*)
jouer; sur der Arbeit —, quitter
l'ouvrage; zu Bette —, se coucher; zu Schiffe —, s'embarquer;
über den Fluß —, passer la rivière;
zur Armee —, rejoindre l'armée;
ins Klofter —, prendre l'habit, le
voile; einem an die Hand —, assister qn.; verloren —, se perdre; zu
Herzen —, toucher qn. au cœur;
nahe —, faire de la peine; in fich
—, rentrer en soi-même, se mettre à la raison; fich die Füße wund
—, se blesser les pieds en marchant; das Fenfter geht in den Hof,
la fenêtre donne dans la cour;
es geht auf zwölfe, midi va sonner;
zu Grunde —, périr, se perdre, se
ruiner; wie gehts, comment cela
va-t-il ? *s. n.* 1, action de
marcher, *f.* marche, allure, aller, *m.*
Gehenk, *n.* 2, pendant, *m.;* baudrier, ceinturon *d'une épée* ; anse, *f.;* guirlande *de fleurs.*
Gehenkte, *m.* 3, pendu.
Geheuer, *adj.* sûr, à l'abri *des
revenants, des esprits.*
Geheul, *n.* 2, hurlement, *m.;*
lamentations, *f. pl.*
Gehilfe, *m.* 3, aide, assistant;
adjoint, compagnon; second;
(*guer.*) adjudant; zu —n geben,
adjoindre; =inn, *f.* aide, compagne.
Gehirn, *n.* 2, cerveau, *m.* cervelle, *f.;* das kleine —, cervelet,
*m.;* wahnfinnige —e, des écerve-
lés, *m. pl.*
Gehirnbäutchen, *n.* 1, méninge, *f.*
Gehirnkammer, *f.* ventricule du
cerveau, *m.*

Gehirnkern, m. 2, (anat.) corps calleux. [brale.

Gehirnpulsader, f. artère céré-

Gehöft, n. 2, métairie, f. ferme, cour. [querie.

Gehöhne, n. 1, dérision, f. mo-

Gehölz, n. 2, bois, m. forêt, f. bocage, m. bosquet.

Gehör, n. 2, ouïe, f.; oreille; ein leises, bartes — haben, avoir l'ouïe fine, dure || audience; — geben, donner audience, écouter qn.; fg. écouter; prêter l'oreille; céder.

Gehorchen, v. n. (h.) obéir; obtempérer; suivre l'avis, le conseil de qn.; nicht —, désobéir.

Gehören, v. n. (h.) appartenir; être, ressortir, dépendre de; —, v. imp. (b.) et sich —, falloir; convenir; bas gehört sich nicht, cela ne convient pas.

Gehörgang, m. 2*, conduit acoustique, canal auditif.

Gehörhammer, m. 1*, marteau.

Gehörig, adj. dû; congru; convenable; requis, nécessaire; propre; appartenant; (jur.) compétent; baju —, en dépendant, y appartenant.

Gehörlehre, f. acoustique.

Gehörles, adj. sourd.

Gehörn, n. 2, cornes (f. pl.), bois (m. pl.), ramure (f.) du cerf; ein neues —, la crue du cerf; bas erste — ber zweijährigen Hirsche, les dagues, f. pl. [tique.

Gehörnen, m. exc. 1, nerf acous-

Gehörnt, adj. cornu, chevillé (cerf).

Gehorsam, adj. obéissant, docile; —, s. m. 2, obéissance, f. docilité; sich wieder zum — bequemen, rentrer dans son devoir.

Gehorsamen, v. Gehorchen.

Gehörschnecke, f. (anat.) coquille.

Gehörtrichter, m. 1, cornet acoustique.

Gehörtremmel, f. (anat.) tympan, m. tambour.

Gehörwerkzeug, n. 2, organe de l'ouïe, m.

Gehre, f. biais, m. biaisement; gâteau de cire, rayon, gaufre, f.

Gehren, m. 1, outil, instrument pointu; champ qui finit en pointe; giron ou pan d'une robe; (charp.) talus; (men.) diagonale, f.

Gehren, v. a. assembler en biais.

Gehwerk, n. 2, mouvement (m.), rouage d'une horloge.

Geien, v. a. (mar.) carguer.

Geier, m. 1, vautour.

Geierfalk, m. 3, gerfaut.

Geifer, m. 1, bave, f. écume; fg. médisance, venin, m.; injures, f. pl.

Geiferig, Geifernd, adj. baveux.

Geifermaul, n. 5*, injur. baveux, m.

Geifern, v. n. (b.) baver, saliver; fg. jeter son venin, médire.

Geifertuch, n. 5*, bavette, f.

Geige, f. violon, m.; die — spielen, jouer du violon; nach der — tanzen, danser au son du violon; der Himmel hängt ihm voller —n, prov. il nage dans la joie.

Geigen, v. n. (b.) jouer du violon.

Geigenbogen, m. 1*, archet.

Geigenbohrer, m. 1, drille, f. trépan à archet, m.

Geigenfutter, n. 1, étui de violon, m. [violon.

Geigenhals, m. 2*, manche de

Geigenharz, n. 2, colophane, f.

Geigenholz, n. 5*, bois (m.) de cotelet, de guitarre.

Geigenholzbaum, m. 2*, cotelet.

Geigenmacher, m. 1, luthier.

Geigensaite, f. corde de violon.

Geigensattel, m. 1*, chevalet.

Geigenzug, m. 2*, jeu de violon (orgues).

Geiger, m. 1, violon, joueur de violon; der schlechte —, ménétrier, racleur.

Geil, adj. chaud, en chaleur; (du sol) trop gras; (de l'herbe) dru; d'un mauvais goût (viande); lascif, impudique, lubrique; —es Fleisch, (chir.) des chairs baveuses.

Geilen, f. pl. testicules, m.; rognons du coq; daintiers du cerf; die — ausschneiden, châtrer une bête.

Geilheit, f. chaleur du chien, etc.; lasciveté, lubricité; (agr.) fertilité excessive.

Geiß, f. chèvre.

Geißauge, n. exc. 1, coquiole, f. égilops, m.

Geißbart, m. 2*, barbe de chèvre, f.

Geißblatt, n. 5*, chèvrefeuille, m.

Geißbock, m. 2*, bouc. [m.

Geißel, m. 1, otage.

Geißel, f. fouet, m.; discipline, f.; fg. fléau, m. châtiment.

Geißelbruder, m. 1*, flagellant.

Geißeln, v. a. fouetter; donner la discipline à qn., flageller.

Geißelruthe, f. fouet, verge, f.

Geißelstock, m. 2*, manche de fouet.

Geißelstreich, m. 2, coup de fouet.

Geißelung, f. fouet, m.; discipline, f.; flagellation.

Geißfuß, m. 2*, pied-de-chèvre, m.

Geißhirt, m. 3, chevrier.

Geißkäse, m. 2, fromage de chèvre.

Geißklee, m. 2, cytise. [vre.

Geist, m. 5, esprit; génie; fantôme, spectre; mânes, pl.; corps du vin; den — aufgeben, rendre l'âme.

Geisterbannen, n. 1, =beschwörung, f. conjuration, évocation des esprits, nécromancie.

Geisterbanner, =beschwörer, m. 1, nécromancien, conjurateur des esprits; exorciste.

Geistererscheinung, f. apparition d'esprits, vision. [démonologie.

Geisterlehre, f. pneumatologie;

Geisterseher, m. 1, visionnaire.

Geisterwelt, f. monde intellectuel, m.

Geisterhebung, f. élan, m.

Geistesgegenwart, f. présence d'esprit.

Geisteskraft, f.*, faculté de l'âme; force d'esprit, énergie.

Geistesschwung, m. 2*, essor du génie, élan.

Geistig, adj. volatil; fg. intellectuel; moral; spirituel; immatériel; spiritueux (liqueur); —e, n. 3, moral, m. [tualité.

Geistigkeit, f. volatilité; spiri-

Geistlich, adj. spirituel || ecclésiastique; religieux; clérical, canonique; das — Recht, le droit canon ou canonique.

Geistliche, m. 3, ecclésiastique, prêtre, clerc; ministre.

Geistlichkeit, f. clergé, m.

Geistlos, adj. sans esprit, sans force; fade, plat, insipide.

Geistlosigkeit, f. défaut (m.), manque d'esprit, de force.

Geistreich, Geistvoll, adj. spirituel.

Geitau, n. 2, (mar.) cargue, f.; —e, f. pl. contre-fanons, m. pl.

Geiz, m. 2, avarice, f. lésine, ladrerie.

Geizen, v. n. (b.) être avare (mit, de qch.); lésiner; être avide (nach, de).

Geizhals, m. 2*, avare, avaricieux, lésineur, ladre, harpagon.

Geizig, adj. avare, avaricieux, ladre.

Gejauchze, n. 1, cris de joie, m. pl.

Gezampel, n. 1, querelle, f. dispute.

Gekeise, f. criaillerie, f.

Gekitzel, n. 1, chatouillement, f.

Geklaffe, n. 1, jappement, m. aboiement; fg. fm. clabaudage.

Geklapper, n. 1, tintamarre, m. cliquetis.

Geklatsche, n. 1, claquement, m.; applaudissement; fg. caquet, babil, rapport.

Geklimper, n. 1, cliquetis, m. son; m. p. musique de chats, f.

Geklingel, n. 1, sonnerie, f. tintement, m.

Geklirre, n. 1, cliquetis, m. bruit des armes.

Geklopfe, n. 1, frappement, m. heurtement.

Gekrache, n. 1, fracas, m.; craquement.

Gekräß, n. 2, raclure, f. limaille; (orf.) déchet, m. lavure, f.

Gekreisch, n. 2, cri, m. criaillerie, f.

Gekrigel, n. 1, griffonnage, m.

Gekröse, n. 1, (anat.) mésentère, m.; (bouch.) fraise, f.; (cout.) jabot, m. fraise, f.

Gekrösader, =blutader, f. veine mésentérique [térique.

Gekröseschlagader, f. artère mésentérique.

Gelächter, n. 1, éclat de rire, m. ris, pl. risée, f.; einen zum — machen, tourner qn. en ridicule.

Gelag, n. 2, festin, m. repas, banquet; ins — hinein, fg. à tort et à travers.

Gelahrt, etc., v. Gelehrt.

Gelände, n. 1, paysage, m. coteau; biens ruraux, pl. biens en fonds de terre.

Geländer, n. 1, balustrade, f. garde-fou, m. appui; grille, f.; margelle d'un puits; (jard.) treille, espalier, m.; an ein — binden, palisser. [tre, m.

Geländerbocke, =säule, f. balus-

Gelangen, v. n. (f.) parvenir, arriver, atteindre à; zu einem Dienst —, obtenir une charge.

Gelangung (f.) zum Ziel, succés, m. réussite, f.; — zum Throne, avénement au trône, m.

Gelärm, n. 2, bruit, m. vacarme, tumulte.

Gelaß, n. 2, commodités, f. pl. place, espace, m.

Gelassen, adj. tranquille, modéré; calme; patient, résigné.

Gelassenheit, f. tranquillité d'âme; modération, résignation, sang-froid, m.

Geläufig, adj. léger, facile, courant, coulant; familier (langue); eine —e Hand haben, écrire couramment.

Geläufigkeit, f. légèreté, facilité; célérité; volubilité de langue.

Gelaunt, adj. disposé, d'humeur.

Geläute, n. 1, sonnerie, f.; carrillon, m.; cloches, f. pl.; grelots, m. pl.

Gelb, adj. jaune; —e Haare, des cheveux blonds; —aussehen, avoir le visage hâve; — färben (cheveux), jaunir; blondir (cheveux).

Gelbbeere, f. grenette, graine d'Avignon.

Gelbbraun, adj. saure.

Gelbfink, m. 3, pinson jaune.

Gelbgießer, m. 1, fondeur en cuivre.

Gelbgrün, adj. merde d'oie.

Gelbholz, n. 5*, fustet, m.

Gelblich, adj. jaunâtre; blond.

Gelbroth, adj. rouge jaunâtre.

Gelbschecke, m. 2, cheval aubère.

Gelbschnabel, m. 1*, martin-pêcheur; fg. injur. blanc-bec, bec jaune.

Gelbsucht, f. jaunisse, ictère, m.; das Mittel gegen die —, le remède ictérique.

Gelbsüchtig, adj. qui a la jaunisse, ictérique. [chet.

Gelbwurz, f. curcuma, m. sou-

Geld, n. 5, argent, m.; monnaie, f. espèces, pl. deniers, m. pl.; das schlechte —, billon; — münzen, battre monnaie, monnayer; zu —e machen, réaliser, convertir en argent; (jur.) dénaturer.

Geldarm, adj. dépourvu d'argent.

Geldausgabe, f. dépense.

Geldbegierde, f. soif de l'argent.

Geldbeutel, m. 1, bourse, f.

Geldbuße, f. amende, peine pécuniaire.

Geldern, Gueldres (province).

Geldeswerth, adj. qui vaut de l'argent.

Geldforderung, f. demande d'argent; dette. [gent, f.

Geldgeiz, m. 2, cupidité d'ar-

Geldgeizig, adj. avide d'argent.

Geldgülte, f. redevance en argent.

Geldhandel, m. 1, trafic d'argent; change.

Geldhändler, m. 1, banquier.

Geldhilfe, f. subside, m. secours en argent. [nieur d'argent.

Geldjude, m. 3, usurier, ma-

Geldkasten, m. 1*, coffre-fort.

Geldkatze, f. gibecière.

Geldmäkler, m. 1, courtier, agent de change ou de banque.

Geldmangel, m. 1*, disette (f.), rareté d'argent ou de numéraire.

Geldmuschel, f. cauris, m.

Geldnoth, f.*, manque d'argent, m. [gent, f.

Geldposten, m. 1, somme d'ar-

Geldrechnung, f. compte de recette et de dépense en argent, m.

Geldsache, f. affaire d'argent; finances.

Geldsack, m. 2*, sac à argent.

Geldschuld, f. dette.

Geldsorte, f. espèces, pl.

Geldstrafe, f., v. Geldbuße.

Geldverschwender, m. 1, prodigue, dissipateur, fm. bourreau d'argent.

Geldwechsler, m. 1, banquier.

Geldwucher, m. 1, agiotage, usure, f. [usurier.

Geldwucherer, m. 1, agioteur,

Geleben, v. n. vi. (h.), eines Gnade —, vivre, subsister des bienfaits de qn.; der Hoffnung —, espérer.

Gelege, n. 1, ceps de vigne couchés en terre, m. pl.

Gelegen, adj. situé; sis; assis; exposé; fg. accommodant; propre; commode; —, adv. à propos, à point; es ist mir nicht —, je ne suis pas d'humeur (zu, de); — il m'importe beaucoup de.

Gelegenheit, f. situation || occasion, moyen, m.; bequeme —, opportunité, f.; commodité; alle —en eines Hauses kennen, savoir tous les tenants et aboutissants d'une maison; mit guter —, à loisir.

Gelegenheitsdichter, m. 1, poète cyclique; =gedicht, n. 2, poème cyclique, m.

Gelegenheitsmacher, m. 1, mépr. entremetteur; maquereau, f. entremetteuse, maquerelle.

Gelegentlich, Gelegenheitlich, adj. occasionnel; —, adv. par occasion; à propos de; à loisir.

Gelehrigkeit, f. docilité, souplesse.

Gelehrsamkeit, Gelehrtheit, f. érudition, science, savoir, m.; littérature, f.

Gelehrt, adj. savant, docte, érudit, lettré; scientifique, littéraire.

Gelehrte, m. 3, savant, homme de lettres, littérateur.

Geleise, n. 1, ornière, f.; voie; im — fahren, suivre l'ornière.

Geleit, n. 2, conduite, f.; suite; cortége, m. convoi; accompagnement; das sichere —, sauvegarde, f. sauf-conduit, m.; garde, f.; escorte; einem das — geben, accompagner qn., reconduire qn.

Geleiten, v. a. conduire, accompagner; escorter, convoyer.

Geleiter, m. 1, guide, conducteur; =inn, f. conductrice.

Geleitsamt, n. 5*, bureau du péage, m.

Geleitsbrief, n. 2, sauf-conduit; passe-port; lettre de convoi, f.

Geleitseinnehmer, m. 1, péager.

Geleitsfolge, f. obligation d'escorter, convoi, m.

Geleitsgeld, n. 5, péage, m.

Geleitsgerechtigkeit, f. droit de sauf-conduit, m. [guide.

Geleitsmann, m. 5*, conducteur,

Geleitsreiter, m. 1, archer.

Geleitschiff, n. 2, vaisseau de convoi, m.

Geleitszeichen, n. 1, =zettel, m. 1, acquit de péage; passe-debout.

Gelenk, adj. souple, flexible, fg. id., agile; — machen, assouplir; (man.) débourrer.

Gelenk, n. 2*, Gelenke, n. 1, articulation, f.; jointure; emboîture; nœud, m. article d'un doigt; joint, charnière d'un instrument, f.; anneau, m. chainon d'une chaine; aus dem —e seyn, être déboîté, démis.

Gelenkbein, n. 2, métacarpe, m.

Gelenkdrüse, f. glande articulaire.

Gelenkig, adj. articulé; —, Gelenksam, v. Gelenk, adj.

Gelenkigkeit, Gelenkheit, f. souplesse, flexibilité. [dale.

Gelenkpfanne, f. cavité glénoï-

Gelenksaft, m. 2*, synovie, f.

Gelenksamkeit, f., v. Gelenkigkeit, Lenksamkeit.

Gelichter, n. 1, mépr. clique, f. volée, trempe, calibre, m.

Gelieben, v. n. (b.) p. us. plaire.

Geliebte, m. et f. 3, amant, m. -e, f. maitresse, fm. inclination.

Geliehen, n. 3, prêt, m.

Gelinde, adj. doux; mou; fg. doux, paisible; indulgent; bénin, bon; eine —Strafe, une légère punition; bei —m Feuer, à petit feu; — machen, adoucir; werden, s'adoucir.

Gelindigkeit, f. douceur; tranquillité; facilité, indulgence; bénignité.

Gelingen, v. n. imp. 3 (f.) réussir; prospérer; aller bien; —, s. n. 1, succès, m.

Gelispel, n. 1, sifflement, m. chuchoterie, f.; doux murmure d'un ruisseau, etc., m.

Gellen, v. Gällen.

Geloben, v. a. vouer; faire vœu de; promettre; assurer; das gelobte Land, la terre sainte ou promise.

Gelobung, f. dévouement, m.

Gelt, adv. fm. n'est ce pas? n'est-il pas vrai?

Gelt, adj. stérile, bréhaigne (vache). [vette, f.

Gelte, f. broc, m. baquet, cu-

Gelten, v. n. 2 (b.) valoir; être valable, avoir cours, être en crédit; coûter; passer (für, pour); es gilt mir gleich, cela m'est indifférent; es gilt seine Ehre, il y va de son honneur; eines gilt so viel als das andere, l'un vaut l'autre; mehr — als, prévaloir sur; — lassen, admettre, passer; allouer une dépense; die meisten Stimmen —, la pluralité des voix l'emporte.

Geltung, f. valeur, prix, m.

Gelübde, n. 1, vœu, m. promesse solennelle, f.; —gemälde, n. 1, tableau votif, m. ex-voto.

Gelust, m. 2*, Gelüst, n. 2, envie, f.; convoitise; (méd.) envie,

m. bien communal; —güter, pl. communaux, m. pl.

Gelüsten, v. n. et imp. (b.) désirer avec ardeur, convoiter (nach etwas, qch.); sich — lassen, id., s'aviser de qch.

Gelze, f. cochon châtré, m.

Gemach, n. 5*, chambre, f.; appartement, m.; das Heimliche —, lieux, pl. commodités, f. pl. garde-robe.

Gemach, adv. doucement, petit à petit; insensiblement; —, interj. doucement! tout beau! holà! la la!

Gemächlich, adj. commode; aisé; —, adv. (vivre) à son aise, fm. à gogo.

Gemächlichkeit, f. commodité, aise, aisance; aises, pl.; seiner — pflegen, prendre ses aises.

Gemach, n. 2, ouvrage, m. travail, façon, f. || parties naturelles de l'homme, f. pl.

Gemahl, m. 2, =inn, f. époux, m. -se, f.

Gemahnen, v. a. faire souvenir; —, v. imp. (b.) sembler, paraitre.

Gemälde, n. 1, tableau, m.; peinture, f.; portrait, m.; zweifarbige —, camaïeu.

Gemäldecabinett, n. 2, =sammlung, f. cabinet (m.), galerie (f.) de tableaux.

Gemarkung, f. territoire, m. finage, domaine.

Gemäß, adj. conforme; convenable; proportionné; —, adv. conformément à, en conformité de, en vertu de la loi.

Gemäßheit, f. conformité; in —, en vertu de, conformément à.

Gemäßigt, adj. modéré; —, adv. (mus.) andante.

Gemäuer, n. 1, murailles, f. pl. mur, m.; ein altes —, des masures, f. pl.

Gemein, adj. commun; ordinaire; usité; public; général; universel; fréquent; familier, vulgaire, populaire; (mépr.) ignoble, trivial; bourgeois; das —e Wesen, la chose publique, république; ein —er Soldat, un simple soldat; ein —er Mensch, un homme du commun; das —e Volk, le vulgaire, menu peuple, la populace; sich — machen, se familiariser; mépr. s'encanailler.

Gemeinde, Gemeint, f. communauté; paroisse; commune; municipalité; zur — gehörig, communal, municipal; das Haus der Gemeinen (in England), la chambre des communes. [lité, f.

Gemeindebezirk, m. 2, municipa-

Gemeindegut, n. 5*, communal,

m. bien communal; —güter, pl. communaux, m. pl.

Gemeindehaus, n. 5*, hôtel de ville, m. maison commune, f. mairie. [municipal.

Gemeinderath, m. 2*, conseil

Gemeindesteuer, f. octroi, m.

Gemeingeist, m. 5, esprit public, esprit de corps.

Gemeinheit, f. communauté || qualité de ce qui est commun, trivialité, bassesse du style, etc.

Gemeiniglich, adv. communément, ordinairement.

Gemeinnützig, adj. d'une utilité publique, générale; populaire; — machen, populariser.

Gemeinnützigkeit, f. utilité publique; popularité.

Gemeinplatz, m. 2*, lieu commun.

Gemeinschaft, f. communauté, compagnie, société; familiarité, commerce étroit, m.; affinité entre plusieurs choses, f.; participation; (théol.) communion des saints; mit jemanden in — stehen, être en relation avec qn.

Gemeinschaftlich, Gemeinsam, adj. commun, associé; —, adv. en société, en commun, par indivis; de concert, concurremment.

Gemeinschreiber, m. 1, greffier, secrétaire de la commune, de la ville.

Gemeinstier, m. 2, taureau banal.

Gemeintrift, Gemeinweide, f. pâturage commun, m. communaux, pl. [laire.

Gemeinverständlich, adj. popu-

Gemeinverständlichkeit, f. popularité.

Gemeinwald, m. 5*, ségrairie, f.

Gemeinwesen, n. 1, chose publique, f.

Gemenge, Gemische, Gemengsel, n. 1, mélange, m. mixtion, f.; ambigu, m.; das wunderliche —, bigarrure, f.

Gemerk, n. 2, marque, f. indice, m.; (chass.) trace, f. rosée; (men.) marque, entaille.

Gemessen, part., v. Messen; adj. précis, exprès, péremptoire (ordre). [nage.

Gemetzel, n. 1, massacre, m. car-

Gemme, f. gemme.

Gemsbock, m. 2*, chamois mâle.

Gemse, f. chamois, m. isard.

Gemsenfell, n. 2, =leder, n. 1, peau de chamois, f. [égagropile.

Gemsenkugel, f. =ballen, m. 1,

Gemsenleder, Gemsleder, adj. de chamois.

Gemswurz, f. doronic, m.

Gemurmel, Gemurre, n. 1, murmure, m.; bourdonnement; ein heimliches —, un bruit sourd.

Gemüse, n. 1, légume, m. légumes, pl. [tager.

Gemüsegarten, m. 1*, jardin potager.

Gemüsegärtner, m. 1, maraîcher.

Gemüßigt, adj. obligé.

Gemüth, n. 5, âme, f. cœur, m. sentiments, pl. sensibilité, f. esprit, m.; humeur, f.; zu — führen, représenter.

Gemüthlich, adj. disposé, d'humeur à. [humeur.

Gemüthlichkeit, f. disposition,

Gemüthsart, f. caractère, m. humeur, f.; naturel, m. tempérament. [émotion.

Gemüthsbewegung, fém. passion,

Gemüthsergötzung, f. récréation d'esprit.

Gemüthsfassung, f. disposition, assiette de l'âme; humeur.

Gemüthsgabe, f. don d'esprit, m. disposition naturelle, f.

Gemüthskraft, f.*, faculté de l'âme. [l'esprit.

Gemüthskrankheit, f. maladie de

Gemüthsneigung, f. inclination, penchant, m. tempérament.

Gemüthsruhe, f. repos (m.), tranquillité (f.) de l'âme; paix intérieure.

Gemüthsstimmung, =verfassung, =zustand, m. 2*, état de l'âme, disposition d'esprit, f.

Gemüthsunruhe, f. altération; perturbation, inquiétude.

Gen, prép. vers, v. Gegen.

Genau, adj. exact, ponctuel, précis; juste (prix); détaillé (rapport), étroit, trop juste (habit, soulier, etc.); économe; m. p. avare; mit —er Noth, avec peine; man muß es nicht so — nehmen, il ne faut pas y regarder de si près; ganz —, au juste; auf das —este au plus juste.

Genauigkeit, f. exactitude; précision, ponctualité; justesse; fidélité d'un récit, m.p. avarice, lésine.

Genehm, adj., — halten, agréer, trouver bon, consentir à qch.

Genehmhaltung, Genehmigung, f. agrément, m. approbation, f.

Genehmigen, v. a. agréer, approuver.

Geneigt, adj. favorable; affectionné; propice; prospère; porté; enclin; sujet; adonné à qch.; einem — seyn, vouloir du bien à qn.

Geneigtheit, f. bienveillance; faveur; amitié; affection; penchant, m. inclination, f.; disposition.

General, m. 2*, général; dans la compos. général, adj.

Generaladjutant, m. 3, adjudant général; aide de camp.

Generalat, n. 2, généralat, m.

Generalbaß, m. 2*, basse continue, f. fondamentale.

Generalfeldmarschall, m. 2*, généralissime, général en chef, maréchal général des camps et armées.

Generalfeldwachtmeister, m.1, major général.

Generalfeldzeugmeister, masc. f. grand maître de l'artillerie.

Generalität, f. (milit.) corps des officiers généraux, m.; (philos.) généralité, f. [nant général.

Generallieutenant, m. 2, lieutenant-

Generalmajor, m. 1, maréchal de camp.

Generalmarsch, m. 2*, générale, f.

Generalmusterung, f. revue générale. [général.

Generalpachter, m. 1, fermier

Generalpardon, m. 2, amnistie, f.

Generalquartiermeister, m. 1, maréchal de bataille, maréchal général des logis, quartier-maître général. [raux, m. pl.

Generalstaaten, m. 2 (pl.—s) états-géné-

Generalstab, m. 2*, état-major.

Generalsuperintendent, masc. 3, (prot.) inspecteur général des églises.

Genesen, v. n. 1 (f.) guérir, relever de maladie, se rétablir; accoucher.

Genesend, adj. convalescent.

Genesung, f. guérison, convalescence; rétablissement de la santé.

Genf, Genève (ville). [té,

Genick, n. 2, nuque, f. cou, m. chignon; das — brechen, se rompre le cou.

Genickfang, m. 2*, coup donné dans la nuque; einem Hirsche den — geben, accouer un cerf.

Genie, n. 2 (pl. —'s), génie, m.

Genieß, n. 2, (cha.) fouaille, f.

Genießbar, adj. dont on peut jouir; mangeable; potable.

Genießbrauch, v. Nießbrauch.

Genießen, v. a. 6, jouir de; user; profiter, tirer du profit de qch.; avoir l'usufruit, avoir l'usage de; Speise —, prendre de la nourriture. [génie.

Geniestreich, m. 2, trait, tour de

Geniste, n. 1, brins, m. pl. bûchettes, f. pl.; v. Genster.

Genitiv, m. 2, (gramm.) génitif, m.

Genius, m. exc. 1, génie; dieu tutélaire.

Genoß, m. 3, compagnon, collègue; —en, pl. consorts.

Genossenschaft, f. compagnie, société; association; communauté.

Genossinn, f. compagne.

Genovefa, n. pr. f. Génevière.

Genster, m. 1, genêt.

Gent, Gand (ville).

Genter, m. 1, Gantois.

Genua, Gênes (ville).

Genueser, m. 1, Génois.

Genug, adv. assez, suffisamment; — zu leben haben, avoir de quoi vivre; —, interj. c'est assez, suffit, fm. baste! — hievon, brisons là-dessus!

Genüge, f. suffisance; satiété; satisfaction, contentement, m.; plaisir; zur — haben, avoir assez de; — leisten, donner satisfaction, satisfaire.

Genügen, v. n. (h.) suffire; être suffisant; sich — lassen, se contenter, être content de.

Genugsam, adj. suffisant, abondant. [modéré.

Genügsam, adj. content; frugal,

Genügsamkeit, f. frugalité; modération.

Genugthuend, adj. satisfaisant; (théol.) satisfactoire.

*Genugthun, v. n. (h.) satisfaire, contenter qn.

Genugthuung, f. satisfaction, raison; (théol.) mort satisfactoire de J. C.

Genuß, m. 2*, jouissance, f.; usufruit, m.; usage; avantage; utilité, f.; (cath.) manducation du corps de J. C. dans l'Eucharistie.

Geograph, m. 3, géographe.

Geographie, f. géographie.

Geographisch, adj. géographique.

Geöhrt, adj. qui a des oreilles; (bot.) oreille.

Geolog, m. 3, géologue.

Geologie, f. géologie.

Geologisch, adj. géologique.

Geometer, m. 1, géomètre.

Geometrie, f. géométrie.

Geometrisch, adj. géométrique; géométral.

Georg, n. pr. m. George.

Gepäck, n. 2, bagage, m.

Gepäcksahne, f. (guer.) fanion, m.

Gepäckwagen, m. 1*, fourgon, chariot de bagage.

Gepfeife, n. 1, sifflement, m.

Geplänkel, n. 1, (milit.) tiraillement, m. tiraillerie, f.

Geplauder, m. 1, babil, m. caquet, verbiage, jaserie, f.; rapport, m.

Gepoller, n. 1, grand bruit, m. fracas; fm. tintamarre, bagarre, f.

Gepräge, n. 1, coin, m. marque, f.; empreinte; fig. id., caractère, m. cachet.

Gepränge, n. 1, pompe, f. parade, faste, m.; solennité, f. cérémonie.

Gepraffel, n. 1, bruit, m. fracas; fm. tintamarre; pétillement du feu; (chim.) décrépitation du sel, f.

**Gerabe**, *adj.* droit; direct; *fm.* juste, précis; droit, sincère, ou- vert, franc (*homme*); (*arithm.*) pair; —s Wegs, en droiture, di- rectement; de but en blanc; —ju, — aus, tout droit; bonnement; er hat mich — ins Auge getroffen, il m'a donné droit dans l'œil; wie- der — machen, redresser; — her- aus, franchement; fünfe — seyn lassen, *prov.* ne pas prendre la chose à la rigueur.

**Geradheit**, *f.* rectitude; *fg. et* **Geradsinn**, *m.* 2, droiture, *f.;* sincérité.

**Geradlinig**, *adj.* rectiligne.

**Geradsinnig**, *adj.* droit, sincère, franc.

**Geradwinkelig**, *adj.* rectangle.

**Gerassel**, *n.* 1, bruit, *m.* fracas.

**Geräth**, *n.* 2, **Geräthschaft**, *f.* meuble, *m.;* outil, instrument; *coll.* meubles, *pl.* ameublement; hardes, *f. pl.;* linge, *m.;* bagage; trousseau; outils, *pl.* instruments; attirail, appareil; trousse *de bar- bier, f.;* (*pêch.*) harnais, *m.*

**Gerätekammer**, *fém.* décharge; garde-meuble, *m.*

**Gerathen**, *v. n.* 4 (f.) réussir, prospérer; tourner en bien; wohl- gerathene Kinder, des enfants bien nés; nicht —, dégénérer; se cor- rompre; manquer (*blé, vignes, etc.*); an einen —, trouver qn. par hasard; faire la connaissance de qn.; an einander *ou* hinter einander —, en venir aux mains, aux pri- ses; auf etw., — tomber sur qch.; in die Hände —, tomber entre les mains; in Zorn —, s'emporter, entrer en colère; in Verwirrung —, s'embarrasser; se brouiller, se troubler; das Haus ist in Brand —, le feu a pris à la maison.

**Gerathewohl**, *n. indécl.* aufs —, au hasard; à tout hasard, à l'aventure; à tout risque; aufs — schießen, tirer à coup perdu.

**Geraum**, **Geräumig**, *adj.* spa- cieux, ample, large; commode; étendu; seil —er Zeit, depuis longtemps; —, *adv.* au large.

**Geräumigkeit**, *f.* espace, *m.* éten- due, *f.*

**Geräusch**, *n.* 2, bruit, *m.* fracas; cliquetis *des armes;* murmure, gazouillement *de l'eau;* cri *d'une étoffe;* (*cuis.*) fraise, *f.*

**Geräusper**, *n.* 1, toussement, *m.* crachement.

**Gerben**, *v. a.,* v. Gärben.

**Gerber**, etc., v. Gärber, etc.

**Gerberei**, v. Gärberei.

**Gerecht**, *adj.* juste, loyal, équi- table; légitime; — machen, (*théol.*) justifier.

**Gerechtigkeit**, *f.* justice, équité; droit, *m.* raison, *f.;* privilège, *m.;* einem — widerfahren lassen, rendre justice à qn.

**Gerechtigkeitsliebe**, *f.* droiture.

**Gerechtigkeitspflege**, *f.* adminis- tration de la justice.

**Gerechtsame**, *f.* droit, *m.* privi- lége; immunité, *f.;* prérogative, *f.*

**Gerede**, *n.* 1, bruit public, *m.;* rapport, caquet, babil.

**Gereichen**, *v. n.* (f.) tendre, abou- tir, tourner (ju, à); zum Verder- ben —, devenir funeste.

**Gereiße**, *n.* 1, empressement, *m.;* presse, *f.*

**Gereuen**, *v. a. et imp.* (b.) se re- pentir (*etw.,* de qch.); es gereuet mich, je me repens.

**Gerhard**, *n. pr. m.* Gérard.

**Gericht**, *n.* 2, justice, *f.* juridic- tion; tribunal, *m.;* vor — abwei- sen, mettre hors de cour et de procès; unter einem — stehen, res- sortir à un tribunal; —, juge- ment; supplice; das jüngste —, le jugement dernier || mets, plat; service.

**Gerichtlich**, *adj.* judiciaire.

**Gerichtsbarkeit**, *f.* juridiction, justice; ressort, *m.;* unter eine — gehören, ressortir à un tribunal.

**Gerichtsbeamte**, *m.* 3, magistrat.

**Gerichtsbezirk**, *m.* 2, juridiction, *f.* ressort, *m.* finage. [ner.

**Gerichtsbote**, *m.* 3, v. Gerichtsdie-

**Gerichtsbrauch**, *m.* 2*, formes (*f. pl.*), style (*m.*) du barreau.

**Gerichtsbuch**, *n.* 5*, registre, *m.* protocole.

**Gerichtsdiener**, *m.* 1, huissier, sergent; alguazil (*en Espagne*).

**Gerichtsferien**, *f. pl.* vacances.

**Gerichtsfolge**, *f.* main-forte.

**Gerichtsgebühren**, *f. pl.* vacations.

**Gerichtshalter**, *m.* 1, bailli, jus- ticier.

**Gerichtshaltung**, *f.* jugement, *m.* audience, *f.;* juridiction.

**Gerichtshandel**, *m.* 1*, procès; affaire, *f.* cause. [ticier.

**Gerichtsherr**, *m.* 3, seigneur jus-

**Gerichtshof**, *m.* 2*, =kammer, *f.* cour *ou* chambre de justice, tri- bunal, *m.;* barreau; der geistliche —, tribunal ecclésiastique; offi- cialité, *f.*

**Gerichtskanzlei**, *f.* chancellerie d'une cour de justice.

**Gerichtskosten**, *pl.* frais du pro- cés, *m. pl.* [née en fief, *f.*

**Gerichtslehen**, *n.* 1, justice don-

**Gerichtsordnung**, *f.* ordonnance, code (*m.*) de procédure.

**Gerichtsperson**, *f.* homme de robe, *m.* [salle d'audience.

**Gerichtssaal**, *m.* 2*, audience, *f.*

**Gerichtssache**, *f.,* v. Gerichtshandel.

**Gerichtsschreiber**, *m.* 1, greffier de justice, du tribunal; — gebühren, *f. pl.* greffe, *m.* [ce.

**Gerichtssitzung**, *f.* séance, audien-

**Gerichtssporteln**, *f. pl.* épices.

**Gerichtssprengel**, *m.* 1, juridic- tion, *f.*

**Gerichtsspruch**, *m.* 2*, arrêt, ju- gement, sentence, *f.*

**Gerichtsstand**, *m.* 2*, dépendance d'un tribunal, *f.;* juge compétent, *m.* ressort; instance, *f.*

**Gerichtsstätte**, *f.* lieu d'exécution (*m.*), du supplice.

**Gerichtsstube**, *f.,* v. Gerichtssaal.

**Gerichtsstyl**, *m.* 2, style du bar- reau, du palais.

**Gerichtstag**, *m.* 2, jour d'audien- ce, des plaids; — halten, tenir les plaids.

**Gerichtstaxe**, *f.* taxe de dépens.

**Gerichtstermin**, *m.* 2, ajourne- ment. [tissant.

**Gerichtsunterthan**, *m.* 3, ressor-

**Gerichtsverwalter**, *m.* 1, bailli; justicier, juge, sénéchal.

**Gerichtszwang**, *m.* 2*, juridiction, *f.;* contrainte par corps; dem — unterworfen, justiciable, contrai- gnable; durch — anhalten, con- traindre par corps.

**Gering**, **Geringe**, *adj.* petit; médiocre; bas, modique (*prix, etc.*); léger, de peu de valeur; vil; mesquin, mince, exigu; mai- gre (*chère*); faible; eine —e Sache, bagatelle, *f.;* von —em Herkom- men, de basse extraction; — ma- chen, abaisser; avilir; — werden, s'affaiblir; s'abaisser; — achten, schätzen, faire peu de cas de qch., estimer peu, mésestimer; déni- grer.

**Geringer**, *adj. compar.* moin- dre; inférieur; von —m Verdiens- te, inférieur en mérite; bei —m Anlasse, à moins; der —e Stand, —e Grad (von Verdienst, etc.), —e Werth, inférioté, *f.*

**Geringfügig**, *adj.* insignifiant, futile, léger.

**Geringfügigkeit**, *f.* futilité, légè- reté, vileté.

**Geringhaltig**, *adj.* (*monn.*) de bas aloi, à bas titre; *fg.* faible; médiocre.

**Geringheit**, *f.* modicité, peti- tesse; bassesse, vileté; exiguïté.

**Geringigkeit**, *f. fm.* petitesse.

**Geringschätzig**, *adj.* dédaigneux; méprisant.

**Geringschätzigkeit**, *f.* mépris, *m.* vileté, *f.* médiocrité, petitesse.

**Geringschätzung**, *f.* mépris, *m.* dédain, dénigrement.

**Geringste**, *adj. superl.* le (la) moindre; le minimum; im —n

nicht, aucunement; point du tout; der — Preis, le dernier prix.

Gerinne, n. 2, auge *du moulin*, f.

Gerinnen, *v. n.* 2 (f.) se prendre, se figer, se cailler; se coaguler; se tourner, tourner; se grumeler; — machen, figer, cailler, coaguler; geronnene Milch, du lait caillé; geronnenes Blut, du sang coagulé; Geronnen, *n.* 3, coagulation, f. coagulum, *m.*; —, *s. n.* 1, caillement, *m.* figement; coagulation, f.                    [casse, f.

Gerippe, *n.* 1, squelette, *m.* carcass.

Gerippt, *adj.* cannelé (colonne).

Germ, *m.* 2, levain, ferment.

Germanien, Germanie, f. (*géogr. anc.*).

Germanier, *m.* 1, germain.

Germanus, *n. pr. m.* Germain.

Gern, *adv.* volontiers, de bon gré, de bon cœur; à dessein, facilement; — reden, aimer à parler; — essen, aimer qch.; ich wollte —, je voudrais bien.

Geröhr, *n.* 2, roseaux, *m. pl.* cannaie, f. ‖ décombres, *m. pl.*

Gerste, f. orge; — in der Spreu, orge entière; gerollte —, de l'orge mondé, *m.*; geschrotene —, (*brasseur*) brai; — und Hafer, petits blés, *pl.*              [mondé, *pl.*

Gerstengraupen, f. *pl.* de l'orge.

Gerstengrütze, f. gruau d'orge, *m.*

Gerstenkorn, *n.* 5*, grain d'orge, *m.*; — am Auge, orgelet, orgeolet, orgueilleux, petit bouton à l'œil.

Gerstenmalz, *n.* 2, drèche, f.

Gerstensaft, *m.* 2*, jus d'orge; *v.* Gerstentrank.            [ge.,

Gerstenschleim, *m.* 2, crème d'orge.

Gerstentrank, *m.* 2*, Gerstenwasser, *n.* 1, tisane, f. orgeat, *m.*; orge mondé; bière, f.

Gerstenzucker, *m.* 1, sucre d'orge.

Gerte, f. baguette, houssine, verge, gaule; (*vann.*) osier, *m.*

Gertenkraut, *n.* 5*, férule, f.

Geruch, *m.* 2*, odorat; odeur, f. senteur; (*cha.*) vent, *m.*; *fig.* réputation, f.; der gute —, des parfums, *m. pl.* odeurs, f. *pl.*; feine —, le bouquet *du vin*; vom Braten, fumet; brandige —, brûlé, roussi.              [dore.

Geruchlos, *adj.* sans odeur, inodore.

Geruchsnerv, *m. exc.* 1, nerf olfactoire.

Gerücht, *n.* 2, bruit, *m.*; rumeur, f.; nouvelle; renommée, réputation.

Geruhen, *v. n.* (h.) vouloir bien, daigner, avoir la bonté de.

Geruhig, *v.* Ruhig.

Gerümpel, *n.* 1, de *vieux* meubles, *m. pl.*; de vieilles hardes, f. *pl.*

---

Gerümpelkammer, f. décharge.

Gerümpelmarkt, *m.* 2*, marché aux guenilles.        [gérondif, *m.*

Gerundium, *n. exc.* 1, (*gramm.*)

Gerüst, *n.* 2, échafaud, *m.*; échafaudage; tribune, f.; chevalet, *m.*

Gerüststange, ꝛc., *v.* Rüststange, ꝛc.

Gerüttel, *n.* 1, secouement, *m.*

Gesalbte, *m.* 3, (*écr. ste.*) oint; Messie, Christ; *fig.* initié.

Gesäme, *n.* 1, semailles, f. *pl.*

Gesammt, *adj.* tout; tout ensemble, en masse; réuni; das —t Blut, la masse du sang; der —t Adel, le corps de la noblesse.

Gesammtheit, f. totalité.

Gesandte, *m.* 3, *-inn*, f. ambassadeur, *m.* -drice, f.; ministre, *m.*; envoyé; der päpstliche —, nonce, légat à latere; sämmtliche —n, le corps diplomatique.

Gesandtschaft, f. ambassade; légation; nonciature.

Gesang, *m.* 2*, chant; air; chanson, f.; der geistliche —, cantique, *m.* hymne, f.; — voix; accents, *m. pl.* ramage *des oiseaux*.

Gesangbuch, *n.* 5*, livre de cantiques, *m.*

Gesangweise, f. air, *m.* mélodie, f.

Gesäß, *n.* 2, derrière, *m.* cul, fesses, f. *pl.*

Gesäßbein, *n.* 2, ischion, *m.*

Gesäßmustel, *m. exc.* 1, muscle fessier.

Gesäuse, *n.* 1, bourdonnement, *m.* sifflement continuel.

Gesäusel, *n.* 1, murmure, *m.*

Geschäft, *n.* 2, affaire, f.; occupation; besogne, travail, *m.* ouvrage; ein aufgetragenes —, commission, f.

Geschäftig, *adj.* actif, agissant; occupé; empressé, affairé.

Geschäftigkeit, f. activité; empressement *de faire qch.*, *m.*

Geschäftslos, *adj.* oisif.

Geschäftsbüchlein, *n.* 1, carnet, *m.* agenda.                [pondant.

Geschäftsfreund, *m.* 2, correspondant.

Geschäftsführer, *m.* 1, homme d'affaires; agent; (*comm.*) facteur, gérant.

Geschäftsmann, *m.* 5 (*pl.* -leute), homme d'affaires; agent.

Geschäftsträger, *m.* 1, chargé d'affaires; mandataire; agent.

Geschaukel, *n.* 1, brandillement, *m.*              [té, veiné, nuancé.

Geschecht, *adj.* marqueté, tacheté.

Geschehen, *v. n. et imp.* 1 (f.) arriver, se faire, avenir, se passer; être fait; es kann — daß, ꝛc., il se peut que, etc.; es ist — um, c'est fait, c'en est fait de; es geschehe so, ja es geschehe, ainsi soit-il! amen! — lassen, laisser faire;

---

permettre; consentir à; approuver; —, *part.* fait, achevé, fini.

Gescheidt, *adj.* prudent, sage, raisonnable; judicieux; sensé; fin, rusé; nicht — seyn, *fm.* être fou, timbré; faire l'enfant.

Gescheidtheit, f. prudence; intelligence; bon sens, *m.*

Geschenk, *n.* 2, présent, *m.* cadeau, galanterie, f.; don, *m.*; gratification, f. douceur.

Geschichtbuch, *n.* 5*, livre d'histoire, *m.*; annales, f. *pl.* chronique.

Geschichtchen, *n.* 1, historiette, f.

Geschichte, f. histoire; conte, *m.*; aventure, f.

Geschichtlich, *adj.* historique; historial (*almanach*).

Geschichtschreiber, *m.* 1, historien; historiographe, annaliste.

Geschichtskunde, f. connaissance de l'histoire.          [rien.

Geschichtskundige, *m.* 3, historien.

Geschichtsmäßig, *adj.* historique.

Geschid, *n.* 2, (bonne *ou* mauvaise) grâce, f.; adresse, habileté, art, *m.* industrie, f.; capacité; aptitude ‖ destin, *m.* destinée, f. fortune, sort, *m.*

Geschidlichkeit, f. adresse, habileté, capacité; talent, *m.*

Geschidt, *adj.* propre à qch.; capable de, apte à; habile, exercé; entendu; industrieux; dressé; savant; prêt, disposé à.

Geschiebe, *n.* 1, (*min.*) couche, f.; galet, *m.*

Geschieße, *n.* 1, action de tirer, f.; coups répétés d'armes à feu, *m. pl.*

Geschimpfe, *n.* 1, injures, f.

Geschirr, *n.* 2, vaisseau, *m.* vase; vaisselle, f.; batterie *de cuisine*; bassin *de garde-robe*, *m.*; harnais *des chevaux*; (*carross.*) volée, f.; traits, *m. pl.*; (*cha.*) attirail; outils, *pl.*

Geschirrkammer, f. sellerie.

Geschirrmacher, *m.* 1, harnacheur.

Geschlacht, *adj.* traitable, maniable.

Geschlecht, *n.* 5, genre, *m.*; sexe; race, f.; génération; naissance, origine; famille, maison; lignée.

Geschlechtlos, *adj.* sans famille, sans sexe; (*gramm.*) neutre.

Geschlechtsalter, *n.* 1, génération, f.

Geschlechtsfolge, f. génération, filiation, descendance de père en fils.

Geschlechtskunde, f. généalogie.

Geschlechtskundige, *m.* 3, généalogiste.

Geschlechtslinie, f. lignée, côté, *m.*

Geschlechtsname, *m. exc.* 2, nom de famille, nom générique.

Geſchlechtsregiſter, n. 1, Geſchlechts=
tafel, f. généalogie, arbre (m.),
table (f.) généalogique.

Geſchlechtstheil, masc. 2, partie
sexuelle, f.

Geſchlechtstrieb, m. 2, instinct
de la génération, instinct sexuel;
ben — reißend, (méd.) aphrodi-
siaque.

Geſchlechtswappen, n. 1, armes
(f. pl.), armoiries de famille.

Geſchlechtswort, n. 5°, (gramm.)
article, m.

Geſchlepp, n. 1, mépr. train, m.
attirail; suite; f.

Geſchlinge, n. 1, (bouch.) fressure, f.; (arch.) guillochis, m.

Geſchmack, m. 2 (sans pl.), goût,
saveur, f.; fg. goût, m.; ein ſtarker
—, un haut goût; an etw. — finden, goûter qch.

Geſchmackos, adj. qui n'a point
de goût, fade; insipide; sans goût.

Geſchmacklosigkeit, f. insipidité,
fadeur.

Geſchmacklehre, f. théorie du bon
goût, esthétique.     [gustatif.

Geſchmacksnerv, m. exc. 1, nerf

Geſchmackvoll, adj. plein de goût;
judicieux; —, adv. avec goût.

Geſchmeide, n. 1, bijoux, m. pl.
joyaux.     [tier, joaillier.

Geſchmeidhändler, m. 1, bijou-

Geſchmeidkäſtchen, n. 1, écrin,
m.; baguier.

Geſchmeidig, adj. maniable; (métal) ductile, malléable; flexible;
fg. traitable; docile, liant; souple, pliant; — machen, assouplir.

Geſchmeidigkeit, fém. souplesse,
flexibilité; fg. id., docilité; ductilité; malléabilité des métaux.

Geſchmeiß, n. 2, insectes, m. pl.
vermine, f.; fiente, excrément,
m.; fg. mépr. canaille, f. racaille.

Geſchmiere, n. 1, frottement, m.;
friction, f.; fg. mépr. barbouillage, m.
griffonnage, grimoire.

Geſchnatter, n. 1, action de barboter des oies et des canards, f.;
fg. caquet, m. babil; jargon.

Geſchöpf, n. 2, créature, f.

Geſchoß, n. 2, trait, m. flèche,
f. dard, m.; arme à feu, f.;
(arch.) étage, m.

Geſchrei, n. 2, cri, m. cris, pl.
clameur, f.; fm. criaillerie; bruit,
m.; huée, f.; acclamation; chant
du coq, m.; croassement du corbeau; braiment de l'âne; coassement des grenouilles; baret de
l'éléphant.

Geſchreibe, n. 1, écriture, f.;
griffonnage, m.     [dé.

Geſchroben, adj. alambiqué, guin-

Geſchütte, n. 1, couches mêlées
(min.), f. pl.

Geſchütz, n. 2, artillerie, f. canon, m.; das ſchwere, grobe —,
la grosse artillerie.

Geſchützkunſt, f. °, artillerie, génie, m.     [non.

Geſchützprobe, f. épreuve du ca-
Geſchützrichtung, f. braquement,
m.     [tillerie.

Geſchützzug, m. 2°, train d'ar-
Geſchwader, n. 1, escadron, m.;
(mar.) escadre, f.

Geſchwätz, n. 2, caquet, m. babil, verbiage, bavardage; mépr.
conte; das verwirrte —, galimatias, amphigouri; leere —, chansons, f. pl.

Geſchwätzig, adj. babillard, causeur, bavard, verbeux; grand
parleur.     [haftigkeit.

Geſchwätzigkeit, f. voy. Schwaß-
Geſchweige, adv. loin de, bien
loin de; encore moins, moins encore.

Geſchweigen, v. n. 5 (h.), einer
S. —, taire qch., passer qch.
sous silence; —, v. a. rég. apaiser, faire taire.

Geſchwemme, n. 1, lavage, m.

Geſchwinde, adj. vite; rapide;
prompt; expéditif; zu — geben,
se presser trop; (horl.) avancer.

Geſchwindigkeit, f. vitesse, rapidité, promptitude, célérité, vélocité; prestesse; volubilité de
langue; in der —, à la hâte.

Geſchwindtutſche, f. diligence.

Geſchwindſchreibekunſt, f. °, tachygraphie, sténographie.

Geſchwindſchreiber, m. 1, tachygraphe, sténographe.

Geſchwiſter, pl. frères (m. pl.) et
sœurs (f. pl.).

Geſchwiſterkind, n. 5, cousin, m.
-e, f.; leibliche —er, des cousins
germains, m. pl.; der Sohn, die
Tochter eines —es, fm. neveu (m.),
nièce (f.) à la mode de Bretagne.

Geſchworne, m. 3, juré; —, m.
jury, m.; (art.) jurande, f.

Geſchwornengericht, n. 2, jury, m.

Geſchwulſt, f. °, enflure, tumeur,
(hist. nat.) loupe; die — vertreiben, verlieren, désenfler; das Abnehmen der —, désenflure, f.

Geſchwür, n. 2, abcès, m. ulcère, apostème; das veneriſche —,
poulain, bubon; krebsartige —,
chancre; giftige —, carboncle; —
an der Zehe, (vét.) crapaudine, f.

Geſechst, adj. (astr.) sextil.

Geſell, m. 3, compagnon, camarade; garçon de métier; ouvrier; fm. der luſtige —, gaillard,
bon compère.

Geſellen, v. a. associer; joindre.

Geſellenjahre, m. pl. 2, compagnonnage, m.

Geſellenverdinger, m. 1, placeur,
embaucheur.

Geſellig, adj. sociable, affable;
communicatif, humain; — machen, humaniser.

Geſelligkeit, f. humeur sociable,
sociabilité; affabilité.

Geſellſchaft, f. compagnie, société; assemblée; association; communauté, corps, m.; troupe, f.
bande; partie de plaisir; caravane de voyageurs; fg. société,
monde, m.; die geſchloſſene —,
société close, f. coterie; einem —
leiſten, tenir compagnie à qn.; —
haben, avoir du monde; in —
treten, s'associer (mit, à).

Geſellſchafter, m. 1, =inn, f. compagnon, m. associé, compagne, f.;
ein guter —, un homme aimable
en société, de bonne compagnie.

Geſellſchaftlich, adj. sociable, social; der —en Ordnung zuwider,
antisocial.

Geſellſchaftscontract, m. 2, =ver-
trag, m. 2°, contrat de société;
(philos.) contrat social.

Geſellſchaftsglied, n. 5, membre
d'une société, m. sociétaire.

Geſellſchaftsregel, f. (arith.) règle de compagnie.

Geſellung, f. association.

Geſenk, n. 2, (vign.) provin, m.;
(min.) puits souterrain; (serr.)
estampe, f.; (pêch.) poids, m. pl.

Geſetz, n. 2, loi, f.; décret, m.;
statut; (égl.) canon || verset, cou-
plet, strophe, f.     [lois.

Geſetzblatt, n. 5°, bulletin des

Geſetzbuch, n. 5°, code, m.

Geſetzfrei, adj. exempt, privilégié.

Geſetzgebend, adj. législatif; der
— Körper, le corps législatif,
législature, f.

Geſetzgeber, m. 1, =inn, f. législateur, m. -trice, f.

Geſetzgebung, f. législation.

Geſetzlich, adj. légal; légitime.

Geſetzlos, adj. anarchique; sans
loi; der — Zuſtand, anarchie, f.

Geſetzloſigkeit, f. anarchie.

Geſetzmäßig, adj. légitime; légal;
conforme aux lois, die — en Unkoſten, (jur.) les loyaux coûts,
m. pl.     [galité; authenticité.

Geſetzmäßigkeit, f. légitimité; lé-
Geſetzprediger, m. 1, rigoriste,
qui prêche une morale austère.

Geſetzt, part., v. Setzen; fg. posé,
composé, grave.

Geſetzwidrig, adj. illégal, injuste.

Geſetzwidrigkeit, f. illégalité, injustice, illégitimité.

Geſeufze, n. 1, soupirs, m. pl.
gémissements répétés.

Geſicht, n. 5, vue, f. faculté de

voir; œil, m.; yeux, pl.; bas
Turje —, la vue basse; —, visage,
m. face, f.; mine, air du visage,
m.; einem ins — ſeben, envisager
qn.; ins — faſſen, fixer; (cha.)
aveuer; einem ins — lachen, rire
au nez de qn.; einem ein — ma=
chen, fm. faire la mine à qn.;
—er machen, faire des grimaces;
—, n. 2, vision, f. apparition.
Geſichtchen, n. 1, ein niebliches —,
un joli minois.
Geſichtsbilbung, f. physionomie.
Geſichtsfarbe, f. teir.t, m. coloris.
Geſichtsreis, m. 2, horizon.
Geſichtsfunde, f. physionomie.
Geſichtskunbige, m. 3, physionomiste.
Geſichtslänge, f. (dess.) face.
Geſichtslinie, f. linéament, m.
trait; (opt.) ligne visuelle, f.
Geſichtspunft, m. 2, point de vué.
Geſichtsverzerrung, f. grimace.
Geſichtszug, m. 2*, trait, linéa-
ment.
Geſiebent, adj. p. us. septénaire.
Geſims, n. 2, corniche, f.; mou-
lure; chambranle, m.; entablement.
Geſinbe, n. 1, coll. domestiques,
m. pl. gens, suite, f. maison,
monde, m.
Geſinbel, n. 1, mépr. canaille, f.
racaille; des gens sans aveu, m. pl.
Geſindewohnung, f. commun chez
les grands, m.
Geſinnet, adj. intentionné; dis-
poſé; wobl, übel gegen jemand —,
bien ou mal disposé pour ou à l'é-
gard de qn.
Geſinnung, f. sentiment, m.; intention, f.; inclination; disposition.
Geſittet, adj. morigéné; civilisé;
honnête; civil, poli; — machen,
humaniser, civiliser, morigéner,
fm. décrasser; — werben, s'humaniser.
Geſonnen, adj. intentionné.
Geſottene, n. 1, bouilli, f.
Geſpann, n. 2, attelage, m.
Geſpannſchaft, f. palatinat, m.
(en Hongrie).
Geſpenſt, n. 5, spectre, m. esprit,
fantôme, revenant; fg. illusion,
f.; —er, pl. (ant.) larves, f. pl.
Geſperre, n. 1, embarras, m.;
(arch.) charpente, f.; fermoirs
d'un livre, m. pl.; (horl.) arrêt;
fg. résistance, f.         [lis, m.
Geſpiene, n. 3, pop. dégobil-
Geſpiele, m. 3, ſinn, f. compagnon, m. camarade, m. et f.;
compagne, f.
Geſpinnſt, n. 2, filure, f.; araignée, toile d'araignée.        [cé.
Geſpons, m. 3, (burl.) époux, fian-

Geſpötte, n. 1, moquerie, f. raillerie; dérision, risée; ſein — mit
etw. treiben, tourner qch. en ridicule.
Geſpräch, n. 2, entretien, m.
conversation, f.; discours, m.;
dialogue, fm. colloque; ein —
anfangen, entrer en conversation;
—sweiſe, adv. par manière de
dire, par forme de conversation.
Geſprächig, adj. qui aime à causer, parleur; affable, disert, lo-
quace.
Geſprächigfeit, f. facilité de causer; loquacité; affabilité.
Geſprenfelt, adj. tacheté, moucheté, jaspé, marqueté.
Geſpüle, n. 1, rinçure, f. lavure.
Geſtabe, n. 1, rivage, m. rive,
f. bord, m.; quai; plage, f.;
côte; bas ſteile —, falaise.
Geſtalt, f. figure, forme, conformation; configuration; face; état,
m. situation des affaires, f.;
taille d'un homme; façon, manière; (théol.) espèce; eine anbere
— gewinnen, changer de face.
Geſtalten, v. a. former, figurer;
configurer; ſich närriſch —, faire
le fou; ſich anbers —, changer de
face; wobl, übel geſtaltet, bien,
mal fait; bei ſo geſtalteten Dingen,
les choses étant ainsi, dans ces
conjonctures.
Geſtaltlos, adj. informe; —,
adv. sans forme.
Geſtanden, v. Geſtehen et Steben.
Geſtänbig, adj., einer S. — ſepn,
avouer une chose.    [fession, f.
Geſtänbniß, n. 2, aveu, m.; con-
Geſtänge, n. 1, (méc.) pieux, m.
pl. étais, tirants.
Geſtanf, m. 2, puanteur, f. mauvaise odeur; infection.
Geſtatten, v. a. permettre, accorder; concéder, comporter (chose);
nicht —, refuser.
Geſtattung, f. permission; consentement, m.; concession, f.
Geſtäube, n. 1, broussailles, f. pl.
buissons, m. pl.; arbrisseaux.
*Geſtehen, v. a. avouer; confes-
ser; convenir de; —, v. n. (f.)
se prendre, se figer, se cailler, se
coaguler; — machen, v. Gerinnen
machen.
Geſtein, n. 2, roche, f. gangue.
Geſtell, n. 2, Geſtelie, n. 1, pied,
m.; tréteau; chevalet, fût; piédestal, base d'une statue, etc.,
f.; sellette de la charrue; (impr.,
carross.) train, m.; (orf., grav.)
bloc de plomb; monture d'une
scie, f.; genou d'un tube, m.;
(pap.) affût; (méc.) chaise, f.
Geſteppe, n. 1, arrière-point, m.
rentraiture, f.; ouvrage piqué, m.

Geſtern, adv. hier.
Geſtid, n. 2, broderie, f.
Geſtiefelt, adj. botté, en bottes.
Geſtielet, adj. emmanché, tigé.
Geſtirn, n. 2, astre, m. étoile,
f.; astres, m. pl. constellation, f.
Geſtirnbienſt, m. 2, culte des
astres, sabéisme.        [les.
Geſtirnt, adj. étoilé, semé d'étoi-
Geſtöber, n. 1, poussière, f.;
brouée, bruine, petite pluie;
forte neige.      [bégaiement.
Geſtotter, n. 1, bégayement, m.
Geſträuch, n. 2, broussailles, f.
pl. buissons, m. pl.; arbrisseaux.
Geſtreift, adj. rayé, strié.
Geſtreng, adj. sévère, rigoureux;
—er Herr, (titre) Seigneur; —e
Frau, Madame.
Geſtreu, n. 2, fm. jonchée de
fleurs, f.; trainée de cendres.
Geſtrid, n. 2, tricotage, m. tri-
Geſtrig, adj. d'hier.         [cot.
Geſtrüppe, n. 1, v. Geſträuch.
Geſtunden (die Bezahlung), v. a.
accorder un délai pour le payement.
Geſtüte, n. 1, haras, m.
Geſuch, n. 2, demande, f. prière;
recherche; requête; (jur.) instance.    [donnement, m. bruit.
Geſumme, Geſumſe, n. 1, bour-
Geſund, adj. sain; bien portant;
frais; salubre (air, etc.); bis ins
—e Fleiſch (ſchneiben), dans le vif;
die —e Vernunft, le bon sens,
sens commun, la saine raison;
— machen, guérir qn., assainir
qch.; — werben, guérir.
Geſundbrunnen, m. 2, eaux minérales (f. pl.), médicinales, eaux.
Geſunden, v. n. (f.) (poés.) guérir, se rétablir.
Geſundheit, f. santé; salubrité de
qch.; auf Ihre —, à votre santé.
Geſundheitslehre, f. hygiène, diététique.          [tique.
Geſundheitsregel, f. règle diété-
Getäfel, n. 1 boiserie, f.; boisage, m. lambris; parquetage.
Getänbel, n. 1, badinage, m.
badinerie, f. folâtrerie.
Getigert, adj. tigré.
Getöne, n. 1, son, m.
Getöſe, n. 1, bruit, m. fracas,
fm. vacarme, tapage, tintamarre.
Getrampel, n. 1, trépignement,
m.    [m.; breuvage, potion, f.
Getränf, n. 2, boisson, f. boire,
Getrauen (ſich), se faire fort de;
oser; ſich nicht —, craindre de;
ne pas oser.
Getreibe, n. 1 (sans pl.), blé,
m. blés, pl. grains.    [blés, f.
Getreibebau, n. 2, culture des
Getreibeboben, m. 1*, grenier.
Getreibehanbel, m. 1, gréneterie, f.

Getreidehändler, m 1, grenetier, marchand de grains.

Getreidemangel, m. 1*, disette, f.

Getreidemarkt, m. 2*, marché au blé.

Getreidepflanze, f. plante céréale.

Getreidepreiszettel, m. 1, mercuriale, f.

Getreu, adj. fidèle, loyal, sincère; ol. féal (pl. féaux); zu —en Händen, entre mains sûres; Lieber —er, ol. amé et féal.

Getriebe, n. 1, agitation, f.; (méc.) pignon, m.; rouage, engrenage; aus dem — bringen, désengrener une roue; —, lanterne, f.; ressort, m.; machine, f.

Getrost, adj. courageux; rassuré; — seyn, avoir bon courage; —, interj. courage!

Getrösten (sich) einer S., espérer qch.; s'attendre, se fier à qch.

Getüch, n. 2, linge, m. toilerie. f.

Getümmel, n. 1, tumulte, m.; bruit, fracas; tapage, vacarme, tintamarre; cohue, f.

Getüpfelte, n. 3, moucheture, f.; (grav.) pointillage, m.

Gevatter, m. 1, compère; =inn, f. commère; — stehen, tenir un enfant sur les fonts de baptême.

Gevatterschaft, f. compérage, m.

Geviere, Gevierte, n. 1, carré, m. équarrissage; ins —, d'équarrissage, carrément; ins — bringen, équarrir.

Geviert, adj. carré; quaternaire.

Geviertmaß, n. 2, mesure carrée, f.   [m. pl.

Gevögel, n. 1, coll. oiseaux,

Gewächs, n. 2, végétal, m. plante, f.; cru, m.; jet; (chir.) excroissance, f.; (jard.) bosse d'arbre; von meinem —, eigen —, de mon cru; ein Rohr von einem —, une canne d'un seul jet.

Gewächserde, f. terreau, m. terre végétale, f.

Gewächshaus, n. 5*, serre, f.; orangerie.

Gewächsreich, n. 2, règne végétal, m.

Gewächszwiebel, f. bulbe.

Gewahr, adv., — werden, apercevoir, s'apercevoir de, remarquer, découvrir.

Gewähr, f. —leistung, —schaft, f. sûreté, caution, garantie; possession; — leisten, donner caution, garantir qch.; die — von etw. übernehmen, (dipl.) se rendre garant de qch., garantir qch. [voir.

Gewahren, v. a. (poés.) aperce-

Gewähren, v. a. garantir qch.; accorder; exaucer; einen —lassen, laisser faire ou agir qn. à sa volonté, à son gré.

Gewahrsam, m. 2, —t, f. (jur.) garde; lieu de sûreté, m.

Gewährsmann, m. 5*, garant, caution, f. répondant, m.; auteur, source, f.

Gewährung, f. accomplissement, m.; exaucement; (jur.) entérinement.

Gewalt, f. pouvoir, m. puissance, f.; autorité; droit, m.; force, f. violence; contrainte; véhémence; mit —, par force, de force, violemment, avec violence, à la pointe de l'épée; unter seine — bringen, réduire sous son obéissance; in seiner — haben, avoir en sa puissance, être maître de qch.; fm. avoir qn. dans sa manche; eine Sprache in der — haben, posséder une langue; in eines — seyn, dépendre de qn., être à la merci, dans la griffe de qn.; einem — geben, autoriser qn. à.

Gewaltgeber, m. 1, constituant.

Gewalthaber, m. 1, seigneur, souverain; procureur; mandataire.

Gewaltsam, adj. puissant; fort; grand; considérable; extrême; violent, impétueux; véhément; pop. fier.

Gewaltig, m. 3, (guer.) prévôt; bourreau; die — in der Erde, les puissants de la terre.

Gewaltsam, Gewaltthätig, adj. violent; véhément.

Gewaltsamkeit, Gewaltthat, Gewaltthätigkeit, f. violence; voie de fait, oppression; injure.

Gewaltsbrief, m. 2, (jur.) exécutoire.   [torité.

Gewaltstreich, m. 2, coup d'au-

Gewand, m. 5*, drap, m.; étoffe, f.; (style élevé) habit, m. vêtement; (peint.) draperie, f.

Gewandt, adj. leste, agile, souple; prompt; adroit.

Gewandtheit, f. adresse; agilité.

Gewarten, v. n. (h.) attendre qch., s'attendre à qch.; se douter de; présumer, espérer.

Gewärtig, adj., — seyn, v. Gewarten.

Gewäsch, n. 2, babil, m. caquet, verbiage.   [eaux, pl.

Gewässer, n. 2, coll. eau, f.

Gewebe, n. 1, tissu, m.; tissure, f.; contexture du cerveau; das ungleiche —, entre-bas, m.

Gewehr, n. 2, arme, f.; fusil, m.; ins —, zum —, aux armes!

Gewehrbank, f.*, =rücken, m.; chevalet.   [d'armes.

Gewehrfabrik, fém. manufacture

Gewehrhändler, m. 1, =schmied, m. 2, armurier.   [mes, m.

Gewehrpyramide, f. faisceau d'ar-

Geweih, n. 2, bois (m.), tête (f.), ramure du cerf; das erste —, dagues, pl.; abgeworfene —, mue.

Gewerbe, n. 1, métier, m. profession, f.; trafic, m.; négoce, commerce; industrie, f.; affaire; ein — treiben, exercer une profession; faire un trafic; —, (méc.) charnière, châsse d'une boucle.

Gewerbfleiß, m. 2, Gewerbsamkeit, f. industrie.

Gewerbsam, adj. industrieux.

Gewerk, n. 2, métier, m. corps de métier; frein d'un moulin.

Gewerksständige, m. 3, prud'homme.

Gewicht, n. 2, poids, m.; fg. id., importance, f.; force; crédit, m.; richtiges — geben, faire bon poids; ein Mann von —, fg. un homme qui a du crédit, de l'autorité.   [balancier.

Gewichthändler, =macher, m. 1,

Gewichtig, adj. pesant; fg. grave; important.

Gewichtlehre, f. statique.

Gewichtstange, f. balancier des danseurs de corde, m.

Gewichtstein, m. 2, poids; — an einer Thüre, valet d'une porte.

Gewichtuhr, f. pendule.

Gewillet seyn, v. Wollen.

Gewimmel, n. 1, multitude, f. foule; mouvement confus, m.

Gewimmer, n. 1, vagissement, m. (de petits enfants); accents plaintifs, pl. lamentations, f. pl.

Gewinde, n. 1, pas de vis, m.; poignée d'épée, etc., f.; charnière; jointure; (serr.) penture, gond, m.; guirlande, f.; fg. labyrinthe, m.

Gewindebohrer, m. 1, vilebrequin; perçoit, tarière, f.

Gewinn, Gewinnst, m. 2, gain, profit, bénéfice, lucre, produit; avantage; um —es willen, par intérêt.

Gewinnbringend, =reich, adj. profitable, lucratif; avantageux.

Gewinnen, v. a. et n. 2 (h.) gagner; profiter, bénéficier (an, sur); acquérir, avoir; Knospen, aboutir; einen lieb —, prendre qn. en affection; gewonnen Spiel geben, donner gain de cause, se rendre.

Gewinner, m. 1, gagnant.

Gewinnsucht, f. amour (m.) ou avidité (f.) du gain, du profit; intérêts, m.

Gewinnsüchtig, adj. âpre; attaché au gain, intéressé.

Gewinsel, n. 1, lamentation, f.; gémissements, m. pl.

Gewirk, n. 2, tissu, m.

Gewirre, n. 1, brouillement, m.; embarras, labyrinthe, chaos; (serr.) gardes, f. pl.

Gewiß, adj. certain; vrai; sûr; assuré, constant; réglé (*temps*); —, adv. certes; à coup sûr; en effet; effectivement; ich habe es von gewisser Hand, je le tiens de bonne main.

Gewissen, n. 1, conscience, f.; auf mein —, mit gutem —, en conscience; zur Beruhigung meines —s, pour l'acquit de ma conscience.

Gewissenhaft, adj. consciencieux, scrupuleux, religieux.

Gewissenhaftigkeit, f. délicatesse de conscience; religion; probité exacte ou scrupuleuse.

Gewissenlos, adj. sans conscience.

Gewissenlosigkeit, f. manque de conscience, m.

Gewissensangst, f.*, =biß, m. 2, remords de conscience.

Gewissensfall, m. 2*, =frage, f. affaire ou cas (m.) de conscience.

Gewissensfreiheit, f. liberté de conscience. [science, m.

Gewissenspflicht, f. devoir de con-

Gewissensprüfer, m. 1, scrutateur des cœurs.

Gewissensprüfung, f. examen de la conscience, m.

Gewissensrath, m. 2*, directeur spirituel; casuiste.

Gewissensruhe, f. paix de l'âme.

Gewissenszwang, m. 2, intolérance, f.; gêne de conscience.

Gewissenszweifel, m. 1, scrupule.

Gewißheit, fém. certitude, assurance; die augenscheinliche —, évidence. [pâte, f.; foudre.

Gewitter, n. 1, orage, m. tem-

Gewitterableiter, m. 1, paratonnerre. [rage, f.

Gewitterregen, m. 1, pluie d'o-

Gewitterstange, f. conducteur, m.

Gewitterwolke, f. nuée orageuse.

Gewitzigt, adj. averti, déniaisé, sage.

Gewogen, adj. favorable; affectionné; bienveillant; einem — seyn, affectionner qn.

Gewogenheit, f. bienveillance; affection; amitié, bonnes grâces, pl.

Gewöhnen, v. a. et n. (s.), etw. — ou einer S. —, s'accoutumer, se faire, s'habituer à qch.; gewohnt seyn, avoir coutume.

Gewöhnen, v. a. (zu ou an etw.) accoutumer, habituer, former; dresser; façonner, faire à qch.; zum Kriege, zu schweren Arbeiten —, aguerrir.

Gewohnheit, f. coutume; pratique, routine, habitude; usage, m.; manière, f. mode, ordinaire, m.; zur — geworden, habituel; das nach hergebrachten —en regierte Land, le pays coutumier.

Gewohnheitsrecht, n. 2, droit coutumier, f.

Gewohnheitssünde, f. péché habituel, m.

Gewöhnlich, adj. ordinaire, commun, habituel; wie —, comme de coutume, comme à l'ordinaire.

Gewöhnung, f. accoutumance.

Gewölbbogen, m. 1*, arc, arceau, cintre.

Gewölbe, n. 1, voûte, f.; arc, m.; cintre; chapelle d'un four, f.; caveau, m. souterrain; cave, f.; cellier, m.; magasin, boutique de marchand, f.

Gewölbkrone, f. couronnement de voûte, m. [vousseau.

Gewölbstein, masc. 2, voussoir, f.

Gewölf, n. 2, nuage, m.; nuée, f.; das wolligte —, fm. moutons, m. pl. [ges.

Gewölfig, adj. couvert de nua-

Gewühl, n. 2, foule, f. mêlée; fm. cohue; tumulte, m.

Gewürfelt, adj. fait à carreaux.

Gewürm, n. 2, vermine, f. vers, m. pl. [épices, pl. épicerie.

Gewürz, n. 2, épice, f.; coll.

Gewürzartig, =haft, adj. aromatique; musqué (poire). [f.

Gewürzbranntwein, m. 2, liqueur,

Gewürzbrühe, f. sauce épicée.

Gewürzhandel, m. 1, commerce en épicerie.

Gewürzhändler, =krämer, m. 1, épicier; marchand épicier.

Gewürzlade, f. boite aux épices; cuisine.

Gewürznägelein, n. 1, =nelke, f. clou de girofle, m. [flier.

Gewürznelkenbaum, m. 2*, giro-

Gewürzschachtel, f. v. =lade.

Gewürzwein, m. 2, hippocras.

Gezähnt, adj. dentelé, denté, brettelé.

Gezänt, Gezänke, n. 2, pop. débat, m. démêlé, querelle, f.; fm. criaillerie.

Gezauber, n. 1, lenteur, f.

Gezelt, n. 2, tente, f.

Gezerre, n. 1, tiraillement, m.

Geziemen, v. n. et imp. (b.) et sich —, convenir, être convenable.

Geziemend, adj. convenable, honnête, décent; bienséant.

Geziere, n. 1, affectation, f. afféterie. [(min.) cuvelage, m.

Gezimmer, m. 1, charpente, f.

Gezisch, n. 2, sifflement, m. moquerie, f. [m. chuchoterie, f.

Gezischel, n. 1, chuchotement,

Gezücht, n. 2, (mépr.) engeance, f. race.

Gezweit, adj. binaire. [m.

Gezwitscher, n. 1, gazouillement, m.

Gibellinen, m. pl. 3, Gibelins.

Gicht, f. (pl. —er), convulsion; paralysie; goutte; rhumatisme, m.; (vét.) tranches, f. pl.

Gichtbrüchig, adj. paralytique; perclus.

Gichthaft, Gichtisch, Gichtartig, adj. arthritique, goutteux, convulsif

Gichtheilend, adj. arthritique.

Gichtmauer, =sette, f. face, façade; mur de pignon, m.

Gichtrose, f. pivoine.

Giebe, f. (épingl.) tourniquet, m.

Giebel, m. 1, faite d'une maison; fronton, pignon, comble, sommet.

Giebelfeld, n. 5, tympan, m.

Giebelfenster, n. 1, lucarne faitière, f.

Giebelförmig, adj. pignonné.

Giebelspieß, m. 2, =spize, f. poinçon, m. sous-faite.

Giebelwerk, n. 2, faitage, m.

Giebelzinne, f. pinacle, m., v. Giebelspieß

Giemutschel, m. 1, came, chame.

Gier, Gierigkeit, f. avidité; envie, convoitise, désir violent, m.

Gierig, adj. avide; friand de qch.; convoiteux; ein —er Hunger, une faim canine.

Gießbach, m. 2*, torrent.

Gießbad, n. 5*, douche, f.

Gießbecken, n. 1, cuvette, f. lavoir, m.

Gießen, v. a. 6, (fond.) fondre; couler; mouler, jeter en moule; in Scheiben — écouler la cire || verser, répandre; arroser; couler; in Fässer — entonner; Wasser unter den Wein —, tremper le vin; gegossene Arbeit, de l'ouvrage de fonte, m.; —, s. n. 1, fonte, f.

Gießer, m. 1, fondeur.

Gießerei, f. Gießhaus, n. 5*, fonderie, f.

Gießererde, Gießerde, f. potée.

Gießert, n. 2, bronze de fonte, m.

Gießflasche, f. serres, pl.

Gießform, f. forme; moule, m.

Gießkanne, f. 1, aiguière; arrosoir, m. chantepleure, f.; eine — voll, une aiguiérée.

Gießloch, n. 5*, godet, m.

Gießlöffel, m. 1, cuiller, f.

Gießofen, m. 1*, fourneau de fonte.

Gießrinne, f. canal, m.; rigole, f.

Gießschaufel, f. écope.

Gießzapfen, m. 1, masselotte, f.

Gift, n. 2, poison, m.; venin; (méd.) virus; fg. colère, f.; méchanceté; das schleichende —, le poison lent; fg. id., la lime sourde; und Galle speien, jeter feu et flamme.

Giftarzenei, f. =mittel, m. 1, contre-poison, m.; antidote.

**Giftbecher,** m. 1, coupe empoisonnée, f. [sonné; gobbe, f.
**Giftbisen,** m. 1, morceau empoisonné.
**Giftblase,** f. bouteille de fiel des *abeilles, etc.*; vessie des serpens.
**Giftblätterchen,** n. pl. 1, (méd.) chapelet au front, m.
**Giftern,** n. 2, mine (f.), pyrite d'arsenic.
**Giftig,** adj. venimeux, vénéneux; empoisonné; fg. médisant; eine —e Zunge, une langue de vipère, f.
**Giftmehl,** n. 2, arsenic blanc, m.
**Giftmischer,** m. 1, empoisonneur.
**Giftmischerei,** fém. empoisonnement, m. [f.
**Giftroche,** m. 3, raie venimeuse.
**Gifttrank,** m. 2*, breuvage empoisonné.
**Gigant,** m. 3, géant.
**Gigantisch,** adj. gigantesque.
**Gilde,** f. communauté; compagnie; corps de métier, m.; tribu, f.
**Gimpel,** m. 1, pivoine, bouvreuil (*oiseau*); fg. fm. lourdaud; niais, dupe, f.
**Ginster,** v. Genster.
**Gipfel,** m. 1, cime, f. sommet, m. haut, crête, f. croupe *d'une montagne*; (*forest.*) houppe; fg. faîte, m. comble.
**Gipfelbruch,** m. 2*, gélivure des arbres, f.
**Gips,** m. 2, gypse, plâtre.
**Gipsabguß,** m. 2*, figure tirée en plâtre, f. plâtre, m.
**Gipsanwurf,** -bewurf, m. 2*, crépi de plâtre, lambris; —e zwischen den Sparren, arêtières, f. pl.
**Gipsarbeit,** f. ouvrage de plâtre,
**Gipsartig,** adj. gypseux. [m.
**Gipsbild,** n. 5, figure de plâtre, f.
**Gipsbruch,** m. 2*, plâtrière, f.
**Gipsdecke,** f. plafond de plâtre, m. lambris.
**Gipsen,** v. a. plâtrer.
**Gipser,** m. 1, plâtrier.
**Gipserde,** f. terre gypseuse.
**Gipsfaß,** n. 5*, auge, f.
**Gipsform,** f. moule de plâtre, m.
**Gipskalk,** m. 2, plâtre cuit.
**Gipsmalerei,** f. peinture de fresque. [dre, m.
**Gipsmehl,** n. 2, plâtre en poudre.
**Gipsschaufel,** f. gâche.
**Gipsinter,** m. 1, grignard, stalactite gypseuse, f.
**Gipsspath,** m. 2, spath gypseux.
**Gipstein,** m. 2, pierre à plâtre, f. pierre gypseuse. [m.
**Giraffe,** f. giraffe, caméléopard,
**Giriren** (pron. bschiriren), v. a. faire circuler l'argent.
**Girobant** (pron. Dschirobant), f. banque à virement.
**Girren,** v. n. (h.) (*des pigeons*) roucouler; fg. gémir, se plaindre;

—, s. n. 1, roucoulement, m.; gémissement.
**Gis,** n. indécl. sol-dièse, m.
**Gischt,** m. 2, v. Gäscht.
**Gitter,** n. 1, treillis, m. grille, f. châssis, m. garde-feu à la cheminée.
**Gitterfenster,** n. 1, fenêtre treillissée, f. jalousie; persienne.
**Gitterförmig,** adj. treillissé, en forme de treillis; à claire-voie.
**Gittern,** v. a. treillisser; griller; barrer.
**Gitteröffnung,** f. claire-voie.
**Gitterstange,** f. barre, barreau, m.
**Gitterstuhl,** m. 2*, loge grillée, f. lanterne.
**Gitterthür,** f. porte à jour, à claire-voie; grille.
**Gitterwerk,** n. 2, treillage, m.; grille, f. grillage, m.; (mar.) caillebotis. [esplanade, f.
**Glacis,** m. indécl. (fort.) glacis,
**Gladiator,** m. exc. 1, (ant. r.) gladiateur; der Lehrmeister der —en, —enhändler, m. 1, laniste.
**Glander,** f. glissoire sur la glace.
**Glanz,** m. 2, lustre, éclat; lueur, f.; splendeur, brillant, m.; feu des pierreries; poli; œil du drap; luisant, apprêt d'une étoffe; eau d'un chapeau, etc., fg. (minér.) galène; der falsche —, le faux brillant, clinquant; den — geben, lustrer qch.; catir le drap; éclaircir un cuir; planer; den — nehmen, ôter le lustre, dépolir; fg. ternir; den — verlieren, passer, se ternir; perdre le lustre; ohne —, mat (or).
**Glänzen,** v. n. (h.) luire, reluire; briller, resplendir; rayonner; jeter du feu; éclater; avoir une belle eau, un œil, etc. (*des pierres fines*); pétiller; fg. briller;
—, v. a. polir, glacer des gants; cirer, lisser, laquer.
**Glänzend,** adj. luisant, reluisant, brillant, éclatant, resplendissant, rayonnant; qui a du lustre; —machen, polir, aviver, éclaircir des armes; lustrer une étoffe.
**Glanzerz,** n. 2, galène, f.
**Glanzgeber,** m. 1, lustreur.
**Glanzhammer,** m. 1*, (chaudr. etc.) marteau à planer.
**Glanzkäfer,** m. 1, cicindèle, f. lampyre brillante. [dur, m.
**Glanzkohle,** f. charbon fossile
**Glanzleinwand,** f. toile gommée, glacée. [mat.
**Glanzlos,** adj. sans éclat, terne,
**Glanzmasse,** f. (pell.) lustre, m.
**Glanzruß,** m. 2, cristal de suie.
**Glanzschetter,** m. 1, bougran.
**Glanztaffet,** m. 2, taffetas glacé.

**Glas,** n. 5*, verre, m.; gobelet; fiole, f.; cristal de montre, m.; glace de miroir, de carrosse, f.; zu — werden, se vitrifier.
**Glasachat,** m. 2, agate d'Islande, f. [sante, f.
**Glasapfel,** m. 1*, pomme cassante.
**Glasarbeit,** f. verrerie; vitrage, m.
**Glasartig,** adj. vitreux, vitrifiable, vitrescible; (anat.) vitré.
**Glasauge,** n. exc. 1, œil de verre (m.), de cristal; (vét.) œil vairon, vairon. [lós.
**Glasbirn,** f. virgouleuse, virgouleuse.
**Glasblasen,** n. 1, soufflage du verre, m. [tier.
**Glasblaser,** m. 1, félatier, bossé.
**Glasblasereisen,** n. 1, fêle, f.
**Glasdiamant,** m. 3, diamant de véricle, stras.
**Glaser,** m. 1, vitrier.
**Gläsern,** adj. de verre; (anat.) die —e Feuchtigkeit, l'humeur vitrée, f. [trée, f.
**Glaserz,** n. 2, mine d'argent vitrée.
**Glasfenster,** n. 1, vitre, m. châssis, m.; glace d'un carrosse, f.; châssis pliant d'une couche, m.; —, pl. vitraux d'une église; mit —n versehen, vitrer.
**Glasfluß,** m. 2*, fluor, fondant.
**Glasfritte,** f. fritte.
**Glasgalle,** f. axonge de verre.
**Glasglocke,** f. cloche; mit einer — bedecken, clocher.
**Glashandel,** m. 1, trafic en verrerie. [verrier.
**Glashändler,** m. 1, marchand
**Glashaut,** f.*, (anat.) tunique hyaloïde. [rent.
**Glashonig,** m. 2, miel transparent.
**Glashütte,** f. verrerie.
**Glasiren,** v. a. v. Glasuren.
**Glaskirsche,** f. griotte, pop. gobet, m.
**Glaskitt,** m. 2, colle à verre, f.
**Glaskopf,** m. 2*, pierre hématite, f.
**Glaskoralle,** f. grain de verre, m.; —n, rassade, f. conterie.
**Glaskraut,** n. 5*, pariétaire, f. perce-muraille.
**Glaslinse,** f. lentille, verre lenticulaire, m.
**Glasmacher,** m. 1, verrier.
**Glasmacherkunst,** f.*, verrerie.
**Glasmaler,** m. 1, peintre sur verre, apprêteur.
**Glasmalerei,** f. peinture d'apprêt.
**Glasmer,** n. 2, mer crystalline, f. [m.
**Glasmehl,** n. 2, verre pulvérisé,
**Glasofen,** m. 1*, four de verrerie.
**Glaspaste,** f. pâte de verre, empreinte sur verre, verre coloré, m.
**Glaspech,** n. 2, poix sèche, f.

Glasperle, f. fausse perle; voyez Glaskoralle.
Glasscheibe, f. vitre, carreau, m.
Glasschleifer, m. 1, lunettier; polisseur de glaces.
Glasschmelz, m. 2, soude, f.
Glasschneider, m. 1, tailleur de verre. [trée, f.
Glasschrank, m. 2*, armoire vi-
Glasspath, m. 2, spath vitreux ou fusible.
Glasspiel, n. 2, verrillon, m.
Glastafel, f. table de verre ou de glace; verre en tables, m.
Glasthür, f. porte vitrée.
Glastiegel, m. 1, creuset, pot.
Glastropfen, m. 1, larme de verre, f. larme batavique.
Glasur, f. vernis, m. émail, couverte, f.
Glasuren, v. a. plomber, vernisser; glacer; donner du lustre à qch.
Glasurwasser, n. 1, potée, f.
Glaswerk, n. 2, verrerie, f. verroterie.
Glatt*, adj. lisse; uni; net, plain (étoffe); poli; doux à manier; glissant; fig. séduisant; flatteur; eine glatte Zunge, une langue bien déliée; — machen, voy.
Glätten; — anliegen, être juste, serrer bien; — wegscheren, couper ras. [polissoir.
Glättbein, n. 2, brunissoir, m.
Glätte, f. brunissure; lissure; poli, m.; fg. douceur, f.; (minér.) litharge, glette.
Glatteis, n. 2, verglas, m.
Glatteisen, v. imp. (h.) faire du verglas; — s. n. 1, fer à repasser, m. brunissoir; couteau sourd.
Glätten, v. a. lisser, polir; brunir; aviver; unir; aplanir, adoucir; affiner le drap; calandrer du linge; passer le cuir; dresser les aiguilles; — s. n. 1, brunissage, m.; polissure, f.
Glättfeile, f. lime douce.
Glättglas, =holz, n. 5*, =stahl, m. 2*, lissoir; polissoir, brunissoir; buis.
Glätthobel, m. 1*, varlope, f.
Glättkolben, m. 1, (rel.) frottoir.
Glättmaschine, f. lissoir, m.
Glättstübchen, n. 1, machinoir, m.
Glättung, f. polissure; brunissage, m. avivage.
Glättzahn, m. 2*, dent, f. dent-de-loup, brunissoir, m.
Glatze, f. tête chauve.
Glatzig, adj. chauve, pelé.
Glatzkopf, m. 2*, tête chauve (f.), pelée.
Glaube, m. exc. 2, foi, f. religion, croyance; confiance; crédit, m.; der christliche —, la reli-

gion chrétienne; crédo, m.; apostolische —, symbole des apôtres;
—n beimessen, ajouter foi; —n finden, s'accréditer (nouvelle); être cru (homme); —n haben, croire; der allgemeine, unentwickelte —, la foi implicite; auf Treu und —n, sur la parole de qn.
Glauben, v. a. croire; ajouter foi; se fier à; s'imaginer; an Gott —, croire en Dieu; Einem glauben, croire qn.; glaubt diesem Lügner nicht, n'en croyez pas ce menteur.
Glaubensartikel, m. 1, article de foi.
Glaubensbekenntniß, n. 2, confession (f.), profession de foi, crédo, m. [nauté.
Glaubensgemeinde, f. commu-
Glaubensgenoß, =verwandte, m. 3, qui est de la même religion, coreligionnaire; ein neubekehrter —, un prosélite.
Glaubenslehre, fém. dogme, m. croyance, f.
Glaubensreiniger, =verbesserer, m. 1, réformateur.
Glaubensreinigung, =verbesserung, f. réformation.
Glaubenssache, f. matière de foi, point de religion, m. [f.
Glaubensstreit, m. 2, controverse,
Glaubenszwang, m. 2, gêne de la conscience (f.), de la foi.
Glaubersalz, n. 2, sel de Glauber, m. sulfate de soude.
Gläubig, adj. fidèle, croyant; plein de foi.
Gläubiger, m. 1, créancier.
Glaublich, adj. croyable; vraisemblable; probable.
Glaublichkeit, f. probabilité; apparence de vérité; vraisemblance.
Glaublos, adj. incroyable; sans foi.
Glaubwürdig, glaubhaft, adj. digne de foi, croyable; authentique; fidèle.
Glaubwürdigkeit, f. authenticité; véracité; crédibilité. [de mer.
Glauch, adj. verdâtre, couleur
Gleich, n. 2, prvcl. v. Gelenk.
Gleich, adj. égal; droit; pareil, identique, semblable; conforme, ressemblant; le, la même; pair; proportionné; indifférent; an Werth —, équivalent, équipollent; seines Gleichen, ses pareils, m. pl. ses semblables, ses égaux; einen wie seines Gleichen behandeln, traiter qn. de pair à compagnon; Leute wie seines Gleichen, des gens comme lui; er ist meines Gleichen, il est mon égal; dem Wasser —, à fleur d'eau; dem Rande —, bord à bord; — gelten, valoir autant; être indifférent; — lauten, s'ac-

corder, accorder; être conforme (mit. à): — halten, schätzen, estimer autant que ou à l'égal de; — stellen, setzen, dresser, ranger droit; égaler, comparer à, avec qch.; sich — stellen, s'égaler à qn.; — schlagen, aplanir, rendre uni; — werden, égaler qn., devenir l'égal de qn.; einem — stehen, être au niveau de qn., égaler qn.; einem andern — seyn wollen, se comparer à qn.; am Werth — seyn, gleiche Bedeutung haben, équivaloir; — machen, égaliser, niveler, aplanir; rendre uni, égal; dem Boden — machen, abattre, raser des fortifications; Gleiches mit Gleichem vergelten, rendre la pareille; —, sogleich, adv. d'abord, incontinent, aussitôt, tout à l'heure; immédiatement; er wird — kommen, il va venir; —, adv. (comm.) au pair; wenn —, ob —, conj. quoique, bien que; quand même; als —, de même que; tout comme; ainsi que; — als ob, comme si.
Gleichabstehend, adj. équidistant.
Gleichartig, adj. homogène, analogue. [analogie.
Gleichartigkeit, f. homogénéité;
Gleichbedeutend, =geltend, adj. synonyme; équivalent. [pareil.
Gleichbeschaffen, adj. semblable,
Gleichen, v. a. égaler; rendre égal; aplanir; égaliser; —, v. n. 5† (h.) ressembler à; égaler qch.
Gleicher, m. 1, équateur.
Gleichergestalt, =weise, Gleichfalls, adv. également, pareillement, de même.
Gleichewig, adj. coéternel.
Gleichfarbig, adj. de même couleur.
Gleichförmig, adj. conforme, uniforme, égal; proportionné; juste; qui a du rapport; analogue; analogique; mit etw. — machen, conformer à, accorder avec qch.
Gleichförmigkeit, f. conformité; uniformité; égalité; analogie.
Gleichgeltend, adj. équivalent.
Gleichgesinnt, adj. qui a les mêmes sentiments.
Gleichgewicht, n. 2, équilibre, m.; balance, f.; (peint.) pondération; (mar.) estive; die Wage steht im —, la balance est en équilibre; im — halten, balancer, contre-balancer; die Haltung des —s, le balancement.
Gleichgültig, adj. équivalent; indifférent; égal; indolent.
Gleichgültigkeit, f. égalité de valeur; équipollence || indifférence, apathie; indifférentisme, m.
Gleichheit, fém. égalité, parité,

conformité; ressemblance; völlige —, **identité.**

Gleichklang, m. 2*, (mus.) homophonie, f.

*Gleichkommen, v. n. (f.) égaler qch.; équivaloir; atteindre qn.

Gleichlaufend, adj. parallèle.

Gleichlaut, m. 2, (gramm.) consonnance, f. homonymie; (mus.) unisson, m.; harmonie, f.; accord, m.; der unvollkommene —, (gramm.) assonnance, f.

**Gleichlautend,** adj. (gramm.) consonnant, homonyme; harmonieux, conforme.

Gleichmacher, m. 1, niveleur.

Gleichmachung, f. aplanissement, m.; égalisation, f.; nivellement, m.; (astr.) équation, f.; assimilation.

Gleichmäßig, adj. proportionné; symétrique, égal, pareil; le même.

Gleichmuth, m. 2, Gleichmüthigkeit, f. égalité d'âme; assiette ordinaire de l'esprit; indifférence.

Gleichmüthig, adj. d'une humeur égale; indifférent.

Gleichnamig, adj. homologue; correspondant; (gramm.) homonyme.

Gleichniß, n. 2, image, f. figure, comparaison; parabole; allégorie.

Gleichsam, adv. comme; à peu près; pour ainsi dire; presque; comme si. [cèle.

Gleichschenkelig, adj. (géom.) iso-

Gleichseitig, adject. équilatéral; équilatère, f. réciproque; mutuel. [m.; comparaison, f.

Gleichstellung, f. redressement,

Gleichstimmig, adj. accordant; consonnant; harmonieux; —, adv. d'accord.

Gleichstimmung, f. accord, m.

Gleichung, f. aplanissement, m.; ressemblance, f.; redressement, m.; (alg.) équation, f.

Gleichviel, adv. tout autant; indifféremment; n'importe.

Gleichvielfach, adj. équimultiple.

Gleichweit, adj. aussi loin; — von einander stehend, équidistant.

Gleichwerbung, f. assimilation.

Gleichwie, conj. comme; tout de même, de même que; ainsi que.

Gleichwinkelig, adj. équiangle.

Gleichwohl, adv. pourtant, cependant, toutefois, néanmoins.

Gleichzeitig, adj. simultané; contemporain; synchrone; (méc.) isochrone.

Gleichzeitigkeit, f. simultanéité; contemporanéité; synchronisme de deux événements, m.

Gleichzu, adv. tout droit, sans Gleis, v. Geleise. [façons.

Gleißen, v. n. qqfois 5† (h.) luire; briller; fg. feindre, dissimuler.

Gleißner, m. 1, =inn, f. hypocrite, m. et f.; sournois, m. -e, f.; homme (femme) double, dissimulé (-e); fm. chattemite, f.

Gleißnerei, f. hypocrisie; duplicité, dissimulation, feinte.

Gleißnerisch, adj. hypocrite; dissimulé.

Gleitbahn, f. glissoire.

Gleiten, v. n. 5† (f.) glisser; (h.) aller sur la glace; —, s. n. 1, glissade, f.

Gletscher, m. 1, glacier.

Glied, n. 5, membre, m.; partie, f.; article, m.; chainon, anneau d'une chaine; rang des soldats; degré de parenté; (log.) terme.

Gliederbau, m. 2, organisation (f.), structure des membres.

Gliederfügung, f. articulation.

Gliederig, adj. composé de membres, qui a des membres; groß —, groß —, robuste, fm. membru.

Gliederkrankheit, f. Gliederweh, n. 2, maladie articulaire, f.; goutte; rhumatisme, m.

Gliederlahm, adj. perclus, paralytique.

Gliederlähmung, f. paralysie.

Gliedermann, m. 5*, mannequin.

Gliedern, v. a. composer de membres; fein gegliedert, qui a les membres délicats; grob gegliedert, v. Gliederig; gegliedert, (bot.) genouillé; fg. organisé (corps politique); construit (période).

Gliederpuppe, f. marionnette.

Gliederspannen, n. 1, spasme, m.

Gliedkraut, n. 5*, bétoine, f. crapaudine. [m.; organe.

Gliedmaß, n. exc. 1, membre, m.

Gliedschwamm, m. 2*, (chir.) fongus, champignon.

Gliedwasser, n. 1, synovie, f.

Gliedweise, adv. par articles; par chainons; par rangs (des soldats, etc.).

Glimmen, v. n. qqfois. 6 (h.) fumer; couver sous les cendres; prendre feu.

Glimmer, m. 1, faible lueur, f.; (minér.) mica, m. [micacé.

Glimmerhaltig, Glimmerig, adj.

Glimmern, v. n. reluire, briller faiblement.

Glimpf, m. 2, délicatesse, f. modération, douceur.

Glimpflich, adj. délicat, doux, modéré.

Glitschbahn, Glitsche, f. glissoire.

Glitschen, v. n. (f.), v. Gleiten.

Glitschig, adj. glissant.

Glöckchen, n. 1, clochette, f.

Glocke, f. cloche; die große —, bourdon, m.; —, (arch.) campane, f.; fg. horloge; heure; was ist die —? quelle heure est-il?

Glockenbalken, m. 1, hune, f.

Glockenbirn, f. cuisse-madame (poire). [chette.

Glockenblume, f. campanule, clo-

Glockenbtedel, m. 1, couvre-plat.

Glockenförmig, adject. campaniforme. [cloche, f.

Glockengehäuse, n. 1, cage d'une

Glockengeläute, n. 1, sonnerie, f.

Glockengießer, m. 1, fondeur de cloches.

Glockengut, n. 2, =speise, f. bronze, m. airain, métal de fonte, fonte, f.

Glockenklang, m. 2*, son des cloches; tintement. [la cloche.

Glockenklöppel, m. 1, battant de

Glockenläuter, m. 1, sonneur.

Glockenmaß, n. 2, diapason, m.

Glockenpfeffer, m. 1, poivron.

Glockenrand, m. 5*, =saum, m. 2*, pince d'une cloche, f.

Glockenring, m. 2, béliére, f.

Glockenschlag, m. 2*, son de la cloche; heure sonnante, f.; auf dem —, au coup de cloche.

Glockenschwengel, m. 1, bascule de la cloche, f.

Glockenspeise, f. v. Glockengut.

Glockenspiel, n. 2, carrillon, m.; das — spielen, carrillonner.

Glockenspieler, m. 1, carrillonneur.

Glockenstuhl, m. 2*, beffroi, hune, f. [cher.

Glockenthurm, m. 2*, beffroi, clocher.

Glockenzapfen, m. 1, tourillon.

Glockenzierath, m. exc. 1, (arch.) campane. [guillier.

Glöckner, m. 1, sonneur, mar-

Glorie, f. (peint.) auréole, nimbe, m.; gloire, f. honneur, m.

Glorreich, Glorwürdig, adj. glorieux. [re, m.

Glossarium, n. exc. 1, glossai-

Glosse, f. glose; interprétation; commentaire, m.; —n machen, gloser. [fg. fm. m. p. gloseur.

Glossenmacher, m. 1, glossateur;

Glotzen, v. n. (h.) pop. ouvrir de grands yeux, bayer.

Glotzig, adj., —t Augen, de gros yeux, m. pl.; des yeux hagards.

Gluchzen, v. n. (h.) sangloter, —, s. n. 1, sanglots, m. pl.; v. Glucken.

Glück, n. 2, fortune, f.; hasard, m.; bonheur; prospérité, f. félicité; succès, m.; — wünschen, féliciter, complimenter qn.; einem zum neuen Jahre — wünschen, souhaiter la bonne année à qn.; sich selbst — zu etw. wünschen, se féliciter, s'applaudir de qch.; — auf den Weg, bon voyage.

Glüden, *v. n. et imp.* (h. et f.) réussir, succéder à qn.

Glucken, Gluckern, *v. n.* (h.) glousser, closser; —, *z. n.* 1, gloussement, *m.* clossement.

Glucfglucf, *n.* 1, *fm.* glouglou, *m.;* — machen, glousser.

Gluchenne, *f.* poule qui glousse; couveuse; (*astr.*) poussinière.

Glücklich, Glückselig, *adj.* heureux; fortuné; sehr —, bienheureux.       [fortune.

Glücksball, *m.* 2*, jouet de la Glücksbude, *f.* bureau de loterie, *m.*      [périté; bonheur, *m.*

Glückseligkeit, *f.* félicité, prospérité; bonheur, *m.*

Glücksfen, *v.* Glucken.

Glücksfall, *m.* 2*, hasard, accident; chance, *f.;* coup de fortune, *m.;* von einem —e abhangend, chanceux.

Glücksgöttinn, *f.* Fortune (*déesse*).

Glückshafen, *m.* 1*, loterie, *f.*

Glückskind, *n.* 5, homme heureux, *m.* homme à bonne fortune, parvenu.

Glücksrad, *n.* 5*, roue de la fortune, *f.;* oracle, *m.;* (*jeu*) tourniquet.

Glücksritter, *m.* 1, aventurier; chevalier d'industrie.     [tune.

Glückssoldat, *m.* 3, soldat de for-

Glücksspiel, *n.* 2, jeu de hasard, *m.*

Glücksstern, *m.* 2, étoile heureuse, *f.* astre bénin, *m.*    [croc.

Glücksstoß, *m.* 2*, coup de rac-

Glückstopf, *m.* 2*, loterie, *f.;* blanque.       [tune, *f.*

Glücksumstände, *m. pl.* 2, for-

Glückswurf, *m.* 2*, coup heureux; chance, *f.*

Glückwunsch, *m.* 2*, vœux, *pl.;* souhaits, félicitation, *f.* congratulation ↄcompliment, *m.*

Glückwünschungsschreiben, *n.* 1, lettre de félicitation, *f.*

Glühe, *f.* chaude; (*chim.*) ignition.

Glühen, *v. a.* rougir au feu, donner la chaude, recuire; —, *v. n.* (h.) rougir, être rouge; brûler (aussi *fg.*).

Glühend, *adj.* rouge; ardent; de feu; brûlant; incandescent; —e Kohlen, de la braise.

Glühofen, *m.* 1*, (*verr.*) fourneau de calcination; (*artill.*) forge, *f.* fourneau, *m.*

Glühung, *f.; v.* Glühe.

Glühwein, *m.* 2, vin chaud.

Glühwurm, *m.* 5*, ver luisant.

Gluth, Glut, *f.* feu, *m.* braise, *f.* brasier, *m.; fg.* feu, ardeur, *f.* chaleur.

Gluthdeckel, *m.* 1, couvre-feu.

Gluthpfanne, *f.* braisière, brasier, *m.* réchaud.

Gluthschaufel, *f.* pelle à feu.

Gluthzange, *f.* pincettes, *pl.*

Gnade, *f.* grâce, faveur, bonté; clémence; pardon, *m.;* um — bitten, demander grâce, quartier ou pardon; crier merci; auf — und Ungnade sich ergeben, se rendre à discrétion; Euer Gnaden, (*tit.*) Monseigneur, Madame.

Gnaden, *v. n.* (h.) *p. us.* faire grâce, pardonner; Gott gnade dir! Dieu te soit propice!    [grâce.

Gnadenbezeugung, *fém.* faveur,

Gnadenbild, *n.* 5, image miraculeuse, *f.*       [rable.

Gnadenblick, *m.* 2, regard favo-

Gnadenbrief, *m.* 2, brevet; der Inhaber eines —s, brevetaire || lettres de grâce, *f. pl.*

Gnadenbrod, *n.* 2, pain d'aumône, *m.;* retraite, *f.*

Gnadenbund, *m.* 2, (*théol.*) nouvelle alliance, *f.* loi de grâce.

Gnadengabe, *f.* =ngeschenk, *n.* 2, grâce, *f.* don, *m.* faveur, *f.;* —, (*théol.*) don de la grâce, *m.*

Gnadengehalt, *m.* 2, pension, *f.*

Gnadenkraut, *n.* 5*, gratiole, *f.*

Gnadenlohn, *m.* 2, récompense gratuite, *f.*      [de grâce.

Gnadenreich, *adj.* gracieux; plein

Gnadensch, *masc.* 2*, coup de grâce.

Gnadenstuhl, *m.* 2*, (*théol.*) propitiatoire.       [munion.

Gnadentafel, *f.* table sainte, com-

Gnadenwahl, *f.* prédestination.

Gnadenzeit, *f.* temps de grâce, *m.*

Gnädig, *adj.* gracieux; favorable; clément, propice; —, *adv.* avec bonté; gnädiger Herr, Monseigneur.

Gneiß, *m.* 2, (*minér.*) gneiss.

Gnom, *m.* 3, *v.* Erdgeist.

Gnomonisch, *adj.* gnomonique.

Gnostiker, *m. pl.* 1, (*théol.*) gnostiques.

Gnu, *n.* 2, (*hist. nat.*) gnou, *m.*

Goelette, *f.* (*mar.*) goélette.

Gojavabaum, *m.* 2*, goyavier.

Gojave (indian. Birn), *f.* goyave.

Gold, *n.* 2, or, *m.; schlechtes — bas or; gediegenes —, or massif, vierge; nicht mit —e zu bezahlen, impayable.

Goldader, *f.* veine d'or; (*méd.*) hémorroïdes, *pl.*

Goldadergefäß, *n.* 2, (*méd.*) vaisseau hémorroïdal, *m.*

Goldadler, *m.* 1, aigle royal.

Goldammer, *f.* loriot, *m.* verdier, bréant.

Goldamsel, *f.* merle doré, *m.*

Goldapfel, *m.* 1*, pomme dorée (*f.*), d'amour.

Goldarbeit, *f.* orfévrerie; bijouterie.

Goldarbeiter, *m.* 1, orfévre; bijoutier.

Goldbarre, *f.* lingot d'or, *m.;* —n, *pl.* or en barres; matières d'or, *f. pl.*      [*f.* (*poisson*).

Goldbarsch, *m.* 2, perche dorée.

Goldbergwerk, *n.* 2, mine d'or, *f.*

Goldblättchen, *n.* 1, feuille d'or, les, *m.*       [d'or.

Goldblech, *n.* 2, lame (*f.*), plaque

Goldblume, *f.* chrysanthème, *m.*

Goldbrassen, *m.* 1, dorade, *f.* (*poisson*).       [châtain.

Goldbraun, *adj.* bai doré, bai

Goldbistel, *f.* épine jaune.

Goldbraht, *m.* 2*, fil d'or, filé.

Goldbrahtstange, *f.* bout d'or, *m.*

Goldbrahtzieher, *m.* 1, tireur d'or.

Golden, *adj.* d'or; (*rel.*) doré; *fg.* excellent, divin; er spricht —e Worte, il parle d'or, il dit d'or; einem —e Worte geben, donner à qn. les plus belles paroles du monde.     [thes —, cinabre, *m.*

Golderz, *n.* 2, mine d'or, *f.; ro-*

Goldfaden, *m.* 1*, fil d'or; der bide —, bouillon; *v.* Goldlahn.

Goldfarbe, *f.* couleur d'or, orpiment mordoré, *m.*

Goldfarbig, *adj.* de couleur d'or; blond (*cheveux*).

Goldfasan, *m.* 2, faisan doré.

Goldfinger, *m.* 1, doigt annulaire.

Goldfink, *m.* 3, pivoine.

Goldfirniß, *m.* 2, or, vernis d'or, batture, *f.*      [dorade, *f.*

Goldfisch, *m.* 2, poisson doré;

Goldfischer, *m.* 1, orpailleur.

Goldflimmer, Goldflitter, *m.* 1, paillette d'or, *f.*

Goldfuchs, *m.* 2*, alezan doré.

Goldgang, *m.* 2*, veine d'or, *f.*

Goldgelb, *adj.* jaune doré.

Goldgewicht, *n.* 2, poids de l'or, *m.*

Goldglätte, *f.* litharge d'or.

Goldglimmer, *m.* 1, mica jaune.

Goldgrube, *f.* minière ou mine d'or; *fg.* source de richesses.   [*f.*

Goldhaar, *m.* 2*, assiette d'or.

Goldgulden, *m.* 1, florin d'or.

Goldhaar, *n.* 2, cheveux blonds, *m. pl.;* chrysocome, *f.* (*plante*).

Goldhahn, *m.* 1, avoine jaune, *f.*

Goldhähnchen, *n.* 1, roitelet huppé, *m.;* anémone jaune des blés, *f.*       [l'or, aurifère.

Goldhaltig, *adj.* qui renferme de

Goldkäfer, *m.* 1, émeraudine, *f.* chrysomèle, *m.*

Goldkalk, *m.* 2, or calciné.

Goldkarpfe, *m. exc.* 2, carpe dorée, *f.*       [seau).

Goldkehle, *f.* suce-fleur, *m.* (*oi-*

Goldkies, *m.* 2, pyrite jaune, or minéralisé.

Goldfiffen, n. 1, (dor.) coussi-net, m.

Goldflumpen, m. 1, masse d'or, f.; tas (m.), monceau d'or.

Goldfönig, m. 2, régule d'antimoine imprégné d'or.

Goldforn, n. 5*, grain d'or, m.

Goldfüfte, f. (géogr.) Côte-d'or, côte de Guinée.

Goldlack, m. 2, cire jaune d'or, f.; vernis d'or, m.; (bot.) giroflée jaune, f. bâton d'or, m.

Goldlahn, m. 2, lame d'or, f.; der geschlungene —, bouillon, m.; mit geschlungenem — besehen, bouillonner.    [chrysocolle.

Goldleim, m. 2, soudure d'or, f.;

Goldmacher, m. 1, adepte, alchimiste, souffleur.

Goldmacherei, f. Goldmacherkunst, f.*, alchimie, chrysopée.

Goldmünze, f. monnaie d'or.

Goldpapier, n. 2, papier doré, m.

Goldplättchen, n. 1, paillette d'or, f.

Goldplatte, f. plaque d'or.

Goldprobe, f. épreuve de l'or, touche.

Goldpulver, n. 1, poudre d'or, f.; poudre fulminante ou de projection.    [fertile en or.

Goldreich, adj. riche, abondant,

Goldfanb, m. 2, sable d'or.

Goldschaum, m. 2, oripeau.

Goldscheider, m. 1, affineur d'or.

Goldschläger, m. 1, batteur d'or.

Goldschlägerhaut, f.*, -häutchen, n. 1, baudruche, f.

Goldschmied, m. 2, orfévre.

Goldschmiedsarbeit, f. orfévrerie.

Goldschmiedszeichen, n. 1, coin, m.; marque, f.

Goldschwanz, m. 2*, queue rouge (oiseau), f.    [d'or.

Goldschwefel, m. 1, arsenic mêlé

Goldspinner, m. 1, fileur d'or.

Goldstämpel, m. 1, contrôle.

Goldstange, f., v. Goldbarre.

Goldstaub, m. 2, poudre d'or, f.; paillettes d'or, pl.

Goldstein, m. 2, pierre d'or, f.; (joaill.) chrysolithe; pierre de touche.

Goldsticker, m. 1, brodeur en or.

Goldstoff, m. 2, drap d'or, brocart.

Goldstück, n. 2, médaille (f.) ou pièce d'or, or en lingot, m.

Goldstufe, f. mine d'or.

Goldsucher, m. 1, arpailleur.

Goldteig, m. 2, or moulu.

Goldtinctur, f. or potable, m.; teinture du soleil, f.

Goldwage, f. trébuchet, m. balance fine, f.; (monn.) piquet, m.; fig. jedes Wort auf die — legen, peser toutes ses paroles.

Goldwäsche, f. lavage de l'or, m.; lavoir, lieu où l'on prépare l'or de rivière.

Goldwäscher, n. 1, orpailleur, arpailleur.

Goldwasser, n. 1, eau d'or, f.

Goldweinstein, m. 2, tartrite d'or.

Goldwespe, f. chrysis.

Goldwolf, m. 2*, loup doré, chacal.    [chard (insecte).

Goldwurm, m. 5*, bupreste, ri-

Goldwurz, f. chélidoine, éclaire (plante).

Golf, m. 2, (géogr.) golfe.

Gondel, f. gondole.

Gondelführer, m. 1, gondolier.

Gönnen, v. a. vouloir ou souhaiter du mal ou du bien à qn.; ne pas envier; accorder, permettre; nicht —, envier.

Gönner, m. 1, -inn, f. protecteur, m. -trice, f.; patron, m. -ne, f.; bienfaiteur, m. -trice, f.; der hohe —, Mécène, m.

Göpel, m. 1, (min.) engin, machine à molette, f. machine hydraulique.

Gort, m. 2, ficelle, f. ganse.

Gosche, f. bas, moufle, m. gueule, f.

Gosse, f. égout, m. ruisseau; rigole, f.; (cuis.) évier, m.

Gossenstein, m. 2, pierre d'évier, f.; —e, pl. (pav.) contre-jumelles.

Gothisch, adj. gothique; surhaussé (voûte).

Gothland, Gothie, f. (pays).

Gothländer, m. 1, Gothe, m. 3, Goth.

Gott, m. 5*, Dieu, Éternel, Être suprême; helf euch —, Dieu vous bénisse! Dieu vous aide! um Gottes willen, pour l'amour de Dieu; — befohlen, adieu! || Götter, pl. dieux; divinités, f. pl.; die unterirdischen Götter, les dieux infernaux, m. pl. dieux manes.

Gottergeben, adj. soumis, dévoué à Dieu, résigné à la volonté de Dieu.

Götterlehre, f. mythologie, fable.

Göttermahl, n. 2, festin des dieux, m.; (ant. r.) lectisternes, pl.

Götterspeise, f. ambroisie; mets des dieux, m. mets délicieux.

Götterspruch, m. 2*, oracle.

Göttertrank, m. 2*, nectar.

Gottesacker, m. 1*, cimetière.

Gottesdienst, m. 2, culte, exercice de la religion; service divin; (cath.) office; den — verrichten, officier.

Gottesdienstlich, adj. religieux.

Gottesfurcht, f. crainte de Dieu; religion, piété, dévotion.

Gottesfürchtig, adj. craignant

Dieu; pieux, religieux, dévot.

Gottesgelehrsamkeit, Gottesgelahrtheit, f. théologie.

Gottesgelehrte, m. 3, théologien.

Gotteshaus, n. 5*, temple, m. église, f.

Gotteskasten, m. 1*, tronc.

Gotteslamm, n. 5*, agneau de Dieu, m.; das wächserne —, agnus, agnus Dei.

Gottesläfterer, m. 1, blasphémateur; sacrilége.

Gotteslästerlich, adj. blasphématoire.

Gottesläfterung, f. blasphème, m.

Gottesläugner, m. 1, athée.

Gottesläugnung, f. athéisme, m.

Gottessohn, m. 2, récompense du ciel, f.    [cide.

Gottesmord, m. 2, (cath.) déi-

Gottespfennig, m. 2, denier à Dieu, arrhes, f. pl.

Gottestisch, m. 2, sainte cène, f. communion.

Gottesurtheil, m. 2, ordalie, f.

Gottesverächter, m. 1, contempteur de Dieu, profane, impie.

Gottesverehrung, f., voy. Gottesdienst.    [pie; irréligieux.

Gottesvergessen, adj. profane, im-

Gottesvergessenheit, f. impiété, irréligion.

Gotteswort, n. 2, parole de Dieu, f. saintes écritures, pl. Bible.

Gottfried, n. pr. m. Géofroi, Godefroi.

Gottgefällig, adj. agréable à Dieu.

Gotthard, n. pr. m. Godard, f. (montagne) le Saint-Gothard.

Gottheit, f. divinité; déité.

Göttingen, Gœttingue (ville).

Göttinn, f. déesse.

Göttlich, adj. divin; céleste.

Göttlichkeit, f. divinité; essence, nature divine.

Gottlieb, n. pr. m. Amédée, Théophile.

Gottlos, adj. impie, profane; irréligieux; méchant; mécréant.

Gottlosigkeit, f. impiété, irréligion; athéisme, m.

Gottmensch, m. 3, homme-Dieu.

Gottselig, adj. pieux, religieux, spirituel; dévot; —e Werke, n. pl. des œuvres pies, f. pl.; zum Andenken, d'heureuse ou de bienheureuse mémoire.

Gottseligkeit, f. piété, dévotion.

Göße, m. 2, idole, f. faux dieu, m. fétiche, dieu fétiche.

Göyenbild, n. 5, simulacre, m. idole, f. image, statue, pagode dans l'Inde.

Göyendiener, m. 1, idolâtre.

Göyendienst, m. 2, idolâtrie, f.

Göyenhain, m. 2, bocage, bosquet dédié à une idole.

Gößenopfer, *n.* 1, sacrifice fait à une idole, *m.*

Gößenpriester, *m.* 1, prêtre d'une idole, bonze.

Gößenstein, *m.* 2, (*ant.*) bétyle.

Gößentempel, *m.* 1, temple d'une idole.

Grab, *n.* 5*, tombeau, *m.* fosse, *f.* tombe; *fg.* mort; cercueil, *m.*; das leere —, cénotaphe; heilige —, saint sépulcre.

Graben, *m.* 1*, fossé; canal; tranchée, *f.*; conduit, *m.*; mit — umgeben, fossoyer.

Graben, *v. a.* 7, creuser, fouiller; fouir; remuer *la terre*; bêcher; (*grav., etc.*) graver; burliner; ciseler; —, *s. n.* 1, fouille, *f.* fossoyage, *m.*; (*grav.*) gravure, *f.* [soyeur.

Gräber, *m.* 1, bêcheur; fos-

Grabhügel, *m.* 1, élévation de terre sur un tombeau, *f.* tombeau, *m.* [bre, *m.*

Grablied, *m.* 5, cantique funé-

Grabmahl, *n.* 2 *et* 5*, tombeau, *m.* sépulcre, mausolée, monument.

Grabmeißel, *m.* 1, ciselet.

Grabschaufel, *f.* Grabscheit, *n.* 2, bêche, *f.* pelle.

Grabschrift, *f.* épitaphe.

Grabstätte, *f.* tombe, tombeau, *m.* sépulture, *f.*

Grabstein, *m.* 2, tombe, *f.* pierre sépulcrale.

Grabstichel, *m.* 1, burin; poinçon; ciselet; mit dem — arbeiten, stechen, buriner.

Grabtuch, *n.* 5*, drap mortuaire, *m.* linceul, suaire.

Grad, *m.* 2, degré; grade; période; (*orf.*) denier *de l'argent*; carat *de l'or*; den — ertheilen, graduer qn.; den — annehmen, prendre le grade; der höchste —, le plus haut période, (*maladie*) comble; maximum, nec-plus-ultra; (*math. et fg.*) faîte; im höchsten —, au plus haut degré, au dernier point.

Gradbogen, *m.* 1*, cercle *ou* arc de cercle divisé en degrés; transporteur, rapporteur.

Gradbuch, *n.* 5*, (*mar.*) portulan, *m.*

Gradreifen, *n.* 1, gradine, *f.*

Gradiren, *v. a.* graduer; faire la graduation; (*orf.*) affiner.

Gradirhaus, *n.* 5*, graduation, *f.* chambre graduée; bâtiment de graduation, *m.*

Gradirung, *f.* graduation.

Gradirwasser, *n.* 1, eau graduée, *f.*

Gradleiter, *f.* (*math.*) échelle.

Gradual, *n.* 2, (*égl.*) graduel, *m.*

Graduiren, *v. a.* graduer; —, r. *n.* (h.) se faire graduer,

---

Grabuirte, *m.* 3, gradué.

Grabweise, *adv.* graduellement; par degrés.

Graf, *m.* 3, Gräfinn, *f.* comte, *m.* comtesse, *f.* [comte, *f.*

Grafenstand, *m.* 2*, dignité de Gräflich, *adj.* comtal, de comte; —, *adv.* en comte, en comtesse.

Grafschaft, *f.* comté, *m.*; comtat.

Gram, *m.* 2, (*sans pl.*) chagrin, peine, *f.* affliction, ennui, *m.*; regrets, *pl.*; —, *adj.*, einem — seyn *ou* werden, prendre qn. en haine *ou* en aversion; en vouloir à qn.

Grämen (sich), s'affliger, s'attrister, se chagriner; sich äußerst —, se désespérer.

Grämlich, *adj.* chagrin, fâcheux, morose, bourru, de mauvaise humeur. [meur chagrine.

Grämlichkeit, *f.* morosité, hu-

Grämling, *m.* 2, bourru, homme chagrin, morose.

Gramlos, *adj.* sans chagrin, calme, gai.

Grammatif, *f.* grammaire.

Grammatifalisch, Grammatisch, *adj.* grammatical. [rien.

Grammatiker, *m.* 1, grammai-

Gran, *m.* 2, grain (*poids*).

Granaba, Grenade, *f.* (*pays*).

Granat, *m.* 3 *ou* 2, grenat.

Granatapfel, *m.* 1*, grenade, *f.*; der wilde —, balauste.

Granatbaum, *m.* 2*, grenadier; der wilde —, balaustier.

Granatblüthe, *f.* fleur de grenade.

Granate, *f.* (*guer.*) grenade; *v.* Granat, Granatapfel.

Granatstein, *m.* 2, grenat.

Granatvogel, *m.* 1*, pinson de Brésil.

Grand, *m.* 2, gravier, *v.* Kies; —, *m.* 3, (*titre*) Grand *d'Espagne*.

Grandicht, Grandig, *adj.* graveleux.

Granit, Granitstein, *m.* 2, granit.

Granitartig, *adj.* granitelle.

Granne, *f.* barbe *des épis*, arête.

Granuliren, *v. a.* granuler; —, *s. n.* 1, granulation, *f.*

Gränzbaum, *m.* 1*, arbre de lisière.

Gränzberichtigung, *f.* bornage, réglement des frontières, délimitation, *f.*; (*jur. ol.*) cerquemanement, *m.*

Gränzbesichtigung, *f.* visite des bornes, des frontières.

Gränze, *f.* bornes, *pl.* limites; confins, *m. pl.*; frontière, *f.*; barrière: lisière *d'un champ*.

Gränzen, *v. n.* (h.) confiner, avoisiner qch.; *fg.* approcher de, aboutir à. [limité.

Gränzenlos, *adj.* sans bornes, il-

---

Gränzfestung, *f.* place frontière.

Gränzhügel, *m.* 1, colline limitrophe, *f.*

Gränzleite, *f.* cordon, *m.*

Gränzlinie, *f.* ligne de démarcation.

Gränznachbar, *m. exc.* 1, voisin.

Gränzpfahl, *m.* 2*, poteau.

Gränzsäule, *f.* borne; terme, *m.*

Gränzscheider, *m.* 1, ol. cerquemaneur.

Gränzscheidung, *f.* ol. cerq emanement, *m.*; limites, *f. pl.* confins, *m. pl.*

Gränzschütze, *m.* 3, messier des frontières.

Gränzstadt, *f.*, ville frontière.

Gränzstein, *m.* 2, borne, *f.*; das Setzen der —e, bornage, *m.*

Gränzvergleich, *m.* 2, traité de bornage. [frontière.

Gränzweg, *m.* 2, chemin sur la

Gränzwildpret, *m.* 2, gibier qui se forpaise, *m.* [terme, borne, *f.*

Gränzzeichen, *n.* 1, poteau, *m.*

Grapp, *v.* Krapp. [gripper.

Grapsen, *v. n.* (h.) *pop.* rafler,

Gras, *m.* 5*, herbe, *f.*; (*bot.*) gramen, *m.* graminée, *f.* gazon, *m.*; herbage; vert; die Pferde ins — treiben, mettre les chevaux au vert; das kurze —, herbette, *f.*; *v.* Weißen.

Grasart, *f.* graminée.

Grasbank, *f.*, banc de gazon, *m.*

Grasbeben, *m.* 1*, gazon; pré, prairie, *f.*; pelouse.

Grasen, *v. n.* (h.) couper l'herbe, faucher; paître, brouter l'herbe (*animal*); —, *s. n.* 1, pâture, *f.*

Graser, *m.* 1, faucheur; (*cha.*) langue *du cerf*, *f.*

Grasfressend, *adj.* herbivore.

Grasfrosch, *m.* 2*, grenouille verte, *f.*

Grasgarten, *m.* 1*, jardin herbu.

Grasgrün, *adj.* vert naissant.

Grashalm, *masc. exc.* 1, brin d'herbe.

Grashecht, *m.* 2*, brocheton.

Grashirsch, *m.* 2, cerf maigre.

Grashüpfer, *m.* 1, grillon, sauterelle, *f.*

Grasicht, *adj.*, dies hat einen —en Geschmack, cela sent l'herbe.

Grasig, *adj.* couvert d'herbe; v.

Grasreich, [champeaux, *pl.*

Graslaub, *m.* 5*, herbage, *m.*

Grasleber, *m.* 1, conferve, *f.* (*mousse*).

Grasmücke, *f.* fauvette.

Graspflanze, *f.*, *v.* Gras (*bot.*).

Grasplaß, *m.* =stück, *n.* 2, *v.* Grasboden.

Grasreich, *adj.* herbu, herbeux.

Graß, Gräßlich, *adj.* hideux,

affreux, épouvantable, horrible; hagard (*yeux*).

Graßiren, *v. n. et imp.* (h.) régner, sévir, courir (*des maladies*).

Gräßlichkeit, *f.* horreur.

Graßpecht, *m.* 2, petit pivert.

Grasung, *f.* pâturage, *m.*; herbage. [bage, *m.*; prairie, *f.*

Graswachs, *m.* 2, =weibe, *f.* her Grat, *m.* 2, fil, tranchant.

Gräte, *f.* arête; bie —en aus einem Fische herausnehmen, désosser un poisson.

Grath, *m.* 2, arête d'une épée, *f.*; arête, crête d'un rocher; ben — nehmen, donner le fil à un rasoir.

Grathhobel, *m.* 1*, bouvier.

Grathsparren, *m.* 1, arêtier.

Gratial, *n.* 2, gratification, *f.*

Grätig, *adj.* qui a des arêtes.

Grathhier, *n.* 2, petit chamois rougeâtre, *m.*

Gratulation, *f.* félicitation.

Gratuliren, *v. n.* (h.) féliciter qn.

Grau, *adj.* gris, grison; chenu, blanc *de vieillesse*; vieux; vor —en Jahren, il y a des siècles, dans les temps les plus reculés; — werben, grisonner, blanchir; —t, *s. n.* 3, gris, *m.*

Graubart, *m.* 2*, *fm.* barbe grise, *f.* grison, *m.* barbon.

Grau=ünten, pays des Grisons, *m.*

Graubündner, *m.* 1, Grison.

Gräuel, *m.* 1, horreur, *f.*; abomination, exécration, détestation; *fg.* monstre, *m.*; bas ift mir ein —, j'ai cela en horreur.

Gräuelthat, *f.* action horrible, horreur, forfait, *m.*

Grauen, *v. n.* (h.) grisonner; poindre; ber Tag grauet, le jour commence à poindre; —, *v. imp.* (h.), einem vor etw. —, craindre qch.; avoir peur de qch.; avoir de l'aversion pour qch.; frémir; être saisi d'horreur; —, *s. n.* 1, horreur, *f.*

Grauenhaft, *v.* Gräulich.

Graukopf, *m.* 2*, tête grise, *f.* vieillard, *m. fm.* grison.

Graulich, *adj.* grisâtre.

Gräulich, *adj.* horrible, abominable, exécrable, détestable, affreux.

Graumeise, *f.* mésange grise.

Graupe, *f.* gruau, *m.*; blé mondé; —tn, *pl.* grésil.

Gräupeln, *v. imp.* (h.) grésiller.

Graupenhagel, *m.* 1, grésil.

Graupenmühle, *f.* moulin à monder l'orge, *m.*

Graus, *adj.* affreux, effrayant; —, *m.* 2, Grausen, *n.* 1, effroi, *m.* terreur, *f.* horreur; (*arch.*) décombres, *m. pl.* ruines, *f. pl.*

Grausam, *adj.* cruel, barbare, inhumain, féroce, atroce.

Grausamkeit, *f.* cruauté, barbarie, inhumanité, férocité, atrocité.

Grauscheckig, *adj.* gris moucheté.

Grauschimmel, *m.* 1, cheval gris.

Grausen, *v. imp.* (h.), *v.* Grauen, *v. imp.*; —, *s. n.*, *v.* Graus.

Grausenhaft, *v.* Gräulich.

Grausenheft, *m.* 2, torche-pot (*oiseau*). [gesprenkelt, grivelé.

Grauweiß, *adj.* gris-blanc; —

Grauwerk, *n.* 2, petit-gris, *m.*

Graviren, *v. a.* graver; charger, incriminer. [air sérieux.

Gravität, *f.* gravité, sérieux, *m.*

Gravitätisch, *adj.* grave, sérieux.

Grazie, *f.* grâce.

Graziehaft, *adj.* gracieux.

Grebe, *f.* grèbe (*oiseau*).

Gregor, *n. pr. m.* Grégoire.

Gregorianisch, *adj.* grégorien.

Greif, *m.* 2, ou Vogel —, griffon.

Greifen, *v. a. et n.* 5† (h.) prendre, saisir, appréhender; toucher une corde, *etc.*; mordre (*scie*); zum Degen —, mettre la main à l'épée; an ben Puls —, tâter le pouls de qn.; *fg.* einem ans Leben —, attenter à la vie de qn.; einem unter bie Arme —, soulager, assister qn.; in feinen eigenen Busen —, mettre la main sur la conscience; man kann es mit Händen —, on peut toucher cela au doigt, cela saute aux yeux; einem in feine Rechte —, empiéter sur le droit de qn.; weit um sich —, s'étendre; se répandre; gagner; in einander —, (*méc.*) s'engrener. [dor.

Greifgeier, *m.* 1, griffon, condor.

Greinen, *v. n.* (h.) *fm.* pleurer, pleurnicher, larmoyer.

Greis, *m.* 2, vieillard.

Greisen, *v. n.* (h.) vieillir, grisonner.

Grell, *adj.* aigu, grêle, perçant; (*peint.*) dur, tranchant, cru.

Grelle, *n.* 3, crudité, *f.*

Grempel, *m.* 1, friperie, *f.*

Grempelmarkt, *v.* Trödelmarkt.

Grempeln, *v. a.* revendre.

Grempler, *m.* 1, fripier.

Grenadier, *m.* 2, grenadier.

Grenadiermütze, *f.* bonnet de grenadier, *m.*

Grenabiertasche, *f.* grenadière.

Grenbel, *n.* 1, levier, *m.* timon, barre à verrouiller, *f.* [Gräuel.

Grenze, Greuel, voyez Gränze,

Gretchen, Grethe, *n. pr. f.* Marguerite, Margot, Margothon.

Grevelingen, Gravelines (*ville*).

Grieben, *f. pl.* (*cuis.*) cretons, *m. pl.*

Griebenfieber, *m.* 1, cretonnier.

Grieche, *m.* 3, grec; helléniste.

Griechenland, Grèce, *f.* (*pays*).

Griechisch, *adj.* grec, grecque; —, *adv.* à la grecque; bas —e Feuer, le feu grégeois, *m.*; Heu, fenugrec.

Grierstäse, *m.* 1, fromage de Gruyère.

Gries, *m.* 2, gravier, gros sable; (*méd.*) gravelle, *f.*; mit —behaftet, graveleux || gruau, *m.*; (*comm.*) *v.* Grießig, *n.*

Griesbrei, *m.* 2, =mus, *n.* 2, bouillie de gruau, *f.*

Griesgram, *m.* 2, *fm.* mauvaise humeur, *f.* mélancolie; —, *m. et adj.* grogneur.

Griesbuhn, *n.* 5*, glaréole, *f.*

Griesicht, Grießig, *adj.* graveleux; (*méd.*) calculeux || ce qui tient du gruau.

Grießig, *n.* 2, (*comm.*) grabeau, *m.*

Grießkleie, *f.* fleurage, *m.*

Grießkelit, *f.* colique graveleuse.

Grießmehl, *n.* 2, farine de gruau.

Grießstein, *m.* 2, jade. [f.

Griff, *m.* 2, attouchement; toucher || poignée d'une épée, *f.*; manche, *m.*; anse, *f.*; portant, *m.* manivelle, *f.* oreille; —t, *pl.* touches d'un luth, *etc. f. pl.*; *fg.* tour d'adresse, *m.* finesse, *f.*; im —haben; trouver à tâtons.

Griffbrett, *n.* 5, manche (*m.*), touche (*f.*), table d'un violon, d'un luth, *etc.*

Griffel, *m.* 1, style; crayon d'ardoise; touche servant à faire épeler, *f.*; burin, *m.* poinçon.

Griffelförmig, *adj.* (*bot.*) styloïde. [*cheval*) cramponner.

Griffen, *v. a.* ferrer à glace (*un* Grifftriebel, *m.* 1, chasse-poignée.

Grille, *f.* grillon, *m.* (*petit insecte*); *fg.* caprice, fantaisie, *f.* boutade, rêverie, chimère; *fm.* —n fangen, rêver; songer creux; —n haben, avoir des quintes, avoir martel en tête.

Grillenfänger, *m.* 1, =inn, *f.* rêveur, *m.* -se, *f.* fantasque, *m. fm.* ratier, -ère, *f.*

Grillenfängerisch, Grillenhaft, *adj.* rêveur; capricieux, quinteux, fantasque, bizarre.

Grillenspiel, *n.* 2, jeu du solitaire, *m.*

Grillenwerk, *n.* 2, (*peint.*) grotesques, *m. pl.*

Grimasse, *f.* grimace.

Grimm, *m.* 2, fureur, *f.* furie, rage, colère; courroux, *m.*

Grimmdarm, *m.* 2*, colon.

Grimmbaringetröse, *n.* 1, mésocolon, *m.*

Grimmen, v. n. (h.) causer des tranchées de ventre; —, v. imp. (h.) avoir la colique; —, s. n. 1, colique, f. tranchées, pl.

Grimmig, adj. furieux; furibond, enragé; féroce; farouche; fg. excessif.

Grind, m. 2, gale, f. teigne, gratelle; croûte, escarre sur les plaies.                    [Grindig.

Grindartig, adj. scabieux; voy.

Grindblatter, f. barbuquet, m.

Grindig, adj. galeux, teigneux; rogneux.                    [gneux.

Grindkopf, m. 2*, injur. teiGrindkraut, n. 5*, scabieuse, f.

Grindsalbe, f. onguent contre la teigne, m.                    [sauvage.

Grindwurzel, f. parelle, patience

Grinsen, Grinzen, v. n. (h.) ricaner; fm. pleurer; grinsen, (min.) entrer en fusion; —, s. n. 1, ricanement, m.

Grob*, adj. gros, grossier; épais, massif, lourd; rude; fg. id., impoli; brusque, malhonnête; — und bumm, brutal; aus dem —en arbeiten, dégrossir; gruger du marbre; fg. défricher; das ist zu —, c'en est trop.                    [d'argue.

Grobdrahtzieher, m. 1, pousseur

Grobfeile, f. carreau, m.

Grobgliederig, adj. membru.

Grobgrän, n. 2, gros grain, m. gros de Naples (étoffe).

Grobhechel, f. ébauchoir, m.

Grobheit, f. grossièreté; fg. id., incivilité, impolitesse; dumme —, brutalité; injures, pl.

Grobian, m. 2, rustre, lourdaud; insolent, impertinent.

Gröblich, adj. un peu gros, grossier; fg. grossier; adv. -èrement.

Gröbs, m. 2, trognon (des pommes, etc.).

Grobschmied, m. 2, maréchal ferrant; forgeron.

Groll, m. 2, rancune, f. haine, animosité, fm. pique; einen — auf einen haben, fm. avoir une dent contre qn.

Grollen, v. n. (h.) avoir de la rancune; fm. avoir une dent contre qn.                    [(pays).

Grönland, n. Groënland, m.

Grönländer, m. 1, grönländisch, adj. groënlandais.

Grönlandfahrer, m. 1, pêcheur de baleines, vaisseau pour la pêche des baleines.

Groschen, m. 1, gros (monnaie).

Groß*, adj. grand; haut, élevé; spacieux; prodigieux, énorme; infini; fort, impétueux (vent); gros, vaste; ample; fg. grand; insigne; célèbre; grandiose (style); majuscule (lettre); ziemlich —, fm.

grandelet; überaus —, fm. grandissime; er ist um einen Kopf größer als ich, il me passe de toute la tête; — werden, grandir; — ziehen, élever; cultiver; — achten, estimer; faire cas de qch.; größer machen, agrandir, exagérer; — thun, faire grande figure; se vanter, se glorifier; faire étalage (mit, de); sich mit etw. — machen, fg. se glorifier de qch.; se faire fort de qch.; se donner des airs.

Groß, n. 2, grosse, f. (12 douzaines).

Großadmiral, m. 2*, grand amiral; (Turq.) capitan-pacha.

Großältermutter, f.*, bisaïeule.

Großältern, pl. aïeux, m. pl.

Großältervater, m. 1*, bisaïeul.

Großbotschafter, m. 1, plénipotentiaire, ambassadeur extraordinaire.

Großbritanien, grande Bretagne, f. (royaume).

Großbrüstig, adj. fm. mamelu.

Großcommenthur, m. 2, grand commandeur.

Große, n. 3, grand, m.; grandeur, f.; im —n handeln; faire le commerce en gros.

Größe, f. grandeur, hauteur, élévation; grosseur; (artill.) calibre d'une balle, m.; quantité, f.; multitude; sublimité; dignité; énormité d'un crime; grièveté d'une offense.                    [fils.

Großenkel, m. 1, arrière-petit-Größenlehre, f. mathématiques, pl.                    [Russie), v. Großherzog.

Großfürst, m. 3, zinn, f. (en Großgliederig, adj. membru.

Großhandel, m. 1, commerce en gros, grosserie, f.

Großhändler, m. 1, marchand ou commerçant en gros, fm. marchand-grossier.

Großherr, m. 3, Grand Seigneur, Sultan, Grand Turc.

Großherrisch, adj. magnifique, superbe; — thun, trancher du grand seigneur.

Großherrlich, adj. appartenant au Grand Seigneur, (ordre) émané du Grand Seigneur.

Großherzig, adj., v. Großmüthig.

Großherzog, m. 2, zinn, f. grand-duc, — m. grande-duchesse, f.

Großherzoglich, adj. grand-ducal.

Großherzogthum, n. 5*, grand-duché, m.

Großjährig, adj., v. Mündig.

Großkämmerer, masc. 1, grand chambellan.                    [celier.

Großkanzler, m. 1, grand chan-Großknecht, m. 2, maitre-valet.

Großkreuz, n. 2, grand'croix, f; grand-croix, m.

Großmächtig, adj. très-puissant, très-grand.

Großmaul, n. 5*, grande bouche, f.; grande gueule; fg. hableur, m. fanfaron.                    [tre.

Großmeister, m. 1, grand maiGroßmeisterthum, n. 5*, dignité de grand maitre, f.; magistère de l'ordre de Malte, m.

Großmögend, adj. grand et puissant; —t Herren, Leurs Hautes Puissances, f. pl. (titre).

Großmuth, fém. magnanimité, grandeur d'âme, générosité.

Großmüthig, adj. magnanime, généreux.                    [aïeule.

Großmutter, fém.*, grand'mére,

Großoctav, n. indécl. grand in-octavo, m.

Großprahler, v. Großsprecher.

Großsiegelbewahrer, m. 1, garde des sceaux.

Großsprecher, m. 1, rodomont, fanfaron, glorieux, hableur, gascon, capitan, matamore, bravache, f.

Großsprecherei, f. rodomontade; fanfaronnade, gasconnade, bravade, jactance.                    [fanfaron.

Großsprecherisch, adj. glorieux;

Großstallmeister, m. 1, grand écuyer.

Großsultan, m. 2, v. Großherr.

Größtentheils, adv. (pour) la plupart.

Großthun, n. 1, v. Großsprecherei.

Großtruchseß, m. 2, archiécuyer tranchant.

Großtürke, m. 3, grand turc.

Großvater, m. 1*, grand-père, aïeul.                    [teuil.

Großvaterstuhl, m. 2*, fm. fauGroßvezier, m. 2, grand visir.

Großwürdenträger, m. 1, grand dignitaire.

Grotesk, adj. grotesque; —en, f. pl. grotesques, m. pl.

Grotte, f. grotte; antre, m.

Grottenwerk, n. 2, rocaille, f.

Grübchen, n. 1, fossette, f.

Grube, f. fosse, creux, m.; tombeau; (cha.) terrier; mine, f. minière; (pav.) flache; einen eine — graben, tendre des pièges à qn.

Grübelei, f. recherche, spéculation; raffinement, m.; rêverie, f.

Grübeln, v. n. (h.) fouiller; fg. subtiliser; critiquer, raffiner; fm. métaphysiquer; —, s. n. 1, raffinement, m.

Grübelnuß, f*, noix angleuse.

Gruben, v. a. houer la vigne.

Grubenarbeit, f. exploitation des mines; —et, m. 1, mineur.

Grubenblende, f. lanterne de mineur.

Grubenkittel, m. 1, habit de mineur.    [mineur, f.
Grubenlicht, n. 5, chandelle de
Grubensteiger, m. 1, inspecteur
d'une mine.
Grubenwasser, n. 1, eau dans les
mines, f.    [d'une mine.
Grubenzug, m. 2*, mesurage
Grubig, adj. plein de creux.
Grübler, m. 1, qui raffine.
**Gruft,** f.*, tombeau, m.; caveau; fosse, f.; die unterirdischen
Grüfte unweit Rom, les catacombes de Rome.
Grummet, n. 2, regain, m.
Grün, adj. vert; fg. nouveau,
neuf; jeune; frais; âpre, sur; vif
(bois); —e Kräuter, des verdures,
f. pl.; die —e Flußschale, écale;
eine —e Haut, une peau crue; der
—e Donnerstag, le jeudi saint;
— und gelb, livide; —, n. 3,
vert, m.; verdure, f.; gazon,
m. herbage.
Grund, m. 2*, fond, fondement;
base, f.; support, m. ‖ terrain,
sol, terre, f. terroir, m.; (féod.)
glèbe, f.; lit d'un canal, etc., m.
‖ lie d'un tonneau, f. ‖ (peint.)
impression, première couche; derrière d'un tableau, m.; (teint.)
pied; (rel.) assiette pour dorer,
f.; (dor.) batture, mordant, m.;
fg. fond, fondement, base, f.
principe, m. source, f.; raison,
motif, m. argument; —e für etw.
anführen, motiver qch.; argumenter pour qch.; — und Boden,
fonds, territoire; ein seichter —,
(mar.) un bas-fond; im —, au
fond, foncièrement; aus dem —,
à fond; radicalement (guérir);
von — aus, (détruire) de fond en
comble; ohne —, sans fondement,
gratuitement; zu — richten, ruiner, perdre, achever, mettre à
bas, abymer.
Grundbalken, m. 1, quille d'un
vaisseau, f.; (charp.) racinal, m.
empatement d'une grue; palplanche d'une digue, f.
Grundbaß, m. 2*, basse fondamentale, f.
Grundbegriff, m. 2, idée fondamentale, f.    [d'une terre.
Grundbesitzer, m. 1, propriétaire
Grundbirn, f. prvcl. pomme de
terre.
Grundblei, n. 2, sonde, f.
Grundbuch, n. 5*, =register, n. 1,
cadastre, m. terrier.
Grundehrlich, adj. très-honnête,
très-probe.
Grundeichel, f. gland de terre, m.
Grundeis, n. 2, glaçons, m. pl.;
der Fluß geht mit —, la rivière
charrie.

Grundeisen, n. 1, sonde, f.
Grundel, f. goujon, m. (poisson).
Gründen, v. a. fonder, poser, jeter, faire les fondements de qch.;
baser, asseoir; fg. fonder, baser,
appuyer une opinion; établir sa
fortune; (peint.) contourner une
figure; donner la première couche; imprimer la toile; abreuver
le bois, etc.; gratter.
Grundfalsch, adj. absolument
faux; fm. de toute fausseté.
Grundfarbe, f. couleur primitive,
couleur matrice; couleur locale.
Grundfeste, f. base, fondement,
Grundfläche, f. base.    [m.
Grundgelehrt, adj. profondément
savant, érudit.    [rect, m.
Grundgerechtigkeit, f. domaine direct.
Grundgerechtsame, f. droits fonciers, m. pl.
Grundgesetz, n. 2, loi fondamentale, f.
Grundherr, m. 3, seigneur foncier.
Grundherrschaft, f. droit seigneurial.
Grundiren, v. Gründen (peint.), x.
Grundlage, f. base; fondement,
m.; (pav.) assiette, f.; fg. id.,
principe, m. éléments, pl.
Grundlegung, f. fondation; fg.
id., institution; premiers principes d'une science, m. pl.
Grundlehre, f. fondement (m.),
principe de la doctrine; coll.
principes, pl.
Gründlich, adj. solide; profond;
(méd.) radical, éradicatif; assuré,
certain; —, adv. (examiner) à
fond, foncièrement.
Gründlichkeit, f. fg. profondeur;
solidité, fonds, m.
Gründling, m. 2, v. Grundel.
Grundlinie, f. base; —n, pl. croquis, m.
Grundlos, adj. sans fond; fg.
mal fondé; frivole; ein —er Weg,
un chemin rompu, impraticable.
Grundlosigkeit, f. profondeur immense; mauvais état d'un chemin, m.; fg. frivolité, f. peu de
fondement, m.
Grundloth, n. 2, (mar.) sonde, f.
Grundmauer, f. fondement, m.
embasement, empatement, jambage, soubassement; massif.
Grundregel, f. règle, maxime
fondamentale, générale; principe, m.
Grundregister, n. 1, cadastre, m.
Grundriß, m. 2, plan horizontal; esquisse, f.; (arch.) ichnographie.
Grundsatz, m. 2*, principe;
axiome; thèse, f.; maxime; ein
angenommener —, une hypothèse.
Grundschwelle, f. racinal, m.

Grundsprache, f. langue originale; langue mère.
Grundstein, m. 2, pierre fondamentale, f.
Grundsteuer, f. contribution foncière, taille réelle
Grundstoff, m. 2, élément, matière première, f. partie constituante; (méd.) base.
Grundstrich, m. 2, plein, jambage.
Grundstück, n. 2, bien-fonds, m.
immeuble; pièce de terre, f.;
champ, m.
Grundstütze, f. base, fondement,
m.; soutien principal.
Grundsuppe, f. fondrilles, pl.;
effondrilles; lies; (mar.) sentine.
Grundtext, m. 2, texte original.
Grundtheile, m. pl. 2, éléments.
Grundton, m. 2*, tonique, f.
note tonique.
Gründung, f. fondation; établissement, m.; (peint.) impression,
f.; imprimure, première couche.
Grundursache, f. cause première,
raison principale.
Grundwahrheit, f. vérité fondamentale, axiome, m.
Grundwesen, n. 1, essence, f.;
premier être, m.    [damentale.
Grundwissenschaft, f. science fondamentale.
Grundwort, n. 5*, mot primitif, m.    [m.
Grundzahl, f. nombre cardinal,
Grundzins, m. 2, cens, redevance, f. rente foncière; canon, m.
Grundzungenmuskel, m. exc. 1,
basioglosse.
Grünen, v. n. (h.) verdir, pousser; fg. fleurir, prospérer.
Grünend, adj. verdoyant.
Grünfint, m. 3, verdier; chloris.
Grüngelb, adj. merde-d'oie.
Grünkraut, n. 5*, prvcl. épinards, m. pl.
Grünlich, adj. verdâtre; en vert.
Grünling, m. 2, agaric vert.
Grünrostig, adj. érugineux.
Grünspan, m. 2, vert-de-gris,
verdet.
Grünspecht, m. 2, vert-de-gris,
Grunzen, v. n. (h.) grogner; —;
s. n. 1, grognement, m.
Gruppe, f. groupe, m.; in —n
ordnen, grouper.    [per.
Gruppiren, v. a. et n. (b.) grouper.
Gruß, m. 2*, salut, salutation,
f. compliment, m.; civilité, f.;
amitiés, pl.; v. Englisch.
Grüßen, v. a. saluer; faire la révérence à qn.; wieder —, rendre
le salut à qn.
Grütze, f. gruau, m.
Guardian, m. 2, (père) gardien.
Gucken, v. n. (h.) fm. regarder,
voir; fg. fm. sortir de la poche.
Gucker, m. 1, badaud, curieux.

Gudfenster, *n.* 1, vasistas, *m.* juda.
Gudkasten, *m.* 1°, chambre obscure portative, *f.*
Gudloch, *n.* 5°, juda *dans un plancher*, *m.*; vue dérobée, *f.*
Gudud, *v.* Kudud.
Guelfen, *m. pl.* 3, Guelfes.
Guhr, *f.* fermentation; (*min.*)
Guinee, *f.* guinée. [guhr, *m.*
Gulden, *m.* 1, florin.
Gulden, *m.*, *v.* Gulden; —, *adj. v.* Golden.
Guldenklee, *m.* 2, euphorbe.
Güldisch, *adj.* (*min.*) aurifère.
Gültbauer, *m. exc.* 1, redevancier, terragier; fermier.
Gültbrief, *m.* 2, =buch, *n.* 5°, cadastre des rentes, *m.*
Gülte, *f.* cens, *m.* redevance, *f.*
Gültgut, *n.* 5°, bien censier, *m.*
Gültherr, *m.* 3, seigneur censier; propriétaire d'un bien censier.
Gültig (*mieux* gültig), *adj.* valable; valide; authentique; admissible; courant (*monnaie*); — machen, légitimer; faire valoir.
Gültigkeit, *f.* validité; authenticité; autorité; prix, *m.* valeur, *f.*
Gültigmachung, *f.* légitimation; validation.
Gummi, *n. indécl.* gomme, *f.*; das — aus der Seide bringen, dé-gommer la soie. [meux.
Gummiartig, Gummicht, *adj.* gommeux.
Gummibaum, *m.* 2°, gommier.
Gummig, *adj.* gommeux.
Gummigutt, =gutta, *n. indécl.* gomme-gutte, *f.* [ne, *f.*
Gummiharz, *n.* 2, gomme résine.
Gummiren, *v. a.* gommer, ocaigner *des gants.*
Gummiwasser, *n.* 1, eau gommée, *f.*; (*manuf.*) apprêt, *m.*
Gundelkraut, *n.* 5°, serpolet citronné, *m.* (*plante*).
Gundermann, *m.* 5°, véronique des prés, *f.* germandrée bâtarde (*plante*).
Gunst, *f.* (*sans pl.*) faveur, grâce, bonnes grâces, *pl.* bienveillance, affection; permission; zu —en, en faveur de.
Gunstbezeugung, *f.* faveur.
Günstig, *adj.* favorable; propice (*moment*); affectionné; ami; ein —es Gestirn, une étoile heureuse; einem — seyn, affectionner, favoriser qn.
Günstling, *m.* 2, favori, mignon.
Günther, *n. pr. m.* Gonthier.
Gurgel, *f.* gosier, *m.*; gorge, *f.*; durch die — jagen, *fm.* dissiper, manger *son bien.*
Gurgelader, *f.* veine jugulaire.
Gurgelbein, *n.* 2, nœud de la gorge, *m.* [*n.* 1, gargarisme, *m.*
Gurgeln, *v. a.* gargariser; —, *s.*

Gurgelschneider, *m.* 1, coupe-jarret. [*m.*
Gurgelwasser, *n.* 1, gargarisme, *m.*
Gurke, *f.* concombre, *m.*; kleine eingemachte —n, des cornichons.
Gurkenmaler, *m.* 1, barbouilleur, *fm.*
Gurkensalat, *m.* 2, salade de concombres, *f.* concombres en salade, *m. pl.*
Gurre, *f. prvcl.* rosse, haridelle.
Gurren, *v. n.* (h.) *pop.* grouiller (*du ventre et des boyaux*); *voy.* Knurren.
Gurt, *m. exc.* 1, sangle, *f.*; ceinture, ceinturon, *m.*; bretelle *d'un crocheteur*, *f.*; ventrière de cheval.
Gurtbett, *n. exc.* 1, lit de sangles, *m.* [don, *m.*
Gürtel, *m.* 1, ceinture, *f.* cordon.
Gürtelhaken, *m.* 1, busquière, *f.*
Gürteltbier, *n.* 2, armadille, *f.* armandille; tatou, *m.*
Gürten, *v. a.* ceindre; sangler.
Gürtler, *m.* 1, ceinturier.
Gurtriemen, *m.* 1, (*sell.*) ventrière, *f.*; bretelle *d'un crocheteur.*
Guß, *m.* 2°, jet, giboulée, *f.*; lavasse, flaquée; fonte; fusion.
Gußabdruck, *m.* 2°, (*fond. de car.*) cliché.
Gußarbeit, *f.* coulé, *m.*
Gußeisen, *n.* 1, fer de fonte, *m.* gueuse, *f.*
Gußloch, *n.* 5°, écheno, *m.*
Gußregen, *m.* 1, grosse pluie, *f.* giboulée; averse.
Gußstein, *m.* 2, évier.
Gußwaare, *f.* =werk, *n.* 2, marchandises de fonte, *f. pl.*; ferraille.
Gußwachs, *n.* 2, cire épurée, *f.*
Gut, *adj.* bon, doux; bénin; indulgent; favorable; utile; propre, habile à qch., fin (*or, etc.*); beau; —, *adv.* bien; ein —er Mensch, un homme bon, homme de bien; so — seyn als ein anderer, valoir autant qu'un autre; —en Tag, bonjour; für einen —en, — stehen, — sprechen, garantir, répondre, être garant, garantir, se rendre caution pour qn.; genug davon kommen, en être quitte à bon marché; etw. — seyn lassen, permettre, laisser passer qch.; wieder — werden, se radoucir, revenir, *fm.* se défâcher; einander wieder — werden, se raccommoder, se réconcilier; — aufnehmen, prendre en bonne part, trouver bon; — heißen, approuver, agréer, avouer qch.; allouer *une somme*; für — halten, juger à propos; einem — seyn, aimer

qn.; wieder — machen, réparer, compenser qch.; einem —e Worte geben, filer doux avec qn.; — aussehen, avoir bonne mine; es — haben, être à son aise; dir zu —e, à ton avantage; ich habe 100 Fr. bei ihm zu —, il me doit 100 fr.; ihr habt — reden, vous avez beau dire; zu — halten, pardonner; — anstehen, aller bien; im —en, (*dire qch.*) avec douceur, par intérêt pour qn.; (*faire qch.*) de son gré, de bonne grâce; (*se séparer*) à l'amiable.
Gut, *n.* 5°, bien, *m.* richesses, *f. pl.*; héritage, *m.*; marchandises, *f. pl.*; fonds, *m.*; — mit allem Zugehör, le fonds et le trés-fonds; unbewegliche, liegende Güter, des biens immeubles, biens-fonds; fahrende Güter, des biens meubles; errungenes —, les acquêts et conquêts; das anvertraute —, dépôt; fremde —, le bien, la dépouille d'autrui; Habe und —, tout ce qu'on possède; Güter, die man nicht von den Eltern geerbt hat, biens adventifs, *m. pl.*
Gutachten, *n.* 1, sentiment, *m.* avis, consultation, *f.*; (*comm.*) parère, *m.*
Gutartig, *adj.* d'un bon naturel; bien né (*enfant*); bénin.
Gutartigkeit, *f.* bénignité; bonne qualité; bon naturel, *m.*
Gutbefinden, =dünken, *m.* 1, nach —, comme vous jugerez à propos.
Gutchen, *n.* 1, *fm.* bonbon, *m.* nanan.
Gute, *n.* 3, bien, *m.*
Güte, *f.* bonté, excellence, perfection; — et Gütigkeit, *f.* bonté, douceur, bienveillance; in der —, *adv.* à l'amiable.
Gutedel, *m.* 1, chasselas.
Güterbestäter, =versender, *m.* 1, expéditeur, commissionnaire.
Güterwagen, *m.* 1°, chariot, fourgon, guimbarde, *f.*
Guthaben, *n.* 1, revenant-bon, *m.*
Gutheißen, *n.* 1, =heißung, *f.* approbation; confirmation, ratification; (*jur.*) homologation, entérinement, *m.*; allocation *d'un compte*, *f.*
Gutheißend, *adj.* approbatif.
Gutheit, *v.* Güte.
Gutherzig, *adj.* doux; bénin; débonnaire; cordial, qui a le cœur bon; *fm. iron.* ein —er Narr, une bonne pâte d'homme.
Gutherzigkeit, *f.* cordialité, bonté de cœur, bonhomie.
Gütig, *adj.* bon; bienveillant; indulgent; gracieux; erlauben Sie gütigst, de grâce, permettez.
Gütlich, *adj.* amiable; doux,

paisible; —, adv. à l'amiable; sich — thun, se donner du bon temps.

Gutmüthig, adj. bon, doux, débonnaire, d'une humeur douce.

Gutmüthigkeit, f. bonté naturelle; bonhomie. [tie, f. caution.

Gutsagen, =sprechen, n. 1, garan-

Gutsager, =sprecher, m. 1, garant, caution, f.

Gutsherr, m. 3, propriétaire, seigneur d'une terre.

Gutthat, f. bienfait, m.

Gutthäter, m. 1, =inn, f. bienfaiteur, m. -trice, f.

Gutthätig, adj. bienfaisant.

Gutthätigkeit, f. bienfaisance.

Gutwillig, adj. volontaire, de bonne volonté; complaisant; —, adv. volontiers; de bon gré, de bonne grâce.

Gutwilligkeit, f. bonne volonté; complaisance, facilité.

Gymnasiarch, m. 3, (ant.) gymnasiarque || directeur d'un gymnase. [nase, m.; collège.

Gymnasium, n. exc. 1, gym-

Gymnast, m. 3, (ant.) gymnaste.

Gymnastik, f. gymnastique, art d'exercer le corps, m.

Gymnastisch, Gymnisch, adj. gymnique. [nosophiste.

Gymnosophist, m. 3, (ant.) gym-

## H.

H, n. (mus.) si, m.

Ha, interj. ha! ah!

Haag, la Haie (ville); v. Hag.

Haar, n. 2, cheveu, m.; coll. cheveux, pl. chevelure, f.; poil, m.; crin; einem die —t in Unordnung bringen, décoiffer qn.; die —t stehen mir zu Berge, les cheveux me dressent; es wird dir fein — gekrümmt werden, il ne t'en arrivera pas le moindre mal; um ein —, pour peu; auf ein —, exactement.

Haararbeiter, m. 1, crinier.

Haaraufsatz, m. 2*, tour de cheveux. [tage, m.

Haaraufwickeln, n. 1, papillo-

Haarausfallen, n. 1, pelade, f. alopécie. [égragropile.

Haarballen, m. 1, (hist. nat.)

Haarband, n. 5*, cordonnet, m. ruban pour les cheveux.

Haarbeize, f. dépilatoire, m.

Haarbereiter, m. 1, crinier.

Haarbeutel, m. 1, bourse à cheveux, f.

Haarbürste, f. brosse à décrasser la tête. [pet, m.

Haarbüschel, m. 1, touffe, f. tou-

Haardünn, adj. très-délié, mince.

Haareisen, n. 1, fer à friser, m.

Haaren, v. n. (h.) et sich —, muer; changer de poil; perdre le poil; —, v. a. peler, dépiler; —, s. n. 1, mue, f. dépilation.

Haarfarbe, f. couleur des cheveux; pelage des cheveux, etc., m.

Haarflechte, f. tresse de cheveux.

Haarflechter, m. 1, =inn, f. coiffeur, m. -se, f.

Haarförmig, adj. capillaire.

Haargürtel, m. 1, cilice.

Haarhembe, n. exc. 1, cilice, m. haire, f.

Haarig, adj. garni de poil, velu, chevelu; barbu (menton).

Haarklein, adj. fig. menu; subtil; —, adv. fm. (raconter) dans les moindres détails, de fil en aiguille.

Haarknoten, m. 1, cadogan.

Haarkranz, m. 2*, tonsure des moines, f.

Haarkrause, f. frisure.

Haarkräusler, m. 1, friseur, coiffeur.

Haarlocke, f. boucle, touffe de cheveux; die große —, (perr.) le marron.

Haarlos, adj. chauve, pelé.

Haarmantel, m. 1*, peignoir.

Haarmatratze, f. sommier, m.

Haarnadel, f. aiguille de tête, poinçon, m.

Haarpinsel, m. 1, pinceau.

Haarpuder, m. 1, poudre à poudrer, f. [fure.

Haarputz, m. 2, frisure, f. coiffure.

Haarröhre, f. =röhrchen, n. 1, tube (m.) ou tuyau capillaire.

Haarsalbe, f. pommade.

Haarscharf, adj. très-tranchant; adv. très-exactement, très-vivement.

Haarschere, f. ciseaux de barbier (m. pl.), de perruquier.

Haarschneiden, n. 1, coupe de cheveux, f.

Haarschur, f. (égl.) tonsure.

Haarseil, n. 2, (chir.) séton, m.; ein —zieben, appliquer un séton.

Haarseite, f. fleur du cuir.

Haarsieb, n. 2, sas (m.), tamis, étamine (f.) de crin.

Haarsohle, f. semelle de crin.

Haartuch, n. 5*, rapatelle, f.

Haarwachs, n. 2, pommade, f.; (anat.) tirant, m.

Haarwickel, m. 1, papillote, f.

Haarwuchs, m. 2*, crue des cheveux, f.

Haarwulst, m. 2*, bourrelet de cheveux, chignon.

Haarwurm, m. 5*, crinon.

Haarwurzel, f. racine des cheveux, (bot.) racine chevelue.

Haarzeug, m. 2, v. Haartuch.

Haarzopf, m. 2, tresse de cheveux, f. queue.

Habe, f. fortune, bien, m. fm. avoir; moyens, pl. facultés, f. pl.; einen um — und Gut bringen, ruiner, perdre qn.

Haben, v. a. et aux. avoir; tenir; posséder; lieb —, germ —, aimer; ich muß Geld —, il me faut de l'argent; Nußen, Vortheil von etw. —, tirer du profit de qch.; ich habe nichts an dieser Waare, je ne gagne rien à cette marchandise; tinen Namen —, porter un nom; etw. nicht —, manquer de qch.; ich mag damit nichts zu thun —, je ne me mêle pas de cela; Lust an etw. —, se plaire à qch.; etwas auf sich —, être de conséquence; es hat keine Eile, il n'y a rien qui presse; es hat Waldungen da, il y a des forêts en ce pays; —, s. n. 1, (comm.) crédit, m.

Habenichts, m. indécl. fm. pauvre diable, gueux.

Haber, v. Hafer. [ergoteur.

Haberecht, m. 2, fm. disputeur,

Habergras, n. 5*, fromental, m.

Haberrohr, n. 2, chalumeau, m.

Habersack, m. 2*, havresac.

Haberschlehe, =pflaume, f. prunelle hâtive.

Habhaft, adj., — werden, recevoir, obtenir, attraper qch.; se saisir de qn.

Habicht, m. 2, autour.

Habichtsnase, f. nez aquilin, m.

Habichtsnest, n. 5*, aire de l'autour, f.

Habseligkeit, f. biens, m. pl. moyens, facultés, f. pl. fortune; —en, pl. id.

Habsucht, f. cupidité, avidité.

Habsüchtig, adj. avide.

Hackbank, f.*, =bied, m. 2*, billot, hachoir, tronchet.

Hackbeil, n. 2, hachette, f.

Hackberb, m. 2, (mar.) couronnement.

Hackbrett, n. 5, tailloir, m. hachoir; ais; (mus.) tympanon, büche, f.

Hacke, f. houe; pioche; (vign.) mare, labour, m. façon, f.; die zweite —, binage, m.

Hacken, v. a. houer; piocher; hacher, couper; fendre du bois; (vign.) donner le labour; marer; zum zweiten=, drittenmale —, biner, tiercer la vigne; mit dem Schnabel —, becqueter, donner des coups de bec à; das gehackte Fleisch, hachis, m.

Hacker, m. 1, coupeur; fendeur.

Häckerling, m. 2, paille hachée, f.; =schneiden, hacher de la paille.

Häckerlingsbant, f.*, hachoir, m.
Häckerlingsmesser, n. 1, coupe-paille, m. [hachoir.
Hackmesser, n. 1, couperet, m.
Haber, m. 1, chiffon; guenilles, f. pl.; torchon, m. || querelle, f. dispute.
Haberer, m. 1, querelleur.
Habern, v. n. (h.) quereller, se quereller, disputer.
Hafen, m. 1*, pot; ein eiserner —, une marmite || port de mer, m. havre. [meure, f.
Hafenanker, m. 1, ancre à de-
Hafendamm, m. 2*, môle, jetée, f.
Hafenleuchte, f. fanal, m.
Hafenmeister, m. 1, intendant du port.
Hafenräumer, m. 1, débâcleur, ponton à recreuser.
Hafer, m. 1, avoine, f.; der grüne —, avoines, pl.; taube —, folle avoine.
Haferblüthe, f. grumel, m.
Haferei, v. Haberei.
Hafergrütze, f. gruau d'avoine, m.
Hafermann, m. 5*, faucheur (espèce d'araignée à longues pattes).
Haferschleim, m. 2, crème d'avoine, f.
Haferspreu, f. balle d'avoine.
Haferstoppel, f. chaume d'avoine, m.
Hafertrank, m. 2*, bouillie d'avoine, f. [scorsonère, f.
Haferwurzel, f. salsifis blanc, m.
Haferzins, m. 2, avénage.
Hafner, m. 1, potier.
Hafnerarbeit, f. poterie.
Haft, f. arrêts, m. pl.; emprisonnement; prise de corps, f. contrainte par corps; prison; der — entlassen, relâcher. [m.
Haft, m. 2, agrafe, f.; fermoir,
Haft, n. exc. 1, éphémère, f. (insecte).
Häfteln, v. a. attacher avec des agrafes; accrocher, agrafer; brocher.
Haften, v. n. (h.) tenir, être attaché, agrafé; fg. tenir, être attaché; es haftet nichts bei ihm, il oublie tout; ein Gut, worauf eine Schuld haftet, une terre grevée d'une dette; für etw., einen —, garantir qch., répondre de qch., de qn. (mit, sur).
Haftgeld, n. 5, -pfennig, m. 2, arrhes; f. pl. denier à Dieu, m.
Haftschein, m. 2, (jur.) écrou.
Haftung, f. garantie, caution.
Hag, m. 2*, haie, f.; enclos, m.; ein lebendiger —, une haie vive.
Hagapfel, m. 1*, pomme sauvage, f. [sauvage.
Hagapfelbaum, m. 2*, pommier
Hagbar, adj. qui peut être clos.

Hagebuche, f. charme, m.; iunge —, charmille, f. [mille, f.
Hagebuchengang, m. 2*, char-
Hagebuchenwald, m. 5*, charmoie, f.
Hagebutte, f. gratte-cul, m.
Hagebuttenstrauch, m. 2*, rosier sauvage. [f. épine blanche.
Hagedorn, m. exc. 1, aubépine,
Hageholz, n. 5*, bois en défends, m.
Hagel, m. 1, grêle, f.; fg. id.; durch — verderben, grêler; —, (cha.) dragée, petit plomb, m.
Hagelableiter, m. 1, paragrêle.
Hagelkorn, n. 5*, grêlon, m.
Hageln, v. n. et imp. (h.) grêler; fg. die Pfeile hagelten auf sie, ils furent couverts d'une grêle de flèches. [causé par la grêle.
Hagelschaden, m. exc. 1*, dommage
Hagelwetter, n. 1, tempête (f.) ou pluie mêlée de grêle.
Hagen, v. a. clorre; entretenir; garder, conserver; avoir, nourrir; retirer qn. chez soi; fg. fomenter, couver; tenir justice, rendre la justice.
Hager, adj. maigre, décharné, efflanqué, aigre, hâve; sec.
Hägereis, n. 5, v. Laßreis.
Hägereiter, m. 1, garde-bois, garde-forêt; garde-chasse.
Hagerfalf, m. 3, faucon hagard.
Hagerheit, f. maigreur.
Hagerose, f. rose sauvage, églantine; églantier, m.
Hagstolz, masc. 3, célibataire, vieux garçon. [f.
Hägewasser, n. 1, eau de défends,
Hägewisch, m. 2, bouchon, marque de défends, f.
Hägezeit, f. temps où il est défendu de chasser, m. temps du rut, etc. [servation, f.
Hägung, f. entretien, m. con-
Haha, n. indécl. (jard.) haha.
Häher, m. 1, geai (oiseau).
Hahn, m. 2*, coq; (arq.) chien; (tonn.) robinet, cannelle, f.; clef d'une fontaine; fontaine d'un puits; — auf dem Dache, girouette; der junge —, le cochet; wälsche —, coq d'Inde; — im Korbe, fg. fm. coq du village.
Hähnchen, n. 1, cochet, m.
Hahnenfuß, m. 2*, renoncule, f. (fleur); der gelbe —, bassinet, m.
Hahnengeschrei, n. 2, -ruf, m. 2, chant du coq. [coq, f.
Hahnenkamm, m. 2*, crête du
Hahnensporn, m. exc. 1, ergot, éperon. [coq.
Hahnenstein, m. 2, alectorienne,
Hahnentritt, m. 2, germe d'un œuf.
Hai, Haifisch, m. 2, requin.

Hain, m. 2, (poés.) bois, bocage, forêt, f. Freund, m. mort, f.
Häkchen, n. 1, crochet, m.; crocheton, agrafe, f.; (rel.) chevillette; (gramm.) apostrophe, m.; cédille, f.
Häkelig, adj. garni de crochets; fg. fm. délicat, épineux.
Häkeln, v. a. attacher, agrafer; tirer à soi avec de petits crochets; égratigner (comme les chats).
Haken, m. 1, croc, crochet, agrafe, f. main; bec de cane (m.), de corbin; — am Kastenschloß, obron; der S förmige —, esse, f.; —, (mar.) patte d'ancre; grappin, m.; fg. difficulté, f.; an einen — hängen, accrocher.
Hakenband, n. 5*, penture, f. couplet, m. [auberonnière, f.
Hakenblatt, n. 5*, -blech, n. 2,
Hakenbüchse, f. arquebuse à croc.
Hakenförmig, adj. crochu.
Hakenpflug, m. 2*, croc.
Hakenschlüssel, m. 1, crochet, fausse clef, f.; eine Thüre mit dem — aufmachen, crocheter une porte.
Hakenspange, f. agrafe.
Hakenzahn, m. 2*, croc; (man.)
Hälfte, f. jarret, m. [écaillon.
Halb, adj. demi, à moitié, moitié; der — März, la mi-mars, etc.; die —e Stunde, la demiheure, demie; ein —es Jahr, six mois; — zwei, une heure et demie; mit —er Stimme, à voix basse; —er Vetter, parent éloigné, m.; anbert —, un et demi; britt —, deux et demi, etc.; — und —, parts égales, entre-deux; fm. la la; — offen, entr'ouvert. [f.
Halbärmel, m. 1, fausse manche,
Halbatlas, m. 2, satin cafard.
Halbbärtig, adj. un peu gris, à demi ivre.
Halbberline, f. berline coupée.
Halbbier, n. 2, petite bière, f.
Halbbruder, m. 1*, — von Seiten des Vaters, frère consanguin; — von Seiten der Mutter, frère utérin. [lits.
Halbbürtig, adj. de différents
Halben, Halber, prép. qui s'ajoute à son régime, à cause de, pour, eu égard à, par rapport à.
Halberhaben, adj. convexe; basrelief, demi-bosse.
Halbfeile, f. (serr.) carrelet, m.
Halbfenster, n. 1, fenêtre mezzanine, f.
Halbflach, adj. méplat, mi-plat.
Halbfläche, f. (peint.) méplat, m.
Halbflügelig, adj. hémiptère.
Halbfranzband, m. 2*, demi-reliure, f.
Halbgaleere, f. galiote.
Halbgelehrte, m. 3, demi-savant.

Halbgeſchoß, n. 2, entresol, m.
Halbgeſchwiſter, pl. frères (m. pl.) et sœurs (f. pl.) consanguins ou utérins.
Halbgott, m. 5*, demi-dieu.
Halbhembe, n. exc. 1, chemiſette, f. [(fin., etc.) semestre.
Halbjahr, n. 2, six mois, m.;
Halbjährig, adj. de six mois.
Halbinſel, f. presqu'ile, péninsule.
Halbiren, v. a. partager en deux.
Halbkaninchen, n. 1, lapin bâtard, m.
Halbkapaun, m. 2, coquâtre.
Halbkoſt, f. demi-pension.
Halbkugel, fém. (géogr.) hémisphère, m. [rique.
Halbkugelförmig, adj. hémisphé-
Halblaut, adj. à mi-voix.
Halbmeſſer, m. 1, rayon.
Halbmetall, n. 2, demi-métal, m.
Halbmond, masc. 2, croissant; (fortif.) demi-lune, f.
Halbmondförmig, adj. en forme de croissant; die —e Figur, (géométrie) lunule, f. [nite, f.
Halbmondkraut, n. 5*, hermio-
Halbpart, m. 2, prvcl. moitié, f.; —, interj. j'en retiens ma part; auf — eintreten, se mettre de moitié. [denier.
Halbpfennig, m. 2, (jur.) mi-
Halbporzellan, n. 2, faïence, f.
Halbrund, adj. demi-rond.
Halbſäule, f. cippe, m.
Halbſäure, f. oxide, m.
Halbſchatten, m. 1, demi-teinte, f. pénombre.
Halbſchleier, m. 1, bagnolet.
Halbſchuhe, f. (man.) mésair, m.
Halbſchweſter, f. sœur consanguine; sœur utérine.
Halbſeiden, adj. mêlé de soie et de fil; —er Damaſt, du damas cafard.
Halbſtiefel, m. 1, bottine, f. brodequin, m.; (théât.) cothurne.
Halbſtrumpf, m. 2*, chaussette, f. chausson, m.; guêtre, f.
Halbtheilig, adj. (math.) sous-doublé. [petit deuil.
Halbtrauer, f. demi-deuil, m.
Halbtuch, n. 5*, demi-drap, m.
Halbverbed, n. 2, demi-pont, m.
Halbvers, m. 2, hémistiche.
Halbwagen, m. 1*, chaise, f.
Halbwege, =wegs, adv. à moitié chemin, à mi-chemin; —, fg. médiocrement, passablement.
Halbzirkel, m. 1, demi-cercle, hémicycle. [roide.
Halbzirkelförmig, adj. hémisphé-
Halde, f. coteau, m. penchant, pente, f.; (min.) des roches stériles. [tié, à moitié.
Hälfte, f. moitié; zur —, moi-
Halfter, f. licol, m. licou; (chir.)

chevêtre; die — abſtreichen, (man.) se délicoter.
Halfterkette, f. chaine de licou.
Halftern, v. a. mettre le licou à.
Halfterriemen, m. 1, longe du licou, f.
Hall, m. 2, son; v. Schall.
Halle, f. halle, magasin, m.; galerie, f.; arcade; portique, m. vestibule d'un temple, etc.; saline, f.
Halleluja, =ja, interj. ou s. n. indécl. alléluia, m. [tentir.
Hallen, v. n. (h.) résonner, re-
Hallenwächter, m. 1, hallier.
Halljahr, n. 2, (ant. j.) jubilé, m.
Haller, m. 3, saunier.
Halm, m. exc. 1, tuyau de blé, tige, f.; brin d'herbe, m.; Halmchen ziehen, tirer à la courte paille; Hälmchenziehen, n. courte-paille, f.
Halmpfeife, f. chalumeau, m.
Hals, m. 2*, cou; gorge, f.; encolure d'un cheval; col, m.; collet; manche de violon; embrasure d'un poèle, f.; goulot d'une bouteille, m.; aus dem — e riechen, avoir l'haleine forte; über — und Kopf, en grande hâte; aus vollem — e lachen, rire à gorge déployée; aus vollem — e ſchreien, crier à tuetête; auf dem — e, (avoir qch.) sur les bras; eine Krankheit am — haben, être attaqué d'une maladie; ſich etw. vom — e ſchaffen, se débarrasser de qch.
Halsband, n. 5*, collier, m.
Halsbinde, f. cravate, col, m.
Halsbräune, f. esquinancie.
Halsbrechen, f. casse-cou, m. brise-cou.
Halsbrechend, adj. dangereux, périlleux; capital; à se casser le cou.
Halsbürge, m. 3, garant, répondant en matière criminelle.
Halsdrüſe, f. glande jugulaire.
Halseiſen, n. 1, carcan, m.
Halſen, f. pl. (mar.) armures.
Halsentzündung, f. esquinancie, kynancie. [collier.
Halsgehänge, n. 1, pendant, m.
Halsgericht, n. 2, justice criminelle, f.; haute justice; tribunal criminel, m.; die peinliche —ordnung, ordonnance criminelle, f.
Halsgeſchwulſt, f.*, enflure du cou; étranguillon des chevaux, m. [(m.), à la gorge.
Halsgeſchwür, n. 2, abcès au cou
Halsgrübchen, n. 1, creux de la nuque, m.
Halshaar, n. 2, crinière, f.
Halskappe, f. capuchon, m.
Halskette, f. chaînette.
Halskragen, m. 1*, collet, rabat; collerette, f. gorgerette.

Halskrauſe, f. fraise, cravate.
Halskraut, n. 5*, gantelée, f.
Halslanzette, f. pharyngotome, m.
Halsmandeln, f. pl. amygdales.
Halsmuskel, m. exc. 1, muscle cervical.
Halspulsader, f. artère carotide.
Halsriemen, m. 1, bretelle, f.
Halsſchmud, m. 2, collier.
Halsſchnur, f.*, collier, m. cordonnet.
Halsſtarrig, adj. obstiné, opiniâtre; — machen, opiniâtrer, entêter.
Halsſtarrigkeit, f. obstination, opiniâtreté, entêtement, m.
Halsſtüd, n. 2, collier de bœuf, m.; collet de veau; bout saigneux de mouton; (arm.) gorgerin.
Halstuch, n. 5*, cravate, f. mouchoir de cou, m.; fichu des femmes.
Halsweh, n. 2, mal de gorge, m.
Halswirbel, n. 2, =bein, n. 2, vertébre cervicale, f.
Halszäpfchen, n. 1, luette, f. épiglotte.
Halt, m. 2, soutien, fermeté, f.; durée; tenue; — machen, faire halte; —, an, interj. arrête! arrêtez! c'est assez; —, (guer.) halte; — ſtill, (nav.) avaste; — den Dieb, au voleur!
Haltbar, adj. tenable, qui peut tenir; (guer.) id., défendable, durable; — machen, assurer une couleur.
Haltbarkeit, f. tenue; fermeté; état d'une place tenable, m.; consistance des couleurs, f.
Halten, v. a. 4, tenir; contenir, comprendre; retenir, conserver, garder; avoir; arrêter; fg. nourrir; entretenir des domestiques; observer une loi, etc.; (monn.) valoir; rendre; suivre la loi; tenir son rang; tenir, dégager sa parole; prononcer, déclamer un discours; garder la mesure; observer la cadence; avoir un marché; faire un repas; célébrer une fête; einander —, s'entretenir; gegen etwas, gegen einander —, opposer, comparer, confronter; Koſtgänger —, tenir table ou pension; Hochzeit —, faire des noces; Gericht —, tenir audience; eine Rede —, prononcer un discours; Gottesdienſt —, célébrer le service divin; die Farbe —, conserver la couleur; frei —, défrayer; hoch —, estimer; viel auf einen, etw. —, avoir une haute opinion de qn., de qch., attacher un grand prix à qch., être jaloux de qch.; zu gut —, excuser, pardonner; wie theuer haltet ihr eure Waare? combien faites-vous votre mar-

chandise? dafür —, penser, croire, juger, estimer; wollen Sie es mit uns —? voulez-vous être des nôtres? es mit einem —, s'entendre avec qn., tenir pour qn., être du parti de qn.; ich pflege es so damit zu —, c'est ainsi que j'en use ordinairement; so will ich es gehalten wissen, je veux que cela se fasse ainsi; es mit dem Wein —, s'en tenir au vin; einen für etw. —, croire qn. qch., prendre qn. pour ....; für etw. gehalten seyn, être censé faire qch., etc., être pris, passer pour qch.

Halten, v. n. (h.) tenir ferme; arrêter, s'arrêter, faire halte; attendre; se contenir, se retenir; (man.) parer; (mus.) appuyer; (jeu) mettre sur une carte; schwer —, être difficile; sich an etw. —, se tenir, s'en tenir à qch.; se retenir; s'accrocher; s'attacher à qch. || se garder; se conserver (viande, etc.); (guer.) tenir, se défendre; sich wohl —, se bien conduire, se distinguer; sich wegen einer S. an jemand —, s'en tenir, s'en prendre à qn.; prendre qn. à partie; gehalten, tenu, obligé; —, s. n. 1, (mar.) arrêt, m.

Halter, m. 1, soutien, pince, f. Haltmachen, n. 1, (guer.) halte, f. Haltnagel, m. 1*, boulon.

Haltung, f. tenue; assiette; soutien, m.; nourriture, f.; entretien des domestiques, m.; observation d'une loi, f.; accomplissement d'une promesse, etc., m.; (peint.) clair-obscur; die — des Leibes, port, habitude du corps, f.

Halunke, m. 3, coquin, vaurien. Hamen, m. 1, épervier, truble, f. Hämisch, adj. malin, malicieux, dissimulé.

Hammel, m. 1*, mouton. Hammelfleisch, n. 2, mouton, m.; — mit weißen Plüben, haricot. Hämeln, v. a. châtrer les agneaux. Hammelsbug, m. 2*, épaule de mouton, f. [mouton. Hammelschlägel, m. 1, gigot de Hammer, m. 2*, marteau, martinet; (pav.) épinçoir; (verr.) besaiguë, f.; der hölzerne —, maillet, m.; —, v. Hammerwerk.

Hämmerbar, adj. malléable. Hämmerbarkeit, f. malléabilité. Hammerbeil, n. 2, hachette, f. Hämmerchen, n. 1, martelet, m. Hammerfisch, m. 2, marteau, poisson juif, pantouflier. Hammermühle, f. forge. Hämmern, v. a. marteler, frapper avec le marteau, battre à

coups de marteau; battre, étendre l'or, le fer, etc.; plaquer les arbres; —, s. n. 1, martelage, m. Hammerschlag, m. 2, coup de marteau || mâchefer, paillettes, f. pl.; écailles, paille de fer. Hammerschmied, m. 2, forgeur, marteleur. [marteau. Hammerstiel, m. 2, manche de Hammerwerf, n. 2, forge, f. Hammerzeichen, n. 1, martelage, m. marque faite avec le marteau à layer, f. Hämorroiden, f. pl. hémorroïdes. Hamster, m. 1, hamster. Hand, f.*, main; (cha.) serre, griffe; fg. écriture; adresse; die flache —, paume; avant-main; avant-poignet, m.; die gebalte —, poing fermé; die hohle —, creux de la main; die verkehrte —, dessus de la main; mit beiden Händen, à deux mains; fg. fm. à toutes mains; unter der —, sous main; von guter —, de bonne part; aus der — ins Maul leben, vivre au jour la journée; zur seyn, être à portée; es ist mir nicht zur —, je ne suis pas en main; anlegen, mettre la main à l'œuvre; — an einen legen, mettre la main à —; maltraiter qn.; attaquer qn., se saisir de qn.; einen auf den Händen tragen, être aux petits soins avec qn.; dodiner qn.; an die — geben, suggérer; einem an die — geben, aider, assister qn.; einem mit gewaffneter —, beistehen, prêter main-forte à qn.; die todte —, (jur.) la mainmorte; bei — Rechte der todten — unterworfen, mainmortable.

Handambos, m. 2, enclumeau. Handanlegung, f. saisie, arrêt, m. Handarbeit, f. travail des mains, m.; main-d'œuvre, f.; ouvrage manuel, m. [manouvrier. Handarbeiter, m. 1, manœuvre, Handauflegung, f. imposition des mains. [tive. Handausgabe, f. édition portative. Handballen, m. 1, paume de la main, f. || ballon, m. Handbecken, n. 1, cuvette, f. lavoir, m. Handbeil, n. 2, hachette, f. Handbewegung, f. geste, m. Handbibel, f. bible portative. Handbillet, f. (chir.) gantelet, m. Handbohrer, m. 1, foret, perçoir. Handbreit, f. paume, largeur de la main; eine — vom Tode, fg. à deux doigts de la mort. Handbriefchen, n. 1, billet, m. Handbuch, n. 5*, manuel, m. compendium; — ou —büchlein, n. 1, vade-mecum, m.

Handdienst, m. 2, =frohne, f. manœuvrée, corvée personnelle. Händedruck, m. 2, serrement de main. Handeisen, n. pl. 1, menottes, f. pl. manicles; einem — anlegen, emmenotter qn. Händeklatschen, n. 1, claquement (m.), battement de mains; applaudissement. Handel, m. 1*, affaire, f. chose, cas, m. procès; traité || commerce, négoce, trafic; achat; in einem — begriffen seyn, im — stehen, être en marché; des — s einig werden, convenir ensemble, conclure le marché; zum — gehörig, commercial; — treiben, faire le commerce, négoce, trafic, commercer, négocier, trafiquer; Händel, pl. querelle, f. dispute, différend, m. rixe, f.; démêlé, m.; — stiften, susciter des querelles; — suchen, chercher noise; — mit einem anfangen, prendre querelle avec qn., s'attaquer à qn.; in schlimme — verwickelt seyn, fm. être dans de beaux draps.

Handeln, v. n. (h.) agir, procéder, en user; négocier; trafiquer; commercer; um etw. —, marchander; von etw. —, traiter de qch.; dieses Buch handelt von, 2c., ce livre traite de, etc.; wider etw. —, contrevenir à un ordre; enfreindre un ordre; choquer l'usage, etc.; pflichtwidrig —, forfaire (an, gegen à); mit sich — lassen, être traitable, accommodant.

Handelsbrauch, m. 2*, usage reçu, coutume du commerce, f.; usance. Handelsbuch, n. 5*, livre de commerce (m.), de compte, de raison, etc. Handelschaft, f., v. Handelsstand. Handelsdiener, m. 1, commis. Handelsflotte, f. flotte marchande. Handelsgeist, m. 5, esprit mercantile. Handelsgenoß, m. 3, associé. Handelsgericht, n. 2, tribunal de commerce, m. Handelsgesellschaft, f. compagnie, société de commerce, association. Handelsgesetzbuch, n. 5*, code de commerce, m. Handelsgewölbe, n. 1, magasin d'un marchand, m. boutique, f. Handelshaus, n. 5*, maison de commerce, f. Handelsmann, m. 5 (pl. =leute), marchand, négociant. Handelplatz, m. 2*, place marchande (f.) ou de commerce; =plätze in der Levante, les échelles du Levant.

Handelsrecht, n. 2, droit du commerce, m.; lois du commerce, f.pl.

Handelsreifende, m. 3, commis voyageur. [chand, m.

Handelsschiff, n. 2, vaisseau marchand.

Handelsstadt, f.*, ville marchande, ville de commerce.

Handelsstand, m. 2*, commerce, négoce; corps des marchands.

Handelssystem, n. 2, système commercial, m.

Händelstifter, m. 1, -inn, f. boute-feu, m. querelleur, -se, f.

Handelssucht, f. manie, passion de quereller.

Händelsüchtig, adj. querelleur.

Handelszeichen, n. 1, marque, f.

Handelszweig, m. 2, branche de commerce, f.

Handeltreibend, adj. commerçant.

Handewaschen, n. 1, lavement des mains, m.; (cath.) lavabo.

Handfackel, f. flambeau de poing, m. [les échelles.

Handfahrt, f. (min.) descente par

Handfaß, n. 5*, fontaine, f.; das irdene —, jarre; —, tonneau portatif, m.

Handfeile, f. lime à main.

Handfesseln, f. pl., v. Handeisen.

Handfest, adj. vigoureux, robuste; ein —er Mann, un homme de main; einen — machen, arrêter qn. [ou personnelle.

Handfrohne, f. corvée de corps

Handgeld, n. 5, arrhes, f. pl. denier à Dieu, m.; (guer.) engagement.

Handgelenk, n. 2, poignet, m.

Handgelöbniß, n. 2, promesse solennelle, f.

Handgemein, adv., — werben, en venir aux mains, aux prises; se battre.

Handgemenge, n. 1, mêlée, f. engagement, m.; das ungefähre —, échauffourée, f. [m. pl.

Handgeschmeide, n. 1, bracelets,

Handgicht, f. (pl. —er), (méd.) goutte aux mains, chiragre.

Handgranate, f. grenade.

Handgreiflich, adj. palpable; fg. id., manifeste; évident; sensible; das ist —, cela se touche au doigt, cela saute aux yeux.

Handgriff, m. 2, anse, f.; manche d'une couteau, m.; poignée d'une épée, f.; manivelle; fg. avantage, m. tour d'adresse; —t, pl. maniement des armes; (méd.) manœuvre, f.; fg. pratique; routine; procédé, m.

Handhabe, f. anse; portant, m. orillon; oreille d'une écuelle, f.

Handhaben, v. a. manier; fg. id., maintenir; protéger, garantir, défendre; faire observer; adminis-

trer; exercer, rendre la justice.

Handhabung, f. maintien (m.), manutention (f.) des lois; défense, garantie, administration de la justice.

Handhilfe, f. (man.) appui, m.

Handklappe, f. bout de manche, m.

Handforb, m. 2*, panier à anse, corbeille, f.; mannequin, m. maniveau. [sette.

Handfrause, f. manchette, frai-

Handfuß, m. 2*, baisemain.

Handlangen, v. n. (h.) être manœuvre.

Handlanger, m. 1, manœuvre, aide; (artill.) servant.

Handlaterne, f. lanterne portative.

Handleber, n. 1, manique, f. gantelet, m.

Handleben, n. 1, franc-fief, m. fief héréditaire, f fief capital.

Handleiter, m. 1, -inn, f. conducteur, m. -trice, f.; —, f. échelle portative.

Handleitung, f. conduite; fg. instruction, enseignement, m.

Händler, m. 1, (dans les composés) marchand.

Handleuchter, m. 1, bougeoir, martinet; der flache —, binet.

Handlung, f. action; (théât.) acte, m. || commerce, trafic, négoce; — treiben, v. Handel.

Handlungsbiener, =gesellschaft, r., voy. Handelsbiener, Handelsgesellschaft, rc.

Handmörser, m. 1, petit mortier.

Handmühle, f. moulin à bras, m.

Handpferd, n. 2, cheval de main, m. badinant. [bale, f.

Handpreßwagen, m. 1*, trique-

Handqueble, f. essuie-main, m.

Handramme, f. (pav.) demoiselle, dame.

Handreichung, f. aide, assistance.

Handsäge, f. scie à main, égohine.

Handschellen, f. pl., v. Handeisen.

Handschlag, m. 2*, =streich, m. 2, coup de la main; action de toucher dans la main de qn., f.; mit einem —e (versprechen), en donnant la main. [let.

Handschlägel, m. 1, petit mail-

Handschraube, f. vis à main.

Handschreiben, n. 1, lettre autographe, f.

Handschrift, f. main, écriture; caractère, m.; manuscrit; signature, f.; billet, m.; écrit, cédule, f.

Handschriftlich, adj. par écrit, manuscrit; chirographaire (créancier).

Handschub, m. 2, gant, m.

Handschubbanbel, m. 1, ganterie.

Handschubmacher, m. 1, gantier.

Handschubmacherei, =macherwaare, f. ganterie.

Handschwärmer, m. 1, (artif.) vétille, f. péterolle.

Handsprache, f. chirologie.

Handtag, m. 1, jour de corvée.

Handthieren, =ung, v. Hantieren.

Handtuch, n. 5*, essuie-main, m. serviette, f. [manipule.

Handvoll, f. poignée; (pharm.)

Handwagen, m. 1*, brouette, f. auf dem — führen, brouetter.

Handwagenführer, m. 1, brouetteur. [cien.

Handwahrsager, m. 1, chiroman-

Handwahrsagerei, f. chiromancie.

Handwerf, n. 2, métier, m. profession, f.; corps de métier, m. tribu, f.

Handwerfer, m. 1, Handwerfsmann, m. 5 (pl. Handwerfsleute), artisan, homme de métier, ouvrier.

Handwerfsbrauch, m. 2*, usage, coutume (f.) des gens de métier.

Handwerfsbursch, =gesell, m. 3, garçon de métier, compagnon.

Handwerfsmäßig, adj. conforme à l'usage du métier, fg. mécanique. [métier.

Handwerfsverberber, m. 1, gâte-

Handwerfszeug, n. 2, outils, m. pl.; (cordonn.) saint-crépin.

Handwerfszunft, f., corps de métier, m.; v. Zunft.

Handwörterbuch, n. 5*, dictionnaire portatif ou de poche, m. manuel lexique. [gnet.

Handwurzel, f. carpe, m. poi-

Handzeichnung, f. dessin à la plume, au crayon, m.

Hanbalter, m. 1, baquet.

Hanbzug, m. 2*, parafe, paraphe.

Hanbzünber, m. 1, boute-feu.

Hanf, m. 2, chanvre; — röften, faire rouir le chanvre; ber gebechelte —, filasse, f.; Farge, f. courton, m.

Hanfacker, m. 1*, chenevière, f.

Hanfbereiter, =bechler, m. 1, -inn, f. chanvrier, m. filassier, -ère, f.

Hanfbrecht, f. brisoir, m. macque, f. broie.

Hanfbrecher, m. 1, broyeur, teilleur. [haloir.

Hanfbörre, =börre, f. séchoir, m.

Hanfen, adj. de chanvre.

Hanfhänbler, m. 1, =hänblerinn, f. filassier, m. -ère, f.

Hanfhechel, f. séran, m. regayoir.

Hanfstamm, m. 2* ébauchoir.

Hanfforn, n. 5*, chenevis, m.

Hanfsling, m. 2, linotte, f. linot, m. [le chenevis, m.

Hanfmüble, f. moulin à écraser

Hanfnessel, f. chanvre bâtard, m.

Hanföl, n. 2, huile de chenevis, f.

Hanfröste, f. routoir, m.

Hanfröſten, n. 1, rouissage, m. roui.

Hanfſamen, m. 1, chenevis.

Hanfſchwinge, f. échanvroir, m.

Hanfſpinnerei, f. filerie.

Hanfſtängel, m. 1, chenevotte, f.

Hang, m. 2, (sans plur.) penchant, pente, f.; fg. penchant, m. inclination, f.; propension.

Hängebacken, m. 1, abajoue, f.

Hängeband, n. 5*, chevêtre, m. attache, f. [m.

Hängebrücke, f. pont suspendu,

Hängegarn, n. 2, panthiére, f.

Hängekette, f. chaine d'avaloire.

Hängeleuchter, m. 1, lustre, quinquet.

Hängen, v. a. pendre, suspendre, attacher, accrocher; den Kopf —, pencher la tête; das Maul —, bouder; etw. an den Nagel —, fg. fm. pendre qch. au croc, négliger qch.; ſich an einen —, fg. s'attacher à qn.

Hangen et Hängen, v. n. 4 (h.) pendre, être pendu, attaché, suspendu, accroché; tenir à qch.; s'accrocher, s'attacher; pencher; aller en pente; descendre, tomber (guirlande); voll Früchte —, être chargé de fruits; an einander —, tenir l'un à l'autre; être adhérent; fg. fm. den Kopf, die Flügel — laſſen, baisser l'oreille, la crête.

Hangend, Hängig, adj. pendant, suspendu; penchant, qui penche.

Hängeſchloß, n. 5*, cadenas, m.; mit einem — verſchließen, cadenasser.

Hängeſeil, n. 2, trait, m.

Hängewert, n. 2, soupente, f.

Hangmatte, f. hamac, m.; (mar.) id., branle; die —n herunter, branle bas!

Hangriemen, m. 1, soupente, f.

Hanke, f. (man.) hanche.

Hannchen, n. pr. f. Jeannette, Jeanneton.

Hanne, n. pr. f. Jeanne.

Hannover, Hanovre, m. (pays).

Hannoveraner, m. 1, Hannöveriſch, adj. Hanovrien.

Hans, n. pr. m. Jean; dimin. Jeannot; ein — ohne Sorgen, un sans-souci.

Hanſe, f. ligue anséatique.

Hanſebecher, m. 1, vidrecome (sorte de verre à boire).

Hänſeln, v. a. fm. railler qn., faire des niches à qn.; (mar.) baptiser.

Hanſeſtadt, f.*, ville anséatique.

Hanswurſt, m. 2, pop. arlequin, polichinelle, bouffon, paillasse.

Hantieren, v. n. (h.) fm. travailler, manier.

Hantierung, f. fm. occupation,

profession, travail, m. métier.

Haperig, adj. raboteux, peu uni ou coulant.

Hapern, v. n. et imp. (h.) fm. s'arrêter, tenir à qch.; ne pas aller; es hapert damit, il y a quelque fer qui loche; da hapert es, c'est là que gît le lièvre.

Härchen, n. 1, petit cheveu, m. petit poil; — am Augenliede, cil.

Harber, m. 1, muge (poisson).

Harem, n. 2, Harem, m.

Hären, adj. de poil; de crin; das —e Hemd, cilice, m. haire, f.

Harfe, f. harpe; auf der — ſpielen, pincer la harpe.

Harfeniſt, m. 3, Harfner, m. 1, -inn, f. harpiste, m. et f.

Harfenzug, m. 2*, jeu de harpe.

Häring, m. 2, hareng.

Häringsblut, f. (mar.) flibot, m.

Häringsfang, m. 2*, harengaison, f.

Häringskrämerinn, f. harengère.

Häringslake, f. saumure.

Häringsmarkt, m. 2*, harengerie, f. [m. pl.

Häringsneß, n. 2, —t, pl. aplets,

Häringspacker, m. 1, caqueur.

Häringstonne, f. caque.

Häringsweib, n. 5, v. Häringskrämerinn.

Harke, f. râteau, m.

Harken, v. a. et n. (h.) râteler.

Harlekin, m. 2, arlequin.

Harlekinsſtreich, m. 2, arlequinade, f. [grin, affliction, f.

Harm, m. 2 (sans plur.) chagrin,

Härmel, —raute, f. (bot.) harmale.

Härmen (ſich), s'affliger, s'attrister, se chagriner.

Harmlos, adj. sans souci, calme; tranquille; innocent.

Harmonie, f. harmonie; concert, m.; accord; fg. id., union, f.; ſich in — bringen, s'harmoniser.

Harmonika, f. harmonica, m.

Harmoniren, v. n. (h.) s'accorder; fg. id., sympathiser.

Harmoniſch, adj. harmonieux; plein d'harmonie.

Harn, m. 2, urine, f.

Harnblaſe, f. vessie.

Harnen, v. a. et n. (h.) lâcher l'eau, faire de l'eau, uriner, pisser.

Harnfluß, m. 2*, (méd.) diabétès, incontinence d'urine, f.

Harnglas, n. 5*, urinal, m.

Harniſch, m. 2, armure, f.; armes, pl. cuirasse; fg. in — gerathen, se fâcher, se gendarmer; in — jagen, mettre en colère.

Harnleiter, m. 1, v. Harngang; (chir.) cathéter.

Harnröhre, f. urètre, m.

Harnſaß, m. 2*, (méd.) hypostase, f.

Harnſtrenge, f. dysurie.

Harntreibend, adj. diurétique, ischurétique. [rine, ischurie.

Harnverſtopfung, f. rétention d'u-

Harnwinde, f. strangurie.

Harpeggio, n. indécl. (mus.) arpége, m.

Harpeggiren, v. a. (mus.) arpéger; —, s. n. 1, arpégement, m.

Harpune, f. harpon, m.

Harpuniren, v. a. harponner.

Harpunirer, m. 1, harponneur.

Harpye, f. harpie; fg. mégère.

Harren, v. n. (h.) attendre.

Harſch, adj. dur, rude.

Hart*, adj. dur; ferme; rude; fg. dur; de fer, d'airain; solide, fort; sévère, rigoureux; austère; cruel; profond (sommeil); (méd.) constipé; (mus.) majeur (mode); — machen, durcir, endurcir; — werden, durcir, s'endurcir; ein —er Thaler, un écu en espèce; —, adv. près, tout près, tout proche (an, de); — geſottene Eier, des œufs durs; es wird — halten, cela sera difficile; es kommt mich — an, cela m'est bien pénible; einen — zuſetzen, presser fortement qn.

Härte, f. dureté; fermeté; solidité; trempe du fer, etc.; fg. dureté; sévérité, austérité; âpreté; rigueur; rudesse.

Härten, v. a. durcir, endurcir; tremper le fer; affermir; durch Schlagen —, écrouir un métal.

Hartflügelig, adj. coléoptère.

Hartherzig, adj. impitoyable.

Hartherzigkeit, f. dureté.

Harthörig, adj. qui a l'ouïe dure.

Hartköpfig, adj. têtu, obstiné; qui a la conception dure.

Hartleibig, adj. constipé.

Hartleibigkeit, f. constipation.

Härtlich, adj. dur, duriuscule.

Hartmäulig, adj. (man.) fort en bouche, dur à l'appui.

Hartnäckig, adj. opiniâtre, obstiné, entier, entêté; einen — machen, opiniâtrer, entêter qn.

Hartnäckigkeit, f. opiniâtreté, obstination; entêtement, m.; acharnement.

Hartriegel, m. 1, (bot.) troëne.

Hartſtein, m. 2, (forg.) pain de cuivre, m. cuivre de rosette.

Härtung, f. trempe; écrouissement, m.

Harz, n. 2, résine, f.; —, n. pr. Harz, m. forêt hercynienne, f.

Harzicht, Harzig, adj. résineux.

Haſardſpiel, n. 2, jeu de hasard, m.

**Hafchen**, *v. a.* attraper, saisir, prendre; nach etw. —, courir après qch. [de police.

**Häfcher**, *m.* 1, archer, sergent

**Hafchspiel**, *n.* 2, gribouillette, *f.*

**Hase**, *m.* 3, lièvre; der junge —, levraut.

**Haselbusch**, *m.* 2*, coudraie, *f.*

**Haselhuhn**, *n.* 5*, gélinotte des bois, *f.*

**Haselmaus**, *f.*, croque-noix, *m.*

**Haselnuß**, *f.*, noisette; die große —, aveline. [drier.

**Haselruthe**, *f.* baguette de cou-

**Haselstaude**, *f.* =strauch, *m.* 2*, noisetier, coudrier. [asarum.

**Haselwurz**, *f.* nard sauvage, *m.*

**Hasenauge**, *n. exc.* 1, (*méd.*) lagophthalmie, *f.* [tremblante, *f.*

**Hasenbrod**, *n.* 2, (*bot.*) herbe

**Hasenfuß**, *m.* 2*, *fg. bad.* poltron, faquin.

**Hasenklee**, *m.* 2, epfötchen, *n.* 1, pied-de-lièvre, *m.* (*plante*).

**Hasenkohl**, *m.* 2, laiteron.

**Hasenlager**, *n.* 1, gîte d'un lièvre, *m.*

**Hasenpanier**, *n.* 2, *fm.* fuite, *f.*

**Hasenpfeffer**, *m.* 1, civet.

**Hasenscharte**, *f.* bec-de-lièvre, *m.*

**Hasenschrot**, *m.* 2, dragée, *f.*

**Hasenspur**, =fährte, *f.* piste, passée d'un lièvre.

**Häsinn**, *f.* hase.

**Haspe** ou **Hölpe**, *f.* gond (*m.*), penture (*f.*) d'une porte; (*art.*) happe.

**Haspel**, *m.* 1*, dévidoir; (*nav.*) cabestan, croisée, *f.*; (*min.*) tourniquet, *m.* treuil. [guinder.

**Haspeln**, *v. a.* et *n.* (*h.*) dévider;

**Haß**, *m.* 2 (*sans plur.*), haine, *f.* inimitié, rancune; ressentiment, *m.*; aus —gegen, en haine de.

**Hassen**, *v. a.* haïr; prendre en haine. [odieux.

**Hassenswerth**, *adj.* haïssable,

**Hasser**, *m.* 1, envieux, ennemi.

**Häßlich**, *adj.* laid, hideux; difforme, malfait, contrefait, défiguré; vilain; — machen, enlaidir, défigurer; — werden, s'enlaidir; der —e Strrich, vilenie, *f.*

**Häßlichkeit**, *f.* laideur; difformité.

**Hast**, *f.* hâte, vitesse, empressement, *m.*

**Hastig**, *adj.* vite, prompt; pressé; brusque; bouillant.

**Hastigkeit**, *f.* hâte, précipitation, brusquerie. [loter, mignoter.

**Hätscheln**, *v. a. fm.* caresser; dorloter, mignoter.

**Hatschier**, *m.* 2, hallebardier.

**Hattstatt**, *f.* (*cha.*) rendez-vous, *m.* [courants.

**Hatz**, **Hatze**, *f.* chasse aux chiens

**Hau**, *m.* 2, coup; (*forest.*) taillis.

**Haubant**, *f.*, hachoir, *m.* tailloir.

**Haube**, *f.* coiffe; cornette; bonnet, *m.*; serre-tête; happe d'un oiseau, *f.*; (*fauc.*) chaperon, *m.*; (*arch.*) dôme; — hinter dem Hoch-altar, chevet; —, cerveau d'une cloche; calotte d'un fourneau, *f.*; unter die — bringen, *fm.* placer, marier une fille; einem auf der —fißn, tenir qn. de court, veiller qn. de près. [bridoir, *m.*

**Haubenband**, *n.* 5*, bride, *f.*

**Haubenbrossel**, *f.* geai (*m.*), grive (*f.*) de Bohème.

**Haubenfalt**, *m.* 3, faucon huppé.

**Haubenflor**, *m.* 2, crépodaille, *f.*

**Haubenlerche**, *f.* cochevis, *m.*

**Haubenmacherinn**, *f.* coiffeuse.

**Haubennez**, *n.* 2, coiffe, *f.*

**Haubenstock**, *m.* 2*, (*perr.*) tête de bois ou de carton, *f.*

**Haubentaube**, *f.* pigeon à capuchon, *m.*

**Haubize**, *f.* obusier, *m.*; obus.

**Haublei**, *m.* 2*, billot; (*tonn.*) charpi.

**Hauch**, *m.* 2, haleine, *f.*; souffle, *m.*; (*gramm.*) aspiration, *f.*; der unangenehme —, halenée; mit einem — ausblasen, éteindre d'un souffle; mit einem — aussprechen, (*gramm.*) aspirer.

**Hauchen**, *v. a. et n.* '(*h.*) souffler; respirer; prendre haleine (*gramm.*) aspirer; *fg.* inspirer; Leben in etw. —, animer qch.; —, répandre un parfum.

**Hauchlaut**, *m.* 2, son aspiré.

**Haudegen**, *m.* 2, espadon; estra-maçon; *fg. fm.* bretailleur.

**Hauderer**, *m.* 1, loueur de carrosses.

**Haue**, *f.* houe; labour, *m.*

**Hauen**, *v. a.* frapper; couper, tailler; sculpter; fendre du bois; tailler des pierres; hacher en morceaux; mit der Ruthe —, fouetter; über das Gesicht —, cingler le visage; in die Eisen —, (*man.*) se couper; *fg.* in die Pfanne — (*guer.*) tailler en pièces; über die Schnur —, passer les bornes; es ist weder gehauen noch gestochen, il n'y a ni rime ni raison; sich —, se battre; —; *s. n.* 1, action de couper, etc., *f.*; labour de la vigne, *m.*; taille, *f.*; trait des pierres de taille, *m.*

**Hauer**, *m.* 1, coupeur; (*cha.*) sanglier, *f.* pl. défenses du sanglier, *f. pl.*

**Hauerlohn**, *m.* 2, abatage.

**Häufeln**, *v. a.* butter.

**Haufen**, *m.* 1, Haufe, *m. exc.* 2, monceau; tas, amas; pile, *f.*; botte de paille; foule, troupe;

quantité; — abgebrochener Sachen, abatis, *m.*; der gemeine —, vulgaire, multitude, *f.*; große —, commun, *m.*; lärmende —, cohue, *f.*; über den — werfen, renverser, jeter à bas, culbuter; über einen — fallen, tomber en ruine; s'écrouler; über den — schießen, battre qch. en ruine; coucher qn. sur le carreau.

**Häufen**, *v. a.* entasser, amasser, accumuler, amonceler; empiler.

**Haufenweise**, *adv.* par tas; par troupes, par bandes; en foule, en quantité.

**Häufig**, *adj.* nombreux; abondant; copieux; fréquent; commun; —, *adv.* en foule; souvent, communément.

**Häufung**, *f.* accumulation.

**Haubdechsel**, *f.* arrête-bœuf, *m.* bugrane, *f.* (*plante*). [onglée.

**Hauf**, *m.* 2, (*vétér.*) luette, *f.*

**Haupt**, *n.* 5*, tête, *f.*; *fg. id.*; chef, *m.*; principal; aufs — schlagen, défaire, battre une armée; —, dans la comp. principal.

**Hauptader**, *f.* veine céphalique.

**Hauptaltar**, *m.* 2*, maître-autel.

**Hauptanker**, *m.* 1, grande ancre, *f.* maîtresse ancre.

**Hauptarmee**, *f.* armée principale, grande armée. [*f.*

**Hauptaß**, *m.* 2*, mère branche,

**Hauptbalfen**, *m.* 1, architrave, *f.*

**Hauptbastei**, *f.* bastion royal, *m.*

**Hauptbatterie**, *fém.* batterie ruinante.

**Hauptbau**, *m.* 2 (*sans plur.*), bâtiment principal, corps de logis.

**Hauptbegriff**, *m.* 2, =gebanke, *m. exc.* 2, idée fondamentale, *f.*; idée générale.

**Hauptbinde**, *f.* bandeau, *m.*; diadème; (*chir.*) couvre-chef.

**Hauptbogen**, *m.* 1*, maîtresse arche d'un pont, *f.* [lit, *m.*

**Hauptbrett**, *n.* 5, dossier d'un livre, *m.* livre de raison.

**Hauptbuchstab**, *m. exc.* 2, lettre capitale, majuscule, *f.*

**Häupteln (sich)**, se pommer; des choux, etc.

**Häuptenstück**, *n.* 2, chantournée, *f.* [versel.

**Hauptserbe**, *m.* 3, héritier uni-

**Hauptfarbe**, *f.* couleur principale, primitive ou matrice.

**Hauptgasferin**, *f.* capitane.

**Hauptgebäude**, *n.* 1, corps de logis, *m.*

**Hauptgesims**, *n.* 2, entablement, *m.* corniche architravée, *f.*

**Hauptgestell**, *n.* 2, têtière pour les chevaux, *f.* [cipale, *f.*

**Hauptgrund**, *m.* 2*, raison prin-

Hauptgrundzins, m. 2, chef-cens.
Hauptbaar, n. 2, chevelure, f.
Hauptidee, f. idée essentielle.
Hauptinhalt, m. 2, sommaire, substance, f.
Hauptkirche, f. église principale, église métropolitaine, basilique.
Hauptkissen, n. 1, oreiller, m.
Hauptklage, f. (jur.) demande principale, originaire.
Hauptlaster, n. 1, vice prédominant, m.
Hauptlehre, f. dogme principal, m. maxime fondamentale, f.
Häuptling, m. 2, chef.
Hauptlinie, f. ligne principale, magistrale; capitale d'un bastion.
Hauptmann, m. 5* (pl. =leute), capitaine, chef.
Hauptmannschaft, f. capitainerie.
Hauptmasche, f. (oisel.) enlarme; die —n an einem Netze machen, enlarmer un filet.
Hauptmast, m. 2, grand mât.
Hauptmauer, f. mur principal, m.; —n, corps.
Hauptmerkmal, n. 2, caractère distinctif, m.
Hauptneigung, f. penchant dominant, m.
Hauptnenner, m. 1, dénominateur général.
Hauptnote, f. note tonique.
Hauptort, m. 5*, chef-lieu.
Hauptperson, f. chef, m.; principal personnage, coryphée; fm. cheville ouvrière, f.
Hauptpfeiler, =pfosten, m. 1, maitre poteau.
Hauptpumpe, f. archipompe.
Hauptpunkt, m. 2, point capital, fond, principal, fin, f.
Hauptquartier, n. 2, quartier général, m. [ral, m.
Hauptrechnung, f. compte général.
Hauptregel, f. règle générale.
Hauptregister, n. (m. 1), table générale, f.
Hauptsache, f. affaire, question principale; point essentiel, m.; v. Hauptpunkt.
Hauptsächlich, adj. principal, capital; —, adv. surtout.
Hauptsatz, m. 2*, thèse principale, f. axiome, m.; sujet, thème; (mus.) motif, sujet.
Hauptschlacht, f. bataille décisive.
Hauptschlagader, f. artère carotide. [tout.
Hauptschlüssel, m. 1, passe-par-
Hauptschmuck, m. 2 (sans pl.), ornement de la tête; der königliche —, diadème.
Hauptschuld, f. capital, m. principal. [école centrale.
Hauptschule, f. école principale,
Hauptsegel, n. 1, grande voile, f.

Hauptstadt, f.*, capitale, métropole. [dessus.
Hauptstimme, f. dessus, m. haut-
Hauptstraße, f. grand chemin, m.; rue principale, f. [tre.
Hauptstreich, m. 2, coup de maî-
Hauptstück, n. 2, article, m. chapitre; point principal; pièce principale, f.; (méc.) maitresse pièce; (blas.) chef, m.
Hauptsumme, f. somme totale; capital, m. principal.
Hauptthor, n. 1, =thür, f. porte principale, portail, m.
Haupttreffen, n. 1, corps de bataille, m.; v. Hauptschlacht.
Haupttugend, f. vertu cardinale.
Hauptumriß, m. 2, (dess.) contour général; ligne magistrale du plan d'une ville, f. [pital, m.
Hauptverbrechen, n. 1, crime ca-
Hauptwache, fém. grand'garde, corps de garde, m.
Hauptwall, m. 2*, rempart du corps de la place.
Hauptwind, m. 2, vent cardinal.
Hauptwort, n. 5*, mot principal, m.; (gramm.) substantif, nom.
Hauptzahl, f. nombre cardinal, m.
Hauptzug, m. 2*, principal trait; (callig.) corps d'une lettre.
Haus, n. 5*, maison, f. bâtiment, m. logis, domicile; das baufällige —, masure, f.; schlechte —, baraque; —, fg. maison, famille, race; wo ist er zu —e, de quel pays est-il? nirgends zu —e seyn, n'avoir point de domicile; weder — noch Hof, ni feu ni lieu; —, dans la comp. signifie domestique, privé, particulier, appartenant au ménage, à la maison.
Hausapotheke, f. apothicairerie domestique.
Hausarme, m. 3, pauvre honteux.
Hausarrest, m. 2, arrêts, pl.
Hausarznei, f. remède (m.), médecine (f.) domestique.
Hausbesitzer, m. 1, propriétaire d'une maison. [ge, m.
Hausbrod, n. 2, pain de ména-
Häuschen, n. 1, maisonnette, f.; bas etende —, bicoque; enge —, cage; v. Haus. [mestique.
Hausdiebstahl, m. 2, vol do-
Hausehre, f., die —versehen, faire les honneurs d'une maison; —, fm. maitresse de la maison.
Hausen, v. n. (h.) fm. loger; faire ménage; se conduire bien ou mal; faire grand bruit; causer du dégât.
Hausen, m. 1, husso, grand esturgeon.
Hausenblase, f. colle de poisson.
Hausenrogen, m. 1, caviar.
Hausflur, f. vestibule, m. corridor.

Hausfrau, f. épouse, femme, maitresse du logis.
Hausgeflügel, m. 1, volaille de basse-cour, f. [même maison.
Hausgenoß, m. 3, qui habite la
Hausgeräth, n. 2, meubles, m. pl. mobilier; mit — versehen, meubler; sich — anschaffen, s'emménager. [m. pl.
Hausgesinde, n. 1, domestiques,
Hausgötter, pl. lares, m. pénates. [nage; économiser.
Haushalten, v. n. 4 (h.) faire mé-
Haushälter, m. 1, =inn, f. économe, m. ménager, -ère, f.
Haushälterisch, adj. ménager, économe.
Haushaltung, f. ménage, m.; économie, f.; famille; seine — anfangen, s'établir.
Hausherr, m. 3, maitre de la maison; père de famille. [tel.
Haushofmeister, m. 1, maitre d'hô-
Hausiren, v. n. (h.) colporter; —, s. n. 1, colportage, m. [te-balle.
Hausirer, m. 1, colporteur, por-
Hauskasten, m. 1*, balle, f.
Hauskapelle, f. chapelle domestique; (ant. r.) laraire, m.
Hauskleid, n. 5, déshabillé, m. négligé.
Hausknecht, m. 2, valet de la maison; valet d'auberge, garçon.
Hauskost, f. ordinaire, m.
Hauskreuz, n. 2, chagrin domestique, m.
Hauslehrer, m. 1, précepteur.
Häuslich, adj. domestique, ménager. [cataire.
Hausmann, m. 5 (pl. =leute), lo-
Hausmannskost, f. ordinaire, m.; auf — einladen, inviter à la fortune du pot.
Hausmeier, m. 1, maire du palais (sous les rois de la 1.re race).
Hausmeister, m. 1, v. Hausverwalter.
Hausmiethe, f. loyer, m.
Hausmittel, n. 1, v. Hausarznei.
Hausmutter, f.*, mère de famille; fg. bonne ménagère.
Hausorgel, f. buffet d'orgues, m.
Hauspostille, f. sermonnaire, m.
Hausrath, m. 2*, meubles, pl.
Hausschlüssel, m. 1, clef de la maison, f.
Haussen, v. Außerhalb, Draußen.
Haussteuer, f. présent de noces, m.
Haussuchung, f. visite domiciliaire. [boute-feu, m.
Hausteufel, n. 1, querelleur, -se,
Hausthier, n. 2, animal domestique, m.
Hausthür, f. porte de la maison.
Haustruppen, f. pl., die königlichen — la maison du roi.
Hausvater, m. 1*, père de famille.

Hausverwalter, *masc.* 1, maître d'hôtel, intendant, concierge.
Hausverwalterei, *f.* intendance, conciergerie.
Hauswesen, *n.* 1, affaires domestiques, *f. pl.*; ménage, *m.*
Hauswirthschaft, *v.* Haushaltung.
Hauswurz, *f.* grande joubarbe.
Hauszins, *m.* 2, loyer.
Haut, *f.*\*, peau; (*anat.*) derme, *m.*; (*peint.*) chair, *f.*; (*bot.*) tunique, robe, panicule; die abgestreifte —, dépouille; —, cuir, *m.*; die harte —, durillon; zwischen — und Fleisch, entre cuir et chair; (*anat.*) intercutané; in der — befindlich, cutané; auf der blosen —, à cru; eine ehrliche —, *fg. fm.* une bonne pâte d'homme.
Hautausschlag, *m.* 2\*, exanthème.
Häutchen, *n.* 1, pellicule, *f.* membrane, épiderme, *m.*
Hautdrüse, *f.* glande miliaire.
Häuten, *v. a.* ôter la peau à; dépouiller; sich —, muer.
Hautfarbe, *f.* teint, *m.*
Hautflügelig, *adj.*, die —en Insekten, hyménoptères, *m. pl.*
Hautform, *f.* (*batt. d'or*) chauderet, *m.*
Häutig, *adj.* qui est couvert d'une peau; (*anat.*) membraneux.
Hautkrankheit, *f.* maladie cutanée.
Hautlehre, *f.* dermologie.
Häutung, *f.* mue, dépouille.
Hautverhärtung, *f.* callosité.
Hautwurm, *m.* 5\*, dragonneau, crinon.
Hauzähne, *m. pl.* défenses, *f. pl.* broches du sanglier.
Haverei, *f.* (*mar.*) avarie.
Hay, Hayfisch, *v.* Hai, 2c.
He! he da! *interj.* hé! ah! ha! holà! [matrone.
Hebamme, *f.* sage-femme, (*jur.*)
Hebebaum, *m.* 2\*, Hebel, *m.* 1, levier.
Hebebock, *m.* 2\*, chèvre, *f.* cabre.
Hebeisen, *n.* 1, levier de fer, *m.*; (*chir.*) élévatoire.
Hebekork, *m.* 2\*, mannequin.
Hebel, *v.* Hebebaum.
Hebelade, *f.* engin, *m.*
Heben, *v. a.* 6, lever; hausser; élever; soulever; accommoder un différend; aplanir une difficulté; aus der Taufe —, tenir un enfant sur les fonts de baptême; einen aus der Kutsche —, aider qn. à descendre de voiture. [siphon.
Heber, *m.* 1, *v.* Hebel; (*phys.*)
Hebestange, *f.* (*verr.*) bûche.
Hebewinde, *f.* cric, *m.*
Hebezeug, *n.* 2, levier, *m.* guindage, engin. [tion.
Hebopfer, *n.* 1, offrande, *f.* oblation.
Hebräer, *m.* 1, Hébreu.

Hebräisch, *adj.* hébraïque, hébreu; hébraïsant.
Hebung, *f.* levée d'un impôt, aplanissement d'une difficulté, *m.*; cure (*f.*), guérison d'un mal, etc.
Hechel, *f.* séran, *m.*; die feine —, affinoir; *fg.* einen durch die — ziehen, critiquer qn.
Hecheln, *v. a.* sérancer, moucher; *fg. fm.* critiquer.
Hechler, *m.* 1, sérancier.
Hecht, *m.* 2, brochet; *dim.* brocheton.
Hechtbars, *m.* 2, brochet-perche.
Hechtkopf, *m.* 2\*, hure du brochet, *f.*
Hechtschimmel, *m.* 1, cheval truité.
Hede, *f.* buisson, *m.* haie *f.*; palissade || appariement, *m.* ponte, *f.*; nichoir, *m.* volière, *f.*
Hecken, *v. n.* (b.) couver.
Heckenholz, *n.* 5\*, mort-bois, *m.*
Heckensichel, *f.* (*jard.*) croissant, *m.* [billebaude, *m.*
Heckfeuer, *n.* 1, feu de file, de Hedig, *adj.* couvert de brous-
Heckzeit, *f.* ponte. [sailles.
Hederich, *m.* 2, tortelle, *f.* vélard, *m.* érysime.
Heer, *n.* 2, armée, *f.*; *fg.* id., foule, volée, nuée, bande.
Heerbann, *m.* 2\*, ban et arrière-ban.
Heerde, *f.* troupeau, *m.*; *fg.* id., bande, *f.*
Heerdenweise, *adv.* par troupeaux; *fg.* par troupe; par bandes, en foule.
Heerflüchtig, *adj.* déserteur.
Heerfolge, *f.* (*féod.*) ban, *m.*
Heerführer, *m.* 1, général, capitaine.
Heerhaufen, *m.* 1, corps d'armée.
Heermeister, *m.* 1, grand maître de l'ordre de S. Jean.
Heerpauke, *f.* timbale.
Heerrauch, *m.* 2, brouillard sec.
Heerraupe, *f.* chenille processionnaire.
Heerschaar, *f.* armée. [naire.
Heerschau, *f.* revue des troupes.
Heerstrasse, *f.* grande route.
Heerzug, *m.* 2\*, marche d'une armée, *f.*; armée; expédition.
Hefe, *f. pl.* lie; levure de la bière; (*chim.*) féces, *pl.*; *fg.* auf die — kommen, être à bout, à sec.
Heft, *m. etn.* 2, manche, *m.*; mit einem —e versehen, emmancher; —, *n.* cahier de papier, *m.*; —, *m.* agrafe, *f.* attache.
Heften, *v. a.* attacher, lier; brocher un livre; verloren —, (*taill.*) bâtir, faufiler; —, *fg.* fixer, artéter; die Augen auf etw. — avoir les yeux fixés, collés sur qch.; —, *s. n.* 1, (*rel.*) brochure, *f.*

Heftfaden, *m.* 1\*, bâti.
Hefthaken, *m.* 1, clavette, *f.*
Heftig, *adj.* fort, violent, grand, véhément, ardent, impétueux; (*phys.*) intense; auf das —ste, (aimer) éperdument; im —sten Fieber, dans le fort de la fièvre.
Heftigkeit, *f.* violence, véhémence, impétuosité, ardeur; (*phys.*) intensité.
Heftlade, *f.* cousoir, *m.*
Heftlos, *adj.* démanché.
Heftpflaster, *n.* 2, emplâtre agglutinatif, *m.*
Hegen, *v. a.*, *v.* Hägen.
Hegira, *f.* hégire, ère des Mahométans.
Hehl, *n. indécl.* secret, *m.*; — halten, recéler, cacher.
Hehler, *n.* 1, recéleur.
Hehr, *adj.* auguste, grand, saint.
Heide, *m.* 3, Heidinn, *f.* païen, *m.* -ne, *f.* [(*bot.*) bruyère.
Heide, *f.* bruyère, lande; brande;
Heidegesträuch, *n.* 2, brande, *f.*
Heidegrütze, *f.* gruau de blé noir, *m.* [blé noir.
Heidekorn, *n.* 5\*, blé sarrasin, *m.*
Heidekraut, *n.* 5\*, bruyère, *f.*
Heidelbeere, *f.* airelle, myrtille.
Heidelerche, *f.* alouette des bois.
Heidenbekehrer, *m.* 1, missionnaire.
Heidenhaar, *n.* 2, premiers cheveux d'un enfant, *m. pl.*
Heidenthum, *n.* 5\*, paganisme, *m.*
Heidnisch, *adj.* païen, gentil, ethnique.
Heiduck, *m.* 3, heiduque.
Heil! *n.* 1, salut, *m.*; fortune, *f.*; félicité, prospérité; — dem welcher, 2c., heureux celui qui, etc.; — dem Fürsten, vive le prince.
Heil, *adj.* sain, guéri; rétabli.
Heiland, *m.* 2, sauveur.
Heilart, *f.* méthode curative, curation; manière de guérir.
Heilbar, *adj.* guérissable.
Heilen, *v. a.* guérir; nur obenhin —, pallier; aus dem Grunde —, éradicatif.
Heilig, *adj.* saint; sacré; inviolable; — sprechen, canoniser; — halten, garder religieusement sa parole; das —e Bein, os sacrum, *m.*; —, *m. et f.* 3, saint, *m.* -e, *f.*
Heiligen, *v. a.* sanctifier; consacrer. [blanc, *m.*
Heiligenbels, *m.* 5\*, peuplier
Heiligenschein, *m.* 2, auréole, *f.* nimbe, *m.* [lie, *m.* dulie, *f.*
Heiligenverehrung, *f.* culte de
Heiligkeit, *f.* sainteté.
Heiligmacher, *n.* 1, sanctificateur.
Heiligmachung, *f.* sanctification.
Heiligsprechung, *f.* canonisation.
Heiligthum, *n.* 5\*, sanctuaire,

m.; chose sainte, f.; reliques, pl.

Heiligung, f. sanctification.

Heilkraft, f.*, vertu d'un remède.

Heilkräftig, adj. médicinal, médicamenteux. [nale, f.

Heilkraut, n. 5*, plante médici-

Heilkunde, f. =kunst, f.*, médecine, thérapeutique, chirurgie.

Heillos, adj. impie, scélérat, méchant; funeste.

Heilmittel, n. 1, remède, m.

Heilsam, adj. salutaire; utile.

Heilsamkeit, f. salubrité.

Heilsordnung, f. ordre (m.), économie (f.) du salut.

Heilung, f. cure, guérison; die oberflächliche —, palliation.

Heim, adv. au logis, à la maison; — geben, retourner chez soi.

Heimath, f. patrie, lieu natal, m. foyers, pl.

Heimathlich, adj. natal.

Heimbuch, n. 5*, code rural, m.

Heimbürge, m. 3, maire de village, sergent.

Heimchen, n. 1, grillon, m.

Heimfahrt, =reise, f. =gang, m. 2*, retour. [déshérence; aubaine.

Heimfall, m. 2*, dévolution, f.

Heimfallen, v. n. 4 (f.) échoir; tomber en partage; tomber en déshérence.

Heimfallsrecht, n. 2, droit de dévolution, m.; droit d'aubaine.

Heimisch, adj. natal; indigène.

Heimlich, adj. secret, caché, furtif; clandestin; sourd; dissimulé; || tranquille, commode; —, adv. secrètement, à la dérobée, fm. en cachette; v. Leise.

Heimlichkeit, f. secret, m.; tranquillité, f. paix, repos, m.

Heimrecht, n. 2, naturalité, f.

Heimrechtsbriefe, m. pl. 2, lettres de naturalisation, f. pl.

Heimschlagen, v. a. 7, rendre, résilier, résoudre la vente.

Heimstellen, v. a. mettre à la disposition de qn.; s'en remettre à qn. de qch.

Heimsuchen, v. a. visiter; fg. affliger.

Heimsuchung, f. visite; fg. affliction; das Fest der — Mariä, la visitation de Notre-Dame.

Heimtragen, v. a. 7, emporter chez soi. [lation, malice.

Heimtücke, f. fausseté; dissimu-

Heimtückisch, adj. faux; dissimulé, sournois; malicieux.

Heimwärts, adv. vers son logis, son pays.

Heimweg, m. 2, retour.

Heimweh, n. 2, mal du pays, m. nostalgie, f.

Hein, m., Freund —, mort, f.

Heinrich, n. pr. m. Henri.

Heirath, f. mariage, m.; alliance, f.; parti, m.; noce, f.; die zweite —, les secondes noces; nicht standesmäßige —, mésalliance.

Heirathen, v. a. et n. (h.) épouser; se marier.

Heirathscontract, m. 2, =vertrag, m. 2*, contrat de mariage.

Heirathsgut, n. 5*, dot, f.

Heirathslustige, m. 3, celui qui a envie de se marier, fm. épouseur.

Heisa, interj. — lustig, allons!

Heisch, v. Heiser. [vive la joie!

Heischen, v. a. demander.

Heiser, adj. enroué, rauque, cassé; — machen, enrouer; — werden, s'enrouer; sich — schreien, s'égosiller.

Heiserkeit, f. enrouement, m.

Heiß, adj. chaud; ardent; brûlant; sehr — seyn, brûler; — machen, chauffer; (géogr.) der heiße Erdstrich, la zone torride.

Heißen, v. a. 4, commander, ordonner à qn. || nommer; appeler; —, v. n. (h.) s'appeler; signifier; das heißt, c'est-à-dire.

Heißhunger, m. 1, faim dévorante, f., fm. faim canine; voracité; gloutonnerie; (vét.) faim-valle.

Heißhungerig, adj. affamé; glouton; vorace.

Heiter, adj. serein; clair; fg. serein; calme; gai.

Heiterkeit, f. sérénité; clarté; fg. sérénité, tranquillité; calme, m.; gaîté, f.; hilarité.

Heizen, v. a. chauffer.

Heizung, f. chauffage, m.

Hekatombe, f. hécatombe.

Heftig, f., v. Schwindsucht.

Hecto-, hecto-, v. la Part. franç.

Held, m. 3, =inn, f. héros, m. héroïne, f.; champion, m.; (plais.) ein schöner —, un bel, un plaisant étourneau.

Heldenbrief, m. 2, héroïde, f.

Heldengedicht, n. 2, poème épique, m. épopée, f.

Heldenmäßig, Heldenmüthig, adj. héroïque, intrépide; —, adv. en héros. [valeur, f.

Heldenmuth, m. 2, héroïsme;

Heldenthat, f. action héroïque, exploit, m.; (plais.) prouesse, f.

Helenenfeuer, n. 1, (mar.) feu de S. Elme, m.

Helfen, v. n. 2 (h.) aider qn., à qn.; secourir; assister qn.; concourir à; servir de, à; remédier à qch.; sich zu — wissen, savoir se retourner; einem aus dem Irrthum —, tirer qn. d'erreur; aus dem Traum —, expliquer qch.; ich kann euch nicht —, je n'y saurais que faire; einander —, s'entre-secourir; hilft, interj. au secours! so wahr

mir Gott helfe, ainsi que Dieu me soit en aide. [(prot.) diacre.

Helfer, m. 1, aide; assistant;

Helfersamt, n. 5*, diaconat, m.

Helfershelfer, m. 1, m. p. suppôt.

Helikon, m. 2, (poés.) Hélicon.

Hell, adj. clair; limpide (eau); serein (ciel); fg. clair, pur; évident; (intervalle) lucide; er hat einen sehr —en Blick, il est fort clairvoyant; bei —em Tage, en plein jour; — machen, éclaircir; — werden, s'éclaircir.

Hellblau, =grün, x. adj. bleu clair, vert clair. [obscur, m.

Helldunkel, n. 1, (peint.) clair-

Helle, f. clarté; lueur; jour, m.

Hellebarde, f. hallebarde.

Hellebardirer, m. 1, hallebardier.

Hellene, m. 3, Hellène, Grec.

Hellenisch, adj. hellénique.

Hellenistisch, adj. hellénistique.

Heller, m. 1, denier, obole, f.

Hellig, adj. altéré, las, fatigué.

Hellklingend, adj. sonore, aigu.

Hellroth, adj. rouge clair, nacarat.

Hellsehend, adj. clairvoyant.

Helm, m. 2, casque; (chim.) alambic; chapiteau; chape, f.; (arch.) dôme, m.; manche d'une cognée, f.; fg. soldat. [pole, f.

Helmdach, n. 5*, dôme, m.; couronnement. [grille.

Helmbedke, f. capeline, chaperon, m.

Helmgitter, n. 1, visière, f.; (blas.)

Helmschmid, m. serpent casqué, m.

Helmschmud, m. 2, cimier.

Helmstod, m. 2*, barre du gouvernail, f.

Helmstuß, m. 2, panache.

Helmtaube, f. pigeon cuirassé, m.

Helote, m. 3, (ant. gr.) ilote.

Hem, interj. hem! hon!

Hemd, Hemde, n. exc. 1, chemise, f.; dim. chemisette.

Hemdknopf, m. 2*, bouton de poignet. [mise.

Hemdkragen, m. 1*, col de che-

Hemdkrause, f. manchette, jabot, m.

Hemdwickel, f. gousset, m.

Hemmen, v. a. arrêter, retenir; suspendre; enrayer la roue.

Hemmerling, m. 2, quartier de pomme à cuire au four.

Hemmkette, f. enrayure.

Hemmschuh, m. 2, sabot, chien.

Hemmung, f. empêchement, m.; entrave, f.; (horl.) échappement, m.; (arg.) arrêt.

Hengst, m. 2, cheval entier, étalon. [orillon, m.

Henkel, m. 1, anse, f.; oreille,

Henkelchen, n. 1, ansette, f.

Henken, v. a. pendre; —, s. n. 1, fm. pendaison, f.

Henkenswerth, adj. fm. pendable.

Henker, m. 1, bourreau; fg. id., barbare; zum —, diantre, au diable! foin!

Henne, f. poule.

Hennegau, Hainaut, m. (pays).

Her, adv. (indique un mouvement vers l'endroit où est celui qui parle; il s'emploie aussi comme adv. de temps), ici, de ce côté; çà; wo senb ibr —, d'où êtes-vous? von weitem —, de loin; von außen —, par dehors, du dehors; von oben —, d'en haut; von unten —, de dessous, d'en bas; hin und —, çà et là; um etw. —, autour de qch.; hinter einem —, derrière qn.; von Alters —, depuis longtemps.

Herab, adv. (indique le mouvement du haut en bas), d'en haut; à bas, en bas, par en bas. [bas.
*Herabbringen, v. a. porter en Herabfahren, 7, *=geben, *=kommen, =steigen, 5, v. n. (f.) descen- [dre.
Herabfahrt, f. descente.
Herabfallen, v. n. 4 (f.) tomber.
Herabfließen, v. n. 6 (f.) découler; v. Fließen.
Herabhängen, v. a. et n. 4 (f.) pendre, descendre. [cendre.
Herabholen, =langen, v. a. des-
Herablassen, v. a. 4, descendre, faire descendre; baisser un rideau; détrousser un habit; sich —, s'abattre; se percher (oiseau); fg. s'abaisser; condescendre; se familiariser. [affable; populaire.
Herablassend, adj. condescendant, Herablassung, fém. descente; fg. condescendance; popularité; affabilité.
Herablaufen, v. n. 4 (f.) descendre en courant; descendre.
Herabnehmen, v. a. 2, descendre, ôter.
Herabpurzeln, v. n. (f.) fm. culbuter, dégringoler, trébucher.
Herabreißen, v. a. 5†, arracher, enlever. [en bas.
Herabrollen, v. a. et n. (f.) rouler Herabrufen, v. a. 4, crier d'en haut; prier qn. de descendre.
Herabschauen, =sehen, v. n. 1 (h.) voir ou regarder d'en haut.
Herabschießen, v. a. 6, tirer d'en haut; abattre; —, v. n. (f.) tomber d'en haut; se précipiter; s'abattre (oiseau). [jeter.
Herabschlagen, v. a. 7, abattre; Herabsetzen, v.a. descendre; mettre en bas; fg. diminuer les prix; déprécier; décrier; dénigrer.
Herabsetzung, f. diminution des prix; dépréciation; dénigrement, m. [en bas.
Herabspringen, v. n. 3 (f.) sauter Herabstürzen, v. a. précipiter; —,

v. n. (f.) tomber; sich —, se précipiter. [goutter.
Herabtriefen, v. n. 6† (f.) dé-
Herabwälzen, v. a. rouler en bas.
Herabwärts, adv. vers le bas, en bas. [ter en bas.
Herabwerfen, v. a. 2, abattre; je-
Herabwürdigen, v. a. dégrader, ravaler, avilir, déprécier.
Herabwürdigung, f. avilissement, m. dégradation, f. dépréciation.
Heralbif, f. connaissance du blason.
Heran, adv. près, auprès, proche; — avancez! approchez! — indique le mouvement d'un objet qui s'approche. (Voyez sous An les composés qui manquent ici.)
Heranbrechen, v. n. 2 (f.) paraître.
*Herankommen, =nahen, v. n. (f.) avancer, approcher.
Herannahung, f. approche.
Heranrücken, v. a. et n. (f.) approcher. [dir.
Heranwachsen, v. n. 7 (f.) gran-
Herauf, adv. en haut; —, interj. montez! — indique le mouvement d'une chose de bas en haut. (Voyez sous Auf les composés qui manquent ici.)
Heraufbiegen, v. a. 6, recourber.
*Heraufbringen, =führen, =holen, v. a. faire monter.
Herauffahren, v. a. et n. 7 (f.) monter la rivière (v. Fahren).
*Heraufgehen, =kommen, =steigen, 5, =treten, 1, v. n. (f.) monter.
Heraufkaufen, v. n. 4 (f.) courir en haut. [le haut.
Heraufwärts, adv. en haut; vers Heraus, adv. dehors; hors; sortez! (guer.) aux armes! — damit, donnez-le; — damit, — mit der Sprache, parlez donc! — signifie un mouvement hors d'un endroit. (Voyez sous Aus les composés qui manquent ici.) [d'embarras.
Herausarbeiten (sich), s. tirer Herausbegehen (sich), 1, sortir.
*Herausbekommen, v. a. avoir de retour.
Herausbliden, v. Herausschauen.
Herausbringen, v. a. arracher; proférer; ôter; déchiffrer; découvrir. [en tournant.
Herausbrechen, v. a. faire sortir impétueusement; s'écouler.
Herausdrücken, v. a. exprimer, faire sortir en pressant. [sortir.
Herauseilen, v. n. (f.) se hâter de Herausfahren, v. n. 7 (f.) sortir; (mar.) débouquer d'un détroit; fg. s'emporter; —, s. n. 1, (mar.) débouquement, m.

Herausfallen, v. n. 4 (f.) tomber dehors.
Herausfinden (sich), 3, sortir de; trouver l'issue. [ler.
Herausfließen, v. n. 6 (f.) s'écou-
Herausfordern, v. a. demander le retour; provoquer, défier; appeler qn. en duel.
Herausforderer, m. 1, agresseur.
Herausforderung, f. provocation; défi, m. cartel.
Herausgabe, f. édition.
Herausgeben, v. a. 2, rendre; délivrer; donner de retour; publier un livre. [teur.
Herausgeber, m. 1, (libr.) édi-
*Herausgeben, v. n. (f.) sortir.
Herausgraben, v. a. 7, déterrer.
Heraushelfen, v. n. 2 (h.) aider qn. à sortir; fg. tirer; retirer qn.; sich —, se tirer d'affaire.
Herausjagen, v. a. chasser.
Herausklauben, v. a. éplucher.
*Herauskommen, v. n. (f.) sortir; paraître; se trouver juste, s'accorder. [ter.
Herauskratzen, v. a. ratisser; grat-
Herauskriechen, v. n. 6 (f.) sortir en rampant.
Herauslangen, v. a. tirer de; présenter une chose par quelque ouverture.
Herauslassen, v. a. 4, laisser sortir; relâcher un prisonnier; tirer du vin; sich —, fg. donner à entendre; s'expliquer sur qch.
Herauslaufen, v. n. 4 (f.) courir dehors; s'écouler, se répandre; filer. [étaler.
Herauslegen, v. a. mettre dehors; Herauslocken, v. a. faire sortir par ruse; attirer dehors; fm. faire jaser qn.
*Herausmüssen, v. n. (h.) être obligé de sortir; fg. es muß heraus, il faut le dire; je le découvrirai (un secret).
Herausnehmen, v. a. 2, tirer; prendre; ôter, arracher une dent; puiser dans; choisir; sich —, fg. s'émanciper; sich viel —, en lancier beaucoup; sich zu viel —, s'arroger trop. [le mot.
Herausplatzen, v. n. (f.) trancher Herauspressen, v. a. exprimer; extorquer.
Herausputzen, v. a. parer; fm. accoutrer, attinter; sich —, s'agencer, se [dre; jaillir.
Herausquellen, v. n. 6 (f.) sour-
Herausragen, v. n. (h.) avancer, saillir.
Herausreden (sich), se disculper.
Herausreißen, v. a. 5†, arracher; fg. tirer; —, s. n. 1, arrachement, m. [s'écouler.
Herausrinnen, v. n. 2 (f.) couler,

Herausrücken, v. a. faire sortir; fg. fm. donner de l'argent; —, v. n. (f.) sortir; mit dem Geld —, fm. tirer la bourse, dégainer; mit ber Sprache —, s'expliquer.

Heraussagen, v. a. avouer, déclarer; runb, frei —, trancher le mot.

Herausschauen, =sehen, v. n. 1 (h.) regarder dehors, paraître par une ouverture.

Herausschießen, v. a. 6, tirer par; —, v. n. (f.) jaillir; s'élancer.

Herausschlagen, v. a. 7, faire sortir à force de coups, déchasser un clou; chasser l'ennemi; faire tomber l'épée de la main à qn.

Herausschleichen, v. n. 5† (f.) et sich —, sortir doucement, disparaître; s'éclipser.

Herausschleppen, v. a. traîner dehors. [per, tailler, retrancher.

Herausschneiden, v. a. 5†, couHerausschöpfen, v. a. tirer, puiser. [lir; s'élancer.

Herausspringen, v. n. 3 (f.) jailHeraussprigen, =sprubeln, v. a. faire rejaillir; —, v. n. 1, (f.) jaillir, saillir; —, s. n. 1, jaillissement, m. [germer.

Heraussprossen, v. n. (f.) pousser,

*Herausstehen, v. n. (f.) avancer.

Heraussteigen, v. n. 5 (f.) descendre, sortir. [expulser.

Herausstoßen, v. a. 4, Pousser,

Herausstreichen, v. a. 5†, effacer les plis; fg. vanter, prôner, louanger. [grands flots, débonder.

Herausströmen, v. n. (f.) sortir à

Heraussuchen, v. a. choisir, éplucher.

*Herausthun, v. a. ôter; retirer.

Heraustragen, v. a. 7, ôter; emporter. [faire sortir, expulser.

Heraustreiben, v. a. 5, chasser,

Heraustreten, v. n. 1 (f.) sortir de son rang.

Herauswagen (sich), oser sortir.

Herauswärts, adv. vers le dehors.

*Herauswenden, v. a. tourner en dehors.

Herauswerfen, v. a. 2, jeter dehors.

Herauswickeln, v. a. déployer, dérouler; sich —, fg. se tirer d'affaire, etc.; se dépêtrer; fm. tirer son épingle du jeu. [tour.

Herauszahlen, v. a. donner de reHerausziehen, v. a. 6, tirer dehors; retirer; extraire; —, s. n. 1, extraction, f.

Herauszwingen, v. a. 3, forcer de sortir; fg. extorquer; arracher par force.

Herbe, adj. acerbe, vert, sur; âpre, rude; aigre; amer; fg. âpre, amer, rude; austère.

Herbe, f. âpreté, aigreur; verdeur; fg. rudesse, amertume.

---

Herbei, adv. ici, vers ici, çà, ci; près, auprès, proche; —, à moi; näher —, plus près; — indique un mouvement vers le lieu où est celui qui parle. (Voyez sous Bei les composés qui ne se trouvent pas ici.)

*Herbeibringen, =führen, =belen, =tragen, 7, v. a. apporter; amener.

Herbeieilen, =laufen, 4, v. n. (f.) accourir. [procher.

*Herbeikommen, v. n. (f.) s'apHerbeikunft, f.*, approche.

Herbeiloden, v. a. leurrer, attirer.

Herbeirufen, v. a. 4, appeler, faire venir. [curer; faire venir.

Herbeischaffen, v. a. fournir; proHerbeiströmen, v. n. (f.) affluer; accourir; fg. id., abonder.

Herbeiziehen, v. a. 6, attirer.

Herberge, f. auberge; gîte, m. logis.

Herbergen, v. a. loger, fm. héberger; —, v. n. (h.) id., être logé.

Herbergsvater, m. ·1*, maître du bureau d'un corps de métier.

Herbestellen, v. a. mander; donner rendez-vous à qn.

Herbeten, v. a. réciter, dire.

Herbigkeit, f. V. Herbe.

Herbitten, v. a. 1, inviter à venir chez soi.

*Herbringen, v. a. apporter; amener; hergebracht, reçu; ancien, accoutumé, coutumier.

Herbst, m. 2, automne; vendanges, f. pl. [ger.

Herbsten, v. n. 2 (h.) vendanHerbstleute, pl. vendangeurs, m. vendangeuses, f. [tomne.

Herbstlich, adj. automnal, d'auHerbstling, m. 2, fruit d'automne; agaric délicieux; bête tardive, f. [tembre.

Herbstmonat, m. 2, mois de sepHerbstobst, n. 2, =früchte, f. pl. fruits d'automne ou de l'arrière-saison, m. pl.

Herbstrose, f. mauve-rose; mauve de jardin, alcée.

Herbstzeit, f. temps automnal, m.; arrière-saison, f.; vendanges, pl.

Herb, m. 2, foyer; âtre; (verr.) tourte, f.; weber Feller noch —, ni feu ni lieu.

Herdgeld, n. 5, fouage, m.

Herdurch, adv. par, à travers.

Herein, adv. dedans; céans; au dedans; en dedans; entrez (dans le lieu où se trouve celui qui parle). Voy. sous Ein les composés qui ne se trouvent pas ici.

Hereinbrechen, v. n. 2 (f.) approcher (nuit); entrer de vive force, avec force; faire une irruption (ennemi); assaillir qn., fondre sur qn. (malheur).

---

*Hereinbringen, v. a. apporter amener.

Hereinbringen, v. n. 3 (f.) entrer par force, pénétrer; passer à travers.

Hereinführen, v. a. introduire.

*Hereingeben, =kommen, =treten, 1, v. n. (f.) entrer; q. les verbes simples. [entrer.

Hereinholen, v. a. amener, faire

Hereinlassen, v. a. 4, laisser entrer.

Hereinsteigen, v. n. 5 (f.) (zum Fenster, 2c.), entrer, monter (par la fenêtre, etc.). [attirer.

Hereinziehen, v. a. 6, faire entrer;

Hereinzwingen, v. a. 3, forcer d'entrer.

Hererzählen, v. a. raconter en détail.

Herfahren, v. n. 7 (f.) arriver en voiture; fg. fm. über einen —, se jeter sur qn., rabrouer qn.

Herfließen, v. n. 6 (f.) découler; fg. id., prendre son origine, avoir sa source, émaner (aus, de).

Herfordern, v. a. mander; citer.

Herführen, v. a. amener.

Hergang, m. 2*, approche, f.; fg. fait, m. toute l'affaire, f.

Hergeben, v. a. 1, donner; livrer; fournir; wieder —, rendre.

*Hergehen, v. n. (f.) venir, s'approcher; aller; es geht armselig bei ihm her, il vit pauvrement; so geht es in der Welt her, ainsi va le monde; hier geht es lustig her, on se divertit ici; es geht schändlich her, il se commet de grands désordres; über etw. —, se mettre après qch.; es geht über mich her, on en est sur mon chapitre; es gieng hitzig dabei her, il y faisait fort chaud; (wissen Sie) wie es dabei hergegangen ist, comment la chose s'est passée.

Hergesucht, adj., weit —, amené de bien loin, alambiqué, fm. tiré par les cheveux.

Herhalten, v. a. 4, tendre; présenter; —, v. n. (h.) fm. souffrir, endurer.

Herholen, v. a. amener; aller chercher; weit —, rechercher.

*Herkommen, v. n. (f.) venir; fg. provenir; descendre; être issu; —, s. n. 1, approche, f.; arrivée; fg. naissance, origine, extraction, condition, lieu, m. || coutume, f.; (égl.) observance.

Herkömmlich, adj. coutumier, passé en coutume; usuel. [n. 1.

Herkunft, f.*, v. Herkommen, s.

Herlangen, v. a. apporter; donner; —, v. n. (h.) atteindre jusqu'ici.

Herlaufen, v. n. 4 (f.) accourir; hergelaufen, adj. vagabond; ein hergelaufener Kerl, un aventurier; pl. des gens sans aveu, m.

Herlegen, v. a. mettre, poser ici.
Herleiten, v. a. conduire, amener; dériver de l'eau; fg. déduire, tirer; dériver un mot; fich' —, dériver; provenir.
Herleitung, f. conduite; dérivation; étymologie d'un mot; déduction.
Herlesen, v. a. 1, lire, réciter.
Herling, m. 2, raisin vert.
Herloden, v. a. attirer.
Hermachen (fich), approcher; fich über etw. —, se jeter sur qch.
Hermann, n. pr. m. Hermann, Germain.
Hermaphrobit, m. 3, v. Zwitter.
Hermelin, n. 2, hermine, f.
Hermelinmantel, m. 1*, manteau doublé d'hermine.                [maine.
Hermelraute, f. camomille romaine.
Hermesfäule, f. (ant.) colonne hermétique, Hermès, m.
Hermetisch, adj. hermétique; adv. -ment.
Hermurmeln, v. a. marmotter.
Hernach, adv. puis, après, ensuite.
Hernehmen, v. a. 2, prendre; trouver; fg. fm. reprendre, railler, maltraiter.        [v. Herab.
Hernieber, adv. en bas; à bas;
*Hernieberbringen, v. a. faire descendre.
Hernieberfahren, 7, *kommen, =steigen, 5, v. n. (f.) descendre; v. Fahren, ic.
Hernieberlassen, v. a. 4, faire descendre, descendre, abaisser.
Heroisch, adj. héroïque; vaillant.
Herolb, m. 2, héraut (d'armes).
Heroldsstab, m. 2*, caducée; bâton de héraut.
Herr, m. 3, seigneur, maître; patron; chef; souverain; (titre) monsieur; grosse —en, grands, pl.; fein eigener — feyn, ne dépendre de personne; ben grossen —n spielen, trancher du grand seigneur.
Herrechnen, v. a. compter, énumérer; faire l'énumération de qch.
Herreichen, v. a. donner, approcher; tendre, présenter; —, v. n. (b.) atteindre jusqu'ici.
Herreise, f. venue, retour, m.
Herreisen, v. n. (f.) venir; retourner.                        [pi, f.
Herrenapfel, m. 1*, pomme d'a-
Herrenbirn, f. poire de messire Jean.
Herrenbiener, m. 1, sergent, huissier; fg. adulateur, courtisan, homme qui rampe devant les grands.
Herrenbienst, m. 2, service, m.; (feod.) corvée, f.
Herrenhuter, m. 1, frère morave (de l'endroit appelé Herrnhut).
Herrenlos, adj. sans maître, sur

le pavé (homme); vacant, jacent (bien); épave (béte).
Herrisch, adj. impérieux; de maître, en maître; despotique.
Herrlich, adj. magnifique, pompeux, majestueux, splendide; délicieux, excellent.
Herrlichkeit, f. magnificence, splendeur; excellence, gloire, majesté, pompe; faste, m. grandeur, f. délicatesse; (titre) seigneurie.
Herrschaft, f. domination, empire, m.; puissance, f.; souveraineté; seigneurie; terre; maître, m. maitresse, f.
Herrschaftlich, adj. seigneurial.
Herrschen, v. n. (b.) régner, dominer; gouverner; prédominer.
Herrschend, adj. régnant; dominant; prédominant; fg. id.
Herrscher, m. 1, =inn, f. souverain, m. -e, f. monarque, m. dominateur, -trice, f. maitre, m. -esse, f.                    [f.
Herrscherstamm, m. 2*, dynastie,
Herrschgeist, m. 5, esprit dominateur.
Herrschsucht, f. envie de dominer, de régner, esprit dominateur, m.
Herrschsüchtig, adj. impérieux; ein —es Weib, une maitresse femme.
Herrufen, v. a. approcher; pousser; —, v. n. (f.) approcher.
Herrufen, v. a. 4, appeler; voy. Rufen.                   [dériver.
Herrühren, v. n. (b.) provenir, v. a. réciter, dire; conter.              [fournir.
Herschaffen, v. a. faire venir;
Herschicken, v. a. envoyer ici.
Herschiessen, v. a. 6, fournir de l'argent.
Herschleichen, v. n. 5† (f.) et fich —, venir lentement; se trainer ici.
Herschleppen, v. a. trainer ici.
Herschreiben, v. a. 5, mander; fich —, fg. venir, provenir de.
Hersehen, v. n. 1 (b.) regarder ici.
*Hersen, v. n. (f.) être de, être natif de; über etw. —, être après qch., être occupé de qch.; binter einem —, pop. être aux trousses de qn.; binter etw. —, courir après qch.                         [gayer.
Herstammeln, v. a. balbutier, bé-
Herstammen, v. n. (f.) descendre, être originaire, tirer son origine (aus, de); (gramm.) dériver.
Herstellen, v. a. mettre, poser ici; remettre; rétablir; fg. rétablir, réintégrer, restaurer; réparer; bie Ruhe in einem Lande —, pacifier un pays; v. Stellen.
Herstellung, f. rétablissement, m.; réparation, f.; réintégration; restauration; — ber Ruhe in einem

Lande, pacification d'un pays.
Herstottern, v. Herstammeln.
Herstreben, v. a. tendre, étendre.
Hertragen, v. a. 7, porter ici; apporter.              [approcher.
Hertreten, v. n. 1 (f.) s'avancer.
Herüber, adv. en deçà; ici, de ce côté-ci; —fahren, 7, *—gehen, —reiten, 5†, —schiffen, passer; vom andern Ufer —scheinen, 5, briller à l'autre rive; über bie Strasse —reden, parler à qn. de l'autre côté de la rue.
Herum, adv. autour; à l'entour; de côté et d'autre, çà et là.
Herumbalgen (fich), se chamailler, batailler.
Herumbeissen (fich), 5†, se houspiller; se becqueter (oiseaux); fg. fm. se houspiller, se disputer, se quereller.
*Herumbringen, v. a. faire tourner; ramener à la raison.  [rond.
Herumbrehen, v. a. mouvoir en tour; faire le tour de qch.; rôder, trainer (habit).     [papillonner.
Herumflattern, v. n. (f.) voltiger;
Herumfragen, v. n. (b.) demander à la ronde, recueillir les suffrages.
Herumführen, v. a. promener, conduire qn.
Herumgaffen, v. n. (b.) béer.
Herumgeben, v. a. 1, présenter à la ronde, faire circuler.
*Herumgehen, v. n. (f.) se promener; faire un tour; tourner; circuler.                      [balgen.
*Herumhauen (fich), v. Herum=
Herumholen, v. a. 1, ramener; fg. censurer, railler, chapitrer.
Herumhüpfen, v. n. (f.) sauter; sautiller, bondir.
Herumirren, v. n. (f.) errer.
Herumjagen, v. a. faire courir; poursuivre —; v. n. (f.), um etw. —, faire le tour de qch. bride abattue; —fm. courir çà et là, galoper, tourner qch.     [tourner.
Herumkehren, v. a. tourner, re-
*Herumkommen, v. n. (f.) faire le tour de qch.; venir à bout des visites qu'on veut faire; voyager, courir, parcourir.       [sur mer.
Herumkreuzen, v. n. (b.) croiser
Herumkriechen, v. n. 6 (f.) ramper, se trainer.
Herumlaufen, v. n. 4 (f.) courir çà et là; rôder, battre le pavé; tourner autour de qch., faire le tour de qch. en courant.
Herumlegen, v. a. mettre autour, mettre, placer; distribuer, répartir des troupes; fich —, se camper autour (armée); se replier.
Herumliegen, v. n. 1 (f.) être dispersé; trainer; être adjacent.

Herumliegend, *adj.* circonvoisin.
Herumnehmen, *v. a.* 2, mettre à l'entour de soi; manier, examiner de tous côtés; *fg. fm.* réprimander; chapitrer; railler, berner; critiquer.

Herumreichen, *v. a.* donner, faire passer de main en main, faire circuler. [courir le monde.

Herumreifen, *v. n.* (f.) voyager; Herumreiten, *v. n.* 5† (f.) faire un tour à cheval, faire le tour de qch. à cheval.

*Herumrennen, *v.* Herumlaufen.
Herumrühren, *v. a.* remuer.
Herumrütteln, *v. a.* secouer.
Herumschauen, *v. n.* (h.) regarder autour.

Herumschicken, *v. a.* envoyer de côté et d'autre.

Herumschießen (sich), 6, se fusiller, se battre au pistolet.

Herumschlagen, *v. a.* 7, retourner, replier, déplier; mettre autour; Papier um etw. —, envelopper qch. dans une feuille de papier; etw. um sich —, s'envelopper dans qch.; sich mit einem —, se battre avec qn.; sich immer —, ferrailler.

Herumschleichen, *v. n.* 5† (f.) se traîner, se glisser; rôder autour.

Herumschlendern, *v. n.* (f.) rôder, fainéanter, se promener, battre le pavé, muser. [et là.

Herumschleppen, *v. a,* traîner çà
Herumschlingen, *v. a.* 3, passer, nouer autour de; sich —, s'entortiller.

Herumschwärmen, *v. n.* (f.) courir çà et là; rôder; battre la campagne; *fg.* faire le libertin.

Herumschweifen, *v. n.* (f.) vagabonder; *fg.* divaguer.

Herumschwenken, *v. a.* tourner en rond; tourner de côté et d'autre; —, *v. n.* (h.), mit dem Pferde —, caracoler; sich —, (guer.) faire une conversion.

Herumsehen, *v.* Herumschauen.
*Herumsenden, *v.* Herumschicken.
Herumsetzen, *v. a.* mettre, placer autour.

*Herumsitzen, *v. n.* (f.) être assis autour. [mener.

Herumspazieren, *v. n.* (f.) se pro-
Herumsprengen, *v. a.* faire courir qn.; —, *v. n.* (f.) galoper autour, çà et là.

Herumspringen, *v. n.* 3 (f.) sauter, sautiller autour de, de côté et d'autre.

*Herumstehen, *v. n.* (h.) être placé autour; entourer, environner.

Herumstören, *v. n.* (h.) fureter, farfouiller, fouiller; im Feuer —, fourgonner (aussi *fg.*).

Herumstoßen, *v. a.* 4, pousser au-

---

tour, pousser d'un côté, de côté et d'autre; *pop.* bousculer, bourrer.

Herumstreichen, *v. a.* 5†, enduire, frotter qch. de; — et streifen, *v. n.* (f.) rôder; *v.* Herumschwärmen.

Herumstreiten (sich), 5†, disputer.
Herumtragen, *v. a.* 7, colporter.
Herumträger, *m.* 1, colporteur.
Herumtreiben, *v. a.* 5, faire tourner; pousser autour.

Herumtrinken, *v. n.* 3 (h.) boire à la ronde.

Herumtummeln, *v. a.* tourmenter, fatiguer, tenir en haleine; travailler, faire caracoler *un cheval*; sich —, (man.) caracoler; (guer.) escarmoucher, se battre; *fg. fm.* faire de la besogne, se donner de l'exercice; prendre ses ébats, s'ébattre. [ner.

Herumwälzen, *v. a.* rouler; tour-
Herumwandern, *v. n.* (f.) courir le pays. [retourner.

*Herumwenden, *v. a.* tourner, retourner; éparpiller.

Herumwerfen, *v. a.* 2, remuer;
Herumwickeln, =winden, *v. a.* 3, passer, nouer autour; envelopper dans.

Herumwühlen, *v. a.* et *n.* (h.) fouiller, remuer, fureter, chercher partout; in alten Papieren —, paperasser.

Herumzanken (sich), *fm.* se batailler, se houspiller.

Herumzausen, =zerren, *v. a.* tirailler, houspiller; chiffonner.

Herumziehen, *v. a.* 6, tirer autour de; tracer, creuser *un fossé*; *fg.* traîner, amuser qn.; —, *v. n.* (f.) marcher autour de, faire le tour de; rôder; *fg.* fainéanter; sich —, régner autour de, entourer qch. (*fossé*); tourner autour de; s'élever, s'étendre autour (*montagnes*).

Herumziehend, *adj.* ambulant (*comédien*); vagabond (*mendiant*); nomade, errant (*peuple*).

Herunter, *adv.* en bas; à bas; à terre; de dessus; von oben —, de haut en bas; — signifie une descente vers le lieu où l'on est, *un abaissement*, *une diminution*. (Cherchez sous Herab *les verbes composés qui manquent ici*.)

*Herunterbringen, *v. a.* porter en bas; *fg.* appauvrir; ruiner.

*Heruntergehen, *v. n.* (f.) descendre; se défaire, s'ôter; tomber.

Herunterhangen, *v. n.* 4 (f.) pendre, tomber, descendre. [bas.

Herunterhängen, *v. a.* pendre plus
*Herunterhauen, *v. a.* abattre.

Herunterheben, *v. a.* 6, mettre en bas; vom Pferde —, désarçonner qn.; aider qn. à descendre de cheval.

---

Herunterhelfen, *v. n.* 2 (h.) aider qn. à descendre.

*Herunterkommen, *v. n.* (f.) venir en bas, descendre; *fg.* déchoir; perdre son crédit, son bien.

Herunterlassen, *v. a.* 4, descendre; baisser; abaisser.

Herunterlaufen, *v. n.* 4 (f.) courir en bas; découler.

Heruntermachen, *v. a.* ôter, défaire; *fg.* injurier, gronder, tancer.

Herunterschießen, *v. a.* 6, abattre qch. à coups de fusil, de flèches, etc.; tirer du haut en bas; —, *v. n.* fondre, se précipiter (*oiseau*).

Heruntersetzen, *v. a.* mettre en bas; déplacer; *fg.* dégrader; décréditer; diminuer *le prix*, *le salaire*.

Herunterwärts, *adv.* vers le bas; en descendant, en penchant.

Herunterziehen, *v. a.* 6, tirer en bas; ôter; —, *v. n.* (f.) se loger un étage plus bas.

Hervor, *adv.* dehors; devant; en avant; en présence. (*Voyez sous* Vor *plusieurs mots composés de* Herver.)

Hervorblicken, *v. n.* (h.) regarder de derrière qch.; *fg.* paraître, se faire voir; luire au travers de.

Hervorblühen, *v. n.* (h.) fleurir.

Hervorbrechen, *v. n.* 2 (f.) sortir tout à coup, paraître, percer, éclater.

Hervorbringen, *v. a.* produire, engendrer; faire naître; proférer *une parole*.

Hervorbringung, *f.* production.

Hervordrängen, *v. a.* pousser en avant; sich —, avancer en perçant la foule; *fg.* chercher à se faire remarquer.

Hervordringen, *v. n.* 3 (f.) fendre la presse; jaillir *de l'eau*.

*Hervorgehen, *v. n.* (f.) sortir; paraître; passer, dépasser; déborder; *fg.* résulter, sortir.

Hervorheben, *v. a.* 6, détacher; (*peint.*) id., approcher, échampir; *fg.* rehausser, relever; faire ressortir.

*Hervorkeimen, *v. n.* (h.) germer.

*Hervorkommen, *v. n.* (f.) sortir; provenir; venir au Jour, naître, pousser (*plante*).

Hervorkriechen, *v. n.* 6 (f.) sortir en se traînant. [dehors.

Hervorlocken, *v. a.* tirer; tirer
Hervorleuchten, *v. n.* (h.) reluire; briller; *fg. id.*, apparoir.

Hervornehmen, *v. a.* 2, prendre; tirer. [sourdre.

Hervorquellen, *v. n.* 6 (f.) jaillir
Hervorragen, *v. n.* (h.) avancer; déborder, se déborder; saillir; dominer sur; *fg.* briller, éclater; se

distinguer; exceller; surpasser qn.
**Hervorragung**, f. avance, saillie.
**Hervorreden**, v. a. avancer, tendre. [tir.
**Hervorreichen**, v. a. donner; sor-
**Hervorrücken**, v. a. et n. (f.) avancer, approcher; pousser en avant; aus einem Engpaß —, déboucher.
**Hervorscheinen**, v. n. 5 (h.) luire; paraître.
**Hervorschießen**, v. n. 6 (f.) sortir avec impétuosité; v. **Hervorsprießen**; (b.) tirer par, de.
**Hervorschimmern**, v. n. (h.) briller.
**Hervorsprießen**, 6, =sprossen, v. n. (f.) poindre, pousser, germer, bourgeonner.
**Hervorspringen**, v. n. 3 (h.) sauter en avant, sauter dehors; saillir.
**Hervorspritzen**, v. n. (f.) jaillir.
**Hervorstechen**, v. n. 2 (h.) sortir, paraître, briller; dominer; fg. se distinguer. [nent.
**Hervorstechend**, adj. saillant; émi-
*Hervorstehen, v. n. (h. et f.) avancer; saillir; dépasser le reste.
**Hervorsuchen**, v. a. chercher, rechercher; alles —, mettre tout en œuvre.
*Hervorthun, v. a. sortir, mettre dehors; sich —, se distinguer.
**Hervortreten**, v. n. 1 (f.) se présenter, avancer; sortir de son rang; =, s. n. 1, aus den Sonnenstrahlen, (astr.) le lever héliaque.
**Hervorwachsen**, v. n. 7 (f.) croître, germer, naître.
**Hervorziehen**, v. a. 6, tirer dehors; faire sortir; fg. tirer, distinguer qn.
**Herwärts**, adv. et prép. en deçà; de ce côté; ici; vers nous. [m.
**Herweg**, m. 2, venue, f.; retour,
**Herweben**, =weisen, 5, *=wenden, =werfen, 2, 2c., v. Weben, Weisen et Her.
**Herz**, n. exc. 2, cœur, m. (prop. et fg.); âme, f.; courage, m.; affection, f.; entrailles, pl.; sentiment, m.; fond; intérieur; centre; chape d'une boucle, f.; das haben, oser; etw. zu —en nehmen, prendre qch. à cœur, s'affecter de qch-; von —en kommen, partir du cœur, couler de source; von —en schlecht, fort mauvais.
**Herzader**, f. (anat.) aorte.
**Herzählen**, v. a. compter, énumérer; faire l'énumération de qch.
**Herzählend**, adj. énumératif.
**Herzählung**, f. énumération.
**Herzbeklemmung**, f., v. **Herzensangst**.
**Herzbeutel**, m. 1, péricarde.
**Herzblatt**, n. 5*, sternum, m.; (bot.) lobe; —blätter, pl. cotylédons; —, (jeu) cœur; fg. fm.

bien-aimé, -e, f. favori, m. -te, f.; benjamin, m.
**Herzbrechend**, adj. fm. touchant, attendrissant.
**Herzchen**, n. 1, fm. fanfan, m. benjamin; mein —, mon cœur!
**Herzdrüse**, f. glande cardiaque.
**Herzeleid**, n. 2, douleur, f. tristesse; chagrin, m. crève-cœur.
**Herzen**, v. a. embrasser, baiser.
**Herzensandacht**, f. élévation du cœur à Dieu.
**Herzensangst**, f.*, serrement (m.), saisissement de cœur; angoisse, f.
**Herzensergießung**, f. =erguß, m. 2*, épanchement du cœur.
**Herzensfreude**, f. grande joie.
**Herzensfreund**, m. 2, ami intime.
**Herzensgrund**, m. 2*, fond du cœur. [des cœurs.
**Herzenskündiger**, m. 1, scrutateur
**Herzenslust**, f. plaisir extrême, m.
**Herzensmeinung**, f. vrai sentiment, m. ferme conviction, f.
**Herzenswunsch**, m. 2*, désir ardent; nach —, à souhait.
**Herzerhebend**, adj. qui élève le cœur, propre à élever le cœur.
**Herzerquickend**, adj. qui ranime; réjouit le cœur.
**Herzförmig**, adj. formé en cœur; (bot.) cordiforme.
**Herzgespann**, n. 2, cardialgie, f.
**Herzgrube**, f. creux de l'estomac, m.; pop. brechet.
**Herzhaft**, adj. courageux, valeureux, brave, intrépide; résolu; hardi, audacieux; — machen, encourager; — werden, s'enhardir, prendre cœur.
**Herzhaftigkeit**, f. courage, m. valeur, f. bravoure; intrépidité; hardiesse; audace.
**Herzieben**, v. a. 6, attirer; —, v. n. (f.) venir demeurer en ce lieu-ci; marcher; in einer Reihe hinter einander —, filer.
**Herzig**, adj. fm. gentil, mignon, charmant.
**Herzinnig**, adj. intime.
**Herzkammer**, f. ventricule, m.
**Herzkirsche**, f. bigarreau, m.; —nbaum, m. 2*, bigarreautier.
**Herzklappe**, f. valvule du cœur.
**Herzklopfen**, n. 1, palpitation (f.), battement (m.) de cœur; er hat —, le cœur lui bat. [(plante).
**Herzkraut**, n. 5*, agripeaume, f.
**Herzlich**, adj. cardialogie.
**Herzlich**, adj. cordial; sincère; du fond du cœur; vif (désir); —, adv. —, gern, de bon cœur; trèsvolontiers, fm. oui-da; — schlecht, fort mauvais.
**Herzlichkeit**, f. cordialité.
**Herzlos**, adj. lâche, poltron; insensible.

**Herzmuschel**, f. cœur, m. (coquille).
**Herznagend**, adj. navrant.
**Herzog**, m. 2, =inn, f. duc, m. duchesse, f.
**Herzogenbusch**. Bois-le-Duc (ville).
**Herzoglich**, adj. ducal; adv. en duc.
**Herzogthum**, n. 5*, duché, m.
**Herzohren**, n. pl. (anat.) oreillettes du cœur, f. pl.
**Herzpfirsich**, m. 2, duracine, f. alberge; —baum, m. 2*, albergier.
**Herzschlächtig**, adj. (vét.) poussif, courbatu. [courbature.
**Herzschlächtigkeit**, f. (vét.) pousse,
**Herzschneidend**, v. Herzzerschneidend.
**Herzstängel**, m. 1, tige principale, f. [diaque.
**Herzstärkend**, adj. cordial, car-
**Herzstärkung**, f. cordial, m. confortatif, cardiaque.
**Herzstoß**, m. 2*, coup de grâce.
**Herzu**, adv. ici; de ce côté; çà; auprès, proche, etc. (v. **Herbei**); herzueilen, accourir; —nahen, —treten, 1, s'avancer, approcher; —nöthigen, forcer d'approcher; —machen (sich), s'approcher de, etc.
**Herzu**, interj. approchez, venez ici! [péricarde, f.
**Herzwasser**, n. 1, (méd.) eau du
**Herzweh**, n. 2, mal de cœur, m. cardialgie, f.
**Herzwurm**, m. 5*, ver péricardiaire, polype au cœur. [date.
**Herzwurz**, f. hermodacte, hermo-
**Herzwurzel**, f. pivot, m.
**Herzzerschneidend**, adj. déchirant, qui fend le cœur, douloureux.
**Hesse**, m. 3, **Hessinn**, f. Hessois, -e, -e, f.
**Hessen**, Hesse, f. (pays).
**Hetzbahn**, f. champ à courre les
**Hetze**, f., v. **Hatz**. [bêtes, m.
**Hetzen**, v. a. chasser, poursuivre (avec des chiens); courir, courre; forcer un lièvre, etc.; lancer un sanglier; forcer un loup, etc.; haler les chiens après (auf) la bête; fg. animer, exciter.
**Hetzer**, m. 1, piqueur; fg. instigateur, boute-feu.
**Hetzhund**, m. 2, chien courant.
**Hetzlos**, adj. découplé. [m.
**Hetzpeitsche**, f. fouet de chasseur,
**Hetzruf**, m. 2*, laisser-courre.
**Heu**, n. 2 (sans pl.) foin, m.; — machen, faucher et faner les foins; — binden, botteler du foin; v. **Griechisch**.
**Heubinden**, n. 1, bottelage, m.
**Heubinder**, m. 1, botteleur.
**Heuboden**, m. 1*, grenier au foin, fenil.
**Heubund**, n. 2, botte de foin, f.
**Heuchelei**, f. hypocrisie; cagote-

rie, cafarderie; cagotisme, m.; fausseté, f.

Heucheln, v. n. (h.) faire l'hypocrite, dissimuler; feindre, affecter.

Heuchler, m. 1, =inn, f. hypocrite, m. et f.; cagot, m.; cafard, tartufe; fm. grimacier, -ère, f. chattemite.

Heuchlerisch, adj. hypocrite, cafard, cagot.

Heuchlerwesen, n. 1, v. Heuchelei.

Heuen, v. n. (h.), v. Heu machen.

Heuer, adv. cette année.

Heuerig, adj. de cette année.

Heuernte, f. fenaison.

Heugabel, f. fourche.

Heugras, n. 5*, foins, m. pl.

Heuhaufen, m. 1, meule de foin, f.; der kleine —, veliotte, veillotte.

Heulen, v. n. (h.) hurler; pleurer, se lamenter; —, s. n. 1, hurlement, m. lamentation, f.

Heuloch, n. 5*, abat-foin, m.

Heumachen, n. 1, fauchage, m. fanage.

Heumäher, =macher, m. 1, =inn, f. faucheur, m. faneur, -se, f.

Heumonat, n. 2, mois de juillet.

Heunt, adv. cette nuit.

Heupferd, n. 2, demoiselle, f. sauterelle.

Heurath, etc., v. Heirath, etc.

Heuschein, m. 2, (astr.) nouvelle lune de juillet, f.

Heuschober, v. Heuhaufen.

Heuschrecke, f. sauterelle.

Heuschreckengrille, f. cigale.

Heut, heute, Heut zu Tage, adv. aujourd'hui. [derne.

Heutig, adj. d'aujourd'hui, mo-

Heuwegel, m. 1*, guêpier.

Heuwage, f. balance à foin.

Heuwagen, m. 1*, chariot de foin, à foin. [mètre.

Hexameter, m. 1, (vers) hexa-

Hexe, f. fm. sorcière, magicienne. [cier ou la sorcière.

Hexen, v. n. fm. (h.) faire le sor-

Hexenbuch, n. 5*, grimoire, m.

Hexenfest, n. 2, =tanz, m. 2*, sabbat. [m.

Hexengeschichte, f. conte de fées,

Hexenkraut, n. 5*, circée, f.

Hexenkreis, m. 2, cerne.

Hexenkunst, f.*, v. Hexerei.

Hexenmehl, n. 2, poudre de lycopode, f. soufre végétal, m.

Hexenmeister, m. 1, sorcier, magicien; fg. fm. er ist kein großer —, il n'est pas grand clerc.

Hexenprobe, f. ordalie.

Hexensegen, m. 1, conjuration, f. charme, m. enchantement, sortilége.

Hexerei, f. magic, magie noire, sorcellerie; sortilége, m.; enchantement, prestige. [tus.

Hiatus, m. indécl. (gramm.) hia-

Hidalgo, m. 2 (pl. —'s) hidalgo.

Hie, etc., v. Hier, etc.

Hieb, m. 2, coup; blessure, f.; plaie; taillade; fg. fm. coup de bec, m. coup de langue, bourrade, f. lardon, m.; er hat einen —, il est en pointe de vin; il a un grain de folie.

Hiebei, v. Hierbei.

Hieber, m. 1, coutelas, sabre.

Hiebig, adj. (forest.) taillable.

Hiebwunde, f. blessure faite avec un instrument tranchant.

Hief, m. 2, =floß, m. 2*, cri de chasse. [se, m.

Hiefhorn, n. 5*, cornet de chas-

Hieher, adv. ici, de ce côté; à moi; bis —, jusqu'ici; jusque-là.

Hieherwärts, adv. vers ici, de ce côté-ci.

Hienieden, adv. ici-bas.

Hier, adv. ici; en ce lieu; ci; çà; voici; — und da, — und dert, da, me voici; — oben, ici en haut; — unten, ici-bas, ci-dessous.

Hieran, adv. y; en; en cela; à ceci; en ceci; par là.

Hierarchie, f. hiérarchie.

Hierarchisch, adj. hiérarchique.

Hierauf, adv. y; à cela; là-dessus; après cela; sur quoi, ensuite de cela; ensuite.

Hieraus, adv. en, de cela; par là.

Hierbei, Hiebei, adv. ci-joint; y; en; à ceci.

Hierdurch, Hiedurch, adv. par ici, par là, par ce moyen.

Hierein, adv. dedans, céans; y.

Hiergegen, adv. vis-à-vis; en revanche; y; à cela; à ceci; contre cela.

Hierher, Hieher, adv. ici; —, dorthin, d'un côté, d'un autre; — bald dorthin, çà et là; fm. de bric et de broc; bis —, jusqu'ici, jusqu'à présent.

Hierhin, Hierherwärts, adv. vers ici; vers ce côté-ci.

Hierin, adv. là-dedans; en ce lieu; en cela; quant à cela.

Hiermit, Hiemit, adv. par là; par ceci; en; de là; par la présente.

Hiernach, adv. après cela; ensuite; d'après cela, en conséquence.

Hiernächst, adv. tout près; ci-plus. [côté.

Hierneben, adv. ici près; ici à

Hiernieden, v. Hienieden.

Hieroglyphe, f. (ant.) hiéroglyphe.

Hieroglyphisch, adj. (ant.) hiéroglyphique.

Hieronymus, n. pr. m. Jérôme.

Hiersein, n. 1, présence, f.; séjour, m.

Hierüber, adv. de ce côté-ci; là-dessus; sur cela; outre cela.

Hierunten, adv. ici-bas; ci-dessous. [dessous.

Hierunter, adv. ci-dessous; là-

Hiervon, Hievon, adv. en, de cela. [pour cela.

Hierzu, Hiezu, adv. y; à cela;

Hiesig, adj. d'ici, de ce lieu.

Hift, Hifthorn, v. Hief, Hiefhorn.

Hilarius, n. pr. m. Hilaire.

Hilfe, Hilfleistung, f. secours, m.; aide, f.; assistance; ressource; (jur.) exécution; main-forte; mit durch —, à l'aide, avec le secours, à la faveur de, moyennant; mit Gottes —, avec l'aide de Dieu, Dieu aidant; zu —, au secours! à l'aide! à moi! um — schreien, crier au secours; Hilfen, m. pl. (man.) aides.

Hilflos, adj. abandonné, délaissé; —, adv. sans secours.

Hilflosigkeit, f. abandon, m. délaissement. [cieux.

Hilfreich, adj. secourable, offi-

Hilfsarmee, f. armée auxiliaire.

Hilfsbedürftig, adj. nécessiteux.

Hilfsbuch, n. 5*, calepin, m.

Hilfsgeld, n. 5, subsides, m. pl.

Hilfsmittel, n. 1, moyen, m. expédient; ressource, f.; remède, m.; remède auxiliaire.

Hilfsquelle, f. ressource.

Hilfsvölker, n. pl. troupes auxiliaires, f. pl. [liaire.

Hilfszeitwort, n. 5*, verbe auxi-

Himbeere, f. framboise.

Himbeersaft, m. 2*, jus de framboises; mit —, à la framboise, framboiser. [framboisier, m.

Himbeerstrauch, m. 2*, =staude, f.

Himmel, m. 1, ciel (pl. cieux); fg. id., vie éternelle, f.; paradis, m.; (myth.) Olympe; unter freiem —, à l'air, à la belle étoile; (peint.) ciel (pl. ciels) || dais, baldaquin.

Himmelan, adv. vers le ciel.

Himmelbett, n. exc. 1, lit à baldaquin, à ciel, m.; — ohne Vorhänge, lit à la duchesse.

Himmelblau, adj. bleu céleste, bleu de ciel, bleu azuré; —, s. n. 2, bleu céleste, m.; azur.

Himmelfahrt, f. ascension (de J. C.); —Mariä, assomption de N. D. [rir.

Himmeln, v. n. (h.) pop. mou-

Himmelreich, n. 2, royaume des cieux, m. [graphie.

Himmelsbeschreibung, f. urano-

Himmelsbesen, m. 1, (mar.) vent du nord-est. [(plante).

Himmelsblatt, n. 5*, nostoc, m.

Himmelſchreiend, adj. criant.
Himmelsgegend, f. région du ciel;
bie — ſuchen, s'orienter; —, voy.
Himmelsſtrich.
Himmelsgewölbe, n. 1, voûte du
ciel, f. voûte céleste, voûte éthé-
rée. [domicile, m. maison, f.
Himmelshaus, n. 5*, (astrol.)
Himmelskörper, m. 1, corps cé-
leste.
Himmelskugel, f. globe céleste, m.
Himmelsluft, f.*, éther, m.
Himmelsſchlüſſel, m. 1, prime-
vère, f. (plante). [hautes, pl.
Himmelsſpur, f. (chass.) portées
Himmelsſtrich, m. 2, climat, zo-
ne, f. [chariot, ourse, f.
Himmelswagen, m. 1*, (astr.)
Himmelszeichen, n. 1, (astr.) bie
zwölf —, les douze signes du zodiaque, m.
Himmelwärts, adv. vers le ciel.
Himmelweit, adj. très-éloigné;
fg. prodigieux; —, adv. très-loin.
Himmliſch, adj. céleste; du ciel.
Himten, m. 1, quart d'un boisseau.
Hin, adv. (séparable, indiquant
un mouvement du lieu où est celui qui parle vers un autre; qqf.
il indique aussi un dépérissement,
et dans ce cas les verbes composés se traduisent le plus souvent
comme leurs primitifs), là; en
ce lieu-là; en cet endroit-là; fg.
perdu, cassé, passé, usé; ber Tag
iſt —, le jour est passé; bas Geld
iſt —, l'argent est perdu; er iſt —,
c'est fait de lui; — iſt —, ce
qui est perdu est perdu.
Hin und her, hin und wieder, adv.
çà et là; par-ci par-là; de part et
d'autre, de côté et d'autre; hin
und her geben, fahren, reiſen, aller
et venir; Mode hin Mode her, en
dépit de la mode. [bas.
Hinab, adv. en bas; du haut en
Hinabfahren, 7, *=geben, =ſteigen,
5, v. n. (f.) descendre; voy. Fahren, x.
Hinabfahrt, f. descente; (nav.)
avalage, m.
Hinabfallen, v. n. 4 (f.) tomber.
Hinabfließen, v. n. 6 (f.) découler.
Hinablaſſen, v. a. 4, descendre;
laisser descendre; in ben Keller —,
avaler.
Hinabſchlucken, v. a. avaler.
Hinabſehen, v. n. 1 (b.) regarder
en bas. [fond.
Hinabſinken, v. n. 3 (f.) aller au
Hinabſtürzen, v. a. précipiter; —,
v. n. (f.) tomber; ſich —, se pré-
cipiter en bas.
Hinabwärts, adv. en bas; en des-
cendant; en pente. [peine.
Hinabwürgen, v. a. avaler avec

Hinan, Hinauf, adv. en avant,
en haut; *hinaufgehen, =fahren, 7,
=reilen, 5†, *=bringen, =ſchaffen,
x., v. a. monter; —geben, —fahren, s. n. 1, montée, f.; —bringen
—ſchaffen, s. n. 1, montage, m.
Hinaufwärts, adv. vers le haut.
Hinaus, adv. séparable, dehors;
en dehors; hors de; hier —, par
ici; vorn —, sur le devant; hinten
—, sur le derrière; hinaus, sortez!
Hinausbegeben (ſich), 1, sortir.
*Hinausdenken, v. n. (b.), weit
—, promener ses rêveries au loin.
Hinausfahren, 7, =reilen, 5†, v.
n. (f.) sortir en voiture, etc., ou
à cheval; über etw. —, dépasser
qch.; mit einem Hauſe —, avancer une maison.
Hinausführen, v. a. conduire dehors, éconduire; fg. v. Ausführen.
*Hinausgeben, =kommen, v. n. (f.)
sortir; =geben, —gehen, über etw.,
qch.); fg. outre-passer, excéder
ses pouvoirs, les forces de qn.;
bas Fenſter geht auf die Straße hinaus, la croisée donne sur la rue;
—, s. n. 1, sortir, m. issue, f.
Hinausjagen, v. a. chasser, mettre dehors. [hors.
Hinauslangen, v. n. tendre en de-
Hinauslaſſen, v. a. 4, laisser sortir.
Hinauslaufen, v. n. 4 (f.) sortir
en courant; fg. auf etw. —, aboutir à qch.; es läuft alles auf Eines
hinaus, cela revient au même.
Hinauspeitſchen, v. a. chasser à
coups de fouet, de bâton.
Hinausrücken, v. a. avancer en dehors.
Hinausſchieben, v. a. 6, pousser
dehors, fg. différer, remettre à,
traîner en longueur.
Hinausſchleichen, v. n. 5† (f.) se
glisser dehors; disparaître.
Hinausſchmeißen, 5†, =treiben, 5,
=werfen, 2, v. a. jeter dehors, expulser.
Hinausſetzen, v. a. mettre dehors;
exposer; fg. remettre, différer;
ſich über etw. —, se mettre au-dessus de qch.
Hinausſtoßen, v. a. 4, repousser,
expulser, mettre à la porte.
Hinauswagen (ſich), se hasarder
de sortir.
Hinauswärts, adv. vers le dehors.
*Hinauswollen, v. n. (b.) vouloir
sortir, tâcher de sortir; fg. aboutir à. [un lieu.
Hinbegeben (ſich), 1, se rendre en
Hinbringen, v. a. porter; passer; dissiper son bien.
Hinbrüten, v. n. (b.) rêver, être
dans l'assoupissement, dans une
léthargie, etc.; —, s. n. 1, rêve-

rie, f. profonde tristesse, léthargie.
*Hindenken, v. n. (b.) penser à.
Hinderlich, adj. contraire, embarrassant, gênant, contrariant;
es gebt ihm ſchr —, il vit miséra-
blement, il subsiste avec peine.
Hindern, v. a. empêcher, traverser, contrarier, embarrasser, entraver, gêner, arrêter.
Hinderniß, n. 2, empêchement,
m.; obstacle, embarras, opposition, f.; entraves, pl. inconvénient, m. contrariété, f. fm. ca-
Hindinn, f. biche. [hot, m.
Hindoſtan, Indostan, m. Indous-
tan (pays).
Hindurch, adv. au travers; à travers; pendant, durant; v. Durch
et ses composés.
Hinein, adv. dedans; en dedans
(séparable, marque un mouvement vers l'intérieur d'un lieu).
NB. Les verbes composés qui
manquent ci-après se trouvent
sous Ein ou parmi les verbes
simples.
Hineinbegeben (ſich), 1, entrer.
*Hineinbringen, v. a. faire en-
trer; introduire; —, s. n. 1, in-
troduction, f.
*Hineindenken, v. a. —
se représenter, approfondir qch.
Hineinbringen, v. n. 3 (f.) péné-
trer. [en pressant, enfoncer.
Hineindrücken, v. a. faire entrer
Hineinflechten, v. a. 6, enlacer;
fg. impliquer, envelopper.
Hineinfreſſen, v. a. 1, avaler, dé-
vorer; corroder, manger.
Hineinführen, v. a. introduire.
Hineinführung, f. introduction.
*Hineingehen, v. n. (f.) entrer.
Hineinloden, v. a. attirer dans
un lieu. [par friction.
Hineinreiben, v. a. 5, faire entrer
Hineinſchaffen, v. a. faire entrer.
Hineinſchieben, v. a. 6, pousser;
unvermerkt —, couler, glisser.
Hineinſchlagen, v. a. 7, enfoncer,
ficher. [ſe glisser.
Hineinſchleichen, v. n. 5† (f.) et
Hineinſchlucken, v. a. avaler.
Hineinſchlürfen, v. a. humer.
Hineinſchütten, v. a. jeter, verſer
dedans; avaler du vin, etc.
Hineinſenken, v. a. enfoncer; faire
entrer; enterrer.
Hineinſinken, v. n. 3 (f.) s'enfon-
cer; aller au fond.
Hineinſtampfen, v. a. fourrer de-
dans à coups de pieds, de pilon,
etc. [percer.
Hineinſtechen, v. a. 2, piquer;
Hineinſtecken, v. a. mettre dedans;
enfoncer, pousser, introduire,
fourrer; unvermerkt —, glisser,
couler.

Hineinsteigen, *v. n.* 5 (f.) entrer.
Hineinstopfen, *v. a.* faire entrer, fourrer.
Hineinstoßen, *v. a.* 4, enfoncer.
Hineinstürzen, *v. a.* précipiter; —, *v. n.* (f.) tomber; sich —, se précipiter, s'abimer.
Hineintreiben, *v. a.* 5, faire entrer, enfoncer, pousser, chasser *un clou.*
Hineinwärts, *adv.* vers le dedans.
Hineinziehen, *v. a.* 6, attirer; *fg.* impliquer; engager; sich —, s'infiltrer; —, *s. n.* 1, infiltration, *f.*
Hineinzwingen, *v. a.* 3, faire entrer de force.
Hinfahren, *v. n.* 7 (f.) partir; passer; s'en aller; *fg.* mourir; längs einer S. —, longer qch.; fahre hin, adieu! —, *v. a.* transporter, voiturer.
Hinfahrt, *f.* départ, *m.* aller; *fg.* mort, *f.* décés, *m.*
Hinfallen, *v. n.* 4 (f.) tomber; *fg.* périr.
Hinfällig, *adj.* périssable, caduc, infirme, fragile, faible, passager.
Hinfälligkeit, *f.* faiblesse; fragilité; caducité; vanité; instabilité.
Hinflichen, *v. n.* 6 (f.) se réfugier; *fg.* se passer rapidement, s'envoler.                    [s'écouler.
Hinfließen, *v. n.* 6 (f.) couler;
Hinflüchten, *v. a.* sauver; sich —, s'enfuir, se réfugier *vers un lieu.*
Hinfort, *adv.* désormais, dorénavant.                         [duire.
Hinführen, *v. a.* emmener, conduire.
Hingang, *m.* 2*, départ; *fg.* décès.
Hingeben, *v. a.* 1, donner; abandonner, livrer; sich —, (théol.) s'offrir.
Hingebung, *f.* résignation, dévouement, *m.* sacrifice, abandon.
Hingegen, *adv.* au contraire; en revanche; d'un autre côté.
*Hingehen, *v. n.* (f.) y aller, se rendre *en un lieu;* s'en aller; *fg.* passer; mourir; längs einer S. —, longer qch.; — laßen, laisser passer, permettre, souffrir.
Hingelangen, Hingerathen, 4, *v. n.* (f.) arriver, parvenir.
Hinhalten, *v. a.* 4, Présenter; tendre; *fg.* amuser, arrêter, *fm.* lanterner qn.
Hinbocken, *v. n.* (f.) *et* sich —, se blottir, s'accroupir.   [quérir qn.
Hinholen, *v. a.* aller prendre,
Hinkbahn, *f.* marelle, mérelle.
Hinken, *v. n.* (h.) boiter; clocher; *fg.* clocher; —, *s. n.* 1, clochement, *m.;* claudication, *f.*
Hinkend, *adj.* boiteux; *fm.* éclopé; —, *adv. fm.* clopin-clopant.

Hinknien, *v. n.* (f.) se mettre à genoux.                 [arriver.
*Hinkommen, *v. n.* (f.) venir,
Hinkritzeln, *v. a.* griffonner sur ...
Hinlangen, *v. a.* tendre; présenter qch.; —, *v. n.* (h.) atteindre jusqu'à; suffire.
Hinlänglich, *adj.* suffisant; —, *adv.* assez.
Hinlänglichkeit, *f.* suffisance.
Hinleben, *v. n.* (h.) vivre, végéter.                     [placer.
Hinlegen, *v. a.* mettre, poser,
Hinlehnen, *v. a.* appuyer, adosser.                        [vers.
Hinlenken, *v. a.* tourner, diriger
Hinmarschiren, *v. n.* y aller; marcher vers; längs einer S. —, longer qch.                     [lever.
Hinnehmen, *v. a.* 2, prendre; enlever.
Hinneigen, *v. n.* (f.) *et* sich —, incliner, pencher vers.
Hinneigung, *f.* inclinaison; (bot.) nutation *vers le soleil;* *fg.* inclination, penchant pour qch., *m.*
Hinnen, *adv.* von —, d'ici.
Hinpflanzen, *v. a.* planter; sich —, *fm.* se planter, se camper, se nicher.
Hinraffen, *v. a.* ravir; emporter.
Hinreichen, *v. a.* tendre, présenter; —, *v. n.* (h.) *fg.* suffire, être suffisant.
Hinreichend, *adj.* suffisant.
Hinreise, *f.* départ, *m.*
Hinreisen, *v. n.* (f.) partir pour.
Hinreißen, *v. a.* 5†, prop. *et* fg. entraîner, enlever, emporter; ravir; sich —laßen, se laisser entraîner; se laisser aller (zu, durch, à).
Hinreißend, *adj.* entraînant; ravissant, séduisant.
Hinreißung, *f.* entraînement, *m.*
Hinrichten, *v. a.* exécuter; abîmer qch.
Hinrichtung, *f.* exécution.
Hinrücken, *v. a. et n.* (f.) approcher.
Hinschaffen, *v. a.* transporter.
Hinscheiden, *v. n.* 5 (f.) décéder, mourir; —, *s. n.* 1, décés, *m.* mort, *f.*                      [ter.
Hinschicken, *v. a.* envoyer, députer.
Hinschießen, *v. a. et n.* (h.) tirer vers; —, *v. n.* (f.) s'élancer, courir vers.
Hinschiffen, *v. n.* (f.) naviguer vers un lieu; längs der Küste —, caboter; am Ufer —, côtoyer le rivage.
Hinschlagen, *v. n.* 7 (h.) frapper vers, sur; (f.) *fm.* tomber rudement.
Hinschleichen, *v. n.* 5† (f.) *et* sich — approcher doucement, se glisser vers.
Hinschleppen, *v. a.* traîner vers.

Hinschmieren, *v. a.* barbouiller, brocher.                    [ser.
Hinschütten, *v. a.* répandre; verHinsegeln, *v. n.* (f.) faire voile vers un lieu; längs der Küste —, border la côte; v. Hinschiffen.
Hinsehen, *v. n.* 1 (h.) voir, regarder vers.   [cer; sich —, s'asseoir.
Hinsehen, *v. a.* mettre, poser, plaHinsicht, *f.* égard, *m.* rapport; in dieser —, sous ce rapport, à cet égard.
Hinsinken, *v. n.* 3 (f.) tomber, se laisser aller sur; *fg.* périr.
Hinstellen, *v. a.* mettre, poser.
Hinstrecken, *v. a.* étendre; allonger; todt —, étendre mort, coucher sur le carreau.
Hinstreichen, *v. n.* 5† (f.) passer, couler; nahe an der Erde —, raser la terre; auf dem Boden —, (nav.) labourer.
Hinsudeln, *v.* Hinschmieren.
Hintan, *adv.* derrière; par derrière.
Hintansetzen, *v. a.* mettre en arrière; *fg.* négliger; mépriser.
Hintansetzung, *f.* négligence; mépris, *m.;* mit — seiner Ruhe, au mépris, aux dépens de son repos.
Hinten, *adv.* derrière; — auf, par derrière; en croupe; en trousse; — aus, sur le derrière; — ausschlagen, ruer; —ausschlagen, *s. n.* 1, ruade, *f.;* — drein, par derrière; à la fin; — durch, — weg, par derrière; — nach, — her, derrière, après; en arrière; trop tard; von — zu, par derrière.
Hinter, *prép. inséparable,* derrière; après, à la suite de; — sich, en arrière; — sich geben, reculer; *fg.* ne pas réussir; — etw. kommen, découvrir qch.; — einander, l'un après l'autre, à la file.
Hinter, Hinterste, *adj.* de derrière; postérieur; zu hinterst im Hause, au fond de la maison; das —ste zuvorderst, à rebours.
Hinterachse, *f.* essieu de derrière, Hinterbacke, *f.* fesse.        [m.
Hinterblieben, *adj.* survivant.
*Hinterbringen, *v. a.* annoncer, rapporter; avertir qn.
Hintercastell, *n.* 2, (mar.) gaillard d'arrière, *m.;* das Vorderund —, accastillage; mit Vorderund —versehen, accastiller; —, *fg. fm.* derrière, *m.*
Hintere, *m.* 3, derrière.    [m.
Hinterflagge, *f.* pavillon d'arrière, Hinterfuß, *m.* 2*, zbein, *n.* 2, pied de derrière, *m.;* (anat.) talon.                      [corps, *m.*
Hintergebäude, *n.* 1, arrière-
*Hintergehen, *v. a.* tromper, abuser.

Hintergeſchirr, *n.* 2, (*sell.*) avaloire, *f.*

Hintergeſtell, *n.* 2, train de derrière, *m.*; châtelet *d'un métier.*

Hinterglied, *n.* 5, dernière file *de soldats, f.*; (*log.*) conséquent, *m.*

Hintergrund, *m.* 2°, fond; champ.

Hinterhaar, *n.* 2, tignon *des femmes, m.*

Hinterhalt, *m.* 2, (*guer.*, etc.) embuscade, *f.*; embûches, *pl.*; piège, *m.*; guet-apens; (*guer.*) corps de réserve; *fg.* appui; (ſich in — legen, s'embusquer; im —t ſeyn, être, se tenir aux aguets; er hat ihr. im —e, il y a quelque sous-entente à ce qu'il dit.

Hinterhalten, *v. a.* 4, retenir; cacher.

Hinterhand, *f.*°, (*anat.*) métacarpe, *m.*; (*jeu*) arrière-main, *f.*; er iſt in der —, il est en dernier.

Hinterhaupt, *n.* 5°, occiput, *m.*; zum —e gehörig, occipital.

Hinterhaus, *n.* 5°, arrière-corps d'un bâtiment, *m.*

Hinterkeule, *f.* gigot, *m.*

Hinterklaue, *f.* patte, griffe de derrière; avillon *d'un oiseau de proie, m.* [tique, *f.*

Hinterladen, *m.* 1°, arrière-boutique, *f.* dépôt, *m.*

Hinterlage, *f.* dépôt, *m.*

Hinterlaſſen, *v. a.* 4, laisser, laisser par testament; ordonner; er hat mir —, il m'a fait dire par qn., il a chargé qn. de me dire; —, *part.* posthume (*enfant*); survivant.

Hinterlaſſenſchaft, *f.* succession.

Hinterlaſſung, *f.* transmission.

Hinterlauf, *m.* 2°, pied de derrière. [quartier *d'un soulier, m.*

Hinterleder, *n.* 1, =quartier, *n.* 2,

Hinterlegen, *v. a.* déposer; consigner.

Hinterlegung, *f.* déposition, dépôt, *m.*; consignation, *f.*

Hinterlegungsamt, *n.* 5°, consignations, *f. pl.*

Hinterliſt, *f.* ruse, finesse.

Hinterliſtig, *adj.* rusé; fin, artificieux, cauteleux.

Hintermann, *m.* 5°, serre-file.

Hintermaſt, *m.* mât d'arrière.

Hinterpforte, *f.* patte de derrière.

Hinterpommern, *m.* Poméranie ultérieure, *f.* (*pays*).

Hinterrücks, =wärts, *adv.* par derrière; à la renverse, à l'insu, en l'absence de qn.

Hinterſaß, *m.* 3, manant.

Hinterſaß, *m.* 2°, (*log.*) conséquent, conclusion, *f.* [dre.

Hinterſchleichen, *v. a.* 5†, surprendre.

Hinterſchiß, *m.* 2, fond *d'une voiture.* [ré, de reste.

Hinterſtellig, *adj.* restant, arrié-

---

Hinterſteven, *m.* 1, (*mar.*) capion de poupe.

Hinterſtich, *m.* 2, (*coutur.*) arrière-point. [pière, *f.*

Hintertau, *n.* 2, (*mar.*) crou-

Hintertheil, *n.* 2, derrière, *m.*; (*man.*) train de derrière; (*mar.*) poupe, *f.*; arrière, *m.*; das — des Schiffs gegen den Wind drehen, faire arrière; —, (*artill.*) culasse, *f.*

Hinterthür, *f.* porte de derrière.

Hintertreffen, *n.* 1, corps de réserve, *m.*; arrière-garde, *f.*

Hintertreiben, *v. a.* 5, empêcher.

Hintertuch, *n.* 5°, braie, *f.*

Hinterverdeck, *n.* 2, susain, *m.*

Hinterviertel, *n.* 1, quartier de derrière, *m.*; cuisse *d'un bœuf, f.*; longe *de veau*; gigot *de mouton, m.*

Hinterwand, *f.*°, paroi, mur de derrière, *m.*; contre-cœur *d'une cheminée.*

Hinterwärts, *v.* Hinterrücks.

Hinthun, *v. a. fm.* mettre, placer. [s'avancer.

Hintreten, *v. n.* 1 (f.) se présenter,

Hintritt, *m.* 2, mort, *f.* décès, *m.* trépas. [ture, *f.*

Hinüber, *adv.* au delà; par delà (*séparable, marque un mouvement de passage et d'éloignement*); °—bringen, —führen, *v. a.* transporter, *v.* Herum. [porter.

Hinunter, *adv.* en bas; *v.* Hinab.

Hinunterwärts, *adv.* vers le bas.

Hinweg, *m.* 2, aller, chemin du lieu où l'on est vers un autre.

Hinweg, *adv. séparable, indique le mouvement d'une chose qui s'éloigne ou l'éloignement même* (*v.* Weg *et ses composés*); —, *interj.* loin de là! ôtez-vous de là.

Hinwegbegeben (ſich), 1, =eiſen, =fahren, *v. n.* (f.) s'en aller, se retirer, s'éloigner à pied, en voiture, etc.

Hinwegführen, *v. a.* emmener.

Hinwegſetzen (ſich) über etw., se mettre au-dessus de qch.; mépriser qch. [voyer.

Hinweiſen, *v. a.* 5, montrer; ren-

°Hinwenden (ſich), se tourner vers; *fg.* avoir recours à.

Hinwerfen, *v. a.* 2, jeter; jeter à terre. [échange; de nouveau.

Hinwieder, Hinwiederum, *adv.* en

°Hinwollen, *v. n.* (h.) vouloir aller à qq. endroit; tendre à qch.

Hinzählen, *v. a.* compter.

Hinzeichnen, *v. a.* crayonner, dessiner; grob —, croquer, griffonner.

Hinziehen, *v. a.* 6, attirer; —, *v. n.* (f.) aller demeurer en qq. lieu; se loger; s'en aller, partir; längs einer S. —, longer qch.,

---

marcher le long de qch.; —, *s. n.* i, er liegt im —, il est à l'agonie.

Hinzielen, *v. n.* (h.) viser; aboutir.

Hinzu, *particule séparable qui marque l'action d'ajouter, d'approcher* (*v. les verbes composés avec* Zu *et* Dazu). [pensée.

°Hinzudenken, *v. a.* ajouter en

Hinzubichten, *v. a.* commenter.

Hinzudrängen (ſich), se presser d'approcher, fendre la foule.

Hinzueilen, *v. n.* (f.) accourir.

Hinzufügen, *v. a.* ajouter; joindre, annexer à. [jonction.

Hinzufügung, *f.* addition, adjonction.

Hinzuführen, *v. a.* amener.

Hinzug, *m.* 2°, marche *vers un endroit, f.*

°Hinzugehen, *v. n.* (f.) y aller; approcher.

Hinzugehören, *v. n.* (h.) faire partie de, être au nombre, au rang de. [nir; être ajouté.

°Hinzukommen, *v. n.* (f.) surve-

Hinzukommend, *adj.* accessoire; (*jur.*) adventif; cumulatif.

Hinzulaſſen, *v. a.* 4, admettre.

Hinzulaſſung, *f.* admission.

Hinzulaufen, *v. n.* 4 (f.) accourir.

Hinzulegen, *v. a.* ajouter, joindre.

Hinzulocken, *v. a.* attirer.

Hinzunahen, *v. n.* (f.) approcher.

Hinzurudern, *v. n.* 5† (f.) s'approcher à cheval. [à force de rames.

Hinzurudern, *v. n.* (f.) approcher

Hinzuſchleichen, *v. n.* 5† (f.) s'approcher doucement; se glisser.

Hinzuſetzen, °=thun, *v. a.* ajouter, joindre; mettre près, contre.

Hinzuſetzung, =thuung, *f.* addition, apposition. [s'avancer.

Hinzutreten, *v. n.* 1 (f.) approcher,

Hinzuwagen (ſich), oser s'approcher. [nombre de.

Hinzuzählen, *v. a.* compter au

Hiob, *n. pr. m.* Job.

Hiobspoſt, *f.* nouvelle funeste.

Hippe, *f.* faux; (*jard.*) serpe, serpette, faucillon, *m.*; (*pât.*) gaufre, *f.* oublie. [1, oublieur.

Hippenbäcker, =krämer, =träger, *m.*

Hippeneiſen, *n.* 1, gaufrier, *m.*

Hirn, *n.* 2, cerveau, *m.* cervelle, *f.*; zum — gehörig, cérébral.

Hirnbohrer, *m.* 1, trépan.

Hirnbrecher, *m.* 1, =reißer, vin capiteux, casse-tête.

Hirngeſpinnſt, *n.* 2, fantaisie, *f.* chimère, fantôme, *m.*

Hirnhaut, *f.* =häutchen, *n.* 1, méninge, *f.*; die obere, feſte —, dure-mère; die untere —, pie-mère.

Hirnlehre, *f.* céphalologie.

Hirnlein, *n.* 1, cervelet, *m.*

Hirnlos, *adj. fg.* écervelé, étourdi. [pe cérébrale.

Hirnmark, *n.* 2, moelle (*f.*), pul-

Hirnschädellehre, f. cranologie.
Hirnschale, f. =schädel, m. 1, crâne.
Hirnwurst, f.*, cervelat, m.
Hirnwuth, f. frénésie.
Hirnwüthig, adj. frénétique.
Hirsch, m. 2, cerf; der einjährige —, broquart; zweijährige —, daguet. [guet.
Hirschbahn, f. menée.
Hirschbrust, f.*, hampe du cerf.
Hirschfänger, m. 1, couteau de chasse.
Hirschfarben, =farbig, adj. fauve.
Hirschfeiste, f. cervaison.
Hirschgeweih, n. 2, bois, m. ramure, f. [(cha.) nappe.
Hirschhaut, f.*, peau de cerf;
Hirschhorn, n. 5*, corne de cerf, f.; geraspeltes —, de la râclure, de la poudre de corne de cerf.
Hirschhund, m. 2, chien de meute, baud.
Hirschjagd, f. chasse du cerf.
Hirschkäfer, m. 1, cerf-volant.
Hirschkalb, n. 5*, faon, m. (fan).
Hirschkamel, n. 2, lama, m. chameau du Pérou.
Hirschkasten, m. 1*, cabane, f.
Hirschkatze, f. chat-cervier, m.
Hirschkeule, f. cuissot de cerf, m.
Hirschkolben, m. 1, bosse, f.
Hirschkopf, m. 2*, tête de cerf, f.; (cha.) massacre, m.
Hirschkugel, f. bézoard de cerf, m.
Hirschkuh, f.*, biche. [f.
Hirschläger, n. 1, reposée du cerf,
Hirschleder, n. 1, peau de cerf, f.
Hirschledern, adj. fait de peau de cerf.
Hirschluchs, m. 2, loup-cervier.
Hirschschlägel, m. 1, cuissot de cerf. [res, connaissances.
Hirschspur, f. ou —en, pl. foulu-
Hirschziemer, m. 1, cimier de cerf.
Hirse, f. millet, m. mil; die indianische —, mélica.
Hirsekorn, n. 5*, grain de mil (m.), de millet; (méd.) tanne, f.
Hirsetörnicht, adj.(méd.) miliaire.
Hirsetrank, m. 2*, bosan.
Hirt, m. 3, =inn, f. pâtre, m. pasteur, berger, bergère, f.
Hirtenamt, n. 5*, (égl.) ministère, m. fonction pastorale, f.
Hirtenbrief, m. 2, lettre pastorale, f. [pipeau.
Hirtenflöte, f. chalumeau, m.
Hirtengedicht, n. 2, églogue, f. idylle, pastorale, poëme bucolique, m.; —e, pl. bucoliques de Virgile, f. [f. Palès.
Hirtengott, m. 5*, Pan; =göttinn,
Hirtenhorn, m. 2*, cornet de pâtre, m. [ger.
Hirtenhund, m. 2, chien de berger.
Hirtenleben, n. 1, vie pastorale, f.
Hirtenlied, n. 5, chanson pastorale, f.

Hirtenmäßig, adj. pastoral.
Hirtenpfeife, f. =rohr, n. 2, chalumeau, m. pipeau.
Hirtenstab, m. 2*, houlette, f.; fg. crosse.
Hirtentasche, f. panetière.
Hirtenvolk, n. 5*, peuple de pâtres, m.; peuple nomade.
Hisse, f. guindeau, m. guindal, palan.
Hissen, v. a. hisser, guinder, palanquer.
Hißtau, n. 2, guinderesse, f. bressin, m.; das kleine —, palanquin; —t, pl. guindage.
Historchen, n. 1, historiette, f.
Historie, f. histoire.
Historienschreiber, Historiker, m. 1, historien, historiographe.
Historisch, adj. historique.
Hißblatter, f. échauffure, échauboulure, ampoule; —n, ébullition; voll —n, échauboulé.
Hitze, f. chaleur, ardeur; hâle, m.; fg. emportement; fougue, f. ardeur, chaleur; in — gerathen, s'échauffer, s'enflammer; fm. prendre la mouche; — haben, v, imp. fg. être difficile; —, (cha.) rut, m.
Hitzen, v. a. chauffer, échauffer.
Hitzig, adj. chaud; ardent; brûlant; fg. id.; vif, passionné; emporté, fougueux; (méd.) aigu; — machen, animer, échauffer; (cha.) acharner; — werden, s'échauffer.
Hitzkopf, m. 2*, tête chaude, f. fm. cerveau brûlé, m. brûlot.
Hobel, m. 1*, rabot, guillaume; (rel.) couteau à rogner.
Hobelbank, f.*, établi, m.
Hobeleisen, n. 1, mèche, f.
Hobelkasten, m. 1, (rel.) âne.
Hobeln, v. a. raboter, doler; fg. fm. polir. [nure, f.
Hobelspan, m. 2*, copeau, plahobre, f. hautbois, m.
Hoboist, m. 3, hautbois, joueur de hautbois.
Hoch, fém. hohe (höher, höchst) adj. haut; élevé; éminent; grand; sublime; abstrait (idée); das hohe Spiel, le gros jeu; die hohe Schule, académie, f.; université; das hohe Fest, grande fête; die hohe Jagd, grande chasse; höher machen, élever, hausser, exhausser le sol; höher werden, s'élever, hausser, s'exhausser; —, höchlich, adv. haut, hautement; fort, très, extrêmement; —spielen, jouer gros jeu; etw. — aufnehmen, être très-sensible à qch.; es sich — ressentir de qch.; wenn es — kommt, tout au plus; das ist mir zu —, cela me passe; c'est de l'hébreu pour moi.
Hochachten, Hochhalten, 4, Hoch=

schätzen, v. a. estimer, honorer, révérer.
Hochachtung, f. estime, considération; égard, m.; vénération, f.
Hochadelig, adj. très-noble, illustre.
Hochaltar, m. 2*, maître-autel.
Hochamt, n. 5*, grand'messe, f.; messe haute; das — halten, officier.
Hochansehnlich, adj. très-considéré, illustre.
Hochbegabt, adj. doué de belles, de hautes qualités.
Hochbeinig, adj. haut monté, haut enjambé.
Hochberühmt, adj. très-célèbre.
Hochbetagt, adj. très-vieux.
Hochblau, adj. et s. n. 3, azuré.
Hochbootsmann, m. 5*, contre-maître, bosseman.
Hochburgund, Franche-Comté, f. (pays). [Comtois.
Hochburgunder, m. 1, Franc-
Hochdeutsch, adj. et s.n. 3, haut-allemand; bon allemand.
Hochedel, adj. très-noble.
Hochehrwürdig, adj. vénérable; révérend (titre) Ew. Hochehrwürden, votre Révérence. [blime.
Hocherhaben, adj. très-élevé, sublime.
Hochfeierlich, adj. solennel.
Hochfürstlich, adj. sérénissime.
Hochgebietend, adj. haut et puissant (titre).
Hochgeboren, adj. illustre.
Hochgehalten, adj. très-honoré.
Hochgelb, adj. et s. n. 3, aurore, couleur d'aurore.
Hochgelobt, adj. béni. [né.
Hochgeneigt, adj. très-affectionné.
Hochgepriesen, adj. exalté.
Hochgericht, n. 2, potence, f. gibet, m. justice, f.
Hochheilig, adj. très-saint.
Hochherzig, adj. magnanime.
Hochholz, f. 5, (forest.) branches, f. pl. [fastueux, ronflant.
Hochklingend, adj. fg. pompeux,
Hochland, n. 5*, pays élevé, m.
Hochländer, m. 1, =inn, f. montagnard, m. -e, f.
Höchlich, v. Hoch.
Hochmeister, m. 1, grand maître.
Hochmögend, adj. très-puissant (titre). [hauteur, orgueil, m.
Hochmuth, m. 2, arrogance, f.; altier, fier, air hautain, m. hauteurs, f. pl.; — machen, enorgueillir; — werden, s'enorgueillir. [incarnat, m.
Hochrosenroth, adj. et s. n. 3,
Hochroth, adj. et s. n. 3, ponceau.
Hochrund, adj. convexe. [ceau.
Hochschäftig, adj. de haute lisse; die —e Tapete, haute lisse, f.; hoch=

unb bünnschäftig, (*jard.*) élancé.

**Hochschule**, *f.* université, acadé-mie. [cher.

**Hochschwanger**, *adj.* près d'accou-

**Hochselig**, *adj.* feu, défunt.

**Höchst**, *adj.* le plus haut, le plus grand; le dernier; aufs —t, tout au plus; (*s'élever*) au plus haut degré; das —e Wesen, l'Etre su-prème, *m.*; die —e Vergleichungs-stufe, (*gramm.*) superlatif; im —en Grad, au suprême degré; —, *adv.* trés, absolument, souverai-nement.

**Hochstämmig**, *adj.* de haute fu-taie, de haute tige; *fg.* grand.

**Höchstens**, *adv.* tout au plus.

**Hochstift**, *n.*5, grand chapitre, *m.*

**Hochtrabend**, *adj.* orgueilleux, fier; fastueux; guindé, ampoulé, enflé (*style, etc.*).

**Hochverrath**, *m.*2, crime de haute trahison, de lèse-majesté.

**Hochwacht**, *f.* échauguette.

**Hochwald**, *m.*5*, bois de haute futaie.

**Hochweg**, *m.*2, chaussée, *f.*

**Hochwild**, *n.*2, gros gibier, *m.*

**Hochwürdig**, *adj.* vénérable; (*tit.*) Ew. Hochwürden, votre Révérence; —er, Eminentissime (*titre des car-dinaux*); Hochwürdige, *m.* (*cath.*) saint sacrement, *m.* bon Dieu.

**Hochzeit**, *f.* noce, mariage, *m.* hymen, hyménée.

**Hochzeitbett**, *n.* exc.1, lit nup-tial, *m.* [convie aux noces.

**Hochzeitbitter**, *m.*1, celui qui

**Hochzeiter**, *m.*1, =inn, *f.* fiancé, *m.* prétendu, futur, -e, *f.*; nou-veau marié, *m.* nouvelle mariée, *f.*

**Hochzeitfest**, *n.*2, fête nuptiale, *f.* noce.

**Hochzeitgast**, *m.*2*, convié à la noce; —t, *pl.* noce, *f.*

**Hochzeitgedicht**, *n.*2, épithalame, *m.* [noces, *m.*

**Hochzeitgeschenk**, *n.*2, présent de

**Hochzeitgesellschaft**, *f.* noce. [*m.*

**Hochzeitkleid**, *n.*5, habit nuptial,

**Hochzeitlich**, *adj.* nuptial; de noce.

**Hochzeitmutter**, *f.*, mère de l'é-pousée.

**Hocken**, *v. n.* (f.) pop. s'asseoir; s'accroupir, se blottir; monter *sur le dos de qn.*; —, *v. a.* porter *sur le dos.*

**Höcker**, *m.*1, bosse, *f.*

**Höckericht**, *adj.* bossu, tortu, voûté, gibbeux.

**Höckerig**, *adj.* bossu, raboteux, scabreux (*chemin*); (*bot., etc.*) gibbeux. [de passe-passe, *m.*

**Hocuspocus**, *m. ou n. indécl.* tour

**Hode**, *f.* testicule, *m.*; —n, *pl.* génitoires, *f. pl.*; luites *du san-glier*; daintiers *du cerf*, *m. pl.*

**Hobenfack**, *m.*2*, bourses, *f. pl.* scrotum, *m.*

**Hof**, *m.*2*, cour, *f.*; palais, *m.*; ferme, *f.* métairie; couronne *du soleil*; aréole, halo *de la lune*, *m.*; einem den — machen, faire la cour, faire fête à qn., fêter qn.

**Hofbäcker**, *m.*1, boulanger de la cour.

**Hofbäckerei**, *f.* paneterie. [cour.

**Hofbediente**, *m.*3, officier de la

**Hofbescheid**, *m.*2, eau bénite de cour, *f.* vaine promesse. [teau.

**Hofcapelle**, *f.* chapelle du châ-

**Hofcavalier**, *m.*2, écuyer.

**Hofceremoniell**, *n.*2, étiquette de la cour, *f.*

**Hofdame**, *f.* dame d'honneur; die erste —, dame d'atour.

**Hofdienst**, *m.*2, service, emploi à la cour.

**Hoffart**, *f.* orgueil, *m.*; faste; *v.* Hochmuth. [leux.

**Hoffärtig**, *adj.* fastueux, orgueil-

**Hoffen**, *v. a. et n.* (h.) espérer; se flatter, faire son compte.

**Hoffentlich**, *adv.* selon toute espé-rance.

**Hoffnung**, *f.* espérance, espoir, *m.*; attente, *f.* expectative; die — aufgeben, désespérer; *v.* Aufge-ben. [ce, désespéré.

**Hoffnungslos**, *adj.* sans espéran-

**Hoffräulein**, *n.*1, dame (*f.*), fille d'honneur. [Hofceremoniell.

**Hofgebrauch**, *m.*2*, et plur., *v.*

**Hofgericht**, *n.*2, cour supérieure, *f.* [*m.*

**Hofgesinde**, *n.*1, gens de cour,

**Hofgut**, *n.*5*, domaine, *m.*

**Hofhaltung**, *f., v.* Hoflager.

**Hofhund**, *m.*2, mâtin.

**Hofiren**, *v. n.* (h.) *fm.* faire sa cour à qn. || *pop.* faire ses néces-sités. [cour.

**Hofjäger**, *m.*1, chasseur de la

**Hofjägermeister**, *m.*1, grand ve-neur. [nances.

**Hoffkammer**, *f.* chambre des fi-

**Hofkanzler**, *m.*1, chancelier de la cour.

**Hofstellerei**, *f.* échansonnerie.

**Hoflager**, *n.*1, résidence, *f.*; cour.

**Hofleben**, *n.*1, vie des gens de cour, *f.* [nel, *m.*

**Hoflehen**, *n.*1, fief condition-

**Höflich**, *adj.* civil, poli, obli-geant, galant, honnête, gracieux; *fm.* courtois; ein —er Mensch, un homme honnête.

**Höflichkeit**, *f.* civilité, politesse, honnêteté, urbanité, *fm.* cour-toisie; einem —en erweisen, avoir des civilités pour qn.

**Höfling**, *m.*2, courtisan.

**Hofmann**, *m.*5 (*pl.* =leute), cour-tisan, homme de cour.

**Hofmarschall**, *m.*2*, maréchal de la cour, grand maréchal.

**Hofmeister**, *m.*1, maître d'hôtel; gouverneur, mentor *d'un enfant*; =inn, *f.* maitresse d'hôtel; gouver-nante. [censurer; gourmander.

**Hofmeistern**, *v. a. fm.* maitriser;

**Hofnarr**, *m.*3, bouffon de la cour. [de la cour.

**Hofprediger**, *m.*1, prédicateur

**Hofrath**, *m.*2*, conseiller auli-que; —, *m.*2, conseil aulique.

**Hofraum**, *m.*2*, cour *d'une mai-son*, *f.* [san.

**Hofschranz**, *m.*3, (*mépr.*) courti-

**Hofsitte**, *f.* étiquette.

**Hofsprache**, *f.* langage de cour, *m.*; *fg.* eau bénite de cour, *f.*

**Hofstaat**, *m.*2, cour, *f.*; maison, suite du prince.

**Hofstatt**, **Hofstätte**, *f.* superficie *d'une métairie*; résidence *d'un prince.*

**Hofthor**, *n.*2, porte cochère, *f.*

**Hoh**, *v.* Hoch.

**Höhe**, *f.* hauteur; élévation; haut (*m.*), sommet de qch.; émi-nence, *f.*; élévation *du pôle*; *fg.* aus der —, d'en haut; den Kopf in die — werfen, porter la tête haute; mit einem auf gleicher — stehen, être de niveau avec qn., égaler qn.; in die — steigen, geben, monter, s'élever; auf die — fah-ren, (*mar.*) prendre le large; in die — kommen, *fg.* faire fortune.

**Hoheit**, *f.* grandeur, altesse.

**Hoheitsrecht**, *n.*2, droit réga-lien, *m.* [tiques, *m.*

**Hohelied**, *n.*5, cantique des can-

**Höhenmesser**, *m.*1, astrolabe, bâ-ton de Jacob.

**Höhenmessung**, *f.* altimétrie.

**Hohepriester**, *m.*1, (*ant. j.*) grand prêtre, pontife; (*ant. r.*) souverain pontife.

**Hohepriesterlich**, *adj.* pontifical.

**Hohepriesterthum**, *m.*5*, pontifi-cat, *m.*

**Höher**, *adj.* plus haut; plus grand; supérieur; — machen, re-lever, rehausser; — werden, s'é-lever.

**Hohl**, *adj.* creux; vide; eine —e Stimme, une voix sourde; die —e See, houle, *f.*; die See geht noch sehr —, la houle est encore fort grosse.

**Hohlader**, *f.* veine cave.

**Hohläugig**, *adj.* qui a les yeux creux.

**Hohlbeil**, *n.*2, erminette, *f.*

**Hohlbohrer**, *m.*1, tarière, *f.*

**Hohldrüse**, *f.* (*anat.*) crypte.

**Höhle**, *f.* caverne; antre, *m.*; grotte, *f.*; trou, *m.*; tanière (*f.*), repaire (*m.*) *d'un loup*; halot *d'un*

lapin; creux, cavité, f.; (anat.) cavité, fosse; alvéole d'une dent, m.; (fond.) chambre, f.; voll —n, caverneux. [der.

Höhlen, v. a. creuser, vider, évider.

Höhlenbewohner, m. 1, troglodyte.

Hohlfeile, f. lime à évider.

Hohlhäring, m. 2, hareng vide ou gai.

Hohlhobel, m. 1*, doucine, f.

Hohlkehle, f. cannelure, cymaise, gorge; cavet, m.

Hohlklinge, f. lame évidée.

Hohlleiste, v. Hohlkehle.

Hohlmeißel, m. 1, gouge, f. fe creux, m.

Hohlmünze, f. bractéate.

Hohlrund, adj. concave.

Hohlschaufel, f. drague.

Hohlspiegel, m. 1, miroir concave.

Höhlung, f. creux, m. cavité, f.; concavité. [ravin.

Hohlweg, m. 2, chemin creux, Hohlziegel, m. 1, faîtière, f. enfaiteau, m. [rique.

Hohlzirkel, m. 1, compas sphérique.

Hohn, m. 2, (sans pl.) mépris; affront; einem — sprechen, braver, railler qn.; — dem der Arges dabei denkt, honni soit qui mal y pense.

Höhnen, v. a. se moquer de qn., insulter à qn., bafouer qn.

Hohngelächter, n. 1, ris moqueur, m. huée, f.; ricanement, m.

Höhnisch, adj. moqueur, outrageant; outrageux, ironique, dédaigneux; — lächeln, ricaner.

Hohnlacher, m. 1, ricaneur.

Hohnnecken, v. a. persiffler, railler, berner.

Hohnsprechen, n. 1, bravade, f.

Hohnsprecher, m. 1, -inn, f. railleur, m. -se, f.

Höker, m. 3, Höfer, m. 1, Hökinn, f. revendeur, m. -se, f.

Hökern, Höfern, v. n. (h.) revendre. [m.

Hökerei, f. métier de revendeur,

Hold, adj. affectionné, ami, bienveillant; favorable; gracieux; charmant.

Helber, v. Holunder.

Holdselig, adj. gracieux, affectueux. [lité.

Holdseligkeit, f. douceur, affabilité.

Holen, v. a. aller quérir, prendre, chercher; tirer; apporter; amener; — lassen, envoyer chercher; sich eine Krankheit —, attraper une maladie.

Holfter, v. Pistolenholfter.

Holla! interj. holà!

Holland, Hollande, f. (pays).

Holländer, m. 1, Holländisch, adj. Hollandais.

Hölle, f. enfer, m. enfers, pl.

Höllenangst, f.*, angoisse mortelle. [d'enfer.

Höllenbraten, m. 1, fm. gibier

Höllenfahrt, f. descente aux enfers.

Höllengeist, m. *, esprit infernal.

Höllenhund, m. 2, (poés.) Cerbère. [des enfers, m.

Höllenpein, =qual, f. tourment

Höllenstein, m. 2, pierre infernale, f.

Höllisch, adj. prop. et fig. infernal; d'enfer; —, adv. fm. diablement.

Holm, m. 2, (charp.) traverse, f. quille; élévation, colline; petite île.

Holperig, Holpricht, adj. scabreux, raboteux; inégal; fig. id.

Holunder, m. 1, sureau; der Spanische —, lilas. [gre surard.

Holz, n. 5*, bois, m.; forêt, f. bois, m. bosquet, bocage; das weiche —, bois blanc, m.; grüne —, bois vif; auf dem Stamme stehende —, bois en étant; gefällte —, bois gisant; auf dem Stamme verdorrte —, bois mort; geringe — mort-bois.

Holzamt, n. 5*, grairie, f. gruerie. [vage, f.

Holzapfel, m. 1*, pomme sauvage.

Holzartig, adj. ligneux, boiseux.

Holzausladen, m. 1, débardeur.

Holzart, f.*, hache, cognée.

Holzbinder, m. 1, fagoteur.

Holzbirn, f. poire sauvage.

Holzbock, m. 2*, chevalet, chenet; (hist. nat.) tique, f.

Holzboden, m. 1*, grenier au bois.

Holzbohrer, m. 1, tarière, f. taret, m. [bois, m.

Holzbündel, m. 1, fagot, falourde || petit morceau de bois; büchette, f. brochette.

Holzchen, n. 1, petit bois, m. bosquet || petit morceau de bois; büchette, f. brochette.

Hölzchenspiel, n. 2, bâtonnet, m.

Holzbruch, m. 2*, erkunst, f.*, xylographie.

Holzen, v. n. couper du bois; —, v. a. éclaircir une forêt; fm. rosser, étriller.

Hölzern, adj. de bois; fig. insensible; lourd, fm. lourdaud; grossier.

Holzessig, m. 2, Holzsäure, f. acide lignique ou ligneux, m. esprit de bois. [m. coupe, f.

Holzfällen, n. 1, abatage du bois, Holzfäller, Holzhacker, Holzhauer, m. 1, bûcheron, fendeur de bois.

Holzfaser, f. fibre ligneuse.

Holzfeile, f. râpe. [de bois.

Holzflöße, f. radeau; m. train

Holzflößen, n. 1, flottage, m.

Holzfuhre, f. charrette, voie de bois.

Holzhandel, m. 1*, trafic de bois.

Holzhändler, m. 1, marchand de bois. [f. bûcher, m.

Holzhaufen, m. 1, pile de bois, Holzhof, m. 1*, chantier; marché au bois; fourrière, f.

Holzicht, Holzig, adj. boiseux; ligneux; cordé (rave). [m.

Holzkappe, f. bonnet de police, Holzkirschbaum, m. 2*, merisier.

Holzkirsche, f. merise.

Holzlitt, m. futée, f.

Holzträbe, f. pic noir, m. agace, f.

Holzlager, n. 1, chantier, m.

Holzlaus, f.*, pou pulsateur, m.

Hölzlein, v. Hölzchen.

Holzmann, m. 5*, (man.) faquin.

Holzmaß, m. 2, mesure (f.), corde de bois, membrure.

Holzmessen, n. 1, cordage, m.

Holzmesser, m. 1, mouleur de bois.

Holzplatz, m. 2*, chantier.

Holzscheit, n. 5, bûche, f.

Holzschlag, m. 2*, abatage, coupe, f.; assiette; taillis, m.; die Zeit zum —, coupe, f.

Holzschlägel, m. 1, maillet, massue, f.; der große —, mailloche.

Holzschneidekunst, f.*, gravure en bois. [bois.

Holzschneider, m. 1, graveur en Holzschnitt, m. 2, gravure en bois, f.; estampe en taille de bois, auf —art ausgraben, graver en épargne.

Holzschoppen, m. 1, bûcher.

Holzschuh, m. 2, sabot; sandale, f.

Holzschwarte, f. dosse, flache.

Holzspan, m. 2*, copeau, éclat, f. büchette, f.

Holzsperling, m. 2, friquet.

Holzsplitter, m. 1, chicot.

Holzstall, m. 2*, bûcher.

Holzstoß, m. 2*, pile de bois, f.

Holztaube, f. ramier, m. biset.

Holztrage, f. civière.

Holztrant, m. 2*, tisane, f.

Holzung, f. bois, m.; chauffage, Holzungsrecht, n. 2, affouage, m.

Holzwaare, f. ouvrage (m.), marchandise (f.) en bois.

Holzwerk, n. 2, charpente, f. boiserie, bois, m. pl. [bois.

Holzwurm, m. 5*, artison; perce-bois, m. homérique.

Homilie, f. homélie.

Honig, m. 2, miel; mit — anmachen, bestreichen, vermischen, emmieller. [taire, m.

Honigbehältniß, n. 2, (bot.) nectaire, m.

Honigblume, f. mélianthe.

Honiggeschmack, m. 2, goût mielleux.

Honigſchwulſt, f.*, mélicéris, m.
Honigklee, m. 2, mélilot, mirliot.         [ces.
Honigkuchen, m. 1, pain d'épice.
Honigpflaſter, n. 1, emmiellure, f.
Honigſaft, m. 2*, oxymel.
Honigſauger, m. 1, colibri.
Honigſcheibe, Honigwabe, f. rayon de miel, m.       [étourneau.
Honigſchimmel, m. 1, cheval gris
Honigſteim, m. 2, miel vierge.
Honigſtein, m. 2, mélitite, f. mellilithe, f.        [miellé.
Honigſüß, adj. mielleux, emHonigthau, m. 2, miélat.
Honigumſchlag, m. 2*, (vét.) emmiellure, f.     [simple, m.
Honigwaſſer, m. 1, hydromel
Honigwein, m. 2, bergerette, f.
Honigzelle, f. cellule, alvéole, m.
Honorarium, n. exc. 1, honoraire, m.
Hopfen, m. 1, houblon; junger —, des pousses de houblon, f. pl.; dem Biere — geben, houblonner la bière.
Hopfen, v. a. houblonner.
Hopfenacker, =garten, m. 1*, houblonnière, f.
Hopfenſtange, f. perche à houblon ; fig. pop. perche, échalas, m. maigre échine, f.
Hopfen, v. n. (b. et f.) gambader, sauter.    [tendre, perceptible.
Hörbar, adj. ce qu'on peut enHorchen, v. n. (b.) écouter aux portes; être aux écoutes.
Horcher, m. 1, espion.
Horchwinkel, m. 1, écoute, f.
Horde, f. horde, troupe.
Horen, f. pl. (myth.) Heures.
Hören, v. a. entendre, ouir, écouter; gut, ſcharf, übel, hart —, avoir l'ouïe bonne, fine, avoir mauvaise ouïe, avoir l'ouïe dure, entendre dur; nur halb —, entendre à demi, entr'ouïr; die Philoſophie — faire son cours de philosophie (bei, sous); laß —, parle! voyons donc! er wird bald von mir —, il aura bientôt de mes nouvelles; das läßt ſich —, cela ne sonne pas mal; (dieſe Entſchuldigung) läßt ſich —, est recevable, plausible, est de mise; wenn man ihn hört, à l'entendre; —, apprendre; savoir; ich höre von allen Seiten, il me revient de toutes parts; ich will — was an der Sache iſt, je m'en informerai; —, s. n. 1, ouïe, f.; es iſt ihm — und Sehen vergangen, il lui a pris un étourdissement.
Hörenſagen, n. 1, ouï-dire, m.
Hörer, m. 1, auditeur.
Horizont, m. 2, horizon; der ſcheinbare —, horizon visuel.
Horizontal, adj. horizontal.

Horn, n. 5*, corne, f.; das weiße — (am Pferdehuf), ergot, m.; —, (géogr.) pointe, f. cap, m.; (mus.) cor.    [bigorne, f.
Hornamboß, m. 2, bigorneau,
Hornarbeiter, Hornbereiter, m. 1, cornetier; tabletier.
Hornartig, Hornicht, adj. de corne.
Hornband, m. 2*, reliure en parchemin relavé, f.
Hornbläſer, m. 1, joueur de cor.
Hornblende, f. roche de corne striée.      [nichon.
Hörnchen, n. 1, cornet, m. corHörnern, adj. de corne.
Hornerz, n. 2, mine d'argent cornée, f.
Horneule, f. hibou cornu, m.
Hornhaut, f.*, peau dure, durillon, m. cal, callosité, f.; (anat.)
Horniß, f. frelon, m.   [cornée.
Hornkäfer, m. 1, escarbot licorne.
Hornluſt, f.*, (mar. ferr.) craupaudine.
Hornkoralle, f. kératophyte.
Hornkraut, n. 5*, cérasium, m.
Hornſchiefer, m. 1, roche de corne feuilletée, f.
Hornſchlange, f. céraste, m.
Hornſchnecke, f. cor de mer, m. buccin.       [corne, f.
Hornſpäne, m. pl. 2, rognure de
Hornſtein, m. 2, roche cornée, f.
Hornung, m. 2, mois de février.
Hornvieh, m. 2, coll. bêtes à corne, f. pl.    [vrage à corne, m.
Hornwerk, n. 2, (fortif.) ouHoroſkop, n. 2, horoscope, m.
Hörrohr, n. 2, cornet acoustique, m.
Hörſaal, m. 2*, auditoire.
Horſt, m. 2, aire f. buisson, m. touffe d'arbres, f.; aire; ol. troupe.
Horſten, v. n. (b.) airer.
Hort, m. 2 (sans pl.), vi. rocher; fig. asile, appui; retraite, f.
Hörtrichter, m. 1, cornet.
Hörwerkzeug, n. 2, organe de l'ouïe, m.
Höschen, n. 1, petite culotte, f.; butin des abeilles, m.
Hoſe, f. —n, pl. culotte, haut-de-chausses, m. chausses, f. pl.; lange —n, pantalon, m.
Hoſenband, n. 5*, jarretière, f.; aiguillette.     [de culotte.
Hoſengurt, m. exc. 1, ceinture
Hoſenklappe, f. Hoſenlatz, m. 2, patte d'une culotte, f.
Hoſenlos, adj. et s. m. 3, sans culotte.
Hoſenneſtel, f. aiguillette.
Hoſenſack, m. 2*, v. Hoſentaſche.
Hoſenſchlitz, m. 2, brayette, f.
Hoſenſtricker, m. 1, chaussetier.
Hoſentaſche, f. gousset, m. bourson.

Hoſenträger, m. 1, bretelles, f. pl.
Hoſpital, n. 5*, hôpital, m.
Hoſpitaliter, m. pl. 1, Hospitaliers, chevaliers de Malte.
Hoſpodar, m. 2, (Turq.) hospodar, despote (titre).
Hoſtie, f. hostie.
Hoſtiengefäß, n. 2, ciboire, m.
Hoſtienhäuschen, n. 1, tabernacle, m.       [droite].
Hott, interj. huthaut, hue (à
Hottentotte, m. 3, Hottentot.
Hub, m. 2*, levée, f. action de lever, coup de piston, m.
Hübel, m. 1, bosse, f. élevure.
Hübſch, adj. joli, gentil, élégant; fg. gentil, bien, beau, honnète; —, adv. gentiment, etc., bien.       [f. (navire).
Hucker, m. 1, (mar.) hourque,
Hudelei, f. besogne mal faite, bousillage, m. tracasserie, f.
Hudeler, Hudler, m. 1, bousilleur, brouillon; tracassier.
Hudeln, v. a. bousiller; tracasser.
Huf, m. 2*, sabot; corne du cheval, f.
Hufbeſchlag, m. 2*, ferrure, f.
Hufe, f. charrue, arpent, m.
Hufeiſen, n. 1, fer de cheval, m.; fg. fer à cheval; tin — auſſchlagen, abſchlagen, ferrer, déferrer le cheval; einem Pferde neue — aufſchlagen, relever les fers d'un cheval; in Geſtalt eines —s, en fer à cheval.
Hufen, v. n. (b.) procl. reculer.
Hufgeſchwür, n. 2, javart encorné, m.
Hufhammer, m. 1*, brochoir.
Huflattig, m. 2, tussilage.
Hufnagel, m. 1*, clou à ferrer.
Hufräumer, m. 1* cure-pied.
Hufſchlag, m. 2*, ferrure du cheval, f.; piste; coup de pied du cheval, m.    [réchal ferrant.
Hufſchmied, m. 2, maréchal, maHüftader, f. veine sciatique.
Hüftbein, n. 2, ischion, m.
Hüfte, f. hanche.
Hüftenlahm, Hüftlahm, adj. déhanché.       [f.
Hüftweh, n. 2, goutte sciatique,
Hufwulſt, m. 2*, avalure, f.
Hufzwang, m. 2*, encastelure, f.
Hufzwängig, adj. encastelé; — werden, s'encasteler.
Hügel, m. 1, colline, f. coteau, m. monticule; (mar.) morne, f. (en Amérique); der kleine —, butte.       [lines.
Hügelicht, adj. en forme de colHügelig, adj. montueux, inégal.
Hugenott, m. 3, huguenot.
Hugo, n. pr. m. Hugues.
Huh, interj. ouf.    [poularde.
Huhn, n. 5*, poule, f.; das fette —;

Hühnchen, n. 1, poulet, m. poussin. [noces, f.
Hühnerabend, m. 2, veille des Hühnerart, f. gallinacée.
Hühnerartig, adj. gallinacé.
Hühnerauge, n. exc. 1, cor au pied, m. [drix, m.
Hühnerbeize, f. vol pour les per-
Hühnerbiß, m. 2, (bot.) couchée, f. paresseuse, petite morgeline; petit lin, m.
Hühnerdarm, m. 2*, mouron, morgeline, f. (plante).
Hühnerdieb, m. 2, voleur de poules; belette, f.; écoufle, m.
Hühnergarn, n. 2, tonnelle, f.
Hühnergeier, m. 1, milan, écoufle.
Hühnergeschlecht, m. 5, v. Hühnerart; zum — gehörig, gallinacé.
Hühnergeschrei, n. 2, caquet, m.
Hühnerhändler, m. 1, =inn, f. poulailler, m. coquetier, marchand de volaille, marchande de poules, f.
Hühnerhaus, n. 5*, poulailler, m.
Hühnerhof, m. 2*, basse-cour, f.
Hühnerhund, m. 2, chien d'arrêt.
Hühnerklee, =kohl, m. 2, petit serpolet. [f.
Hühnerkorb, m. 2*, poussinière, Hühnerlager, f. 1, (cha.) remise des perdrix, f.
Hühnerleiter, =steige, f. échelle du poulailler; =steige, cage.
Hühnermagen, m. 1*, gésier.
Hühnermarkt, m. 2*, marché à la volaille.
Hühnerstall, m. 2*, poulailler.
Hühnerstange, f. juchoir, m.
Hühnerweh, n. 2, coqueluche, f.
Hühnerweihe, m. 3, v. Hühnergeier. [poules, m.
Hühnerzucht, f. entretien des
Hui, interj. hé! ouf! çà! — n. fm. in einem —, dans un instant.
Huld, f. grâce; bienveillance.
Huldgöttinnen, f. pl. Grâces.
Huldigen, v. n. (h.) rendre hommage; prêter serment de fidélité.
Huldigung, f. hommage, m.
Huldigungseid, m. 2, serment de fidélité. [ment.
Huldreich, adj. gracieux; clé-
Hülfe, ıc., v. Hilfe, ıc.
Hülle, f. enveloppe; couverture; voile, m.; fg. dépouille mortelle, f.; die — und Fülle, abondance, f.
Hüllen, v. a. envelopper; couvrir.
Hülse, f. peau, balle du blé; gousse, cosse, bourse; (artif.) cartouche.
Hülsen, v. a. munir d'une gousse || écaler, écosser.
Hülsenfrucht, f. légume, m.
Hülsenfruchtartig, =tragend, adj. légumineux.
Hülsicht, adj. cossu, légumineux.

Hum, interj. hem! écoute! écoutez!
Human, adj. humain, civil, poli.
Humanist, m. 3, humaniste.
Humanität, f. humanité.
Hummel, f. bourdon, m.
Hummer, m. 1, homard.
Humor, m. 2, fm. humeur, f.
Humorist, m. 3, (méd.) humoriste.
Humpeln, Hümpeln, v. n. (h.) fm. boiter; —, v. a. bousiller, massacrer. [hanap.
Humpen, m. 1, fm. broc; ol.
Hund, m. 2, chien; der schlechte —, (cha.) houret; prov. da liegt der — begraben, c'est là que git le lièvre; auf den — kommen, tomber dans la misère; auf dem —e seyn, être ruiné, être à cul.
Hundert, adj. num. cent; —, s. n. 2, cent, m.; centaine, f.; zu —en, par centaines.
Hunderter, m. 1, centaine, f.
Hunderterlei, adj. indécl. cent et cent choses.
Hundertfach, =fältig, adj. centuple; — vermehren, centupler.
Hundertgradig, adj. centigrade.
Hundertjährig, adj. centenaire; séculaire; perpétuel (almanach).
Hundertste, adj. centième.
Hundertstel, n. 1, centième partie, f.; centième, m.
Hundertweise, adv. par centaines.
Hündinn, f. chienne, lice.
Hündisch, adj. qui tient du chien.
Hundsbiß, m. 2, (bot.) tue-chien, colchique.
Hundsfett, n. 2, graisse (f.), axonge de chien.
Hundsfott, m. 5*, n. bas, fripon, maraud, coquin; poltron.
Hundsfötterei, f. coquinerie, poltronnerie.
Hundsföttisch, adj. coquin, poltron; —, adv. en coquin; en poltron.
Hundsgras, n. 5*, chiendent, m.
Hundshunger, m. 1, boulimie, f. faim canine. [apocin.
Hundsmelde, f. arroche puante
Hundskohl, m. 2, chou de chien, f.
Hundskopf, m. 2*, tête de chien, f.; (hist. nat.) lamie, requin, m.
Hundskrampf, m. 2*, spasme cynique. [(plante).
Hundsschlange, f. canine.
Hundsstall, m. 2*, chenil.
Hundsstern, m. 2, canicule, f. Sirius, m. [caniculaires, m. pl.
Hundstage, pl. canicule, f.; jours
Hundsviole, f. violier sauvage, m.
Hundswuth, f. rage.
Hundszahn, m. 2*, dent canine, f.

Hundszunge, f. langue de chien; (bot.) id., cynoglosse, m.
Hüne, m. 3, géant. [tit, m.
Hunger, m. 1, faim, f.; appé-
Hungerblume, f. drave (plante).
Hungerig, adj. qui a faim; affamé, famélique; fg. affamé, avide, mesquin; — seyn, avoir faim; nach etw. — seyn, être avide de qch.; — seyn, gagner de l'appétit.
Hungerkur, f. jeûne, m. [pétit.
Hungerleider, m. 1, gueux, famélique; avare, pop. taquin, vilain.
Hungern, v. n. (h.) avoir faim; nach etw. —, fg. être avide de qch.
Hungerquelle, f. source intermittente, qui tarit par intervalles.
Hungersnoth, f. *, famine, disette. [mourir de faim.
Hungertod, m. 2, den — sterben,
Hunten, adv. contr. (hier unten) ici en bas. [per (cha.).
Hupen, v. n. (h.) houper, hou-
Hüpfen, v. n. (f.) sauter, sautiller, tressaillir, bondir; wie eine Ziege — chevroter; —, s. n. 1, bondissement, m. tressaillement.
Hüpfend, adj. bondissant (méd.) caprisant (pouls).
Hüpfer, m. 1, (hist. nat.) sauteur, altise, f. gastée.
Hürde, f. claie; clisse, clayer, m.; — für die Schafe, parc.
Hürden, v. a. parquer.
Hürdenschlag, m. 2*, parcage.
Hürdenwerf, m. 2, clayonnage, m.
Huri, f., plur. —s, (mahom.) houri (vierge du Paradis).
Hurrah, interj. hurrah! bravo! vivat! allons!
Hurtig, adj. vite; prompt; agile; leste; actif || expéditif.
Hurtigkeit, f. vitesse; promptitude; agilité; activité.
Husar, m. 3, hussard, houssard.
Husch, interj. crac! chut!
Huschen, v. a. 2, Husche, f. fm. soufflet, m.; fg. fm. accident imprévu, perte, f. [ser rapidement.
Huschen, v. n. (f.) se glisser, pas-
Hussah, v. Hurrah.
Husten, v. n. (h.) tousser; —, s. n. 1, toux, f.; der blaue —, coqueluche. [rhale, f.
Hustenfieber, n. 1, fièvre catar-
Hut, m. 2*, chapeau; ein dreieckiger —, chapeau à trois cornes; den — aufsetzen; se couvrir, mettre le chapeau; den — aufhaben, être couvert; den — herunter! — ab! chapeau bas!
Hut, f. garde; auf seiner — seyn, être sur ses gardes.
Hut, f. pâturage, m. pacage.
Hutband, n. 2*, ruban, m.; — mit einer Schnalle, bourdaloue, f.
Hüten, v. a. garder, prendre

garde à; préserver, garantir; ſich
—, se garder, ſe donner de garde
de qn.; ſich wohl — etw. zu thun,
n'avoir garde de faire qch.; büte
bich vor Schlägen, gare les coups ‖
paître, mener paître.

**Hüter**, m. 1, ⸗inn, f. garde, m.
et f.; gardien, m. -ne, f.

**Hutfeber**, f. panache, m. plumet.

**Hutfilz**, m. 2, feutre.

**Hutform**, f. forme du chapeau.

**Hutfutter**, n. 1, coiffe, f. fourreau de chapeau, m.

**Hutgerechtigkeit**, f. droit de pacage, m.     [chapeaux.

**Huthandel**, m. 1, commerce de

**Huthändler**, m. 1, chapelier.

**Hutkopf**, m. 2*, cul de chapeau.

**Hutkrämpe**, f. retroussis de chapeau, m.; ⸗nſchnur, f.*, audace.

**Hutmacher**, v. Huthändler.

**Hutrand**, m. 5*, bord du chapeau; den — glatt machen, abattre les bords du chapeau.

**Hütſche**, f. escabeau, m. marche-
pied.

**Hutſchleife**, f. cocarde.

**Hutſchnur**, f.*, cordon de chapeau, m.; laiſſe, f.; v. Hutband.

**Hutſtaffirer**, m. 1, garnisseur de
chapeaux.

**Hutſtülpe**, f., v. Hutkrämpe.

**Hüttchen**, n. 1, petite cabane,
f. logette, cabanon, m.

**Hütte**, f. hutte, cabane, chaumière; cahute; baraque; loge;
(écr. ste.) tabernacle, m. habitacle; (art.) forge, f.; mine; fonderie; die kleine —, v. Hüttchen;
—n bauen, aufſchlagen, cabaner;
(guer.) se baraquer.     [fondeur.

**Hüttenarbeiter**, m. 1, mineur;

**Hüttenbau**, m. 2, exploitation
des mines, f.

**Hüttenkatze**, f. mal de plomb, m.
phthisie des mineurs, f.

**Hüttenkunde**, f. métallurgie.

**Hüttenmeister**, m. 1, inspecteur
d'une fonderie; maître des forges.     [fourneaux, f.

**Hüttennicht**, n. 2, cadmie des

**Hüttenrauch**, m. 2, arsenic blanc.

**Hüttenſteiger**, m. 1, maître fon-
d⸗ur.     [derie.

**Hüttenwerk**, n. 2, forge, f.; fon-

**Hutzel**, f. pomme, poire sèche.

**Hutzucker**, m. 1, sucre en pain.

**Huy**, v. Hui.

**Hyacinth**, m. 2, hyacinthe, f.
(pierre).     [the (fleur).

**Hyacinthe**, f. hyacinthe, jacin-

**Hyäne**, f. hyène.

**Hyder**, f. hydre.

**Hydraulik**, f. hydraulique.

**Hydraulisch**, adj. hydraulique.

**Hydrograph**, m. 3, hydrographe.

**Hydrographie**, f. hydrographie.

**Hydrographiſch**, adj. hydrographique.

**Hydroſtatik**, f. hydrostatique.

**Hygrometer**, m. 1, hygromètre.

**Hymen**, m. 2, hymen, hyménée.

**Hymne**, f. hymne, m. et f.

**Hyperbel**, f. hyperbole.

**Hyperboliſch**, adj. hyperbolique.

**Hyperphyſiſch**, adj. métaphysique,
transcendant, surnaturel.

**Hypochondrie**, f. hypocondrie.

**Hypochondriſch**, adj. hypocondriaque.

**Hypochondriſt**, m. 3, hypocondre.

**Hypoſtaſe**, f. (théol.) hypostase.

**Hypoſtatiſch**, adj. hypostatique.

**Hypotheciren**, v. a. hypothéquer.

**Hypothekariſch**, adj. hypothécaire.

**Hypotheke**, f. hypothéque.

**Hypothenuſe**, f. hypothénuse.

**Hypotheſe**, f. hypothése.

**Hypothetiſch**, adj. hypothétique.

**Hyſteriſch**, adj. hystérique.

# J,

voyelle et consonne.

**J**, interj. J nun, eh bien, soit!

**Ja**, adv. oui; fm. si, si fait; ja
(sagen) dire qu'oui; ja doch, oui-
dà; ja ſogar, même, qui plus est;
ja ſo! c'est une autre affaire!

**Jacht**, f. —ſchiff, n. 2, yacht, m.

**Jacke**, f. jaquette, corset, m.

**Jagd**, f. chasse.

**Jagdbar**, adj. (cha.) courable.

**Jagdflinte**, f. fusil de chasse, m.

**Jagdgeräth**, v. Jagdzeug.

**Jagdgerechtigkeit**, f. droit de chasse, m.

**Jagdhaus**, n. 5*, maison de
chasse, f.; muette (pour la mue
des oiseaux).

**Jagdhof**, v. Jägerhaus.

**Jagdhorn**, n. 5*, cor de chasse,
m. huchet.

**Jagdhund**, m. 2, chien de chasse; der ſchlechte —, houret.

**Jagdreiter**, m. 1, piqueur.

**Jagdrevier**, n. 2, varenne, f.

**Jagdſpieß**, m. 2, épieu.

**Jagdſtück**, n. 2, (mus., peint.)
chasse, f.     [sière.

**Jagdtaſche**, f. gibecière, carnas-

**Jagdverderber**, m. 1, braconnier.

**Jagdweſen**, n. 1, vénerie, f.

**Jagdzeug**, n. 2, équipage (pl.),
attirail de chasse.

**Jagen**, v. a. et n. (h.) chasser;
courre; courir; mit dem Frette —,
fureter; mit ſchlechten Hunden —,
mépr. hourailler; heimlich in fremdem Gehäge —, braconner; ins
Loch —, (bill.) blouser; —, v. n.
(ſ.) courir vite, galoper; —, s.
n. 1, chasse, f.; das — mit Raub-

vögeln, vol, m. volerie, f. fauconnerie.

**Jäger**, m. 1, chasseur, veneur.

**Jägerburſch**, m. 3, garçon chas-
scur.

**Jägerei**, f. chasse, vénerie.

**Jägergarn**, n. 2, rets, m. pl.
filets, toiles, f. pl.

**Jägerhaus**, n. 5*, ⸗hof, m. 2*,
maison du veneur, f. vénerie;
capitainerie; v. Jagdhaus.

**Jägerinn**, f. chasseuse; (poés.)
chasseresse.

**Jägerkunſt**, f.*, vénerie.

**Jägermäßig**, adj. et adv. en chasseur.     [vénerie.

**Jägermeiſter**, m. 1, maître de la

**Jägerrecht**, n. 2, droit du chas-
scur, m.; — (der Hunde), curée,
f. fouaille.     [scur.

**Jägerſprache**, f. terme de chas-

**Jägerſtück**, n. 2, (mus.) chasse,
f.; (cuis.) filet de sanglier, m.

**Jähe**, Jähling, adj. escarpé; roide; — machen, escarper; —; fig.
soudain, subit; —, Jählings,
adv. subitement, soudainement.

**Jähe**, f. roideur; promptitude;
v. Jähzorn.

**Jahr**, n. 5*, an, m. année, f.;
ein halbes —, six mois; anderthalb —, dix-huit mois; die beſten
—e, la fleur de l'âge; bei — ein
ſeyn, être avancé en âge; ein —
um das andere, de deux ans l'un;
ein — in das andere, l'année commune; — und Tag, plus d'un an.

**Jahrbuch**, n. 5*, ⸗er, pl. annales, f. pl. fastes, m. pl.; — in
Form eines Kalenders, annuaire.

**Jahrbuchſchreiber**, m. 1, annaliste.     [y a un an.

**Jähren**, v. imp., es jährt ſich, il

**Jahresfeier**, f. ⸗feſt, n. 2, ⸗tag,
m. 2, Jahrfeſt, n. 2, anniversaire,
m.

**Jahresfriſt**, f. espace d'un an, m.

**Jahrgang**, m. 2*, année, f.

**Jahrgebung**, f. émancipation,
dispense ou bénéfice (m.) d'âge.

**Jahrgedächtniß**, v. Jahresfeier.

**Jahrgeld**, n. 5, pension, f.

**Jahrgewächs**, n. 2, cru de l'année, m.

**Jahrhundert**, n. 2, siècle, m.

**Jährig**, adj. d'un an; annuel;
annal.

**Jährlich**, adj. annuel; anniversaire; —, adv. par an, annuellement.     [agneau d'un an.

**Jährling**, masc. 2, poulain ou

**Jahrlohn**, n. 2, ⸗gehalt, n. 2,
gages annuels, m. pl.

**Jahrmarkt**, m. 2*, foire, f.

**Jahrsfeier**, Jahrstag, v. Jahresfeier, ꝛc.

Jahrszeit, f. saison.
Jahrtaufend, n. 2, millénaire, m.
Jahrwechfel, m. 1, renouvellement de l'année; retour de l'an.
Jahrweise, adv. annuellement, par an.     [millésime, m.
Jahrzahl, f. année; date; (monn.)
Jähzorn, m. 2, fougue, f. emportement, m.       [gueux.
Jähzornig, adj. emporté, fou-
Jakob, n. pr. m. Jacques, Jacob; diminut. Jacot, Jaquot.
Jakobea, Jakobine, n. pr. f. Jacobée, Jacqueline, Jacquette.
Jakobiner, m. 1, Jacobin.
Jakobinersinn, m. 2, jacobinisme.
Jakobit, m. 3, jacobite.
Jakobsblume, f. jacobée.
Jakobsstab, m. 2*, (astr.) arbalestrille, f.
Jalappe, —wurzel, f. jalap, foul.
Jamaika, Jamaïque, f. (île).
Jambisch, adj. iambique.
Jambus, m. exc. 1, Jambe, m. 3, iambe.
Jammer, m. 1, lamentation, f.; misère; calamité; affliction; désolation.       [tion, f.
Jammergeschrei, n. 2, lamenta-
Jämmerlich, Jammervoll, adj. pitoyable, misérable, lamentable, déplorable, calamiteux.
Jammern, v. n. (h.) se lamenter; —, v. imp. (h.) avoir pitié de, compatir à.       [sère, f.
Jammerthal, n. 5*, vallée de mi-
Jan, m. 1, (trictr.) Jan.
Janhagel, m. 1, populace, f.
Janitschar, m. 3, janissaire.
Jänner, m. 1, Januar, m. 2, mois de janvier.      [nisme.
Jansenismus, m. indécl. jansé-
Jansenist, m. 3, janséniste.
Japan, Japon, m. (pays).
Japaneser, Japaner, m. 1, japanisch, adj. japonais.
Jasmin, m. 2, jasmin; ber wilbe —, seringat.
Jaspis, m. 2, jaspe.
Jaspisanstrich, m. 2, jaspure, f.
Jaspisartig, =farbig, adj. jaspé; v. Anstreichen.
Jäten, ꝛc., v. Gäten.
Jauchert, n. 2, Jauchart, m. 2, arpent, journal.
Jauchzen, v. n. (h.) jeter des cris de joie; —, s. n. 1, cri d'allégresse, m.
Jauner, v. Gauner.       [gresse, m.
Jawort, n. 2, oui, m.; consentement, promesse de mariage, f.
Jbe, Jbisch, v. Eibe, Eibisch.
Jch, pron. pers. je; moi; —, s. n. 2, moi, m.; mon individu, ma personne.
Jchneumon, m. 1, (hist. nat.) ichneumon, mangouste.
Jchnographie, f. ichnographie.

Jchnographisch, adj. ichnographi-
Jdeal, n. 2, idéal, m.      [que.
Jdealisch, adj. idéal.
Jdealismus, m. indécl. idéalisme.
Jdealist, m. 3, idéaliste.
Jdee, f. idée.
Jdeengang, m. 2*, marche des idées, f.       [des idées.
Jdeenverbindung, f. association
Jdentificiren, v. a. identifier.
Jdentisch, adj. identique.
Jdeolog, m. 3, idéologue.
Jdeologie, f. idéologie.
Jdiom, n. 2, idiome, m.
Jdiopathie, f. idiopathie.
Jdiopathisch, adj. idiopathique.
Jdiot, m. 3, mépr. idiot.
Jdus, m. (ant. r.) ides, f. pl.
Jdylle, f. idylle, églogue.
Je, adv. et conj. jamais; pourtant, toutefois, toujours, etc.; je zwei und zwei, deux à deux; man hat ihn je länger je lieber, on l'aime de plus en plus; je eher, je besser, le plus tôt le mieux; je mehr ..., je weniger ..., plus ..., moins ...; je nachdem, selon que; je, interj. eh! je nun, eh bien!
Jeder, Jeglicher, pron. chaque; chacun, chacune.
Jedermann, pron. chacun, tout le monde.       [temps.
Jederzeit, adv. toujours, en tout
Jedesmal, adv. chaque fois.
Jedoch, conj. pourtant, cependant.     [vrefeuille, m. (plante).
Jelängerjelieber, n. indécl. ché-
Jemals, adv. jamais.
Jemand, pron. quelqu'un, un individu.
Jena, Iéna (ville).
Jener, jene; jenes, pron. celui-là, celle-là; ce, cette ... là; in jener Welt, dans l'autre monde.
Jenner, v. Jänner.
Jenseitig, adj. ce qui est de l'autre côté; opposé; (géogr.) ultérieur.
Jenseits, adv. delà; au delà.
Jeremiade, f. jérémiade.
Jeremias, n. pr. m. Jérémie.
Jerusalemsblume, f. lychnis, m. croix de Jérusalem, f.
Jesuit, m. 3, Jésuite.
Jesuiterorden, m. 1, compagnie de Jésus, f. ordre des jésuites, m.
Jesuitisch, adj. jésuitique.
Jesuitismus, m. indécl. jésuitisme.
Jesus Christus, (décl. latine) Jésus-Christ; das Buch Jesus Sirach, Ecclésiastique, m.
Jetzig, adj. présent, actuel.
Jetzt, Jetzo, adv. à présent, maintenant; à cette heure, aujourd'hui; eben —, à l'heure qu'il est; — gleich, tout à l'heure.

Jeweilig, adj. actuel, en titre, en place, titulaire.
Jezuweilen, adv. quelquefois.
Jgel, m. 1, hérisson.
Jgelstein, m. 2, échinite, f.
Jgnatius, n. pr. m. Ignace.
Jhm, pron. lui; à lui; von ihm, Jhn, pron. le, lui.     [de lui.
Jhnen, pron. leur; à eux; à elles; à vous; von —, d'eux, d'elles; de vous.
Jhr, pron. pers. vous; lui, à elle; von ihr, d'elle; Jhre Majestät, Sa Majesté.
Jhr, ihre, pron. poss. son, sa; leur; votre; ber, bie ihre, voyez Jhrige.
Jhrer, pron. d'elle; pl. d'eux, d'elles; de vous.
Jhrethalben, Jhretwegen, pour l'amour d'elle, d'eux, d'elles, de vous.
Jhrige, pron. le sien, la sienne; le leur, la leur; le vôtre, la vôtre; das Jhrige, son bien (d'elle); leur bien, votre bien; votre devoir.
Jhrzen, v. a. appeler qn. vous.
Jst, interj. haie!
Jkonographie, f. iconographie.
Jkonographisch, adj. iconographique.
Jkosaeder, m. 1, icosaèdre, m.
Jlen, v. a. (peign.) dégrossir, racler les lames ou tablettes de corne.
Jlluminat, m. 3, illuminé.
Jllumination, f. illumination.
Jlluminiren, v. a. illuminer; (peint.) enluminer; —, s. n. 1, enluminure, f.
Jlluminirer, m. 1, enlumineur.
Jlluminirkunst, f.*, enluminure.
Jltis, m. 2, Jltine, f. orme sauvage, m.; ber junge —, ormeau.
Jltis, m. 2, putois.
Jm, contraction de in dem, en, au, dans le, dans la; à l', à la.
Jman, m. 2, (Turq.) iman.
Jmbiß, m. 2, repas, déjeuner.
Jmi, m. indécl. imi (mesure de capac.).
Jmker, m. 1, gardien d'abeilles.
Jmmaterialismus, m. indécl. immatérialisme.       [liste.
Jmmaterialist, m. 3, immatéria-
Jmmaterialität, f. immatérialité.
Jmmatriculiren, v. a. immatriculer; v. Biene.       [ler.
Jmmer, Jmmerdar, Jmmerfort, adv. toujours, sans cesse, perpétuellement; immer mehr, de plus en plus.       [(plante).
Jmmergrün, n. 2, pervenche, f.
Jmmerhin, adv. toujours; soit.
Jmmerwährend, adj. continuel, perpétuel; permanent (assemblée).

Immerzu, adv. toujours; allez toujours, marche.

Immittelst, v. Indessen.

Immobiliar, adj. computant, immobilier.

Immobilien, pl. immeubles, m.pl.

Immunität, f. immunité, franchise. [ter.

Impastiren, v. a. (peint.) empâ-

Impastirung, f. empâtement, m.

Imperativ, m. 2, (gramm.) impératif. [parfait, m.

Imperfect, n. 2, (gramm.) im-

Imperial, m. 2, —spiel, n. 2, impériale, f. (jeu).

Imperialpapier, n. 2, papier du plus grand format, m.

Impetrant, m. 3, impétrant.

Impfen, v. a. enter, greffer; inoculer.

Impfreis, n. 5, greffe, f. ente.

Impfung, f. inoculation.

Impost, m. exc. impôt; (arch.) imposte, f.

In, prép. en; dans; à; au, à la.

In einander, adv. l'un dans l'autre; pêle-mêle.

Inbegriff, m. 2, contenu; sommaire, précis, abrégé; mit —, inclusivement.

Inbrunst, f.*, ardeur, ferveur.

Inbrünstig, adj. ardent, fervent.

Incarnat, s. n. 2 et adj., incarnat. [caissement, m.

Incasso, n. indécl. (comm.) en-

Indelt, n. 2, oreiller, m. lit de plumes.

Indem, conj. comme, lorsque; en; puisque, parce que; attendu que; v. Indeß.

Indeß, Indessen, conj. pendant que, tandis que; —, indessen, adv. pendant ce temps; en attendant; cependant, sur ces entrefaites.

Indicativ, m. 2, (gramm.) indicatif.

Indien, Inde, f. Indes, pl.(pays).

Indier, Indianer, m. 3, indisch, indianisch, adj. indien.

Indifferentismus, m. indécl. indifférentisme. [tiste.

Indifferentist, m. 3, indifféren-

Indig, Indigo, m. 2, indigo; die Mittelgattung —, florée, f.; —, —pflanze, f. indigo, m. indigotier.

Indigopflanzung, f. indigoterie.

Individualität, f. individualité.

Individuum, n. exc. 1, individu, m. [neur d'ordre.

Indossent, m. 3, endosseur, don-

Indossiren, v. a. endosser.

Indossirung, f. endossement, m.

Indult, n. 2, indult, m.; der mit einem —Begünstigte, indultaire.

Industrie, f. industrie.

Infant, m. 3, —inn, f. infant, m. -e, f.

Infanterie, f. infanterie.

Infanterist, m. 3, fantassin.

Infel, Inful, f. mitre.

Infinitesimal=Rechnung, f. calcul infinitésimal, m. [nitif.

Infinitiv, m. 2, (gramm.) infi-

Infuliren, v. a. accorder le droit de porter la crosse; ein infulirter Abt, un abbé crossé et mitré.

Infusionsthierchen, -würmchen, n. 1, animalcule infusoire, m. animalcule des infusions, ver infusoire. [ment, m.

Ingarn, n. 2, (cha.) entrelace-

Ingeheim, Insgeheim, v. Geheim.

Ingenieur. m. 2, ingénieur.

Ingenieurcorps, n. indécl. génie, m.; =kunst, f.*, id.

Ingermannland, Ingrie, f. (pays).

Ingleichen, adv. pareillement, de même.

Ingredienz, f. ingrédient, m.

Ingrimm, 2c., v. Grimm.

Ingrün, n. 2, (bot.) clématite, f. petite pervenche.

Ingwer, m. 2, gingembre.

Inhaben, mieux : inne haben, v. a. avoir, posséder; occuper; fg. savoir.

Inhaber, m. 2, possesseur; détenteur; porteur d'une lettre de change; — einer Abtretung, cessionnaire.

Inhaftiren, v. a., v. Verhaften.

Inhalt, m. 2, contenu; capacité, f. contenance d'un vaisseau; teneur d'un contrat; table des matières d'un livre; argument d'un chapitre, m.; der kurze —, sommaire, précis.

Inhaltreich, adj. d'un riche contenu, instructif, intéressant.

Injurie, f. injure.

Inlage, f. incluse. [gène.

Inländer, m. 1, naturel, indi-

Inländisch, adj. indigène, du pays.

Inliegend, adj. inclus.

Inne, adv., mitten —, au milieu, fm. au beau milieu; — behalten, retenir, garder; — haben, v. Inhaben; — halten, cesser; s'arrêter; se modérer; — stehen, être en équilibre (balance); — werden, apercevoir. [interruption.

Innehalten, n. 1, cessation, f.

Innen, adv. dedans; en dedans; nach — zu, au dedans, vers le dedans; von — her, par dedans; von heraus, du dedans en dehors.

Inner, Innerlich, adj. intérieur; interne; de dedans; der —e Theil, empaumure d'un gant, f.; der —e Werth, la valeur intrinsèque; ein —er Krieg, une guerre intestine;

—t, n. intérieur, m. dedans, âme, f.

Innerhalb, adv. au dedans, en dedans; intérieurement; (arch.) dans œuvre; —, prép. en, dans; — sechs Tagen, au bout de, dans six jours.

Innerlich, adj. intérieur; intestin, interne (maladie).

Innig, adj. vif; fervent, ardent (prière); intime (ami); cordial.

Innigkeit, f. ferveur; intimité.

Innocenz, Innocentius, n. pr. m. Innocent.

Innung, f. corps de métier, m.; communauté, f. corporation; société; —en; arts et métiers, m. pl.

Inquiriren, v. n. (b.) s'informer.

Inquisit, m. 3, accusé, délinquant.

Inquisition, f. inquisition.

Ins, par contraction pour in das, dans le, dans la.

Insaß, m. 3, manant, habitant.

Insbesondere, v. Besonders et Insonderheit. [graphe.

Inschrift, f. inscription; épi-

Insect, n. exc. 1, insecte, m.; die —en mit halben Flügeldecken, hémiptères, pl.

Insectenkenner, m. 1, entomologiste. [logie.

Insectenkunde, =lehre, f. entomo-

Insel, f. île; dim. Inselchen, n. 1, îlot, m. [sulaire, m. et f.

Inselbewohner, m. 1, =inn, f. in-

Inselmeer, n. 2, archipel, m.

Inserat, n. 2, article inséré, m.

Insgeheim, v. Geheim.

Insgemein, adv. généralement, communément. [semble.

Insgesammt, adv. tous, tous en-

Insiegel, n. 1, sceau, m.; seing; cachet.

Insignien, pl. marques d'honneur, f. pl.; ornements d'une dignité, m. pl. [fier judiciairement.

Insigniren, v. a. signifier, noti-

Insinuiren, v. a. signifier, noti-

Inskünftige, adv., v. Künftig, adv.

Insofern, conj. en tant que, si.

Insolvent, adj. insolvable.

Insolvenz, f. insolvabilité.

Insonderheit, adv. surtout; particulièrement; notamment.

Inständig, adj. instant; —, adv. instamment; à genoux.

Instanz, f. (jur.) instance; in letzter —, en dernière instance, sans appel.

Instehend, adj. prochain.

Inster, n. 1, fraise, f. gros boyau, m.

Instinct, m. 2, instinct.

Institut, n. 2, institut, m.

Institution, f. institution; —en, pl. (jur.) institutes, f. pl. instituts, m. pl.

Inftrument, *n.* 2, instrument, *m.;* outil.

Infulaner, *m.* 1, insulaire.

Infurgent, *m.* 3, insurgent; insurgé.

Integralgröße, *f.* intégrale.

Integralrechnung, *f.* calcul intégral, *m.*

Integriren, *v. n.* (h.) intégrer.

Integrität, *f.* intégrité.

Intelligenzblatt, *n.* 5*, feuille d'avis *ou* d'annonces, *f.;* petites affiches, *pl.*

Intendant, *m.* 3, intendant.

Interdict, *n.* 2, interdit, *m.*

Intereffe, *n. exc.* 1, intérêt, *m.*

Intereffent, *m.* 3, actionnaire, membre d'une société de commerce.

Intereffiren, *v. a.* intéresser.

Interimiftifch, *adj.* provisoire; *nouv.* intérimaire.

Interimsbefcheid, *m.* 2, sentence provisoire, *f.*

Interjection, *f.* interjection.

Intermezzo, *n.* 1 (*pl.* —'s), entr'acte, *m.* intermède. [nonce.

Internuncius, *m. exc.* 1, interInterpunktion, *f.* ponctuation.

Intoniren, *v. a.* entonner; (*org.*) égaliser.

Intrade, *f.* (*mus.*) prélude, *m.;* (*fin.*) revenu, rente, *f.* [lé.

Intricat, *adj.* difficile, embrouillé.

Invalid, *adj. et s. m.* 3, invalide. [Invalides, *m.*

Invalidenhaus, *n.* 5*, hôtel des Inventarium, *n. exc.* 1, inventaire, *m.;* recensement..

Inventiren, *v. a.* inventorier.

Inventur, *f.* action d'inventorier, inventaire, *m.* [dation.

Investitur, *f.* investiture; inféo-

Inwärts, *adv.* en dedans.

Inwendig, *adj.* intérieur; *voy.* Inner.

Inzicht, *f.* accusation, incrimination, grief, *m.;* injure, *f.* offense. [terbeffen.

Inzwischen, *adv., v.* Indeß, Un-

Joch, *n.* 2, joug, *m.;* palée *d'un* pont, *f.;* ein — Ochfen, une couple, paire de bœufs; —, chaine *de montagnes;* croupe, cime, sommet, *m.; fg.* unter das — bringen, subjuguer.

Jochbein, *n.* 2, os jugal *ou* zygomatique, *m.*

Jochochs, *m.* 3, bœuf de labour.

Jockei, *m. indécl.* jockey.

Jodocus, Joft, *n. pr. m.* Josse, Jodelet. [Jeannot.

Johannes, *n. pr. m.* Jean, *dim.*

Johannisbeere, *f.* groseille.

Johannisbeerftrauch, *m.* 2*, groseillier.

Johannisbrod, *n.* 2, caroube, *f.*

Johannisbrodbaum, *m.* 2*, caroubier.

Johanniskäfer, *m.* 1, =würmchen, *n.* 1, ver luisant, *m.*

Johanniskraut, *n.* 5*, herbe de S. Jean, *f.* mille-pertuis, *m.*

Johanniter, *m.* 1, chevalier de S. Jean, de l'ordre de Malte.

Jokel, *m.* 1, Jacquot (*n. pr.*); nigaud, idiot; (*min.*) vitriol vierge, martial *ou* stalactiforme.

Jolen, *v. n.* crier, chanter fort, braire. [nique (*ordre*).

Jonifch, *adj.* (*arch.*) ionien; ioJoppa, *f.* jupe, corselet, *m.*

Joseph, *n. pr. m.* Joseph, (*historien*) Josèphe.

Josua, *n. pr. m.* Josué.

Jot, *n. indécl.* J, *m.* je (le J consonne). [grec, voyelle).

Jota, *n. indécl.* iota, *m.* (I en Ipecacuanha, *f.* (*bot., méd.*) ipécacuana, *m.*

Yper, *m.* 1, ypréau (*arbre*).

Irden, *adj.* de terre.

Irdifch, *adj.* terrestre.

Irgend, *adv.* par aventure, à peu près; um — einer Urfache willen, pour quelque cause que ce soit; — etwas, quelque chose; — wohin, quelque part; — woher, de quelque part.

Irland, Irlande, *f.* (*pays*).

Irländer, *m.* 1, irländifch, irifch, *adj.* irlandais. [Irmensul, *m.*

Irmensäule, *f.* (*ant. german.*)

Ironie, *f.* ironie, contre-vérité.

Ironifch, *adj.* ironique.

Irrational, *adj.* irrationnel; —größe, *f.* quantité irrationnelle.

Irre, *f.* erreur; in der — berumgeben, errer, courir à l'aventure; —, *adj.* égaré, aliéné; —, *adv.* mal, à faux; — geben, s'égarer; — machen, troubler; dérouter, déconcerter, désorienter, *fm.* dépayser; — führen, égarer, détourner *du droit chemin; fg.* id., induire en erreur; — werden, se troubler; se brouiller; (*cha.*) prendre le change (*chiens*); — fehn, être égaré; *fg.* se tromper; être dans l'erreur; être troublé, désorienté; tr ift — im Kopf, il a l'esprit aliéné; — reden, rêver, extravaguer. [ment, *m.*

Irreführen, =gehen, *n.* 1, égarement.

Irremachen, =werden, *n.* 1, dérangement, *m.* trouble.

Irren, *v. n.* (h.) s'égarer; *fg.* — et fich —, errer, se tromper; —, *v. a. fm.* embarrasser, gêner.

Irrereden, *n.* 1, délire, *m.* rêverie, *f.*

Irrefeyn, *n.* 1, aliénation de l'esprit, *f.;* (*cha.*) change *des* chiens, *m.*

Irrfahrt, *f.* course vagabonde; —en, *pl.* erreurs.

Irrführer, *m.* 1, séducteur.

Irrgang, *m.* 2*, Irrgarten, 1*, labyrinthe, dédale.

Irrglaube, *m. exc.* 2, Irrgläubigkeit, *f.* foi erronée, hérésie, hétérodoxie. [rodoxe.

Irrgläubig, *adj.* hérétique, hétéIrrig, *adj.* erroné; faux; (*théol.*) hérétique; —t, *n.* 3, héréticité, *f.*

Irrleben, *n.* 1, *ol.* expectative féodale, *f.*

Irrlehre, *f.* doctrine erronée; (*égl.*) hérésie.

Irrlehrer, *m.* 1, hérésiarque.

Irrlehrig, *adj.* hétérodoxe.

Irrlicht, *n.* 5, =wifch, *m.* 2, feu follet.

Irrftern, *m.* 2, planète, *f.*

Irrthum, *m.* 5*, erreur, *f.;* méprise; malentendu, *m.; in* — gerathen, tomber dans l'erreur; einem den — benehmen, désabuser qn.; einem — entfagen, se désabuser. [différend, *m.*

Irrung, *f.* méprise; erreur; *fg.*

Irrwahn, *m.* 2, préjugé, erreur, *f.* illusion.

Irrweg, *m.* 2, faux chemin, écart, égarement; auf einen — gerathen, s'égarer; *v.* Irrgang.

Iste, *f.* écot, *m.*

Isabelle, *m.* 3, cheval isabelle.

Isabellenfarbe, *f.* =farbig, *adj.* isabelle; couleur isabelle.

Isegrimm, *m.* 2, *vi.* loup; *fg.* grondeur.

Isistafel, *f.* table isiaque.

Islam, *m.* 2, islam, islamisme, religion mahométane, *f.*

Island, Islande, *f.* (*pays*).

Isländer, *m.* 1, isländifch, *adj.* islandais.

Isoliren, *v. a.* (*phys.*) isoler.

Isolirschämel, *m.* 1, isoloir.

Isop, *m.* 2, hysope, *f.* (*plante*).

Isthmifch, (*ant. gr.*) isthmique (*jeux*).

Italien, Italie, *f.* (*pays*).

Italiener, *m.* 1, italienifch, *adj.* italien. [glan (*page*).

Itschvoglan, *m.* 2, (*Turq.*) ico-

Izt, Izig, *v.* Jetzt, Jetzig, 2c.

Jubel, *m.* 2, joie, *f.;* =gefchrei, *n.* 2, allégresse, *f.;* acclamation; jubilation. [jubilé.

Jubeldoctor, *m. exc.* 1, docteur Jubelfest, *n.* 2, fête jubilaire, *f.*

Jubeljahr, *n.* 2, Jubiläum, *exc.* 1, jubilé, *m.*

Jubelmönch, *m.* 2, moine jubiJubeln, Jubiliren, *v. n.* (h.) faire des cris d'allégresse; triompher.

Juchart, *m.* 2, arpent.

Juchten, *m.* 1, =leder, *n.* 1, roussi, *m.* cuir de roussi.

Juden, *v. n. et imp.* (h.) démanger; piquer, chatouiller; —, *s. n.* 1, démangeaison, *f.* picotement, *m.*

Judäa, Judée, *f.* (*pays*).

Judaisiren, *v. n.* (h.) judaïser.

Judas, *m.* Judas; *fg. id.*, traître, faux ami.

Jude, *m.* 3, juif; der griechische —, (*ant.*) helléniste; es mit den —n halten, judaïser.

Jüdelei, *f.*, *m. p.* juiverie.

Jüdeln, *v. n.* pop. (h.) faire l'usurier.      [*verie.*

Judengasse, *f.* rue des juifs, jui-

Judengenoß, *m.* 3, juif prosélyte.

Judenharz, =pech, *n.* 2, asphalte, *m.*

Judenkirsche, *f.* coqueret, *m.*

Judenschaft, *f. coll.* juifs, *m. pl.*

Judenschule, *f.* synagogue.

Judenthum, *n.* 5*, judaïsme, *m.*

Judenzen, *v. n.* (h.) judaïser, faire le juif.

Judenzins, *m.* 2, usure, *f.*

Jüdinn, *f.* juive.

Jüdisch, *adj.* juif, judaïque.

Jugend, *f.* jeunesse, adolescence; *coll.* jeunesse, jeunes gens, *m. pl.*

Jugendblüthe, *f.* fleur de l'âge.

Jugendfeuer, *m.* 1, =hiße, *f.* fougue de la jeunesse.

Jugendjahre, *n. pl.* jeunesse, *f.* jeune âge, *m.*     [*nesse.*

Jugendlich, *adj.* jeune, de jeu-

Jugendstreich, *m.* 2, tour, trait de jeune homme, étourderie, *f.*

Juts, *m.* 2, crasse, *f.* ordure; gain déshonnête, *m.* contrebande, *f.*; farce, plaisanterie, tour, *m.*

Julep, *m.* 2, (*méd.*) julep.

Julian, *n. pr. m.* Julien.

Juliane, *n. pr. f.* Julienne; *dim.* Juliette.

Julianisch, *adj.* julien (*année*).

Jülich, Juliers (*ville*).

Julius, *m. indécl.* juillet, mois de juillet; —, *n. pr. m.* Jules.

Jumarre, *f.* jumart, *m.*

Jung*, *adj.* jeune, novice; *fg.* nouveau; frais, récent; naissant (*jour*); die —en Leute, les jeunes gens, jeunesse, *f.*; *v.* Jüngste.

Junge, *n.* 3, petit d'un animal, *m.*; das lepte —, culot.

Junge, *masc.* 3, garçon; jeune homme; apprenti; der kleine —, *mépr.* marmot.

Jungemagd, *f.* *, chambrière, fille de chambre.

Jünger, *adj.* plus jeune; cadet; puiné; plus récent; postérieur; — werden, rajeunir, se rajeunir.

Jünger, *m.* 1, disciple.

Jungfer, *f.* demoiselle, (*pav.*) *id.*, hie, batte; (*titre*) mademoiselle; *v.* Jungfrau.

---

Jungfernyürtel, *m.* 1, ceinture de l'épousée, *f.*

Jungfernhonig, *m.* 2, miel vierge.

Jungfernknecht, *m.* 2, damoiseau.

Jungfernkuß, *m.* 2*, oubliettes, *f. pl.*

Jungfernöl, *n.* 2, huile vierge, *f.*

Jungfernraub, *m.* 2, rapt, enlèvement.

Jungfernstand, *m.* 2*, virginité, *f.*

Jungfernwachs, *n.* 2, cire vierge, *f.*

Jungferschaft, *f.* virginité, *fm.* pucelage, *m.*     [*pucelle.*

Jungfrau, *f.* vierge, fille; *fm.*

Jungfräulich, *adj.* virginal, convenable à une fille, chaste.

Jungfraußchaft, *v.* Jungferschaft.

Junggesell, *m.* 3, garçon, homme non marié.

Junggesellenleben, *n.* 1, célibat, *m.* vie de garçon, *f.* état de garçon, *m.*

Jüngling, *m.* 2, jeune homme, adolescent; (*plais.*) jouvenceau.

Jünglingsalter, *n.* 1, =jahre, *n. pl.* 2, adolescence, *f.*

Jungmeister, *m.* 1, jeune maître, dernier reçu dans un corps de métier.

Jüngst, *adv.* dernièrement.

Jüngst, *adj.* plus jeune, *m. et f.*; cadet, *m.* -te, *f.*; das — (Ge-richt, le jugement dernier; der — Tag, le dernier jour.

Junius, *m. indécl.* mois de juin.

Junkarie, *f.* (*bot.*) joncaire.

Junke, *f.* jonque (*vaisseau*).

Junker, *m.* 1, fils de gentilhomme, gentilhomme; *ol.* damoiseau, écuyer.      [(*plais.*) Jupin.

Jupiter, *m.* 1, (*myth.*) Jupiter.

Jurist, *masc.* 3, jurisconsulte, homme de robe, juriste.

Juristisch, *adj.* juridique.

Just, *adv.* justement, précisément.      [*car.*) justifier.

Justiren, *v. a.* ajuster; (*fond.* de

Justirwage, *f.* ajustoir, *m.*

Justiz, *f.* justice.

Juwel, *n. exc.* 1, =wele, *f. m.* écrin, joyau, *m.* bijou.

Juwelenkästchen, *n.* 1, baguier, *m.*

Juwelier, *m.* 2, =Juwelenhändler, *m.* 1, joaillier, bijoutier.

Juwelierarbeit, *f.* =handel, =Ju-welenhandel, *m.* 1, Juwelierkunst, *f.*, joaillerie, bijouterie.

Irie, *f.* ixia (*plante*).

---

**K.**

*Il faut chercher sous la lettre C certains mots qu'on ne trouve pas sous celle-ci.*

Kaaba, *f.* caaba (*temple à la Mecque*).

---

Kaag, *n.* 2, (*mar.*) cague, *f.*

Kabelaar, *f.* tournevire.

Kabelgatt, *n.* 2, fosse aux câbles, *f.*

Kabeljau, *m.* 2, cabillaud; morue, *f.* morue verte; der gebörrte —, bacalian, *m.*

Kabellänge, *f.* longueur d'un câble (120 *brasses*).

Kabeln, *v. a.* lotir (*du bois*); —, *v. n.* (h.) tirer au sort.

Kabeltau, *n.* 2, câble, *m.*

Kachel, *f.* carreau de terre cuite, *m.*; die geformten —n, moulage.

Kachelofen, *masc.* 1*, poële de faience.

Kader, *m.* 1, double menton.

Kadi, *m.* 2, (*Turq.*) cadi (*juge*).

Kadmium, *n.* 1, (*minér.*) cadmie, *f.*

Käfer, *m.* 1, scarabée, escarbot.

Kaff, *n.* 2, (*agr.*) balle, *f.* bourriers, *m. pl.*

Kaffee, *m.* 1, café.

Kaffeebaum, *m.* 2*, cafier.

Kaffeebohne, *f.* baie de café, café, *m.*

Kaffeebret, *n.* 5, cabaret, *m.*

Kaffeehaus, *n.* 5*, café, *m.*

Kaffeekanne, *f.* cafetière; — mit weitem Bauche, marabout, *m.*

Kaffeemühle, *f.* moulin à café, *m.*

Kaffeepflanzung, *f.* caférie, caféière.

Kaffeesaß, *m.* 2*, marc de café.

Kaffeeschale, *f.* tasse à café.

Kaffeeschenk, =wirth, *m.* 2, =sie-der, *m.* 1, cafetier, limonadier.

Kaffer, *m.* 1, Caffre.

Kafferland, Caffrérie, *f.* (*pays*).

Käfich, Käficht, Käfig, *m.* 2, cage, *f.*; tiin — voll, une cagée; in einen — sepen, encager.

Kahl, *adj.* chauve; pelé; *fg.* aride, nu; pauvre, plat.

Kahlheit, *f.* calvitie.

Kahlkopf, *m.* 2*, tête chauve, *f.*

Kahm, Kahn, *m.* 2, fleurs sur le vin, *f. pl.* moisi, *m.* chancissure, *f.*      [*moisir.*

Kahmen, *v. n.* (h.) chancir, se

Kahmig, Kahnig, *adj.* qui a des fleurs; chanci, moisi.

Kahn, *m.* 2*, nacelle, *f.* esquif, *m.*; canot.

Kai, *m.* 2, quai, rivage.

Kaiman, *m.* 2, (*hist. nat.*) caïman, *m.* 1, empereur. [*man.*

Kaiser, *m.* 1, empereur. [*man.*

Kaiserinn, *f.* impératrice.

Kaiser=Krone, *f.* couronne impériale; (*bot.*) impériale, fritillaire.

Kaiserlich, *adj.* impérial.

Kaiserling, *m.* 2, amanite (*champignon*).

Kaiserpflaume, *f.* impériale.

Kaiserschnitt, *m.* 2, opération césarienne, *f.* hystérotomotocie.

Kaiferthum, n. 5*, empire, m.
Kaiferwürde, f. dignité impériale.
Kajüte, f. (mar.) cajute.
Kakerlace, m. 3, kakerlak, albinos; blatte, f. (insecte).
Kalb, n. 5*, veau, m.
Kalben, v. Kälbern. [f.
Kälbergekröfe, n. 1, fraise de veau,
Kälbern, v. n. (b.) vêler, faire un veau; fg. pop. folâtrer, badiner.
Kälbern, adj. de veau.
Kälberzahn, m. 2*, dent de veau, f.; (arch.) denticule.
Kalbfell, n. 2, =leder, n. 1, peau de veau, f. vélin, m.; —, fg. fm. tambour.
Kalbfleifch, n. 2, veau, m.; gefpicfles und gedämpftes —, fricandeau. [douillettes, f. pl.
Kalbfleifchklöschen, n. pl. 1, an-
Kalbslunge, f. mou de veau, m.
Kalbsmilch, f. ris de veau, m.
Kalbsschlägel, m. 1, longe de veau, f. [veau.
Kalbswurft, f. *, andouille de Kaldaunen, pl. tripes, f. pl. du-
paille. [tripier, m. -ère, f.
Kaldaunenkrämer, m. 1, =inn, f.
Kaldaunenmarkt, m. 2*, triperie, f.
Kalender, m. 1, almanach, calendrier; (ant. 1) fastes, f. pl.; (Turq.) calender, m. (moine).
Kalenberberechner, m. 1, computiste. [m.
Kalenberberechnung, f. comput, Kalfacter, m. 1, fm. rapporteur.
Kalfaterer, m. 1, calfat.
Kalfatern, v. a. calfater; — s. n. 1, calfatage, m. calfat, arrénage.
Kali, n. indécl. cali, m. potasse, f. soude.
Kalif, Kalife, m. 3, calife.
Kalifenwürde, f. califat, m.
Kalk, m. 2, chaux, f.; ungelöfchter, gelöfchter —, de la chaux vive, éteinte; gebrannter, eingeführter —, de la chaux cuite, détrempée.
Kalkartig, adj. calcaire.
Kalkbrennen, n. 1, cuite de la chaux, f.
Kalkbrenner, m. 1, chaufournier.
Kalkbruch, m. 2*, carrière de pierres à chaux, f.
Kalken, v. a. tremper dans de la chaux, mêler de chaux; (agr.) chauler; — s. n. 1, chaulage, m.
Kalkerbe, f. terre calcaire.
Kalkfaß, n. 5*, tonne à chaux, f.; (még.) enchaux, m.
Kalkgrube, f. bassin à chaux, m.; (tann.) plain. [à chaux.
Kalkhütte, f., =ofen, m. 1*, four
Kalkig, adj. calcaire.
Kalkkrücke, f. râble, m.

Kalkmilch, f. lait de chaux, m.
Kalkofen, m. 1*, chaufour, four à chaux.
Kalkfand, m. 2, sable calcaire.
Kalkschaufel, f. gâche.
Kalkfpath, m. 2, pierre à chaux feuilletée, f.
Kalkftein, m. 2, pierre à chaux, f. pierre calcaire.
Kalkwaffer, n. 1, eau calcaire, f.; mit — befprengen, échauler.
Kalkweinftein, m. 2, tartre calcaire. [sure, f.
Kalkwurf, m. 2*, crépi, crépis-
Kalmant, m. 2, calmande, f.
Kalmäufer, m. 1, pop. rêveur solitaire, songe-creux; pincemaille. [l'écart, songer creux.
Kalmäufern, v. n. (b.) rêver à Kalmuck, m. 3, Calmouk.
Kalmus, m. indécl. acore.
Kalt *, adj. froid; fg. indifférent, insensible; machen, refroidir; es ift —, il fait froid; —, adv. (art.) à froid; fg. froidement.
Kaltbläfig, adj. réfractaire.
Kaltblütig, adj. flegmatique, insensible; —, adv. de sang-froid.
Kaltblütigkeit, f. sang-froid, m.; flegme.
Kaltbrüchig, adj. cassant.
Kälte, f. froid, m.; froideur, f.; — unter den Nägeln, onglée; —, fg. froideur; indifférence; refroidissement, m.; — erzeugend, frigorifique. [rifique.
Kaltmachend, adj. (phys.) frigo-
Kaltfinnig, adj. froid, glacé, insensible, indifférent.
Kaltfinnigkeit, f. =finn, m. 2, froid, froideur, f. insensibilité.
Kamasche, f. guêtre.
Kamel, n. 2, chameau, m.; — mit einem Höcker, dromadaire.
Kameelführer, v. Kameeltreiber.
Kameelgarn, f. Kämelgarn, n. 2, fil de poil de chèvre, m.
Kameelhaar, n. 1, poil de chameau, m. poil de chèvre.
Kameelheu, n. 2, jonc odorifé rant, m. barbon.
Kameelparder, m. 1, caméléopard, giraffe, f. [caravanier.
Kameeltreiber, m. 1, chamelier, Kameelziege, f. chèvre d'Angora.
Kamelott, m. 2, camelot.
Kamille, f. camomille (plante).
Kamin, m. et n. 2, cheminée, f. feu, m.
Kaminfeger, m. 1, ramoneur.
Kamingitter, n. 1, garde-feu, m.
Kaminmantel, m. 1*, manteau de cheminée.
Kaminplatte, f. plaque de cheminée; contre-cœur, m.
Kaminfchirm, m. 2, écran.
Kamifol, n. 5*, camisole, f. veste.

Kamm, m. 2*, peigne; (drap.) rebroussoir; (card.) carde, f.; (tiss.) peigne, m.; grappe de raisin, f.; crête de coq; crinière du cheval; mit einem —e verfehen, crêté; prov. einem eins auf den — geben, faire baisser la crête à qn.
Kämmen, v. a. peigner; carder, houpper la laine.
Kammer, f. chambre; (mar.) gavion, m.
Kammerbecken, n. 1, baquet de chambre, m.; v. Kammertopf.
Kämmerchen, n. 1, cabinet, m. bouge, f. fm. chambrette.
Kämmerchenspiel, n. 2, boutehors, m.
Kammerdame, f. dame d'atour.
Kammerdiener, m. 1, valet de chambre.
Kämmerei, f. chambre, officiers de la chambre, m. pl.; municipalité d'une ville, f.; bureau de la chambre, m. recette, f.; revenus d'une communauté, m. pl.
Kämmerer, m. 1, trésorier; ber päpftliche —, camérier.
Kammerfrau, f. femme de chambre. [ces, f. pl.
Kammergefälle, n. pl. 2, finan-
Kammergericht, n. 2, chambre de justice, f.; das Kaiferliche —, chambre impériale.
Kammergut, n. 5*, domaine, m.
Kammerherr, m. 3, chambellan.
Kammerich, Cambrai (ville).
Kammerjungfer, f. fille de chambre, soubrette, suivante.
Kammerjunker, m. 1, gentilhomme de la chambre.
Kämmerling, m. 2, camérier.
Kammermädchen, n. 1, v. Kammerjungfer.
Kammerpräfibent, m. 3, président de la chambre; ol. président à mortier d'un parlement.
Kammerrath, m. 2*, conseiller de la chambre.
Kammerftuhl, m. 2*, chaise percée, f. [chambre.
Kammertopf, masc. 2*, pot de Kammertrauer, f. petit deuil, m.
Kammertuch, n. 5*, toile de Cambrai, f. cambrai, m. batiste, f.
Kammerverwalter, m. 1, intendant, directeur des finances.
Kammfutter, n. 1, trousse à peignes, f. [gnes, m.
Kämmfutteral, n. 2, étui à pei-
Kammhebel, m. 1, carette, f.
Kammmufchel, f. pectinite.
Kammrad, n. 5*, roue à dents, f.
Kammftrich, m. 2, coup de peigne.
Kauftück, n. 2, collet de bœuf, m.
Kammwolle, f. étaim, m.

**Kämpe**, m. 3, vi. combattant, guerrier, champion.

**Kampf**, m. 2*, lutte, f. combat, m. bataille, f.; joute; — auf Le=ben und Tod, combat à outrance, m.

**Kämpfen**, v. n. (h.) lutter, se battre; combattre; Jouter; mit dem Tode —, être à l'agonie.

**Kämpfer**, m. 1, lutteur; com-battant; champion; jouteur; (ant. r.) gladiateur; (arch.) imposte, f.; ein furchtbarer —, fm. un ru-de jouteur. [combat.

**Kampfhahn**, m. 2*, coq dressé au

**Kampfplatz**, m. 2*, arène, f. lice; champ de bataille, m.

**Kampfrichter**, m. 1, juge de camp.

**Kampfschule**, f. (ant.) école gym-nique, palestre, gymnase, m.

**Kampfspiel**, n. 2, jeu gymnique, m. [trique, m.

**Kampfübung**, f. exercice pales-

**Kampher**, m. 1, camphre; mit — vermischt, camphré.

**Kampherbaum**, m. 2*, camphrier.

**Kampherkraut**, n. 5*, camphrée, f.

**Kaninchen**, n. 1, lapin, m.; ein junges —, un lapereau; —weib=chen, lapine, f.; das schlechte —, le lapin de clapier, clapier.

**Kaninchenbau**, m. 2, terrier de lapin. [f.

**Kaninchengehäge**, n. 1, garenne,

**Kaninchenhaus**, n. 5*, clapier, m.

**Kaninchenhöhle**, f. halot, m.

**Kaninchenwärter**, m. 1, garennier.

**Kanker**, m. 1, toile d'araignée, f.

**Kännchen**, m. 1, cannette, f.

**Kanne**, f. pot, m.; pinte, f.

**Kannenbürste**, f. goupillon, m.

**Kannengießer**, m. 1, potier d'é-tain; fg. fm. politique.

**Kannengießern**, v. n. (h.) fm. po-litiquer.

**Kannenkraut**, n. 5*, prêle, f.

**Kanon**, m. exc. 1, canon.

**Kanone**, f. canon, m. pièce de canon, f. bouche à feu.

**Kanonenboot**, n. 2, chaloupe ca-nonnière, f.

**Kanonenbürste**, f. écouvillon, m.

**Kanonendonner**, m. 1, bruit du canon. [non, m. cannonade, f.

**Kanonenfeuer**, n. 1, feu du ca-

**Kanonengut**, n. 5*, fonte verte, f. bronze à canons, m.

**Kanonenkeller**, m. 1, casemate, f.

**Kanonenkugel**, f. boulet de ca-non, m.

**Kanonenschlag**, m. 2*, (artif.) fusée de bombe, f. marron, m.

**Kanonenschuß**, m. 2*, coup de canon.

**Kanonenweite**, f. portée de canon.

**Kanonikat**, n. 2, canonicat, m. prébende, f. bénéfice, m.

**Kanonicus**, m. indécl. chanoine.

**Kanonier**, m. 1, canonnier, ar-tilleur.

**Kanoniren**, v. a. canonner; —, s. n. 1, canonnade, f.

**Kanonisch**, adj. canonique.

**Kanonisiren**, v. a. canoniser; —, s. n. 1, canonisation, f.

**Kanonissinn**, f. chanoinesse.

**Kante**, f. carne, arête, bord, m. bout; côté; extrémité, f. marge; dentelle; vorstehende —, passepoil, m. die —n an einem Steinabschlagen, écorner une pierre. [nard.

**Kanthacken**, m. 1, grappin, re-

**Kantig**, adj. qui a des bords; qui a des angles; équarri, carré.

**Kantisch**, adj., die —e Philoso-phie, la philosophie de Kant.

**Kanzel**, f. chaire.

**Kanzelberedsamkeit**, f. éloquence de la chaire.

**Kanzeldeckel**, m. 1, abat-voix.

**Kanzlei**, **Kanzley**, f. chancelle-rie; die päpstliche —, daterie.

**Kanzleibuchstabe**, m. exc. 2, gros caractère. [tie, f.

**Kanzleigeist**, m. 2, bureaucra-

**Kanzleipapier**, n. 2, petit pa-pier ordinaire, m.

**Kanzleischreiber**, m. 1, **Kanzlist**, 3, secrétaire de la chancellerie.

**Kanzleistyl**, m. 2, style du pa-lais.

**Kanzelrede**, f. sermon, m.

**Kanzelredner**, m. 1, prédicateur, m.

**Kanzler**, m. 1, chancelier.

**Kapaun**, m. 3, chapon.

**Kapaunen**, v. a. chaponner; pop. fg. châtrer. [ne, f.

**Kapaunenstein**, m. 2, alectorien-

**Kapellan**, **Kaplan**, m. 1, chape-lain. [nie, f.

**Kapelle**, f. chapelle; (chim.) id., coupelle; auf der — probiren, coupeller.

**Kapellenasche**, f. claire.

**Kaper**, f. câpre (fruit); v. Kaper.

**Kapernstrauch**, m. 2*, câprier.

**Kapidschi**, m. indécl. (Turq.) capigi; =Bassi, Baschi, capigi-bassi. [calotte, f.

**Käppchen**, n. 1, petit bonnet, m.

**Kappe**, f. bonnet, m.; coiffe, f. calotte des prêtres; chaperon, m.; culotte d'un pistolet, f.; (cout.) mitre; genouillère de la botte; bout (m.), pâton d'un soulier; (arch.) cape, f. chapeau, m. dôme; mit einer — versehen, cha-peronner un mur.

**Kappen**, v. a. couper le câble, le mât: étêter, écimer les arbres; chaponner, châtrer de jeunes coqs; den Falken —, chaperonner l'oi-seau. [calottier.

**Kappenmacher**, m. 1, bonnetier,

**Kappenmantel**, m. 1*, cape, f.

**Kappenmundstück**, n. 2, signette, f. mors à la signette, m.

**Kappfenster**, n. 1, lucarne, f.

**Kappiskohl**, m. 2, chou cabus.

**Kappzaum**, m. 2*, caveçon.

**Kapsel**, f. capsule, boîte, châsse.

**Kapselbarometer**, n. 1, baromètre à réservoir, m.

**Kapselförmig**, adj. capsulaire.

**Kapuze**, f. capuchon, m. capu-ce, f.

**Kapuziner**, m. 1, capucin.

**Kapuzinerblume**, f. capucine.

**Kapuzinergewächs**, n. 2, capuci-nade, f. [juifs).

**Karaït**, m. 3, caraïte (secte de

**Karat**, m. 2, carat (poids).

**Karätig**, adj., 18—, à 18 carats.

**Karausche**, f. corassin, m. (pois-

**Karavane**, f. caravane. (son).

**Karavanenherberge**, f. caravan-sérai, m.

**Karbatsche**, f. fouet, m.; nerf de bœuf; chambrière, f. escourgée.

**Karbatschen**, v. a. fm. fouetter, rosser, battre, étriller.

**Karbunkel**, v. Karfunkel.

**Kardamome**, f. cardamome, m. maniguette, f. [cardasse.

**Kardätsche**, f. (card.) carde, f.

**Kardätschen**, v. a. carder, trous-ser. [dier.

**Kardätschenmacher**, m. 1, car-

**Kardätscher**, m. 1, cardeur.

**Kardendistel**, f. chardon à carder, m. [carboucle.

**Karfunkel**, m. 1, escarboucle, f.

**Karg**, adj. avare; tenace; chi-che, sordide, vilain, ladre; mes-quin.

**Kargen**, v. n. (h.) lésiner, épar-gner; vivre sordidement, chi-chement.

**Kargheit**, f. lésine, chicheté, avarice, ténacité, ladrerie.

**Kärglich**, adj. chiche, mesquin, exigu, menu; v. Karg.

**Karl**, n. pr. m. Charles, dim. Charlot. [f.

**Karnieß**, n. 2, (arch.) corniche,

**Karnießhobel**, m. 1*, bouvet, bouvement. [(pierre).

**Karniol**, m. 2, cornaline, f.

**Kärnthen**, Carinthie, f. (pays).

**Kärnther**, m. 1, Carinthien.

**Karpfen**, m. 1, carpe, f. (pois-son); tin junger —, un carpeau, m.

**Karpfenbrut**, f. carpillons, m. pl.

**Karpfenbütte**, f. caquète.

**Karpfenschnauze**, f. lèvres (pl.), mufle (m.) de carpe.

**Karpfenteich**, m. 2, étang, réser-voir aux carpes.

**Karreit**, n. 2, charrette, f.; tom-bereau, m.; brouette, f.; (impr.) coffre, m.; den — in den Koth füh=

ren, *fg. fm.* embourber, embrouiller qch.; ein — voll, une charretée.

Karren, *v. a.* charrier, brouetter.

Karrengabel, *f.* brancard, *m.* limons, *pl.* [charrette, bouleux.

Karrengaul, *m.* 2*, cheval de

Karrengestell, *n.* 2, chartil, *m.* charti, train de charrette.

Karrensalbe, *f.* vieux-oing, *m.*

Karrenschieber, *m.* 1, brouettier.

Karrenstraße, *f.* =schub, *m.* 2*, travaux forcés, *pl.*; brouette, *f.* carrières, *pl.* galères.

Karrentuch, *n.* 5*, bache, *f.*

Kärrner, *m.* 1, charretier, voiturier. [hoyau, *m.*

Karst, *m.* 2*, houe, *f.* pioche,

Karsten, *v. a.* houer.

Kartätsche, *f.* cartouche à mitraille; mitraille; mit —n be=, erschießen; mitrailler, tirer à mitraille.

Kartätschenbüchse, *f.* lanterne à mitraille, à gargousse. [lade, *f.*

Kartätschenfeuer, *n.* 1, mitrail-

Kartätschenkasten, *m.* 1*, gardefeux. [canon, *f.*

Kartätschenzieher, *m.* 1, cuiller à

Karte, *f.* carte; jeu, *m.*; —n die auf der Rückseite bunt sind, des cartes tarotées; die höchsten —n, honneurs, *m.pl.*; die —n mischen, battre, mêler les cartes; —n geben, faire les cartes; ich habe gute —n bekommen; il m'est venu beau jeu; einem in die — sehen, *fg.* découvrir les desseins de qn.

Kartel, *n.* 2, cartel, *m.* défi.

Karten, *v. n.* (h.) jouer aux cartes; —, *v. a. fg.* concerter, arranger.

Kartenblatt, *n.* 5*, carte, *f.*

Kartendistel, *f.* chardon, *m.*; mit —n auffrotzen, chardonner; = topf, *m.* 2, (drap.) camion.

Kartengeben, *n.* 1, donne, *f.*

Kartengeld, *n.* 5*, misc, *f.* cartes, *pl.* [cartes, *m.*

Kartenhaus, *n.* 5*, château de

Kartenfünfte, *f. pl.* tours de cartes, *m. pl.*

Kartenmacher, *m.* 1, cartier.

Kartenmännchen, *n.* 1, pantin, *m.*

Kartenpapier, *n.* 2, carton fin, *m.*

Kartenschlagen, *n.* 1, cartomancie, [*m.* cartes, *f. pl.*

Kartenspiel, *n.* 2, jeu de cartes,

Kartenspieler, *m.* 1, joueur aux cartes.

Karthaune, *f.* gros canon, *m.*

Karthause, *f.* Karthäuserkloster, *n.* 1*, chartreuse, *f.*

Karthäuser, *m.* 1, chartreux.

Kartoffel, *f.* pomme de terre, patate.

Käse, *m.* 1, fromage; der frische

—, jonchée, *f.* fromage à la crême, *m.*; löcherichte —, fromage œillé; — (Boden) einer Artischoke, cul d'artichaut; —, (jard.) motte, *f.*

Käsebaum, *m.* 2*, bonda, bonde.

Käseform, *f.* =napf, *m.* 2*, chaseret, chaserette, *f.*

Käsehaus, *n.* 5*, fromagerie, *f.*

Käsehorde, =hürde, *fém.* clisse, clayon, *m.* chaseret.

Käsehütte, *f.* chalet, *m.*

Käsekorb, *m.* 2*, clayon, cage, *f.*

Käsekrämer, *m.* 1, fromager, marchand de fromage. [mage.

Käsekuchen, *m.* 1, gâteau au fro-

Käselaben, *m.* 1*, *v.* Käsehaus.

Käsemade, *f.* ver de fromage, *m.*

Käsemilbe, *f.* mite de fromage.

Käsen, *v. n.* (f.) se cailler (*lait*); —, *v. a.* faire du fromage.

Käsenapf, *m.* 2*, fromager, *f.*

Käserinde, *f.* croûte de fromage.

Käsestift, *m.* 2, chèvre, *f.*

Käsicht, Käsig, *adj.* fromageux, caséeux, caseux.

Kaspar, *n. pr. m.* Gaspard.

Kastanie, *f.* châtaigne; die große —, marron, *m.*; die wilde —, marron d'Inde.

Kastanienbaum, *m.* 2*, châtaignier; der — der große Kastanien trägt, marronnier; wilde —, marronnier d'Inde.

Kastanienbraun, *adj.* châtain, bai, brun. [raie, *f.*

Kastanienwald, *m.* 5*, châtaigne-

Kästchen, *n.* 1, petite caisse, *f.* cassette, boîte; coffret, *m.*; buffet; das — zu Putzsachen, chiffonnière, *f.*

Kaste, *f.* caste; *prvcl.* grenier, *m.*

Kasteien, *v. a.* macérer, mortifier.

Kasteiung, *f.* macération, mortification de la chair.

Kasten, *m.* 1*, caisse, *f.* coffre, *m.* armoire, *f.*; buffet, *m.*; (impr.) casse, *f.*; — für Zierathen, halbe —, casseau, *m.*; —, (orf.) châton; tronc des pauvres; (org.) buffet; (sell.) bateau; in — sehen, (jard.) emmannequiner.

Kastenfarren, *m.* 1, tombereau, civière, *f.* [*m.*

Kastenkunst, *f.*, (hydr.) chapelet,

Kastenmacher, *m.* 1, layetier, coffretier, bahutier.

Kastenmeister, *m.* 1, receveur des biens de l'Église, maître des greniers. [seau.

Kastenrand, *m.* 5*, (joaill.) bi-

Kastenstampf, *m.* 2, (joaill.) bou-terolle, *f.* [couvent.

Kastenvogt, *m.* 2, curateur d'un

Kastrat, *m.* 3, châtré, eunuque.

Kastriren, *v. a.* châtrer.

Katachrese, *f.* catachrèse.

Katechet, *m.* 3, catéchiste.

Katechisiren, *v. a.* catéchiser.

Katechismus, *m. exc.* 1, catéchisme; einen den — lehren, catéchiser qn.

Katechismuslehre, *f.* catéchèse, catéchisme, *m.*

Katechismusschüler, *m.* 1, =inn, *f.*

Katechumene, *m.* 3 et *f.* catéchumène, *m. et f.*

Kategorie, *f.* catégorie.

Kategorisch, *adj.* catégorique.

Kater, *m.* 1, matou, chat mâle, mitis. [therine, *dim.* Catin.

Katharina, Käthe, *n. pr. f.* Ca-

Katharr, *m.* 2, rhume, catarrhe.

Katharralfieber, *n.* 1, fièvre catarrhale, *f.*

Katheder, *m. et n.* 1, chaire, *f.*

Kathedralkirche, *f.* cathédrale.

Katheter, *m.* 1, (chir.) cathéter.

Katholisch, *adj.*, Katholik, *m.* 3, catholique; das —e, die — en Länder, catholicité, *f.*; römisch-, catholique romain.

Katoptrik, *f.* catoptrique.

Kattun, *m.* 2, toile de coton, *f.* toile peinte; der indianische —, indienne, toile de coton des Indes.

Katzbalgen (sich), *fm.* se chamailler.

Katzbalger, *m.* 1, querelleur.

Katzbalgerei, *f.* chamaillis, *m.*

Katzchen, *n.* 1, chaton, *m.* minet, minette, *f.*; (bot.) chaton, *m.* chat.

Katze, *f.* chat, *m.* chatte, *f.*; die langhaarige —, le chat d'Angora, —, (fortif.) cavalier; junge —n werfen, chatter, faire de petits chats.

Katzen, *v. a.*(arch.) abattre, démolir avec des crocs; jouer à l'éteuf. [*f.* (pierre préc.).

Katzenauge, *n. exc.* 1, chatoyante,

Katzenbuckel, *m.* 1, *fm.* dos de chat; — machen, *fg. fm.* faire des courbettes.

Katzenfisch, *m.* 2, chat de mer, poisson cornu. [*m.*

Katzengeschrei, *n.* 2, miaulement,

Katzenglimmer, *m.* 1, mica.

Katzengold, *n.* 2, mica jaune, *m.*; gomme (*f.*) de cerisier, de prunier.

Katzenkopf, *m.* 2*, tête de chat, *f.*; *fg.* niais, *m.*; (artill.) boîte, *f.*

Katzenkraut, *n.* 5*, marum, *m.*

Katzenloch, *n.* 5*, chatière, *f.*

Katzenmusik, *f.* musique enragée.

Katzenpardel, *m.* 2, serval.

Katzenpfote, *f.* patte de chat.

Katzensilber, *n.* 1, mica blanc *ou* argentin, *m.*

Katzensprung, *m.* 2*, saut de chat; *fg.* es ist nur ein —, il n'y a que quelques pas.

Katzenwedel, *m.* 1, queue de chat, *f.* (plante).

Kauber, m. 1, étoupe, f.

Kaudern, v. n. (h.) trafiquer en diverses denrées.

Kauderwälsch, adj. et n. 2, jargon, m. patois; baragouin; — reden, Kauderwälschen, v. n. (b.) baragouiner, jargonner. [neur.

Kauderwälscher, m. 1, baragoui-

Kaue, f. (mar.) gavon, m.

Kauen, Käuen, v. a. mâcher, fm. chiquer; (plait.) gruger; mit Mühe —, mâchonner; Tabak —, prendre du tabac en mâchicatoire;
—, s. n. 1, mastication, f.

Kauern, v. n. (h.) s'accroupir;
—, s. n. 1, accroupissement, m.

Kauf, m. 2*, achat; marché; acquisition, f.; emplette; etw. auf den — geben, donner des arrhes.

Kaufanschlag, m. 2*, prisée, f. évaluation, estimation.

Kaufbrief, m. 2, contrat d'acquisition, contrat de vente.

Kaufbuch, n. 5*, livre des hypothèques, m.; (comm.) journal, livre d'achats; =büchlein, n. 1, carnet, m.

Kaufen, v. a. acheter; acquérir; faire acquisition de qch.; faire une emplette; (cart.) prendre.

Käufer, m. 1, acheteur; acquéreur; chaland; =inn, f. acheteuse.

Kauffahrer, m. 1, capitaine d'un vaisseau marchand; vaisseau marchand.

Kauffahrteiflotte, f. flotte marchande; — mit Geleitsschiffen, convoi, m. [marchand, m.

Kauffahrteischiff, n. 2, vaisseau

Kaufgeld, n. 5, prix d'achat, m.

Kaufhandel, m. 1*, commerce.

Kaufhaus, n. 5*, douane, f.

Kaufherr, m. 3, gros marchand, négociant.

Kauflade, m. 1*, boutique, f.

Kaufleinwand, f. toile marchande.

Käufter, m. 1, revendeur.

Käuflich, adj. vénal, à acheter; — besitzen, posséder à titre d'achat.

Kauflustig, adj. qui a envie d'acheter.

Kaufmann, m. 5 (pl. Kaufleute), marchand, négociant, commerçant; acheteur, chaland; einer der die Messe besucht, un marchand forain.

Kaufmännisch, adj. marchand, de marchand; mercantile.

Kaufmannsbrauch, m. 2*, coutume (f.), usage (m.) ou style de marchand.

Kaufmannsgeschäft, f. commerce, m. corps des marchands, marchands, pl. || commerce, négoce, v. Handel. [marchand ou négociant.

Kaufmannsdiener, m. 1, commis

Kaufmannsgewölbe, n. 1, =laden, m. 1*, magasin, boutique, f.

Kaufmannsgut, n. 5*, marchandise, f.

Kaufmannsinnung, f. corps des marchands, m.

Kaufmannswaare, f. marchandise. [dise.

Kaufplatz, m. 2*, marché; place (f.) ou ville marchande.

Kaufpreis, m. 2, prix d'achat, prix coûtant, prix de vente, marché. [chand.

Kaufrecht, adj. loyal et marchand.

Kaufschilling, m. 2, prix d'achat; arrhes, f. pl.

Kaufweise, adv. par achat.

Kaugebiß, n. 2, mastigadour, m.

Kaulbarsch, =börs, m. 2, petite perche, f. [f. chique.

Kaule, Käulchen, n. 1, boulette,

Kaulkopf, m. 2, chabot (poisson), v. Kaulbarsch.

Kaum, adv. à peine, avec peine; ne ... guère. [chicatoire.

Kaumittel, n. 1, =fieff, m. 2, mâ-

Kautabaf, m. 2, tabac à chiquer, chique, f.

Kaute, f. petite fosse, fossette.

Kauz, m. 2 (dim. Käuzlein, n. 1), hibou; petit chat-huant; fg. fm. der reiche —, richard, pop. milord; schlimme —, la méchante bête; brullig —, le drôle de corps.

Kazife, m. 3, cacique.

Kebsche, f. concubinage, m.

Kebsweib, n. 5, concubine, f. maitresse.

Keck, adj. hardi, téméraire, audacieux, courageux; effronté.

Keckheit, f. hardiesse, témérité, audace; courage, m.; effronterie, f.

Kegel, m. 1, quille, f.; (math.) cône, m.; (impr.) corps de la lettre; (artill.) fronteau de mire; (horl.) fusée, f.; (arq.) cliquet, m.; die — auffetzen, dresser les quilles.

Kegelbahn, f. =platz, m. 2*, quillier. [biné (coquille).

Kegelförmig, adj. conique, turbiné (coquille).

Kegellinie, f. ligne conique.

Kegeln, v. n. (b.) jouer aux quilles.

Kegelschneck, f. rouleau, m. volute, f.; die versteinerte —, turbinite.

Kegelschnitt, m. 2, section conique, f. [laire.

Kehlader, f. (anat.) veine jugulaire.

Kehlbalten, m. 1, entrait.

Kehlbohrer, m. 1, frasoir.

Kehlbräune, f. esquinancie, angine.

Kehlbuchstab, m. exc. 2, lettre gutturale, f.

Kehldeckel, m. 1, épiglotte, f.

Kehldrüse, f. glande jugulaire.

Kehle, f. gorge; gosier, m.; fg. voix, f.; (art.) cannelure.

Kehlen, v. a. canneler.

Kehlhammer, m. 1*, suage.

Kehlhebel, m. 1*, grain d'orge, bouvet; bouvement, gorget, mouchette, f. [rue fraiche, f.

Kehling, m. 2, cabillaud, molu.

Kehllaut, m. 2, son guttural.

Kehlleiste, f. talon, m.

Kehlpulsader, f. artère gutturale.

Kehlpunkt, m. 2, (fortif.) point de gorge, polygone intérieur.

Kehlriemen, m. 1, sougorge, f.

Kehlrinne, f. cornière.

Kehlsparren, m. 1, noulet.

Kehlstoß, m. 2*, (men.) feuilleret, talon.

Kehlsucht, f. esquinancie; gourme; étranguillon des chevaux, m.

Kehlzeug, n. 2, (men.) bouvement, m.

Kehlziegel, m. 1, noue, f.

Kehr, f. tour, m.; die — nehmen, tourner, faire le tour.

Kehraus, m. indécl. dernière danse, f.

Kehrbesen, m. 1, balai, houssoir.

Kehrbürste, f. brosse, vergettes, pl.

Kehren, v. a. tourner; etw. zum Besten —, donner un bon tour à qch.; sich an etw. —, se soucier de qch.; —, (f.) v. Zurückkehren || v. a. balayer; vergeter, brosser, épousseter, nettoyer; décrotter; den Schornstein —, ramoner la cheminée. [ordures.

Kehricht, n. 2, balayures, f. pl.

Kehrichtwinkel, m. 1, décharge, f.

Kehrseite, f. dos, m. revers; — eines Blattes, verso; —, fg. côté opposé; point de vue moins favorable.

Kehrweib, n. 5, balayeuse, f.

Kehrwisch, m. 2, houssoir; époussette, f.; plumail, m. (boul.) écouillon.

Kehrzehent, m. 3, (féod.) champart; —berr, m. 3, champarteur.

Keichen, v. n. (b.) haleter, souffler; être asthmatique; (vét.) pousser, être poussif; —, s. n. 1, difficulté de respirer, f.; haleine courte; (vét.) pousse; (fauc.) pantoiement, m.

Keichend, adj. asthmatique, haletant; (des chevaux) poussif.

Keichhusten, m. 1, coqueluche, f.

Keifen, v. n. (b.) gronder, quereller; bas, se harpailler; —, s. n. 1, gronderie, f. criaillerie.

Keifer, m. 1, clabaudeur.

Keil, m. 2, coin; ébuard; guide de rabot; (arch.) clef, f.; — zum Stiefelpfled, clef de forme.

Keilen, v. a. cogner; affermir, fendre avec un coin.

Keiler, *m.* 1, sanglier mâle.
Keilförmig, *adj.* cunéiforme.
Keilhacke, =haue, *f.* pioche.
Keilrolle, *f.* cognet de tabac, *m.*
Keilschrift, *f.* caractères cunéiformes, *m. pl.*
Keilspitz, *m.* 2, trace, *f.*
Keilstück, *n.* 2, pièce de canon que l'on charge par la culasse, *f.*
Keiltreiber, *m.* 1, (*impr.*) cognoir.
Keim, *m.* 2, germe, embryon; plumule, *f.;* pointe *des herbes; fg.* germe, *m.*
Keimen, *v. n.* (h.) germer, pousser un germe; poindre; —, *s. n.* 1, germination, *f.*
Keimmonat, *m.* 2, germinal.
Kein, keiner, keine, keines, *pron.* aucun, nul, pas un; point; personne; keines von beiden, ni l'un ni l'autre.                [nul.
Keinerlei, *adj.* indécl. aucun, Keinerseits, *adv.* de personne, par personne; d'aucun côté.
Keineswegs, *adv.* aucunement, nullement; en aucune façon.
Keinmal, *adv.* jamais, pas une fois.        [calotte *d'un gland, f.*
Kelch, *m.* 2, coupe, *f.* calice, *m.;*
Kelchdeckel, *m.* 1, pale, *f.* patène.
Kelchfutter, *n.* 1, étui de calice, *m.*        [*m.* coupe, *f.;* gobelet,
Kelchglas, *n.* 5*, verre à patte,
Kelchnarbe, *f.* (bot.) nombril, *m.*
Kelle, *f.* cuiller à pot; (maç.) truelle, fiche.
Keller, *m.* 1, cave, *f.;* cellier, *m.;* caveau; in den — thun, encaver.
Kellerer, Kellner, *m.* 1, =inn, *f.* sommelier, *m.* -ère, *f.;* (*dans un couvent*) cellerier, *m.* -ère, *f.*
Kellerei, *f.* cave, cellier, *m.;* échansonnerie, *f.; v.* Kellnerei.
Kellerfenster, *n.* 1, abat-jour, *f.*
Kellergeschoß, *n.* 2, étage souterrain, *m.*
Kellerhals, *m.* 2*, échappée, *f.*
Kellerladen, *m.* 1*, volet de cave.
Kellerlager, *n.* 1, chantier, *m.*
Kellerleiter, *f.* poulain, *m.*
Kellerloch, *n.* 5*, soupirail, *m.* abat-jour.
Kellermeister, *v.* Kellner.
Kellerwurm, *m.* 5*, cloporte, *f.*
Kellerzins, *m.* 2, loyer de cave.
Kellner, *m.* 1, sommelier; (*dans un couvent*) cellerier.
Kellnerei, *f.* sommellerie.
Kelter, *f.* pressoir, *m.;* die — treten, fouler une cuve de raisins; eine.— voll, un marc de raisins.        [2, pressureur.
Kelterer, *m.* 1, Kelterknecht, *m.*
Kelterhaus, *n.* 5*, pressoir, *m.*
Kelterkasten, *m.* 1*, coffre du pressoir.

Kelterlohn, *m.* 2, prix du pressurage.
Keltern, *v. a.* pressurer, presser des raisins, fouler la vendange.
Kelterschraube, *f.* vis, clef du pressoir.
Kennbar, *adj.* reconnaissable, marqué; distinct; — machen, désigner, marquer; sich — machen, se caractériser.
Kennbarkeit, Kenntlichkeit, *f.* qualité à laquelle on reconnaît qch.
*Kennen, *v. a.* connaître; reconnaître, distinguer; savoir; entendre; sich selbst — lernen, s'étudier soi-même; nicht —, ignorer.
Kenner, *m.* 1, =inn, *f.* connaisseur, *m.* -se, *f.;* er ist ein — der Malerei, il se connaît en tableaux; tr ist ein guter —, il est bon juge.
Kenntlich, *v.* Kennbar.
Kenntniß, *f.* connaissance ; intelligence; science, savoir, *m.;* selbst erworbene —e, *pl.* de l'acquis, *m.*
Kennung, *f.,* die — haben, (man.) marquer; die — nicht mehr haben, ne plus marquer, démarquer.
Kennzeichen, *n.* 1, marque, *f.* signe, *m.;* indice; caractère; marque (*f.*), qualité distinctive; attribut, *m.;* (*did.*) criterium [m.* enseigne, *f.*        [ristique.
Kennzug, *m.* 2*, trait caractéKerbe, *f.* coche; entaille, entaillure; hoche; (mon.) crénelage, *m.;* (*fond. de car.*) signature, *f.* cran, *m.*        [feuil, *m.*
Kerbel, *m.* 1, die — mit n. 5*, cerKerben, *v. a.* entailler; faire un cran, etc.; couper menu le tabac, etc.; créneler une monnaie, etc.; gekerbte Blätter, n. *pl.* (bot.) des feuilles laciniées, *f. pl.*
Kerbholz, *n.* 5*, =stock, *m.* 2*, taille, *f.;* auf das — schneiden; marquer sur la taille; etw. auf aufs —, (*boire*) à crédit.        [m.
Kerbmesser, *n.* 1, couteau à hacher,
Kerker, *m.* 1, prison, *f.* cachot, *m.*
Kerkermeister, *m.* 1, =inn, *f.* geôlier, *m.* -ère, *f.;* concierge, *m.* et *f.*        [gerie, *f.*
Kerkermeisteramt, *n.* 5*, concierKerkermeistergebühr, *f.* geôlage, *m.*
Kerl, *m.* 2, pop. homme; garçon, valet, domestique; mépr. coquin; ein braver —, un bon garçon, bon drille; ein flinker, lustiger —, grivois; ein verächtlicher —, faquin; der flinke kurzbeinige —, basset.        [chenille, *f.*
Kermes, *m.* indécl. kermés, coKermesbaum, *m.* 2*, cochenillier.
Kermesbeere, *f.* graine de kermés, de cochenille.
Kern, *m.* 2, noyau; amande, *f.;* pepin *d'un fruit, m.;* graine, *f.;*

poitrine *de bœuf;* cœur (*m.*), milieu *du bois;* tampon *de flûte;* noyau de forme *d'un canon, etc.; fg.* élite, *f.;* moelle, fleur, substance.
Kernbeißer, *m.* 1, gros-bec.
Kernbranntwein, *m.* 2, eau de noyaux, *f.*        [grains; écaler.
Kernen, *v. a.* grener; réduire en Kernfrucht, *f.*, fruit à pepins, *m.*
Kerngehäuse, *n.* 1, trognon, *m.*
Kernhaft, *adj.* dur, ayant corps; fort, ferme, robuste ; *fg.* énergique; nourri, moelleux.
Kernholz, *n.* 5*, cœur *d'un arbre, m.*        [pepins, à des noyaux.
Kernicht, *adj.* qui ressemble à des Kernig, *adj.* plein de noyaux, de pepins; *fg.* ferme, fort.
Kernleder, *n.* 1, cuir de la meilleure qualité, *m.*
Kernmehl, *n.* 2, fleur de farine, *f.*
Kernobst, *n.* 2, fruit à pepins, *m.*
Kernrecht, *adj.* de niveau; eine —e Kanone, un canon foré juste.
Kernschuß, *m.* 2*, coup de but en blanc.        [f.
Kernspruch, *m.* 2*, sentence d'or,
Kerze, *f.* cierge, *m.* chandelle, *f.*
Kerzengerade, *adj.* droit comme un jonc; perpendiculaire.
Kerzengießer, =macher, =zieher, =händler, =krämer, *m.* 1, ciergier; chandelier.
Kerzenstiel, *m.* 2, souche, *f.*
Kerzenträger, *m.* 1, porte-cierge.
Kessel, *m.* 1, chaudière, *f.* chaudron, *m.;* marmite, *f.;* bassine; (*cir.*) perreau, *m.;* rapuroir *des salpêtriers; (monn.)* bouilloir; (*arch.*) campane, *f.;* (*artill.*) âme *d'une pièce;* bassin *d'une fontaine, m.;* (*géogr.*) gouffre *d'une rivière;* bassin, vallée encaissée, *f.;* ein — voll, une chaudronnée.
Kesselbraun, *adj.* couleur de cuivre.
Kesselflicker, *m.* 1, drouineur; chaudronnier au sifflet; =sfad, *m.* 2*, drouine, *f.*
Kesselgewölbe, *n.* 1, coupole, *f.* voûte hémisphérique.
Kesselhaken, *m.* 1, crémaillère, *f.;* ein kleiner —, crémaillon, *m.*
Kesselmacher, *m.* 1, chaudronnier.
Kesselmusik, *f.* charivari, *m.*
Kesselpauke, *f.* timbale.
Keßler, *m.* 1, chaudronnier.
Kesslerware, *f.* chaudronnerie.
Kettchen, *n.* 1, chainette, *f.*
Kette, *f.* chaine; an —n legen, enchainer; — cadène *des galériens; fg.* fers, *m. pl.* captivité, *f.* servitude; suite, enchainement, *m.;* trame, *f.*
Ketten, *v. a.* attacher avec une chaine; enchainer; *fg. id.*

Kettenbaum, *m.* 2*, (*tiss.*) grande ensuple, *f.*

Kettenfeier, *f.*, Petri —, fête de S. Pierre ès liens. [chaine.

Kettenförmig, *adj.* en forme de

Kettenglied, *m.* 5, =ring, *m.* 2, chaînon. [tache, mâtin.

Kettenhund, *m.* 2, chien d'at-

Kettenkugel, *f.* boulet à deux têtes, *m.* boulet ramé, ange.

Kettennaht, *f.*, point de chaînette, *m.* [mailles, *f.*

Kettenpanzer, *m.* 1, cotte de

Kettenrechnung, =regel, *f.* règle conjointe. [tre-deux, *m.*

Kettenruthe, *f.* (*tiss.*) bâton d'en-

Kettenschluß, *m.* 2*, (*log.*) sorite.

Kettenstich, *m.* 2, v. Kettennaht.

Kettenstraße, *f.* chaine, fers, *m.pl.*

Kettenzug, *m.* 2*, guillochis; =zügt, *pl.* (*call.*) entrelacs.

Ketzer, *m.* 1, hérétique.

Ketzerei, *f.* hérésie, hétérodoxie; héréticité.

Ketzergericht, *n.* 2, inquisition, *f.* saint office, *m.*; auto-da-fé.

Ketzerhaupt, *n.* 5*, hérésiarque, *m.*

Ketzerisch, *adj.* hérétique; —e, *s. n.* 1, héréticité, *f.* [siteur.

Ketzermeister, *m.* 1, grand inquisiteur.

Ketzerrichter, *m.* 1, inquisiteur.

Keuchen, v. Keichen.

Keule, *f.* massue; masse (*arme*); pilon *de mortier, m.*; cuisse *d'un animal, f.*; cuissot, *m.* gigot *de mouton*; trumeau *de bœuf.*

Keulenförmig, *adj.* en forme de massue.

Keusch, *adj.* chaste, pudique.

Keuschheit, *f.* chasteté; pudicité; continence; pureté *de cœur.*

Keuter, *m.* 1, pigeon mâle.

Kibit, *m.* 2, vanneau (*oiseau*).

Kichererbse, *f.* pois chiche, *m.*

Kichern, v. n. (h.) rire sous cape.

Kids, *m.* 2, faute, *f.* faux coup, *m.*

Kiefe, Kiefer, *f.* v. Kieme; Kiefer, *m.* 1 ou *f.* mâchoire, *f.*; (*anat.*) mandibule.

Kiefer, *f.* pinastre, *m.*; pin sauvage.

Kiefe, *f.* chaufferette, couvet, *m.*

Kiel, *m.* 2, canon, tuyau *de plume*; bout d'aile; plumasseau; quille (*f.*), carène *d'un vaisseau.*

Kielen, v. n. (h.) s'emplumer (*oiseau*); — v. a. empenner *un clavecin*; (*arch., nav.*) munir d'une quille.

Kielfuge, *f.* râblure.

Kielholen, v. a. mettre en carène, caréner *un vaisseau*; donner la cale à *un matelot*; —, *s. n.* 1, cale, *f.*

Kielrecht, *n.* 2, droit de quillage, *m.*

---

Kielschwein, *n.* 2, (*mar.*) carlingue, *f.* contre-quille.

Kielstoß, *m.* 2*, culée, *f.*

Kielwasser, *n.* 1, sillage (*m.*), houage, lague (*f.*) *d'un vaisseau.*

Kieme, *f.*, —n, *pl.* onies (*f. pl.*), branchies *des poissons.*

Kien, *m.* 2, =holt, *n.* 5*, bois résineux, *m.*

Kienbaum, *m.* 2*, v. Kiefer, *f.*

Kienfackel, *f.* torche de pin.

Kienharz, *n.* 2, résine de pin. *f.*

Kienöl, *n.* 2, huile de pin, *f.*

Kienruß, *m.* 2, noir de fumée.

Kiepe, *f.* hotte, corbeille.

Kies, *m.* 2, gravier; pyrite, *f.*

Kiesartig, *adj.* qui tient du gravier; graveleux.

Kiesel, *m.* 1, =stein, *m.* 2, caillou; (*chim.*) silice, *f.*; mit —n ausgelegt, en caillouttage. [trier.

Kiesen, v. a. ol. choisir; élire;

Kieserde, *f.* terre graveleuse.

Kiesgrube, *f.* mine de pyrite.

Kiesgrund, *m.* 2*, gravier.

Kiesicht, Kiesig, *adj.* graveleux; plein de gravier.

Kieslauge, *f.* eau cémentatoire.

Kiessand, *m.* 2, gravier.

Kieze, *f.* chatte.

Kikeriki, *n. fm.* coquerico, *m.*

Kilo-, kilo-, v. *la Part. franç.*

Kimme, *f.* entaillure, neille.

Kimmweite, *f.*, —n, *pl.* faisses; —n in etw. flechten, faisser qch.

Kind, *n.* 5, enfant, *m.*; (*jur.*) part; — im Mutterleibe, embryon, fœtus, fruit; bas kleine —, *fm.* bambin, poupon.

Kindbett, *n. exc.* 1, couches, *f. pl.* accouchement, *m.*; ins — kommen, accoucher; im — liegen, feyn, être en couche; aus dem —e kommen, relever de couche; zu früh ins — kommen, faire une fausse couche.

Kindbetterinn, *fém.* accouchée, femme en couches.

Kinderblattern, *f. pl.* petite vérole, variole.

Kinderbrei, *m.* 2, bouillie, *f.*

Kinderei, *f.* puérilité, enfantillage, *m.*; absurdité, *f.* ineptie.

Kinderfrau, v. Kinderwärterinn.

Kinderfreund, *m.* 2, ami des enfants.

Kinderhaube, *f.* béguin, *m.*

Kinderklapper, *f.* hochet, *m.* grelot.

Kinderlehre, *f.* catéchisme, *m.*; — halten, faire le catéchisme.

Kinderlehrer, *m.* 1, catéchiste.

Kinderles, *adj.* sans enfants.

Kindermagd, *f.* *, v. Kinderwärterinn.

Kindermährchen, *n.* 1, conte de peau d'âne, *m.* conte bleu, conte de ma mère l'oie.

---

Kindermord, *m.* 2, =mörder, *m.* 1, =mörderinn, *f.* infanticide, *m. et f.* [sivement les enfants.

Kindernarr, *m.* 3, qui aime excessivement les enfants.

Kinderpoffe, v. Kinderei.

Kinderraub, *m.* 2, rapt d'enfants.

Kinderrod, *m.* 2*, jaquette, *f.*

Kinderstreich, *m.* 2, enfantillage, puérilité, *f.*

Kinderwärterinn, *f.* bonne, garde d'enfants.

Kinderzucht, *f.* éducation; discipline des enfants; pédagogie.

Kindesbeine, *n. pl.* 2, von —n an, *fm.* dès le berceau, dès l'enfance.

Kindeskind, *n.* 5, petit-fils, *m.* petite-fille, *f.*; —er, *pl.* fg. descendants, *m. pl.* postérité, *f.*

Kindesnöthe, *pl.* in —n, en travail d'enfant. [tion, *m.*

Kindesrecht, *n.* 2, droit de filia-

Kindesstatt, *f.*, an — annehmen, adopter; die Annahme an —, adoption, *f.*

Kindestheil, *m.* 2, légitime part (*f.*), portion d'un enfant.

Kindheit, *f.* enfance; berceau, *m.*; von — an, dès l'enfance, dès le berceau.

Kindisch, *adj.* enfantin; puéril; jeune, *fm.* musard.

Kindlein, *n.* 1, petit enfant, *m.*; der Tag der unschuldigen —, la fête des Innocents. [naif, ingénu.

Kindlich, *adj.* filial; tendre; *fg.*

Kindschaft, *f.* filiation; droit (*m.*), état de fils, de fille.

Kindsfrau, v. Kinderwärterinn.

Kindskopf, *m.* 2*, *fg.* esprit puéril. [ril.

Kindtaufe, *f.* baptême, *m.*

Kinn, *n.* 2, menton, *m.*; mâchoire, *f.*

Kinnbacken, *m.* 1, =lade, *f.* mâchoire; (*hist. nat.*) mandibule, bajoue; Kinnladen, *pl.* (*man.*) barres; zu den — gehörig, maxillaire.

Kinnband, *n.* 5*, mentonnière, *f.*

Kinnhaken, *m.* 1, touret.

Kinnfette, *f.* gourmette; die — anlegen, gourmer *un cheval.*

Kinntuch, *m.* 5*, bridon *des religieuses, m.* [pavillon.

Kiosk, *m.* 2, (*Turq.*) kiosque,

Kippe, *f.*, auf der — stehen, être sur le point de tomber.

Kippen, v. n. (h.) trébucher; tomber; être renversé; faire la bascule; — v. a., — und wippen, billonner, altérer *ou* rogner *la monnaie*; —, *s. n.* 1, altération, *f.*; — und Wippen, billonnage, *m.*; billonnement.

Kipper und Wipper, *m.* 1, billonneur, rogneur *d'espèces.*

Kipperei, *f.* billonnage, *m.*

Kippkarren, *m.* 1, tombereau trébuchant.

Kirche, f. église, temple, m.

Kirchenagende, f. liturgie, rituel, m.

Kirchenälteste, m. 3, =pfleger, m. 1, ancien; administrateur des biens d'une église, marguillier.

Kirchenamt, n. 5*, ministère ecclésiastique, m. office.

Kirchenbann, m. 2, excommunication, f. anathème, m.; der kleine —, interdit; in den kleinen — thun, interdire; der große —, excommunication majeure, f.; in den — thun, excommunier; der mit dem — Belegte, excommunié, m. [curé, m.

Kirchenbuch, n. 5*, registre du

Kirchenbuße, f. amendehonorable.

Kirchendieb, m. 2, voleur d'église.

Kirchendiebstahl, m. 2*, sacrilége.

Kirchendiener, m. 1, ministre de l'église.

Kirchendienst, m. 2, service divin.

Kirchenfahne, f. bannière, gonfalon, m.; —nträger, m. 1, gonfalonier. [m. pl.

Kirchenfenster, n. pl. vitraux,

Kirchenfest, n. 2, fête commandée par l'Église, f.

Kirchenfreiheit, f. franchise, immunité d'église; liberté de l'église.

Kirchenfrevel, m. 1, v. Kirchendiebstahl.

Kirchenfriede, m. exc. 2, paix de l'église, f.; accord des membres d'une église, m.

Kirchengänger, m. 1, ein fleißiger —, fm. un pilier d'église.

Kirchengebet, n. 2, prière de l'église, f.

Kirchengebrauch, m. 2, rit ou rite, cérémonies de l'église, f. pl.

Kirchengemeinschaft, f. communion ecclésiastique.

Kirchengeräth, n. 2, ornements, m. pl. vases sacrés d'une église, chapelle, f.

Kirchengesang, n. 2*, =lied, n. 5, chant de l'église, m. plain-chant; cantique.

Kirchengeschenk, n. 2, don fait à une église, m. legs pieux.

Kirchengeschichte, f. histoire ecclésiastique, histoire de l'église.

Kirchengesetz, n. 2, loi de l'église, f. canon, m. [glise.

Kirchengewalt, f. pouvoir de l'é-

Kirchengut, n. 5*, bien ecclésiastique, m. bien de l'église.

Kirchenjahr, n. 2, année ecclésiastique, f.

Kirchenkalender, m. 1, almanach d'église, bref, fm. guide-âne.

Kirchenlehrer, m. 1, docteur de l'église, père de l'église.

Kirchenlied, n. 5, cantique, m. hymne, f.

Kirchenordnung, f. discipline; liturgie, rituel, m.

Kirchenpatron, masc. 2, patron d'une église.

Kirchenrath, m. 2*, consistoire; conseiller ecclésiastique; (cath.) concile. [stahl, 2c.

Kirchenraub, 2c., v. Kirchendieb=

Kirchenrecht, n. 2, droit canon, m.; droit ecclésiastique; der Lehrer, Kenner des —s, canoniste.

Kirchenregiment, n. 2, gouvernement ecclésiastique, m. hiérarchie, f.

Kirchensänger, m. 1, chantre.

Kirchensatzung, f. canon, m. décret, règlement de l'église.

Kirchenschatz, m. 2*, trésor de l'église.

Kirchenschmuck, m. 2, ornements, pl. parements d'une église.

Kirchenspaltung, f. schisme, m.

Kirchenstaat, m. exc. 1, état ecclésiastique.

Kirchensteuer, f. collecte.

Kirchenstock, m. 2*, tronc d'église. [siastique.

Kirchenstrafe, f. censure ecclé-

Kirchenstuhl, m. 2*, place (f.), chaise, loge, banc (m.) dans l'église, parquet des ministres; œuvre des marguilliers, f.

Kirchenvater, m. 1*, père, père de l'église.

Kirchenverbesserung, f. réformation.

Kirchenversammlung, f. concile, m.; synode d'une province; die unrechtmäßige —, conciliabule.

Kirchenvisitation, f. visite.

Kirchenvogt, m. 2, bédeau d'une église.

Kirchenvorstand, m. 2*, (coll.) marguilliers, pl.; anciens; conseil presbytéral.

Kirchenvorsteher, v. Kirchenälteste.

Kirchenvorsteheramt, n. 5*, marguillerie, f. [siastique.

Kirchenzucht, f. discipline ecclé-

Kirchfahrt, f. procession, paroisse.

Kirchgang, m. 2*, chemin pour aller à l'église; — der Wöchnerinnen, relevailles, f. pl.

Kirchhof, m. 2*, cimetière.

Kirchlich, adj. de l'église, ecclésiastique.

Kirchmesse, f. fête du saint de la paroisse; anniversaire de la dédicace d'une église, m.; fête du village, f. kermesse.

Kirchner, m. 1, sacristain.

Kirchspiel, n. 2, paroisse, f.; coll. paroissiens, m. pl.

Kirchsprengel, m. 1, diocèse; zum — gehörig, diocésain.

Kirchthurm, m. 2*, clocher; — spitze, f. flèche, aiguille du clocher.

Kirchweihe, f. dédicace, fête d'église.

Kireh, m. 2, manteau fourré.

Kirmse, v. Kirchmesse. [souple.

Kirre, adj. privé, apprivoisé;

Kirren, v. a. apprivoiser; appâter; —, v. n. (h.) craquer, crier, faire du bruit (porte, scie, roue); —, s. n. 1, bruit, m. craquement.

Kirschbaum, m. 2*, cerisier.

Kirschbranntwein, m. 2, eau-de-vie (f.), ratafia (m.) de cerises.

Kirsche, f. cerise.

Kirschfink, m. 3, gros-bec.

Kirschgarten, m. 1*, cerisaie, f.

Kirschkern, m. 2, noyau de cerise.

Kirschkuchen, m. 1, gâteau de cerises. [rise.

Kirschlorbeer, m. 2, laurier-ce-

Kirschpflaume, f. prune cerisette.

Kirschstiel, m. 2, queue de cerise, f. [f.; kirsch-wasser, m.

Kirschwasser, n. 1, eau de cerises,

Kirsey, m. 2, (étoffe) créseau, carisel. [Kislar-aga (titre).

Kislar-Aga, m. indécl. (Turq.)

Kissen, n. 1, coussin, m. carreau; das kleine —, coussinet.

Kissenzieche, f. taie, tôt d'oreiller, m. housse, f.

Kistchen, n. 1, cassette, f. layette, cassetin, m. caisson.

Kiste, f. caisse; coffre, m. bahut.

Kistenmacher, m. 1, coffretier, bahutier, layetier. [vaisseau.

Kits, m. 2, quaiche, f. (petit

Kitt, m. 2, ciment; mastic; futée, f.; (chim.) lut, m.; den — von etw. abnehmen, démastiquer qch. [rau, m. jupe, f.

Kittel, m. 1, souquenille, f. sar-

Kitten, v. a. cimenter, mastiquer.

Kittmacher, =schläger, m. 1, cimentier.

Kipel, m. 1, chatouillement; démangeaison, f.; titillation; fg. envie, désir, m. fm. démangeaison, f.

Kipelig, Kiplig, adj. chatouilleux; fg. id., épineux; délicat, difficile. [piquer.

Kipeln, v. a. chatouiller; fg. id., Klobbe, f. (comm.) brouillon, m.

Klaffen, v. n. (h.) s'entr'ouvrir, bâiller; crever || v. Kläffen.

Kläffen, v. n. (h.) clapir, clabauder; japper; —, s. n. 1, glapissement, m.

Klaffend, adj. entr'ouvert, béant.

Kläffer, m. 1, clabaud, aboyeur.

Klafter, f. ou n. 1, brasse, f. toise; corde de bois; in — setzen, toiser, corder, mouler du bois.

Klaftern, v. a. entoiser.

Klafterschnur, f. *, ficelle d'emballage.

Klagbar, adj. accusable.

Klage, f. plainte, lamentation; (jur.) accusation; action, demande; poursuite; instance; (poés.) ol. lai, m. complainte, f.; —n, fm. doléances, f. pl.   [que.

Klagedichter, m. 1, poëte élégia-

Klagefall, m. 2*, accusatif.

Klagefrau, f. pleureuse.

Klagelied, n. 5, chant (m.), air lugubre; élégie, f. complaintes, pl.; —er, pl. lamentations de Jérémie; (ant. r.) nénies; m. p. jérémiades.

Klagen, v. n. (h.) se plaindre; se lamenter (über, de); laut, heftig —, fm. jeter les hauts cris; recourir à la justice; intenter une action, un procès à qn., accuser qn.; das Recht zu —, (jur.) action, f.   [complaignant.

Klagend, adj. (jur.) plaignant,

Klagenswerth, =würdig, adj. déplorable, pitoyable, lamentable.

Klagepunkt, m. 2, chef d'accusation.

Kläger, m. 1, =inn, f. demandeur, m. -eresse, f.; plaignant, m. -e, f.; accusateur, m. -trice, f.; partie civile.

Klageschrift, f. plaidoyer, m.; plainte, f. demande judiciaire.

Klagesüchtig, adj. plaintif; chagrin.

Klageton, m. 2*, ton plaintif.

Klaggedicht, n. 2, v. Klagelied.

Klaggeschrei, n. 2, lamentation, f.; cris lamentables, plaintifs, m. pl.

Kläglich, adj. lamentable; déplorable, pitoyable, funeste, tragique; plaintif; lugubre; (plais.)

Klaglied, v. Klagelied.   [dolent.

Klamm, adj. fm. étroit, rare.

Klammer, f. crampon, m.; crochet; agrafe, f.; bande de fer; (maç.) ancre; fenton dans les cheminées, m.; (impr.) parenthèse, f.; crochet, m.; (blanch.) fichoir; mit —n befestigen, v. Klammern.

Klammerhafen, m. 1, bride, f.

Klammern, v. a. cramponner; joindre; lier, agrafer; moiser.

Klammgäßig, adj. (min.) dur,

Klampe, f. v. Krampe.   [fort.

Klan, m. 2, clan, tribu (f.) de montagnards écossais.

Klang, m. 2*, son, ton; résonnement; tintement.

Klappe, f. soupape; clapet m., chappe aux gants, f.; trappe, volet (m.) d'un colombier; (mus.) languette (f.), cuivrette de flûte; crécelle; (taill.) rebord, m.; (anat.) valvule, f.; (men.) abattant, m.

Klappen, Klappern, v. n. (h.)

claquer, cliqueter, craquer; sonner la crécelle; locher (fer de cheval); vor Kälte mit den Zähnen —, grelotter; nicht —, fg. ne pas bien rimer, manquer d'harmonie (vers); blesser les oreilles, aller mal ensemble; —, s. n. 1, claquement, m.; cliquetis.

Klapper, f. cliquette, claquet, m. hochet d'enfant; castagnette, f.; (ant.) crotale, m.

Klapperjagd, f. chasse à claquet.

Klappermühle, f. moulinet, m.

Klapperrose, f. coquelicot, m. pavot rouge.

Klapperschlange, f. serpent à sonnettes, m.

Klapperstein, m. 2, géode, f.

Klappbandschuh, m. 2, mitaine, f.

Klapphut, m. 2*, chapeau à rebord, fm. claque, f.

Klappmüße, f. calotte.

Klapprohr, n. exc. 1, cheval oreillard, m.   [coup, m.

Klapps, m. 2, claque, f. tape,

Klappsen, v. n. (h.) claquer; —, v. a. tapoter, taper.

Klapptisch, m. 2, table pliante, f.

Klar, adj. clair; pur; limpide (eau); serein (ciel); luisant; net (voix); fg. clair, net, explicite; évident, intelligible, pur; (jur.) liquide; mit —en Worten, explicitement, nettement.

Kläre, f. (chim.) claire.

Klären, v. a. clarifier, coller le vin; sich —, s'éclaircir, devenir clair.

Klarheit, f. clarté; pureté; limpidité de l'eau; sérénité; fg. clarté, évidence; gracilité de la voix.

Klarin, m. 2, clairon, m.

Klatsch, m. 2, claque, f. tape.

Klatschbüchse, f. canonnière.

Klatsche, f. fouet, m.; tue-mouche; fg. fm. rapporteuse, f. babillarde.

Klatschen, v. a. et n. (h.) claquer; applaudir; in die Hände —, battre des mains; mit der Peitsche —, faire claquer son fouet; —, fg. fm. rapporter; bavarder; —, s. n. 1, claquement, m. battement des mains; applaudissement.

Klätschen, v. a. claquer; —, s. n. 1, claquement, m.   [teur.

Klatschhaft, adj. bavard, rapporteur; bavard.

Klätscher, f. dits et redits, m. pl.; rapports; babil, jaserie, f. clabaudage, m.

Klatschhaft, adj. bavard, rapporteur.

Klatschrose, v. Klapperrose.

Klauben, v. a. éplucher; débrouiller; trier; an einem Beine —, ronger un os; —, s. n. 1, épluchement, m. triage.

Klauber, m. 1, =inn, f. éplucheur, m. -se, f.; fg. id.

Klaue, f. griffe, serre; ongle, m.; main des oiseaux de proie, f.; mit gespaltenen —en, fissipède; mit den —n packen, empiéter la proie.   [de bœuf, f.

Klauenfett, n. 2, graisse du pied

Klauenhieb, m. 2, coup de griffe, griffade, f.   [blette, f.

Klauenspalt, m. 2, (cha.) com-

Klauenzehnte, m. 3, dîme du bétail, f.   [ermitage, m.

Klause, f. cellule d'un moine;

Klausner, m. 1, ermite, solitaire; reclus.   [à alouettes, m.

Klebegarn, n. 2, nappe, f. filet

Klebekraut, n. 5*, hièble, f. gaillet, m. accrochant, gratteron.

Klebekugel, f. boulet à crocs, m.

Kleben, v. n. (h.) tenir; s'attacher, s'engluer; fg. rester; machen ou —, v. a. coller; faire tenir; —, s. n. 1, adhésion, f.; adhérence, empâtement, m.; fg. attachement.

Kleberich, Kleberig, adj. gluant, tenace; glutineux; visqueux; — machen, empâter, gluer, conglutiner; —machen, s. n. 1, conglutination, f.

Klebpflaster, n. 1, emplâtre, m. emplastique d'Angleterre.

Klebrigkeit, f. viscosité, ténacité.

Kleck, Klecks, m. 2, tache, f. pâté, m.

Klecken, v. n. (h.) souiller, tacher, barbouiller; fg. suffire.

Kleckerei, f. Kleckwerk, n. 2, mépr. barbouillage, m. bousillage.

Klee, m. 1, trèfle; der spanische —, esparcette; f.

Kleeblatt, n. 5*, feuille de trèfle, f.   [ceau.

Kleeblattzug, m. 2*, (sculpt.) ar-

Klei, m. 2, argile, f. terre grasse.

Kleiben, v. a. coller; enduire de terre grasse; mit Lehm und Stroh —, bousiller.

Kleiber, m. 1, bousilleur.

Kleiberarbeit, f. bousillage, m.

Kleiberlehm, masc. 2, torchis, bauge, f.

Kleid, n. 5*, habit, m. vêtement; habillement; robe, f.; in zerrissenen Kleidern einhergehen, être déguenillé.

Kleiden, v. a. habiller, vêtir; fm. affubler; sich —, s'habiller, se vêtir; mettre ses habits; (diese Farbe) kleidet Sie gut, vous sied bien; (diese Haube) kleidet Sie gut, vous coiffe bien; —, couvrir les pauvres; parer un autel.

Kleiderbürste, fém. vergettes, pl. époussettes, brosse.

Kleiderhandel, m. 1, friperie, f.

Kleiderhändler, =tröbler, m. 1, =inn, f. fripier, m. -ère, f.

Rleiberfammer, f. garde-robe.
Rleibermarft, m. 2*, friperie, f.
Rleibermotte, f. teigne.
Rleiberordnung, f. règlement concernant le luxe des habits, m.
Rleiberpracht, f. luxe des habits, m.    [teau.
Rleiderrechen, m. 1, porte-manteau.
Rleiderfchrant, m. 2*, armoire, f.
Rleidertracht, f. maniére de s'habiller; habillement, m.; mode, f.
Rleidung, f. habillement, m.; vêtement; (guer.) uniforme; livrée des domestiques, f.; mit — verfehen, nipper; —, (peint.) draperie.
Rleidungsftüd, n. 2, habit, m. habillement, piéce d'habillement, f.; —t, pl. hardes, nippes.
Rleie, f. son (de farine), m.; recoupe, f.; ungebeutelte —, son gras, m.; reine —, son sec; grobe —, bran de son.
Rleienbrod, n. 2, pain de recoupe, m.    [coupette.
Rleienmehl, n. 2, recoupe, f. re-
Rleienwaffer, n. 1, eau blanche, f.
Rleiig, Rleiicht, adj. argileux; gras; qui contient du son.
Rlein, adj. petit; subtil; modique (somme); menu, mince, court, mineur; (impr.) minuscule; ein —er Menfch, fm. un bout d'homme; — und bid, courtaud; — und frumm, rabougri; und artig, mignon; ein —wenig, trés-peu; — Gelb, monnaie, f.; —er machen, rapetisser, diminuer; —er werden, se rapetisser; fich — machen, se blottir, se tapir; in —e Stüde haden, hacher menu; —t, m., f. et n. 3, petit, m. -e, f.; ins —t bringen, abréger, réduire; im —en handeln, vendre en détail; —t, n. 3, (cuis.) abatis, m.    [tolie (pays).
Rleinafien, Asie mineure, f. Ana-
Rleinbentend, adj. à pensées étroites.    [petit teint.
Rleinfärber, m. 1, teinturier du
Rleinfärberei, f. petit teint, m.
Rleinfügig, adj. chétif, petit, médiocre; faible, menu, exigu.
Rleinfügigteit, f. petitesse, exiguité; peu de valeur, m.
Rleingeiftig, adj. qui a l'esprit petit, étroit, frivole; minutieux.
Rleingewehrfeuer, n. 1, fusillade, f. mousqueterie.
Rleingläubig, adj. de peu de foi; fg. découragé.
Rleinhändler, m. 1, détailleur.
Rleinheit, f. petitesse, ténuité; exiguité; médiocrité; bassesse.
Rleinigfeit, f. bagatelle; minutie; colifichet, m.; die wißige —; bluette, f.; artige —, (orf.) bre-

loque, breloquet, m.; — tn, pl. brimborions; wegen —tn, à propos de botte.
Rleinlaut, adj., v. Rleinmüthig.
Rleinlich, adj. petit; mesquin; mince, minutieux.
Rleinlichteit, f. petitesse.
Rleinmuth, m. 2, Rleinmüthigteit, f. découragement, m. abattement, pusillanimité, f. lâcheté.
Rleinmüthig, adj. découragé, abattu, accablé; pusillanime; lâche; — werden, se décourager; — machen, intimider, décourager.
Rleinod, n. 2 (pl. -t et -ien), joyau, m.; bijou; fg. bijou; fleuron d'une couronne; pl. bijoux; pierreries, f. pl. trésor, m.
Rleinfchmied, m. 2, éperonnier, taillandier.    [rie.
Rleinfchmiedsarbeit, f. taillande-
Rleinftädtifch, adj. bourgeois, provincial.
Rleifter, m. 1, colle d'amidon, f.; colle de farine; pâte; (mar.) calfeutrage, m.    [lon, m.
Rleifterbürfte, f. (cart.) goupil-
Rleiftern, v. a. coller.
Rlemm, adj., v. Rlamm.
Rlemme, f. mordant, m. mordache, f. pince; (géogr.) défilé, m.; fg. presse, f. gêne; in der — feyn, être dans l'embarras; in der — haben, tenir qn., serrer l'enemi des deux côtés.
Rlemmeifen, n. 1, mords (m. pl.) ou mâchoires (f. pl.) d'étau.
Rlemmen, v. a. serrer; presser; pincer.
Rlemmhölzchen, n. 2, fichoir, m.
Rlemmig, adj. (min.) dur.
Rlempner, m. 1, ferblantier.
Rlenten, v. a. (vign.) ébourgeonner.    [petit cheval de selle.
Rlepper, m. 1, bidet, criquet, m. 1, clerc, ecclésiastique.
Rlerifei, f. clergé, m.    [tique.
Rlette, f. -tfraut, n. 5*, glouteron, m. bardane, f.
Rletten, v. a. éplucher la laine.
Rlettereifen, n. 1, grappin, m.
Rlettermaft, m. 2, -ftange, f. mât de cocagne, m.
Rlettern, v. n. (f.) grimper, gravir; monter.
Rletthweide, f. saule à feuilles de romarin, m.
Rlider, m. 1, chique, f.    [ques.
Rlidern, v. n. (h.) jouer aux chi-
Rlieben, v. n. 1, fendoir, m.
Rlieben, v. a. et n. 6 et rég. fendre, se fendre, se gercer.
Rliebig, adj. facile à fendre.
Rlimmen, v. n. 6 et rég. (f.) gravir; grimper.
Rlimpern, v. n. (h.) cliqueter, faire du cliquetis; tinter; sonner;

frapper; —, s. n. 1, cliquetis, m. tintement.
Rlinge, f. lame; fg. épée; eine hoble —, une lame vidée; die — niederfchlagen, (escr.) forcer l'épée de son ennemi; über die — fpringen laffen, fg. passer au fil de l'épée, faire main basse sur qn.; einen vor die — fordern, appeler qn. en duel; bei der — bleiben, fg. ne pas s'écarter de son sujet.
Rlingel, f. sonnette, clochette.
Rlingelbeutel, m. 1, sachet de l'église, bourse à quêter, f.
Rlingeln, v. n. (h.) sonner; tirer la sonnette; carillonner; öfters —, fm. sonnailler.
Rlingen, v. n. 3 (b.) sonner; tinter; résonner, retentir; corner (des ohren); —, s. n. 1, tintement, m.; son.
Rlingend, adj. sonnant; résonnant; retentissant; eine falfch —e (falfche) Saite, une corde fausse; lieblich —, mélodieux; angenehm —, sonore; mit —tm Spiel, tambour battant.
Rlinggedicht, n. 2, sonnet, m.
Rlinif, f. (méd.) clinique.
Rlinifer, m. 1, (méd.) médecin clinique; (égl.) grabataire.
Rlinte, f. loquet, m. clenche, f.
Rlinfe, Rlimfe, f. fente, fissure.
Rlippe, f. écueil, m.; rocher, banc; fg. écueil, pierre d'achoppement, f.; blinde verborgene —n, pl. brisants, m. pl. basses, f. pl.
Rlippenreihe, f. barre (devant un port).
Rlippern, v. n. (h.) faire du bruit.
Rlippfifch, m. 2, écharpe, f.
Rlippig, adj. plein de rochers, d'écueils.    [f.
Rlippfram, m. 2, quincaillerie, f.
Rlippfrämer, m. 1, quincaillier.
Rlippfchenfe, f. taverne.
Rlippfchule, f. petite école.
Rlippwerf, n. 2, jouets d'enfant, m. pl. colifichets, babioles, f. pl.
Rlirren, v. n. (h.) rendre un son aigu, cliqueter, frémir; mit den Gläfern —, faire tinter les verres; —, s. n. 1, cliquetis, m. frémissement; tintement.
Rliftier, n. 2, lavement, m. remède; ol. clystére.    [ment à qn.
Rliftieren, v. a. donner un lave-
Rliftierfprite, f. seringue.
Rlitfchig, adj. pâteux; v. Rlitfchig.
Rlitterfchuld, f. dette criarde.
Rloaf, m. 2, cloaque.
Rloben, m. 1, (méc.) poulie, f. palan, m.; châsse, f. balancier de balance, m.; (oifel.) perche, f.; gâche de porte; (horl.) coq, m.; bûche de bois, f.; (ferr.) mordache; botte de lin.

Klöben, v. a. fendre (du bois).
Klebenhütte, f. cabane d'oiseleur.
Klopfdamm, m. 2, digue battue et gazonnée, f. dame.
Klöpfel, Klöppel, m. 1, battoir; maillet; bâton, tricot; gourdin; battant de cloche; baguette de tambour, f.; fuseau à dentelle, m.
Klöpfelkissen, n. 1, coussin à dentelle, m.; (passem.) boisseau.
Klöppellade, f. coffret à dentelle, m. [dentelle, m.
Klöppelmodell, n. 2, patron de
Klöpfeln, Klöppeln, v. a. faire de la dentelle; travailler au fuseau.
Klöpfelring, m. 2, bélière, f.
Klopfen, v. a. battre; einen auf die Finger —, donner sur les doigts à qn.; —, mailler de la batiste; bistourner un cheval; (impr.) taquer; platt —, planer, aplatir; klein —, concasser; ein Wild aus den Büschen —, débusquer une bête; —, v. n. (h.) frapper, heurter, cogner; palpiter; battre (cœur); —, s. n. 1, battement, m. palpitation de cœur, f.
Klopfer, m. 1, marteau, boucle (f.) de porte; heurtoir, m.; (cha.) batteur de campagne; batteur de laine.
Klopffechter, m. 1, bretteur, brétailleur; ferrailleur; (ant. r.) gladiateur; fg. disputeur.
Klopfhengst, m. 2, cheval bistourné. [(impr.) taquoir.
Klopfholz, n. 5*, battoir, m.;
Klopfjagd, f. battue.
Klopfstein, m. 2, billot, buisse, f. (cordonn.).
Klöppel, x., v. Klöpfel.
Kloß, m.*, motte de terre, f.
Klößchen, n. 1, boulette de pâte, f.
Klößig, adj. pâteux, mal levé.
Kloster, n. 1*, couvent, m.; monastère; cloître; ins — geben, prendre le froc; prendre le voile (femme); ins — stecken, fm. cloîtrer.
Klosterabt, m. 2*, abbé régulier.
Klosteraufhebung, f. suppression des couvents.
Klosterbrauch, m. 2*, manière (f.), coutume claustrale.
Klosterbruder, m. 1, frère religieux; frère convers; frère lai.
Klosterfrau, =nonne, =schwester, f. religieuse, sœur.
Klostergang, m. 2*, cloître.
Klostergeistliche, m. 3, religieux, régulier.
Klostergelübde, f. 1, vœux, m. pl.; die Ablegung des —s, profession, f.; das — ablegen, faire profession; der, die das — abgelegt hat, profès, m. professe, f.

Klostergemeine, f. communauté du couvent; conventualité.
Klosterkellner, m. 1, cellerier.
Klosterleben, n. 1, vie religieuse (f.), claustrale, cénobitique; mépr. moinerie.
Klösterlich, adj. claustral, monastique, monacal, cénobitique; régulier.
Klostermönch, m. 2, religieux, moine, cloîtrier, cénobite.
Klosterordnung, =zucht, f. discipline monacale.
Klosterstrafe, f. censure, pénitence, discipline claustrale.
Klosterversammlung, f. assemblée conventuelle.
Klotz, m. 2*, tronc, billot, bloc, bille, f. souche; bûche; (bouch.) tranchoir, m.; (monn.) sépeau; fg. fm. bûche, f. (homme grossier, lourd); billot, m. (gros billon, m. 2, club, m. [vre).
Klubist, m. 3, clubiste.
Kluft, f.*, caverne; creux, m.; cavité, f.; abîme, m.; gouffre; fente, f. crevasse. [fentes.
Klüftig, adj. fendu; qui a des
Klug*, adj. prudent, sage; sensé, avisé, circonspect; discret; politique; adroit, fin, rusé; den —en spielen, faire l'entendu; der —e Mann, die —e Frau, pop. devin, m. devineresse, f.; mit Schaben flug werden, apprendre à ses dépens; —e, m. 3, homme prudent, sage.
Klügelei, f. raffinement, m. raisonnement; subtilité, f. recherche pointilleuse.
Klügeler, m. 1, Klügling, m. 2, m. p. raisonneur; éplucheur.
Klügeln, v. n. (h.) raffiner, subtiliser, pointiller, raisonner.
Klugheit, f. prudence, sagesse; circonspection, discrétion; politique; finesse, adresse.
Klump, m. exc. 1, Klumpe, f. (cuis.) boulette.
Klümpchen, n. 1, grumeau de sang, m.; motte, f.; bas, gringuenaude de boue; (did.) molécule.
Klumpen, m. 1, masse, f.; monceau, m.; tas, amas; peloton; grumeau de sang, etc.; (boul.) boule (f.), marron (m.) de pâte; fm. tapon d'étoffes.
Klümperig, adj. grumeleux, caillé; — werden; v. Klümpern.
Klümpern (sich), se grumeler, se cailler (lait, sang, etc.); se briser en morceaux; s'émier, s'émietter.
Klumpfuß, m. 2*, pied bot.
Klunker, f. crotte, ordure.
Klunkerig, adj. plein de crotte.
Kluppe, f. muselière des che-

vaux; (oisel.) trébuchet, m. trappe, f. lacet, m.; (serr.) mordache, f.; (monn.) étangue; fg. einem in (unter) die — kommen, tomber sous la main, dans le pouvoir de qn.
Kluppert, m. 2, douzaine, f. glane de poires, etc.
Klüse, f. (mar.) écubier, m.
Klutter, f. (oisel.) appeau, m. pipeau d'écorce de bouleau.
Klystier, v. Klistier.
Knabe, m. 3, garçon; Knäbchen, Knäblein, n. 1, (dim.) petit garçon, m. [jeunesse, âge puéril, m.
Knabenalter, n. 1, enfance, f.;
Knabenkraut, n. 5*, orchis, m.
Knabenstreich, m. 2, tour d'enfant; tour de page; polissonnerie, f.
Knack, m. 2, craquement, fracas; —, interj. crac!
Knacken, v. a. fm. casser; écraser avec bruit (des noix, etc.); —, v. n. (h.) craquer, faire du bruit; —, s. n. 1, craquement, m.
Knackwurst, f.*, saucisson fumé, m.
Knall, m. 2, bruit, coup éclatant; fracas; éclat; explosion, f.; — und Fall, fm. tout à coup, subitement.
Knallbüchse, f. canonnière.
Knallen, v. n. (h.) faire du bruit, du fracas, éclater, fulminer.
Knallgold, n. 2, or fulminant, m.
Knallluft, f.*, air inflammable, m. gaz fulminant. [nante, f.
Knallpulver, n. 1, poudre fulmi-
Knapp, adj. bien, juste, étroit, serré; fg. modique, petit, pauvre; chiche, mesquin; maigre; rare; zu — machen, (taill.) affaîter; —, adv. fg. à l'étroit.
Knappe, m. 3, écuyer; (min.) mineur.
Knappen, v. n. (h.) trébucher;
Knappschaft, f. société des mineurs. [croquer.
Knarpeln, v. a. et n. (h.) craquer,
Knarre, f. crécelle.
Knarren, v. n. (h.) crier, faire du bruit; sonner la crécelle; —, s. n. 1, bruit d'une porte, m.; (charp.) hiement. [nastre, canasse.
Knaster, m. 1, =tabak, m. 2, canaster; tabac.
Knasterbart, m. 2*, fg. grogneur.
Knastern, v. n. (h.) craqueter; pétiller, péter; faire du bruit; —, s. n. 1, crépitation, f.
Knäuel, ou Knaul, m. 1, pelote, f.; peloton, m.; cocon d'un ver à soie.
Knäueln ou Knaueln, v. a. dévider; mettre en pelote, pelotonner.
Knauer, m. 1, (min.) roche dure, f. gangue stérile.

Knauf, *m.* 2*, bouton; (*arch.*) chapiteau; campane *de l'ordre corinthien, f.*

Knaufſtämpel, *m.* 1, bouterolle, *f.*

Knaupeln, *v. n.* (h.) grignoter; ronger.

Knauſer, *m.* 1, *fm.* vilain, taquin, grigou; liardeur.

Knauſerei, *f. fm.* lésine, ladrerie, mesquinerie, ténacité.

Knauſerig, *adj.* chiche, taquin, vilain; ladre, mesquin.

Knauſern, *v. n.* (h.) lésiner, liarder, faire le vilain.

Knebel, *m.* 1, garrot, tricot; gourdin; bâillon.

Knebelbart, *m.* 2*, moustache, *f.*

Knebeln, *v. a.* lier, garrotter; bâillonner.

Knebelſpieß, *m.* 2, épieu.

Knebeltrenſe, *f.* mastigadour, *m.*

Knecht, *m.* 2, valet, garçon; esclave, serf; compagnon *de métier*; (*civilité*) serviteur; (*cuis.*) égouttoir; (*men.*) valet, âne; — Ruprecht, *pop.* moine bourru.

Knechtiſch, Knechtlich, *adj.* servile; de valet; *fg. id.*

Knechtſchaft, *f.* état de valet, *m.*; servitude, *f.*; servilité; esclavage, *m.* [valet.

Knechtsdienſt, *m.* 2, service de Kneif, *m.* 2, (*cordonn.*) tranchet, couteau.

Kneifen, *v. a.* 5†, pincer.

Kneipe, *f.* pince; *v.* Kneipſchenke.

Kneipen, *v. a.* pincer, piper, couper *les dés*; —, *v. imp.* (h.) es kneipt mich im Leibe, j'ai des tranchées, une colique; —, *s. n.* 1, pincement, *m.*; — im Leibe, tranchées, *f. pl.*

Kneipſchenke, *f. mépr.* guinguette, gargotte, taverne.

Kneipzange, *f.* tenaille, pince.

Kneten, *v. a.* pétrir; écacher la *cire*; pétrir, corroyer l'argile.

Knetſcheit, *n.* 2, palette, *f.*

Knetſchen, *v. a. fm.* étreindre.

Knettrog, *m.* 2*, pétrin, huche, *f.*

Knid , *interj.* crac; knid knad , cric crac; —, *m.* 2, éclat, bruit, son; fente, *f.* fêlure.

Kniden, *v. a.* casser, briser; fêler, fendre; écraser *un insecte, etc.*; —, *v. n.* (h.) fléchir le genou en faisant un faux pas; *fm.* lésiner.

Knider, *m.* 1, Kniderig, *adj.* ladre, chipotier, pince-maille, cancre. [cre.

Kniderei, *f.* ladrerie. [cre.

Knidern, *v. n.* (h.) lésiner, chipoter, liarder.

Knids, *m.* 2, *fm.* inclination, *f.* révérence, génuflexion.

Knie, *n.* 2, genou, *m.*; auf den — n liegen, être à genou; die —

beugen, fléchir le genou, le jarret; —, (*art.*) coude.

Knieband, *n.* 5*, jarretière, *f.*

Kniebeugung, *f.* génuflexion; révérence. [lère, *f.*

Knicbügel, *m.* 1, (*men.*) genouil-

Knieförmig, *adj.* genouilleux.

Kniegalgen, *m.* 1, potence à bras, *f.*

Kniegeige, *f.* viole à jambe.

Kniegicht, *f.* (*pl.* =ter), gonagre.

Kniekehle, =beuge, *f.* jarret, *m.* pli de la jambe, du jarret.

Knielade, *f.* chausse.

Knieleder, *n.* 9, genouillère, *f.*

Knien, *v. n.* (ſ. et h.) être à genoux, se mettre à genoux; s'agenouiller. [noux.

Kniend , *adj.* agenouillé, à ge-

Kniepolſter, *m.* 1, agenouilloir.

Knieriemen, *m.* 1, tire-pied.

Knieſchämel, *m.* 1, agenouilloir.

Knieſcheibe, *f.* palette du genou.

Knieſchnalle, *f.* boucle de jarretiè-

Knieſe, *f.* (*mar.*) varangue. [re.

Knieſtüd, *n.* 2, genouillère, *f.*; (*peint.*) tableau de demi-grandeur, *m.*

Knieſtüße, *f.* potence.

Kniff, *m.* 2, coup de pince; pinçon, *fg.* ruse, *f.*; artifice, *m.*; chicane, *f.*; pratique; *fm.* escobarderie, manigance, micmac, *m.*; —e anwenden, chicaner.

Knipp, Knipps, *m.* 2, chiquenaude, *f.* nasarde; claquement *des doigts, m.* [chique.

Knippfäulchen, *n.* 1, =kugel, *f.*

Knirps, *m.* 2, *fm. mépr.* bout d'homme, basset, nabot, =e, *f.*

Knirſchen, *v. a.* concasser, piler, broyer, écraser; —, *v. n.* (h.) craquer; mit den Zähnen —, grincer des dents, frémir; —, *s. n.* 1, grincement *des dents, m.* frémissement.

Kniſtern, Knittern, *v.* Knaſtern.

Knittern, *v. n.* (ſ.) se chiffonner, prendre de faux plis.

Knoblauch, *m.* 2, ail.

Knoblauchbrühe, *f.* aillade.

Knoblauchzehe, *f.* gousse d'ail.

Knöchel, *m.* 1, nœud, article; jointure, *f.* cheville; (*anat.*) malléole *du pied.*

Knöchelchen, *n.* 1, osselet, *m.*

Knöcheln, *v. n.* (h.) *pop.* jouer aux dés.

Knochen, *m.* 1, os; zu — werden, s'ossifier, zwiſchen den — befindlich, interosseux. [tion.

Knochenabblätterung, *f.* exfolia-

Knochenartig, *adj.* osseux.

Knochenauswuchs, *m.* 2*, exostose, *f.* [attache, *f.*

Knochenband, *n.* 5*, ligament, *f.*

Knochenfeile, *f.* (*chir.*) rugine.

Knochenfraß, *m.* 2*, carie, *f.*

Knochenfügung, *f.* articulation, symphyse; die bewegliche —, énarthrose, diarthrose.

Knochengerüſt, *n.* 2, squelette, *m.* charpente, *f.*

Knochenhaut, *f.*, périoste, *m.*

Knochenlehre, *f.* ostéologie.

Knochenmann, *m.* 5*, *fg. fm.* mort, *f.*

Knochenpfanne, *f.* boite, cotyle, *m.*

Knochenſpalt, *m.* 2, fissure, *f.*

Knochenſplitter, *m.* 1, esquille, *f.*

Knochenweh, *m.* 2, ostéocope, *m.*

Knöchern, *adj.* d'os. [osseux.

Knochicht, *adj.* semblable aux os;

Knochig, *adj.* ossu.

Knocke, *f.* tortis de filasse, *m.*

Knödel, *m.* 1, *v.* Klößchen.

Knollen, *m.* 1, masse, *f.*; bouton, *m.*; tubérosité, *f.* tumeur; (*chir.*) nodus, *m.*; grumeau *de sang*; (*bot.*) tubercule, loupe, *f.*; *fm.* chanteau *de pain, m.*

Knollig, *adj.* rempli de tumeurs; (*bot.*) tubéreux, grumeleux (*sang*).

Knopf, *m.* 2*, bouton; bourgeon, nœud; pomme, *f.* pommeau, *m.*; tête *d'une épingle, f.*

Knöpfen, *v. a.* boutonner.

Knopfform, *f.* forme, moule (*m.*) de bouton.

Knopfhaken, *m.* 1, tire-bouton.

Knopfhandel, *m.* 1, boutonnerie, *f.*

Knopfloch, *n.* 5*, boutonnière, *f.*; das verzierte —, brandebourg, *m.*

Knopfmacher, *m.* 1, boutonnier.

Knopfmacherei, =arbeit, =waare, *f.* =handwerk, *n.* 2, boutonnerie, *f.*

Knopfriemen, *m.* 1, brochette, *f.*

Knopftriebel, *masc.* 1, (*fourb.*) chasse-pommeau.

Knopper, *f.*, *v.* Gallapfel.

Knorpel, *m.* 1, tendon, cartilage; cal, durillon, callosité, *f.*

Knorpelbeſchreibung, =lehre, *fem.* chondrographie, chondrologie.

Knorpelhaut, *f.*, péricondre, *m.*

Knorpelig, Knorpelicht, *adj.* cartilagineux.

Knorren, *m.* 1, nœud; bouton; bosse, *f.* excroissance, loupe.

Knorrig, Knorricht, *adj.* noueux, loupeux. [œil.

Knoſpe, *f.* bourgeon, *m.*; bouton;

Knoſpenbeißer, *m.* 1, coupe-bourgeon (*insecte*). [men, *m.*

Knoſpenbäutchen, *n.* 1, (*bot.*) hy-

Knoſpenkäfer, *m.* 1, liset, lisette, *f.* [geonné, boutonné.

Knoſpig, Knoſpicht, *adj.* bourgeonné, boutonné.

Knöteln, *v. a.* faire de petits nœuds dans une couture.

Knoten, *m.* 1, nœud; (*bot. et mar.*) *id.*, genou, loupe, *f.*; verſaulle —, *pl.* (*charp.*) malandres, *f. pl.*; — (*anat.*) nœud, *m.* gan-

glion (*de nerfs*); condyle *d'un os*; tubérosité, *f.*; — auf der Lunge, tubercule pulmonaire, *m.*;—; clou *dans le marbre*; *fg.* nœud; difficulté, *f.*; *fm.* hic, *m.*; (*théât.*) intrigue, *f.*

Knotig, Knoticht, *adj.* noueux, plein de nœuds, genouillé; (*bois*) rabougri, raboteux.

Knüllen, *v. a.* chiffonner.

Knüpfen, *v. a.* nouer; lier, attacher.

Knüppel, *m.* 1, *v.* Knüttel.

Knurren, *v. n. et imp.* (h.) *pop.* grogner, gronder; grouiller; gargouiller (*estomac*); —, *s. n.* 1, grondement, *m.*; grouillement, gargouillement.

Knurrhahn, *m.* 2*, grondeur, gourneau (*poisson*).

Knute, *f.* (*en Russie*) knout, *m.* fouet *fait d'une courroie de cuir*.

Knüttel, *m.* 1, gros bâton; gourdin, garrot, tricot, rondin; (*cha.*) billot *au cou des chiens;* der bide —, parement *d'un fagot*.

Knüttelbau, *m.* 2*, chaussée (*f.*) faite de branchage, de rondins.

Knüttelholz, *n.* 5*, rondins, *m.pl.*

Knütteln, *v.a. pop.* rondiner qn.; mettre le billot *à un chien*.

Knüttelverse, *m. pl.* 2, rimaille, *f.* méchants vers, *m. pl.* vers burlesques. [*n.* 1, coassement, *f.*

Koaxen, *v. n.* (h.) coasser; —, *s.*

Kobalt, *m.* 2, cobalt.

Kobel, *m.* 1*, coiffe, *f.* houppe *d'un oiseau*.

Koben, *m.* 1, toit à cochons.

Kober, *m.* 1, panier carré.

Kobold, *m.* 2, goblin, lutin, farfadet.

Koch, *m.* 2*, cuisinier.

Kochapfel, *m.* 1*, =birn, *f.* pomme, poire bonne à cuire.

Kochbuch, *n.* 5*, livre de cuisine, *m.*

Kochen, *v. n. et imp.* (h.) bouillir; cuire; faire la cuisine; —, *v. a.* faire cuire *ou* bouillir; kraus —, crépir *au crin*; —, *s. n.* 1, cuisson, *f.* coction; das gelinde —, élixation; *v.* Kochkunst.

Kochend, *adj.* bouillant, cuisant, brûlant (*chaleur*); agité, écumant (*flot*).

Köcher, *m.* 1, carquois.

Köchinn, *f.* cuisinière.

Kochkunst, *f.*, art de faire la cuisine, *m.* art du cuisinier, cuisine, *f.*

Kochlöffel, *m.* 1, cuiller à pot, *f.*

Kochmaschine, *f.* digesteur, *m.*

Kochofen, *m.* 1*, four de cuisine; =öfchen, *m.* 1, huguenote, *f.*

Kochsalz, *n.* 2, sel commun, *m.*

Kochtopf, *m.* 2*, pot, marmite, *f.*

Köber, *m.* 1, amorce, *f.* appât, *f.* leurre. [leurrer.

Köbern, *v. a.* amorcer, appâter,

Kofent, *m.* 2, petite bière, *f.*

Koffer, *m.* 1, coffre (*dim.* coffret); bahut; malle, *f.*

Koffermacher, *m.* 1, bahutier, coffretier, layetier.

Kogel, *f.* bonnet rond, *m.* bavolet; coiffe, *f.* crête, pointe, sommet, *m.*

Kohl, *m.* 1, chou, choux, *pl.*

Kohle, *f.* charbon, *m.*; glühende —n, *pl.* braise, *f.* charbon ardent, *m.*; mit —n schwärzen, schreiben, malen, charbonner. [brasier.

Kohlenbecken, *n.* 1, réchaud, *m.*;

Kohlenbehälter, *m.* 1, charbonnier. [houille, *f.*

Kohlenbergwerk, *n.* 2, mine de charbonnier, *m.* -ère, *f.*

Kohlenbrenner, *m.* 1, =inn, *f.* charbonnier, *m.* -ère, *f.*

Kohlenbrennerei, *f.* =brennerhütte, charbonnière.

Kohlendämpfer, *m.* 2*, étouffoir.

Kohlendeckel, *m.* 1, couvre-feu.

Kohlenerde, *f.* houille.

Kohlenfeuer, *n.* 1, braise, *f.* brasier, *m.*

Kohlenflöß, *m.* 2, (*min.*) banc, couche (*f.*), veine de houille.

Kohlenhändler, *m.* 1, =inn, *f.* marchand (*m.*), -e (*f.*) de charbons, charbonnier, *m.* -ère, *f.*

Kohlenkasten, *m.* 1*, caisse à charbons, *f.*; — ou =faß, *n.* 5*, (*boul.*) braisier, *m.*

Kohlenkorb, *m.* 2*, banne, *f.*

Kohlenmeiler, *m.* 1, fourneau de charbon, charbonnier; =platz, 2*, fauldes, *f. pl.*

Kohlenpfanne, *f.* réchaud, *m.*; brasier; chaufferette, *f.*

Kohlensack, *m.* 2*, (*tuil.*) charbonnée, *f.*

Kohlensauer, *adj.* carbonaté, *m.*; —e Salz, carbonate, *m.*; der —e Kalk, carbonate de chaux.

Kohlensäure, *f.* (*chim.*) acide carbonique, *m.*

Kohlenschlacke, *f.* fraisil, *m.*

Kohlenstaub, *m.* 2, poussier; zum Pulver, aigremore.

Kohlenstift, *masc.* 2, crayon de charbon.

Kohlenstoff, *m.* 2, (*chim.*) carbone; der eisenhaltige —, le carbure de fer.

Kohlentopf, *m.* 2*, chaufferette, *f.*

Kohlenträger, *m.* 1, charbonnier.

Köhler, *m.* 1, =inn, *f.* charbonnier, *m.* -ère, *f.*

Köhlerglaube, *m. exc.* 2, foi du charbonnier, *f.* foi implicite.

Kohlgarten, *m.* 1, jardin potager. [tager, maraîcher.

Kohlgärtner, *m.* 1, jardinier po-

Kohlkopf, *m.* 2*, tête de chou, *f.*

Kohlmeise, *f.* grosse mésange.

Kohlpalme, *f.* chou-palmiste, *m.*

Kohlrabi, *m.* 2, =rübe, *f.* chou-rave, *m.*

Kohlschwarz, *adj.* noir comme du charbon; noir comme jais.

Kohlstängel, *m.* 1, =strunk, 2*, tige de chou, *f.*

Koje, *f.* cabane *des matelots*.

Köken, *v. n.* (h.) cracher, vomir.

Köter, *m.* 1, (*mar.*) coursier, cornet, trémue, *f.*

Kokosbaum, *m.* 2*, cocotier.

Kokosnuß, *f.*, coco, *m.*; =saft, *m.* 2*, *id.*

Kolbe, *f.* Kolben, *m.* 1, masse, *f.* massue; crosse *de fusil;* (*jeu*) crosse; mail, *m.*; mit dem —spielen, forttreiben, crosser; —, (*art.*) redressoir; brunissoir; (*serr.*) fraise, *f.* tête; bosse; alambic, *m.*

Kolbenhirsch, *m.* 2, cerf en mue.

Kolbenspiel, *n.* 2, jeu de crosse, *m.* jeu de mail.

Kolbenträger, *m.* 1, massier.

Kolbig, Kolbicht, *adj.* en forme de massue, de bosse; noueux; (*bot.*) tubéreux.

Kolberstock, *m.* 2*, manivelle, *f.*

Kolibri, *m.* 1, colibri.

Kolik, *f.* colique, tranchées, *pl.*

Kolk, *m.* 2, abime, tournant d'eau, remole, *f.*

Kolle, Kölle, *f.* sarriette, sadrée, savorée (*plante*).

Koller, *m.* 1, collerette, *f.* gorgerette; (*guer.*) collet de buffle, *m.*; —, (*vét.*) vertigo; *fg.* fougue, *f.*; den — bekommen, être aus reißen; prendre le mors aux dents.

Kollerbusch, *m.* 2*, sapin couronné, rabougri.

Kollermacher, *m.* 1, colletier.

Kollern, *v. n.* (h.) grouiller, gargouiller (*ventre*); sauter, bondir, faire des bonds (*balle*); glouglouter (*dindon*); (*vét.*) avoir le vertigo; *fg.* être en rage; —, *s. n.* 1, grouillement, *m.*; (*méd.*) borborisme, borborigme; glouglou *du dindon*.

Kolon, *n.* 1, (*gramm.*) deux points, *m. pl.* (Doppelpunkt).

Kolonialwaaren, *f. pl.* denrées coloniales. [rig. colonial.

Kolonie, *f.* colonie; zur —gehörig,

Kolonist, *m.* 3, colon.

Kolophonium, *n.* 1, colophane, *f.*

Koloß, *m.* 2, colosse.

Kolossalisch, *adj.* colossal.

Kolter, *m.* 1, couverture, *f.*

Kolter, *m.* 1, (*agric.*) coutre, *m.*

Kolur, *m. exc.* 1, (*astr.*) colure.

Komet, *m.* 3, comète, *f.*; die

Beschreibung ber —n, cométogra-
phie.

Kometenfeuer, *n.* 1, comète, *f.*

Komisch, *adj.* comique; plaisant.

Komma, *n.* 1, virgule, *f.*

*Kommen, *v. n.* (f.) venir, arriver; aborder; approcher; gegangen, geritten, gefahren —, venir à
pied, à cheval, en voiture; oft in
ein Haus —, fréquenter, hanter
une maison; einen mit Worten zu
nahe —, offenser, choquer qn. en
paroles; so und so hoch —, monter,
revenir à tant; coûter tant; wenn
es hoch kommt, tout au plus; wenn
es aufs Höchste kommt, au pis aller;
nachdem es kommt, c'est suivant,
c'est selon; an einen —, rencontrer, trouver, joindre qn.; s'adresser à qn.; an einander —, en venir
aux mains; auf einen —, tomber
en partage, revenir, échoir à qn.
*par héritage;* être donné *ou* con-
féré à qn. (*charge*); tomber sur le
chapitre à tant; *dans le discours;*
se souvenir du nom de qn.; auf
etw. —, tomber, revenir sur une
chose; se ressouvenir de qch.; einer
S. auf die Spur —, découvrir qch.;
avoir des indices de qch.; es ist mit
ihm aufs Aeußerste gekommen, il est
réduit à l'extrémité; aus etw. —,
venir, sortir, provenir de qch.;
aus ber Gewohnheit —, perdre l'habitude de qch.; aus ber Mode —,
passer de mode, ne plus être à la
mode; er ist mir aus ben Augen gekommen, je l'ai perdu de vue; aus
ber Gefahr —, échapper du péril;
außer sich —, être hors de soi, perdre contenance; bavon —, échapper, *v.* Davon; hinter etw. —, découvrir qch.; hinter einen —,
tomber sur qn.; attaquer qn.;
mit Worten hinter einander —,
entrer en dispute; in Abnahme
—, déchoir, tomber en décadence; über einen —, être préféré à
qn.; einem über ben Hals —, surprendre qn.; über etw. —, prendre, attraper qch.; wenn er über
ein Buch kommt, s'il lui tombe
quelque livre sous la main; über
einen Fluß, :c., —, passer, traverser une rivière; um etw. —,
perdre qch.; être privé de qch.;
unter die Leute —, voir le monde,
fréquenter la société; se débiter;
venir à la connaissance de tout le
monde; unter die Augen —, se présenter, paraître devant qn.; unter
die Füße —, tomber sous les pieds;
être foulé aux pieds; von etw. —,
quitter qch.; venir de faire qch.;
provenir de; être causé par; von
Sinnen —, perdre l'esprit; tomber
en défaillance; vor einen —, com-

paraître, se présenter devant qn.;
avoir audience; voir qn.; weit —,
s'élever; s'avancer; faire de grands
progrès; faire son chemin; aller
loin; zu etw. —, avoir, gagner,
acquérir qch.; profiter; faire bien
ses affaires; prospérer; wieber zu
bem Seinigen —, recouvrer, rattraper le sien; zu Ehren —, parvenir, s'élever aux honneurs; zu
Jahren —, avancer en âge; zu
Kräften —, se remettre, se rétablir; zu kurz —, avoir du désavantage, se faire tort; être en
arrière (um, de); zum Zweck —,
atteindre son but; zurecht —,
réussir, avoir du succès; mit
einem zurecht —, s'entendre, s'accorder avec qn.; er ist ihm etw.
grob gekommen, il n'a pas été poli
envers lui; kommst bu mir schon
wieber bamit, tu viens encore
m'en parler! so bürfen Sie mir
nicht —, ce n'est pas ainsi que
vous en userez avec moi; bu
kommst mir schon, *iron.* tu me
tiens là de beaux propos! tu me
viens fort à propos! komme mir
nur noch einmal, ne t'en avise
plus! auf seine Füße zu stehen —,
tomber sur ses pieds; auf ben Rüden zu liegen —, tomber, être
couché à la renverse; einander
gegenüber zu sitzen —, se trouver
placés vis-à-vis l'un de l'autre.

Kommenb, *adj.* venant, qui
vient; prochain; à venir, futur
(*siècle*).

Kommenthur, :c., *v.* Komthur, :c.

Kommlich, *adj.* commode; agréable.

Komödiant, *m.* 3, -inn, *f.* comédien, *m.* -ne, *f.;* artiste dramatique, *m.* et *f.;* acteur, *m.* -trice,
*f.*                        [*m.*

Komödie, *f.* comédie, spectacle,

Komödienhaus, *n.* 5*, salle de
comédie, de spectacle, *f.;* théâtre, *m.*

Komödienzettel, *m.* 1, affiche de
comédie, *f.*

Komst, *m.* 2, *p. us.* lait caillé.

Komthur, *m.* 2, roi *(chim.)* ré-

Komthurei, *f.* 2, commanderie.

König, *m.* 2, roi; (*chim.*) régule; (*quill.*) dame, *f.;* ein kleiner
— (*bad.*) un roitelet.

Königinn, *f.* reine; (*échecs*) dame; reine mère; (*mar.*) réal;
Se. —t Majestät, Sa Majesté; Se.
—t Hoheit, Son Altesse Royale;
bie —t Würbe, royauté, *f.;* ein
— Prinz, un prince du sang;
— gesinnt, royaliste.

Königreich, *n.* 2, royaume, *m.;*

*fg.* trône, royauté, *f.;* zum —
gelangen, parvenir à la royauté,
au trône.

Königsblau, *n.* 3, =farbe, *f.* bleu
de roi, *m.*                    [*te*).

Königsferze, *f.* molène, *m.* (*plan-
Königskrone, *f.* couronne royale,
diadème, *m.;* (*bot.*) fritillaire, *f.*

Königsmorb, *m.* 2, =mörber, 1,
régicide.                       [*m.*

Königspapier, *n.* 1, papier Jésus,

Königssalbe, *f.* basilicon, *m.*

Königsschlange, *f.* boa, *m.* serpent
devin, étouffeur.

Königstag, *m.* 2, Rois, *pl.* jour
des Rois, Épiphanie, *f.*

Königswasser, *n.* 1, eau régale, *f.*

Königswürbe, *f.* royauté, couronne.

Königthum, *n.* 5*, gouvernement
monarchique, *m.* royauté, *f.*

*Können, *v. a. et n.* (b.) pouvoir; être capable de; savoir; bafür —, être cause de qch.; ich kann
nicht bafür, ce n'est pas ma faute,
je n'en puis rien, *fm.* je n'en puis
mais; — *s. n.* 1, pouvoir, *m.;*
faculté, *f.* moyen, *m.;* savoir.

Koofer, *m.* 1, =stüd, *n.* 2, (*mar.*)
coursier, *m.* coursie, *f.*

Kopalgummi, *m.* 1, copal, *m.*

Kopeke, *f.* copeck, *m.* (*monnaie*).

Köper, *m.* 1, grain d'orge, croisé.

Köpern, *v. a.* croiser, donner le
grain à une étoffe; geköpert, croisé, à grains d'orge.

Kopf, *m.* 2*, tête, *f.;* hure *de
sanglier;* fond (*m.*), forme (*f.*)
d'un chapeau; pomme *de laitue;*
bosse *de chardon; fg.* tête, esprit,
*m.* génie; *m. p.* entêtement || per-
sonne, *f.* || vom — bis auf die Füße,
de pied en cap; einander beim —t
nehmen, se prendre aux cheveux;
ber — steht barauf, il y a de la
tête; einem ben — vor die Füße
legen, décapiter qn.; ben — bän-
gen, bouber; *fm.* tête le dévot;
ein hitziger —, un homme emporté, qui a la tête près du bonnet;
ber unruhige — brouillon, *m.;*
irre im —t seyn, n'être pas dans
son bon sens; etw. im —t haben,
savoir qch.; *fm.* avoir une pointe
de vin; avoir martel en tête;
einem etw. in ben — setzen, mettre
qch. dans la tête de qn., *fm.*
embéguiner qn. de qch.; sich etw.
in ben — setzen, se mettre en
tête, *fm.* s'embéguiner, s'entêter
de qch.; einem etw. aus bem —t
bringen, désenter qn.; aus bem
— hersagen, réciter par cœur;
einen vor ben — stoßen, heurter,
choquer, offenser qn.; — warm
machen, échauffer les
oreilles à qn.; nicht wissen wo

einem der — steht, ne savoir où donner de la tête; einem den — zurecht setzen, redresser qn.; einem den — waschen, donner une mercuriale à qn.; mit dem — e wider die Wand laufen, donner de la tête contre le mur; den — aus der Schlinge ziehen, se tirer d'un mauvais pas; den — aufsetzen, s'entêter; seinem —t folgen, faire à sa tête; seinen eigenen — haben, être capricieux, opiniâtre; sich in jemandes — zu schiden wissen, savoir s'accommoder à l'humeur de qn.

Kopfab, *interj.* à bas la tête! qu'on lui coupe la tête.

Kopfarbeit, *f.* travail de tête, *m.*; étude, *f.* application d'esprit.

Kopfbinde, *x.*, *v.* Hauptbinde, *x.*

Kopfbrechen, *n.* 1, casse-tête, *m.*

Kopfbrechend, *adj.* difficile, pénible; die —t Arbeit, *fm.* casse-tête, *m.*

Kopfbrecher, *m.* 1, casse-tête.

Kopfbrett, *n.* 5, dossier de lit, *m.*      [*fm.* tasse.

Köpfchen, *n.* 1, petite tête, *f.*;

Köpfen, *v. n.* (h.) pommer.

Köpfen, *v. a.* trancher, couper la tête à qn.; décapiter, décoller, guillotiner; (*jard.*) écimer, étêter.

Kopfgeld, *n.* 5, capitation, *f.*

Kopfgestell, *n.* 2, têtière, *f.*

Kopfhänger, *m.* 1, torticolis; *fg.* faux dévot, hypocrite, tartufe.

Kopfhängerei, *f.* fausse dévotion, hypocrisie; masque de piété, *m.*

Kopfhülle, *f.* couvre-chef, *m.*

Köpfig, *adj.* pommé; *fg. fm.* entêté.      [chevet.

Kopfkissen, *n.* 1, oreiller, *m.*;

Kopfkohl, *m.* 2, chou pommé, chou cabus.

Kopflos, *adj.* acéphale; *fg.* sans cervelle, sans esprit.

Köpfmaschine, *f.* guillotine.

Kopfnicken, *n.* 1, inclination (*f.*) ou signe (*m.*) de tête.

Kopfnuß, *f.*, coup à la tête, *m.*

Kopfpfühl, *m.* 2, traversin.

Kopfputz, =schmuck, *m.* 2, ornement de tête; coiffure *de femme*, *f.*; einem den — aufsetzen, abnehmen, coiffer, décoiffer qn.

Kopfsalat, *m.* 2, laitue pommée, *f.*

Kopfschmerz, *m. exc.* 1, =weh, *n.* 2, mal (*m.*), douleur (*f.*) de tête; der einseitige —, migraine; heftige —, céphalalgie; den — stillend, céphalique (*remède*).

Kopfschütteln, *n.* 1, secouement (*m.*), branlement, hochement de tête.

Kopfsteuer, *f.*, *v.* Kopfgeld.

Kopfstück, *n.* 2, (*monn.*) ol. teston, *m.*

Kopfwald, *m.* 5*, forêt écimée, *f.* ou à écimer, à étêter.

Kopfwassersucht, *f.* hydrocéphale.

Kopfweide, *f.* saule blanc, *m.*

Kopfwunde, *f.* blessure à la tête.

Kopfwurm, *m.* 5*, ver encéphale, encéphale.      [fure.

Kopfzeug, *n.* 2, =zierde, *f.* coif-

Koppe, *f.* sommet, *m.*; cime, *f.*; (*forest.*) houppe, houppier, *m.*

Koppel ou Kuppel, *f.* corde, lien, *m.* baudrier, ceinturon; (*cha.*) couple, *f.*; eine — Hunde, une harde, meute de chiens.

Koppelfette, *f.* enrayoir, *m.* reculement.

Koppeln ou Kuppeln, *v. a.* coupler, attacher ensemble; clore une haie; harder, ameuter *des chiens.*

Koppelriemen, *m.* 1, =seil, *n.* 2, (*cha.*) laisse, *f.* couple, harde.

Koppelwirthschaft, *f.* culture des terres par soles, assolement, *m.*

Koppen, *v. a.* écimer, étêter; —, *s. n.* 1, étêtement, *m.*

Kopte, *m.* 3, copte, cophte.

Koptisch, *adj.* coptique, cophtique; die —t Sprache, copte, *m.*

Koralle, *f.* corail, *m.*      [cophte.

Korallenartig, *adj.* corallin, coralloïde.

Korallenfischer, *m.* 1, corailleur.

Korallenmoos, *n.* 2, coraline, *f.*; mousse marine, mousse de rocher.

Korallennetz, *n.* 2, farais, *m.*

Korallenschnur, *f.*, cordon de coraux, *m.*      [te, *f.*

Korallenschwamm, *m.* 2*, fongi-

Koran, *m.* 2, (*mahom.*) Alcoran, Coran.

Korb, *m.* 2*, panier; corbeille, *f.*; corbillon, *m.*; der lange —, manne, *f.*; —, magasin *d'une diligence, m.*; *fg. fm.* einem einen — geben, donner un refus à qn.; ein =voll, une corbeillée.

Korbarbeit, *f.* vannerie.

Körbchen, *n.* 1, corbillon, *m.* corbeille, *f.*

Körbchenspiel, *n.* 2, corbillon, *m.*

Korbfeige, *f.* figue de cabas.

Korbflasche, *f.* bouteille clissée; große —, dame-jeanne.

Korbflechter, =macher, *m.* 1, vannier, faissier.      [clôtoir, *m.*

Korbhammer, *m.* 1*, batte, *f.*

Korbmaß, *n.* 2, (*vann.*) moule, *m.*

Korbwagen, *m.* 1, chariot à banne; der große —, corbillard.

Korbwiege, *f.* manne.

Korduan, *m.* 2, maroquin, corduan; auf —art bereiten, maroquiner.      [maroquinier.

Korduanbereiter, =macher, *m.* 1,

Koriander, *m.* 1, coriandre, *f.*

Korinthe, *f.* raisin de Corinthe, *m.*

Korinthisch, *adj.*, die —t Säulenordnung, ordre corinthien, *m.*

Kork, *m.* 2, liège; mit — verseben, liéger.      [liége.

Korkstöpsel, *m.* 1, bouchon de

Korkzieher, *m.* 1, tire-bouchon.

Korn, *n.* 5*, grain, *m.*; graine, *f.*; blé, *m.* grains, *pl.* seigle; (*arq.*) mire, *f.* bouton, *m.*; etw. auf dem — haben, *fg. fm.* coucher qch. en joue; viser à qch.; — ou Schrot und —, (*orf., etc.*) aloi; titre; von altem Schrot und —, *fg.* de la vieille roche, gaulois.

Kornabfall, *m.* 2*, grenage.

Kernähre, *f.* épi, *m.*; (*chir.*) spica (*sorte de bandage*).

Kornausfuhr, *f.* exportation des grains.

Kornbau, *m.* 2, culture des blés, *m.*

Kornblume, *f.* bluet, *m.* barbeau; aubifoin.

Kornboden, *masc.* 1*, grenier à grains; terroir à blé.

Kornbrand, *m.* 2*, nielle, *f.*; blé, *m.* grains, *pl.* seigle; (*cornouiller.*

Körnchen, *n.* 1, grain, *m.*; *fg. id.*, brin.      [cornouiller.

Kornelbaum, =kirschbaum, *m.* 2*,

Kornelkirsche, *f.* cornouille.

Körnen, *v. a.* grener; greneler; réduire en petits grains; granuler, grenailler (*les métaux*); donner le grain au cuir; (*cir.*) grêloner; (*cha.*) appâter (*des oiseaux*); —, *v. n.* (h.) et sich —, monter en grain; grener; —, *s. n.* 1, (*mét.*) granulation, *f.*; (*cir.*) grêlonage, *m.*; grenage de la poudre à canon.      [tuyau, chalumeau.

Kornhalm, *m.* 2 (*pl.* ≠ et =en),

Kornhandel, *m.* 1*, grèneterie, *f.*

Kornhändler, *m.* 1, blatier, grènetier.

Kornhaufen, *m.* 1, tas de blé.

Kornhaus, *n.* 5*, magasin aux blés, *m.*

Körnicht, Körnig, *adj.* granulé, grené; grenu (*cuir*); *fg.* énergique, sententieux; serré; körnig, qui a des grains; körnige Drüsen, *pl. pl.* (*anat.*) glandes conglomérées.      [accapareur de grains.

Kornjude, *m.* 3, =wucherer, *m.* 1,

Kornland, *n.* 5*, pays fertile en blé, *m.*      [grains, *f.*

Kornmangel, *m.* 1*, disette de

Kornmarkt, *m.* 2*, marché aux grains.

Körnmaschine, *f.* (*cir.*) grêloire.

Kornmaß, *n.* 2, mesure pour les grains, *f.*      [de grains, *m.* de blé.

Kornmesser, *m.* 1, mesureur juré

Kornmessergebühr, *f.* minage, *m.*

Kornmilbe, *f.* =wurm, *m.* 5*, calandre, *f.*; cosson, *m.* charançon.

Kornreich, *adj.* grenu (*épi*); fertile en blé (*pays*).

Kornroſe, f. pavot rouge, m. coquelicot; blaue —, scabieuse des champs, f. [les grains.

Kornſchaufel, f. pelle à remuer

Kornſchwinge, f. van à blé, m.

Kornſchwinger, =werfer, m. 1, vanneur.

Kornſieb, n. 2, crible, m.

Korntuch, n. 5*, balin, m.

Körnung, f. leurre, m. appât.

Kornwender, m. 1, manieur de blé. [(fond.) bercelle.

Kornzange, fém. (chir.) tenette;

Kornzins, m. 2, redevance en grains, f. [corps mort; cadavre.

Körper, m. 1, corps; todte —,

Körperbau, m. 2, conformation du corps, f.

Körperbeſchaffenheit, f. constitution, complexion, tempérament, m.

Körperchen, n. 1, corpuscule, m.

Körperdicte, =fülle, f. corpulence, embonpoint, m.

Körperlehre, f. somatologie.

Körperlich, adj. corporel, matériel; (math.) solide.

Körperlichkeit, f. (philos.) matérialité.

Körpermeſſung, f. stéréométrie.

Körperſchaft, fém. corporation, corps, m. [m.

Körperwelt, f. monde matériel,

Korybant, m. 3, (ant.) corybante.

Koſen, v. n. (h.) causer, jaser; s'entretenir familièrement; caresser, cajoler.

Kosmogonie, f. cosmogonie.

Kosmologie, f. cosmologie.

Kosmologiſch, adj. cosmologique.

Koſſat, m. 2, qui possède une hutte et quelques arpents de terre.

Koſt, f. nourriture; aliment, m.; pension, f.; table; chère; die gewöhnliche —, ordinaire, m.

Koſtbar, adj. précieux; cher, coûteux; somptueux; superbe, magnifique.

Koſtbarkeit, f. grand prix, m.; cherté, f. magnificence; chose précieuse, bijou, m.

Koſtbeutel, m. 1, (milit.) ordinaire, m. chambrée, f.

Koſten, v. a. goûter, déguster; éprouver; —, s. n. 1, dégustation, f.; gustation; épreuve.

Koſten, v. n. (h.) coûter, revenir à tant; viel —, coûter cher; —, s. pl. dépens, m. pl. frais; (jur.) coût; prix; Nebenkoſten —, faux frais.

Koſtenfrei, adj. défrayé; exempt de tous frais et dépens.

Koſter, m. 1, dégustateur.

Koſtfrau, f. maîtresse de pension. [che.

Koſtfrei, adj. qui a la table française.

Koſtgänger, m. 1, =inn, f. pensionnaire (pour la nourriture), m. et f.

Koſtgeld, n. 5, pension, f.

Koſthaus, n. 5*, pension, f.; maison où l'on donne à manger.

Koſtherr, m. 3, =halter, 1, maître de pension.

Köſtlich, adj. excellent; délicat, délicieux; exquis; précieux.

Koſtſchule, f. pensionnat, m. pension, f.

Koſtſchüler, m. 1, =inn, f. pensionnaire, m. et f.; — halten, tenir pension (pour la nourriture et l'instruction).

Koſtſpielig, adj. coûteux, dispendieux. [friand.

Koſtverächter, masc. 1, homme

Koth, m. 2, boue, f. crotte, fange, bourbe; crasse; excréments, m. pl. immondices, pl. fiente; émonde de faucon; laissées de loup, etc., pl.; mit — beſpritzen, crotter; ſich — an die Schuhe ſpritzen, se botter, se crotter; der angeſpritzte —, éclaboussure, f.; vom —t reinigen, décrotter; débourber; aus dem —e ziehen, tirer de la boue, débourber, désembourber; — auswerfen, fienter.

Kothe, f. chaumière; saline.

Köthe, f. boulet d'un cheval, m.

Köther, m. 1, mâtin.

Kothführer, m. 1, boueur.

Kothig, adj. boueux, bourbeux, crotté, fangeux; sale, crasseux; — machen, crotter.

Kothkäfer, m. 1, fouille-merde.

Kothklumpen, m. 1, motte de crotte, f.; — an den Schuhen, fm. botte.

Kothlache, =grube, f. bourbier, m.; gâchis; margouillis; mare fangeuse, f.; (cha.) souille.

Kothſchaufel, f. pelle à boue.

Kothſchirm, m. 2, parabole.

Kothſpritzer, m. 1, éclaboussure, f.

Kothurn, m. 2, (ant.) cothurne.

Kotze, m. 3, Kötze, f. couverture de fourrure; corbeille, hotte; Einem den Kopen ſtreichen, flatter, caresser qn. [gobiller.

Kopen, v. n. (h.) bas, vomir, dégobiller.

Kopern, v. n. et imp. (h.) bas, avoir envie de vomir.

Krabbe, f. crabe, m.; cancre, civade, f.; crabe à queue; écrevisse de mer; fg. fm. marmot, m.

Krabben, v. a. et n. (h.) manier, tâtonner; patiner; chatouiller légèrement; fourmiller, démanger.

Krabbenfreſſer, m. 1, crabier.

Krach, m. 2, fracas, bruit; fm. crac; — interj. crac!

Krachen, v. n. (h.) craquer; craqueter; faire du fracas; tonner; pétiller; (chim.) fulminer; cro-

quer sous la dent; das Holz kracht, le bois travaille; —, s. n. 1, fracas, m. bruit; craquement; pétillement; (chim.) fulmination, f.

Krachend, adj. qui fait du fracas; pétillant; tonnant; —, adv. avec bruit, éclat.

Krachmandel, f. amande tendre, amande en coque.

Krachtorte, f. croquante.

Krächzen, v. n. (h.) croasser; fm. croasser, m.; fm. gémissement.

Krade, f. fm. criquet, m.

Kraft, f.*, force; (phys.) id., intensité; fg. id., vigueur, énergie, nerf, m.; pouvoir, puissance, f.; faculté; efficacité; vertu d'un remède; — meines Amtes, en vertu de ma charge; ſeine — verlieren, s'amortir (boulet, etc.).

Kraftarznei, f. confortatif, m. fortifiant, restaurant, élixir.

Kraftbrühe, f. consommé, m. restaurant; durchgeſeihete —, coulis.

Krafteſſig, m. 2, vinaigre cordial. [m.

Kraftgenie, n. 2, génie vigoureux,

Kräftig, adj. fort, vigoureux, robuste; puissant; fg. fort, vigoureux, énergique; efficace; valable; fortifiant, nourrissant (aliment).

Kraftlos, adj. faible; languissant; énervé; flasque, fg. id., sans nerf, sans force; impuissant; inefficace; invalide (acte); (méd.) adynamique.

Kraftloſigkeit, f. faiblesse; langueur; affaiblissement, m.; épuisement, impuissance, f.; fg. id., inefficacité; (méd.) adynamie; gänzliche —, inanition.

Kraftmehl, n. 2, amidon, m.

Kraftmilch, f. bouillon perlé, m.

Kraftſuppe, f. bisque; v. Kraftbrühe.

Kraftvoll, adj. vigoureux; fg. id., énergique; nourri (style); bien frappé (vers).

Kraftwaſſer, n. 1, eau cordiale, f.

Krägelchen, n. 1, dim. petit collet, m. fraisette, f.; v. Kragen.

Kragen, m. 1*, collet; tour de cou; col d'une chemise; rabat des prédicateurs, etc.; fraise, f.; manche de violon, etc., m.

Kragſtein, m. 2, console, f. corbeau, m. [corneilles, m.

Krähe, f. corneille, die junge —,

Krähen, v. n. (h.) chanter (coq); —, s. n. 1, chant du coq, m.

Krähenſchrei, m. exc. 1, œil de corneille, m.; noix vomique, f.; v. Hühnerauge.

Krahn, m. 2, (méc.) grue, f. chèvre; (nav.) crone, m.

Krahnbalken, m. 1, =leiter, f. rancher, m. échelier; écoperche, f.; (mar.) bossoir, m.

Krahnbalkenträger, m. 1, bosseur, porte-bossoir.

Krahnrad, n. 5*, tympan, m.

Krahnſeil, n. 2, câble, m.

Krahnſtänder, m. 1, arbre, flèche (f.) d'une grue. [teau de fer.

Krail, m. 2, croc, râble ou râ-

Kraкeel, m. 2, prvcl. fm. querelle, f. vacarme, m.

Kraкeelen, v. n. (h.) prvcl. fm. quereller, chercher noise.

Kralle, f. griffe, serre.

Krallenhieb, m. 2, griffade, f.

Kram, m. 2*, trafic, commerce en détail, mercantile, f.; boutique; einen — anfangen, ouvrir, lever boutique; se mettre en boutique; —, marchandise, mercerie; fg. affaire; der alte —, mépr. antiquaille.

Krambambeli, m. indécl. grog (sorte de punch).

Krambude, f. =laben, m. 1*, boutique, f.; kleine —, échoppe.

Kramen, v. n. (h.) farfouiller.

Krämer, m. 1, détailleur, débitant; mercier; quincaillier; mépr. boutiquier; der kleine —, colporteur, porte-balle.

Krämerei, f. Kramhandel, m. 1*, mercantile, f. trafic en détail, m.

Krämergewicht, n. 2, poids des marchands, m.

Krämerinnung, f. corps (m.), communauté (f.) des merciers.

Kramervogel, m. 1*, grive, f.; der greße —, litorne.

Krampe, f. crampon, m.; fermoir, happe, f.; dim. cramponnet, m. [de chapeau.

Krämpe, f. rebord, m. retroussis

Krämpel, f. carde; peigne, m.

Krämpeln, v. a. carder la laine.

Krämpen, v. a. retrousser.

Krämpenſchnur, f.*, audace.

Krampf, m. 2*, crampe, f. spasme, m. convulsion des nerfs, f.

Krampfader, f. varice.

Krampfaderig, adj. variqueux.

Krampfartig, Krämpfig, adj. spasmodique; ſich trämpfig ſißen, s'engourdir à force de rester assis.

Krampffiſch, m. 2, torpille, f.

Krampfhuſten, m. 1, toux convulsive, f.

Krampfhaft, adj. convulsif.

Krampfmittel, n. 1, antispasmodique, m. [dique.

Krampfſtillend, adj. antispasmo-

Krämpler, m. 1, cardeur de laine.

Kramwaare, f. mercerie, menue marchandise; quincaillerie.

Kranich, m. 2, grue, f.; der junge —, gruau, m.

---

Krant*, adj. malade; (méd.) id.; affligé (partie); ſich — ſtellen, feindre une maladie; contrefaire le malade; —werden, tomber malade.

Kränkeln, Kranken, v. n. (h.) être maladif, indisposé, incommodé, infirme.

Kränken, v. a. affliger, attrister; chagriner, mortifier, blesser, désoler; empfindlich —, piquer, toucher au vif; jemandes Ehre —, flétrir l'honneur de qn.

Krankenbeſuch, m. 2, visite faite à un malade, f.

Kränkend, adj. chagrinant; mortifiant, désolant.

Krankenhaus, =ſpital, n. 5*, hôpital, m.; infirmerie, f.

Krankenkoſt, f. diète; régime, m.

Krankenſchiff, n. 2, vaisseau d'hôpital, m.

Krankenſtube, fém. chambre des malades, infirmerie.

Krankenwärter, m. 1, =inn, f. garde-malade, m. et f.; infirmier (m.), -ère (f.) d'un hôpital; sœur de la charité. [posé.

Krankhaft, adj. maladif, indis-

Krankheit, f. maladie; incommodité, indisposition, infirmité; die beſondere —, idiopathie (d'un membre). [graphie.

Krankheitsbeſchreibung, f. noso-

Krankheitslehre, f. pathologie.

Krankheitsſtoff, m. 2, matière morbifique, f.

Krankheitswechſel, m. 1, crise, f.

Kränklich, adj. maladif, invalide, infirme, fluet.

Kränklichkeit, f. état maladif, m.

Kränkung, f. chagrin, m. mortification, f.; offense; blessure; vexation.

Kranz, m. 2*, couronne, f. guirlande de fleurs; (arch.) corniche; ceinture, f.; (arch.) le couronnement d'une voûte; (men.) bandeau; (chap.) coquille, f.; pente de lit; (carross.) gouttière; der — des Backofens, la ceinture du four.

Kranzader, =ſchlagader, f. veine, artère coronaire.

Kränzchen, Kränzlein, n. 1, petite couronne, f.; fg. cercle, m. soirée, f. coterie, fm. buvette ‖ honneur d'une fille, m.

Kränzen, v. a. couronner; cerner l'écorce d'un arbre.

Kranzförmig, adj. en forme de couronne; —e Zierathen, (arch.) couronnement, m.

Kranzleiſte, f. (arch.) couronne, larmier, m.; (men.) larenier.

Kranznaht, f.*, (anat.) suture coronale. [gnet.

Krapf, m. 3, Krapfen, 1, bei-

---

Krapp, m. 2, garance, f.

Krappartig (méd.), ſich — ſtellen, jen, rubiacées, f. pl.

Krappe, f. crampon, m.; gâchette, f. [can.

Krater, m. 1, cratère d'un vol-

Krägartig, adj. psorique, scabieux.

Krazbeere, f. mûre sauvage.

Krazbeerſtaude, f. ronce rampante, mûrier nain, m.

Krazbürſte, f. grattoir, m.; décrottoire, f.; (orf.) saie; (monn.) gratte-bosse; mit der — reinigen, gratte-bosser.

Krazdiſtel, f. chardon de bonnetier, de foulon, m.

Kraze, f. carde, grattoir, m. brosse à friser, f.

Kräze, f. (méd.) gale, teigne; psora, m.; die trockene, kleine —, gratelle, f. tac de brebis, m. ‖ déchet, râclure qui tombe des métaux, f.; pailles, pl.; (orf.) lavure.

Krazeiſen, n. 1, râcloir, m. grattoir; ratissoire, f.; (dor.) grateau, m.; (artill.) curette, f.

Krazen, v. a. gratter; égratigner; ratisser; écorcher le palais; (orf.) sayeter; carder la laine; chardonner; friser; cotonner; mépr. râcler du violon; —, v. n. (h.) jurer (violon); ſich hinter den Ohren —, fm. s'en mordre les doigts; —, s. n. 1, action de gratter, f.

Krazer, m. 1, (arm.) tire-bourre, (min.) tire-sable; fg. fm. vin âpre, chasse-cousin.

Krazfuß, m. 2*, fm. révérence gauche, f. faite de mauvaise grâce; bonnetade; mit vielen Kraz-füßen, à belles baisemains.

Krazig, adj. galeux, gratteleux.

Krazkämmer, f. teignerie.

Krazſalbe, f. onguent gris, m.

Krazwaſcher, m. 1, laveur de déchet; orpailleur.

Krazwaſſer, m. 1, (orf.) lavure, f.

Kräzwolle, f. bourre lanice; laveton, m.

Krauen, v. a. chatouiller légèrement, f.

Kraus, adj. frisé, crépu; bouclé (cheveux); crêpé (salade); moutonné; fg. refrogné; —machen, v. Kräuſeln, Krauſen; — werden, se cotonner. [f.

Krausbart, m. 2*, barbe épaisse,

Kraus, =Kräuſelbeere, f. gadéle.

Krauſe, f. frisure; godron, m.; fraise, f.; jabot, m.

Kräuſeleiſen, n. 1, fer à friser, m.

Kräuſelholz, n. 5*, bilhoquet, m.

Kräuſeln, Krauſen, v. a. friser, boucler, anneler les cheveux; fein —, frisotter, crêper; moutonner, plisser; fraiser; godronner les

*manchettes*; ſich —, se crêper, se friser; se rider (*eau*); —, *s. n.* 1, frisure, *f.* annelure *des cheveux*; crispation; crêpage *du crêpe, m.* [netis, *m.*

Kräuſelwerk, *n.* 2, (*monn.*) greKrauſemünze, *f.* menthe crépue.

Krausbaarig, *adj.* à cheveux crépus.

Krausholz, *n.* 5*, bilboquet, *m.*

Krauskohl, *m.* 2, choux frisés, *pl.*

Krauskopf, *m.* 2*, =baar, *n.* 2, tête crépue, *f.* frisée, tête moutonnée.

Kraut, *n.* 5*, herbe, *f.*; herbage, *m.*; —er, *pl.* herbes, *f.pl.*; plantes; medicinifche —er, simples, *m. pl.*; —er ſuchen, herboriser || (*sans pl.*) chou, choux, *pl.*

Krautartig, *adj.* herbacé.

Krautdorfche, *f.* côte de chou.

Krauten, *v. a.* sarcler; ébourgeonner *les vignes.*

Kräuterbad, *n.* 5*, bain d'herbes, *m.*; étuve humide, *f.*

Kräuterbier, *n.* 2, cervoise, *f.*

Kräuterbrühe, *f.* bouillon rafraichissant, *m.*; bouillon aux herbes.

Kräuterbuch, *n.* 5*, herbier, *m.*

Kräuterfrau, Kräuterinn, *f.* herbière, vendeuse d'herbes.

Kräuterkäſe, *m.* 1, fromage vert.

Kräuterkenner, *m.* 1, botaniste.

Kräuterkunde, =lehre, =wiſſenſchaft, *f.* botanique.

Kräutermaß, *m.* 5*, Kräutler, 1, herboriste, vendeur d'herbes.

Kräuterſäckchen, *n.* 1, sachet (*m.*), nouet d'herbes médicinales.

Kräuterſalat, *m.* 2, salade aux menues herbes, *f.* [sation, *f.*

Kräuterſammeln, *n.* 1, herborisKräuterſammler, *m.* 1, herboriscur. [herborisation, *f.*

Kräuterſammlung, *f.* herbier, *m.*;

Kräuterſuppe, *f.* potage aux herbes, *m.*; Fleiſch= und —, oille, *f.*

Kräutertabak, *m.* 2, tabac de santé. [médicinales.

Kräuterthee, *m.* 2, thé d'herbes

Kräutertrank, *m.* 2*, infusion médicinale, *f.* tisane, infusion de simples. [cinal.

Kräuterwein, *m.* 2, vin médiKräuterwerk, *n.* 2, herbage, *m.* || ouvrage botanique.

Kräuterzucker, *m.* 1, conserve, *f.*

Krautgarten, *m.* 1*, jardin potager.

Krauthacke, *f.* boyau, *m.* houe, *f.*

Krautjunker, *m.* 1, *fm.* planteur de choux, gentilhomme pauvre et fier. [pomme de chou.

Krautkopf, *m.* 2*, tête (*f.*) ou

Krautmarkt, *m.* 2*, marché aux herbes. [choux, *f.*

Krautſalat, *m.* 2, salade aux

Krautſtänder, *m.* 1, tinette, *f.*

Krautſtrunk, *m.* 2*, tronc de chou.

Kreatur, *f.* créature.

Krebs, *m.* 2, écrevisse, *f.*; (*astr.*) cancer, *m.*; (*méd.*) cancer, gangréne, *f.* chancre, *m.* carcinome; (*jard.*) chancre, gale, *f.*; (*arm.*) corselet, *m.* écrevisse, *f.*; *fg.* gangréne; vom — angegriffen, *v.* Krebsartig.

Krebsartig, *adj.* chancreux, cancéreux, carcinomateux; das —t Geſchwür, chancre, *m.*

Krebſen, *v. n.* (h.) prendre, pêcher des écrevisses.

Krebsgang, *m.* 2*, den — geben, *fg.* marcher à reculons; ne pas réussir.

Krebsgeſchwür, *n.* 2, =ſchaden, *m.* 1*, cancer, gangréne, *f.*

Krebsſchale, *f.* écaille d'écrevisse.

Krebsſchere, *f.* pince, serre, bras (*m.*) d'écrevisse. [visses.

Krebsſuppe, *f.* soupe aux écre-

Kreef, *n.* 2, (*mar.*) crique, *f.*

Kreide, *f.* craie; die ſchwarze —, le crayon noir, la pierre noire; gefärbte — zum Malen, pastel, die ſpaniſche —, blanc d'Espagne.

Kreiden, *v. a.* marquer avec de la craie; crayonner.

Kreidenerde, *f.* terre crayonneuse.

Kreidicht, Kreidenartig, *adject.* crayonneux. [de la craie.

Kreidig, *adj.* crétacé, contenant

Kreis, *m.* 2, cercle; rond; der blaue —, ceme *autour d'une blessure, des yeux*; aréole *autour des mamelons, f.*; (*phys.*) Hof; (*astr.*) orbe, *m.* orbite *d'une planète, f.*; (*géogr.*) cercle, *m.*; province, *f.*; département, *m.*; *fg.* cercle, sphère, *f.*; im —t ſeiner Familie, au sein de sa famille.

Kreisabſchied, *m.* 2, recès d'un cercle de l'Empire.

Kreisabſchnitt, *m.* 2, segment d'un cercle.

Kreisamt, *n.* 5*, charge directoriale d'un cercle de l'Empire, *f.*; bailliage, *m.*

Kreisausſchnitt, *m.* 2, secteur d'un cercle.

Kreisausſchreibend, *adj.*, ein —er Fürſt, un prince-directeur d'un cercle d'Empire.

Kreisbrief, *m.* 2, circulaire, *f.*

Kreiſchen, *v. n.* (h.) *fm.* crier, criailler, glapir; (*cha.*) margotter (*cailles*); jurer (*violon*); petiller (*feu*); —, *s. n.* 1, cris, *m. pl.* criaillerie, *f.* clapissement, *m.* pétillement.

Kreiſchend, *adj.* aigu, aigre, perçant. [pirouette.

Kreiſel, *m.* 1, sabot, toupie, *f.*

Kreiſelbohrer, *m.* 1, drille, *f.* trépan à archet, *m.* [rouetter.

Kreiſeln, *v. n.* (h.) tournoyer, pivoter; *v.* Kreiſelſchnede, *f.* sabot, *m.*; verſteinerte —, trochite, *f.*

Kreiſen, *v. n.* (h.) tourner, tournoyer, faire le tour; (*cha.*) suivre la piste; *v. a.* (*min.*) casser, écraser. [biculaire.

Kreisförmig, *adj.* circulaire, or-Kreisgang, *m.* 2*, mouvement ou tour circulaire, vicissitude des saisons, *f.*; *v.* Kreislauf.

Kreislauf, *m.* 2*, circulation *du sang, etc., f.*; mouvement circulaire, *m.* || révolution (*f.*), orbe (*m.*) *des astres*; (*man.*) volte, *f.*; *fg.* circulation; succession, retour (*m.*) *des animaux*); tour (*m.*) *des événements.*

Kreisſchattig, *adj.* périscien.

Kreisſchreiben, *n.* 1, circulaire, *f.*

Kreißen, *v. n.* (h.) être en travail d'enfant; —, *s. n.* 1, travail d'enfant, *m.* [cle.

Kreisſtadt, *f.*, capitale d'un cer-Kreistag, *m.* 2, diète d'un cer-Krempe, *v.* Krämpe. [cle, *f.*

Krepiren, *v. n.* (f.) mourir, crever (*des animaux*). [pon.

Krepp, =flor, *m.* 2, crêpe, crê-Kreppen, *adj.* de crêpe, crêpon; ein —es Halstuch, un fichu en crêpe.

Kreſſe, *f.* goujon, *m.*; (*bot.*) cresson; ſpaniſche, indianiſche —, capucine, *f.* [ſ.

Kreſſenplatz, *m.* 2*, cressonnière, Kreuz, *n.* 2, croix, *f.*; (*égl.*) crucifix, *m.* signe de la croix; das geſchobene —, sautoir; (*cart.*) tréfle; (*arm.*) quillon; branche de la garde de l'épée, *f.*; (*impr., pap.*) étendoir, *m.* ferlet, (*mus.*) dièse; mit einem — bezeichnet, dièse; (*men.*) croisée, *f.*; (*man.*) croupe; esquine, reins, *m. pl.*; mit einem ſchönen —, bien croupé; —, croupion, reins, *pl.*; ſich das — zerbrechen, s'éreinter; — *fg.* adversité, *f.*; chagrin, *m.*; ins —, en croix, en sautoir, (*planter*) en échiquier; mit einem — bezeichnen, croiser; das — nehmen, se croiser; ins — laufen, *id.*; — und Quer, *fm.* en tous sens; zum — friechen, *fm.* se soumettre; s'humilier. [croix.

Kreuzabnehmung, *f.* descente de Kreuzart, *f.*, croisillon.

Kreuzart, *f.*, besaigüe. [ſ.

Kreuzbeere, *f.* baie de nerprun.

Kreuzbein, *n.* 2, os sacrum, *m.*

Kreuzbinde, *f.* bandage en croix, *m.*

Kreuzblech, *n.* 2, tôle forte, *f.*

Kreuzbogen, *m.* 1*, arc croisé.

Kreuzborn, m. exc. 1, nerprun.
Kreuzen, v. n. (h.) croiser; (mar.)
id., être en croisière; louvoyer;
—, v. a. croiser; sich —, faire le
signe de la croix; —, s. n. 1, croisement, m.; (mar.) course en mer,
f.; ber Strich zum —, croisière.
Kreuzer, m. 1, (monn.) creutzer.
Kreuzfindung, f. (égl.) fête de
l'invention de la sainte Croix.
Kreuzerhebung ou -erhöhung, f.
(égl.) exaltation de la sainte
Croix.     [la croix, croix, f.
Kreuzesstamm, m. 2*, arbre de
Kreuzestod, m. 2, supplice de la
croix.
Kreuzfaden, m. pl. 1*, croisée, f.
Kreuzfahne, f. bannière d'église.
Kreuzfahrer, m. 1, croisé.
Kreuzfahrt, f. croisade, guerre
sainte; procession; (mar.) course;
croisière.
Kreuzfährte, f. surallée (du cerf).
Kreuzförmig, adj. en forme de
croix; (bot.) cancellier une écriture.
me; (chir.) crucial.
Kreuzfuchs, m. 2*, renard croisé.
Kreuzgang, m. 2*, (cath.) procession, f.; (arch.) cloître, m.;
—e, pl. (min.) veines qui se croisent, f. pl.
Kreuzgefecht, n. 2, croiserie, f.
Kreuzgewölbe, n. 1, voûte d'arête, f.     [traverse.
Kreuzhammer, m. 1*, marteau à
Kreuzhaspel, m. 1*, tourniquet.
Kreuzhieb, m. 2, taillade croisée, f.
Kreuzhügel, m. 1, calvaire.
Kreuzigen, v. a. crucifier; fg. das
Fleisch —, mortifier sa chair.
Kreuzigung, f. crucifiement, m.
crucifixion, f.; fg. mortification.
Kreuzlahm, adj. éreinté, déhanché; épointé (se dit des animaux).
Kreuzleiste, f. mouchette, tringle
croisée.     [penteurs, f.
Kreuzmaß, n. 2, équerre des ar-
Kreuzmeißel, m. 1, couteau à
tailler, langue de carpe, f.
Kreuznaht, f.*, couture en croix.
Kreuzorden, m. 1, ordre de la
Croix.     [section, f.
Kreuzpunkt, m. 2, (math.) inter-
Kreuzreihe, f. (pav.) morce.
Kreuzreiter, m. 1, cavalier de la
maréchaussée, gendarme; archer.
Kreuzriemen, m. 1, surdos de
harnais.
Kreuzritter, m. 1, chevalier de
la croix; chevalier croisé.
Kreuzschnabel, m. 1*, bec croisé
(oiseau).     [ciale, f.
Kreuzschnitt, m. 2, incision cru-
Kreuzschraffirung, f. (grav.) con-
tre-hachure.
Kreuzschritt, m. 2, (dans.) croisé.

Kreuzsegel, n. 1, voile de perro-
quet, f.
Kreuzseite, f. (monn.) croix.
Kreuzspinne, f. araignée porte-
croix.     [trechat.
Kreuzsprung, m. 2*, (dans.) en-
Kreuzstange, f. (mar.) vergue
d'artimon.     [tête.
Kreuzsteg, m. 2, (impr.) bois de
Kreuzstich, m. 2, point en croix.
Kreuzstock, m. 2*, croisée, f. fe-
nêtre.     [m.
Kreuzstraße, -gasse, f. carrefour,
Kreuztragend, adj. (bot.) crucifère.
Kreuzträger, m. 1, porte-croix;
fg. homme accablé de maux.
Kreuzwebung, f. croisure.
Kreuzweg, m. 2, traverse, f.;
chemin croisé, m.; carrefour.
Kreuzweise, adv. en croix; (blas.)
en sautoir; — legen ou über einan-
ber legen; croiser les jambes, etc.;
— weben; croiser; sich — durchschneiden, se croiser; — durchstreichen, canceller une écriture.
Kreuzwoche, Kreuzfahrtwoche, f.
semaine des Rogations.
Kreuzwurz, f. croisette.
Kreuzzug, m. 2*, croisade, f.;
caravane des chevaliers de Malte.
Kriddelei, f. fm. morosité; vétillerie, chose épineuse ou chatouil-
leuse.
Kriddeln, v. n. (h.) être pointilleux, susceptible, morose; vétiller.
Krickrack, interj. cric crac.
Kridler, m. 1, -inn, f. esprit
morose, m. hargneux, vétilleur,
-se, f.
Kridlich, adj. vétilleux, pointilleux; morose, hargneux; épineux,
chatouilleux; délicat (affaire).
Kriebelkrankheit, f. mal de S.
Gui, m.
Kriebeln, Kribbeln, v. a. et n.
(h.) fourmiller, grouiller; chatouiller; picoter; —, s. n. 1, picotement, m.
Krieche, f. prune sauvage.
Kriechen, v. n. 6 (f.) ramper; se
traîner sur le ventre, etc.; fg.
ramper; zum Kreuz —, s'humilier,
céder à la force.
Kriechend, adj. rampant; reptile; fg. rampant; bas; vil; das
—e Ungeziefer, reptiles, m. pl.
Kriechente, f. cercelle, sarcelle.
Kriecherei, f. flagornerie, flatterie, adulation.
Krieg, m. 2, guerre, f.; zum —
gewöhnen, aguerrir; sich zum —e
rüsten, armer.
Kriegen, v. n. (h.) faire la guerre.
Kriegen, v. a. fm. saisir; gagner;
obtenir; attraper; recevoir; avoir.
Krieger, m. 1, -inn, f. guerrier,

m. -ère, f.; soldat, m.; amazone,
f.     [queux, martial; aguerri.
Kriegerisch, adj. guerrier, belli-
Kriegführend, Kriegend, adj. bel-
ligérant; qui est en guerre.
Kriegsübt, -gewohnt, adj. aguerri.
Kriegsamstalt, f., v. Kriegsrüstung.
Kriegsbaukunst, f.*, architecture
militaire, génie, m. fortification,
f.
Kriegsbaumeister, m. 1, ingénieur.
Kriegsbedürfnisse, n. pl. 2, munitions de guerre, f. pl.
Kriegscasse, f. caisse militaire.
Kriegscassirer, m. 1, trésorier de
l'armée.
Kriegscommando, n. 1, généralat,
m.; commandement de l'armée.
Kriegscommissar, m. 2, commis-
saire des guerres.
Kriegsdienst, m. 2, service mi-
litaire; armes, f. pl.; —e nehmen,
entrer au service, suivre les armes.
Kriegserfahren, adj. versé dans
le métier de la guerre, dans l'art
militaire; expérimenté.
Kriegserfahrenheit, -erfahrung, f.
connaissance du métier de la
guerre, expérience dans l'art de
la guerre.     [de guerre.
Kriegserklärung, f. déclaration
Kriegsfernrohr, -perspectiv, n. 2,
polémoscope, m.
Kriegsflotte, f. armée navale.
Kriegsgebrauch, m. 2*, raison de
guerre, f.; nach —, militairement.
Kriegsgefährte, m. 3, compagnon,
camarade d'armes ou de guerre.
Kriegsgefangene, m. 3, prisonnier
de guerre.     [guerre, m.
Kriegsgeräth, n. 2, attirail de
Kriegsgericht, n. 2, conseil de
guerre, m. conseil militaire, cour
martiale, f.     [m.
Kriegsgeschrei, n. 2, cri de guerre,
Kriegsgesetz, n. 2, loi militaire, f.
Kriegsglück, n. 2, fortune (f.),
sort (m.) de la guerre; das — ist
veränderlich, les armes sont journalières.
Kriegsgott, m. 5*, dieu de la
guerre, Mars.
Kriegsgöttinn, fém. déesse de la
guerre, Bellone.
Kriegsgurgel, m. fm. homme féroce, m. qui ne respire que la
guerre.
Kriegshandwerk, n. 2, métier de
la guerre, m. métier des armes.
Kriegsheer, n. 2, armée, f.; troupes, pl.
Kriegsheld, m. 3, héros, guerrier, capitaine; der furchtbare —,
foudre de guerre.
Kriegsherold, m. 2, héraut d'armes; (ant. r.) fécial.
Kriegshospital, n. 5*, hôpital mi-

litaire, *m.* hôpital ambulant, ambulance, *f.*

Kriegskammer, *f.* département de la guerre, *m.*; département militaire.    [dat.

Kriegsknecht, *m.* 2, simple soldat.

Kriegskosten, *pl.* frais de la guerre, *m. pl.*

Kriegskunst, *f.* *, art militaire, *m.* science de la guerre, *f.*; tactique.    [*m. pl.*

Kriegsläufte, *pl.* temps de guerre,

Kriegsleben, *n.* 1, vie militaire, *f.*; das — gewohnt werden, s'aguerrir.    [riére, *f.*

Kriegslied, *n.* 5, chanson guerrière, *f.*

Kriegslist, *f.* stratagème, *m.*

Kriegslustig, adj. guerrier; *fm.* guerroyeur (*prince*).

Kriegsmacht, *f.* *, forces militaires, *pl.*; armée; die — zu Lande, zu Wasser, les forces de terre, de mer.

Kriegsmann, *m.* 5, soldat, guerrier; =leute, *pl.* gens de guerre.

Kriegsmantel, *m.* 1*, manteau de guerre; (*ant.*) chlamide, *f.*; (*ant. r.*) saie, sagum, *m.* paludamentum *d'un général.*

Kriegsminister, *m.* 1, ministre de la guerre.

Kriegsnoth, *f.* *, calamité, misères (*pl.*) de la guerre.

Kriegsrath, *m.* 2*, conseil de guerre; conseiller de guerre.

Kriegsrecht, *n.* 2, droit de la guerre, *m.* justice militaire, *f.*; es ist ein — über ihn gehalten worden, il a passé par le conseil de guerre.

Kriegsrichter, *m.* 1, membre d'un conseil de guerre, juge militaire.

Kriegsrock, *m.* 2*, (*ant.*) *v.* Kriegsmantel (*ant.*).

Kriegsrüstung, *f.* armement, *m.* préparatifs de guerre, *pl.*

Kriegsschaar, *f.* troupe de soldats; (*ant. r.*) cohorte; *v.* Schaar.

Kriegsschauplatz, *m.* 2*, théâtre de la guerre.    [guerre, *m.*

Kriegsschiff, *n.* 2, vaisseau de

Kriegsschule, *f.* école militaire.

Kriegsschultheiß, *m.* 2, auditeur.

Kriegssold, *m.* 2, solde, *f.* paye; prêt, *m.*    [taire.

Kriegsstand, *m.* 2*, état militaire.

Kriegssteuer, *f.* contribution militaire, de guerre.

Kriegsstrafe, *f.* châtiment (*m.*), punition (*f.*), supplice (*m.*) militaire.

Kriegsthat, *f.* exploit militaire, *m.* fait d'armes.

Kriegsübung, *fém.* exercice, *m.*; manœuvre, *f.*

Kriegsunruhen, *f. pl.* troubles de la guerre, *m. pl.*

Kriegsvolk, *n.* 5*, gens de guer-

re, *m. pl.* troupes, *f. pl.* milice; *mépr.* soldatesque.

Kriegsvorrath, *m.* 2*, munitions de guerre, *f. pl.*    [mes, *f.*

Kriegswesen, *n.* 1, guerre, *f.* art de la guerre; tactique.

Kriegswissenschaft, *f.* science de la guerre; tactique.

Kriegszucht, *f.* discipline militaire; zur — gewöhnen, discipliner.    [litaire, *f.*

Kriegszug, *m.* 2*, expédition mi-

Kriegszwang, *m.* 2, exécution militaire, *f.*

Krimpen, *v. a.* et *n.* (h.), das Tuch — ou — lassen, ôter le lustre à un drap; sich —, se retirer, se rétrécir.    [lan, *m.*

Krimpenspiel, *n.* 2, (*cart.*) bre-

Kringel, *m.* 1, beignet, craquelin.

Krinitz, *m.* 2, loriot (*oiseau*).

Krinne, *f.* cannelure, fente, crevasse.    [auge.

Krippe, *f.* crèche, mangeoire,

Krippen; *v. a.* (*serr.*) plier, courber; garnir de fascines.

Krippenbeißen, *n.* 1, (*vét.*) tic, *m.*

Krippenbeißer, *m.* 1, cheval qui a le tic.

Krise, Krisis, *f.* crise.

Krispelholz, *n.* 5*, pommelle, *f.*

Krispeln, *v. a.* crépir, corrompre.

Kristall, *m.* 2, cristal, —t, *pl.* cristaux, cristallisations, *f. pl.*; durchsichtig wie —, cristallin.

Kristallen, adj. de cristal.

Kristallglas, *n.* 5*, verre de cristal, *m.*

Kristallhell, Kristallinisch, adj. cristallin; die kristallische Feuchtigkeit im Auge, (*anat.*) cristallin, *m.*

Kristallisiren, *v. a.* cristalliser; der kristallisirte Körper, cristallisation, *f.*

Kristalllehre, *f.* cristallographie, cristallologie.    [lin, *m.*

Kristalllinse, *f.* (*anat.*) cristal-

Kriterium, *n.* exc. 1, critérium, *m.* caractère distinctif.

Kritif, *f.* critique; censure; examen, *m.*; jugement; die bittere —, la censure amère, *m. p.* diatribe.    [seur.

Kritiker, *m.* 1, critique, cen-

Kritisch, adj. critique.

Kritisiren, *v. a.* critiquer, censurer.

Krittelei, *f. fm.* sophistiquerie.

Kritteln, *v. n.* (h.) critiquer minutieusement, vétiller, chicaner, ergoter, épiloguer.

Krittler, *m.* 1, gloseur, chicanier, épilogueur.

Kritlich, adj. pointilleux; fâcheux; délicat, difficile; — seyn, pointiller, chicaner.

Kritzeln, *v. a.* et *n.* (h.) griffon-

ner; die Feder kritzelt, la plume crie.    [caiman.

Krokodil, *n.* 2, crocodile, *m.*;

Krokodilsthränen, *f. pl.* larmes de crocodile.    [bruyère).

Krollen, *v. n.* (h.) glousser (*coq de*

Krollerbsen, *f. pl.* pois à la saugrenée, *m. pl.*

Kronbediente, =beamte, *m.* 3, officier de la couronne.

Kronblume, *f.* frétillaire.

Kronbolzen, *m.* 1, matras.

Krone, *f.* couronne; diadème, *m.*; tiare *du pape*, *f.*; (*bot.*) corolle; crête *de serpent*; chaperon *de cheminée*, *m.*; (*impr.*) chapeau, chapiteau; couronnement *d'une voûte*; pavillon *d'un diamant*; (*cord.*) croisille, *f.*; *fg.* perle.

Krönen, *v. a.* couronner; einen König salben und —, sacrer un roi; der gekrönte Dichter, le poète lauréat.    [couronne.

Kronenförmig, adj. en forme de

Kronengeld, *n.* 2, bas or, *m.*

Kronenräuber, *m.* 1, usurpateur.

Kronenthaler, *m.* 1, couronne, *f.* écu de six livres, *m.*

Kronerbe, *v.* Kronprinz.

Kronfeldherr, *m.* 3, connétable.

Krongehörn, *n.* 2, (*cha.*) couronnure, *f.*

Krongesims, *n.* 2, corniche, *f.*

Krongut, *n.* 5*, domaine de la couronne, *m.*    [délabre.

Kronleuchter, *m.* 1, lustre, can-

Kronprinz, =erbt, *m.* 3, prince impérial, royal; héritier présomptif de la couronne.

Kronprinzessinn, *f.* princesse impériale, royale.

Kronrad, *n.* 5*, roue à dents, *f.*

Kronschatz, *m.* 2*, trésor de la couronne.

Krönung, *f.* couronnement, *m.*; die Salbung und —, sacre.

Kronwert, *n.* 2, ouvrage couronné, *m.*; ouvrage à couronne.

Kronwicke, *f.* coronille.

Kröpelstuhl, *m.* 2*, petite chaise à bras, *f.*

Kropf, *m.* 2*, jabot, poche, *f.* gorge *des oiseaux*; gésier *de la poule*, *m.*; (*méd.*) goitre, écrouelles, *f. pl.*; (*vét.*) gourme *du cheval.*

Kröpfen, *v. a.* couder, courber en forme de coude; (*maç.*) louver; empâter *des oies*; *fg. pop.* gorger qn.

Kropfgans, *m.* 2*, grand-gosier, *m.* pélican, onocrotale.    [fuleux.

Kröpficht, Kropfartig, adj. scro-

Kröpfig, adj. goitreux.

Kropfleiste, *f.* (*arch.*) quart de rond, *m.*    [sier, *m.*

Kropftaube, *f.* pigeon grand-go-

**Kröschen**, v. a. (impr.) dégraisser l'huile; (cuis.) rissoler.

**Kröte**, f. crapaud, m., fg. mépr. id., crapoussin; (vét.) crapaudine, f.

**Krötenkraut**, n. 5*, cotule, f.

**Krötenlaich**, m. 2, frai de crapaud. [paudière.

**Krötenmeß**, n. 5, =pfütze, f. crapaudine, f.

**Krötenstein**, m. 2, crapaudine, f.

**Krüce**, f. béquille, potence, an —n geben, marcher avec des béquilles, fm. béquiller; —, (art.) râble, m.; (boul.) fourgon; (fondeur) crosse, f.

**Krücengänger**, =schleicher, m. 1, fm. béquillard. [cée, f.

**Krückenkreuz**, n. 2, croix potentée.

**Krug**, m. 2*, cruche, f.; pot, m.; broc; cabaret, taverne, f.; dim. cruchon, m.; ein —voll, une cruchée.

**Krugbürste**, f. goupillon, m.

**Krume**, f. mie de pain, miette.

**Krümelig**, adj. qui s'émie, qui s'émiette; friable, grumeleux.

**Krümeln, Krumen**, v. a. émier; émietter.

**Krumm**\*, adj. courbé; courbe, tortu, tors; crochu, arqué (jambe); sinueux, anfractueux (défilé); rabougri (bois); tortueux, fg. tortueux, indirect; — werden, se déjeter (bois); v. sich krümmen; die —e Linie, courbe, f.; einen — und lahm schlagen, rouer qn. de coups; — biegen, tortuer une épingle; fausser une lame; ein —es Maul machen, tordre la bouche; fg. faire la moue; — schreiben, écrire de biais; einen — ansehen, regarder qn. de travers; —e Wege gehen, fg. prendre des détours.

**Krummästig**, adj. à branches tortues; (forest.) brouté.

**Krummbein**, n. 2, =fuß, m. 2*, fm. pied tortu, pied bot; bancroche, pop. bancal.

**Krummbeinig**, adj. cagneux; qui a les jambes tortues; fm. bancroche, pop. bancal.

**Krummdarm**, masc. 2*, iléon, iléum; zum —e gehörig, iliaque.

**Krümme**, f. courbure; détour, m.; biais, biaisement, sinuosité, f.; anfractuosité d'un chemin, etc.; coude, m.; (arch.) voussure, f.; cambrure d'un arc; bombement d'un mur, etc., m.; die halbovale —, anse de panier d'une arcade, f.; —, gibbosité du dos; (anat.) pli du bras, etc., m.; repli d'un serpent, etc.; die sehrerhafte —, (arch.) jarret; diese Linie macht eine —, cette ligne jarrète.

**Krümmen**, v. a. courber; tordre; tortuer; fausser une lame; in einen Bogen —, cambrer, arquer; bomber; couder, plier, ployer replier, recourber; fléchir; sich —, se courber, se recourber; se plier, se replier; se tortiller; se cambrer; se déjeter (bois); se coffiner (planches); (maç.) forjeter; tournoyer, serpenter (d'un fleuve, etc.); sich — und schmiegen, fg. s'humilier; ramper; —, s. n. 1, entortillement, m., v. Krümme.

**Krummgedreht**, =gewunden, adj. tortu, tors.

**Krummhals**, m. 2*, cou tors, torticolis.

**Krummhalsig**, adj. qui a le cou tors. [be, f. pièce de tour.

**Krummholz**, n. 5*, (mar.) courbe, f.

**Krummholzbaum**, m. 2*, pin des montagnes.

**Krummhorn**, n. 5*, (org.) cromorne, m.

**Krummlinig**, adj. curviligne.

**Krummschnabelig**, adj. qui a le bec crochu.

**Krummstab**, m. 2*, crosse, f.

**Krummstampfer**, m. 1, choc, choque; avaloire, f.

**Krümmung**, v. Krümme.

**Krümpelig**, adj. chiffonné.

**Krüppel**, m. 1, estropié; invalide; mépr. avorton, crapoussin.

**Krüppelig**, adj. estropié; impotent.

**Krüschen**, =lein, n. 1, croûton, m. croûtelette, f.; grignon de pain, m.

**Kruste**, f. croûte du pain, etc.; escarre d'une plaie; die — um das Brod abschneiden, écroûter le pain.

**Krustig**, adj. qui a une croûte.

**Kryptogamie**, f. (bot.) cryptogamie.

**Kryptogamisch**, adj. cryptogame.

**Kübe**, f. (tiss.) dévidoir, m.

**Kübel**, m. 1, cuvier, baquet, cuveau; tine, f.; der große —, jale. [cube, cubique.

**Kubik** (dans la compos.), adj.

**Kubikschuh**, m. 2, pied cube ou cubique. [cubique.

**Kubikwurzel**, f. racine cube ou

**Kubikzahl**, f. cube, m. nombre cube ou cubique. [cuber.

**Kubiren**, v. a. et n. (arithm.)

**Kubisch**, v. Kubik.

**Kübler**, m. 1, baquetier.

**Kubus**, m. exc. 1, (math.) cube; zum — erheben, cuber.

**Küch**, f. cuisine; die — bestellen, besorgen, faire la cuisine, fm. cuisiner.

**Kuchen**, m. 1, gâteau, flan; pâtisserie, f.; (fond.) masse fondue; fonte de fer; (chim.) chapeau, m. [tour.

**Küchenbrett**, n. 5, rondeau, m.

**Küchendienst**, m. 2, service de la cuisine.

**Kücheneisen**, n. 1, gaufrier, m.

**Küchengarten**, m. 1*, potager, jardin potager. [potager.

**Küchengärtner**, m. 1, jardinier

**Küchengeräth**, n. 2, =geräthschaft, f. meuble (m.), ustensile de cuisine; coll. v. Küchengeschirr.

**Küchengeschirr**, n. 2, coll. batterie de cuisine, f.

**Küchengewächs**, n. 2, herbe potagère, f. légume, m.

**Küchenherd**, m. 2, foyer, âtre.

**Küchenhund**, m. 2, pataud, mâtin. [galopin.

**Küchenjunge**, m. 3, marmiton,

**Küchenkammer**, f. garde-manger, m.; dépense, f.; office, m.

**Küchenkraut**, n. 5*, herbe potagère, f.

**Küchenlatein**, n. 2, fm. latin de cuisine, m.; — reden, écorcher le latin; das Gedicht in —, macaronée, f.

**Küchenmagd**, f. *, servante de cuisine, écureuse. [sine.

**Küchenmeister**, m. 1, chef de cuisine

**Küchensalz**, n. 2, sel commun, m.

**Küchenschrank**, m. 2*, garde-manger; buffet; armoire à vaisselle, f.

**Küchenstube**, f. office.

**Küchenzettel**, m. 1, carte, f. menu, m.; den — machen, régler le menu. [sine, m.

**Küchenzeug**, n. 2, linge de cuisine.

**Küchlein**, n. 1, petit gâteau, m. beignet; pastille, f. || poussin, m. petit poulet.

**Kuckuk**, m. 2, coucou.

**Kuckuksblume**, f. orchis, m.

**Kuckuksbrod**, n. 2, pain de coucou, m.

**Kufe**, f. cuve, cuvier, m.; (mar.) baille, f.; (még.) confit, m.; (teint.) bain, fosse, f.; (brass.) brassin, m. barque, f.; tine —voll, une cuvée; in tine — thun, einweichen, encuver. [pis, m.

**Kufenwasser**, n. 1, (tann.) trempe.

**Küfer**, m. 1, tonnelier.

**Kugel**, f. boule; balle de fusil, etc.; boulet de canon, etc., m.; die längliche —, (arg.) bidon; — (bill.) bille, f.; ballotte; (géogr. etc.) globe, m. sphère, f.; muscade de joueur de gobelets; durch — ermählen, ballotter; —n wechseln, se battre au pistolet.

**Kugelbahn**, f. mail, m.

**Kugelblume**, f. globulaire.

**Kugelbüchse**, f. arquebuse, biscaïen, m.

**Kugelchen**, n. 1, globule, m. mo-

lécule de l'air, etc., f.; aus —
zusammengesetzt, globuleux.
Kugelbicke, f. (artill.) calibre, m.
Kugeldistel, f. 1, échinope, m.
Kugelfang, m. 2*, =fänger, m. 1,
bilboquet.
Kugelfisch, m. 2, lune de mer, f.
(poisson).
Kugelform, f. forme sphérique;
moule à balles ou à boulets, m.
Kugelförmig, adj. en forme de
boule; sphérique.          [pe, f.
Kugelgewölbe, n. 1, (arch.) trom-
Kugelhelm, m. 2, tholus.
Kugelicht, Kugelrund, adj. rond
comme une boule.
Kugelkasten, m. 1*, parquet.
Kugellehre, f., v. Kugelmaß.
Kugelloch, n. 5*, blouse du bil-
lard, f.
Kugelmaß, n. 2, =probe, f. (ar-
till.) calibre, m. passe-balle, pas-
se-boulet, vigorte, f.
Kugeln, v. a. et n. (h.) rouler;
arrondir; jouer à la boule, aux
quilles.
Kugelnarzisse, f. girandole.
Kugelring, m. 2, (joaill.) jonc.
Kugelründe, f. sphéricité.
Kugelschnitt, m. 2, (géom.) sec-
tion sphérique, f. segment de
sphère, m.
Kugelschret, m. 2, postes, f. pl.
Kugelwagen, m. 1*, (artill.) cais-
son à boulets.          [bourre.
Kugelzieher, m. 1, tire-balle, tire-
Kuh, f.*, vache; die junge —,
génisse, taure; — die ein Horn
abgestoßen hat, dagorne.
Kuheuter, n. 1, pis de vache, m.
Kuhfladen, m. 1, =mist, m. 2,
bouse (f.), fiente de vache.
Kuhfüßig, adj. (man.) jarreté.
Kuhglocke, v. Kuhschelle.
Kuhhaar, n. 2, poil de vache, m.
Kuhhaut, f.*, cuir de vache, m.;
eine gegärbte —, une vache passée.
Kuhhirt, m. 3, =inn, f. vacher,
m. ère, f.
Kuhhorn, n. 5*, corne de vache,
f.; cornet à bouquin, m. cornet
(instrument).
Kuhkäse, m. 1, fromage de lait
de vache.
Kühl, adj. frais; un peu froid;
— werden, rafraîchir, se rafraî-
chir; se refroidir (aussi fg.).
Kühle, f. et n. 3, frais, m. fraîcheur, f.; fg. sang-froid, m. cal-
me, tranquillité, f.; im —n (spazieren, se promener au frais.
Kühleimer, m. 1, carafon.
Kühlen, v. a. rafraîchir; vache
—, manier, remuer le blé; sein
Müthchen an jemanden —, décharger sa bile, sa colère sur qn.
Kühlend, adj. rafraîchissant;

(méd.) id., réfrigérant, réfrigéra-
tif.          [rant, m. carafon.
Kühlfaß, n. 5*, (chim.) réfrigé-
Kühlkessel, m. 1, rafraîchissoir.
Kühlmittel, n. 1, réfrigérant, m.
Kühlofen, m. 1*, (verr.) four à
recuire.          [décharge, m.
Kühlschiff, n. 2, (brass.) bac de
Kühltrank, m. 2*, boisson rafraî-
chissante (f.), réfrigérante; émul-
sion, julep, m.   [les fondeurs).
Kühltrog, m. 2*, auge, f. (pour
Kühlung, f. rafraîchissement, m.;
(mar.) vent gaillard, frais.
Kühmagd, f.*, vachère.
Kühmelker, m. 1, vacher.
Kuhmilch, f. lait de vache, m.
Kühn, adj. hardi, courageux;
résolu, déterminé, audacieux;
téméraire; — machen, enhardir.
Kühnheit, f. hardiesse, courage,
m.; assurance, f.; audace, témé-
rité.
Kuhpocken, v. Schuppocken.
Kuhreigen, m. 1, ranz des vaches.
Kuhschelle, f. sonnaille, clarine.
Kuhstall, m. 2*, étable, f.
Kuhweizen, m. 1, (bot.) blé de
vache, rougerolle, f. ivraie.
Kukummer, v. Gurke.
Kümmel, m. 1, cumin.
Kummer, m. 1, Kümmerniß, f.
chagrin, m.; peine, f.; souci,
m. déplaisir, ennuis, pl.
Kümmerlich, adj. pénible, misé-
rable; (temps) désastreux, diffi-
cile; (air) chagrin, soucieux; sich
— behelfen, languir dans la mi-
sère.          [nichon.
Kümmerling, m. 2, (jard.) cor-
Kummerlos, adj. sans souci.
Kümmern (sich), s'affliger, se
tourmenter; se mettre en peine;
se soucier (um, de).
Kummervoll, adj. plein de chagrin, de souci, de peine.
Kummet, n. 2, (sell.) collier, m.
bourrelet, bourlet.
Kummetbecke, f. housse.
Kummethorn, n. 5*, attelle, f.
Kummetfette, f. mancelle.
Kummetmacher, m. 1, bourrelier.
Kumpf, m. 2, jatte, f.
Kund, Kundbar, Kundig, adj.
notoire, manifeste, public; connu; — machen, thun, publier,
manifester; notifier; — werden,
éclater; devenir public.
Kundbarkeit, f. publicité; notoriété.
Kunde, f. science, connaissance.
Kunde, m. 3, Kundmann, m. 5
(pl. =leute), chaland, pratique,
f.; einem —n verschaffen, achalan-
der qn.; —n bekommen, s'acha-
lander; mit —n versehen, achalandé.

Kundig, adj. expert, versé.
Kundmachung, f. publication;
promulgation; notification.
Kundschaft, fem. connaissance;
avis, m.; rapport, nouvelle, f.;
information, enquête; (comm.)
chaland, m. chalandise, f. pratique; v. Kunde, m.; (art.) certificat, m. attestation, f.
Kundschaften, v. a. reconnaître;
s'informer de.
Kundschafter, m. 1, émissaire;
mouchard, espion.
Künftig, adj. futur; prochain;
das —e Leben, la vie à venir; —
hin, adv. à l'avenir, dans la suite;
désormais, dorénavant.
Kunigunde, n. pr. f. Cunégonde.
Kunkel, f. quenouille.
Kunkelleben, n. 1, fief auquel les
femmes peuvent succéder, m.
Kunst, f.*, art, m.; adresse, f.;
talent, m. secret; métier, profession, f.; artifice, m.; machine,
f.; die freien, schönen Künste, les
arts libéraux, beaux arts; die
schwarze —, la magie noire; nécromancie; (grav.) gravure en
manière noire; — Gold zu machen,
le grand art.
Kunstarbeit, f. travail fait avec
art, m.; pièce travaillée avec art,
f.; die alte —, antique.   [wort.
Kunstausdruck, m. 2*, v. Kunst-
Kunstausstellung, f. exposition
publique d'ouvrages de l'art.
Kunstbeflissen, adj. appliqué aux
arts; industrieux.   [crets, m.
Kunstdrechsler, m. 1, tabletier.
Kunstdrechslerarbeit, f. tabletterie.
Künstelei, f. raffinement, m.; affectation, f. afféterie.
Künsteln, v. a. et n. (h.) travailler ou faire avec art; raffiner;
fm. lécher; subtiliser; affecter des
manières; falsifier; gekünstelt, maniéré, affecté, affété, guindé,
artificiel.
Kunsterfahren, adj. expérimenté,
versé, consommé dans un art.
Kunstfärber, m. 1, teinturier du
grand teint.          [m.
Kunstfeuer, n. 1, feu d'artifice,
Kunstfeuerwerker, m. 1, artificier.
Kunstfleiß, m. 2, industrie, f.;
durch — hervorgebracht, industriel.
Kunstgärtner, m. 1, jardinier
fleuriste, pépiniériste.
Kunstgenoß, =verwandte, m. 3,
qui exerce le même art, confrère.
Kunstgerecht, =gemäß, v. Kunstmäßig.
Kunstgestänge, n. 1, pistons et
leviers d'une machine hydrauli-
que, m. pl.
Kunstgriff, m. 2, adresse, f.;

savoir-faire, *m.*; *fg.* artifice, ruse, *f.* finesse; *fm.* manigance; —*t*, *pl.* pratiques; machination; mit —en umgeben, user d'artifices.

**Kunsthandel**, *m.* 1*, commerce d'ouvrages de l'art; trafic de gravures en taille-douce.

**Kunsthändler**, *m.* 1, marchand d'estampes, etc., brocanteur.

**Kunstkammer**, *f.* cabinet de curiosités (*de l'art ou de la nature*), *m.*

**Kunstkenner**, *m.* 1, connaisseur.

**Kunstkenntniß**, *f.* connaissance des arts.        [*m. et f.*

**Künstler**, *m.* 1, =inn, *f.* artiste,

**Künstlich**, **Kunstreich**, *adj.* ingénieux; industrieux; habile; artificiel; fait avec art; factice; —, *adv.* artistement, etc.

**Künstlichkeit**, *f.* art, *m.* mécanisme, fin; *fg.* artifice, finesse, *f.*

**Kunstlos**, *adj.* sans art, simple.

**Kunstmäßig**, *adj.* correct, conforme aux règles de l'art; technique.

**Kunstmeister**, *m.* 1, fontenier.

**Kunstreich**, *v.* **Künstlich**.

**Kunstrichter**, *m.* 1, critique, censeur.        [sement, *f.*

**Kunstschacht**, *m.* 2, fosse d'épuisement.

**Kunstschreiber**, *m.* 1, calligraphe.

**Kunstspiel**, *m.* 2, jeu d'adresse, *m.*

**Kunststück**, *n.* 2, chef-d'œuvre, *m.*; tour d'adresse, tour de passe-passe; artifice; secret.

**Kunsttischler**, *m.* 1, ébéniste.

**Kunsttischlerarbeit**, =ei, *f.* =handwerk, *n.* 2, ébénisterie, *f.*

**Kunsttrieb**, *m.* 2, instinct supérieur de quelques animaux.

**Kunstverständige**, *m.* 3, connaisseur.

**Kunstversuch**, *m.* 2, essai dans un art; (*peint.*, etc.) étude, *f.*

**Kunstwerk**, *n.* 2, ouvrage fait avec art, *m.*; chef-d'œuvre; ouvrage de l'art; das alle —, antique, *f.*        [que, *m.* terme de l'art.

**Kunstwort**, *n.* 5*, terme technique.

**Kunterbunt**, *adv. fm.* pêle-mêle.

**Kunz**, *n. pr. m.* Conrad.

**Küpe**, *f.* cuve; die zugerichtete —, (*teint.*) assiette.        [*m.*

**Küpenbad**, *n.* 5*, (*teint.*) brevet,

**Kupfer**, *n.* 1, cuivre, *m.*; vaisselle de cuivre, *f.*; monnaie de cuivre; mit — belegen, cuivrer || estampe, gravure.

**Kupferartig**, *adj.* cuivreux.

**Kupferasche**, *f.* cuivre brûlé, *m.*

**Kupferbergwerk**, *n.* 2, mine de cuivre, *f.*

**Kupferblatt**, *n.* 5*, planche de cuivre, *f.*; *v.* **Kupferstich**.

**Kupferblau**, *n.* indécl. chrysocolle, *m.*

**Kupferblech**, *n.* 2, plaque (*f.*), lame de cuivre.

**Kupferdraht**, *m.* 2*, fil d'archal.

**Kupferdrucker**, *m.* 1, imprimeur en taille-douce, imprimeur d'estampes.        [lemagne, *m.*

**Kupferdruckerfarbe**, *f.* noir d'Allemagne, *m.*

**Kupfererz**, *n.* 2, mine de cuivre, *f.*        [de cuivre.

**Kupfergang**, *m.* 2*, filon de mine

**Kupfergelb**, *n.* indécl. mine de cuivre jaune, *f.*        [cuivre, *f.*

**Kupfergeld**, *n.* 5, monnaie de

**Kupfergeschirr**, *n.* 2, vaisselle de cuivre, *f.* chaudronnerie; batterie de cuisine.

**Kupfergesicht**, *n.* 5, visage couperosé, bourgeonné, boutonné, *m.*

**Kupfergrün**, *n.* 2, vert de gris, *m.* verdet.

**Kupferhaltig**, *adj.* qui renferme du cuivre, cuivreux.

**Kupferhammer**, *m.* 1*, martinet à cuivre; forge à cuivre, *f.*

**Kupfericht**, *adj.* qui ressemble au cuivre; mêlé de cuivre.

**Kupferig**, *adj.* cuivreux; *fg.* couperosé.        [cuivreuse, *f.*

**Kupferkies**, *m.* 2, quis, pyrite

**Kupferkobalt**, *m.* 2, chalcite.

**Kupfern**, *adj.* de cuivre.

**Kupfernase**, *f.* nez couperosé, *m.*

**Kupferplatte**, *f.* planche, plaque de cuivre; robe —, plateaux de cuivre, *m. pl.*; *v.* **Kupferstich**.

**Kupferrauch**, *m.* 2, fumée cuivreuse, *f.* terre vitriolique.

**Kupferroth**, *adj.* couleur de cuivre, cuivreux; —, *n.* indécl. ocre de cuivre rougeâtre, *f.*

**Kupferröthe**, *f.* cuivre vierge, solide, *m.*        [de cuivre.

**Kupfersau**, *f.*\*, (*métall.*) matte

**Kupferschlacke**, *f.* scorie de cuivre.        [de cuivre, *f. pl.*

**Kupferschlag**, *m.* 2*, paillettes

**Kupferschmied**, *m.* 2, chaudronnier; =handwerk, *n.* 2, chaudronnetic, *f.*        [rie.

**Kupferschmiede**, *f.* chaudronnerie

**Kupferschröter**, *m.* 1, ciseau.

**Kupferstecher**, *m.* 1, graveur en taille-douce, chalcographe.

**Kupferstecherei**, *f.* **Kupferstecherkunst**, *f.* gravure en taille-douce, chalcographie.

**Kupferstich**, *m.* 2, estampe, *f.* gravure en taille-douce, gravure, planche; — in schwarzer Manier, estampe en manière noire, mezzotinto, *m.*; =sammlung, *f.* collection de gravures; œuvre d'un maître, *m.*        [Vénus.

**Kupfertinktur**, *fém.* teinture de

**Kupfervitriol**, *m.* 2, vitriol bleu.

**Kupferwaare**, *f.* chaudronnerie, marchandise, vaisselle de cuivre.

**Kupferwasser**, *n.* 1, couperose, *f.*

**Kuppe**, *f.* cime, sommet (*m.*) d'une montagne; tête (*f.*) d'un clou, d'une épingle.

**Kuppel**, *f.* (*arch.*) dôme, *m.* coupole, *f.*; (*cha.*) couple; (*org.*) abrégé, *m.*        [couple.

**Kuppelband**, *n.* 5*, bricole, *f.*

**Kuppelei**, **Kupplerei**, *f. fm.* maquerellage, *m.*

**Kuppeln**, *v. a.*, *v.* **Koppeln**; coupler, accoupler, associer; faire l'entremetteur; *mépr.* faire le maquereau *ou* la maquerelle; gekuppelte Säulen, colonnes groupées, *f. pl.*

**Kuppelpelz**, *m.* 2, *m. p.* présent en reconnaissance d'un mariage qu'on a arrangé, *vi.* paraguante, *f.*

**Kuppler**, *m.* 1, =inn, *f.* (*mépr.*) maquereau, *m.* -elle, *f.* entremetteur, *m.* -se, *f.*; messager d'amour, *m.*

**Kur**, *v.* **Chur** *et* **Cur**.

**Küraß**, *m.* 2, cuirasse, *f.* harnois, *m.*

**Kürassier**, *m.* 2, cuirassier.

**Kurbe**, **Kurbel**, *f.* manivelle *d'un* rouet, *d'une* presse; (*tréfl.*) moustache.

**Kürbiß**, *marc.* 2, citrouille, *f.* courge; calebasse.        [curbitacé.

**Kürbißähnlich**, =förmig, *adj.* cucurbitacé.

**Kürbißbaum**, *m.* 2*, calebassier.

**Kürbißbrei**, *m.* 2, =inuß, *n.* 2, bouillie de citrouille, *f.*

**Kürbißflasche**, *f.* gourde, calebasse.        [trouille, *f.*

**Kürbißkern**, *m.* 2, graine de citrouille.

**Kürbißpflanze**, *f.* plante cucurbitacée; —n *pl.* cucurbitacées.

**Kürbißwurm**, *m.* 5*, ver cucurbitaire.        [reur.

**Kürschner**, *m.* 2, pelletier, fourreur.

**Kürschnerei**, *fém.* **Kürschnerhandwerk**, *n.* 2, **Kürschnerwaare**, *f.* pelleterie.

**Kurz**\*, *adj.* court; bref; petit; succinct, concis, précis; courci; —t Waare, quincaillerie, *f.*; —, laconique (*réponse*); court, infidèle (*mémoire*); kürzer machen, raccourcir, apetisser, abréger; kürzer werden, se raccourcir, s'accourcir; den Kürzern ziehen, avoir le dessous *ou* du désavantage; — machen, abréger, faire court; —, *adv.* court; bref; enfin; brièvement; en abrégé; in — kurzem, dans peu, sous peu, bientôt; vor —em, depuis peu, tantôt, dernièrement; (*poés.*) naguères; über — oder lang, tôt ou tard; — um, bref, en un mot.

**Kurzathmig**, *adj.* qui a l'haleine courte; asthmatique; (*vét.*) poussif.

Kürze, f. peu de longueur, de distance, m. petitesse, f.; brièveté.

Kürzen, v. a. accourcir, raccourcir; rapetisser; écourter; abréger.

Kurzgefaßt, adj. abrégé; concis; succinct.

Kurzgewehr, n. 2, hallebarde, f.

Kurzschub, m. 2*, courte-boule, f.

Kurzsichtig, adj. myope, qui a la vue basse ou courte; fg. borné.

Kurzsichtigkeit, f. myopie; vue basse, courte; fg. vue bornée.

Kurzstämmig, adj. rabougri.

Kurzstängelig, =stielig, adj. (des fruits) qui a la tige courte.

Kurzwährend, adj. de peu de durée; passager, momentané.

Kurzweile, f. divertissement, m. passe-temps; jeu; plaisanterie, f.

Kurzweilen, v. n. (h.) se divertir, passer le temps; jouer; plaisanter.

Kurzweilig, adj. plaisant, divertissant, badin, facétieux, gaillard, bouffon.

Kuschen, v. n. (h.) se coucher sur le ventre; fg. faire le chien couchant, se soumettre.

Kuß, m. 2*, baiser.

Küssen, v. a. embrasser, baiser; donner un baiser; die Erde — , fg. fm. tomber par terre; einander — , s'entre-baiser; —, s. n. 1, baiser, m. baisement.

Küssen, n. 1, v. Kissen.

Kußhand, f.*, fm. baisemain, m.; einem eine — geben; saluer qn.

Kußmahl, n. 5*, suçon, m.

Küste, f. côte, plage, rivage (m.), bord de la mer.

Küstenbewohrer, m. 1, garde-côte.

Küstenbewohner, m. 1, riverain.

Küstenfahrer, m. 1, caboteur, cabotier; pilote côtier.

Küstenfahrt, f. cabotage, m.

Küstenland, n. 5*, littoral, m.

Küstenlothse, m. 3, côtier, pilote côtier. [tiere.

Küstenstrecke, f. côte, plage, côKüstenwache, f. garde des côtes.

Küster, m. 1, sacristain. [m.

Kutschbänkchen, n. 1, strapontin.

Kutschbock, m. 2*, siège du cocher.

Kutsche, f. carrosse, m.; die viersitzige — , carrosse à deux fonds; eine — voll, fm. une carrossée; und Pferde, équipage, m.; — (jard.) couche, f.

Kutschenbaum, m. 2*, flèche du carrosse.

Kutscher, m. 1, cocher.

Kutschenfenster, n. 2, glace, f.

Kutschgeschirr, n. 2, attirail d'un carrosse, m.

Kutschgestell, n. 2, train, m.

Kutschhaus, n. 5*, remise, f.

Kutschimmel, m. 1, impériale, f.

Kutschiren, v. n. (h.) aller en carrosse; mener un carrosse.

Kutschkasten, m. 1*, corps, coffre du carrosse.

Kutschkissen, n. 1, coussin, m.; fleines — an den Seiten; matelas.

Kutschleder, n. 1, mantelet, m.

Kutschmacher, =macher, m. 1, carrossier, sellier-carrossier.

Kutschpferd, n. 2, cheval de carrosse, m. carrossier.

Kutschquaste, f. main de carrosse.

Kutschriemen, m. 1, soupente, f.

Kutschschlag, =schlag, m. 2*, =thür, f. portière de carrosse.

Kutschthor, n. 2, porte cochère, f.

Kutschtritt, m. 2, botte (f.), marchepied (m.) du carrosse.

Kutschwand, fem.*, panneau de carrosse, m.

Kutte, f. froc, m.; fm. jupe, f.

Küttel, v. Kittel.

Kuttelbank, f.*, triperie.

Kuttelflecke, pl. tripes, f. pl.

Kutteln, pl. tripes, f. pl. tripaille.

Kutten, v. a. (min.) creuser.

Kuttenträger, m. 1, frocard.

Kutter, m. 1, (mar.) cutter.

Küttler, m. 1, tripier.

Kutz, m. 2, chevreau.

Kupe, f. Kupen, m. 1, couverture grossière, f.; einem den —n streichen, fm. prvcl. flagorner qn.

Kuz, m. 2, part (f.), portion d'une mine. [tier.

Kurkränzler, m. 1, mineur-cour-

## L.

Lab, n. 2, présure, f.

Laben, v. a. cailler, faire cailler le lait || rafraîchir; fortifier; récréer, régaler, refaire, soulager, réjouir; sich an einem Trunke —, se désaltérer, se rafraîchir en buvant un coup. [créatif.

Labend, adj. rafraîchissant; réLaberdan, m. 2, morue blanche, f.

Laberspiel, n. 2, (cart.) bête, f.

Labial, n. 2, (org.) bouche, f. lumière.

Labfraut, n. 5*, caille-lait, m.

Labmagen, m. 1*, (hist. nat.) caillette, f. [toire, m.

Laboratorium, n. exc. 1, laboraLaboriren, v. n. (h.) faire une opération de chimie; souffler; fm. an etw. —, être affligé, travaillé de qch.

Labsal, n. 2, Labung, f. rafraîchissement, m.; fg. soulagement, m.

Labyrinth, n. 2, labyrinthe, m. dédale; fg. id., embarras.

Lacedämon, Lacédémone, Sparte (ville anc.). [adj. lacédémonien.

Lacedämonier, m. 1, Lacedämonisch,

Lachbaum, m. 2*, (forest.) paroi, f.

Lache, f. bourbier, m. mare, f. margouillis, m. gâchis || rire, éclat de rire; (forest.) marque, f. incision; laie, tranchée, trouée.

Lächeln, v. n. (h.) sourire; böhnisch —, ricaner; —, s. n. 1, sourire, souris. [agréable.

Lächelnd, adj. souriant, riant; Lachen, v. n. (h.) rire (über, de); sich krank —, sich balb todt —, se pâmer de rire; sich zu Tode —, mourir de rire; aus vollem Halse —, rire à gorge déployée; übertrieben —, rire aux anges; gezwungen —, rire du bout des dents; heimlich —, rire sous cape; —, (forest.) marquer; inciser un arbre; faire une laie, une tranchée dans une forêt; layer un bois; —, s. n. 1, rire, m. ris; risée, f.

Lachend, adj. souriant, riant; fg. agréable.

Lachenknoblauch, m. 2, grande germandrée, f. germandrée aquatique.

Lachenswerth, adj. digne de risée, ridicule, risible.

Lacher, m. 1, rieur; ricaneur.

Lächerlich, adj. ridicule; risible; plaisant; burlesque, grotesque; — machen, tourner en ridicule; es ist mir nicht —, je n'ai pas envie de rire.

Lächerlichkeit, f. ridicule, m.

Lächern, v. imp. (h.) fm. avoir envie de rire; —, v. a. prvcl. faire rire.

Lachs, m. 2, saumon.

Lachsfang, m. 2*, pêche du saumon, f.

Lachsforelle, f. truite saumonée.

Lachsweibchen, n. 1, becard, m.

Lachtaube, f. tourterelle des Indes. [brasse.

Lachter, m. 1, (min.) toise, f.

Lack, m. 2, laque, f. gomme laque; vernis, m.; cire d'Espagne, f.

Lackblume, f. giroflée jaune.

Lackei, m. 3, laquais; valet de pied. [m.

Lackeien, n. 1, fm. laqueton.

Lackfarbe, f. laque colorante.

Lackfirniß, m. 2, vernis de la Chine.

Lackirarbeit, Lackirung, f. vernissure; ouvrage verni, m.

Lackiren, v. a. vernir, vernisser.

Lackirer, m. 1, vernisseur.

Lackmus, n. 2, =pflanze, f. tournesol, m. [ladanum, m.

Labanum, n. Ladangummi, n. 2,

Lade, f. caisse, coffre, m.; layette, f. boite, coffret, m. cassette, f.; tiroir d'une commode, m.; (tiss.) battant.

Ladebaum, m. 2*, boutehors.

Labebrief, m. 2, citation, f.; assignation; lettre d'invitation.

Labegat, n. 2, (mar.) bouche (f.), embouchure du canon.

Labemaß, n. 2, (artill.) charge, f.; (cha.) mesure à poudre.

Laben, m. 1*, volet; contrevent || boutique, f. magasin, m.

Laben, v. a. 7, charger; ins Schiff, aus dem Schiffe —, embarquer, débarquer qch.; —, charger un fusil, etc. || prier, inviter, convier qn.; (jur.) assigner; citer, intimer; auf sich —, se charger de; s'attirer la haine de qn.; commettre un crime.

Labenburfch, m. 3, =biener, m. 1, garçon de boutique, commis, fm. courtaud.

Labenfenfter, n. 1, abat-jour, m.

Labenflügel, m. 1, volet, battant.

Labenhüter, m. 1, garde-boutique.

Labenmacher, m. 1, layetier.

Labenpreis, m. 2, prix ordinaire.

Labenzins, m. 2, loyer de boutique.

Laber, m. 1, chargeur.

Laberlohn, m. 2, guindage.

Labeschaufel, f. (artill.) chargeoir, m. lanterne, f. lance, cuiller.

Labestod, m. 2, (arq.) baguette, f.; (artill.) refouloir, m.

Labung, f. chargement, m.; charge, f.; (mar.) cargaison, chargement, m. port; (nav.) navée, f.; batelée; (artill.) charge; die volle —, fig. bordée d'injures; —, (jur.) citation, assignation, intimation; (Einladung) invitation.

Labungsschein, m. 2, chargement.

Laffe, m. 3, injur. blanc-bec, béjaune, freluquet, fat, niais, impertinent.

Läffeln, v. a. et n. fm., v. Löffeln.

Laffette, f. (artill.) affût, m.

Laffettenbeschläge, n. 1, bandeau, m. [cabrions.

Laffettenhalter, m. pl. 1, (mar.)

Laffettenwand, f.*, flasque, m.

Lage, f. situation, assiette; position, attitude, posture; exposition (gegen Norden, au nord); (mar.) gisement des côtes, m.; (escr.) garde, f.; fg. état, m.; situation, f. conjonction, etc.; couche de terre, etc.; (artill.) bordée d'un livre en feuilles, m.; =n machen, (impr.) faire l'assemblage.

Lägel, n. 1, baril, m. barrique, f.

Lager, n. 1, lit, m. couche, f. gite. m.; — von Stroh, litière du bétail, f.; (cha.) gite, m. fort, tanière du renard, f.; bouge du sanglier; chambre du cerf; repaire de l'ours, etc., m.; liteau du loup; (maç.) lit; chantier; auf

11.

das — legen, mettre sur le chantier, enchanteler du vin; —, (comm.) magasin; entrepôt; fond; assortiment, provision, f.; (escr.) garde, mesure; (guer.) camp, m. campement; pl. Läger, (minér.) couche, f.; lit, m. banc, gisement; lie de la bière, f.

Lagerapfel, m. 1*, pomme de garde, f. [bière de mars.

Lagerbier, n. 2, bière de garde, f.

Lagerbuch, n. 5*, cadastre, m.; (comm.) registre, livre d'assortiment.

Lagerbieb, m. 2, boulineur.

Lagerfaß, n. 5*, grand tonneau, m. [cellerage.

Lagergeld, n. 5, magasinage, m.

Lagerhaus, n. 5*, magasin, m. entrepôt; douane, f.

Lagerholz, n. 5*, bois gisant, m.; bois mort; — ou —hölzer, pl. chantier. [(ant. r.).

Lagerfrone, f. couronne vallaire

Lagerkunst, f.*, art de camper, m.; (ant.) castramétation, f.

Lagern, v. n. (h.) être couché; — ou gelagert seyn, (guer.) camper; —, v. a. faire camper; sich —, se camper; fg. se coucher; s'asseoir.

Lagerstätte, f. lit, m. couche, f. gite, m.; litière des chevaux, f.; (cha.) reposée, gite, m.

Lagerstelle, f. (mar.) cabane des matelots.

Lagerwein, m. 2, vin de garde.

Lagerzeit, f. gabelage du sel, m.

Lagerzins, m. 2, magasinage.

Lagune, f. lagune.

Lahm, adj. boiteux, estropié, perclus, impotent, paralytique, déhanché; fg. frivole, faible, lâche.

Lähmen, v. a. paralyser, rendre perclus, impotent, estropier; am Kreuz, am Rücken —, déhancher, éreinter.

Lähmheit, Lähmung, f. paralysie; paraplégie (de tout le corps, la tête exceptée); die einseitige —, hémiplégie; courbature des chevaux.

Lahn, m. 2, lame d'or, d'argent, etc., f.; clinquant, m.; fer battu.

Lahnmacher, m. 1, lamier.

Laib, m. 2, miche de pain, f.

Laich, m. 2, Laichen, n. 1, frai, m.

Laichen, v. n. (h.) frayer.

Laie, m. 3, laïque; fg. ich bin darin noch ein —, je ne m'y connais pas encore. [frère convers.

Laienbruder, m. 1*, frère lai;

Laienpriester, m. 1, prêtre séculier. [converse.

Laienschwester, f. sœur laie, sœur

Lafe, f. saumure.

Laken, n. 1, drap, m. toile, f.

Lafonisch, adj. laconique; concis.

Lafonismus, m. indécl. laconisme.

Lafrize, f. réglisse. [me.

Lafrizensaft, m. 2*, jus de réglisse.

Lallen, v. n. (h.) bégayer, balbutier, jargonner; —, s. n. 1, bégaiement, m. [Lombardie.

Lambertsnuß, fém.*, noisette de

Lambrecht, Lamprecht, n. pr. m. Lambert.

Lamentiren, v. n. se lamenter.

Lamm, n. 5*, agneau, m.; ein — werfen, agneler; —, fg. homme doux; femme douce, f. traitable; dim. agnelet, m.

Lammen, Lämmern, v. n. (h.) agneler, faire un agneau. [pes.

Lämmergeier, m. 1, aigle des Al-

Lämmerlattig, m. 2, mâche, f.

Lämmerwolle, f. laine d'agneau, laine angeline.

Lammfell, n. 2, peau d'agneau, f.; gefärbte — mit der Wolle, agnelins, m. pl.

Lammsbraten, m. 1, rôti d'agneau.

Lammsviertel, n. 1, quartier d'agneau, m. [lampion, m.

Lampe, f. lampe; die kleine —,

Lampenputzer, m. 1, lanternier.

Lampenröhre, =schnauze, f. bec de lampe, m.

Lampenstock, m. 2*, pied de lampe; (ant.) lampadaire.

Lampenträger, m. 1, (ant.) lampadophore; lampadaire.

Lamprete, f. lamproie (poisson); die kleine —, lamproyon, m.

Land, n. 2 et 5*, pays, m.; terre, f.; province; région; contrée; territoire, m.; campagne, f.; zu — reisen, aller par terre; ans — setzen, débarquer; ans —; steigen, id., aller à terre; das feste —, continent, m.; des — es verreisen, exiler, bannir.

Landanwachs, m. 2, atterrissement; alluvion, f.

Landbau, m. 2, agriculture, f.; labourage, m. culture de la terre, f.

Landbauer, m. 1, cultivateur.

Landbewohner, m. 1, campagnard.

Landbote, m. 3, député de la Landbrost, m. 3, drossart provincial. [noblesse (en Pologne).

Landbezirk, m. 2, canton, district.

Landen, v. n. (f.) aborder, débarquer, descendre à terre; faire une descente.

Landenge, f. isthme, m.

Landerei, f. pl. biens de campagne, m. pl. terres, f. pl.

Landern, v. n. (h.) valser lentement.

15

Landesart, f. =brauch, m. 2*, usage du pays, coutume, f.

Landesbeschreibung, f. chorographie, description chorographique.

Landesfolge, f. ban et arrière-ban, m.

Landesfürstlich, adj., die —e Hoheil, le pouvoir souverain.

Landesgott, m. 5*, dieu du pays, indigète.

Landeshauptmann, m. 5*, sénéchal d'une province, ol. captal.

Landesherr, m. 3, prince souverain, seigneur territorial.

Landesherrlich, adj. seigneurial.

Landesherrlichkeit, =herrschaft, f. souveraineté; droits seigneuriaux, m. pl. [can.) suprématie.

Landeshoheit, f. souveraineté; (dr.

Landeskind, n. 5, naturel du pays.

Landessitte, v. Landesart. [m.

Landessprache, f. langue du pays.

Landesvater, m. 1*, père du peuple.

Landesverweisung, f. proscription; bannissement, m.; déportation, f.

Landfeste, f. (mar.) amarre; pilotis (m.), pilotage au bord d'une rivière.

Landflüchtig, adj. fugitif; errant.

Landfracht, f. (comm.) voiture.

Landfrau, f. campagnarde.

Landfremd, adj. étranger, inconnu. [blique, f.

Landfriede, m. exc. 2, paix publique.

Landgeistliche, m. 3, ecclésiastique de campagne, curé de village.

Landgericht, n. 2, tribunal suprême d'un pays, m.; présidial.

Landgraf, m. 3, landgrave.

Landgräfinn, f. landgrave.

Landgrafschaft, f. landgraviat, m.

Landgut, n. 5*, terre, f. campagne; ferme, métairie. [terre.

Landhandel, m. 1, commerce par

Landhaus, n. 5*, maison de campagne, f.; bastide en Provence.

Landjäger, m. 1, franc archer, gendarme.

Landjägermeister, m. 1, maître des chasses et forêts; grand veneur.

Landjunker, m. 1, gentilhomme campagnard.

Landkarte, f. carte géographique; —nsammlung, f. atlas, m. recueil de cartes.

Landkundig, adj. connu; notoire.

Landkutsche, f. diligence; messagerie; coche, m.

Landläufer, v. Landstreicher.

Landleben, n. 1, vie champêtre, f.

Ländlich, adj. du pays, à la manière du pays; champêtre, rustique; campagnard.

Landmacht, f.*, forces de terre, pl.; puissance continentale (pays).

Landmädchen, n. 1, jeune paysanne, f. campagnarde.

Landmann, m. 5 (pl. =leute), habitant de la campagne; campagnard; villageois; paysan.

Landmark, f. limite d'un pays.

Landmesser, m. 1, arpenteur.

Landmeßkunst, f.*, arpentage, m.

Landmiliz, f. milice du pays.

Landpfarre, f. cure de village.

Landpfarrer, m. 1, v. Landgeistliche.

Landpflege, =pflegerei, f. administration, direction de la province.

Landpfleger, m. 1, gouverneur, préfet d'une province.

Landphysikus, m. indécl. médecin provincial. [calamité, f.

Landplage, f. fléau public, m.

Landrath, m. 2*, conseiller provincial; conseil de province.

Landrecht, n. 2, droit provincial, m.; droit coutumier; lois (f. pl.), statuts (m. pl.) du pays, etc.

Landregen, m. 1, pluie qui s'étend au loin, f.

Landreise, f. voyage par terre, m.; tour à la campagne. [val.

Landreiter, m. 1, huissier à cheval, présidial; bailli.

Landrichter, m. 1, juge provincial, présidial; bailli.

Landsaß, m. 3, possesseur d'un fief noble, tenancier; campagnard.

Landschaft, f. pays, m.; région, f.; contrée, province; paysage, m.

Landschaftlich, adj. provincial.

Landschaftsmaler, m. 1, paysagiste. [vincial.

Landschreiber, m. 1, greffier provincial.

Landsee, m. exc. 1, lac.

Landseuche, f. épidémie.

Landsitz, m. 2, v. Landhaus.

Landsknecht, m. 2, lansquenet.

Landsmann, m. 5 (pl. =leute), compatriote. [cap, m.

Landspitze, f. pointe de terre; m.

Landstadt, f.*, ville municipale, provinciale.

Landstände, pl. états, m. pl.; cortès en Espagne, f. pl.

Landständisch, adj. qui appartient aux états.

Landstraße, f. grand chemin, m. grande route, f.; chaussée.

Landstreicher, =läufer, m. 1, =inn, f. vagabond, m. -e, f.; aventurier, m. -ère, f.; homme sans aveu, m. coureur, -se, f.

Landstrich, m. 2, contrée, f. district, m.; climat.

Landsturm, m. 2*, ban général; levée en masse, f.

Landtag, m. 2, diète, f. états, m. pl. assemblée de province, f.

Landüblich, adj. reçu, établi.

Landung, f. descente, débarquement, m.

Landungsplatz, m. 2*, lieu de débarquement, atterrage.

Landungstruppen, f. pl. troupes de débarquement. [préfet.

Landvogt, m. 2*, grand bailli

Landvogtei, f. bailliage, m.; préfecture, f.; sénéchaussée.

Landvolk, n. 5*, gens de la campagne, m. pl.

Landwärts, adv. vers la terre.

Landwehr, f. milice.

Landwehre, f. barrière, ligne de défense d'un pays.

Landwein, m. 2, vin du pays.

Landwind, m. 2, vent de terre; der periodische —, la brise terrestre.

Landwirth, m. 2, cabaretier de village; cultivateur, agronome.

Landwirthschaft, f. économie rurale.

Landzunge, f. langue de terre.

Lang, adj. long, grand, haut; allongé; die —e Sylbe, longue, f.; von —er Zeit her, depuis longtemps, de longue main; —e Weile, v. Langeweile; — adv. longuement; longtemps; den ganzen Tag —, tout le long du jour; so — bis, jusqu'à ce que, en attendant que; länger werden, s'allonger; so —e, tant que; wie — jusques à quand.

Langarmig, adj. qui a les bras longs; der —e Affe, gibbon, m.

Langbaum, m. 2*, (charr.) flèche, f.

Langbeinig, adj. haut enjambé.

Länge, f. longueur; grandeur; moison du drap; (astr.) longitude; der — nach gehend, longitudinal; in die —, à la longue; avec le temps; der — nach, tout du long; (tomber) de son haut.

Langen, v. a. donner, passer; tendre; —, v. n. (h.) atteindre; suffire.

Längen, v. a. rouler, allonger la pâte; étirer le fer; lâcher les câbles; avancer la mine.

Längenmaß, n. 2, mesure de longueur, f.

Längenmeßkunst, f.*, longimétrie.

Längerling, m. 2, pomme pointue, f.

Langeweile, f. ennui, m.; einem — machen, ennuyer qn.; haben, s'ennuyer; einem die — vertreiben, désennuyer qn.

Länglich, adj. oblong, un peu long. [son).

Längling, m. 2, lingue, f. (poisson).

Langmuth, f. longanimité; clémence; bonté; douceur.

Langmüthig, adj. clément; indulgent, doux.

Langohr, n. (qqfois m.) exc. 1, oreillard, m. cheval oreillard;

animal aux longues oreilles, âne, **baudet.**

**Langohrig**, *adj.* oreillard. .

**Langrund**, *adj.* ovale, oblong.

**Längs, Längshin**, *prépos. et adv.* le long de.

**Langsam**, *adj.* lent; tardif; long; (*mus.*) grave; —, *adv.* (*mus.*) adagio; ſehr —, largo.

**Langsamkeit**, *f.* lenteur; paresse.

**Langsamschreiter**, *m.* 1, (*hist. nat.*) tardigrade (*aussi adj.*).

**Langschläfer**, *m.* 1, dormeur.

**Längst**, *adv.* il y a longtemps.

**Längste**, *adj.* (*superl. de* Lang), v. **Lang.**

**Längstens**, *adv.* au plus tard.

**Längstlebende**, *m. et f.* 3, dernier survivant, *m.* -ére -te, *f.*

**Langwagen**, *m.* 1°, arrière-train d'un chariot.

**Langweilen**, *v. a.* ennuyer, donner, causer de l'ennui à qn.

**Langweilig**, *adj.* ennuyeux; fâcheux; fastidieux (*travail*); déplaisant.

**Langweiligkeit**, *f.* longueur; ennui, *m.*

**Langwierig**, *adj.* long; de longue durée, de longue haleine; (*méd.*) chronique.

**Langwierigkeit**, *f.* longueur; longue durée; opiniâtreté *d'une maladie.* [pède.

**Langwürfel**, *m.* 1, parallélipi-

**Lanne**, *f.* (*chair.*) limonière, limons, *m. pl.*

**Lanze**, *f.* lance; —n brechen, briser des lances, jouter.

**Lanzenbrechen**, *n.* 1, joute, *f.*

**Lanzenbrecher**, *m.* 1, jouteur.

**Lanzenreiter**, =träger, *m.* 1, lancier.

**Lanzette**, *f.* lancette. [cier.

**Lappalien**, *f. pl.*, v. **Lapperei.**

**Läppchen**, *n.* 1, (*anat.*) lobule, *f.*

**Lappen**, *m.* 1, pièce, *f.* lambeau, *m.* guenille, *f.* chiffon, *m.*; (*anat.*) lobe.

**Lapperei**, *f.* bagatelle; fadaise, faribole, coquecigrue; —en, *pl.* guenilles, colifichets, *m. pl.*

**Läppern**, *v. a. fm.* boire à petits traits.

**Läpperschuld**, v. **Klitterschuld.**

**Läppisch**, *adj.* fat, sot, niais; inepte; fade; frivole, puéril.

**Lappland**, Laponie, *f.* (*pays*).

**Lappländer**, *m.* 1, Lappe, *m.* 3, Lapon.

**Lärche**, *f.*, v. **Lerche** (*bot., etc.*).

**Laren**, *f. pl.* (*myth.*) lares, *m. pl.* dieux pénates.

**Larifari**, *adv. fm.* lanturlu.

**Lärm**, *m.* 2, =en, 1, bruit, fracas, vacarme, tapage, tumulte; *fg.* bruit, éclat; rumeur, *f.* alarme; — machen, donner l'alarme;

— und Zank, *fm.* bagarre; der unvermuthete —, alerte.

**Lärmbläser**, *m.* 1, alarmiste.

**Lärmen**, *v. n.* (h.) faire du bruit; tempêter, gronder.

**Lärmend**, *adj.* bruyant.

**Lärmglocke**, *f.* tocsin, *m.* beffroi.

**Lärmschuß**, *m.* 2°, coup d'alarme.

**Larve**, *f.* masque, *m.* larve, *f.* (*insecte*); *fg. pop.* museau, *m.*; —n, *pl.* (*myth.*) larves, *f. pl.* génies malfaisants, *m. pl.*

**Lasche**, *f.* (*cordonn.*) oreille *de soulier*; (*taill.*) chanteau, *m.*; gousset.

**Lase**, *f.* broc, *m.* cruche, *f.*

**Laserpflanze**, *f.* laser, *m.* laserpitium.

**Laß**, *adj.* las, fatigué, paresseux.

**Laßbaum**, *m.* 2°, baliveau, lais.

**Laßbecken**, *n.* 1, palette, *f.*

**Laßbinde**, *f.* ligature. [me.

**Laßeisen**, *n.* 1, lancette, *f.* flam-

**Lassen**, *v. n.* (h.) *et a.* 4, laisser; souffrir, laisser *faire*, permettre à qn.; quitter, abandonner, céder; cesser; discontinuer; commander, ordonner *de faire*, faire *faire*; —, *v. imp.* (h.) avoir l'air; sembler; seoir, aller (*habit*); ſein Leben —, donner sa vie; ſein Wasser —, faire de l'eau, pisser; Blut —, saigner; einen vor ſich — recevoir qn.; von ſich —, congédier; das läßt recht ſchön, voilà qui est beau, voilà qui va bien!

**Lässig**, *adj.* nonchalant, négligent, indolent, fainéant, paresseux.

**Lässigkeit**, *f.* négligence, paresse.

**Laßreis**, *n.* 5, v. **Laßbaum.**

**Laſt**, *f.* fardeau, *m.*; faix; poids, charge, *f.*; einem zur — fallen, peser à qn., lasser, importuner qn.; — (*mar.*) laste, *m.*; cargaison, *f.*

**Laſtadie**, *f.* (*mar.*) quai, *m.*

**Laſtbar, Laſttragend**, *adj.* qui porte charge; *une bête de somme.*

**Laſten**, *v. n.* (h.) peser, grever, charger (*poés.*). [ges, *m.*

**Laſtenheft**, *n.* 2, cahier des char-

**Laſter**, *n.* 1, vice, *m.*; crime.

**Läſterchronik**, *f.* chronique scandaleuse.

**Läſterer**, *m.* 1, —inn, *f.* calomniateur, *m.* diffamateur, blasphémateur, -trice, *f.*; médisant, *m.* -e, *f.*; détracteur, *m.*; langue de serpent, *f.*

**Läſterhaft**, *adj.* vicieux, méchant; criminel; corrompu; débauché.

**Läſterhaftigkeit**, *f.* habitude du vice; impiété; méchanceté; vices, *m. pl.*

**Läſterlich**, *adj.* infâme; honteux; injurieux, calomnieux; blasphématoire.

**Läſtermaul**, *n.* 5°, v. **Läſterer.**

**Läſtern**, *v. a.* calomnier qn.; médire de qn.; blâmer qn.; Gott —, blasphémer.

**Läſternd**, *adj.* diffamant, médisant; calomnieux; blasphématoire.

**Läſterrede**, v. **Läſterung.**

**Läſterschrift**, *f.* libelle (diffamatoire), *m.*; pasquinade, *f.*

**Laſterſtein**, *m.* 2, carcan.

**Läſterſucht**, *f.* médisance.

**Laſterthat**, *f.* action infâme.

**Läſterung**, *f.* calomnie; médisance; injure; blasphème, *m.*

**Läſterzunge**, *f.*, v. **Läſterer.**

**Läſtig**, *adj.* onéreux; incommode, importun, gênant; einem —e Menſch, fâcheux, *m.* importun, -e; importuner, gêner qn.; der —e Menſch, fâcheux, *m.* importun.

**Läſtigkeit**, *f.* incommodité.

**Laſtpferd**, *n.* 2, sommier, *m.*

**Laſtſchiff**, *n.* 2, vaisseau de transport, *m.*

**Laſtthier, =vieh**, *n.* 2, bête de somme, de charge, *f.*

**Laſtträger**, *m.* 1, portefaix.

**Laſtwagen**, *m.* 1°, voiture, *f.* guimbarde.

**Laſur**, *n.* 2, azur, outremer.

**Laſurblau**, *adj.* azuré.

**Laſurſtein**, *m.* 2, lapis, lapis lazuli *ou* oriental.

**Latanbaum**, *m.* 2°, latanier.

**Latein**, *n.* 2, latin, *m.* langue latine, *f.* latinité; das verdorbene —, basse latinité.

**Lateiner**, *m.* 1, latiniste.

**Lateiniſch**, *adj.* latin; eine —e Endung geben, latiniser *un mot*; die —e Redensart, latinisme, *m.*; —, *adv.* en latin.

**Laterne**, *f.* lanterne; die große —, falot, *m.* réverbère; (*mar.*) fanal.

**Laternenanzünder, =macher**, *m.* 1, lanternier. [de lanterne.

**Laternenpfahl**, *m.* 2°, pal, pieu

**Laternenträger**, *m.* 1, porte-faiot.

**Latſchig**, *adj.* dégingandé, traînant; *fg.* salope; plువieux, boueux (*temps*); das große —e Weib, happe, *f.* [pelourde, *f.*

**Latte**, *f.* latte. [lattoir.

**Latten**, *v. a.* latter.

**Lattenhammer**, *m.* 1°, contre-

**Lattennagel** *ou* **Lattnagel**, *m.* 1°, clou à couvreur, à maçon.

**Lattenwerk**, *n.* 2, lattis, *m.*; treillage. [miſche —, chicon, *m.*

**Lattich**, *m.* 2, laitue, *f.*; der rö-

**Latwerge**, *f.* électuaire, *m.* opiat, confection, *f.*

**Latz**, *m.* 2°, pièce d'estomac, *f.*; pourpoint, *m.*; patte de culotte, *f.*

**Lau**, *adj.* tiède; — machen, attiédir; — werden, s'attiédir.

**Laub**, *n.* 2, feuillage, *m.*; feuilles, *f. pl.*

Laube, Laubhütte, f. cabinet de verdure, m. berceau, treille, f. feuillée.                [son).
Lauben, m. 1, dard, gardon (pois-
Lauberhütte, v. Laube; —nfeſt, n. 2, fête des tabernacles, f.
Laubfroſch, m. 2°, graisset, grenouille verte, f.        [berceau.
Laubgang, Laubengang, m. 2°, Laubholz, n. 5°, arbres qui perdent les feuilles en automne, m.pl.
Laubig, adj. feuillu.
Laubſäge, f. scie à contourner.
Laubſchnur, f.°, feston, m.
Laubthaler, m. 1, écu de six livres.        [(arch.) id., rinceau.
Laubwerf, n. 2, feuillage, m.;
Lauch, m. 2, poireau (porreau).
Lauer (Leier) m. 1, piquette, f.
Lauer, f., auf der — ſeyn, être aux aguets, aux écoutes.
Lauerer, Laurer, m. 1, guetteur, espion, mouchard.
Lauern, v. n. (h.) guetter; être aux écoutes, écouter aux portes.
Lauf, m. 2°, course, f.; mouvement, m.; cours; canon d'une arme à feu (cha.) rut, chaleur, f.; jambe, pied, m.; (anat.) astragale; (mar.) route, f.; der ge= rabe —, orthodromic; ſchiefe —, loxodromie; —, fg. carrière; cours, m.; freien — laſſen, donner un libre cours, donner carrière.
Laufbahn, f. carrière; lice.
Laufband, n. 5°, lisière, f.
Laufbant, f.°, roulette d'enfant.
Laufbrett, n. 5, berceau de la presse, m.        [noix.
Läuſeln, v. a. prvcl. écaler des Laufen, v. n. 4 (ſ.) courir; couler (liquide); — laſſen, pop. lâcher l'eau; —, (mar.) donner sur le fond; entrer dans le port; (horl.) aller; tourner (autour de qch.); in die Höhe —, se lever (pâte); s'élever (lierre, etc.); es läuft mir ein Schauer über den Rücken, il me prend un frisson; auf eines binaus —, revenir au même; aus einan= der —, se débander, se disperser; (math.) diverger; aus einander —b, divergent.
Läufer, m. 1, coureur; (géom.) curseur; (échec) fou; (meun.) meule courante, f.; (peint.) molette; (impr.) broyon, m.;(mus.) roulade, f.; =inn, f. coureuse.
Laufeuer, n. 1, traînée de poudre, f.; feu roulant, m. feu de file; wie ein —, fg. comme un éclair.
Laufgraben, m. 1°, tranchée, f.; approches, pl.; —gang, m. 2°, boyau.
Läufig, adj. en rut, en chaleur.

Laufſunge, m. 3, galopin.
Laufkäfer, m. 1, carabe, carabé.
Laufzeit, f. saison du rut, rut, m. chaleur, f.
Laufzettel, m. 1, lettre circulaire, f.; —, Laufpaß, m. 2°, fm. con-
Läugbar, adj. niable.        [gé.
Laugen, v. a. lessiver, faire la lessive.
Lauge, f. lessive; (savonn.) capitel, m.; — zum Weißſieden des Silbers, bouture, f.; —, (chim.) lotion; fondant, m.; einen mit ſcharfer — waſchen, fg. laver la tête à qn.        [lessive.
Laugen, v. a. lessiver, faire la
Laugenartig, adj. alcalin, lixivieux.
Laugenaſche, f. charrée.        [viel.
Laugenbütte, f. =faß, m. 5°, =gefäß, n. 2, =zuber, m. 1, cuvier, rapuroir.
Laugengelte, f. voyette.
Laugenforb, m. 2°, panier à couler la lessive.
Laugenſack, m. 2°, charrier.
Laugenſalz, m. 2, alcali, m. sel alcali, lixiviel; — enthaltend, alcalin.
Laugenſeihe, f. couloir, m.
Laugentuch, n. 5°, charrier, m.
Läugnen, v. a. nier; désavouer; disconvenir, se défendre de qch.
Läugnung, f. dénégation; désaveu, m. reniement.
Lauigfeit, f. tiédeur; fg. id., attiédissement, m.
Laulich, adj. un peu tiède.
Laune, f. humeur; caprice, m. boutade, f.; guter — ſeyn, être de bonne humeur, bien disposé.
Launig, adj. enjoué, divertissant; agréable, comique, ingénieux.
Launiſch, Launenhaft, adj. fantasque, capricieux, humoriste.
Laura, n. pr. f. Laure.
Laurband, n. 5°, (charp.) tiers-poteau, m.
Laurentius, Lorenz, n. pr. m. Laurent; Laurence, f.
Laus, f.°, pou, m.
Lauſchen, v. n. (h.) écouter aux portes, être aux écoutes.
Lauſen, v. n. pop. épouiller.
Lauſer, m. 1, pop. musard, vilain.
Lauſerei, f. bagatelle, vétille.
Lauſeſucht, f.maladie pédiculaire.
Lauſewenzel, m. 1, petun, tabac de la dernière sorte; (injur.) gueux, pouilleux.        [rable.
Lauſig, adj. pouilleux; fg. misé-
Lauſiz, f. Lusace (pays).
Lauſizer, m. 1, Lusacien.
Laut, adj. haut; clair; aigu; résonnant (instrument); bruyant (société); — werden, devenir public; (cha.) appeler (chien); — werden laſſen, faire éclater ses sen-

timents; divulguer une nouvelle; in —e Klagen ausbrechen, éclater en plaintes; ein —es Geſchrei er- heben, jeter les hauts cris; — auf ſchreien, crier à haute voix; — adv. haut; à haute voix; fg. hautement; —, prép. conformément à; selon; suivant; en vertu de.
Laut, m. 2, ton, son; bruit.
Lautbar, adj.connu, public, notoire.
Laute, f. luth, m.        [toire.
Lauten, v. n. (h.) sonner; résonner; fg. porter, dire, parler, être, aller.        [sonnerie.
Läuten, v. a. sonner; —, s. n. 1,
Lautengriff, m. 2, touche de luth, f.
Lautenhals, m. 2°, manche de luth.
Lautenmacher, m. 1, luthier.
Lautenſpieler, =ſchläger, masc. 1, joueur de luth.
Lautenſteg, m. 2, barre, f.
Lauter, adj. pur; clair (vin, etc.); limpide (eau); net; fin (or); épuré; fg. pur; droit, honnête; vrai (sens); sincère; —, adv. entièrement; — gute Freunde, tous bons amis; — Liebe, tout amour; aus — Nachläſſigkeit, par pure négligence.
Läuter, m. 1, sonneur.
Läuterer, m. 1, affineur.
Lauterfeit, f. pureté; clarté; netteté; intégrité; fg. id., sincérité.
Läutern, v. a. purifier; épurer; purger; filtrer; clarifier; raffiner le sucre; affiner les métaux.
Läuterung, f. clarification; affinement, m.; affinage des métaux; raffinage du sucre; dépuration, f.; — der Metalle durch die Kapelle, coupellation.
Lauwine, Lawine, f. avalanche.
Lava, f. lave.        [lavange.
Lavendel, m. 1, lavande, f.
Laviren, v. n. (h.) louvoyer; fg. fm. temporiser.        [se purger.
Laxiren, v. a. et n. (h.) purger, Laxirfiſch, m. 2, mendole, f.
Laxirmittel, n. 1, laxatif, m. purgatif.        [pital.
Lazareth, n. 2, lazaret, m. hô-
Lazur, ıc., v. Laſur, ıc.
Leben, n. 1, vie, f.; jour, m.; nourriture, f. subsistance, entretien, m.; fg. vie, f.; vivacité; âme; action, mouvement, m.; das iſt ſein —, voilà ce qu'il aime; bei Leib und — nicht, (défendre qch.) sous peine de mort, sous les peines les plus sévères, aucunement, nullement; thun Sie das bei Leib und — nicht, gardez-vous bien de le faire.
Leben, v. n. (h.) vivre, être en vie; se nourrir de; subsister; se

conduire, se porter; être, demeurer *dans un endroit*; fümmerlich
—, vivoter; ju — haben, avoir
de quoi *vivre*; être à son aise;
fo wahr ich lebe, aussi vrai que
j'existe! einem ju Gefallen —,
obliger qn.

**Lebend, Lebenbig,** *adj.* vivant;
en vie; vif; lebendig machen, vivifier, animer; wieder — werden,
revivre; lebenbig gebärend, vivi-
**pare.**

**Lebenbigmachend,** *adj.* vivifiant.

**Lebenbigmachung,** *f.* vivification.

**Lebenlang,** *adv.*, mein —, toute
ma vie, ma vie durant.

**Lebensart,** *f.* manière de vivre,
genre de vie, *m.*; régime, conduite, *f.* mœurs, *pl.*; — *ou gute*
—, bienséance; — *ou feine* —,
monde, *m.* savoir-vivre; —, profession, *f.* condition.

**Lebensbeschreiber,** *m.* 1, biographe; — ber Heiligen, légendaire,
hagiographe.

**Lebensbeschreibung,** *f.* biographie,
vie; — ber Heiligen, vie des
saints, légende.

**Lebensfaben,** *m.* 1*, fil, cours de
la vie; (*poés.*) trame des jours, *f.*

**Lebensgefahr,** *f.* danger de perdre la vie, *m.*; mit —, aux risques de sa vie.

**Lebensgeifter,** *m. pl.* 5, esprits
vitaux *ou* animaux.

**Lebensgöttinn,** *f. pl.* Parque (*myth.*).

**Lebensgröße,** *f.* grandeur naturelle; ein Bild in —, un portrait en
pied, de grandeur naturelle.

**Lebenskraft,** *f.*\*, force vitale.

**Lebenslang,** *adv.* toute la vie;
jusqu'à la mort; auf —, à la vie.

**Lebenslänge,** *f.* durée de la vie.

**Lebenslänglich,** *adj.* à vie; viager (*rente*).

**Lebenslauf,** *m.* 2*, cours de la
vie, carrière, *f.* vie; histoire de
la vie, biographie; nécrologie,
nécrologe, *m.*

**Lebenslicht,** *n.* 5, *fg.* vie, *f.*; einem das — ausblasen, *fm.* tuer qn.;
ôter la vie à qn. [vitale.

**Lebenslinie,** *f.* (*chirom.*) ligne

**Lebensluft,** *f.*\*, air vital, *m.*

**Lebensmittel,** *n.* 1, aliment, *m.*
nourriture, *f.*; *pl.* vivres, *m.pl.*;
denrées, *f.pl.*; munitions de bouche; fich mit —n versehen, faire ses
provisions. [diète, *f.*

**Lebensordnung,** *fém.* régime, *m.*

**Lebensregel,** *f.* précepte, *m.* règle de conduite, *f.* maxime; (*couvent*) institut, *m.* [le, *f.*

**Lebensfaft,** *m.* 2*, humeur vita-

**Lebensfatt,** *adj.* las de vivre.

**Lebensstrafe,** *f.* peine de la vie,
peine capitale, supplice, *m.*

**Lebensunterhalt,** *m.* 2, vie, *f.* subsistance, entretien, *m.*; aliments,
*pl.*

**Lebenswandel,** *m.* 1, conduite, *f.*

**Lebenswasser,** *n.* 1, eau vivifiante,
*f.* eau-de-vie; (*méd.*) lilium de
Paracelse, *m.*

**Lebenszeit,** *f.* durée de la vie.

**Lebensziel,** *n.* 2, terme de la vie,
*m.* [hépatique.

**Leber,** *f.* foie, *m.*; jur — gehörig,

**Leberaber,** *f.* veine hépatique.

**Leberblume,** *f.* parnassie hépatique des jardins.

**Leberentzündung,** *f.* hépatite.

**Leberfarbe,** *f.* couleur de musc.

**Leberfleden,** *m.* 1, tache de rousseur, *f.* [clair.

**Leberfuchs,** *m.* 2*, cheval bai

**Lebergang,** *m.* 2*, conduit hépatique. [fontaine.

**Lebermoos,** *n.* 2, hépatique de

**Leberreime,** *m. pl.* 2, rimailles,
*f. pl.* [f.

**Leberstein,** *n.* 2, (*min.*) hépatite,

**Lebersüchtig,** *adj.* hépatique.

**Leberverhärtung,** *f.* squirre dans
le foie, *m.* [ce, *f.* douve.

**Leberwurm,** *m.* 5*, sangsue-lima-

**Leberwurst,** *f.*\*, boudin de foie, *m.*

**Lebewohl,** *n.* 2, adieux, *m. pl.*;
—, *interj.* adieu!

**Lebhaft,** *adj.* vif; actif; animé;
éveillé; alerte; vigoureux; fringant; frais; — machen, animer;
(*art.*) aviver; — werden, s'animer;
*fg.* se dégourdir; eine —e Straße,
une rue passante, fréquentée.

**Lebhaftigkeit,** *f.* vivacité; activité, vigueur; feu, *m.*; fraîcheur
*du teint, etc., f.*; promptitude
*d'esprit.*

**Lebkuchen,** *m.* 1, *v.* Honigkuchen.

**Leblos,** *adj.* inanimé; —, *adv.*
sans vie.

**Leblosigkeit,** *f.* manque de vie, *m.*

**Lebord,** *m.* 2, babord.

**Lebtägig,** *adj.* viager.

**Lebzeiten,** *pl.*, bei unserm — de
nos jours; bei feinen —, de son
vivant.

**Lechzen,** *v. n.* (h.) languir, haleter de soif; *fg.* nach etw. —, soupirer après qch.; être altéré *de
sang.*

**Lechzend,** *adj.* altéré; *fg. id.*,
avide, ardent.

**Lech,** *adj.* qui coule, coulant;
qui suinte; (*mar.*) qui fait eau.

**Lech,** *m.* 2, fente, *f.*; (*mar.*) voie
d'eau; einen — bekommen, faire
eau, larguer.

**Lecen,** *v. a.* lécher, laper; bie
Finger nach etw. —, s'en lécher les
doigts; —, *v. n.* (f.) s'écouler;
s'enfuir (*vin*); (b.) couler, percer;
dégoutter; geledt, (*peint.*) *m. p.*

léché; wie geledt, tiré à quatre
épingles.

**Leder,** *m.* 1, fat, jeune sot.

**Leder, Lederhaft,** *adj.* délicat,
friand.

**Lederbiffen,** *m.* 1, morceau friand;
—, *pl.* in Pasteten, béatilles, *f.pl.*

**Lederei, Lederhaftigkeit,** *f.* friandise; délicatesse.

**Ledermaul,** *n.* 5*, friand, *m.*

**Ledwein,** *m.* 2, baquetures, *f.pl.*

**Lection,** *f.* leçon.

**Lectur,** *f.* lecture.

**Leber,** *n.* 1, cuir, *m.* peau, *f.*;
bas robe —, le cuir cru, vert; ge-
narbte —, cuir à grains; geschmier-
te —, cuir bouilli; rothgefärbte —,
la basane tannée; mit — überzogen, cuiré (*coffre*).

**Leberartig,** *adj.* coriacé.

**Leberband,** *m.* 2*, reliure en basane, *f.*

**Leberbereiter,** *m.* 1, corroyeur.

**Leberbereitung,** *f.* corroi, *m.*

**Leberblume,** *f.* xylopia.

**Leberbruder,** *m.* 1, imprimeur
sur cuir.

**Lebergrube,** *f.* plain, *m.*

**Leberhandel,** *m.* 1, commerce des
cuirs *ou* des peaux, peausserie, *f.*

**Leberhändler,** *m.* 1, marchand de
cuir, peaussier.

**Leberhart,** *adj.* coriace.

**Leberharz,** *n.* 2, résine élastique,
*f.* [f.

**Leberleim,** *m.* 2, colle de gants,

**Lebern,** *adj.* de cuir, de peau.

**Lebern,** *v. a.* garnir de cuir; rosser, étriller.

**Leberwert,** *n.* 2, ouvrage en cuir,
*m.* cuirs, *pl.* [mauve.

**Leberruder,** *m.* 1, pâte de gui-

**Ledig,** *adj.* vide; libre; vacant
(*emploi*); non marié, garçon
(*homme*); fille; ber — Stand, l'é-
tat de garçon, de fille, *m.* célibat;
— bleiben, garder le célibat; lebig-
lich, *adv.* seulement, purement,
uniquement, absolument. [m.

**Lee,** —feite, *f.* côté sous le vent,

**Leeren,** *v. a.* vider; — werden, se vider;
être en vidange (*tonneau*); — laffen, laisser une ligne en blanc; —
blanc (*papier*); dé ouillé (*arbre,
champ*); — ausgehen, rester les
mains vides; es wird nicht — abgehen, il y aura toujours qch. à
pêcher; cela ne se passera pas sans
quelque perte; il y aura des coups
de donnés; —, *fg.* vide; vain,
frivole.

**Leerbarm,** *m.* 2* jéjunum.

**Leere,** *n.* 3, **Leerheit,** *f.* vide, *m.*;
vacuité, *f.* [évacuer.

**Leeren,** *v. a.* vider, désemplir.

Lefze, f. lèvre; babine d'une vache; —n, pl. (anat.) lèvres, nymphes.

Leg, adj. et adv. bas; das Wasser ist —, l'eau est basse.

Legangel, m. 1, ligne de fond, f.

Legat, n. 2, legs, m.; — m. 3, légat. [de légation.

Legationsrath, m. 2*, conseiller

Legationssekretär, m. 2, secrétaire de légation.

Legebüchse, f. (cha.) piége d'armes à feu, m.

Legen, v. a. coucher; mettre; poser; placer; étendre; asseoir une pierre; jeter les fondements d'un bâtiment; pondre les œufs; quer —, (mar.) embosser; über einander —, gerber des tonneaux; in Haufen —, enjaveler les blés; sich —, se mettre; se coucher; s'étendre; se poser, se poster; se camper; fg. tomber malade; cesser; se calmer; s'abaisser (vent); s'apaiser (tempête, etc.); se passer; sich auf etw. —, s'appliquer, s'adonner à qch.; sich zum Ziel —, entendre raison; sich vor Anker —, mouiller l'ancre; —, s. n. 1, pose des pierres, f.

Legende, f. légende, vie des saints.

Legendenschreiber, m. 1, légendaire.

Legestachel, m. exc. 1, aiguillon, trompe (f.) des insectes.

Legezeit, f. ponte.

Legion, f. légion.

Legionssoldat, m. 3, légionnaire.

Legiren, v. a. (jur.) léguer; (monn.) allier, mêler; aloyer.

Legirung, f. alliage, m. aloyage des métaux. [lature.

Legislatur, f. législation; légis-

Legitimiren, v. a. légitimer; —, s. n. 1, légitimation, f.

Leguan, m. 2, (hist. nat.) iguane, iguana.

Lehde, f. pièce de terre inculte.

Lehen, Lehn, n. 1, fief, m.; —, f. féodalité, investiture, inféodation; zu — geben, donner qch. en fief, fieffer, inféoder (einen Theil des Lebens) wieder zu — geben, afféager; zu — gebend, hommager.

Lehenbar, adj. féodal, mouvant.

Lehenbarkeit, f. féodalité, vasselage, m. mouvance, f.

Lehenbrief, m. 2, lettre d'investiture, f. [sal, ligence, f.

Lehendienst, m. 2, service de vas-

Lehenfrau, Lehensfrau, f. femme lige, vassale.

Lehengut, n. 5*, fief, m. féage.

Lehenherr, Lehensherr, m. 3, seigneur féodal, seigneur lige.

Lehenmann, Lehensmann, m. 5 (pl. -leute), vassal, feudataire, hom-

mager; der zu persönlichen Diensten verpflichtete —, homme lige.

Lehenrecht, n. 2, droit féodal, m.; droit d'investiture; nach dem —, féodalement.

Lehenrechtskundige, m. 3, feudiste; -slehrer, m. 1, docteur feudiste.

Lehenschein, m. 2, certificat d'investiture, investiture, f. [m.

Lehenscontract, m. 2, féage.

Lehenseid, m. 2, foi et hommage, f.

Lehenserrichtung, f. inféodation.

Lehensfähig, adj. habile à la succession d'un fief. [fief, f.

Lehensfall, m. 2*, ouverture d'un

Lehensfehler, m. 1, félonie, f.

Lehensfolge, f. succession féodale, ligence de fief, mouvance.

Lehensfrei, adj. allodial.

Lehensfreiheit, f. allodialité.

Lehensgebühr, f. Lehengeld, n. 5, relief, m.; droits (pl.), revenus de fief.

Lehensgerechtigkeit, f. féodalité.

Lehensherrlichkeit, f. directe, suzeraineté. [ligence.

Lehenspflicht, f. foi et hommage,

Lehensverbindlichkeit, f. tenure.

Lehensverwirkung, f. forfaiture, félonie.

Lehenträger, m. 1, procureur.

Lehenwesen, n. 1, féodalité, f.

Lehmzins, m. 2, cens.

Lehm, m. 2, glaise, f. terre grasse, argile; limon, m.; (chim.) lut.

Lehmgrube, f. fosse à argile.

Lehmguß, m. 2*, ouvrage fondu dans un moule de terre grasse.

Lehmhütte, f. chaumière de bauge.

Lehmig, adj. argileux.

Lehmkleder, m. 1, (mépr.) bousilleur. [bousillage.

Lehmwand, f.*, mur de bauge, m.

Lehmwerf, n. 2, bousillage, m.

Lehnbank, f.*, banc à dos, m.

Lehne, f. appui, m.; soutien; garde-fou; dos; accoudoir; balustrade, f. rampe.

Lehnen, v. n. (h.) appuyer; être appuyé (an, à); être adossé (an, contre); —, v. a. appuyer, adosser || prêter; emprunter; v. Leihen.

Lehnherr, m. 1, prêteur, emprunteur. [louage.

Lehnsackei, masc. 3, laquais de

Lehnsatz, m. 2*, lemme.

Lehnstuhl, m. 2*, fauteuil, berceuse, f.

Lehnung, f. bail, m. louage.

Leht, n. 2, (art.) patron, m. moule; calibre; échantillon.

Lehramt, n. 5*, (égl.) ministère, m.; chaire de professeur, f.;

charge de précepteur, préceptorat, m.

Lehranstalt, f. institution, école; collège, m. lycée; institut; académie, f. [ment

Lehrart, f. méthode d'enseigne-

Lehrbegierde, f. désir d'enseigner m.; v. Lernbegierde.

Lehrbegierig, v. Lernbegierig.

Lehrbegriff, m. 2, système.

Lehrbegen, m. 1*, (arch.) cherche, f. [prentissage

Lehrbrief, masc. 2, brevet d'ap-

Lehrbuch, n. 5*, livre d'instruction, m.; livre élémentaire, manuel, compendium. [prenti

Lehrbursch, -bursche, m. 3, ap-

Lehrcontract, m. 2, obligé.

Lehre, f. doctrine; leçon, enseignement, m.; précepte; maxime, f.; moralité d'une fable, règle; avis, m.; instruction, f., discipline; (théol.) dogme, m. (art.) apprentissage; (arch.) cherche, f.; v. Lehr.

Lehren, v. a. enseigner, instruire; apprendre; montrer; professer; falsch —, (égl.) dogmatiser.

Lehrer, m. 1, maître; précepteur, professeur; instituteur; (guer.) instructeur; -inn, f. maîtresse, institutrice.

Lehrgebäude, n. 1, système (m.), corps de doctrine. [tique, m.

Lehrgedicht, n. 2, poëme didac-

Lehrgehilfe, Lehrergehilfe, m. 3, aide-instituteur.

Lehrgeld, n. 5, salaire, m. honoraire; (art.) apprentissage; — geben, payer la folle enchère de qch. [base, f.

Lehrgrund, masc. 2*, principe,

Lehrherr, m. 3, maître.

Lehrholz, n. 5*, (charr.) cintre, m. [sage, m.

Lehrjahre, m. pl. 2, apprentis-

Lehrjunge, m. 3, Lehrling, m. 2, apprenti; fg. novice.

Lehrkunst, f.*, art d'enseigner, m. didactique, f.

Lehrmädchen, n. 1, apprentie, f.

Lehrmeinung, f. opinion; croyance. [tre, m. maîtresse, f.

Lehrmeister, m. 1, -inn, f. maî-

Lehrpunkt, m. 2, point de doctrine.

Lehrreich, adj. instructif.

Lehrsaal, m. 2*, auditoire.

Lehrsatz, m. 2*, thèse, f.; axiome, m. principe; théorème, (théol.) dogme.

Lehrsparren, m. 1, arêtier.

Lehrspruch, m. 2*, sentence, f. maxime, aphorisme, m.

Lehrstand, m. 2*, corps enseignant. [tre, f.

Lehrstelle, f. -stuhl, m. 2*, chai-

Lehrstunde, *f.* leçon.

Lehrstyl, *m.* 2, style didactique, genre dogmatique.

Lehrton, *m.* 2°, ton dogmatique, préceptoral; im —e sprechen, dogmatiser.

Lehrzeit, *f.*, *v.* Lehrjahre.

Leib, *m.* 5, corps; *fm.* corsage; gut bei —e seyn, avoir de l'embonpoint; bei lebenbigem —e, tout vif, tout en vie, tout vivant; bei —es Leben, *vi.* durant la vie; am —e (strafen), corporellement; —, ber hohle —, ventre, *m.* (*anat.*) coffre; einen offenen, einen verstopften — haben, avoir le ventre libre, dur; gesegneten —es seyn, être enceinte; einem scharf zu —e gehen, presser vivement qn., serrer le bouton à qn.; er ist ihm mit — und Seele ergeben, c'est son âme damnée.     [*prince.*

Leibarzt, *m.* 2°, médecin d'un

Leibbinde, *f.* ceinture.

Leibbürge, *m.* 3, otage.

Leibchen, *n.* 1, corset, *m.* chemisette, *f.*    [pagnie colonelle.

Leibcompagnie, *f.* colonelle; com-

Leibeigen, *adj.* serf; mortaillable; —e, *m. et f.* 3, serf, *m.* -ve, *f.*

Leibeigenschaft, *f.* servitude.

Leibesbeschaffenheit, *f.* complexion, constitution; tempérament, *m.*; von guter —, bien complexionné.

Leibesbewegung, *f.* exercice, *m.* mouvement; sich — machen, se donner de l'exercice.

Leibesfülle, *f.* corpulence; embonpoint, *m.*      [rité.

Leibeserben, *pl.* lignée, *f.* posté-

Leibesfettigkeit, *f.* obésité.

Leibesfrucht, *f.*°, fruit, *m.*; fœtus; (*jur.*) part. [formation, *m.*

Leibesgebrechen, *n.* 1, vice de con-

Leibesgestalt, *f.* -größe, *f.* taille, stature; figure; hauteur; *fm.* corsage, *m.*      [vie, *m. pl.*

Leibesnothdurft, *f.* besoins de la

Leibessen, *n.* 1, manger favori, *m.*

Leibesstrafe, *f.* punition corporelle; peine afflictive.

Leibesübung, *f.* exercice du corps, *m.* exercice gymnastique.

Leibfall, *m.* 2°, mortaille, *f.*

Leibfällig, *adj.* mortaillable, viager.

Leibfarbe, *f.* couleur favorite.

Leibgarde, *v.* Leibwache.

Leibgebinge, *n.* 1, apanage, *m.*; douaire; pension viagère, *f.*; etw. zum — erhalten haben, être apanagé de qch. (*prince*). [nelle, *f.*

Leibgeleit, *n.* 2, escorte person-

Leibgürtel, *m.* 1, ceinture, *f.*

Leibhaft, Leibhaftig, *adj.* corporel; visible; —, *adv.* en personne; au naturel; au vif.

Leiblich, *adj.* corporel (*qualité*), du corps; propre (*père, fils, etc.*); légitime (*enfant*); consanguin (*frère et sœur d'un même père*); utérin (*frère et sœur d'une même mère*); —, *adv.* corporellement; in —er Gestalt, *id.*, visiblement, en personne.

Leibpacht, *f.* ferme viagère.

Leibregiment, *n.* 5, régiment du prince, *m.*

Leibrente, *f.* rente viagère.

Leibrod, *m.* 2°, justaucorps (*ant. r.*) tunique, *f.*; robe des juges; soutane des prêtres.

Leibschaden, *m.* 1°, défaut corporel, infirmité, *f.*; hernie.

Leibschmerzen, *m. pl.* exc.1, mal de ventre; tranchées, *f. pl.* colique.

Leibschwur, *m.* 2°, *fm.* juron.

Leibstückchen, *n.* 1, air favori, *m.*

Leibstuhl, *m.* 2°, *v.* Kammerstuhl.

Leibwache, *f.* garde, garde du corps.      [nagé.

Leibzüchter, *m.* 1, douairier, apa-

Leich, *m.* 2, x., *v.* Laich, x.

Leichdorn, *m.* 5°, cor au pied.

Leiche, *f.* corps mort, *m.* cadavre; (bis morgen) ist er eine —c'est un homme mort; — enterrement, funérailles, *f. pl.*; (*impr.*) bourdon, *m.*

Leichenartig, *adj.* cadavéreux.

Leichenbegängniß, *n.* 2, funérailles, *f. pl.*; obsèques; pompe funèbre.

Leichenbegleitung, *f.*, *v.* Leichenzug.

Leichenbestattung, *f.* enterrement, *m.*      [terrement.

Leichenbitter, *m.* 1, prieur d'en-

Leichenblaß, *adj.* pâle comme la mort.      [tuaire, *m.*

Leichenbuch, *n.* 5°, registre mor-

Leichenessen, *n.* 1, repas funèbre, *m.*      [tuaire, *m.*

Leichenfackel, *f.* flambeau mor-

Leichenfarbe, *f.* teint cadavéreux, *m.*

Leichenfarbig, *adj.* cadavéreux.

Leichengedicht, *n.* 2, poëme funèbre, *m.*

Leichengepränge, *n.* 1, pompe funèbre, *m.*; honneurs funèbres, *m. pl.* obsèques, *f. pl.*

Leichengeruch, *m.* 2°, odeur cadavéreuse, *f.*

Leichengesang, *m.* 2°, cantique funèbre, *m.*

Leichengewölbe, *n.* 1, caveau funèbre, *m.*

Leichenkosten, *pl.* frais funéraires, *m. pl.*      [funèbre.

Leichenpredigt, -rede, *f.* oraison

Leichenstein, *m.* 2, tombe, *f.* monument, *m.* mausolée.

Leichentext, *m.* 2, texte d'une oraison funèbre.      [morts.

Leichenträger, *m.* 1, porteur de

Leichentuch, *n.* 5°, drap mortuaire, *m.*

Leichenwagen, *m.* 1°, char funèbre, corbillard.

Leichenzug, *m.* 2°, convoi funèbre.      [davre.

Leichnam, *m.* 2, corps mort, ca-

Leicht, *adj.* léger; agile; *fg.* facile, aisé, subtil; coulant, courant (*style, etc.*); superficiel; — an Ballast, (*mar.*) lège; —e chevau-légers, *m. pl.*; nicht leicht, ne ... guères; —er machen, alléger; *fg. id.*, faciliter; aplanir; es ist mir —er ums Herz, je me sens soulagé; — fassend, facile.

Leichten, *v. a.* châtrer des béliers.

Leichtfertig, *adj.* folâtre, espiègle, malin, méchant; libertin; *voy.* Leichtsinnig.

Leichtfertigkeit, *f.* espièglerie; malice, méchanceté; *v.* Leichtsinn.

Leichtflüssig, *adj.* aisé à fondre.

Leichtfuß, *m.* 2°, *fm.* étourdi; évaporé, écervelé.

Leichtgläubig, *adj.* crédule.

Leichtgläubigkeit, *f.* crédulité.

Leichtigkeit, *f.* légéreté; *fg. id.*, facilité; aisance, liberté, agilité; promptitude.

Leichtsinn, *m.* 2, légéreté, *f.* étourderie; inconstance, frivolité.

Leichtsinnig, *adj.* léger, inconsidéré, étourdi; frivole; inconstant; sans souci; —e, *m. et f.* 3, étourdi, *m.* -e, *f.*

Leid, *n.* 2, douleur, *f.*; peine, affliction; chagrin, *m.*; deuil; um jemand — tragen, porter le deuil de qn.; — mal; tort; injure, *f.* outrage, *m.*; es ist ou es thut mir —, j'en suis fâché, en peine.      [léance, *f.*

Leidbrief, *m.* 2, lettre de condo-

Leiden, *v. a. et n.* 5† (b.) souffrir, pâtir; subir; porter une' peine; endurer, supporter; permettre; tolérer; Schiffbruch —, faire naufrage; —, *s. n.* 1, souffrance, *f.*; douleur, peine; das — Christi, passion de N. S. J. C.

Leidend, *adj.* souffrant; patient; passif; —, *adv.* en souffrance.

Leidenfrei, *adj.* libre de souffrances; impassible.

Leidenfreiheit, *f.* impassibilité.

Leidenschaft, *f.* passion.

Leidenschaftlich, *adj.* passionné.

Leidenschaftslos, *adj.* impassible.

Leidensgeschichte, *f.* passion de N.S.

Leidentlich, *adj.* passif; tolérable.

Leider, *interj.* hélas! —, *adv.* malheureusement.

**Leibhaus**, n. 5*, maison de deuil, f.
**Leibig**, adj. fatal, triste, funeste; malheureux, fâcheux; m. p. méchant. [en deuil; affligé.
**Leibig, Leibtragend**, adj. qui est **Leibkleid**, n. 5, habit de deuil, m. [modique.
**Leiblich**, adj. tolérable; passable; **Leibwesen**, n. 1, regret, m.; affliction, f.
**Leier**, f. lyre; vielle; es ist immer die alte —, fg. c'est toujours le même refrain.
**Leiermädchen**, n. 1, vielleuse, f.
**Leiermann**, m. 5*, vielleur.
**Leiern**, v. a. et n. (h.) jouer de la vielle, vieller; fg. lambiner.
**Leibbank**, f. banque d'emprunt; v. Leibhaus. [ture, m.
**Leibbibliothek**, f. cabinet de lec-
**Leibcasse**, f. caisse d'emprunt.
**Leihen**, v. a. 5, prêter, donner à crédit; emprunter, prendre à crédit.
**Leiher**, m. 1, prêteur; créancier.
**Leihhaus**, n. 5*, lombard, m.; mont-de-piété.
**Leihkauf**, m. 2*, pot de vin.
**Leif**, n. 2, carcasse d'un vaisseau, f.; ralingue d'une voile.
**Leim**, 2c., v. Lehm, 2c.
**Leim**, m. 2, colle, f. colle forte.
**Leimen**, v. a. coller, encoller une étoffe; engluer; auf Leinwand —, coller sur toile, entoiler; —, s. n. 1, collage, m.; encollage.
**Leimfarbe**, f. couleur en détrempe.
**Leimfuge**, f. joint collé, m.
**Leimgrund**, m. 2*, (dor.) encollage.
**Leimicht**, adj. gluant; glutineux.
**Leimig**, adj. plein de colle.
**Leimkraut**, n. 5*, silène, f. cornillet, m.; klebrige —, attrapemouche, f.
**Leimleder**, neut. 1, rognures de peaux, f. pl. [ler.
**Leimpinsel**, m. 1, pinceau à col-
**Leimruthe**, f. gluau, m.
**Leimschnepfe**, f. barge.
**Leimsieder**, m. 1, faiseur de colle.
**Leimstange**, f. gluau, m.
**Leimstoff**, m. 2, gluten.
**Leimtiegel**, m. 1, poêlon à colle.
**Leimwasser**, n. 1, eau de colle, f.; durchs — ziehen, coller le papier.
**Leimzwinge**, f. (men.) sergent, m. goberges, f. pl.
**Lein**, m. 2, lin.
**Leinbau**, m. 2, culture du lin, f.
**Leindotter**, m. 1, (bot.) cameline, f.
**Leine**, f. cordeau, m.; longe, f.
**Leinen**, adj. de lin; de toile; de fil; —er Zeug ou —, s. n. 1, linge, m. toile, f. toilerie.

**Leinfeld**, n. 5*, linière, f.
**Leinfink**, m. 3, linotte, f.
**Leiningen**, Linange (pays).
**Leinknoten**, m. 1, coiffe de lin, f.
**Leinkraut**, n. 5*, linaire, f.
**Leinöl**, n. 2, huile de lin, f.
**Leinpfad**, m. 2, =straße, f. chemin de halage, m.; der Aufseher über den —, haliseur.
**Leinsamen**, m. 1, linette, f.
**Leintuch**, n. 5*, linceul, m. drap de lit.
**Leinwand**, f. (sans pl.) toile; linge, m.; die feine —, linon; ungebleichte —, la toile crue; gemodelte —, toile œuvrée, bourdaloue; steife —, bougran, m.; steife, ungebleichte —, canevas; gepichte —, (nav.) braie, f.; mit — bedecken, bacher une voiture.
**Leinwandbleiche**, f. blanchisserie.
**Leinwandhandel**, m. 1, lingerie, f.
**Leinwandkittel**, m. 1, souquenille, f.
**Leinwandkrämer**, m. =händler, m. 1, =inn, f. marchand (m.), -e (f.) de toile; linger, m. -ère, f.
**Leinwandwaare**, f. lingerie, toilerie.
**Leinweber**, m. 1, tisserand.
**Leinweberei**, f. =weberhandwerk, n. 2, tisseranderie, f.
**Leis**, adj. bas (voix); doux (son); léger (sommeil); ein —s Gehör haben, avoir l'ouïe fine; —, adv. bas, doucement, etc.
**Leisegänger**, m. 1, =treter, =tritt, 2, sournois, doucereux, mouchard.
**Leisegel**, n.1, (mar.) coutelas, m. [sten.
**Leis**, m. 2, v. Leiste (vét.) et Lei-
**Leiste**, f. (men.) baguette, tringle, moulure; (arch.) listel, m. bande, f. bandelette, ténie, reglet, m. filet; (rel.) bordure, f.; (drap.) lisière; die gestickte —, liséré, m.; —, (impr.) vignette, f. cul-de-lampe, m.; (anat.) aine, f.; (vét.) forme. [f.
**Leisten**, m. 1, (cordonn.) forme,
**Leisten**, v. a. faire, effectuer; accomplir; tenir parole; satisfaire à qch.; s'acquitter de qch.; rendre service; donner caution; tenir compagnie; prêter serment ou du secours. [(tumeur.)
**Leistenbeule**, f. poulain, m. bubon
**Leistenbruch**, m. 2*, bubonocèle, hernie inguinale.
**Leistendrüse**, f. glande inguinale.
**Leistenhobel**, m. 1*, bouvet, guillaume.
**Leistenschein**, m. 2, (fin.) coupon.
**Leistenschneider**, m. 1, formier.
**Leistenstein**, m. 2, =t, pl. (arch.) arases, f. pl.

**Leistenwerk**, =gesims, n. 2, moulure, f.
**Leistung**, f. accomplissement, m. prestation de serment, f.; bieber Bürgschaft, cautionnement m.; — einer Zahlung, payement —en, pl. außer dem Pachtgelde faisances, f. pl.
**Leitband**, n. 5*, lisière, f.
**Leite**, f. pente, penchant, m coteau.
**Leiten**, v. a. conduire, mener guider, diriger; filer une intrigue.
**Leitend**, adj. dirigeant, conducteur, modérateur; normal (loi).
**Leiter**, m. 1, conducteur, guide, directeur, modérateur.
**Leiter**, f. échelle.
**Leiterbaum**, m. 2, rancher.
**Leiterersteigung**, f. (milit.) escalade.
**Leitersprosse**, f. échelon, m.; cheville ranche ou rance, f.
**Leiterwagen**, m. 1*, chariot à ridelles, guimbarde, f.
**Leitfaden**, m. 1*, fil conducteur, f. fg. guide, fil.
**Leitfaß**, n. 5*, tonneau pour transporter le poisson, la vendange, etc., m. [m.
**Leitfeuer**, n. 1, (artif.) porte-feu,
**Leitgesang**, m. 2*, (mus.) canon.
**Leithammel**, m. 1*, mouton porte-clochette.
**Leitholz**, n. 5*, sabot, m.
**Leithund**, m. 2, (cha.) limier.
**Leitrinne**, f. (artill.) auget, m.
**Leitseil**, n. 2, =riemen, m. 1, retraite, f. guide, m.; (cha.) laisse, f. [f.; fg. guide, m.
**Leitstern**, m. 2, étoile polaire,
**Leitung**, n. 2, (mar.) sauvegarde, f.
**Leitung**, f. conduite, direction; gestion des affaires; auspices, m. pl. [priété conductrice.
**Leitungsfähigkeit**, f. (phys.) pro-
**Leitzeichen**, m. 1, (mus.) guidon, m. [f.
**Leitzeug**, n. 2, (chim.) menstrue,
**Lende**, f., —n, pl. reins, m. pl.; lombes, f. pl.; (man.) esquine.
**Lendenbraten**, m. 1, longe de veau, etc., f. aloyau, m.; cimier, filet de bœuf. [m.
**Lendengewulst**, f.*, bourrelet,
**Lendenkrankheit**, f. sciatique; rachitis, m. (maladie des enfants).
**Lendenlahm**, adj. éreinté, déhanché; — schlagen, éreinter, échiner.
**Lendennerv**, m. exc. 1, nerf lombaire. [que, f.
**Lendenschmerz**, m. exc. 1, sciati-
**Lene, Lenchen**, n. pr. f. Madeleine, Madelon.
**Lenken**, v. a. tourner, plier; dé-

tourner; *fg.* fléchir, gouverner, conduire; virer *un vaisseau.*
**Lenfer,** *v.* Leiter, m.
**Lenffam,** *adj.* souple; docile; flexible; obéissant.
**Lenffamfeit,** *f.* docilité; flexibilité; souplesse; obéissance.
**Lenffcheit,** *n.* 5, sassoire, *f.*
**Lenffeil,** *n.* 2, rène, *f.;* (*arch.*) écharpe.
**Lenfung,** *f.* (*mar.*) revirement, *m.;* braquement *d'un chariot;* direction, *f.; fg.* gouvernement, *m.; v.* Leitung.
**Lenz,** *m.* 2, (*poés.*) printemps.
**Lenzmonat,** *m.* 2, mois de mars.
**Leo,** *n. pr. m.* Léon.
**Leonhard,** *n. pr. m.* Léonard.
**Leopard,** *m.* 3, léopard.
**Lerche,** *f.* alouette; (*bot.*) — ou —nbaum, *m.* 2*, méleze, larix.
**Lerchenfalt,** *m.* 3, -geier, *m.* 1, émerillon. [alouettes, *f.*
**Lerchenfang,** *m.* 2*, chasse aux
**Lerchengarn,** *n.* 2, filet aux alouettes, *m.*
**Lerchenherd,** *m.* 2, aire, *f.* tirasse pour la chasse aux alouettes.
**Lerchenschwamm,** *m.* 2*, agaric.
**Lerchenstrich,** *m.* 2, passage des
**Lerm,** *v.* Lärm. [alouettes.
**Lernbegierde,** *f.* envie, désir (*m.*) d'apprendre. [pliqué.
**Lernbegierig,** *adj.* studieux, ap-
**Lernen,** *v. a.* apprendre; étudier.
**Lernzeit,** *f., v.* Lehrzeit.
**Lesbar,** *adj.* lisible.
**Lese,** *f.* cueillette *des fruits;* récolte, moisson *des blés;* vendange; (*cartes*) levée; feine —machen (*jeu*) être capot; alle —n machen, faire pic, repic et capot.
**Lefeart,** *f.* leçon, variante.
**Lesebuch,** *n.* 5*, livre suivi dans un cours, dans une classe, etc., *m.*
**Lesen,** *v. a.* 1, cueillir; ramasser, éplucher, trier; Aehren —, glaner; Trauben —, vendanger|| lire; faire lecture de qch.; enseigner une *science;* expliquer *un auteur;* dire, célébrer *la messe;* zum erstenmale —, (*impr.*) dégrossir; alte Schartefen —, *fm.* bouquiner; —, *s. n.* 1, lecture, *f.* déchiffrement *d'un écrit, m.;* célébration de la *messe, f.* || *v.* Lese. [lu.
**Lesenswürdig,** *adj.* digne d'être
**Lesepult,** *n.* 2, pupitre, *m.*
**Lefer,** *m.* 1, vendangeur; glaneur||lecteur; ber fleißige —, grand lifeur.
**Leferlich,** *adj.* lisible, net.
**Lesesucht,** *f.* passion de la lecture.
**Lesewelt,** *f.* public, *m.*
**Lesezeit,** *f.* vendange, récolte.
**Letten,** *m.* 1, terre grasse, *f.;* argile.

**Lettendamm,** *m.* 2*, corroi.
**Lettengrube,** *f.* glaisière.
**Letter,** *f.* (*impr.*) lettre, caractère, *m.;* umgekehrt gesetzte —n, blocage, *m.* blocaille, *f.*
**Letticht, Lettig,** *adj.* argileux.
**Letze,** *f.* cadeau, *m.* douceur, *f.* (*v.* Labsal); *procl.* leçon; atteinte mortelle. [fraichir.
**Letzen,** *v. a.* réjouir, récréer, ra-
**Letzt,** *adj.* dernier; final; définitif; extrême; die —en Zeiten, la fin du monde; die vier —en Dinge, les quatre fins de l'homme; in den —en Zügen liegen, être à l'extrémité, à l'agonie; zu guter —, für bas —e, finalement; *fm.* pour la bonne bouche; das wäre mein —es, ce serait mon pis aller.
**Letzthin** (*fm.* Letztens), *adv.* dernièrement.
**Letztlebend,** *adj.* le dernier survivant. [vant.
**Letztverstorben,** *adj.* défunt, feu.
**Letztwillig,** *adj.* testamentaire.
**Leu, Leue,** *m.* 3, (*poés.*) lion.
**Leuchte,** *f.* lanterne, falot, *m.*
**Leuchten,** *v. n.* (h.) luire, répandre de la lumière; reluire; briller; éclater; resplendir; schwach —, entreluire; einem —, éclairer qn.; in die Augen —, *fg.* sauter aux yeux; —, *s. n.* 1, lueur, *f.* éclat, *m.*
**Leuchtend,** *adj.* luisant; brillant; lumineux; resplendissant; rayonnant; bei Nacht —, noctiluque (ver).
**Leuchter,** *m.* 1, chandelier, flambeau; lustre, candélabre; *v.* Handleuchter. [mangle.
**Leuchterbaum,** *m.* 1, pâté de veillée.
**Leuchterstuhl,** *m.* 2*, -tisch, 2, guéridon.
**Leuchtfeuer,** *n.* 1, fanal, *m.* phare.
**Leuchtfliege,** *f.* mouche lumineuse.
**Leuchtfugel,** *f.* pelote, balle à feu.
**Leuchtstein,** *m.* 2, phosphore.
**Leuchtthurm,** *m.* 2*, phare.
**Leuchtwurm,** *m.* 5*, ver luisant.
**Leugnen,** *v.* Läugnen.
**Leumund,** *m.* 2, réputation, *f.* renom, *m.*
**Leute,** *pl.* gens, *m. et f.;* monde, *m.* personnes, *f. pl.* andere —, autrui, les autres.
**Leutesch,** *adj.* sauvage; misanthrope; —, *m.* 3, misanthrope; *fm.* hibou, loup-garou.
**Leuteschinder,** *m.* 1, *injur.* exacteur; écorcheur, concussionnaire.
**Leutselig,** *adj.* sociable, affable, humain. [lité, sociabilité.
**Leutseligfeit,** *f.* humanité; affabi-
**Levante,** *f.* Levant, *m.* [tin.
**Levantisch,** *adj.* du Levant, levan-
**Levit,** *m.* 3, lévite; *fg. fm.* einem den —en lesen, réprimander, chapitrer qn.

**Levitenrock,** *m.* 2*, dalmatique, *f.* (*égl. cath.*).
**Levitisch,** *adj.* lévitique.
**Levkoje,** *f.* giroflée.
**Levkojenstod,** *m.* 2*, giroflier.
**Lexiarch,** *m.* 3, (*ant. gr.*) lexiarque.
**Lexifograph,** *m.* 3, lexicographe.
**Lexifographie,** *f.* lexicographie.
**Lexifon,** *n.* 2, dictionnaire, *m.*
**Libell,** *n.* 2, libelle, *m.* [lexique.
**Libelle,** *f.* (*hist. nat.*) demoiselle.
**Licent,** *m.* 3, accise, *f.* péage, *m.* octroi.
**Licentiat,** *m.* 3, licencié; zum —en machen, licencier; — werden, prendre les licences.
**Licentiatur,** *f.* licence.
**Licenz,** *f.* licence, liberté.
**Licht,** *n.* 5, lumière, *f.* lueur, clarté, jour, *m.* chandelle, *f.;* ein gegossenes —, une chandelle moulée; ein getzogenes —, une chandelle plongée *ou* trempée; das fassche —, (*peint.*) le faux jour, contre-jour; im falschen —, gegen das —, dans un faux jour, à contre-jour; —, (*astr.*) luminaire, *m.* lunaison, *f.;* das volle —, das neue —, la pleine lune, nouvelle lune; *fg. fm.* einem hinter das — führen, tromper qn.
**Licht,** *adj.* clair; éclairé; lumineux; *fg.* lucide; die —e Stelle, l'éclaircie *au ciel, f.;* es ist heller —er Tag, il fait grand jour; bei —em Tage, en plein midi; vier Schuh im —, (*arch.*) quatre pieds de jour dans œuvre.
**Lichtbraten,** *m.* 1, pâté de veillée.
**Lichtbraun,** *adj.* brun clair, bai clair.
**Lichten,** *v. a.* alléger *un vaisseau;* lever *l'ancre;* éclaircir, égayer *un bois.* [gabare.
**Lichter,** *m.* 1, schiff, *m.* 2, allége, *f.*
**Lichterloh,** *adj.* tout en feu.
**Lichterscheinung,** *f.* météore lumineux, *m.*
**Lichtfarben,** *adject.* blond ardent (*cheveux*). [les, *m.*
**Lichtform,** *f.* moule aux chandel-
**Lichtgestalt,** *f.* phase *de la lune.*
**Lichtgießer, Lichtermacher,** *m.* 1, chandelier.
**Lichthut,** *m.* 2*, éteignoir.
**Lichtfasten,** *m.* 1*, évente, *f.*
**Lichtferze,** *f.* cierge, *m.*
**Lichtknecht,** *m.* 2*, -halter, *m.* 1, binet, bobèche, *f.*
**Lichtloch,** *n.* 5*, jour, *m.* lumière, *f.* lunette.
**Lichtmesse,** *f.* Chandeleur.
**Lichtmesser,** *m.* 1, photomètre.
**Lichtpuße,** -schere, -schnauze, *f.* mouchettes, *pl.*
**Lichtputzer,** *m.* 1, moucheur.

Lichtpußschale, f. porte - mouchettes, m.
Lichtrecht, adj. droit de vue.
Lichtrose, f. lychnis, m.
Lichtreth, adj. rouge pâle.
Lichtscheu, adj. qui craint le jour.
Lichtschirm, m. 2, écran; garde-vue.
Lichtschnuppe, f. mouchure de chandelles, moucheron, m.
Lichtspieß, m. 2, (chand.) baguette, f.; (cuis.) broche à chandelles.
Lichtstock, m. 2*, chandelier.
Lichtstrahl, m. exc. 1, rayon de lumière. [delle.
Lichtstumpen, m. 1, bout de chandelle.
Lichtung, f. (forest.) clairière.
Lichtvoll, adj. fg. lumineux.
Lichtzieher, m. 1, chandelier.
Lictor, m. exc. 1, (ant. r.) licteur.
Lie, f. côté du vaisseau opposé au vent, m.
Lieb, adj. cher; aimé; bien-aimé; chéri; bon; aimable; agréable; unsere —e Frau, Notre-Dame, f. sainte Vierge; — haben, aimer; — gewinnen, prendre en affection; s'attacher à qn.; Ihnen zu —, par amitié pour vous; iron. pour vos beaux yeux; das ist mir —, j'en suis bien aise. [doux.
Liebäugeln, v. n. (h.) faire les yeux
Liebchen, n. 1, amie, f.; mein —, m'amie, m'amour, ma mie.
Liebden, Euer —, Votre Dilection (titre).
Liebe, f. (sans pl.), amour, m.; inclination, f. penchant, m. affection, f.; attachement, m.; (théol.) charité, f.
Liebelei, f. fm. amourette.
Liebeln, v. n. (h.) fm. faire l'amour.
Lieben, v. a. aimer; chérir; avoir du penchant pour; einander —, s'entr'aimer. [les amants.
Liebend, adj. aimant; die —en,
Liebenswürdig, adj. aimable.
Liebenswürdigkeit, f. amabilité; charmes, m. pl. attraits.
Lieber, adj. (compar. de Lieb) plus cher; —, adv. mieux; plutôt; er wollte — sterben, il aima mieux mourir; ei —, ou —, interj. de grâce!
Liebesabenteuer, n. 1, aventure amoureuse ou galante, f.
Liebesangelegenheit, f. amourette, intrigue, galanterie.
Liebesantrag, m. 2*, serklärung, f. déclaration d'amour.
Liebesbezeugung, f. marque d'amour, d'amitié. [reux.
Liebesblick, m. 2, regard amoureux.
Liebesbrief, m. 2, dim. schen, n. 1, billet doux, m.
Liebesdienst, m. 2, service d'ami-

tié; bon office; œuvre de charité, f.
Liebesgedicht, n. 2, vers galants, m. pl.; chanson érotique, f.
Liebesgeschichte, f. histoire amoureuse ou galante.
Liebesgespräch, n. 2, discours amoureux, m. fleurettes, f. pl.
Liebesgott, m. 5*, Amour, Cupidon. [Vénus.
Liebesgöttinn, f. déesse de l'amour.
Liebeshandel, m. 1*, voy. Liebesangelegenheit.
Liebeskrankheit, f. maladie, tourments (m. pl.), langueurs (f. pl.) d'amour.
Liebeskuß, m. 2*, baiser d'amour.
Liebeslied, n. 5, chanson amoureuse ou érotique, f.
Liebesmahl, n. 5*, agapes, f. pl., — Christi, sainte cène. [m.
Liebespfand, m. 5*, gage d'amour,
Liebespflicht, f. devoir de charité.
Liebestrant, m. 2*, philtre. [m.
Liebesverständniß, n. 2, v. Liebesangelegenheit.
Liebeswerk, n. 2, œuvre de charité, f.; œuvre pie || œuvre de la chair.
Liebeswuth, f. fureur amoureuse, érotomanie; fureur utérine des femmes. [mour.
Liebevoll, adj. aimant, plein d'a-
Liebhaber, m. 1, amant, -e, f., maitresse; fm. galant, m., pop. amoureux, -se, f. || amateur des arts, m. et f., curieux, m.
Liebhaberei, f. amour, m.; goût; curiosité, f. passion, fantaisie; curiosité.
Liebkosen, v. a. caresser, cajoler; flatter; fm. amadouer, mignoter.
Liebkosend, adj. caressant, flatteur. [cajolerie; amitié.
Liebkosung, f. caresse; flatterie,
Lieblich, adj. doux, agréable, gracieux, aimable; délicieux; savoureux (goût); mélodieux; harmonieux (son); suave (odeur).
Lieblichkeit, f. douceur; délices, pl., agrément, m.; grâce, f. suavité; aménité d'un endroit, etc.
Liebling, m. 2, favori, -te, f.; bien-aimé, -e, f. fm. mignon, m., -ne, f. [vori.
Lieblingsdichter, m. 1, poète fa-
Lieblingssultaninn, f. (Turq.) assaki, sultane favorite. [m.
Lieblingssünde, f. péché mignon,
Liebloß, adj. dur; impitoyable.
Lieblosigkeit, f. dureté de cœur.
Liebreich, adj. gracieux, aimable, aimant; affable; obligeant; humain, charitable.
Liebreiz, m. 2, charme, attrait, charmes, pl. etc.
Liebreizend, adj. charmant, attrayant.

Liebschaft, f. fm. amours, pl. amourette.
Liebste, m. et f. 3, amant, m -e, f.; époux, m. -se, f.
Liebstöckel, n. 1, (bot.) livèche, f
Liebwerth, adj. fm. très-cher bien-aimé.
Lied, n. 5, cantique, m.; ode, f.; chant, m.; chanson, f. air, m.; vaudeville; hohe — Salomo's, (écr. ste.) cantique des cantiques.
Liedchen, n. 1, chansonnette, f. air, m. [sons, m. chansonnier.
Liederbuch, m. 5*, livre de chan-
Liederdichter, m. 1, chansonnier.
Liederlich (mieux Lüderlich), adj. bas, vil, méchant, mauvais (chose); négligent, frivole, dissolu, débauché (homme); das —e Weibsbild, la femme de mauvaise vie, prostituée, abandonnée; — werben, se débaucher.
Liederlichkeit, f. négligence; débauche, dissolution, dérèglement, m. libertinage. [piston, etc.).
Liedern, v. a. garnir de cuir (un Liedersammlung, f. recueil de chansons, m. chansonnier.
Liedertafel, f. société de chanteurs.
Lieferant, m. 3, Lieferer, m. 1, fournisseur.
Liefern, v. a. livrer, délivrer, remettre, rendre, donner; fournir, procurer; fg. achever, sacrifier, ruiner. [fourniture; prestation.
Lieferung, f. livraison, remise;
Lieferungsschein, m. 2, décharge, f. récépissé, m.
Liefland (Lieland), Livonie, f. (pays). [livonien.
Liefländer, m. 1, Liefländisch, adj.
Liegen, v. n. et imp. 1 (h.) coucher; être couché, étendu, posé, placé, situé; schwer auf etw. —, peser, s'appesantir sur qch.; —, fg. être, consister dans; hier liegt begraben, ci-git; still —, faire halte, se reposer; verborgen —, être caché; die Schuld liegt an ihm, c'est sa faute; an wem liegt es, à qui tient-il? es liegt mir daran, il m'importe; auf etw. —, être appuyé sur qch.; auf dem Elbogen —, être accoudé; auf den Knieen —, être à genoux; schwer in der Faust —, (man.) tirer à la main; fg. auf dem Halse —, être à charge; babei —, être attenant; toucher; joindre; in Besaßung —, être en garnison; von einander —, être éloigné; unter der Last —, succomber sous le fardeau; — bleiben, s'arrêter quelque part; rester là (chose); lassen, abandonner un travail; oublier, laisser qch.; es liegt mir in den Gliedern, je sens une pesanteur dans les

membres; *es liegt mir auf der Bruſt,* j'ai la poitrine oppressée; *das liegt mir am Herzen,* cela me tient au cœur; *gelegen,* situé, sis, assis, exposé; *fg.* propre, commode, accommodant; à propos, à point, opportun; *es iſt mir nicht gelegen,* je ne suis pas d'humeur (*ju,* de); *daran gelegen ſeyn, v. imp.* importer; *alle, denen daran gelegen iſt,* tous ceux à qui il appartiendra.

**Liegend,** *adj.* couché, étendu; gisant; situé; —e *Güter,* biens immeubles, des biens-fonds; *von einander* —, distant.

**Liegenſchaft,** *f.* bien immeuble, *m.* biens-fonds, *pl.* (*câble,* exc.)

**Lien,** *n.* 2, (*mar.*) ligne, *f.*, corde,

**Lienbahn,** *f.* corderie.

**Lienbinde,** *f.* travoul, *m.*

**Liesch,** *n.* 2, **Lieschgras,** *n.* 5*, laîche, *f.*      [Babet.

**Lieschen,** *n. pr. f.* Lisette, Lison,

**Liespfund,** *n.* 2, lispond, *m.* (15 *livres*).

**Lieutenant,** *m.* 2, lieutenant.

**Lieutenantſtelle,** *f.* lieutenance.

**Ligament,** *n.* 2, ligament, *m.*

**Lilie,** *f.* lis, *m.* *die wilde* —, martagon; —n, *pl.* (*blas.*) fleurs de lis, *f.*; *mit* —n *zieren, beſtreuen,* fleurdeliser.

**Lilienartig,** *adj.* liliacé.

**Lilienbaum,** *m.* 2*, tulipier à fleurs de lis.    [liacées, *f.*

**Liliengewächs,** *n.* 2, —e, *pl.* li-

**Liliennarziſſe,** *f.* lis-narcisse, *f.*

**Lilienwappen,** *n.* 1, fleurs de lis, *f. pl.* lis, *m. pl.*

**Limonade,** *f.* limonade.

**Limonadeſchenk,** *m.* 3, limonadier.

**Limone, Limonie,** *f.* limon, *m.*

**Limonienbaum,** *m.* 2* limonier.

**Lind, Linde,** *adj.* doux; mollet (*étoffe*); *v.* Gelinde.    [leul.

**Linde,** *f.* **Lindenbaum,** *m.* 2*, til-

**Lindenbaſt,** *m.* 2, tille, *f.*

**Lindern,** *v. a.* adoucir; modérer, tempérer; apaiser, soulager, alléger; mitiger, lénifier, assoupir.

**Lindernd,** *adj.* lénitif; adoucissant; *nur* —, palliatif.

**Linderung,** *f.* adoucissement, *m.*; relâchement; soulagement.

**Linderungsmittel,** *n.* 1, lénitif, *m.*

**Lindwurm,** *m.* 5*, dragon.

**Lineal,** *n.* 2, règle, *f.* réglet, *m.*; *das vierecfige* — carrelet; *bioptriſche, bewegliche* —, (*math.*) alidade, *f.*

**Lineament,** *pl.* à, linéaments, *m.*

**Linie,** *f.* ligne; trait, *m.*; réglet; (*impr.*) interligne, *f.*; (*rel., etc.*) filet, *m.*; (*géogr.*) équateur, ligne équinoxiale, *f.*; (*généal.*) ligne, lignée, branche; *in gerader* —, en droite ligne; à vol d'oiseau; *in*

*gerader* — *fortgehend,* (*jur.*) linéal; *in einer* —, (*guer.*) en haie.

**Linienblatt,** *n.* 5*, transparent, *m.*

**Liniengleichung,** *f.* (*alg.*) équation linéaire.      [*f.*

**Linienmaß,** *n.* 2, mesure linéaire,

**Linienſchiff,** *n.* 2, vaisseau de ligne, *m.*      [*m.*

**Linientaufe,** *f.* baptême de la ligne,

**Linientruppen,** *pl.* troupes de ligne, *f.*

**Linienzieher,** *m.* 1, =feber, *f.* tire-

**Liniren,** *v. a.* régler; tracer des lignes.

**Linf, Linfiſch,** *adj.* gauche.

**Linfhändig,** *adj.* gaucher.

**Linfs,** *adj.* gaucher; *rechts und* — *ſeyn,* être à deux mains, ambidextre; —*um, adv.* à gauche.

**Linſe,** *f.* lentille.

**Linſenbaum,** *m.* 2*, baguenaudier.      [(*opt.*) convexe.

**Linſenförmig,** *adj.* lenticulaire;

**Linſenglas,** *n.* 5*, verre lenticulaire, *m.* lentille, *f.*

**Linſenſtein,** *m.* 2, lenticulaire, *f.*

**Lippe,** *f.* lèvre; *der große* —n *hat,* lippu, *m.*      [labiale, *f.*

**Lippenbuchſtab,** *m. exc.* 2, lettre

**Lippenförmig,** *adj.* (*bot.*) labié.

**Lippenmuskel,** *m. exc.* 1, muscle labial.

**Lippfiſch,** *m.* 2, labre.

**Liquidiren,** *v. a.* liquider; donner quittance; solder.

**Lispeln,** *v. n.* (*h.*) siffler; grasseyer; *in die Ohren* —, chuchoter, parler à l'oreille; —*s. n.* 1, sifflement, *m.* grasseyement; *fm.* chuchoterie, *f.*

**Liſſabon,** Lisbonne (*ville*).

**Liſt,** *f.* ruse, finesse; artifice, *m.*; feinte, *f.*      [matricule, *f.*

**Liſte,** *f.* liste; catalogue, *m.* rôle;

**Liſtig,** *adj.* fin, artificieux; rusé; *ein* —*er Vogel,* un fin renard.

**Litanei,** *f.* litanies, *pl.*; *fg. fm.* litanie, kyrielle.

**Liter,** *m.* 1, litre.

**Litterariſch,** *adj.* littéraire.

**Litterator,** *m. exc.* 1, littérateur.

**Litteratur,** *f.* littérature.   [raire.

**Litteraturzeitung,** *f.* gazette litté-

**Litthauen,** Lithuanie, *f.* (*pays*).

**Litthauer,** *m.* 1, Litthauiſch, *adj.* lithuanien.

**Liturgie,** *f.* liturgie.

**Lize,** *f.* toron, *m.* cordon, cordonnet.

**Livorno,** Livourne (*ville*).

**Livree,** *f.* livrée (*les couleurs*).

**Livreebediente,** *m.* 3, laquais; —n, *pl.* gens de livrée.

**Lob,** *n.* 2 (*sans pl.*), louange, *f.*; éloge, *m.*; suffrage; applaudissement; réputation, *f.*; gloire.

**Lobbegierde,** *f.* ambition.

**Lobbegierig,** *adj.* avide de louanges.

**Loben,** *v. a.* louer; faire l'éloge de qn.; recommander; applaudir; *lobet den Herrn,* (*égl.*) alléluia !

**Lobeserhebung,** *f.* éloge, *m.*

**Lobgesang,** *m.* 2*, =lied, *n.* 5, hymne, *m. et f.*; cantique, *m.*; — *nach der Metten,* (*cath.*) laudes, *f. pl.*

**Lobhudeln,** *v. a. et n.* (*h.*) louer outre mesure, d'une manière inconvenante.

**Löblich, Lobenswürdig,** *adj.* louable, digne de louange.

**Lobpreiſen,** *v. a.* exalter; prôner.

**Lobrede,** *f.* panégyrique, *m.* éloge.

**Lobredner,** =*preiſer,* Lober, *m.* 1, panégyriste, *m. p.* louangeur, loueur.

**Lobſingen,** *v. n.* 3, (*h.*) chanter; célébrer les louanges *de Dieu.*

**Lobſpruch,** *m.* 2*, éloge, louange, *f.*

**Local,** *n.* 2, local, *m.*

**Localſteuer,** *f.* octroi, *m.*

**Locationsurtheil,** *n.* 2, sentence d'ordre, *f.*

**Loch,** *n.* 5*, trou, *m.*; ouverture, *f.*; creux, *m.*; cavité, *f.* fosse; tanière *d'un loup*; terrier *d'un lièvre*; halot *de lapins*; chenil *d'un chien*; trou, déchirure (*f.*) *dans un habit*; bleſure *à la tête*; œil *dans le pain, m.*; forure *de la clef, f.* (*mar. ferr.*) estampure; (*bill.*) blouse; gueule *du four*; *das finſtere* —, cachot, *m.*; *saufen wie ein* —, *pop.* boire à tire-larigot.

**Lochbeutel,** *m.* 1, bec d'âne.

**Locheiſen,** *n.* 1, emporte-pièce, *m.*; (*jard.*) avant-pieu; (*serr.*) perçoir, mandrin; (*mar. ferr.*) estampe, *f.*

**Lochen,** *v. a.* trouer, percer; (*foreſt.*) layer, marquer.

**Löcherig,** *adj.* troué, percé, piqué; poreux, spongieux.

**Lochmeiſtel,** *m.* 1, ciseau de lumière.

**Lochſäge,** *f.* scie à main, égohine.

**Lochſtämpel,** *m.* 1, *v.* Locheiſen.

**Lockaas,** *n.* 5*, leurre, *m.*

**Locke,** *f.* boucle, touffe, tresse; *die große* — marron, *m.*

**Locken,** *v. a. et n.* (*h.*) appeler; attirer; piper *les oiseaux*; appâter; amorcer; leurrer, allécher, *fg.* attirer, amorcer, allécher; engager *dans un défilé, etc.*

**Lockenwickel,** *m.* 1, (*perr.*) bigoudi.

*Locker, adj.* peu épais; mou; léger; lâche; (*pain*) tendre; meuble (*terre*); poreux, spongieux; *fg.* libertin; *ein* —*er Vogel, fg.* un bon vivant;

— machen, ameublir *la terre*; — er binden, desserrer.

Lockerb, *m.* 2, aire, *f.*

Lodig, *adj.* bouclé, annelé.

Lockpfeife, *f.* appeau, *m.*, pipeau.

Lockspeise, *f.* appât, *m.*; amorce, *f.*; leurre, *m.*; *fg. id.* séduction, *f.*

Lockstimme, *f.* réclame; *fg.* paroles séductrices, *pl.*

Lockung, *f.* amorce, appât, *m.*; *fg. id.* séduction, *f.*

Lockvogel, *m.* 1*, appeau, appelant, chanterelle, *f.*

Loberasche, *f.* flammèche.

Lobern, *v. n.* (h.) flamber, flamboyer; brûler.

Loff, *n.* 2, (*mar.*) lof, *m.*

Löffel, *m.* 1, cuiller, *f.* ( *pron.* cuillère); ein —voll, cuillerée.

Löffelblech, *n.* 2, passe-cuiller, *f.*

Löffelente, *f.* souchet, *m.*

Löffelgans, *f.*\* pélican, *m.*

Löffelkraut, *n.* 5*, herbe aux cuillers, *f.* cochléaria, *m.*

Löffeln, *v. a. et n.* (h.) manger avec la cuiller; *fg. fm.* cajoler, caresser qn.

Löffelschale, *f.* cuilleron, *m.*

Löffelstiel, *m.* 2, manche d'une cuiller.

Log, *m.* 2, (*mar.*) loch, lock.

Logarithme, *f.* Logarithmus, *m. exc.* 1, logarithme.

Logarithmisch, *adj.* logarithmique; die —e Linie, logarithmique. [que, *f.*

Loge, *f.* loge.

Logik, *f.* logique.

Logiker, *m.* 1, logicien.

Logisch, *adj.* logique.

Loh, *n.* 1, marais, *m.* marécage.

Loh, *adj.* flambant.

Lohballen, *m.* 1, v. Lohkäse.

Lohbeize, =brühe, *f.* jus d'écorce, *m.*, eaux d'écorce, *f. pl.*

Lohe, *f.* flamme || tan, *m.*; die ausgebreite —, tanné; dem Leder bie — geben, brasser le cuir.

Loheiche, *f.* chêne rouvre, *m.*

Lohen, *v. a.* tanner; —, *v. n.* (h.) *v.* Lobern.

Lohfarbe, *f.* tanné, *m.*

Lohfarben, *adj.* tanné; =gar, *adj. id.* [royeur.

Lohgärber, *m.* 1, tanneur, corLohgärberei, *f.* tannerie.

Lohgrube, *f.* plain, *m.* tannerie.

Lohhaus, *n.*5*, (*tann.*) écorcier, *m.*

Lohkäse, *m.* 2, =kuchen, *m.* 1, motte à brûler, *f.* tan, *m.*

Lohn, *m.* 2 (*sans pl.*), paye, *f.* rétribution; salaire, *m.*; gages, *pl.*; journée *d'un manœuvre*, *f.*; naulage *d'un batelier*, *m.*; voiture *d'un charretier*, *f.* récompense, prix, *m.*; punition, *f.*; *v.* Löhnung.

Lohnarbeiter, *m.* 1, manœuvre, *m. mépr.* mercenaire.

Lohnbediente, *m.*3, valet de louage.

Lohnen, *v. a.* payer, salarier; récompenser; sich der Mühe nicht —, ne valoir pas la peine. [fiacre.

Lohnkutscher, *m.* 1, cocher de Lohnlakei,*m.*3, laquais de louage.

Lohnsüchtig, *adj.* mercenaire.

Löhnung, *f.* solde, paye; prêt *des soldats*, *m.*

Lolch, *m.* 2, ivraie, *f.*

Lombard, *m.* 2, lombard, mont-de-piété. [lombard.

Lombarde, *m.*3, Lombardisch, *adj.*

Lombardei, *f.* Lombardie (*pays*).

Lomber, *n.* 1, —spiel, *n.* 2, jeu de l'hombre, *m.*; — spielen, jouer à l'hombre.

London, Londres (*ville*).

Loos, *n.* 2, lot, *m.*; sort; *fg. id.* apanage; billet de loterie.

Loosen, *v. n.* (h.) tirer au sort, au billet; —, *s. n.* 1, le tirage au sort; — mit Kugeln, ballottage.

Loosfugel, *f.* ballotte.

Lorbeerbaum, *m.* 2*, laurier.

Lorbeere, *f.* baie de laurier; *fg.* laurier, *m.*

Lorbeerkirschbaum, *m.* 2*, laurier-cerise. [laurier.

Lorbeerkranz, *m.* 2*, couronne de Lorbeerkraut, *n.* 5*, lauréole, *f.*

Lorbeerrose, *f.* laurier-rose, *m.*

Lorenz, *v.* Laurentius.

Los, *adj.* débandé, détaché, délié, dénoué, défait, dégagé; dent qui branle; fer qui loche; *fg.* libre, franc, quitte de qch.; folâtre, malicieux; das lose Maul, la mauvaise langue; lose Worte, injures, *pl.*; *adv.*, frisch darauf —, avancez! courage! attaquez! travaillez!

Los, *se joint à une quantité de mots substantifs dont il forme des adjectifs, et il indique l'absence ou le défaut de qch., p. ex.* brodlos, ehrlos, etc., sans pain, etc.; *il se met aussi devant plusieurs verbes et adjectifs; devant les premiers il est séparable.*

Los, *n.* 2, *v.* Loos. [cher.

Losarbeiten, *v. a.* dégager, détacher, détacler, déclouer qch.; einem Pferd die Eisen —, déferrer un cheval; —, *v. n.* (f.) se rompre, déborder; se déborder (*l'eau*); éclater (*orage et fg.*); se déchainer contre qn.

\*Losbrennen, *v. a.* tirer, décharger *le canon*, etc., —, *v. n. fg.* s'emporter. [faire. [laurent, *etc.*

\*Losbringen, *v. a.* parvenir à déLösch, *adject. prvcl.* qui branle (*dent*).

Löschblatt, *n.* 5*, feuillet de papier brouillard, *m.*

Löschbrand, *m.* 2*, tison éteint.

Löschen, *v. a.* éteindre; étouffer; détremper, délayer *la chaux*; *fg.* étancher *la soif*; désaltérer; seinen Durst —, se désaltérer || décharger *un navire*; débarquer *des marchandises*; —, *v. n.* (f.) s'éteindre.

Löschfaß, *n.* 5*, auge, *f.*

Löschhorn, *n.* 5*, éteignoir, *m.*

Löschkohle, *f.* charbon éteint, *m.*

Löschpapier, *n.* 2, =blatt, *n.* 5*, papier brouillard, *m.* papier gris.

Löschplatz, *m.* 2*, (*mar.*) débarcadour.

Löschung, *f.* extinction; étanchement *de la soif*, *m.*; déchargement *d'un vaisseau*.

Löschwasser, *n.* 1, eau ferrée, *f.*

Losdrehen, *v. a.* détordre, détortiller.

Losdrücken, *v. a.* tirer, lâcher *une arme à feu*; décocher *une flèche*; drückt los, feu! —, *s. n.* 1, détente, *f.*

Lose, *adj. v.* Los, *adj.*

Lösegeld, *n.* 5, rançon, *f.*

Lösen, *v. a.* défaire, délier, dénouer, détacher, déjoindre, débander; dessangler; tirer *un canon*; *fg.* résoudre; deviner *une énigme*; prendre *un acquit à caution*; retirer *un gage*; racheter, faire ou tirer *de l'argent*; vendre; die Zunge —, couper le filet; *fg.* délier la langue à qn., das erste Geld —, étrenner; einem das erste Geld zu — geben, étrenner qn.

Löschlüssel, *m.* 1, (*égl.*) puissance des clefs, *f.*

Losfahren, *v. n.* 7, (f.) se détacher subitement; éclater; *fg.* se jeter sur qn. [cher; élargir.

Losgeben, *v. a.* 1, délivrer; relâ-

\*Losgehen, *v. n.* (f.) se détacher; se déjoindre, se défaire; se détendre, se débander; se lâcher; se décharger; débâcler (*glace*); der Schuß geht los, le coup part; auf etw. —, s'avancer vers, s'approcher de qch., poursuivre qch.; se jeter sur qch.; auf einen —, attaquer vivement qn.; charger *l'ennemi*; chasser sur *un vaisseau* || commencer (*querelle*, etc.).

Losgürten, *v. a.* dessangler.

Loshaken, =häfeln, *v. a.* décrocher, dégraffer.

Loshalftern, *v. a.* déchevêtrer.

Loshelfen, *v. n.* 2 (h.), einem — aider qn. à se dégager, à s'évader.

Loshetzen, *v. a.* haler *les chiens*.

Loskaufen, *v. a.* racheter; rançonner qn.; amortir *une dette*.

Loskäuflich, *adj.* rachetable.

Loskaufung, f. rachat, m.; rançonnement, amortissement d'une dette; (théol.) rédemption, f.

Losketten, v. a. déchaîner.

Loskitten, v. a. démastiquer.

Losknüpfen, v. a. dénouer; délier.

*Loskommen, v. n. (f.) être délivré, dégagé; échapper; sortir.

Loskoppeln, v. a. découpler, désaccoupler; —, s. n. 1, découple, m. découpler.

Loslassen, v. a. 4, lâcher; relâcher; élargir un prisonnier; découpler les chiens; —, s. n. 1, élargissement, m.; découple.

Loslassung, f. élargissement, m.; (cha.) découple, laisser-courre.

Loslügen, v. n. 6 (b.), wader barauf —, mentir effrontément; fich —, se sauver par un mensonge, fm. en appeler.

Losmachen, v. a. détacher; défaire; dégager; dénouer; détendre une corde; délier; dessangler; mit Gewalt —, arracher; etw. Angenageltes —, déclouer qch.; —, ôter; tirer; séparer; affranchir, rompre les chaines de qn.; mettre en liberté; débarrasser qn.; sich —, se détacher, se dégager, se défaire, se débarrasser de qn., de qch.

Losmachung, f. détachement, m.; fg. délivrance, f.; affranchissement, m.; dégagement.

Losreißen, v. a. 5†, arracher.

Lossagen (fich), se dédire, se désister, se déporter de; renoncer à.

Lossagung, f. dédit, m. désistement; renonciation, f.

Losschießen, v. a. 6, tirer, décharger, faire partir une arme à feu; décocher une flèche; —, v. n. (f.) auf einen —, s'élancer, fondre sur qn.; —, s. n. 1, décharge, f. salve, bordée; décochement d'une flèche, m.

Losschlagen, v. a. 7, détacher; vendre; fm. auf einen — frapper qn.

Losschließen, v. a. 6, déchainer; ôter les fers; détacher un chien, etc.       [sangler.

Losschnallen, v. a. déboucler; desangler.

Losschnappen, v. n. (f.) se débander.

Losschneiden, v. a. 5†, détacher en coupant.

Losschnüren, v. a. délacer.

Losschrauben, v. a. défaire une vis.

Losschwören (fich), 6, se délivrer par un serment.

*Lossepn, v. n. être libre de; être défait de qch.; branler, locher.

Losspannen, v. a. débander; dételer.

Lossprechen, v. a. 2, absoudre;

décharger; dispenser qn. de qch.; relever qn. d'apprentissage.

Lossprechend, adj. absolutoire.

Lossprechung, f. absolution, dispense; décharge.

Losspringen, v. n. 3 (f.) se déjoindre, se démentir (murs, etc.); se débander (ressort); sauter, s'élancer, se jeter sur qn.

Losspülen, v. a. dégravoyer, détacher, entrainer.

Losstürmen, =stürzen, v. n. (f.) fondre, s'élancer sur qn.  [rer.

Losstrennen, v. a. découdre; séparer.

Losung, f. signal, m.; mot de ralliement; (comm.) recette, f.; (cha.) laissées, pl. fumées.

*Loswerden, v. n. (f.) se défaire, se débarrasser, être quitte de qch.; perdre la fièvre.

Loswickeln, v. a. dévider; détortiller, développer; dépêtrer; fich —, fg. se dépêtrer, se dégager.

Loszählen, v. a. décharger, exempter.

Losziehen, v. n. 6 (f.) marcher sur l'ennemi; fg. se déchainer, déclamer contre qn.

Leth, n. 1, (mar.) sonde, f.; (maç.) plomb, m.; demi-once, f. (poids); bas halbe —, (orf.) maille; bas — werfen, sonder; Kraut und —, de la poudre et du plomb.

Lothasche, f. soude.

Lothblüchse, f. rochoir, m.

Löthen, v. a. souder.

Löthig, adj. d'une demi-once; (argent, or) fin; allié, qui a de l'alliage; (diese Silbermünze) ist so und so viel —, a tant de deniers de fin.

Lothkolben, v. a. (mar.) sonde, f. [les, f.

Löthkorn, n. 5*, paillon de soudure, m.

Lothperlen, pl. semence de perles.

Löthpfanne, f. polastre, m.

Lothrecht, adj. et adv. d'aplomb.

Lothringen, Lorraine, f. (pays).

Lothringer, m. 1, Lothringifch, adj. lorrain.  [chalumeau à souder.

Löthrohr, n. 2, (orf.) broui, m.

Löthschale, f., —n, pl. (verr.) attelles, mouflettes.

Lothse, m. 3, Lothsmann, m. 5*, lamaneur, côtier, pilote côtier.

Lotsen, n. 1, =geld, n. 5, lamanage, m. pilotage.  [nois.

Lothstein, =brti, m. 2, estamis.

Löthung, f. soudure.   [lotte.

Lotte, f. (min.) canal carré, m.

Lotte, f. Lottchen, n. pr. f. Charlotte.

Lotterbett, n. exc. 1, lit de repos, m.

Lotterbube, m. 3, fripon, pendard.

Lotterie, f. loterie.   [terie.

Lotteriezettel, m. 1, billet de loto.

Lottospiel, n. 2, loto, m.

Lotusbaum, m. 2*, lotier.

Löwe, m. 3, lion; ber junge —, lionceau.

Löwen, Louvain (ville).

Löwenaffe, m. 3, singe-lion.

Löwenfuß, m. 2*, pied-de-lion, alchimille, f. (plante).

Löwenhaft, =mäßig, adj. de lion, comme un lion; léonin.

Löwenhund, m. 2, dim. =hündchen, n. 1, chien-lion, m.; bichon.

Löwenritter, m. 1, chevalier de l'ordre du lion.

Löwenthaler, m. 1, écu au lion.

Löwenzahn, m. 2*, dent-de-lion, f. pissenlit, m. (plante).

Loxodromie, f. (mar.) loxodromie.

Loxodromifch, adj. loxodromique.

Lucas, n. pr. m. Luc.

Lucca, Lucques (pays et ville).

Lucerne, f. lucerne (trèfle).

Luchs, m. 2, lynx, loup-cervier.

Luchsaugen, n. pl. 3, prop. et fg. des yeux de lynx, m. pl. vue perçante, f.

Luchskatze, f. chat-cervier, m.

Luchsstein, m. 2, bélemnite, f.

Lucia, n. pr. f. Lucie, Luce.

Lucian, n. pr. m. Lucien.

Lucifer, m. 1, lucifer; diable.

Lücke, f. ouverture; trou, m.; brèche, f. lacune; vide, m. jour.

Lückenbüßer, m. 1, fg. remplissage, cheville, f.; fg. fm. bouchetrou, m.

Lübel, m. 1, pulvérin; —, f. biberon, m.     [m.

Luder, m. 1, charogne, f. appât, m.

Luderleben, n. 1, t. bas, débauche, f.

Lüderlich, v. Liederlich.   [che.

Ludern, v. n. (b.), t. bas, vivre dans la débauche.   [leurrer.

Ludern, v. a. (cha.) amorcer;

Ludolph, n. pr. m. Ludolfe.

Ludovita, Luife, n. pr. f. Louise.

Ludwig, n. pr. m. Louis.

Ludwigsorden, m. 1, ordre de Saint-Louis.

Luft, f.*, air, m.; haleine, f.; respiration; ciel, m.; atmosphère, f.; vent, m.; bie gemeine —, air atmosphérique; in freier —, le grand air, évent; in freier — en plein air; schöpfen; respirer; frifche — schöpfen, prendre l'air; — machen, éventer (einem qn.); donner de l'air; fg. dégager; secourir qn. à propos; dégorger qch.; décharger son cœur; feinem Zorne — machen, évaporer sa bile, exhaler sa colère; Schlösser in bie — bauen, bâtir des châteaux en Espagne.

Luftartig, adj. aériforme.

Luftball, m. 2*, ballon aérostatique, aérostat.

Luftblaſe, f. bulle d'air ; vessie des poissons.

Lüftchen, n. 1, léger souffle de vent, m. haleine, f.

Luftdicht, adj. imperméable à l'air; adv. (fermer) hermétiquement.

Lüften, v. a. aérer, éventer ; (jard.) déchausser, éclaircir un arbre; ſich —, aller prendre l'air; se déboutonner; — ou Lüpfen, soulever.

Lufterſcheinung, f. météore, m.; —slehre, f. météorologie.

Luftfeuer, n. 1, météore igné, m.; (mar.) feu Saint-Elme.

Luftförmig, adj. aériforme.

Luftgang, m. 2*, conduit aérifère.

Luftgegend, f. région de l'air.

Luftgeiſt, m. 5, sylphe, sylphide, f.; (phys.) gaz, m.

Luftgeſchwulſt, f.*, emphysème, m.

Luftgütemeſſer, m. 1, eudiomètre.

Lufthimmel, m. 1, atmosphère, f.

Luftig, adj. aéré; aérien ; léger ; fg. fm. léger, frivole; étourdi, vain.

Luftklappe, f. soupape.

Luftkreis, m. 2, atmosphère, f.

Luftkugel, f. 1, éolipyle, m.

Luftkügelchen, n. 1, molécule de l'air, f. globule d'air, m.

Luftleere, f. vide, m. espace vide d'air.

Luftlehre, f. aérologie.

Luftloch, n. 5*, soupirail, m.; (fond.) évent. [m.

Luftmalz, n. 2, malt séché à l'air,

Luftmeſſer, m. 1, aéromètre.

Luftmeſſung, f. aérométrie.

Luftperſpektive, f. perspective aérienne. [tique.

Luftpumpe, f. machine pneuma-

Luftreiſe, f. voyage aérostatique, m.

Luftröhre, f. trachée-artère, gosier, m. fm. sifflet; (fond.) évent; (chim.) registre; ventouse, f.; (bor.) fistule spirale des plantes.

Luftröhrenaſt, m. 2*, bronche, f.; zu den —en gehörig, bronchial, bronchique. [f.

Luftröhrendeckel, m. 1, épiglotte,

Luftröhrenkopf, m. 2*, larynx.

Luftröhrenkropf, m. 2*, bronchocèle. [bronchial ou bronchique.

Luftröhrenners, m. exc. 1, nerf

Luftröhrenſpalt, m. 2, glotte du larynx, f.

Luftſaugeröhre, f. aspirateur, m.

Luftſäule, f. colonne d'air.

Luftſäure, f. air fixe, m. gaz acide carbonique.

Luftſchiff, n. 2, aérostat, m.

Luftſchiffer, m. 1, aéronaute, aérostier.

Luftſchloß, n. 5*, fg. chimère, f.

fantaisie, vision, songe creux, m.

Luftſchlucker, m. 1, injur. fm. panier percé, homme affamé.

Luftſchwärmer, m. 1, serpenteau.

Luftſpringer, m. 1, sauteur, voltigeur, cabrioleur.

Luftſprung, m. 2*, saut en l'air, cabriole, f. gambade; (man.) ballottade; —e machen, voltiger, cabrioler, gambader.

Luftſtein, m. 2, aérolithe, f.

Luftſtreich, m. 2, coup en l'air, fg. fm. fanfaronnade, f.; —e thun, fg. fm. battre l'air.

Luftſtheilchen, n. 1, partie (f.), molécule aérienne. [nilles, m.

Luftwarze, f. stigmate des chenilles, m.

Luftzeichen, n. 1, météore, m. phénomène.

Luftzieher, m. 1, ventilateur.

Luftzünder, m. 1, pyrophore.

Lug, m. 2, (cha.) repaire d'ours.

Lüge, f. (rar. Lug, m. 2), mensonge, m.; menterie, f. fm. bourde; einen —n ſtrafen, donner un démenti à qn.; —n geſtraft werden, recevoir un démenti.

Lügen, v. n. 6 (h.) mentir, en imposer.

Lügenhaft, Lügneriſch, adj. mensonger.

Lügenmaul, n. 5*, franc menteur, m. menteur insigne.

Lügenſchmied, m. 2, forgeur de mensonges. [m. -se, .

Lügner, m. 1, einn f. menteur, Luke, f. lucarne; (mar.) écoutille.

Lullen, v. a. fm. allaiter; in den Schlaf — endormir un enfant en chantant. [maroufle.

Lümmel, m. 1, lourdaud, rustre,

Lümmelhaft, adj. rustre; grossier.

Lump, m. 3, paresseux, débauché; gueux.

Lumpen, m. 1, chiffon; lambeau; torchon; (pap.) chiffe, f. drille; alte —, guenilles, pl. haillons, m. pl. [naie, f. vil prix, m.

Lumpengeld, n. 5, mauvaise mon-Lumpengeſindel, m. 1, canaille, f.; racaille; ſich mit —abgeben, s'encanailler.

Lumpenhandel, m. 1, trafic de vieux chiffons, de guenilles.

Lumpenhändler, m. 1, chiffonnier, vendeur de chiffons.

Lumpenhund, m. ≈erl, m. 2, pop. injur. maraud, maroufle, gueux; gredin, belître.

Lumpenmädchen, n. 1, pop. chiffon, m. gueuse, f.

Lumpenſammler, m. 1, einn, f. chiffonnier, m. -ère, f.

Lumpentafel, f. (pap.) dérompoir, Lumpentrog, m. 2*, pile-drapeaux. [sucre bis.

Lumpenzucker, m. 1, sucre rouge,

Lumperei, f. bagatelle, vétille.

Lumpicht, Lumpig, adj. déchiré déguenillé; en lambeaux; fg. fm. chétif, misérable. [veau

Lunge, f. poumon, m.; mou d

Lungenader, f. veine pulmonair ou bronchique. [mon, m

Lungenblatt, n. 5*, lobe du pou-

Lungenentzündung, f. péripneumonie; inflammation du poumon.

Lungenfaul, adj. (cheval) poussif.

Lungenfieber, n. 1, fièvre pulmonique, f.

Lungenflechte, f. emoos, m. 2, straut, n. 5*, lichen, m. pulmonaire, f.

Lungengeſchwür, n. 2, vomique, f. empyème, m.

Lungenmittel, n. 1, pneumonique, m. [mon, m.

Lungennus, m. 2, hachis de pou-Lungenprobe, f. épreuve des poumons.

Lungenſchwindſucht, ſucht, f. pulmonie, phthisie pulmonaire.

Lungenſüchtig, adj. pulmonique.

Lünſe, f. esse de l'essieu.

Lunte, f. mèche; —n riechen, fg. fm. découvrir la mèche.

Luntenſtock, m. 2*, boute-feu.

Lüpfen, v. Lüften.

Luppe, f. (forg.) gueuse.

Lurke, f. (mar.) cordes de défense, pl. [pays].

Luſitanien, Lusitanie, f. (anc.

Luſt, f.*, plaisir, m. joie, f.; divertissement, m.; désir, envie, f. appétit, m.; goût, inclination, f.; concupiscence; die wilde —, brutalité; feine —haben, prendre ses ébats.

Luſtbarkeit, f. divertissement, m. réjouissance, f. fête; partie de plaisir, m.

Luſtbeet, n. 2, (jard.) parterre, Lüſtern, v. n. et imp. (h.) avoir envie (nach, de). [passionné.

Lüſtern, adj. désireux; avide, Lüſternheit, f. appétit déréglé m.; convoitise, f. concupiscence.

Luſterweckend, adj. appétissant; ragoûtant.

Luſtfahrt, f. promenade en voiture ou en bateau.

Luſtfeuer, n. 1, feu de joie (m.), de réjouissance.

Luſtgang, m. 2*, promenade, f.

Luſtgarten, m. 1*, jardin de plaisance.

Luſthaus, n. 5*, maison de plaisance, f. maison de campagne; häuschen, n. 1, dim. (jard.) cabinet de verdure, m.

Luſtjagd, f. partie de chasse.

Luſtig, adj. plaisant; agréable; joyeux, gai, enjoué, éveillé, jovial; gaillard; riant, divertissant,

**réjouissant**, amusant; comique,
**facétieux**, bouffon, grivois; ber
**—e Sinn**, enjouement, *m.* gaieté,
*f.;* — **machen**, réjouir, divertir;
*fm.* épanouir la rate à qn.; sich
— **machen**, se divertir; se moquer
(über, de); *pop.* se goberger; —
**legn,** *fm.* être en goguettes; ein
**—er Bruder**, un homme jovial,
gai; plaisant.
**Lustigkeit,** *f.* joie; allégresse; enjouement, *m.*　　　　　[sant.
**Lustigmacher,** *m.* 1, farceur; plai-
**Lüstling,** *m.* 2, *v.* Wollüstling.
**Lustreise,** *f.* voyage de plaisir,
*m.;* partie de plaisir, *f.*
**Lustrin,** *m.* 2, (*comm.*) lustrine,
*f.*　　　　　　　[sance, *m.*
**Lustschloß,** *n.* 5*, château de plai-
**Lustspiel,** *n.* 2, comédie, *f.*
**Lustsörer,** *m.* 1, trouble-fête.
**Luststück,** *n.* 2, (*jard.*) parterre,
*m.; v.* Lustspiel.
**Lustwald,** *m.* 5*, bocage, bos-
quet; *—wäldchen, m.* 1, *dim.* bou-
quet de bois, *m.*　　　　[ner.
**Lustwandeln,** *v. n.* (*f.*) se prome-
**Lustwarte,** *f.* belvédère, *m.*
**Lutheraner,** *m.* 1, *-inn, f.* Luthe-
**risch,** *adj.* luthérien, -ne.
**Lutherthum,** *m.* 5*, luthéranisme,
*m.*　　　　[première distillation, *f.*
**Lutter,** *m.* 1, eau-de-vie de la
**Lüttich,** Liége (*ville*).
**Lütticher,** *m.* 1, Liégeois.
**Lüpelstein,** Petite-Pierre, *f.*(*ville*).
**Luxus,** *m.* 1, luxe.
**Luzerne,** *f.* (*bot.*) luzerne.
**Lycäum,** *n. exc.* 1, lycée, *m.*
**Lymphatisch,** *adj.* lymphatique.
**Lymphe,** *f.* (*anat.*) lymphe.
**Lyoner,** *m.* 1, Lyonnais.
**Lyrisch,** *adj.* lyrique.

## M.

**Maal, ꝛc., v. Mahl.**
**Maalstrom,** *m.* 2 *, tournant,
tourbillon, gouffre.
**Maas,** *f.* Meuse (*fleuve*).
**Maaß, v. Maß.**
**Maccabäer,** *m.* 1, *pl.* die Bücher
ber —, Maccabées.
**Mäcen,** *m.* 1, (*pl. -t*), Mécène.
**Mache,** *f. p. us.* façon, travail,
*m.; in* ber —, entre les mains de
l'ouvrier.
**Machen,** *v. a.* et *n.* (h.) faire;
rendre; créer; former; produire;
fabriquer; composer; opérer; exécuter; effectuer; causer; (*bill.*)
blouser; **es furz** —, se dépêcher;
**es lang** —, tarder; — **lassen,** faire
faire *un habit, etc.;* sich **an etw.**
**—,** entreprendre qch.; se mettre
à ou après qch.; sich **an einen —,**

s'adresser à qn., entreprendre
qn.; sich **unbesonnen an einen,** an
**etw. —,** se jouer à qn., à qch.;
**von einander —,** séparer, désaccoupler; sich **auf den Weg —,** se
mettre en chemin, partir; **das
macht nichts,** n'importe!
**Macher,** *m.* 1, *-inn, f.* faiseur,
*m.* faiseuse, *f.* (*ces mots ne sont
guère en usage que dans la composition*).
**Macherlohn,** *m.* 2*, façon, *f.*
**Machiavellisch,** *adj.* machiavélique; **die —e Staatsklugheit,** machiavélisme, *m.*　　　　　[liste.
**Machiavellist,** *m.* 3, machiavé-
**Macht,** *f. *, force; puissance,
pouvoir, *m.* autorité, *f.;* faculté;
droit, *m.;* liberté, *f.;* permission;
**in seiner freien — und Gewalt,** à
sa disposition; **mit aller — segeln,**
**rudern,** faire force de voiles, de
rames; **die feindliche —,** les forces ennemies; **die fremden Mächte,**
les puissances étrangères.
**Machtgeber,** *m.* 1, constituant,
commettant; (*nipotentiaire.*)
**Machthaber,** *m.* 1, puissant; plé-
**Mächtig,** *adj.* puissant, fort; foudroyant (*éloquence*); **eines Dinges
— seyn,** être maître de qch., posséder qch.
**Mächtigkeit,** *f.* (*min.*) puissance.
**Machtlos,** *adj.* impuissant, faible.
**Machtspruch,** *m.* 2*, décision par
autorité, *f.* décision arbitraire;
**einen — thun,** décider par auto-
rité.
**Machtvollkommenheit,** *f.* plein
pouvoir, *m.* autorité, *f.*
**Machwerk,** *n.* 2, (*mépr.*) bousil-
lage, *m.* fagotage.
**Maculatur,** *f.* maculature.
**Mädchen,** *n.* 1, fille, *f.;* das junge
**—,** *fm.* fillette, (*burl.*) jouvencelle.
**Made,** *f.* ver, *m.;* mite, *f.*
**Madenwürmer,** *m. pl.* 5, asca-
rides.
**Madig,** *adj.* plein de vers; ron-
gé de vers; (*fruits*) véreux.
**Madonne,** *f.* Madone, sainte
Vierge.
**Madonnenbild,** *n.* 5, madone, *f.*
**Madrepore,** *f.* madrépore, *m.*
**Madrigal,** *n.* 2, madrigal, *m.*
**Magazin,** *n.* 2, magasin, *m.;*
**in ein — thun,** emmagasiner.
**Magazinaufseher, -verwalter,** *m.*
1, garde-magasin, magasinier.
**Magd,** *j.*, servante, fille.
**Magdalena,** *n. pr. f.* Madeleine.
**Mägdedingerinn,** *f.* femme qui
fait métier de placer des servan-
tes, placeuse.
**Magen,** *m.* 1*, estomac; ventri-
cule *des animaux ruminants;*

gésier *des oiseaux;* ber **erste —**
(ber **wiederkäuenden Thiere**), panse,
*f.* double, *m.;* ber **zweite —,** bonnet, réseau; ber **britte —,** livre,
feuillet; ber **vierte —,** caillette, *f.*
**Magenader,** *f.* veine stomachique, gastrique.
**Magendrücken,** *n.* 1, douleur d'estomac, *f.* cardialgie.
**Magendrüse,** *f.* pancréas, *m.;*
**—nsaft,** *m.* 2*, suc pancréatique.
**Magenelixir,** *n.* 2, élixir stomachique, *m.*
**Magenentzündung,** *f.* gastrite.
**Magengeschwulst,** *f. *, expansion
d'estomac.
**Magenkrampf,** *m.* 2*, spasme,
crampe (*f.*) d'estomac.
**Magenmund,** *m.* 2, *-schlund, 2*,*
orifice de l'estomac.
**Magenpflaster,** *n.* 1, emplâtre
stomachique, *m.* épithème; *fg.*
*fm.* abat-faim.
**Magenpulsader,** *f.* artère gastrique, gastrique.　　　[macale, *f.*
**Magenpulver,** *n.* 1, poudre sto-
**Magensaft,** *m.* 2*, suc gastrique.
**Magensäure,** *f.* aigreur, oxyregé-
mie.　　　　　　　[tomac.
**Magenschmerzen,** *m. pl.* mal d'es-
**Magenstärkend,** *adj.* stomacal,
stomachique. [stomacales, *f. pl.*
**Magentropfen,** *m. pl.* 1, gouttes
**Mager,** *adj.* maigre; décharné,
hâve; effilé; sec; *fg.* stérile, aride;
mince, mesquin; — **machen,** amai-
grir; emmaigrir, épuiser *la terre;*
— **werden,** maigrir, amaigrir; **zu
mager, (call.) affamer.
**Magerkeit,** *f.* maigreur; épaise-
ment, *m.; fg.* aridité, *f.* séche-
resse.　　　　　　[ment, *f.*
**Magerwerden,** *n.* 1, amaigrise-
**Magier,** *m.* 1, (*ant.*) mage;
**die Religion der —,** magisme.
**Magister,** *m.* 1, magicien.
**Magisch,** *adj.* magique.
**Magister,** *m.* 1, maître ès arts;
précepteur.　　　　　　[trat.
**Magistrat,** *m.* 2, sénat, magis-
**Magistratsperson,** *f.* magistrat, *m.*
**Magnat,** *m.* 3, magnat (*titre*).
**Magnesia,** *f.* magnésie.
**Magnet,** *m.* 2, aimant, cala-
mite, *f.;* **mit — bestreichen,** aiman-
ter.
**Magnetisch,** *adj.* magnétique;
**die —e Kraft,** la force magnétique,
magnétisme, *m.*
**Magnetisiren,** *v. a.* magnétiser.
**Magnetismus,** *m. indécl.* magné-
tisme.　　　　　[tée) boussole.
**Magnetnadel,** *f.* aiguille aiman-
**Magnetstäbchen,** *n.* 1, barre (*f.*)
barreau (*m.*) magnétique.
**Magnolie,** *f.* laurier tulipier, *m.*

Magfamen, v. Mohn.

Mahagonibaum, m. 2*, mahogon, mahogani.

Mahagoniholz, n. 5*, acajou, m. bois d'acajou. [dain, m.

Mahd, f. (agr.) fauchée, an-

Mähen, v. a. et n. (h.) faucher; —, s. n. 1, fauchage, m. fauche, f.

Mäher, m. 1, faucheur.

Mäherlohn, m. 2, fauchage.

Mähezeit, f. fauchaison, fenaison. [tin.

Mahl, n. 2 et 5*, repas, m. fes-

Mahl ou Maal, n. 2 et 5*, marque, f.; tache; signe, m.; envie, f.; cicatrice; balafre; das blaue —, meurtrissure, contusion; —, but, m. terme.

Mahlort, f.*, cognée à layer.

Mahlbaum, m. 2*, baliveau, pied cornier; =bäume, pl. parois, f. pl. [mahlen.

Mahlen, v. a. moudre; part. ge-

Mahlgang, m. 2*, tournant.

Mahlgeld, n. 5, mouture, f. moulage, m. [layer.

Mahlhammer, m. 1*, marteau à

Mahlmühle, f. moulin à blé, m.

Mahlschah, m. 2*, dot, f.

Mahlschloß, n. 5*, cadenas, m.

Mahlzahn, m. 2*, dent molaire, f.

Mahlzeichen, n. 1, marque, f. signe, m.; empreinte, f.; caractére, m.; v. Mahl.

Mahlzeit, f. repas, m.; dîner, chère, f.; eine gute — halten; faire bonne chère; zwei —en halten; faire deux repas par jour; ich wünsche Ihnen eine gesegnete —, bon appétit.

Mahnbar, adj. exigible. [tit.

Mahnbrief, m. 2, monitoire, lettre monitoriale, f.

Mähne, f. crinière du cheval; jube du lion.

Mahnen, v. a. exiger une dette; sommer, faire souvenir qn. de qch.; avertir.

Mähnenneh, n. 2, crinière, f.

Mahner, m. 1, =inn, f. demandeur, m.; solliciteur, -se, f.

Mahnschreiben, n. 1, v. Mahnbrief.

Mahnung, f. demande, sommation, avertissement, m.

Mahnzettel, m. 1, avertissement.

Mahomedaner, m. 1, Mahomedanisch, adj. mahométan; der mahomedanische Glaube, mahométisme, m. islamisme. [m.

Mährchen, n. 1, fable, f.; conte,

Mährchenhaft, adj. fabuleux.

Mähre, f. mépr. rosse, haridelle || message, m. nouvelle, f. bruit, m.; v. Mährchen.

Mährte, f. prvcl. birambrot, m.

Mai, m. 2, mois de mai.

Maibaum, m. 2*, Maie, f. mai, m. [kleine —, espargoutte, f.

Maiblume, f. muguet, m.; die

Maifisch, m. 1, alose, f. (poisson).

Maikäfer, m. 1, hanneton.

Maifenshäring, m. 2, hareng blanc et vide.

Mailand, Milan (ville).

Mailänder, m. 1, Mailändisch, adj. milanais.

Mailbahn, f. =tolben, m. 1, mail; =spiel, n. 2, id., jeu de mail.

Main, m. Mein (fleuve).

Mainz, Mayence (ville).

Maire, m. 2, maire.

Mairie, f. mairie.

Mais, m. indécl. maïs, blé de Turquie. [boyau, pointe, f.

Maiseldraht, m. 2*, (cout.)

Maiselbrähtig, adj. trop tors.

Majestät, f. majesté.

Majestätisch, adj. majestueux; auguste.

Majestätsbeleidigung, f. =verbrechen, n. 1, crime de lèse-majesté, m. [lien, m.

Majestätsrecht, n. 2, droit réga-

Majestätsschänder, m. 1, criminel de lèse-majesté.

Major, m. 2, major; — Domus, v. Hausmeier. [(plante).

Majoran, m. 2, marjolaine, f.

Majorat, n. 2, (jur.) droit d'ainesse dans une famille, m.; majorennität, f. majorité. [rat.

Majorka, Majorque (ile).

Majorisch, adj. majorquin.

Makaroni, pl. macaroni, m. pl.

Makaronisch, adj. macaronique.

Makel, m. 1, tache, f. souillure, défaut, m.

Mäkelei, f. courtage, m.

Makellos, adj. et adv. sans tache; sans défaut.

Mäkeln, v. n. (h.) faire le courtier, l'entremetteur || critiquer, censurer. [maki.

Maki, m. 2 (pl. —s), (hist. nat.)

Mäkler, m. 1, courtier, agent de change; der heimliche —, marron; —, agioteur, entremetteur || critique.

Mäklerei, f. Mäklergeschäft, n. 2, courtage, m.; das —sgeschäft treiben; faire le courtier.

Mäklerlohn, m. 2, courtage.

Makrele, f. maquereau, m. (poisson).

Makrone, f. macaron, m.

Mal, n. 2, fois, f. coup, m.; —, adv., ein Mal. v. Einmal.

Malachit, m. 2, (hist. nat.) malachite. [malai, m.

Malayisch, adj. die —e Sprache,

Maleficant, m. 3, criminel.

Malen, v. a. peindre; tirer qn.; fg. représenter; ... am Leben —, peindre d'après ... ...re; mit Oelfarbe, (peindre) ... ville; mit Wasserfarben, en de ... pe; mit trockenen Farben, en ... el; mit Gummifarben, in Schmelz ... t, en miniature, en émail; auf nassen Kalk, à fresque; bunt —, bigarrer, fm. billebarrer; ... feuiller; schlecht —, barbouiller.

Maler, m. 1, peintre; artiste; der gekünstelte —, maniériste; schlechte —, barbouilleur, croûtier. [peinture.

Malerakademie, f. académie de

Malerei, f. peinture; tableau, m.; die groteske —, bambochade, f. grotesques, m. pl.; bunte —, fm. bariolage.

Malergold, n. 2, or moulu, m. or couleur, or de mosaique.

Malerisch, adj. pittoresque.

Malerleim, m. 2, maroufle, f.; mit — bestreichen, maroufler.

Malersilber, n. 1, argent couleur, m. argent de mosaique.

Malerstock, m. 2, appui-main.

Malter, n. 1, sac, m. muid.

Maltheser, m. 2, v. Maltheserritter. [Malte, m. bichon.

Maltheserhündchen, n. 1, chien de

Maltheserkreuz, n. 2, croix de Malte, f. [Malte.

Maltheserorden, m. 1, ordre de

Maltheserritter, m. 1, chevalier de Malte.

Malvasier, m. 2, malvoisie, f.

Malve, f. mauve (plante).

Malz, n. 2, malt, m. brassin, f.; blé germé, m. orge germée, f.; da ist Hopfen und verloren; prov. on y perd son temps et ses peines.

Malzboden, m. 1*, germoir.

Malzdarre, f. four à sécher le malt, m.

Malzen, v. n. (h.) faire du malt.

Malztrücke, f. brassoir, m.

Malzträber, f. drague.

Mama, f. indécl. fm. maman.

Mameluck, m. 2, mamelouck; apostat, renégat; fg. hypocrite.

Mammon, m. 2, biens de ce monde, pl. (tre) mademoiselle.

Mamsell, f. fm. demoiselle, (ti-

Man, pron. on, l'on.

Manati, m. 1, (hist. nat.) la mentin. [cenillier.

Manchenillenbaum, m. 2*,

Mancher, manche, manches, pron. tel, telle; maint, plus d'un; manche, pl. plusieurs.

Mancherlei, adj. indécl. différent, divers, plusieurs; beaucoup de, bien des.

Manchfaltig, adj. divers, varié, diversifié, multiplié.

**Mandyfaltigkeit**, *f.* variété; diversité; multiplicité.
**Mandymal**, *adv.* quelquefois.
**Mandarin**, *m.* 2, mandarin.
**Mandat**, *n.* 2, mandement, *m.*; ordonnance, *f.*; mandat, *m.*
**Mandatar**, *m.* 2, mandataire.
**Mandel**, *f.* (*bot.*) amande; (*méd.*) glande; —, *n.* 1, *prcl.* quinzaine, *f.*; gebrannte —n, pralines, *pl.*; die mit Zuckerguß übergogene —, amande lissée.
**Mandelbaum**, *m.* 2*, amandier.
**Mandelberg**, *m.* 2, (*conf.*) touron.    [*m.*
**Mandelkrähe**, *f.* geai d'Alsace,
**Mandelmilch**, *f.* orgeat, *m.* amandé.    [*m.*
**Mandelsuppe**, *f.* blanc-manger,
**Mandoline**, *f.* mandoline.
**Mandore**, *f.* mandore.
**Mandrill**, *m.* 2, (*hist. nat.*) mandril.
**Manen**, *pl.* mânes, *m.*
**Menge**, *f.* calandre.
**Mangebrett**, **Mangelbrett**, *n.* 5, planchette à calandrer, *f.*
**Mangel**, *m.* 1, manque, défaut; privation, *f.*; disette; misère; rareté; absence *d'une chose*; der große —, pénurie; gänzliche —, dénûment, *m.* || défaut, défectuosité, *f.*; imperfection; vice de conformation, *m.*; infirmité, *f.*; aus — an, faute de.
**Mangelhaft**, *adj.* défectueux, imparfait; vicieux; (*arith.*) déficient (*nombre*).
**Mangelhaftigkeit**, *f.* défectuosité, défaut, *m.* vice.
**Mangeln**, *v. n.* (*h.*) manquer; an mir soll es nicht —, il ne tiendra pas à moi que …
**Mangen**, *v. a.* calandrer.
**Manger**, *m.* 1, calandreur.
**Mangholz**, *n.* 5*, rouleau, *m.* cylindre,    [mouture, *f.*
**Mangkorn**, *n.* 5*, méteil, *m.*
**Mangold**, *m.* 2, bette, *f.* poirée.
**Manichäer**, *m.* 1, (*théol.*) manichéen.    [nichéisme.
**Manichäismus**, *m. indécl.* ma-
**Manichordion**, *n. exc.* 1, (*mus.*) manichordion, *m.*
**Manier**, *f.* manière; façon; air, *m.*; bonne ou mauvaise grâce, *f.*; (*art.*) manière; façon; style, *m.*; caractère; (*mus.*) agrément.
**Manierlich**, *adj.* poli, honnête.
**Manifest**, *n.* 2, manifeste, *m.*
**Manille**, *f.* (*jeu*) manille.
**Maniok**, *m.* 2, manioc, manioque.
**Maniokmehl**, *n.* 2, cassave, *f.*
**Manipel**, *f.* (*ant. r.*) manipule (*compagnie de soldats*).

---

**Mann**, *m.* 5* (*au pl.* **Männer**, *et en parlant des soldats* **Mann**), homme; mari, époux; soldat; ein alter —, un vieillard; auf (für) den —, par personne, par tête; — für —, tête pour tête; — gegen —, fechten, combattre corps à corps; er wird seinen — finden, il trouvera à qui parler; zum — nehmen, épouser; an den — bringen, *fm.* établir, marier *une fille*; ein Wort ein Wort, ein — ein —, *prov.* un homme d'honneur n'a que sa parole; dem —e gebührend, (*jur.*) maritai; wie — und Weib, maritalement; als ein —, *id.*; mit — und Labung (*pop.* mit — und Maus), (*périr*) corps et biens (*vaisseau*).
**Manna**, *n.* 1, manne, *f.*
**Mannaesche**, *f.* frêne de Palerme, *m.*    [de Pologne.
**Mannagrütze**, *f.* manne *ou* graine
**Mannbar**, *adj.* (*fille*) nubile, (*garçon*) viril, pubère.
**Mannbarkeit**, *f.* nubilité (*des filles*); virilité, puberté (*des garçons*).
**Männchen**, *n.* 1, mâle, *m.* (*des animaux*); (*plais.*) petit homme, bout d'homme, mirmidon; — machen, bondir, sauter.
**Mannesalter**, *n.* 1, âge viril, *m.*
**Mannhaft**, *adj.* mâle, courageux.
**Mannhaftigkeit**, *f.* courage mâle, *m.* valeur, *f.*; vaillance, bravoure.
**Mannheit**, *f.* virilité; masculinité; *v.* **Mannbarkeit**.    [rc.
**Mannigfaltig**, rc., *v.* **Mandyfaltig**.
**Männiglich**, *v.* **Jedermann**.
**Männin**, *f.* (*écr. ste.*) femme.
**Mannlehen**, *n.* 1, fief masculin, *m.*
**Männlein**, *v.* **Männchen**.    [m.
**Männlich**, *adj.* mâle, viril; d'homme; masculin (aussi grammaire); *fig.* mâle, viril, courageux; — an homme; die —e Gewalt, la puissance, autorité maritale; ein —es Weib, une femme hommasse, maîtresse femme; das —e Geschlecht, (*gramm.*) masculin, *m.* masculinité, *f.*
**Männlichkeit**, *f.* virilité, masculinité.    [m.
**Mannsbild**, *n.* 5, pop. homme,
**Mannschaft**, *f.* gens, *m. pl.*; hommes, troupe, *f.* soldats, *m. pl.*; (*mar.*) équipage.
**Mannscheu**, *adj.* fuyant les hommes.    [m.
**Mannsleute**, *pl. fm.* hommes,
**Mannsmäßig**, *adj. fm.* hommasse (*femme*); *v.* **Männlich**.
**Mannsperson**, *f.* homme, *m. fm.* chapeau.
**Mannsschneider**, *m.* 1, tailleur pour hommes.

---

**Mannsstamm**, *m.* 2*, tige masculine, *f.*    [profondeur.
**Mannstief**, *adj.* d'une toise de
**Mannstreu**, *f.* (*bot.*) érynge, *m.* panicaut.
**Mannsucht**, *f.* envie d'être mariée; (*méd.*) fureur utérine.
**Mannsüchtig**, *adj. bas*, garçonnière (*fille*).    [Kriegssucht.
**Mannszucht**, *f.* discipline; *voy.*
**Manntollheit**, *f.* fureur utérine.
**Mannweib**, *n.* 5, androgyne, *m.*; hermaphrodite.    [vre, *f.*
**Manöver**, *n.* 1, (*guer.*) manœu-
**Manövriren**, *v. n.* (*h.*) manœuvrer.    [sarde.
**Mansarde**, *f.* —nwohnung, *f.* mansarde.
**Manschen**, *v. n.* (*h.*) *pop.* patrouiller; — *s. n.* 1, **Manscherei**, *f.* patrouillis, *m.*    [(*étoffe*).
**Manschester**, *m.* 1, manchestre
**Manschette**, *f.* manchette.
**Mantel**, *m.* 1*, manteau, casaque, *f.*; (*fond.*) chape, moule, *m.*; (*arch.*) cage, *f.*; den — nach dem Winde hängen, tourner à tout vent.    [let, *m.*
**Mäntelchen**, *n.* 1, *dim.* mantelet.
**Mantelsack**, *m.* 2*, portemanteau.
**Mantua**, Mantoue (*ville*).
**Mantuaner**, *m.* 1, **Mantuanisch**, *adj.* mantouan.
**Manual**, *n.* 2, manuel, *m.* livre journal; (*mus.*) clavier.
**Manufactur**, *f.* manufacture.
**Manufacturarbeiter**, *m.* 1, —ist, *m.* 3, manufacturier.
**Manuscript**, *n.* 2, manuscrit, *m.*; (*impr.*) copie, *f.*
**Mappe**, *f.* portecahier, *m.* portefeuille; *v.* **Landkarte**.
**Marabut**, *m.* 3, (*Turq.*) marabout (*prêtre*).
**Maravedi**, *m. indécl.* maravédi
**Märchen**, *v.* **Mährchen**.
**Marcus**, *n. pr. m.* Marc.
**Marder**, *m.* 1, martre, *f.* fouine.
**Marderfalle**, *f.* brayon, *m.* traquenard.
**Marderfell**, *n.* 2, martre, *f.*
**Märgel**, *m.* 1, marne, *f.*
**Märgelgräber**, *m.* 1, marneron.
**Märgelgrube**, *f.* marnière.
**Märgeln**, *v. a.* marner.
**Marggraf**, *v.* **Markgraf**.
**Marginalien**, *pl.* notes ou additions marginales d'un livre, *f. pl.*
**Maria**, *n. pr. f.* Marie; die Jungfrau —, Vierge, *f.* sainte Vierge, Notre Dame; — Einsiedeln, Notre Dame des Hermites (*pèlerinage*).
**Marienbad**, *n.* 5, (*chim.*) bainmarie, *m.* bain de sable, bain de mer.
**Marienbild**, *n.* 5, image de la sainte Vierge, *f.*

Marienglas, n. 5*, verre de Moscovie, m.

Mariniren, v. a. mariner; das marinirte Gericht, marinade, f.

Marionette, f. marionnette, bamboche.

Mark, n. 2, moelle, f.; (bot.) pulpe; — des Palmbaumes, palmite, m.

Mark, f. borne; marche; —, Marche (pays); comté de la Marck, m.

Mark, f. marc, m. (8 onces).

Markassit, m. 3, (minér.) marcassite, f.

Markbein, n. 2, os moelleux, m.

Marke, f. marque, fiche.

Marken, v. a. marquer, marchander. [vandier, m. -ère, f.

Marketender, m. 1, =inn, f. vi-

Markgewicht, n. 2, poids de marc, m.

Markgraf, m. 3, =gräfinn, f. margrave, m. et f.

Markgrafschaft, f. margraviat, m.

Markhammer, m. 1, (mar. ferr.) gravoir.

Markig, Märkicht, adj. moelleux; médullaire; —e, n. 3, moelleux, m.; (peint.) id., flou.

Markirch, Mariakirch, Sainte-Marie-aux-Mines (ville).

Märkisch, adj. de la Marche.

Markklöschen, n. 1, boulette de moelle, f.

Markscheide, f. borne.

Markscheidekunst, f. art de mesurer les mines, m. géométrie souterraine, f.

Markscheidung, f. bornage, m.

Markstein, m. 2, borne, f.

Markt, m. 2*, marché; foire, f.; bazar, m. (dans l'Orient); der bedeckte —, halle, f.; bézestan, m. (dans l'Orient).

Markten, v. n. (f.) marchander.

Marktflecken, m. 1, bourg, bourgade, f. [lage.

Marktgeld, n. 5, hallage, m. éta-

Marktplatz, masc. 2*, place du marché, f.; bazar, m. maidan (dans l'Orient).

Marktpreis, m. 2, prix courant, prix, cours du marché; —e, pl. mercuriales, f. pl.

Marktrecht, n. 2, =freiheit, f. droit de tenir un marché, m.

Marktschiff, n. 2, coche d'eau, m. [opérateur.

Marktschreier, m. 1, charlatan,

Marktschreierei, f. charlatanerie, forfanterie.

Marktschreierisch, adj. de charlatan; —, adv. en charlatan.

Marktschreierwesen, n. 1, charlatanisme, m.; v. Marktschreierei.

Markttag, m. 2, jour de marché.

Marktzettel, m. 1, mercuriale, f.

Markung, f. bornage, m.; limite, f.

Marlen, v. a. (mar.) marliner.

Marlien, Marling, f. (mar.) merlin, m.

Marmelade, f. marmelade.

Marmor, m. 2, marbre; der vielfarbige —, brocatelle, f.; die Kunst den — zu bearbeiten, marbrerie.

Marmorarbeiter, m. 1, marbrier.

Marmorband, m. 2*, reliure marbrée, f.

Marmorbild, n. 5, figure (f.), statue de marbre, marbre, m.

Marmorbohrer, m. 1, boucharde, f. [f.

Marmorbruch, m. 2*, marbrière,

Marmoriren, v. a. marbrer; nach Jaspisart —, jasper; marmorirte Arbeit, de la marbrure.

Marmorirer, m. 1, marbreur.

Marmorirung, f. marbrure.

Marmorlilie, f. fritillaire.

Marmorn, adj. de marbre.

Marmorplatte, f. carreau de marbre, marbre.

Marmorschneider, m. 1, marbrier.

Marmorstein, m. 2, marbre.

Marode, adj. pop. harassé, las, fatigué.

Marodiren, v. n. (b.) marauder, picorer; —, s. n. 1, maraude, f. picorée. [picoreur.

Marodirer, m. 1, maraudeur,

Marone, f. marron, m.

Marquis, m. indécl. =inn, f. marquis, m. -e, f.

Marquisat, n. 2, marquisat, m.

Mars, m. indécl. (myth.) Mars, dieu de la guerre; —, n. 2, (mar.) hune, f.

Marsch, m. 2*, marche, f.; sich auf den — begeben; se mettre en marche || v. Marschland.

Marschall, m. 2*, maréchal.

Marschallsgericht, n. 2, tribunal des maréchaux, m.; ol. connétablie, f. [mun à la cour, m.

Marschallsküche, f. grand com-

Marschallsstab, m. 2*, bâton de maréchal.

Marschfertig, adj. prêt à mar-

Marschiren, v. n. (f.) marcher; —, s. n. 1, marche, f.

Marschland, n. 5*, pays bas, marécageux, m.

Marschlinie, =route, f. (milit.) feuille de route; (mar.) ligne de marche.

Marschvorrath, m. 2*, étape, f.

Marssegel, f. écoute du hunier.

Marsegel, f. =stange, =stenge, f. hunier, m.

Marstall, m. 2*, écuries d'un prince, f. pl.

Marter, f. douleur violente; martyre, m.; tourment; torture, f. [fig. tourment, martyre.

Marterbank, f.*, chevalet, m.;

Märterer, m. 1, =inn, f. martyr, m. -e, f. [loge, m.

Märtererbuch, n. 5*, martyro-

Marterkrone, fém. couronne du martyre. [menter.

Martern, v. a. martyriser; tour-

Märterthum, n. 5*, martyre, m.

Märtertod, m. 2, mort des martyrs, f.

Marterwoche, f. semaine sainte.

Martha, n. pr. f. Marthe.

Martialisch, adj. martial, belliqueux.

Märtyrer, etc., v. Märterer.

Marunke, f. grosse prune, impériale; petit abricot jaune, m.

März, m. 2, mois de mars.

Märzblume, f. narcisse de mars, m.

Marzipan, m. 2, massepain.

Märzwurz, f. géum, m.

Masche, f. maille. [lé, m.

Maschenwerk, n. 2, ouvrage mail-

Maschig, adj. à mailles.

Maschine, f. machine; die sich selbst bewegende —, automate, m.

Maschinenmäßig, adj. machinal; mécanique; adv. machinalement.

Maschinenmeister, m. 1, machiniste. [chines, pl.

Maschinerie, f. machine, ma-

Mase, f. marque, tache, cica-

Masel, f. éruption. [trice.

Maser, m. 1, bois madré; — vom Ahorn, broussin d'érable; —, madrure, f.

Maser, f. tache; —n, pl. (das Holz) hat schöne —n; a une belle madrure, est joliment madré, ondé, veiné; —n, (méd.) rougeole, f.

Maserig, adj. madré, tacheté.

Maserle, f. Masholder, m. 1, érable, m.

Masern, v. a. madrer, veiner; —, adj. de bois madré.

Maske, f. masque, m.; die — abnehmen, se démasquer; fig. id., lever le masque.

Maskenball, m. 2*, bal masqué.

Maskerade, f. mascarade.

Maskiren, v. a. masquer.

Maskopei, f. société de commerce; fig. cabale, ligue.

Maß, n. 2, mesure, f. dimension; nach dem —e, à proportion, en raison de, selon; in dem — als, au fur et à mesure que.

Maße, f. mesure; bornes, pl.; terme, m.; manière, f. façon; über die —n, excessivement, prodigieusement; infiniment; bekannter —n, tout le monde sait que ...

comme on sait; gewiſſer —n, en quelque sorte; —n, ol. conj. vu que, parce que || pinte, f. pot, m.     [toquet, m.

**Maſſe**, f. masse; (bill.) id., bis-

**Maßgabe, Maßgebung**, f., nach —, à proportion; en raison de, selon; à mesure que; ohne —, sans rien prescrire.

**Mäßig**, adj. modéré; réglé; tempéré; sobre, frugal; abstinent; retenu, continent, médiocre; modique; —, adv. modérément, sobrement || d'une pinte, d'un pot (vase).

**Mäßigen**, v. a. modérer, tempérer; adoucir; calmer; diminuer, borner, régler; ſich —, se modérer, etc., se contenir.

**Mäßigkeit**, f. sobriété, tempérance.

**Mäßigung**, f. modération; adoucissement, m.; diminution, f.; mit —, modérément.

**Maſſiv**, adj. massif; fig. id., lourd, grossier.

**Maßkegel**, m. 1, témoin. [m.

**Maßlabe**, f. (cordonn.) compas.

**Maßliebe**, f. marguerite (plante).

**Maſſora**, f. (ant. j.) massorah, massore.

**Maſſoret**, m. 3, =en, pl. massorétes.

**Maſſoretiſch**, adj. massorétique.

**Maßregel**, f. mesure, disposition; arrangement, m.

**Maßſtab**, m. 2*, perche, f.; jauge; (géom. et fig.) échelle; (men.) réglet, m.; verjüngte —, échelle de réduction, f.

**Maßweiſe**, adv. à pot, à pinte.

**Maſt**, m. 2 (quelquefois exc. 1), —baum, m. 2*, mât, arbre; die ſämmtlichen —bäume, mâture du vaisseau, f.

**Maſt**, adj. gros, gras; —, s. f. engrais, m. paisson, f. glandée des porcs.

**Maſtbloch**, m. 2*, bloc.

**Maſtbarm**, m. 2*, boyau culier.

**Maſten**, v. a. (mar.) mâter.

**Mäſten**, v. a. engraisser, mettre à l'engrais, à la glandée.

**Maſtenmacher**, m. 1, mâteur.

**Maſtgeld**, n. 5, panage, m.

**Maſthäuschen**, n. 1, mue, f.

**Maſtholz**, n. 5*, mâture, f.

**Maſtix**, m. indécl. mastic.

**Maſtirbaum**, m. 2*, lentisque.

**Maſtkäfig**, m. 2, épinette, f. mue.

**Maſtkorb**, m. 2*, hune, f.

**Maſtlos**, adj. démâté.

**Maſtſcheide**, f. clamp de mât, m.

**Maſtſchwein**, n. 2, =ſau, f.*, cochon d'engrais, m.; die alle =ſau, pop. coche, f.

**Maſtſtange**, f. aiguille.

---

**Maſtung**, f. engrais, m.

**Maſtvieh**, n. 2, bétail gras, m.

**Maſtwächter**, m. 1, gabier.

**Maſtwand**, f.*, hauban, m.

**Maſtwange**, f. jumelle.

**Maſtwerf**, n. 2, mâture, f.

**Matabor**, m. exc. 1, matador.

**Mater**, f. matrice; écrou, m.

**Material**, n. 2, matériel, m.; —ien, pl. matériaux.

**Materialhandlung**, f. commerce (m.), magasin de droguerie.

**Materialismus**, m. indécl. matérialisme.

**Materialiſt**, m. 3, droguiste; (philos.) matérialiste. [guerie.

**Materialwaare**, f. drogue, dro-

**Materie**, f. matière; fig. id., sujet, m. argument; der — nach, matériellement.

**Materiel**, adj. (philos.) matériel; — e, n. 3, matériel, m.

**Mathematik**, f. mathématiques, pl. [ticien.

**Mathematiker**, m. 1, mathéma-

**Mathematiſch**, adj. mathématique.

**Matraze**, f. matelas, m.; die mit Pferdehaaren ausgeſtopfte —, sommier de crin.

**Matrazen**, v. a. matelasser.

**Matrazenmacher**, m. 1, matelassier. [tre, m.

**Matrikel**, f. matricule, regis-

**Matrikelſchein**, m. 2, matricule, f.

**Matrize**, f. matrice. [f.

**Matrone**, f. matrone.

**Matroſe**, m. 3, matelot.

**Matroſenart**, f., auf —, à la matelote.

**Matroſenſold**, m. 2, matelotage.

**Matroſentanz**, m. 2*, matelote, f.

**Matſch**, m. 2 et adj. (jeu) capot; —pfennig, m. 2, bredouille, f.

**Matſchaft**, f. compagnie, société.

**Matſchen**, v. a. faire capot.

**Matt**, adj. las, fatigué; épuisé, faible, abattu; languissant, langoureux; terne (dorure); mat (or); (échecs) mat; fig. fade; —ſtichen, ombrager; — machen, affaiblir; abattre; fatiguer; (échecs) mater; — machen ou verarbeiten, (orf.) matir, amatir; — werden, s'affaiblir, languir.

**Mattblau**, adj. bleu mourant.

**Mattbunzen**, m. 1, (orf.) matoir.

**Matte**, f. pré, m. prairie, f.; v. Wieſe || natte; paillasson, m.; mit — n belegen, natter.

**Mattenkümmel**, m. 1, cumin sauvage.

**Mattenmacher**, m. 1, nattier.

**Matthäus**, n. pr. m. Matthieu.

**Mattheit**, f. ternissure.

**Mattigkeit**, f. faiblesse; lassitu-

---

de; langueur, débilité; abattement, m.

**Matz**, m. 2, lait caillé.

**Matze**, f. fm. pain azyme, m.

**Mauen**, v. n. (h.) miauler; —, s. n. 1, miaulement, m.

**Mauer**, f. mur, m. muraille, f.; die vier —n, cage d'un bâtiment.

**Mauerabſatz**, m. 2*, ressaut.

**Maueraſſel**, f. cloporte, m.

**Mauerband**, n. 5*, cordon de muraille, m.

**Mauerbiene**, f. abeille maçonne.

**Mauerbrecher**, m. 1, bélier.

**Mauerbruch**, m. 2*, =lücke, f. brèche.

**Mauerfall**, m. 3, crécerelle, f.

**Mauerfraß**, m. 2, carie des murailles, f.

**Mauergelb**, n. 3, badigeon, m.; mit — überziehen, badigeonner.

**Mauergrund**, m. 2*, massif.

**Mauerhammer**, m. 1*, hachette, f.

**Mauerkappe**, f. chaperon, m.

**Mauerkranz**, m. 2*, cordon.

**Mauerkraut**, n. 5*, pariétaire, f.

**Mauerkrone**, f. couronne murale.

**Mauerlatte**, f. sablière.

**Mauerleiſte**, f. mouchette.

**Mauermantel**, m. 1*, revêtement, chemise, f. [maçon.

**Mauermeiſter**, m. 1, maître

**Mauern**, v. a. maçonner; grob —, limousiner. [barbe, f.

**Mauerpfeffer**, m. 1, petite joubarbe, f.

**Mauerraute**, f. capillaire blanc, m. (plante). [de.

**Mauerriß**, m. 2, =ritze, f. lézar-

**Mauerſalz**, n. 2, sel mural, m.

**Mauerſchoß**, m. 2*, murage.

**Mauerſchwalbe**, f. martinet, m.

**Mauerſpecht**, m. 2, pic de muraille.

**Mauerſtein**, m. 2, brique, f.

**Mauerwerk**, n. 2, maçonnerie, f.; das rohe —, hourdage, m.

**Mauke**, f. malandres, pl. grappe, arête.

**Maul**, n. 5*, (des animaux et pop.) bouche, f.; museau, m. mufle; gueule, f.; gorge; fig. langue; (arg.) mâchoire; das ſchiefe —, moue; ein —voll, une bouchée, pop. gueulée, goulée; ein böſes — haben, avoir une méchante langue; das — zu brauchen wiſſen, avoir la langue bien pendue; — und Naſe aufſperren, ouvrir de grands yeux; regarder la bouche béante; das — hängen, bouder, faire la moue; einem das — ſtopfen, faire taire qn., rabattre le caquet à qn.; halt's —, tais-toi; das — wäſſert mir darnach, l'eau m'en vient à la bouche; kein Matt vers — nehmen, parler franchement.

Maulaffe, m. 3, musard, niais, badaud; —n feil haben, fm. badauder; =äffchen, n. 1, dim. fm. chafouin, m. -e, f.
Maulbeerbaum, m. 2*, mûrier.
Maulbeere, f. mûre.
Mäulchen, n. 1, fm. baiser, m.
Maulchrist, m. 3, hypocrite, faux chrétien.
Maulen, v. n. (h.) fm. bouder, faire la moue; —, s. n. 1, bouderie, f.
Maulesel, m. 1, =thier, n. 2, mulet, m.; der junge —, bardot.
Mauleselinn, f. mule.
Mauleseltreiber, m. 1, muletier.
Maulfaul, adj. taciturne.
Maulfreund, m. 2, faux ami.
Maulhänger, m. 1, boudeur.
Maulknebel, m. 1, bâillon.
Maulkorb, m. 2*, muselière, f.; einem den — anlegen, emmuseler
Maulochs, m. 3, jumart. [qn.
Maulschelle, f. fm. soufflet, m.; bas, mornifle, f.; einem —n geben, souffleter qn.
Maulsperre, f. pas d'âne, m.
Maultrommel, f. guimbarde.
Maultuch, n. 5*, mentonnière, f. [caquet.
Maulwerf, m. 2, fm. babil, m.
Maulwurf, m. 2*, taupe, f.
Maulwurfsfalle, f. taupière.
Maulwurfshaufen, m. 1, taupinière, f.
Maure, m. 3, Maure, More.
Maurer (Mäurer), m. 1, maçon.
Maurerarbeit, f. maçonnage, m.; maçonnerie, f.
Maurerkasten, m. 1*, bourriquet.
Maurerkelle, f. truelle.
Maursmünster, Marmoutier (ville).
Maurus, m. pr. m. Maur.
Maus, f.*, souris; (anat.) muscle, m.; dim. Mäuschen, n. 1, souriceau, m.; (anat.) muscle.
Mausche, m. 3, Mauschel, m. 1, fm. m. p. juif.
Mauschelei, f. m. p. maquignonnage, m.
Mauscheln, v. n. (h.) marchander, agir en juif.
Mause, f.* mue des oiseaux.
Mäusedorn, m. exc. 1, houx, frelon, housson. [souris, f. pl.
Mäusedreck, m. 2, fm. crottes de
Mäusefahl, adj. gris de souris; ein —es Pferd, un cheval souris.
Mäusefalk, m. 3* bondrée, f.
Mäusefalle, f. souricière.
Mausefeder, f. pl. mue.
Mäusefraß, m. 2, mangeures de souris, f. pl.
Mäusegerste, f. orge sauvage.
Mäusegift, n. 2, mort aux rats, f.
Mausekäfig, m. 2, mue, f.
Mausen, v. n. (h.) prendre des souris ou des rats; —, v. a. fg. voler, friponner; sich —, muer, être en mue, se déplumer.
Mäuseöhrchen, n. 1, myosotis, m. oreille de souris, f. (plante).
Mäusepfeffer, m. 1, grande ortie puante, f.
Mauser, m. 1, escamoteur.
Mausestill, adj. fm. tout coi.
Mausetodt, adj. fm. roide mort.
Mausezeit, f. mue.
Mausig, adj. sich — machen, faire le rodomont, le fendant, lever la crête.
Mausoleum, n. exc. 1, mausolée, m. monument sépulcral. [f.
Mauth, f. péage, m.; douane, f.
Mauthamt, n. 5*, bureau de péage, m.
Mauthbeamte, m. 3, Mauthner, m. 1, douanier; péager.
Maxime, f. maxime.
Maximilian, n. pr. m. Maximilien, m.
Map, v. Mai. [lien.
Mecca, Mecque, f. (ville).
Mechanik, f mécanique.
Mechaniker, m. 2, mécanicien.
Mechanisch, adj. mécanique.
Mechanismus, m. exc. 1, mécanisme.
Mecheln, Malines (ville).
Meckern, v. n. (h.) bêler, chevroter.
Mecklenburg, Mecklembourg, m. (pays). [id., médaillon, m.
Medaille, f. médaille; (arch.)
Medaillencabinett, n. 2, cabinet de médailles, m. médaillier.
Medianader, f. veine médiane.
Medianfolio, m. indécl. in-folio moyen.
Medianoctavband, m. 2*, grand in-octavo. [sin, m.
Medianpapier, n. 2, papier raic-
Medicament, n. 2, médicament, m. remède, médecine, f.
Medicin, f. médecine, médicament, m. remède.
Mediciner, m. 1, étudiant en médecine, médecin.
Mediciniren, v. n. (h.) se médicamenter; prendre médecine; être dans les remèdes.
Medicinisch, adj. médical, médicinal. [v. Arzt.
Medicus, m. indécl. médecin
Medien, Médie, f. (anc. pays).
Medier, m. 1, Mède.
Medimnus, m. exc. 1, (ant. gr.) medimne (mesure).
Medoc, m. 2, médoc, vin de médoc; —stein, m. 2, médoc.
Meer, n. 2, mer, f.; océan, m.; — voll Inseln, archipel; eine Reise jenseits des —es, un voyage d'outre-mer; v. See.

Meeraal, m. 2, congre, murène, f.
Meerabler, m. 1, orfraie, f.
Meeralant, m. 2, =äsche, f. muge, m. [ritime, f.
Meerampfer, m. 1, parelle maritime, f.
Meerampfel, f. merle à collier, m.
Meerauswurf, m. 2*, balayures, f. pl. varech, m.
Meerbusen, m. 1, golfe.
Meerbütt, f. barbue (poisson).
Meereicheljtein, m. 2, gland de mer.
Meerenge, f. détroit, m. pas.
Meerengel, m. 1, ange, f.
Meeresfluth, f. haute marée; (poés.) flots de la mer, m. pl.
Meeresstille, f. calme, m. bonace, f.
Meereswelle, f. flot, m. vague, f.
Meerfisch, ꝛc., v. Seefisch, ꝛc.
Meergeruch, m. 2*, =geschmack, m. 2, marine, f. odeur, goût (m.) de la mer. [rine, f.
Meergewächs, n. 2, plante marine.
Meergott, m. 5*, dieu marin, dieu de la mer, Neptune.
Meer, ⸗linn, f. déesse marine.
Meergras, m. 5*, algue marine, f. varech, m. goëmon. [pâle.
Meergrün, adj. céladon; vert
Meergrundel, f. sardine.
Meerhafen, v. Seehafen.
Meerhirse, f. grémil, m.
Meerigel, m. 1, oursin.
Meerkaße, f. marmot, m.
Meerkrebs, m. 2, écrevisse de mer, f. civade; der große —, homard, m. langouste de mer, f.
Meerleuchten, n. 1, =licht, n. 5, phosphorescence de la mer, f.
Meerlinse, f. lentille d'eau, des marais.
Meermoos, n. 2, coraline, f.
Meerrettig, m. 2, raifort.
Meerrohr, m. 2, jonc, m.
Meersalz, n. 2, sel marin, m.
Meerschaum, m. 2, écume de mer, f.
Meerschnecke, f. coquille de mer.
Meerschwein, n. 2, cochon d'Inde, m. marsouin.
Meerstrom, m. 2*, courant.
Meerstrudel, m. 1, gouffre, tournant d'eau, remole, f. [te).
Meertang, m. 2, varech (plan-
Meertraube, f. raisin de caisse, m.
Meerufer, m. 1, rivage, m. côte, f. rive, bord de la mer, m.
Meerweib, m. 5, sirène, f.
Meerwinde, f. soldanelle.
Meerwunder, m. 1, monstre marin.
Meerzwiebel, f. scille. [rin, m.
Meerzwiebelwein, m. 2, vin scillitique. [gère.
Megäre, f. (myth. et fg.) Mé-

Mehl, n. 2, farine, f.; bas Fein=
fte —, la fleur de farine; mit —
beftreuen, enfariner.
Mehlbahn, f. tambour, m.
Mehlbeerbaum, m. 2*, viorne, f.
Mehlbeere, f. baie de viorne.
Mehlbeutel, m. 1, bluteau, blu-
toir.
Mehlbrei, m. 2, bouillie, f.
Mehlfäßchen, n. 1, boite à fa-
rine, f.
Mehlhändler, m. 1, farinier.
Mehlicht, Mehlig, adj. farineux.
Mehlkaften, m. 1*, huche, f. fa-
rinière.          [rine, f.
Mehlkleifter, m. 1, colle de fa-
Mehlkloß, m. 2*, boulette de
pâte, f.
Mehlpulver, n. 1, pulvérin, m.
Mehlfack, m. 2*, sac à farine.
Mehlfieb, n. 2, tamis à farine,
m.; (meun.) bluteau, blutoir.
Mehlfpeife, f. mets de farine, m.
Mehlftaub, m. 2, folle farine, f.
Mehlteig, m. 2, pâte, f.
Mehlthau, m. 2, nielle, f.; durch
—verderben, nieller, charbouiller.
Mehlzucker, m. 1, cassonade, f.
Mehr, mehre, mehrere, mehreres,
adv. plusieurs; une plus grande
quantité; plus de; die mehrere
Zahl, pluriel, m.
Mehr, adv. plus, davantage;
item; je — und —, de plus en
plus; je — ... je ou befto —, 2c.,
plus ... plus was noch — ift, qui
plus est; — als, plus de; noch
—, il y a plus.        [tiplier.
Mehren, v. a. augmenter, mul-
Mehrentheils, adv. pour la plu-
part, le plus souvent.
Mehrheit, f. pluralité, majorité
(des voix, etc.); (gramm.) plu-
riel, m.
Mehrmalig, adj. fréquent.
Mehrmals, adv. plusieurs fois;
à différentes reprises; souvent.
Mehrfylbig, adj. polysyllabe.
Mehrung, f. augmentation, mul-
tiplication; accroissement, m.
Mehrzahl, v. Mehrheit.
Meiden, v. a. 5, éviter, fuir;
s'abstenir de.
Meidung, f. fuite; abstinence.
Meier, m. 1, métayer, fermier.
Meierei, f. Meierhof, m. 2*,
métairie, f. ferme, cense.
Meile, f. mille, m. lieue, f.
Meilenkarte, f. carte milliaire.
Meilenmaß, n. 2, (géogr.) échel-
le, f.
Meilenfäule, f. colonne milliaire.
Meilenzeiger, m. 1, colonne mil-
liaire, f.; (géogr.) échelle.
Meiler, m. 1, (charb.) fourneau.
Mein, pron. mon, ma, à moi;
meine, mes; der, die Meine, Mei=

nige, le mien, la mienne; das —
und Dein, le mien et le tien; l'intérêt; —, interj. ma foi! de grâce! je vous en prie!     [parjure.
Meineid, m. 2, faux serment;
Meineidig, adj. parjure; — wer=
ben, se parjurer, violer son serment.
Meinen, v. a. penser, croire, tenir, estimer; juger; s'imaginer, se
persuader; prétendre; wen — Sie?
de qui parlez-vous? wie — Sie es?
comment l'entendez-vous? es gut
mit einem —, vouloir du bien à
qn.; ich meine es gut, mon intention est bonne.
Meinethalben, Meinetwegen, adv.
pour moi, pour l'amour de moi,
de ma part; à mon occasion,
quant à moi; —, interj. soit! à
la bonne heure!
Meinung, f. opinion, sentiment,
m. avis, jugement; idée, f.; intention; nach meiner —, à mon
avis, selon moi; die günftige —
von etw. ablegen, se désabuser de
qch.; die bejahende, die verneinende
—, affirmative, f. négative.
Meisch, m. 2, (brass.) malt
trempé.          [délayer.
Meischen, v. a. remuer, mêler,
Meise, f. mésange.      [f.
Meisenkleben, m. 1, (ois.) perche,
Meisenpfeife, f. appeau, m.
Meisenschlag, m. 2*, trébuchet.
Meißel, m. 1, ciseau, ciselet
(grav.) burin; — mit schräger
Schneide, fermoir à nez rond ou
néron.
Meißeln, v. a. ciseler; buriner.
Meißen, Misnie, f. (pays), Meis-
sen (ville).
Meiß, adj. (superlatif de Viel),
le plus, la plupart; die —en Stim=
men, la pluralité des voix.
Meiftbietend, adj. le plus offrant;
der —e, dernier enchérisseur, m.
Meiftens, Meiftentheils, adv. la
plupart, pour la plupart, le plus
souvent.
Meifter, m. 1, maître; zum —
machen, passer maître; — werben,
se faire passer maître.
Meifterhaft, Meifterlich, adj. achevé, parfait; de maître; —, adv.
en maître, supérieurement bien;
de main de maître.      [tre.
Meifterhand, f.*, main de maî-
Meifterinn, f. maîtresse.
Meifterlos, adj. sans maître; fg.
volontaire.          [quer.
Meiftern, v. a. maîtriser; criti-
Meifterpulver, n. 1, (chym.) magistère, m.          [trise.
Meifterrecht, n. 2, =schaft, f. maî-
Meifterfänger, m. 1, maître
chantre; troubadour, trouvère.

Meifterftreich, m. 2, coup de maître.          [m.
Meifterftück, n. 2, chef-d'œuvre,
Meifterwurz, wurzel, f. impératoire.
Melancholie, f. mélancolie.
Melancholisch, adj. mélancolique; v. Schwermüthig.
Melde, f. arroche (plante).
Melden, v. a. annoncer; faire savoir; avertir qn.; mander; écrire;
marquer; mentionner; faire mention de; den Empfang eines Briefes
—, accuser la réception d'une let-
tre; sich zu einem Amte —, briguer
une charge, se présenter pour,
etc.; sich bei jemanden —, s'adres-
ser à qn.; mit Ehren zu —, fm.
sauf respect.
Meldung, f. mention; — thun,
faire mention de, mentionner qch.
Melilote, f. mélilot, m. (plante).
Meliffe, f. mélisse, citragon, m.
Meliffenkraut, n. 5*, citronelle,
f.          [Malte.
Meliszucker, masc. 1, sucre de
Melfen, v. a. 6, traire.
Melfer, m. 1, vacher.
Melferei, f. laiterie, vacherie.
Melffübel, m. 1, baquet à traire.
Melffub, f.*, vache à lait.
Melffchemel, m. 1, sellette, f.
Melodie, f. mélodie; air, m.
Melodisch, adj. mélodieux.
Melodrama, n. exc. 1, mélo-
drame, m.
Melone, f. melon, m.
Melonenbeet, n. 2, melonnière, f.
Melonendiftel, f. mélocacte, m.
melon-chardon.
Melonenkern, m. 2, graine de
melon, f.
Melonenkürbiß, m. 2, potiron.
Memme, f. poltron, m. lâche.
Memorial, n. 2, mémorial, m.;
mémoire, placet, requête, f.
Memoriren, v. a. apprendre par
cœur.
Menge, f. multitude, quantité,
foule; fréquence, multiplicité;
amas, m.; eine große —, une lé-
gion; in —, en nombre, en foule;
à foison.
Mengen, v. a. mêler; mélanger;
entremêler; fg. sich in etw. —, se
mêler, s'ingérer de qch.; —, s. n.
1, mélange, m.; mixtion, f.
Mengfutter, n. 1, méteil, m.
Mengftein, m. 2, brèche, f.
Mennig, m. 2, minium.
Menfch, m. 3, homme; der einzelne —, ou —, individu; fein
—, personne; —, n. 5, (mépr.)
fille.          [m.
Menfchenalter, n. 1, âge d'homme,
Menfchenart, f. race.

Menſchenblut, *n.* 2, sang humain, *m.*
Menſchenfeind, *m.* 2, Menſchenfeindlich, *adj.* (le) misanthrope; —, *adv.* en misanthrope.
Menſchenfett, *n.* 2, axonge humaine, *f.* [maine, *f.*
Menſchenfleiſch, *n.* 2, chair humaine.
Menſchenfreſſen, *n.* 1, anthropophagie, *f.* [phage.
Menſchenfreſſend, *adj.* anthropophage.
Menſchenfreſſer, *m.* 1, anthropophage, *m.* cannibale.
Menſchenfreund, *m.* 2, philanthrope.
Menſchenfreundlich, *adj.* humain.
Menſchenfreundlichkeit, *f.* humanité. [hommes.
Menſchenfurcht, *fèm.* crainte des
Menſchengedenken, *n.* 1, bei —, de mémoire d'homme.
Menſchengeſchlecht, *n.* 5, genre humain, *m.*
Menſchengeſtalt, *f.* figure d'homme, forme humaine.
Menſchenhaß, *m.* 2, misanthropie, *f.*
Menſchenkind, *n.* 5, enfant de l'homme, *m.*; homme.
Menſchenkoth, *m.* 2, excréments, *pl.*, bas, merde, *f.*; mit — beſudelt, breneux.
Menſchenlehre, *f.* anthropologie || *doctrine humaine.
Menſchenliebe, *fém.* humanité, philanthropie. [ment possible.
Menſchenmöglich, *adj.* humaine-
Menſchenmord, *m.* 2, homicide.
Menſchenraub, *m.* 2, rapt.
Menſchenräuber, *m.* 1, ravisseur d'hommes.
Menſchenſaßung, *f.* institution humaine, loi humaine.
Menſchenſcheu, *adj.* farouche.
Menſchenſtimme, *fém.* voix humaine.
Menſchenverſtand, *m.* 2, entendement humain, esprit humain; der gemeine —, le bon sens, sens commun. [re humaine.
Menſchheit, *f.* humanité, natu-
Menſchlich, *adj.* humain; — maſchen, humaniser; — werden, s'humaniser.
Menſchlichkeit, *f.* humanité.
Menſchwerdung, *f.* incarnation.
Menſur, *f.* mesure.
Menuett, *m.* 2, menuet.
Mephitiſch, *adj.* méphitique; die —e Eigenſchaft, méphitisme, *m.*
Mergel, ɪc., *v.* Märgel.
Meridian, *masc.* 2, méridien; durch den — gehen, passer par le méridien, culminer.
Meringe, *f.* (*pât.*) méringue.
Merkbar, *adj.* sensible, perceptible.

Merken, *v. a.* marquer; *fg.* observer; noter; apercevoir qch., s'apercevoir de qch., entrevoir, se douter de qch.; — laſſen, laisser apercevoir, donner à entendre; nichts — laſſen, dissimuler, auf etw. —, faire attention à qch.; merkt dieſes! *prov.* avis au lecteur; ſich nichts — laſſen, ne faire semblant de rien.
Merklich, *adj.* sensible; apercevable, palpable.
Merkmal, *n.* 2, marque, *f.* caractère, *m.* indice, signe caractéristique; (*myth.*) attribut; (*did.*) critérium.
Merkur, *m.* 2, (*myth.*) Mercure; (*chym.*) id., vif-argent.
Merkuriusſtab, *m.* 2*, caducée.
Merkwürdig, *adj.* remarquable, mémorable, notable.
Merkwürdigkeit, *f.* chose remarquable, curiosité.
Merkzeichen, *n.* 1, *v.* Merkmal.
Merovaͤus, *n. pr. m.* Mérovée.
Merſchaf, *m.* 2, brebis séparée, *f.* [re).
Merſcherling, *m.* 2, beurré (*poi*
Merſpel, *v.* Mispel.
Meßbar, *adj.* mesurable.
Meßbuch, *n.* 5*, missel, *m.*
Meßdiener, *m.* 2, (*cath.*) assistant à la messe; —, *pl.* induts à la grand'messe.
Meſſe, *f.* foire; (*cath.*) messe; die hohe —, grand'messe; *v.* Hochamt; die ſtille —, la basse messe; — leſen, dire la messe; das meſſesſache —leſen an Einem Tage, binage, *m.*
Meſſeleſend, *adj.* officiant.
Meſſen, *v. a.* 1, mesurer; mit Klaftern —, toiser; corder, mouler du bois; mit der Elle —, auner; gut —, faire bon aunage; Felder — arpenter || tenir, contenir (*vase*).
Meſſer, *m.* 1, mesureur.
Meſſer, *n.* 1, couteau, *m.*; (*chir.*) scalpel.
Meſſerbeſteck, *n.* 2, étui de couteau, *m.* coutelière, *f.*
Meſſerheft, *n.* 2, manche de couteau, *m.*
Meſſerklinge, *f.* lame du couteau.
Meſſerlohn, *m.* 2, mesurage.
Meſſerrücken, *m.* 1, dos, fort du couteau.
Meſſerſchmied, *m.* 2, coutelier.
Meſſerſchmiedarbeit, *f.* =handwerk, *n.* 2, =laden, *m.* 1*, coutellerie, *f.*
Meſſerſchneide, *f.* tranchant du couteau, *m.* [teau.
Meſſerſtich, *m.* 2, coup de couteau.
Meßgeld, *n.* 5, foire, *f.*; rétribution pour une messe.
Meßgeſchenk, *n.* 2, foire, *f.*

Meßgewand, *n.* 5*, chasuble, *f.* étole.
Meßgut, *n.* 5*, marchandises destinées pour une foire, *f. pl.*
Meßhemde, *n.* exc. 1, aube, *f.*
Meſſias, *m. indécl.* Messie.
Meſſing, *n.* 2, laiton, *m.* cuivre jaune.
Meſſingdraht, *m.* 2*, fil d'archal.
Meſſinghändler, *m.* 2, dinandier.
Meſſinghütte, *f.* forge de laiton.
Meſſingſchlacke, *f.* arcot, *m.*
Meſſingvogel, *m.* 1, phalène dorée, *f.*
Meſſingwaare, *f.* dinanderie.
Meßkanne, *f.* pinte; (*égl.*) burette.
Meßkette, *f.* chaînette d'arpenteur. [forain.
Meßkrämer, *m.* 1, marchand
Meßkunſt, *f.*, géométrie.
Meßkünſtler, *m.* 1, =kundige, *m.* 3, géomètre. [*m.*
Meßlade, *f.* (*cordonn.*) compas, *m.*
Meßner, *m.* 1, sacristain.
Meßopfer, *n.* 2, sacrifice de la messe, *m.*
Meßpult, *n.* 2, porte-missel, *m.*
Meßruthe, *f.* verge, perche, toise.
Meßſcheibe, *f.* cercle d'arpenteur, *m.* graphomètre, holomètre.
Meßſchnur, *f.* corde; cordeau, *m.*; (*charp.*) ligne, *f.*; (*arch.*) cingleau, *m.* [pied, *m.* jalon.
Meßſtab, *m.* 2*, mesure, *f.*
Meßſtiel, *m.* 2, planchette, *f.*
Meßtuch, *n.* 5*, corporal, *m.*; das Futteral des —s, corporalier.
Meſſung, *f.* mesurage, *m.*; aunage; arpentage; jaugeage; toisé; cordage; moulage.
Meſte, *f.* (*sal.*) salière, (se, *f.*
Meſtize, *m.* 3, =inn, *f.* métis, *m.*
Metalepſe, *f.* (*rhét.*) métalepse.
Metall, *n.* 2, métal, *m.*; bronze; das gekörnte —, grenage; ausgelaufene —, (*fond.*) coulure, *f.*; zu — machen, métalliser.
Metallader, *f.* 2, veine du métal; filon, *m.*
Metallanflug, *m.* 2*, — auf Steinen, (*minér.*) armature, *f.*
Metallarbeit, *f.* travail (*m.*), ouvrage en métal.
Metallarbeiter, *m.* 1, ouvrier en métal; affineur.
Metallartig, *adj.* métallique.
Metallaſche, *f.* spode.
Metallfarbe, *f.* couleur minérale; — geben, bronzer.
Metallgemiſch, *n.* 2, métail, *m.*
Metalliſch, *adj.* métallique.
Metallkalk, *m.* 2, oxide.
Metallkorn, *n.* 5*, (*chim.*) grain de fin, *m.*
Metallmutter, *f.* matrice des métaux, gangue de la mine.

Metallreiz, m. 2, galvanisme, pile galvanique, f.

Metallschaum, m. 2, crasse (f.), écume des métaux, scorie, laitier, m. [cisoires, f. pl.

Metallscheere, f. cisoirs, m. pl.

Metallschlade, f., v. Metallschaum.

Metallstecher, m. 1, graveur sur métaux.

Metallurgie, Metallwissenschaft, f. métallurgie, science des métaux.

Metallversetzung, f. alliage, m.

Metapher, f. métaphore.

Metaphorisch, adj. métaphorique; —, adv. métaphoriquement.

Metaphysik, f. métaphysique.

Metaphysiker, m. 1, métaphysicien.

Metaphysisch, adj. métaphysique.

Meteor, n. 2, météore, m.

Meteorolog, m. 3, météorologue.

Meteorologie, f. météorologie.

Meteorologisch, adj. météorologique.

Meteorstein, m. 2, aérolithe, f.

Meter, m. 1, mètre.

Meth, m. 2, hydromel.

Methode, f. méthode.

Methodisch, adj. méthodique.

Methodist, m. 3, (égl.) méthodiste.

Methwurst, f.*, mortadelle.

Metonymie, f. (rhét.) métonymie. [traité de l'art métrique.

Metrik, f. art métrique, m.;

Metrisch, adj. métrique.

Mette, f. matines, pl.; messe de minuit.

Metze, f. (comm.) minot, m. quart d'un quarteron; pop. injur. garce, f. catin. [cre, m.

Metzelei, f. boucherie, massa-

Metzeln, v. a. tuer du bétail; massacrer, tailler en pièces.

Metzer, m. 1, Metzain, habitant de Metz. [ten.

Metzgen, v. a. prvcl., v. Schlach-

Metzger, m. 1, prvcl. v. Fleischer.

Metzig, f. boucherie, étal, m.

Meuchelmord, m. 2, assassinat.

Meuchelmorden, v. a. assassiner.

Meuchelmörder, m. 1, assassin, coupe-jarret.

Meuchelmörderisch, adj. assassin; — et meuchlings, adv. en assassin.

Meute, f. (cha.) meute.

Meuterei, f. sédition, mutinerie, complot, m. [tieux.

Meuterer, m. 1, mutin, sédi-

Meve, f. mouette (oiseau).

Meyer, x., v. Meier, x.

Miauen, v. Mauen.

Mich, pron. me, moi.

Micha, Michée (prophète).

Michael, n. pr. m. Michel.

Michaelistag, m. 2, Saint-Michel, f.

Micke, f. (navig.) chandelier, m.; (artill.) coin de mire.

Micken, v. a. (artill.) pointer.

Micker, m. 1, (bouch.) petits boyaux, pl.

Midder, f. (bouch.) ris de veau,

Mieder, n. 1, corset, m,

Miene, f. mine; air, m. fm. encolure, f. [tomime, f.

Mienenspiel, n. 2, (théât.) pan-

Miesel, n. 1, (tonn.) copeau, m.

Miesmuschel, f. moule.

Miele, v. Milbe. [louage; bail.

Miethcontract, m. 2, contrat de

Miethe, f. louage, m. loyer.

Miethen, v. a. louer, prendre à louage, à ferme, à bail; arrêter; retenir; (nav.) fréter, affréter; noliser.

Miether, m. 1, loueur; locataire; ben — angehend, locatif.

Miethgeld, n. 5, loyer, m.

Miethkutsche, f. carrosse (m.) ou voiture (f.) de louage, de remise; fiacre, m. [louage.

Miethkutscher, m. 1, cocher de

Miethlakei, m. 3, laquais de louage.

Miethling, m. 2, mercenaire; als ein —, en mercenaire, mercenairement.

Miethlohn, m. 2, gages, pl.

Miethmann, m. 5 (pl. -leute), locataire.

Miethpferd, n. 2, cheval de louage, m. [nolis, nolissement.

Miethung, f. louage, m.; (nav.)

Miethweise, adv. à louage; à titre de bail. [garnie, f.

Miethzimmer, n. 1, chambre

Miethzins, m. 2, loyer.

Mieze, f. Miezchen, n. 1, fm. chat, m. minon.

Mikroskop, n. 2, microscope, m.

Mikroskopisch, adj. microscopique; die Beschreibung der —en Gegenstände, micrographie, f.

Milbe, f. mite, ver, m. ciron, teigne, f. gerce.

Milbenblätterchen, n. 1, (méd.) ciron, m. [tance.

Milch, f. lait, m.; laite, f. laitance.

Milchader, f. veine lactée.

Milchadergang, m. 2*, canal thorachique.

Milchbart, m. 2*, poil follet, jeune barbe, f.; mépr. béjaune, m. [let, m.

Milchbrödchen, m. 1, pain mol-

Milchbruder, m. 1*, frère de lait.

Milchcur, f., einem die — verordnen, mettre qn. au lait; die — brauchen, être au lait.

Milcher, m. 1, poisson laité.

Milchfieber, n. 1, fièvre de lait, f.

Milchflor, m. 2*, crêpe lisse.

Milchfrau, f. laitière.

Milchgefäß, n. 2, vaisseau au lait, m.; (anat.) vaisseau chylifère.

Milchgelte, f. baquet au lait, m.

Milchhaar, n. 2, poil follet, m. duvet, coton; —t, pl. id., —t bekommen, se cotonner.

Milchicht, Milchig, adj. laiteux.

Milchkammer, f. -steller, m. 1, laiterie, f.

Milchkanne, f. jatte au lait.

Milchklumpen, m. 1, caillebotte, f.

Milchmädchen, n. 1, laitière, f.

Milchnapf, m. 2*, écuelle au lait,

Milchner, m., v. Milcher. [f.

Milchrahm, m. 2, crème, f.

Milchsaft, m. 2*, (méd.) chyle.

Milchsäure, f. acide de lait, m. acide lactique.

Milchschnee, m. 2, lait fouetté.

Milchschorf, m. 2, (méd.) achores, pl. croûtes de lait, f. pl.

Milchschrank, m. 2*, garde-lait.

Milchschwester, f. sœur de lait.

Milchspeise, f. laitage, m.

Milchstein, m. 2, galactite, f.

Milchstraße, f. (astr.) voie lactée.

Milchsuppe, f. soupe au lait.

Milchtopf, m. 2*, pot au lait.

Milchtuch, n. 5*, couloir, m.

Milchversetzung, f. lait répandu, m.; dépôt laiteux.

Milchwarm, adj. tiède.

Milchzahn, m. 2*, dent de lait, f.

Milchzucker, m. 1, sucre de lait,

Milchzuckersalz, n. 2, -säure, f. saccholactes, m. pl.

Mild, adj. doux; mou, tendre; humain; maniable.

Milde, Mildigkeit, f. tendreté; fg. douceur, humanité, bénignité; charité, clémence.

Mildern, v. a. adoucir; apaiser; amollir; mitiger, modérer, tempérer; modifier; corriger; neutraliser; soulager; (jur.) commuer une peine; (peint.) assourdir.

Milbernd, adj. adoucissant, etc., (méd.) id.; correctif, lénitif; der —t Ausdruck, correctif, m.; (rhét.) euphémisme.

Milberung, f. adoucissement, m.; modération, f. mitigation; modification; (jur.) commutation; — des Unanständigen, (rhét.) euphémisme, m.

Milberungsmittel, n. 1, correctif, m. [table.

Milbherzig, adj. sensible, charitable; Milbthätig, adj. charitable, libéral. [rité; largesse.

Milbthätigkeit, f. libéralité; charité.

Militärisch, adj. militaire; —, adv. militairement.

Miliz, f. milice.

Milizsoldat, *m.* 3, milicien.
Milliard, *f.* milliard, *m.* (*mille millions*).
Million, *f.* million, *m.;* tausend —en, milliard; der Besiger einer —, oder mehrerer —en, millionaire.
Millionär, *m.* 2, millionnaire.
Millionenweise, *adv.* par millions.
Millionste, *adj.* millionième; der — Theil, millionième, *m.*
Milord, *m.* 2, milord (*titre*).
Milz, *f.* rate; einem die — ausschneiden, dérater qn.
Milzader, *f.* veine splénique.
Milzbruch, *m.* 2*, splénocèle, *f.*
Milzkrank, Milzsüchtig, *adj.* sujet au mal de rate, splénétique, hypocondriaque; —e, *m.* 3, hypocondre.
Milzkrankheit, Milzsucht, *f.* mal de rate, *m.* spleen, hypocondrie, *f.*
Milzkraut, *n.* 5*, doradille, *f.*
Milzverstopfung, *f.* opilation, obstruction de rate.
Mime, *m.* 3, mime; comédien, acteur; —, *f.* mime, *m.*
Mimendichter, *m.* 1, mimographe, mimique.
Mimif, *f.* mimique.
Mimiker, *m.* 1, *v.* Mime, *m.*
Mimisch, *adj.* mimique.
Minaret, *m.* 2, minaret.
Minder, *adj.* moindre, plus petit; mineur; —, *adv.* moins.
Minderheit, *f.* minorité.
Minderjährig, *adj.* mineur.
Minderjährigkeit, *f.* minorité.
Mindern, *v. a.* diminuer, retrancher; réduire, atténuer; rabattre; défalquer *d'une somme;* soulager, adoucir, modérer; commuer *la peine.*
Minderung, *f.* diminution; rabat, *m.;* retranchement; mitigation, *f.;* adoucissement, *m.* modération, *f.;* commutation *de la peine.*
Mindest, *adj.* le moindre; le plus petit; nicht das —e, rien du tout, *fm.* pas un iota; nicht im —en, point du tout, nullement, pas le moins du monde; aufs —e, zum —en, *v.* Mindestens.
Mindestens, *adv.* au moins, du moins.
Mine, *f.* mine; minière.
Minenkammer, *f.* fourneau, *m.*
Miner, *n.* 1, Mineral, *n.* 2 (*pl.* -lien), minéral, *m.*
Mineralisch, *adj.* minéral.
Mineralog, *m.* 3, minéralogiste.
Mineralogie, *f.* minéralogie.
Mineralogisch, *adj.* minéralogique.
Mineralreich, *n.* 2, règne minéral, *m.*

Minerkunde, =lehre, *v.* Mineralogie.
Minerva, *f.* (*myth.*) Minerve.
Minervenfest, *n.* 2, —e, *pl.* panathénées, *f. pl.* [ture.
Miniatur, —malerei, *f.* miniature.
Miniaturgemälde, *n.* 1, miniature, *f.* portrait en miniature, *m.*
Miniaturmaler, *m.* 1, peintre en miniature.
Minime, *m.* 3, (*cath.*) minime.
Miniren, *v. a.* miner.
Minirer, *m.* 1, mineur.
Minister, *m.* 1, ministre.
Ministerium, *n. exc.* 1, ministère, *m.*
Minkenspiel, *n.* 2, bâtonnet, *m.*
Minne, *f. vi.* amour, *m.*
Minnesänger, *m.* 1, troubadour, trouvère.
Minorenn, *adj.* mineur.
Minorka, Minorque (*île*).
Minorker, *m.* 1, Minorquin.
Minstrel, *m.* 1, *ol.* ménestrel.
Minus, *adv.* (*alg.*) moins.
Minute, *f.* minute; moment, *m.*
Minutenzeiger, *m.* 1, aiguille à minutes, *f.*
Mir, *pron.* me; moi; à moi; mir nichts, dir nichts, *fm.* sans plus de façons; hurluberlu.
Mirabelle, *f.* mirabelle.
Mischbar, *adj.* miscible.
Mischbarkeit, *f.* miscibilité.
Mischen, *v. a.* mêler, mélanger; unter einander —, confondre, brouiller; (*pharm.*) mixtionner; mit Wasser —, couper *du vin;* die Karte —, mêler, battre les cartes; Gift —, préparer *du poison;* sich in etw. —, se mêler, s'ingérer, s'entremêler de qch.; *fm.* se fourrer dans qch.
Mischfutter, *n.* 1, dragée, *f.*
Mischmasch, *m.* 2, *fm.* galimatias.
Mischung, *f.* mélange, *m.* mixtion, *f.;* (*peint.*) assortiment, *m.;* (*chim.*) combiné; *fg.* mélange, assemblage.
Miserere, *n.* 1, miséréré, *m.*
Mispel, *f.* nèfle.
Mispelbaum, *m.* 2*, néflier; der wilde —, amélanchier. [cale, *f.*
Mispidel, *m.* 1, pyrite arseniM:ß, *particule qui se met devant plusieurs noms et verbes pour exprimer une opposition; elle répond aux particules françaises dé, dés, dis, mé, més; elle est inséparable.* [*m.* missel.
Missal, *f.* Missale, *n.* 1, Canon,
Mißbehagen, *n.* 1, malaise, *m.* mésaise, déplaisir.
Mißbilligen, *v. a.* désapprouver, improuver, blâmer; trouver mauvais.

Mißbilligend, *adj.* désapprobateur.
Mißbilligung, *f.* désapprobation, improbation.
Mißbrauch, *m.* 2*, abus; die —e abschaffen, réformer les abus.
Mißbrauchen, *v. a.* abuser, mésuser de; Gottes Namen —, profaner le nom de Dieu.
Mißbräuchlich, *adj.* abusif.
Mißcredit, *m.* 2, discrédit, décréditement, défaveur, *f.;* in — bringen, décréditer.
Mißdeuten, *v. a.* interpréter mal.
Mißdeutung, *f.* fausse *ou* mauvaise interprétation.
Missen, *v. n.* (h.) manquer; —, *v. a.* se passer, être privé de qch.; regretter. [ché.
Missethat, *f.* crime, *m.* délit; péMissethäter, *m.* 1, -inn, *f.* criminel, *m.* -le, *f.;* délinquant, *m.*
Mißfallen, *v. n.* 4 (h.) déplaire, désagréer, offenser, choquer, offusquer qn.; répugner; —, *s. n.* 1, déplaisir, *m.*
Mißfällig, *adj.* désagréable; choquant; — seyn, *v.* Mißfallen.
Mißgebären, *v. n.* 2 (h.) faire une fausse couche, avorter.
Mißgebot, *n.* 2, offre insuffisante, *f.*
Mißgeburt, *f.* fausse couche; monstre, *m.* avorton, môle, *f.*
Mißgeschick, *n.* 2, fatalité, *f.;* adversité; mésaventure.
Mißgestalt, *f.* difformité, monstruosité.
Mißgewächs, *n.* 2, production difforme, *f.*
Mißglücken, *v. n. v.* Mißlingen.
Mißgönnen, *v. a.* envier; porter envie. [loux.
Mißgönner, *m.* 1, envieux, jaMißgreifen, *v. n.* 5† (h.) se méprendre, faire une méprise; (*mus.*) toucher faux.
Mißgriff, *m.* 2, méprise, *f.* erreur, bévue; einen — thun, *v.* Mißgreifen. [défaveur.
Mißgunst, *f.* envie, jalousie; Mißgünstig, *adj.* envieux, jaloux; défavorable.
Mißhällig, ꝛc., *v.* Mißhellig, ꝛc.
Mißhandeln, *v. a.* maltraiter; unvernünftig —, brutaliser; —, *v. n.* (h.) prévariquer, pécher.
Mißhandlung, *f.* mauvais traitement, *m.* offense, *f.*
Mißheirath, *f.* mésalliance; eine — thun, *ou* —en, *v. n.* (h.) se mésallier.
Mißhellig, *adj.* discordant; *fg.* brouillé, divisé, désuni.
Mißhelligkeit, *f.* discordance; *fg.* disproportion; mésintelligence, dissension, discorde, différent, *m.*

Mißjahr, n. 2, mauvaise année, f. année de disette.

Mission, f. (égl.) mission.

Missionnar, m. 2, missionnaire.

†Mißkennen, v. a. méconnaître.

Mißklang, m. 2*, dissonance, f. discordance, faux accord, m. faux ton, cacophonie, f.

Mißlaunisch, adj. de mauvaise humeur.

Mißlaut, m. 2, cacophonie, f.

Mißlautend, adj. dissonant; discordant [égarer, séduire.

Mißleiten, v. a. conduire mal,

Mißlich, adj. incertain; douteux; difficile; périlleux, hasardeux; épineux, glissant.

Mißlichkeit, f. incertitude; danger, m. risque, hasard.

Mißlingen, v. n. imp. 3 (f.) manquer; manquer son coup; ne pas réussir; — s. n. 1, non-réussite, f. désappointement, m.

Mißmuth, m. 2, chagrin, mélancolie, f. mauvaise humeur, déplaisance. [mauvaise humeur.

Mißmuthig, adj. chagrin; de

Mißrathen, v. a. 4, dissuader, détourner qn. de qch.; —, v. n. imp. (f.) manquer, ne pas réussir.

Mißrathung, f. dissuasion.

Mißrechnen, v. n. (h.) se mécompter.

Mißrechnung, f. mécompte, m.

Mißreden (sich), v. réfl. se méprendre en parlant.

Mißstand, m. 2*, messéance, f.

Mißstimmen, v. a. mal accorder; fg. indisposer.

Mißton, m. 2*, v. Mißklang.

Mißtönen, v. n. (h.) sonner mal, être dissonant.

Mißtrauen, v. n. (h.) se défier, se méfier de qn.; —, s. n. 1, défiance, f. méfiance; ombrage, m. soupçon. [fiant.

Mißtrauisch, adj. défiant, mé-

Mißtritt, m. 2, faux pas.

Mißvergnügen, m. 1, mécontentement, m. déplaisir. [frondeur.

Mißvergnügt, adj. mécontent;

Mißverhältniß, n. 2, disproportion, f. disconvenance.

Mißverstand, m. 2*, malentendu; méprise, f. erreur.

Mißverständniß, n. 2, mésintelligence, f. dissension.

*Mißverstehen, v. a. comprendre mal.

Mißwachs, m. 2, stérilité, f.; disette.

Mist, m. 2, fumier, engrais; fiente, f.; crotte des animaux; bouse de vache; fiente —, crottin, m.

Mistbahre, f. civière. [f.

Mistbeet, n. 2, couche de fumier,

Mistel, m. 1, gui (plante).

Misteldrossel, f. draine (oiseau).

Misten, v. a. fumer, amender, nettoyer l'étable; —, v. n. (h.) fienter; —, s. n. 1, amendement, m.; action de fumer, etc., f.

Mistgabel, f. fourche à fumier.

Mistgrube, f. fosse à fumier, cloaque, m.

Misthafen, m. 1, croc à fumier.

Misthaufen, m. 1, tas ou meule (f.) de fumier.

Misthof, m. 2*, pailler.

Mistkäfer, m. 1, fouille-merde.

Mistlache, Mistpfütze, f. bourbier, m.; margouillis; mare, f.

Mit, prép. avec; par; de; à; en; contre; sur, sous, etc. (dans la comp. mit séparable répond à la particule co- ou con- du français, et modifie, dans le même sens que cette particule, les mots auxquels il est préposé).

Mitangeklagte, m. 3, coaccusé.

Mitanzeige, f. coïncidation.

Mitarbeiten, v. n. (h.) partager le travail; coopérer à qch.

Mitarbeiter, m. 1, compagnon de travail, collaborateur; collègue.

Mitbegriffen, adj. et adv. y compris, inclusivement.

Mitbelehnung, f. parage, m.

Mitbeschenkte, m. 3, codonataire.

Mitbesitz, m. 2, possession commune, f. possession par indivis.

Mitbesitzer, m. 1, copropriétaire.

Mitbeten, v. a. joindre ses prières à celles d'un autre. [werber.

Mitbewerber, Mitbuhler, v. Mit-

Mitbezahlen, v. a. payer sa part.

*Mitbringen, v. a. apporter qch., amener qn.

Mitbruder, m. 1*, confrère.

Mitbürge, m. 3, caution solidaire, f.

Mitbürger, m. 1, concitoyen.

Mitchrist, m. 3, sinn, f. 4, frère (m.), sœur (f.) en Jésus-Christ.

Mitdaseyn, n. 1, coexistence, f.

Miteigenthümer, v. Mitbesitzer.

Miteinander, adv. ensemble.

Mitempfinden, v. a. 3, sentir par sympathie, sympathiser avec qn.

Mitempfindung, f. sympathie.

Miterbe, m. 3, cohéritier.

Miterbinn, f. cohéritière.

Mitessen, v. n. 1 (h.) manger avec qn.; —, v. a. avaler une chose avec une autre.

Mitesser, m. 1, crinon (petit ver).

Mitfahren, v. n. 7 (f.) aller en voiture avec qn.

Mitführen, mit sich führen, v. a. mener, conduire, amener; emmener.

Mitgabe, f. dot. [ner avec soi.

Mitgast, m. 2*, convive.

Mitgeben, v. a. 1, donner; donner en dot; donner pour le départ.

Mitgefangene, m. et f. 3, compagnon (m.), compagne (f.) de prison.

Mitgefühl, n. 2, sympathie, f.

*Mitgehen, v. n. (f.) accompagner qn. [gnon; complice.

Mitgehilfe, m. 3, aide; compa-

Mitgenießen, v. a. 6, participer à qch.

Mitgenoß, m. 3, participant; associé, coassocié; compagnon; —sen, pl. consorts.

Mitgenossenschaft, f. société.

Mitgenossinn, f. compagne.

Mitgesell, m. 3, compagnon, camarade.

Mitgift, f. dot.

Mitglied, n. 5, membre, m.

Mithalten, v. n. 4 (h.) être de la même partie; wollen Sie es —? voulez-vous être des nôtres?

Mithelfen, v. n. 2 (h.) aider, concourir, coopérer, contribuer à qch.

Mithelfer, m. 1, aide, assistant, coopérateur.

Mithilfe, f. secours, m. aide, f.

Mithin, conj. par conséquent.

Mithridat, m. 2 (méd.) mithridate.

Mitinhaber, m. 1, codétenteur.

Mitkauf, m. 2*, coemption, f.

Mitkäufer, m. 1, cointéressé dans un achat.

Mitklang, m. 2*, résonnance, f.

Mitknecht, m. 2, compagnon de service.

*Mitkommen, v. n. (f.) venir avec qn.; accompagner qn.

Mitlaufen, v. n. 4 (f.) courir avec les autres.

Mitlaut, m. 2, consonnance, f.; consonne. [consonne.

Mitlautend, adj. consonnant,

Mitlehensherr, m. 3 coseigneur.

Mitleid, m. 2, Mitleiden, v. 1, compassion, f. pitié; commisération, miséricorde; — erregen, zum — bewegen, faire pitié à qn., attendrir, apitoyer, émouvoir qn.; — haben, avoir pitié (mit, de), compatir (mit, à).

Mitleidenswürdig, adj. pitoyable.

Mitleidig, adj. compatissant; sensible.

Mitlernen, v. a. et n. (h.) apprendre avec les autres ou en même temps.

Mitmachen, v. a. et n. (h.) faire comme les autres; être de la partie; alle Moden —, suivre toutes les modes.

Mitmacher, v. a. et n. (h.) bon vivant, m. femme galante, f.

Mitmeister, m. 1, confrère, maître du même métier, de la même profession.

Mitmensch, m. 3, prochain; seine —en, pl. ses semblables.

Mitmiether, *m.* 1, copreneur.

Mitnehmen, *v. a.* 2, prendre avec soi; prendre sur soi *de l'argent*; emporter; emmener qn.; mener; enlever, *fg.* affaiblir qn. (*maladie*).

Mitnichten, *adv. p. us.*, point du tout, en aucune manière.

Mitpachter, *m.* 1*, copreneur.

Mitrechnen, *v. a.* mettre en ligne de compte; mitgerechnet, inclusivement, y compris.

Mitregent, *m.* 3, corégent associé à l'empire.

Mitregierung, *f.* corégence.

Mitreisen, *v. n.* (f.) voyager avec qn.

Mitreiten, *v. n.* 5† (f.) accompagner qn., aller avec qn. à cheval.

Mitsammt, *prép. vi.* avec.

Mitschuld, *f.* complicité; dette commune.

Mitschuldig, *adj. et s.* 3, complice; — *ou* Mitschuldner, *m.* 1, codébiteur.

Mitschüler, *m.* 1, condisciple, compagnon d'étude, camarade d'école.

Mitsingen, *v. n.* 3 (h.) chanter avec qn., accompagner qn. de la voix, faire chorus.

Mitspielen, *v. a.* jouer avec un autre; *fg.* einem —, maltraiter, tromper qn. cruellement.

Mitspieler, *m.* 1, compagnon de jeu, coupeur.

Mitstand, *m.* 2*, coétat.

Mitstreiter, *m.* 1, frère d'armes; —, *pl.* contendans.

Mittag, *m.* 2, midi; (*géogr.*) *id.*, sud.

Mittagessen, *n.* 1, =smahl, *n.* 2, =smahlzeit, *f.* dîner, *m.* diné : Stunde des —s, heure du dîner, *f.* heure dinatoire.

Mittagesser, *m.* 1, dîneur.

Mittägig, *adj.* méridional, austral.

Mittagsgegend, *f.* sud, *m.* midi.

Mittagshitze, *f.* chaleur de midi.

Mittagshöhe, *f.* hauteur méridienne.

Mittagskost, *f.* dîner, *m.*

Mittagskreis, *m.* 2, méridien.

Mittagslinie, *f.* méridien, *m.* ligne méridienne, *f.*

Mittagspol, *m.* 2, pôle du midi, pôle antarctique. [dienne.

Mittagsruhe, *fém.* sieste, méri-

Mittagsstunde, =zeit, *f.* heure de midi.

Mittagswind, *m.* 2, vent du sud.

Mittagszeche, *f.* dînée.

Mittagwärts, *adv.*, vers le midi, du côté du sud.

Mitte, *f.* milieu, *m.* centre; *fg. id.*, cœur; — des Aprils, mi-avril,

---

*f.*; — der Fasten, mi-carême.

Mittel, *n.* 1, milieu, *m.*; moyen, expédient, remède; —, *pl.* moyens; fortune, *f.* richesses, *pl.*; sich ins — schlagen, ins — treten, s'interposer, intervenir; s'entremettre de qch.; mit seinem Ansehen ins — treten, interposer son autorité.

Mittelader, *f.* veine médiane.

Mittelalter, *n.* 1, moyen âge, *m.*

Mittel = Antiquaschrift, Mittelschrift, *f.* (*impr.*) caractère Saint-Augustin, *m.*

Mittelbar, *adj.* médiat, indirect.

Mittelbegriff, *m.* 2, idée intermédiaire, *f.*; terme moyen, *m.* [*m.*

Mittelcicero schrift, *f.* passe-cicéro,

Mittelding, *n.* 2, milieu, *m.* composé; (*morale*) —e, adiaphores, *pl.* [demi-teinte.

Mittelfarbe, *f.* couleur moyenne;

Mittelfell, *n.* 2, (*anat.*) médiastin, *m.* [lieu.

Mittelfinger, *m.* 1, doigt du mi-

Mittelfleisch, *n.* 2, périnée, *m.*

Mittelfuß, *m.* 2*, (*anat.*) métatarse.

Mittelgalopp, *m.* 2, aubin.

Mittelgattung, *f.* moyenne sorte.

Mittelglied, *n.* 5, moyenne, *f.* terme moyen, *m.*

Mittelgrund, *m.* 2*, (*peint.*) milieu. [*m.*

Mittelhand, *f.* (*anat.*) métacarpe,

Mittelhäring, *m.* 2, hareng de moyenne marque. [cru, *m.*

Mittelholz, *n.* 5*, bois de moyen

Mittelländisch, *adj.* méditerrané.

Mittelmann, *m.* 5*, tiers; médiateur. [(*pays*).

Mittelmark, *f.* moyenne Marche

Mittelmäßig, *adj.* médiocre; modique; ordinaire; —, *adv.* médiocrement, etc., tant bien que mal, *fm.* la la.

Mittelmäßigkeit, *f.* médiocrité; modicité.

Mittelmast, *m.* 2, grand mât.

Mittelmauer, *f.* mur mitoyen, mur de refend.

Mittelnabe, *f.* (*charr.*) bouge.

Mittelpaß, *m.* 2*, (*man.*) entrepas. [pilier mitoyen.

Mittelpfeiler, *m.* 1, trumeau,

Mittelpunkt, *m.* 2, centre, milieu; *fg. id.*, foyer; im —e, gegen den — gerichtet, central; vom — abstrebend, centrifuge; gegen den — hinstrebend, centripète; in einen — vereinigen, centraliser, concentrer; Vereinigung in einen —, centralisation, *f.* concentration.

Mittelsalz, *n.* 2, sel neutre, *m.*

Mittelsatz, *m.* 2*, (*log.*) terme moyen; —e, *pl.* moyens.

Mittelschrift, *f.* (*caill.*) lettre bâtarde.

---

Mittelsmann, *m.* 5*, Mittelsperson, *f.* conciliateur, *m.* médiateur.

Mittelsohle, *f.* (*cordonn.*) dresse.

Mittelst, *prép.* moyennant.

Mittelstämpfel, *m.* 1 (*rel.*) fleuron.

Mittelstand, *m.* 2*, moyen état; médiocrité, *f.*; état de médiocrité, *m.*

Mittelste, *adj.* du milieu; moyen.

Mittelsteg, *m.* 2 (*impr.*) barre du châssis, *f.* [médium, *m.*

Mittelstimme, *f.* haute-contre;

Mittelstraße, *f.* milieu, *m.*; chemin du milieu.

Mittelstück, *n.* 2, pièce du milieu, *f.* entre-deux, *m. de la morue*; (*bouch.*) surlonge, *f.*; flanc, *m.* || pièce (*f.*), morceau (*m.*) médiocre, de moyenne grandeur.

Mittelteig, *m.* 2, pâte bâtarde, *f.*

Mittelton, *m.* 2*, médiante, *f.*

Mitteltreffen, *n.* 1, corps de bataille, *m.*

Mittelursache, *f.* moyen, *m.* cause seconde, *f.*

Mittelwall, *m.* 2*, courtine, *f.*

Mittelweg, *m.* 2, *v.* Mittelstraße; *fg.* tempérament (*m.*), parti mitoyen, milieu, médium, *fm.* mezzo-terminé.

Mittelwort, *m.* 5*, participe, *m.*

Mitten, *prép.*, — in, auf, unter, au milieu de; — im Winter, au fort de l'hiver; — durch, par le milieu; à travers le, au travers du. [nord, minuit.

Mitternacht, *f.* septentrion, *m.* — de minuit, *m.*; (*géogr.*) septentrional, boréal.

Mitternachtschmaus, *m.* 2*, médianoche (*après un jour maigre*).

Mitternächtlich, *adj.* septentrional ou du nord, *m.*; (*astr.*) bande du nord, *f.*

Mittfasten, *f.* mi-carême.

Mittheilbar, *adj.* communicable.

Mittheilen, *v. a.* communiquer; faire part; donner communication de qch. à qn.; partager avec un autre. [expansif.

Mittheilend, *adj.* communicatif.

Mittheilhaber, *m.* 1, cointéressé, copropriétaire.

Mittheilung, *f.* communication.

Mittler, *m.* 1, =inn, *f.* médiateur, *m.* -trice, *f.*

Mittleramt, *n.* 5*, fonction (*f.*), office (*m.*) de médiateur.

Mittlerin, *adj.* du milieu, central.

Mittlertod, *m.* 2, (*théol.*) mort expiatoire, *f.*

Mittlerweile, *adv.* cependant, sur ou dans ces entrefaites.

Mittragen, *v. a.* 7, porter conjointement, porter avec qn.

Mittwoch, *m.* 2, Mittwoche, *f.* mercredi, *m.*; Mittwochs, mercredi.

**Mitunter,** adv. avec cela; parmi cela; entre autres.

**Miturſache,** f. cause coopérante.

**Mitverbrecher,** m. 1, complice.

**Mitverkäufer,** m. 1, covendeur.

**Mitverpflichtete,** m. 3, coobligé.

**Mitverſchworne,** m. 3, conspiré, conjuré.

**Mitverſtanden,** adj. implicite.

**Mitvormund,** m. 5*, cotuteur.

**Mitwelt,** f. génération actuelle, contemporains, m. pl. [rir.

**Mitwerben,** v. n. 2 (h.) concou-

**Mitwerber,** m. 1, concurrent, compétiteur, rival; —, pl. contendants.

**Mitwerbung,** f. concurrence, rivalité, concours, m.

**Mitwerbungsweiſe,** adv. concurremment.

**Mitwirken,** v. n. (h.) coopérer, concourir, conspirer.

**Mitwirkend,** adj. (théol.) concomitant.

**Mitwirker,** m. 1, coopérateur.

**Mitwirkung,** f. coopération; assistance; concours, m.

**Mitwiſſen,** n. 1, connaissance, f.; participation; confidence.

**Mitzahlen,** v. a. concourir au payement.

**Mitzählen,** v. a. comprendre dans le compte, mettre en ligne de compte.

**Mitzehnter,** m. 1, codécimateur.

**Mitziehen,** v. a. 6, entrainer; tirer avec soi; —, v. n. (ſ.) aller avec les autres.

**Mixtur,** f. (méd.) mixtion.

**Mobiliarerbſchaft,** f. succession mobiliaire.

**Mobiliariſiren,** v. a. ameublir.

**Mobiliariſirung,** f. ameublissement, m.

**Mobiliarnachlaß,** m. 2*, =vermögen, n. 1, mobilier, m.

**Mobiliarſteuer,** f. 1, contribution mobiliaire.

**Mobilien,** pl. meubles, m.; mobilier. [meuble.

**Mobilienaufſeher,** m. 1, garde-

**Mode,** f. mode; façon; manière; in der — ſeyn, être à la mode, avoir cours; nach der —, à la mode.

**Modehändler,** m. 1, =inn, f. marchand (m.), -e (f.) de modes, modiste, m. et f.

**Model,** m. et n. 1, module, m., moule; matrice, f.; patron, m.; modèle, f. (artill.) calibre; grain, gaufrure (f.) d'une étoffe; (sculpt.) esquisse; (dess.) bosse.

**Modell,** n. 2, modèle, m. exemplaire.

**Modeln, Modeliren,** v. a. façonner, mouler, modeler, gaufrer, ramasser; ſich nach einem —, fm.

se mouler sur qn.; gemodelt, (tiss.) ouvré; etc. [tron, m.

**Modelluch,** n. 5*, (coutur.) pa-

**Modena,** Modène (ville).

**Modenarr,** m. 3, celui qui a la manie de suivre toutes les modes.

**Moder,** m. 1, moisi; bourbe, f.; pourriture; (min.) limon, m.

**Moderig,** adj. moisi, bourbeux; pourri.

**Modern,** v. n (h.) moisir, pourrir.

**Modern,** adj. moderne, récent.

**Modeſucht,** f. passion des modes.

**Modeſüchtig,** adj. esclave de la mode.

**Modification,** f. modification.

**Modificiren,** v. a. modifier.

**Modiſch,** adj. moderne; —, adv. à la mode.

†**Mögen,** v. n. (h.) pouvoir, être en état; être en droit; vouloir, souhaiter, désirer, avoir envie; auf den —en Fall eingerichtet, éventuel.

**Möglichenfalls,** adv. éventuellement, fm. dans le cas où cela serait possible.

**Möglichkeit,** f. possibilité; possible, m. pouvoir, puissance, f.; —zu irren, faillibilité.

**Mohn,** m. 2, pavot.

**Mohnſaft,** m. 2*, opium, méconium. [vot, f.

**Mohnſamen,** m. 1, graine de pa-

**Mohr,** m. 2, moire (étoffe).

**Mohr,** m. 3, =inn, f. more, m. nègre, -esse, f. [m.

**Mohrband,** n. 5*, ruban moiré.

**Möhre,** f. carotte.

**Mohren,** v. a. moirer.

**Mohrengrau,** adj. gris de more.

**Mohrenkopf,** m. 2*, cheval cap-de-more ou cavessé de more.

**Mohrentraut,** n.5*, éthiopienne, f. [Nigritic.

**Mohrenland,** n. 5*, Éthiopie, f.

**Mohrentanz,** m. 2*, moresque, f.

**Mohriſch,** adj. moresque.

**Mohrmeiſe,** f. nonnette.

**Moka,** =faſſee, f. 2, moka, café moka.

**Molch,** m. 2, mouron, salamandre, f.

**Moldau,** f. Moldavie (pays), Moldau, Moldava (rivière).

**Moldenhauer,** m. 1, boisselier.

**Molinismus,** m. indécl. molinisme.

**Moliniſt,** m. 3, moliniste.

**Molken,** pl. petit-lait, m. lait clair.

**Molkendieb,** m. 2, papillon.

**Molkig,** adj. séreux.

**Moll, Mollton,** m. 2*, (mus.) mode mineur.

**Moluccen,** f. pl. Moluques (iles).

**Moly,** —kraut, n. 5*, moly, m.

**Monade,** f. monade.

**Monarch,** m. 3, =inn, f. monarque, m. souverain, -e, f.

**Monarchie,** f. monarchie.

**Monarchiſch,** adj. monarchique.

**Monat,** m. 2, mois, lune, f.

**Monatfriſt,** f. espace d'un mois, m.

**Monatfluß,** m. 2*, règles, f. pl.; mois, m., ordinaires, f., fleurs, menstrues.

**Monatlich,** adj. mensuel, du mois; —, adv. par mois, tous les mois, chaque mois.

**Monatſchrift,** f. journal, m.

**Monatgeld,** n. 5, salaire, m. gages du mois, pl.

**Monatsrettig,** m. 2, radis, petite rave, f.

**Monatsroſe,** f. rose de tous les mois, rose de Bengale.

**Monatstag,** m. 2, jour du mois, quantième.

**Mönch,** m. 2, moine, religieux; cénobite; (impr.) moine, feinte, f.

**Möncherei,** f. m. p. moinerie, monachisme, m.

**Mönchiſch,** adj. monacal.

**Mönchsbogen,** m. 1*, (impr.) moine, feuille mal touchée, f.

**Mönchsgeiſt,** m. 5, esprit monacal; m. p. v. Möncherei.

**Mönchskappe,** f. capuchon, m.; plais. coqueluchon.

**Mönchskloſter,** n. 1*, monastère, m. couvent de religieux.

**Mönchskutte,** f. froc, m.; die —ablegen, se défroquer.

**Mönchsleben,** n. 1, vie monacale, f. [nastique.

**Mönchsorden,** m. 1, ordre mo-

**Mönchsſchrift,** f. caractère gothique, m.; lettres gothiques, f. pl.

**Mönchsſtand,** m. 2*, état monacal, monachisme. [naille, f.

**Mönchsvolk,** n. 5*, mépr. moi-

**Mönchsweſen,** n. 1, monachisme, m.

**Mond,** m. 2, lune, f.; den — betreffend, lunaire; der — nimmt zu, nimmt ab, la lune est à son croissant, en décours; zunehmende halbe —, croissant, m.; v. Halbmond.

**Mondauge,** n. exc. 1, =fluß, m. 2*, œil lunatique (maladie des chevaux). [phie.

**Mondbeſchreibung,** f. sélénogra-

**Mondblind,** adj. nyctalope.

**Mondenjahr,** n. 2, année lunaire, f.

**Mondfinſterniß,** f. éclipse de lune.

**Mondgeſtalt,** f. phase.

**Mondkalb,** n. 5*, (méd.) môle, f.

**Mondkarte,** f. carte sélénographique.

Monbfraut, n. 5*, lunaire, f.
Monbblicht, n. 5, lueur de la lune, f. [lune, m.
Monbmilch, f. (min.) lait de
Monbscheibe, f. disque de la lune, m.
Monbschein, m. 2, clair de lune.
Monb=Sonnenzirkel, m. 1, cycle (m.) ou année (f.) lunisolaire.
Monbstein, m. 2, sélénite, f.
Monbsüchtig, adj. lunatique.
Monbsviertel, n. 1, quartier de la lune, m.
Monbswandlung, f. lunaison, phase de la lune.
Monbzirkel, m. 1, cycle lunaire; nombre d'or. [corde, m.
Monochord, n. 2 (mus.) mono-
Monolog, m. exc. 1, monologue.
Monophysismus, masc. indécl. (théol.) monophysisme.
Monophysit, m. 3, monophysite.
Monopolium, n. exc. 1, monopole, m. [nothélite.
Monothelet, m. 3, (théol.) mo-
Monotheletismus, m. indécl. monothélisme.
Monstranz, f. (égl.) soleil, m.
Montag, m. 2, lundi; blaue Montag, journée blanche, f.; vor Fastnacht, lundi gras, m.
Montiren, v. a. équiper, monter.
Montur, f. habillement, m., habit, équipage; uniforme; livrée, f.
Moor, n. 2, marais, m. marécage. [geux.
Moorgrund, m. 2*, sol maréca-
Moorig, adj. marécageux.
Moos, n. 2, mousse, f.; vom —t reinigen, émousser.
Moosbeere, f. canneberge.
Moosbrücke, f. (artill.) plate-bande.
Moosflechte, f. lichen, m.
Moosig, adj. moussu.
Moosrose, f. rose moussue.
Mooschwamm, m. 2*, mousseron.
Mops, m. 2*, mopse, doguin.
Mopsgesicht, n. 5, fm. laid magot, m.
Mopsnase, f. nez camus, m.
Moral, f. morale.
Moralisch, adj. moral; —t Anlage, moral, m.; — genommen, moralement parlant.
Moralisiren, v. n. (h.) moraliser; faire des réflexions morales; parler morale.
Moralität, f. moralité.
Morast, m. 2*, marais; bourbe, f. mare; fange, boue; in einen — führen, embourber; in einen — gerathen, s'embourber. [beux.
Morastig, adj. marécageux, bour-
Morchel, f. morille.
Morb, m. 2, Morbthat, f. meurtre, m. homicide, assassinat.

Morbbrenner, m. 1, incendiaire, boute-feu. [gnard.
Morbeisen, n. 1, stylet, m. poi-
Morben, v. a. et n. (h.) tuer, assassiner, égorger, massacrer.
Mörber, m. 1, meurtrier, homicide, assassin.
Mörbergrube, f. coupe-gorge, m.
Mörberisch, adj. meurtrier, homicide. [gique.
Morbgeschichte, f. histoire tra-
Morbgeschoß, Morbgewehr, n. 2, arme meurtrière, f. [tre, m.
Morbgeschrei, n. 2, cri au meur-
Morbgrube, f. Morbkeller, m. 1, (fortif.) casemate, f.
Morbio, interj., au meurtre, à l'assassin!
Morbkeule, f. casse-tête, m.
Morblust, f. soif du sang.
Morbmesser, n. 1, coutelas d'assassin, m.
Morea, Morée, f. (pays).
Morelle, f. griotte.
Morganatisch, adj. (mariage) morganique ou de la main gauche.
Morgen, m. 1, matin; matinée, f.; anbrechende —, pointe ou point (m) du jour; (géogr.) orient, est; (agr.) arpent, acre, journal de terre, etc.; —, adv. demain; — früh, demain matin.
Morgenanbacht, fém. prière du matin.
Morgenanzug, m. 2*, =kleib, n. 5, habit du matin, m., négligé.
Morgenbrod, n. 2, déjeuner, m.
Morgend, adj. de demain.
Morgenbämmerung, fém. aube, pointe ou point (m.) du jour.
Morgengabe, f. présent fait par l'époux à l'épouse le lendemain de la noce, m. [Levant.
Morgenland, n. 5*, Orient, m.,
Morgenländer, m. 1, habitant des pays orientaux, oriental.
Morgenländisch, adj. oriental; levantin. [matin, m.
Morgenlied, n. 5, cantique du
Morgenluft, f. frais du matin, m.
Morgenroth, n. 2, Morgenröthe, f. aurore (aussi fg.), aube du jour.
Morgens, adv. le matin, au matin, dans la matinée.
Morgenseite, f. côté oriental, m.
Morgenständchen, n. 1, aubade, f.
Morgenstern, m. 2, étoile du matin, f.; massue armée de pointes de fer. [matinale, f.
Morgenstillstand, m. 2*, station
Morgenstunde, f. heure du matin; —n, pl. matinée.
Morgenwache, f. (milit.) diane.
Morgenwärts, adv. vers l'orient.
Morgenweite, f. amplitude orientale ou ortive.

Morgenwind, m. 2, vent d'est, d'amont.
Morgenzeit, f. matinée.
Moriz, (n. pr.) Maurice.
Mornelle, f. guignard, m. (oiseau). [frêle.
Morsch, adj. friable, fragile,
Mörsel, Mörser, m. 1, mortier; hölzerne —, égrugeoir.
Mörselkeule, f. pilon à mortier, m. [cine.
Mörsel, m. 1, mortier; ciment; liaison de joint, f.; —zum Grunblegen, béton, m. [m. houe, f.
Mörtelhaue, f. rabot à mortier,
Mörtelkelle, f. truelle.
Mörtelkübel, m. 1, auge à mortier, f. [m.
Mörtelmauerung, f. limousinage,
Mörtelmaurer, m. 1, limousin.
Mörtelschaufel, f. gâche.
Mörtelteig, m. 2, impastation, f. [id., de Moïse].
Mosaisch, adj. mosaïque; (ant.j.
Moschee, Moskte, f. mosquée.
Moschus, m. indécl. musc.
Mosel, f. Moselle (rivière).
Moses (n. pr.) Moïse; bie 5 Bücher —, pentateuque, m.
Moskau, Moscou (ville).
Moskiten, f. pl. (hist. nat.) mosquites. [vade.
Moskovabe, f. (comm.) mosco-
Most, m. 2, moût.
Mostrich, m. 2, moutarde, f.
Motette, f. (mus.) motet, m.
Motion, f. mouvement, m. exercice; nouv. motion, f. proposition.
Motte, f. teigne, gerce, mite.
Mottenfräßig, adj. rongé de teignes. [vise, âme d'une devise.
Motto, n. 1, épigraphe, f. devise, v. Mewe.
Mozaraber, m. 1, mozarabe.
Mozarabisch, adj. mozarabique.
Mucheln, v. n. (f.) prvcl., sentir le relent; agir sous cape.
Mucke, f. fm. caprice, m. quinte, f. mauvaise humeur.
Mücke, f. cousin, m.; mouche, f.; kleine —, moucheron, m.; —, (arg.) guidon.
Mucken, Mucksen, v. n. fm. (h.), nicht —, n'oser souffler, bouger, remuer.
Mückenkoth, m. 2, chiasse, f.
Mückennez, n. 2, cousinière, f.
Mücker, m. 1, hypocrite; fm. cagou, cagot, cafard.
Müde, adj. las, fatigué, harassé; fg. id., ennuyé; — machen, werben, v. Ermüden.
Müdigkeit, f. lassitude, fatigue.
Muff, m. 2*, manchon; moisi.
Muffel, f. mufle, m. moufle, museau; (chim.) moufle.

**Muffeln**, v. a. et n. (h.) mâchonner.

**Müffen, Müßen, Muckeln**, v. n. (h.) fm. avoir l'odeur, le goût de relent. [le relent.

**Müffend, Muffig**, adj. qui sent

**Muffring**, m. 2, porte-manchon.

**Mühe**, f. peine, fatigue, travail, m.; mal, chagrin; sich viele — geben, seine — ver=lieren, fm. perdre son latin; er giebt sich —umsonst, il a beau faire; mit —, avec peine, malaisément.

**Mühen**, v. n. (h.) beugler, meugler.

**Mühen**, v. a. donner de la peine à qn.; sich —, s'efforcer, se donner de la peine.

**Mühlarzt**, m. 2*, constructeur de moulins; v. aussi Mühlbursche.

**Mühlbeutel**, m. 1, bluteau, blutoir. [f. pl.

**Mühlbottich**, m. 2, archures,

**Mühlbursche**, m. 3, garçon meunier. [net.

**Mühle**, f. moulin, m.; moulin=

**Mühleisen**, m. 1, poilier, m.

**Mühlenspiel**, n. 2, mérelle, f.

**Mühlenzwang**, m. 2, ban de moulin.

**Mühlgang**, m. 2*, tournant.

**Mühlgerinne**, n. 1, auge de moulin, f. biez, m. [cliquet.

**Mühlklapper**, fém. claquet, m.

**Mühlrad**, n. 5*, roue de moulin, f.

**Mühlradschaufel**, f. jantille.

**Mühlrumpf**, m. 2*, trénie, f.

**Mühlstein**, m. 2, meule de moulin, f. meulière, f.

**Mühlsteinbruch**, m. 2*, meulière.

**Mühlwehr**, n. 2, batardeau, m.

**Mühlwerk**, n. 5, moulin, m. moulage.

**Muhme**, f. tante, nièce, cousine.

**Mühsam**, adj. pénible, difficile; fatigant; — gemacht, travaillé; m. p. martelé (vers).

**Mühsamkeit**, f. peine, difficulté.

**Mühselig**, adj. pénible; misérable; fâcheux. [misère, f.

**Mühseligkeit**, f. peine, souci, m.

**Mühwaltung**, f. peine.

**Mulatte**, m. 3, =inn, f. mulâtre, m. et f. [=roll, une jattée.

**Mulde**, f. jatte; huche; eine

**Muldenblei**, n. 2, plomb en saumons, m. [conque, f.

**Muldengewölbe**, n. 1, voûte à

**Müller**, m. 1, =inn, f. meunier, m. =ère, f.

**Mulm**, m. 2, terreau, poussière, f. terre légère mêlée de bois pourri.

**Multiplicand**, m. 2, multiplicande. [tiplicateur.

**Multiplicator**, m. exc. 1, mul-

**Multiplicirbar**, adj. multipliable.

**Multipliciren**, v. a. multiplier; —, s. n. 1, multiplication, f.

**Multon**, m. 2, molleton (étoffe).

**Mumie**, f. momie.

**Mumme**, f. sorte de bière de Brunswick; ol. masque, m.

**Mummel**, m. 1 et f. pupille.

**Mummerei**, f. mascarade; fg. id., déguisement, m.; feinte, f.

**Mümpelgard**, Montbéliard (ville).

**München**, Munic (ville).

**Mund**, m. 2 (pl. fm. Mäuler), bouche, f.; orifice de l'estomac, etc., m.; reinen — halten, garder le secret; reinen — gehalten, bouche cousue! einem die Worte in den — legen, emboucher qn.

**Mundart**, f. dialecte, m. idiome, langage.

**Mundbäckerei**, f. paneterie.

**Mündel**, m. 1 et f. pupille.

**Munden**, v. n. (h.) être au goût de qn. [the.

**Mundfäule**, f. scorbut, m. aph=

**Mundig**, adj. majeur, en majorité; — sprechen, émanciper.

**Mündigkeit**, f. majorité, âge de majorité. [tion.

**Mündigsprechung**, f. émancipa-

**Mündiren**, v. a. mettre au net, grossoyer.

**Mundklemme**, fém. contraction spasmodique de la bouche.

**Mundkoch**, m. 2*, officier de la bouche. [f.

**Mundleim**, m. 2, colle à bouche,

**Mundlich**, adj. de bouche; verbal; — gemacht, nuncupatif (testament).

**Mundloch**, n. 5*, embouchure, f.; embouchement d'une veine, m.; orifice de l'estomac; bouche d'un four, f. [canon.

**Mundpfropfen**, m. 1, tampon du

**Mundpommade**, fém. pommade pour les lèvres.

**Mundportion**, f. ration.

**Mundschenk**, m. 3, échanson, officier du gobelet. [fäule.

**Mundschwamm**, m. 2*, v. Mund=

**Mundstül**, n. 2, embouchure (f.), embouchoir (m.) d'un instrument à vent; anche d'un hautbois, f.; chape d'un fourreau.

**Mundtodt**, adj. interdit; en curatelle; — erklären, interdire.

**Mundtodterklärung**, f. interdiction. [écrit mis au net, m.

**Mundum**, n. exc. 1, grosse, f.

**Mündung**, f. bouche; embouchure; gorge, entrée d'une vallée; orifice, m.; (bot.) limbe.

**Mundvoll**, m. 2, bouchée, f.; morceau, m.; gorgée de bouillon, etc., f.

**Mundvorrath**, m. 2*, =bedarf, m. 2, provision, f. munition de bouche.

**Mundwerk**, n. 2, fm. bouche, f.; fg. flux de bouche, m.; das gute —, le bec affilé.

**Municipal**, adj. municipal.

**Municipalität**, f. municipalité.

**Municipalrath**, m. 2, conseil municipal; —, m. 2*, conseiller municipal.

**Municipalstadt**, f.*, ville municipale; (ant. r.) municipe, m.

**Munition**, f. munition, provision.

**Munitionskasten, =wagen**, m. 1*, caisson.

**Munkeln**, v. n. (h.) parler bas, à l'oreille; parler sourdement de qch. (fm.).

**Münster**, n. 1, cathédrale, f. dôme, m.

**Munter**, adj. vif; alerte, actif; gai, gaillard, éveillé; dispos; agile; fringant, dru; — machen, werden, v. Ermuntern; —, interj. courage!

**Munterkeit**, f. vivacité, allégresse, gaieté; enjouement, m. activité, f. agilité.

**Münzablieferung**, f. brève.

**Münzamt**, n. 5*, chambre des monnaies, f.

**Münzbeamte**, m. 3, employé à la cour des monnaies.

**Münzberichtiger**, m. 1, ajusteur.

**Münzberichtigung**, f. ajustage, m.

**Münzblock**, m. 2*, cépeau.

**Münzcabinett**, n. 2, cabinet de médailles, m.; médaillier.

**Münze**, f. monnaie; argent, m.; grobe —, monnaie forte, f.; —, médaille; médaillon, f.; hôtel de la monnaie; (bot.) menthe, f.

**Münzen**, v. a. battre monnaie; monnayer; fg. es ist auf ihn gemünzt, c'est à lui qu'on en veut; —, s. n. 1, monnayage, m.

**Münzenbeschreibung**, f. numismatographie.

**Münzer**, m. 1, monnayeur.

**Münzfeile**, f. écouane.

**Münzfuß**, m. 2*, titre des monnaies ou des espèces; der schwere —, le pied fort.

**Münzgewicht**, n. 2, taille, f.

**Münzhammer**, m. 1*, flatoir, bouvard.

**Münzhaus**, n. 5*, monnaie, f. hôtel des monnaies, f.

**Münzknecht**, m. 2, barrier.

**Münzkosten**, f. pl. brossage, m.

**Münzkrätze**, f. raclure, déchet de la monnaie, m.

**Münzkunde**, v. Münzwissenschaft.

**Münzmeister**, m. 1, monnayeur; intendant de la monnaie.

Münzplatte, -fchiene, f. -ftück, n. 2, carreau, m.

Münzpreſſe, f. balancier, m.

Münzprobe, f. essai des monnaies, m.

Münzprobirer, m. 1, essayeur.

Münzrand, m. 5*, cordon, débord, carnel.

Münzſchere, f. coupoir, m.

Münzſchlag, m. 2*, coin, empreinte, f.

Münzſorte, f. espèce de monnaie.

Münzſtadt, f.*, ville qui a le droit de battre monnaie.

Münzſtämpel, m. 1, coin, poinçon, carré.

Münzſtämpelſchneider, m. 1, graveur en médailles.

Münzſtück, n. 2, carreau, m.

Münzſyſtem, n. 2, système monétaire, m.

Münzwage, f. ajustoir, m.

Münzwardein, m. 2, essayeur.

Münzweſen, n. 1, monnayage, m.

Münzwiſſenſchaft, f. numismatique, science numismatique, science des médailles.

Münzzeichen, n. 1, déférent, m.

Muräne, f. (hist. nat.) murène.

Mürbe, adj. tendre; cassant; fragile, friable; fg. souple, doux; — machen, mortifier; attendrir de la viande; fg. abattre, rendre souple; — et Mürbheit, f. tendreté.

Murmeln, v. a. et n. (h.) marmotter, grommeler; murmurer; bourdonner; gronder; dire sourdement à l'oreille; —, s. n. 1, murmure, m. bruit sourd, grondement. [f.

Murmelthier, n. 2, marmotte.

Murner, m. 1, matou.

Murren, v. n. (h.) murmurer; gronder, grogner; grommeler; rechigner; —, s. n. 1, murmure, m.; gronderie, f. grognement, m.

Mürriſch, adj. grondeur, acariâtre; refrogné; morose, bourru, grogneur, de mauvaise humeur, hargneux.

Murrkopf, m. 2*, grondeur, grogneur, grognard.

Murten, Morat (ville).

Mus, Muß, n. 2, bouillie, f. marmelade.

Muſchel, f. coquille; moule; kleine —n, bouges, pl.; verſteinerte —n, conchytes; voll —n, coquilleux. [m. falunière, f.

Muſchelbank, f.*, banc de falun.

Muſchelerbe, f. falun, m.; die Grube von —, falunière, f.

Muſchelfang, m. 2*, pêche aux moules, f.

Muſchelförmig, adj. en forme de coquille; en coquille.

Muſchelgold, n. 2, or moulu, m.

Muſchellehre, f. conchyliologie.

Muſchellinie, f. conchoïde.

Muſchelſammlung, f. coquillier, m.

Muſchelſand, m. 2, cron. [m.

Muſchelſchale, f. coquille, conque.

Muſchelſeide, f. bysse, m.

Muſchelſtein, m. 2, pierre coquillière, f. [m. rocaille, f.

Muſchelwerk, n. 2, coquillage,

Muſe, f. Muse; —n, pl. Muses, filles de Mémoire; fg. sciences; belles-lettres; poésie.

Muſelmann, m. 5*, musulman.

Muſelmänniſch, adj. musulman.

Muſenberg, masc. 2, Parnasse, Pinde, Hélicon.

Muſengott, m. 5*, Apollon.

Muſenpferd, n. 2, Pégase, m.

Muſenquelle, f. Hippocrène.

Muſenſohn, m. 2*, nourrisson des muses, fils ou élève d'Apollon.

Muſeum, n. exc. 1, musée, m.

Muſicht, adj. en ou sous forme de bouillie. [musique.

Muſiciren, v. n. (h.) faire de la

Muſik, f. musique; concert, m.; die elende —, mépr. charivari.

Muſikaliſch, adj. musical, musicien; chantant (langue).

Muſikant, m. 3, musicien, violon; ein ſchlechter —, un râcleur de boyaux.

Muſikmeiſter, m. 1, maître de musique.

Muſiknarr, m. 3, -närrinn, f. mélomane, m. et f. [nie.

Muſikſucht, -wuth, f. mélomanie.

Muſikus, m. indécl. Muſiker, m. 1, musicien.

Muſirt, adj., (impr.) —t Buchſtaben, lettres grises ou ornées, f. pl. [vrage en mosaïque, m.

Muſivarbeit, f. mosaïque, ou-

Muſivgold, n. 2, or de mosaïque, m. [f.

Muſiviſch, adj. mosaïque.

Muskate, f. Muskatnuß, f.*, muscade, noix muscade.

Muskateller, m. 1, -wein, m. 2, vin muscat; muscat, muscadet.

Muskatellerbirn, f. muscatelle, poire musquée, rousselet, m.

Muskatellertraube, f. raisin muscat, m. [dier.

Muskatenbaum, m. 2*, musca-

Muskatenblume, -blüthe, f. fleur de muscade, macis, m.

Muskatenholz, n. 5*, bois de letters, m. [f.

Muskatenhyacinthe, f. muscari.

Muskel, m. exc. 1, muscle; mit ſtarken —n, musculeux, musclé.

Muskelhaut, f.*, panicule.

Muskelig, adj. musculeux, musclé.

Muskellehre, f. myologie. [clé.

Muskelnerv, m. exc. 1, nerf musculaire.

Muskelzergliederung, f. myotomie.

Muskete, f. mousquet, m.

Musketenfeuer, n. 1, mousqueterie, f. mousquetade.

Musketenhahn, m. 2*, serpentin.

Musketenkugel, f. balle de mousquet.

Musketier, m. 2, mousquetaire.

Musketon, m. 2, mousqueton.

Muß, n. indécl. nécessité, f.; contrainte; affaire indispensable; v. Mus. [reste.

Muße, f. loisir, m. temps de

Muſſelin, m. 2, mousseline, f.

*Müſſen, v. n. (h.) falloir, devoir; être obligé, tenu, contraint.

Müßig, adj. oisif, désœuvré, oiseux, de loisir; vacant; fainéant; —, adv. en fainéant; — da ſtehen, demeurer les bras croisés.

Müßigen, v. a., ſich einer S. —, se passer de qch.; ſich zu etw. gemüßigt ſehen, se voir obligé de faire qch.

Müßiggang, m. 2, oisiveté, f. inaction, désœuvrement, m. paresse, f. fainéantise.

Müßiggänger, m. 1, fainéant.

Muſter, n. 1, modèle, m.; patron; échantillon, montre, f.; épreuve; dessin, m.; original; exemplaire; exemple; (gramm.) paradigme; nach dem —, à l'instar de.

Muſterbuch, n. 5*, -karte, f. -zettel, m. 1, carte, f. montre, échantillons, m. pl.

Muſtergewicht, n. 2, étalon, m. échantillon.

Muſterhaft, adj. exemplaire.

Muſtern, v. a. passer en revue.

Muſterriß, m. 2, (arch.) épure, f.

Muſterſchreiber, m. 1, fourrier.

Muſterung, f. revue. [tique.

Muſtito, m. (hist. nat.) mousterkrebs, m. 2, écrevisse qui mue, f.

Mutern (ſich), fm. prcvl. muer, languir, être abattu.

Muth, m. 2, courage, cœur, hardiesse, f.; disposition, humeur; ſein Müthchen an einem kühlen, décharger sa bile sur qn., tirer vengeance de qn.

Muthen, v. a. ol. demander, désirer, aspirer à.

Muther, m. 1, (mines) concessionnaire; aspirant, suppléant.

Muthig, adj. courageux, hardi; vaillant; (cheval) fringant; — machen, encourager, enhardir, animer.

Muthlos, adj. découragé; timide; — machen, décourager, intimider; — werden, se décourager.

Muthlosigkeit, f. découragement, m.

Muthmaßen, v. a. présumer, soupçonner, conjecturer qch.; se douter de qch.; pressentir, prévoir, présager qch.; augurer, juger.

Muthmaßlich, adj. conjectural, probable.

Muthmaßung, f. conjecture; présomption; présage, m. opinion, f.

Muthschein, m. 2, (féod.) créant, lettre de souffrance, f.

Muthwille, m. exc. 2, Muthwillen, m. 1, malice, f. méchanceté; pétulance; badinage, m. espiéglerie, f.

Muthwillig, adj. malicieux, méchant; pétulant, folâtre, badin, espiégle; — ou —er Weise, adv. de gaieté de cœur.

Mutter, f.*, mère || matrice, lie de vin; écrou de la vis, m.; boîte, f.; (arq.) porte-baguette, m.

Mutterbalsam, m. 2, baume antihystérique.

Mutterbeschwerde, f. mal de mère ou de matrice, m. passion (f.), affection hystérique.

Mutterbiene, f. mère abeille.

Mutterbruch, m. 2*, hystérocèle.

Mutterbruder, m. 1*, oncle maternel.    [maternel, m.

Mutterbrust, f.*, mamelle; sein

Mütterchen, n. 1, vieille, f. matrone, maman.    [rique, f.

Mutterfieber, n. 1, fièvre hysté-

Mutterfüllen, n. 1, pouliche, f.

Muttergicht, f. (pl. —er), passion hystérique.

Mutterhäring, m. 2, alose, f.

Mutterharz, n. 2, galbanum, m.

Mutterherz, n. exc. 2, fg. cœur (m.), amour maternel, affection maternelle, f.    [m.

Mutterkalb, n. 5*, veau de lait,

Mutterkirche, f. mère église.

Mutterkorn, n. 5*, blé cornu, m. ergot, seigle ergoté.

Mutterkrampf, m. 2*, spasme, contraction (f.) de la matrice.

Mutterkraut, n. 5*, matricaire, f.

Mutterland, n. 5*, mère patrie, f.

Mutterleib, m. 5, ventre de la mère, sein, flancs, pl.; von an, dès sa naissance.

Mütterlich, adj. maternel; fg. tendre; —t, n. 3, bien maternel, m.

Mutterlos, adj. sans mère; vater- und —, orphelin de père et de mère.    [marque.

Muttermahl, n. 5*, envie, f.

Muttermord, m. 2, =mörder, m. 1, =mörderinn, f. parricide, m. et f.

Mutternackend, adj. tout nu, fm.

Mutternelle, f. clou matrice de girofle, m.    [gnon.

Mutterpfennig, m. 2, argent mignon.

Mutterpferd, n. 2, cavale, f. jument poulinière.    [tière, f.

Mutterschaf, n. 2, brebis por-

Mutterschaft, f. maternité.

Mutterschmerz, m. exc. 1, douleur de la matrice, f. hystéralgie, mit — behaftet, hystérique.

Mutterschnitt, m. 2, opération césarienne, f. hystérotomotocie.

Mutterschwein, n. 2, truie, f. laie.

Mutterschwester, f. tante maternelle.    [m. mignon.

Muttersöhnchen, n. 1, enfant gâté,

Muttersole, f. (sal.) bittern, m.

Mutterspiegel, m. 1, dilatatoire, f.

Muttersprache, f. langue maternelle; mère langue, langue originelle, langue matrice.

Mutterstadt, f.*, métropole.

Mutterstein, m. 2, hystérolithe, f.

Mutterstock, m. 2*, ruche mère, f.

Mutterveilchen, n. 1, julienne, f.

Mutterwassersucht, f. hydropisie de la matrice.

Mutterweh, n. 2, douleurs de l'enfantement, f. pl.; v. Mutterschmerz.

Mutterwitz, m. 2, esprit naturel.

Mutterwuth, f. fureur utérine.

Mutterzäpfchen, n. 1, pessaire, m.

Mutterzelle, f. cellule, alvéole (m.) qui renferme le couvain des abeilles.

Müße, f. bonnet, m. casquette, f. coiffe, mitre d'un évèque; die platte —, cale.    [bonnetier.

Müßenkrämer, =macher, m. 1,

Myriade, f. myriade, nombre de dix mille, m.    [bolanier.

Myrobolanbaum, m. 2*, myro-

Myrobolane, f. myrobolan, m.

Myrrhe, f. myrrhe.

Myrrhenkerbel, m. 1, myrrhin, cerfeuil musqué.

Myrrhenstein, m. 2, aromatite, f.

Myrrhenwein, m. 2, vin myrrhé.

Myrthe, f. myrte, m.

Myrthenblattförmig, adj. myrtiforme.    [f. mysticité.

Mysticismus, m. indécl., Mystik,

Mystiker, m. 1, mystique.

Mystisch, adj. mystique; figuré, allégorique.    [mythologue.

Mytholog, m. 3, mythologiste,

Mythologie, f. mythologie, fable.

Mythologisch, adj. mythologique.

# N.

Nabe, f. moyeu d'une roue, m.; das Loch in der —, l'œil de la roue; der Ring um die —, la frette du moyeu.    [ombilic.

Nabel, m. 1*, nombril; (anat.)

Nabelbinde, f. bandage ombilical, m.    [licale, f. omphalocèle.

Nabelbruch, m. 2*, hernie ombi-

Nabelgeschwulst, f.*, exomphale.

Nabelgewächs, n. 2, sarcomphale, m.    [m. nombril de Vénus.

Nabelkraut, n. 5*, cotylédon,

Nabelnepbruch, m. 2*, épiplomphale, f.    [lical, m.

Nabelschnur, f.*, cordon ombi-

Nabelwasserbruch, m. 2*, hydromphale, f.    [tomphale.

Nabelwindbruch, m. 2*, pneuma-

Näber, m. 1, foret, perçoir.

Nabob, m. 2, nabab (tit. et fg.).

Nabobschaft, f. nababie.

Nacarat, =farben, adj. nacarat.

Nach, prép. à, au; en; pour; vers; après; d'après, selon; suivant, sur, à l'imitation de, à l'instar de; — und —, peu à peu; petit à petit; successivement; nach séparable indique dans la comp. un mouvement d'un lieu vers un autre, une suite, imitation.

Nachäffen, v. a. contrefaire, imiter d'une manière ridicule, singer.

Nachäffer, m. 1, fm. singe, contrefaiseur; —volk, n. 5*, mépr. moutonnaille, f.    [cule.

Nachäffung, f. imitation ridi-

Nachahmen, v. a. imiter; suivre l'exemple, les traces de qn.; copier; calquer sur qch.; zum Spotte, Scherze —, parodier.

Nachahmend, adj. imitatif.

Nachahmer, m. 1, =inn, f. imitateur, m. -trice, f.

Nachahmlich, adj. imitable.

Nachahmung, f. imitation; die scherzhafte —, parodie; genaue — einer Handschrift, fac-similé, m.; —skunst, f. mimologie.    [qn.

Nachähren, v. n. (h.) glaner après

Nacharbeiten, v. n. (h.) suppléer à un travail; travailler d'après qn.

Nacharten, v. n. (h.) ressembler, suivre les brisées de qn.

Nachartung, f. ressemblance.

Nachbar, m. exc. 1, =inn, f. voisin, m. -e, f.    [sin.

Nachbarlich, adj. et adv. en voi-

Nachbarschaft, f. voisinage, m. quartier; proximité, f.

Nachbeten, v. a. répéter une prière après un autre; fg. répéter qch.

Nachbeter, m. 1, qui ne fait que répéter ce que d'autres ont dit.

Nachbezahlen, v. a. payer le reste, payer en supplément.

Nachbier, n. 2, petite bière, f.

Nachbieten, v. a. 6, enchérir sur qn.

Nachbild, n. 5, copie, f.

Nachbilden, v. a. copier, imiter de, former sur qch.

Nachbildner, m. 1, copiste.

*Nachbringen, v. a. porter aprés; rapporter.

Nachbürge, v. Afterbürge.

Nachcur, f. seconde cure.

Nachdem, conj. aprés que; lorsque, quand; selon que; à mesure que; puisque, parce que; depuis que; je —, selon que; au fur et à mesure que …; —, adv. aprés cela; ensuite.

*Nachdenken, v. n. (h.) réfléchir; méditer; contempler; aviser (über, à); —, s. n. 1, pensée, f.; réflexion, méditation; contemplation. [pensif; méditatif.

Nachdenkend, Nachdenklich, adj.

Nachdringen, v. n. 3 (f.) suivre, poursuivre qn. en fendant la presse.

Nachdrud, m. 2*, (vign.) second pressurage; fg. poids; vigueur, f. force, énergie, fermeté; (libr.) contrefaction, contrefaçon.

Nachdruden, v. a. réimprimer; m. p. contrefaire un livre.

Nachdruder, m. 1, contrefacteur.

Nachdrudlich, adj. fort, énergique, ferme, vigoureux; expressif; nerveux. [rivalité.

Nacheifer, m. 1, émulation, f.

Nacheiferer, m. 1, émule, rival.

Nacheifern, v. n. 1, tâcher d'égaler qn.

Nacheiferung, f. émulation.

Nacheilen, v. n. (f.) courir aprés; poursuivre; —, s. n. 1, poursuite, f.

Nacheinander, adv. l'un aprés l'autre, de suite, successivement.

Nachempfinden, v. a. 3, ressentir qch.; einem etw. —, éprouver les mêmes sensations qu'un autre.

Nachen, m. 1, nacelle, f bar-que, canot, m. [tué.

Nacherbe, m. 3, héritier substi-

Nacherndte, f. arrière-moisson; glanage, m. glanure, f.

Nachessen, v. a. 1, manger aprés les autres ce qu'un autre a laissé; —, s. n. 1, entremets, m. dessert.

Nachfahren, v. n. 7 (f.) suivre en voiture, en bateau, etc.

Nachfärben, v. a. reteindre.

Nachfolge, f. suite; succession; survivance; expectative; imitation.

Nachfolgen, v. n. (f.) suivre qn.; venir aprés; être à la suite de qn.; succéder à qn.

Nachfolgend, adj. suivant; succédant; postérieur.

Nachfolger, m. 1, successeur; (jur.) id., ayant cause. [outre.

Nachfordern, v. a. demander en

Nachforderung, f. demande, prétention ultérieure, fm. subrécot, m.

Nachformen, v. a. contrefaire, imiter un moule, patron, modèle, etc.

Nachforschen, v. n. (h.) s'enquérir, s'informer de qch.; examiner, approfondir qch.

Nachforschung, f. recherche, information, examen, m.; — halten, v. Nachforschen.

Nachfrage, f. demande; recherche; — halten, v. Nachfragen.

Nachfragen, v. n. (h.) s'informer, s'enquérir de qch.; prendre des informations sur qch.

Nachführen, v. a. mener, conduire aprés ou à la suite; faire suivre.

Nachgeben, v. a. 1, ajouter; donner en sus; —, v. n. (h.) céder, se relâcher; fléchir, se soumettre; déférer à qn., acquiescer à qch.; feige —, mollir; nicht — wollen, s'obstiner, s'opiniâtrer.

Nachgebend, adv. ensuite.

Nachgebig, v. Nachgiebig.

Nachgeboren, adj. puiné, posthume.

Nachgebung, f. addition; surplus, m. relâchement; fg. condescendance, f. déférence; soumission.

Nachgeburt, f. arrière-faix, m.

*Nachgehen, v. n. (f.) suivre qn., marcher aprés; fg. être inférieur; poursuivre qn. ou qch.; rechercher qch.

Nachgeschmad, m. 2, arrière-goût; der widrige —, le goût désagréable; déboire; angenehme —, la bonne bouche.

Nachgeschwisterkind, m. 5, cousin (m.) issu, cousine (f.) issue de germain.

Nachgiebig, adj. condescendant; déférent; pliant; souple; coulant en affaires; allzu —, facile.

Nachgiebigkeit, f. souplesse; condescendance; déférence; übertriebene —, facilité.

Nachgießen, v. a. 6, ajouter en versant; copier, imiter en jetant en moule.

Nachgraben, v. n. 7 (h.) chercher en fouillant, faire des fouilles.

Nachgrabung, f. fouille.

Nachgras, m. 5*, regain, m.

Nachgrübeln, v. n. (h.) subtiliser; spéculer; raffiner; approfondir; —, s. n. 1, action d'approfondir, f.; raffinement, m.

Nachguß, m. 2*, copie d'un ouvrage en fonte, f.

Nachhall, m. 2*, retentissement; résonnement; écho. [tentir.

Nachhallen, v. n. (h.) résonner, re-

Nachhangen, v. n. 4 (h.) s'attacher, s'adonner à, se passionner pour qch.

Nachhelfen, v. n. 2 (h.) faire avancer, aider, seconder, secourir qn.

Nachher, adv. aprés cela, ensuite; ci-aprés. [f.

Nachherbst, m. 2, arrière-saison.

Nachherig, adj. postérieur; suivant; ultérieur.

Nachhinken, v. n. (h.) clocher aprés qn., suivre en boitant.

Nachhochzeit, f. festin aprés les noces, m.

Nachholen, v. a. aller prendre; recouvrer; fg. réparer; récupérer.

Nachhut, f. (forest.) arrière-panage, m.; (guer.) arrière-garde, f.

Nachjagen, v. n, (f.) poursuivre; courir aprés; pourchasser; coune un lièvre.

Nachklang, m. 2*, résonnement; retentissement; écho.

Nachklettern, v. n. (f.) suivre en grimpant.

Nachklingen, v. n. 3 (h.) résonner, retentir.

Nachkomme, m. et f. 3, descendant, -e, f.; —n, pl. descendants, m. pl. postérité, f.

*Nachkommen, v. n. (f.) suivre; venir aprés les autres; fg. observer qch.; exécuter un ordre; faire son devoir; tenir sa promesse; obéir aux lois.

Nachkommenschaft, f. race, postérité, lignée; descendants, m. pl.; (poés.) neveux; die späteste —, arrière-neveux.

Nachkömmling, m. 2, rejeton.

Nachkünsteln, v. a. imiter, contrefaire artificiellement.

Nachlaß, m. 2*, Nachlassenschaft, f. succession, héritage, m.; dépouille d'un défunt, f.; œuvres posthumes d'un auteur, pl.; (comm.) rabais, m. remise, f.; diminution, modération d'un impôt, etc.

Nachlassen, v. a. 4, laisser; lâcher; détendre; fg. remettre une dette, etc.: —, v. n. (h.) cesser; s'abaisser, céder, se relâcher; s'abattre, faiblir (vent, etc.), s'apaiser, se calmer; diminuer.

Nachlässig, adj. négligent; nonchalant; indolent, paresseux; inexact; —, adv. négligemment, etc.; par manière d'acquit.

Nachlässigkeit, f. négligence; nonchalance, indolence, paresse; mollesse; inexactitude.

Nachlassung, f. cessation; discontinuation; relâchement, m.; remisc, f.; — des Fiebers, (méd.) apyrexie.

Nachlaufen, v. n. 4 (f.) courir

après, suivre qn.; —, *s. n.* 1, poursuite, *f.*

Nachleben, *v. n.* (h.) se conformer.

Nachlegen, *v. a.*, Holz, — entretenir le feu, mettre, ajouter du bois.

Nachlese, *f.* glanage, *m.* glanure, *f.*; eine — halten, glaner.

Nachlesen, *v. a.* 1, feuilleter; lire; —, *v. a. et n.* (h.) glaner; im Weinberge —, grapiller.

Nachleser, *m.* 1, glaneur, grapilleur.

Nachlesung, *f.* lecture.

Nachliefern, *v. a.* parfournir.

Nachmachen, *v. a.* imiter, contrefaire; nachgemacht, imité; contrefait, etc., faux; —, *s. n.* 1, imitation, *f.*; *m. p.* contrefaçon, contrefaction.

Nachmacher, *m.* 1, imitateur; *m. p.* contrefacteur, contrefaiseur.

Nachmalen, *v. a.* copier, contrefaire.          [rieur.

Nachmalig, *adj.* suivant, postérieur.

Nachmals, *adv.* après, ensuite, puis; postérieurement.

Nachmast, *f.* arrière-panage, *m.*

Nachmessen, *v. a.* 1, mesurer de nouveau.

Nachmittag, *m.* 2, après-midi, *f. et m.* après-dînée, *f.*; —s, *adv.* après midi, de relevée.

Nachmittägig, *adj.* d'après-midi.

Nachordnen, *v. a.* (jur.) substituer; subdéléguer.

Nachrechnen, *v. a.* calculer de nouveau, recompter, examiner, revoir.

Nachrede, *f.* épilogue, *m.*; renommée, *f.* réputation; die üble —, médisance; calomnie; in übler — sein, être perdu de réputation.

Nachreden, *v. a.*, einem —, répéter les paroles d'un autre; rapporter des oui-dire; —, *v. a. et n.* (h.) médire, décrier.

Nachreisen, *v. n.* (f.) suivre, poursuivre (einem qn.).

Nachreiten, *v. n.* † (f.) suivre, poursuivre à cheval (einem, qn.).

Nachreue, *f.* repentir tardif, *m.* repentir.

Nachricht, *f.* avis, *m.*; avertissement; nouvelle, *f.*; relation; rapport, *m.*; —en, mémoires, *pl.*; die geheimen unverbürgte —, anecdote, *f.*

Nachrichter, *m.* 1, maître des hautes œuvres, exécuteur, bourreau.

Nachrücken, *v. n.* (f.) suivre (einem, qn.).

Nachruf, *m.* 2, cri; complainte sur la perte de qn., *f.*

Nachrufen, *v. n.* 4 (h.) crier après, derrière qn.

Nachruhm, *m.* 2, réputation, *f.*

II.

renommée, gloire après la mort.

Nachrühmen, *v. a.*, einem —, dire à la louange de qn.

Nachsagen, *v. a.* redire, einem etw. —, dire qch. de qn.

Nachsatz, *m.* 2*, (log.) conclusion, *f.* conséquence; (gramm.) apodose.

Nachschießen, *v. n.* 6 (f.) tomber ou couler après; —, *v. a. et n.* (h.) tirer après; —, *v. a.* fournir de nouveau, ajouter, suppléer à une somme.

Nachschlagen, *v. a.* 7, chercher, feuilleter, consulter un livre.

Nachschleichen, *v. n.* 5† (f.) suivre secrètement, se glisser après qn.          [(mar.) trainer en ouaiche.

Nachschleppen, *v. a.* trainer après;

Nachschlüssel, *m.* 1, fausse clef, *f.*

Nachschreiben, *v. a.* 5, copier, transcrire, écrire sous la dictée de qn., écrire un discours; —, *v. n.* (h.) imiter l'écriture de qn.

Nachschreien, *v. n.* 5 (h.) crier après qn.

Nachschrift, *f.* apostille; eine — an einen Brief setzen, apostiller une lettre.          [le feu.

Nachschüren, *v. n.* (h.) entretenir

Nachschuß, *m.* 2*, coup tiré après les autres; nouvelle mise, *f.*; complément de la somme, *m.*

Nachschütten, *v. a.* verser davantage.          [saim ou couvain.

Nachschwarm, *m.* 2*, second essaim.

Nachschwimmen, *v. n.* 2 (f.) suivre à la nage.          [vaisseau.

Nachsegeln, *v. n.* (f.) suivre un

Nachsehen, *v. n.* 1 (h.) suivre des yeux; —, *v. a.*, etw. —, revoir, repasser qch.; einem etw. —, passer qch. à qn.; —, *s. n.* 1, examen, *m.* révision, *f.*; confrontation; *fig.-v.* Nachsicht; das — haben, être trompé dans son attente.

*Nachsenden, *v. a.* envoyer après qn.

Nachsetzen, *v. a.* poser après; *fig.* négliger; —, *v. n.* (h.) poursuivre qn.

Nachsetzung, *f.* poursuite; chasse.

Nachsicht, *f.* indulgence; bonté, ménagement, *m.*; die sträfliche —, connivence, *f.*; —, rémission; (comm.) délai, *m.* répit || examen, révision, *f.*

Nachsichtig, *adj.* indulgent, bon.

Nachsingen, *v. a. et n.* 3 (h.), einem —, chanter après qn.; imiter le chant de qn.; etw. —, répéter qch. en chantant.

Nachsinnen, *v. n.* 2 (h.) méditer, réfléchir; rêver; —, *s. n.* 1, réflexion, *f.* méditation.

Nachsinnend, *adj.* pensif, méditatif, contemplatif.

Nachsitz, *m.* 2, année d'usufruit des veuves, *f.*

Nachsommer, *m.* 1, arrière-saison, *f.*          [chercher qch.

Nachspähen, *v. n.* (h.) épier, re-

Nachspiel, *n.* 2, petite pièce, *f.*; farce.

Nachspotten, *v. n.* (h.) contrefaire les airs de qn.; se moquer de qn.

Nachsprechen, *v. a.* 2, répéter; —, *s. n.* 1, répétition, *f.*

Nachspringen, *v. n.* 3 (f.), einem —, sauter après qn.; suivre qn. avec vitesse.

Nachspüren, *v. n.* (h.) épier, rechercher qn.

Nachspürung, *f.* quête, poursuite, recherche.          [proche de; après.

Nachst, *prép.* près de; auprès de; Nachstand, *m.* 2*, reste; résidu.

Nächste, *adj.* le plus proche; prochain; voisin; contigu; premier.

Nächste, *m.* 3, prochain; autrui.

Nachstechen, *v. a.* 2, contrefaire une gravure.

*Nachstehen, *v. n.* (h. et f.) avoir place après les autres; suivre; le céder à qn. en qch.

Nachstellen, *v. a.* placer après; —, *v. n.* (h.) poursuivre qn., dresser des embûches.

Nachstellung, *f.* piége, *m.* attentat; embûches, *f. pl.*

Nachstens, *adv.* au premier jour; au plus tôt.

Nachsteuer, *f.* impôt supplémentaire, *m.*; taillon.

Nachsteuern, *v. a.* payer le taillon; —, *v. n.* (h.) *fig.* aider, secourir.          [faite, *f.* contrefaçon.

Nachstich, *m.* 2, gravure contrefaite.

Nachstoppeln, *v. a.* glaner.

Nachstreben, *v. n.* (h.) rechercher; ambitionner, briguer, poursuivre qch.; aspirer à qch.; suivre l'exemple de qn.

Nachstrebung, *f.* brigue; poursuite; recherche.

Nachstürzen, *v. n.* (f.) tomber après qch.; se précipiter après qn.

Nachsuchen, *v. a.* rechercher, faire des perquisitions; fouiller, fureter.          [quête, perquisition.

Nachsuchung, *f.* recherche; -en-

Nacht, *f.*, nuit; *fig. id.*; obscurité.          [*f.*

Nachtanker, *m.* 1, ancre de veille,

Nachtarbeit, *f.* veille.

Nachtblattern, *f. pl.* épinyctides.

Nachtblume, *f.* nyctanthe (plante).          [nuit.

Nachten, *v. imp.* (h.) (poés.) faire

Nachtessen, *n.* 1, souper, *m.* soupé.

Nachteule, *fém.* hibou, *m.* chathuant; chouette, *f.*

Nachtfalter, *m.* 1, phalène.

Nachtgeist, *m.* 5, fantôme noc-

17

turne; —er, *pl.* (*myth.*) larves, *f. pl.* lémures.

Nachtgeschirr, *n.* 2, pot de chambre, *m.;* das längliche —, bour dalou.

Nachtgleiche, *f.* équinoxe, *m.*

Nachthaube, =mütze, *fém.* coiffe, bonnet (*m.*) de nuit, dormeuse, *f.*

Nachtheil, *m.* 2, préjudice, désavantage, détriment; tort; perte, *f.* dommage, *m.*

Nachtheilig, *adj.* désavantageux, préjudiciable, nuisible; dérogeant.

Nachtherberge, *f.* =lager, *n.* 1, couchée, *f.* gîte, *m.* coucher.

*Nachthun, *v. a.* imiter, contrefaire.

Nachtigall, *f.* rossignol, *m.*

Nachtisch, *m.* 2, dessert; beim —, (*prov.*) entre la poire et le fromage.

Nachtkleid, *n.* 5, déshabillé, *m.*

Nachtlampe, *f.* veilleuse.

Nachtleuchter, *m.* 1, mortier de veille.

Nächtlich, *adj.* nocturne; —, *adv.* de nuit.

Nachtlicht, *n.* 5, chandelle *ou* bougie de veille, *f.*

Nachtmahl, *n.* 2, sainte cène, *f.* communion; — ou —zeit, *f.* souper, *m.*

Nachtmännchen, *n.* 1, incube, *m.*

Nachtmette, *f.* (*cath.*) nocturne.

Nachtmusik, *f.* sérénade.

Nachtmütze, *f.* bonnet de nuit, *m.*

Nachtönen, *v. n.* (h.) résonner, retentir.　[berge.

Nachtquartier, *n.* 2, *v.* Nachther-

Nachtrab, *m.* 2, arrière-garde, *f.*

Nachtrabe, *m.* 3, (*bible*) nycticorax; fresaie (*oiseau*), *f.*

Nachtrachten, *v.* Nachstreben.

Nachtrag, *m.* 2*, payement, acquit des arrérages; supplément.

Nachtragen, *v. a.* 7, porter après; *fg.* suppléer; payer les arrérages; einem etw. —, *fm.* la garder à qn.

Nachtreten, *v. n.* 1 (f.) suivre qn.; *fg. id.;* imiter qn.　[ment.

Nachts, *adv.* de nuit, nuitam-

Nachtschatten, *m.* 1, morelle, *f.* (*plante*).　[de nuit.

Nachtschwärmer, *m.* 1, coureur

Nachtsegel, *n.* 1, pêne, *m.*

Nachtsitzen, *n.* 1, veilles, *f. pl.*

Nachtstück, *n.* 2, (*peint.*) nuit, *f.*

Nachtstuhl, *m.* 2*, chaise percée, *f.*　[f.

Nachttisch, *m.* 2, table de nuit,

Nachttopf, *m.* 2*, pot de chambre.

Nachtviole, *f.* julienne (*fleur*).

Nachtvogel, *m.* 1*, oiseau de nuit; phalène (*papillon*), *f.*

Nachtwache, *f.* veille; garde de nuit; guet, *m.* patrouille, *f.*

Nachtwächter, *m.* 1, garde de nuit.

Nachtwamms, *n.* 5*, camisole de nuit, *f.;* brassières, *pl.*

Nachtwandeln, *n.* 1, somnambulisme, *m.*　[bule.

Nachtwandler, *m.* 1, somnam-

Nachtweibchen, *n.* 1, succube, *m.*

Nachtweiser, *m.* 1, (*mar.*) nocturlabe.

Nachtzeit, *f.* temps nocturne, *m.*

Nachtzeug, *n.* 2, habillement de nuit, *m.*　[ser.

Nachwachsen, *v. n.* 7 (f.) repous-

Nachwägen, *v. a.* repeser.

Nachweh, *n.* 2, ressentiment, *m.;* —en, *pl.* douleurs qui suivent l'enfantement, *f. pl.; fg.* tristes suites de l'inconduite, *etc.*

Nachweisen, *v. a.* 5, montrer, faire voir; prouver.

Nachweisung, *f.* renseignement, *m.;* (*impr.*) renvoi.

Nachweisungsbuchstab, *m. exc.* 2, (*impr.*) lettrine, *f.*

Nachweisungszeichen, *n.* 1, guidon de renvoi, *m.*

Nachwelt, *f.* postérité.

Nachwinter, *m.* 1, hiver tardif.

Nachwirken, *v. n.* (h.) faire son effet après.

Nachwuchs, *m.* 2*, bois neuf, recru; *fg.* jeunesse, *f.*

Nachzahlen, *v. a.* payer le restant.

Nachzählen, *v. a.* compter de nouveau.

Nachzeche, *f. fm.* subrécot, *m.*

Nachzeichnen, *v. a.* copier, contretirer *un dessin.*

Nachzeichnung, *f.* copie.

Nachziehen, *v. a.* 6, traîner après soi, entraîner; *fg.* planter, élever; —, *v. n.* (f.) suivre, marcher après.

Nachzins, *m.* 2, surcens.

Nachzug, *m.* 2*, suite, *f.;* arrièregarde.　[raudeur.

Nachzügler, *m.* 1, traîneur, ma-

Nacken, *m.* 1, chignon, nuque, *f.* cou, *m.* dos.　[cervical.

Nackenmuskel, *m. exc.* 1, muscle

Nackt ou Nackend, *adj.* nu, nue; *fg.* dénué; dépouillé; pauvre; bis —t figur, (*peint.*) nudité, *f.;* à nu, *fm.* in naturalibus; —t, *n.* 3, nu, *m.*

Nadel, *f.* aiguille, épingle; (*bot.*) feuille de pin.

Nadelbüchse, *f.* aiguillier, *m.*

Nadelfisch, *m.* 2, aiguille de mer, *f.*　[guilles; (*bot.*) aiculaire.

Nadelförmig, *adj.* en forme d'ai-

Nadelgeld, *n.* 5, épingles, *f. pl.*

Nadelhalter, *m.* 1, porte-aiguille.

Nadelholz, *n.* 5*, arbres à feuilles aciculaires, *m. pl.*

Nadelkissen, *n.* 1, pelote, *f.* peloton, *m.*

Nabelknopf, *m.* 2*, tête d'aiguille, *f.*

Nabelöhr, *n.* 2, trou, *m.* chas d'aiguille.　[ou d'épingle.

Nabelstich, *m.* 2, point d'aiguille

Nabir, *m.* 2, (*astr.*) nadir.

Nabler, *m.* 1, épinglier, aiguillier.

Nablerwaare, *f.* quincaillerie.

Nagel, *m.* 1*, clou; der hölzerne —, cheville, *f.;* — (an der Scheibe), broche; croc, *m.* accroc; den — auf den Kopf treffen, frapper juste || (*anat.*) ongle, *m.*

Nagelamboß, *m.* 2, clouière, *f.*

Nagelbein, *n.* 2, os unguis, *m.*

Nägelblume, *f.* œillet, *m.*

Nagelblüthe, *f.* mensonges, *m. pl.*

Nagelbohrer, *m.* 1, perçoir, foret, laceret.　[m.

Nägelein, *n.* 1, clou de girofle.

Nägeleinstod, *m.* 2*, giroflier.

Nageleisen, *n.* 1, clouière, *f.;* fer de cloutier, *m.*　[m.

Nagelfell, *n.* 2, ongle de l'œil,

Nagelfest, *adj.* cloué.　[se.

Nagelfügung, *f.* (*anat.*) gomphosis.

Nagelgeschwür, *n.* 2, panaris, *m.*

Nagelkram, *m.* 2, clouterie, *f.*

Nagelkraut, *n.* 5*, renouée, *f.* argentée.

Nagellos, *adj.* détaché, décloué.

Nagelmahl, *n.* 2, —t, *pl.* stigmates, *m. pl.*

Nageln, *v. a.* clouer; attacher, ficher avec des clous.

Nagelneu, *adj.* tout battant neuf.

Nagelprobe, *f.*, *fm.* die — machen, faire rubis sur l'ongle.

Nagelroche, *m.* 3, raie bouclée, *f.*

Nagelschmid, *m.* 2, cloutier.

Nagelschmiede, *f.* clouterie.

Nagelwurzel, *f.* envie *aux doigts.*

Nagelzange, *f.* tenailles, *pl.*

Nagen, *v. a.* et *n.* (h.) ronger; *fg. id.,* exulcérer; bourreler (*conscience*).

Nagend, *adj.* cuisant; rongeur.

Nahe*, *adj.* proche; attenant, contigu; voisin; prochain; imminent (*péril*); —, *adv.* non loin; auprès; tout joignant; — bei, auprès de; ganz —, tout près; — kommen, approcher; es näher geben, *fm.* déchanter, filer doux.

Nähe, *f.* proximité, voisinage, *m.*　[couture, *f.*

Nähen*, *v. a.* coudre; —, *s. n.* 1,

Nahen, *v. n.* (f.) *et* sich —, approcher; s'approcher.

Näher, *adj. comp. de* Nahe, plus proche; plus près; plus étroit; — bringen, rücken, stellen, approcher de qch.

Näher, *m.* 1, couturier; =inn, Näherinn, *f.* couturière.

Näherlauf, *m.* 2*, =recht, *n.* 2, retrait, *m.* droit de retenue.

Näherkäufer, m. 1, retrayant.
Nähern, v. a. approcher, rapprocher; avancer; fich —, s'approcher, approcher de qch., de qn.;
s'avancer vers; fich einem —, aborder qn.
Näherung, f. approche; abord,
m.; approximation, f.
Nähkiffen, n. 1, =pult, n. 2, grimace, f. coussin à coudre, m.
Nählade, f. cassette de coutu-
Nahme, v. Name. [rière.
Nähmlich ou Nämlich, adj. le,
la même; —, adv. c'est-à-dire;
savoir.
Nähnabel, f. aiguille à coudre.
Nähramen, m. 1, métier.
Nähren, v. a. et n. (b.) nourrir,
alimenter; sustenter, entretenir,
fomenter.
Nährend, Nahrhaft, adj. nourrissant; substantiel, nutritif;
nahrhaft, fg. lucratif; propre à
gagner son pain.
Nahrlos, adj. ingrat (travail);
difficile; où il n'y a rien à gagner; die —e Zeit, (art.) morte
saison, f.
Nährstand, m. 2*, tiers état.
Nahrung, f. nourriture, aliment,
m.; aliments, pl. vie, f.
Nährung, f. nutrition, alimen-
tation. [tritive.
Nahrungskraft, f.*, faculté nu-
Nahrungsmangel, m. 1, disette, f.
Nahrungsmittel, n. 1, nourritu-
re, f. aliment, m.; —, pl. vivres,
m. pl.; denrées.
Nahrungssaft, m. 2*, suc nour-
ricier, chyle; die Bereitung des
—s, chylification, f. [m.
Nahrungssorge, f. soin de la vie,
Nahrungsstoff, m. 2, substance
alimentaire, nourricière, f.
Nahrungszweig, m. 2, branche
d'industrie, f.
Nähseide, f. soie torse.
Naht, f*, couture; (anat.) su-
Näherei, f. couture. [ture.
Näherinn, v. Näher, m.
Nähzwirn, m. 2, fil retors, fil
à coudre.
Najade, f. (myth.) naïade.
Nair, m. 3, naïr (noble de Mala-
bar).
Name, m. exc. 2, nom; fg. id.,
renommée, f. réputation; im —n,
au nom de: im —n des Königs,
de par le roi; in meinem —n, en
mon nom, de ma part; ohne —,
anonyme; der verschlungene —,
monogramme, m. [teur.
Namenanzeiger, m. 1, nomencla-
Namenaufruf, m. 2, appel nominal, appel.
Namenbuch, n. 5*, nomenclature, f.; prvcl. abécédaire, m.

Namengedicht, n. 2, acrostiche,
m. [custodi-nos.
Namenleiher, m. 1, prête-nom,
Namenlos, adj. sans nom; ano-
nyme; fg. inexprimable.
Namenregifter, n. 1, =verzeichniß,
n. 2, liste (f.), tableau (m.), rôle
des noms; nomenclature, f.
Namenstag, m. 2, =feft, n. 2,
fête d'une personne, f.
Namensstämpel, m. 1, griffe.
Namenszug, m. 2*, chiffre; mo-
nogramme, f.
Namentlich, adj. nominal; —,
adv. nommément.
Namenwechsel, m. 1, (rhét.) métonymie, f.
Namhaft, adj. considérable;
grand; — machen, nommer, dé-
nommer.
Nämlich, v. Nähmlich.
Nankin, m. 2, nanquin, nankin.
Nankinett, m. 2, nanquinette, f.
Nanzig, Nancy (ville).
Napf, m. 2*, écuelle, f. terrine,
jatte; godet, m.; coupe de gland,
f.; ein —voll, une écuellée, jat-
Naphta, f. naphte, m. [tée.
Narbe, f. cicatrice; balafre;
marque; couture; — ou =nseite,
fleur du cuir.
Narben, v. a. greneler; donner
le grain au cuir; —, v. n. (b.)
se cicatriser; genarbt, grenu, à
grains, bouilli (cuir).
Narbenstrich, m. 2, glissade, f.
Narbig, adj. cicatrisé; (cuir)
qui a du grain.
Narcisse, f. narcisse, m. (plante).
Narde, f. nard, m. (plante).
Nardenöl, n. 2, nard, m.
Narr, m. 3, fou, insensé, sot,
fat, extravagant; bouffon, dupe,
f.; einen zum —en haben, voyez
Narren.
Narren, v. a. pop. se jouer de
qn.; taquiner; mystifier; duper
qn.; —, v. n. (b.) faire le fou.
Narrenhaus, =spital, n. 5*, hôpital des fous, m. petites maisons, f. pl.; —, =häuschen, n. 1,
pilori, m.
Narrenkappe, f. bonnet de fou,
m. marotte, f. calotte; (bot.)
aconit, m. [loge de fou, f.
Narrenkasten, masc. 1*, cachot,
Narrenkolbe, f. marotte.
Narrenspiel, n. 2, trou-madame,
m. (jeu).
Narrenpossse, f. folie, sottise;
extravagance, bouffonnerie; —!
interj. bagatelles! chansons que
tout cela. [vagance.
Narrheit, f. folie; sottise, extra-
Närrinn, f. folle; sotte; die eitle
—, bégueule.
Närrisch, adj. fou, insensé, ex-

travagant, plaisant; burlesque;
singulier; bouffon.
Nasal, n. 2, (org.) nasard, m.
Naschen, v. n. (b.) goûter par
friandise; être friand; manger à
la dérobée.
Näscher, m. 1, Naschhaft, adj.
friand, délicat, qui aime les bons
morceaux.
Näscherei, f. friandise.
Naschwerk, n. 2, friandises, f.pl.
sucreries; bonbon, m.
Nase, f. nez, m.; crochet d'une
tuile; nase (poisson); mit einer
langen — abziehen, avoir un pied
de nez; eine — dreben, en donner
à garder; vor der —, (faire qch.)
au nez, à la barbe de qn.; das
liegt vor der —, cela crève les yeux;
immer unter die — reiben, jeter
toujours au nez de qn.
Näseler, m. 1, =inn, f. nasillard,
m., -e, f.
Näseln, v. n. (b.) nasiller; ein
wenig —, nasillonner.
Näselnd, adj. nasillard.
Nasenbein, n. 2, vomer, m.
Nasenbinde, f. épervier, m.
Nasenbluten, n. 1, saignement de
nez, m. [nasale, f.
Nasenbuchftab, m. exc. 2, lettre
Nasenflußß, m. 2*, morfondure
f., morve (maladie des chevaux).
Nasengeruch, m. 2* punaisie, f.
Nasengeschwür, n. 2, ulcère au
nez, m.; stinkende —, ozène.
Nasengewächs, n. 2, polype au
nez, m.
Nasenhöble, f. fosse nasale.
Nasenknorpel, m. 1, cartilage au
nez.
Nasenlaut, m. 2, nasale, f. voyelle
nasale; mit einem —e, (prononcer)
nasalement. [seau, m.
Nasenloch, n. 5*, narine, f. na-
Nasenriemen, m. 1, (man.) mu-
selière, f. [m.
Nasenrümpfen, n. 1, ricanement,
Nasenschneller, =ftüber, m. 1, chi-
quenaude, f. nasarde.
Nasenspitze, f. bout (m.), pointe
(f.), épine du nez.
Nasentropfen, m. 1, roupie, f.
Naseweis, adj. présomptueux;
curieux et hardi; impertinent;
suffisant; fm. musard; —, s. m.
2, curieux, présomptueux, fm.
mirmidon.
Naseweisheit, f. suffisance, pré-
somption; fm. curiosité imper-
tinente.
Nashorn, n. 5*, rhinocéros, m.
Naß, adj. mouillé, humide;
trempé; humecté; baigné; arrosé.
Nässe, f. humidité.
Nässen, v. n. (b.) suinter; v.
Netzen.

Nastuch, *n.* 5*, mouchoir, *m.*
Nation, *f.* nation.
National, *adj.* national.
Nationalconvent, *m.* 2, convention nationale, *f.* Mitglied des —s, conventionnel, *m.*
Nativität, =stellung, *f.* horoscope, *m.*; einem die — stellen, tirer *ou* faire l'horoscope de qn. [tron.
Natrum, *n.* 2, natrum, *m.* na-
Natter, *f.* aspic, *m.* vipère, *f.*
Natterkraut, *n.* 5*, vipérine, *f.*
Natterwurz, *f.* bistorte.
Natur, *f.* nature; tempérament, *m.* complexion, *f.* naturel, *m.* humeur, *f.*; génie, *m.*; einfache —, simple nature, *f.* naïveté; sinnliche —, chair; von —, naturellement; nach der —, (peindre) au naturel, d'après nature.
Naturalien, *pl.* productions de la nature, *f.*, curiosités naturelles.
Naturaliencabinett, *n.* 2, cabinet d'histoire naturelle, *m.*
Naturalisiren, *v. a.* naturaliser.
Naturalisirung, *f.* naturalisation.
Naturalist, *m.* 3, naturaliste.
Naturbegebenheit, *f.* phépomène, *m.*
Naturell, *n.* 2, naturel, *m.*; inclination (*f.*), humeur naturelle.
Naturerzeugniß, *n.* 2, production naturelle, *f.*
Naturforscher, =kenner, =lehrer, *m.* 1, =kundige, *m.* 3, naturaliste; physicien.
Naturgabe, *f.* talent (*m.*), don de la nature; naturel. [relie.
Naturgeschichte, *f.* histoire natu-
Naturgesetz, *n.* 2, loi de nature, *f.*
Naturglaube, *m. exc.* 2, naturalisme.
Naturkunde, =lehre, *f.* physique; connaissance de la nature, histoire naturelle.
Natürlich, *adj.* naturel; physique; *fg.* naïf, ingénu; — *ou* =er Weise, *adv.* naturellement; par instinct.
Natürlichkeit, *f.* naturel, *m.*; naïveté, *f.* ingénuité; naturalisme (*m.*) d'un prétendu prodige.
Naturmensch, *m.* 3, homme considéré dans l'état de nature.
Naturpflicht, *f.* devoir naturel, *m.*
Naturrecht, *n.* 2, droit naturel, *m.* [ture.
Naturreich, *n.* 2, règne de la na-
Naturreligion, *f. voy.* Naturglaube.
Naturstand, *m.* 2*, état de nature, *m.*
Naturtrieb, *m.* 2, instinct; (*phys.*) appétence, *f.*
Nazaräer, *m. pl.* 1, Nazaréens (secte); Lehre der —, nazaréisme, *m.*
Neapel, Naples (*pays et ville*).
Neapolitaner, *m.* 1, Napolitain.

Nebel, *m.* 1, brouillard; brume, *f.*; *fg.* nuage, *m.* [buleuse, *f.*
Nebelfleck, =stern, *m.* 2, étoile né-
Nebelicht, Nebelig, *adj.* nébuleux; brumeux; embrumé; *fg.* obscurci; obscur.
Nebelkappe, *f.* chaperon, *m.*
Nebelkrähe, *f.* corneille emmantelée.
Nebelmonat, *m.* 2, brumaire.
Nebeln, *v. n. et imp.* (h.) faire du brouillard.
Neben, *prép.* auprès de; à côté de; — an, *prép. et adv.* à côté; tout proche de; attenant à, joignant; auprès de; — anliegend, joignant, attenant; — einander, à côté l'un de l'autre; côte à côte (Neben indique dans la comp. la proximité ou un rapport de dépendance). [*m.*
Nebenabsicht, *f.* but secondaire,
Nebenachse, *f.* axe conjugué, *m.*
Nebenallee, *f.* allée latérale, contre-allée. [tout joignant.
Nebenan, *adv.* à côté, tout près,
Nebenarbeit, *f.* ouvrage qu'on fait à loisir ou dans des heures perdues, *m.*; (*impr.*) bilboquet.
Nebenartikel, *m.* 1, article séparé, additionnel. [dinaire.
Nebenausgabe, *f.* dépense extraor-
Nebenausgang, *m.* 2*, dégagement; einen — an einem Zimmer anbringen, dégager une chambre; ein Zimmer mit einem —, une chambre dégagée. [en passant.
Nebenbei, *adv.* accessoirement;
Nebenbegriff, *m.* 2, idée accessoire, *f.*
Nebenbuhler, *m.* 1, rival, concurrent, compétiteur, émule; =inn, *f.* rivale, concurrente, émule.
Nebenbürge, *m.* 3, =bürgschaft, *f.* arrière-caution.
Nebencisterne, *f.* citerneau, *m.*
Nebending, *n.* 2, =sache, *f.* chose accessoire, indifférente; bagatelle; —t einmischen, (*jur.*) incidenter.
Nebeneinkünfte, *f. pl.* casuel, *m.* émoluments, *pl.*
Nebenfigur, *f.* =en, *pl.* accessoires, *m.* accompagnements.
Nebenforst, *m.* 2, ségrais.
Nebenfrage, *f.* question incidente.
Nebengang, *m.* 2*, contre-allée, *f.* allée voisine, allée latérale.
Nebengasse, *f.* =gäßchen, *n.* 1, rue *ou* petite rue contiguë, *f.*
Nebengebäude, *n.* 1, aile d'un bâtiment, *f.* pavillon, *m.*
Nebengericht, *n.* 2, =essen, *n.* 1, hors-d'œuvre, *m.*
Nebengeschäft, *n.* 2, affaire (*f.*), occupation accessoire *ou* extraordinair··

Nebengeschmack, *m.* 2, *v.* Beigeschmack.
Nebengesell, *m.* 3, compagnon.
Nebengewächs, *n.* 2, excroissance, *f.* [ou boyau (*m.*) de tranchée.
Nebengraben, *m.* 1*, branche (*f.*),
Nebenhandlung, *f.* épisode, *m.*
Nebenhaus, *n.* 5*, maison voisine, *f.*
Nebenher, =hin, *adv.* à côté; en passant; chemin faisant; *fg.* accessoirement, indirectement; *sm.* par parenthèse.
Nebenkammer, *f.* décharge.
Nebenkind, *n.* 5*, enfant naturel, illégitime, *m.*
Nebenkirche, *f.* filiale, annexe.
Nebenknecht, *m.* 2, compagnon, camarade de service.
Nebenkoch, *m.* 2*, aide de cuisine. [frais accessoires.
Nebenkosten, *pl.* faux frais, *m.*
Nebenlehen, *n.* 1, arrière-fief, *m.*
Nebenlicht, *n.* 5, accident de lumière, *m.*
Nebenlinie, *f.* ligne collatérale.
Nebenmagd, *f.* servante en second.
Nebenmensch, *m.* 3, prochain.
Nebenperson, *f.* parasélène, *f.*
Nebenpfeiler, *m.* 1, pied-droit.
Nebenpfennig, *m.* 2, denier de réserve. [Handpferd.
Nebenpferd, *n.* 2, bricolier, *m.*; *v.*
Nebenplanet, *m.* 2, planète secondaire, *f.* satellite, *m.*
Nebenpunkt, *m.* 2, point incident, secondaire. [culier, *m.*
Nebenrechnung, *f.* compte parti-
Nebenrolle, *f.* rôle subordonné, secondaire, *m.* [ou secondaire.
Nebensache, *f.* chose accessoire
Nebensatz, *m.* 2*, proposition particulière, *f.* [*f.*
Nebenschlüssel, *m.* 1, fausse clef,
Nebenschnittslinie, *f.* cosécante.
Nebenschoß, *m.* 2, =schößling, *m.* 2, =sprosse, *f.* rejeton, *m.*; bourgeon.
Nebensiegel, *n.* 1, contre-scel, *m.*
Nebensonne, *f.* parélie.
Nebensteuer, *f.* taillon, *m.*
Nebenstreit, *m.* 2, (*jur.*) incident.
Nebenstunde, =zeit, *f.* heure de loisir; heures perdues, *pl.*
Nebenthür, *f.* fausse porte.
Nebentisch, *m.* 2, seconde table, *f.*
Nebentreppe, *f.* escalier dégagé, *m.*
Nebenumstand, *m.* 2*, circonstance accessoire, *f.* incident, *m.*
Nebenunkosten, *pl.* faux frais, *m.*
Nebenursache, *f.* cause accidentelle.
Nebenverpfändung, *f.* =pfand, *n.* 5*, hypothèque subsidiaire, *f.*
Nebenvormund, *m.* 5*, subrogé tuteur. [accidentel *ou* indirect.
Nebenvortheil, *m.* 2, avantage

Nebenweg, m. 2, chemin vicinal; fg. détour, voie oblique, f.

Nebenwerk, n. 2, hors-d'œuvre, m. ouvrage accessoire.

Nebenwind, m. 2, demi-vent.

Nebenwinkel, m. 1, angle contigu.

Nebenwohner, m. 1 (géogr.) périœcien.

Nebenwort, n. 5*, adverbe, m.

Nebenwörtlich, adj. adverbial.

Nebenzimmer, n. 1, =ſtube, f. chambre contiguë; cabinet, m.

Nebenzirkel, m. 1, épicycle. [f.

Nebenzweck, m. 2, fin secondaire,

Nebenzweig, m. 2, rameau, rejeton.

Nebſt, prép. avec; conjointement; outre; — dem, outre cela.

Necken, v. a. agacer, harceler; railler, se jouer, se moquer de qn.; (guer.) harceler; einander —, s'agacer, etc., s'escarmoucher.

Neckerei, f. agacerie, raillerie, niche; argliſtige —, chicane.

Nectar, m. 2, nectar.

Nectarinpfirſche, f. brugnon, m.

Neffe, m. 3, neveu.

Neffengunſt, f. népotisme, m.

Neger, m. 1, =inn, f. nègre, m. négresse, f.; der kleine —, die kleine =inn, négrillon, m., -ne, f.

Negerbehältniß, n. 2, =haus, n. 5*, négrerie, f. [nègres, f.

Negerhandel, m. 1*, traite des

Negerhütte, f. case.

Negerschiff, m. 2, vaisseau négrier, m.

Nehmen, v. a. 2, prendre; recevoir; m. p. dérober, voler; fg. entendre; etw. auf ſich — se charger de qch., prendre qch. sur son compte; übel —, prendre en mauvaise part, trouver mauvais.

Nehmer, m. 1, preneur.

Nehrung, f. pays bas, m. côte basse, f.

Neid, m. 2, envie, f. jalousie.

Neiden, v. a. envier.

Neider, m. 1, envieux, jaloux.

Neidisch, adj. envieux, jaloux.

Neige, f. déclin, m.; fin, f. bas, m. fond, reste; baissière, f. lie d'un tonneau; auf die — geben, être en vidange; fg. être sur son déclin, aller en déclinant; tirer sur la fin.

Neigen, v. a. baisser; pencher, incliner; courber; faire pencher; ſich —, se baisser, etc.; baisser; s'incliner; faire la révérence, saluer; geneigt, fg. porté, enclin, sujet, adonné à qch.; favorable, affectionné; fm. bénévole, propice, prospère; einem geneigt ſeyn, vouloir du bien à qn.

Neigung, f. inclinaison; pente; penchement, m.; inclination, f.; fg. inclination; penchant, m. disposition, f. affection; die beſondere —, (méd.) idiopathie.

Nein, adv. non; non pas; fm. nenni. [crologie, f.

Nefrolog, m. 2, nécrologe, nécromant, m. 3, nécromancien.

Nekromantie, f. nécromancie.

Nelke, f. œillet, m.

Nelkenbeet, n. 2, œilleterie, f.

Nelkenbraun, adj. brun degiroſle.

Nelkenflor, f. fleuraison des œillets. [Paris, m. statice, f.

Nelkengras, n. 5*, œillet de

Nelkenkraut, n. 5*, bénoite, f.

Nelkenöl, n. 2, essence de giroſle, f.

Nelkenſenker, m. 1, œilleton.

Nelkenſtock, m. 2*, pied d'œillet.

Nelkenwurz, f. géum, m.

Nelkenzimmet, m. 2, casse giroſlée, f.

Nemeiſch, adj. (ant.gr.) néméen.

Nennbar, adj. exprimable.

Nennen, v. a. nommer; appeler; dénommer; ſich —, se nommer, etc.; ſich nicht —, garder l'anonyme. [minateur.

Nenner, m. 2, (arithm.) dénomnation.

Nennung, f. nomination.

Nennwerth, m. 2, valeur nominale, f.

Nennwort, n. 5*, nom, m.

Neolog, m. 3, néologue.

Neptun, m. 2, (myth.) Neptune.

Nereide, f. (myth.) Néréide.

Nervo, m. exc. 1, nerf.

Nervenarznei, =ſtärkung, f. névritique, m. [nerfs, f.

Nervenbau, m. 2, contexture des

Nervenbeschreibung, f. névrographie. [f.

Nervenfieber, n. 1, fièvre nerveuse,

Nervengeflecht, m. 2, plexus, m.

Nervengeiſt, m. 5, fluide nerveux.

Nervenknoten, m. 1, ganglion.

Nervenkrankheit, f. maladie ou affection nerveuse.

Nervenlehre, f. névrologie.

Nervenmittel, n. 1, remède névritique, m. nervin. [de nerfs.

Nervenpaarung, f. conjugaison

Nervenſaft, m. 2*, suc nerveux.

Nervenſtärkend, adj. névritique, nervin. [veux, m.

Nervenſyſtem, n. 2, genre nerNervenwärzchen, m. 1, papille d'un nerf, f.

Nervenwert, m. 2, nervaison, f.

Nervenwurm, m. 5*, dragonneau. [goureux.

Nervig, adj. nerveux; fg.id., viNeſſel, f. ortie.

Neſſelbrand, m. 2*, piqûre d'ortie.

Neſſelfieber, n. 1, =ſucht, f. fièvre ortiée.

Neſſeltuch, n. 5*, mousseline, f.

Neſt, n. 5, nid, m.; aire des oiseaux de proie, f.; fg. mépr. trou, m. bicoque, f. baraque; fm. lit, m. couche, f.; —voll, nichée; ein — bauen, nicher; ein — ausnehmen, dénicher; zu — ſitzen, couver.

Neſtel, n. 5, nichet, m.

Neſtel, f. 1, aiguillette, lacet, m.

Neſteloch, n. 5*, œillet, m.

Neſteln, v. a. lacer, aiguilleter.

Neſtelriemen, m. 1, aiguillette, f.

Neſtelſtift, m. 2, ferret.

Neſthoſe, m. 3, levreteau.

Neſtflüchlein, n. 1, culot, m.

Neſtler, m. 1, aiguilletier.

Neſtling, m. 2, oiseau branchier, oiseau niais. [poli.

Nett, adj. net; propre; élégant;

Nettigkeit, f. propreté; élégance.

Netto, adv. (comm.) net; nettement. [sans rabais, m.

Nettorechnung, fém. comptenet,

Netz, n. 2, filet, m.; rets; panneau; réseau; (anat.) épiploon; crépine de veau, f.; fg. filet, m. piége.

Netzader, f. veine épiploïque.

Netzbecher, m. 1, =becken, n. 1, mouilloir, m.

Netzbruch, m. 2*, épiplocèle, f.

Netzen, v. a. mouiller, humecter; tremper; arroser; (mar.) empeser les voiles.

Netzfechter, m. 1, (ant.) rétiaire.

Netzflügelig, adj. névroptère.

Netzförmig, adj. rétiforme, réticulaire.

Netzhaut, f.*, rétine de l'œil; (anat.) péritoine, m.; épiploon.

Netzmelone, f. melon brodé, m.

Netzpulsader, f. artère épiploïque.

Netzschlange, f. réseau, m. (serpent). [m.

Netzschüſſelchen, n. 1, mouilloir,

Netzſtein, m. 2, (pêch.) pareau.

Netzſtock, m. 2*, (chap.) goupillon. [filets.

Netzſtricker, m. 1, tricoteur de

Netzwurſt, f.*, fricandeau, m.

Neu, adj. neuf; nouveau, moderne; frais, récent; —, adv. à neuf; de nouveau; aufs —, von —em, de nouveau; fg. id., von —em, derechef; de plus belle; nach dem —en Geſchmack einrichten, moderner.

Neuaufgelegt, adj. réimprimé.

Neubau, m. 2, (agr.) défrichement.

Neubekehrte, m. et f. 3, converti, m. -e, f. prosélyte, m. et f. néophyte.

Neubruch, m. 2*, novale, f. terre nouvellement défrichée.

Neuerdings, adv. de nouveau.

Neuerer, m. 1, novateur, innovateur; (gramm.) néologue; —

in der Rechtschreibung, néographe.
**Neuerlich**, adv. depuis peu, récemment.
**Neuern**, v. a. innover.
**Neuerung**, f. innovation; nouveauté, chose nouvelle; (jur.) novation; —en aufbringen, innover.
**Neuerungsstifter**, m. 1, novateur.
**Neuerungssucht**, f. esprit d'innovation, m.; (gramm.) néologisme.
**Neufundland**, n. 5*, (ile) Terre Neuve, f.
**Neugebacken**, adj. sortant du four; fg. fm. neuf, parvenu (riche).
**Neugeboren**, adj. nouveau-né; das —e Kind, (jur.) part, m.
**Neugierde**, f. curiosité.
**Neugierig**, adj. curieux.
**Neuglaubige**, v. Neubekehrte.
**Neugriechisch**, adj. 3, grec moderne.
**Neuheit**, f. nouveauté, fraicheur; verdeur du vin, etc.
**Neujahr**, n. 2, nouvel an, m.; jour de l'an.
**Neujahrsgeschenk**, n. 2, étrennes, f. pl.; einem ein — geben, étrenner qn.
**Neujahrstag**, m. 2, jour de l'an.
**Neujahrswunsch**, m. 2*, compliment de nouvel an. [té.
**Neuigkeit**, f. nouvelle, nouveauté.
**Neuigkeitskrämer**, m. 1, m. p. débiteur de nouvelles, nouvelliste; fm. gobe-mouche.
**Neulich**, adv. dernièrement, récemment.
**Neuling**, m. 2, novice; apprenti.
**Neumodisch**, adj. de nouvelle mode; —, adv. à la nouvelle mode. [f.
**Neumond**, m. 2, nouvelle lune.
**Neun**, adj. neuf; eine Anzahl von —en, une neuvaine; —, f. ou Neune, m. 1, neuf (chiffre).
**Neunachteltakt**, m. 2*, (mus.) nonuple.
**Neunauge**, f. lamproie.
**Neuned**, n. 2, ennéagone, m.
**Neunerlei**, adj. indécl. de neuf sortes.
**Neunfach**, =fältig, adj. neuf fois autant. [(géom.) ennéagone, f.
**Neunseitig**, —bie —e Figur,
**Neuntägig**, adj. de neuf jours; bie —e Andacht, neuvaine, f.
**Neunte**, adj. neuvième; sie ist im —n Monat ihrer Schwangerschaft, elle est dans son neuf; (der Kranke) ist im —n Tage, entre dans son neuf.
**Neuntehalb**, adj. huit et demi.
**Neuntel**, n. 1, neuvième, f. neuvième partie, f.
**Neuntens**, adv. neuvièmement.
**Neuntödter**, m. 1, lanier (oiseau).
**Neunzehn**, adj. dix-neuf.
**Neunzehnte**, adj. dix-neuvième.

**Neunzig**, adj. quatre-vingt-dix, nonante (vieux).
**Neunziger**, m. 1, nonagénaire; (jeu de piquet) repic.
**Neunzigjährig**, adj. nonagénaire.
**Neunzigste**, adj. quatre-vingt-dixième; ber — Grad (ber Ekliptik), le nonagésime degré.
**Neuplatonisch**, adj. néoplatonicien. [neutraliser.
**Neutral**, adj. neutre; — machen,
**Neutralisiren**, v. a. neutraliser.
**Neutralisirung**, f. neutralisation.
**Neutralität**, f. neutralité.
**Neutrum**, n. 2 (pl. =a), (gramm.) neutre, m. [rié.
**Neuvermählt**, adj. nouveau marié.
**Nick**, m. 2, tutie, f. spode, cadmie des fourneaux.
**Nicht**, adv. ne; ne pas; pas, point; non; ni; fm. mie; ja —, non pas! — so, — wahr, n'est-ce pas, n'est-il pas vrai? zu — machen, anéantir; zu — werden, s'anéantir.
**Nichtachtung**, f. mépris, m.
**Nichtbefolgung**, f. inobservation.
**Nichtbaseyn**, n. 1, non-existence.
**Nichte**, f. nièce. [f.
**Nichten**, adv., mit —, point du tout.
**Nichterkennen**, f. désaveu, m.
**Nichterscheinung**, f. (jur.) contumace, défaut, m.
**Nichtgebrauch**, m. 2*, non-usage.
**Nichthaltung**, f. inobservation.
**Nichtig**, adj. nul, invalide; caduc (acte); vain, inutile; frivole, futile.
**Nichtigkeit**, f. nullité, caducité; fg. néant, m. fragilité, f. vanité, futilité.
**Nichtleiter**, m. 1, corps non-conducteur, idioélectrique.
**Nichts**, adv. rien; —, n. indécl. néant, m.; rien; (ich stehe) —, goutte; nur —, bir —, fm. lestement; sans plus de façon; um — und wieder —, fm. sans sujet.
**Nichtsbedeutend**, adj. insignifiant.
**Nichtsdestoweniger**, conj. néanmoins.
**Nichtseyn**, n. 1, inexistence, f.
**Nichtsnützig**, adj. inutile.
**Nichtswürdig**, adj. de nulle valeur; frivole, futile; méprisable, vil, misérable, coquin (homme); bas.
**Nichtswürdigkeit**, f. frivolité, futilité, inutilité, néant, m.; indignité, f. bassesse.
**Nichtübereinstimmung**, f. discordance, disconvenance.
**Nichtvollziehung**, f. inexécution.
**Nichtwollen**, n. 1, manque de volonté, m.
**Nickel**, m. 1, bas, gouine, f. coureuse; (mét.) nickel, m.

**Nicken**, v. n. (h.) incliner la tête; cligner l'œil; clignoter; branler la tête en sommeillant; fm. roupiller.
**Nickfang**, m. 2*, coup de couteau au défaut de l'épaule; einem Hirsch den — geben, accouer un cerf.
**Nie**, **Niemals**, adv. jamais (né).
**Nieder**, adj. bas; inférieur en dignité; —, interj. à bas (—, séparable, indique dans la composition un mouvement en bas).
**Niederbeugen**, v. a. baisser, abaisser; courber; fg. humilier, abattre.
**Niederbiegen**, v. n. 6 (h.) et sich —, s'incliner; —, v. a., v. Niederbeugen.
**Niederbord**, n. 2, bâbord, f.
*****Niederbrennen**, v. a. réduire en cendres; —, v. n. (f.) brûler de fond en comble.
**Niederbücken** (sich), se baisser.
**Niederdeutsch**, adj. et s. n. 3, bas allemand.
**Niederdonnern**, v. a. foudroyer; —, s. n. 1, foudroiement, m.
**Niederdrücken**, v. a. fouler; abaisser; affaisser; fg. abattre, opprimer.
**Niederdrückung**, f. foulement, m.; fg. dépression, f. oppression.
**Niederelsaß**, n. 2, basse Alsace, f. (province).
**Niederfahren**, v. n. 7 (f.) descendre; —, v. a. renverser (avec une voiture).
**Niederfahrt**, f. descente.
**Niederfallen**, v. n. 4 (f.) tomber; se prosterner, se mettre à genoux; vor einem —, se jeter aux pieds de qn.
**Niedergang**, m. 2*, occident, couchant, ouest.
*****Niedergehen**, v. n. (f.) descendre; aller se coucher (soleil).
**Niedergeschlagenheit**, f. abattement, m. tristesse, f.
**Niederhangen**, v. n. 4 (f.) pencher, descendre.
*****Niederhauen**, v. a. abattre; sabrer, massacrer, faire main basse sur qn., passer au fil de l'épée.
**Niederhocken**, v. n. (f.) s'accroupir.
**Niederholz**, n. 5*, taillis, m.
**Niederknieen**, v. n. (f.) s'agenouiller; se mettre à genoux.
**Niederkommen**, v. n. (f.) accoucher.
**Niederkunft**, f.*, accouchement, m. délivrance, f. enfantement, m.; bie zeitige —, avortement, fausse couche, f.
**Niederlage**, f. (guer.) défaite, déroute, échec, m.; (comm., etc.) dépôt, magasin; — für durchgehen=

be Waaren, entrepôt, étape, f.; in die — bringen, entreposer.

Niederlagsauffeher, m. *, entreposeur. [m. pl. Belgique, f.

Niederlande, n. pl. Pays-Bas, Niederländer, m. 1, niederländisch, adj. neerlandais, belge.

Niederlaffen, v. a. 4, descendre, baisser; (mar.) caler, affaler les voiles; fich —, descendre, s'abattre (oiseau); s'asseoir, prendre place; fg. s'établir; se fixer; se domicilier.

Niederlaffung, f. abaissement, m.; fg. établissement; colonie, f. plantation, habitation.

Niederlaufih, f. basse Lusace (province).

Niederlegen, v. a. mettre bas ou à terre; déposer; décharger; coucher; (comm.) entreposer; verwahrlich —, consigner; —, fg. résigner, renoncer à; se démettre de sa charge, abdiquer; einem bas Handwerk —, défendre à qn. d'exercer son métier; fg. fm. interdire qch. à qn.; fich —, se coucher.

Niederlegung, f. dépôt, m. consignation, f.; démission d'un emploi, abdication. [bauen.

Niedermachen, v. a., v. Niedermachung, f. massacre, m. tuerie, f. boucherie, carnage, m.

Niedermeheln, v. a., v. Niederhauen.

Niederreißen, v. a. 5†, abattre, démolir, raser, détruire un édifice; démanteler une ville.

Niederreißung, f. démolition, destruction; rasement, m. démantèlement d'une ville.

Niederreiten, v. a. 5†, renverser avec un cheval. [en courant.

*Niederrennen, v. a. renverser

Niederrhein, m. 2, Bas-Rhin.

Niederrheinisch, adj. du Bas-Rhin.

Niedersäbeln, v. a. sabrer.

Niedersachsen, Basse-Saxe, f. (province).

Niederschießen, v. a. 6, tuer d'un coup de fusil; fusiller; abattre en tirant.

Niederschlag, m. 2*, (chim.) précipitation, f.; (mus.) frapper, m.

Niederschlagen, v. a. 7, abattre; baisser les yeux; (escr.) forcer; assommer qn.; (chim.) précipiter; (méd.) tempérer; fg. abattre; terrasser, décourager; attrister; —, v. n. (f.) tomber rudement; niedergeschlagen, fg. abattu, etc., triste; —, s. n. 1, (chim.) voy. Niederschlag.

Niederschlagmittel, n. 1, précipitant, m. remède tempérant.

Niederschmettern, v. a. foudroyer, accabler; —, v. n. (f.) tomber avec fracas.

Niederschreiben, v. a. 5, coucher par écrit. [ger.

Niedersenfen, v. a. abaisser, plonger; sich —, s'asseoir;

Niedersehen, v. a. poser, mettre sur, asseoir; déposer; fg. nommer une commission; sich —, s'asseoir; prendre place; s'accroupir.

Niedersinken, v. n. 3 (f.) tomber; s'évanouir, se laisser tomber; s'affaisset, s'écrouler; —, s. n. 1, chute, f.; évanouissement, m.; écroulement.

*Niedersitzen, v. n. (f.) s'asseoir.

Niederstämmig, adj. de, à courte tige.

Niederstechen, v. a. 2, poignarder, tuer d'un coup d'épée, de lance, etc.; coucher sur le carreau.

Niedersteigen, v. n. 5 (f.) descendre. [mettre par terre.

Niederstellen, v. a. poser à terre,

Niederstoßen, v. a. 4, faire tomber; renverser; tuer d'un coup d'épée.

Niederstürzen, v. a. renverser; jeter, précipiter, faire tomber; —, v. n. (f.) tomber, être précipité.

Niederstürzung, f. renversement, m. chute précipitée, f.

Niederträchtig, adj. bas, servile, lâche; rampant; vil, abject; sordide.

Niederträchtigkeit, fém. bassesse; abjection; lâcheté.

Niedertreten, v. a. 1, fouler aux pieds, fouler; éculer les souliers.

Niederung, f. lieu bas, m. basfond.

Niederwärts, adv. en bas; vers le bas.

Niederwerfen, v. a. jeter à terre; renverser, coucher; sich —, se prosterner.

Niederwerfung, f. renversement, m. prosternement.

Niederziehen, v. a. 6, tirer en bas; (mar.) hutter les voiles.

Niederziehend, adj. abaisseur (muscle).

Nieblich, adj. joli, élégant, mignon; délicat; friand, exquis (mets).

Nieblichkeit, f. élégance; délicatesse; friandise; excellence.

Niedrig, adj. bas, petit; court; humble; fg. vil; ignoble; méprisable; — spielen, jouer petit jeu; — halten, arrêter un arbre; —er machen, abaisser; —er werden, s'abaisser, baisser, se baisser.

Niedrigkeit, f. bassesse; fg. basse condition, naissance; infériorité; vileté du prix.

Niemals, adv. jamais.

Niemand, pron. personne, nul, aucun.

Niere, f. rein, m.; (bouch.) rognon.

Nierenaber, f. veine émulgente.

Nierenbaum, m. 2*, acajou.

Nierenbraten, m. 1, longe de veau, f. [gent, m.

Nierengefäß, n. 2, vaisseau émulgent, m.

Nierengries, m. 2, gravelle, f.

Nierenkrankheit, f. =schmerzen, pl. =weh, n. 2, mal de reins, m. néphrétique, f.; mit =schmerzen behaftet, néphrétique.

Nierenmittel, n. 1, remède néphrétique, m. [calcul, jade.

Nierenstein, m. 2, calcul des reins,

Nierenstück, n. 2, rognon, m.

Nieskraut, n. 5*, herbe sternutatoire, f.

Nieseln, v. Näseln.

Niesmittel, Niespulver, n. 1, sternutatoire, m.

Niesen, v. n. (f.) éternuer; —, s. n. 1, éternument, m.

Nieswurz, f. ellébore, m.

Nießbrauch, m. 2*, usufruit, jouissance, f.

Niet, m. 2, rivet, lacet.

Nietbank, f.*, banc à river, m.

Niete, f. billet blanc de loterie, m.

Nieteisen, n. 1, fer à river, m.

Nieten, v. a. river.

Niethammer, m. 1*, brochoir; =hämmerchen, n. 1, dim. chassepointe, m.

Nietnagel, m. 1*, clou à river, boulon; envie au doigt, f.

Nifodemus, n. pr. m. Nicodème.

Nikolaus, nom pr. m. Nicolas, dim. Colas.

Nilmesser, m. 1, nilomètre.

Nilpferd, n. 2, hippopotame, m.

Nimmer, Nimmermehr, adv. jamais; ne … plus.

Nimmersatt, adj. et s. m. 3, famélique, insatiable, glouton.

Nimwegen, Nimègue (ville).

Nippen, v. n. (h.) fm. buvotter, pop. siroter.

Nirgend, Nirgends, adv. nulle part, en aucun lieu.

Nische, f. niche.

Nischel, m. 1, caboche, f.

Niß, f. lente. [(aigle).

Nisten, v. n. (h.) nicher; airer

Nix, m. 3, Nixe, f. ondin, f.

Noah, n. pr. m. Noé. [-e, f.

Noch, adv. encore; ni.

Nochmalig, adj. réitéré, répété; itératif.

Nochmals, adv. encore une fois.

Nock, n. 2, bout d'une vergue, f.

Nocke, f. brioche (cuis.). [m.

Nomade, m. 3, nomade.

Nomadisch, adj. nomade.

Nomarch, m. 3, (ant.) nomarque.

Nomenclatur, f. nomenclature.
Nominalift, m. 3, — en, pl. (philos.) nominaux, nominalistes.
Nominativ, m. 2, nominatif.
None, f. (égl.) none; —n, pl. (ant. r.) nones.
Nonne, f. religieuse, nonne; iron. nonnain, (mépr.) moinesse.
Nonnenkloster, n. 1*, couvent de filles, m. [m.
Nonnentaube, f. pigeon nonnain,
Noppeifen, n. 1, pince à éplucher, f. [épincer le drap.
Noppen, v. a. éplucher, énouer,
Nord, m. exc. 2, Norden, m. 1, nord, septentrion; gegen —en fegeln, faire le nord.
Norderbreite, f. latitude nord.
Nordkaper, m. 1, épaulard (poisson).
Nordlich, Nordifch, adj. septentrional, boréal, arctique; du nord; (poés.) hyperborée.
Nordlicht, n. 5, Nordfchein, m. 2, aurore (f.) ou lumière boréale.
Nordost, m. 2, nord-est;—wind, m. 2, id.; gegen —en abweichen, nord-ester.
Nordpol, m. 2, pôle arctique.
Nordfee, f. mer du nord, mer d'Allemagne.
Nordftern, m. 2, étoile polaire, f.; (mar.) tramontane.
Nordweft, masc. 2, nord-ouest; —wind, m. 2, id., maëstral (dans la Méditerranée), vent de galerne.
Nordwind, m. 2, vent du nord, bise, f. (mar.) tramontane; (poés.) aquilon, m. Borée. [gner.
Nörgeln, v. a. pop. bouder, gro-
Norm, f. norme, règle.
Normal, adj. normal; —fchule, f. école normale. [normand.
Normandifch, Normännifch, adj.
Norwegen, Norwège, f. (pays).
Norweger, m. 1, Norwegifch, adj. norwégien.
Nöfel, n. 1, chopine, f. pinte.
Nofloch, m. 2, (bot.) nostoc.
Notabene, n. 2, marque, f. fg. souvenir, m.
Notar, m. 2, notaire; durch einen — ausgefertigt, notarié.
Notariat, n. 2, notariat, m.
Notariatftube, Notariatftube, f. étude.
Note, f. note, remarque; observation; (mus.) note, caractère, m.; die ganze —, ronde, f.; die halbe —, blanche; in — fegen, noter.    [fique, m.
Notenbuch, n. 5*, livre de musique.
Notenfuftos, m. indécl. (mus.) guidon. [de la musique, f.
Notendruck, m. 2*, impression
Notenleiter, f. échelle.
Notenpapier, n. 2, papier de musique, m.

Notenfchreiber, m. 1, copiste de musique; noteut. [portée, f.
Notenfuftem, n. 2, -linien, f. pl.
Noth, f.*, besoin, m. nécessité, f. urgence; peine, difficultés, pl.; indigence, misère; détresse; péril, m.; manque (an, de); die große —, disette de vivres, f.; äußerfte —, extrémité, dernière extrémité; die fchwere —, mal caduc, m. épilepsie, f.; fchwere —! bas, malepeste! im Fall der —, en cas de besoin; aus —, à son corps défendant; wenn — an den Mann geht, fm. quand on se trouve dans le besoin; mit genauer —, à grand'peine; es thut —, il faut, c'est urgent; —, adj., v. Nöthig.    [cale, f.
Nothanker, m. 1, ancre de la
Nothbrunnen, m. 1, réservoir d'eau pour les incendies.
Nothbringend, adj. urgent.
Nothdurft, f. nécessaire, m. besoin; nécessités, f. pl.; feine —verrichten, fm. faire ses besoins || indigence, f.
Nothdürftig, adj. modique; à peine suffisant; nécessaire; nécessiteux, indigent.
Notherbe, m. 3, légitimaire.
Nothfall, m. 2*, cas de nécessité, besoin; nécessité urgente, f.
Nothfreund, m. 2, ami à l'épreuve.
Nothhelfer, m. 1, aide au besoin.    [fette, f.
Nothjahr, n. 2, année de disette.
Nöthig, adj. nécessaire; pressant, urgent; ich habe —, il me faut, j'ai besoin de; es ift Geld —, il faut de l'argent.
Nöthige, n. 3, nécessaire, m.; bas — thun, faire ses diligences.
Nöthigen, v. a. contraindre, forcer, obliger; presser, prier, inviter; fich — laffen, fm. se faire tirer l'oreille; fich zum Effen — laffen, faire la petite bouche.
Nöthigung, f. contrainte; force, instances, pl. prières.
Nothleidend, adj. souffrant; indigent. [m. fm. cassade, f.
Nothlüge, f. mensonge officieux,
Nothmaß, n. 2, mât de rechange. [aller.
Nothnagel, m. 1*, fg. fm. pis
Nothpeinlich, adj. p. us., criminel. [denier de réserve.
Nothpfennig, m. 2, argent ou
Nothfchuß, m. 2*, coup de détresse, signal de détresse.
Nothftall, m. 2*, travail (pl. -ails).
Nothtaufe, f. ondoiement, m.; einem Kinde die — geben, ondoyer un enfant.
Nothwehr, f. défense nécessaire,

forcée, juste défense de soi-même; aus —, à son corps défendant.
Nothwendig, adj. nécessaire, indispensable, essentiel, v. Nöthig.
Nothwendigkeit, f. nécessité; obligation; chose nécessaire.
Nothwerk, n. 2, œuvre de nécessité, f.; ouvrage pressé, m.
Nothzucht, f. viol, m. violement.
Nothzwang, v. a. violer.
Nothzwang, m. 2, violence, f.; force; nécessité.
Notiren, v. a. noter, marquer.
Notiz, f. notice; connaissance.
Novelle, f. nouvelle, conte, m.; —n, f. pl. (jurisp.) Novelles.
November, m. 1, mois de novembre.
Novität, f. nouveauté.
Nu, n., in einem Nu, en un moment, clin d'œil, instant; —, adv., v. Nun.
Nüchtern, adj. à jeun; fg. sobre, frugal; moderé; — machen, désenivrer; — werden, se désenivrer.
Nüchternheit, f. fg. sobriété, tempérance; modération; frugalité.
Nudel, f. petite tranche de pâte; pâton, m.; —n, pl. vermicelles, f. pl. nouilles; italienifche —n, macaronis, m. pl.
Nudelbrett, n. 5, tailloir aux nouilles (m), aux macaronis.
Nudelholz, n. 5*, rouleau, m.
Null und nichtig, adj. nul; an-
Nulle, f. zéro, m. [nulé.
Nullität, f. nullité.
Numeration, f. numération.
Numeriren, v. a. et n. (b.) numéroter; coter; (arithm.) nombrer.
Numerifch, adj. numérique.
Numerus, m. indécl. (rhét.) nombre.
Numismatif, f. numismatique.
Numismatifer, m. 1, connaisscur de médailles, antiquaire.
Numismatifch, adj. numismatique.
Nummer, f. numéro, m. cote, f.
Nun, adv. à présent, maintenant, présentement, actuellement; or; von — an, dès à présent, dorénavant, désormais; —, interj., nun nun, eh bien; nun nun, la la, doucement, holà.
Nunmehr, adv. à présent, maintenant.
Nunmehrig, adj. présent, actuel.
Nuntiatur, f. nonciature.
Nuntius, m. exc. 1, nonce.
Nur, adv. seulement; purement; simplement; ne ... que; pas plus que.
Nürnberg, Nuremberg (ville).
Nürnberger, m. 1, Nürnbergifch,

adj. nurembergeois; —t Waare, quincaillerie, f. bimbeloterie.

Nuß, f.*, noix; (méc.) genou, m.

Nußbaum, m. 2*, noyer.

Nußbäumen, adj. de bois de noyer.

Nußbeißer, Nußknacker, Nußkra= cher, m. 1, casse-noix, casse-noi-sette. [noix.

Nußbranntwein, m. 2, brou de

Nußbolde, f. armarinthe.

Nußfarbe, f. racinage (m.), brou de noix. [sané.

Nußfarben, Nußbraun, adj. ba-

Nußkern, m. 2, noyau; cerneau.

Nußsaft, m. 2*, =sirup, m. 2, dianucum.

Nußsattel, m. 1*, zeste de noix.

Nußschale, f. coquille de noix; die äußere grüne —, écale, brou de noix, m. [f.

Nußviertel, n. 1, cuisse de noix,

Nüster, f. narine.

Nuth, f. rainure.

Nuthhobel, m. 1, bouvet.

Nuß, Nütze, adj. indécl., voy. Nützlich.

Nußanwendung, f. application; morale d'une fable.

Nußbar, adj. profitable, avan-tageux, utile; d'un grand rap-port; — machen, rendre utile.

Nußbarkeit, f. profit, m.; utili-té, f.

Nußen, Nützen, v. n. (h.) être profitable, avantageux, bon; ser-vir à qch.; fructifier; nüßen, v. a. mettre à profit; employer; user; faire usage, tirer avantage de qch.

Nußen, m. 1, utilité, f.; avan-tage, m. fruit, profit; bénéfice; intérêt; rapport, revenu; usage; mit —, avec fruit, etc.; utile-ment, fructueusement.

Nußholz, n. 5*, bois de charpen-te, m. [profitable.

Nüßlich, adj. utile, avantageux;

Nüßlichkeit, f. utilité; profit, m.

Nußlos, adj. inutile, infruc-tueux.

Nußlosigkeit, f. inutilité.

Nußnießer, m. 1, usufruitier.

Nußnießung, f. usufruit, m.

Nußung, f. usage, m.; jouissan-ce, f. usufruit, m.; rapport.

Nußungsrecht, n. 2, droit de déport, m.

Nymphe, f. (myth. et fg.) nym-phe; (hist. nat.) demoiselle.

## O.

O! interj. o! oh! ah!

Ob, conj. si; que; als ob, comme si; —, prép. vi. sur, à cause de, pour.

Obacht, f. soin, m. garde, f.

Obbemeldet, Obgenannt, adj. sus-dit, susmentionné.

Obbach, n. 5*, couvert, m. abri; fg. asile.

Obedienz, f. (cath.) obédience.

Obelist, m. 3, obélisque.

Oben, adv. en haut; dessus; au-dessus; — an, en haut; à la pre-mière place; — auf, dessus; par-dessus; — aus, par le haut; par en haut; — darauf, dessus, par-dessus; — drein, par-dessus; fm. par-dessus le marché; — durch, par en haut; — her, par-dessus; au-dessus; — hin, par-dessus, fg. superficiellement, légèrement, négligemment, par manière d'ac-quit.

Ober, adj. haut; supérieur; d'en haut; de dessus; Obere, s. m. 3, supérieur, chef.

Oberabt, m. 2*, archimandrite (dans les couvents grecs).

Oberadmiral, m. 2*, grand ami-ral. [m.; maîtrise, f.

Oberamt, n. 5*, grand bailliage,

Oberamtmann, m. 5*, grand bailli, drossart.

Oberappellationsgericht, n. 2, tri-bunal suprême des appels, m.

Oberarm, m. 2, bras. [f.

Oberärmel, m. 1, fausse manche,

Oberaufseher, m. 1, intendant général; surintendant; directeur, inspecteur général; supérieur; proviseur d'un collége; (égl.) pro-vincial.

Oberaufsicht, f. surintendance; inspection ou direction générale.

Oberbalken, m. 1, solive supé-rieure, f.; (impr.) sommier d'en haut, m.

Oberbauamt, n. 5*, chambre (f.) ou conseil (m.) des bâtiments.

Oberbauch, m. 2*, (anat.) épi-gastre, région épigastrique, f.

Oberbaumeister, m. 1, =herr, m. 3, directeur des bâtiments; pre-mier architecte. [ment en chef.

Oberbefehl, m. 2, commande-

Oberbefehlshaber, m. 1, comman-dant ou général en chef.

Oberbeichtvater, m. 1*, grand pé-nitencier.

Oberbereiter, m. 1, grand écuyer.

Oberbergamt, n. 5*, tribunal supérieur des mines, m.

Oberbergbauptmann, m. 5 (pl. =leute), surintendant des mines.

Oberbett, m. exc. 1, v. Oberbecke.

Oberbinde, f. surbande.

Oberboden, m. 1*, galetas, gre-nier. [netier.

Oberbrodmeister, m. 1, grand pa-

Oberceremonienmeister, masc. 1, grand maître des cérémonies.

Oberchirurg, m. 3, chirurgien-major. [sistoire général, m.

Oberconsistorium, n. exc. 1, con-

Oberdecke, f. couverture.

Oberdeutsch, adj. haut-allemand.

Obereigenthum, m. 5*, domaine direct, m.; — ou =recht, n. 2, droit domanial, m. [général.

Obereinnehmer, m. 1, receveur

Oberfeldherr, m. 3, général en chef.

Oberfläche, f. superficie, surface.

Oberflächlich, adj. superficiel; (méd.) palliatif.

Oberforstamt, n. 5*, grande maî-trise des eaux et forêts, f. gruerie.

Oberforstmeister, m. 1, grand maître des eaux et forêts.

Oberfuß, m. 2*, cou-de-pied.

Obergericht, n. 2, =shof, m. 2*, cour souveraine, f. haute cour, haute justice.

Obergerichtsherr, m. 3, haut justicier.

Obergerichtsrath, m. 2*, conseil-ler de la cour souveraine.

Obergesell, m. 3, maître garçon.

Obergesims, n. 2, corniche, f.

Obergewalt, f. puissance souve-raine, autorité suprême.

Obergewehr, n. 2, armes qu'on porte sur l'épaule, f. pl.; fusil, m. pique, f. [sus.

Oberhalb, adv. et prép. au-des-

Oberhand, f. carpe, m. dessus, dos de la main; fg. dessus, avan-tage; die — haben, behalten, avoir le dessus; dominer.

Oberhaupt, n. 5*, chef, m.

Oberhaus, n. 5*, étage supé-rieur, m.; fg. chambre haute en Angleterre, f. [surpeau, f.

Oberhaut, fém.*, épiderme, m.

Oberhembe, m. exc. 1, chemise de dessus, f. [gneur.

Oberherr, m. 3, maître souverain, sei-

Oberherrlich, adj. souverain.

Oberherrschaft, f. souveraineté; domination; gouvernement, m.

Oberhofmarschall, m. 2*, grand maréchal de la cour.

Oberhofmeister, m. 1, grand maî-tre d'hôtel.

Oberhofprediger, m. 1, premier prédicateur de la cour.

Oberholz, n. 5*, bois de haute futaie, m.; branchage.

Oberhüttenamt, n. 5*, tribunal des forges ou des fonderies, m.

Oberjäger, m. 1, premier veneur.

Oberjägermeister, m. 1, grand veneur. [mérier.

Oberkämmerer, m. 1, grand ca-

Oberkammerherr, m. 3, grand chambellan.

Oberkammerjunker, m. 1, premier gentilhomme de la cour.

Oberkellner, *m.* 1, premier sommelier.

Oberkiefer, =kinnbacken, *m.* 1, mâchoire supérieure, *f.*

Oberkirchenrath, *m.* 2*, consistoire général ; assesseur au consistoire général.

Oberkleid, *n.* 5, habit de dessus, *m.* surtout ; das weite —, lévite des prêtres, *f.*

Oberknecht, *m.* 2, maître valet.

Oberkoch, *m.* 2*, premier cuisinier. [missaire ordonnateur.

Oberkriegskommissär, *m.* 2, com-

Oberküchenmeister, *m.* 1, grand maitre de la cuisine.

Oberland, *n.* 5*, haut pays, *m.*

Oberlauf, *m.* 2*, pont, tillac.

Oberlausitz, *fém.* Haute-Lusace (pays).

Oberleder, *n.* 1, empeigne, *f.*

Oberlehen, *n.* 1, fief dominant, *m.*

Oberlehensherr, *m.* 3, seigneur suzerain. [neté, *f.*

Oberlehensrecht, *n.* 2, suzerai-

Oberleib, *m.* 5, partie supérieure du corps, *f.* corps, *m.*

Oberlippe, =lefze, *f.* lèvre supérieure ou de dessus.

Oberloff, *m.* 2, v. Oberlauf.

Obermann, *m.* 5*, valet supérieur. [réchal.

Obermarschall, *m.* 2*, grand ma-

Obermeister, *m.* 1, maitre juré; bâtonnier des avocats.

Obermundschenk, *m.* 3, grand échanson. [rieur.

Oberoffizier, *m.* 2, officier supé-

Oberparlament, *n.* 2, chambre haute du parlement, *f.* [(pays).

Oberpfalz, *f.* Haut-Palatinat, *m.*

Oberpfarrer, *m.* 1, premier pasteur.

Oberpolizeimeister, *m.* 1, lieutenant-général de police.

Oberpostmeister, *m.* 1, grand maitre des postes.

Oberpriester, *m.* 1, archiprêtre ; (ant.) grand prêtre, pontife; (ant. r.) souverain pontife; hiérophante des mystères.

Oberpriesterthum, *n.* 5*, archiprêtré, *m.* pontificat. [bin.

Oberrabbiner, *m.* 1, grand rab-

Oberrechnungshof, *m.* 2*, cour des comptes, *f.*

Oberrhein, *m.* 2, Haut-Rhin.

Oberrichter, *m.* 1, juge supérieur; corrégidor en Espagne.

Oberrinde, *f.* écorce supérieure; croûte de dessus.

Oberrock, *m.* 2*, robe, *f.* jupe de dessus; surtout, *m.*; redingote, *f.*

Obersachsen, Haute-Saxe, *fém.* (pays). [f.

Obersatz, *m.* 2*, (log.) majeure, *f.*

Oberschale, *f.* tasse.

Oberschatzmeister, *m.* 1, grand trésorier. [cuisse, fémur.

Oberschenkel, *m.* 1, haut de la

Oberschlächtig, *adj.* (moulin) à auge. [premier clerc.

Oberschreiber, *m.* 1, maitre clerc,

Oberschwelle, *f.* linteau, *m.*

Oberst, *adj.* le plus haut; *fg.* suprême; premier, souverain, en chef; zu —, *adv.* au plus haut, au sommet. [écuyer.

Oberstallmeister, *masc.* 1, grand

Oberständer, *m.* 1, (forest.) baliveau, lais.

Oberste, *m.* 3, supérieur, chef, principal, premier; (guer.) colonel.

Oberste, *n.* 3, dessus, *m.*

Obersteiger, *m.* 1, premier mineur. [lette.

Oberstemme, *f.* (cordonn.) ai-

Oberstenge, *f.* (mar.) perroquet en bannière, *m.* [nant-colonel.

Oberstlieutenant, *m.* 2, lieute-

Oberstwachtmeister, *m.* 1, major.

Obertheil, *m. et n.* 2, partie supérieure, *f.* dessus, *m.* haut.

Obervogt, *m.* 2*, grand prévôt.

Obervormund, *m.* 5*, premier tuteur, tuteur honoraire.

Oberwärts, *adv.* vers le dessus.

Oberwelt, *f.* monde, *m.* terre, *f.*

Oberwind, *m.* 2, vent d'amont.

Oberwolle, *f.* laine mère.

Oberzahn, *m.* 2*, dent de dessus, *f.*

Obgleich, *conj.* quoique, bien que, encore que, quand même.

Obhut, *f.* garde ; protection.

Obig, *adj.* ci-dessus indiqué ; susmentionné, susdit.

Oblate, *f.* oublie; pain à cacheter, *m.*; (égl.) hostie, *f.*

Oblatenbäcker, *m.* 1, oublier.

Obliegen, *v. n.* 1 (f.) s'occuper de; s'attacher, travailler à; es liegt mir ob, il est de mon devoir, m'appartient, je suis chargé de.

Obliegenheit, *f.* devoir, *m.* obligation, *f.* charge.

Obligat, *adj.* (mus.) obligé.

Obligation, *f.* obligation.

Obmann, *m.* 5*, inspecteur, intendant; chef.

Obrigkeit, *f.* magistrat, *m.* magistrats, pl.; autorité, *f.*; justice; die weltliche —, le bras séculier.

Obrigkeitlich, *adj.* du magistrat; seigneurial ; die — Würde, das —e Amt, magistrature, *f.*; die —e Person, magistrat, *m.*

Obrist, v. Oberste, *m.* (guer.)

Obschon, v. Obgleich.

Obschweben, *v. n.* (h.), v. Bevorstehen.

Observanz, *f.* observance.

Observatorium, *n.* exc. 1, observatoire, *m.* [lance.

Obsicht, *f.* inspection, surveillance.

Obsiegen, Obsieger, v. Siegen, *2c.*

Obsorge, *f.* soin, *m.* soins, pl.

Obstbaum, *m.* 2*, arbre fruitier.

Obstbrecher, *m.* 1, cueilloir.

Obstdarre, *f.* four pour sécher les fruits, *m.*

Obsternte, *f.* cueillette. [dre.

Obstessig, *m.* 2, vinaigre de ci-

Obstgarten, *m.* 1*, verger, jardin fruitier.

Obstgöttinn, *f.* Pomone.

Obsthändler, *m.* 1, =inn, *f.* fruitier, *m.* -ère, *f.*

Obsthüter, *m.* 1, messier.

Obstjahr, *n.* 2, année fertile en fruits, *f.* [tier, *m.*

Obstkammer, *f.* fruiterie, frui-

Obstkorb, *m.* 2*, cueilloir, noquet, panier à fruits, éventaire.

Obstlese, *f.* cueillette des fruits.

Obstmost, *m.* 2, cidre doux.

Obstmus, *n.* 2, marmelade, *f.*; das eingemachte —, compote.

Obsttragend, *adj.* fruitier.

Obstwein, *m.* 2, cidre.

Obstzeit, *f.* saison des fruits.

Obwalten, *v. n.* (h.) régner; veiller sur; exister, avoir lieu.

Obwohl, Obzwar, v. Obgleich.

Occident, *m.* 2*, occident, couchant.

Occidentalisch, *adj.* occidental.

Ocean, *m.* 2, océan, mer océane.

Ocher, *m.* 1, ocre, *f.*

Ochs, *m.* 3, bœuf, taureau; der junge —, bouvillon.

Ochsenauge, *n.* exc. 1, œil de bœuf, *m.*; lucarne, *f.* faitière.

Ochsenäugig, *adj.* à grands yeux.

Ochsenbrech, *m.* 2, arrête-bœuf, *m.* bugrane, *f.* (plante).

Ochsenfleisch, *n.* 2, bœuf, *m.*

Ochsengalle, *f.* (verr.) boudine.

Ochsengebrüll, *n.* 1, beuglement, *m.* [stupide.

Ochsenhaft, =mäßig, *adj.* lourd,

Ochsenhirt, *m.* 3, bouvier.

Ochsenhorn, *m.* 2, =läut, *f.* corne du pied de bœuf.

Ochsenlunge, *f.* poumon (*m.*), mou de bœuf.

Ochsenmaul, *n.* 5*, mufle de bœuf, *m.*

Ochsenmist, *m.* 2, fiente de bœuf, *f.* bouse. [étable.

Ochsenstall, *m.* 2*, bouverie, *f.*

Ochsentreiber, *m.* 1, bouvier.

Ochsenwamme, *f.* nomble.

Ochsenziemer, *m.* 1, nerf de bœuf.

Ochsenzunge, *f.* (bot.) buglose, rothe —, orcanète.

Octant, *m.* 3, (astr.) octant.

Octavband, *m.* 2*, =format, *n.* 2, in-octavo, *m.*

Octave, f. octave.
Octavflöischen, n. 1, flageolet, m.
October, m. 1, mois d'octobre.
Octobeszbändchen, n. 1, =format, n. 2, in-dix-huit, m.
Oculiren, v. a. inoculer, enter, greffer. [m.
Oculirmeffer, n. 1, écussonnoir,
Oculirung, f. inoculation.
Odaliste, f. (Turq.) odalisque, femme du sérail.
Ode, f. ode; der lezte Theil einer
Odem, v. Athem. [—, épode.
Oder, conj. ou; ou bien; autrement. [f.
Odermennig, m. 2, aigremoine,
Oeconom, v. Oekonom, xc.
Oede, adj. désert, inhabité; sauvage; inculte; désolé; —, f. solitude, désert, m.
Oeffentlich, adj. public; ouvert; manifeste; évident; notoire; (did.) exotérique.
Oeffentlichkeit, f. publicité.
Oeffnen, v. a. ouvrir; déboucher; (anat.) disséquer; (méd.) désopiler; fg. dessiller les yeux; fich —, s'ouvrir; s'épanouir (des fleurs); halb —, entr'ouvrir, entre-bâiller.
Oeffnend, adj. (méd.) apéritif, laxatif.
Oeffnung, f. ouverture; jour, m.; bouche, f.; (méd.) évacuation, selle; (anat.) dissection; — eines Leichnams, autopsie cadavérique. [fréquent; v. Oft.
Oefter, Oftmalig, adj. réitéré; Oeftesten (am), adv. le plus souvent.
Oehr, n. 2, trou d'aiguille, m.; belière d'une cloche, etc., f.
Oehrlein, Oehrchen, n. 1, dim. orillon, m. petite oreille, f. ansette.
Oekonom, m. 3, économe.
Oekonomie, f. économie.
Oekonomisch, adj. économe, économique, ménager; —, adv. économiquement. [(concile).
Oekumenisch, adj. oecuménique
Oel, n. 2, huile, f.; das heilig —, (cath.) les saintes huiles, chrême, m. [bouchon à l'huile.
Oelbäuschen, n. 1, tampon (m.),
Oelbaum, m. 2*, olivier.
Oelbaumharz, n. 2, élémi, m.
Oelbeere, f. olive.
Oelberg, m. 2, mont des oliviers. [f.
Oelbrusen, =hefen, pl. lie d'huile,
Oelen, v. a. huiler; mettre de l'huile.
Oelfarbe, f. couleur à l'huile.
Oelfirniß, m. 2, vernis gras.
Oelflasche, f. =glas, n. 5*, huilier, m.; bouteille à l'huile, f.; =fläschchen, n. 1, burette; das heilige

lige =fläschchen, la sainte ampoule.
Oelgarten, m. 1*, jardin des olives. [le, m.
Oelgemälde, n. 1, tableau à l'huile.
Oelgeschmack, m. 2, goût oléagineux. [souche, bûche.
Oelgöpe, m. 3, fm. idole, f.
Oelgrund, m. 2*, impression à l'huile, f. [d'huile.
Oelhändler, masc. 1, marchand
Oelig, adj. huileux; oléagineux; onctueux. [rette, f.
Oelkännchen, n. 1, (impr.) burette.
Oelkuchen, m. 1, gâteau à l'huile.
Oelmalerei, f. peinture à l'huile.
Oelmühle, f. moulin à huile, m.
Oelmüller, =schläger, m. 1, huilier.
Oelpflanze, f. plante huileuse.
Oelpresse, f. pressoir à huile, m.
Oelreich, adj. huileux.
Oelrettig, m. 2, olivète, f.
Oelruß, m. 2, noir de fumée de lampe.
Oelständer, m. 1, grand huilier.
Oelstein, m. 2, queux à l'huile.
Oelträber, =träster, pl. grignons d'olives, m. pl. marc d'olives, de colza, etc. [onction.
Oelung, f., die lezte —, extrême
Oelwein, m. 2, (pharm.) oenoléum. [charum.
Oelzucker, m. 1, (chim.) éléosac-
Oelzweig, m. 2, rameau d'olivier.
Oertlich, adj. local; (méd.) topique; endémique (maladie); die —e Beschaffenheit, localité, f.; —t, n. 3, local, m.
Oertlichkeit, f. localité.
Oesterlich, adj. pascal, de pâques.
Oestlich, adj. oriental; —, adv. à l'est, du côté d'orient.
Oestreich, Autriche, f. (pays).
Oestreicher, m. 1, Oestreichisch, adj. autrichien.
Ofen, m. 1*, four; fourneau; poêle; n. pr. Bude (ville).
Ofenanrichter, m. 1, (briquet.) enfourneur.
Ofenauge, n. exc. 1, évent du fourneau, m. [poêle.
Ofenbank, fém.*, banquette du
Ofenblase, f. chaudière (au-dessus d'un fourneau).
Ofenblech, n. 2, bouchoir, m.
Ofenbruch, m. 2*, cadmie des fourneaux, f. spode, tutie.
Ofengabel, f. fourgon, m.
Ofenhüter, m. 1, fm. homme casanier. [m.
Ofenkachel, f. carreau de poterie.
Ofenkrüde, f. râble, m.
Ofenloch, n. 5*, bouche, f. gueule, ouverture du four; =er, pl. (verr.) ouvreaux, m. pl.
Ofenplatte, f. plaque à fourneau.

Ofenröhre, f. tuyau de fourneau,
Ofenschirm, m. 2, écran. [m.
Ofenschmiere, f. brasque.
Ofenthüre, f. porte de fourneau; — ou =thürlein, n. 1, dim. bouchoir, m.
Ofenwisch, m. 2, —er, m. 1, (boul.) écouvillon.
Offen, adj. ouvert; (jur.) patent (lettre); découvert; libre; vacant (place); fg. id., ingénu, sincère; die —e See, la haute ou pleine mer, large, m.; —en Leib haben, avoir le ventre libre; — seyn, vaquer (emploi); —, adv. ouvertement, etc., à découvert; halb —, entr'ouvert, entre-bâillé (porte).
Offenbar, adj. manifeste, évident, clair, notoire, public; ouvert; découvert; es ist —, il appert.
Offenbaren, v. a. révéler; découvrir; divulguer; publier; déclarer.
Offenbarung, f. révélation; découverte; manifestation; die Offenbarung Johannis, apocalypse de S. Jean.
Offenheit, f. sincérité, franchise; —des Leibes, (méd.) liberté de ventre.
Offenherzig, adj. franc, sincère; ouvert; ingénu; candide; naïf; —, adv. franchement, etc., à cœur ouvert.
Offenherzigkeit, f. franchise; sincérité, ingénuité; candeur; naïveté. [tent; —, notoirement.
Offenkundig, adj. notoire, pa-
Offensiv, adj. offensif.
Offenstehend, adj. béant, v. Offen.
Official, m. 2, (égl.) official.
Officialität, f. officialité.
Officiant, m. 3, fonctionnaire, employé.
Officiell, adj. officiel.
Officier, m. 2, officier.
Officin, f. atelier, m.; p. ex. imprimerie, f. pharmacie.
Oft, Oefters, Oftmals, zum Oeftern, adv. souvent, bien des fois; fréquemment. [cle.
Oheim, Ohm, Ohm, m. 2, on-
Ohm, Ohme, f. muid, m. mesure, f.
Ohngeld, n. 5, jalage, m.
Ohne, prép. sans; hormis, à moins de; — weiters; sans plus; ohnehies, ohnehin; adv. sans cela.
Ohnlängst, xc., v. Unlängst, xc.
Ohnmacht, f. impuissance; faiblesse, évanouissement, m. défaillance, f.; syncope; — fällt in —, il lui prend une faiblesse, il tombe en défaillance, il s'évanouit, il pâme, il se pâme; einem eine — zuziehen, faire évanouir qn.

Ohnmächtig, *adj.* impuissant ; évanoui, pâmé, tombé en défaillance ; — werden, s'évanouir.

Ohr, *n. exc.* 1, oreille, *f.* ; *sg.* ouïe ; (*art.*) anse ; oreille *qu'on fait dans un livre* ; —en, *pl.* (*arch.*) orcillons, *m. pl.* ; das Fleische —, *v.* Ohrlein ; einem die —en voll schreien, étourdir qn., rompre les oreilles à qn. ; einem beständig in den —en liegen, corner qch. aux oreilles de qn., importuner qn. par ses discours ; zu —en bringen, rapporter ; ein offenes — finden, trouver audience, être écouté favorablement.

Ohrband, *n.* 5*, *v.* Ortband.

Ohrbäuschchen, *n.* 1, oreillette, *f.* [culaire.

Ohrbeichte, *f.* confession auri-

Ohrenblasen, *n.* 1, =bläserei, *f.* (*faux*) rapports, *m. pl.* ; médisances, *f. pl.* ; flagornerie, *f.*

Ohrenbläser, *m.* 1, =inn, *f.* rapporteur, *m.* -se, *f.* ; délateur, *m.* -trice, *f.* ; calomniateur, *m.* -trice, *f.* ; flagorneur, *m.* flatteur, -se, *f.*

Ohrenbrausen, =gellen, =klingen, *n.* 1, tintement (*m.*), cornement, bourdonnement d'oreilles.

Ohrendrüse, *f.* parotide.

Ohrenschmalz, *n.* 2, cire des oreilles, *f.* ; cérumen, *m.* ; —brüsen, *f. pl.* glandes cérumineuses.

Ohrenweh, *n.* 2, =zwang, *m.* 2, mal, douleur (*f.*) d'oreilles ; otalgie. [culaire.

Ohrenzeuge, *m.* 3, témoin auri-

Ohrenzischen, *n.* 1, chuchotement, *m.*

Ohreule, *f.* duc, *m.* hibou cornu.

Ohrfeige, *f.* soufflet, *m.*

Ohrfinger, *m.* 1, petit doigt.

Ohrgehänge, *f.* pendants (*m. pl.*), boucles (*f. pl.*) d'oreille.

Ohrgeschwulst, *f.* *, oreillons, *m. pl.* parotide, *f.*

Ohrgeschwür, *n.* 2, abcès qui vient dans *ou* derrière l'oreille, *m.*

Ohrgewölbe, *n.* 1, ogive, *f.*

Ohrhöhle, *f.* creux (*m.*), barillet, chambre (*f.*) de l'oreille.

Ohricht, Ohrig, *adj.* à oreilles, à anses ; à orcillons.

Ohrkissen, *n.* 1, oreiller, *m.* ; (*carross.*) custode, *f.*

Ohrläppchen, *n.* 1, bout (*m.*), lobe de l'oreille.

Ohrloch, *n.* 5*, trou de l'oreille, *m.* ; trou au bout de l'oreille.

Ohrlöffel, *m.* 1, cure-oreille.

Ohrmuschel, *f.* conque de l'oreille.

Ohrring, *m.* 2, pendant *ou* boucle (*f.*) d'oreille.

Ohrspritze, *f.* (*chir.*) otenchyte, *m.*

Ohrwurm, *m.* 5*, perce-oreille.

Oker, *v.* Ocker. [dre, *m.*

Oktaedron, *n.* 2, (*géom.*) octaè-

Oktapla, *pl.* (*théol.*) octaples, *m. pl.* (*bible en huit langues*).

Oleander, *m.* 1, oléandre, rosage (*plante*). [chalef.

Oleaster, *m.* 1, olivier sauvage (*bot.*).

Olindslinge, *f.* olinde.

Olive, *f.* olive.

Olivenbaum, *m.* 2*, olivier.

Olivenernte, *f.* olivaison.

Olivenfarbig, *adj.* olivâtre, couleur d'olive. [vaire.

Olivenförmig, *adj.* (*anat.*) oli-

Olivenkern, *m.* 2, noyau d'olive.

Oliventanz, *m.* 2*, olivettes, *f. pl.*

Olymp, *m.* 2, (*myth.*) Olympe.

Olympia, Olympie (*ville*).

Olympiade, *f.* (*ant. gr.*) olympiade.

Olympisch, *adj.* olympique.

Omen, *n.* 1, augure, *m.* présage.

Onkel, *m.* 1, *v.* Oheim.

Ontologie, *f.* (*philos.*) ontologie.

Ontologisch, *adj.* ontologique.

Onyx, *m.* 2, (*myth.*) onyx (*agathe fine*).

Opal, *m.* 2, opale, *f.* (*pierre fine*).

Oper, *f.* opéra, *m.* ; die komische —, opéra comique, opéra bouffon.

Operette, *f.* petit opéra, *m.*

Orperment, *n.* 2, orpiment, *m.*

Operngucker, *m.* 1, *fm.* lorgnette, *f.* [*f.*

Opernhaus, *n.* 5*, salle d'opéra, *f.*

Opernsänger, *m.* 1, =inn, *f.* changeur (*m.*), acteur, actrice (*f.*) de l'opéra.

Opfer, *n.* 1, sacrifice, *m.* ; oblation, *f.* offrande ; victime, hostie ; *fg.* victime ; ein — bringen, faire un sacrifice.

Opferaltar, *m.* 2*, autel des holocaustes, des sacrifices.

Opferbecher, *m.* 1, coupe sacrée, *f.*

Opferbecken, *n.* 1, bassin d'offrande, d'aumône, *m.*

Opferbrod, *n.* 2, pain d'oblation, *m.* [cré, *m.*

Opferdienst, *m.* 2, sacrificature.

Opferer, *m.* 1, sacrificateur.

Opferfleisch, *n.* 2, viande sacrée, *f.*

Opfergebet, *n.* 2, offertoire, *m.*

Opfergefäß, *n.* 2, =geschirr, *n.* 2, vase sacré, *m.*

Opfergeld, *n.* 5, =pfennig, *m.* 2, offrande pécuniaire, *f.* offrande.

Opferkasten, *m.* 1*, tronc.

Opferknecht, *m.* 2, victimaire.

Opferkuchen, *m.* 1, gâteau d'oblation. [offrir.

Opfermesser, *n.* 1, couteau sacré, *m.*

Opfern, *v. a.* sacrifier ; faire un sacrifice ; immoler, offrir.

Opferpriester, *m.* 1, sacrificateur.

Opferschale, *f.* (*ant.*) patère.

Opferstock, *m.* 2*, *v.* Opferkasten.

Opferthier, *n.* 2, victime, *f.* hostie.

Opferung, *f.* oblation ; offrande ; sacrifice, *m.* ; immolation, *f.*

Opferwahrsager, *m.* 1, (*ant. r.*) aruspice.

Opferwein, *m.* 2, vin d'oblation.

Ophit, *m.* 3, marbre ophite.

Opiat, *n.* 2, opiat, *m.*

Opium, *n.* 2, opium, *m.* ; suc de pavot ; —tiktur, *m.* 2, laudanum.

Opponent, *m.* 3, argumentant.

Optik, *f.* optique.

Optiker, *m.* 1, Optikus, *m.* indécl. opticien.

Optisch, *adj.* optique.

Orakel, *n.* 1, oracle, *m.*

Orakelspruch, *m.* 2*, oracle.

Orange, tc., *v.* Pomeranze, tc.

Orangerie, *f.* orangerie, *f.*

Orang-Utang, *m.* 2, orang-outan, Oranien, Orange (*pays et ville*).

Oratorium, *n. exc.* 1, oratoire, *m.* ; (*mus.*) oratorio.

Orchester, *n.* 1, orchestre, *m.*

Orchestik, *f.* (*ant.*) orchestique.

Orden, *m.* 1, ordre ; congrégation, *f.* ; société, *f.*

Ordensalter, *n.* 1, majorité, *f.*

Ordensband, *n.* 5*, cordon (*m.*), collier d'un ordre ; ordre.

Ordensbruder, *m.* 1*, =geistliche, *m.* 3, frère de l'ordre, religieux, prêtre régulier. [lier, *m.*

Ordensgeistlichkeit, *f.* clergé régu-

Ordensgelübde, *n.* 1, vœux, *m. pl.* profession, *f.*

Ordensgesellschaft, *f.* congrégation ; confrérie.

Ordenskette, *f.* collier d'un ordre, *m.* [dre, *m.*

Ordenskleid, *n.* 5, habit de l'or-

Ordenskreuz, *n.* 2, =stern, *m.* 2, croix d'un ordre, *f. fm.* plaque, pop. crachat, *m.*

Ordenszeichen, *n.* 1, cordon, *m.* ; collier ; croix, *f.*

Ordentlich, *adj.* régulier ; exact ; réglé, arrangé ; ordonné ; ordinaire ; légitime ; (*jur.*) compétent ; —, *adv.* en ordre ; par ordre ; en forme.

Ordination, *f.* ordination ; (*prot.*) consécration.

Ordiniren, *v. a.* (*égl.*) ordonner ; der —de Bischof, ordinant, *m.* ; der zu —de Geistliche, ordinand.

Ordnen, *v. a.* mettre en ordre ; ranger, arranger ; placer, disposer ; régler ; ajuster, accommoder, *fm.* agencer ; discipliner *une maison* ; (*jur.*) colloquer *les créanciers*.

Ordnung, *f.* ordre, *m.* réglement,

arrangement, rang; disposition, f.; classe; discipline d'une maison, etc.; (did.) méthode; (égl.) observance; (méd.) diète.

Ordnungsliebend, adj. ami de l'ordre, rangé, arrangé.

Ordnungsmäßig, adj. régulier, en ordre, selon l'ordre, méthodique, systématique.

Ordonnanz, f. ordonnance.

Drengel, n. 1, érynge, m. (plan-Drgan, n. 2, organe, m. [te.]

Drganisation, f. organisation.

Drganisch, adj. organique.

Drganisiren, v. a. organiser.

Drganismus, m. exc. 1, organisme.

Drganist, m. 3, organiste.

Drganfinseibe, f. organsin, m.

Drgel, f. orgue, m. orgues, f. pl.; mit einer — versehen, organiser un clavecin. [gues.

Drgelbalg, m. 2*, soufflet d'or-

Drgelbau, m. 2, construction d'orgues, f. [gues.

Drgelbauer, m. 1, facteur d'or-

Drgelgehäuse, n. 1, buffet d'orgues, m. [gues.

Drgelkasten, m. 1*, cabinet d'or-

Drgeln, v. n. (b.) jouer des orgues, toucher l'orgue.

Drgelpfeife, f. tuyau d'orgue, m.

Drgelregister, n. 1, registre d'orgue, m. [bombarde.

Drgelschnarre, f., die große —,

Drgeltreter, m. 1, souffleur d'orgues.

Drgelwerk, n. 2, orgues, f. pl.

Drgelzug, m. 2*, jeux d'un orgue, pl.

Drient, m. 2, Orient, Levant.

Drientalisch, adj. oriental, du Levant.

Drientiren, v. a. orienter.

Driginal, adj. original; —, n. 2, original, m.; minute, f.

Driginalität, f. originalité.

Drkaden, f. pl. Orcades (îles).

Drkan, m. 2, ouragan, orage, tempête, f.

Drlean, m. 2, roucou (couleur).

Drlogsschiff, n. 2, vaisseau de guerre, m. [bits sacerdotaux.

Drnat, m. 2, ornements, pl. ha-

Drt, m. 2 ou 5*, lieu; endroit; place, f.; poste, m.; (cordonn.) carrelet à renverser, alène, f.

Drtband, n. 5*, bouterole, f.

Drtbeschreibung, f. topographie.

Drtbuch, n. 5 *, main cordée (d'une rame de papier), f.

Drtfeder, f. bout d'aile, m.

Drthobel, m. 1*, rabot à écorner.

Drthodor, adj. orthodoxe.

Drthodorie, f. orthodoxie.

Drthographie, f. orthographe.

Drthographisch, adj. orthographi-

que; — schreiben, orthographier.

Drtolan, m. 3, ortolan (oiseau).

Drtpfahl, m. 2*, pal, pieu du coin. [date.

Drtsangabe, f. indication de lieu.

Drtsbeschaffenheit, =gelegenheit, f. local, m. localité, f. [canton.

Drtschaft, f. endroit, m. lieu;

Drtscheit, n. 5, palonnier, m.

Drtsthalter, m. 1, quart d'un écu.

Drtsveränderung, f. changement de lieu, m.; (anat.) locomotion, f.; der —fähig, locomobile; —s- fähigkeit, locomobilité, f. faculté locomotive, locomotion; das Werk- zeug der —, locomoteur, m.

Dst, m. exc. 2, Dsten, m. 1, est, orient. [ques,

Dsterabend, m. 2, veille de pâ-

Dsterblume, f. coquelourde.

Dsterfest, n. 2, v. Dstern. [m.

Dsterlamm, n. 5*, agneau pascal,

Dsterluzei, f. (bot.) aristoloche.

Dstern, pl. pâque des juifs, f. (égl.) les pâques, pl.; pâques (sans article), m.; um — zum Abendmahl geben, faire ses pâques.

Dstertag, m. 2, pâques, f. pl.

Dsterwoche, f. semaine de pâques.

Dstfriesland, Ostfrise, f. (pays).

Dstgothe, m. 3, Ostrogoth.

Dstindien, Indes orientales, f. pl. (pays).

Dstländer, m. 1, (géogr.) ostre-

Dstsee, f. mer Baltique. [lin.

Dstwind, m. 2, vent d'est, d'amont. [père, f.

Dtter, f. loutre; aspic, m.; vi-

Dtternzezucht, n. 2, (écr. ste.) race (f.), engeance de vipère.

Dtto, n. pr. m. Othon.

Dttomanne, Dsmanne, m. 3, osmanli, Turc; die ottomannische Pforte, la Porte ottomane.

Doal, v. Eirund.

Drhoft, n. 2, oxhoft, m. (mesure de liquide).

## P.

Paar, n. 2, paire, f. couple; couple, m.; pariade de perdrix, f.

Paaren, v. a. apparier; assortir; appareiller, accoupler des animaux.

Paarung, f. accouplement, m. appariement, copulation, f.

Paarweise, adv. deux à deux; par paires; — zusammen legen, thun, apparier, coupler.

Paarzeit, f. pariade des perdrix; saison où les oiseaux s'apparient.

Pacht, m. 2* ou f. bail, m. fermage; ferme, f.; — um den halben Ertrag, moison.

Pachtanschlag, m. 2*, évaluation du bail, des produits d'une terre, f. [métayer.

Pachtbauer, m. exc. 1, fermier,

Pachtbrief, m. 2, bail.

Pachten, v. a. prendre à ferme, affermer, prendre à bail.

Pachter, Pächter, m. 1*, fermier; métayer, amodiateur; — um den halben Ertrag, moisonier. [cens.

Pachtgeld, n. 5, fermage, m.;

Pachtgut, n. 5*, ferme, f.; cense.

Pachtherr, m. 3, propriétaire d'une ferme, etc.; seigneur censier. [à ferme, amodiation, f.

Pachtvertrag, m. 2*, bail, bail

Pachtweise, adv. à ferme, à bail.

Pachtzins, m. 2, v. Pachtgeld.

Pad, m. 2*, paquet, trousseau; trousse, f.; balle, ballot, m.; liasse de papiers, f.; pacotille;

Pädchen, n. 1, dim. petit paquet, m. botte de soie, f.; — n. 2, mépr. canaille, f. racaille.

Padan, m. indécl. fm. mâtin.

Paden, v. a. prendre, saisir, empoigner; (cha.) gueuler; empaqueter, emballer; faire un ballot, un paquet; in Fässer —, enfutailler; schichtweise —, caquer, encaisser des harengs; in Kisten —, encaisser; sich —, fm. s'en aller, détaler, trousser bagage; —, s. n. 1, emballage, m.; encaissement.

Pader, m. 1, emballeur.

Paderlohn, m. 2, emballage.

Pädesel, m. 1, âne de bât; bardot; fg. fm. bardot.

Paket, n. 2, Päckchen, Päcklein, n. 1, paquet, m.; ein Päckchen Seide, une botte de soie.

Padetboot, n. 2, paquebot, m.

Padfaß, n. 5*, futaille, f. boucaut, m.

Padhaken, m. 1, (milit.) billardoire, f. [douane, f.

Padhaus, n. 5*, magasin, m.;

Padleinwand, f. serpillière, toile d'emballage. [carrelet, m.

Padnabel, f. aiguille à emballer,

Padpapier, n. 2, papier d'enveloppe (m.), d'emballage; maculature, f.

Padpferd, n. 2, cheval de bât (m.), de charge; mallier.

Padsattel, m. 1*, bât.

Padstod, m. 2*, garrot, bille, f. (libr.) loup, m. [ler, f.

Padstrid, m. 2*, corde à emballer-

Padtuch, n. 5*, v. Padleinwand; das wollene —, baline, f.

Padwagen, m. 1*, chariot de bagage, d'équipage, fourgon.

Padzeug, n. 2, emballage, m.

Pädagog, m. 3, pédagogue; gouverneur, instituteur.

Pädagogik, f. science de l'éduca-
tion.
Pädagogisch, adj. pédagogique.
Pabua, Padoue (ville).
Pabuaner, m. 1, Pabuanisch, adj.
Pafel, m. 1, rebut. [Padouan.
Pagaie, f. pagaie.
Pagament, n. 2, mélange de mé-
taux, m. (par la fusion).
Page, m. 3, page.
Paginiren, v. a. numéroter les
pages d'un livre.
Pagobe, f. pagode.            [valier.
Palabin, m. 2, ol. paladin, che-
Palander, f. balandre (vaisseau).
Palast, m. 2*, palais.
Palästina, Palestine, f. Terre
sainte (pays).
Palatin, m. 2, palatine, f.; —
ou Palatinus, palatin, m. (titre).
Palermo, Palerme (ville).
Palladium, n. exc. 1, palla-
dium, m.
Pallasch, m. 2, sabre, cimeterre.
Pallisade, f. palissade.
Pallisabiren, v. a. palissader.
Palmbaum, masc. 2*, palmier,
palme, f.
Palme, f. palme; palmier, m.
Palmesel, m. 1, âne des pâques
fleuries.             [des abeilles.
Palmhonig, m. 2, premier miel
Palmkohl, m. 2, chou palmiste.
Palmmark, n. 2, palmite, m.
Palmöl, n. 2, pumicin, m.
Palmraße, f. palmiste, m.
Palmsonntag, m. 2, dimanche
des rameaux, pâques fleuries, f.pl.
Palmstängel, m. 1, palmette, f.
Palmwein, m. 2, vin de palmier.
Palmwoche, f. semaine sainte.
Palmzucker, m. 1, sucre de pal-
Panacee, f. panacée.      [me.
Panzargummi, n. 1, opopanax, m.
Pandecten, pl. (jur.) digeste, m.
pandectes, f. pl.; ber zweite Theil
ber —, infortiat, m.
Pandore, f. (mus.) mandore.
Pandur, m. 3, pandoure.
Panele, f. Panelwerk, n. 2, (men.)
boisage, m. lambris, boiserie, f.
Panier, n. 2, Panner, 2c., voy.
Banner, 2c.
Panisch, adj. (terreur) panique.
Panzer, n. 1, Panzerrad, n. 5*,
grande roue d'un moulin, f.
Pantheist, m. 3, panthéiste; die
Lehre der —en, panthéisme.
Pantheon, n. 2, panthéon, m.
Panther, m. 1, —thier, n. 2,
panthère, f.
Pantherkaße, f. chat-pard, m.
Pantoffel, m. exc. 1, pantoufle,
f.; mule (des femmes, du pape);
ber flache —, babouche.
Pantoffelbaum, m. 2*, liége.
Pantoffelblume, f. calcéolaire.

Pantoffelholz, n. 5*, bois de lié-
ge, m.
Pantomime, f. pantomime.
Pantomimisch, adj. pantomime.
Pantschen, v. a. et n. (h.) re-
muer, battre l'eau; falsifier, fre-
later le vin.              [d'armes.
Panzer, m. 1, cuirasse, f. cotte
Panzerfisch, m. 2, cuirassé.
Panzerhandschuh, m. 2, gantelet.
Panzerhemb, n. exc. 1, cotte de
mailles, f.
Panzerkette, f. chaîne à mailles.
Panzerklinge, f. lame pointue et
forte.
Panzermacher, m. 1, armurier.
Panzern, v. a. mailler; cuiras-
ser, armer d'une cuirasse.
Panzerreiter, m. 1, cuirassier.
Panzerthier, n. 2, armadille, f.
tatou, m.
Päonie, f. pivoine (fleur).
Papa, m. 2, (t. des enfants) pa-
pa, père.
Papagei, m. exc. 1, perroquet.
Papier, n. 2, papier, m.; un-
nüßes, beschriebenes —, paperas-
se, f.
Papierblume, f. jacée des prés.
Papieren, adv. de papier.
Papiergeld, n. 5, papier-mon-
naie, m.              [papetier.
Papierhändler, m. 1, marchand
Papierkaus, f.*, pou pulsateur, m.
Papierlumpen, pl. drilles, f. pl.
Papiermacher, =müller, m. 1, pa-
petier, fabricant de papier; —zei-
chen, n. 1, filagramme, m.
Papiermühle, f. papeterie.
Papierpflanze, f. plante papyra-
cée.                   [m. pl.
Papierscheere, f. ciseaux à papier,
Papierschirm, m. 2, châssis.
Papierspäne, m. pl. 2, rognures
de papier, f. pl.
Papierstampfe, f. martinet, m.
Papierstaube, f. papyrus, m.
Papierteig, m. 2, =masse, f. pâte
à papier, papier mâché, m.
Papist, m. 3, Päpstler, m. 1, pa-
piste.              [me, m.
Papisterei, Päpstlerei, f. papis-
Papistisch, Päpstlerisch, adj. pa-
pal, ultramontain.
Pappe, f. bouillie pour les en-
fants; (rel., etc.) colle de farine;
pâte de cordonnier; (mar.) cou-
rée || carton, m.; (artif.) carte,
f.; geleimte —, moulage, m; in
— einbinden, cartonner.
Pappband, m. 2*, reliure en
carton, f. volume relié en carton, m.
Pappel, f. —baum, m. 2*, peuplier; Pappel, mauve, f.
Pappelrose, f. mauve de jardin.
Pappelweide, f. peuplier noir, m.

Pappen, adj. de carton.
Pappen, v. a. coller; cartonner;
—, v. n. (h.) travailler en carton.
Pappendeckel, m. 1, carton; (ar-
tif.) v. Pappe.
Pappendeckelhändler, =macher, Pap-
penmacher, m. 1, cartonnier, col-
leur.
Pappenstiel, m. 2, fg. fm. baga-
telle, f.
Pappig, adj. pâteux.
Papst, m. 2*, pape, saint-père.
Päpstlich, adj. papal, pontifical,
apostolique; das —e Schreiben,
le bref apostolique.
Papstthum, n. 5*, papauté, f.
dignité papale; pontificat, m.;
papisme.             [papyrus, m.
Papprus, m. indécl., —staube, f.
Parabel, f. parabole.
Parabolisch, adj. parabolique.
Parachronismus, m. exc. 1, pa-
rachronisme.
Parade, f. parade; fg. id., osten-
tation; bruit, m.; étalage.
Paradebett, n. exc. 1, lit de pa-
rade, m.              [mes, f.
Paradeplatz, m. 2*, place d'ar-
Paradies, n. 2, paradis, m.;
séjour des bienheureux.
Paradiesbaum, m. 2*, olivier
sauvage.
Paradiesfeige, f. banane.
Paradiesfeigenbaum, m. 2*, ba-
nanier.              [m.
Paradiesholz, n. 5*, bois d'aloès.
Paradiesisch, adj. fg. céleste;
délicieux.        [laguette, f.
Paradiesforn, n. 5*, (bot.) ma-
Paradiesvogel, m. 1*, oiseau de
paradis.
Paradiren, v. n. (h.) être rangé
en parade; fg. faire figure, pa-
rade, briller.          [doxe.
Parador, adj. paradoxal, para-
Paragraph, m. 3, paragraphe;
—zeichen, n. 1, id.
Parallactisch, adj. parallactique.
Parallaxe, f. parallaxe.
Parallel, adj. parallèle; ber —
Zustand, parallélisme, m.;—e, f.
parallèle.       [rallélipipède, m.
Parallelepipedum, m. exc. 1, pa-
Parallelogramm, n. 2, parallélo-
gramme, m.
Paraphernalgut, n. 5*, bien pa-
raphernal, m.
Paraphrase, f. paraphrase.
Paraphrafiren, v. a. paraphraser.
Paraphrast, m. 3, paraphraste.
Parasange, f. parasange.
Parasche, f. parasche.
Parat, adj., v. Bereit, Fertig.
Pardon, m. 2, v. Verzeihung.
Parentation, f. v. Leichenrede.
Parenthese, f. parenthèse.
Parforcejagd, f. grande chasse.

Pari, n. indécl. (comm.) pair, m.; al —, au pair.
Pariren, v. a. parer un coup;
—, v. n. (h.) fm. obéir.
Parirung, fém. (escr.) parade; (man.) arrêt, m. [parisien.
Pariſer, m. 1, Pariſiſch, adj.
Park, m. 2, parc.
Parket, n. 2, parquet, m.
Parlament, n. 2, parlement, m.
Parlamentär, m. 2, (guer.) parlementaire; —ſchiff, n. 2, id., vaisseau parlementaire, m.
Parlamentsanhänger, m. 1, parlementaire.
Parmeſankäſe, m. 1, parmesan.
Parnaß, m. 2, (poés.) Parnasse.
Parobie, f. parodie.
Parodienmacher, m. 1, parodiste.
Parodiren, v. a. parodier.
Parole, f. mot d'ordre, m. ordre, mot du guet; parole, f.
Paroli, n. 2, paroli, m. (jeu).
Paroxismus, m. exc. 1, (méd.) paroxisme.
Parquett, n. 2, parquet, m.
Part, m. 2, part, f. portion; halb —! partageons; j'en retiens la moitié!
Partei, f. parti, m.; faction, f.; complot, m.; (jur.) partie adverse, f. [tisan.
Parteigänger, m. 1, (guer.) par-
Parteigriff, m. 5, esprit de parti.
Parteiiſch, Parteilich, adj. partial; —, adv. avec partialité.
Parteilichkeit, f. partialité.
Parteilos, adj. impartial.
Parteiloſigkeit, f. impartialité.
Parteiung, f. désunion, division.
Parther, m. 1, Parthe.
Parthien, Parthe, f. (anc. pays).
Parthiſch, adj. parthique.
Particivium, n. exc. 1, (gramm.) participe, m.
Partie, f. partie; parti, m.; mariage; die Doppelte —, (jeu) bredouille, f.
Partiegeld, n. 5, (jeu) frais, m. pl.
Partienweiſe, adv. en troupes détachées.
Partikel, f. (gramm.) particule.
Partiſane, f. pertuisane (arme).
Partite, f. (comm.) parties, pl.; intrigues, ruses, finesses.
Partitur, f. (mus.) partition.
Partner, m. 1, (cart.) partenaire.
Parze, f. (myth.) Parque; —n, pl. fm. sœurs filandières.
Paſch, m. 2, (jeu des dés) doublet, rafle, f. [pacha.
Paſcha, m. 1, (Turq.) bacha.
Paſchalik, n. 2, pachalic, m.
Pasquill, n. 2, pasquinade, f.
Pasquillant, m. 3, libelliste.

Paß, m. 2*, pas, défilé, détroit, gorge, f.; passage, m.; chemin; avenue, f. || passe-port, m.; (Turq.) firman; (man.) amble.
Paß, adv. juste; zu — kommen, venir à propos.
Paſſade, f. (man.) passade.
Paſſage, f. passage, m.; allure mesurée du cheval, f.; —n machen, —n machen laſſen, passager; —, (mus.) roulement de voix d'une note à l'autre, m.
Paſſagier, m. 2, voyageur.
Paſſatwind, m. 2, (mar.) mousson, f. vent alizé.
Paſſe, f. (meun.) arrêt de moulin, m.; (mar.) pierrier.
Paſſen, v. a. ajuster; accommoder; assortir; —, v. n. (h.) cadrer, s'accorder (auf, avec); être juste; s'appliquer (auf, à); fm. attendre qch.; (jeu) passer.
Paſſend, adj. juste (habit); assortissant (couleur); convenable, pertinent, analogue (auf, à); auf einander —, (géom.) coincident.
Paßgang, m. 2*, (man.) amble; der balbe —, traquenard.
Paßgänger, m. 1, cheval qui va l'amble.
Paſſig, adj. en relief, ciselé, bosselé.
Paſſionsblume, f. grenadille.
Paſſionsgeſchichte, f. passion, histoire de la passion.
Paſſionspredigt, f. passion.
Paſſionswoche, f. semaine sainte.
Paſſionszeit, f. carême, m.
Paſſiren, v. n. (f.) passer; se passer. [passavant.
Paſſirzettel, m. 1, passe-avant,
Paſſiv, adj. passif; —s und Aktivvermögen, (comm.) doit et avoir, m. [m.
Paßlich, adj., v. Paſſend.
Päßlich, adj. passable.
Paſte, f. pierre fausse.
Paſtell, m. 2, pastel. [pastel.
Paſtellmaler, m. 1, peintre en
Paſtellmalerei, f. =gemälde, n. 1, peinture au pastel; f. pastel, m.
Paſtellſtift, m. 2, crayon de pastel.
Paſtete, f. pâté, m. [tel.
Paſtetenbäcker, m. 1, pâtissier.
Paſtetenboden, m. 1*, abaisse de
Paſtetenbrett, n. 5, rondeau, m.
Paſtetenwerk, n. 2, pâtisserie, f.
Paſtinate, f. =wurzel, f. pastenade, panais, m. (plante potagère).
Paſtor, m. exc. 1, pasteur, curé, ministre.
Paſtorinn, f. femme du pasteur.
Patate, f. batate, patate.
Patent, n. 2, patente, f. lettres patentes, pl.; brevet, m. diplôme; (guer.) commission, f.; einem ein — ertheilen, breveter qn.; mit ei-

nem — verſehen, adj. patenté, breveté.
Pater, m. 1, père; religieux.
Paternoſter, n. 1, pater, m. oraison dominicale, f.; chapelet, m. rosaire.
Paternoſtermacher, m. 1, patenôtrier. [pelet, m.
Paternoſterwerk, n. 2, (méc.) cha-
Palbe, m. 3, parrain, filleul.
Pathenbrief, =ſchein, m. 2, =zettel, m. 1, billet, certificat de baptême.
Pathengeld, n. 5, =geſchenk, n. 2, =pfennig, m. 2, présent de baptême.
Pathetiſch, adj. pathétique.
Pathinn, f. marraine, filleule.
Pathognomeniſch, Pathognomiſch, adj. pathognomonique.
Pathologie, f. (méd.) pathologie.
Pathologiſch, adj. pathologique.
Patient, m. 3, =inn, f. malade, m. et f.
Patriarch, m. 3, patriarche.
Patriarchaliſch, adj. patriarcal.
Patriarchat, n. 2, patriarcat, m.
Patriot, m. 3, patriote.
Patriotiſch, adj. patriotique, civique.
Patriotismus, m. indécl. patriotisme, civisme.
Patrize, f. poinçon, m.
Patrizier, m. 1, patricien, patrice.
Patrizierwürde, f. patriciat, m.
Patriziſch, adj. patricien.
Patrolle, Patrulle, f. patrouille; banderolle de trompette.
Patron, m. 2, patron; fg. protecteur; collateur d'un bénéfice; =inn, f. patronne; protectrice.
Patronat, —recht, n. 2, patronage, m. collation, f.
Patrone, f. patron, m. modèle, forme, f. (guer.) cartouche; (artill.) gargousse.
Patronenſad, m. 2*, (artill.) gargoussière, f.
Patrontaſche, f. giberne; das Holz in ter —, cartouchier, m.
Patrontaſchenriemen, m. 1, bandoulière, f. [que.
Patronymiſch, adj. patronymi-
Patſch, interj. crac! pouf!
Patſche, f. claque; battoir, m.; fm. main, f.; Pätſchchen, n. 1, dim. menotte, f.; —, fg. embarras, m.
Patſchen, v. a. claquer; —, v. n. (h.) fm. patauger; es regnet daß es patſcht, il pleut à verse.
Patſchfuß, m. 2*, pied plat; —t, pl. (hist. nat.) palmipèdes.
Patzig, adj. pop. fier, arrogant.

Pauke, f. timbale.
Pauken, v. n. (h.) battre les timbales; —, v. a. frapper; fm. battre, rosser.
Paukenklöppel, =schlägel, m. 1, baguette de timbales, f.
Paukenschall, m. 2*, son des timbales.
Paukenschläger, m. 1, timbalier.
Paul, Paulus, n. pr. m. Paul.
Paulina, n.pr. f. Pauline, Paule.
Paulinus, n. pr. m. Paulin.
Pausche, f. (dessin.) ponce.
Päuschel, m. 1, (min.) masse, f.
Pauschen, v. a. écraser le minerai || poncer.
Pause, f. pause.
Pausiren, v. n. (h.) pauser, faire une pause. [se, f. bâton, m.
Pavia, Pavie (ville).
Pavian, m. 2, babouin (singe).
Pech, n. 2, poix, f. goudron, m.; weißes —, poix-résine, f.; mit — überziehen, poisser.
Pechartig, Pechicht, adj. tenant de la poix, bitumineux.
Pechbaum, m. 2*, pin.
Pechbrenner, m. 1, poisseur.
Pechdraht, m. 2*, (cordonn.) ligneul, chégros.
Pechen, v. n. (h.) faire de la poix; —, v. a. poisser.
Pechfackel, f. torche, flambeau, m. [sée.
Pechhaube, =kappe, f. calotte poissée.
Pechhütte, f. poisserie.
Pechig, adj. poissé, résineux.
Pechkelle, f. cuiller à brai.
Pechkranz, m. 2*, tourteau goudronné, cercle à feu.
Pechnelke, f. attrape-mouche.
Pechpfanne, f. chaudière à poix; (fortif.) lampion à parapet, m.
Pechpflaster, n. 1, dropax, m.
Pechschwarz, adj. noir comme jais.
Pechtanne, f. sapin rouge, m.
Pechtorf, m. 2, tourbe bitumineuse, f.
Pedal, n. 2, pédale, f.
Pedant, m. 3, pédant.
Pedanterei, f. pédanterie.
Pedantisch, adj. pédantesque.
Pedell, m. 3, bedeau, massier, porte-verge, appariteur; huissier.
Pedellenstab, m. 2*, masse de bedeau, f.
Peerlseine, v. Perlseine.
Pegasus, m. indécl. Pégase.
Pein, f. douleur; tourment, m.; peine, f. souffrance; martyre, m.
Peinigen, v. a. tourmenter; faire souffrir; martyriser, causer des douleurs à qn.; fg. persécuter, harceler, bourreler.
Peiniger, m. 1, bourreau; ques-

tionnaire; fg. persécuteur, bourreau. [france, f.; torture.
Peinigung, f. tourment, m. souffrance; cruel; (jur.) criminel; capital; zur —en S. machen, criminaliser. [brière, f.
Peitsche, f. fouet, m.; chambrière, f.
Peitschen, v. a. fouetter, flageller.
Peitschenhieb, m. 2, coup de fouet. [fouet, f.
Peitschenriemen, m. 1, lanière du fouet.
Peitschenschnur, f.*, fouet, m.
Peitschenstock, m. 2*, manche du fouet. [polonaise.
Pelesche, f. polonaise, redingote
Pelikan, m. 2, pélican, grandgosier; (dent.) pélican, davier.
Pelitsche, f. (bot.) coronille.
Pell, m. 2, fourrure, f.; pelisse; fg. fm. peau; einem den — ausklopfen, fm. rosser qn.; einem den — waschen, rosser qn.; laver la tête à qn.
Pelzen, v. a. (jard.) enter, greffer; dépouiller un lièvre; fg. fm. rosser; —; s. n. 1, opération de la greffe, f.
Pelzfutter, n. 1, fourrure, f.
Pelzhandel, m. 1, commerce en pelleterie. [letier.
Pelzhändler, m. 1, marchand pelletier.
Pelzhandschuh, m. 2, gant fourré.
Pelzicht, adj. cordé, cotonneux; — werden, se corder (raves).
Pelzkäfer, m. 1, dermeste.
Pelzkragen, masc. 1*, collet de fourrure; palatine, f.
Pelzmantel, masc. 1*, manteau fourré; aumusse des chanoines, f.
Pelzmütze, f. bonnet fourré, m.
Pelzsammet, m. 2, panne, f.
Pelzstrumpf, m. 2*, bas de pelisse. [leterie, f. fourrure.
Pelzwaare, f. =wert, n. 2, pelleterie, f.
Pendel, Pendul, n. 1, pendule, m.
Pendelhalter, m. 1, coq.
Pendeluhr, f. pendule.
Pennal, n. 2, étui à plumes, f.
Pentameter, m. 1, (pros.) pentamètre.
Perennirend, adj. (bot.) vivace.
Pergament, n. 2, parchemin, m.; vélin. [en parchemin, f.
Pergamentband, m. 2*, reliure
Pergamenten, adj. de parchemin.
Pergamenter, Pergamentmacher, Pergamenthändler, m. 1, parcheminier.
Pergamenterei, =macherei, f. =bandel, m. 1, parcheminerie, f.
Pergamentform, f. caucher, m.
Pergamenthäutchen, n. 1, (anat.) membrane, f. [son, m.
Pergamentmacherfreibe, f. groi-
Pergamentzeug, n. 2, fourreaux m. pl. (des batteurs d'or).

Periode, f. période.
Periodenreich, adj. (rhét.) périodique.
Periodisch, adj. périodique.
Peripatetiker, m. 1, péripatéticien.
Peripatetisch, adj. péripatétique.
Perkal, m. 2, percale, f.
Perle, f. perle; die echte —, perle fine; —, maille à l'œil; fg. larme; perle; fleuron, m.; mit —en besetzt, perlé.
Perleisen, n. 1, perloir, m.
Perlen, v. n. (h.) (du vin) pétiller, mousser; geperlt, perlé.
Perlenauster, f. huitre perlière.
Perlenbohrer, m. 1, perce-perle.
Perlenfang, m. 2*, Perlenfischerei, f. pêche des perles.
Perlenfänger, Perlenfischer, m. 1, pêcheur de perles, plongeur.
Perlenmutter, f. nacre.
Perlenmuttermuschel, f. mère perle.
Perlenmutterschnecke, f. burgau, m.
Perlenschmuck, m. 2, garniture de perles, f. [les, m.
Perlenschnur, f.*, collier de perles, huitre à perles.
Perlfarbe, f. =farben, =farbig, adj. gris de perles; couleur de nacre.
Perlfisch, m. 2, able, ablette, f.
Perlgerste, Perlgraupe, f. orge perlé, mondé, m.
Perlgras, n. 5*, mélica, m.
Perlhuhn, n. 5*, pintade, f. peintade.
Perlicht, adj. qui ressemble aux perles; das —t am Hirschgeweih, perlure, f.
Perlmutter, f., v. Perlenmutter.
Perlmuttel, f., v. perruque.
Perlsäure, f. acide perlé, m.
Perlschrift, f. (impr.) perle, parisienne.
Permanent, adj. permanent.
Permanenz, f. permanence.
Peroriren, v. n. (h.) pérorer, faire une harangue.
Perpendikel, m. 1, pendule.
Perpendikuluhr, f. pendule.
Perpendikulär, v. Senkrecht.
Perrücke, f. perruque.
Perrückenfutter, n. 1. =haube, f. coiffe de perruque. [quier.
Perrückenmacher, masc. 1, perruquier.
Perrückennep, n. 2, coiffe, f.
Perrückenstock, =topf, m. 2*, tête à perruque, f. [Perse.
Perser, m. 1, Persan, (anc.)
Persich, ec., v. Pfirsche, ec.
Persicot, m. 2, persicot.
Persien, Perse, f. (pays).
Persisch, adj. perse, persan, persique.

**Person,** f. personne; personnage, m.; (*théol.*) hypostase, f.; die stumme —, (*théât.*) comparse; klein von —, de petite taille; für meine —, pour moi, quant à moi.

**Personale,** n. 1, personnel m., personnes (f. pl.), membres (m. pl.) d'un corps. [f. pl.

**Personalien,** pl. personnalités,

**Personendichtung,** f. prosopopée.

**Personifiziren,** v. a. personnifier.

**Persönlich,** adj. personnel;(féod.) lige (hommage); (théol.) hypostatique.

**Persönlichkeit,** f. personnalité.

**Perspectiv,** n. 2, télescope, m. tube; lunette d'approche, f.

**Perspective,** f. perspective.

**Perspectivisch,** adj. perspectif; scénographique; das —e Bild, perspective, f. scénographie; —, adv. en perspective.

**Pertinenzien,** pl. (jur.) appartenances et dépendances, f. pl.

**Pertleine,** f. (mar.) marche-pied,

**Peru,** Pérou, m. (pays). [m.

**Peruvianisch,** adj. péruvien; —e Rinde, quinquina, m.

**Pest,** f. peste, contagion.

**Pestartig,** adj. pestilentiel, pestilent.

**Pestarznei,** f. —mittel, n. 1, remède contre la peste, m. remède antipestilentiel. [pestiférés.

**Pestarzt,** m. 2°, médecin pour les

**Pestbeule,** f. bubon pestilentiel, m. charbon. [neux.

**Pestbeulenartig,** adj. charbon-

**Pestblase,** f. pustule pestilentielle.

**Pestessig,** m. 2, vinaigre des quatre voleurs.

**Pesthaus,** n. 5°, maison (f.), hôpital (m.) pour les pestiférés.

**Pestheilend,** adj. antipestilentiel.

**Pestilenz,** f. peste.

**Pestilenzialisch,** adj. pestilentiel, pestilentieux; pestiféré, pestifère.

**Pestilenzwurz,** f. cacalia, pétasite, m. (plante). [pestiféré.

**Pestkrant,** adj. malade de la peste,

**Pestluft,** f°. air pestilentiel, m. air pestiféré.

**Pestmänner,** m. pl. 5°, corbeaux, ceux qui enlèvent les pestiférés.

**Pestmittel,** n. 1, v. Pestarznei.

**Petarde,** f. (artif.) pétard, m.; mit — auffprengen, pétarder.

**Petardirer,** m. 1, pétardier.

**Peter,** n. pr. m. Pierre, dim. Pierrot.

**Petermännchen,** n. 2, pierrot, m. S.-Pierre (monnaie d'Allemagne de 5 creuzer).

**Petersfisch,** m. 2, vive, f.

**Petersilie,** f. persil, m.

**Petersilienbrühe,** f. persillade.

**Petersilientraube,** f. cioutat, m.

**Peterskraut,** n. 5°, helxine, f.

**Peterspfennig,** m. 2, denier Saint-Pierre, romescot.

**Petschaft,** f. cachet, m.

**Petschaftstecher,** n. 1, graveur de cachets.

**Petschiren,** v. a. cacheter.

**Petschirring,** m. 2, anneau à cacheter.

**Petunze,** f. (minér.) petunsé, m.

**Petz,** m. 2, fm. ours. [min.

**Pfad,** m. 2, sentier; fg. che-

**Pfaff, Pfaffe,** m. 3, mépr. prêtre, moine; frocard, dim. presfolet.

**Pfaffenblatt,** n. 5°, pissenlit, m.

**Pfaffenfisch,** m. 2, uranoscope.

**Pfaffenhut,** m. 2°, (bot.) fusain, potiron.

**Pfaffenkappe,** f. bonnet de prêtre, m. bonnet carré.

**Pfaffenmäßig, Pfäffisch,** adj. monacal; de prêtre; de moine.

**Pfaffennuppe,** f., v. Pfaffenkappe, (arch.) demoiselle, f. hie, mouton, m.; (fortif.) bonnet à prêtre.

**Pfaffenschnitt,** m. 2, =bißchen, n. 1, fm. meilleur morceau, m. morceau friand.

**Pfafferei,** f. (mépr.) moinerie; monachisme, m.

**Pfahl,** m. 2°, pieu; poteau; pilotis, (vigne) échalas; palis; piquet; jalon; (mar.) bitton; (jur.) pilori, carcan; (blas.) pal.

**Pfahlbau,** m. 2, pilotage.

**Pfahlbürger,** m. 1, franc-bourgeois. [avant-picu.

**Pfahleisen,** n. 1, =balter, m. 1,

**Pfählen,** v. a. piloter; garnir de pieux; jalonner; palissader; échalasser; (jur.) empaler; —, s. n. 1, pilotage, m.

**Pfahlholz,** n. 5°, bois à faire des pieux, des échalas, m. [f.

**Pfahlramme,** f. mouton, m. hie,

**Pfahlwerk,** n. 2, pilotage, m.; palée, f.; culée; fraisement aux ponts, m.; (fortif.) palissade, f. fraise. [— treiben, pivoter.

**Pfahlwurzel,** f. pivot, m.; eine

**Pfahlzaun,** m. 2°, échalier.

**Pfalz,** f. palais, m. || Palatinat; der Churfürst von der —, électeur palatin.

**Pfalzburg,** Phalsbourg (ville).

**Pfalzgraf,** m. 3, =gräfinn, f. comte palatin, m. comtesse palatine, f.

**Pfalzgräflich,** adj. palatin.

**Pfand,** n. 5°, gage, m.; nantissement; dépôt; arrhes, f. pl.; hypothèque; fg. gage, m.; einem ein — geben, nantir qn. de qch.; um —er spielen, jouer au gage touché.

**Pfändbar,** adj. exploitable.

**Pfandbrief,** m. 2, hypothèque, f.

**Pfandbuch,** n. 5°, registre des hypothèques, m.

**Pfandbürge,** m. 3, otage.

**Pfandcontract,** m. 2, contrat pignoratif.

**Pfänden,** v. a. saisir les effets de qn., exécuter qn., se nantir de qch., mettre une bête en fourrière.

**Pfänderspiel,** n. 2, jeu au gage touché, m.; ein — spielen, jouer au gage touché. [sie, m.

**Pfandgeld,** n. 5°, droit de sai-

**Pfandgläubiger,** m. 1, créancier hypothécaire, engagiste.

**Pfandgut,** n. 5°, bien engagé, m.

**Pfandhaber,** =inhaber, m. 1, créancier engagiste.

**Pfandhaus,** n. 5°, v. Leihhaus.

**Pfandnupungsvertrag,** m. 2°, antichrèse, f.

**Pfandrecht,** n. 2, droit de saisie, m. hypothéque, f.

**Pfandschaft,** f. hypothèque.

**Pfandschaftlich,** adj. hypothécaire; pignoratif; —, adv. à titre de gage.

**Pfandschilling,** m. 2, arrhes, f. pl.; somme prêtée sur gage.

**Pfandschuld,** f. dette hypothécaire.

**Pfandstall,** m. 2°, fourrière, f.

**Pfändung,** f. saisie, saisie-gagerie, exécution, mainmise.

**Pfandweise,** adv. en forme de gage; pour sûreté; hypothécairement.

**Pfännchen,** n. 1, poêlon, m.

**Pfanne,** f. poêle, tourtière; lèchefrite; — ohne Füße, casserole; —, (mét.) crapaudine; (impr.) grenouille; (arg.) bassinet, m.; (anat.) boite, f. acétabule, m. cotyle d'un os; die Pfache —, la cavité glénoïdale; eine —voll, une poêlonnée.

**Pfannendeckel,** m. 1, couvercle d'une poêle; batterie d'un fusil, f.

**Pfannenflider,** m. 1, drouineur.

**Pfannenschmied,** m. 2, poêlier.

**Pfänner,** masc. 1, propriétaire d'une saline. [niers, m.

**Pfännerschaft,** f. corps des sau-

**Pfannkuchen,** m. 1, omelette, f. crêpe, beignet, m. [sial.

**Pfarracker,** m. 1°, champ parois-

**Pfarrdienst,** m. 2, cure, f.

**Pfarrdorf,** n. 5°, village paroissial, m.

**Pfarre, Pfarrei,** f. cure; paroisse.

**Pfarrer,** m. 1, **Pfarrherr,** m. 3, (cath.) curé; (prot.) pasteur, ministre.

**Pfarrgeistlich,** f. casuel, m.

**Pfarrgehülfe,** m. 3, (cath.) habitué, vicaire; (prot.) diacre.

II.              18

Pfarrgemeinde, f. paroisse.
Pfarrgenoß, m. 3, paroissien.
Pfarrgut, n. 5*, bien curial, m.
Pfarrhaus, n. 5*, cure, f. maison curiale; presbytère, m.
Pfarrkind, n. 5, paroissien, m., ne, f.
Pfarrkirche, f. église paroissiale.
Pfau, m. 3, paon (pan); ber junge —, paonneau (panneau).
Pfauenauge, n. exc. 1, œil de paon, m.; mit —n, (man., etc.) miroité. [argus.
Pfaufasan, m. 3, faisan paon,
Pfauhenne, f. paonne (panne).
Pfautaube, f. pigeon-paon, m.
Pfebe, f. pepon, m. (citrouille).
Pfeffer, m. 1, poivre; ber fein geftoßene —, mignonnette, f.; prov. ba liegt ber Hafe im —, c'est là que git le lièvre.
Pfefferbaum, m. 2*, poivrier.
Pfefferbrühe, f. poivrade.
Pfefferbüchse, f. poivrière.
Pfefferfresser, m. 1, toucan (oiseau).
Pfeffergurke, f. cornichon, m.
Pfefferkorn, n. 5*, grain de poivre, m. [f. sarriette.
Pfefferkraut, n. 5*, passe-rage,
Pfefferkuchen, m. 1, pain d'épice; ber dünne —, harte —, croquet.
Pfeffermünze, f. menthe poivrée.
Pfeffern, v. n. (h.) sentir le poivre; —, v. a. poivrez, assaisonner de poivre.
Pfeffernuß, f.*, petit pain d'épice en forme de noisette, m.
Pfefferschwamm, m. 2*, agaric, chanterelle, f.
Pfeife, f. sifflet, m. fifre, pipeau; pipe, f.; (org.) tuyau, m.; (tiss.) bobine, f.; (jard.) flûte.
Pfeifen, v. a. et n. 5†, siffler; —, s. n. 1, sifflement, m. [m.
Pfeifenbrett, n. 5 tamis d'orgue,
Pfeifenerde, f. terre à pipes.
Pfeifenförmig, adj. en tuyau; tubulé. [tuyau d'orgue.
Pfeifenfuß, m. 2*, bouche d'un
Pfeifenfutter, n. 1, étui de flûte ou de pipe, m.
Pfeifenkopf, m. 2*, tête de pipe, f. [tuyau d'orgue.
Pfeifenloch, n. 5*, lumière d'un
Pfeifenmacher, m. 1, faiseur de flûtes, de pipes.
Pfeifenmundstück, n. 2, anche, f.
Pfeifenräumer, m. 1, cure-pipe.
Pfeifenrohr, n. 2, tuyau de pipe, m. [mis d'orgue.
Pfeifenstock, m. 2*, pied du ta-
Pfeifenstopfer, m. 1, tampon.
Pfeifenwerk, n. 2, tuyaux d'orgue, m. pl.
Pfeifer, m. 1, fifre; joueur de flûte; siffleur.

Pfeil, m. 2, flèche, f.; trait, m.; dard; javelot, m. fg. trait.
Pfeiler, m. 1, pilier; pilastre; pile d'un pont, f.; montant (m.), jambage d'une porte. [bleau.
Pfeilerbogen, m. 1*, arc-dou-
Pfeilerspiegel, m. 1, trumeau.
Pfeilerwerk, n. 2, jambage, m.
Pfeilfeder, f. empennes, pl. plumasseau, m.
Pfeilfisch, m. 2, orphie, f.
Pfeilkraut, n. 5*, flèche d'eau, f. sagette.
Pfeilmuschel, f. pholade.
Pfeilnaht, f.*, suture sagittale (anat.).
Pfeilschlange, f. dard, m. javelot.
Pfeilschnell, adj. et adv. avec la rapidité d'un trait.
Pfeilschuß, m. 2*, coup de flèche.
Pfeilschütz, m. 3, archer, arbalétrier. [liard, obole, f.
Pfennig, Pfenning, m. 2, denier,
Pfennigfuchser, m. 1, fm. pincemaille. [drachme, m.
Pfenniggewicht, n. 2, quart de
Pfennigkraut, n. 5*, nummulaire, f. [m. parcage.
Pferch, m. 2, Pferche, f. parc,
Pferchen, v. a. parquer; —, s. n. 1, parcage, m.
Pferdchins, m. 2, parcage.
Pferd, n. 2, cheval, m.; (enfantin) dada; bas verschnittene —, hongre; zu —e bienen, servir dans la cavalerie; zu —e blasen, sonner le boute-selle; frische —, des relais, m.; bas übergählige —, Beipferd; zu —e, à cheval; bie Bildsäule zu —e, la statue équestre. [naire, m. hippiatrique, f.
Pferdearzneikunst, f.*, art vétéri-
Pferdearzneischule, f. école vétérinaire.
Pferdearzt, m. 2*, médecin vétérinaire; maréchal expert.
Pferdebohne, f. grosse fève.
Pferdebremse, f. taon (ton), m.
Pferdedecke, f. housse, caparaçon, m.
Pferdefrohne, f. corvée en journées de chevaux. [val.
Pferdefuß, m. 2*, pied de che-
Pferdegebiß, n. 2, mors, m.; — auf türkische Art, genette, f.
Pferdegeschirr, n. 2, harnais, m.
Pferdegurt, m. f. .sangle.
Pferdehaar, n. 2, crin de cheval, m. poil de cheval.
Pferdehals, m. 2*, encolure, f.
Pferdehandel, m. 1*, maquignonnage.
Pferdehändler, m. 1, maquignon.
Pferdeharnisch, m. 2, ol. barde, f.
Pferdehuf, m. 2, corne du pied de cheval, f. sabot, m.
Pferdeknecht, m. 2, palefrenier.

Pferdekopf, m. 2*, tête de cheval, f.; ber vordere Theil des —s, chanfrein, m.
Pferdekrippe, f. mangeoire.
Pferdekummet, n. 2, collier, m.
Pferdeleine, f. longe.
Pferdemähne, f. crinière.
Pferdemarkt, m. 2*, marché aux chevaux.
Pferdemäßig, adj. et adv. comme un cheval, en cheval; fg. fm. comme une bête.
Pferdemilch, f. lait de jument, m.
Pferderennen, n. 1, course de chevaux, f.
Pferdeschau, f. montre.
Pferdeschenkel, m. 1, ber vordere —, bras; ber hintere —, jambe, f.
Pferdeschwanz, m. 2*, =schweif, m. 2, queue de cheval, f.; — faft ohne Haare, arête. [voir.
Pferdeschwemme, f. gué, m. abreu-
Pferdestall, m. 2*, écurie, f.
Pferdestein, m. 2, hippolithe, f.
Pferdestriegel, m. 1, étrille, f.
Pferdezucht, f. manière d'élever et de dresser les chevaux.
Pfesen, v. a. procl., v. Kneipen.
Pfiff, m. 2, coup de sifflet; fg. fm. finesse, f. ruse; chicane.
Pfifferling, m. 2, espèce de champignon; fg. chose de rien, f.
Pfiffig, adj. fm. rusé; fin, adroit; finaud, matois.
Pfiffigkeit, f. fm. finesse, ruse.
Pfingstblume, =rose, f. pivoine.
Pfingsten, pl. Pentecôte, f.
Pfingstnelke, f. mignarde.
Pfingstvogel, m. 1*, merle doré.
Pfipps, v. Pipps. [f.
Pfirsche, f. Pfirsich, m. 2, pêche.
Pfirsichbaum, m. 2*, pêcher.
Pfirsichblüthe, f. fleur de pêcher.
Pfirsichblüthfarben, adj. couleur de fleur de pêcher, aubert.
Pfirsichbranntwein, m. 2, amande de pêche, f.
Pfirsichkern, m. 2, noyau de pêche, f.
Pfirsichkraut, n. 5*, persicaire, f.
Pfirt, Ferrette (ville). [che.
Pflanze, f. plante. [établir.
Pflanzen, v. a. planter; fg. id.,
Pflanzenartig, adj. végétal.
Pflanzenbeschreibung, f. phytographie.
Pflanzenfressend, adj. herbivore.
Pflanzengift, n. 2, venin végétal, m.
Pflanzenkenner, m. 1, botaniste.
Pflanzenkunde, =lehre, =wissenschaft, f. botanique; phytologie.
Pflanzenleben, n. 1, vie végétale, f.; ein — führen, végéter.
Pflanzenmark, n. 2, parenchyme, m. moelle des plantes, f.
Pflanzenöl, n. 2, huile végétale, f.

Pflanzenreich, n. 2, règne végétal, m. [suc (m.) des plantes.
Pflanzensaft, m. 2*, sève (f.),
Pflanzensalz, n. 2, sel végétal, m.
Pflanzensammler, m. 1, botaniscur, herboriseur.
Pflanzenschleim, m. 2, mucilage.
Pflanzenstein, m. 2, phytolithe, f.
Pflanzer, m. 1, planteur; colon.
Pflanzholz, n. 5*, plantoir, m.
Pflanzreis, n. 5, =schößling, m. 2, scion, plant.
Pflanzschule, f. pépinière.
Pflanzstadt, f.*, colonie.
Pflanzung, f. plantation; plantage, m.; colonie, f. habitation.
Pflanzwolk, n. 5*, colonie, f.
Pflaster, n. 1, emplâtre, m. || pavé; carreau, carrelage; ein Bruch um —, flache, f.; das — in einer Straße aufreißen, dépaver une rue; fg. ein theueres —, un endroit où il fait cher vivre; das — treten, battre le pavé. [leur.
Pflasterer, m. 1, paveur, carre-
Pflastergeld, n. 5, droit de passe, m. barrage; v. Pflasterlohn.
Pflasterhammer, m. 1*, marteau d'assiette.
Pflasterhaue, f. marteau de paveur, m. [telage.
Pflasterlohn, m. 2, pavage, car-
Pflastern, v. a. paver; carreler; fm. appliquer un emplâtre; —, s. n. 1, pavage, m. pavement, carrelage.
Pflasterramme, f. demoiselle, hie.
Pflasterstein, m. 2, pavé, pierre à paver, f.; (arch.) dalle, carreau, m.; die Bleibe großer —t, canivaux, m. pl.
Pflastertreter, m. 1, mépr. batteur de pavé, fainéant. [pavé.
Pflasterweg, m. 2, pavé, chemin
Pflaum, ꝛc., v. Flaum, ꝛc.
Pflaume, f. prune; gedörrte —n, prunes sèches, pruneaux, m. pl.; grüne —, reine-Claude, f.; violette —, diaprée, prune diaprée.
Pflaumenbaum, m. 2*, prunier.
Pflaumengarten, m. 1*, prunelaie, f. [prunes.
Pflaummus, n. 2, marmelade de
Pflege, f. soin, m.; éducation, f.; nourriture, entretien (m.) d'une personne; tutelle (f.), curatelle d'un mineur; administration, gestion des biens; direction des affaires.
Pflegältern, pl. parents nourriciers, m. [nourrisson, m.
Pflegekind, n. 5, pupille, m. et f.;
Pflegemutter, f. mère nourricière.
Pflegen, v. a. avoir soin de qn., de qch.; soigner, élever, entretenir, nourrir qn.; seiner Bequemlichkeit —, prendre ses aises; der

Wollust —, s'adonner aux plaisirs de la volupté, sich —, fm. se choyer, avoir soin de sa personne; —, v. n. (b.) avoir coutume, être accoutumé de.
Pflegen, v. a. rarem. 6, Gerechtigkeit —, rendre, administrer la justice, —, exercer une charge; Rath —, délibérer avec qn.; Unterhandlung —, traiter d'une affaire avec qn.; Umgang mit jemanden —, entretenir une liaison avec qn.; cultiver la connaissance de qn.; der Güte —, employer les voies de la douceur.
Pfleger, m. 1, administrateur; curateur d'un pupille.
Pflegesohn, m. 2*, =tochter, f.*, v. Pflegekind. [cier.
Pflegevater, m. 1*, père nourri-
Pflegling, v. Pflegekind.
Pflegschaft, f. curatelle, tutelle.
Pflegung, f. soin (m.) qu'on donne à qn., à qch.; entretien.
Pflicht, f. devoir, m.; obligation, f.; serment de fidélité, m. hommage; seine — thun, faire, remplir son devoir, bien faire; sich etw. zur — machen, se faire un devoir de qch.; einen in Eid und — nehmen, faire prêter le serment de fidélité à qn. [f.
Pflichtanker, m. 1, grande ancre,
Pflichtig, adj. obligé, lié par serment. [devoir.
Pflichtmäßig, adj. conforme au
Pflichttau, n. 2, maitre câble, m.
Pflichttheil, m. 2, légitime, f.
Pflichtvergessen, adjectif, qui agit contre son devoir; perfide; ein —er Beamter, prévaricateur, m.
Pflichtvergessenheit, f. (im Amte) prévarication, forfaiture.
Pflichtwidrig, adj. contraire au devoir; inofficieux (testament); die —e Handlung, forfaiture, f.; — handeln, (prat.) forfaire.
Pflichtwidrigkeit, f. (jur.) inofficiosité.
Pflock, m. 2*, cheville, f.; pieu, m.; croc, coin, (guer.) piquet, fiche, f.; —t, pl. (nav.) cabillots, m.
Pflöcken, v. a. attacher, fixer avec des chevilles; garnir de chevilles. [f.
Pflöckert, m. 2 (cordonn.), broche,
Pflücken, v. a. cueillir des fruits, etc.; plumer, déplumer des oiseaux.
Pflug, m. 2*, charrue, f.; hinter dem — gehen, mener la charrue.
Pflugbalken, m. 1, arbre de charrue.
Pflugbar, adj. labourable, arable.
Pflugbeil, n. 2, hachette, f.
Pflugeisen, n. 1, coutre, m.

Pflügen, v. a. labourer, —, s. n. 1, labourage, m.; labour.
Pflüger, m. 1, laboureur.
Pflugholz, n. 5*, sellette, f.
Pflugmacher, m. 1, charron.
Pflugpferd, m. 2, cheval de labour, m. [curette, f.
Pflugreute, f. curoir, m. curon;
Pflugschar, f. soc, m.
Pflugscharbein, n. 2, (anat.) vomer, m.
Pflugsterze, f. manche, m. versoir, mancherons, pl.
Pflugwetter, m. 1, paumillon, m.
Pfortader, f. veine porte.
Pförtchen, n. 1, dim. guichet, m.
Pforte, f. porte; (Hauptpforte) portail, m.; (mar.) sabord.
Pfortlufte, f. (mar.) contre-sabord, m.; —n, pl. mantelets.
Pförtner, m. 1, =inn, f. portier, m., -ère, f.; guichetier d'une prison, m.; dem — ein Trinkgeld geben, prov. graisser le marteau.
Pfoste, f. Pfosten, m. 1, poteau, montant d'une porte; chandelier.
Pfote, f. Patte.
Pfriem, m. 2, Pfrieme, f. poinçon, m.; touret; (cordonn.) alène, f.; — und Zwed, broche; — et —entraut, n. 5*, (bot.) genêt, m.
Pfropf, m. 2, bouchon; tampon d'un canon; bourre d'une arme à feu, f. den — aus der Flinte ziehen, déboucher le fusil.
Pfropfen, v. a. boucher; tamponner; remplir, entasser, presser; voll —, fm. empiffrer; || (jard.) enter, greffer; in die Rinde —, écussonner; der gepfropfte Stamm, ente, f.
Pfropfenmesser, n. 1, greffoir, m. entoir, écussonnoir.
Pfropfreis, n. 5, greffe, f. ente.
Pfropfschule, f. bâtardière.
Pfropfspalt, m. exc. 1, enture, f.
Pfropfwachs, n. 2, emplâtre d'ente, m.
Pfropfzieher, m. 1, tire-bouchon.
Pfründe, f. bénéfice, m. prébende, f.
Pfründenbesitzer, m. Pfründner, m. 1, bénéficier, prébendé; Pfründner =inn, f. pensionnaire d'un hôpital, m. et f.
Pfründenregister, n. 1, pouillé, m.
Pfründenvergeber, m. 1, collateur.
Pfuhl, m. 2*, mare, f. bourbier, m.; fg. gouffre, abime.
Pfühl, m. 2, traversin, chevet; (arch.) tore, bosel; (artill.) coussin.
Pfuhlicht, adj. marécageux.
Pfui! interj. fi! fi donc! fm. nargue!
Pfund, n. 2, livre, f.; fg. sein — vergraben, enfouir son talent.

Pfündig, adj. une livre pesant.
Pfundleder, n. 1, cuir fort, m.
Pfundweise, adv. à la livre.
Pfundzoll, m. 2*, droit de lots et ventes.
Pfuschen, v. n. (h.) mépr. bousiller, gâcher, maçonner.
Pfuscher, m. 1, mépr. bousilleur; ravaudeur; gâte-métier.
Pfuscherei, f. mépr. bousillage, m. fagotage, massacre; ravauderie, f.
Pfütze, f. mare, bourbier, m.; gâchis, flaque, f.
Pfützig, adj. bourbeux.
Pfütznaß, adj. tout mouillé, tout trempé.    [m.
Phaläne, f. (hist. nat.) phalène.
Phalangit, m. 3, (ant. gr.) phalangite.    [gr.) phalange.
Phalanx, f. (plur. —gen), (ant.
Phänomen, n. 2, phénomène, m.
Phantasie, f. etc. v. Fantasie, 2c.
Pharaonsmaus, f. *, =ratte, f. rat de Pharaon, m. ichneumon, mangouste.
Pharaospiel, n. 2, pharaon, m.
Pharisäer, m. 1, pharisien.
Pharisäisch, adj. pharisaïque; die —t Lehre, pharisaïsme, m.
Philipp, n. pr. Philippe.    [f.
Philippinen, pl. îles Philippines,
Philister, m. 1, Philistin; fam. petit bourgeois.
Philolog, m. 3, philologue.
Philologie, f. philologie.
Philologisch, adj. philologique.
Philomele, f. (poés.) Philomèle, rossignol, m.
Philosoph, m. 3, philosophe.
Philosophem, n. 2, question de philosophie, f.; méditation, sentence philosophique.
Philosophie, f. philosophie.
Philosophiren, v. n. (h.) philosopher.
Philosophisch, adj. philosophique.
Phlegma, n. exc. 1, flegme, m.
Phlegmatisch, adj. flegmatique.
Phönir, m. 2, phénix.
Phosphor, m. 2, phosphore.
Phosphoresciren, v. n. (h.) jeter une lueur phosphorique.
Phosphorisch, adj. phosphorique.
Physik, f. physique.    [sique.
Physikalisch, Physisch, adj. phy-
Physikus, Physiker, m. 1, physicien; prvcl. médecin d'un canton.
Physiognom, m. 3, physionomiste.
Physiognomik, f. physionomie.
Physiolog, m. 3, physiologiste.
Physiologie, f. physiologie.
Piacenza, Plaisance (ville).
Piaster, m. 1, piastre, f.
Pichen, v. a. poisser, empoisser; —, s. n. 1, poissement, m.
Pick, n. 2, pique (des cartes), m.

Picke, f. pic, m. pioche, f.
Pickelhäring, m. 2, bouffon, fou, arlequin, farceur, fagotin, paillasse.
Pickelhaube, f. morion, m. armet.
Picken, v. a. picoter, piquer, becqueter; piocher.
Picket, —spiel, n. 2, piquet, m. jeu de piquet; —, (guer.) piquet, m.
Picknick, m. et n. 2, piquenique, m.
Pico, m. 2, pic (montagne).
Piepen, Piepsen, v. n. (h.) pépier, piauler.
Pietist, m. 3, piétiste.
Pietisterei, f. piétisme, m.
Pike, f. pique; die halbe —, esponton, m.    [piquier.
Pikenier, m. 2, Pikenträger, m. 1,
Pilger, m. 1, =inn, f. Pilgrim, m. 2, pèlerin, -e, f.
Pilgerflasche, f. calebasse.
Pilgern, v. n. (h.) aller, être en pèlerinage.
Pilgerschaft, f. pèlerinage, m.
Pilgerstab, m. 2*, bourdon.
Pilgertasche, f. panetière.
Pille, f. pilule; fg. die — ver-schlucken, avaler la pilule, boire un affront.    [(plante).
Pillenkraut, n. 5*, pilulaire, f.
Pilz, m. 2, champignon, potiron.
Pimpelmeise, f. mésange bleue.
Pimpernuß, f. pistache sauvage.
Pimpernußbaum, m. 2*, faux-pistachier, nez-coupé.
Pimpinelle, f. pimprenelle (herbe).
Pinasse, f. (mar.) pinasse.
Pinguin, m. 2, pingouin, pin-guin.
Pinie, f. (bot.) pignon, m.
Pinke, f. (mar.) pinque.
Pinkeln, v. n. (h.) fm. pissoter.
Pinne, f. goupille, ferret, m.; cheville, f. pointe, poinçon, m.; (hist. nat.) pinne marine, f.
Pinsel, m. 1, pinceau; (mac.) brosse, f.; fg. mépr. nigaud, m. benêt, sot, niais.
Pinselei, f. sottise, niaiserie.
Pinseln, v. a. et n. (h.) manier le pinceau, peindre.
Pinselstiel, m. 2, hampe, f.
Pinselstrich, m. 2, trait de pinceau, coup de pinceau; touche, f.
Pinseltrog, m. 2*, pincelier.
Pinte, f. pinte (mesure).
Pipe, f. pipe (futaille).
Pipps, Pips, m. 2, pépie, f.
Pisang, m. 2, —baum, m. 2*, bananier (arbre).
Pisangfrucht, f.*, banane.
Pispern, v. a. et n. (h.) chuchoter.
Pistasche, f. pistache.
Pistazienbaum, m. 2*, pistachier.
Pistole, f. Pistol, n. exc. 1, pis-tolet, m.; (monn.) pistole, f.

Pistolenholfter, f. fourreau de pistolet, m.; —n, pl. fontes, f.
Pistolenholfterdecke, f. chaperon, m.
Pistolenholfterkappe, f. custode.
Pistolenschuß, m. 2*, coup de pistolet.
Pistolenschühe, m. 3, pistolier.
Placat, n. 2, placard, m. affiche, f.
Placken, v. a. tourmenter, vexer; sich —, se peiner, se tourmenter, labourer.    [cussionnaire.
Placker, m. 1, exacteur, con-
Plackerei, f. tracasserie; tourment, m.; extorsion, f. vexation; avanie.
Plage, f. tourment, m.; peine, f.; affliction, fléau, m.
Plagegeist, m. 5, fm. importun, fâcheux, persécuteur.
Plagen, v. a. tourmenter; persécuter; importuner; vexer; infester.
Plan, m. 2*, plaine, f. place || plan, m.; canevas; fg. plan, projet, dessein.
Plan, adj. plain; plat, uni; fg. simple, clair; distinct.
Plane, f. banne, toile.
Planet, m. 3, planète, f.; zu den —en gehörig, planétaire.
Planetenstand, m. 2, aspect des planètes.
Planiren, v. a. coller, laver.
Planirhammer, m. 1, flatoir.
Planirkolben, m. 1, redressoir.
Planirtreu, v. 2, étendoir, f.
Planirpresse, f. presse à égoutter.
Planirwasser, n. 1, eau de colle, f. lavure.
Planke, f. ais, m. planche, f.
Plänkeln, v. n. (h.) tirailler.
Plänkler, m. 1, tirailleur, éclaireur.
Plänteln, v. n. éclaircir un bois; couper le bois mort.
Plantschen, v. Plätschern.
Plapperei, f. caquet, m. jaserie, f. bavardage, m. babil.
Plappermaul, m. 1, fm. babillard.
Plappern, v. n. (h.) fm. babiller, caqueter, jaser, bavarder.
Plärren, v. n. (h.) pop. hurler, brailler, criailler, pleurer.
Platane, f. Platanus, m. exc. 1, platane.    [blanc.
Platina, n. 2, platine, m. or
Platoniker, m. 1, platonicien.
Platonisch, adj. platonique, platonicien.
Plätschern, v. n. (h.) gargouiller, battre l'eau; gazouiller (d'un ruisseau); (canard) barbotter dans l'eau; —, s. n. 1, gargouillis, m.; gazouillement.
Platschfuß, m. 2*, pataud.
Platt, adj. plat, aplati; uni, égal; plain; écrasé, écaché, épaté

(nez); *fg.* plat, clair, nu; — machen, aplatir; — schlagen, écacher; — werden, s'aplatir.

Plattbord, *n.* 2, plat-bord, *m.*

Plättchen, *n.* 1, petite plaque, *f.* platine, lame.

Plattbecke, *f.* plafond, *m.*

Plattdeutsch, *adj.* bas-allemand.

Platte, *f.* plaque *de fer;* lame *de métal;* planche; dalle *de pierre;* die viereckige —, carreau, *m.;* mit —n belegen, carreler; die —n aus einem Zimmer wegnehmen, décarreler une chambre; —, *fg.* tête chauve, *f.; (égl.)* tonsure, couronne.

Platteisen, *n.* 1, carreau, *m.* fer à repasser.    [son).

Platteiße, *f.* barbue, plie (*pois-*

Platten *ou* Plätten, *v. a.* aplatir; rendre plat, uni; laminer; battre *l'or;* repasser *le linge;* (*maç.*) carreler; —, *s. n.* 1, aplatissement, *m.;* laminage *du métal;* (*maç.*) carrelage.

Platterbse, *f.* gesse.

Platterdings, *adv. fg. fm.* absolument; tout net; rondement.

Plattfisch, *m.* 2, carrelet.

Plattfüßig, *adj.* palmipède (*oiseau*).

Plättglocke, *f.* cylindre, *m.*

Plattgold, *n.* 2, =silber, *n.* 1, or, argent en lames, *m.*    [toir.

Platthammer, *m.* 1*, bourad, fla-

Plattheit, *f.* platitude, trivialité.

Plattiren, *v. a.* plaquer.

Plattmachen, =schlagen, *n.* 1, aplatissement, *m.*    [noir, *m.*

Plättmaschine, Plattmühle, *f.* laminoir, *m.*

Plattmütze, *f.* calotte.    [épaté.

Plattnase, *f.* nez camus, *m.* nez

Platz, *m.* 2*, place, *f.* emplacement, *m.;* local; endroit; poste; ville, *f.;* place publique; der freie, ebene —, esplanade; —, marché, *m.;* espace, vide; distance, *f. fg.* charge; emploi, *m.;* auf dem —e bleiben (umkommen), demeurer sur le carreau.

Platzbüchse, *f.* canonnière.

Plätze, *f.* épaule de sanglier (*cuis.*) couteau à trancher, *m.;* (*min.*) pioche, *f.* hoyau, *m.*|| lambeau.

Platzen, *v. n.* (h.) peter; craquer, claquer; éclater, fulminer; —, (f.) crever, se fendre, se rompre avec éclat.

Plätzen, *v. a.* frapper; fesser.

Platzhalter, *m.* 1, tenant.

Platzmajor, *m.* 2, (*guer.*) major de place.

Platzregen, *m.* 1, giboulée, *f.;* ondée; guilée; pluie d'orage, averse.

Platzwunde, *f.* boursault, *m.*

Plauderei, *f.* babil, caquet, indiscrétion, *f.*

Plauderer, *m.* 1, causeur, babillard, discoureur; bavard, jaseur; indiscret.    [vard, indiscret.

Plauderhaft, *adj.* babillard, ba-

Plauderhaftigkeit, *f.* bavarderie.

Plaudermaul, *n.* 5*, *fm.* bec affilé, *m.; v.* Plauderer.

Plaudern, *v. n.* (h.) babiller, causer, jaser, *fm.* bavarder; —, *v. a.* rapporter.

Plaudertasche, *f. fm.* babillard, *m.,* -e, *f.; v.* Plauderer.

Plinse, *f.* espèce d'omelette trésmince.

Plombiren, *v. a.* plomber, ferrer.

Plombirer, *m.* 1, plombeur, ferreur.

Ploton, *n.* 2, peloton, *m.*

Platz, *m.* 2, *fm.* fracas, éclat.

Plöße, *f.* gardon (*poisson*), *m.*

Plötzlich, *adj.* soudain, subit; imprévu; —, *adv.* tout à coup, soudain, subitement.    [large, *m.*

Pluderhosen, *f. pl.* pantalon fort

Plump, Plumps, *interj.* pouf!

Plump, *adj.* lourd; grossier; épais, maussade; *fg. id.,* rustre, massif; matériel; — machen, abalourdir; —, *adv.* lourdement, etc.; *fm.* hurluberlu.    [dement.

Plumpen, *v. n.* (h.) tomber lour-

Plumpheit, *f.* grossièreté, lourderie, maussaderie.

Plunder, *m.* 1, *mépr.* bagatelle, *f.* vétille; guenille; fatras, *m.; fm.* boutique, *f.*    [maraudeur.

Plünderer, *m.* 1, pilleur; pillard,

Plunderkammer, *f.* décharge.

Plündern, *v. a.* piller, marauder, saccager *une ville;* dépouiller; dévaliser; détrousser *un passant.*

Plünderung, *f.* pillage, *m.;* sac *d'une ville;* déprédation, *f.*

Plural, *m.* 2, (*gramm.*) pluriel.

Plüsch, *m.* 2, peluche, *f.*

Pluto, *m.* (*mythol.*) Pluton.

Pöbel, *m.* 1, populace, *f.* vulgaire, *m.;* menu peuple, bas peuple.    [gaire.

Pöbelhaft, *adj.* bas, grossier, vul-

Pöbelherrschaft, *f.* domination de la populace, ochlocratie.

Pöbelsprache, *f.* jargon, *m.* patois; langage des halles (*à Paris*).

Pöbelvolk, *n.* 5*, lie du peuple, *f.*

Pöbelwort, *n.* 5*, mot bas (*m.*), trivial.

Pochbrett, *n.* 5, poque, *m.* (*jeu*).

Pochen, *v. a.* casser; briser; (*min.*) bocarder; —, *v. n.* (h.) frapper; heurter; (*jeu*) poquer; das Herz pocht mir, le cœur me bat; *fg.* einem — braver qn.; auf etw. —, se vanter, se prévaloir de qch.

Pocher, *m.* 1, bocardeur.

Pochers, *n.* 2, mine à bocarder, *f.*

Pochwerk, *n.* 2, bocard, *m.*

Pocken, *pl.* petite vérole, *f.;* clavelée, claveau (*m.*) *des brebis.*

Pockengift, *n.* 2, virus de la petite vérole, *m.*

Pockengrube, =narbe, *f.* grain (*m.*), marque (*f.*) de petite vérole.

Pockengrübig, =narbig, *adj.* marqué de la petite vérole, *fm.* grêle; clavelé (*brebis*).

Pockenimpfung, *f.* inoculation.

Podagra, *n.* 2, goutte, *f.*

Podagrisch, *adj.* goutteux.

Poet, *m.* 3, Poesie, Poetik, *f., v.* Dichter, Dichtkunst.

Pofel, *m.* 1, rebut.

Pohl, *m.* 2, (*tiss.*) poil de velours.

Pohlen, *v. a.* (*tann.*) dépiler, faire tomber le poil, planer.

Pokal, *m.* 2, bocal, grande coupe, *f.*

Pökel, *m.* 1, saumure, *f.*

Pökelfaß, *n.* 5*, saloir, *m.*

Pökelfleisch, *n.* 2, bœuf salé, *m.* salé.    [hareng pec.

Pökelhäring, *m.* 2, hareng salé,

Pökeln, *v. a.* saler.

Pökelregen, *m.* 1, caviar.

Pokuliren, *v. n.* (h.) boire beaucoup.    [benb; circompolaire.

Pol, *m.* 2, pôle; ben — umge-

Polak, Pole, *m.* 3, Polonais.

Polarente, *f.* plongeur arctique, *m.*    [cercle polaire.

Polarkreis, *m.* 2, =zirkel, *m.* 1,

Polarland, *n.* 5*, terre circompolaire, *f.*

Polarpflanze, *f.* plante arctique.

Polarstern, *m.* 2, étoile polaire, *f.; (mar.)* tramontane.

Polder, *m.* 1, terrain gagné sur la mer par des digues; marais desséché et coupé de canaux.

Polei, *m.* 2, pouliet (*plante*).

Polen, *n.* 1, Pologne, *f.* (*pays*).

Polhöhe, *f.* élévation du pôle.

Policei, *f.* =wesen, *n.* 1, police, *f.*

Policeibeamte, *m.* 3, =commissar, *m.* 2, officier, commissaire de police.

Policeidiener, *m.* 1, agent de police, exempt, sergent de police.

Policeigericht, *n.* 2, chambre de police, *f.*    [police, *m.*

Policeiordnung, *f.* règlement de

Policeiwesen, *n.* 1, police, *f.*

Polirbürste, *f.* polissoire.

Polireisen, *n.* 1, polissoir, *m.*

Poliren, *v. a.* polir; aviser; débrutir; fourbir *des armes;* (*orf.*) brunir, rembrunir; *fg. fm.* civiliser.    [nisseur.

Polirer, *m.* 1, polisseur; bru-

Polirfeile, *f.* (*serr.*) carrelette.

Polirfilz, *m.* 2, lustroir.

Polirhammer, *m.* 1*, planoir.

Polirholz, *n.* 5*, =stahl, =zahn, *m.*

2*, polissoir; brunissoir; lustroir.
**Polirſtoď**, m. 2*, (ferbl.) tas.
**Polirung**, f. polissure; fourbissure; brunissage, m.; avivage.
**Politik**, f. politique.
**Politifer**, m. 1, politique.
**Politiſch**, adj. politique; fg. id., feint, dissimulé.
**Politur**, f. poli, m. polissure, f.; bie erſte —, débrutissement, m.
**Poliƶe**, f. (comm.) police.
**Poliƶei**, x. r. v. **Poliçei**, x.
**Polmehl**, n. 2, recoupes, f. pl.
**Polniſch**, adj. polonais; ber —e Tanƶ, polonaise, f.
**Polſter**, m. et n. 1, coussin, m. carreau; matelas d'un carrosse; dim. coussinet.
**Polſterbanf**, f.*, banc matelassé, m. forme, f. [canapé, divan.
**Polſterbett**, n. exc. 1, sofa, m.
**Polſtermacher**, m. 1, matelassier.
**Polſtern**, v. a. matelasser, bourrer.
**Polſterſtuhl**, m. 2*, chaise matelassée, f. fauteuil, m.
**Polterabend**, m. 2, fm. veille des noces, f. [criailleur.
**Polterer**, m. 1, fm. grondeur,
**Poltergeiſt**, m. 5, lutin, esprit follet, démon.
**Polterfammer**, f. décharge.
**Poltern**, v. n. (h.) faire du bruit; lutiner; fg. fm. gronder, criailler, tempéter; —, s. n. 1, bruit, m. fracas, tintamarre; fg. fm. gronderie, f. criaillerie.
**Polternd**, adj. bruyant (voix).
**Polygamie**, f. polygamie.
**Polygon**, n. 2, (math.) polygone, m. [the.
**Polyhiſtor**, m. exc. 1, polymathe.
**Polyp**, m. 3, polype.
**Polypengehäuſe**, n. 1, polypier, m. [théisme.
**Polytheismus**, m. indécl. poly-
**Polytheiſt**, m. 3, polythéiste.
**Polytheiſtiſch**, adj. qui tend, qui a rapport au polythéisme.
**Pomeranƶe**, f. orange; bie große ſauere —, bigarade.
**Pomeranƶenbaum**, m. 2*, oranger.
**Pomeranƶenblüthe**, f. fleur d'orange; eſſenƶ, f. néroli, m.
**Pomeranƶenfarbig**, =gelb, adj. orangé.
**Pomeranƶengarten**, m. 1*, =haus, n. 5*, orangerie, f. [de, f.
**Pomeranƶenſaft**, m. 2*, orangeade-
**Pomeranƶenſchale**, f. écorce d'orange; eingemachte —, orangeat, m.
**Pomeranƶenwaſſer**, n. 1, orangeade, f.
**Pommabe**, f. pommade; ſich mit — ſchmieren, se pommader.
**Pommer**, m. 1, roquet (chien).
**Pommer**, m. 1, **Pommeriſch**, adj. poméranien.

---

**Pommern**, Poméranie, f. (pays).
**Pomp**, m. 2, pompe, f.
**Pomphaft**, adj. pompeux, grandiose.
**Ponton**, m. 2, (guer.) ponton.
**Pontonier**, m. 2, pontonnier.
**Popanƶ**, m. 2, épouvantail.
**Pope**, m. 3, pope (prêtre russe).
**Populär**, adj. populaire; — machen, populariser.
**Popularität**, f. popularité.
**Porcellan**, n. 2, porcelaine, f.; bas japaniſche —, japon, m.; — ohne Schmelƶ und Farbe, biscuit; unechte —, faïence, f.
**Porcellanen**, adj. de porcelaine.
**Porcellanmacher**, m. 1, faiencier.
**Porcellanſchede**, m. 3, cheval porcelaine.
**Porcellanſchnecke**, f. porcelaine.
**Porkirche**, f., v. **Emporkirche**.
**Poros**, adj. poreux.
**Porphyr**, m. 2, porphyre.
**Porren**, m. 1, poireau, porreau.
**Porſch**, n. 2, galé, m. lidum (plante).
**Porſchüſſig**, adj. ce qui se trouve immédiatement sous la surface de la terre.
**Port**, m. 2, ol. v. **Seehafen**.
**Portal**, n. 2, (arch.) portail, m.
**Porte**, f. porte; (mar.) sabord, m.
**Portechaiſe**, f. chaise à porteurs.
**Portepee**, n. 2, dragonneau, m.
**Portion**, f., v. **Theil**.
**Portner**, m. 1, =inn, f. portier, m. -ère, f.
**Porto**, n. 1, port, m. [port.
**Portofrei**, adj. et adv. franc de
**Porträt**, n. 2, portrait, m.
**Porträtmaler**, m. 5, peintre de portraits.
**Portugal**, Portugal, m. (pays).
**Portugieſe**, m. 3, Portugieſiſch, adj. portugais. [te).
**Portulad**, m. 2, pourpier (plan-
**Porƶellan**, v. **Porcellan**.
**Poſament**, n. 2, passement, m.
**Poſamentirer**, m. 1, passementier; =handwerf, n. 2, passementerie, f.
**Poſaune**, f. trompe, saquebute.
**Poſaunen**, v. n. (h.) sonner de la trompe. [trompe.
**Poſaunenſchall**, m. 2*, son de la
**Poſaunenſchnede**, f. buccin, m.
**Poſaunenƶug**, m. 2*, (org.) cromorne. [de plume, m.
**Poſe**, f. plume non taillée; tuyau
**Poſen**, Posen (ville); Posnanie (province).
**Poſitiv**, n. 2, orgue portatif, m.; positif, petit buffet d'orgues.
**Poſitiv**, adj. positif.
**Poſitur**, f. posture.
**Poſſe**, f. facétie, folie, bouffon-

---

nerie, farce; drôlerie; baliverne.
**Poſſen**, m. 1, tour; niche, f.; —, interj. chansons!
**Poſſenhaft**, adj. bouffon, facétieux; goguenard, badin, espiègle, jovial.
**Poſſenoper**, f. opéra bouffon, m.
**Poſſenreißer**, m. 1, farceur, bouffon.
**Poſſenſpiel**, n. 2, farce, f.
**Poſſenſpieler**, m. 1, (théât.) farceur, jodelet.
**Poſſierlich**, adj. burlesque, drôle, plaisant; bouffon, comique, espiégle.
**Poſſierlichfeit**, f. burlesque, m.
**Poſt**, f. poste; fm. nouvelle, message, m.; bie fahrenbe —, la chaise de poste, diligence, courrier, m.; reitenbe —, courrier; orbentliche —, ordinaire; bie — erpebiren, (comm.) faire son courrier; mit ber — reiſen, courir la poste; — reiten, courir la poste à cheval; aller à franc étrier.
**Poſtamt**, n. 5*, bureau des postes, m.
**Poſtbeamte**, =bebiente, m. 3, officier, commis de la poste.
**Poſtbüchlein**, n. 1, liste des postes, f. [carriole.
**Poſtchaiſe**, f. chaise de poste,
**Poſtement**, n. 2, piédestal, m.
**Poſten**, m. 1, article d'un compte; somme, f.; emploi, charge, f.; (guer.) poste, m. sentinelle, f.; — pl. (cha.) postes, f. pl. chevrotines; einen — Buch tragen, coucher un article sur son livre. [port.
**Poſtfrei**, adj. et adv. franc de
**Poſtgelb**, n. 5, port de lettres, m.; frais de poste, pl.
**Poſthalter**, m. 1, maître de poste.
**Poſthaus**, n. 5*, poste, f.
**Poſthorn**, n. 5*, cornet de postillon, m.
**Poſtille**, f. sermonnaire, m.
**Poſtillenreiter**, m. 1, fm. prédicateur qui pille les sermonnaires.
**Poſtilion**, **Poſtknecht**, m. 2, postillon. [tillon.
**Poſtiren**, v. a. poster.
**Poſtirung**, f. position.
**Poſtjacht**, f. barque d'avis.
**Poſtalaiſche**, f. chaise de poste.
**Poſtfarte**, f. carte de poste.
**Poſtkeppet**, m. 1, bidet.
**Poſtfutſche**, f. chariot de poste, m.
**Poſtmeiſter**, masc. 1, maître de poste.
**Poſto**, indécl. poste, m.; fm. — faſſen, prendre position, s'établir.
**Poſtorbnung**, f. règlement pour les postes, m.
**Poſtpapier**, n. 2, papier à lettres, m.
**Poſtpferd**, n. 2, cheval de poste,

m. bidet; — welches das Felleisen trägt, mallier.
Poſtrecht, n. 2, droit d'entretenir des postes, m.
Poſtreiten, n. 1, poste, f.
Poſtreiter, m. 1, courrier.
Poſtſäule, f. colonne itinéraire.
Poſtſchein, m. 2, quittance, f.
Poſtſchiff, n. 2, paquebot, m.
Poſtſcriptum, n. exc. 1, postscriptum, m. apostille, f.
Poſtſtation, f. relais, m. poste, f.
Poſtſtraße, f. grande route.
Poſttag, m. 2, jour de poste, jour de courrier, ordinaire.
Poſttaube, f. pigeon messager, m.
Poſtulat, n. 2, postulat, m.
Poſtuliren, v. a. postuler.
Poſtverwalter, m. 1, administrateur des postes.
Poſtwagen, m. 1*, chariot de poste; diligence, f.
Poſtwechſel, m. 1, relais.
Poſtweſen, n. 1, postes, f. pl. affaires concernant les postes.
Poſtzeichen, n. 1, timbre, m.
Poſtzug, m. 2*, attelage.
Potentat, m. 3, potentat, souverain.
Potenz, f. (math.) puissance.
Pottaſche, f. potasse.
Pottfiſch, m. 2, cachalot.
Potz, — tauſend, interj. pop. parbleu! morbleu! peste! dame!
Präbendar, m. 2, prébendier.
Präbende, f. prébende.
Präceptor, m. exc. 1, précepteur.
Pracher, m. 1, gueux, ladre.
Pracht, f. magnificence, splendeur, pompe, somptuosité; faste, m. luxe. [rade, m.
Prachtbett, m. exc. 1, lit de parade.
Prachtbirn, f. bellissime.
Prachtgeſeß, n. 2, loi somptuaire, f.
Prachthimmel, m. 1, dais.
Prächtig, adj. magnifique, superbe, splendide, pompeux, somptueux, fastueux.
Prachtkegel, m. 1, obélisque.
Prachtliebend, adj. magnifique, fastueux.
Prachtlilie, f. glorieuse (fleur).
Prachttulpe, f. bellissime.
Prachtwert, n. 2, ouvrage de luxe, m. [parade, f.
Prachtzimmer, m. 1, chambre de
Practiciren, v. a. et n. (b.) suivre le barreau; pratiquer la médecine; fig. fm. glisser. [trigue.
Practif, f. pratique; fig. id., intrigue.
Practifus, m. indécl. (pl. -er), praticien; ein alter —, fm. un vieux routier.
Practiſch, adj. pratique; clinique (médecin).
Prädeſtination, f. prédestination.

Prädeſtiniren, v. a. prédestiner.
Prädicat, n. 2, (log.) attribut, m.; titre; qualité, f.
Präfect, m. 3, préfet.
Präfectur, f. préfecture; —rath, m. 2*, conseiller de préfecture.
Prag, Prague (ville).
Prägeiſen, n. 1, matrice, f.
Prägen, v. a. monnayer; battre, frapper monnaie; estamper; empreindre; fig. imprimer, graver dans la mémoire.
Prägeſtod, m. 2*, pile, f. coin, m. matrice, f.
Pragmatiſch, adj. pragmatique.
Prägung, f. monnayage, m.; empreinte, f.
Prahlen, v. n. (b.) se vanter, se glorifier, faire parade; tirer vanité, fm. hâbler, gasconner.
Prahler, m. 1 (Prahlhans, m. 2*, fm.), glorieux, fm. fanfaron, hâbleur, gascon, matamore.
Prahlerei, f. ostentation; jactance, sotte vanité; bravade; fm. fanfaronnade, rodomontade, gasconnade, hâblerie.
Prahleriſch, adj. glorieux; vain.
Prahlſucht, f. ostentation.
Prahm, m. 2, prame, f. bac, m.
Prälat, m. 3, prélat.
Prälatur, f. prélature.
Präliminar, Präliminariſch, adj. préliminaire.
Präliminarien, pl. préliminaires, m. [dé, élastique.
Prall, Prallig, adj. tendu, bandé; — n. 2, bond.
Prallen, v. n. (f.) rebondir, faire un bond; bricoler; réfléchir; —, s. n. 1, rebondissement, m.; bricole, f.
Pralltriller, m. 1, battement.
Präludiren, v. n. (b.) préluder, jouer un prélude; —, s. n. 1, prélude, m. [compense, f.
Prämie, f. prime; prix, m. récompense, f. (log.) prémisse.
Prämiſſe, f. (log.) prémisse.
Prämonſtratenſer, m. 1, prémontré.
Prangen, v. n. (b.) briller, faire parade, tirer vanité (mit, de).
Pranger, m. 1, carcan, pilori, poteau; an den — ſtellen, fig. exposer à la risée, au mépris du public. [teur.
Pränumerant, m. 3, souscripteur.
Pränumeration, f. souscription.
Pränumeriren, v. a. payer d'avance; souscrire pour un livre.
Präparat, n. 2, préparation, f.
Präpariren, v. a. préparer.
Präpoſition, f. préposition.
Präſent, n. 2, v. Geſchenk.
Präſentiren, v. a. présenter, offrir. [plateau; soucoupe, f.
Präſentirteller, m. 1, cabaret.

Präſer, m. 1, prase, f. chrysoprase.
Präſervativ, n. 2, préservatif, m.
Präſident, m. 3, präſi- dent, m. -e, f.
Präſidentenſtelle, f. présidence.
Präſidiren, v. n. (h.) présider, tenir le fauteuil.
Praß, m. 2, tas de choses viles ou inutiles.
Praſſeln, v. n. (h.) fm. faire du bruit, du fracas; éclater; (feu) petiller; —, s. n. 1, bruit, m. fracas; éclat; petillement du feu.
Praſſen, v. n. (h.) vivre dans la débauche, faire bonne chère; —, s. n. 1, débauche, f. dissipation.
Praſſer, m. 1, débauché, dissipateur. [faire.
Präſtiren, v. a. effectuer, satisfaire.
Prätendent, m. 3, prétendant.
Prätor, m. exc. 1, préteur.
Praxis, f. pratique.
Predigen, v. a. prêcher; fig. fm. einem —, exhorter, sermonner qn.
Prediger, masc. 1, prédicateur; (prot.) id., ministre; iron. prêcheur, sermonneur; der — Salomo, Ecclésiaste.
Predigermönch, m. 2, frère prêcheur, dominicain.
Predigt, f. sermon, m.; prône, prêche; prédication, f.; fm. leçon, exhortation.
Predigtamt, n. 5*, ministère de l'évangile, m. [m.
Predigtbuch, n. 5*, sermonnaire.
Predigtſtuhl, m. 2*, chaire, f.
Preis, m. 2, prix; valeur, f.; (jur.) coût, m.; fig. louange, f.; gloire; der genaueſte —, le plus juste prix; das iſt ein feſter —, c'est marché fait; ein geringer —, un bas prix; hoch im — ſeyn, être à grand prix; im — ſteigen, augmenter de prix, enchérir; im — fallen, abſchlagen, baisser, diminuer de prix; — geben, livrer, abandonner au pillage; sacrifier qch.; prostituer; einem Haufen Kinder — geben, jeter à la gribouillette; ſich — geben, s'exposer; m. p. se prostituer.
Preisaufgabe, f. question, sujet (m.), proposé pour le prix.
Preisbewerber, m. 1, concurrent.
Preiscourant, m. 2, prix courant.
Preiſelbeere, f. airelle rouge.
Preiſen, v. a. 5, priser, estimer; exalter, célébrer, bénir; glücklich —, estimer heureux; Gott —, louer Dieu.
Preisſchrift, f. écrit qui a remporté le prix au concours, m.
Preiserberber, m. 1, gâte-métier. [mable.
Preiswürdig, adj. louable, esti-

Preiswürdigkeit, f. qualité de ce qui est louable; dignité, excellence.
Preiszettel, m. 1, prix courant.
Prelle, f. bernement, m. berne, f.
Prellen, v. a. berner; fig. id., duper; einen um etw. —, escroquer qch. à qn.; —, s. n. 1, berne, f.; bernement, m.; fig. v. Prellerei.
Prellenswerth, adj. bernable.
Preller, m. 1, bricole, f. bond, m.; —, m. =inn, f. escroc, m. escroqueur, -se, f.
Prellerei, f. fraude, duperie, escroquerie. [étrille.
Prellschenke, f. fm. écorcherie.
Prellschuß, m. 2*, (artill.) ricochet. [moulin à vent.
Premse, f. frein, m. arrêt d'un
Preßbalten, m. 1, sommier.
Preßbar, adj. compressible.
Preßbarkeit, f. compressibilité.
Preßbengel, m. 1, barre, f. manivelle, barreau, m.
Preßbedel, m. 1, tympan.
Presse, f. presse; pressoir, m.; aus der — nehmen, dépresser.
Pressen, v. a. presser; pressurer; catir le drap; fig. fouler, vexer le peuple; presser des matelots; gêner; der gepreßte Saft, pressis, m.
Presser, m. 1, pressureur; catisseur; fig. vexateur. [presse.
Preßfreiheit, fém. liberté de la
Preßglanz, m. 2, lustre, cati; dem Tuche den — benehmen, dépresser, délustrer le drap.
Preßkarren, m. 1, train de la presse.
Preßkopf, m. 2*, tête désossée, f.
Pressung, f. pression, serrement, m. pressurage, cati du drap; fig. vexation, f.; presse des matelots.
Preßwand, f.*, —¸t, pl. (impr.) jumelles.
Preßwind, m. 2, vent de bouline; mit einem —t segeln, bouliner, aller à la bouline.
Preusch, adj. qui fend difficilement (bois). [prussien.
Preuße, m. 3, Preußisch, adj.
Preußen, Prusse, m. 2 (pays).
Prickeln, v. a. picoter, piquer; —, s. n. 1, picotement, m.
Priester, m. 1, =inn, f. prêtre, m. -esse, f. [sacerdoce, m.
Priesteramt, n. 5*, prêtrise, f.
Priesterehe, f. mariage des prêtres, m. [sacerdotale.
Priesterherrschaft, f. hiérarchie
Priesterkappe, f. domino, m.
Priesterlich, adj. sacerdotal.
Priesterorden, m. 1, ordre de prêtrise. [bit sacerdotal, m.
Priesterrock, m. 2*, soutane, f. habit
Priesterschaft, f. clergé, m.
Priesterstaub, m. 2*, état ecclésiastique, prêtrise, f.

Priesterthum, v. Priesteramt.
Priesterweihe, f. ordination sacerdotale, ordres sacrés; m. pl.
Prima, f. première classe, rhétorique.
Primaner, m. 1, écolier de la première classe, de rhétorique.
Primärschule, f. école primaire.
Primas, m. indécl. (pl. =aten), primat (titre).
Primat, n. 2, primatie, f.
Prime, fém. (jeu, etc.) prime; —tarte, f. id.
Primel, f. (bot.) primevère.
Primzahl, f. nombre premier, m.
Princip, n. 2 (pl. =ien), principe, m.
Principal, m. 2, principal d'une école; directeur; (comm.) principal, patron, maître; =inn, f. maitresse; —, n. 2, (org.) prestant, m.
Prinz, m. 3, prince.
Prinzessinn, f. princesse.
Prinzlich, adj. de prince; —, adv. en prince.
Prinzmetall, m. 2, similor, m.
Prior, m. exc. 1, =inn, f. prieur, m. -e, f.
Priorat, n. 2, priorat, f.
Priorei, Priorwürde, f. prieuré, m.
Prise, f. prise; pincée de sel.
Prisma, n. exc. 1, prisme, m.
Prismatisch, adj. prismatique.
Pritsche, f. batte, (paum.) raquette; (blanch.) battoir, m.; (dans les écoles) férule, f.; lit de camp au corps de garde, m.
Pritschen, v. a. frapper avec la batte, fouetter.
Pritschmeister, m. 1, bouffon, personnage plaisant.
Privat, adj. privé, particulier.
Privatisiren, v. n. (h.) mener une vie privée. [particulier.
Privatmann, m. 5* (pl. =leute), Privet, n. 2, privé, m. commodités, f. pl.
Privetröhre, f. chausse d'aisance.
Privilegiren, v. a. privilégier.
Privilegium, n. exc. 1, privilège, m. [probt.
Probat, adj., voy. Bewährt, Erprobt.
Probe, f. essai, m.; épreuve, f.; échantillon, m.; montre, f.; (arithm.) preuve.
Probebogen, masc. 1*, (impr.) épreuve, f. [étoffe, f.
Probemende, n. 1, montre d'une
Probegarn, n. 2, (tiss.) doité, f.
Probegewicht, m. 2, poids échantillonné, m. étalon. [m.
Probegold, n. 2, or de bon aloi,
Probehaltig, adj. et adv. à l'épreuve. [ciat, m.
Probejahr, n. 2, =zeit, f. noviciat, m.
Probelöffel, m. 1, éprouvette, f.

Probemaß, n. 2, étalon, m.
Probemünze, f. (monn.) échantillon, m. pied-fort.
Proben, v. Probiren.
Probeplatte, f. (monn.) dénéral, m. [ve, m.
Probepredigt, f. sermon d'épreuve
Proberitt, m. 2, montre, f. course d'essai.
Probeschießen, n. 1, épreuve des arquebusiers, f.
Probeschlag, m. 2*, (monn.) v.
Probemünze; (paum.) dames, f.
Probestämpel, m. 1, coin. [pl.
Probestück, m. 2, échantillon; montre d'étoffe, f.; coup d'essai, m.
Probezeit, fém. probation, noviciat, m.
Probeziegel, m. 1, chantignole, f.
Probezinn, n. 2, étain commun, m.
Probiren, v. a. éprouver, essayer; échantillonner; débouillir une couleur; mit einander —, (mus.) concerter.
Probirer, m. 1, essayeur.
Probirhengst, m. 2, étalon de montre, boute-en-train.
Probirkunst, f.*, docimastique, docimacie.
Probirnadel, f. touchau, m.
Probirofen, m. 1*, fourneau d'essai.
Probirstätte, f. (monn.) essayerie.
Probirstein, m. 2, pierre de touche, f.
Probirtiegel, m. 1, coupelle, f.
Probirwage, f. balance d'essai.
Problem, n. 2, problème, m.
Problematisch, adj. problématique, douteux, incertain.
Propst, v. Propst.
Procediren, v. n. (h.) procéder; plaider, poursuivre un procès.
Procent, n. 2, so viel —, tant pour cent.
Proceß, m. 2, (chim.) procédé; opération, f.; (jur.) procès, m.; procédure, f. cause, affaire, litige, m.; einen — haben, führen, avoir un procès, plaider une cause.
Proceßführend, adj. plaideur, litigant.
Proceßführer, fm. =krämer, m. 1, plaideur, homme processif.
Procession, f. procession.
Processiren, v. n. (h.) plaider.
Processkosten, pl. frais de la procédure, m. pl. dépens.
Processordnung, fém. ordre judiciaire, m.; forme de procédure, f.
Processachen, pl. actes, m. pl. plaidoirie, f.
Proceßsüchtig, adj. processif.
Procurator, m. exc. 1, procureur.

Produciren, v. a. produire, fabriquer.
Product, n. 2, (arithm.) produit, m.; production d'un pays, f.
Profan, adj. profane.
Profaniren, v. a. profaner.
Profeß, f. profession.
Profeßhaus, n. 5*, maison professe, f. [m.
Profession, f. profession; métier.
Professionist, m. 3, artisan.
Professor, m. exc. 1, professeur.
Professorat, n. 2, Professur, f. chaire de professeur.
Profil, n. 2, profil, m.
Profit, m. 2, profit, bénéfice.
Profitchen, n. 1, binet, m. ménagère, f.
Profoß, m. 3, prévôt.
Prognostikon, n. 1, pronostic, m.
Programm, n. 2, programme, m.
Progreß, m. 2, progrès.
Progression, f. progression.
Progressiv, adj. progressif.
Project, n. 2, projet, m.
Prolog, m. 2, prologue, m.
Promoviren, v. a. promouvoir, avancer; —, v. n. (h.) prendre un grade.
Promme, f. (min.) entaille, fente, ouverture dans le rocher.
Prophet, m. 3, =inn, f. prophète, m. prophétesse, f.
Prophetisch, adj. prophétique.
Prophezeien, v. a. prophétiser; prédire. [diction.
Prophezeiung, f. prophétie, prédiction.
Proponent, m. 3, proposant.
Proponiren, v. a. proposer.
Proportion, f. proportion.
Proportional, adj. proportionnel; —größe, f. quantité proportionnelle. [ner.
Proportioniren, v. a. proportionn-
Propst, m. 2*, prévôt, prieur.
Propstei, f. prévôté.
Pröpstinn, f. prieure.
Prosa, Prose, f. prose. [prose.
Prosaisch, adj. prosaïque; en
Prosaist, m. 3, prosateur.
Proselyt, m. 3, prosélyte.
Proselytenmacher, m. 1, convertisseur. [faire des prosélytes.
Proselytenmacherei, f. manie de
Prosit, interj. à votre santé! à vos souhaits! — das neue Jahr, fm. bon jour et bon an!
Prosodie, f. prosodie.
Prospect, m. 2, vue, f. coup d'œil, m.
Proteß, m. 2, protêt.
Protestant, m. 3, =inn, f. Protestantisch, adj. protestant, -e; die —ische Lehre, Protestantismus, m. indécl. protestantisme.
Protestiren, v. n. (h.) et a. protester.

Protecoll, n. 2, protocole, m.; —e, pl. actes.
Protocolliren, v. a. enregistrer.
Propen, v. a. affûter un canon; —, v. n. (h.) bouder; —, s. n. 1, bouderie, f.
Propig, adj. roide, inflexible; boudeur; — thun, faire la moue, bouder. [train.
Propkette, f. chaîne de l'avant-
Propnagel, m. 1*, cheville ouvrière, f.
Propwagen, m. 1*, avant-train.
Proviant, m. 2, vivres, m. pl.; provisions, f. pl. munitions de bouche. [vivres, m.
Provianthaus, n. 5*, magasin des
Proviantiren, v. a. fournir des vivres à; approvisionner; avitailler. [ment, m.
Proviantirung, f. approvisionne-
Proviantmeister, m. 1, munitionnaire, entrepreneur, commissaire des vivres; étapier.
Proviantverwalter, m. 1, inspecteur des vivres.
Proviantwagen, m. 1*, caisson, fourgon des vivres.
Provinz, f. province.
Provinzial, adj. provincial; der Vater —, le père provincial.
Provinzialwort, n. 2 ou 5*, provincialisme, m.
Provisor, m. exc. 1, (pharm.) maître garçon, proviseur d'un collège. [adv. -ment.
Provisorisch, adj. provisoire; —,
Prozeß, 2c., v. Proceß, 2c.
Prüfen, v. a. éprouver; examiner, interroger; essayer.
Prüfung, f. épreuve, essai, m.; examen.
Prüfungszeit, f. probation.
Prügel, m. 1, gros bâton, gourdin, rondin, tricot; — mit einem Bleiknopfe, assommoir; —, pl. coups de bâton.
Prügeln, v. a. battre, frapper, pop. rosser, frotter, étriller.
Prügelsuppe, f. fm. volée de coups de bâton, huile de cotret.
Prunk, Prunken, v. Pracht, Prangen.
Psalm, m. exc. 1, psaume.
Psalmbuch, n. 5*, psautier, m.
Psalmdichter, m. 1, Psalmist, m. 3, psalmiste. [f.
Psalmengesang, m. 2*, psalmodie,
Psalter, m. 1, psautier; (mus.) psaltérion; (bouch.) feuillet.
Publiciren, v. a. publier.
Publikum, n. 2, public, m.
Pucht, fém. (sal.) séchoir, m.; (min.) bloc.
Pud, n. 2, poud, m. (poids de quarante livres en Russie.)
Pudding, m. 2, (cuis.) pouding.

Puddingstein, m. 2, poudingue.
Pudel, m. 1, —hund, m. 2, barbet; dim. barbichon; —hündinn, f. barbette, caniche; —, fm. bévue, faute. [faute, une bévue.
Pudeln, v. n. (h.) fm. faire une
Pudelnärrisch, adj. fm. joyeux, fou, plaisant.
Pudelnaß, adj. tout trempé.
Puder, m. 1, poudre à poudrer, f.
Pudermacher, m. 1, amidonnier.
Pudermantel, m. 1*, peignoir.
Pudern, v. a. poudrer.
Puderquaste, f. houppe.
Puderschachtel, f. boîte à poudre.
Puderzucker, m. 1, cassonade, f.
Puff, interj. pouf! crac!
Puff, m. 2*, pop. coup, gourmade, f. bourrade.
Puffen, v. a. pop. donner des coups à qn.; —, v. n. (h.) craquer; bouffer.
Puffer, m. 1, pistolet de poche.
Puls, m. 2, pouls; den —fühlen, tâter le pouls à qn.; fig. sonder qn.; der starke —, pouls élevé; unrichtige —, pouls déréglé; sehr langsame —, pouls rare; unterbrochene —, pouls intermittent.
Pulsader, f. artère; die große —, aorte; kleine —, artériole.
Pulsadergefäß, n. 2, vaisseau artériel, m. [me, m.
Pulsadergeschwulst, f.*, anévris-
Pulsaderlehre, f. artériologie.
Pulsaderzergliederung, f. artériotomie. [sations.
Pulsiren, v. n. (h.) faire des pul-
Pulsmesser, m. 1, pulsiloge.
Pulspflaster, n. 1*, épicarpe, m.
Pulsschlag, m. 2*, battement, mouvement du pouls; pulsation, f.
Pulszittern, n. 1 (sans plur.), jectigation, f.
Pult, n. 2, pupitre, m.; lutrin.
Pulver, n. 1, poudre, f.
Pulverbeutel, m. 1, flasque.
Pulverflasche, f. =horn, n. 5*, pulvérin, m. poire, f. fourniment, m.
Pulvergang, m. 2*, mine, f.
Pulverkammer, f. chambre à poudre; chambre d'un canon, d'un mortier; fourneau d'une mine, m.; (mar.) sainte-barbe, f.
Pulverkarren, m. 1, caisson.
Pulverkorn, n. 5*, grain de poudre, m. [poudre, m.
Pulvermagazin, n. 2, magasin à
Pulvermaß, n. 2, charge, f.
Pulvermehl, n. 2, pulvérin, m.
Pulvermine, f., v. Pulvergang.
Pulvermühle, f. moulin à poudre, m. poudrière, f.
Pulvermüller, m. 1, poudrier.
Pulvern, Pülvern, v. a. pulvériser, broyer.

Pulverprobe, f. éprouvette.
Pulverrinne, f. dalle de brûlot.
Pulverschaufel, f. chargeoir, m. coupelle, f.
Pulversieb, n. 2, grenoir, m.
Pulverstaub, m. 2, poussier.
Pulvertonne, f. baril à poudre, m.
Pulverwagen, m. 1*, caisson à poudre. [cisse, boudin, m.
Pulverwurst, f.*, (artill.) ·sau-
Pumpbrunnen, m. 1, puits ou fontaine (f.) à pompe.
Pumpe, f. pompe. [v. Plumpen.
Pumpen, v. a. pomper; —, v. n.
Pumpenbohrer, m. 1, tarière, f.
Pumpendeckel, m. 1, chape de pompe, f.
Pumpenkappe, f. chaudron, m.
Pumpenkasten, m. 1*, arche de pompe, f.
Pumpenklappe, f. soupape.
Pumpenkolben, m. 1, pot, piston de pompe. [mière, f.
Pumpenloch, n. 5*, (nav.) lu-
Pumpenmacher, m. 1, pompier, fontenier. [pompe.
Pumpenrinne, f. (mar.) dalle de
Pumpenrohr, n. 2, tuyau de pompe, m. [m.
Pumpenröhre, f. corps de pompe,
Pumpenschuh, m. 2, (mar.) talon de siphon. [f. balancier, m.
Pumpenschwengel, m. 1, bascule,
Pumpensood, m. 2, archipompe, f. ossec, m.
Pumpenstange, f. verge de pompe.
Pumpenstiefel, m. 1, barillet, corps de pompe.
Pumpenstock, m. 2*, piston de pompe; heuse, f.
Pumpenwerk, n. 2, machine à pompe, f.; appareil (m.), équi-
page de pompe. [née, f.
Pumpenzug, m. 2*, (nav.) bâton-
Pumphosen, f. pl. chausses larges.
Punkt, m. 2, point; fg. id., ar-
ticle, chapitre; question, f.; (jur.) chef, m.; degré, période, f.; auf bem —e seyn, être sur le point de, aller.
Punktiren, v. a. ponctuer, met-
tre un point; pointer; (grav.) pointiller.
Punktirkunst, f.*, géomancie.
Punktirnadel, f. échoppe.
Punktirung, f. (peint. et grav.) pointillage, m.; (gramm.) ponc-
tuation, f.
Punktirwahrsager, m. 1, ·inn, f. géomancien, m. -ne, f.
Pünktlich, adj. ponctuel, précis, exact.
Pünktlichkeit, f. ponctualité, pré-
cision, exactitude. [lons plus.
Punktum, interj. fm. n'en par-
Punktur, f. (impr.) pointure.
Punsch, m. 2, ponche, punch.

Punschnapf, m. 2*, jatte à pon-
che, f. [m. et f.
Pupill, m. 3, Pupille, f. pupille,
Puppe, f. Püppchen, n. 1, dim. fm. poupon, m. poupard, fan-
fan; mein Püppchen, ma poupon-
ne, mignonne, m'amie; —, pou-
pée, f. marionnette; (hist. nat.) chrysalide, nymphe, cocon, m.
Puppengehäuse, n. 1, coque, f.
Puppenmacher, m. 1, poupetier.
Puppenspiel, n. 2, marionnettes, f. pl. [marionnettes.
Puppenspieler, m. 1, joueur de
Puppenwerk, n. 2, jouets d'en-
fants, m. pl. joujoux; fg. babio-
les, f. pl.
Pur, adj. pur; véritable; sans mélange; fin, massif (or et ar-
gent). [cuant.
Purganz, f. purgatif, m. éva-
Purgiren, v. a. purger; —, v. n. (b.) prendre médecine; zu viel —, droguer; —, s. n. 1, purgation, f.
Purgirend, adj. purgatif, laxatif.
Purgirfieber, n. 1, fièvre de dé-
voiement, f. [f. épurge.
Purgirpille, f. pilule laxative.
Purgirkraut, n. 5*, scammonée, f.
Purgirtrank, m. 2*, potion pur-
gative, f.
Puritaner, m. 1, (égl.) puritain; die Lehre der —, puritanisme.
Purpur, m. 2, pourpre (couleur); pourpre (étoffe, etc.), f.
Purpurfarben, ·roth, adj. couleur de pourpre, purpurin; vermeil, incarnat; ·roth färben, teindre en pourpre, empourprer.
Purpurfärber, m. 1, teinturier en pourpre.
Purpurfieber, n. 1, pourpre, m.
Purpurgewand, n. 5*, pourpre, f.
Purpurhut, m. 2*, chapeau rou-
ge, chapeau de cardinal.
Purpurlippe, f. lèvre vermeille.
Purpurmantel, m. 1*, manteau de pourpre.
Purpurmuschel, ·schnecke, f. pour-
pre, murex, m. conchyle.
Purren, v. a. inquiéter, irriter, tracasser; piquer, grouiller, four-
Pürschen, v. Bürschen. [miller.
Purzeln, v. n. (f.) culbuter, faire la culbute.
Püster, m. 1, souffleur; soufflet; zest; sac à poudre.
Puterhahn, m. 2*, dindon, coq d'Inde. [ment, m.
Putz, m. 2, parure, f.; orne-
Putzen, v. a. parer, orner, ajus-
ter; embellir; enjoliver; fm. agen-
cer; atourner; décrotter les sou-
liers, etc.; éplucher, épousseter, brosser, nettoyer les habits, meu-
bles, etc.; panser un cheval; la-
ver, écurer la vaisselle, etc.; curer

un puits; moucher le nez, la chan-
delle; dérouiller, fourbir, polir une chose de métal; nettoyer, se curer les dents; émonder, élaguer, émousser les arbres; torcher un enfant; fg. pop. laver la tête, faire une mercuriale à qn.; —, s. n. 1, nettoiement, m.; curage; fourbissure, f.
Putzhändlerinn, v. Putzmacherinn.
Putzholz, n. 5*, buis des cordon-
niers, m.
Putzkram, m. 2, affiquets, pl.
Putzmacher, m. 1, ·inn, f. mar-
chand (m.), -e (f.) de modes; coiffeur, m. -se, f.
Putzmesser, n. 1, bouloir, m.
Putznarr, m. 3, propret.
Putzsache, f. objet de parure, m.; —n, pl. nippes, f. pl.; Kttine —n, chiffons, m. pl.; mit —n versehen, nipper.
Putzschere, f. mouchettes, pl.
Putztisch, m. 2, toilette, f.
Putzzimmer, n. 1, cabinet de toilette, m.
Pyramide, f. pyramide; aiguille; faisceau d'armes, m.
Pyramidenförmig, adj. pyrami-
dal; —, adv. en forme de pyra-
mide, en faisceaux; ·zulaufen, pyramider.
Pyrenäen, pl. Pyrénées, pl.
Pyrrhonianer, m. 1, (philos.) pyrrhonien.
Pyrrhonisch, adj. pyrrhonien.
Pyrrhonismus, m. indécl. pyr-
rhonisme.
Pythia, f. (ant. gr.) pythie.
Pythisch, adj. pythique.

**Q.**

Quaal, v. Qual.
Quabbelig, adj. dodu, potelé.
Quabbeln, v. n. (b.) trembler (se dit des corps gras qu'on remue).
Quacksalber, m. 1, charlatan; empirique, marchand d'orviétan; opérateur. [charlatanisme, m.
Quacksalberei, f. charlatanerie.
Quacksalberisch, adj. empirique, de charlatan.
Quacksalbern, v. n. (b.) user de remèdes mal entendus; faire le charlatan.
Quader, m. 1, ·stein, m. 2, pierre de taille, f. carreau de pierre, m. [de cercle, cadran.
Quadrant, m. 2, (math.) quart
Quadrat, neut. 2, carré, m.; (arithm.) nombre carré; (impr.) quadrat; (mus.) bécarre.
Quadrätchen, n. 1, (impr.) qua-
dratin, m.

Quabratfuß, m. 2, pied carré.
Quabratmeile, f. lieue carrée.
Quabratschein, m. 2, aspect quadrat, quadrature, f.
Quabratur, f. quadrature.
Quabratwurzel, f. racine carrée.
Quabratzahl, f. nombre carré, m.
Quabriren, v. n. (h.) quadrer, carrer.
Quabrupel, m. 1, quadruple.
Quaken, v. n. (h.) coasser, caqueter; —, s. n. 1, coassement, m.
Quäken, v. n. (h.) piailler, glapir; —, s. n. 1, piaillerie, f. glapissement, m.
Quaker, Quäker, m. 1, quaker; die Lebre der —, quakérisme, m.
Qual, f. tourment, m. martyre, supplice; peine, f. affliction, gêne; fléau, m.
Quälen, v. a. tourmenter; martyriser; faire de la peine à qn.; affliger, chagriner, fm. lutiner; chicaner; travailler, incommoder (maladie); bourreler, causer des remords à qn. (conscience); sich —, se tourmenter, se débattre.
Quälend, adj. cuisant (souci), rongeur (remords).
Quäler, m. 1, Quälgeist, m. 5, fm. importun, fâcheux.
Quälerei, f. tracasserie, chicane, tourment, m.
Qualificiren, v. a. qualifier.
Qualität, f. qualité.
Qualm, m. 2, fumée, f. vapeur épaisse, bouffée.
Qualmen, v. n. (h.) jeter des vapeurs épaisses, bouillonner.
Qualster, m. 1, flegme, pituite épaisse, f.
Quandel, m. 1, (charb.) centre, axe, milieu du fourneau.
Quandelbeere, f. amélanche.
Quantität, f. quantité.
Quantum, n. 2, portion, f. part, quantité. [son).
Quappe, f. lotte, barbotte (poisson).
Quarantaine, f. quarantaine; die — halten, faire la quarantaine.
Quark, m. 2, fromage mou; fromage à la pie; fg. fm. bagatelle, f. vétille, fatras, m.
Quarkhänge, f. claie.
Quarre, f. fm. grognard, m.
Quart, n. 2, quart, m. quarte, f. [mestre.
Quartal, n. 2, quartier, m. trimestre.
Quartaliter, adv. par quartier.
Quartaner, m. 1, écolier, élève de la quatriéme classe.
Quartanfieber, n. 1, fièvre quarte, f. [2, in-quarto, m.
Quartband, m. 2*, =format, n.
Quartblatt, n. 2*, feuillet in-quarto, m. [quer) quatrième.
Quarte, f. quarte; (jeu de pi-

Quartett, n. 2, (mus.) quatuor, m.
Quartier, n. 2, quartier, m.; maison, f. logis, m. logement; fg. (guer.) quartier, pardon; — ittb= men, loger, se loger.
Quartierfrei, adj. exempt du logement des gens de guerre.
Quartiermeister, m. 1, maréchal des logis; quartier-maître.
Quartierverleiher, m. 1, logeur.
Quartierwache, f. (mar.) quart, m.
Quartierzeichen, n. 1, craie, f.
Quartierzettel, m. 1, billet de logement.
Quartiren, v. a. loger; (escr.) quarter; (chim.) faire la quartation, réduire au quart; —, s. n. 1, (chim.) quartation, f. inquart, m.
Quartseite, f. page in-quarto.
Quarz, m. 2, (minér.) quartz.
Quarzfluß, m. 2*, fluorquartzeux.
Quarzicht, adj. quartzeux.
Quarzschiefer, m. 1, gneiss, schiste micacé.
Quassia, f. quassie.
Quast, m. 2, Quaste, f. houppe, touffe, bouffette; campane; nœud de ruban, m.; —n, pl. (sell.) oreillons à la tête d'un cheval; mit —n verseben, houpper.
Quästchen, n. 1, (dim.) freluche, f.
Quatember, m. 1, quartier, m. espace de trois mois; quatre-temps, pl.
Quaterne, f. (impr.) cahier de quatre feuilles d'impression in-folio, m.; (loterie) quaterne.
Quatschelig, adj. grassouillet, potelé. [dent, m.
Quecke, f. —ngras, n. 5*, chien-dent.
Quecksilber, n. 1, vif-argent, m. mercure; mit — verbinden, amal-gamer.
Quecksilberartig, adj. mercuriel.
Quecksilbersalbe, f. onguent mer-curiel, m.
Quehle, f. essuie-main, m.
Quell, m. 2, Quelle, f. source; fg. id., origine; cause; auteur, m.
Quellen, v. n. 6 (h.) sourdre; sortir de terre, jaillir, couler; ruisseler; —, v. a. faire gonfler, délayer, détremper.
Quellmehl, n. 1, dilatatoire.
Quellsalz, n. 2, sel de puits ou de marais salants, m.
Quellwasser, n. 1, eau de source, de fontaine, f.; eau vive.
Quendel, m. 1, serpolet; thym.
Quentchen, n. 1, drachme, f.; gros, m.
Querarm, m. 2, croisillon.
Querbalken, m. 1, (arch.) traverse, f.; entretoise, doubleau,

m.; (mar.) traversin, ban; (blas.) fasce, f.
Querband, m. 5*, lierne, f.; mit =bändern verseben, lierner.
Querbinde, f. traverse.
Querbamm, m. 2*, digue de traverse, f. barrage dans un fleuve, m.
Quere, f. travers, m.; in die —, de travers, en travers.
Querflöte, f. flûte traversière.
Querfolio, n. 2, in-folio oblong, m. [m.
Querfurche, f. sillon transversal,
Quergang, m. 2*, allée de traverse, f.
Quergasse, =straße, f. traverse.
Querhieb, m. 2, coup donné en écharpe; einem mit dem Degen ei= nen — geben, écharper qn.
Querholz, n. 5*, bois de traverse, m. traverse, f.; traversin, m.; croisillon d'une croix, d'une croisée; fauconneau au sommet d'un engin; barre d'une porte, d'un clavecin, f. barrure d'un luth.
Querleite, f. chainette de bride; tranchefile de mors.
Querkopf, m. 2*, fm. homme bizarre, fantasque, quinteux.
Querl, m. 2, moulinet.
Querlaben, m. 1*, abatant.
Querleiste, f. traverse.
Querlen, v. a. remuer avec le moulinet; —, v. n. (h.) se mouvoir avec vitesse.
Querlinie, f. ligne transversale.
Quernabt, f., arrêt, m.; (anat.) suture transversale.
Querpfab, m. 2, traverse, f. chemin (m.), sentier de traverse.
Querpfeife, f. fifre, m.; —r, m. 1, id. [de; arrêt, m.
Querriegel, m. 1, traverse, f. brisure.
Quersack, m. 2*, bissac, besace, f.
Quersattel, m. 1*, selle de femme, f.
Querschicht, f. (maç.) assise de parpaing; (min.) couche transversale.
Querschnitt, m. 2, coupure de travers, f.; (chir.) incision cruciale.
Querstange, f. traverse.
Querstrich, m. 2, tiret; fg. contre-temps, contre. [verse, f.
Querstück, n. 2, =weg, m. 2, tra-
Quertritt, m. 2, marche de travers, f.; (fabr. de bas) balancier, m.
Quetsche, f. presse; fg. id., gêne, détresse, v. Zwetsche.
Quetschen, v. a. froisser; écracher; concasser, briser, écraser, meurtrir; gequetscht, meurtri, contus. [dant.
Quetschend, adj. (chir.) contondant.
Quetschung, f. froissement, m.;

écachement; froissure, *f.*; meurtrissure, contusion, coup orbe, *m.*
Quid, *m.* 2, *v.* Quecffilber.
Quidbrei, *m.* 2, amalgame.
Quidmühle, *f.* moulin à amalgamer, *m.* [quiproquo, *m.*
Quidproquo, Quiproquo, *n.* 1,
Quiefen, Quieffen, *v. n.* (h.) crier, piailler; —, *s. n.* 1, piaillerie, *f.* cri, *m.*
Quietismus, *m. indécl.* (*théol.*) quiétisme, molinosisme.
Quietiſt, *m.* 3, quiétiste.
Quintaner, *m.* 1, élève de la cinquième classe.
Quinte, *f.* quinte; (*luth.*) chanterelle; *fg.* quinte, caprice, *m.*
Quinterne, *f.* quine, *m.*
Quinteſſenʒ, *f.* quintessence.
Quintett, *n.* 2, (*mus.*) quinque, *m.*
Quirlförmig, *adj.* verticillé.
Quitt, *adv. fm.* quitte.
Quitte, *f.* coing, *m.*; bie wilbe —, cognasse, *f.*
Quittenbaum, *m.* 2*, cognassier.
Quittenbrob, *n.* 2, cotignac, *m.*
Quittenfern, *m.* 2, grain de coing.
Quittiren, *v. a.* quitter, abandonner; donner quittance à qn. de qch., quittancer; décharger.
Quittung, *f.* quittance, acquit, *m.* décharge, *f.* reçu, *m.*
Quoblibet, *n.* 2, quolibet, *m.* coq-à-l'âne.
Quote, *f.* quote-part, cote.
Quotient, *m.* 3, (*arithm.*) quotient.

## R.

Raa, *f., v.* Rahe.
Rabatt, *m.* 2, rabais, remise, *f.*
Rabatte, *f.* parement *d'un habit*, *m.*; (*jard.*) plate-bande, *f.*
Rabattiren, *v. a.* rabattre, déduire. [rabbin.
Rabbi, *m.* 2, Rabbine, *m.* 3,
Rabbiniſch, *adj.* rabbinique.
Rabe, *m.* 3, corbeau; ber fleine —, corbillat, corbillard.
Rabenhaar, *n.* 2, *poés.* cheveux noirs comme le jais, *m. pl.*
Rabenfrähe, *f.* corneille noire.
Rabenmutter, *f.*, mère dénaturée, marâtre; *pop.* bourrelle.
Rabenſchnabel, *m.* 1* (*chir.*) bec-de-corbin. [plice.
Rabenſtein, *m.* 2, lieu de supplice. Rabenvater, *m.* 1*, Stie dénaturé.
Rabuliſt, *m.* 3, *mépr.* chicaneur; bas Handwerf eines —en treiben, avocasser.
Rabuliſterei, *f.* *mépr.* chicane, chicanerie, avocasserie.
Rache, *f.* vengeance.

Rachegöttinn, *f.* (*myth.*) Némésis, déesse de la vengeance.
Rachen, *m.* 1, gueule, *f.*; —voll, gueulée.
Rächen, *v. a.* venger; tirer, prendre vengeance; ſich ſelbſt —, se faire justice à soi-même.
Rächer, *m.* 1, ʒinn, *f.* vengeur, *m.* vengeresse, *f.*
Rachgier, ʒſucht, *f.* désir de se venger, *m.* vengeance, *f.*
Rachgierig, *adj.* vindicatif. [*m.*
Rachſchwert, *n.* 5, glaive vengeur,
Rad, *m.* 2, Arack (*liqueur*).
Rad, *n.* 2, coude *d'une rivière*, *m.*; (*mar.*) racage.
Rader, *m.* 1, (*injur.*) pendard, vaurien.
Radet, *neut.* 2, raquette, *f.*; (*paum.*) *id.*, battoir, *m.*
Radete, *f.* fusée, marquise; tine ſteigenbe —, une fusée volante.
Radetenhülſe, *f.* cartouche.
Radetenſaß, *m.* 2*, amorce, *f.*
Radetenſtab, *m.* 2*, baguette, *f.*
Rad, *n.* 5*, roue, *f.* (*dim.* Rädchen, *n.* 1, roulette, *f.*); (*cord.*) touret, *m.*; rochet *des tréfileurs*; dévidoir; meule *à polir*, *f.*; molette *de l'éperon*; videlle *des pâtissiers*; ein — ſchlagen, faire le moulinet.
Radbohrer, *m.* 1, tarière, *f.*
Radbrechen, *v. a.* rouer, *f. fm.* écorcher, mal parler, baragouiner *une langue.*
Radbrunnen, *m.* 1, puits à roue.
Rabel, *m.* 1, crible.
Rädelsführer, *m.* 1, chef, coryphée, boute-feu.
Radmacher, *m.* 1, charron.
Raden, *m.* 1, (*bot.*) gerzeau, nielle, *f.*
Räder, *m.* 1, *v.* Sieb.
Rädergehäuſe, *n.* 1, cage, *f.*
Rädern, *v. a.* rouer, rompre; lebendig —, rouer, rompre vif; gerädert, *fg.* tout roué; ich bin wie gerädert; j'ai le corps tout moulu || cribler, casser.
Räderwerf, *n.* 2, rouage, *m.*; (*horl.*) *id.*, mouvement.
Radfelge, *f.* jante, *m.*; *pl.* chanteaux, *m. pl.*
Radhaſpel, *m.* 1*, treuil, tourniquet, guindas à roue.
Radieschen, *n.* 1, radis, *m.*
Radiren, *v. a.* rayer, ratisser; effacer; ôter; gratter; (*grav.*) graver à l'eau-forte; bas rabirte Stüd, eau-forte, *f.* [forte.
Radirfunſt, *f.*, gravure à l'eau-
Radirmeſſer, *n.* 1, grattoir, *m.*
Radirnabel, *f.* pointe.
Radlinie, *f.* (*géom.*) cycloïde, épicycloïde.

Radnagel, *m.* 1*, clou à bande.
Radſchaufel, *f.* aube, aileron de moulin, *m.* [(*m.*) de roue.
Radſchiene, *f.* bande, bandage
Radſpeiche, *f.* rais, *m.* rayon.
Radſperre, *f.* enrayure.
Radſpur, *f.* ornière.
Radwelle, *f.* arbre *d'une roue*, *m.*
Radʒapfen, *m.* 1, axe de la roue.
Raff, *m.* 2, barre, *f.* poutre, bande.
Raffel, *f.* racloir, *m.* ratissoire, *f.* [violence, enlever, ravir.
Raffen, *v. a.* rafler; emporter avec
Raffinade, *f.* sucre raffiné, *m.*
Raffiniren, *v. a.* raffiner *le sucre.*
Raffʒahn, *m.* 2*, crochet.
Ragen, *v.* Hervorragen. [*f. pl.*
Rahbänder, *pl.* (*mar.*) cargues,
Rahe, Raa, *f.* (*mar.*) vergue.
Rahel, *n. pr. f.* Rachel.
Rahm, *m.* 2, crème, *f.*; ʒgeben, crémer; ben abnehmen, écrémer le lait.
Rahmapfel, *m.* 1*, cachiment.
Rahmapfelbaum, *m.* 2*, cachimentier.
Rahmen, *v. a.* écrémer *le lait*; (*cha.*) bourrer *le lièvre, etc.*; ramer, étendre *les draps*; —, *v. n.* (h.) crémer; —, *s. n.* 1, (*cha.*) bourrade, *f.*
Rahmen, *m.* 1, châssis; membrure, *f.* bordure, cadre (*m.*) *d'un tableau*; (*brod.*) métier, tambour; (*tond. de dr.*) rame, *f.*; (*cordonn.*) trépoint, *m.*; Rähmchen, *n.* 1, *dim.* (*impr.*) frisquette, *f.*; in einen — einfaſſen, encadrer.
Rahmengeſtell, *n.* 2, bâti, *m.*
Rahmenhobel, *m.* 1*, rabot à bordures. [membrure, *f.*
Rahmenholʒ, *n.* 5*, ʒſtüd, *n.* 2,
Rahmenſchenfel, *n.* 1, battant, membrure, *f.*
Rahmenſchuh, *m.* 2, soulier à double semelle, gros soulier.
Rahmfrau, *f.* crémière.
Rahmfäſe, *m.* 1, fromage à la crème. [vrage fait au métier.
Rahmnäherei, *f.* point (*m.*), ou-
Rahmſtüd, *n.* 2, emboiture, *f.*
Rahmtorte, *f.* tarte à la crème, dariole. [gre; (*man.*) élancé.
Rahn, *adj. fm.* long, effilé, maigre; (*man.*) élancé.
Rahſegel, *n.* 1, grande voile, *f.*
Rain, *m.* 2, lisière, *f.* raie; pacage, *m.*
Rainblume, *f.* immortelle.
Rainfarrn, *m.* 2, tanaisie, *f.* (*plante*).
Rainfohl, *m.* 2, lampsane, *f.*
Rainweide, *f.* troène, *m.*
Raf, *m.* 3, Rafwerf, *n.* 2, racages, *m. pl.*
Ralle, *f.* râle, *m.*
Rammſbed, ʒbed, *m.* 2*, Ram=

me, *f.* mouton, *m.* bélier, déclic; hie, *f.; (mar.)* blin, *m.*

**Rammen, Rammeln,** *v. n.* (h.) être en chaleur, en rut, bouquiner, *fg. fm.* se démener; berum —, se rouler.

**Rammen, Rammeln,** *v. a.* piloter, hier, enfoncer avec la hie; battre *la terre.*

**Rammgerüft,** *n.* 2, sonnette, *f.*

**Rammler,** *m.* 1, lièvre, lapin mâle, bouquin; chat mâle, matou; *(arch.) v.* **Rammblod.**

**Ramp,** *m.* 2, *(comm.)* im —, en bloc, en gros.

**Ranb,** *m.* 5*, bord; extrémité, *f.;* bout, *m.* arête, *f.* bordure; rebord, *m.* marge *d'un livre, f.;* lèvre *d'une plaie; (monn.)* cordon, *m.* crénelage, grènetis; der äußerfte —, débord; —, lisière du drap, *etc., f.;* limbe *du soleil, m.;* pince *des cloches, f.;* den — eines Huts befdneiden, rafraîchir un chapeau; den — von einem Zeug abfchneiden, déborder une étoffe; am —e des Verderbens, à deux doigts de la ruine; an den — gefchrieben, gebrudt, marginal *(note).*

**Ranbanmerfung, Ranbgloffe,** *f.* glose, note marginale, apostille.

**Ranbbucaten,** *m.* 1, ducat cordonné.

**Ränbern,** *v. a.* créneler, cordonner; —, *s. n.* 1, crénelage, *m.*

**Ranbfifd,** *m.* 2, bordelière, *f.*

**Ranbleifte,** *f.* languette, rebord, *m.*

**Ranbfchüffel,** *f.* plat à marli, *m.*

**Ranbftein,** *m.* 2, margelle, *f.* mardelle; die großen —e, *(pav.)* parement, *m.* [engrélure.

**Ranbverzierung, =zierath,** *f.* (blas.)

**Ranft,** *m.* 2*, grignon *de pain,* croûte, *f.;* croûton, *m.;* Ränftchen, *n.* 1, croustille, *f.*

**Rang,** *m.* 2, rang; condition, *f.* pas, *m.;* préséance, *f.;* haut bout *à table, m.;* haut du pavé; main, *f.;* vom erften —, du premier ordre *(esprit).*

**Range,** *m.* 3, *(injur.)* garnement.

**Rangftreit,** *m.* 2, dispute de rang, *f.*

**Rangfudt,** *f.* ambition.

**Ranf,** *m.* 2*, *pl.* Ränfe, ruses, *f. pl.* finesses, artifices, *m. pl.* intrigues, *f. pl.* menées; —e fchmieden, gebraudjen, intriguer.

**Ränfemadjer,** *m.* 1, =inn, *f.* **Ränfefdmieb,** *m.* 2, intrigant, -e, *f.* cabaleur, *m.* chicaneur, -se, *f.;* der fleinlidje —, finassier, *m.* -ère, *f.*

**Ranfen,** *m.* 1, **Ranfe,** *f.* (bot.) main, fourche, vrille; bras de melon, *m.;* pampre, sarment *de vigne;* ramage *dans les étoffes.*

**Ranfen, Ranfern,** *v. n.* (h.) et fid —, ramper, grimper, se tortiller. [grimpante, *f.*

**Ranfengewädjs,** *n.* 2, plante

**Ränfevoll,** *adj.* rusé; fin, artificieux, intrigant.

**Ranfforn,** *n.* 5*, *(vét.)* grain d'orge, *m.* [noncule, *f.*

**Ranunfel,** *m.* exc. 1 et *f.* re-

**Ranzen,** *m.* 1 (Ränzel, *n.* 1, *fm.*), havresac, *m.* bissac, *fm.* canapsa.

**Ranzig,** *adj.* rance; — werden, *fm.* rancir.

**Ranzion,** *f.* rançon. [rancir.

**Rappe,** *m.* 3, cheval noir, moteau; der weißfüßige —, cheval balzan.

**Rappe,** *f.* râpe; *(vét.)* râpes, *pl.* solandre, malandres, *pl.*

**Rappet,** *v.* 2, tabac râpé.

**Rappelföpfifd,** *adj.* têtu, capricieux.

**Rappell,** *m.* 2, *(guer.)* rappel.

**Rappelliren,** *v. n.* (h.) battre le rappel.

**Rappeln,** *v. n.* (h.) faire du bruit; —, *v. imp.* (h.) es rappelt ihm im Kopfe, *fm.* il est un peu timbré.

**Rappier,** *n.* 2, fleuret, *m.*

**Rappiren,** *v. a.* râper *du tabac.*

**Rappirer,** *m.* 1, râpeur *de tabac.*

**Rappoltftein,** *n. pr.* Ribeaupierre *(château).* [le.

**Rappoltsweiler,** Ribeauvillé *(village).*

**Räps,** *m.* 2, râpé.

**Rappfe,** *f. fm.,* in die — geben, jeter à la gribouillette, livrer au pillage; in die — femmen, aller à l'abandon. [rafle.

**Rappfen,** *v. a. fm.* rafler, faire

**Rappfer,** *m.* 1, *fm.* escogriffe, croqueur.

**Rappufe, Rapfe,** *ıc., v.* **Rappfe.**

**Rapunzel,** *m.* raiponce, *f.*

**Rar,** *adj. fm.* rare.

**Rarität,** *f. fm.* rareté, curiosité.

**Rafd,** *m.* 2, ras *(étoffe).*

**Rafd,** *adj.* vite, agile, prompt; *fg. id.,* emporté; fougueux, impétueux.

**Rafdheit,** *fém.* vitesse, agilité; promptitude, *fm.* id., fougue, emportement, *m.* impétuosité, *f.*

**Rafen,** *m.* 1, gazon, herbette, *f.;* mit — belegen, gazonner; — ftedjen, couper des gazons.

**Rafen,** *v. n.* (h.) enrager, être en fureur; extravaguer; être en délire, en frénésie; avoir des accès de folie; *fg.* faire du bruit, être en colère, *fm.* faire le diable à quatre, tempêter.

**Rafenbanf,** *f.*, banc (*m.*) ou siège de gazon.

**Rafenb,** *adj.* furieux, enragé, furibond, frénétique, forcené; — werben, enrager; ganz —, *adv.* à la fureur.

**Rafenmeifter,** *m.* 1, écorcheur.

**Rafenplaß,** *m.* 2*, gazon, pelouse, *f.* [dure (*f.*) de gazon.

**Rafenranb,** *m.* 5*, cordon, bor-

**Rafenftüdf,** *n.* 2, pelouse, *f.* boulingrin, *m.*

**Raferei,** *f.,* prop. *et fg.* rage, fureur, frénésie, délire, *m.* démence, *f.* [fier.

**Rafiren,** *v. a.* raser, *fm.* barbifier.

**Rafirmeffer,** *n.* 1, rasoir, *m.*

**Rafpel,** *f.* râpe, grosse lime.

**Rafpelfeile,** *f.* rifloir, *m.*

**Rafpelhaus,** *n.* 5*, maison de force, de correction, *f.*

**Rafpeln,** *v. a.* racler, râper.

**Rafpelfpäne,** *pl.* râpure, *f.* raciure.

**Räß,** *adj.* âpre, piquant. [re.

**Raffel,** *f.* crécelle, hochet, *m.*

**Raffelburr,** *adj.* (bot.) scarieux.

**Raffeln,** *v. n.* (h.) sonner la crécelle; cliqueter, faire du fracas; —, *s. n.* 1, bruit, *m.* fracas; cliquetis.

**Raft,** *f.* repos, *m.* relâche.

**Raften,** *v. n.* (h.) se reposer, s'arrêter, faire halte; —, *s. n.* 1, halte, *f.* [relâche.

**Raftlos,** *adj.* infatigable, sans

**Raftlofigfeit,** *f.* activité, agitation continuelle.

**Raftort,** *m.* 5*, halte, *f.;* die Mahlzeit am —, *id.*

**Raftral,** *m.* 1, patte, *f.*

**Raftriren,** *v. a.* tirer des lignes avec une patte.

**Rafttag,** *m.* 2, jour de repos; — balten, faire halte.

**Rate,** *f.* quote-part, prorata, *m.; (agr.)* routoir.

**Raib,** *m.* 2, *pl.* **Rathfdläge,** consultation, *f.* délibération, *f.* conseil, *m.* avis; expédient, moyen; parti; jemanb um — fragen, zu —e ziehen, consulter qn.; über etw. balten, zu —e geben, délibérer, consulter sur qch.; — fchaffen, trouver des moyens; zu —e balten, ménager, épargner || —, 2*, conseil; conseiller *(titre);* der brifigenbe —, auditeur.

**Rathen,** *v. a.* 4, conseiller || deviner.

**Rathgebenb,** *adj.* consultant, consultatif *(voix).*

**Rathgeber,** *masc.* 1, conseiller, conseil, consultant.

**Rathhaus,** *n.* 5*, hôtel de ville, *m.* [me; *v.* **Rathfam.**

**Räthlidj,** *adj.* ménager, écono-

**Rathfam,** *adj.* salutaire, utile, expédient, convenable, à propos; — feyn, convenir.

**Rathsbote,** *m.* 3, huissier du sénat.

**Rathfdlag,** *m.* 2*, conseil.

**Rathfdlagen,** *v. n.* (h.) délibérer.

Rathschlagung, f. délibération, consultation.    [seil de Dieu.
·Rathschluß, m. 2*, décret, con-
Rathsdiener, m. 1, huissier, ser-gent.
Räthsel, n. 1, énigme, f.
Räthselhaft, adj. énigmatique, obscur, problématique.
Rathsherr, m. 3, sénateur, con-seiller.
Rathsschluß, m. 2*, décret du sénat; arrèt du conseil; sénatus-consulte.
Rathsschreiber, m. 1, greffier.
Rathsschreiberei, f. greffe, m.
Rathsstube, f. chambre du con-seil.
Rathstag, m. 2, jour d'audience.
Rathsverwandte, m. 3, membre du conseil, du sénat.
Ratin, m. 2, ratine, f.
Ration, f. ration.
Ratsche, Rätsche, f. crécelle.
Rape, Ratte, f. rat, m.; Ratte, fg. caprice.    [assommoir, m.
Rapenfalle, f. ratiére, souricière.
Rapengift, n. 2, mort aux rats, f.
Raub, m. 2 (pl. Räubereien), larcin, rapine, f. vol, m.; pilla-ge; brigandage; spoliation, f.; enlèvement, m. rapt; péculat, concussion, f.; proie, butin, m.; dépouille, f.; Sichraub, abigéat, m.
Raubbiene, f. abeille rapace.
Rauben, v. a. rapiner, voler, dé-pouiller; piller; spolier; ravir; ôter, enlever; (guer.) marauder; arracher; fg. ravir.
Räuber, m. 1, voleur, brigand, larron; pillard; (impr.) larron.
Räuberbande, f. bande de voleurs.
Räuberisch, adj. de voleur, de brigand.
Raubfisch, m. 2, poisson vorace.
Raubfliege, f. mouche-loup.
Raubgesindel, n. 1, brigands, m. pl. voleurs.
Raubgier, f. rapacité.
Raubgierig, adj. rapace.
Raubhöhle, f. Raubnest ou Räu-bernest, n. 5, repaire, m. retraite de voleurs, f. coupe-gorge, m.
Raubkäfer, m. 1, staphilin.
Raubrotte, f. bande de brigands, parti bleu, m.
Raubschiff, n. 2, vaisseau cor-saire, m.; corsaire.
Raubschloß, m. 5*, château de brigands, m.    [les.
Raubthier, n. 2, animal rapace,
Raubvogel, m. 1*, oiseau de proie.
Raubvogelfarbe, f. (chass.) man-teau, m.    [f.
Raubvogelweibchen, n. 1, formez,
Rauch, adj. velu; fourré; — werden, cotonner, se cotonner.

Rauch, m. 2, fumée, f.
Rauchaltar, m. 2*, autel des par-fums.
Rauchapfel, m. 1*, dature, f.
Rauchbüchschen, n. 1, cassolette, f.
Rauchen, v. a. et n. (h.) fumer.
Raucher, m. 1, fumeur de tabac.
Räucherig, adj. qui sent la fu-mée.    [fumer.
Räucherkammer, f. chambre à
Räucherkerzchen, n. 1, pastille, f.
Räuchern, v. a. fumer, boucaner de la viande; saurer les harengs; parfumer; encenser; (méd.) fumi-ger; die geräucherte Zunge, la lan-gue fourrée.
Räucherpfanne, f. cassolette.
Räucherpulver, n. 1, poudre fu-migatoire, f. poudre à parfumer.
Räucherung, f. encensement, m.; fumigation, f.
Rauchfang, m. 2*, cheminée, f.
Rauchfärber, m. 1, teinturier-fourreur.
Rauchfaß, n. 5*, encensoir, m.
Rauchfaßträger, m. 1, turiféraire.
Rauchfüßig, adj. pattu (pigeon).
Rauchgar, adj. passé à poil.
Rauchhaber, m. 1, haveron.
Rauchhandel, m. 1*, négoce en pelleterie.
Rauchhändler, m. 1, marchand pelletier, fourreur.
Rauchhütte, f. boucan, m.
Rauchicht, adj. semblable à la fu-mée; — riechen, sentir la fumée.
Rauchig, adj. fumant; plein de fumée, enfumé.
Rauchkohle, f. fumeron, m.
Rauchkünstler, m. 1, fumiste.
Rauchleder, n. 1, cuir bronzé, m.
Rauchloch, n. 5*, soupirail, m. évent.    [dim. cassolette, f.
Rauchpfanne, f. »pfännchen, n. 1,
Rauchschwalbe, f. hirondelle de cheminée.    [mer.
Rauchtabak, m. 2, tabac à fu-
Rauchverständige, m. 3, fumiste.
Rauchwerf, n. 2, parfum, m. en-cens || pelleterie, f. fourrure; (cha.) bêtes à poil, pl.
Raude, f. croûte d'une plaie.
Räude, f. gale, teigne.
Räudig, adj. galeux, teigneux.
Raufbold, m. 2, v. Raufer.
Raufdegen, m. 1, brette, f.; fg. v. Raufer.
Raufe, f. râtelier, m.
Raufen, v. a. arracher le poil ou les plumes; plumer; tirer par les cheveux; arracher, cueillir du lin; fich — , chamailler, se chàmailler; fich gern —, brétailler.
Raufer, m. 1, bretteur, ferrail-leur, brave, brétailleur.    [m.
Rauferei, f. batterie, chamaillis,
Raufholz, n. 5*, peloir, m.

Raufwolle, f. pelure; bourre la-nice.    [pl.; dim. pincettes.
Raufzange, f. grosses tenailles,
Raugraf, m. 3, raugrave.
Rauh, adj. rude; âpre; dur; gros-sier; inégal, agreste (contrée); (temps) rigoureux; cru (viande); (chemin) raboteux, scabreux; fg. rude, dur; austère.
Rauhe, Rauhheit, Rauhigkeit, f. rudesse; âpreté; dureté; crudité de l'eau, etc.; difficulté, inégali-té du terrain; die — des Halses, enrouement, m.
Rauhen, v. a. lainer du drap; —, s. n. 1, lainage, m.
Rauhhobel, m. 1*, riflard.
Rauhreif, Rauhfrost, m. 2, givre.
Rauhschleifer, m. 1, émouleur de haches ou de cognées.
Raufe, f. roquette (plante).
Raum, m. 2*, espace; étendue, f.; capacité d'un vase; place; — zur Durchfahrt, échappée; —, fg. lieu, m. occasion, f.; der ganze — eines Schiffs, le creux d'un vaisseau; der unterste —, le fond de cale; — zwischen zwei Ver-decken, entre-pont; — zwischen zwei Balken, travée, f. claire-voie; — zwischen zwei Zeilen, entreligne, m.; (impr.) interligne, f.; der in-nere —, œil d'une lettre, m.; — geben, donner lieu; céder; — lassen, espacer.
Räumen, v. a. ôter; faire place; débarrasser; vider, curer; net-toyer; déblayer, désobstruer une place; débâcler un port; débou-cher un tuyau; évacuer une for-teresse; fg. laisser, céder, aban-donner; einen aus dem Weg —, se défaire de qn.; ein Hinderniß aus dem Weg —, lever un obstacle.
Räumer, m. 1, cureur, curette, f.
Räumig, Räumlich, v. Geräumig.
Raumnadel, f. dégorgeoir, m. épinglette, f.
Räumung, f. nettoiement, m.; curage; débouchement, débâclage; évacuation d'une forteresse, etc., f.    [ter à l'oreille, suggérer.
Raunen, v. a. et n. (h.) chucho-
Raupe, f. chenille.
Raupen, v. a. écheniller les ar-bres.    [m.
Raupeneisen, n. 1, échenilloir,
Raupennest, n. 5, paquet de che-nilles, m.    [les.
Raupig, adj. couvert de chenil-
Rausch, m. 2*, ivresse, f.; einen — haben, être ivre, être pris de vin; den — ausschlafen, cuver son vin; einen übeln, einen lusti-gen — haben, avoir le vin mau-vais, gai.

Rauschbeere, f. empétrum, m. bruyère baccifère, f.

Räuschchen, n. 1, pointe de vin, f.; sich ein — trinken, se griser.

Rauschen, v. n.(h.) faire du bruit; bruire, frémir; murmurer, gazouiller; vorbei —, passer avec bruit; —, s. n. 1, bruit, m.; bruissement, frémissement, mugissement de la mer; murmure, gazouillement de l'eau; cri des étoffes.

Rauschend, adj. bruyant.

Rauschgelb, n. 2, arsenic rouge, m. réalgar.

Rauschgold, n. 2, clinquant d'or, m. oripeau, or d'Allemagne.

Rauschgrün, n. 2, vert de vessie, m. [bruyante.

Rauschpfeife, f. (orgues) quinte

Rauschsilber, n. 1, clinquant d'argent, m.

Räuspern, v. n. (h.) et sich —, faire un effort pour cracher; tousser.

Raute, f. (bot.) rue || carreau, m.; rhombe, losange, f.; (joaill.) facette; pan, m.; die längliche —, rhomboïde.

Rautendiament, m. 3, brillant.

Rautenförmig, adj. losangé, en losange; (joaill.) à facettes.

Rautenglas, n. 5*, verre polyèdre, m.

Rautenkranz, m. 2*, couronne de rue, f.; (blas.) crancelin, m.

Rautenkreuz, n. 2, croix losangée, f.

Rautenstein, m. 2, diamant rose, pierre à facettes, f.

Rautenweise, adv. (joaill.) à facettes; — schneiden, facetter.

Ravelin, n. 2, (fortif.) ravelin, m. [glapissant.

Räßen, v. a. (chass.) attirer en

Real, m. 3, réal (monnaie).

Realschule, f. école polytechnique, école préparatoire aux arts et métiers.

Rebe, f. sarment, m. pampre, cep de vigne; vigne, f.

Rebecca, n. pr. f. Rébecque.

Rebell, m. 3, -inn, f. rebelle, m. et f.; révolté, m. mutin.

Rebellion, f. rébellion, révolte.

Rebelliren, v. n. (h.) se révolter, se soulever, se rebeller.

Rebellisch, adj. rebelle; séditieux, révolté.

Rebenasche, f. cendre de sarment.

Rebenauge, n. exc. 1, bourgeon, m.

Rebenband, n. 5*, accolure, f.

Rebenblatt, Rebblatt, neut. 5*, feuille de vigne, f. pampre, m.

Rebenblüte, f. œnanthe.

Rebenholz, n. 5*, bois de la vigne, m.

Rebensaft, m. 2*, sève de la vigne, f.; fg. vin, m. jus de la treille.

Rebensenker, m. 1, provin.

Rebenspitze, f. tendron de vigne, m. [quin, liset, lisette, f.

Rebenstecher, =sticher, m. 1, ver-co-

Rebhacke, f. mare; mit der — bearbeiten, marer.

Rebhahn ou Repphahn, m. 2*, perdrix mâle, f. coq de perdrix, m.

Rebhuhn ou Repphuhn, m. 5*, perdrix, f.; das junge —, perdreau, m. [drieu.

Rebhühnerfalk, m. 3, fau-per-

Rebhühnerfänger, m. 1, tonneleur.

Rebhühnergarn, n. 2, tonnelle, f.

Rebmesser, n. 1, serpette, f. faucillon, m.

Rebpfahl, m. 2*, échalas; das Bund —t, charnier; —t stecken, échalasser. [pon.

Rebschoß, m. 2, pampre, cha-

Rebsticher, v. Rebenstecher.

Rebstock, m. 2*, cep de vigne.

Recensent, m. 3, critique.

Recension, f. critique, analyse critique.

Recensiren, v. a. critiquer.

Recept, n. 2, recette, f. formule; ordonnance du médecin.

Receß, m. 2, recès.

Rechen, m. 1, râteau, fauchet; (fortif., etc.) grille, f.

Rechen, v. a. râteler.

Rechenbuch, n. 5*, livre d'arithmétique, m. [cul, m.

Rechenfehler, m. 1, erreur de cal-

Rechenkammer, f. chambre des comptes.

Rechenknecht, m. 2, barème.

Rechenkunst, f. 2*, arithmétique.

Rechenmeister, m. 1, arithméticien, maître d'arithmétique.

Rechenpfennig, m. 2, jeton.

Rechenschaft, f. compte, m.; — ablegen, rendre compte, rendre raison.

Rechenstäbchen, n. 1, baguette à calculer les logarithmes, f.; die Rechenkunst mit —, rabdologie.

Rechenstunde, f. leçon d'arithmétique.

Rechentafel, f. table à chiffrer, table d'ardoise, tablette à calculer; livret, m.

Rechentisch, m. 2, comptoir, table (f.), bureau (m.) de calcul.

Rechnen, v. a. chiffrer, compter, calculer; mettre en compte; falsch —, se mécompter; zur Ehre — , imputer à honneur; ein Jahr in das andere gerechnet, année commune; eins ins andere gerechnet, l'un portant l'autre; von da an gerechnet, à partir de là; —, s. n. 1, calcul, m.

Rechner, m. 1, calculateur, arithméticien.

Rechnung, f. calcul, m. compte; mémoire; in — bringen, mettre en ligne de compte; (diese Ausgabe) geht auf meine —, est à ma charge; sich — machen auf, compter sur, attendre, espérer; s'attendre à; einem einen Strich durch die — machen, déranger, traverser les projets de qn.

Rechnungsableger, m. 1, rendant.

Rechnungsabnahme, f. audition d'un compte.

Rechnungsabnehmer, m. 1, oyant.

Rechnungsabschluß, m. 2*, clôture (f.), liquidation d'un compte.

Rechnungsamt, neut. 5*, charge comptable, f. comptabilité.

Rechnungsauszug, m. 2*, (comm.) bordereau de compte. [table.

Rechnungsbeamte, m. 3, comp-

Rechnungsführer, m. 1, teneur de livres; (fin.) comptable.

Rechnungsführung, f. comptabilité. [comptes, f.

Rechnungshof, m. 2*, cour des

Rechnungsjahr, n. 2, exercice, m. année d'exercice, f. [ble.

Rechnungspflichtig, adj. compta-

Rechnungsrath, m. 2*, conseiller à la cour des comptes; auditeur des comptes.

Rechnungsrevisor, m. exc. 1, réviseur des comptes.

Rechnungswesen, n. 1, comptabilité, f.

Recht, n. 2, droit, m.; raison, f.; justice, équité; loi; faculté, liberté; attribution, attribut, m.; prérogative, f. privilège, m.; thun, être en droit, être autorisé; Gnade für — ergeben lassen, user de clémence; einem in sein — greifen, empiéter sur les droits de qn.; in eines andern —t treten, entrer dans les droits d'un autre; ein Haus mit allen seinen —en, une maison avec appartenances et dépendances; mit —, mit rechtem, à bon droit, à juste titre, fm. à bonnes enseignes; von —swegen, de droit; von Gott und —swegen, selon Dieu et toute raison; Gewalt geht vor —, où force domine, raison n'a pas de lieu.

Recht, adj. droit; légitime, juste, bon, véritable; germain (frère ou sœur); die —e Seite, l'endroit des étoffes, m.; das —t Mittel, le vrai moyen; die —t Zeit, le temps convenable; der —en Person übergeben, remettre en main propre.

Recht, adv. légitimement, justement; — wohl, fort bien; — so,

bon! eben — kommen, venir à propos.
**Rechteck,** *n.* 2, rectangle, *m.*
**Rechten,** *v. n.* (h.) plaider, être en procès; *fg.* disputer.
**Rechtfertigen,** *v. a.* justifier, disculper, laver; *fm.* blanchir; zu —, (*action*) justifiable.
**Rechtfertigend,** *adj.* justificatif; (*théol.*) justifiant.
**Rechtfertigung,** *f.* justification, défense, apologie.
**Rechtgläubig,** *adj.* orthodoxe; —e, *s. m.* 3, vrai croyant.
**Rechtgläubigkeit,** *f.* orthodoxie; (*cath.*) catholicisme, *m.*
**Rechthaber,** *m.* 1, *fm.* ergoteur.
**Rechthaberei,** *f. fm.* ergoterie.
**Rechthaberisch,** *adj.* ergoteur.
**Rechtläufig,** *adj.* (*astron.*) direct.
**Rechtlich,** *adj.* honnête, loyal, légitime; juridique, judiciaire; durch—e Mittel, par voies de droit.
**Rechtlichkeit,** *f.* honnêteté, loyauté; légitimité, légalité. [ligne.
**Rechtlinig,** *adj.* (*math.*) recti-
**Rechtlos,** *adj.* illégal.
**Rechtlosigkeit,** *f.* illégalité.
**Rechtmäßig,** *adj.* légitime, juste; valable; (*juge*) compétent; — zukommen, (*jur.*) compéter.
**Rechtmäßigkeit,** *fém.* légitimité, justice; validité; compétence *d'un tribunal.*
**Rechts,** *adv.* à droite, sur la droite; — um! à droite! — seyn, être droitier; *v.* Links.
**Rechtsbehelf,** *m.* 2, bénéfice de droit, exception, *f.*
**Rechtsbeständig,** *adject.* =gültig, =kräftig, valide, valable, authentique, juridique.
**Rechtschaffen,** *adj.*honnête, droit, loyal, intègre, probe; ein —er Mann, un homme de bien; —, *adv. fm.* très-bien, fort bien, comme il faut.
**Rechtschaffenheit,** *f.* honnêteté, intégrité, probité, loyauté.
**Rechtschreiber,** *m.* 1, orthographiste.
**Rechtschreibung,** *f.* orthographe; die neue —, néographie, néographisme, *m.*
**Rechtserfahren,** *adj.* versé, consommé dans la jurisprudence.
**Rechtsfall,** *m.* 2*, cause, *f.*
**Rechtsfällig,** *adj.* condamné; — werden, perdre son procès.
**Rechtsform,** *f.* forme (judiciaire).
**Rechtsförmig,** *adj.* dans les formes; (*sentence*) juridique.
**Rechtsfrage,** *f.* question de droit.
**Rechtsfreund,** *m.* 2, défenseur, avocat, avoué, procureur.
**Rechtsgang,** *m.* 2*, procédure, *f.*
**Rechtsgelehrsamkeit,** *f.* jurisprudence.

**Rechtsgelehrte,** *m.* 3, jurisconsulte, homme de loi, légiste, juriste; (*Turq.*) effendi; — im kanonischen Recht, canoniste; — im Lehenrecht, feudiste.
**Rechtsgrund,** *m.* 2*, titre.
**Rechtsgültigkeit,** *f.* validité, authenticité. [procès, *m.*
**Rechtshandel,** *m.* 1*, cause, *f.*
**Rechtskräftig,** *adj.* valide, valable. [*f.*
**Rechtsmittel,** *n.* 1, voie de droit,
**Rechtspflege,** *f.* administration *ou* maintien (*m.*) de la justice.
**Rechtssache,** *f.* cause, procès, *m.*
**Rechtsspruch,** *m.* 2*, sentence, *f.* jugement, *m.* arrêt.
**Rechtsstand,** *m.* 2*, juridiction (*f.*), justice compétente; juge compétent, *m.*
**Rechtsständig,** *adj.* justiciable.
**Rechtsstreit,** *m.* 2, litige.
**Rechtsverdreher,** *m.* 1, chicaneur.
**Rechtsverdrehung,** *f.* chicane.
**Rechtsversagung,** *f.* déni de justice, *m.* [helf.
**Rechtswohlthat,** *f. v.* Rechtsbe-
**Rechtszwang,** *m.* 2*, *v.* Gerichtszwang.
**Rechtwinkelig,** *adj.* rectangle, orthogonal.
**Recidiv,** *n.* 2, récidive, *f.* rechute.
**Recipient,** *m.* 3, (*chim.*) récipient; der große —, ballon.
**Recitatio,** *n.* 2, récitatif, *f.*
**Recitiren,** *v. a.* réciter.
**Reckbank,** *f.*, chevalet, *m.* tréteau. [géant.
**Recke,** *m.* 3, **Recken,** *m.* 1, *ol.*
**Recken,** *v. a.* étendre, allonger, détirer.
**Reckholz,** *n.* 5*, paumelle, *f.*
**Recognosciren,** *v. a.* reconnaître; —, *v. n.* (h.) aller à la découverte, battre l'estrade.
**Recognoscirung,** *f.* reconnaissance.
**Recolligiren (sich),** *v.* Besinnen.
**Recrute,** *m.* 3, soldat de recrue; recrue, *f.*; —n, *pl.* recrue, nouvelle levée.
**Recrutirung,** *f.* recrutement, *m.*
**Recrutirungspferd,** *n.* 2, cheval de remonte, *m.*
**Rectificiren,** *v. a.* rectifier, alcooliser. [alcoolisation.
**Rectificirung,** *f.* rectification,
**Rector,** *m. exc.* 1, recteur.
**Rectorat,** *n.* 2, rectorat, *m.*
**Recurs,** *m.* 2, recours.
**Rede,** *f.* parole, langage, *m.*; propos, discours; harangue, *f.*; oraison; (*égl.*) sermon, *m.*; bruit, die — ist von einem richten, apostropher, haranguer qn.; einen über etw. zur — setzen; demander raison à qn. de qch.; einem — stehen, und Antwort über etw. geben, ren-

dre raison, rendre compte à qn. de qch.; weil sich die — so gab, par manière de dire; wovon ist die —? de quoi s'agit-il?
**Redeart,** *f.* dialecte, *m.*; élocution, *f.*; diction; façon de parler.
**Redekunst,** *f.*, rhétorique.
**Reden,** *v. a. et n.* (h.) parler, dire; er hat gut — il en parle à son aise, il a beau dire; von oben herab —, *fm.* parler à cheval; —, *s. n.* 1, discours, *m.*; langage.
**Redensart,** *f.* phrase; expression; manière de parler; die kurze und nachdrückliche —, laconisme, *m.*
**Redesatz,** *m.* 2*, période, *f.*
**Redetheil,** *m.* 2, partie d'oraison, *f.*
**Redeübung,** *f.* déclamation.
**Redlich,** *adj.* droit, de bonne foi, franc; loyal, honnête; intègre, probe.
**Redlichkeit,** *f.* droiture, loyauté, intégrité, probité, honnêteté, candeur.
**Redner,** *m.* 1, orateur, *m.*; rhéteur; *m. p.* harangueur; der gewaltige —, foudre d'éloquence; angenehme —, beau parleur.
**Rednerbühne,** *f.* tribune.
**Rednerisch,** *adj.* oratoire.
**Rednerstuhl,** *m.* 2*, tribune, *f.* chaire. [que, déclamateur.
**Rednerton,** *m.* 2*, ton pathéti-
**Redoute,** *f.* redoute.
**Redselig,** *adj.* qui aime à parler, causeur. [sité.
**Redseligkeit,** *f.* loquacité; verbo-
**Reduciren,** *v. a.* réduire, diminuer. [nuer.
**Reebe, Rehbe,** *v.* Rhebe.
**Refectorium,** *n. exc.* 1, réfectoire, *m.*
**Referendar,** *m.* 2, référendaire.
**Referent,** *m.* 3, rapporteur, référendaire. [ter.
**Referiren,** *v. a.* référer, rappor-
**Reff,** *m.*, crochet des portefaix, *m.*; die Arme am —, crochetons, *pl.*; —, (*nav.*) coutelas, ris (*bande de voile*).
**Reffband,** *n.* 5*, bretelle, *f.*
**Reffen,** *v. a.* (*mar.*) riser, arriser les voiles. [tefaix.
**Reffträger,** *m.* 1, crocheteur, por-
**Reflectiren,** *v. a. et n.* (h.) réfléchir; auf etw. —, avoir égard à qch. [ration des rayons.
**Reflexion,** *f.* réflexion; réverbé-
**Reformation,** *f.* réformation, réforme. [mateur.
**Reformator,** *m. exc.* 1, réfor-
**Reformiren,** *v. a.* réformer.
**Reformirt,** *adj.* réformé; die —e Religion, la religion réformée, le calvinisme; —e, *m.* 3, réformé, calviniste.

Regal, adj. royal; —, n. 2, fm.
régal, m. (mets); (org.) régale;
bas grobe —, bourdon; —, rayon
de livres, etc.
Regal, Regale, n. 2 (pl. =lien),
régale, f. droit régalien, m.
Regalfolio, n. indécl. grand in-
folio, m. [m.
Regalpapier, n. 2, papier royal,
Regalzug, m. 2*, (org.) régales.
Rege, adj. ému; qui se remue;
éveillé; actif; — werben, se remuer; fg. s'émouvoir; — machen,
mouvoir, remuer; fg. émouvoir,
éveiller; exciter; von neuem —
machen, faire revivre; renouveler;
réveiller.
Regel, f. règle; maxime; (égl.)
règle, observance, canon, m.
Regellos, adj. irrégulier, déréglé.
Regellosigkeit, f. irrégularité; dé-
réglement, m.
Regelmäßig, adj. régulier, réglé;
(hist. nat.) normal (état).
Regelmäßigkeit, f. régularité.
Regeln, v. a. régler, disposer,
arranger.
Regen, v. a. mouvoir, remuer.
Regen, m. 1, pluie, f.
Regenbach, m. 2*, torrent.
Regenbogen, m. 1*, arc-en-ciel.
Regenbogenhaut, f.*, (anat.) iris,
m.
Regenguß, m. 2*, v. Platzregen.
Regenkappe, f. capuchon, m.
(mar.) tapabor.
Regenkleid, n. 5, redingote, f.
capote. [gouttière, f.
Regenleber, n. 1, (carrosse).
Regenmantel, m. 1*, capote, f.;
— mit einer Kappe, capot, m.
Regenmesser, m. 1, hyétomètre,
ombromètre.
Regenmonat, m. 2, pluviôse.
Regenpfeifer, m. 1, pluvier (oi-
seau).
Regensburg, Ratisbonne (ville).
Regenschauer, m. 1, guilée, f.
ondée.
Regenschirm, m. 2, parapluie.
Regent, m. 3, =inn, f. prince
régnant, m. princesse régnante, f.;
souverain, m. -e, f.; régent, m.
-e, f.
Regentag, m. 2, jour pluvieux.
Regentschaft, f. régence.
Regenvogel, m. 1*, pluvier.
Regenwasser, n. 1, eau de pluie, f.
Regenwassergrube, f. citerne.
Regenwetter, n. 1, temps plu-
vieux, m.
Regenwind, m. 2, vent pluvieux.
Regenwolke, f. nuage pluvieux,
m.
Regenwurm, m. 5*, ver de terre.
Regenwurmöl, n. 2, huile d'a-
chée, f.

Regieren, v. a. gouverner, conduire, diriger (v. Lenken, Führen);
régner, dominer; (gramm.) régir;
(mar.) manier, manœuvrer les
voiles. [rateur.
Regierend, adj. régnant; modé-
Regierer, m. 1, v. Lenker, Herrscher.
Regierung, f. gouvernement, m.
règne; domination, f. empire,
m.; régence, f.; conduite, direction; — von Wenigen, oligarchie;
— der Vornehmsten, aristocratie;
— eines Einzigen, monarchie.
Regierungsform, f. forme du gouvernement. [ler de régence.
Regierungsrath, m. 2*, conseil-
Regiment, n. 5, (guer.) régiment, m.; in —er eintheilen, einem
—e einverleiben, enrégimenter; —,
ol. gouvernement; v. Regierung.
Regimentsadjubant, m. 3, aide-
major. [rurgien-major.
Regimentsfeldscherer, m. 1, chi-
Regimentsquartiermeister, m. 1,
maréchal des logis.
Regimentsrichter, m. 1, auditeur.
Regimentstambour, m. 2, tam-
bour-major.
Regina, n. pr. f. Reine.
Register, n. 1, registre, m.; ta-
ble, f.; liste; état, m. rôle; in-
dex d'un livre; (org.) jeu d'orgues;
das kleine —, les jeux de la petite
facture. [comptes, etc.
Registerpapier, n. 2, papier de
Registerschiff, n. 2, vaisseau de
registre, m. [teur.
Registrator, m. exc. 1, régistra-
Registratur, f. enregistrement, m.
Registriren, v. a. enregistrer.
Regnen, v. imp. (b.) pleuvoir.
Regnerisch, adj. pluvieux.
Regreß, m. 2, recours.
Regsam, adj. actif.
Regsamkeit, f. activité.
Reguliren, v. a. régler; ordonner.
Regung, f. mouvement, m.; fg.
émotion, f. sentiment, m.
Reh, m. 2, =bod, m. 2*, che-
vreuil; das junge —, chevrillard.
Rehe, f. (vét.) fourbure; —,
adj. fourbu.
Rehfarben (falb), adj. fauve.
Rehfell, n. 2, chevrotin, m.
Rehhaar, n. 2, bourre, f.
Rehkalb, n. 5*, chevrillard, m.
Rehkeule, f. Rehschlägel, m. 1,
cuissot de chevreuil.
Rehling, m. 2, gérille, f. (cham-
pignon).
Rehschrot, m. 2, chevrotine, f.
Rehziege, f. chevrette.
Rehziemer, m. 1, filet de che-
vreuil. [carré, m.
Reibahle, f. cherche-fiche, fer
Reibasch, m. 2, égrugeoir.

Reibeballen, m. 1, (cart.) frotton.
Reibebürste, f. frottoir, m.
Reibekeule, f. broyon, m. pilon.
Reibelappen, m. 1, frottoir.
Reiben, v. a. 5, frotter; râper;
égruger; broyer des couleurs, etc.;
égriser un diamant; fourbir une
arme; polir la vaisselle; écurer;
zu Pulver —, pulvériser; die Ballen —, (impr.) distribuer les balles; start an etw. —, froisser contre qch.; sich —, fg. se frotter
(an, à); —, s. n. 1, v. Reibung;
das — zu Pulver, pulvérisation, f.
Reiber, m. 1, frotteur, broyeur;
(serr.) tourniquet. [f.
Reibestein, m. 2, pierre à broyer,
Reibwisch, m. 2, torchon, frottoir.
Reibung, f. frottement, m. froissement; — zweier Körper an einander, attrition, f.; —, (chir.) friction; broiement des couleurs, m.;
frottage d'une chambre.
Reibzeug, n. 2, (mach. él.) frottoir, m. [me, état; règne.
Reich, n. 2, empire, m. royau-
Reich, adj. riche, opulent; ample; abondant; fertile; fécond
(an, en); — sein, être riche, etc.,
abonder (an, en). [chard.
Reichard, Richard, n. pr. m. Ri-
Reichard, m. 3, riche, fm. richard.
Reichen, v. a. présenter; tendre,
donner; —, v. n. (b.) atteindre;
toucher; s'étendre, aboutir à; fg.
suffire. [fécond.
Reichhaltig, adj. riche, abondant;
Reichhaltigkeit, f. richesse, abon-
dance, fécondité.
Reichlich, adj. abondant; —,
adv. amplement; à pleines mains;
v. Reich. [l'Empire.
Reichsabschied, m. 2, recès de
Reichsacht, f. ban de l'Empire, m.
Reichssabel, m. 1, v. Reichsritter-
schaft. [riale, f.
Reichsabler, m. 1, aigle impé-
Reichsapfel, m. 1*, globe impé-
rial. [cier de l'Empire.
Reichsbeamte, m. 3, grand offi-
Reichseinwohner, m. 1, régnicole.
Reichsfolge, f. succession à la
couronne.
Reichsfrei, adj. immédiat.
Reichsfreiherr, m. 3, baron de
l'Empire. [l'Empire.
Reichsfürst, m. 3, prince de
Reichsfuß, m. 2*, titre des mon-
naies de l'empire.
Reichsgesetz, n. 2, loi fondamen-
tale ou constitutionnelle de l'Em-
pire, f. [pire.
Reichsgulden, m. 1, florin d'Em-
Reichsgutachten, n. 1, décision
des états de l'Empire, f.

Reichsherkommen, n. 1, us (m. pl.) et coutumes (f. pl.) de l'Empire.

Reichshofrath, m. 2*, conseil ou conseiller aulique de l'Empire.

Reichskammergericht, n. 2, das kaiserliche —, la chambre impériale. [la couronne, m. pl.

Reichskleinodien, pl. joyaux de Reichslehen, n. 1, fief de l'Empire, m.

Reichspost, f. poste impériale.

Reichsritter, m. 1, noble immédiat de l'Empire.

Reichsritterschaft, f. noblesse immédiate de l'Empire.

Reichsschluß, m. 2*, résolution de la diète de l'Empire, f.

Reichsstadt, f.*, ville impériale; die freie —, la ville libre impériale. [pire.

Reichsstand, m. 2*, état de l'Empire; Reichstag, m. 2, diète de l'Empire, f.

Reichsthaler, m. 1, risdale, f.

Reichsverfassung, f. constitution de l'Empire, du royaume.

Reichsversammlung, f. assemblée des états de l'Empire.

Reichsverweser, m. 1, régent; (en Allemagne) vicaire de l'Empire.

Reichthum, m. 2*, richesse, f. opulence; abondance, fertilité, fécondité.

Reif, m. 2, gelée blanche, f. grésil, m. frimas, givre; der Schaden vom —, bruissure, f. || cercle, m. cerceau; (pêch.) enlarme, f.; (arch.) astragale; listel, m.; der unterste —, la bouge d'une assiette; —t um etw. legen, cercler qch.; mit einem —t versehen, enlarmer.

Reif, adj. mûr; aoûté; fig. mûr; —, adv. fig. mûrement, avec maturité.

Reife, f. maturité; aboutissement d'un abcès, m.

Reifeln, v. a. canneler, rayer.

Reifen, v. n. (f.) et a. mûrir; (chir.) aboutir; fig. mûrir; zum Manne —, atteindre l'âge mûr; —, v. imp. (h.) faire de la gelée blanche; bruiner.

Reifend, adj. maturatif.

Reifhaken, m. 1, (forg.) diable.

Reifholz, n. 5*, bois à cerceaux, m. [adv.

Reiflich, adj., v. Reif, adj. fg. et Reifmesser, n. 1, ciseau, m.

Reifmonat, m. 2, frimaire.

Reifrock, m. 2*, panier.

Reifung, f. maturation; coction des métaux.

Reißzange, f. (vann.) traitoir, m.

Reißzieher, m. 1, (tonn.) davier.

Reihe, f. rang, m.; rangée, f.;

file; suite; tour, m.; ordre, ligne, f.; enfilade de chambres; die —t in file, en haie; der — nach, l'un après l'autre; tour à tour; successivement; fm. de fil en aiguille; nach der — herum, à la ronde.

Reihen, v. a. ranger; enfiler; —, s. m. 1, Reihentanz, m. 2*, branle, danse, f.

Reiher, m. 1, héron; der junge —, héronneau; weiße —, aigrette, f.; — beizen, (cha.) voler le héron. [(f.) du héron.

Reiherbeize, f. vol (m.) ou chasse Reiherbusch, m. 2*, aigrette, f.

Reiherente, f. milouin, m.

Reiherfalke, m. 3, héronnier.

Reihernest, n. 5, héronnière, f.

Reim, m. 2, rime, f.; fg. vers, m.

Reimen, v. a. rimer; fg. id.; sich zusammen —, fg. s'accorder; lateinische gereimte Verse, vers léonins, m. pl.

Reimer, m. 1, Reimschmied, m. 2, mépr. rimeur, rimailleur.

Reimerei, f. mauvais vers, m. pl.

Reimfall, m. 2*, cadence, f.

Reimgesetz, n. 2, couplet, m. strophe, f. stance.

Reimkunst, f.*, versification.

Reimlos, adj. sans rime; blanc (vers). [nie.

Reimsucht, suoth, f. métromaReimsylbe, f. rime; vorgeschriebene —n, bouts rimés, m. pl.

Reimweise, adv. en rimes.

Rein, adj. pur; purifié; net, propre; blanc, fin, subtil, mince; clair; fg. pur; intègre; chaste; (de la sainte Vierge) immaculée; (doctrine) orthodoxe; monde (animaux); (jur.) liquide; ins — bringen, mettre un écrit au net; arranger ses affaires; — machen, v. Reinigen; — werden, v. sich reinigen.

Reinen, v. Reinigen.

Reinhard, n. pr. m. Regnard.

Reinheit, f. netteté, pureté.

Reinhold, n. pr. m. Renaud, Regnaud.

Reinigen, v. a. purifier; épurer; nettoyer; purger le corps; se curer les dents, etc.; curer les puits; écurer la vaisselle; rincer des verres, etc.; blanchir, laver le linge; torcher, ébrener un enfant; balayer la chambre; vergeter un habit; décrotter les souliers; ramoner la cheminée; absterger une plaie; vom Fleische —, décharner une peau; vom Ansteckungsstoffe —, désinfecter; —, (chim.) rectifier, déféquer; raffiner du sucre; affiner les métaux; vanner les grains; décombrer, dégorger un canal;

etc.; éplucher la salade; sich —, se purifier, etc.; fg. id., se laver.

Reinigend, adj. (méd.) purgatif, dépuratif, dépuratoire; (chir.) abstersif, détergent.

Reinigkeit, v. Reinheit.

Reinigung, f. purification, nettoiement, m. épuration, f. épluchement, m. épurement; (méd.) dépuration, f.; purgation (égl.) ablution; raffinage du sucre, m.; affinage des métaux; curage d'un puits; (chim.) rectification, f.; exaltation; (chir.) abstersion; — vom Ansteckungsstoffe, désinfection; Mariä —, purification de la sainte Vierge, Chandeleur.

Reinigungseid, m. 2, purgation par serment, f. [cénies, f. pl.

Reinigungsfest, n. 2, (ant.) enReinigungsmittel, n. 1, purgatif, m. évacuant; abstergent, abstersif, dépuratif.

Reinigungsopfer, n. 1, (ant.) lustration, f. [eau lustrale, f. pl.

Reinigungswasser, n. 1, (ant.) Reinlich, adj. propre, net; in Wäsche —, adv. blanchement.

Reinlichkeit, f. propreté, netteté.

Reis, m. 2, riz.

Reis, n. 5, rejeton, m.; scion; rameau; abgehauene —er, broutilles, f. pl.

Reisbranntwein, m. 2, arack.

Reisbrei, m. 2, bouillie de riz, f.

Reisbund, n. 2, bündel, m. 1, büschel, fagot, cotret; javelle, f. fascine. [ge.

Reisbündelmachen, n. 1, fagotaReisbündelmacher, m. 1, fagoteur.

Reischen, lein, n. 1, dim. brin, m. brindille, f.; v. Reis, n.

Reise, f. voyage, m.; fg. chemin; die kleine —, tourse, f. tour, m.; Glück auf die —! bon voyage! auf die — machen, se préparer au voyage; — seyn, être sur son départ, fm. avoir le pied à l'étrier.

Reisebeschreiber, m. 1, auteur de la relation d'un voyage.

Reisebeschreibung, f. relation d'un voyage; voyage, m. itinéraire.

Reisebüchlein, n. 1, itinéraire, m. guide.

Reisefertig, adj. prêt à partir; sich — machen, se préparer au voyage; — seyn, être sur son départ, fm.

Reisegefährte, m. 3, compagnon (fm. camarade) de voyage.

Reisegeld, n. 5, argent destiné à un voyage, m.; viatique.

Reisegeräth, n. 2, bagage, m. équipage, hardes, f. pl.

Reisekarte, f. carte itinéraire.

Reisetäschchen, n. 1, nécessaire, m.

Reisekleid, n. 5, habit de voyage, m. [f.

Reisekoffer, m. 1, coffre, malle,

Reisekosten, *pl.* frais de voyage, *m. pl.*

Reisen, *v. n.* (f.) voyager, faire un voyage; hin und her —, aller et venir; im Lande herum —, courir le pays; mit der Post —, courir la poste; durch einen Ort —, passer par un endroit; in die Nacht hinein —, s'annuiter; —, *s. n.* 1, voyages, *m. pl.* [sager.

Reisende, *m.* 3, voyageur, passager.

Reisepaß, *m.* 2*, passe-port.

Reiserock, *m.* 2*, surtout, casaque, *f., v.* Reisekleid. [gette.

Reisesack, *m.* 2*, valise, *f.* bou-

Reisfeld, *n.* 5, rizière, *f.*

Reisholz, *n.* 5*, Reisig, *n.* 2, fagotage, *m.* branchage, élagage, broutilles, *f. pl.*

Reisig, *adj. vi.* à cheval; —t, *m.* 3, *vi.* cavalier.

Reisiggaum, *m.* 2*, échalier.

Reis, *v.* Reis, *m.*

Reisaus, *m. et n.* pop. fuite, *f.;* den ou das — nehmen, prendre la fuite, prendre de la poudre d'escampette.

Reisblei, *n.* 2, crayon, *m.*

Reißbohrer, *m.* 1, laceret.

Reißen, *v. a.* 5†, tirer fortement; déchirer, lacérer; fendre, gercer, crever, fêler; arracher; briser *le feutre; (dess.)* esquisser, crayonner; châtrer un cheval; Possen —, faire des farces; an sich —, s'arroger, envahir, usurper; —, *v. n.* (f.) se déchirer, rompre, se fendre; se fêler; sich —, s'écorcher, s'égratigner, s'érafler; sich um etw. —, se disputer qch.; sich um einen —, s'arracher qn.; —, *s. n.* 1, tranchées, *f. pl.* tiraillement, *m.* déchirement, élancement.

Reißend, *adj.* rapide; (hist. nat.) carnassier, féroce; aigu; (méd.) lancinant (douleur).

Reißer, *m.* 1, (vann.) fendoir; (charp.) traceret, rouannette, *f.;* (tonn.) rouanne.

Reißfeder, *f.* porte-crayon, *m.*

Reißhaken, *m.* 1, bec d'âne.

Reißkohle, *f.* charbon à dessiner, *m.* fusain.

Reißschiene, *f.* règle.

Reißzeug, *n.* 2, étui de mathématiques, *m.* [tes changeantes.

Reißzirkel, *f.* 1, compas à poin-

Reitbahn, *f.* manége, *m.*

Reitbar, *adj.* (chemin) praticable à cheval; (cheval) dressé.

Reitdecke, *f.* housse.

Reitel, *m.* 1, garrot, bille, *f.*

Reiten, *v. a.* sarcler, *v.* Reuten.

Reiten, *v. a. et n.* 5† (f.) monter un cheval; aller, être à cheval; zu Schanden —, harasser un cheval; zu Tode — crever un cheval;

zur Schule —, travailler un cheval; über den Haufen —, renverser; — lernen, apprendre à monter à cheval; gut oder schlecht —, être bien ou mal à cheval; ein gutes, ein schlechtes Pferd —, être bien ou mal monté; ohne Sattel —, monter à poil, à nu; furz, lang —, chevaucher court ou long (des étriers); (ein Pferd) zum — und Fahren, à deux mains.

Reitend, geritten, *adj.* à cheval, monté.

Reiter, *m.* 1, cavalier; Reiterregiment, *n.* régiment de cavalerie; der gute —, le bon écuyer; leichte —, chevau-léger; spanische —, (fortif.) cheval de frise.

Reiterei, *f.* cavalerie; bie leichte —, la cavalerie légère; les chevau-légers, *m. pl.*

Reiterfahne, *f.* étendard, *m.*

Reitern, *v. a., v.* Sieben.

Reiterpferd, *n.* 2, cheval (*m.*) de service, de cavalerie.

Reiterwache, *f.* vedette.

Reitgerte, *f.* cravache, houssine, badine. [*f.* ceinture large.

Reitgurt, *f. ou m. exc.* 1, sangle,

Reithaken, *m.* 1, agrafe, *f.*

Reitkissen, *n.* 1, panneau, *m.;* bardelle, *f.* [vantière des femmes.

Reitkleid, *n.* 5, casaque, *f.;* de-

Reitknecht, *m.* 2, piqueur.

Reitkunst, *f.*, manége, *m.* équitation, *f.*

Reitlings ou Rittlings, *adv.* à califourchon; jambe deçà, jambe delà.

Reitpeitsche, *f., v.* Reitgerte.

Reitpferd, *n.* 2, cheval de selle, *m.*

Reitrock, *m.* 2*, *v.* Reitkleid.

Reitsattel, *m.* 1*, selle, *f.*

Reitschule, *f.* manége, *m.*

Reitstiefel, *m.* 1, botte de cavalier, *f.* botte forte.

Reitstock, *m.* 2*, (tourn.) poupée, *f.* [*m.* étr.

Reitstrümpfe, *pl.* bas à étrier,

Reittasche, *v.* Satteltasche.

Reitthier, *n.* 2, monture, *f.*

Reitwurm, *m.* 5*, courtilière, *f.*

Reitzeug, *n.* 2, harnais, *m.*

Reiz, *m.* 2, irritation, *f.* incitation; *fg.* attrait, *m.;* charme; — et —t, *pl.* appas, charmes.

Reizbar, *adj.* irritable; — zum Zorn, irascible.

Reizbarkeit, *f.* irritabilité.

Reizen, *v. a.* irriter; *fg. id.*, émouvoir; exciter, animer, pousser; agacer; amorcer; encourager; zum Zorn —, irriter, aigrir; — charmer; gereizt werden, s'irriter.

Reizend, *adj.* charmant, attrayant, attachant, excitatif; gracieux.

Reizung, *f.* irritation; *fg. id.*, excitation, aiguillon, *m.;* exhortation, *f.;* séduction.

Rekel, *m.* 1, pop. rustre, lourdaud.

Relegiren, *v. a.* reléguer.

Religion, *f.* religion.

Religionsduldung, *f.* tolérance.

Religionseid, *m.* 2, serment de professer une religion; serment du test (en Anglet.).

Religionseifer, *m.* 1, zèle pour la religion; der blinde —, fanatisme.

Religionsfreiheit, *f.* liberté du culte.

Religionslehre, *f.* doctrine religieuse.

Religionslehrer, *m.* 1, pasteur, ministre.

Religionsschwärmer, *m.* 1, fanatique. [me,

Religionsschwärmerei, *f.* fanatis-

Religionsspötter, *m.* 1, impie.

Religionsstreit, *m.* 2, controverse, *f.* polémique.

Religionstrennung, *f.* schisme, *m.*

Religionsübung, *f.* exercice de la religion, *m.;* culte; acte de religion. [en matière de religion.

Religionsverbesserung, *f.* réforme

Religionsvereinigung, *m.* 1, syncrétiste; -vereinigung, *f.* syncrétisme, *m.*

Religionsverwandte, *m.* 3, coteligionnaire, qui est de la même religion.

Religionszwang, *m.* 2*, contrainte dans l'exercice de la religion, *f.*

Religiös, *adj.* religieux, pieux.

Religiose, *m.* 3, moine, religieux, frère. [*m.*

Religiosität, *f.* esprit religieux,

Reliquien, *pl.* reliques, *f. pl.*

Reliquienkasten, *m.* 1*, =kästchen, *n.* 1, dim. reliquaire, *m.* châsse, *f.*

Remesse, *f.* (comm.) remise.

Remigius, *n. pr. m.* Remi.

Remittiren, *v. a.* remettre.

Renatus, *n. pr. m.* René.

Renegat, *m.* 3, renégat.

Renettapfel, *m.* 1*, reinette, *f.*

Rennbahn, *f.* lice, carrière; (ant. gr.) hippodrome, *m.*

*Rennen, v. n.* (f.) courir; aller vite; —, *v. a.* zu Boden —, renverser en courant; —, *s. n.* 1, course, *f.* carrière; in vollem —, à toute bride; en courant de toutes ses forces.

Renner, *m.* 1, coureur; coursier.

Rennjagen, *n.* 1, chasse à courre, *f.* [vette, *f.* fuste.

Rennschiff, *n.* 2, yacht, *m.* cor-

Rennschlitten, *m.* 1, traineau.

Rennspiel, *n.* 2, joute, *f.* tournoi, *m.;* carrousel; jeu de barres; course, *f.*

Rennspindel, f. trépan à archet,
Rennthier, n. 2, renne, m. [m.
Rennwagen, m. 1*, vélocifère.
Renommiſt, m. 3, bretteur, fer-
Rente, f. rente. [railleur.
Rentenanweisung, f. assignat, m.
Rentener, Rentner, m. 1, =inn,
f. rentier, m. -ére, f. [tution.
Rentenübertragung, f. reconsti-
Rentkammer, f. chambre des fi-
nances.
Rentmeiſter, m. 1, trésorier; rece-
veur général; (ant. r.) questeur.
Rentmeiſteramt, n. 5*, questure,
f. [bureau des finances.
Rentschreiber, m. 1, greffier du
Repertorium, n. exc. 1, réper-
toire, m.
Repetent, m. 3, répétiteur.
Repetiren, v. a. répéter.
Repetirrechen, m. 1, (horl.) cré-
maillére, f. [tion.
Repetiruhr, f. montre à répéti-
Replik, f. réplique, repartie.
Repositorium, n. exc. 1, tablette,
f. rayon de livres, m.
Repphuhn, v. Rebhuhn.
Repressalien, pl. représailles, f.
pl.; —brief, m. 2, lettre de mar-
que, f. [v. Räyps.
Reps, m. 2, colza, navette, f.;
Republik, f. république.
Republikaner, m. 1, Republika-
nisch, adj. républicain.
Republikanersinn, m. 2, républi-
Repuls, m. 2, refus. [canisme.
Reputirlich, adj. honnête; —,
adv. honnêtement.
Rescript, n. 2, rescrit, m.
Reseda, Resede, f. réséda, f.
Reservat, n. 2, réserve, f.
Reserve, f. réserve, corps de ré-
serve, m.
Resident, m. 3, résident.
Residenz, f. résidence.
Residiren, v. n. (h.) résider.
Residuum, n. exc. 1, résidu, m.
reste.
Resonanz, f. résonnement, m.;
—boden, m. exc. 1*, table, f. table
d'harmonie; —loch, n. 5*, ouie, f.
Respect, m. 2, respect, égard.
Respecttag, Respittag, masc. 2,
(comm.) jour de grâce, répit.
Respondent, m. 3, répondant,
soutenant dans un acte public.
Ressbaum, m. 2*, (charp.) tra-
von, poutre, f.
Ressen, m. 1, (min.) fossé, canal.
Rest, m. 2, reste; restant; (com-
merce) résidu, reliquat, appoint
d'un compte, excédant; der —
Zeug, coupon; einem den — geben,
fg. achever qn.
Restant, m. 3, reliquataire.
Restchen, n. 1, dim. bout, m.;
v. Reſt.

Ressen, Restiren, v. n. (h.) rester.
Retirade, f. retraite.
Retorte, f. (chim.) retorte, cor-
nue, matras, m.
Retle, m. 3, chien mâle.
Rellen, v. a. sauver; rette sich wer
kann, sauve qui peut.
Retter, m. 1, =inn, f. sauveur,
m. libérateur, -trice, f.
Rettgebühr, f. droit de salvage, m.
Rettig, m. 2, rave, f. raifort,
m.; kleine —t (Radieschen), radis,
pl. [raifort (m.) en salade,
Rettigsalat, m. 2, raves (f. pl.),
Rettung, f. délivrance; secours,
m. salut; (mar.) salvage.
Rettungsmittel, n. 1, ressource,
f. [pentance, f.
Reue, f. repentir, m. regret, re-
Reuen, v. imp. (h.) se repentir,
avoir du regret, regretter; es reut
euch, fm. il vous en cuit.
Reuerinn, f. pénitente.
Reuig, adj. repentant, pénitent.
Reukauf, m. 2*, dédit, folle en-
chère, f. [trition, f.
Reumuth, m. 2, repentir, con-
Reumüthig, adj. repentant, con-
Reuse, f. nasse. [trit.
Reuten, v. a. déraciner; effon-
drer, extirper; défricher; v. Rei-
ten; —, s. n. 1, effondrement,
m.; défrichement.
Reuthaue, f. houe, hoyau, m.
sarcloir.
Reuvoll, adj. plein de repentir.
Reverenz, f. révérence, fm. bon-
netade. [contre-lettre, f.
Revers, m. 2, (monn.) revers;
Reversalien, pl. réversales, f. pl.
Reversiren (sich), donner des ré-
versales; renoncer par un acte so-
lennel. [ce, f.
Revidirbogen, m. 1*, (impr.) tier-
Revidiren, v. a. revoir.
Revier, n. 2, contrée, f.; can-
ton, m.; quartier; district; (fo-
rest.) verderie, f. [tierce.
Revision, f. révision; (impr.)
Revisor, m. exc. 1, réviseur.
Revolution, f. révolution.
Revolutionsgeist, m. 5, esprit ré-
volutionnaire, jacobinisme.
Revolutionsmann, m. 5*, révolu-
tionnaire, jacobin.
Revolutionsmäßig, adj. révolu-
tionnaire.
Revolutionswidrig, adj. contre-
révolutionnaire.
Rhabarber, f. rhubarbe.
Rhapontif, m. 2, rapontic; her-
be aux ânes, f. [rader.
Rhede, f. rade; auf die — legen,
Rhedeles, adj. désemparé, dé-
gréé; — machen, désemparer, dé-
gréer.
Rheden, v. a. appareiller, agréer.

Rheder, m. 1, fréteur, agréeur.
Rhederei, f. fret, m. société de
fréteurs, f.
Rhein, m. 2, Rhin (fleuve).
Rheinbaiern, Bavière rhénane, f.
(pays).
Rheingraf, m. 3, rhingrave.
Rhetor, m. exc. 1, rhéteur.
Rhetorif, f. rhétorique.
Rhetoriker, m. 1, rhétoricien.
Rhetorisch, adj. oratoire.
Rhinoceros, n. 2, rhinocéros, m.
Rhodus, Rhodes (île).
Rhodiser, m. 1, Rhodiot.
Rhodiserholz, n. 5*, aspalathe, m.
Rhythmisch, adj. rhythmique.
Rhythmus, m. exc. 1, rhythme.
Ribbe, v. Rippe.
Richtbaum, m. 2*, arbre de pou-
lie. [reau, f.
Richtbeil, n. 2, hache du bour-
Richtblei, n. 2, niveau, m. plomb.
Richtbühne, f. échafaud, m.
Richteisen, n. 1, dressoir, m.
Richten, v. a. dresser; redresser;
diriger; (artill.) pointer, braquer;
(mar.) brasser; nach dem Winde —,
éventer les voiles; nach den Welt-
gegenden —, orienter; —, aligner;
nach der Schnur —, enligner; nach
dem Blei —, mettre au niveau,
d'aplomb; —, régler; accommoder; arranger; ajuster; adresser,
rapporter; (jur.) juger; condamner; critiquer, censurer; justifier,
exécuter un criminel; richtet euch,
alignement! sich —, se dresser; se
diriger sur un endroit; se régler
(nach, sur); se conformer, s'accommoder (nach, à); suivre la
mode; —, s. n. 1, redressement
d'une barre, m.; (artill.) pointement, braquement, affûtage; supplice, exécution d'un criminel, f.
Richter, m. 1, juge.
Richteramt, n. 5*, judicature, f.
magistrature.
Richterlich, adj. judiciaire; de
juge; —, adv. en justice.
Richterstand, m. 2*, magistrature,
f. robe.
Richterstuhl, m. 2*, tribunal.
Richthammer, m. 1*, dressoir.
Richthaus, n. 5*, (écr. ste.) prétoire, m.
Richtholz, n. 5*, (épingl.) dressoir, m. engin; (men.) guide.
Richtig, adj. juste, exact, précis; correct (style); bon, droit
(chemin); véritable; réglé; régulier; certain, sûr; — schreiben,
orthographier; nicht — seyn, fm.
clocher.
Richtigkeit, f. justesse, exactitude; correction, précision; ponctualité; accord, m.; (théol.) orthodoxie, f.; in — bringen, régler,

mettre en règle, arranger, finir qch., liquider *un compte*; bie **S.** hat ihre —, mit ber **S.** hat es feine —, la chose est vraie, certaine, fondée.

**Richtigmachung**, *f.* liquidation.

**Richtegel**, *m.* 1, fronteau de mire (*artill.*).

**Richteil**, *m.* 2, coin de mire.

**Richtforn**, *n.* 5*, mire, *f.*

**Richtleiften**, *m.* 1*, (*cordonn.*) cabriolet.

**Richtmaß**, *n.* 2, étalon, *m.*; équerre, *f.*; (*fond. de car.*) guide, *m.*     [de semelle.

**Richtpfennig**, *m.* 2, (*monn.*) poids

**Richtplaß**, *m.* 2*. =ftätte, *f.* lieu du supplice, *m.*; (*à Paris*) Grève, *f.*        [*m.*

**Richtscheibe**, *f.* (*serrur.*) pertuis,

**Richtscheit**, *n.* 5*, règle, *f.*

**Richtschnur**, *f.* cordeau, *m.* ligne, *f.*; *fg.* règle; modèle, *m.* exemple; (*comm.*) gouverne, *f.*

**Richtschwert**, *n.* 5, glaive de la justice, *m.*     [sure, *f.*

**Richtstod**, *m.* 2*, (*charp.*) mesure.

**Richtung**, *f.* direction; exposition *d'une maison*; (*guerr.*) alignement, *m.*; in geraber —, directement, en ligne droite; nach allen —en, en tous sens; *v.* Richten, *n.* 1.

**Richtwage**, *f.* niveau d'aplomb, *m.* ajustoir.

**Ride**, *v.* Rehziege.

**Riechen**, *v. a.* 6, sentir, flairer; *fg.-fm.* éventer; —, *v. n.* (h.) sentir bon *ou* mauvais; fleuter; nach Wein —, sentir le vin; —, *s. n.* 1, odorat, *m.*; — ber Wildfpur, (*cha.*) flair.

**Riechend**, *adj.*, übel = infecté, fort (*haleine*); fétide; *v.* Wohlriechend; nach Wein —, enviné, qui sent le vin.

**Riechfläschchen**, *n.* 1, flacon, *m.*

**Riechfalz**, *n.* 2, sel volatil, *m.*

**Riechwaffer**, *n.* 1, eau de senteur, *f.*     [marécageux.

**Ried**, *n.* 2, marais, *m.* terrain

**Riedgras**, *n.* 5*, laiche, *f.* caret, *m.*

**Riefe**, *f.* canal, *m.* sillon; —n, *pl.* (*arch.*) cannelure, *f.*

**Riefeln**, *v.* Reifeln.

**Riegel**, *m.* 1, verrou; barre, *f.*; pêne *de serrure*, *m.*; (*charp.*) entretoise, *f.*; traverse; (*cout.*) arrêt, *m.*; bride de boutonnière, *f.*

**Riegelblech**, *n.* 2, platine, *f.*

**Riegelbohrer**, *m.* 1, (*tonn.*) barroir.     [tevelle.

**Riegelhafen**, *m.* 1, gâche, *f.* verRiegelholz, *n.* 5*, bois d'entretoise, *m.*; barre, *f.*

**Riegelloch**, *n.* 5*, gâche, *f.*

**Riegeln**, *v. a.* verrouiller.

**Riegelnagel**, *m.* 1*, boulon.

**Riegelfchloß**, *n.* 5*, serrure à pêne, *f.*

**Riegelwand**, *f.*, cloison.

**Riegelwerf**, *n.* 2, charpente, *f.*; assemblage d'entretoises, *m.*

**Riemen**, *m.* 1, courroie, *f.*; soupente *d'un carrosse*; brayer *du battant d'une cloche*, *m.*; cordon, oreille *d'un soulier*, *f.*; — am Stangenzaum, banquet, *m.*; ber lange, fchmale —, lanière, *f.*

**Riemenbügel**, *m.* 1, (*milit.*) grenadière, *f.*     [*m. pl.*

**Riemenlöcher**, *n. pl.* 5*, points, lée, *m.*     [ceinturier.

**Riemenpferd**, *n.* 2, cheval de voRiemenfchneider, Riemer, *m.* 1, Riemenwerf, *n.* 2, courroies, *f. pl.*; soupente *d'un carrosse*, *f.*

**Riefe**, *m.* 3, =inn, *f.* géant, *m.* -e, *f.*; *fg.* id., colosse, *m.*

**Riefeln**, *v. n.* (h.) ruisseler; grésiller, bruiner; tomber par parcelles; gazouiller, murmurer (*ruisseau*).

**Riefenbild**, *n.* 5, colosse, *m.*

**Riefenbärbtte**, *f.* capron, *m.*

**Riefengefchlecht**, *n.* 5, race de géants, *f.*    [tesque, colossal.

**Riefengroß**, =mäßig, *adj.* gigan-

**Riefengröße**, *f.* grandeur colossale, gigantesque.

**Riefenfrieg**, *m.* 2, (*myth.*) gigantomachie, *f.*

**Riefenmuschel**, *f.* (*hist. nat.*) tuilée, grand bénitier, *m.*

**Riefenfchildfröte**, *f.* grande tortue des Indes.

**Riefenfchlange**, *f.* boa, *m.*

**Rieß**, *n.* 2, rame de papier, *f.*

**Rießhänge**, *f.* ferlet, *m.*

**Rießweife**, *adv.* par rames.

**Riefter**, *m.* 1, (*cord.*) pièce, *f.*; (*anat.*) poignet, *m.* carpe, cou-depied; (*agr.*) versoir, mancheron.

**Rietb**, =gras, *v.* Ritb, 2c.  [sif.

**Riff**, *n.* 2, récif, *m.* rescif, res-

**Riffel**, *f.* =famm, *m.* 2*, drège, *f.* peigne *à séparer la graine du lin*, *m.*

**Riffeln**, *v. a.* dréger *du lin*.

**Rimeffe**, *f.* (*comm.*) remise.

**Rind**, *n.* 5, bête à cornes, *f.* bœuf, *m.*

**Rindchen**, *n.* 1, *dim.* croustille, *f.* croûtelette, croûton, *m.* grignon de pain; ein — Brob zum Weine effen, *fm.* croustiller.

**Rinde**, *f.* écorce *d'un arbre*; croûte *de pain*; croûte, escarre *d'une plaie*; bie fteinichte —, (*hist. nat.*) incrustation.

**Rindenartig**, *adj.* cortical.  [*f.*

**Rindenftein**, *m.* 2, incrustation,

**Rindern**, *adj.* de bœuf.

**Rindern**, *v. n.* (h.) être en chaleur (*vache*).

**Rinderzunge**, *f.* langue de bœuf; geräucherte —, langue fourrée.

**Rintfäßig**, *adj.* (*forest.*) dont l'écorce se détache (*arbre*).

**Rintfleifch**, *n.* 2, bœuf, *m.*; bas gefottene, gefochte —, bouilli; gebämpfte —, bœuf à la mode.

**Rindsbraten**, *m.* 1, bœuf rôti, rosbif.     [étable.

**Rindsftall**, *n.* 2*, bouverie, *f.*

**Rindvieh**, *n.* 2, gros bétail, *m.*; *fg. injur.* bête, *f.* gros butor, *m.*

**Rindviehfeuche**, *f.* épizootie.

**Ring**, *m.* 2, rond, cercle; im —t berum (trinfen), à la ronde; —, (*astr.*) anneau de Saturne, aréole, *f.* halo *autour du soleil*, *erc.*, *m.*; aus —en beftehend, armillaire; —, aréole *autour des mamelons*, *f.*; ber blaue —, le cerne *à une plaie*; — um ben Hals, collier *d'un oiseau*, *etc.* || anneau, boucle, *f.*; (*jeu*) bague, chainon *d'une chaine*, *m.*; porteassiette; portant, anse *d'un vase*, *f.* collet *d'une bouteille*, *m.*; (*arq.*) porte-baguette, virole, *f.*; (*artill.*) bourrelet, *m.* torche de fil de fer, *f.* || bague, anneau *au doigt*, *m.* || cercle, cirque.

**Ringbolzen**, *m.* 1, boulon, cheville à boucle, *f.*

**Ringel**, *m.* 1, =chen annelet, *m.*

**Ringelamfel**, *f.* merle à collier, *m.*

**Ringelblume**, *f.* souci, *m.*

**Ringelgans**, *f.*, cravan, *m.*

**Ringeln**, *v. a. ou* Loden —, boucler, anneler; —, (*man.*) boucler.

**Ringelnatter**, *f.* couleuvre à collier, naguer, *m.*    [laire.

**Ringelraupe**, *f.* chenille annu-

**Ringelreim**, *m.* 2, (*poés.*) rondeau, *m.*

**Ringelrennen**, *n.* 1, =fpiel, *n.* 2, course de bagues, *f.* carrousel, *m.*

**Ringelfchlange**, *f.* serpent annulaire, *m.* amphisbène.

**Ringeltanz**, *m.* 2*, branle.

**Ringeltaube**, *f.* pigeon à collier, *m.* palombe, *f.*

**Ringelweizen**, *m.* 1, blé de vache, *f.*

**Ringen**, *v. a.* 3, tordre; tourner; —, *v. n.* (h.) lutter (avec *ou* contre qn.); nach etw. —, *fg.* aspirer à qch.; mit bem Tobe —, être à l'agonie, agoniser; —, *s. n.* 1, lutte, *f.*; (*ant.*) palestre; *fg.* combat, *m.*; bas — mit bem Tobe, agonie, *f.*

**Ringeplaß**, *m.* 2*, palestre, *f.*

**Ringer**, *m.* 1, lutteur, athlète, *m.*

**Ringern**, *v.* Verringern.

**Ringfinger**, *m.* 1, doigt annulaire.     [laire.

**Ringfinfterniß**, *f.* éclipse annu-

**Ringförmig**, *adj.* annulaire; (*anat.*) orbiculaire.

Ringfutter, n. 1, baguier, m.
Ringkasten, m. 1*, chaton.
Ringfragen, m. 1*, hausse-col.
Ringfugel, f. sphère armillaire.
Ringlein, v. Ringel.
Ringmauer, f. enceinte de murailles; murs, m. pl. remparts, mur de clôture.   [piton, m.
Ringnagel, m. 1*, =Schraube, f.
Rings, — berum, — umher, adv. autour, tout autour (um, de); à l'entour, à la ronde.
Ringschwalbe, f. apode, m.
Rinken, m. 1, grand anneau.
Rinne, f. rigole; canal, m. petit canal, gouttière, f.; égout, m.; (fond.) coulée, f. écheno, m.; (meun.) anche, f.; (arch.) chantepleure, goulotte; cannelure d'une colonne; —n, pl. (mar.) anguillées; die kleine —, goulotte.
Rinnen, v. n. 2 (f.) couler; découler; s'écouler; ruisseler; —, (b.) couler; fuir (tonneau).
Rinnenstein, Rinnstein, m. 2, culière, f.
Rinnleiste, f. doucine, cymaise.
Riolen, v. a. (agr.) effondrer.
Rippchen, n. 1, (dim.) côtelette, f.
Rippe, f. côte; (cuis.) côtelette; carde de plantes, etc.; (rel.) nerf, m.; (arch.) côte, f. lambourde; —n eines gothischen Kreuzgewölbes, les branches d'ogive; die langen —n, les vraies côtes; die kurzen —n, les fausses côtes; zwischen den —n liegend, intercostal; die —n gehörig, costal; —n, fig. flanc, m.   [vre.
Rippenfell, n. 2, =haut, f.*, plé-
Rippennerv, m. exc. 1, nerf costal.   [flancs, bourrade, f.
Rippenstoß, m. 2*, coup dans les
Rippenstück, n. 2, haut côté, m. carreau de mouton; côtelette, f.
Rippig, adj. (bot.) nerveux.
Risch, v. Rasch.
Rispe, f. (bot.) panicule, f.
Rispenförmig, adj. paniculé.
Riß, m. 2, fente, f.; crevasse; rupture; déchirure, brèche; fêlure dans un verre, etc.; gerçure aux mains; hiement dans le bois, m.; —t machen, crevasser; —t bekommen, se crevasser, se gercer, s'entr'ouvrir, s'ouvrir, se fendre, se fêler; (mar.) larguer; —, (arch. etc.) dessin, m.; plan.
Rissig, adj. crevassé; fêlé; gercé.
Rißplatte, f. (peign.) régloir, m.
Rist, m. 2, garrot du cheval; cou-de-pied de l'homme.
Ritornell, n. 2, ritournelle, f.
Ritt, m. 2, tour, course (f.) à cheval; cavalcade; in einem —, sans débrider.
Ritter, m. 1, chevalier.

Ritterakademie, f. académie militaire.
Rittergericht, n. 2, sénéchaussée, f.   [chevalerie.
Rittergeschichte, f. histoire de la
Rittergut, n. 5*, seigneurie, f. terre noble.   [la cour), m.
Ritterfüche, f. petit commun (à
Ritterleben, n. 1, fief noble, m.
Ritterlich, adj. de chevalier, chevaleresque; fig. vaillant, courageux; —, adv. en chevalier; fg. vaillamment, etc., cavalièrement.
Ritterorden, m. 1, ordre de chevalerie; der deutsche —, ordre teutonique.   [chevalerie.
Ritterroman, m. 2, roman de
Ritterschaft, f. chevalerie; noblesse.
Ritterschlag, m. 2*, accolade, f. réception d'un chevalier.
Ritterschule, f., v. Ritterakademie.
Rittersitz, m. 2, maison seigneuriale, f.   [rousel.
Ritterspiel, n. 2, tournoi, m. car-
Rittersporn, m. 2, éperon de chevalier; (bot.) pied-d'alouette, consoude, f. cornette.
Ritterstand, m. 2*, chevalerie, f. noblesse; (ant. r.) ordre équestre, m.
Rittlings, adv. à califourchon; à cheval; sich — zu Pferd setzen, fm. enfourcher un cheval.
Rittmeister, m. 1, capitaine de cavalerie, chef d'escadron.
Ritual, n. 2, (égl.) rituel, m.
Ritz, m. 2, Ritze, f. égratignure, écorchure; éraflure; fente; (maç.) lézarde, f.   [effleurer.
Ritzen, v. a. érafler, égratigner, écorcher; éraflure; fente; (maç.)
Ritzig, adj. fêlé, gercé.
Ritzrab, interj. cric-crac.
Robbe, m. 3 et f. chien de mer, m. chien marin, phoque.
Roche, m. 3, raie, f.; (échec) roc, m.   [1, râlement, m. râle.
Röcheln, v. n. (h.) râler; — s. n.
Rochen, v. n. (h.) (échec) roquer.
Rock, m. 2*, robe, f. habit, m. justaucorps; casaque, f. houqueton d'un archer, m.; jupe (f.), jupon (m.) d'une femme.
Röckchen, n. 1, dim. jaquette, f. jupon, m.
Rocken, m. 1, quenouille, f.
Rocken, Roggen, m. 1, seigle.
Rockentriebe, f. seigle noir, m.
Rockschoß, m. 2*, basque, f.
Röbel, m. 1, garrot; (bot.) crête de coq, f.; registre, m.
Roben, v. a. défricher.
Roderich, n. pr. m. Rodrigue.
Rodung, f. défrichement, m.
Rogen, m. 1, œufs de poisson, pl.
Rogener, m. 1, poisson œuvé.
Rogenstein, m. 2, —t, pl. oolithes, f. pl.

Roh, adj. brut; vert (cuir); cru (viande); écru (fil); grége (soie); (livre) en feuilles; fg. rude; grossier; barbare, ignorant, féroce (courage).
Rohheit, f. crudité; grossiéreté; rudesse, barbarie.
Rohr, n. 2, roseau, m. jonc; canne, f. tuyau, m.; (arq.) canon; fusil, arquebuse, f.
Rohrbrunnen, m. 1, fontaine à tuyaux, f.
Röhrchen, n. 1, dim. chalumeau, m.; (chir.) canule, f.
Rohrdach, n. 5*, toit de roseaux, m.   [seau).
Rohrdommel, f. butor, m. (oi-
Rohrdroffel, f. grive de marais.
Röhre, f. tuyau, m. tube; canal; canon; chalumeau de fer, etc.; forure d'une clef, f.; branche d'une trompette; (hydr.) godet, m.; (anat.) os creux.   [raire, réer.
Röhren, v. n. (b.) (cha.) bramer,
Röhrenartig, =förmig, adj. en forme de tuyau; (bot.) tubuleux, tubulé, fistuleux.
Röhrenbohrer, m. 1, tarière, f.
Röhrenforalle, f. tubipore, m.
Röhrenmeister, m. 1, fontenier.
Röhrenschmelz, m. tubulite.
Rohrflöte, f. chalumeau, m.
Rohrförmig, adj. (bot.) fistuleux.
Rohrgebiß, n. 2, mors à canon, m.
Rohrgebüsch, Röhricht, Röhrig, n. 2, cannaie, f. roseaux, m. pl.
Röhrig, adj., v. Röhrenartig.
Rohrkasten, m. 1*, réservoir de fontaine; citerne, f.   [d'eau, f.
Rohrkolben, m. 1, (bot.) masse
Rohrpfeife, f. chalumeau, m.
Rohrspule, v. Spule.   [ne, f.
Rohrstuhl, m. 2*, chaise de can-
Rohrzirkel, m. 1, compas des arquebusiers.
Rohschlacke, f. scories de matte, pl.   [nager.
Rojen, v. n. (b.) (mar.) roguer,
Roulbett, m. exc. 1, lit à roulettes, m. roulette, f.
Roullblei, m. 2, plomb laminé, m.
Rolle, f. poulie; roulette; rouleau de papier, etc., m.; torche de fil d'archal, f.; calandre à lisser le linge; (pharm.) magdaléon, m.; fg. rôle, personnage; emploi || rôle, liste, f.
Rollen, v. a. rouler; plier en rond; monder l'orge; calandrer du linge; bünte —, (boul.) abaisser; in etw. —, enrouler en, envelopper dans (f.), —, v. n. (b.) rouler; der Donner rollt, le tonnerre gronde; —, s. n. 1, roulement, m.; roulage; bruit du tonnerre.

Rollenbach, n. 5*, cassin, m.
Rollenmacher, m. 1, poulieur.
Rollentabak, m. 2, tabac en rouleau.
Roller, m. 1, chat, matou.
Rollfaß, n. 5*, (épingl.) frottoir, m.   [loir; (pot.) billette, f.
Rollholz, n. 5*, rouleau, m. rou-
Rollkammer, f. chambre à calandrer.   [leau, m.
Rollmessing, n. 2, laiton en rou-
Rollmuskel, m. exc. 1, muscle rotateur.
Rollspiel, n. 2, roulette, f.
Rollstad, m. 2*, (chap.) rouet.
Rollstuhl, m. 2*, chaise à roulettes, f.
Rollvorhang, m. 2*, store.
Rollwagen, m. 1*, chaise roulante, f. roulette.
Rom, Rome (ville).
Roman, m. 2, roman.
Romanenbichter, =schreiber, m. 1, auteur de romans; ol. romancier.
Romanhaft, adj. romanesque.
Romantisch, adj. romantique.
Romanus, n. pr. m. Romain.
Romanze, f. romance.
Römermonat, m. 2, mois romain.
Römer-Zinszahl, f. indiction.
Römisch, adj. romain; die —e Ordnung, (arch.) l'ordre composite, m.; römisch=katholisch, catholique-romain.   [de, f.
Rondell, n. 2, rond, m. roton-
Rooß, n. 2, gâteau de mouche à miel, m.
Rosalia, n. pr. f. Rosalie.
Rosamunde, n. pr. f. Rosemonde.
Rösch, adj. bien cuit, bien rôti.
Rose, Röschen, n. pr. f. Rose, Rosette.
Rose, f. rose (fleur); die wilde —, églantine; —, rosette de ruban; (arch.) rosace; (cha.) fraise; (méd.) érysipèle, m.
Rosenaber, f. saphène.
Rosenaloe, f. aloès rosat, m.
Rosenartig, adj. rosacée; die —en Pflanzen, rosacées, f. pl.
Rosenbalsam, m. 2, baume rosat.
Rosenbaum, m. 2*, rosier en arbre; laurier-rose.
Rosenbirn, f. caillot-rosat, m.
Rosenbusch, m. 2*, rosier, buisson de rosiers.
Rosenessig, m. 2, vinaigre rosat; (pharm.) oxyrrhodin.
Rosenfarben, adj. couleur de rose.
Rosenfest, n. 2, fête de la rosière, f.
Rosengarten, m. 1*, roseraie, f.
Rosengeschlecht, n. 5, rosacées, f. pl.   [sier, m.
Rosenholz, n. 5*, bois de ro-
Rosenhonig, m. 2, miel rosat, rhodomel.

Rosenknopf, m. 2*, =knospe, f. bouton de rose, m.
Rosenkranz, m. 2*, couronne de roses, f.; (égl.) rosaire, m. chapelet; — von 10 Kügelchen, dizain; den — beten; dire son chapelet.
Rosenkreuzer, m. 1, rose-croix.
Rosenlippen, pl. (poés.) lèvres vermeilles, f. pl. fraiches comme une rose.
Rosenmädchen, n. 1, rosière, f.
Rosenmobel, m. 1, noble à la rose (monnaie).
Rosenpappel, f. alcée rose.
Rosenroth, adj. couleur rose, vermeil; (vin) rosé.   [ou rose.
Rosenstein, m. 2, diamant rosette
Rosenstock, =strauch, m. 2*, rosier; der wilde —, églantier.
Rosenwangen, pl. (poés.) teint de roses, m.
Rosenwasser, n. 1, eau rose, f.
Rosenzucker, m. 1, sucre rosat.
Rosette, f., v. Rosenstein.
Rosettenstämpel, m. 1, rosettier.
Rosine, f. raisin sec, m.; große —n, des raisins de Damas; kleine —n, des raisins de Corinthe.
Rosinfarbe, f. rouge foncé, m. ponceau.
Rosmarin, m. 2, romarin.
Roß, n. 2, cheval, m.; coursier.
Roßapfel, m. 1* (=bollen, m. 1, pop.), crottin de cheval.
Roßarzneikunst, f.*, =kunde, f. art vétérinaire, m. hippiatrique, f.   [rinaire.
Roßarzt, m. 2*, médecin vété-
Roßbreme, =bremse, =fliege, f. taon, m.
Roßbube, m. 3, goujat.
Roßeisen, m. 1, v. Hufeisen.
Roßhaar, n. 2, crin de cheval, m.
Roßhändler, m. 1, maquignon.
Roßhuf, m. 2, sabot; (bot.) tussilage.
Roßig, adj. jument en chaleur.
Roßkäfer, m. 1, fouille-merde.
Roßkamm, m. 2*, étrille, f.; fg. v. Roßtäuscher.
Roßkastanie, f. marron d'Inde, m.
Roßkastanienbaum, m. 2*, marronnier d'Inde.
Roßkümmel, m. 1, livèche, f.
Roßpflaume, f. prune impériale.
Roßpolei, m. 2, stachi (plante).
Roßschwefel, m. 1, soufre caballin.   [val, f.; prèle (plante).
Roßschweif, m. 2, queue de cheval
Roßtäuscher, m. 1, maquignon.
Roßtäuscherei, f. maquignonnage, m.
Rost, m. 2*, gril, grille, f.; (arch.) radier, m.; patin, grillage de charpente; auf dem — braten, griller.
Rost, m. 2, rouille, f. rouillure;

(bot.) rouille; der weiße —, blanc, m.; vom —e säubern, dérouiller; den — verlieren, se dérouiller.
Rostbraten, m. 1, grillade, f. carbonnade.
Röste, f. routoir, m.
Rosten, v. n. (h. et f.) se rouiller, s'enrouiller.
Rösten, v. a. griller; ein wenig auf Kohlen —, brasiller; in der Pfanne —, frire, rissoler; roussir de la farine; rôtir du café; torréfier les mines; rouir du chanvre.
Rostig, adj. enrouillé, rouillé; — machen, enrouiller; — werden, v. Rosten.   [te, f.
Rostral, n. 2, tire-ligne, m. pat-
Röstung, f. grillade, rôtissage, m.; grillage; torréfaction, f.; rouissage du chanvre, m.; (chim.) assation, f.
Rostwasser, n. 1, eau ferrée, f.
Roth, adj. rouge; vermeil; roux, roussâtre (cheveux); rougeaud (visage); (blas.) de gueule; — machen, v. Röthen; — werden, rougir; — anlaufen, roussir; —, n. 3, rouge, etc., m. fard; (blas.) gueules; (cart.) cœur.
Rothauge, n. exc. 1, gardon, m. (poisson).
Rothbädig, =backig, adj. qui a les joues vermeilles.
Rothbart, m. 2*, barbe rousse, f.   [seau).
Rothbeinchen, m. 1, roure, m. (oi-
Rothbraun, adj. roussâtre, marron.
Rothbrüchig, adj. (métall.) rouverin.   [m. (oiseau).
Rothbrüstchen, m. 1, rouge-gorge,
Röthe, f. rouge, m. rougeur, f.; rousseur; vermillon des joues, m.; die künstliche —, (méd.) rubéfaction, f.; —, (comm.) garance, einer S. die — nehmen, dérougir qch.; die — verlieren, se dérougir.
Rotheiche, f. rouvre, m.
Röthel, m. 1, =stein, m. 2, crayon rouge; craie rouge ou sanguine, f. arcanée, rubrique.   [die).
Rötheln, pl. rougeole, f. (mala-
Röthelstift, m. 2, crayon rouge.
Röthen, v. a. rougir, colorer de rouge; roussir; (méd.) rubéfier; —, v. n. (h.) et sich —, rougir, devenir rouge, se colorer.
Rothfahl, adj. fauve.
Rothfärber, m. 1, teinturier en rouge.
Rothfeder, f. rose (poisson).
Rothfink, m. 3, pivoine.
Rothfleckig, adj. tacheté de rouge.
Rothfuchs, m. 2*, alezan.
Rothgärber, m. 1, tanneur.
Rothgelb, adj. roux, baillet.
Rothgießer, m. 1, fondeur en cuivre, en bronze, bossetier.

Rothgüldenerz, *n.* 2, rossicler, *m.*
Rothhaarig, *adj.* roux.
Rothhuhn, *n.* 5*, bartavelle, *f.*
Rothkehlchen, *n.* 1, rouge-gorge, *m.*
Rothkraut, *n.* 5*, chou rouge, *m.*
Rothkupfer, *n.* 1, cuivre rouge, *m.* cuivre de rosette, rosette, *f.*
Rothlauf, *m.* 2*, érysipèle.
Rothlaufartig, *adj.* érysipélateux.
Röthlich, *adj.* rougeâtre, rousâtre.　　　[(*poisson*).
Röthling, *m.* 2, rouge, barbier
Rothschimmel, *m.* 1, rouan.
Rothschwänzchen, *n.* 1, rouge-queue, *m.*　　[épeiche, *f.*
Rothspecht, *m.* 2, cul rouge,
Rothtanne, *f.* pinastre, *m.*
Rothwälsch, *n.* 2, argot, *m.*; baragouin; — sprechen, *v.* Rothwälschen.　　　[baragouiner.
Rothwälschen, *v. n.* (h.) argoter;
Rothwild, *n.* 2, bêtes fauves, *f.pl.*
Rothwurz, *f.* tourmentille.
Rotte, *f.* bande, troupe; ligue, faction, cabale; parti, *m.*; mépr. secte, *f. fm.* clique; (*guer.*) file; troupe.
Rotten (sich), Rottiren (sich), s'attrouper; se liguer.
Rottenfeuer, *n.* 1, feu de file, *m.*
Rottengeist, *m.* 5, esprit factieux, cabaleur.
Rottenweise, *adv.* par bandes, (*guer.*) par files, par pelotons.
Rottgans, *f.*, bernade.
Rottirung, *f.* attroupement, *m.*
Rottland, *n.* 5*, novale, *f.* terre novale.
Rottmeister, *m.* 1, caporal.
Rotz, *m.* 2, morve, *f.*
Rotzen, *v. n.* (h.) bas, jeter de la morve; (*vét.*) avoir la morve.
Rotzig, *adj.* (*vét.*) morveux.
Rotznase, *f.* pop. morveux, *m.* -se, *f.*
Rübe, *f.* rave; navet, *m.*; gelbe —, carotte, *f.*; rothe —, betterave.　　　[russe).
Rubel, *m.* 1, rouble (*monnaie*
Rübenader, *m.* 1*, ravière, *f.*
Rübenkerbel, *m.* 1, cicutaire, *f.*
Rübenzucker, *m.* 1, sucre de betterave.　　　[celle, *f.*
Rubicell, *m.* 2, rubace, rubaRubin, *m.* 2, rubis.　　　[le.
Rubinspinell, *m.* 2, rubis spinelle.
Rüböl, *n.* 2, huile de navette, *f.*
Rubrif, *f.* rubrique; catégorie; sommaire, *f.*　　　[vette;
Rübsamen, *m.* 1, colza, naRuchgras, *n.* 5*, flouve, *f.*
Ruchlos, *adj.* impie, irréligieux, scélérat; pervers, méchant.
Ruchlosigkeit, *f.* impiété, irréligion; méchanceté, scélératesse.
Ruchsen, *v. n.* (h.) roucouler, ca-

racouler; —, *s. n.* 1, roucoulement, *m.*

Ruchtbar, *adj.* notoire, public, manifeste; — werden, devenir public, se divulguer, éclater, s'ébruiter; — machen, publier, ébruiter, divulguer. [que, publicité.
Ruchtbarkeit, *f.* notoriété publiRud, *m.* 2, *fm.* coup, secousse, *f.*; (man.) escaveçade, saccade.
Rückblid, *m.* 2, regard en arrière.
Rückbürge, *m.* 3, arrière-caution, *f.* arrière-garant, *m.* certificateur.
Rückbürgschaft, *f.* arrière-caution, certification de caution.
Rücken, *m.* 1, dos; dossier *d'une chaise*; sommet, crête (*f.*), croupe *d'une montagne*; (*arch.*) extrados, *m.*; im —, par derrière; mit dem — gegen einander gekehrt; dos à dos; den Wind im —, vent arrière; *fg.* etw. hinter jemandes — thun, faire qch. à l'insu, sans la permission de qn.; einem hinter dem — Böses nachsagen, dire du mal, médire de qn. en son absence; mit dem — ansehen müssen, être obligé de quitter, d'abandonner.
Rücken, *v. a.* remuer; pousser; déplacer; éloigner; ôter; reculer; avancer; aus dem Gesicht —, lever, hausser un peu le chapeau; —, *v. n.* (*f.*) reculer; avancer; entrer; sortir; bouger; —, *s. n.* 1, remuement, *m.*; déplacement; avancement; éloignement.
Rückenblatt, *n.* 5*, contre-cœur de cheminée, *m.*; contre-retable de l'autel.　　　[les.
Rückenbreite, *f.* carrure des épaules.
Rückenbarre, *f.* phthisic dorsale.
Rückenflosser, *m.* 1, poisson à nageoires dorsales.
Rückenhaar, *n.* 2, poil du dos, *m.*; dos, arête (*f.*) *du castor*; —eines Hundes (wenn es von anderer Farbe ist), mantelure d'un chien.
Rückenhalt, *m.* 2, (*guer.*) corps de réserve; *fg.* soutien; appui.
Rückenlehne, *f.* dossier, *m.*
Rückenmark, *n.* 2, moelle épinière, *f.*　　　[dorsal.
Rückenmuskel, *m. exc.* 1, muscle
Rückenriemen, *m.* 1, surdos.
Rückenschild, *n.* 2, dos (*m.*), derrière *de la cuirasse*; (*bouch.*) échinée, *f.*
Rückenwirbel, *m.* 1, vertèbre, *f.*
Rückenwolle, *f.* mère laine.
Rücker, *m.* 1, (*horl.*) râteau.
Rückerinnerung, *f.* ressouvenir, *m.* réminiscence, *f.*　　　[etc.
Rückfahrt, *f.* retour en voiture.
Rückfall, *m.* 2*, rechute, *f.*; récidive; (*jur.*) réversion, retour, *m.*

Rückfällig, *adj.* réversible; (*égl.*) relaps.
Rückfluß, *m.* 2*, reflux.
Rückfracht, *f.* charge de retour.
Rückgang, *m.* 2*, retour; (*jur.*) regrès; (*astr.*) rétrogradation, *f.*
Rückgängig, *adj. fg.* échoué, qui ne réussit pas; qui rétrograde; — werden, échouer, ne pas réussir.
Rückgrath, *m.* 2, épine du dos, *f.*; échine; reins *d'un cheval*, *m. pl.*; einem den — brechen, échiner qn.　　　[serve.
Rückhalt, *m.* 2, retenue, *f.* réRückkauf, *m.* 2*, réméré, rachat, retrait lignager *d'un héritage*.
Rückkaufsrecht, *n.* 2, retrait, *m.*
Rückkehr, *f.* zunft; retour, *m.*
Rückladung, *v.* Rückfracht.
Rückläufig, *adj.*(*astr.*) rétrograde.
Rücklings, Rückwärts, *adv.* en arrière; à reculons; par derrière; à l'envers; — fallen; tomber à la renverse.
Rückmarsch, *m.* 2*, retour; (*guer.*) contre-marche, *f.* retraite.
Rückprall, *m.* 2, contre-coup; rebondissement; bricole, *f.*
Rückreise, *f.* retour *d'un voyage*, *m.*　　　[*f.*
Rückschein, *m.* 1, renvoi-lettre,
Rückseil, *n.* 2, (*mar.*) drosse, *f.*
Rückseite, *f.* revers *d'une monnaie*, etc., *m.*; envers *d'une étoffe*; dos *d'une feuille*; dossier *d'une voiture*.
Rücksicht, *f.* considération; égard, *m.*; in jeder —, à tous égards; in —, à l'égard de; par rapport à; en faveur de; — auf etw. nehmen, avoir égard à qch., considérer qch.
Rücksitz, *m.* 2, siège sur le devant *d'une voiture* à quatre places; —chen, *n.* 1, dim. strapontin, *m.*
Rücksprache, *f.* pourparler, *m.* conférence, *f.*; — nehmen, conférer.
Rücksprung, *m.* 2*, saut en arrière; (*cha.*) randonnée, *f.*; einen — thun, *fg.* reculer; retirer sa parole.　　　[*m.*
Rückspur, *f.* (*cha.*) contre-pied,
Rückstand, *m.* 2*, résidu; restant; reliquat; arrérage; débet, décompte; (*fin.*) arriéré; — einer Rente, arrérages, *pl.*; im — en arrière; im —e bleiben, arriérer.
Rückständig, *adj.* redevable; (*fin.*) restant, de reste; arriéré; —e Zinse, arrérages, *m. pl.*; —e Forderung, arriéré, *m.*
Rückstoß, *m.* 2*, contre-coup; (*phys.*) répulsion, *f.* recul, *m.*
Rückstrahl, *m. exc.* 1, rayon réfléchi.

Rückwand, f.*, dossier, m.
Rückwärts, v. Rücklings.
Rückwechsel, m. 1, rechange.
Rückweg, m. 2, retour.
Rückwelle, f. engin à tourner le moulin à vent, m.
Rückwind, m. 2, revolin.
Rückwirkung, f. réaction, contre-coup, m.
Rückzug, m. 2*, retraite, f.
Rübe, m. 3, mâle des chiens, etc.
Rubel, n. 1, (cha.) troupe de bêtes fauves, f.; harde de cerfs, etc. [m.; gouvernail.
Ruber, n. 1, rame, f. aviron, Ruberband, n. 5*, fusée d'avi-ron, f. [m.; rang de rameurs.
Ruberbank, f.*. banc de galère,
Ruderer, m. 1, Ruderknecht, m. 2, rameur, forçat; —, pl. chiourme d'une galère, f. [vernail, f.
Ruderloch, n. 5*, boîte du gou-Rudermeister, m. 1, comite.
Rudern, v. n. (h.) ramer, voguer; aus allen Kräften —, forcer de ra-mes. [me, échome.
Rudernagel, m. 1*, tolet, scal-Ruderplatte, f. pale.
Ruderschiff, n. 2, galère, f.
Ruderschlag, m. 2*, coup de ra-me; (mar.) id., palade, f.
Ruderstange, f. perche d'aviron.
Ruderstoß, m. 2*, manivelle, f.
Ruderwolf, n. 5*, chiourme, f.
Ruderwerf, n. 2, palamente, f.
Rüdiger, n. pr. m. Roger.
Rudolph, n. pr. m. Rodolphe, Raoul.
Ruf, m. 2, cri; clameur, f.; appel, m.; vocation à une char-ge, f.; renommée; réputation; nom, m. renom; er steht in gutem, in schlechtem —t, il a une bonne, une mauvaise réputation; il est bien, mal famé; in guten — brin-gen, accréditer; dem — nach, par réputation || bruit, m.
Rufen, v. n. 4 (h.) crier; s'é-crier; —, v. a. appeler qn.; vor Gericht —, appeler en justice, citer, intimer; — s. n. 1, cri, m.
Rügbar, adj. blâmable.
Rüge, f. dénonciation; inquisi-tion; punition, peine; blâme, m. réprimande, f.; (jur.) admonition.
Rügen, v. a. et n. (h.) accuser; dénoncer; blâmer, réprimander, critiquer; censurer les fautes; punir.
Rüger, m. 1, dénonciateur.
Ruhe, f. repos, m.; relâche; halte, f.; sommeil, m.; loisir; paix, f. tranquillité, sécurité, sûreté; calme de l'esprit, etc., m.; fig. mort, f.
Ruhealtar, m. 2*, reposoir.
Ruhebett, n. exc. 1, lit de re-pos, m. canapé, sopha, bergère, f.

Ruhen, v. n. (h.) reposer, se re-poser; dormir; chômer; fg. respi-rer; (arch., etc.) porter, appuyer (auf, sur, contre).
Ruheplatz, m. 2*, lieu de repos; — auf einer Treppe, palier.
Ruhepunkt, m. 2, point de re-pos; (méc.) point d'appui, appui; (mus.) pause, f.
Ruhesessel, m. 1, fauteuil.
Ruhestand, m. 2*, repos.
Ruhestätte, f. lieu de repos, m.; fg. tombeau.
Ruhestörer, m. 1, querelleur, per-turbateur du repos public; fm. trouble-fête.
Ruhetag, m. 2, jour de repos; fm. campos.
Ruhig, adj. tranquille; calme; paisible, pacifique; — werden, se tranquilliser, se calmer, s'apai-ser; sich — halten, fm. se tenir coi.
Ruhm, m. 2, gloire, f. renom-mée, célébrité, nom, m. renom; ber armselige —, mépr. gloriole, f.
Ruhmbegierde, f. ambition, dé-sir de la gloire, m. [gloire.
Ruhmbegierig, adj. avide de
Rühmen, v. a. vanter, louer; cé-lébrer, élever; préconiser, prôner; sich —, se vanter, se glorifier, s'a-vouer (d'un élève).
Rühmlich, Ruhmvoll, adj. loua-ble, glorieux, honorable.
Ruhmlos, adj. sans gloire, obs-cur. [fanfaron.
Ruhmredig, adj. glorieux; fm.
Ruhmredigkeit, f. vanité, jactan-ce. [gloire; ostentation.
Ruhmsucht, f. ambition, vaine
Ruhmsüchtig, adj. ambitieux, glorieux.
Ruhr, f. ou rothe —, dyssente-rie; —, (agr., vign.) binage, m. seconde ou troisième façon (f.) qu'on donne à une vigne.
Ruhrei, n. 5, œuf brouillé, m.
Rühren, v. a. mouvoir; remuer; brouiller; toucher de la harpe; battre la caisse; — ou burchein-ander —, remuer, mêler, brasser; fouetter de la crème; battre du beurre; brouiller des œufs; barat-ter du lait; battre, délayer; gâ-cher du mortier, etc.; coudre des cuirs; biner un champ; fg. tou-cher le cœur; émouvoir, affecter, attendrir, frapper; vom Blitze, vom Schlag gerührt werden, être frappé de la foudre, d'apoplexie; —, v. n. (h.) toucher, atteindre (an, à); venir, provenir (von, de); sich —, remuer, se remuer, bou-ger; rühre dich, allons! dépêche-toi! —; s. n. 1, mouvement, m. remuement.
Rührend, adj. touchant, atten-

drissant; bis zu Thränen —, fm. larmoyant.
Rührfaß, n. 5*, baratte, f. auge.
Rührhafen, m. 1, gâche, f.
Rührig, adj. agile, alerte, pétil-lant.
Rührlöffel, m. 1, cuiller à pot, f.
Rührnagel, m. 1*, battant, tra-quet. [bot, m.
Rührscheit, n. 5, palette, f. ra-Rührstab, m. 2*, brassoir; (fond.) canne, f. [veron.
Rührstange, f. bouloir, m. mou-Rührung, f. mouvement, m.; fg. émotion, f. attendrissement, m.
Ruhrwurzel, f., die brasilianische —, ipécacuanha, m.
Ruin, m. 2, ruine, f. destruc-tion; perte. [fabriques.
Ruine, f. ruine; —n, pl. (peint.)
Rülps, m. 2, pop. rot, bouffée, f.
Rülpsen, v. n. (h.) pop. roter.
Rum, m. 2, rum, eau-de-vie de sucre, f.
Rummel, m. 1, fm. amas, ramas; point (au piquet); fg. fm. affaire, f.; er versteht den —, il en-tend le numéro. [multe, m.
Rumor, m. 2, rumeur, f. tu-Rumoren, v. n. (h.) faire du bruit.
Rumpelfammer, f. décharge.
Rumpelfasten, m. 1*, coffre pour la friperie; fm. vieux carrosse.
Rumpelmette, f. fm. ténèbres, f. pl.
Rumpeln, v. n. (h.) fm. faire un bruit sourd; grouiller, gargouiller (du ventre); —, s. n. 1, bruit sourd, m.; — im Leibe, grouille-ment, gargouillement.
Rumpf, m. 2*, tronc; corps d'une chemise; trémie dans un moulin, f.; torse d'une statue tronquée, m. [trémion, m.
Rumpfbaum, m. 2*, steiter, f.
Rümpfen, v. a., die Nase —, faire la moue.
Rund, adj. rond; sphérique; circulaire; orbiculaire; länglich —, ovale; — herum, adv. à la ronde; tout autour; — heraus, rondement, franchement, nette-ment; librement, catégorique-ment; — machen, arrondir; — werden, s'arrondir, voy. Runden; —, n. 2, rond, m.
Runde, f. ronde.
Rundel, f. rondeur; rond, m.; voussure d'une voûte, f.; in die —, en rond; à la ronde.
Runden, Runben, v. a. arrondir; (arr.) aléser; (orf.) gironner; (serr.) bigorner; (peint.) contourner.
Runderhaben, adj. convexe.
Rundfisch, m. 2, aigrefin.
Rundgesang, m. 2*, chanson ré-pétée à la ronde, f.

Runbhobl, *adj.* concave.
Runbholj, *n.* 5*, rondins, *m. pl.*
Runblich, *adj.* rondelet.
Runbmeißel, *m.* 1, rondelle, *f.*
Runbperle, *f.* bouterolle.
Runbschild, *n.* 2, rondache, *f.*
Runbschnur, *f.*, cordon, *m.* cordonnet, ganse d'un chapeau, *f.*
Runbtanj, *m.* 2*, branle, danse en rond, *f.*
Runbung, *f.* arrondissement, *m.* rondeur, *f.* rotondité; (*arch.*) galbe, *m.; die äußere* —, extrados; —, (*arch. nav.*) bouge, *f.*
Rünbung, *v.* Runbung.
Runenschrift, *f.* écriture runique, runes, *pl.*
Runge, *f.* (*charr.*) rancher, *m.*
Rungschämel, *m.* 1, lisoir.
Runfelrübe, *f.* betterave.
Runfen, *m.* 1, *fm.* chanteau, bribe (*f.*) *de pain.*
Runjel, *f.* ride; sillon, *m.;* éperon au coin de l'œil.
Runjelig, Runjlig, *adj.* ridé, sillonné; éperonné (*se dit des yeux*).
Runjeln, *v. a.* rider; froncer; —, *s. n.* 1, — ber Stirn, froncement des sourcils, *m.* [racher.
Rupfen, *v. a.* plumer; tirer, arRupferinn, *f.* (*chap.*) arracheuse, éplucheuse.
Rupfwolle, *f.* bourgeons, *m. pl.*
Rupie, *f.* roupie (*monnaie*).
Ruppig, *adj.* pauvre, chétif, mesquin, déguenillé.
Ruprecht, *n. pr. m.* Robert; ber Knecht —, *pop.* le moine bourru.
Ruß, *m.* 2, suie, *f.;* noir de fumée, *m.*
Rußartig, *adj.* fuligineux.
Rußbraun, Rußschwarj, *n.* 2, bistre, *m.*
Ruße, *m.* 3, Rußinn, *f.*, Rußisch, *adj.* russe, *m. et f.*
Rüssel, *m.* 1, groin *de cochon;* boutoir *de sanglier;* trompe *d'éléphant, d'abeille,* etc., *f.*
Rüsselstiege, *f.* bombille.
Rüsselkäfer, *m.* 1, scarabée à trompe.
Rußig, *adj.* plein de suie; (*chimie*) fuligineux.
Rußland, Russie, *f.* (*pays.*).
Rüstbaum, *m.* 2*, (*arch.*) échasse, *f.* [let.
Rüstbock, *m.* 2*, (*arch.*) chevaRüstbrett, *n.* 5, planche d'échafaudage, *f.*
Rüste, *f. ol.* repos, *m.*
Rüsten, *v. a.* préparer, apprêter, disposer, arranger; (*guer.*) équiper, armer; sich —, se préparer; s'équiper; s'apprêter; s'armer; —, *v. n.* (*h.*) échafauder; gerüstet, préparé, prêt à.

Rüster, *fém.* orme, *m.* ormeau; ipreau; (*cordonn.*) bout.
Rüsthaus, *n.* 5*, arsenal, *m.*
Rüstig, *adj.* vigoureux, robuste, prompt; actif, expéditif.
Rüstigfeit, *f.* vigueur; promptitude; vivacité; activité.
Rüstfammer, *f.* =saal, *m.* 2*, salle d'armes, *f.* [riot.
Rüstleiter, *f.* ridelle d'un chaRüstloch, *n.* 5*, trou de boulin, *m.; =löcher, pl.* opes.
Rüstplaß, *m.* 2*, place d'armes, *f.*
Rüstseile, *pl.* châbots, *m. pl.*
Rüststange, *f.* escoperche.
Rüsttag, *m.* 2, veille du sabbat, *f.*
Rüstung, *f.* préparation, préparatifs; (*m. pl.*) armement, *m.; armure, *f.* harnais, *m.* [gage.
Rüstwagen, *m.* 1*, chariot de baRüstzeug, *n.* 2, bagage, *m.* chévre, *f.*
Ruthe, *f.* verge, fouet, *m.* férule, *f.* baguette, einem die — geben, fouetter qn. [faisceau.
Ruthenbündel, *m.* 1, (*ant. r.*)
Ruthenfraut, *n.* 5*, férule, *f.*
Rutschen, *v. n.* (*f.*) glisser, trainer; couler; s'échapper; auf bem Hintern —b, *fm.* à croupetons, à écorche-cul.
Rütteln, *v. a.* remuer; secouer; ébranler; cahoter; serrer *une mesure;* —, *s. n.* 1, remuage, *m.;* secouement; cahotage *d'une voiRüssel, Lille (*ville*). [ture.

## S.

Saal, *m.* 2*, salle, *f.* salon, *m.*
Saale, *f.* Sale (*rivière*).
Saat, *f.* semailles, *pl.;* blé vert ou en herbe, *m.* blés, *pl.*
Saatbohne, *f.* fève à semer.
Saatfeld, *n.* 5, champ ensemencé, *m.;* emblavure, *f.* [quet.
Saatfasten, *m.* 1*, (*jard.*) baSaatfrähe, *f.* freux, *m.* grolle, *f.*
Saatzeit, *f.* semailles, *pl.*
Sabbath, *m.* 2, sabbat.
Sabbathschänder, *m.* 1, profanateur du sabbat.
Sabber, *m.* 1, bave, *f.*
Säbel, *m.* 1, sabre; *poës.* cimeterre; ber fleine —, *fm.* briquet.
Säbelgehänge, *n.* 1, ceinture du sabre, *f.* belière double.
Säbelhieb, *m.* 2, coup de sabre.
Säbeln, *v. a. fm.* sabrer.
Säbeltasche, *f.* sabretache.
Säbenbaum, *m.* 2*, sabine, *f.* sabinier, *m.*
Sache, *f.* chose; affaire; fait, *m.;* sujet; objet; cas; *fm.* chapitre;

(*jur.*) cause, *f.* procès, *m.;* —n, *pl.* hardes *d'un voyageur,* etc., *f. pl.;* geringe —, bagatelle; jur — selbst fommen, entrer en matière; jur —, au fait! feiner — gewiß fern, être sûr de son fait.
Sacherflärung, *f.* (*log.*) définition réelle. [cause, son procès.
Sachfällig, *adj.* celui qui perd sa
Sachfenntniß, *f.* connaissance de la chose, connaissance de cause.
Sachfunbig, *adj.* qui est au fait; expert; —, *adv.* avec, en connaissance de cause.
Sächlich, *adj.* (*gramm.*) neutre; bas —e Geschlecht, neutre, *m.*
Sachregister, *n.* 1, table des matières, *f.*
Sachsen, Saxe, *f.* (*pays*).
Sächsisch, *adj.* saxon, électoral (*laine*).
Sachte, *adv.* (*parler*) bas; doucement, lentement, peu à peu.
Sachverständige, *m.* 3, connaisseur.
Sachwalter, Sachverwalter, *m.* 1, avocat; procureur, avoué; homme d'affaires, intendant.
Sachwort, *n.* 5*, substantif, *m.*
Sad, *m.* 2*, sac; poche, *f.;* —, *adj.; dim.* sachet; (*chir.*) poche, *f.* sinus, *m.;* in einem — eingeschlossen, enkysté; ein —voll, une sachée.
Sadband, *n.* 5*, cordelette, *f.*
Sädel, *m.* 1, bourse, *f.; fg.* trésor, *m.* [sier.
Sädelmeister, *m.* 1, caissier, bourSadgarn, *n.* 2, tonnelle, *f.* pochette. [m.
Sadgasse, *f.* impasse, cul de sac,
Sadgeige, *f.* poche.
Sadgeschwulst, *f.*, kyste, *m.* tumeur enkystée, *f.* loupe.
Sadleinwand, *f.* grosse toile.
Sädler, *m.* 1, boursier, gantier.
Sadneß, *n.* 2, (*pêch.*) chalut, *m.*
Sadpfeife, *f.* cornemuse. [che.
Sadpuffer, *m.* 1, pistolet de poSadträger, *m.* 1, portefaix.
Sadtuch, *n.* 5*, *fm.* mouchoir de poche, *m.;* grosse toile, *f.* toile
Sadubr, *f.* montre. [à sacs.
Sadwüllich, *m.* 2, treillis.
Sacrament, *n.* 2, sacrement, *m.;* mit bem —e versehen, communier, administrer *un malade;* (*cath.*) donner le viatique *à un malade.*
Sacramentsbuch, *n.* 5*, sacramentaire, *m.* [nacle, *m.*
Sacramenthäuschen, *n.* 1, taberSacramentiren, *v. n.* (*h.*) pester, jurer, fulminer. [taire.
Sacramentirer, *m.* 1, sacramenSacramentlich, *adj.* sacramental, sacramentel.
Sacristan, *m.* 2, sacristain.

Sacristei, f. sacristie.
Säcularisiren, v. a. séculariser;
—, s. n. 1, sécularisation, f.
Sabbutäer, m. 1, (écr. ste.) sa-
ducéen; die Lehre der —, sadu-
céisme.
Säemann, m. 5*, semeur.
Säemaschine, f. semoir, m.
Säen, v. a. semer; dünne gesäet,
clairsemé.
Säetuch, n. 5*, semoir, m.
Säezeit, f. semailles, pl.
Saffian, m. 2, maroquin.
Saffianbereiter, m. 1, maroqui-
nier. [carthame.
Saffor, m. 2, safran bâtard,
Safran, m. 2, —blume, f. sa-
fran, m. crocus; mit — färben,
safraner.
Safrangelb, adj. safrané.
Safranpflanzung, f. safranière.
Safranpflaster, n. 1, oxycrocéum,
m.
Saft, m. 2*, suc; liqueur, f.;
jus, m.; sirop; sève des arbres,
f.; (méd.) humeur; eau des poi-
res, etc.; der Bäße —, (bot.) mu-
cilage, m.; —, fg. saveur, f.
Saftbehälter, m. 1, nectaire.
Saftbirn, f. mouille-bouche.
Saftblau, n. 2, bleu de tourne-
sol, m.
Saftfarbe, f. couleur verte.
Saftgrün, n. 2, vert d'Iris, m.
nerprun.
Saftig, adj. savoureux; succu-
lent; fondant (fruit); juteux.
Saftigkeit, f. saveur.
Saftpflaster, n. 1, diachylon, m.
Saftring, m. 2, (bot.) couche
corticaire annuelle, f.
Sagaie, f. sagaie (javelot).
Sage, f. dire, m. bruit, tradi-
Säge, f. scie. [tion, f.
Sägeblatt, n. 5*, lame de la scie,
f. [vre, f. (pour scier).
Sägebock, m. 2*, baudet, ché-
Sägefisch, m. 2, scie, f. (pois-
son). [scie, f.
Sägegestell, n. 2, châsse d'une
Sägelohn, m. 2, sciage.
Sägemühle, f. scierie.
Sagen, v. a. dire; déclarer; par-
ler; es hat nichts zu —, n'importe;
sich — lassen, entendre dire; unter
uns gesagt, entre nous soit dit, de
vous à moi; im Vorbeigehen gesagt,
soit dit en passant; gesagt werden,
se dire. [sciage, m.
Sägen, v. a. scier; —, s. n. 1,
Sägenschmied, m. 2, taillandier.
Sägenschnitt, m. 2, trait de scie.
Säger, m. 1, scieur.
Sägespäne, pl. =mehl, n. 2, sciure,
f. bran de scie, m.
Sägerwerk, n. 2, redan, m.
Sago, m. 2, —grütz, f. sagou, m.

Sagobaum, m. 2*, =palme, f.
sagoutier, m. palmier sagou, lan-
dan. [sagouin, m.
Saguin, m. 2, —chen, n. 1, dim.
Sahlband, n. 5*, =leiste, f. lisié-
re; pl. entrebandes.
Sahlbuch, n. 5*, terrier, m.
Sahne, f. crème; die — von der
Milch abnehmen, écrémer le lait.
Sahnen, v. n. (h.) crémer.
Saike, f. (mar.) saïque.
Saite, f. corde; die feinste —,
chanterelle; —n, pl. tirants du
tambour, m. pl. [table, f.
Saitenbrett, n. 5, =halter, m. 1,
Saiteninstrument, n. 2, instru-
ment à cordes, m.
Saitenmacher, m. 1, boyaudier.
Saitenpflock, m. 2*, cheville, f.
Saitenspiel, n. 2, (poés.) lyre, f.
Saitenwirbel, m. 1, fiche, f.
Sakersalt, m. 3, sacre; das Weib-
chen des —en, sacret.
Salamander, m. 1, salamandre,
f. mouron, m.
Salarium, n. exc. 1, salaire, m.
Salat, m. 2, salade, f.
Salatschüssel, f. saladier, m.
Salbader, m. 1, charlatan, ha-
bleur. [blerie, bavardage, m.
Salbaderei, f. charlatanerie, ha-
Salbadern, v. n. (h.) habler, ba-
varder. [—, liniment, m.
Salbe, f. onguent, m.; die dünne
Salbei, m. 2, sauge, f.
Salben, v. a. oindre; enbaumer
un corps mort; sacrer un roi.
Salbenbüchse, f. boite à onguent;
(chir.) boitier, m.
Salböl, n. 2, saintes huiles, f.
pl.; (cath.) id.; chrème, m.
Salbung, f. sacre, m.; fg. onc-
Salbiren, v. a. solder. [tion, f.
Saldo, m. 1, solde de compte.
Salepwurzel, f. salep, m.
Salier, m. pl. 1, (ant. r.) Sa-
liens.
Salisch, adj. salique (loi).
Saliviren, v. n. (h.) saliver, ba-
ver; —, s. n. 1, salivation, f.
Salm, m. 3, v. Lachs.
Salmiak, m. 2, sel ammoniac.
Salmling, m. 2, saumoneau.
Salome, m. pr. f. Salomé.
Salomo, n. pr. m. Salomon.
Salomonssiegel, n. 1, genouillet,
m. sceau de Salomon (plante).
Salpeter, m. 1, salpêtre; nitre;
nitrate de potasse.
Salpeterartig, =haltig, Salpeterig,
adj. nitreux. [lisé, m.
Salpeterdrüse, f. salpêtre cristal-
Salpetererde, f. terre nitreuse.
Salpeterfraß, m. 2*, carie des
murailles, f. [trière, nitrière.
Salpetergrube, =hütte, f. salpê-
Salpeterkelle, f. puisoir, m.

Salpeterkessel, m. 1, rapuroir.
Salpetersäure, f. acide nitreux, m.
Salpeterschaum, m. 2, aphronitre.
Salpetersieder, m. 1, salpêtrier.
Salpetersiederei, f. salpêtrière.
Salse, f. sauce salée, saumure.
Salutiren, v. n. (h.) saluer.
Salve, f. salve, décharge.
Salvegarde, f. sauvegarde.
Salvete, f. serviette.
Salviren, v. a. sauver.
Salweide, f. petit saule, m.
Salz, n. 2, sel, m.; grobes —,
du gros sel; saures —, du sel
acide; — sieben, sauner.
Salzabgabe, f. gabelle.
Salzarbeiter, m. 1, saunier.
Salzbereitungskunst, f.*, v. Salz=
lehre.
Salzblüthe, f. efflorescence du sel.
Salzbrühe, f. saumure.
Salzbrunnen, m. 1, puits salant.
Salzbüchse, f. fm. salière.
Salzen, v. a. saler.
Salzin, n. 1, salaison, f.
Salzfaß, n. 5*, baril à sel, m.;
(cuis.) salière, f.; salière; sa-
loir, m.
Salzfaßschale, f. saleron, m.
Salzfisch, m. 2, poisson salé.
Salzfleisch, n. 2, salé, m.
Salzfluß, m. 2*, fluxion sanieu-
se, f.
Salzfreiheit, f. franc-salé, m.
Salzgeist, m. 5, esprit de sel.
Salzgraf, m. 3, intendant des
salines.
Salzgrube, f. saline, mine de sel.
Salzhandel, m. 1, saunage; der
verbotene —, faux-saunage.
Salzhändler, m. 1, saunier.
Salzhaus, n. 5*, magasin à sel,
m.; ol. gabelle, f.
Salzig, adj. salé; salin; salant.
Salzkasten, m. 1*, saunière, f.
Salzkloß, m. 2*, =flumpen, m. 1,
masse de sel, f.; salignon, m.
Salzkothe, f. saline, saunerie.
Salzkram, m. 2*, regrat.
Salzkrämer, m. 1, regrattier.
Salzkraut, n. 5*, kali, m. soude,
f.
Salzlache, f. marais salant, m.
Salzlate, f. saumure. [gie.
Salzlehre, f. halotechnie, halur-
Salzmagazin, n. 2, v. Salzhaus.
Salzmesser, m. 1, radeur, me-
sureur de sel.
Salzniederlage, f. salorge, m.
Salzpfanne, f. chaudière de saline.
Salzprobe, f. essai de sel. [gie.
Salzquelle, f. source salée, saline.
Salzsauer, adj. muriatique; das
— Salz, muriate, m.; die —
Pottasche, muriate de potasse.
Salzsäure, f. acide muriatique,
m.

Salzschaum, =stein, m. 2, adarce, f. [nage, m.
Salzschmuggeln, n. 1, faux-sau-
Salzschmuggler, m. 1, faux-sau-nier. [rais salant.
Salzsee, m. exc. 1, lac ou ma-
Salzsieder, m. 1, saunier, palu-
Salzsiederei, f. saunerie. [dier.
Salzsohle, f. eau salée; — ent-h..ltenb, salant.
Salzsteuer, f. ol. gabelle.
Salzsüd, n. 2, cuite de sel, f.
Salzwächter, m. 1, ol..gabeleur.
Salzwage, f. pèse-liqueur, m.
Salzwasser, n. 1, eau salée, f.; saumure, muire. [rie.
Salzwert, n. 2, saline, f. saune-
Salzzoll, m. 2*, v. Salzabgabe.
Samariter, m. 1, Samaritain.
Same, m. exc. 2, semence, f. graine; (anat.) sperme, m.
Samenbalg, m. 2*, coque, f.
Samenbaum, m. 2*, baliveau.
Samenbläschen, n. 1, vésicule séminale, f. [pen.
Samenblatt, n. 5*, v. Samenlap-
Samenbruch, m. 2*, spermato-cèle, f.
Samenergießung, f. pollution.
Samenfische, m. pl. blanchaille, f. frai, m. fretin.
Samenfluß, m. 2*, gonorrhée, f.
Samengefäß, n. 2, vaisseau sper-matique, m.
Samengehäuse, n. 1, (bot.) cap-sule, f. péricarpe, m.
Samenhandel, m. 1, gréneterie, f.
Samenhändler, m. 1, grénetier.
Samenhaut, f.*, tunique.
Samenhülle, =bülse, f. follicule, m. coiffe, f. gousse.
Samenkapsel, f. capsule.
Samenkorn, n. 5*, grain (m.), graine (f.) de semence.
Samenkraut, n. 5*, épi d'eau, m. (plante).
Samenlappen, m. 1, lobe; —, pl. cotylédons; die Pflanze mit —, la plante cotylédonée.
Samenmilch, f. (méd.) émulsion.
Samenperlen, f. pl. semence de perles, f.
Samenschote, f. (bot.) silique.
Samenstängel, m. 1, pédoncule.
Samenstaub, m. 2, (bot.) pous-sière des étamines, f.
Samenthierchen, n. 1, animalcule spermatique, m.
Sämerei, f. semences, pl.
Sämisch, adj. passé en chamois; — machen ou gärben, ramailler.
Sämischgärben, n. 1, ramaillage, m.
Sämischgärber, m. 1, chamoiseur.
Sämischgärberei, f. chamoiserie.
Sämischleder, n. 1, peau de cha-mois, f.

Sämischledern, adj. de chamois.
Sammelkasten, m. 1*, réservoir; réceptacle; citerne, f.
Sämmeln, v. a. recueillir; ra-masser, amasser, assembler, en-tasser; compiler des passages; Almosen —, faire la quête, quê-ter.
Sammelplatz, m. 2*, rendez-vous; place d'armes, f.; (cha.) assem-blée. [lectif, m.
Sammelwort, n. 5*, nom col-
Sammet, m. 2, velours; geschor-ner —, du velours ras; glatter —, du velours plein, uni.
Sammetartig, adj. velouté, pe-luché, duveteux.
Sammetband, n. 5*, galon ve-louté, m.
Sammetblume, f. fleur veloutée, amaranthe, passe-velours, m.
Sammeten, Sammten, adj. de velours.
Sammetmütze, f. bonnet de ve-lours, m.; ol. mortier d'un prési-dent de parlement.
Sammetpappel, f. abutilon; gui-mauve ordinaire. [velours.
Sammetweber, m. 1, tisserand en
Sammler, m. 1, quêteur; col-lecteur; compilateur.
Sammlung, f. collection, recueil, m.; corps de droit; apparat; com-pilation, f.; assemblage, m.; — von Seltenheiten, 2c., cabinet; —, (méd.) dépôt d'humeurs; — von Almosen, quête, f.
Sammt, Samt, prép. avec.
Sämmtlich, adj. tous; toutes; —, adv. tous ensemble, en corps.
Samstag, v. Sonnabend.
San-Benito, m. 1, san-bénito (habillement que l'on faisait por-ter à ceux que l'inquisition avait condamnés).
Sanct, v. Heilig. [suisse].
Sanct-Gallen, Saint-Gall (canton
Sanb, m. 2 (sans pl.), sable; der grobe — et —, (poés.) arène, f.; auf den — setzen, (mar.) ensabler; auf den — laufen, s'ensabler; mit — bestreuen, sabler; mit — reiben, scheuern, sablonner.
Sandale, f. sandale.
Sandarach, m. 2, sandaraque, f.
Sandbad, n. 5*, bain de sable, m.
Sandbank, f.*, banc de sable, m.; barre à l'entrée d'un port, etc., f.; die verborgenen —t, bas-ses, pl.
Sandbeere, f. arbouse.
Sandboden, m. 1*, terre sablon-neuse, f.
Sandbohrer, m. 1, drague, f.
Sandbüchse, f. Sandfaß, n. 5*, sablier, m. poudrier.

Sandborn, m. exc. 1, argousier.
Sandel, m. 1, —holz, n. 5*, bois de sandal ou santal, m.
Sandben, v. a. sabler.
Sandfisch, m. 2, anguille d'arène, f.
Sandgries, m. 2, gravier. [f.
Sandgrube, f. sablière, sablon-nière. [ble.
Sandgrund, m. 2*, fond de sa-
Sandguß, m. 2*, fonte (f.), jet (m.) en sable.
Sandhase, m. 3, lièvre blanc.
Sandhaufen, m. 1, monceau de sable, ensablement.
Sandhügel, m. 1, colline de sa-ble, f.; am Meere, dune.
Sandig, adj. sablonneux, aré-neux, sableux, graveleux.
Sandinsel, f. javeau, m.
Sandkäfer, m. 1, scarabée perlé.
Sandkorn, n. 5*, grain de sable, m.
Sandkraut, n. 5*, sablonnière, f.
Sandläufter, m. 1, glaréole (oi-seau).
Sandschiefer, m. 1, grès feuilleté.
Sandschimmel, masc. 1, cheval blanc sale. [blée, f.
Sandseiher, m. 1, fontaine sa-
Sandstein, m. 2, grès; —t, pl. gresserie, f. [gresserie.
Sandsteingrube, f. carrière de grès,
Sandufer, n. 1, bord (m.), riva-ge sablonneux; bas ebene —, grè-ve, f.
Sanduhr, f. sable, m. sablier.
Sandwüste, f. désert sablonneux, m.
Sanft, adj. mou, mollet; fg. doux; paisible; bénin; (peint.) flou; — machen ou adoucir, apai-ser, calmer; —er werden, s'adou-cir, etc.
Sänfte, f. litière; brancard, m.
Sänftenführer, m. 1, brancardier.
Sänftenträger, m. 1, porteur de chaise, brancardier.
Sanftmuth, f. douceur, mansué-tude, bonté.
Sanftmüthig, adj. doux, bon, bénin, débonnaire.
Sang, m. 2*, (poés.) chant.
Sänger, m. 1, =inn, f. chanteur, m. -se, f.; chantre, m. canta-trice, f.
Sanguinisch, adj. sanguin.
Sanikel, m. 1, sanicle (plante).
Sanitätscollegium, n. exc. 1, conseil de santé, m.
Sanskrit, m. 2, —sprache, f. sans-kret, m. sanscrit.
Sanskritisch, adj. sanscrit.
Sapajou, m. 2, sapajou (singe).
Saphir, m. 2, Sapphir, m. 2, saphir.
Saphiren, adj. de saphir, orné de saphirs.
Saphisch, Sapphisch, adj. (pros.) saphique.

Sappe, f. (guer.) sape.
Sapperlott, Sapperment, interj. pop. diantre! parbleu! [sape, f.
Sappiren, v. a. saper; —, s. n. 1,
Sappirer, m. 1, sapeur.
Saracene, m. 3, Saracenisch, adj. Sarrasin.
Sardelle, f. sardine; anchois, m.
Sarder, m. 1, Sardonir, m. 2, sardoine, f.
Sardinien, Sardaigne, f. (île).
Sardinier, m. 1, Sardinisch, adj. Sarde. [donien (rire).
Sardonisch, adj. sardonique, sar-
Sarg, m. 2*, cercueil, bière, f.
Sarkasmus, m. exc. 1, sarcasme; der sarkastische Spott, id.
Sarkophag, m. 2, sarcophage.
Sarraß, m. 2, fm. brette, f. sa-
Sarsche, f. serge. [bre, m.
Sarschen, adj. de serge.
Sarter, m. 1, (mar.) gabarit.
Sassafras, m. 1, —baum, m. 2*, sassafras. [cine.
Sassaparille, f. salsepareille (ra-
Säßhaft, adj. domicilié, établi.
Satan, m. 2, satan, diable.
Satanisch, adj. diabolique.
Satire, f. satire.
Satiriker, m. 1, satirique; der scharfe —, fm. emporte-pièce.
Satirisch, adj. satirique.
Satrap, m. 3, (ant.) satrape, gouverneur en Perse.
Satrapie, f. satrapie.
Satt, adj. rassasié; assouvi; soûl; fg. dégoûté || ferme, dur.
Sattel, m. 1*, selle, f. arçon, m.; bât; chevalet d'un violon; zeste d'une noix; ohne — reiten, monter un cheval à poil, à cru; aus dem — heben, désarçonner; fg. débusquer, supplanter.
Sattelband, n. 5*, bande, f.
Sattelbaum, m. 2*, fût de selle.
Sattelbausch, m. 2*, troussequin.
Sattelbein, n. 2, os sphénoïdal, m.; selle de Turquie, f.
Sattelblech, n. 2, bande d'arçon, de selle, f.
Sattelbogen, m. 1*, arçon.
Sattelbach, n. 5*, comble à pignon, m.
Sattelbecke, f. housse.
Sattelbruch, m. 2*, (vét.) foulure, f. [la selle, f.
Sattelgurt, m. exc. 1, sangle de
Sattelholz, n. 5*, —er, pl. empanons, m. pl.
Sattelkammer, f. sellerie.
Sattelkissen, n. 1, panneau de selle, m.; coussinet de selle.
Sattelknecht, m. 2, palefrenier.
Sattelknopf, m. 2*, pommeau de selle.
Satteln, v. a. seller; mit dem Saumsattel —, bâter.

Sattelpferd, n. 2, cheval de selle, m. porteur. [f.
Sattelsteg, m. 2, traverse de selle,
Satteltasche, f. bourse, faucon-
Satteltief, adj. ensellé. [nière.
Sattelzeug, n. 2, harnais, m. équipement, enharnachement.
Sattgelb, =grün, adj. jaune, vert foncé. [ment, m.
Sattheit, fém. satiété; rassasie-
Sättigen, v. a. rassasier; soûler; fg. assouvir, satisfaire; (chim.) saturer.
Sättigung, f. rassasiement, m.; fg. assouvissement; (chim.) saturation, f.
Sattler, m. 1, sellier; sellier-carrossier, bourrelier.
Sattlerkneif, m. 2, tranchet.
Sattsam, adj. suffisant.
Saturei, f. (bot.) sarriette, chèvre-pied, m.
Saturn, m. 2, (myth.) Saturne.
Saturnalien, pl. Saturnusfest, n. 2, (ant.) Saturnales, f. pl.
Satyr, m. 2, (myth.) satyre.
Satyre, x., v. Satire, x.
Satz, m. 2*, sédiment, dépôt, lie, f.; marc de café, m.; (verr.) chaude, f. || nourrain, m. alevin (poissons) || saut, bond; secousse, f. élan, m. || pile de bois, f.; (impr. et mus.) composition; (jeu) enjeu, m.; mise, f.; (log.) point, m.; thèse, f.; proposition, hypothèse; aphorisme, m.; (gramm.) période, f. [rain.
Satzfische, m. pl. alevin, m. nour-
Satzmehl, n. 2, amidon, m. fécule, f.
Satzmeißel, m. 1, (serr.) rivoir.
Satzstock, m. 2*, plant; plançon.
Satzung, f. constitution; statut, m.; décret.
Sau, f.*, cochon, m. porc, pourceau; truie, f.; fg. bas, cochon, m. salope, f.; —, Save (rivière).
Saubeller, m. 1, (cha.) aboyeur.
Sauber, adj. net; propre; blanc; iron. Joli; beau.
Sauberkeit, f. netteté; propreté.
Säubern, v. a. nettoyer; v. Reinigen.
Säuberung, f. nettoiement, m.
Saublume, f. pissenlit, m.
Saubohne, f. fève de marais.
Sauborste, f. soie de cochon.
Saudistel, f. laiteron, m. palais de lièvre (plante).
Sauen, v. n. (h.) faire des saletés, prvcl. faire des taches d'encre en écrivant.
Sauer, adj. aigre; âcre, acide; âpre; vert (fruit); piquant; sur; fg. rude; pénible; — machen, aigrir; — sehen, faire la mine, la moue.

Sauerampfer, m. 1, oseille, f.
Sauerbrunnen, m. 1, eaux minérales ou acidules, f. pl.
Sauerdorn, m. exc. 1, épine-vinette, f.
Sauerei, f. pop. cochonnerie.
Sauerhonig, m. 2, oxymel.
Sauerklee, m. 2, oseille, f.
Sauerkleesalz, n. 2, sel d'oseille, m.
Sauerkraut, n. 5*, choux salés, m. pl., vulg. choucroute, f.
Säuerlich, adj. aigret, aigrelet, acidule; suret (vin) verdelet; (méd.) acescent; — werbend, besaigre (vin).
Säuerling, m. 2, liquet (poire); eau acidule, f.; pomme de rembour; épine-vinette.
Säuern, v. a. aigrir; lever la pâte; (chim.) oxider; das gesäuerte Brod, le pain levé.
Sauern, v. n. (h.) s'aigrir.
Sauersalz, n. 2, sel acide, m.
Sauersehen, n. 1, refrognement, m. [frogné.
Sauersehend, adj. rechigné, re-
Sauerstoff, m. 2, oxigène; mit — sälligen, oxigéner.
Sauerstoffgas, n. 2, gaz oxygène.
Sauersüß, adj. aigre-doux. [m.
Sauerteig, m. 2, levain.
Sauertopf, m. 2*, Sauertöpfisch, adj. fm. bourru, refrogné; sombre. [(chim.) oxidation.
Säuerung, fém. fermentation;
Sauerwasser, n. 1, eau minérale, f.
Saufang, m. 2*, parc aux sangliers; chasse du sanglier, f.
Saufänger, m. 1, alan (chien).
Saufbruder, m. 1*, Säufer, m. 1, Saufaus, m. indécl. ivrogne.
Saufen, v. a. et n. 6†, boire; dem Vieh zu — geben, abreuver le bétail; brav —, pop. godailler; sich voll —, pop. s'enivrer; se soûler; —, s. n. 1, ivrognerie, f. crapule. [compagnie d'ivrognes.
Saufgelag, n. 2, bacchanale, f.
Saufisch, m. 2, centrine, f.
Sauflied, n. 5, chanson bachique, f.
Saufschwester, f. (bas) ivrognesse.
Säugamme, f. nourrice.
Saugebeutel, m. 1, nouet à sucer.
Saugefisch, m. 2, rémora, sucet, pilotin.
Saughorn, n. 5*, biberon des enfants, m. [che.
Säugeln, v. a. greffer en appro-
Saugen, v. a. et n. 6 (h.) sucer, téter; (éponge) boire; —, s. n. 1, succion, f.
Säugen, v. a. allaiter, nourrir; —, s. n. 1, allaitement, m.; nourriture d'un enfant, f.

Saugeröhre, f. tuyau d'aspiration, m.
Saugerüssel, m. 1, suçoir.
Saugewerk, n. 2, pompe aspirante, f. [bant, m.
Sauggefäß, n. 2, vaisseau absorbant, m.
Säugling, m. 2, enfant à la mamelle, nourrisson.
Saugmahl, n. 5*, suçon, m.
Säugthier, n. 2, mammifère, m.
Saubirt, m. 3, porcher.
Säuisch; adj. sale, malpropre.
Saufoben, m. 1, toit à cochons.
Saulache, f. souille.
Säulchen, n. 1, dim. (bot.) columelle, f.
Säule, f. colonne; pilier, m.; —n, pl. (carross.) corniers, m.pl.
Säulenfuß, m. 2*, piédestal; base, f.
Säulengang, m. 2*, =balle, f. =reihe, colonnade; portique, m.; péristyle.
Säulenknauf, m. 2*, chapiteau.
Säulenkranz, m. 2*, ceinture de colonne, f.
Säulenlaube, f. portique, m.
Säulenordnung, f. ordre d'architecture, m.
Säulenschaft, m. 2*, fût.
Säulenstuhl, m. 2*, piédestal, stylobate.
Säulenweite, f. entre-colonnement, m. entre-colonne, eustyle.
Säulenwerk, n. 2, colonnade, f.
Saum, m. 2*, bord, rebord; troussis, ourlet; lisière, f.
Säumen, v. a. ourler; border.
Säumen, v. n. (h.) et sich —, tarder; s'arrêter.
Säumniß, f. lenteur, négligence; délai, m. retardement.
Saumpferd, =roß, n. 2, cheval de bât, m.
Saumsattel, m. 1*, bât; ben auflegen, embâter.
Saumsattelmacher, m. 1, bâtier.
Saumschwelle, f. sablière.
Saumselig, adj. tardif; négligent.
Saumseligkeit, f., v. Säumniß.
Saumstreifen, m. 1, —, pl. liteaux des serviettes, m. pl.
Saumtau, n. 2, ralingue, f.
Saumthier, n. 2, bête de somme, f.
Saurach, m. 2, épine-vinette, f.
Säure, f. aigreur; âcreté; acidité, acide, m.; aigre; acrimonie de l'estomac, f.; verdeur des fruits, etc.
Säurestoff, m. 2, oxigène.
Saurüssel, m. 1, groin; boutoir.
Saus, m., v. Braus.
Sauschwemme, f., v. Saulache.
Säuseln, v. n. (h.) murmurer; gazouiller; —, s. n. 1, murmure, m.; gazouillement; frémissement des arbres.

Sausen, v. n. (h.) bruire; siffler, mugir, murmurer; bourdonner (abeilles); tinter, corner (oreilles), —, s. n. 1, bruit, m.; sifflement; murmure; bourdonnement; tintement.
Sausewind, m. 2, vent impétueux; fg. fm. éventé, évaporé.
Saustall, v. Schweinstall.
Sautrog, m. 2*, auge, f.
Savoyarde, m. 3, Savoysch, adj. savoyard.
Savoyen, Savoie, f. (pays).
Savoyerkohl, m. 2, chou de Savoie, choux pancaliers, pl.
Sbirre, m. 3, sbirre, archer.
Scabiose, f. scabieuse (plante).
Scale, f. échelle; (mus.) gamme.
Scammonienharz, n. 2, scammonée, f.
Scandiren, v. a. (poés.) scander.
Scapulier, n. 2, scapulaire, m.
Scene, f. scène.
Scepter, m. 1, sceptre.
Schaaf, Schaale, 2c., v. Schaf, 2c.
Schabaas, n. 5*, (mégiss.) écharnure, f. [clume, m.
Schabatte, f. (forg.) billot d'enclume, m.
Schabe, f. teigne; (bouch.) racloir, m.
Schabe, f. chènevotte.
Schabebaum, m. 2*, chevalet de tanneur.
Schabebock, m. 2*, chevalet.
Schabeeisen, n. 1, ratissoire, f.
Schabehobel, m. 1*, rabot à planer.
Schabemesser, n. 1, couteau à ratisser, m.; (varch.) grattoir; (még.) couteau à talon, drayoire, f.; (rel.) dague.
Schaben, v. a. ratisser, racler; râper; gratter; écharner, drayer les peaux; rein —, blanchir.
Schaber, m. 1, grattoir.
Schabernack, n. 2, fm. pièce, f. niche.
Schabewolle, f. avalies, pl.
Schäbig, adj. galeux, teigneux.
Schabkäfer, m. 1, cerf.
Schablone, f. échantillon, m.
Schabracke, f. housse.
Schabsel, n. 1, raclure, f.; ratissure; drayure; parure; écharnure.
Schabzieger, m. 1, fromage vert.
Schach, m. 2, roi, sophi de Perse.
Schach, —spiel, n. 2, échecs, m. pl.; — bieten, donner échec; — spielen, jouer aux échecs.
Schachbrett, n. 5, échiquier, m.
Schächer, m. 1, (écr. ste.) larron.
Schacherei, f. fm. petit trafic, m.
Schächerkreuz, n. 2, fourches patibulaires, f. pl.
Schachern, v. n. (h.) trafiquer en détail.

Schachmatt, adj. échec et mat; fg. fm. faible, sans vigueur, halbrené; — machen, mater.
Schachstein, m. 2, pièce, f. pion, m. [bure, f.
Schacht, m. exc. 1, (min.) puits, Schachtel, f. boite; bie pappene —, carton, m.
Schachtelhalm, m. 2, prèle, f.
Schachtelmacher, m. 1, boisselier.
Schachteln, v. a. frotter, polir avec la prèle.
Schächten, v. a. (t. des juifs) tuer un bœuf; fg. fm. duper, tromper.
Schachthaspel, m. 1*, (min.) bourriquet.
Schachtholz, n. 5*, charpenterie d'un puits de mine, f.
Schachthut, m. 2*, chapeau d'un mineur qui descend dans une mine.
Schachtschuh, m. 2, mesure longue et large d'une verge et épaisse d'un pied, f.
Schädel, m. 1, crâne.
Schädelbohrer, m. 1, trépan.
Schädellehre, f. crânologie.
Schädelstätte, f. calvaire, m.
Schaden, m. 1*, dommage, mal, perte, f.; tort, m. détriment, préjudice; dégradation, f. ravage, m. dégât; (mar.) avarie, f.; (chir.) mal, m. plaie, f.; ber offene —, égout, m.; — burch Zauberei, maléfice; sich — thun, se blesser, se faire du mal; v. Schaben, v. n.
Schaden, v. n. (h.) nuire, faire du mal; préjudicier, faire tort; was schadet es? quel mal y a-t-il? es schadet nichts, n'importe! il n'y a point de mal.
Schadenfreude, f. joie maligne.
Schadenfroh, adj. joyeux du mal d'autrui; malicieux (rire).
Schadhaft, adj. endommagé, gâté; vicieux; défectueux; (charp.) malandreux.
Schadhaftigkeit, f. défectuosité.
Schädlich, adj. nuisible; préjudiciable; pernicieux; malsain; (astrol.) maléfique.
Schädlichkeit, f. malignité.
Schadlos, adj. indemnisé, dédommagé; — halten, indemniser, dédommager.
Schadloshaltung, f. indemnité; dédommagement, m. garantie, f.; (comm.) restaur, m.
Schaf, n. 2, brebis, f. mouton, m.; fg. ouaille, f.
Schafblattern, f. plur. clavelée, f. claveau, m.
Schafbock, m. 2*, bélier.
Schäfchen, n. 1, dim. petite brebis, f. agneau, m.; (bot.) chaton; — am Himmel, moutons,

pl.; es sind — am Himmel, le temps
est moutonné; sein — scheren, fig.
fm. faire sa main.
Schäfer, m. 1, sinn, f. berger,
m. -ère, f.; den zärtlichen — spie=
len, fm. filer le parfait amour.
Schäferei, f. bergerie.
Schäferflöte, f. chalumeau, m.
Schäfergedicht, n. 2, idylle, f.
églogue; poëme bucolique, m.
bucoliques, f. pl.
Schäferhund, n. 2, chien de
berger, mâtin.
Schäferlied, n. 5, pastorale, f.
Schäferspiel, n. 2, pastorale, f.
Schäferstab, m. 2*, houlette, f.
Schäferstunde, f. heure du berger.
Schäfertasche, f. panetière.
Schaffell, n. 2, peau de mouton,
Schaffen, v. a. 7, créer. [f.
Schaffen, v. a. et n. (h.) procurer;
faire avoir, fournir; travailler;
einem zu — geben, fm. donner du
fil à retordre, faire voir bien du
chemin à qn.; mit einem etw. zu
— haben, avoir affaire à qn.; einen
aus dem Wege —, écarter qn.; se
défaire de qn.; aus der Welt —,
expédier, dépêcher qn.; auf die
Seite —, fm. détourner qch.;
Rath —, trouver des moyens; sich
zu — machen, se donner de l'oc=
cupation; sich einen vom Halse —,
se débarrasser de qn.
Schaffleisch, n. 2, mouton, m.
Schaffner, m. 1, pourvoyeur;
receveur; économe, intendant.
Schaffnerei, f. recette, économat,
m.
Schaffot, n. 2, échafaud, m.
Schafgarbe, f. mille-feuille.
Schafhausen, (ville) Schafhouse.
Schafhäutchen, n. 1, (anat.) am=
nios, m.
Schafhürde, f. parc de brebis, m.
Schafhusten, m. 1, toux sèche, f.
Schafkameel, n. 2, vigogne, f.
pacos, m. alpagne.
Schaflaus, f.*, tique.
Schafledt, f. simples pulvérisés
avec du sel à l'usage des brebis,
m. pl.
Schafleder, n. 1, basane, f. mou=
ton, m.; das feine —, canepin.
Schafledern, adj. de basane.
Schafleine, f. baguenaude.
Schafmist, m. 2, crottin de bre=
bis. [de mouton.
Schafpelz, m. 2, fourrure de peau
Schafschere, f. forces, pl.
Schafschur, f. [m.
Schafsgesicht, n. 5, fig. air niais,
Schafskopf, m. 2*, fig. benêt.
Schafsmässig, adj. fm. mouton=
nier, niais, nigaud, bête, stu=
pide. [bercail.
Schafstall, m. 2*, bergerie, f.

Schaft, m. 2*, fût; (arm., etc.)
bois; hampe d'une hallebarde, f.;
tige.
Schäften, v. a. monter un fusil.
Schaftheu, n. 2, =halm, m. 2,
prêle, f.
Schaftring, m. 2, torchon de
prêle. [f. pl.
Schafvieh, n. 2, bêtes à laine,
Schafweide, f. pacage, m.
Schafwolle, f. laine; die peruvia=
nische —, jarre.
Schafzecke, f., v. Schaflaus.
Schafzucht, f. entretien (m.),
nourriture (f.) des brebis.
Schäker, m. 1, fm. badin, plai=
sant.
Schäkerei, f. fm. badinage, m.
Schäkern, v. n. (h.) fm. badiner,
folâtrer. [werden, s'éventer.
Schal, adj. fade, insipide; —
Schal, v. Schel.
Schalbrett, n. 5, flache, f. dosse.
Schale, f. tasse, coupe, soucou=
pe; écuelle; bol de ponche, m.;
bassin de la balance; écorce, f.;
pelure des pommes, etc.; écaille;
coque, coquille des œufs, des
noix, etc.; chaton d'une noix,
m.; die grüne —, brou, brout
d'une noix; die —voll, écuellée,
f.
Schälen, v. a. peler; écailler;
écaler; écroûter le pain; monder
l'orge.
Schalk, m. 2*, sournois; fripon,
fourbe; fm. fin matois, finaud;
gaillard.
Schalkhaft, adj. fourbe; rusé;
dissimulé, sournois; malin.
Schalkhaftigkeit, Schalkheit, fém.
malice, friponnerie, finesse.
Schalksknecht, m. 2, serviteur
perfide.
Schalknarr, m. 3, bouffon.
Schall, m. 2*, son, retentisse=
ment.
Schallen, v. n. 6 (h.) retentir,
résonner; rendre un son, sonner.
Schallend, adj. sonore.
Schallehre, f. acoustique.
Schalloch, n. 5*, ouïe, f. (dans
les instruments de musique).
Schallmesser, m. 1, échomètre.
Schallstück, n. 2, pavillon (d'une
trompette, etc.), m. [lumeau.
Schalmei, f. hautbois, m. cha=
Schalotte, f. échalote.
Schalten, v. n. (h.) disposer, gou=
verner.
Schalthier, n. 2, testacé, m. crus=
tacé, coquille, f.; —t, pl. coquil=
lages, m. pl. testacés, ostracés.
Schaltjahr, n. 2, année bissex=
tile, f. [claire, bissexte.
Schalttag, m. 2, jour interca=
Schälung, f. décortication.

Schaluppe, f. chaloupe.
Schalwand, f.*, cloison de plan=
ches. [ment, m.
Schalwerk, n. 2, (arch.) revête=
Scham, f. honte, pudeur; par=
ties naturelles, pl.; nudité.
Schamade, f. chamade.
Schamane, m. 3, chaman.
Schamanenreligion, f. chamanis=
me, m.
Schambein, n. 2, os pubis, m.
Schämel, m. 1, escabeau, es=
cabelle, f.; marche-pied, m.; ta=
bouret; sellette, f.; (tiss.) brico=
teau, m.
Schämen (sich), avoir honte, être
honteux, rougir de.
Schamhaft, Schämig, adj. hon=
teux; pudique, modeste.
Schamhaftigkeit, f. pudeur; die
unzeitige —, la fausse honte.
Schamleiste, f. périnée, m.
Schamlos, adj. impudent, effron=
té; éhonté, dévergondé.
Schamlosigkeit, f. impudeur, ef=
fronterie.
Schamroth, adj. rouge de honte.
Schamröthe, f. rougeur.
Schamtheile, m. pl. parties hon=
teuses, f. pl.
Schandbalg, m. 2*, pop. prosti=
tuée, f.; bâtard, m. [lérat.
Schandbube, m. 3, infâme, scé=
Schande, f. honte, turpitude;
déshonneur, m.; infamie, f. igno=
minie; opprobre, m.; affront;
zu —n machen, confondre, mettre
en défaut; —n halber, par ma=
nière d'acquit.
Schänden, v. a. défigurer, dépa=
rer, mutiler une statue, etc.; dif=
famer; profaner; outrager; dés=
honorer, prostituer une fille.
Schandfleck, m. 2, tache (f.),
note d'infamie, infamie, flétris=
sure, opprobre, m.
Schandgebot, n. 2, fm. offre dé=
raisonnable, f.; ein — thun, més=
offrir.
Schandgeld, n. 5, vil prix, m.
Schändlich, Schandbar, adj. hon=
teux, ignominieux, infâme, dés=
honorant; malhonnête; obscène.
Schändlichkeit, f. honte, infamie,
indignité, turpitude, vilenie.
Schandname, m. exc. n, nom in=
famant, sobriquet. [lori.
Schandpfahl, m. 2*, poteau, pi=
Schandrede, f. obscénité.
Schandschrift, f. libelle diffama=
toire, m.; écrit infâme.
Schandthat, f. infamie; —en, pl.
abominations.
Schändung, f. diffamation; pro=
fanation; outrage, m.
Schandvolk, n. 5*, gens infâmes,
m. pl.

Schank, *m.* 2, vente à pot et à pinte, *f.*

Schanzbecke, *f.*, *v.* Schanzkleid.

Schanze, *f.* fort, *m.* redoute, *f.*; die kleine —, fortin, *m.*; in die — schlagen, exposer, hasarder.

Schanzen, *v. n.* (h.) travailler aux fortifications; *fg. fm.* travailler avec effort, faire un travail pénible.

Schanzgräber, *m.* 1, pionnier.

Schanzkleid, *n.* 5, (*mar.*) pavesade, *f.* bastingue; das — vorspannen, se bastinguer.

Schanzkorb, *m.* 2*, gabion; mit —en befestigen, gabionner.

Schanzpfahl, *m.* 2*, palissade, *f.*; mit —en einschließen, palissader.

Schar, *fém.* multitude; troupe; (*guer.*) régiment, *m.* légion, *f.*; bataillon, *m.* cohorte, *f.*

Scharbrett, *n.* 5, tailloir, *m.* hachoir. [hacher.

Scharben, *v. a.* (*cuis.*) couper;

Scharbmesser, *n.* 1, couperet, *m.*

Scharbock, *m.* 2, scorbut.

Scharbockig, *adj.* scorbutique.

Scharbockmittel, *n.* 1, antiscorbutique, *m.* remède antiscorbutique.

Scharf*, *adj.* tranchant, affilé, acéré, émoulu; aigu (aussi *grammaire*); *fg.* âcre, acerbe; âpre, fort, piquant (*du goût*); (*méd.*) acrimonieux; (*bot.*) rude; *fg.* sévère, rigoureux, austère; précis, piquant, mordant; pénétrant; fin; subtil; — laden, charger à balle; — sehn, couper (*couteau*).

Scharfblick, *m.* 2, pénétration, *f.* perspicacité.

Schärfe, *f.* tranchant, *m.* taillant, fil; *fg.* âpreté, *f.*; acerbité, aigreur; (*méd.*) acrimonie; rigueur, sévérité; pénétration, perspicacité, finesse.

Scharfeckig, *adj.* acutangle.

Schärfen, *v. a.* aiguiser, affiler; affûter *des outils*; rafraîchir *une plume*; aggraver *un châtiment*; einem das Gewissen —, parler à la conscience de qn.; geschärft, (*gramm.*) aigu; *v.* Scharf.

Scharfhobel, *m.* 1*, riflard.

Scharfkantig, *adj.* à vive arête.

Schärfmesser, *n.* 1, (*rel.*) couteau à parer, *m.*

Scharfrichter, *m.* 1, maître des hautes œuvres, bourreau.

Scharfschüß, *m.* 3, arquebusier; (*guer.*) tirailleur, éclaireur; chasseur au vol, à la course.

Scharfsichtig, *adj.* qui a la vue bonne, perçante; *fg.* clairvoyant, pénétrant; sehr — sehn, avoir des yeux de lynx.

Scharfsichtigkeit, *f.* vue bonne;

*fg.* clairvoyance, pénétration.

Scharfsinn, *m.* 2, Scharfsinnigkeit, *f.* sagacité, clairvoyance, perspicacité; subtilité d'esprit.

Scharfsinnig, *adj.* ingénieux; clairvoyant, subtil.

Schärfung, *f.* aiguisement, *m.* affûtage.

Scharlach, *m.* 2, écarlate, *f.*

Scharlachbaum, *m.* 2*, cochenillier. [més.

Scharlachbeere, *f.* graine de kermès. [écarlate.

Scharlachblume, *f.* écarlate, croix de Jérusalem.

Scharlachen, Scharlachfarben, *adj.*

Scharlachfärber, *m.* 1, teinturier du grand teint.

Scharlachfieber, *n.* 1, fièvre scarlatine, *f.*

Scharlachkraut, *n.* 5*, orvale, *f.*

Scharlachlaus, *f.*, *v.* Scharlachwurm. [late.

Scharlachroth, *adj.* rouge d'écarlate; écarlate, *f.*

Scharlachwurm, *m.* 5*, cochenille, *f.* kermès, *m.*

Scharlachwurzel, *f.*, die ostindische —, essaie.

Scharley, *m.* 2, ormin (*plante*).

Scharmüßel, *n.* 1, escarmouche, *f.* (h.) escarmoucher.

Scharmüßeln, Scharmußiren, *v. n.*

Scharmußirer, Scharmüßler, *m.* 1, escarmoucheur, tirailleur.

Scharnier, *n.* 2, charnière, *f.*

Scharnierband, *n.* 5*, couplet, *m.* fiche à chapelet, *f.*

Scharnierstift, *m.* 2, cheville (*f.*), broche de charnière.

Scharpe, *f.* écharpe.

Scharpie, *f.* charpie.

Scharre, *f.* racloir, *m.* ratissoire, *f.*; grattin *de la bouillie, etc.*, *m.*

Scharren, *v. n.* (h.) *et a.* gratter; racler; fureter, fouiller; *fg.* amasser.

Scharrfuß, *m.* 2*, *v.* Krapfuß.

Scharte, *f.* 2, drague, *f.*

Scharschmied, *m.* 2, taillandier.

Scharte, *f.* dent, brèche; sarrette (*herbe*); *fg.* faute, perte; —n machen, s'ébrécher; eine — auswetzen, *fg.* réparer une faute.

Scharteke, *f.* misérable brochure, bouquin, *m.*; alte —n aufsuchen, *fm.* bouquiner.

Schartekenhändler, *m.* 1, bouquineur. [quineur.

Schartekensammler, *m.* 1, bou-

Schartig, *adj.* ébréché, édenté; — machen, ébrécher.

Scharstück, *n.* 2, chanteau, *m.*

Scharwache, *f.* patrouille, guet, *m.* [de police.

Scharwächter, *m.* 1, archer, agent

Scharweise, *adv.* par troupes, par bandes.

Scharwerk, *n.* 2, corvée, *f.*

Schatten, *m.* 1, ombre, *f.* ombrage, *m.*; *fg.* protection, *f.* || ombre, mânes, *m. pl.*

Schatten, *v. n.* (h.) faire, donner de l'ombre; —, *v. a.*, *v.* Schattiren. [chimère, *f.*

Schattenbild, *n.* 5, fantôme, *m.*

Schattenlos, *adj.* sans ombre; die —en Bewohner der Erde, asciens, *m. pl.*

Schattenreich, *n.* 2, (*myth.*) séjour des ombres, *m.*; Tartare; Élisée.

Schattenriß, *m.* 2, plan contourné; silhouette, *f.*; *fg.* portrait, *m.* esquisse, *f.*

Schattenspiel, *n.* 2, lanterne magique, *f.* ombres chinoises, *pl.*

Schattenspielkugel, *f.* globe scioptique, *m.* [que, *m.*

Schattenuhr, *f.* cadran sciatérique, *m.* 2, fantôme, *m.*

Schattenwerk, *n.* 2, fantôme, *m.*

Schattenzeiger, *m.* 1, style, gnomon, sciatère. [couvert.

Schattig, *adj.* ombragé, ombreux;

Schattiren, *v. a.* ombrer, nuancer; (*peint., manuf.*) nuer.

Schattirung, *f.* ombre, nuance; (*rel.*) foulage, *m.*

Schatulle, *f.* cassette.

Schatz, *m.* 2*, trésor; *fg. fm.* amant, amante, *f.*; mein —, mon cœur.

Schatzbar, *adj.* contribuable.

Schätzbar, *adj.* estimable, précieux. [*f.*

Schätzbarkeit, *f.* prix, *m.*; valeur, *f.*

Schätzen, *v. a.* estimer, priser, évaluer; apprécier; taxer; sich glücklich —, s'estimer heureux, se féliciter.

Schätzer, *m.* 1, priseur; estimateur; appréciateur.

Schatzgeld, *n.* 5, argent mignon, *m.* [trésors cachés.

Schatzgräber, *m.* 1, chercheur de

Schatzkammer, *f.* trésor, *m.* fisc.

Schatzkasten, *m.* 1*, coffre fort.

Schatzmeister, *m.* 1, trésorier.

Schatzmeisteramt, *n.* 5*, trésorerie, *f.*

Schätzung, *f.* contribution; imposition, impôt, *m.*; tribut, cens.

Schätzung, *f.* estimation; évaluation, appréciation, prisée; (*jur.*) arbitration; — eines Beitrags, cotisation. [nance, *f.*

Schätzungsanlage, *f.* taux, *m.* finance, *f.*

Schau, *f.* montre, inspection; vue; visite; parade; (*guer.*) revue; zur — ausstellen, aushängen, étaler, mettre en parade; zur — tragen, *fg.* afficher, étaler.

Schaub, *m.* 2*, petite botte (*f.*), bouchon (*m.*) de paille.

Schaubhut, *m.* 2*, chapeau de paille.

Schaubrod, n. 2, pain de proposition, m. [f.
Schaubühne, f. théâtre, m. scène.
Schauder, m. 1, frisson, frissonnement, frémissement; émotion, f.; horreur.
Schauderhaft, =voll, adj. horrible, terrible, effroyable.
Schaudern, v. n. (h.) trembler, frissonner, frémir, tressaillir.
Schauen, v. a. et n.(h.) regarder, contempler, considérer, voir.
Schauenbe, n. 1, montre d'une étoffe, f.
Schauer, m. 1, juré; visiteur; (orf.) essayeur || v. Schauber.
Schauerig, adj. fm. frileux; qui cause des frissons.
Schauerlich, =voll, v. Schauberhaft.
Schauern, v. Schaubern. [m.
Schauessen, n. 1, plat de parade,
Schaufel, f. pelle; (min.) id., escoupe; (boul.) pelleron, m.; pale d'une rame, f.; patte d'une ancre; (jeu de cart.) pique, m.; (hydr.) aileron; aube, f.; bie =voll, pellée.
Schaufelblatt, n. 5*, pelastre, m.
Schaufelgebohrn, n. 2, paumure, f.
Schaufeln, v. a. et n. (h.) travailler, amasser, jeter avec la pelle.
Schaufelrad, n. 5*, roue à ailerons, f. chapelet, m.
Schaufelwerf, n. 2, machine à épuiser les eaux d'un étang, f.
Schaufelzahn, m. 2*, dent incisive, f.
Schaugerüst, n. 2, échafaud, m.
Schaukästchen, n. 1, montre, f.
Schaukel, f. balançoire; branloire; bascule, escarpolette; — ohne Brett, brandilloire.
Schaukelbrett, n. 5, =holz, n. 5*, v. Schaufel.
Schaufeln, v. a. et n. (h.) balancer; brandiller; branler; sich —, se balancer, etc.; fm. se dandiner sur une chaise; —, s. n. 1, balancement, m. brandillement; dandinement.
Schaum, m. 2, écume, f.; bave des animaux; mousse de la bière; crasse des métaux; (teint.) fleurée. [seuse, f.
Schaumbier, n. 2, bière mousseuse.
Schaumbrett, n. 5, (teint.) chassefleurée, f.
Schäumen, Schaumen, v. a. écumer, ôter l'écume; (chim.) despumer; —, v. n. (h.) écumer, jeter de l'écume; mousser (bière).
Schaumend, Schäumig, adj. couvert d'écume; (poés.) écumeux; blanchissant (flots); mousseux (bière).
Schaumfette, f. mastigadour, m.
Schaumlöffel m. 1, écumoire, f.

Schaumünze, f. médaille; bie große —, médaillon, m.
Schaumwolle, f., bie frause —, moutons, m. pl.
Schaupfennig, m. 2, leton.
Schauplatz, m. 2*, théâtre; scène, f.; ber runde —, cirque, m.
Schauspiel, n. 2, spectacle, m.; pièce de théâtre, f.; drame, m. comédie, f. [matique.
Schauspieldichter, m. 1, poète dramatique.
Schauspieler, m. 1, =inn, f. comédien, m. -ne, f.; acteur, m. -trice, f.; mépr. histrion, m.
Schauspielhaus, n. 5*, comédie, f. salle de spectacle.
Schauspielkunst, f.*, art dramatique, m. comédie, f.
Schaustück, n. 2, v. Schaumünze.
Schauthurm, m. 2*, échauguette, f.; belvédère, m.; =thürmchen, n. 1, dim. id., guérite, f. [seau).
Schebecke, f. chebeck, m. (vais-
Schecke, f. cheval pie, m.
Schecig, adj. pie; marqueté, tacheté.
Schebel, x., v. Schäbel, x.
Schebul, n. 2, thème, m.
Scheffel, m. 1, boisseau; ber =voll, boissselée, f.
Scheffelhandel, m. 1*, =macherei, f. =macherhandwerf, n. 2, boissellerie, f.
Scheffelmacher, m. 1, boisselier.
Scheffelsaat, f. boisselée de terre.
Scheibe, f. carreau de verre, m.; cible (f.), but (m.), blanc pour le tir; tour des potiers; polissoir; (pap.) coulloir; disque du soleil, etc.; tranche (f.), rouelle de citron, etc.; (horl.) cadran, m.
Scheibenbohrer, m. 1, tire-fond.
Scheibenbüchse, f. buttière.
Scheibenglas, n. 5*, plats de verre, m. pl. [rayon.
Scheibenhonig, m. 2, miel en
Scheibenbügel, m. 1, butte, f.
Scheibenkrude, f. (tonn.) traitoir, m. chien.
Scheibennagel, m. 1*, roche du blanc, f. [butte, f.
Scheibenpulver, m. 1, poudre de
Scheibenrohr, n. 2, buttière, f.
Scheibenrund, adj. orbiculaire.
Scheibenschießen, n. 1, jeu d'arquebuse, m.; tir à la cible.
Scheibenschütze, m. 3, chevalier de l'arquebuse.
Scheibenweise, adv. par rouelles.
Scheibenwerfen, n. 1, (ant.) jeu du disque, m. [cobole.
Scheibenwerfer, m. 1, (ant.) discobole; f. point de séparation, m. fourreau d'épée, etc.; gaine, f.; étui de couteau, etc., m. (anat.) vagin; — bes Blankscheits, busquière, f.

Scheibebank, f.*, table de triage.
Scheibebrief, m. 2, lettre de divorce, f.; acte de répudiation, m.
Scheibecapelle, f. (chim.) casse.
Scheibeerz, n. 2, mine triée, f.
Scheibefurche, f. dérayure.
Scheibegold, n. 2, or de départ, m. [troide des testicules.
Scheibehaut, f.*, membrane élic-
Scheibekelben, m. 1, (chim.) ma-
Scheibekunst, f.*, chimie. [tras.
Scheibekünstler, m. 1, chimiste.
Scheibemauer, f. mur de refend, m. mur mitoyen, mur de clôture; languette entre deux cheminées, f.
Scheibemünze, f. billon, m.
Scheiben, v. a. 5, séparer; affiner les métaux; décomposer; dissoudre un mariage; sich —, se séparer; sich — ou sich — lassen, divorcer (époux); —, s. n. 1, départ, m.; séparation par la mort, f. décès, m.
Scheibewand, f.*, mur de séparation, m.; mur mitoyen; cloison, f. paroi mitoyenne; cloisonnage, m.; (anat.) cloison, f.
Scheibewasser, n. 1, eau-forte, f.
Scheibeweg, m. 2, chemin fourchu.
Scheibung, f. séparation; (chim. etc.) dissolution; départ, m.; (jur.) divorce.
Scheik, m. 2, cheik, scheik, chef de tribu chez les Arabes.
Schein, m. 2, lueur, f.; clarté; éclat, m.; fig. apparence, f.; couleur; dehors, m.; prétexte; aspect; ber falsche —, le faux-semblant; zum —, pour la forme: bem —e nach, en apparence || (comm., etc.) quittance, f. reçu, m. acquit, certificat; billet; extrait mortuaire.
Scheinbar, adj. apparent, spécieux, illusoire, plausible (excuse); (horizon) sensible.
Scheinbarkeit, f. apparence.
Scheinbehelf, m. 2, faux-fuyant, défaite, f.
Scheinbeweis, m. 2, preuve spécieuse, f.
Scheinchrist, m. 3, faux chrétien, hypocrite.
Scheinen, v. n. 5 (h.) luire, répandre de la lumière, briller, resplendir; fig. paraître, sembler.
Scheinfriede, m. exc. 2, paix fourrée, f. [x.
Scheinfromm, x., v. Scheinheilig.
Scheinglück, n. 2, bonheur apparent, m.
Scheingrund, m. 2*, raison plausible, f. prétexte spécieux, m. sophisme. [m.
Scheingut, n. 5*, bien apparent,

Scheinheilig, adj., —e, m. et f. hypocrite, faux dévot, m. cafard, tartufe, bigot, cagot.

Scheinheiligkeit, f. hypocrisie, bigoterie, cagoterie.

Scheinkauf, m. 2*, achat simulé.

Scheinkrankheit, f. maladie feinte.

Scheinmittel, n. 1, palliatif, m.

Scheintugend, f. vertu feinte.

Scheinwerfer, m. 1, réverbère.

Scheit, n. 5, bûche, f.; das kleine —, bûchette.

Scheitel, m. 1 et f. sommet de la tête, etc., m.

Scheitelkäppchen, n. 1, calotte, f.

Scheitelkreis, m. 2, azimut; —e, pl. verticaux.

Scheitellinie, f. ligne verticale.

Scheiteln, v. a. rayer, partager, diviser les cheveux.

Scheitelpunkt, m. 2, point vertical, zénith.

Scheitelrecht, adj. vertical; die —e Richtung, verticalité, f.

Scheitelwinkel, m. 1, angle vertical.

Scheiterhaufen, m. 1, bûcher.

Scheitern, v. n. (f.) faire naufrage, échouer, se briser. [tier, m.

Scheitholz, n. 5*, bois de quartier.

Schel, adj. louche; fg. envieux.

Schelde, f. Escaut, m. (fleuve).

Schelfe, f. pelure, écosse.

Schelle, f. sonnette, clochette; grelot, m.; fm. soufflet; —n, pl. fers, m. pl. ceps.

Schelleisen, n. 1, chasse-rivet, m.

Schellen, v. n. (h.) sonner.

Schellenkappe, f. marotte.

Schellenschlitten, m. 1, traîneau à grelots. [basque, m.

Schellentrommel, f. tambour de Schellenzeug, n. 2, harnais à grelots, m. [lan.

Schellfisch, m. 2, aigrefin, merSchellhengst, m. 2, étalon.

Schellkraut, n. 5*, chélidoine, f.

Schelllack, m. 2, gomme-laque en tablettes, f. [filou.

Schelm, m. 3, fripon, coquin;

Schelmerei, f. friponnerie, fourberie, filouterie, tromperie.

Schelmisch, adj. malin, fripon, fourbe; traître, perfide; méchant.

Schelmstreich, m. 2, Schelmstück, n. 2, tour de fripon, m. friponnerie, f. fourberie.

Schelsucht, f. envie.

Schelsüchtig, adj. envieux, jaloux.

Schelten, v. a. et n. 2 (h.) injurier, fm. reprendre, gronder, blâmer; heftig —, fulminer; auf die Regierung —, fronder le gouvernement; —, s. n. 1, injure, f.; gronderie.

Scheltwort, n. 2, parole injurieuse, f.

Schema, n. exc. 1, plan, m. modèle.

Schemel, m. 1, v. Schämel. [son.

Schenk, m. 3, cabaretier; échanSchenke, f. cabaret, m. taverne, f. guinguette; cantine des soldats, etc.

Schenkel, m. 1, cuisse, f.; jambe; (cuis.) cuissot, m. gigot; der vordere —, (man.) bras; —, pl. branches de l'éperon, f. pl.

Schenkelbein, n. 2, os crural, m. fémur.

Schenkelblutader, f. muscule.

Schenkeldreher, m. 1, (anat.) trochanter.

Schenkelmuskel, m. exc. 1, muscle crural; der große —, vaste.

Schenkelnerv, m. exc. 1, nerf crural. [sart, m.

Schenkelschiene, f. tassette, cuisSchenken, v. a. verser; vendre à pot et à pinte, tenir cabaret || donner, donner en présent; faire présent de qch.; faire une donation; pardonner, remettre une peine; das ist geschenkt, fm. c'est marché donné! [nerie, f.

Schenkenamt, f. 5*, échansonSchenker, Schenkgeber, m. 1, —sinn, f. donateur, m. -trice, f.

Schenkfaß, n. 5*, cuvette, f.

Schenkkanne, f. pot m. pinte, f. buire.

Schenkmaß, n. 2, mesure de cabaret, f. [nataire, m. et f.

Schenknehmer, m. 1, —sinn, f. doSchenkteller, m. 1, soucoupe, f.

Schenktisch, m. 2, buffet.

Schenkung, f. donation, largesse.

Schenkwirth, m. 2, cabaretier, buvetier, cantinier.

Scherbe, f. Scherben, m. 1, têt, tesson; pièce, f.; pot, m. pot à fleurs. [m.

Scherbengericht, n. 5*, ostracisme, Schere, f. ciseau, m. ciseaux, pl.; (orf.) cisoires, f. pl.; (mom.) coupoir, m.; (tond. de dr.) forces, f. pl.; patte d'écrevisse, f.; pince de scorpion; —n im Meer, écueils, m. pl.; wo läuft die —? spielen, Jouer aux quatre coins.

Scheren, v. a. et n. 6 (h.) tondre, raser; (tiss.) ourdir une chaine; (tond. de drap) das erstemal —, ébertauder; ungleich —, bertauder; —, fg. pop. tourmenter, vexer; sich —, pop. se soucier (um, de); das schiert mich nicht, cela m'importe peu; —, s. n. 1, tonte des brebis, f.; rasure; tonsure.

Scherenschleifer, m. 1, émouleur, gagne-petit.

Scherer, m. 1, tondeur; barbier, Schererei, f. vexation, tracasserie.

Scherflein, n. 1, denier, m. obole, f.; sein — mit dazu beitragen, contribuer à qch. de ce qu'on peut, fm. liarder. [tonture, f.

Scherflocken, m. 1, bourre de Schergabel, f. fourche pour ourdir. [dissure.

Schergarn, n. 2, chaîne, f. ourScherge, m. 3, archer, sergent.

Scherhaken, m. 1, crochet d'attache. [chérif.

Scherif, m. 2, shérif; (mahom.)

Scherlatte, f. cannelier, m.

Schermesser, n. 1, rasoir, m.

Scherpe, v. Schärpe.

Scherrahmen, m. 1, ourdissoir.

Schertuch, n. 5*, frottoir, m.

Scherwenzel, m. 1, valet, quinola (cartes); fm. Jean qui fait tout. [(sell.) feutre, m.

Scherwolle, fém. bourre tontice;

Scherz, m. 2, plaisanterie, f. badinage, m. facétie, f. saillie; raillerie; ironie; seinen — mit etw. treiben, se jouer de, sur, avec

Scherzel, f. tonte. [qch.

Scherzen, v. n. (h.) badiner, plaisanter; folâtrer; railler qn.

Scherzeug, n. 2, trousse de barbier, f. [que, burlesque, m.

Scherzgedicht, n. 2, poème comiScherzhaft, adj. badin, badinant; facétieux; railleur; ironique; —, adv. en badinant.

Scherzhaftigkeit, f. enjouement, m. humeur joviale, f.

Scherzliebend, adj. jovial, enjoué.

Scherzlüge, f. cassade.

Scherzrede, f. Scherzwort, n. 2, plaisanterie, f. mot pour rire, m.

Scherzweise, adv. par plaisanterie.

Schetter, m. 1, bougran.

Scheu, adj. cheval ombrageux, farouche, fuyard; homme sauvage; timide, peureux, honteux; — machen, effaroucher; intimider; — werden, s'effaroucher.

Scheu, f. peur, timidité, retenue, respect, m. horreur, f.

Scheuche, f. épouvantail, m.

Scheuchen, v. a. épouvanter; effaroucher; chasser.

Scheuen, v. a. et sich — (vor), craindre, avoir peur de, avoir honte; éviter, fuir le travail.

Scheuer, f. grange; in die — bringen, engranger.

Scheuerfaß, n. 5*, lavoir, m.

Scheuerlappen, m. 1, torchon.

Scheuern, v. a. écurer; nettoyer, frotter; blanchir; mit Sand —, sablonner; —, s. n. 1, nettoiement, m. frottage, écurage.

Scheuertenne, f. aire de la grange.

Scheuleder, n. 1, œillère de carrosse, f.; (man.) lunettes des chevaux, pl.

**Scheune**, f., v. Scheuer.

**Scheusal**, n. 2, monstre, m.; einem ein — seyn, être en abomination à qn.

**Scheußlich**, adj. hideux; affreux.

**Scheußlichkeit**, f. laideur; horreur.

**Scheve**, f. chênevotte.

**Schicht**, f. lit, m. couche, f. rangée; rang, m.; (min.) tâche, f.

**Schichten**, v. a. ranger, coucher; entasser l'un sur l'autre; empiler; (nav.) arrimer; (chim.) stratifier; fg. classifier.

**Schichtenweise**, adv. par couches; par rangs; — legen, liter le poison.

**Schichter**, m. 1, (nav.) arrimeur.

**Schichtschreiber**, m. 1, écrivain des mines.

**Schichtung**, f. entassement, m. empilement; (nav.) arrimage; (chim.) stratification, f.; fg. classification.

**Schicken**, v. a. envoyer, expédier; adresser; nach einem —, envoyer chercher qn.; einen nach etw. —, envoyer chercher qch. par qn.; sich — (in jemand, in etw.), s'accommoder, s'accorder à; s'apprêter à; supporter avec patience; sich —, convenir, être propre, appartenir.

**Schicklich**, adj. convenable; propre; séant, bienséant; —t, s. n. 3, convenances, f. pl. bienséance, f.

**Schicklichkeit**, f. convenance, opportunité.

**Schicksal**, n. 2, destin, m. destinée, f. sort, m. fatum; fortune, f.; das widrige —, la fortune adverse; sehr widrige —t, de grandes adversités; das unvermeidliche —, fatalité; die Lehre vom unvermeidlichen —, fatalisme, m.

**Schickung**, f. envoi, m.; expédition, f.; die —en Gottes, les voies de la Providence.

**Schiebebank**, f.*, (tir. d'or) lardeur.

**Schiebeblech**, n. 2, v. Schieber.

**Schieben**, v. a. 6, pousser, ranger; conduire la brouette; in den Ofen —, enfourner le pain; Kegel —, jouer aux quilles; fg. die Schuld auf einen andern —, rejeter la faute, se décharger de qch. sur un autre; auf die lange Bank —, fm. trainer en longueur.

**Schieber**, m. 1, coulisse, f.; châssis, m. targette, f.; bouchoir, m.; (boul.) pelle, f. pelleron, m.

**Schiebefenster**, n. 1, coulisse, f. fenêtre à coulisse.

**Schiebekarren**, m. 1, brouette, f.; auf einem — führen, brouetter.

**Schiebekärrner**, m. 1, brouettier.

**Schiebeladen**, m. 1*, volet à coulisse.

**Schiebewand**, f.*, coulisse.

**Schiedsmann**, m. 5*, **Schiedsrichter**, m. 1, arbitre; arbitrateur; durch =richter, arbitralement; als =richter sprechen, arbitrer.

**Schiedsprobe**, f. (métall.) essai décisif, m.

**Schiedsrichterlich**, adj. arbitral; der —e Spruch, arbitrage, m.

**Schiedspruch**, m. 2*, arbitrage.

**Schief**, adj. oblique, tortu; fg. louche; —, adv. de biais; de travers, de côté; (artill.) en écharpe; — seyn, biaiser.

**Schiefe**, f. obliquité; travers, m. biais.

**Schiefer**, m. 1, ardoise, f. schiste, f.

**Schieferblau**, n. 2, bleu de montagne, m.

**Schieferbrecher**, m. 1, carrier.

**Schieferbruch**, m. 2*, =grube, f. ardoisière.

**Schieferdach**, n. 5*, couverture d'ardoise, f.

**Schieferdecker**, m. 1, couvreur.

**Schieferdeckergerüst**, n. 2, triquet, m.

**Schieferdeckerhammer**, m. 1*, assette, f.

**Schieferfarben**, =farbig, adj. ardoisé.

**Schiefergang**, m. 2*, foncée, f.

**Schiefergips**, m. 2, gypse feuilleté.

**Schiefergrün**, n. 2, vert de montagne, m.

**Schiefericht**, adj. écailleux.

**Schieferkohle**, f. charbon de terre feuilleté, m.

**Schieferlatte**, f. latte, volige.

**Schiefern** (sich), s'écailler; (chir.) s'exfolier; —, s. n. 1, exfoliation, f.

**Schiefernagel**, m. 1*, clou à tête plate.

**Schieferplatte**, f. dalle d'ardoise.

**Schieferschwarz**, n. 2, noir de schiste, m.

**Schieferspath**, m. 2, spath feuilleté.

**Schieferstift**, m. 2, crayon d'ardoise.

**Schiefertafel**, f. feuille d'ardoise.

**Schieferweiß**, n. 2, blanc de plomb feuilleté, m.

**Schieferzahn**, m. 2*, dent écaillée.

**Schiefhalsig**, adj. torticolis.

**Schiefrund**, adj. baroque.

**Schieläugig**, v. Schielend.

**Schielen**, v. n. (h.) loucher, lorgner, regarder de travers, fm. guigner; einwärts —, bigler; —, s. n. 1, (méd.) strabisme, m.

**Schielend**, adj. louche; einwärts —, bigle.

**Schieler**, m. 1, louche, bigle; (comm.) clairet, œil de perdrix (vin).

**Schiemann**, m. 5*, (nav.) quartier-maitre. [m.

**Schienbein**, n. 2, os de la jambe,

**Schienbeinmuskel**, m. exc. 1, jambier, muscle jambier.

**Schienbeinröhre**, f. péroné, m.

**Schiene**, f. (charr.) bande; —n um ein Rad legen, embattre une roue; —, (por.) tournoir, m. attelle, f. palette; (chir.) attelle, clisse, éclisse, fanon, m.; nouv. rail. [m.

**Schieneisen**, n. 1, fer en bandes, **Schienen**, v. a. embattre une roue; (chir.) éclisser; —, s. n. 1, embattage, m. [des.

**Schiennagel**, m. 1*, clou à bandage.

**Schier**, adv. presque.

**Schierling**, m. 2, (bot.) ciguë, f.; =saft, m. 2*, id.

**Schießbar**, adj. tuable, qui est à la portée du fusil.

**Schießbrett**, n. 5*, (impr.) composoir, m.

**Schieße**, f. pelle pour enfourner.

**Schießen**, v. a. et n. 6 (h.) tirer, décharger un fusil, etc.; darder; (f.) s'élancer, monter, jaillir; blind —, tirer sans balle; scharf —, tirer à balle; fehl —, manquer son coup; Bresche —, battre en brèche; nach der Scheibe —, tirer au blanc; ganz aus der Nähe, auf die S. stoßend —, tirer à bout portant; ein Stück, das weit schießet, une pièce qui porte loin; in den Ofen —, enfourner; den Zügel —, lassen, lâcher la bride; fg. id.; — lassen, (mar.) larguer un câble; in Samen —, monter en graine; er ist geschossen, fg. fm. il a la tête fêlée, le timbre fêlé; —, s. n. 1, action de tirer, etc., f.; jeu d'arquebuse, m. [seur.

**Schießgeld**, n. 5, droit du chasseur.

**Schießgewehr**, n. 2, arme à feu, f. [chasse.

**Schießhund**, masc. 2, chien de

**Schießloch**, n. 5*, barbacane, f.

**Schießmauer**, f. butte.

**Schießplatz**, m. 2*, jeu d'arquebuse. [non, f. poudre.

**Schießpulver**, n. 1, poudre à ca-

**Schießrecht**, n. 2, droit de chasse, m.

**Schießscharte**, fém. embrasure, meurtrière, barbacane, canonnière, tronière; créneau, m.

**Schießschartenzelle**, f. merlon, m.

**Schießscheibe**, f. but, m. blanc, cible, f.

**Schießschlange**, f. dard, m.

**Schiff**, n. 2, vaisseau, m. navire; bâtiment sur mer; bateau sur une rivière; nef d'une église, f.; (impr.) galée; (tiss.) navette; —und Geschirr, coll. outils, m. pl.; zu — geben, (mar.) aller à bord, s'embarquer; zu —t, (comm.) par eau; v. Schiffchen.

Schiffamt, n. 5*, amirauté, f.
Schiffbar, adj. navigable.
Schiffbau, m. 2, construction des vaisseaux, f. [navale.
Schiffbaukunst, f.*, architecture
Schiffbaumeister, m. 1, ingénieur constructeur de la marine, maître constructeur de vaisseaux.
Schiffbein, n. 2, (anat.) naviculaire, m.
Schiffbesen, m. 1, goret, écoupée, f. [mer).
Schiffbreb, n. 2, biscuit, m. (de
Schiffbruch, m. 2*, naufrage; — leiden, faire naufrage, échouer.
Schiffbrüchig, adj. naufragé.
Schiffbrücke, f. pont de bateaux, m.
Schiffbündel, m. 1, pacotille, f.
Schiffburſch, m. 3, garçon de bord.
Schiffchen, n. 1, barque, f. nacelle, batelet, m.; (tiss.) navette, f.
Schiffen, v. n. ((.) naviguer, faire voile; an ben Küsten hin —, côtoyer; (comm.) caboter; —, v. a. transporter (par eau); —, s. n. 1, navigation, f.
Schiffer, m. 1, batelier, navigateur; (poés.) nautonnier; (mar.) maître, patron du vaisseau.
Schifferei, f. navigation.
Schifferkunst, f.*, navigation, art de la navigation, m.
Schifferlohn, m. 2, naulage, passage. [telot, m.
Schiffermütze, f. bonnet de matelot.
Schifferstechen, n. 1, joute de bateliers, f. [marin.
Schifffahrer, m. 1, navigateur.
Schifffahrt, f. navigation; marine; zur — gehörig, nautique; Kenntnisse in ber —, connaissances nautiques, f. pl. [kunde.
Schifffahrtskunde, =kunst, v. Schiff=
Schiffflagge, f. pavillon, m.
Schifffracht, f. fret, m.
Schiffgefecht, n. 2, combat naval, m.; (ant. r.) naumachie, f.
Schiffgeräth, n. 2, apparaux, m. pl. agrès.
Schiffgerippe, n. 1, carcasse, f.
Schiffgrund, m. 2*, sentine, f.
Schiffhafen, m. 1, grappin.
Schiffhalter, m. 1, rémora, arrête-nef, sucet (poisson).
Schiffjunge, m. 3, mousse.
Schiffkleid, n. 5, habit de bord, m. [lier; (mar.) matelot.
Schiffknecht, m. 2, garçon bate-
Schiffkoch, m. 2*, cuisinier de vaisseau.
Schiffkorb, m. 2*, hune, f.
Schiffkrug, m. 2*, jarre, f.
Schiffküche, f. fougon, m.
Schiffkunde, f. =kunst, f.*, navigation, histiodromie, hydrographie.
Schifflaber, m. 1, tanqueur.

Schiffladung, f. cargaison.
Schifflände, f. abord, m.
Schifflast, f. laste, m. ou last (poids de deux tonneaux).
Schifflaterne, f. fanal, m.; feu.
Schiffleine, f. amarre.
Schiffmann, m. 5 (pl. =leute), batelier.
Schiffmeißel, m. 1, épitoir.
Schiffmiether, m. 1, affréteur.
Schiffmodel, m. 1, =mobell, n. 2, gabarit, m.
Schiffmühle, f. moulin à eau construit sur un ponton, m. moulin à nef.
Schiffmuschel, f. nautile, m.
Schiffnagel, m. 1*, cheville à tête ronde, f.
Schiffpech, n. 2, goudron, m. brai; (hist. nat.) arcanson.
Schiffpfahl, m. 2*, corps mort.
Schiffpfund, n. 2, poids de trois cents livres (environ 147 kilogrammes), m.
Schiffrüstung, f. équipement, m.
Schiffsand, m. 2, lest.
Schiffsbekleidung, f. bordage, m.
Schiffsbesen, 2c., v. Schiffbesen, 2c.
Schiffsboden, m. 1*, fond de cale.
Schiffsbreite, f. bouchin, m.
Schiffscapitän, m. 2, capitaine de vaisseau.
Schiffseil, n. 2, câble, m.
Schiffsformen, f. pl. baloires.
Schiffsgebäude, n. 1, carcasse, f. charpente d'un vaisseau.
Schiffsherr, m. 3, patron, fréteur.
Schiffsholm, m. 2, chantier.
Schiffskrahn, m. 2, crone.
Schiffskrone, f. couronne navale.
Schiffsküche, f. cuisine du vaisseau, fougon, m.
Schiffsladung, f. cargaison.
Schiffslavette, f. affût de bord, m.
Schiffsmannschaft, f. équipage, m.
Schiffsmiethe, f. fret, m.
Schiffsmodell, n. 2, v. Schiffmodel.
Schiffspappe, f. courée.
Schiffspatron, m. 2, v. Schiffsherr.
Schiffsraum, m. 2*, creux d'un vaisseau; fond de cale, cale, f.
Schiffschnabel, m. 1*, éperon d'un vaisseau, poulaine, f.
Schiffsspiegel, m. 1, fronton, miroir. [lage.
Schiffsspur, f. ouaiche, m. sillon.
Schiffstheer, m. 2, goudron, brai.
Schiffstiefe, f. calaison.
Schiffstreppe, f. escalier de vaisseau, m. échelle, f.
Schiffsverkleidung, f. bordage, m.; bie erste —, gabords, pl.
Schiffsvermiether, m. 1, fréteur.
Schiffsvolk, n. 2*, équipage, m.
Schiffswand, f.*, hauban, m.
Schiffswerft, n. 2, chantier, m.

Schiffswinde, f. cabestan, m. vireveau. [taret.
Schiffswurm, m. 5*, perceur,
Schiffszeughaus, n. 5*, arsenal de marine, m.
Schiffszimmermann, m. 5 (pl. =leute), charpentier de vaisseau.
Schiffszoll, m. 2*, fret.
Schiffszunge, f. (impr.) coulisse de galée. [teaux, m. halage.
Schiffziehen, n. 1, tirage des ba-
Schiffzieher, m. 1, haleur.
Schiften, v. Schäften.
Schikane, f. chicane.
Schikaniren, v. a. chicaner.
Schild, m. 2, bouclier, m.; (blas.) écu, pavois; écusson; — der Schildkröte, écaille, f.; — ber Insekten, corselet, m.; — ou =chen, n. 1, dim. (jard.) écusson, m. plateau; — fg. égide, f. protection; etw. im —e führen, avoir quelque dessein; —, n. 5, enseigne, f.
Schildamsel, f. merle à collier, m.
Schildbauer, m. exc. 1, paysan franc.
Schildbürger, m. 1, petit bourgeois; niais, nigaud.
Schildbach, m. 5*, tortue, f.
Schildbroſſel, f. grive à écusson.
Schildbrüse, f. glandule thyroïde.
Schilderei, f. v. Gemälde, Malerei.
Schilderhaus, n. 5, guérite, f.
Schildern, v. a. peindre; fg. id., dépeindre, tracer un tableau de qch., crayonner, caractériser.
Schilderung, f. tableau, m. portrait, peinture, f. description; bie lebendige —, (rhét.) hypotypose. [tatou.
Schildferkel, n. 1, armadille, f.;
Schildfisch, m. 2, sucet, rémora.
Schildförmig, adj. scutiforme.
Schildhalter, m. 1, (blas.) tenant, support.
Schildkäfer, m. 1, casside, f.
Schildknappe, m. 3, écuyer.
Schildkröte, f. =rabe, m. 3, corneille cendrée, f.
Schildkröte, f. tortue.
Schildm'aus, f.*, kermès, m.
Schildpatte, f. écaille de tortue.
Schildträger, m. 1, écuyer.
Schildwache, f. sentinelle, factionnaire, m.; (cavalier) vedette, f.; — stehen, être en faction; bie verlorne —, l'enfant perdu, m.
Schildzapfen, m. 1, (artill.) tourillon.
Schilf, n. et m. 2, roseau; canne, f.; — am Meer, algue.
Schilfdecke, f. natte de roseau.
Schilfgras, n. 5*, laîche, f.
Schilfig, adj. couvert de roseaux.

**Schilfmeer**, n. 2, mer rouge, f.
**Schilfrohr**, v. Schilf.
**Schillern**, v. n. (h.) chatoyer; —, s. n. 1, chatoiement, m.
**Schillernd**, adj. chatoyant, changeant.
**Schillertaffet**, m. 2, taffetas changeant. [calin.
**Schilling**, m. 2, schelling, es-
**Schimmel**, m. 1, cheval blanc; ber lichte —, le cheval gris argenté || moisissure, f. chancissure; moisi, m.; barbe sur les fruits, f.
**Schimmelig**, adj. moisi, chanci.
**Schimmeln**, v. n. (h.) moisir, se moisir; chancir, se chancir.
**Schimmer**, m. 1, lueur, f. splendeur, éclat, m. brillant; (phys.) coruscation, f.
**Schimmern**, v. n. (h.) luire, éclater, briller, resplendir.
**Schimmernd**, adj. luisant, brillant, étincelant, éclatant.
**Schimpf**, m. 2, raillerie, f. affront, m. outrage, injure, f. insulte, opprobre, m. note d'infamie, f.; diffamation.
**Schimpfen**, v. a. injurier, insulter; diffamer; pop. bisquer.
**Schimpflich**, adj. injurieux, honteux, ignominieux; outrageant; diffamant, déshonorant. [quet.
**Schimpfname**, m. exc. 2, sobriquet.
**Schimpfrede**, f. Schimpfwort, n. 2, discours (m.) injurieux, outrageant; parole injurieuse, f. infamie; —n, pl. de gros mots, m.
**Schindanger**, m. 1, voirie, f.
**Schindel**, f. bardeau, m. échandole, f. aisseau, m.; (chir.) voy. Schiene. [clisser.
**Schindeln**, v. a. (chir.) éclisser,
**Schindelwand**, f.*, revêtement de bardeaux, m.
*Schinden, v. a. écorcher, dépouiller un lièvre; fg. id., vexer, harasser un cheval; sich —, se tourmenter, se tuer à faire qch.
**Schinder**, m. 1, écorcheur, bourreau; fg. id., vexateur; usurier.
**Schinderei**, f. écorcherie; fg. vexation, concussion, extorsion.
**Schindergrube**, f. écorcherie.
**Schinderkarren**, m. 1, charrette du bourreau, f.
**Schinderknecht**, m. 2, valet d'écorcheur, valet de bourreau.
**Schindmähre**, f. fm. mépr. bourrique, rosse, haridelle, bucéphale, m. [kleine —, jambonneau.
**Schinken**, m. 1, jambon; ber **Schirm**, m. 2, écran, garde-vue; paravent; (gegen die Sonne) parasol; (gegen ben Regen) parapluie || abri, fg. protection, f.; appui, m. soutien. [fargues, f. pl.
**Schirmbrett**, n. 5, —er, pl. (mar.)

**Schirmbrief**, m. 2, sauvegarde, f. sauf-conduit, m.
**Schirmbach**, n. 5*, auvent, m. avant-toit, appentis, hangar; (fortif.) mantelet; ol. muscule, f. tortue.
**Schirmen**, v. a. garantir, mettre à l'abri, préserver.
**Schirmer**, m. 1, Schirmherr, m. 3, protecteur, patron.
**Schirmförmig**, adj. (bot.) en ombelle. [fant.
**Schirmhut**, m. 1*, bourrelet d'enfant.
**Schirmleder**, n. 1, mantelet d'un carrosse, m. [lifère.
**Schirmpflanze**, f. plante ombellifère.
**Schirmtuch**, n. 5*, banne, f. bache. [défenseur, gardien.
**Schirmvogt**, m. 2*, (égl.) avoué, défenseur, gardien.
**Schirmwand**, f.*, paravent, m.; (mar.) pavesade, f.
**Schirmwerf**, n. 2, et —t, pl. (fortif.) défenses, f. pl.
**Schirrmeister**, m. 1, conducteur des équipages, maître des harnais.
**Schlacht**, f. bataille, affaire, journée, action, combat, m.
**Schlachtbant**, f.*, boucherie, tuerie; fg. id.
**Schlachtbar**, adj. bon à tuer.
**Schlachten**, v. a. et n. (h.) tuer, égorger; assommer; abattre des animaux; saigner un cochon.
**Schlächter**, m. 1, boucher.
**Schlachtfeld**, n. 5, champ de bataille, m.
**Schlachthaus**, n. 5*, boucherie, f. tuerie, abattoir, m.
**Schlachtmesser**, n. 1, couteau de boucher, m.
**Schlachtochs**, m. 3, bœuf gras, bœuf de boucherie.
**Schlachtopfer**, n. 1, victime, f.
**Schlachtordnung**, f. ordre de bataille, m. bataille rangée, f.
**Schlachtpferd**, =tpb, m. 2, cheval de bataille, m.; ol. destrier.
**Schlachtschwert**, n. 5, espadon, m.
**Schlachtstück**, n. 2, tableau de bataille, m. [sée, f.
**Schlachtvieh**, n. 2, bête engraissée, f.
**Schlack**, m. 2, sédiment, dépôt de salpêtre. [crasse.
**Schlacke**, fém. scorie, écume, f.
**Schlacken**, v. n. (h.) se scorifier.
**Schlackenange**, f. attrape.
**Schlackig**, adj. crasseux; plein de scories; impur.
**Schlackwurst**, f.*, saucisson, m. andouille, f.
**Schlaf**, m. 2 (sans pl.), sommeil, somme; assoupissement, léthargie, f. engourdissement d'un membre, m.; —, m. 2*, (anat.) tempe, f.; —t, pl. (man.) larmiers, m. pl.
**Schlafader**, f. veine temporale.

**Schlafbein**, n. 2, os de la tempe, m.
**Schlafbringend**, adj. somnifère, soporatif, soporifère, narcotique, hypnotique.
**Schlafen**, v. n. 4 (h.) dormir; reposer; coucher (bei einem, avec qn.); — geben, sich — legen, aller se coucher; auf dem barten Boden —, coucher sur la dure, sur le carreau; in ben Tag hinein —, dormir la grasse matinée; außer bem Hause —, découcher.
**Schläfer**, m. 1, =inn, f. dormeur, m. -se, f. dormant, m.
**Schläfern**, v. imp. (h.) avoir sommeil.
**Schlaff**, adj. lâche, mou; flasque; molasse; fg. lâche, relâché, mou, faible; — machen, lâcher, relâcher; — werden, se relâcher.
**Schlaffheit**, f. relâchement, m. mollesse, f.; (méd.) atonie.
**Schlafgeld**, n. 5, ce qu'on paye pour son gite, m.
**Schlafgemach**, m. 5*, chambre à coucher, f.; dortoir dans les couvents, m.
**Schlafgenoß**, =gesell, m. 3, compagnon de lit, coucheur; =genossinn, f. compagne de lit, coucheuse. [meil, Morphée.
**Schlafgott**, m. 5*, dieu du sommeil.
**Schlafhaube**, f. bonnet de nuit, m. coiffe, f.; fg. fm. lendore, m. et f.; dormeur, m. -se, f.
**Schlafhemd**, n. exc. 1, chemise de nuit, f.
**Schlafkammer**, f., v. Schlafgemach.
**Schlafkappe**, v. Schlafhaube.
**Schlafkrank**, adj. cataleptique.
**Schlafkraut**, n. 5*, jusquiame, f.
**Schlaflied**, n. 5, chanson à endormir, f.
**Schlaflos**, adj. privé de sommeil; qui ne peut dormir.
**Schlaflosigkeit**, f. insomnie.
**Schlafmittel**, n. 1, soporatif, m. dormitif, narcotique.
**Schlafmütze**, v. Schlafhaube.
**Schlafratte**, f. marmotte, loir, m.; fg. dormeur, -se, f.
**Schläfrig**, adj. qui a sommeil; fg. paresseux; lent, tardif; — machen, endormir, assoupir; — werden, être pris de sommeil; s'endormir; hergehen, fg. languir.
**Schläfrigkeit**, f. assoupissement, m.; fg. négligence, f. lenteur.
**Schlafrock**, m. 2*, robe de chambre, f.; ber kurze —, casaquin, m. pet-en-l'air.
**Schlafsaal**, m. 2*, dortoir.
**Schlafstelle**, f. gite, m. couche, f.; (mar.) cajute.
**Schlafstube**, f., v. Schlafgemach.
**Schlafsucht**, f. léthargie, coma,

*m.* carus; die — hervorbringend, anzeigend, comateux.

**Schlafsüchtig,** *adj.* léthargique, carotique.

**Schlaftrank,** *m.* 2*, potion somnifère, *f.* [dormi, assoupi.

**Schlaftrunken,** *adj.* à demi endormi.

**Schlaftrunkenheit,** *f.* assoupissement, *m.*

**Schlafwandler,** *m.* 1, =inn, *f.* somnambule, *m. et f.*

**Schlafzeug,** *n.* 2, déshabillé de nuit, *m.* [mach.

**Schlafzimmer,** *n.* 1, *v.* **Schlafgemach.**

**Schlag,** *m.* 2*, coup; *pop.* tape, *f.*; ruade *du cheval;* dentée *du sanglier;* pulsation *du pouls;* palpitation *du cœur;* (*méd.*) apoplexie; coup de sang, *m.;* (*phys.*) explosion électrique, *f.;* (*mus.*) mesure, temps, *m.;* vibration *du pendule, f.;* (*monn.*) coin, *m.;* (*orf.*) titre; (*coutel.*) marque, *f.;* (*carross.*) portière; volet *d'un pigeonnier, m.;* (*forest.*) taillis, coupe, *f.* assiette; *fg.* coup, *m.* atteinte, *f.* || espèce, calibre, *m. fm.* manière, *f.* façon, trempe; der volle — auf der Zither, (*mus.*) batterie; —, (*mar.*) bordée; —t machen, bordayer; ohne einen — zu thun, sans coup férir; auf den — zwölfe, midi sonnant.

**Schlagader,** *f.* artère; die große —, aorte. [pont-levis, *f.*

**Schlagbalken,** *m.* 1, bascule d'un Schlagball, *m.* 2*, éteuf.

**Schlagbalsam,** *m.* 2, baume antiapoplectique.

**Schlagbar,** *adj.* bois exploitable.

**Schlagbaum,** *m.* 2*, barre, *f.* barrière, barricade.

**Schlägel,** *m.* 1, maillet; battoir; batte, *f.;* hie; (*sculpt.*) masse; baguette *de tambour;* gigot *de mouton, m.;* cuissot *de chevreuil;* cuisse *d'oison, f.;* der große —, mailloche.

**Schlagen,** *v. a.* 7, battre, frapper, mettre la main sur qn.; pressurer *de l'huile;* abattre *du bois;* jeter *un pont;* enfoncer *un pieu;* ficher *un clou; fg.* battre, défaire *une armée;* dazu —, ajouter; joindre; einem eine Ader —, saigner qn.; zum Ritter —, créer, armer qn. chevalier; den Mantel um sich —, s'envelopper de son manteau; Feuer —, battre le briquet; dicht —, écrouir *un métal;* —, *v. n.* (h.) heurter, donner, porter, tomber; palpiter (*cœur*); ruer (*cheval*); chanter (*rossignol*); carcailler (*caille*); sonner (*cloche*); aus der Art —, dégénérer; sich —, se battre, combattre; sich zu einem —, embrasser, épouser le parti de qn.;

sich zu einer Partei —, se mettre d'un parti, dans un parti; sich etw. aus dem Sinne —, chasser qch. de son esprit; sich ins Mittel —, s'interposer; einander —, s'entre-frapper; die Füße an einander — (*man.*) s'entre-tailler; die Wunde vom Aneinanderschlagen, entretaillure, *f.;* gut geschlagen, (*mus.*) martelé (*mesure*).

**Schlagen,** *n.* 1, battement (*m.*), palpitation (*f.*) *du cœur;* pulsation *du pouls;* ruade *des chevaux;* battage *de la laine, m.;* chant *du rossignol;* courcaillet *de la caille;* défaite *de l'ennemi, f.;* construction *d'un pont;* son *de la cloche, m.;* das — einer Ader, saignée, *f.*

**Schläger,** *m.* 1, *m. p.* bretteur, ferrailleur, duelliste, brave; —, =inn, *f.* frappeur, *m.* -se, *f.*

**Schlägerei,** *f.* mêlée, querelle, batterie, combat, *m.*

**Schlagfaß,** *m.* 2*, baril, *m.*

**Schlagfeder,** *f.* penne *d'oiseau;* ressort *de fusil, m.*

**Schlagfluß,** *m.* 2*, apoplexie, *f.* coup de sang, *m.;* zum — geneigt, apoplectique; das Mittel gegen den —, apoplectique, *m.* [*m.*

**Schlaggold,** *n.* 2, or fulminant,

**Schlagholz,** *n.* 5*, battoir, *m.;* écang; (*chap.*) coche, *f.;* (*forest.*) taillis, *m.* bois taillis.

**Schlaghüter,** *m.* 1, (*forest.*) baliveau.

**Schlagkraut,** *n.* 5*, ive, *f.* ivette.

**Schlagleiste,** *f.* battement, *m.*

**Schlaglicht,** *n.* 5, (*peint.*) jour, *m.* coup de jour. [dure, *m.*

**Schlagloth,** *n.* 2, paillon de soudure.

**Schlagnetz,** *n.* 2, seine, *f.;* (*cha.*) trappe; raquette *pour le volant.*

**Schlagregen,** *m.* 1, ondée, *f.* giboulée, *saucée, f.*

**Schlagschatten,** *m.* 1, (*peint.*) ombre, *f.*

**Schlagschein,** *m.* 2*, (*monn.*) ol. seigneuriage; brassage.

**Schlagtaube,** *f.* pigeon de volière, *m.* [pendule à sonnerie.

**Schlaguhr,** *f.* horloge qui sonne,

**Schlagwald,** *m.* 5*, taillis; die Behandlung eines —ts, aménagement.

**Schlagweise,** *adv.* par coups.

**Schlagwerk,** *n.* 2, sonnerie, *f.*

**Schlagwunde,** *f.* blessure faite par des coups. [quart, *m.*

**Schlagzeichen,** *n.* 1, (*horl.*) avant-

**Schlamm,** *m.* 2, bourbe, *f.* fange, vase, limon, *m.* [tang, *f.*

**Schlammbeißer,** *m.* 1, loche d'é-

**Schlämmen,** *v. a.* débourber; laver *le minerai, etc.;* —, *v. n., v.*

**Schlemmen** [geux, gâcheux.

**Schlammig,** *adj.* bourbeux, fan-

**Schlammkrücke,** *f.* râble, *m.*

**Schlampe,** *f. injur.* salope, gaupe.

**Schlampen,** *v. n.* (h.) *fm.* pendre en désordre *ou* négligemment; (*f.*) être négligent.

**Schlange,** *f.* serpent, *m.* couleuvre, *f.;* die junge —, serpenteau, *m.* couleuvreau.

**Schlängeln** (sich), serpenter, s'entortiller. [serpent.

**Schlangenartig,** *adj.* qui tient du

**Schlangenbrut,** *f.* race de vipère, engeance de serpent.

**Schlangeneidechse,** *f.* seps, *m.*

**Schlangenförmig, Schlänglicht,** *adj.* serpentant; ondoyant; sinueux.

**Schlangengift,** *n.* 2, venin de serpent, *m.* bave, *f.*

**Schlangengras,** *n.* 5*, serpentine, *f.*

**Schlangenhaut,** *f.* *, peau, dépouille du serpent.

**Schlangenholz,** *n.* 5*, bois de couleuvre, *m.* [taire, *f.*

**Schlangenlinie,** *f.* ligne sinueuse.

**Schlangenpapier,** *n.* 2, serpente, *f.*

**Schlangenrohr,** *n.* 2, serpent, *m.* (*instrument à vent*).

**Schlangenröhre,** *f.* serpentin, *m.*

**Schlangensäule,** *f.* colonne serpentine.

**Schlangenstab,** *m.* 2*, caducée.

**Schlangenstein,** *m.* 2, serpentine, *f.* marbre ophite, *m.*

**Schlangenstich,** *m.* 2, morsure de serpent, *f.;* (*coutur.*) point serpentin, *m.* [serpentaire.

**Schlangenträger,** *m.* 1, (*astr.*)

**Schlangenweise,** *adv.* en serpentant.

**Schlangenzunge,** *f.* langue de serpent; *fg. id.,* langue de vipère; (*bot.*) ophioglosse.

**Schlank,** *adj.* délié; menu; svelte; effilé, grêle.

**Schlapp,** *v.* **Schlaff.**

**Schlappe,** *f. fg. pop.* perte, échec, *m.; fm.* savate, *f.; injur.* salope.

**Schlappen,** *v. n.* (h.) laper, *fm.* pendiller; (*f.*) être en pantoufles.

**Schlapphut,** *m.* 2*, claque-oreille, *m.* clabaud.

**Schlaraffengesicht,** *n.* 5, *injur.* visage de contrebande, *m.*

**Schlaraffenland,** *n.* 5*, pays de Cocagne, *m.*

**Schlarfe, Schlurfe,** *f. fm.* savate.

**Schlarfen,** *v. n. fm.* (h.) marcher en trainant les pieds.

**Schlau,** *adj.* fin, rusé, astucieux, adroit, subtil; déniaisé, matois.

**Schlauch,** *m.* 2*, outre, *f.;* conduit, *m.;* (*man.*) fourreau.

**Schlaudern,** *v. n.* (h.) balancer, brandiller; vaciller; travailler négligemment.

Schlauheit, f. ruse, finesse.

Schlaukopf, m. 2*, fm. fin matois, aigrefin.

Schlecht, adj. mauvais; méchant; chétif, vil; bas; misérable; —, adv. mal; —er, compar. adj. pire; adv. pis; —er werben, —er geben, empirer; dépérir; bas —er werben, dépérissement, m.

Schlechterdings, adv. absolument.

Schlechtheit, Schlechtigkeit, fém. mauvaise qualité; vileté; bassesse, méchanceté.

Schlechthin, Schlechtweg, adv. simplement; tout court; bonnement.

Schlecken, v. a. et n. (h.) v. Lecken; fm. être friand.

Schlecker, m. 1, fm. friand.

Schleckerei, f. fm. friandise.

Schleckerhaft, adj. fm. friand.

Schlehe, f. prunelle.

Schlehenbusch, m. 2*, -born, m. exc. 1, prunellier.

Schlehenmus, n. 2, compote de prunelles, f.

Schleichen, v. n. 5† (f.) aller lentement; marcher doucement; — et sich —, se glisser, couler, se couler, se trainer; fg. prendre des chemins détournés; fm. caponner. [pant; lent (maladie).

Schleichend, adj. trainant; rampant;

Schleicher, m. 1, sournois; fm. capon, biaiseur, chattemite, f.

Schleichhandel, m. 1*, contrebande, f. commerce interlope, m.

Schleichhändler, m. 1, contrebandier; — mit Salz, faux-saunier.

Schleichwaare, f. contrebande, marchandise de contrebande.

Schleichweg, m. 2, chemin dérobé; fg. tour, détour.

Schleier, m. 1, voile; fg. prétexte.

Schleierhaube, f. couvre-chef, f.

Schleiern, v. a. voiler.

Schleifbahn, f. glissoire.

Schleife, f. nœud, m. nœud coulant; lacs, lacet; brandebourg; ganse de chapeau, f.; agrément sur un habit, m.; traineau; claie pour les malfaiteurs, f.

Schleifen, v. a. trainer; couler une note; mouiller une lettre; raser, démolir une forteresse; dévoyer une cheminée; couler un pas; der geschleifte Stich, coulé, m.

Schleifen, v. n. 5† (h.) glisser sur la glace; — v. a. aiguiser; affiler, passer sur la meule; repasser un couteau; weiß —, écacher une faucille; aus bem Groben —, (lap.) égriser; —, polir, tailler du verre; (mus.) couler.

Schleifer, m. 1, émouleur; polisseur; glisseur; (mus., etc.) coulé, agrément.

Schleiffanne, f. broc, m. bidon.

Schleifmühle, f. moulin à émoudre ou à polir, m.

Schleifrad, n. 5*, polissoir, m.

Schleiffand, m. 2, sablon.

Schleiffcheibe, f. rondeau, m.

Schleiffchritt, m. 2, glissade, f.

Schleiffel, n. 1, moulée, f.

Schleifftein, masc. 2, meule de grés, f.

Schleiftrog, m. 2*, auget.

Schleifung, f. polissure; glissade || démolition d'une forteresse.

Schleifweg, m. 2, v. Schleichweg.

Schleihe, f. tanche (poisson).

Schleim, m. 2, pituite, f. glaire, mucosité; muqueux, m. flegme; (bot.) mucilage, fluide mucilagineux. [gue.

Schleimabführend, adj. flegmagogue.

Schleimauswurf, m. 2*, expectoration, f.

Schleimdrüse, f. glande pituitaire, glande mucilagineuse.

Schleimen, v. a. ôter le flegme; purifier; —, v. n. (h.) engendrer de la pituite. [teuse, f.

Schleimfieber, n. 1, fièvre pituiteuse; m. 2, blenne.

Schleimhaut, f.*, tunique pituitaire. [m.

Schleimhöhle, f. sinus pituitaire.

Schleimig, adj. pituiteux, glaireux, muqueux, visqueux; (bot.) mucilagineux.

Schleimthier, n. 2, pl. —t, mollusques, m. pl.

Schleiße, f. charpie, éclisse; barbe des plumes.

Schleißen, v. a. 5†, fendre en long; ébarber des plumes; —, v. n. (f.) se fendre; s'user (habits).

Schlemmen, v. n. (h.) vivre dans la crapule, pop. goinfrer.

Schlemmer, m. 1, débauché, pop. goinfre. [pule, pop. goinfrerie.

Schlemmerei, f. débauche, crapule, pop. goinfrerie.

Schlenbergang, m. 2*, allure nonchalante, f.; fg. v. Schlenbrian.

Schlenbern, v. n. fm. (f.) marcher négligemment, à pas lents, se dandiner, flaner.

Schlenbrian, m. 2, routine, f. train ordinaire, m. fm. trantran.

Schlenge, f. fascinage, m.

Schlengel, m. 1, (arch.) madriers, pl.; cordage à patte; châssis; (hydr.) estacade, f.

Schlenkern, v. a. fm. jeter, lancer; —, v. a. et n. (h.) brandiller, branler les bras, etc.; — lassen, laisser pendre; im Gehen die Arme —, aller les bras ballants.

Schleppe, f. queue d'une robe.

Schleppen, v. a. 5†, arer, chasser sur les ancres; —, v. n. (h.) labourer (ancre).

Schleppend, adj. trainant, languissant, lâche (style).

Schleppenträger, masc. 1, portequeue, caudataire.

Schleppgarn, =netz, n. 2, traineau, m. filet de chasse ou de pêche.

Schleppseil, n. 2, prolonge, f.; hansière.

Schlepptau, n. 2, (mar.) câble à tirer un vaisseau en ouaiche, m.; am —e haben, tirer en ouaiche.

Schlesien, Silésie, f. (pays).

Schlesier, m. 1, Schlesisch, adj. silésien. [vince).

Schleswig, Sleswick, m. (province).

Schlettstadt, Sélestat (ville).

Schleuber, f. fronde.

Schleuberer, m. 1, frondeur; fg. (comm.) gâcheur, gâte-métier.

Schleubern, v. a. fronder, lancer; fulminer l'excommunication; (comm.) mépr. gâcher.

Schleuberstein, m. 2, disque.

Schleunig, adj. prompt, vite, subit, soudain; précipité; auf bas —ste, adv. trés-promptement, très à la hâte.

Schleuse, f. écluse.

Schleusenboben, m. 1*, radier.

Schleusengelb, n. 5, droit d'écluse, m. [d'écluse.

Schleusenkammer, fém. chambre

Schleusenmeister, m. 1, éclusier.

Schleusenwasser, n. 1, éclusée, f.

Schlich, m. 2, chemin secret; fg. menée, f. intrigue; fm. manigance; —t, pl. manége, m. allures, f. pl.; —, (émoul.) matière cimolée, f.; (min.) schlich, m.

Schlicht, adj. plat, uni, fg. id.; simple.

Schlichtart, f.*, (charp.) épaule de mouton (grande cognée).

Schlichte, f. colle, pâte, chas, m. plane, f.

Schlichteisen, n. 1, paroir, m.

Schlichten, v. a. aplanir, égaler, lisser, polir; peigner les cheveux; coller la chaine; quiosser les cuirs; (men.) recaler; fg. ajuster, accommoder, terminer un différend.

Schlichter, m. 1, colleur.

Schlichtfeile, f. lime douce.

Schlichthobel, m. 1*, varlope, f.

Schlichtlinge, f. paisson.

Schlichtmond, m. 2, quiosse, f.

Schlichtrahmen, m. 2, herse, f.

Schlichtung, f. aplanissement, m.; (tann.) quiossage; fg. accommodement. [v. Schlich.

Schlid, m. 2, limon; (émoul.)

Schliden, v. n. (h.) toucher en coulant, baigner, laver.

Schlief, m. 2, (boul.) colle, f.

Schliefig, adj. pâteux (pain); aqueux (pomme de terre).

Schlier, v. Schleim.

Schließblech, n. 2, (chir.) obtura-
Schließe, f. clavette. [teur, m.
Schließen, v. a. 6, fermer; clore;
serrer; fg. id., finir, terminer,
arrêter, solder un compte; juger;
inférer, induire, conclure; enchaîner un prisonnier; (arch.) bander; —, v. n. (h.) fermer, joindre bien; — et sich —, finir, se
terminer.
Schließer, m. 1, portier, guichetier; geôlier; =inn, f. portière;
ménagère; tourière d'un couvent.
Schließgeld, n. 5, geôlage, m.
Schließhafen, m. 1, auberon,
moraillon, mantonnet, gâche, f.
Schließflappe, f. gâche.
Schließlich, adj. final; définitif;
—, adv. finalement, pour terminer.
Schließmuskel, m. exc. 1, sphincter, muscle obturateur ou constricteur.
Schließnagel, m. 1*, cheville ouvrière, f.; (impr.) cognoir, m.
Schließung, f. fermeture; fg. fin;
conclusion; clôture; liquidation
d'un compte; clôture d'une séance.
Schliffel, m. 1, lourdaud, grossier.
Schlim, adj. mauvais; méchant;
—, adv. mal; —er, compar. pire;
adv. pis; —er werden, aller de mal
en pis, empirer, s'aigrir; —er
machen, gâter, détériorer, empirer; —ste, superl. le pis; im —sten
Falle, au pis aller.
Schlimmheit, f. fm. méchanceté.
Schlingbaum, m. 2*, viorne, f.
Schlinge, f. lacet, m.; lacs;
(cha.) collet; fg. piège; fm. attrape, f.; sich in seine eigene —
verwickeln, marcher sur sa longe.
Schlingel, m. 1, injur. polisson;
der faule —, fainéant.
Schlingelei, fém. polissonnerie;
fainéantise.
Schlingen, v. a. 3, entrelacer,
nouer; entortiller; hinunter —,
avaler; geschlungene Buchstaben,
chiffre, m.
Schlingenfechter, m. 1, (ant.) la-
quéaire. [pante.
Schlingpflanze, f. plante grim-
Schlippe, f. espace entre deux
murs ou deux maisons, m.
Schlitten, m. 1, traineau.
Schlittenbahn, f. chemin frayé
dans la neige pour les traineaux,
m. [neau.
Schlittenfahrt, f. course en trai-
Schlittschuh, m. 2, patin; auf
—en fahren, patiner.
Schlittschuhfahrer, m. 1, patineur.
Schlitz, m. 2, fente, f.; crevasse;
(arch.) glyphe, m. entaille, f.
coche.
Schlitzen, v. a. fendre en long,

érailler; geschlitzt, (jard.) épaulé.
Schloß, n. 5*, serrure, f.; (arg.)
platine; (rel.) fermoir, m.; char-
nière des coquilles, f. || château,
m.; palais; forteresse, f.
Schloßbein, n. 2, os barré, m.
Schloßblech, n. 2, cloison, f.;
platine.
Schloße, f. —n, pl. grêle, f.;
die große —, grêlon, m.
Schloßen, v. imp. (h.) grêler.
Schlosser, m. 1, serrurier.
Schlosserarbeit, f. serrurerie.
Schloßfeder, f. ressort, m.
Schloßgraben, m. 1*, fossé du
château.
Schloßhafen, m. 1, gâche, f.
Schloßhof, m. 2*, cour du châ-
teau, f.
Schloßnagel, m. 1*, clou à ser-
rure, cheville ouvrière (d'un car-
rosse), f. [du château.
Schloßprediger, m. 1, aumônier
Schloßriegel, m. 1, pêne.
Schloßthurm, m. 2*, tour du châ-
teau, f. donjon, m.
Schloßvogt, m. 2*, châtelain.
Schloßweiß, adj. fm. tout blanc.
Schlot, m. 2, cheminée, f.
Schlotfeger, m. 1, ramoneur.
Schlotterapfel, m. 1*, calville, f.
schlotterig, adj. branlant; mol-
lasse.
Schlottern, v. n. (h.) branler,
trembler.
Schlucht, f. gorge; défilé, m. dé-
bouché, fondrière, f.
Schluchzen, v. n. (h.) sangloter,
avoir le hoquet; —, s. n. 1, san-
glot, m. hoquet.
Schluck, m. 2*, trait; coup;
gorgée, f.; auf einen —, tout d'un
trait.
Schlucken, v. a. et n. (h.) avaler.
Schlucker, m. 1, der arme —,
pauvre diable, pauvre hère; pop.
cancre. [dolent.
Schluderig, adj. négligent, in-
Schluff, m. 2, (cha.) passage;
(pot.) argile maigre, f.
Schlummer, m. 1, assoupisse-
ment; sommeil très-léger.
Schlummern, v. n. (h.) sommeil-
ler. [dent.
Schlump, m. 2, hasard, acci-
Schlümpen, v. a. carder de la
laine. [fre, abime.
Schlund, m. 2*, gosier; fg. gouf-
Schlupf, m. 2*, passage étroit,
défilé. [se couler.
Schlüpfen, v. n. (f.) se glisser;
Schlüpfer, m. 1, prvcl. manchon.
Schlupfhafen, m. 1*, (mar.) cri-
que, f.
Schlupfloch, n. 5*, v. Schlupfwinkel.
Schlüpfrig, adj. glissant; fg. épi-
neux; délicat; m. p. lubrique,

obscène; — machen, lubrifier les
intestins.
Schlüpfrigkeit, f. fg. délicatesse;
lubricité, obscénité.
Schlupfthor, n. 2, poterne, f.
Schlupfweg, m. 2, faux-fuyant;
v. Schleichweg.
Schlupfwespe, f. ichneumon, m.;
mouche des galles, f.
Schlupfwinkel, m. 1, repaire; cachette, f.; fm. cache; —, pl.
détours, m. pl.
Schlürfen, v. a. humer.
Schluß, m. 2*, fermeture, f.;
clôture, fin; conclusion; (mus.)
cadence; (poés.) chute d'un vers;
décret, m. arrêté, arrêt, délibé-
ration, f. conséquence; (log.) syl-
logisme, m. induction, f. argu-
mentation; —e machen, argumen-
ter.
Schlußart, f. argumentation.
Schlußbalken, m. 1, poutre de
fermeture, f. [finale.
Schlußcadenz, f. finale, cadence
Schlüssel, m. 1, clef, f. clé; der
deutsche —, la clef forée.
Schlüsselbart, m. 2*, panneton.
Schlüsselbein, n. 2, clavicule, f.
Schlüsselblech, n. 2, platine, f.
Schlüsselblume, fém. primevère,
oreille d'ours.
Schlüsselbüchse, f. clef à tirer.
Schlüsselgeld, n. 5, épingles, f. pl.
Schlüsselloch, n. 5*, trou (m.),
entrée (f.) de la serrure, forure
de la clef.
Schlüssellochdecke, f. balustre.
Schlüsselreif, m. 2, rouet de la
clef.
Schlüsselring, m. 2, clavier.
Schlüsselrohr, n. 2, tige de la
clef, f.
Schlüsselschild, n. 5, écusson de
l'entrée d'une serrure, m.
Schlußfall, m. 2*, v. Schlußcadenz.
Schlußfolge, f. conséquence.
Schlußfolge, f. forme syllogisti-
que.
Schlüssig, adj. résolu, déterminé.
Schlußleiste, f., v. Schlußzierrath.
Schlüßlich, v. Schließlich.
Schlußnagel, m. 1*, cheville ou-
vrière, f. [m. finito.
Schlußrechnung, f. compte final,
Schlußrede, f. syllogisme, m.
Schlußreihe, f. argumentation, f.
Schlußreim, m. 2, refrain.
Schlußsatz, m. 2*, proposition
finale.
Schlußstein, m. 2, clef de voûte,
f.; clausoir, m.; die keilförmigen
—e, pl. claveaux, pl.
Schlußstück, n. 2, (mus.) finale.
f.; (men.) claveau, m.
Schlußzierrath, f. cul-de-lampe,
m. vignette, f.

**Schmach**, f. (sans pl.) ignominie, opprobre, m.

**Schmachten**, v. n. (h.) languir; —, s. n. 1, langueur, f.

**Schmachtend**, adj. languissant, mourant.

**Schmächtig**, adj. fm. effilé; mince; grêle, maigre, faible.

**Schmächtigkeit**, f. taille grêle.

**Schmachvoll**, adj. ignominieux.

**Schmachhaft**, adj. de bon goût, savoureux. [m.

**Schmachhaftigkeit**, f. saveur; goût,

**Schmacklos**, adj. insipide, fade.

**Schmacklosigkeit**, f. fadeur, insipidité.

**Schmähen**, v. a. injurier, diffamer; calomnier; —, v. a. et n. (h.) invectiver, bafouer, injurier; —, s. n. 1, injures, f. pl.

**Schmählen**, v. a. et n. (h.) blâmer; réprimander (auf tinen, qn.).

**Schmählich**, adj. honteux, injurieux, ignominieux, infâme.

**Schmährede**, v. Schmähung.

**Schmähschrift**, f. libelle, m. diatribe, f.

**Schmähsucht**, f. médisance.

**Schmähsüchtig**, adj. médisant.

**Schmähung**, f. invective, injure, déclamation, diffamation.

**Schmähwort**, n. 2, injure, f.

**Schmal***, adj. étroit; (corps) maigre; grêle, effilé; fg. pauvre; petit; —er machen, étrécir; —e Bissen essen, faire petite chère.

**Schmalblätterig**, adj. à feuilles étroites.

**Schmälern**, v. a. fg. diminuer, amoindrir, rogner, rétrécir, écorner; den guten Ruf —, se faire le détracteur de qn.; die Rechte —, porter atteinte aux droits de qn.

**Schmälerung**, f. diminution; préjudice, m.; atteinte, f.

**Schmalhans**, m. 2*, pop. grigou.

**Schmalkalden**, Smalcalde (ville); der schmalkaldische Bund, la ligue de Smalcalde. [à œuvre, m.

**Schmalleder**, n. 1, basane, f. cuir

**Schmalte**, f. smalt, m.

**Schmalthier**, n. 2, chevrillard, m. faon de biche.

**Schmalz**, n. 2, graisse fondue. f.; sain-doux de porc, m.; (méd.) axonge, f.

**Schmalzbirn**, f. beurré, m.

**Schmalzblume**, f. jaunet, m.

**Schmalzbutter**, f. beurre fondu, m.

**Schmalzen**, v. a. mettre du beurre, beurrer.

**Schmalztrog**, m. 2*, bac.

**Schmand**, m. 2, crème, f.; sédiment du vitriol, m.

**Schmaragde**, m. 2, émeraude, f.

**Schmaragdfarben**, adj. smaragdin.

**Schmaragdfluß**, m. 2*, cristal vert, pâte d'émeraude, f.

**Schmarotzen**, v. n. (h.) écornifler.

**Schmarotzer**, masc. 1, parasite, chercheur de franches lippées, écornifleur.

**Schmarotzerei**, f. écorniflerie.

**Schmarotzerpflanze**, f. plante parasite.

**Schmarre**, f. balafre, estafilade; cicatrice; einem —n hauen, balafrer qn.

**Schmarrig**, adj. balafré.

**Schmatz**, m. 2*, fm. baiser.

**Schmatzen**, v. n. (h.) faire du bruit avec la bouche; —, v. a. fm. baiser. [f.

**Schmauch**, m. 2, fumée épaisse,

**Schmauchen**, v. a. fumer du tabac.

**Schmaucher**, m. 1, fumeur.

**Schmauchstube**, f. tabagie.

**Schmaus**, m. 2*, banquet, repas; fm. bombance, f. gogaille; der nichts kostet, franche lippée.

**Schmausen**, v. a. (h.) faire bonne chère; assister à un repas, fm. banqueter, faire gogaille.

**Schmauserei**, f. gogaille, ripaille.

**Schmauskunst**, f.*, gastronomie.

**Schmecken**, v. a. goûter; essayer; savourer; avoir le goût de qch.; sentir qch.; —, v. n. (h.) avoir de la saveur; avoir un bon ou mauvais goût; wie schmeckt euch das? comment trouvez-vous cela? (dieser Wein) schmeckt mir, est de mon goût; es sich — lassen, manger de bon appétit, se régaler, fm. s'en donner.

**Schmeer**, n. 2, panne, f. graisse.

**Schmeerbauch**, m. 2*, bas-ventre, panse, f.

**Schmeichelei**, f. flatterie, adulation; caresse; fleurette.

**Schmeichelhaft**, adj. flatteur; caressant.

**Schmeicheln**, v. n. (h.) flatter, cajoler, caresser qn., fm. mitonner; sich mit etw. —, se bercer de qch.

**Schmeichelnd**, adj. flatteur, insinuant; fm. musqué.

**Schmeichler**, m. 1, sinn, f. flatteur, m. cajoleur, se, f.; der friechende —, le chien couchant.

**Schmeichlerisch**, v. Schmeichelhaft.

**Schmeißen**, v. a. 5†, pop. jeter, battre, frapper.

**Schmeißfliege**, f. mouche à vers.

**Schmelz**, m. 2, émail.

**Schmelzarbeit**, f. émaillure.

**Schmelzarbeiter**, m. 1, émailleur.

**Schmelzbar**, adj. fusible.

**Schmelzbarkeit**, f. fusibilité.

**Schmelzbarmachung**, f. (chim.) incération.

**Schmelze**, f. fonderie.

**Schmelzen**, v. a. fondre, liqué-fier; émailler; v. Schmalzen; den Wallfischspeck —, bonifier une baleine; —, v. n. 6 (f.) fondre; fg. id.; diminuer; —, s. n. 1, fonte, f.; fusion.

**Schmelzer**, m. 1, fondeur.

**Schmelzesse**, f. chaufferie.

**Schmelzfarbe**, f. couleur d'émail.

**Schmelzhütte**, f. fonderie.

**Schmelzkunst**, f.*, métallurgie; art d'émailler, m.

**Schmelzmalerei**, f. peinture en émail.

**Schmelzofen**, m. 1*, forge, f. fournaise, fourneau de forge, m.; der unterste Theil des —s, chappe, f.

**Schmelzröhrchen**, n. 1, chalumeau, m.

**Schmelzstätte**, f. (bouch.) fondoir, m.

**Schmelztiegel**, m. 1, creuset.

**Schmelzung**, f. fonte; liquéfaction; (méd.) colliquation.

**Schmelzungsmittel**, n. 1, fondant, m. [émaillure, f.

**Schmelzwerk**, n. 2, émail, m.;

**Schmergel**, m. 1, émeri (pierre).

**Schmerl**, m. 2, émerillon (oiseau). [son).

**Schmerle**, f. loche, motelle (pois-

**Schmerz**, m. exc. 1, douleur, f.; cuisson d'une plaie; fg. douleur, peine, affliction; chagrin, m.

**Schmerzen**, v. n. (h.) et a. causer de la douleur, faire mal, cuire, fg. affliger, faire de la peine.

**Schmerzhaft**, **Schmerzlich**, adj. douloureux, cuisant; fg. sensible, pénible; affligeant, amer.

**Schmerzlindernd**, **Schmerzstillend**, adj. (méd.) anodin, lénitif, antalgique, calmant.

**Schmetterling**, m. 2, papillon.

**Schmetterlingsartig**, adj. papilionacé.

**Schmettern**, v. n. (h.) faire du fracas; retentir; —, v. a. jeter, briser, fracasser.

**Schmied**, m. 2, forgeron, maréchal. [geable.

**Schmiedbar**, adj. malléable, for-

**Schmiedbarkeit**, f. malléabilité.

**Schmiede**, f. forge.

**Schmiedehammer**, m. 1*, ferretier. [geron.

**Schmiedeknecht**, m. 2, garçon for-

**Schmiedekohle**, fém. charbon de terre, m.

**Schmieden**, v. a. forger; fg. id., fabriquer, inventer; rund —, bigorner; neue Wörter —, faire des néologismes.

**Schmiege**, f. biais, m.; (arch.) embrasure, f.; (charp.) équerre pliante, fausse équerre.

**Schmiegen**, v. a. courber, plier;

fich —, se courber, fg. id., plier, s'humilier, ramper.

**Schmierbuch**, n. 5*, brouillon, m.

**Schmierbüchfe**, f. boîte à graisse.

**Schmiere**, f. graisse, vieux oing, m. enduit; die dicke —, cambouis.

**Schmieren**, v. a. oindre; graisser; frotter; enduire; fg. fm. barbouiller, griffonner; pop. gribouiller; (impr.) papilloter; graisser la patte à qn.; mit Oel —, huiler; den Wein —, frelater le vin; —, s. n. 1, graissage, m.; barbouillage, gribouillage.

**Schmierer**, m. 1, barbouilleur; écrivailleur, gâte-papier; crayonneur.

**Schmiererei**, f. fg. barbouillage, m. griffonnage, grimoire; pop. gribouillage.

**Schmierig**, adj. onctueux, gluant, huileux, graisseux; crasseux; sale.

**Schmierkäfe**, m. 1, fromage à la pie, mou.

**Schmierfeife**, f. savon mou, m.

**Schmintbohne**, f. faséole, fève de haricot.

**Schminte**, f. fard, m.; weiße —, blanc d'Espagne, blanc.

**Schminten**, v. a. farder; fich —, mettre du rouge, du blanc.

**Schmintmittel**, n. 1, cosmétique, m. [che, f.

**Schmintpfläfterchen**, n. 1, mouche.

**Schmintwaffer**, n. 1, eau cosmétique, f.

**Schmirgel**, v. Schmergel.

**Schmiß**, m. 2, fm. jet, coup.

**Schmiß**, m. 2, coup de fouet.

**Schmiße**, f. bout de fouet, m. fouet.

**Schmißen**, v. a. fouetter; salir.

**Schmollen**, v. n. (h.) bouder, faire la mine; —, s. n. 1, bouderie, f.

**Schmollwintel**, m. 1, boudoir.

**Schmorbraten**, m. 1, daube, f. étuvée.

**Schmoren**, v. a. ou — laffen, cuire, mettre, préparer à la daube, mijoter; —, v. exc. 1, (b.) cuire à la daube; fg. fm. étouffer de chaleur.

**Schmu**, n. indécl. pop. gain, m. profit, lucre; — machen, grapiller.

**Schmuck**, m. 2, ornement; parure, f.; embellissement, m.; bijoux, pl. nippes, f. pl.; mit — beschenten, (jur.) baguer la fiancée; den — von etw. abnehmen, déparer qch.

**Schmücken**, v. a. orner; parer; —, s. n. 1, embellissement, m.; parure, f.

**Schmuckfäftchen**, n. 1, écrin, m.

**Schmucklos**, adj. sans ornement, décoloré (style).

**Schmucknadel**, f. poinçon, m.

**Schmuggeln**, v. n. (h.) faire la contrebande.

**Schmuggler**, m. 1, contrebandier.

**Schmugglerfchiff**, n. 2, vaisseau interlope, m.

**Schmumachen**, m. 1, =inn, f. fm. grapilleur, m. -se, f.

**Schmungeln**, v. n. (b.) sourire; —, s. n. 1, sourire, m.

**Schmuß**, m. 2, crasse, f.; ordures, pl.; fg. id., obscénités, saletés; vom — reinigen, décrasser.

**Schmußbärmel**, m. 1, garde-manche. [ture, f.

**Schmußbogen**, m. 1*, maculature.

**Schmußbuch**, n. 5*, brouillon, m.

**Schmußen**, v. n. (b.) salir; maculer.

**Schmußflecken**, m. 1, tache, f.

**Schmußig**, adj. sale; malpropre; crasseux; boueux, fangeux (chemin); souillé; (impr.) maculé; fg. sale; obscène; sordide (avarice); — machen, v. Beschmußen.

**Schmußnidel**, m. 1, pop. sarrau.

**Schmußnidel**, m. 1, pop. guenipe, f. [titre.

**Schmußtitel**, m. 1, (impr.) faux-

**Schnabel**, m. 1*, bec; fg. pop. bouche, f. nez, m.; avant de vaisseau; éperon d'une galère; der —voll, becquée, f.; fprechen wie einem der — gewachfen ift, parler à sa manière ou sa langue.

**Schnabelei**, f. tour de bec, m.

**Schnabelförmig**, adj. en forme de bec. [fg. plais. se baisotter.

**Schnäbeln** (fich), se becqueter;

**Schnabelthier**, n. 2, ornithorhynque, m. [dise.

**Schnabelweide**, f. fg. fm. friandise.

**Schnacke**, f. cousin, m. moucheron; fg. plaisanterie, f. mot pour rire, m. conte plaisant.

**Schnatfifch**, adj. plaisant, comique, gaillard.

**Schnalle**, f. boucle.

**Schnallen**, v. a. boucler; feft —, serrer avec une boucle. [lon.

**Schnallenhafen**, m. 1, chape, f.

**Schnalzen**, v. a. ou n. (b.) claquer des doigts; grasseyer en parlant.

**Schnappen**, v. n. (b.) happer; gober; se débander (ressort); nach etw. —, v. pop. aspirer à qch., aboyer, bayer après qch.

**Schnäpper**, m. 1, flamme, f. flammette, lancette.

**Schnappfeder**, f. ressort, m.

**Schnappgalgen**, m. 1, estrapade, f.

**Schnapphahn**, m. 2*, fm. chenapan, assassin, bandit; miquelet dans les Pyrénées. [pliant, m.

**Schnappmeffer**, n. 1, couteau

**Schnapps**, m. 2*, fm. cau-de-vie, f.; coup (m.), verre d'eau-de-vie.

**Schnappfack**, m. 2*, havresac, fm. canapsa.

**Schnarchen**, v. n. (b.) ronfler; —, s. n. 1, ronflement, m.

**Schnarcher**, m. 1, ronfleur.

**Schnarrbaß**, m. 2*, bourdon.

**Schnarrdroffel**, f. grande grive.

**Schnarre**, f. crécelle.

**Schnarren**, v. n. (b.) bruire, grasseyer, parler gras; ronfler (cordes); —, s. n. 1, ronflement, m.; grasseyement.

**Schnarrmaulen**, v. n. (b.) prvcl. fm. mâcher à vide.

**Schnarrpfeife**, f. courtaud, m. bourdon de musette, de cornemuse.

**Schnarrwert**, n. 2, (org.) bourdon, m. [iote, f.

**Schnarrgünglein**, n. 1, (org.) échalote.

**Schnattern**, v. n. (b.) (canards, etc.) barboter; (cigogne) claquer; fg. babiller; jargonner; bouffer de colère; —, s. n. 1, fg. fm. caquet, m. babil; claquement des dents.

*Schnauben, v. a. et n. 6 (b.) souffler, respirer avec effort; haleter; (man.) s'ébrouer; fg. Rache —, respirer la vengeance; —, s. n. 1, respiration difficile, f.; (man.) ébrouement, m.; fg. emportement.

**Schnauben**, v. n., v. Schnauben.

**Schnaubart**, m. 2*, fm. moustaches, f. pl.

**Schnauze**, f. museau, m. mufle, groin du cochon; bec d'une lampe, d'un pot; (mar.) (des Schiffsfchnabels) cagouille, f.; die —n an qch. machen, égueuler un pot.

**Schnäuzen**, v. a. moucher.

**Schnäuzig**, adj. brusque, insolent.

**Schnecke**, f., die nackte —, limace, limas, m.; — im Gehäufe, limaçon, escargot; —, (arch.) volute, f.; (horl.) fusée; (anat.) conque; limaçon, m.

**Schneckenförmig**, adj. spiral; —, adv. en spirale.

**Schneckengang**, m. 2*, allée en spirale, f.; fg. pas de tortue, m.

**Schneckengehäufe**, =häuschen, n. 1, coquille, f.

**Schneckentegel**, m. 1, (méc.) pignon; (horl.) fusée, f.

**Schneckentlee**, m. 2, luzerne, f.

**Schneckentleefeld**, m. 5, luzernière, f. [conchoïde, hélice.

**Schneckenlinie**, f. ligne spirale,

**Schneckenpoft**, f. fg. marche lente.

**Schneckenrundung**, f. spirale.

**Schneckenfchleim**, m. 2, bave, f.

**Schneckenfchritt**, m. 2, pas de limaçon, de tortue. [maçon, f.

**Schneckentreppe**, f. escalier en limaçon, m.

**Schnee**, m. 2, neige; f.; voll — neigeux.

**Schneeammer,** f. embérise d'hiver.

**Schneebahn,** f. chemin battu ou frayé sur la neige, m.

**Schneeball,** m. 2*, pelote de neige, f.; rose de Gueldres (*fleur*).

**Schneeblind,** adj. ébloui par la neige.

**Schneeflocke,** f. flocon de neige, m.

**Schneegans,** f. *, oie sauvage, onocrotale, m.

**Schneegebirg,** n. 1, montagne couverte de neige, f.

**Schneegestöber,** n. 1, neige (f.) menue, fine, frimas, m.

**Schneeglöckchen,** n. 1, perce-neige, f.

**Schneehuhn,** n. 5*, gélinotte blanche, f. guignard, m.

**Schneeicht,** adj. chenu.

**Schneeig,** adj. neigeux.

**Schneekuppe,** f. sommet d'une montagne couvert de neige, m.

**Schneelawine,** f. avalanche.

**Schneemann,** m. 5*, homme de neige.

**Schneemilch,** f. crème fouettée.

**Schneemonat,** m. 2, mois de nivôse. [ges.

**Schneeschmelze,** f. fonte des neiges.

**Schneeschuh,** m. 2, raquette, f.

**Schneetropfen,** m. 1, perce-neige, f.

**Schneeweiß,** adj. blanc comme neige; chenu. [geux, m.

**Schneewetter,** n. 1, temps neigeux.

**Schneide,** f. tranchant, m. fil.

**Schneidebank,** f.*, (charp.) bec d'âne, (tonn.) selle à tailler, f.

**Schneidebohrer,** m. 1, perçoir à tranchant. [hachoir.

**Schneidebrett,** n. 5, écofrai, m.;

**Schneideeisen,** n. 1, (serr.) taraud, m.; (tonn.) doloire, f.

**Schneideholz,** n. 5*, bois de sciage, m.

**Schneidelohn,** m. 2, sciage.

**Schneidemesser,** n. 1, plane, f. couteau à deux mains, m.; (vann.) épluchoir; (fond. de car.) écrénoir; (még.,chand.) coupe-queue; —den, n. 1, dim. (chir.) ganivet, m.

**Schneidemühle,** f. scierie.

**Schneidemuskel,** m. exc. 1, muscle incisif.

**Schneiden,** v. a. et n. 5†, couper; trancher; tailler des plumes, etc.; moissonner les blés; graver en bois, etc.; scier; fendre du bois; (jard.) tailler, rajeunir; receper la vigne; dérompre des haillons; hongrer les chevaux; châtrer les animaux, les ruches; zum Brillanten —, brillanter un diamant; Gesichter —, faire des grimaces; —, s. n. 1, coupe, f. taille; — im Leibe, tranchées, pl.

**Schneidenagel,** m. 1*, carrelet.

**Schneidend,** adj. tranchant, fg. cuisant, perçant; (tonn.) tranchant. [m. -se, f.

**Schneider,** m. 1, =inn, f. tailleur;

**Schneiderlohn,** m. 2, façon, f.

**Schneidermäuslein,** n. 1, (anat.) couturier, m.

**Schneidern,** v. n. (b.) faire le métier de tailleur.

**Schneidertisch,** m. 2, établi.

**Schneidezahn,** m. 2*, dent incisive, f. incisive.

**Schneidezeug,** n. 2, filière, f. taraud (*pour faire des vis*), m.; (*lap.*) meule, f.

**Schneien,** v. imp. (b.) neiger.

**Schneiteln,** v. a. élaguer les arbres.

**Schnell,** adj. vite, prompt, rapide, soudain, subit, agile; fg. brusque; impétueux.

**Schnellbalken,** m. 1, bascule d'un pont-levis, f.

**Schnellen,** v. a. lancer; jeter; secouer; in die Höhe —, berner qn.; fg. pop. tromper, surfaire; —, v. n. (b.) sauter; se débander (*d'un ressort*); trébucher; claquer des doigts.

**Schneller,** m. 1, (arq.) détente, f. cliquet, m. déclin; fm. chiquenaude, f. nasarde.

**Schnellfahrer,** m. 1, nouv. vélocéman, m.

**Schnellfalle,** f. trappe.

**Schnellfüßig,** adj. léger à la course.

**Schnellgalgen,** m. 1, estrapade, f.

**Schnelligkeit, Schnelle,** f. vitesse, promptitude, vélocité, rapidité.

**Schnellkraft,** f.*, élasticité.

**Schnellkräftig,** adj. élastique.

**Schnellkugel,** f. =kügelchen, n. 1, dim. chique, f.; mit —n spielen, Jouer aux chiques, à la fossette.

**Schnellloth,** n. 2, soudure fondante, f.

**Schnellsegler,** m. 1, vaisseau qui est bon ou fin voilier.

**Schnellwage,** f. trébuchet, m. romaine, f.

**Schnepfe,** f. bécasse, becfigue, m.; die junge — bécasseau.

**Schnepfennetz,** n. 2, pentière, f.

**Schneppe,** f. bec, m. pointe, f.

**Schnepper,** m. 1, v. Schnäpper.

**Schneuse,** f. (forest.) laie, eine — durch den Wald hauen, layer un bois. [biage.

**Schniegschnad,** m. 2, fm. verschnieben, v. Schnauben.

**Schniegeln,** v. a. fm. atinter; gtschniegelt, tiré à quatre épingles.

**Schnipfeln,** v. a. couper en petits morceaux.

**Schnippchen,** n. 1, claquement des doigts, m.; — schlagen, claquer des doigts.

**Schnippen,** v. n. (b.) claquer des doigts. [daigneux.

**Schnippisch,** adj. moqueur; dédaigneux.

**Schnirkel,** v. Schnörkel.

**Schnitt,** m. 2, coupe, f.; taille; coupure; (chir.) incision; voy. Steinschnitt; entaille, coche de la taille; (géom.) section; (scieur) voie; (rel.) tranche; der hohle —, gouttière; —, taillade, fm. estafilade au visage; seinen — machen, fm. émolumenter, faire ses orges; —, v. Schnitte.

**Schnittchen,** n. 1, lèche, f. émincée; in — schneiden, émincer.

**Schnitte,** f. tranche, lèche de jambon, etc.; dalle de poisson; darne de saumon; die längliche — Brod, mouillette; — Speck zum Spicken, lardon, m.; in dünne —n schneiden, feuilleter, émincer.

**Schnitter,** m. 1, =inn, f. moissonneur, m.-se, f.; aoûteron, m.

**Schnitthandel,** m. 1*, mercerie, f. débit en détail, m. [couteau.

**Schnitthebel,** m. 1*, tranchecive, f.; der kleine —, civette.

**Schnittling,** m. 2, bouture, f.; cive.

**Schnittmesser,** v. Schneidemesser.

**Schnittweise,** adv. par tranches.

**Schnitz,** m. 2, tranche, f. lèche.

**Schnitzbank,** v. Schneidebank.

**Schnitzbrett,** n. 5, établi, m. tailloir. [che.

**Schnitzel,** n. 1, rognure, f. transchnitzeln, v. a. couper, découper; tailler; ciseler; sculpter. [tes.

**Schnitzen,** v. a. fg. faire des contes.

**Schnitzer,** m. 1, sculpteur; découpeur; Schnitzer, fg. fm. faute, f.; bévue; v. Fehler.

**Schnitzkunst,** f.*, sculpture.

**Schnitzmesser,** n. 1, ciseau, m. plane, f.; doloire, épluchoir, m. débordoir.

**Schnitzwerk,** n. 2, sculpture, f.; bas erhabene —, enlevure.

**Schnöde,** adj. vil, bas, méprisable; dédaigneux; vain.

**Schnödigkeit,** f. frivolité.

**Schnörkel,** m. 1, (arch.) volute, f. enroulement, m.; fg. ornement; —, pl. (call.) licences, f. pl.; fg. fm. facéties, plaisanteries, f.

**Schnuffeln, Schnüffeln,** v. n. (b.) flairer, renifler; —, s. n. 1, reniflement, m.

**Schnupfen,** m. 1, rhume; einen — verursachen, enrhumer qn.; den — bekommen, s'enrhumer; den — haben, être enrhumé; einem den — vertreiben, désenrhumer qn.

**Schnupfen,** v. a. et n. (b.) prendre par le nez (du tabac); fm. renifler.

Schnupfer, *m.* 1, priseur de ta-
bac. [poudre.
Schnupftabak, *masc.* 2, tabac en
Schnupftabaksbose, *f.* tabatiére.
Schnupftuch, *n.* 5*, mouchoir, *m.*
Schnuppe, *f.* lumignon, *m.*
Schnuppern, *v. a.* flairer.
Schnur, *f.* belle-fille, bru.
Schnur, *f.* *, corde, cordeau, *m.;*
cordon; ficelle, *f.;* ligne; fil *de*
perles, *m.;* chapelet *de marrons;*
—t, *pl.* (comm.) nervure, *f.;* tine
— um einen Hut binden, enficeler
un chapeau.
Schnürbrust, *f.* *, corps baleiné,
*m.* corps de jupe, corset.
Schnürchen, *n.* 1, cordonnet, *m.*
cordon, cordelle, *f.;* — auf Muscheln; cordelette; am — haben,
*fg.* faire qch. avec une grande
facilité.
Schnüren, *v. a.* lacer, lier; garot-
ter; enfiler; ficeler; (*rel.*) fouetter; *fg.* surfaire.
Schnurfeuer, *n.* 1, courantin, *m.*
Schnurgerabe, Schnurrecht, *adj.*
*et adv.* à la ligne, au cordeau;
au niveau; tout droit; d'aplomb.
Schnürleib, *m.* 5, *v.* Schnürbrust.
Schnürloch, *n.* 5*, œillet de lacet, *m.*
Schnürnabel, *f.* aiguillette.
Schnürnestel, *f.* lacet, *m.*
Schnurrbart, *m.* 2*, moustaches,
*f. pl.;* der große gekrümmte —,
*fm.* crocs, *m. pl.*
Schnurre, *f.* crécelle; *fg. fm.*
bon mot, *m.* conte plaisant.
Schnurren, *v. n.* (h.) bourdon-
ner; faire un bruit sourd; tourner (roue); filer (chats); *fg. fm.*
gronder, grommeler; —, *s. n.* 1,
bourdonnement, *m.; fg.* gronde-
rie, *f.* [drôle.
Schnurrig, *adj. fm.* plaisant,
Schnurrpfeiferei, *f.* bagatelle, ba-
liverne.
Schnürsenkel, *m.* 1, lacet.
Schnürstiefel, *m.* 1, botte à la-
cer, *f.* brodequin, *m.*
Schnürstift, *m.* 2, ferret.
Schnurstracks, *adv. fm.* tout droit;
— zuwider; diamétralement oppo-
sé. [de paille.
Schob, *m.* 2*, javelle, *f.* botte
Schober, *m.* 1, tas: monceau;
meule de paille, de foin, *f.*
Schobern, *v. a.* mettre en meules.
Schod, *m.* 2, soixantaine, *f.*
Schockweise, *adv.* par soixante.
Schofel, *adj. fm.* vil, misérable;
—, *s. m.* 1, vétille, *f.* drogue, re-
but, *m.;* (*impr.*) camelotte, *f.*
Schokolate, *f.* chocolat, *m.*
Schokolatekanne, *f.* chocolatière.
Schokolateschenk, *n.* 3, chocola-
tier.

---

Scholar, *m.* 3, écolier, éléve.
Scholarch, *m.* 3, inspecteur de
l'école. [tre.
Scholaster, *m.* 1, (*théol.*) écolâ-
Scholasteramt, *n.* 5*, écolatrie, *f.*
Scholastik, *f.* scolastique.
Scholastiker, *m.* 1, scolastique.
Scholastisch, *adj.* scolastique.
Scholiast, *m.* 3, scoliaste, commentateur.
Scholion, *n. exc.* 1, scolie, *f.;*
(*math.*) scolie, *m.*
Scholle, *f.* motte de terre; (*poés.*)
glébe; glaçon, *m.* || sole, *f.* (*pois-
son*).
Schon, *adv.* déjà; conj. bien;
wenn —, quoique; quand même.
Schön, *adj.* beau, bel; élégant;
joli; mignon; zum Fressen —, *fm.*
joli à croquer; — machen, embellir; —er werden, *id.*, s'embellir;
— thun, minauder; mit einem —
thun, caresser, cajoler, mignoter
qn.; —t; *s. f.* 3, belle, élégante;
—t, *n.* 3, beau, *m.;* ins —t,
(*peindre*) en beau; —, *adv.* bien;
überaus —, *fm.* bellissime.
Schöndruck, *m.* 2, (*impr.*) impression en papier blanc, *f.; v.*
Widerdruck.
Schonen, *v. a.* ménager, épargner; respecter; etw. nicht —, *fm.*
faire bon marché de qch.
Schönen, *v. a.* clarifier *le vin.*
Schoner, *m.* 1, (*mar.*) goëlette, *f.*
Schönfahrsegel, *n.* 1, cape, *f.;*
nur das — gebrauchen, capéer.
Schönfärber, *m.* 1, teinturier du
grand teint, du haut teint.
Schönfärberei, *f.* grand teint, *m.*
Schöngeist, *m.* 5, bel esprit.
Schöngeisterei, *f.* manie du bel
esprit.
Schönheit, *f.* beauté, élégance,
agrément, *m.; fg.* beauté, *f.*
Schönheitsmittel, *n.* 1, cosméti-
que, *m.* [f.
Schönpflästerchen, *n.* 1, mouche,
Schönschreibekunst, *f.* *, calligra-
phie.
Schönschreiber, *m.* 1, calligraphe.
Schonung, *f.* ménagement, *m.;*
mesure, *f.* indulgence, pardon,
*m.;* mit — behandeln, *v.* Schonen.
Schroß, *m.* 2*, giron; sein;
flancs, *pl.* genoux; —t, *pl.* bas-
ques d'un habit, *f. pl.;* die Hände
in den — legen, *fg.* demeurer les
bras croisés.
Schroßhündchen, *m.* 1, babiche, *f.*
Schroßkind, *n.* 5, mignon, *m.*
*fm.* benjamin. [aimé.
Schroßjünger, *m.* 1, disciple bien-
Schroßsünde, *f.* péché mignon,
*m.* [mial, *m.*
Schroßtuch, *n.* 5*, (égl.) gré-
Schopf, *m.* 2*, tête, *f.;* touffe,

---

toupet, *m.* houppe d'un oiseau, *f.*
Schöpfbrett, *n.* 5, jantille, *f.*
Schöpfbrunnen, *m.* 1, puits à
seaux.
Schöpfeimer, *m.* 1, seau, godet.
Schöpfen, *v. a.* puiser; *fg.* tirer;
Athem —, prendre haleine; Ver-
dacht —, concevoir du soupçon.
Schöpfer, *m.* 1, créateur; —,
Schöpfkelle, *f.* puisoir, *m.*
Schöpferisch, *adj.* créateur, pro-
ducteur.
Schöpffanne, *f.* broc, *m.*
Schöpfkessel, *m.* 5, (cir.) éculon.
Schöpfkelle, *m.* 1, cuiller à pui-
ser, *f.* [casse, *f.*
Schöpfknapf, *m.* 2*, (savonn.)
Schöpfrad, *n.* 5*, roue à godets,
*f.* tympan, *m.*
Schöpfschale, *f.* cuvette.
Schöpfschaufel, *f.* écope.
Schöpfung, *f.* création; univers,
*m.* [draulique, *f.*
Schöpfwerk, *n.* 2, machine hy-
Schoppen, *m.* 1, *fm.* chopinet-
te, *f.* [pitoul à Toulouse.
Schoppe, *m.* 3, échevin; *ol.* ca-
Schöppeln, *v. n.* (h.) *fm.* chopi-
ner, buvoter; *m. p.* gobelotter.
Schoppen, *m.* 1, chopine, *f.;*
(*arch.*) hangar, *m.* remise, *f.*
Schöppenamt, *n.* 5*, würde, *f.*
échevinage, *m.; ol.* capitoulat à
Toulouse.
Schöppenstuhl, *m.* 2*, tribunal,
juridiction (*f.*) des échevins.
Schöps, *m.* 2, mouton; *fg. fm.*
benêt, sot, nigaud, dadais.
Schöpsenbraten, *m.* 1, rôti de
mouton.
Schöpsenfleisch, *n.* 2, mouton, *m.*
Schöpsenkeule, *f.* gigot, *m.*
Scheren, *v.* Scheren, Scheuern.
Schorf, *m.* 2, croûte, *f.* escarre,
couenne d'une plaie; gale, teigne.
Schorferzeugend, *adj.* escarotique.
Schorfkopf, *m.* 2*, *fm.* tondu,
moine.
Schörl, *m.* 2, (min.) schorl.
Schornstein, *m.* 2, cheminée, *f.*
Schornsteinfeger, *m.* 1, ramoneur.
Schornsteinhaube, *f.* mitre.
Schornsteinmantel, *m.* 1*, man-
teau, botte (*f.*) de cheminée.
Schornsteinröhre, *f.* *, tuyau de la
cheminée, *m.*
Schoß, *m.* 2*, rejeton, jet, scion,
brin, montant; (fin.) impôt;
contribution, *f.; ol.* taille || voy.
Schoß.
Schossen, *v. n.* (h. et f.) pousser;
monter en graine; bourgeonner.
Schößler, *m.* 1, percepteur d'im-
pôts.
Schößreis, *n.* 5,
rejeton, *m.* bourgeon; (forest.) gau-
lis; bouture, *f.;* (vign.) provin, *m.*

Schötchen, n. 1, dim. silicule, f.
Schote, f. cosse, silique, gousse, aus den — machen, écosser.
Schotenborn, m. 5° ou exc. 1, acacia épineux. [m. pl.
Schotenerbsen, f. pl. pois verts,
Schotenklee, m. 2, lotier.
Schotentragend, adj. siliqueux.
Schottland, Écosse, f. (pays).
Schottländer, m. 1, Schotte, m. 3, Schottisch, adj. écossais.
Schraffiren, v. a. (grav.) hacher; égratigner; ins Kreuz —, contre-hacher.
Schraffirung, f. hachure.
Schräg, Schräge, adj. oblique; —, adv. de ou en biais; de travers; (artill.) en écharpe; — sehn, geben, (arch.) biaiser; von beiden Seiten — anlaufend, en dos d'âne.
Schräge, f. biais, m. obliquité, f.; die stumpfe, scharfe —, le biais gras, maigre.
Schrägemaß, n. 2, (men.) sauterelle, f. [valet.
Schragen, m. 1, tréteau; che-Schrägen, v. a. mettre de biais, faire de biais; taluter; border d'une haie. [sangles, m.
Schragenbett, n. exc. 1, lit de Schrägsteg, m. 2, (impr.) biseau.
Schramme, f. écorchure, éraflure, égratignure; entamure, balafre.
Schrammen, v. a. écorcher; érafler; égratigner.
Schrammig, adj. écorché, éraflé, égratigné.
Schrank, m. 2°, armoire, f.; buffet, m.; — mit Schublaben, cabinet.
Schranke, f. barrière; —n, pl. id., barre d'un tribunal, etc.; lice; carrière; fg. bornes, pl.
Schränken, v. a. croiser; mettre en croix; mettre de travers; clore.
Schrankenlos, adj. illimité.
Schranne, f. barrière, clôture.
Schranze, m. 3, courtisan, flagorneur || bruit, éclat; fente, f. rupture.
Schrape, f. racloir, m. grattoir.
Schraube, f. vis; mèche.
Schrauben, v. a. tourner une vis; visser; fg. fm. surfaire, enjôler; railler, berner, dauber.
Schraubenbohrer, m. 1, taraud.
Schraubeneisen, n. 1, fer à écrou, m.; filière, f.
Schraubenförmig, adj. hélicoïde.
Schraubengang, m. 2°, pas de vis. [che,
Schraubenkloben, m. 1, morda-Schraubenlinie, f. 2, (impr.) hélice.
Schraubenmutter, f. écrou, m.
Schraubennagel, m. 1°, clou à vis. [m.
Schraubenpresse, f. pressoir à vis,

Schraubenwinde, f. bâtissoir, m.; vérin.
Schraubenzieher, m. 1, tournevis.
Schraubstod, m. 2°, étau; (lap.) cadran.
Schred, m. 2, v. Schreden, m.
Schredbild, n. 5, épouvantail, m. fantôme. [vanter.
Schreden, v. a. effrayer, épou-Schreden, m. 1, terreur, f. frayeur, alarme; effroi, m.; épouvante, f.; peur; in — sehen, v. Erschreden.
Schredensmann, m. 5°, terroriste.
Schredenssystem, n. 2, terrorisme, m.
Schredenswort, n. 2, parole effrayante, menaçante, f.
Schredhaft, adj. timide, peureux; v. Schredlich.
Schredhaftigkeit, f. timidité.
Schredlich, adj. terrible, épouvantable, effroyable, horrible, affreux. [mité.
Schredlichkeit, f. horreur; énor-Schrednis, n. 2, v. Schreden, m.
Schredpulver, n. 1, poudre antispasmodique, f.
Schredschanze, f. redoute.
Schrei, m. 2, cri, clameur, f.
Schreibart, f. orthographe; style, m.
Schreibbuch, n. 5°, cahier, m.
Schreibegebühr, f. droit d'expédition, m. façon, f.
Schreibefunde, f. calligraphie, écriture; connaissance de l'art d'écrire.
Schreibekunst, f.°, art d'écrire, m.; die allgemein verständliche —, pasigraphie, f. [criture.
Schreibemeister, m. 1, maître d'é-Schreiben, v. a. et n. 5 (b.) écrire; ins Reine —, mettre au net; grossoyer un titre; ganz klein —, écrire en minute; schlecht —, griffonner; einem etw. gut —, créditer qn. de qch., porter qch. en crédit à qn.; sich —, écrire son nom; s'inscrire; fg. se nommer; se qualifier; —, s. n. 1, écriture, f.; lettre, écrit, m.; das päpstliche —, bref. [reau.
Schreibepult, m. 2, pupitre, bu-Schreiber, m. 1, écrivain; clerc de notaire, etc.; commis, copiste; secrétaire; mépr. scribe.
Schreiberei, f. écrit, m. écriture, f.; métier d'écrivain, m.
Schreibereinfluß, m. 2°, herrschaft, f. bureaucratie.
Schreibefucht, f. manie d'écrire.
Schreibfeder, f. plume à écrire.
Schreibfehler, m. 1, faute d'orthographe, de copiste, f.
Schreibpapier, n. 2, papier à écrire, m.
Schreibpergament, n. 2, vélin, m.

Schreibstube, f. bureau, m.; comptoir; greffe; étude, f.
Schreibtafel, f. tablettes, pl.; carnet, m.
Schreibtisch, m. 2, bureau; comptoir; secrétaire.
Schreibzeug, n. 2, écritoire, f.
Schreien, v. a. et n. 5 (b.) crier; s'écrier; fm. brailler; pop. gueuler; stets —, criailler; überlaut —, jeter les hauts cris; ohne Ursache —, fm. clabauder; (âne) braire; (cerf) bramer; (chat-huant) huer; (coq) chanter; (perdrix) cacader; (pie) cajoler; (lapin) clapir; sich brisen —, s'égosiller, pop. s'égueuler; —, s. n. 1, cris, m. pl.; fm. criaillerie, f., v. Geschrei.
Schreiend, adj. fg. criant.
Schreier, m. 1, crieur, criard; brailleur, criailleur, clabaudeur, pop. gueulard. [criailleur.
Schreihals, m. 2°, braillard, Schrein, m. 2, v. Schrank.
Schreiner, x. v. Tischler, x.
Schreinern, v. n. (b.) fm. travailler en menuiserie, menuiser.
Schreiten, v. n. 5† (f.) faire des pas, marcher; vorwärts —, avancer, marcher en avant; über etw. —, enjamber qch. ou par-dessus qch., passer qch.; — fg. passer, procéder, venir; zur Ehe —, se marier, v. Ehe.
Schrepfen, v. Schröpfen.
Schrid, m. 2, fêlure, f. gerçure, fente, crevasse.
Schrift, f. écriture; main; caractère, m. lettres, f. pl.; (grav. etc.) lettre, f.; die ganz kleine —, minute; geschobene —, cursive; —, écrit, m.; pièce, f. papier, m. ouvrage; ou heilige —, (théol.) écriture sainte, f. bible.
Schriftausleger, m. 1, interprète de l'écriture sainte, exégète.
Schriftauslegung, f. exégèse.
Schriftgelehrte, m. 3, scribe (chez les Juifs); théologien.
Schriftgießer, m. 1, fondeur de caractères d'imprimerie.
Schriftgießerei, f. fonderie de caractères. [de la lettre.
Schrifthöhe, f. (impr.) hauteur Schriftkasten, m. 1°, (impr.) casse, f.; Fach im —, cassetin, m.
Schriftlich, adj. écrit; —, adv. par écrit. [l'écriture sainte.
Schriftmäßig, adj. conforme à Schriftmäßigkeit, f. conformité à l'écriture sainte.
Schriftprobe, f. épreuve de caractère ou d'écriture.
Schriftschneider, m. 1, graveur en caractères. [f.
Schriftschränkchen, n. 1, étudiole,

Schriftseper, *m.* 1, compositeur.
Schriftsorte, *f.* (*impr.*) corps de lettres, *m.*
Schriftsprache, *f.* langage (*m.*), style de l'écriture sainte.
Schriftstelle, *f.* passage de l'Écriture, *m.*
Schriftsteller, *m.* 1, =inn, *f.* écrivain, *m.* auteur.
Schriftstellerei, *f.* métier d'écrivain, d'auteur, *m.*; composition des livres, *f.*            [téraire.
Schriftstellerisch, *adj.* d'auteur, littéraire.
Schriftstasche, *f.* portefeuille, *m.*
Schriftverfälscher, *m.* 1, faussaire, interpolateur.
Schriftzeichen, *n.* 1, (*gramm.*) point de distinction, *m.*; accent.
Schriftzug, *m.* 2\*, trait.
Schritt, *m.* 2, pas; enjambée, *f.*; ber halbe —, (*dans.*) jeté, *m.*; große, lange —e machen, *fm.* enjamber, arpenter; —, pas, *m.* démarche, *f.* allure; *fg.* démarche; acheminement, *m.* (ju, à, vers); — vor —, schrittweise, *adv.* pas à pas; *fg.* petit à petit; es ist nur um den ersten — zu thun, il n'y a que le premier pas qui coûte.
Schrittlings, *adv.* pas à pas, v. Mittlings.            [compte-pas.
Schrittmesser, *m.* 1, odomètre, Schrobber, *m.* 1, (*mar.*) goret.
Schroff, *adj.* rude, raboteux; roide, escarpé.
Schroffe, Schroffheit, *f.* pente; précipice, *m.*; falaise *sur le bord de la mer*, *f.*
Schröpfeisen, *n.* 1, =schnäpper, *m.* 1, flamme, *f.* flammette, scarificateur, *m.*
Schröpfen, *v. a.* ventouser, scarifier; eslaner, effioler *le blé*; *fg. fm.* surfaire, écorcher, saigner; épicer (*juge*).            [fie.
Schröpfer, *m.* 1, celui qui scarifie, Schröpfhorn, *n.* 5\*, Schröpftopf, *m.* 2\*, ventouse, *f.* cornet, *m.*
Schröpfung, *f.* scarification.
Schrot, *n. et m.* 2, (*forest.*) bloc, tronc; (*agr.*) blé égrugé; dragée *pour tirer*, *f.* cendre de plomb, postes, *pl.*; (*monn.*) cisaille, *f.*; titre(*m.*), aloi *de la monnaie*; (ein Mann) von altem — und Korn, de la vieille roche.            [ron.
Schrotart, *f.* 2\*, cognée de bûche-Schrotbeutel, *m.* 1, sachet à dragée.
Schroteisen, *n.* 1, ébarboir, *m.*
Schroten, *v. a.* égruger *du blé*; couper, tailler, ébarber *les pièces de monnaie*; rogner; rouler *un fardeau*; encaver *du vin*; creuser; —, *s. n.* 1, ercavement, *m.*
Schröter, *m.* 1, encaveur; (*art.*) ébarboir; (*hist. nat.*) cerf-volant.
Schrothobel, *m.* 1\*, riflard.

Schrotkorn, *n.* 5\*, grain égrugé, *m.*
Schrotleiter, *f.* poulain, *m.*
Schrötling, *m.* 2, (*monn.*) flan.
Schrotmehl, *n.* 2, gruau bis, *m.*
Schrotmeißel, *m.* 1, ébarboir.
Schrotmesser, *n.* 1, couperet, *m.*
Schrotsäge, *f.* grande scie.
Schrotschere, *f.* cisailles, *pl.*
Schrotschwein, *n.* 2, cochon de moyenne taille, engraissé avec du son, avec de l'orge, *m.*
Schrotseil, *n.* 2, câble d'encaveur, *m.*
Schrotwage, *f.* niveau, *m.*
Schrotwinde, *f.* moulinet, *m.*
Schrubben, *v. a.* frotter fortement; (*mar.*) fauberter, goreter; (*men.*) corroyer, dégrossir, écorner; vexer, écorcher.
Schrumpfen, *v. n.* (*f.*) se retirer, se ratatiner; se rétrécir; se racornir (*cuir*), grésiller; se recoquiller (*feuilles*); —, *s. n.* 1, rétrécissement, *m.* grésillement, recoquillement.
Schrunde, *f.* gerçure, crevasse.
Schrundig, *adj.* gercé; crevassé.
Schub, *m.* 2\*, poussée, *f.*; (*quill.*) coup, *m.*; den ersten — haben, avoir la boule; einem einen — geben, pousser qn.; in Einem —, rapidement; brusquement; —, transport *des vagabonds*, *m.*; (*jard.*) pousse, *f.*
Schubfenster, *n.* 1, coulisse, *f.*
Schubfarren, *m.* 1, brouette, *f.*
Schubfärrner, *m.* 1, brouettier.
Schubfasten, *m.* 1\*, Schublade, *f.* tiroir, *m.*; layette, *f.*
Schubsack, *m.* 2\*, *fm.* poche, *f.*
Schüchtern, *adj.* timide, craintif; peureux; honteux; (*cheval*) ombrageux; — machen, intimider.
Schüchternheit, *f.* timidité.
Schuft, *m.* 2, *pop.* gueux, coquin, faquin.
Schuh, *m.* 2, soulier; ber leichte, umgewandte —, escarpin; — und Strümpfe, chaussure, *f.*; —, pied (*mesure*), *m.*; talon, fer *d'une pique, etc.*
Schuhabsaß, *m.* 2\*, talon.
Schuhahle, *f.* alène de cordonnier.
Schuhblatt, *n.* 5\*, empeigne, *f.*
Schuhbürste, *f.* décrottoire.
Schuhdraht, *m.* 2\*, ligneul; gros fil.
Schuhen, *v. a.* chausser.            [fil.
Schuhflicker, *m.* 1, savetier.
Schuhflickerei, *f.* métier de savetier, *m.*
Schuhhammel, *m.* 1, cordonnerie, *f.*
Schuhknecht, *m.* 2, garçon cordonnier.
Schuhkneif, *m.* 2, tranchet.

Schuhladen, *m.* 1\*, magasin de souliers, cordonnerie, *f.*
Schuhlasche, *f.* oreille de soulier.
Schuhleisten, *m.* 1, forme, *f.*
Schuhmacher, *m.* 1, cordonnier.
Schuhmacherhandwerk, *n.* 2, cordonnerie, *f.*
Schuhmaß, *n.* 2, compas, *m.*
Schuhnabel, *f.* carrelet, *m.*
Schuhnagel, *m.* 1\*, clou à soulier, caboche, *f.*; ber kleine —, cabochon, *m.*            [nier, *f.*
Schuhpech, *n.* 2, poix de cordonSchuhpuper, *m.* 1, décrotteur.
Schuhriemen, *m.* 1, courroie, *f.* oreille.            [lier.
Schuhschnalle, *f.* boucle de souSchuhschwärze, *f.* noir de cordonnier, *m.* noir à souliers.
Schuhsohle, *f.* semelle.
Schuhwichse, *f.* cire, cirage (*m.*) de bottes, de souliers.
Schuhzwecke, *f.* broche.
Schulamt, *n.* 5\*, Schuldienst, *m.* 2, emploi de régent, de précepteur.            [le, *f.*; institut, *m.*
Schulanstalt, *f.* collège, *m.* écoSchulbube, *fm.*, v. Schulknabe.
Schuld, *f.* dette; dû, *m.*; (*comm.*) débet; ausstehende —, créance, *f.*; —, *fg.* faute; péché, *m.* crime; cause, *f.*; die rückständige — arrérage, *m.*; böse —, non-valeur, *f.*; mit — beladen; endetter; einem — geben, attribuer, imputer la faute à qn., rejeter la faute sur qn.
Schuldbrief, *m.* 2, obligation, *f.*
Schuldbuch, *n.* 5\*, livre de compte, *m.*            [big seyn.
Schulden, *v. a.* rare, mieux SchulSchuldenfrei, *adj.* net; (*bien*) sans dettes.            [m.
Schuldenlast, *f.* poids de dettes, Schuldforderung, *f.* dette active, créance, prétention.            [cent.
Schuldfrei, Schuldlos, *adj.* innoSchuldgenosse, *m.* 3, codébiteur, complice.
Schuldherr, *m.* 3, créancier.
Schuldiener, v. Schulamt.
Schuldig, *adj.* dû (*somme*); redevable de qch.; obligé, tenu; qui doit, endetté; coupable, criminel; — seyn, devoir; être la cause (an); einem nichts — bleiben, *fg.* rendre la pareille *ou* le change à qn.            [gation, *f.*
Schuldigkeit, *f.* devoir, *m.* obliSchuldlos, *adj.* innocent.
Schuldlosigkeit, *f.* innocence.
Schuldner, *m.* 1, =inn, *f.* débiteur, *m.* -trice, *f.*            [f. partie.
Schuldposten, *m.* 1, dette, Schuldschein, *m.* 2, billet, reconnaissance (d'une dette), *f.*

Schuldthurm, *m.* 2*, prison pour dettes, *f.*

Schuldverschreibung, *f.* obligation.

Schule, *f.* école; die gelehrte —, collége, *m.* gymnase, lycée; die hohe —, université, *f.* académie; (en Suisse).

—, manége, *m.*; synagogue des juifs, *f.*; aus der — schwaßen, dire les nouvelles de l'école; neben, hinter, um die — gehen, faire l'école buissonniére.

Schulen, *v. a.* régenter, sermonner; dresser *un cheval.*

Schüler, *m.* 1, =inn, *f.* écolier, *m.* -ére, *f.* disciple, *m.* éléve, *m. et f.*

Schülerhaft, =mäßig, *adj.* d'écolier; —, *adv.* en écolier.

Schulferiengtag, *m.* 2, =ferien; *pl.* congé, *m.* vacances, *f. pl.*

Schulfreund, *m.* 2, camarade, compagnon d'école.

Schulfuchs, *m.* 2*, *injur.* pédant.

Schulfuchserei, *f.* pédanterie, pédantisme, *m.*

Schulfuchsisch, *adj.* pédantesque.

Schulgebäude, *n.* 1, =haus, *n.* 5*, école, *f.* collége, *m.*

Schulgeld, *n.* 5, salaire (*m.*), honoraire du maître d'école, écolage.

Schulgelehrsamkeit, *f.* érudition scolastique; humanités, *pl.*

Schulgerecht, *adj.* méthodique; (*man.*) bien dressé, loyal; die —en Bewegungen, académie, *f.*

Schuljahr, *n.* 2, année scolaire, *f.*; —t, *pl.* années de collége ou d'école.

Schulfamerad, *m.* 3, condisciple.

Schulknabe, *m.* 2, écolier, éléve.

Schulknecht, *m.* 2, *injur.* cuistre.

Schulkrankheit, *f.* maladie feinte.

Schullehrer, *m.* 1, régent, maître d'école, instituteur.

Schulmann, *m.* 5*, régent, instituteur.

Schulmäßig, *adj.* conforme à la doctrine, à la discipline de l'école.

Schulmeister, *m.* 1, maître d'école; =inn, *f.* maîtresse d'école.

Schulmeisterisch, *adj.* magistral.

Schulordnung, *f.* réglement pour les écoles, *m.* discipline, *f.*

Schulpferd, *n.* 2, cheval de manége, *m.* [scolastique.

Schulphilosophie, *f.* philosophie

Schulstube, *f.* école, classe.

Schulter, *f.* épaule.

Schulterbein, *n.* 2, os huméral, *m.*

Schulterblatt, *n.* 5*, (*anat.*) omoplate, *f.*; paleron *des animaux,* *m.* [lure, *f.*

Schulterblech, *n.* 2, (*arm.*) épauliere, *f.*

Schulterbreite, *f.* carrure. [*m.*

Schulterbrett, *n.* 5, dossier de lit,

Schulterkissen, *n.* 1, traversin, *m.*

Schulterlappen, *m.* 1, chausse, *f.*

Schultermuskel, *m. exc.* 1, muscle huméral.

Schultern, *v. a.* porter *les armes.*

Schulterwehr, *f.* épaulement, *m.*

Schultheiß, *m.* 3, maire; avoyer (en Suisse).

Schultheologie, *f.* théologie scolastique. [cice.

Schulübung, *f.* thème, *m.* exer-

Schulverwalter, *m.* 1, économe.

Schulwesen, *n.* 1, département de l'instruction publique, *m.* écoles, *f. pl.*

Schulwissenschaften, *f. pl.* humanités, lettres humaines.

Schulze, *m.* 3, *v.* Schultheiß.

Schulzucht, *f.* discipline, police de l'école.

Schund, *m.* 2, (még.) écharnures, *f. pl.*; vétille, *f.*; gadoue.

Schundfeger, *m.* 1, vidangeur, gadouard, [pade, *f.*

Schupp, *m.* 2, choc, coup, estra-

Schuppe, *f.* écaille; croûte.

Schuppe, Schuppe, *f.* pelle; —n, (jeu) pique, *m.*

Schuppen, *v. a.* écailler *du poisson* || pousser, heurter; sich —, se frotter (an, à).

Schuppen, *m.* 1, hangar, remise, *f.* appentis, *m.* [écailles.

Schuppenfisch, *m.* 2, poisson à

Schuppenwurz, *f.* clandestine.

Schuppicht, Schuppig, *adj.* écailleux, à écailles; (*anat.*) squammeux.

Schur, *f.* tonte *des brebis;* tonture; coupe *des draps.*

Schüreisen, *n.* 1, fourgon, *m.*

Schüren, *v. a.* attiser, tisonner, fourgonner; aus einander —, détiser. [-se, *f.*

Schürer, *m.* 1, =inn, *f.* tisonneur,

Schurf, *m.* 2, ouverture *d'une mine, f.; v.* Schorf.

Schürfen, *v. a.* ratisser; écorcher, égratigner; ouvrir *une mine.*

Schürhobel, *m.* 1*, galére, *f.*

Schürhaken, *m.* 1, tisonnier.

Schürigeln, *v. a. pop.* tracasser, vexer, chicaner.

Schurke, *m.* 3, coquin, fripon, gueux, maraud.

Schurkerei, *f.* coquinerie.

Schurkisch, *adj.* fripon, de coquin; —, *adv.* en fripon.

Schürloch, *n.* 5*, chauffe, *f.*

Schurz, *m.* 2*, tablier, (*arch.*) manteau du foyer.

Schürzange, *f.* badines, *pl.*

Schürze, *f.* tablier, *m.* garde-robe, *f. pop.* devantier, *m.*

Schürzen, *v. a.* nouer, trousser, retrousser; einen Knoten —, faire un nœud. [*m.*

Schürzfell, *n.* 2, tablier de peau,

Schuß, *n.* 2*, mouvement rapi-

de; coup de feu, coup, décharge, *f.*; portée; charge *de poudre;* torrent *de l'eau, m.;* jet *d'arbre;* pousse, *f.;* compte *de pommes, m.; fig. fm.* boutade, *f.* fantaisie, lubie.

Schüssel, *f.* plat, *m.;* écuelle, *f.;* terrine; paténe *du calice;* boite *d'os.*

Schüsselbrett, *n.* 5, tablette à vaisselle, *f.;* égouttoir, *m.*

Schüsselchen, *n.* 1, alvéole *des glands, m.* [service.

Schüsselkorb, *m.* 2*, panier de

Schüsselring, *m.* 2, porte-assiette, garde-nappe.

Schüsselwäscherinn, *f.* écureuse.

Schüsselwasser, *v.* Spülig, Spülwasser.

Schüster, *m.* 1, palet, chique, *f.*

Schußfrei, *adj. et adv.* à couvert, hors de la portée du canon, du fusil, hors d'atteinte.

Schußmäßig, *adj.* à la portée du fusil. [busade, *f.*

Schußwasser, *n.* 1, eau d'arque-

Schußweise, *adv.* par intervalles; *fm.* par boutades.

Schußweite, *f.* portée.

Schußwunde, *f.* coup de feu, *m.*

Schuster, *m.* 1, cordonnier.

Schusterhandwerk, *n.* 2, cordonnerie, *f.* [couteau à pied.

Schustermesser, *n.* 2, tranchet,

Schustern, *v. n.* (h.) faire des souliers. [lier, *m.*

Schusternaht, *f.*, point de sou-

Schustersack, *m.* 2*, crépin, saint-crépin.

Schusterwerktisch, *m.* 2, établi de cordonnier. [pin, *m.*

Schusterzeug, *n.* 2, saint - cré-

Schusterzwecke, *f.* broche.

Schute, *f. prvcl.* bateau, *m.* barque, *f.*

Schutt, *m.* 2, décombres, *pl.* ruines, *f. pl.* démolitions; gravois, *m.; vom* —t reinigen, déblayer, décombrer.

Schütte, *f.* monceau, *m.* tas; magasin à blé.

Schütteln, *v. a.* secouer; remuer; branler; —, *s. n.* 1, secouement, *m.* branlement. [pandre.

Schütten, *v. a.* verser, jeter, ré-

Schüttführer, *m.* 2, gravatier.

Schüttgelb, *n.* 2, stil de grain, *m.*

Schüttfarren, *m.* 1, tombereau.

Schutz, *m.* 2, protection, *f.* garde, défense; égide, auspices, *m.;* clientéle *d'un patron, f.;* sauvegarde; appui, *m.;* asile, abri; rempart; in — nehmen, prendre sous sa protection || *v.* Schutzbrett.

Schutzblattern, *pl.* vaccine, *f.;* einem die — einimpfen, vacciner qn.

Schußbrett, *n.* 5, vanne, *f.* pale, bonde; lançoir, *m.*; empellement *d'un étang.*

Schußbrief, *m.* 2, sauvegarde, *f.*

Schußbündniß, *n.* 2, alliance défensive, *f.*     [se, *m.*

Schußdach, *n.* 5*, toit de défen-

Schüße, *m.* 3, tireur; (*astr.*) sagittaire; —, *f.* (*tiss.*) navette.

Schüßen, *v. a.* protéger, soutenir; préserver, garantir; maintenir; défendre, garder; arrêter *l'eau*; gegen Wind und Wetter —, abriter.

Schüßengel, *m.* 1, ange gardien.

Schüßengilde, *f.* corps des arquebusiers, *m.*     [quebusiers.

Schüßenkönig, *m.* 2, roi des ar-

Schußgatter, *n.* 1, herse, *f.* barrière.

Schußgeist, *m.* 5, génie tutélaire.

Schußgeld, *n.* 5, tribut, *m.* octroi.

Schußgott, *m.* 5*, dieu tutélaire.

Schußheilige, *m. et f.* 3, patron (*m.*), patronne (*f.*) *d'une église.*

Schußheiligthum, *n.* 5*, palladium, *m.*     [patron.

Schußherr, *m.* 3, protecteur,

Schüßling, *m.* 2, protégé, client.

Schußmauer, *f.* rempart, *m.* boulevard.

Schußrede, *schrift, f.* apologie.

Schußredner, *m.* 1, apologiste.

Schußwaffe, *f.* arme défensive.

Schußwand, *f.*, brise-vent, *m.*

Schußwaffer, *n.* 1, éclusée, *f.*

Schußwehr, *f.* défense; *f.*; (*hydr.*) écluse; *v.* Schußwaffe.

Schwabbeln, *v. n.* (h.) être agité, en mouvement (*liquides*).

Schwabe, *m.* 3, Schwäbinn, *f.*

Schwäbisch, *adj.* souabe.

Schwabe, *f.* blatte (*insecte*).

Schwaben, *ol.* Souabe, *f.* (*pays*).

Schwach*, *adj.* faible; débile; languissant, infirme; cassé (*vieillard*); fragile, frêle, délicat; (*bot.*) grêle; oreille dure; (*méd.*) asthénique; *fg.* faible; trop indulgent, débile; infidèle, ingrat (*mémoire*); — werden, s'affaiblir; faiblir (*vent, etc.*); (*méd.*) faillir; es wird ihm — ums Herz, le cœur lui manque; alt und — werden, se casser; — am Verstande, imbécille; — machen, *v.* Schwächen.

Schwäche, *f.* faiblesse; infirmité, délicatesse, exilité; (*méd.*) asthénie; affaissement, *m.*; *fg.* faible, faiblesse, *f.* fragilité.

Schwächen, *v. a.* affaiblir; débiliter; user, atténuer; épuiser *les forces*; amortir *un coup*; abattre *le courage.*

Schwachgläubig, *adj.* qui a peu de foi.

Schwachheit, *v.* Schwäche.

Schwachheitssünde, *f.* péché de fragilité, *m.*

Schwachherzig, *adj.* faible.

Schwachkopf, *m.* 2*, tête bornée, *f.* esprit borné, *m.*

Schwachköpfig, =sinnig, *adj.* qui a l'esprit faible, la tête légère.

Schwächlich, *adj.* délicat, faible, débile, fluet, langoureux; *fg.* malingre.     [bile.

Schwächling, *m.* 2, homme débile, *m.* 2, faiblesse d'esprit, *f.*     [*m.*; débilitation, *f.*

Schwächung, *f.* affaiblissement,

Schwade, *f.* Schwaben, *m.* 1, (*agr.*) andain; javelle, *f.*; in —n legen, liegen, javeler; —nweise mähen, faucher en andain; —, (*bot.*) panis panicum, *m.*; (*min.*) moffette, *f.* moufette.     [mil.

Schwadengrütze, *f.* graine de gre-

Schwadron, *f.* escadron, *m.*; sich —enweise stellen, escadronner.

Schwadroniren, *v. n.* (h.) *pop.* habler.     [*fm.* postillon.

Schwager, *m.* 1*, beau - frère;

Schwägerinn, *f.* belle-sœur.

Schwägerschaft, *f.* alliance; affinité.

Schwäher, *m.* 1, *v.* Schwiegervater.

Schwalbe, *f.* hirondelle.

Schwalbenschwanz, *m.* 2*, queue d'hirondelle, *fém.*; (*art.*, *etc.*) queue d'aronde.

Schwalbenstein, *m.* 2, pierre d'hirondelle, *f.*

Schwalg, *m.* 2, (*fond.*) conduit pour y verser le métal.

Schwall, *m.* 2*, grande quantité, *f.*; masse; *fg.* foule, déluge de paroles, *m.*

Schwamm, *m.* 2*, éponge; *f.*; (*bot.*) champignon, *m.*; amadou; (*chir.*) fongus, champignon, éponge, *f.*     [fongueux, poreux.

Schwammicht, *adj.* spongieux,

Schwammstein, *m.* 2, spongite, *f.*

Schwan, *m.* 2*, cygne.

Schwanen, *v. n. imp.*, *v.* Ahnen.

Schwanengesang, *m.* 2*, chant du cygne; *fg. id.*     [cygne.

Schwanenhals, *m.* 2*, cou de

Schwang, *m.* 2, branle; branlement; *fg.* vogue, *f.* mode; im — geben, être en vogue.

Schwangbaum, *m.* 2*, brancard.

Schwängel, *v.* Schwengel.

Schwanger, *adj.* grosse, enceinte; *fg.* mit etw. — geben, méditer, machiner qch.; rouler qch. dans sa tête.

Schwängern, *v. a. fm.* engrosser; (*chim.*) imprégner; *fg.* féconder *la terre*; geschwängert, *v.* Schwanger.

Schwangerschaft, *f.* grossesse.

Schwängerung, *f.* (*chim.*) imprégnation.

Schwank, *m.* 2*, mot pour rire, plaisanterie, *f.* facétie, conte plaisant, *m.*; *fm.* baliverne, *f.*; —e, *pl.* goguettes, *f. pl.*     [gue.

Schwank, *adj.* flexible; *fg.* vagabond, *n.* 1, nageoire *dans un seau, f.*

Schwanken, *v. n.* (h.) branler; chanceler; vaciller; balancer; (*mar.*) tanguer, rouler; *fg.* être irrésolu, hésiter; flotter; —, *s. n.* 1, vacillation, *f.* branle, *m.* branlement; flottement *d'une troupe en marche*; (*mar.*) tangage, roulis; *fg.* fluctuation, *f.* hésitation; das Scheinbare —, la libration *de la lune.*

Schwänken, *v. a.*, *v.* Schwenken.

Schwankend, *adj.* branlant, balançant; irrésolu: louche.

Schwanz, *m.* 2*, queue, *f.*; (*cha.*) balai, *m.*; (*mus.*) croche, *f.*; *fg. fm.* etw. auf den — schlagen, ferrer la mule.     [cix, *m.*

Schwänzeln, *v. n.* (h.) frétiller de la queue, remuer la queue.

Schwänzelpfennig, *m.* 2, tour du bâton, profit illicite.

Schwänzen, *v. a.* (*mus.*) faire des croches; *fg.* tromper, duper qn.; eine Stunde —, brûler une heure; die Schule —, faire l'école buissonnière; geschwänzt, (*bot.*) caudé.

Schwanzriemen, *m.* 1, croupière, *f.* trousse - queue; das Ende vom —, culeron, *m.*

Schwanzrübe, *f.* tronçon de la queue *d'un cheval, m.*

Schwanzschraube, *f.* (*arq.*) culasse; die — an ein Gewehr seßen, enculasser un fusil.     [f.

Schwanzstern, *m.* 2, *fm.* comète.

Schwanzstück, *m.* 2, tronçon de la queue *du poisson, m.*; (*bouch.*) culotte, *f.*; — und Abell, *m. et n.* 1, culée *du cuir, f.*

Schwären, *v. n.* (h. *et* f.) suppurer, abcéder; — machen, exulcérer, faire suppurer; — machend, exulcératif; —, *s. n.* 1, suppuration, *f.*

Schwarm, *m.* 2*, essaim, jet *d'abeilles*; volée de sauterelles, *etc.*, *f.*; bande *d'oiseaux*; *fg.* essaim, *m.* foule, *f.* multitude; troupe; cohue; *fm.* marmaille *de petits enfants.*

Schwärmen, *v. n.* (h.) voltiger, essaimer; jeter (*abeilles*); courir çà et là, folâtrer; *fg.* extravaguer; rêver; être fanatique, exalté.

Schwärmer, *m.* 1, coureur; débauché; extravagant, exagéré; visionnaire, fanatique, illuminé; (*artif.*) fusée, *f.* serpenteau, *m.*

Schwärmerei, *f.* enthousiasme,

m.; extravagance, f. fanatisme, m.; vision, f.

**Schwärmerisch**, adj. extravagant; fanatique, enthousiaste, extatique; — machen, exalter, fanatiser.

**Schwärmradete**, f., —n, pl. fougues. [abeilles essaimant.

**Schwärmzeit**, f. saison où les

**Schwarte**, f. couenne.

**Schwartenbrett**, n. 5, dosse, f.

**Schwartenmagen**, m. 1*, panse, f.

**Schwarz**, adj. noir; sombre; obscur; (linge) sale; (pain, farine) bis, noir; fg. noir, mélancolique; atroce; — von der Sonne, von der Luft, ꝛc., hâlé, basané; — vom Rauch, enfumé; die — Kunst, la magie noire; gravure en maniére noire; — auf Weiß, par écrit; — brennen, hâler (soleil); — werden, se noircir, se hâler; se salir; —, s. n. indécl. noir, m.

**Schwarzäugig**, adj. qui a les yeux noirs.

**Schwarzbäcker**, m. 1, boulanger qui fait du pain bis.

**Schwarzbinder**, m. 1, tonnelier qui fait de gros tonneaux en bois de chêne.

**Schwarzblau**, v. Schwarzgelb.

**Schwarzbraun**, adj. brun foncé; basané, bis, moricaud, noiraud; — machen, noircir, hâler; —, bai-brun (chevaux).

**Schwarzbrod**, n. 2, pain bis, m.

**Schwarzdorn**, m. exc. 1, prunellier. [-sse, f.

**Schwarze**, m. et f. 3, nègre, m.

**Schwärze**, f. noir, m.; (impr.) encre, f.; fg. atrocité, noirceur.

**Schwärzen**, v. a. noircir; salir; hâler; fg. calomnier.

**Schwarzer**, m. 1, contrebandier.

**Schwarzerle**, f. bourdaine.

**Schwarzfärber**, m. 1, teinturier en noir, teinturier du petit teint, noircisseur, biseut. [sonné.

**Schwarzfleckig**, adj. basané; —

**Schwarzfuchs**, m. 2*, alezan moreau.

**Schwarzgallig**, adj. atrabilaire.

**Schwarzgar**, adj. (cuir) basané.

**Schwarzgelb**, adj. basané; livide; die —e Farbe, la lividité de la peau.

**Schwarzkümmel**, m. 1, nielle romaine, f. [nécromant.

**Schwarzkünstler**, m. 1, magicien,

**Schwärzlich**, adj. noirâtre.

**Schwarzrod**, m. 2*, fm. ecclésiastique. [gris tisonné.

**Schwarzschimmel**, m. 1, cheval

**Schwarzspecht**, m. 2, pic noir.

**Schwarzstein**, m. 2, périgueux.

**Schwarztanne**, f. sapin noir, m.

**Schwarzwald**, m. 5*, Forêt noire, f.

---

**Schwarzwild**, —pret, n. 2, bêtes noires, f. pl.

**Schwarzwurz**, f. consoude.

**Schwatzen**, v. n. (b.) causer, discourir, bavarder, babiller, jaser; einem die Ohren voll —, rompre les oreilles à qn.; étourdir qn.; verwirrt —, balbutier; —, s. n. 1, caquet, m. babil.

**Schwätzer**, m. 1, =inn, f. causcur, m. hableur, caqueteur, discoureur, harangueur; -se, f.; babillard, m. -e, f.; indiscret, m. -ète, f. [biage.

**Schwätzerei**, f. caquet, m. ver-

**Schwatzhaft**, adj. babillard, bavard, indiscret; verbeux.

**Schwatzhaftigkeit**, f. bavarderie, loquacité; indiscrétion.

**Schweben**, v. n. (b.) être ou se tenir suspendu; planer, balancer en l'air; flotter; fg. flotter, balancer; in Gefahr —, courir risque, être en danger; vor Augen —, être devant les yeux. [dant.

**Schwebend**, adj. flottant; pen-

**Schwebeschritt**, m. 2, (dans.) balancé. [suédois.

**Schwede**, m. 3, Schwedisch, adj.

**Schweden**, Suède, f. (pays).

**Schwefel**, m. 1, soufre; mit — gebundene Körper, sulfure.

**Schwefelabdruck**, m. 2*, ectype, empreinte (f.), estampe en soufre.

**Schwefelader**, f. veine, filon (m.) de soufre.

**Schwefelartig**, adj. sulfureux.

**Schwefelbad**, n. 5*, bain de soufre, m.; bains de soufre, pl.

**Schwefelblüthe**, f. fleurs de soufre, pl. soufre sublimé, m.

**Schwefelbrand**, m. 2*, carton enduit de soufre pour soufrer les tonneaux.

**Schwefelerde**, f. terre sulfureuse.

**Schwefelfaden**, m. 1*, fil soufré.

**Schwefelgelb**, adj. jaune pâle.

**Schwefelgesäuert**, adj. sulfaté; das —t Eisen, le sulfate de fer; —Salz, sulfite.

**Schwefelgrube**, f. soufrière.

**Schwefelhölzchen**, n. 1, allumette, f. [fre.

**Schwefelhütte**, f. fonderie de soufre.

**Schwefelig**, adj. soufré, sulfureux.

**Schwefelkasten**, m. 1*, soufroir, ensoufroir. [fureuse, f.

**Schwefelkies**, m. 2, pyrite sulfureuse.

**Schwefelleber**, f. (chim.) ol. hépar, m.

**Schwefelmine**, f. soufrière.

**Schwefeln**, v. a. soufrer, ensoufrer, mécher le vin; geschwefelt, (chim.) sulfuré.

**Schwefelregen**, m. 1, pluie de soufre.

**Schwefelsauer**, v. Schwefelgesäuert.

---

**Schwefelsäure**, f. acide sulfurique, m.; die flüchtige —, acide sulfureux. [gène sulfuré.

**Schwefelwasserstoff**, m. 2, hydro-

**Schwefelwerk**, n. 2, atelier où l'on prépare le soufre, m.

**Schweif**, m. 2, queue, f.

**Schweifen**, v. a. échancrer, évider, cambrer, chantourner; bomber; (orf.) godronner; —, v. n. (f.) traîner (robe); rôder, errer; s'écarter des limites; franchir les bornes. [men.

**Schweifscheibe**, f., v. Schwanzrite=

**Schweifstern**, m. 2, comète, f.

**Schweifung**, f. échancrure; cambrure; bombement, m.; (orf.) godron; faussure d'une cloche, f.

**Schweigen**, v. n. 5 (b.) se taire, garder le silence; —, v. a. rég. faire taire un enfant; fg. étouffer les remords de sa conscience; retenir sa langue; —, s. n. 1, silence, m. taciturnité, f.; (mus.) pause, tacet, m.; zum — bringen, faire taire, réduire au silence.

**Schwein**, n. 2, cochon, m. porc; pourceau; das wilde —, sanglier.

**Schweinbeschauer**, masc. 1, langueyeur.

**Schweinbachs**, m. 2, coati.

**Schweinbraten**, m. 1, porc rôti.

**Schweinefett**, n. 2, graisse de porc, f.; ausgelassene —, saindoux, m.

**Schweinefleisch**, n. 2, porc, m.; — auf dem Rost gebraten, griblette, f. [rie.

**Schweinerei**, f. pop. cochonne-

**Schweinhirt**, m. 3, porcher.

**Schweinigel**, m. 1, hérisson, porc-épic; fg. pop. cochon, vilain. [pre.

**Schweinisch**, adj. sale, malpro-

**Schweinkoben**, m. 1, v. Schweinstall. [glandée, f.

**Schweinmast**, fém. engrais, m.

**Schweinmutter**, f. truie.

**Schweinsblase**, f. vessie de cochon.

**Schweinsborste**, f. soie de porc.

**Schweinsbrod**, n. 2, (bot.) cyclamen, m. pain-de-pourceau.

**Schweinsbruch**, m. 2*, boutis.

**Schweinschauer**, m. 1, langueyeur.

**Schweinschneider**, m. 1, châtreur.

**Schweinsfeder**, f. épieu, m.; — n, pl. (serr.) chardons, pl.

**Schweinshatz**, Schweinsjagd, fém. chasse du sanglier. [glier, m.

**Schweinskeule**, f. cuissot du san-

**Schweinskopf**, m. 2*, tête de porc, f.; hure du sanglier.

**Schweinsrüssel**, m. 1, groin.

**Schweinschulter**, f. paleron, m.

**Schweinstall**, m. 2*, toit, étable (f.) à cochons; fg. fm. cloaque, m.

Schweinszunge, f. langue de porc;
die geräucherte —, languier, m.
Schweintrog, m. 2*, auge à cochon, f.          [m.
Schweinwildpret, n. 2, sanglier,
Schweiß, m. 2, sueur, f.; (cha.)
sang, m.; in vollem —e, tout en
nage; der krankhafte —, exsudation, f.; nach dem —e riechen, sentir le bouquin; nach dem —e unter
den Armen riechen, sentir le gousset; im —e seines Angesichts, à la
sueur de son front.
Schweißbad, n. 5*, étuve, f.
Schweißen, v. n. (b.) suer, suinter; (cha.) saigner; —, v. a. corroyer, braser le fer.
Schweißfieber, n. 1, fièvre hy-
drotique, f.
Schweißfuchs, m. 2*, alezan brûlé.
Schweißhund, m. 2, braque.
Schweißig, adj. suant; (cha.)
saignant.
Schweißloch, n. 5*, pore, m.
Schweißmittel, n. 1, sudorifique,
m.          [hydrotique.
Schweißtreibend, adj. sudorifique,
Schweißtuch (Christi), n. 5*, saint
suaire, m.
Schweiz, f. Suisse.
Schweizer, m. 1, Schweizerisch,
adj. suisse, helvétique.
Schweizerbund, m. 2*, confédé-
ration helvétique, f.
Schweizerhose, f. (bot.) belle de
nuit.
Schweizerkäse, m. 1, fromage de
Suisse, de Gruyéres.
Schwelgen, v. n. (h.) se livrer à
des excès, faire la débauche, vivre dans la débauche, crapuler.
Schwelger, m. 1, débauché.
Schwelgerei, f. débauche, crapule; déréglement, f. gourman-
dise, f.          [réglé.
Schwelgerisch, adj. débauché, dé-
Schwelle, f. seuil, m.
Schwellen, v. n. 6 (f.) s'enfler, enfler; se bouffir, se gonfler; — machen ou —, v. a. rég. enfler, gonfler, boursoufler, grossir; (cuis.)
faire bouillir; (vét.) geschwollen,
gorgé; mit geschwollenen Drüsen,
glandé; —, s. n. 1, enflure, f.;
tuméfaction; gonflement, m.
Schwemme, f. gué, m.
Schwemmen, v. a. guéer, baigner
les chevaux; laver; aiguayer.
Schwengel, m. 1, battant; bascule, f.
Schwenken, v. a. tourner, agiter,
manier le drapeau, etc.; brandiller la canne; rincer la bouche;
brandir l'épée; laver la lessive;
ein Pferd —, caracoler; —, v. n.
(h.) et sich —, tourner, se tourner, tournoyer; (guer.) faire une

conversion; um den Mittelpunkt
—, fm. faire le moulinet.
Schwenkfessel, m. 1, cuvette, f.
Schwenkung, f. tournoiement,
m.; (man.) caracole, f.; (guer.)
conversion, tour, m. manœuvre,
f.; —en machen; manœuvrer.
Schwenkungspunkt, m. 2, (guer.)
pivot.
Schwer, adj. pesant; lourd; fg.
difficile, pénible, malaisé; grand,
grave; important; énorme (crime);
gros (cœur); —er machen, appesantir; fg. id., aggraver; —er werden, s'appesantir; —, adv. pesamment; grièvement (blessé).
Schwerathmen, n. 1, respiration
difficile, f.; (méd.) dyspnée.
Schwere, f. pesanteur; poids,
m.; (phys.) gravité, f.; fg. importance, gravité; grièveté d'un
crime; rigueur d'une peine.
Schwerenlehre, f. statique.
Schwerenmesser, m. 1, baromètre.
Schwererde, f. baryte.
Schwerfällig, adj. lourd; pesant;
— werden, s'appesantir.
Schwerfälligkeit, fém. pesanteur,
lourdeur.
Schwerflüssig, adj. réfractaire.
Schwerkraft, f.*, gravitation.
Schwerlich, adv. avec peine, dif-
ficilement, malaisément, à grand'-
peine.
Schwermuth, f. mélancolie, tris-
tesse.
Schwermüthig, adj. mélancoli-
que, triste; abattu, accablé de
douleur; noir (pensée).
Schwerpunkt, m. 2, centre de
gravité.
Schwert, n. 5, glaive, m. épée,
f. fer, m.; mit Feuer und — ver-
heeren, mettre à feu et à sang.
Schwertfeger, m. 1, fourbisseur.
Schwertfisch, m. 2, espadon.
Schwertförmig, adj. en forme de
glaive; (bot.) ensiforme.
Schwertlilie, f. glaïeul, m. iris,
f. flambe; die stinkende —, spa-
tule.          [vert d'iris.
Schwertliliengrün, n. 2, iris, m.
Schwertorden, m. 1, ordre du
glaive.          [porte-glaive.
Schwertritter, m. 1, chevalier
Schwertstreich, m. 2, coup d'é-
pée; ohne —, sans coup férir.
Schwerverständlich, adj. abstrait,
difficile à comprendre.
Schwester, f. sœur.
Schwesterlich, adj. de sœur; —,
adv. en sœur; en bonne sœur.
Schwestermann, m. 5*, mari de
la sœur; beau-frère.
Schwestersohn, m. 2*, neveu.
Schwestertheil, m. 2, part soro-
riale, f.

Schwestertochter, f.*, niéce.
Schwibbogen, m. 1*, voûte, f.
arc, m.; arcade, f.; arche d'un
pont.          [mére.
Schwieger, f. —mutter, *, belle-
Schwiegerältern, pl. le beau-pére
et la belle-mére.        [beau-fils.
Schwiegersohn, m. 2*, gendre,
Schwiegertochter, f.*, bru, belle-
fille.
Schwiegervater, m. 1*, beau-pére.
Schwiele, f. cal, m. calus, callosité, f. durillon, m. oignon.
Schwielig, adj. calleux.
Schwierig, adj. difficile, malaise;
délicat, épineux; grave; difficultueux (homme).
Schwierigkeit, f. difficulté; obstacle, m.; inconvénient; empêchement, contrariété, f.; er
macht überall —en, il est fort difficultueux.       [d'un nageur.
Schwimmblase, f. vessie; nageoire
Schwimmen, v. n. 2 (h. et f.)
nager; flotter; fg. nager, couler;
in Thränen —, fondre en larmes;
—, être baigné dans son sang;
être inondé de sang (terre); —,
s. n. 1, nage, f. natation.
Schwimmend, adj. nageant; flottant; in Thränen —, éploré; baigné de larmes (yeux).
Schwimmer, m. 1, nageur.
Schwimmfuß, m. 2*, pied des
oiseaux nageurs, des palmipèdes.
Schwimmgürtel, m. 1, ceinture
à nager, f. languerre.
Schwimmhaut, f.*, membrane qui
unit les doigts des palmipèdes.
Schwimmkleid, n. 5, scaphandre, m.          [l'on nage.
Schwimmplatz, m. 2*, lieu où
Schwimmschule, f. école de natation.          [tation.
Schwinde, f. dartre.       
Schwindel, m. 1, vertige, avertin des brebis; mit dem — behaftet, vertigineux.
Schwindelei, f. vertige, m. rêve,
étourderie, f.
Schwindelig, adj. m. 5, esprit de
vertige; v. Schwindelkopf.
Schwindelig, adj. sujet aux vertiges; es wird mir —, la tête me
tourne.
Schwindelkopf, m. 2*, Schwindler,
m. 1, —inn, f. étourdi, m. évaporé, —e, f.          [m.
Schwindelkorn, n. 5*, =haber, m.
1, ivraie, f.
Schwindelkraut, n. 5*, doronic.
Schwindeln, v. n. et imp. (h.)
avoir des vertiges; fg. extravaguer; es schwindelt mir, la tête me
tourne.
Schwinden, v. n. 3 (f.) décroitre,
diminuer, sécher de langueur;
s'amaigrir, s'exténuer; se déjeter,

travailler (*bois sec*); couler (*blé*); *fg.* disparaître, se perdre, s'évanouir; — laſſen, quitter *un soupçon;* bannir *toute crainte;* renoncer à *toute espérance;* se désister *d'une prétention;* chasser *les soucis;* geſchwunden, (*mar.*) ébaroui; —, *s. n.* 1, amaigrissement, *m.* desséchement, exténuation, *f.;* (*agr.*) coulure. [que,

Schwindfieber, *n.* 1, fièvre étiSchwindgrube, *f.* (*min.*) égogeoire.

Schwindſucht, *f.* phthisic.

Schwindſüchtig, *adj.* phthisique, étique.

Schwinge, *f.* échanvroir, *m.;* van, *vannette pour le blé, f.;* aile *d'un oiseau;* (*cord.*) *voy.* Schwingmeſſer.

Schwingen, *v. a. et n.* 3 (f.) osciller, *vibrer;* secouer, agiter, branler, brandir, brandiller, manier; faire l'exercice *du drapeau;* battre *des ailes;* vanner *les blés;* broyer, teiller *le chanvre, etc.;* daguer, écanguer *le lin;* ſich —, s'élancer; osciller (*pendule*); ſich in die Höhe —, prendre l'essor (aussi *fg.*); (*fauc.*) s'essorer; ſich auf den Thron —, monter sur le trône.

Schwingend, *adj.* oscillatoire.

Schwingenpreſſe, *f.* bascule.

Schwingfeder, *f.* penne; die äuſſerſten —n, les cerceaux *des oiseaux de proie, m. pl.*

Schwingmeſſer, *n.* 1, (*cord.*) espade, *f.* écang, *m.* dague, *f.*

Schwingſted, *m.* 2*, échanvroir.

Schwingung, *f.* vibration, balancement, *m.;* oscillation *du pendule, f.;* —en machen, osciller.

Schwirren, *v. n.* (b.) faire un bruit aigu, siffler (*flèche*); bourdonner; chanter; —, *s. n.* 1, sifflement, *m.;* bourdonnement; chant; cri.

Schwißbad, *n.* 5*, =ſtube *f.* étuve.

Schwiße, *f.* (*még.*) échauffe, étuve.

Schwißen, *v. n. et a.* (b.) suer; suinter; ressuer (*pierres*); an den Händen —, suer des mains; —, *s. n.* 1, sueur, *f.;* exsudation; suintement, *m.;* ressuage.

Schwißkaſten, *m.* 1*, étuve, *f.* archet, *m.* [mittel.

Schwißmittel, *n.* 1, Schweiß-Schwödefaß, *n.* 5*, (*még.*) enchaux, *m.* [chaux.

Schwöden, *v. a.* mettre dans la Schwören, *v. a. et n.* 6 (h.) jurer; prêter serment; falſch —, se parjurer; bei ſeinem Gotte —, jurer son Dieu; —, *s. n.* 1, serment, *m.* jurement.

Schwörer, *m.* 1, jureur. ♦

Schwude, *interj., v.* Hott.

Schwül, *adj.* extrêmement chaud.

Schwüle, *f.* chaleur étouffante.

Schwulſt, *m.* 2*, enflure, *f.* tumeur; *fg.* emphase, style guindé, *m.* phébus.

Schwülſtig, *adj.* (*style*) ampoulé, emphatique, ambitieux, guindé, déclamatoire; der —e Redner, déclamateur, *m.;* die —t Rede, déclamation, *f.* [élan.

Schwung, *masc.* 2*, branle; *fg.*

Schwungfeder, *f., v.* Schwingfeder.

Schwungkraft, *f.*, force centrifuge; énergie.

Schwungrad, *n.* 5*, balancier volant, *m.*

Schwungriemen, *m.* 1, soupente, *f.*

Schwur, *m.* 2*, jurement; imprécation, *f.;* juron, *m.;* serment.

Schwurgericht, *n.* 2, jury, *m.*

Sclave, *m.* 3, =inn, *f.* esclave, *m. et f.* [cousin.

Sclavenauffeher, *m.* (*mar.*) arSclavengefängniß, *n.* 2, =kerfer, *m.* 1, bagne, bazar (*dans l'Orient*).

Sclavenhandel, *m.* 1, traite des nègres, *f.;* [d'esclaves.

Sclavenhändler, *m.* 1, marchand Sclaverei, *f.* esclavage, *m.;* servitude, *f.*

Sclaviſch, *adj.* servile, illibéral.

Sclavonien, Esclavonie, *f.* (*pays*).

Sclavonier, *m.* 1, Sclavoniſch, *adj.* esclavon.

Sceptiſch, *v.* Spöttiſch.

Scorbut, *m.* 2, scorbut.

Scorbutiſch, *adj.* scorbutique.

Scorpion, *m.* 2, scorpion.

Scorpionöl, *n.* 2, scorpiojelle, *f.*

Scorzonere, *f.* scorsonère.

Scribent, *m.* 3, écrivain.

Scribler, *m.* 1, écrivailleur.

Scrofeln, Scropheln, *pl.* écrouelles, *f. pl.* scrofules.

Scrofulös, *adj.* scrofuleux.

Scrupel, *m. et n.* 1, scrupule, *m.;* der halbe Scrupel, obole, *f.*

Sebaſtian, *n. pr. m.* Sébastien.

Sebenbaum, *m.* 2*, sabine, *f.*

Sech, *n.* 2, coutre de la charrue, *m.*

Sechs, *adj.* six. [m.

Sechs, Sechſe, *f.* Sechſer, *m.* 1, six. [six croches, *f.*

Sechsachteltact, *m.* 2, mesure de

Sechsed, *n.* 2, hexagone, *m.*

Sechsedig, *adj.* hexagone.

Sechserlei, *adj. indécl.* de six sortes. [ple.

Sechsfach, Sechsfältig, *adj.* sextuSechsmonatlich, *adj.* de six mois.

Sechspfünder, *m.* 1, canon, pièce (*f.*) de six livres de balle.

Sechsruderig, *adj.* à six rangs de rames. [style.

Sechsſäulig, *adj.* (*arch.*) hexaSechsſeitig, *adj.* hexaèdre; cube.

Sechsſpännig, *adj.* à six chevaux.

Sechstägig, *adj.* de six jours, sextane (*fièvre*).

Sechste, *adj.* sixième.

Sechstel, *n.* 1, sixième, *m.*

Sechstelſunze, *f.* sextule, *m.*

Sechstens, *adv.* sixièmement.

Sechsthalb, *adj.* cinq et demi.

Sechswochen, *f.* couches, *pl.*

Sechswöchnerinn, *f.* accouchée.

Sechszeilig, *adj.* de six lignes; die —e Strophe, sixain, *m.*

Sechszehn, *adj.* seize.

Sechszehnerlei, *adj. indécl.* de seize sortes.

Sechszehnfach, *adj.* seize fois autant.

Sechszehnte, *adj. et z.* seizième.

Sechszehntel, *n.* 1, seizième, *m.;* (*mus.*) double croche, *f.*

Sechszehntens, *adv.* seizièmement.

Sechszig, *adj.* soixante.

Sechsziger, *m.* 1, sexagénaire; (*jeu de piques*) pic.

Sechszigjährig, *adj.* sexagénaire.

Sechszigſte, *adj.* soixantième.

Seciren, *v. a.* disséquer.

Sedel, *m.* 1, bourse, *f.;* (*ant. j.*) sicle, *m.* [sorier.

Sedelmeiſter, *m.* 1, caissier, tréSecret, *n.* 2, commodités, *f. pl.*

Secretär, *m.* 1, secrétaire.

Secretariat, *n.* 2, secrétariat, *m.*

Sect, *m.* 2, vin des Canaries.

Secte, *f.* secte.

Section, *f.* section.

Sectirer, *m.* 1, sectaire.

Sector, *m. exc.* 1, (*math.*) secSecular, *adj.* séculier. [teur.

Secunda, *f.* seconde.

Secundaner, *m.* 1, écolier de seconde.

Secundant, *m.* 3, second (*au duel*).

Secunde, *f.* seconde.

Secundiren, *v. a.* seconder, aider, assister; (*mus.*) accompagner.

Sedezband, *m.* 2*, =format, *n.* 2, in-seize, *m.*

See, *f.* mer; océan, *m.;* die hohe —, le large; zur —gehörig, marin; in — geben, mettre en mer; —, *m. exc.* 1, lac.

Seeaal, 2c., *v.* Meeraal, 2c.

Seebad, *n.* 5*, bain de mer, *m.*

Seebär, *m.* 3, ours marin.

Seeblume, *f.* nymphée, nénuphar, *m.*

Seebrief, *m.* 2, connaissement, *f.*

Seecompaß, *m.* 2, boussole, *f.*

Seedienſt, *m.* 2, service de mer.

Seeeinhorn, *m.* 5*, narval, *m.*

Seeelephant, *m.* 3, morse.

Seeente, *f.* macreuse.

Seefahrend, *adj.* navigateur, marin.

Seefahrer, *m.* 1, navigateur; marin; voyageur sur mer.

Seefahrt, *f.* navigation, marine.

Seefalk, m. 3, faucon-pêcheur.
Seefieber, n. 1, das hitzige —, calenture, f. [pl. marée, f.
Seefisch, m. 2, poisson de mer;—t,
Seefischerei, f. pêche marine.
Seefischführer, m. 1, chasse-marée.
Seeforelle, f. lavaret, m.
Seegefecht, n. 2, combat naval, m.
Seegegend, f. parage, m.
Seegericht, n. 2, amirauté, f.
Seegras, 2c., v. Meergras, 2c.
Seehafen, m. 1*, port de mer, port, havre. [ritime.
Seehandel, m. 1, commerce ma-
Seehecht, m. 2, bécune, f.
Seeheuschrecke, f. langouste.
Seehund, m. 2, phoque, veau marin, chien de mer, chien marin.
Seeigel, m. 1, oursin.
Seejungfer, f. sirène.
Seekalb, n. 5*, veau marin, m.
Seekarte, f. carte marine ou nautique; —n, pl. cartaux, m. pl.
Seekrankheit, f. mal de mer, m.
Seekrebs, v. Meerkrebs.
Seekrieg, m. 2, guerre navale, f.
Seekuh, f.*, vache marine.
Seekunde, f. science navale, hydrographie.
Seekundige, m. 3, hydrographe.
Seeküste, f. côte.
Seeland, Zélande, f. (Ile).
Seelavendel, m. 1, limoine, f.
Seele, f. âme; cœur, m.; vessie de hareng, f.; âme d'une plume; (tiss.) faserole; (artill.) âme; das Fest aller —n, la fête des trépassés.
Seelenamt, n. 5*, office pour les morts, pour les trépassés, m. obit.
Seelenangst, f.*, trouble de l'âme, m. angoisse, f.; inquiétude extrême. [tuel, m.
Seelenarznei, f. remède spiri-
Seelenfreund, m. 2, ami intime.
Seelenheil, n. 2, salut de l'âme, f.
Seelenhirt, m. 3, pasteur. [m.
Seelenkampf, m. 2*, combat intérieur.
Seelenkraft, f.*, faculté, puissance, force, énergie de l'âme.
Seelenlehre, f. psychologie.
Seelenlos, adj. et adv. sans âme.
Seelenmesse, Seelmesse, f. messe pour les trépassés, messe de requiem.
Seelenruhe, f. repos (m.), paix (f.) de l'âme; (did.) ataraxie.
Seelenverkauf, m. 2*, racolage.
Seelenverkäufer, m. 1, vendeur d'âmes, racoleur, embaucheur.
Seelenwanderung, f. métempsycose, transmigration des âmes.
Seeleute, pl. marins, m. pl. gens de marine.
Seelöwe, m. 3, lion marin.
Seelsorge, f. soin des âmes, m. charge d'âmes, f.

Seelsorger, m. 1, pasteur; confesseur, directeur de conscience.
Seeluft, f.*, air de la mer, m.
Seemacht, f.*, forces navales ou maritimes, pl. marine, f.; puissance maritime.
Seemann, m. 5*, marin, marinier, matelot; navigateur.
Seemeile, f. lieue maritime.
Seeminister, m. 1, ministre de la marine.
Seemöve, f. mouette de mer.
Seemuschel, f. coquille de mer; moule de mer; die große —, conque.
Seenebel, m. 1, brume, f.
Seeotter, f. loutre de mer.
Seepaß, m. 2*, lettre de mer, f.
Seepferd, n. 2, cheval marin, m. hippopotame.
Seepflanze, f. plante marine.
Seerabe, m. 3, cormoran.
Seeräuber, m. 1, pirate, corsaire, forban, écumeur de mer.
Seeräuberei, f. piraterie; — treiben, pirater, écumer les mers.
Seerecht, n. 2, droit maritime, m.
Seereise, f. voyage sur mer, m.
Seerüstung, f. armement naval, m.
Seeschaden, m. 1*, v. Haverei.
Seeschiff, n. 2, vaisseau, m. navire.
Seeschilf, n. 2, algue marine, f.
Seeschlacht, f. Seetreffen, n. 1, combat naval, m. bataille navale, f.
Seestadt, f.*, ville maritime.
Seestille, f. calme, m.; die Tage der —, les jours alcyoniens.
Seestint, m. 2, éperlan.
Seestück, n. 2, marine, f. (tableau).
Seesturm, m. 2*, tempête, f. ouragan, m. tourmente, f. orage, m.; der furze—, le coup de vent.
Seetriften, f. pl. herbes marines, varech, m.
Seeuhr, f. horloge marine.
Seeungeheuer, n. 1, monstre marin, m. [vales, f.
Seevorrath, m. 2*, munitions na-
Seewärts, adv. du côté de la mer.
Seewasser, n. 1, eau de mer, f. eau salée.
Seewesen, n. 1, marine, f.
Seewind, m. 2, vent de mer; der periodische —, brise marine, f.
Seezeichen, n. 1, balise, f. bouée.
Seezug, m. 2*, expédition navale ou maritime, f.
Segel, n. 1, voile, f.; unter— geben, mettre à la voile, appareiller, mettre en mer.
Segler, v. Segler.
Segelfabrik, f. voilerie.
Segelfertig, adj. appareillé; sich

— machen, appareiller; — seyn, se tenir sous voiles.
Segelkunst, f.*, histiodromie.
Segelmeister, m. 1, trévier.
Segeln, v. n. (h.) faire voile, naviguer, voguer; starf —, cingler; aus allen Kräften —, forcer les voiles; die Kunst schief zu —, loxodromie, f.
Segelstange, f. antenne, vergue.
Segeltau, n. 2, câble, m.
Segelwerf, n. 2, ilure, f.; voiles, pl.; das vollständige —, jeu (m.), jet de voiles.
Segen, m. 1, bénédiction, f.; fg. bonheur, m. prospérité, f. richesses, pl. [tion, f.
Segensspruch, m. 2*, bénédic-
Segenswunsch, m. 2*, bénédiction, f. souhaits, m. pl.
Segler, m. 1, voilier (vaisseau); der gute —, fin voilier; —, (poés.) navigateur, nautonnier.
Segnen, v. a. bénir; donner la bénédiction à qn.; consacrer; sich —, faire le signe de la croix.
Segnung, f. bénédiction; consécration.
Sehe, f. vue; œil, m.; cristallin, pupille, f.
Sehefraft, f.*, Sehefunde, f. optique. [m.
Sehelinse, f. (anat.) cristallin, m.
Seheloch, n. 5*, cristallin, m. prunelle, f. pupille; (opt.) lumière; —er, pl. dioptres, m. pl.
Sehen, v. a. 1, voir; regarder; apercevoir; etw. vor sich —, envisager qch.; etw. bald, ein wenig—, entrevoir; —, v. n. (h.) paraître; avoir l'air; nicht wohl —, avoir la vue trouble, basse; nicht das Geringste —, ne voir goutte; starr —, regarder fixement; einem ins Gesicht —, envisager, fixer son regard sur qn.; nach etw. —, fg. examiner qch., avoir l'œil sur qch.; durch die Finger —, fermer les yeux; einen gern, ungern —, voir qn. de bon ou de mauvais œil; einem gleich —, ressembler à qn.; zu — seyn, être visible (homme); — lassen, montrer, faire voir; etaler; sich — lassen, se montrer, se faire voir; paraître; apparaître; fg. se distinguer; sich vor einem nicht — lassen wollen, se cacher à qn.; (dieser Mann) kann sich — lassen, est de mise; siehe da! interj. voici, voilà; tenez; —, s. n. 1, vue, f. regard, m.; (phys.) vision, f.
Sehend, adj. qui voit; — machen, rendre la vue à qn.; — werden, recouvrer la vue; mit —en Augen, les yeux ouverts.

Sehenerv, m. exc. 1, nerf optique ou visuel.

Sehenswerth, Sehenswürdig, adj. qui vaut la peine d'être vu; remarquable, curieux; die —e Sache, curiosité, f.

Sehepunkt, m. 2, point de vue.

Seher, m. 1, (écr. ste.) prophète, voyant; (mépr.) visionnaire.

Seherblick, m. 2, esprit prophétique. [tube.

Seherohr, n. 2, télescope, m.;

Sehestrahl, m. exc. 1, rayon visuel.

Sehewinkel, m. 1, angle visuel.

Sehezirkel, n. 2, (opt.) horoptère, m.

Sehne, f. tendon de muscle, m.; nerf; corde d'un arc, f.; (géom.) sous-tendante, corde.

Sehnen (sich) nach etw., désirer qch. avec ardeur; soupirer après qch.; sich heftig —, brûler, languir; —, s. n. 1, Sehnsucht, f. désir ardent, m. envie, f. (nach, de). [férue.

Sehnenverletzung, f. (vét.) nerf-

Sehnicht, adj. tendineux.

Sehnlich, Sehnsuchtsvoll, adj. ardent, passionné.

Sehnsucht, f. désir ardent, m. impatience, f.

Sehr, adv. très; fort; bien; beaucoup; extrêmement; viel —, id., fm. d'importance; nicht gar —, pas beaucoup; fm. pas tant que de merveille; so —, tant, tellement, si bien; wie —, combien, à quel point; zu —, trop.

Seichblume, f. pissenlit, m.

Seicht, adj. bas (eau), guéable; fg. sec, superficiel; die —e Stelle, le bas-fond, gué.

Seichtheit, f. fg. sécheresse.

Seide, f. soie; die robe —, la soie crue, matasse; robe levantische —, biasse; gezwirnte —, organsin, m.

Seidel, n. 1, setier, m. (mesure).

Seidelbast, m. 2, garou, bois gentil, lauréole, f.

Seidelbastrinde, f. écorce de garou.

Seiden, adj. de soie. [rou.

Seidenarbeit, f. scierie.

Seidenarbeiter, m. 1, ouvrier en soie.

Seidenartig, adj. soyeux.

Seidenbau, m. 2, culture des vers à soie, f.

Seidenfaden, m. 1*, fil de soie.

Seidenfärber, m. 1, teinturier en soie.

Seidengehäuse, n. 1, cocon, m.

Seidenhandel, m. 1, soierie, f. commerce de soieries, m.

Seidenhase, m. 3, lapin d'Angora, à longue soie.

Seidenhaspel, m. 1*, dévidoir.

Seidenladen, m. 1*, boutique de soieries, f.

Seidenmohr, m. 2, moire, f.

Seidenmühle, f. moulin à dévider, m.

Seidenpflanze, f. soyeuse.

Seidenraupe, f. ver à soie, m.

Seidenreich, adj. soyeux.

Seidenspinner, m. 1, inn, f. fileur (m.), -se (f.) de soie, moulinier, m. [soie.

Seidenspinnerei, f. filature de

Seidenspule, f. (chap.) brodoir, m.

Seidensticker, m. 1, inn, f. brodeur (m.), -se (f.) en soie.

Seidenstickerschiffchen, n. 1, broche.

Seidenwaare, f. soierie. [f.

Seidenwatte, f. ouate de soie.

Seidenweber, m. 1, tisserand en soie.

Seidenwurm, m. 5*, ver à soie.

Seidenwürmerhaus, n. 5*, cocomière, f.

Seidenzeug, m. 2, étoffe de soie, f.; der geblümte —, brocard, m.

Seidenzwirner, m. 1, moulinier.

Seife, f. savon, m.; — sieden, faire du savon; das Waschen mit —, savonnage, m.

Seifen, v. a. savonner; —, s. n. 1, savonnage. [neux.

Seifenartig, adj. savonneux.

Seifenasche, f. cendre de savonnerie.

Seifenbaum, m. 2*, savonnier.

Seifenblase, f. bouteille, bulle de savon.

Seifenerde, f. marne. [von.

Seifengeist, m. 5, esprit de sa-

Seifenkraut, n. 5*, saponaire, f.

Seifenkugel, f. savonnette.

Seifenlauge, f. eau de savonnage.

Seifensiederei, f. savonnerie.

Seifensiederlauge, f. capitel, m.

Seifenstein, m. 2, smectite, f.

Seifentafel, f. pain de savon, m.

Seifenwäsche, f. savonnage, m.

Seifenwasser, n. 1, eau de savonnage. [re, m.

Seifenzäpfchen, n. 1, suppositoire.

Seige, Seigen, v. Siche, Sichen.

Seiger, m. 1, horloge, f.; —, adj. (min.) perpendiculaire; adv. à plomb.

Seigern, v. a. (mét.) séparer, affiner; (min.) creuser perpendiculairement; —, s. n. 1, affinage, m.

Seigerrecht, adj. à plomb, perpendiculaire. [tion, f.

Seigerung, f. affinage, m. liquation.

Seihe, f. passoire, couloir, m.

Seihefasten, m. 1*, (pap.) arquet.

Seihen, v. a. couler, passer, filtrer. [tre, chausse, f.

Seiher, m. 1, Seihsack, m. 2*, fil-

Seihtrichter, m. 1, (tonn.) couloire, f. chantepleure; (pharm.) carrelet, m.

Seihtuch, n. 5*, étamine, f. filtre, m. couloir; (pharm.) planchet.

Seihung, f. filtration; colature.

Seil, n. 2, corde, f.; (mar.) câble, m. drosse, f. (aux canons d'un vaisseau); das zweidrähtige —, bitord, m.; —e dreben, cordager, commettre des cordes.

Seilen, v. a. corder.

Seiler, m. 1, cordier.

Seilerbahn, f. corderie.

Seilerhandwerk, n. 2, corderie, f.

Seilerschlitten, m. 1, traineau, chariot. [corde.

Seiltänzer, m. 1, danseur de

Seilwerk, n. 2, cordage, m.; (arch.) brayers, pl.

Seim, m. 2, fluide mucilagineux.

Seimen, v. n. (h.) rendre un suc épais; —, v. a. épurer le miel, etc.

Seimig, adj. mucilagineux.

Sein, seiner, seine, seines, pron. son, sa; der, die, das Seint, Seinige, le sien; la sienne; n. son bien; ce qui est à lui; das Seinige thun, faire son devoir; seiner Gleichen, son semblable; seinethalben, seinetwegen, pour lui, pour l'amour de lui; seinerseits, de son côté, pour sa part, à son tour.

Seising, f. (mar.) saisine, m. garcette, f.

Seit, prép. Seither, Seitdem, adv. depuis; depuis que; jusqu'à présent.

Seite, f. côté, m.; flanc, pan; face, f.; page, folio (m.) d'un livre; contrée, f.; fg. côté, m. parti; die erste — eines Blattes, recto; die andere —, verso; die rechte —, endroit du drap; croix d'une monnaie, f.; die unrechte —, envers du drap, m.; revers, pile (f.) d'une monnaie; contresens, m.; (mar.) die rechte —, stribord; die linke —, bâbord; die lange —, longpan du toit; die dünne —, panne du marteau, f.; die gute —, bon, m.; von der guten —, bien; die schwache —, fg. faible, m.; — Spel, flèche de lard, f.; von beiden —n, de part et d'autre; des deux côtés; auf der andern —, de l'autre côté, d'un autre côté, d'autre part; auf der —, du côté de, de côté; zur —, à côté de; bei —, à l'écart; à part; bei — legen, mettre de côté; einen auf seine — bringen, gagner qn.; intéresser qn. pour soi; einen von der — ansehen, regarder qn. de travers; auf die

—! place! ſich auf die — ſtellen, se ranger.
Seitenabriß, m. 2, profil.
Seitenallee, f. contre-allée.
Seitenbezifferung, f. pagination.
Seitenblick, m. 2, regard de côté, de travers. [m.
Seitenbrett, n. 5, pan d'un lit,
Seitendammweg, m. 2, berme, f.
Seitenerbe, m. 3, héritier collatéral. [viereckige —, facette.
Seitenfläche, f. face latérale; die
Seitengang, m. 2*, allée, f. galerie de côté, contre-allée.
Seitengebäude, n. 1, aile d'un bâtiment, f. pavillon, m.
Seitengewehr, n. 2, épée, f. sabre, m.; das kurze —, coutelas, couteau.
Seitenhieb, m. 2, fg. coup de bec, coup.
Seitenhöhle, f. antre de côté, m.; —n, pl. sinus ou ventricules latéraux du cerveau.
Seitenlähmung, f. hémiplégie.
Seitenleder, n. 1, (cordonn.) ailette, f.
Seitenlehne, f. bras d'un fauteuil, m.; rampe d'un escalier, f.
Seitenlinie, f. ligne collatérale.
Seitenlocke, f. crochet, m.; die falschen —n, pl. coins, pl.
Seitenmauer, f. muraille de côté; jambage d'une cheminée, m.; —n, pl. jouières (f. pl.), ailes d'une écluse.
Seitensegel, n. 1, bouline, f.
Seitensprung, m. 2*, (man.) soubresaut; écart; fg. écart.
Seitenstechen, n. 1, pleurésie, f.
Seitenstich, m. 2, point de côté.
Seitenstoß, m. 2*, coup de flanc; (escr.) flançonade, f.
Seitenstück, n. 2, pièce latérale, f. côté, m.; (peint.) pendant.
Seitentau, n. 2, bouline, f.
Seitentheil, m. et n. 2, partie latérale, f.
Seitenverwandte, m. 3, collatéral; (jur.) agnat, cognat.
Seitenverwandtschaft, f. parenté collatérale; agnation, cognation.
Seitenwand, f.*, paroi latérale, paroi; (impr.) jumelle d'une presse; (artill.) joue d'un affût.
Seitenwandbein, n. 2, os pariétal, m. [tourné.
Seitenweg, m. 2, chemin détourné.
Seitenwendung, f. écart, m.
Seitenwindstrich, m. 2, (géogr.) point collatéral. [de la page.
Seitenzahl, f. folio (m.), chiffre
Seither, adv. depuis.
Seitwärts, adv. de côté; à côté; — lenken, détourner.
Selb=ander, Selb=dritte, xc., adv. ƒm. à deux; à trois, etc.; moi

(toi, lui) deuxième, troisième, etc.
Selber, pron. même; ich —, moi-même, en personne; ſtibig, =er, =e, =es, le, la même; celui, celle.
Selbst, adv. même; en personne; von sich — ou selber, de soi-même; de son propre mouvement; die Sache redet von sich —, cela va sans dire. [même.
Selbstachtung, f. estime de soi-
Selbstansicht, f. autopsie.
Selbstbeherrschung, f. empire sur soi-même, m.
Selbstbestimmung, f. autonomie, détermination par soi.
Selbstbewußtseyn, n. 2, illusion que l'on se fait à soi-même, f.
Selbstbewußtseyn, n. 1, présence d'esprit, f.; (philos.) perception de soi-même. [ginal.
Selbstdenker, m. 1, penseur original.
Selbsteigen, adj. à soi-même; en propre.
Selbsterhaltung, f. conservation de soi-même, de sa vie.
Selbsterhebung, f. présomption.
Selbsterkenntniß, f. connaissance de soi-même. [volontaire.
Selbsterniedrigung, f. humiliation
Selbstgefällig, adj. qui se complait en lui-même, suffisant.
Selbstgefälligkeit, f. amour-propre, m. suffisance, f.
Selbstgefühl, n. 2, sentiment de soi-même, m.
Selbstgenügsam, adj. se suffisant à soi-même; m. p. présomptueux.
Selbstgenügsamkeit, f. suffisance, présomption.
Selbstgesetzgebend, adj. autonome.
Selbstgesetzgebung, f. autonomie.
Selbstgespräch, n. 2, soliloque, m.; (théât.) monologue.
Selbstheit, f. existence; être, m.; individu; égoïsme.
Selbstherrschaft, f. autocratie.
Selbstherrscher, m. 1, autocrate.
Selbsthilfe, f. aide qu'on se procure soi-même.
Selbstkenntniß, f. connaissance de soi-même.
Selbstklug, adj. présomptueux.
Selbstlaut, m. 2, Selbstlauter, m. 1, voyelle, f.
Selbstliebe, f. amour de soi, m. amour-propre.
Selbstlob, n. 2, Selbstruhm, m. louange de soi-même, f. ostentation.
Selbstmord, m. 2, suicide.
Selbstmörder, m. 1, suicide.
Selbstprüfung, f. examen de soi-même, m.
Selbstrache, f. vengeance privée.
Selbstständig, adj. qui subsiste par soi-même; ferme, constant,

indépendant; (gramm.) substantif; das —e Wesen, substance, f.
Selbstständigkeit, f. qualité de ce qui subsiste par soi-même; fg. indépendance, fermeté.
Selbstsucht, f. égoïsme, m.
Selbstsüchtig, adj. égoïste; =e, m. et f. égoïste. [trug.
Selbsttäuschung, f., v. Selbstbetrug.
Selbstthätig, adj. spontané.
Selbstthätigkeit, f. spontanéité.
Selbstverachtung, f. mépris de soi-même, m.
Selbstverläugnung, f. abnégation de soi-même, renonciation à soi-même. [soi-même, f. suffisance.
Selbstvertrauen, n. 1, confiance en
Selbstzufriedenheit, f. contentement de son état, m.; présomption, f.
Selig, adj. bienheureux; heureux; (en parlant d'un mort) feu, défunt; (prince) de glorieuse mémoire; — machen, sauver; — sprechen, béatifier; — werden, être sauvé; — sterben, faire une fin chrétienne; Seligen, pl. bienheureux, m. pl.
Seligkeit, f.; salut éternel, m.; béatitude, f.; félicité.
Seligmachend, adj. salutaire, béatifique.
Seligmacher, m. 1, sauveur.
Seligsprechung, f. béatification.
Selleri, m. 2, (bot.) céleri.
Sellen, adj. rare; extraordinaire; singulier; curieux; —, adv. rarement ne ... guères; nicht —, assez souvent.
Seltenheit, f. rareté; curiosité, singularité; der — wegen, pour la rareté du fait.
Seltsam, adj. étrange, bizarre, singulier; grotesque, baroque; paradoxal, hétéroclite.
Seltsamkeit, f. singularité, bizarrerie, caprice, m.
Semicolon, n. 1, point et virgule, m. [naire.
Seminarium, n. exc. 1, séminaire.
Semisch, v. Sämisch.
Semmel, f. pain blanc, m.
Semmelmehl, n. 2, fleur de farine, f.
Senat, m. 2, sénat. [rine, f.
Senator, m. exc. 1, sénateur.
Sende, f. Sendgericht, n. 2, synode, m.
*Senden, v. a. envoyer; dépêcher; darder une flèche, des rayons. [épitre.
Sendschreiben, n. 1, missive, f.
Sendung, f. envoi, m.; mission, f. députation de plusieurs.
Senesbaum, m. 2*, séné.
Senesblätter, pl. feuilles de séné, f. pl.; falsche —, lourdon, m.; der Ballen —, coulle, f.

Senf, m. 2, sénevé (plante); moutarde, f. [m.

Senfgeschirr, n. 2, moutardier,

Senfhändler, =krämer, m. 1, moutardier.

Senfkorn, n. 5*, graine de sénevé, f. [poudre, f.

Senfmehl, n. 2, moutarde en

Senfpflaster, n. 1, sinapisme, m.

Senfte, v. Sänfte.

Senftopf, m. 2*, moutardier.

Sengen, v. a. flamber; brûler; — und brennen, mettre à feu et à sang. [nieur, ancien.

Senior, m. exc. 1, doyen, sé-

Senkblei, n. 2, sonde, f. plomb, m.; chas.

Senkel, m. 1, ferret, lacet.

Senkelloch, n. 5*, œillet, m.

Senkelnadel, f. aiguillette.

Senken, v. a. plonger, descendre, enfoncer, abaisser; (jard.) provigner, marcotter; sich —, s'affaisser; s'abaisser; descendre; travailler, crouler, s'aréner (mur.); —, s. n. 1, affaissement, m.; (jard.) provignement. [f.

Senker, m. 1, provin, marcotte,

Senkgarn, n. 2, ableret, m. carrelet; das viereckige —, ablerette, f.

Senkgrube, f. rayon, m. (vigne).

Senkhamen, m. 1, épervier.

Senkler, m. 1, =inn, f. aiguillettier, m. ferreur, -se (f.) d'aiguillettes. [sard.

Senkloch, n. 5*, trou, m. puis-

Senkrecht, adj. perpendiculaire; vertical; à plomb, normal, orthogonal; die —e Linie, la ligne perpendiculaire, cathète; —e Richtung, aplomb, m.

Senkschnur, f.*, ligne de sonde.

Senkstein, m. 2, —e, pl. (mar.) baudes, f. pl.

Senkstock, m. 2*, cep à provin.

Senkwerk, n. 2, clayonnage, m. digue de fascinage, f.

Senne, m. 3, (en Suisse) vacher.

Senne, f. troupeau de bétail, m.; v. Sennhütte; Sehne.

Sennheim, Cernay (ville).

Sennhütte, f. vacherie, chalet, m. cense, f.

Sensal, m. 2, v. Mäkler.

Sense, f. faux.

Sensenmann, m. 5*, fg. mort, f.

Sensenschmied, m. 2, taillandier.

Sentenz, f. sentence, aphorisme, m.; in bündigen —en aphoristique.

Separatfriede, m. exc. 2, paix particulière, f.

Separatist, m. 3, séparatiste, dissident (égl.). [tembre.

September, m. 1, mois de septembre, f.

Septime, f. (mus.) septième.

Septuaginta, pl. (théol.) Septante, m. pl. version des Septante, f.

Sequester, m. 1, (jur.) séquestre.

Sequestration, f. séquestration.

Sequestriren, v. a. séquestrer.

Serail, n. 1, sérail, m.

Seraph, m. 2 (pl. =t et =im), séraphin.

Seraphisch, adj. séraphique.

Serastier, m. 2, (Turq.) sérasquier. [f.

Serpentinstein, m. 2, serpentine,

Serpentose, f. serpenteau, m. (mus.).

Servelatwurst, f.*, cervelas, m.

Servien, Serbien, Servie, fém. (pays). [vien.

Servier, m. 1, Servisch, adj. ser-

Serviette, f. serviette.

Servitut, f. (jur.) servitude.

Sesamkraut, n. 5*, sésame, m.

Seselkraut, n. 5*, séséli, m.

Sessel, m. 1, chaise, f. siége, m.

Sesselkissen, n. 1, carreau, m.

Seßhaft, adj. domicilié, établi.

Sester, m. 1, setier, boisseau.

Sestertie, f. (ant. r.) sesterce, m.

Setzbrett, n. 5, (impr.) ais, m.

Setzcompaß, m. 2, compas de mineur.

Setzen, v. a. mettre, ranger, placer; asseoir; poser; dresser, ériger; fixer, régler, statuer; (impr.) composer; appliquer des ventouses; planter des arbres; an das Land —, débarquer; einen über etw. —, préposer qn. à une affaire; Junge —, mettre bas, faire des petits; faonner (biche); ânonner (ânesse); einen in Unkosten —, causer des frais à qn.; in Verlegenheit —, embarrasser; in Verwunderung —, étonner, surprendre; einen Werth auf etw. —, attacher un prix à qch.; unter Wasser —, inonder; sich —, s'asseoir, se mettre; prendre place; monter à cheval; sich in Bewegung —, se mettre en mouvement; s'ébranler (soldats); sich —, (oiseaux) se percher; prendre terre; (arch.) s'affaisser; baisser, diminuer (eaux); se désenfler (tumeurs, etc.); s'établir, se loger dans un lieu; clarifier (liquides); sich eben, unten an —, prendre le haut, le bas bout à table; sich in Gefahr —, s'exposer; sich zur Ruhe —, se retirer; —, v. n. (h.), über einen Graben —, franchir un fossé; über den Fluß —, passer la rivière à gué, à la nage; —, v. imp. (h.) y avoir; gesetzt, fg. mûr, réfléchi, posé; gesetzt daß, supposons que, au cas que.

Setzer, m. 1, (impr.) compositeur; (artill.) v. Setzkolben.

Setzerlohn, m. 2, prix de la composition.

Setzhammer, m. 1*, marteau à couper le fer.

Setzhase, m. 3, hase, f. [toir.

Setzholz, n. 5*, plant, m.; plan-

Setzkarpfen, m. 1, carpillon, carpeau. [loir.

Setzkolben, m. 1, (artill.) refou-

Setzkunst, f.*, composition.

Setzling, m. 2, plant; plançon.

Setzlinie, f. (impr.) réglette.

Setzmeißel, m. 1, chasse, f.

Setzrebe, f. provin, m.

Setzreis, n. 5, Setzzweig, m. 2, bouture, f. ente, greffe.

Setzung, f. position; pose; placement, m.; arrangement; (impr.) composition, f.

Setzwage, f. niveau, m.

Setzweide, f. plantard, m.

Seuche, f. contagion, épidémie; (vét.) épizootie.

Seuchenartig, adj. épidémique, contagieux; (vét.) épizootique.

Seufzen, v. n. (f.) soupirer; gémir; —, s. n. 1, gémissement, m.

Seufzer, m. 1, soupir, gémissement; sanglot.

Sevenbaum, m. 2*, sabine, f.

Sextant, m. 3, sextant.

Sexte, f. (mus.) sixième, sixte (égl.) sexte.

Seyn, v. subst. et auxil. (f.) être; exister; v. imp. y avoir; es ist, 1) il est; cela est; 2) il y a, p. ex. huit jours; 3) il fait, p. ex. beau temps; 4) il vaut, p. ex. es ist besser, il vaut mieux; es sey! soit! d'accord! da sey Gott vor! à Dieu ne plaise! —, s. n. 1, être, m. existence, f.

Shawl, m. 2, châle, schale, schall.

Sibérien, Sibérie, f. (pays).

Sich, pron. se, soi, à soi; lui, à lui; eux, elle, elles; à eux, à elle, à elles.

Sichel, f. faucille.

Sichelförmig, adj. et adv. en forme de faucille. [faux.

Sichelwagen, m. 1*, char armé de

Sicher, adj. sûr, libre (route); assuré, certain; effectif (bien); —, adv. sûrement; à l'abri; hors d'atteinte de qch.

Sicherheit, f. sûreté; assurance; sécurité; confiance; (jur.) sûreté, assurance, garantie; gage, m. contre-gage, nantissement; einem eine — geben; nantir qn. de qch.; seine — aus den Händen geben, se dénantir.

Sichern, v. a. assurer; garantir; mettre en sûreté; préserver; vor einem Ueberfalle —, mettre une place hors d'insulte.

Sicht, f. vue; auf —, à vue.

Sichtbar, adj. visible; fg. appa-

rent; évident; manifeste; *l'hori-*
*zon* visuel; *adv.* visiblement.
Sichtbarkeit, *f.* visibilité.
Sichten, *v. a.* vanner; cribler;
bluter; *fg.* épurer.
Sichtlich, *v.* Sichtbar. [cilièn.
Sicilianer, *m.* 1, ficilisch, *adj.* si-
Sicilien, Sicile, *f.* (*île*).
Sickern, *v.* Siekern.
Sie, *pron. sing. f.* elle, la; *troi-*
*sième pers. du plur.* ils, elles,
les, eux; (*terme de civilité*) vous.
Sie, *f.* femelle *des oiseaux*.
Sieb, *n.* 2, crible, *m.* sas, tamis;
étamine, *f.* [ethmoïde, *m.*
Siebbein, *n.* 2, os cribleux *ou*
Siebbeinhöhle, *f.* sinus ethmoï-
dal, *m.* [sasser.
Sieben, *v. a.* cribler, tamiser,
Sieben, *adj.* sept; —, *f.* sept,
*m.*; aus — bestehend, septénaire.
Siebenbürgen, Transylvanie, *f.*
(*pays*). [tagone.
Siebeneck, *n.* 2, —ig, *adj.* hep-
Siebener, *m.* 1, sept (*chiffre*).
Siebenerlei, *adj. indécl.* de sept
sortes.
Siebenfach, *adj.* septuple.
Siebengestirn, *n.* 2, (*astr.*) Pléia-
des, *f. pl.* Hyades.
Siebenregierung, *f.* heptarchic.
Siebensaitig, *adj.*, bie —e Leier,
heptacorde, *m.* [dormeur.
Siebenschläfer, *m.* 1, loir, *fm.*
Siebente, *adj.* septième.
Siebentel, *n.* 1, septième, *m.*
Siebentens, *adv.* septièmement.
Siebenzehn, Siebzehn, *adj.* dix-
sept.
Siebenzig, Siebzig, *adj.* soixante
et dix; *ol.* septante; *s.* —, (*théol.*)
Septante, *m. pl.*
Siebenzigjährig, *adj.* septuagé-
naire. [dixième.
Siebenzigste, *adj.* soixante et
Sieber, *m.* 1, cribleur.
Siebhandel, *m.* 1, =macherei, *f.*
boissellerie.
Siebmacher, *m.* 1, boisselier, fai-
seur de cribles.
Siebmehl, *n.* 2, farine tamisée,
*f.* [f.
Siebmist, =staub, *m.* 2, criblure,
Siebtuch, *n.* 5*, étamine, *f.*
Siebziger, *m.* 1, septuagénaire.
Siech, *adj.* languissant, maladif;
infirme, valétudinaire.
Siechbett, *n. exc.* 1, lit de dou-
leur, *m.* [maladif, infirme.
Siechen, *v. n.* (b.) languir; être
Siechenhaus, Siechhaus, *n.* 5*,
infirmerie, *f.*; hôpital, *m.*
Siechheit, Siechthum, *n.* 5*, in-
firmité, *f.* [blanche.
Siede, *f.* ébullition; (écon.) eau
Siedelei, *f.* établissement d'une
demeure, *m.* habitation, *f.*

Sieden, *v. a.* 6†, faire bouillir;
cuire; Bier —, brasser de la bière;
Salz —, sauner; blau —, mettre
au bleu; weiß —, blanchir; —,
*v. n.* (b.) bouillir; —, *s. n.* 1,
bouillonnement, *m.*; ébullition,
*f.* cuisson, décrusement *de la
soie*, *m.*
Siedenheiß, *adj.* tout bouillant.
Siedkessel, *m.* 1, bouilloire; *f.*
coquemar, *m.* [Siedler.
Siedler, *m.* 1, colon; *v.* Ein-
Siedpunkt, *m.* 2, point d'ébul-
lition. [phe, *m.*
Sieg, *m.* 2, victoire, *f.*; triom-
Siegel, *n.* 1, sceau, *m.*; scel;
cachet; das offene —, le cachet
volant. [sceaux.
Siegelbewahrer, *m.* 1, garde des
Siegelerde, *f.* terre sigillée.
Siegelkammer, *f.* cancel, *m.*
Siegellack, *n.* 2, cire d'Espagne, *f.*
Siegeln, *v. a.* sceller; cacheter.
Siegelring, *m.* 2, anneau à sceau,
cachet. [ler, *f.*
Siegelwachs, *n.* 2, cire à scel-
Siegen, *v. n.* (b.) vaincre; rem-
porter la victoire; l'emporter;
triompher.
Siegend, *adj.* victorieux.
Sieger, *m.* 1, vainqueur.
Siegesbogen, *m.* 1*, arc de triom-
phe.
Siegesgepräng, *n.* 2, pompe
triomphale, *f.* [toire, *m.*
Siegesgeschrei, *n.* 2, cri de vic-
Siegesgöttinn, *f.* Victoire.
Siegeskranz, *m.* 2*, =krone, *f.*
couronne triomphale, lauriers,
*m. pl.*
Siegeslied, *n.* 5, chant de vic-
toire, *m.* [phal.
Siegeswagen, *m.* 1*, char triom-
Siegeszeichen, *n.* 1, trophée, *m.*
Siegfried, *n. pr. m.* Sigefroi.
Sieggewohnt, *adj.* accoutumé à
vaincre, à la victoire. [rieux.
Sieghaft, Siegreich, *adj.* victo-
Siegmund, *n. pr. m.* Sigismond.
Sieh, *interj.* tiens, tenez, voici,
voilà.
Siehle, *f.* trait de cheval, *m.*
Siefern, *v. n.* (f. et b.) suinter,
dégoutter, couler goutte à goutte.
Signal, *n.* 2, signal, *m.*
Signaliren, *v. a.* signaler.
Signatur, *f.* signature, seing,
*m.*; — ou —rinne, (fond. de car.)
cran.
Sigrist, *m.* 3, sacristain.
Silber, *n.* 1, argent, *m.*; (chim.)
vi. lune, *f.*; mit — belegen, ar-
genter; das — von etw. abnehmen,
désargenter qch.
Silberähnlich, *adj.* argentin; das
—e zusammengesetzte Metall, argent haché, *m.*

Silberarbeit, *f.* argenterie.
Silberarbeiter, *m.* 1, orfèvre.
Silberartig, *adj.* argentin, ar-
genté. [flots argentés.
Silberbach, *m.* 2*, ruisseau aux
Silberbarre, *f.*, —n, *pl.* lingots
d'argent, *m. pl.* matière d'argent,
*f.* [bre de Diane.
Silberbaum, *m.* 2*, (chim.) ar-
Silberbergwerk, *n.* 2, mine d'ar-
gent, *f.*
Silberblick, *m.* 2, (chim.) éclair,
fulguration, *f.*
Silberbrenner, *m.* 1, raffineur.
Silberdraht, *m.* 2*, trait *ou* fil
d'argent, filé, argent trait; —s
stange, *f.* bout d'argent, *m.*
Silbererz, *n.* 2, argent de mine,
*m.*
Silberfaden, *m.* 1*, fil d'argent;
der feine gedrehte —, cannetille, *f.*
Silberfarben, =farbig, *adj.* argen-
tin. [gent.
Silberflitter, *m.* 1, paillette d'ar-
Silberflotte, *f.* flottille d'argent.
Silbergang, *m.* 2*, filon de mine
d'argent.
Silbergeld, *n.* 5, argent blanc, *m.*
Silbergeschirr, *n.* 2, argenterie, *f.*
Silberglätte, *f.* litharge d'argent,
glette.
Silbergrau, *adj.* gris argenté.
Silbergroschen, *m.* 1, gros d'ar-
gent, pièce d'argent, *f.*
Silbergrube, *f.*, *v.* Silberbergwerk.
Silberhaltig, *adj.* contenant de
l'argent.
Silberhell, *adj.* argentin (son).
Silberklang, *m.* 2*, son argentin.
Silberkorn, *n.* 5*, paillette d'ar-
gent, *f.*; das muschelförmige —,
coquillon, *m.*
Silberkraut, *n.* 5*, argentine, *f.*
Silberlahn, *n.* 2, argent en la-
mes, *m.* lame d'argent, *f.*
Silberlicht, *n.* 5, lumière argen-
tée, *f.*
Silberling, *m.* 2, denier.
Silbermünze, *f.* argent blanc, *m.*
argent; pièce d'argent, *f.*
Silbern, *adj.* d'argent; argentin;
*fg.* argenté; die —e Hochzeit, la
noce jubilaire.
Silberpappel, *f.* ipreau, *m.*
Silberplatte, *f.* plaque d'argent.
Silberprobe, *f.* essai d'argent, *m.*
touche, *f.* [gent.
Silbersalpeter, *m.* 1, nitrate d'ar-
Silberschiff, *n.* 2, galion, *m.*
Silberschimmel, *m.* 1, cheval gris
argenté.
Silberschmied, *m.* 2, orfèvre.
Silberschrank, *m.* 2*, buffet.
Silberstämpel, *m.* 1, contrôle.
Silberstange, *f.* lingot (*m.*), barre
(*f.*) d'argent.
Silberstoff, *m.* 2, brocart.

Silberstufe, f. morceau de mine-rai d'argent, m.

Silbertanne, f. sapin à feuilles d'if, m. [vaisselle, argentier.

Silberverwahrer, m. 1, garde-

Silberweide, f. osier blanc, m.

Silberzain, m. 2, v. Silberstange.

Silberzeug, n. 2, argenterie, f.

Silge, f. persil des marais, m. selin. [pelant.

Sille, f. (oisel.) attache de l'ap-

Similor, n. 2, similor, m.

Simmer, m. 1, simmer, sac, minot (mesure).

Simonie, f. simonie, trafic des choses sacrées, m.; ber — schuldig, simoniaque.

Simpel, adj. simple, uni.

Sims, m. 2, moulure, f. corniche; chambranle, m. chapeau.

Simson, n. pr. m. Samson.

Simsstein, m. 2, pierre taillée en corniche, f.; — e, pl. arases.

Simsträger, m. 1, atlas.

Simswerk, n. 2, entablement, m.; moulure, f.

Simuliren, v. a. et n. dissimu-ler; rêver sur qch.

Singbar, adj. chantant.

Singchor, m. 2*, chœur.

Singen, v. a. et n. 3 (h.) chan-ter; —, s. n. 1, chant, m.

Singkunst, f.*, art de chanter, m.

Singmeister, m. 1, maître à chan-

Singpult, m. 2, lutrin. [ter.

Singschule, f. école de musique.

Singspiel, n. 2, opéra, m.

Singstimme, f. partie vocale.

Singstück, n. 2, air, m.

Singstunde, f. leçon de chant.

Singular, m. 2, singulier.

Singvogel, m. 1*, oiseau de chant, boute-en-train.

Singweise, f. air, m. mélodie, f.

Sinken, v. n. 3 (f.) enfoncer; s'enfoncer, aller à fond (vaisseau); couler à fond; s'abaisser, s'affais-ser (bâtiment); tomber, se laisser tomber; fg. baisser (jour); dimi-nuer; descendre dans la tombe; se ravilir, s'abaisser; in Dhnmacht — , s'évanouir; — lassen, baisser, rabaisser la voix; perdre coura-ge; — machen, affaisser; —, s. n. 1, affaissement, m.; abatte-ment; abaissement de la voix; déclin, décadence (f.) d'un em-pire, etc.; dépréciation du papier-monnaie; — im Seyn, fg. être à son couchant, à son déclin.

Sinkend, adj. affaibli (forces); bei — er Nacht, à la nuit tom-bante, fermante.

Sinn, m. 2, sens; acception, f. signification, entente d'un mot || sentiment, m.; intention, f. des-sein, m.; penchant; humeur, f.;

---

cœur, m. esprit, âme, f.; opi-nion, avis, m.; anders — es wer-den, se raviser, changer d'avis; etw. aus dem — lassen, schlagen, abandonner un projet, se désen-têter de qch., oublier qch.; nach meinem — e, à mon sens, de, à mon gré; suivant mon idée; etw. im — e haben, se proposer, pro-jeter, méditer, m. p. machiner, couver qch.; es ist mir zu —, il me semble.

Sinnbild, n. 5, emblème, m. symbole, attribut.

Sinnbildlich, adj. emblématique, symbolique; allégorique; — re-den, allégoriser.

Sinnen, v. n. 2 (h.) penser, ré-fléchir (auf, à); über etw. —, mé-diter qch.; auf Mittel —, s'in-génier, aviser à qch.; —, s. n. 1, méditation, f.; réflexion.

Sinnesänderung, f. changement d'opinion, m.; conversion, f.

Sinngedicht, n. 2, épigramme, f.

Sinngrün, n. 2, (bot.) perven-che, f.

Sinnig, adj. plein de sens, pé-nétrant, ingénieux.

Sinnlich, adj. sensitif; sensuel, matériel; animal; — e, s. n. 3, (théol.) matière, f. chair.

Sinnlichkeit, f. sensualité; faculté sensitive; (théol.) chair.

Sinnlos, adj. privé de senti-ment; insensé; vide de sens.

Sinnlosigkeit, f. privation du senti-timent; folie.

Sinnpflanze, f. sensitive.

Sinnreich, adj. sensé; plein de sens; ingénieux, spirituel; heu-reux (mot).

Sinnspruch, m. 2*, sentence, f.

Sinnverwandt, adj. synonyme; das — e Wort, synonyme, m.

Sint, vi., v. Seit.

Sintemal, conj. vi. vu que, at-tendu que, puisque.

Sinter, m. 1, mâche-fer, stalac-tite, f. [goutter.

Sintern, v. n. (f.) suinter, dé-

Sippschaft, ol. v. Verwandtschaft.

Sirup, m. 2, sirop.

Sitte, f. coutume, usage, m.; étiquette de la cour, f.; mode; manière; —n, mœurs, pl.

Sitten, Sion (ville). [rale, m.

Sittenbuch, n. 5*, livre de mo-

Sittengesetz, n. 2, loi morale, f.

Sittenlehre, f. morale, moralité d'une fable.

Sittenlehrer, m. 1, moraliste.

Sittenlos, adj. immoral.

Sittenlosigkeit, f. immoralité, dé-moralisation. [liseur.

Sittenprediger, m. 1, fm. mora-

Sittenpredigt, f. fm. sermon, m.;

---

einem eine — halten, sermonner qn.

Sittenregel, f. maxime de mo-rale.

Sittenrichter, m. 1, censeur.

Sittenspruch, m. 2*, sentence, f.

Sittenverbesserung, f. réforme des mœurs; civilisation.

Sittenverderben, n. 1, =verderb-niß, n. 2, corruption, f. dépra-vation des mœurs, démoralisa-tion, dissolution.

Sittenverfall, m. 2, décadence des mœurs, f.

Sittenverfeinerung, f. civilisation.

Sittig, adj. morigéné, modeste; —, m. 2, prvcl. perroquet.

Sittlich, adj. moral; honnête.

Sittlichkeit, f. moralité; honnê-teté.

Sittsam, adj. modeste; doux.

Sittsamkeit, f. modestie; bonnes mœurs, pl. bonne conduite, f.

Sitz, m. 2, séance, f.; siège, m. chaise, f.; — ebne Lehne, tabou-ret, m. banquette, f.; —, place; — der Advocaten, barreau, m.; —, résidence, f. domicile, m.; fg. siège; foyer d'une maladie, etc.

Sitzarbeit, f. travail sédentaire.

Sitzen, v. n. (h. et f.) être as-sis; siéger, être séant (f.); fg. rési-der; im Elend —, être dans la misère; dies Kleid sitzt euch gut, cet habit vous va (sied) bien; — bleiben, demeurer, rester; durch — bleiben und Aufstehen, (voter) par assis et levé; — lassen, fg. fm. abandonner, laisser là; auf dem Sande — bleiben, (mar.) s'en-graver, être engravé; das — auf dem Sande, engravement, m.; die Art zu —, assiette, f.

Sitzend, adj. assis, séant; sié-geant.

Sitzfleisch, n. 2, =leber, 1, fm., — haben, avoir de l'application.

Sitzung, f. séance; session.

Skalde, m. 3, (ant.) scalde, poète chez les peuples du Nord.

Skarr, m. 2, (jeu) écart.

Skelett, n. 2, squelette, m.; v. Gerippe.

Skisiren (sich), (jeu) s'esquicher; fg. fm. s'esquiver.

Skizze, f. esquisse, ébauche.

Skizziren, v. a. esquisser, ébau-cher.

Sklave, x., v. Sclave, x.

Sluis, Ecluse (ville).

Smaragd, m. 2, émeraude, f.; rothe —e, morillons, m. pl.

Smeile, f. (mar.) couet, m. (câble). [m.

Smprunkraut, n. 5*, maceron,

So, conj. si (mieux wenn); pron. rel. vi. qui, que, lequel, etc.;

—, adv. si, tellement, tant, assez; autant que; ainsi que; ainsi; de même, comme cela, de cette manière; fo recht, c'est bien; fo etwas, pareille chose; fo? comment? wie fo? comment cela? fo fo, comme cela, la la, couci, couci, passablement; fo baß, de sorte que, de manière que; fo eben, à l'instant; fo fern, en tant que; au cas que; fo hin, passablement, la la; fo lange, tant; fo lang als, tant que; fo oft, tant; tant de fois; fo oft als, toutes les fois que; fo fehr, adv. tant, tellement; fo fehr als, autant que; fo viel, tant, autant; fo weit, si loin; fo wie, comme, ainsi, de même que, à mesure que; fo zu fagen, pour ainsi dire.

Sobald, Sobald als, conj. aussitôt que, dès que; fobald, adv. d'abord; sitôt, de sitôt.

Socinianer, m. 1, focinianisch, adj. socinien.

Socke, f. chausson, m.

Sockel, m. 1, (arch.) socle.

Sod, m. 2, Sodbrennen, n. 1, acrimonie dans l'estomac, f. fer chaud, m.

Sodann, adv. alors; dans ce cas.

Sode, Soda, f. soude.

Sofa, n. 2 (pl. —s), sofa, m.

Sofort, Sogleich, adv. tout de suite, sur-le-champ, à l'instant, aussitôt; tout à l'heure, de ce pas. [f.

Sog, m. 2, sillage; décharge,

Sogar, adv. même; — seine Feinde, jusqu'à ses ennemis.

Sohle, f. plante du pied; sole du cheval, etc.; semelle de soulier; (sal.) saumure, eau salée.

Sohlen, v. a., v. Besohlen.

Sohlleber, n. 1, cuir fort, m.

Sohn, m. 2*, fils.

Söhnaltar, Sühnaltar, m. 2*, autel de propitiation.

Söhnchen, n. 1, jeune fils, m. petit garçon.

Sühngebet, n. 2, das öffentliche —, (ant.) obsécration, f.

Söhnopfer, n. 1, sacrifice expiatoire ou propitiatoire, m.; expiation, f.

Sohnschaft, f. (jur.) filiation.

Sohnsfrau, f. bru, belle-fille.

Solawechsel, m. 1, seule lettre de change, f.

Solch, solcher, solche, solches, pron. tel, telle; pareil, pareille; ce, cette; un, une; si; tant.

Solchergestalt, adv. de telle sorte; conj. ainsi donc.

Solcherlei, adj. indécl. tel; de telle sorte.

Sold, m. 2, solde, f.; paye;

prêt, m.; der böhere —, la hautepaye.

Soldat, m. 3, soldat, militaire.

Soldatenhütte, f. baraque.

Soldatenkleid, n. 5, =rock, m. 2*, habit de soldat, uniforme.

Soldatenmäßig, adj. de soldat; —, adv. en soldat.

Soldatenschüssel, f. gamelle.

Soldatenstand, m. 2*, état militaire, épée, f.

Soldatenwesen, n. 1, militaire, Soldatisch, adj. militaire. [m.

Sölde, f. chaumière; saline.

Söldner, Söldner, m. 1, mercenaire, soudoyé.

Sole, Söle, v. Soble (sal.).

Solfeggiren, v. n. (h.) solfier; solmiser (mus.).

Soll, n. indécl. (comm.) débet, m. doit; ins — schreiben, débiter.

*Sollen, v. n. (h.) devoir; être obligé; falloir; être destiné à.

Söller, m. 1, grenier; balcon, plate-forme, f.

Solmisiren, v. a. (mus.) solfier.

Solo, n. 2, (mus.) solo, m. récit.

Solothurn, Soleure (canton et ville).

Solschacht, m. 2, puits salant.

Somit, conj. donc, par conséquent.

Sommer, m. 1, été.

Sommerabend, m. 2, soirée d'été, f. [quette.

Sommerbirn, f. poire d'été, claquette.

Sommerfäden, m. pl. 1*, filandres, f. pl.

Sommerflecken, m. pl. taches de rousseur, f. pl. lentilles, éphélides.

Sommerfleckig, adj. lentilleux, qui a des taches de rousseur.

Sommerfrucht, f.*, =getreide, n. 1, =korn, n. 5*, =saat, f. petits blés, m. pl. menus grains, mars; blé de mars, m.

Sommergerste, f. marsèche.

Sommerhaar, n. 2, poil d'été, m.; (comm.) jarre, f.

Sommerhaus, n. 5*, maison d'été, f. pavillon, m.

Sommerhige, f. chaleurs d'été, pl. hâle, m.

Sommerladen, m. 2*, capeline, f.; jalousie, f. persienne.

Sommerlaube, f. cabinet de verdure, m. berceau. [d'été, f.

Sommermorgen, m. 1, matinée

Sommerseite, f. côté du midi, m. [fleden, :c.

Sommersprossen, :c., v. Sommer-

Sommertag, m. 2, jour d'été.

Sommervogel, m. 1*, papillon.

Sommerwolle, f. laine de la seconde tonte.

Sommerwurz, f. orobanche.

Sommerzeug, m. 2, étoffe pour habits d'été, f. [quence.

Sonach, conj. ainsi, en consé-

Sonde, f. sonde; die wächserne —, bougie.

Sonder, prép. sans.

Sonderbar, adj. particulier; singulier; fg. id., extraordinaire; rare; curieux; bizarre, paradoxal.

Sonderbarkeit, f. singularité; particularité, bizarrerie.

Sonderlich, adj. particulier; extraordinaire; singulier; —, adv. surtout; nicht —, pas trop.

Sonderling, m. 2, homme singulier.

Sondern, conj. mais.

Sondern, v. a. séparer, v. Absondern. [tous, tant qu'ils sont.

Sonders, adv., sammt und —,

Sonderung, f. séparation, triage,

Sondiren, v. a. sonder. [m.

Sonnabend, m. 2, samedi.

Sonne, f. soleil, m.; (chim.) or.

Sonnen, v. a. mettre, exposer au soleil; (chim.) insoler; —, s. n. 1, insolation, f.

Sonnenaufgang, m. 2*, lever du soleil; orient.

Sonnenbahn, f. écliptique.

Sonnenblick, m. 2, rayon de soleil. [hélianthe.

Sonnenblume, f. tournesol, m.

Sonnenbrand, m. 2*, hâle; einem den — vertreiben, déhâler qn.

Sonnenfackel, f. (astr.) facule.

Sonnenferne, f. aphélie, m.

Sonnenfinsterniß, f. éclipse du soleil.

Sonnenfleck, m. exc. 2, =flecken, m. 1, macule (f.), tache du soleil.

Sonnenglanz, m. 2, éclat du soleil. [m.

Sonnenglas, n. 5*, hélioscope.

Sonnenhige, f. ardeur du soleil; hâle, m.

Sonnenhof, m. 2*, halo.

Sonnenhut, m. 2*, capeline, f.

Sonnenjahr, n. 2, année solaire, f. [jour.

Sonnenklar, adj. clair comme le

Sonnenmesser, m. 1, héliomètre.

Sonnenmikroskop, n. 2, microscope salaire, m.

Sonnennähe, f. périhélie, m.

Sonnenrose, f. hélianthème, m.

Sonnenscheibe, f. disque du soleil, m. [soleil, f.

Sonnenschein, m. 2, lumière du

Sonnenschirm, m. 2, parasol.

Sonnenstäubchen, n. 1, atome, m.

Sonnenstich, m. 2, coup de soleil. [du soleil.

Sonnenstrahl, m. exc. 1, rayon

Sonnensystem, n. 2, système solaire, m.

Sonnenuhr, f. cadran solaire, m.

Sonnenuhrkunst, f.*, gnomonique, horographie. [monique.

Sonnenuhrsäule, f. colonne gnomonique.

Sonnenuntergang, m. 2*, coucher du soleil; couchant.

Sonnenwagen, m. 1*, char du soleil. [héliotrope.

Sonnenwende, f. solstice, m. (bot.)

Sonnenzirkel, m. 1, cycle solaire.

Sonnett, n. 2, sonnet, m.

Sonnig, adj. exposé au soleil.

Sonntag, m. 2, dimanche; — vor dem Aschermittwoch, dimanche gras; der weiße —, pâques closes, f. pl.

Sonntägig, =lich, adj. de et du dimanche; des dimanches.

Sonntagsbuchstab, m. exc. 2, lettre dominicale, f. [che.

Sonntagskind, n. 5, né le dimanche.

Sonntagskleid, n. 5, habit des dimanches, m.; die —er anziehen, s'endimancher.

Sonst (Sonsten), adv. autrement, sinon, sans quoi; autrefois; d'ailleurs; — wo, autre part.

Sonstig, adj. autre; v. Ehmalig.

Sophia, n. pr. f. Sophie.

Sophist, m. 3, sophiste.

Sophisterei, f. sophistiquerie, sophismes, m. pl.

Sophistisch, adj. sophistique.

Sorge, f. soin, m.; sollicitude, f.; souci, m. peine, f. chagrin, m.; —n pl. soucis, m. pl., etc., ennuis.

Sorgen, v. n. (h.) avoir soin, prendre soin, se soucier (für, de).

Sorgenfrei, =los, adj. sans souci.

Sorgenstuhl, m. 2*, fauteuil (de réflexion). [cieux.

Sorgenvoll, adj. inquiet; soucieux.

Sorgfalt, f. soin, m.; application, f.; assiduité; exactitude; attention. [tif.

Sorgfältig, adj. soigneux; attentif.

Sorglich, adj. soucieux.

Sorglos, adj. négligent; nonchalant, insouciant, indolent.

Sorglosigkeit, f. négligence; nonchalance, indolence, insouciance.

Sorgsam, v. Sorgfältig.

Sorte, f. sorte, espèce; genre, m.; (fond. de car.) corps.

Sortenzettel, m. 1, bordereau.

Sortiment, n. 2, assortiment, m.

Sortiren, v. a. assortir.

Sortirung, f. assortiment, m.

Solban, adj. vi. tel.

Sowohl als, conj. aussi bien que; tant que.

Spadille, f. (jeu) spadille, m.

Spähen, v. a. et n. (h.) épier; guetter; fureter; aller à la découverte; —, s. n. 1, action d'épier, etc., f.; espionnage, m.

Späher, m. 1, espion.

Spahi, m. indécl. (Turq.) spahi.

Spalier, n. 2, espalier, m.; zu —en ziehen, palisser.

Spalt, m. 2, Spalte, f. fente; crevasse; (maç.) id., lézarde; ouverture; fourchure; fêlure d'un verre; fissure d'un os; Spalte, f. (impr.) colonne d'une page; —, —stein, m. 2, spalt, m.

Spaltaxt, f.*, cognée.

Spaltbar, adj. scissile.

Spalten, v. a. fendre; couper en deux; moyenner des pierres; cliver des diamants; diviser, partager; (impr.) composer par colonnes; fg. diviser, partager; —, v. n. (f.) et fich —, se fendre, se fourcher, se fendiller (bois); se déliter (pierres); fich —, fg. se diviser, se partager; gespalten, fendu, etc.; fourchu; (maç.) lézardé; —, s. n. 1, fenderie des pierres, f.; v. Spaltung.

Spaltenbuchstabe, m. exc. 2, lettrine, f.

Spalter, m. 1, fendeur.

Spaltig, adj. plein de fentes; scissile.

Spaltmesser, n. 1, fendoir, m.

Spaltung, f. division; scission; (religion) schisme, m.

Span, m. 2*, éclat, copeau; bûchette, f.; (verr.) billette; (arch.) cale.

Spänen, v. a. sevrer un enfant.

Spanferkel, n. 1, cochon de lait, m. goret.

Spange, f. boucle, agrafe.

Spängler, m. 1, prvcl. ferblantier.

Spangrün, n. 2, vert de gris, m. verdet.

Spanien, Espagne, f. (pays).

Spanier, m. 1, Espagnol.

Spaniol, m. 2, tabac d'Espagne.

Spanisch, adj. espagnol; fg. fm. étrange; die —e Fliege, cantharide, f.; der —e Pfeffer, poivre d'Inde, m.; das —e Rohr, canne, f. jonc, m.; der —e Reiter, chevaux de frise, m. pl.; die —e Wand, paravent, m.; das kommt mir — vor, cela me paraît étrange.

Spannader, f. nerf, m.; tendon.

Spanne, f. empan, m. palme, f.

Spannen, v. a. tendre, tirer; bander un ressort; den Hahn —, apprêter les armes; —, atteler; entraver un cheval; déployer les voiles; appliquer à la question; auf den Rahmen —, brocher des peaux; —, fg. serrer; gêner, mettre à la gêne; —, v. n. (h.) être attentif, viser, aspirer (auf, à).

Spanner, m. 1, chargeur; bandage d'arbalète; clef d'arquebuse, f.

Spannfeder, f. (arq.) arrêt, m.

Spannfette, f. enrayure; entraves, pl.; die — anlegen, enrayer.

Spannkraft, f.*, élasticité.

Spannnagel, m. 1*, clavette, f.; (tiss.) bandoir, m. [m.

Spannrad, n. 5*, (horl.) arrêt,

Spannriegel, m. 1, entrait.

Spannriemen, m. 1, tire-pied.

Spannschnüre, f. pl. tirants d'un tambour, m. pl.

Spannstock, m. 2*, garrot

Spannung, f. tension; contraction; (méd.) éréthisme des fibres, m.; fg. attente, f.; brouillerie.

Spannwinde, f. cranequin, m.

Spanbüchse, f. tirelire, esquipot, m.

Sparen, v. a. ménager, épargner; réserver; sauver les peaux; —, s. n. 1, épargne, f. économie.

Sparer, m. 1, ménager, économe.

Sparfisch, m. 2, mendole, f.

Spargel, m. exc. 1, asperge, f.; der wilde —, corrude; ein Bund —n, une botte d'asperges.

Spargelbeet, n. 2, planche d'asperges, f.

Spargeld, n. 5, Sparpfennig, m. 2, denier d'épargne, de réserve.

Spargelkohl, m. 2, brocoli.

Sparkalt, m. 2, plâtre.

Sparkasse, f. caisse d'épargne.

Spärlich, adj. économique; rare, frugal, maigre.

Sparren, m. 1, chevron; fg. fm. einen — zu viel haben, avoir un coup de hache, un grain de folie.

Sparrenholz, n. 5*, bois à chevron, m.

Sparrenkopf, m. 2*, modillon, console, f.; mutule de l'ordre dorique; der Raum zwischen den —en, casse. [lin, m.

Sparrenloch, n. 5*, trou de boudin, m.

Sparrenlüfte, f. claire-voie.

Sparrenwerk, n. 2, faitage, m. contignation, f.

Sparsam, adj. ménager; économe; avare (mit, de); frugal (repas); rare.

Sparsamkeit, f. épargne, économie, ménage, m. parcimonie, f.

Spartogras, n. 5*, sparte, m.

Spaß, m. 2*, fm. raillerie, f. plaisanterie, badinage, m. bon mot.

Spaßen, v. n. (h.) plaisanter, badiner, railler; —, s. n. 1, v. Spaß.

Spaßhaft, adj. plaisant, bouffon; v. Scherzhaft. [sante.

Spaßhaftigkeit, f. humeur plaisante.

Spaßlüge, f. fm. cassade.

Spaßmacher, m. 1, =vogel, m. 1*, railleur, plaisant, badin; goguenard; m. p. farceur.

Spät, adj. tardif; —, adv. tard; das —e Alter, extrême vieillesse, f.; die —esten Zeiten, les siècles les plus reculés, m. pl.; in die —e Nacht sitzen, veiller bien avant dans la nuit; zu —, trop tard; après coup; die Uhr gehet zu —, la montre retarde.

Späte, f. retard, m.

Spatel, f. spatule, amassette; (pât.) gâche.

Spaten, m. 1, bêche, f.; der schmale —, lochet, m.; —, (cartes) pique. [éparvin.

Spath, m. 2, spath (pierre); (vét.)

Spathartig, adj. spathique.

Spätjahr, n. 2, arrière-saison, f.

Spalium, n. exc. 1, (impr.) espace, f. [divement.

Spätling, m. 2, petit venu tar-

Spätobst, n. 2, fruits tardifs, m. pl. [Sperling.

Spaz, m. exc. 1, prvcl., voy.

Spazieren, v. n. (f.) ou — gehen, se promener.

Spazierfahrt, f. promenade en voiture ou en bateau.

Spaziergang, m. 2*, tour de promenade, promenade, f.; — ou =plaz, m. 2*, promenade, f. cours, m. promenoir; =plaz, (mar.) converso.

Spazierritt, m. 2, promenade à cheval, f.; cavalcade.

Spazierstöckchen, n. 1, badine, f.

Spazierwall, m. 2*, boulevard.

Specerei, x., v. Spezerei.

Specht, m. 2, pic (oiseau).

Species, pl. espéces, f. pl.; argent en espèces, m.; (arithm.) quatre opérations de l'arithmétique, f. pl. [pèces.

Speciesthaler, m. 2, écu en es-

Specifisch, adj. spécifique.

Specifiziren, v. a. spécifier.

Speck, m. 2, lard; fein geschnittener —, du petit lard, des lardons, pl.; breit geschnittener —, barde, f. tranche.

Speckbauch, m. 2*, fm. panse, f.

Speckbeule, f. lipome, m.

Speckseit, adj. gras à lard.

Speckgeschwulst, f.*, stéatôme, m.

Speckhals, m. 2*, (man.) goussaut, cheval goussaut.

Speckhändler, m. 1, charcutier.

Speckhaut, f.*, v. Speckschwarte.

Speckicht, adj. sale, crasseux.

Speckig, adj. fort gras.

Speckkäfer, m. 1, dermeste du lard. [lard.

Speckkuchen, m. 1, gâteau au

Speckmesser, n. 1, tranche-lard, m.

Speckschnitte, f., — zum Spicken,

lardon, m.; — zum Belegen, tranche de lard, f. barde; mit —n umwickeln, barder. [de lard.

Speckschwarte, f. couenne, levûre

Speckschwartig, adj. couenneux.

Speckseite, f. flèche de lard.

Speckstein, m. 2, stéatite, f.

Spectakel, n. 1, spectacle, m.; fg. fm. bruit, vacarme.

Speculant, m. 3, spéculateur.

Speculativ, adj. spéculatif.

Speculiren, v. n. (h.) spéculer.

Spediren, v. a. expédier.

Spedition, f. expédition.

Speditor, m. exc. 1, expéditeur, commissionnaire.

Speer, m. 2, lance, f.

Sperreiter, m. 1, lancier.

Speibecken, n. 1, Speinapf, m. 2*, Speitopf, crachoir.

Speiche, f. rais, m.; —n in ein Rad machen, enrayer une roue.

Speichel, m. 1, salive, f.; — auswerfen, jeter, cracher de la salive; viel — auswerfen, saliver; der ausgeworfene —, crachat, m.; das Auswerfen, der Auswurf des —s, crachement; (méd.) sputation, f.; jemandes — lecken, fg. ramper devant qn.

Speichelcur, f. salivation.

Speicheldrüse, f. glande salivaire.

Speichelfluß, m. 2*, flux de bouche, salivation, f. ptyalisme, m.

Speichellecken, n. 1, =lecerei, f. adulation. [flagorneur.

Speichellecker, m. 1, adulateur.

Speichelmittel, n. 1, salivant, m. remède ptyalagogue.

Speicheltreibend, adj. salivant, ptyalagogue.

Speichenring, m. 2, frette du moyeu de la roue, f.

Speichenzapfen, m. 1, patte, f.

Speicher, m. 1, galetas, grenier.

Speien, v. a. et n. 5 (b.) cracher; vomir, rendre; —, s. n. 1, crachement, m.; vomissement.

Speier, Spire (ville).

Speierling, m. 2, corme.

Speierlingbaum, m. 2*, cormier, sorbier.

Speigat, n. 2, (mar.) dalot, m.

Speigarbe, f. dégueuleux, m.

Speiler, m. 1, brochette, f.

Speilern, v. a. brocheter.

Speiröhre, f. gargouille.

Speise, f. aliment, m.; manger; mets; plat; viande, f.; die flüssigen —n, liquides, m. pl.; die abgetragenen —n (essen), desserte, f.

Speisegewölbe, n. 1, voy. Speisekammer.

Speisehaus, n. 5*, restaurant, m.

Speisekammer, f. office; gardemanger, m.

Speisekeller, m. 1, cellier.

Speisekünstler, m. 1, gastronome.

Speisemeister, m. 1, (écr. ste.) architriclin, maître-d'hôtel.

Speisen, v. a. nourrir; donner à manger; traiter; alimenter (un canal); fg. mit leeren Hoffnungen —, repaître de vaines espérances; —, v. n. (h.) manger; être à table; zu Mittag —, dîner; zu Abend —, souper. [dépensier.

Speisenaustheiler, m. 1, (mar.)

Speiseopfer, n. 1, oblation, f.

Speiseordnung, f. régime, m.

Speiseröhre, f. œsophage, m.

Speiseruhr, f. lienterie.

Speisesaal, m. 2*, salle à manger, f.; (écr. ste.) cénacle, m.

Speisesaft, m. 2*, chyle.

Speiseschrank, m. 2*, garde-manger. [taureauter.

Speisewirth, m. 2, traiteur, res-

Speisezettel, m. 1, carte, f.

Speisung, f. nourriture.

Spellen, v. Spalten.

Spelt, Spelz, m. 2, épeautre.

Spelze, f. balle, barbes (pl.) du blé. [nes; aumône.

Spende, f. distribution d'aumô-

Spenden, v. a. distribuer, donner, administrer les sacrements.

Spendiren, v. a. pop. graisser la patte.

Spengler, v. Spängler.

Sperber, m. 1, épervier; der männliche —, émouchet.

Sperberbaum, m. 2*, cormier, sorbier.

Sperling, m. 2, moineau.

Sperlingschrot, m. 2, cendrée, f.

Sperrbaum, m. 2*, barrière, f.

Sperre, f. enrayure d'une roue; (comm.) défense; prohibition; barricade des rues; fermeture des portes; (horl.) v. Sperrstift.

Sperreisen, n. 1, (chir.) spéculum, m. dilatatoire, dioptre.

Sperren, v. a., aus einander —, écarquiller les jambes; — ein, écarter; ins Gefängniß —, emprisonner, enfermer; —, fermer, barrer, boucher; bloquer un port; mit Ketten —, bâcler un port; —, fg. barricader; défendre, empêcher le commerce; sich —, résister, se défendre.

Sperrer, m. 1, v. Sperreisen.

Sperrgeld, n. 5, argent payé pour entrer après la fermeture des portes, m.

Sperrglocke, f. beffroi, m.

Sperrholz, n. 5*, bâillon, m.; traverse, f. (bouch.) traversin, m.

Sperrkegel, m. 1, arrêt.

Sperrkette, f. chaîne à barricader une rue, etc.; barricade, f.

Sperrriegel, m. 1, verrou, barre, f.

Sperrstift, m. 2, étoquiau.
Sperrung, f., v. Sperre; bâclage d'un port, m.; (arq.) arrêt.
Sperrweit, adv. pop. tout ouvert.
Spesen, pl. (comm.) frais, m. pl.
Spezerei, =waare, f. épicerie; épice; die verfälschte —, goure.
Spezereihändler, m. 1, marchand épicier; droguiste.
Spezereiladen, m. 1*, boutique d'épicier, f.
Spezereiverfälscher, m. 1, goureur.
Sphäre, f. sphère; globe, m.; die unvollkommene —, sphéroïde; —, fg. sphère, f.; aus seiner — bringen, dépayser.
Sphärik, f. sphère.
Sphärisch, adj. sphérique.
Sphinx, m. 2, sphinx.
Spicken, v. a. larder; piquer; seinen Beutel —, fg. fm. s'emplumer.
Spicknabel, f. lardoire. [don.
Spickschnitte, =spect, m. 2, lar-
Spiegel, m. 1, miroir; glace, f.; sich im — beschauen, se mirer; —, (mar.) miroir, m. fronton, arcasse, f.; dragan d'une galère, m. [glaces.
Spiegelbeleger, m. 1, étameur des
Spiegelfechterei, f. feinte, jonglerie.
Spiegelfenster, n. 1, glace, f.
Spiegelfernrohr, n. 2, télescope catoptrique, m.
Spiegelfolie, f. tain, m.
Spiegelglas, n. 5*, glace de miroir, f. [comme une glace.
Spiegelglatt, adj. fm. uni, poli
Spiegelhandel, m. 1, miroiterie, f. commerce de miroirs.
Spiegelhändler, m. 1, marchand miroitier ou de miroirs.
Spiegelharz, n. 2, colophane, f.
Spiegelhell, adj. luisant, clair comme une glace.
Spiegelhütte, f. manufacture de glaces. [roitée, f.
Spiegelkarpfen, m. 1, carpe miroitée, f.
Spiegelkasten, m. 1*, boîte catoptrique, f.
Spiegellehre, f. catoptrique.
Spiegelmacher, m. 1, miroitier.
Spiegelmanufactur, f. =fabrik, manufacture de glaces.
Spiegeln, v. n. (h.) briller, luirc; sich —, se mirer; se regarder dans un miroir; fg. prendre exemple (an, sur).
Spiegelrahmen, m. 1, bordure de glace, f. cadre de miroir, m.
Spiegelrand, m. 5*, biseau.
Spiegelscheibe, f. vitre fine.
Spiegelschleifer, m. 1, adoucisscur. [glaces, m. boudoir.
Spiegelzimmer, n. 1, cabinet en
Spieke, f. (bot.) aspic, m.
Spiel, n. 2, jeu, m. partie de

jeu, f.; (théât.) jeu, m. spectacle; fg. badinage; gewonnen —, leichtes — haben, avoir gain de cause, beau jeu; in das — mengen, mêler dans une affaire, compromettre; die Hand mit im — haben, être mêlé dans une affaire; sich aus dem — ziehen, tirer son épingle du jeu; aufs — setzen, exposer, risquer, compromettre; sein — haben, se jouer (mit, de); —, fg. le jouet des vents, etc.; mit klingendem — ausziehen, sortir tambour battant.
Spielart, f. manière de jouer; (hist. nat.) variété.
Spielausfuß, m. 2*, cave, f.
Spielball, m. 2*, balle, f. paume, éteuf, m. [trictrac.
Spielbrett, n. 5, damier, m.;
Spielchen, m. 1, petit jeu, m.; ein — machen, jouailler, faire une partie de jeu.
Spielen, v. a. et n. (h.) jouer; (charp.) cornailler dans une mortaise; fg. se jouer, se moquer (mit, de); (pierres) briller; ins Rothe —, tirer sur le rouge; in der Karte —, jouer aux cartes; auf einem Instrumente —, jouer d'un instrument; hoch, niedrig —, jouer gros jeu, petit jeu; unglücklich —, jouer de malheur; falsch —, tricher, piper au jeu; etw. —b verrichten, faire qch. en jouant, se jouer de qch.; mit Worten —, jouer sur les mots; —, s. n. 1, jeu, m.
Spieler, m. 1, =inn, f. joueur, m. -se, f.; der hungrige —, joueraau, m.; schlechte —, id., mazette, f.; falsche —, tricheur, m. pipeur, capon.
Spielerei, f. fm. badinage, m. badinerie, f. [jeu, f.
Spielgebrauch, m. 2*, règle du
Spielgeld, n. 5, argent du jeu, m. enjeu; argent pour les menus plaisirs.
Spielgeselle, Spielkamerad, m. 3, compagnon de jeu, camarade.
Spielglück, n. 2, chance, f. bonheur au jeu, m.
Spielhaus, n. 5*, maison de jeu, f.; académie des jeux; m. p. brelan, m. tripot; in —en liegen, brelander. [chets, m. pl.
Spielhölzchen, n. 1, —, pl. jonchets.
Spielkarte, f. carte à jouer.
Spielmann, m. 5* (pl. =leute), fm. ménétrier, violon.
Spielmarke, f. fiche, marque; (trict.) fichet, m.
Spielpuppe, f. poupée; die große —, bamboche.
Spielraum, m. 2*, jeu; aisance du mouvement, f.; (art.) évent, m.; fg. latitude, f.

Spielsache, f. jouet, m. bimbelot, joujou, babiole, f.
Spielsachenfabrik, f. =handel, m. 1, bimbeloterie, f.
Spielsachenfabrikant, m. 3, =händler, m. 1, bimbelotier.
Spielstunde, f. heure de récréation.
Spielsucht, f. passion du jeu.
Spieltag, m. 2, jour de récréation. [eurs de gobelets.
Spieltasche, f. gibecière des joueurs
Spieltisch, m. 2, table à jouer, f.
Spieluhr, f. horloge à carillon.
Spielverderber, m. 1, trouble-fête.
Spielwaare, f. =werk, =zeug, n. 2, v. Spielsache. [sette, f.
Spielwerf, n. 2, jouet, m. amu-
Spierre, f. arc-boutant, m.
Spierling, m. 2, éperlan; sardine, f.; v. Speierling.
Spieß, m. 2, hallebarde, f.; pique; lance; (cha.) épieu, m.; (bouch.) broche, f.; —, pl. dagues du cerf, f. pl.; —voll, m. (cuis.) brochée, f.; an den — stecken, embrocher.
Spießbraten, m. 1, rôti cuit à la broche. [geois.
Spießbürger, m. 1, petit bour-
Spießen, v. a. percer de part en part; enfiler; empaler un criminel; —, s. n. 1, empalement, m.
Spießer, m. 1, Spießhirsch, m. 2, daguet, broquart.
Spießgehörn, n. 2, dagues du daguet, f. pl.
Spießgerte, f. baguette, gaule, houssine, cravache.
Spießgeselle, m. 3, m. p. camarade, complice; —en, pl. consorts, pl.
Spießglas, n. 5*, antimoine, m.
Spießglasweiß, n. 2, céruse d'antimoine, f.
Spießruthe, f. baguette, verge; v. Spießgerte; —n laufen lassen, faire passer qn. par les baguettes.
Spießschaft, m. 2*, hampe, f.
Spießträger, m. 1, piquier; (ant. r.) hastaire.
Spille, f. (mar.) cabestan, m.; fuseau à filer; (méc.) arbre; fusée, f.; broche de bobine; vis de pressoir.
Spilling, m. 2, grosse prune jaune, f.
Spinat, m. 2, épinards, pl.
Spindel, f. fuseau, m.; broche d'un rouet, f.; (tiss.) âme; (méc.) arbre, m.; vis, f.; (horl.) verge, fusée; (arch.) noyau, m. pivot; (bout.) échignole, f.; —voll, fusée. [sain.
Spindelbaum, m. 2*, (bot.) fusée
Spindelförmig, adj. en forme de

fuseau, fuselé ; —t Beine, n. pl.
jambes de fuseau, f. pl.
Spindelmuskel, m. exc. 1, mus-
cle radial.         [nelle (couleur).
Spinell, adj. spinelle, rubis-spi-
Spinett, m. 2, (mus.) épinette, f.
Spinnbar, adj. textile.
Spinne, f. araignée.
Spinnefeind, adj. fm., einem —
feyn, hair qn. mortellement.
Spinnen, v. a. et n. 2 (h.) filer;
faire du fil; (cord.) tordre; corder
du tabac; —, s. n. 1, filage, m.
Spinnengewebe, n. 1, toile d'a-
raignée, f.; fg. id., mépr. chiffe.
Spinner, m. 1, =inn, f. fileur,
m. -se, f.
Spinnerei, f. filature; filerie.
Spinnerlohn, m. 2, prix du fila-
ge.         [force, f.
Spinnhaus, n. 5*, maison de
Spinnrad, n. 5*, rouet à filer, m.
Spinnroden, m. 1, quenouille,
f. ; —voll, m. quenouillée, f.
Spinnrockenband, n. 5*, cham-
brière, f.         [ses; veillée.
Spinnstube, f. chambre aux fileu-
Spinnwolle, f. filasse.
Spint, m. 2, (boul.) pâte, f.
Spion, m. 2, espion; émissaire;
fm. mouchard; mouton (dans les
prisons).
Spioniren, v. n. (h.) faire l'es-
pion, espionner, épier; —, s. n.
1, espionnage, m.
Spiralfeder, f. ressort spiral, m.
Spirallinie, f. ligne en spirale.
Spiritualismus, m. indécl. spi-
ritualisme.
Spiritualist, m. 3, spiritualiste.
Spiritus, m. indécl. esprit.
Spital, n. 5*, hôpital, m.
Spiß, m. 2, chien-loup; fm.
pointe, f. pointe de vin; sich einen
— trinken, se griser; —, adj.
pointu; v. Spißig; nicht — kriegen,
n'y voir pas clair, ne pas savoir
démêler.
Spißambos, m. 2, (serr.) bigorneau, bigorne, f.
Spißbart, m. 2*, barbe en pointe.
Spißberg, m. 2, pic.         [f.
Spißblättchen, n. 1, (bot.) béquil-
lon, m.
Spißbube, m. 3, =bübinn, f. filou, m. fourbe, fripon, -ne, f.;
coquin, m. maraud, -e, f.
Spißbubensprache, f. argot, m.
Spißbüberei, f. Spißbubenstreich,
m. 2, filouterie, f. fourberie, friponnerie.
Spißbübisch, adj. de filou, de
fourbe; —, adv. en filou, en
fourbe.
Spiße, f. pointe; extrémité;
bout, m.; sommet; crête d'un
casque, d'une montagne, f. ;

flèche, aiguille d'une tour; faîte
d'un toit, m.; bec d'une plume,
d'un vase, etc.; brin d'herbe;
barbe d'épi, f.; pince du sabot
d'un cheval; (serr.) épi, m.; fer
d'une lance; fg. tête d'une armée, f.; comble des honneurs,
etc., m.; —n, pl. chardons d'un
grillage, pl.; einem die — bieten,
faire ou tenir tête à qn.
Spiße, f. dentelle, points, m.pl.
Spißen, v. a. aiguiser, rendre
aigu ou pointu; rafraichir une
plume; fg. die Ohren —, dresser
les oreilles, écouter attentivement; das Maul —, faire la petite bouche; —, s. n. 1, aiguisement, m.         [point, m.
Spißenarbeit, fém. ouvrage de
Spißengrund, m. 2*, (cout.) toilé
de la dentelle.         [telles, m.
Spißenhaube, f. bonnet de den-
Spißenklöppel, m. 1, fuseau à
dentelles.
Spißenklöppler, =macher, m. 1,
=inn, f. faiseur (m.), -se (f.) de
dentelles, ouvrière en point.
Spißenmuster, n. 1, patron à
dentelle, m.
Spißenstich, m. 2, point de den-
telle, entretoile, f.
Spißenzeug, m. 2, entoilage.
Spißfeile, f. carrelettes, pl.
Spißfindig, adj. subtil; fin, cap-
tieux; mordant.
Spißfindigkeit, f. subtilité, finés-
se, argutie, sophisme, m.; ton
piquant.         [m.
Spißglas, n. 5*, verre à patte,
Spißhade, f. pioche; pic, m.;
(vign.) meigle, f.
Spißhammer, m. 1*, grelet, mar-
teline, f.
Spißhorn, n. 5*, buccin, m.
Spißig, adj. pointu; aigu; fg.
aigre, piquant, satirique.
Spißklee, m. 2, trèfle blanc.
Spißkopf, m. 2*, tête pointue, f.;
fg. homme fin, m.
Spißmaus, f.*, musaraigne.
Spißmeißel, m. 1, riflard.
Spißmütterchen, n. 1, (arq.) ca-
pucine, f.
Spißname, v. Spottname.
Spißsäule, f. obélisque, m. py-
ramide, f.         [plantain.
Spißwegerich, m. 2, (bot.) petit
Spißwinkelig, adj. (géom.) acut-
angle, oxygone.
Spißzahn, m. 2*, dent œillère, f.
Spleen, m. 2, (méd.) spleen,
mal de rate.
Spleiße, f. éclat de bois, m.
Spleißen, v. a. 5†, fendre, cou-
per en long; —, v. n. (f.) se fen-
dre.         [f.
Splint, m. 2, aubier, clavette,

Splissen, v. a. (cord.) épisser.
Splitter, m. 1, éclat; fétu; chicot; écharde, f.; büchette, esquille d'un os; paillette de fer,
etc.; chènevotte de chanvre; écornure, épaufrure de pierre; — ou
—chen, n. 1, dim. brin, m.
Splitterig, adj. qui se fend aisément, qui se sépare par éclats.
Splittern, v. a. fendre par éclats;
—, v. n. (h.) éclater, se fendre par
éclats.
Splitternackt, adj. nu comme la
main.
Splitterrichter, m. 1, censeur ou
critique malin, médisant.
Spondäisch, adj. spondaique.
Spondäus, m. exc. 1, (pros.)
spondée (– –).
Sponde, f., v. Bettgestell.
Sponton, m. 2, esponton.
Sporen, v. n. (f.) se roussir.
Sporenmacher, Sporer, m. 1, épe-
ronnier.         [si, f.
Sporfleden, m. 1, tache de rous-
Sporn, m. exc. 1, éperon; ergot
d'un coq, etc.; (hydr.) avant-bec;
fg. aiguillon.
Spornen, v. a. donner des épe-
rons; piquer un cheval; tüchtig —,
attaquer; —, fg. aiguillonner.
Spornleder, n. 1, garniture d'é-
peron, f.
Spornrädchen, m. 1, molette, f.
Spornstreichs, adv. à toute bride,
à bride abattue.
Sporntrager, m. 1, porte-éperon.
Sportel, pl. fm. casuel, m. tour
du bâton; épices, f. pl.
Sporteln, v. n. (h.) rapporter des
épices.         [ces, m.
Sporteltare, f. règlement des épi-
Spott, m. 2 (sans pl.) moquerie, f.; dérision, risée; raillerie;
der feine —, ironie; bittere —,
sarcasme, m.; — und Schande,
fm. honte, f. infamie.
Spottdrossel, f. moqueur, m. (oi-
seau).
Spöttelei, f. raillerie fine.
Spötteln, v. n. (h.) railler à mots
couverts.
Spotten, v. n. (h.) se moquer,
se railler de qn., railler qn.; rire
de; insulter à; persifler.
Spötter, m. 1, =inn, f. moqueur,
m. railleur, persifleur, ricaneur,
-se, f.
Spötterei, f. moquerie, raillerie,
persiflage, m. ironie, f.; v. Spott.
Spottgedicht, m. 2, satire, f.
Spottgeist, m. 5, esprit satirique.
Spottgeld, n. 5, vil prix, m.
Spottgeschrei, n. 2, huée, f.
Spöttisch, adj. moqueur, piquant;
ironique.
Spottname, m. exc. 2, sobriquet.

Spottſchrift, f. satire; pasquinade. [ſant.

Spottvogel, m. 1*; mauvais plaiſant.

Spottweiſe, adv. ironiquement, par dérision.

Spottwohlfeil, adj. à vil prix; das iſt —, c'est marché donné.

Sprachähnlichkeit, f. analogie des langues.

Sprache, f. parole; langage, m.; diction, f.; voix; langue; idiome, m.; mit der — nicht heraus wollen, faire la petite bouche; v. Heraus.

Spracheigenheit, f. idiotisme, m.; die deutſche, franzöſiſche, lateiniſche, griechiſche, hebräiſche —, germanisme, gallicisme, latinisme, hellénisme, hébraisme.

Sprachfehler, m. 1, faute contre la grammaire, f. incongruité, solécisme, m. [gelehrte.

Sprachforſcher, m. 1, voy. Sprach-

Sprachgebrauch, m. 2*, usage de la langue; idiotisme. [gie.

Sprachgelehrſamkeit, f. philolo-

Sprachgelehrte, m. 3, philologue.

Sprachgitter, n. 1, grille, f.

Sprachkunde, f. philologie.

Sprachkundig, adj. qui entend plusieurs langues.

Sprachlehre, f. grammaire.

Sprachlehrer, m. 1, grammairien.

Sprachlos, adj. muet; fg. id., interdit.

Sprachloſigkeit, f. mutisme, m. aphonie, f. [langue.

Sprachmeiſter, m. 1, maitre de

Sprachneuerer, m. 1, néologue.

Sprachneuerung, f. néologie; m. p. néologisme, m. [cale.

Sprachregel, f. règle grammati-

Sprachreiniger, m. 1, puriste.

Sprachrichtig, adj. correct.

Sprachrichtigkeit, f. correction, justesse du langage.

Sprachrohr, n. 2, porte-voix, m.

Sprachſchüler, m. 1, grammatiste.

Sprachtrichter, m. 1, cornet acoustique. [la voix, m.

Sprachwerkzeug, m. 2, organe de

Sprachwidrig, adj. incorrect.

Sprachzimmer, n. 1, parloir, m.

Spraßen, v. n. (h.) pétiller, craquer; (chim.) s'écarter, vessir.

Sprachart, f. parler, m.; voyez Mundart.

Sprechen, v. n. 2 (h.) et a. parler, dire; prononcer une sentence; donner la bénédiction; décider (über, de); nicht ein Wert —, ne dire mot; in einer S. —, connaitre de qch., prononcer un jugement; einen frei —, absoudre qn.; für einen gut —, répondre pour qn., cautionner qn.; zu — ſeyn, être visible.

Sprecher, m. 1, parleur, orateur.

Spreißel, m. 1, brochette, f.

Spreißeln, v. a. brocheter.

Spreißfeder, f. ressort d'attache, m.

Spreiten, Spreizen, v. a. étendre, tendre; étayer; écarquiller les jambes; ſich ſpreizen, s'appuyer; fg. pop. résister; se pavaner.

Sprengbüchſe, f. pétard, m.

Sprengel, m. 1, goupillon, aspersoir; (égl.) diocèse; juridiction, f.; zum — gehörig, diocésain.

Sprengen, v. a. faire sauter; enfoncer; rompre; die Bank —, faire sauter la banque, débanquer || arroser; jeter; former une voûte, cintrer; pousser un cheval; fg. fm. faire courir qn.; —, v. n. (f.) galopper; über einen Graben —, franchir un fossé; —, s. n. 1, enfoncement, m.; arrosement.

Sprengfamme, f. arrosoir, m.

Sprengkeſſel, m. 1, bénitier.

Sprengkugel, f. bombe.

Sprengwebel, m. 1, goupillon, aspersoir. [lacs; cerceau.

Sprenfel, m. 1, (oisel.) lacet,

Sprenfeln, v. a. tacheter, moucheter, marqueter, jasper; (rel.) marbrer.

Sprenflich, adj. tacheté, moucheté, madré, marqueté; (rel.) marbré.

Spreu, f. balle, menue paille.

Spreuboden, m. 1*, pailler.

Spreuſack, m. 2*, balasse, f. sac de balle, m.

Sprichwort, n. 5*, proverbe, m. adage; fm. dicton; zum — werden, passer en proverbe.

Sprichwörtlich, adj. proverbial.

Spriegel, m. 1, archet de berceau, de chariot, etc.

Sprieße, m. 1, v. Spreße.

Sprießen, v. n. 6 (f.) germer; pousser. [f. croupiat, m.

Spring, n. 2, (mar.) embossure,

Springball, m. 2*, balle au jeu de paume, f.

Springbant, f.*, Springbrett, n. 5, tremplin, m.

Springbrunnen, m. 1, fontaine jaillissante, f. jet d'eau, m.

Springen, v. n. 3 (f. et h.) sauter, sautiller; über etw. —, franchir qch.; —, bondir; tressaillir de joie; crever, se fêler; se casser; (eau) jaillir, saillir; jouer (fontaine); (animaux) couvrir, faire la monte; — laſſen, faire jouer une mine, les eaux, etc.; über die Klinge — laſſen, passer au fil de l'épée; —, s. n. 1, saut, m.; jaillissement de l'eau; tressaillement; monte, f.

Springer, m. 1, sauteur; danseur; voltigeur; (échec) chevalier.

Springfeder, f. ressort, m.

Springfluth, f. (mar.) haute marée; (nav.) mascaret, m.

Springfuß, m. 2*, pied pour sauter. [verre, f.

Springglas, neut. 5*, larme de

Springhölzer, n. pl. santriaux, m. pl. (tapis.).

Springinsfeld, m. indécl., fg. fm. vert galant. [gere, m.

Springfraut, n. 5*, noli me tan-

Springfrebs, m. 2, langouste, f.

Springfunſt, f.*, art de voltiger, m. [pape, m. (orgues).

Springlade, f. porte-vent à soupape. [m.

Springluſte, f. (mar.) écoutillon,

Springſtab, =ſtod, m. 2*, brin d'estoc. [m.

Springzeit, f. temps de la monte.

Spriße, f. seringue; pompe à feu.

Sprißen, v. n. (h. et f.) jaillir, rejaillir, saillir; éclater; — v. a. jeter de l'eau; faire jaillir; arroser; éclabousser; seringuer; (chir.) injecter, faire une injection.

Sprißenhaus, n. 5*, dépôt des pompes à feu, m.

Sprißenleute, pl. pompiers, m. pl.

Sprißenmeiſter, m. 1, préposé aux pompes à feu.

Sprißenröhre, f. canon, m.; canule, f. [piston.

Sprißenſtieſel, m. 1, =ſtod, 2*,

Sprißer, m. 1, éclaboussure, f.

Sprißleder, n. 1, mantelet, m. paraboue. [ble.

Spred, adj. frêle, fragile, fai-

Spröde, adj. rude; cassant; aigre; fg. froid; dédaigneux; prude (fille); — machen, aigrir du métal; — werden, s'aigrir.

Sprödigkeit, f. aigreur; rudesse; fg. froideur; pruderie.

Sproſſe, f. échelon, m.; traverse, f.; ranche; —, Sprößling, m. 2, rejeton; scion; bourgeon; bouture, f. enture; fg. rejeton, m.

Sproſſen, v. n. (f.) pousser, bourgeonner, germer.

Sprößling, v. Sproſſe.

Sproſſung, f. pousse, germinance, f. [sardine.

Sprotte, f. sardine.

Spruch, m. 2*, passage; sentence, f. devise; âme d'une devise; fm. dicton, m. || sentence, f. décision, arrêt, m.

Spruchreich, adj. sentencieux, gnomique.

Spruchreif, adj. (procès) instruit, suffisamment examiné.

Spruchwort, v. Sprichwort.

Sprudelkopf, m. 2*, esprit bouillant.

Sprudeln, v. n. (h.) jaillir; bouillonner; bredouiller; fg. fm. gronder; —, s. n. 1, bouillonnement, m.

Sprühen, v. a. et n. (h.) répandre, jeter en petites parcelles; vomir *des flammes*; étinceler.

Sprung, m. 2 *, saut; bond; élan; (*man.*) courbette, f.; monte de l'étalon; (*anat.*) astragale; *fg.* saut, m. hiatus, cascade, f.; der falsche —, le faux bond; (*man.*) escapade, f.; Sprünge machen, sauter, gambader || fêlure *d'un verre*; Sprünge bekommen, se fêler.      [f. bricole.

Sprungriemen, m. 1, martingale, Spuden, v. n. (h.) cracher.

Spucknapf, m. 2 *, crachoir.

Spuden, v. Sputen.

Spuk, m. 2, bruit, vacarme; esclandre; tour; lutin, revenant, spectre.

Spuken, v. imp. (h.) lutiner; es spukt im Hause, il y a des revenants dans cette maison; es spukt in seinem Kopfe, *fg.* il a un grain de folie; —, s. n. 1, apparition de spectres, f.

Spukerei, f., v. Spuken, s. n. 1.

Spule, f. bobine; broche, fuseau, m.      [broche, f.

Spuleisen, n. 1, fer à bobine, m.

Spulen, v. a. bobiner.

Spülen, v. a. laver, rincer; écurer *la vaisselle*; aiguayer *le linge*.

Spulerinn, f. bobineuse.

Spülfaß, n. 5 *, cuvette, f.

Spülicht, n. 2, Spülwasser, n. 1, lavure d'écuelles, f.; rinçure.

Spülkelch, m. 2, (*cath.*) calice d'ablution.

Spüldumpen, m. 1, torchon.

Spülnapf, m. 2 *, jatte, f. cuvette.      [ner).

Spulrad, n. 5 *, rouet (à bobiSpuIwurm, m. 5 *, strongle, ascaride.

Spund, m. 2, bondon, bouchon, bonde, f.      [f.

Spundbohrer, m. 1, bondonnière, Spundbrett, n. 5, (*tonn.*) table, f.

Spünden, v. a. bondonner; (*men.*) planchéier, parqueter.

Spünder, m. 1, encaveur.

Spundgeld, n. 5, pertuisage, m. afforage.      [don, m. bonde, f.

Spundloch, n. 5 *, trou de bonSpundmesser, n. 1, (*tonn.*) aisceau, m.

Spur, f. trace; piste; empreinte; vestige, m.; voie, f. ornière *d'une voiture*; (*cha.*) foulées, pl. allure, f.; die — verloren haben, être en défaut; wieder auf die — leiten; relever le défaut; —, *fg.* trace, f. indice, m. vestige; —en, pl. errements, m. pl. erres, f. pl.

Spüren, v. a. et n. (h.) quêter; sentir; apercevoir; remarquer; (*cha.*) flairer.

Spürhund, m. 2, chien de quête; limier; *fg.* espion, mouchard, furet.

Sputen (sich), *fm.* se dépêcher.

Spützen, v. Speien.

St, *interj.* chut! silence! paix-là! motus!

Staar, m. 3, sansonnet, étourneau; (*chir.*) — ou der graue —, cataracte, f. taie; der schwarze —, amaurose; der grüne —, glaucôme, m.      [la cataracte, f.

Staarstechen, n. 1, opération de Staat, m. exc. 1, état; chose publique, f. || figure, parade, pompe, apparat, m. luxe; *fm.* parure, f. affiquets, m. pl.

Staatenkunde, f. statistique.

Staatsamt, n. 5 *, emploi public, m. charge publique, f.      [tat.

Staatsangelegenheit, f. affaire d'éStaatsball, m. 2 *, bal paré.

Staatsbeamte, m. 3, -diener, m. 1, employé du gouvernement; —, pl. autorités constituées, f. pl.

Staatsbrief, m. 2, dépêche, f.

Staatsbürger, m. 1, citoyen.

Staatsdame, f. dame d'honneur; *fm. plais.* grande dame.

Staatseigenthum, n. 5 *, domaine public, m.      [blics, m.

Staatseinkünfte, pl. revenus puStaatsgefangene, m. et f. 3, prisonnier (m.), -ère (f.) d'état.

Staatsgefolge, n. 1, cortége, m.

Staatsgeheimniß, n. 2, secret d'état, m.      [tat, f.

Staatsgeschäft, n. 2, affaire d'éStaatskanzlei, f. chancellerie.

Staatskanzler, m. 1, chancelier.

Staatskleid, n. 5, habit de cérémonie, m.

Staatsklug, adj. politique.

Staatsklugheit, f. politique.

Staatskörper, m. 1, état, corps de l'état.      [monie, m.

Staatskutsche, f. carrosse de céréStaatslehre, -wissenschaft, f. -kunst, *, politique.

Staatsmann, m. 5 *, politique, homm. d'état, diplomate.

Staatsmäßig, adj. *fm.* magnifique.      [d'état.

Staatsminister, m. 1, ministre Staatspapier, n. 2, papier public, m.; mit —en wuchern, agioter; das Wuchern, der Wucherer mit —en, agiotage, m. agioteur || papier, document de l'état.

Staatsrath, m. 2 *, conseil d'état; conseiller d'état.

Staatsrecht, n. 2, droit public, m.; -kundig, m. 3, publiciste.

Staatsregel, f. maxime d'état.

Staatsruder, n. 1, gouvernail de l'état, m.

Staatssache, f. affaire d'état.

Staatsschuld, f. dette publique.

Staatsstreich, m. 2, coup d'état.

Staatsveränderung, -umwälzung, f. révolution.

Staatsverfassung, f. constitution de l'état, acte constitutionnel, m. charte constitutionnelle, f.

Staatsverwaltung, f. gouvernement, m. administration de l'état, f.      [litique.

Staatswirthschaft, f. économie poStaatswissenschaft, f. politique, science politique, diplomatie.

Staatszimmer, n. 1, chambre de parade, f.

Stab, m. 2 *, bâton; baguette, f.; masse *d'un appariteur*; houlette *d'un berger*; crosse *d'un évêque*; barre, verge *de fer*; (*verr.*) féret, m.; — in Kaminen, fenton; —, *fg.* bâton, appui; soutien || ancienne aune *de France*, f. (environ 120 centimètres); (*guer.*) état-major, m.; den — über einen brechen, condamner qn. à mort; *fg.* condamner.

Stäbchen, n. 1, *dim.* baguette, f.

Stabeisen, n. 1, fer en barres ou en verge, m.

Stäbeln, v. a. (*jard.*) ramer.

Stabhalter, m. 1, *prvcl.* prévôt, maire.

Stabhammer, m. 1 *, fenderie, f.

Stabholz, n. 5 *, merrain, m.

Stabherr, m. 1, fief épiscopal, m.

Stabsofficier, m. 2, officier de l'état-major.

Stabsquartier, n. 2, quartier général, m.

Stabträger, m. 1, porte-verge, massier, bedeau.

Stachel, m. exc. 1, aiguillon, ardillon; piquant *des plantes*; épine, f. écharde; —n, pl. barbes *du blé*, f. pl.

Stachelbeere, f. groseille verte.

Stachelbeerstrauch, m. 2 *, groseillier épineux, gadellier.

Stachelflosser, m. pl. 1, poissons acanthoptérygiens.

Stachelig, adj. piquant; épineux.

Stachelmeerschwein, m. 2, érucague, f.      [ner.

Stacheln, v. a. piquer, aiguillonStachelraupe, f. chenille épineuse.

Stachelroche, m. 3, raie hérissée, f.

Stachelschale, f. (*bot.*) bogue.

Stachelschnecke, f. murex, m.

Stachelschwein, n. 2, porc-épic, m.

Stadel, m. 2, estacade, f. palissade; —t, pl. barrière, f.

Stadt, f. *, ville; cité.

Stadtbezirk, m. 2, -gebiet, n. 2, banlieue (f.), territoire (m.) de la ville.

Etäbter, *m.* 1, habitant d'une ville, citadin.  [des villes, *f.*

Etädtewesen, *n.* 1, organisation

Etabtgeseß, *n.* 2, ⸗ordnung, *f.* statuts *ou* règlements municipaux, *m. pl.*  [publique, *f.*

Etabtgespräch, *n.* 2, conversation

Etabthaus, *n.* 5*, hôtel de ville, *m.*  [geois.

Etädtisch, *adj.* de ville, de bour-

Etädtklatsche, *f.* commère, trompette.  [toire.

Etadtkunbig, *adj.* public; no-

Etadtmauer, *f.* enceinte d'une ville.  [tre.

Etädtmeister, *m.* 1, *ol.* stetmeis-

Etabtobrigkeit, *f.* magistrat, *m.*

Etadtpfleger, *m.* 1, préteur.

Etabtrath, *m.* 2*, magistrat, conseil municipal.

Etadtrecht, *n.* 2, droit municipal, *m.*  [la ville.

Etabtschreiber, *m.* 1, greffier de

Etabtschreiberei, *f.* greffe, *m.*

Etabtschüler, *m.* 1, externe.

Etabtschultheiß, *m.* 3, maire, prévôt.  [ville, *f.*

Etadtthor, *n.* 2, porte de la

Etabtwappen, *n.* 1, armoiries de la ville, *f. pl.*

Etaffel, *f.* marche, degré, *m.*

Etaffelei, *f.* (*peint.*) chevalet, *f.*

Etaffette, *f.* estafette, dépêche, courrier, *m.*

Etaffiren, *v. a.* garnir.

Etaffirer, *m.* 1, garnisseur, appareilleur.  [pression.

Etaffirmalerei, *f.* peinture d'im-

Etaffirung, *f.* garniture.

Etag, *m. et n.* 2, (*mar.*) étai, *m.*

Etabl, *m.* 2*, acier; mit — vermischt, chalibé.  [*m.*

Etahlarbeit, *f.* ouvrage d'acier,

Etahlarbeiter, *m.* 1, ouvrier en acier.

Etahlartig, *adj.* acérain.

Etahlbad, *n.* 5*, bain chalibé, *m.*

Etahlblättchen, *n.* 1, acérure, *f.*

Etahlblau, *adj.* de couleur d'acier.

Etahlbrunnen, *m.* 1, eaux ferrugineuses, *f. pl.*

Etählen, *v. a.* acérer; *fg.* affermir, fortifier *le courage.*

Etählern, *adj.* d'acier, en acier.

Etahlfeder, *f.* ressort d'acier, *m.*

Etahlgrün, *adj.* vert obscur.

Etahlhütte, *f.* aciérie.

Etahlkugel, *f.* (*méd.*) boule de mars.  [acier.

Etahlschneider, *m.* 1, graveur en

Etahlwasser, *n.* 1, eau martiale *ou* chalibée, *f.*

Etähr, *m.* 2, bélier.

Etake, *f.* perche, croc, *m.*

Etall, *m.* 2*, étable, *f.*; écurie *pour les chevaux*; chenil *pour*

*les chiens, m.*; toit *d porcs*; bergerie, *f.*

Etallbaum, *m.* 2*, barre, *f.*

Etallen, *v. a.* établer; —, *v. n.* (b.) (*des chevaux*) pisser.

Etallfütterung, *f.* nourriture du bétail dans les étables.

Etallgelb, *n.* 5, établage, *m.* droit d'attache.

Etallkittel, *m.* 1, souquenille, *f.*

Etallknecht, *m.* 2, palefrenier.

Etallmeister, *m.* 1, écuyer, écuyer cavalcadour *du roi.*

Etallung, *f.* écuries *pour les chevaux, pl.*; étables, étableries *pour les bestiaux.*

Etamm, *m.* 2*, tronc; tige, *f.*; souche; (*jard.*) brin, *m.*; arbre *de la croix*; *fg.* tige, *f.* souche; race; tribu, caste; clan *en Écosse, m.*  [rents, *m. pl.*

Etammältern, *pl.* premiers pa

Etammbaum, *m.* 2*, arbre généalogique, estoc.

Etammbuch, *n.* 5*, livre généalogique, *m.* album.

Etammeisen, *n.* 1, fermoir, *m.* bec d'âne.

Etammeln, *v. a.* et *n.* (b.) bégayer, balbutier, bredouiller; —, *s. n.* 1, bégaiement, *m.* balbutiement, bredouillement.  [tiant.

Etammelnd, *adj.* bègue, balbu-

Etammen, *v. n.* (f.) descendre, sortir.

Etämmen, *v. a.* appuyer; étayer; abattre *du bois*; (*men.*) percer, faire un trou; sich —, s'appuyer (*an, contre*).

Etammende, *n.* 1, souche, *f.*

Etammerbe, *m.* 3, héritier naturel.

Etammgeld, *n.* 5, capital, *m.*

Etammgut, *n.* 5*, terre patrimoniale, allodiale, *f.*

Etammhalter, *m.* 1, soutien, propagateur d'une famille.

Etammhaus, *n.* 5*, souche, *f.*

Etammholz, *n.* 5*, bois de brin, *m.*  [robuste.

Etämmig, *adj.* massif, ramassé,

Etammlehen, *n.* 1, fief de famille, *m.*  [douilleur.

Etammler, *m.* 1, bègue, bre-

Etammlinie, *f.* ligne.

Etammmutter, *f.*, aïeule.

Etammregister, *n.* 1, généalogie, *f.*

Etammreis, *n.* 5, surgeon, *m.*

Etammsprache, *f.* langue mère.

Etammsylbe, *f.* syllabe radicale.

Etammtafel, *f.* table généalogique.

Etammvater, *m.* 1*, tige, *f.* souche; auteur *d'une race, m.*

Etammvermächtniß, *n.* 2, fidéicommis, *m.*  [famille, *f. pl.*

Etammwappen, *n.* 1, armes de

Etammwort, *n.* 5*, mot radical *ou* primitif, *m.* racine, *f.*

Etämpel, *m.* 1, pilon *d'un mortier*; piston *d'une pompe*; poinçon; coin; empreinte, *f.* marque; (*jur., etc.*) timbre, *m.*; estampille, *f.*; contrôle *pour l'or, etc..* *m.*; (*clout.*) étampe, *f.*; (*bot.*) pistil, *m.*; —, *pl.* estampes, *f. pl.*

Etämpeln, *v. a.* timbrer *du papier, etc.*; marquer du poinçon; marquer, estampiller, estamper, plomber *des étoffes, etc.*; contrôler *l'or*; étamper *le fer.*

Etämpelpapier, *n.* 2, papier timbré, *m.*

Etämpelschneider, *m.* 1, graveur de poinçons.

Etampen, *v. a.* estamper, étamper *un fer*; nahe am innern, am äußern Rande —, estamper gras, maigre.

Etampfe, *f.* pilon, *m.*; martinet; (*min.*) bocard.

Etampfen, *v. a.* piler; concasser; égruger; broyer, battre; bocarder *la mine*; fouler aux pieds; —, *v. n.* (b.) trépigner; frapper des pieds, taper du pied; —, *s. n.* 1, broiement, *m.*; trépignement; battement, battage *de la poudre d canon.*

Etampfer, *m.* 1, pileur; pilon; batte, *f.*; (*chap.*) avaloire; (*pav.*) hie, demoiselle.

Etampfloch, *n.* 5*, égrugeoir, *m.*

Etampfloch, *n.* 5*, (*pap.*) bachat, *m.*  [*m.*

Etampfmühle, *f.* moulin à pilons,

Etämpler, *m.* 1, marqueur, contrôleur.

Etanb, *m.* 2*, état; place, *f.* hauteur *des eaux*; assiette, position, situation; condition, profession; rang, *m.*; qualité, *f.*; (*astr.*) état, *m.* aspect ‖ place, *f.* loge, boutique; im —e, en état, en mesure, à même; einen harten — haben, avoir bien de la peine, bien des combats à soutenir; zu —e kommen, s'achever, se faire, réussir; — halten, tenir ferme, faire bonne contenance; von —e, (*personne*) de qualité, de distinction.  [don, cornette, *f.*

Etanbarte, *f.* étendard, *m.* gui-

Etanbartenträger, *m.* 1, cornette.

Etanbbaum, *m.* 2*, (*man.*) barre, *f.*

Etanbbild, *n.* 5, statue, *f.*

Etänbchen, *n.* 1, sérénade, *f.*

Etänber, *m.* 1, pilier, poteau; montant; attache *d'un moulin à vent, f.*; (*tonn.*) cuvette, cuveau, *m.*; (*charp.*) chandelle, *f.*; (*mar.*) cornette.

Etanbeserhöhung, *f.* élévation.

Stanbesgebühr, f., nach —, se-
lon le rang ou la qualité.
Stanbesmäßig, adj. convenable à
la qualité, à la condition.
Stanbesperson, f. personne de
qualité, de condition.
Stanbeswidrig, adj. dérogeant à
son état. [lage.
Stanbgelb, n.5, étalage, m. hal-
Stanbhaft, adj. ferme, constant,
persévérant, résolu.
Stanbhaftigkeit, f. fermeté, con-
stance, persévérance, résolution.
Stanbig, adj. fixe, permanent.
Stänbisch, adj. relatif aux états,
constitutionnel.
Stanbkrämer, m. 1, étaleur, éta-
lagiste, marchand étalagiste.
Stanblehre, f. statique.
Stanbpferd, n. 2, cheval de relais, m. [(géom.) station, f.
Stanbpunkt, m. 2, point de vue;
Stanbquartier, n. 2, quartier
militaire, m. [re, m.
Stanbrecht, n. 2, conseil de guer-
Stanbrede, f. harangue; court
éloge funèbre, m.
Stanbriß; v. Aufriß.
Stange, f. perche, gaule, bâton,
m. brin; hampe de hallebarde,
f.; barre; barreau d'un treillis,
m.; tringle pour les rideaux, f.;
lingot d'or, m.; piquet des arpen-
teurs; (pêch.) gaffe, f.; die fixine
—, gaffeau, m.; —, juchoir des
poulets; (fauc.) chassoire, f.;
échalas de vigne, m.; branche
d'un mors, du bois de cerf, f.;
merrain (tige du bois de cerf), m.;
(mar.) boute-hors; sich die —n auf
die Brust setzen, (man.) s'armer;
v. Stenge; fg. einem die — halten,
prendre le parti de qn.
Stängel, m. 1, tige, f.; pédicule, m. [f. tringle.
Stängelchen, n. 1, dim. barrette,
Stängeln, v. n. (h.) monter en
tige; —, v. a. ramer des pois, etc.
Stangeneisen, n. 1, fer en barres, m. [ches, m.
Stangengebiß, n. 2, mors à bran-
Stangengerüst, n. 2, perche, f.
Stangengießform, f. lingotière.
Stangengold, n. 2, or en barres,
en lingots, m.
Stangenholz, n.5*, gaulis, m.
Stangenkugel, f. boulet à bran-
che, m.
Stangenlaterne, f. falot, m.
Stangenleiter, f. rancher, m.
Stangenpferd, n. 2, limonier,
m.; mallier d'une chaise de poste.
Stangenposten, m. 1, (cha.) lin-
got. [canon.
Stangenschwefel, m. 1, soufre en
Stangensilber, n. 1, argent en
barres, m.

Stangentabak, m. 2, tabac en
carottes.
Stangenzaum, m. 2*, bride à
branches, f. [verge.
Stangenzirkel, m. 1, compas à
Staniol, m. 2, tain, feuille d'é-
tain, f.
Stanislaus, n. pr. m. Stanislas.
Stänker, m. 1, pop. puant; fg.
fureteur, querelleur.
Stänkerei, f. pop. puanteur; fg.
fouille; querelle, noise.
Stänkern, v. n. pop. (h.) rendre
une mauvaise odeur; fg. chercher,
fureter partout; quereller.
Stanze, f. (pros.) stance; die
achtzeilige —, huitain, m.
Stapel, m. 1, pile, f.; tas, m.;
(comm.) étape, f.; (mar.) chantier, m.; vom — lassen, lancer
un vaisseau.
Stapeln, v. a. empiler.
Stapelplatz, m. 2*, échelle du
Levant, f.; ville d'étape, d'entrepôt, entrepôt, m. [m.
Stapelrecht, n. 2, droit d'étape,
Stark*, adj. fort, robuste, nerveux; — von Muskeln, musculeux; —, puissant, ferme; fg.
fort; versé, habile; — machen, v.
Stärken; stärker werden, se fortifier, enforcir; fraichir (vent);
grossir (bruit).
Stärke, f. force, vigueur, fort,
m.; énergie, f. fermeté; (phys.)
intensité; (blanch.) empois, m.
amidon.
Stärkeleim, m. 2, chas.
Stärkemacher, -händler, m. 1,
amidonnier.
Stärken, v. a. fortifier, corrobo-
rer; (méd.) conforter; empeser le
linge; — n. 1, empesage, m.
Stärkend, adj. fortifiant; confor-
tatif, corroboratif.
Stärker, m. 1, -inn, f. empe-
scur, m. -se, f.
Stärkesiederei, f. amidonnerie.
Stärkglieberig, adj. membru.
Stärkknochig, adj. ossu.
Stärkmehl, n. 2, amidon, m.
Stärkung, f. affermissement, m.;
confortation, f.
Stärkungsmittel, n. 1, corrobo-
ratif, m. fortifiant, confortatif.
Stärkwasser, n. 1, eau d'empois.
Staroß, m. 3, staroste. [f.
Starostei, f. starostie.
Starr, adj. roide; engourdi, tran-
si; — ansehen, regarder fixement.
Starren, v. n. (h.) se roidir, s'en-
gourdir, être tout roide; être hé-
rissé de lances, etc.; se glacer
(sang); auf etw. —, regarder fixe-
ment qch.; von Schmuz —, s'encuirasser; ihm starrt das Haar,
ses cheveux se hérissent; —, s.

n. 1, Starrheit, f. roideur, f. en-
gourdissement, m.
Starrend, adj. roide, glacé, transi
de froid; chargé d'or; hérissé de
lances; von Schmuz —, fm. en-
cuirassé. [sement, m.
Starrheit, f. roideur, engourdis-
Starrkopf, m. 2*, tête revêche,
f. entêté, m.
Starrköpfig, adj. entêté, obstiné,
opiniâtre; endêvé.
Starrkrampf, m. 2*, spasme to-
nique, tétanos.
Starrleinwand, f. bougran, m.
Starrsinn, m. 2, opiniâtreté, f.
entêtement, m.
Starrsucht, f. catalepsie.
Starrsüchtig, adj. cataleptique.
Starrtobt, adj. roide mort.
Stät, Stätig, adj. ferme; fixe;
constant, stable; continuel; con-
tinu; assidu; stätig, (cheval) rétif.
Stater, m. 1, (ant. gr.) statère.
Stätigkeit, f. fermeté, stabilité;
assiduité; continuité.
Statif, f. statique.
Station, f. poste, relais, m.;
(cath.) station, f. [nale.
Stationskirche, f. église station-
Statisch, adj. rétif, obstiné (che-
val).
Statist, m. 3, personnage muet.
Statistik, f. statistique.
Statistiker, m. 1, homme qui est
versé dans la statistique.
Statistisch, adj. statistique.
Stativ, n. 2, pied d'une ma-
Stäts, v. Stets. [chine, m.
Statt, Stätte, f. place, lieu, m.;
— haben ou finden, avoir lieu;
être accueilli (demande); — finden lassen, accorder; von —en gehen, réussir; zu —en kommen,
seconder; venir à propos.
Statt ou Anstatt, prép. au lieu
de; — von, tenir lieu de
qch.
Statthaft, adj. admissible, recevable; valable, valide.
Statthalter, m. 1, gouverneur;
lieutenant; vicaire; (Turq.) pacha, bey; (ant.) nomarque, ethnarque, satrape (en Perse); der
päpstliche —, légat || stathouder
(en Hollande).
Statthalterschaft, fém. gouvernement, m. lieutenance, f.; (Turq.)
pachalic, m.; (ant.) nome, eth-
narchie, f.; satrapie || stathou-
dérat, m.
Stattlich, adj. magnifique, pompeux, riche; grand; excellent.
Stattlichkeit, f. magnificence;
prestance.
Statue, f. statue; — zu Fuß, zu
Pferde, statue pédestre, équestre.
Statuiren, v. a. soutenir qch.;

statuer, ordonner, établir; faire *un exemple.*

**Statur,** *f.* stature, taille.

**Statut,** *n. exc.* 1, statut, *m.*

**Statutenbuch,** *n.* 5*, coutumier, *m.*

**Staub,** *m.* 2, poussière, *f.* poudre; *fg. id.*, fange, misère; **einen in den — treten,** faire mordre la poussière à qn.; **sich aus dem —e machen,** s'esquiver, échapper, gagner les champs, dénicher; **einem — in die Augen streuen,** jeter de la poudre aux yeux de qn., fasciner les yeux de qn.

**Staubbesen,** *m.* 1, houssoir.

**Staubbeutel,** *m.* 1, (*bot.*) anthère, *f.*

**Stäuben,** *v. a. et n.* (h.) poudrer; faire de la poussière; époudrer; housser.     [limier.

**Stäuber,** *m.* 1, houssoir; (*cha.*)

**Stäubern,** *v. a.* débusquer, chasser; —, *v. n.* (h.) fureter.

**Staubfaden,** *m.* 1*, (*bot.*) étamine, *f.*

**Staubflügelig,** *adj.* lépidoptère.

**Staubig,** *adj.* poudreux.

**Staublaus,** *f.*, pou pulsateur, *m.* (*dans le bois*).

**Staubmehl,** *n.* 2, folle farine, *f.*

**Staubregen,** *m.* 1, pluie menue, *f.*; der kalte —, bruine; **vom —** beschädigt, bruiné.     [loup, *f.*

**Staubschwamm,** *m.* 2*, vesse de loup, *f.*

**Staubweg,** *m.* 2, tamis, *m.* sas.

**Staubweg,** *m.* 2, (*bot.*) pistil.

**Staubwirbel,** *m.* 1, tourbillon de poussière.

**Stauche,** *f.* botte (*de lin, etc.*).

**Stauchen,** *v. a.* pousser; secouer; —, **Stauen,** arrêter *les eaux.*

**Staude,** *f.*, *v.* Staubengewächs.

**Stauden** (sich), venir en buisson.

**Staubengewächs,** *n.* 2, arbrisseau, *m.* arbuste.     [seaux.

**Staubig,** *adj.* couvert d'arbrisseaux.

**Staunen,** *v. n.* (h.) être étonné, surpris; —, *s. n.* 1, étonnement, *m.* surprise, *f.*

**Staupbesen,** *m.* 1, fouet.

**Stäupen,** *v. a.* fouetter.

**Stechapfel,** *m.* 1*, stramonium, datura, *f.*

**Stechbahn,** *f.* lice.     [moir.

**Stechbeutel,** *m.* 1, (*men.*) fer-

**Stechdorn,** *m. exc.* 1, nerprun.

**Stecheisen,** *n.* 1, poinçon, *m.*

**Stechen,** *v. a. et n.* 2 (h.) piquer; poindre; percer; plonger; enfoncer *le poignard dans le corps de* qn.; **einem den Degen mitten durch den Leib —,** passer son épée au travers du corps de qn.; —, graver; ciseler; (*bouch.*) tuer; (*jeu*) couper; (*serpents*) piquer; mordre; (*soleil*) darder ses rayons;

---

abattre *la cataracte;* couper *des gazons;* bêcher *des tourbes;* jouter (*jeu*); **in die See —,** faire canal; **in die (hohe) See —,** mettre au large, prendre le large; **in die Augen —,** *fg.* plaire, exciter le désir; **es sticht mich in der Seite,** le côté m'élance; —, *s. n.* 1, picotement, *m.* point; piqûre, *f.* || gravure || joute *sur l'eau, etc.;* (*méd.*) élancement, *m.*

**Stechend,** *adj.* piquant.

**Stecher,** *m.* 1, piqueur; jouteur || graveur; poinçon.

**Stechfliege,** *f.* mouche piqueuse.

**Stechgabel,** *f.* trident, *m.*

**Stechheber,** *m.* 1, larron.

**Stechlaus,** *f.*, chique.

**Stechpalme,** *f.* houx, *m.* (*arbre*).

**Stechpalmenbeere,** *f.* cénelle.

**Stechpalmenbusch,** *m.* 2, houssaie, *f.*     [teinturier.

**Stechpfrieme,** *f.* ajonc, *m.* genêt

**Stechbrief,** *m.* 2, signalement.

**Stecken,** *m.* 1, bâton, baguette, *f.*

**Stecken,** *v. a.* mettre, planter; ficher; enfoncer; **auf Papier —,** bouter *des aiguilles;* **in den Beutel —,** embourser; **in die Tasche —,** empocher; **in die Scheide —,** engainer; **an den Spieß —,** embrocher; **ins Gefängniß —,** emprisonner; **ins Kloster —,** *fm.* cloîtrer; enfroquer; **untermengt in etw. —,** glisser, fourrer dans qch.; —, placer *des fonds dans une affaire;* **in Brand —,** incendier, mettre le feu à; **sich in Schulden —,** s'endetter; —, *v. n.* (h.) tenir; être fiché; *fg. fm.* être, se trouver; **voll Gold —,** être cousu d'or; **ins — gerathen,** s'accrocher; —, bleiben, rester dans l'embarras; demeurer court; — lassen, laisser; *fg.* abandonner; **sich —,** s'arrêter, se boucher (*canal, etc.*); se fourrer *quelque part.*

**Steckenpferd,** *n.* 2, dada *des enfants,* *m.*; *fg. fm.* cheval de bataille.

**Steckenzaun,** *m.* 2*, perchis.

**Stecker,** *m.* 1, (*trictr.*) ficher.

**Steckfluß,** *m.* 2*, suffocation, *f.*

**Steckleuchter,** *m.* 1, chandelier à pied pointu.

**Stecknadel,** *f.* épingle; die kleine —, camion, *m.*

**Stecknadelbüchslein,** *n.* 1, étui à épingles, *m.*

**Stecknadelkissen,** *n.* 1, coussinet pour les épingles, *f.*

**Steckreis,** *n.* 5, bouture, *f.*

**Steckrübe,** *f.* navet, *m.*

**Steg,** *m.* 2, montée, (*jeu*) sentier, *m.*; (*mus.*) chevalet; (*impr.*) bois, garniture, *f.*

---

**Stegreif,** *m.* 2, étrier; *fg.* **aus dem —,** sur-le-champ, d'abondance; die Antwort, das (kleine) Gedicht aus dem —, impromptu, *m.*; die Rede, das (große) Gedicht aus dem —, improvisation, *f.*; aus dem — sprechen, improviser.

*Stehen, *v. n.* (h.) être debout; être, se trouver; se tenir; **zu Berge —,** se dresser, se hérisser (*cheveux*); **Gevatter —,** être parrain; —, seoir à qn. (*habit*); coiffer (*chapeau*); **wie steht es?** *fm.* comment va la santé? comment vont les affaires? **für etw. —,** répondre de qch.; **es stehet nur bei mir,** il ne tient qu'à moi; **es steht nicht bei mir,** il ne tient pas à moi que, il n'est pas en mon pouvoir de; **es stehet dahin,** c'est à savoir; **gut mit einem —,** être bien avec qn.; **einem nach dem Leben —,** attenter à la vie de qn. (*habit*); **zu — kommen,** (*troupes*) venir à camper; (*marchandises*) coûter; — bleiben, s'arrêter; rester; dabei — bleiben, en demeurer là; — lassen, laisser en son lieu, laisser; quitter; planter là qn.

**Stehend,** *adj.* debout; croupissant; mort (*eau*); permanent, toujours sur pied (*armée*); **stehenden Fußes,** *fm.* de ce pas.

**Stehlen,** *v. a.* —, voler, dérober (*guer.*) marauder; —, *s. n.* 1, vol, *m.* volerie, *f.*; (*guer.*) maraude.

**Stehler,** *m.* 1, voleur, larron.

**Stehmännchen,** *n.* 1, bilboquet, *m.*

**Steiermark,** Styrie, *f.* (*pays*).

**Steif,** *adj.* roide; dur, fort; (*man.*) courbatu; *fg.* ferme; (*dessein*) opiniâtre; maladroit; gauche; guindé; façonnier, cérémonieux; apprêté (*air*); (*regard*) fixe; (*peint.*) dur, mannequiné; — machen, *v.* Steifen; (*méd.*) entreprendre.

**Steife,** **Steifigkeit,** *f.* roideur; (*man.*) courbature; (*chap., etc.*) apprêt, *m.*

**Steifen,** *v. a.* roidir; affermir; apprêter *un chapeau;* garnir de bougran; empeser *le linge;* **von neuem —,** raffermir; **sich —,** *fg.* s'appuyer, se reposer sur qch.; gesteift, bougrané (*toile*).

**Steifer,** *m.* 1, apprêteur.

**Steifleinwand,** *f.* bougran, *m.*

**Steig,** *m.* 2, ou. *v.* Weg.

**Steigbügel,** *m.* 1, étrier.

**Steigbügelriemen,** *m.* 1, étrivière, *f.* étrière.

**Steige,** *f.* montée.

**Steigen,** *v. n.* 5 (s.) monter; s'élever; grimper *sur un arbre;* prendre l'essor (*oiseau*); hausser (*eau*

*et fg.*); augmenter *de prix;* in die Nafe —, prendre au nez; in die Tiefe —, descendre; —, *s. n.* 1, montée, *f.;* crue *des eaux;* pointe *d'un cheval;* haussement *du prix, m.;* hausse *du cours, f.*

**Steigend,** *adj.* ascendant (*progression*); in den Kopf —, capiteux (*vin*).

**Steiger,** *m.* 1, officier *d'une mine.*

**Steigerad,** *n.* 5*, roue de rencontre, *f.*

**Steigerer,** *m.* 1, enchérisseur.

**Steigern,** *v. a.* enchérir, renchérir, acheter à l'encan; *fg.* hausser, élever, renforcer *le ton;* étendre *une idée;* élever *un mot* aux degrés de comparaison.    [*m.*

**Steigerohr,** *n.* 2, tuyau montant.

**Steigerung,** *f.* enchère, encan, *m.;* renchérissement; gradation *des idées, f.*

**Steigerungsgrad,** *m.* 2, degré de comparaison *ou* de signification; der erste, zweite, dritte —, positif, comparatif, superlatif.

**Steigriemen,** *m.* 1, étrivière, *f.*

**Steil,** *adj.* roide; escarpé.

**Steile, Steilheit,** *f.* roideur.

**Stein,** *m.* 2, pierre, *f.;* der zweifarbige feine —, camaieu, *m.;* geschnittene —, camée, *f.;* die Kenntniß der geschnittenen —, glyptographie; sich den — schneiden lassen, se faire opérer de la taille || (*fruits*) noyau, *m.;* (*trictr.*) dame, *f.* pièce; einen — zurecht setzen, adouber; —, un poids *de vingt livres* (environ dix kilogrammes) pesant; zu — werden, se pétrifier; der — der Weisen, la pierre philosophale, le grand œuvre; zwischen —en wachsend, (*bot.*) saxatile.

**Steinader,** *f.* veine de roche.

**Steinadler,** *m.* 1, grand aigle, aigle royal.

**Steinalaun,** *m.* 2, alun de roche.

**Steinalt,** *adj.* décrépit, fort vieux.

**Steinart,** *fém.* espèce de pierre, gangue; *pl.* —en, minéraux, *m. pl.*    [treux.

**Steinartig,** *adj.* pierreux, pétreux.

**Steinasche,** *f.* caillotis, *m.*

**Steinauflösend,** *adj.* (*méd.*) lithontriptique.    [leur.

**Steinausmesser,** *m.* 1, appareilleur.

**Steinbank,** *f.*, (*min.*) lit de pierre, *m.;* die obere —, ciel || banc de pierre.    [gue.

**Steinbeschreiber,** *m.* 1, lithologe.

**Steinbeschreibung,** *f.* lithologie.

**Steinbock,** *m.* 2 *, bouquetin, (*astr.*) capricorne.

**Steinbohrer,** *m.* 1, aiguille, *f.*

**Steinbölter,** *m.* 1, pierrier.

**Steinbrech,** *m.* 2, saxifrage, *f.;* der rothe —, filipendule.

**Steinbrechartig,** *adj.,* die —en Gewächse, *n. pl.* saxifragées, *f. pl.*

**Steinbrecher,** *m.* 1, carrier.

**Steinbruch,** *m.* 2*, carrière, *f.*

**Steinbutte,** *f.* turbot, *m.* (*poisson*).    [chaussée de pierre.

**Steindamm,** *m.* 2*, digue (*f.*),

**Steindruck,** *m.* 2, Steindruckerei, *f.* lithographie.

**Steindrucker,** *m.* 1, lithographe.

**Steindruckerkunst,** *f.*, art lithographique, *m.* lithographie, *f.*

**Steineiche,** *f.* chêne vert, *m.*

**Steinern,** *adj.* de pierre; de roche; (*vase*) de grès.

**Steinerzeugend,** *adj.* lapidifique.

**Steinerzeugung,** *f.* lapidification.

**Steineule,** *f.* chouette.

**Steinflachs,** *m.* 2, amiante, asbeste.

**Steinfresser,** *m.* 1, (*hist. nat.*) lithophage.

**Steinfrucht,** *f.*, fruit à noyau, *m.*

**Steingalle,** *fém.* (*vét.*) molette, bleime.

**Steingerinne,** *n.* 1, pierrée, *f.*

**Steingeschoß, =geschütz,** *n.* 2, *ol.* bombarde, *f.* pierrier, *m.*

**Steingrube,** *f.* carrière.

**Steingrund,** *m.* 2*, fond de pierres; (*mar.*) fond de roches; der weiche und glatte —, banche, *f.*

**Steingut,** *n.* 2, gresserie, *f.* grés, *m.*    [lier.

**Steinhändler,** *m.* 1, carrier; joaillier.    [dur comme pierre.

**Steinhart,** *adj.* dur comme pierre.

**Steinhaue,** *f.* pic à roc, *m.*

**Steinhauer,** *m.* 1, tailleur de pierres.

**Steinhaufen,** *m.* 1, tas de pierres; ruines, *f. pl.* décombres, *m. pl.*

**Steinhirse,** *f.* grémil, *m.*

**Steinicht, Steinig,** *adj.* pierreux; graveleux; grumeleux (*fruit*).

**Steinigen,** *v. a.* lapider.

**Steinigung,** *f.* lapidation.

**Steinkenner,** *m.* 1, lithologue.

**Steinkenntniß,** *f.* lithologie.

**Steinkitt,** *m.* 2, lithocolle, *f.*

**Steinklee,** *m.* 2, mélilot.

**Steinklippe,** *f.* écueil, *m.;* roc.

**Steinkluft,** *f.* crevasse.

**Steinkohle,** *f.* houille; charbon de terre, *m.*

**Steinkohlengrube,** *f.* houillère.

**Steinkolik,** *f.* colique graveleuse.

**Steinlage,** *f.* couche de pierre; die oberste —, (*maç.*) arasement, *m.*

**Steinleger,** *m.* 1, carreleur.

**Steinmarder,** *m.* 1, fouine, *f.*

**Steinmeißel,** *m.* 1, ciseau, repoussoir.

**Steinmergel,** *m.* 1, marne pierreuse, *f.*

**Steinmetz,** *m.* 3, tailleur de pierres.

**Steinmoos,** *n.* 2, lichen, *m.*

**Steinmörtel,** *m.* 1, ciment, badigeon, impastation, *f.;* mit — überziehen, badigeonner.

**Steinmuschel,** *f.* pholade.

**Steinnuß,** *f.*, noix angleuse.

**Steinobst,** *n.* 2, fruits à noyau, *m. pl.*    [*f.*

**Steinöl,** *n.* 2, huile de pétrole,

**Steinpflanze,** *f.* lithophyte, *m.*

**Steinplatte,** *f.* dalle, carreau, *m.*

**Steinregen,** *m.* 1, pluie (*fg.* grêle) de pierres, *f.*

**Steinreich,** *n.* 2, règne minéral, *m.;* —, *adj.* riche en pierres; *fg.* très-riche.

**Steinrinde,** *f.* croûte pierreuse, bousin, *m.* incrustation, *f.*

**Steinsäge,** *f.* scie à pierre, archet, *m.*

**Steinsalz,** *n.* 2, sel gemme, sel minéral *ou* de roche, sel fossile.

**Steinsand,** *m.* 2, gravier.

**Steinschicht,** *f.* lit (*m.*), couche (*f.*) de pierres; (*maç.*) assise, banc, *m.;* (*pav.*) assiette, *f.*

**Steinschleifer,** *m.* 1, polisseur.

**Steinschleuder,** *f.* fronde; (*ant.*) espringale.

**Steinschmerz,** *m.* exc. 1, douleurs de la pierre, *f. pl.*

**Steinschneidekunst,** *f.*, gravure en pierres, glyptique.

**Steinschneider,** *m.* 1, lapidaire, graveur en pierre; (*chir.*) lithotomiste.

**Steinschnitt,** *m.* 2, opération de la taille, *f.* lithotomie.

**Steinschnittmesser,** *m.* 1, (*chir.*) lithotome, *m.*    [daire.

**Steinschrift,** *f.* inscription lapi-

**Steinschrot,** *m.* 2, recoupe, *f.*

**Steinsetzer,** *m.* 1, paveur, carreleur.

**Steinsode,** *f.* caillotis, *m.*

**Steinsplitter,** *m.* 1, écornure, *f.* épaufrure.

**Steinstück,** *n.* 2, pierrier, *m.*

**Steinthal,** *n.* 5*, ban de la roche, *m.* (*pays*).

**Steinwurf,** *m.* 2*, jet de pierre.

**Steinzange,** *f.* (*chir.*) litholabe, *m.;* (*maç.*) louve, *f.*

**Steinzeichner,** *m.* 1, lithographe.

**Steinzermalmend,** *adj.* (*méd.*) saxifrage.

**Steinzerreibung,** *f.* lithotritic.

**Steiß,** *m.* 2, pop. derrière, cul, fessier, croupion; (*fauc.*) brayer.

**Steißbein,** *n.* 2, (*anat.*) coccyx, *m.*    [vous, *m.*

**Stelldichein,** *n.* indécl. rendez-

**Stelle,** *f.* place; lieu, *m.; fg.* rang; charge, *f.;* emploi, *m.;*

passage *d'un livre;* bie oberfte —, le haut bout; nicht von ber — fommen, ne pas bouger de sa place; ne pas s'absenter; einen an eines andern — feßen, subroger, substituer qn. en la place d'un autre; an Ort und — feyn, être sur les lieux; auf ber —, *adv.* sur-le-champ, à l'instant; tout de suite.

Stellen, *v. a.* mettre, placer, poser, exposer *au soleil;* asseoir; ranger, arranger; poster *des soldats;* (*horl.*) ajuster, régler; umgefehrt —, (*impr.*) bloquer; tendre *des rets;* einen zu Rede —, demander raison à qn.; zufrieden —, contenter; Bürgen —, donner caution; —, administrer *des témoins;* vor Augen —, représenter; frei —, laisser le choix; laffen wir dies dahin gestellt feyn, laissons cela; fich —, se placer, se mettre; s'arrêter; se présenter; comparaître; *fg.* feindre, affecter, faire mine de; fich böf —, faire le mauvais.

Steller, *m.* 1, (*horl.*) régulateur.
Stellfeber, *f.* ressort d'arrêt, *m.*
Stellgraben, *m.* 1*, rigole, *f.*
Stellholz, *n.* 5*, soupente, *f.* crémaillère. [chette, *f.*
Stellhölzchen, *n.* 1, *dim.* mar-
Stellmacher, *v.* Wagner.
Stellnagel, *m.* 1*, cheville ouvrière, *f.* [montre, *f.*
Stellrad, *n.* 5*, roue à régler la
Stellschraube, *f.* vis de rappel.
Stellung, *f.* arrangement, *m.;* disposition, *f.* position; situation; contenance, attitude; assiette; (*escr.*) garde; bie gerabe —, aplomb, *m.* [tif.
Stellvertretend, *adj.* représenta-
Stellvertreter, *m.* 1, lieutenant; représentant; vicaire; substitut.
Stellvertretung, *f.* représentation.
Stelzbein, *n.* 2, Stelzfuß, *m.* 2*, jambe de bois, *f.;* —t, *fg. fm.* jambes de fuseau, *f. pl.*
Stelze, *f.* échasse.
Stemmen, Stempel, *v.* Stämmen, ic.
Stendelkraut, *n.* 5*, limodore, *m.*
Stenge, *f.* mât de hune, *m.* hunier.
Stephan, *n. pr. m.* Étienne.
Steppe, *f.* lande, bruyère; désert, *m.*
Steppen, *v. a.* piquer, contrepointer; —, *s. n.* 1, Stepperei, *f.* arrière-point, *m.;* piqûre, *f.*
Steppnabel, *f.* aiguille à piquer.
Steppnabt, *f.*, arrière-point, *m.*
Steppfeibe, *f.* soie à piquer.
Steppzwirn, *m.* 2, fil au grelot.
Sterbebett, *n. exc.* 1, lit de mort, *m.*

Sterbecaffe, *f.* caisse mortuaire.
Sterbefall, *m.* 2*, mort, *f.* décès, *m.* [mort de qn., *f.*
Sterbejahr, *n.* 2, année de la
Sterbekleid, *n.* 5, habillement de mort, *m.* [*m.*
Sterbelifte, *f.* registre mortuaire,
Sterben, *v. n.* 2 (f.) mourir, décéder; se mourir; —, *s. n.* 1, décès, *m.* mort, *f.*
Sterbend, *adj.* mourant, moribond, agonisant. [mort.
Sterbenskrank, *adj.* malade à
Sterbestunde, *f.* article de la mort, *m.*
Sterbetag, *m.* 2, jour de la mort.
Sterblich, *adj.* mortel.
Sterblichkeit, *f.* mortalité.
Sterbling, *m.* 2, brebis morte, *f.*
Sterblingswolle, *f.* moraine.
Sterling, *m.* 2, bas Pfund —, la livre sterling (*monnaie de compte anglaise*).
Stern, *m.* 2, étoile, *f.;* astre, *m.;* prunelle *de l'œil,* *f.;* croix, ordre, *m.;* (*man.*) chanfrein, étoile, *f.;* —chen, *n.* 1, *dim.* (*impr.*) astérisque, *m.*
Sternanis, *m.* 2, badiane, *f.;* anis de la Chine, *m.* [phie.
Sternbeschreibung, *fém.* astrographie; signe *du zodiaque, m.*
Sternbild, *n.* 5, constellation, *f.;* signe *du zodiaque.*
Sternbinde, *f.* (*chir.*) étoilé, *m.*
Sternblume, *f.* aster, *m.;* bie blaue —, œil-de-Christ.
Sternchen, *n.* 1, astérisque, *m.*
Sterndeuter, *m.* 1, astrologue.
Sterndeuterifch, *adj.* astrologique.
Sterndeutung, *f.* Sterndeuterkunft, *f.*, astrologie judiciaire.
Sternförmig, *adj.* étoilé, constellé; — gefprungen, étoilé; einen —en Sprung bekommen, s'étoiler.
Sternhell, *adj.* étoilé.
Sternhimmel, *m.* 1, ciel étoilé.
Sternjahr, *n.* 2, année astrale, *f.*
Sternkegel, *m.* 1, (*astr.*) globe céleste. [astroide, *f.*
Sternkoralle, *f.* madrépore, *m.*
Sternkunde, *f.* astronomie.
Sternkundige, *m.* 3, astronome.
Sternlicht, *n.* 5, lueur des étoiles.
Sternschanze, *f.* étoile. [les, *f.*
Sternschnuppe, *f.* étoile volante.
Sternseher, *m.* 1, astronome.
Sternuhr, *f.* cadran sidéral, *m.*
Sternwarte, *f.* observatoire, *m.*
Sternzahl, *m.* 2, queue, *f.* queue, croupion, *m.* manche *de la charrue.* [incessamment.
Stets, *adv.* toujours, sans cesse,
Steuer, *f.* contribution, imposition, impôt, *m.* charge, *f.* taille; accise, octroi, *m.* || charité, *f.;* mit einer — belegen, imposer; zur — ber

Wahrheit, pour rendre hommage à la vérité; —, *n.* 1, (*nav.*) ?. Steuerruber.
Steueramt, *n.* 5*, bureau des contributions, *m.*
Steueranlage, *f.* taux, *m.*
Steuerbar, *adj.* contribuable.
Steuerbord, *n.* 2, (*mar.*) stribord, *m.*
Steuerebict, *n.* 2, édit bursal, *m.*
Steuereinnehmer, *m.* 1, receveur des contributions.
Steuerfrei, *adj.* exempt d'impôts.
Steuerläftig, *adj.* (*mar.*) enfoncé, trop chargé sur l'arrière.
Steuerlehen, *n.* 1, fief redevable, *m.*
Steuermann, *masc.* 5*, pilote; (*poés.*) nocher.
Steuern, *v. a. et n.* (h.) contribuer; faire la charité; (*mar.*) gouverner, naviguer; *fg.* obvier, mettre ordre à qch., réprimer; fich —, s'appuyer; *fg. id.;* se reposer, se fier.
Steuerpflichtig, *v.* Steuerbar.
Steuerregifter, *n.* 1, rôle des contributions, *m.* cadastre.
Steuerruber, *n.* 2, gouvernail, *m.;* *fg.* bas — führen, gouverner l'etat.
Steven, *m.* 1, (*mar.*) étable, *f.;* (Vorbersteven) étrave; (Hintersteven) étambord, *m.*
Stich, *m.* 2, piqûre, *f.;* coup, *m.;* point; (*méd.*) élancement; (*grav.*) gravure, *f.;* ber unreine —, bavochure; (*cart.*) main; levée; keinen — machen, être capot; —, *fg.* mot piquant, *m.;* pointe, *f.;* apostrophe, *fm.* botte, lardon, *m.;* jemand im — laffen, abandonner qn.
Stichart, *f.*, besaiguë.
Stichbalten, *m.* 1, blochet, chevêtre; —, *pl.* guigneaux.
Stichblatt, *n.* 5*, garde, *f.;* *fg. fm.* plastron, *m.* jouet, bardot.
Stichbohrer, *m.* 1, tarière, *f.*
Stichel, *m.* 1, burin, poinçon, échoppe, *f.;* mit bem — arbeiten, buriner, échopper.
Stichelei, Stichelrede, *f.* picoterie, attaque; *fm.* coup de bec, *m.* brocard.
Stichelbärig, *adj.* rubican.
Sticheln, *v. a.* piquer; pointer; *fg.* picoter, railler, agacer, brocarder. [*m.*
Stichelwort, *n.* 2, mot piquant,
Sticherling, *m.* 2, épinoche, *f.* (*poisson*).
Stichfrei, *adj.* invulnérable.
Stichherd, *m.* 2, (*chim.*) catin.
Stichler, *m.* 1, =nin, *f.* brocardeur, *m.* -se, *f.*
Stichling, *m.* 2, (*jard.*) bêche, *f.* (*insecte*).

Sticken, v. a. broder; —, s. n. 1, broderie, f. [m. -se, f.

Sticker, m. 1, =inn, f. brodeur,

Stickerei, f. broderie.

Stickfluß, m. 2*, suffocation, f.

Stickgold, n. 2, or trait, m.

Stickhusten, m. 1, toux suffocante, f.

Stickluft, f.*, gaz, m. air méphitique, azote, gaz azote.

Sticknadel, f. aiguille à broder.

Stickrahmen, m. 1, métier à broder.

Stickseide, f. soie à broder.

Stickstoff, m. 2, (chim.) azote, gaz azote.

Stickstoffhaltig, adj. azoté.

Stieben, v. n. 6 (f.) s'en aller en poussière, se dissiper.

Stiefältern, pl. le beau-père et la belle-mère.

Stiefbruder, m. 1*, beau-frère.

Stiefel, m. 1, botte, f.; corps (m.), barillet de pompe; einem — machen, anziehen, botter qn.

Stiefelbrett, n. 5, clef d'embouchoir, f.

Stiefelette, f. bottine; guêtre.

Stiefelhafen, =zieher, m. 1, crochet. [m.

Stiefelholz, n. 5*, embouchoir,

Stiefelholzteil, m. 2, clef de forme, f. clef d'embouchoir.

Stiefelkappe, =sülpe, f. genouillère. [tire-botte.

Stiefelknecht, m. 2, =zieher, 1,

Stiefelmacher, m. 1, bottier.

Stiefeln, v. a. botter.

Stiefelschaft, m. 2*, tige de botte, f. [m.

Stiefelwichse, f. cirage des bottes,

Stiefgeschwister, pl. frères (m. pl.) ou sœurs (f. pl.) de différents lits.

Stiefkind, n. 5, enfant d'un autre lit, m.

Stiefmutter, f.*, belle-mère; die böse —, marâtre. [marâtre.

Stiefmütterlich, adj. de ou en

Stiefschwester, f. belle-sœur.

Stiefsohn, m. 2*, beau-fils.

Stieftochter, f.*, belle-fille.

Stiefvater, m. 1*, beau-père.

Stiege, v. Treppe.

Stieglitz, m. 2, chardonneret.

Stiel, m. 2, tige, f.; queue, f. (bot.) id., pédoncule, m.; pédicule; carde de la poirée, f.; manche de couteau, m.; hampe (f.), ente d'un pinceau; mit einem — versehen, emmancher; ohne —, (bot.) sessile.

Stielen, v. a. emmancher.

Stier, adj. hagard, roide, fixe; —, adv. fixement.

Stier, m. 2, taureau; der junge —, bouvillon. [ment.

Stieren, v. n. (h.) regarder fixe-

Stiergefecht, n. 2, combat de taureaux, m.

Stift, m. 2, ferret; lacet, pointe, f.; petit clou, m.; (horl.) goupille, f. barrette; (serr.) broche; rivure d'une charnière; (trict.) fiche || crayon, m.; style.

Stift, n. 5, fondation, f.; chapitre, m.; zu einem —e gehörig, capitulaire.

Stiften, v. a. fonder, ériger; établir, instituer, constituer; léguer; fg. causer qch.; exciter; Frieden —, procurer la paix; einen Vergleich —, concilier un accord; Gutes —, faire du bien.

Stifter, m. 1, fondateur, instituteur; fg. moteur, auteur; =inn, f. fondatrice.

Stiftsamt, n. 5*, vidamé, m. vidamie, f.

Stiftsbrief, m. 2, lettre de fondation, f.

Stiftsdame, =frau, f. =fräulein, n. 1, chanoinesse, f.

Stiftsgüter, n. pl. 5*, biens affectés à une fondation ou à un chapitre, m. pl.

Stiftshauptmann, m. 5*, vidame.

Stiftshaus, n. 5*, maison affectée à une fondation ou à un chapitre, f. maison canoniale.

Stiftsherr, m. 3, chanoine.

Stiftshütte, f. (écr. ste.) tabernacle, m.

Stiftskirche, f. église collégiale.

Stiftsmäßig, adj. qui peut être reçu dans un chapitre.

Stiftspfründe, f. canonicat, m.

Stiftsschullehrer, m. 1, (théol.) écolâtre; =amt, n. 5*, écolâtrie, f.

Stiftung, f. fondation; institution; érection; établissement, m. institut.

Stiftungsbuch, n. 5*, (égl.) obituaire, m. registre des fondations.

Stiftungstag, m. 2, jour anniversaire d'une fondation.

Stil, v. Styl.

Stilett, n. 2, stylet, m. dague, f.

Still, Stille, adj. tranquille; calme; paisible; doux; pacifique; silencieux; fg. secret; die —e Messe, la messe basse; das —e Gebet, l'oraison mentale, f.; —es Wasser, de l'eau dormante; — und rubig werden, se calmer, se tranquilliser; — bleiben, se tenir coi, demeurer coi, tranquille; — stehen, se tenir en repos; s'arrêter (montre, etc.); croupir (eau); — liegen, s'arrêter en route; einem — halten, laisser faire qn., ne pas faire de résistance; — schweigen, — seyn, se taire, garder le silen-

ce; stille! stille da! interj. silence! paix! bouche close!

Stille, f. tranquillité; calme, m.; repos; silence; in der —, secrètement; sous main.

Stillen, v. a. apaiser, calmer, tranquilliser; adoucir la douleur; pacifier les troubles; assouvir sa fureur; désaltérer, étancher la soif; satisfaire; allaiter; assoupir un enfant; arrêter, étancher le sang. [tif.

Stillend, adj. adoucissant; léni-

Stillsalz, n. 2, sel sédatif, m.

Stillschweigen, n. 1, silence, m.

Stillstand, m. 2*, Stillhalten, n. 1, halte, f.; repos, m. cessation, f.; pause; — ou =standsalter, n. 1, (phys.) consistance, f.

Stillstehend, adj. dormant, croupissant, stagnant (eau).

Stillung, f. adoucissement, m.; assouvissement; allaitement d'un enfant; étanchement de la soif.

Stimmbüchse, f. urne, capse.

Stimme, f. voix; fg. id.; organe, m.; cri de la conscience; suffrage, avis; (mus.) partie, f.; die schwache —, le filet de voix; seine — geben, voter, opiner.

Stimmen, v. a. (mus.) accorder; nach einem Tone —, monter sur un ton; höher —, hausser; tiefer —, abaisser, descendre; gestimmt seyn, être d'accord; —, fg. gagner, prévenir, disposer qn.; —, v. n. (h.) (mus.) entonner; fg. aller aux voix; opiner, voter; durch Kugeln —, ballotter.

Stimmensammlung, f. scrutin, m.

Stimmentheiler, m. 1, compartiteur.

Stimmer, m. 1, accordeur.

Stimmfähig, adj. habile à voter; (égl.) capitulant (chanoine).

Stimmgabel, f. fourchette tonique, diapason, m. [opinant.

Stimmgebende, m. 3, votant,

Stimmhammer, m. 1*, Stimmborn, n. 5*, accordoir, m.

Stimmholz, n. 5*, âme d'un violon, f. [nie.

Stimmlosigkeit, f. (méd.) apho-

Stimmrecht, n. 2, droit de suffrage, m. droit de voter, voix délibérative, f. [m.

Stimmritze, f. glotte, fm. sifflet,

Stimmschlüssel, m. 1, clef de clavecin, f.

Stimmung, f. accord, m.; fg. disposition, f.

Stinken, v. n. 3 (h.) puer, sentir mauvais.

Stinkend, adj. puant; infect; fétide; fg. (orgueil, avarice) insupportable; — machen, empuantir, infecter; — werden, s'em-

puantir; **Stinkendwerden**, *s. n.* 1, empuantissement, *m.*

**Stinker**, *m.* 1, puant.

**Stinkkäfer**, *m.* 1 bupreste.

**Stinkthier**, *n.* 2, putois, *m.*

**Stint**, *m.* 2, éperlan (*poisson*).

**Stipendiat**, *m.* 3, boursier.

**Stipendium**, *n. exc.* 1, bourse, *f.*

**Stirn**, *f.* front, *m.*; *fig.* id., audace, *f.*

**Stirnader**, *f.* veine frontale.

**Stirnband**, *n.* 5*, bandeau, *m.* diadème; frontal; (*anat.*) os frontal *ou* coronal.

**Stirnbein**, *n.* 2, os coronal, *m.*

**Stirnbinde**, *fém.* bandeau, *m.*; (*chir.*) frontal, bandeau frontal; (*ant. j.*) frontail. [tail.

**Stirnblatt**, *n.* 5*, (*man.*) frontail.

**Stirnloden**, *f. pl.* crochets, *m. pl.*

**Stirnrad**, *n.* 5*, roue dentée, *f.*

**Stirnriemen**, *m.* 1, fronteau.

**Stoa**, *f. indécl.* (*philos.*) portique, *m.* école des stoïciens, *f.*

**Stöber**, *v.* **Stäuber.**

**Stöbern**, *v. a.*, *v.* **Stäubern**; —, *s. imp.* (*h.*), **es stöbert**, la neige tombe à petits flocons.

**Stochern**, *v. a. et n.* (*h.*) piquer; **die Zähne** —, se curer les dents.

**Stock**, *m.* 2*, bâton, canne, *f.*; gourdin, *m.* garrot; batte, *f.*; **der beschlagene** —, estoc, *m.*; —, tronc; souche *d'arbre*, *f.*; pied *de plante*, *m.*; ruche *d'abeilles*, *f.*; fers, *m. pl.*; geôle, *f.*; tête *à perruque*; forme *de chapeau*, *f.* (*cart.*) talon; tronc *d'église*; (*comm.*) capital; (*guer.*) cadre *d'un corps*; *fig. mépr.* butor; souche, *f.* ‖ (*arch.*) étage, *m.*

**Stockambos**, *m.* 2, enclume ronde, *f.* boule.

**Stockband**, *n.* 5*, cordon de canne, *m.* [voit goutte.

**Stockblind**, *adj.* aveugle, qui ne

**Stöckchen**, *n.* 1, *dim.* arbuste, *m.* pied de plante.

**Stockdumm**, *adj.* stupide, bête.

**Stocken**, *v. a.* rouler, bâtonner *le drap*; échalasser *la vigne*; —, *v. n.* (*h.*) s'arrêter (*montre*); se cailler, se figer (*sang, lait*); *fig.* hésiter, demeurer court; languir (*commerce*).

**Stockfeder**, *f.* bout d'aile, *m.*

**Stockfinster**, *adj.* tout obscur, tout noir.

**Stockfisch**, *m.* 2*, merluche, *f.*; (*comm.*) morue sèche, stockfiche *m.*; — **der frisch gegessen wird,** *m.*; — *der frisch gegessen wird,* cabillaud; —, *fig. fm.* sot, bête, *f.* ganache. [morues, *f.*

**Stockfischfang**, *m.* 2*, pêche des

**Stockfranzose**, *m.* 3, Français qui ne sait pas d'autre langue.

**Stockgrise**, *f.* poche.

**Stockhaue**, *f.* houe, hoyau, *m.*

**Stockhaus**, *n.* 5*, prison, *f.* geôle.

**Stockknopf**, *m.* 2*, pomme de canne, *f.*

**Stocklaterne**, *f.* falot, *m.*

**Stockleiter**, *f.* casse-cou, *m.*

**Stockleuchter**, *m.* 1, chandelier à pied. [cierge.

**Stockmeister**, *m.* 1, geôlier, concierge.

**Stockmesser**, *n.* 1, serpette, *f.*

**Stocknarr**, *m.* 3, fou achevé, fieffé. [de bâton, *m. pl.*

**Stockprügel, Stockschläge**, *pl.* coups

**Stockschilling**, *m.* 2, bastonnade, *f.*

**Stockschnupfen**, *m.* 1, enchifrènement; **einem den — verursachen**, enchifrener qn.

**Stockschraube**, *f.* vis d'étau.

**Stockstill**, *adj.* immobile, *v.* **schweigen**; ne dire mot.

**Stocktaub**, *adj.* tout à fait sourd.

**Stockung**, *f.* cessation, interruption du cours d'un fluide; (*méd.*) stase; — **des Blutes**, hémiostasie; —, *fig.* cessation, interruption; stagnation *du commerce*; hésitation.

**Stockwerk**, *n.* 2, étage, *m.*; **in einem —**, de plain pied; **das unterste** —, le rez-de-chaussée; **halbe** —, attique, *f.*; **oberste — am Hintertheil**, (*mar.*) dunette.

**Stockzahn**, *m.* 2*, dent mâchelière *ou* molaire, *f.*

**Stoff**, *m.* 2, étoffe, *f.*; *fig.* matière; sujet, *m.*

**Stöhnen**, *v. n.* (*h.*) gémir.

**Stoiker**, *m.* 1, stoïcien; —, *pl. coll.* portique.

**Stoisch**, *adj.* stoïque, stoïcien; *fig.* stoïque, insensible; **die** —**e Philosophie**, stoïcisme, *m.*; —*e*, *n.* 3, stoïsme, *m.*

**Stole**, *f.* étole.

**Stolle**, *f.* gâteau, *m.* beurrée, *f.*

**Stollen**, *m.* 1, pied *de lit*; crampon *de fer à cheval*; balustre *d'une serrure*; (*min.*) galerie, *f.*; **zur Abführung des Wassers**, arrugie. [galerie.

**Stollenschacht**, *m.* 2, puits de la

**Stollhafen**, *m.* 1*, pot, marmite (*f.*) à trois pieds.

**Stöllner**, *m.* 1, entrepreneur, propriétaire d'une galerie de mine.

**Stolpern**, *v. n.* (*f.*) broncher; faire un faux pas; chopper contre qch.; *fig.* faire des bévues; **leicht** —, (*man.*) buter; —, *s. n.* 1, bronchade, *f.*

**Stolz**, *adj.* orgueilleux; fier; altier; vain, arrogant, dédaigneux; glorieux; haut; — **werden**, s'enorgueillir (*auf*, de).

**Stolz**, *m.* 2, orgueil; fierté, *f.*; hauteur, arrogance, faste, *m.*

**Stolziren**, *v. n.* (*h.*) *fm.* se pavaner, s'enorgueillir.

**Stopfen**, *v. a.* boucher, fermer; remplir, rembourrer *une chaise, etc.*; ravauder *des bas*; rentraire *une couture*; charger *une pipe de tabac*; (*mar.*) calfater; bosser *un câble*; (*méd.*) constiper; appâter; empâter *de la volaille*; — **ou voll** —, *fm.* empiffrer, bourrer *le ventre*; **einem das Maul** —, *fm.* fermer la bouche, rabattre le caquet à qn.; **sich voll** —, *fm.* s'empiffrer, se farcir l'estomac; manger excessivement.

**Stopfend**, *adj.* (*méd.*) obstructif.

**Stopfer**, *m.* 1, chargeur; tampon; bouchon; (*mar.*) bosse, *f.*; **die — vom Taue losmachen**, débosser le câble.

**Stopfgarn**, *n.* 2, fil à rentraire *ou* à ravauder, *m.*

**Stopfhaar**, *n.* 2, crin, *m.*; bourre, *f.*

**Stopfmesser**, *n.* (*tonn.*) étanchoir, *m.*

**Stopfnadel**, *f.* aiguille à ravauder.

**Stopfnaht**, *f.*, rentraiture.

**Stopfnudel**, *f.* pâtée, pâton, *m.*

**Stopfwachs**, *n.* 2, propolis, *m.*

**Stoppel**, *f.* éteule; —, *pl.* chaume, *m.*; *fig.* brins de barbe, *m. pl.*; tuyaux *dans la peau de la volaille*.

**Stoppelfeld**, *n.* 5, champ où le chaume est encore sur pied, *m.* chaume.

**Stoppeln**, *v. a.* chaumer; glaner; *fig. v.* **Zusammenstoppeln.**

**Stoppelrube**, *f.* navet d'août, *m.*

**Stoppelschneiden**, *n.* 1, chaumage, *m.*

**Stoppelsichel**, *f.* étrape.

**Stoppelwerk**, *n.* 2, compilation, *f.* centon, *f.*

**Stoppelzeit**, *f.* chaumage, *m.*

**Stoppine**, *f.* (*artif.*) étoupille; **mit — versehen**, étoupiller.

**Stoppler**, *m.* 1, glaneur; *fig.* compilateur.

**Stöpsel**, *m.* 1, bouchon, tampon.

**Stör**, *m.* 2, esturgeon (*poisson*).

**Storax**, *m.* 2, storax.

**Storch**, *m.* 2*, cigogne, *f.*; **der junge** —, cigogneau, *m.*

**Storchbein**, *n.* 2, *fm.* jambe de fuseau, *f.* [*m.*

**Storchnest**, *n.* 5, nid de cigogne, *m.*

**Storchschnabel**, *m.* 1*, pantographe, singe; (*bot.*) géranium.

**Stören**, *v. a.* troubler, interrompre, déranger, distraire, déconcerter; —, *v. n.* (*h.*) fouiller, fureter.

**Störer**, *m.* 1, **-inn**, *f.* perturbateur, *m.* -trice, *f.*; interrupteur, *m.*

**Störrig**, adj. obstiné, intraitable; fm. têtu, revêche.

**Störrigkeit**, f. opiniâtreté; caprice, m.

**Störrogen**, m. 1, œufs d'esturgeon, m. pl.; der gefalzene —, caviar, m.

**Störstange**, f. bouille, gaffe, lance; mit der — trüb machen, bouiller l'eau.

**Störung**, f. trouble, m. interruption, f. désordre, m. dérangement; perturbation, f.

**Stoß**, m. 2*, coup; secousse, f. cahot, m.; choc; atteinte, f.; bouffée de vent; (escr.) botte, estocade; einen vollen — beibringen, marquer; auf — und Hieb, d'estoc et de taille; einem — geben, bourrer qn.; —, fig. choc, m. atteinte, f.; préjudice, m.; perte, f. échec, m. || pile, f. tas, m. amas. [till.] heurtoir.

**Stoßbalken, -bolzen**, m. 1, (arc.)

**Stoßbegen**, m. 1, estoc; estocade, f.

**Stößel**, m. 1, pilon, broyon, batte, f.; — von Buchs, bistortier, m.

**Stoßen**, v. a. 4, pousser, heurter, donner || piler, casser, écraser, broyer; égruger, pulvériser; grob —, concasser; —, battre du beurre; enfoncer; mit dem Ellbogen —, coudoyer; einen über den Haufen —, renverser qn.; aus dem Besitz —, déposséder; von sich —, repousser; rejeter; répudier une femme; jemanden vor den Kopf —, contrecarrer, désobliger qn.; v. einem —, se joindre à qn.; —, v. n. (h.) secouer, cahoter (voiture); frapper (des cornes); repousser (arme à feu); tomber sur la proie; guiller (bière); in das Horn —, sonner du cor; an etw. —, cogner qch., cogner contre; v. n. toucher qch., aboutir, confiner à qch.; an einander —, joindre, rapprocher deux choses; v. n. (s.) s'entre-choquer, se heurter, donner l'un contre l'autre; fig. se toucher, être contigu, se baiser; auf einander —, se rencontrer; vom Lande —, quitter le rivage; sich —, se heurter (an, contre); s'écorner; sich —, gegen einander — cosser (bêtes à cornes); se doguer (moutons); sich an den Hinterbeinen —, (man.) jarreter; sich an etw. —, fig. se scandaliser de qch.; sich in der Rechnung —, se tromper dans le calcul; —, s. n. 1, battement, m.; cahot d'une voiture.

**Stößer**, m. 1, pileur.

**Stoßgarn**, n. 2, filet à prendre les oiseaux de proie, m.

**Stoßgebet**, n. 2, oraison jaculatoire, f. éjaculation.

**Stoßgewehr**, n. 2, arme à pointe, f., ol. arme d'hast. [lique.

**Stoßheber**, m. 1, bélier hydraulique.

**Stößig**, adj. cossant (taureau).

**Stoßklinge**, f. lame d'estoc.

**Stoßnaht**, f.*, rentraiture.

**Stoßsäge**, f. égohine.

**Stoßseufzer**, m. 1, élancement.

**Stoßvogel**, m. 1*, oiseau de proie.

**Stoßweise**, adv. par secousses, fm. par épaulées, par bouffées.

**Stoßwerk**, n. 2, (horl.) échappement, m.

**Stoßwind**, m. 2, coup de vent; (mar.) rafale, f. [douilleur.

**Stotterer**, masc. 1, bègue, bredouilleur.

**Stottern**, v. n. (h.) bégayer, balbutier, bredouiller; —, s. n. 1, bégaiement, m. bredouillement.

**Stotternd**, adj. bègue.

**Stoven**, v. a. mettre à l'étuvée, en daube; (mar.) étuver un câble.

**Strack**, adj. droit; roide; prompt; —e Haar, cheveux lisses, m. pl.

**Stracks**, adv. de ce pas; sur-le-champ. [m.

**Strafamt**, n. 5*, office de punir.

**Strafbar, Sträflich**, adj. punissable, coupable, criminel, amendable; blâmable; —er machen, aggraver.

**Strafbarkeit**, f. culpabilité.

**Strafe**, f. peine; châtiment, m. punition, f. correction; (Geldstrafe) amende; (Todesstrafe) supplice, m.; fig. reprendre; förperlich —, sous peine de.

**Strafen**, v. a. punir; mettre à l'amende; fig. reprendre; förperlich —, justicier.

**Straff**, adj. roide; tendu; —e seyn, être roide, bander.

**Straffällig**, adj. punissable, amendable.

**Straffheit**, f. roideur.

**Strafgeld**, n. 5, amende, f.

**Strafgerechtigkeit**, f. justice vindicative ou vengeresse.

**Strafgericht**, n. 2, punition, f.

**Strafgesetz**, n. 2, loi pénale, f.

**Strafgesetzbuch**, n. 5*, code pénal, m.

**Sträflich**, v. Strafbar.

**Sträfling**, m. 2, détenu dans une maison de correction; malfaiteur, coupable.

**Straflos**, adj. impuni; —, adv. impunément.

**Straflosigkeit**, f. impunité.

**Strafprediger**, m. 1, prédicateur qui censure, censeur.

**Strafpredigt**, f. sermon contre les vices, m.; fig. réprimande, f. mercuriale.

**Strafruthe**, f. fléau de Dieu, m.

**Strafwürdig**, adj. v. Strafbar.

**Strahl**, m. exc. 1, rayon; jet d'eau; fig. rayon; éclair; foudre, f.; (mar. ferr.) fourchette; — en, pl. chevelure (f.), queue d'une comète. [ner; briller.

**Strahlen**, v. a. et n. (h.) rayonner.

**Strahlenbrechung**, f. réfraction.

**Strahlenbruchkunde**, f. dioptrique.

**Strahlenbüschel**, m. 1, faisceau optique; der elektrische —, aigrette électrique.

**Strahlend**, adj. rayonnant; radieux. [m. limbe.

**Strahlenkrone**, f. auréole; nimbe, m.

**Strahlig**, adj. radié; strié.

**Strähne**, f. (épingl.) cueillée; écheveau de fil, m. cordon.

**Stramm**, v. Straff.

**Strampeln**, v. n. (h.) trépigner; piétiner; —, s. n. 1, trépignement, m.

**Strand**, m. 2, rivage; rive, f. bord de la mer, m.; längs dem — hin fahren, côtoyer le rivage.

**Strandbewohner**, m. 1, riverain.

**Stranden**, v. n. (s.) échouer, s'ensabler.

**Strandgerechtigkeit**, f. droit de rivage, m. [épave, f.

**Strandgut**, n. 5*, varech, m.

**Strandläufer**, m. 1, (hist. nat.) chevalier.

**Strandrecht**, n. 2, droit de varech, de bris et de naufrage, m. droit d'épave.

**Strandstein**, m. 2, galet.

**Strandwächter**, m. 1, garde-côte, baliseur.

**Strang**, m. 2*, corde, f.; trait de cheval, m.; écheveau de soie, de fil.

**Stranguliren**, v. a. étrangler.

**Strapaze**, f. fatigue.

**Strapaziren**, v. a. fatiguer, fm. strapasser qn., harasser un cheval.

**Straße**, f. chemin, m.; route, f.; rue; passage, m.; voie, f.; détroit, m.

**Straßenaufseher**, m. 1, inspecteur des ponts et chaussées, voyer.

**Straßenlaterne**, f. réverbère, m.

**Straßenraub**, m. 2, *räuberei, f. vol de grand chemin, m. brigandage; — treiben, brigander.

**Straßenräuber**, m. 1, voleur de grand chemin, brigand, bandit.

**Straße**, f. (comm.) droit de voirie, m. [rage, barrière, f.

**Straßenzoll**, m. 2*, péage, barrière.

**Straßenzollhaus**, n. 5*, barrière, f.

**Straße**, f. (comm.) brouillon, m.

**Sträuben**, v. a. hérisser; sich —, se dresser, se hérisser; fig. se défendre; résister, se débattre, fm. se démener.

**Straubig**, adj. hérissé; mal peigné.

Strauch, m. 2*, buisson, arbuste.
Strauchartig, adj. (bot.) frutiqueux, fruticuleux, frutescent.
Strauchdieb, m. 2, chenapan, bandit.
Straucheln, v. n. (b.) trébucher, broncher; faire un faux pas; —, s. n. 1, faux pas, m. bronchade, f.; fg. faute.
Strauchholz, n. 5*, werf, n. 2, broussailles, f. pl.
Strauß, m. 2*, bouquet; fg. fm. rencontre, f.; querelle || m. 2, autruche, f. (oiseau).    [gée.
Straußblume, f. (bot.) fleur agré
Straußei, n. 5, œuf d'autruche, m.        [tière, f.
Sträußermädchen, n. 1, bouque
Straußfeder, f. plume d'autruche; die bunten —n, bailloques, pl.
Straußhändler, m. 1, macher, m. 1, =inn, f. bouquetier, m. -ère, f.
Straußvogel, m. 1*, autruche, f.
Strebe, f. étançon, m. étrésillon.
Strebeband, =bolz, n. 5*, empanon, m.; contre-fiche, f. décharge, chevalement, m.
Strebebogen, m. 1*, arc-boutant.
Strebekraft, f.*, action; tendance, force, énergie.
Strebemauer, f. contre-fort, m. butée d'un pont, f.
Streben, v. n. (b.) s'efforcer; fg. id., tâcher; nach etw. — aspirer à qch., briguer, affecter, ambitionner qch.; —, (phys.) graviter; —, s. n. 1, effort, m. affectation, f.
Strebepfeiler, m. 1, contre-fort, arc-boutant, éperon.
Streckbar, adj. extensible, ductile, malléable.
Strecke, f. étendue; distance; von — zu —, de loin en loin, de distance en distance; in einer —, tout d'une traite.
Streckeisen, n. 1, paisson, m.
Strecken, v. a. étendre, allonger; tendre, étirer le fer, etc.; mit der Zange —, morailler; aus einander —, détirer; sich —, s'étendre; allonger les bras; fm. s'étirer; das Gewehr — mettre bas les armes; prov. sich nach der Decke —, régler sa dépense sur son revenu; —, s. n. 1, tension, f.; extension.     [res, f. pl.
Streckhammer, m. 1*, aplatissoi
Streckmuskel, m. exc. 1, muscle extenseur; — des Zeigefingers, muscle indicateur.
Streckstein, masc. 2, parpaing, pierre de parpaing, f.
Streckwalze, f. rouleau (m.), cylindre du laminoir.
Streckwerk, n. 2, laminoir, m.

Streckzange, f. (verr.) morailles, pl.
Streich, m. 2, coup; fg. tour, fm. gentillesse, f.; der muthwillige —, fredaine, escapade; ärgerliche —, esclandre, m.; heimtückische —, coup de Jarnac; der gegenseitige heimtückische —, coup fourré; dumme —, bêtise, f. bévue, sottise, gaucherie.
Streichbrett, n. 5, oreille de charrue, f.; (tond. de dr.) tuile; (pot.) attelle.     [ser, m. 2.
Streicheisen, n. 1, fer à repas
Streichein, v. a. passer doucement la main par-dessus qch.; fg. caresser, amadouer, cajoler; —, s. n. 1, fg. caresses, f. pl.
Streichen, v. a. 5†, passer la main sur qch.; frotter; oindre d'huile, étendre du beurre; racler une mesure; sangler, fouetter; passer; repasser du linge; carder la laine; (pât.) dorer; effleurer (coup de feu); caresser un chien; façonner, mouler les tuiles; tirasser des alouettes; glatt —, écrancher les plis; die Segel, die Flagge —, amener, baisser les voiles, le pavillon; fg. baisser pavillon; —, v. n. (f.) passer par; frayer (poissons), (b.) s'étendre (filon); se couper (chevaux); gestrichen voll, tout plein, plein jusqu'au bord; —, s. n. 1, frottement, m.; (escr.) coulement d'épée.     [rasant.
Streichend, adj. (fortif.) flanc
Streicher, m. 1, cardeur.
Streichgarn, n. 2, tirasse, f.; traineau, m.
Streichholz, n. 5*, racloire, f.
Streichkäse, m. 1, fromage mou, fromage à la pie.
Streichleder, n. 1, buffle, m.; v. [flanc, m.
Streichlinie, f. ligne de défense;
Streichmaß, n. 2, mesure rase, f.; trusquin, m. quilboquet.
Streichmesser, n. 1, couteau à étendre, m.; (corr.) étire, f.
Streichnabel, f. touchau, m.
Streichney, n. 2, nappe, f.
Streichriemen, m. 1, cuir à repasser les rasoirs.    [che, f.
Streichstein, m. 2, pierre de tou
Streichvogel, m. 1*, oiseau de passage.       [gle flanquant.
Streichwinkel, m. 1, (fortif.) an
Streichzeit, f. (poissons) frai, m.; (oiseau) temps du passage.
Streif, m. 2, Streifen, m. 1, raie, f.; liteaux d'une serviette, m. pl.; trait (m.), ligne (f.), bande d'une étoffe; cannelure d'une colonne; —en, pl. raies, f. pl., etc.; stries, striures; fascies d'une coquille; die bunten —en, pana

che d'une fleur, m.; bunte —en bekommen, se panacher; er hat rothe —en im Auge, il a l'œil éraillé; Streifchen, n. 1, bandelette, f.
Streifen, v. a. rayer; effleurer; friser, raser, toucher, érafler, écorcher la peau; (arch.) canneler || ôter une bague du doigt; dépouiller, écorcher une bête; in die Höhe —, retrousser les manches; —, v. n. (b.) faire des courses; battre la campagne, battre l'estrade; rôder par; faire des incursions dans le pays ennemi; (cha.) frayer; an etw. —, fg. toucher à qch.; sich —, s'effleurer, s'érafler, s'écorcher; (man.) s'entrecouper; gestreift, panaché, fouetté (fleur); fascié (coquille); (arch.) cannelé, strié (fleurs).
Streiferei, f. course, incursion, irruption.      [meute, f.
Streifjagen, n. 1, chasse à la
Streifig, adj. rayé; madré.
Streiflicht, n. 5, échappée de lumière, f.
Streiflinie, f. tangente.
Streifpartei, f. batteurs d'estrade ou de campagne, m. pl.
Streifschuß, m. 2*, coup de feu qui ne fait qu'effleurer la peau.
Streifwache, f. patrouille.
Streifwunde, f. éraflure.
Streifzug, masc. 2*, course, f.; chasse aux brigands; battue.
Streit, m. 2, combat; querelle, f. discussion, altercation, démêlé, m. différent, conflit; (jur.) procès, litige; (théol.) controverse, f.
Streitart, f.*, hache d'armes.
Streitbar, adj. en état de porter les armes; guerrier, belliqueux.
Streiten, v. n. 5† (b.) combattre; se battre; se disputer, se quereller; se contredire; mit einem um etw. —, démêler, débattre qch. avec qn.; um die Wette um etw. —, faire assaut de qch. avec qn.; über jede Kleinigkeit —, ergoter; —, fg. militer; das streitet wider die Vernunft, cela choque la raison.
Streitend, adj. combattant; belligérant; qui est en dispute; (jur.) contestant, litigant; die —e Kirche, église militante, f.
Streiter, m. 1, combattant.
Streitfrage, f. question, controverse; état de la question, m.
Streithandel, m. 1*, procès.
Streithandschuh, m. 2, gantelet.
Streitig, adj. en dispute; en procès; contraire; contentieux, litigieux; (théol.) controversé; disputable; — mit einander werden,

se brouiller; einem etw. —machen, disputer qch. à qn.

**Streitigkeit**, f. dispute; v. Streit.

**Streitkolben**, m. 1, massue, f. masse d'armes. [battre.

**Streitpunkt**, m. 2, point à dé-

**Streitroß**, =pferd, n. 2, cheval de bataille, m. ol. destrier.

**Streitsache**, f. procès, m. cause, f.; chose en litige.

**Streitschrift**, f. ouvrage de controverse, m. écrit polémique; dissertation académique, f.; m. p. diatribe. [quereller.

**Streitsucht**, f. envie, manie de

**Streitsüchtig**, adj. contrariant, contentieux, querelleux; —t, m. 3, disputeur.

**Streittheologie**, f. théologie polémique, controverse.

**Streitübung**, f. dispute, acte, m.

**Streitwagen**, m. 1*, chariot de guerre.

**Strelitzen**, m. pl. 3, strélitz.

**Streng**, **Strenge**, adj. rigoureux; sévère, austère; (dév.) ascétique; exact (science); einen — halten, tenir la main haute à qn.

**Strenge**, f. rigueur, sévérité; âpreté du goût; sévices, pl.

**Strengel**, m. 1, (vét.) morfondure, f. [taire.

**Strengflüssig**, adj. (mét.) réfrac-

**Streu**, f. litière, paille.

**Streubüchse**, fém. poudrier, m. sablier.

**Streuen**, v. a. répandre; éparpiller; semer; poudrer; saupoudrer; joncher de fleurs; faire la litière aux chevaux; Sand —; sabler.

**Streupulver**, n. 1, poudre, f.; das wohlriechende —, empasme, m.

**Streusand**, m. 2, poudre, f. sable, m. [dre.

**Streuzucker**, m. 1, sucre en pou-

**Strich**, m. 2, trait, ligne, f. raie, barre; der seine —, (call.) délié, m.; volle —, plein; —andain en fauchant; coup d'archet; traité de chemin, f.; course; veine dans le bois, etc.; (peint.) touche; (mar.) rumb du compas, m.; parage; passage des oiseaux; frai des poissons; poil, apprêt du drap; (am Euter) trayon; der — Landes, contrée, f. canton, m.; wider den —, à contre-poil.

**Stricheln**, v. a. marquer de petites lignes, de raies, gestrichelt, (bot.) rayé.

**Strichlein**, n. 1, petite raie, f.

**Strichpunkt**, m. 2, point et virgule. [gère.

**Strichregen**, m. 1, pluie passa-

**Strichvogel**, m. 1*, oiseau de passage.

**Strichweise**, adv. par lignes, par contrées.

**Strick**, m. 2, corde, f.; (cha.) couple, m. laisse, f. trait, m.; fg. fm. pendard.

**Strickbeutel**, m. 1, =sack, m. 2*, sac à ouvrage, (nouv.) ridicule.

**Strickchen**, n. 1, cordelette, f.

**Strickdach**, n. 5*, (mar.) aubinet, m.

**Stricken**, v. a. tricoter; brocher; mailler un treillis de fer; weit —, enlarmer un filet; gestrickte Arbeit, du tricotage.

**Stricker**, m. 1, =inn, f. tricoteur, m. -se, f. [cotage.

**Strickerlohn**, m. 2, prix du tri-

**Strickgarn**, n. 2, fil à tricoter, m.

**Strickholz**, n. 5*, affiquet, m. porte-aiguille.

**Strickleiter**, f. échelle de cordes.

**Stricknadel**, f. aiguille ou broche à tricoter.

**Stricknaht**, f.*, couture maillée.

**Strickreiter**, m. 1, prévôt chargé d'arrêter les voleurs.

**Strickschaufel**, f. escarpolette.

**Strickscheide**, f. porte-aiguille.

**Strickwand**, f.*, (mar.) haubans, m. pl.

**Strickwerk**, n. 2, tricotage, m. || cordage; (artill.) combleau.

**Strickzeug**, n. 2, outils à tricoter, m. pl.; tricot, m. tricotage.

**Strickzierath**, m. 2, (arch.) cordelière, f.

**Striegel**, m. 1, étrille, f.

**Striegeln**, v. a. étriller; fg. fm. reprendre, chapitrer.

**Strieme**, f. raie, meurtrissure.

**Striemen**, v. a. rayer.

**Striemig**, adj. livide; meurtri; rayé. [m.

**Strippe**, f. tirant (de botte, etc.),

**Strobeltaube**, f. pigeon frisé.

**Stroh**, n. 2, paille, f.; chaume, m.; mit — umwinden, umflechten, empailler.

**Strohband**, n. 5*, cordon de paille, m. accolure de paille, f. (rubanier) nonpareille.

**Strohbett**, n. exc. 1, couche de paille, f.

**Strohbinder**, m. 1, botteleur.

**Strohblume**, f. xéranthémum, m. grande immortelle, f.

**Strohboden**, m. 1*, paillier.

**Strohbund**, n. 2, botte de paille, f. [me, m.

**Strohdach**, n. 5*, toit de chau-

**Strohdecke**, f. paillasson, m. natte, f. [chaume.

**Strohdecker**, m. 1, couvreur de

**Strohern**, **Ströhern**, adj. de paille; fg. fm. fade.

**Strohfeuer**, n. 1, feu de paille, m.; fg. fm. feu follet.

**Strohfiedel**, f. claquebois, m.

**Strohführer**, =händler, m. 1, =inn, f. pailleur, m. -se, f.

**Strohfutter**, n. 1, fourrage de paille, m.

**Strohhalm**, m. exc. 1, brin, tuyau de paille; chalumeau, fétu.

**Strohhut**, m. 2*, chapeau de paille. [kleine —, chaumine.

**Strohhütte**, f. chaumière; die

**Strohjunker**, m. 1, hobereau.

**Strohkammer**, f. paillier, m.

**Strohkopf**, m. 2*, mépr. cruche, f. souche, bête épaulée.

**Strohlehm**, m. 2, bauge, f.

**Strohmann**, m. 5*, épouvantail.

**Strohmatte**, v. Strohdecke.

**Strohpfahl**, m. 2*, brandon; mit einem —t bezeichnen, brandonner.

**Strohpfeife**, f. chalumeau, m.

**Strohsack**, m. 2*, paillasse, f. balasse. [paille.

**Strohschneider**, m. 1, hacheur de

**Strohteller**, m. 1, garde-nappe.

**Strohwein**, m. 2, vin de paille.

**Strohwisch**, m. 2, torchon ou bouchon de paille.

**Strohwittwer**, m. 1, mari dont la femme est momentanément absente.

**Strolch**, m. 2*, =er, f.; m. 1, rôdeur, batteur de pavé; vagabond. [battre le pavé.

**Strolchen**, v. n. (h.) pop. rôder, batteur de pavé.

**Strom**, m. 2*, torrent; courant, fil de l'eau; fleuve; flux; cours; fg. id., débordement d'éloges; gegen den —, (nav.) amont; in Strömen, (du sang) v. Stromweise.

**Stromab**, adv. aval, à vau-l'eau; — fahren, avaler.

**Stromauf**, adv. amont.

**Strömen**, v. n. (h.) couler rapidement; fg. id., courir rapidement, se précipiter (foule).

**Stromweise**, adv. par torrents; en abondance; à grands flots; à gros bouillons (sang).

**Strophe**, f. strophe; couplet, m.

**Stroß**, m. 2, (mar.) astroc.

**Stroße**, f. (min.) strosse, degré, m. gradin.

**Stroßen**, v. n. (h.) s'enfler, se gonfler, être enflé; regorger.

**Strotzend**, adj. gonflé, enflé, bouffi.

**Strudel**, m. 1, tournant (d'eau), gouffre, remole, f.; (cuis.) crêpe.

**Strudelei**, f. pop. étourderie, brouillon, m.

**Strudeln**, v. n. (h.) tournoyer; fg. fm. bouillonner; —, s. n. 1, tournoiement, m.; bouillonnement.

**Strumpf**, m. 2*, bas; Strümpfe, pl. bas, chausses, f. pl.; mit — und Stiel, v. Stumpf.

Strumpfband, n. 5*, jarretière, f.  [f.
Strumpfstrett, n. 5, forme de bas.
Strumpfstricker, m. 1, =inn, f. ravaudeur, m. -se, f.
Strumpfhändler, m. 1, =inn, f. marchand (m.), -e (f.) de bas, chaussetier, m. -ère, f.
Strumpfstricker, m. 1, tricoteur.
Strumpfweber, =wirker, m. 1, bonnetier, chaussetier.
Strumpfweberei, =wirkerei, f. bonneterie; fabrique de bas.
Strunf, m. 2*, trognon.
Strunze, f. bas, injur. malotrue, maritorne; gourgandine.
Struppe, Struppe, f. (vét.) croûte résultant d'une écorchure.
Struppen, v. a. dépouiller, effeuiller; —, v. n. (h.) se roidir.
struppig, adj. dressé, hérissé.
Stübchen, n. 1, mesure de huit litres, f.; chauffe-pied, m.; petite chambre, f.
Stube, f. chambre, poêle, m.
Stubenarrest, m. 2, arrêts chez soi, m., pl., arrêts domestiques.
Stubenbursch, =genoß, =gesell, m. 3, compagnon de chambre.
Stubengelehrte, m. 3, savant, homme de cabinet.
Stubenhocker, m. 1, pop. homme casanier, sédentaire.
Stubenkammer, f. chambre joignant le poêle.
Stubenmädchen, n. 1, fille de chambre, f. chambrière. [neau.
Stubenofen, m. 1*, poêle, fourStüber, m. 1, stuber (monnaie).
Stubich, Stübich, n. 2, tonneau d'emballage.
Stück, n. 2, pièce, f.; morceau, m.; partie, f. portion; pop. lopin pour manger, m.; article d'un discours; passage d'un livre; (artill.) canon, pièce, f.; fig. fm. tour, m. trait; bas große —, fm. chanteau de pain; in allen —en, en tout; von freien —en, de plein gré, spontanément; in einem —, sans cesse; in —e geben, se briser, se casser.
Stuccatur, f. stuc, m.
Stuccaturarbeit, fém. ouvrage de stuc, m.
Stuccaturarbeiter, m. 1, stucateur.
Stückbett, n. exc. 1, plate-forme, f.
Stückbohrer, m. 1, alésoir.
Stückchen, Stücklein, n. 1, petite pièce, f.; parcelle; fm. bout, m. brin, chiquet; —weise, adv. brin à brin; fg. fm. tour, m.
Stücken, Stückeln, v. a. mettre en pièces, dépecer; rapiécer.
Stückfaß, n. 5*, grande pièce de vin, f.

Stückform, f. moule des canons, m.
Stü-gestell, n. 2, affût de canon, m.  [nons.
Stückgießer, m. 1, fondeur de caStückgießerei, f. fonderie de canons.
Stückgut, n. 5*, marchandise de balle, f.; =güter laden, charger à cueillette; —, (artill.) bronze, m. airain.
Stückkammer, f. (artill.) culasse.
Stückkappe, f. chapiteau de lumière, m.  [(artill.).
Stückkeller, m. 1, casemate, f.
Stückknecht, m. 2, valet d'artillerie.  [m.
Stückkugel, f. boulet de canon.
Stückkugelform, f. coquille à boulet.
Stücklade, f. coffret d'affût, m.
Stücklader, m. 1, refouloir.
Stückladung, f. charge d'un canon.
Stückmodel, m. 1, trousseau.
Stückpatrone, f. gargousse.
Stückpforte, f. (mar.) sabord, m.
Stückpfortladen, m. 1*, contresabord.
Stückplatz, m. 2*, (mar.) coursier, coursie, f.
Stückrichter, m. 1, pointeur.
Stückschuß, m. 2*, coup de canon.  [son d'artillerie.
Stückwagen, m. 1*, chariot, caisStückweise, adv. par pièces; en détail.
Stückwerk, n. 2, ouvrage fait à la pièce, m.
Stückwischer, m. 1, écouvillon.
Stückzapfen, m. 1, tampon de canon.
Studel, f. colonne, poteau, m.; (arg.) bride de noix, f.; (serr.) crampon, m. picolet.
Student, m. 3, étudiant.
Studien, pl. études, f. pl.
Studiren, v. a. et n. (h.) étudier; faire ses études.
Studirstube, f. =zimmer, n. 1, cabinet, m. étude, f.
Stufe, fém. marche; degré, m. gradin; pas.  [ces, m.
Stufenerz, n. 2, minerai en piéStufenfolge, f. =gang, m. 2*, gradation, f.; (rhét.) id., concaténation, climax, m.
Stufenjahr, n. 2, année climatérique, f.
Stufenleiter, f. échelle proportionnelle; échelle graduée, gradation par degrés.
Stufenmauer, f. échiffre, m.
Stufensitz, m. 2, gradin.
Stufenweise, adv. par degrés; en amphithéâtre; fg. par gradation;

graduellement; —schneiden, (perr.) étager.
Stuhl, m. 2*, siége; chaise, f.; der päpstliche —, le saint siége; zu —e geben, aller aux lieux, (méd.) aller à la selle; einem den — vor die Thüre setzen, prov. donner congé à qn., mettre le marché à la main à qn.; —, (tiss.) métier, m.
Stuhlbein, n. 2, pied d'une chaise, m.
Stühlchen, n. 1, sellette, f.
Stuhlfeier, f., Petri —, fête de la chaire de S. Pierre.
Stuhlflechter, m. 1, rempailleur, =inn, f. -se, couvreuse.
Stuhlgang, m. 2*, selle, f. évacuation; déjection, matière fécale, excréments, m. pl.
Stuhlkappe, f. housse de chaise.
Stuhlkissen, n. 1, coussin, m. carreau.
Stuhllehne, f. dossier, m. dos.
Stuhlsäule, f. (arch.) jambe de force.  [de comble.
Stuhlwand, f.*, (charp.) travée Stuhlweißenburg, Albe royale (ville).  [m.
Stuhlzäpfchen, n. 1, suppositoire, Stuhlzwang, m. 2*, (méd.) ténesme, épreinte, f.
Stuf, m. 2, v. Stuccatur.
Stülpe, f. retroussis, m.; bord; genouillère de botte, f.
Stülpen, v. a. retrousser.
Stülpnase, f. nez retroussé, m.
Stumm, adj. muet.
Stümmel, m. 1, tronçon, moignon.  [stümmeln.
Stümmeln, v. a., v. pl. us. Verstummheit, f. (méd.) mutisme, m. silence.
Stümpchen, v. Stumpf.
Stümper, m. 1, bousilleur, gâtemétier; (jeu) mazette, f.
Stümperei, f. bousillage, m.
Stümpern, v. n. (h.) bousiller.
Stumpf, m. 2*, tronc; tronçon d'arbre; picot; chicot; —Stümpfchen, n. 1, dim. bout de chandelle, m.; lumignon; mit — und Stiel ausrotten, exterminer, détruire entièrement.
Stumpf, adj. émoussé; agacé (dents); camus (nez); obtus (angle); écourté (queue); — machen, v. Stümpfen; — werden, s'émousser; die Zähne — machen, agacer les dents.
Stümpfen, v. a. émousser; agacer les dents; écourter la queue; fg. émousser, blaser; —, s. n. 1, agacement, m.
Stumpfnase, f. nez camus, m. camard, -e, f.  [mus.
Stumpfnasig, adj. camard, caStumpfschwanz, m. 2*, courtaud.

Stumpffchwänzig, adj. courtaud.
Stumpffinn, m. 2, stupidité, f.
Stumpffinnig, adj. stupide.
Stumpfwinkelig, adj. obtusangle.
Stunbe, f. heure || lieue.
Stundenbrett, n. 5, (mar.) renard, m. [noniale, f.
Stundengebet, n. 2, heure canard, m.
Stundenglas, n. 5*, sable, m.
Stundenkreis, m. 2, cercle horaire.
Stundenlang, adj. d'une heure;
—, adv. (pendant) des heures entières. [métrie.
Stundenmeffungskunft, f.*, horoStundenplatte, f. (guer.) marron, m. [dran, f.
Stundenrad, n. 5*, roue de caStundenrufer, m. 1, guet qui crie les heures. [nique.
Stundenfäule, f. colonne gnomoStundenschlag, m. 2*, son de l'horloge. [que.
Stundentafel, f. table gnomoniStundenweise, adv. par heure, à l'heure. [cadran, f.
Stundenzeiger, m. 1, aiguille du
Stündig, adj. d'une heure; zweistündig, dreistündig, de deux ou trois heures.
Stündlich, adj. (astr.) horaire;
—, adv. à toute heure; d'heure en heure.
Stupfen, v. a. pousser, donner un coup de main, aiguillonner; piquer, aussi fg.
Sturm, m. 2*, orage, ouragan; tempête, f. bourrasque; fg. id., fougue des passions; tocsin, m.; alarme, f.; (guer.) assaut, m.;
— laufen; monter à l'assaut.
Sturmbod, m. 2*, bélier.
Sturmbrett, n. 5, hersoir, m.
Sturmbrücke, f. pont à sambuques, m. [telet, m.
Sturmbach, n. 5*, tortue, f. manSturmegge, f. herse.
Stürmen, v. a. donner l'assaut à une ville; assaillir, attaquer; dévaster; forcer une maison, un porte; —, v. n. (f.) accourir en foule; entrer brusquement dans;
(b.) sonner le tocsin; es stürmet, il fait de l'orage; on sonne le tocsin.
Stürmend, adj. assaillant; mit
—er Hand, d'assaut; —, adv. par force.
Stürmer, m. 1, assaillant, homme empressé [droyant, m.
Sturmfaß, neut. 5*, baril fouSturmfisch, n. 2, épaulard.
Sturmglode, f. tocsin, m. beffroi.
Sturmhaube, f. casque, m.
Sturmhut, m. 2*, casque; aconit (plante). * [son.
Sturmigel, m. 1, (guer.) hérisStürmisch, adj. orageux; gros

(temps), fg. id., turbulent; impétueux, violent.
Sturmkrone, f. couronne murale.
Sturmläufer, m. 1, assaillant.
Sturmleiter, f. échelle pour monter à l'assaut.
Sturmmöve, f. tourmentin, m.
Sturmpfahl, m. 2*, palissade, f. fraise. [ge.
Sturmschritt, m. 2, pas de charSturmvogel, m. 1*, pétrel (oiseau).
Sturmwind, m. 2, vent orageux, ouragan; bourrasque, f.
Sturmwolfe, f. nuage, m.; (mar.) brouillard.
Sturz, m. 2*, chute, f.; culbute; fg. ruine; disgrâce; tronçon de la queue du cheval, m.; queue du cerf, f.; (arch.) linteau, m.
Stürze, f. couvercle, m.
Stürzel, m. 1, chicot, bout.
Stürzen, v. a. précipiter, jeter; remuer, tourner, renverser; culbuter; mettre un couvercle sur; jachérer un champ; fg. perdre, ruiner; —, v. n. (f.) tomber avec précipitation; s'abattre (cheval); s'élancer, fondre (auf, sur); sich
—, se précipiter, se jeter, etc.,
s'élancer; —, s. n. 1, (agr.) premier labour, m.
Sturzgut, n. 5*, (mar.) marchandise qu'on jette au fond de cale, f.; mit —ern beladen, charger en grenier.
Sturzkarren, m. 1, tombereau.
Stürzleder, n. 1, trousse-queue, m. haquet.
Stute, f. cavale, jument.
Stutenmeister, m. 1, maître des
Stuterei, f. haras, m. [haras.
Stutfüllen, n. 1, pouliche, f.
Stuk, m. 2, auf den —, subitement fm. tout à coup; sur-le-champ.
Stußärmel, m. 1, manche courte, f.
Stußbalken, m. 1, lambourde, f.
Stußband, n. 5*, (arch.) semelle, f. jambette. [troussée, f.
Stußbart, m. 2*, moustache reStußbüchfe, f. mousqueton, m.
Stüße, f. étaie, étai, m. étançon, appui, soutien; (arch.) id.; support; chevalet, chevalement; fg. appui, soutien.
Stußen, v. a. écourter; tronquer; couper les cheveux; courtauder un cheval; retrousser un chapeau; étêter un arbre; tondre une haie; die Ohren —, essoriller un chien; bretauder un cheval; —, v. n. (b.) hésiter, balancer; s'étonner (über, de).
Stüßen, v. a. étayer; appuyer; étançonner; arc-bouter, contrebouter; butter; soutenir; fg. ap-

puyer, soutenir; sich —, geftüßt seyn, appuyer, s'appuyer; fg. id., se fonder; —, s. n. 1, étayement, m. étançonnement.
Stußer, m. 1, petit-maître, élégant, fm. muguet, mirliflore, muscadin.
Stüßgerüst, n. 2, enchevalement, m. [plat, m.
Stußglas, n. 5*, verre à fond
Stußhandschuh, m. 2, miton.
Stußig, adj. embarrassé; surpris; ombrageux, rétif (chevaux); fg. entêté, opiniâtre.
Stußkohr, n. exc. 1, cheval moineau, m.
Stußperrücke, f. perruque ronde.
Stußpunkt, m. 2, point d'appui; (méc.) id., hypomochlion.
Stußrehr, n. 2, carabine, f. ol. escopette.
Stußfabel, m. 1, coutelas.
Stußfchwanz, m. 2*, courtaud.
Stußuhr, f. montre de toilette.
Styl, m. 2, style, langage.
Stylifiren, v. a. mettre par écrit, rédiger; er stylifirt gut, il a un beau style, il écrit bien.
Stylift, m. 3, qui écrit; er ift ein guter —; il a un beau style.
Stylübung, f. exercice de style, m.; — für Anfänger, chrie, f.
Styr, m. 2, (myth.) Styx.
Suada, f./m. don de la persuasion, m. éloquence, f.
Subbelegat, m. 3, subdélégué.
Subbelegation, f. subdélégation.
Subbeligiren, v. a. subdéléguer.
Subbiaconus, m. exc. 1, sousdiacre.
Subject, n. 2, sujet, m.
Subjunctiv, m. 2, (gramm.) subjonctif, conjonctif. [mé, m.
Sublimat, n. 2, (chim.) subliSublimiren, v. a. (chim.) sublimer, exalter. [toire, m.
Sublimirgefäß, n. 2, sublimaSublimirung, fém. sublimation, exaltation.
Subnormallinie, f. sous-normale.
Subordination, f. subordination.
Subordiniren, v. a. subordonner.
Subscribent, m. 3, souscripteur.
Subscribiren, v. a. souscrire.
Subscription, f. souscription.
Subsidiarisch, adj. subsidiaire.
Subsidien, pl. subsides, m. pl.
Substantiv, n. 2, substantif, m.
Substanz, f. substance.
Subtangente, f. sous-tangente.
Subtraction, f. soustraction.
Subtrahiren, v. a. soustraire, déduite.
Succession, f. succession.
Successionsfähig, adj. successible.
Successionskrieg, m. 2, guerre de succession, f.

Sucheisen, n. 1, sonde, f.

Suchen, v. a. chercher, rechercher; tâcher; gesucht, fg. recherché, affecté; gesucht seyn, être recherché, couru; —, s. n. 1, recherche, f.

Sucher, m. 1, chercheur; (chir.) sonde, f. éprouvette. [ter, m.

Suchröhrchen, n. 1, (chir.) cathé-

Sucht, f. maladie; die fallende —, épilepsie; schwarze —, choléra-morbus, m.; —, fg. manie, f.; passion, démangeaison, affectation, fureur; — für alles Englische, anglomanie.

Suchlau, n. 2, drague, f.

Sud, m. 2, bouillonnement; der — Bier, le brassin de biére.

Süd, m. exc. 2, Süden, m. 1, sud, midi.

Südamerika, Amérique méridionale, f. [lon, m.

Sudelbuch, n. 5*, mépr. brouil-

Sudelei, f. mépr. barbouillage, m. bousillage; pop. gribouillage.

Sudelloch. m. 2*, mépr. gargotier, fricassier, empoisonneur.

Sudelcherei, f. mépr. gargotage,

Sudelmagd, f.*, souillon. [m.

Sudeln, v. a. et n. (h.) mépr. barbouiller, bousiller; bavocher; pop. gribouiller. [lard, m.

Sudelpapier, n. 2, papier brouil-

Süderbreite, f. latitude méridionale. [nie, f.

Südermannland, n. Suderman-

Südindien, n. terres australes, f. pl. Océanique, f.

Südland, n. 5*, terre australe, f.

Sudler, m. 1, fm. bousilleur, barbouilleur, brouillon, croûtier.

Südlich, adj. méridional, austral, du sud. [aurore australe.

Südlicht, n. 5, lumière (f.) ou

Südost, adj. indécl. sud-est.

Südpol, m. 2, pôle antarctique.

Südsee, f. mer du sud.

Südseite, f. côté du sud, m.

Südwärts, adv. au sud, au midi.

Südwest, adj. indécl. sud-ouest.

Südwind, m. 2, vent du midi; (poés.) autan.

Suhlache, f. (cha.) bauge.

Sühnen, v. a., Sühnopfer, 2c., v. Söhnen. [m.-e, f.

Sultan, m. 2, -inn, f. sultan,

Sulze, f. saumure; gelée; salé, m.; saline, f.

Sumach, m. 2, sumac, fouie.

Summarisch, adj. sommaire.

Summe, f. somme, total, m.

Summen, v. n. (h.) bourdonner; bruire; tinter; corner (oreilles).

Summiren, v. a. sommer, additionner; —, s. n. 1, addition, f.

Sumpf, m. 2*, bourbier, marais.

Sumpfanbauer, m. 1, maraicher.

Sumpfbohne, f. gourgane.

Sumpfig, adj. bourbeux, marécageux. [drière, f.

Sumpffacke, f. bourbier, m. fon-

Sumpfloch, n. 5*, fondrière, f. grenouillère. [marais.

Sumpfvogel, m. 1*, oiseau de

Sumpfweihe, m. 3, buse de marais, f.

Sund, m. 2, Sund.

Sünde, f. péché, m.; iniquité, f.; die kleine —, fm. peccadille; es ist Sünd und Schade, fm. c'est grand dommage.

Sündenbock, m. 2*, bouc émissaire; fg. fm. bardot.

Sündenfall, m. 2*, chute du premier homme, f.

Sündenmaß, n. 2, mesure des péchés, f.

Sündenschlaf, m. 2 (sans pl.), sécurité dans le péché, f.

Sündenschuld, f. coulpe.

Sündentilger, m. 1, sauveur.

Sünder, m. 1, -inn, f. pécheur, -eresse, f.; der arme —, délinquant, m.

Sündfluth, f. déluge, m.; dit Wasser der —, les eaux diluviennes, f. pl.; was vor der — war, antédiluvien.

Sündhaft, Sündig, adj. peccable.

Sündig, adj. enclin au péché.

Sündigen, v. n. (h.) pécher.

Sündlich, adj. criminel.

Sündlichkeit, f. ce qu'il y a de criminel dans une action; crime, m. péché.

Sündopfer, v. Söhnopfer.

Sunna, f. (mahom.) sonna, sounna. [subrécargue.

Supercargo, m. exc. 1, (mar.)

Superfein, adj. trés-fin, superfin.

Superintendent, m. 3, (prot.) surintendant, inspecteur ecclésiastique.

Superintendentur, f. (prot.) surintendance, inspection ecclésiastique.

Superflug, adj. suffisant.

Suppe, f. soupe, potage, m.; die — anrichten, tremper la soupe.

Suppenlöffel, m. 1, cuiller à soupe, f.

Suppenschüssel, f. soupiére, terrine, écuelle. [soupe, f.

Suppenteller, m. 1, assiette à

Supplicant, m. 3, suppliant, requérant, exposant, pétitionnaire.

Suppliciren, v. a. supplier.

Supplik, f. supplique, requête, placet, m. pétition, f.

Supponiren, v. a. supposer.

Surren, v. n. (h.) bourdonner, —, s. n. 1, bourdonnement, m.

Surrogat, n. 2, (pharm.) substance succédanée, f. équivalent, m.

Suschen, n. pr. f. Suson, Susette.

Süß, adj. doux, sucré; fg. doux, agréable; suave; fm. doucet, doucereux, musqué; —e Weine, vins de liqueur, m. pl.; der —e Herr, doucereux, m. muscadin; das —e Brod, pain sans levain; — machen, adoucir; (pharm.) édulcorer; — werden, s'adoucir.

Süßen, v. a. dulcifier, édulcorer.

Süßelei, f. douceur affectée.

Süßen, v. a. dulcifier, édulcorer.

Süßholz, n. 5*, réglisse, f.

Süßholzsaft, m. 2*, jus de réglisse.

Süßigkeit, Süße, f. douceur.

Süßkirschbaum, m. 2*, guignier.

Süßkirsche, f. guigne.

Süßklee, m. 2, hédysarum, esparcette, f. éparcet, m. sainfoin.

Süßlich, adj. doucereux; liquoreux (vin).

Süßling, m. 2, doucereux; (er macht) den —, le mignard.

Süßsauer, adj., das —e Salz, (chim.) fluate, m.

Sykomore, m. 3, sycomore.

Sykophant, m. 3, sycophante.

Sylbe, f. syllabe.

Sylbenbetonung, f. accentuation.

Sylbenfall, m. 2*, rhythme.

Sylbenmaß, n. 2, quantité des syllabes, f.; mesure; mètre, m.; die Lehre vom —, prosodie, f.

Sylbenräthsel, n. 1, charade, f.

Sylbenstecher, m. 1, iron. éplucheur de mots, de phrases.

Sylbenstecherei, f. pointillerie.

Sylabiren, v. a. épeler, prononcer des syllabes.

Sylabisch, adj. syllabique.

Syllogism, m. exc. 1, syllogisme.

Syllogistisch, adj. syllogistique.

Sylphe, m. 3, Sylphide, f. sylphe, m. sylphide, f.

Sylvan, m. 2, (myth.) Sylvain.

Symbol, n. 2, symbole, m.

Symbolisch, adj. symbolique.

Symbolisiren, v. a. symboliser.

Symmetrie, f. symétrie.

Symmetrisch, adj. symétrique.

Sympathetisch, adj. sympathique.

Sympathie, f. sympathie.

Sympathisiren, v. n. (h.) sympathiser.

Symphonie, f. symphonie.

Symphonist, m. 3, symphoniste.

Symptom, n. 2, symptôme, m.

Symptomatisch, adj. symptomatique.

Synagoge, f. synagogue.

Synchronism, m. exc. 1, synchronisme. [synchronise.

Synchronistisch, adj. synchrone,

Syndicat, n. 2, syndicat, m.

Syndicus, m. indécl. syndic.
Synekdoche, f. (rhét.) synecdoque.
Synkope, f. (gramm., etc.) syncope. [syncoper.
Synkopiren, v. a. (gramm., etc.)
Synkretismus, m. indécl. syncrétisme.
Synkretist, m. 3, syncrétiste.
Synodalisch, adj. synodal.
Synodalversammlung, f. assemblée synodale.
Synode, f. synode, m.
Synonym, adj. synonyme.
Synonymie, f. synonymie.
Synonymisch, adj. synonymique.
Synonymist, m. 3, synonymiste.
Synoptisch, adj. synoptique.
Syntax, f. syntaxe.
Synthese, Synthesis, f. synthèse.
Synthetisch, adj. synthétique.
Syrer, m. 1, Syrien.
Syrien, Syrie, f. (pays).
Syrisch, adj. syriaque; —t, n. 3, syriaque, m.
Syrup, v. Sirup.
System, n. 2, système, m.
Systematisch, adj. systématique.
Syzygie, f. (astr.) syzygie.

## T.

Tabak, m. 2, tabac; der gesponnene —, tabac en cordes; — in Stangen, tabac en carottes; geriebene —, tabac râpé.
Tabaksbau, m. 2, culture du tabac, f. [tabac.
Tabaksbauer, m. 1, planteur de
Tabaksbüchse, Tabaksbüchse, f. tabatière, boite à tabac.
Tabaksgesellschaft, f. tabagie, estaminet, m.
Tabakshandel, m. 1*, commerce de tabac. [de tabac.
Tabakshändler, m. 1, marchand
Tabaksbüschchen, n. 1, tabagie, f.
Tabakskauer, m. 1, mâcheur de
Tabakspfeife, f. pipe. [tabac.
Tabaksrappe, reibe, f. râpe.
Tabaksrauch, m. 2, fumée de tabac, f. [tabac.
Tabaksraucher, m. 1, fumeur de
Tabaksräumer, m. 1, cure-pipe.
Tabaksröhrchen, n. 1, dim. cigare, m.
Tabaksrolle, f. andouille, boudin (m.) de tabac; die kegelförmige —, cognet. [de tabac.
Tabaksschnupfer, m. 1, preneur
Tabaksspinner, m. 1, fileur de tabac.
Tabaksstange, f. carotte de tabac.
Tabaksstopfer, m. 1, tampon à charger la pipe. [net, m.
Tabaksstube, f. tabagie, estami-

Tabaksjeug, n. 2, tabagie, f.
Tabellarisch, adj. et adv. en forme de table.
Tabelle, f. table, tableau, m.
Tabernakel, n. 1, tabernacle, m.
Tabulettkrämer, m. 1, porte-balle, colporteur.
Takt, m. 2*, mesure, f.; cadence, mouvement, m.; den — in etwas beobachten, cadencer qch.
Taktfest, adj. qui garde bien la mesure. [la mesure.
Taktführer, m. 1, celui qui bat
Taktik, f. tactique.
Taktiker, m. 1, tacticien.
Taktmäßig, adj. cadencé; —, adv. en mesure; en cadence.
Taktnote, f. note; die ganze, halbe —, ronde, blanche.
Taktstrich, m. 2, barre, f.
Taktzeichen, n. 1, bâton, m.
Tadel, m. 1, défaut, vice; critique, f. censure, blâme, m. reproche.
Tadelhaft, Tadels-, Tadelnswürdig, adj. blâmable; répréhensible; critiquable, censurable.
Tadellos, adj. irréprochable.
Tadeln, v. a. critiquer, blâmer; zu — finden, censurer; m. p. chicaner; offen, frei —, fronder; trouver à redire.
Tadelsucht, f. penchant à censurer, à blâmer, m. critique, f.
Tadelsüchtig, adj. enclin à critiquer, critique. [frondeur.
Tadler, m. 1, critique, censeur;
Tafel, f. table; écriteau, m.; (peint., etc.) tableau; plaque, f.
Täfelchen, n. 1, tablette, f.
Tafelgelder, m. pl. frais de table, m. pl.
Tafelgenoß, v. Tischgenoß.
Tafelgeräth, n. 2, service, m.
Tafelmusik, f. musique de table.
Täfeln, v. Tischen; Tischeln.
Täfeln, v. a. boiser, parqueter, lambrisser; —, s. n. 1, lambrissage, m. parquetage.
Tafelschneider, m. 1, (taill.) maître-garçon.
Tafeltuch, n. 5*, nappe, f.
Tafelwerk, n. 2, boiserie, f. parquetage, m. lambris.
Tafelzeug, n. 2, linge de table, m.
Taffet, m. 2, taffetas; per gewässerte —, tabis.
Taffetband, n. 5*, ruban de taffetas, m. ruban simple, uni.
Taffeten, Tafften, adj. de taffetas. [taffetas.
Taffetweber, m. 1, fabricant de
Tag, m. 2, jour; journée, f.; (min.) surface de la terre; —t, pl. fig. jours, m. pl. vie, f.; mit anbrechendem —, au point ou à

la pointe du jour; es ist hoher —, il fait grand jour; bei hellem —, en plein midi; bis in den besten — schlafen, dormir la grasse matinée; mit Ende des —s, au déclin du Jour; den — vorher, veille, f.; den zweiten — vorher, avant-veille; den — darauf, den folgenden —, lendemain, m.; den — nach, le lendemain de; eines — es, un jour; nächster —t, au premier Jour; vor vierzehn —en, il y a quinze jours; einen — um den andern, de deux jours l'un; des —zu —, de jour en jour; des —es, adv. par jour; in den — hinein, fm. de but en blanc, à tort et à travers; (vivre) au jour la journée; in den — hinein reden, battre la campagne.
Tagblatt, n. 5*, journal, m. éphémérides, f. pl.; bulletin, m.
Tagblind, adj. nyctalope.
Tagblindheit, f. nyctalopie.
Tagearbeit, f. travail de jour, m. journée, f.
Tagebericht, m. 2, bulletin.
Tagebuch, n. 5*, journal, m.; (comm.) id., livre-journal; contrôle d'un major; (astr.) éphémérides, f. pl.
Tagedieb, m. 2, injur. fainéant, batteur de pavé.
Tagefahrt, f. (jur.) assignation.
Tageloch, n. 5*, lucarne, f.
Tagelohn, m. 2*, journée, f.
Tagelöhner, m. 1, journalier, manœuvre, manouvrier.
Tagen, v. imp. (h.) faire jour.
Tageregister, m. 1, journal, m.
Tagereise, f. journée.
Tagesanbruch, m. 2*, aube, f. pointe du jour. [té, f.
Tageslicht, n. 5, jour, m.; clar-
Tagesordnung, f. ordre du jour, m.; der Antrag, zur — überzugehen, la motion d'ordre.
Tagewerk, n. 2, journée, f. tâche; — (Wiesen), fauchée.
Tagezeit, f. jour, m.
Tag-und Nachtgleiche, f. équinoxe, m.
Täglich, adj. journalier; quotidien; diurne; —, adv. journellement.
Taglöhner, 2c., v. Tagelöhner, 2c.
Tagsatzung, f. diète (en Suisse).
Tagus, Tajo, m. indécl. Tage (fleuve).
Takel, n. 1, (mar.) funin, m. cordage; manœuvre, f. agrès, m. [agréeur.
Takelmeister, m. 1, appareilleur,
Takeln, v. a. agréer, appareiller un vaisseau; funer les mâts.
Taketwerk, n. 2, agrès, m. pl. cordages, manœuvre, f. gréement, m. funin; die Kunst, das

— ju regieren, manœuvre, f.; brs —s berauben, dégréer.

Taktif Taktifer, v. Tactif, ıc.

Taktifch, adj. qui appartient à la tactique; —e Kenntniffe, connaissances dans la tactique, f. pl.

Talapoin, m. 2, talapoin.

Talar, m. 2, robe longue, f.; soutane *des prêtres*; manteau royal, m. [cité, f.

Talent, n. 2, talent, m.; capa-

Talg, m. et n. 2, suif, m.

Talgbaum, m. 2*, arbre à suif.

Talgen, v. n. (h.) donner, rendre du suif; —, v. a. enduire de suif. [m.

Talggrube, f. (chand.) abîme,

Talgicht, adj. ressemblant au suif.

Talgig, adj. graissé de suif.

Talglicht, n. 5, chandelle de suif, f.!

Talgtrichter, m. 1, culot.

Talisman, m. 2, talisman.

Talf, =ftein, m. 2, talc.

Talferbe, f. magnésie.

Talmud, m. 2, talmud.

Talmudift, m. 3, talmudiste.

Tamarinde, f. tamarin, m.

Tamariste, f. tamaris, m. (arbuste). [lité, vanité.

Tand, m. 2, bagatelle, f.; frivo-

Tändelei, f. badinerie; lenteur; babiole.

Tändeler, Tändler, m. 1, =inn, f. badin, m. -e, f.; gobe-mouches, m. lambin, -e, f.; lanternier, m. -ère, f.

Tändelhaft, adj. badin.

Tändeln, v. n. (h.) badiner; lambiner, lanterner, vétiller.

Tangel, =nadel, f. feuille aciculaire.

Tangent, m. 3, sauteau d'un *clavecin*; tangente, f. (géom.).

Tanne, f. sapin, m.

Tannen, Tännen, adj. de sapin; ber —e Balten, sapine, f.

Tannenwald, m. 5*, sapinière, f.

Tannzapfen, m. 2, pomme de pin, f.

Tante, f. tante.

Tanz, m. 2*, danse, f. bal, m.

Tanzbär, m. 3, ours dressé pour danser. [ser, f.

Tanzboden, m. 1*, salle à dan-

Tanzen, v. a. et n. (h.) danser.

Tänzer, m. 1, =inn, f. danseur, m. -se, f.; (théât.) id., figurant, m. -e, f.

Tanzgesellschaft, f. bal, m.

Tanzklapper, f. castagnette.

Tanzkrankheit, f. (méd.) tarentisme, m. [m.

Tanzkunst, f.*, art de la danse,

Tanzmeister, m. 1, maître de danse.

Tanzschuh, m. 2, escarpin.

Tanzsucht, f. manie de la danse; v. Tanzkrankheit.

Tanzzeichnung, f. =zeichenkunst, *, chorographie.

Tapet, n. 2, tapis, m.; fg. fm. auf bas — bringen, mettre sur le tapis, mettre en avant.

Tapete, Tapezerei, f. tapisserie; tenture; bie papierne —, papier-tenture, m. [pissier.

Tapetenmacher, =wirker, m. 1, ta-

Tapetennagel, m. 1*, broquette, f.

Tapetenpapier, n. 2, papier-tenture, m.

Tapeziren, v. a. tapisser.

Tapezirer, m. 1, tapissier.

Tapfer, adj. brave, valeureux, vaillant, courageux; balle bich —, tenez bon! courage! ferme!

Tapferkeit, f. valeur, bravoure.

Tappe, f. tape; m.p. patte (main).

Tappen, v. n. (h.) tâtonner; taper du pied.

Tapp=ins=Mus, m. indécl. fm. hanneton, hurluberlu, pop. paltoquet.

Täppisch, adj., v. Plump.

Tara, f. (comm.) tare.

Tarantel, f. tarentule.

Tarantelkrankheit, f. tarentisme, m.

Targum, m. 2, targum.

Targumisch, adj. targumique.

Targumist, m. 3, targumiste.

Tarif, m. 2*, tarif; in einen — bringen, tarifer. [tare.

Tariren, v. a. tarer; déduire la

Tarlatane, f. (comm.) tarlatane.

Tarod, n. 2, —tarten, f. pl. tarots, m. pl.; — spielen, jouer aux tarots.

Tartane, f. (mar.) tartane.

Tartarus, m. indécl. (myth.) Tartare.

Tartsche, f. rondache.

Tasche, f. poche; gibecière; aus ber — spielen, jouer des gobelets.

Taschenbuch, n. 5*, livre de poche ou portatif, m. [poche, m.

Taschenformat, n. 2, format de

Taschengeld, n. 5, argent pour les menus plaisirs, m.

Taschenkrebs, m. 2, crabe.

Taschenmesser, n. 1, couteau pliant, m. [bosse, f.

Taschenschloß, n. 5*, serrure à

Taschenspiel, n. 2, jeu de gobelets, m.; tours de passe-passe, pl.

Taschenspieler, m. 1, joueur de gobelets; bateleur; escamoteur.

Taschenspielerei, f. jonglerie, batelage, m.; v. Taschenspiel.

Taschenspielerfügelchen, n. 1, muscade, f. escamote. [schenspiel.

Taschenspielerkunst, f., voy. Ta-

Taschenuhr, f. montre.

Taschenwörterbuch, n. 5*, dictionnaire de poche, m.

Täschner, m. 1, boursier; coffretier.

Tasse, f. tasse. [cin, pl.

Tastatur, f. touches du clave-

Taste, f. (mus.) touche, palette; —n, pl. clavier, m.

Tasten, v. a. et n. (h.) toucher; tâter, tâtonner.

Tatsche, f. tape; fm. soufflet, m.

Tatowiren, v. a. tatouer; —, s. n. 1, tatouage, m.

Tatze, f. patte.

Tau, n. 2, câble, m.; grosse corde, f. amarre; mit =en festmachen, amarrer; bas kleine —, câbleau, m.

Taub, adj. sourd; (min.) stérile; ein wenig —, sourdaud; bie —e Nuß, la noix creuse; —e Blüthen, fausses fleurs, f. pl.; ber —e Hafer, la folle avoine.

Täubchen, n. 1, petit pigeon; m.; fg. fm. mein —, mon petit cœur, m'amie!

Taube, f. pigeon, m.; (poés.) colombe, f.; bie junge —, pigeonneau, m.; bie wilbe —, ramier, œnas.

Taubenfalk, m. 3, gerfaut.

Taubenfarben, =farbig, =halsfarbin, adj. gorge-de-pigeon, colombin. [m.

Taubenhaus, n. 5*, colombier,

Taubenkropf, m. 2*, jabot, gorge, f.; (bot.) fumeterre.

Taubenmist, m. 2, (jard.) colombine, f. volière.

Taubennest, n. 5, nid de pigeon, m. boulin. [kleine —, fuie, f.

Taubenschlag, m. 2*, volet; ber

Tauber, m. 1, pigeon mâle.

Taubheit, f. surdité.

Täubinn, f. pigeon femelle, m.

Taubstumm, adj. sourd et muet.

Tauchen, v. a. et n. (h.) plonger; tremper; —, s. n. 1, immersion, f.

Tauchente, f. plongeon, m.

Taucher, m. 1, plongeur.

Taucherglocke, f. cloche de plongeur.

Tauen, v. a. prcl. corroyer.

Tauende, n. 1, bout de câble, m.; bie —n mit Schleifknoten bosses, f. pl. [tistère.

Taufbuch, n. 5*, registre bap-

Taufbund, m. 2, alliance baptismale, f. vœux de baptême, m. pl.

Taufcapelle, f. baptistère, m.

Taufe, f. baptême, m.; zur—gehörig, baptismal.

Taufen, v. a. baptiser; zur Neth — ondoyer; —, s. n. 1, baptême, m.

Täufer, m. 1, celui qui baptise; Johannes ber —, S. Jean-Baptiste.

Taufhandlung, f. baptême, m. cérémonie du baptême, f.
Täufling, m. 2, enfant, personne (f.) à baptiser.
Taufmüßchen, n. 1, chrémeau, m.
Taufname, m. exc. 2, nom de baptême.
Taufpathe, m. 3, parrain; filleul.
Taufpathinn, f. marraine; filleule. [tère.
Taufschein, m. 2, extrait baptis-
Taufstein, m. 2, baptistère, fonts de baptême, pl. fonts baptismaux.
Tauftuch, n. 5*, tavaïole, f.
Taufwasser, n. 1, eau baptismale, f.
Taufzeug, n. 2, langes de baptême, f. pl. [raine, f.
Taufzeuge, m. 3, parrain; mar-
Taugen, v. n. (h.) valoir; servir, être bon, propre, utile à qch.
Taugenichts, m. 2, injur. vaurien.
Tauglich, adj. bon; utile; propre; convenable; capable.
Tauglichkeit, f. capacité; utilité.
Taumel, m. 1, chancellement; vertige; tournoiement de tête; ivresse, f. [d'un vertige.
Taumelig, adj. chancelant; pris
Taumeln, v. n. (h.) chanceler;
—, s. n. 1, chancellement, m.
Taupel, f. (pêch.) échiquier, m.
Tauring, m. 2, (mar.) sauveraban.
Tausch, m. 2, change, échange, troc; permutation, f.
Tauschen, v. a. et n. (h.) troquer, échanger, changer; Karten —, biguer.
Täuschen, v. a. tromper; surprendre; abuser, duper, décevoir; faire illusion, donner le change à qn., frustrer une espérance; sich — in, se tromper, etc., se faire illusion; sich — lassen, prendre le change.
Täuschend, adj. trompeur, illusoire; frappant (ressemblance).
Tauschhandel, m. 1*, échange.
Täuschung, f. illusion, tromperie, imposture.
Tausend, adj. mille; mil (dans les dates); die Zahl —, le nombre millénaire; viele —mal, mille et mille fois; —, n. 2, millier, m.; zu —en, par milliers; der —inter j. diantre! [naire.
Tausender, m. 1, chiffre millé-
Tausenderlei, adj. indécl. de mille espèces.
Tausendfach, =fältig, adj. et adv. mille fois autant; mille fois plus.
Tausendfuß, m. 2*, mille-pieds; scolopendre (insecte), f.
Tausendgüldenkraut, n. 5*, centaurée, f. [de mille ans.
Tausendjährig, adj. millénaire;

Tausendkünstler, m. 1, sorcier, magicien. [livres pesant.
Tausendpfündig, adj. de mille
Tausendschön, n. 2, amaranthe, f.
Tausendste, adj. et s. n. 3, millième.
Tausendweise, adv. par milliers.
Tauwerk, v. Tafelwerk.
Tar, m. 2, =baum, m. 2*, if.
Tore, f. taxe, taux, m.; impôt.
Tariren, v. a. priser, estimer; taxer. [taxation.
Tarirung, f. prisée, estimation; f.
Tarus, v. Tar.
Technisch, adj. technique.
Teich, m. 2, étang, vivier.
Teichel, m. 1, tuyau; canal.
Teichgitter, n. 1, =rechen, m. 1, drague, f. écrille.
Teichlinse, f. lentille d'eau.
Teig, m. 2, pâte, f.
Teig, Teigicht, adj. pâteux; biette (poire). [machen, empâter.
Teigig, adj. pâteux; mal cuit; —
Teigkorb, m. 2*, (boul.) banneton.
Teigmesser, n. 1, coupe-pâte, m.
Teigräbchen, n. 1, (pât.) videlle, f.
Teigscharte, f. racloir, m.
Teigverderber, m. 1, gâte-pâte.
Telegraph, m. 3, télégraphe.
Telegraphisch, adj. télégraphique.
Teleskop, m. exc. 1, télescope.
Teller, m. 1, assiette, f.; — auf dem Kelch, patène, f; der hölzerne —, assiette de bois; (cuis.) tranchoir, m.; —voll, assiettée, f.
assiette. [m.
Tellereisen, n. 1, (cha.) broyon, m.
Tellerförmig, adj. orbiculaire.
Tellerlecker, m. 1, écornifleur, parasite.
Tellerring, m. 2, garde-nappe.
Tellertuch, n. 5*, serviette, f.
Tellerwärmer, m. 1, réchaud.
Tellmuschel, f. telline.
Tempel, m. 1, temple; (ant.) id., fanum; — ohne Dach, hypèthre. [1, templier.
Tempelherr, m. 3, Templer, m.
Tempelorden, m. 1, ordre des templiers.
Temperament, n. 2, tempérament, m. complexion, f.
Temperatur, f. température.
Tempo, n. 2, temps, m. (mouvement).
Temporisiren, v. n. (h.) temporiser; —, s. n. 1, temporisation, f.
Tenakel, m. 1, (impr.) visorium.
Tendenz, f. tendance.
Tenne, f. aire.
Tennenpatsche, f. batte.
Tenor, m. 2, (mus.) taille, f.; der höhere, tiefere —, haute-basse-taille.
Tenorgeige, f. taille de violon.

Tenorist, m. 3, taille, f.
Tenorstimme, f. voix de taille.
Teppich, m. 2, tapis. [tapis.
Teppichwirker, m. 1, faiseur de
Termin, m. 2, terme; der laufende —, courant; —, (jur.) assignation, f.; ajournement, m.; sich auf —e setzen, s'atermoyer avec qn.
Terminiren, v. n. (h.) quêter.
Terminweise, adv. par termes.
Terpentin, m. 2, térébenthine, f.
Terpentinbalsam, m. 2, bijon.
Terpentinbaum, m. 2*, térébinthe.
Terpentinöl, n. 2, huile de térébenthine, f. [toire, m.
Territorium, n. exc. 1, terri-
Tertia, fém. troisième (classe); (impr.) gros-romain, m.
Tertian, m. 2, (orgue) jeu de tierce.
Tertianer, m. 1, troisième, écolier de troisième.
Tertianfieber, n. 1, fièvre tierce, f. [tiers, m.
Tertie, Terz, Terzie, f. tierce.
Terzerol, n. 2, pistolet de poche, m.
Terzett, n. 2, (mus.) trio, m.
Test, m. 2, (chim.) coupelle, f.; têt, m. scorificatoire; (orf.) casse, f.; crasse des métaux; test, m. (en Angleterre).
Testament, n. 2, testament, m.; bas mündliche —, testament nuncupatif; eigenhändige —, testament olographe; ohne —, (jur.) intestat; ab intestat || —, n. 5, testament (de la bible).
Testamenterbe, m. 3, héritier testamentaire.
Testamentlich, adj. testamentaire.
Testator, m. exc. 1, v. Testirer.
Testeid, m. 2, serment du test (en Angleterre).
Testiren, v. n. (h.) tester.
Testirer, m. 1, =inn, f. testateur, —trice, f. [che, f.
Teuanker, m. 1, ancre d'affourche.
Teufe, f. min., pour Tiefe, f. profondeur.
Teufel, m. 1, diable, démon; satan; fg. diable, diablesse, f.; =chen, n. 1, diablotin, m.; pop. ich will des —s seyn, hol' mich der —; je me donne au diable, le diable m'emporte si...; was —, que diantre; ich frage den — darnach; peu m'importe.
Teufelei, f. diablerie.
Teuflisch, adj. diabolique, infernal.
Teufelsabbiß, m. 2, (bot.) mors du diable, scabieuse, f.
Teufelsbanner, m. 1, exorciste.
Teufelsbeschwörung, f. exorcisme, m.

Teufelsbred, m. 2, assa fœtida, f. laser, m. laserpitium.

Teufelslärm, m. 2, fm. bruit, tapage du diable ou diabolique, boucan.

Teufen, v. a. exploiter la mine.

Tert, m. 2, texte; (mus.) paroles, f. pl.; canevas, m.; der untergelegte —, parodie, f.; fg. fm. einem den — lesen, chapitrer qn., chanter la gamme à qn.

Tertmäßig, adj. conforme au texte; contenu dans le texte.

Thal, n. 5*, vallée, f.; vallon, f.

Thaler, m. 1, écu. [m.; val.

Thalwärts, adv. aval, à vau-l'eau; — fahren, avaler.

That, f. action; fait, m.; effet; auf frischer —, sur le fait, en flagrant délit; nach geschehener —, après coup. [coupable.

Thäter, m. 1, auteur d'un crime;

Thätig, adj. actif; agissant; effectif (membre); — seyn, agir.

Thätigkeit, f. activité; efficace; in — setzen, mettre en activité, activer.

Thatkunfig, adj. notoire.

Thätlich, adj. , bie — Sünde, le péché d'action; sich — an einem vergreifen, maltraiter qn. de fait; — verfahren, user de voies de fait, de violence; das —e Verfahren, la voie de fait. [lence.

Thätlichkeit, f. voie de fait, vio-

Thatsache, f. fait, m.

Thatsächlich, adj. réel, de fait; —, adv. réellement.

Thau, m. 2, rosée, f.; (cha.) aiguail, m.

Thauen, v. n. et imp. (h.) es thauet, il tombe de la rosée; il dégèle.

Thaulg, adj. couvert de rosée.

Thaumesser, m. 1, drosomètre.

Thauwetter, n. 1, dégel, m.

Thauwind, m. 2, vent de dégel.

Theater, n. 1, théâtre, m.; scène, f.; bie Seite des —t, cantonade.

Theaterdichter, m. 1, poète dramatique. [théâtre.

Theaterstreich, m. 2, coup de

Theatralisch, adj. théâtral.

Thee, m. 2, thé; — mit Capillärsirup, bavaroise, f.

Theeartig, adj. théiforme.

Theebaum, m. 2*, thé (arbrisseau).

Theebrett, n. 5, cabaret, m.

Theebüchse, f. boite à thé; bit zinnene —, barse.

Theekanne, f. théière.

Theekessel, m. 1, bouilloire, f.

Theer, m. et n. 2, goudron, m. brai, guitran.

Theeren, v. a. goudronner, brayer.

Theerhütte, f. lieu où l'on fait le goudron, m.

Theerquelle, f. source de poix minérale.

Theil, m. et n. 2, partie, f. part, portion; lot, m.; tome, volume d'un livre; zum —, en partie; — haben, participer (an, à); zu — werden, tomber en partage; — nehmen, prendre part, s'intéresser; être sensible (an, à); — nehmen lassen, associer; einen — beziehnenb, (gramm.) partitif.

Theilbar, adj. divisible, partageable.

Theilbarkeit, f. divisibilité.

Theilchen, n. 1, parcelle, f. particule; (phys.) molécule.

Theilen, v. a. partager; diviser; séparer, fg. fendre les flots; sich gabelweise —, se fourcher; (bot., etc.) se bifurquer; getheilt, partagé, etc., mi-parti.

Theiler, m. 1, diviseur.

Theilgeschlechtswort, n. 5*, article partitif, m.

Theilhabenb, =haft, =haftig, adj. participant; einer S. =haftig seyn, participer, prendre part à qch.; v. Theilhaber.

Theilhaber, m. 1, participant; intéressé (an, dans); actionnaire; copartageant; (fin.) participe; — an einem Vermächtniß, colégataire.

Theilnahme, =nehmung, f. participation, part; intérêt, m.; (jur.) complicité, f.

Theilnehmer, m. 1, =inn, f. qui prend part, intéressé, m.; acteur, -trice (f.) dans un événement.

Theils, zum Theil, adv. en partie; partie.

Theilscheibe, f. diviseur, m.

Theilung, f. partage, m.; division, f.; démembrement d'un état, m.; séparation, f. scission; bie gabelförmige —, (bot.) bifurcation; — eines Doppellautes in zwei Sylben, diérèse.

Theilungsrecess, m. 2, accommodement, partage.

Theilungszeichen, n. 1, tiret, m. trait d'union, diérèse (pour deux voyelles), f.; (impr.) division.

Theilweise, adv. par parties; (libr.) en plusieurs livraisons.

Theilzähler, m. 1, (arithm.) quotient.

Theist, m. 3, théiste, qui reconnaît l'existence de Dieu.

Thema, n. exc. 1, thème, m.; (mus.) id., motif.

Themse, f. Tamise (fleuve).

Theobald, v. pr. m. Thibault.

Theodor, n. pr. m. Théodore.

Theokratie, f. théocratie.

Theokratisch, adj. théocratique.

Theolog, m. 3, théologien.

Theologie, f. théologie.

Theologisch, adj. théologique.

Theophilanthrop, m. 3, théophilanthrope. [thropie.

Theophilanthropie, f. théophilan-

Theophilanthropisch, adj. théophilanthropique.

Theorbe, f. théorbe, m. thuorbe.

Theorem, n. 2, théorème, m.

Theoretiker, m. 1, Theorist, m. 3, théoricien, théoriste. [culatif.

Theoretisch, adj. théorique, spé-

Theorie, f. théorie.

Theriak, m. 2, thériaque, f.

Theriakartig, adj. thériacal.

Thermometer, n. 1, thermomètre, m.

Thesis, These, f. thèse.

Theuer, adj. cher; fg. précieux; wie —, combien, à combien.

Theurg, m. 3, celui qui pratique la théurgie.

Theurgie, f. théurgie.

Theurgisch, adj. théurgique.

Theurung, f. cherté, disette.

Thier, n. 2, bête, f. animal, m.; das unvernünftige —, brute, f.

Thieranbeter, m. 1, adorateur des animaux.

Thieranbetung, f. zoolâtrie.

Thierarzt, m. 2*, v. Vieharzt.

Thierchen, n. 1, animalcule, m.; petite bête, f. bestiole.

Thiergarten, m. 1*, parc; ménagerie, f.

Thiergefecht, n. 2, combat d'animaux, m.; combat contre les bêtes; (ant.) pancape.

Thiergeschichte, f. zoologie.

Thierheit, f. animalité.

Thierisch, adj. animal; m. p. brutal, bestial; das —e Wesen, brutalité, f.

Thierkampf, m. 2*, v. Thiergefecht.

Thierkörper, m. 1, corps animal.

Thierkreis, m. 2, (astr.) zodiaque. [diacale, f.

Thierkreislicht, n. 1, lumière zo-

Thierlarve, f. (arch.) musle, m.

Thierpflanze, f. zoophyte, m.

Thierreich, n. 2, règne animal, m. [nagerie.

Thierwärter, m. 1, garde de mé-

Thierzergliederung, f. zootomie.

Thomist, m. 3, (théol.) thomiste, bie Lehre der —en, thomisme.

Thon, m. 2, ærbe, f. argile, glaise, terre glaise, alumine.

Thonart, f. sorte d'argile.

Thonartig, adj. argileux, glaiseux.

Thönern, adj. de terre; d'argile.

Thongrube, f. glaisière.

Thor, n. 2, porte, f.; portail, m.

Thor, m. 3, Thörinn, f. fou, m. folle, f. sot, m. -te, f. insensé, m. extravagant, -e, f.

Thorangel, f. gond, m. tourillon.
Thorband, n. 5*, penture, f.
Thorflügel, m. 1, battant.
Thorglocke, f. beffroi, m. cloche des portes, f.
Thorheit, f. folie, extravagance, sottise. [gant, sot.
Thöricht, adj. fou, fol, extrava-
Thorklappe, f. guichet, m.
Thorriegel, m. 1, fléau de porte; der starke —, barreau. [tier.
Thorschließer, =wärter, m. 1, por-
Thorschluß, m. 2*, fermeture des portes, f.; bei dem —, à portes fermantes.
Thorschreiber, m. 1, consigne.
Thorweg, m. 2, porte cochère, f.
Thorzettel, m. 1, passavant.
Thorzoll, m. 2*, droits d'entrée, pl.
Thracien, Thrace, f. (anc. pays).
Thracier, m. 1, Thracisch, adj. thrace. [f.
Thran, m. 2, huile de baleine.
Thräne, f. larme; —n, pl. pleurs, m. pl.
Thränen, v. n. (h.) pleurer.
Thränenbach, =guß, m. 2*, =fluth, f. torrent (m.), ruisseau de larmes. [lacrymale.
Thränendrüse, f. (anat.) glande
Thränenfistel, f. (méd.) fistule lacrymale. [conduit lacrymal.
Thränengang, m. 2*, (anat.)
Thränengefäß, n. 2, =trüglein, n. 1, (anat.) lacrymatoire, m. vase lacrymatoire.
Thränenlos, adj. sans larmes; fg. dur, insensible. [mal.
Thränensack, m. 2*, sac lacry-
Thranicht, adj. qui est de la nature de l'huile de baleine.
Thranig, adj. qui contient de l'huile de baleine.
Thresor, n. 2, buffet, m. dressoir.
Thron, m. 2, trône; fg. royauté, f.; empire, m.; pouvoir suprême; vom — stoßen, détrôner.
Thronbesteigung, f. avénement au trône, m.
Thronen, v. n. (h.) occuper le trône; régner.
Thronfolge, f. succession au trône.
Thronfolger, m. 1, successeur au trône. [dais.
Thronhimmel, m. 1, baldaquin,
*Thun, v. a. et n. (h.) faire; agir; opérer; pratiquer; exécuter; effectuer; mettre; wohl —, faire bien; seine Pflicht —, bien-faire; Gutes —, faire du bien; groß —, trancher du grand seigneur, voy. Groß; das habe ich gethan, cela est de mon fait; — wollen, aller faire qch.; zur S. —, pousser une affaire; es nicht anders —, ne pas en démordre; sehr um jemand —,

déplorer, regretter qn.; sehr bekannt —, affecter une grande familiarité; dazu —, pourvoir, remédier à qch.; — als ob, faire semblant de; mit einem zu — haben, avoir affaire à qn.; es ist mir darum zu —, il m'importe; wenn es nur darum zu — ist, s'il ne tient qu'à cela; —, s. n. 1, — und Lassen, actions, f. pl. conduite, f.; (théol.) faire, m.
Thunfisch, m. 2, thon.
Thunfischneß, n. 2, madrague, f.
Thunlich, adj. faisable, praticable.
Thür, Thüre, f. porte; — die von selbst zugeht, porte battante; die heimliche —, fausse porte; die — verschlossen finden, prov. trouver visage de bois.
Thürangel, f. gond, m.
Thürband, m. 5*, penture, f.
Thürbeschlag, m. 2*, garniture de porte, f.
Thüreinfassung, f., v. Thürfutter.
Thürflügel, m. 1, battant, vantail de porte; guichet d'une armoire. [m. huisserie, f.
Thürfutter, m. 1, chambranle,
Thurgau, Thurgovie, f. (pays).
Thürgemälde, n. 1, dessus de porte, m.
Thürgesims, m. 2, corniche, f.
Thürgriff, m. 2, =knopf, m. 2*, boucle de porte, f.
Thürhüter, m. 1, portier; huissier; =inn, f. portière, tourière des couvents de filles.
Thüringen, Thuringe, f. (pays).
Thürklinke, f. loquet, m. cadole, f. battant.
Thürklopfer, masc. 1, marteau, heurtoir. [prison.
Thürknecht, m. 2, geôlier d'une
Thurm, m. 2*, tour, f.; clocher, m.; beffroi; donjon d'un château; fg. prison, f.; (échec) roc, m.; der babylonische —, la tour de Babel.
Thürmchen, m. 1, tourelle, f.
Thürmen, v. a. entasser, amonceler; élever haut; sich —, s'élever, etc. [cher.
Thürmer, m. 1, garde du clo-
Thurmeule, f. fresaie.
Thurmfalke, m. 3, crécerelle, f.
Thurmschwalbe, f. grand martinet, m. [clocher, f.
Thurmknopf, m. 2*, pomme du
Thurmspitze, f. flèche.
Thurmstrafe, f. peine de prison.
Thurmuhr, f. horloge d'un clocher.
Thurmwächter, m. 1, guet du clocher. [teau, m. jambage.
Thürpfosten, m. 1, =pfoste, f. po-
Thürschwelle, f. seuil, m.

Thürstück, v. Thürgemälde.
Thymian, m. 2, thym (plante).
Tiber, f. Tibre, m. (fleuve).
Tief, adj. profond; fg. id.; grave (ton); creux (plat); creux, bas (voix); haut (eau); die —e Trauer, le grand deuil; — hinein, bien avant; in die —e Nacht hinein, bien avant dans la nuit; —er machen, approfondir; — in die Augen drücken, enfoncer son chapeau dans la tête. [esprit pénétrant.
Tiefdenkend, adj. profond, d'un
Tiefe, f. profondeur; hauteur de l'eau; fond, m.; (mus.) gravité d'un son, f.
Tiefgelehrt, adj. profondément savant. [basse lisse, f.
Tiefschäftig, adj. —e Tapeten
Tiefsinn, m. 2, rêverie, f. mélancolie; profondeur d'esprit.
Tiefsinnig, adj. pensif, rêveur, méditatif; profond; mélancolique.
Tiegel, m. 1, poêle, f.; dim. poêlon, m.; (chim.) creuset; (verr.) padelin; (impr.) platine, f.; der kupferne —, caquerolle.
Tiene, f. tinette.
Tiger, m. 1, tigre; =inn, f. et =weibchen, n. 1, tigresse, f.
Tigerflecht, adj. tigré.
Tigerkaße, f. chat (m.) sauvage, tigré.
Tigermotte, f. phalène tigré, m.
Tigern, v. a. taveler, moucheter.
Tigerwolf, m. 2*, guépard.
Tilgbar, adj. amortissable.
Tilgen, v. a. détruire; exterminer; amortir, éteindre une dette; eine Schuld in seinem Buche —, décharger son livre d'une dette; —, abolir; effacer les péchés; getilgt werden, s'abolir, s'effacer.
Tilgung, f. destruction; amortissement d'une dette, m.; extinction d'une rente, f.; abolissement, m. [mortissement, f. pl.
Tilgungsschein, m. 2, lettres d'a-
Timotheus, n. pr. m. Timothée.
Tinctur, f. teinture, essence.
Tinte, f. encre; (peint.) teinte.
Tintenbeere, f. magaleb, m.
Tintenfaß, n. 5*, encrier, m. écritoire; cornet, m. calmar.
Tintenfisch, m. 2, sèche, f. calmar, m.
Tintenflecken, m. 1, =flecks, m. 2, tache d'encre, f. pâté, m.
Tintenspecies, pl. ingrédiens nécessaires pour faire de l'encre, m. pl.
Tintenstein, m. 2, atramentaire.
Tisch, m. 2, table, f.; fg. repas, m.; pension, f.; sich zu —e setzen, fm. s'attabler; Gottes —, communion; zu Gottes —e gehen, communier.

Tischblatt, n. 5*, dessus de table,
Tischdecke, f. tapis, m. [m.
Tischen, v. n. (b.) dresser la table,
servir, v. Auftischen; — et Tischeln,
s'attabler, être à table, tenir table.
Tischfuß, m. 2*, tréteau; châssis.
Tischgebet, n. 2, prière avant ou
après le repas, f. bénédicité, m.
Tischgebed, n. 2, couvert, m.
Tischgeld, n. 5, pension, f.
Tischgenoß, m. 3, convive, com-
mensal; pensionnaire.
Tischgeräth, =zeug, n. 2, linge
(m.), vaisselle (f.) de table, cou-
vert, m.
Tischgesellschaft, f. convives, m. pl.
Tischgespräch, n. 2, propos de ta-
ble, m. pl.
Tischgestell, n. 2, v. Tischfuß.
Tischkorb, m. 2*, manne, f.
Tischler, m. 1, menuisier.
Tischlerarbeit, f. =handwerk, n. 2,
menuiserie, f.
Tischlerleim, m. 2, colle forte, f.
Tischlerwerkzeug, n. 2, affûtage, f.
Tischtuch, n. 5*, nappe, f.
Tischwein, m. 2, vin ordinaire.
Tischzeit, f. heure du repas.
Tischzeug, n. 2, linge (m.) ou
service de table.
Titan, n. 2, (minér.) titane, m.
Titel, m. 1, titre; intitulé, in-
titulation, f.; fg. caractère, m.
qualité, f.; [tispice.
Titelblatt, n. 5*, titre, m. fron-
Titelkupfer, n. 1, figure mise en
regard du frontispice, f. frontis-
pice, m.
Titelsucht, f. manie des titres.
Titular, adj. titulaire; honoraire.
Titulatur, f. titres, m. pl.
Tituliren, v. a. fm. titrer, quali-
fier de.
Toben, v. n. (b.) faire un grand
bruit, mugir (vent); se déchaîner,
tempêter; enrager; être irrité, furieux; cuire (plaie); —, s. n. 1,
mugissement des vents, m.; furie, f. rage; violence; cuisson
d'une plaie.
Tobend, adj. bruyant, en fureur,
furieux; courroucé.
Tobias, n. pr. m. Tobie.
Tobsucht, f. fureur.
Tochter, f.* fille.
Tochterkirche, f. filiale, annexe.
Tochtermann, masc. 5*, gendre,
beau-fils. [heurter.
Tockiren, v. a. (peint.) taper,
Tod, m. 2, mort, f.; décès, m.
trépas; mourir de sa belle mort; er
ist mir in den — zuwider, je le
hais à la mort, fm. c'est ma bête
noire; auf den —, adv. mortellement, à mort; auf den — liegen,
être malade à la mort; ich bin des

—es, je suis perdu, je suis un
homme mort; auf — und Leben,
à la vie et à la mort; (combattre)
à outrance; dem —e nahe seyn,
se mourir; prov. für den — ist fein
Kraut gewachsen, il n'y a pas de
remède contre la mort. [m.
Todbett, n. exc. 1, lit de mort,
Todesangst, f.*, agonie; affres de
la mort, pl. transes, angoisses de
la mort.
Todesart, f. genre de mort, m.
Todesfall, m. 2*, mort, f.; décès, m.; im —e, en cas de mort.
Todesfurcht, f. crainte de la mort;
fg. crainte mortelle.
Todesgefahr, f. danger de mort,
m. [de qn., f.
Todesjahr, n. 2, année du décès
Todeskampf, m. 2*, agonie, f.
extrémité, abois, m. pl.
Todesschweiß, m. 2, sueur de la
mort, f.
Todesstrafe, f. peine de mort,
peine capitale; dernier supplice,
m.
Todesstreich, m. 2, coup mortel,
coup de grâce; einem den — geben, achever qn.
Todesstunde, f. heure de la mort,
dernière heure, dernier moment,
m.; in der —, à l'article de la
mort.
Todestag, m. 2, jour de la mort.
Todesurtheil, n. 2, sentence (f.),
arrêt (m.) de mort, jugement à
mort.
Todfeind, m. 2, ennemi mortel
ou capital. [telle.
Todfeindschaft, f. inimitié mor-
Todkrant, adj. malade à la mort,
moribond, agonisant.
Tödlich, v. Tödtlich.
Todsünde, f. péché mortel ou capital, m.
Todt, adj. mort; défunt; —e
Kohlen, des charbons éteints; sich
— fallen, mourir d'une chute.
Todte, m. 3, mort, défunt.
Tödten, v. a. tuer; abattre des
animaux; fg. sein Fleisch —, mor-
tifier sa chair, ses passions; sich —,
se tuer, se détruire.
Todtenamt, n. 5*, service des
morts, m.
Todtenbahre, f. bière.
Todtenbeine, =knochen, pl. osse-
ments de morts, m. pl.
Todtenbeschwörer, m. 1, nécro-
mancien. [mance.
Todtenbeschwörung, fém. nécro-
Todtenblaß, =bleich, adj. pâle
comme la mort.
Todtenblässe, f. pâleur de la mort;
pâleur mortelle. [m.
Todtenfarbe, f. teint cadavéreux,
Todtenfarbig, adj. cadavéreux.

Todtengebet, n. 2, prière pour
les morts, f. [glocke.
Todtengeläute, n. 1, v. Todten=
Todtengerippe, n. 1, squelette, m.
Todtengeruch, m. 2*, odeur ca-
davéreuse, f.
Todtengerüst, n. 2, catafalque,
m. [des morts, m.
Todtengespräch, n. 2, dialogue
Todtengewölbe, n. 1, =gruft, f.*,
caveau, m.; (ant.) hypogée; pl.
catacombes, f.
Todtenglocke, f. glas, m. sonne-
rie pour un mort, f.
Todtengräber, m. 1, fossoyeur;
(hist. nat.) id.
Todtenkopf, m. 2*, tête de mort,
f. [cadavre.
Todtenkörper, m. 1, corps mort;
Todtenlied, n. 5, cantique (m.),
chant funèbre.
Todtenmarsch, m. 2*, marche fu-
nèbre, f.
Todtenmusik, f. musique funèbre.
Todtenohnmacht, f. asphyxie;
von einer — überfallen, asphyxié.
Todtenregister, n. 1, registre mor-
tuaire, m.; registre des décès,
obituaire, nécrologe.
Todtenschein, m. 2, extrait mor-
tuaire.
Todtenschlaf, m. 2, (méd.) carus.
Todtentanz, m. 2*, danse des
morts, f. [crale, f.
Todtentopf, m. 2*, urne sépul-
Todtenträger, m. 1, v. Leichenträ-
ger. [tuaire, m.
Todtentuch, n. 5*, drap mor-
Todtenuhr, v. Holzwurm.
Todtenurne, f. urne sépulcrale.
Todtenvogel, m. 1*, oiseau fu-
nèbre; papillon à tête de mort.
Todtenwagen, m. 1*, char mor-
tuaire.
Todtgeboren, adj. mort-né.
Tödtlich, adj. mortel; (méd.) mor-
tifère; délétère (poison); (chim.)
azote (air); —, adv. à mort.
Tödtlichkeit, f. qualité qui cause
la mort. [micide, assassinat.
Todtschlag, m. 2*, meurtre, ho-
Todtschlagen, v. a. 7, tuer, mas-
sacrer, assommer.
Todtschläger, m. 1, meurtrier,
homicide, assassin.
Tödtung, f., v. Todtschlag; fg.
amortissement d'une dette, m.;
mortification de la chair, f.
Toleranz, v. Duldung.
Toll, adj. enragé; fou; furieux;
forcené; maniaque, insensé; bizarre; extravagant; — werden,
enrager; [longève (plante)
Tollapfel, m. 1*, mayenne, f. me-
Tollbeere, =kirsche, f. belladone.
Tollhaus, n. 5*, petites maisons,
f. pl.

Tollheit, *f.* rage, fureur; frénésie ; folie ; bizarrerie, extravagance.

Tollfopf, *m.* 2*, enragé, déterminé, énergumène, tête chaude, *f.*

Tollfraut, *n.* 5*, jusquiame, *f.*

Tollfühn, *adj.* téméraire, audacieux, insensé.

Tollfühnheit, *f.* témérité, audace.

Tollwurzel, *f.* aconit, *m.*

Tölpel, *m.* 1, lourdaud, rustre; maladroit; *injur.* malotru, butor.

Tölpelei, *f.* lourderie, niaiserie, balourdise, maladresse.

Tölpisch, *adj.* lourdaud; rustre.

Tombact, *m.* 2, tombac.

Ton, *m.* 2*, ton; (Laut) son; bruit; accent *en parlant*; ber tiefe —, creux; ber große —, bel air; Töne, *pl.* sons, accents; ben — angeben; entonner, donner le ton (aussi *fg.*).

Tonangeber, *m.* 1, qui donne le ton; *fg. id.*, coryphée.

Tonangebung, *f.* intonation.

Tonart, *f.* ton, *m.* mode.

Tönen, *v. n.* (h.) sonner; résonner; retentir.

Tönend, *adj.* sonore, retentissant.

Tonfolge, *f.* suite de tons, modulation.

Tongeber, *v.* Tonangeber.

Tonisch, *adj.* tonique.

Tonfunst, *f.* *, musique.

Tonfünstler, *m.* 1, musicien, artiste; ber fertige aber geschmacklose —; *mépr.* croque-note.

Tonleiter, *f.* gamme, échelle diatonique; nach ber —, diatoniquement. [*f. pl.*

Tonloch, *n.* 5*, —tr, *pl.* ouies,

Tonlos, *adj.* vide de son, sans accent.

Tonmesser, *m.* 1, sonomètre.

Tonmessung, *f.* prosodie.

Tönnchen, *n.* 1, baril, *m.* barillet; caque, *f.*

Tonne, *f.* tonneau, *m.*; futaille, *f.*; barrique; tonne; muid, *m.*

Tonnengeld, *n.* 5, tonnage, *m.*

Tonnengewölbt, *n.* 1, voûte en plein cintre, en berceau, *f.*

Tonseter, *m.* 1, compositeur; ber harmonische —, harmoniste.

Tonsetzung, *f.* composition.

Tonsur, *f.* tonsure.

Tonsylbe, *f.* syllabe accentuée.

Tonveränderung, *f.* nuance.

Tonzeichen, *n.* 1, accent, *m.*; mit — versehen; accentuer; bie Setzung ber —, accentuation, *f.*

Topas, *m.* 2, topaze, *f.* (*pierre fine*).

Topf, *m.* 2*, pot; (*jeu*) toupie, *f.*; —voll, potée; in Töpfe thun, empoter *des plantes*.

Töpfer, *m.* 1, potier.

Töpferarbeit, =waare, *f.* poterie.

Töpfern, *adj.* de poterie, de terre.

Töpferscheibe, *f.* tour de potier, *m.*

Töpferthon, *m.* 2, glaise, *f.* argile. [*f.*

Topfstein, *m.* 2, pierre ollaire,

Topographie, *f.* topographie.

Topographisch, *adj.* topographique. [sens.

Topp, *interj.* tope! soit! j'y consens.

Toppsegel, *n.* 1, voile du perroquet, *f.*

Torf, *m.* 2, tourbe, *f.*

Torferbe, *f.* terre tourbeuse.

Torfhändler, =stecher, *m.* 1, exploiteur de mines de tourbes.

Torfmoor, *n.* 2, tourbière, *f.* marais tourbeux, *m.*

Torfteln, *v. n.* (h.) fm. chanceler

Tornister, *m.* 1, havresac, *fm.* canapsa.

Tort, *m.* 2, *fm.* tort, *v.* Schaden.

Torte, *f.* tourte, tarte; bie fleine —, tartelette.

Tortenpfanne, *f.* tourtière, *f.*

Tortenteig, *m.* 2, pâte fine, *f.*

Tortur, *f.*, *v.* Folter.

Tosen, *v. n.* (h.) bruire, mugir, frémir, faire du fracas; —; *s. n.* 1, bruit, *m.* mugissement, frémissement, fracas.

Toscanisch, *adj.* toscan.

Trab, *m.* 2, trot; in vollem —, au grand trot.

Trabant, *m.* 3, garde du corps, satellite, traban; (*astr.*) satellite.

Traben, *v. n.* (h.) trotter, aller au trot. [teur.

Traber, Trabgänger, *m.* 1, trot-

Träber, *pl.* marc, *m.*; (*brass.*) drague, *f.*

Tracht, *f.* charge; service de table, *m.*; mode, *f.*; habillement, *m.* costume; volée (*f.*), décharge de coups; portée, ventrée (*des animaux*).

Trachten, *v. n.* (h.) tâcher, s'efforcer; aspirer (nach, à).

Trächtig, *adj.* pleine; *fg.* fertile, fécond ; — seyn, porter; — werben, retenir, concevoir; — machen, *fg.* féconder; fertiliser.

Trächtigfeit, *f.* gestation, portée; *fg.* fertilité.

Tractament, *n.* 2, *fm.* régal, *m.* festin, traitement.

Tractat, *m.* 2, traité; convention, *f.*; —en, *pl.* négociations, *f. pl.* stipulations.

Tractiren, *v. a.* traiter, régaler.

Tragaltar, *m.* 2*, autel portatif.

Traganth, *m.* 2, adragant.

Tragbahre, *f.* civière; brancard, *m.* bière, *f.*

Tragbalten, *m.* 1, sommier, support, travon.

Tragband, *n.* 5*, bretelle, *f.*; écharpe ; (*chir.*) suspensoire ; (*arch.*) gousset, *m.* chevêtre.

Tragbar, *adj.* portatif; portable, mettable, de mise (*habit*); fertile (*champ*).

Tragbaum, *m.* 2*, brancard.

Träge, *adj.* paresseux, lâche; négligent; apathique, nonchalant; appesanti (*membres*) ; (*phys.*) inerte ; — machen, appesantir *le corps*; enrouiller *l'esprit*; — werben, s'appesantir, etc. [son.

Trageast, *m.* 2*, (*jard.*) courter.

Tragen, *v. a.* 7, porter; supporter, soutenir; *fg. id.*, souffrir; rapporter, produire, valoir; porter, être pleine (*des animaux*); sich —, se mettre, s'habiller; wie trägt er sich? quel habit porte-t-il? sich gerabe —, se tenir droit; sie trägt sich wie eine Königinn, elle a le port d'une reine; sich mit einem Gedanten —, nourrir une idée; sich mit einer S. tragen, méditer qch.; —, *v. n.* (h.) porter, atteindre; —; *s. n.* 1, portage, *m.*; port des armes, du corps.

Träger, *m.* 1, =inn; *f.* porteur, *m.* -se, *f.*; (*arch.*) traverse, support, *m.*; (*anat.*) atlas.

Trägerlohn, *m.* 2, portage; port.

Trägest, *f.* gestation.

Traggerüst, *n.* 2, crochets, *m. pl.*

Trägheit, *f.* paresse; nonchalance; lenteur; négligence; (*phys. et fg.*) inertie; (*méd.*) pesanteur, appesantissement, *m.* [quin.

Traghimmel, *m.* 1, dais, baldaquin.

Tragicomödie, *f.* tragi-comédie.

Tragifet, *m.* 1, =inn, *f.* tragédien, *m.* -ne, *f.*

Tragisch, *adj.* tragique.

Tragforb, *m.* 2*, hotte, *f.*; benne d'un âne; —voll, hottée.

Tragöbie, *f.* tragédie.

Tragöbiendichter, *m.* 1, tragédien, auteur tragique.

Tragriemen, *m.* 1, bretelle, *f.*; bricole; soupente d'un carrosse.

Tragring, *m.* 2, bourrelet.

Tragsessel, *m.* 1, =stuhl, *m.* 2*, brancard, chaise à porteurs, *f.*; palanquin dans l'Inde, *m.*

Trällern, *v. a.* chanter négligemment. [Rhin.

Traminer, *m.* 1, sorte de vin du

Trampeln, Trampen, *v. n.* (h.) trépigner, battre des pieds. [*m.*

Trampelthier, *n.* 2, dromadaire,

Tränbeln, *v. n.* (h.) lanterner.

Trant, *m.* 2*, boisson, *f.*; breuvage, *m.*; potion, *f.*; Speise und —, le manger et le boire.

Tränfe, *f.* abreuvoir, *m.*

Tränfen, *v. a.* abreuver, faire boire; donner à boire à qn.;

tremper, imbiber, imprégner qch.;
mit Leim —, encoller; —, s. n.
1, abreuvement, m.; imprégna-
tion, f. [m.
Tränkgebiß, n. 2, mastigadour,
Tränkopfer, n. 1, libation, f.
Tränktrog, m. 2*, abreuvoir.
Transit, Transito, m. 2, (comm.)
transit; —güter, n. pl. 5*, mar-
chandises qui passent debout, f.
pl.
Transport, m. 2, transport.
Transporteur, m. 1, voy. Winkel-
messer. [transport, m.
Transportschiff, n. 2, vaisseau de
Trapp, m. 2, (minér.) trapp,
roche cornéenne, f.
Trappe, m. 3, outarde, f. (oi-
seau); der junge —, outardeau,
m.; kleine —, canepetière, f.
Trappeln, v. Trampeln.
Trappen, v. n. (h.) marcher lour-
dement. [trass, f.
Traß, masc. 2, trass, pierre de
Trassat, m. 3, (comm.) celui sur
qui l'on a tiré.
Trassent, m. 3, (comm.) tireur.
Trassiren, v. a. et n. (h.) tirer
une lettre de change sur qn.
Tratte, f. (comm.) traite.
Traualtar, m. 2*, autel où l'on
donne la bénédiction nuptiale.
Träubchen, n. 1, grapillon, m.
Traube, f. raisin, m. grappe, f.;
die schwarzrothe —, morillon, m.
Traubenbeere, f. grain de raisin,
m. [quin.
Traubenbohrer, m. 1, vilebre-
Traubenfarm, masc. 2, osmonde
royale, f. [grappe.
Traubenförmig, adj. en forme de
Traubenhagel, m. 1, cartouche
en grappe de raisin, f.
Traubenhäutchen, n. 1, (anat.)
uvée, f. [f. rafle.
Traubenkamm, m. 2*, grappe,
Traubenlatwerge, f. raisiné, m.
Traubenlese, f. vendange.
Traubenleser, m. 1, vendangeur.
Traubenmus, n. 2, raisiné, m.
Traubensaft, m. 2*, jus de rai-
sin, jus de la treille; der unreife
—, verjus.
Trauen, v. n. (h.) jemanden, se
fier à ou en qn.; avoir confiance
en qn.; einem nicht —, se défier
de qn.; es ist ihm nicht zu —, il
est sujet à caution; —, v. a. marier; sich mit jemanden — lassen,
épouser qn.
Trauer, f. deuil, m.; fg. id.,
tristesse, f.; tiefe —, grand deuil,
m. [en signe de deuil.
Trauerbinde, f. -flor, m. 2*, crêpe
Trauerbühne, f., v. Trauergerüst.
Trauerfall, m. 2*, mort, f. deuil,
m.

Trauergedicht, n. 2, élégie, f.
Trauergepräng, n. 1, pompe fu-
nèbre, f. funérailles, pl.
Trauergerüst, n. 2, catafalque,
m.; erleuchtete —, chapelle ar-
dente, f.
Trauergesang, m. 2*, chant fu-
nèbre ou lugubre; (ant.) thréno-
die, f.; —t, pl. nénies, f. pl.
Trauergeschichte, f. histoire tra-
gique. [deuil, f.
Trauerhaus, n. 5*, maison de
Trauerjahr, n. 2, année de deuil,
f. [(m.), chanfrein de deuil.
Trauerkappe, f. (selle) fronteau
Trauerkleid, n. 5, habit de deuil,
m. [m.
Trauerkutsche, f. carrosse drapé,
Trauerlied, n. 5, v. Trauergesang.
Trauermusik, f. musique funèbre.
Trauern, v. n. (h.) s'affliger; être
triste; um einen —, regretter qn.,
porter le deuil de qn., tief —,
porter le grand deuil.
Trauerrede, f. oraison funèbre.
Trauerschleier, m. 1, manthe, f.
Trauerspiel, n. 2, tragédie, f.
Trauerspieldichter, m. auteur tra-
gique, tragédien.
Trauertag, m. 2, jour de deuil;
(ant.) jour néfaste.
Trauertuch, n. 5*, drap noir, m.
Trauerwagen, m. 1*, char funèbre.
Trauerweide, f. saule pleureur,
m.
Trauerzeit, f. temps de deuil, m.
Traufdach, n. 5*, larmier, m.
Traufe, f. égout, m. gouttière, f.
Träufeln, Traufen, v. n. (h.) dé-
goutter, distiller, tomber goutte
à goutte.
Träufeln, v. a. faire dégoutter.
Traufplatte, f. larmier, m. ba-
vette, f. [m.
Traufrecht, n. 2, droit d'égout,
Traufrinne, f. gouttière.
Traufröhre, f. gargouille, des-
cente, chenal, m.
Traulich, adj., v. Vertraulich.
Traum, m. 2*, songe, rêve, il-
lusion, f.
Traumbuch, n. 5*, livre qui traite
de l'explication des songes, m.
Traumdeuter, m. 1, interprète
des songes, oniroscritique.
Traumdeutung, f. explication des
songes, oniromancie.
Träumen, v. a. et n. (h.) songer,
rêver. [veur; visionnaire.
Träumer, m. 1, songeur; fg. rê-
Träumerei, f. rêverie; vision.
Träumerisch, adj. rêveur.
Traumgesicht, n. 2, vision en
songe, f.
Traumgott, m. 5*, Morphée,
dieu des songes.
Traun, interj. en vérité! certes!

Traurig, adj. triste, affligé; lu-
gubre, funèbre, tragique; funeste;
sombre, morne.
Traurigkeit, f. tristesse, affliction.
Trauring, m. anneau nuptial,
(orf.) alliance, f.
Trauschein, m. 2, certificat de
mariage.
Trauschleier, m. 1, poêle.
Traut, adj. cher, intime.
Trauung, f. bénédiction nuptiale, épousailles, pl.
Treden, v. a. (mar.) tirer.
Tredschüte, f. bateau tiré par des
chevaux, m.
Treff, n. 2, (jeu) trèfle, m.
Treffbaus, n. 5*, (jeu) baste, m.
Treffen, v. a. 2, frapper, atteindre; attraper le but, donner dans
le blanc; (bill.) buter; fg. trouver, rencontrer; deviner; faire un
choix, une convention; (peint.)
attraper la ressemblance; sich getroffen finden, sentir l'apostrophe;
se sentir coupable; nicht —, manquer; sich —, arriver, se rencontrer, avenir.
Treffen, n. 1, combat, m. engagement; bataille, f. action, rencontre. [blant (portrait).
Treffend, adj. frappant; ressem-
Treffer, m. 1, billet noir, gagnant.
Trefflich, adj. excellent, parfait;
exquis.
Trefflichkeit, f. excellence.
Treibanker, m. 1, ancre flottante,
f. [f.
Treibeis, n. 2, glace mouvante,
Treiben, v. a. 5, pousser; chasser;
faire aller; conduire; piquer; fg.
porter qn. à une chose; presser;
poursuivre; professer, exercer un
art; s'appliquer aux études; étendre la pâte; affiner les métaux;
bosseler; ciseler; (tann.) coudrer,
aus dem Besitze —, déposséder; etw.
noch weiter —, enchérir sur qch.;
—, (méd.) évacuer; provoquer la
sueur; aufs Äußerste —, pousser
à bout; —, v. n. (h.) pousser, germer; flotter sur l'eau; (nav.) dériver, aller à la dérive; (mar.)
capéer; vor Anker —, chasser sur
ses ancres; —, s. n. 1, mouvement,
m.; (mét.) affinage; (nav.) dérive,
f. [évacuatif.
Treibend, adj. impulsif; (méd.)
Treibhammer, m. 1*, marteau à
étendre (charr.) chasse, f.
Treibhaus, n. 5*, serre chaude, f.
Treibherd, m. 2, foyer d'affinage,
affinage.
Treibholz, n. 5*, bois flottant
charrié par la mer, m.
Treibjagd, f. -jagen, n. 1, battue,
f. traque.
Treiblinge, m. pl. abeilles tirées

d'une ruche trop pleine, *f. pl.*
Treibmuskel, *m. exc.* 1, muscle
accélérateur.                [finage.
Treibofen, *m.* 1*, fourneau d'af-
Treibrad, *n.* 5*, (*méc.*) pignon,
*m.*                          [brout.
Treibreis, *n.* 5, bourgeon, *m.*
Treibscherben, *m.* 1, scorificatoire.
Tremel, *m.* 1, lourdaud, rustre.
Trempel, *m.* 1, (*arch.*) étançon.
Tremulant, *m.* 3, (*org.*) trem-
blant.                        [sible.
Trennbar, *adj.* séparable; divi-
Trennen, *v. a.* séparer, diviser;
défaire, désunir, détacher, dis-
soudre; rompre; dépareiller; dé-
parier; découdre; *fg.* séparer;
diviser, etc.
Trennend, *adj.* (*gramm.*) dis-
jonctif.                      [ma.
Trennpunkt, *m.* 2, (*gramm.*) tré-
Trennung, *f.* séparation; divi-
sion; dissolution; (*jur.*) disjonc-
tion *de deux causes;* divorce *d'un
mariage, m.;* (*chir.*) diérèse, *f.;*
*fg. id.*, désunion, scission.
Trennungswort, *n.* 5*, separtikel,
*f.* particule disjonctive *ou* extrac-
tive.
Trense, *f.* bridon, *m.*
Trepan, *m.* 2, (*chir.*) trépan.
Trepaniren, *v. a.* (*chir.*) trépaner.
Treppe, *f.* escalier, *m.*
Treppenabsatz, *m.* 2*, palier.
Treppengeländer, *m.* 1, balustra-
de (*f.*), rampe d'un escalier.
Treppenhaus, *n.* 5*, cage d'esca-
lier, *f.*
Treppenmauer, *f.* échiffre, *m.*
Treppenspindel, *f.* vis d'escalier.
Treppenwange, *f.* limon, *m.*
Treschak, *n.* 2, (*cart.*) brelan, *m.*
Trespe, *f.* ivraie, bromos, *m.*
Tresse, *f.* galon, *m.;* bordé; tresse,
*f.*                          [de galons.
Treffenhut, *m.* 2*, chapeau bordé
Treffenkleid, *n.* 5, habit galonné,
*m.*                [(*perr.*) tressoir.
Treffirbank, *f.*, stock, *m.* 2*,
Treffiren, *v. a.* (*perr.*) tresser.
Trester, *pl.* marc de raisin, *m.*
Tresterwein, *m.* 2, piquette, *f.*
Treten, *v. a. et n.* 1 (*b. et* f.) fouler;
marcher; mettre le pied *sur qch.;*
entrer dans qch.; enfiler *une allée;*
cocher (*oiseaux*); *fm.* donner un
coup de pied à qn.; beisseit —,
s'écarter; mit Füßen —, fouler aux
pieds; einem auf den Fuß —, marcher sur le pied à qn.; *fg. auf eines Seite —, prendre le parti de
qn.; einem zu nahe —, faire tort à
qn.                           [*m.*
Tretrad, *n.* 5*, tympan de grue, *f.*
Treu, *adj.* fidèle, loyal; sincère;
(*man.*) loyal.               [los, :c.
Treubrüchig, Treubruch, *v.* Treu-

Treue, *f.* fidélité; foi; loyauté;
meiner Treu, ma foi!
Treuherzig, *adj.* droit, franc, cor-
dial, ingénu, naïf.
Treuherzigkeit, *f.* candeur, fran-
chise, ingénuité, naïveté.
Treulich, *adv.* fidèlement, loya-
lement.
Treulos, *adj.* parjure, traître;
perfide, déloyal; (*féod.*) félon;
— seyn, manquer de bonne foi.
Treulosigkeit, *f.* perfidie, trahi-
son; déloyauté; mauvaise foi;
(*féod.*) félonie.             [sistre.
Triangel, *m.* 1, triangle; (*mus.*)
Tribun, *m.* 3, tribun.
Tribunal, *n.* 2, tribunal, *m.*
Tribunat, *n.* 2, tribunat, *m.*
Tribunengewalt, *f.* puissance tri-
bunitienne.
Tribut, *m.* 2, tribut.
Tributpflichtig, *adj.* tributaire.
Trichter, *m.* 1, entonnoir.
Trichterförmig, *adj.* en entonnoir.
Trictrac, *n.* 2, trictrac, *m.*
Trident, Trient, Trente (*ville*).
Tridentinisch, *adj.* de Trente.
Trieb, *m.* 2, cours *de l'eau;*
(*jard.*) pousse, *f.* montant, *m.;*
surgeon, jet; *fg.* penchant, in-
clination, *f.;* instinct, *m.;* im-
pulsion, *f.*
Triebel, *m.* 1, chassoir, tournoir.
Triebfeder, *f.* ressort, *m.; fg.*
motif; mobile, moteur, ressort.
Triebrad, *n.* 5*, roue mouvante,
*f.;* pignon, *m.; fg.* motif, mobile.
Triebsand, *m.* 2, sable mouvant.
Triebstäbe, *m. pl.* 2*, (*horl.*) fu-
seaux.
Triebwerk, *n.* 2, ressort, *m.; ma-
chine, *f.*
Triefauge, *n. exc.* 1, œil chas-
sieux, *m.*
Triefäugig, *adj.* chassieux.
Triefen, *v. n.* (*b.*) (*qqf.* 6†) dé-
goutter.
Triefnase, *f.* nez roupieux, *m.*
Triegen, *v. n., v.* Trügen.
Trier, Trèves (*ville*).
Trift, *f.* pâturage, *m.* pacage.
Triftgerechtigkeit, *f.* droit de pa-
cage, de pâturage, *m.*
Triftig, *adj.* solide; concluant;
important.
Triftigkeit, *f.* solidité, impor-
tance *d'une raison.*
Trillbohrer, *m.* 1, vilebrequin.
Trillen, *v. a.* 1, tremblement, fre-
donnement.
Trillern, *v. n.* (*b.*) faire un trem-
blement, fredonner; grisoller
(*alouette*).
Trillich, Trilling, *v.* Drillich, :c.
Trillion, *f.* trillion, *m.* (*mille
milliards*).
Trinkbar, *adj.* bon à boire, pota-

ble; *fm.* buvable; en boîte (*vin*).
Trinkbarkeit, *f.* boîte *du vin.*
Trinkbecher, *v.* Becher.
Trinkbruder, *m.* 1*, *fm.* biberon,
buveur.
Trinken, *v. a. et n.* 3 (*b.*) boire
(*aus etw.,* dans qch.); aus der Flasche —, boire à même la bouteille;
wenig aber oft —, buvotter; gern
—, aimer la bouteille; Thee,
Kaffee, :c., —, prendre du thé,
du café, etc.; — *s. n.* 1, boire,
*m.* boisson, *f.*
Trinker, *m.* 1, sinn, *f.* buveur,
*m.* -se, *f.;* ivrogne, *m. et f.*
Trinkflasche, *f.* bouteille; (*mar.*)
dame-jeanne.
Trinkgelag, *n.* 2, bacchanale, *f.*
Trinkgeld, *n.* 5, pourboire, *m.;*
épingles (*aux femmes*), *f. pl.;*
douceur, *f.* présent, *m.;* (*nav.*)
beuvante, *f.*
Trinkgeschirr, *n.* 2, vase à boire,
*m.* auget *pour les oiseaux.*
Trinkglas, *n.* 5*, verre à boire, *m.*
Trinkgold, *n.* 2, or potable, *m.*
Trinklied, *n.* 5, chanson (*f.*) *ou*
air (*m.*) à boire, chanson bachi-
que, *f.*
Trinkschale, *f.* tasse, coupe à
boire; (*ant.*) cratère, *m.*
Trinkspruch, *m.* 2*, toste, toast.
Trinkstube, *f.* buvette, *m.*
Trio, *n. indécl.* (*pl.* —s), trio.
Triole, *f.* triole. [reiben, tripolir,
Tripel, *m.* 1, tripoli; mit — ab-
Tripeltakt, *m.* 2*, mesure ter-
naire, à six temps, *f.*
Tripliren, *v. a.* tripler.
Triplikforte, *f.* tarots, *m. pl.*
Tripp, *m.* 2, tripe, *f.;* tripe de
velours, moquette (*étoffe*).
Trippeln, *v. n.* (*b.*) trépigner;
marcher à petits pas; —, *s. n.* 1,
trépignement.
Trippsammet, *m., v.* Tripp.
Tritt, *m.* 2, pas; trace, *f.;* mar-
che; degré, *m.;* marchepied; es-
trade, *f.* montoir, *m.* marche, *f.*
degré, *m.;* oberste —, marche-
pied; —, (*carross.*) botte, *f.;*
(*fortif.*) banquette derrière le pa-
rapet || coup de pied, *m.*
Trittbrett, *n.* 5, marche, *f.;* -er,
*pl.* bricoteaux, *m. pl.*
Triumph, *m.* 2, triomphe; kleine
—, (*ant. r.*) ovation, *f.*
Triumphbogen, *m.* 1*, arc de
triomphe.
Triumphiren, *v. n.* (*h.*) triompher.
Triumphirend, *adj.* triomphant;
—, *adv.* en triomphe.
Triumphwagen, *masc.* 1*, char
triomphal.
Trochäisch, *adj.* trochaïque.
Trochäus, *m. indécl.* (*pros.*)
trochée.

Trocken, adj. sec, aride.
Trockenboden, m. 1*, étendoir, séchoir.
Trockenbrett, n. 5, séchoir, m.
Trockene, n. 3, sec, m.; im —n seyn, être à couvert.
Trockenheit, f. sécheresse, aridité.
Trockenkasten, =ofen, m. 1*, étuve, f.
Trockenkörbchen, n. 1, clayon, m.
Trockenplatz, m. 2*, séchoir, essui.
Trockenschnur, f.*, corde pour étendre ou sécher qch.; —e, pl étendage, m.
Trocknen, v. a. sécher; dessécher; essuyer les mains; étancher les larmes; an der Luft —, essorer; —, s. n. 1, dessèchement, m.; (chim.) dessiccation, f.
Trocknend, adj. qui sèche; (méd.) dessiccatif, f.
Trobbel, f. houppe; bouffette.
Tröbel, m. 1, =tram, m. 2, friperie, f.
Tröbelfrau, f., v. Tröbler.
Tröbelmarkt, m. 2*, marché aux guenilles.
Tröbeln, v. n. (h.) faire le métier de fripier; fg. fm. lanterner.
Tröbelwaare, f. friperie.
Tröbler, m. 1, =inn, f. fripier, m. ère, f.; revendeur, m. -se, f.
Trog, m. 2*, auge, f. huche; dim. auget, m.; =voll, augée, f.
Trogscharre, f. racloir, m.
Trollen, v. n. fm. trotter; sich —, s'en aller, déguerpir.
Trommel, f. tambour, m. caisse, f.; (horl.) tambour, m. barillet, m.; (anat.) tambour, tympan.
Trommelfell, n. 2, peau de tambour, f.; (anat.) tympan, m.
Trommelhöhle, f. (anat.) caisse du tambour.
Trommelkasten, m. 1*, fût de tambour. [caisse.
Trommeln, v. n. (h.) battre la Trommelschlag, m. 2*, son du tambour, batterie, f.; unter —, tambour battant.
Trommelschlägel, =klöpfel, m. 1, baguette (de tambour), f.
Trommelschläger, m. 1, tambour.
Trommelschnüre, f. pl. courroies.
Trommelstod, m. 2*, baguette, f.
Trommelsucht, f. tympanite.
Trommeltaube, f. pigeon-tambour, m.
Trompete, f. trompette, trombe.
Trompete, v. n. (h.) sonner de la trompette.
Trompetenbaum, m. 2*, bois-trompette, bois à canon.
Trompetenquaste, f. banderole.
Trompetenregister, n. 1, (org.) cromorne, m.
Trompetenschall, m. 2*, son de la

trompette; fanfare, f.; bei —, à son de trompe.
Trompetenschnecke, f. buccin, m.
Trompetenschnur, f.*, bandereau, m. [de trompette.
Trompetenzug, m. 2*, (org.) jeu
Trompeter, m. 1, trompette.
Trompetermarsch, m. 2*, cavalquet.
Trope, m. 3, (rhét.) trope.
Tropf, m. 2* ou 3, fm. sot, benêt, nigaud, idiot, jocrisse; arme —, pauvre hère, drille; gute —, bon homme. [f.
Tropfbad, n. 5*, (méd.) douche, Tropfbar, adj. liquide.
Tropfbrett, n. 5, égouttoir, m.
Tröpfchen, n. 1, petite goutte, f. larme; filet de vinaigre, m.
Tropfen, Tröpfeln, v. n. (h.) dégoutter, distiller, tomber goutte à goutte; Tröpfeln, v. a. faire dégoutter.
Tropfen, m. 1, goutte, f.; — an der Nase, roupie au nez.
Tropfenweise, adv. goutte à goutte.
Tropfnase, v. Triefnase.
Tropfnaß, adj. tout mouillé.
Tropfstein, m. 2, stalactite, f.
Tropfwein, m. 2, baqueture, f. pl.
Trophäe, f. trophée, m.
Tropisch, adj. tropique.
Troß, m. 2, (guer.) bagage ou bagages, pl.; fg. fm. sequelle, f. bande.
Trossen, v. n. (f.) (min.) s'éclipser, se soustraire clandestinement au travail.
Troßjunge, m. 3, goujat.
Troßwagen, m. 1*, fourgon.
Trost, m. 2 (sans pl.), Tröstung, f. consolation, soulagement, m.; baume lénitif; support.
Trösten, v. a. consoler, soulager.
Tröster, m. 1, =inn, f. consolateur, m. -trice, f.; —, (écr. ste.) Paraclet, m.
Trostgrund, m. 2*, consolation, f.
Tröstlich, Tröstreich, adj. consolant. [ble.
Trostlos, adj. désolé, inconsolable.
Trostlosigkeit, f. désolation, désespoir, m.
Tröstung, f., v. Trost. [f.
Trostwort, n. 2, parole consolante.
Trott, v. Trab.
Trotte, f. pressoir, m., v. Kelter.
Trotten, v. a. pressurer le vin; —, v. n. (h. et f.) trotter.
Trotz, m. 2, fierté, f. arrogance; morgue, insolence; obstination; défi, m.; einem — bitten, braver, défier qn.; — aller Ursachen, malgré toutes les raisons; einer S. zum —t, en mépris, au mépris de qch.; euch zum —t, en dépit de vous.

Trotzen, v. n. (h.), einem —, braver, défier, morguer qn.; affronter la mort; auf etw. —, se prévaloir de qch.; mit einem —, bouder qn.; pop. bisquer; —, s. n. 1, bravade, f.; bouderie.
Trotzig, adj. fier, hautain; insolent; obstiné, entêté; ein —er Brief, fm. une lettre à cheval; —, adv. cavalièrement.
Trotzkopf, m. 2*, boudeur, -se, f.; entêté, m. e, f.; mutin, m. (enfant).
Trotzmaul, n. 5*, moue, f.
Trotzwinkel, m. 1, boudoir.
Trübe, adj. trouble (eau); louche (vin); terne; nébuleux; couvert, sombre (ciel); chargé (temps); féculent (urine); — machen, v.
Trüben, — werden, se troubler; s'obscurcir.
Trüben, v. a. troubler; (péch.) brasser; durch Rütteln —, brouiller. [calamité, tribulation.
Trübsal, f. (pl. —e), affliction;
Trübselig, adj. misérable; triste; calamiteux.
Trübseligkeit, f. calamité, misère.
Trübsinn, m. 2, mélancolie, f.
Trübsinnig, adj. mélancolique.
Truchseß, m. 2, écuyer tranchant.
Trüffel, f. truffe.
Trüffelhund, m. 2, chien dressé à chercher des truffes.
Trüffeljagd, f. quête des truffes.
Trug, m. 2, fraude, f. fourbe, tromperie; illusion.
Trugbild, n. 5, illusion, f. fantôme, m.
Trügen, v. a. et n. 6 (h.) tromper l'attente; manquer. [soire.
Trüglich, adj. trompeur; illu-
Trugschluß, m. 2*, sophisme, paralogisme, argument captieux.
Truhe, f. bahut, m. coffre.
Trumm, n. 5*, morceau, m. pièce, f.; Trümmer, pl. débris, m. ruines, f.; (mar.) bris, m.; zu Trümmern geben, se briser, tomber en pièces.
Trumpf, m. 2*, (cart.) triomphe, f. atout, m.; — ausfordern, jouer atout.
Trumpfen, v. a. (jeu) couper avec un atout; fg. fm. rabrouer qn.
Trunk, m. 2*, coup; ivrognerie, f.
Trunken, adj. ivre, enivré; soûl; ein wenig —, gris, entre deux vins, en pointe de vin; — machen, enivrer.
Trunkenbold, m. 2, ivrogne.
Trunkenheit, f. ivresse; ivrognerie.
Trupp, m. 2, troupe, f. bande; (guer.) parti, m. cohorte, f. brigade.

Truppe, f. fm. (théât.) troupe;
—n , pl. (guer.) troupes.
Truppenfette, f. cordon, m.
Truppweife, adv. en troupe; par
bandes.
Truthahn, m. 2*, coq d'Inde;
junge —, dindon.
Truthenne, f. poule d'Inde, din-
de.      [nier.
Truthühnerhändler, m. 1, dindon-
Trutfchel, f. pop. dondon; bide
luftige —, grosse gagui.
Trup, m. 2, Trup= und Schup=
bündnis, n. 2, alliance offensive
et défensive, f.
Tuberofe, f. tubéreuse (fleur).
Tubus, m. exc. 1, tube.
Tuch, n. 5* (qqf. 2), drap, m.
(de laine); grobe wollene —, bure,
f.; — , toile, linge, m.
Tuchauffraper, m. 1, aplaneur.
Tuchbereiter, m. 1, éplaigneur.
Tuchbereitung, f. apprêt des draps,
m.
Tuchen, adj. de drap; en drap.
Tuchhandel, m. 1*, commerce de
draps.      [drapier.
Tuchhändler, m. 1, marchand-
Tuchladen, m. 1*, magasin de
draps.      [m.
Tüchlein, n. 1, morceau de linge,
Tuchmacher, =weber, m. 1, dra-
pier, fabricant de draps.
Tuchmacherhandwerk, n. 2, dra-
perie, f.
Tuchpreffer, m. 1, aplanisseur.
Tuchrahmen, m. 1, châssis.
Tuchfchere, f. forces, pl. foret, m.
Tuchfcherer, m. 1, tondeur de
drap.
Tuchfchrote, f. lisière du drap.
Tuchfchur, f. tonte des draps.
Tüchtig, adj. capable de, propre
à, habile; bon; solide, convena-
ble; —, adv. fm. (corriger) de la
bonne manière, d'importance;
pop. (étriller) du long et du large.
Tüchtigkeit, f. capacité, habileté,
aptitude (à, pour); disposition
à qch.
Tuchwaaren, pl. draperie, f.
Tuchwalker, m. 1, foulon.
Tuchwäscher, m. 1, reviqueur.
Tuchweber, m. 1, tisserand en
drap.      [ruse.
Tücke, f. Tück, m. 2, malice, f.
Tückisch, adj. malicieux; dissi-
mulé; fourbe; sournois; (man.)
hargneux.      [sourde,
Tuckmäufer, m. 1, sournois, lime
Tuf, Tuff, Tuffftein, m. 2, tuf.
Tugend, f. vertu; bonne qualité.
Tugendhaft (Tugendfam, vi.), adj.
vertueux.      [lebre, zc.
Tugendlehre, =lehrer, v. Sitten=
Tulpe, f. tulipe.
Tulpenbaum, m. 2*, tulipier.

Tummel, masc. 1, vertige; fm.
ivresse, f.
Tummelig, adj. étourdi.
Tummeln, v. a. travailler, faire
caracoler un cheval; dégourdir un
jeune homme; tenir qn. en haleine; fich —, fm. se dépêcher;
fich mit einem —, se chamailler
avec qn.; —, s. n. 1, hâte, f.
précipitation.
Tummelplap, m. 2*, carrière, f.;
lice; champ de bataille, m.
Tummelfattel, m. 1*, selle à piquer, f.      [phin.
Tümmler, m. 1, (hist. nat.) dau-
Tümmler, m. 1, godet.
Tumult, m. 2, tumulte; bruit;
vacarme.      [précipité.
Tumultuarifch, adj. tumultuaire;
Tumultuiren, v. n. exciter du tu-
multe, faire du bruit.
Tünche, f. crépi, m. enduit de
chaux; crépissure, f.
Tünchen, v. a. crépir, plâtrer,
blanchir; —, s. n. 1, crépissure,
f.; plâtrage, m.
Tüncher, m. 1, blanchisseur.
Tünchwerf, n. 2, crépissure, f.
Tunfe, f. sauce.
Tunfen, v. a. tremper; saucer;
plonger.      [dim. mouillette, f.
Tunffchnitte, f. =fchnittchen, n. 1,
Tunffchüffelchen, n. 1, saucière, f.
Tüpfel, m. 1, point; petite ta-
che, f.; =chen, n. 1, dim. id.;
=chen, pl. (joaill.) gendarmes,
m. pl.
Tüpfelig, adj. marqueté; tacheté.
Tüpfeln, v. a. pointiller; tacher,
moucheter; —, s. n. 1, poin-
tillage, m.
Tüpfen, Tupfen, v. a. et n. (h.)
toucher de la pointe du doigt;
(grav.) taper.
Tupfwerf, n. 2, miniature, f.
Turban, m. 2, turban.
Türfe, m. 3, =inn, f. Turc, m.
Turque, f.
Türfei, f. Turquie.
Türfifch, adj. turc; bas =e Reich,
l'empire turc, le croissant; bas =e
Papier, papier marbré; ber Han=
bel mit =em Papier, la dominoterie; ber mit =em Papier handelt,
dominotier, m.; =e Hunb, turquet;
=e Korn, =e Weizen, blé de
Turquie, mais; Drei von =Korn=
mehl, atole, f.; =e Bohne, haricot commun, m.; —, adv. cruellement; fm. (rosser) d'importance; (traiter qn.) à la turque, de
turc à more.
Türfis, masc. 2, turquoise, f.
(pierre).      [gymnastiques.
Turnen, v. n. faire des exercices
Turner, m. 1, qui se livre à des
exercices gymnastiques, gymnaste.

Turnier, =fpiel, n. 2, tournoi, m.
Turnierbahn, f. =plap, m. 2*, lice,
f. carrière, champ du tournoi,
m. champ clos.
Turnieren, v. n. (h.) ol. jouter,
conbattre au tournoi.
Turnierrennen, n. 1, course de
lice, f.      [champ.
Turnierrichter, m. 1, juge du
Turnierfpiel, n. 2, carrousel, m.
Turnips, f., v. Runfelrübe.
Turnfunft, f.*, art gymnastique,
m. gymnastique, f.      [m.
Turtelfäubchen, n. 1, tourtereau,
Turteltaube, f. tourterelle.
Tufch, m. 2, fm. fanfare, f.;
prvcl. affront, m. insulte, f.
Tufche, f. encre de la Chine.
Tufchen, v. a. (peint.) laver avec
l'encre de la Chine; —, s. n. 1,
lavis, m.
Tüte, v. Düte.
Tutti, n. indécl. (mus.) tous en-
semble; (jeu) vole!
Typhus, m. indécl. (méd.) typhus.
Typifch, adj. typique.
Typograph, m. 3, typographe.
Typographie, f. typographie.
Typographifch, adj. typographi-
que.
Typus, m. exc. 1, type.
Tyrann, m. 3, tyran.
Tyrannei, f. tyrannie.
Tyrannenmörder, m. 1, Tyrannen=
morb, m. 2, tyrannicide.
Tyrannifch, adj. tyrannique.
Tyrannifiren, v. a. tyranniser.

## U.

Ubiquift, m. 3, ubiquitaire, ubiquiste.      [(pays).
Udermarf, f. Marche Ukéraine
Uebel, n. 1, mal, m.; —, pl.
maux; malheur; =s tbun, malfaire.
Uebel, adj. mauvais; méchant;
funeste; difficile; désagréable;
—, adv. mal; avec peine; —
angefehen, vu de mauvais œil;
anftänbig, malséant, indécent;
— aufnehmen, =nehmen, prendre
en mauvaise part; — ausfehen,
avoir mauvaise mine; — berüchtigt, en mauvaise réputation, mal
famé; — befchaffen, en mauvais
état; — gerathen, manqué; v. Be=
fchaffen, Gerathen, zc.
Uebelgefinnt, malintentionné; v.
Uebelwollend, zc.
Uebelfeit, f. mal au cœur, m.;
soulèvement de cœur; nausée, f.;
vapeurs, pl.
Uebelflang, m. 2*, ou Uebellaut,
m. 2, cacophonie, f.; dissonance.

Uebellaunig, adj. de mauvaise humeur.

Uebelseyn, n. 1, mal-être, m.

Uebelstand, m. 2*, difformité, f.; indécence; inconvenance; mauvaise grâce.

Uebelthat, f. délit, m. crime.

Uebelthäter, m. 1, malfaiteur, criminel.

Uebelwollend, adj. malveillant.

Ueben, v. a. exercer; pratiquer; cultiver; einen in den Waffen —, exercer qn., faire faire l'exercice à qn.; geübt, exercé, expérimenté, expert; aguerri (soldat).

Ueber, prép. sur; dessus, par-dessus; au-dessus; au delà; par; pendant; outre; après; plus que; plus de; dans; — bas, — dem, — dieß, outre cela, en outre; joint à cela, avec cela; par-dessus cela; au surplus; — ein Jahr, plus d'une année; den Tag —, durant le jour; heute — ein Jahr, d'aujourd'hui en une année; — Dresden, par Dresde; — Hals und Kopf, précipitamment; zu Tische, à table; sich beklagen —, sich freuen —, se plaindre de, se réjouir de, etc.; es geht nichts — ein gut Gewissen, il n'y a rien de tel qu'une bonne conscience; — und —; tout à fait. (Ueber dans la composition avec des verbes a quelquefois (avec les substantifs presque toujours) l'accent, et est alors séparable; d'autres fois il n'est point accentué et inséparable.)

Ueberadern, v. a. labourer légèrement.

Ueberall, adv. partout; en tout lieu.

Ueberantworten, v. Ueberliefern.

Ueberantwortung, f. délivrance.

Ueberarbeiten, v. a. remanier; sich —, s'épuiser par le travail, s'excéder.          [che.

Ueberärmel, m. 1, garde-man-

Ueberaus, über die Maßen, adv. outre mesure; excessivement; très; fort.

Ueberbau, m. 2, saillie, f.

Ueberbauen, v. a. bâtir dessus.

Ueberbein, n. 2, suros, m. ganglion, apophyse, f. exostose; zusammenhängende —t, (vét.) fusées, pl.

Ueberbieten, v. a. 6, surfaire; couvrir une enchère, surenchérir; renvier au jeu; —, s. n. 1, renchérissement, m.; surenchère, f.; (au jeu) renvi, m.

Ueberbinte, f. surbande.

Ueberblättern, v. Durchblättern.

Ueberbleiben, v. n. 5 (f.) rester; être de reste, survivre à.

Ueberbleibsel, n. 1, reste, m.;

résidu, restant; schlechte —, graillon, v. Ueberschuß.

Ueberblick, m. 2, coup d'œil.

Ueberblicken, v. a. parcourir des yeux.          [porter.

*Ueberbringen, v. a. remettre,

Ueberbringer, m. 1, -inn, f. porteur, m. se, f.          [port, m.

Ueberbringung, f. remise, transport.

Ueberdach, n. 5*, avant-toit, m.

Ueberdecken, v. a. couvrir de.

*Ueberdenken, v. a. considérer; peser qch.; réfléchir sur qch.

Ueberdrang, m. 2, violence, f.; impulsion violente.

Ueberdruß, m. 2, dégoût; ennui; satiété, f. aversion.

Ueberdrüssig, adj. dégoûté, ennuyé, las, rassasié de qch.; einer Sache — werden, se dégoûter, se lasser de qch.

Ueberecd, Ueberecks, adv. diagonalement; prvcl. de travers.

Uebereilen, v. a. devancer, prévenir qn., précipiter qch.; sich —, se presser trop; s'échapper, se méprendre (en parlant); übereilt, précipité; adv. avec précipitation; précipitamment.

Uebereilung, f. précipitation.

Ueberein, adv. conformément.

Uebereinander, adv. l'un sur l'autre; — geben, croiser (habits); — legen, entasser, empiler; kreuzweise — legen, croiser (jambes); die Arme — schlagen, croiser les bras, se tenir les bras croisés.

*Uebereinkommen, v. n. (f.) s'accorder, convenir; se rapporter.

Uebereinkunft, f.*, accord, m. conformité, f.; convenance, convention.          [d'accord, s'accorder.

Uebereinstimmen, v. n. (h.) être

Uebereinstimmend, =ig, adj. conforme, d'accord; correspondant; harmonieux.

Uebereinstimmung, f. accord, m.; concert, concordance, f. correspondance; harmonie; conformité, analogie; rapport, m.; amitié des couleurs, f.; in — bringen, accorder; mit beiderseitiger —, (achever) de gré à gré.          [corder.

Uebereintreffen, v. n. 2 (b.) s'ac-

Uebertreffen (sich), 1, manger trop.

Ueberfahren, v. a. 7, passer; —, v. n. (f.) passer; traverser; faire le trajet; überfahren, v. a. 7, passer sur dessus ou sur qch., passer sur le corps d'un enfant.

Ueberfahrgeld, n. 5, naulage, m.

Ueberfahrt, f. passage, m.; trajet.

Ueberfall, m. 2*, surprise, f.; attaque imprévue; invasion, envahissement, m.

Ueberfallen, v. a. 4, surpren-

dre; attaquer, assaillir; tomber sur qn.; envahir un pays; — werden, être pris, saisi, surpris.

Ueberfein, adj. très-fin, superfin.

Ueberfirniffen, v. a. vernir.

Ueberfließen, v. n. 6 (f.) se répandre; déborder; regorger, abonder en qch.          [tourner.

Ueberflügeln, v. a. déborder,

Ueberfluß, m. 2, abondance, f.; profusion; superflu, m.; zu große —, surabondance, f. exubérance; excès, m.; im —, en abondance, fm. à foison, largement, au large; (vivre) dans l'abondance, fm. à gogo; im — da seyn, abonder; — an etw. haben, abonder en qch.

Ueberflüssig, adj. abondant, surabondant; superflu; inutile; outré; —, adv. en abondance.

Ueberforbern, v. a. surfaire, fm. écorcher.

Ueberforberung, f. prix exagéré, m. surdemande, f.          [bel, 2c.

Ueberform, f. surforme.          [Uebermo-

Ueberfracht, f. surpoids, m.

Ueberfreffen (sich), 1, pop. se crever de manger.

Ueberfrieren, v. n. 6 (f.) se glacer à la superficie.          [jet.

Ueberfuhre, f. passage, m. trajet.

Ueberführen, v. a. passer, transporter, conduire à l'autre bord; überführen, v. a., einen Weg mit Kies —, charrier du gravier sur un chemin; —, surcharger, encombrer un marché; fg. convaincre qn. de qch.; —, s. n. 1, =rung, f. action de passer, etc.; conviction.

Ueberfüllen, v. a. remplir trop.

Ueberfüllung, f. réplétion (de l'estomac).          [à manger.

Ueberfüttern, v. a. donner trop

Uebergabe, f. (jur.) tradition; (guer.) reddition d'une place; das Zeichen zur —, chamade.

Uebergang, m. 2*, passage; transition, f.; (guer.) réduction, reddition d'une place; fm. pluie, colère, résolution passagère.

Uebergattern, v. a. (peint.) graticuler.

Uebergeben, v. a. 1, rendre; livrer; délivrer; remettre; présenter; céder; transmettre; se rendre; vomir, fm. rendre gorge.

Uebergebot, n. 2, v. Ueberbieten, n.

Uebergebühr, f. surérogation.

*Uebergehen, v. n. (f.) passer d'un autre côté; déserter; se rendre; zu einer andern Religion —, changer de religion; zur christlichen Religion —, embrasser la religion chrétienne, se faire chrétien; die Augen gehen ihm über, les larmes

lui viennent aux yeux; in Fäul=
niß —, tomber en pourriture; die
Galle geht ihm über, sa bile s'é-
chauffe.

*Uebergehen, v. a. parcourir,
examiner un compte, un livre;
sauter qch. en lisant; passer,
omettre, oublier; mit Stillschwei=
gen —, passer sous silence; faire
abstraction de qch.

Uebergehung, f. examen (m.),
révision (f.) d'un compte, etc.;
omission; oubli, m.

Uebergewicht, n. 2, surpoids,
m.; fg. prépondérance, f. ascendant, m.; das — über etw. haben,
peser plus qu'un autre corps; das
— bekommen, trébucher, emporter la balance; fg. l'emporter,
avoir le dessus, prévaloir.

Uebergießen, v. a. 6, verser, répandre; transvaser; übergießen,
v. a. jeter, verser de l'eau sur
qch.; saupoudrer, enduire.

Uebergittern, v. a. griller, treillisser. [—, surdorer.

Uebergolden, v. a. dorer; farf

Uebergoldung, f. dorure. [sif.

Uebergroß, adj. extrême, exces-

Uebergurt, m. 2, surfaix.

Ueberguß, m. 2*, enduit; couche, f. chape. [bon.

Uebergut, adj. pop. excessivement

Uebergypfen, v. a. enduire de
plâtre.

Ueberhand nehmen, v. n. 2 (h.)
s'accroitre; augmenter, se multiplier; gagner, prendre le dessus.

Ueberhandnehmung, f. accroissement, m.; augmentation, f.

Ueberhang, m. 2*, avance, f.;
saillie d'une maison, d'un toit,
etc.

Ueberhangen, v. n. 4 (h.) être
suspendu sur; avancer; saillir.

Ueberhängen, v. a. prendre,
mettre sur.

Ueberhäufen, v. a. surcharger de
travail, etc.; gorger, combler de
bienfaits; abreuver de chagrins.

Ueberhäufung, f. surcharge, accablement, m.

Ueberhaupt, adv. en général, généralement; surtout; en gros, en
bloc; — zu reden, absolument
parlant.

Ueberheben, v. a. 6, lever, passer par-dessus qch.; überheben,
v. a. dispenser qn. de qch.; fich
—, se blesser en levant un trop
grand fardeau; fg. se dispenser
de qch.; s'enorgueillir, se prévaloir de qch. [passer.

Ueberhelfen, v. n. 2 (h.) aider à

Ueberher, Ueberhin, adv. par-dessus; fg. superficiellement; à la
légère.

Ueberhobeln, v. a. raboter légèrement.

Ueberholen, v. a. venir passer
qn. dans une barque, etc.; über=
bolen, v. a. devancer qn.

Ueberhören, v. a., etw. —, ne
pas entendre qch.; jemand —,
faire réciter la leçon à qn.

Ueberhosen, pl. pantalon, m.
culotte de dessus, f.

Ueberhüpfen, v. n. (f.) passer en
sautant; überhüpfen, v. a. sauter; omettre un passage d'un livre; passer sur.

Ueberjagbar, adj. trop vieux,
trop gros (cerf).

Ueberjagen, v. n. (f.) passer,
traverser en courant; überjagen,
v. a. devancer; forcer, harasser un
cheval.

Ueberjährig, adj. âgé de plus
d'un an.

Ueberirdisch, adj. surnaturel; cé-

Ueberkaufen (fich), suracheter.

Ueberkehren, v. a. balayer légèrement. [l'équilibre et tomber.

Ueberkippen, v. n. (f.) perdre

Ueberkläftrig, adj. (arbre) qui
donne plus d'une corde de bois.

Ueberkleiben, v. a. enduire de
colle.

Ueberkleid, n. 5, habillement
de dessus, m. surtout; v. Ueber=
rock.

Ueberkleiden, v. a. revêtir; couvrir. [colle.

Ueberkleistern, v. a. enduire de

Ueberklug, adj. présomptueux
—t, m. 3, fm. olibrius.

Ueberkochen, v. n. (f.) s'enfuir
en bouillant. [obtenir.

*Ueberkommen, v. a. recevoir,

Ueberkunft, f.*, arrivée.

Ueberladen, v. a. 7, surcharger,
excéder, accabler; fg. charger un
rôle; mit Arzneien —, droguer;
fich —, se gorger de mets; —t, n.
3, im Ausdruck, 2c., charge, f.

Ueberladung, f. surcharge, réplétion de l'estomac.

Ueberlang, adj. trop long.

Ueberlassen, v. a. 4, laisser passer; v. Uebrig lassen; überlassen,
v. a. laisser, céder; remettre; abandonner; quitter; (jur.) délaisser;
fich selbst —, (part.) isolé.

Ueberläßlich, adj. transmissible.

Ueberlassung, f. cession; abandon, m.

Ueberlast, f. surcharge.

Ueberlasten, v. a. surcharger.

Ueberlästig, adj. importun, fâcheux; incommode, à charge.

Ueberlaufen, v. n. 4 (f.) déborder; regorger; (d'un pot) s'enfuir; (de la bile) s'épancher (guer.)
déserter; —, s. n. 1, débordement,

m. épanchement; désertion, f.;
überlaufen, v. a. devancer à la
course; fg. importuner; die Laus
überläuft ihm die Leber, pop. il
s'emporte; es überlief mich ein
Schauer, il me prit un frisson; fich
—, perdre haleine en courant;
—, s. n. 1, importunité, f.

Ueberläufer, m. 1, déserteur.

Ueberlaut, adv. à haute voix;
— schreien, s'écrier; jeter les hauts
cris; — lachen, éclater de rire.

Ueberleben, v. a. survivre à qn.;
fm. enterrer qn.; —, s. n. 1,
survivance, f.

Ueberlegen, v. a. appliquer, mettre dessus (un emplâtre, etc.);
überlegen, v. a. examiner; réfléchir sur; bei fich überlegen, agiter
en soi-même; mit einander über=
legen, délibérer, consulter.

Ueberlegen, adj. supérieur; ei=
nem an Stärke — seyn, surpasser
qn. en forces. [avantage, m.

Ueberlegenheit, fém. supériorité,

Ueberlegsam, adj. réfléchi, avisé.

Ueberlegung, f. examen, m. réflexion, f.

Ueberlegungskraft, f.*, jugement,
m. [transitif.

Ueberleitend, adj. (gramm.)

Ueberlernen, v. a. répéter sa
leçon. [lire, relire.

Ueberlesen, v. a. 1, parcourir,

Ueberliefern, v. a. livrer, remettre.

Ueberlieferung, fém. délivrance;
reddition; fg. tradition.

Ueberlisten, v. a. duper, attraper; surprendre.

Ueberlistung, f. surprise.

Uebermachen, v. a. mettre sur;
übermachen, v. a. remettre; envoyer; faire tenir, adresser.

Uebermacht, f.*, supériorité,
dessus, m. [fort.

Uebermächtig, adj. supérieur; plus

Uebermachung, f. envoi, m.; remise, f. [toucher.

Uebermalen, v. a. (peint.) re-

Uebermannen, v. a. vaincre;
maitriser. [fg. excès, comble.

Uebermaß, n. 2, surplus, m.;

Uebermäßig, adj. excessif, démesuré, exorbitant, outré; —,
adv. à l'excès, à outrance, étran-
gement; — arbeiten, s'excéder de
travail. [l'emporter sur.

Uebermeistern, v. a. vaincre,

Uebermenschlich, adj. surhumain,
plus qu'humain.

Uebermessen (fich), v. a. 1, se
tromper en mesurant.

Uebermodel, m. 1, surmoule.

Uebermodeln, v. a. surmouler.

*Uebermögen, v. a. vaincre, sur-
monter, l'emporter sur.

**Uebermorgen**, adv. après-demain.

**Uebermuth**, m. 2, insolence, f. arrogance, orgueil, m. présomption, f.

**Uebermüthig**, adj. insolent, arrogant; fg. fm. avantageux.

**Uebernachten**, v. n. (h.) coucher en un lieu, passer la nuit.

**Uebernächtig**, adj. resté de la veille; man ist —, pop. on ne sait pas quand on mourra, on peut mourir d'un jour à l'autre.

**Uebernähen**, v. a. coudre par-dessus; faufiler.

**Uebernahme**, **Uebernehmung**, f. acception; prise de possession; — eines Erbes nach Abzug der Schulden, bénéfice d'inventaire, m.

**Uebername**, m. exc. 2, surnom, sobriquet. [divin.

**Uebernatürlich**, adj. surnaturel.

**Uebernehmen**, v. a. 2, prendre possession de qch.; prendre sur soi; se charger de qch.; m. p. rançonner, écorcher qn.; sich —, se surcharger; sich — lassen, se laisser emporter à la colère.

**Uebernehmer**, m. 1, qui prend possession; entrepreneur.

**Ueberpflichtig**, adj. surérogatoire.

**Ueberpflügen**, v. a. labourer.

**Ueberpichen**, v. a. enduire de poix.

**Ueberragen**, v. n. (h.) déborder, saillir.

**Ueberraschen**, v. a. surprendre.

**Ueberraschung**, f. surprise.

**Ueberrechnen**, v. a. calculer, supputer; repasser un compte; sich —, se mécompter.

**Ueberreden**, v. a. persuader, convaincre.

**Ueberredend**, adj. persuasif.

**Ueberredung**, f. persuasion.

**Ueberreich**, adj. excessivement riche. [remettre; rendre, offrir.

**Ueberreichen**, v. a. présenter.

**Ueberreichung**, f. présentation.

**Ueberreif**, adj. trop mûr; blette (poire).

**Ueberreiten**, v. n. 5† (f.) passer à cheval; überreiten, v. a. fatiguer, harasser un cheval; renverser avec son cheval.

**Ueberreiz**, m. 2, irritation trop forte, f.; (méd.) hyperéthisme, m.

**Ueberreizen**, v. a. irriter trop.

*****Ueberrennen**, v. a. renverser en courant.

**Ueberrest**, m. 2, reste, restant, reliquat, excédant; débris, pl.

**Ueberrheinisch**, adj. d'outre-Rhin.

**Ueberrock**, m. 2*, surtout, casaque, f. redingote, houppelande, brandebourg, m.; jupe de dessus pour femmes, f.

**Ueberrumpeln**, v. a. surprendre.

**Ueberrumpelung**, f. surprise.

**Uebersäen**, v. a. parsemer, jon-

**Uebersatt**, adj. soûl. [cher.

**Uebersättigen**, v. a. soûler, faire manger avec excès.

**Uebersatz**, m. 2*, surmise, f. usure. [géné.

**Uebersäuert**, adj. (chim.) suroxy-

**Ueberschallen**, v. a. 6, effacer, amortir un son par un son plus fort.

**Ueberschatten**, v. a. ombrager.

**Ueberschätzen**, v. a. surtaxer, priser trop, estimer trop haut.

**Ueberschauen**, v. Ueberseben.

**Ueberscheide**, f. faux fourreau, m. [expédier.

**Ueberschicken**, v. a. envoyer;

**Ueberschickung**, f. envoi, m.

**Ueberschiessen**, v. n. 6 (h.) et a. tirer par-dessus, au delà; (cha.) être en défaut; überschiessen, v. n. (f.) culbuter; aller, s'étendre au delà; excéder une certaine somme; sich überschiessen, culbuter; einander überschiessen, se couvrir par enchevauchure (tuiles); Ueberschiessen, s. n. 1, (art.) enchevauchure, f.

**Ueberschiessend**, adj. excédant (somme).

**Ueberschiffen**, v. n. (h.) et a. passer, traverser en bateau; faire le trajet par eau; transporter par eau.

**Ueberschimmeln**, v. n. (f.) se chancir, se couvrir de moisissure.

**Ueberschlag**, m. 2*, collet, rabat; (méd.) cataplasme; (fin.) calcul, devis, aperçu, état.

**Ueberschlagen**, v. a. 7, appliquer; mettre dessus (un cataplasme, etc.); überschlagen, v. a. sauter, passer en lisant; calculer; mesurer; — lassen, attiédir, dégourdir (de l'eau); —, v. n. (f.) trébucher; tomber à la renverse.

**Ueberschlämmen**, v. a. couvrir de fange. [cher.

**Ueberschleiern**, v. a. voiler; ca-

**Ueberschlingen**, v. a. 3, surjeter.

**Ueberschlucken** (sich), s'engouer.

**Ueberschmieren**, v. a. enduire; frotter.

**Ueberschnappen**, v. n. (h.) se débander; trébucher; fm. perdre l'esprit. [neige.

**Ueberschneien**, v. a. couvrir de

**Ueberschreiben**, v. a. 5, intituler; mettre le dessus, le titre, l'inscription; coter; étiqueter; endosser une lettre de change.

**Ueberschreien**, v. a. 5, étourdir par ses cris; crier plus haut qu'un autre; sich —, s'égosiller.

**Ueberschreiten**, v. a. 5†, franchir; enjamber; der Sinn dieses Verses schreitet in den folgenden über, ce vers enjambe sur le suivant; —, v. n. (f.) passer; überschreiten, v. a. violer; transgresser; excéder; dépasser, outre-passer.

**Ueberschreitung**, f. (poés.) enjambement, m.; Ueberschreitung, f. transgression; (forest.) outre-passe.

**Ueberschrift**, f. titre, m.; dessus d'une lettre, adresse, f.; étiquette; épigraphe, inscription.

**Ueberschub**, m. 2, galoche, f. fm. claque.

**Ueberschuss**, m. 2*, surplus; résidu; excédant; revenant-bon; (fortif.) complément.

**Ueberschüssig**, adj. excédant, ce qui est de trop.

**Ueberschütten**, v. a. verser ou répandre par-dessus; überschütten, v. a. couvrir qch.; accabler, combler.

**Ueberschwang**, m. 2 (peu usité), très-grande abondance, f.

**Ueberschwängern**, f. superfétation. [dant; immense, infini.

**Ueberschwänglich**, adj. surabon-

**Ueberschwanken**, v. n. (h. et f.) s'écouler, se répandre; trébucher.

**Ueberschwemmen**, v. a. inonder. [tion.

**Ueberschwemmung**, fém. inonda-

**Ueberschwimmen**, v. a. 2 (f.) überschwimmen, v. a. passer à la nage.

**Uebersegeln**, v. n. (f.) passer à la voile; übersegeln, v. a. devancer, dépasser en naviguant; doubler un cap; couler à fond.

**Uebersehen**, v. a. 1, parcourir des yeux; jeter un coup d'œil sur; revoir; corriger, passer, repasser || omettre, ne pas apercevoir; oublier; négliger; fg. avoir de l'indulgence; m. p. conniver à ou avec qch.; einen —, surpasser qn.; dominer une contrée; —, s. n. 1, révision, f. || faute, indulgence; m. p. connivence.

*****Uebersenden**, v. a. envoyer, expédier; dépêcher; faire envoi.

**Uebersendung**, f. envoi, m. expédition, f.

**Uebersetzbar**, adj. traduisible.

**Uebersetzen**, v. a. passer qn. de l'autre côté d'une rivière; mettre un pot au feu; —, v. n. (h.) passer; traverser, franchir une rivière; übersetzen, v. a. traduire, interpréter un livre; surfaire.

**Uebersetzer**, m. 1, traducteur, interprète.

**Uebersetzung**, f. passage, m.; trajet; — in einem Nachen, bachotage. [sion, interprétation.

**Uebersetzung**, f. traduction; ver-

Ueberfict, f. inspection, coup d'œil, m. aperçu, révision, f.
Ueberfictig, adj. louche; myope.
Ueberfictigfeit, f. myopie.
Ueberfilbern, v. a. argenter.
Ueberfinnlich, adj. qui ne frappe pas les sens, intellectuel, moral, transcendant, métaphysique.
Ueberfintern, v. a. incruster.
Ueberfpannen, v. a. tendre, étendre sur; überfpannen, v. a. tendre trop; forcer; fg. outrer, exalter; überfpannt, exorbitant (demande), exalté, brûlé (tête).
Ueberfpinnen, v. a. 2, couvrir qch. de fils; guiper qch. de soie.
Ueberfpringen, v. n. 3 (f.) sauter par-dessus; franchir; überfpringen, v. a. sauter; fg. id., passer en lisant; Ueberfpringen, s. n. 1, (mus.) démanchement, m.
Ueberftänbig, adj. (fruits) trop mûr; (arbre) fatigué.
Ueberfrechen, v. a. (cout.) surjeter; (jeu) surcouper; (grav.) retoucher.
*Ueberftehen, v. a. essuyer, endurer; surmonter, vaincre.
Ueberfteigen, v. n. 5 (h.) monter, passer par-dessus; überfreigen, v. a. franchir, passer, escalader; surmonter; fg. passer, surpasser, surmonter, excéder.
Ueberfteigern, v. a. enchérir.
Ueberfteigerung, f. surenchère, surhaussement, m.
Ueberfticen, v. a. rebroder.
Ueberftimmen, v. a. l'emporter à la pluralité des voix; crier plus haut qu'un autre.
Ueberftrahlen, v. a. répandre ses rayons sur.
Ueberftreichen, v. a. 5†, enduire, frotter; peindre; —, s. n. 1, enduit, m. [dessus.
Ueberftreifen, v. a. passer par-
Ueberftreuen, v. a. répandre par-dessus; saupoudrer; joncher.
Ueberftriden, v. a. couvrir de tricotage.
Ueberftrömen, v. n. (h. et f.) déborder; bon eines Lob —, se répandre en louanges sur qn.; überfrömen, v. a. inonder.
Ueberftülpen, v. a. retrousser.
Ueberftürzen, v. a. renverser, culbuter; überfürzen, v. n. (f.) tomber à la renverse, se renverser, culbuter.
Uebertäuben, v. a. assourdir, étourdir.
Uebertäubung, f. étourdissement, m. [enchérir.
Uebertheuern, v. a. surfaire,
Uebertheuerung, fém. enchérissement, m.
Uebertoga, f. (ant. r.) épitoge.

Uebertölpeln, v. a. duper, attraper qn. grossièrement.
Uebertrag, m. 2*, transport de compte; rejet.
Uebertragen, v. a. 7, transporter; porter ailleurs; rejeter sur un autre compte; endosser une lettre de change; traduire d'une langue dans une autre; übertragen, v. a. transmettre, transférer; déléguer un pouvoir; déférer; fich übertragen, se fatiguer, se blesser à force de porter de grands fardeaux; porter trop de fruits (arbre).
Uebertragung, f. transport, m.; transmission, f. cession; (comm.) endossement, m.; traduction, f.
Uebertreffen, v. a. 2, surpasser qn.; l'emporter sur qn.
Uebertreiben, v. a. 5, outrer, excéder, forcer; fg. id., charger, exagérer; übertreiben, v. a. chasser ou faire passer par ou à travers.
Uebertreibend, adj. exagératif.
Uebertreiber, m. 1, exagérateur, exagéré. [charge.
Uebertreibung, f. exagération.
Uebertreten, v. a. et n. 1 (f.) passer, franchir; déborder; éculer un soulier; fg. zu einem —, se ranger du parti de qn.; übertreten, v. a. enfreindre, transgresser; contrevenir, faire une infraction à; fich ben Fuß —, se fouler le pied, se donner une entorse.
Uebertreter, m. 1, contrevenant, infracteur, transgresseur.
Uebertretung, f. transgression; infraction; contravention.
Uebertrinfen (fich), 3, boire trop.
Uebertritt, m. 2, action d'embrasser un autre état ou une autre religion, f.; conversion.
Uebertünchen, v. a. enduire de chaux; crépir; blanchir; fg. farder. [erfte —, cueillie.
Uebertünchung, f. crépissure; bie
Ueberverdienftlich, adj. surérogatoire.
Uebervölfern, v. a. peupler trop.
Uebervoll, adj. trop plein, trop rempli, comble (mesure).
Uebervortheilen, v. a. tromper, frauder.* [sion.
Uebervortheilung, f. duperie, lé-
Ueberwachfen, v. n. 7 (h.) croître par-dessus, s'élever au delà; überwachfen, v. a. surpasser en croissance, devenir plus grand que, croître plus haut, plus vite que, couvrir en croissant; —, v. n. (f.) se couvrir, se recouvrir (mil, de).
Ueberwallen, v. n. (h.) s'enfuir

en bouillant; fg. surabonder de...
Ueberwältigen, v. a. vaincre, assujettir, dompter; subjuguer.
Ueberwältigung, f. assujettissement, m. [tissu.
Ueberweben, v. a. couvrir d'un
Ueberweifen, v. n. h. 5, convaincre.
Ueberweifen, v. a. blanchir.
Ueberweifung, f. conviction.
Ueberwenblings nähen, v. a. surjeter.
Ueberwerfen, v. a. 2, jeter dessus; couvrir; se couvrir de; mettre un manteau; überwerfen, v. a. crépir un mur; fich —; fg. se brouiller. [f.
Ueberwerth, m. 2, plus-value.
Ueberwichtig, adj. trop fort de poids; trébuchant; fg. prépondérant. [envelopper.
Ueberwideln, v. a. entortiller.
Ueberwiegen, v. a. 6, emporter la balance, trébucher; fg. l'emporter sur; prévaloir. [dérant.
Ueberwiegend, fg. prépon-
Ueberwinden, v. a. 3, vaincre, surmonter, lever un obstacle.
Ueberwinder, m. 1, vainqueur.
Ueberwindung, v. Selbfterläugnung. [ner.
Ueberwintern, v. n. (h.) hiver-
Ueberwißig, adj. suffisant, présomptueux. [voûte.
Ueberwölben, v. a. couvrir d'une
Ueberwurf, m. 2*, fourreau.
Ueberzählen, v. a. recompter; fich —, se tromper en comptant.
Ueberzählig, adj. surnuméraire, au-dessus du complet.
Ueberzahn, m. 2*, surdent, f.
Ueberzeitig, adj. trop mûr.
Ueberzeugen, v. a. convaincre, persuader. [persuasif.
Ueberzeugend, adj. convaincant,
Ueberzeugung, fém. conviction, persuasion.
Ueberziehen, v. a. 6, mettre par-dessus; überziehen, v. a. couvrir; monter; garnir; revêtir; enduire; ein Bett weiß —, mettre des draps blancs sur un lit; mit Flor —, gazer; mit Sehnen —, nerver; mit Biberhaaren —, dorer; mit Biberhaaren —, bastir; ein Land mit Krieg —, porter la guerre dans un pays, envahir un pays; —, s. n. 1, mit feinen Haaren, (chap.) dorage, m.; — eines Landes mit Krieg, envahissement d'un pays. [dir.
Ueberzudern, v. a. sucrer; can-
Ueberzug, m. 2*, couverture de lit, f.; taie d'un oreiller; chape, housse; fourreau, m.; couche de plâtre, f.; incrustation; — von Giergelb, dorage, m. [biais.
Ueberzwerch, adv. de travers, de

Ueblich, adj. usité; d'usage; —e, n. 3, costume, m.

Ueblichkeit, f. coutume.

Uebrig, adj. restant; de reste; excédant; — laffen, laisser; — feyn, rester; fein —es Gelb, le reste de son argent; bie —en Menschen, le reste des hommes.

Uebrigens, adv. au reste; du reste, au demeurant.

Uebung, f. exercice, m.; pratique, f.; usage, m.; routine, f.

Uebungskunst, f.*, gymnastique.

Uebungsmeister, m. 1, (ant.) gymnaste; (guer.) instructeur.

Uebungsplatz, m. 2*, place pour faire l'exercice, f.

Ueppig, adj. sensuel; voluptueux; mou, luxurieux, lascif.

Ueppigkeit, f. sensualité; mollesse, luxure, lasciveté.

Ufer, f., bord, m.; rive, f.; rivage, m.; bas steile —, berge, f.; (poisson).

Uferbewohner, m. 1, riverain.

Uferland, n. 5*, littoral, m.

Uferschnepfe, f. chevalier cendré, m. [vage, m.

Uferschwalbe, f. martinet de ri-

Uhr, f. horloge, montre, pendule; heure. [tre, m.

Uhrband, n. 1, cordon de montre.

Uhrdeckel, m. 1, lunette de montre, f.

Uhrfeder, f. arrêt, m. ressort.

Uhrfutter, n. 1, étui de montre, m.

Uhrgehänge, n. 1, breloques, f.pl.

Uhrgehäuse, n. 1, cage (f.) d'horloge, de pendule; boîte de montre.

Uhrgehäusmacher, m. 1, monteur de boîtes. [tre, m.

Uhrglas, n. 5*, cristal de mon-

Uhrhammer, m. 1*, battant, marteau d'horloge.

Uhrkette, f. chaîne de montre, chaînette.

Uhrmacher, m. 1, horloger.

Uhrmacherkunst, f.*, horlogerie.

Uhrschlüssel, m. 1, clef de montre, f. [m. bourson.

Uhrtasche, f. gousset de montre,

Uhrwerk, n. 1, horloge, f.; rouage, m.

Uhrzeiger, m. 1, aiguille, f.

Uhu, m. 2, chat-huant.

Ukase, f. ukase, m. ordonnance impériale, (en Russie).

Ulme, f. Ulmenbaum, m. 2*, orme; bie iunge —, ormeau.

Ulmenfehling, m. 2, ormille, f.

Ulmenwald, m. 5*, ormaie, f.

Ulrich, n. pr. m. Ulric.

Ulrike, n. pr. f. Ulrique.

Ultramarin, n. 2, outremer, m. (couleur).

Um, prép. autour, auprès, aux environs de; à, vers, sur; à cause; au sujet de; de; que; pour l'a-
mour de; par; — unb —, partout; einer — ben anbern, tour à tour; ber Termin ist —, le terme est expiré; —, conj. — ju, pour, avec l'infinit. (Cette partic. est séparable quand elle a l'accent et signifie un changement ou l'action d'entourer, d'enfermer, etc.). [fricher.

Umackern, v. a. labourer; dé-

Umänbern, v. a. changer; refaire.

Umänberung, f. changement, m.

Umarbeiten, v. a. refaire, donner une autre façon à qch.; remanier; refondre un ouvrage; fm. remettre sur l'enclume, remuer la terre. [m.

Umarbeitung, f. remaniement, m.

Umarmen, v. a. embrasser.

Umarmung, f. embrassement, m. fm. embrassade, f. accolade.

Umbehalten, v. a. 4, garder un vêtement. [(poisson).

Umber, m. 1, ombre, maigre

Umbiegen, v. a. 6, courber, recourber; knieförmig —, couder.

Umbilben, v. a. réformer; refondre. [transformation.

Umbilbung, f. fém. réformation.

Umbinben, v. a. 3, ceindre; relier de nouveau un livre; umbinben, v. a. envelopper de qch. en liant; lier tout autour, corder.

Umblasen, v. a. 4, renverser de son souffle. [(couleur).

Umbra, Umbra=Erbe, f. ombre

Umbrechen, v. a. 2, défricher; déchaumer un champ; (impr.) remanier.

Umbrechung, f. défrichement, m.; (impr.) remaniement.

*Umbringen, v. a. tuer, faire mourir, assassiner, égorger; ein= anber —, s'entr'égorger.

Umbämmen, v. a. entourer d'une digue, par des digues.

Umbecken, v. a. (couv.) remanier, manier à bout; dresser, mettre autrement la table.

Umbrehen, v. a. retourner, tourner; tordre le cou à qn.; bas Schiff —, (mar.) revirer de bord.

Umbrucken, v. a. réimprimer.

Umbuften, v. a. répandre du parfum autour de.

Umenbbar, adj. déclinable; nicht —, indéclinable.

Umenben, v. a. décliner.

Umenbung, f. déclinaison, inflexion.

Umfahren, v. n. 7 (h.) faire un détour en voiture ou bateau; —, v. a. renverser une voiture; umfahren, v. a. faire le tour de.

Umfahrt, f. tournée, tour, m.

Umfall, m. 2*, chute, f. renversement, m.
Umfallen, v. n. 4 (f.) tomber à la renverse, par terre; mourir (bêtes).

Umfang, m. 2*, circuit; enceinte, f.; tour, m.; circonférence, f. étendue, extension (d'une idée), capacité d'un vase; périmètre, m.; volume; calibre d'une colonne. [entourer.

Umfangen, v. a. 4, embrasser;

Umfärben, v. a. reteindre, biser; —, s. n. 1, bisage, m.

Umfaffen, v. a. empoigner; saisir; fg. embrasser.

Umflattern, v. a. voltiger, voler autour de. [tour, entrelacer.

Umflechten, v. a. 6, tresser au-

Umfliegen, v. a. 6, voler autour.

Umfließen, v. a. 6, couler autour; environner; baigner.

Umformen, v. Umbilben.

Umfrage, f. enquête; — halten, thun, v. Umfragen.

Umfragen, v. n. (h.) recueillir les voix, aller aux voix, s'informer; s'enquérir de. [détour.

Umführen, v. a. mener par un

Umfüllen, v. a. transvaser.

Umgang, m. 2*, tour, tournée, f.; (égl.) procession; commerce, m. fréquentation, f. liaison; ber genaue —, habitude, familiarité; —, (arch.) corridor, m. cloître d'un couvent.

Umgänglich, adj. sociable, abordable, affable; nicht —, inabordable, impraticable.

Umgänglichkeit, f. sociabilité; affabilité.

Umgarnen, v. a. fg. entourer de filets, de pièges, séduire.

Umgeben, v. a. 1, environner; entourer; enfermer; clore; ceindre, enceindre, embrasser; couronner; (guer.) cerner; mit einem Ranb —, border.

Umgebung, f. —, —en, pl. alentours, m. pl. environs; fg. entours. [alentours.

Umgegenb, f. environs, m. pl.

*Umgehen, v. n. (f.) tourner, faire un détour; faire la ronde; fg. mit einem —, fréquenter qn.; avoir commerce avec qn., communiquer, converser avec qn.; en user bien ou mal avec qn.; mit etw. —, manier qch.; s'occuper de, s'appliquer à qch.; méditer, couver qch.; mit Lügen —, employer le mensonge; *umgehen, v. a. aller autour, faire le tour de; éviter qch.; tourner.

Umgelb, m. 5, octroi, m. jalage, impôt. [changer.

Umgestalten, v. a. transformer,

Umgestaltung, f. transformation.

Umgießen, v. a. 6, refondre; —, s. n. 1, Umgießung, f. refonte.

Umglänzen, v. a. environner d'éclat, de lumière.

Umgraben, v. a. 7, fouir, bêcher, labourer.

Umgrabung, f. labour, m.

Umgränzen, v. a. limiter, circonscrire, aborner.

Umgränzung, f. circonscription; abornement, m.

Umgreifen, v. n. 5† (h.) s'étendre, se propager.

Umgürten, v. a. ceindre.

*Umhaben, v. a. être vêtu, couvert de, avoir qch. autour de soi.

Umhacken, v. a. couper, bêcher.

Umhackung, f. houe. [houer.

Umhalsen, v. a. embrasser, accoler.

Umhalsung, v. Umarmung.

Umhang, m. 2*, rideau; voile.

Umhängen, v. a. pendre, suspendre autour; umhängen, v. a. couvrir; envelopper, entourer; garnir.

*Umhauen, v. a. abattre; couper. [m.

Umhauung, f. abattage du bois,

Umher, adv. autour; à l'entour, de tous côtés, de côté et d'autre, çà et là; aux environs. (Cette particule séparable se met devant nombre de verbes auxquels elle ajoute la signification d'autour, çà et là; p. ex. umherlaufen, courir çà et là.)

Umherliegend, adj., v. Umliegend.

Umherstreuen, v. a. éparpiller.

Umhertragen, v. a. 7, colporter.

Umherziehend, adj. ambulant; nomade (peuple).

Umhin, adv., nicht — können, ne pouvoir s'empêcher de.

Umhüllen, v. a. envelopper; voiler.

Umhüllung, f. enveloppe.

Umkehr, f. tour, m. retour.

Umkehrbar, adj. (log.) convertible.

Umkehren, v. a. tourner, retourner; renverser, bouleverser, intervertir l'ordre; —, v. n. (f.) retourner; s'en retourner; sich —, se retourner, tourner le dos; umgekehrt, inverse; (log.) convers; —, s. n. 1, retour, m.

Umkehrung, f. renversement, m.; conversion, f. interversion, bouleversement, m.; (rhét.) hyperbate, f.; (gramm.) inversion.

Umkippen, v. a. renverser; —, v. n. (f.) perdre l'équilibre et tomber à la renverse.

Umklaftern, v. a. embrasser.

Umklammern, v. a. empoigner; serrer, embrasser.

Umkleiden, v. a. habiller autrement; sich —, changer d'habit.

Umkleidung, f. changement d'habit, m.

*Umkommen, v. n. (f.) périr.

Umkrämpen, v. a. retrousser, recourber. [dre.

Umkränzen, v. a. couronner, ceindre.

Umkreis, m. 2, tour; circonférence, f.; circuit, m.; (géom.) périmètre; périphérie, f. étendue; im —, à l'entour; von gleichem —, isopérimétre.

Umkreisen, v. a. cerner; tourner autour. [ment.

Umladen, v. a. 7, charger autrement.

Umlage, f. rôle, m. répartition des impôts, f.; —n, pl. (impr.) braie, f.

Umlagern, v. a. entourer; assiéger; circonvenir.

Umlauf, m. 2*, circulation, f.; période des planètes, cours (m.), révolution (f.) des astres; — am Finger, panaris, m.; in — bringen, faire circuler; donner cours à qch.; im —e seyn, circuler, avoir cours.

Umlaufen, v. a. 4, renverser à la course; —, v. n. (f.) tourner; circuler; s'écouler, se passer (temps); umlaufen, v. a. courir autour de.

Umlaufschreiben, n. 1, lettre circulaire, f. circulaire; lettre encyclique.

Umlaufszeit, f. (astr.) temps de révolution, m.; — der Erde, année anomalistique, f.

Umlaut, m. 2, changement, altération (f.) d'une voyelle (comme a en ä, etc.).

Umlegen, v. a. tourner, retourner; mettre sur le côté; mettre autour; appliquer un appareil; plier, courber; (mar.) abattre; (pav.) manier à bout, remanier; —, s. n. 1, (mar.) abatée, f.

Umlenken, v. a. faire tourner; —, v. n. (h.) tourner, détourner.

Umleuchten, v. a. environner de clarté.

Umliegend, adj. circonvoisin; die — Gegend, environs, m. pl.

Ummauern, v. a. entourer d'une muraille. [nouveau.

Ummessen, v. a. 1, mesurer de

Ummünzen, v. a. refondre, convertir les espèces.

Umnähen, v. a. coudre autour, border. [brouillard.

Umnebeln, v. a. couvrir de

Umnehmen, v. a. 1, mettre autour de soi.

Umpacken, v. a. emballer autrement; die Ladung eines Schiffs —, désarrimer un vaisseau.

Umpfählen, v. a. palissader.

Umpflanzen, v. a. replanter; transplanter; umpflanzen, v. a. planter autour. [fricher.

Umpflügen, v. a. labourer; défricher.

Umprägen, v. a. refondre, convertir les monnaies; fg. réformer.

Umprägung, f. (monn.) refonte; convertissement, m.

Umreise, f. tournée

Umreisen, v. n. (f.) faire un détour en voyageant; umreisen, v. a. voyager, faire un voyage autour du monde.

Umreissen, v. a. 5†, renverser; abattre; démolir; jeter par terre; (agr.) défricher. [chement, m.

Umreissung, f. démolition, défrichement, m.

Umreiten, v. n. 5† (h.) faire un détour à cheval; —, v. a. renverser qn. avec son cheval; umreiten, v. a. faire le tour de qch. à cheval.

*Umrennen, v. a. renverser en courant; umrennen, v. a. courir autour.

Umringen, v. a. environner, entourer; envelopper; cerner, investir, assiéger une ville.

Umriss, m. 2*, contour d'une figure; einer Figur einen — geben, contourner une figure.

*Umritt, m. 2, cavalcade, f.; tournée à cheval.

Umrollen, v. a. rouler; (bot.) das umgerollte Blatt, la feuille révolutée; umrollen, v. a. tourner autour d'un centre.

Umrühren, v. a. remuer; (teint.) pallier.

Umrührung, f. remuement, m.

Umsagen, v. a. dire à la ronde.

Umsägen, v. a. abattre avec la scie.

Umsatteln, v. a. seller de nouveau; —, v. n. (h.) changer de selle; fg. fm. changer de parti, tourner casaque. [troc.

Umsatz, m. 2*, change; échange;

Umschaffen, v. a. 7, transformer; métamorphoser.

Umschaffung, f. transformation, métamorphose.

Umschanzen, v. a. retrancher.

Umschanzung, f. retranchement, m. circonvallation, f.

Umschatten, v. a. ombrager.

Umschauen, v. n. (h.) et sich —, regarder autour de soi, derrière soi; s'orienter. [la pelle.

Umschaufeln, v. a. remuer avec

Umschiffen, v. n. (f.) naviguer, tourner autour; faire un détour sur mer; umschiffen, v. a. faire le tour par eau.

Umschlag, m. 2*, couvert, enveloppe d'une lettre, etc., f.; collet de manteau, m.; retroussis de

chapeau; revers de manche; parement; repli; rebord de jupe,
etc.; (méd.) cataplasme, malagme; warme —e auf etw. legen,
bassiner qch.; —, (jeu) retourne,
f.; change, m. troc; vente, f.
débit, m.

**Umschlagen**, v.a. 7, abattre; renverser; tourner, replier, reborder,
retrousser la manche d'un habit,
etc.; recourber; river un clou;
mettre, appliquer un emplâtre,
etc.; fomenter; envelopper d'un
linge, etc.; s'envelopper de son
manteau; —, v. n. (f.) tomber à
la renverse; verser(voiture);(nav.)
chavirer; fg. tourner, se gâter;
dégénérer; avoir une rechute.

**Umschleichen**, v. a. 5†, roder,
aller tout autour.

**Umschleiern**, v. a. voiler.

**Umschließen**, v. a. 6, enfermer, entourer; embrasser.

**Umschlingen**, v. a. 3, entortiller; ceindre; lacer autour; embrasser.

**Umschlingung**, f. circonvolution,
embrassement, m.

**Umschmeißen**, v. a. 5†, fm. voy.
Umwerfen.

**Umschmelzen**, v. a. refondre;
(monn.) id., convertir.

**Umschmelzung**, f. refonte, fonte;
(monn.) id., convertissement, m.

**Umschmieden**, v. a. reforger.

**Umschnallen**, v. a. boucler autrement; boucler; ceindre.

**Umschnüren**, v. a. lier à l'entour
avec des cordes; lier autrement;
umschnüren, lacer, corder du
tabac.

**Umschränken**, v. a. entourer;
enfermer; fg. borner; limiter.

**Umschreiben**, v. a. 5, transcrire;
écrire de nouveau; umschreiben,
v. a. périphraser; paraphraser; ein
Dreieck mit einem Kreise —, circonscrire un cercle à un triangle;
ber —be Erklärer, paraphraste, m.;
Umschreiben, n. 1, Umschrift, f.
inscription; épigraphe; devise;
légende; Umschreibung, f. action
de transcrire; Umschreiben, n.
1, Umschreibung, f. périphrase,
paraphrase. [muer.

**Umschütteln**, v. a. secouer;

**Umschütten**, v. a. verser, répandre; transvaser;

**Umschwärmen**, v. a. voler, voltiger autour; fg. rôder autour.

**Umschweben**, v. a. planer autour
de. [cuit.

**Umschweif**, m. 2, détour, cir-

**Umschwung**, m. 2*, revirement;
changement; rotation, f. révolution.

**Umsegeln**, v. a. couler à fond;

umsegeln, v. a. faire le tour en
cinglant.

**Umsehen** (sich), 1, regarder autour de soi, derrière soi; sich nach
etw. —, chercher, tâcher de trouver qch.

**Umsehbar**, adj. (log.) convertible.

**Umsetzen**, v. a. transplanter un
arbre; échanger, convertir; sich
—, changer.

**Umsetzung**, f. transplantation;
échange, m. convertissement, m.

**Umsicht**, f. circonspection.

**Umsichtig**, adj. circonspect, avisé, prudent.

**Umsinken**, v. n. 3 (f.) tomber
(lentement); se laisser tomber.

**Umsonst**, adv. gratis, gratuitement; pour rien; en vain, inu-
tilement.

**Umspannen**, v.a. changer de chevaux; umspannen, v. a. mesurer avec l'empan; fg. embrasser,
entourer. [de fil.

**Umspinnen**, v. a. entourer

**Umspringen**, v. n. 3 (f.) fg. manier, traiter (mit etw., qch.).

**Umstalten**, v. Umgestalten.

**Umstand**, m. 2*, circonstance,
f.; conjoncture; cas, m.; particularité, f.; détail, m.; —t, pl.
détails; façons, f. pl. cérémonies, compliments, m. pl.; ohne
—t, sans façon; ohne weitere —t,
sans autre forme de procès; in
elenden —en, mal-en-point; der
mißliche —, inconvénient, m.

**Umständlich**, adj. circonstancié;
détaillé; façonnier, formaliste
(homme); —, adv. au long, en
détail, exactement; — erzählen,
beschreiben, détailler, circonstancier; bie —e Beschreibung, le détail exact.

**Umstandswort**, n. 5*, adverbe, m.

**Umstechen**, v. a. 2, remuer; re-
mier le blé; bêcher; ameublir; —,
s. n. 1, remuage du blé, m. ameublissement d'un champ.

**Umstecken**, v. a. garnir de bois
autour.

*Umstehen**, v. a. (h.) être placé
autour; entourer; être présent;
assister.

**Umstehend**, adj. assistant, présent.

**Umstellen**, v. a. placer autrement; déplacer; umstellen, v.a.
(cha.) traquer un bois, un bois.

**Umstellung**, f. (cha.) traque, enceinte.

**Umstimmen**, v. a. accorder sur
un autre ton; faire changer de
sentiment; —, v. n. (h.) voter.

**Umstoßen**, v. a. 4, renverser;
(jur.) id., casser; annuler; défaire; —, s. n. 1, renversement,

m.; (jur.) cassation, f. annulation. [versif.

**Umstoßend**, adj. éversif, sub-

**Umstößlich**, adj.(jur.) révocable.

**Umstrahlen**, v. a. entourer de
rayons.

**Umstricken**, v. a. tricoter autrement; umstricken, v. a. couvrir,
garnir de tricot tout autour || en-
vironner de pièges, enlacer.

**Umströmen**, v. a. baigner de
tous côtés.

**Umstülpen**, v. a. retrousser.

**Umsturz**, m. 2*, renversement,
bouleversement; chute, f. interversion.

**Umstürzen**, v. a. renverser; bouleverser; fg. ruiner; détruire;
—, v. n. (f.) tomber à la renverse.

**Umstürzend**, adj. subversif.

**Umtaufen**, v. a. débaptiser.

**Umtausch**, m. 2, échange; troc,
commerce; fg. échange.

**Umtauschen**, v. a. changer; troquer.

*Umthun**, v. a. mettre autour
de; sich nach etw. —, fm. rechercher qch.; se mettre en quête de
qch.

**Umträger**, m. 1, colporteur.

**Umtreiben**, v. a. 5, faire tourner.

**Umtreten**, v.a. 1, renverser avec
le pied; fouler aux pieds.

**Umtrieb**, m. 2, mouvement; circulation, f.; —t, pl. fg. menées,
f. pl. intrigues, brigues, machi-
nations; —e machen, manœuvrer,
briguer, intriguer.

**Umwachsen**, v. a. n. 7 (f.) et a.
croître à l'entour; —, seyn mit,
être couvert de. [tourner.

**Umwälzen**, v. a. rouler; faire

**Umwälzung**, f. tour, m.; fg. révolution, f.

**Umwandeln**, v. a., v. Verwandeln; (gramm.) conjuguer; umge-
wandelt werden, se conjuguer.

**Umwandlung**, f. (gramm.) conjugaison, inflexion.

**Umwechseln**, v. a. et n. (h.) changer; alterner.

**Umwechselnd**, adj. alternatif.

**Umwechselung**, fém. alternative,
succession.

**Umweg**, m. 2, détour.

**Umwehen**, v. a. renverser en
soufflant; umwehen, v. a. souffler autour de; umgewehte Bäume,
(forest.) abatis, m. pl.

*Umwenden**, v. a. et n. (h.) tourner; remuer; (mar.) abattre, revirer de bord; chavirer un câble;
die umgewandte Hand, le revers de
la main; umgewandte Schuhe, des
escarpins, m. pl.; —, s. n. 1,
(mar.) abatée, f.

**Umwerfen**, v. a. 2, renverser;

verser *une voiture;* mettre *un manteau, etc.*

Umwickeln, *v. a.* remuer, emmailloter autrement *un enfant;* umwickeln, *v. a.* envelopper, entortiller.

Umwinden, *v. a.* 3, envelopper, entortiller; mettre, nouer autour; couronner *de lauriers;* mit Speck —, barder.

Umwohnend, *adj.,* Umwohner, *m.* 1, circonvoisin.    [nuages.

Umwölken, *v. a.* couvrir de Umwühlen, *v.a.* fouiller; remuer; labourer.     [*m.;* labour.

Umwühlung,*f.* fouille, remuage, Umzählen, *v. a.* recompter.

Umzapfen, *v. a.* transvaser.

Umzäunen, *v. a.* entourer *d'une haie;* enclore.

Umzäunung,*f.* haie; enclos, *m.;* die — von einem Felde wegnehmen, déclore un champ.

Umziehen, *v. n.* 6 (f.) aller en procession; umziehen, *v. a.* envelopper; entourer; garnir; couvrir; faire le tour de; sich —, se couvrir *de nuages.*

Umzingeln, *v. a.* environner; entourer; cerner, investir.    [*f.*

Umzug, *m.* 2*, tour; procession, Un, *particule qui dans la comp. répond à dé, dés, mal, mé, im, in, et qui s'exprime par non, sans.*

Unabänderlich, *adj.* inaltérable; invariable, immuable, éternel; (*jur.*) irréformable; (*gramm.*) indéclinable.    [lité.

Unabänterlichkeit, *f.* immutabi-Unabbüßlich, *adj.* inexpiable.

Unabgesondert, *adj.* indivis, non séparé.     [isolé.

Unabhängig, *adj.* indépendant, Unabhängigkeit,*f.* indépendance.

Unabhelflich, *adj.* irrémédiable.

Unabläßig, *adj.* continuel, perpétuel; assidu.    [de vue.

Unabsehbar, *adj. et adv.* à perte Unabsetzbar, *adj.* inamovible; (*comm.*) qui n'est pas de débit.

Unabsetzbarkeit,*f.* inamovibilité.

Unabsichtlich, *adj. et adv.* sans une intention précise; sans dessein formel.

Unabsonderlich, *adj.* inséparable.

Unabtretbar, *adj.* incessible.

Unächt, Unecht, *adj.* faux; bâtard; (*théol.*) apocryphe.

Unachtsam, *adj.* inconsidéré, inattentif, étourdi, négligent, nonchalant.

Unachtsamkeit, *fém.* étourderie, inadvertance, mégarde, inattention, négligence.

Unadelig, *adj.* qui n'est pas noble; *ol.* roturier.

---

Unähnlich, *adj.* dissemblable.

Unähnlichkeit,*f.* dissemblance.

Unanbacht, *f.* indévotion.

Unanbächtig, *adj.* indévot.

Unangebaut, *adj.* inculte, agreste; —, *adj. et adv.* en friche.

Unangebautheit,*f.* inculture.

Unangefochten, *adj.* qui n'est pas attaqué, molesté, troublé.

Unangehört, *adj. et adv.* sans avoir été entendu.

Unangekleidet, *adj.* non habillé.

Unangemeldet, *adj. et adv.* sans se faire annoncer.

Unangemessen, *adj.* non conforme, non analogue, inconvenant.

Unangenehm, *adj.* désagréable, déplaisant; der —e Fehler im Gesicht, désagrément, *m.*    [intact.

Unangerührt, Unangetastet, *adj.*

Unangesehen, *prép.* nonobstant; malgré; sans consideration de.

Unangestoßen, *adj. et adv.* sans hésiter.

Unangreifbar, *adj.* inattaquable, imprenable.      [*m.*

Unannehmlichkeit,*f.* désagrément, Unansehnlich, *adj.* de mauvaise mine; peu considérable, chétif.

Unanständig, *adj.* malséant, messéant, indécent, malhonnête, déshonnête; — seyn, messeoir.

Unanständigkeit, *f.* indécence, malhonnêteté.

Unanstellig, *adj.* maladroit.

Unanstößig, *adj.* irréprochable.

Unantastbar, *adj.* qu'on ne doit pas toucher; (*jur.*) insaisissable.

Unanwendlich, *adj.* inapplicable.

Unappetitlich, *adj.* dégoûtant.

Unart, *f.* mauvaise habitude; méchanceté; impolitesse; grossièreté.

Unartig, *adj.* impoli; méchant, Unau, *m.* 2, (*hist. nat.*) unau, paresseux-mouton.

Unauffindbar, *adj.* qu'il est impossible de trouver, *fm.* introuvable.     [retard.

Unaufgehalten, *adj. et adv.* sans Unaufgelöst, *adj.* non délié; *fg.* non résolu; non deviné.

Unaufgemacht, *adj.* qui n'est pas ouvert.

Unaufgeräumt, *adj.* mal en ordre, *fg.* de mauvaise humeur.

Unaufhaltbar, Unaufhaltsam, *adj.* qu'on ne peut arrêter.

Unaufhörlich, *adj.* continuel, perpétuel.

Unauflöslich, *adj.* indissoluble; insoluble (*question*); inexplicable.      [insolubilité.

Unauflöslichkeit,*f.* indissolubilité.

Unaufmerksam, *v.* Unachtsam.

Unausbleiblich, *adj.* infaillible; immanquable; inévitable.

---

Unausdenkbar, *adj.* inconcevable.

Unausforschlich, *adj.* impénétrable.      [inexécutable.

Unausführbar, *adj.* impraticable, Unausführbarkeit,*f.* impossibilité d'exécuter une chose.

Unausgearbeitet, *adj.* non achevé, informe.

Unausgebildet, *adj.* inculte, sans culture; informe.

Unausgedehnt, *adj.* inétendu.

Unausgefüllt, *adj.* qui n'est pas rempli; (*ligne*) en blanc.

Unausgesetzt, *adj.* continuel; —, *adv.* sans relâche.

Unauslöschlich, *adj.* ineffaçable, inextinguible; indélébile.

Unauslöschlichkeit, *f.* (*phys.*) inextinguibilité.

Unaussp-rechlich, *adj.* inexprimable; ineffable, indicible; (*écr. ste.*) inénarrable.

Unaussprechlichkeit,*f.* ineffabilité.

Unausstehlich, *adj.* insupportable; désolant (*homme*); cruel (*enfant*).

Unaustilgbar, *adj.* indélébile.

Unausweichlich, *adj.* inévitable; —, *adv.* -ment.

Unbändig, *adj.* indomptable; indisciplinable; intraitable; farouche, fougueux.

Unbändigkeit, *f.* férocité; fougue.

Unbarmherzig, *adj.* impitoyable, insensible, dur.

Unbarmherzigkeit,*f.* insensibilité, dureté.      [barbe.

Unbärtig, *adj.* imberbe, sans Unbeantwortlich, *adj. et adv.* sans réplique.

Unbearbeitet, *adj.* cru (*chanvre*); brut (*pierre*); *fg.* qui n'est pas cultivé.

Unbebaut, *v.* Unangebaut.

Unbedachtsam, *adj.* étourdi, imprudent, inconsidéré, mal avisé; —, *adv.* imprudemment; *fm.* de but en blanc.

Unbedachtsamkeit, *f.* étourderie, inadvertance, inconsidération, imprudence.

Unbedeckt, *adj.* découvert; nu.

Unbedenklich, *adj. et adv.* sans hésiter, sans balancer.

Unbedeutend, *adj.* insignifiant; mince, léger.     [légèreté.

Unbedeutsamkeit,*f.* insignifiance, Unbedingt, *adj.* illimité; absolu.

Unbeeidigt, *adj.* qui n'est pas assermenté; insermenté.

Unbeeinträchtigt, *adj.* paisible.

Unbeerbt, *adj. et adv.* sans lignée.

Unbefangen, *adj.* non préoccupé, impartial.

Unbefangenheit, f. liberté de l'esprit, impartialité.
Unbeffebert, adj. déplumé, désempenné.   [(théol.) immaculé.
Unbeflett, adj. net, sans tache;
Unbefrachtet, adj. et adv. sans chargement, sans fret; —, adj. (mar.) lége.
Unbefriediget, adj. non satisfait; (champ) non clos, non entouré de haie.
Unbefugt, adj. qui n'est pas autorisé ou en droit de faire qch.; (juge) incompétent; für — erflären, désavouer qn.
Unbefugtheit, Unbefugniß, f. incompétence.   [accompagne.
Unbegleitet, adj. seul, sans être Unbegränzt, adj. illimité; adj. et adv. sans bornes.
Unbegreiflich, adj. incompréhensible, inconcevable.
Unbegreiflichkeit, f. incompréhensibilité.   [fortune.
Unbegütert, adj. peu riche, sans Unbehaart, adj. sans cheveux, sans poil.
Unbehaglich, adj. désagréable; incommode, malaisé.
Unbehaglichkeit, f. incommodité, malaise, m. mal-être.   [(bois).
Unbehauen, adj. brut, en grume Unbehauptbar, adj. insoutenable.
Unbeholfen, Unbehilflich, adj. lourd; maladroit.   [étourdi.
Unbehutsam, adj. imprudent;
Unbehutsamkeit, f. imprudence, étourderie; inconsidération.
Unbeilegbar, adj. inaccommodable, interminable.
Unbekannt, adj. inconnu; ignoré; apocryphe.
Unbekehrt, adj. qui n'est pas converti; immortifié, incirconcis (cœur).   [impénitence.
Unbekehrtheit, f. incirconcision,
Unbekleidet, adj. déshabillé, nu.
Unbekümmert, adj. et adv. sans souci.
Unbelaben, adj. sans charge, vide.
Unbelaubt, adj. sans feuille.
Unbelebt, adj. inanimé; sans vie.
Unbelegt, adj. (compte) qui n'est pas accompagné de pièces justificatives.   [lecture.
Unbelesen, adj. qui n'a point de Unbelohnt, adj. et adv. sans récompense.   [non emmariné.
Unbemannt, adj. sans équipage,
Unbemerkt, adj. inaperçu; adj. et adv. sans être aperçu.   [biens.
Unbemittelt, adj. et adv. sans
Unbenannt, adj. innominé; (arithr.) innommé; (arithm.) abstrait.
Unbeneibet, adj. qui n'est pas envié.
Unbenommen, adj. permis.

Unbenützt, adj. dont on n'a pas profité, oisif.
Unbequem, adj. incommode, désavantageux, malaisé.
Unbequemlichkeit, f. incommodité, malaise, m.   [conseil.
Unberathen, adj. qui n'a pris Unberechenbar, adj. incalculable.
Unberedt, adj. peu éloquent.
Unbereitet, adj. non préparé.
Unberichtet, adj. qui n'a pas reçu d'avis, ignorant; (malade) qui n'a pas communié.
Unberitten, adj. (cheva:) neuf, non dressé; démonté (cavalier); — machen, démonter qn.
Unberufen, adj. et adv. sans vocation.
Unberühmt, adj. obscur.
Unberühmtheit, f. obscurité.
Unberührt, adj. intact, qu'on ne touche pas; fg. etw. — lassen, ne pas faire mention de qch.
Unbeschabet, prép. sans préjudice; sauf.
Unbeschädigt, adj. sain et sauf.
Unbeschäftigt, adj. inoccupé, oisif.   [indiscret.
Unbescheiden, adj. immodeste;
Unbescheidenheit, f. indiscrétion.
Unbeschlagen, adj. non garni, non ferré; fg. peu versé; das —e Heu, le bois en grume.
Unbeschnitten, adj. incirconcis.
Unbeschnittenheit, f. incirconcision.
Unbescholten, adj. irréprochable.
Unbeschränkt, adj. illimité.
Unbeschreiblich, =bar, adj. indicible; inexprimable; indéfinissable.   [blanc.
Unbeschrieben, adj. et adv. en Unbeschwert, adj. libre de charges.
Unbeseelt, adj. inanimé.
Unbesehen, adj. sans avoir vu.
Unbesetzt, adj. (habit) non garni, sans bordure; (place) vacant; (endroit) non occupé, sans garnison.
Unbesiegbar, v. Unüberwindlich.
Unbesiegt, adj. invaincu.
Unbesonnen, adj. inconsidéré, irréfléchi, imprudent, étourdi; ou —erweise, adv. étourdiment, à l'étourdie.
Unbesonnenheit, f. imprudence, étourderie, échappée; indiscrétion.   [sans souci, sans crainte.
Unbesorgt, adj. sans être soigné;
Unbesserlich, adj. incorrigible.
Unbesserlichkeit, f. incorrigibilité.
Unbestand, m. 2, Unbeständigkeit, f. inconstance; instabilité, mobilité, variabilité, inégalité, variation.
Unbeständig, adj. inconstant; variable, mobile, inégal.

Unbestechbar, =lich, adj. incorruptible, intègre.
Unbestechbarkeit, =lichkeit, f. incorruptibilité, intégrité.
Unbestimmbar, adj. indéterminable.
Unbestimmt, adj. indéterminé, indéfini; irrésolu; — reben, parler en l'air; sans précision.
Unbestimmtheit, f. manque de précision, m.; irrésolution, f.
Unbestraft, v. Ungestraft.
Unbestreitbar, adj. incontestable, indisputable.
Unbestritten, adj. incontesté.
Unbesucht, adj. non fréquenté.
Unbeträchtlich, adj. peu considérable.
Unbeugsam, v. Unbiegsam.
Unbewacht, adj. et adv. sans garde.   [armes.
Unbewaffnet, adj. et adv. sans Unbewährt, adj. qui n'est pas confirmé ou garanti.
Unbewandert, adj. peu versé.
Unbeweglich, adj. immobile, immeuble, immobilier (bien); das —e Gut, immeuble, m.; die —en Güter, coll. immobilier; der Erbe der —en Güter, héritier immobilier; — machen, immobiliser un fonds; —, fg. immobile, ferme, inflexible.
Unbeweglichkeit, f. immobilité; fg. id., fermeté, inflexibilité.
Unbewegt, adj. et adv. sans mouvement, sans émotion; inflexible, inexorable.   [mes.
Unbewehrt, adj. et adv. sans arcible.
Unbewohnbar, adj. inhabitable.
Unbewohnt, adj. inhabité, désert.
Unbewußt, adj. ignoré; adj. et adv. à l'insu de.
Unbezahlbar, adj. impayable.
Unbezähmbar, adj. indomptable.
Unbezähmt, adj. indompté.
Unbezäunt, adj. ouvert; sans haie.
Unbezeugt, adj. sans témoignage, sans avoir été attesté.
Unbezogen, adj. (logis) inhabité; (violon, etc.) non monté, sans cordes.
Unbezweifelt, adj. indubitable.
Unbezwingbar, =lich, adj. invincible, incoërcible.
Unbiegsam, adj. qui ne peut être plié; fg. inflexible; opiniâtre.
Unbiegsamkeit, f. inflexibilité; fg. id., opiniâtreté, aspérité; indocilité.
Unbild, f. Unbilbe (p. us.), v. Unrecht.
Unbillig, adj. injuste, inique, déraisonnable.   [té.
Unbilligkeit, f. injustice; iniquité.
Unblutig, adj. (théol.) non sanglant.

Unbrauchbar, *adj.* inutile; hors d'état de servir; usé, impraticable (*chemin*); — machen, démonter qch.

Unbrauchbarkeit, *fém.* inutilité; mauvais état d'une chose, *m.*

Unbürgerlich, *adj.* incivique.

Unbußfertig, *adj.* impénitent.

Unbußfertigkeit, *f.* impénitence.

Unchrist, *m.* 3, qui n'est pas chrétien. [chrétien; *fg.* cruel.

Unchristlich, *adj.* indigne d'un

Uncialbuchstab, *m. exc.* 2, —en, *pl.* lettres onciales, *f. pl.*

Und, *conj.* et.

Undank, *m.* 2, ingratitude, *f.*

Undankbar, *adj.* ingrat.

Undankbarkeit, *f.* ingratitude.

Undenkbar, *adj.* inconcevable.

Undenklich, *adj.* immémorial.

Undeutlich, *adj.* indistinct; peu clair; confus; obscur; inarticulé (*son*).

Undeutlichkeit, *fém.* confusion, obscurité; sens obscur, *m.*

Undeutsch, *adj. et adv.* qui n'est pas bon allemand.

Unbienlich, *v.* Unbrauchbar.

Unbienstfertig, *adj.* désobligeant, peu serviable.

Unbienstfertigkeit, *f.* désobligeance, peu d'empressement à rendre service, *m.* [*m.*

Unbing, *n.* 2, être chimérique.

Unbuldsam, *adj.* intolérant.

Unbuldsamkeit, *f.* intolérance.

Undurchdringlich, *adj.* impénétrable; (*phys.*) imperméable.

Undurchdringlichkeit, *f.* impénétrabilité; (*phys.*) imperméabilité.

Undurchsichtig, *adj.* opaque.

Undurchsichtigkeit, *f.* opacité.

Uneben, *adj.* inégal, âpre; *fg.* mauvais; —, *adv.* mal à propos.

Unebenheit, *f.* inégalité; (*anat.*) anfractuosité; (*fond.*) barbure.

Unedel, *adj.* ignoble; imparfait (*métal*).

Unehelich, *adj.* naturel; bâtard.

Unehrbar, *adj.* déshonnête.

Unehrbarkeit, *f.* déshonnêteté.

Unehre, *f.* déshonneur, *m.*; honte, *f.*

Unehrerbietig, *adj.* irrévérent.

Unehrerbietigkeit, *f.* irrévérence.

Unehrlich, *adj.* infâme; déshonorant.

Uneigennüßig, *adj.* désintéressé.

Uneigennüßigkeit, *f.* désintéressement, *m.*

Uneigentlich, *adj.* impropre.

Uneingebunden, *adj. et adv.* en blanc; en feuilles; —, *adj.* non relié. [souvenir.

Uneingebenk, *adj. et adv.* sans se

Uneingeschränkt, *adj.* illimité.

Uneinig, *adj.* divisé, désuni;

brouillé; uneins, en mauvaise intelligence; — machen, diviser, désunir; — werden, se diviser, se désunir, se brouiller.

Uneinigkeit, *f.* désunion, discorde; division, dissension; brouillerie.

Uneinträglich, *adj.* peu lucratif.

Unempfänglich, *adj.* non susceptible.

Unempfindlich, *adj.* insensible, impassible, indolent; léthargique.

Unempfindlichkeit, *f.* insensibilité; indolence; apathie, impassibilité; léthargie. [Unendlich.

Unenbbar, *adj.* interminable; s.

Unendlich, *adj.* infini; éternel; das — kleine Theilchen, la partie infinitésime; die Rechnung von den — kleinen Größen, le calcul infinitésimal.

Unendlichkeit, *f.* infinité, éternité.

Unentbehrlich, *adj.* indispensable.

Unentbehrlichkeit, *f.* nécessité absolue.

Unentgeltlich, *adj.* gratuit; —, *adj. et adv.* gratis.

Unenthaltsam, *adj.* incontinent.

Unenthaltsamkeit, *f.* incontinence.

Unentscheidbar, *adj.* qu'on ne peut pas juger, décider, interminable (*procès*).

Unentschieben, *adj.* indécis.

Unentschlossen, *adj.* irrésolu, indécis; — seyn, balancer.

Unentschlossenheit, *f.* irrésolution, indécision. [*c.*

Unentsezbar, *c.*, *v.* Unabsezbar.

Unentwickelt, *adj.* non développé.

Unentziehbar, *adj.* incommutable.

Unentziehbarkeit, *f.* incommutabilité. [ble.

Unentzifferlich, *adj.* indéchiffrable.

Uneracht, *v.* Ungeachtet.

Unerbittlich, *adj.* inexorable, inflexible.

Unerbittlichkeit, *f.* inflexibilité.

Unerfahren, *adj.* inexpérimenté; neuf; novice; sans expérience.

Unerfahrenheit, *f.* inexpérience, impéritie.

Unerforschlich, *adj.* impénétrable, indéchiffrable, inscrutable.

Unerforschlichkeit, *f.* incompréhensibilité.

Unerfreulich, *adj.* peu agréable.

Unerfüllt, *adj.* non accompli.

Unergründlich, *adj. et adv.* sans fond; —, *adj. fg. id.*, impénétrable. [bilité, abîme, *m.*

Unergründlichkeit, *f.* impénétra-

Unerheblich, *adj.* peu important, insignifiant, de nulle valeur; sans conséquence.

Unerheblichkeit, *f.* insignifiance, peu d'importance, *m.*

Unerhört, *adj.* inouï; non exaucé.

Unerkannt, *adj.* inconnu; incognito.

Unerkenntlich, *adj.* ingrat.

Unerkenntlichkeit, *f.* ingratitude.

Unerklärbar, *adj.* inexplicable, indéchiffrable.

Unerläßlich, *adj.* irrémissible.

Unerlaubt, *adj.* illicite. [fini.

Unermeßlich, *adj.* immense; infini.

Unermeßlichkeit, *f.* immensité.

Unermüdet, *adj.* assidu, non fatigué.

Unermüdlich, *adj.* infatigable.

Unerörterlich, *adj.* imprenable.

Uneröffnet, *adj. et adv.* sans être ouvert.

Unerörtert, *adj.* indécis.

Unerreichbar, *adj.* où l'on ne saurait atteindre, inaccessible.

Unersättlich, *adj.* insatiable.

Unersättlichkeit, *f.* insatiabilité.

Unerschaffen, *adj.* incréé.

Unerschöpflich, *adj.* inépuisable, intarissable.

Unerschrocken, *adj.* intrépide, brave; —en Muthes, intrépidement, tête baissée. [bravoure.

Unerschrockenheit, *f.* intrépidité.

Unerschütterlich, *adj.* inébranlable; imperturbable; ferme, impassible.

Unerschütterlichkeit, *f.* imperturbabilité, fermeté, impassibilité.

Unerschwinglich, *adj.* exorbitant.

Unersezlich, *adj.* irréparable.

Unersinnlich, *adj.* inconcevable, inimaginable.

Unersteiglich, *adj.* inaccessible.

Unerträglich, *adj.* insupportable, intolérable. [intolérable.

Unerträglichkeit, *f.* qualité d'être

Unerwachsen, *adj.* jeune; en bas âge; dont l'éducation n'est pas achevée.

Unerwähnt, *adj.* qui n'est pas cité, mentionné.

Unerwartet, *adj.* inattendu, imprévu; inespéré (*bonheur*).

Unerweclich, *adj.* qu'on ne peut éveiller.

Unerweichlich, *adj.* inflexible.

Unerweislich, *adj.* improbable, insoutenable, qui ne peut être prouvé.

Unerweislichkeit, *f.* improbabilité.

Unerwiesen, *adj.* qui n'est pas prouvé.

Unerwogen, *adj.* qui n'a pas été considéré, sans considérer.

Unerzogen, *v.* Unerwachsen.

Uneßbar, *adj.* immangeable.

Unfähig, *adj.* incapable; inhabile (aussi *jur.*). [bilité.

Unfähigkeit, *f.* incapacité, inha-

Unfall, *m.* 2*, accident; malheur, revers, désastre, chute, *f.* disgrâce.

Unfehlbar, adj. infaillible; immanquable; sûr, certain; (théol.) impeccable; (cath.) infaillible, indéfectible; —, adv. infailliblement, etc., à coup sûr.

Unfehlbarkeit, f. infaillibilité; (cath.) id., indéfectibilité.

Unfein, adj. peu convenable, peu délicat, inconvenant.

Unfern, adj. et adv. pas loin.

Unflath, m. 2, (sans pl.) ordure, f.; saleté; immondices, pl.

Unflätherei, f. ordure; fg. id., obscénité; —en, pl. gros mots, m. pl. [id, obscène; cynique.

Unflätbig, adj. sale; vilain; fg.

Unfleiß, m. 2, inapplication, f.

Unfleißig, adj. inappliqué, négligent. [béissant.

Unfolgsam, adj. indocile, désobéissant.

Unfolgsamkeit, f. indocilité.

Unförmlich, adj. informe, difforme; mal fait.

Unförmlichkeit, f. difformité.

Unfreigebig, Unfreisinnig, adj. illibéral, peu libéral.

Unfreiwillig, adj. non volontaire, involontaire; —, adv. forcément.

Unfreundlich, adj. disgracieux, désobligeant, peu affable, brusque; mauvais (visage); fg. désagréable, triste; sombre (temps).

Unfreundlichkeit, fém. air disgracieux, m. désobligeance, f.; fg. inclémence du temps. [cal.

Unfreundschaftlich, adj. peu amicale; m. exc. 2, discorde, f. désunion.

Unfriedlich, adj. querelleur.

Unfruchtbar, adj. infructueux, infertile, stérile, inféfcond; aride; fg. id., ingrat (travail); bréhaigne (vache).

Unfruchtbarkeit, f. infertilité, infécondité, stérilité, aridité; fg. stérilité, aridité.

Unfug, m. 2, désordre.

Unfühlbar, adj. imperceptible, insensible, impalpable.

Ungangbar, adj. inaccessible, impraticable; peu fréquenté; qui n'est pas de mise; qui n'a point de cours.

Ungar, m. 3, Hongrois.

Ungarisch, adj. hongrois; —lederbereiter, m. 1, hongroyeur.

Ungarn, n. Hongrie, f.

Ungastfreundlich, adj. inhospitalier. [lité.

Ungastfreundlichkeit, f. inhospitalité.

Ungeachtet, adj. mésestimé; sans crédit; —, prép. malgré, nonobstant; sans avoir égard à; besen, néanmoins; —, conj. quoique.

Ungeahndet, adj. impuni; —, adv. impunément.

Ungebahnt, adj. rude, raboteux.

Ungebändigt, adj. indompté.

Ungebauet, v. Unangebaut.

Ungeberdig, adj. grimacier; revêche. [prié.

Ungebeten, adj. et adv. sans être

Ungebildet, adj. difforme, contrefait; non façonné, non ouvré (toile); fg. inculte, incivilisé.

Ungebleicht, adj. cru, écru, non blanchi (toile). [çonné.

Ungeblümt, adj. simple, non façonné.

Ungeboren, adj. qui n'est pas encore né; das —e Kind, embryon, m. [brûlé.

Ungebrannt, adj. non cuit, non

Ungebräuchlich, adj. inusité.

Ungebraucht, adj. dont on ne s'est pas servi; neuf.

Ungebühr, f., zur —, injustement, mal à propos.

Ungebührlich, adj. indécent; inconvenant, indu; injuste.

Ungebührlichkeit, f. indécence; injustice.

Ungebunden, adj. non lié; v. Uneingebunden; fg. libre; (style) prosaïque; —e Hände haben, avoir les mains libres.

Ungebundenheit, f. licence, liberté; libertinage, m.; — im Reden, intempérance de langue, f.

Ungedruckt, adj. qui n'est pas imprimé; inédit (ouvrage).

Ungeduld, f. impatience.

Ungeduldig, adj. impatient; — machen, impatienter; — werden, s'impatienter.

Ungeehrt, adj. qui n'est pas honoré, sans honneur.

Ungefähr, adj. fortuit; accidentel; — adv. environ; approchant; à peu près; près de; (math.) par approximation; von —, par hasard, de ou par aventure; —, s. n. 1, hasard, m.; v. Zufall.

Ungefällig, adj. désagréable, désobligeant.

Ungefälligkeit, f. désobligeance.

Ungefärbt, adj. non teint; fg. sincère, véritable.

Ungefaßt, adj. (pierre fine) qui n'est pas monté, hors d'œuvre.

Ungeflößt, adj. (bois) non flotté.

Ungeflügelt, adj. et adv. sans ailes; —, adj. (insecte) aptère.

Ungefordert, adj. et adv. sans être demandé; de son plein gré.

Ungefragt, adj. et adv. sans être demandé; sans être interrogé.

Ungefüttert, adj. et adv. (habit) sans doublure.

Ungegessen, adj. qui n'est pas mangé; —, adj. et adv. sans avoir mangé; à jeun.

Ungegohren, adj. qui n'a pas fermenté, bourru (vin).

Ungegründet, adj. mal fondé;

gratuit (accusation); faux (nouvelle). [mécontent.

Ungehalten, adj. fâché, indigné;

Ungeheißen, adv. sans ordre, de son chef; volontairement.

Ungehemmt, adj. libre; —, adj. et adv. sans obstacle; sans interruption. [feinte.

Ungeheuchelt, adj. et adv. sans

Ungeheuer, n. 1, monstre, m.; —, adj. monstrueux; prodigieux; excessif; énorme; die —e Größe, das —e, n. 3, monstruosité, f. énormité.

Ungehindert, adj. libre; —, adj. et adv. sans empêchement ou trouble.

Ungehobelt, adj. brut; fg. impoli.

Ungehofft, adj. inespéré.

Ungehörig, adj. inconvenant; indu; —, adv. mal à propos.

Ungehorsam, adj. désobéissant; (jur.) défaillant; —, s. m. 1, désobéissance, f.; (guer.) insubordination; (jur.) défaut, m.; contumace, f.

Ungehört, adj. et adv. sans avoir été oui, entendu.

Ungehudelt, adj. et adv. sans être tourmenté ou importuné; laß mich —, laisse-moi tranquille, en repos. [fane.

Ungeißlich, adj. mondain, profane.

Ungekämmt, adj. qui n'est pas peigné. [cuit.

Ungekocht, adj. cru; sans être

Ungekränkt, adj. tranquille; qui n'est pas inquiété ou troublé.

Ungekünstelt, adj. naïf, naturel; —, adj. et adv. sans art.

Ungeläutert, adj. brut; qui n'est pas purifié ou raffiné.

Ungelegen, adj. incommode, importun; —, adv. mal à propos.

Ungelegenheit, f. incommodité; importunité; einem — machen, incommoder, importuner, molester qn.; einen in — bringen, compromettre qn.

Ungelehrig, adj. indocile.

Ungelehrigkeit, f. indocilité.

Ungelehrt, adj. peu instruit; ignorant, ignare; non lettré, inérudit.

Ungelehrtheit, f. ignorance.

Ungelenk, adj. manquant d'agilité.

Ungelesen, adj. sans avoir été lu.

Ungelöscht, adj. non éteint; die —e Kohle, braise, f.; der —e Kalk, la chaux vive.

Ungemach, n. 2, adversité, f. revers, m.; malaise. malaisé.

Ungemächlich, adj. incommode,

Ungemächlichkeit, f. incommodité.

Ungemahnt, adj. et adv. sans être sommé de payer; sans avertissement.

**Ungemein**, adj. rare; singulier; extraordinaire; peu commun; étrange; —, adv. très.

**Ungemeffen**, adj. et adv. sans mesurer, illimité, excessif.

**Ungemifcht**, adj. pur; —, adj. et adv. sans mélange.

**Ungemünzt**, adj. non monnayé; —, adj. et adv. en barres.

**Ungenannt**, adj. anonyme, sans nom; (jur.) innommé; (anat.) innominé; —t, m. 3, anonyme.

**Ungeneigt**, adj. mal-affectionné; etw. — aufnehmen, prendre qch. en mauvaise part.

**Ungeneigtheit**, f. indisposition, éloignement, m.

**Ungenießbar**, adj. ni mangeable ni potable; fg. insupportable.

**Ungenoffen**, adj. dont on n'a pas joui. [gré.

**Ungenöthiget**, adj. et adv. de bon

**Ungenügfam**, adj. insatiable.

**Ungenügfamfeit**, f. insatiabilité.

**Ungenüßt**, adj. entier; neuf; dont on n'a pas profité ou fait usage.

**Ungeordnet**, adj. et adv. sans ordre, en désordre, pêle-mêle; —, adj. informe. [gligé.

**Ungepußt**, adj. non orné; en né-

**Ungerächt**, adj. et adv. impuni, sans vengeance.

**Ungerade**, adj. inégal; qui n'est pas droit; impair (nombre); (cha.) mal-semé (bois). [pravé.

**Ungerathen**, adj. dénaturé, dé-

**Ungerechnet**, adj. non compris; —, adv. sans compter.

**Ungerecht**, adj. injuste, inique.

**Ungerechtigfeit**, f. injustice, iniquité.

**Ungereimt**, adj. non rimé; fg. inepte, absurde, extravagant, inconséquent, incongru, impertinent; —e Verfe, vers blancs, m. pl.

**Ungereimtheit**, f. absurdité; ineptie, extravagance, inconséquence, incongruité, disparate; impertinence.

**Ungern**, adv. à contre-cœur; à regret, contre son gré; — fchreiben, ne pas aimer à écrire; Sie werden nicht — fehen, vous ne serez pas fâché.

**Ungerochen**, adj. impuni; —, adv. impunément.

**Ungefalzen**, adj. et adv. sans sel; —, adj. frais.

**Ungefattelt**, adj. et adv. sans selle; —, adv. à poil, à cru.

**Ungefäuert**, adj. et adv. sans levain; —, adj. azyme.

**Ungefäumt**, adj. prompt, incontinent; —, adj. et adv. (cout.) sans être ourlé. [arrivé.

**Ungefchehen**, adj. qui n'est pas

**Ungefcheidt**, adj. peu sensé; absurde; imprudent; mal avisé.

**Ungefcheidtheit**, f. manque de jugement, m.; absurdité, f.; imprudence. [pudent.

**Ungefcheut**, adj. hardi; m. p. im-

**Ungefchicklich**, adj., v. Ungefchickt.

**Ungefchicklichfeit**, f. maladresse, malhabileté, inhabileté, impéritie; gaucherie.

**Ungefchickt**, adj. maladroit; malhabile, inhabile; gauche; fm. lourd (chose); peu propre à qch.

**Ungefchlacht**, adj. peu souple; intraitable; rude (homme, pays); maussade.

**Ungefchliffen**, adj. brut; qui n'est pas affilé; fg. impoli, grossier.

**Ungefchliffenheit**, f. grossièreté, impolitesse.

**Ungefchmack**, m. 2, manque de goût, mauvais goût.

**Ungefchmälert**, adj. entier; —, adv. sans préjudice, sans faire tort.

**Ungefchmeidig**, adj. qui n'est pas souple; peu flexible; rude.

**Ungefchmeidigfeit**, f. manque de souplesse, m.; roideur, f.

**Ungefchminkt**, adj. et adv. sans fard; fg. id.; —, adj. sincère.

**Ungefchoren**, adj. qui n'est pas tondu. [queue.

**Ungefchwänzt**, adj. (singes) sans

**Ungefchworen**, adj. non assermenté. [vu.

**Ungefehen**, adj. et adv. sans être

**Ungefellig**, adj. insociable, intraitable.

**Ungefelligfeit**, f. insociabilité.

**Ungefellfchaftlich**, adj. peu social.

**Ungefetzmäßig**, adj. illégal, illégitime. [légitimité.

**Ungefetzmäßigfeit**, f. illégalité, illégitimité.

**Ungefittet**, adj. impoli, grossier.

**Ungefprächig**, adj. taciturne, peu affable.

**Ungeftalt**, **Ungeftaltet**, adj. difforme, informe, contrefait, mal bâti, laid, disgracié; injur. malotru.

**Ungeftaltheit**, f. difformité; laideur. [voue.

**Ungeftändig**, adj. qui nie ou désa-

**Ungeftattet**, adj. et adv. sans permission.

**Ungeftielt**, adj. sans manche, sans tige; (bot.) intigé, acaule.

**Ungeftört**, adj. tranquille; —, adv. en repos, sans interruption.

**Ungeftraft**, adj. impuni; —, adv. impunément.

**Ungeftraftheit**, f. impunité.

**Ungeftüm**, adj. orageux; impétueux; violent; fg. impétueux, violent; brusque, emporté; —, s. n. 2, impétuosité, f. violence; fg. id., emportement, m. importunité, f.

**Ungefund**, adj. malsain, insalubre (logis); (méd.) cacochyme (homme).

**Ungefundheit**, f. insalubrité (de l'air); mauvaise santé.

**Ungetheilt**, adj. indivis; indivisé, entier. [fion.

**Ungetheiltheit**, f. (jur.) indivi-

**Ungethüm**, n. 2, spectre, m. monstre.

**Ungetreu**, adj. infidèle, perfide.

**Ungeübt**, adj. inexercé, novice, neuf; peu habile; —, adv. sans expérience.

**Ungewafchen**, adj. qui n'est pas lavé, grossier.

**Ungeweihet**, adj. profane, qui n'est pas initié ou consacré.

**Ungewiß**, adj. incertain; douteux; casuel (revenu); aufs Ungewiffe, au hasard.

**Ungewiffenhaft**, v. Gewiffenlos.

**Ungewißheit**, f. incertitude; doute, m.; embarras, hésitation, f.

**Ungewitter**, n. 1, tempête, f. orage, m.

**Ungewogen**, adj. qui n'est pas pesé; fg. mal-affectionné.

**Ungewöhnlich**, adj. inusité; extraordinaire; singulier, étrange; rare; insolite; (méd.) intercurrent (fièvre).

**Ungewöhnlichfeit**, f. singularité.

**Ungewohnt**, adj. non accoutumé, inaccoutumé. [étrangeté.

**Ungewohnheit**, f. inhabitude.

**Ungezähme**, adj. indompté, sauvage. [vermine.

**Ungeziefer**, n. 1, insectes, m. pl.

**Ungeziemend**, adj. indécent.

**Ungezogen**, adj. mal élevé, impoli, grossier, indécent.

**Ungezogenheit**, f. manque d'éducation, m.; indécence, f.; mauvaise conduite.

**Ungezwungen**, adj. libre, dégagé, facile, naturel, naïf, ingénu.

**Ungezwungenheit**, f. aisance; liberté, dégagement du corps, m.; ingénuité, f.

**Unglaube**, m. exc. 2, incrédulité, f.; irréligion.

**Ungläubig**, adj. incrédule; infidèle; irréligieux; —t, m. 3, infidèle, mécréant.

**Unglaublich**, adj. incroyable.

**Unglaublichfeit**, f. incrédibilité.

**Ungleich**, adj. inégal, raboteux, (chemin); barlong (étoffe); gravelé (chandelle); fg. inégal, dissemblable, hétérogène; dépareillé, impair (nombre); (méd.) intercadent, caprisant (pouls), v. Schwach; intercurrent (fièvre); — fetzn, jarreter (ligne).

**Ungleichartig**, adj. hétérogène, dissimilaire.

Ungleichartigfeit, f. hétérogénéité, dissimilitude. [rophylle.

Ungleichblätterig, adj. (bot.) hété-

Ungleichförmig, adj. non conforme à, dissemblable, différent.

Ungleichförmigfeit, f. dissemblance, inégalité, disparate.

Ungleichheit, f. inégalité; différence, disparité, disproportion, disconvenance. [lène.

Ungleichseitig, adj. (géom.) sca-

Unglimpflich, adj. dur, rude; désobligeant.

Unglück, n. 2 (pl. —sfälle), malheur, m. infortune, f. adversité; misère; calamité; disgrâce; chute; guignon au jeu, m.; auf Glück und —, au hasard, à l'aventure; zum —, par malheur, malheureusement.

Unglücklich, adj. malheureux, infortuné, funeste, fatal; désastreux, sinistre; fm. malencontreux.

Unglücksbote, m. 3, messager du malheur, porte-malheur.

Unglückselig, adj. malheureux.

Unglückseligfeit, f. misère, malheur, m.

Unglücksfall, m. 2*, accident fâcheux; revers, malheur.

Unglückskind, n. 5, enfant de malheur, m. [mauvais augure.

Unglücksvogel, m. 1*, oiseau de

Unglücksvoll, adj. calamiteux.

Ungnade, f. disgrâce; (poés.) inclémence des dieux; in — fallen, être disgracié; encourir la disgrâce; — auf einen werfen, disgracier qn.

Ungnädig, adj. indigné; irrité.

Ungöttlich, adj. irréligieux, impie. [peu magnanime.

Ungroßmüthig, adj. peu généreux,

Ungrund, m. 2*, abîme; fg. fausseté, f.

Ungültig, adj. non valable, invalide; nul; aboli; — machen, für — erflären, casser, invalider, infirmer, annuler; — machend, infirmatif, irritant, dirimant.

Ungültigfeit, f. invalidité, nullité.

Ungunst, f. disgrâce, défaveur, malveillance; inclémence du temps; malignité du sort.

Ungünstig, adj. défavorable.

Ungut, adj. en mal; nichts für —, ne prenez pas en mal; für — nehmen, prendre en mal.

Ungütig, adj. dur; rigoureux; —, en mal, en mauvaise part.

Unhaltbar, adj. qui n'est pas ferme ou solide; qui n'est pas tenable.

Unheil, n. 2, mal, m. malheur.

Unheilbar, adj. incurable, inguérissable, irrémédiable (mal).

Unheilbarfeit, f. incurabilité.

Unheilig, adj. impie, profane.

Unheimlich, adj. (lieu) peu sûr, peu agréable.

Unherstellbar, adj. (chim.) irréductible. [lité.

Unherstellbarfeit, f. irréductibi-

Unhöflich, adj. incivil, impoli, désobligeant.

Unhöflichfeit, f. incivilité, impolitesse, désobligeance, grossiéreté.

Unhold, adj. mal-affectionné.

Unhold, m. 2, =imm, f. esprit malin, m. sorcière, f.; méchant homme, m. méchante femme, f.

Unhörbar, adj. imperceptible.

Uniform, f. uniforme, m. habit d'ordonnance.

Universal, adj. universel.

Universal=Arznei, f. =mittel, n. 1, remède universel, m. panacée, f. catholicon, m.

Universität, f. université.

Universum, n. 2, univers, m.

Unfe, f. une espèce de serpent; prvcl. crapaud, m. grenouille, f.

Unfennbar, Unfenntlich, adj. méconnaissable.

Unfennbarfeit, Unfenntlichfeit, f. état méconnaissable, m.

Unfenntniß, f. ignorance.

Unfeusch, adj. impudique, impur, luxurieux.

Unfeuschheit, f. impudicité, impureté, luxure.

Unflar, adj. peu clair, peu évident; (mar.) empêché, embarrassé.

Unflug, adj. imprudent; fou.

Unflugheit, f. imprudence; folie.

Unförperlich, adj. immatériel, incorporel.

Unförperlichfeit, f. immatérialité, incorporalité.

Unfosten, pl. frais, m. pl.; dépens; fleine —en, faux frais.

Unfräftig, adj. faible, sans force; inefficace; invalide.

Unfräftigfeit, f. faiblesse; inefficacité; (jur.) invalidité.

Unfraut, n. 5*, mauvaise herbe, f. ivraie.

Unfunde, f. ignorance.

Unfunbig, adj. ignorant.

Unlängst, adv. depuis peu; dernièrement, l'autre jour; (poés.) naguères.

Unläugbar, adj. incontestable; irrécusable, clair; —, adv. sans contredit; de fait.

Unläugbarfeit, f. évidence.

Unlauter, adj. impur; corrompu.

Unlauterfeit, f. impureté; corruption.

Unleiblich, adj. insupportable.

Unlenfsam, adj. indocile.

Unleserlich, adj. difficile à lire, illisible, inlisible; die —e Schrift, griffonnage, m.

Unlieb, adj. désagréable; es ist mir nicht —, je n'en suis pas fâché.

Unlust, f.*, déplaisir, m. dégoût.

Unlustig, adj. chagrin, morne; dégoûtant; ennuyeux, triste; désagréable.

Unmanierlich, adj. péu gracieux, impoli; adv. sans grâce, de mauvaise façon, grossièrement.

Unmannbar, adj. impubère.

Unmannbarfeit, f. non-puberté.

Unmännlich, adj. indigne d'un homme, efféminé.

Unmaßgeblich, v. Unvorgreiflich.

Unmäßig, adj. excessif, énorme, sans mesure; intempérant; immodéré; désordonné; incontinent; —e, m. 3, intempérant.

Unmäßigfeit, f. excès, m.; intempérance, f.; incontinence.

Unmensch, m. 3, monstre, homme cruel, barbare.

Unmenschlich, adj. inhumain; barbare, dénaturé.

Unmenschlichfeit, f. inhumanité.

Unmerflich, =bar, adj. imperceptible, insensible.

Unmerflichfeit, f. qualité de ce qui est imperceptible.

Unmeßbar, adj. incommensurable. [bilité, asymétrie.

Unmeßbarfeit, f. incommensura-

Unmittelbar, adj. immédiat.

Unmittelbarfeit, f. état immédiat, m. [cable.

Unmittheilbar, adj. incommuni-

Unmöglich, adj. impossible; (alg.) imaginaire; was doch — ist, par impossible.

Unmöglichfeit, f. impossibilité.

Unmoralisch, adj. immoral; —e, n. 3, immoralité, f. [bère.

Unmündig, adj. mineur, impu-

Unmündigfeit, f. minorité.

Unmüßig, adj. qui n'est pas oisif.

Unmuth, m. 2, mauvaise humeur, f. chagrin, m.

Unmuthig, adj. et adv. de mauvaise humeur.

Unnachahmlich, adj. inimitable.

Unnachbarlich, adj. qui n'est pas d'un bon voisin.

Unnachläßlich, adj. irrémissible.

Unnachtheilig, adv. sans préjudice.

Unnatürlich, adj. non naturel; dénaturé; contre nature; contraint, (peint.) mannequiné.

Unnennbar, adj. inexprimable.

Unnöthig, adj. inutile, superflu.

Unnöthigfeit, f. inutilité, superfluité.

Unnütz, adj. inutile; superflu; frivole; parasite (mot); oiseux.

Unnützlichfeit, f. inutilité, frivolité.

**Unordentlich**, *adj.* désordonné, confus, en désordre; irrégulier; déréglé, brouillon.

**Unordnung**, *f.* désordre, *m.* confusion, *f.*; irrégularité; déréglement, *m.*; intempérie *de l'air*, *f.*; (*méd.*) ataxie; in — bringen, mettre en désordre; déranger, dérégler; désorganiser; (*méc.*) détraquer; in — gerathen, se déranger, se dérégler, se désorganiser; se détraquer.

**Unpaar**, *adj.* dépareillé, disparate (*gant, etc.*); die —e Blutader, azygos, *m.*

**Unparteiisch**, **Unparteilich**, *adj.* impartial.

**Unparteilichkeit**, *f.* impartialité.

**Unpäßlich**, *adj.* indisposé, incommodé; maladif, infirme.

**Unpäßlichkeit**, *f.* indisposition, incommodité.

**Unpersönlich**, *adj.* impersonnel.

**Unpolitisch**, *adj.* manquant de politique; imprudent.

**Unpreßbar**, *adj.* incompressible.

**Unproportionirt**, *adj.* disproportionné.

**Unrath**, *m.* 2*, ordure, *f.*; épluchure; vilenie; excréments, *m. pl.*; immondices, *f.pl.*; der schwarze —, méconium *des nouveaunés*, *m.*; *fg.* er merkt —, il se doute du tour qu'on veut lui jouer, il se doute de qch.

**Unrathsam**, *adj.* peu convenable.

**Unrecht**, *adj.* injuste; faux; indu; am —en Orte, déplacé; —, *adv.* mal, mal à propos; —, *s. n.* 2, injustice, *f.*; tort, *m.*; grief, injure, *f.*; sein — erkennen, se faire justice.

**Unrechtmäßig**, *adj.* illégitime, illégal, injuste; —, *adv.* à tort; an sich bringen, usurper; der —e Besitzer, usurpateur, *m.*; der —e Besitz, usurpation, *f.*

**Unrechtmäßigkeit**, *f.* illégitimité; illégalité.

**Unredlich**, *adj.* malhonnête, déloyal, de mauvaise foi.

**Unredlichkeit**, *f.* malhonnêteté, improbité; déloyauté, mauvaise foi.

**Unregelmäßig**, *adj.* irrégulier; anomal; (*gramm.*) id., hétéroclite.

**Unregelmäßigkeit**, *f.* irrégularité; anomalie; (*méd.*) ataxie *de la fièvre*. [abortif.

**Unreif**, *adj.* vert; non mûr; (*bot.*)

**Unreise**, *f.* verdeur.

**Unrein**, *adj.* impur; immonde; (*animal*) sale; baveux; féculent (*urine*); *fg.* impur, impudique.

**Unreinigkeit**, *f.* impureté, ordure, immondice; chancre *des dents*,

---

*m.*; *fg.* impureté, *f.* impudicité.

**Unreinlich**, *adj.* malpropre, sale.

**Unreinlichkeit**, *f.* malpropreté.

**Unrichtig**, *adj.* faux; irrégulier; erroné; inexact; incorrect; infidèle (*copie*); déréglé (*pouls*); — geben, (*méc.*) se détraquer.

**Unrichtigkeit**, *f.* inexactitude; incorrection; fausseté; erreur; irrégularité; déréglement, *m.*

**Unruhe**, *f.* agitation, inquiétude; alarme; in — setzen, *v.* Beunruhigen; —, (*horl.*) balancier, *m.*

**Unruhig**, *adj.* inquiet, agité; turbulent; sémillant, frétillant (*enfant*); (*mar.*) houleux; — machen, *v.* Beunruhigen; — werden, s'inquiéter; s'agiter.

**Unrühmlich**, *adj.* peu glorieux.

**Unruhstifter**, *m.* 1, désorganisateur, incendiaire.

**Uns**, *pron.* à nous; nous.

**Unsäglich**, *adj.* inexprimable; indicible.

**Unsanft**, *adj.* rude; brusque.

**Unsauber**, **Unsäuberlich**, 2c., *v.* Unrein, Unreinlich, 2c.

**Unsauberbar**, *adj.* indécrottable.

**Unschabhaft**, *adj.* entier; en bon état; non endommagé.

**Unschädlich**, *adj.* innocent; non nuisible; — machen, neutraliser, amortir *un coup*.

**Unschädlichkeit**, *f.* innocence.

**Unschätzbar**, *adj.* inestimable, inappréciable. [ble, *m.*

**Unscheinbar**, *adj.* sans éclat; peu apparent. [clat, *m.*

**Unscheinbarkeit**, *f.* manque d'é-

**Unschicklich**, *adj.* indécent, inconvenant, messéant; *fm.* incongru; —, *adv.* mal à propos; — seyn, messeoir, ne pas convenir.

**Unschicklichkeit**, *f.* inconvenance; incongruité, indécence.

**Unschiffbar**, *adj.* innavigable.

**Unschlitt**, *n.* 2, suif, *m.*; mit —beschmieren, (*mar.*) espalmer.

**Unschlittkerze**, *n.* 5, chandelle, *f.*

**Unschlüssig**, *adj.* irrésolu, indéterminé, incertain, en balance; — seyn, hésiter, balancer.

**Unschlüssigkeit**, *f.* irrésolution, hésitation.

**Unschmackhaft**, *adj.* insipide; fade.

**Unschmackhaftigkeit**, *fém.* fadeur, insipidité, manque de goût, *m.*

**Unschmelzbar**, *adj.* infusible.

**Unschön**, *adj.* peu agréable, rude, choquant (*procédé*).

**Unschuld**, *f.* innocence.

**Unschuldig**, *adj.* innocent; — ou —erweise, *adv.* innocemment.

**Unschwer**, *adj.* peu difficile; aisé, facile; —, *adv.* -ment.

**Unsegen**, *m.* 1, malédiction, *f.*

---

**Unselig**, *adj.* malheureux, funeste, fatal; (*théol.*) damné.

**Unseligkeit**, *f.* malheur, *m.* fatalité, *f.*; (*théol.*) damnation.

**Unser**, *pron.* notre; à nous; de nous.

**Unserige** ou **Unsrige**, **Unsere**, *adj. et s.* nôtre, *m. et f.*; Unserigen, *pl.* nôtres.

**Unserthalben**, **Unsertwegen**, um Unsertwillen, *adv.* à cause de nous; pour nous, pour l'amour de nous.

**Unsicher**, *adj.* peu sûr; incertain; mal assuré, variable; dangereux; périlleux; sujet à caution; — machen, infester *un bois.*

**Unsicherheit**, *f.* manque de sûreté, *m.*; incertitude, *f.* danger, *m.*

**Unsichtbar**, *adj.* invisible; — werden, disparaître; s'éclipser.

**Unsichtbarkeit**, *f.* invisibilité.

**Unsinn**, *m.* 2, déraison, *f.* extravagance, folie, frénésie; non sens, *m.*

**Unsinnig**, *adj.* frénétique; insensé; fou; extravagant; contre le sens commun; — werden, tomber en frénésie; *fg. fm.* enrager; — machen, *fg. fm.* faire enrager qn.

**Unsinnigkeit**, *f.* frénésie, folie.

**Unsittlich**, *adj.* mal morigéné; mal discipliné, impoli.

**Unsittlich**, *adj.* immoral, déshonnête; — machen, démoraliser.

**Unsittlichkeit**, *f.* immoralité.

**Unsorgsam**, *adj.* nonchalant; négligent.

**Unsorgsamkeit**, *f.* insouciance.

**Unstät**, **Unstätig**, *adj.* remuant; errant, ambulant, variable; inconstant; passager; unstätig, (*math.*) discret.

**Unstätigkeit**, *f.* inconstance, instabilité; variation; vicissitude.

**Unstatthaft**, *adj.* qui n'est pas fondé; non valable; illégal; für — erklären, (*jur.*) mettre au néant, casser.

**Unstatthaftigkeit**, *f.* défaut de validité, *m.* illégalité, *f.*

**Unsterblich**, *adj.* immortel; — machen, rendre immortel, immortaliser.

**Unsterblichkeit**, *f.* immortalité.

**Unstern**, *m.* 2, désastre, malheur; étoile malheureuse, *f.*; *fm.* déconvenue.

**Unstörbar**, *adj.* imperturbable, inaltérable; (*jur.*) incommutable.

**Unstörbarkeit**, *f.* imperturbabilité; (*jur.*) incommutabilité.

**Unstrafbar**, **Unsträflich**, *adj.* irrépréhensible, irréprochable.

**Unsträflichkeit**, *f.* innocence.

**Unstreitig**, *adj.* incontestable.

**Unstudirt**, *adj.* non lettré, ignare; *fg.* non étudié; naturel.

Unfündig, *adj.* impeccable.
Unfündigfeit, *f.* impeccabilité.
Unfündlich, *adj.* innocent.
Unfündlichfeit, *f.* innocence.
Unfymetrisch, *adj.* sans symétrie; (*cristal*) dissimilaire.
Untabelhaft, *adj.* irréprochable.
Untauglich, *adj.* qui n'est bon à rien, futile, inhabile, incapable.
Untauglichfeit, *f.* inutilité; incapacité, inhabileté, inaptitude.
Unten, *adv.* en bas; bas, par en bas; dessous; hier —, ici-bas; wer ift —, qui est là-bas? — an, au bas bout, au pied de; von — her, d'en bas; bort —, là-bas.
Unter, *prép.* sous, au-dessous; entre; parmi; dans; en; au milieu de; à moins de *cent francs*; pendant; mit —, de temps en temps, parfois; die Sonne ift —, le soleil s'est couché. (Unter *dans la composition est dans le même cas que* Ueber; *voyez cet article.*)
Unter, *adj.* bas; inférieur; der —fte, le dernier; —t Theil, —t, *n.* 3, bas, *m.* dessous; fond; bas —fte zu oberft fehren, mettre sens dessus dessous.
Unterabtheilung, *f.* subdivision.
Unteradmiral, *m.* 2*, vice-amiral.
Unterbalfen, *m.* 1, architrave, *f.*; (*ant.*) épistyle.
Unterbau, *m.* 2, fondement.
Unterbauch, *m.* 2*, bas-ventre; (*anat.*) id., hypogastre; —gegend, *f.* région hypogastrique.
Unterbauen, *v. a.* travailler sous œuvre.
Unterbefehlshaber, *m.* 1, vice-commandant, sous-commandant.
Unterbereiter, *m.* 1, (*man.*) créat.
Unterbett, *n. exc.* 1, matelas, *m.* paillasse, *f.*
Unterbibliothefar, *m.* 2, sous-bibliothécaire.
Unter binden, *v. a.* 3, lier par dessous; unterbinden, *v. a.* faire une ligature.
Unterbindung, *f.* ligature.
Unterbleiben, *v. n.* 5 (f.) n'avoir pas lieu; cesser, discontinuer.
Unter brechen, *v. a.* 2, interrompre, discontinuer.
Unterbrecher, *m.* 1, interrupteur.
Unterbrechung, *f.* interruption, discontinuation; (*méd.*) intermission, intermittence.
*Unterbringen, *v. a.* mettre dessous; mettre à couvert; *fg.* placer, employer.
Unterbeffen, *adv.* en attendant; cependant; sur *ou* dans ces entrefaites.      [nat, *m.*
Unterbiafonat, *n.* 2, sous-diaconat.
Unterbiafonus, *m. exc.* 1, sous-diacre.

Unter brüden, *v. a. fg.* opprimer qn.; supprimer, étouffer, réprimer, comprimer qch.; assoupir *une dispute.*
Unterbrüdend, *adj.* oppressif.
Unterbrüder, *m.* 1, oppresseur.
Unterbrüdung, *f.* oppression; suppression; abolition *d'un procès.*
Untereinander, *adv.* pêle-mêle; confusément, sans ordre.
Unter fangen (fich) 4, oser; tenter qch.; —, *s. n.* 1, entreprise, *f.*; tentative.
Unterfeldherr, *m.* 3, lieutenant-général, général en second.
Unterfläche, *f.* base.
Unterfutter, *n.* 1, doublure, *f.* fourrure.
Untergang, *m.* 2*, coucher *du soleil*; couchant; occident; *fg.* décadence, *f.* ruine, chute, destruction.
Untergeben, *v. a.* 1, soumettre, confier à la conduite de qn.; subordonner; —, *part.* soumis; sujet; inférieur; —t, *m.* 3, subalterne, inférieur; élève, disciple.
Untergebinde, *n.* 1, centaine d'un écheveau de fil *ou* de soie, *f.*
Untergebung, *f.* soumission.
*Untergehen, *v. n.* (f.) se coucher; aller au fond; s'enfoncer, couler à fond; s'abimer; *fg.* périr.
Untergeordnete, *m.* 3, subalterne, inférieur; als —t, en sous-ordre.
Untergeschoß, *n.* 2, rez-de-chaussée, *m.*      [ches, *f. pl.*
Untergewehr, *n.* 2, armes blanches.
Untergraben, *v. a.* 7, creuser; miner, saper.
Untergrabung, *f.* sape.
Unterhalb, *prép. et adv.* au dessous de; par le bas.
Unterhalt, *m.* 2, entretien; (*jur.*) entretènement, aliments, *pl.*; — im Holz, affouage.
Unterhalten, *v. a.* 4, tenir dessous; unterhalten, *v. a.* entretenir, nourrir; amuser qn.; cultiver *l'amitié de qn.*; fomenter *des troubles*; fich unterhalten, s'entretenir, etc.; parler; *fm.* causer.
Unterhaltend, *adj.* amusant.
Unterhaltung, *f.* entretien, *m.*; frais de subsistance, *pl.*; *fg.* entretien, conversation, *f.* discours, *m.* amusement; der —fähig, amusable.
Unterhaltungsfoften, *pl.* frais d'entretien, *m.*; (*jur.*) impenses, *f.*
Unterhandeln, *v. a. et n.* (b.) négocier; traiter; (*guer.*) capituler, composer; ménager.
Unterhändler, *m.* 1, négociateur; (*comm.*) courtier; *fm.* entremetteur; mercure, *m. p.* maquignon; —finn, *f.* entremetteuse.

Unterhandlung, *f.* négociation, conférence; accommodement, *m.*
*Unterhauen, *v. a.* enlever la main par dessous (*escrime*).
Unterhauptmann, *m.* 5*, capitaine en second, lieutenant.
Unterhaus, *n.* 5*, bas étage, *m.* rez-de-chaussée, *m. fg.* chambre des communes *du parlement d'Angleterre, f.*
Unterhelfen, *v. n.* 2 (b.) (jemanden) appuyer qn.; s'intéresser pour qn.      [de dessous, *f.*
Unterhembe, *n. exc.* 1, chemise
Unterhofmeifter, *m.* 1, =inn, *f.* sous-gouverneur, *m.* sous-gouvernante, *f.*
Unterhöhlen, *v. a.* creuser; miner; dégravoyer (*eau*).      [*m.*
Unterhöhlung, *f.* dégravoiment, *f.*
Unterholz, *n.* 5*, bois taillis, *m.*
Unterhofen, *pl.* caleçons, *m.*
Unterjochen, *v. a.* subjuguer, assujettir, asservir.
Unterjochung, *f.* assujettissement, *m.* asservissement.
Unterirdisch, *adj.* souterrain; —t Gewölbe, *n.* souterrain, *m.* caveau; crypte *dans une église, f.*; —t Gebäube, *n.* (*ant.*) hypogée, *m.*; —t Begräbniffe, *n. pl.* catacombes, *f. pl.* — *v. n.* Gott.
Unterfehle, *f.* gosier, *m.*
Unterfiefer, *m.* 1 *ou f.*, *v.* Unterfinnbaden.
Unterfinnbaden, *m.* 1, =labe, *f.* mâchoire inférieure; (*man.*) ganache.
Unterfleib, *n.* 5, habit de dessous, *m.*; —er, *pl.* chaussure, *f.*
*Unterfommen, *v. n.* (f.) trouver un abri, une condition, une place; s'établir; —, *s. n.* 1, abri, *m.* condition, *f.* place.
Unterfönig, *m.* 2, vice-roi.
Unterfriechen, *v. n.* 6 (f.) passer par dessous en rampant, en se trainant.
Unterlage, *f.* (*charp.*) cale; chantier *d'une cave, m.*; appui, point d'appui; (*arch.*) soubassement; (*horl.*) assiette, —t, (*taill.*) morceau de renfort, *m.*; (*impr.*) hausse, *f.* taquon, *m.*      [*m.*
Unterland, *n.* 5*, pays inférieur.
Unterlaß, *m.* 2, ohne —, *adv.* sans cesse, sans relâche, continuellement.
Unter laffen, *v. a.* 4, omettre; négliger; cesser, discontinuer; manquer *à son devoir.*
Unterlaffung, *f.* omission; discontinuation; cessation.
Unterlaffungsfünde, *f.* péché d'omission, *m.*
Unterlaft, *f.*, lest, *m.*
Unterlaufen, *v. n.* 4 (f.) se glis-

ser, se mêler, passer dans le nombre; unter laufen, v. a., einem den
Degen —, faire une passe sur qn.;
—, part., mit Blut —, livide;
meurtri; —t Geblüt, enchymose,
f.
Unterleder, n. 1, semelle, f.
Unterlefze, f., v. Unterlippe.
Unterlegen, v. a. mettre dessous,
mettre sous qch.; einem Tisch einen
Span —, caler une table, mettre
une cale sous une table; einem
Huhn Eier —, donner des œufs à
couver à une poule; einem Kinde
frische Windeln —, remuer un enfant; frische Pferde —, mettre des
relais; —, fg. supposer, attribuer
un autre sens à un mot; unterlegen, v. a. mettre dessous; (taill.)
mettre un renfort à qch., renforcer
qch.; (impr.) mettre des hausses
sous qch., taquonner.        [f.
Unterlegtuch, n. 5*, (méd.) alèze,
Unterleib, m. 5, bas-ventre;
(méd.) id., gaster.
Unterliegen, v. n. 1 (h. et f.) être
couché, se trouver sous qch.; fg.
servir de base à; unterliegen, fg.
succomber.        [tenant.
Unterlieutenant, m. 2, sous-lieu-
Unterlippe, f. lèvre inférieure.
Untermann, m. 5*, (cart.) valet.
Untermauern, v. a. donner un
empatement de maçonnerie.
Untermeister, m. 1, sous-maître.
Untermengen, v. a. mêler, en-
tremêler.
Untermengung, f. mélange, f.
Untermiethen, v. a. sous-louer.
Untermiethsmann, m. 5 (plur.
=leute), sous-locataire.
Unterminiren, v. a. miner, saper;
contre-miner.        [mêler.
Untermischen, v. a. mêler, entre-
Untermischung, f. mélange, m.
Unternähen, v. a. piquer.
Unternehmen, v. a. 2, fg. en-
treprendre; tenter; se charger de
qch.
Unternehmung, f. entreprise;
eines Baues, bâtisse; rasch ausgeführte —, coup de main, m.; unbesonnene und fehlgeschlagene —,
échauffourée, f. levée de boucliers.
Unteroffizier, m. 2, sous-officier;
(mar.) officier marinier.
Unterordnen, v. a. subordonner;
=geordnet, subordonné, subalterne,
inférieur; =geordnete Lage, infé120-
rité, f.; =geordnet, adv. en sous-
ordre.
Unterordnung, f. subordination.
Unterpacht, f. sous-bail, m.;
sous-ferme, f.
Unterpächter, m. 1, sous-fermier,
sous-traitant.
Unterparlament, v. Unterhaus.

Unterpfalz, f. Palatinat inférieur, m.
Unterpfand, n. 5*, gage, m. nantissement, engagement; hypothèque, f.; v. Pfand.
Unterpflügen, v. a. couvrir de
terre en labourant.
Unterreden (sich), s'entretenir,
s'aboucher; conférer avec qn.; sich
mit einander —, s'entretenir, conférer ensemble, s'entre-parler.
Unterredung, f. entretien, m.;
conversation, fém.; conférence;
abouchement, m. fm. colloque;
eine —zwischen zwei Personen veranstalten, aboucher deux personnes.
Unterricht, m. 2, instruction, f.;
enseignement, m. leçons, f. pl.
Unterrichten, v. a. instruire; enseigner, montrer qch. à qn.; informer, avertir; einen gehörig —,
fm. faire la leçon à qn., endoctriner qn.
Unterrichter, m. 1, juge inférieur; ol. lieutenant.
Unterrock, m. 2*, jupe de dessous, f. cotillon d'une femme, m.
Untersagen, v. a. défendre, interdire; einem seine Amtsverrichtungen —, interdire; suspendre
qn. de ses fonctions; —, (jur.)
inhiber.
Untersagung, f. défense; inter-
diction; prohibition; (jur.) inhibition.
Untersaß, m. 3, manant, sujet;
ol. arrière-vassal.
Untersatz, m. 2*, base, f.; appui,
m. hausse, f.; (log.) mineure, assomption; (arch.) socle, m. attique faux.
Unterschale, f. soucoupe.
Unterscheiden, v. a. 5, séparer;
distinguer, discerner, démêler,
différencier; (peint.) prononcer.
Unterscheidend, adj. distinctif,
caractéristique.
Unterscheidung, f. séparation; distinction, discernement, m.
Unterscheidungskraft, f.*, discernement, m.
Unterscheidungszeichen, n. 1, marque distinctive, f. ponctuation.
Unterschieben, v. a. 6, mettre,
fourrer dessous; mit —, couler;
—, fg. supposer.
Unterschiebung, f. supposition.
Unterschied, m. 2, fg. différence,
f. distinction; ohne —, indistinc-
tement, indifféremment.
Unterschieden, Unterschiedlich, adj.
différent; divers.
Unterschlächtig, adj. (moulin) à
vanne.
Unterschlag, m. 2*, cloison, f.
Unterschlagen, v. a. 7, fg. supprimer, détourner; intercepter;

soustraire, divertir des deniers;
filer la carte; (taill.) doubler,
garnir; ein Zimmer —, faire une
séparation, élever une cloison
dans une chambre; unterschlagen,
einem ein Bein —, donner le croc-
en-jambe à qn.
Unterschlagung, f. interception;
suppression; divertissement, m.
soustraction de fonds, f.; — eines Beins, croc-en-jambe, m.
Unterschleif, m. 2, fraude, f. malversation; contrebande; (mar.)
barat, m. baratterie, f.; —t begeben, frauder, malverser; faire
la contrebande.        [nor.
Unterschneiden, v. a. 5†, écré-
Unterschreiben, v. a. 5, souscrire
pour un ouvrage, à une opinion;
signer une lettre, etc.
Unterschreiber, m. 1, écrivain
ou commis subalterne, aide; Unterschreiber, signataire.
Unterschriebene, m. 3, soussigné.
Unterschrift, f. souscription, signature; seing, m.; ohne —, anonyme.
Unterschwelle, f. seuil, m.
Untersenken, v. Versenken.
Untersegen, v. a. mettre dessous; seinen Namen —, signer,
mettre son nom au bas; unterseßt,
ramassé, trapu, courtaud.
Untersiegeln, v. a. apposer son
cachet au-dessous d'un écrit.
Untersinken, v. n. 3 (f.) aller à
fond; être submergé; (nav.) couler bas, couler à fond; —, s. n. 1,
submersion, f.        [sous.
Unterspannen, v. a. tendre des-
Unterspicken, v. a. entrelarder.
Unterste, v. Unter, adj.
Unterstecken, v. a. mettre, four-
rer dessous; incorporer les soldats.
Untersteckung, f. incorporation.
*Unterstehen, v. n. (f.) se mettre
à l'abri, à couvert; unterstehen
(sich), oser, s'aviser.
Unterstellen, v. a. mettre dessous; sich —, se mettre à couvert.
Untersteuermann, m. 5*, pilote
en second.
Unterstoßen, v. a. 4, v. Unterstecken.        [gner, barrer.
Unterstreichen, v. a. 5†, souli-
Unterstreichung, f. action de sou-
ligner.
Unterstreuen, v. a. étendre; répandre dessous; faire la litière aux
chevaux.
Unterstrumpf, m. 2*, bas de dessous, chaussette, f.
Unterstützen, v. a. étayer; étançonner; fg. appuyer, assister, soutenir.
Unterstützung, f. étayement, m.;
fg. appui, soutien; aide, f.

Unterſuchen, v. a. fg. examiner; rechercher, approfondir, explorer; (guer.) reconnaître; die Gegend —, battre l'estrade; —, (jur.) informer de qch.; (chir., mar.) sonder.
Unterſucher, m. 1, (jur.) enquêteur, juge d'instruction.
Unterſuchung, f. examen, m.; recherche, f.; (jur.) information, enquête, disquisition; — durch Werkerſtändige, expertise; — und Verkaufung der Güter, discussion des biens; eine — anstellen, (jur.) informer (über, de); —ſtammer, f. chambre des enquêtes.
Untertaffe, f. soucoupe.
Untertauchen, v. a. plonger; —, v. n. (h.) plonger, se plonger.
Untertauchung, f. immersion.
Unterthan, m. exc. 1, sujet.
Unterthänig, adj. sujet, assujetti; soumis; obéissant.
Unterthänigkeit, f. sujétion; soumission; dépendance.
Unterthänigſt, adj. très-humble, très-obéissant.
Untertheil, m. et n. 2, partie inférieure, f.; bas, m. dessous; (orf.) culot.
Untertreten, v. a. 1, fouler aux pieds; —, v. n. (ſ.) se mettre à couvert.
Unterverbrechen, n. 2, franc tillac, m.
Untervormund, m. 5*, subrogé tuteur.
Unterwachſen, adj. entrelardé.
Unterwall, m. 2*, fausse-braie, f.
Unterwärts, adv. en bas; vers le bas.
Unterwegs, adv. en chemin, chemin faisant; — laſſen, fm. laisser, cesser.            [terbeſſen.
Unterweilen, v. Bisweilen er Unterweiſen, v. a. 5, instruire, enseigner.            [seignement, m.
Unterweiſung, f. instruction, enseignement.
Unterwelt, f. monde souterrain, m.; (poés.) enfers, pl. Averne, Oocyte, Tartare, champs Elysées.
Unterwerfen, v. a. 2, soumettre, assujettir, asservir, subjuguer; ſich jemandes Einſichten —, déférer à qn.
Unterwerfung, fém. soumission, assujettissement, m. asservissement; résignation, f.
Unterwinden (ſich), 3, v. Unterſtehen (ſich).
Unterworfen, adj. sujet; dem Irrthum —, faillible.
Unterwuchs, m. 2*, jeune taillis.
Unterwühlen, v. a. fouiller, miner.
Unterwürfig, adj. soumis; assujetti; subordonné, dépendant; — machen, v. Unterwerfen.
Unterwürfigkeit, f. sujétion, sou-

mission, dépendance, assujettissement, m. asservissement; subordination, f.
Unterzeichnen, v. a. signer, souscrire pour, s'abonner à un journal.
Unterzeichner, m. 1, signataire; souscripteur.
Unterzeichnung, fém. signature; seing, m.; souscription, f.
Unterziehen, v. a. 6, passer dessous; unterziehen, ſich einer S. —, se charger de qch.
Unthat, f. mauvaise action, crime, m.; fg. défaut, tache, f.
Unthätchen, n. 1, fm. défaut, m.
Unthätig, adj. oisif; désœuvré; nul; — erhalten, tenir dans l'inaction; (guerr.) id., tenir en échec.
Unthätigkeit, f. inaction, oisiveté.
Untheilbar, adject. indivisible; (jur.) impartable, impartageable.
Untheilbarkeit, f. indivisibilité.
Untheilhaft, adj. qui n'a point de part, qui ne participe pas à.
Unthier, n. 2, monstre, m.
Unthunlich, adj. impraticable; impossible, infaisable.
Untiefe, f. bas-fond, m.; —n, pl. basses, f. pl. bancs de sable, m. pl.
Untilgbar, adj. inextinguible, non amortissable, non rachetable.
Untödlich, adj. qui n'est pas mortel.
Untragbar, adj. qu'on ne peut porter; qui n'est pas mettable.
Untrennbar, adj. inséparable.
Untreu, adj. infidèle, perfide; (féod.) félon.
Untreue, f. infidélité, perfidie; (féod.) félonie.            [table.
Untrinkbar, adj. qui n'est pas potable.            [de vue.
Untröstbar, Untröſtlich, adj. inconsolable, désolé.
Untröstbarkeit, f. désolation.
Untrüglich, adj. infaillible.
Untrüglichkeit, f. infaillibilité.
Untüchtig, adj. incapable, inhabile, inepte, nul.            [habileté.
Untüchtigkeit, f. incapacité; inutilité, f. vice, m.; défaut.
Unüberlegt, adj. inconsidéré, irréfléchi, indélibéré.            [tion.
Unüberlegtheit, f. inconsidération.
Unüberleitend, adj. (gramm.) intransitif, neutre.            [de vue.
Unüberſehbar, adj. et adv. à perte de vue.
Unüberſetzlich, adj. intraduisible.
Unüberſteiglich, adj. qu'on ne peut franchir, gravir; fg. insurmontable.
Unüberwindlich, adj. invincible; imprenable, inexpugnable (place); fg. insurmontable.            [lité.
Unüberwindlichkeit, f. invincibilité.
Unüberwunden, adj. invaincu.

Unumgänglich, adj. inévitable, indispensable; insociable (homme).            [solue.
Unumgänglichkeit, f. nécessité absolue.
Unumſchränkt, adj. illimité; absolu; souverain, despotique.
Unumſchränktheit, f. souveraineté.
Unumſtößlich, adj. fg. irrévocable, incontestable.
Unumwerflich, adj. inversable.
Unumwunden, adj. sans détour, franc, ingénu; adv. -ment.
Ununterbrochen, adj. non interrompu; — adv. sans interruption, sans relâche, incessamment, fm. sans débrider.
Ununterſcheidbar, adj. indiscernable.            [examen.
Ununterſucht, adj. et adv. sans
Ununterworfen, adj. insoumis.
Ununterwürfig, adj. indépendant.
Unveränderlich, adj. invariable, inaltérable; immuable, constant, (jur.) incommutable.
Unveränderlichkeit, f. immutabilité; invariabilité; constance.
Unverändert, adj. qui n'a point changé; —, adv. sans altération.
Unverantwortlich, adj. inexcusable; non responsable.
Unverarbeitet, adj. non ouvré; fg. indigeste.
Unveräußerlich, adj. inaliénable.
Unveräußerlichkeit, f. inaliénabilité.
Unverbeſſerlich, adj. parfait, accompli; m. p. incorrigible.
Unverbeſſerlichkeit, f. état de perfection, m.; perfection, f.; m. p. incorrigibilité.
Unverbindlich, adj. ce qui n'oblige point; incivil, désobligeant.
Unverblümt, adj. sans ornement, sans détour, franc; —, adv. id. franchement, crûment.
Unverborgen, adj. manifeste, notoire.
Unverboten, adj. permis; licite.
Unverbrennbar, =lich, adj. incombustible.
Unverbrüchlich, adj. inviolable.
Unverbrüchlichkeit, f. inviolabilité.            [garanti.
Unverbürgt, adj. qui n'est pas
Unverdächtig, adj. non suspect.
Unverdaut, adj. non digéré; indigeste, cru; fg. id.; die —e Speiſe, la crudité.
Unverdaulich, adj. indigeste, cru.
Unverdaulichkeit, f. indigestion, crudité.
Unverderblich, adj. incorruptible.
Unverderblichkeit, f. incorruptibilité.            [toire.
Unverdienſtlich, adj. non méritoire.
Unverdient, adj. non mérité; —er Weiſe, sans l'avoir mérité.

Unverdorben, adj. non corrompu, naturel, pur.
Unverdorbenheit, f. fg. innocence.
Unverdroffen, adj. infatigable, persévérant, assidu.
Unverdroffenheit, f., unverdroffene Fleiß, m. application infatigable, f. persévérance, assiduité.
Unverehlicht, adj. non marié.
Unvereinbar, adj. incompatible, inconciliable, inaccordable.
Unvereinbarkeit, f. incompatibilité. [ductible.
Unvereinfachbar, adj. (alg.) irréUnverfälscht, adj. non frelaté (vin); loyal (marchandise); fg. sincère, intégre.
Unverfänglich, adj. non captieux.
Unvergänglich, adj. impérissable.
Unvergänglichkeit, f. qualité d'être impérissable.
Unvergeblich, adj. irrémissible (péché); impardonnable. [pas.
Unvergeßlich, adj. qui ne s'oublie
Unvergleichlich, adj. incomparable; admirable; sans pareil; nonpareil.
Unvergleichlichkeit, f. excellence.
Unvergolten, adj. qui n'est pas récompensé; gratuit.
Unverhältnißmäßig, adj. disproportionné; —, adv. sans proportion.
Unverhinderbar, v. Unverehlicht.
Unverhinderlich, adj. et adv. ce qui n'empêche pas; ce qui ne peut pas être empêché.
Unverhofft, adj. inespéré, inopiné, imprévu.
Unverholen, adj. qui n'est pas caché; —, adv. ouvertement, franchement, nûment, à découvert. [entendu en justice.
Unverhört, adj. qui n'a pas été
Unverjährbar, adj. imprescriptible. [bilité.
Unverjährbarkeit, f. imprescriptiUnverkäuflich, adj. invendable.
Unverkauft, adj. invendu.
Unverkennbar, adj. qu'on ne peut méconnaître.
Unverkürzt, adj. sans préjudice, en entier, sans diminution.
Unverletzlich, adj. invulnérable; fg. inviolable.
Unverletzlichkeit, f. invulnérabilité; fg. inviolabilité.
Unverletzt, adj. sain et sauf; entier; fg. irréprochable.
Unverlierbar, adj. fm. imperdable; (théol.) inamissible.
Unverlierbarkeit, f. inamissibilité.
Unvermachbar, adj. indisponible.
Unvermählt, v. Unverehlicht.
Unvermeidlich, adj. inévitable; fatal; indispensable; nécessaire; absolu.

Unvermeidlichkeit, f. nécessité absolue, fatalité.
Unvermerkt, adj. insensible; —, adv. insensiblement, peu à peu.
Unvermischbar, adj. immiscible.
Unvermögen, n. 1, —heit, f. impuissance; incapacité, faiblesse; (méd.) impuissance, frigidité; — zu zahlen, insolvabilité.
Unvermögend, adj. impuissant; incapable; fg. faible, pauvre; — zu zahlen, insolvable.
Unvermuthet, adj. inopiné, imprévu, fortuit.
Unvernehmlich, adj. inintelligible, inarticulé.
Unvernehmlichkeit, f. inintelligibilité. [dité.
Unvernunft, f. déraison, absurUnvernünftig, adj. irraisonnable, privé de raison (animal); déraisonnable, absurde; — reden, déraisonner.
Unverrichteter Sache, adv. sans avoir rien fait, sans avoir réussi.
Unverrückt, adj. qui n'a pas été déplacé, fixe; fg. constant.
Unverschämt, adj. impudent, effronté, éhonté, dévergondé, insolent, hardi, immodeste.
Unverschämtheit, f. impudence, insolence, effronterie, hardiesse, immodestie, front, m.
Unverschont, adj. qu'on n'a pas épargné.
Unverschuldet, adj. innocent; peu mérité; franc de dettes (bien).
Unverschwiegen, adj. indiscret.
Unverschwiegenheit, f. indiscrétion. [piné.
Unversehens, adv. imprévu, inoUnversehens, adv. inopinément, à l'improviste; (prendre) au dépourvu.
Unversehrt, adj. entier, en bon état, intact; sain et sauf.
Unversehrtheit, f. intégrité.
Unversiegbar, adj. intarissable.
Unversiegelt, adj. et adv. sans cachet.
Unversöhnlich, adj. irréconciliable, implacable. [conciliable.
Unversöhnlichkeit, f. haine irréUnversorgt, adj. qui n'est pas pourvu; qui n'est pas établi.
Unverstand, m. 2, imprudence, f. fm. bêtise.
Unverständig, adj. imprudent, malavisé, fm. bête.
Unverständlich, adj. inintelligible, obscur; — machen, obscurcir.
Unverständlichkeit, f. obscurité.
Unversucht, adj. qui n'a pas été tenté, essayé; v. Unerfahren.
Unvertilgbar, adj. ineffaçable, indestructible.
Unverträglich, adj. insociable, in-

tolérant; incompatible (chose); inconciliable, discordant.
Unverträglichkeit, f. insociabilité; intolérance; incompatibilité, discordance.
Unverwahrt, adj. mal gardé.
Unverwandt, adj. fixe.
Unverwehrt, adj. non défendu, permis. [être refusé.
Unverweigerlich, adj. qui ne peut
Unverwelflich, adj. qui ne se flétrit pas; fg. impérissable, immarcescible.
Unverwerflich, adj. irréprochable, irrécusable, irréfragable.
Unverweslich, adj. incorruptible.
Unverweslichkeit, f. incorruptibilité.
Unverworren, adj. qui n'est pas embrouillé.
Unverwundbar, adj. invulnérable.
Unverwundbarkeit, f. invulnérabilité. [geux, résolu.
Unverzagt, adj. intrépide, couraUnverzagtheit, f. intrépidité.
Unverzeihlich, adj. impardonnable. [point d'intérêt.
Unverzinslich, adj. qui ne porte
Unverzüglich, adj. prompt; —, adv. sans délai, incessamment.
Unvollendet, adj. qui n'est pas achevé, imparfait; (ant.) catalectique (vers).
Unvollkommen, adj. imparfait; (bot.) abortif.
Unvollkommenheit, f. imperfection; défectuosité.
Unvollständig, adj. incomplet, défectueux; désassorti, dépareillé, imparfait. [imperfection.
Unvollständigkeit, f. défectuosité,
Unvorbereitet, adj. qui n'est pas préparé; m. improvisé, discours improvisé, m. improvisation, f.; — e Sache, impromptu, m.; — sprechen, bichten, improviser.
Unvorgreiflich, adj. et adv. sauf meilleur avis.
Unvorsetzlich, adj. et adv. sans dessein prémédité; —, adj. involontaire.
Unvorsichtig, adj. inconsidéré, imprudent, étourdi.
Unvorsichtigkeit, f. inconsidération; étourderie; imprudence; aus —, par mégarde.
Unvortheilhaft, adj. désavantageux, préjudiciable.
Unwahr, adj. faux, feint, controuvé, mensonger.
Unwahrheit, f. fausseté; infidélité, mensonge, m.
Unwahrscheinlich, adj. invraisemblable, improbable.
Unwahrscheinlichkeit, f. invraisemblance, improbabilité.
Unwandelbar, adj. immuable;

invariable; inaltérable; (gramm.)
indéclinable.    [invariabilité.
Unwandelbarkeit, f. immutabilité;
Unwegſam, adj. impraticable.
Unweigerlich, v. Unverweigerlich.
Unweiſe, adj. peu sage, impru-
dent.
Unweit, adv. pas loin; proche.
Unwerth, m. 2, peu de valeur,
non-valeur, f. futilité; —, adj.
méprisé, de vil prix.
Unwerth, n. 1, désordre, m. ;
confusion, f.      [temps, m.
Unwetter, n. 1, fm. mauvais
Unwichtig, adj. fg. d'aucun poids,
peu important.
Unwichtigkeit, f. peu d'importan-
ce, m.     [ſprechlich, ꝛc.
Unwiderleglich, ꝛc., voy. Unwiber-
Unwiderruflich, adj. irrévocable.
Unwiderruflichkeit, f. irrévocabi-
lité.
Unwiderſprechlich, adj. incontes-
table, irréfragable; (philoſ.) apodictique ; — n. sans contredit.
Unwiderſprechlichkeit, f. qualité
de ne pouvoir être réfuté, contes-
té; solidité d'un argument.
Unwiderſtehlich, adj. irrésistible.
Unwiderſtehlichkeit, f. irrésistibilité.
Unwiederbringlich, adj. irréparable; —, adv. sans retour.
Unwille, m. exc. 2, indignation,
f. mécontentement, m. déplaisir,
dépit, indisposition, f.
Unwillfährig, adj. désobligeant.
Unwillig, adj. indigné; mécontent, fâché, indisposé, chagrin ;
—, adv. à contre-cœur ; — ma=
chen; fâcher, irriter, indisposer,
chagriner ; — werden, se fâcher,
s'indigner, etc.
Unwillführlich, adj. involontaire.
Unwirkſam, adj. inefficace ; —
machen, neutraliser.
Unwirkſamkeit, f. inefficacité.
Unwirthbar, =lich, adj. inhospi-
talier.
Unwirthbarkeit, f. inhospitalité.
Unwirthſchaftlich, adj. mauvais
économe.
Unwiſſend, adj. ignorant, idiot,
ignare, barbare ; —, adv. v. Un=
wiſſentlich.     [—, barbarie.
Unwiſſenheit, f. ignorance; grobe
Unwiſſentlich, adv. sans le savoir,
par ignorance.     [pide.
Unwitzig, adj. sans esprit, insi-
Unwohl, adj. et adv. mal ; indis-
posé, un peu malade.
Unwürdig, adj. indigne.
Unwürdigkeit, f. indignité.
Unzahl, f. nombre infini, m.
infinité, f.
Unzählbar, adj. impayable.
Unzählbar, Unzählig, adj. innom-

brable, infini, sans nombre; eine
—t Menge, une infinité.
Unzart, adj. indélicat.
Unze, f. once; —nweiſe, par onces.
Unzeit, f. contre-temps, m.;
heure indue, f.; zur —, mal à
propos, à contre-temps.
Unzeitig, adj. hors de saison ;
(fruit) vert, qui n'est pas mûr;
(enfant) abortif; v. Geburt; —,
adv., v. zur Unzeit.
Unzeitigkeit, f. défaut de matu-
rité, m.     [être cassé, brisé.
Unzerbrechlich, adj. qui ne peut
Unzerleglich, adj. indécomposable.
Unzerſtörbar, adj. indestructible.
Unzerſtörbarkeit, f. indestructibi-
lité.
Unzertheilt, adj. indivisé, indivis; —, adv. (jur.) par indivis.
Unzertrennlich, adj. inséparable;
indivisible.
Unzertrennlichkeit, f. inséparabi-
lité; indivisibilité.
Unziemlich, adj. indécent, inconvenant.     [convenance.
Unziemlichkeit, f. indécence, in-
Unzierlich, adj. qui n'est pas élé-
gant, qui a mauvaise grâce.
Unzucht, f. impudicité; lasciveté,
impureté; prostitution ; (théol.)
luxure, fornication ; — treiben,
se livrer à l'impudicité; abuser
d'une fille; se prostituer (fille).
Unzüchtig, adj. impudique; lascif, luxurieux, libidineux, impur, obscène.
Unzufrieden, adj. mécontent.
Unzufriedenheit, f. mécontentement, m.
Unzugänglich, adj. inaccessible,
inabordable, fg. id.
Unzulänglich, adj. insuffisant.
Unzulänglichkeit, f. insuffisance.
Unzuläſſig, adj. inadmissible ; für
— erklären, (jur.) mettre un appel
au néant.
Unzuſammenhängend, adj. inco-
hérent ; fg. id., décousu ; —t, n.
3, incohérence, f.
Unzuverläſſig, adj. incertain; dou-
teux, apocryphe; fm. sujet à cau-
tion.
Unzuverläſſigkeit, f. incertitude.
Unzweckmäßig, adj. opposé au
but.       [que.
Unzweideutig, adj. non équivo-
Unzweifelhaft, adj. indubitable.
Unzweifelhaftigkeit, f. entière cer-
titude.
Upas, m. indécl. (bot.) upas.
Ur, signifie dans la comp. origi-
ginaire, premier, primitif; très.
Urahn, m. 3, bisaïeul.
Urahnfrau, f. bisaïeule.
Urait, adj. très-vieux; très-an-
cien, antique.

Uralſtermutter, f.*, trisaïeule.
Uraltern, pl. ancêtres, m. pl.
aïeux.
Uraltervater, m. 1*, trisaïeul.
Uranfänglich, adj. primitif.
Uranium, n. 2, (minér.) urane,
m. uranium, uranite.
Urban, n. pr. m. Urbain.
Urbar, adj. labourable; — ma=
chen, défricher.     [m.
Urbarmachung, f. défrichement,
Urbedeutung, f. signification pri-
mitive.     [f.
Urbegriff, m. 2, idée primitive,
Urbewohner, =einwohner, m. 1,
premier habitant; (ant.) autoch-
thone; —, pl. aborigènes.
Urbild, n. 5, original, m. arché-
type, prototype; idéal.
Urenkel, m. 1, arrière-petit-fils;
—, pl. fg. arrière-neveux.
Urenkelin, f. arrière-petite-fille.
Urfehde, f. ol. serment de ne pas
chercher à se venger, m.
Urgebirge, n. 1, montagnes pri-
mitives, f. pl.
Urgroßmutter, f.*, bisaïeule.
Urgroßvater, m. 1*, bisaïeul.
Urheber, m. 1, auteur; créateur,
moteur, chef.
Urian, m. 2, Herr —, mépr. cet
homme, ce monsieur; —, diable.
Uriasbrief, m. 2, fg. lettre per-
fide, f.
Urin, m. 2, urine, f.; ben —
laſſen, uriner, lâcher l'eau; v.
Harn.
Urinartig, adj. urineux.
Urinſaß, m. 2*, féculence, f.
Urkirche, f. église primitive.
Urkraft, f.*, force primitive.
Urkunde, f. titre, m.; document,
acte, instrument; charte, f.; di-
plôme, m.; —n, pl. actes, m. pl.
archives, f. pl.; —n verfertigen,
(jur.) instrumenter; eine — zu
etw. geben, nehmen; donner, pren-
dre acte de qch.; zu — beſſen, en
foi de quoi.
Urkunden, v. a. certifier; faire foi.
Urkundenbewahrer, m. 1, garde
des archives, chartrier.
Urkundenſammlung, f. cartulaire,
m. recueil diplomatique.
Urkundenwiſſenſchaft, f. diplomatique.
Urkundlich, adj. authentique; diplomatique ; —, adv. en foi de
quoi.     [être en congé.
Urlaub, m. 2, congé; auf — ſeyn,
Urmaß, n. 2, étalon, m.
Urne, f. urne.
Urneffe, m. 3, arrière-neveu.
Urplötzlich, adj. soudain, subit.
Urquell, m. 2, Urquelle, f. pre-
mière source; fg. origine; prin-
cipe, m.

Urſache, *f.* cause; raison; sujet, *m.* motif, lieu; principe; —n für etw. anführen, motiver qch.
Urſächlich, *adj.* causatif, causal.
Urſchrift, *f.* original, *m.; minu*te, *f.* autographe, *m.*
Urſinus, *n. pr. m.* Ursin.
Urſprache, *f.* langue primitive.
Urſprung, *m.* 2*, origine, *f.;* naissance; *fg.* principe, *m.;* cause, *f.*
Urſprünglich, *adj.* originaire; primitif.
Urſtånd, *f. vi.,* v. Auferſtehung.
Urſtoff, *m.* 2, matière première, *f.;* principe, *m.* élément.
Urſula, *n. pr. f.* Ursule.
Urtheil, *n.* 2, jugement, *m.* arrêt, sentence, *f.;* décision; sentiment, *m.* avis; verdammende —, condamnation, *f.*
Urtheilen, *v. n.* (b.) juger, décider.
Urtheilskraft, *f.*, jugement, *m.*
Ur-Urgroßvater, *m.* 1*, trisaïeul; =mutter, *f.*, trisaïeule.
Urverſammlung, *f.* assemblée primaire.
Urwelt, *f.* monde primitif, *m.*
Urweſen, *n.* 1, principe, *m.* premier être.
Urwort, *n.* 5*, mot primitif, *m.*
Urzeit, *f.* temps primitif, *m.*
Uſo, *m. indécl.* (comm.) usance, *f.*    [plaisanter qn.
Uzen, *v. a.* se moquer de, railler.

## B.

Vacant, *adj.* vacant.
Vacanz, *f.* vacances, *pl.* féries; congé, *m.*    [lentin.
Valentin, Velten, *n. pr. m.* Valeria, *n. pr. f.* Valérie.
Valerian, *n. pr. m.* Valérien.
Valerius, *n. pr. m.* Valére.
Valet, *adv. vi.* adieu; einem — geben, dire adieu à qn.    [leur.
Valuta, *f. exc.* 1, (comm.) valeur.
Vampyr, *m.* 2, vampire.
Vandale, *m.* 3, Vandale, *fg.* barbare.
Vandaliſch, *adj.* barbare, féroce.
Vanille, *f.* vanille.
Variante, *f.* variante.
Varinas, *m. indécl.* vérine, *f.* (*rabac*).
Vaſall, *m.* 3, =inn, *f.* vassal, *m.* -e, *f.* feudataire, *m.*
Vaſallenſchaft, *f.* =ſtand, *m.* 2*, vasselage.
Vaſe, *f.* vase, *m.*
Vater, *m.* 1*, pére; heilige —, saint Pére, Pape; des —s Bruder, oncle paternel.
Vaterherz, *n. exc.* 2, cœur paternel, *m.* tendresse paternelle, *f.*

Vaterland, *n.* 5*, patrie, *f.* pays natal, *m.*
Vaterländiſch, *adj.* qui appartient à la patrie; natal (*air, etc.*); patriotique; —e Geſchichte, histoire de la patrie, *f.*
Vaterlandsfreund, *m.* 2, patriote.
Vaterlandsliebe, *f.* patriotisme, Väterlich, *adj.* paternel.    [*m.*
Vaterliebe, *f.* amour paternel, *m.*
Vaterlos, *adj. et adv.* sans pére.
Vatermord, *m.* 2, parricide.
Vatermörder, *m.* 1, =inn, *f.* parricide, *m. et f.*
Vatermörderiſch, *adj.* parricide.
Vaterrecht, *n.* 2, droit paternel, Vaterſchaft, *f.* paternité.    [*m.*
Vaterſtadt, *f.*, ville natale.
Vaterſtelle, *f.* office de pére, *m.*
Vaterunſer, *n.* 1, oraison dominicale, *f.;* pater, *m.*
Vatican, *m.* 2, Vatican; *fg. id.*, cour de Rome, *f.*
Vegetabilien, *pl.* végétaux, *m. pl.*
Vegetabiliſch, *adj.* végétal.
Vegetiren, *v. n.* (b.) végéter.
Vehe, Vech, *f.* fourrure, hermine.
Vehhändler, *m.* 1, marchand pelletier.
Vehm, *x.,* v. Fehm, *x.*
Veilchen, *n.* 1, violette, *f.*
Veilchenblau, *adj.* violet.
Veilcheneſſig, *m.* 2, vinaigre violat.
Veilchenholz, *n.* 5*, bois de violette, *m.;* (*bot.*) palissandre.
Veilchenhonig, *m.* 2, miel violat.
Veilchenſaft, *m.* 2*, sirop violat.
Veilchenwurzel, *f.* racine de violette.    [violette, *f.*
Veilchenzucker, *m.* 1, conserve de Veit, Vitus, *n. pr. m.* Guy, Voit.
Velin, =papier, *n.* 2, vélin, *m.* papier vélin.
Venedig, Venise (*ville*).
Veneriſch, *adj.* vénérien, syphilitique; —e Krankheit, maladie vénérienne, *f.* syphilis.
Venetianer, *m.* 1, Venetianiſch, *adj.* vénitien.
Ventil, *n.* 2, soupape, *f.*
Ventilator, *m. exc.* 1, ventilateur.
Venus, *f.* Vénus; *fg.* volupté.
Venusgürtel, *m.* 1, ceinture de Vénus, *f.;* ceste, *m.*
Venusſtern, *m.* 2, étoile du berger, *f.;* Vénus, Lucifer, *m.*
Ver, *partic.* inséparable, quelquefois ne fait qu'étendre la signification d'un mot; d'autres fois il marque un éloignement, un désistement, un égarement, un excès, une perte, etc.
Verabfolgen, *v. n.,* — laſſen, laisser emporter, délivrer.
Verabreden, *v. a.,* etw. —, con-

certer qch.; convenir de qch.; se donner le mot; lier *une partie;* verabredetermaßen, de concert.
Verabredung, *f.* accord verbal, *m.*
Verabſäumen, *v. a.* négliger, laisser échapper; manquer, perdre.
Verabſäumung, *f.* négligence.
Verabſcheuen, *v. a.* détester, abhorrer, avoir en horreur, avoir horreur de qch.
Verabſcheuung, *f.* détestation, exécration, abomination, horreur.
Verabſcheuungswürdig, *adj.* abominable, détestable, exécrable.
Verabſchieden, *v. a.* congédier; renvoyer; licencier *des troupes.*
Verabſchiedung, *f.* congé, *m.;* renvoi; licenciement.
Veraccordiren, *v. a.* faire un accord, un marché avec qn. pour qch.
Verachten, *v. a.* mépriser, dédaigner; négliger; braver *la mort;* se moquer de qn., conspuer, *fm.* narguer qn.
Verächter, *m.* 1, dédaigneux; contempteur *des dieux.*
Verachtfachen, *v. a.* octupler.
Verächtlich, *adj.* méprisable, abject; vil; dédaigneux (*air*); —e Reden, *f. pl.* =e Behandlung, *f.* mépris, *m. pl.;* —; *adv.* avec mépris; — anſehen, regarder de travers, de haut en bas; — machen, avilir, décréditer.
Verachtung, *f.* mépris, *m.* dédain.
Verachtungswürdig, *adj.* méprisable.
Verähnlichen, *v. a.* assimiler.
Verähnlichung, *f.* assimilation.
Verallgemeinen, =gemeinern, *v. a.* généraliser.    [tion.
Verallgemeinerung, *f.* généralisa-
Veralten, *v. n.* (f.) vieillir; s'user (*habits*); se passer (*vin, etc.*); veraltet, vieux, vieilli, envieilli, suranné, caduc; enraciné, invétéré (*maladie*).
Veränderlich, *adj.* changeant; variable, altérable; inconstant; mobile, muable, inégal; (*jur.*) commuable; (*esprit*) versatile.
Veränderlichkeit, *f.* instabilité; variation; inconstance, inégalité, mutabilité, versatilité.
Verändern, *v. a.* changer qch.; varier; refaire *un habit;* seinen Stand —, changer de condition; zum Nachtheile —, altérer; ſich —, changer, se changer; muer (*voix*).
Veränderung, *f.* changement, *m.;* variation, *f.;* mutation; zum Nachtheile, altération.
Veranlaſſen, *v. a. rég.* occasionner, causer; apporter; engager qn. à qch.; suggérer qch.

**Veranlaſſung,** f. occasion; lieu, m. sujet, cause, f.

**Veranſchaulichen,** v. a. représenter, rendre sensible, donner une idée claire de qch. [parer.

**Veranſtalten,** v. a. disposer, préparer.

**Veranſtaltung,** fém. disposition; préparatifs, m. pl. mesures, f. pl.

**Verantworten,** v. a. défendre, justifier; excuser; rendre compte de qch.; répondre, être responsable de qch.

**Verantwortlich,** adj. excusable, responsable, comptable (employé); onéraire (tuteur); ſich — machen, se rendre responsable, se compromettre. [lité.

**Verantwortlichkeit,** f. responsabi-

**Verantwortung,** f. justification, défense; apologie; excuse.

**Verarbeiten,** v. a. consommer; employer; mettre en œuvre, manufacturer; verarbeitet, ouvré (bois).

**Verarbeitung,** f. mise en œuvre, consommation; emploi, m.

**Verargen,** v. a. prendre en mauvaise part, trouver mauvais, blâmer.

**Verarmen,** v. n. (ſ.) s'appauvrir.

**Verarmung,** f. appauvrissement, m.

**Verarten,** ꝛc., v. **Ausarten,** ꝛc.

**Verauctioniren,** v. a. vendre à l'encan.

**Veräußerlich,** adj. aliénable.

**Veräußern,** v. a. aliéner, vendre qch., disposer de qch. [vente.

**Veräußerung,** f. aliénation.

**Verbacken,** v. a. 7, consommer en faisant cuire; gâter le pain à la cuisson. [bal.

**Verbalproceß,** m. 2, procès-verbal.

**Verband,** m. 2*, bandage, appareil.

**Verbannen,** v. a. bannir, exiler, reléguer, déporter; proscrire; fg. id.

**Verbannung,** f. bannissement, m. exil; proscription, f.; déportation. [sable.

**Verbannungswürdig,** adj. bannis-

**Verbauen,** v. a. employer en bâtiments; boucher, barricader; mal bâtir; einem Hauſe den Tag —, masquer une maison.

**Verbauern,** v. n. (ſ.) devenir rustre.

**Verbeißen,** v. a. 5†, casser avec les dents; fg. dissimuler, avaler un affront, etc.; ſeinen Zorn —, contenir sa colère, ronger son frein; das Lachen —, s'empêcher de rire.

**Verbergen,** v. a. 2, cacher; celer, recéler; déguiser; masquer; fg. id., dissimuler; concentrer sa colère; verborgen, caché, secret, occulte (vét.) latent.

---

**Verbergung,** f. recèlement, m.; fg. déguisement; dissimulation, f.

**Verbeſſerer,** m. 1, correcteur; réparateur; réformateur.

**Verbeſſerlich,** adj. corrigible, réparable; (jur.) amendable.

**Verbeſſern,** v. a. corriger; améliorer; (agr.) bonifier; amender; réformer; rectifier; réparer.

**Verbeſſernd,** adj. correctionnel.

**Verbeſſerung,** f. correction, amélioration, bonification; amendement, m.; réforme, f.

**Verbeſſerungsgeiſt,** m. 5, esprit de réforme.

**Verbeſſerungskoſten,** pl. frais d'amélioration, m. pl.; (jur.) impenses, f. pl. [tif, m.

**Verbeſſerungsmittel,** n. 1, correctif.

**Verbeugen** (ſich), s'incliner devant qn.; faire une révérence.

**Verbeugung,** f. inclination; révérence, compliment, m.

**Verbeulen,** v. a. bossuer.

**Verbiegen,** v. a. 6, tordre, plier; forcer une serrure; fausser une clef.

**Verbieten,** v. a. 6, défendre; interdire; prohiber; verboten, défendu, etc., illicite; verbotene Waare, de la contrebande; —, s. n. 1, défense, f.

**Verbilden,** v. a. défigurer, donner une mauvaise éducation.

**Verbinden,** v. a. 3, lier; bander les yeux; panser, bander une plaie; joindre, combiner, mettre ensemble; (maç.) liaisonner, enlier; (charp.) embrancher des poutres; (chim.) amalgamer; nouer les couleurs; (rel.) transposer les feuilles; fg. unir, réunir, associer, enchaîner, assortir, combiner; allier, affilier, obliger, lier; ehelich —, marier, unir par le lien conjugal, conjoindre par mariage; ſich —, se lier, se joindre, s'unir, s'allier; se liguer, s'unir, se coaliser; avoir de la connexion, du rapport; ſich ehelich —, se marier; ſich zu etw. —, s'obliger, s'engager à qch.; verbunden werden, verbunden ſeyn, se lier, s'enchaîner, se communiquer, correspondre; das verbundene Mauerwerk, la maçonnerie en liaison; verbunden, fg. obligé, redevable; —, s. n. 1, (chir.) bandage, m. pansement.

**Verbindend,** adj. (gramm.) conjonctif, copulatif; v. **Verbindlich.**

**Verbindlich,** adject. obligatoire; obligeant; ſich jemand — machen, s'obliger qn.; ſich zu etw. — machen, s'engager, s'obliger, s'astreindre à qch.

**Verbindlichkeit,** f. obligation.

**Verbindung,** f. union, jonction, liaison, assemblage, m.; (arch. et

---

fg.) communication, f.; (charp.) embranchement, m.; alliage des métaux; amalgame, amalgamation, f.; combinaison; conjonction; (rel.) transposition des feuilles; fg. union, alliance; association, liaison, relation; engagement, m.; connexion, f. connexité, correspondance; rapport, m.; die eheliche —, mariage, union conjugale, f. liens du mariage, m. pl.; in — treten, se lier, s'engager, s'associer; in eheliche — treten, se marier; —, (chir.) v. **Verbinden,** n. 1.

**Verbindungsfähig,** adj. compatible. [ble.

**Verbindungsfähigkeit,** f. compatibilité.

**Verbindungsgang,** m. 2*, couloir, corridor; galerie, f.; (fortif.) galerie de communication.

**Verbindungsſtrich,** m. 2, tiret, trait d'union.

**Verbindungswort,** n. 5*, conjonction, f. copule.

**Verbitten,** v. a. 1, ſich etw. —, s'excuser de faire qch., prier d'être dispensé de faire qch., se défendre de qch.

**Verbittern,** v. a. rendre amer, désagréable; remplir la vie d'amertume; gâter un plaisir; irriter, aigrir.

**Verbitterung,** f. action d'aigrir; aigreur; animosité; colère.

**Verblaſen,** v. a. 4, effumer les couleurs.

**Verbleiben,** v. n. 5 (ſ.) demeurer, rester; persister; être.

**Verbleichen,** v. n. 5† (ſ.) pâlir; se ternir; fg. mourir; verblichen, décoloré, terni, délavé, effacé; fg. mort, décédé.

**Verbleien,** v. a. plomber.

**Verblenden,** v. a. éblouir; fg. id., aveugler (gegen, sur); fasciner, verblendet ſeyn, fm. avoir la berlue.

**Verblendung,** f. éblouissement, m.; fg. aveuglement, illusion, f. fascination. [aveugle.

**Verblinden,** v. n. (ſ.) devenir

**Verblüfft,** adj. fm. étonné, ébahi, pop. plais. ébaubi.

**Verblühen,** v. n. (ſ.) défleurir, passer.

**Verblümen,** v. a. déguiser, palier; verblümt, figuré, métaphorique, impropre, allégorique; verblümt ſchreiben, ꝛc., allégoriser; verblümt reden, fm. parler à mots couverts; verblümter Weiſe, en mots couverts; der verblümte Ausdruck, métaphore, f.

**Verbluten** (ſich), perdre tout son sang; avoir une hémorragie; fg. perdre son bien, se ruiner.

**Verblutung,** f. perte de sang.

**Verbohren,** v. a. percer mal; (charp.) cheviller.

**Verborgen,** v. a. prêter, donner à crédit. [curité, f.

**Verborgene,** n. 3, secret, m. obs-

**Verborgenheit,** f. retraite; obscu-rité.

**Verbot,** n. 2, défense, f.; prohi-bition; (jur.) inhibition; inter-diction. [chamarrer.

**Verbrämen,** v. a. border; garnir,

**Verbrämung,** f. bordure, garni-ture, chamarrure; orfroi d'une chape, m. [.f.

**Verbrauch,** m. 2, consommation,

**Verbrauchen,** v. a. consommer; employer; user; consumer du bois.

**Verbrauen,** v. a. consommer, employer à brasser.

**Verbrausen,** v. n. (h.) cesser de fermenter; fg. se calmer.

**Verbrechen,** v. a. 2, briser; fg. faire une faute; commettre un crime; —, s. n. 1, crime, m.; délit. [pable.

**Verbrecher,** m. 1, criminel; cou-

**Verbrecherisch,** adj. criminel; cou-pable.

**Verbreiten,** v. a. répandre; fg. id., propager, divulguer, débiter.

**Verbreitung,** f. fg. propagation; divulgation; (méd.) irradiation des esprits vitaux.

*Verbrennen, v. n. (f.) brûler; être consumé, se consumer par le feu; —, v. a. brûler; incendier; hâler (soleil); (agr.) brouir; ju Asche, —, réduire en cendres; —, (cuis.) griller; von außen —, vir de la viande; sich die Finger —, fg. fm. s'échauder; verbrannt, brûlé, etc.; (méd.) aduste (sang); von der Sonne verbrannt, hâlé, ba-sané (teint).

**Verbrennlich,** adj. combustible.

**Verbrennung,** f. combustion; conflagration; (agr.) brouissure; — ju Asche, (chim.) cinération; incinération.

**Verbriefen,** v. a. confirmer par écrit; sich —, s'engager par écrit.

*Verbringen, v. a., v. Zubringen.

**Verbröseln,** v. a. émier, émietter.

**Verbrüdern** (sich), contracter un pacte de fraternité, fraterniser.

**Verbrüderung,** f. confraternité, fraternité.

**Verbrühen,** v. a., échauder.

**Verbuhlt,** adj. m. p. amoureux, coquet. [rie.

**Verbuhltheit,** f. m. p. coquette-

**Verbünden** (sich), s'allier, se li-guer; se coaliser; se fédéraliser; verbündet, allié, etc.; fédératif (état).

**Verbündete,** m. 3, allié, coalisé, confédéré, fédéré.

**Verbündung,** f. coalition, allian-ce; confédération, fédération.

**Verbürgen,** v. a. cautionner, ga-rantir; sich —, se rendre caution ou garant pour qn., cautionner.

**Verbürgung,** f. caution; garan-tie, cautionnement, m.

**Verdacht,** m. 2, soupçon; (jur.) suspicion, f.; — schöpfen, pren-dre du soupçon; einen — auf einen werfen, soupçonner qn.

**Verdächtig,** adj. suspect; soup-çonné; apocryphe (nouvelle).

**Verdammen,** v. a. condamner; réprouver, blâmer; (théol.) dam-ner; verdammt, pop. maudit; in-terj. peste! [digue.

**Verdämmen,** v. a. entourer d'une

**Verdammlich,** adj. damnable; condamnable; blâmable.

**Verdammniß,** f. (théol.) damna-tion; sich in die — stürzen, se dam-ner.

**Verdammung,** f. condamnation; damnation; désapprobation.

**Verdampfen,** v. n. (f.) s'évaporer.

**Verdämpfen,** v. a. mettre à l'étu-vée; verdämpft, à l'étuvée; —, s. n. 1, étuvée, f.

**Verdanken,** v. a. devoir qch., être obligé à qn. de qch.

**Verdauen,** v. a. digérer; (méd.) id., cuire; schlecht verdauet, (cha.) mal moulu.

**Verdaulich,** adj. facile à digérer.

**Verdauung,** f. digestion; (méd.) id., coction; die schlechte —, dys-pepsie; geschwächte —, apepsie; langsame und schlechte —, bradypep-sie; die — befördernd, digestif.

**Verdauungskraft,** f., force diges-tive. [tif, m.

**Verdauungsmittel,** n. 1, diges-

**Verdeck,** n. 2, pont, m. tillac.

**Verdeckbalken,** m. 1, épaure, f.

**Verdecken,** v. a. couvrir; cacher; verdeckt, adv. fg. (parler) à mots couverts. [tion.

**Verdeckung,** f. (astr.) occulta-

*Verdenken, v. a. trouver mau-vais; einem etw. —, blâmer qn. de qch.

**Verderben,** v. a. rég. gâter, cor-rompre, altérer; fg. id., perdre, ruiner; dépraver, démoraliser qn.; détériorer; —, v. n. 2 (f.) se gâter, se corrompre, s'altérer; tourner (vin); se dépraver (mœurs); se perdre, se ruiner; périr, dépérir; sich den Magen —, se déranger l'estomac; vom Reif verderbt, em-bruiné; vom Wind verderbt, fouet-té; verderben, couvi (auf); —, s. n. 1, perte, f. ruine; dépra-vation; corruption; évent des mets, m.

**Verderber,** m. 1, destructeur; corrupteur.

**Verderblich,** adj. corruptible || corrupteur, ruineux, destructeur; pernicieux.

**Verderblichkeit,** f. corruptibilité.

**Verderbniß,** f. corruption; dé-pravation des mœurs; perdition.

**Verderbtheit,** f. état de corrup-tion, m., v. Verderbniß.

**Verdeutschen,** v. a. traduire en allemand.

**Verdichten, Verdicken,** v. a. con-denser; épaissir; incrasser le sang.

**Verdichtung, Verdickung,** f. con-densation; épaississement, m.; incrassation, f. coagulation.

**Verdienen,** v. a. gagner; mériter; sich um jemand verdient machen, bien mériter de qn.

**Verdienst,** m. 2, gain, salaire; von seinem täglichen — leben, ga-gner au jour la journée.

**Verdienst,** n. 2, mérite, f.; sich — erwerben um, bien mériter de.

**Verdienstlich,** adj. méritoire.

**Verdienstvoll,** adj. plein de mérite.

**Verding,** m. et n. 2, accord qu'on fait pour un ouvrage, m. forfait.

*Verdingen, v. a. donner ou pren-dre à tâche; faire un marché ou un forfait; sich —, se louer au service d'un maître, se mettre en condition.

**Verdingung,** f. louage, m. ac-cord; forfait; location, f.

**Verdolmetschen,** x., v. Dollmet-schen, x.

**Verdoppeln,** v. a. doubler, redou-bler; (nav.) bander.

**Verdoppelung,** f. doublement, m.; duplicité, f.; (géom.) dupli-cation, (anat.) duplicature; —, des ersten Sates, (jeu) paroli, m.; —, fg. redoublement.

**Verdorbenheit,** f., v. Verderbniß.

**Verdorren,** v. n. (f.) sécher; se dessécher; mourir; (cuis.) être trop rôti; verdorret, séché, etc., sec; (cuis.) brûlé; (méd.) exténué.

**Verdorrung,** f. dessèchement, m.

**Verdrängen,** v. a. déplacer; sup-planter, débusquer.

**Verdrehen,** v. a. fausser; forcer une clef, etc.; faire des contor-sions du corps; rouler les yeux; fg. torturer, pervertir, détorquer un passage; détourner le sens d'un discours; verdreht, contour-né (taille); tors.

**Verdreher,** m. 1, -inn, f. para-phraseur, m. -se, f.

**Verdrehung,** f. contorsion; dé-torse, entorse; roulement des yeux, m.; fg. interprétation ma-ligne, f. distorsion, paraphrase.

**Verdreifachen,** v. a. tripler.

**Verdrießen**, v. imp. 6 (h.) chagriner, fâcher; sich nichts — lassen, ne se rebuter de rien.

**Verdrießlich**, adject. fâcheux, désagréable, fastidieux, pénible, odieux ‖ chagrin, de mauvaise humeur.

**Verdrießlichkeit**, f. affaire fâcheuse. [ragé; indolent.

**Verdrossen**, adj. dégoûté, décou-

**Verdrossenheit**, f. dégoût, m. ennui, indolence, f.

**Verdrucken**, v. a. employer à l'impression; faire une faute d'impression. [sonner; v. Erdrücken.

**Verdrücken**, v. a. plier faux; chiffonner.

**Verdruß**, m. 2 (sans pl.), chagrin, dépit, mécontentement, dégoût, déboire; ennui; einem — machen, chagriner qn., déplaire à qn.

**Verduften**, v. n. (f.) s'évaporer, s'exhaler. [mé.

**Verdumpft**, adj. qui sent l'enfer-

**Verdunkeln**, v. a. obscurcir, offusquer; éclipser le soleil, etc.; fg. id., effacer. [m.; éclipse, f.

**Verdunkelung**, f. obscurcissement,

**Verdünnen**, v. a. atténuer; rendre plus fluide, délayer; dégrossir; raréfier l'air; subtiliser; démaigrir du bois, etc.; (méd.) atténuer, mollifier. [layant.

**Verdünnend**, adj. atténuant, dé-

**Verdünnern**, v. a. amincir, allégir. [ment, m.

**Verdünnerung**, fém. amincisse-

**Verdünnung**, f. atténuation; délayement, m.; subtilisation, f.; raréfaction de l'air; diminution; démaigrissement, m.; (arch.) contracture d'une colonne, f.

**Verdunsten**, v. n. (f.) évaporer, s'exhaler.

**Verdünsten**, v. a. faire évaporer.

**Verdünstung**, fém. évaporation, exhalaison. [soif.

**Verdursten**, v. n. (f.) mourir de

**Verdußt**, adj. pop., v. Verblüfft.

**Verecken**, v. n. (h.) poser le bois (cerf).

**Veredeln**, v. a. ennoblir; améliorer, perfectionner, cultiver.

**Veredelung**, f. ennoblissement, m.; amélioration, f.; culture.

**Verehelichen**, v. a. marier.

**Verehelichung**, f. mariage, m.

**Verehren**, v. a. révérer; respecter; honorer; adorer, craindre Dieu ‖ jemanden etw. — fm. faire présent de qch. à qn.

**Verehrer**, m. 1, -inn, f. adorateur, m. -trice, f.; — eines einzigen Gottes, déicole, m. et f.

**Verehrlich**, adj. respectable, honorable.

**Verehrung**, f. vénération, respect, m.; adoration de Dieu, f.;

bie — Gottes, (cath.) le culte de latrie; — der heil. Jungfrau, culte d'hyperdulie; — der Heiligen, culte de dulie ‖ don, présent.

**Verehrungswürdig**, adj. vénérable, respectable.

**Vereiden**, v. a. assermenter.

**Verein**, m. 2, union, f. association, coalition.

**Vereinbar**, —lich, adj. conciliable, compatible, communicable (fleuves). [concilier; allier.

**Vereinbaren**, v. a. unir; joindre;

**Vereinbarung**, f. union; jonction; conciliation; compatibilité.

**Vereinfachen**, v. a. simplifier.

**Vereinfachung**, f. simplification.

**Vereinigen**, Vereinen, v. a. unir, joindre, réunir; concilier; mettre d'accord; incorporer une province à un état; allier, concentrer une armée, v. Verbinden; sich —, s'unir; se joindre; convenir de qch.

**Vereinigt**, adj. uni, joint, réuni.

**Vereinigung**, f. union; jonction; liaison, v. Verbindung; réunion; conciliation; conjonction; assortiment de marchandises, m.

**Vereinzeln**, v. a. démembrer; dépareiller; détailler. [m.

**Vereinzelung**, f. démembrement,

**Vereiteln**, v. a. éluder, déjouer; déconcerter, anéantir.

**Vereitelung**, f. anéantissement, m.

**Vereitern** (sich), suppurer.

**Vereiterung**, f. suppuration.

**Verekeln**, v. a., einem etw. —, dégoûter qn. de qch. [dre.

**Verengen**, v. a. rétrécir, restreindre. [rétrécissement, m.

**Verengung**, f. rétrécissement,

**Vererben**, v. a. laisser en héritage.

**Vererzen**, v. a. minéraliser.

**Verewigen**, v. a. éterniser, immortaliser, perpétuer.

**Verfahren**, v. a. 7, transporter, voiturer; rompre les chemins; manquer le chemin; frauder la douane; —, v. n. (h. et f.) procéder, agir, se conduire; s'y prendre; weiter —, (jur.) aller en avant ‖ se briser, crever en l'air; —, s. n. 1, manipulation; procédé, m.; fg. procédé, conduite, f. démarche.

**Verfahrungsart**, f. manière d'agir, méthode, conduite.

**Verfall**, m. 2, décadence, f. ruine, délabrement, m. dégradation d'un édifice, f.; déclin, m. dépérissement; dépravation, f. corruption des mœurs; déchéance d'un droit; échéance d'un terme; dévolution d'une terre; confiscation de biens; in — bringen, délabrer, perdre, ruiner; in — gerathen, v. Verfallen.

**Verfallen**, v. n. 4 (f.) tomber en ruine; dépérir; fg. déchoir, tomber en décadence; dépérir; diminuer de forces; se corrompre (mœurs); échoir (terme); être dévolu, confiscable; être perdu (gage); auf etw. —, tomber sur qch.; in Strafe —, encourir une peine; sich das Gesicht —, se meurtrir le visage en tombant; —, part. ruiné, etc., maigre; défait (visage); caduc; confiscable; —, s. n. 1, extinction de la voix, f.

**Verfalltag**, m. 2, -zeit, f. échéance.

**Verfälschen**, v. a. falsifier, altérer, fausser; frelater le vin; contrefaire une écriture; interpoler un écrit; corrompre; (monn.) frayer, altérer; verfälscht, faux.

**Verfälscher**, m. 1, falsificateur, corrupteur; faussaire.

**Verfälschung**, f. falsification, altération; corruption.

**Verfangen**, v. n. 4 (h.) fm. faire effet, opérer, servir de qch.; sich —, se prendre des dents (chiens); (man.) devenir fourbu; sich — (fumée); s'engouffrer (vent); fg. se couper dans ses discours; s'embrouiller; —, part. (man.) fourbu; —, s. n. 1, fourbure, f.

**Verfänglich**, adj. captieux, préjudiciable.

**Verfänglichkeit**, f. artifice, m.; mauvaise foi, f. fraude, astuce.

**Verfärben** (sich), changer de couleur; rougir; pâlir.

**Verfassen**, v. a. composer, rédiger, mettre ou coucher par écrit.

**Verfasser**, m. 1, -inn, f. auteur, m. et f.; rédacteur d'un journal, m.

**Verfassung**, f. composition, rédaction; état, m. situation, f. disposition d'esprit; (pol.) constitution; der Anhänger der —, constitutionnel, m.

**Verfassungsmäßig**, adj. constitutionnel. [tutionnalité.

**Verfassungsmäßigkeit**, f. consti-

**Verfassungsurkunde**, f. charte constitutionnelle, charte, acte constitutionnel, m.

**Verfassungswidrig**, adj. inconstitutionnel, anticonstitutionnel.

**Verfassungswidrigkeit**, f. inconstitutionnalité.

**Verfaulbar**, adj. putrescible.

**Verfaulen**, v. n. (f.) pourrir, se putréfier; se corrompre; se carier (dents).

**Verfaulung**, f. pourriture; corruption; carie des dents.

**Verfechten**, v. a. 6, défendre, soutenir. [pion, athlète.

**Verfechter**, m. 1, défenseur, cham-

**Verfechtung**, f. défense.

Verfehlen, *v. a.* manquer *le but.*
Verfeinden, *v. a.* rendre ennemi;
ſich —, se brouiller, se désunir.
Verfeinern, *v. a.* raffiner; *fg. id.,*
polir.
Verfeinerung, *f.* raffinement, *m.*
*fg.* civilisation, *f.* culture; (*chim.*)
subtilisation.
Verfertigen, *v. a.* faire, achever,
finir, préparer, fabriquer; manufacturer, confectionner; composer, rédiger.
Verfertiger, *m.* 1, auteur, rédacteur *d'un article;* fabricateur,
ouvrier.
Verfertigung, *f.* achèvement, *m.;*
composition *d'un livre,* *f.;* rédac-
tion; fabrication, confection.
Verfeuern, *v. a.* consumer, employer en tirant.
Verfilzen, *v. a.* mêler, confondre.
Verfinſterer, *m.* 1, obscurant.
Verfinſtern, *v. a.* obscurcir; éclip-
ser.
Verfinſterung, *f.* obscurcissement,
*m.;* éclipse *du soleil, etc., f.;*
défection *d'une planète.*
Verfinſterungsgeiſt, *m.* 5, =ſucht,
*f.* obscurantisme, *m.*
Verfirſten, *v. a.* enfaîter.
Verfirſtung, *f.* enfaîtement, *m.*
Verfitzen, *v.* Verwirren.
Verflachen, *v. a.* aplatir.
Verflechten, *v. a.* 6, entrelacer;
enlacer, entortiller; *fg.* impli-
quer. [*m.* enlacement.
Verflechtung, *f.* entrelacement,
Verfleiſchen (ſich), (*méd.*) se car-
nifier (*os*).
Verfleiſchung, *f.* carnification.
Verfliegen, *v. n.* 6 (ſ.) s'envoler;
s'évaporer; *fg. id.,* s'écouler, *fm.*
s'en aller, galoper (*temps*); se
perdre.
Verflieſzen, *v. n.* 6 (ſ.) s'écouler,
découler; *fg. id.,* se passer; échoir;
courir, expirer (*terme*).
Verflieſzung, *f.* écoulement, *m.;*
découlement; expiration *d'un*
*terme, f.*
Verfluchen, *v. a.* maudire, détester; (*égl.*) anathématiser; verflucht,
maudit; exécrable, abominable.
Verflüchtigen, *v. a.* volatiliser.
Verflüchtigung, *f.* volatilisation.
Verfluchung, *f.* malédiction, imprécation; eine — enthaltend, imprécatoire.
Verfluſz, *m.* 2*, laps de temps;
écoulement; expiration *d'un terme, f.;* nach —, au bout de.
Verfolg, *m.* 2, suite, *f.;* continuation.
Verfolgen, *v. a.* persécuter, poursuivre qn., donner la chasse à
qn.; einen gerichtlich —, poursuivre qn. en justice, agir contre

qn.; einen grimmig —, s'acharner contre qn.; —, continuer.
Verfolger, *m.* 1, =inn, *f.* persécuteur, *m.* -trice, *f.*
Verfolgung, *f.* poursuite, persécution; continuation.
Verfolgungsſucht, *f.,* =geiſt, *m.* 5,
esprit de persécution.
Verfrachten, *v. a.* payer le port;
faire transporter.
Verfreſſen, *v. a.* 1, *fm.* manger
son bien.
Verfrieren, *v. n.* 6 (ſ.) geler;
mourir de froid; verfroren, gelé,
frileux.
Verfügen, *v. a.* ordonner, disposer (über, de); ſich —, se rendre
un lieu; worüber man — kann,
disponible.
Verfügung, *f.* ordre, *m.* disposition, *f.;* mesures, *pl.*
Verführen, *v. a.* transporter, voiturer *des marchandises; fg.* séduire, débaucher, corrompre qn.;
abuser *d'une fille;* faire illusion
à qn.
Verführer, *m.* 1, =inn, *f.* séducteur, *m.* -trice, *f.;* débaucheur, *m.*
Verführeriſch, *adj.* séduisant, séducteur; corrupteur; engageant;
attrayant; illusoire.
Verführung, *f.* transport, *m.;*
*fg.* séduction, *f.* corruption, déception.
Verfünffachen, *v. a.* quintupler.
Verfüttern, *v. a.* consommer en
fourrages; ruiner par excès de
fourrage.
Vergaffen (ſich), *fm.* regarder avec
admiration; ſich an etw. —, se coiffer, s'amouracher de qch., être
assoté de — [fermenter.
Vergähren, *v. n.* 6 (h.) cesser de
Vergällen, Vergällen, *v. a. fg.*
rendre amer, empoisonner *un*
*plaisir.*
Vergaloppiren (ſich), *pop.* se méprendre, faire une bévue, une faute. [(*gramm.*) id., prétérit.
Vergangenheit, *f.* passé, *masc.;*
Vergänglich, *adj.* passager, périssable, corruptible.
Vergänglichkeit, *f.* instabilité;
fragilité; caducité.
Verganten, *v. a.* vendre à l'encan.
Vergantung, *f.* encan, *m.;* gerichtliche —, subhastation, *f.*
Vergattern, *v. a.* (*guer.*) assembler.
Vergatterung, *f.* (*guer.*) die —
ſchlagen, battre l'assemblée.
Vergaukeln, *v. a.* étourdir, offusquer, égarer, désorienter.
Vergeben, *v. a.* 1, donner, conférer *une charge, etc.;* céder *son*
*droit;* préjudicier *au droit d'au-*
*trui;* mal donner *les cartes;* einem

—, pardonner, faire grâce à qn.;
einem *ou* einen —, empoisonner
qn.; (Pfründe) die — wird, collatif; der eine Pfründe zu — hat,
le collateur d'un bénéfice.
Vergebens, *adv.* en vain, inuti-
lement; — ſagt man ihm, on a
beau lui dire.
Vergeblich, *adj.* vain, inutile;
infructueux || pardonable.
Vergeblichkeit, *f.* inutilité.
Vergebung, *f.* nomination *à une*
*charge;* mein Vater hat die — dieser Stelle, cette charge est à la nomination de mon père; —, collation *d'un bénéfice, f.;* cession
*de son droit;* pardon (*m.*), rémission (*f.*) *des péchés;* um — bitten,
demander pardon; —(durch Gift)
empoisonnement, *m.*
Vergegenwärtigen, *v. a.,* ſich etw.
—, se représenter qch.
Vergehen, *v. n.* (ſ.) passer,
se passer, s'écouler; s'en aller
(*temps*); diminuer; cesser; finir;
périr, mourir; se flétrir (*fleur,*
*etc.*); se consumer; s'effacer, s'é-
vanouir; ſich —, manquer (gegen,
à); faillir, faire une faute; —,
*s. n.* 1, *v.* Vergehung; augenblickliche — des Geſichtes, berlue, *f.*
Vergehung, *f.* faute, délit, *m.*
Vergeiſtigen, *v. a.* spiritualiser.
Vergelten, *v. a.* 2, récompenser;
rémunérer; Gleiches mit Gleichem
—, rendre la pareille.
Vergelter, *m.* 1, rémunérateur.
Vergeltung, *f.* récompense; rémunération; rétribution.
Vergeltungsrecht, *n.* 2, droit de
représailles, *m.;* droit du talion;
das — üben, user de représailles,
rendre la pareille.
Vergeſellſchaften, *v. a.* accompagner; associer; ſich mit einem —,
s'associer avec qn.
Vergeſſen, *v. a.* 1, oublier; négliger; die Ehrfurcht — manquer
de respect; ſich —, s'oublier; *fg.*
*id.,* se méconnaître, *fm.* s'échapper.
Vergeſſenheit, *f.* oubli, *m.*
Vergeßlich, *adj.* oublieux.
Vergeßlichkeit, *f.* défaut de mémoire, *m.*
Vergeuden, *v.* Verſchwenden.
Vergewiſſern, *v. a.* assurer; certifier. [dre.
Vergießen, *v. a.* 6, verser, répan-
Vergießung, *f.* effusion.
Vergiften, *v. a.* empoisonner qn.;
envenimer *une plaie;* infecter,
empester; corrompre; *fg. id.*
Vergifter, *m.* 1, =inn, *f.* empoi-
sonneur, *m.* -se, *f.*
Vergiftung, *f.* empoisonnement,
*m.* vénéfice; infection, *f.;* —

durch ein Schlafmittel, narcotisme, m.

Vergißmeinnicht, n. 2 (ne m'oublie pas), (bot.) oreille-de-souris, f. fausse germandrée, myosotis, m.

Vergittern, v. a. griller, barrer, treillisser.                [sage, m.

Vergitterung, f. grille; treillis-

Verglasen, v. a. vitrifier.

Verglasung, f. vitrification.

Verglasuren, v. a. vernisser, plomber.

Vergleich, m. 2, comparaison, f.; parallèle, m. || accord, accommodement, transaction, f.; arrangement, m. convention, f.; composition; traité, m. stipulation, f.; — bei ungewissen Einkünften, abonnement, m.; — wegen Uebergabe einer Stadt, capitulation, f.; zu einem — geneigt, conciliant; auf einem—t beruhend, conventionnel; einen — treffen, faire un accommodement; (guer.) capituler; durch —, conventionnellement, par composition.

Vergleichbar, adj. comparable.

Vergleichen, v. a. 5†, comparer, mettre en parallèle; collationner, conférer avec l'original || accorder, accommoder; réconcilier; terminer un différend; miteinander —, confronter; sich —, se comparer, s'assimiler, s'égaler (mit, à); s'accommoder, s'accorder, convenir ensemble, transiger; se réconcilier; vergleichen mit, comparé à, auprès de.

Vergleichend, adj. comparatif.

Vergleichmäßig, adj. conventionnel; adv. conventionnellement.

Vergleichsmittel, n. 1, accommodement, m. moyen de s'accorder, fm. médium.

Vergleichung, f. comparaison, f.; confrontation, collation de deux écrits; — mehrerer Wechselcurse, arbitrage, m.; in — mit, en comparaison de, auprès de; —, parallèle, m.; proportion, f.

Vergleichungsstufe, f. (gramm.) degré de comparaison, m.; erste, zweite, dritte —, positif, comparatif, superlatif.

Vergleichungsweise, adv. comparativement; par comparaison.

Vergleichungswerkzeug, n. 2, (fond. de car.) justification, f.

Verglimmen, v. n. qqfois 6 (f.) s'éteindre peu à peu.

Verglühen, v. n. (f.) cesser d'être rouge, se refroidir; fg. s'éteindre.

Vergnügen, v. a. contenter, satisfaire; donner du plaisir à qn., divertir, amuser, récréer; sich an etw. —, prendre du plaisir à qch., vergnügt, content, satisfait, gai.

Vergnügen, n. 1, plaisir, m. satisfaction, f.; agrément, m. délices, f. pl.

Vergnüglich, adj. facile à contenter; satisfaisant; agréable.

Vergnügung, f. plaisir, m. amusement, récréation, f. divertissement, m.                [cuivrer.

Vergolden, v. a. dorer; falsch —,

Vergolder, m. 1, doreur.

Vergoldpinsel, m. 1, (pât.) doroir.

Vergoldung, f. dorure; die — von etw. abtragen, dédorer; die — verslitren, se dédorer.

Vergönnen, v. a. permettre, accorder.

Vergöttern, v. a. déifier; fg. idolâtrer, adorer; er vergöttert sie, elle en est idolâtrée.

Vergötterung, f. déification; apothéose; fg. idolâtrie.

Vergraben, v. a. 7, enterrer; enfouir; sich —, se retrancher; fg. s'ensevelir dans la solitude.

Vergrabung, f. enfouissement, m. enterrement.

Vergreifen (sich), 5†, (comm.) se vendre, se débiter || se disloquer la main; prendre une chose pour l'autre; sich an einem —, maltraiter qn., attenter à la personne de qn.; sich an etw. —, toucher à qch. sans y avoir droit, entreprendre sur qch.; profaner les choses sacrées; violer les lois.

Vergreifung, fém. méprise; fg. mauvais traitement, m.; violation, f.; profanation || débit (m.), vente (f.) d'une marchandise.

Vergrößern, v. a. agrandir, grossir, augmenter, accroître; élargir un trou, etc.; aggraver la peine; fg. exagérer.

Vergrößerung, f. agrandissement, m.; fg. exagération, f.; zur —, pour comble d'infortune.

Vergrößerungsglas, n. 5*, microscope, m. loupe, f.     [céder.

Vergünstigen, v. a. accorder, conceder

Vergünstigung, f. faveur, permission.

Vergüten, v. a. (comm.) bonifier; dédommager; réparer; rembourser.

Vergütung, f. dédommagement, m. compensation, f.; indemnité; (comm.) bonification; équivalent, m.; restitution, f.; réparation; remboursement, m.

Verhack, m. 2, abatis d'arbres.

Verhaft, m. 2, arrestation, f.; arrêt, m. emprisonnement; prise de corps, f. contrainte par corps; détention; in — nehmen, arrêter; mit Arresten belegen, emprisonner.

Verhaftbefehl, m. 2, mandat d'arrêt; décret de prise de corps; geheime —, lettre de cachet, f.; einen — gegen einen geben, lancer un mandat d'arrêt contre qn., décréter qn. de prise de corps.

Verhaften, v. a. arrêter; engager, hypothéquer un bien.

Verhaftnehmung, Verhaftung, f. v. Verhaft.

Verhaftregister, n. 1, écrou, m.

Verhagelt, adj. grêlé, gâté, abimé par la grêle.

Verhalftern (sich), s'enchevêtrer.

Verhallen, v. n. (f.) se perdre dans l'air.

Verhalten, v. a. 4, retenir; celer, cacher; das Lachen —, s'empêcher de rire; sich —, se conduire, se comporter; se rapporter, être en proportion; die Sache verhält sich so, voici ce qu'il en est; —, s. n. 1, rétention, f.; fg. conduite; rapport, m., v. Verhältniß.

Verhältniß, n. 2, rapport, m. relation, f.; proportion; raison; convenance; nach —, à proportion, fm. à l'avenant.

Verhältnißmäßig, adj. proportionnel; comparatif, convenable; —, adv. proportionnellement, etc.; (payer) au sou la livre; à mesure que, au fur et à mesure.

Verhältnißwidrig, adj. disproportionné; —, adv. hors de proportion.

Verhaltung, f. rétention (d'urine).                    [tion, f.

Verhaltungsbefehl, m. 2, instruction.

Verhandelbar, adj. négociable.

Verhandeln, v. a. vendre; se défaire de qch.; traiter, négocier; discuter, débattre une question.

Verhandlung, f. vente; négociation; traité, m.; débats, pl.; discussion, f.; actes d'un procès, m. pl.

Verhängen, v. a. couvrir d'un voile; lâcher la bride à un cheval; fg. (du destin) vouloir, permettre; mit verhängtem Zügel, à bride abattue, à toute poste.

Verhängniß, n. 2, destin, m. sort, destinée, f.; fatalité, fatum, m.

Verhängnißvoll, adj. fatal.

Verharren, v. n. (h. et f.) demeurer, persister; persévérer; être; ich habe die Ehre zu —, x., j'ai l'honneur d'être, etc.

Verharrung, fém. persévérance, constance, fermeté.

Verharschen, v. n. (f.) durcir, se durcir; gagner une croûte.

Verhärten, v. a. durcir; endurcir; constiper le ventre, fg. endurcir; verhärtet, durci, etc., squirreux (tumeur); verhärtete Geschwulst, squirre, m.

II.          25

Berhärtung, f. constipation du ventre; (chir.) callosité, calus, m.; fg. endurcissement.

Berhaßt, adj. odieux, haïssable.

Berhätscheln, v. a. gâter, dorloter.

Berhau, m. 2, abatis d'arbres.

Berhauchen, v. a., v. Aushauchen.

*Berhauen, v. a. couper, découper; dépecer un bœuf; abattre; fermer un chemin; sich —, mal couper; (escr.) manquer son coup; fg. fm. sich im Reden —, se contredire. [bien.

Berhaufen, v. a. fm. dissiper son

Berheeren, v. a. dévaster, ravager, ruiner, désoler; infester; mit Feuer und Schwert —, mettre à feu et à sang.

Berheerend, adj., Berheerer, m. 1, destructeur, désolateur, dévastateur.

Berheerung, f. dévastation, désolation; ravage, m. dégât.

Berhehlen, v. a. cacher, celer, recéler; dissimuler.

Berhehlung, f. recélement, m. recélé, dissimulation, f.

Berheimlichen, v. a. recéler, cacher; se cacher de qch.

Berheimlichung, v. Berhehlung.

Berheirathen, v. a. marier; in eine Familie —, apparenter; unter seinem Stande —, déparager qn.; sich —, se marier; épouser (mit einem, qn.); sich unter seinem Stande —, se mésallier.

Berheirathung, f. mariage, m.; — unter seinem Stande, mésalliance, f.

Berheißen, v. a. 4, promettre.

Berheißung, f. promesse.

Berhelfen, v. a. 2, aider, assister qn.; einem zu etw. —, faire avoir, procurer qch. à qn.

Berhelfung, f. assistance.

Berherrlichen, v. a. glorifier.

Berherrlichung, f. glorification.

Berhetzen, v. a. irriter, inciter, animer; déchaîner qn. contre un autre.

Berhetzung, f. instigation, irritation, incitation.

Berhexen, v. a. fm. ensorceler.

Berhinderlich, adj., v. Hinderlich.

Berhindern, v. a. empêcher, mettre obstacle à qch.; traverser.

Berhinderung, f. empêchement, m.; obstacle; interruption, f.

Berhoffen, v. Hoffen. [heßlen.

Berhohlen, anc. partic., v. Ber-

Berhöhnen, v. a. se moquer de qn., huer qn. [lerie.

Berhöhnung, f. moquerie, raillerie.

Berhöhnen, v. a. détailler, vendre en détail.

Berholzen (sich), se lignifier.

Berhör, n. 2, audience, f.; interrogatoire des criminels, m.; audition des témoins, f.; — gegen einander, confrontation.

Berhören, v. a. interroger un criminel; entendre des témoins; gegen einander —, confronter; verhört werden, subir l'interrogatoire; (témoins) être entendu.

Berhudeln, v. a. fm. bousiller, gâter la besogne.

Berhüllen, v. a. couvrir, voiler, envelopper; déguiser; fm. affubler (mit, de).

Berhüllung, f. voile, m.; déguisement, fm. affublement.

Berhungern, v. n. (f.) mourir de faim; verhungert, mort de faim; affamé. [siller.

Berhungern, v. a. fm. gâter, bousiller.

Berhüten, v. a. prévenir, détourner, empêcher; parer à.

Berjagen, v. a. chasser; débusquer; bannir. [exil, m.

Berjagung, fém. fg. expulsion.

Berjährbar, adj. prescriptible.

Berjähren, v. n. (f.) se prescrire; verjährt, prescrit, suranné.

Berjährung, f. prescription.

Berjüngen, v. a. rajeunir; (géom. etc.) réduire en petit; réduire en petit pied; diminuer une colonne; verjüngte Maßstab, échelle de réduction, f. échelle fuyante.

Berjüngung, f. rajeunissement, m.; réduction, f.; contracture d'une colonne. [jouvence.

Berjüngungsquelle, f. fontaine de

Berkalben, v. n. (h.) avorter.

Berkalken, v. a. calciner; (chim.) oxider.

Berkalkung, f. calcination; oxidation; oxidation des métaux.

Berkälten (sich), se refroidir.

Berkappen, v. a. masquer, déguiser, affubler. [affublement.

Berkappung, f. déguisement, m.

Berkauf, m. 2*, vente, f.; débit, m.; — im Kleinen, détail; — unter dem Preise, mévente, f.; gerichtliche —, expropriation forcée.

Berkaufen, v. a. vendre; se défaire de, disposer de; débiter; im Kleinen —, détailler; mit Schaden —, mévendre; einem etw. gerichtlich —, exproprier qn. de qch.; verkauft werden, se vendre, se débiter.

Berkäufer, m. 2inn, f. vendeur, m. -se, f.; (jur.) -eresse; marchand, m. débitant, -e, f.

Berkäuflich, adj. de bonne vente, commerçable; à vendre; m. p. vénal.

Berkaufpreis, m. 2, prix de vente; höchste —, maximum.

Berkehr, m. 2, commerce, trafic; fg. commerce, liaison, f. relations, pl.

Berkehren, v. a. renverser; rouler les yeux; fg. tordre, tourner; changer, intervertir || commercer, trafiquer; fg. communiquer, être lié avec qn.; verkehrt, fg. gauche, déraisonnable; pervers; méchant; verkehrt, adv. de travers, à l'envers; à rebours, fg. à contre-sens.

Berkehrtheit, f. fg. perversité.

Berkehrung, f. renversement, m. intervertissement, interversion, f.; fg. mauvaise interprétation; perversion; (gramm.) inversion.

Berkeilen, v. a. affermir avec un coin.

*Berkennen, v. a. méconnaître.

Berketten, v. a. enchaîner.

Berkettung, f. enchaînement, m. filiation, f.

Berketzern, v. a. accuser d'hérésie. [résie.

Berketzerung, f. accusation d'hérésie.

Berkielen, v. a. emplumer, garnir de plumes. [menter.

Berkitten, v. a. mastiquer, cimenter.

Berklagen, v. a. accuser.

Berkläger, m. 1, accusateur.

Berklagte, m. 3, accusé.

Berklagung, f. accusation.

Berklammern, v. a. cramponner, attacher avec des crampons.

Berklären, v. a. (écr. ste) transformer; glorifier (élus); transfigurer (J. Ch.).

Berklärung, f. transformation, glorification; transfiguration de N. S.

Berklauseln, v. a. conditionner, ajouter des clauses à un contrat.

Berkleben, v. a. coller; die Spalten an einer Thüre —, calfeutrer une porte.

Berklecken, v. a. barbouiller.

Berkleiben, v. a. boucher avec de l'argile; mit Lehm und Stroh —, bousiller; mit Mörtel —, gobeter; v. Berkleben.

Berkleibung, f. bousillage, m.

Berkleiden, v. a. déguiser, travestir, masquer; (arch.) revêtir; (men.) boiser, lambrisser.

Berkleidung, f. déguisement, m. (arch.) revêtement, (men.) boiserie, f. boisage, m. lambrissage, (mar.) bordage.

Berkleinern, v. a. diminuer; amoindrir; fg. avilir; déprécier, déprimer, détracter; décréditer; rabaisser.

Berkleinerung, f. diminution; fg. avilissement, m.; abaissement; pression, f. détraction.

Verkleinerungsglas, n. 5*, verre qui fait voir les objets plus petits qu'ils ne sont, m.        [nutif, m.

Verkleinerungswort, n. 5*, dimi-

Verkleistern, v. a. boucher avec de la colle; coller.

Verklingen, v. n. 3 (f.) cesser insensiblement de sonner.

Verknistern, v. n. (h.) décrépiter; — lassen, id.; —, s. n. 1, décrépitation, f.

Verknittern, v. a. chiffonner.

Verknöchern, v. a. ossifier.

Verknöcherung, f. ossification.

Verknüpfen, v. a. nouer; fg. lier; joindre; associer; combiner, coordonner; réunir; verknüpft, noué; (méd.) id., rachitique; fg. lié, connexe.

Verknüpfung, f. nouement, m.; fg. jonction, f. réunion; liaison; combinaison; enchainement, m.

Verkochen, v. a. faire trop cuire; zu Brei verkocht, en compote; —, s. n. 1, (méd.) coction, f.

Verkohlen, v. a. carboniser.

Verkohlosen, m. 1*, (für Torf) charbonnier.

Verkohlung, f. carbonisation.

Verkörpern, v. a. corporifier.

Verköstigen, v. a. nourrir; donner à manger; sich selbst —, vivre à ses dépens.        [ble.

Verköstigung, f. nourriture; table.

Verkriechen (sich), 6, se blottir, se tapir; se cacher; se terrer; se clapir.        [ter.

Verkrümeln, v. a. émier, émietter.

Verkrummen, v. n. (f.) devenir courbe, perclus.

Verkrüppeln, v. a. estropier; pop. chiffonner; froisser; fg. mal former l'esprit; —, v. n. (f.) rabougrir; fg. prendre une mauvaise direction.

Verkühlen, v. n. (f.) rafraîchir.

Verkümmern, v. a. (jur.) saisir; troubler, gâter; —, v. n. (f.) dépérir, périr.

Verkümmerung, f. saisie.

Verkünden, Verkündigen, v. a. annoncer, publier, proclamer, prédire.

Verkündigung, f. publication; proclamation; prédication de l'évangile; Mariä —, annonciation; der Orden der — Mariä, annonciade.        [de raffiner.

Verkünsteln, v. a. gâter à force

Verkuppeln, v. a. accoupler (des chiens); m. p. prostituer.

Verkürzen, v. a. accourcir, raccourcir; abréger un mot; fg. diminuer, rogner les gages de qn.; léser qn., désavantager un enfant; sich die Zeit —, passer le temps; einem die Zeit —, amuser qn.

Verkürzung, f. accourcissement, m. raccourcissement; abréviation d'un mot, f.; rétraction des nerfs; (peint.) raccourci, m.; fg. retranchement, désavantage, tort.

Verlachen, v. a. se rire, se moquer de.

Verlachung, f. dérision, moquerie.        [ger, exporter.

Verladen, v. a. 7, (comm.) charger.

Verlag, m. 2, fonds, pl.; avances qu'exige une affaire, f. pl.; fonds de librairie, m. sortes, f. pl.; in seinem —, chez lui; ein Buch in — nehmen, faire imprimer un livre à ses frais.

Verlagsartikel, m. 1, =buch, n. 5*, =wert, n. 2, livre de fonds, m.; pl. sortes, f. pl.

Verlagskosten, pl. frais d'impression, m. pl.

Verlagsrecht, n. 2, droit (m.), privilège d'impression.

Verlahmen, v. n. (f.) devenir perclus.

Verlahmung, f. paralysie.

Verlanden, v. a. dessécher un étang.

Verlangen, v. a. désirer, souhaiter, vouloir, demander; nach etw., soupirer après qch.; heftig —, convoiter; mit Sehnsucht —, envier; aus Instinkt —, appéter; —, v. imp. (h.), es verlangt mich zu ..., il me tarde de ..., je voudrais; —, s. n. 1, désir, m. souhait, envie, f.

Verlangenswerth, adj. désirable.

Verlängern, v. a. allonger; étendre; prolonger; fg. prolonger; continuer; proroger.

Verlängerung, f. allongement, m.; extension, f.; prolongation; fg. prolongation; prorogation.        [f.

Verlängerungsstück, n. 2, allonge, rallonge.

Verläppern, v. a. gaspiller.

Verlarven, v. a. masquer.

Verlaß, m. 2, succession, f.

Verlassen, v. a. 4, quitter, abandonner; délaisser; prendre congé, dire adieu; déserter d'un endroit; déguerpir d'un bien; seine Güter —, se désapproprier de ses biens; das Lager —, (cha.) débûcher; sich —, se fier, se confier (auf, à); se reposer (auf, sur); —, part. abandonné; à l'abandon; (jur.) jacent.

Verlassenheit, f. délaissement, m. abandon.

Verlassenschaft, f. succession.

Verlassung, f. abandonnement, m. abandon, délaissement, désertion, f.

Verläumden, v. a. diffamer, calomnier, déchirer.        [lomnie.

Verläumderung, f. diffamation, ca-

Verlauf, m. 2, laps de temps; expiration d'un terme, f.; cours (m.), suite (f.), succès (m.) d'une affaire; nach —, au bout de; après; der ganze — der Sache, toute l'affaire.

Verlaufen, v. a. 4, den Weg —, couper le chemin; —, v. n. (f.) fg. s'écouler, passer; expirer; échoir; sich —, se disperser; s'égarer; (bill.) se perdre, se blouser; (jeu de boule) se noyer; —, part. passé, révolu (temps); der —e Mensch, vagabond, m.; das —e Stück Vieh, épave, f. bête épave.

Verläugnen, v. a. dénier un dépôt; celer son maître; renier Dieu; démentir sa naissance; désavouer son seing.

Verläugnung, f. reniement, m. désaveu; abnégation (f.) de, renoncement (m.) à soi-même.        [tc.

Verläumden, tc., v. Verleumden.

Verlauten, v. imp. (h.) es verlautet, le bruit court; sich — lassen, témoigner, dire; donner à entendre.        [ler ses jours.

Verlechzen, v. a. passer, filer, couler; —, v. n. (f.) se fendre de sécheresse; mourir de soif, de chaud.

Verleckern, v. a. affriander, rendre gourmand; dépenser son argent en friandises; verleckert, friand; fg. délicat.

Verlegen, v. a. égarer; mal mettre; transférer; remettre; fournir; faire imprimer un livre à ses dépens; couper, barrer le chemin; —, part. vieux; trop mûr (vin); fg. embarrassé; fm. intrigué; machen, embarrasser, déconcerter, troubler; fm. intriguer.

Verlegenheit, f. embarras, m.; trouble, gène, f.; in — setzen, v. Verlegen machen.

Verleger, m. 1, fournisseur; éditeur d'un livre; mein —, mon libraire.

Verlegung, f. égarement, m.; translation, f.; remise.

Verleihen, v. a. prêter, louer; donner en fief.        [qch.

Verleihen, v. a. dégoûter qn. de

Verleihen, v. a. 5, prêter, louer; accorder, conférer, donner; octroyer un droit; auf Renten arrenter.

Verleihung, f. concession; collation d'un fief; octroi, m.; — auf Renten, arrentement.

Verleiten, v. a. séduire, engager.

Verleitung, f. séduction.

Verlernen, v. a. désapprendre, oublier.

Verlernung, f. oubli, m.        [qch.

Verlesen, v. a. 1, faire lecture de

**Verlesung,** f. lecture; die öffent=liche —, publication.

**Verletzen,** v. a. blesser; fg. id., léser, offenser; violer, porter atteinte à, froisser.

**Verletzlich,** adj. vulnérable.

**Verletzung,** f. blessure; lésion; violation; atteinte.

**Verleumden,** v. a. calomnier, déchirer; einander —, s'entre-déchirer.

**Verleumder,** m. 1, =inn, f. calomniateur, m. -trice, f.; détracteur, m.

**Verleumderisch,** adj. calomnieux, diffamatoire.

**Verleumdung,** f. calomnie, médisance, imposture, détractation.

**Verlieben (sich),** aimer qn., devenir amoureux de, fm. s'amouracher de.

**Verliebt,** adj. amoureux; épris; fm. galant; —t, m. et f. amant, m. -e, f. amoureux, m. -se, f.; —erweise, adv. amoureusement.

**Verliebtheit,** f. amour, m.; complexion amoureuse, f.

**Verliegen (sich),** 1, vieillir et se gâter. [sible.

**Verlierbar,** adj. perdable, amis-

**Verlieren,** v. a. 6, perdre; die Eisen —, (man.) se déferrer; die Farbe —, se déteindre; den Glauben, das Ansehen —, se décréditer; die Zeit —, fm. se morfondre; sich —, se perdre, se passer; s'égarer; sich in einen Abgrund —, s'abimer, s'engouffrer; sich —, fg. s'absorber dans qch.; verloren gehen, se perdre; er ist verloren, il est perdu, c'est fait de lui.

**Verloben,** v. a. fiancer, accorder.

**Verlöbniß,** n. 2, Verlobung, f. fiançailles, pl. promesse de mariage, f. [voyer.

**Verlocken,** v. a. égarer, ol. dé-

**Verlobern,** v. n. (s.) cesser de flamboyer, se consumer en flamboyant.

**Verlogen,** adj. menteur.

**Verlohnen,** v. a., sich der Mühe nicht —, ne valoir pas la peine.

**Verloosen,** v. a. lotir.

**Verloosung,** f. lotissement, m.

**Verlöschen,** v. n. (s.), v. Erlöschen; —, v. a. éteindre; v. Auslöschen.

**Verlöthen,** v. a. souder.

**Verlöthung,** f. soudure.

**Verludern,** v. a. fm. prodiguer, dissiper en débauches.

**Verlumpt,** adj. déguenillé.

**Verlust,** m. 2, perte, f.; déchet, m.; (jur.) déchéance, f. déperdition.

**Verlustig,** adj., — werden, geben, perdre une chose; — erklären, déclarer déchu; — machen, faire per-

dre qch.; sich des Adels — machen, déroger à noblesse, déroger.

**Vermachen,** v. a. boucher, fermer, barrer; wohl —, coiffer une bouteille; —, (jur.) léguer; voraus —, préléguer.

**Vermächtniß,** n. 2, legs, m.

**Vermächtnißnehmer,** m. 1, =inn, f. légataire, m. et f.

**Vermahlen,** v. a. moudre du blé; partic. vermahlen.

**Vermählen,** v. a. marier.

**Vermählung,** fém. mariage, m. noces, f. pl. épousailles; hymen, m. hyménée. [du mariage.

**Vermählungsfeier,** f. célébration

**Vermahnen,** ic., v. Ermahnen, ic.

**Vermaledeien,** v. a. maudire.

**Vermaledeiung,** f. malédiction.

**Vermalen,** v. a. employer, consommer à peindre.

**Vermänteln,** v. a. pallier, couvrir.

**Vermauern,** v. a. employer à la maçonnerie; fermer par un mur, maçonner; condamner une porte; (couv.) mettre in-pacé.

**Vermehren,** v. a. augmenter, multiplier, accroitre, agrandir; enfler; sich vermehrt werden, sich —, augmenter, s'augmenter, accroitre, s'accroitre. [mentatif.

**Vermehrend,** adj. (gramm.) aug-

**Vermehrung,** f. augmentation; accroissement, m. agrandissement, multiplication, f.

**Vermeiden,** v. a. 5, éviter, fuir.

**Vermeidung,** f. fuite.

**Vermeinen,** v. n. (h.) v. Meinen.

**Vermeint, Vermeintlich,** adj. prétendu; présumé; putatif.

**Vermelden,** v. a. annoncer, mander; faire savoir. [confondre.

**Vermengen,** v. a. mêler, allier;

**Vermengung,** fém. mélange, m. mixtion, f.; confusion.

**Vermenschlichen,** v. a. représenter sous une forme humaine; humaniser; prêter des passions humaines à Dieu.

**Vermenschlichung,** f. (théol.) anthropomorphisme, m.

**Vermerken,** v. a., v. Bemerken.

**Vermessen,** v. a. 1, mesurer, arpenter; sich —, se tromper en mesurant; fg. se faire fort, assurer, protester.

**Vermessen,** adj. arrogant, téméraire, audacieux, présomptueux.

**Vermessenheit,** f. arrogance; présomption, témérité.

**Vermessung,** f. arpentage, m.

**Vermiethen,** v. a. louer, donner à louage; (nav.) fréter.

**Vermiether,** m. 1, loueur, bailleur; (nav.) fréteur.

**Vermiethung,** f. louage, m. location, f.; (nav.) fret, m.

**Vermindern,** v. a. diminuer; amoindrir; atténuer, modérer; enfumer les couleurs; retrancher, soustraire. [diminutif.

**Vermindernd,** adj. atténuant.

**Verminderung,** f. diminution; amoindrissement, m.; réduction, f. modération, atténuation.

**Vermischen,** v. a. mêler, mélanger (mit, de); allier des métaux; compliquer; (chim.) combiner; fm. coiffer une boisson; confondre; sich fleischlich —, se joindre pour la génération; s'accoupler (animaux); sich innig —, s'amalgamer; vermischt, (arch.) composite; (math.) mixte; vermischte Schriften, ic., mélanges, m. pl. miscellanées.

**Vermischtlinig,** adj. mixtiligne.

**Vermischung,** f. mélange, m.; mixtion, f. composition; alliage des métaux, m.; confusion, f.; die fleischliche —, la conjonction charnelle; coït, m.; accouplement (des animaux). [liage.

**Vermischungsregel,** f. règle d'al-

**Vermissen,** v. a. manquer, être privé de qch.; regretter; désirer; trouver à dire. [que.

**Vermissung,** f. défaut, m. manque.

**Vermitteln,** v. a. accommoder, moyenner; négocier la paix; ménager une entrevue; sich für einen, für etw. —, intercéder pour qn., intervenir dans qch. [ciliateur.

**Vermittelnd,** adj. médiateur, con-

**Vermittelst,** prép. moyennant; par; à la faveur, à l'aide de; grâce à; à force de.

**Vermittler,** m. 1, médiateur, conciliateur, intermédiaire, compositeur.

**Vermittlung,** f. entremise; médiation; intervention; accommodement, m. arrangement, conciliation, f.

**Vermittlungskammer,** f. bureau de conciliation, m.

**Vermodern,** v. n. (s.) pourrir, se putréfier. [tréfaction.

**Vermoderung,** f. pourriture, pu-

**Vermöge,** prép. par, en vertu de; suivant, selon.

**\*Vermögen,** v. a. pouvoir; valoir; avoir le pouvoir, être en état; etw. bei einem —, avoir du crédit auprès de qn.; einen zu etw. —, disposer, porter qn. à qch.

**Vermögen,** n. 1, pouvoir, m.; puissance, f.; faculté; capacité; force || bien, m. avoir, fortune, f.; moyens, m. pl.; in betzahlen, solvabilité, f.

**Vermögend,** adj. capable; riche; puissant; qui a de quoi. [f.

**Vermögensumstände,** pl. fortune,

**Vermorschen,** v. n. (s.) devenir friable, fragile; mollir; pourrir.

**Vermummen,** v. a. masquer, déguiser; sich —, se masquer, se déguiser, s'encapuchonner.

**Vermummte,** m. et f. 3, masque, m. personne masquée, f.

**Vermummung,** f. déguisement, m. [ployer au monnayage.

**Vermünzen,** v. a. monnayer, employer au monnayage.

**Vermuthen,** v. a. se douter de qch.; appréhender qch.; conjecturer, présumer, entrevoir.

**Vermuthlich,** adj. apparent, probable; —, adv. apparemment, probablement.

**Vermuthung,** f. conjecture, présomption; apparence; soupçon, m.; —sweise, adv. conjecturalement.

**Vernachlässigen,** v. a. négliger.

**Vernachlässigung,** f. négligence; désertion d'un héritage; die absichtliche —, (art.) négligement, m.

**Vernageln,** v. a. clouer; enclouer; (arch.) condamner; im Kopfe vernagelt seyn, fg. fm. avoir l'esprit bouché.

**Vernagelung,** fém. enclouure; (charp.) enlaçure.

**Vernähen,** v. a. fermer en cousant; employer à coudre.

**Vernarben** (sich), se cicatriser.

**Vernarbend,** adj. cicatrisant, épulotique.

**Vernarbung,** f. cicatrisation.

**Vernarren,** v. a. fm. dépenser follement; sich in einen, in etw. —, aimer qn., qch. à la folie; être affolé, s'amouracher, s'assoter de qn.; s'engouer de qn., de qch., s'embéguiner de qch.

**Vernaschen,** v. a. dépenser en friandises.

**Vernascht,** adj. friand; affriandé; — machen, v. Verleckern.

**Vernehmbar,** v. Vernehmlich.

**Vernehmen,** v. a. 2, apprendre; être instruit de qch.; entendre, ouïr, écouter; (jur.) interroger; —, s. n. 1, bruit, m.; (bonne) intelligence, f.; dem — nach, à ce qu'on dit; à en croire le bruit qui en court. [distinct.

**Vernehmlich,** adj. intelligible,

**Vernehmung,** f. audition des témoins; interrogatoire, m.

**Verneigen** (sich), faire la révérence; s'incliner.

**Verneigung,** f. révérence.

**Verneinen,** v. a. nier, dire non.

**Verneinend,** adj. négatif.

**Verneinung,** f. négation; négative; dénégation; auf der — beharren, s'en tenir à la négative.

**Verneinungswort,** n. 5*, négation, f. négative, particule négative.

**Verneunfachen,** v. a. nonupler.

**Vernichten,** v. a. anéantir, réduire au néant, détruire; abolir; abroger; (jur.) résilier un contrat; casser, rescinder, annuler, annihiler.

**Vernichtend,** adj. infirmatif, irritant; theilweise—, dérogatoire à qch.

**Vernichtung,** f. anéantissement, m.; destruction, f.; abolition; (jur.) cassation; résiliation, rescision, annihilation, annulation.

**Vernieten,** v. a. river.

**Vernietung,** f. rivure.

**Vernunft,** f. raison; bon sens, m.

**Vernünfteln,** v. n. (h.) subtiliser, raffiner; —, s. n. 1, **Vernünftelei,** f. subtilité, sophisme, m. raisonnement trop recherché.

**Vernünftig,** adj. raisonnable; sensé. [lectuelle.

**Vernunftkraft,** f.*, faculté intellectuelle.

**Vernunftlehre,** f. logique, dialectique. [dialecticien.

**Vernunftlehrer,** m. 1, logicien,

**Vernünftler,** m. 1, m. p. raisonneur subtil, sophiste.

**Vernunftlos,** adj. déraisonnable; privé de raison (animal).

**Vernunftlosigkeit,** f. déraison; défaut de raison, m.

**Vernunftmäßig,** adj. conforme à la raison, raisonnable.

**Vernunftreligion,** f. religion naturelle, déisme, m.

**Vernunftschluß,** m. 2*, syllogisme; der abgekürzte —, enthymème.

**Vernunftwidrig,** adj. contraire à la raison, absurde.

**Veröden,** v. a. désoler, ravager, dépeupler; —, v. n. (s.) devenir désert; se dépeupler.

**Verona,** Vérone (ville).

**Veronika,** n. pr. f. Véronique.

**Verordnen,** v. a. ordonner; mander; régler; disposer; décréter; décerner; instituer; commettre un juge.

**Verordnend,** adj., der —e Theil, dispositif d'une loi, m.

**Verordnung,** f. ordre, m.; règlement, mandement; ordonnance, f.; institution, disposition; bulle du pape; —en der karolingischen Könige, capitulaires, m. pl.

**Verpachten,** v. a. affermer, amodier; acenser.

**Verpachter,** m. 1, bailleur à ferme, bailleur, amodiateur.

**Verpachtung,** f. amodiation, location, bail à ferme, m. bail.

**Verpacken,** v. a. empaqueter, emballer; mal empaqueter.

**Verpalisadiren,** v. a. palissader.

**Verpanzern,** v. a. cuirasser, mailler.

**Verpassen,** v. a. fm. perdre en hésitant; das Spiel —, passer le jeu.

**Verpesten,** v. a. empester; infecter; verpestet, empesté, etc., méphitique. [lasser, fraiser.

**Verpfählen,** v. a. palissader, échalasser.

**Verpfählung,** f. palissade, estacade; échalassement, m.; (arch.) fraisement; (guer.) fraise, f.

**Verpfänden,** v. a. engager, mettre en gage; hypothéquer; affecter.

**Verpfändung,** f. engagement, m.

**Verpfeffern,** v. a. trop poivrer.

**Verpflanzen,** v. a. transplanter, déplanter. [déplantoir.

**Verpflanzer,** m. 1, transplantoir,

**Verpflanzung,** f. transplantation.

**Verpflegen,** v. a. soigner; entretenir.

**Verpfleger,** m. 1, père nourricier.

**Verpflegung,** f. soin, m.; entretien; nourriture, f.; soins, m. pl.

**Verpflichten,** v. a. obliger, engager, astreindre.

**Verpflichtung,** f. devoir, m. obligation, f. engagement, m.

**Verpflöcken,** v. a. cheviller; attacher; affermir avec des chevilles ou des piquets.

**Verpfuschen,** v. a. fm. gâter, massacrer un ouvrage.

**Verpichen,** v. a. poisser.

**Verpichung,** f. action de poisser.

**Verplämpern,** v. a. pop. gaspiller, éparpiller, dépenser mal à propos; sich —, s'amouracher sottement.

**Verplaudern,** v. a., die Zeit —, passer le temps à bavarder, à jaser.

**Verpönen,** v. a. vi. défendre qch. sous une certaine peine.

**Verprasseln,** v. n. (s.) (chim.) décrépiter; —, s. n. 1, décrépitation, f. [bauches.

**Verprassen,** v. a. dissiper en débauches.

**Verproviantiren,** v. a. approvisionner; avitailler.

**Verproviantirung,** fém. approvisionnement, m.; avitaillement.

**Verprozessiren,** v. a. dépenser en procès.

**Verpuffen,** v. a. et n. (s.) (chim.) détoner, décrépiter.

**Verpuffung,** f. détonation, décrépitation, fulmination.

**Verpuppen** (sich), (hist. nat.) se changer en chrysalide.

**Verquellen,** v. n. 6 (s.) se gonfler par l'humidité. [mer.

**Verquicken,** v. a. (chim.) amalgamer.

**Verquickung,** f. amalgame, m.

**Verrammeln, Verrammen,** v. a. barricader, bâillonner une porte; bâcler.

**Verrammelung,** f. barricade.

**Verrath,** m. 2, trahison, f. décélement, m.

Verrathen, v. a. 4, trahir; déceler; fich —, se trahir; se démasquer.

Verräther, m. 1, =inn, f. traître, m. -esse, f. faux frère, m.

Verrätherei, f. trahison.

Verrätherisch, adj. traître, perfide. [fg. passer.

Verrauchen, v. n. (f.) s'évaporer;

Verrauchung, f. évaporation.

Verrauschen, v. n. (h.) cesser de faire du bruit; (f.) s'enfuir avec bruit; fg. s'en aller, passer.

Verrechnen, v. a. mettre en ligne de compte; fich —, se mécompter, se tromper en son calcul, trouver du décompte à qch.

Verrechnung, f. compte, m. || mécompte, erreur de calcul, f.

Verrecken, v. n. (f.) crever, mourir (se dit des bêtes).

Verreden, v. a. faire vœu de s'abstenir de qch.; renoncer à; fich —, se méprendre en parlant.

Verreiben, v. a. 5, v. Zerreiben.

Verreisen, v. n. (f.) partir; —, v. a. dépenser en voyages; —, s. n. 1, départ, m. [user.

Verreißen, v. a. 5†, déchirer;

Verrenken, v. a. disloquer; démettre; et détordre le pied.

Verrenkung, f. dislocation; entorse; luxation; détorse; déboitement, m.; — der Fessel, (vét.) mémarchure, f. [min.

*Verrennen, v. a. couper le che-

Verrichten, v. a. faire; exécuter; opérer; s'acquitter de qch.

Verrichtung, f. affaire; expédition; opération; fonction.

Verriechen, v. n. 6 (f.) s'éventer.

Verriegeln, v. a. verrouiller, barrer.

Verringern, v. a. diminuer, retrancher, amoindrir, réduire; abaisser; exténuer, atténuer un crime; (monn.) affaiblir; fich —, diminuer, baisser.

Verringerung, fäm. diminution; amoindrissement, m. rabais, remise sur le prix, f.; exténuation, atténuation; (méd.) appauvrissement du sang, m.

Verrosten, v. n. (f.) se rouiller.

Verrostung, f. rouillure.

Verrucht, adj. infâme, scélérat.

Verruchtheit, f. infamie, scélératesse.

Verrücken, v. a. déplacer; déranger; désajuster; (méc.) détraquer; fg. den Kopf —, aliéner, bouleverser l'esprit.

Verrücktheit, f. aliénation d'esprit, démence, délire, m.

Verrückung, f. déplacement, m. dérangement.

Verrufen, v. a. 4, décrier, décréditer, diffamer; —, part. décrié, etc., malfamé.

Verrufung, f. décri, m.; diffamation, f. discrédit, m.

Vers, m. 2, vers; verset, couplet; strophe, f.; —e ohne Reime, vers blancs, m. pl.; —e machen, faire des vers, versifier; elende —e machen, rimailler.

Versagen, v. a. promettre, engager || refuser; (die Beine) — ihm den Dienst, lui manquent; —, v. n. (h.) (arme à feu) manquer, rater; —, s. n. 1, refus, m. déni; faux feu d'un fusil.

Versalbuchstab, m. exc. 2, lettre initiale, f. majuscule ou capitale.

Versalzen, v. a. trop saler.

Versammeln, v. a. assembler; convoquer; haufenweise —, attrouper; fich —, s'assembler; s'attrouper.

Versammlung, f. assemblée; rassemblement, m.; congrès; convention, f.; compagnie; die jubbernbe —, auditoire, m.; audience, f.; die geheime —, m. p. conciliabule, m. conventicule.

Versanden, v. n. (f.) s'engorger, se remplir de sable; —, v. a. combler, remplir de sable.

Versandung, f. ensablement, m.

Versart, f. genre de vers, m.

Versatz, m. 2*, engagement; gage.

Versauern, v. n. (f.) s'aigrir; fg. fm. se rouiller dans une vaine attente.

Versäuern, v. a. aigrir; rendre trop aigre.

Versaufen, v. a. 6†, fm. dépenser à boire; —, v. n. prvcl., v. Ersaufen.

Versäumen, v. a. négliger, manquer; laisser échapper l'occasion.

Versäumniß, f. et n. 2, négligence, f.; perte de temps; — einer Leistung, (jur.) demeure.

Versbau, m. 2, versification, f.

Verschachern, v. a. fm. vendre.

Verschaffen, v. a. procurer; fournir, ménager un entretien; concilier l'amour.

Verschaffung, f. fourniture.

Verschallen, 6, v. Verhallen.

Verschämt, adj. honteux, pudibond. [dité.

Verschämtheit, f. pudeur; timi-

Verschänden, v. a. défigurer.

Verschanzen, v. a. retrancher; fich —, se retrancher; se loger sur un bastion; se barricader derrière qch. [m. logement.

Verschanzung, f. retranchement,

Verschärfen, v. a. aggraver (la punition. [rer.

Verscharren, v. a. enfouir, enter-

Verscharrung, f. enfouissement, m. [ger.

Verschatten, v. a. ombrer, ombra-

Verschattung, f. ombrage, m.

Verschäumen, v. n. (h.) cesser d'écumer; écumer.

Verscheiben, v. n. 5 (f.) rendre l'âme, mourir, expirer, décéder; —, s. n. 1, mort, f. décès, m.

Verschenken, v. a. donner, faire don de qch.; engager son cœur.

Verschenkung, f. donation, présent, m. don.

Verscherzen, v. a. passer en badinant; perdre par négligence, négliger, manquer; sein Glück —, manquer son bonheur par légèreté; seine Ehre —, faire faux bond à son honneur.

Verscherzung, f. perte.

Verscheuchen, v. a. chasser, épouvanter; effaroucher; fg. chasser, bannir. [vante.

Verscheuchung, f. chasse; épou-

Verschicken, v. a. envoyer, expédier. [dition, f.; dépêche.

Verschickung, f. envoi, m. expé-

Verschieben, v. a. 6, déplacer, déranger; fg. différer, ajourner, remettre; proroger; fich —, (tiss.) s'érailler.

Verschiebung, f. déplacement, m. dérangement; (tiss.) éraillure, f.; fg. délai, m. prorogation, f. ajournement, m.

Verschieden, adj. différent, divers; distinct; — seyn, différer.

Verschiedenartig, adj. hétérogène.

Verschiedenartigfeit, f. hétérogénéité. [versité; variété.

Verschiedenheit, f. différence, diversité; variété.

Verschiedentlich, adv. différemment, de diverses manières.

Verschienen, v. a. garnir de bandes.

Verschienung, f. bandage, m.

Verschießen, v. a. 6, consommer en tirant; décocher toutes ses flèches; (impr.) transposer une page; —, v. n. (f.) (couleurs) se passer, se déteindre, se ternir; —, v. n. (h.) et fich —, manquer son coup; —, s. n. 1, altération des couleurs, f. [eau.

Verschiffen, v. a. transporter par

Verschimmeln, v. n. (f.) se moisir, se chancir.

Verschimmelung, f. moisissure, chancissure.

Verschlacken, v. a. scorifier.

Verschlackung, f. scorification.

Verschlafen, v. a. 4, négliger ou manquer qch. en restant au lit; passer à dormir; — seyn, aimer à dormir; der — Mensch, le grand dormeur.

Verschlag, m. 2*, cloison, f. cloi-

sonnage, *m.* clôture, *f.* ; — vor einer Thüre, tambour, *m.*

Verschlagen, *v. a.* 7, casser, briser ; disperser, emporter, Jeter (*vent*) ; démarquer en feuilletant || faire une cloison, cloisonner ; fermer *d'ais, de clous* ; —, *v. n.* (h.) tiédir (*des choses liquides*) ; pousser (*vin*) ; (*vét.*) se morfondre ; *fg.* nichts —, ne pas faire d'effet ; — laſſen, faire dégourdir ; —, *v. imp.* importer ; porter ; es verschlägt mir nichts, cela m'est indifférent ; peu m'importe ; —, *part.* fin, subtil, adroit, rusé.

Verschlagenheit, *f. fm.* finesse ; ruse.          [fange.

Verschlämmen, *v. a.* remplir de

Verschlechtern, *v. a.* détériorer.

Verschleichen, *v. n.* 5† (ſ.) s'écouler lentement, passer insensiblement.

Verschleiern, *v. a.* voiler, gazer.

Verschleifen, *v. a.* 5†, user *les habits, etc.* ; *pop.* détourner.

Verschleimen, *v. a.* (*méd.*) engorger ; ſich —, s'engorger, s'embourber ; verschleimt, pituiteux.

Verschleimung, *f.* engorgement, *m.*          [f.

Verschleiß, *m.* 2, débit, vente,

Verschleißen, *v. a.* 5†, user ; déchiret ; (*comm.*) débiter.

Verschleppen, *v. a.* détourner ; dérober, emporter secrètement ; importer, communiquer (*une maladie*).          [teur.

Verschleuderer, *m.* 1, *fg.* dissipateur.

Verschleudern, *v. a. fg.* dissiper, négliger ; gaspiller, prodiguer ; dilapider ; perdre ; (*comm.*) mévendre, gâcher.

Verschleuderung, *f. fg.* dissipation ; gaspillage, *m.* ; (*comm.*) mévente, *f.*

Verschließen, *v. a.* 6, fermer ; enfermer, renfermer ; serrer ; mit Ketten —, bâcler *un port* ; verschloſſen, fermé, clos ; serré ; *fg.* taciturne ; (*ventre*) constipé ; (*femme*) stérile ; in ſich ſelbſt verschloſſen ſeyn, se concentrer.          [rateur.

Verschließend, *adj.* (*anat.*) obtu-

Verschließung, *fém.* fermeture ; (*chir.*) obturation.

Verschlimmern, *v. a.* empirer ; irriter, envenimer ; détériorer ; altérer ; —, *v. n.* (ſ.) et ſich —, empirer ; s'irriter, etc. ; s'aigrir ; dégénérer.

Verschlimmerung, *f.* détérioration ; altération, abâtardissement, *m.*

Verschlingen, *v. a.* 3, avaler, dévorer, engloutir ; absorber ; *fg.* dévorer ; absorber ; *fm.* manger *des yeux* || entortiller, entrelacer.

Verschlinger, *m.* 1, avaleur.

Verschlingung, *f.* action d'avaler || entrelacement, *m.*

Verschloſſenheit, *f. fg.* taciturnité.

Verschlucken, *v. a.*, v. Verschlingen ; (*gramm.*) manger *une lettre*.

Verschlüpfen (ſich), se cacher, se glisser, s'écouler (*eau*).

Verschluß, *m.* 2*, fermeture, *f.*

Verschmachten, *v. n.* (ſ.) tomber en défaillance ; mourir d'inanition, languir ; *fg.* languir, se consumer.          [faillance.

Verschmachtung, *f.* langueur, dé-

Verschmähen, *v. a.* dédaigner ; mépriser.

Verschmähung, *f.* dédain, *m.* ; mépris.          [repas.

Verschmausen, *v. a.* dépenser en

Verschmelzen, *v. a.* fondre, mêler par la fonte ; consumer en fondant ; fondre ; adoucir, accorder *les couleurs* ; (*mus.*) lier ; *fg.* fondre ; in einen Begriff —, identifier ; —, *v. n.* 6 (ſ.) fondre, se fondre.

Verschmelzung, *f.* fonte, adoucissement *des couleurs, m.*

Verschmerzen, *v. a.* supporter, endurer, se consoler de qch.

Verschmieren, *v. a.* fermer, boucher, enduire ; employer à frotter ; barbouiller *du papier* ; paperasser.

Verschmitzt, *adj.* rusé, fin, adroit, cauteleux.

Verschmitztheit, *f.* ruse, finesse.

Verschnappen (ſich), *fm.* se trahir en parlant *ou* par étourderie ; s'enferrer.

Verschnauben, Verschnaufen, *v. n.* (h.) et ſich —, reprendre haleine, respirer.

Verschneiden, *v. a.* 5†, couper, découper ; gâter en coupant ; châtrer *un animal* ; (*man.*) hongrer ; verschnitten, (*man.*) hongre.

Verschneidung, *f.* castration.

Verschneien, *v. n.* (ſ.) être couvert de neige.          [châtré.

Verschnittene, *m.* 3, eunuque.

Verschnipeln, *v. a. fm.* consommer, gâter en coupant en morceaux.

Verschobene, *adj.* 3, guingois, *m.*

Verschollen, *adj.* déchu de ses droits.

Verschonen, *v. a.* épargner, ménager ; dispenser de qch. ; *fg.* respecter.

Verschönen, Verschönern, *v. a.* embellir ; *fg.* id., broder *une histoire.*          [m.

Verschönerung, *f.* embellissement,

Verschonung, *f.* ménagement, *m.* exemption, *f.* ; dispense ; grâce.

Verschränken, *v. a.* croiser, mettre en croix, entrelacer.

Verschränkung, *f.* croisement, *m.* entrelacement.

Verschrauben, *v. a.* visser, attacher avec des vis ; fausser *une vis.*

Verschreiben, *v. a.* 5, employer, consommer en écrivant ; commander par écrit, écrire pour faire venir qch. ; ordonner *un remède*, obliger, assurer, engager par écrit ; passer *un acte* ; einem etw. —, faire un don à qn. par acte authentique ; ſich —, se tromper en écrivant ; s'engager par écrit.

Verschreibung, *f.* acte, *m.* obligation, *f.* billet, *m.* ordonnance *du médecin, f.*

Verschreien, *v. a.* 5, décrier, diffamer.

Verschroben, *adj. fg.* entortillé.

Verschrobenheit, *f.* entortillement d'idées *ou* d'expressions, *m.*

Verschrumpfen, *v. n.* (ſ.) se rider.

Verschub, *m.* 2, délai, retard.

Verschüchtern, *v. a.* intimider, effrayer.

Verschulden, *v. a.* endetter, charger de dettes ; commettre *un crime* ; être coupable *ou* cause de qch. ; mériter *une punition* ; etw. an, bei einem —, démériter de qn. *ou* auprès de qn.

Verschuldet, *adj.* chargé de dettes, endetté, obéré.          [m.

Verschuldung, *f.* faute, démérite,

Verschütten, *v. a.* répandre, verser ; combler, remplir ; encombrer.

Verschwägern (ſich), s'allier (*par mariage*).

Verschwägerung, *f.* alliance.

Verschwärzen, *v.* Anschwärzen.

Verschwatzen, *v. a. fm.* perdre *ou* passer *le temps* en babillant ; divulguer ; verschwatzt, babillard, bavard ; —, *s. n.* 1, caquet, *m.* indiscrétion, *f.* ; jaserie.

Verschweigen, *v. a.* 5, taire, cacher, celer, passer sous silence, omettre.

Verschweigung, *f.* silence, *m.* omission, *f.* ; (*jur.*) réticence.

Verschwelgen, *v. a.* dissiper par la débauche.

Verschwellen, *v. n.* 6 (ſ.) s'enfler, se gonfler.

Verschwemmen, *v. a.* inonder, engorger.

Verschwenden, *v. a.* prodiguer, dissiper, dilapider, dépenser, gaspiller.

Verschwender, Verschwenderinn, *f.* dissipateur ; dépensier, gaspilleur ; *fm.* panier percé.

Verschwenderisch, *adj.* prodigue, dépensier.

Verschwendung, *f.* prodigalité, profusion ; dissipation, dilapidation.

Verſchwiegen, *adj.* discret, qui garde le silence; taciturne.

Verſchwiegenheit, *f.* discrétion; secret, *m.* silence; taciturnité, *f.*

Verſchwimmen, *v. n.* 2 (f.) se dissiper, s'effacer lentement, disparaître insensiblement.

Verſchwinden, *v. n.* 3 (f.) disparaître; s'évanouir, s'anéantir; *fm.* s'éclipser; —, *s. n.* 1, disparition, *f.;* — in den Sonnenſtrahlen, le coucher héliaque.

Verſchwiſtern, *v. a.* rendre frères et sœurs; *fg.* unir étroitement.

Verſchwitzen, *v. a.* remplir de sueur; encrasser; *fg. fm.* oublier.

Verſchwören, *v. a.* 6, abjurer; ſich —, jurer; conjurer, conspirer *contre qn.;* comploter qch.

Verſchworene, *m.* 3, conjuré, conspirateur. [conspiration.

Verſchwörung, *f.* conjuration;

Verſechsfachen, *v. a.* sextupler.

Verſehen, *v. a.* 1, *et* ſich —, manquer; se tromper, s'abuser; négliger; etw. bei einem —, démériter de qn.; ſich an etw. —, s'effrayer à la vue de qch.; —, *v. a.* pourvoir, fournir, garnir (mit, de); monter *une maison; fg.* exercer *une charge;* (égl.) desservir; mit Waffen —, armer; mit Lebensmitteln —, avitailler *une place;* ſich —, se munir, se pourvoir, etc., *fm.* se nantir; ſich einer S. —, se douter de qch.; s'attendre à qch.

Verſehen, *n.* 1, méprise, *f.* inadvertance, bévue, faute, démérite, *m.; fm.* faux bond; aus —, par mégarde.

Verſehren, *v. a.* blesser.

Verſehung, *f.* fourniture; provision; exercice *d'un emploi, m.*

Verſenarr, *m.* 3, *fm.* métromane.

*Verſenden, *v. a.* envoyer, expédier. [dition, *f.*

Verſendung, *f.* envoi, *m.* expédition.

Verſengen, *v. a.* brûler; roussir; (agr.) brouir. [brouissure.

Verſengung, *f.* brûlure; (agr.)

Verſenken, *v. a.* couler à fond, submerger; plonger; *fg.* abîmer.

Verſenkung, *f.* submersion.

Verſeſſen, *adj. fm.,* auf etw. —, fort attaché à qch., acharné à qch.

Verſetzen, *v. a.* transporter, transféter, transplanter, donner une autre place; déplacer *une montre, etc.;* appliquer, porter; *fm.* flanquer, lâcher *un coup;* assener *un coup violent; fg.* répliquer, repartir; mêler *les couleurs, etc.;* allier *les métaux;* (comm.) contreposer.

Verſetzung, *fém.* transposition, translation; transplantation; déplacement, *m.;* engagement; alliage *des métaux;* inversion des mots, *f.;* (comm.) contreposition; alternation *de diverses choses.*

Verſeufzen, *v. a.* passer en soupirant.

Verſewuth, *f.* métromanie.

Verſicherer, *m.* 1, certificateur; (comm.) assureur.

Verſichern, *v. a.* assurer, confirmer; garantir; protester de; ſich —, s'assurer de; saisir.

Verſicherung, *f.* assurance; sûreté; gage, *m.* nantissement; caution, *f.;* confirmation, certification; einem eine — geben, nantir qn. de qch. [d'assurance.

Verſicherungsgeſellſchaft, *f.* société

Verſicherungsſchein, *m.* 2, assurance par écrit, *f.;* certificat, *m.;* (comm.) police d'assurance.

Verſieben, *v. a.* septupler.

Verſieden, *v. a.* 6†, employer à bouillir, à cuire; bouillir trop.

Verſiegbar, *adj.* tarissable.

Verſiegeln, *v. a.* cacheter, sceller; apposer le scellé à qch.; *fg.* confirmer; mettre le sceau à qch.

Verſiegelung, *f.* (jur.) scellé, *m.;* apposition du scellé, *f.*

Verſiegen, *v. n.* (f.) tarir.

Verſilbern, *v. a.* argenter; *fg. fm.* faire argent de qch.

Verſilberung, *f.* argenture.

Verſingen, *v. a.* 3, passer à chanter; chasser *les soucis* en chantant.

Verſinken, *v. n.* 3 (f.) couler à fond (*barque*); être englouti, s'engloutir; s'abîmer; enfoncer; s'affaisser, s'écrouler; s'ébouler; *fg.* être enseveli, plongé dans qch.; être accablé *de malheurs;* être absorbé *dans l'étude;* se perdre, s'endormir *dans le vice;* croupir *dans la débauche; —, s. n.* 1, submersion; abaissement, *m.;* écroulement, éboulement.

Verſinnlichen, *v. a.* rendre sensible. [à être assis.

*Verſitzen, *v. a.* passer *le temps*

Versmacher, *m.* 1, poëte; der elende — (Verſeſchmied), rimailleur.

Verſoffen, *adj.* pop. ivre, ivrogne. [pier.

Verſöhnen, *v. a.* réconcilier; ex-

Verſöhnend, *adj.* expiatoire.

Verſöhner, *m.* 1, réconciliateur; (théol.) *id.,* rédempteur.

Verſöhnlich, *adj.* réconciliable; disposé à entrer en accommodement.

Verſöhnung, *f.* réconciliation; expiation *des péchés.*

Verſöhnungsfeſt, *n.* 2 (*ant. j.*) fête de propitiation, *f.* fête de réconciliation.

Verſöhnungsopfer, *n.* 1, sacrifice expiatoire *ou* propitiatoire, *m.;* expiation, *f.*

Verſöhnungstag, *m.* 2, jour de propitiation.

Verſöhnungstod, *m.* 2, mort expiatoire, *f.* [expiatoire, *f.*

Verſöhnungswerk, *n.* 2, œuvre

Verſorgen, *v. a.* pourvoir, fournir; *v.* Verſehen; avoir soin de; placer, établir qn.

Verſorgung, *f.* fourniture; provision; soin, *m.;* établissement; — mit Lebensmitteln, avitaillement. [conservatoire, *m.*

Verſorgungsanſtalt, *f.* =baus, *n.* 5*,

Verſpäten (ſich), tarder; venir trop tard; ſich bis in die Nacht —, s'ânuiter.

Verſpätung, *f.* retardement, *m.*

Verſpeien, *v. a.* 5, conspuer qn.

Verſpeiſen, *v. a.* manger, consommer.

Verſpenden, *v.* Spenden.

Verſperren, *v. a.* fermer; boucher; barricader; barrer, encombrer; couper *le chemin;* ſich —, (trictr.) s'enfiler.

Verſperrung, *f.* fermeture; barricade; (mar.) bâclage, *m.;* blocus d'un port; encombrement *d'une rue.*

Verſpielen, *v. a.* perdre (*au jeu*).

Verſpieler, *m.* 1, perdant.

Verſpinnen, *v. a.* 2, consommer en filant.

Verſplittern, *v.* Verſchwenden.

Verſpotten, *v. a.* se moquer de, persifler. [sion, persiflage, *m.*

Verſpottung, *f.* moquerie, dérision.

Verſprechen, *v. a.* 2, promettre, s'obliger à qch.; ſich —, s'engager; donner promesse de mariage (mit, à); ſich etw. —, se promettre, attendre qch.; —, *s. n.* 1, promesse, *f.* engagement, *m.*

Verſpritzen, *v. a.* consumer en arrosant, etc.; répandre *du sang.*

Verſpruch, *m.* 2*, *v.* Verſprechen, *n.*

Verſpunden, *v. a.* bondonner.

Verſpüren, *v. a.* ressentir, remarquer; —, *s. n.* 1, sentiment, *m.*

Verſtäben, *v. a.* (arch.) rudenter.

Verſtäbung, *f.* (arch.) rudenture; astragale *d'un canon.*

Verſtählen, *v. a.* acérer.

Verſtand, *m.* 2, entendement; intelligence, *f.;* raison, esprit, *m.;* sens, acception *d'un mot, f.*

Verſtandeskraft, *f.* faculté intellectuelle. [d'esprit, imbécile.

Verſtandesſchwach, *adject.* faible

Verſtandesſchwäche, *f.* faiblesse d'esprit, imbécillité.

Verſtändig, *adj.* sensé, sage, prudent; raisonnable; intelligent, discret; die —e Frau, *fm.* la maîtresse femme.

Verſtändigen, *v. a.* instruire, in-

former, avertir; mit einander —, mettre d'accord; ſich —, s'entendre. [clair; distinct.

Verſtändlich, adj. intelligible;

Verſtändlichkeit, f. clarté, perspicuité.

Verſtändniß, n. 2, intelligence, f. liaison, relation; (jur.) collusion.

Verſtärken, v. a. renforcer; grossir, fortifier; empenneler une ancre.

Verſtärkung, f. renforcement, m.; (guer.) renfort; augmentation, f.; — des Schretts, forçage, m.

Verſtärkungsſtück, n. 2, gaburon d'un mât, m.

Verſtärkungswörtchen, n. 1, particule augmentative, f. [frir.

Verſtatten, v. a. permettre, souffrir.

Verſtattung, f. permission.

Verſtäuben, v. n. (ſ.) s'en aller en poussière.

Verſtäuben, v. a. faire en aller en poussière; jeter au vent.

Verſtauchen, v. a. gâter, écraser une plume; ſich den Fuß —, se disloquer, se fouler le pied, se donner une entorse au pied.

Verſtauchung, f. entorse, foulure, dislocation.

Verſtechen, v. a. 2, joindre, fermer avec l'aiguille.

Verſtecken, v. a. cacher; recéler; verſteckt, caché; fig. id., indirect; —, s. n. 1, cligne-musette, f.

Verſteckwinkel, m. 1, cache, f. cachette.

*Verſtehen, v. a. entendre, comprendre; savoir un art; nicht —, ignorer un art; ſich auf etw. —, se connaître à, en qch.; être au fait de qch.; ſich mit einander —, être d'intelligence, s'entr'accorder; ſich zu etw. —, se résoudre, se prêter à qch.; ſich zu allem —, se mettre à tout; das verſteht ſich von selbſt, cela va sans dire; barunter verſtanden, implicite.

Verſteigen (ſich), 5, monter trop haut; fig. fm. se perdre dans ses réflexions. [chère, à l'encan.

Verſteigern, v. a. vendre à l'enchère; encan, m.; enchère, f. licitation.

Verſteinern, v. a. aborner, assoir les bornes.

Verſteinern, v. a. pétrifier; (chim.) lapidifier des métaux.

Verſteinerung, f. pétrification.

Verſtellen, v. a. déranger; fig. changer; défigurer; déguiser la voix; ſich —, se contrefaire; se déguiser; fig. dissimuler, feindre, faire semblant; verſtellt, (maladie) de commande.

Verſtellung, f. dérangement, m.

changement; déguisement; fig. dissimulation, f. feinte, imposture, fm. comédie, grimace, momerie.

Verſterben, v. Sterben.

Verſteuern, v. a. payer l'impôt de qch. [en poussière.

Verſtieben, v. n. 6 (ſ.) s'en aller

Verſtielen, v. a. emmancher.

Verſtimmen, v. a. désaccorder; fig. donner de l'humeur à qn., mettre qn. de mauvaise humeur; verſtimmt, discordant, dissonant, discord; fig. de mauvaise humeur, mal disposé.

Verſtimmung, f. dissonance.

Verſtocken, v. a. fig. endurcir, rendre obstiné, opiniâtre; verſtockt, endurci; obstiné, opiniâtre.

Verſtockung, f. Verſtocktheit, f. endurcissement, m.; obstination, f.

Verſtohlen, adj. furtif; —er Weiſe, adv. fig. furtivement, à la dérobée, en secret, en cachette.

Verſtopfen, v. a. boucher, fermer; engorger; calfeutrer une porte; (méd.) constiper; mit Werg —, étouper; (mar.) calfater; verſtopft, (anat.) engorgé, oblitéré.

Verſtopfend, adj. obstructif, opilatif, astringent.

Verſtopfung, f. action de boucher; engorgement, m.; (mar.) calfatage; calfeutrage; (méd.) obstruction, f. constipation; engorgement d'un canal, m.; suppression des menstrues, f.; (chir.) obturation; — der Naſe, enchifrènement, m.; —des Harnganges, rétention d'urine, f.; die anfangende —, embarras, m.; das Mittel wider die —, désobstruant, désobstructif. [feu.

Verſtören, v. a. troubler, interrompre; consterner; verſtört, troublé, etc., effaré, éperdu.

Verſtörung, f. trouble, m. consternation, f.; interruption.

Verſtoß, m. 2*, erreur, f. bévue, f. mécompte, m.

Verſtoßen, v. a. 4, écorner; user; piler, broyer; fig. chasser, réprouver, abandonner; répudier une femme; —, v. n. (h.) et ſich —, faire une faute, une bévue, se mécompter.

Verſtoßung, f. action d'abandonner; rélégation; répudiation.

Verſtreichen, v. a. 5†, employer à enduire; jointoyer des pierres; —, v. n. (ſ.) se passer; s'écouler, courir (temps); expirer, échoir (terme); —, s. n. 1, action d'enduite, f.; fig. écoulement, m.; expiration d'un terme, f.

Verſtreuen, v. a. répandre, éparpiller.

Verſtricken, v. a. employer en tricotant; engager dans un filet; enlacer, empêtrer; fig. envelopper; impliquer; enchaîner.

Verſtrickung, f. enlacement, m.; fig. piège, enchaînement.

Verſtudiren, v. a. dépenser par l'étude, à étudier.

Verſtümmeln, v. a. mutiler; tronquer.

Verſtümmelung, f. mutilation.

Verſtummen, v. n. (ſ.) devenir ou demeurer muet; fig. id., rester court.

Verſuch, m. 2*, essai; tentative, f.; expérience, épreuve; ber erſte —, le coup d'essai, apprentissage; einen — in etw. machen, s'essayer à qch.

Verſuchen, v. a. essayer; tenter; éprouver; faire une expérience; goûter un mets; zum Böſen —, induire en tentation; verſucht, expérimenté, fait à qch.; versé dans qch.; im Kriege verſucht, aguerri.

Verſucher, m. 1, tentateur.

Verſuchung, f. tentation.

Verſudeln, v. a. salir, barbouiller. [ser Dieu.

Verſündigen (ſich), pécher, offenser.

Verſündigung, f. péché, m.; crime. [édulcorer.

Verſüßen, v. a. adoucir; (chim.)

Verſüßung, f. adoucissement, m.; (chim.) édulcoration, f.

Vertäfeln, v. a. boiser.

Vertagen, v. a. ajourner, remettre.

Vertagung, f. ajournement, m.

Vertändeln, v. a. die Zeit —, s'amuser à des bagatelles; fm. gober des mouches; Geld —, faire de folles dépenses.

Vertanzen, v. a. dépenser, user, passer en dansant. [ger.

Vertauschen, v. a. changer, échanger.

Vertauſchen, m. 1, qui change; copermutant d'un bénéfice.

Vertauſchung, f. change, m.; échange. [tation.

Verteigung, f. (pharm.) impassé.

Verteuen, v. a. (mar.) affourcher.

Verteufelt, adj. diabolique; endiablé; —, adv. diablement; böſe werden, endiabler.

Vertheidigen, v. a. défendre; protéger; soutenir; justifier.

Vertheidigend, adject. défensif; (rhét.) apologétique.

Vertheidiger, m. 1, défenseur, apologiste.

Vertheidigung, f. défense, apologie. [liance défensive, f.

Vertheidigungsbündniß, n. 2, alliance défensive, f.

Vertheidigungskrieg, m. 2, guerre défensive, f.

Vertheidigungslinie, f. ligne de défense. [fense.
Vertheidigungslos, adj. sans défense.
Vertheidigungsrede, =schrift, fém. apologie; die öffentliche =schrift, manifeste, m. [fensive, f.
Vertheidigungsstand, m. 2*, dé-
Vertheidigungsweise, adv., sich halten, se tenir sur la défensive.
Vertheilen, —, v. a. partager; distribuer; répartir, encadrer des recrues; wohl —, (peint.) balancer; —, diviser; (méd.) dissoudre.
Vertheilend, adj. dissolvant; (gramm.) distributif.
Vertheiler, m. 1, distributeur, répartiteur.
Vertheilung, f. partage, m.; distribution, f.; répartition d'une somme; — eines Beitrags, cotisation; —, dissolution des humeurs; die ungleiche — der Lichter, (peint.) papillotage, m.
Vertheuern, v. a. enchérir, renchérir. [ment, m.
Vertheuerung, fém. renchérisse-
*Verthun, v. Verschwenden.
Vertiefen, —, v. a. approfondir; creuser; caver; enfoncer, ombrer un tableau; (sculpt.) fouiller; sich —, s'enfoncer, s'engager; fg. id., s'absorber, s'ensevelir, s'abîmer.
Vertiefung, f. creux, m.; enfoncement; excavation, f.; — in Steinen, (arch.) anglet, m.; —, cannelle des aiguilles, f.; fg. profonde méditation.
Vertilgen, v. a. exterminer, extirper, détruire, anéantir; fg. id., abolir. [destructeur.
Vertilger, m. 1, exterminateur,
Vertilgung, f. extirpation, extermination, destruction.
Vertract, adj. pop. maudit.
Vertrag, m. 2*, transaction, f.; traité, m. convention, f.; contrat, m. concordat; forfait avec des artisans; accord, pacte, acte; der einen — schließt, contractant.
Vertragen, v. a. 7, emporter; fg. souffrir, tolérer, supporter, permettre; sich —, fg. s'accorder, se compatir; sympathiser; composer, se raccommoder avec qn.; sich mit einander —, fm. frayer ensemble.
Verträglich, adj. accommodant, conciliant; traitable; compatible; sociable.
Verträglichkeit, f. humeur accommodante; compatibilité.
Vertragmäßig, adj. conforme au contrat; conventionnel, contractuel. [x.
Vertragsam, =keit, v. Verträglich,
Vertrauen, v. n. (b.) et sich —, se fier, se confier à qn.; se con-

fier en Dieu; —, s. n. 1, confiance, f.; confidence; im —, confidemment.
Vertrauern, v. a. passer (le temps) dans la tristesse.
Vertraulich, adj. familier; intime; communicatif, confiant; confidentiel; die —e Mittheilung, confidence, f.
Vertraulichkeit, f. familiarité; privauté; confidence.
Verträumen, v. a. fg. passer son temps à rêver; vivre dans l'inaction.
Vertraut, adj. intime; familier; affidé; sich — machen, se familiariser; fm. s'apprivoiser avec qch.; —e, m. et f. 3, confident, m. -e, f. affidé, m. e, f.
Vertreiben, v. a. 5, chasser; faire déguerpir, débusquer; aus dem Besitze, déposséder; —, expulser; déloger; déplacer, exiler, bannir; aus dem Vaterlande —, expatrier; —, repousser l'ennemi; apaiser la douleur; adoucir, fondre, estumer les couleurs; débiter des marchandises; die Geschwulst —, désenfler; die Zeit —, passer le temps, charmer l'ennui; sich die Zeit —, s'amuser (mit, de, à); einem die Langeweile —, désennuyer qn.
Vertreibepinsel, m. 1, pinceau à fondre les couleurs.
Vertreibung, f. déplacement, m.; bannissement; expulsion, f.; — aus dem Besitze, dépossession; —, adoucissement (m.) ou fonte (f.) des couleurs.
Vertreten, v. a. 1, écraser, fouler; marcher sur qch.; se démettre le pied; fg. faire les fonctions de; eines Stelle —, représenter, remplacer qn.; (jur.) occuper pour qn.; einen —, prendre la défense de qn., intercéder pour qn.
Vertreter, m. 1, fg. défenseur; représentant; vicaire; procureur.
Vertretung, f. fg. exercice d'une charge, m.; représentation, f.; défense; intercession.
Vertrieb, m. 2, débit.
Vertriebene, m. 3, exilé.
Vertrinken, v. a. 3, dépenser à boire; passer à boire.
Vertrocknen, v. n. (f.) sécher, tarir; —, s. n. 1, dessèchement, m.
Vertrösten, v. a. donner de l'espérance; animer, consoler; remettre qn. d'un temps à l'autre.
Vertuschen, v. a. consommer beaucoup d'encre de la Chine, mal laver un dessin || fm. cacher, tenir secret, celer. [m.
Vertuschung, f. fm. recèlement.
Verübeln, v. a. prendre en mal.

Verüben, v. a. exercer; commettre.
Verunedeln, v. a. dégrader; altérer. [prostituer.
Verunehren, v. a. déshonorer;
Verunehrung, f. déshonneur, m.; prostitution, f. [brouiller.
Veruneinigen, v. a. désunir,
Veruneinigung, f. désunion.
Verunglimpfen, v. a. calomnier, noircir; décréditer; décrier.
Verunglimpfung, f. calomnie.
Verunglücken, v. n. (f.) avoir du malheur; périr; (nav.) faire naufrage; fg. échouer; verunglückt, malheureux; (nav.) naufragé.
Verunreinigen, v. a. souiller; infecter.
Verunreinigung, f. souillure.
Verunstalten, v. a. défigurer, déparer, difformer.
Verunstaltung, f. action de défigurer; difformité.
Veruntreuen, v. a. dérober, voler; divertir; administrer infidèlement.
Veruntreuung, f. administration infidèle; divertissement de deniers, m.; malversation, f. déprédation.
Verunzieren, v. a. déparer.
Verursachen, v. a. causer, faire naître, produire, occasionner, engendrer; donner du chagrin.
Verurtheilen, v. a. condamner; zur persönlichen Haft —, condamner par corps.
Verurtheilung, f. condamnation.
Vervielfältigen, v. a. multiplier.
Vervielfältigung, f. multiplication.
Vervierfachen, v. a. quadrupler.
Vervollkommlich, adj., p. us., perfectible.
Vervollkommlichkeit, f., p. us., perfectibilité.
Vervollkommnen, v. a. perfectionner. [nement, m.
Vervollkommnung, f. perfection-
Vervollkommnungsfähig, adj. perfectible. [perfectibilité.
Vervollkommnungsfähigkeit, fém.
Vervollständigen, v. a. compléter.
Vervortheilen, v. a. frauder, tromper. [rie.
Vervortheilung, f. fraude, tricheVerwachsen, v. n. a. 7, ein Kleid —, tellement grandir qu'un habit soit trop court; —, v. n. (f.) s'unir, se joindre en croissant; se fermer (plaie); devenir bossu (homme); se couvrir (champ) (mit, de); —, fg. être bossu.
Verwachsung, f. (anat.) coalescence; — der Gelenke, ankylose vraie.
Verwahren, v. a. garder, serrer,

prémunir, garantir, conserver; ſich
vor etw. —, se préserver de qch.,
se prémunir contre qch.

**Verwahrend,** adj. conservatoire.

**Verwahrer,** m. 1, garde, gardien,
dépositaire, conservateur. [pôt.

**Verwahrlich,** adj. et adv. en dé-

**Verwahrloſen,** v. a. négliger; gâter, endommager; laisser périr
par mégarde ou nonchalance; ver=
wahrloſet, négligé, etc., disgracié.

**Verwahrloſung,** fém. négligence;
nonchalance; peu de soin, m.

**Verwahrung,** f. garde, dépôt,
m.; in — haben, avoir en sa garde.

**Verwahrungsmittel,** n. 1, préservatif, m.                    [phelin.

**Verwaiſen,** v. n. (f.) devenir or-

**Verwaiſt,** adj. orphelin.

**Verwalten,** v. a. administrer;
gouverner; diriger; gérer; exercer
un emploi; s'acquitter d'un emploi; manier les affaires.

**Verwaltend,** adj. gouvernant, dirigeant, onéraire (tuteur).

**Verwalter,** m. 1, -inn, f. administrateur, m. -trice, f.; directeur, m. -trice, f.; régisseur, m.;
économe, intendant; (comm.) gérant; fermier, -ère, f.

**Verwalterſtelle,** fém. intendance,
économat, m.

**Verwaltung,** f. administration;
gestion; direction; régie; exercice d'un emploi, m.; ministère
d'un homme d'état; jur — gebö=
rend, geſchickt, administratif.

**Verwaltungsbeſchluß,** m. 2*, arrêté administratif.

**Verwandeln,** v. a. changer; convertir; transformer; métamorphoser; (jur.) commuer une peine.

**Verwandlung,** f. changement,
m.; transformation, f.; métamorphose; (théol.) transsubstantiation; — von Schwarz in Weiß,
(chim.) déalbation.

**Verwandt,** adj. parent; allié; —
vom Vater ber, consanguin; —
von ber Mutter ber, utérin; —
fg. analogue; mit einem — ſeyn,
être de ses parents, appartenir à
qn.; —t, m. et f. 3, parent, m.
-e, f.; allié, m.; der —t von vä=
terlicher Seite, agnat; —t von
mütterlicher Seite, cognat; —t in
aufſteigender, in abſteigender Linie,
ascendant, descendant; er hat rei=
che, arme —t, il est bien, mal
apparenté.

**Verwandſchaft,** f. parenté, famille; — von väterlicher, von müt=
terlicher Seite, agnation, cognation; — durch Verſchwägerung, affinité; — fg. affinité; liaison,
analogie.                    [ter.

**Verwarnen,** v. a. (jur.) admoné-

**Verwarnung,** f. admonition.

**Verwaſchen,** v. a. 7, consommer
à laver; (peint.) noyer, laver.

**Verwäſſern,** v. a. détremper trop.

**Verweben,** v. a. 6, (poés.) employer à tramer; entremêler; fg.
joindre; entrelacer.

**Verwechſeln,** v. a. échanger; changer de l'argent; confondre; déparier.

**Verwechſelung,** f. échange, m.;
confusion, f.; (rhét.) hypallage.

**Verwegen,** adj. téméraire, aventureux, audacieux; entreprenant.

**Verwegenheit,** f. témérité; audace.                [ter en soufflant.

**Verwehen,** v. a. dissiper; empor-

**Verwehren,** v. a. empêcher; défendre.

**Verwehrung,** f. empêchement,
m.; défense, f.

**Verweichlichen,** v. a. amollir.

**Verweichlichung,** fém. amollissement, m.

**Verweigern,** v. a. refuser; dénier.

**Verweigerung,** f. refus, m.; (jur.)
déni.

**Verweilen,** v. n. (h.) tarder; —
et ſich —, rester, demeurer; s'arrêter; ſich bei etw. —, s'amuser à
qch.

**Verweilung,** f. retardement, m.

**Verweinen,** v. a. passer en pleurs.

**Verweis,** m. 2, réprimande, f.
reproche, m. correction, f. ad-
madversion; (jur.) blâme, m. fm.
mercuriale, f.; einem einen —
ben, réprimander qn., faire des
reproches à qn.; fm. chapitrer
qn., faire la leçon à qn.; einem
einen öffentlichen — geben; blâmer
qn.; einem einen — bei verſchloſſenen
Thüren geben; admonéter qn.

**Verweiſen,** v. a. 5, renvoyer;
bannir; proscrire; des Landes —,
expatrier, déporter || einem etw.
—, reprocher qch. à qn., réprimander qn. de ou sur qch.

**Verweiſung,** f. renvoi, m.; bannissement, exil.

**Verwelken,** v. n. (f.) se faner, se
flétrir; — machen, faner, flétrir.

**Verwelkung,** f. flétrissure; fg. dépérissement, m. altération, f.

*Verwenden, v. a. tourner; fg.
employer; mettre, dépenser (auf,
à, en); zu fremden Zwecken —, divertir; ſich für einen —, s'intéresser, s'employer, intercéder, s'entremettre pour qn.

**Verwendung,** f. emploi, m.; —
zu fremden Zwecken, divertissement,
f.; intercession, f.; entremise,
médiation, f.

**Verwerfen,** v. a. 2, (art.) crépir;
jointoyer; mettre en désordre;
(des bêtes) avorter; (cart.) écar-

ter; s'en aller d'une carte; fg.
rejeter; réprouver, condamner;
récuser un juge; verworfen, fg.
réprouvé, abject.

**Verwerflich,** adj. fg. rejetable;
récusable (juge); reprochable,
blâmable, condamnable; für —
erflären, (égl.) censurer.

**Verwerfung,** f. dérangement, m.;
(cart.) écart; fg. rejet; réprobation, f.; récusation d'un juge,
etc.                          [ter.

**Verweſen,** v. a. administrer, gérer; v. n. (f.) pourrir.

**Verweſer,** m. 1, administrateur;
vicaire, lieutenant.

**Verweslich,** adj. corruptible.

**Verweslichkeit,** f. corruptibilité.

**Verweſung,** f. corruption, pourriture; administration.

**Verwetten,** v. a. parier, gager;
perdre son argent en gageures.

**Verwichen,** adj. passé, dernier.

**Verwickeln,** v. a. entortiller; embrouiller; empêtrer, engager les
pieds; fg. impliquer, envelopper,
engager; fm. empêtrer, embourber qn.; embrouiller, compliquer
qch.

**Verwickelung,** f. entortillement,
m. embrouillement; fg. implication, f.; complication; (théât.)
intrigue.

**Verwieſene,** m. 3, exilé, banni.

**Verwildern,** v. n. (f.) devenir sauvage; s'abrutir; (vign.) s'abâtardir; verwildert, marron (cochon);
verwildert, sauvage; abruti (homme); inculte (pays).

**Verwilderung,** f. défaut de culture, m.; abâtardissement; fg. id.,
abrutissement, férocité, f.

**Verwilligen,** v. a. consentir, accorder; allouer de l'argent; (jur.)
octroyer.

**Verwilligung,** f. consentement,
m.; concession, f. allocation;
(jur.) octroi, m.

**Verwinden,** v. a. 3, entrelacer,
entortiller; fm. revenir d'une maladie, etc.

**Verwirken,** v. a. consommer en
pétrissant; forfaire un fief; encourir une peine; das Leben —,
mériter la mort.

**Verwirklichen,** v. a. réaliser.

**Verwirkung,** f. (féod.) forfaiture,
félonie.

**Verwirren,** v. a. rarem. 6, brouiller; mêler; confondre; fg. id.,
troubler; intriguer; déconcerter,
dérouter; fm. démonter, désarçonner qn.; embrouiller qch.; verwirrt
werden, fg. se troubler, etc.; verwirrt, embrouillé, confus; aliéné
(esprit); égaré (regard).

**Verwirrung,** f. trouble, m. em-

barras; confusion, *f.* combustion,
déroute ; embrouillement , *m.;*
*fm.* imbroglio , brouillamini ;
Geistes—, aliénation d'esprit, *f.*
Berwischen, *v. a.* effacer; adoucir
*des couleurs.*
Berwittern, *v. n.* (s.) effleurir, se
décomposer; tomber en efflorescence; être réduit en poudre; ver-
witlert, fusé (*chaux*).
Berwitterung, *f.* efflorescence, décomposition.
Berwitwet, *adj.* veuf *ou* veuve;
douairière (*princesse*).
Berwöhnen, *v. a.* gâter; affriander; sich —, prendre un mauvais
pli. [mauvaise habitude.
Berwöhnung, *f.* action de gâter,
Berworfenheit, *f.* abjection, dé-
pravation.
Berworren, *adj.* embrouillé, inextricable ; amphigourique; borgne
(*compte*).
Berworrenheit, *v.* Berwirrung.
Berwundbar, *adj.* vulnérable.
Berwunden, *v. a.* blesser; *fg. id.,*
navrer *le cœur.*
Berwundern, *v. a.* étonner; sich
—, s'étonner, être surpris (über,
de); s'émerveiller.
Berwunderung, *f.* étonnement,
*m.* surprise, *f.;* admiration; in
— seßen, étonner.
Berwunderungswort, *n.* 5*, particule admirative, —; zeichen, *n.*
1, point admiratif (!), *m.*
Berwundung, *f.* blessure.
Berwünschen, *v. a.* maudire; détester.
Berwünschung, *f.* malédiction;
imprécation ; exécration; eine —
enthaltend, imprécatoire.
Berwürzen, *v. a.* épicer trop.
Berwüsten, *v. a.* ravager, dévaster; ruiner, désoler; gâter; user.
Berwüstend, *adj.* devastateur.
Berwüster, *m.* 1, dévastateur,
désolateur, destructeur; sinn, *f.*
-trice.
Berwüstung, *f.* dévastation, désolation, destruction; dégât, *m.*
déprédation, *f.* dégradation.
Berzagen, *v. n.* (h.) perdre courage, se décourager; —; *s. n.* 1,
découragement, *m.;* verzagt, découragé, pusillanime; lâche, timide. [timidité, *f.;* lâcheté.
Berzagtheit, *f.* découragement, *m.*
Berzählen (sich), se mécompter;
—; *s. n.* 1, mécompte, *m.*
Berzähnen, *v. a.* garnir qch. de
dents, endenter.
Berzahnung, *f.* endenture, denture; (*charp.*) endente, adent,
*m.; (horl.)* engrenage; (*maç.*)
pierres d'attente, *f. pl.*
Berzapfen, *v. a.* vendre à pot et

à pinte; emboîter, emmortaiser.
Berzapfung, *f.* vente à pot et à
pinte; (*men.*) emboîtement, *m.*
embranchement.
Berzärteln, *v. a.* délicater, dorloter, mignarder, gâter, mitonner, amollir *un enfant.*
Berzärtelung, *f.* action de délicater, etc., amollissement, *m.*
Berzaubern, *v. a.* ensorceler, charmer.
Berzäunen, *v. a.* fermer d'une
haie; enclore; der verzäunte Ort,
enclos, *m.*
Berzäunung, *f.* enclos, *m.*
Berzechen, *v. a.* dissiper, dépenser à boire.
Berzehnfachen, *v. a.* décupler.
Berzehnten, *v. a.* payer les dîmes
de.
Berzehren, *v. a.* manger; dépenser, consommer; consumer; absorber; dévorer; *fg. id.*
Berzehrend, *adj.* (*méd.*) absorbant ; consomptif.
Berzehrer, *m.* 1, consommateur.
Berzehrung, *f.* consommation;
dissipation; consomption.
Berzeichnen, *v. a.* noter, marquer,
spécifier; manquer en dessinant.
Berzeichniß, *n.* 2, liste, *f.* spécification, déclaration; catalogue,
*m.* rôle, état; nomenclature, *f.;*
(*jur.*) description; écrou *des pri-
sonniers, m.; (fin.)* tarif; (*libr.*)
notice, *f.;* — der verbotenen Bücher (zu Rom), index expurgatoire,
*m.;* — der Consuln, (*ant. r.*) fastes
consulaires, *pl.*
Berzeichnung, *fém.* spécification;
(*dess.*) construction *d'une figure;*
incorrection. [excuser.
Berzeihen, *v. a.* 5, pardonner,
Berzeihlich, *adj.* pardonnable,
graciable, excusable.
Berzeihung, *f.* pardon, *m.*
Berzerren, *v. a.* défigurer en ti-
raillant; tordre *le visage;* faire des
grimaces; érailler *une étoffe;* das
verzerrte Gesicht, grimace, *f.;* die
verzerrte Stelle, éraillure.
Berzerrung, *f.* contorsion; distorsion. [éparpiller; gaspiller.
Berzetteln, *v. a.* fm. répandre,
Berzicht, —leistung, Berzichtung,
*f.* renonciation; désistement, *m.;*
auf etw. — thun, leisten, *v.* Berzichten.
Berzichten, *v. n.* (h.), auf etw.
—, renoncer à, se désister de qch.
Berziehen, *v. a.* 6, tordre; faire
des contorsions; tirer; entrelacer
*des lettres; fg.* différer; gâter *un
enfant;* —; *v. n.* (h.) attendre,
s'arrêter; tarder; *id.* — être de
travers; *fg.* traîner en longueur;
se dissiper, passer.

Berziehung, *f.* contorsion; délai,
*m.* retardement; mauvaise éducation, *f.*
Berzieren, *v. a.* orner, décorer,
embellir, enjoliver; mit verschlungenen Zügen —, guillocher.
Berzierer, *m.* 1, décorateur, enjoliveur.
Berzierung, *f.* décoration, ornement, *m.* embellissement, agrément; (*arch.*) arrachement; die
äußerste —, amortissement; die
kleine —, enjolivure, *f.;* —en,
*pl.* (*arch.*) accompagnements, *m.*
*pl.*
Berzimmern, *v. a.* (*min.*) cuveler.
Berzimmerung, *f.* cuvelage, *m.*
Berzinnen, *v. a.* étamer.
Berzinner, *m.* 1, étameur.
Berzinnung, *f.* étamure.
Berzinsen, *v. a.* payer l'intérêt
de.
Berzogen, *adj.* de travers; entre-
lacé; gâté *par l'éducation.*
Berzögern, *v. a.* différer, retar-
der; traîner en longueur, allonger.
Berzögerung, *adj.* dilatoire.
Berzögerung, *f.* retard, *m.* retar-
dement, longueur, *f.*
Berzollen, *v. a.* payer la douane,
les droits d'entrée *ou* de sortie.
Berzollung, *fém.* payement de
douane, *m.*
Berzucken, *v. a.* causer des con-
vulsions, ravir.
Berzuckern, *v. a.* sucrer trop; su-
crer.
Berzückt, *adj.* extatique, convulsionnaire; — werden, s'extasier.
Berzückung, *f.* convulsion.
Berzückung, *f.* extase, ravissement, *m.* [ment, délai.
Berzug, *m.* 2*, retard, retarde-
Berzüglich, *adj.* dilatoire.
Berzweifeln, *v. n.* (h. et s.) désespérer.
Berzweifelt, *adj.* désespéré; fâcheux; in einem —en Zustand,
*fm.* (être) aux abois; —; *adv.*
en désespéré.
Berzweiflung, *f.* désespoir, *m.;*
zur — bringen, désespérer, mettre
au désespoir; sich der — überlassen,
se désespérer.
Berzwicken, *v. a.* recourber en attache (*clou*); affermir (*le manche
d'une cognée*).
Besper, *f.* vêpres, *pl.;* in die —
gehen, aller à vêpres.
Besperbrob, *n.* 2, goûter, *m.* collation, *f.;* das — essen, goûter.
Besperbredigt, *f.* sermon du soir,
*m.*

Best, Beste, *v.* Gest, Jeste, ic.
Bettel, *f.* pop. coquine, garce,
gueuse, guenon; alte —, vieille
carcasse.

Vetter, m. exc. 1, parent, cousin; der lustige —, gaillard; einen — nennen, fm. cousiner qn.
Vetterschaft, f. cousinage, m.
Vexiren, v. a. fm. railler, se moquer de qn.; —, v. n. (h.) plaisanter, rire; —, s. n. 1, raillerie, f. plaisanterie.
Vexier, Vexir, m. 2, vizir.
Vezierwürde, f. vizirat, m.
Vicar, m. 2, vicaire.
Vicariat, n. 2, vicariat, m.
Vicariren, v. n. (h.) vicarier, exercer une charge pour un autre.
Vice, dans la composition, vice, p. ex. Vicekönig, m. 2, vice-roi, etc. [denrées, f. pl.
Victualien, pl. vivres, m. pl.
Vidimiren, v. a. vidimer.
Vieh, n. 2, bête, f.; animal, m.; das unvernünftige —, brute, f. bétail, m. bestiaux, pl.; das grosse, kleine —, le gros, menu bétail; —, fg. brute, f.; zum machen, abrutir. [naire, m.
Vieharzneikunst, f.*, art vétéri-
Vieharzneischule, f. école vétérinaire. [rinaire.
Viebarzt, m. 2*, médecin vété-
Viehbremse, f. taon, m.
Viehfutter, n. 1, fourrage, m.; mangeaille, f. [tail.
Viehhandel, m. 1*, trafic de bé-
Viehhändler, m. 1, marchand de Viehhirt, m. 3, pâtre. [bétail.
Viehhof, m. 2*, basse-cour, f.; pailler, m.
Viehisch, Viehmäßig, adj. bestial; brutal; — werden, s'abrutir.
Viehmagd, f.*, vachère.
Viehmarkt, m. 2*, marché au bétail. [butor.
Viehmensch, m. 3, pop. bêta,
Viehpacht, m. 2 (um die halbe Nutzung), cheptel, chepteil.
Viehpächter, m. 1, chétolier.
Viehraub, m. 2, (jur.) abigéat.
Viehschaden, m. 1*, dommage causé par le bétail; perte en bétail, f.
Viehschelle, f. sonnaille.
Viehschwemme, Viehtränke, fém. abreuvoir, m. [zootie, f.
Viehseuche, f. =sterben, n. 1, épi-
Viehstall, m. 2*, étable, f.
Viehsteuer, f. impôt sur le bétail, m.
Viehtränke, f. abreuvoir, m.
Viehweide, f. pâturage, m. pacage, gagnage.
Viehzucht, f. nourrissage des bestiaux, m. nourriture du bétail, f.; — haben, faire des nourritures.
Viel, adj. et adv. beaucoup; nombre, quantité de; bien des, plusieurs; fm. force; durch —s

Arbeiten, à force de travail; so viel, tant; so viel als, autant que; um —es, de beaucoup; so viel (um so viel) mehr, d'autant plus, à plus forte raison; (um) so viel weniger, d'autant moins; wie viel? combien? wie viel Uhr ist es? quelle heure est-il? zu viel, trop.
Vielästig, adj. branchu, rameux.
Vielblätterig, adj. (bot.) polypétale. [thée.
Vielblumig, adj. (bot.) polyan-
Vieldeutig, adj. équivoque; ambigu.
Vieldeutigkeit, f. ambiguité.
Vieleck, n. 2, polygone, m. polyèdre.
Vieleckig, adj. polygone.
Vielerlei, adj. indécl. plusieurs, divers.
Vielfach, Vielfältig, adj. multiplié; (arith.) multiple; implexe (drame); —, adj. et adv. sans nombre; en abondance; —, adv. bien des fois; de beaucoup de manières. [variété, diversité.
Vielfältigkeit, f. multiplicité,
Vielfarbig, adj. bigarré.
Vielfarbigkeit, f. bigarrure.
Vielförmig, adj. multiforme.
Vielfraß, m. 2, (hist. nat.) carcajou, glouton; gourmand, goulu, glouton (homme ou animal).
Vielfräßig, x., v. Gefräßig, x.
Vielfuß, m. 2*, polype.
Vielgeliebt, adj. bien-aimé.
Vielgestaltig, adj. multiforme.
Vielgötterei, f. polythéisme, m.
Vielgötterer, m. 1, polythéiste.
Vielgültig, Vielgeltend, adject. puissant, accrédité.
Vielgültigkeit, f. grande valeur.
Vielhalmig, adj. qui a plusieurs tuyaux ou tiges.
Vielheit, f. multitude, pluralité, fréquence, multiplicité.
Vielherrschaft, f. polyarchie.
Vieljährig, adj. de beaucoup d'années.
Vielleicht, adv. peut-être. [fois.
Vielmal, adv. souvent, bien des
Vielmalig, adj. réitéré.
Vielmännerei, f. polyandrie; die in — lebt, polygame, f.
Vielmehr, adv. bien plus; plutôt; um so —, d'autant plus.
Vielnamig, adj. qui a plusieurs noms, polyonyme.
Vielsagend, adj. expressif.
Vielsäulig, adj. polystyle.
Vielschalig, adj. multivalve.
Vielschreiber, m. 1, polygraphe.
Vielseitig, adj. multilatère; polyèdre; fg. varié, étendu (connaissances); der — gebildete Mann, l'homme qui a des connaissances très-variées, m.

Vielstimmig, adj. à plusieurs voix.
Vielsylbig, adj. polysyllabe.
Vieltheilig, adj. multinome.
Vielverlangend, adj. exigeant.
Vielvermögend, adj. puissant.
Vielweiberei, f. polygamie; der in — lebt, polygame, m.
Vielwissen, n. 1, polymathie, f. coup. [fm. maître aliboron.
Vielwisser, m. 1, polymathe,
Vier, adj. quatre; Viere, f. Vierer, m. 1, quatre.
Vierblätterig, adj. (bot.) tétrapétale, quadriphylle. [brins.
Vierdrähtig, adj. de quatre fils,
Viereck, n. 2, carré, m. quadrangle; tétragone; das gleichlaufende —, parallélogramme; geschobene —, losange, f.; längliche —, barlong, m., en carré.
Viereckig, adj. carré; tétragone; quadrangulaire; (bot.) quadrangulé; —, adv. en carré, carrément; — machen, carrer; équarrir.
Viererlei, adj. indécl. de quatre sortes. [ple.
Vierfach, Vierfältig, adj. quadru-
Vierfürst, m. 3, tétrarque.
Vierfüßig, adj. à quatre pieds; quadrupède; das —e Thier, quadrupède, m. [(quantité).
Viergliederig, adj. quadrinome
Vierhändig, adj. die —en Thiere, quadrumanes, m. pl.
Vierjährig, adj. de quatre ans; quadriennal.
Vierlauig, adj. die —en Thitre, quadrisulces, m. pl.
Vierling, m. 2, quart de livre; quarteron.
Viermal, adv. quatre fois; — größer machen, quadrupler.
Viermalig, adj. à quatre reprises. [r.) quadrumvirs.
Viermann, m. 5*, —er, pl. (ant.
Vierpartie, f. partie carrée.
Vierpfündig, adj. de quatre livres.
Vierräderig, adj. à quatre roues.
Vierrubrig, adj. die —e Galeere, (ant.) quadrirème, f.
Viersaitig, adj. tétrastyle.
Vierschäftig, adj. à quatre peignes. [les, gros; rustre.
Vierschrötig, adj. carré des épau-
Viersitzig, adj. quadrilatère.
Viersitzig, adj. à quatre places.
Vierspännig, adj. à quatre chevaux; der —e Wagen, (ant.) quadrige, m.
Viersylbig, adj. quadrisyllabe.
Viertägig, adj. de quatre jours; das —e Fieber, la fièvre quarte.
Vierte, adj. quatrième. [demi.
Viertehalb, adj. indécl. trois et

Biertel, n. 1, quart, m.; quartier; quarteron.
Bierteleüe, f. quart d'aune, m.
Bierteljahr, n. 2, trois mois, m. pl. quartier, m.; trimestre; brei —e, neuf mois. [quartier.
Bierteljährig, adj. et adv. par
Biertelmeile, f. quart de lieue, m.
Biertelnote, f. noire.
Biertelpfund, n. 2, quarteron, m.
Biertelschwenkung, f. quart de conversion, m.
Biertelsgegenschein, m. 2, (astr.) opposition quadrate, f.
Biertelsmeißter, m. 1, ol. quartinier. [de rond.
Biertelstab, m. 2*, (arch.) quart
Biertelstonne, f. quartau, m.
Biertelstrich, m. 2, quart de vent, de rumb.
Biertelstunde, f. quart d'heure, m.; —nglöckchen, n. 1, appeau, m.
Bierteltakt, m. 2*, quart de mesure.
Biertelton, m. 2*, quart de ton; durch —e fortschreitend, enharmonique.
Biertens, adv. quatrièmement.
Biertheilen, v. a. partager en quatre; écarteler, tirer à quatre chevaux.
Biertheilig, adj. en quatre parties; (bot.) quadriparti; bie —e Größe, (alg.) quadrinome, m.
Bierundzwanzigstelband, m. 2*, =form, f. in-vingt-quatre, m.
Bierung, f. carré, m.; équarrissement; quadrature, f.
Biervierteltakt, m. 2*, mesure entière, f.
Bierwaldstädtersee, m. 2, lac des quatre villes forestières.
Bierwinkelig, adj. quadrangulaire.
Bierzehn, adj. indécl. quatorze; — Tage, quinze jours.
Bierzehnte, adj. quatorzième.
Bierzeilig, adj. de quatre lignes; bie —t Strophe, quatrain, m.
Bierzig, adj. indécl. quarante.
Bierzigjährig, adj. quadragénaire.
Bierzigster, adj. quarantième.
Bierzigtägig, adj. de quarante jours; bie —t Fasten, le jeûne quadragésimal.
Bigilie, f. vigile.
Bincenz, n. pr. m. Vincent.
Bindiziren, v. a. revendiquer.
Biolblau, Bioletblau, adj. violet.
Biole, f. violette (fleur); bie gelbe —, giroflée.
Biolenholz, n. 5*, bois violet, m.
Biolenfaft, m. 2*, sirop violat.
Biolenflock, m. 2*, violier.
Biolenwurzel, f. iris de Florence, m. [violet, m.
Biolfarbe, f. couleur de violette,

Bioline, f. violon, m. (instrument). [de violon.
Biolinift, m. 3, violon, joueur
Biolinschlüssel, m. 1, clef de G-ré-sol, f. [m.
Biolinsolo, n. 2, récit de violon,
Bioloncell, n. 2, violoncelle, m.
Biper, f. vipère.
Birginien, Virginie, f. (pays).
Birtuofe, m. 3, virtuose.
Bisier, Bifir, n. 2, visière du casque, f.; mire d'une arme à feu (artill.) fronteau de mire, m.
Bisiren, v. a. viser, mirer; jau-Bifiren, m. 1, jaugeur. [ger.
Bifirforn, n. 5*, mire, f. guidon, m. bouton.
Bifirlohn, m. 2, =gelb, n. 5, jaugeage, m.
Bifirschuß, m. 2*, coup de haute volée. [geage, f.
Bifirstab, m. 2*, verge de jau-Bifirung, f. jauge, jaugeage, m.
Bifitation, f. visite; recherche.
Bifitator, m. exc. 1, visiteur.
Bifitireisen, n. 1, sonde, f.
Bifitiren, v. a. visiter.
Bitriol, n. 2, vitriol, coupe-rose, f.
Bitriolerde, f. terre vitriolée.
Bitriolerz, n. 2, mine de vitriol, f. [brique de vitriol, f.
Bitriolhütte, f. =werf, n. 2, fa-Bitriolisch, adj. vitriolique. [f.
Bitriolöl, n. 2, huile de vitriol, m.
Bitriolsäure, f. acide vitriolique, m. [triol, f. atramentaire, m.
Bitriolstein, m. 2, pierre de vitriol; n. 1, eau vitriolée, f. [stalactite.
Bitriolzapfen, m. 1, vitriol en
Bidbom, Bigthum, m. 2. vidame.
Bließ, n. 2, toison, f.
Bließingen, Flessingue (ville).
Bocal, m. 2, voyelle, f.
Bocalmufit, f. musique vocale.
Bogel, m. 1*, oiseau; ber junge —, oisillon, oiseau branchier; bec-jaune; Bögel fangen, oiseler; ber lofe —, fg. fm. le fin merle, galant.
Bogelbauer, m. 1, cage, f.
Bogelbeerbaum, m. 2*, cormier, sorbier sauvage. [f.
Bogelbeere, f. corme, m. sorbe,
Bogelbeize, f. chasse au vol.
Bögelchen, n. 1, oisillon, f.
Bogeldeuter, m. 1, augure.
Bogeldunst, m. 2, cendrée, f.
Bogelfang, m. 2*, oisellerie, f.
Bogelfänger, m. 1, oiseleur.
Bogelflinte, f. fusil de chasse, m.
Bogelflöte, f. flageolet, m.
Bogelfrei, adj. proscrit, banni, hors de la loi.
Bogelfutter, n. 1, mangeaille, f.
Bogelgarn, v. Bogelneß.

Bogelgesang, m. 2*, chant ou ramage des oiseaux.
Bogelhändler, m. 1, oiselier.
Bogelhaus, n. 5*, volière, f.
Bogelheck, f. cabane, volière, nichoir, m. couvée, f. ponte.
Bogelherd, m. 2, aire d'oiseleur, f. [giste, ornithologue.
Bogelkenner, m. 1, ornitholo-Bogelkirschbaum, m. 2*, merisier.
Bogelkirsche, f. merise.
Bogelklaue, f. patte, serre, griffe des oiseaux de proie.
Bogelkloben, m. 1, perche d'oiseleur, f.; gluau, m.
Bogelkraut, n. 5*, morgeline, f. alsine.
Bogelkunde, f. ornithologie.
Bogelleim, m. 2, glu, f.; mit — bestreichend, engluer, gluer.
Bogelmist, m. 2, émonde, f. fiente.
Bogelnäpschen, n. 1, auget, m.
Bogelnest, n. 5, nid d'oiseau, m.
Bogelneß, n. 2, filet, m. épuisette, f.
Bogelorgel, f. serinette. [peau.
Bogelpfeife, f. appeau, m. pi-Bogelscheuche, f. épouvantail, m.
Bogelschießen, n. 1, tir à l'oiseau, m.
Bogelschlag, m. 2*, trébuchet.
Bogelschrot, m. 2, dragée, f.
Bogelstange, f. perche, perchoir, f.
Bogelstellen, n. 1, oisellerie, f.
Bogelsteller, m. 1, oiseleur.
Bogelstrich, m. 2, passage des oiseaux.
Bogelwand, f.*, pan de filet, m.
Bogelwärter, m. 1, oiselier.
Bogelwicke, f. vesce sauvage.
Bogelwildpret, n. 2, menu gibier, m. [n. 2, Vosges, f. pl.
Bogesen, pl., Bogesische Gebirg,
Bogt, m. 2*, préposé; préfet; (jur.) tuteur, curateur.
Bogtei, f. prévôté; préfecture; (jur.) tutelle, curatelle.
Bogtskind, n. 5, pupille, m. et f.
Bolk, n. 5*, peuple, m. nation, f.; troupes, f. pl.; bas gemeine —, vulgaire, m. multitude, f.; mépr. populace, race; injur. canaille; —, (cha.) compagnie de perdrix.
Bölkerrecht, n. 2, droit des gens, m. [leux.
Bölkerreich, adj. peuplé, popu-Bölkerschaft, f. nation, peuple, m. peuplade, f.
Bölkerwanderung, f. migration.
Bolksführer, m. 1, démagogue.
Bolksgeist, m. 5, esprit populaire.
Bolksgesellschaft, f. société populaire. [ce populaire, f.
Bolksglaube, m. exc. 2, croyan-

Volksherrschaft, f. démocratie, démagogie; der Anhänger der —, démocrate, m.

Volksherrschaftlich, adj. démagogique, démocrate.

Volkslied, n. 5, chanson nationale, f.; vaudeville, m.

Volksmährchen, n. 1, conte populaire, m.

Volksmenge, f. population.

Volksname, m. exc. 2, (gramm.) mot ethnique.

Volksregierung, f. démocratie; gouvernement populaire, m.

Volkssage, f. tradition populaire.

Volksschluß, m. 2ª, plébiscite.

Volkssitte, f. coutume nationale.

Volkssprache, f. langue vulgaire.

Volksthum, n. 5, nationalité, f.

Volksthümlich, adj. national.

Voll, adj. plein, rempli, comble; pop. ivre; (völlig) tout; zu —, trop plein, engorgé; zu — seyn, regorger; — füllen, combler; die Summe — machen, compléter la somme; — füllern, — stopfen, gorger, farcir; — schmieren, barbouiller; aus —em Halse schreien, crier à tue-tête; aus —em Halse lachen, rire à gorge déployée; das Herz — haben, avoir le cœur gros; in —em Trab, au grand trot; — werden, s'emplir; — werden, sich — trinken, saufen, pop. s'enivrer, se souler.

Vollauf, adv. en abondance.

Vollblütig, adj. sanguin; (méd.) id., pléthorique.

Vollblütigkeit, f. pléthore.

*Vollbringen, v. a. finir, achever; exécuter; accomplir; consommer.

Vollbringer, m. 1, exécuteur.

Vollbringung, f. achèvement, m.; accomplissement; exécution, f.

Vollbürtig, adj. né d'un même lit, germain.

Vollenden, v. a. achever, consommer, accomplir.

Vollender, m. 1, consommateur.

Vollends, adj. fm. tout à fait, entièrement; etw. — thun, achever de faire qch.

Vollendung, f. consommation; perfection, couronnement, m.; (peint., etc.) fini, finiment.

Völlerei, f. ivrognerie, crapule.

Vollführen, v. a. exécuter; achever.

Vollführung, f. exécution.

Vollgültig, adj. valide.

Vollgültigkeit, f. validité.

Vollhaltig, adj., —es Silber, de l'argent de bon aloi.

Vollheit, f. plénitude; fm. ivresse.

Vollhufig, adj. (man.) encastelé.

Vollhufigkeit, f. encastelure.

Völlig, adj. entier, plein, complet, net, total, tout; —, adv. tout à fait.

Völligkeit, f. plénitude; — des Leibes, embonpoint, m. corpulence, f.

Volljährig, adj. majeur.

Volljährigkeit, f. majorité.

Vollkommen, adj. parfait, accompli; achevé; — machen, perfectionner. [(did.) entéléchie.

Vollkommenheit, f. perfection; [(did.) entéléchie.

Vollkörnig, adj. bien nourri (blé).

Vollleibig, adj. corpulent, replet.

Vollleibigkeit, f. corpulence.

Vollmacht, f. pouvoir, m. plein pouvoir, mandat, procuration, f.; die uneingeschränkte —, carte blanche.

Vollmachtsblatt, n. 5*, blancseing, m.; =brief, m. 2, v. Vollmacht.

Vollmond, m. 2, pleine lune, f.

Vollsaftig, adj. replet.

Vollständig, adj. complet; entier; — machen, compléter.

Vollständigkeit, f. perfection, intégrité, complet, m.

Vollstimmig, adj. (mus.) parfait.

Vollstimmigkeit, f. harmonie parfaite. [ben, 2c.

Vollstrecken, =str. =ung, v. Vollziehen, 2c.

Vollwichtig, adj. qui a le juste poids; qui est de poids.

Vollwichtigkeit, f. juste poids, m.

Vollzählig, adj. complet; — machen, compléter; — erhalten, tenir au complet; —machen, n. 1, complétement, m.

Vollzähligkeit, f. complet, m.

Vollzapf, m. 2, pop. ivrogne.

Vollziehen, v. a. 6, exécuter, accomplir, consommer; gerichtlich —Aufträge —, exploiter.

Vollzieher, m. 1, exécuteur.

Vollziehung, f. exécution, consommation, f.

Volte, f. volte. [sommation.

Voltigiren, v. n. (h.) voltiger.

Voltigirer, m. 1, voltigeur.

Voltigirspiel, n. 2, coupe-tête, m.

Vomitiv, n. 2, vomitif, m.

Von, prép. de; de chez qn., d'avec qn.; par; dès; depuis; — dem, — der, du, de la; — mir, (dites lui) de ma part; — wem? de quelle part? — außen, du dehors; — da an, — dort an, — daher, de là; — einander, en deux; séparé; — einander bringen, séparer; — einander geben, se séparer, se quitter; — einander bauen, fendre en deux; — einander seyn, être séparé; — einander trennen, détacher; — einander unterscheiden, distinguer une chose d'avec l'autre; — freien Stücken, — sich selbst,

de soi-même, volontairement; — jest, — nun an, dès à présent.

Vonnöthen, adv. vi., etw. — haben, avoir besoin de qch.; — seyn, être nécessaire.

Vor, prép. devant; avant; — einem, devant qn., à la face de qn.; (jur.) par-devant qn.; — diesem, ci-devant, auparavant, autrefois; — dans la composition avec des verbes est accentué et séparable. [gile.

Vorabend, m. 2, veille, f.; vigile.

Vorältern, pl. aïeux, m. pl. ancêtres.

Voran, adv. devant; à la tête; le premier; —, interj. en avant; — dans la composition est séparable.

*Vorangehen, v. n. (f.) marcher devant, prendre les devants; einem —, passer devant qn.; précéder qn. || passer avant, avoir la préférence.

Voranmachen, v. n. (h.) avancer sich —, prendre le devant, passer le premier. [re, m. avance, f.

Vorarbeit, f. travail préparatoire.

Vorarbeiten, v. a. devancer qn. dans le travail; travailler devant qn. pour l'instruire; préparer la besogne. [préciput, avantage.

Voraus, n. indécl. prélegs, m.

Voraus, adv., zum —, d'avance; par avance; par anticipation; zum — wegnehmen, prélever; zum — dans la composition est séparable.

Vorausberechnen, v. a. précompter.

Vorausbezahlen, v. a. payer d'avance, anticiper le payement; s'abonner à un journal; souscrire pour un livre.

Vorausbezahlung, f. avance; anticipation de revenus; (libr.) abonnement, m. souscription, f.

*Vorausgehen, v. n. (f.) prendre les devants.

Vorausgenießen, v. a. 6, jouir d'avance de; (jur.) anticiper.

Vorausnahme, f. anticipation.

Vorausnehmen, v. a. 2, anticiper.

Voraussetzen, v. a. supposer, présupposer.

Voraussetzung, f. supposition, présupposition; hypothèse; auf eine — gegründet, hypothétique; unter —, hypothétiquement.

Vorauszahlung, f. avance; abonnement, m.

Vorbauen, v. a. bâtir en avant; fg. prévenir qch.; obvier à qch.

Vorbauung, f. précaution.

Vorbauungsmittel, n. 1, préservatif, m.

Vorbedacht, m. 2, préméditation, f.; mit —, de propos délibéré.

Vorbedächtig, adj. circonspect; délibéré ; prémédité.
*Vorbedenken, v. a. préméditer.
Vorbedeuten, v. a. présager; augurer.
Vorbedeutung, f. présage, m.; pronostic; augure, auspices, pl.
Vorbehalt, m. 2, Vorbehaltung, f. réserve; restriction; clause; der geheime —, arrière-pensée, restriction mentale; mit — ou vorbehältlich, adv. sauf, sans préjudice de; der — in Gedanken, la réservation mentale.
Vorbehalten, v. a. 4, retenir, détenir; sich —, se réserver.
Vorbehältlich, adv. à la réserve
Vorbehaltung, f. réserve. [de.
Vorbei, adv. devant; auprès; en passant (dans la composition il est séparable); — fahren, geben, laufen, passer en voiture, en marchant, en courant; — geben lassen, laisser passer; — seyn, être passé, fini; es ist —, c'en est fait, c'est fini.
Vorbemeldet, adj. ci-dessus mentionné.
Vorbereiten, v. a. préparer, disposer; instruire un procès.
Vorbereitend, adj. préparatoire; (méd.) dispositif.
Vorbereitung, fém. préparation; préparatif, m.; disposition, f.
Vorbericht, m. 2, préface, f. avant-propos, m.; avertissement.
Vorbesagt, =bemeldet, =benannt, =erwähnt, adj. susdit, mentionné; (jur.) icelui, icelle.
Vorbescheid, m. 2, assignation, f. citation; ajournement, m.
Vorbescheiden, v..a. 5, assigner, citer, ajourner.
Vorbeten, v. a. réciter une prière.
Vorbeugen, v. a. plier en avant; —, v. n. (h.) prévenir qch., obvier, parer à.
Vorbewußt, m. 2, v. Vorwissen.
Vorbild, n. 5, type, m.; exemple, modèle.
Vorbilden, v. a. représenter, figurer. [que.
Vorbildlich, adj. figuratif, typique.
Vorbildung, f. représentation; idée.
Vorbinden, v. a. 3, attacher, mettre, lier par devant.
Vorblasen, v. a. 4, Jouer un air devant qn. sur un instrument à vent; montrer à jouer un air à qn.
Vorbohren, v. a. amorcer.
Vorbohrer, m. 1, amorçoir.
Vorbote, m. 3, avant-coureur; fg. id., présage.
*Vorbringen, v. a. faire sortir; fg. proposer; produire; avancer; mettre en avant, énoncer une opi-

nion; —, s. n. 1, proposition, f.; exposé, m.; production, f.
Vorbühne, f. avant-scène.
Vorchristlich, adj. antérieur au christianisme.
Vordach, n. 5*, avant-toit, m.
Vordem, adv. jadis.
Vorder, adj. antérieur. [m.
Vorderachse, f. essieu de devant.
Vorderarm, m. 2, avant-bras; —länge, f. coudée.
Vorderbug, m. 2, paleron.
Vordercastell, n. 2, gaillard d'avant, m.; v. Hintercastell,
Vordere, Vorderste, adj. et s., premier, m. [pré,
Vorderflagge, f. pavillon de beau-
Vorderfuß, m. 2*, pied de devant, avant-pied; (man.) bras.
Vordergebäude, n. 1, avant-corps, m. devant de la maison.
Vordergestell, n. 2, (charr.) avant-train, m.
Vorderglied, n. 5, (guer.) premier rang, m.; (log.) v. Vordersatz.
Vordergrund, m. 2*, (peint.) devant.
Vorderhand, f.*, carpe, m. poignet,
Vorderhaupt, n. 5*, (anat.) sinciput, m. [m.
Vorderhaus, n. 5*, avant-corps,
Vordermann, m. 5*, chef de file.
Vordersatz, m. 2*, (log.) antécédent; majeure, f.; —t, pl. prémisses, pl.
Vorderscene, f. avant-scène.
Vorderseite, f. devant, m. façade, f. [vant.
Vordersitz, m. 2, (carross.) de-
Vordersteven, m. 1, (mar.) capion de proue, étrave, f.
Vordertheil, m. et n. 2, devant, m. partie antérieure, f.; devanture d'une boutique ; (mar.) proue, avant, m. cap; (arch.) façade, f. face, frontispice, m.; (man.) avant-main, f.
Vordertreffen, n. 1, première ligne, f.
Vorderviertel, n. 1, quartier de devant, m.; carré, épaulée de mouton, f.
Vorderwagen, m. 1*, armon.
Vorderzahn, m. 2*, dent de devant, f.
Vordrängen, v. a. pousser en avant. [cer.
Vordringen, v. n. 3 (f.) s'avan-
Vordrucken, v. a. imprimer en tête d'un livre. [sant.
Vordrücken, v..a. avancer en pressant.
Voreilen, v. n. (f.) se hâter, se presser, avancer, se précipiter.
Voreilig, adj. précipité, anticipé; —, adv. précipitamment.
Voreiligkeit, f. précipitation.
Vorempfinden, v. a. 3, pressentir.

Vorempfindung, f. pressentiment, m. [cacher.
Vorenthalten, v. a. 4, retenir, Vorenthaltung, f. rétention, détention. [ciput.
Vorerbe, m. 3, héritier par pré-
Vorerinnerung, f. avant-propos, m. [bord.
Vorerst, adv. avant tout, d'abord. Vorerwähnt, adj. susdit.
Voressen, n. 1, entrée, f.
Vorfahr, m. 2, prédécesseur; devancier; —en, pl. ancêtres, m. pl. nos pères.
Vorfahren, v. n. 7 (f.) avancer, devancer.
Vorfall, m. 2*, chute, f.; (méd.) id., descente; (horl.) détente; fg. accident, m.; événement, occurrence, f. affaire.
Vorfallen, v. n. 4 (f.) tomber en avant, descendre; fg. arriver, survenir.
Vorfallend, adj. échéant; bei —er Gelegenheit, dans l'occurrence, le cas échéant.
Vorfallenheit, f. accident, m.; événement, occurrence, f.
Vorfechter, m. 1, prévôt de salle.
Vorfenster, n. 1, contre-châssis, m. contre-fenêtre, f. double châssis, m. [f.; fête antérieure.
Vorfest, n. 2, veille de la fête,
Vorfinden, v. a. 3, trouver.
Vorfordern, v. a. appeler, faire venir; citer, assigner.
Vorforderung, f. appel, m.; citation, f. assignation.
Vorfrage, f. question préalable.
Vorführen, v. a. amener, présenter.
Vorführung, f. action d'amener.
Vorführungsbefehl, m. 2, mandat d'amener.
Vorgang, m. 2*, rang, pas; priorité, f. || événement, m.; état de la chose.
Vorgänger, m. 1, prédécesseur; devancier; =inn, f. devancière.
Vorgängig, adj. précédent, antérieur.
Vorgeben, v. a. 1, donner d'avance; (jeu) id., donner de l'avantage; fg. avancer, prétendre, prétexter; —, s. n. 1, dire, m.; prétexte; (jeu) avantage.
Vorgebirge, n. 1, promontoire, m. cap. [disant.
Vorgeblich, adj. prétendu, soi-
Vorgefaßt, adj. prévenu; die —e Meinung, prévention, f. préjugé, m. [m.
Vorgefühl, n. 2, pressentiment,
*Vorgehen, v. n. (f.) précéder; devancer; prendre le pas sur qn.; fg. surpasser qn.; se passer; arriver.

**Vorgemach,** n. 5*, antichambre, f.

**Vorgericht,** n. 2, v. Voressen.

**Vorgesang,** m. 2*, action d'entonner, f.; (égl.) antienne.

**Vorgeschmack,** m. 2, avant-goût.

**Vorgesehen,** interj. gare! place!

**Vorgesetzte,** m. 3, préposé, supérieur.

**Vorgestern,** adv. avant-hier.

**Vorgestrig,** adj. d'avant-hier; der —e Tag, avant-veille, f. surveille.

**Vorgiebel,** m. 1, frontispice.

**Vorglänzen,** v. n. surpasser en éclat.

**Vorgraben,** m. 1*, contre-fossé.

**Vorgreifen,** v. n. 5† (h.) empiéter, anticiper sur; donner atteinte à; einem —, prévenir qn.

**Vorgriff,** m. 2, **Vorgreifung,** f. empiétement, m. anticipation, f.; atteinte.

***Vorhaben,** v. a. avoir devant soi; fg. méditer, se proposer qch.; avoir dessein; être occupé de qch.; —, s. n. 1, dessein, m. projet.

**Vorhalle,** f. parvis (du temple), m.

**Vorhalten,** v. a. 4, tenir ou mettre devant; présenter; fg. remontrer, reprocher.

**Vorhaltung,** f. représentation, reproche, m.

**Vorhand,** f.*, (anat.) carpe, m.; fg. rang; (jeu) main, f.

**Vorhanden,** adj. existant; présent; immer —, (pharm.) officinal; — seyn, exister, se trouver, y avoir; zu gleicher Zeit — seyn, coexister. [f.; (égl.) custode.

**Vorhang,** m. 2*, rideau; toile, f.

**Vorhangen,** 4, =hängen, v. n. (h.) avancer; déborder.

**Vorhängen,** v. a. mettre, pendre devant. [m.

**Vorhängeschloß,** n. 5*, cadenas,

**Vorhaus,** n. 5*, entrée d'une maison, f.; vestibule, m.

**Vorhaut,** f.*, prépuce, m.

**Vorher,** adv. auparavant, antérieurement; autrefois; d'avance; devant; à la tête. (Dans la composition il est séparable.) — bestimmen, prédestiner, prédéterminer, préétablir; — bezahlen, payer d'avance; — gehen, précéder; devancer; aller devant; — merken, pressentir; — sagen, prédire; — sehen, prévoir; — *seyn, da seyn, préexister; — stimmen, préopiner; — überlegen, préméditer; considérer à l'avance.

**Vorherbestehend,** adj. préexistant.

**Vorherbestimmung,** f. prédestination. [cédent, antérieur.

**Vorhergehend, Vorherig,** adj. pré-

**Vorherrschen,** v. a. prédominer, prévaloir.

**Vorhersagung,** =verkündigung, f. prédiction, présage, m.

**Vorherseyn,** n. 1, préexistence, f.

**Vorherstimmend,** m. 3, préopinant.

**Vorheucheln,** v. a., einem —, feindre devant qn., duper qn. par dissimulation. [hes. pl.

**Vorhimmel,** m. 1, (théol.) limbon, adv. auparavant.

**Vorhof,** m. 2*, avant-cour, f.; vestibule, m.; parvis d'un temple.

**Vorhut,** f. avant-garde; (jur.) droit de premier pâturage, m.

**Vorig,** adj. précédent, antérieur; ancien, dernier.

**Vorjagen,** v. n. (f.) courir en avant; —, v. a. faire sortir, chasser. [sée.

**Vorjährig,** adj. de l'année passée.

**Vorkauen,** v. a. mâcher; fg. id.

**Vorkauf,** m. 2*, droit d'acheter avant les autres. [revendre.

**Vorkaufen,** v. a. acheter pour

**Vorkäufer,** m. 1, =inn, f. revendeur, m. -se, f. [trait, m.

**Vorkaufsrecht,** n. 2, droit de revendre.

**Vorkehren,** v. a. tourner en dehors; fg. employer; prendre des mesures.

**Vorkehrung,** f. préparatif, m. mesure, f. disposition.

**Vorkeil,** m. 2, clavette, f.

**Vorkenntnisse,** f. pl. connaissances ou notions préliminaires.

**Vorklingen,** v. n. 3, sonner plus haut, plus fort.

***Vorkommen,** v. n. (f.) prévenir, devancer qn.; avoir audience; fg. se présenter (cas); paraître, sembler.

**Vorkommenheit,** adj., in —, im Falle, le cas échéant, s'il y a lieu.

**Vorladen,** v. a. 7, assigner, citer, appeler en justice, ajourner.

**Vorladung,** f. assignation, citation, ajournement, m.

**Vorlage,** f. (chim.) récipient, m.

**Vorlängst,** adv. depuis longtemps.

**Vorlaß,** m. 2*, mère goutte, f.

**Vorlassen,** v. a. 4, laisser entrer, admettre.

**Vorlassung,** f. admission.

**Vorlauf,** v. Vorlaß.

**Vorlaufen,** v. n. 4 (f.) courir en avant; précéder; devancer; (horl.) avancer; weit —, (cha.) se forlonger.

**Vorläufer,** m. 1, fg. précurseur, avant-coureur; =inn, f. (poés.) avant-courrière du jour.

**Vorläufig,** adj. préalable, préliminaire; provisoire, provisionnel.

**Vorlaut,** adj. inconsidéré; — werden, parler trop haut.

**Vorlegelöffel,** m. 1, grande cuiller, f. [teau de tab'e, m.

**Vorlegemesser,** n. 1, grand couteau de table.

**Vorlegen,** v. a. mettre devant; présenter; proposer; exposer; servir à table.

**Vorlegeschloß,** n. 5*, cadenas, m.

**Vorlegewerk,** n. 2, (horl.) quadrature, f.

**Vorlegung,** f. proposition; représentation d'un acte; rapport, m.

**Vorlesen,** v. a. 1, lire à qn., devant qn.

**Vorleser,** m. 1, lecteur.

**Vorlesung,** f. lecture; leçon publique; démonstration; —en, pl. cours, m.

**Vorletzte,** adj. avant-dernier; (gramm.) pénultième.

**Vorleuchten,** v. n. (h.) éclairer qn.; fg. servir d'exemple.

**Vorlieb,** adv., — nehmen, se contenter (mit, de); agréer qn.

**Vorliebe,** f. prédilection.

**Vorliegen,** v. n. 1 (h.) être mis, couché ou situé devant; se trouver devant.

**Vorliegend,** adj. présent.

**Vorlügen,** v. a. 6, mentir, en conter.

**Vormachen,** v. a. mettre devant; fg. montrer; en faire accroire à qn.

**Vormalen,** v. a. peindre devant qn. pour lui montrer; fg. représenter.

**Vormalig,** adj. précédent, antérieur. [vant.

**Vormals,** adv. autrefois, ci-devant.

**Vormann,** m. 5*, v. Vordermann.

**Vormauer,** f. avant-mur, m.; boulevard; fg. boulevard, barrière, f.

**Vormessen,** v. a. 1, mesurer devant un autre; montrer à mesurer. [matin.

**Vormittag,** m. 2, avant-midi.

**Vormittägig,** adj. d'avant-midi.

**Vormund,** m. 5*, tuteur.

**Vormünderinn,** f. tutrice.

**Vormundschaft,** f. tutelle.

**Vormundschaftlich,** adj. et adv. de tuteur, en tuteur.

**Vorn, Vorne,** adv. devant; par devant; von —, de front; (mus.) da capo.

**Vorname,** m. exc. 2, prénom.

**Vornehm,** adj. grand, principal; considérable; de distinction, de qualité, distingué, apparent, fm. huppé; die —en Leute, le beau monde, grand monde; sehr —, de haut parage, auguste (prince); —ste, principal, capital, cardinal; —t, s. m. chef; der —ste im Dorfe, fm. le coq du village, — thun, trancher du grand seigneur, se donner des airs.

Vornehmen, v. a. 2, mettre devant soi; mettre la main à qch.; fg. entreprendre; mettre qch. sur le chantier; examiner, appeler une cause; sich —, se proposer, compter faire; —, s. n. 1, dessein, m.; entreprise, f.

Vornehmlich, adv. principalement, particulièrement, surtout.

Vorpfeifen, v. n. 5†, siffler à qn.; einem Vogel —, siffler un oiseau.

Vorplaß, m. 2*, vestibule; parvis d'une église.

Vorplaudern, v. a., einem etw. —, entretenir qn. de qch.; jaser, en conter à qn.    [avant-poste.

Vorposten, m. 1, poste avancé.

Vorpredigen, v. a. fm. prêcher, catéchiser, moraliser.

Vorragen, v. n. (h.) avancer.

Vorragend, adj. prééminent, proéminent.

Vorrang, m. 2, pas, rang; préséance, f. prééminence.

Vorrath, m. 2*, provision, f. fonds, m.; (guer.) munitions, f. pl.; mit — versehen, approvisionner.     [vision.

Vorräthig, adj. dont il y a provision.

Vorrathshaus, n. 5*, magasin, m.

Vorrechnen, v. a. calculer en présence de qn.; compter, détailler à qn.

Vorrecht, n. 2, préférence, f. prérogative, liberté, attribution; privilége, m.; préciput; (paum.) avantage.

Vorrede, f. préface.

Vorreiber, m. 1, tourniquet.

Vorreif, adj. prématuré.

Vorreihe, f. premier rang, m.

Vorreihen, m. 1, (dans.) premier rang, branle.

Vorreißer, m. 1, (charp.) traceret, traçoir.

Vorreiten, v. n. 5† (f.) aller à cheval devant qn.; avancer; —, v. a. promener un cheval devant qn.

Vorreiter, m. 1, postillon.

Vorrichten, v. a. avancer une montre; fg. préparer, apprêter.

Vorrichtung, f. préparation, appareil, m.; (chim.) ballon.

Vorriß, m. 2, ébauche, f.; croquis, m. esquisse, f.

Vorrücken, v. a. avancer; approcher; fg. reprocher; —, v. n. (f.) avancer, s'avancer, approcher.

Vorrufen, v. a. 4, appeler.

Vorsaal, m. 2*, antichambre, f.

Vorsagen, v. a. dicter; répéter; amuser, en conter; —, s. n. 1, dictée, f.

Vorsänger, m. 1, chantre.

Vorsaß, m. 2*, résolution, f. dessein, m. intention, f.

---

Vorsäßlich, adj., v. Vorseßlich.

Vorschanze, f. fort avancé, m.

Vorschein, m. 2, zum — kommen, paraître, se montrer; zum — bringen, mettre au jour, produire, présenter.

Vorschieben, v. a. 6, pousser, mettre devant; avancer.

Vorschieber, m. 1, targette, f.

Vorschießen, v. a. 6, pousser impétueusement; avancer de l'argent; —, v. n. (h.) tirer avant un autre; (f.) avancer, déborder; saillir; s'élancer.

Vorschlag, m. 2*, premier coup; (mus.) agrément; fg. proposition, f.; motion; conseil, m.; in — bringen, proposer.

Vorschlagen, v. a. 7, mettre devant; battre la mesure devant qn.; faire entendre une note avant une autre; fg. proposer; présenter; —, v. n. (h.) pencher un peu; fg. prédominer.

Vorschmack, m. 2, goût prédominant; avant-goût.

Vorschmecken, v. n. (h.) dominer.

Vorschneiden, v. a. 5†, couper, trancher; ungeschickt —, fm. charcuter.

Vorschneider, m. 1, qui fait les honneurs à table; écuyer tranchant.

Vorschnell, adj. trop prompt; précipité; —, adv. précipitamment.

Vorschreiben, v. a. 5, faire une exemple d'écriture; fg. prescrire; dicter, ordonner.

Vorschreien, v. n. 5 (h.) crier plus haut que les autres.

Vorschreiten, v. n. 5† (f.) devancer qn. en marchant.

Vorschrift, f. exemple d'écriture; fg. instruction, règle, précepte, m. leçon, f.; formule.

Vorschritt, m. 2, pas en avant, progrès.

Vorschub, m. 2, aide, f.; secours, m.; einem — thun, donner des secours à qn., aider, assister qn.

Vorschuh, m. 2, empeigne, f.

Vorschuhen, v. a. remonter des bottes.     [bourse, m. prêt.

Vorschuß, m. 2*, avance, f. dé-

Vorschütten, v. a. verser, jeter devant.

Vorschützen, v. a. fg. prétexter.

Vorschwaßen, v. n. Vorplaudern.

Vorschweben, v. n. (f.) être devant les yeux; etw. schwebt ihm ein Unglück vor, fg. il est menacé de malheur.

Vorschwimmen, v. n. 2 (f.) devancer à la nage, montrer à qn. à nager.

Vorsegel, n. 1, basse-voile, f.

---

Vorsehen, v. a. 1, prévoir; sich —, prendre garde; se tenir sur ses gardes; vorgesehen, gare!

Vorsehung, f. Providence, Ciel, m.

Vorseßen, v. a. mettre devant; présenter; fg. préposer; établir; sich etw. —, se proposer qch.

Vorseßgitter, n. 1, jalousie (aux fenêtres), f.

Vorseßlich, adj. prémédité; —, adv. de propos délibéré, à dessein, exprès.     [Vorwort.

Vorseßwort, m. 5* (gramm.), v.

*Vorseßn, v. n. (f.) être en avant; fg. comparaître, être interrogé; être discuté; einem —, devancer qn.; da sey Gott vor, à Dieu ne plaise!

Vorsicht, -igkeit, f. précaution; circonspection; prévoyance; prudence, discrétion; providence.

Vorsichtig, adj. prévoyant, circonspect, prudent, discret, avisé; —, adv. (agir) avec circonspection; (aller) bride en main.

Vorsingen, v. a. 3, chanter devant qn.; entonner un chant.

Vorsiß, m. 2, préséance, f. présidence.

*Vorsißen, v. n. (h.) présider.

Vorsißer, m. 1, président.

Vorsorge, f. soin, m. précaution.

Vorspann, m. 2*, relais.     [f.

Vorspannen, v. a. atteler, mettre, fournir des chevaux de relais.

Vorsparen, v. a. épargner, réserver.

Vorspiegeln, v. a. duper par de fausses apparences; faire illusion à qn.     [apparence.

Vorspiegelung, f. illusion; fausse

Vorspiel, n. 2, prélude, m.; (théât.) prologue; première pièce, f.

Vorspielen, v. a. jouer un air à qn.; jouer devant qn.; préluder.

Vorsprechen, v. a. 2, einem etw. —, dire à qn. comment il doit prononcer; —, v. n. (h.), bei einem —, venir voir qn.

Vorspringen, v. n. 3 (h.) devancer qn. en sautant; (f.) saillir, avancer; se forjeter (mur).

Vorsprung, m. 2*, avance, f.; saut en avant, m.; (arch.) avance, f. saillie, encorbellement, m.; der fehlerhafte —, forjet; —, fg. avantage.

Vorstadt, f.*, faubourg, m.

Vorstädter, m. 1, habitant du faubourg.

Vorstand, m. 2*, comparution devant le juge, f.; caution || chef, m. directeur; direction, f.

Vorständer, m. 1, (forest.) baliveau.

**Vorstechen**, v. n. 2 (h.) avancer; saillir; fg. sauter aux yeux; se distinguer; dominer.

**Vorstecken**, v. a. mettre ou ficher devant; fg. établir, proposer un but.  [f.; goupille; cheville.

**Vorstecker**, m. 1, dent de loup,

**Vorstecktheil**, m. 2, clavette, f.

**Vorstecklap**, m. 2, busquière, f.

**Vorstecknagtl**, m. 1*, ficheron, clavette, f.; happe de charrue.

*Vorstehen, v. n. (h.) avancer; déborder; (batt. d'or) désaffleurer; fg. présider, conduire, diriger une affaire; gouverner une maison; exercer une charge; s'acquitter d'un emploi; es steht mir ein Unglück vor, il m'arrivera quelque malheur; ungleich — machen, (arch.) désaffleurer.

**Vorsteher**, m. 1, chef; supérieur; directeur; intendant; gouverneur; président d'une société; modérateur; nasi du sanhédrin; —, pl. (anat.) prostates, m. pl.

**Vorsteherinn**, f. supérieure, directrice, présidente.

**Vorstellen**, v. a. mettre devant; fg. présenter; représenter; figurer; exposer; (théât.) représenter; jouer, faire; sich —, s'imaginer, se figurer; juger.

**Vorstellung**, f. présentation; présentation (aussi théât.); remontrance; exposé, m.; idée, f.

**Vorstellungsvermögen**, n. 1, faculté de se représenter les choses, f.; imagination.

**Vorstich**, m. 2, (taill.) passée, f.; (fond.) première percée.

**Vorstoß**, m. 2*, (arch.) saillie, f. avance; (taill.) passe-poil, m.  [avant-garde.

**Vorstoßen**, v. a. 4, pousser, mettre devant; —, v. n. (f.) saillir; avancer.

**Vorstrecken**, v. a. tendre en avant; fg. avancer, débourser de l'argent.

**Vorstreuen**, v. a. jeter, répandre devant.  [râteau, m.

**Vorstrich**, m. 2, (serr.) dent, f.

**Vorstricken**, v. a. ajouter en tricotant.

**Vorsündfluthig**, adj. antédiluvien.  [f.

**Vortanz**, m. 2*, première danse, f.

**Vortanzen**, v. a. et n. (h.) danser devant qn. pour l'enseigner; devancer qn. en dansant; ouvrir le bal.

**Vortheil**, m. 2, avantage; profit; bénéfice, fruit; utilité, f.; parti, m.; intérêt.

**Vortheilhaft**, adj. avantageux; favorable.

*Vorthun, v. a. mettre devant.

**Vorthüre**, f. contre-porte.

**Vortönen**, v. n. (h.) rendre un

son plus fort, dominer; (mus.) id., avoir du mordant.

**Vortrab**, m. 2, avant-garde, f.

**Vortrag**, m. 2*, exposition, f.; énonciation; élocution; diction, déclamation; action, débit d'un orateur, m.; proposition, f.; rapport, m. référé.

**Vortragen**, v. a. 7, porter devant; fg. exposer, proposer; énoncer; représenter; débiter, déclamer un discours; faire un rapport, référer; (mus.) réciter, exécuter, moduler.

**Vortrefflich**, adj. excellent; admirable, exquis, achevé, bon, beau; ganz —, merveilleux; — seyn, exceller; ganz —, adv. à merveille.

**Vortrefflichkeit**, f. excellence.

**Vortreiben**, v. a. 5, pousser en avant.

**Vortreten**, v. n. 1 (f.) avancer; se présenter; paraître; passer devant; (arch.) avancer, saillir; se forjeter.

**Vortritt**, m. 2, pas; rang.

**Vortuch**, n. 5*, tablier, m. bavotte des enfants, f.

**Vorüben**, v. a. exercer d'avance.

**Vorüber**, adv. — gehen, passer devant, passer; — seyn, être passé.

**Vorübergehend**, adj. fg. éphémère; —, adv. en passant.

**Vorübung**, f. exercice préliminaire, m.

**Vorurtheil**, n. 2, préjugé, m. préoccupation, f. prévention.

**Vorurtheilsfrei**, adj. exempt de préjugé; —, adv. sans prévention.

**Vorweinfenet**, n. 2, (nav.) aubinet, m.  [avant-garde.

**Vorwache**, fém. garde avancée,

**Vorwägen**, v. a., einem etw. —, peser qch. en présence de qn.

**Vorwalten**, v. n. (h.) prédominer.

**Vorwand**, m. 2*, prétexte, excuse, f. allégation.

**Vorwärts**, adv. en avant; sur le devant; — gehen, ꝛc., avancer.

**Vorweg**, adv. en avant; v. Voraus.

**Vorweisen**, v. a. 5, produire, faire vue, représenter; démontrer; (jur.) exhiber qch., faire apparoir de qch.

**Vorweiser**, m. 1, — dieses, porteur de la présente.  [scantation.

**Vorweisung**, f. production, représ-

**Vorwelt**, f. antiquité; nos ancêtres, m. pl.  [léguer.

*Vorwenden, v. a. prétexter, alléguer.

**Vorwerfen**, v. a. 2, jeter devant; fg. reprocher; objecter.

**Vorwert**, n. 2, métairie, f.; (fortif.) avancé.

**Vorwimmern**, v. a., einem etw.

—, se lamenter devant qn., rabattre à qn. les oreilles de ses plaintes.

**Vorwissen**, n. 1, connaissance, f.; ohne mein —, à mon insu.

**Vorwitz**, m. 2, curiosité, f.; indiscrétion; témérité.

**Vorwitzig**, adj. indiscret, curieux; téméraire.

**Vorwort**, n. 5*, (gramm.) préposition, f. || (sans pl.) préface.

**Vorwurf**, m. 2*, reproche, blâme.

**Vorzählen**, v. a. compter qch. en présence de qn.  [marque, f.

**Vorzeichen**, n. 1, présage, m.

**Vorzeichnen**, v. a. dessiner qch. pour modèle; tracer.

**Vorzeigen**, v. a., v. Vorweisen.

**Vorzeiger**, m. 1, celui qui montre; porteur d'une lettre.

**Vorzeigungsbefehl**, m. 2, (jur.) compulsoire.

**Vorzeit**, f. passé, m. temps passé.

**Vorzeiten**, adv. autrefois, jadis.

**Vorziehen**, v. a. 6, tirer devant, en avant; fg. préférer, aimer mieux.  [f.

**Vorzimmer**, n. 1, antichambre,

**Vorzug**, m. 2*, préférence, f.; prérogative; priorité; supériorité, prééminence; avantage, m.; rang; einem einen — geben, (jur.) avantager qn.

**Vorzüglich**, adj. principal, préférable; supérieur; insigne (service); —, adv. principalement, surtout.

**Vorzüglichkeit**, f. supériorité, qualité préférable.

**Vorzugsweise**, adv. par préférence, préférablement; par excellence.

**Votiren**, v. n. (h.) voter.

**Votivgemälde**, n. 1, tableau votif, m.  [frage, m.

**Votum**, n. exc. 1, voix, f. suf-

**Vulcan**, m. 2, volcan.

**Vulcanisch**, adj. volcanique.

## W.

**Waare**, f. marchandise; denrée; die kurze —, quincaillerie; schlechte —, drogue, marchandise de balle; verbotene —, contrebande.

**Waarenballen**, m. 1, balle, f.

**Waarenfaßen**, m. 1*, ferb, m. 2*, banne, f. banneton, m.; malle, f.; der große viereckige ferb, banse.

**Waarenlager**, n. 1, magasin, m.; fonds, assortiment.

**Waarenniederlage**, f. entrepôt, m. dépôt; étape, f.

**Waarenpreis**, m. 2, prix courant.

**Waarenverzeichniß**, n. 2, zettel,

m. 1, facture, f.; — mit ben Prei=
fen, tarif, m.
Waarenzoll, m. 2*; v. Zoll.
Wabe, f. gaufre, rayon (m.), gâteau de miel. [s'éveiller.
Wach, adj. éveillé; — werden,
Wache, f. garde; guet, m.; corps
de garde; sentinelle, f.; veillée
(auprès d'un malade); auf ber
— seyn, être de garde; — stehen,
être en faction; bie — aufführen,
ablösen, monter, relever la garde;
von ber — abziehen, descendre la
garde.
Wachen, v. a. (h.) veiller; fg.
id., se tenir sur ses gardes; —,
s. n. 1, veille, f.; fg. vigilance.
Wachfeuer, m. 1, feu de garde, m.
Wachfrau, f. garde-malade.
Wachfrei, adj. exempt des gar-
des. [lui qui veille, m.
Wachgeld, n. 5, salaire de ce-
Wachhabend, adj. de garde.
Wachhaus, n. 5*, Wachstube, f.
corps de garde, m.; aubette des
sous-officiers, f.
Wachhäuschen, n. 1, guérite, f.
Wachholder, m. 1, genièvre.
Wachholderbaum, m. 2*, gené-
vrier. [genièvre.
Wachholderbeere, f. graine de
Wachholdersaft, m. 2*, rob de
genièvre. [Wachholderbaum.
Wachholderstrauch, m. 2*, voy.
Wachholderwein, m. 2, gené-
vrette, f.
Wachmeister, m. 1, sergent-ma-
jor; maréchal des logis chef.
Wachparade, f. parade.
Wachs, n. 2, cire, f.; — zum
Wichsen, cirure. [en cire, f.
Wachsabdruck, m. 2*, empreinte
Wachsam, adj. vigilant, attentif,
alerte; de bonne garde (chien);
ber —e Mensch, argus, m.
Wachsamkeit, f. vigilance, soin,
m.
Wachsartig, adj. céromineux.
Wachsbaum, m. 2*, cirier.
Wachsbild, n. 5, image de cire, f.
Wachsbleiche, —rei, f. herberie,
blanchisserie.
Wachsbleichen, n. 1, blanchiment
de la cire, m. [de cire.
Wachsbleicher, m. 1, blanchisseur
Wachsblume, f. mélinet, m. cé-
rinthés, f.
Wachsbossirer, m. 1, cirier.
Wachschiff, n. 2, patache, f.
Wachsen, v. n. 7 (f.) croître, vé-
géter, venir; hausser; fg. s'accroître, grandir; s'augmenter; ber
Mond wächst, la lune est en son
croissant; übel gewachsen, contre-
fait, malbâti; —, s. n. 1, croissance, f.; — burch Ansehen, (phys.)
juxtaposition; v. Wachsthum.

Wächsern, adj. de cire.
Wachsfackel, f. flambeau de cire,
m. [cirier.
Wachshändler, m.. 1, marchand
Wachshut, m. 2*, chapeau cou-
vert de toile cirée. [f.
Wachskerze, f. cierge, m. bougie
Wachsklumpen, m. 1, pain de
cire. [biscuit de cire, m.
Wachslampe, f. lampe à cire,
Wachsleinwand, f. toile cirée.
Wachslicht, n. 5, bougie, f.
Wachsmalerei, f. encaustique.
Wachspflaster, n. 1, cérat, m.
Wachssalbe, f. cérat, m. ciroëne.
Wachsscheibe, f. gâteau de cire,
m. [f.
Wachsstock, m. 2*, bougie filée,
Wachsstockschere, f. bougeoir, m.
Wachstafel, f. table cirée.
Wachsthum, m. et n. 5, crois-
sance, f.; végétation des plantes,
fg. augmentation, accroissement,
m.; progrès.
Wachstuch, n. 5*, toile cirée, f.
Wachswärmer, m. 1, chauffe-cire.
Wachszieher, m. 1, cirier.
Wacht, v. Wache. [teau, m.
Wachtel, f. caille; dim. caille-
Wachtelgarn, n. 2, tonnelle, f.
Wachtelhund, m. 2, chien cou-
chant, épagneul. [nêt.
Wachtelkönig, m. 2, râle de ge-
Wachtelpfeife, f. courcaillet, m.
Wachtgeld, v. Wachgeld.
Wächterinn, f. femme de garde,
Wachthurm, x., v. Wachhaus.
Wachtthurm, m. 2*, tour, f.;
beffroi, m.
Wackeln, v. n. (h.) branler, chan-
celer; vaciller; locher (fer de
cheval); — machen, branler, ébran-
ler; —, s. n. 1, branlement, m.
vacillation, f. [lant.
Wackelnb, Wackelig, adj. bran-
Wacker, adj. éveillé; actif, aler-
te; brave; vaillant, courageux;
—, adv. bien, bravement.
Wade, f. gras de la jambe, m.
mollet; bis an bie —, à mi-jambe.
Wadel, m. 1, prcl. queue, f.
Wadl, f. indécl. Wadtland, n.
2, pays de Vaud;
Wadtländer, m. 1, Vaudois;
wadtländisch, adj. vaudois.
Waffe, f. arme; —n, pl. armes;
zu den —n greifen, prendre les ar-
Waffel, f. gaufre. [mes.
Waffelbacker, m. 1, faiseur de
gaufres.
Waffeleisen, n. 1, gaufrier, m.
Waffenbruder, m. 1*, frère d'ar-
mes.
Waffenhändler, m. 1, armurier.
Waffenhaus, n. 5*, arsenal, m.
Waffenplatz, m. 2*, place d'ar-
mes, f.

Waffenrechen, m. 1, crochet d'ar-
mes.
Waffenrock, m. 2*, cotte d'ar-
mes, f. [armure, f.
Waffenrüstung, f. armement, m.;
Waffenschmied, m. 2, armurier.
fourbisseur. [sure, f.
Waffenschmieden, v. n. 1, fourbis-
Waffenstillstand, m. 2*, suspension d'armes, f. trêve, armistice,
m.
Waffenthat, f. fait d'armes, m.
Waffentragen, n. 1, port d'armes, m.
Waffenträger, m. 1, écuyer.
Waffenübung, f. exercices militaires, m. pl.
Waffenwache, f. veille des armes.
Waffnen, v. a. armer, équiper.
Waffnung, fém. armement, m.;
équipement.
Wagamt, n. 5*, bureau de la
balance publique, m.
Wage, f. équilibre, m. || balan-
ce, f.; trébuchet, m.; romaine,
f.; palonnier d'un carrosse, m.;
fg. équilibre; etw. in ber — halten, tenir qch. en équilibre, ba-
lancer qch.; einer S. bie — halten,
contre-balancer qch., fg. égaler
qch. ou qn.; einander bie — halten, se contre-balancer.
Wagebalken, m. 1, fléau.
Wagebrett, n. 5, plateau, m.
Wagehals, masc. 2*, téméraire,
aventurier; fm. casse-cou.
Wagehalter, m. 1, soutien de la
balance.
Wagebändler, m. 1, balancier.
Wagekloben, m. 1, Wagegericht,
n. 2, châsse de la balance, f.
Wägekunst, f.*, statique.
Wagemacher, m. 1, faiseur de
balances. [seur.
Wägemeister, Wäger, m. 1, pe-
Wagen, v. a. hasarder, risquer;
tenter, oser, aventurer; es —,
courir la chance; sich —, se ha-
sarder, s'aventurer; avancer.
Wagen, m. 1*, chariot; voiture,
f.; carrosse, m.; équipage; char;
—voll, charretée, f.
Wägen, v. a. (qqfois 6) peser;
fg. id., balancer.
Wagenachse, f. essieu, m.
Wagenbaum, m. 2*, flèche (f.),
brancard (m.) du chariot.
Wagenburg, f. (guer.) barricade,
rempart (m.) de chariots.
Wagendach, n. banne, impériale.
Wagengeleise, n. 1, ornière, f.
Wagengeschirr, n. 2, harnais, m.
attelage. [chartil.
Wagengestell, n. 2, train, m.
Wagenhaus, n. 5*, remise, f.
hangar, m. chartil.

Wagenforb, *m.* 2°, banne, *f.*
Wagenleiter, *f.* ridelle.
Wagenmeifter, *m.* 1, vaguemes- [harnais, *m.*
tre.
Wagenpferd, *n.* 2, cheval de
Wagenrennen, *n.* 1, course de
chars, *f.*
Wagenfalbe, Wagenfhmiere, *f.*
vieux oing, *m.* graisse, *f.;* die
dide —, cambouis, *m.*
Wagenfhoppen, *m.* 1, *v.* Wagen=
haus.
Wagenwinde, *f.* cric, *m.*
Wagereht, *adj. et adv.* de ni-
veau, à plomb; —, *adj.* horizon-
tal; — mahen, niveler, affleurer.
Wagefhale, *f.* bassin, *m.* balan-
ce, *f.*
Wageftäbhen, *n.* 1, guignole, *f.*
Wageftüd, *n.* 2, coup hasardeux,
*m.* coup de main.
Wagejünglein, *n.* 1, languette, *f.*
Wagner, *m.* 1, charron.
Wagnerarbeit, *f.* charronnage, *m.*
Wagnerhols, *n.* 5°, bois de char-
ronnage, *m.*
Wahl, *f.* choix, *m.;* élection,
*f.;* — jwifhen jwei Dingen, op-
tion, alternative; — durh Ku=
grln, ballottage, *m.*
Wahlamt, *n.* 5°, charge élective.
Wählbar, *adj.* éligible. [*f.*
Wahlkapitulation, *f.* capitulation
de l'empereur d'Allemagne.
Wählen, *v. a.* choisir; opter;
élire qn.; durh Kugeln —, bal-
lotter. [élit.
Wähler, *m.* 1, celui qui choisit,
Wahlerbe, *m.* 3, héritier testa-
mentaire.
Wahlfähig, *adj.* éligible.
Wahlfähigkeit, *f.* éligibilité.
Wahlherr, *m.* 3, électeur.
Wahlkönig, *m.* 2, roi électif.
Wahlkugel, *f.* ballotte.
Wahlmann, *m.* 5°, électeur.
Wahlreht, *n.* 2, droit de suf-
frage, *m.* [tif, *m.*
Wahlreih, *n.* 2, royaume élec-
Wahlfpruh, *m.* 2°, devise, *f.*
Wahlftatt, *f.*°, champ de batail-
le, *m.* [*m.*
Wahlftimme, *f.* voix, suffrage,
Wahltag, *m.* 2, jour fixé pour
l'élection.
Wahlverfammlung, *f.* assemblée
électorale.
Wahlvertrog, *m.* 2°, *ol.* pacta
conventa *en Pologne, m. pl.*
Wahlverwandtfhaft, *fém.* affinité
élective. [tin.
Wahljettel, *m.* 1, billet; bulle-
Wahljeuge, *m.* 3, scrutateur.
Wahn, *m.* 2, opinion, *f.;* pré-
somption; erreur, illusion.
Wähnen, *v. n.* (h.) présumer;
s'imaginer, croire faussement.

Wahnglaube, *m. exc.* 2, foi erronée, *f.*
Wahnfante, *f.* (*charp.*) flache.
Wahnfantig, *adj.* flacheux.
Wahnfinn, Wahnwih, *m.* 2, démence, *f.* aliénation mentale,
frénésie, délire, *m.*
Wahnfinnig, =wihig, *adj.* insensé, aliéné, frénétique, maniaque;
fou, délirant.
Wahr, *adj.* vrai, véritable; certain; sincère; der —t Tropf, le
franc sot; fo — ih tin ehrliher
Mann bin, foi d'honnête homme;
— finden, admettre, constater;
als — beweifen, avérer, prouver.
Wahren, *v. a.* garder; conserver.
Währen, *v. n.* (h.) durer.
Während, *adj.* durant, qui est
de durée; —, *prép.* pendant,
durant.
Wahrhaft, Wahrhaftig, *adj.* véritable, vrai, véridique; —, *adv.*
vraiment, effectivement, en effet;
en conscience.
Wahrhaftigkeit, *f.* véracité.
Wahrheit, *f.* vérité; die einleuh=
tende —, évidence. [ment.
Wahrlih, *adv.* en vérité, vrai-
Wärmann, *m.* 5°, garant.
Wahrnehmen, *v. a.* 2 (wahr *sépa-*
*rable*), apercevoir, observer, remarquer.
Wahrnehmung, *f.* observation.
Wahrfagen, *v. a.* deviner, dire
la bonne aventure.
Wahrfager, *m.* 1, =inn, *f.* devin,
*m.* -eresse, *f.* diseur (*m.*), -se (*f.*)
de bonne aventure; (*ant.*) augure,
*m.* aruspice.
Wahrfagerei, *f.* Wahrfagerkunft,
*f.*°, divination, art divinatoire,
*m.*
Wahrfagergeift, *m.* 5, esprit de
divination, esprit prophétique.
Wahrfagerftab, *m.* 2°, (*ant.*) bâ-
ton augural.
Wahrfagung, *f.* 1, =, Wahrfagerei;
— aus dem Vogelflug, augure, *m.*
Wahrfhaft, *f.* caution, garantie.
Wahrfheinlih, *adj.* vraisembla-
ble; probable, apparent.
Wahrfheinlihkeit, *fém.* vraisem-
blance; probabilité, apparence.
Währung, *f.* (*comm.*) valeur ||
*v.* Dauer.
Währwolf, *m.* 2, loup-garou.
Wahrjeihen, *n.* 1, signe, *m.*
marque caractéristique, *f.*
Waib, *m.* 2, guède, *f.* pastel, *m.*
Waibafche, *f.* vaidasse, védasse.
Waide, *f.* pâturage, *m.; v.* Weide.
Waidfuhen, *m.* 1, cocagne, *f.*
Waife, *m.* 3 *et f.* orphelin, *m.*
-e, *f.* [orphelins, *m.*
Waifenhaus, *n.* 5°, maison des
Waijen, x., *v.* Weijen, x.

Wake, *f.* caillou, *m.*
Wald, m. 5°, Waldung, *f.* forêt,
bois, *m.*
Waldbiene, *f.* abeille sauvage.
Waldblume, *f.* fleur sauvage.
Waldbrand, *m.* 2°, incendie d'un
bois.
Waldbruder, *m.* 1°, ermite.
Wäldhen, *n.* 1, bois, *m.* bo-
cage. [origan commun, *m.*
Waldbofte, *f.* marjolaine sauvage,
Waldenfer, *m.* 1, Vaudois (*secte*
*relig.*).
Waldefhe, *f.* érable blanc, *m.*
sycomore. [onagre.
Waldefel, *m.* 1, âne sauvage,
Waldeule, *f.* hulotte.
Waldfenhel, *m.* 1, fenouil des bois.
Waldfrevel, *m.* 1, délit forestier.
Waldglöchen, *n.* 1, campanelle,
*f.*
Waldgott, *m.* 5°, faune; satyre.
Waldgras, *n.* 5°, laiche des bois,
*f.* [re.
Waldhahn, *m.* 2°, coq de bruyè-
Waldhammer, *m.* 1°, marteau
à layer. [*m.*
Waldhorn, *n.* 5°, cor de chasse,
Waldhornift, *m.* 3, Waldhornblä=
fer, *m.* 1, sonneur de cor.
Waldhuhn, *n.* 5°, gélinotte des
bois, *f.*
Waldhüter, *m.* 1, garde-forêt.
Waldig, *adj.* couvert de bois,
boisé, fourré (*pays*).
Waldkirfhbaum, *m.* 2°, merisier.
Waldkirfhe, *f.* merise.
Waldmann, *m.* 5°, homme sau-
vage. [paisson.
Waldmaft, *f.* glandée *des porcs*;
Waldmeifter, *m.* 1, gruyer.
Waldmenfh, *m.* 3, orang-outang,
homme des bois.
Waldnahtfhatten, *m.* 2, bella-
dona *ou* belladone, *f.* [*m.*
Waldnelke, *f.* œillet de poëte,
Waldmeffel, *f.* ortie morte à fleurs
jaunes. [dryade, napée.
Waldnymphe, *f.* dryade, hama-
Waldordnung, *fém.* ordonnance
forestière.
Waldpappel, *f.* grande mauve.
Waldrauh, *m.* 1, encens de
Thuringe (*résine*). [aux gueux.
Waldrebe, *f.* clématite, herbe
Waldreht, *n.* 2, droit d'usage, *m.*
Waldrehten, *v. a.* ébaucher un
arbre.
Waldfhau, *f.* récolement, *m.*
Waldfpah, *m. exc.* 1, friquet.
Waldftadt, *f.*°, ville forestière.
Waldteufel, *m.* 1, mandrill (*sin-*
*ge*).
Waldung, *f.* forêt. [bois.
Waldvogel, *m.* 1°, oiseau des
Waldweide, *f.* paisson. [bois.
Waldjeihen, *n.* 1, martelage, *m.*
Walen, Wälgen, Walgern, *v. a.*

*prvcl.* rouler qch, entre les mains; étendre avec un rouleau.

**Wälgerholz,** *n.* 5*, (*cuis.*) rouleau, *m.* [foulure, batterie.

**Walke,** *f.* foulage, *m.* foule, *f.*

**Walken,** *v. a.* fouler; (*chap.*) *id.,* marcher; —, *s. n.* 1, *v.* Walke.

**Walker, Walkmüller,** *m.* 1, foulon. [molle, terre cimolée.

**Walkererde,** *f.* terre à foulon, ci-

**Walkfaß,** *n.* 5*, fouloire, *f.*

**Walkmühle,** *f.* moulin à foulon,

**Walktafel,** *f.* fouloire. [*m.*

**Wall,** *m.* 2*, (*cuis.*) bouillon; einen — thun lassen, faire parbouillir.

**Wall,** *m.* 2*, rempart. [lir.

**Wallabsatz,** *m.* 2*, berme, *f.*

**Wallach,** *m.* 3, hongre; der englische —, guilledin.

**Wallach,** *m.* 3, Valaque; Wallachisch, *adj.* valaque.

**Wallachei,** *f.* Valachie.

**Wallachen,** *v. a.* hongrer, châtrer, couper; — durch Verdrehung der Hoden, bistourner.

**Wallbruch,** *m.* 2*, brèche, *f.*

**Wallbruder,** *m.* 1*, *v.* Pilger.

**Wallen,** *v. n.* (*h.*) bouillir, bouillonner, ondoyer, onduler, flotter (*drapeau*) || aller à pied; voyager, aller en pèlerinage; auf Erden vivre; das Herz wallet mir, j'ai le cœur gros.

**Wällen,** *v. a.* faire bouillir.

**Wallend,** *adj.* bouillant, bouillonnant, ondoyant, flottant; die —e Bewegung, fluctuation, *f.*

**Waller,** *m.* 1, voyageur, pèlerin.

**Wallfahrt,** *f.* pèlerinage, *m.*

**Wallfahrten,** *v. n.* (*f.*) aller en pèlerinage, faire un pèlerinage.

**Wallfahrter, Wallfahrer,** *m.* 1, =inn, *f.* pèlerin, *m.* -e, *f.*

**Wallfisch,** *m.* 2, baleine, *f.*; der junge —, baleineau, *m.*

**Wallfischartig,** *adj.* cétacé.

**Wallfischbarten,** *pl.* fanons de la baleine, *m. pl.* [baleine, *f.*

**Wallfischfang,** *m.* 2*, pêche de la

**Wallfischfänger,** *m.* 1, baleinier.

**Wallfischthran,** *m.* 2, huile de baleine, *f.*

**Wallgräber,** *m.* 1, terrassier.

**Wallis,** *n.* pays de Galles, *m.*

**Walliserland,** *n.* 2, Valais, *m.*

**Wallkeller,** *m.* 1, casemate, *f.*

**Wallnuß,** *x., v.* Nuß, *x.*

**Wallrath,** *m.* 2, blanc de baleine, *f.*

**Wallroß,** *m.* 2, vache marine, *f.*

**Wallung,** *f.* bouillonnement, *m.* ébullition, *f.*; (*méd.*) orgasme des humeurs, *m.*; *fg.* émotion, *f.*

**Wallwurz,** *f.* oreille d'âne.

**Walm,** *m.* 2, croupe de comble, *f.* [arc de cloître, *f.*

**Walmgewölbe,** *n.* 1, voûte en

**Walpurgis,** *n. pr. f.* Vaubourg.

**Walpurgisnacht,** *f.*, sabbat des sorciers, *m.*

**Wälsch,** *adj.* italien; die —e Schweiz, la partie de la Suisse où l'on parle français.

**Wälsche,** *m.* 3, Italien, Velche, Français.

**Wälschen,** *v. n.* (*h.*) baragouiner.

**Wälschkorn,** *n.* 5*, blé de Turquie, *m.* maïs.

**Wälschland,** *n.* 2, Italie, *f.*

**Walten,** *v. n.* (*h.*) gouverner, dominer; régner; disposer (über, de).

**Walther,** *n. pr. m.* Gautier.

**Walze,** *f.* rouleau, *m.* cylindre; (*manuf.*) calandre, *f.*

**Walzen,** *v. a.* rouler; calandrer; —, *v. n.* (*h.*) valser, danser une allemande; —, *s. n.* 1, roulement, *m.* || valse, *f.*

**Wälzen,** *v. a.* rouler; faire rouler; sich —, se rouler, se vautrer; *fg.* die Schuld von sich —, se disculper; die Schuld auf einen andern —, rejeter la faute sur un autre.

**Walzenförmig,** *adj.* cylindrique.

**Walzenlinie,** *f.* (*arch.*) volute.

**Walzenschnecke,** *f.* volute.

**Walzer,** *m.* 1, valse, *f.* allemande.

**Wamme, Wampe,** *f.* ventre, *m.* panse, *f.*; fanon du bœuf, *m.*; hampe du cerf, *f.*

**Wamms,** *m.* 5*, pourpoint, *m.* gilet; corset; camisole, *f.*; jaque; — ohne Aermel, colletin, *m.*

**Wämmschen,** *n.* 1, jaquette, *f.* brassières, *pl.* [ler.

**Wammsen,** *v. a. fm.* rosser, étril-

**Wand,** *f.*, mur, *m.* muraille, *f.* paroi; (*min.*) roche; (*mar.*) haubans, *m. pl.*; (*théât.*) coulisses, *f. pl.*; die spanische —, paravent, *m.*

**Wandel,** *m.* 1, marche, *f.*; vie, conduite; der Handel und —, commerce, *m.* industrie, *f.*; in Handel und —, dans le commerce de la vie; ohne —, immuable, *f.*; sans défaut, sans tache.

**Wandelbar,** *adj.* changeant; variable; altérable, inconstant.

**Wandelbarkeit,** *f.* inconstance; instabilité; mobilité.

**Wandeln,** *v. n.* (*h.*) marcher, cheminer; *fg.* marcher; se conduire; —, *v. a.* changer.

**Wandelstern,** *m.* 2, planète, *f.*

**Wanderer,** *m.* 1, voyageur, passant.

**Wanderjahr,** *n.* 2, année de voyage d'un compagnon, *f.*; —e, *pl.* années de pèlerinage, *f. pl.*

**Wandern,** *v. n.* (*f.*) voyager, aller; marcher, passer.

**Wandernd,** *adj.* ambulant.

**Wanderschaft,** *f.* voyage, *m.*; tour; *fg.* course, *f.*; carrière.

**Wanderstab,** *m.* 2, bâton; bourdon de pèlerin.

**Wanderung,** *f.* migration.

**Wandflechte,** *f.* lichen de murailles, *m.*

**Wandhaken,** *m.* 1, crochet, mantonnet.

**Wandkalender,** *m.* 1, almanach de cabinet.

**Wandkasten,** *m.* 1, armoire pratiquée dans le mur, *f.*

**Wandlaus,** *f.*, punaise.

**Wandleuchter,** *m.* 1, plaque, *f.*; lustre, *m.*

**Wandlung,** *f.* (*théol.*) transsubstantiation, changement, *m.* transformation, *f.*

**Wandsäule,** *f.* demi-colonne.

**Wanduhr,** *f.* pendule.

**Wange,** *f.* joue; (*mar.*) clamp, *m.* gaburon; —n, *pl.* jumelles d'une presse, d'un pressoir, *f. pl.*; (*vitr.*) bajoues.

**Wankelmuth,** *m.* 2, inconstance, *f.*; irrésolution; légèreté, mobilité.

**Wankelmüthig,** *adj.* inconstant, irrésolu; léger; volage; variable, mobile.

**Wanken,** *v. n.* (*h.*) chanceler, vaciller; *fg.* id., balancer, hésiter, mollir; (*mar.*) tanguer; —, *s. n.* 1, chancellement, *m.*; vacillation, *f.*; hésitation; (*mar.*) tangage, *m.* [solu.

**Wankend,** *adj.* chancelant; irré-

**Wann,** *adv.* quand, lorsque.

**Wanne,** *f.* van, *m.*; cuve, *f.*

**Wannen,** *v. a.* vanner.

**Wannen (von),** *adv. vi.* d'où.

**Wannenmacher,** *m.* 1, vannier.

**Wannenweihe,** *m.* 3, émouchet, crécerelle, *f.*

**Wanst,** *m.* 2*, *fm.* panse, *f.* gros ventre, *m.* bedaine, *f.*; ol. ventre, *m.* bas-ventre.

**Wanze,** *f.* punaise.

**Wappen,** *n.* 1, armes, *f. pl.* armoiries; — flechen, malen, armorier; zu — gehörig, armorial.

**Wappenausleger,** =erklärer, *m.* 1, =kundige, =verständige, *m.* 3, armoriste. [ries.

**Wappenbinde,** *f.* bande d'armoi-

**Wappenbuch,** *n.* 5*, armorial, *m.*

**Wappenfeld,** *n.* 5, quartier, *m.*

**Wappenhalter,** *m.* 1, tenant.

**Wappenherold,** *m.* 2, héraut d'armes.

**Wappenkönig,** *m.* 2, roi d'armes.

**Wappenkunst,** *f.*, =kunde, *f.* blason, *m.*

**Wappenlehre,** *f.* héraldique.

**Wappenmacher,** *m.* 1, armoriste.

**Wappenmantel,** *m.* 1*, manteau armorié; pavillon.

**Wappenschild,** m. 2, écu; écusson, blason; panonceau sur un poteau. [d'armoiries.

**Wappenschneider,** m. 1, graveur

**Wappenzierde,** f. ornement ou accompagnement de l'écusson, m.

**Wappnen,** v. a. armer.

**Wardein,** m. 2, essayeur.

**Wardiren,** v. a. essayer.

**Warlich,** adv., v. **Wahrlich.**

**Warm\*,** adj. chaud; fg. id., ardent, animé; —e Bäder, n. pl. des bains chauds, m. pl.; des eaux thermales, f. pl.; — machen, chauffer; échauffer; — werden, chauffer; fg. s'échauffer; s'animer; wieder — und gelenk werden, se dégourdir.

**Wärmbecken,** n. 1, bassinoire, f.

**Wärme,** f. chaud, m.; chaleur, f.; fg. chaleur, ardeur. [tre.

**Wärmemesser,** m. 1, thermomè-

**Wärmen,** v. a. et n. (h.) chauffer, échauffer; wieder —, réchauffer.

**Wärmestoff,** m. 2, calorique.

**Wärmford,** m. 2\*, chauffe-linge, chauffe-chemise.

**Wärmpfanne,** fém. bassinoire; chauffe-pied, m. chaufferette, f.; mit der — wärmen, bassiner.

**Wärmplatz,** m. 2\*, (théât.) foyer.

**Wärmstube,** f. chauffoir, m.

**Wärmung,** f. caléfaction.

**Warnen,** v. a. avertir; prévenir, donner l'éveil à qn.

**Warnung,** f. avertissement, m. avis.

**Warschau,** Varsovie (ville).

**Warte,** f. échauguette, guérite; tour, beffroi, m.

**Warten,** v. n. (h.) attendre (auf einen, après qn.); lang und sehend —, fm. faire le pied de grue; vergeblich —, se morfondre; —, v. a. soigner; garder; panser un cheval; seines Amtes —, s'acquitter de sa charge; —, s. n. 1, attente, f.

**Wärter,** m. 1, -inn, f. garde, m. et f. bonne d'enfants, f.; (hôpital) infirmier, m. -ère, f.

**Wartgeld,** n. 5, pension, f.

**Wartstein,** m. 2, pierre d'attente, f. [f.; pansement, m.

**Wartung,** f. soin, m.; garde, f.

**Warum,** adv. pourquoi.

**Warze,** f. verrue; mamelon, m.

**Warzenförmig,** adj. mamillaire, mamelonné. [aréole, f.

**Warzenzirkel,** m. 1 (auf der Brust),

**Warzig,** adj. plein de verrues.

**Was,** pron. que; ce que; ce qui; lequel, laquelle; was für, quel quelle; — (wie, warum) quoi; (etwas) quelque chose; ti was! bah!

**Waschbank,** f.\*, banc à laver, m.; (drap.) dégraissoir.

**Waschbecken,** n. 1, lave-main, m. lavoir, cuvette, f.

**Waschbläuel,** m. 1, brett, n. 5, batte, f. battoir, m.

**Waschbütte,** f., v. **Waschfaß.**

**Wäsche,** f. lessive; blanchissage, m.; linge.

**Waschen,** v. a. 7, laver; blanchir, lessiver; écurer la vaisselle; rincer la bouche, etc.; —, v. n. (h.) pop. babiller, caqueter, jaser, bavarder; —, s. n. 1, lavage, m. blanchissage; lavure, f.; (égl.) lavement des pieds, m. ablution, f.; (peint.) lavis, m.

**Wäscher,** m. 1, -inn, f. **Waschfrau,** blanchisseur, m. -se, f. laveur, m. -se, f. lavandière.

**Waschherbe,** f. cimolie.

**Wäscherei,** fém. blanchisserie, buanderie; fg. babil, m. caquet.

**Wäscherlohn,** m. 2, blanchissage.

**Waschfaß,** n. 5\*, cuvier, m.

**Waschgold,** n. 2, or de rivière, m. [vard.

**Waschhaft,** adj. babillard, ba-

**Waschhaftigkeit,** f. loquacité.

**Waschhaus,** n. 5\*, buanderie, f. blanchisserie.

**Waschkammer,** f. lingerie.

**Waschkessel,** m. 1, chaudière, f.

**Waschklammer,** f. fichoir, m.

**Waschkorb,** m. 2\*, manne, f.

**Waschkübel,** m. 1, huber, m. 1, huse, f. cuvier, m.; cuve, f.

**Waschlappen,** m. 1, lavette, f.

**Waschmaul,** n. 5\* babillard, m. bavard, -e, f. [roi.

**Waschmeister,** m. 1, lavandier du

**Waschmittel,** n. 1, (méd.) lotion, f.

**Waschplatz,** m. 2\*, lavoir, f.

**Waschtrog,** m. 2\*, baquet.

**Waschzettel,** m. 1, mémoire du linge blanchi ou à blanchir.

**Wasen,** m. 1 (v. Rasen), gazon.

**Wasenmeister,** m. 1, maitre des basses œuvres. [gnes.

**Wasgau,** Vosges, f. pl. (monta-

**Wasser,** n. 1, eau, f.; frisches — einnehmen, (mar.) faire de l'eau, faire aiguade; das niedrige —, la basse marée; im — wachsend, lebend, aquatique; das gebrannte —, eau distillée, liqueur; wohlriechende —, eau de senteur; das — abschlagen, faire de l'eau, lâcher l'eau; fg. zu — werden, s'évanouir, se réduire à rien; — auf seine Mühle, une corde à son arc.

**Wasserdampfer,** m. 1, parelle, f. patience des marais.

**Wasserbau,** m. 2, construction dans l'eau, f. [hydraulique.

**Wasserbaukunst,** f.\*, architecture

**Wasserbecken,** n. 1, bassin, m., v. **Waschbecken.** [bassin.

**Wasserbehälter,** m. 1, réservoir,

**Wasserbeschreiber,** m. 1, hydrographe; beschreibung, f. hydrographie.

**Wasserbirn,** f. mouille-bouche.

**Wasserblase,** f. cloche; bulle; vessie, ampoule, bouteille.

**Wasserblattern,** pl. petite vérole volante, f. [turquin.

**Wasserblau,** adj. bleu de mer,

**Wasserblei,** n. 2, plomb de mine, m. plombagine, f. molybdène, m.

**Wasserblume,** f. fleur aquatique.

**Wasserbrei,** m. 2, bouillie à l'eau, f.

**Wasserbrenner,** m. 2, distillateur.

**Wasserbruch,** m. 2\*, hydrocèle, f.

**Wasserbrubel,** m. 1, bouillon.

**Wasserbrunnen,** m. 1, puits.

**Wassercur,** f. eaux minérales, etc., pl.; (nouv.) hydrothérapie.

**Wasserdamm,** m. 2\*, digue, f.

**Wasserdicht,** adj. imperméable.

**Wassereimer,** m. 1, seau à l'eau, godet. [droscopie.

**Wasserentdeckungskunst,** f.\*, hy-

**Wassereppich,** m. 2, berle, f.

**Wasserfaden,** m. 1\*, filet d'eau.

**Wasserfahrt,** f. promenade en bateau.

**Wasserfall,** m. 2\*, cascade, f. chute d'eau; cataracte; der breite —, nappe d'eau.

**Wasserfang,** m. 2\*, citerne, f.

**Wasserfarbe,** f. détrempe; mit —n, (peindre) en gouache; —n gemälde, n. 1, aquarelle, f.; —n malerei, f. gouache.

**Wasserfaß,** n. 5\*, tonneau, m.; baquet.

**Wasserfeuer,** n. 1, feu grégeois, m.

**Wasserfläche,** fém. superficie de l'eau.

**Wasserflasche,** f. bouteille à l'eau.

**Wasserfleischbruch,** m. 2\*, hydrosarque, f.

**Wasserfluth,** f. inondation, cataclysme, m.

**Wasserfracht,** f. fret, m.

**Wassergalle,** f. fondrière; faux arc-en-ciel, m.

**Wassergang,** m. 2\*, canal, biez.

**Wassergefäß,** n. 2, vaisseau lymphatique, m. (méd.).

**Wassergeflügel,** n. 1, oiseaux aquatiques, m. pl. sauvagine, f.

**Wassergeist,** m. 5, ondin, -e, f.

**Wassergeschwulst,** f.\*, œdème, m.

**Wassergewand,** n. 5\*, (sculpt.) draperie transparente, f.

**Wassergleich,** adj. à fleur d'eau, de ou à niveau.

**Wassergöttinn,** f. naïade, f.

**Wassergraben,** m. 1\*, canal,

fossé, conduit; saignée *dans un pré*, *f.*; — in einem trockenen Graben, (*fortif.*) cunette.

Wasserguß, *m.* 2*, ondée, *f.* giboulée. [nouillette, *f.*

Wasserhahnenfuß, *m.* 2*, gre-

Wasserhanf, *m.* 2, eupatoire.

Wasserhart, *adj.* à demi sec.

Wasserhelunder, *m.* 1, aubier.

Wasserhose, *f.* trombe, siphon, *m.* échillon (*au Levant*).

Wasserhuhn, *n.* 5*, foulque, *f.*; das gemeine —, judelle.

Wasserhund, *m.* 2, canard.

Wässericht, *adj.* humide; *fg.* insipide, fade; einem den Mund — machen, faire venir l'eau à la bouche à qn.; das —t Zeug, lavage, *m.* [séreux.

Wässerig, *adj.* aqueux; (*du sang*)

Wässerigkeit, *f.* qualité aqueuse, sérosité *du sang*. [secte).

Wasserjungfer, *f.* demoiselle (*in-*

Wasserkanne, *f.* aiguière.

Wasserkasten, *m.* 1*, citerne, *f.*; (*sal.*) baissoir, *m.*

Wasserkitt, *m.* 2, ciment qui tient contre l'eau. [*f.*

Wasserkolben, *m.* 1, masse d'eau.

Wasserkopf, *m.* 2*, hydrocéphale, *f.* [mique.

Wasserkraftlehre, *f.* hydrodyna-

Wasserkraut, *n.* 5*, jarre, *f.*

Wasserkresse, *f.* cresson d'eau, *m.*

Wasserkrug, *m.* 2*, cruche à l'eau, *f.* jarre. [baquet, *m.*

Wasserkübel, *m.* 1, cuvette, *f.*

Wasserkunst, *f.*, hydraulique; jet d'eau, *m.*; fontaine, *f.*; machine hydraulique.

Wasserkürbiß, *m.* 2, citrouille aquatique, *f.*

Wasserlehre, *f.* hydrologie.

Wasserleitung, *f.* aqueduc, *m.*

Wasserleitungskunst, *f.*, hydraulique. [des marais.

Wasserlilie, *f.* iris (*m.*), glaïeul

Wasserlinie, *f.* (*nav.*) flottaison.

Wasserlinse, *fém.* lentille d'eau, lemma, *m.*

Wasserloch, *n.* 5*, trou rempli d'eau, *m.* gour, puisard, égout.

Wassermalerei, *f.* gouache, peinture en détrempe.

Wassermangel, *m.* 1*, disette d'eau, *f.*

Wassermann, *m.* 5*, (*astr.*) verseau. [draulique.

Wassermaschine, *f.* machine hy-

Wassermaß, *n.* 2, jauge d'eau, *f.*

Wassermaus, *f.*, rat d'eau, *m.*

Wassermelone, *f.* melon d'eau, *m.*

Wassermesser, *m.* 1, hydromètre.

Wassermeßkunst, *f.*, hydrométrie.

Wassermühle, *f.* moulin à eau, *m.*

Wässern, *v. a.* arroser; humecter; mouiller; tremper; baigner;

dessaler *du poisson*; onder *une étoffe*; —, *s. n.* 1, arrosage, *m.*

Wassernuß, *f.*, mâcle, châtaigne d'eau; die schwimmende —, la tribule aquatique.

Wassernymphe, *f.* naïade.

Wasserochs, *m.* 3, hippopotame.

Wasserorgel, *f.* orgue hydraulique, *m.* [*adv.* à fleur d'eau.

Wasservoß, *m.* 2, niveau; —,

Wasserperle, *f.* perle fausse.

Wasserpfahl, *m.* 2*, pilotis, pieu enfoncé dans l'eau.

Wasserpfanne, *f.* puisoir, *m.*

Wasserpfeffer, *m.* 1, poivre d'eau.

Wasserpflanze, *f.* plante aquatique *ou* aquatile.

Wasserplatz, *m.* 2*, aiguade, *f.*

Wasserpocken, *pl.*, *v.* Wasserblattern. [que.

Wasserpresse, *f.* presse hydrauli-

Wasserprobe, *f.* pèse-liqueur, *m.*; *ol.* épreuve de l'eau froide, *f.*

Wasserpumpe, *f.* pompe aspirante. [sous l'eau.

Wasserrakete, *f.* fusée qui brûle

Wasserrecht, *adj. et adv.* au niveau. [eau.

Wasserreich, *adj.* abondant en

Wasserreis, *n.* 5, branche gourmande, *f.* faux-bois, *m.*

Wasserrinne, *f.* gouttière.

Wasserröhre, *f.* tuyau, *m.* canal.

Wasserrübe, *f.* rave commune.

Wassersack, *m.* 2*, réservoir *d'une pipe*.

Wasserschaden, *m.* 1*, dégât causé par l'eau; (*comm.*) avarie, *f.*

Wasserschauer, *m.* 1, hydroscope.

Wasserschaufel, *f.* écope; (*hydr.*) hollandaise, aileron, *m.*

Wasserscheu, *adj.* hydrophobe.

Wasserscheu, *f.* hydrophobie.

Wasserschierling, *m.* 2, ciguë aquatique, *f.* cicutaire.

Wasserschlange, *f.* serpent aquatique, *m.*; (*astr.*) hydre, *f.*; (*mar.*) manche à eau.

Wasserschlund, *m.* 2*, gouffre, abîme.

Wasserschnecke, *f.* coquille; (*hydr.*) vis d'Archimède, limace.

Wasserschnepfe, *f.* bécassine.

Wasserscheß, *m.* 2, *v.* Wasserreis.

Wasserschraube, *v.* Wasserschnecke (*hydr.*).

Wasserschwalbe, *f.* martinet, *m.*

Wasserschwein, *n.* 2, capivert *du Brésil*, *m.*

Wassersnoth, *f.*, inondation, dégât causé par l'eau, *m.*

Wasserspiegel, *m.* 1, miroir, niveau, surface (*f.*) de l'eau.

Wasserspritze, *v.* Feuerspritze.

Wasserstand, *m.* 2*, hauteur de l'eau, *f.*

Wasserständer, *m.* 1, cuvier.

Wasserstein, *m.* 2, évier, lavoir.

Wasserstoff, *m.* 2, hydrogène.

Wasserstoffartig, *adj.* hydrogéné.

Wasserstoffgas, *n.* 2, gaz hydrogène, *m.* [d'eau.

Wasserstrahl, *m. exc.* 1, jet

Wasserstreifig, *adj.* pâteux (*pain*).

Wassersucht, *f.* hydropisie.

Wassersüchtig, *adj.* hydropique.

Wassersuppe, *f.* soupe à l'eau.

Wasserthier, *n.* 2, animal aquatique, *m.*

Wassertreibend, *adj.* hydragogue.

Wassertreter, *m.* 1, celui qui se soutient sur l'eau en battant des pieds.

Wassertrinker, *m.* 1, buveur d'eau.

Wassertrog, *m.* 2*, auge, *f.*; abreuvoir, *m.* [cope, *m.*

Wasseruhr, *f.* clepsydre, hydros-

Wässerung, *f.* arrosement, *m.* irrigation, *f.*

Wässerungsgraben, *m.* 1*, canal d'irrigation, arrosage. [tique.

Wasservogel, *m.* 1*, oiseau aqua-

Wasserwage, *fém.* niveau, *m.*; (*phys.*) aréomètre; mit der — abmessen, nach der — ebenen, niveler.

Wasserwägekunst, *f.*, hydrostatique.

Wasserweide, *f.* osier, *m.*

Wasserwelle, *f.* vague, flot, *m.*

Wasserwerk, *n.* 2, machine hydraulique, *f.* jet d'eau, *m.* fontaine, *f.*; —t, *pl.* (*méc.*) artifices, *m. pl.* [d'eau.

Wasserwirbel, *m.* 1, tournant

Wasserwoge, *f.* vague, flot, *m.*

Wasserzuber, *m.* 1, cuve, *f.* baquet, *m.*

Waßlenheim, Wasselonne (*ville*).

Wate, *f.* traîneau, *m.* chalon, grand filet de pêcheur.

Waten, *v. n.* (*f.*) passer à gué; im Koth —, patrouiller dans la boue.

Watscheln, *v. n.* (*h. et f.*) caneter.

Watte, *f.* ouate; mit — füttern, wattiren, ouater.

Wau, *m.* 2, gaude, *f.* (*plante*).

Webe, *f.* pièce de toile de 60 aunes (environ 72 mètres).

Webeleinen, *pl.* (*mar.*) enfléchures, *f. pl.*

Weben, *v. n.* (*h.*), leben und —, être plein de vie, de mouvement.

Weben, *v. a.* 6, (*poés.*) tisser; travailler au métier; faire *des bas, de la toile, etc.*; —, *v. n.* (*h.*) se mouvoir, se remuer.

Weber, *m.* 1, tisserand.

Weberarbeit, *f.* ouvrage de tisserand, *m.*; tissu; tissure, *f.*

Weberaufzug, *m.* 2*, chaîne, *f.*

Weberbaum, *m.* 2*, ensuple, *f.* déchargeoir, *m.* [tisseranderie, *f.*

Weberei, *f.* Weberhandwerk, *n.* 2,

Webereintrag, ou Weinschlag, m.
2*, trame, f. [lame, f.
Weberkamm, m. 2*, peigne;
Weberknecht, m. 2, (hist. nat.)
faucheur, faucheux.
Weberknoten, m. 1, nœud croisé.
Weberlabe, f. battant de tisse-
rand, m.
Weberschiff, n. 2, navette, f.
Weberspule, f. bobine, canon, m.
Weberstuhl, m. 2*, métier de
tisserand. [tes, f. pl.
Webertritte, m. pl. 2, marchet-
Weberzettel, m. 1, chaine, f.
Wechsel, m. 1, changement; in-
constance, f. vicissitude, alter-
nation, alternative, change, m.;
(cha.) refuite, f.; (comm.) lettre
de change, papier, m. effet.
Wechselbalg, m. 2*, pop. enfant
mal élevé. [m.
Wechselbank, f. banque, change,
Wechselbrauch, m. 2*, usance, f.
Wechselbrief, m. 2, lettre de
change, f.;
Wechselbürgschaft, f. aval, m.
Wechselchor, m. 2*, chœur alter-
natif.
Wechselcurs, m. 2, change, cours
du change; die Vergleichung meh-
rerer —, arbitrage.
Wechselfall, m. 2*, alternative, f.
Wechselfieber, n. 1, fièvre inter-
mittente, f.
Wechselgeld, n. 5, argent de ban-
que, m. [ternatif.
Wechselgesang, m. 2*, chant al-
Wechselgeschäft, n. 2, banque, f.
Wechselhandel, m. 1*, change;
commerce de change, banque, f.;
der wucherische —, agiotage, m.
Wechselhandlung, f. -haus, n. 5*,
banque, f. maison de banque,
change, m.
Wechseljahr, n. 2, v. Stufenjahr.
Wechselkauf, m. 2*, coemption, f.
Wechselkind, n. 5, enfant sup-
posé, m.
Wechsellauf, m. 2*, course alter-
native, f.; cours changeant, m.
Wechselliebe, f. amour mutuel,
réciproque, m. [change.
Wechselmäkler, m. 1, agent de
Wechseln, m. a. et n. (h.) changer; échanger; varier; être inconstant; (cha.) user de refuites;
Briefe —, être en correspondance
avec qn.; Worte —, disputer;
Kugeln —, se battre à coups de
pistolet; Karten —, biquer; —,
s. n. 1, changement, m.
Wechselplatz, m. 2*, place de
change, f.
Wechselrechnung, f. compte de
change, m.; compte de banquier.
Wechselrecht, n. 2, lois du change, f. pl.

Wechselreim, m. 2, rime croi-
sée, f.
Wechselsatz, m. 2*, (log.) propo-
sition alternative, f.
Wechselseitig, adj. mutuel; réci-
proque. [mâtler.
Wechselsenfal, m. 2, v. Wechsel-
Wechselsweise, adv. réciproque-
ment; tour à tour, alternativement. [que.
Wechselthaler, m. 1, écu de ban-
Wechseltisch, m. 2, table du
changeur, f.
Wechselverhältniß, n. 2, raison
alterne, f.
Wechsler, m. 1, banquier.
Wechslerlohn, m. 2, change.
Weck, m. 2, Wecke, f. pain mollet, m.
Wecken, v. a. éveiller; réveiller.
Wecker, m. 1, celui qui réveille;
—,-inn, f. (couv.) excitateur, m.
-trice, f.; — ou Weckuhr, f. réveille-matin, m. montre à réveil,
f. [m.
Wedel, m. 1, queue, f.; balai,
Wedeln, v. n. (b.) frétiller de la
queue; mit dem Fächer —, éventer, faire du vent avec un éventail. [bu, ni moi ni toi.
Weder, conj. ni; weder ich noch
Wefelspule, f. (riss.) sépoule.
Weg, m. 2, chemin, route, f.;
voie; passage, m.; fg. moyen,
canal; sich auf den — machen,
s'acheminer, se mettre en route;
er ist auf dem — sein Glück zu machen, il a le pied à l'étrier; einem
über den — geben, in den — treten,
couper, croiser qn. (aussi fg.);
jemn im —e seyn, fg. offusquer
qn.; vom rechten — abbringen, dérouter; auf dem —, (attendre)
au passage; in alle —, adv. de
toutes manières.
Weg, adv., weg seyn, être absent; être perdu; n'être plus; tr
ist weg, il s'en est allé; —, interj. loin d'ici! en arrière! ôtez-
vous de là! gare! — damit, fm.
nargue! — mit dem Tyrannen, à
bas le tyran; — mit ihm, pop.
foin de lui! (— dans la composition est séparable.)
Weggeben (sich), 1, se retirer,
s'en aller, s'absenter, s'éloigner.
Wegbeißen, v. a. 5†, emporter,
ôter à coups de dent.
Wegbeizen, v. a. cautériser, corroder; —, s. n. 1, cautérisation,
f. corrosion.
Wegbeizend, adj. cautérétique,
corrosif, cathérétique.
Wegblasen, v. a. 4, souffler; emporter en soufflant.
Wegbleiben, v. n. 5 (f.) ne pas
venir, rester dehors; s'absenter;

être omis; —, s. n. 1, absence,
f.; omission.
Wegbrechen, v. a. 2, démolir,
abattre, détruire.
Wegbrennen, v. a. brûler; —,
v. n. (f.) être consumé par le
feu. [ôter.
Wegbringen, v. a. emporter;
Wegcapern, v. Wegstehlen.
Wegdamm, m. 2*, jetée, f.;
chaussée.
Wegeamt, m. 5*, voirie, f.
Wegaufscher, m. 1, voyer.
Wegebau, m. 2, construction
(f.), réparation des chemins.
Wegebistel, f. chardon sauvage.
Wegegeld, n. 5, péage, m. [m.
Wegeilen, v. n. (f.) hâter son dé-
part; se retirer à la hâte; passer,
glisser légèrement, couler sur qch.
Wegemesser, m. 1, odomètre.
Wegen, prép. à cause de, pour.
Wegerich, m. 2, (bot.) plantain.
Wegsäule, f. colonne miliaire
ou itinéraire. [voie, f.
Wegscheide, f. carrefour, m. bi-
Wegschnecke, f. limaçon, m.
Wegessen, v. a. 1, manger tout.
Wegwarte, f. chicorée sauvage.
Wegfahren, v. n. 7 (f.) partir;
s'en aller en voiture; —,
v. a. transporter sur une voi-
ture ou par eau.
Wegfahrt, f. départ en voiture,
en bateau, etc. f.
Wegfallen, v. n. 4 (f.) tomber;
devenir caduc; cesser; n'avoir
plus lieu.
Wegfangen, v. a. 4, prendre, at-
traper. [lime.
Wegfeilen, v. a. enlever avec la
Wegfischen, v. a. prendre; fg. en-
lever, souffler qch. à qn.; s'em-
parer de qch.
Wegfliegen, v. n. 6 (f.) s'envoler.
Wegfließen, v. n. 6 (f.) s'écouler.
Wegfressen, v. a. 1, manger, dé-
vorer.
Wegführen, v. a. emmener; transporter; emporter; enlever.
Wegführung, f. transport, m.
enlèvement, f.
Weggang, m. 2*, départ.
Weggeben, v. a. 1, se défaire de
qch.; donner, abandonner qch.
Weggehen, v. n. (f.) s'en aller;
— machen, faire partir.
Weghaben, v. a. avoir reçu; fg.
savoir, connaître à fond.
Weghaschen, v. a. saisir, enlever
furtivement, fm. gober, attraper.
Wegheben, v. a. 6, emporter,
ôter.
Wegholen, v. a. emporter.
Weghüpfen, v. n. (f.) s'éloigner
en sautant; fg. über etw. —, sauter, passer légèrement sur qch.

Wegjagen, v. a. chasser.
Wegfapern, v. Wegfifchen.
Wegkaufen, v. a. acheter, accaparer; alles —, (hombre) aller à fond. [détourner le visage.
Wegkehren, v. a. ôter en balayant;
*Wegkommen, v. n. (f.) se perdre, s'égarer; von einem —, quitter qn.; gut —, en être quitte à bon marché; fm. l'échapper belle.
*Wegkönnen, v. n. (h.) pouvoir s'en aller.
Wegkratzen, v. a. ôter en grattant.
Wegkriegen, v. a. recevoir, attraper. [omettre.
Weglaffen, v. a. 4, laisser aller;
Weglaffung, f. omission.
Weglaufen, v. n. 4 (f.) s'enfuir; déserter; —, s. n. 1, fuite, f.; désertion.
Weglegen, v. a. quitter; mettre bas; mettre de côté; (jeu) écarter; die weggelegte Karte, écart, m.
Wegleihen, v. a. 5, prêter.
Weglefen, v. a. 1, lire sans hésiter. [par la persuasion, etc.
Weglocken, v. a. écarter, éloigner
Wegmachen, v. a. ôter, enlever; se hâter; fich —, se retirer.
Wegmaufen, Wegnafchen, v. Wegftehlen.
Wegmeffer, v. Wegemeffer.
*Wegmüffen, v. n. (h.) être obligé de sortir, de s'en aller.
Wegnahme, f. prise d'une ville, etc.; enlèvement, m.; capture, f.; (jur.) confiscation; (chir.) ablation, amputation.
Wegnehmen, v. a. 2, ôter; prendre; enlever; ravir; heimlich —, escamoter; gripper.
Wegnehmungszeichen, n. 1, (imprimerie) déléatur, m.
Wegpupen, fm., v. Wegftehlen.
Wegraffen, v. a. ravir, enlever; fm. rafler, faire rafle; fig. moissonner.
Wegräumen, v. a. ôter; débarrasser qn. de qch.; fig. aplanir des difficultés.
Wegräumung, f. transport, m.; fig. aplanissement.
Wegreife, f. départ, m.
Wegreifen, v. n. (f.) partir.
Wegreißen, v. a. 5†, arracher; démolir. [ter à cheval.
Wegreiten, v. n. 5† (f.) s'en aller
Wegrücken, v. a. déplacer, pousser, ôter, retirer; —, v. n. (f.) faire place. [peler.
Wegrufen, v. a. 4, appeler, rappeler.
Wegfchaffen, v. a. ôter; enlever; emporter; se défaire de. [pelle.
Wegfchaufeln, v. a. ôter avec la
Wegfchenken, v. a. donner.
Wegfchergen, v. a. chasser en badinant (les soucis, etc.).

Wegfcheuchen, v. a. chasser; effaroucher. [que part.
Wegfchicken, v. a. envoyer quelque part.
Wegfchieben, v. a. 6, pousser; déplacer; fg. fm. etw. von fich —, se dispenser de faire une chose.
Wegfchießen, v. a. 6, emporter d'un coup de feu; tuer.
Wegfchiffen, v. n. (f.) s'en aller par eau. [chasser.
Wegfchlagen, v. a. 7, abattre;
Wegfchleichen (fich), 5†, s'éclipser; s'esquiver, se dérober; se couler; fich aus der Gefellfchaft —, fausser la compagnie.
Wegfchleppen, v. a. entraîner, emporter. [dissiper.
Wegfchleudern, v. a. jeter; fg.
Wegfchlüpfen, v. n. (f.), v. fich Wegfchleichen; fg. couler sur qch.
Wegfchnappen, v. a. happer, attraper; escroquer, fm. gripper.
Wegfchneiden, v. a. 5†, couper; fg. id., retrancher; ôter.
Wegfchnellen, v. a. lancer.
Wegfchrecken, v. a. éloigner en donnant de l'épouvante.
Wegfchreiten, v. n. 5† (f.) s'en aller gravement; marcher sur qch., enjamber qch.
Wegfchütten, v. a. jeter; verser.
Wegfchwemmen, v. a. emporter; entraîner (se dit de l'eau).
Wegfchwimmen, v. n. 2 (f.) s'en aller à la nage ou en nageant.
Wegfegeln, v. n. (f.) mettre à la voile.
Wegfehen, v. n. 1 (h.) détourner les yeux; fg. faire abstraction.
Wegfehnen (fich), désirer ardemment de quitter un lieu.
Wegfegen, v. a. déplacer; poser ailleurs; mettre bas; exposer un enfant; —, v. n. (f.) franchir un fossé; fg. fich über etw. —, ne pas se mettre en peine de qch.
*Wegfeyn, v. n. (f.) fm. être parti; être absent; n'être plus; être perdu; —, s. n. 1, absence, f.
Wegfprengen, v. a. faire sauter; —, v. n. (f.) partir au galop.
Wegfpringen, v. n. 3 (f.) sauter; s'en aller, s'éloigner en sautant.
Wegfpülen, v. a. emporter, enlever en inondant; die Erde um etw. —, déchausser, dégravoyer qch.
Wegftehlen, v. a. 2, voler, dérober; escamoter, liftig —, gripper.
Wegftellen, v. a. mettre à part, de côté. [rir.
Wegfterben, v. n. 2 (f.) fm. mourir.
Wegfteuern, f. viatique, m.
Wegftipfen, v. a. fm., v. Wegftoßen.
Wegftoßen, v. a. 4, pousser, repousser. [pousser.
Wegftrede, f. traite.

Wegftreichen, v. a. 5†, effacer, rayer. [de côté.
*Wegthun, v. a. ôter, mettre
Wegtragen, v. a. 7, emporter.
Wegtreiben, v. a. 5, chasser; déloger.
Wegwälzen, v. a. ôter en roulant.
Wegwandern, v. n. (f.) partir.
Wegwafchen, v. a. 7, ôter en lavant. [soufflant.
Wegwehen, v. a. emporter en
Wegweifen, v. a. 5, renvoyer, rebuter.
Wegweifer, m. 1, guide, conducteur; poteau indiquant la route; colonne itinéraire, f.; (chir.) conducteur, m. gorgeret.
*Wegwenden, v. a. détourner.
Wegwerfen, v. a. 2, jeter; fg. rejeter; dépenser de l'argent mal à propos; (cart.) écarter; éluder, retrancher une lettre; fich —, s'avilir, se prostituer. [méprisant.
Wegwerfend, adj. dédaigneux,
Wegwerfung, f. (cart.) écart, m.; (gramm.) élision, f.; — am Ende, apocope; fg. mépris, m. dédain.
Wegwifchen, v. a. torcher, essuyer. [s'en aller.
*Wegwollen, v. n. (h.) vouloir
Wegwünfchen, v. a., etw., einen —, souhaiter qu'une chose ne soit pas, que qn. s'éloigne.
Wegzaubern, v. a. chasser par enchantement.
Wegzehrung, fem. provision de voyage; viatique, m.
Wegziehen, v. a. 6, retirer; —, v. n. (f.) quitter un endroit, partir; changer de demeure, déloger, déménager; —, s. n. 1, Wegzug, m. 2*, changement de demeure, déménagement; départ.
Weh, Wehe, interj. malheur! fm. ouf! ouais! ahi!
Weh, Wehe, adv. mal; — thun, cuire; faire mal à qn., blesser qn.; fg. causer du chagrin; es wird mir —, je me trouve mal.
Weh, Wehe, n. 2, douleur, f.; cuisson; mal, m.; Wehweh, (enfantin) bobo; Wehen, pl. douleurs de l'enfantement, f. pl. mal d'enfant, m. [gousier, m.
Wehdorn, m. exc. 1, (bot.) ar-
Wehen, v. n. et imp. (h.) souffler; faire du vent; heftig —, (nav.) venter; forcer; —, s. n. 1, souffle, m. [te.
Wehflage, f. lamentation; plain-
Wehflagen, v. n. (h.) se lamenter, se plaindre; —, s. n. 1, v. Wehflage.
Wehmuth, f. tristesse, douleur.
Wehmüthig, adj. plaintif, lamentable (ton), douloureux; triste; ému, saisi de douleur.

Wehmutter, f.*, sage-femme.

Wehr, f. arme; défense.

Wehr, n. 2, digue, f. levée; batardeau, m.; môle.

Wehren, v. a. défendre, empêcher; s'opposer à; sich —, se défendre. [batardeau.

Wehrgatter, n. 1, barreau, m.

Wehrgehäng, =gehent, n. 2, ceinturon, m.; baudrier.

Wehrhaft, adj. capable de porter les armes; armé.

Wehrlos, adj. et adv. sans armes; fg. sans défense; —, adj. faible.

Wehrstand, m. 2*, état militaire.

Weib, n. 5, femme, f.

Weibchen, n; Weiblein, n. 1, dim. petite femme, f.; femelle des animaux.

Weibergeklatsch, n. 2, caquet, m. babil de femmes, commérage.

Weiberhaube, f. coiffe. [m.

Weiberlehen, n. 1, fief féminin.

Weibermantel, m. 1*, mante, f.

Weibername, m. exc. 2, nom de femme. [seau, dameret.

Weibernarr, m. 3, fm. damoiseau.

Weiberraub, m. 2, rapt.

Weiberregierung, f. gouvernement gynécocratique, m.; der Staat wo die — Statt findet, gynécocratie, f. [tillon, m.

Weiberrock, m. 2*, jupe, f. cotillon.

Weibersattel, m. 1*, selle de femme, f. [femmes.

Weiberscheu, adj. craignant les femmes.

Weiberschmuck, m. 2, atours, pl. joyaux, etc. de femme; parure, f. [femme.

Weiberschuh, m. 2, soulier pour femme.

Weibersüchtig, adj. adonné aux femmes. [femme, m.

Weibertracht, f. habillement de femme.

Weibisch, adj. efféminé.

Weiblich, adj. féminin; de femme; (hist. nat.) femelle; —, adv. en femme; du sexe féminin; das —e Geschlecht, le sexe féminin, sexe; (gramm.) féminin; — machen, féminiser un mot.

Weiblichkeit, f. caractère de la femme, m.; faiblesse (f.), défaut (m.) du sexe.

Weibsbild, n. 5, pop. Weibsperson, f. fm. femme; fille.

Weibsvolk, n. 5*, pop. femmes, f. pl.

Weich, adj. mol, mou; tendre; fg. id., sensible; mou; efféminé; (man.) loyal (bouche); (peint.) flou; morbide (chair); (mus.) mineur; (gramm.) doux; mouillé (l); — aussprechen, mouiller; ein —es Ei, un œuf à la coque; —es Holz, du bois blanc; — machen,

v. Weichen, Erweichen; détremper de l'acier; durch Kneten — machen, (pharm.) malaxer; — werben, mollir (fruits); s'amollir, se ramollir; fg. s'attendrir; — von der Stelle, bouter (vin).

Weichbild, n. 5, banlieue, f.

Weiche, f. mollesse; (anat.) défaut des côtes, m. flanc, hypocondre, aine, f.

Weichen, v. a. tremper, faire tremper; —, v. n. (h.) s'amollir; —, s. n. 1, amollissement, m.

Weichen, v. n. 5† (f.) faire place; reculer, se retirer; (mur) s'affaisser; fg. céder; mollir; nicht von der Stelle —, ne pas bouger.

Weichgeschaffen, adj. compatissant, sensible.

Weichgesotten, adj. mollet.

Weichhäutig, adj. (hist. nat.) malacoderme.

Weichheit, f. mollesse; douceur; (peint.) id., morbidesse. [dre.

Weichherzig, adj. sensible; tendre.

Weichherzigkeit, f. sensibilité.

Weichlich, adj. mollet, mollasse; fg. efféminé; tendre, délicat; fg. id., faible; sensible. [tesse.

Weichlichkeit, f. mollesse; délicatesse.

Weichling, m. 2, homme mou.

Weichmäulig, adj. (cheval) qui a la bouche tendre.

Weichmüthig, v. Weichherzig.

Weichpflaster, n. 1, malagme, m. emplâtre malactique.

Weichsel, f. Vistule (fleuve).

Weichselkirschbaum, m. 2*, griottier.

Weichselkirsche, f. griotte.

Weichselzopf, m. 2*, plique, f.

Weide, f. saule, m. osier, hart, f.

Weide, f. nourriture; pâture; pâturage, m. pacage, herbage.

Weidegang, m. 2*, droit de pacage.

Weiden, v. a. mener paître, faire paître, paître; —, v. n. (h.) paître; pâturer; fg. die Augen an etw. —, se repaître les yeux de qn.

Weidenbach, m. 2*, ruisseau bordé de saules.

Weidenband, n. 5*, (tonn. et jard.) pleyon, m.; osier tors, hart, f.; accolure d'osier.

Weidenbusch, m. 2*, =gebüsch, n. 2, saussaie, f. oseraie.

Weidengeflecht, n. 2, tissu d'osier, m.; das dichte —, mandrerie, f. [f. houssine.

Weidengerte, f. osier, m.; gaule.

Weidenkorb, m. 2*, panier d'osier. [herbage.

Weideplatz, m. 2*, pâturage.

Weiderecht, n. 2, v. Weidegang.

Weiderich, m. 2, (bot.) épilobe, onagra, f. lysimachie, corneille.

Weidgeschrei, n. 2, cri de chasse, m.

Weidknecht, m. 2, valet de chasse.

Weidlich, adj. brave, vaillant; fort. [f.

Weidling, m. 2, procl. nacelle.

Weidmann, m. 5*, chasseur.

Weidmännisch, adj. de chasseur; —, adv. en chasseur.

Weidmesser, n. 1, couteau de chasse, m.

Weidsack, m. 2*, Weidtasche, f. gibecière, carnassière.

Weidwerk, n. 2*, terme de chasse; fm. proverbe, devise, f.

Weidwerk, m. 2, chasse, f.; gibier, m. venaison, f.

Weife, f. dévidoir, m.

Weifen, v. a. dévider.

Weigern, v. a. refuser; dénier; sich —, faire difficulté, refuser.

Weigerung, f. refus, m.; déni.

Weihbischof, m. 2*, suffragant.

Weihe, f. m. 3, milan.

Weihe, Weihung, f. consécration, bénédiction; dédicace d'un temple; sacre d'un évêque, m.; ordination d'un prêtre, f.

Weihen, v. a. consacrer; dédier un temple; sacrer un évêque; ordonner un prêtre; fg. dévouer; destiner; der — de Bischof, évêque consacrant, m. consacrant, ordinant; das geweihte Wasser, voy. Weihwasser; (ant.) eau lustrale, f.

Weiher, m. 1, étang, vivier.

Weihgeschenk, n. 2, offrande, f.; =gemälde, n. 1, ex-voto, m. tableau votif.

Weihkessel, m. 1, bénitier.

Weihnachten, f. Noël, m.

Weihnachtsabend, m. 2, veille de Noël, f.

Weihnachtsgeschenk, n. 2, présent de Noël, m. étrennes, f. pl.

Weihnachtslied, n. 5, cantique de Noël, m.; —er singen, chanter Noël, des noëls. [Noël, pl.

Weihnachtsmette, f. matines de Weihrauch, m. 2, encens, m.; fg. id.; tinem — streuen, encenser qn.; der arabische — oliban, m.

Weihrauchbüchse, f. navette.

Weihrauchfaß, n. 5*, encensoir, m.

Weihsprengel, v. Weihwedel.

Weihwasser, n. 1, eau bénite, f.

Weihwedel, m. 1, (cath.) aspersoir, goupillon.

Weil, conj. puisque, parce que, attendu que, vu que.

Weiland, adj. indécl. feu, défunt; —, adv. ci-devant; autrefois. [stant.

Weilchen, n. 1, moment, m. instant.

Weile, f. loisir, m.; temps; v. Lang. [s'arrêter, séjourner.

Weilen, v. n. (h.) tarder; différer;

Weiler, *m.* 1, hameau.
Wein, *m.* 2, vin; ber ſtarke —, *fm.* casse-tète.
Weinartig, *adj.* vineux.
Weinbann, *m.* 2*, (*féod.*) banvin.                    [vigne, *f.*
Weinbau, *m.* 2, culture de la
Weinbauer, *m.* 1, vigneron.
Weinbeere, *f.* grain de raisin, *m.*; bas Abfallen ber —n, coulure, *f.*
Weinbeermus, *n.* 2, raisiné, *m.*
Weinberg, *m.* 2, vigne, *f.* vignoble, *m.* complant.
Weinblatt, *n.* 5*, feuille (*f.*) de pampre, de vigne.
Weinbütte, *f.* hotte; bachon, *m.*
Weindroſſel, *f.* mauviette, mauvis, *m.*          [vin, *f. pl.*
Weindunſt, *m.* 2*, fumées du
Weinen, *v. a. et n.* (b.) pleurer; verser *des larmes; fm.* larmoyer, pleurnicher; bitter Thränen —, pleurer amérement, pleurer à chaudes larmes; —, *s. n.* 1, pleurs, *m. pl.* larmes, *f. pl.*
Weinend, *adj.* pleurant, larmoyant; —, *adv.* en pleurant.
Weinerlich, *adj.* pleureux, pleureur, larmoyant.
Weineſſig, *m.* 2, vinaigre.
Weinfächſer, *m.* 1, plant de vigne.                [de vin, *f.*
Weinfaß, *m.* 5*, tonneau à ou
Weinflaſche, *f.* bouteille à ou de
Weinfrohne, *f.* vinade.     [vin.
Weinfuhre, *f.* charge de vin.
Weinfüllen, *n.* 1, barillage, *m.*
Weinfüller, *m.* 1, celui qui entonne du vin, qui met du vin en bouteilles.
Weingarten, *m.* 1*, vignoble.
Weingärtner, *m.* 1, vigneron.
Weingeiſt, *m.* 5, esprit-de-vin; ber hörhſt gereinigte —, alcool.
Weingeländer, *n.* 1, treille, *f.*
Weingeruch, *m.* 2*, fumet du vin, bouquet.             [neux.
Weingeſchmack, *m.* 2, goût vi-
Weinglas, *n.* 5*, verre à vin, *m.*
Weingott, *m.* 5*, Bacchus.
Weingrün, *adj.* aviné.
Weinhacke, *f.* mare.
Weinhaft, *adj.* vineux.
Weinhandel, *m.* 1*, commerce de vin.
Weinhändler, *m.* 1, marchand de vin.              [baret, *m.*
Weinhaus, *n.* 5*, taverne, *f.* ca-
Weinheber, *m.* 1, siphon.
Weinheſen, *pl.* lie du vin, *f.*
Weinheſenaſche, *f.* cendre gravelée.
Weinhülſe, *f.* peau du raisin.
Weinhüter, *m.* 1, messier.
Weinjahr, *n.* 2, année abondante en vin, *f.*
Weinkanne, *f.* pot au vin, *m.*

Weinkarren, *m.* 1, charrette de vin, *f.*            [lier, *m.*
Weinkeller, *m.* 1, cave, *f.*; cel-
Weinkelter, *f.* pressoir, *m.*
Weinkenner, *m.* 1, gourmet.
Weinkern, *m.* 2, grain de raisin.
Weinkrug, *m.* 2*, cruche au vin, *f.*          [nelet à vin,
Weinlägel, *n.* 1, baril (*m.*), tonneau.
Weinlager, *n.* 1, provision de vin, *f.*           [gnoble, *m.*
Weinland, *n.* 5*, pays de vi-
Weinlatte, *f.* treille, treillage, *f.*           [vigne, *m.*
Weinlaub, *n.* 2, feuillage de la
Weinleſe, *f.* poulain, *m.*
Weinleſe, *f.* vendange; — halten, vendanger.
Weinleſer, *m.* 1, =inn, *f.* vendangeur, *m.* coupeut, -se, *f.*
Weinmährte, *f.* soupe au vin froid.         [disette (*f.*) de vin.
Weinmangel, *m.* 1*, manque,
Weinmarkt, *m.* 2*, marché au vin.               [tobre.
Weinmonat, *m.* 2, mois d'oc-
Weinmoſt, *m.* 2, moût, vin doux.
Weinmücke, *f.* mouche de vin, ange.
Weinmus, *n.* 2, raisiné, *m.*
Weinpfahl, *m.* 2*, échalas.
Weinpflaume, *f.* prune vineuse.
Weinpreſſe, *f.* pressoir, *m.*
Weinranke, *f.* pampre, *m.* tendron; bie verſchnittene —, courson.
Weinrebe, *f.* vigne, sarment, *m.*; bie kurz abgeſchnittene —, billon.
Weinreich, *adj.* vineux, abondant en vin.
Weinroſe, *f.* églantine.
Weinſauer, Weinſäuerlich, *adj.* aigrelet.
Weinſäure, *f.* verdeur du vin.
Weinſchank, *m.* 2*, vente du vin en détail, *f.*; droit de tenir cabaret, *m.*
Weinſchenk, *m.* 3, cabaretier.
Weinſchenke, *f.* cabaret, *m.*; bouchon; *m. p.* taverne, *f.*
Weinſchlauch, *m.* 2*, outre au vin, *f.*; *fig. fm.* grand buveur, *m.* sac à vin.
Weinſchlehe, *f.* épine-vinette.
Weinſchröter, *m.* 1, encaveur.
Weinſepling, *m.* 2, provin, plant.
Weinſtein, *m.* 2, tartre; gereinigte —, crème de tartre, *f.*
Weinſteinartig, *adj.* tartareux.
Weinſteingeiſt, *m.* 5, esprit de tartre rectifié.            [tre, *f.*
Weinſteinöl, *n.* 2, huile de tar-
Weinſteinpulver, *n.* 1, crème de tartre en poudre, *f.*
Weinſteinſalz, *n.* 2, sel de tartre, *m.*
Weinſteuer, *f.* afforage, *m.*
Weinſticher, *m.* 1, gourmet; pré-

posé aux contributions indirectes; *pop.* rat de cave.
Weinſtod, *m.* 2*, cep de vigne; vigne, *f.*; ber wilde —, la vigne sauvage, lambruche.
Weinſuppe, *f.* soupe au vin.
Weinträber, =treſter, *pl.* marc de raisins, *m.*
Weintraube, *f.* grappe de raisin, raisin, *m.*; bie große —, bourdelai, *m.*              [*f.* raſle.
Weintraubenkamm, *m.* 2*, râpe,
Weinverfälſcher, *m.* 1, sophistiqueur de vin.
Weinverfälſchung, *f.* sophistiquerie du vin.
Weinviſirer, *m.* 1, jaugeur.
Weinwachs, *m.* 2, crue du vin, *f.* culture des vignes.
Weinwage, *fém.* aréomètre, *m.* pèse-liqueur.        [vin, *f.*
Weinzehente, *m.* 3, dîme du
Weinzeichen, *n.* 1, bouchon, *m.* enseigne à vin, *f.*
Weinzuber, *m.* 1, tine, *f.*
Weis, *adv.*, einem etw. — machen, en donner à garder, faire accroire qch. à qn.; bas macht andern …, à d'autres (on écrit aussi weiß).
Weiſe, *f.* manière; façon d'agir, mode, *m.*; auf meine —, à ma guise; —, (*mus.*) air, *m.* mélodie, *f.*
Weiſe, joint à un adjectif, forme une espèce d'adverbe qui se rend en français par un adverbe ou en ajoutant à un adjectif d'une manière; *p. ex.* grauſamer —, cruellement; d'une manière cruelle; Weiſe, précédé d'un substantif, s'exprime en français par le substantif précédé de la préposition par, en, à: *p. ex.* Scherzweiſe, en raillant, par raillerie; Ellenweiſe, à l'aune, etc.
Weiſe, *adj.* sage; prudent, avisé; —, *m.* 3, sage; bie brei —n, les trois mages; ber Stein der —n, la pierre philosophale.
Weiſel, *m.* 1, reine-abeille, *f.*
Weiſen, *v. a.* 5, montrer; faire voir; adresser qn.; enseigner; von ſich —, renvoyer.
Weiſer, *m.* 1, (*horl.*) aiguille, *f.*; (*fais. de cart.*) guide, *m.*
Weisheit, *f.* sagesse; prudence.
Weislich, *adv.* sagement, prudemment.
Weiß, *adj.* blanc; (*anat.*) albugineux; net; — vor Alter, blanchi par l'âge, chenu; —, *adv.* en blanc; — werben, blanchir; pâlir; — gärben, passer en mégie; *v.* Weis.
Weiß, *n.* 5, blanc, *m.* blancheur, *f.*; —e vom Ei, le blanc de l'œuf, aubin.

Weißsagen, v. a. prophétiser, prédire. [te, m. prophétesse, f.
Weissager, m. 1, =inn, f. prophé-
Weißsagung, f. prophétie, prédiction.
Weißbacken, adj., — Brod, du pain mollet, du petit pain.
Weißbäcker, m. 1, boulanger qui fait des pains mollets.
Weißblech, n. 2, fer-blanc, m.
Weißbuche, f. charme commun, m. [f. aubépin, m.
Weißborn, m. exc. 1, aubépine,
Weiße, f. couleur blanche, blancheur. [blanc.
Weißen, v. a. blanchir; rendre
Weißenburg, Wissembourg (ville d'Alsace); Albe-Julie (Transylvanie).
Weißfisch, m. 2, able, ablette, f. gardon, m. fretin; allerlei —t, blanchaille, f.
Weißfuchs, m. 2*, alezan clair.
Weißgar, adj. passé en mégie.
Weißgärber, m. 1, mégissier.
Weißgärberei, f. mégie, mégisserie.
Weißgelb, Weißgelblich, adj. jaune blanchâtre; blond (cheveux).
Weißglühen, n. 1, incandescence, f.
Weißglühend, adj. incandescent.
Weißgold, n. 2, platine, m.
Weißgrau, adj. gris-blanc.
Weißgüldenerz, n. 2, mine d'argent blanche, f.
Weißkohl, m. 2, =kraut, n. 5*, choux blancs, m. pl.
Weisram, m. 2, lingerie, f.
Weißkrämer, m. 1, =inn, f. linger, m. -ère, f. [albugineux.
Weißlich, adj. blanchâtre;(anat.)
Weißmachen, =sieden, n. 1, blanchiment, m.
Weißpfennig, m. 2, blanc.
Weißrußland, Russie blanche, f. (province).
Weißsud, m. 2*, (monn.) blanchiment, m. bouillitoire.
Weißzeug, n. 2, linge, m.
Weißzeughandel, =laden, m. 1*, lingerie, f.
Weißzeughändler, m. 1, =inn, f. linger, m. -ère, f.; mépr. noguette.
Weisung, f. 1. instruction; ordre, m.; réprimande, f.
Weit, adj. large, ample; spacieux, étendu, vaste, grand, éloigné, long; — er machen, voy. Erweitern; —er werden, s'élargir, s'étendre; —, adv. loin; beaucoup; bien, fort, très; bei —em, beaucoup, de beaucoup; à beaucoup près; von —em, de loin; bei —em nicht, il s'en faut de beaucoup; in so — als, autant que, en tant que; — weg, weit hin, au

loin, bien loin; — und breit, au long et au large; — gefehlt, bien loin que, il s'en faut beaucoup.
Weitaussehend, adj. vaste.
Weite, f. étendue; largeur; ampleur d'un habit, etc.; capacité; distance, éloignement, m.;(astr.) amplitude, f.; in die — sehen, voir au loin.
Weitenzirkel, m. 1, (math.) compas de distance.
Weiter, adv. plus loin; plus avant; outre; ailleurs; davantage, plus; continuez! et puis? item; — hinaus, plus loin; en avant.
Weitläufig, adj. ample; spacieux, étendu; fig. long; grand; vague; diffus, prolixe; détaillé (récit).
Weitläufigkeit, f. étendue; fig. longueur; diffusion; prolixité; ohne —, sans cérémonies, sans façon. [de loin.
Weitlos, adj. éloigné; —, adv.
Weitsäulig, adj. bas —e Gebäude, diastyle, m. [cieux.
Weitschichtig, adj. vaste, spa-
Weitschweifig, adj. prolixe, diffus. [diffusion.
Weitschweifigkeit, f. prolixité.
Weitsichtig, adj. presbyte.
Weizen, m. 1, froment.
Weizenartig, adj. fromentacé.
Weizenbrei, m. 2, fromentée, f.; =mehl, n. 2, id.
Welch, welcher, m. welche, f. welches, n., pron. quel, quelle; lequel, laquelle; qui, que; welch ein, quel!
Welche, pl. (au lieu de einige ou etliche), quelques-uns.
Welchergestalt, conj. ol. de quelle manière; comme quoi.
Welcherlei, pron. indécl. quelque; quel, de quelle sorte, de quelle manière.
Welf, adj. flétri; fané, sec; flasque; das —e Aussehen, flétrissure, f.
Welken, v. n. (s.) se flétrir, se faner, se passer; — machen, flétrir, faner; —, s. n. 1, (bot.) marcescence, f.
Welkend, adj. (bot.) marcescent.
Welkheit, f. flétrissure; mollesse.
Wellbaum, m. 2*, Welle, f. arbre, m.; mouton d'une cloche.
Welle, f. flot, m. vague, f. lame || fagot, m. javelle, f.; (méc.) treuil, m.
Wellenbinden, =machen, n. 1, fagotage, m. [goteur.
Wellenbinder, =macher, m. 1, fa-
Wellenförmig, adj. ondoyant, ondulatoire; sich — bewegen, onduler; die — Bewegung, ondulation, f.; flottement d'une troupe en marche, m.

Wellenschlag, =stoß, m. 2*, coup de vague, brisant. [lin, m.
Wellrad, n. 5*, rouet de mou-
Wels, m. 2, glanis (poisson).
Welschland, x., v. Wälschland, 2c.
Welt, f. monde, m.; terre, f.; fig. monde, m. savoir-vivre; die junge —, jeunesse, f. jeunes gens, m. pl.; das Gemälde der —, cosmorama, n.; (philos.) die große —, macrocosme; die kleine —, microcosme; die Lehre von der besten —, optimisme; der Anhänger der Lehre von der besten —, optimiste.
Weltall, n. 2, univers, m.
Weltalter, n. 1, âge du monde, m.; siècle d'or, d'argent.
Weltbau, m. 2, monde, univers. [big.
Weltbekannt, adj., v. Weltkun-
Weltberühmt, adj. très-célèbre.
Weltbeschreiber, m. 1, cosmographe.
Weltbeschreibung, f. cosmographie; zur — gehörig, cosmographique. [monde.
Weltbrauch, m. 2*, usage du
Weltbürger, m. 1, cosmopolite.
Weltgebäude, n. 1, univers, m.
Weltgegend, f. région, contrée, plage du monde.
Weltgeistliche, m. 3, ecclésiastique séculier, séculier.
Weltgericht, n. 2, jugement universel, m. [selle.
Weltgeschichte, f. histoire univer-
Weltgesinnet, adj. mondain.
Weltgetümmel, m. 1, tumulte du monde, m.
Weltgürtel, m. 1, zone, f.
Weltherrschaft, f. monarchie universelle, empire du monde, m.
Weltkarte, f. mappemonde.
Weltkenntniß, f. connaissance du monde.
Weltkind, n. 5, mondain, m.
Weltklug, adj. politique; fin; rusé. [dence humaine.
Weltklugheit, f. politique, pru-
Weltkörper, m. 1, globe céleste.
Weltkugel, f. globe, m.; sphère, f.
Weltkunde, f. cosmologie.
Weltkundig, adj. notoire, public.
Weltlauf, m. 2*, cours, courant du monde; so ist der —, ainsi va le monde.
Weltlehre, f. cosmologie; zur — gehörig, cosmologique.
Weltleute, pl., v. Weltmann.
Weltlich, adj. séculier, laïque, temporel; (mor.) mondain; profane (auteur); der —e Sinn, mondanité, f.; — machen, séculariser un évêché.
Weltlichkeit, f. sécularité, mondanité, vanité mondaine. [tion.
Weltlichmachung, f. sécularisa-

Weltluft, f.*, mondanité.
Weltmann, m. 5*, homme du monde, homme du siècle; politique.
Weltmeer, n. 2, océan, m.
Weltmensch, n. 3, mondain.
Weltpriester, m. 1, prêtre séculier. [archée, m.
Weltseele, f. âme du monde,
Weltsinn, m. 2, mondanité, f.
Weltstrich, m. 2, climat.
Weltsystem, n. 2, système du monde, [de, f.
Welttheil, m. 2, partie du monde,
Weltton, m. 2*, ton du monde, monde.
Weltweise, m. 3, philosophe.
Weltweisheit, f. philosophie.
Wem? pron. à qui? wen? qui?
Wende, m. 3, Vandale.
Wendekreis, m. 2, tropique.
Wendelbaum, m. 2*, arbre du moulin à vent.
Wendelbohrer, m. 1, vilebrequin.
Wendelstein, m. 2, meule courante, de dessus, f.
Wendelstüte, f..columelle.
Wendeltreppe, f. escalier tournant, m. escalier en limaçon.
*Wenden, v. a. tourner, retourner un habit, etc.; (mar.) virer, revirer de bord; an, auf etw. —, employer; mettre, donner, appliquer à qch.; in Gedanken hin und her —, agiter, ballotter; sich —, se tourner; se retourner; se tourner (von, de); fig. s'adresser (an, zu, à); adj. se ranger du parti de qn.
Wendepunkt, m. 2, pôle.
Wendespindel, f. (gant.) quille.
Wendestod, m. 2*, tourne-gant.
Wendezirkel, m. 1, v. Wendekreis.
Wendung, f. tour, m.; tournant; (guer.) tour; conversion, f.; (mar.) revirement, m.; manœuvre, f.; fig. tour, m. tournure, f.; eine — machen, faire un tour, tourner, se tourner; schnelle —en machen, (man.) caracoler.
Wenig, adj. et adv. peu, peu de chose; pas grand'chose; pas beaucoup; ne ... guères; —t; s. n. 3, peu, m. [moins.
Weniger, adj. moindre; —, adv.
Wenigkeit, f. peu, m.; petitesse, f.; meine —, ma petite personne, moi. [moins; minimum.
Wenigste, adj. le, la moindre; le
Wenigstens, zum wenigsten, adv. au moins; du moins; pour le moins, encore.
Wenn, conj. si; lorsque, quand; au ou en cas que; — gleich, — schon, — auch, quand même; quoique, bien que, encore que; nur, pourvu que; — er nicht wider-

ruft, à moins d'une rétractation.
Wenzeslaus, n. pr. m. Wenceslas.
Wer, pron. qui; celui qui; — da nur, quiconque; — es auch seyn mag, qui que ce soit; quel qu'il soit; — da, qui va là? qui vive?
Werbegeld, n. 5, engagement, m.
Werbehaus, n. 5*, maison où loge l'officier recruteur, f.
Werben, v. a. 2, lever, enrôler, engager; heimlich —, embaucher, racoler des soldats; neue Truppen —, recruter, faire des recrues, armer; —, v. n. (h.), um etw. —, rechercher, demander qch.
Werbeofficier, m. 2, officier recruteur.
Werber, m. 1, enrôleur; der falsche —, racoleur, embaucheur.
Werbeschein, m. 2, enrôlement.
Werbung, f. enrôlement, m. recrutement, levée de troupes, f.; demande d'une fille en mariage.
*Werden, v. n. (f.) devenir; être fait, se faire; se changer, se réduire en qch.; einem — , être le partage de qn.; was wird aus ihm —, que deviendra-t-il? —, v. aux. ich werde lieben, j'aimerai; ich werde geliebt, je suis aimé; ich werde geliebet werden, je serai aimé, etc.; — s. n. 1, naissance, f. origine.
Werder, m. 1, île formée par un fleuve, f.; digue; (forest.) javeau, m.
Werfen, v. a. 2, jeter, lancer; darder; (jeu de dés) amener; (quill.) abattre; zu Boden —, terrasser; über den Haufen — ou —, culbuter; einen Haß auf einen —, fig. prendre qn. en haine, fm. en grippe; —, v. n. (h.), Junge — ou —, mettre bas, faire des petits; chatter (chatte); chienner (chienne); faonner (biche); louveter (louve); pouliner (jument); biqueter (chèvre); sich —, se jeter; travailler, se déjeter, se coffiner (bois); faire ventre (mur).
Werfkunst, f.*, balistique.
Werst, n. 2 et f. chantier, m.; (mar.) cale, carénage; quai; (tiss.) lisse, f. chaine.
Wergen, Wergeln, v. a. rouler, étendre la pâte.
Wergleinwand, f. toile d'étoupe, étouperie.
Werf, n. 2, œuvre, f.; ouvrage, m.; action, f.; fait, m.; affaire, f. || ouvrage, m. livre; (mus., grav.) œuvre; das große —, (impr.) labeur; die guten —t, (cath.) les mérites des saints, m. pl.; — der

Gerechtigkeit, acte de justice, m.; zu —e gehen, en agir, en user, se conduire, s'y prendre.
Werbant, f.*, établi, m.
Werkheilig, adj. hypocrite.
Werkheiligkeit, f. fausse confiance dans le mérite de ses œuvres.
Werkhof, m. 2*, chantier.
Werkholz, n. 5*, bois de construction, m.
Werkleute, pl. ouvriers, m. pl.
Werkmeister, m. 1, maitre-ouvrier; architecte; fabricant.
Werksatz, m. 2*, (chap.) enrayure, f.
Werkschuh, m. 2, pied de roi.
Werkstatt, f.*, stätte, f. atelier, m.; boutique, f.; (chim.) laboratoire, m.
Werkstein, m. 2, stück, n. 2, pierre de taille, f.; der feinförnige —, pierre de liais, liais, m.
Werkstuhl, m. 2*, métier; établi; (passem.) ratière, f.; der im Gang befindliche —, le métier battant.
Werktag, m. Werktag, m. 2, jour ouvrable, jour de travail.
Werktisch, m. 2, établi, écofrai.
Werkverständige, m. 3, expert.
Werkzeug, n. 2, outil, m.; instrument; machine, f.; das eiserne —, ferrement, m.; —, fg. instrument, ministre.
Wermuth, m. 2, absinthe, f.
Werre, f. (hist. nat.) courtilière.
Werst, f.*. werst, m. (mille de Russie).
Werth, adj. de la valeur, du prix de; qui vaut ou qui coûte tant; digne de, qui mérite de; cher, estimable, bien-aimé; viel —, seyn, être de grand prix; — schätzen, — halten, estimer; chérir.
Werth, m. 2, valeur, f.; prix, m.; (monn.) titre.
Werthschätzung, f. estime.
Wesen, n. 1, être, m.; (philos.) entité, f.; das einfache —, monade; einzelne —, individu, m.; wirkende —, agent; —, substance, f. essence; (anat.) parenchyme des intestins, m.; fg. manières, f. pl. façons, conduite, f.; air, m.; éclat, bruit; das gemeine —, la chose publique; état, m.; république, f.; viel —s machen, fm. faire grand bruit, faire beaucoup de façons; nicht viel —s machen, se tenir tranquille; faire peu de façons; viel (wenig) —s von einer S. machen, faire grand (peu de) cas d'une chose.
Wesenheit, f. essence; (philos.) entité.
Wesenlehre, f. ontologie.
Wesenlos, adj. vain, sans réalité.
Wesentlich, adj. essentiel, con-

stitutif, intégrant; substantiel;
—e, s. n. 3, essentiel, m.
Wespe, f. guêpe.
Wespenneft, n. 5, guêpier, m.
Weffen, Weß, *génitif de* wer,
de qui; de quoi.
Weffenthalben, Weßhalben, Wes-
fenwegen, Weßwegen, adv. pour-
quoi; pour quelle raison; pour
quel sujet.
West, m. exc. 2, Weften, m. 1,
ouest; occident, couchant.
Weste, f. veste.
Westerreich, n. 2, Austrasie, f.
Westgothe, m. 3, Visigoth.
Westindien, n. 1, Indes occi-
dentales, f. pl.
Westlich, adj. occidental.
Westphale, m. 3, =phälinger, m. 1,
=phälisch, adj. westphalien.
Westphalen, n. 1, Westphalie, f.
Westwärts, adv. à ou vers l'oc-
cident, à l'ouest.
Westwind, m. 2, vent d'ouest;
(poés.) zéphir.
Wett, adj. et adv. quitte; —
machen, rendre la pareille, se re-
vancher.
Wette, Wettung, f. gageure, pa-
ri, m.; in ou um die —, à l'envi;
à qui mieux mieux.
Wetteifer, m. 1, émulation, f.;
rivalité, concurrence.
Wetteiferer, m. 1, rival, émule.
Wetteifern, v. n. (h.) rivaliser;
s'efforcer à l'envi. [rier.
Wetten, v. a. et n. (h.) gager, pa-
Wetter, m. 1, parieur, gageur.
Wetter, n. 1, temps, m.; es ist
schön —, il fait beau; —, orage,
tempête, f. gros temps, m.; tonnerre, foudre, f.; (min.) air, m.;
die bösen —, moufettes, f. pl.
mofetes. [nerre.
Wetterableiter, m. 1, paraton-
Wetterau, f. Vétéravie.
Wetterbeobachtung, f. observation
météorologique.
Wetterdach, n. 5*, appentis, m.
auvent, abat-vent.
Wetterfahne, f. girouette.
Wettergaull, f. (mar.) œil-de-
bouc, m. [m. thermomètre.
Wetterglas, n. 5*, baromètre.
Wetterhahn, m. 2*, girouette, f.
coq, m. [lotte, f.
Wetterhaufe, m. exc. 2, veil-
Wetterlaunisch, adj. fm. changeant, capricieux, variable; de
mauvaise humeur.
Wetterleuchten, v. imp. (h.) éclai-
rer, faire des éclairs; —, s. n. 1,
éclairs, m. pl.
Wettermännchen, n. 1, anémos-
cope, m.
Wettern, v. imp. (h.) tonner; —,
v. n. (h.) fg. jurer, tempêter.

Wetterregen, m. 1, pluie d'orage,
f. [mage causé par l'orage.
Wetterschaden, m. 1*, dégât, dom-
Wetterscheide, f. endroit où les
orages se divisent, m.
Wetterschlag, m. 2*, coup de
tonnerre; grêle, f.
Wetterstrahl, m. exc. 1, foudre,
f. [courlieu.
Wettervogel, m. 1*, courlis.
Wetterwendisch, adj. fm. incon-
stant; changeant, variable.
Wetterwolke, v. Gewitterwolke.
Wettkampf, m. 2*, v. Wettstreit.
Wettkämpfer, m. 1, (ant.) ath-
lète.
Wettlauf, m. 2*, course, f.
Wettläufer, m. 1, émule à la
course; coureur.
Wettpreis, m. 2, gageure, f.
Wettrennen, m. 1, course, f.
Wettrenner, m. 1, v. Wettläufer;
cheval, coursier.
Wettringen, n. 1, lutte, f.
Wettringer, m. 1, lutteur, ath-
lète. [f.
Wettstreit, m. 2, combat, lutte,
Wetzen, v. a. aiguiser, affiler.
Wetzstahl, m. 2*, fusil à aiguiser.
Wetzstein, m. 2, pierre à aigui-
ser, f.; dalle des faucheurs.
Wichse, f. cirure, cirage, m.
Wichsen, v. a. cirer, frotter; fg.
fm. parer; rosser; —, s. n. 1, ci-
rage, m.; cirure, f. [qui cire.
Wichser, m. 1, frotteur, celui
Wichslappen, m. 1, gipon.
Wicht, m. 2, scélérat; der arme
—, le pauvre diable.
Wichtig, adj. pesant, de poids;
fg. important, considérable; remarquable, intéressant; grand;
den —en spielen, faire l'important;
für einen — seyn, intéresser qn.
Wichtigkeit, f. juste poids, m.;
fg. importance, f.; poids, m.
conséquence, f.
Wicke, f. vesce; die spanische —,
la gesse de Tanger.
Wickel, m. et n. 1, rouleau, m.;
botte de laine, f.; (perr.) papillote.
Wickelband, n. 5*, bande de
maillot, f.; tour de lange, m.
Wickelfrau, f. remueuse.
Wickelkind, n. 5, enfant au maillot, m. fm. poupard.
Wickeln, v. a. rouler; entortiller; envelopper; Garn auf Knäuel
—, mettre du fil en pelote; ein
Kind —, emmailloter un enfant;
fg. sich aus einem verdrießlichen
Handel —, se dépêtrer d'une mauvaise affaire. [maillot.
Wickelzeug, n. 2, langes, f. pl.
Widenklee, m. 1, éparcet, esparcette, f.

Wickfutter, n. 1, vesce, f.; fourrage mêlé de vesce, m.
Widder, m. 1, bélier.
Wider, prép. contre; — einander, l'un contre l'autre; — einander laufend, contraire, opposé;
contradictoire. (— dans la composition est inséparable.)
Widerbellen, Widerbelfern, v. n.
(h.) fm. se rebéquer, contredire.
Widerbrud, m. 2*, réaction, f.;
(impr.) retiration; einen — von
etw. machen, contretirer qch.
Widerfahren, v. n. 7 (s.) arriver.
Widerhaken, m. 1, crochet; barbe de l'hameçon, etc., f.; mit —
versehen, barbelé.
Widerhalt, m. 2, résistance, f.
Widerhalten, v. n. 4 (h.) résister; tenir ferme.
Widerlage, f., —r, n. 1, (arch.)
contre-fort, m. contre-boutant;
culée (f.), butée d'un pont; retombée d'une voûte.
Widerlegen, v. a. réfuter, démentir; (jur.) contredire qch.
Widerlegung, f. réfutation.
Widerlegungsschrift, f. réfutation;
(jur.) contredits, m. pl.
Widerlich, adj. rebutant, dégoûtant; désagréable; fâcheux.
Widerlichkeit, f. qualité de ce
qui dégoûte ou rebute.
Widern, v. n. (h.) dégoûter, répugner.
Widernatürlich, adj. contraire à
la nature, contre nature.
Widerpart, m. 2, fm. partie adverse, f. adversaire, m.; ol. con-
tretenant dans un tournoi.
Widerprall, m. 2, contre-coup;
renvoi; rebondissement; (der Lichtstrahlen) répercussion, f.
Widerrathen, v. a. 4, einem
etw. —, dissuader qn. de qch.;
déconseiller qch. à qn.
Widerrechtlich, adj. illégal, illégitime, injuste; abusif; attentatoire.
Widerrechtlichkeit, f. illégalité,
illégitimité, injustice.
Widerrede, f. contredit, m. contradiction, f.; réplique.
Widerreden, v. Widersprechen, pl.
usité.
Widerrist, m. 2, garrot du cheval; am —e verwundt, égarroté.
Widerruf, m. 2, rétractation,
f. désaveu, m.; fm. dédit, palinodie, f.
Widerrufen, v. a. 4, révoquer;
rétracter; désavouer; se dédire de;
fm. chanter la palinodie.
Widerruflich, adj. révocable.
Widersacher, m. 1, adversaire,
antagoniste; ennemi.

Widerschein, m. 2, réverbération, f.; réflexion, répercussion.
Widersetzen (sich), s'opposer; sich dem Zügel —, (man.) forcer la main.
Widersetzlich, adj. récalcitrant, opiniâtre, entêté; rebelle, mutin, révolté, réfractaire, insubordonné.
Widersetzlichkeit, f. opiniâtreté, obstination, entêtement, m.; insubordination, f. désobéissance.
Widersetzung, f. opposition.
Widersinn, m. 2, contre-sens, absurdité, f.
Widersinnig, adj. contraire; opposé; à contre-sens, contradictoire; absurde; scheinbar —, paradoxal, paradoxe; der scheinbar —e Satz, paradoxe, m.
Widersinnigkeit, f. absurdité.
Widerspänstig, ꝛc., v. Widersetzlich, ꝛc. [re, m.
Widerspiel, n. 2, fm. contraire.
Widersprechen, v. n. 2 (h.) contredire qn.; répliquer à qn.; contrarier qn.; répugner à qn.; sich selbst —, se contredire; se couper.
Widersprechend, adj. contradictoire, inconséquent; opposant.
Widersprecher, m. 1, contradicteur. [sant.
Widersprecherisch, adj. contredisant.
Widerspruch, m. 2*, contradiction, f.; (did.) antilogie; inconséquence; der —zweier Gesetze, antinomie; ohne —, sans contredit.
Widerspruchsgeist, m. 5, esprit de contradiction, esprit contrariant.
Widerstand, m. 2*, résistance, f. opposition.
Widerstehen, v. n. (h.) résister, faire résistance; s'opposer; répugner.
Widerstreben, v. n. (h.) résister, s'opposer; désobéir; —, s. n. 1, résistance, f.; opposition; désobéissance. [Widerspruch.
Widerstreit, m. 2, conflit; voy.
Widerstreiten, v. n. 5† (h.) combattre, disputer, contester; être contraire.
Widerwärtig, v. Widrig.
Widerwärtigkeit, f. revers, m. contre-temps; adversité, f.; mauvaise grâce; rebutant (m.), dégoûtant de qch.
Widerwille, m. exc. 2, aversion, f. répugnance, éloignement, m. dépit, m.; der natürliche —, antipathie, f.; einem —n gegen etw. beibringen, dégoûter qn. de qch.; einen —n gegen einen fassen, prendre qn. en aversion, fm. en grippe; mit —n, à contre-cœur.
Widmen, v. a. vouer; dévouer; consacrer, affecter, destiner (zu, à).

Widmung, f. dévouement, m.; dédicace, f.; destination.
Widrig, adj. contraire, opposé; fâcheux; rebutant, répugnant; désagréable; maussade. [ment.
Widrigenfalls, adv. sinon, autrement.
Widrigkeit, f. contrariété; répugnance; dégoût, m.; maussaderie, f.
Wie, adv. comment, de quelle manière; que; combien; —, conj. comme; à l'instar de; à ce que; — ein rechtschaffener Mann, en honnête homme; die Sache — sie ist, la chose telle qu'elle est; dem sey — ihm wolle, quoi qu'il en soit; — breit, — lang, de quelle largeur, longueur; — lange, combien de temps; — oft, combien de fois; — sehr, combien; o! — wohl ist mir, ô que je me trouve bien! — auch, comme aussi; de même que; — bald? quand? — theuer? — viel? combien? — viel Uhr ist es? quelle heure est-il? der —vielste? le quantième? — weit? combien de chemin? jusqu'où? — wenig? combien peu? v. Wiewohl, conj. [essère.
Wiebelsucht, f. (méd.) essera, m.
Wieche, f. mèche de chandelle.
Wiedehopf, m. 2*, huppe, f. (oiseau).
Wieder, Wiederum, adv. de nouveau; derechef; encore; encore une fois. (Cette particule mise devant les mots se rend en français par la particule re, ré ou en ajoutant de nouveau, une seconde fois; comme: wiederabschreiben, recopier, copier une seconde fois, etc. D'après cette observation on formera aisément les mots qui manquent ici (— est ordinairement séparable.)
Wiederabfallen, v. n. 4 (f.) retomber; fg. devenir relaps.
Wiederabsagen, v. a. contremander.
Wiederabtreten, v. n. 1 (f.) ressortir, se retirer; —, v. a. rétrocéder.
Wiederabtretung, f. rétrocession.
Wiederanbinden, v. a. 3, rattacher.
Wiederangehen, v. n. (f.) recommencer; se renouveler; se rallumer (guerre). [dre.
Wiederannehmen, v. a. 2, reprendre
Wiederanschneiden, v. a. 5†, rentamer. [veler ses instances.
Wiederansuchen, v. n. (h.) renou-
Wiederantworten, v. a. repartir, répliquer. [susciter.
*Wiederauferstehen, v. n. (f.) ressusciter.
Wiederauferstehung, f. résurrection. [vrir.
*Wiederaufgehen, v. n. (f.) se rou-

*Wiederaufkommen, v. n. (f.) se rétablir; se relever; reprendre faveur. [défaire.
Wiederaufmachen, v. a. rouvrir;
*Wiederaufstehen, v. n. (f.) se relever. [mer.
Wiederausgraben, v. a. 7, exhumer.
Wiederausgrabung, f. exhumation. [quer.
Wiederausschiffen, v. a. désembarquer.
Wiederausschiffung, f. désembarquement, m.
*Wiederbekommen, v. a. recouvrer, ravoir, rattraper, récupérer.
Wiederbeleben, v. a. ranimer, dégourdir.
Wiederbelebung, f. vivification, dégourdissement, m.
Wiederbesinnen (sich), 2, se ressouvenir; reprendre ses esprits.
Wiederbezahlung, f. remboursement, m. [ter.
*Wiederbringen, v. a. rapporter; ramener; remettre, rendre; restituer. [ble.
Wiederbringlich, adj. fg. répara-
*Wiedereinbringen, v. a. réparer, récompenser; dédommager d'une perte; rapporter les frais.
Wiedereinführen, v. a. renouveler, faire revivre une loi; remettre en usage.
Wiedereinlösen, v. a. retirer, dégager un gage. [m.
Wiedereinlösung, f. dégagement,
Wiedereinräumen, v. a. restituer.
Wiedereinrichten, v. a. rétablir; réorganiser; redresser; emboîter un os.
Wiedereinrichtung, f. réorganisation; (chir.) remboîtement, m.
Wiedereinsetzen, v. a. rétablir; réintégrer; réhabiliter.
Wiedereinsetzung, f. rétablissement, m.; réintégration, f. réhabilitation.
Wiedereinweihung, f. réconciliation d'une église.
*Wiederemporkommen, v. n. (f.) reprendre faveur; fm. revenir sur l'eau.
Wiedererholen (sich), se remettre, se rétablir; reprendre ses esprits.
Wiedererinnern (sich), se ressouvenir. [nir, m.
Wiedererinnerung, f. ressouve-
Wiedererlangen, v. Wiederbekommen.
Wiedereröffnen, v. a. rouvrir.
Wiedereröffnung, f. rentrée.
Wiedersetzen, —erstatten, v. a. rendre; rembourser; restituer; réparer.
Wiedererstattung, —erstattung, f. restitution; remboursement, m.; réparation, f.

Wiedererwecken, *v. a.* ressusciter.
Wiedererzeugbar, *adj.* reproduc-
tible.                    [tibilité.
Wiedererzeugbarkeit, *f.* reproduc-
Wiedererzeugen, *v. a.* reproduire.
Wiedererzeugung, *f.* reproduction,
palingénésie.
Wiederfährte, *f.* (*cha.*) retour sur
les mêmes traces, *m.*    [retourner.
*Wiederfortgehen, *v. n.* (*s.*) s'en
Wiedergabe, *f.* reddition, resti-
tution.                    [régénérer.
Wiedergebären, *v. a.* 2, (*théol.*)
Wiedergeben, *v. a.* 1, rendre; res-
tituer; rembourser; (*cart.*) refaire.
Wiedergeburt, *f.* régénération.
Wiedergenesen, *v. n.* 1 (*s.*) recou-
vrer sa santé.
Wiedergenesung, *f.* rétablissement
de la santé, *m.;* convalescence, *f.*
Wiedergrüßen, *v. a.* rendre le sa-
lut à qn.
Wieder gut machen, *v. a.* réparer
*un dommage, une faute;* rabo-
nir *le vin.*
*Wieder gut werden, *v. n.* (*s.*)
s'apaiser; se radoucir.
*Wiederhaben, *v. a.* ravoir.
Wiederhall, *m.* 2*, écho.
Wiederhallen, *v. n.* (*h.*) résonner;
retentir.                    [visite.
Wiederheimsuchen, *v. a.* rendre la
Wiederherausgeben, *v. a.* 1, rendre; *fm.* rendre gorge.
Wiederherstellen, *v. a.* restituer;
réparer; rétablir; guérir, rétablir
*la santé;* restaurer.    [teur.
Wiederhersteller, *m.* 1, restaura-
Wiederherstellung, *f.* rétablissement, *m.;* guérison, *f.;* restauration; instauration *d'un temple.*
*Wiederhervorbringen, *v. a.* reproduire.                    [duction.
Wiederhervorbringung, *f.* repro-
*Wiederhineingehen, *v. n.* (*s.*) retourner, rentrer en quelque endroit.
Wiederhinlegen, =setzen, =stellen,
*=thun, *v. a.* remettre, replacer
en un endroit.
Wieder holen, *v. a.* aller reprendre; ramener, rapporter; wieder=
holen, répéter; réitérer, redire;
récapituler; renouveler; wieder=
holt, itératif; wiederholter Maßen,
*adv.* itérativement.
Wieder holung, *f.* répétition;
réitération, redite; die kurze —,
récapitulation; die öftere —, fréquence; unnütze —, battologie.
Wiederholungszeitwort, *n.* 5*, fréquentatif, *m.* verbe fréquentatif.
Wiederkäuen, *v. a.* et *n.* ruminer; —, *s. n.* 1, rumination, *f.*
Wiederkauf, *m.* 2*, rachat.
Wiederkaufen, *v. a.* racheter.
Wiederkäuflich, *adj.* rachetable.

Wiederkehr, *f.* retour, *m.*
Wiederkehren, *v. n.* (*s.*) retourner;
revenir.
*Wiederkommen, *v. n.* (*s.*) revenir; retourner; wieder zu sich selbst
kommen, revenir à soi.
Wiederkunft, *f.*, retour, *m.*
Wiedersammeln, *v. a.* rassembler.
Wiederschallen, *v. n.* (*b.*) résonner; retentir.
Wiederschein, *m.* 2, réverbération,
*f.* réfléchissement, *m.* resplendissement, réflexion, *f.;* (*peint.*)
reflet, *m.*
Wiederscheinen, *v. n.* 5 (*h.*) ré-
verbérer; réfléchir les rayons, se
refléter.
Wiederschelten, 2, =schimpfen, *v.a.*
rendre une injure.
Wiederschenken, *v. a.* rendre.
Wiederschicken, *v. a.* renvoyer.
Wiedersehen, *v. a.* 1, revoir; —,
*s. n.* 1, auf —, à revoir; bis auf
—, jusqu'au revoir.
Wiedersetzen, *v. a.* remettre, rasseoir; sich —, se rasseoir.
Wiedersprung, *masc.* 2*, bond;
(*bill., etc.*) bricole, *f.*
Wiederstrahlen, *v. n.* (*b.*) et *a.*,
*v.* Wiederscheinen.
Wiedertaufen, *v. a.* rebaptiser.
Wiedertäufer, *m.* 1, anabaptiste,
rebaptisant; die Lehre der —, ana-
baptisme.
*Wiederthun, *v. a.* faire une se-
conde fois; y retourner; récidiver.
Wiederum; *v.* Wieder.
Wiedervereinigen, *v. a.* réunir;
raccommoder, réconcilier.
Wiedervereinigung, *f.* réunion;
réconciliation, raccommodement,
*m.*                        [pareille.
Wiedervergelten, *v. a.* 2, rendre la
Wiedervergeltung, *f.* réciproque,
*m.* pareille, *f.;* représailles, *pl.;*
auf —, à la charge d'autant.
Wiedervergeltungsrecht, *n.* 2, loi
du talion, *f.*
Wiedervergleichen, *v. a.* 5†, rac-
commoder.                    [trier.
Wiederverheirathen (sich), se rema-
Wiedervermiethen, *v. a.* sous-
louer.
Wiederversöhnen, *v.* Versöhnen.
*Wiedervorbeigehen, =kommen,
=reisen, 2c., *v. n.* (*s.*) revenir, re-
passer.                        [tre.
Wiederwachsen, *v. n.* 7 (*s.*) recroî-
Wiederwärmen, *v. a.* réchauffer.
*Wiederweggehen, *v. n.* (*s.*) s'en
retourner.                    [rendre.
Wiederzahlen, *v. a.* rembourser;
Wiederzuheilen, *v. a.* guérir; —,
*v. n.* (*s.*) guérir; se refermer (*plaie*).
*Wiederzurechtbringen, =machen,

2c., *v. a.* raccommoder; réparer;
rétablir.
*Wiederzurechtkommen, *v. n.* (*s.*)
se rétablir; guérir; se remettre.
Wiederzurückberufen, *v. a.* 4, rap-
peler.                        [porter.
*Wiederzurückbringen, *v. a.* rap-
Wiederzurückfließen, *v. n.* 6 (*s.*)
refluer.                    [mander.
Wiederzurückfordern, *v. a.* rede-
Wiederzurückschlagen, 7, =treiben,
5, =jagen, 2c., *v. a.* repousser; re-
chasser.    [rassembler, recueillir.
Wiederzusammenbringen, *v. a.*
*Wiederzusammenkommen, *v. n.*
(*s.*) se rejoindre; se rassembler; se
revoir.
Wiederzustellen, *v. a.* rendre; res-
Wiege, *f.* berceau, *m.*    [tituer.
Wiegen, *v. n.* 6 (*h.*) peser.
Wiegen, *v. a.* bercer *un enfant;*
agiter doucement, balancer; sich
hin und her —, se dandiner.
Wiegenbogen, *m.* 1*, archet du
berceau.                    [celonnette.
Wiegenkorb, *m.* 2*, manne, *f.* bar-
Wiegenlied, *n.* 5, chansonnette
pour endormir les enfants, *f.*
Wiehern, *v. n.* (*h.*) hennir; —,
*s. n.* 1, hennissement, *m.*
Wieke, *f.* (*chir.*) tente, mèche;
bourdonnet, *m.*
Wien, Vienne (*ville*).
Wiesbaum, *m.* 2*, aideau.
Wiese, *f.* pré, *m.* prairie, *f.*
Wiesel, *n.* 1, belette, *f.*
Wiesenblume, *f.* fleur des prés.
Wiesengras, *n.* 5*, herbe des prés,
*f.* herbage, *m.*
Wiesengrund, *m.* 2*, prairies, *f.
pl.;* der fette und feuchte —, noue, *f.*
Wiesenmonat, *m.* 2, mois de
prairial.                    [herbage, *m.*
Wiesenwachs, *m.* 2, prairie, *f.*
Wieviel, *adv.*, *v.* Wie, *adv.*
Wiewohl, *conj.* quoique, encore
que, bien que.
Wild, *adj.* sauvage; farouche,
fougueux; inculte, désert; —
machen, effaroucher; *fg. id.*, met-
tre en colère.
Wild, *n.* 2, bête, *f.* gibier, *m.;*
venaison, *f.;* rothe —, bêtes fau-
ves, *f. pl.;* schwarze —, bêtes noi-
res; kleine —, menu gibier, *m.*
Wildacker, *m.* 1*, champ du gi-
bier.
Wildbahn, *f.* laie, varenne.
Wildbraten, *m.* 1, rôti de venai-
Wildbret, *v.* Wildpret.    [son.
Wildbruch, *m.* 2*, hardées, *f. pl.*
Wilddieb, *m.* 2, braconnier.
Wilddieberei, *f.* braconnage, *m.*
Wildenzen, *v. n. fm.* (*b.*) sentir
le sauvagin; faisander, se faisan-
der.
Wildfahrt, Wildfuhre, *f.* laie.

**Wildfällung,** f. abatis, m. carnage.

**Wildfang,** m. a*, p. us. chasse, f.; sg. fm. jeune étourdi, m. libertin.

**Wildgeruch,** m. a*, odeur sauvagine, f. [vagin.]

**Wildgeschmack,** m. a, goût sauvagine

**Wildgraf,** m. 3, wildgrave.

**Wildgrube,** f. chausse-trape.

**Wildheit,** f. férocité, barbarie.

**Wildknecht,** m. a, garde-chasse.

**Wildling,** m. a, sauvageon.

**Wildmeister,** m. 1, capitaine des chasses, garde-chasse.

**Wildniß,** f. désert, m.

**Wildpret,** n. a (sans pl.) gibier, m. venaison, f.

**Wildpretgeruch, =geschmack,** m. a*, odeur (f.), goût (m.) de venaison; einen — annehmen, faisander.

**Wildrecht,** n. a, curée, f.

**Wildschaden,** m. 1*, hardées, f. pl. [ra, m.]

**Wildschur,** f. pelisse; vitchoura.

**Wildschütz,** m. 3, chasseur à l'arquebuse; v. Wilddieb.

**Wildschwein,** n. a, sanglier, m.; —kopf, m. a*, hure de sanglier, f. [pl. erres.]

**Wildspur,** f. (cha.) foulures, f.

**Wildstand,** m. a*, reposée, f.

**Wildwerk,** n. a, v. Wildpret.

**Wille,** m. exc. a, volonté, f.; intention; vouloir, m.; consentement; gré; der freie —, le libre arbitre, franc arbitre; der böse —, malveillance, f.; der letzte —, les dernières volontés, pl. testament, m.; um ..... willen, pour, pour l'amour de, à cause de; wider —n, à contre-cœur; wider seinen —n, malgré lui; —s seyn, vouloir, avoir dessein de; être intentionné, dans l'intention de, être disposé à.

**Willensbestimmung,** f. volition.

**Willensmeinung,** f. volonté.

**Willfahren,** v. n. (h.), (einem in etw.) condescendre à la volonté de qn., complaire à qn. en qch.; acquiescer, consentir à qch.; accorder qch.

**Willfährig,** adj. officieux; complaisant; condescendant.

**Willfährigkeit,** f. complaisance, condescendance, obligeance; service, m. [m.]

**Willfahrung,** f. consentement,

**Willig,** adj. prompt, prêt, porté à faire qch.; de bonne volonté; (man.) docile, franc du collier; —, adv. librement; volontiers, de bon cœur, de plein gré. (à).

**Willigen,** v. n. (h.) consentir (in

**Willigkeit,** f. bonne volonté.

**Willkommen,** adj. bienvenu; —,

s. m. 1, accueil; bienvenue, f.

**Willkühr,** f. volonté, discrétion; gré, m.; arbitraire.

**Willkührlich,** adj. spontané, arbitraire; bie —t Gewalt, (jur.) le pouvoir discrétionnaire.

**Willkührlichkeit,** f. spontanéité; arbitraire, m.

**Wimmeln,** v. n. (h.) fourmiller; grouiller.

**Wimmern,** v. n. (h.) gémir, se lamenter, se plaindre; —, s. n. 1, gémissements, m. pl.; lamentations, f. pl.; cris plaintifs, m. pl.

**Wimpel,** m. 1 et f. flamme, f. banderolle.

**Wimpelstock,** m. a*, dignon.

**Wimpern,** f. pl., v. Augenwimpern.

**Wind,** m. a, vent; (cha.) odeur, f.; (méd.) vent, m. flatuosité, f. ventosité, pet, m.; der gelinde —, souffle; (mar.) brise, f.; sanfte — zéphyr, m.; falle, stürmische — aquilon; einen — lassen, lâcher un vent, faire un pet, peter; fg. — machen, faire le gascon; in den — schlagen, mépriser qch., se moquer de qch.; in den — reden, parler en l'air.

**Windbeutel,** m. 1, (pât.) échaudé; fg. fm. fanfaron, gascon, charlatan.

**Windbeutelei,** f. fanfaronnade, gasconnade, forfanterie, charlatanerie.

**Windbruch,** m. a*, (méd.) hernie venteuse, f.; pneumatocèle; (forest.) chablis, m. abatis, bois caablé. [(m.) à vent.]

**Windbüchse,** f. arquebuse, fusil

**Winde,** f. guindal, m. vindas; (mar.) cabestan; cric; (arch.) engin; dévidoir; (bot.) liseron.

**Windei,** n. 5, œuf nain, m.

**Windeisen,** n. 1, tringle des fenêtres, f.

**Windel,** f. maillot, m. lange, f.; drapeau, m. couche, f.; braie; in —n wickeln, v. Windeln; aus den —n nehmen, démailloter.

**Windeln,** v. a. emmailloter.

**Winden,** v. a. 3, tordre, entortiller; dévider, mettre en pelote; faire des guirlandes; in die Höhe —, guinder; élever; aus den Händen —, arracher des mains; sich —, s'entortiller; se replier; se recoquiller.

**Winden,** v. n. et imp. (h.) venter; (cha.) prendre le vent, flairer.

**Windestock,** m. a*, bille, f.

**Windfächer,** m. a, éventail.

**Windfackel,** f. torche; brandon,

**Windfahne,** f. girouette. [m.]

**Windfall,** m. a*, chablis.

**Windfang,** m. a*, paravent; ven-

tilateur; soupirail; (horl.) volant; (min.) âme, f. [m.]

**Windgeschwulst,** f.*, emphysème,

**Windhafer,** m. 1, folle avoine, f.

**Windhaufen,** m. 1, veillotte, f.

**Windhobenbruch,** voy. Windbruch (méd.).

**Windhund,** m. a, levrier; der kleine —, levron; mit —en Hasen jagen, levretter.

**Windhündinn,** f. levrette.

**Windig,** adj. venteux; der —t Kopf, fg. la tête à l'évent.

**Windklappe,** f. soupape, clapet, m. [f.]

**Windkraut,** n. 5*, coquelourde,

**Windkugel,** f. éolipyle, m.

**Windlade,** f. (org.) porte-vent, m. sommier; (min.) ventilateur.

**Windloch,** n. 5*, soupirail, m. évent; ventouse, f.; lunette d'un soufflet; (org.) lumière.

**Windmacher,** m. 1, fm. menteur; fanfaron, gascon, bravache.

**Windmesser,** m. 1, anémomètre.

**Windmeßkunst,** f.*, anémométrie.

**Windmonat,** m. a, mois de ventôse.

**Windmühle,** f. moulin à vent, m.

**Windmüller,** m. 1, meunier (d'un moulin à vent)

**Windpocken,** pl. petite vérole volante, f. [vent, m.]

**Windrädchen,** n. 1, moulinet à

**Windrähe,** f. (vétér.) fourbure.

**Windsbraut,** f.*, coup de vent, m. grain de vent; bouffée de vent, f. bourrasque; (mar.) rafale.

**Windschief,** adj. gauchi, coffiné, déjeté (bois). [paravent.]

**Windschirm,** m. a, brise-vent,

**Windseite,** f. côté du vent, m.; (mar.) lof. [vron, levrette, f.]

**Windspiel,** n. a, levrier, m. le-

**Windspielartig,** adj. levretté.

**Windstill,** adj. calme. [f.]

**Windstille,** f. calme, m.; bonace,

**Windstoß,** m. a*, v. Windsbraut.

**Windstrich,** m. a, passage du vent; (mar.) aire (f.), rumb (m.) de vent.

**Windsturm,** m. a*, bourrasque, f.

**Windswirbel,** m. 1, tourbillon.

**Windzeiger,** m. 1, anémoscope.

**Wink,** m. a, signe, clin d'œil.

**Winkel,** m. 1, angle; coin; niche, f.; mépr. bouge; (arch.) angle, m.; jarret; enfourchement d'une voûte en ogive.

Winkelbruckerei, f. imprimerie clandestine.

Winkelehe, f. mariage clandestin, m. mariage en détrempe.

Winkelfaßer, masc. 1, angloir, équerre pliante, f.; v. Winkelmaß.

Winkelhaken, m. 1, (impr.) compositeur.

Winkelholz, n. 5*, équerre de bois, f.; (rond. de dr.) billette.

Winkelig, adj. angulaire, anguleux; coudé (fer); (ville) qui a beaucoup de coins.

Winkelmaß, n. 2, équerre, f. sauterelle, béveau, m. beuveau.

Winkelmeister, m. 1, pop. chambrelan.

Winkelmesser, m. 1, (math.) goniomètre, graphomètre; rapporteur; v. Winkelmaß.

Winkelmeßkunst, f.*, goniométrie.

Winkelmünze, f. fausse monnaie.

Winkelrecht, adj. rectangulaire.

Winkelschenke, f. cabaret borgne, m.                    [tine.

Winkelschule, f. école clandes-

Winkelspiel, n. 2, jeu des quatre coins, m.             [m.

Winkeltreppe, f. escalier dérobé,

Winkelversammlung, f. assemblée clandestine, conventicule, m. conciliabule.

Winkelzug, m. 2*, détour, prétexte, subterfuge.

Winken, v. n. (h.) faire signe de la tête, des yeux, etc.

Winseln, v. n. (h.) gémir, se lamenter; — s. n. 1, gémissement, m.

Winter, m. 1, hiver; mitten im —, au fort, au cœur de l'hiver; zum — gehörig, hivernal.

Winterbeule, v. Frostbeule.

Winterblume, f. fleur hivernale.

Winterdormantel, m. 1*, domino.                     [ver, m. pl.

Winterfrüchte, pl. grains d'hi-

Wintergerste, f. écourgeon, m.

Wintergrün, n. 2, pervenche, f.

Winterleukoje, f. julienne.

Winterlich, adj. d'hiver, brumal.

Wintermonat, m. 2, novembre.

Wintern, v. n. et imp. (h.) fm. faire froid; passer l'hiver; —, v. a. hiverner.

Winterpflanze, f. plante vivace; plante hivernale ou brumale.

Winterquartier, n. 2, quartier d'hiver, m.

Wintersaat, f. blé d'automne, m.

Winterseite, f. côté du nord, m.

Winterwetter, n. 1, temps froid, m.

Winzer, m. 1, vigneron.

Winzermesser, n. 1, serpette, f.

Winzig, adj. fm. fort Petit; —, adv. très-peu.

Wipfel, m. 1, sommet; cime, f.;

---

(forest.) houppe; fg. comble, m.

Wippe, f. estrapade; balançoire.

Wippen, v. a. estrapader; balancer; v. Kippen.

Wipgalgen, m. 1, estrapade, f. ganche.

Wir, pron. nous.

Wirbel, m. 1, sommet de la tête, (anat.) vertex; tournant d'eau; (mar.) remole, f.; tourbillon de vent, m. || cheville de violon, f.; emboiture des os; peson de fuseau, m.; poulie de moufle, f.; (nav.) cargueur, m.; manivelle, f.; (serr.) tourniquet, m.; (arch.) astragale, clef de cannelle, f.; ben — schlagen, faire le roulement; in dem — der Geschäfte, dans le tourbillon des affaires.

Wirbelbein, n. 2, vertèbre, f.; die Thiere mit —en, les animaux vertébrés, m. pl.

Wirbelförmig, adj. et adv. en tournant.                    [gale, m.

Wirbelkraut, n. 5*, (bot.) astra-

Wirbeln, v. n. (h.) tournoyer; (guer.) battre un roulement; —, s. n. 1, tournoiement, m.; roulement.          [cal.

Wirbelpunkt, m. 2, point verti-

Wirbelsucht, f. vertige, m.

Wirbelwind, m. 2, tourbillon.

Wirkbrett, n. 5, Wirktafel, f. Wirktisch, m. 2, tour, couche, f.

Wirkeisen, n. 2, paroir, m. boutoir, batte, f.

Wirken, v. a. et n. (h.) opérer; agir; travailler; faire effet || faire, fabriquer; (boul.) pétrir; (mar. ferr.) parer; travailler; bunt —, chiner.

Wirkend, adj., v. Wirksam; schnell —, (méd.) drastique; eines um das andere —, alternatif.

Wirklich, adj. actuel; effectif; réel; positif; —, adv. actuellement, etc.; en effet, de fait, fm. tout de bon.

Wirklichkeit, f. réalité; existence.

Wirksam, adj. actif, agissant, efficace, efficient.

Wirksamkeit, f. activité, efficacité.                    [métier.

Wirkstuhl, m. 2*, (tiss., etc.)

Wirkung, f. effet, m. opération, f. action, efficace; fruit, m.

Wirkungsart, f. manière d'agir, d'opérer; causalité.

Wirkungskraft, f.*, efficacité; vertu, virtualité.

Wirkungskreis, m. 2, sphère d'activité, f.                    [ler.

Wirren, v. a. brouiller, embrouil-

Wirrgarn, n. 2, fil embrouillé, m.                    [soie.

Wirrseide, f. strasse, bourre de

Wirrstroh, n. 2, paille froissée, f.

---

Wirrwarr, m. 2, fm. brouillamini; imbroglio; confusion, f.; désordre, m. chaos.

Wirsing, —kohl, m. 2, chou frisé; der weiße —, le chou pancalier.

Wirtel, m. 1, peson de fuseau.

Wirth, m. 2, hôte, aubergiste, traiteur, cabaretier; fg. économe.

Wirthinn, f. hôtesse; fg. ménagère, économe.                    [ger.

Wirthlich, adj. économe, ména-

Wirthlichkeit, f. économie.

Wirthschaft, f. économie, ménage, m.; profession d'aubergiste, f.: — treiben, tenir auberge.

Wirthschaften, v. n. (h.) tenir auberge, cabaret; conduire un ménage; fg. économiser.

Wirthschaftlich, adj. ménager, économe.

Wirthshaus, n. 5*, auberge, f. hôtellerie, cabaret, m.

Wisch, m. 2, torchon; brandon; m. p. chiffon, paperasse, f.; pancarte; pamphlet, m.

Wischen, v. a. torcher; essuyer; frotter; (dess.) estomper; —, v. n. (h.) échapper, s'échapper.

Wischer, m. 1, torchon; (artill.) écouvillon; fouloir; (dess.) estompe, f.; fg. fm. réprimande.

Wischlappen, m. 1, Wischtuch, n. 5*, torchon, m. frottoir, maniette, f.                    [muth.

Wismuth, m. 2, (minér.) bis-

Wispel, m. 1, wispel, muid.

Wispeln, Wispern, x., m. v. Flüstern.

Wißbegierde, f. curiosité, envie d'apprendre.                    [dre.

Wißbegierig, adj. avide d'appren-

*Wissen, v. a. savoir, connaître; nicht —, ignorer; nicht mehr wo hinaus, être au bout de son latin; pop. être à cul; zu — thun, faire savoir, mander; —, s. n. 1, savoir, m. connaissance de qch., f.; ohne mein —, à mon insu; meines —s, autant que je sais; mit — und Willen, sciemment, de propos délibéré.

Wissenschaft, f. science, connaissance; savoir, m.; die schönen —en, les belles lettres, f. pl. littérature, f.

Wissenschaftlich, adj. scientifique.

Wissentlich, adv. sciemment, fm. à bon escient.

Wißche, f. (bot.) aspalathe, m.; —nholz, n. 5*, id.

Wittern, v. a. flairer, halener; fg. se douter de qch.; —, v. n. et imp. (h.), es wittert, il tonne.

Witterung, f. temps, m.; température de l'air, f. saison; die rauhe —, frimas, m. injures du

temps, *f. pl.; bie — betreffenb*, météorologique; —, *(cha.)* flair, *m.*
**Witterungslehre,** *f.* météorologie.
**Witthum,** *n.* 5*, douaire, *m.;* bas halbe —, mi-douaire.
**Wittwe, Wittwe, Wittfrau,** *f.;* veuve; — von Stanbe, douairière.
**Wittwengehalt,** *n.* 2, douaire, *m.*
**Wittwenjahr,** *n.* 2, première année de veuvage, *f.*
**Wittwenleben,** *n.* 1, **Wittwenstanb,** *m.* 2*, viduité, *f.;* veuvage, *m.*
**Wittwensitz,** *m.* 2, domicile affecté au douaire.
**Wittwer,** *m.* 1, veuf.
**Wittwerstanb,** *m.* 2*, veuvage.
**Witz,** *m.* 2, esprit, sagacité, *f.;* ber feine —, le sel attique; beissenbe —, mordant; blenbenbe —, concetti, *m. pl.*
**Witzelei,** *f.* affectation de dire des bons mots.
**Witzeln,** *v. n.* (h.) faire le bel esprit.
**Witzig,** *adj.* ingénieux, spirituel, sensé; ber —e Einfall, saillie, *f.* bon mot, *m.;* — machen, *v.* Witzigen.
**Witzigen,** *v. a.* déniaiser, rendre sage, instruire; donner une (bonne) leçon à qn.
**Witzling,** *m.* 2, prétendu bel esprit; diseur de bons mots.
**Wo,** *adv.* où; d'où; si; wo nicht, sinon; sans cela; autrement.
**Wobei,** *interrog.* à quoi? en quoi? *relat.* auquel, à laquelle; par lequel, par laquelle.
**Woche,** *f.* semaine.
**Wochen,** *pl. fg. et* **Wochenbett,** *n. exc.* 1, couches, *f. pl.*
**Wochenblatt,** *n.* 5*, feuille hebdomadaire, *f.*
**Wochengeld,** *n.* 5, **Wochenlohn,** *m.* 2, salaire d'une semaine; semaine, *f.* [lot, *m.*
**Wochenkind,** *n.* 5, enfant au maillot.
**Wochenschrift,** *f.* feuille périodique, journal hebdomadaire, *m.*
**Wochenstube,** *f.* chambre d'une accouchée.
**Wochentag,** *m.* 2, jour de la semaine, férie, *f.*
**Wöchentlich,** *adj.* de la semaine; hebdomadaire; —, *adv.* par semaine.
**Wöchnerinn,** *f.* accouchée.
**Wocken,** *m.* 1, *p. us.,* v. Spinnrocken.
**Woban,** *m.* (*myth.*) Odin.
**Woburch,** *interr.* par où? d'où? comment? en quoi? *relat.* par où; par lequel, par laquelle, etc.
**Wofern,** *conj.* si; au cas que; — nicht, à moins de, à moins que.
**Wofür,** *interr.* pour qui? pour

quoi? *relat.* pour lequel, pour laquelle; dont.
**Woge,** *f.* vague, flot, *m.* lame, *f.*
**Wogegen,** *interr.* où? en quel endroit? *relat.* à quoi; à cela; sur quoi.
**Wogen,** *v. n.* (h.) rouler des vagues, ondoyer; voguer.
**Wogenb, Wogig,** *adj.* ondoyant, agité, houleux. [où.
**Woher,** *interr. et relat.* d'où, par quoi, où.
**Wohin,** *interr.* où? *relat.* à quoi, où.
**Wohl,** *adv.* bien; très; fort; — bem ber ..., heureux celui qui ...; — mir, que je suis heureux! sich — seyn lassen, prendre ses aises; es ist mir —, je me porte bien; ihm ist nicht —, il est indisposé, il se trouve mal.
**Wohl,** *n.* 2, bien, *m.;* bien-être; salut. [honoré.
**Wohlachtbar,** *adj.* (*titre*) très-
**Wohlan,** *interj.* eh bien! or çà! allons! çà! [décent.
**Wohlanständig,** *adj.* bienséant;
**Wohlanständigkeit,** *f.* bienséance; décence; convenance.
**Wohlauf,** *adj.* en bonne santé; bien portant; — seyn, sich — bes finden, se porter bien; être en bonne santé.
**Wohlbebacht, Wohlbebächtig,** *adj.* délibéré; bien avisé; —, *adv.* de propos délibéré; après y avoir bien réfléchi. [té, *f.*
**Wohlbefinben,** *n.* 1, bonne santé.
**Wohlbehagen,** *n.* 1, plaisir, *m.;* bien-être, aise, *f.*
**Wohlbehalten,** *adj.* sain et sauf; en bon état; en bonne santé.
**Wohlbeleibt,** *adj.* qui a de l'embonpoint; *fm.* dodu. [sert.
**Wohlberebt,** *adj.* éloquent, disert.
**Wohlbestellt,** *adj.,* bas —e Haus, la maison bien montée.
**Wohlbiener,** *m.* 1, complaisant, flatteur, obséquieux.
**Wohlebel,** *adj.* (*titre*) noble.
**Wohlehrwürdig,** *adj.* (*titre*) révérend, très-révérend; Ew. Wohlsehrwürben, votre Révérence.
**Wohlerfahren,** *adj.* expérimenté, entendu.
**Wohlergehen,** *n.* 1, prospérité, *f.*
**Wohlerzogen,** *adj.* bien élevé.
**Wohlfahrt,** *f.* prospérité; salut, *m.*
**Wohlfeil,** *adj.* à bon marché; à bas Prix; etw. — anbieten, faire bon marché de qch.
**Wohlfeilheit,** *f.* bon marché, *m.* bas prix.
**Wohlgeboren,** *adj.* (*épithète d'usage envers les personnes en place et qu'on ne rend pas en français*).

**Wohlgefallen,** *n.* 1, plaisir, *m.*
**Wohlgefällig,** *v.* Gefällig.
**Wohlgelitten,** *adj.* bienvenu.
**Wohlgemeint, Wohlmeinenb,** *adj.* amical, bienveillant; —, *adv.* en ami, en bonne intention.
**Wohlgemuth,** *adj.* gai, de bonne humeur. [a bien réussi.
**Wohlgerathen,** *adj.* bien né; qui
**Wohlgeruch,** *m.* 2*, bonne odeur, *f.;* parfum, *m.*
**Wohlgeschmack,** *m.* 2, goût agréable, délicatesse, *f.* [né.
**Wohlgewogen,** *adj.* très-affection-
**Wohlgewogenheit,** *f.* bienveillance. [aisé.
**Wohlhabenb,** *adj.* à son aise;
**Wohlklang,** *m.* 2*, Wohllaut, *m.* 2, harmonie, *f.;* euphonie.
**Wohlklingenb, Wohllautenb,** *adj.* harmonieux; sonore; euphonique; — machen, cadencer, arrondir *une période.* [*f.; fm.* bombance.
**Wohlleben,** *n.* 1, bonne chère, *f.*
**Wohlrebenb,** *adj.* éloquent.
**Wohlrebenheit,** *f.* éloquence, *fm. iron.* bien-dire, *m.* [diseur.
**Wohlrebner,** *m.* 1, *iron.* beau-
**Wohlriechenb,** *adj.* odoriférant, aromatique; — machen, aromatiser.
**Wohlschmeckenb,** *adj.* de bon goût.
**Wohlseyn,** *n.* 1, bonne santé, *f.* santé; bien-être, *m.*
**Wohlstand,** *m.* 2, bienséance, *f.* décence; décorum, *m.;* aisance, *f.* prospérité; bien-être, *m.*
**Wohlthat,** *f.* bienfait, *m.*
**Wohlthäter,** *m.* 1, -inn, *f.* bienfaiteur, *m.* -trice, *f.*
**Wohlthätig,** *adj.* bienfaisant, charitable.
**Wohlthätigkeit,** *f.* bienfaisance.
*Wohlthun,* *v. n.* (h.) bien faire; faire du bien.
**Wohlverbient,** *adj.* bien mérité.
**Wohlverhalten,** *n.* 1, bonne conduite, *f.* [entendu.
**Wohlverstanben,** *adj. et adv.* bien
**Wohlwollen,** *n.* 1, bienveillance, *f.* [ble.
**Wohnbar,** *adj.* habitable, logea-
**Wohnen,** *v. n.* (h.) loger, demeurer; habiter.
**Wohnhaft,** *adj.* demeurant, habitant à; domicilié; sich — nieberlassen, établir son domicile.
**Wohnhaus,** *n.* 5*, maison, *f.* logis, *m.*
**Wohnort,** *m.* =sitz, *m.* 2, =platz, *m.* 2*, =stätte, *f.* habitation, demeure; (*jur.*) domicile, *m.;* =sitz, *m.* 2, résidence *d'un prince*, *f.*
**Wohnstube,** *f.* =zimmer, *n.* 1, chambre, *f.* poêle, *m.*
**Wohnung,** *f.* maison; logis, *m.* logement, demeure, *f.;* habitation; domicile, *m.* résidence, *f.*

(*poés.*) manoir, *m.*; einem eine — geben, loger qn.; sich eine — bauen, ausjuchen, einrichten, se loger; eine eigene — haben, avoir un chez soi. **Wohnungsanzeige**, *f.* adresse.

**Wölben**, *v. a.* voûter; cintrer; bomber.

**Wölbung**, *f.* voussure; voûte; bombement, *m.*; arcade, *f.* cambrure.

**Wolf**, *m.* 2*, loup; **Wölfinn**, *f.* louve; der junge —, louveteau, *m.*; —, (*man.*) *fm.* écorchure, *f.* **Wolfram**, *m.* 2, (*minér.*) wolfram.

**Wolfsangel**, *f.* **Wolfseisen**, *n.* 1, **Wolfsfalle**, *f.* chausse-trape.

**Wolfsbohne**, *f.* lupin, *m.*

**Wolfsgebiß**, *n.* 2, (*man.*) escache, *f.*

**Wolfsgrau**, *adj.* (*man.*) louvet.

**Wolfshunger**, *m.* 1, malefaim, *f.*

**Wolfsjagd**, *f.* chasse aux loups.

**Wolfsjagdgeräthe**, *n.* 1, louveterie, *f.*

**Wolfsjäger**, *m.* 1, louvetier.

**Wolfskraut**, *n.* 5*, orpin, *m.*

**Wolfslager**, *n.* 1, bei Tage, liteau du loup, *m.*    [*m.*

**Wolfsmilch**, *f.* (*bot.*) euphorbe,

**Wolfswahnsinn**, *m.* 2, lycanthropie, *f.*     [trope.

**Wolfswahnsinnige**, *m.* 3, lycan-

**Wolfswurz**, *f.* aconit, *m.*

**Wolfszahn**, *m.* 2*, dent de loup, *f.*; hochet *pour les enfants*, *m.*

**Wolfszeughaus**, *n.* 5*, louveterie, *f.*

**Wolger, Wulger**, *m.* 1, pâton pour engraisser les oies.

**Wölkchen**, *n.* 1, petite nue, *f.* petit nuage, *m.*; nubécule *dans l'urine*, *f.*    [nuée.

**Wolke**, *f.* nuage, *m.* nue, *f.*

**Wölken** (sich), se couvrir de nuages.    [lavasse.

**Wolkenbruch**, *m.* 2*, ondée, *f.*

**Wolkig, Wölkicht**, *adj.* couvert de nuages; (*joaill.*) glaceux.

**Wollarbeit**, *f.* lainage, *m.*

**Wollarbeiter**, *m.* 1, ouvrier en laine.    [blanc, *m.*

**Wollblume**, *f.* (*bot.*) bouillon-

**Wollbreher**, *v.* **Wollspinner**.

**Wolle**, *f.* laine; (*bot.*, *etc.*) coton, *m.* duvet; die feinste —, mère laine, *f.*; kurze, lange —, laines (*pl.*) basses, hautes; — von geschlachteten Schafen, avalies; die gefachte —, (*chap.*) capade; — tragend, (*hist. nat.*) lanifère.

**Wollen**, *adj.* de laine; —, *adv.* en laine.

*Wollen, *v. n.* (h.) vouloir, souhaiter, désirer; entendre; lieber —, aimer mieux; man mag — oder nicht, bon gré mal gré; wolle

---

Gott! plût à Dieu! — , *s. n.* 1, vouloir, *m.*

**Wollenwaare**, *f.* lainage, *m.*

**Wollenweber**, *m.* 1, fabricant de drap de laine; tisserand en laine.    [*f.*; lainage, *m.*

**Wollenzeug**, *m.* 2, étoffe de laine.

**Wollfärber**, *m.* 1, teinturier en laine.    [lainage.

**Wollhandel**, *m.* 1*, commerce de

**Wollhändler**, *m.* 1, marchand de laines, lainier.

**Wollicht**, *adj.* cotonné; (*bot.*) lanugineux; duveteux; moutonné (*cheveux*).

**Wollig**, *adj.* laineux; lanifère.

**Wollkamm**, *m.* 2*, carde, *f.* droussette.

**Wollkämmer**, *tarbätscher*, *m.* 1, =inn, *f.* cardeur, *m.* -se, *f.* houppier, *m.*    [—, droussette.

**Wollkratze**, *f.* carde; die große

**Wollreich**, *adj.* laineux.

**Wollschere**, *f.* forces à laine, *pl.*

**Wollschlumper**, *m.* 1, drousseur.

**Wollschur**, *f.* tonte des brebis.

**Wollspinner**, *m.* 1, =inn, *f.* torteur, *m.* fileur, -se, *f.*

**Wollstreicher**, *m.* 1, aplaneur.

**Wollust**, *f.*, plaisir, *m.* volupté, *f.* lubricité; (*théol.*) luxure.

**Wollüstig**, *adj.* voluptueux; libidineux, luxurieux.

**Wollüstling**, *m.* 2, voluptueux, débauché, homme sensuel.

**Wollzupfer**, *m.* 1, éplucheur.

**Wolverlei**, *n.* 2, (*bot.*) arnique, *f.*

**Womit**, *interr.* avec quoi? de quoi? *relat.* duquel, de laquelle; avec lequel, avec laquelle; dont, de quoi.

**Wonach**, *interr.* à quoi? que? sur quoi? d'après quoi? *relat.* après quoi, sur quoi.

**Wonne**, *f.* joie, délice, *m.* délices, *f. pl.* plaisir, *m.*

**Wonnemonat**, *m.* 2, mois de mai.

**Wonnereich, Wonnevoll, Wonnig**, *adj.* délicieux, charmant.

**Wonnetrunken**, *adv.* enivré de délices.

**Wort=**, *suivi d'une autre particule*, *p. ex.*, an, aus, auf, ein, in, über, nach, zu, *c.*, *forme un grand nombre de particules allemandes qui ont toutes une signification interrogative ou relative à ce qui précède.*

**Woran**, *interr.* à quoi? où? par où? *relat.* à quoi; où; auquel, à laquelle.

**Worauf**, *interr.* à quoi? à quoi? sur quoi? sur qui? en quoi? en qui? où? *relat.* sur quoi, sur lequel, etc., après quoi.

**Woraus**, *interr.* de quoi? d'où?

---

*relat.* duquel, de laquelle; d'où; dont.

**Worein**, *interr.* où? en quoi? *relat.* dans lequel, dans laquelle; dans quoi.    [*les blés.*

**Worfeln**, *v. a.* remuer, vanner

**Worfschaufel**, *f.* pelle à vanner.

**Worgen**, *v.* **Würgen**.

**Worinn, Worinnen**, *interr.* en quoi? où? dans quel endroit? *relat.* où; dans lequel, dans laquelle; auquel.

**Wornach**, *interr. et relat.* que; après quoi, sur quoi; *relat.* làdessus.

**Wort**, *n.* 2 et 5*, mot, *m.* terme, parole, *f.*; *fg.* parole, promesse; das göttliche —, la parole divine; (*théol.*) manne céleste; mit einem —, en un mot; mit wenig —en, bref; von — zu —, für —, mot à mot, mot pour mot; er versteht es beim ersten —, il entend à demi-mot; fein — sagen, ne dire mot.

**Wortähnlichkeit**, *f.* analogie des mots; paronomasie. [d'un mot.

**Wortbestimmung**, *f.* définition

**Wortbetrug**, *m.* 2*, sophisme.

**Wortbrüchig**, *adj.* manquant à sa parole; parjure; — seyn, manquer à sa parole.

**Wortbrüchigkeit**, *f.* manque de parole, *m.*; parjure.

**Wörterbuch**, *n.* 5*, dictionnaire, *m.* lexique; vocabulaire.

**Wörterbuchschreiber**, *m.* 1, lexicographe.    [giste.

**Wortforscher**, *m.* 1, étymolo-

**Wortforschung**, *f.* étymologie; zur — gehörig, étymologique.

**Wortfügung**, *f.* syntaxe; construction des mots.

**Wortführer**, *m.* 1, celui qui porte la parole, orateur.

**Wortgedresche**, *n.* 1, battologie, *f.*

**Wortgepränge**, *n.* 1, style (*m.*) ou discours ampoulé.

**Wortklauber**, *m.* 1, *fm.* éplucheur de mots; —ei, *f.* dispute sur les mots, logomachie. [tras.

**Wortkram**, *m.* 2, verbiage, *f.*

**Wörtlich**, *adj.* verbal; littéral; —, *adv.* mot à mot, littéralement, à la lettre, au pied de la lettre.    [ture, *f.*

**Wortregister**, *n.* 1, nomencla-

**Wortreich**, *adj.* abondant en mots ou en paroles; verbeux.

**Wortspiel**, *n.* 2, jeu de mots, *m.* calembourg.

**Wortstellung**, *f.* construction, phraséologie.

**Wortstreit**, *masc.* 2, dispute de mots, *f.* logomachie, débat, *m.*

**Wörterveränderung**, *f.* (*gramm.*) métaplasme, *m.*

Wortverberber, m. 1, écorcheur des mots. [maligne.
Wortverdrehung, f. interprétation
Wortverlängerung, f. paragoge.
Wortversetzung, fém. inversion; transposition. [ral.
Wortverstand, m. 2, sens littéral.
Wortverwechslung, f. (rhét.) métonymie.
Wortwechsel, m. 1, dispute, f. querelle; discussion. [redite.
Wortwiederholung, f. tautologie.
Worüber, interr. sur quoi? de quoi? à quoi? relat. de quoi, duquel, etc.
Worunter, interr. et relat. sous (parmi, dans) quoi, lequel, laquelle; où.
Woselbst, adv. où.
Wovon, interr. de quoi? d'où? duquel? de laquelle? relat. id., dont.
Wovor, interr. et relat. de quoi, devant quoi, devant lequel.
Wowider, interr. et relat. contre quoi, contre lequel.
Woywode, m. 3, sinn, f. palatin, m. -e, f.; vayvode, m.
Woywodschaft, f. palatinat, m.
Wozu, interr. et relat. à quoi, pourquoi, à quel propos, à quelle fin.
Wrack, n. 2, carcasse, f.; débris, m. pl. varech (vaisseau naufragé), m.
Wrackgut, n. 5*, rebut, m. fretin. [mi salé.
Wrackhäring, m. 2, hareng à la
Wucher, m. 1, -ei, f. usure; — mit Staatspapieren, agiotage, m.
Wucherblume, f. chrysanthème, m.
Wucherer, m. 1, usurier, fm. fesse-mathieu; — mit Staatspapieren, agioteur; — mit Korn, 2c., accapareur. [l'usure.
Wucherhaft, adj. qui tient de Wucherhandel (sich), v. Wucher.
Wucherkauf, m. 2*, marché usuraire; accaparement.
Wucherlich, adj. usuraire.
Wuchern, v. n. (h.) faire l'usurier, exercer l'usure, agioter; mit Korn —, accaparer du blé.
Wuchs, m. 2*, crue, f.; venue; jet, m.; taille, f.
Wucht, f. (poés.) pesanteur; masse pesante.
Wuhl, m. 2, (cha.) boutis.
Wühlen, v. a. et n. (h.) fouiller; mit dem Schnabel im Schlamm —, barboter. [glace des étangs.
Wuhne, f. ouverture dans la
Wuhr, f. et n. 2, v. Wehr.
Wulst, m. 2*, bourrelet, bourlet; (arch.) coussinet.
Wulstig, adj. bouffi.

Wund, adj. blessé; fg. id., ulcéré.
Wundarzneikunst, f.*, chirurgie; zur — gehörig, chirurgical, chirurgique. [opérateur.
Wundarzt, m. 2*, chirurgien,
Wundbalsam, m. 2, baume vulnéraire.
Wunde, f. plaie, blessure.
Wundeisen, n. 1, sonde, f.
Wundenmal, n. 5* ou 2, v. Narbe; die —e Christi, les stigmates de Jésus-Christ, m. pl.
Wunder, n. 1, miracle, m. prodige; merveille, f.; es nimmt mich —, j'en suis surpris; —s halben, —s wegen, par pure curiosité, pour la rareté du fait; ich dachte — was es wäre, je m'attendais à voir des merveilles; sich — was einbilden, se donner de grands airs. Wunder-, dans la composition, exprime la grandeur, la qualité extraordinaire d'une chose.
Wunderbar, adj. miraculeux; prodigieux, merveilleux; étonnant, surprenant; extraordinaire, singulier; admirable, curieux; —t, s. n. 3, miraculeux, m. merveilleux. [Christ, f.
Wunderbaum, m. 2*, palme-de-
Wunderbild, n. 5, image miraculeuse, f.
Wunderblume, f. jalap, m. merveille du Pérou, f.
Wunderding, n. 2, merveille, f.
Wundergabe, f. don de faire des miracles, m.
Wunderglaube, m. exc. 2, croyance aux miracles, f.; foi qui opère des miracles. [leuse.
Wunderkraft, f.*, vertu miraculeuse.
Wunderlich, adj. étrange, singulier, bizarre; extravagant, fantasque; capricieux, bourru, acariâtre, intraitable.
Wunderlichkeit, f. bizarrerie.
Wundern (sich), v. r. s'étonner, admirer; das wundert mich sehr, j'en suis bien surpris.
Wundersam, adj. p. us., v. Wunderbar.
Wunderschön, adj. beau à ravir.
Wunderselten, adj. très-rare.
Wundershalber, adv. fm. pour la rareté du fait.
Wunderthat, f. miracle, m.
Wunderthäter, m. 1, thaumaturge.
Wunderthätig, adj. miraculeux.
Wunderthier, n. 2, monstre, m.
Wundervoll, adj. prodigieux, miraculeux. [miracle, m.
Wunderwerk, n. 2, merveille, f.
Wunderzeichen, n. 1, miracle, m. prodige. [raire.
Wundessenz, f. essence vulné-

Wundfieber, n. 1, fièvre causée par une blessure, f.
Wundmal, n. 5*, cicatrice, f.
Wundmittel, n. 1, vulnéraire, m.
Wundpflaster, n. 1, Wundsalbe, f. emplâtre pour les blessures, m.
Wundwasser, n. 1, eau vulnéraire, f. eau d'arquebusade, ichor, m. [vœu; nach —, à souhait.
Wunsch, m. 2*, souhait, désir,
Wünschelruthe, f. baguette divinatoire.
Wünschen, v. a. souhaiter, désirer; einem Glück zu etw. —, féliciter, complimenter qn. de qch.
Wünschend, adj. (théol.) déprécatif; (gramm.) optatif; die —e Art, optatif, m.
Wünschenswerth, adj. désirable.
Würde, f. dignité, caractère, m. noblesse, f. mérite, m.; nach —n, dignement.
Würdern, v. a. p. us. priser, taxer, estimer, évaluer.
Würdeträger, m. 1, dignitaire.
Würdevoll, adj. plein de dignité, majestueux.
Würdig, adj. digne.
Würdigen, v. a. daigner; réputer digne; priser, apprécier; estimer; évaluer; einen einer Antwort —, daigner répondre à qn.
Würdigkeit, f. dignité.
Würdigung, f. estime.
Wurf, m. 2*, jet; (méc.) projection, f.; coup des dés, etc., m.; chance, f.; der erste —, début, m.; wenn er mir in den — kommt, si je le trouve, rencontre; —, portée, f. ventrée d'un animal.
Wurfangel, f. ligne simple.
Wurfanker, m. 1, ancre à touer, f.
Wurfbewegung, f. mouvement de projection, m.
Würfel, m. 1, dé; (math.) cube, hexaèdre; — mit zwölf Seiten, cochonnet; auf einen — bringen, cuber.
Würfelbecher, m. 1, cornet.
Würfelförmig, adj. cuboïde (os).
Würfelig, Würfelicht, adj. cubique; cube; à carreaux.
Würfeln, v. n. (h.) jouer aux dés.
Würfelspiel, n. 2, jeu de dés, m.
Würfeltrichter, v. Würfelbecher.
Wurfgarn, n. =nß, m. 2, seine, f. épervier, m. [d'abordage.
Wurfhaken, m. 1, (mar.) grappin
Wurfkraft, f. 2*, force projectile.
Wurflehre, f. balistique.
Wurfmaschine, f. catapulte.
Wurfpfeil, m. 2, dard. [longe.
Wurfriemen, m. 1, lanière, f.;
Wurfscheibe, f. palet, m. disque.
Wurfschlange, f. trait, m.
Wurfspieß, m. 2, javelot, dard; (pêch.) harpon.

Wurfstein, m. 2, palet; mit dem —e spielen, paleter.
Wurfweise, adv. par jet.
Wurfweite, f. amplitude du jet.
Würgbirn, f. poire d'angoisse.
Würgen, v. a. étrangler, égorger; etw. hinunter —, avaler qch. avec peine; sich —, faire des efforts pour avaler ou pour vomir; —, s. n. 1, étranglement, m.; carnage, massacre.
Würgengel, m. 1, ange exterminateur. [sin, égorgeur.
Würger, m. 1, meurtrier, assasWurm, m. 5*, ver; (chir.) panaris; (vét.) farcin; fg. ver rongeut; mit dem — behaftet, (vét.) farcineux; einem Hunde den — schneiden, éverrer un chien.
Wurmartig, adj. vermiculaire.
Würmchen, n. 1, dim. vermisseau, m.
Wurmen, v. n. (h.) ramper comme un ver; —, v. a. fg. fm. chagriner, fâcher qn.
Wurmförmig, adj. vermiforme; (méd.) péristaltique, lombrical.
Wurmfraß, m. 2, vermoulure, f.
Wurmfräßig, v. Wurmstichig.
Wurmig, adj. véreux.
Wurmmehl, n. 2, vermoulure, f.
Wurmmittel, n. 1, vermifuge, m. anthelmintique.
Wurmmustel, m. exc. 1, muscle lombrical. [tine, f.
Wurmsame, m. exc. 2, barboWurmschneider, m. 1, homme qui éverre les chiens.
Wurmstich, m. 2, piqûre de ver, f.; vermoulure, carie du bois.
Wurmstichig, adj. vermoulu, véreux, carié, artisonné, mouliné.
Wurst, f.*, boudin, m. saucisse, f. andouille, cervelas, m.
Wursthandel, m. 1, charcuterie, f.
Wursthändler, =macher (Wurstler prvcl.), m. 1, charcutier, -ère, f.
Wurststhorn, n. 5*, =trichter, m. 1, boudinière, f.
Wurstlippe, f. =maul, n. 5*, fm. grosse lèvre, f. lippe, lippu, fm.
Wurstlippig, =mäulig, adj. lippu.
Wurstreiter, m. 1, v. Schmaroßer.
Wurstsuppe, f. brouet d'andouilles, m.
Wurz, f., mot qui s'ajoute au nom de plusieurs plantes, sans avoir une signification particulière.
Würzbüchse, =labt, f. poivrière.
Würze, f. assaisonnement, m.; (brass.) métiers, pl.
Würzel, f. racine; fg. id., source; mit diesen, verschlungenen —n, ligamenteux.
Würzelblatt, n. 5*, feuille radicale, f.

Wurzelbrod, n. 2, pain de cassave, m. [tre radicale, f.
Wurzelbuchstab, m. exc. 2, letWürzelchen, n. 1, radicule, f.
Wurzelfarbe, f. racinage, m.
Wurzelfasern, f. pl. chevelure, f. cheveux, m. pl.
Würzeln, v. n. (h.) prendre racine; raciner; —, s. n. 1, radication, f.
Wurzelnd, adj. radicant.
Wurzelschößling, m. 2, drageon, surgeon; — treiben; drageonner.
Wurzelwort, n. 5*, (gramm.) mot radical ou primitif, m. racine, f.
Wurzelwurm, m. 5*, spondyle.
Würzelzahl, f. racine d'un nombre. [ner, aromatiser.
Würzen, v. a. épicer, assaisonWürzgeschmack, m. 2, goût aromatique. [tique.
Würzhaft, Würzig, adj. aromatique.
Würzkrämer, m. 1, =inn, f. épicier, m. -ère, f.
Würzlade, v. Gewürzlade.
Würzladen, m. 1*, boutique d'épicier, f.
Würzling, m. 2, provin.
Würznägelein, n. 1, clou de girofle, m. [aromatisation, f.
Würzung, f. assaisonnement, m.; Würzwein, m. 2, vin aromatique, hypocras.
Wust, m. 2, crasse, f. ordure; fatras, m. amas confus.
Wüst, adj. désert; inculte.
Wüste, Wüstenei, f. désert, m.
Wüstling, m. 2, débauché, libertin.
Wuth, f. rage, fureur, frénésie; fg. id., acharnement, m.; fich mit — an etw. hängen, s'acharner à qch.; die stille —, la rage mue; laufende —, rage blanche.
Wüthen, v. n. (h.) enrager; être en fureur; exercer sa rage, sa cruauté; se déchaîner; —, s. n. 1, fureur, f. déchaînement, m.
Wüthend, Wüthig, adj. furieux, enragé; fg. id., furibond.
Wütherich, m. 2, homme féroce, furieux; tyran; (bot.) v. Schierling.

## X et Y.

A l'exception de quelques noms propres, il n'y a pas de mots allemands qui commencent par l'une de ces deux lettres, p. ex.
Xantippe, n. pr. f. Xantippe; fg. méchante femme. [vier.
Xaver, Xaverius, n. pr. m. XaXenie, f. étrennes du jour de l'an, pl. épigramme, f.
Yacht, f. yacht, m. (vaisseau).

Yahen, v. n. (h.) braire; —, s. n. 1, braiment des ânes, m.
Ypern, Ypres (ville).

## Z.

*Voyez sous la lettre C certains mots qu'on ne trouve pas sous celle-ci.*

Zaar, x., v. Czar, x.
Zabern, Saverne (ville).
Zacharias, n. pr. m. Zacharie.
Zachäus, n. pr. m. Zachée.
Zäckchen, n. 1, picot de dentelles, m.
Zackrisen, n. 1, découpeur, m.
Zacken, m. 1, Zacke, f. pointe; dent; —, pl. (serr.) bretture, f.; — (an der Gabel), fourchons, m. pl.; — (an der Spicknadel), ailes, f. pl.; — (am Hirschgeweih), chevilles; —, barbes d'une flèche.
Zacken, v. a. déchiqueter, découper. [boucharde, f.
Zackenmeißel, m. 1, (sculpt.)
Zackenstricht, m. pl. 2, bretture, f.
Zackig, adj. dentelé, chevillé; déchiqueté; crochu; crénelé(mur); (serr.) bretté; barbelé (flèche).
Zagel, m. 1 vi., queue, f.
Zagen, v. n. (h.) avoir peur, se décourager. [poltron, découragé.
Zaghaft, adj. timide; peureux, Zaghaftigkeit, f. timidité, poltronnerie, lâcheté; découragement, m.
Zäh, Zähe, adj. tenace, coriace; visqueux; gras (vin); fg. fm. chiche, tenace, dur à la desserre; — werden, graisser (vin).
Zähheit, f. ténacité, viscosité.
Zahl, f. nombre, m.; chiffre; compte; unter, von, zu, in der —, unter die —, au nombre, du nombre; eine — bezeichnend, numéral.
Zahlamt, n. 5*, trésorerie, f.
Zahlbar, adj. payable; échu.
Zählbar, adj. qui peut être compté.
Zahlbrett, n. 5, comptoir, m.
Zahlbruch, v. Bruch (arithm.).
Zahlbuchstab, m. exc. 2, lettre numérale, f. —einschrift, f. chronogramme, m. chronographe.
Zahlen, v. a. payer, acquitter.
Zählen, v. a. compter; nombrer; fg. compter, faire fond sur.
Zahlenlotterie, f. loterie à numéros. [numérale.
Zahlenrechnung, f. arithmétique
Zahlenverhältniß, n. 2, rapport numérique, m.
Zahler, m. 1, payeur, acquitter.
Zähler, m. 1, compteur; (arithmétique) numérateur.

Zahlfähig, adj. solvable; nicht —, insolvable.
Zahlfähigkeit, f. solvabilité.
Zahlfigur, f. chiffre, m. [que.
Zahlgröße, f. quantité numéri-
Zahllos, adj. innombrable.
Zahlmeister, m. 1, payeur, tréso-
rier.
Zahlperle, f. grosse perle.
Zahlpfennig, m. 2, jeton.
Zählrad, n. 5*, (horl.) compteur,
Zahlreich, adj. nombreux. [m.
Zahltag, m. 2, jour de paye-
ment; terme. [reau.
Zahltisch, m. 2, comptoir, bu-
Zahlung, f. payement, m. ac-
quit, remboursement, acquitte-
ment; paye, f.; zu einer — Frist
geben, atermoyer un payement.
Zählung, f. dénombrement, m.;
(comm.) compte; (arithm.) nu-
mération, f.; die unrichtige —,
mécompte, m. [nateur.
Zahlungsanweiser, m. 1, ordon-
Zahlungsfrist, f. atermoiement,
m. [location, f.
Zahlungsrang, m. 2, (jur.) col-
Zahlungsschein, m. 2, v. Quittung.
Zahlungstermin, m. 2, v. Zahltag.
Zahlungsunfähig, adj. insolvable.
Zahlungsunfähigkeit, f. =unver-
mögen, n. 1, insolvabilité, f.
Zahlungswerth, m. 2, valeur nu-
méraire, f. [m.
Zahlwort, n. 5*, mot numéral,
Zahlzeichen, n. 1, chiffre, m.
Zahm, adj. apprivoisé, privé,
domestique; fg. fm. souple, ap-
privoisé; — machen, v. Zähmen;
— werden, s'apprivoiser.
Zähmbar, adj. domptable.
Zähmen, v. a. apprivoiser; fg.
dompter. [ser.
Zähmung, f. action d'apprivoi-
Zahn, m. 2*, dent, f.; der — der
Zeit, fg. main, injure du temps;
—e, pl. (serr.) bretture; aus den
—en lassen, démordre.
Zahnarznei, f. remède odontal-
gique, m.
Zahnarzt, m. 2*, dentiste, chi-
rurgien dentiste.
Zahnausreißer, =ausbrecher, m. 1,
arracheur de dents.
Zahnbuchstab, m. exc. 2, lettre
dentale, f.
Zahnbürste, f. brosse à dents.
Zahneisen, n. 1, crémaillère, f.;
(sculpt.) fermoir à trois dents, m.
Zähneln, v. a. denteler, créneler.
Zahnen, v. n. (h.) faire des dents;
—, s. n. 1, dentition, f.
Zahnfäule, f. carie des dents.
Zahnfeile, f. rugine.
Zahnfieber, n. 1, fièvre de den-
tition, f. [ves.
Zahnfistel, f. fistule aux genci-

Zahnfleisch, n. 2, gencive, f.;
das wilde —, épulie. [soir.
Zahnfleischablöser, m. 1, déchaus-
Zahnförmig, adj. en forme de
dent; (anat.) odontoïde.
Zahngeschwür, n. 2, abcès à la
gencive, m.
Zahnhammer, m. 1*, laie, f.; mit
dem — bebauen, layer; —streifen,
m. 1, lai. [dentée, f.
Zahnhieb, m. 2, coup de dent,
Zahnhobel, m. 1*, rabot bretté.
Zahnhöhle, f. alvéole des dents,
m. [bretté.
Zahnicht, adj. dentelé; denté;
Zähnklappen, =klappern, n. 1,
claquement de dents, m.
Zähnknirschen, n. 1, grincement
de dents, m.
Zahnlade, f. alvéole, m.; —n=
nerv, m. exc. 1, le nerf alvéo-
laire. [dents, f.
Zahnlatwerge, f. opiat pour les
Zahnlos, adj. édenté.
Zahnlücke, f. dent ébréchée.
Zahnlückig, adj. brèche-dent.
Zahnmeißel, m. 1, rugine, f.;
ripe, burin, m.; mit dem — pu=
ßen, buriner; —, (maç.) langue
de bœuf, m.
Zahnmittel, =n, remède odon-
talgique, m.; — et =pulver, n. 1,
dentifrice, m.
Zahnrad, n. 5*, roue dentée, f.
Zahnschmerz, m. exc. 1, Zahn=
weh, n. 2, mal de dents, m. odon-
talgie, f.
Zahnschnitt, m. 2, dentelure, f.
Zahnstift, m. 2, =stumpfen, m. 1,
chicot d'une dent rompue.
Zahnstocher, m. 1, cure-dent.
Zahnwerf, m. 2, denture, f.
Zahnwurzel, f. racine d'une dent.
Zahnzange, f. pélican, m.
Zähre, f. (poés.) larme.
Zain, m. 2, lingot; barre, f.
Zange, f. tenailles, pl. pincettes,
pince, f.; mordache; (chir.) bec
(m.) de cane ou de corbin; litho-
labe; forceps (pour les accouche-
ments); die große —, (monn.)
étangue, f.
Zankapfel, m. 1*, pomme de
Zanken, v. n. (h.) quereller, dis-
puter, se disputer, pop. bisquer;
sich —, se quereller, fm. se hous-
piller.
Zänker, m. 1, =inn, f. querelleur, m. disputeur, criailleur,

grondeur, -se, f. brouillon, m.
harpie, f.
Zänkerei, f. querelle, dispute.
Zänkisch, adj. querelleux, tracassier.
Zanksüchtig, adj. querelleur, disputeur, atrabilaire, hargneux,
mutin.
Zäpfchen, n. 1, (tonn.) fausset,
m.; (anat.) luette, f. cheville.
Zapfen, v. a. tirer du vin.
Zapfen, m. 1, (tonn.) broche, f.
bondon, m.; bonde, f.; bouchon
d'une bouteille, m.; tampon;
(men., etc.) tenon; clef, f.; crochet, m.; (méc.) pivot; tourillon;
cheville, f.; (bot.) cône, m.; —
tragend, conifère; —, fg. pop.
biberon, ivrogne.
Zapfenbier, n. 2, Zapfenwein, m.
2, baquetures, f. pl.
Zapfenbohrer, m. 1, vrille, f.
Zapfenhalter, m. 1, (serr.) linteau. [m.
Zapfenleiste, f. porte-manteau,
Zapfenloch, n. 5*, mortaise, f.;
(charp.) enlaçure.
Zapfenmutter, f. grenouille.
Zapfenring, m. 2, anneau du
tourillon.
Zapfenstreich, m. 2, (guer.) retraite, f.
Zapfenstück, n. 2, deuxième confort d'un canon, m.
Zapfenwirbel, m. 2, pivot, m.
Zapfenzieher, m. 1, tire-bouchon.
Zäpflein, v. Zäpfchen (anat.).
Zappeln, v. n. (h.) se débattre,
se démener; trépigner; frétiller;
fg. fm. einen — lassen, laisser
souffrir qn.; —, s. n. 1, trépi-
gnement, m.; frétillement.
Zarge, f. bord, m.; bordure, f.;
drageoire d'une boîte; cadre (m.),
châssis d'une porte.
Zart, adj. tendre, délicat; mou;
doux; sensible; mince, délié, sub-
tile; (peint.) morbide.
Zartgefühl, n. 2, délicatesse, f.
Zartheit, f. délicatesse, subtilité;
tendreté de la viande; (peint.)
morbidesse.
Zärtlich, adj. tendre, sensible;
délicat; douillet; — halten, choyer
un enfant.
Zärtlichkeit, f. tendresse; mollesse.
Zärtling, m. 2, homme efféminé.
Zaser, f. fibre; filament, m.
Zäserchen, n. 1, fibrille, f.
Zaserig, adj. fibreux, filamen-
teux; chevelu.
Zasern (sich), s'effiler.
Zauber, m. 1, charme.
Zauberbild, n. 5, talisman, m.
Zauberbrunnen, m. 1, fontaine
de commandement, f.
Zauberbuch, n. 5*, grimoire, m.

Zauberei, f. magie; sorcellerie, féerie, charme, m. enchantement; die natürliche —, la magie blanche.

Zauberer, m. 1, magicien; sorcier; enchanteur, ensorceleur, nécromant.

Zauberformel, f., v. Zaubersegen.

Zaubergeschichte, Zauberhistorie, f. aventure ou histoire magique.

Zauberinn, f. magicienne, enchanteresse, fée, sorcière.

Zauberisch, adj. magique, enchanteur.          [gique, f.

Zauberknoten, m. 1, ligature ma-

Zauberkraft, f.*, vertu magique.

Zauberkreis, m. 2, cercle magique.          [berei.

Zauberkunst, f.*, magie; v. Zau-

Zauberlaterne, f. lanterne magique.

Zaubermittel, n. 1, charme, m.

Zaubern, v. n. (h.) exercer la magie; user de charmes; —, v. a. produire par enchantement.

Zauberruthe, f. -flecken, m. 1, =stab, =stock, m. 2*, baguette magique, f.          [chanté, m.

Zauberschloß, n. 5*, palais en-

Zaubersegen, m. 1, =spruch, m. 2*, =wort, n. 2, charme, m. enchantement; incantation, f.

Zauberspiegel, n. 1, talisman, f.

Zauberspiegel, m. 1, miroir magique.

Zauberstück, m. 2, tour magique, m. charme, sortilége.

Zauberton, m. 2*, ton enchanteur.

Zaubertrank, m. 2*, philtre.

Zauberwaffen, f. pl. armes enchantées.          [magique, m.

Zauberzeichen, n. 1, caractère

Zauberzettel, m. 1, billet magique, amulette.

Zauderer, m. 1, temporiseur; lambin, lanternier.

Zauderisch, adj. irrésolu; lent.

Zaudern, v. n. (h.) hésiter, balancer; temporiser; fm. lanterner, lambiner; —, s. n. 1, irrésolution, f. balancement, m.; lenteur, f. [ter, faire diligence.

Zauen (sich), se dépêcher, se hâter, faire diligence.

Zaum, m. 2*, bride, f.; frein, m.

Zäumen, v. a. brider; fg. refréner, réprimer.          [fréné.

Zaumlos, adj. débridé; fg. ef-

Zaun, m. 2*, haie, f. palissade, palis, m. enclos; der lebendige —, la haie vive; eine Gelegenheit zum Zanke vom Zaune brechen, faire une querelle d'allemand.

Zäunen, v. a. faire une haie; palissader.

Zaunhecke, f. haie vive.

Zaunkönig, m. 2, roitelet (oiseau).

Zaunpfahl, m. 2*, Zaunstecken, 1, palis, pieu.

Zaunrübe, f. couleuvrée, bryone.

Zausen, v. a. tirer (an, par); tirailler; fm. houspiller.

Zebra, n. 2, zèbre, m. (quadrupède).

Zeche, f. écot, m. compte; carte, f.          [ner, pop. flûter.

Zechen, v. n. (h.) boire, chopi-

Zecher, m. 1, Zechbruder, m. 1*, buveur, ivrogne, fm. biberon.

Zechfrei, adj. franc d'écot; —e, m. 3, béat.          [orgie.

Zechgelag, n. 2, bacchanale, f.

Zechgesellschaft, f. compagnie de buveurs; écot, m.

Zechine, f. sequin, m. (ducat).

Zecke, f. tique.

Zehe, f. doigt du pied, m.; die große —, orteil; Knoblauch, la gousse d'ail; auf den —n gehen, marcher sur le bout des pieds.

Zehen, Zehn, adj. dix; — vem Hundert, au denier dix.

Zehend, n. 2, dizaine, f. décade.

Zehentd, n. 2, décagone, m.

Zehentdig, a'dj. décagone, m.

Zehener, m. 1, dizaine, f.; dix, m. [— vermehren, décupler.

Zehenfach, adj. dix fois autant;

Zehenherr, m. 3, décemvir.

Zehenjährig, adj. de dix ans; décennal.

Zehenmal, adv. dix fois.

Zehenmalig, adj. répété dix fois.

Zehempfündig, adj. de dix livres.

Zehensäulig, adj., das —e Gebäude, décastyle, m.

Zehensylbig, adj. décasyllabe.

Zehentausend, adj. dix mille; n. 3, myriade, f.

Zehentbar, adj. décimable.

Zehentbezirk, m. 2, v. Zehentgebiet.

Zehente, adj. dixième, dix.

Zehente, Zehnte, m. 3, dime, f.; der geistliche —, décime; den —n geben, dîmer.

Zehenten, v. a. dîmer.

Zehentens, adv. dixièmement.

Zehenter, m. 1, dimeur.

Zehentfrei, adj. exempt de dîmes.

Zehentgebiet, n. 2, dimerie, f. dîme.          [congrue.

Zehentgebühr, f. (égl.) portion

Zehentherr, m. 3, décimateur.

Zehentpflichtig, adj. décimable.

Zehentrecht, n. 2, droit de dîmer, m.          [mes, pl.

Zehentsteuer, fém. décime, déci-

Zehren, v. a. et n. (h.) boire et manger; dépenser; consumer.

Zehrend, adj. qui consume, qui mange; das —e Fieber, la fièvre lente.          [m. pl.

Zehrgeld, n. 5, frais du voyage,

Zehrpfennig, m. 2, viatique, passade, f.

Zehrung, f. dépense.

Zehrungsfrei, adj. défrayé.

Zehrungskosten, f. pl. dépense de bouche, f.

Zeichen, n. 1, signe, m. marque, f. indice, m.; caractère; (méd. et fg.) symptôme; empreinte, f.; estampille, étiquette; signal du départ, etc., m.; signet dans un livre; numéro, chiffre; faudage du drap; augure, f.; — auf etw. machen, étiqueter un sac, etc.

Zeichenbuch, n. 5*, livre à dessiner, m.

Zeichendeuter, m. 1, devin; (ant. r.) auspice; =inn, f. devineresse.

Zeichendeuterei, f. divination.

Zeichengarn, n. 2, fil à marquer, m.

Zeichenhammer, m. 1*, marteau à marquer; (forest.) gravoir.

Zeichenkreide, f. crayon, m. pastel.          [m.

Zeichenkunst, f.*, art du dessin.

Zeichenlehre, f. séméiotique.

Zeichenmeister, m. 1, maitre à dessiner, maitre de dessin.

Zeichenrechnung, f. algèbre.

Zeichenschule, f. école de dessin.

Zeichensprache, f. langage par signes, m.

Zeichenstift, m. 2, crayon.

Zeichenstunde, f. leçon de dessin.

Zeichnen, v. a. marquer; dessiner; mit dem Stifte —, crayonner; deutlich —, articuler des contours; nach Modellen —, dessiner la bosse ou d'après la bosse; über die Zeit —, (man.) bégu; —, s. n. 1, action de marquer, etc., f.

Zeichner, m. 1, dessinateur, (mépr.) crayonneur.

Zeichnung, f. dessin, m.; — mit dem Stifte, crayon; die untreine —, bavochure, f.          [espèce.

Zeidelbär, m. 3, ours de la petite

Zeideln, v. a. châtrer, tailler les ruches; —, s. n. 1, taille, f.

Zeigefinger, m. 1, index.

Zeigen, v. a. montrer, faire voir, manifester, déclarer; exhiber ses pouvoirs; représenter; présenter; (jur.) faire apparoir de qch.

Zeiger, m. 1, celui qui montre; (horl.) aiguille, f.; index, m. gnomon; (chim.) grain de fin.

Zeihen, v. a. 5, accuser et convaincre qn.; reprocher qch. à qn.

Zeile, f. ligne; rangée, file; zwischen zwei —n eingerückt, interlinéaire.

Zeilenlänge, f. longueur des lignes; (impr.) justification.

Zeilgerste, f. orge à six lignes.

Zeisig, m. 2, serin.

Zeisiggrün, adj. vert de serin.
Zeit, f. temps, m.; loisir; jour;
terme; espace; carrière, f.; saison; heure; (méd.) règles, pl.; zu
der —, pour lors; von der — an,
dès lors; zu —en, von — zu —,
quelquefois, de temps en temps;
de temps à autre, parfois; mit
der —, avec le temps, à la longue; eine — lang, un certain
temps; pendant quelque temps;
vor —en, autrefois, jadis; vor
alten —en, anciennement; bei
der gegenwärtigen —, par le temps
qui court.
Zeitalter, n. 1, âge, m. siècle.
Zeitangabe, f. date.
Zeitbeschreibung, f. chronographie. [temps.
Zeitfolge, f. suite, succession des
Zeitgeist, m. 5, esprit du siècle.
Zeitgemäß, adj. conforme aux
circonstances.
Zeitgenoß, m. 3, contemporain.
Zeitgeschichte, f. chronique.
Zeitig, adj. actuel; mûr; —,
adv. à temps; de bonne heure.
Zeitigen, v. a. et n. (h.) mûrir;
(chir.) aboutir.
Zeitigend, adj. (méd.) maturatif.
Zeitigung, f. maturité; matura-
tion; aboutissement d'un ulcère,
m. [me.
Zeitirrthum, m. 5*, anachronis-
Zeitkreis, m. 2, cycle.
Zeitkunde, f. chronologie.
Zeitkundige, m. 3, chronologiste,
chronologue.
Zeitlang, eine —, quelque temps,
pendant un certain temps.
Zeitlauf, m. 2*, conjonctures, f.
pl. [vie.
Zeitlebens, adv. durant la vie, à
Zeitlich, adj. temporel; périssa-
ble; das —e segnen, mourir, dé-
céder, quitter ce monde.
Zeitlichkeit, f. vie temporelle.
Zeitlose, f. (bot.) colchique, m.
Zeitmaß, n. 2, espace de temps,
m.; (gramm.) quantité, f.; (mus.)
temps, m.
Zeitmesser, m. 1, chronomètre.
Zeitordnung, f. chronologie.
Zeitpacht, f. bail à temps, m.
Zeitpunkt, m. 2, terme, époque,
f. [temps; période, f.
Zeitraum, masc. 2*, espace de
Zeitrechner, m. 1, chronologiste,
chronographe.
Zeitrechnung, f. chronologie; ère,
der Irrthum in der —, anachro-
nisme, m. [journal, m.
Zeitschrift, f. feuille périodique,
Zeittafel, f. table chronologique.
Zeitung, f. nouvelle; —, —s=
blatt, n. 5*, journal, m. gazette, f.;
—en, pl. papiers publics, m. pl.

Zeitungsblättchen, n. 1, dim. ga-
zetin, m. feuilleton.
Zeitungsschmierer, m. 1, mépr.
folliculaire. [liste, gazetier.
Zeitungsschreiber, m. 1, journa-
Zeitvertreibend, adj. amusant, qui
fait passer le temps.
Zeitverlust, m. 2, perte de temps,
f.; ohne —, sur-le-champ, sans
délai. [temps.
Zeitverschwendung, fém. perte de
Zeitvertreib, m. 2, passe-temps;
amusement; divertissement; zum
—, pour passer le temps.
Zeitvertreibend, adj. divertissant;
amusant. [temps, f.
Zeitwechsel, m. 1, révolution du
Zeitwort, n. 5*, (gramm.) verbe,
m. [nisme, m.
Zeitzurückschiebung, f. parachro-
Zelle, f. cellule; loge.
Zellenförmig, Zellig, adj. cellu-
laire, celluleux. [laire, m.
Zellengewebe, n. 1, tissu cellu-
Zelleri, m. 1, céleri.
Zellernuß, f.*, aveline; —baum,
m. 2*, avelinier.
Zelot, m. 3, zélateur.
Zell, n. 2, tente, f. pavillon, m.
Zeltbett, m. exc. 1, lit de camp, m.
Zeltbewohner, m. 1, scénite; —,
pl. peuple qui habite sous des
tentes.
Zeltdecke, f. (guer.) marquise.
Zelter, m. 1, haquenée, f.
Zelterschritt, m. 2, amble.
Zeltknopf, m. 2*, faîtière, f.
Zeltpflock, m. 2*, piquet.
Zeltstange, f. mât (m.), arbre
d'une tente.
Zeltstrid, m. 2, cordage d'une
Zeltwagen, m. 1*, chariot de
bagage. [pre, cendal (étoffe).
Zendel, m. 1, Zindel, ras de Chy-
Zenith, n. 2, (astr.) zénith, m.
point vertical. [minelle.
Zent, f. justice ou juridiction cri-
Zentgraf, m. 3, lieutenant cri-
minel.
Zentner, m. 1, quintal.
Zentrecht, n. 2, juridiction cri-
minelle, f.
Zentrichter, m. 1, juge criminel.
Zephyr, m. 2, zéphir.
Zepter, m. et n. 1, sceptre, m.;
masse (f.), verge d'un appariteur;
— der Gerechtigkeit, main de jus-
tice.
Zepterträger, m. 1, porteur du
sceptre; porte-verge, massier.
Zer= particule inséparable dans
la composition et qui signifie une
solution, une fraction, un brisse-
ment, etc.
Zerarbeiten (sich), se tuer, se fatiguer à force de travail, se démener.

Zerbeißen, v. a. 5†, casser avec
les dents, gruger.
Zerbersten, v. Bersten.
Zerblättern, v. a. effeuiller.
Zerbläuen, v. a. rosser.
Zerbrechen, v. a. 2, rompre, cas-
ser, briser; —, v. n. (f.) se casser,
rompre; sich den Kopf —, se casser la tête, se creuser le cerveau,
s'alambiquer l'esprit.
Zerbrecher, m. 1, briseur.
Zerbrechlich, adj. fragile; frêle;
(vitr.) cassilleux.
Zerbrechlichkeit, f. fragilité.
Zerbröseln, Zerbröseln, v. a. émier,
émietter; égruger, brésiller; —,
v. n. (f.) s'émier.
Zerbröckeln, v. a. (quelquefois 2
ou 6), écraser à coups de fléau,
fig. rouer, échiner de coups.
Zerdrücken, v. a. écacher, écraser.
Zerfahren, v. a. 7, briser qch. en
passant dessus avec une voiture;
—, v. n. (f.) se rompre; se séparer tout à coup.
Zerfallen, v. n. 4 (f.) se casser,
se rompre, s'ébouler, tomber en
ruine, fig. déchoir; se brouiller
avec qn.; —, v. a., sich den Kopf
—, se casser, se blesser la tête;
—, part. en ruine, délabré.
Zerfällen, v. a. diviser en parties; (alg.) décomposer.
Zerfällung, f. division en parties; (alg.) décomposition.
Zerfleischen, v. a. déchirer; mettre
ou tailler en pièces; einem das
Gesicht —, balafrer, fm. estafilader qn. [mépr. charcuter.
Zerfleischen (sich), se déchirer; (chir.)
Zerfließbar, adj. déliquescent.
Zerfließen, v. a. 6 (f.) fondre, se
fondre; (méd.) fuser; —, s. n.
1, an der Luft, (chim.) déliquescence, f.
Zerfressen, v. a., ronger, corro-
der, exulcérer, cautériser; carier.
Zerfressend, adj. corrosif, exul-
cératif. [sation.
Zerfressung, f. corrosion, cautéri-
*Zergeben, v. n. (f.) se fondre;
se délayer; fig. se passer, périr.
Zergen, v. a. agacer, tirailler.
Zergliederer, m. 1, anatomiste;
disséqueur.
Zergliedern, v. a. démembrer;
(anat.) disséquer, anatomiser;
fig. décomposer, analyser.
Zergliederlich, adj. anatomique.
Zergliederung, f. démembrement,
m. anatomie, f. dissection; (log.,
etc.) analyse, décomposition.
Zergliederungskunst, f. *, anato-
mie. [pel, m.
Zergliederungsmesser, n. 1, scal-
Zergliederungssaal, m. 2*, théâ-
tre anatomique.

Zergreifen, v. a. 5†, découper *la pâte.*

Zerhacken, *-hauen, v. a. hacher, couper en morceaux, dépecer; einem das Gesicht —, -hauen, balafrer, estafilader qn.; einem den Hintern mit Ruthen zerhauen, déchirer le derrière à qn. à coups de verge.     [de marteau.

Zerhämmern, v. a. casser à coups

Zerkauen, v. a. mâcher.

Zerklopfen, v. a. casser, briser en frappant.

Zerknirschen, v. a. écraser, froisser; *fg.* briser, fendre le cœur; zerknirscht, *fg.* contrit, abattu.

Zerknirschung, *fém.* contrition, componction, attrition, brisement *de cœur, m.*

Zerknittern, Zerknüllen, v. a. chiffonner; friper *ses habits.*

Zerkochen, v. a. trop cuire.

Zerkratzen, v. a. déchirer, écorcher.

Zerkrümeln, v. Zerbröckeln.

Zerkrüppeln, v. Zerknittern.

Zerlachen (sich), se pâmer de rire.

Zerlassen, v. a. 4, faire fondre, liquéfier.

Zerlechen, v. n. (f.) se gercer, se fendre de sécheresse.

Zerlegen, v. a. découper; démembrer, défaire, désassembler *une machine;* disséquer; *fg.* décomposer, analyser.

Zerlegung, f. dissection; *fg.* décomposition; analyse.

Zerlöchern, v. a. trouer.

Zerlumpt, adj. déguenillé; *fm.* halbréné, dépenaillé.

Zermalmen, v. a. écraser; pulvériser; broyer; triturer *des aliments.*

Zermalmung, f. action d'écraser; broiement, *m.;* trituration, *f.*

Zermartern, Zerquälen, v. Marternagen, v. a. ronger.     [tern.

Zernichten, v. a. anéantir; annuler; ( *jur.* ) casser, mettre au néant; v. Vernichten.

Zerplatzen, v. n. (f.) crever.

Zerprügeln, v. a. rouer de coups.

Zerpülvern, v. a. pulvériser; —, s. n. 1, pulvérisation, f.

Zerquetschen, v. a. écraser, écacher, froisser, meurtrir.

Zerquetschung, f. écachement, m.; v. Quetschung.

Zerrbild, n. 5, caricature, f.

Zerreiben, v. a. 5, broyer, triturer; (*chim.*) léviger.     [ble.

Zerreiblich, adj. friable, triturable.

Zerreibung, f. broiement, m.; trituration, f.; (*chim.*) lévigation.

Zerreißen, v. a. 5†, déchirer (*aussi fg.*); rompre *un habit;* user, crever *un sac;* ( *jur.* ) lacérer; *fg. fm.* écorcher les oreilles;

—, v. n. (f.) se déchirer; s'user; einander —, s'entre-déchirer.

Zerreißung, f. déchirement, m. dilacération, f.; ( *jur.* ) lacération.

Zerren, v. a. tirailler; tirer avec violence; —, s. n. 1, tiraillement, m.     [s'écouler.

Zerrinnen, v. n. 2 (f.) se fondre;

Zerrühren, v. a. brouiller, battre des œufs, etc.; remuer.     [mer.

Zerrupfen, v. a. dépecer, déplumer.

Zerrütteln, v. a. secouer, ébranler.

Zerrütten, v. a. troubler, déranger, désorganiser; délabrer les affaires; bouleverser.

Zerrüttung, f. désordre, m. trouble, dérangement, délabrement, désorganisation, f.; bouleversement, m.; *fm.* débâcle, f.

Zersägen, v. a. scier, fendre en sciant; moyenner *des pierres.*

Zerscheitern, v. n. (f.) échouer, se briser.

Zerschellen, v. a. briser, rompre avec bruit; —, v. n. (f.) se briser, etc.; zerschellt, fracturé (*os*).

Zerschießen, v. a. 6, percer de coups de feu.

Zerschlagen, v. a. 7, casser, briser; mettre en pièces; *fm.* rosser; sich —, se rompre; *fg.* id.; se séparer.

Zerschlißen, v. a. tailladen.

Zerschmeißen, v. a. 5†, fracasser, rompre, casser.

Zerschmelzen, v. a. fondre; —, v. n. 6 (f.) se fondre.

Zerschmettern, v. a. écraser; fracasser, briser.

Zerschmetterung, f. fracas, m.

Zerschneiden, v. a. 5†, découper; dépecer.     [lyser.

Zersetzen, v. a. décomposer; analyser.

Zersetzung, f. décomposition; analyse; — der Säfte (*méd.*) colliquation.

Zerspalten, v. a. fendre; —, v. n. (f) se fendre, sauter en éclats, éclater.

Zersplittern, v. a. fendre; —, v. n. (f.) se fendre, se fendiller, sauter en éclats; zersplittert, fracturé (*os*).

Zersprengen, v. a. crever, faire crever ou sauter, fendre.

Zerspringen, v. n. 3 (f.) crever, se crever, sauter; éclater; se fendre.

Zerstampfen, v. a. piler; égruger.

Zerstäuben, v. a. réduire en poudre.     [trouer.

Zerstechen, v. a. 2, transpercer;

Zerstieben, v. n. 6 (f.) s'en aller en poussière; *fg.* se dissiper; s'évanouir.

Zerstörbar, adj. destructible.

Zerstörbarkeit, f. destructibilité.

Zerstören, v. a. détruire; démolir *une maison;* ruiner; renverser; exterminer *une race.*

Zerstörend, adj. destructeur, destructif, éversif.

Zerstörer, m. 1, destructeur.

Zerstörung, f. destruction; démolition; ruine, éversion, renversement, m. bouleversement.

Zerstoßen, v. a. 4, piler; broyer; casser, égruger; briser; grob —, concasser; —, s. n. 1, broiement, m.

Zerstreßene, n. 2, égrugeure, f.

Zerstreuen, v. a. disperser, dissiper; répandre; éparpiller; *fg.* id.; distraire qn.; faire diversion *à la douleur;* zerstreut, dispersé, etc.; épars; *fg.* distrait; dissipé.

Zerstreuung, f. dissipation, dispersion; ( *opt.* ) disgrégation *des rayons; fg.* distraction, absence d'esprit; dissipation.

Zerstücken, Zerstückeln, v. a. mettre en pièces; dépecer; démembrer, morceler.

Zerstückung, Zerstückelung, f. dépècement, m.; démembrement.

Zerstümmeln, v. a. mutiler, tronquer.

Zerstümmelung, f. mutilation.

Zerte, f. Zerter, m. 1, (comm.) contrat, charte-partie, f.

Zertheilbar, adj. divisible, séparable.

Zertheilen, v. a. diviser; partager, démembrer; séparer, dissoudre; dissiper; — und verdünnen, (*méd.*) inciser.

Zertheilend, adj. (*méd.*) dissolvant, discussif; émollient (emplâtre); — und verdünnend, incisif.

Zertheilung, f. division, décomposition.

Zertrennen, v. a. découdre, diviser; séparer; dissoudre *une société, etc.*

Zertrennlich, adj. séparable.

Zertrennung, f. division; séparation, désunion.     [écraser.

Zertreten, v. a. 1, fouler aux pieds;

Zertrümmern, v. a. briser; fracasser.     [en fouillant.

Zerwühlen, v. a. bouleverser, gâter; tirailler; einem die Haare —, décheveler, défriser qn.

Zese, f. seine, traine (*filet*).

Zeter, *interj.* malheur! — schreien, ( *jur.* ) crier haro *sur qn.;* Zeter les hauts cris.

Zetergeschrei, n. 2, ( *jur.* ) clameur de haro, f.; hauts cris, m. pl.

Zeterjunge, m. 3, *fm.* diable d'enfant.

Zettel, m. 1, billet; écriteau, étiquette, f.; cédule, mémoire, m.; (*tiss.*) chaine, f.; — auf etwas machen, étiqueter qch.

Zetteln, v. a. *fm.* répandre; semer.

Zettelzeug, m. 2*, (*tiss.*) ourdissoir.

Zeug, m. 2, étoffe, f., matière; —, n. 2, instrument, m.; outil; attirail; mépr. chose de peu de valeur, f.; das unverständliche —, galimatias, masc. grimoire; das dumme —, bêtise, f. nigauderie, fagots, m. pl.; ol. armée, f.

Zeugamt, n. 5*, intendance d'artillerie, f.

Zeugdrucker, m. 1, gaufreur.

Zeuge, m. 3, témoin; — der etw. aussagt, (jur.) déposant; zum —n aufrufen, attester qn. de qch.

Zeugelinie, f. (géom.) ligne génératrice.

Zeugen, adj. d'étoffe de laine.

Zeugen, v. n. (h.) témoigner; déposer.

Zeugen, v.a. engendrer, procréer; fg. engendrer, produire.

Zeugenaussage, f. déposition des témoins. [témoins, f.

Zeugenbeweis, m. 2, preuve par Zeugeneid, m. 2, serment des témoins.

Zeugenverhör, n. 2, audition des témoins, f.; interrogatoire, m.; information, f.

Zeugepunkt, m. 2, (géom.) point générateur. [fes.

Zeugfabrik, f. manufacture d'étof-

Zeughaus, n. 5*, arsenal, m.

Zeugkasten, m. 2*, (pap.) auge, f.

Zeugmeister, m. 1, maitre d'artillerie.

Zeugniß, n. 2, témoignage, m.; das schriftliche —, certificat, attestation, f.

Zeugpresser, m. 1, catisseur.

Zeugrolle, f. calandre.

Zeugschmied, m. 2, taillandier.

Zeugstopfer, m. 1, =inn, f. rentrayeur, m. -se, f.

Zeugung, f. génération, procréation, fg. production.

Zeugungsgeschäft, n. 2, accouplement, m. [turelles, génitales, f.

Zeugungsglieder, pl. parties na-

Zeugungskraft, f. vertu prolifique, faculté génitale.

Zeugungstrieb, m. 2, instinct qui porte à la génération.

Zeugwart, m. 2, garde-magasin, inspecteur d'artillerie.

Zibebe, v. Gubebe.

Zibet, m. 1, =katze, f. civette.

Zibetratze, f. rat musqué, m.

Zicke, f. Zicklein, n. 1, cabri, m. chevreau, biquet.

Zickeln, v. n. (h.) chevroter.

Zickzack, m. 2, zigzag; —, zickzackig, adj. et adv. en zigzag.

Zieche, f. taie d'oreiller.

Ziege, f. chèvre; bique; eine junge —, v. Zicke; die langhaarige —, chèvre d'Angora.

Ziegel, m. 1, tuile, f.

Ziegelarbeit, f. ouvrage de briques, m. [briqueture, f.

Ziegelartig, adj. der — Anstrich, Ziegelbrenner, m. 1, tuilier, briquetier.

Ziegelbrennerei, v. Ziegelhütte.

Ziegeldach, n. 5*, toit couvert de tuiles, m. [tuiles.

Ziegeldecker, m. 1, couvreur en Ziegelerde, f. terre à tuiles.

Ziegelfarbe, f. briquetage, m.

Ziegelhütte, =brennerei, f. tuilerie, briqueterie.

Ziegelmauer, f. muraille de briques, briquetage, m. [que, f.

Ziegelmehl, n. 2, poudre de bri-

Ziegelofen, m. 1*, four à briques.

Ziegelöl, n. 2, huile de briques, f.

Ziegelstein, m. 2, brique, f.

Ziegelstreicher, v. Ziegelbrenner.

Ziegenbock, m. 2*, bouc. [m.

Ziegenböcklein, n. 1, dim. cabri, Ziegenfell, n. 2, peau de chèvre, f.; das zubereitete —, chevrotin, m. cabron.

Ziegenfüßig, adj. chèvre-pied.

Ziegenhaarroth, m. 2, rouge de bourre, m.

Ziegenhirt, m. 3, chevrier.

Ziegenkäse, m. 1, fromage de lait de chèvre.

Ziegenmelker, m. 1, tette-chèvres, crapaud volant (oiseau).

Ziegenschrei, m. 2, chevrotine, f.

Zieger, m. 1, petit-lait.

Ziegerkäse, m. 1, séret.

Ziegler, v. Ziegelbrenner.

Ziehbrücke, f. pont-levis, m.

Ziehbrunnen, m. 1, puits à seaux.

Zieheisen, n. 1, filière, m.

Ziehen, v. a. 6, tirer; trainer; étendre; étirer; (mar.) haler; faire de la chandelle; rayer une arquebuse; (comm.) tirer une lettre de change sur qn.; fg. élever, morigéner qn.; nourrir; cultiver; an sich —, attirer; aus einander —, détirer; käuflich an sich —, faire acquisition; durch die heiße Asche —, hollander des plumes; Saiten auf eine Geige —, monter un violon, einen Stein —, (dam.) jouer un pion; Fäden —, filer (vin); etw. auf sich —, s'appliquer qch., nach sich —, entrainer; in sich —, humer, absorber; s'imbiber de qch.; (méc.) aspirer; vor Gericht —, appeler en justice; zur Rechenschaft —, demander compte à qn.; zur Strafe —, punir, infliger une peine à qn.; in Zweifel —, révoquer en doute; in Erwägung —, prendre en considération; sich etw. zu Gemüth —, prendre une chose à cœur; —, v. n. (f.) passer, aller, marcher; se transporter; partir; aller demeurer; déloger, déménager; auf

die Wache —, monter la garde; —, v. imp. (h.) es zieht, il y a un courant d'air; sich —, se tirer, etc.; aller, tirer vers quelque endroit; —, s. n. 1, tirage de la loterie, m.; tiraillement des nerfs; culture des arbres, f.; déménagement, m.; aspiration de la pompe, f.

Ziehend, adj. (méd.) épispastique.

Zieher, m. 1, celui qui tire.

Ziehkopf, m. 2*, ventouse sèche, f.

Ziehochs, m. 3, bœuf d'attelage.

Ziehschraube, f. mèche; (arch., nav.) antoit, m.

Ziehseil, n. 2, (nav.) hansière, f.; (artill.) combleau, m.

Ziehung, f. tirage, m.

Ziehzange, f. v. Drahtzange.

Ziel, n. 2, but, m.; blanc de la cible; fin, f.; terme, m.; bornes, f. pl.; das — treffen, adresser au but, donner dans le blanc; (bill.) buter; fg. sich zum — legen, se rendre à la raison; das höchste —, le comble.

Zielen, v. n. (h.) viser; mirer; ajuster (auf etw., qch.); fg. auf etw. —, faire allusion à qch.; nach etw. —, tendre, viser à qch.

Ziemen, v. n. et imp. (h.) convenir, appartenir. [cimier, m.

Ziemer, m. 1, litorne, f. (oiseau);

Ziemlich, adj. passable; médiocre; raisonnable; —, adv. assez.

Zieraffe, m. 3, minaudier, -ère, f.; mijaurée, pimbêche, bégueule.

Zierath, m. exc. 1, Zierde, f. ornement, m. embellissement; fleuron d'une couronne; (impr., etc.) cul-de-lampe.

Zierbengel, m. 1, mépr. petit-maitre, mirliflore, merveilleux.

Zieren, v. a. orner, parer, embellir, décorer, enrichir; garnir; fg. sich —, faire des façons, la petite bouche, minauder; geziert, maniéré, affecté, minaudier; etw. auf eine gezierte Art thun, affecter de faire qch.

Ziererei, f. minauderie, simagrée, afféterie, mignardise, béguculerie. [mignard.

Zierlich, adj. élégant, joli, beau; Zierlichkeit, f. élégance, beauté.

Ziesmaus, f.* souslik, m.

Ziffer, f. chiffre, m. (jur.) cote, f.; mit —n bezeichnen, chiffrer; etw. in Zweifel —, ... écrire en chiffres; die Kunst mit —n zu schreiben, stéganographie, f.

Zifferblatt, n. 5*, cadran, m.

Ziffern, v. n. (h.) chiffrer.

Zifferrechnung, f. arithmétique numérale.

Zifferschrift, f. écriture en chiffres; eine — auflösen, déchiffrer une écriture.

Zigeuner, m. 1, =inn, f. bohémien, m. -ne, f. égyptien, m. -ne, f. bohéme, m.

Zimbel, f. cymbale.

Zimmer, n. 1, chambre, f. appartement, m. piéce, f. die Rtiße —, appartement, m.; —chen, n. 1, dim. cabinet, m.

Zimmerarbeit, f. charpenterie.

Zimmerart, f. hache de charpentier.     [pentier.

Zimmergesell, m. 3, garçon charpentier.

Zimmerhandwerf, n. 2, charpenterie, f.

Zimmerhof, =plaß, m. 2*, atelier de charpentier, chantier.

Zimmerholz, n. 5*, bois de charpente, m.; beschlagenes —, bois carré.     [charpentier.

Zimmermann, m. 5 (pl. =leute), Zimmern, v. a. charpenter; faire, construire un vaisseau.

Zimmerwerf, n. 2, charpente, f.

Zimmet, m. 2, =rinbe, f. cannelle; der weiße —, cinnamome, m.

Zimmetbaum, m. 2*, cannellier.

Zimperlich, adj. fm. mignard.

Zinf, m. 2, zink (métal).

Zinfe, f. bout (m.), cheville (f.) de la ramure du cerf; branche de corail; (mus.) clairon, m. cornet à bouquin; dent(f.), fourchon(m.) d'une fourchette, etc.

Zinfenregister, n. 1, (org.) clairon, m.     [à fourchons.

Zinfig, adj. et adv. à chevilles.

Zinn, n. 2, étain, m.; ein Blod —, saumon d'étain.

Zinnasche, f. potée.

Zinne, f. créneau, m. pignon; pinacle du temple de Jérusalem; mit —n versehen, créneler.

Zinnen, Zinnern, adj. d'étain.

Zinner, m. 1, étameur.     [f.

Zinngeschirr, n. 2, vaisselle d'étain,

Zinngießer, m. 1, potier d'étain.

Zinnfalt, m. 2, chaux d'étain, f. potée.

Zinnober, m. 1, cinabre.

Zins, m. 2, intérêt; rente, f. loyer d'une maison, m.; — von Grundstüden, cens, redevance, f.; fermage, m.; — von —en, intérêt des intérêts, arrière-change, (jur.) anatocisme; auf —en, (prêter) a intérêt.

Zinsader, m. 1*, terre censuelle f.

Zinsbar, adj. tributaire; censuel (terre) die —en Güter, la censive.

Zinsbauer, m. exc. 1, =frau, f. censier, m. censitaire, redevancier, fermier, tenancier, -ère, f.

Zinsbuch, n. 5*, =register, 1, terrier, m.; livre de rentes.

Zinsen, v. a. payer l'intérêt, le loyer, cens, —, v. n. (h.) rendre, rapporter.

Zinsfrau, v. Zinsbauer.

Zinsfrei, adj. franc; allodial; das —e Gut, franc-alleu, m.

Zinsfreiheit, f. allodialité; immunité de payer des rentes.

Zinsgroschen, m. 1, gros de cens.

Zinsgut, n. 5*, terre tenue à cens, f.; —er, pl. censive, f.

Zinsherr, m. 3, seigneur censier.

Zinsmann, m. 5*, v. Zinsbauer,

Zinspflichtig, v. Zinsbar.

Zinsregister, n. 1, cueilleret, m.

Zinsrolle, f. rôle rentier, m.

Zinswucher, m. 1, (jur.) anatocisme.     [tion.

Zinszahl, f. der Römer, — indic-

Zipfel, m. 1, bout, extrémité, f.; queue; —, pl. fanons des drapeaux, etc., m. pl.

Zipfelig, adj. barlong.

Zipolle, f. ciboule; die kleine —, ciboulette.

Zipperlein, n. 1, goutte, f.

Zippern, v. n. (h.) piquer sur la langue (moût, etc.).

Zirbeldrüse, f. glande pinéale.

Zirbelnuß, f. *pignon, m.

Zirkel, m. 1, cercle; rond; (astr.) cycle; cours, révolution des saisons, f.; compas, m.; der halbe —, hémicycle; —, fg. cercle, société, f.

Zirkelabschnitt, m. 2, segment.

Zirkelausschnitt, m. 2, secteur.

Zirkelbogen, m. 1*, (arch.) cintre.

Zirkelbogig, adj. cintré.

Zirkelfläche, f. cercle, m.

Zirkelförmig, adj. circulaire.

Zirkelfuß, m. 2*, jambe de compas, f.

Zirkellinie, f. ligne circulaire.

Zirkelmaß, n. 2, compas, m.

Zirkeln, v. a. compasser.

Zirkelpunkt, m. 2, centre du cercle.

Zirkelrund, adj. circulaire; —, adv. en rond; en forme de cercle.

Zirkelschmied, m. 2, taillandier.

Zirkelspiße, f. pointe du compas.

Zirneiche, f. Zirnenbaum, m. 2*, cerre.

Zirpen, v. n. (h.) pépier, chanter, grésiller (cigale); —, s. n. 1, chant de la cigale, m.

Zischeln, v. n. (h.) fm. chuchoter; —, s. n. 1, chuchotement, m. chuchoterie, f.

Zischen, v. n. (h.) siffler; v. Zischeln; —, s. n. 1, sifflement, m.

Zischler, m. 1, fm. chuchoteur.

Zisterne, f. citerne.

Zither, f. guitare; die italienische —, cistre, m.

Zitteraal, m. 2, torpille, f.

Zitterer, m. 1, trembleur, quartie.

Zitterespe, f. tremble, m.     [ker.

Zittergold, n. 2, oripeau, m. clinquant.     [agric.

Zittermahl, n. 2 et 5*, dartre, f.

Zittern, v. n. (h.) trembler; trembloter, frissonner; vor Kälte —, grelotter; —, s. n. 1, tremblement, m. frissonnement; (méd.) jectigation du pouls, f.; fg. peur.

Zitternabel, f. tremblant, m.

Zitterpappel, f. tremble, m.

Zitterregister, n. 1 (org.) tremblant, m.     [grignotis, m.

Zitterstrich, m. 2, —t, pl. (grav.)

Zitwer, m. 1, zédoaire, f.

Ziß, m. 2, indienne, f. perse; der ostindische —, canequin, m.

Zize, f. tetin, m.; mamelon des femmes; tette (f.), rayon (m.) des animaux; pis des vaches.

Zizenförmig, adj. papillaire; mamillaire; mastoïde.

Zobel, m. 1, zibeline, f.

Zofe, f. soubrette.

Zögern, v. Verzögern.

Zögling, m. 2, élève, nourrisson.

Zoll, m. 2, pouce.

Zoll, m. 2*, péage; douane, f. — von durchgehenden Waaren, transit, m. passage; — von Lastthieren, bâtage; —, fg. tribut.

Zollamt, =haus, n. 5*, douane, f.; péage, m.     [ne.

Zollbar, adj. sujet à payer la doua-

Zollbeamte, Zollbediente, m. 3, douanier; péager.

Zolleinnehmer, m. 1, receveur de la douane.

Zollen, v. a. et n. (h.) payer la douane; fg. payer, donner, offrir.

Zoller, Zöllner, m. 1, douanier; péager; (écr. ste.) publicain.

Zollfrei, adj. exempt de douane.

Zollfreiheit, f. franchise de la douane.

Zollregister, n. 1, =tafel, f. tarif de la douane, m. pancarte, f.

Zollschein, m. 2, passavant, acquit à caution.

Zollschiff, n. 2, gabare, f.

Zollstab, m. 2*, équerre pliante, f.

Zollstätte, f. douane, péage, m.

Zollstock, m. 2*, poteau.

Zollstraße, =weg, m. 2, chemin soumis au droit de péage.

Zollzettel, m. 1, acquit de payement; pancarte, f.

Zone, f. zone.

Zooleg, m. 3, zoologue.

Zoologie, f. zoologie.

Zoologisch, adj. zoologique.

Zopf, m. 2*, tresse de cheveux, f.; queue; der geflochtene —, cadenette.

Zopfband, n. 5*, ruban de queue, m.

Zopfen, v. a. tirer, tirailler.     [m.

Zorn, m. 2, colère, f. courroux, m. indignation, f. fm. bile; in — gerathen, v. sich Erzürnen.

Zornig, adj. en colère, indigné, fâché, courroucé; furieux; colère, bilieux; — machen, werden, v. Erzürnen, sich Erzürnen.

Zornmüthig, adj. colérique.

Zote, f. obscénité, impureté, vilenie; conte gras, m.; —n, pl. ordures, f. pl.

Zotenhaft, adj. obscène, graveleux, ordurier, sale, vilain.

Zotenreißer, m. 1, ordurier.

Zotte, f. flocon de laine, m.; touffe de cheveux, f.; (man.) fanon, m.

Zottig, adj. velu, effilé, frangé.

Zu, prép. sépar. à, vers, chez, auprès; en, dans; par; pour; de; sur, etc. —, adv. devant les adjectifs et les adverbes, trop; avec l'infinitif, à, de, pour; de quoi; auf, nach etw. —, vers qch.; — séparable indique dans la composition l'action d'ajouter, d'approcher, de fermer.

Zuackern, v. a. couvrir de terre en labourant. [raille.

Zubauen, v. a. fermer d'une muraille.

Zubehör, v. Zugehör.

Zubeißen, v. n. 5† (h.) fm. mordre, manger.

Zuber, m. 1, cuveau, cuvier; tine, f.; — zum Weißsieden, blanchiment, m.

Zubereiten, v. a. préparer, apprêter; accommoder (den Formsand) corroyer; immerzubereitet, (pharm.) officinal.

Zubereiter, m. 1, apprêteur.

Zubereitung, f. préparation; apprêt, m.; accommodage des mets; caquage des harengs; (méd.) coction, f.; (corr.) chipage, m.; préparatif; appareil.

Zubinden, v. a. 3, lier, serrer, nouer; bander les yeux; panser une plaie.

*Zubringen, v. a. porter; apporter; fg. passer, employer son temps; zugebrachte Kinder, des enfants du premier lit, de deux lits.

Zubuße, f. dépense; secours, m. addition, f.; supplément, m.

Zubüßen, v. a. fournir du sien; perdre.

Zucht, f.*, race (de bêtes); nourriture; éducation; discipline; correction; pudeur; décence; in Züchten und Ehren, en tout bien et en tout honneur.

Zuchtfähig, adj. disciplinable.

Zuchtgericht, n. 2, police correctionnelle, f.

Zuchthaus, n. 5*, maison de correction, f. maison de force.

Zuchthengst, m. 2, étalon.

Züchtig, adj. pudique, chaste; décent; modeste; honnête; sage.

Züchtigen, v. a. châtier, punir; discipliner, corriger.

Züchtigung, f. châtiment, m. punition, f. correction, peine; (dév.) mortification.

Züchtling, m. 2, prisonnier détenu dans une maison de correction.

Zuchtlos, adj. indiscipliné, indisciplinable, insubordonné.

Zuchtlosigkeit, f. indiscipline, insubordination.

Zuchtmeister, m. 1, pédagogue; correcteur, geôlier.

Zuchtpolicei, f. police correctionnelle; —gericht, n. 2, tribunal de police correctionnelle, m.

Zuchtruthe, f. fouet, m. fg. fléau.

Zuchtsau, f.*, truie.

Zuchtstute, f. cavale poulinière.

Zuchtvieh, n. 2, bétail, m. bêtes qu'on nourrit pour en avoir des petits, f. pl.

Zucken, v. a. tirer l'épée; hausser les épaules; —, v. n. (h.) remuer; palpiter; —, s. n. 1, convulsions, f. pl.; tic, m.; palpitation du cœur, f.; haussement des épaules, m.

Zuckend, adj. convulsif. [m.

Zucker, m. 1, sucre; der braungefochte —, caramel.

Zuckerbäcker, m. 1, confiseur, confiturier. [scur, m. office, f.

Zuckerbäckerei, f. métier de confiseur.

Zuckerbirn, fém. bon chrétien (poire), m. [ve, f.

Zuckerbranntwein, m. 2, guildive.

Zuckerbrod, m. 2, biscuit, m.

Zuckerbüchse, f. sucrier, m.

Zuckercand, m. 2, sucre candi.

Zuckererbse, f. pois goulu, m.

Zuckerguß, m. 2*, glace, f. (de sucre).

Zuckerhut, m. 2*, pain de sucre.

Zuckerhutform, f. cône, m.

Zuckerig, adj. sucré.

Zuckerförmer, pl. dragées, f. pl.

Zuckerläuterer, etc., voy. Zuckersieder, etc.

Zuckermandel, f. praline.

Zuckern, v. a. sucrer.

Zuckerpläpchen, n. 1, biscotin, m.

Zuckerrohr, n. 2, canne à sucre, f.; das ausgepreßte —, bagaie.

Zuckerrübe, f. betterave.

Zuckersaft, m. 2*, suc de canne; sirop.

Zuckerschachtel, f. boite à sucre, sucrier; —schächtelchen, n. 1, dim. bonbonnière, f.

Zuckersieden, n. 1, raffinage, m.

Zuckersieder, n. 1, raffineur de sucre. [cre.

Zuckersiederei, f. raffinerie de sucre.

Zuckersirup, m. 2, mélasse, f.

Zuckersüß, adj. sucrin, sucré.

Zuckerteig, m. 2, pâte de confitures, f.

Zuckerwerk, n. 2, sucreries, f. pl.; confiture, f. fm. bonbon, m. enfantin, nanan; das kleine —, dragée nonpareille, f. orangeat, m.

Zuckerwurzel, f. chervis, m.

Zuckerzange, f. pincettes à sucre, pl.

Zuckung, f. convulsion; mit —en begleitet, —en erregend, convulsif; mit —en behaftet, convulsionnaire. [digue.

Zudämmen, v. a. fermer par une

Zudecken, v. a. couvrir; plâtrer, pallier.

Zudem, adv. outre cela. [qn.

*Zudenken, v. a. destiner qch. à

Zudrängen (sich), avancer; se presser; s'ingérer. [nant.

Zudrehen, v. a. fermer en tournant.

Zudringlich, adj. importun, persécutant.

Zudringlichkeit, f. importunité.

Zudrücken, v. a. fermer; serrer.

Zueignen, v. a. attribuer; dédier un livre; sich etw. —, s'approprier qch., s'accommoder de qch., s'attribuer qch., adopter qch.

Zueignung, f. appropriation; attribution; imputation, application; v. Zueignungsbrief.

Zueignungsbrief, m. 2, =schrift, f. dédicace, épître dédicatoire.

Zueilen, v. n. (f.) accourir.

*Zuerkennen, v. a. adjuger; décerner, adjuger.

Zuerkennung, f. adjudication.

Zuerst, adv. premièrement, d'abord; — seyn, être le premier, la première.

Zufahren, v. n. 7 (f.) faire aller le chariot bien vite; fahr zu, Kutscher, fouette, cocher! auf einen, auf etw. —, se jeter, s'élancer, se précipiter sur qn., sur qch.

Zufall, m. 2*, hasard; accident; cas; incident; aventure, f.; der widrige —, le contro-temps; der unglückliche —, fatalité, f.

Zufallen, v. n. 4 (f.) se fermer en tombant; fg. échoir, tomber en partage; jemanden —, adhérer à qn.

Zufällig, adj. fortuit, accidentel; casuel; (philos.) contingent; —er Weise, par hasard, par accident, accidentellement, par aventure.

Zufälligkeit, f. (philos.) contingence; casualité; accident, m.

Zufälzen, v. a. raccommoder, ravauder, rapetasser.

Zufliegen, v. n. 6 (f.) voler vers un lieu.

Zufließen, v. n. 6 (f.) couler vers; fg. affluer; einem etw. — lassen, faire tenir qch. à qn., faire du bien à qn.

Zuflucht, f.*, refuge, m. recours; ressource, f. retraite; v. Zufluchts=
ort.

Zufluchtsort, m. 2 et 5*, =ſtätte, f. retraite, asile, m. refuge; abri.

Zufluß, m. 2*, affluence, f.

Zuflüſtern, v. a. chuchoter.

Zufolge, prép. en vertu de, d'a-
près; selon; ihm —, selon lui, à l'entendre.

Zufrieden, adj. content, satisfait; bien aise; mit einem, mit etw.
— ſeyn, être content, se louer de qn., de qch.; einen — ſtellen, contenter, satisfaire, accommoder qn.; ſich — geben, se tranquilliser; calmer son esprit.

Zufriedenheit, f. contentement, m. satisfaction, f.

Zufrieren, v. n. 6 (f.) se congeler, se prendre, geler.

Zufügen, v. a. causer, faire, attirer; ajouter, joindre.

Zufuhr, f. transport, m.; importation, f.; envoi de vivres, m.

Zuführen, v. a. amener, apporter.

Zufüllen, v. a. emplir, combler.
Zug=, n. 2*, coup; — mit dem
Rappzaume, escaveçade, f.; —, trait (m.) de plume, du visage; linéament; tirage; (call.) paraphe; (arq.) rayure, f. ‖ cortége, m. marche, f.; procession; pas-
sage, m.; (guer., etc.) expédition, f.; migration d'un peuple; vent coulis, m. courant d'air; passage des oiseaux; jeu d'orgues; — von Pferden, ꝛc., attelage; —, paire de bœufs, f. ‖ lot, m. billet; die
letzten Züge, agonie, f. fm. abois, m. pl.

Zugabe, f. addition, appendice, m.; supplément; surcroît; surplus; (comm.) surpoids; évent, comble de mesure; (bouch.) réjouissance, f.; v. Zugebung.

Zugang, m. 2*, accès; abord; approche, f.; avenue.

Zugänglich, adj. accessible, abordable.

Zugband, n. 5*, tirant des bottes, m. [(mar.) coursière, f.

Zugbrücke, f. pont=levis, m.;

Zugeben, v. a. 1, ajouter; donner par-dessus; (cart.) répondre; fig. permettre, accorder, consentir à; concéder; als Gehülfen —, adjoindre.

Zugebung, f. concession; permis-
sion; (rhét.) épitrope; adjonction d'un aide.

Zugegen, adv. présent.

*Zugehen, v. n. (ſ.) se fermer (porte, etc.); aller vite (auf, à); fig. aller (affaire); aboutir, se terminer; arriver, se passer.

Zugehör, n. 2, choses requises,

f. pl.; appartenances, dépendances; attirail, m.; ingrédients, pl.

Zugehören, v. n. (h.) appartenir, être à qn.

Zugehörig, adj. appartenant.

Zügel, m. 1, rêne, f.; bride; hart im — halten, gourmander.

Zügellos, adj. débridé; fig. effréné, débordé.

Zügelloſigkeit, f. licence effrénée, débordement, m.; action licen-
cieuse, f.

Zügeln, v. a. brider; fig. réprimer, refréner.

Zugemüſe, n. 1, légumes, m. pl.

Zugenannt, adj. surnommé.

Zugeſellen, v. a. associer, adjoindre.

Zugeſellung, f. association; adjonction; accompagnement, m.

*Zugeſtehen, v. a. accorder, con-
céder. [adonné.

Zugethan, adj. dévoué, attaché,

Zuggarn, n. 2, filet, m. traîneau, seine, f. [tage.

Zugießen, v. a. 6, verser davan-

Zugig, adj. capable d'être attelé, dressé au joug.

Zugkaſten, n. 1*, (maç.) bourrique, f. bourriquet, m.

Zugleich, adv. ensemble, en même temps; conjointement; accu-
mulativement. [évent.

Zugloch, n. 5*, soupirail, m.;

Zugluſt, f.*, courant d'air, m.

Zugochs, m. 3, bœuf de labour.

Zugofen, m. 1*, fourneau à vent.

Zugordnung, f. ordre de la marche, m. [de collier, m.

Zugpferd, n. 2, cheval de trait,

Zugpflaſter, n. 1, emplâtre épispastique, m.

Zugreifen, v. n. 5† (h.) prendre; mettre la main sur qch.

Zugrolle, f. poulie. [se, m.

Zugſchmaur, f.* tirant d'une bour-

Zugſeil, n. 2, trait, m.; (nav.) cincenelle, f.; (mar.) câbleau, m.

Zugvieh, n. 2, bêtes de trait ou de voiture, f. pl. [sage.

Zugvogel, m. 1*, oiseau de pas-

Zugweiſe, adv. par troupes; (guer.) par colonnes.

Zugwind, m. 2, vent coulis, courant d'air.

Zugwinde, f. moufle, palan, m.

Zuhäkeln, v. a. agrafer.

Zuhalten, v. a. 4, tenir fermé, boucher.

Zuhaltung, f. (serr.) gâchette.

Zuhängen, v. a. couvrir; voiler.

*Zuhauen, v. a. dégrossir; dé-
maigrir, aménager; —, v. n. (h.) frapper, fouetter rudement.

Zuheften, v. a. fermer avec des agrafes, avec une épingle.

Zuheilen, v. a. fermer, guérir;

ganz —, consolider; —, v. n. (ſ.) se fermer, se cicatriser.

Zuheilung, f. guérison, consolidation. [secret.

Zuhorchen, v. n. (h.) écouter en

Zuhören, v. n. (h.) écouter attentivement; prêter l'oreille à qn.

Zuhörer, m. 1, =inn, f. auditeur; m.; —, pl. coll. auditoire.

Zuhüllen, v. a. envelopper, cacher. [clamations de joie.

Zujauchzen, v. n. (h.) faire des ac-

Zukehren, v. a. tourner vers un lieu. [coin.

Zukeilen, v. a. boucher avec un

Zuklatſchen, v. a. et n. (h.), einem Beifall —, applaudir qn., à qn.

Zukleben, Zukleiſtern, v. a. coller.

Zuklemmen, v. a. serrer.

Zuknöpfen, v. a. boutonner.

Zuknüpfen, v. a. nouer.

*Zukommen, v. n. (ſ.) venir, par-
venir; revenir, tomber en par-
tage; appartenir; convenir; einem etw. — laſſen, communiquer, céder qch. à qn.

Zukunft, f.*, avenir, m.; (théol.) avénement, venue du Messie, f.; in —, à l'avenir, désormais.

Zukünftig, adj. futur; à venir; die =Zeit, futur, m.; —, adv., v. in Zukunft.

Zulächeln, v. n. (h.) sourire à qn.

Zulage, f. addition; augmenta-
tion; supplément, m.; — zum Sold, (guer.) haute paye, f.

Zulangen, v. a. tendre; donner de main en main; prendre; se servir de; —, v. n. (h.) atteindre; fig. suffire. [ſeyn, suffire.

Zulänglich, adj. suffisant; —

Zulänglichkeit, f. suffisance.

Zulaſſen, v. a. 4, laisser fermé; admettre; fig. permettre, admet-
tre, comporter; nicht —, (jur.) mettre une appellation au néant; den Hengſt —, faire couvrir la jument.

Zuläſſig, adj. permis, admissible; licite. [sion.

Zulaſſung, f. admission, permis-

Zulauf, m. 2*, concours, affluen-
ce, f.; vogue; — haben, être couru, être en vogue.

Zulaufen, v. n. 4 (ſ.) courir, ac-
courir, affluer; auf etw. —, fig. aboutir à qch. [pliant.

Zulegemeſſer, neut. 1, couteau

Zulegen, v. a. mettre auprès; ajouter; augmenter; plier, briser un couteau; ſich etw. —, acheter, se procurer, prendre qch., se pourvoir de qch. [lant.

Zuleimen, v. a. boucher en col-

Zuletzt, adv. à la fin; enfin; en dernier lieu; — ſeyn, être le dernier, la -ère.

Zulöthen, v. a. souder.

Zum (zu dem), à; au; chez le, la, etc.

Zumachen, v. a. fermer, boucher; cacheter une lettre; briser un couteau.

Zumal, adv. ensemble; à la fois; —, conj. surtout, principalement.

Zumaß, n. 2, évent, m. comble; surpoids.

Zumauern, v. a. murer; maçonner. [attribuer.

Zumessen, v. a. 1, mesurer; fg.

Zumuthen, v. a., einem etw. —, demander, prétendre, exiger qch. de qn. [tention.

Zumuthung, f. demande, prétention.

Zunächst, adv. tout près, tout proche; d'abord.

Zunageln, v. a. clouer.

Zunähen, v. a. coudre; fermer, boucher en cousant.

Zunahme, f. accroissement, m.; agrandissement; augmentation, f. progrès, m.

Zuname, m. exc. 2, nom de famille; surnom; m. p. sobriquet.

Zündbar, adj. inflammable.

Zündbarkeit, f. inflammabilité.

Zünden, v. n. (h.) prendre feu; —, v. a. allumer; mettre le feu à qch.

Zunder, m. 1, mèche, f. amadou, m.; fg. amorce, f.

Zünder, m. 1, (artif.) fusée, f.

Zündkraut, n. 5*, amorce, f. pulvérin, m.; mit — versehen, amorcer.

Zündloch, n. 5*, lumière, f.

Zündlochdeckel, m. 1, =lappe, f. (artill.) chapiteau, m.

Zündpfanne, fém. bassinet, m.; (artill.) coquille, f.

Zündpfannendeckel, m. 1, platine du bassinet, f.; batterie, fusil, m.

Zündpulver, n. 1, v. Zündkraut.

Zündruthe, f. (artill.) boute-feu, m.

Zündschwamm, m. 2*, amadou.

Zündstrid, m. 2, (artill.) étoupille, f.; mit =en prendre feu, étoupiller.

Zunehmen, v. n. 2 (h.) augmenter, croitre, s'accroître, s'agrandir; grossir; fg. id., profiter; s'avancer; faire des progrès; der —be Mond, croissant, m.; —, s. n. 1, accroissement, m.; augmentation, f.; progrès, m.; der Mond ist im —, la lune est dans son croissant.

Zuneigen, v. a. incliner; (sich —) s'incliner vers.

Zuneigung, f. inclination; pente; fg. penchant, m.; inclination, f. affection, amitié, amour, m. attachement.

Zunft, f. *, tribu; corps de mé-

tier, m. corporation, f.; communauté; —t, pl. arts et métiers, m. pl. corps des métiers, m.

Zunftgenoß, m. 3, membre d'un corps de métier; confrère.

Zunftig, adj. reçu dans une tribu.

Zunftmäßig, adj. conforme aux usages et statuts du métier.

Zunftmeister, m. 1, (ant. r.) tribun; maître juré d'une tribu.

Zunftrecht, n. 2, privilèges (m. pl.) et obligations (f. pl.) d'un corps de métier.

Zunftstube, f. hôtel (m.), poêle de la tribu.

Zunftweise, adv. par tribus.

Zunge, f. langue; die — ausstreden, tirer la langue; die — lösen, couper le filet à un enfant; fg. dénouer, délier la langue à qn.; eine beredte, geläufige — haben, avoir la langue bien pendue, bien affilée; avoir une grande volubilité de langue; sein Herz auf der — haben, avoir le cœur sur les lèvres; es liegt mir auf der —, je l'ai sur le bout de la langue; die angewachsene —, ankyloglosse, m.; die — eines Schweines beschauen, langueyer un cochon || frion de la charrue, m.; (arq.) déclin; (org.) anche, f.; cuivrette de hautbois; aiguille de fléau; languette de balance; ardillon de boucle, m.; sole, f.

Zünglchen, n. 1, dim., languette, f. aiguille de balance; (org.) anche. [rapidement la langue.

Zingeln, v. n. (h.) tirer, mouvoir

Zungenband, n. 5*, frein de la langue, m. filet.

Zungenbein, n. 2, os hyoïde, m.

Zungenbuchstab, m. exc. 2, lettre linguale, f.

Zungendrescher, m. 1, hableur, bavard, chicaneur.

Zungendrescherei, f. bavarderie; chicane.

Zungendrüse, f. glande linguale.

Zungenförmig, adj. (bot.) linguiforme.

Zungenhalter, m. 1, (chir.) glossocatoche; fourchette, f.

Zungenmustel, m. exc. 1, muscle lingual.

Zungennerv, m. exc. 1, nerf lingual; —en, pl. hypoglosses.

Zungensteifigkeit, f. ankyloglosse

Zungenvorfall, m. 2*, glossocèle.

Zungenwarze, f. papille.

Zünglein, v. Zünglchen.

Zunicht, adv., — machen, détruire, anéantir; — werden, s'évanouir.

Zunicken, v. a. et n. (h.), einem — faire une inclination de tête

à qn.; Beifall —, approuver par des signes de tête.

Zuordnen, v. a. adjoindre.

Zupeitschen, v. n. (h.) fouetter rudement.

Zupfen, v. n. 5† (h.), einem —, siffler pour avertir, appeler qn.

Zupfen, v. a. tirer; tirailler; épincer; éplucher la laine; effeuiller des fleurs; éfaufiler de la soie, etc. [bourant.

Zupflügen, v. a. couvrir en labourant.

Zupfropfen, v. a. tamponner, boucher.

Zupichen, v. a. poisser. [cher.

Zur (zu der), à, à la, chez la.

Zurathen, v. a. 4, conseiller de faire qch.

Zurechnen, v. a. imputer; attribuer. [tribution.

Zurechnung, f. imputation; attribution.

Zurechtbringen, v. a. corriger; redresser; rétablir; raccommoder; mettre en ordre; ramener.

Zurechtfinden (sich), 3, se retrouver; s'orienter.

Zurechthelfen, v. n. 2 (h.) aider qn.; mettre — sur la voie.

Zurechtkommen, v. n. (f.) corder; s'accommoder; venir à bout de.

Zurechtlegen, v. Zurechtsetzen.

Zurechtlegung, =machung, f. arrangement, m.; ajustement.

Zurechtmachen, v. a. préparer; apprêter; accommoder, ajuster.

Zurechtsetzen, =stellen, v. a. mettre en ordre; ranger; arranger; ajuster; einem den Kopf —, ranger, mettre qn. à la raison.

Zurechtweisen, v. a. 5, montrer le chemin à qn; fg. redresser, désabuser qn. [désabusement, m.

Zurechtweisung, fém. correction; —, v. n. (h.) exhorter, encourager qn.; conseiller à qn.; —, s. n. 1, persuasion, f. exhortation; conseil, m.

Zureichen, v. a. tendre; —, v. n. (h.) suffire; fournir (für, à).

Zureichend, adj. suffisant.

Zureiten, v. a. 5†, dresser, acheminer un cheval; —, v. n. (f.) aller vite.

Zurennen, f. manège, m.

Zurennen, v. n. (f.) courir vite.

Zürgelbaum, m. 2*, lotier, micocoulier.

Zürich, Zurich. (ville).

Zurichten, v. a. préparer, accommoder; apprêter des mets, habiller les poissons, etc.; dresser; ajuster; (art.) dégauchir; dégrossir, aménager du bois; (impr.) marger une feuille; (teint.) asseoir une fosse; mouliner de la soie; fg. übel —, maltraiter, malmener, accommoder, arranger qn.;

dégrader qch.; ſich —, *fm. iron.* s'accommoder.

Zurichtung, *f.* préparation; accommodage, *m.*; ajustement; apprêt; (*cuis.*, *tann.*) habillage; (*forest.*) débit; aménagement *du bois*; moulinage *de la soie.*

Zuriegeln, *v. a.* verrouiller.

Zürnen, *v. n.* (h.) être en colère, être irrité; se fâcher.

Zuroſten, *v. n.* (ſ.) s'enrouiller.

Zurück, *adv.* en arrière; derrière; à reculons; — da, retirez-vous.

Zurück, *séparable dans la composition, se rend par la particule* re, *jointe aux verbes ou à leurs dérivés; et quelquefois par le verbe primitif, qu'on met devant le verbe primitif; v. p. ex.* Zurückbeben.     [tremblant.

Zurückbeben, *v. n.* (ſ.) reculer en

Zurückbegeben (ſich), 1, se retirer.

Zurückbehalten, *v. a.* 4, retenir; garder.     [retour, ravoir.

Zurückbekommen, *v. a.* avoir de

Zurückberufen, *v. a.* 4, rappeler.

Zurückberufung, *f.* rappel, *m.*

Zurückbeugen, =biegen 6, *v. a.* recourber.

Zurückbezahlen, *v. a.* rembourser.

Zurückbezahlung, *f.* remboursement, *m.*

Zurückbleiben, *v. n.* 5 (ſ.) demeurer, rester, rester en arrière; tarder.

Zurückblicken, *v. n.* (h.) regarder, jeter un regard en arrière.

Zurückbringen, *v. a.* rapporter; ramener qn.; einen wieder ins Leben —, rappeler qn. à la vie.

Zurückbatiren, *v. a.* antidater.

Zurückdenken, *v. n.* (h.) faire réflexion sur le passé; se souvenir du passé.

Zurückdrängen, *v. a.* repousser.

Zurückeilen, *v. n.* (ſ.) se hâter de retourner.     [de, s'avancer vers.

Zurücken, *v. n.* (ſ.) s'approcher

Zurückfahren, *v. n.* 7 (ſ.) retourner; reculer *de peur*; (*mar.*) culer.

Zurückfahrt, *f.* retour, *m.*

Zurückfallen, *v. n.* 4 (ſ.) retomber; tomber à la renverse; *fg.* retomber, revenir (*bien*); réfléchir, rejaillir.

Zurückfließen, *v. n.* 6 (ſ.) refluer.

Zurückfluß, *m.* 2*, reflux.

Zurückforderer, *m.* 1, (*mar.*) réclamateur.

Zurückfordern, *v. a.* redemander, réclamer, revendiquer.

Zurückforderung, *f.* réclamation, revendication.

Zurückführen, *v. a.* ramener, reconduire; *fg.* ramener; faire remonter *qn. à l'origine*; décomposer, analyser *une idée* jusque dans ses éléments.

Zurückgabe, *f.* restitution; reddition; rédhibition.

Zurückgang, *m.* 2*, retour.

Zurückgeben, *v. a.* 1, rendre; restituer.

*Zurückgehen, *v. n.* (ſ.) retourner sur ses pas, rebrousser chemin; reculer; rétrograder; *fg.* n'avoir pas lieu; échouer, ne pas réussir; auf den Urſprung —, remonter à l'origine.

Zurückhalten, *v. a.* 4, retenir, arrêter; empêcher; arriérer *un payement*; —, *fg. v. n.* (h.) dissimuler; cacher ses sentiments; agir avec retenue; être réservé; ſich —, se retenir, se modérer; se contenir.     [boutonné.

Zurückhaltend, *adj.* réservé; *fm.*

Zurückhaltung, *f.* empêchement, *m.*; *fg.* retenue, *f.* réserve.

Zurückholen, *v. a.* rappeler; ramener.     [aller en arrière.

Zurückhufen, *v. n.* (ſ.) reculer;

Zurückjagen, *v. a.* repousser; —, *v. n.* (ſ.) retourner au galop *ou* en courant.     [*m.*

Zurückkehr, Zurückkunft, *f.* retour,

Zurückkehren, *v. n.* *Zurückkommen, *v. n.* (ſ.) retourner; revenir; rentrer; *fg.* déchoir, tomber (*famille*); se déranger (*affaires*).

Zurücklaſſen, *v. a.* 4, laisser en arrière; abandonner; délaisser.

Zurücklaſſung, *f.* abandon, *m.*; délaissement.

Zurücklaufen, *v. n.* 4 (ſ.) retourner en courant; refluer; rétrograder.

Zurücklegen, *v. a.* mettre à part, mettre de côté *ou* en réserve; *fg.* faire *du chemin*; accomplir *des années*.     [tion; dédit, *m.*

Zurücknahme, *f.* reprise; révocation; retirer; ſein Wort —, se dédire.

Zurücknehmen, *v. a.* 2, reprendre;

Zurückprallen, *v. n.* (ſ.) rejaillir; rebondir; réfléchir; réverbérer (*lumière*) — machen, (*bill.*) bricoler; —, *s. n.* 1, rebondissement, *m.*; réverbération *de la lumière*, *f.*

Zurückreiſe, *f.* retour, *m.*

Zurückreiſen, *v. n.* (ſ.) retourner; repartir pour se retourner.

Zurückreiten, *v. n.* 5† (ſ.) s'en retourner à cheval.     [der.

Zurückrufen, *v. a.* 4 (h.) crier derrière soi; se retourner pour crier à qn.; —, *v. a.* rappeler; révoquer.

Zurückrufung, *f.* rappel, *m.*; révocation, *f.*

Zurückſchaudern, *v. n.* (ſ.) reculer en frémissant d'horreur.

Zurückſchauen, *v. n.* (h.) regarder en arrière.     [refuir.

Zurückſcheuchen, *v. a.* (*cha.*) faire

Zurückſchicken, *v. a.* renvoyer.

Zurückſchickung, *f.* renvoi, *m.*

Zurückſchieben, *v. a.* 6, reculer; *fg.* rétorquer *un argument*; différer; référer *le serment à qn.*

Zurückſchlagen, *v. a.* 7, repousser; réfléchir, réverbérer *des rayons*; répercuter; rabattre *des quilles*; —, *v. n.* (ſ.) retomber avec violence; (*maladie*) rentrer; —, *s. n.* 1, répercussion, *f.*; réverbération *de la lumière*; (*trictr.*) revirade.

Zurückſchließen, *v. n.* 6 (h.) conclure de l'un à l'autre.

Zurückſchrecken, *v. a.* épouvanter; rebuter.

Zurückſchreiben, *v. a. et n.* 5 (h.) faire réponse; écrire en réponse.

Zurückſchreiten, *v. n.* 5† (ſ.) reculer; aller en arrière, à reculons.

Zurückſehen, *v. n.* 1 (h.) regarder en arrière.

Zurückſehnen (ſich), avoir un grand désir de s'en retourner.

*Zurückſenden, *v. a.* renvoyer.

Zurückſendung, *f.* renvoi, *m.*

Zurückſetzen, *v. a.* mettre à part *ou* de côté; mettre en arrière, reculer; *fg.* différer, retarder qch.; négliger; das Datum eines Briefes —, antidater une lettre; das zurückgeſetzte Datum, antidate, *f.*

*Zurückſeyn, *v. n.* (ſ.) être en arrière; être de retour.

Zurückſinken, *v. n.* 3 (ſ.) tomber à la renverse, retomber.

Zurückſpringen, *v. n.* 3 (ſ.) sauter en arrière; reculer en sautant.

*Zurückſtehen, *v. n.* (h.) se tenir derrière en arrière; *fg.* — müſſen, n'être pas admis à qch.; hinter einem —, le céder à qn., être surpassé par qn.

Zurückſtellen, *v. a.* mettre de côté; (*horl.*) retarder.

Zurückſtoßen, *v. a.* 4, repousser.

Zurückſtoßend, *adj.* répulsif.

Zurückſtoßung, *f.* repoussement, *m.*; (*phys.*) répulsion, *f.*

Zurückſtoßungskraft, *f.* *, (*phys.*) vertu répulsive.

Zurückſtrahlen, *v. a. et n.* (h.) réfléchir, renvoyer *ses rayons*; —, *s. n.* 1, réverbération, *f.*

Zurückſtreichen, *v. a.* 5†, retrousser *le poil du drap*; (*chap.*) retirer à poil.

Zurückſtreifen, *v. a.* retrousser.

Zurücktragen, *v. a.* 7, rapporter, reporter.

Zurücktreiben, *v. a.* 5, repousser; relancer; (*méd.*) répercuter.

Zurücktreibend, *adj.* répercussif.

Zurücktreten, *v. n.* 1 (ſ.) se retirer; reculer, refluer (*fleuve*); (*méd.*) remonter, rentrer; *fg.* se rétracter,

II.     28

se dédire, se retirer; —, *s. n.* 1, einer Feuchtigkeit, (*méd.*) délitescence, *f.*

**Zurückwälzen**, *v. a.* rouler en arrière; *fg.* faire retomber sur.

**Zurückweichen**, *v. n.* 5† (*f.*) reculer; se retirer; (*mar.*) culer; (*peint.*) s'éloigner; —, *s. n.* 1, retraite, *f.;* (*peint.*) fuite.

**Zurückweisen**, *v. a.* 5, renvoyer.

**Zurückweisung**, *f.* renvoi, *m.*

**Zurückwerfen**, *v. a.* 2, jeter en arrière; rejeter; réfléchir, répercuter, réverbérer *les rayons*; *fg.* repousser; rebuter; —, *s. n.* 1, (*phys.*) répercussion, *f.* réverbération. [effet rétroactif.

**Zurückwirken**, *v. n.* (*h.*) avoir un

**Zurückwirkend**, *adj.* rétroactif.

**Zurückziehen**, *v. a.* 6, retirer; —, *v. n.* (*f.*) retourner, revenir; sich —, se retirer, rétrograder; se confiner *à la campagne.*

**Zurückziehung**, *f.* retraite.

**Zuruf**, *m.* 2, acclamation, *f.;* applaudissements, *m. pl.;* appel, *m.*

**Zurufen**, *v. n.* 4 (*h.*). einem — appeler qn.; crier à ou après qn.

**Zuründen**, *v. a.* arrondir.

**Zurüsten**, *v. a.* apprêter, préparer; faire des préparatifs; armer, équiper.

**Zurüstung**, *f.* appareil, *m.;* préparatif; armement.

**Zusage**, *f.* promesse; parole.

**Zusagen**, *v. a.* promettre; donner sa parole.

**Zusammen**, *adv.* ensemble; conjointement; — *dans la composition est séparable.* [leben.

**Zusammenbacken**, 7, *v.* Zusammen-

**Zusammenballen**, *v. a.* mettre en pelote; sich —, s'agglomérer; —, *s. n.* 1, agglomération, *f.*

**Zusammenbegeben** (sich), 1, s'assembler; s'unir, se réunir.

**Zusammenbeißen**, *v. a.* 5†, serrer *les dents.*

**Zusammenberufen**, *v. a.* 4, convoquer; assembler, mander.

**Zusammenberufung**, *f.* convocation; indiction *d'un concile.*

**Zusammenbetteln**, *v. a.* amasser en mendiant.

**Zusammenbinden**, *v. a.* 3, lier, attacher, relier ensemble.

**Zusammenbrechen**, *v. n.* 2 (*f.*) se rompre.

*****Zusammenbringen**, *v. a.* joindre; assembler; unir; amasser; ramasser; recueillir; zusammengebrachte Kinder, enfants de deux lits, *m. pl.*

**Zusammendrängen**, *v. a.* presser; serrer; *fg.* id., concentrer; abréger; —, *s. n.* 1, concentration, *f.*

**Zusammendrehen**, *v. a.* tortiller; tordre; cordonner; (*cord.*) com-

mettre; viele Fäden zu einem Taue —, câbler. [sible.

**Zusammendrückbar**, *adj.* compressible.

**Zusammendrückbarkeit**, *f.* compressibilité.

**Zusammendrücken**, *v. a.* comprimer; presser; serrer; étreindre; in einen Klumpen —, bouchonner.

**Zusammendrückung**, *f.* compression, pression, serrement, *m.* étreinte, *f.*

**Zusammenfahren**, *v. a.* 7, charrier; amasser en charriant; —, *v. n.* (*f.*) charrier de compagnie; aller ensemble en voiture, etc.; s'entrechoquer, se serrer; *fg.* être saisi de frayeur, tressaillir.

**Zusammenfallen**, *v. n.* 4 (*f.*) s'écrouler, tomber en ruine, s'ébouler, s'affaisser (*aussi fg.*); maigrir (*malade*).

**Zusammenfalten**, *v. a.* plier *une lettre*; joindre *les mains.*

**Zusammenfassen**, *v. a.* empoigner; *fg.* résumer, exposer en abrégé, réduire en peu de mots; recueillir *ses esprits*; noch einmal —, récapituler; —, *s. n.* 1, recueillement *des esprits*, *m.;* résumé, récapitulation, *f.*

**Zusammenflechten**, *v. a.* 6, entrelacer.

**Zusammenflicken**, *v. a.* rapiécer.

**Zusammenfließen**, *v. n.* 6 (*f.*) se joindre; affluer.

**Zusammenfluß**, *m.* 2*, confluent, jonction *de deux rivières, etc.,f.;* *fg.* concours, *m.;* affluence, *f.* réunion, complication.

**Zusammenfordern**, *v. a.* convoquer. [tion.

**Zusammenforderung**, *f.* convocation

**Zusammenfrieren**, *v. n.* 6 (*f.*) se prendre, se congeler; —, *s. n.* 1, congélation, *f.*

**Zusammenfügen**, *v. a.* joindre; assembler, réunir; conjoindre; (*charp.*) emmortaiser, emboîter; abouter; aboucher *deux tuyaux*; zusammengefügt, (*maç.*) jointif.

**Zusammenfügung**, *f.* jonction; assemblage, *m.;* combinaison, *f.* conjonction, réunion; contexture *d'un drap*; (*chir.*) coaptation.

**Zusammenführen**, *v. a.* amasser; charrier; réunir, rejoindre.

**Zusammengeben**, *v. a.* 1, marier (*v.* Trauen) sich —, se joindre, se réunir.

*****Zusammengehen**, *v. n.* (*f.*) marcher, aller ensemble; se joindre, se fermer; *fg.* diminuer.

**Zusammengehören**, *v. n.* (*f.*) appartenir l'un à l'autre; se convenir.

**Zusammengesellen**, *v. a.* associer; mettre ensemble; joindre.

**Zusammengränzend**, *adj.* limitrophe, contigu.

**Zusammenhalten**, *v. a.* 4, tenir ensemble; (*charp.*) entretenir; *fg.* comparer, confronter; collationner; —, *v. n.* (*h.*) être d'intelligence; être du parti de qn.; s'entr'aider, tenir ensemble.

**Zusammenhaltung**, *f.* action de tenir réuni; comparaison.

**Zusammenhang**, *masc.* 2*, connexion, *f.* connexité; rapport, *m.* relation, *f.;* liaison, cohérence, suite, continuité; filiation *des idées*; enchaînement, *m.;* enchaînure, *f.;* fil *du discours*, *m.;* (*phys.*) cohésion, *f.;* der Mangel an —, incohérence; ohne —, décousu; (*style*) incohérent.

**Zusammenhängen** ou =hangen, *v. n.* 4 (*h.*) avoir de la connexion, de la suite, du rapport, de la liaison; être lié, attaché, joint ensemble; être enchaîné; se tenir; suivre l'un de l'autre; tenir le même parti; être d'intelligence.

**Zusammenhängen**, *v. a.* joindre; lier.

*****Zusammenhauen**, *v. a.* tailler en pièces, sabrer, écharper.

**Zusammenhäufen**, *v. a.* entasser, amasser, conglomérer; =gehäuft, (*anat.*) conglobé.

**Zusammenhäufung**, *f.* entassement, *m.;* agrégation, *f.*

**Zusammenheften**, *v. a.* coudre ensemble; attacher *avec des épingles, etc.*

**Zusammenheilen**, *v. a.* faire fermer *une plaie*; réunir, agglutiner *des chairs*; —, *v. n.* (*f.*) se réunir, se refermer.

**Zusammenheilend**, *adj.* glutinant, agglutinant, glutinatif.

**Zusammenheilung**, *f.* agglutination, consolidation.

**Zusammenhetzen**, *v. a.* haler après; *fg.* commettre, irriter *deux personnes* l'une contre l'autre.

**Zusammenkoppeln**, *v. a.* accoupler; —, *s. n.* 1, accouplement, *m.*

**Zusammenkaufen**, *v. a.* acheter en tas, en bloc; accaparer; —, *s. n.* 1, accaparement, *m.*

**Zusammenketten**, *v. a.* enchaîner.

**Zusammenklammern**, *v. a.* cramponner; (*call.*) accoler.

**Zusammenklang**, *m.* 2*, harmonie, *f.;* concert, *m.;* accord.

**Zusammenkleben**, *v. n.* (*f.*) se coller; s'attacher l'un à l'autre; —, *v. a.* coller ensemble, conglutiner; —, *s. n.* 1, conglutination, *f.*

**Zusammenkleiben**, *v. a.* joindre avec de la colle, coller ensemble.

**Zusammenknüpfen**, *v. a.* nouer ensemble; (*nav.*) avuster.

*Zufammenfommen, v. n. ((.) s'assembler, se rencontrer, se réunir, s'amasser.

Zufammenfoppeln, v. a. accoupler; (cha.) id., harder, ameuter.

Zufammenfriechen, v. n. 6 (f.) se fourrer dans un coin; se tapir.

Zufammenfrümmen (fich), se recoquiller, re replier.

Zufammenfunft, f.*, assemblée; entrevue, rencontre; réunion; (astr.) conjonction; bie — ber Gefandten, congrès, m.; verabrebete —, rendez-vous; heimliche —, conventicule, conciliabule.

Zufammenlaffen, v. a. 4, laisser ensemble; permettre de se voir, de se joindre.

Zufammenlauf, m. 2*, concours; affluence, f.; attroupement, m.

Zufammenlaufen, v. n. 4 (f.) accourir en foule, s'assembler en grand nombre; affluer; s'attrouper; s'ameuter; se cailler (lait); se joindre (deux fleuves); aboutir, se réunir au centre; (géom.) converger; se retirer, se rétrécir (habit); se resserrer; —, s. n. 1, caillement du lait, etc., m.; rétrécissement; (géom.) convergence, f. [convergent.

Zufammenlaufenb, adj. (géom.)

Zufammenlaut, m. 2, consonnance, f.

Zufammenläuten, v. a. assembler par le son des cloches; —, v. n. (b.) sonner toutes les cloches; carillonner.

Zufammenleben, v. n. (b.) vivre ensemble; (jur.) cohabiter (époux); —, s. n. 1, vie sociale, f.; (jur.) cohabitation.

Zufammenliegen, v. a. mettre ensemble; mettre en tas; amasser; se cotiser, faire bourse commune; plier; briser des serviettes, etc.; assembler les feuilles d'un livre; in Ringe — laffen; fich — laffen, (méc.) se briser.

Zufammenleimen, v. a. coller ensemble, conglutiner; —, s. n. 1, conglutination, f.

Zufammenlefen, v. a. 1, ramasser; assembler; recueillir; colliger.

Zufammenlöthen, v. a. souder en remuant; braser le fer; wicber —, ressouder.

Zufammenmachen, v. a. ramasser; joindre; empaqueter.

Zufammennageln, v. a. clouer; (charp.) enlacer.

Zufammennähen, v. a. coudre ensemble; (taill.) id., assembler; fm. raboutir.

Zufammennehmen, v. a. 2, prendre ou joindre ensemble; (man., etc.) assembler; trousser le man-

teau; feine Gebanten —, fg. se recueillir; wenn man alles zufammennimmt, à tout prendre; alles zufammengenommen, tout compris; collectivement. [rivant.

Zufammennieten, v. a. joindre en

Zufammenorbnen, v. a. ranger, coordonner, combiner.

Zufammenpaaren, v. a. apparier; accoupler, appareiller.

Zufammenpaden, v. a. empaqueter; emballer.

Zufammenpappen, v. Zufammenfleiben.

Zufammenpaffen, v. a. joindre, ajuster, assortir, accorder; —, v. n. (b.) cadrer, convenir, correspondre, aller ensemble; s'assortir; s'accorder; sympathiser ensemble.

Zufammenpaffend, adj. assortissant, assorti; correspondant; nicht —, disparate.

Zufammenpreffen, v. a. presser; serrer; comprimer.

Zufammenpreffung, f. pression; compression, serrement, m.

Zufammenraffen, v. a. ramasser; fich —, rassembler ses forces.

Zufammenrechen, v. a. râteler.

Zufammenrechnen, v. a. sommer; additionner; compter, calculer; —, s. n. 1, addition, f.; supputation.

Zufammenreimen, v. n. (b.) rimer; fich —, s'accorder.

Zufammenrollen, v. a. rouler, mettre en rouleau, recoquiller.

Zufammenrotten, v. a. assembler, ameuter, attrouper; fich —, s'attrouper, s'ameuter, se bander, se liguer.

Zufammenrottung, f. attroupement, m.; ligue, f.; conspiration.

Zufammenrüden, v. a. approcher l'un de l'autre; serrer; —, v. n. (f.) se serrer.

Zufammenrufen, v. a. 4, convoquer; appeler; assembler; (cha.) forhuir.

Zufammenrühren, v. a. mêler en remuant. [(voiture.

Zufammenrütteln, v. a. cahoter

Zufammenfcharren, v. a. amasser en lésinant ou sordidement.

Zufammenfchiden (fich), v. Zufammenfchiden.

Zufammenfchieben, v. a. 6, approcher l'un de l'autre en poussant.

Zufammenfchießen, v. a. 6, mettre ensemble; abattre, tuer; battre en ruine; Gelb —, contribuer chacun pour sa part, se cotiser; fm. boursiller.

Zufammenfchlagen, v. a. 7, casser; briser; monter, dresser un

lit; assembler; fg. bie Hände über bem Kopf —, se lamenter.

Zufammenfchleppen, v. a. amasser, ramasser; mettre en tas.

Zufammenfchließen, v. a. 6, serrer; enchaîner ensemble; mettre les fers à; —, v. n. (b.) fermer, joindre. [lacer.

Zufammenfchlingen, v. a. 3, enchaîner ensemble, parfondre; —, v. n. 6 (b.) se fondre; se liquéfier; fg. se fondre, diminuer, se réduire.

Zufammenfchmelzung, f. fonte, liquéfaction; fg. diminution; réduction. [souder.

Zufammenfchmieden, v. a. braser,

Zufammenfchmiegen (fich), se tapir, se blottir, se faire petit; fg. s'humilier. [ler.

Zufammenfchmieren, v. a. compiler.

Zufammenfchnüren, v. a. lacer; serrer, lier avec des cordes; étreindre; —, s. n. 1, étreinte, f.

Zufammenfchreiben, v. a. 5, écrire, composer, compiler un livre.

Zufammenfchreiten, v. n. 5† (f.) s'accommoder, en venir à un accommodement.

Zufammenfchrumpfen, v. n. (f.) se ratatiner, se racornir, se retirer, se crisper, se grésiller; —, s. n. 1, crispation, f. grésillement, m. retirement des nerfs.

Zufammenfchütten, v. a. verser l'un dans l'autre; mêler l'un avec l'autre.

Zufammenfchweißen, v. a. corroyer du fer, etc.; braser; souder.

Zufammenfeßen, v. a. mettre ensemble, composer; monter une machine; assembler; joindre; combiner un mouvement, etc.; zufammengefeßt, (arch.) composite; (anat.) conglomeré.

Zufammenfeßung, f. composition, combinaison, composé, m.; assemblage; jonction, f.; (did.) synthèse.

Zufammenfinfen, v. n. 3 (f.) tomber, s'écrouler, s'affaisser; —, s. n. 1, chute, f.; (did.) concidence.

*Zufammenfißen, v. n. (b.) s'asseoir l'un près de l'autre.

Zufammenfpannen, v. a. atteler ensemble. [économiser, amasser.

Zufammenfparen, v. a. épargner,

Zufammenfteden, v. a. 2, coudre, attacher, ravauder.

Zufammenftechen, v. a. joindre, rapprocher.

*Zufammenftehen, v. n. (b.) être ensemble; fg. être du même parti; se cotiser.

Zufammenftellen, v. a. mettre ensemble; poser l'un près de l'autre; accoupler, grouper, agrou-

per; rapprocher, combiner; *fg.* comparer; gleich und gleich —, apparier; unordentlich —, fagoter.

Zusammenstellung, *f.* accouplement, *m.;* groupe *de statues;* rapprochement, combinaison, *f.;* — gleicher Sachen, appariement, *m.*                                   [buer.

Zusammensteuern, *v. a.* contri-

Zusammenstimmen, *v. a.* accorder; —, *v. n.* (h.) (*mus.*) s'accorder; *fg. id.*, être d'accord, de concert; voter ensemble; nicht —, (*mus.*) discorder.

Zusammenstimmend, *adj.* consonnant, harmonieux.

Zusammenstimmung, *f.* accord, *m.* consonnance, *f.;* harmonie.

Zusammenstoppeln, *v. a.* mépr. compiler.

Zusammenstoppler, *m.* 1, mépr. compilateur, fagoteur.       [tion.

Zusammenstoppelung, *f.* compila-

Zusammenstoßen, *v. a.* 4, rapprocher, pousser l'un contre l'autre, joindre, réunir; aboucher *des tuyaux;* choquer *les verres, etc.;* trinquer; (*taill.*) rentraire, assembler || piler, broyer; renverser; —, *v. n.* (h.) s'entro-choquer, se choquer; se joindre, se réunir; (*anat.*) s'aboucher; —, *s. n.* 1, choc, *m.;* jonction, *f.;* assemblage, *m.;* abouchement *de deux tuyaux;* das — zweier Selbstlaute, bâillement, hiatus; —, (*phys.*) collision, *f.; fg.* conflit *des devoirs, m.*

Zusammenstürzen, *v. a.* rapiécer.

Zusammenstürzen, *v. n.* (f.) tomber, tomber en ruine; s'abattre (*cheval.*)                     [partout.

Zusammensuchen, *v. a.* chercher

Zusammensummiren, *v. a.* additionner.

*Zusammenthun, *v. a.* mettre ensemble; joindre; sich —, se fermer.

Zusammentragen, *v. a.* 7, mettre ensemble; ramasser; recueillir.

Zusammentreffen, *v. n.* 2 (f.) se rencontrer, se joindre; (*anat.*) s'aboucher, se choquer; (*géom.*) coïncider; *fg.* s'accorder, coïncider, conspirer; —, *s. n.* 1, rencontre, *f.;* (*jur.*) concurrence; (*géom.*) coïncidence; (*opt.*) décussation.

Zusammentreiben, *v. a.* 5, chasser, ramasser en un lieu; *fm.* rassembler; recouvrer *des deniers.*

Zusammentreten, *v. n.* 1 (f.) s'associer; se coaliser, s'unir.

Zusammentretung, *f.* association.

Zusammentrommeln, *v. a.* appeler, assembler au son du tambour.

Zusammenverschwören (sich), 6, conjurer; conspirer ensemble.

---

Zusammenverschwörung, *f.* conjuration, conspiration.

*Zusammenverstehen (sich), être d'intelligence, s'entendre ensemble.           [joindre en croissant.

Zusammenwachsen, *v. n.* 7 (f.) se

Zusammenwachsung, *f.* concrétion, coalescence; (*anat.*) symphyse.            [soufflant.

Zusammenwehen, *v. a.* amasser en

Zusammenwerfen, *v. a.* 2, mettre pêle-mêle; jeter à bas; abattre.

Zusammenwideln, *v. a.* plier, envelopper, rouler ensemble.

Zusammenwinden, *v. a.* 3, entortiller.          [courir, agir ensemble.

Zusammenwirken, *v. n.* (h.) con-

Zusammenwirkend, *adj.* conspirant; (*anat.*) congénère.

Zusammenzählen, *v.* Zusammenrechnen.               [tile.

Zusammenziehbar, *adj.* contrac-

Zusammenziehbarkeit, *f.* contractilité.

Zusammenziehen, *v. a.* 6, serrer, resserrer; restreindre; retirer, rétrécir, crisper, étreindre; sangler *un nœud;* ferler, carguer *les voiles;* assembler, concentrer *des troupes;* abréger *un livre;* sommer; additionner; accoler *plusieurs articles;* mit dem Packstod —, biller.

Zusammenziehen, *v. n.* 6 (f.) aller demeurer ensemble; sich —, s'assembler; se retirer; se rétrécir, se contracter (*des nerfs*); se concentrer.

Zusammenziehend, *adj.* (*méd.*) astringent, constringent, styptique, rétentif; (*chir.*) consolidant.

Zusammenziehung, *f.* resserrement, *m.;* rétrécissement; concentration, *f.;* (*méd.*) constriction, astriction; étranglement, *m.;* contraction *des nerfs, f.;* (*gramm.*) abréviation, contraction; —zweier Silben in Eine, crâse.

Zusätzlich, *m.* 2*, addition, *f.;* augmentation; supplément, *m.;* accessoire; glose, *f.;* (*did.*) corollaire, *m.;* (*gramm.*) augment; (*chim., etc.*) alliage, intermède; —zu einem Vorschlage, amendement; erdichtete —, broderie, *f.;* —e zu etw. machen, *fm.* charger, broder, paraphraser qch.

Zusatzartikel, *m.* 1, article additionnel.           [procurer.

Zuschanzen, *v. a. fm.* faire avoir,

Zuscharren, *v. a.* couvrir de terre.

Zuschauen, *v. n.* (h.) voir; regarder; être spectateur.

Zuschauer, *m.* 1, sinn, *f.* spectateur, —trice, *f.;* —, *pl.* (coll.) *fm.* galerie, *f.;* (*théât.*) chambrée.                     [ser.

Zuschicken, *v. a.* envoyer; adres-

---

Zuschickung, *f.* envoi, *m.*

Zuschieben, *v. a.* 6, approcher en poussant; pousser *le verrou;* (*jur.*) référer *le serment à qn.*

Zuschießen, *v. a.* 6 (h.) ajouter; —, *v. n.* (h.) tirer; (f.) auf einen —, s'élancer, se jeter sur qn.

Zuschiffen, *v. n.* (f.) faire voile vers.

Zuschlag, *m.* 2*, adjudication, *f.;* (*fond.*) fondant, *m.;* alliage.

Zuschlagen, *v. a.* 7, pousser, fermer; bondonner, enfoncer *un tonneau;* adjuger; (*fond.*) allier; —, *v. n.* (h.) frapper; *fg.* arrêter un marché; donner sa parole; opérer, profiter; —, *s. n.* 1, (*tonn.*) enfonçage, *m.*

Zuschleppen, *v. a. fm.* einem etw. heimlich —, apporter qch. en secret à qn.

Zuschließen, *v. a.* 6, fermer à clef; fermer, clore; —, *v. n.* (h.) fermer.                     [tiquement.

Zuschmelzen, *v. a.* sceller hermé-

Zuschmieren, *v. a.* remplir *un trou, une fente* avec de l'argile, etc.                     [cle, boucler.

Zuschnallen, *v. a.* fermer à bou-

Zuschnappen, *v. n.* (f.) happer; se fermer à ressort.

Zuschneidebrett, *m.* 5, écofrai, *m.*

Zuschneidemesser, *m.* 1, (cordonn.) couteau à pied, *m.*

Zuschneiden, *v. a.* 5†, couper, découper, tailler; trancher; débiter *un bois;* spitzig —, tailler en pointe; (*taill.*) amaigrir.

Zuschnitt, *m.* 2, coupe, *f.* taille.

Zuschnüren, *v. a.* lacer, serrer, aiguilleter.

Zuschrauben, *v. a.* fermer à vis.

Zuschreiben, *v. a.* 5, dédier; *fg.* attribuer; imputer.

Zuschreien, *v. n.* 5 (h.) crier à qn.; —, *s. n.* 1, cri, *m.;* acclamation, *f.*                     [le pas.

Zuschreiten, *v. n.* 5† (f.) doubler

Zuschrift, *f.* dédicace; adresse, missive, lettre.

Zuschüren, *v. a.* attiser.

Zuschuß, *m.* 2*, supplément; secours d'argent; (*comm.*) paste, *f.;* (*impr.*) chaperon, *m.* mains de passe; *f. pl.*       [nel, *m.*

Zuschußsteuer, *f.* impôt addition-

Zuschütten, *v. a.* combler, remplir.                     [en suppurant.

Zuschwären, *v. n.* 6 (f.) se fermer

Zuschwören, *v. a.* 6, jurer qch. à qn.

Zusehen, *v. n.* 1 (h.) voir; regarder; noch ein wenig —, *fg.* attendre, se patienter encore un peu; da siehe du zu! *fm.* c'est ton affaire.

Zuſehends, *adv.* à vue d'œil.

*Zuſenden, *v. a.* envoyer; adresser; (*comm.*) consigner.

Zuſendung, *f.* envoi, *m.*; (*commerce*) consignation, *f.*

Zuſeßen, *v. a.* ajouter; mettre le pot *au feu*; *fg.* mettre du sien; perdre *au jeu*; (*chim.*) allier; —, *v. n.* (h.), einem —, presser, attaquer *vivement* qn.; faire de vives instances à qn., *fm.* serrer le bouton à qn.

*Zuſeyn, *v. n.* (ſ.) être fermé.

Zuſichern, *v. a.* assurer.

Zuſicherung, *f.* assurance.

Zuſiegeln, *v. a.* cacheter.

Zuſperren, *v. a.* fermer, barrer.

Zuſperrung, *f.* fermeture, barricade.

Zuſpielen, *v. a.* servir *la balle.*

Zuſpißbant, *f.* *, tour à pointe, *m.*

Zuſpißen, *v. a.* tailler en pointe, empointer; ſich —, aller en pointe.

Zuſpißer, *m.* 1, empointeur.

Zuſpißung, *f.* — eines Gewölbes, surhaussement d'une voûte, *m.*

Zuſprechen, *v. n.* 2 (h.) exhorter, encourager; consoler qn.; *fg. fm.* aller *ou* venir voir qn.; —, *v. a.* adjuger.

Zuſpringen, *v. n.* 3 (ſ.) accourir; se jeter, s'élancer sur.

Zuſpruch, *m.* 2*, exhortation, *f.*; consolation; (*jur.*) adjudication; *fm.* visite; — haben, (*comm.*) être achalandé.

Zuſpünden, *v. a.* bondonner.

Zuſtand, *m.* 2*, état, condition, *f.* position, situation.

Zuſtändig, *adj.* appartenant.

*Zuſtatten ou Zu Statten kommen, *v. n.* (ſ.) venir à propos, être utile.

Zuſtechen, *v. a.* 2, coudre, recoudre; reprendre avec l'aiguille; —, *v. n.* (h.) piquer, porter des coups d'épée.

Zuſtecken, *v. a.* ficher, attacher; *fg. fm.* glisser qch. à qn.

*Zuſtehen, *v. n.* (h.) appartenir; convenir; compéter. [délivrer.

Zuſtellen, *v. a.* remettre, rendre,

Zuſtellung, *f.* remise, délivrance.

Zuſtimmen, *v. n.* (h.), *v.* Beiſtimmen.

Zuſtopfen, *v. a.* fermer, boucher; (*mar.*) calfater; ravauder *des bas.*

Zuſtoßfeln, *v. a.* boucher.

Zuſtoßen, *v. a.* 4, fermer en poussant; —, *v. n.* (h.) pousser fort; porter; allonger un coup; —, *v. n.* *impers. fg.* arriver, survenir.

Zuſtreden, *v. a. p. us.* abréger (*le chemin*).

Zuſtrömen, *v. n.* (ſ.) se porter en foule *vers un lieu;* affluer en abondance.

auf etw. —, se jeter, s'élancer impétueusement sur qch.; zuſtürzen, *v. a.* s'encombrer (*fosse*).

. Zuſtußen, *v. a. fm.* dresser, façonner; polir, dégrossir, dégauchir.

Zutappen, *v. n.* (h.) *fm.* prendre lourdement (auf etw., qch.); agir étourdiment. [fourniture, *f.*

Zuthat, *f.* ingrédient, *m.*; (*cuis.*)

Zutheilen, *v. a.* donner en partage; assigner; adjuger; donner *un prix;* zugetheilt werden, tomber *ou* échoir en partage; être adjugé, etc. [tributif.

Zutheilend, *adj.* attributif, dis-

Zuthätig, *adj.* insinuant.

*Zuthun, *v. a.* fermer; ajouter; —, *s. n.* 1, secours, *m.* entremisc, *f.*; ohne mein —, sans ma participation.

Zutragen, *v. a.* 7, porter, apporter; *fm.* rapporter; ſich —, arriver, se passer, avenir.

Zuträger, *m.* 1, zinn, *f.* rapporteur, *m.* -se, *f.* [caquets.

Zuträgerei, *f.* rapports, *m. pl.*

Zuträglich, *adj.* avantageux, utile, profitable, salutaire, expédient.

Zutrauen, *v. a.* croire qch.; einem etw. —, s'attendre à qch. de la part de qn.; attendre qch. de qn.; s'imaginer; avoir une opinion de qn.; —, *s. n.* 1, confiance, *f.*; assurance; jemandes — beſißen, avoir l'oreille de qn.

Zutraulich, *adj.* confidentiel, confiant, familier.

Zutreffen, *v. n.* 2 (h.) se trouver juste, s'accorder; *fm.* arriver.

Zutreten, *v. a.* 1, fermer à coups de pied; —, *v. n.* (ſ.) approcher; *fg.* accéder.

Zutrinken, *v. a. et n.* 3 (h.) porter une santé à qn., boire à qn.

Zutritt, *m.* 2, accès; abord; approche, *f.*; entrée; — zu einem haben, approcher qn.; freien — verſtatten, se laisser approcher.

Zuverläſſig, *adj.* sûr; certain; positif; ſich auf l'on peut compter.

Zuverläſſigkeit, *f.* certitude.

Zuverſicht, *f.* assurance, confiance. [tain, fondé.

Zuverſichtlich, *adj.* confiant; cer-

Zuviel, *adv.* trop; excessivement.

Zuvor et, *adv.* auparavant; antérieurement; d'avance; premièrement; préalablement; —, *dans* la composition, *est séparable.*

*Zuvorbedenken, *v. a.* préméditer.

Zuvörderſt, *adv.* premièrement.

Zuvoreinnehmen, *v. a.* 2, préoccuper. [tir.

Zuvorempfinden, *v. a.* 3, pressen-

Zuvergeben, *v. a.* 1, donner par avance.

*Zuvorkommen, *v. n.* (ſ.) prévenir qn.; devancer qn.; obvier à qch.; aller au-devant de qch.

Zuvorkommend, *adj.* prévenant, obligeant.

Zuvornehmen, *v. a.* 2, prélever.

Zuvorſagen, *v. a.*, *v.* Vorherſagen.

Zuvorſehen, *v. a.* 1, prévoir, —; *s. n.* 1, prévoyance, *f.*

*Zuvorthun, *v. a.* (es einem) surpasser qn.; l'emporter sur qn.

Zuvorverordnen, *v. a.*, Zuvorverſehen, *v. a.* 1, préordonner; régler d'avance.

Zuvorwiſſen, *v. a. irr.* savoir d'avance; —, *s. n.* 1, prescience, *f.*

Zuwachs, *m.* 2, accroissement; augmentation, *f.*; accession; an Land, accrue.

Zuwachſen, *v. n.* 7 (ſ.) accroître, s'augmenter, se fermer (*plaie, etc.*).

Zuwägen, *v. a. qqfois* 6, peser.

Zuwege bringen, *v. a.*, *v.* Bringen.

Zuwehen, *v. a.* pousser, porter *vers un endroit* en soufflant.

Zuweilen, *adv.* quelquefois, parfois.

Zuweiſen, *v. a.* 5, adresser; envoyer; recommander qn. à qn.

Zuweiſung, *f.* adresse; recommandation.

*Zuwenden, *v. a.*, einem den Rücken — tourner le dos à qn.; einem etw. —, procurer qch. à qn.

Zuwerfen, *v. a.* 2, combler, remplir, fermer; einem — jeter à qn.

Zuwickeln, *v. a.* envelopper.

Zuwider, *adv.* contraire; contre; — handeln, contrevenir; manquer; —; *ſeyn, être opposé, contraire; choquer qn., qch.; répugner à qn.; contrarier, contrecarrer qn.; von Natur —, antipathique. [qn.

Zuwinken, *v. a.* (h.) faire signe à

Zuwölben, *v. a.* fermer avec une voûte. [à qn.

Zuzählen, *v. a.* compter devant *ou*

Zuziehen, *v. a.* 6, fermer, serrer; *fg.* attirer; appeler qn. pour le consulter; ſich eine Krankheit — contracter, *fm.* gagner, attraper une maladie.

Zuziehung, *fém.*, mit — meiner Freunde, ayant consulté mes amis.

Zuzucht, *f.* jeune bétail qu'on élève, *m.* croit.

Zwacken, *v. a.* pincer; *fg. fm.* tourmenter; duper qn.; détourner; gripper qch.

Zwang, *m.* 2, contrainte, *f.* violence, force; (*jur.*) exécution; *m. p.* gène; affectation *dans le style, etc.*; ſich — anthun, se contraindre.

Zwangbäcker, *m.* 1, fournier.
Zwangbackofen, *m.* 1*, four banal.
Zwängen, *v. a.* gêner; faire entrer par force.
Zwanggerechtigkeit, *f.* banalité.
Zwanggesetz, *n.* 2, loi coërcitive, *f.*
Zwanghuf, *m.* 2, encastelure, *f.*
Zwanghufig, *adj.* encastelé.
Zwangkauf, *m.* 2*, monopole.
Zwanglehen, *n.* 1, fief lige, *m.*
Zwanglos, *adj. et adv.* sans contrainte, sans gêne; —, *adj. fg.* coulant (*style*); in —en Heften, par cahiers et sans termes fixes.
Zwangmittel, *n.* 1, moyen violent, *m.*; contrainte, *f.*
Zwangmühle, *f.* moulin banal, *m.*
Zwangschenke, *f.* taverne banale.
Zwangsmacht, *f.* *, puissance coactive *ou* coërcitive. [banalité.
Zwangsrecht, *n.* 2, coërcition, *f.*;
Zwangsweise, *adv.* forcément.
Zwangvoll, *adject.* contrariant, plein de gêne, assujettissant.
Zwanzig, *adj.* vingt; eine Zahl von —, vingtaine, *f.*
Zwanziged, *n.* 2, icosaèdre, *m.*
Zwanziger, *m.* 1, vingt en chiffre; pièce d'un franc (20 sous), *f.*
Zwanzigpfündner, *m.* 1, pièce de vingt livres de balle, *f.*
Zwanzigste, *adj.* vingtième; le vingt *du mois*, *erc.* [bien.
Zwar, *adj.* à la vérité; il est vrai,
Zweck, *m.* 2, but, fin, *f.* objet, *m.*; dessein; point de vue; *v.* Zwecke.
Zwecke, *f.* (*cordonn.*) broquette;
Pfrieme und —, broche.
Zwecken, *v. a.* garnir de broquettes; —, *v. n.* (h.) aboutir, avoir en vue. [*adj.* gratuit.
Zwecklos, *adj. et adv.* sans but;
Zweckmäßig, *adj.* conforme, convenable au but.
Zwecknagel, *m.* 1*, broquette, *f.*
Zweckwidrig, *adj.* contraire au but.
Zween, *v.* Zwei.
Zwehle, *f.* Quehle.
Zwei, *adj.* (zween, zwo) deux; —, *f.* deux, *m.* (*chiffre*).
Zweibäuchig, *adj.* bigastrique.
Zweibeinig, *adj.* bipède.
Zweiblatt, *n.* 5*, (*bot.*) ophris, *m.*
Zweibrücken, Deux-ponts (*ville*).
Zweideutig, *adj.* équivoque, ambigu, louche, amphibologique; der —e Satz, amphibologie, *f.*; — reden, équivoquer.
Zweideutigkeit, *fém.* équivoque, ambiguïté, amphibologie; duplicité. [fils; à deux poils.
Zweidrähtig, *adj. et adv.* à deux
Zweier, *m.* 1, deux *de chiffre*.
Zweierlei, *adj. indécl.* de deux sortes.

au double; en double; die —e Ehe, la bigamie.
Zweifalter, *m.* 1, papillon.
Zweifältig, *adj.* double.
Zweifarbig, *adj.* de deux couleurs.
Zweifel, *m.* 1, doute; incertitude, *f.*; scrupule *de conscience*, *m.*; in — laßen, tenir en suspens; ohne —, sans doute, indubitablement; sans difficulté; einen — ausdrücken, (*gramm.*) dubitatif.
Zweifeler, Zweifler, *m.* 1, sceptique, pyrrhonien.
Zweifelhaft, *adj.* douteux, incertain; problématique; — et =müthig, incertain; irrésolu.
Zweifelhaftigkeit, *f.* =muth, *m.* 2, incertitude, *f.* irrésolution.
Zweifeln, *v. n.* (h.) douter de qch.; être en suspens, balancer.
Zweifelsknoten, *m.* 1, scrupule.
Zweifelsucht, *f.* pyrrhonisme, *m.*; scepticisme.
Zweifelsüchtig, *adj.* sceptique.
Zweiflügelig, *adj.* diptère.
Zweifüßig, *adj.* bipédal; das —e Thier, bipède, *m.*
Zweig, *m.* 2, branche, *f.* rameau, *m.*; *fg.* branche, *f.* ramification, rejeton, *m.*
Zweigen, *v. a., v.* Pfropfen.
Zweigig, *adj.* branchu, rameux.
Zweigipflig, *adj.* à double sommet.
Zweigliederig, *adj.* de deux membres; binome.
Zweihändig, *adj.* qui a deux mains; (*hist. nat.*) bimane.
Zweiherr, *m.* 3, (*ant. r.*) duumvir.
Zweijährig, *adj.* de deux ans; biennal; (*bot.*) bisannuel; —t Wein, vin de deux feuilles, *m.*
Zweikampf, *m.* 2*, duel.
Zweimal, *adv.* deux fois; à deux reprises; bis; — so viel, deux fois autant.
Zweimalig, *adj.* double, réitéré; —, *adv.* à deux fois, à deux reprises. [*f.*
Zweipfünder, *m.* 1, pièce de deux.
Zweiräderig, *adj.* à deux roues.
Zweischalig, *adj.* bivalve.
Zweischattig, *adj.*, die —en Völker, (*géogr.*) amphisciens, *m. pl.*
Zweischläfrig, *adj.*, das —t Bett, lit à deux personnes, *m.*
Zweischlig, *m.* 2, (*arch.*) diglyphe. [tranchants.
Zweischneidig, *adj. et adv.* à deux
Zweischuhig, *adj.* de deux pieds.
Zweiseitig, *adj. et adv.* à deux faces. [sièges.
Zweispitzig, *adj. et adv.* à deux
Zweispaltig, *adj.* fourchu.
Zweispännig, *adj.* attelé de deux chevaux, à deux chevaux; der —e Wagen, (*ant.*) bige, *m.*

Zweispitz, *m.* 2, laic, *f.*; smille; double pointe.
Zweispitzig, *adj. et adv.* à deux pointes.
Zweistämmig, *adj. et adv.* à deux troncs. [voix.
Zweistimmig, *adj. et adv.* à deux
Zweistündig, *adj.* de deux heures.
Zweisylbig, *adj.* dissylabe.
Zweitägig, *adj.* de deux jours.
Zweite, *adj.* deuxième; second; die — Sylbe vor der letzten, antépénultième, *f.*
Zweitel, *n.* 1, moitié, *f.* (*prvcl.*) un arpent et demi (environ 30 ares).
Zweitens, zum zweiten, *adv.* en second lieu; deuxièmement.
Zweitgeboren, *adj.* puîné.
Zweitheilig, *adj.* partagé en deux.
Zweitönig, *adj.* composé de deux sons; das — Interval, diton, *m.*
Zweivierteltakt, *m.* 2*, la mesure à deux temps.
Zweiweiberei, *f.* bigamie.
Zweiwüchsig, *adj.* rachitique.
Zweizackig, Zweizinkig, *adj. et adv.* à deux fourchons; à deux pointes. [de deux lignes.
Zweizeilig, *adj.* à deux rangs,
Zweizüngig, *adj. et adv.* à double langue; *v.* Doppelzüngig.
Zweizüngler, *m.* 1, *fg. fm.* homme double, faux.
Zwerch, *adj.* oblique; transversal; —, *adv.* de travers; de biais.
Zwerchaxt, *f.* besaiguë.
Zwerchbalken, *m.* 1, traverse, *f.*
Zwerchfell, *n.* 2, diaphragme, *m.*
Zwerchflöte, *f.* flûte traversière.
Zwerchgasse, *f.* traverse.
Zwerchlinie, *f.* ligne transversale.
Zwerchriegel, *m.* 1, entretoise, *f.*
Zwerchsack, *m.* 2*, bissac, besace, *f.* [*f. pl.*
Zwerchsparren, *m. pl.* amoises,
Zwerg, *m.* 2, nain; pygmée; *pop.* embryon. [buisson.
Zwergbaum, *m.* 2*, arbre nain,
Zwerginn, *f.* naine. [prune.
Zwetsche, Zwetschge, Zwetschke, *f.*
Zwetschenbaum, *m.* 2*, prunier.
Zwidel, *m.* 1, coin; (*taill.*) chanteau, pointe, *f.*
Zwickelbart, *m.* 2*, moustache, *f.*
Zwicken, *v. a.* pincer; noper *le drap*; tenailler *un criminel*; *fg. fm.* tromper, écorcher.
Zwicker, *m.* 1, pince, *f.* tarière; (*tonn.*) fausset, *m.*; *v.* Zwickbohrer.
Zwickmühle, *f. fg. fm.* ressource en cas de besoin, vache à lait.
Zwickzange, *f.* tricoises, *pl.* tenailles à couper. [cettes, *f. pl.*
Zwickzängchen, *n.* 1, *dim.* pin-
Zwieback, *m.* 2, biscuit; (*mar.*)

*id.*, galette, *f.*; ber kleine —, biscotin, *m.*

Zwiebel, *f.* oignon, *m.*; ciboule, *f.*; bulbe, patte; caïeu *de fleurs*,

Zwiebelartig, *adj.* bulbeux. [*m.*

Zwiebelbeet, *n.* 2, oignonière, *f.*

Zwiebelbirn, *f.* oignonet, *m.*

Zwiebelbrühe, *f.* sauce à l'oignon.

Zwiebelgewächs, *n.* 2, plante bulbeuse, *f.* fleur qui naît d'un oignon.

Zwiebelröhre, *f.* tige d'oignon.

Zwiebelsame, *m. exc.* 2, graine d'oignon, *f.*

Zwiebelschale, *f.* peau d'oignon.

Zwiebelwurzel, *f.* racine bulbeuse.

Zwiebrachen, *v. a.* biner *un champ.*

Zwiebrachen, *n.* 1, binage, *m.*

Zwiefach, Zwiefältig, *v.* Zweifach, 2c. [*fm.* brune, *f.*

Zwielicht, *n.* 5, crépuscule, *m.*

Zwier, *adj. vi.* deux fois.

Zwieselkirsche, *f.* cerise jumelle.

Zwiespalt, *m.* 2, Zwietracht, *f.* discorde, dissension; division.

Zwillich, *m.* 2, coutil, coutis; treillis.

Zwillichen, *adj.* de coutil.

Zwillichweber, *m.* 1, coutier.

Zwilling, *m.* 2, jumeau; jumelle, *f.*; —e, *pl.* (*astr.*) gémeaux, *m. pl.* dioscures, Castor et Pollux.

Zwillingsbruder, *m.* 1*, frère jumeau. [le.

Zwillingsschwester, *f.* sœur jumelle.

Zwinge, *f.* virole, mordant, *m.* mordache, *f.* (*luth.*) happe.

Zwingen, *v. a.* 3, forcer, contraindre; obliger; violenter; *fg.* affecter, étudier (*des manières*); gezwungen, *fg.* forcé, affecté, maniéré, guindé, empesé; das gezwungene Wesen, affectation, *f.* afféterie; gezwungen ou gezwungener Weise, *adv.* forcément; par force. [fiée, *f.* donjon, *m.*

Zwinger, *m.* 1, *ol.* tour fortifiée.

Zwingherr, *m.* 3, tyran, despote.

Zwirn, *m.* 2, fil retors, fil.

Zwirnbrett, *m.* 5, doubloir, *m.*

Zwirnen, *adj.* de fil.

Zwirnen, *v. a.* tordre, retordre *du fil*; corder, organsiner *de la soie*; bie gezwirnte Wolle, le fil d'estame; —, *s. n.* 1, doublage, *m.*; croisement *de la soie.*

---

Zwirnfaden, *m.* 1*, aiguillée de fil, *f.* [*f.*

Zwirnknauel, *m.* 1*, pelote de fil,

Zwirnmaschine, *f.* doublet, *m.*

Zwirnmühle, *f.* machine à retordre.

Zwirnrad, *n.* 5*, guindre, *m.*

Zwirnspitze, *f.* dentelle de fil; bie geringe schmale —, bisette.

Zwischen, *prép.* entre; parmi; pendant; de ... à; — burch, — inne; au milieu; entre deux.

Zwischenbalken, *m.* 1, solive du milieu, *f.* [*m.*

Zwischenbegebenheit, *f.* incident,

Zwischenessen, *n.* 1, entremets, *m.*; hors-d'œuvre.

Zwischenfall, *m.* 2*, accident.

Zwischengeschoß, *n.* 2, entresol, *m.*

Zwischenhandlung, *f.* épisode, *m.*; (*théât.*) incident.

Zwischenlinie, *f.* interligne, *m.*

Zwischenmahlzeit, *f.* collation.

Zwischenmauer, *f.* mur mitoyen, *m.* mur de refend. [médiaire.

Zwischenpfeiler, *m.* 1, pilier inter-

Zwischenplatz, Zwischenraum, *m.* 2*, espace compris entre deux objets; entre-deux, intervalle; (*géom.*) interstice; (*arch.*) espacement; — zwischen zwei Balken, entrevous; (*fond. de car.*) approche, *f.*

Zwischenrede, *fém.* digression; parenthèse; interlocution.

Zwischenredner, *m.* 1, interlocuteur. [*m.*

Zwischenregierung, *f.* interrègne,

Zwischenrippenstück, *n.* 2, (*bouch.*) entre-côte, *m.*

Zwischenruhe, *f.* pause.

Zwischensatz, *m.* 2*, parenthèse, *f.* phrase incidente; ber kurze —, incise. [*m.*; entr'acte.

Zwischenspiel, *n.* 2, intermède.

Zwischenspruch, *m.* 2*, arrêt, sentence (*f.*) interlocutoire; interlocution. [*f.*

Zwischenstab, *m.* 2*, (*arch.*) côte.

Zwischenstand, *m.* 2*, (*astr.*) interposition, *f.*

Zwischenstimme, *f.* haute-contre.

Zwischenstunde, *f.* intervalle, *m.*

Zwischentanz, *m.* 2*, intermède.

Zwischenträger, *m.* 1, =inn, *f.* rapporteur, *m.* -se, *f.*

---

Zwischenurtheil, *n.* 2, *v.* Zwischenspruch.

Zwischenverdeck, *n.* 2, (*mar.*) entrepont, *m.* [poseur.

Zwischenverläufer, *m.* 1, entre-

Zwischenwand, *f.*, entre-deux, *m.*; séparation, *f.* cloison.

Zwischenweite, *f.* (*arch.*) espacement, *m.* métope, *f.* [*f.*

Zwischenwort, *n.* 5*, interjection,

Zwischenzeile, *f.* interligne, *m.*

Zwischenzeilig, *adj.* interlinéaire.

Zwischenzeit, *f.* entre-temps, *m.* temps intermédiaire, intérim; (*théât.*) entr'acte; in ber —, sur, dans ces entrefaites. [leurs, *m.*

Zwischgold, *n.* 2, or de deux cou-

Zwist, *m.* 2, Zwistigkeit, *f.* querelle, dispute, discorde; différend, *m.* difficulté, *f.*; kleine —, *fm.* bisbille.

Zwistig, *adj.* discordant, désuni.

Zwitschern, *v. n.* (h.) gazouiller; *fm.* gringotter; —, *s. n.* 1, gazouillement, *m.*; ramage *des oiseaux.*

Zwitter, *m.* 1, hermaphrodite; androgyne; bâtard. [bâtard.

Zwitterartig, *adj.* hermaphrodite;

Zwitterpferd, *m.* 2, échappé, *m.*

Zwitterpflanze, *f.* plante hermaphrodite ou bâtarde. [mern.

Zwitzern, *v. n.* (h.) *pop.*, *v.* Schimmere, *v.* Zwei.

Zwölf, Zwölfe, *adj.* numéral, douze; *lorsqu'il s'agit de l'heure du jour ou de la nuit*: midi, minuit; —, *f.* Zwölfer, *m.* 1, douze, *m.* (*chiffre*)

Zwölfeck, *n.* 2, dodécagone, *m.* dodécaèdre. [sortes.

Zwölferlei, *adj.* indécl. de douze

Zwölffach, *adj.* douze fois autant.

Zwölffingerdarm, *m.* 2*, duodénum.

Zwölfjährig, *adj.* de douze ans.

Zwölfmal, *adv.* douze fois.

Zwölfpfünder, *m.* 1, pièce de douze, *f.*

Zwölfte, *adj.* douzième; ber zwölfte im Monat, le douze du mois; Karl ber Zwölfte, Charles douze.

Zwölftel, *n.* 1, douzième, *m.*

Zwölftens, *adv.* douzièmement.

Zyland, *m.* 2, (*bot.*) lauréole, *f.* garou, *m.*

---

**Ende.**

Lightning Source UK Ltd.
Milton Keynes UK
UKHW010004040119
334911UK00009B/396/P